DICIONÁRIO DE SÍMBOLOS

JEAN CHEVALIER • ALAIN GHEERBRANT

DICIONÁRIO DE SÍMBOLOS

MITOS, SONHOS, COSTUMES, GESTOS, FORMAS, FIGURAS, CORES, NÚMEROS

EDIÇÃO REVISTA

TRADUÇÃO
VERA DA COSTA E SILVA
RAUL DE SÁ BARBOSA
ANGELA MELIM
LÚCIA MELIM

37ª EDIÇÃO

2022

Copyright © Éd. Robert Laffont S.A. + Éd. Jupiter, 2020.
Título original: *Dictionnaire des Symboles*
Coordenação da primeira edição: Carlos Sussekind

CIP-BRASIL. CATALOGAÇÃO NA PUBLICAÇÃO
SINDICATO NACIONAL DOS EDITORES DE LIVROS, RJ

Chevalier, Jean, 1906-1993

C452d   Dicionário de símbolos: mitos, sonhos, costumes, gestos, formas,
37ª ed.   figuras, cores, números / Jean Chevalier, Alain Gheerbrant; edição revista e
atualizada por Carlos Sussekind; tradução Vera da Costa e Silva ... [et al.]. –
37ª ed. – Rio de Janeiro: José Olympio, 2022.

Tradução de: Dictionnaire des symboles: mythes, rêves, coutumes, gestes,
formes, figures, couleurs, nombres
ISBN 978-65-58-47007-6

1. Simbolismo – Dicionários. 2. Sinais e símbolos – Dicionários.
3. Folclore – Dicionários. 4. Mitologia – Dicionários. I. Gheerbrant, Alain,
1920-2013. II. Sussekind, Carlos. III. Silva, Vera da Costa e. IV. Título.

CDD: 398.03
20-66364   CDU: 398(038)

Meri Gleice Rodrigues de Souza – Bibliotecária – CRB-7/6439

Todos os direitos reservados. Proibida a reprodução, o armazenamento ou a transmissão de
partes deste livro, através de quaisquer meios, sem prévia autorização por escrito.

Texto revisado segundo o novo Acordo Ortográfico da Língua Portuguesa.

Reservam-se os direitos desta tradução à
EDITORA JOSÉ OLYMPIO LTDA.
Rua Argentina, 171 – 3º andar – São Cristóvão
Rio de Janeiro, RJ – 20.921-380

Seja um leitor preferencial Record.
Cadastre-se em www.record.com.br
e receba nossos lançamentos e nossas promoções.

Atendimento e venda direta ao leitor:
sac@record.com.br

Impresso no Brasil
2022

JEAN CHEVALIER – ALAIN GHEERBRANT

e a colaboração de

ANDRÉ BARBAULT
Vice-presidente do Centro Internacional de Astrologia

DOMINIQUE BAYLE
Responsável pela preservação e restauro da Biblioteca do Museu do Homem (Paris)

YVONNE CAROUTCH
Especialista em budismo tântrico tibetano

MARGUERITE CHEVALIER
Professora de letras clássicas

MARIE-MADELEINE DAVY
Mestra de pesquisas do Centre National de Recherches Scientifiques (CNRS)

PIERRE GRISON
Escritor e crítico de arte, especialista nas civilizações do Leste Asiático

GEORGES HEINTZ
Assistente da Universidade de Estrasburgo

FRANÇOISE LE ROUX-GUYONVARC'H
Diretor da *OGAM*, revista de estudos célticos

EVA MEYEROVICH
Encarregada de pesquisas do CNRS

MOHAMMED MOKRI
Escritor, ex-professor da Universidade de Teerã

HENRI PFEIFFER
Doutor em Ciências e Medicina, professor de cromatologia

PIERRE PRIGENT
Professor da Faculdade de Teologia Protestante da Universidade de Estrasburgo

JACQUES DE LA ROCHETERIE
Psicoterapeuta

MASUMI SHIBATA
Professor da Universidade de Quioto (Japão)

ALEXANDRE VOLGUINE
Diretor da Revista *Les Cahiers Astrologiques*

Advertências

As palavras que, no texto de um verbete, aparecem assinaladas com um asterisco (*) remetem para verbetes autônomos, ordenados em ordem alfabética no corpo do dicionário. A consulta a esses verbetes é útil para um entendimento mais completo do texto, no qual tais palavras se encontram ocasionalmente empregadas. Não hesitamos em multiplicar essas correlações internas, que, de resto, poupam numerosas repetições ociosas.

A fim de evitar a repetição de nomes de autores e de títulos citados, foram adotadas siglas para quase todas as referências. As três primeiras letras dessas siglas correspondem ao nome do autor, e a quarta, a uma das palavras principais do título. As obras coletivas e as revistas são indicadas por uma sigla composta pelas iniciais das palavras principais do título. Assim, torna-se mais fácil encontrar as indicações completas na bibliografia inserida no final do volume.

Salvo indicação contrária, as referências aos autores clássicos latinos e gregos são tomadas da coleção das Universidades de França, nas Editions des Belles-Lettres.

As citações da Bíblia, com raras exceções, por indicação expressa de certos autores, são tiradas da tradução em língua portuguesa da *Bíblia de Jerusalém* (Ed. Paulinas, 1981).

Os deuses e os heróis da mitologia clássica são mais frequentemente mencionados com seu nome grego, trazendo, entre parênteses, a indicação de seu homólogo romano: Zeus (Júpiter), Ares (Marte), Héracles (Hércules), Perséfone (Prosérpina) etc. Todavia, sempre que o nome de um deus designar um planeta, Júpiter, Marte, Saturno etc., é com referência a esse nome de planeta que o símbolo está examinado. Tal distinção não impede que sejam assinaladas as relações existentes entre os simbolismos mitológico e planetário.

Prefácio da edição francesa

Jean Chevalier – Alain Gheerbrant

Esta nova edição, revista e ampliada, diferencia-se das precedentes por três características principais. Alguns verbetes e citações foram abreviados, a fim de suprimir repetições ociosas e esclarecer, sem simplificar, certos dados; novos verbetes foram particularizados ou desenvolvidos quanto ao fundo, reordenados quanto à estrutura, unificados quanto ao estilo; e, finalmente, frequentes remissões de uma nota a outra desenvolvem linhas de força, que só aparecem quando nos aproximamos de determinados suportes simbólicos: jogos de relações manifestando também cadeias ou constelações de símbolos, que se tornam a juntar, efetivamente, numa mesma galáxia de sentido. Porém, convergência não é o mesmo que confusão, e por toda parte discernem-se matizes.

Inúmeros especialistas contribuíram para esta obra, permitindo-lhe, assim, dar testemunho de todas as áreas culturais do mundo. A partir de uma erudição séria, eles se aplicaram sobretudo em resgatar, do "múltiplo esplendor" dos signos, sentidos múltiplos no campo dos possíveis. Jamais cessaram, entretanto, as preocupações de não se derramar em divagações gratuitas, de evitar qualquer espírito de sistema, de incitar a interpretação espontânea, bem como a reflexão pessoal. Essas diferentes contribuições compõem uma obra única em sua diversidade. E, por isso, agradecemos a todos os autores. Agradecemos também a todos os leitores, cuja atenção representa para nós precioso encorajamento.

Este *Dicionário de símbolos* constitui, em primeiro lugar, um inventário, sempre inacabado, do imaginário simbólico, essa encruzilhada de todo psiquismo humano, onde se reúnem o afetivo e o desejo, o conhecido e o sonhado, o consciente e o inconsciente. Esta obra desempenha, também, o papel de um estimulante para a percepção de uma dimensão, por demais negligenciada, de

DICIONÁRIO DE SÍMBOLOS

todo ser, de toda expressão, traço, som, gesto, palavra, cor e número. Tudo é signo e todo signo é portador de um sentido. Mas, geralmente, só percebemos a superfície desse sentido. No entanto, o signo possui volume, uma espessura folheada de sentido. Pelo corpo de informações aqui recolhidas, esboça-se uma hermenêutica integral, a cujo desenvolvimento estão convidados todos aqueles que utilizarem este livro. Ele ajuda a revelar as possíveis direções de uma pesquisa e sugere sem impor. O valor simbólico atualiza-se diferentemente para cada um de nós, sempre que uma relação de tipo tensional e intencional une o signo que estimula e o sujeito que percebe. Uma via de comunicação abre-se, nesse momento, entre o sentido oculto de uma expressão e a realidade secreta de uma expectativa. Simbolizar é, de certo modo, e num certo nível, viver junto.

Introdução

Jean Chevalier

Hoje em dia, os símbolos gozam de nova aceitação. A imaginação já não é mais desprezada como *a louca da casa*.[1] Está reabilitada, considerada gêmea da razão, inspiradora das descobertas e do progresso. Deve-se essa aceitação, em grande parte, às antecipações da ficção que a ciência comprova pouco a pouco, aos efeitos da dominação atual da imagem que os sociólogos estão tentando medir, às interpretações modernas dos mitos antigos e ao nascimento de mitos modernos, às lúcidas explorações da psicanálise. Os símbolos estão no centro, constituem o cerne dessa vida imaginativa. Revelam os segredos do inconsciente, conduzem às mais recônditas molas da ação, abrem o espírito para o desconhecido e o infinito.

Ao longo do dia e da noite, em nossa linguagem, nossos gestos ou nossos sonhos, quer percebamos isso ou não, cada um de nós utiliza os símbolos. Eles dão forma aos desejos, incitam a empreendimentos, modelam comportamentos, provocam êxitos ou derrotas. Sua formação, seu agenciamento e sua interpretação são do interesse de diversas disciplinas: a História das Civilizações e das Religiões, a Linguística, a Antropologia Cultural, a Crítica de Arte, a Psicologia, a Medicina. Poderíamos acrescentar a essa lista, embora sem esgotá-la, as técnicas de venda, de propaganda e de política. Recentes trabalhos, cada vez mais numerosos, esclarecem as estruturas do imaginário e a função simbolizante da imaginação. Hoje, já não se pode deixar de reconhecer realidades tão atuantes. Todas as ciências do homem e todas as artes, bem como as técnicas que delas procedem, deparam-se com símbolos em seu caminho. Devem conjugar esforços

---

1. Em francês, *la folle du logis*. Expressão usada por Nicolas de Malebranche, grande orador e filósofo metafísico francês do século XVII, ao referir-se à imaginação, e citada por Voltaire. (*N. do T.*)

12 | DICIONÁRIO DE SÍMBOLOS

para decifrar os enigmas que esses símbolos propõem; associam-se para mobilizar a energia condensada que neles se encerra. Seria dizer pouco que vivemos num mundo de símbolos – um mundo de símbolos vive em nós.

A expressão simbólica traduz o esforço do homem para decifrar e subjugar um destino que lhe escapa através das obscuridades que o rodeiam. Este livro poderia ser para o leitor uma espécie de fio de Ariadne, que o guiaria pelos desvios tenebrosos do labirinto. Que possa incitá-lo também a refletir e a sonhar sobre os símbolos, do mesmo modo que Gaston Bachelard convidava a sonhar sobre os sonhos e a descobrir, nessas constelações imaginárias, *o desejo, o receio e a ambição* que dão à vida seu sentido secreto.

1. Um quadro de orientação, não um conjunto de definições

Por força de seu próprio objetivo, este dicionário não pode ser um conjunto de definições, como os léxicos ou vocabulários usuais. Pois um símbolo escapa a toda e qualquer definição. É próprio de sua natureza romper os limites estabelecidos e reunir os extremos numa só visão. Assemelha-se à flecha *que voa e que não voa*, imóvel e fugitiva, evidente e inatingível. As palavras serão indispensáveis para sugerir o sentido ou os sentidos de um símbolo; mas lembremo-nos sempre de que elas são incapazes de expressar-lhe todo o valor. Assim, que o leitor não tome nossas breves fórmulas por cápsulas que encerrem em seus estreitos limites todas as dimensões de um símbolo. Este entrega-se e foge; à medida que se esclarece, dissimula-se; segundo palavras de Georges Gurvitch, os símbolos *revelam velando e velam revelando*. Na célebre Vila dos Mistérios de Pompeia, que as cinzas do Vesúvio recobriram durante séculos, uma admirável pintura, cor de malva sobre fundo vermelho, evoca a revelação dos mistérios no decurso de uma cerimônia de iniciação. Os símbolos estão perfeitamente desenhados; os gestos rituais, esboçados; o véu, levantado; mas, para o não iniciado, o mistério permanece inteiro, prenhe de equívocos.

Este dicionário tenta apenas descrever relações de imagens, de ideias, de crenças, de emoções evocadas por mais de 1.200 palavras suscetíveis de interpretações simbólicas. Tendo em vista maior comodidade para a consulta, a ênfase é colocada ora sobre o simbolizado, *alma, céu* etc., ora sobre o simbolizador, *corça, lótus* etc. As interpretações são referidas sem nenhum sistema preconcebido; são por vezes agrupadas de acordo com uma ordem dialética, cuja utilidade é tão somente didática ou estética. Raramente são criticadas, salvo quando se afastam de uma certa *lógica* dos símbolos, da qual falaremos na sexta parte desta introdução; mas essas críticas são elas próprias acompanhadas de reservas, pois à *verdade* do símbolo pode-se aplicar o título da famosa peça de Pirandello: *Assim é, se lhe parece*. Por vezes, acontece-nos adiantar algumas interpretações pessoais. Mas cada parágrafo permanece amplamente em aberto.

Apesar do desenvolvimento dado a certos verbetes, nenhum deles pretende ser exaustivo em si mesmo. Sobre cada um dos grandes símbolos, livros inteiros foram escritos, e cobririam várias estantes de uma biblioteca. Nossa escolha limitou-se às interpretações que eram ao mesmo tempo as mais seguras, as mais fundamentais, as mais sugestivas, ou seja, àquelas que melhor permitiriam ao leitor descobrir ou pressentir por si mesmo novos significados. Esse trabalho de invenção pessoal e essa possibilidade de percepções originais serão, de resto, facilitados por um jogo de numerosas correspondências entre os verbetes. Consequentemente, nada mais fácil, para quem o desejar, do que aprofundar e ampliar sua percepção de um símbolo.

Na verdade, o leitor imaginativo encontrará nestas páginas mais estímulos do que conhecimentos. Segundo seu gosto ou sua inclinação, seguirá certa linha de interpretação ou então imaginará outra. Pois a percepção do símbolo é eminentemente pessoal, não apenas no sentido em que varia de acordo com cada indivíduo, mas também no sentido de que procede da pessoa como um todo. Ora, cada pessoa é, a um só tempo, conquista e dádiva; ela participa da herança biofisiopsicológica de uma humanidade mil vezes milenar; é influenciada por diferenciações culturais e sociais próprias a seu meio imediato de desenvolvimento e, a tudo isso, acrescenta os frutos de uma experiência única e as ansiedades da situação que vive no momento. O símbolo tem precisamente essa propriedade excepcional de sintetizar, numa expressão sensível, todas as influências do inconsciente e da consciência, bem como das forças instintivas e espirituais, em conflito ou em vias de se harmonizar no interior de cada homem.

Não quisemos dispor as informações reunidas sobre cada palavra numa ordem que fosse científica só na aparência. O estudo geral dos símbolos ainda não está suficientemente avançado, apesar dos excelentes trabalhos que se têm multiplicado nesses últimos anos, para permitir uma teoria capaz de expor de modo satisfatório todos os dados acumulados. Sem dúvida, algumas leis se destacam, como a da bipolaridade; não bastam, porém, para constituir uma teoria de conjunto. Classificar as interpretações conforme sua relação com um núcleo central seria correr o risco frequente de forçar-lhes ou de restringir-lhes o sentido, de pressupor o valor principal de um símbolo, de conceder participação excessiva à decisão pessoal. Preferimos, salvo algumas exceções, deixar que os dados brutos conservassem seu peso próprio ou sua polivalência e sua desordem.

14 | DICIONÁRIO DE SÍMBOLOS

A ordem semiológica, por aproximação dos significados, teria, portanto, de ser excluída, a fim de dar livre curso a outras interpretações subjetivas e a fim de respeitar a multiplicidade objetiva dos fatos. Estimamos ser mais frutífero evitar as aproximações sistemáticas, para salvaguardar contradições e problemas.

Da mesma maneira, descartamos a possibilidade de seguir uma ordem histórica no conteúdo dos verbetes. O problema das datas está bem resolvido no que concerne a certos fatos de ordem cultural; quanto a outros, permanece insolúvel. Qual é a origem do mito de Zeus? E, mesmo quando uma anterioridade está perfeitamente estabelecida, como, por exemplo, a do reino dos faraós sobre a república romana e sobre o império dos incas, seria preciso que nos resguardássemos para não dar a entender que a interpretação dos símbolos depende desse fato estabelecido, e que existe um elo de origem entre os diferentes sentidos. Pelo menos, é necessário não prejulgar que a afinidade de significados análogos se situe no mesmo nível das relações históricas. Seria justo, por acaso, colocar a África negra em último lugar pela simples razão de que os documentos – à exceção dos afrescos de Hoggar, por exemplo – não permitem que se remonte no tempo mais de quatro ou cinco séculos? As tradições árabes perdem-se na noite de tempos quiçá próximos ou quiçá longínquos, mas que nem sempre somos capazes de fixar. Portanto, uma ordem fundada sobre a cronologia das culturas seria não apenas incerta e frágil, mas também inadaptada à própria natureza dos símbolos. Isso não significa que não possamos estabelecer relações históricas entre os símbolos e entre certas interpretações. Mas a história das interpretações simbólicas ainda está por ser escrita, e seus dados seguros são ainda em número muito pequeno, salvo, por exemplo, com relação ao simbolismo cristão e sua dependência parcial da Antiguidade greco-romana e do Oriente Próximo e do Oriente Médio antigos.

Nem sistemática nem histórica, a ordem das informações sob cada palavra-chave foi escolhida segundo o princípio que melhor preservasse a autonomia de cada uma delas e a totalidade de seus valores virtuais. Assim, todos os leitores e todos os especialistas estão livres para chegar a perceber a relação semântica ou histórica entre os dados aqui apresentados. O conhecimento científico dos símbolos, se porventura vier a existir, dependerá do progresso geral das ciências e, particularmente, do conjunto das ciências humanas. Enquanto esperamos os progressos dessas últimas, adotaremos, portanto, uma ordem puramente prática e empírica, que implique um mínimo de preconceito e que varie de acordo com cada símbolo.

As diferentes interpretações por nós assinaladas para grande número de símbolos não deixam, sem dúvida, de estar relacionadas entre si, tal como os harmônicos em torno de um som fundamental. Mas o sentido básico não é sempre o mesmo em cada área cultural. É por esse motivo que nos restringimos a maior parte das vezes a justapor várias interpretações, sem tentar uma redução que correria o risco de ser arbitrária. O leitor seguirá sua própria intuição.

Não se trata de cair em outro extremo, que seria o de uma preferência anárquica pela desordem, em detrimento da ordem. Nossa preocupação primordial é unicamente a de preservar todas as riquezas contidas no símbolo, por problemáticas ou contraditórias que sejam. O pensamento simbólico, segundo nos parece, ao inverso do pensamento científico, procede não pela redução do múltiplo ao *uno*, mas sim pela desintegração do *uno* em múltiplo, para melhor perceber – é verdade que numa fração de segundo – a unidade desse múltiplo. Enquanto não a tivermos aprofundado melhor, parece-nos essencial insistir sobre essa virtualidade desintegradora e, antes de mais nada, salvaguardá-la.

Os temas imaginários, aqueles que eu chamaria o desenho ou a figura do símbolo (o leão, o touro, a Lua, o tambor etc.), podem ser universais, intemporais, enraizados nas estruturas da imaginação humana; mas o sentido de cada um deles também pode ser muito diferente, conforme os homens e as sociedades e conforme sua situação em um dado momento. Por essa razão é que a interpretação do símbolo, tal como salientamos neste livro a propósito do sonho, deve inspirar-se não apenas na figura, mas em seu movimento, em seu meio cultural e em seu papel particular *hic et nunc*. O leão perseguido por um arqueiro, numa cena de caça babilônica, não tem necessariamente o mesmo sentido que o leão das visões de Ezequiel. Procuraremos fazer um esforço para encontrar o matiz, o código próprio e, ao mesmo tempo, o denominador comum. Cuidaremos, contudo, de não particularizar em excesso, como também de não generalizar com demasiada pressa: dois defeitos de uma racionalização que seria fatal para o símbolo.

2. Abordagem terminológica

O emprego da palavra *símbolo* revela variações consideráveis de sentido. Para precisar a terminologia utilizada, é importante fazer a distinção entre a imagem simbólica e todas as outras com as quais ela é confundida com demasiada frequência. Dessas confusões resulta uma diluição do símbolo, que acaba por se degradar e se transformar em pura retórica, academicismo ou banalidade. Se, na prática, nem sempre são claras as fronteiras entre os valores dessas imagens, esta é uma razão suplementar para assinalá-las fortemente na teoria.

EMBLEMA é uma figura visível, adotada convencionalmente para representar uma ideia, um ser físico ou moral: a bandeira é o emblema da pátria; a coroa de louros, o da glória.

16 | DICIONÁRIO DE SÍMBOLOS

ATRIBUTO corresponde a uma realidade ou imagem, que serve de signo distintivo a um personagem, uma coletividade, um ser moral: as asas são o atributo de uma sociedade de navegação aérea; a roda, de uma companhia ferroviária; a maça, de Hércules; a balança, da Justiça. Escolhe-se um acessório característico para designar o todo.

ALEGORIA é uma figuração que toma com maior frequência a forma humana, mas que por vezes toma a forma de um animal ou de um vegetal ou, ainda, a de um feito heroico, a de determinada situação, a de uma virtude ou a de um ser abstrato. Por exemplo: uma mulher alada é a alegoria da vitória, e uma cornucópia é a alegoria da abundância. Henri Corbin exprime com precisão esta diferença fundamental: a alegoria "é uma operação racional que não implica passagem a um novo plano do ser nem a uma nova profundidade de consciência; é a figuração, em um mesmo nível de consciência, daquilo que já pode ser bem conhecido de outra maneira. O símbolo anuncia outro plano de consciência, que não o da evidência racional; é a *chave* de um mistério, o único meio de se dizer aquilo que não pode ser apreendido de outra forma; ele jamais é *explicado* de modo definitivo e deve sempre ser decifrado de novo, do mesmo modo que uma partitura musical jamais é decifrada definitivamente e exige uma execução sempre nova" (CORI, 13).

METÁFORA desenvolve uma comparação entre dois seres ou duas situações, como, por exemplo, qualificar de dilúvio verbal a eloquência de um orador.

ANALOGIA é uma relação entre seres ou noções, diferentes em sua essência, mas semelhantes sob certo ângulo; a cólera de Deus, por exemplo, tem somente uma relação analógica com a cólera do homem. O raciocínio por analogia é fonte de inúmeros equívocos.

SINTOMA é uma modificação nas aparências ou funcionamento habituais, que pode revelar uma certa perturbação e um conflito; a síndrome é o conjunto de sintomas que caracterizam uma situação evolutiva e pressagiam um futuro mais ou menos determinado.

PARÁBOLA é um relato que possui sentido próprio, destinado, porém, a sugerir, além desse sentido imediato, uma lição moral. Por exemplo: a parábola do semeador, na qual o mesmo tipo de grão cai sobre terrenos diferentes.

APÓLOGO é uma fábula didática, uma ficção de moralistas, destinada, por meio de uma situação imaginária, a transmitir certo ensinamento.

Todas essas formas da expressão que contêm imagens possuem em comum o fato de serem signos e de não ultrapassarem o nível da significação. São meios de comunicação, no plano do conhecimento imaginativo ou intelectual, que desempenham o papel de espelho, mas que não saem dos limites da representação. "Símbolo arrefecido", dirá Hegel, da alegoria; "semântica dessecada em semiologia", precisará Gilbert Durand (DURS, 15).

O símbolo diferencia-se essencialmente do signo por ser, este último, uma convenção arbitrária que deixa alheios um ao outro o significante e o significado (objeto ou sujeito), ao passo que o símbolo pressupõe homogeneidade do significante e do significado no sentido de um dinamismo organizador (DURS, 20). Apoiando-se nos trabalhos de Jung, de Piaget e de Bachelard, Gilbert Durand fundamenta, sobre a própria estrutura da imaginação, "esse dinamismo organizador [...] fator de homogeneidade na representação. Em vez de estar apta a *formar* imagens, a imaginação é uma potência dinâmica que *deforma* as cópias pragmáticas fornecidas pela percepção, e esse dinamismo reformador das sensações torna-se o fundamento de toda a vida psíquica. Pode-se dizer que o símbolo [...] possui algo mais que um sentido artificialmente dado, detendo um essencial e espontâneo poder de ressonância" (DURS, 20-21). Em *Poétique de l'espace* (Poética do espaço), G. Bachelard dá maior precisão a esse ponto: "a ressonância convida-nos a um aprofundamento da nossa própria existência [...]. Produz uma reviravolta no existir." O símbolo é verdadeiramente inovador. Não se contenta em provocar ressonâncias e convida a uma transformação em profundidade, como o demonstrará a quarta parte desta Introdução.

Vê-se, consequentemente, que os símbolos algébricos, matemáticos e científicos são apenas signos cujo alcance convencional está cuidadosamente definido pelos institutos de padronização. Não poderia haver ciência exata que se exprimisse em símbolos, no sentido preciso do termo. O *conhecimento objetivo*, de que fala Jacques Monod, tende a eliminar o que resta de simbólico na linguagem, para reter apenas a medida exata. Não passa de um abuso de palavras, aliás bastante compreensível, denominar símbolos todos aqueles signos cujo objetivo é o de indicar números imaginários, quantidades negativas, diferenças infinitesimais etc. Mas seria um erro acreditar que a abstração crescente da linguagem científica conduza ao símbolo; o símbolo é pleno de realidades concretas. A abstração esvazia o símbolo e gera o signo; a arte, ao contrário, evita o signo e alimenta o símbolo.

Certas formulações dogmáticas são igualmente chamadas símbolos da fé; são declarações oficiais, cultuais, em virtude das quais os iniciados numa fé, num rito ou numa sociedade religiosa se reconhecem entre si; na Antiguidade, os adoradores de Cibele e de Mitra tinham seus símbolos; da mesma maneira, entre os cristãos, a partir do símbolo dos Apóstolos, os diversos Credos, o de Niceia,

DICIONÁRIO DE SÍMBOLOS

o da Calcedônia e o de Constantinopla receberam a denominação símbolos. Na realidade, nenhum deles possui o valor próprio do símbolo, sendo apenas signos de reconhecimento entre crentes e a expressão das verdades de sua fé. Essas verdades são, indubitavelmente, de ordem transcendente e as palavras são empregadas, na maior parte das vezes, num sentido analógico; essas profissões de fé, porém, não são símbolos de modo algum, a menos que se esvaziassem os enunciados dogmáticos de toda significação própria ou que fossem reduzidos a mitos. Mas se, além de seu significado objetivo, esses Credos forem considerados centros de uma adesão e de uma profissão de fé subjetivamente transformantes, tornar-se-ão símbolos da unidade dos crentes, indicando o sentido de sua orientação interior.

O símbolo é, portanto, muito mais do que um simples signo ou sinal: transcende o significado e depende da interpretação, que, por sua vez, depende de certa predisposição. Está carregado de afetividade e de dinamismo. Não apenas representa, embora de certo modo encobrindo, como – também de certo modo – realiza e anula ao mesmo tempo. Afeta estruturas mentais. Por isso é comparado a *esquemas* afetivos, funcionais e motores, com a finalidade de demonstrar que, de certa maneira, mobiliza a totalidade do psiquismo. A fim de assinalar seu duplo aspecto representativo e eficaz, poderíamos qualificá-lo, facilmente, de *eidolo--motor*. O termo *eidolon* mantém-no, em relação à representação, no nível da imagem e do imaginário, em vez de situá-lo no nível intelectual da ideia (*eidos*). Isso não quer dizer que a imagem simbólica não provoque nenhuma atividade intelectual; permanece, contudo, como centro ao redor do qual gravita todo o psiquismo que ela põe em movimento. Quando o desenho de uma roda num boné indica que a pessoa é um empregado de ferrovias, a roda não passa de um signo ou sinal; quando usada, porém, em relação ao Sol, aos ciclos cósmicos, aos encadeamentos do destino, às casas do Zodíaco, ao mito do eterno retorno, é uma coisa completamente diferente, pois adquire o valor de símbolo. Mas, ao afastar-se do significado convencional, abre caminho à interpretação subjetiva. Com o signo, permanece-se num caminho seguro e contínuo: o símbolo supõe uma ruptura de plano, uma descontinuidade, uma passagem a outra ordem; introduz a uma ordem nova, de múltiplas dimensões. Complexos e indeterminados – se bem que dirigidos num certo sentido –, os símbolos são também chamados *sintemas* ou imagens axiomáticas.

Os exemplos mais sugestivos desses esquemas eidolon-motores são os arquétipos, conforme os denominou C. G. Jung. Pode-se recordar aqui um conceito de S. Freud, sem dúvida mais restritivo do que o de Jung, sobre os fantasmas originários, que seriam "estruturas fantasmáticas típicas (vida intrauterina, cena primária, castração, sedução) que a psicanálise considera organizadoras da vida fantasmática, quaisquer que sejam as experiências pessoais dos sujeitos; a universalidade desses fantasmas explica-se, segundo Freud, pelo fato de que constituiriam um patrimônio transmitido filogeneticamente" (LAPV, 157).

Para C. G. Jung, os arquétipos seriam como protótipos de conjuntos simbólicos, tão profundamente gravados no inconsciente que dele constituiriam uma forma de estrutura: os *engramas*, segundo o termo usado pelo analista de Zurique. Na alma humana, são como *modelos* pré-formados, ordenados (taxinômicos) e ordenadores (teleonômicos), i.e., conjuntos representativos e emotivos estruturados, dotados de um dinamismo formador. Os arquétipos manifestam-se como estruturas psíquicas quase universais, inatas ou herdadas, como uma espécie de consciência coletiva; exprimem-se por meio de símbolos específicos, carregados de uma grande potência energética. Desempenham um papel motor e unificador considerável na evolução da personalidade. C. G. Jung considera o arquétipo "uma possibilidade formal de reproduzir ideias semelhantes ou, pelo menos, análogas [...] ou uma condição estrutural inerente à psique que tem, ela própria, de certo modo, ligação com o cérebro" (JUNH, 196). Mas o que é comum à humanidade são essas estruturas constantes e não as imagens aparentes que podem variar conforme as épocas, as etnias e os indivíduos. Sob a diversidade das imagens, das narrativas e das mímicas, um mesmo conjunto de relações pode-se revelar, uma mesma estrutura pode funcionar. Mas se por um lado as imagens múltiplas são suscetíveis de uma redução a arquétipos, por outro lado não se deve perder de vista seu condicionamento individual nem se deve, para chegar ao tipo, negligenciar a realidade complexa desse homem, tal como ele é. A redução, que alcança o fundamental pela análise e que é de tendência universalizante, deve ser acompanhada de uma integração, que é de ordem sintética e de tendência individualizante. O símbolo arquetípico liga o universal e o individual.

Os mitos apresentam-se como transposições dramatúrgicas desses arquétipos, esquemas e símbolos, ou como composições de conjunto, epopeias, narrativas, gêneses, cosmogonias, teogonias, gigantomaquias, que já começam a deixar entrever um processo de racionalização. Mircea Eliade vê no mito o "modelo arquetípico para todas as criações, seja qual for o plano no qual elas se desenrolam: biológico, psicológico, espiritual. A função mestra do mito é a de fixar os modelos exemplares de todas as ações humanas significativas" (ELIT, 345). O mito aparecerá como um teatro simbólico de lutas interiores e exteriores a que o homem se entrega no caminho de sua evolução, na conquista de sua personalidade. O mito condensa, numa só história, uma multiplicidade de situações análogas; mais além de suas imagens movimentadas e coloridas como desenhos animados, permite a descoberta de tipos de relações constantes, i.e., de estruturas.

Mas essas estruturas, animadas de símbolos, não permanecem estáticas. Seu dinamismo pode tomar duas direções opostas. A via de identificação com os deuses e com os heróis imaginários conduz a uma espécie de alienação: as estruturas são, nesse caso, qualificadas de "esquizomorfas" (G. Durand) ou de "heterogeneizantes" (S. Lupasco); elas tendem, com efeito, a tornar o sujeito semelhante ao *outro*, ao objeto da imagem, a identificá-lo a esse mundo imaginário e a separá-lo do mundo real. Ao contrário, a via de integração dos valores simbólicos, expressos pelas estruturas do imaginário, favorece a individuação ou o desenvolvimento harmonioso da pessoa; essas estruturas são, nesse caso, chamadas *isomorfas, homogeneizantes*, como incitações a que seu sujeito se torne *ele próprio*, em vez de alienar-se num herói mítico. Se se considerar o aspecto sintético dessa integração – que é uma assimilação interior a si mesma dos valores exteriores, em vez de ser uma assimilação de si mesma aos valores exteriores – qualificar-se-ão essas estruturas de "equilibrantes" ou de "antagonismo equilibrado" (DURS, 4). Por um lado, designar-se-á de simbólico o conjunto de relações e de interpretações referentes a um símbolo, como, por exemplo, o simbolismo do fogo; e, por outro, o conjunto de símbolos característicos de uma tradição: o simbolismo da Cabala, por exemplo, ou a dos maias, da arte romana etc. Finalmente, a simbólica é, também, a arte de interpretar os símbolos através da análise psicológica, da etnologia comparada, de todos os processos e técnicas de compreensão (ver **sonho***) que constituem uma verdadeira hermenêutica do símbolo. Também, por vezes, é chamada *simbólica* a ciência ou a teoria dos símbolos, assim como a física é a ciência dos fenômenos naturais, e a lógica é a ciência das operações racionais. Trata-se de uma ciência positiva, fundada sobre a existência dos símbolos, sua história e suas leis de fato, ao passo que o simbolismo é uma ciência especulativa fundada sobre a essência do símbolo e sobre suas consequências normativas.

O simbólico, segundo J. Lacan, é um dos três registros essenciais que ele distingue no campo da psicanálise, juntamente com o imaginário e o real: "o simbólico designa a ordem de fenômenos dos quais a psicanálise tem de se ocupar, sempre que forem estruturados como linguagem" (LAPV, 474). Para Freud, a simbólica é "o conjunto de símbolos de significação constante que podem ser encontrados nas diversas produções do inconsciente" (LAPV, 475). Freud insiste mais na relação entre simbolizador e simbolizado, ao passo que Lacan considera em primeiro lugar a estruturação e o agenciamento do símbolo, i.e., a existência de "uma ordem simbólica estruturando a realidade inter-humana". Por sua parte,

C. Lévi-Strauss havia extraído uma noção análoga do estudo antropológico dos fatos culturais: "toda cultura", escreveu ele, "pode ser considerada um conjunto de sistemas simbólicos, em cuja primeira linha se situam a linguagem, as regras matrimoniais, as relações econômicas, a arte, a ciência, a religião" (ibid., 475).

O simbolismo, finalmente, define uma escola teológica, exegética, filosófica ou estética, de acordo com a qual os textos religiosos e as obras de arte não teriam significação literal ou objetiva e seriam apenas expressões simbólicas e subjetivas do sentimento e do pensamento. O termo é igualmente empregado para designar a capacidade de uma imagem ou de uma realidade de servirem de símbolo, como, por exemplo, o simbolismo da Lua. Distingue-se da simbólica antes mencionada pelo fato de que esta última compreende o conjunto de relações e de interpretações simbólicas sugeridas efetivamente pela Lua, ao passo que o simbolismo visa somente uma propriedade geral da Lua como fundamento possível de símbolos. Do mesmo modo, se se falar de simbolismo hindu, cristão ou muçulmano, será para designar não tanto o conjunto de símbolos inspirados por essas religiões, mas a concepção geral que elas têm do símbolo e de sua utilização.

Essas precisões de terminologia poderiam ser ainda mais matizadas. Todavia, são suficientes para nos fazer pressentir a originalidade do símbolo e sua incomparável riqueza psicológica.

3. A natureza indefinível e viva do símbolo

Viu-se como o símbolo se distingue do simples signo e como anima os grandes conjuntos do imaginário: arquétipos, mitos, estruturas. Apesar de sua importância, não insistiremos mais sobre esses problemas de terminologia. Julgamos conveniente aprofundar-nos na própria natureza do símbolo.

Em sua origem, o símbolo é um *objeto dividido em dois* – fragmentos de cerâmica, de madeira ou de metal. Duas pessoas guardam, cada uma delas, a metade desse objeto (o hospedeiro e o hóspede, o credor e o devedor, dois peregrinos, dois seres que se vão separar por longo tempo etc.). Mais tarde, ao juntar as duas metades, reconhecerão seus laços de hospitalidade, suas dívidas ou sua amizade. Os símbolos eram também, para os gregos da Antiguidade, sinais de reconhecimento que permitiam aos pais reencontrar os filhos abandonados. Por analogia, estendeu-se o significado da palavra aos cupons, senhas, fichas que dão direito a receber soldos, indenizações ou víveres, e a todos os sinais de adesão, presságios e convenções. O símbolo separa e une, comporta as duas ideias de separação e de reunião; evoca uma comunidade que foi dividida e que se pode reagrupar. Todo símbolo comporta uma parcela de *signo partido*; o sentido do

DICIONÁRIO DE SÍMBOLOS

símbolo revela-se naquilo que é simultaneamente rompimento e união de suas partes separadas.

A história do símbolo atesta que todo objeto pode revestir-se de valor simbólico, seja ele natural (pedras, metais, árvores, flores, frutos, animais, fontes, rios e oceanos, montes e vales, planetas, fogo, raio etc.) ou abstrato (forma geométrica, número, ritmo, ideia etc.). Como diz Pierre Emmanuel, podemos entender por objeto, neste caso, "não apenas um ser ou uma coisa real, mas também uma tendência, uma imagem obsedante, um sonho, um sistema de postulados privilegiados, uma terminologia habitual etc. Tudo aquilo que fixa a energia psíquica ou a mobiliza em seu benefício exclusivo fala-me do ser, em diversas vozes, diversas alturas, sob inúmeras formas e por diferentes objetos intermediários; e eu perceberia, se lhes prestasse atenção, que esses últimos se sucedem em meu espírito por meio da metamorfose" (ETUP, 79). Consequentemente, o símbolo afirma-se como

> [...] um termo aparentemente apreensível, associado a outro que – este, sim – escapa à apreensão.
>
> No sentido freudiano da palavra, o símbolo exprime, de modo indireto, figurado e mais ou menos difícil de decodificar, o desejo ou os conflitos. O símbolo é a relação que une o conteúdo manifesto de um comportamento, de um pensamento, de uma palavra, ao seu sentido latente [...]. A partir do instante em que se reconhece a um comportamento, por exemplo, pelo menos duas significações – das quais uma toma o lugar da outra, mascarando-a e expressando-a, ao mesmo tempo –, pode-se qualificar de simbólica a relação entre essas duas significações (LAPV, 477).

Esta relação caracteriza-se por certa constância entre os elementos manifestos e os elementos latentes do símbolo. Para muitos psicanalistas, o que é simbolizado é sempre inconsciente: "Nem todas as comparações são símbolos", escreve S. Ferenczi: "somente aquelas nas quais o primeiro componente estiver rejeitado no inconsciente" (ibid.). Por conseguinte, à medida que a criança rejeita e disfarça menos o seu desejo do que o adulto, seu sonho é também menos simbólico e mais transparente. Assim, o sonho não seria sempre e inteiramente simbólico, e os métodos para sua interpretação variariam conforme os casos, valendo-se tanto das simples associações como dos símbolos propriamente ditos.

Para C. G. Jung, o símbolo não é seguramente nem uma alegoria nem um mero signo, mas sim "uma imagem apropriada para designar, da melhor maneira possível, a natureza obscuramente pressentida do Espírito". Recordemos que, na terminologia desse analista, o espírito engloba o consciente e o inconsciente, concentra "as produções religiosas e éticas, criadoras e estéticas do homem", colore todas as atividades intelectuais, imaginativas e emotivas do indivíduo, opõe-se, como princípio formador, à natureza biológica e "mantém constantemente desperta essa tensão dos contrários que está na base de nossa vida psíquica" (J. Jacobi). C. G. Jung, ao continuar essa linha de pensamento, especifica que: "o símbolo nada encerra, nada explica – remete para além de si próprio, em direção a um significado também nesse além, inatingível, obscuramente pressentido, e que nenhum vocábulo da linguagem que nós falamos poderia expressar de maneira satisfatória" (JUNP, 92). Ao contrário, porém, do mestre vienense, ele não considera que os símbolos sejam "o disfarce de outra coisa. São um produto da natureza". É verdade que essas manifestações não são desprovidas de sentido, mas o que escondem não é necessariamente o objeto de uma censura que reapareceria sob a forma temporária de uma imagem simbólica. Nesse caso, esta imagem seria apenas um sintoma de uma situação conflitiva, em vez de exprimir a tendência normal da psique para realizar todas as suas virtualidades. É na ultrapassagem do conhecido em direção ao desconhecido, do expresso em direção ao inefável, que se afirma o valor do símbolo. Se um dia o termo oculto tornar-se conhecido, o símbolo morrerá. Simbólica é a concepção que, superando qualquer interpretação concebível, considera a cruz a expressão de certo fato ainda desconhecido e incompreensível, místico ou transcendente (e portanto psicológico em primeiro lugar), que é absolutamente impossível de ser representado com maior exatidão, a não ser pela cruz. Desde que um símbolo seja vivo, "ele é a melhor expressão possível de um fato; só é vivo enquanto prenhe de significação. Se essa significação vier à luz, ou melhor: se se descobrir a expressão que melhor formulará a coisa buscada, inesperada ou pressentida, então o símbolo está morto: resta-lhe somente um valor histórico" (JUNT, 492). Entretanto, para que esteja vivo não basta que o símbolo ultrapasse o entendimento intelectual e o interesse estético. Deve também suscitar uma certa vida: "só é vivo o símbolo que, para o espectador, for a expressão suprema daquilo que é *pressentido* mas não ainda reconhecido. Então, ele incita o inconsciente à *participação*: gera a vida e estimula seu desenvolvimento. Recordemos as palavras de Fausto: de que modo tão diferente esse signo agiu sobre mim [...]. Ele faz vibrar em cada um a corda comum" (JUNT, 494).

R. de Becker resumiu bem esses diferentes aspectos do símbolo: "O símbolo pode ser comparado a um cristal que reflete a luz de maneiras diversas, conforme a faceta que a recebe. Pode-se ainda dizer que ele é um ser vivo, uma parcela de

DICIONÁRIO DE SÍMBOLOS

nosso ser em movimento e em transformação. De modo que, ao contemplá--lo e apreendê-lo como objeto de meditação, se contempla também a própria trajetória que se pretende seguir, apreende-se a direção do movimento em que é levado o ser" (BECM, 289).

Reabilitar o valor do símbolo não é, de modo algum, professar um subjetivismo estético ou dogmático. Não se trata absolutamente de eliminar da obra de arte seus elementos intelectuais e suas qualidades de expressão direta e, muito menos, de privar os dogmas e a revelação de suas bases históricas. O símbolo permanece na história, não suprime a realidade nem abole o signo. Acrescenta--lhes uma dimensão, o relevo, a *verticalidade*; estabelece, a partir deles: fato, objeto, sinal, relações extrarracionais, imaginativas, entre os níveis de existência e entre os mundos cósmico, humano, divino. Retomando as palavras de Hugo von Hofmannstal, "o símbolo afasta o que está próximo, reaproxima o que está longe, de modo que o sentimento possa apreender tanto uma coisa como outra".

O símbolo, como "categoria transcendente da altura, do supraterrestre, do infinito, revela-se ao homem por inteiro, tanto à sua inteligência quanto à sua alma. O simbolismo é um dado imediato da consciência total", afirma Mircea Eliade, "isto é, do homem que se descobre a si mesmo como tal, do homem que toma consciência de sua posição no Universo; essas descobertas primordiais estão ligadas de modo tão orgânico ao seu drama, que o próprio simbolismo determina tanto a atividade de seu subconsciente como as mais nobres expressões de sua vida espiritual" (ELIT, 47).

Portanto, a percepção do símbolo exclui a atitude do simples espectador e exige uma participação de ator. O símbolo existe somente no plano do sujeito, mas com base no plano do objeto. Atitudes e percepções subjetivas invocam uma experiência sensível, e não uma conceitualização. É próprio do símbolo "o permanecer indefinidamente sugestivo: nele, cada um vê aquilo que sua potência visual lhe permite perceber. Faltando intuição, nada de profundo é percebido" (WIRT, 111).

Além de ser uma das categorias da altura, o símbolo é, também, uma das categorias do invisível. A decodificação dos símbolos conduz-nos, para retomar as palavras de Klee, "às insondáveis profundezas do sopro primordial, *porquanto o símbolo anexa, à imagem visível,* a parte do invisível percebida ocultamente". Esse ponto de vista é pormenorizadamente desenvolvido por Jean Servier, em seu livro *L'homme et l'invisible* (O homem e o invisível) (SERH).

A compreensão dos símbolos depende menos das disciplinas racionais do que de uma percepção direta através da consciência. Pesquisas históricas, comparações interculturais, o estudo das interpretações dadas pelas tradições orais e escritas, as prospecções da psicanálise contribuem certamente para tornar essa compreensão menos arriscada. Tenderia, porém, a imobilizar-lhe a significação, se não se insistisse sobre a natureza global, relativa, móvel e individualizante do conhecimento simbólico. Este extravasa sempre os esquemas, mecanismos, conceitos e representações que lhe servem de sustentação. Jamais é adquirido para sempre nem é idêntico para todos. Contudo, de modo algum confunde-se com o indeterminado puro e simples. Apoia-se sobre uma espécie de tema de infinitas variações. Sua estrutura não é estática, se bem que efetivamente temática. Dele pode dizer-se o mesmo que Jean Lacroix escreveu sobre a consciência, a propósito do *Paradoxes de la conscience et limites de l'automatisme* (Paradoxos da consciência e limites do automatismo) de Raymond Ruyèr: "ela transfigura os índices conforme temas conjugados", em vez de transformá-los em um feixe bem atado, que se denominará conclusão de síntese. "O paradoxo da finalidade da consciência", continua Ruyèr, "é que ela é uma antecipação simbólica do tempo futuro". Pode-se completar a fórmula e dizer que a finalidade do símbolo é uma tomada de consciência do ser (em todas as dimensões do tempo e do espaço), bem como de sua projeção no além. O fuso das Parcas é mais denso de sentido do que o feixe de varas dos antigos lictores romanos.

Pode-se dizer, também, que o símbolo ultrapassa as medidas da razão pura, sem por isso cair no absurdo. Não surge como o fruto maduro de uma conclusão lógica ao cabo de uma argumentação sem falhas. A análise que fragmenta e pulveriza é impotente para captar a riqueza do símbolo; a intuição nem sempre o consegue; para isso, ela deve ser eminentemente sintética e simpática, isto é, partilhar e provar de uma certa visão do mundo. Porque o símbolo tem, como privilégio, concentrar sobre a realidade de partida – Lua, touro, lótus, flecha –, todas as forças evocadas por qualquer uma dessas imagens e por suas análogas, em todos os planos do cosmos e em todos os níveis da consciência. Cada símbolo é um microcosmo, um mundo total. Não é acumulando detalhes através da análise que se lhe capta o sentido global: é necessária uma visão quase sinóptica. "Um dos traços característicos do símbolo é a simultaneidade dos sentidos que revela. Um símbolo lunar ou aquático é válido em todos os níveis do real, e essa multivalência é revelada simultaneamente" (ELIT, 378).

Na lenda fula (peúle) de Kaydara, o velho mendigo (o iniciador) diz a Hammadi (o peregrino, em busca de conhecimento): "Ó meu irmão! aprende que cada símbolo tem um, dois, vários sentidos. Esses significados são diurnos ou noturnos. Os diurnos são favoráveis, e os noturnos, nefastos" (HAMK, 56).

DICIONÁRIO DE SÍMBOLOS

Tzvetan Todorov demonstrou que no símbolo se produz um fenômeno de condensação: "Um só significante induz-nos ao conhecimento de mais de um significado; ou, para simplificar, o significado é mais abundante do que o significante." E cita o mitologista Creuzer, da época romântica, a quem cabe o mérito de ter revivificado a sensibilidade em relação aos símbolos, sensibilidade esta que estava anestesiada pelas pretensões da razão à hegemonia intelectual: "o símbolo revela a inadequação do ser e da forma [...] o extravasamento do conteúdo em relação à sua expressão" (TODS, 291).

Sob a diversidade de suas formas e interpretações, um símbolo conta, entretanto, entre suas propriedades, com a *constância* na sugestão de uma relação entre o simbolizador e o simbolizado: com efeito, a taça invertida simbolizando o céu exprime não apenas a analogia evidente de um mesmo desenho, como também tudo o que o céu evoca para o inconsciente, a saber, segurança, proteção, morada de seres superiores, fonte de prosperidade e sabedoria etc. Quer assuma a forma da cúpula numa basílica ou mesquita, ou a forma de uma tenda de nômades, ou de uma casamata, a relação simbólica permanece constante entre os dois termos, taça e céu, quaisquer que sejam os graus de consciência e as utilidades imediatas.

Outra propriedade dos símbolos é a sua *interpenetração*. Nenhum compartimento estanque os separa: existe sempre uma relação possível entre um e outro. Não há nada de mais alheio ao pensamento simbólico do que o exclusivismo das posições ou o princípio da exclusão de terceiros. Os conteúdos simbólicos possuem aquilo que C. G. Jung chama "afinidade essencial" (JUNR, 147). Em nossa opinião essa afinidade reside numa relação, de formas e fundamentos inumeráveis, com o transcendente, i.e., num dinamismo ascensional teleonômico. A partir do momento em que aparece uma relação de grau entre duas imagens ou duas realidades, uma relação hierárquica qualquer, seja ela fundada ou não sobre uma análise racional, um símbolo estará virtualmente constituído.

Os símbolos são sempre *pluridimensionais*. Exprimem, de fato, relações terra-céu, espaço-tempo, imanente-transcendente, como a taça voltada para o céu ou para a terra. Esta é a primeira bipolaridade. A outra: sendo síntese de contrários, o símbolo tem uma face diurna e uma face noturna. Além do mais, muitos entre esses binários possuem analogias entre si que também se exprimem como símbolos. Estes últimos poderiam ser do segundo grau, tal como o nicho ou a cúpula sobre seu pedestal em relação à taça isolada. Em vez de basear-se no princípio da exclusão de terceiros, como a lógica conceitual, a "simbólica", ao contrário, pressupõe um princípio da inclusão de terceiros, isto é, de uma possível complementaridade entre os seres e uma solidariedade universal que são percebidas na realidade concreta da relação existente entre dois seres ou dois grupos de seres, ou entre muito mais de dois... O símbolo, pluridimensional, é suscetível de um número infinito de dimensões. No momento em que alguém percebe uma relação simbólica, encontra-se na posição de centro do universo. Um símbolo só existe em função de uma determinada pessoa ou de uma coletividade cujos membros se identifiquem de modo tal que constituam um único centro. Todo o universo articula-se em torno desse núcleo. Esta é a razão pela qual os símbolos mais sagrados para uns são apenas objetos profanos para outros: o que revela a profunda diversidade de suas concepções. A percepção de um símbolo, *a epifania simbólica,* situa-nos, com efeito, dentro de um determinado universo espiritual. Da mesma maneira, jamais se deve "separar os símbolos de seu *acompanhamento existencial*; jamais deles eliminar a aura luminosa no seio da qual nos foram revelados, como, por exemplo, no grande e sagrado silêncio das noites, diante do firmamento imenso, majestoso e envolvente" (CHAS, 49). O símbolo está ligado a uma experiência totalizante. Não lhe podemos apreender o valor, a não ser que nos transportemos em espírito para o meio global onde ele realmente vive. Gérard de Champeaux e D. Sterckx realçaram de modo ainda mais perfeito essa natureza particular dos símbolos: "condensam, no cerne de uma única imagem, toda uma experiência espiritual; [...] transcendem lugares e tempos, situações individuais e circunstâncias contingentes; [...] solidarizam as realidades aparentemente mais heterogêneas, relacionando-as todas a uma mesma realidade mais profunda, que é sua última razão de ser" (ibid., 202). Por acaso essa realidade mais profunda não será o centro espiritual com o qual se identifica, ou do qual participa, aquele que percebe o valor de um símbolo? É em relação a esse centro, cuja circunferência respectiva não está em parte alguma, que o símbolo existe.

4. O dinamismo simbólico e suas funções

O símbolo vivo, que surge do inconsciente criador do homem e de seu meio, preenche uma função profundamente favorável à vida pessoal e social. Se bem que essa função se exerça de maneira global, tentaremos, ainda assim, analisá-la, para melhor demonstrar seu rico dinamismo e suas múltiplas facetas. Mas não devemos nos esquecer, a seguir, de reunir numa visão sintética esses diversos aspectos, a fim de restituir aos símbolos seu caráter específico, irredutível ao desmembramento conceitual. Se nos foi preciso seguir uma certa ordem nesta exposição teórica, essa ordem não significa nenhuma hierarquia verdadeira, abolindo-se na unidade do real.

DICIONÁRIO DE SÍMBOLOS

1. É possível se dizer que a primeira função do símbolo é de ordem *exploratória*. Como inteligência indagadora projetada no desconhecido, o símbolo investiga e tende a exprimir o sentido da aventura espiritual dos homens, lançados através do espaço-tempo. Permite, de fato, que se capte, de certo modo, uma relação que a razão não pode definir por conhecer um dos termos e desconhecer o outro. Estende o campo da consciência para um domínio onde a medida exata é impossível, e no qual o ingresso implica uma parcela de aventura e desafio. "Aquilo que denominamos símbolo", escreve C. G. Jung, "É um termo, um nome ou imagem que, mesmo quando nos são familiares na vida cotidiana, possuem, não obstante, implicações que se acrescentam à sua significação convencional e evidente. O símbolo implica qualquer coisa de vago, de desconhecido ou de oculto para nós [...]. No momento em que o espírito empreende a exploração de um símbolo, é levado a ideias situadas para além do que nossa razão é capaz de captar. A imagem da roda, por exemplo, pode sugerir-nos o conceito de um sol divino, mas, nesse ponto, nossa razão é obrigada a declarar-se incompetente, pois o homem é incapaz de definir um ser *divino* [...]. É por inúmeras coisas se situarem para além dos limites do conhecimento humano, que utilizamos constantemente termos simbólicos para representar conceitos que não podemos definir nem compreender por completo [...]. Mas o uso consciente que fazemos dos símbolos é somente um dos aspectos de um fato psicológico de grande importância: pois o homem também cria símbolos de modo inconsciente e espontâneo" (JUNS, 20-21), para tentar exprimir o invisível e o inefável. Não obstante, o termo desconhecido, em direção ao qual o símbolo orienta o pensamento, não poderia ser uma extravagância qualquer da imaginação. Estejamos atentos, aliás, para não qualificar de extravagante tudo o que ultrapassar nosso entendimento; em vez disso, procuremos, por baixo das relações insólitas, a parcela de verdade que possam ousadamente traduzir. Deixando de lado a pura fantasmagoria – que, de resto, jamais é desprovida de sentido aos olhos do psicanalista, sem que seja necessariamente simbólica –, pode-se admitir, com C. G. Jung, "que um símbolo supõe sempre que a expressão escolhida designa ou formula, da maneira mais perfeita possível, certos fatos relativamente desconhecidos, mas cuja existência está estabelecida ou parece necessária" (JUNT, 491). Torna possível, conforme diz Mircea Eliade, "a livre circulação através de todos os níveis do real". Nada é irredutível ao pensamento simbólico: ele inventa sempre uma relação. É, em certo sentido, a ponta de lança da inteligência; mas que se destruiria caso se apegasse a formulações definitivas. Os próprios problemas e mistérios segregam respostas, embora sob forma de símbolos. Os jogos de imagens e as relações

imaginadas constituem uma hermenêutica experimental do desconhecido. Os mesmos esquemas imaginários poderão subsistir, uma vez identificados pelo analista e pela razão científica, mas, neste caso, para convidar o homem à pesquisa do desconhecido numa outra direção, conduzindo-o a novas explorações.

2. Essa primeira função está estreitamente ligada à segunda. O desconhecido do símbolo não é, com efeito, o vazio da ignorância; é, sobretudo, *o indeterminado do pressentimento*. Uma imagem vetorial ou um esquema eidolo-motor recobrirão esse indeterminado de um véu que será, ao mesmo tempo, uma primeira indicação ou revelação. Consequentemente, o símbolo exerce função de *substituto*. Aos olhos do psicanalista e do sociólogo, de modo figurativo, substitui, à guisa de resposta, solução ou satisfação, uma pergunta, um conflito ou um desejo que permaneçam em suspenso no inconsciente. É uma "expressão substitutiva destinada a fazer passar para a consciência de forma camuflada certos conteúdos que, por causa da censura, não podem penetrá-la" (PORP, 402). O símbolo exprime o mundo percebido e vivido "tal como o sujeito o experimenta", não em função de razão crítica e no nível de sua consciência, mas em função de todo o seu psiquismo, afetivo e representativo, principalmente no nível do inconsciente. Ele não é, pois, "um simples artifício, agradável ou pitoresco, é uma realidade viva que detém um poder real, em virtude da lei de participação" (ibid.). Substitui a relação do ego com seu meio ambiente, ou com sua situação ou consigo mesmo, quando essa relação não é assumida em pleno conhecimento de causa. Mas o que o símbolo tende a sugerir não é, segundo a escola freudiana, apenas o objeto de um recalque. É, segundo o pensamento de Jung, o sentido de uma pesquisa e a resposta de uma intuição incontrolável. "A função original dos símbolos é precisamente essa revelação existencial do homem a si próprio, através de uma experiência cosmológica" (CHAS, 239), na qual podemos incluir toda a sua experiência pessoal e social.

3. A substituição implica uma terceira função: a *mediadora*. Efetivamente, o símbolo exerce uma função *mediadora*; estende pontes, reúne elementos separados, reúne o céu e a terra, a matéria e o espírito, a natureza e a cultura, o real e o sonho, o inconsciente e a consciência. A todas as forças centrífugas de um psiquismo instintivo, levado a dispersar-se na multiplicidade das sensações e das emoções, o símbolo opõe uma força centrípeta, estabelecendo precisamente um centro de relações ao qual o múltiplo se refere e onde encontra sua unidade. Resulta da confrontação de tendências contrárias e de forças antinômicas, e reúne-as numa certa relação. Compensa as estruturas de dissociação de uma libido confusa com

30 | DICIONÁRIO DE SÍMBOLOS

estruturas de associação de uma libido orientada. Sob esse aspecto, o símbolo é um fator de equilíbrio. Um jogo vivo de símbolos num psiquismo assegura uma atividade mental intensa, sadia e, ao mesmo tempo, liberadora. O símbolo fornece ajuda das mais eficazes ao desenvolvimento da personalidade. Possui, de fato, conforme a observação de C. G. Jung, "à margem de sua expressão formal, uma expressividade luminosa, isto é, uma eficácia prática no plano dos valores e dos sentimentos". É ele que favorece essas passagens alternativas e invertidas entre os níveis de consciência, entre o conhecido e o desconhecido, o manifesto e o latente, o ego e o superego.

4 A mediação tende, em última análise, a reunir. Este é o outro aspecto do papel funcional dos símbolos: são forças *unificadoras* (ELIT, 379). Os símbolos fundamentais condensam a experiência total do homem; a religiosa, a cósmica, a social e a psíquica (nos três níveis: do inconsciente, do consciente e do supraconsciente). Realizam, também, uma síntese do mundo, mostrando a unidade fundamental de seus três planos (inferior, terrestre e celeste) e o centro das seis direções do espaço; destacam os grandes eixos de reagrupamento (Lua, água, fogo, monstro alado etc.); por fim, atam o homem ao mundo, os processos de integração pessoal do primeiro inserindo-se numa evolução global sem isolamento nem confusão. Graças ao símbolo, que o situa numa imensa rede de relações, o homem não se sente um estranho no universo. A imagem torna-se símbolo quando seu valor se dilata a ponto de reunir, no homem, suas profundezas imanentes e uma transcendência infinita. O pensamento simbólico reside numa das formas daquilo que Pierre Emmanuel denomina "osmose contínua do interior e do exterior".

5. Unificador, o símbolo exerce, consequentemente, uma função *pedagógica* e mesmo *terapêutica*. De fato, ele causa um sentimento que, se nem sempre é de identificação, pelo menos é de participação numa força supraindividual. Ao juntar elementos desiguais do universo, faz sentir à criança e ao homem que não são seres isolados e perdidos no vasto conjunto que os rodeia. Mas neste caso é preciso não confundir o símbolo com o ilusório nem sua defesa com o culto do irreal. Sob forma cientificamente inexata e até mesmo ingênua, o símbolo exprime uma realidade que responde às múltiplas necessidades de conhecimento, de ternura e de segurança. Todavia, a realidade que ele exprime não é a mesma que representa pelos traços exteriores de sua imagem (bode, estrela ou grão de trigo); é qualquer coisa de indefinível, mas de profundamente sentido como a presença de uma energia física e psíquica que fecunda, cria e alimenta. Através dessas simples intuições, o indivíduo sente-se como parte de um conjunto que a

um só tempo o amedronta e tranquiliza, mas que o adestra para a vida. Resistir aos símbolos é como amputar uma parte de si mesmo, empobrecer a natureza inteira e fugir, sob pretexto de realismo, do mais autêntico dos convites para uma vida integral. Um mundo sem símbolos seria irrespirável: provocaria de imediato a morte espiritual do homem. Mas a imagem não toma o valor de símbolo, a menos que o espectador aceite uma transferência imaginária, simples na realidade, mas complexa para a análise, transferência esta que o coloca no interior do símbolo e que coloca o símbolo no interior do homem, cada um participando da natureza e do dinamismo do outro, numa espécie de simbiose. Essa identificação ou essa participação simbólicas abolem as fronteiras das aparências e conduzem a uma existência partilhada. Realizam uma unidade. Tudo isso é, sem dúvida, o que exprime Rainer Maria Rilke num poema:

> Se queres lograr que uma árvore cobre vida,
> projeta em torno dela este espaço interior
> que reside em ti...
> Pois só quando toma forma na tua renúncia
> é que ela se torna realmente árvore.[2]

Compreende-se o papel considerável dessa vida imaginativa. Mas ignorar as distinções necessárias seria perder, a um só tempo, o sentido do símbolo e o sentido das realidades. Nunca será demais acautelar-se contra os riscos e abusos da identificação. Se por um lado a via da identificação apresenta vantagens, por outro seria imprudente o prolongar-se nela, sem pensar ao mesmo tempo em distanciar-se.

Não resta dúvida de que essa via pode, por exemplo, ajudar a adquirir, sobretudo no que concerne à criança, as atitudes positivas do herói escolhido; mas, quando prolongada, pode vir a provocar certo infantilismo e a retardar a formação da personalidade autônoma. *A identificação com os seres bíblicos*, escreve um eminente religioso, *é um dos grandes meios para se descobrir o comportamento do homem diante de Deus*. No entanto, seria uma infelicidade para ele identificar-se com Caim. Mas, afinal de contas, por mais lamentável que fosse, não passaria de um erro individual de escolha. O pior é o erro de método, é fazer, da identificação com o outro, de modo imprecavido, um princípio pedagógico, e fazer da estrutura heterogeneizante o fundamento de uma educação. De fato, os

---

2. Traduzido da versão francesa de Liliane Brion-Guerry, em *Vision intérieure et perspective inversée – Aesthetik und allgemeine Kunstwissenschaft*, Bane XI-2.

32 | DICIONÁRIO DE SÍMBOLOS

símbolos tomam parte decisiva na formação da criança e do adulto, não somente como expressão espontânea e comunicação adaptada, mas também como um meio de desenvolver a imaginação criadora e o sentido do invisível. No entanto, devem permanecer como fator de integração pessoal, e não tornar-se um risco de desdobramento da personalidade.

6. Se, por uma ruptura de unidade, o símbolo ameaça atrofiar o sentido do real, não é menos verdade que ele seja um dos fatores mais poderosos da inserção na realidade, em virtude de sua função *socializante*. Produz uma comunicação profunda com o meio social. Cada grupo, cada época, têm seus símbolos; vibrar com esses símbolos é participar desse grupo e dessa época. Época morta = época sem símbolos; sociedade desprovida de símbolos = sociedade morta. Uma civilização morre quando já não possui símbolos; muito em breve, dela nada se saberá, senão através da história. O símbolo, conforme já se disse, é uma linguagem universal. Ele é mais, e é menos do que universal. É universal, de fato, por ser virtualmente acessível a todo ser humano, sem passar pela interpretação de línguas escritas ou faladas, e por emanar de toda psique humana. Se é possível admitir um fundo comum do inconsciente coletivo, capaz de receber e de emitir mensagens, não se deve esquecer que esse fundo comum se enriquece e se diversifica com todas as contribuições étnicas e pessoais. O mesmo símbolo aparente, a corça ou o urso, por exemplo, adquirirá, portanto, uma coloração diversa, conforme os povos e os indivíduos, e igualmente conforme os tempos históricos e a atmosfera do presente. O que é importante é ser sensível a essas possíveis diferenciações, se se deseja prevenir mal-entendidos e, sobretudo, penetrar numa compreensão profunda *do outro*. Nessas circunstâncias é que se vê como o símbolo conduz para além do universal do conhecimento. Realmente, ele não é simples comunicação de conhecimento, mas sim convergência de afetividade: através do símbolo, as libidos, no sentido energético do termo, entram em comunicação. Por esta razão o símbolo é o instrumento mais eficaz da compreensão interpessoal, intergrupal, internacional, conduzindo-a à sua mais alta intensidade e às suas mais profundas dimensões. A concordância sobre o símbolo é um passo da maior importância na via da socialização. Na sua qualidade de universal, o símbolo tem a capacidade simultânea de introdução no cerne do individual e do social. Quem penetrar no sentido dos símbolos de uma pessoa ou de um povo conhecerá a fundo essa pessoa ou esse povo.

7. A sociologia e a psicanálise distinguem, com justeza, os símbolos mortos e os símbolos vivos. Os primeiros já não têm nenhum eco na consciência, quer

individual quer coletiva. Já pertencem apenas à história, à literatura ou à filosofia. As mesmas imagens poderão estar mortas ou vivas, conforme as disposições do espectador, conforme suas atitudes profundas, conforme a evolução social. Estarão vivas se desencadearem em todo o seu ser uma vibrante *ressonância*; e mortas se não passarem de um objeto exterior, limitado a seus próprios significados objetivos. Para o hindu, imbuído do pensamento védico, a vaca apresenta um interesse espiritual bem diverso do que desperta no criador normando. A vitalidade do símbolo depende da atitude da consciência e dos dados do inconsciente. Pressupõe uma certa participação no mistério, uma certa conaturalidade com o invisível; ela as reativa, as intensifica e transforma o espectador em ator. Se assim não fosse, segundo as palavras de Aragon, os símbolos seriam apenas "palavras caducas cujo antigo conteúdo desapareceu, como o de uma igreja onde já não se reza". O símbolo vivo, portanto, supõe uma função de *ressonância*. Transportado para o plano psicológico, o fenômeno é comparável àquele que a dinâmica física denomina vibratório. Um corpo, uma ponte suspensa, por exemplo, vibra com sua frequência própria, variável conforme as influências que sobre ele se exercem, como a do vento. Se uma dessas influências, por sua própria frequência, entrar em *ressonância* com a desse corpo, e se seus ritmos se combinarem, produz-se um efeito de amplificação das vibrações, de aceleração das oscilações que podem chegar, progressivamente, até o turbilhão e a ruptura. A função de ressonância de um símbolo é tanto mais ativa quanto melhor se ajustar o símbolo à atmosfera espiritual de uma pessoa, de uma sociedade, de uma época ou de uma circunstância qualquer. Ela pressupõe que o símbolo esteja ligado a uma certa psicologia coletiva, e que sua existência não dependa de uma atividade puramente individual. E esta observação é válida tanto para o conteúdo imaginativo quanto para a interpretação do símbolo. Mesmo quando emerge de uma consciência individual, o símbolo está imerso no meio social. Sua potência evocadora e liberadora variará, conforme o efeito de ressonância que resultar dessa relação entre o social e o individual.

8. Essa relação só poderá ser equilibrada numa síntese harmoniosa das exigências, muitas vezes diferentes, da pessoa e da comunidade. Um dos papéis que o símbolo desempenha é o de reunir e harmonizar até mesmo os contrários. C. G. Jung denomina "*função transcendente* (função das mais complexas e de forma alguma elementar; transcendente, no sentido de passagem de uma atitude à outra, sob o efeito desta função) a propriedade que os símbolos possuem de estabelecer uma conexão entre forças antagônicas e, consequentemente, de vencer oposições e de assim franquear o caminho a um progresso da consciência. Dentre as páginas

34 | DICIONÁRIO DE SÍMBOLOS

mais sutis de sua obra estão aquelas que descrevem a maneira como, em virtude dessa função transcendente dos símbolos, se desatam, se desligam e se manifestam forças vitais, antagônicas, mas de modo algum incompatíveis, que não são capazes de se unir senão através de um processo de desenvolvimento integrado e simultâneo" (JUNT, 496-498).

9. Verifica-se, portanto, que o símbolo se inscreve no movimento evolutivo completo do homem, e não apenas enriquece seus conhecimentos e sensibiliza seu senso estético. É como se exercesse a função de *transformador* de energia psíquica; como se extraísse essa energia de um gerador de força, algo confuso e anárquico, a fim de normalizar uma corrente e torná-la utilizável na conduta pessoal da vida. "A energia inconsciente", escreve G. Adler (ADLJ, 55), "inassimilável sob forma de sintomas neuróticos, é transformada em energia que poderá ser integrada ao comportamento consciente graças ao símbolo, quer este provenha de um sonho ou de qualquer outra manifestação do inconsciente. O ego é que deve assimilar a energia inconsciente liberada por um sonho (ou por um símbolo), e somente se o ego estiver maduro para esse processo de integração é que este poderá realizar-se". O símbolo não apenas exprime as profundezas do ego, às quais dá forma e figura, mas também estimula, com a carga afetiva de suas imagens, o desenvolvimento dos processos psíquicos. Tal como o atanor dos alquimistas, transmuta as energias: pode converter o chumbo em ouro, e as trevas em, luz.

5. Das classificações à fragmentação (inventários não sistemáticos)

Muitas tentativas têm sido feitas visando uma classificação sistemática dos símbolos. Em geral, são o coroamento normal de um estudo científico, ou uma hipótese provisória de trabalho para preparar esse estudo. Todas elas têm o mérito de esboçar planos que lhe facilitam a apresentação; mas nenhuma nos parece, ainda, suficientemente satisfatória. Lembraremos aqui, embora muito sumariamente, alguns exemplos.

A. H. Krappe distingue, em *La Genèse des mythes* (A gênese dos mitos), os símbolos celestes (céu, Sol, Lua, estrelas etc.) dos símbolos terrestres (vulcões, águas, cavernas etc.). Mircea Eliade não se afasta muito dessa divisão em seu clássico *Traité d'histoire des religions* [Tratado de história das religiões] ao analisar os símbolos uranianos (seres celestes, deuses da tempestade, cultos solares, mística lunar, epifanias aquáticas...) e os símbolos ctonianos (pedras, terra, mulher, fecundidade...), aos quais se acrescentam, num grande movimento de solidariedade cosmobiológica, os símbolos do espaço e do tempo, com a dinâmica do eterno retorno. Gaston Bachelard distribui os símbolos em torno dos quatro elementos tradicionais (a terra, o fogo, a água e o ar), que ele considera *os hormônios da imaginação*. Aliás, cada um desses elementos é interpretado com toda a sua polivalência poética.

G. Dumézil reagrupa os símbolos ao redor das três funções principais que discerniu na estrutura das sociedades indo-europeias e que deram origem às três ordens, ou castas, de sacerdotes, guerreiros e produtores. Por sua vez, Piganiol faz distinção entre os pastores ou nômades e os lavradores ou sedentários, cada qual com sua cadeia específica de símbolos. Pryzulski baseia sua classificação em certo conceito da evolução ascendente da consciência: os símbolos, inicialmente, aglutinam-se em torno do culto da Grande Deusa e da fecundidade, e depois, no nível do homem, do Pai e de Deus.

Para a psicanálise freudiana, o princípio do prazer é o eixo em volta do qual se articulam os símbolos; focalizam-se, sucessivamente, nos níveis oral, anal e sexual desse eixo, sob a ação predominante de uma libido censurada e recalcada. Adler substitui esse princípio pelo da potência, que gera, por meio de um fenômeno de supercompensação dos sentimentos de inferioridade, toda uma *eflorescência* de símbolos. Na obra de C. G. Jung, poder-se-ia encontrar vários princípios de classificação. Por exemplo, os mecanismos ou processos da extroversão e da introversão podem corresponder a categorias diferentes de símbolos; ou ainda, as funções psicológicas fundamentais, sob regimes diferentes do tipo extrovertido ou introvertido; ou ainda, os processos de individuação, com os símbolos caracterizando cada fase evolutiva e cada incidente ou acidente de percurso. Na verdade, com muita frequência trata-se dos mesmos símbolos, marcados, porém, por sinal diferente e imersos num contexto distinto, e que, por isso mesmo, sugerem essas fases ou atitudes diferentes. Em todo caso, o grande analista de Zurique não se aventurou a fazer uma classificação metódica dos símbolos. Toda tentativa nesse sentido, empreendida a partir de sua imensa produção literária, chocar-se-ia contra um obstáculo fundamental, contra o próprio espírito de toda a pesquisa junguiana, tão profundamente hostil a qualquer espécie de sistematização.

Efetivamente, na maior parte dessas tentativas de classificação, pode-se censurar, com Gilbert Durand (DURS, 24-33), uma tendência positivista e racionalizante que destaca os símbolos como signos, fabulações, fragmentos de explicação social ou religiosa, objetos de conhecimento; que desconhece seu enraizamento subjetivo e sua móvel complexidade; que sofre de "uma secreta estreiteza metafísica". Além disso, as classificações psicanalíticas provocam censura por serem de um "imperialismo unitário e de extrema simplificação das

36 | DICIONÁRIO DE SÍMBOLOS

motivações: os símbolos, na obra de Freud, classificam- se com demasiada facilidade dentro do esquema da bissexualidade humana e, segundo Adler, dentro do esquema da agressividade [...]. Em outras palavras, a imaginação, segundo os psicanalistas, é o resultado de um conflito entre pulsões e seu recalque social (uma vergonhosa tentativa de enganar a censura), quando, ao contrário, ela aparece na maior parte das vezes, em seu próprio élan, como resultante de um acordo entre os desejos e os objetos do ambiente social e natural. Longe de ser um produto do recalque, [...] a imaginação é, em vez disso, a origem de uma liberação" (DURS, 30).

Gilbert Durand toma da antropologia estrutural os princípios de sua classificação dos símbolos. Declara utilizar um "método completamente pragmático e completamente relativista de convergência cuja tendência é a de assinalar vastas constelações de imagens, constelações quase constantes e que parecem estar estruturadas por certo isomorfismo de símbolos convergentes" (DURS, 33). Descobre certo feixe de convergências entre a reflexologia (ciência dos reflexos: gestos dominantes), a tecnologia (ciência dos instrumentos necessários ao meio, num prolongamento dos gestos dominantes) e a sociologia (ciência das funções sociais). A partir daí, os símbolos aparecem como esquemas motores que tendem a integrar e a harmonizar pulsões e reflexos de um sujeito com os imperativos e as incitações de determinado meio. As três dominantes (reflexologia) são as de posição, nutrição e copulação; os gestos que correspondem a esses reflexos dominantes necessitam de suportes materiais e utensílios de reforço (tecnologia); seguem-se as funções sociais do sacerdote, do produtor e do guerreiro ou o exercício dos poderes legislativo, executivo e judiciário. Assim, os símbolos que parecem ser os mais disparatados podem reagrupar-se em três grandes conjuntos que, de resto, não são estanques e que caracterizam as interpretações biopsicológicas, tecnológicas ou sociológicas, mais ou menos predominantes, conforme os símbolos e os níveis considerados. Todavia, por motivos que não são absolutamente convincentes e que revelam as influências persistentes das bipartições uraniana e ctoniana de Mircea Eliade ou a influência tenebrosa e luminosa dos psicanalistas, Gilbert Durand não aplica rigorosamente esses princípios. Distingue dois regimes do simbolismo: "o *regime diurno*, que compreende os símbolos da dominante relativa à posição, a tecnologia das armas, a sociologia do soberano, sacerdote e guerreiro, os rituais da elevação e da purificação etc.; e o *regime noturno*, que compreende as dominantes digestiva e unitiva ou cíclica, a primeira, a subsumir as técnicas do continente e do hábitat, os valores alimentares e digestivos, a sociologia matriarcal e nutriente; a segunda, a agrupar as técnicas do ciclo, do calendário agrícola, da indústria têxtil, os símbolos naturais ou artificiais do retorno, os mitos e os dramas astrobiológicos" (DURS, 50). Julgamos que cada símbolo, seja qual for a dominante de que depende, possui um duplo aspecto, diurno e noturno. O monstro, por exemplo, é um símbolo noturno quando engole e devora, mas torna-se diurno no momento em que transforma e expele um novo ser; guardião dos templos e jardins sagrados é, a um só tempo, obstáculo e coragem, trevas e luz, noturno e diurno. Gilbert Durand ressalta admiravelmente, aliás, essa bipolaridade dos símbolos. Por essa razão é de lamentar ainda mais que suas sábias e sutis pesquisas não o tenham conduzido a uma classificação mais adequada a seus próprios critérios. Embora isso possa ser também uma prova de que o símbolo é tão complexo que extravasa qualquer sistema.

Outros autores distinguem os símbolos cosmológicos, metafísicos, éticos, religiosos, heroicos, tecnológicos e psicológicos. Entre esses últimos, cada símbolo corresponderia a um tipo humano, com seu lado positivo e seu lado negativo. Contudo, esses aspectos diversos encontram-se concomitantemente na maioria dos símbolos que C. Lévi-Strauss disse serem de "estrutura folheada", dos quais uma das funções é precisamente a de unir vários planos. Não podem, por conseguinte, servir como princípios de classificação. Indicam somente os níveis de interpretação possível.

Em seus estudos mitológicos, C. Lévi-Strauss recusa-se deliberadamente a deixar que seu empreendimento seja encerrado "nos limites de uma classificação. Seja qual for o modo pelo qual o encaremos, seu empreendimento desenvolve-se como uma nebulosa, sem jamais fazer, de maneira sistemática ou duradoura, a soma total dos elementos dos quais extrai cegamente sua substância, confiante em que o real lhe há de servir de guia e lhe mostrará um caminho mais seguro do que aqueles que teria podido inventar" (LEVC, 10). Essa reserva metodológica assemelha-se às que inspiraram a elaboração deste dicionário, que se recusa a toda classificação sistemática. Foi em torno daquilo que denominam *figuras simples* ou *símbolos fundamentais do psiquismo humano* que Gérard de Champeaux e Sébastien Sterckx, em *Le monde des symboles* (O mundo dos símbolos), obra que considera principalmente a "simbólica" românica, reagruparam o conjunto dos símbolos. As figuras são o centro, o círculo, a cruz e o quadrado. Não se trata de deduzir todos os símbolos dessas figuras nem de reduzi-los todos a essas formas. Tal tentativa indicaria uma completa ininteligência do pensamento simbólico. Assim, o símbolo do templo, se bem que o edifício sagrado seja mais comumente quadrado ou retangular, conecta-se ao simbolismo do centro porque o templo

DICIONÁRIO DE SÍMBOLOS

representa efetivamente o papel de um centro sagrado; do mesmo modo, a árvore pertencerá ao domínio simbólico da cruz, se bem que certas frondes evoquem melhor a imagem da cúpula e do círculo. Compreende-se que essa classificação flexível pressuponha uma interpretação que pode estar bastante afastada das aparências e orientada na direção das verdades profundas.

Por seu lado, ao estudar *Le symbolisme dans la mythologie grecque* (O simbolismo na mitologia grega), Paul Diel divide os mitos e seus temas de acordo com articulações de uma dialética inspirada numa concepção bioeticopsicológica do simbolismo. Considera que a vida, como força de evolução, é dirigida pelo psiquismo humano. A imaginação afetiva está no cerne desse psiquismo. A lei fundamental da vida reside no sadio funcionamento da psique, i.e., no domínio de si próprio e do mundo. Os combates dos mitos ilustram as aventuras de todo ser humano, com suas possibilidades permanentes e suas fases alternadas de arrebatamentos espirituais e de quedas na perversão. O herói mítico destaca-se como projeção simbólica de nós mesmos, parcial ou total, tal como somos em determinada fase de nossa existência. Ora, segundo Paul Diel, a vida evolui em direção a uma espiritualização, em virtude de uma pressão lenta, mas, no todo, irresistível. Movido por um influxo vetorial, o espírito desempenha função de supraconsciência; o intelecto é uma função consciente que adapta o homem, ao longo de seu caminho evolutivo, às necessidades urgentes e às finalidades da existência. A ultrapassagem do consciente na direção do supraconsciente está semeada de armadilhas cuja causa principal é a imaginação exaltada. Esta desempenha um papel parasitário, de natureza a contrariar o esforço evolutivo e a provocar uma regressão ao pré-consciente ou ao inconsciente. Com seu cortejo de hábitos ilógicos, imagens obsedantes e atitudes contraditórias, essa disfunção da psique, repartida entre a atração do supraconsciente e o peso do inconsciente, alimenta o subconsciente. O que o mito revela, com a ajuda de imagens e de situações simbólicas, já não são mais os vestígios de um passado poetizado, mas a figura de um presente conflitante a superar e o projeto de um futuro a realizar. Nessa perspectiva, "os símbolos fundamentais dizem respeito às três instâncias que se justapõem na psique humana ao inconsciente animal: a imaginação estimuladora e recalcadora (subconsciente), o intelecto (consciente) e o espírito (supraconsciente)" (DIES, 36). E assim é que o autor classifica os símbolos em quatro categorias: os da exaltação imaginativa (Ícaro, Tântalo, Ixião, Perseu etc.); os da disfunção (as discórdias iniciais: teogonia, gigantomaquia etc.); os da banalização, como primeira manifestação da disfunção, banalização esta que assume três formas: convencional (Midas, Eros, Psique), dionisíaca

(Orfeu) e titânica (Édipo); os da superação do conflito ou do combate contra a banalização (Teseu, Héracles, Prometeu etc.). Apoiados na interpretação geral, os símbolos do pé, da águia, da túnica, da flecha, do rio etc. encontram justo lugar nesta classificação. Ela possui o mérito da coerência e da profundidade; inspira-se, contudo, num sistema de interpretação, de grande valor, sem dúvida, mas demasiadamente centrado na ética. Não salienta as outras dimensões dos símbolos, como, por exemplo, as cosmológicas e religiosas. Não haveria por que censurá-la, porquanto essa classificação pretende dar apenas *uma tradução do simbolismo mítico em linguagem psicológica*. Vamos concluir somente que, se é certo que nela não encontramos os princípios de uma classificação geral, poderá, no entanto, revelar-nos um método interpretativo válido para certo nível de exploração.

André Virel, na *Histoire de notre image* (História de nossa imagem), teve a engenhosa ideia de tomar como sistema de referência as três fases que aparecem no desenvolvimento das noções de tempo e espaço, na evolução biológica, na história humana e na própria história do indivíduo. A primeira fase, que denomina *cosmogênica*, apresenta características que podem ser "centradas no grupo do contínuo: onda, ciclo, alternância"; é a fase uraniana de desbordamento vital, anárquico e confuso. Na segunda fase, a *esquizogênica*, o individual separa-se do magma: "ainda não é a diferenciação, mas é a dualidade, a separação, do ponto de vista de oposição ao meio"; caracteriza-se pela descontinuidade: delimitação, fixação, acumulação, simetria, tempo cadenciado, regulamentação etc.; é a fase saturniana de parada, de pausa, de estabilização. A terceira fase, colocada sob o signo de Zeus (ou Júpiter), é a fase do relançamento da expansão, mas numa continuidade ordenada. "O ser que era inicialmente indiferenciado do ambiente, passa a ser diferenciado. A continuidade de diferenciação opõe-se à continuidade da indiferenciação da fase original. No decurso dessa terceira fase, que denominamos *autogênica,* o ser gera-se a si mesmo, existe por si mesmo. É como um mundo autônomo. A dualidade esquizogênica cede lugar à relação dinâmica entre o ser e o mundo."

Mitos, símbolos, estruturas, Osíris-Seth-Ísis, Urano-Saturno-Júpiter, árvore-nó-machado, caverna-serpente-flecha etc. encontram lugar e sentido nessa concepção evolutiva de conjunto. Essa *simbologia genética* explica muitos fatos irracionais. Oferece um novo método de análise, adequado a instaurar certa ordem entre os elementos disparatados, herdados de universos arcaicos heterogêneos. Abre o caminho a interpretações terapêuticas. Mas, embora possamos agrupar certo número de símbolos em torno de cada uma dessas três fases, elas

40 | DICIONÁRIO DE SÍMBOLOS

não podem servir como princípios de classificação. Porquanto cada símbolo, exceções à parte, como demonstra perfeitamente André Virel, inscreve-se num conjunto que atravessa essas três fases: a onda, por exemplo, é representada como torrencial, na fase cosmogênica; como represada, na fase esquizogênica; como regularizada, na fase autogênica; sendo todos esses termos, a começar pela onda, entendidos em seu sentido simbólico. Eis aí, ainda, um princípio de análise e não de classificação.

Portanto, até o presente, toda classificação sistemática dos símbolos tem-se revelado insuficiente, a não ser para as finalidades práticas de uma exposição. A própria polivalência dos símbolos torna árdua essa tarefa. Pareceu-nos, no estado atual das pesquisas, que a melhor maneira de aplainar os obstáculos ou de superá-los fosse elaborar um repertório de símbolos e tipos de interpretação, suficientemente representativos e de fácil consulta. Este esboço permite o acolhimento de todas as adições e sugestões novas, pois trata-se apenas de um esboço e não de uma nomenclatura exaustiva. Há muito que acrescentar. De nossa parte, deixamos de lado inúmeras notas. Retivemos aquilo que era suficientemente *típico*, isto é, recolhido de diversas áreas culturais e de diversos sistemas de interpretação.

6. A lógica do imaginário e da razão

Mesmo quando se furta a todas as tentativas de classificação, o domínio do imaginário não é o da anarquia e da desordem. As criações mais espontâneas obedecem a certas leis interiores. E mesmo se essas leis nos levarem ao irracional, é razoável procurar compreendê-las. Um símbolo não é um argumento, porém inscreve-se numa certa lógica. Existe, de fato, segundo Jean Piaget, "uma coerência funcional *do pensamento simbólico*. O jorro luxuriante das imagens", escreve Gilbert Durand, "mesmo nos casos que levam à maior confusão mental, prende-se sempre a uma lógica dos símbolos, seja ela ou não empobrecida" (DURS, 21). A lógica dos símbolos, acentua Mircea Eliade, encontra sua confirmação não apenas "no simbolismo mágico-religioso, mas também no simbolismo manifestado pela atividade subconsciente e transcendente do homem" (ELIT, 377-378).

Essa lógica emana de duas características fundamentais dos símbolos, que os distinguem de toda ideia quimérica: sua constância e sua relatividade. Conforme já assinalamos, os símbolos apresentam certa constância na história das religiões, das sociedades e do psiquismo individual. Estão ligados a situações, pulsões e conjuntos análogos. Evoluem de acordo com os mesmos processos. Parece que as criações do consciente, do inconsciente e do transconsciente se inspiram, em

INTRODUÇÃO | 41

sua diversidade iconográfica ou literária, nos mesmos modelos e se desenvolvem segundo linhas de iguais estruturas. Abstenhamo-nos, porém, de imobilizá-las em estereótipos definitivos: a esclerose é morte certa. A constância dessas criações está numa relatividade.

O símbolo, como também já assinalamos, é uma relação ou um conjunto móvel de relações entre vários termos. A lógica dos símbolos repousará, em princípio, sobre o próprio fundamento dessas relações. Mas é aqui que aparecem a complexidade e as dificuldades do problema. Pois o fundamento dessas relações deve ser procurado em numerosas direções. Varia com cada sujeito, com cada grupo e, em muitos casos, com cada fase de sua respectiva existência. Pode-se tomar em consideração, como J. de la Rocheterie, o objeto ou imagem que servem de símbolos ou o que eles simbolizam; acentuar o simbolizado, mais do que o simbolizador; num símbolo da verticalidade, por exemplo, ver o cume descendo para a base, ou esta subindo em direção aos cimos. Pode-se indagar de que maneira um símbolo é percebido pelo sujeito desperto, pelo sonhador adormecido, pelo intérprete; a que coisas ele é, em geral, associado; o que tem sentido a humanidade diante desse símbolo (pela amplificação); em que nível – físico, espiritual, psíquico – ele se situa para quem o percebe *hic et nunc*; qual é sua função no psiquismo de que o percebe, seja na situação presente ou passada, por este vivida; qual seu papel como testemunha e fator de evolução etc. Por numerosos que sejam os termos intervenientes na relação simbólica, todos eles contribuem, cada qual à sua maneira, para dar-lhe valor e coloração próprios. Por incompreensíveis que sejam em sua totalidade, na maior parte das vezes, nem por isso deixam de possuir certa realidade, que ocupa lugar ativo na vida das imagens. E este lugar responde a uma ordem das coisas; fundamenta uma lógica original, irredutível à dialética racional. "É o mundo que fala através do símbolo, *escreve C. G. Jung.* Quanto mais o símbolo for arcaico e profundo [...], mais se torna coletivo e universal. Quanto mais abstrato, diferenciado e específico, ao contrário, mais se aproxima da natureza de particularidades e de fatos únicos conscientes, e mais se encontra despojado de sua qualidade essencialmente universal. Na consciência plena, corre o perigo de tornar-se simples alegoria, que não ultrapassa jamais o limite da concepção consciente; e, neste último caso, estará igualmente exposto a toda espécie de explicações racionalistas" (JUNA, 67). Portanto, é importante que se apreendam as propriedades dessa lógica particular no próprio nível do simbólico e não na condição degradada do alegórico. "A manipulação dos símbolos", diz Mircea Eliade, "efetua-se de acordo com uma lógica simbólica" (ELIT, 41).

O elo entre os símbolos não depende da lógica conceitual: não entra nem na extensão nem na compreensão de um conceito. Tampouco aparece no final de uma indução ou dedução nem de qualquer procedimento racional de argumentação. A lógica dos símbolos fundamenta-se na percepção de uma relação entre dois termos ou duas séries, que escapa, como já vimos, a toda classificação científica. E se usamos a expressão *lógica dos símbolos*, é apenas no intuito de afirmar que existem elos ou conexões no interior dos símbolos e entre eles, e que se formam cadeias de símbolos (touro-Lua-noite-fecundidade-sacrifício-sangue--sêmen-morte-ressurreição-ciclo-etc.). Ora, esses conjuntos denotam associações que não são absolutamente anárquicas, gratuitas ou fortuitas. Os símbolos comunicam-se entre si, obedecendo a leis e a uma dialética ainda muito pouco conhecidas. Por isso, pareceria justo dizer que o "simbolismo não é lógico [...]. É pulsão vital, reconhecimento instintivo; é uma experiência do sujeito total que nasce para viver seu próprio drama, por força do jogo incompreensível e complexo dos inúmeros elos que tecem seu devenir e o do universo ao qual pertence, e do qual retira a matéria de todos os seus reconhecimentos. Pois, afinal, trata-se sempre de *nascer com*, acentuando-se este *com*, pequenina palavra misteriosa onde jaz todo o mistério do símbolo [...]" (CHAS, 25-26). Mas a lógica que aqui se exclui é a do raciocínio conceitualista: não é a de uma ordem interior, extrarracional, captada somente pela percepção global. Por isso, era possível aos românticos alemães falarem numa lógica dos símbolos, mostrando-se, a esse respeito, mais próximos dos futuros surrealistas que dos lógicos de seu tempo.

Pois, efetivamente, ao analisar em demasia o símbolo, ao atá-lo por demais estreitamente a uma cadeia (raio, nuvens, chuva, touro, fecundidade etc.), ao reduzi-lo com demasiada frequência a uma unidade *lógica*, corre-se o risco de fazer desaparecer por completo essa unidade: não existe pior inimigo do que a racionalização. Jamais se compreenderá suficientemente que *a lógica dos símbolos* não pertence à categoria racional; o que não significa que não tenha sua razão de ser ou que escape a uma certa ordem que a inteligência pode tentar compreender. Mas o símbolo não depende unicamente do conhecimento. "Analisar intelectualmente um símbolo, *diz Pierre Emmanuel,* é o mesmo que descascar uma cebola para encontrar esta cebola. O símbolo nunca poderá ser apreendido por redução progressiva a alguma coisa que não seja ele próprio; logo, deve sua existência ao impalpável que o fundamenta. O conhecimento simbólico é uno, indivisível, e não pode existir senão por meio da instituição desse outro termo, que ele expressa e esconde, a um só tempo" (ETUP, 79). É o que confirma, por sua vez, Henri Corbin, já citado (CORI, 13). Essas posições de alerta tendem mais a apresentar a irredutível originalidade dos símbolos, do que a negar a lógica imanente que os anima. "Mesmo quando o espírito humano parece estar a ponto de abandonar-se mais livremente à sua espontaneidade criadora", diz C. Lévi--Strauss, "não existe na escolha que faz de suas imagens, no modo pelo qual as associa, opõe ou encadeia, nenhuma espécie de desordem ou de fantasia" (LEVC).

O pensamento simbólico revela uma tendência que é comum ao pensamento racional, se bem que os meios de ambos para satisfazerem a tal tendência se diferenciem entre si. Testemunha, na verdade, como observou Mircea Eliade (ELIT, 381), "o desejo de unificar a criação e de abolir a multiplicidade; desejo que é também, à sua maneira, uma imitação da atividade da razão, porquanto a razão tende igualmente à unificação do real".

No entanto, imaginar não é demonstrar. As dialéticas são de ordem diferente. Os critérios do simbolismo serão, por um lado, a constância no relativo captada intuitivamente e, por outro, o correlacionamento do incomensurável; os do racionalismo, a moderação, a evidência e a coerência científicas. Ambos os procedimentos são incompatíveis a partir de uma mesma pesquisa: a razão esforça-se por eliminar o símbolo de seu campo de visão, para desenvolver-se na univocidade das medidas e das definições; a "simbólica" coloca o racional entre parênteses, a fim de dar livre curso às analogias e aos equívocos do imaginário. Se, por um lado, essas atitudes devem guardar suas características específicas, por outro, ambas respondem a necessidades, cada qual em sua categoria. O próprio progresso das ciências, principalmente das ciências do homem, exige sua coexistência. Um símbolo pode prefigurar aquilo que, um dia, será um fato científico, como a terra, *esfera* entre as esferas, ou como a *doação do coração*; um fato científico poderá vir a servir de símbolo, como o *cogumelo de Hiroshima*. Um sábio, no momento em que decide consagrar sua vida à pesquisa, pode estar obedecendo a forças irracionais e a uma concepção do mundo na qual o símbolo, com sua carga emotiva, ocupa lugar considerável. Ao inverso, para abrir-se ao mundo dos símbolos o homem não precisa renunciar, por isso, às exigências de sua razão. Ao mesmo tempo que se eliminam de maneira metódica, para progredir em seu próprio caminho, a razão e a intuição dos símbolos se atraem mutuamente a fim de subsistir. Uma preserva a outra, que, por sua vez, a enriquece com seus excessos, suas tentações e suas explorações.

Poderíamos indagar, no entanto: qual é a objetividade de um símbolo se, por exemplo, a interpretação que lhe dá hoje um psicanalista não pode evidentemente ser a mesma que lhe dava, antes de nossa era, um nômade oriental? Não proporá esta pergunta mais um falso problema? Seus próprios termos não seriam também

44 | DICIONÁRIO DE SÍMBOLOS

os de uma teoria conceitualista do conhecimento? A objetividade, na simbólica, não é uma identidade de conceito nem uma adequação mais ou menos complexa entre a inteligência cognitiva, um objeto conhecido e uma formulação verbal; é uma similaridade de atitude, uma participação imaginativa e emotiva num mesmo movimento, numa mesma estrutura, nos mesmos esquemas cujas formulações e imagens podem ser extremamente diferentes, conforme os indivíduos, os grupos e as épocas. Se refletirmos, por exemplo, sobre a interpretação simbólica dos mitos gregos dada por Paul Diel, não podemos ser pueris a ponto de pensar que todos os gregos, tanto a gente do povo quanto os artistas, partilhassem explicitamente das opiniões do intérprete contemporâneo. O pensamento simbólico é infinitamente mais rico, sob certos aspectos, do que o pensamento histórico. Este último é, em princípio, perfeitamente consciente, avaliado por meio de documentos, comunicável por signos definidos. O primeiro mergulha no inconsciente, eleva-se no supraconsciente; apoia-se na experiência íntima e na tradição; não se comunica senão proporcionalmente à abertura e às capacidades pessoais. Contudo, o símbolo não deixa de estar presente no pensamento histórico – como os leões destemidos às portas de Micenas, como o leão erguido, degolado por um príncipe ou por um sacerdote, às portas de Persépolis; como o *Cemitério marinho* ou qualquer poema semelhante, como a sinfonia à Fraternidade Universal, com todos os seus valores potenciais. Com o passar dos tempos, graças à evolução das culturas e dos espíritos, o símbolo traduz-se numa linguagem nova, desencadeia ressonâncias imprevistas, revela sentidos antes despercebidos. Guarda, entretanto, sua orientação primordial, a fidelidade à intuição original e uma coerência em suas interpretações sucessivas. Os esquemas condutores ordenam-se num mesmo eixo. Ler uma mitologia muitas vezes milenar com os olhos de um analista contemporâneo não é trair o passado, não é iluminá-la com uma luz mais intensa – é, talvez mesmo, ficar cego diante de certa luz. No entanto, essa leitura viva, que se anima à chama do símbolo, participa de sua vida própria, tornando-a a um só tempo mais intensa e mais atual. A narrativa ou a imagem permanecem as mesmas; mas vibram em níveis diferentes de consciência e de percepção, em meios receptivos em maior ou menor grau, e os matizes do símbolo variam com os próprios termos da relação que o constitui. Todavia, essas relações continuam a ser isomórficas. Uma força vetorial no seio da estrutura profunda continua a comandar as diferentes interpretações, que progridem ao longo dos séculos, girando em volta de um mesmo eixo simbólico.

Por conseguinte, ao rejeitar qualquer preocupação de sistema, este dicionário tem como único objetivo apresentar um conjunto de símbolos, sugestivo e evocador, destinado a alargar os horizontes do espírito, a vivificar a imaginação, a estimular a reflexão pessoal, e não a um mero armazenamento de noções adquiridas. Ao folhear estas páginas, o leitor ir-se-á familiarizando, pouco a pouco, com o pensamento simbólico e ficará apto a decifrar por si mesmo muitos enigmas. Se desejar aprofundar-se em certo tema, poderá consultar as obras especializadas; recorremos a um grande número delas, citadas na bibliografia. E, finalmente, o leitor granjeará todo o nosso reconhecimento se nos encaminhar suas observações, críticas ou subsídios. Que este livro seja, sobretudo, repetindo um desejo de Nietzsche, "um diálogo, uma provocação, um chamamento, uma evocação [...]".

Ao terminar, façamos justiça aos iniciadores – os poetas Novalis, Jean-Paul, Hölderlin, Edgar Poe, Baudelaire, Rimbaud, Nerval, Lautréamont, Mallarmé, Jarry –, aos místicos do Oriente e do Ocidente, aos "decodificadores" das imagens do mundo na África, na Ásia e nas Américas. Os símbolos os congregam. Com que força André Breton fustigou, no século das ciências exatas e naturais, "a intratável mania que consiste em sujeitar o desconhecido ao conhecido, ao classificável, (e que) adormece os cérebros". Recordemos o ato de fé do Manifesto: "Creio na conversão futura desses dois estados, na aparência tão contraditórios, que são o sonho e a realidade, numa espécie de realidade absoluta, de suprarrealidade, se assim se pode dizer."

E agora, retomando as palavras de Marthe Arnould, vamos à procura "das chaves dos belos caminhos [...]. Para além das aparências, vamos buscar a verdade, a alegria, o sentido oculto e sagrado de tudo o que existe nesta terra sedutora e terrível [...]. É o caminho do devenir [...]".

A

ABELHA

Incontáveis, organizadas, laboriosas, disciplinadas, infatigáveis, as abelhas não se diferenciariam das formigas, como elas símbolos das massas submetidas à inexorabilidade do destino (homem ou deus) que as acorrenta, se, além disso, não tivessem asas e canto, e não sublimassem em mel* imortal o frágil perfume das flores. É quanto basta para conferir elevado alcance espiritual ao seu simbolismo, paralelamente ao temporal. Operárias da colmeia*, que se pode comparar com maior propriedade a um alegre ateliê do que a uma sombria usina, as abelhas asseguram a perenidade da espécie. Mas, quando consideradas individualmente, na qualidade de animadoras do universo entre a Terra e o céu, podem também simbolizar seu princípio vital, materializar a alma. Nesse duplo aspecto – coletivo e individual, temporal e espiritual – é que consiste a riqueza de seu complexo simbólico por toda parte em que é testemunhado. Ao comentar *Provérbios* (6, 8): "Vá observar a abelha e aprenda como ela é laboriosa", São Clemente de Alexandria acrescenta: "Pois a abelha se serve das flores de um prado inteiro, para com elas fabricar um só mel" (*Strómatas*, 1). "Imitai a prudência das abelhas", recomenda Teolepto de Filadélfia, citando-as como exemplo na vida espiritual das comunidades monásticas.

Para os nosairitas, heresiarcas muçulmanos da Síria, Ali, *leão de Alá*, é o *príncipe das abelhas*, as quais, de acordo com certas versões, seriam os anjos, e, segundo outras, os crentes: "os verdadeiros crentes assemelham-se às abelhas, que escolhem para si as melhores flores" (HUAN, 62).

Na linguagem metafórica dos dervixes Bektachi, a abelha representa o dervixe e o mel é a divina realidade (o Hak) por aquele buscada (BIRD, 255). Da mesma maneira, em certos textos da Índia, a abelha representa o espírito que se embriaga com o pólen do conhecimento.

Personagem de fábula para os sudaneses e para os habitantes situados dentro da curva do rio Níger, ela já é símbolo da realeza na Caldeia, muito antes de ser glorificada pelo Primeiro Império francês. Esse simbolismo da realeza ou do império é solar, tal como atesta o antigo Egito, por um lado associando-o ao raio e, por outro, declarando que a abelha teria nascido das lágrimas de *Rá*, o deus do Sol, ao caírem sobre a Terra.

Símbolo da alma, a abelha é por vezes identificada com Deméter na religião grega, em que pode simbolizar a alma descida aos infernos; ou então, ao contrário, materializar a alma saindo do corpo. Pode-se reencontrá-la na Caxemira e em Bengala, em numerosas tradições indígenas da América do Sul, como também na Ásia Central e na Sibéria. Finalmente, Platão afirma que as almas dos homens austeros reencarnam-se sob a forma de abelha.

Figuração da alma e do verbo – em hebraico, o nome da abelha, *Dbure*, vem da raiz *Dbr*, palavra –, é normal que a abelha desempenhe também um papel iniciático e litúrgico. Em Elêusis e Éfeso, as sacerdotisas são chamadas abelhas. Virgílio exaltou suas virtudes.

Encontramo-las representadas nos túmulos como sinais de sobrevivência além-morte, pois a abelha torna-se símbolo de ressurreição. O inverno (três meses), durante o qual parece desaparecer,

48 | ABELHA-PEDREIRA

pois não sai de sua colmeia, é comparado ao período (três dias) durante o qual o corpo do Cristo fica invisível, após sua morte, antes de reaparecer ressuscitado.

A abelha simboliza, ainda, a eloquência, a poesia e a inteligência. A lenda sobre Píndaro e Platão (abelhas teriam pousado sobre os lábios de ambos, quando ainda crianças de berço) é repetida com relação a Ambrósio de Milão: as abelhas roçam-lhe os lábios e penetram em sua boca. O conceito de Virgílio, segundo o qual as abelhas encerram uma parcela da divina Inteligência, permanecia vivo para os cristãos da Idade Média. Reencontra-se então o valor simbólico do zumbido, verdadeiro *canto* da abelha.

Um sacramentário gelasiano faz alusão às extraordinárias qualidades das abelhas que extraem o pólen das flores roçando-as apenas, sem tirar-lhes o viço. Elas não dão à luz; graças ao trabalho de seus lábios tornam-se mães; assim também o Cristo emana da boca do Pai.

Por causa de seu mel e de seu ferrão a abelha é considerada o emblema do Cristo: por um lado, Sua doçura e Sua misericórdia, e por outro, o exercício de Sua justiça na qualidade de Cristo-juiz. Muitas vezes essa figura é evocada pelos autores da Idade Média; para Bernard de Clairvaux, simboliza o Espírito Santo. Os celtas revigoravam-se com um vinho adoçado pelo mel, e com o hidromel. A abelha, cujo mel era utilizado na preparação do hidromel ou licor da imortalidade, era objeto na Irlanda de estrita vigilância legal. Um texto jurídico gaélico da Idade Média declara que "A nobreza das abelhas vem do paraíso, e foi por causa do pecado do homem que as abelhas teriam saído de lá; Deus derramou sua graça sobre elas, e é por esse motivo que não se pode celebrar a missa sem a cera". Embora seja este um texto tardio e de inspiração cristã, ele confirma uma tradição muito antiga, pois seu vocabulário ainda apresenta vestígios dessa tradição (a palavra galesa *cwyraiid*, de *cwyr, cera*, significa *perfeito, consumado*, e o irlandês moderno *céir-bheach*, literalmente *cera de abelha*, designa também a *perfeição*). O simbolismo da abelha evoca, portanto, entre os celtas

como também em outros lugares, os conceitos de sabedoria e de imortalidade da alma (CHAB, 857 s.; REVC, 47, 164-165).

O conjunto de características recolhidas em todas as tradições culturais denota que por toda parte a abelha surge, essencialmente, como que dotada de uma natureza ígnea, como um ser feito de fogo. Representa as sacerdotisas do templo, as pitonisas, as almas puras dos iniciados, o Espírito, a **palavra***; purifica pelo fogo e nutre com o **mel***; queima com seu ferrão e ilumina com seu brilho. No plano social simboliza o senhor da ordem e da prosperidade, rei ou imperador e, igualmente, o ardor guerreiro e a coragem. Aparenta-se aos heróis civilizadores que estabelecem a harmonia por força do saber e do gládio.

ABELHA-PEDREIRA

A abelha-pedreira, também conhecida como vespão, abegão e casaca-amarela (*Vespa crabro*), que narcotiza as aranhas sobre as quais cria suas larvas, e vive próxima do homem, construindo sua habitação com barro amassado nas chaminés e nos muros das casas, tem papel relevante no bestiário simbólico e mitológico africano. Na Rodésia do Norte (atual Zâmbia), é considerada chefe de todas as aves e todos os répteis da Terra. Senhora do fogo, foi ela que o obteve de Deus, na origem dos tempos, para transmiti-lo aos homens (FRAF, 80). Para os bambaras do Mali, insígnia de uma classe de iniciados superiores, ela encarna o poder de sublimação, de transfiguração, de mutação do profano em sagrado (ZAHV).

ABETARDA

Grande ave pernalta que se encontra frequentemente acompanhada de duas ou três fêmeas. Simboliza na África a família poligâmica. Nunca afastada da terra, não se elevando nos ares, ela significa, na sabedoria popular, a criança que não sai do colo de sua mãe, que não se torna maior, nem mesmo adulto. Por outro lado, não é facilmente surpreendida pelos caçadores, que têm o costume de dizer: "Eu sou uma abetarda, a mim ninguém me apanha." Ave fabulosa que despreza o caçador de quem escapa.

Noturnamente, ela simboliza o mundo temporal. As cristas de plumas finas do macho não passam de enfeites efêmeros; o mundo assemelha-se a este pássaro que se mantém num pé só, que bate as asas e que não se pode apanhar. Diurnamente, ela evoca a captura impossível, pela qual os homens brigam entre si, ferindo-se e acabando por se matar uns aos outros: "É melhor", diz a sabedoria peúle, "partir sem pesar desta terra que rola e esmaga os que desejam dominá-la" (HAMK, 14, 62).

A abetarda é representada na África pela impressão de uma pata de pássaro, simples ⩔ ou dupla ✳. A abetarda seria o símbolo, no casamento, "da união das almas e da fecundidade, da descida das almas à matéria". Se for possível ler a marca da abetarda na cinza espalhada ao redor do leito de um defunto, "é que a alma enfim liberada levantou seu voo". As duas patas unidas da abetarda sublinham seu papel de intermediário entre a terra e o céu; representam também a **árvore*** "igualmente desabrochada, no mundo de cima pelas folhas, e no mundo de baixo pelas raízes". Enfim, este pássaro migrador pode simbolizar "a aventura da alma humana" (SERH, 74-76).

ABISMO

Abismo, tanto em grego como em latim, designa aquilo que é *sem fundo*, o mundo das profundezas ou das alturas indefinidas. Nos textos apócrifos simboliza globalmente os *estados informes da existência*. Do mesmo modo aplica-se ao caos tenebroso das origens e às trevas infernais dos dias derradeiros. No plano psicológico, também, pode corresponder tanto à indeterminação da infância como à indiferenciação da morte, decomposição da pessoa. Mas pode indicar igualmente a integração suprema na união mística. A vertical já não se contenta em afundar-se, eleva-se: há, também, um abismo das alturas como o há das profundezas; um abismo de ventura e luz, como o há de infelicidade e trevas. Todavia, o sentido de elevação apareceu posteriormente ao de descida.

Na tradição sumeria a morada do senhor do mundo flutua sobre o abismo:

> O senhor do abismo, o mestre, Enki,
> Enki, o senhor que decide dos destinos...
> Para sempre instalou um templo sobre o abismo.
> [...] Ó templo, cujo recinto encerra o abismo

> (SOUN, 97)

Para os acádios, é Tiamat quem coloca monstros à entrada do abismo:

> A mãe Abismo que forma todas as coisas
> Fez, além disso, armas irresistíveis:
> Pariu serpentes monstruosas,
> De dentes agudos e mandíbulas impiedosas.

> (SOUN, 136)

Também na Bíblia o abismo será por vezes concebido como um **monstro***, o **Leviatã***.

No Salmo 104, porém, o abismo é comparado a uma veste que envolve a Terra, ao passo que Jeová aparece *revestido de luz, como por um manto*.

O abismo intervém em todas as cosmogonias, na forma da gênese e do fim da evolução universal. Este último, como os monstros mitológicos, engole os seres para depois vomitá-los, transformados.

As profundezas abissais evocam o país dos mortos e, portanto, o culto da Grande Mãe Ctoniana. É sem dúvida nesse antigo fundo cultural que se apoia C. G. Jung ao estabelecer uma conexão entre o simbolismo do abismo e o arquétipo maternal, imagem da **mãe*** *amante e terrível*. Nos **sonhos***, fascinante ou medonho, o abismo evocará o *imenso e poderoso inconsciente*; aparecerá como um convite à exploração das profundezas da alma, para livrá-la de seus fantasmas ou deixar que se soltem.

ABLUÇÃO

Na Ilíada (**1**, 450), lavar as mãos é um gesto de *purificação ritual*. Como em todas as religiões, procede-se a tais abluções antes dos sacrifícios. As abluções rituais são um símbolo de purificação através da **água***. Etimologicamente: *limpam-nos do lodo que nos cobre*.

No Evangelho, lavar as mãos, para Pilatos, será declarar-se e tornar-se, pensa ele, *puro de toda mácula e responsabilidade*, numa duvidosa

50 | ABÓBADA

decisão jurídica, com todas as suas terríveis consequências. Tal gesto simboliza uma recusa de responsabilidade, mas não a legitima.

Nos hinos homéricos, no entanto, surge a ideia de que a ablução não basta para lavar a consciência das faltas morais; a pureza d'alma é coisa bem diferente da limpeza da pele; esta é apenas o símbolo daquela: "quanto ao malvado, nem mesmo todo o Oceano apagaria as máculas de sua alma."

Faz-se, nos textos irlandeses, frequente menção a um rei ou a um soberano que se vai lavar, pela manhã, numa fonte ou numa nascente. Essas abluções estão ligadas ao exercício da função de soberano, sendo possível que dependam do simbolismo geral da **fonte*** (CELT, **15**, 328).

Com as abluções assimilam-se as virtudes da fonte: as diversas propriedades das águas comunicam-se àquele que delas se impregna; elas purificam, estimulam, curam, fecundam. A ablução é um meio de apropriar-se da força invisível das águas.

ABÓBADA

Símbolo do céu. As abóbadas dos templos, dos mausoléus, das grandes mesquitas, dos batistérios, das salas funerárias, das cúpulas são muitas vezes consteladas ou ornadas com imagens celestes, anjos, astros, pássaros, carros solares etc. Essas decorações entram em composição com o resto do edifício para representar tudo o que é celeste no conjunto cósmico.

Geralmente repousam sobre uma base quadrada. Esta aliança entre as linhas curvas do alto e das retas da base simboliza a união do céu e da Terra.

ABÓBORA (v. Cabaça)

Belo exemplo da ambivalência dos símbolos: se essas familiares cucurbitáceas são associadas pelos franceses à estupidez (*quelle gourde!*), suas sementes se consomem em certas sociedades africanas como símbolo da inteligência. É verdade que a cabaça (fr. *gourde*) é o que resta, quando as sementes são retiradas... Se temos também tendência a fazer das cabaças ornamentos inúteis, isso não escapa

aos chineses: *Serei uma cabaça, condenada a ficar dependurada sem que ninguém a coma?* pode-se ler no *Luan-yu.* O Extremo Oriente nos oferece, no entanto, sobre o tema, uma gama riquíssima de símbolos.

A abóbora, em razão das suas inúmeras sementes, é, como a cidra, a laranja, a melancia, um símbolo de *abundância e fecundidade.* A maior parte das populações do norte do Laos teria nascido de abóboras pendentes do grelo axial do mundo. Verdadeiras *cornucópias*, as abóboras celestes dos tais da Tailândia continham não só todas as espécies humanas mas ainda todas as variedades de arroz, bem como os manuais das ciências secretas. Fonte da vida, a abóbora é também o símbolo da regeneração. Por isso mesmo, para os taoistas, ela é símbolo e *alimento de imortalidade.* Foi graças a uma abóbora que o ancestral mítico dos chineses, Pan-ku (ou Fu-hi e Niu-kua) foi salvo do dilúvio. Pode ser, aliás, que Pan-ku tenha sido, ele próprio, uma abóbora. As abóboras crescem nas Ilhas dos Imortais, mas elas permitem também alcançá-las, i.e., subir aos céus. Compreende-se então por que as sementes de abóbora são consumidas, como alimento de imortalidade, no equinócio da primavera, que é a época da renovação, do início da preeminência do *yang.* E porque as cabaças são postas no alto dos pavilhões de entrada das lojas das sociedades secretas; sinal de *regeneração espiritual,* de acesso à morada da imortalidade.

As abóboras maravilhosas se encontram também nas grutas, mas elas próprias são grutas e participam, em consequência, da sua simbologia cósmica. O *céu em forma de cabaça*, espontaneamente descoberto pelo Sábio no interior de si mesmo, é a **caverna*** *do coração.* O microcosmo em forma de cabaça é também a dupla esfera ou os dois cones opostos pelo ápice, forma dos cadinhos dos alquimistas e da montanha Kuan-Luan. Em todos estes casos estamos diante de cabaças, e vale lembrar que o cadinho, como a cabaça, é um recipiente que contém o elixir da longa vida.

Observe-se ainda que, na China antiga, o rito da bebida comunial se efetuava, por ocasião dos festins nupciais, com a ajuda de duas metades de cabaça, uma representação, evidentemente, das duas metades diferenciadas da unidade primeira. Em vietnamita, a cabaça serve para designar a forma da Terra. Difícil é justificar a ideia de longevidade associada à abóbora, afora as razões invocadas anteriormente. Talvez a perenidade da cabaça seca baste como explicação (CADV, FRAL, KALL).

ABRAÃO

Patriarca bíblico vindo da Mesopotâmia para as terras de Canaã, no reino de Hamurábi, no início do segundo milênio antes de Cristo, por volta de 1850. Habitante de Ur, na Caldeia, recebeu de Deus a ordem de abandonar sua pátria e partir para um país desconhecido, cuja localização Deus lhe indicaria pouco a pouco. Quando Abraão chegou a Canaã, Deus lhe disse que essa era a região que destinara a ele e à sua descendência. De acordo com a tradição bíblica, Deus o havia retirado de uma região politeísta, a fim de fazê-lo guardião da revelação e do culto monoteísta. Todo o universo conhecido caíra na idolatria, Hará e Canaã não escapavam à perversão geral. Mas Abraão ali se radicaria como estrangeiro, e a pureza de sua fé seria preservada dos contatos com os costumes e crenças dos nativos; até mesmo, através de sua fé, se oporia a eles para salvaguardar a unidade da família e dos servidores do Patriarca. Essa viria a tornar-se uma das constantes da história de Israel: uma perpétua reação contra o meio corruptor. A qualidade de *estrangeiro em seu próprio país* preservaria sua vocação sagrada.

Abraão simboliza *o homem escolhido por Deus* para preservar o sagrado repositório da fé; o homem *abençoado por Deus* que lhe prodiga as promessas de numerosa descendência e imensas riquezas; o homem que é predestinado a um *papel universal* como um novo Adão e como o ancestral do Messias; seu nome significará, segundo uma etimologia popular: *pai da multidão*. Mas, sobretudo, Abraão será o símbolo do *homem de fé*. Contando só com a palavra de Deus, partiu para um país que não conhecia; com a promessa de Deus, aquele que não tivera filhos e cuja mulher era estéril tornou-se pai de inumerável descendência; na ocasião em que Deus lhe pediu que sacrificasse seu único filho, como se estivesse contradizendo suas promessas, Abraão dispunha-se a obedecer quando um anjo deteve seu braço. São Paulo resumiu, em fórmula expressiva, a força dessa fé: "*contra spem in spem credidit*, que se poderia traduzir por: *para uma* aventura *sem esperança*, ele encontrou a esperança em sua fé"; ou ainda: "quando já não lhe restava nenhuma esperança, sua fé lhe deu a esperança"; ou, em suma: "contra toda expectativa, ele acreditou na esperança."

Por ser o ancestral reconhecido pelas três grandes religiões monoteístas – o judaísmo, o cristianismo e o islamismo –, Abraão é também o símbolo do *elo espiritual* que une judeus, cristãos e muçulmanos: a irmandade de Abraão.

No plano psicológico, Abraão simboliza igualmente a necessidade de *desarraigamento do meio habitual* familiar, social, profissional, para que se realize uma *vocação ímpar* e se estenda uma influência além dos limites comuns. O gosto pela aventura e pelo risco caracteriza todos os grandes destinos. A fé em Deus é capaz de mover montanhas. A sabedoria de Abraão inspirou-lhe a loucura (*v.* **louco***) de ser o aventureiro de Deus.

ABRACADABRA

Esta fórmula foi utilizada durante toda a Idade Média.

"Bastaria usar em torno do pescoço esta espécie de filactério, escrito na disposição triangular que se vê a seguir, para conjurar diversas doenças e curar a febre" (PLAD).

ABRACADABRA
ABRADACABR
ABRACADAB
ABRACADA
ABRACAD
ABRACA
ABRAC
ABRA
ABR
AB
A

52 | ABSINTO

Essa palavra viria da expressão hebraica *abreg ad hàbra,* que significa: *arremessa teu raio até a morte.* Em hebraico compõe-se de nove letras. "A disposição da letra *alef* sobre a linha esquerda do triângulo desempenha um papel mágico por sua presença nove vezes repetida" (MARA, 48).

A disposição das letras em triângulo invertido dirige para a base as energias do alto, que o talismã pretende captar. Portanto, é preciso entender essa figura como tendo três dimensões: veremos, então, um funil no qual as letras mágicas, correndo enviesadas da parte alta alargada para a parte baixa que se estreita, formam as linhas de força de um poderoso turbilhão; ai das forças do mal por ele tragadas, pois desaparecem para sempre, saindo do mundo da luz para cair num abismo de cujo fundo nada torna a subir.

A fórmula *Abracadabra* responde, nesse espírito, às mesmas preocupações que causaram a invenção dos **amuletos***, talismãs ou **pentáculos***.

Todas essas fórmulas, das quais o Abracadabra é apenas um exemplo, apoiam-se num simbolismo muito antigo. Não se chegou até a fazer aproximações com um dos nomes de Mitra, o deus solar, sacrificador e salvador?

Tal como os amuletos, talismãs e pentáculos, todas elas procuram dar ao homem um sentimento de *proteção,* colocando-o em harmonia com as leis misteriosas que regem o mundo, e em relação com poderes superiores.

ABSINTO

Por designar toda ausência de doçura, esta planta aromática simboliza a dor, principalmente sob forma de amargura e, em especial, a dor provocada pela ausência.

Mas já entre os gregos antigos ela servia para perfumar os vinhos, e os latinos utilizavam-na para mitigar a sede dos atletas. Acreditava-se que a beberagem feita com absinto tivesse poderes tonificantes.

No texto do Apocalipse, *Absinto* seria o nome dado a um astro flamejante como uma tocha, que simbolizava, historicamente, o rei da Babilônia que devastaria Israel, e, profeticamente, Satã:

"[...] E o terceiro Anjo tocou (a trombeta) [...] Caiu do céu uma grande estrela, ardendo como uma tocha. E caiu sobre a terça parte dos rios e sobre as fontes. O nome da estrela é Absinto. A terça parte da água se converteu em absinto, e muitos homens morreram por causa da água, que se tornou amarga [...]" (*Apocalipse*, 8, 10-12).

Segundo as interpretações de exegetas cristãos, a queda da estrela *Absinto* seria um desses cataclismos cósmicos que prenunciarão o *Grande Dia* de Deus, i.e., o fim do mundo e o Julgamento Final. Essa estrela decaída (ou seja, que perdera a graça divina) *atormentará os habitantes da Terra com uma amargura mortal.* O singular é que esse tormento e esses mortos provirão de *águas que se tornaram amargas.* Se, neste caso, se levar em consideração a "simbólica" geral da **água***, fonte primordial da vida, fica-se propenso a interpretar esse *absinto* como uma calamidade que cai do céu e corrompe as próprias fontes da vida. Pensar-se-á em Hiroxima ou numa explosão nuclear que faria com que as águas se tornassem mortalmente radioativas, ou ainda, nos nitratos que se infiltram nos lençóis freáticos por causa do uso excessivo de inseticidas na agricultura.

No nível da interioridade, e de um ponto de vista psicanalítico, talvez se possa dizer que o *absinto* simbolize uma perversão da pulsão genésica, uma corrupção das fontes, de *águas que se tornaram amargas.*

ABSTINÊNCIA

Na tradição cristã, à ideia de purificação, através da renúncia em consumir sangue, acrescenta-se a de penitência e expiação. O sangue, símbolo dos impulsos carnais, é considerado a principal fonte do pecado; a expiação, portanto, consistirá em abster-se de beber dessa fonte, em renunciar ao pecado em sua própria origem. A vida será concentrada unicamente nas fontes espirituais, nas relações com o divino, o não manifesto. A abstinência, nesse duplo aspecto purificador e expiatório, surge como um caminho para a interioridade. Assim, a tradição cristã se encontra com a tradição oriental.

Entre os japoneses, por exemplo, vale como um método de purificação que permite adquirir uma pureza positiva, evitando as fontes de poluição. A prática desse método diz respeito mais aos sacerdotes do que aos laicos. Consiste na observância de certas proibições: os sacerdotes devem evitar qualquer contato com a morte, a doença e o luto; devem, também, permanecer em casa, longe dos ruídos, danças e cantos, em suma, afastados de todas as atividades exteriores que possam gerar mácula. Todas essas práticas simbolizam a oposição entre o não manifesto e a manifestação e, também, a busca do não manifesto pela concentração.

ABUTRE

O abutre real, devorador de entranhas, é um símbolo de morte entre os maias (METS). Mas, por alimentar-se de corpos em decomposição e de imundícies, também pode ser considerado um agente regenerador das forças vitais contidas na decomposição orgânica e em resíduos de todo tipo, ou seja, um purificador, um mago que garante o ciclo da renovação, transmutando a morte em nova vida. É o que explica o fato de que, no simbolismo cosmológico, ele também esteja associado aos signos de água, como é o caso do calendário maia, e de que governe as *preciosas tempestades* da estação seca, assegurando, assim, a renovação da vegetação e, por isso, tornando-se uma divindade da abundância. Os abutres são encontrados em grande número, rígidos e escuros, nas ilhas lodosas dos grandes rios, como o Mekong, em frente às cidades e aldeias.

Essas mesmas razões também associam o abutre ao fogo celeste, ao mesmo tempo purificador e fecundante. Em inúmeros ritos indígenas da América do Sul, é o primeiro a possuir o fogo, que lhe é roubado por um demiurgo, em geral com o auxílio do sapo (METT, LEVC). Na África subsaariana (no passado chamada África negra), entre os bambaras, este mesmo simbolismo é levado às últimas consequências, no plano místico, com a classe dos iniciados *abutre* (CAHB). O abutre do Koré é o iniciado, morto para a vida profana, e

que acaba de penetrar na sabedoria divina, purificado, queimado pelas provas iniciáticas. Nas saídas da confraria, aparece como um palhaço, e principalmente como uma criança, pois de fato acaba de nascer, ou melhor, de *renascer*, mas no domínio transcendental de Deus cuja sabedoria, aos olhos dos profanos, se reveste com aspecto da loucura e da *inocência*. E, como criança, ele se arrasta pelo chão e devora tudo o que encontra, até mesmo os próprios **excrementos***: triunfou sobre a morte terrestre e tem o poder de transmutar a podridão em ouro filosofal. Diz-se que é o mais rico dos seres, pois só ele conhece o ouro verdadeiro. É celebrado numa oração que diz que *se a parte de cima e a de baixo do alimento forem iguais, é a verdade*. Por fim, na analogia estabelecida entre as classes de iniciados e os graus da hierarquia social, ele corresponde à eterna parturiente. É portanto também, na África como na América, um símbolo de fertilidade e de abundância, em todos os planos da riqueza: vital, material e espiritual.

Em *Lembrança de infância de Leonardo da Vinci*, Sigmund Freud fez do abutre uma metamorfose da mãe. A deusa-abutre egípcia, Nekhbet, era, segundo as crenças populares, a protetora dos nascimentos.

O abutre é por vezes identificado com Isis, nos *Textos das Pirâmides*. As palavras misteriosas de Isis, que conferem a vida, devem ser conhecidas pelos defuntos. *A posse da oração do abutre te será benéfica na região dos mil campos*. É na noite, nas trevas, na morte, que a deusa-abutre reanima a alma, que ressuscitará na madrugada: *O abutre (a mãe) concebeu na noite, em teu* **chifre***, *oh, vaca prenhe* (texto explicado no verbete **Isis***). O abutre também é representado em cima de uma **cesta***, simbolizando, assim, a germinação na matriz.

Muitas vezes, na arte egípcia, o abutre representa o poder das Mães celestes. Absorve os cadáveres e novamente dá a vida, simbolizando o ciclo da morte e da vida numa perpétua transmutação.

Um admirável relevo de Isis orna o templo de File, representando a deusa sentada em seu trono, de perfil, com a cabeça envolta, como um elmo,

54 | ACÁCIA

pelas asas caídas de um grande pássaro, de onde se distinguem a cabeça e o rabo de abutre; o elmo é encimado por um globo lunar enquadrado, como uma lira, entre dois chifres de vaca; a deusa, de peito nu, oferece um seio intumescido, como no aleitamento: um acúmulo raro de símbolos femininos, personificação do processo biológico no universo, uma das mais belas imagens do eterno feminino.

Nas tradições greco-romanas, o abutre é, ainda, um pássaro adivinhatório. Era um dos pássaros consagrados a Apolo, porque seu voo, como o do cisne, o do milhano e o do corvo, oferece pista a presságios. Remo vê seis abutres, e Rômulo, doze, quando, um no Palatino e o outro no Aventino, interrogam o céu para saber onde construir a cidade: Roma será edificada no local onde os presságios se revelarem mais favoráveis.

ACÁCIA

A arca da aliança é feita de madeira de acácia chapeada a ouro (*Êxodo*, 37, 1-4). A coroa de espinhos do Cristo teria sido entrançada com espinhos de acácia. Além disso, no ritual maçônico, um galho de acácia é colocado sobre o manto do recipiendário, para recordar aquele que foi plantado no túmulo de **Hirão***. Tais tradições demonstram que, no pensamento judaico-cristão, esse arbusto de madeira dura, quase imputrescível, de terríveis espinhos e flores cor de leite e sangue, é um símbolo solar de renascimento e imortalidade. "É preciso saber morrer, a fim de nascer para a imortalidade", resumia Gérard de Nerval em *Voyage en Orient*, ao evocar o mito da morte de Hiram. E Guénon assinala que os raios da coroa de espinhos são os de um sol.

O símbolo da acácia, portanto, une-se à ideia de iniciação e de conhecimento das coisas secretas. Igualmente, é o que se pode induzir de uma lenda bambara, que coloca a acácia na origem do **zunidor***. Quando o primeiro **ferreiro*** (em francês, *forgeron*, metáfora usada com o sentido de "aquele que fabrica ou inventa alguma coisa": o artesão-inventor), ainda menino, estava a talhar uma máscara, "uma lasca de madeira de acácia

saiu da máscara e saltou longe, emitindo um rugido semelhante ao do leão. O menino chamou dois de seus companheiros, pegou o fragmento de madeira, fez numa de suas extremidades um buraco através do qual enfiou uma cordinha, e pôs-se a girá-lo" (SEHR, 121).

Essa lenda africana faz lembrar certa prática védica, ainda hoje em vigor: abre-se um orifício no meio de um disco de acácia; enfia-se um bastão feito de madeira de figueira no orifício desse disco fazendo-o girar rapidamente; e assim, sob o efeito da fricção, produz-se o fogo sagrado que servirá para o sacrifício. Neste caso, a acácia representa o princípio feminino, e o bastão, o masculino.

Encontra-se analogia semelhante na Índia, onde a concha sacrificial (sruk) atribuída a Brahma é feita de madeira de acácia (GRAR, GUED, GUES, MALA).

Assim, por toda parte pode-se encontrar a acácia ligada a valores religiosos, como uma espécie de suporte do elemento divino, em seu aspecto solar e triunfante.

AÇAFRÃO

Segundo Gilbert de Horland (1172), o açafrão, brilhante em sua cor de ouro, tem relação com a *sabedoria*. É a cor das vestes dos monges budistas.

ACANTO

O simbolismo da folha de acanto, muito usada nas decorações antigas e medievais, deriva, essencialmente, dos espinhos dessa planta.

Conta certa lenda, narrada por Vitrúvio, que o escultor Calímaco, no final do séc. V a.C., ao ornamentar um dos capitéis do túmulo de uma menina, teria se inspirado num ramalhete de folhas de acanto. Retém-se dessa lenda o fato de que, pelo menos originalmente e sobretudo na arquitetura funerária, o acanto era usado para indicar que as provações da vida e da morte, simbolizadas pelos espinhos da planta, haviam sido vencidas.

O acanto ornamentava os capitéis coríntios, os carros fúnebres e as vestimentas dos grandes homens, porque os arquitetos, os defuntos e os heróis haviam sido homens que souberam vencer as dificuldades de suas tarefas. Como de tudo o que possui espinhos, fez-se igualmente do acanto o símbolo da terra virgem e da própria virgindade, que também significam outra espécie de triunfo.

Aquele que estiver ornado por essa folha venceu a maldição bíblica: "O solo produzirá para ti espinhos e cardos" (*Gênesis*, **3**, 18), no sentido de que a provação vencida se transformou em glória.

ACHA, ACHA DE ARMAS (*v.* Machado)

AÇOITE (*v.* Chicote)

ACROBATA

Em todas as civilizações, o acrobata, o saltimbanco, o palhaço e o malabarista tiveram lugar muito importante. No cemitério dos homens célebres, em Moscou, encontra-se o túmulo de mármore de um palhaço, ao lado dos túmulos de dançarinas, escritores, filósofos e homens de Estado, do antigo e do novo regime. Os acrobatas, frequentemente evocados na literatura e nas artes plásticas, não pertencem a uma simbólica muito definida; no entanto, pode-se observar que correspondem a um dos temas mais constantes da imagística e dos sonhos humanos. É possível que seu significado seja o da alegre liberdade daqueles que se libertaram das condições comuns (*v.* **cabeça para baixo, de***).

Essa inversão da ordem estabelecida, das posições habituais e das convenções sociais – das quais as façanhas acrobáticas dão múltiplos exemplos – não corresponde necessariamente a uma fase regressiva de evolução individual ou coletiva. Se é verdade que elas revelam uma situação crítica, é para indicar imediatamente depois a solução do problema, que só se pode encontrar por intermédio do movimento. O acrobata surge, assim, como o símbolo do equilíbrio crítico, fundado no não conformismo e no movimento. Nesse sentido é fator de progresso.

Pode-se estabelecer uma aproximação entre certos exercícios acrobáticos e certos gestos rituais e figuras orquésticas que, pelo desafio que opõem às leis da natureza, remetem o sujeito às mãos do próprio Deus, ou lhe supõem um virtuosismo sobre-humano. Acrobatas ou dançarinos desejam, por meio dessa libertação da ação da gravidade, elevada ao extremo das possibilidades humanas, ser entregues a uma única força: a de Deus. E é como se essa força atuasse neles, por eles, para eles, a fim de que seus gestos se identificassem aos da divindade criadora e testemunhassem sua presença. A propósito das danças sagradas do Egito antigo, Henri Wild escreveu: "Os saltos repetidos deviam ir-se acentuando e acelerando, como no *Zikr* moderno, que não é, talvez, senão uma sobrevivência da antiga encantação dançada. Num e noutra, esse exercício tem como finalidade destruir momentaneamente a individualidade naquele que a ele se entrega e produzir-lhe um estado de exaltação extática que permite à divindade entrar em seu corpo" (SOUD, 67). Do mesmo modo, no Kampuchea (Camboja), "A desarticulação é a única maneira que tem a dançarina de se evadir dos gestos humanos e realizar as evoluções míticas. Cotovelo para fora, mão revirada, pernas na posição de alçar voo, já não se está na presença de uma acrobacia gratuita, mas diante da imitação de seres sobrenaturais" (SOUD, 365) (*v.* **circum-ambulação***).

Encontramos o ponto extremo dessa busca de identificação com o deus por meio da dança acrobática, em Bali e em Java, nas danças das meninas *sang hyang dedari*, que estão em estado de transe, com o corpo inteiro possuído por uma ninfa celeste, e que "após lhes terem mantido as cabeças por cima de uma taça onde queima o incenso, cuja espessa fumaça as adormece em dois ou três minutos", executam figuras acrobáticas "com os olhos fechados, num estado sonambúlico" (SOUD, 391). Os dançarinos vodus, após os exercícios e as fumigações propiciatórias do transe, peneiram cinzas quentes por cima da cabeça e saltam sobre brasas ardentes, sem sentir a mínima sensação de queimadura.

O acrobata simboliza o alçar voo para uma condição sobre-humana; é o êxtase do corpo. Andando sobre as mãos, com a cabeça para baixo

56 | ADÃO

e os pés para cima, o acrobata evoca a figura do **Enforcado***, arcano XII do jogo de Tarô. Nesse caso, torna-se o símbolo, altamente iniciático e complexo, da inversão dos valores.

ADÃO

Quaisquer que sejam as tradições e exegeses – que muitos livros não bastariam para resumir –, Adão simboliza o *primeiro* homem e a *imagem de Deus*. No caso de Adão, *primeiro* significa muito mais do que uma prioridade no tempo. Adão é o primeiro na ordem da natureza, é o ponto culminante da criação terrestre, o ser supremo em humanidade. Portanto, neste caso, primeiro não significa de modo algum primitivo. A palavra não evoca em nada o pitecantropo, que marcaria uma etapa na evolução ascendente de uma espécie. Ele é primeiro, também, na medida em que é responsável por toda uma linhagem que dele descende. Sua primazia é de ordem moral, natural e ontológica: Adão é o mais *homem dos homens*. O símbolo transporta-nos a um nível de consideração completamente diferente do da história.

Além disso, é feito *à imagem de Deus*. De um ponto de vista simbólico, pode-se entender a expressão no sentido de que Adão é feito à imagem de Deus do mesmo modo que uma obra-prima é feita à imagem do artista que a realizou. Mas em que aspecto essa obra-prima se assemelharia mais particularmente ao seu Criador, se não fosse por aquilo que Deucalião não logrou conseguir, pela *aparição do espírito na criação*, pela animação da matéria? E é esta realidade do espírito – à imagem de Deus, mas diferente de Deus – que Adão simboliza. Daí derivam as outras inovações no universo: a consciência, a razão, a liberdade, a responsabilidade, a autonomia, todos os privilégios do espírito, porém de um espírito encarnado e, portanto, somente *à imagem de Deus*, e, não, idêntico a Deus.

Foi por ter desejado identificar-se com Deus que Adão se tornou também o primeiro a errar, com todas as consequências que essa primazia no pecado acarreta para seus descendentes. O primeiro em uma ordem é sempre, de certa maneira,

a causa de tudo o que dele deriva nessa ordem. Adão simboliza o *pecado original*, a perversão do espírito, o uso absurdo da liberdade, a recusa de toda dependência. Ora, essa recusa da dependência para com o Criador não pode conduzir senão à morte, porquanto essa dependência é a própria condição da vida. Em todas as tradições, o homem que tenta se igualar a Deus é punido com sanção fulminante.

Contudo, conforme a doutrina cristã, eis que aparece outro Adão, Jesus Cristo, o segundo Adão na ordem cronológica, mas também ele o *primeiro* no sentido místico do termo e, na realidade, mais verdadeiramente primeiro que o primeiro Adão; *primo prior*, segundo a história; porque ele é *o mais homem dos homens* numa escala superior, primeiro na ordem da natureza *e* na ordem da graça, ambas as ordens alcançando nele sua perfeição suprema. Ele é ainda mais do que a aparição do espírito na criação, é *a encarnação do Verbo*, a própria palavra de Deus feita homem, o homem divinizado. Já não é imagem, é realidade. Para ele o pecado é impossível; o segundo Adão pode apenas conceder a graça, a santidade e a vida eterna, de que havia privado a humanidade o ato do primeiro Adão. O segundo Adão simboliza, portanto, tudo quanto havia de positivo no primeiro, e o eleva ao divino absoluto; simboliza a antítese de tudo o que ele tinha de negativo, substituindo a certeza da morte pela da ressurreição. São Paulo magnificou essa antítese em diversas passagens: "O primeiro homem, Adão, foi feito alma vivente; o último Adão tornou-se espírito que dá vida. Primeiro foi feito não o que é espiritual, mas o que é psíquico; o que é espiritual vem depois. O primeiro homem, tirado da terra, é terrestre. O segundo homem vem do céu." (I *Coríntios*, 15, 45-47 e *Romanos*, 5, 12-17.)

Há uma estreita relação entre o primeiro Adão e o Cristo-Novo Adão. Assim, a lenda dirá que Adão morre numa sexta-feira no 14 *Nisan* (ou *Nissan*, período que abarca os meses abril-maio, no antigo calendário babilônico) na 9ª hora, prefigurando, desse modo, a morte do Cristo. Reencontraremos, na arte, o crânio de Adão ao pé da cruz de Cristo. Conforme a lenda, Adão, prestes a morrer, pede a seu filho Seth para ir ao Paraíso, a fim de colher um dos frutos da imortalidade na Árvore da Vida. O anjo encarregado da guarda do Paraíso recusa-se a dar-lhe o fruto desejado, fazendo-lhe presente, porém, de três sementes. Da boca de Adão morto, uma árvore crescerá dessas três sementes; tornar-se-á, mais tarde, a árvore da Cruz. A fim de bem apreender o simbolismo dos laços entre Adão e o Cristo, pode-se evocar, ainda, o diálogo com Adão no *Paraíso* (26) de Dante.

As tradições judaicas, com influências iranianas e neoplatônicas, muito especularam sobre o simbolismo dos primeiros capítulos do Gênesis. Adão significa *homem terrestre criado por Deus com a terra* (em hebraico: "*adamah*", *terra lavrada*; segundo outra hipótese: *terra dos homens*). O sopro de Deus dá-lhe vida. Antes disso, conforme a *Cabala*, ele é chamado **golem***. A argila finíssima utilizada por Deus é – segundo o pensamento judeu – tomada do centro da Terra, sobre o monte Sião, considerado o umbigo do mundo. Essa terra representa o mundo em sua totalidade. O Talmude descreve as doze primeiras *horas* do primeiro *dia* (ou período) de Adão: 1) a terra é acumulada; 2) a argila transforma-se num Golem; 3) seus membros distendem-se; 4) a alma é-lhe insuflada por Deus; 5) Adão põe-se de pé; 6) Adão dá nome aos seres vivos; 7) recebe Eva; 8) Adão e Eva unem-se e procriam: *de dois eles se tornam quatro*; 9) proibição sofrida por Adão; 10) desobediência de Adão e Eva; 11) sentença proferida contra eles; 12) Adão e Eva são expulsos do Paraíso. Cada hora corresponde a uma fase simbólica da existência.

A *Agadá* não se atém estritamente ao texto bíblico; ou melhor, pretende compensar a contradição entre os dois textos do Gênesis (1, 27 e 2, 21), que afirmam, por um lado, uma criação simultânea do homem e da mulher e, por outro, apresentam uma criação de Adão anterior à de Eva (Eva tirada de uma costela de Adão). Segundo a *Agadá*, a mulher criada simultaneamente

com Adão teria sido **Lilit***. Adão e Lilit não se entendem; Caim e Abel disputam a posse de Lilit. Então, Deus reduziu a pó o primeiro homem e a primeira mulher (SCHK, 181-184). Depois, recria em primeiro lugar o homem, e o homem subdivide-se em macho e fêmea.

Conforme a primeira narrativa da Criação no *Gênesis*, Adão aparece sob um aspecto bissexual; segundo certos autores, ele é hermafrodita. No *Midrasch Bereshit Raba*, diz-se que Deus criou Adão ao mesmo tempo macho e fêmea. Sentido idêntico é apresentado na Cabala, que, além disso, fala de Deus sob o duplo aspecto de rei e rainha.

Platão descreve o homem como um ser esférico que gira como uma roda: em sua origem, foi também hermafrodita.

O homem original, em sua forma mais pura, é chamado Adão Kadmon (SCHK, 122). Esse Adão Kadmon é o símbolo do Deus vivo no homem. É o mundo do homem *interior*, que não se pode descobrir senão através da contemplação, o *primeiro homem*, por antonomásia, aquele que é, por excelência, *à imagem de Deus*. Mas essa interpretação da Cabala não é a dos exegetas cristãos que encontram, nesse termo, unicamente o primeiro homem histórico.

Na tradição cabalística, Adão seria também "uma síntese do universo criado: ele é naturalmente tirado do centro e umbigo da Terra (monte Sião), mas todos os elementos reúnem-se em sua criação. Deus reúne de toda parte o pó a partir do qual Adão devia ser feito, tal como exprimem certas etimologias da palavra Adão, que a explicam tanto como abreviação de seus elementos ou como nomes dos quatro pontos cardinais dos quais ele é feito" (SCHR, 181). Lipse, citado por Scholem (SCHK, 184), veria em Adão "a personificação mitológica da terra; *ele seria* o eterno símbolo, a marca e o monumento" do amor de Deus e da Terra. "Os elementos telúrico e pneumático agiriam juntos em Adão e seus descendentes" (SCHK, 185).

Adão é igualmente o símbolo do primeiro homem e das origens humanas, conforme outras

AERÓLITO

tradições. O *homem primordial* é representado na Gália pelo Dispáter (a palavra é latina e não celta), do qual todos os gauleses se dizem descendentes.

Há na Irlanda, como em muitos outros países, diversos homens primordiais, ou *ancestrais míticos*; em princípio, *um para cada raça* das que invadiram a Irlanda (o país conheceu cinco ondas invasoras, de acordo com os anais do Lebor Gabala ou *Livro das Conquistas*). Os dois principais parecem ter sido Tuan Mac Cairill, que passou pelos estados sucessivos de javali, falcão e salmão, e Fintan, poeta e grande juiz deste mundo, no que concerne à sabedoria. Ele foi, sem dúvida, o único homem (justo) que restou após o dilúvio.

Para cada grande época histórica há um homem primordial que desempenha o papel de um novo Adão.

Na análise de Jung, Adão simboliza *o homem cósmico*, fonte de todas as energias psíquicas. Mais frequentemente, visto sob a forma do velho sábio, Adão corresponde ao arquétipo do pai e do ancestral: é a imagem do *ancião*, de insondável sabedoria, proveniente de uma longa e dolorosa experiência. Pode, eventualmente, tomar nos sonhos a figura de um profeta, de um papa, de um sábio, de um filósofo, de um patriarca ou de um peregrino. A aparição do velho sábio simboliza *a necessidade de integrar à Terra a sabedoria tradicional* ou, ainda, de atualizar uma sabedoria latente. Seguindo as ideias de Jung, o segundo Adão, cuja cruz se ergue sobre o túmulo do primeiro Adão, tal como mostram várias obras de arte, simbolizaria o surgimento de uma nova humanidade sobre as cinzas da antiga.

O segundo Adão, o Cristo, simbolizaria o *self*, ou a perfeita realização de todas as virtualidades do homem. Contudo, esse fascinante símbolo de um Adão herói-crucificado-ressuscitado-salvador age como uma carga energética, imanente, que incita a uma transfiguração interior. "O mistério de Jesus surge por inteiro nessa necessidade que cada um encontra em si mesmo de crucificar sua parte mais preciosa, de mortificá-la, de escarnecê-la (de reduzi-la a cinzas) e, graças a essa crucificação, de receber a graça da salvação [...] E é por isso que o coração do homem está incessantemente ensanguentado e luminoso, sofredor e glorioso, morto e ressuscitado" (BECM, 342).

O psicanalista poderá ver, nessas três fases, os símbolos da progressão do homem no caminho da individuação: a indistinção numa coletividade, a separação do ego que se afirma em sua personalidade virtual, a realização dessa personalidade pela integração de todas as suas forças numa unidade sintética e dinâmica.

AERÓLITO

Considerado uma teofania, uma manifestação de uma mensagem do céu. É como uma centelha do fogo celeste, um grão de divindade caído sobre a Terra. Segundo as crenças primitivas, os astros eram, com efeito, divindades; as parcelas que deles se desprendiam eram como sementes. O aerólito desempenha função análoga à do anjo: estabelecer uma comunicação entre o céu e a Terra. O aerólito é o símbolo de uma vida superior que se faz lembrar ao homem como um chamamento ou que com ele se comunica.

AFRODITE (Vênus)

Deusa da mais sedutora beleza, cujo culto, de origem asiática, é celebrado em numerosos santuários da Grécia, principalmente na ilha de Citera. Filha do sêmen de Urano (o céu) derramado no mar, após a castração do Céu por seu filho Cronos (daí a lenda do nascimento de Afrodite, que surge da espuma do mar); esposa de Hefestos o Coxo, por ela ridicularizado em várias ocasiões, Afrodite simboliza *as forças irreprimíveis da fecundidade*, não em seus frutos, mas no desejo apaixonado que acendem entre os vivos. Por essa razão, é muitas vezes representada em meio às feras que a escoltam, como neste hino de Homero, em que o autor começa por evocar seu poder sobre os deuses e, a seguir, fala em seu poder sobre as feras: "Ela faz perder a razão até mesmo a Zeus, que ama o raio, a ele, o maior dos deuses [...]; mesmo esse espírito tão sábio, ela o ilude, quando quer [...] Alcançou a Ida das mil fontes, a montanha-mãe das feras: atrás dela puseram-se a caminhar, fazendo-lhe festas, os lobos cinzentos, os leões de pelo fulvo, os ursos e as panteras céleres, insaciáveis de filhotes de corça. Ao vê-los, ela regozijou-se de todo coração e atiçou o desejo em suas entranhas; então, foram todos ao mesmo tempo acasalar-se na sombra dos pequenos vales entre as montanhas" (HYMN, 36-38, 68-74). É o amor sob sua forma física, o desejo e o prazer dos sentidos; ainda não é o amor em um nível especificamente humano. "No nível mais alto do psiquismo humano, em que o amor se completa pela união com a alma, cujo símbolo é Hera, a esposa de Zeus, o símbolo Afrodite exprimirá a perversão sexual, pois o ato de fecundação só é buscado em função da primazia do gozo a que a natureza o vincula. Assim, a necessidade natural exerce-se perversamente" (DIES, 166). Todavia, poder-se-ia indagar se a interpretação desse símbolo não haverá de evoluir com o prosseguimento das pesquisas modernas sobre os valores propriamente humanos da sexualidade. Mesmo nos meios religiosos, de uma moralidade exigente, o problema deve ser estudado no sentido de saber-se se o único fim da sexualidade é a fecundidade, se não seria possível humanizar o ato sexual independentemente da procriação. O mito de Afrodite poderia permanecer por algum tempo ainda como imagem de uma perversão, a perversão da alegria de viver e das forças vitais, não mais porque a vontade de transmitir a vida estivesse ausente do ato do amor, mas porque o próprio amor não estaria humanizado: permaneceria no nível animal, digno dessas feras que compõem o cortejo da deusa. Entretanto, se houvesse finalmente uma evolução, Afrodite poderia surgir como a deusa que sublima o amor selvagem, integrando-o a uma vida verdadeiramente humana.

AGÁRICO (v. Visco)

AGRICULTURA

Em alguns textos irlandeses, diz-se que os deuses são artistas, e os não deuses, agricultores. Torna-se evidente, assim, o caráter aristocrático e guerreiro da civilização celta, a qual teria deixado às populações inferiores, conquistadas ou submissas, o cuidado das funções produtoras (v. **casta***). Os irlandeses da Idade Média estimavam a riqueza, não em culturas, mas em gado. O pastor tinha todas as honras, não o lavrador.

A agricultura tem como emblemas as cornucópias, um arado ou uma enxada, ao pé de um arbusto: como divindade, uma Ceres coroada de espigas; como elemento regulador, o círculo do Zodíaco. A agricultura simboliza a união dos quatro elementos, cujo casamento condiciona a fecundidade: a terra e o ar, a água e o calor.

Os cultos agrários são inumeráveis, estão entre os mais primitivos e são muito ricos em símbolos. A agricultura, porém, na hierarquia social, parece ter-se mantido sempre numa classe inferior, ao passo que o pastor, o nômade, tinha a mesma dignidade do guerreiro. Corresponde ao **ventre***.

ÁGUA

As significações simbólicas da água podem reduzir-se a três temas dominantes: fonte de vida, meio de purificação, centro de regenerescência. Esses três temas se encontram nas mais antigas tradições e formam as mais variadas combinações imaginárias – e as mais coerentes também.

As águas, massa indiferenciada, representando a *infinidade dos possíveis*, contêm todo o virtual, todo o informal, o germe dos germes, todas as promessas de desenvolvimento, mas também todas as ameaças de reabsorção. Mergulhar nas águas para delas sair sem se dissolver totalmente, salvo por uma morte simbólica, é retornar às origens, carregar-se, de novo, num imenso reservatório de energia e nele beber uma força nova: fase passageira de regressão e desintegração, condicionando uma fase progressiva de reintegração e regenerescência (v. **banho***, **batismo***, **iniciação***).

O *Rig Veda* exalta as Águas que trazem vida, força e pureza, tanto no plano espiritual quanto no corporal:

> Vós, as Águas, que reconfortais,
> trazei-nos a força,

60 | ÁGUA

a grandeza, a alegria, a visão!
[...] Soberanas das maravilhas,
regentes dos povos, as Águas!
[...] Vós, as Águas, dai sua plenitude ao remédio,
a fim de que ele seja uma couraça para o meu corpo,
e que assim eu veja por muito tempo o sol!
[...] Vós, as Águas, levai daqui esta coisa,
este pecado, qualquer que ele seja, que cometi,
esse malfeito que fiz, a quem quer que seja,
essa jura mentirosa que jurei.

> (Da trad. francesa de Jean Varenne,
> VEDV 137.)

As variações das diferentes culturas sobre os temas essenciais nos ajudarão a melhor apreender e aprofundar, sobre um fundo quase idêntico, as dimensões e os matizes dessa simbologia da água.

Na Ásia, a água é a forma *substancial* da manifestação, a origem da vida e o elemento da regeneração corporal e espiritual, o símbolo da fertilidade, da pureza, da sabedoria, da graça e da virtude. Fluida, sua tendência é a *dissolução*; mas, homogênea também, ela é igualmente o símbolo da coesão, da *coagulação*. Como tal, poderia corresponder à *sattva*; mas, como escorre para baixo, para o *abismo*, sua tendência é *tamas*; como se estende na horizontal, sua tendência é ainda *rájas*.

A água *é a matéria-prima*, a *Prakriti*: "Tudo era água", dizem os textos hindus; "as vastas águas não tinham margens", diz um texto taoista. *Brahmanda*, o Ovo do mundo, é chocado à superfície das Águas. Da mesma forma, o "Sopro" ou "Espírito de Deus", no Gênesis, "pairava sobre as águas". A água é *Wu-ki*, dizem os chineses, o *Sem-Crista*, o caos, a indistinção primeira. As Águas, representando a totalidade das possibilidades de manifestação, se dividem em *Águas superiores*, que correspondem às possibilidades *informais* (indeterminadas); e *Águas inferiores*, que correspondem às possibilidades *formais* (determinadas). Dualidade que o *Livro de Enoch* traduzirá em termos de oposição sexual, e que a iconografia representa frequentemente pela dupla espiral. As águas inferiores estão, ao que se diz, fechadas num templo de Lhassa, dedicado ao rei dos *nagas*. As

possibilidades informais são representadas na Índia pelas **Apsaras*** (de *Ap*, *água*). A noção de águas primordiais, de oceano das origens, é quase universal. Pode ser encontrada até na Polinésia, e a maior parte dos povos austro-asiáticos situa na água o poder cósmico. A ela se junta muitas vezes o mito do animal mergulhador, como o javali hindu, que traz um pouco de terra à superfície, *embrião* que aflora à manifestação formal.

Origem e veículo de toda vida: a seiva é água e, em certas alegorias tântricas, a água representa *prana*, o sopro vital. No plano *corporal*, e por ser também um dom do céu, ela é um símbolo universal de fertilidade e fecundidade. *A água do céu faz o arrozal*, dizem os montanheses do sul do Vietnã, sensíveis, também, cumpre dizê-lo, à função regeneradora da água, que consideram medicamento e poção de imortalidade.

Da mesma forma, a água é o instrumento da purificação ritual. Do Islã ao Japão, passando pelos ritos dos antigos *fu-chuel* taoistas (*senhores da água benta*), sem esquecer a aspersão dos cristãos, a **ablução*** tem papel essencial. Na Índia e no Sudeste Asiático, a ablução das estátuas santas – e dos fiéis – (sobretudo no Ano-Bom) é, ao mesmo tempo, purificação e regeneração. "A natureza da água leva-a à pureza", escreve Wan-tse. Ela é, ensina Lao-tse, o emblema da "suprema Virtude" (*Tao*, cap. 8). É, ainda, o símbolo da sabedoria taoista, porque "não tem contestações". É livre e desimpedida, corre segundo o declive do terreno. É a medida, pois que o vinho forte demais deve ser misturado com água, mesmo em se tratando do vinho do conhecimento.

A água, oposta ao fogo, é *yin*. Corresponde ao norte, ao frio, ao solstício do inverno, aos rins, à cor negra, ao trigrama k'an, que é *o abissal*. Mas, de outro modo, a água está ligada ao raio, que é fogo. Ora, se a *redução à Água* dos alquimistas chineses pode ser muito bem considerada uma volta ao começo, ao estado embrionário, diz-se também que essa *água* é fogo, e que as *abluções* herméticas devem ser entendidas como purificações pelo fogo. Na alquimia interna dos chineses, o *banho* e a *lavagem* poderiam bem ser operações de natureza *ígnea*. O mercúrio alquímico, que é *água*, é às vezes qualificado como *água ígnea*.

Observemos, ainda, que a água ritual das iniciações tibetanas é o símbolo dos votos, dos compromissos assumidos pelo postulante.

Para voltar, enfim, ao simples encanto das aparências, citemos a bela fórmula de Victor Segalen: "Meu amante tem as virtudes da água: um sorriso claro, gestos fluidos, uma voz pura que canta gota a gota" (Stèle*)* (BENA, CORT, DAMS, DAVL, PHIL, GOVM, GRIE, GRIF, HUMU, JILH, LIOT, MUTT, SAIR, SCHG, SOUN).

É sob forma simbólica que se exprime ainda uma prece védica às Águas, prece que cumpre entender como relativa a todos os níveis de existência, física e mental, que as Águas são capazes de vivificar:

> Ó ricas Águas,
>
> pois que reinais sobre a opulência,
>
> e alimentais a boa vontade e a imortalidade,
>
> e sois as soberanas da riqueza
>
> que se faz acompanhar de uma boa prosperidade,
>
> dignai-vos, Sarasvati, dotar de um vigor juvenil
>
> aquele que canta.
>
> (*Asválayana Strantasutra*, 4,13.
> VEDV, 270)

Nas tradições judaica e cristã, a água simboliza, em primeiro lugar, a origem da criação. O *mem* (M) hebraico simboliza a água sensível: ela é mãe e matriz (útero). Fonte de todas as coisas, manifesta o transcendente e deve ser, em consequência, considerada uma *hierofania*.

Todavia, a água, como, aliás, todos os símbolos, pode ser encarada em dois planos rigorosamente opostos, embora de nenhum modo irredutíveis, e essa ambivalência se situa em todos os níveis. A água é fonte de vida e fonte de morte, criadora e destruidora.

Na Bíblia, os **poços*** no deserto, as **fontes*** que se oferecem aos nômades são outros tantos lugares de alegria e encantamento. Junto das fontes e dos poços operam-se os encontros essenciais.

Como lugares sagrados, os pontos de água têm papel incomparável. Perto deles, nasce o amor e os casamentos principiam. A marcha dos hebreus e a caminhada de todo homem na sua peregrinação terrena estão intimamente ligadas ao contato exterior ou interior com a água. Esta se torna, então, um *centro de paz e de luz, oásis*.

A Palestina é uma terra de torrentes e de fontes. Jerusalém é regada pelas águas tranquilas de Siloé. Os **rios*** são agentes de *fertilização* de origem divina, as **chuvas*** e o orvalho trazem consigo a fecundidade e manifestam a benevolência divina. Sem água, o nômade seria imediatamente condenado à morte e crestado pelo sol da Palestina. Assim, a água que ele encontra no caminho é comparável ao maná celeste: desalterando-o, ela o alimenta. É por isso que se reza pedindo água, pois é ela objeto de súplica. Que Deus escute o grito do seu servo, que lhe envie os seus aguaceiros, que faça encontrar os poços e as fontes. A hospitalidade exige que se apresente água fresca ao visitante, que seus pés sejam lavados, a fim de assegurar a paz do seu repouso. Todo o Antigo Testamento celebra a magnificência da água. O Novo receberá esse legado e saberá utilizá-lo.

Jeová é comparado a uma chuva de primavera (*Oseias*, **6**, 3), ao orvalho que faz crescer as flores (id., **14**, 6), às águas frescas que descem das montanhas, à torrente que sacia. O justo é como a árvore plantada à beira de águas correntes (*Números*, **24**, 6). A água aparece, então, como um sinal de *bênção*. Mas convém reconhecer nela justamente a origem divina. Assim, e segundo (*Jeremias*, **2**, 13), o povo de Israel, na sua infidelidade, desprezando Jeová, esquecendo suas promessas e deixando de considerá-lo a fonte de água viva, quis cavar suas próprias cisternas. Estas, porém, gretadas, não conservavam a água. Jeremias, verberando a atitude do povo em face de Deus, fonte de água viva, lamenta-se dizendo: "Eles farão do seu próprio país um deserto" (**18**, 16). As alianças estrangeiras são comparadas às águas do Nilo e do Eufrates (**11**, 18). A alma busca seu Deus como o cervo sedento busca a presença da água viva (*Salmos* 42, 2-3). A alma

62 | ÁGUA

aparece, assim, como terra seca e sedenta, orientada para a água. Espera a manifestação de Deus como a terra ressecada anseia pelas chuvas que deverão encharcá-la (*Deuteronômio*, 32, 2). É esse simbolismo, que provém das bases mais antigas do mundo mediterrâneo, que fornecerá ao poeta Federico García Lorca a trama de sua tragédia *Yerma*, a mulher estéril por falta de homem, como estéril (*yermo*) é o deserto, por falta de chuva.

É muito natural que os orientais tenham visto, assim, a água, primeiro como um sinal e um símbolo de *bênção*: pois não é ela que permite a vida? Quando Isaías profetiza uma era nova, diz: "brotará água no deserto... o país da sede se abrirá em fontes [...]" (35, 6-7). O vidente do Apocalipse não fala outra linguagem: "O Cordeiro [...] os conduzirá às fontes das águas da vida" (*Apocalipse*, 7, 17).

A água é dada por Jeová à Terra, mas trata-se de outra água, mais misteriosa: provém da *Sabedoria*, que presidiu, no momento da criação, à formação das águas (Jó, 28, 25-26; *Provérbios*, 3, 20; 8, 22, 24, 28-29; *Eclesiástico*, 1, 2-4). No coração do sábio reside a água; ele é semelhante a um poço e a uma fonte (*Provérbios*, 20, 5; *Eclesiástico*, 21, 13), e suas palavras têm a potência da torrente (*Provérbios*, 18, 4). Quanto ao homem privado de sabedoria, seu coração é comparável a um vaso rachado que deixa escapar o conhecimento (*Eclesiástico*, 21, 14). Ben Sira compara a Torá (*torah*: a lei mosaica) à Sabedoria, pois a Torá esparge uma água de Sabedoria. Os Padres da Igreja consideram o Espírito Santo autor do dom de sabedoria, que dispensa aos corações sequiosos. As teologias da Idade Média apresentam esse tema dando-lhe sentido idêntico. Assim, para Hugues de Saint-Victor, a Sabedoria possui suas águas, a alma é lavada pelas águas da Sabedoria.

A água se torna o símbolo da *vida espiritual* e do Espírito, oferecidos por Deus e muitas vezes recusados pelos homens.

Jesus retoma esse simbolismo no seu diálogo com a samaritana: "Aquele que beber da água que eu lhe darei não terá mais sede [...]. A água que eu lhe darei se tornará nele fonte de água a jorrar em vida eterna" (João, 4, especialmente versículo 4).

Símbolo, antes de tudo, de vida no Antigo Testamento, a água se tornou, no Novo, símbolo do Espírito (*Apocalipse*, 21).

Jesus Cristo se revela Senhor da água viva à samaritana (João, 4, 10). Ele é a fonte: "Se alguém tiver sede, que venha a mim e se desaltere" (id., 7, 37-38). Como do rochedo de Moisés, a água jorra do seu seio e, na cruz, a lança fará correr sangue e água do seu flanco aberto. É do Pai que fluia água viva, comunica-se pela humanidade do Cristo ou, ainda, pelo dom do Espírito Santo, que, conforme o texto de um hino de Pentecostes, é *fons vivus* (manancial de água viva), *ignis caritas* (fogo de amor), *Altíssimi donum Dei* (dom do Altíssimo). Santo Atanásio explica o sentido dessa doutrina, dizendo: "O Pai sendo a fonte, o Filho é denominado rio, e diz-se que nós bebemos o Espírito" (*Ad Serapionem*, 1, 19). A água se reveste, então, de um sentido de *eternidade*. Aquele que bebe dessa água viva participa antecipadamente da vida eterna (*João*, 4, 13-14).

A água viva, a água da vida se apresenta como um símbolo cosmogônico. E porque ela cura, purifica e rejuvenesce, conduz ao eterno. Segundo Gregório de Nissa, os poços conservam uma água estagnada. *Mas o poço do Esposo é um poço de águas vivas. Ele tem a profundeza da cisterna e a mobilidade do rio*, o que não deixa de ter relação com o texto de Lorca citado anteriormente.

Segundo Tertuliano, o Espírito Divino escolheu a água entre os diversos elementos. É para ela que se voltam as suas preferências, pois ela se mostra, desde a origem, como matéria perfeita, fecunda e singela, totalmente transparente (*De baptismo*, 3). Possui, por si mesma, uma virtude purificadora e, por mais esse motivo, é considerada sagrada. Donde seu uso nas abluções rituais. Por sua virtude, a água apaga todas as infrações e toda mácula. A água do batismo, e só ela, lava os pecados, e só é conferida uma vez porque faz aceder a outro estado: o do homem novo. Essa rejeição do homem velho, ou melhor, essa morte de um momento da história, é comparável a um **dilúvio***, porque este simboliza uma desaparição, uma destruição: uma era se aniquila, outra surge.

A água, possuidora de uma virtude lustral, exercerá ademais um poder soteriológico. A imersão nela é regeneradora, opera um renascimento, no sentido já mencionado, por ser ela, ao mesmo tempo, morte e vida. A água apaga a história, pois restabelece o ser num estado novo. A imersão é comparável à deposição do Cristo no santo sepulcro: ele ressuscita, depois dessa descida nas entranhas da Terra. A água é símbolo de regeneração: a água batismal conduz explicitamente a um "novo nascimento" (*João*, **3**, 3-7), é "iniciadora. *O Pastor de Hermas fala daqueles* que desceram à água mortos e dela subiram vivos". É o simbolismo da água viva, da *fonte de juventa*. O que tenho em mim, diz Inácio de Teóforo (segundo Calisto), *é a água que opera e fala*. Sabe-se que a água da fonte de Castália, em Delfos, inspirava a Pítia. A água da vida é a Graça divina.

Os cultos são deliberadamente concentrados em torno das nascentes de água. Todo lugar de peregrinação comporta seu olho-d'água, sua fonte. A água pode curar em razão das suas virtudes específicas. No curso dos séculos, a Igreja se levantou muitas vezes contra o culto prestado às águas. A devoção popular considerou sempre o valor sagrado e sacralizante das águas. Mas os desvios pagãos e a volta das superstições constituíam, sempre, uma ameaça. A magia espreita o sagrado para pervertê-lo na imaginação dos homens.

Se as águas precedem a criação, é evidente que elas continuam presentes para a recriação. Ao homem novo corresponde a aparição de outro mundo.

Em certos casos, e já o dissemos no começo deste verbete, a água pode fazer obra de morte. As *grandes águas* anunciam, na Bíblia, as provações. O desencadeamento das águas é o símbolo das grandes calamidades.

> [...] Certeiras, surgirão rajadas de raios,
> do teso arco das nuvens para o alvo voarão;
> sua funda lançará furiosa saraivada,

> contra eles lufarão as ondas do mar,
> sem piedade os rios os afogarão.
> Um sopro poderoso se levantará contra eles
> e os dispersará qual furacão.

> (*Sabedoria*, 5, 21-23)

A água pode destruir e engolir, as borrascas destroem as vinhas em flor. Assim, a água também comporta um poder maléfico. Nesse caso, ela pune os pecadores, mas não atinge os justos: estes nada têm a temer das *grandes águas*. Às *águas da morte* concernem apenas os pecadores e se transformam em *águas de vida* para os justos. Como o fogo, a água pode servir de ordálio. Os objetos nela lançados se julgam, a água não profere sentença.

Símbolo da dualidade do alto e do baixo: água de chuva – água do mar. A primeira é pura; a segunda, salgada. Símbolo de vida: *pura,* ela é criadora e purificadora (*Ezequiel*, **36**, 25); *amarga*, ela produz a *maldição* (*Números*, **5**, 18). Os rios podem ser correntes benéficas ou dar abrigo a monstros. As águas agitadas significam o mal, a desordem.

Os maus são comparados ao mar agitado [...] (*Isaías,* **57**, 20). "Salva-me, ó Deus, pois a água/ está subindo ao meu pescoço. / Estou afundando num lodo profundo, sem nada que me afirme [...]" (*Salmos* 69, 1-2).

As águas calmas significam a paz e a ordem (*Salmos* 23, 2). No folclore judaico, a separação feita por Deus, quando da criação das águas superiores e inferiores, designa a partilha das águas masculinas e femininas, simbolizando a segurança e a insegurança, o masculino e o feminino, o que se liga, como já foi dito, a um simbolismo universal.

As águas amargas do oceano designam a amargura do coração. O homem – dirá Richard de Saint-Victor – deve passar pelas águas amargas quando toma consciência da própria miséria, essa *santa amargura* se transmudará em júbilo (*De statu interioris hominis*, **1**, 10, P. L., 196, 124).

Nas tradições do Islã, a água simboliza também inúmeras realidades.

64 | ÁGUA

O *Corão* designa a *água benta* que cai do céu como um dos *signos* divinos. Os **jardins*** do Paraíso têm arroios de águas vivas e fontes (*Corão*, **2**, 25; **88**, 12 etc.). O próprio homem foi criado de *uma água que se difundiu* (*Corão*, **86**, 6).

> Deus! Foi Ele quem criou o céu e a Terra,
> e que fez descer do céu uma água
> graças à qual faz brotarem os frutos
> para a vossa subsistência.
>
> (*Corão*, **14**, 32; **2**, 164)

As obras dos incréus são consideradas água por aquele que tem sede; mas isso não passa de miragem. Elas se parecem às águas tenebrosas de um mar profundo, que vagas sucessivas vêm cobrir (*Corão*, **24**, 39-40). A *vida presente* é comparada à água que o vento dispersa (*Corão*, **18**, 45).

No seu comentário dos *Fosus*, de Ibn al--'Arabi, Rumi identifica a água sobre a qual se encontra o Trono divino (*Corão*, **11**, 9) com o Sopro do Deus Misericordioso. Falando da *Teofania eterna*, Rumi diz que o "mar se cobriu de espuma; e a cada floco de espuma, alguma coisa tomava forma, alguma coisa tomava corpo" (*Diwân*).

Jili simboliza o universo pelo gelo, de que a água é a substância. A água é, aqui, *prima materia*.

Num sentido mais metafísico, Rumi simboliza o Fundamento divino do universo por um oceano, do qual a água é a essência divina. Ela permeia toda a criação, e as vagas são criaturas suas.

Por outro lado, a água simboliza a *pureza* e é empregada como instrumento de purificação. A prece ritual muçulmana – *çalat* – não pode ser cumprida validamente senão quando o orante se põe em estado de pureza ritual com suas abluções, cujas modalidades constituem objeto de normas minuciosas.

Enfim, a água simboliza a *vida*: a água da vida, que se descobre nas trevas, e que regenera. O **peixe***, lançado na confluência de dois mares, no Surata da Caverna (*Corão*, **18**, *v.* 61, 63) ressuscita, quando mergulhado na água. Esse simbolismo faz parte de um tema iniciático: o banho na Fonte da Imortalidade. O tema retorna constantemente na tradição mística islâmica, especialmente no Irã. Nas lendas referentes a Alexandre, este parte em busca da Fonte da Vida, acompanhado pelo seu cozinheiro Andras, o qual, um dia, lavando um peixe salgado numa fonte, vê, com espanto, que o peixe revive, e obtém, por sua vez, a imortalidade. Essa fonte fica situada no *país das Trevas* (simbolismo que indubitavelmente deve ser aproximado do simbolismo do inconsciente, de natureza feminina e *yin*).

Em todas as outras tradições do mundo, a água desempenha igualmente papel primordial, que se articula em torno dos três temas já definidos anteriormente, mas com uma insistência particular nas origens. De um ponto de vista cosmogônico, a água recobre dois complexos simbólicos antitéticos, que é preciso não confundir: a água *descendente* e celeste, a Chuva, é uma semente uraniana que vem fecundar a Terra; masculina, portanto, e associada ao fogo do céu: é a água para a qual García Lorca apela em *Yerma*. Já a água *primeira*, a água *nascente*, que brota da terra e da aurora branca, é feminina: a Terra está aqui associada à Lua, como um símbolo de fecundidade completa e acabada, Terra grávida, de onde a água sai para que, desencadeada a fecundação, a germinação se faça.

Tanto num caso quanto no outro, o símbolo da água contém o do **sangue***. Mas não se trata, aí também, do mesmo sangue, porque o sangue recobre, igualmente, um sentido duplo: o sangue celeste, associado ao Sol e ao fogo; o sangue menstrual, associado à Terra e à Lua. Através dessas duas oposições, se discerne a dualidade fundamental, luz-trevas.

Entre os astecas, o sangue humano, necessário à regeneração periódica do Sol, se chama *chalchiuatl, água preciosa*, i.e., o jade verde (SOUM), o que remete perfeitamente à complementaridade das cores **vermelho*** e **verde***. A água é o equivalente simbólico do sangue rubro, força interna do verde, porque a água traz em si o germe de vida, correspondente ao vermelho, que faz renascer ciclicamente a terra verde depois da morte hibernal.

A água, semente (esperma) divina, de cor verde também, fecunda a terra para dar os Heróis, os Gêmeos, na cosmogonia dos dogons (GRIE). Esses gêmeos vêm ao mundo, homens até os rins e serpentes daí para baixo. São de cor verde (GRIE).

Mas o símbolo da água, força vital fecundante, vai mais longe ainda no pensamento dos dogons e de seus vizinhos, os bambaras. Porque a água – ou o sêmen divino – é também *a luz*, *a palavra*, o verbo gerador, cujo principal avatar mítico é a **espiral*** de cobre vermelho. Entretanto, água e palavra não se fazem ato e manifestação, acarretando a criação do mundo, senão sob a forma de palavra úmida, à qual se opõe uma metade gêmea, que permanece fora do ciclo da vida manifestada, chamada pelos dogons e pelos bambaras *água seca* e *palavra seca*. Água seca e palavra seca exprimem o pensamento, i.e., a potencialidade, tanto no plano humano quanto no plano divino. Toda água era seca, antes que se formasse o ovo cósmico, no interior do qual nasceu o princípio de umidade, base da gênese do mundo. Mas o Deus supremo uraniano, Amma, quando criou seu duplo, Nommo, Deus de água úmida, guia e princípio da vida manifestada, conservou com relação a ele, nos céus superiores, fora dos limites que deu ao universo, a metade das suas águas primeiras, que permanecem como *águas secas*. Da mesma forma, a palavra que não se expressa, o pensamento, é dita *palavra seca*. Não tem senão valor potencial, não pode engendrar. No microcosmo humano, ela é a réplica do pensamento primordial, a *primeira palavra* que foi roubada a Amma pelo gênio Yurugu, antes do advento dos homens atuais. Para D. Zahan (ZAHD), essa palavra primeira, "palavra indiferenciada, sem consciência de si mesma", corresponde ao inconsciente; é a palavra do sonho, aquela sobre a qual os humanos não têm poder. O **chacal***, ou a raposa pálida, avatar de *Yurugu*, tendo furtado a primeira palavra, possui, então, a chave do inconsciente, do invisível, e, em consequência, do futuro, que não é senão o componente temporal do invisível. Essa a razão pela qual o mais

importante sistema divinatório dos dogons está fundado na interrogação desse animal.

É curioso observar que o *Yurugu* está igualmente associado ao fogo ctoniano e à Lua, que são universalmente símbolos do inconsciente (PAUC, ZAHD, GAND).

A divisão fundamental de todos os fenômenos em duas categorias, regidas pelos símbolos antagonistas da água e do fogo, do úmido e do seco, encontra uma notável ilustração nas práticas funerárias dos astecas. Por outro lado, os fatos mostram igualmente a analogia dessa dualidade simbólica com a noção do casal original Terra-Céu: "todos aqueles que morriam afogados ou fulminados pelo raio, os leprosos, gotosos, hidrópicos, em suma, todos os que os deuses da água e da chuva tinham, por assim dizer, distinguido, retirando-os do mundo", eram enterrados. Todos os outros mortos eram incinerados (SOUA, 231).

Essas mesmas relações da água e do fogo se encontram nos ritos funerários dos celtas. A água lustral, que os druidas empregavam para afastar os malefícios, era a água na qual "se apagava o tição ardente retirado da fogueira dos sacrifícios. Quando havia um morto numa casa, punha-se à parte um grande vaso cheio de água lustral, trazido de alguma outra casa onde não havia morto. Todos os que vinham ter à casa enlutada aspergiam-se com essa água ao sair" (COLD, 226).

Em todos os textos irlandeses, a água é um elemento submetido aos druidas, que têm o poder de *ligar* e *desligar*. Os maus druidas do rei Cormac também ligaram os do Munster, para submeter os habitantes pela sede, e foi o druida Mog Ruith quem os desligou. O afogamento é o castigo aplicado a um poeta culpado de adultério. Mas a água é também, e sobretudo pelo seu valor lustral, um *símbolo de pureza passiva*. Ela é *um meio e um lugar de revelação* para os poetas que lhe põem sortilégios a fim de obter profecias. Segundo Estrabão, os druidas afirmavam que, no fim do mundo, reinariam apenas a água e o fogo (elementos primordiais) (LERD, 74-76).

Entre os germanos, são as águas, correndo pela primeira vez na primavera à superfície dos

66 | ÁGUA

gelos eternos que constituem a origem ancestral de toda vida, pois que, vivificadas pelo ar do sul, elas se juntam para formar um corpo vivo, o do primeiro gigante Ymir, do qual procedem os demais gigantes, os homens, e, até certo ponto, os próprios deuses.

A água-plasma, feminina, a água doce, a água lacustre, a água estagnada e a do oceano, escumante, fecundante, masculina, são cuidadosamente diferenciadas na *Teogonia* de Hesíodo: a terra engendra em primeiro lugar, "sem gozar prazer com isso", Ponto, o "mar estéril". Depois, unindo-se a seu filho Urano, ela dá "o oceano de abismos imensos: a Terra gerou o mar infecundo, com suas tumefações furiosas. Demasias de água, sem a ajuda do terno amor. Mas depois dos embates com o Céu ela gerou Oceano, o dos turbilhões profundos" (Hesíodo, *Teogonia*, 130-135). A distinção entre a água estéril e a água fecundante está intimamente unida, segundo Hesíodo, à intervenção do amor.

A água estagnante, plasma da terra de onde nasce a vida, aparece ainda em numerosos mitos da criação. Segundo certas tradições turcas da Ásia central, a água é a mãe do cavalo. Na cosmologia da Babilônia, no começo de tudo, quando não havia ainda nem céu nem Terra, apenas "uma matéria indiferenciada se estendia desde toda a eternidade: as águas primordiais. Da sua massa se desprenderam dois princípios elementares, Apsu e Tiamat [...] Apsu, considerado uma divindade masculina, representa a massa de água doce sobre a qual flutua a terra [...] Quanto a Tiamat, ela não é outra coisa senão o mar, o abismo de água salgada de onde saem todas as criaturas" (SOUN, 119).

Da mesma forma, uma crista de limo emergindo das águas é a imagem mais frequente da criação nas mitologias egípcias. "Um grande lótus saído das águas primordiais, tal foi o berço do Sol na primeira manhã" (POSD, 67, 154).

A valorização feminina, sensual e maternal, da água foi magnificamente cantada pelos poetas românticos alemães. É a água do lago, noturna, leitosa e lunar, onde a libido desperta. "A água,

essa filha primeira, nascida da fusão aérea, não pode renegar sua origem voluptuosa e, na Terra, ela se mostra com uma celeste onipotência como o elemento do amor e da união [...] Não é em vão que os sábios antigos procuram nela a origem de todas as coisas [...] E as nossas sensações, agradáveis ou não, não são mais, afinal, que as diversas maneiras do escoar em nós dessa água original que existe em nosso ser. O próprio sono não passa do fluxo desse mar invisível, universal, e o despertar é o começo do seu refluxo" (Novalis, NOVD, 77). E o poeta conclui: "só os poetas deveriam ocupar-se dos líquidos".

Dos símbolos antigos da água como fonte de fecundação da Terra e de seus habitantes podemos passar aos símbolos analíticos da água como fonte de fecundação da alma: a ribeira, o rio, o mar representam o curso da existência humana e as flutuações dos desejos e dos sentimentos. Como no caso da **Terra***, há que distinguir no simbólico da água a superfície e as profundezas. A **navegação*** ou o viajar errático dos heróis na superfície significa "que estão expostos aos perigos da vida, o que o mito simboliza pelos monstros que surgem do fundo. A região submarina se torna, dessa forma, símbolo do subconsciente. A perversão se acha, igualmente, figurada pela água misturada à terra (desejo terrestre) ou pela água estagnada que perdeu suas propriedades purificadoras: o limo, a lama, o **pântano***. A água gelada, o gelo, exprime a estagnação no seu mais alto grau, a ausência de calor na alma, a ausência do sentimento vivificante e criador que é o amor. A água gelada representa a completa estagnação psíquica, a alma morta" (DIES, 38-39).

A água é o símbolo das energias inconscientes, das virtudes informes da alma, das motivações secretas e desconhecidas. Acontece muitas vezes nos sonhos a gente estar sentado "à borda da água a **pescar***. A água, símbolo do espírito ainda inconsciente, encerra o conteúdo da alma, que o pescador se esforça para trazer à superfície, e que deverá alimentá-lo. O peixe é um animal psíquico [...]" (AEPR, 151, 195).

Gaston Bachelard escreveu sutis variações sobre as águas claras, as águas primaveris, as águas correntes, as águas amorosas, as águas profundas, dormentes, mortas, compostas, doces, violentas, a água mestra da linguagem etc., que são outras tantas facetas desse símbolo cambiante (BACE).

"Mais frêmito que espelho [...] ao mesmo tempo pausa e carícia, passagem de um arco líquido sobre um concerto de espuma" (Paul Claudel).

Uma sindicância conduzida por Jules Gritti, em 1976, para o Centro de pesquisas sobre a informação e a comunicação (CRIC), e destinada a preparar uma campanha em prol da depuração e regeneração da água, revelou a persistência da simbólica da água entre os habitantes das cidades e aldeias. A água "poluída" infunde horror, como sujeira, imundície, doença, morte: "a poluição é o câncer da água." Todos veem na água como que o elemento vital primordial: "fonte de vida [...] sem água não há vida [...] tão necessária quanto o sol [...] resumo da vida [...]". As mulheres acima de 25 anos e, sobretudo, as mães, sentem uma relação particular entre a mulher e a água. O autor da pesquisa conclui: "uma vez mais constatamos que símbolos fundamentais [...] persistem no coração e na imaginação das pessoas, na mentalidade coletiva. Uma civilização técnica e industrial, pelas carências e poluições que suscita, pode avivar a necessidade, a angústia, o apetite por signos que falem."

ÁGUIA

Rainha das aves, encarnação, substituto ou mensageiro da mais alta divindade uraniana e do fogo celeste – o Sol, que só ela ousa fixar sem queimar os olhos. Símbolo de tamanha importância, que não existe nenhuma narrativa, ou imagem, histórica ou mítica, tanto em nossa civilização quanto em todas as outras, em que a águia não acompanhe, ou mesmo não os represente, os maiores deuses e os maiores heróis: é o atributo de Zeus (Júpiter) e do Cristo; é o emblema imperial de César e de Napoleão; e – tanto nas pradarias americanas, como na Sibéria, no Japão, na China e na África – xamãs, sacerdotes, adivinhos e,

igualmente, reis e chefes guerreiros tomam seus atributos para participar de seus poderes.

A águia é, também, o símbolo primitivo e coletivo do pai e de todas as figuras da paternidade. Mas essa universalidade de uma imagem em nada diminui a riqueza e a complexidade do símbolo por ela subentendido. Procuraremos desenvolvê-lo por meio de aproximações de exemplos colhidos em fontes diversas.

Rainha das aves: a águia coroa o simbolismo geral das aves, que é o dos estados espirituais superiores e, portanto, o dos **anjos***, conforme a tradição bíblica tantas vezes atesta: "[...] Todos os quatro tinham face de águia. Suas asas abriam-se para cima. Cada qual tinha duas asas que se tocavam e duas que cobriam o corpo; todos moviam-se diretamente para a frente, seguindo a direção em que o espírito os conduzia" (*Ezequiel*, 1, 10-11-12). Essas imagens são uma expressão de transcendência: nada se lhe assemelha, mesmo que se multiplicassem os mais nobres atributos da águia. E, no *Apocalipse* (4,7-8): "[...] o quarto animal era semelhante a uma águia voando". Dionísio, cognominado o Areopagita, explica a representação do anjo pela águia com as seguintes palavras: "A figura da águia indica a realeza, a tendência para os cimos, o voo rápido, a agilidade, a prontidão, a engenhosidade para descobrir alimentos fortificantes, o vigor de um olhar lançado livremente, diretamente e sem rodeios, para a contemplação dos raios que a generosidade do Sol teárquico multiplica" (PSEO, 242).

A águia a fixar o Sol é também o símbolo da percepção direta da luz intelectiva. "A águia olha o Sol bem de frente, sem temor", escreveu Angelus Silesius, "e tu, o esplendor eterno, se teu coração for puro". Símbolo de contemplação, daí a atribuição da águia a São João e ao seu Evangelho. Identificada ao Cristo em certas obras de arte da Idade Média, exprime, a um só tempo, sua ascensão e sua realeza. Esta segunda interpretação é uma transposição do símbolo romano do Império, símbolo que será também o do Santo-Império medieval. Os *Salmos*, enfim,

68 | ÁGUIA

fazem dela um símbolo de regeneração espiritual, como a **fênix***.

Ave solar: a águia é o substituto do sol nas mitologias asiática e norte-asiática (ELIT, 122), o mesmo ocorrendo nas mitologias ameríndias, principalmente entre os povos indígenas das pradarias. Compreende-se facilmente que a pluma da águia e o apito feito com osso de águia sejam indispensáveis para aqueles que devem enfrentar a prova *da dança que olha o Sol*. Encontra-se a mesma identificação entre os astecas e, também, no Japão: o *Kami*, cujo *mensageiro* ou *suporte* é uma águia denominada *águia do Sol*.

Na representação que fazem do universo, os povos zuni colocam a águia no quinto *ponto cardeal* que é o **Zênite*** (o sexto é o Nadir, e o sétimo, o Centro, lugar do homem) (CAZD, 256-257). Isso significa que a colocam no *eixo do mundo*, aproximando-se assim da crença dos gregos, para os quais as águias (enviadas por Zeus) partiam da extremidade do mundo e se detinham na vertical do *ônfalo* de Delfos, percorrendo desse modo a trajetória do Sol, do nascer ao Zênite, que coincide com o eixo (centro) do mundo. Ao ocupar, também, o lugar da divindade suprema uraniana, a águia, tanto no panteão índio como junto de Zeus, é considerada senhora do raio e do trovão.

Suas asas abertas, comenta Alexander, evocam as linhas recortadas do **relâmpago***, bem como as da **cruz***. Alexander vê, nas duas imagens da águia-relâmpago e da águia-cruz, os símbolos de duas civilizações: a dos caçadores e a dos agricultores. Segundo esse autor, a águia, divindade uraniana, expressão do Pássaro-Trovão, é a origem do emblema principal das civilizações de caçadores nômades, guerreiros e conquistadores; assim como a cruz (a cruz foliácea do México, que estiliza o rebento do milho dicotiledônio) é o principal emblema das civilizações agrárias. Na origem das culturas indígenas, uma encarna o Norte, o frio e o princípio masculino; a outra é característica do Sul, vermelho, úmido e cálido, e representativa do princípio feminino. Nesse ponto é preciso não esquecer, em função do que foi dito antes, que Norte e Zênite, Sul e Nadir relacionam-se como diante e acima, atrás e abaixo.

Mas, com o passar do tempo, unindo-se as duas civilizações, esses dois símbolos, originalmente antagônicos, sobrepõem-se e confundem-se: "é singular que a cruz de forma geométrica simples, do tipo romano, se tenha tornado, no final, mesmo para os peles-vermelhas das planícies, o símbolo do **falcão*** ou da águia de asas estendidas, como também o da dicotiledônea do rebento de milho brotando da terra – e que isso haja sucedido de maneira autóctone, sem qualquer influência europeia [...]." De modo geral, o Pássaro-Trovão – águia de Ashur e de Zeus –, à medida que o tempo passa e que as culturas se misturam, torna-se, também, Senhor da fertilidade e da terra, simbolizada pela cruz (ALEC, 120).

Poder-se-ia dizer que, na união dessas duas etapas culturais, forças uranianas e ctonianas cheguem a se equilibrar? O estudo da iconografia feudal no Ocidente tenderia a confirmar essa hipótese, dada a frequente aproximação ou confronto da águia com o **leão***. E o mesmo ocorre quando se evocam os astecas, entre os quais duas grandes confrarias guerreiras eram as dos "cavaleiros-águias *e* cavaleiros-jaguares" (MYTF, 193). Ainda entre os astecas, o coração dos guerreiros sacrificados serve de alimento para a Águia solar. Eram chamados *homens da águia*. O valor simbólico dos guerreiros mortos em combate e o dos homens sacrificados à Águia solar é o mesmo: alimentam o sol e acompanham-no em seu percurso.

Essa associação simbólica da águia e do jaguar encontra-se novamente na descrição do trono solene do imperador asteca: sentava-se sobre uma plumagem de águia, recostado numa pele de jaguar (SOUA). Poder-se-iam citar, ainda, inúmeros outros exemplos dessa associação Águia-Jaguar que se encontram entre os povos originários das duas Américas.

Outra das expressões da dualidade Céu-Terra aparece com a posição *águia-serpente*, mencionada nos Vedas: com o pássaro mítico **garuda*** que é, originariamente, uma águia. Pássaro solar, *brilhante como o fogo*, montaria de *Vishnu* – que é, ele próprio, de natureza solar – *Garuda* é *nagari, inimigo das serpentes*, ou *nagantaka, destruidor de serpentes*. A dualidade da águia e da serpente significa universalmente o mesmo que a do céu e da Terra, ou a luta do anjo contra o demônio. No Kampuchea (Camboja), *Garuda* é o emblema dos soberanos de raça *solar*; e *Naga*, o dos soberanos de raça lunar. *Garuda* é também a *Palavra alada*, o triplo Veda, um símbolo do Verbo, ou seja, o mesmo que a águia representa na iconografia cristã.

Garuda é, ainda, símbolo de força, de coragem, de penetração; o mesmo ocorrendo com a águia, em virtude da acuidade de sua visão (CORM, DANA, HEHS, HERS, MALA).

Dotada dessa força solar e uraniana, que a potência com que levanta voo evidencia, a águia torna-se, em decorrência disso, o *pássaro-tutelar*, o *iniciador* e o *psicopompo*, que arrasta consigo a alma do xamã através de espaços invisíveis. As tradições americanas e asiáticas se interpenetram e se reforçam continuamente nesse ponto, quanto mais não seja pela utilização idêntica da pluma de águia nas práticas xamânicas dos dois continentes. Assim, na Sibéria, "o xamã dança durante longo tempo, cai por terra, inconsciente, e sua alma é levada ao céu numa barca puxada por águias" (ELIC, 315); ao passo que, entre os pavitso, povos indígenas da América do Norte, quando um bastão, a ostentar em sua extremidade uma pluma de águia obtida por um xamã, é colocado sobre a cabeça do doente, o mal desaparece como o xamã que a águia arrebata em seus voos mágicos. Na mesma área cultural, certa crença fundamental afirma que uma águia deve estar pousada no cimo da árvore cósmica para velar, servindo de remédio contra todos os males contidos em seus ramos (KRAM, 266; ELIC, 247). No papel de iniciador e psicopompo, é também a grande águia que salva o herói Töshtük do mundo de baixo, para elevá-lo ao mundo do alto; somente ela é capaz de voar de um mundo ao outro. Por duas vezes ela engole o herói moribundo para lhe *refazer o corpo* em seu ventre, antes de restituí-lo à luz do dia. Imagens igualmente iniciáticas que revelam um poder de regeneração pela absorção. A águia aparece numa narrativa apócrifa galesa, *Ancestrais do mundo*; esse texto corresponde à narrativa irlandesa de Tuan Mac Cairill e a uma passagem do Mabinogi de Kulhwch e Olwen; a águia é um desses animais primordiais iniciadores, tal como o melro, o **mocho***, o **cervo*** e o **salmão***. Dela não se conhece nenhuma outra aparição na mitologia celta, salvo a metamorfose de Lleu em águia, no momento em que acaba de ser morto pelo amante de sua mulher adúltera, Blodeuwedd, no Mabinogi de Math; aparece, porém, com bastante frequência na numismática galesa. Na Irlanda, seu papel parece ter sido representado pelo **falcão*** (CHAB, 71-91; LOTM, **1**, 206-207).

Reencontramos a imagem arquetípica do Pai associada à do Iniciador e à do psicopompo em um mito siberiano, relatado por Uno Harva, que faz da águia o herói civilizador, Pai dos xamãs: o Altíssimo envia a Águia para socorrer os homens, atormentados pelos maus espíritos, portadores das enfermidades e da morte; mas os homens não entendem a linguagem do mensageiro. Deus, então, ordena-lhe dar aos homens o dom de xamanizar (embruxar, exorcizar); a águia torna a descer à Terra e emprenha uma mulher; esta dá à luz o primeiro xamã (HARA, 318).

A tradição ocidental, igualmente, dota a águia de poderes excepcionais que a colocam acima das contingências terrenas. Assim, embora não seja ela imortal, possui um poder de rejuvenescimento. Expõe-se ao Sol e, quando sua plumagem está em chamas, mergulha numa água pura e reencontra desse modo uma nova juventude. Pode-se comparar essa lenda com a iniciação e a alquimia, que compreendem a passagem pelo fogo e pela água. A agudeza de sua vista faz da águia um *ser clarividente* ao mesmo tempo que um psicopompo. Já em plena cristandade, supõe-se que a águia transporte a alma dos mortos sobre suas asas, a fim de fazê-la retornar a Deus. Um voo em descenso significa a descida da luz sobre a Terra.

70 | ÁGUIA

Os místicos da Idade Média repisam frequentemente o tema da águia para evocar a visão de Deus; comparam a oração às asas da águia que se eleva em direção à luz.

De clarividente, torna-se facilmente *augural* e *divinatória*. Na Antiguidade mediterrânea, a arte augural interpreta o voo das águias a fim de perceber as vontades divinas. "A águia romana, assim como o corvo germano-celta, é essencialmente a mensageira da vontade do alto" (DURS, 134).

Rainha das aves, diz Píndaro, a águia dorme *pousada no cetro de Zeus*, cujas vontades faz conhecer aos homens. Quando Príamo vai rogar a Aquiles que lhe entregue o cadáver de Heitor, faz, antes de partir, uma libação a Zeus: "Envia-me teu pássaro, rápido mensageiro, pássaro que tem, dentre todos, a tua predileção, e que possui a força suprema. Surge do lado direito, num voo impetuoso sobre a cidade e, ao vê-lo, todos se regozijam, com os corações a se desfazerem em alegria" (*Ilíada*, **24**, 308-321). Quando a águia surge à esquerda, é, ao contrário, sinal de mau augúrio – e, aqui, tornamos a encontrar a simbólica da **direita*** e da esquerda.

Em sua qualidade augural, mas muitas vezes confundida, como no caso da Irlanda, com outras aves de rapina, principalmente o **falcão***, a águia também aparece na tradição iraniana. Já na época dos medas e dos persas simbolizava a vitória. Segundo Xenofonte (*Ciropedia*, II, 4), quando os exércitos de Ciro (560-529 a.C.) acorreram em socorro do rei dos medas, Ciaxaro, que estava guerreando contra os assírios, uma águia sobrevoou os exércitos iranianos, e isso foi considerado um feliz presságio. Até mesmo Ésquilo (*Persas*, 205 s.) imaginava que a derrota dos persas, ao se confrontarem com os gregos, tivesse sido anunciada a Atossa quando este, em sonhos, viu uma águia a perseguir um falcão.

Heródoto (III, 76) narra que Dario e os sete notáveis do Irã, no momento em que hesitavam no ataque ao palácio de Gaumata, o rei usurpador da Pérsia, viram sete casais de falcões perseguirem dois casais de abutres e arrancarem-lhes as plumas: isso foi considerado de bom augúrio para o êxito de seus desígnios, e eles partiram ao assalto do palácio.

O estandarte do Irã aquemênida ostentava uma águia dourada com as asas estendidas, pousada na ponta de uma lança (*Ciropedia*, VII, 1), simbolizando o poderio e a vitória dos persas nas guerras. Ferdawsi (940-1020) menciona também, em seu *Shanama* (Livro dos Reis), a bandeira do Irã antigo, sobre a qual figurava uma águia.

É particularmente a noção de *varana, poder divino e luz de glória* no Masdeísmo (religião do Irã pré-islâmico), que se encontra ligada a esse símbolo.

No Avesta (*Zâmyâd-yasht: yasht* XIX. § 34-38), o *varana* foi simbolizado por uma águia ou por um falcão. Quando o legendário rei do Irã, Djamshid (Yama), o primeiro rei do mundo segundo esse livro (ou o terceiro, de acordo com o *Shanama* de Ferdawsi), proferiu uma mentira, o *varana* que nele habitava abandonou-o de modo aparente sob a forma de uma ave, *varaghna* (falcão). De pronto, viu-se o rei despojado de todas as suas faculdades prodigiosas; foi vencido por seus inimigos e perdeu o trono.

A aparição no Islá em nada altera a simbologia da águia. Em vários contos, um mágico prova sua supremacia sobre outro transformando-se em águia.

Um poder sobrenatural é atribuído a esse pássaro nas velhas farmacopeias, que prescrevem beber sangue de águia a fim de se adquirir vigor e bravura, e pretendem que o excremento da ave, misturado com uma espécie de bebida alcoólica chamada *siki*, possa remediar a esterilidade das mulheres (MOKC, 23-24). Ainda em nossos dias, para os nômades Yürük, da Turquia, a águia representa a idade da plena potência masculina para procriar, fase situada entre a do peixe, idade do adolescente, e a do carneiro, idade do ancião.

Nos sonhos e na arte divinatória orientais, a águia simboliza um rei poderoso, ao passo que o rei é presságio de desgraça. O folclore conservou esse valor simbólico da águia. Em *Os segredos de Hamza* (p. 10), o rei Anushiravan (Chosroés I) vê, em sonhos, um bando de corvos a voar, vindo de

Khaybar. Aquele que encabeça o bando apodera-se de sua coroa. Nesse instante, três águias reais, vindo da direção da Meca, arremessam-se sobre o corvo, retomando a coroa e devolvendo-a a Chosroés. Esse sonho é interpretado pelo vizir Buzardjomehr como indicação de um inimigo do rei que será vencido pelo emir Hamza, 'Amr (w), seu escudeiro, e por Moqbel, seu arqueiro. A qualificação de águia real é empregada, várias vezes, para designar esses três personagens, que também são denominados *saheb-garan*, i.e., os *senhores da época*, aqueles que alcançam a vitória contra os infiéis, e por isso são comparados às águias.

A Águia desastrosa: como todo símbolo, a águia possui também um aspecto noturno maléfico ou desastroso; é o exagero de sua coragem, a perversão de sua força, o descomedimento de sua própria exaltação. O dualismo do símbolo é encontrado, também, entre os povos pawnee. A. Fletcher (FLEH) observou que, entre eles, a águia parda, fêmea, se associa à noite, à Lua, ao Norte, à Mãe Primordial, captadora, generosa e terrível, enquanto a águia branca, macho, é associada, ao contrário, ao dia, ao Sol, ao Sul, ao Pai Primordial, cuja figura pode igualmente tornar-se dominadora e tirânica. No mundo dos sonhos a águia, como o leão, é um animal real por excelência, que encarna pensamentos elevados, cujo significado é quase sempre positivo. Simboliza a *emoção brusca e violenta, a paixão consumidora do espírito*. Entretanto, por causa de seu caráter de ave de rapina que carrega as vítimas com suas garras para conduzi-las a lugares de onde não podem escapar, a águia simboliza também um desejo de poder inflexível e devorador.

Quando aplicada à tradição cristã, essa mesma inversão de imagem conduz do Cristo ao Anticristo: a águia, símbolo de orgulho e opressão, passa a ser, a partir daí, apenas um rapinante cruel que rouba com violência.

ÁGUIA (de duas cabeças)

Esse símbolo não era desconhecido pelos antigos mexicanos. É particularmente representado no *Codex Nuttal*, onde encarna sem dúvida, segundo Beyer, uma divindade vegetal; e, de fato, apresenta-se acompanhada de plantas e de conchas.

Sabe-se que, nas antigas civilizações da Ásia Menor, a águia bicéfala era o símbolo do poder supremo. Nas tradições xamânicas da Ásia Central, é frequentemente representada no topo da coluna do Mundo, situada no meio das aldeias; os dólganes chamam-na o *pássaro-senhor*, e consideram *a coluna que jamais se desmorona*, no topo da qual ela está pousada, a réplica de uma coluna idêntica colocada diante da morada do Deus supremo, cognominada "aquela que jamais envelhece nem tomba" (HARA, 35-36).

Segundo Frazer, esse símbolo, de origem hitita, teria sido retomado na Idade Média pelos turcos seljúcidas, reproduzido, destes últimos, pelos europeus na época das Cruzadas, para chegar por esse meio indireto às armas imperiais da Áustria e da Rússia (FRAG, 5, 133, n.).

A duplicação da cabeça exprime menos a dualidade ou a multiplicidade das corporações do império, do que reforça, ao duplicá-lo, o próprio simbolismo da águia: autoridade mais do que real, soberania verdadeiramente imperial, rei dos reis. Assim também, os animais que aparecem nas obras de arte, com tanta frequência, um ao lado do outro ou um diante do outro (heráld.), elevam ao máximo os valores simbolizados.

AIPO

Planta umbelífera, aromática e sempre verde, com que os gregos coroavam os vencedores dos Jogos Ístmicos: "os verdes talos do aipo dórico coroam a fronte deste venturoso vencedor" (Píndaro). Símbolo de juventude triunfante e alegre. Nas cerimônias fúnebres tinha importante papel, como indicador do estado de eterna juventude que o defunto acabava de atingir.

ÁLAMO

De acordo com as lendas gregas, o álamo era consagrado a Hércules. Quando o herói desceu aos Infernos, ele fez para si uma coroa de ramos de álamo. O lado das folhas voltado para ele permaneceu claro, o lado voltado para o exterior tomou

72 | ALARANJADO

a cor sombria da fumaça. Daí vem a cor dupla de suas folhas e é nessa diferença que se funda a simbologia do álamo. Ele significa a dualidade de todo ser. Observação engraçada: essa árvore, que cresce em terrenos úmidos, serve hoje para fabricar fósforos – água e fogo.

As Helíades, irmãs de Faetonte, que sem autorização confiaram ao irmão a condução da carruagem solar, foram transformadas em álamos. Uma Hespéride, do mesmo modo, foi transformada em álamo por ter perdido os pomos do Jardim sagrado. A madeira do álamo branco era a única que se permitia utilizar por ocasião dos sacrifícios oferecidos a Zeus. Hades transformou Leuce em álamo, que colocou à entrada dos Infernos, para manter junto de si essa mortal que ele amava.

Essa árvore surge também relacionada com os Infernos, com a dor e com o sacrifício, assim como com as lágrimas. Árvore funerária, ela simboliza as forças regressivas da natureza, a memória, mais que a esperança, o tempo passado, mais que o futuro dos renascimentos.

ALARANJADO

A meio caminho entre o amarelo e o vermelho, o alaranjado é a mais actínica das cores. Entre o ouro celeste e o vermelho ctônico, esta cor simboliza antes de tudo o ponto de equilíbrio entre o espírito e a libido. Mas se esse equilíbrio tende a se romper, num sentido ou noutro, o alaranjado torna-se então a revelação do amor divino ou o emblema da luxúria.

No primeiro caso, é, sem dúvida, a túnica açafroada dos monges budistas e a cruz de veludo laranja dos Cavaleiros do Espírito Santo.

O véu dos noivos, o *flammeum*, é, para Portal, o emblema da perpetuidade do casamento e corresponde, no sentido profano, à auriflama do sagrado. O véu que Virgílio dá a Helena é açafroado. As Musas, que aparecem em certas versões como as filhas do céu e da Terra e cuja importância nos cultos apolíneos é conhecida, também teriam vestes da cor do açafrão. A pedra de jacinto, de cor alaranjada, era considerada um símbolo de fide-

lidade (BUDA, 129). Constituía o emblema de uma das doze tribos de Israel sobre o peitoral do Grande Sacerdote de Jerusalém; voltamos a encontrá-la sobre a coroa dos Reis da Inglaterra, em que simboliza "a temperança e a sobriedade do Rei" (MARA, 277). Passada no fogo, esta pedra se descolore, o que explica, segundo Portal, que se tenha visto nela a expressão da fé constante que triunfa sobre o ardor das paixões e as apaga.

Mas o equilíbrio entre o espírito e a libido é algo tão difícil que o alaranjado se torna também a cor simbólica da infidelidade e da luxúria. Esse equilíbrio, segundo tradições que remontam ao culto da Terra-Mãe, era buscado na **orgia*** ritual, que devia conduzir à revelação e à sublimação iniciatórias. Diz-se que Dioniso usava vestimentas alaranjadas.

ALAÚDE (*v. Lira*)

ALAVANCA

O simbolismo da alavanca é da mesma natureza do simbolismo da tesoura; faz parte, como esta, das *ferramentas* maçônicas. A alavanca é princípio ativo, enquanto coloca em movimento o princípio passivo, a matéria inerte. Mas sua atividade resulta da vontade que a move e diante da qual parece passiva. Assim como notamos a respeito da tesoura, a *vontade* precede aqui o conhecimento.

"A alavanca é, como a tesoura, um intermediário *passivo*. Torna-se *ativa* só pelo poder de quem a utiliza: em si mesma, é inerte. Refere-se portanto ao conhecimento que só se torna *iniciático* se aquele que o possui é, ele próprio, passível de iniciação, isto é, capaz de compreender. A alavanca torna-se então a força fecunda [...] e perigosa, e é por isso que ela só deve se exprimir quando controlada pela Regra, pelo Nível e pela Perpendicular" (BOUM, 21). A alavanca simboliza apenas uma força instrumental, movida e controlada por uma força superior, e o valor de seu emprego só é medido pelo valor daquilo que ela ajuda a levantar.

ALCE (*v. Cervo*)

ALCÍONE

Uma espécie de martim-pescador, que entrou na lenda e se tornou símbolo; também gaivota ou guincho; ou ainda, ave fabulosa, bela e melancólica. Conforme uma lenda grega, Alcíone, filha de Éolo, rei dos ventos, desposou Ceíce, o filho do Astro da manhã. Sua felicidade é tão perfeita que eles se comparam a Zeus e Hera, e, justamente por esse motivo, atraem sobre si a vingança dos deuses. São metamorfoseados em pássaros, e seus ninhos, construídos à beira das ilhotas, são incessantemente destruídos pelas vagas (GRID). Essa seria a origem de seu grito lastimoso. Mas Zeus, por piedade, acalma o mar duas vezes, sete dias por ano, antes e depois do solstício de inverno; durante essa calmaria, a alcíone choca seus ovos. Nessa qualidade, tornou-se símbolo de paz e de tranquilidade, porém de uma paz que é preciso aproveitar depressa, pois é breve.

Ave dos mares, dedicada a Tétis, divindade marítima e uma das Nereidas, filhas do vento e do sol matinal, as alcíones pertencem tanto ao céu como aos oceanos, ao ar e às águas. Nessa qualidade, simbolizam uma fecundidade ao mesmo tempo espiritual e material, embora ameaçada pelo ciúme dos deuses e dos elementos. O perigo que evocam é o da autossatisfação e da atribuição a si mesmas de uma ventura que não pode vir senão do alto. Essa cegueira na felicidade expõe ao pior dos castigos.

> Chorai, doces alcíones, ó vós, pássaros sagrados,
> Pássaros caros a Tétis, doces alcíones, chorai [...].
>
> (André Chénier)

Lendas tardias assimilaram a lenda de Alcíone à de Isis; a mulher voa através dos ares e por cima dos mares, em busca de seu marido, filho do Astro da manhã, como Osíris era o sol levante. Ovídio descreveu o reencontro da esposa, transformada em pássaro, com o cadáver do seu marido impelido pelas ondas, com palavras que fazem lembrar o mito egípcio (OVIM, **XI**, v. 732-743).

Mas os terrores que os elementos desencadeados inspiram subsistirão sempre, conjugando as violências de ventos e vagas. A confissão de Alcíone, trêmula e como que seduzida pelo furor grandioso dos elementos desencadeados, mostra bem o que está no cerne do simbolismo desse pássaro tão caro aos românticos: "O que me apavora é o mar, a terrível imagem das vagas [...] Uma vez que os ventos desencadeados se tornam senhores da planície líquida, já nada os pode deter; não existe nem terra, nem mar que esteja protegido contra seu furor; atormentam até mesmo as nuvens do céu, e delas fazem brotar, por terríveis choques, fogos faiscantes; quanto mais os conheço (pois os conheço bem e, muitas vezes, quando era pequena, eu os vi em casa de meu pai), mais os julgo perigosos" (OVIM, **XI**, v. 427-438).

ÁLCOOL

O álcool realiza a *síntese da água e do fogo*. Segundo as expressões de Bachelard, é "a água de fogo, a água que arde". A aguardente, escreve ele, é uma água que queima a língua e que se inflama com a menor faísca. Não se restringe a dissolver e a destruir como a *água-forte*. Desaparece com aquilo que ela queima. É a comunhão da vida e do fogo. O álcool é também um alimento imediato, que põe instantaneamente seu calor no fundo do peito (BACF, 167). O álcool simbolizará a energia vital que deriva da união dos dois elementos contrários, a água e o fogo.

Os poetas românticos exaltaram os estados "iluminados pelo sol interior! Como é verdadeira e ardente essa segunda juventude que o homem extrai de si mesmo! Mas como são perigosas, também, suas volúpias fulminantes e seus encantamentos enervantes. E, no entanto, [...] qual de nós teria a coragem impiedosa de condenar o homem que se abebera de paixão e genialidade?" (Charles Baudelaire, *Du vin e du haschich*, 2). Com que emoção Bachelard evoca o "quentão" das festas familiares de sua infância, com seus fogos-fátuos domésticos; essa "chama de álcool e vinho" que queima numa terrina de ponche, e esse "complexo de ponche que se revela nas poesias fantasmagóricas de um Hoffmann; os mil dardos

74 | ALÉM

afiados [...] a salamandra e as serpentes que saem da sopeira de ponche [...]". O álcool faz convergir mil experiências íntimas.

Símbolo do *fogo da vida*, é, também, o da inspiração criadora. Não apenas ele excita as possibilidades espirituais, observa Bachelard, mas as cria verdadeiramente. "Incorpora-se, por assim dizer, àquilo que se esforça por exprimir-se. Sem dúvida, o álcool é um fator de linguagem [...]. Baco é um deus bom; do fazer divagar a razão, impede a ancilose da lógica e prepara a invenção racional."

A ambivalência do álcool deixa transparecer sua dupla origem. "O álcool de Hoffmann é o álcool que chameja; está marcado pelo signo inteiramente qualitativo, inteiramente masculino do fogo. O álcool de Poe é o álcool que submerge e que traz o esquecimento e a morte; está marcado pelo signo inteiramente quantitativo e feminino da água" (BACF, 174-180).

ALÉM

O Além é a região misteriosa para onde vão todos os humanos após a morte. É diferente do Outro Mundo, que não é um Além, mas sim um mundo confinante ou frequentemente duplicado do nosso, no sentido de que seus habitantes podem sair dele ou nele entrar livremente. Podem até mesmo convidar os humanos para visitá-lo, ao passo que do Além não se retorna. Por vezes, o Além está localizado debaixo de colinas e de outeiros como um mundo *mau*.

O Outro Mundo é, por definição, o mundo dos deuses, em oposição ao mundo dos homens, terrestres ou defuntos; estes últimos vão para o Além. Escapa às contingências do tempo e da dimensão. Aqueles que costumam habitá-lo são imortais, e podem ser encontrados em qualquer lugar e a qualquer momento. É o que a Irlanda denomina globalmente o *sid* ou *sidh* em ortografia moderna (de um vocábulo que, etimologicamente, significa *paz*). É ainda, por excelência, um mundo sagrado com o qual a humanidade não se pode comunicar, a não ser em determinadas ocasiões (festas) e em certos lugares (lugares con-

sagrados ou *omphaloi*, ônfalos). Os transcritores cristãos das lendas irlandesas confundiram-no indevidamente, em suas maravilhosas descrições, com o Além e o Paraíso bíblico, quando não mais era compreendida a distinção entre Outro Mundo e Além. Esta é também a razão pela qual, algumas vezes, se tem colocado o *sid* nas colinas da Irlanda ou nos lagos (OGAC, **28**, 136 s.).

ALFA E ÔMEGA

Essas duas letras encontram-se no início e no fim do alfabeto grego. Por considerar-se que contêm a chave do universo, este está inteiramente encerrado entre essas duas extremidades. Alfa e Ômega simbolizam, portanto, a *totalidade* do conhecimento, a totalidade do ser, a totalidade do espaço e do tempo.

O autor do *Apocalipse* atribui essas duas letras a "Jesus Cristo, a testemunha fiel, o primogênito dos mortos, e o príncipe dos reis da Terra [...]. Eu sou o Alfa e o Ômega, o princípio e o fim, diz o Senhor Deus: Aquele que é, Aquele que era, e Aquele que há de vir, o Todo-Poderoso" (*Apocalipse*, **1**, 4-8). Isto significa que o Cristo é o princípio e o fim de todas as coisas. É a expressão helenizada do pensamento de *Isaías*: "Quem obrou, e fez estas coisas, chamando as gerações desde o princípio? Eu que sou o Senhor, eu que sou o primeiro e último." (41, 4) [...] Eu sou **o** primeiro e **o** último, e fora de mim não há Deus. (44, 6-8) A revelação foi bem especificada no Apocalipse (**21**, 5-8).

Observa-se que muitos termos, além do Alfa e do Ômega, são empregados nesse texto com sentido simbólico: água, símbolo de vida, tornada símbolo do espírito, fonte da vida espiritual; o fogo devorador, símbolo dos suplícios do inferno e da morte eterna diante de Deus. Assim também (*Apocalipse*, **22**, 13-15): as palavras **árvore*** da vida, **cidade***, **portas*** são símbolos que se inscrevem no mesmo contexto de *o Alfa e o Ômega, o Primeiro e o Último, o Princípio e o Fim*. Essas duas letras encontram-se frequentemente inscritas na **cruz*** do Cristo.

ALFINETE (DE CABELO, DE MADEIRA) | 75

Em nossos dias, Teilhard de Chardin utilizou essas duas letras gregas para exprimir uma teoria nova da evolução universal que tende a constituir uma noosfera, pela espiritualização progressiva dos seres e da consciência. Ele começa por denunciar uma tendência do espírito moderno que veria na evolução uma despersonalização progressiva e uma coletivização dos seres numa energia comum. Opõe a essa tendência sua concepção de um *universo personalizante*. Para Chardin, de fato a união diferencia – pelo menos, a união tal como ele a entende:

> [...] em Ômega adiciona-se e colhe-se, em sua flor e em sua integridade, a quantidade de consciência pouco a pouco liberada na Terra pela Noogênese [...] Mais profundo do que todos os seus raios, o próprio centro ativo de nossa consciência: eis o essencial que Ômega tem de recuperar para ser verdadeiramente Ômega [...] A fim de comunicar-se, meu amigo deve subsistir no abandono que faz de si mesmo: do contrário, o dom desaparece. Daí a conclusão inevitável de que a concentração de um Universo consciente seria impensável se, ao mesmo tempo que todo o Consciente, ela não reunisse em si todas as consciências [...].
>
> (*Le Phénomène humain*, p. 286, 289-291, Paris, 1955)

O ponto Ômega simboliza o termo dessa evolução para a noosfera, a esfera do espírito, em direção à qual convergem todas as consciências e onde o humano seria de algum modo divinizado no Cristo.

ALFINETE (de cabelo, de madeira)

Em matéria de beleza feminina, quando os chineses cultos emitem uma opinião comparativa sobre uma bela mulher, empregam muitas vezes a seguinte expressão: (ela é como) *o alfinete de cabelos feito de madeira e a saia tecida a mão*; pois, para eles, essa frase simboliza a beleza natural, aquela que dispensa todos os artifícios quase sempre utilizados pelas mulheres. É a expressão mais pura da elegância feminina.

Essa expressão refere-se a certa rainha chinesa de tradicional beleza, cujo nome era Hsee-Chee.

Ela viveu no séc. V a.C. e era vista, muitas vezes, pondo sua roupa a quarar às margens do rio Yueh-Tchi. Essa Vênus chinesa inspirou o grande poeta Wang-Wei, do período da dinastia Tang:

> Ao alvorecer, era apenas uma moça como [as outras, na beira do Yueh-Tchi.
> À noite, porém, transformava-se na rainha [do reino de Wu.

A lembrança dessa bela mulher foi transmitida sob a forma de um provérbio, que os enamorados costumam citar: *Hsee-Chee* entra *de rastos nos olhos dos enamorados*.

Por sua vez, o filósofo Cheng-Tien-hsi viu nessa rainha o símbolo de uma filosofia democrática, porquanto ela passava da maneira mais simples de trajar (o alfinete de madeira a prender os cabelos, e a saia feita no tear caseiro, necessária para as tarefas domésticas), ao esplendor das vestes reais que usava todas as noites!

Essa fórmula não traduz apenas a elegância ou os hábitos democráticos da mulher chinesa; simboliza também a dupla função da mulher: a de serva, nos trabalhos domésticos do dia, e a de rainha, nas ocupações noturnas do amor.

ALGA

A coleta das algas, elemento importante da alimentação japonesa, é feita conforme certos ritos xintoístas, não tanto por constituírem um produto do mar, mas porque se considera que possuem uma *virtude protetora*: garantem a segurança dos navegadores e facilitam os partos (HERS). Mergulhada no elemento marinho, reservatório de vida, a alga simboliza uma vida sem limite e que nada pode aniquilar, a vida elementar, o alimento primordial.

ALGARISMOS (*v.* Cifras, Números)

ALHO

Um ramalhete de cabeças de alho amarrado à cabeceira do leito ou um colar de flores de alho afastam os vampiros, segundo uma tradição da Europa Central. Plínio observa que o alho afasta as serpentes e protege da loucura. Na Sibéria, con-

ALIANÇA[1]

forme certa crença dos buriatas, a aproximação das almas de mulheres que haviam morrido ao dar à luz, e que voltavam de noite para perseguir os vivos, podia ser percebida pelo cheiro de alho que delas se desprendia (HARA).

Os batak, de Bornéu, reconhecem no alho o poder de reencontrar as almas perdidas (FRAG, **3**, 46). O mesmo autor relata que, nos antigos costumes do Var (em Draguignan), dentes de alho eram assados nas fogueiras de São João, acesas em todas as ruas da cidade; depois, esses dentes de alho eram distribuídos entre todas as famílias (FRAG, **10**, 193).

A Antiguidade clássica concedia ao alho certas virtudes, cujos vestígios podem ser reencontrados no folclore grego contemporâneo. Assim, por ocasião das *tesmofórias* como, também, durante a *cirofória*, as mulheres comiam alho, pois acreditava-se que essa planta facilitava a prática da castidade, obrigatória durante o período das festas (DARS, verbete *Cérès*); de resto, os gregos detestavam o alho. Mas a crença mais persistente na bacia mediterrânea e até na Índia é que o alho protege contra o mau-olhado. Por esta razão, encontram-se na Sicília, na Itália, na Grécia e na Índia ramalhetes de cabeças de alho amarradas com lã vermelha. Na Grécia, o simples fato de se pronunciar a palavra *alho* esconjura a má sorte (HASE, verbete *Evil eye*).

Por ocasião de festas rituais da renovação, de caráter dionisíaco, celebradas ainda em nossos dias na Trácia grega e recentemente analisadas pela etnógrafa Katerina J. Kavouri, o personagem principal da cerimônia (que compreende ordálios de caminhar sobre brasas ardentes) leva na mão uma réstia de alho (KAKD, 41).

Ainda em nossos dias, os pastores dos Cárpatos, antes de ordenhar pela primeira vez suas ovelhas, esfregam as mãos com alho bento, a fim de proteger o rebanho contra as mordidas de serpentes (KOPK, 434).

Em todas essas práticas, o alho revela-se agente protetor contra influências nefastas ou agressões perigosas.

Os antigos egípcios fizeram do alho um deus, talvez o antisserpente, por causa de seu cheiro. Em Roma, era proibida a entrada no templo de Cibele àqueles que houvessem acabado de ingerir alho. Horácio fulmina o alho com violentas imprecações, em um dos seus epodos. Sempre por causa do cheiro, é claro. Por estar incluído na alimentação usual dos soldados romanos, o alho se tornara um símbolo da vida militar.

ALIANÇA[1]

O termo aliança (*bérith* em hebraico) possui o sentido de compromisso ou de pacto, relativo a uma pessoa ou coletividade. Esses dois sentidos encontram-se igualmente nas duas palavras gregas: *diathéke* e *synthéke*; e nas latinas: *foedus* e *testamentum*. Daí as expressões Antigo e Novo Testamento, em vez de Antiga e Nova Aliança. A Antiga Aliança designa um compromisso assumido por Jeová em relação a Abraão; é precedida pela aliança celebrada entre Deus e Noé após o Dilúvio, cujo signo exterior é o *arco-íris*, como o **cordeiro*** pascal será o signo da aliança mosaica. A propósito dessa aliança significada pelo arco-íris, pode-se falar, no mesmo contexto, de uma revelação de Deus pela natureza, correspondente à aliança com Noé. A continuidade da aliança não está ligada à fidelidade de um homem ou de um povo, e Jeová mantém seu pacto independentemente da atitude de seu parceiro; Israel sabe disso e, por essa razão, suplicará a Deus que se lembre de sua aliança.

Jean Daniélou, ao analisar o sentido da Aliança (DANA, 46), comenta de que modo a aliança é simbolizada por uma vítima dividida. Por ordem de Jeová, Abraão toma uma novilha, uma cabra, um carneiro, uma rola e uma pomba, cortando-os ao meio; entre os animais divididos passará um archote aceso significando a aliança, que une o que é dividido e participa de um mesmo sangue. Na Nova Aliança a vítima será o Cristo, e o signo, a *Eucaristia*. Assim sucedem-se as alianças umas às outras, não se destruindo, mas assumindo as antecedentes.

ALIANÇA[2] (*v.* Anel, Joia)

ALMA

A palavra alma evoca um poder invisível: ser distinto, parte de um ser vivente ou simples fenômeno vital; material ou imaterial, mortal ou imortal; princípio de vida, de organização, de ação; salvo fugazes aparições, sempre invisível, manifestando-se somente através de seus atos. Por seu poder misterioso, sugere uma força supranatural, um espírito, um centro energético. Afirmar a existência de uma alma, entretanto, provoca reações opostas. Na opinião da ciência ou da filosofia esta existência é rejeitada (*impostura de padres*, segundo d'Alembert; *teoricamente uma tolice*, para Feuerbach; *não existe alma na ponta de um escalpelo*, para um cirurgião) ou aceita, diferentemente concebida, sem dúvida, porém admitida. Essas duas atitudes determinarão diferenças essenciais na antropologia, na ética e na religião. Mas, *evocadora* de invisível poder e *provocadora* de um saber, de uma crença ou rejeição, a alma possui, nessa dupla qualidade, pelo menos o valor de símbolo, tanto pelas palavras e gestos que a exprimem como pelas imagens que a representam. Subentende toda uma cadeia de símbolos.

O principal desses símbolos é o sopro, com todos os seus derivados. A própria etimologia da palavra relaciona-se com o **sopro*** e o **ar***, como princípio vital. *Animus* – princípio pensante e sede dos desejos e paixões, corresponde ao grego *anemos*, ao sânscrito *aniti*, ambos significando sopro; de valor intelectual e afetivo; de registro masculino. *Anima*: princípio da aspiração e expiração do ar; de registro feminino.

As representações simbólicas da alma são tão numerosas quanto as crenças que sobre ela existem. Por breve que seja, uma noção a respeito dessas crenças torna-se indispensável ao entendimento dos símbolos. Entre os egípcios, por exemplo, a *íbis-sagrada* representa o princípio imortal (*Akh*), de natureza celeste, brilhante e poderosa ao mesmo tempo, que parece comum aos homens e aos deuses; *a ave* com cabeça humana corresponde ao espírito próprio de cada indivíduo (*ba*), que pode vagar após a morte pelos lugares antes frequentados pelo defunto. "O *ba*, portanto, é um princípio espiritual que pode aparecer independentemente de seu suporte físico, agir por sua própria conta, representar de certo modo seu dono [...] alma itinerante de um ser vivo, capaz de ação material." Além desses dois princípios, o homem compõe-se ainda de outros elementos, entre os quais a sombra e o **nome***, este último traduzindo *seu ser íntimo* (POSD, 10).

Entre os maia-quiché (*Popol-Vuh*), quer a tradição que o morto seja estendido de costas para que sua alma possa sair livremente pela boca, "a fim de que Deus a *ice* em direção ao outro mundo" (GIRL, 78). Assim como a essência divina – o sêmen –, a alma é representada por uma *fita* ou por uma **corda***, e os Chorti simbolizam-na por uma cadeia de treze frutos que cinge o cadáver e que eles denominam *o cabo pelo qual Nosso Senhor nos puxa*.

Entre os Naskapi, indígenas caçadores do Canadá, a alma é uma sombra, uma centelha ou *pequena chama* que sai pela boca (MULR, 233). Entre os Delaware, a alma reside no coração e é denominada imagem, reflexo, fenômeno visível sem matéria corpórea (ibid., 243-244).

ALMA – A alma do morto sob a forma de ave. Arte egípcia.

Para os povos originários da América do Sul, uma mesma palavra pode frequentemente designar a alma, a sombra e a imagem. Ou então, a alma, o coração (caraíbas) e o pulso (uitotos).

É frequente o homem ter várias almas (duas, três, cinco ou mais), cujas funções são diferentes e cuja matéria é sutil em maior ou menor grau;

78 | ALMA

em geral, somente uma ganha o céu após a morte; as demais permanecem com o cadáver, ou então, sendo de origem animal, reencarnam-se sob forma animal. É crença geral, entre esses povos indígenas, que o sono, do mesmo modo que a catalepsia ou o transe, provém de uma perda temporária da alma (METB).

Para os bantos do Cassai (bacia congolesa), a alma separa-se igualmente do corpo durante o sono; os sonhos que traz de suas viagens ter-lhe-iam sido comunicados pelas almas dos mortos com as quais conversou (FOUC). Na síncope, no transe e na hipnose, a alma também deixa o corpo, afastando-se dele ainda mais; pode acontecer, nesses casos, que ela vá até o país dos espíritos, de que dá testemunho ao despertar.

Segundo o dr. Fourques, os balubas e os luluas consideram que três *veículos sutis* estão associados à pessoa humana: o *mujanji*, dentre eles o veículo mais grosseiro, assimilado ao *fantasma*, guia a vida animal; seria análogo ao corpo etéreo dos ocultistas; o *Mukishi* é o duplo, veículo dos sentimentos e da inteligência inferior, análogo ao corpo astral dos ocultistas; e, por fim, o *M'vidi*, que veicula a inteligência superior e a intuição; a reencarnação só é possível mediante a reunião desses três corpos sutis; o homem é o único a possuir esses três princípios, e os animais têm apenas um fantasma (*mujanji*), excetuando-se o **cão***, igualmente possuidor de um duplo (*Mukishi*), o que explica sua importância ritual. *Mujanji* dirige a vida do corpo, *Mukishi* escapa do envoltório corporal durante o sono e dialoga com os *Mukishi* dos defuntos (sonhos); *M'vidi* adverte o homem dos perigos ocultos "ou daqueles cujos sinais de aproximação escapam à sua percepção" (FOUC).

"Nas concepções populares da África do Norte, o corpo é habitado por duas almas: uma alma vegetativa, *nefs*, e uma alma sutil ou sopro, *rruh;* à alma vegetativa correspondem as paixões e o comportamento emocional; é transportada pelo sangue e sua sede é no fígado. À alma sutil ou sopro corresponde a vontade, que circula nos ossos, e sua sede é no coração" (SERP, 23).

A união dessas duas almas é simbolizada pelo par árvore-rochedo: "a primeira representa o princípio feminino, o segundo, o princípio masculino [...] A árvore dá sombra e umidade à *nefs,* a alma vegetativa; mas é sobretudo o suporte privilegiado de *rruh,* a alma sutil, que nela vem pousar como um pássaro. *Nefs* está presente no rochedo ou na pedra, e as fontes que brotam das pedras são justamente o símbolo da fecundidade vinda do mundo de baixo" (SERP, 28).

A alma pode deixar o corpo sob a forma de uma abelha ou de uma borboleta, contudo, com maior frequência, manifesta-se sob a forma de um pássaro.

Para os povos siberianos, tanto os animais como os homens têm uma ou várias almas; muitas vezes essas almas são assimiladas à sombra dos seres que animam. Na Sibéria do Norte, entre os yukaguires, diz-se que um caçador não se pode apoderar do animal caçado, a menos que um de seus parentes defuntos não se tenha previamente apoderado da sombra do animal em questão (HARA, 184).

Para os esquimós, a alma e as *pequenas almas* desempenham um papel constante e misterioso em toda a vida e nos rituais funerários. Para os yacutes, tchuvaches etc., a alma sai pela boca de quem dorme, para viajar; materializa-se geralmente sob forma de um inseto ou borboleta; em certas lendas da Europa central, toma o aspecto de um rato.

"Como tantos outros povos *primitivos,* especialmente os indonésios, os povos norte-asiáticos estimam que o homem pode ter até sete almas. Na morte, uma delas fica no túmulo, uma segunda desce ao reino das sombras e a terceira sobe ao céu [...] A primeira reside nos ossos; a segunda alma (que reside provavelmente no sangue) pode abandonar o corpo e circular sob a forma de uma abelha ou de uma vespa; a terceira, em tudo semelhante ao homem, é uma espécie de fantasma. Na morte, a primeira fica dentro do esqueleto, a segunda é devorada pelos espíritos e a terceira aparece aos humanos sob a forma de um fantasma" (ELIC, 196-197).

Segundo Batarov, citado por U. Harva (HARA, 264), os buriatas acreditam que uma de suas três almas desça aos infernos, que a segunda permaneça na Terra sob forma de espírito perseguidor (Bokholdoi) e que a terceira renasça em outro homem.

A maioria dos povos turco-mongóis acredita na existência de uma alma continuamente separada do corpo e que, em geral, vive sob forma de um animal, inseto, pássaro ou peixe (HARA). Na epopeia quirguiz de Er Tôshtük, o herói, graças à sua força e valor prodigiosos, possui em lugar de alma uma lima de ferro; mata-se um homem destruindo o animal ou o objeto que materializam sua alma.

O *ubyr* dos tártaros do Volga é uma alma de caráter especial, que nem todos os homens possuem obrigatoriamente. Quando morre seu portador, o *ubyr* continua a viver, e sai, à noite, "através de um pequeno orifício perto da boca do cadáver para sugar o sangue dos homens adormecidos" (HARA, 199): relaciona-se, portanto, com o mito do **vampiro***. Destrói-se o *ubyr* desenterrando o cadáver e fincando-o no chão por uma estaca enfiada no peito. O *ubyr* de um homem vivo é igualmente nefasto, saindo frequentemente do corpo deste para cometer toda espécie de malfeitorias. Pode-se encontrá-lo sob a forma de uma bola de fogo, de um porco, de um gato preto e de um cão. O *ubyr* "perde seus poderes quando aquele que o vê racha um forcado de estrumar feito de madeira, ou qualquer forquilha de árvore" (HARA, 198).

O elefante, o tigre, o leopardo, o leão, o rinoceronte, o tubarão e inúmeros outros animais, sobretudo entre os que se reputam ctonianos, são por vezes considerados a reencarnação de reis ou de chefes defuntos; Frazer dá múltiplos exemplos desse tipo provenientes da Ásia (Semang e Malásia) e da África subsaariana (Benim e Nigéria) (FRAG, **1**, 84 s.).

"Na China a alma é dupla, composta de dois princípios: *Kuei* e *Shen*. *Kuei* é a alma mais pesada, aquela que os desejos do vivente fazem pesar; permanece perto do túmulo e assombra os lugares familiares [...]. *Shen* é o gênio, a parcela divina presente no ser humano. No séc. IV antes de nossa era, esse dualismo popular veio reunir-se ao grande dualismo da cosmogonia oficial, fundada na oposição dos dois princípios, o *yin*, terrestre e feminino, e o *yang*, masculino e celeste" (SEHR, 76).

No mundo celta não se conhece nenhum equivalente exato da lenda de Eros e Psique. Mas o exame da lexicografia neocéltica do nome da "alma" (irlandês: *ainim*, bretão: *ene* e *anaon* [almas de finados]) mostra que os celtas da Antiguidade também conheceram, em seu vocabulário e em suas concepções religiosas e metafísicas, a distinção entre *animus* e *anima*, nos sentidos respectivos de *alma* (espírito) e de *alma* (sopro), caída em desuso no vocabulário litúrgico a partir do séc. IV (*animus* foi substituída por *spiritus*). O nome pancéltico da alma, *anamon*, está também em relação etimológica precisa com o nome da *harmonia anavo--n* e o da divindade (*Ana*) feminina primordial. Simboliza, assim, a *plenitude das virtualidades* do homem como ser "espiritual" (OTC, XIX, 1967, no. 113-114).

Os druidas da Gália e da Irlanda ensinavam como uma de suas doutrinas fundamentais a imortalidade da alma. Após a morte, os defuntos vão para o **além*** e aí continuam levando uma vida semelhante à que levavam neste mundo. Tem-se um vestígio dessa concepção do Além nos *Anaon* bretões que, na festa dos mortos, o dia seguinte ao de Todos os Santos (correspondente à Samain irlandesa), retornam, por caminhos que lhes são familiares, ao seu antigo domicílio. Os escritores antigos muitas vezes confundiram essa doutrina da alma com a da **metempsicose***; mas são distintas: os deuses, sendo imortais por definição, não têm necessidade da imortalidade da alma, e os humanos não têm acesso ao Outro Mundo a não ser temporária e excepcionalmente (OGAC, **18**, 136 s.), o qual se distingue do **além***.

Entregar a alma é morrer. Animar, dar uma alma a, é fazer viver. Segundo o pensamento judaico, a alma está dividida em duas tendências: uma superior (celeste) e outra inferior (terrestre). O pensamento judaico considera também o prin-

80 | ALMA

cípio masculino (*nefesh*) e o princípio feminino (*chajah*); um e outro são chamados a transformar-se, a fim de poder tornar-se um único princípio espiritual, *rugh*, o sopro, o espírito. Este último está ligado à imagem divina e cósmica de nuvem densa, de **nevoeiro***. O elemento vital ou terrestre significa a exterioridade; o elemento espiritual ou celeste, a interioridade.

O tema da *viagem celeste da alma* está indicado sob forma de um sol errante (curso solar do nascente ao poente). A alma (alma-espírito), como substância luminosa, é comumente representada sob forma de uma chama ou de um pássaro.

Entre os gregos, no tempo da *Ilíada:* "a alma, *psyché,* como *anima* em latim, significa exatamente o sopro. Sombra, *eidolon,* é, a rigor, uma imagem. Por fim, o espírito é designado por uma palavra material, *phrenes,* o diafragma, sede do pensamento e dos sentimentos, inseparáveis de um suporte fisiológico" (Jean Defradas).

Sob a influência dos filósofos, os gregos, mais tarde, distinguiram na alma humana partes, princípios, forças ou faculdades. Para Pitágoras, a psique correspondia à força vital; a sensibilidade (*aísthesis*), à percepção sensível; o *nous*, à faculdade intelectual, único princípio especificamente humano. Conhece-se o paralelismo desenvolvido por Platão (*República*, Livro IV) entre as partes da alma e as classes ou funções sociais. Aristóteles distinguirá no *nous* o intelecto passivo do intelecto ativo, que será, nas especulações ulteriores, identificado ao Logos e a Deus. A noção de *pneuma* só intervirá mais tarde, na literatura de tendência teológica, como a da alma que é chamada a viver na sociedade dos deuses, *sopro* puramente espiritual que se dirige para as regiões celestes. Se bem que ela se enraíze no pensamento de Platão, e que se desenvolva seis séculos mais tarde com Plotino, só dará origem a toda uma *pneumatologia* nos primeiros séculos da era cristã, para desabrochar no gnosticismo. A teologia simbólica não encontrará melhor imagem para exprimir o que é a alma-espírito do que a do **sopro*** que sai da boca de Deus.

Para os romanos, o pneuma, em latim *spiritus,* é ao mesmo tempo, observa Jean Beaujeu, "o princípio da geração para o conjunto dos seres animados, e, sob um aspecto puramente inteligível e espiritual, o princípio do pensamento humano. O **fogo*** que entra na natureza do pneuma provém do fogo puro do éter, não de uma combustão terrestre; essa origem estabelece o parentesco real da alma com o céu [...]".

A noção de pneuma, mescla de ar e de calor vital, estreitamente relacionado e muitas vezes identificado com o fogo puro do éter, que é a alma do mundo, parece ter seu ponto de partida num dos primeiros tratados de Aristóteles, de onde se transmitiu para os estoicos. Mas a assimilação do cosmo a um ser vivo parece, por sua vez, de origem pitagórica; e é através de Platão que ela passa para os estoicos. Do mesmo modo, a ideia de que o corpo paralisa e embota a alma, sujeitando-a, a um só tempo, às trevas e às paixões, encerrando-a numa espécie de prisão, expandiu-se depois de Platão a toda uma linhagem de pensadores, filósofos e religiosos.

São Paulo, sem pretender ensinar uma antropologia completa e coerente, distingue no homem integral o espírito (pneuma), a alma (psique) e o corpo (soma). Se compararmos o texto da *Primeira Epístola aos Tessalonicenses* (5, 23) ao da *Primeira Epístola aos Coríntios* (15, 44), verifica-se que a alma-psique é o que anima o corpo, ao passo que o espírito-pneuma é a parte do ser humano aberta à vida mais elevada, à influência direta do Espírito Santo. É ela quem se beneficiará da salvação e da imortalidade, ela é a santificada pela graça; mas sua influência deve irradiar-se, pela psique, sobre o corpo, e, consequentemente, sobre o homem integral, tal como deve viver neste mundo e tal como será reconstituído após a ressurreição.

A tradição escolástica, e notadamente o pensamento tomista, distinguirá três níveis na alma humana: a alma vegetativa que governa as funções elementares de nutrição e reprodução, de movimento bruto; a alma sensitiva que rege os órgãos dos sentidos; a alma racional, da qual dependem as operações superiores de conhecimento (*intellectus*) e de amor (*appetitus*). Não entraremos aqui, de modo algum, nas divisões ulteriores em forças, faculdades etc.

É por essa alma racional que o homem se distingue dos outros animais e se diz *à imagem e semelhança de Deus*. No extremo de sua perfeição, alcança-se a *mens*, a parte mais elevada da alma, destinada a receber a graça, a tornar-se templo de Deus e a gozar diretamente da visão beatífica.

O sentido místico de alma desenvolveu-se na tradição cristã. O nível espiritual alcançado pelos místicos não está ligado de modo algum à psicologia – sua alma é animada pelo Espírito Santo.

A alma apresenta diferentes partes ou níveis de atividade e de energia. Depois de São Paulo, os místicos distinguem o princípio vital do princípio espiritual, o psíquico do pneumático; só o homem espiritual é movido pelo Espírito Santo. Fazendo alusão à palavra de Deus, São Paulo compara-a a um *gládio* que penetra até o ponto de divisão da alma e do espírito (*Hebreus*, 4, 12). Reconhece-se como necessária a transformação espiritual, para revestir o homem novo (*Efésios*, 4, 23).

Quer se trate de Clemente de Alexandria ou de Orígenes, os Padres gregos retomarão as divisões propostas por Plotino, segundo o qual convém que se retenham três tipos de homens: o sensível, o racional, o inteligível, ou seja, três níveis de hominização.

Segundo Guillaume de Saint-Thierry, esses três tipos de homens encontravam-se nos conventos. A estabilidade jamais é rigorosamente adquirida; daí essas passagens constantes entre os dois últimos estados: racional e espiritual.

A cada estado corresponde uma qualidade do amor, proporcional à medida da união a Deus.

De um ponto de vista psicanalítico, tendo mostrado que a alma é um conceito de múltiplas interpretações, Jung dirá que ela "corresponde a um estado psicológico que deve gozar de certa independência nos limites da consciência [...]. A alma não coincide com a totalidade das funções psíquicas. (Designa) uma relação com o inconsciente e também [...] uma personificação dos conteúdos inconscientes [...]. As concepções etnológicas e históricas da alma mostram claramente que ela é, antes de mais nada, um conteúdo relativo ao sujeito, mas também ao mundo dos espíritos, o inconsciente. E é por isso que a alma sempre tem em si algo de terreno e de sobrenatural" (JUNT, 251-255). Terrestre, por ser posta em contato com a imagem maternal de natureza, de terra; celeste, porque o inconsciente almeja sempre ardentemente a luz da consciência. Desse modo, a *anima* exerce uma função mediadora entre o ego e o *self*, este último constituindo o núcleo da psique.

A *anima*, de acordo com Jung, comporta quatro estágios de desenvolvimento: o primeiro, simbolizado por **Eva***, coloca-se no plano instintivo e biológico. O segundo, mais elevado, conserva seus elementos sexuais. O terceiro é representado pela Virgem Maria, em quem o amor alcança totalmente o nível espiritual. O quarto é designado pela Sabedoria (JUNS, 185). Qual o significado desses quatro estágios? A Eva terrena, considerada elemento **feminino***, progride em direção a uma espiritualização. Se admitimos que tudo o que é terreno tem sua correspondência no celeste, a Virgem Maria deve ser considerada a face terrena da *Sophia* (grego: sabedoria, ciência), que, por sua vez, é celeste.

Assim, vemos desde logo que a alma individual deve obrigatoriamente percorrer essas quatro etapas. A Eva que existe em nós é chamada a purificar-se num movimento ascensional a fim de imitar a Virgem Maria, descobrindo no *self* a criança de luz (o *puer aeternus*), seu próprio sol.

Reteremos ainda outra definição dada por Jung: "a *anima* é o arquétipo do feminino que desempenha um papel muito especial no inconsciente do homem."

Se a *anima* é o índice feminino do inconsciente do homem, o *animus*, segundo Jung, é o índice masculino do inconsciente da mulher; ou, ainda, a *anima* é o componente feminino da psique do homem, e o *animus*, o componente masculino da psique feminina (JUNM, 125, 446). A alma, esse *arquétipo do feminino*, é ativa em maior ou menor grau, conforme as épocas históricas.

82 | ALMANDINA (V. RUBI, CARBÚNCULO)

Na tradição das artes mágicas, o homem pode vender sua alma ao diabo para obter em troca aquilo que desejar nesta Terra. Sob múltiplas formas, é o pacto de Fausto com Mefistófeles. Mas uma lenda alemã acrescenta que o homem que tiver vendido sua alma já não possui **sombra*** (TERS, 26). Será isso um eco das crenças nas duas almas, no *duplo* dos antigos egípcios? Não será, mais provavelmente, uma forma de simbolizar o fato de o homem ter perdido toda existência própria? A sombra seria, nesse caso, o símbolo material da alma assim abandonada, que pertence doravante ao mundo das trevas e que já não pode se manifestar sob o sol. Ausência de sombra: sinal de que já não há nem luz nem consistência.

Concepções tão diversas da alma e das almas, das quais só o enunciado encheria muitos volumes, traduzem-se melhor nas obras de arte, nas lendas, nas imagens tradicionais que são outros tantos símbolos das realidades invisíveis atuantes no homem. Esses símbolos permaneceriam cerrados se não se fizesse referência às crenças sobre a alma alimentadas pelos povos que os imaginaram.

O que fizemos foi apenas esboçar, muito por alto, algumas dessas crenças, no intuito de sugerir ao intérprete de símbolos que use de muitas reservas e matizes, sempre que falar dos símbolos da alma. De que alma se trata? A famosa discussão sobre *animus* e *anima*, apesar da sutileza de um Henri Brémond e de um Paul Claudel, está longe de ter exprimido todo o conteúdo de intuições humanas, tão ricas em sua incoerência, em relação a esse princípio vital que faz mais do que simplesmente unir uma porção de matéria e um sopro de espírito, pois os une em um mesmo sujeito.

ALMA DO OUTRO MUNDO
(v. Outro Mundo, Alma do)

ALMANDINA (v. Rubi, Carbúnculo)

Pedra preciosa, de cor grená, luminescente. Mencionada como capaz de brilhar nas trevas. Era incrustada nas órbitas de estátuas, simbolizando o brilho dos olhos, testemunho da intensidade da vida e do desejo. Quando colocada ao longo de um corredor escuro para guiar o caminho, simboliza, mais precisamente, olhos que veem na noite, ou o desejo que espicaça a busca de seu objeto.

Nome dado também, pelos antigos, ao **rubi*** por sua cor e por seu formato amendoado, mais tarde confundido com o **carbúnculo***, gema fabulosa, cujo esplendor mágico é celebrado com lirismo na poesia romântica alemã: simboliza os desejos ardentes ocultos no fundo do coração.

ALMOFARIZ

A significação sexual do almofariz e do **pilão*** é fácil de entender. Por extensão, os bambaras fazem do almofariz um símbolo da educação (ZAHB).

O almofariz, como o **caldeirão***, desempenha um grande papel nas mitologias europeia e asiática. Na Rússia, a velha ogra Baba Iaga, personificando as tempestades do inverno, viaja em um almofariz: "no almofariz ela rola, com o pilão ela bate, com a vassoura apaga seu rastro" (AFAN, t. 1, p. 157).

Os vedas celebraram o almofariz e o soma – licor da vida, esperma dos deuses – em versos em que o símbolo sexual é sacralizado até atingir dimensões cósmicas; a matriz, onde se opera a perpetuação da vida, é aqui associada ao tambor, enquanto o pilão, fálico, é comparado ao cavalo:

> Vá, ó Indra, lá onde a pedra de base larga é preparada para a pressão
> e engula o soma que se mói no almofariz.
> Vá, ó Indra, lá onde as duas mós do esmagador são feitas como os órgãos genitais
> e engula o soma que se mói no almofariz.
> Vá, ó Indra, lá onde a mulher bate para a frente e para trás
> e engula o soma que se mói no almofariz.
> Vá, ó Indra, lá onde se brande o pilão como as rédeas para dirigir o cavalo
> e engula o soma que se mói no almofariz.
> Oh, gentil almofariz, ainda que te atreles de casa em casa, é aqui que deves falar com [tua voz gritante, como o tambor dos vencedores.

(VEVD, *Rig Veda*, 1, 28)

ALQUEIRE

O alqueire europeu, medida destinada à pesagem dos grãos, correspondia, pouco mais ou menos, a 13 litros (no Brasil, essa antiga medida de capacidade para secos e líquidos era variável de região para região). Na China, encontra-se medida de utilização análoga, embora atualmente contenha apenas de 10 a 31 litros: é o *teú* (em vietnamita, *dau*). De uso muito antigo, o *teú* teve normalizada sua capacidade desde a época dos Han (dinastia fundada por Liu Pang, por volta do ano 202 ou 206 a.C.). E como as organizações taoistas dessa época cobravam, a título de *imposto celeste*, cinco alqueires de arroz, os alqueires representaram, durante longo tempo, para o profano, um emblema do próprio taoismo.

O uso simbólico do alqueire deve-se essencialmente a seu emprego pelas sociedades secretas relacionadas com a *T'ien-ti-huei*, ou *Sociedade do céu e da Terra*. No centro da loja, num espaço denominado *Cidade dos Salgueiros*, encontra-se um alqueire cheio de arroz vermelho. E como essa Cidade dos Salgueiros resume a loja inteira, o *teú* representa e substitui a *cidade*: os caracteres *mu-yang tcheng* (*cidade dos salgueiros*) estão, além do mais, desenhados na medida do alqueire. Aliás, quando soerguem o *teú*, os novos iniciados dizem explicitamente: "Nós soerguemos a Cidade dos Salgueiros a fim de destruir *Ts'ing*, e restaurar *Ming.*" Ora, *Ming* não é apenas uma dinastia, é sobretudo *a luz*. Restaurar a luz ao soerguer o *teú* corresponde, estranhamente, a um simbolismo que nos é familiar: essa luz, embora não esteja oculta *debaixo*, está contida, pelo menos, no interior.

Signo de reunião, *arca da aliança*, sede dos símbolos essenciais, o *teú* contém **arroz***, que é o *alimento de imortalidade*. E, se contém esse alimento, é por causa da *potência de Ming*, i.e., ainda em virtude da luz ou do conhecimento.

Além disso, *teú* é o nome dado à **Ursa Maior*** que, situada no meio do céu tal como o soberano no coração do Império, regulamenta as divisões do tempo e a marcha do mundo. Se o *teú* é a Ursa Maior, em torno dele as quatro portas cardeais da loja correspondem às quatro estações. Na vertical do polo celeste, o alqueire é o ponto de aplicação da atividade do céu. Na Cidade dos Salgueiros, representa o mesmo que o *linga* na *cella* do templo hindu, sede da luz na *caverna do coração* (FAVS, GUET, GRIL, MAST, SCHL, WARH).

Um dos filhos do deus irlandês Diancecht (Apolo, em seu aspecto de deus-médico) é chamado *Miach* (*alqueire*). *Miach* é morto pelo pai, por ter enxertado em Nuada, o rei maneta, um braço vivo, em vez do braço de prata cuja órtese fora feita pelo próprio Diancecht. A filha de Diancecht, Airmed, classificou as plantas, em número de 365, que cresceram sobre o túmulo de seu irmão, Miach. Diancecht, entretanto, colocou-as novamente em desordem, a fim de que ninguém pudesse utilizá-las. Miach (alqueire) simboliza a *medida de equilíbrio cósmico*, e Diancecht mata o próprio filho porque o conhecimento das plantas não deve ser divulgado. Ele põe esse conhecimento "debaixo do alqueire" (fr. *mettre sous le boisseau*: manter oculto, escondido). (OGAC, 16, 223, nota 4; ETUC n. 398, 1966, p. 272-279).

ALQUIMIA

A alquimia é a arte da transmutação dos metais com vistas à obtenção do ouro. Entretanto, produzir ouro metálico para o gozo próprio ou até mesmo, como na China, *ouro potável* para, consumindo-o, atingir a longevidade corporal, nada disso é, na verdade, o real objetivo da alquimia. Ela não é, de fato em nenhum grau, uma *pré-química*, mas uma *operação simbólica*. "Eles acreditaram", diz um velho texto chinês, "que se tratava de jazer ouro das pedras: não é insensatez? A operação é possível", responde o guru Nagarjuna, "através da virtude espiritual"; jamais, no entanto, poder semelhante (*siddhi*) pode ser considerado um fim em si mesmo. O "ouro", dizem os textos védicos, "é a imortalidade". E é essa justamente a tendência da única "transmutação" real: a da individualidade humana. Reconhece-se expressamente quanto a Lieu-Hiang que, se fracassou na obtenção de ouro, foi por falta de preparação espiritual. Li Chao-Kiun não considera a possibilidade de êxito

84 | ALQUIMIA

sem a intervenção celeste; assimila a obtenção final à busca das Ilhas dos Imortais. Se, através de uma polarização tardia, os chineses distinguem a alquimia interna (*nei-tan*) da alquimia externa (*wai-tan*) – embora a segunda não seja senão o símbolo da primeira –, a simbólica é claramente exposta no Ocidente por um certo Angelus Silesius: "O chumbo transforma-se em ouro, e o acaso dissipa-se quando, com Deus, eu sou transformado por Deus em Deus. É o coração, *continua ele*, que se transforma em ouro do mais fino; o Cristo ou a graça divina é que são a tintura."

Todavia, de uma maneira mais geral, o simbolismo alquímico situa-se no plano cosmológico. As duas fases de *coagulação* e de *solução* correspondem às do ritmo universal: *kalpa* e *pralaya*, involução--evolução, inspiração-expiração, tendências alternativas de *tamas* e *sattva*. A alquimia é considerada extensão e aceleração da geração natural: é a ação propriamente *sexual* do enxofre sobre o mercúrio que dá origem aos minérios na matriz terrestre; mas a transmutação também ali se efetua: a terra é um cadinho onde, lentamente, os minérios *amadurecem*, onde o bronze se converte em ouro. De resto, o forno do alquimista tem a mesma forma (em ampulheta) do monte *Kuan-Luan*, **centro*** do mundo, e da **cabaça***, imagem do mundo. A prática da alquimia permite que se descubra, em si mesmo, um espaço de forma idêntica: a **caverna*** do coração. Aliás, o ovo filosófico está encerrado no cadinho, como o *ovo do mundo* ou o *Embrião de ouro* na caverna cósmica. A fundição dos ingredientes no cadinho simboliza, de fato, tanto na China como no Ocidente, o retorno à indiferenciação primordial, exprimindo-se como sendo um retorno à *matriz*, ao estado **embrionário***. A abertura superior do **atanor*** está assimilada à perfuração simbólica existente no cimo da cabeça (*Brahmarandra*), por onde se efetua a *saída do cosmo*, e por onde escapa, segundo os chineses, o embrião em seu processo de *retorno ao Vazio*.

Os elementos da Grande Obra são, no Ocidente, o enxofre e o mercúrio, o fogo e a água, a atividade e a passividade, as influências celestes e terrestres, cujo equilíbrio produz o *sal*. Na alquimia interna dos taoistas, que aparentemente imita muitas coisas do tantrismo, esses elementos são *k'i* e *tsing*, o *sopro* e a *essência*, igualmente fogo e água (*Fogo do Espírito, Água seminal*, diz o *Tratado da Flor de Ouro*). São figurados pelos trigramas *li* e *k'an* do *I-Ching* que são, ainda, fogo e água, mas influenciados também por *K'ien* e *K'uan*, que são perfeições ativa e passiva, céu e Terra.

As etapas essenciais da Grande Obra são a *obra no ponto branco* (*albedo*) e a *obra do ponto rubro* (*rubedo*). Correspondem, segundo o hermetismo ocidental, aos *pequenos mistérios* e aos *grandes mistérios*; mas também, à eclosão da *Flor de Ouro* chinesa e à *saída do Embrião*, à obtenção dos estados do *Homem verdadeiro* (*tchen-jen*) e do *Homem transcendente* (*chen-jen*): *Homem primordial* e *Homem universal*, diz o esoterismo islâmico, que, aliás, qualifica esse último de *Enxofre Vermelho*. Trata-se na realidade: a) de alcançar o *centro do mundo* ou o estado edênico; b) da *saída do cosmo*, ao longo do eixo do mundo e de alcançar os estados supra-humanos (ELIV, GRIF, GUED, GUET, GUES, KALT, LECC).

De outro ponto de vista, a alquimia simboliza a própria evolução do homem, de um estado em que predomina a matéria para um estado espiritual: transformar em ouro os metais é o equivalente a transformar o homem em puro espírito. A alquimia implica, com efeito, um conhecimento da matéria; ela é menos uma ciência do que um conhecimento. É aplicada com maior frequência aos metais, segundo uma física simbólica das mais desconcertantes aos olhos do cientista. A alquimia material e a alquimia espiritual supõem um conhecimento dos princípios de ordem tradicional, baseando-se muito mais numa teoria das proporções e das relações do que numa análise verdadeiramente físico-química, biológica ou filosófica dos elementos que são postos em relação uns com os outros. Linguagem e lógica são, para ela, de natureza simbólica.

A famosa **tábua*** *de esmeralda* enuncia, num estilo dos mais herméticos, os principais axiomas da alquimia. Podem, aliás, resumir-se assim: "Todas as oposições ordenam-se em função da oposição fundamental macho-fêmea: a Grande Obra é a união do elemento macho, o enxofre, e do elemento fêmea, o mercúrio. Todos os autores multiplicam as comparações tomadas da linguagem da união e da geração" (BURS, 28). Mas de forma alguma se reduz ela a uma sexologia: esta serve apenas de suporte simbólico ao conhecimento.

Uma das práticas mais interessantes da alquimia era chamada, na Idade Média, a *Arte Real*, que é bem salientada por Serge Hutin. Partindo da ideia da decadência dos seres da natureza, "a Suprema Grande Obra (Obra mística, Via do Absoluto, Obra da Fênix) era a reintegração do homem em sua dignidade primordial. Encontrar a pedra filosofal é descobrir o Absoluto, é possuir o conhecimento perfeito (a gnose). Essa via principal devia conduzir a uma vida mística na qual, uma vez extirpadas as raízes do pecado, o homem se tornaria generoso, doce, piedoso, crente e temente a Deus" (BURS, 60).

Quatro operações, ainda a serem interpretadas simbolicamente de acordo com os níveis em que se realizam as transformações ou transmutações, dirigiam o trabalho do alquimista: a purificação do sujeito, sua dissolução até o ponto em que dele restasse somente o ser universal, uma nova solidificação e, finalmente, uma nova combinação, sob o império do ser mais puro, no nível desse novo ser, ouro ou Deus. A segunda dessas operações é também chamada volatilização, sublimação (não no sentido psicanalítico moderno), combustão, incineração etc. Outros autores consideram seis operações no *processo de transformação*: a calcinação, que corresponde à cor negra, à destruição das diferenças, à extinção dos desejos, à redução ao estado primeiro da matéria; a putrefação, que separa os elementos calcinados até sua total dissolução; a solução, que corresponde à cor branca, a de uma matéria totalmente purificada; a destilação, e depois a conjunção, que correspondem à cor vermelha, ou à união dos opostos, a coexistência pacífica dos contrários; e, por fim, a sublimação, que corresponde ao ouro, cor do Sol, plenitude do ser, calor e luz. Os diversos sistemas de operações,

mais ou menos pormenorizados, resumem-se todos na célebre fórmula *solve et coagula*, que se poderia traduzir por *purifica e integra*. Aplica-se, do mesmo modo, à evolução do mundo objetivo e à do mundo subjetivo, i.e., o da pessoa em vias de aperfeiçoar-se.

A interpretação alquímica utiliza os símbolos de sua linguagem própria como chaves para descobrir o sentido oculto dos contos, das lendas e dos mitos, nos quais discerne o drama das perpétuas transformações da alma e o destino da criação. Eis aqui um exemplo característico dessa forma alquímica de interpretação: "Branca de Neve é nossa jovem virgem, a mina de ouro. Os sete anões ou gnomos (do grego *gnosis*: conhecimento) são o aspecto da matéria mineral em seus sete prolongamentos (os sete metais). Cada anão tem, de resto, o caráter do planeta que o domina. Zangado é saturniano, o Dunga é lunar, o Risonho é venusiano etc. Mas é Zangado, o saturniano, quem presta mais serviços ao bando e sabe tirá-lo de apuros quando preciso. Branca de Neve é entregue pela Rainha malvada ao Caçador *Verde* para que este a mate. Mas, afinal, após uma *morte aparente* e após ter mordido a *maçã maléfica*, a jovem virgem desposará o Príncipe de seus sonhos, que é *jovem* e belo. Este Príncipe Encantador é o nosso *Mercúrio filosofal* (sabe-se que o atributo do Mercúrio da mitologia é uma perpétua juventude do rosto e do corpo). E da união desse Mercúrio e da Virgem (do Príncipe e da Branca de Neve) resultará a conclusão de todos os contos: foram felizes e tiveram muitos filhos [...]. Com efeito, a multiplicação hermética obtida com a Pedra está em conformidade com o *Crescei e multiplicai-vos do Gênesis*" (Robert Ambelain, *Dans l'ombre des cathédrales*, em TEIR, 213).

ALTAR

Microcosmo e catalisador do sagrado. Para o altar convergem todos os gestos litúrgicos, todas as linhas arquitetônicas. Reproduz em miniatura o conjunto do templo e do universo. É o recinto onde o sagrado se condensa com o máximo de intensidade. É sobre o altar, ou ao pé do altar, que

86 | ALTURA (V. VERTICALIDADE)

se realiza o sacrifício, i.e., o que torna sagrado. Por isso ele é mais elevado (*altum*) em relação a tudo que o rodeia. Reúne igualmente em si a simbólica do **centro*** do mundo: é o centro ativo da **espiral*** que sugere a espiritualização progressiva do universo. O altar simboliza o recinto e o instante em que um ser se torna sagrado, onde se realiza uma operação sagrada.

ALTURA (*v.* Verticalidade)

Símbolo de ascensão e de espiritualização, de assimilação progressiva àquilo que o céu representa: uma harmonia nas alturas. "A altura não é só moralizadora; ela já é, por assim dizer, fisicamente moral. A altura é mais que um símbolo. Aquele que a busca, aquele que a imagina com todas as forças da imaginação, que é o próprio motor do nosso dinamismo psíquico, reconhece que ela é materialmente, dinamicamente, vitalmente moral" (BACS, 75).

ALVÉLOA (*v.* Lavandisca)

AMARELO

Intenso, violento, agudo até a estridência, ou amplo e cegante como um fluxo de metal em fusão, o amarelo é a mais quente, a mais expansiva, a mais ardente das cores, difícil de atenuar e que extravasa sempre nos limites em que o artista desejou encerrá-la. Os raios do Sol, atravessando o azul celeste, manifestam o poder das divindades do Além. No panteão asteca, *Huitzilopochtli*, o Guerreiro vitorioso, Deus do Sol e do Meio-Dia, é pintado de azul e amarelo. O amarelo, luz de ouro, tem valor cratofânico, e o par de esmaltes Ouro-Blau se opõe ao par Goles-Sinople, como se opõem o que provém do alto e o que vem de baixo. O campo da sua confrontação é a pele da terra, nossa pele, que fica amarela – ela também – com a aproximação da morte.

No par Amarelo-Azul, o amarelo, cor masculina, de luz e de vida, não pode tender para o esmaecimento. Kandinsky o percebeu muito bem quando disse: "o amarelo tem uma tal tendência ao claro que não pode haver amarelo muito escuro. Pode-se dizer que existe uma afinidade profunda, física, entre o amarelo e o branco" (KANS). É o veículo da juventude, do vigor, da eternidade divina. O amarelo é a cor dos deuses: Zoroastro, segundo Anquetil, significa *astro de ouro brilhante, liberal, astro vivo*. O *Om*, verbo divino dos tibetanos, tem por qualificativo "dourado" (PORS, 68). Vishnu é *aquele que usa vestes amarelas, e o ovo cósmico de Brahma brilha como o ouro*.

A *Luz de Ouro* se torna, por vezes, um caminho de comunicação nos dois sentidos, um mediador entre os homens e os deuses. Assim, Frazer acentua que uma faca de ouro era empregada na Índia para os grandes sacrifícios do cavalo "porque o ouro é a luz e porque é por meio da luz dourada que o sacrifício ganha o reino dos deuses" (FRAG, 2, 80, n.3, segundo *O Satapata-Brahmana*).

Na cosmologia mexicana, o amarelo-ouro é a cor da *pele nova* da terra, no início da estação das chuvas, antes que se faça verde de novo. Está, então, associada ao mistério da Renovação. Por esse motivo, *Xipe Totec, Nosso Senhor o Esfolado*, divindade das chuvas primaveris, é também o deus dos ourives. Por ocasião das festas da primavera, seus sacerdotes se revestiam das peles das vítimas supliciadas para aplacar essa divindade temível. Tais peles eram pintadas de amarelo (SOUM). E o amarelo-ouro era o atributo de Mitra na Pérsia e de Apolo na Grécia.

Sendo de essência divina, o amarelo-ouro se torna, na Terra, o atributo do poder dos príncipes, reis, imperadores para proclamar a origem divina do seu poder. Os verdes louros da esperança humana se recobrem do amarelo-ouro do poder divino. Os Ramos verdes do Cristo, na sua passagem terrestre, são substituídos por uma auréola dourada quando Ele retorna ao Pai. No domingo de Ramos na Espanha, é com palmas *amareladas* que os fiéis acenam diante das catedrais.

O amarelo é a cor da eternidade, como o ouro é o metal da eternidade. Um e outro são a base do ritual cristão. O ouro da cruz na casula do padre, o ouro do cibório, o amarelo da vida eterna, da fé se unem à pureza original do branco na bandeira do Vaticano.

É também em meio a todos esses ouros, a todos esses amarelos que os padres católicos conduzem os defuntos para a vida eterna. Todos os psicopompos têm assim, em maior ou menor grau, o amarelo a seu serviço, como é o caso, por exemplo, de Mitra. E também, em diversas tradições orientais, o dos cães infernais, como o do Zend Avesta, que tem os olhos amarelos – para melhor penetrar o segredo das trevas – e as orelhas tingidas de amarelo e de branco. Nas câmaras funerárias egípcias, a cor amarela é a mais frequentemente associada ao azul, para assegurar a sobrevivência da alma, pois que o ouro que ela representa é a carne do Sol e dos deuses.

Essa presença do amarelo no mundo ctoniano, sob pretexto de eternidade, introduz o segundo aspecto simbólico dessa cor terrestre.

O amarelo é a cor da terra fértil, o que fazia com que se recomendasse, na China, a fim de assegurar a fertilidade do casal, "que se pusessem em completa harmonia o *yin* e o *yang*, que as vestes, as cobertas e os travesseiros do quarto nupcial fossem todos de gaze ou de seda amarela" (VANC, 342). Mas essa cor das espigas maduras do verão já anuncia a do outono, quando a terra se desnuda, perdendo seu manto de verdura.

Ela é, então, a anunciadora do declínio, da velhice, da aproximação da morte. Ao fim, o amarelo se torna um substituto do negro. Assim, para os indígenas pueblo, Tewa, é a cor do Oeste; para os Asteca e Zuni, é a do Norte ou do Sul, segundo associem uma ou outra dessas duas direções aos mundos inferiores (SOUM, 23). No tantrismo búdico, o amarelo corresponde, ao mesmo tempo, ao *centro-raiz* (Muladara-chakra) e ao elemento terra, e a *Ratnasambavap*, cuja *luz* é de natureza *solar*. Negra ou amarela é também, para os chineses, a direção do Norte ou dos abismos subterrâneos onde se encontram as *fontes amarelas* que levam ao reino dos mortos. É que as almas que descem até as fontes amarelas, ou o *yang* que por lá se refugia durante o inverno, aspiram à restauração cíclica da qual o solstício do inverno é a origem. Se o Norte, se as fontes amarelas são de essência *yin*, são também a origem da restauração do *yang*.

Por outro lado, o amarelo está associado ao negro como seu oposto e seu complementar. O amarelo se separa do negro no momento da diferenciação do caos: a polarização da indiferenciação primordial se faz em amarelo e negro – como em *yang* e *yin*, em redondo e quadrado, em ativo e passivo (Lie-tse). Amarelo e negro são, segundo o *I-Ching*, as cores do sangue do dragão-demiurgo. Não se trata aí, todavia, senão de uma polarização relativa, de uma *primeira coagulação* (CHOO, ELIF, GRAP, GRAR, GRIH).

O amarelo emerge do negro, na simbologia chinesa, como a terra emerge das águas primevas. Se o amarelo é, na China, a cor do Imperador, é efetivamente por estar estabelecido no centro do Universo, como o Sol está estabelecido no centro do céu.

Quando o amarelo se detém sobre esta terra, a meio caminho entre o muito alto e o muito baixo, ele não arrasta na sua esteira mais que a perversão das virtudes de fé, de inteligência, de vida eterna. Esquecido o amor divino, chega o enxofre luciferiano, imagem da soberba e da presunção, da inteligência que só deseja alimentar a si mesma. O amarelo está ligado ao adultério, quando se desfazem os laços sagrados do casamento, à imagem dos laços sagrados rompidos por Lúcifer, com a nuança de que a linguagem comum acabou por inverter o símbolo, atribuindo a cor amarela ao enganado, quando ela cabe, originariamente, ao enganador, como o atestam muitos outros costumes. A porta dos traidores era pintada de amarelo a fim de atrair para ela a atenção dos transeuntes, nos sécs. XVI e XVII. Desde o Concílio de Latrão IV (1215) os judeus foram obrigados a levar uma rodela amarela costurada à roupa. O *Dictionnaire de Trevous* (1771) garante que "é costume açafroar, i.e. pintar de amarelo açafrão, as casas dos falidos" (DIRG). Donde se conclui que, quando os sindicalistas chamam "amarelo" o operário que se dessolidariza da sua classe, estão, sem saber, recorrendo às mesmas fontes simbólicas em que os nazistas foram buscar a ideia de aplicar a estrela amarela aos judeus. Mas é possível que os judeus, invertendo a valorização do símbolo, vejam nessa

88 | AMAZONA

estrela (de seis pontas), não um sinal de infâmia, mas a gloriosa luz de Jeová.

A valorização negativa do amarelo é, igualmente, atestada nas tradições do teatro de Pequim, cujos atores se maquilam de amarelo para indicar a crueldade, a dissimulação, o cinismo e expressam pelo vermelho a lealdade e a honestidade. Todavia, nesse mesmo teatro tradicional, os costumes dos príncipes e imperadores – indicando, aí, não a psicologia mas a condição social dos personagens – são também amarelos. Essa utilização da cor amarela no teatro chinês leva em conta a ambivalência que lhe é própria, e que faz do amarelo a mais divina das cores e, ao mesmo tempo, a *mais terrestre*, segundo a expressão de Kandinsky.

A mesma ambivalência se encontra na mitologia grega. As maçãs de ouro do jardim das Hespérides são símbolo de amor e de concórdia. Não importa que Héracles as subtraia: elas terminam voltando ao jardim dos deuses. São os verdadeiros frutos do amor, pois que Gaia, a Terra, os ofereceu a Zeus e a Hera como presente de casamento: consagraram, assim, a hierogamia fundamental da qual tudo proveio. Mas o pomo da discórdia, outra maçã de ouro, que está na origem da guerra de Troia, é símbolo de orgulho e de inveja. Ainda na mitologia grega, as duas faces do símbolo se aproximam no mito de Atalanta, a Diana grega, Virgem agressiva: enquanto ela corre na sua aposta com Hipômenes – que tem a intenção de matar, em seguida, como fez com todos os seus outros pretendentes –, cede ao irresistível desejo nela despertado pelas maçãs de ouro que o rapaz lança por terra, à frente dela. É vencida. Então, trai seus votos – mas por essa traição conhece o amor.

Certos povos procuraram clivagem do símbolo nas noções de embaciamento e brilho da cor – o que não deixa de lembrar a distinção simbólica do branco fosco e do branco brilhante, principalmente no que concerne aos cavalos infernais e celestes.

É o mesmo caso no Islã, onde "o amarelo dourado significava sábio e de bom conselho, e o amarelo pálido, traição e decepção" (FORS, 88).

A mesma distinção é encontrada na linguagem da heráldica, que valoriza o ouro-metal a expensas do amarelo-esmalte.

AMAZONA

A existência de mulheres guerreiras na história – Amazonas, **valquírias*** – é talvez uma sobrevivência ou reminiscência das sociedades matriarcais. Mas seu simbolismo não está necessariamente ligado a hipóteses sociológicas.

As Amazonas são guerreiras que se governam a si próprias, unem-se somente a estrangeiros e criam só as filhas, cegando ou mutilando os filhos; costumam amputar um dos seios, segundo conta a lenda (o que de modo algum é confirmado pelas obras de arte, que as apresentam belas e com o busto intacto), para melhor manejar o **arco*** e a **lança***; guerreiras, caçadoras, sacerdotisas, rendem culto a Ártemis (Diana). Na mitologia grega, *simbolizam* "as mulheres matadoras de homens: desejam tomar o lugar do homem, rivalizar com ele ao combatê-lo, em vez de completá-lo [...]. Essa rivalidade esgota a força essencial própria da mulher, sua qualidade de amante e mãe, o calor da alma" (DIES, 207).

O cinto de Hipólita, rainha das Amazonas, ter-lhe-ia sido dado por Ares (Marte) "como símbolo do poder que ela exercia sobre seu povo" (GRID, 193). Héracles (Hércules) foi encarregado de roubar-lhe o cinto; Hipólita já se dispunha a entregá-lo voluntariamente, quando explodiu uma briga entre as Amazonas e o séquito de Héracles. Este, acreditando-se traído, matou Hipólita. A lenda acrescenta que Hera fora quem havia provocado a briga. Em termos de simbolismo do **cinto***, *dar seu cinto* significa entregar-se, não apenas renunciar ao poder. Para Hipólita, significava abandonar sua própria condição de Amazona e entregar-se a Héracles. Hera, tida como símbolo da feminidade normal, demonstra, ao impedir a entrega do cinto, desejar, não a conversão, mas, sim, a morte da mulher viril; além disso, em seu ódio por Héracles, que Zeus tivera de outra mulher, ela não quer que ele tenha a felicidade de receber o cinto de uma mulher. A Amazona simboliza a situação da mulher que, ao portar-se como homem, não consegue ser aceita nem pelas mulheres nem pelos homens, e que tampouco consegue viver, ela própria, nem como mulher nem como homem. Em última análise, exprime a recusa da feminidade e o mito da impossível substituição de sua natureza real por seu ideal viril.

Conforme o ocultismo antigo, diz G. Lanoe-Villène (LANS, **1**, 77-84), as Amazonas seriam, "na ordem metafísica, símbolo de forças psíquicas estelares girando no éter em torno do Paraíso dos deuses a fim de guardá-lo e de defender-lhe as fronteiras". Sob esse aspecto, "seu cinto nada mais é senão o círculo mágico que formam em torno do Paraíso e que Héracles romperá pela força; seus cavalos são as nuvens que correm em brancos esquadrões no céu cerúleo". Abrem seus cintos aos heróis e matam os covardes. Cruéis guardiães de um Paraíso, esses seres perturbadores, que se entregam e se recusam, que salvam e matam, talvez sejam apenas as portas ambíguas de um céu incerto.

ÂMBAR

Foi Tales quem descobriu, por volta do ano 600 a.C., as propriedades magnéticas do âmbar. O âmbar amarelo chama-se, em grego, eléctron, nome do qual deriva a palavra eletricidade. Os rosários e os amuletos de âmbar são uma espécie de condensadores de corrente. Ao se autocarregarem, descarregam de seus próprios excessos aqueles que os usam ou que lhes desfiam as contas.

O âmbar representa o fio psíquico que liga a energia individual à energia cósmica, a alma individual à alma universal.

Simboliza a atração solar, espiritual e divina.

Nas lendas celtas, Ógmios apresenta-se sob a forma de um velho. Atrai uma multidão de homens, mantendo-os presos pelas orelhas com uma corrente de âmbar. Os cativos poderiam fugir facilmente por causa da fragilidade dessa corrente, mas preferem acompanhar seu guia. O elo estabelecido pelo âmbar é de ordem espiritual.

Ordinariamente, atribui-se aos heróis e aos santos um rosto de âmbar, que significa um reflexo do céu sobre si e a força de atração que eles exercem.

Apolo derramava lágrimas de âmbar quando, banido do Olimpo, foi para o país dos hiperbóreos*. Essas lágrimas exprimiam sua nostalgia do Paraíso e o elo sutil que ainda o unia ao Elísio.

Dionísio o Areopagita explica que o âmbar é atribuído às essências celestes porque, "reunindo em si as formas do ouro e da prata, simboliza a um só tempo a pureza incorruptível, inesgotável, indefectível e intangível que é própria do ouro, e o resplendor luminoso, brilhante e celeste que é próprio da prata" (PESO, 241).

Segundo certa crença popular, o homem que sempre trouxer consigo um objeto de âmbar não poderá ser atraiçoado por sua virilidade.

AMBROSIA

Alimento de imortalidade, a ambrosia é, assim como o néctar, um privilégio do Olimpo. Deuses, deusas e heróis dela se nutrem, chegando até mesmo ao ponto de oferecê-la a seus cavalos. Suas qualidades maravilhosas fazem da ambrosia também um bálsamo capaz de curar qualquer chaga e que, quando aplicado sobre o corpo dos mortos, os protege da putrefação. Infeliz, porém, do humano que da ambrosia provar sem ter sido convidado: arrisca-se ao suplício de Tântalo.

Os deuses do Veda são menos ciumentos, e o mortal que provar do **soma*** ou *amrita* poderá, graças a isso, ganhar o céu:

> Queira o Gandarva que conhece a ambrosia revelar o nome oculto no segredo!
> De repente, percorremos o céu, a Terra, os três mundos,
> os quadrantes celestiais e a morada de luz:
> tendo desenlaçado a tecedura da Ordem, tendo visto Esse mistério,
> tornamo-nos Esse mistério, presente em todas as criaturas.
>
> (*Taittirya Aranyaha*, **10**, 1 – VEDV, 335)

O ser converte-se naquilo que consome. Esse sentido será retomado na mística cristã: a ambrosia torna-se a eucaristia, o corpo de Deus salvador, "verdadeiro pão dos anjos".

AMEIXEIRA

A ameixeira, tema frequentemente utilizado na pintura do Extremo Oriente, é antes de tudo um símbolo da primavera. Ela o é, às vezes, do inverno, pois florescendo no final desta estação indica a renovação, a juventude na iminência de se manifestarem. Símbolo também da pureza, porquanto as flores aparecem sem folhas. Um monge da época Song, Tchong-jen, compôs toda uma obra sobre a ameixeira em flor, da qual ele faz um símbolo do universo.

É verdade que a flor da ameixeira está também relacionada com a imortalidade, que os Imortais dela se alimentam e que ela constitui, em suma, o brasão de Lao-tse; pois este, nascido sob uma ameixeira, declarou logo fazer dela o seu *nome de origem*.

A ameixeira figura, no Japão, entre as plantas de bom agouro.

Ela é, às vezes, considerada, entre nós, um emblema da tolice, coisa que não se explica facilmente (DURV, GROC, KALL).

Para os indígenas pawnee (América do Norte), a ameixeira selvagem, particularmente prolífica, é um símbolo de fecundidade (FLEH).

Seu fruto é, às vezes, nos sonhos, de significação erótica, e trai um desejo de gozo sexual.

AMÉM

Símbolo da confirmação e da afirmação. Empregado na Bíblia, pode-se assinalá-lo também na liturgia sinagogal e cristã. Pode-se encontrar no final ou no início de uma frase.

No *Apocalipse*, o Cristo é chamado o *Amém* (**3**, 14).

Devemos relacionar a palavra *amém* com o termo **aum***. Uma e outra possuem sentido idêntico. Essa afirmação e essa confirmação contêm o próprio Senhor (VALT), em sua qualidade de energia criadora.

AMÊNDOA
(Semente e moldura elíptica [mandorla*])

Em geral a amêndoa é, como semente, o símbolo do essencial, oculto no acessório, da espiritualidade velada pelas doutrinas e práticas exteriores, da realidade mascarada pelas aparências e, segundo o esoterismo, é a Verdade, o Tesouro, a Fonte sempre escondida. Assim, diz Clemente de Alexandria: "Meus *Strómatas* encerram a verdade mesclada aos dogmas da filosofia, ou melhor, envolvida e recoberta por eles, assim como a casca recobre a parte comestível da noz." Ou Mahmoud Shabestari: "A *shariat* é a casca, i *haqilqat* é a amêndoa [...]. Quando o viajor atinge a certeza pessoal, a amêndoa está madura e a casca rebenta." Ou ainda, nas palavras de Abd al-Karim al-Jili: "Abandona, pois, a casca e toma o miolo; não sejas daqueles que ignoram o rosto, retira o véu!"

A amêndoa é o Cristo, porque sua natureza divina está oculta por sua natureza humana, ou pelo corpo da Virgem-Mãe. É também, diz Adam de Saint-Victor, "o mistério da luz", i.e., o objeto da contemplação, o segredo da iluminação interior. A *amêndoa* (**mandorla***), que na ornamentação medieval aureola as figuras da Virgem ou do Cristo em majestade, participa de outra maneira no *mistério da luz*: é a luz celeste, a um só tempo emanação da morada dos Bem-Aventurados e *véu* da visão beatífica. Além disso, corresponde ao arco-íris, segundo o Apocalipse: "O que estava sentado tinha o aspecto de uma pedra de jaspe e cornalina, e um arco-íris envolvia o trono com reflexos de esmeralda" (**4**, 3).

A noção de elemento oculto, encerrado, inviolável, é perfeitamente exprimida pelo nome hebraico da amêndoa: *luz*, que é também o nome de uma cidade *subterrânea* (*v.* **amendoeira***) e o do núcleo indestrutível do ser (chinês: *che-li*; sânscrito: *sharira*), contendo todos os elementos potenciais de sua restauração. Em suma, é o *núcleo da imortalidade* (BENA, CORT, GUEM, JILH).

Na tradição mística, a amêndoa simboliza o *segredo* (o segredo é um tesouro) que vive na sombra e que convém descobrir, a fim de nutrir-se dele. O invólucro da amêndoa é comparado a uma porta ou a uma parede.

Para os hebreus, a amendoeira era o símbolo de *uma vida nova*. É a primeira árvore que floresce na primavera. Daí o texto de *Jeremias* (**1**, 11-12): "O que estás vendo, Jeremias?" Eu respondi: "Vejo um ramo de amendoeira." Então me disse Jeová: "Viste bem, porque eu velo sobre a minha palavra, para realizá-la." O termo *sheqed* (a amendoeira, que aguarda a primavera para florescer antes de qualquer outra árvore) se associa, no texto, à ideia de *shôqed* (o vigilante, o Deus sempre alerta).

Descobrir a amêndoa, comer a amêndoa, têm o significado de descobrir um segredo, participar desse segredo.

No esoterismo da Idade Média, a amêndoa significa a virgindade da Virgem: amêndoa mística. Na arte, uma auréola elíptica, por vezes, contorna a Virgem.

Segundo o *Thesaurus* de Henri Estienne, *amandalos* significa obscuro, invisível, interioridade.

Muitas vezes o corpo dos santos aparece inteiramente envolto numa amêndoa; esta é com frequência dividida em três linhas, para exprimir a Trindade. Isso significa que entraram no grêmio das Três Pessoas Divinas, às quais se unem pela Visão beatífica.

Mas, em linguagem profana, comer a amêndoa é copular, pois a amêndoa é *a vulva*, a *yoni*, da qual os *Upanixades* nos dizem ser "o símbolo das águas cósmicas e da agitação turbilhonante das infinitas possibilidades da existencialidade" (TUCR). Essa velha imagem arquetípica poderia ser a origem da **mandorla***.

O fato de que o termo *amêndoa mística* designe a virgindade de Maria na linguagem esotérica da Idade Média corroboraria essa hipótese. O mais notável nesse exemplo é que a passagem do religioso ao profano em nada diminui o valor sagrado do símbolo, ao contrário, reforça-o, o que se pode notar em mais de um poema sufista, porquanto essa conotação sexual dada à mandorla faz com que ela seja a Matriz original, aquela de onde brotam, na luz da revelação, o Homem e Deus confundidos.

AMENDOEIRA

A amendoeira, cuja floração ocorre bem cedo na primavera, é o signo do renascimento da natureza e de uma vigilância atenta aos primeiros sinais daquela estação. Igualmente, é símbolo de fragilidade, pois suas flores, as primeiras que se abrem, são as mais sensíveis às últimas geadas [...]. É o símbolo de Átis, nascido da fecundação de uma virgem pelo fruto da amendoeira.

Esta lenda talvez constitua a origem da associação feita entre a amendoeira e a Virgem Maria. Todavia, o símbolo só se reveste de todo o seu valor com a significação da própria **amêndoa***.

Segundo uma tradição judaica, é, além disso, pela base de uma amendoeira (*luz*) que se penetra na cidade misteriosa de Luz, a qual é *morada de imortalidade*. Ao mesmo tempo, é o nome da cidade perto da qual Jacó teve sua visão, e que foi por ele denominada *Bethel ou* Casa de *Deus*. O relacionamento entre a amendoeira e a noção de imortalidade explica-se também pelo simbolismo da amêndoa (igualmente chamada *luz*) (BENA, GUEM). Contudo, embora o simbolismo da amêndoa seja feminino, o da amendoeira é masculino.

Entre os gregos, a amêndoa espremida era comparada à ejaculação fálica de Zeus, na qualidade de potência criadora. Pausânias conta que, no decurso de um sonho, Zeus deixou cair sobre a Terra um pouco de sêmen. Dali saiu um ser hermafrodita, Agdiste, que Dioniso mandou castrar. De suas partes genitais caídas na Terra cresceu uma amendoeira. Um fruto dessa árvore tornou prenhe a filha do deus-rio, Sangário, que o havia colocado sobre seu seio.

Deduz-se dessas lendas que a amendoeira remonta diretamente a Zeus, através do sangue de um hermafrodita, e que seu fruto pode fecundar uma virgem. Seu *simbolismo fálico* distingue-se por esse matiz de uma fecundidade que se pode exercer independentemente da união sexual. Segundo uma crença ainda existente na Europa, a jovem que adormecer debaixo de uma amendoeira e sonhar com seu noivo, pode despertar grávida.

AMETISTA

Do grego *Ametusios* – que não está embriagado. A ametista é uma pedra de temperança que protege contra toda embriaguez. Talvez por essa razão,

92 | ÂMNIO (BOLSA D'ÁGUA)

segundo as crenças cristãs ortodoxas, era usada pelos bispos. O bispo, em sua qualidade de pastor de almas incumbido de uma responsabilidade espiritual e temporal (no que se diferencia do recluso contemplativo, que abandonou a vida secular), deve proteger-se contra toda embriaguez, até mesmo aespiritual. Certa tradição cristã moralizante faz da ametista o símbolo da humildade, porque ela é da cor da violeta.

Segundo Plínio, é uma pedra que protege contra a feitiçaria, se nela estiverem gravadas as figuras da Lua e do Sol "e se for presa ao pescoço com penugem subjacente de pavão e com as penas de uma andorinha" (BUDA, 309). Cura a gota e, quando colocada debaixo do travesseiro, proporciona sonhos benéficos, reforça a memória e imuniza contra os venenos (v. violeta*).

ÂMNIO (Bolsa d'água)

O invólucro de líquido amniótico, que se costuma chamar "bolsa d'água", apresenta-se como um signo de ventura para o recém-nascido. É também um signo de ordem espiritual que se manifesta sob outras formas para o adulto. O espírito é invisível e nada o pode atingir; o envolvimento significa ao mesmo tempo a invisibilidade e o espírito. Cobrir alguém com um manto é tornar esse alguém invisível e pô-lo ao abrigo da infelicidade (JUNM). Da mesma maneira, essa bolsa (protetora) afirma a espiritualidade e coloca-a em segurança: garante duplamente o invisível.

AMOR

Na cosmogonia órfica, a Noite e o Vazio estão na origem do mundo. A Noite engendra um ovo, do qual sai o Amor, ao passo que a Terra e o céu são formados das metades da casca partida.

Para Hesíodo, "antes de tudo existiu o Abismo; depois, a Terra de flancos amplos, assentada firmemente, oferenda perene a todos os vivos, e o Amor, o mais belo dentre os deuses imortais, aquele que derreia os membros e que, no peito de todo deus como de todo homem, doma o coração e a vontade prudente" (HEST, 116-122). Sem dúvida, Eros tem muitas outras genealogias. Mais frequentemente considerado o filho de Afrodite e de Hermes, ele possui, diz Platão em *O banquete*, uma natureza dupla, podendo ser o filho da Afrodite Pandêmia, deusa do desejo brutal, ou da Afrodite Urânia, que é a deusa dos amores etéreos. Pode também, no sentido simbólico, ter nascido da união de Poros (Recurso) e de Pênia (Pobreza), porquanto ele está, a um só tempo, sempre insatisfeito à procura de seu objetivo, e pleno de malícias para alcançar suas finalidades. Na maioria das vezes, é representado como uma criança ou um adolescente alado, nu, "porque encarna um desejo que dispensa intermediários e não saberia se esconder" (Alexandre de Afrodísias, in TERS, 15). O fato de que o Amor seja uma criança simboliza, sem dúvida, a eterna juventude de todo amor profundo, mas também certa irresponsabilidade: o Amor zomba dos humanos que caça, por vezes mesmo sem os ver, os quais cega ou inflama (arco, flechas, aljava, olhos vendados, tocha etc.: mesmos símbolos em todas as culturas). O globo que muitas vezes sustenta nas mãos sugere seu universal e soberano poderio. Quaisquer que sejam as sensaborias poéticas, Amor permanece sempre o deus primeiro, "aquele que assegura não apenas a continuidade das espécies, mas a coesão interna do Cosmo" (GRID, 147b).

O amor depende também da simbólica geral da união dos opostos, *coincidentia contrariorum*. É a pulsão fundamental do ser, a libido, que impele toda existência a se realizar na ação. É ele quem atualiza as virtualidades do ser. Mas essa passagem ao ato não se produz senão pelo contato com o outro, por uma série de trocas materiais, sensíveis, espirituais, que são igualmente choques. O amor tende a vencer esses antagonismos, a assimilar forças diferentes integrando-se em uma mesma unidade. Nesse sentido, é simbolizado pela cruz, síntese das correntes horizontais e das correntes verticais; pelo binômio chinês do *Yang-Yin*. De um ponto de vista cósmico, após a explosão do ser em múltiplos seres, é a força que dirige o retorno* à unidade; é a reintegração do universo, marcada pela passagem da unidade inconsciente do caos primitivo à unidade consciente da ordem definitiva. A libido ilumina-se na consciência, onde pode tornar-se uma força espiritual de progresso moral e místico. O eu individual segue evolução análoga à do universo: o amor é a busca de um centro unificador que permitirá a realização da síntese dinâmica de suas virtualidades. Dois entes, que se entregam e se abandonam, reencontram-se um no outro, mas elevados a um grau superior de ser, se a doação tiver sido total, e não apenas limitada a um certo nível de si, que é, na maioria das vezes, carnal. O amor é fonte ontológica de progresso, na medida em que é efetivamente união, e não só aproximação. Quando pervertido, em vez de ser o centro unificador buscado, torna-se princípio de divisão e de morte. Sua perversão consiste em destruir *o valor do outro*, numa tentativa egoísta de escravizá-lo, em lugar de enriquecer o outro e a si mesmo por meio de uma doação recíproca e generosa que faz com que ambos cresçam, tornando-se, ao mesmo tempo, cada vez mais eles próprios. O amor é a alma do símbolo, é a atualização do símbolo, porquanto este é a reunião de duas partes separadas do conhecimento e do ser. O erro fundamental no amor é que uma parte se tome pelo todo.

O conflito entre alma e amor é ilustrado pelo célebre drama mítico de Psique e Eros. Jovem cuja beleza sobrepuja a das mais belas, Psique não consegue encontrar noivo: sua excessiva perfeição amedronta. Seus pais, desesperados, consultam o oráculo: é preciso ataviá-la com vestes de casamento e expô-la sobre um rochedo, no cume da montanha, onde um monstro virá tomá-la por esposa. No meio de um cortejo fúnebre, conduzem-na ao lugar designado, onde fica sozinha. Dentro em pouco, um vento leve transporta-a pelos ares até o fundo de um extenso vale, para um palácio magnífico onde vozes se põem ao seu serviço como se fossem escravos. À noite, sente a proximidade de uma presença, mas não sabe quem é. É o marido a quem o oráculo se havia referido; mas ele não se identifica; simplesmente adverte-a de que, se ela o vir, o perderá para sempre. Dias e noites se passam assim no palácio, e Psique sente-se feliz. Como, porém, deseja rever

os pais, obtém permissão de passar alguns dias perto deles. Lá chegando, suas irmãs, ciumentas, despertam-lhe a desconfiança; de regresso a seu palácio, à luz de uma lâmpada, ela vê adormecido a seu lado um belo adolescente. Ai! A mão de Psique treme: uma gota de azeite escaldante cai da lâmpada sobre Eros! O Amor, assim descoberto, desperta e foge. E é então que começam as desventuras de Psique, vítima da cólera de Afrodite, que lhe impõe tarefas cada vez mais difíceis a fim de atormentá-la. Mas Eros já não consegue esquecer Psique; ela tampouco o pode olvidar. Eros obtém de Zeus o direito de desposá-la. Psique torna-se sua mulher, reconciliando-se com Afrodite.

Nesse mito, Eros simboliza o amor e, particularmente, o desejo de gozo. Psique personifica a alma, tentada a conhecer esse amor. Os pais representam a razão, que combina as providências necessárias. O palácio condensa as imagens de luxo e de luxúria, todas as produções dos sonhos. À noite, a proibição de ver o amante e a sensação de uma presença significam a renúncia do espírito e da consciência em face do desejo e da imaginação exaltados. É o abandono cego ao desconhecido. O retorno à casa dos pais é um despertar da razão; as indagações das irmãs são as do espírito, curioso e inseguro. Ainda não é a consciência que se aclara, é a dúvida e a curiosidade, são os sentidos apaziguados que se elevam. Psique, ao voltar ao palácio, deseja ver seu amante: vale-se de uma lâmpada. Esta, nesse momento, é somente a luz fumegante e vacilante de um espírito que hesita em infringir a regra e em perceber a realidade. A alma tem a intuição, diante desse corpo admirável e esplêndido, daquilo que sua presença possa ocultar de monstruoso, nesse nível obscuro de compreensão. Descoberto, o amor foge. Esclarecida, embora aflita, Psique vaga pelo mundo, perseguida por Afrodite, duplamente enciumada: como mulher, com ciúmes da beleza de Psique, e como mãe, do amor que a jovem inspira a seu filho, Eros. A Alma conhece até mesmo os pavores dos Infernos, onde recebe de Perséfone, no entanto, um frasco de água da juventude:

94 | AMOREIRA

após a expiação, o princípio da renovação. Psique, adormecida, é despertada por uma flecha lançada por Eros, que, também desesperado, a andava buscando por toda parte: é a persistência do desejo na alma. Mas, desta vez, a autorização para o casamento é pedida a Zeus: o que significa que a união de Eros e Psique se realizará, já não mais apenas no nível dos desejos sensuais, mas de acordo com o Espírito. Com o amor devidamente divinizado, Psique e Afrodite (os dois aspectos da alma: o desejo e a consciência) reconciliam-se. Eros já não mais aparecerá unicamente sob seus traços físicos: já não será temido como um monstro; o amor está integrado na vida. "Psique desposa a visão sublime do amor físico; torna-se a esposa de Eros: a alma reencontra a capacidade de ligação" (DIES, 132-134; embora fiéis à sua linha geral, tivemos que modificar certos pontos da interpretação de Paul Diel).

Em seu estudo sobre Richard Wagner, Baudelaire mostra a "surpreendente analogia" desse mito com a lenda de Lohengrin. Elsa dá ouvidos a Ortrude, a maga, como Psique ouve suas irmãs, e Eva, a serpente. "Elsa foi vítima da curiosidade demoníaca, e, não querendo respeitar o incógnito de seu divino esposo, perdeu, ao penetrar o mistério, toda a sua felicidade [...]. A Eva eterna cai na eterna armadilha".

AMOREIRA

A amoreira é, na China antiga, a árvore do levante. É a residência da Mãe dos sóis e a árvore através da qual se eleva o Sol nascente. Quando Huang-ti parte de *K'ong-sang, a amoreira oca*, para se elevar à soberania, ele segue manifestamente a marcha ascendente do Sol. Essa mesma marcha é ritmada batendo em uma caixa de ressonância feita de madeira da amoreira (ou de paulóvnia). Uma floresta de amoreiras (*sang-lin*) é plantada na porta oriental da capital; a mesma palavra designa uma dança que parece ter ligação com o equinócio da primavera.

Entretanto, é também de uma amoreira que a filha de Yen-ti, transformada em pássaro, se eleva ao céu.

A vara de amoreira – como o arco de pescar – serve para atirar flechas, que eliminam, nos quatro horizontes, as influências maléficas.

Pode surpreender, por conseguinte, que o aparecimento de amoreiras milagrosas relacionadas com eventos nas dinastias seja considerado nefasto: sem dúvida, a ascensão do Sol é prenúncio de seca, que, evidentemente, se interpreta como maldição celeste (GRAD, KALL).

Suas flores vermelhas, luminosas à noite, seriam comparadas, nas lendas, a estrelas. Ovídio conta que as frutas da amoreira eram originalmente brancas, mas que elas teriam se tornado vermelhas em seguida ao suicídio de dois amantes, Píramo e Tisbe, que se encontravam à sombra de uma amoreira, ao pé de uma fonte.

AMOR-PERFEITO

O simbolismo desta flor vem essencialmente do número de suas pétalas: são cinco, e justamente tal número é um dos símbolos do **homem***. O amor-perfeito (fr. *pensée*) designa o homem pelo que lhe é próprio: pensar (*pensée* = pensamento). Assim, ela é escolhida para designar a *meditação* e a *reflexão*.

AMPULHETA

A ampulheta simboliza a *queda eterna do tempo* (Lamartine); seu escoamento inexorável que se conclui, no ciclo humano, pela morte. Mas significa também uma possibilidade de inversão do tempo, uma volta às origens.

A forma da ampulheta, com os seus dois compartimentos, mostra a analogia entre o alto e o baixo, assim como a necessidade, para que o escoamento se dê para cima, de virar a ampulheta. Assim, a atração se exerce para baixo, a menos que revertamos a nossa maneira de ver e de agir. É oportuno notar a exiguidade da relação entre o alto e o baixo, estreito orifício pelo qual a relação pode se estabelecer em um movimento contínuo.

O vazio e o pleno devem suceder-se; há, portanto, uma passagem do superior ao inferior, isto é, do celeste ao terrestre e, em seguida, através da inversão, do terrestre ao celeste. Tal é a *imagem da escolha*, mística e alquímica.

Na Ásia, e também nos países árabes, a forma da ampulheta é dada ao tambor. Deste modo, aproxima-se da forma da **cabaça***, do **forno*** dos alquimistas chineses, do monte Kuan-Luan, centro do mundo. É que os dois vasos da ampulheta correspondem ao céu e à Terra; o filete de areia, invertido quando o aparelho é virado, representa as trocas entre um e outro, a manifestação das possibilidades celestes, a reintegração da manifestação na Fonte divina. O estrangulamento no meio é a *porta estreita* por onde se efetuam as trocas, o *polo* da manifestação. O término do escoamento marca o fim de um desenvolvimento cíclico, o qual Schuon observou ser exatamente conforme ao movimento da areia, inicialmente imperceptível, em seguida cada vez mais rápido, até a precipitação final.

O mesmo simbolismo é encontrado no tambor-ampulheta de *Shiva*, o *damaru*: ambas as partes são triângulos invertidos *linga-yoni*, cujo ponto de contato é o *bindu*, origem da manifestação. O *damaru* emite o som primordial, *shabda* (DAN, MALA, SCHT).

AMULETO

Considera-se que o amuleto possua ou encerre uma força mágica: realiza o que simboliza, uma relação muito especial entre aquele que o traz consigo e as forças que o amuleto representa. "Este fixa e concentra todas as forças [...] agindo em todos os planos cósmicos [...] firma o homem no cerne dessas forças, fazendo crescer sua vitalidade, tornando-o mais real, garantindo-lhe uma condição melhor após a morte" (ELIT, 141).

No Egito, as múmias eram recobertas por amuletos de ouro, bronze, pedra ou faiança para salvaguardar a imortalidade do defunto; eles serviam igualmente para preservar a saúde, a felicidade e a vida terrestre. Segundo o formato desses amuletos e a imagem que representam, crê-se que sejam capazes de conferir força, o frescor da vida, a consciência, o perfeito uso dos membros etc. O esquadro com a ponta para cima e o fio de prumo pendente no meio do ângulo constituem uma imagem com virtudes de amuleto, que pertence tanto à arte religiosa do antigo Egito quanto à simbólica maçônica atual; tal imagem garantiria estabilidade perpétua. Os mais difundidos e os mais poderosos desses talismãs tinham a forma de um escaravelho, de um olho maquiado, de um **nó*** de Isis ou da **cruz*** ansada (POSD, 13).

ANÃO

Gênios da terra e do solo, oriundos, entre os germanos, dos vermes que roíam o cadáver do gigante Ymir, os anões acompanhavam frequentemente as **fadas*** nas tradições dos povos nórdicos. Mas se as fadas têm aparência aérea, os anões, por sua vez, estão ligados às grutas, às cavernas nos flancos das montanhas, onde escondem suas oficinas de ferreiros. É lá que fabricam, com a ajuda de **elfos***, as espadas maravilhosas como Durandal ou a lança mágica de Odin-Gungnir, que nada consegue desviar de seu rumo. O chefe dos anões da Bretanha, Gwioi, mantém a guarda de um vaso místico que se tornará o Santo Graal. Como os **cabiros*** fenícios e gregos, estão ligados às divindades ctônicas. Vindos do mundo subterrâneo ao qual permanecem ligados, simbolizam as forças obscuras que existem em nós e em geral têm aparências monstruosas.

Por sua liberdade de linguagem e de gestos, junto aos reis, damas e grandes desse mundo, personificam as manifestações incontroladas do inconsciente. São considerados irresponsáveis e invulneráveis, mas escutados com um sorriso, como se fossem alienados (ligados a *outro* mundo); com um sorriso às vezes amargo, como se sorri de pessoas que dizem ao interlocutor *a verdade sem rodeios*. São então aproximados da imagem do *louco* e do **bufo***. Mas podem participar de toda a malícia do inconsciente e demonstram uma lógica que ultrapassa o raciocínio, uma lógica dotada de toda a força do instinto e da intuição. Iniciados nos segredos dos pensamentos dissimulados e das alcovas, onde seu pequeno tamanho permite que se introduzam, são *seres de mistério*, e suas palavras afiadas refletem a clarividência; penetram como dardos nas consciências demasiadamente seguras de si. À memória de seu anão, Augusto

96 | ÂNCORA

fez erigir uma estátua, cujos olhos eram dois diamantes: ele escuta, ele vê, ele sente tudo, e tudo se acumula nele. Certos intérpretes ligam o simbolismo do anão ao do monstro *guardião do tesouro* ou *guardião do segredo*. Mas o anão é sobretudo um guardião tagarela, segundo as tradições; um tagarela, é verdade, que se exprime de preferência por enigmas. Se ele parece ter renunciado ao amor, continua, entretanto, ligado à natureza da qual conhece os segredos. Por isso pode servir de guia, de conselheiro. Participa das forças telúricas e é considerado um velho deus da natureza. Atribuíram-se a ele virtudes mágicas, como a gênios ou demônios (SOUD, 79).

Com seu pequeno tamanho e às vezes certa **deformidade***, os anões foram comparados a demônios. Não é mais só o inconsciente que eles simbolizam então, mas um fracasso ou um erro da natureza, com muita facilidade atribuídos a uma falta; ou ainda o efeito desejado de deformações sistemáticas impostas por homens todo-poderosos. O Baixo Império aplicava receitas muito antigas para fabricar monstros e anões. Os anões são também a imagem de desejos pervertidos. A companhia de anões tornou-se até uma moda na Renascença. Eram frequentemente tratados como animais aprisionados. Não eram então os substitutos de um inconsciente que se cuida para manter adormecido? Ou que se trata e se toma como divertimento, como se fosse exterior a nós mesmos?

Em diversas religiões, veem-se deuses e santos esmagarem sob os pés demônios em forma de anões. O ser espiritualizado tem afinidades imaginativas com as formas harmoniosas. Não é preciso dizer que esta interpretação simbólica não visa, de nenhum modo, pessoas; ela só se aplica a formas abstratas.

A história cita anões que se distinguiram por dons excepcionais de orador e pensador. Licinius Calvus advoga com talento contra Cícero; Alípio de Alexandria era famoso por sua ciência e sabedoria: "agradecia a Deus por ter sobrecarregado sua alma apenas com uma ínfima porção de matéria

corruptível. *Não se disse de um grande escritor contemporâneo, profundamente religioso, que* possuía o mínimo de matéria a serviço de uma alma?"

ANCESTRAL (v. Antigo)

ÂNCORA

Massa pesada que atua no sentido de fixar o navio, a âncora é considerada um símbolo de *firmeza*, de solidez, de tranquilidade e de *fidelidade*. Em meio à mobilidade do mar e dos elementos, é ela que fixa, amarra, imobiliza. Simboliza a parte estável de nosso ser, aquela que nos permite conservar uma calma lucidez diante da onda de sensações e sentimentos. Nesse sentido, ela pode ser também uma barreira, um atraso; e, sem dúvida, é isso que significa quando, amarrada ao delfim que é a própria imagem da rapidez, aparece como ilustração da divisa de Augusto: *Festina lente* (apressa-te lentamente).

Última salvaguarda do marinheiro na tempestade, está ligada na maioria das vezes à *esperança*, que permanece um apoio nas dificuldades da vida: "essa esperança, nós a conservaremos como âncora sólida e firme de nossa alma, diz São Paulo na Epístola aos Hebreus" (**6**, 19).

A âncora simboliza também o conflito entre o sólido e o líquido – a terra e a água. Susta o movimento da vida quando este se torna tempestuoso. É preciso que o conflito seja resolvido, a fim de que a terra e a água conjugadas favoreçam uma evolução fecunda.

Do ponto de vista místico, uma vez que essa harmonização não se realiza neste mundo, convém, como diz São Paulo, ancorar nossa alma no Cristo, único modo de evitar-se o naufrágio espiritual. *Minha âncora e minha cruz*, dirão os místicos, bem exprimindo essa vontade de não se abandonar às contracorrentes da natureza sem a graça, para fixar-se na fonte de toda graça que é a Cruz.

ANDAS (Pernas de pau)

O uso das andas (ou pernas de pau) permite ao homem identificar-se às aves pernaltas, e mais particularmente ao **grou***, ave que na China antiga era considerada símbolo de *imortalidade*. Aqueles que são capazes de subir em andas, indica o *P'ao-putse*, podem percorrer em todos os sentidos a Terra inteira, sem que seu percurso seja interrompido pelas montanhas e rios [...] Na imaginação, são capazes de *voar* e, portanto, de alcançar as Ilhas dos Imortais. Huang-ti teria obtido esse poder. A *dança dos grous* da China antiga, observa M. Kaltenmark, provavelmente era uma dança executada usando-se pernas de pau e teria, pois, uma relação direta com o simbolismo do **pássaro*** e da imortalidade (KALL). No sentido figurado, a expressão francesa *monter sur ses échasses* (subir em andas) refere-se à ambição desmedida de alguém que assume atitudes de grandeza acima de seus méritos reais.

ANDORINHA

Diga o que disser o provérbio, o fato é que as andorinhas são *da primavera as mensageiras*, como escreveu Rémi Belleau. Na China antiga fazia-se coincidir a chegada e partida das andorinhas com a data exata dos equinócios. O dia da sua volta (equinócio da primavera) era ocasião de *ritos de fecundidade*. Convém lembrar, nesse contexto, as muitas lendas que atribuem a fecundação miraculosa de donzelas à ingestão de ovos de andorinha (história de Hien-ti; história da antepassada da família Chang, de que provém Confúcio). O próprio Confúcio, se não for ousadia dizê-lo, é filho de andorinha. Outro sinal da primavera: bolos folhados em forma de andorinha eram dependurados do alto das portas. A andorinha parece confundir-se, aqui, com outra ave da primavera, que poderia muito bem ser o verdelhão.

Por outro lado, o ritmo sazonal (*yin-yang*) das migrações das andorinhas é acompanhado de uma metamorfose: elas se refugiam na água (*yin*, inverno), onde, segundo Lie-tse, se "tornam temporariamente conchas, depois voltam a ser andorinhas", acompanhando o movimento ascendente do Sol (*yang*, verão).

No mesmo sentido, Isis se transformava em andorinha, à noite, voejando em torno do esquife de Osíris e lamentando-se com gritos queixosos até a volta do Sol. Símbolo do eterno retorno e anúncio da ressurreição (GRAD, GRAP, GRAR, KALL, LIOT, WIEG).

No domínio mítico celta a andorinha é representada sob o nome de Fand, esposa do deus do mar, Manannan. Apaixonando-se por Cuchulainn, ela o convida a vir ao outro mundo, e ele passa um mês junto dela. Depois, a deixa e volta para sua mulher, Emer. Fand também retorna, com grande melancolia, para o seu marido, que foi buscá-la. Outro personagem mítico relacionado com o nome andorinha é Fandle, um dos três filhos de Nechtan Scene, morto por Cuchulainn por ocasião da sua primeira expedição à fronteira do Ulster. Fandle era de surpreendente leveza e combatia por cima da água (OGAC, **11**, 325 s.; 437, ETUC, 506-513). A andorinha aparece, aí também, ligada a um simbolismo da fecundidade, da alternância e da renovação.

Para os bambaras do Mali, a andorinha é uma auxiliar, uma manifestação do demiurgo Faro, senhor das águas e do verbo, e expressão suprema da *pureza*, em oposição à terra, originalmente poluída. A andorinha deve seu papel importante ao fato de não pousar jamais no solo; está, portanto, isenta de conspurcação. É ela que recolhe o sangue das vítimas nos sacrifícios oferecidos a Faro, para levá-lo aos espaços superiores, de onde descerá sob forma de chuva fecundante. Tem, então, um papel de veículo no mecanismo cíclico da fecundação da terra; mas também na fecundação da mulher, por intermédio do suco do tomate selvagem, que leva, igualmente, ao céu (DIEB).

A andorinha é o símbolo da renúncia e da boa companhia no Islã. É chamada *ave-do-paraíso*. Entre os persas, "o gorjeio da andorinha separa os vizinhos e os camaradas. Ela significa solidão, emigração, separação", sem dúvida por causa de sua natureza de ave migradora (FAHN, 447).

ANDRAJOS

Símbolo das angústias e das feridas da psique; símbolo também da pobreza material, que disfarça, por vezes, nos contos de fadas, príncipes, princesas e bruxas. Designa ao mesmo tempo a

ANDROCÉFALO

miséria e a inquietação. Ou vela a riqueza interior sob aparências miseráveis, mostrando assim a superioridade do eu profundo sobre o eu superficial.

ANDROCÉFALO

Nas moedas gaulesas armoricanas figura um **cavalo*** androcéfalo. Semelhante representação não se encontra em nenhum outro lugar, nem na numismática nem na iconografia plástica. Trata-se, talvez, de *cavalos com inteligência humana* – tais como os cavalos de Cuchulainn, o Tordilho de Macha e o Casco Negro (ou o Negro de Maravilhoso Vale), que figuram no repertório de mitos da Irlanda (*v.* **centauros híbridos***).

ANDRÓGINO

O andrógino inicial não é senão um aspecto, uma figuração antropomórfica do *ovo cósmico*. Encontramo-lo ao alvorecer de toda cosmogonia, como também no final de toda escatologia. No alfa como no ômega do mundo e do ser manifestado situa-se a plenitude da unidade fundamental, onde os opostos se confundem, quer sejam ainda nada mais do que potencialidade, quer se tenha conseguido sua conciliação, sua integração final. Mircea Eliade, a esse respeito, cita numerosos exemplos retirados das religiões nórdicas, grega, egípcia, iraniana, chinesas, indianas. Quando aplicada ao homem, é normal que essa imagem de unidade primeira tenha uma expressão sexual, apresentada muitas vezes como a inocência ou virtude primeira, a idade de ouro a ser reconquistada. A mística sufi o diz claramente: a dualidade do mundo de aparências em que vivemos é falsa, enganadora, e constitui estado de pecado; e só existe salvação na fusão com a realidade divina, i.e., no retorno à unicidade fundamental. Tal é o sentido dos soluços da flauta de caniço arrancada à terra, no prelúdio do célebre *Mesnevi, de Mevlana Djelal ed Din Rumi.*

Essa primeira partição que cosmicamente cria, ou melhor, diferencia o dia e a noite, o céu e a Terra, é também aquela do *yin* e do *yang*, que acrescenta a essas oposições fundamentais as do frio e do calor, do macho e da fêmea. No Japão, é o *Izanagi* e o *Izanami*, inicialmente confundidos no ovo do caos, e é também o *Ptá* egípcio, a *Tiamat* acádia. Segundo o *Rig-Veda*, o andrógino é a vaca leiteira sarapintada, que é o touro de bom sêmen. **Um*** produz **dois***, diz o *Tao*, e é assim que o Adão primordial, que não era macho e sim andrógino, se converte em Adão e Eva.

Pois o andrógino é muitas vezes representado como um ser duplo, possuindo a um só tempo os atributos dos dois sexos, ainda unidos mas a ponto de separar-se. É principalmente isso que explica a significação cosmogônica da escultura erótica indiana. Assim, *Shiva*, divindade andrógina, por se identificar ao princípio de indefinição formal de manifestação, é muitas vezes representado enlaçando estreitamente *Xácti*, sua própria *potência*, figurada como divindade feminina.

Observam-se igualmente traços andróginos em *Adônis, Dioniso, Cibele, Cástor* e *Pólux*, que evocam *Izanagi* e *Izanami*. Poder-se-ia multiplicar ao infinito esses exemplos, pois, até certo ponto, toda divindade – e as antigas teogonias gregas provam isso abundantemente – é bissexual e, por esse motivo, não tem necessidade de um companheiro para se reproduzir. Esse andrógino ritual, como sublinha M. Eliade, representa a *totalidade das potências* mágico-religiosas solidárias de ambos os sexos (ELIM, 134-135, DELH, 29).

O andrógino, *signo de totalidade*, aparece, portanto, no final e no começo dos tempos. Na visão escatológica da salvação, o ser reintegra-se a uma plenitude na qual a separação dos sexos se anula; e isso é o que evoca o *mistério do casamento* em inúmeros textos tradicionais, aproximando-se assim à imagem de *Shiva* e de sua *xácti*.

Todavia, essa crença tão universalmente afirmada na unidade original a que o homem se deve reintegrar *post mortem* está acompanhada também, na maioria dos sistemas cosmogônicos, de uma necessidade imperiosa de diferenciar totalmente os sexos neste mundo. Porque – e, neste caso, as crenças mais antigas unem-se às lições mais modernas da biologia – o ser humano não nasce jamais totalmente polarizado em seu sexo.

"É uma lei fundamental da criação que cada ser humano seja a um só tempo macho e fêmea em seu corpo e em seus princípios espirituais", afirmam os bambaras (DIEB).

Daí a explicação mais corrente dos ritos de circuncisão e de excisão, que seriam destinados a fazer passar a criança de maneira definitiva para seu sexo aparente, estando o clitóris na mulher como sobrevivência do órgão viril, e o prepúcio estando no homem como sobrevivência feminina. Também este é o sentido da hierogamia chinesa de *Fu-hi* e *Niu-Kua* unidos por suas caudas de serpente (e, além disso, intercambiando seus atributos); e igualmente o do **rebis*** hermético, que é ao mesmo tempo Sol e Lua, céu e Terra, essencialmente uno, aparentemente duplo, enxofre e mercúrio.

Os símbolos hindus referem-se não somente ao andrógino primordial, mas também ao retorno final a esta indistinção, a esta unidade. Uma reintegração semelhante é a finalidade do *ioga*. A fênix chinesa, símbolo da regenerescência, é hermafrodita. A união do *sêmen* e do *sopro* para a produção do Embrião da imortalidade faz-se no próprio corpo do *iogue* (do sânscrito *yogi*). O retorno ao estado primordial, a liberação das contingências cósmicas, fazem-se pela *coincidentia oppositorum* e a realização da Unidade primeira: fundir *ming* e *sing*, dizem os alquimistas chineses, as duas polaridades do ser.

Platão recordou o mito do andrógino em *O banquete* (189): "[...] naquele tempo, o andrógino era um gênero distinto que, pela forma como pelo nome, aparentava-se aos outros dois, tanto ao macho como à fêmea." Sempre que se evoca esse mito, em certos *midraschim* concernentes ao estado andrógino de Adão ou ainda nas doutrinas de gnoses cristãs, a androginia é apresentada como o estado inicial que deve ser reconquistado. Também em sua forma primitiva, segundo certa tradição, o homem e a mulher possuíam um só corpo provido de dois rostos; Deus separou-os, dando a cada um deles um dorso. É a partir desse momento que eles começam a ter uma existência diferenciada.

Dizer – conforme o mito do *Gênesis* – que Eva foi tirada de uma costela de Adão significa que o todo humano era *indiferenciado em sua origem*.

Tornar-se *uno* é a finalidade da vida humana. Orígenes e Gregório de Nissa distinguiram um ser andrógino nesse primeiro homem criado à imagem de Deus. A deificação à qual o homem é convidado faz com que ele reencontre essa androginia, perdida pelo Adão diferenciado e restabelecida graças ao novo Adão *glorificado*. No Novo Testamento vários textos dizem respeito a essa unidade.

Tendo sublinhado a androginia como uma das características da *perfeição espiritual*, em São Paulo e no Evangelho de São João, Mircea Eliade escreve: Com efeito, tornar-se *macho e fêmea* ou não ser *nem macho nem fêmea* são expressões plásticas através das quais a linguagem se esforça em descrever a *metanoia*, a *conversão*, a inversão total dos valores. É igualmente paradoxal ser *macho e fêmea* como tornar-se de novo criança, nascer novamente ou passar pela *porta estreita* (ELIM, 132).

O masculino e o feminino são apenas um dos aspectos de uma multiplicidade de opostos que demandam nova interpenetração.

Conviria que essa realização da androginia fosse estudada em relação ao mineral e ao vegetal, pois também eles estão divididos em masculino e feminino, segundo a perspectiva alquimista. Toda oposição é levada a abolir-se pela união, que realiza o homem, do celeste e do terrestre, cuja força deve se exercer sobre o cosmo em sua totalidade.

ANEL

Bastaria citar, entre numerosos exemplos, o anel nupcial e o anel pastoral, bem como o *anel do Pescador* que serve de sinete pontifício e que é partido, por ocasião da morte do papa, para perceber-se que o anel serve essencialmente para indicar um elo, para *vincular*. Assim, ele aparece como o signo de uma aliança, de um voto, de uma *comunidade*, de um destino associado.

A ambivalência desse símbolo provém do fato de que o anel *une* e *isola* ao mesmo tempo,

100 | ANEL

fazendo lembrar por isso a relação dialética *amo-escravo*. A imagem do falcoeiro a aprisionar com uma argola o falcão que, a partir desse instante, não caçará senão para ele, pode ser aproximada da imagem do Abade, substituto da divindade, a enfiar o anel nupcial no dedo da noviça que, assim, se torna a esposa mística de Deus, a serva do Senhor. Com a diferença de que a submissão da religiosa, contrariamente à do animal, é livremente consentida. Isso é o que confere ao anel seu valor sacramental: é a expressão de um voto. Poder-se-á observar ainda que, de acordo com a tradição, durante a celebração do casamento os noivos devem *permutar* entre si os anéis. Isso quer dizer que a relação acima evocada se estabelece entre eles duplamente, em dois sentidos opostos: com efeito, uma dialética duplamente sutil e que exige que cada um dos cônjuges se torne, assim, amo e escravo do outro.

Essa simbólica pode, em todos os níveis da interpretação, relacionar-se com a do **cinto***, principalmente no plano espiritual, conforme se deduz do antigo costume romano em virtude do qual o flâmine, sacerdote de Júpiter, não tinha o direito de usar um anel, "a menos que fosse partido e desprovido de pedra" (AULU-GELLE, *Nuits attiques*, **10**, 15). A razão dessa proibição era que "toda espécie de elo que rodeasse completamente uma parte do corpo do operador encerrava nos limites deste último seu poder sobrenatural, impedindo-o de agir no mundo exterior" (BEAG).

O fato de que o anel do flâmine fosse destituído de pedra introduz outro aspecto simbólico: o do anel portador de um sinete que é por sua vez símbolo de poder e, portanto, não mais de submissão, mas sim de domínio espiritual ou material. Esse era o caso do anel ao qual Salomão, segundo a lenda, devia sua sabedoria. O *anel do Pescador* sobrepõe os dois poderes, porquanto ele é a um só tempo símbolo de poder temporal e de submissão espiritual.

Vários anéis, cujo simbolismo varia, eram célebres, especialmente entre os gregos. Prometeu,

libertado por Héracles, fora obrigado a aceder em conservar no dedo um anel de ferro, no qual estava engastado um fragmento de pedra, como lembrança da rocha e dos grilhões de ferro do Cáucaso onde ele estivera prisioneiro e, sobretudo, como sinal de submissão a Zeus. Simbolismo duplo, também neste caso, pois a submissão a Zeus evoca ao mesmo tempo a grandeza e o castigo do Herói, inseparáveis um do outro. O engaste desse anel, se bem não seja um sinete, é pelo menos a marca de um ajuste.

Na China, o anel é o símbolo do ciclo indefinido, sem solução de continuidade: é o círculo fechado, por oposição à espira. Corresponde ao trigrama *li*, que é o do Sol e do fogo. Mas o anel que forma o botão do punho das espadas parece estar relacionado, além disso, com a Lua.

Insistiremos sobretudo no anel de jade *pi*, cujo simbolismo se reveste de enorme importância. O *pi* é um disco achatado, de pouca espessura, cujo diâmetro de abertura é igual à largura do anel ou, mais frequentemente, à metade dessa largura. Indicamos no verbete **jade*** os elementos do símbolo real desse mineral. Os jades reais são *pi*; aliás, o caractere *pi* compõe-se significativamente de *pi* (príncipe) e de *yu* (jade). O *pi*, por ser redondo, é o símbolo do céu: no que se opõe ao jade *ts'ong*, quadrado, símbolo da Terra. A oferenda ritual do *pi* ao céu e do *ts'ong* à Terra efetuava-se por ocasião dos solstícios.

O orifício central do anel é o receptáculo ou lugar de passagem da influência celeste. Está na vertical da **Ursa Maior*** e da **estrela*** polar, assim como o imperador no *Ming-t'ang*. É, pois, o emblema do rei como *Filho do céu*. Além disso, o *Ming-t'ang* está circundado por uma reentrância anular denominada *Pi-yong* por ter a forma de um *pi*. É importante notar que os celtas também usavam belíssimos anéis de jade, um dos quais foi encontrado na Bretanha, associado a um **machado*** cuja ponta marcava o centro do anel. Ora, por sua vez, o machado está associado ao raio que é uma manifestação de atividade celeste. O orifício central do anel é, ainda, a Essência única, e, também, *o vazio da peça central do eixo que faz girar a* **roda***; simboliza, e contribui para que se realize, a vacuidade no *centro* do ser, onde deve descer o influxo celeste.

Existem *pi* dentados que são, como já se demonstrou, um gabarito exato da zona circumpolar, e que permitem a determinação do polo como também a das datas dos solstícios. Isto porque observar o Sol é o modo de *honrá-lo* como convém, de amoldar-se à harmonia por ele ensinada e de receber sua benéfica influência.

Notar-se-á, segundo Coomaraswamy, que o *pi* corresponde ao ladrilho superior perfurado do altar védico, o qual efetivamente representa o céu, e os dois ladrilhos inferiores correspondem ao *ts'ong*.

Por vezes, os anéis de jade são ornamentados. Isso pode constituir uma alteração do símbolo primitivo que exige o hieratismo, o despojamento; ornados de dois dragões, é o *yin* e o *yang*, *em mutação* em torno da Essência imutável do centro; nos anéis ornados com os oito trigramas, o vazio central significa, evidentemente, o *yin-yang* (ou *Tèai-ki*), a indistinção da Unidade primeira. Alteração? Ou, talvez, manifestação, explicitação de um símbolo que já não é mais percebido pela intuição direta (BELT, GRAD, GUES, SOOL, VARG).

No cristianismo, o anel simboliza a *união fiel, livremente aceita*. Está ligado ao tempo e ao cosmo. O texto de Pitágoras que diz: "Não deveis colocar a imagem de Deus em vosso anel" demonstra que não se devia associar Deus ao tempo. Pode-se ainda interpretá-lo de duas maneiras: uma delas, bíblica, a de que não se deve invocar em vão o nome de Deus; a outra, ética, de que convém assegurar para si uma existência livre e sem entraves.

Os primeiros cristãos, à imitação dos gentios, usavam anéis, e Clemente de Alexandria aconselhava os cristãos de seu tempo a usarem no engaste de seus anéis a imagem de uma **pomba***, de um **peixe*** ou de uma **âncora***.

Os aristocratas eram autorizados a usar um anel de ouro.

No plano esotérico, o anel possui poderes mágicos. É uma redução do **cinto***, protetor dos locais que guardam um tesouro ou um segredo. Apoderar-se de um anel é, de certo modo, abrir uma porta, entrar num castelo, numa caverna, no Paraíso etc. Colocar um anel no próprio dedo ou no de outra pessoa significa reservar para si mesmo ou aceitar o dom de outrem, como um tesouro exclusivo ou recíproco.

Em numerosos contos, romances, dramas, canções e lendas irlandesas o anel serve como *meio de reconhecimento*: símbolo de uma força ou de um laço que nada pode romper, mesmo que o anel se perca ou seja esquecido à beira de um caminho. Na narrativa da Segunda Batalha de Moytura, uma mulher dos Tuatha De Dànann, Eri, filha de Delbaeth (*Eri* significa Eriu, *Irlanda*, e *Delbaeth* é a *forma*), teve uma aventura amorosa com um desconhecido, que chegara numa barca maravilhosa. No momento da separação, ele diz o seu nome: Elada (*Ciência*), filho de Delbaeth (os dois são, portanto, irmãos); entrega à mulher um anel que permitirá ao filho de ambos ser reconhecido pelo pai. Em outra lenda, Cuchulainn age da mesma forma com Aoife, guerreira por ele vencida e seduzida, quando soube que teria um filho seu (OGAC, **17**, 399; **9**, 115 s.).

Segundo diz a lenda, Salomão devia sua sabedoria a um anel. Os árabes contam que, certo dia, Salomão marcou com o sinete desse anel todos os demônios que havia reunido para suas obras divinatórias, e eles se tornaram seus escravos. Certa vez, deixou cair o anel no Jordão, e teve de esperar que um pescador o trouxesse de volta para recuperar sua inteligência. Acaso não teria sido um gênio enciumado que roubara o anel de Salomão – perguntaram-se autores esotéricos – para usar seus poderes, até que Deus o coagisse a tornar a jogar o anel no mar, a fim de que fosse restituído a Salomão? (GRIA, 89).

Assim, esse anel seria o símbolo do *saber e do poder* de Salomão sobre outros seres. É como um sinete de fogo, recebido do céu, que marca seu *domínio espiritual e material*. Evoca outros anéis mágicos.

102 | ANÊMONA

Com efeito, diversos anéis, cujo simbolismo varia, foram célebres, principalmente entre os gregos.

Além do anel de Prometeu, já comentado, há também o anel de Polícrates: a fortuna não cessava de sorrir para esse rei, a tal ponto que, convencido de que essa situação privilegiada não podia durar, decidiu sacrificar espontaneamente algum objeto precioso que lhe fosse caro e, então, do alto de uma torre, jogou no mar seu anel, ornado com uma esplêndida **esmeralda***. O anel foi engolido por um peixe que, por sua vez, foi apanhado por um pescador e este, ao encontrar o anel, devolveu--o a Polícrates. Esse anel fora destinado a conjurar a sorte em seu círculo mágico; daí a oferenda ter sido rejeitada pelo mar. Dario desencadeou uma guerra contra Polícrates e este, vencido, morreu amarrado a uma cruz. Assim, esse anel simboliza o destino, do qual o homem não consegue se livrar; ainda neste caso, é um *elo indissolúvel* que está expresso. Polícrates quis dar seu anel como oferenda compensatória, mas os deuses aceitam somente aquilo que eles mesmos já decidiram tomar; portanto, não seria um ato de abandono material e espetacular que os faria mudar seus desígnios. Só conta o sacrifício interior, que é a aceitação do destino – eis o que parece significar o anel de Polícrates.

O anel de Giges, cujo feliz achado nos narra Platão, não é menos rico de significação simbólica. Usando no dedo esse anel, Giges descobre, por acaso, que ele tem o poder de torná-lo invisível, sendo esta a origem de sua fortuna. Será o sentido desse anel tão diferente do de Polícrates? Encontrado no corpo de um morto, em circunstâncias também bastante excepcionais, quais sejam, durante um terremoto e dentro de um cavalo de bronze, não pode deixar de ser senão um dom das forças ctonianas: transmitirá a qualquer ser vivo deste mundo os mais altos poderes. Sua magia, porém, só funciona quando Giges *gira o engaste do anel para o lado de dentro de sua mão*. Deduz--se, uma vez mais, que as verdadeiras forças estão em nós mesmos, e que a invisibilidade conferida

pelo anel é o retirar-se do mundo exterior para atingir ou encontrar as lições essenciais, aquelas que vêm do mundo interior. Nesse caso, o anel de Giges simbolizaria o plano mais elevado da vida interior, e talvez mesmo a própria mística. Mas a bipolaridade do símbolo encontra-se no interior de cada um de nós: o poder do anel pode conduzir às conquistas místicas, mas também, por causa de sua perversão mágica, a vitórias criminosas e a um domínio tirânico. E é o que acabará acontecendo na história de Giges.

O anel dos **nibelungen*** era a garantia visível de seu poder. Wotan despojou-os desse poder com um só golpe de lança. Neste caso, o anel simboliza a ligação, que pode ser realizada pela vontade, entre o ser humano e a natureza: esse anel, na mão do homem, assinala a dominação do homem sobre a natureza, tornando-o, ao mesmo tempo, servo dos turbilhões do desejo e das consequências dolorosas que o exercício desse poder acarreta. O homem que acredita dominar sente-se aprisionado, também ele, sob o jugo desse anel de ouro que o liga a toda espécie de ambição desmedida. É uma figura do desejo de poder. Mas Wotan, a divindade, não quer que nenhuma de suas criaturas lhe arrebate o poder sobre a criação e, por isso, toma de volta seu anel das mãos do homem. Mais tarde, **Siegfried*** e Brunhilde, a filha do deus, tornarão a jogar no rio o anel, como sinal de renúncia ao poder, a fim de suprimir do mundo a infelicidade, substituindo-a pela consciência dos poderes do amor. A simbólica do anel dos Nibelungen classifica-se em diversos níveis: político e social, ético e metafísico, e também místico.

ANEL (de cabelo) (*v.* Fivela)

ANÊMONA

Em primeiro lugar, a anêmona simboliza o efêmero.

É a flor de Adônis. Adônis é transformado por Vênus em uma anêmona vermelho-púrpura. Ovídio descreveu a cena nas *Metamorfoses* (Livro **10**, 710-735). "Ela derrama no sangue do mancebo um néctar perfumado; com esse contato, o sangue borbulha como as folhas transparentes que, do fundo de um lamaçal, sobem à superfície de suas águas amarelentas; menos de uma hora havia-se escoado quando, desse sangue, nasce uma flor de cor idêntica, semelhante à da romãzeira, que esconde seus grãos debaixo de uma macia casca; contudo, não se pode apreciá-la por muito tempo, pois, mal presa e leve demais, ela cai, arrancada por aquele que lhe dá seu nome, o vento." O caráter efêmero dessa flor valeu-lhe o nome de anêmona, que, em grego, significa *vento*. Exceto na lenda de Ovídio, diz-se que essa flor nasce do vento e pelo vento é levada. Evoca um amor submetido às oscilações das paixões e aos caprichos dos ventos.

Segundo numerosos autores, a anêmona deve ser identificada ao lírio dos campos, do qual constantemente se fala na Bíblia. Não havia lírios brancos nos campos da Palestina, mas a anêmona era muito comum. O *Cântico dos cânticos* faz alusão ao lírio dos campos, ao lírio do vale: cresce entre os espinhos, encontra-se nos jardins (**2**, 1, 2, 5, 13 etc.). Em seu sermão da montanha o Cristo fala do lírio dos campos (*Mateus*, **6**, 28-29), querendo se referir, provavelmente, à anêmona.

A anêmona é uma flor solitária cuja cor viva atrai o olhar. Sua beleza está ligada à sua simplicidade, suas pétalas vermelhas evocam lábios que o sopro do vento entreabre. Assim, mostra-se dependente da presença e do sopro do espírito: símbolo da alma aberta às influências espirituais. Mas pode ser também, no aspecto noturno, símbolo de beleza ofertada e precária, forte como sua cor, e frágil como um corpo que não contém alma. Flor de sangue desabrochada pelo vento e que o vento pode levar, ela mostra também a riqueza e a prodigalidade da vida e, ao mesmo tempo, sua precariedade.

ANGUÍPEDE

Existem numerosas figurações galo-romanas de um cavaleiro sustentado por um personagem monstruoso cujo corpo é humano mas cujas extremidades, muitas vezes bífidas, têm a forma de serpente como se evocassem a simbólica do dragão. O cavaleiro é representado como Júpiter, pois em certos casos segura a roda cósmica e, noutros, o raio. Consideraram-se a respeito dessa figura diversos simbolismos: a luz contra as trevas e, sobretudo, o Imperador dizimando os bárbaros, segundo alguns comentários ou panegíricos latinos. Mas a figuração não exprime a ideia de uma luta; na ausência de qualquer texto de inspiração céltica, supõe-se que deveria tratar-se do equivalente gaulês dos **fomorianos*** irlandeses (OGAC, **11**, 307 s.).

ANIMA, ANIMUS (*v.* Alma)

ANIMAL

O animal, em sua qualidade de arquétipo, representa as camadas profundas do inconsciente e do instinto. Os animais são símbolos dos princípios e das forças cósmicas, materiais ou espirituais. Os signos do Zodíaco, por evocarem as energias cósmicas, são exemplos disso. Os deuses egípcios são providos de cabeças de animais, os Evangelistas são simbolizados por animais, o Espírito Santo é figurado por uma pomba. Dizem respeito aos três níveis do universo: inferno, Terra, céu. A mitologia dos maias apresenta-nos, por exemplo, um crocodilo abrindo suas fauces monstruosas, que são as de um monstro ctoniano, para devorar o sol na hora do crepúsculo. É preciso que se considere, no conjunto simbólico extremamente complexo que reveste essa palavra, *o animal* ou *a besta* e *os animais*.

O animal, a besta que existe em nós e que tantos embaraços causou ao moralismo judaico-cristão, é o conjunto de forças profundas que nos animam, e, em primeiro lugar, está a libido: desde a Idade Média, na gíria francesa, o animal, a besta, o cavalo referem-se ao pênis, e, por vezes, também, à mulher, como encarnação da parte animal ou satânica do homem. Victor Hugo exprimiu perfeitamente esse símbolo em *La légende des siècles*, quando fez da besta a primogênita de tudo, grosseiro esboço da fecundidade bem como da devassidão do Caos, *esposo lascivo do infinito* que, *antes do verbo, rugiu, sibilou, relinchou*:

104 | ANIMAL

Fosseis vós Deus, meditai ao ver o animal!
Pois ele não é o dia, nem é o mal.
Toda a força obscura e vaga da Terra
Está na besta, larva augusta e solitária.

(O séc. XVI, *O sátiro*)

Esse anátema, por tão longo tempo lançado à natureza humana e que começava a ser contestado pelos românticos, seria suspenso com a descoberta da psicanálise, tal como o expressa Jung em *O homem e seus símbolos,* embora ainda com certa timidez: "A profusão de símbolos animais nas religiões e nas artes de todos os tempos não salienta somente a importância do símbolo. Mostra igualmente até que ponto é importante para o homem integrar em sua vida o conteúdo psíquico do símbolo, isto é, o instinto [...]. O *animal,* que é no homem sua psique instintual, pode tornar-se perigoso quando não é reconhecido e integrado na vida do indivíduo. A aceitação da alma animal é a condição da unificação do indivíduo e da plenitude de seu desabrochamento" (JUNS, 238-239).

O simbolismo dos animais, tais como são encontrados, observados, cada qual com suas particularidades, e denominados pelo homem, remete-o a um fenômeno infinitamente mais vasto, porquanto engloba toda a história humana e não um momento apenas de nossa própria civilização. Trata-se do totemismo que, longe de estar em relação com certa mentalidade "primitiva" ou com um estudo "arcaico" de sociedade, atesta uma tendência fundamental e onipresente da humanidade. Lévi-Strauss, comentando Rousseau, resume-o desta forma: "É porque o homem constata ser primitivamente idêntico a todos os seus semelhantes (entre os quais é preciso incluir os animais) que adquirirá a capacidade de distinguir-se tal como os distingue, i.e., de *adotar a diversidade das espécies como apoio conceitual da diversidade social*" (LEVT, 145).

Os animais, quer sejam considerados por grupos ou comunidades (os ruminantes, as abelhas) ou individualmente, correspondem, pois, a *caracteres,* mais simbólicos do que alegóricos, por causa do número e da complexidade de significados que um único significante neles envolve. Isso ocorrerá, para dar alguns importantes exemplos tomados em nomes de grupo, com a **serpente***, o **pássaro***, ser celeste, ou o carnívoro, *animal com presas* ou fauces, sempre carregado de um forte simbolismo ctoniano ou infernal. O frequente emprego, neste caso, da metáfora – *forma primeira do pensamento discursivo* (LEVT, p. 146) – não estorva o símbolo, pois ilustra apenas uma parte dele ou, mais precisamente, uma faceta: assim, a pomba do Espírito Santo está longe de exprimir todo o simbolismo do qual esse pássaro pode se tornar o vetor, mas permite que se aborde o exame desse simbolismo. Sem pretender apresentar um bestiário exaustivo, procuramos dedicar, nesta obra, um verbete tão detalhado quanto possível a cada um dos animais cuja carga simbólica pareceu-nos suficientemente forte para exprimir uma permanência ao longo da história humana (*v.* **cordeiro***, **águia***, **cavalo***, **cão***, **tartaruga***, **touro*** etc.).

Esse interesse que o homem sempre sentiu pelo animal, considerando-o materialização de seus próprios complexos psíquicos e simbólicos, é hoje em dia muito sensível na popularidade dos animais domésticos, sobretudo dos animais "de estimação" que são adotados, mais do que simplesmente criados. Nesse sentido, o antigo Egito oferece um exemplo ainda mais extremo, porquanto o cuidado levava-os à zoolatria: um egípcio, diz Heródoto, é capaz de deixar que seus móveis se queimem, mas arrisca a vida para salvar um gato do braseiro. Existem inúmeras múmias de animais. Cuidar dos sepulcros dos animais era um dever do qual os devotos se orgulhavam: "Dei pão ao homem faminto, água ao sedento, vestes ao despido. Tomei sob meus cuidados os íbis, falcões, gatos e cães divinos e sepultei-os de acordo com os rituais, untados de óleos e enfaixados em panos" (POSD, 15b).

Os animais fabulosos são os mais numerosos na arte chinesa. A origem dessa extravagância só nos é conhecida, até o presente, através dos monumentos funerários descobertos em Chan-Tong e em Ho-Nan. É uma arte ainda não *civilizada* pelo taoismo e confucionismo oficiais. Nela ocupam um lugar de grande importância os seres mais fabulosos, os mais estranhos feiticeiros e os animais de formas mais bizarras. O corvo solar, antes de ser incorporado pelos Mestres Celestes do taoismo, aí aparece com suas três patas (céu, Terra, homem); a raposa tem nove caudas (as nove regiões do Império chinês); além disso, monstros, espécies de centauros com dois bustos humanos abraçados; feras com oito cabeças humanas cada uma, fixadas em pescoços semelhantes aos das serpentes, como as hidras da mitologia grega clássica.

Em um baixo-relevo proveniente de uma câmara funerária podem-se ver dois personagens que se defrontam, um dos quais segura na mão uma espécie de esquadro (emblema de um dos reis míticos da China), e o outro, uma cruz (os **cinco pontos*** cardinais), a parte inferior do corpo de ambos parecendo terminar em caudas que se enlaçam uma à outra (*v.* **anguípede***).

Essas gravuras datam do período dos Reinos Combatentes (441-221). Rapidamente irão tornar-se menos fantasiosas sob a influência das doutrinas confucionista e budista. Seu simbolismo passará a ser encontrado só na magia taoista. Sua interpretação inspirar-se-á no prodigioso de caráter utilitário (elixir da longa vida) ou moralizador.

Os templos xintoístas são guardados por animais fantásticos, sempre colocados a cada um dos lados da entrada. Um desses animais tem a goela aberta, e o outro, fechada. Simbolizariam o início e o fim, a soberania ilimitada do imperador, o **alfa*** e o ômega.

Acreditou-se durante muito tempo que a religião céltica concedia lugar muito importante ao zoomorfismo e ao totemismo. Isso teria constituído prova de sua enorme antiguidade ou de seu *primitivismo*, sendo a fase seguinte constituída pelo antropomorfismo de deuses mais bem elaborados, como por exemplo os deuses gregos. Mas o animal tem simplesmente valor de símbolo: o javali simboliza a função sacerdotal; o urso, a função real; o corvo é o animal de Lug [...]. O cisne (ou as aves em geral) é o mensageiro

do Outro Mundo. O cavalo é psicopompo etc. Não se tem nenhuma prova séria de totemismo no domínio celta.

"Os turcos exigiam de um hábil chefe de exército as qualidades de dez animais: a bravura de um galo, a castidade da galinha, a coragem do leão, a agressividade do javali, a astúcia da raposa, a perseverança do cão, a vigilância da grua, a prudência do corvo, o ardor em combate do lobo, a quase obesidade do *yagru*, animal que, a despeito de qualquer sofrimento e qualquer esforço, permanece gordo" (*Al-Mada'ini*, autor árabe do séc. IX, citado in ROUF, 233). Outro autor muçulmano, um pouco anterior, fala, numa enumeração análoga, das qualidades do guerreiro: da obstinação, do sangue-frio, da força do lobo, da coragem do urso, da sede de vingança do iaque, da castidade da pega, da acuidade de vista do corvo, da ligeireza da raposa vermelha, da sede de vingança do camelo macho, da coragem do leão, da faculdade de vigília do mocho. A simbólica dos povos turcos acrescenta que o cavalo é valente, e o boi, forte, que os carneiros são fracos e medrosos, que o leão não consegue reprimir sua cólera, que o potro é turbulento, e o tigre, bravo e destemido.

Do ponto de vista bíblico, citemos somente dois casos: os animais são apresentados a Adão; os animais agrupados na Bíblia parecem providos de um sentido especial. Os animais, aos que Adão dá nome, significam, segundo Fílon, as paixões humanas que, comparáveis às feras selvagens, convém serem domadas (*Leg. All.,* 2,9-11). Fílon considera diferentes grupos de animais. A propósito do boi, da cabra, da ovelha, da pomba e da rola que Abraão oferece em sacrifício, ele dirá: "A natureza desses animais apresenta parentesco com as partes do universo: o boi com a terra, como lavrador e cultivador; a cabra com a água, por ser um animal colérico, e a água, agitada e impetuosa, tal como testemunham as correntezas dos rios e as marés; o carneiro assemelha-se ao ar por sua violência, e também porque nenhum outro animal é mais útil ao homem, uma vez que lhe fornece suas vestimentas; quanto aos pássaros, o elemento que

106 | ANIVERSÁRIO

lhe é aparentado é o céu, dividido em diferentes esferas; pode-se relacionar os planetas à pomba, porque é um animal suave e os planetas nos são propícios; as estrelas, à rola, porque ela ama a solidão. Pode-se acrescentar ainda que os pássaros aparentam-se às estrelas, porque seu voo se assemelha ao movimento das estrelas, e seu canto, à música das esferas" (*Quaestiones in Genesim,* **3**, 3).

Insistindo nesse tema, Fílon estabelece outras analogias entre esses animais e o homem, que serão novamente encontradas na arte cristã. O boi apresenta afinidade com o corpo por causa de sua docilidade, a cabra relaciona-se com os sentidos, pois estes também seguem seus impulsos. O carneiro evoca o *Logos*, por causa de seu caráter macho e ativo. A pomba corresponde à razão em sua apreensão do mundo visível, a rola, amante da solidão, busca a realidade invisível (*Quaestiones in Genesim,* **3**, 4) etc. (DANP, 131-132).

Os animais, que tão frequentemente intervêm nos sonhos e nas artes, formam identificações parciais com o homem; aspectos, imagens de sua natureza complexa; espelhos de suas pulsões profundas, de seus instintos domesticados ou selvagens. Cada um deles corresponde a uma parte de nós mesmos, integrada ou por ser integrada na unidade harmônica da pessoa.

ANIVERSÁRIO

Os aniversários simbolizam as fases marcantes do ciclo da existência. Os aniversários de pessoas (Sanga) são festejados de forma solene, no Japão. Particularmente importantes são os seguintes:

- 40° ano: denominado *início da velhice* (em japonês: *shoró*), porque Confúcio diz: *Aos 40 anos, já não me desviava do caminho;*
- 61° ano: conclusão do ciclo de 60 anos (em japonês: *kanreki*). Nesse aniversário, todos aqueles que tiverem tal idade colocam um barrete vermelho e vestem um quimono vermelho, sendo felicitados por *terem se tornado novamente recém-nascidos*;
- 70° ano: ou idade rara (*koki*), assim chamada após o grande poeta chinês Tu-Fu ter dito que

os 70 anos (*koki*) eram um privilégio entre os homens;
- 77° ano: ou alegre longevidade (em japonês: *kiju*);
- 88° ano: ou longevidade do arroz (em japonês: *beiju*).

Os dois últimos aniversários são assim denominados porque a caligrafia japonesa que representa as palavras *alegria* e *arroz* assemelha-se aos números japoneses 77 e 88.

Podemos aproximar desses aniversários especiais os que assinalam a duração do casamento, unindo ao símbolo da lembrança e da aliança os de materiais cada vez mais preciosos, sólidos e raros:

um ano, bodas de papel;

cinco anos, bodas de madeira;

dez anos, bodas de ferro;

vinte e cinco anos, bodas de prata;

cinquenta anos, bodas de ouro;

e sessenta anos, bodas de diamante.

ANJOS

Seres intermediários entre Deus e o mundo, mencionados sob formas diversas nos textos acádios, ugaritas, bíblicos e outros. Seriam seres puramente espirituais, ou espíritos dotados de um corpo *etéreo, aéreo*; mas não poderiam revestir dos homens senão as aparências. Ocupariam para Deus as funções de ministros: mensageiros, guardiães, condutores de astros, executores de leis, protetores dos eleitos etc., e estariam organizados em hierarquias de sete ordens, de nove coros ou de três tríades. Dionísio, o Areopagita, elaborou a respeito dos anjos a mais perfeita e a mais mística das teorias em suas *Hierarquias celestes*.

Sem prejulgar interpretações teológicas dadas pelas Igrejas e sem prejulgar a fé católica sobre a existência dos anjos, pode-se todavia observar que, para muitos autores, os atributos conferidos aos anjos são considerados *símbolos de ordem espiritual*.

Outros, ainda, veem nos anjos símbolos das funções divinas, símbolos das relações de Deus

ANJOS | 107

com as criaturas, ou, ao contrário (mas os opostos coincidem na simbólica), símbolos de funções humanas sublimadas ou de aspirações insatisfeitas e impossíveis. Para Rilke, de modo ainda mais amplo, o anjo simboliza "a criatura na qual surge já realizada a transformação do visível em invisível por nós executada".

Os anjos de seis asas, os serafins (literalmente: os *Ardentes*), circundam o trono de Deus; cada um deles tem seis asas: "duas para cobrir o rosto" (por medo de ver Deus), "duas para cobrir os pés" (eufemismo para designar o sexo), e "duas para voar" (*Isaías*, **6**, 1-2). Semelhante círculo protetor convém só à divindade pura. Ver-se-á igualmente esses anjos em torno da figura do Cristo, atestando sua divindade.

Os anjos desempenham também o papel de *sinais de advertência do Sagrado*. Para os Padres da Igreja, são *a corte do rei dos céus, os céus dos céus*. Para alguns, estabelecendo uma união entre suas crenças e a filosofia aristotélica, seriam os animadores dos **astros***, cada um deles estando encarregado do movimento de um astro, embora se tenha indagado se o número de anjos seria igual ao de astros. O movimento giratório da imensa cúpula do firmamento seria acionado por eles. Influenciariam também, fosse por efeito das conjunções astrais ou fosse mais diretamente, "todos os escalões da criação material" (CHAS, 14). Anunciam ou realizam a intervenção divina. Segundo o *Salmo* (**18**, 10-11), esses seres celestes servem de trono a Jeová:

Inclinou os céus e desceu,
Sob os seus pés, uma nuvem sombria.
Levado por um querubim, voava
E pairava nas asas dos ventos.

Existe uma equivalência simbólica e funcional entre os mensageiros do Outro Mundo celta, que muitas vezes se deslocam sob a forma de cisnes, e os anjos do cristianismo que ostentam asas de cisnes. De resto, os anjos são com muita frequência mensageiros do Senhor. Na mais recente versão da narrativa irlandesa intitulada

A morte de Cuchulainn existe uma interpolação cristã significativa: ao herói, em perigo de morte e em pleno combate, aparecem coortes de anjos que lhe cantam uma música celestial (CELT, 7, 14; CHAB, 67-70).

As hierarquias celestes são uma imagem das hierarquias terrestres, e suas relações recíprocas devem inspirar as dos homens. Dionísio, o Areopagita, o grande angelólogo do cristianismo, exprime-se da seguinte forma:

> É à ordem dos principados, dos arcanjos e dos anjos que pertence a função reveladora; é ela que, através dos graus de sua própria classe, preside as hierarquias humanas, a fim de que se produzam ordenadamente a elevação espiritual a Deus, a conversão, a comunhão, a união e, ao mesmo tempo, o movimento evolutivo do próprio Deus que, segundo um preceito muito santo, gratifica com seus dons literalmente todas as hierarquias, iluminando-as e fazendo-as entrar em completa comunhão com Ele. Disso decorre que a teologia reserve aos anjos o cuidado de nossa hierarquia, denominando Miguel arconte do povo judeu, assim como os outros anjos arcontes das demais nações, porque o Altíssimo estabeleceu as fronteiras das nações conforme o número de anjos de Deus (PSEO, 218-219).

Essa afirmação não devia significar que exista exatamente o mesmo número de nações que de anjos de Deus; indica apenas que há uma relação misteriosa entre o número de nações e o número de anjos.

Essas relações podem variar conforme o número de nações no decurso da história; mas permanecerão sempre igualmente misteriosas, talvez justamente pelo fato de que o número de anjos seja desconhecido. A Escritura fala de mil vezes mil e dez mil vezes dez mil: "[...] Mil milhares o serviam, miríades de miríades o assistiam" (*Daniel,* 7, 10).

Mas, se a Escritura multiplica por eles mesmos os números mais elevados que conhecemos, explica Dionísio, o Areopagita, é "para revelar-nos claramente que o número das legiões celestes escapa por completo à nossa capacidade de medida. Tal é, com efeito, a infinidade desses exércitos bem-aventurados que não são deste mundo, que superam a ordem débil e restrita dos nossos sistemas de numeração material e são os únicos que podem conhecer e definir sua própria inteligência e sua própria ciência, que não é deste mundo, mas que pertence ao céu e que eles receberam como dom extremamente generoso da Tearquia, pois esta Tearquia conhece o infinito, porque ela é a fonte de toda sabedoria, o princípio comum e sobre-essencial de toda existência, a causa que dá a categoria de essência a todos os seres, a força que contém e o termo que abrange a totalidade do universo" (PSEO, 234).

Os anjos formam o exército de Deus, sua corte, sua morada. Transmitem suas ordens e velam sobre o mundo. Os anjos ocupam um lugar importante na Bíblia. Sua hierarquia está ligada a sua proximidade do trono de Deus. Citemos os nomes dos três principais arcanjos: Miguel (vencedor dos dragões), Gabriel (mensageiro e iniciador), Rafael (guia dos médicos e viajantes).

Os conceitos relativos aos anjos são diversos. Segundo Justino, que é um dos principais autores a falar no culto dos anjos, estes, não obstante sua natureza espiritual, possuem um corpo análogo ao corpo humano. Fica bem claro, entretanto, que seu alimento não tem nenhuma relação com o dos humanos, pois os anjos são alimentados nos céus. Para Justino, o pecado dos anjos consiste em suas relações sexuais com as mulheres que pertencem à raça humana. Seus filhos são chamados demônios. Dionísio, o Areopagita, insiste no papel iluminador exercido pelos anjos em relação aos homens. Clemente de Alexandria descreve o papel protetor exercido pelos anjos sobre as nações e as cidades.

A Sagrada Escritura não faz nenhuma alusão aos anjos da guarda. Todavia, segundo *Enoc* (100, 5), os santos e os justos possuem seus protetores. Cada fiel é assistido por um anjo, dirá Basílio; este anjo guia-lhe a vida, sendo ao mesmo tempo seu pedagogo e seu protetor. Encontramos esse papel de protetor afirmado na Sagrada Escritura em relação a Ló (*Gênesis*, **19**), Ismael (*Gênesis*, **21**), Jacó (*Gênesis*, **48**). Um anjo liberta Pedro e João. Na Idade Média, os anjos intervinham em situações de perigo, nas guerras, nas cruzadas etc.

O anjo, em sua qualidade de mensageiro, é sempre portador de uma boa notícia para a alma.

ANKH (Cruz ansada egípcia) (*v.* Cruz, Nó)
Cruz ou nó mágico denominado *O Vivente* (de *Nem Ankh*), usada com grande frequência na iconografia dos contrários. Poderia representar, pela forma oval dominando a cruz, o Sol, o céu e a Terra, macrocosmicamente, e o homem, microcosmicamente. É interpretada na maioria das vezes como um signo que exprime a conciliação dos contrários, ou a integração dos princípios ativo e passivo; o que bem parece confirmar o fato de que represente, deitada, os duplos atributos sexuais; da mesma forma que uma figura indiana do andrógino, de pé sobre uma flor de lótus, esta, porém de modo muito realista. Quando interpretada de maneira mais tradicionalista é, segundo Champdor,

> o símbolo de milhões de anos de vida futura. Seu círculo é a imagem perfeita daquilo que não tem nem começo nem fim: representa a alma que é eterna, por ter saído da substância espiritual dos deuses; a cruz figura o estado de transe no qual se debatia o iniciado, e representa, mais exatamente, o estado de morte; a crucificação do eleito e, em certos templos, o iniciado era deitado pelos sacerdotes sobre um leito em forma de cruz [...]. Aquele que possuísse a chave geométrica dos mistérios esotéricos, cujo símbolo era precisamente essa cruz ansada, sabia abrir as portas do mundo dos mortos e podia penetrar o sentido oculto da vida eterna (CHAM, 22).

Os deuses e os reis, Isis quase sempre, trazem-na na mão para indicar que detêm a vida, que são, portanto, imortais; os defuntos seguram-na, na hora da **psicostasia*** ou sobre a **barca*** solar, para indicar que imploram dos deuses essa imortalidade. Essa cruz simbolizava ainda o centro, de onde se derramam as qualidades divinas e os elixires da imortalidade; tê-la entre as mãos era abeberar-se nas próprias fontes. Às vezes, essa cruz era segurada pela parte superior, pela ansa (ou asa) – sobretudo durante as cerimônias fúnebres; nessas ocasiões, sua forma evocava a de uma chave, e ela era verdadeiramente a chave que abria a porta do túmulo para os Campos de Ialu, para o mundo da eternidade. Outras vezes, a cruz ansada aparece encostada no meio da testa, entre os olhos, indicando, então, o ser iniciado nos mistérios e a obrigação do segredo; é a chave que fecha os arcanos para os profanos. Aquele que se beneficia da visão suprema, que foi dotado de clarividência, que rompeu o véu do Além, não poderá jamais tentar revelar o mistério sem perdê-lo para sempre.

A cruz ansada é frequentemente relacionada com o *nó de Isis* como símbolo de eternidade. E não é por causa da direção das linhas retas, prolongadas imaginativamente ao infinito, mas porque essas linhas convergem para a presilha fechada, onde se reúnem. Essa presilha simboliza a essência infinita da energia vital, identificada com Isis, de onde provém toda manifestação de vida. Por isso é usada como um talismã por todos aqueles que desejam participar de sua vida. A cruz ansada pode, portanto, ser assimilada à árvore da vida com seu tronco e sua fronde.

O nó de Isis, com essa espécie de cordão que envolve os braços e o anel da cruz, como se fossem cabelos entrelaçados ou trançados, é de uma significação mais complexa. Acrescenta ao sentido de signo de vida e de imortalidade o sentido dos laços que atam à vida mortal e terrena, e que é importante que sejam desatados para se alcançar a imortalidade. "Desata teus laços, diz um texto do *Livro dos mortos* egípcio, solta a presilha de Néftis; *ou ainda:* Os luminosos são aqueles que usam a presilha. Oh! portadores da presilha!" Com um sentido análogo, há um livro budista tibetano que se intitula: *Livro do desenrolamento dos nós.* Ao passo que a simples cruz ansada simboliza a imortalidade divina, adquirida ou desejada, o nó

de Isis indicaria as condições dessa imortalidade: o desenrolamento dos nós, em seu sentido próprio – o de desenlace.

ANO

Annus ou *annulus*, para os romanos, vocábulo que alguns autores relacionaram com *anulus* (anel) e, depois, por extensão, com o ciclo zodiacal. Dirigiam-se orações à deusa *Ana Perena* ("anel dos anos?") no início do ano novo. Simbolizado pelo **círculo*** e pelo ciclo, o significado de ano coincide com o do **zodíaco***. Em concordância com a imagem grega do **uróboro***, a **serpente*** que morde a própria cauda, metade branca e metade preta, os astrólogos dividem o ano em hemisfério masculino, espiritual, que vai do equinócio do outono ao da primavera e cujo meio (i.e., o solstício de inverno) *é a porta dos deuses*, e hemisfério feminino, material, que vai do equinócio da primavera ao do outono, e cujo centro (o solstício de verão) *é a porta dos homens* (v. *Les portes de l'année*, SERP).

De modo geral, o ano simboliza a medida de um *processo cíclico completo*. Com efeito, contém em si suas fases ascendente e descendente, evolutiva e involutiva, suas estações, e anuncia um retorno periódico do mesmo ciclo. É um modelo reduzido de um ciclo cósmico. Essa é a razão pela qual pode significar não apenas 365 dias do ano solar, mas qualquer conjunto cíclico. Acrescentar-lhe uma unidade, fora o complemento quadrienal, simboliza a saída do ciclo, de todo ciclo, i.e., a morte e a imobilidade, ou a permanência e a eternidade.

Assim, nas narrativas mitológicas irlandesas que tentam, desajeitadamente, traduzir os mais elevados conceitos metafísicos em termos acessíveis ao entendimento, um ano e um dia são um símbolo da eternidade. Um símbolo estritamente equivalente é uma noite e um dia: quando o deus Dagda cede a seu filho Mac Oc sua residência do Bruig na Boind por um dia e uma noite, na realidade a está cedendo por toda a eternidade. A unidade acrescentada é a abertura que permite sair do círculo, escapar ao ciclo.

110 | ANQA (V. SIMORGH)

ANQA (v. Simorgh)

Pássaro fabuloso que possui características do **grifo*** e da **fênix***. De acordo com as tradições que possuímos, a crença na existência da *anqa* seria de origem árabe; e é sabido que os antigos situavam a fênix nos desertos da Arábia. Com o Islã, a *anqa* recebe uma consagração definitiva numa tradição referida por Ibn'Abbas (Mas'udi, *As pradarias de ouro*, 4, 19 s.): "Diz-nos o Profeta, certo dia: – nas primeiras idades do mundo, Deus criou um pássaro de maravilhosa beleza, aquinhoando-o com todas as perfeições. Deus criou uma fêmea à imagem do macho e deu a esse casal o nome de *anqa*. Depois ele revelou estas palavras a Moisés, filho de 'Imran: – Dei a vida a um pássaro de uma forma admirável, criei o macho e a fêmea; entreguei-lhes os animais selvagens de Jerusalém para que se nutrissem, e quero estabelecer relações de familiaridade entre ti e esses dois pássaros, como prova da supremacia que te conferi entre os filhos de Israel."

A crença nas *anqa* foi assimilada, mais tarde, ao **simorgh*** dos persas.

A *anqa*, ou *simorgh*, tornou-se o símbolo dos místicos a alçarem voo para a *Divindade*. Na maravilhosa parábola da *Linguagem dos pássaros*, o grande poeta místico persa, Ferid-ed-Din Attar (séc. XIII), narra a viagem espiritual dos pássaros, em número de trinta (em persa: *Si-Morgh*), representando as criaturas que conseguem finalmente chegar diante da Divindade. "Então", diz Attar, "o sol da proximidade dardejou sobre eles seus raios, tornando-lhes a alma resplandecente. Então no reflexo de seus próprios rostos, esses trinta pássaros *simorgh* do mundo contemplaram a face do simorgh espiritual. Apressaram-se a olhar para esse simorgh, e asseguraram-se de que outro não era senão *simorgh*, o que quer dizer que eles mesmos eram a Divindade. Assim, o místico só consegue alcançar a união quando seu próprio ser for anulado [...]".

Ainda outro nome é atribuído a esse pássaro maravilhoso, por exemplo, em Suhrawardi e Sadr al-Din Shirazi: é o termo *Ququus*, que designa comumente a fênix, mas que é uma transcrição do grego *kuknos*, significando o **cisne***. Ora, no *Fédon* (84-85), Sócrates proclama que se o canto do cisne, a ave de Apolo, é mais sonoro do que nunca quando ele se sente morrer, "não é em razão da dor, mas da alegria de estar a ponto de reunir-se à Divindade. Devemos ver aí o motivo de transição para o símbolo da união mística" (CORN, 46).

A residência do simorgh é a montanha.

Sob seus diferentes nomes, a *anqa* simboliza sempre a parcela do ser humano que é convocada a unir-se misticamente à Divindade. Nessa união, abolidas todas as diferenças, a *anqa* é a um só tempo o criador e a criatura espiritual.

ANSA, CRUZ DE (v. Ankh)

ANTIGO, ANCESTRAL

O antigo, o ancestral, revestem de um caráter sagrado qualquer que seja o objeto ou pessoa assim qualificados. O antigo evoca desde logo uma espécie de elo com as forças supratemporais de conservação. O fato de que um ser tenha resistido à usura do tempo é considerado prova de solidez, de autenticidade, de verdade. Reúne-se, assim, em misteriosas profundezas, àquilo que se encontra na fonte da existência, algo de que participa numa proporção privilegiada. Aos olhos de certos psicanalistas, de uma forma paradoxal mas bastante justa, o antigo sugere a infância, a primeira idade da humanidade, bem como a primeira idade da pessoa, a nascente do rio da vida. Colore-se assim com os prestígios do paraíso perdido.

Para a simbólica, o *antigo* não é o que está perempto, mas sim o que é persistente, durável, participante do eterno. Influencia o psiquismo como elemento estabilizador e como presença do Além. É o contrário do *velho*, que, em geral, associamos mentalmente ao perecível, à fragilidade, à precariedade.

ANTÍGONA

Filha do casamento incestuoso de **Édipo*** e Jocasta. Em vez de abandonar o pai, cego e desesperado após a revelação de seu duplo crime (assassino do pai, e esposo da mãe), ela o cerca de cuidados afetuosos, acompanhando-o até o santuário das **Eumênides***, em Colona, onde ele morre na paz da alma recuperada. De volta a Tebas, ela desobedece às ordens de Creonte, ao fazer sobre o irmão condenado à morte, Polinice, os gestos rituais mortuários. Por sua vez, condenada à morte, encerrada viva no túmulo da família, Antígona enforca-se; o noivo suicida-se sobre seu cadáver; a própria mulher de Creonte também se mata de desespero.

A psicanálise fez de Antígona um símbolo, ao dar seu nome a um complexo, o da fixação afetiva da jovem pelo pai, pelo irmão, por seu círculo familiar, chegando ao extremo de recusar uma vida de desabrochamento pessoal através de outro amor, que suporia uma ruptura com os laços infantis. Sua morte tem valor de símbolo: enforca-se no jazigo familiar, e seu noivo morre.

Mas a dramaturgia moderna ressuscitou Antígona, retirando-a de seu túmulo. Antígona é exaltada como aquela que se revolta contra o poder do Estado, simbolizado por Creonte; aquela que se insurge contra as convenções e as regras, em nome das leis não escritas, as de sua consciência e de seu amor. É a jovem emancipada, que deixa no jazigo familiar o despojo da inocente, esmagada pelos hábitos e pelas repressões sociais. É Antígona, a revoltada; mas, se bem que ela se indigne contra a tirania familiar e social, ainda assim permanece psicologicamente dependente e prisioneira. Antígona deve ser bastante forte e bastante livre para assumir plenamente sua independência, em um novo equilíbrio que não seja o de uma hibernação banalizante. A lenda assim prolongada simboliza a morte e o renascimento de Antígona, mas de uma Antígona que se tornou ela própria, num nível superior de evolução.

ANTIMÔNIO

Símbolo alquímico, *matéria dos sábios* (alquimistas*)*, "lobo cinzento" dos filósofos (alquimistas), segundo Basile Valentin, o antimônio corresponderia à penúltima etapa da busca do ouro filosofal pelo alquimista. Para Fulcanelli o "antimônio dos sábios (alquimistas) [...] é um caos que serve de mãe a todos os metais. É a matriz e o filão do ouro, e a sementeira de sua tintura", segundo Sendivogius (*Lettre philosophique*, traduzida do alemão por Ant. Duval, Paris, 1671).

Igualmente considerado *filho natural de Saturno; apaixonadamente amado por Vênus*, é a *raiz dos metais*; seus laços com Saturno e Mercúrio o relacionam com a esmeralda.

O antimônio simbolizaria, do ponto de vista psicanalítico, um estado muito próximo da perfeição, na evolução de um ser; ainda lhe restaria, porém, franquear a etapa mais difícil, a derradeira transformação do chumbo em ouro, etapa na qual a grande maioria fracassa. Exprime a possibilidade de um impulso extremo, mas também de um fracasso definitivo; daí sua cor simbólica, que é o cinza; e sua imagem mitológica: uma Diana admirável ou monstruosa.

ANTRO (*v.* Caverna)

ANZOL

O símbolo do anzol é muito frequentemente utilizado, de Marcilio Fisino a Eckhart e a Hafez, em relação evidente com o da **pesca***. "O anzol é o instrumento", diz A. K. Coomasrawamy, "com o qual o Rei-Pescador pesca sua presa humana". "O amor", diz Mestre Eckhart, "é como o anzol do pescador". O mesmo simbolismo se estende, aliás, ao domínio mais prosaico e mais cotidiano: as expressões *morder o anzol* ou *cair no anzol* são significativas, a esse respeito.

APAIXONADO, O (*v.* Enamorado, o)

APOCALIPSE

Em primeiro lugar, o apocalipse é uma revelação que se apoia em realidades misteriosas; em segundo, uma profecia, pois essas realidades ainda estão por vir; finalmente, uma visão, cujas cenas e cifras valem como símbolos.

> Essas visões não têm valor por si mesmas, mas, sim, pelo simbolismo de que estão carregadas; pois tudo ou quase tudo em um apocalipse tem valor simbólico: as cifras, as coisas, as partes do corpo, os próprios personagens que entram em cena. Ao des-

112 | APOCALIPSE

crever uma visão, o vidente traduz em símbolos as ideias que Deus lhe sugere, procedendo, assim, por acumulação de coisas, de cores, de cifras simbólicas, sem qualquer preocupação com a incoerência dos efeitos obtidos. A fim de compreendê-lo é preciso, pois, participar de seu jogo e retraduzir as ideias, os símbolos que ele propõe, sob pena de adulterar o sentido de sua mensagem (BIBJ, **3**, 414).

O termo "apocalíptico" tornou-se igualmente (exceção feita aos próprios livros apocalípticos, que constituem um gênero literário muito difundido nos primeiros séculos de nossa era) o símbolo dos derradeiros dias do mundo, que serão marcados por fenômenos espantosos: gigantescas rebentações dos mares, desabamentos de montanhas, medonhos escancaramentos da terra, vastos incêndios do céu, num indescritível fragor. O apocalipse torna-se, assim, símbolo do fim do mundo.

No final da narrativa da *Segunda Batalha de Moytura*, a Morrigu celta, ou deusa da guerra, profetiza o *fim do mundo*: confusão das estações, corrupção dos homens, decadência das classes sociais, maldade, relaxamento dos costumes. Esse mesmo esquema é retomado, com grande riqueza de detalhes, pelo texto intitulado *Diálogo dos dois sábios*, redigido na língua rebuscada e difícil dos poetas irlandeses medievais. Pode-se aproximar esse conceito ao do Apocalipse cristão e, também, da frase de Estrabão ao referir que, segundo os druidas, durante um dia reinarão unicamente *o fogo e a água*.

A título de exemplo dessas visões apocalípticas e de sua interpretação, tomemos o símbolo da *Besta*.

> Vi então uma Besta que se levantava do mar. Tinha dez chifres e sete cabeças; sobre os chifres havia dez diademas, e sobre as cabeças um nome blasfemo. A Besta que eu vi parecia uma pantera; seus pés, contudo, eram como os de um urso e sua boca como a mandíbula de um leão. E o Dragão lhe entregou seu poder, seu trono, e uma grande autoridade. Uma de suas cabeças parecia mortalmente ferida, mas a ferida mortal foi curada. Cheia de admiração, a Terra inteira seguiu a Besta e adorou o Dragão por ter entregue a autoridade à Besta. E adorou a Besta, dizendo: "Quem é comparável à Besta, e quem pode lutar contra ela?" Foi-lhe dada uma boca para proferir palavras insolentes e blasfêmias, e também poder para agir durante quarenta e dois meses. Ela abriu então sua boca em blasfêmias contra Deus, blasfemando contra seu nome, seu tabernáculo e os que habitam no céu. E foi-lhe concedido que fizesse guerra aos santos, e que os vencesse. E foi-lhe dada autoridade sobre toda tribo, povo, língua e nação (*Apocalipse,* **13**, 1-7).

Do ponto de vista histórico, a Besta ferida evoca o Império Romano abalado e, talvez, o suicídio de Nero. De modo mais geral, a Besta representa o Estado perseguidor, *o Adversário por excelência do Cristo e de seu Povo*. A Besta ressuscitada é a paródia caricatural do Cristo, o anticristo dos tempos futuros. As *sete* cabeças da Besta evocam as *cabeças* inumeráveis e incessantemente a renascerem da Hidra tradicional. Os cornos simbolizam o poder da Besta, os diademas, sua pseudorrealeza. A Besta, comenta Georges Casalis (BIBJ, **3**, 419-420),

> [...] é o Dragão, a antiga serpente, que é o Diabo e Satã (**20**, 2) e que se manifesta nesta terra através das bestas às quais comunica seu poder e que arrastam os homens a adorá-la: besta que se levanta do mar, Império Romano já mortalmente ferido, mas no entanto renascendo em cada um de seus imperadores, e besta que sobe da terra (**13**, 11), poder ideológico da propaganda totalitária, ou melhor, do culto imperial (*culto da personalidade*) que obriga todos os homens a pertencerem, através de um batismo blasfemo, ao imperador [...]. A luta do Império idólatra contra a Igreja é o reflexo terrestre do combate celeste do Diabo contra o Cristo.

A Besta que sobe do abismo guerreará, matará, triunfará (**11**, 7), desviará do bom caminho toda a terra habitada (**12**, 9). A Besta é uma das figuras centrais do Apocalipse. Representa "o grande princípio de ilusão e de blasfêmia [...] o princípio demoníaco de desviar do bom caminho as coletividades humanas", que acompanha toda a história religiosa da humanidade. Após vitórias brilhantes e efêmeras neste mundo, a Besta está fadada à derrota final: será vencida pelo **cordeiro***.

APOLO

Ao surgir durante a noite, na *Ilíada*, Febo Apolo, deus do *arco de prata* (canto I), brilha como a Lua. Será preciso levar em conta a evolução dos espíritos e a interpretação dos mitos para que se possa reconhecer nele, muito mais tarde, o deus solar, o deus de luz, e para entender que seu arco e suas flechas sejam comparados ao Sol com seus raios. Originalmente talvez se relacionasse mais à simbólica lunar. Apresenta-se no canto I acima mencionado como *um deus vingador* de flechas mortíferas: "O Senhor Arqueiro, o toxóforo, o argirotoxo" (*que tem arco de prata*).

De início, revela-se sob o signo da violência e de um orgulho desvairado. Mas, ao reunirem-se elementos diversos de origem nórdica, asiática e do mar Egeu, esse personagem divino torna- -se cada vez mais complexo, sintetizando em si inúmeras oposições que consegue dominar, terminando por encarnar o ideal de sabedoria que define o milagre grego. Realiza o equilíbrio e a harmonia dos desejos, não pela supressão das pulsões humanas, mas por orientá-las no sentido de uma espiritualização progressiva que se processa graças ao desenvolvimento da consciência. Na literatura conferem-lhe mais de duzentos atributos, que o fazem surgir, sucessivamente, como um **deus-rato*** primitivo dos cultos agrários; como um guerreiro irascível e vingativo; como senhor das feras e, ao mesmo tempo, pastor compassivo que protege os rebanhos e as colheitas; como um benfeitor dos homens, tendo o poder de curá-los e purificá-los, aquele que engendrará Asclépio (Esculápio), o deus-médico; *Profeta de Zeus*, cria em Delfos a mântica de inspiração (*v.* **trípode***). Inspira não apenas os profetas, mas também os poetas e artistas; torna-se o deus solar que cruza os céus numa carruagem resplandecente. Em Roma, não é assimilado por nenhum outro deus: só ele consegue, entre os deuses estrangeiros adotados pela cidade e pelo império, permanecer sempre intacto, único, incomparável.

Certas curiosas aproximações de palavras, que a etimologia científica tem razão de considerar suspeitas, são, no entanto, significativas na história do sentimento religioso. Fez-se a aproximação, por exemplo, no nome ático de Apolo com sua variante dórica, evocativa do vocábulo *apella* = curral de carneiros. "Fácil é conceber-se que tal deus possa ter sido honrado pelos primeiros gregos que foram esses nômades pastoreando seus rebanhos; e também é natural que tenha podido absorver, no Peloponeso, as divindades pré-helênicas dos rebanhos, como, por exemplo, Carno, um deus-carneiro [...]. Muitas vezes, aliás, o mito apresenta um Apolo pastor" (SECG, 213- 214). Mas o notável é que esse deus pastor, que fazia reinar a ordem nos currais de carneiros, tenha se transformado no deus que reina sobre as assembleias dos homens por sua eloquência e sua sabedoria.

"Apolo", canta Píndaro, "faz penetrar nos corações o amor pela concórdia e o horror pela guerra civil."

E quando Platão enuncia os deveres do verdadeiro legislador, é a Apolo que ele aconselha que se pergunte quais as leis fundamentais da República:

> [...] cabe a Apolo, o Deus de Delfos, ditar as mais importantes, as mais belas, as leis primordiais.
> – Quais são essas leis?
> – As que dizem respeito à fundação de templos, aos sacrifícios e, em geral, ao culto dos deuses, dos demônios e dos heróis, e também aos túmulos dos mortos e às honras que se lhes deve prestar a fim de que nos sejam propícios; pois dessas coisas nada sabemos; e, fundadores de um Estado, nós não entregaremos a decisão dessas leis a ninguém mais, e não seguiremos a interpretação de nenhum outro intérprete que não seja o desta terra; pois esse deus, intérprete tradicional da religião, estabeleceu- -se no centro e no umbigo da terra para guiar o gênero humano.

> (Platão, *A república*, 427, b, c)

114 | APSARA

Apolo céltico é uma denominação clássica, comandada pela *interpretatio romana*, e que não corresponde a nenhum critério indígena preciso. Com efeito, as interpretações obrigam a fragmentar o personagem divino entre várias entidades celtas: Apolo, em seu aspecto de *aquele que cura os males*, é Diancecht (o sentido do teônimo irlandês é incerto; pode ser *prisioneiro dos deuses*; alguns textos sugerem *com influência duradoura* ou *com poder de longo alcance*); em seu aspecto de juventude, é o filho do Dagda, Oengu *escolha única* ou Mac Oc *filho jovem*. Em seu aspecto luminoso (embora sombrio algumas vezes), é enfim Lug, o deus supremo do panteão celta que é, por definição, *politécnico*, i.e., mestre de todas as técnicas, no sentido em que transcende as capacidades de todos os demais deuses. A lenda clássica do Apolo hiperbóreo, embora também se possa relacionar com o Apolo céltico, é uma alusão clara à origem polar da tradição celta (OGAC, **11**, 215 s.; **12**, 59 s.).

O **sete*** é o número da perfeição, aquele que une simbolicamente o céu e a Terra, o princípio feminino e o princípio masculino, as trevas e a luz. Ora, é também o número de Apolo; desempenha um papel flagrante em todas as suas tradições. Apolo nasceu no sétimo dia do mês; viveu sob esse signo. Ésquilo batizou-o de: "o augusto Deus-Sétimo, o Deus da **sétima porta***" (*Os Sete*, 800). Suas festas principais eram sempre celebradas no dia sete do mês; sua lira era encordoada com sete cordas; quando nasceu, os cisnes sagrados fizeram sete vezes, a cantar, a volta em torno da ilha flutuante, Astéria, que Zeus, seu pai, fixaria com o nome de Delos, e onde Latona o pôs no mundo; sua doutrina resume-se em sete máximas atribuídas aos sete Sábios.

Deus muito complexo, terrivelmente banalizado quando o reduzem à figura de um homem *jovem, sábio e belo,* ou quando – numa simplificação do pensamento de Nietzsche – o opõem a Dioniso, como a razão contraposta ao entusiasmo. Pelo contrário, Apolo é o símbolo da vitória sobre a violência, do autodomínio no entusiasmo, da aliança entre a paixão e a razão – filho de um deus (Zeus) e neto (por parte de sua mãe, Latona) de um titã. Sua sabedoria é o fruto de uma conquista, e não uma herança. Todas as potências da vida nele se conjugam a fim de incitá-lo a não encontrar seu equilíbrio senão nos pináculos, e para conduzi-lo da "entrada da caverna imensa" (Ésquilo) "aos cimos dos céus" (Plutarco). Apolo simboliza a suprema espiritualização; é um dos mais belos símbolos da ascensão humana.

APSARA

O encanto das *apsaras*, dançarinas e cortesãs celestes, foi popularizado através das reproduções dos baixos-relevos de Angkor. A etimologia dada pelo *Ramayana* (*ap* = água + *sara* = essência) é indício suficiente de que se trata de símbolos, e não de pequenas figuras acessórias e graciosas da mitologia. *Essência das águas*, porque nasceram da *agitação do mar*, da leveza de sua espuma. Evanescentes como tais, elas simbolizam as possibilidades "informais" (indefinição de formas, renovação), representadas pelas *águas superiores* de uma maneira mais geral.

Seu aspecto secundário de cortesãs, i.e., de instrumentos do amor, é geralmente suscetível de uma transposição espiritual que as identifica às *huris* do paraíso muçulmano. Além disso, como mensageiras de *Kali*, convocam os homens ao amor da Divindade.

A relativa frequência das *apsaras* nos *cortejos* da iconografia budista confere-lhes igualmente, nesse caso, um papel *angélico*.

Na lenda das origens cambojanas, a *apsara*, fonte da dinastia solar, opõe-se como tal à *nagi*, mãe da dinastia lunar e divindade das *águas inferiores*. Na Índia, a *apsara* é familiarmente identificada como a divindade do jogo (CHOO, DANA, KRAA, THIK).

AQUÁRIO
(Signo zodiacal: 20 jan. – 18 fev.)

Este décimo primeiro signo do Zodíaco situa-se, no hemisfério norte, no meio do trimestre de inverno. Simboliza a solidariedade coletiva, a cooperação, a fraternidade e o desapego das coisas materiais. Seu *regente* tradicional é Saturno, ao qual se acrescentou Urano, após a sua descoberta.

A figura representativa do décimo primeiro signo apresenta a nobre aparição de um ser humano realizado sob os traços de um velho sábio carregando debaixo do braço ou nas costas uma ou duas ânforas; essas urnas inclinadas derramam a água que contêm. Mas essa água é toda aérea e etérea, pois o caráter fluido do ar tem tanta participação quanto a natureza mole e relaxada da água. O meio aqui invocado é relacionável às águas do ar espalhadas pelas ondas, ao fluido do oceano aéreo em que estamos imersos. Esse signo de Ar com ressonâncias aquáticas mostra uma substância nutritiva mais destinada a saciar a alma do que o corpo; e, enquanto o ar de Gêmeos evoca a comunhão do espírito, e o de Libra, o diálogo do coração, o de Aquário indica o mundo das afinidades eletivas, que fazem de nós seres vivendo numa comunidade espiritual e em plena esfera universal. O signo foi relacionado com Saturno, pois o astro solta o ser de suas correntes instintivas e libera as forças espirituais visando ao despojamento. Como regente também lhe é conferido Urano, que novamente mobiliza o ser liberado no fogo da força de Prometeu, visando a superar-se. Diante do Leão hercúleo, temos o Aquário seráfico. A matéria íntima desse tipo zodiacal é fluida, leve, etérea, volátil, transparente, toda de limpidez espiritual, quer dizer, angélica. Supõe o dom do autodesapego acompanhado de serenidade e o dom do *self* aliado ao altruísmo, ao senso de amizade, de dedicação social. Há também um Aquário uraniano, de Prometeu, que é o ser da *avant-garde*, do progresso, da emancipação, da aventura.

AR

Um dos quatro elementos – como a terra, a água e o fogo – segundo as cosmogonias tradicionais. É, como o fogo, um elemento ativo, masculino, ao passo que a terra e a água são consideradas elementos passivos, femininos. Enquanto estes dois últimos símbolos são materializantes, o ar é um símbolo de espiritualização.

O ser é, no início, meio fera, meio floresta;
Mas quando o ar quer se tornar Espírito, o homem surge.

(Victor Hugo, "Le satyre",
in *La légende des siècles*, séc. XVI)

O elemento ar é simbolicamente associado ao **vento***, ao **sopro***. Representa o mundo sutil intermediário do céu e a Terra, o mundo da expansão que, dizem os chineses, é insuflado pelo *sopro (k'i)*, necessário à subsistência dos seres. *Vayu*, que o representa na mitologia hindu, está montado numa gazela, levando um estandarte que tremula ao vento, que se poderia identificar com um **leque***. *Vayu* é o sopro vital, o sopro cósmico, e identifica-se com o Verbo que é, ele próprio, sopro. Os *vayu* são, no nível do ser sutil, as cinco funções vitais, consideradas modalidades do *prana*, o sopro vital.

"O elemento ar", diz são Martinho, "é um *símbolo sensível da vida invisível*, um *móbil universal* e um *purificador*, o que corresponde, com bastante exatidão, à função de *Vayu*, que é, ele próprio – deve-se acrescentar –, considerado purificador".

No esoterismo ismaelita, o ar é o *princípio da composição e da frutificação*, o intermediário do fogo e a água, o primeiro *lam* do Nome divino. Corresponde à função do *Tali*, a *Alma universal*, origem da *frutificação* do mundo, da percepção das cores e das formas, o que nos leva mais uma vez à função do *sopro* (CORT, DANA, GUEV, MALA, SAIR).

O ar é o meio próprio da luz, do alçar voo, do perfume, da cor, das vibrações interplanetárias; é a via de comunicação entre a Terra e o céu. "A trilogia do sonoro, do diáfano e do móbil é [...] uma produção da impressão íntima de *alívio*, de *alijamento*. Ela não nos é dada pelo mundo exterior." É conquista de um ser outrora pesado e confuso que, graças ao "movimento imaginário, e escutando as lições da imaginação aérea, se tornou leve, claro e vibrante [...]. A liberdade aérea fala, ilumina, voa" (BACS, 74). O ser aéreo é *livre como o ar* e, longe de ser *evaporado*, participa, ao contrário, das propriedades sutis e puras do ar.

116 | ARABESCO

ARABESCO

Embora não lhe pertença de forma exclusiva, o arabesco, como indica o nome, é específico da arte árabe, proibida de recorrer às figuras humanas e animais. De fato, é uma representação depurada, uma ultrapassagem da representação, lúcida e rigorosa. O arabesco não é uma figuração; é um ritmo, uma encantação através da repetição indefinida do tema, "uma transcrição do *dhikr* mental" (*Benoist*). E quando se torna um apoio da contemplação permite, assim como o *dhikr*, que se escape ao condicionamento temporal.

O arabesco não deixa de ter, igualmente, certa relação com o **labirinto***, cujo percurso complexo está destinado a conduzir da periferia ao centro local (que é o símbolo do centro invisível do ser), da mesma forma como se relaciona com a teia de **aranha***.

Embora possuindo ritmo manifestamente diferente, a representação dos movimentos naturais na pintura chinesa de paisagem, através de uma série de curvas lineares repetidas, não deixa de ser, também, uma forma de arabesco (BURA, BENA).

"O grande segredo da ornamentação árabe é o arabesco. Nele podem ser discernidos dois elementos constantes: por um lado, a interpretação da flora, folha e, sobretudo, caule; por outro, a utilização ideal da linha. Dois princípios, o primeiro de aparente fantasia, o segundo, de estrita geometria. Daí, dois procedimentos: *al-ramy* e *al-khayt,* o traço reto como um jato, e o laço" (FARD).

O arabesco corresponde a uma visão religiosa. O Islã é iconoclasta e dominado pela palavra. "Aos ícones bizantinos, o Islã opõe o desenrolar abstrato do arabesco, onde se inscrevem os versículos da revelação [...] É um meio técnico da arte muçulmana para evitar a idolatria" (BAMC). "É o fruto depurado da aspiração muçulmana [...]. Não tem nem começo nem fim, e não pode aspirar a nenhuma dessas duas coisas, pois busca Aquele que é a um só tempo, segundo o *Corão* (57, 3), o Início e a Conclusão [...]. Dirige-se infatigavelmente, mas em vão, para o ilimitado."

De resto, há arabescos traçados sem qualquer suporte geométrico e que não se inspiram em nenhum motivo floral. São os arabescos *epigráficos.* "O vocabulário gráfico ocorre como um jorro de impulsos que constantemente reanimam o repertório ornamental. Sempre que se recusa a aceitar as servidões da prescrição (muçulmana), essa escritura inédita e hermética pode ser comparada com a arte abstrata atual, a exemplo do arabesco em traço reto" (FARD).

Poder-se-ia dizer que o arabesco é o símbolo do símbolo: revela velando, e oculta desvelando. Escreve Jacques Berque,

> Fórmula privilegiada da arte muçulmana, ilustra uma coincidência de dois dos aspectos da obra de arte: o de objeto e o de elo intersubjetivo entre uma psicologia individual, que é a do artista, e uma psicologia coletiva [...]. No arabesco, tudo é síntese, convergência: a intenção do artista, um sentido e uma matéria estreitamente integrados, e a captação de uma sociedade cuja originalidade a tal ponto caracteriza, que lhe chega a tomar o nome. Entramos em uma mesquita. Contemplamos nas paredes esse ou aquele arabesco, mas na realidade o que fazemos é algo muito diferente de apenas contemplar. Escutamos. Uma salmodia nos rodeia. Se somos crentes, deciframos tanto quanto possível as fórmulas inscritas [...]. Grafia e sonoridade, ao mesmo tempo. E, para o crente, encantação ritual. Estamos subjugados, como num fogo cruzado, por tudo aquilo que no arabesco é beleza sensual e, ao mesmo tempo, frase corânica, i.e., sublime clareza. *O arabesco* oferece-se aos olhos *do espectador que tenta decifrá-lo* como um labirinto, um dédalo [...]. O que busca o artista é ocultar e ao mesmo tempo revelar a sentença corânica e, assim, despertar simultaneamente a emoção de uma beleza e de uma verdade, que seriam sobretudo um compromisso com o longínquo (BERN).

ARADO

Símbolo de fertilização: a relha do arado representa o membro viril que penetra o sulco, e este, por sua vez, é o equivalente do órgão feminino. Passar o arado no solo é unir o homem e a mulher, o céu e a Terra: o nascimento é como uma colheita. Na China, no início de seu reinado, o imperador costumava traçar um sulco na terra, como sinal de tomada de posse e de fecundação de seu império. Na epopeia indiana, Rama desposa. Sita.

O arado – e a enxada – simboliza, bem como a maioria dos instrumentos cortantes, a *ação do princípio másculo* sobre a matéria passiva e, portanto, fêmea. (Examinaremos em outro verbete a significação geral da **lavoura***.) A identificação do arado ao órgão gerador é ilustrada, observou Mircea Eliade, pelo parentesco linguístico entre a palavra *langala* (arado) e a palavra *linga*, ambas derivadas de uma raiz que designa ao mesmo tempo a enxada e o falo. Essa identificação pode ser encontrada em diversas línguas austro-asiáticas.

Na Índia, o arado é essencialmente o tributo de *Bala-Rama* (*Rama, o forte*), avatar de *Vishnu* e irmão de *Krishna*, símbolo de virtudes régias, embora sem dúvida, sobretudo, do *domínio da terra*. A tradição upanixádica identifica-o ao *sentido do Veda*, ou seja, à *penetração* no conhecimento. Quando o arado é atribuído aos **nagas*** (embora *Bala-Rama* seja também a *naga Ananta*), a relação com o domínio da terra torna-se evidente (BURA, MALA).

Um dos três reis esposos de deusas epônimas da Irlanda tem o nome de Mac Ceht, *filho do arado*. E este constitui um dos únicos, senão o único, testemunhos mitológicos concernentes a esse instrumento de lavoura. O arado só reaparece no Maginobi de Kulhwch e Olwen, quando o gigante Yspaddaden Penkawr exige de Kulhwch, entre as inúmeras condições a serem por ele cumpridas a fim de desposar-lhe a filha, que desbrave em um dia certo matagal (LOTM, **1**, 300-301, OGAC, 4, p. 16).

Embora a sociedade céltica, sacerdotal e militar por excelência, não comporte classe agrícola (fecundidade), o arado participa, entretanto, do simbolismo do *começo do mundo*, da abertura de um sulco.

Ao falar da conversão das nações, *Isaías* (**2**, 4) escreve: "Estes quebrarão as suas espadas, transformando-as em relhas, e as suas lanças, a fim de fazerem podadeiras. Uma nação não levantará a espada contra a outra, e nem se aprenderá mais a fazer guerra." Essa passagem de Isaías foi muitas vezes retomada e interpretada pelos Padres da Igreja e particularmente por santo Irineu, que, em seu tratado *Contra os heréticos* (4, 34), faz menção ao espírito pacífico dos cristãos, através de um comentário desses versículos. Explica de maneira mais clara o sentido das palavras de Isaías ao dizer:

> Pois o próprio Nosso Senhor é aquele que fez o arado e trouxe a podadeira: isso designa *a primeira sementeira* (ou semeadura) *do homem,* que foi sua modelagem em Adão, e à colheita da messe pelo Verbo nos últimos tempos. E, por essa razão, aquele que unia o começo ao fim e que é o Senhor tanto de um como do outro, manifestou no final o arado, *a madeira unida ao ferro*, e assim mondou sua terra; com efeito, o Verbo sólido, unido à carne e fixado dessa maneira, limpou a terra inculta.

Nas tradições judaicas e cristãs, o arado é um símbolo da criação e da cruz. A madeira e o ferro do arado simbolizam a união em Cristo das duas naturezas.

O arado é também um símbolo fálico. Já se mostrou o simbolismo do arado, que, no pensamento primitivo, significava lavrar e fecundar, ao mesmo tempo; o *carus novalis* (carnaval) das festas de primavera era às vezes representado, na Idade Média, sob a forma de um arado (JUNM, 265).

O arado e o estilete simbolizam igualmente o *esforço do escritor*. Isidoro de Sevilha compara o estilete ao arado. Faz alusão aos Antigos a traçarem suas linhas, tal como o lavrador abre os sulcos na terra. A página em branco é comparada a um campo que ainda não experimentou a relha do arado. Os escritores da Idade Média empregam muitas vezes esse sentido simbólico.

ARANHA

A aranha surge, em primeiro lugar, como epifania lunar, dedicada à fiação e à tecelagem. Seu fio evoca o das Parcas. Qual seria, contudo, o significado de sua teia? Tanto a Bíblia quanto o *Corão* sublinham sua fragilidade:

118 | ARANHA

Construiu como a aranha a sua casa,
E como o guarda fez a sua choupana.
O rico, quando dormir, nada levará consigo
Abrirá os seus olhos, e nada achará.

(*Jó*, 27, 18)

Mas a morada da aranha
é a mais frágil das moradas.

(*Corão*, 29, 40)

Essa fragilidade evoca a de uma realidade de aparências ilusórias, enganadoras. Assim, será a aranha a artesã do tecido do mundo ou a do véu das ilusões que esconde a Realidade Suprema? A partir do segundo milênio a.C., nos mais antigos textos védicos da Índia, é justamente esta a questão colocada pelo mito, diferentemente interpretado, de *Maya*, a *xácti* ou companheira de Varuna. Para a filosofia budista, Maya evocará uma realidade ilusória, porque é "vazia de ser", i.e., desprovida de todo substrato metafísico. Para o Brahmanismo, ao contrário, a realidade é a existência, que é "verdadeira", porquanto é manifestação da essência: o véu de Maya, assim como a teia da aranha, exprime a beleza da criação, e Maya é uma deusa prestigiosa.

Essa dialética, de onde provém a ambivalência simbólica da aranha, situando-a no centro da problemática do hinduísmo e do budismo, é igualmente a dialética essência/existência, que encontramos formulada bem no início da cultura mediterrânica, se atentarmos para a organização do mito de *Aracne*.

Atena, deusa da Razão Superior (porquanto filha de Zeus, da cabeça do qual teria nascido, já armada), é a mestra e patrona da arte da tecelagem. Aracne, jovem lídia e simples mortal, é exímia nessa arte; por isso mesmo, ousa desafiar a divindade. Instalam-se ambas frente a frente, diante de suas respectivas tarefas. Atena borda os doze deuses do Olimpo em toda sua majestade e, nas quatro pontas de seu trabalho, evoca os castigos sofridos pelos mortais que ousaram desafiá-los. À guisa de resposta a essa imagem transcendental de uma realidade superior, proibi-

da aos humanos, Aracne põe-se a representar em seu bordado os amores dos deuses por mortais. Atena, sentindo-se ultrajada, golpeia a jovem com sua lançadeira. Aracne resolve, então, enforcar-se; Atena poupa-lhe a vida, porém metamorfoseia-a na aranha, que para sempre há de balançar-se na ponta de seu fio. Não resta dúvida de que o desafio feito pela mortal à deusa tem algo de sartriano, pois coloca este mundo adiante do outro, subordinando o próprio Olimpo às paixões humanas. A aranha, cuja teia hoje em dia pouco ou nada significa, simboliza nessa lenda a derrota de um mortal que pretendeu rivalizar com Deus: é a ambição demiúrgica punida.

Assim, toda a simbologia da aranha está contida num fundo cultural indo-europeu sujeito a inúmeras interpretações, que se pode encontrar disseminadas, isoladas ou separadas em uma infinidade de áreas culturais.

Por isso mesmo, e conforme os diversos povos, a aranha pode representar a *criadora cósmica*, a *divindade superior* ou o *demiurgo*.

Entre os povos da África ocidental, por exemplo, existe a crença de que foi Anansé, a aranha, quem preparou a matéria dos primeiros homens, criou o Sol, a Lua e as estrelas; depois, Nyamé, o deus do céu, insuflou a vida no homem. Assim, a aranha continua ocupando a função de intercessora entre a divindade e o homem; como um herói civilizador, ela traz os cereais e a enxada (MYTF, 242).

Outros mitos da Micronésia (ilhas Gilbert) apresentam Narrô, o Senhor, sob forma de aranha, como o primeiro de todos os seres, o deus criador (MYTF, 225).

Os achantis fizeram da aranha um deus primordial: "o homem foi criado por uma grande aranha". Certa lenda do Mali descreve-a como sendo o conselheiro do deus supremo, um herói criador que, "disfarçando-se em pássaro, alça voo e cria, às escondidas de seu amo, o Sol, a Lua e as estrelas [...] depois, regula o dia e a noite e faz nascer o orvalho" (TEGH, 56).

"Tecelã da realidade, ela é, portanto, senhora do destino, o que explica sua função divinatória", tão amplamente atestada ao largo do mundo. Entre os bamuns dos Camarões, por exemplo, a aranha mígala recebeu

> [...] do céu o privilégio de decifrar o futuro [...]. No bestiário da arte bamun, o Ngaame (outro dos nomes dessa aranha), disputa o primeiro lugar com a serpente real [...] Seu significado é universal e complexo. Ligada ao destino do homem e ao drama de sua vida terrestre, a arte divinatória exercida pelo Ngaame criou uma técnica de decifração dos signos [...]. Consiste em colocar sobre a abertura da cova da mígala signos que o animal desarruma durante a noite, transformando-os em mensagem. Através de sua interpretação, o adivinho procura encontrar a cura, a proteção contra o inimigo, a alegria de viver (MVEA, 59).

A adivinhação através da aranha era praticada comumente no antigo império dos incas, no Peru. O adivinho destampava um pote dentro do qual era conservada a aranha-adivinha. Se alguma de suas patas não estivesse dobrada, era de mau augúrio (ROWI).

A aranha torna-se, às vezes, símbolo da alma ou um animal psicopompo. Entre os povos altaicos da Ásia central e da Sibéria, principalmente, representa *a alma liberada do corpo*. Entre os muiscas da Colômbia, quando ela própria não é a alma, é quem transporta ao longo do rio, num barco feito com sua teia, as almas dos mortos que devem ir para o Inferno. Entre os astecas, torna-se símbolo do próprio deus infernal. Entre os montanheses do Vietnã do Sul, considera-se que a aranha é uma forma da alma que escapou do corpo durante o sono. Para eles, matar uma aranha seria arriscar-se a provocar a morte do corpo adormecido.

Todas essas qualidades de demiurgo, de pressagiadora, de condutora de almas e, portanto, de intercessora entre os mundos das duas realidades – humana e divina – fazem com que a aranha simbolize também um grau superior de iniciação. Entre os bambaras, por exemplo, ela designa uma classe de iniciados que já alcançaram "a inferiori-

dade, a potência realizadora do homem intuitivo e meditativo" (ZAHV, 116).

Para o psicanalista, entretanto, essa interioridade evocada pela aranha ameaçadora no centro de sua teia é "um excelente símbolo da introversão e do narcisismo, a absorção do ser pelo seu próprio centro" (Beaudoin).

Mas essa imagem, envolvente e centrípeta, não deve levar ao esquecimento de outra imagem de intercessora, que constitui a da aranha a balançar-se como um ioiô na extremidade de um fio no qual ela parece estar constantemente tentando subir. Através dessa imagem, poder-se-á descobrir um conteúdo sexual latente (*v.* **balanço***), perfeitamente corroborado pelos estudos feitos na Sardenha e na Apúlia, sobre o *tarantulismo* e os acessórios de sua encenação (EMR, 230 s.). No plano místico, esse fio evoca o cordão umbilical, ou a corrente de ouro que une a criatura ao criador, e através da qual aquela tenta içar-se até este, tema evocado por Platão e que será retomado por Dionísio Areopagita: "Esforcemo-nos, pois, através de nossas preces, por elevar-nos até o cimo desses raios divinos e benfazejos, como se nos agarrássemos, a fim de puxá-la em nossa direção com as duas mãos alternadas, a uma corrente infinitamente luminosa que pende do alto do céu e desce até nós, dando-nos a impressão de que a estamos atraindo para baixo; mas na realidade nosso esforço é incapaz de movê-la, pois ela está tanto no alto quanto embaixo, e somos nós, isto sim, que subimos."

A unidade do pensamento indo-europeu reencontra-se aqui ainda uma vez, pois os *Upanixades* fazem da aranha que se eleva ao longo de seu fio um símbolo de *liberdade*. O fio do *iogue* é o monossílabo **aum*** (ou *om*); graças a ele o iogue eleva-se até a liberação. O fio da aranha é o meio, o *suporte* da realização espiritual.

ARARA

Por causa de suas longas penas vermelhas, a arara é considerada entre os maias símbolo do *fogo* e da *energia solar*. "O glifo *Kayab* representado por uma cabeça de arara é um signo solsticial que os

120 | ARCA¹

Chorti traduzem por um sol resplandecente" (GIRP, 163). No pátio do jogo da bola, em Copán (Honduras), seis estátuas de araras enfileiradas, três em direção ao Oriente e três em direção ao Ocidente, marcam a posição astronômica dos seis sóis cósmicos que (com o do meio, figurado pela bola) representam o setenvirato astroteogônico do Deus Sol (GIRP, 255).

Observa-se, entre os povos bribis da Colômbia, a utilização de um periquito vermelho como guia do morto (KRIE, 359).

A pena de arara, símbolo solar, tem usos decorativos e rituais entre todos os povos da América equatorial e tropical. Uma observação de Yves d'Evreux, entre os tupinambás, referida por A. Métraux (METT), estabelece uma distinção entre a significação simbólica dessa ave e da **águia***: "no conjunto de penas de uma flecha devia-se evitar cuidadosamente colocar juntas a da águia e a da arara, porque esta última teria sido comida pela primeira".

Os povos bororo acreditam em um ciclo complicado de transmigração das almas, no decurso do qual elas se encarnam numa arara (LEVC).

No Brasil, as araras fazem seus ninhos no cume de falésias ou de rochedos abruptos; a caça das araras é, portanto, uma verdadeira façanha: a arara, símbolo solar, é um avatar do fogo celeste, difícil de conquistar. Nesse sentido, opõe-se ao **jaguar***, que está associado ao fogo ctoniano, conforme corroboram os inúmeros mitos ameríndios sobre a origem do fogo, nos quais frequentemente se encontra o herói em luta com a dualidade ctono-uraniana, encarnada na arara e no jaguar.

ARCA¹

O simbolismo da arca, e o da **navegação*** em geral, comporta diversos aspectos interligados em seu conjunto. Entre eles, o mais conhecido é o da Arca de Noé a navegar sobre as águas do dilúvio, contendo todos os elementos necessários à restauração cíclica. Os textos purânicos da Índia contam uma história semelhante sobre o embarque e o salvamento, pelo *Peixe-Vishnu* (*Matsya-avatara*), de *Manu*, o legislador do ciclo vigente, e dos *Ve-*

das, que são o *germe* da manifestação cíclica. De fato, a arca está pousada na *superfície das águas*, tal como o ovo do mundo, *como o primeiro germe vivificante*, escreve São Martinho. O mesmo símbolo do *germe*, da Tradição não desenvolvida, mas destinada a sê-lo no ciclo futuro, é também encontrado a propósito do **búzio*** bivalve e da letra árabe *nun* (uma semicircunferência, a arca que contém um ponto: o *germe*). Guénon salientou a importância da complementaridade da arca e do **arco-íris*** que aparece por cima dela como sinal de *aliança*. Trata-se de dois símbolos análogos porém inversos – um relativo ao domínio das *águas inferiores*, e o outro, ao das *águas superiores* – que se completam para reconstituir uma circunferência: a unidade do ciclo.

O simbolismo da Arca da Aliança dos hebreus está mais próximo do precedente do que poderia parecer. Os hebreus colocavam-na na parte mais retirada do tabernáculo. Continha as duas tábuas da lei, a vara de Aarão e um vaso cheio do maná que servira de alimento para o povo israelita no deserto. Era a garantia da proteção divina, e os hebreus costumavam levá-la em suas expedições militares. Na ocasião de seu traslado, em meio a grande pompa, para o palácio de Davi, os bois que puxavam o carro a iam fazendo inclinar-se, e o homem que a tocou, no intuito de evitar que ela tombasse, foi ao chão instantaneamente, fulminado. Não se pode tocar em vão no sagrado, no divino, na tradição (*Segundo livro de Samuel*, 6).

A arca contém a essência da Tradição, mas *desenvolvida* sob a forma das Tábuas da Lei. É a *fonte de todas as Potências* do ciclo (São Martinho). Diz uma lenda, aliás, que ela teria sido escondida por Jeremias quando este voltou de seu cativeiro, e que deverá reaparecer na alvorada de uma nova era.

Na tradição cristã, a Arca é um dos símbolos mais ricos: símbolo da morada protegida por Deus (Noé) e salvaguarda das espécies; símbolo da presença de Deus em meio ao povo de sua escolha; uma espécie de santuário móvel, garantindo a aliança entre Deus e seu povo; finalmente, símbolo da Igreja. Esta reveste o triplo sentido simbólico de nova aliança, que é universal e eterna, de nova presença, que é *real*, de nova arca de salvação, já não mais contra o dilúvio, mas, sim, contra o pecado: a Igreja é a Arca nova, aberta a todos para a salvação do mundo.

A Arca de Noé é o tema de numerosas especulações, especialmente na tradição rabínica. Seu formato de pirâmide tem o sentido de fogo, de chama. Encerra uma energia fálica. A Arca foi construída em madeira incorruptível e imputrescível (resinosa ou de acácia). Há uma estreita relação entre as dimensões que Jeová determinou a Noé para a construção da Arca, por ocasião do dilúvio, e as que foram dadas a Moisés para que fizesse a Arca da aliança. Esta última, aliás, toma as mesmas proporções da Arca de Noé, em escala muito reduzida. A Arca de Noé tinha três andares; a importância deste algarismo não poderia passar despercebida: é um símbolo ascensional.

Orígenes explica as dimensões da Arca. Comenta seu comprimento de 300 côvados (*côvado*, ant. medida de comprimento, que correspondia a 66 cm), que exprime a um só tempo o número 100 e o número 3; o primeiro significa a plenitude (a unidade), o segundo, a Trindade. A largura, de 50 côvados, é interpretada como símbolo da redenção. Quanto ao topo, simboliza o algarismo 1, e se refere à unidade de Deus. Orígenes apresenta ainda analogias entre o comprimento, a largura e a altura da Arca, e o comprimento, largura e profundidade do mistério do amor de Deus, de que fala São Paulo (*Efésios*, **3**, 18). Para Santo Ambrósio, a Arca também representa o corpo, com suas dimensões e qualidades. Isidoro de Sevilha dirá que os 300 côvados igualam a 6 vezes 50; portanto, o comprimento é igual a 6 vezes a largura e simboliza as seis idades do mundo. Santo Agostinho comenta, também, esse tema da Arca que prefigura a cidade de Deus, a Igreja, o corpo do Cristo.

Em seu tratado *De arca Noe morali et De arca mystica*, Hugues de Saint-Victor retoma os grandes temas de Orígenes. A Arca misteriosa é figurada pelo coração do homem. Hugues também

a compara a um navio. Estuda sucessivamente os diferentes elementos da Arca, dando-lhes uma tripla interpretação: literal, moral e mística.

A Arca do coração encontra seu análogo no lugar mais secreto do templo onde se oferece o sacrifício, i.e., o Santo dos Santos que representa o centro do mundo. A *Arca* conserva sempre um caráter misterioso. Nela Jung descobre a imagem do seio materno, o mar onde o Sol é submerso para renascer.

É o vaso alquímico onde se processa a transmutação dos metais. É, ainda, o vaso do Graal. O tema do **coração***, na qualidade de arca e vaso, é um símbolo constante. O coração do homem é o lugar onde se opera a transmutação do humano em divino.

A Arca é símbolo do cofre do tesouro, tesouro de conhecimento e de vida. É princípio de conservação e de renascimento dos seres. Na mitologia sudanesa, Nommo enviou aos homens o Ferreiro primitivo, que desceu ao longo do arco-íris trazendo a Arca que continha um exemplar de todos os seres vivos, dos minerais e das técnicas (MYTF, 239).

ARCA² (*v.* Cofre¹)

ARCADA

Está ligada à dupla simbólica do **quadrado*** e do **círculo***, reunindo, assim como o **nicho***, os volumes do cubo e da **taça***. A arcada é uma vitória sobre a mesquinhez carnal. "A arcada, que eleva nos braços erguidos sua coroa de pedra, proclama a vitória durável do esforço anagógico sobre o pesadume material [...] Evoca também a estilização espontânea e imediata da *silhueta humana*: esposa-lhe os contornos e sublinha-lhe o dinamismo de ascensão" (CHAS, 269).

ARCO

O tiro com o arco resume exemplarmente a estrutura da ordem *ternária*, tanto por seus elementos constituintes – arco, corda, flecha –, como pelas fases de sua manifestação: tensão, distensão, arremesso. Vale dizer que o simbolismo sexual mostra, aqui, com especial evidência, seu indissolúvel

122 | ARCO

elo com as atividades de caça e de guerra. Nas sociedades fortemente hierarquizadas o campo simbólico do arco vai do ato criador à busca da perfeição, tanto socialmente (como o testemunha seu papel na cavalaria e principalmente na tradição japonesa), como espiritualmente, e o arco de Shiva assim como o de Sagitário indicam a via de sublimação do desejo. Do despertar do desejo à busca da santidade, veem-se aqui reunidas numa mesma imagem a energia primordial e a energia psíquica que a tradição indiana coloca, respectivamente, no osso sacro (primeiro *Çakra*) e no ápice do crânio (sétimo *Çakra*).

O tiro com arco é, a um só tempo, função nobre, função de caçador, exercício espiritual.

Arma nobre, o arco não deixa de o ser em toda parte: é uma arma de cavalheiro, de *Kshatriya*; consequentemente, está associado às iniciações cavalheirescas. A iconografia purânica utiliza-o amplamente, designando-o de forma expressa como emblema real. É a arma de *Arjuna*: o combate da *Bhagavad-Gita* é um combate de arqueiros. O tiro com o arco é uma disciplina essencial da via japonesa do *Bushido*. É – juntamente com a arte de conduzir carros de combate – a principal dentre as artes liberais chinesas: faz prova dos méritos do príncipe, manifesta sua Virtude. O guerreiro de coração puro acerta no alvo à primeira tentativa. A flecha* destina-se a ferir o inimigo, a abater ritualmente o animal emblemático. A segunda ação tem como objetivo estabelecer a ordem do mundo; a primeira, destruir as forças tenebrosas e nefastas. Essa a razão pela qual o arco (em especial, o arco de madeira de pessegueiro, utilizando flechas de artemísia ou de espinheiro) é arma de combate. É também uma arma de exorcismo, de expulsão: eliminam-se as potências do mal atirando flechas na direção dos quatro pontos cardeais, para o alto e para baixo (o céu e a Terra). O *Xinto* (ou *Sinto*) conhece vários rituais de purificação através dos tiros de flechas. No *Ramaiana* a "oferenda de flechas" do *Parashu-rama* assume um caráter sacrificial.

A flecha identifica-se ao relâmpago, ao raio (fr. *foudre*) [...] A flecha de Apolo, que é um raio (fr. *rayon*) solar, tem a mesma função que o *vajra* (raio / *foudre*) de *Indra*. Yao, imperador *solar*, atirava flechas em direção ao sol; mas as flechas atiradas para o céu por soberanos indignos voltam-se contra eles sob forma de relâmpagos. Atiravam-se também, na China antiga, *flechas serpenteantes*, flechas vermelhas e portadoras de fogo, que representavam claramente o raio. Igualmente, as flechas dos indígenas da América ostentam uma linha vermelha em zigue-zague representando o relâmpago. Mas a flecha como relâmpago – ou como raio solar – é o traço de luz que traspassa as trevas da ignorância: portanto, é um símbolo do conhecimento (tal como a flecha do *Matador de dragão* védico – que possui, além disso, na mesma perspectiva, uma significação fálica, à qual voltaremos). Do mesmo modo, os *Upanixades* fazem do monossílabo *om* uma flecha que, lançada pelo arco humano e atravessando a ignorância, atinge a luz suprema; *Om* (**aum***) é também o arco que projeta a flecha do Eu na direção do alvo, *Brahma*, ao qual ela se une. Esse simbolismo está especialmente desenvolvido no Extremo Oriente, e sobrevive até hoje no Japão. O livro de Lie-tse cita em diversos trechos o exemplo do tiro não intencional, que permite alcançar o alvo mediante a condição de não se ter preocupação nem com o alvo nem com o tiro: é a atitude espiritual *não atuante* dos taoistas. Aliás, a eficácia do tiro é tal que as flechas formam uma linha contínua do arco ao alvo; o que implica, além da noção de continuidade do sujeito ao objeto, a eficácia da relação estabelecida pelo rei ao atirar flechas para o céu, identificando-se a cadeia de flechas ao Eixo do mundo.

Quem atira? é a interrogação que se faz a propósito da arte japonesa do tiro com o arco. *Alguma coisa* atira que não sou *eu*, mas, sim, a identificação perfeita do eu à atividade não atuante do céu. *Qual é o alvo?* Confúcio já dizia que o atirador que não acertar no alvo deve buscar a origem do fracasso nele mesmo. Mas o alvo também está nele mesmo. O caractere chinês *tchong*, que designa o *centro*, representa um alvo traspassado pela flecha. O que a flecha atinge é o *centro* do ser, é o *self*.

Quando se consente em dar nome a esse alvo, ele é chamado *Buda*, pois simboliza efetivamente o alcançar a budeidade (dissemos, mais acima, que ele era também *Brahma*). A mesma disciplina espiritual é conhecida por todo o Islã, onde o arco identifica-se à Potência divina, e a flecha, à sua função de destruição do mal e da ignorância. Em todas as circunstâncias, alcançar o Alvo, que é a perfeição espiritual, a união ao Divino, supõe a trajetória da flecha através das *trevas* que são os defeitos, as imperfeições do indivíduo.

Num plano diferente, a Roda da Existência búdica apresenta a figura de um homem atingido no olho por uma flecha: símbolo da sensação (*vedana*) provocada pelo contato dos sentidos com o seu objeto. Reencontra-se esse simbolismo dos sentidos na Índia. Na qualidade de emblema de *Vishnu* o arco representa o aspecto destruidor, *desintegrante* (*tamas*) que está na origem das percepções dos sentidos. *Kama*, o deus do amor, está representado por cinco flechas que são os cinco sentidos. Relembra-se, aqui, o uso do arco **e** das flechas por Cupido. A flecha também representa *Shiva* (armado, além do mais, com um arco semelhante ao arco-íris); identifica-se ao **linga*** de cinco rostos. Ora, o *linga* também é luz. Assim, associada ao número cinco, a flecha é ainda, por derivação, símbolo de Parvati, encarnação dos cinco *tattva* ou princípios elementares, embora também receptáculo, é verdade, da flecha fálica de *Shiva*. A *tendência* desintegrante permite lembrar, de resto, que a palavra *guna* tem o sentido original de *corda de arco* (COOH, COOA, DANA, EPET, GOVM, GRAD, GRAC, GRAF, GUEC, GUES, HEIIS, HERS, HERZ, KALL, MALA, WIEC).

O arco significa *a tensão de onde brotam nossos desejos*, ligados ao nosso inconsciente. O Amor – o Sol – Deus, todos os três possuem aljava, arco e flechas. A **flecha*** implica sempre um sentido macho. Ela penetra. Ao manejar o arco, o Amor, o Sol e Deus exercem um papel de *fecundação*. Da mesma forma o arco, com suas flechas, é por toda parte símbolo e atributo do amor, da tensão vital, entre os japoneses, como entre os gregos ou os mágicos xamânicos dos montes Altai. Na base desse simbolismo, encontra-se o conceito de tensão dinamizante definido por Heráclito como expressão da força vital, material e espiritual. O arco e as flechas de Apolo são a energia do Sol, seus raios e seus poderes fertilizadores e purificadores. Em Jó, (**29**, 20) o arco simboliza a força: "[...] Minhas raízes estendidas até a água, o orvalho pousando em minha ramagem, minha honra ser-me-á sempre nova, em minha mão o meu arco retomará força."

Uma comparação muito próxima coloca o arco na mão de *Shiva* e faz dele o emblema do poder de Deus, à semelhança do **linga***. O arco de Ulisses simbolizava o poder exclusivo do rei: nenhum dos pretendentes foi capaz de entesá-lo; só ele o conseguiu, e massacrou todos os pretendentes.

Entesado e dirigido para o alto, o arco pode ser também um símbolo da sublimação dos desejos. Parece ser esse o caso no signo zodiacal de Sagitário, representado pela figura de um arqueiro a ajustar sua flecha na direção do céu. "Entre os antigos samoiedos, o **tambor*** tinha o nome de arco musical, arco de harmonia, símbolo da aliança entre os dois mundos, mas também arco de caça, que projeta o xamã como uma flecha em direção ao céu" (SERH, 149).

Símbolo do poder, guerreiro, e mesmo da superioridade militar, no Veda, significa também o instrumento das conquistas celestes. Esse poema, rico de símbolos, evoca as rudes batalhas que são as de ordem espiritual:

> Pudéssemos nós, pelo arco, conquistar as vacas
> e a difícil colheita, pelo arco vencer as árduas batalhas!
> o arco é o tormento do inimigo;
> alcancemos pelo arco todas as regiões do espaço!
>
> (*Rig-Veda*, **6**, 75)

Enfim, o arco é símbolo do destino. Imagem do arco-íris no esoterismo religioso, manifesta a própria vontade divina. Exprime também, entre os délficos, os hebreus, as populações primiti-

124 | ARCO-ÍRIS

vas, a autoridade espiritual, o poder supremo de decisão. É atribuído aos pastores dos povos, aos soberanos pontífices, aos detentores de poderes divinos. Um rei ou um deus mais poderoso que os outros rompe os arcos de seus adversários: o inimigo não lhe pode impor sua lei.

> José é uma planta fecunda perto da fonte,
> cujas hastes transpõem o muro.
> Os arqueiros exasperaram-no,
> atiraram nele e prenderam-no.
> Mas o arco deles foi partido por um poderoso,
> e os nervos de seus braços foram quebrados
> pelas mãos do Poderoso de Jacó,
> pelo Nome da pedra de Israel
> pelo Deus de teu Pai que te socorre.
>
> (*Gênesis*, **49**, 22-25)

Do mesmo modo como age Jeová sobre os inimigos de seu povo e de seus eleitos, o Arqueiro Apolo faz reinar sua lei sobre o Olimpo sempre que esse é seu desejo. O hino homérico que lhe é dedicado exalta seu poder com as seguintes palavras: "Falarei do Arqueiro Apolo cujos passos na morada de Zeus fazem tremer todos os deuses: todos se erguem de seus assentos quando ele se aproxima e quando distende seu arco ilustre" (HYMN, a Apolo, 1-5).

Principalmente os humanos ser-lhe-ão submissos, pois, na sua qualidade de arqueiro, ele é o senhor de seus destinos. Homero a ele se refere na *Ilíada* como "[...] o deus que arremessa a morte [...]. Apolo, o da flecha inevitável". Mata infalivelmente aqueles que mira com suas flechas aladas.

Da mesma forma, Anúbis, o deus egípcio de cabeça de chacal, encarregado de velar sobre os processos de transição dos vivos e dos mortos, é muitas vezes representado atirando com o arco: atitude que simboliza o destino inelutável, o encadeamento dos atos. O rigor do destino é absoluto: mesmo o inferno tem suas leis; a própria liberdade gera uma cadeia de reações irreversíveis. "Em nós, o primeiro ato é livre", diz Mefistófeles; "somos escravos do segundo" (GOETHE, *Fausto*, Primeira parte).

ARCO-ÍRIS

O arco-íris é *caminho e mediação* entre a terra e o **céu***. É a **ponte***, de que se servem deuses e heróis, entre o Outro Mundo e o nosso. Essa função quase universal é atestada tanto entre os pigmeus quanto na Polinésia, na Melanésia, no Japão – para mencionar apenas culturas extraeuropeias.

Na Escandinávia, é a ponte de Byfrost; no Japão, *a ponte flutuante do céu*; a escada de sete cores, através da qual o Buda torna a descer do céu, é um arco-íris. Reencontra-se a mesma ideia desde o Irã até a África, e da América do Norte até a China. No Tibete, o arco-íris não é propriamente a ponte, mas, sim, a alma dos soberanos que se eleva para o céu: o que leva, indiretamente, à noção de *Pontifex*, lugar de passagem. Existe um elo etimológico e simbólico entre o arco-íris (fr. *arc-en-ciel*) e o céu, cuja designação bretã *kanevedenn* supõe um protótipo celta muito antigo, *kambonemos* ou *curva celeste*. O simbolismo reuniria, então, a um só tempo, o de *céu* e o de *ponte* (OGAC, **12**, 186).

As fitas utilizadas pelos xamãs buriatas têm o nome de arco-íris; *elas simbolizam, em geral, a ascensão do Xamã ao céu* (ELIC, 132). Os pigmeus da África Central acreditam que Deus lhes mostra seu desejo de estabelecer relações com eles através do arco-íris.

O arco-íris é um exemplo de transferência dos atributos do deus uraniano à divindade solar: O arco-íris, tido em tantos lugares como epifania uraniana, entre os fueguinos, é associado ao Sol, tornando-se o irmão do Sol (ELIT, SCHP, 79).

Entre os dogons, o arco-íris é considerado o *caminho* graças ao qual o Carneiro celeste, que fecunda o sol e urina as chuvas, desce sobre a terra. E o camaleão, por ostentar suas cores, é--lhe aparentado. O arco-íris, sempre conforme as crenças dos dogons, tem quatro cores: o preto, o vermelho, o amarelo e o verde; são o rastro deixado pelos cascos do Carneiro celeste quando corre (GRIE).

Na Grécia, o arco-íris é Iris, a mensageira rápida dos deuses. Simboliza também, de modo geral, as relações entre o céu e a terra, entre os deuses e os homens: é uma linguagem divina.

Na China, a união das cinco cores atribuídas ao arco-íris é aquela do *yin* e do *yang*, o signo da harmonia do universo e o de sua fecundidade. Se o arco de *Shiva* é semelhante ao arco-íris, o de *Indra* lhe é expressamente relacionado (*arco de Indra, eithna*, é ainda hoje o nome que se lhe dá no Kampuchea (Camboja)). Ora, *Indra* concede à terra a chuva e o raio, que são os símbolos da Atividade celeste.

As sete, e não cinco, cores do arco-íris representam no esoterismo islâmico a imagem das qualidades divinas refletidas no universo, pois o arco-íris é *a imagem inversa do sol sobre o véu inconsistente da chuva* (*Jili*). As sete cores do Arco são assimiladas aos sete céus na Índia e na Mesopotâmia. Segundo o budismo tibetano, nuvens e o arco-íris simbolizam o *Sambogha-kaya* (*corpo de êxtase espiritual*), e sua resolução em chuva, o *Nirmana-kaya* (*corpo de transformação*).

A união de contrários é também a *reunião* das metades separadas, a resolução. Assim, sugere Guénon, o arco-íris, ao aparecer por cima da Arca, reúne as *águas inferiores* e as águas superiores, metades do *ovo* do mundo*, como sinal da restauração da ordem cósmica e da gestação de um ciclo novo. De modo mais explícito, a Bíblia faz do arco-íris a materialização da *aliança*. *E disse Deus:* "Eis aqui o sinal do concerto que vou fazer convosco, e com toda alma vivente que está convosco, em todo o decurso das gerações futuras para sempre. Eu porei o meu arco nas nuvens, e ele será o sinal do concerto, que persiste entre mim e a terra" (*Gênesis*, 9, 12-17).

De Champeaux reconduz a mesma imagem no *Novo Testamento*, a barca de Pedro substituindo a Arca de Noé:

> No interior dessa casca-concha está circunscrito o mistério da Igreja, que é por vocação coextensivo do universo simbolizado pelo **quadrado***. Com Noé, Deus inscreveu prefigurativamente o quadrado do Novo Cosmo no Círculo irisado da benevolência divina. Esboçou o esquema da **Jerusalém*** dos

últimos tempos. Essa aliança já é uma realização, uma assunção, pois Deus é fiel. Os Cristos em glória, bizantinos ou românicos, tronam [i.e., do alto exibem sua majestade], frequentemente, no meio de um arco-íris (CHAS, 108).

A associação Chuva-Arco-íris faz com que, em numerosas tradições, este último evoque a imagem de uma serpente mítica. Na Ásia oriental, é o *Naga*, saído do mundo subterrâneo. Esse simbolismo (que se reencontra na África e talvez, observa Guénon, na Grécia, pois o arco era representado na couraça de Agamenon por três serpentes) está em relação com as *correntes cósmicas* que se desenvolvem entre o céu e a Terra. A escada-arco-íris do Buda tem, à guisa de montantes, dois *nagas*. Reencontra-se o mesmo simbolismo em Angkor (Angkor-Thom, Prah Khan, Banteai Chmar), onde as calçadas de pedra, ladeadas por balaustradas-*naga*, são imagens do arco-íris; o que em Angkor-Thom é confirmado pela presença de Indra em sua extremidade. É preciso acrescentar que em Angkor a mesma ideia parece exprimir-se bem no lintel das portas – portas do céu, sem dúvida – onde de novo se encontra Indra e o **makara*** esmagando dois *nagas*. O *arco com o makara* simboliza, de maneira muito geral, o arco-íris e a chuva celeste. As lendas chinesas narram a metamorfose de um Imortal em arco-íris, enroscado como uma serpente. Ainda a esse propósito, assinalemos que existem no mínimo cinco caracteres para designar o arco-íris e que todos contêm o radical *hoei*, que é o da serpente.

Acrescentemos que, se o arco-íris é geralmente anunciador de felizes acontecimentos ligados à renovação cíclica (e nesse sentido, também, foi que apareceu um arco-íris por ocasião do nascimento de Fuhi), ele pode igualmente preludiar perturbações na harmonia do universo e, até mesmo, assumir uma significação inspiradora de temor: é a outra face, esquerda ou noturna, do mesmo complexo simbólico: "Quando um Estado está em perigo de perecer, escreve Huai Nan-tse, o aspecto do céu muda [...] aparece um arco-íris [...]". Entre os montanheses do Vietnã

126 | AREIA

do Sul, as relações céu-Terra através da mediação do arco-íris implicam um aspecto nefasto, relacionado com a doença e a morte. O arco-íris *Borlang-Kang* é de origem sinistra; apontá-lo com o dedo pode provocar a lepra. Entre os pigmeus, ele é a *perigosa serpente do céu*, uma espécie de arco solar formado por duas serpentes soldadas juntas. Entre os negritos semangues, o arco-íris é uma serpente píton. De vez em quando, "ela desliza para o firmamento, onde vai tomar banho. Nesse momento, brilha com todas as cores. Quando despeja a água de seu banho, esta cai sobre a terra como a chuva do sol, uma água extremamente perigosa para os humanos".

Entre os negritos das Andaman, o arco-íris é maléfico: é o tantã (toque de tambor) do Espírito da Floresta; sua aparição anuncia a doença e a morte (SCHP, 157, 167). Entre os chibchas da Colômbia, ao contrário, o arco-íris era uma divindade protetora das mulheres grávidas (TRIB, 130).

Para os incas (LEHC), é a coroa de plumas de Illapa, o Deus do Trovão e das Chuvas. Illapa é considerado um homem cruel e intratável; por isso, os antigos peruanos não ousavam olhar para o arco-íris, e quando o percebiam, fechavam a boca com a mão. Seu nome era dado à *escada* que permitia o acesso ao interior dos templos subterrâneos dos povos pueblo, e portanto, simbolicamente, escada que servia de acesso ao domínio das forças ctonianas.

Entre os incas, o arco-íris também é uma serpente celeste nefasta. "Recolhida pelos homens quando apenas um pequenino verme, à força de comer, tomou proporções gigantescas. Os homens, então, foram forçados a matá-la porque ela exigia corações humanos como alimento. Os pássaros mergulharam em seu sangue, e sua plumagem tingiu-se com as cores vivas do arco-íris."

Na Ásia central, uma concepção bastante corrente pretende que "o arco-íris aspire ou beba a água dos rios e dos lagos". Os iacutos acreditam que ele pode até mesmo levar consigo os homens da terra. No Cáucaso, exortam-se as crianças a tomarem cuidado para que o arco-íris não as leve para as nuvens (HARA, 152).

AREIA

O simbolismo da areia vem da quantidade de seus grãos. Os séculos passados, ensina o Buda, são *ainda mais numerosos* do que os grãos de areia que há entre a nascente e a foz do Ganges (*Samyutta Nikaya*, 2, 178). A mesma ideia se encontra em Josué, 11, 4: "Partiram, tendo com eles todos os seus exércitos, um povo numeroso como a areia do mar [...]." A constituição ritual dos *montes de areia* no Kampuchea (Camboja) – substitutos manifestos da *montanha central* – também está ligada ao símbolo de quantidade: o número de grãos de areia e o número de pecados dos quais nos desfazemos, dos anos de vida que solicitamos.

Os punhados de areia jogados durante certas cerimônias *xintoístas* representam a chuva, o que é, ainda, uma forma de simbolismo da abundância. Em circunstâncias especiais, a areia pode também substituir a água nas abluções rituais do islamismo (HERS, PORA, SCHC). Ela é purificadora, líquida como a água, abrasiva como o fogo.

Fácil de ser penetrada e plástica, a areia abraça as formas que a ela se moldam; sob este aspecto, é um símbolo de matriz, de útero. O prazer que se experimenta ao andar na areia, deitar sobre ela, afundar-se em sua massa fofa – manifesto nas praias – relaciona-se inconscientemente com o *regressus ad uterum* dos psicanalistas. É, efetivamente, como uma busca de repouso, de segurança, de regeneração.

ARES (Marte)

Deus da guerra, Ares é filho de Zeus e de Hera. Entretanto, é "o mais odioso de todos os Imortais", diz seu pai; "esse louco que ignora as leis", diz sua mãe; "esse exaltado, esse mal encarnado, esse cabeça de vento", diz Atena, sua irmã. Brilhantemente armado de elmo, couraça, lança e espada, nem sempre, contudo, é brilhante em suas proezas: Atena sobrepujava-o no combate graças à sua inteligência superior; um herói grego,

Diomedes, em virtude de sua maior destreza, chegou a ferir o deus numa luta corpo a corpo; Hefaístos colocou-o numa posição ridícula perante Afrodite.

Simboliza a força bruta, a daqueles cujo tamanho, peso, rapidez, capacidade de causar tumulto e massacrar gente lhes sobem à cabeça, e por isso zombam das questões que implicam justiça, medida e humanidade. "Abebera-se no sangue dos homens", diz Ésquilo. Mas essa maneira simplista de ver talvez fosse um pouco caricatural.

Sem ser necessariamente um deus da vegetação, Ares é também um protetor das colheitas, o que é uma das missões do guerreiro. Embora seja saudado com o título de deus da primavera, não é porque favoreça o impulso de expansão da seiva, mas porque o mês de março inaugura a estação em que os príncipes saem para guerrear. Também é o deus da juventude: guia sobretudo os jovens que emigram para fundar novas cidades. Rômulo e Remo seriam seus dois filhos gêmeos. Frequentemente, veem-se nas obras de arte os emigrantes acompanhados por um pica-pau **verde*** (ave trepadora de plumagem verde e amarela) ou por um **lobo***, que são animais consagrados a Ares; foi uma loba que amamentou os dois gêmeos, numa gruta do futuro Palatino.

Se, por um lado, é *o Matador*, *o Defensor* dos lares e dos jovens, por outro, Ares é também *o Punidor* e *o Vingador* de todas as ofensas, sobretudo da violação dos juramentos; e às vezes é, igualmente, venerado como o deus do juramento (SECG, 248).

Na tríade indo-europeia, posta em destaque pelos trabalhos de G. Dumézil, Ares representa a classe guerreira.

O *hino homérico,* de época sem dúvida muito tardia (séc. IV de nossa era?), que lhe é consagrado, indica o caminho de uma evolução espiritual, que seria simbolizada pelo fogoso Ares se ele conseguisse refrear suas paixões brutais:

> Ares soberanamente forte [...] coração valoroso [...] pai da Vitória que dá às guerras um final feliz, sustentáculo da Justiça, tu que dominas o adver-sário e diriges os mais justos dos homens [...] que outorgas a juventude plena de coragem [...] ouve minha prece! Difunde do alto tua doce claridade sobre nossa existência, e também tua força marcial, a fim de que eu possa desviar de minha cabeça a covardia degradante, reduzir em mim a impetuosidade enganadora de minh'alma e conter o acerbo ardor de um coração que poderia me incitar a entrar na refrega de glacial pavor! Mas tu, Deus venturoso, dá-me uma alma intrépida e a graça de permanecer sob as leis invioladas da paz, escapando ao combate do inimigo e ao destino de uma morte violenta! (HYMH, 182).

A função do Marte romano, no domínio céltico, é fixada de modo muito completo, porém diferente. Está representada em duas categorias: por *Nodons* (irl. *Nuada*), o *rei-sacerdote*, saído da classe guerreira, mas que exerce uma função sacerdotal; e por *Ogmios* (irl. *Ogme*), o *deus dos elos*, que é o *campeão* (Hércules), *mestre do combate corpo a corpo, da magia e das potências obscuras.* Na época galo-romana, desapareceu a função real, e, por já não ter razão de ser o combate corpo a corpo, a própria natureza de Marte foi gravemente alterada pela *interpretatio romana* e pelo sincretismo, o que causou inumeráveis confusões e erros (OGAC, 17, 175-188).

ARGOLA, BRINCO (*v.* Fivela)

ÁRIES (*v.* Carneiro)

ARLEQUIM

Nome que vem da antiga comédia italiana (*commedia dell'Arte,* cujo objetivo original era o de divertir o público ridicularizando os costumes, esquisitices e extravagâncias da sociedade burguesa da época [séc. XVI]). Denominava um personagem classicamente trajado com uma roupa feita de pedaços de pano triangulares e de cores diferentes; usava uma máscara negra a esconder-lhe os olhos e um sabre de madeira à cintura. Encarnava os papéis de jovem gaiato, de bufão malicioso, de um indivíduo matreiro embora meio pateta, e de leviano. Sua vestimenta multicor sublinhava

128 | ARMA

sobretudo esse último aspecto. O arlequim é a imagem do irresoluto e do incoerente, que não se prende a ideias, sem princípios e sem caráter. Seu sabre é apenas de madeira, seu rosto anda sempre mascarado, sua vestimenta é feita de remendos, de pedaços de pano. A disposição desses pedaços em **xadrez*** evoca uma situação conflitiva – a de um ser que não conseguiu individualizar-se, personalizar-se e desvincular-se da confusão dos desejos, projetos e possibilidades.

ARMA

A arma é o antimonstro que, por sua vez, se torna monstro. Forjada para lutar contra o inimigo, pode ser desviada de sua finalidade e servir para dominar o amigo, ou simplesmente, o outro. Do mesmo modo, as fortificações podem servir como para-choques contra um ataque e como ponto de partida para uma ofensiva. A ambiguidade da arma está no fato de simbolizar a um só tempo o instrumento da justiça e o da opressão, a defesa e a conquista. Em qualquer hipótese, a arma materializa *a vontade dirigida para um objetivo*.

Certas armas são feitas de ligas muito complexas ou de combinações alternadas de metais. Toda a armadura de Agamenon, por exemplo, tal como a descreve Homero, é uma cuidadosa composição de ouro e prata. Os metais mais preciosos nela se misturam, tanto na confecção da couraça e do escudo, como na da espada e do resto: "Usa negligentemente a espada a tiracolo. Pregos de ouro nela resplandecem; em compensação, a bainha que a encerra é de prata, adaptando-se, porém, a um tálim de ouro" (*Ilíada*, **11**, 24 s.). Como cada metal tem seu valor simbólico, vê-se quanta riqueza de significação cada arma pode conter, e a carga de poder mágico que se procura atribuir-lhe. (O **ferreiro*** era considerado um mágico.) Todo aquele que a usa identifica-se à sua armadura. Assim também, entre os gregos, o intercâmbio de armas era sinal de amizade.

Os sonhos em que aparecem armas são reveladores de conflitos interiores. A forma de certas armas determina a natureza do conflito. Por exemplo: "a psicanálise vê na maioria das armas

um símbolo sexual [...]. A designação do órgão masculino é a mais clara, sempre que se trate de pistolas e de revólveres que, nos sonhos, aparecem como um sinal de tensão sexual psicológica" (AEPR, 225).

São Paulo descreveu, na *Epístola aos Efésios*, aquilo que poderíamos denominar panóplia do cristão:

> Quanto ao mais, irmãos, fortalecei-vos no Senhor, e no poder da sua virtude. Revesti-vos da armadura de Deus, para que possais estar firmes contra as ciladas do diabo. Porque nós não temos que lutar contra a carne e o sangue: mas sim contra os principados e potestades, contra os governadores destas trevas do mundo, contra os espíritos de malícia espalhados por esses ares. Portanto, tomai a armadura de Deus para que possais resistir no dia mau, e estar perfeitos em tudo. *Estai pois firmes,* tendo cingidos os vossos lombos com a Verdade, e vestidos da couraça da Justiça, e tendo os pés calçados, na preparação do Evangelho da paz, embraçando, sobretudo, o *escudo da Fé,* com que possais apagar todos os dardos inflamados do Maligno: tomai outrossim o *capacete da Salvação: e a espada do Espírito* (que é a palavra de Deus) (**6**, 10-17).

Evidentemente, a simbólica cristã apoderou-se dessas imagens para montar todo um quadro de correspondências no combate espiritual e elaborar uma espécie de polemologia mística:

> o cinturão simboliza a verdade e a caridade;
> a couraça, a justiça e a pureza;
> o calçado, o zelo apostólico, a humildade e a perseverança;
> o escudo, a fé e a cruz;
> o capacete, a esperança da salvação;
> o gládio, a palavra de Deus;
> o arco, a oração que age ao longe.

Desse ponto de vista espiritual e moral, as armas significam os poderes interiores, sendo as virtudes nada mais do que funções equilibradas sob a supremacia do espírito.

Outras tabelas de correspondências foram concebidas no sentido de pôr as armas em relação com outros objetos. Por exemplo, certas armas simbolizam os elementos:

A funda de outrora, o fuzil, a metralhadora, o canhão, o míssil e o foguete de hoje em dia estão em relação com o elemento ar; a lança, as armas químicas, com o elemento terra; a espada, as armas psicológicas, com o elemento fogo; o tridente, com o elemento água; o combate de espada contra a lança seria um combate do fogo contra a terra; o combate do tridente e da funda, um ciclone.

Por outro lado, certas armas simbolizam funções: a maça, o bastão e o chicote são atributos do poder soberano; a lança e a espada, o arco e a flecha são atributos do guerreiro; a faca, o punhal, a adaga e o venábulo são atributos do caçador; o raio e as redes são os atributos da divindade suprema.

Na psicanálise junguiana, a faca e a adaga correspondem às zonas obscuras do ego, à Sombra (o lado negativo, recalcado do ego); a lança, à *Anima* (a feminidade consciente do ser humano ou o inconsciente primitivo); a maça, o cacete, a rede, o chicote, ao **mana***; a espada, ao *Self* (in CIRD, 349).

ARMINHO

Carnívoro de pelo branco imaculado. A túnica, a *mozetta*, o manto de pele de arminho, simbolizam a inocência e a pureza – na conduta, no ensino, na justiça.

Elien (II, 37) diz que *se o arminho cai num valo ele fica paralisado (de horror) e morre* (in TERS, 211). Donde o seu significado simbólico, associado muitas vezes a divisas reais: *preferir a morte à sujeira ou aviltamento*. Significa, então, a pureza moral e, nesse sentido, ornamenta as vestes de cerimônia dos altos dignitários da Igreja, do Estado, da Universidade.

ARQUEIRO (*v.* Arco)

"Símbolo do homem que mira alguma coisa e que, ao mirar, de certo modo já a atinge em efígie [...]. O homem identifica-se a seu projétil" (CHAS, 324) (*v.* **flecha***). Identifica-se, igualmen-te, a seu alvo, seja com a finalidade de comer a presa que caça, seja para provar sua bravura ou habilidade. Assim, também, numerosas representações de feras matando corças mostram as primeiras tomando posição por cima de suas presas, como se quisessem cobri-las antes de devorá-las: duplo fenômeno de identificação e de posse. O arqueiro simboliza o desejo de posse: matar é dominar. Geralmente, Eros é representado com um arco e uma aljava.

ARROZ

Como o pão ou o trigo na Europa, o arroz constitui, na Ásia, o alimento essencial: comporta, pois, a mesma significação simbólica e ritual.

O arroz é de origem divina. Não apenas é encontrado na **abóbora*** primordial, da mesma forma que as espécies humanas, mas, como o maná no deserto, cresce e enche celeiros espontaneamente. Todas as lendas da Ásia oriental dão testemunho disso. A laboriosa cultura do arroz é consecutiva à ruptura das relações entre o céu e a Terra. Trazido ao Japão pelo príncipe Ninigi, neto de *Amaterasu*, o arroz é o objeto de um rito comunitário no curso do qual o imperador *prova* do cereal em companhia da Deusa solar. Ele é para os japoneses o símbolo da abundância, devida ao poder celeste.

Alimento de vida, e também de imortalidade, o arroz *vermelho* é armazenado como tal no alqueire das sociedades secretas chinesas. Provém exclusivamente, dizem os rituais, do *poder do senhor Ming*, isto é, da *luz*, ou do conhecimento. É, pois, ainda, como o pão, símbolo de alimento espiritual. O arroz se transforma alquimicamente em **cinabre***, sulfeto *vermelho* de mercúrio. O que se pode relacionar com o *enxofre vermelho* do espterismo islâmico e com a *obra em vermelho* do hermetismo ocidental.

O arroz é a riqueza, a abundância, a pureza primeira. Deve-se observar que, no próprio Ocidente, ele é o símbolo de felicidade e de fecundidade: lançam-se punhados de arroz nas cerimônias de casamento (GRILL, GUET, HERS, HERJ, MAST, ROUN).

130 | ÁRTEMIS (DIANA)

ÁRTEMIS (Diana)

Filha de **Zeus*** e de Latona (Leto), Ártemis é a irmã gêmea de **Apolo***. Virgem severa e vingativa, *indomável*, aparece na mitologia como o oposto de Afrodite. Castiga cruelmente todo aquele que lhe faltar ao respeito, transformando-o, por exemplo, em um cervo e ordenando a seus cães que o devorem; em contraposição, recompensa com a imortalidade seus adoradores fiéis, como no caso de Hipólito, que morreu vítima de sua castidade.

"Ártemis, a Turbulenta, sagitário com o arco de ouro, a irmã do Arqueiro" (*Ilíada*, XX), correndo através de montes e florestas com as ninfas suas companheiras e com sua matilha de cães, pronta a atirar com o arco, é *a selvagem deusa da natureza*. Mostra-se impiedosa sobretudo com as mulheres que cedem à atração do amor. É, a um só tempo, aquela que conduz aos caminhos da castidade e a leoa que barra os caminhos da volúpia. Foi cognominada a *Senhora das feras*. Caçadora, costuma massacrar os animais que simbolizam a doçura e a fecundidade do amor – os cervos e as corças –, salvo quando são jovens e puros: nesse caso, ela os protege como seres consagrados; protege, também, as mulheres grávidas e as fêmeas prenhes, por causa das criaturas esperadas [...]. Embora virgem, é a deusa dos partos. São-lhe oferecidos sacrifícios de animais selvagens ou domésticos; meninas, disfarçadas em ursinhas, dançam à sua volta. Exigiu a morte de Ifigênia para castigar o ultraje de Agamenon; porém, estando ela já prestes a ser queimada na fogueira, Ártemis a substitui por uma corça, e transporta a jovem pelos ares a fim de torná-la sua sacerdotisa.

"Protetora, embora temível, por vezes, Ártemis reina igualmente sobre o mundo humano, onde preside ao nascimento e desenvolvimento dos seres." Dela fizeram uma deusa lunar, vagando como a Lua e brincando nas montanhas, ao passo que seu irmão gêmeo, Apolo, tornou-se um deus solar. Ártemis Selênia também está ligada ao ciclo de símbolos da fecundidade. Feroz para com os homens, ela desempenhará o papel de protetora da vida feminina. Por isso considerou-se seu culto

derivado do culto da **grande-mãe*** *asiática e dos antigos povos do mar Egeu*, principalmente em honra a Éfeso e Delos (SECG, 353-365).

A Diana romana corresponderia a um deus celeste indo-europeu "que assegurava", de acordo com G. Dumézil, "a continuidade dos nascimentos, e que era o provedor da sucessão dos reis". Ela era também protetora dos escravos. A partir do séc. V a.C., foi assimilada à deusa grega Ártemis.

Aos olhos de certos psicanalistas, Ártemis simbolizaria o aspecto ciumento, dominador e castrador da mãe. Com **Afrodite***, seu oposto, constituiria o retrato integral da mulher, tão profundamente dividida em si mesma, que não foi capaz de reduzir as tensões originadas por esse duplo aspecto de sua personalidade. As feras que acompanham Ártemis em suas caminhadas são os instintos, inseparáveis do ser humano; é importante que sejam domados, a fim de que se possa alcançar essa *cidade dos justos* que, segundo Homero, a deusa amava.

O culto de Diana propriamente dita não é atestado na Gália antes da época romana. No entanto, sua extraordinária difusão está provada em virtude da maneira pela qual os concílios e outras assembleias ou autoridades cristãs contra ele reagiram, até por volta dos sécs. VII e VIII. É provável que o culto de Diana, deusa que simboliza os aspectos virginais e soberanos da mais antiga mitologia itálica, coincida com o culto de uma divindade celta continental, cujo nome se assemelhava ao seu, e que devia estar próximo, por sua forma, da *Dé Ana* ou *deusa Ana* irlandesa, mãe dos deuses e patrona das artes (CELT, **15**, 358).

ARTEMÍSIA

A artemísia era – e ainda é – considerada no Extremo Oriente uma planta dotada de virtudes purificadoras. Tanto é assim que, na China como na Europa, se utilizaram suas propriedades emenagogas e anti-helmínticas, ambas relacionadas com formas de *impureza*.

O caldo de artemísia era tomado ritualmente por ocasião da festa do 5° dia do 5° mês. Pequeninas figuras feitas com madeira de artemísia (figuras de homens ou de tigres) eram suspensas nas portas (prática que parece não ter sido totalmente abandonada), no intuito de purificar as casas das influências perniciosas e de protegê-las contra a penetração dessas influências. Flechas de artemísia eram atiradas contra o céu, a terra e os quatro orientes a fim de eliminar as influências nefastas.

Planta odorífera, a artemísia era também misturada à gordura das vítimas sacrificiais, pois a elevação de vapores perfumados é um meio de comunicação com o céu (GRAD, GOVM).

ARTICULAÇÃO

O simbolismo das articulações aparenta-se ao dos **nós*** (na língua dos bambaras, articulação chama-se *nó*) (ZAHB).

As articulações permitem a ação, o movimento, o trabalho; entre os bambaras, as seis sociedades de iniciação, que escalonam o curso da vida humana, estão associadas às seis principais articulações dos membros. Articulam a sociedade humana, dão ao homem os meios para realizar-se (ZAHB). Tal como os nós e os elos, as articulações simbolizariam as funções necessárias à passagem da vida à ação.

As articulações principais dos membros têm uma importância fundamental no pensamento dos dogons e dos bambaras do Mali. No início dos tempos, os homens não tinham articulações; seus membros eram moles e eles não podiam trabalhar. Os ancestrais míticos da humanidade atual foram os primeiros seres dotados de articulações. De resto, eram em número de **oito***, número que se tornou o da criação. O sêmen masculino provém das articulações e, quando desce para fecundar o óvulo contido no útero da mulher, instala-se nas articulações do embrião para conferir-lhe vida. Com a aparição dos homens articulados, vem a da *terceira palavra*: o verbo em sua plenitude, e a aparição das técnicas próprias a esses povos – agricultura, fiação, tecelagem, ferraria (GRID).

Para os bambaras, a fadiga que o homem ressente em seus membros após o ato sexual prova que seu líquido seminal provém das articulações (DIEB).

Para os licubas e licualas do Congo, o corpo humano compreende quatorze articulações principais: sete superiores (pescoço, ombros, cotovelos, pulsos) e sete inferiores (rins, virilhas, joelhos, tornozelos) que constituem o centro da geração; a ordem dessas articulações (de cima para baixo, do pescoço para os tornozelos) é a mesma em que se faz a manifestação da vida no recém-nascido; inversamente, pode-se ver a vida a retirar-se do corpo de um moribundo pela paralisia progressiva dessas quatorze articulações, sendo a do pescoço a última a funcionar (LEBM).

Os antigos caraíbas das Antilhas consideravam que o homem era dotado de várias almas, que elas situavam no coração, na cabeça e nas articulações, onde se manifesta o pulso (METB).

A articulação é um dos símbolos da comunicação, o caminho através do qual a vida se manifesta e passa.

ARTUR

Etimologicamente, o nome galês Artur é um derivado do nome do urso (*arto-s*) através de um antigo vocábulo britânico *artoris*, no qual só o sufixo é de origem latina. Artur é o "rei" por excelência e seu *poder temporal* opõe-se simbolicamente à autoridade espiritual (representada pelo **javali***) no episódio legendário da caça. O ideal cavaleiresco da "demanda" (busca) do Graal, amplamente retomado e explorado pelas literaturas medievais, insulares ou continentais, corresponde, com efeito, a uma predominância da classe guerreira. Em consequência, o rei Artur da história, transposto para a lenda e misteriosamente adormecido na ilha de Avalon (localização do Outro Mundo), catalisa todas as *aspirações políticas* das pequeninas nações celtas da Idade Média: os galeses e os bretões esperam que ele venha livrá-los da dominação estrangeira, o que o rei não deixará de fazer antes do final dos tempos (*v.* **urso*** e **pedra***).

ÁRVORE

Este é um dos temas simbólicos mais ricos e mais difundidos, cuja simples bibliografia daria

132 | ÁRVORE

para formar um livro. Mircea Eliade distingue sete interpretações principais (ELIT, 230-231), embora não as considere exaustivas. Entretanto, articulam-se todas elas em torno da mesma ideia do *Cosmo vivo*, em perpétua regeneração.

A despeito de aparências superficiais e de certas conclusões apressadas, a árvore, mesmo quando considerada sagrada, não é objeto de culto por toda parte; é a figuração simbólica de uma entidade que a ultrapassa e que, ela sim, pode se tornar objeto de culto.

Símbolo da vida, em perpétua evolução e em ascensão para o céu, ela evoca todo o simbolismo da verticalidade; veja-se, como exemplo, a árvore de Leonardo da Vinci. Por outro lado, serve também para simbolizar o aspecto cíclico da evolução cósmica: morte e regeneração. Sobretudo as frondosas evocam um ciclo, pois se despojam e tornam a recobrir-se de folhas todos os anos.

A árvore põe igualmente em comunicação os três níveis do cosmo: o subterrâneo, através de suas raízes sempre a explorar as profundezas onde se enterram; a superfície da terra, através de seu tronco e de seus galhos inferiores; as alturas, por meio de seus galhos superiores e de seu cimo, atraídos pela luz do céu. Répteis arrastam-se por entre suas raízes; pássaros voam através de sua ramagem: ela estabelece, assim, uma relação entre o mundo ctoniano e o mundo uraniano. Reúne todos os elementos: a água circula com sua seiva, a terra integra-se a seu corpo através das raízes, o ar lhe nutre as folhas, e dela brota o fogo quando se esfregam seus galhos um contra outro.

Não se reterá aqui senão a simbólica geral da árvore; detalhes sobre espécies particulares serão citados nos respectivos verbetes: **acácia***, **amendoeira***, **carvalho***, **cipreste***, **oliveira*** etc.

Pelo fato de suas raízes mergulharem no solo e de seus galhos se elevarem para o céu, a árvore é universalmente considerada símbolo das relações que se estabelecem entre a terra e o céu. Por isso, tem o sentido de *centro*, e tanto é assim que a *Árvore do Mundo* é um sinônimo do *Eixo do Mundo*. E é justamente sob esse aspecto que a descreve

liricamente o pseudo-Crisóstomo na sexta homília sobre a Páscoa: "firme sustentáculo do universo, ligação de todas as coisas, suporte de toda a terra habitada, entrelaçamento cósmico, compreendendo em si toda a miscelânea da natureza humana. Fixada pelos pregos invisíveis do Espírito, a fim de não vacilar em seu ajustamento ao divino; tocando o céu com o cimo de sua cabeça, fortalecendo a terra com seus pés e, no espaço intermediário, abraçando a atmosfera inteira com suas mãos incomensuráveis" (citado por H. de Lubac em *Catholicisme – Les aspects sociaux du dogme*, Paris, 1941, p. 366). Figura axial, ela é naturalmente o caminho ascensional ao longo do qual transitam aqueles que passam do visível ao invisível. Portanto, é essa mesma árvore que evocam igualmente a escada de Jacó, o poste xamânico da iurta (tenda) siberiana, o poste central do santuário vodu, *Caminho dos espíritos* (METV, 66), ou o poste da cabana dos indígenas sioux em torno do qual se realiza a dança do sol. É o pilar central que sustenta o templo ou a casa, na tradição judaico-cristã, e é também a coluna vertebral a sustentar o corpo humano, templo da alma.

A árvore cósmica é muitas vezes representada sob a forma de uma essência particularmente majestosa. Assim aparecem, nas crenças desses povos, o carvalho celta, a tília germânica, o freixo escandinavo, a oliveira do oriente islâmico, o lariço e a bétula siberianos, todas elas árvores notáveis por suas dimensões, sua longevidade ou, como no caso da bétula, por sua brancura luminosa. Incisões feitas no tronco desta última materializam as etapas da ascensão xamânica. Deuses, espíritos e almas valem-se do caminho da árvore do mundo para transitar entre céu e Terra. É o que ocorre na China com a árvore *Kian-Mu*, que se ergue no centro do mundo, tal como o testemunha o fato de que não haja em seu pé nem sombra nem eco; possui nove galhos e nove raízes, através das quais alcança os nove céus e as nove fontes, morada dos mortos.

Por ela sobem e descem os soberanos, mediadores entre o céu e a Terra, mas também substitutos do Sol. Sol e Lua descem igualmente pelo lariço siberiano, sob a forma de pássaros; além disso, de um lado e de outro da árvore *Kian* encontram-se: a árvore *Fu* no levante, e a árvore *Jo* no poente, por onde sobe e desce o Sol. A árvore *Jo* tem também dez sóis, que são dez corvos.

Para os muçulmanos xiitas de rito ismaelita, *a árvore, alimentada de terra e de água, e por ultrapassar o sétimo céu*, simboliza a *hakikat*, i.e., o estado de beatitude onde o místico, ao ultrapassar a dualidade das aparências, encontra a Realidade suprema, a Unidade original onde o ser coincide com Deus.

Há em certas tradições muitas *árvores do mundo*. Assim, os Gold situam uma primeira nos céus, uma segunda na terra e uma terceira no reino dos mortos (HARA, 56).

Antípodas da terra dos Gold, os povos indígenas pueblo têm em sua cosmologia o grande abeto do mundo subterrâneo que retoma o simbolismo ascensional da migração das almas, ao fornecer a escada por meio da qual os Ancestrais, *in illo tempore*, puderam galgar até *a terra do nosso sol* (ALEC, 56). Mas essa árvore central que do cosmo até o homem cobre todo o campo do pensamento com sua presença e sua força é também necessariamente a *árvore da vida*, quer seja de folhas perenes como o loureiro, símbolo de imortalidade, quer de folhas caducas, cuja regeneração periódica exprime o ciclo das mortes e renascimentos, e, portanto, a vida em sua dinâmica: "se está carregada de forças sagradas", observa M. Eliade, "é por ser vertical, é porque cresce, perde suas folhas e torna a recuperá-las, e porque, consequentemente, se regenera: morre e renasce inumeráveis vezes" (ELIT, 235).

A árvore da vida tem o *orvalho celeste* como seiva, e seus frutos, ciosamente defendidos, transmitem uma parcela de imortalidade. Esse é o caso dos frutos da árvore da vida do Éden, que são em número de **doze***, signo da renovação cíclica, como é o caso também da árvore da Jerusalém celeste, dos pomos de ouro do jardim das Hespérides e dos pêssegos da *Si-wang mu*, da seiva

do *Haoma* iraniano, sem mencionar as diversas resinas de coníferas. O *himorogi* japonês, trazido para dentro da *Terra central* bem parece ser uma Árvore da Vida. A Árvore da Vida é um tema de decoração muito difundido no Irã, onde é figurada entre dois animais que se defrontam; em Java, é representada com a montanha central sobre a tela (*kayon*) do teatro de sombras.

A Árvore da *Boddhi*, debaixo da qual o Buda alcançou a iluminação, é também uma *Árvore do Mundo* e uma Árvore da Vida: representa, na iconografia primitiva, o próprio Buda. Suas raízes, diz uma inscrição de Angkor, são *Brahma*, seu tronco é *Shiva,* e seus galhos, *Vishnu*. É uma representação clássica do eixo do mundo. A Árvore cósmica que, na *Agitação do Mar de Leite*, servia para se obter a poção da imortalidade, está representada em Angkor com a figura de *Vishnu* na base, no tronco e no cimo. Mas, em outras circunstâncias, *Shiva* é uma árvore central da qual *Brahma* e *Vishnu* são os galhos laterais.

A associação da Árvore da Vida com a manifestação divina encontra-se também nas tradições cristãs. Pois existe analogia e mesmo reintrodução do símbolo entre a árvore da primeira aliança, a árvore da vida da Gênese, e a árvore da cruz ou árvore da Nova Aliança, que regenera o Homem. Para H. de Lubac, a Cruz, erigida sobre uma montanha no centro do mundo, reintroduz totalmente a antiga imagem da árvore cósmica ou árvore do mundo. De resto, são frequentes na iconografia cristã as representações de uma cruz frondosa ou de uma *Árvore-Cruz* onde se reencontra, com a separação dos dois galhos inferiores, a simbólica da forquilha e de sua representação gráfica, o Y, ou do Único e do dual. Em última análise, é o próprio Cristo que, por metonímia, se torna a árvore do mundo, o eixo do mundo, a escada: a comparação é explícita em Orígenes.

No Oriente, assim como no Ocidente, a árvore da vida é muitas vezes *invertida*. Essa inversão, segundo os textos védicos, proviria de determinada concepção do papel desempenhado pelo Sol e pela luz no crescimento dos seres: é do alto

134 | ÁRVORE

que os seres extraem a vida, é de baixo que eles se esforçam por fazê-la penetrar no mundo. Daí essa inversão de imagens: a ramagem desempenha o papel de raízes, as raízes, o dos galhos. A vida vem do céu e penetra na terra: segundo Dante, ele próprio era uma árvore que *vivia de sua fronde.* Esse conceito nada teria de anticientífico; porém, o "do alto" oriental é sacralizado, e a fotogênese explica-se através da força de seres celestes. O simbolismo hindu da árvore invertida, que se exprime principalmente na *Bhagavad-Gita* (15, 1), significa também que as raízes são o princípio da manifestação, e os galhos, a manifestação que desabrocha. Guénon descobre ainda outro significado: a árvore eleva-se acima do *plano de reflexão,* que, por sua vez, limita o domínio cósmico invertido embaixo; transpõe o limite do *manifestado,* para penetrar no *refletido* e nele introduzir *o inspirado.*

O esoterismo hebraico retoma a mesma ideia: "A árvore da vida estende-se do alto para baixo, e o sol a ilumina inteiramente" (*Zohar*). No Islã, as raízes da Árvore da Felicidade penetram no último céu, e seus pequenos ramos se estendem por cima e por baixo da terra.

A mesma tradição afirma-se no folclore islandês e finlandês. Os lapões sacrificam todos os anos um boi em benefício do deus da vegetação e, nessa ocasião, uma árvore é colocada ao pé do altar com as raízes para cima e a fronde por terra.

Schmidt conta que em certas tribos australianas os feiticeiros tinham uma árvore mágica que plantavam invertida. Após besuntar-lhe as raízes com sangue humano, eles a queimavam.

Nos *Upanixades,* o universo é uma árvore invertida, que mergulha suas raízes no céu e estende seus ramos por cima da terra inteira. Segundo Eliade, essa imagem poderia ter uma significação solar. O *Rig-Veda* especifica: "É para baixo que se dirigem os galhos, é em cima que se encontra sua raiz, que seus raios desçam sobre nós!" O Katha-Upanixade diz: *Esse Açvattha eterno, cujas raízes vão para o alto, e os galhos, para baixo, é o puro, é o Brahma; o Brahma é aquilo que se denomina a*

Não Morte. Todos os mundos nele repousam. Mircea Eliade comenta: "a árvore Açvattha representa aqui, em toda a sua clareza, a manifestação do Brahma no Cosmo, i.e., a criação como movimento descendente" (ELIT, 239-241).

E, sobre o mesmo tema, conclui Gilbert Durand: "Essa insólita árvore invertida, que choca nosso sentido da verticalidade ascendente, é um indício certo, no arquétipo da árvore, da coexistência do esquema da reciprocidade cíclica" (DURS, 371). Essa ideia de reciprocidade conduz àquela de união entre o contínuo e o descontínuo, a unidade e a dualidade, ao deslizamento simbólico da Árvore da Vida para a *Árvore da Sabedoria,* essa *Árvore da Ciência do Bem e do Mal,* que, sem embargo, se distingue da primeira. No paraíso terrestre, será o instrumento da queda de Adão, como a árvore da vida será o de sua redenção, com a crucificação de Jesus. Essa distinção do Antigo Testamento, que reforça mais uma vez a ideia de reciprocidade, introduzirá, também, segundo André Virei, "o paralelismo e a distinção de duas evoluções criadoras, biológica por um lado (árvore da vida), psicológica e histórica por outro" (VIRI, 175).

Com efeito, é bem essa ideia de evolução biológica que faz da árvore da vida um *símbolo de fertilidade* sobre o qual se veio construindo, ao longo do tempo, toda uma magia propiciatória. Dela pode-se encontrar, ainda hoje em dia, numerosos testemunhos. Assim, em certas tribos nômades iranianas, as mulheres jovens enfeitam o corpo com a tatuagem de uma árvore, cujas raízes partem do sexo, e cujas folhagens se espalham sobre os seios. Outro costume antiquíssimo, existente desde o Mediterrâneo até a Índia, faz com que se encontrem, isoladas no campo e muitas vezes perto de uma **fonte***, belas árvores recobertas por uma floração de lenços vermelhos, atados aos seus galhos por mulheres estéreis para conjurar a má sorte.

O costume dravidiano do casamento místico entre árvores e humanos destina-se a reforçar a capacidade de procriação da mulher: "a noiva de um

Goala hindu casa-se obrigatoriamente com uma mangueira, antes de unir-se em matrimônio com seu próprio marido" (BOUA, 277). Tradições análogas são atestadas no Punjab e no Himalaia. "Em Bombaim, entre os Kudva-Kunbi do Guzerá, se o casamento apresenta certas dificuldades, primeiramente casa-se a jovem com uma mangueira ou qualquer outra árvore frutífera, porque", escreve Campell (*Bombay Gazeteer*, 7, 61), "um espírito teme as árvores, sobretudo as frutíferas." A analogia árvore frutífera-mulher fecunda desempenha, nesse caso, um papel complementar da analogia árvore laticífera-força genésica (do macho). O que explica que, "entre os Kurmi", seja o noivo que "se deve casar primeiro com a mangueira no dia de seu casamento. Beija a árvore à qual, a seguir, é amarrado. Ao cabo de certo tempo, soltam-no, mas as folhas da árvore são atadas em volta de seus pulsos". O casamento com árvores associado ao casamento humano encontra-se também na América do Norte, entre os sioux; na África, entre os bosquímanos e hotentotes.

Conta-se, entre os iacutos, que

no umbigo da terra ergue-se uma árvore florescente de oito galhos [...]. A coroa da árvore esparge um líquido divino de um amarelo espumante. Quando os passantes o bebem, sua fadiga se dissipa e sua fome desaparece [...]. Quando o primeiro homem, no momento de sua aparição no mundo, desejou saber por que razão ali se encontrava, achegou-se a essa árvore gigantesca cujo cimo atravessava o céu [...]. Então ele viu, no tronco da árvore maravilhosa [...] uma cavidade onde se mostrou até a cintura uma mulher que lhe fez saber que viera ao mundo para ser o ancestral do gênero humano (ROUF, 374).

Os altaicos dizem igualmente: "antes de virem para a terra, as almas dos humanos residem no céu, onde estão pousadas nos cimos celestes da árvore cósmica, sob a forma de pequeninos pássaros" (ROUF, 376).

Marco Polo relata que "o primeiro rei dos uigures nascera de um certo cogumelo nutrido da seiva das árvores" (citado por ROUF, 361). Crenças análogas encontram-se também na China. Todas essas lendas não apresentam senão uma alternativa: ou uma árvore é fecundada pela luz – o que parece ser a forma mais antiga do mito – ou duas árvores acasalam-se.

O costume dravidiano casa também *entre elas*, as árvores, substitutas dos homens. Assim, na Índia do Sul, um casal que não consiga procriar vai para a beira do lago ou do rio sagrado, na manhã de um dia fasto (propício). Lá chegando, os dois esposos plantam, uma ao lado da outra, duas mudas de árvores sagradas, das quais uma fará as vezes de macho, e a outra, de fêmea; depois, enlaçam o caule reto e rígido da planta macho com o caule macio da planta fêmea. O *casal de árvores* assim formado é, a seguir, protegido por uma cerca a fim de que viva e assegure, com sua própria fecundidade, a do casal humano que o plantou (BOUA, 8-9). No entanto, a ligação dessas árvores é considerada de início apenas um noivado. É preciso que se escoe um lapso de tempo de uma dezena de anos para que, por ocasião de uma nova visita da mulher estéril (dessa vez, agindo sozinha), esta se aproxime do casal vegetal, e deponha entre as raízes das duas árvores, que continuam enlaçadas, uma **pedra*** que tenha sido longamente lavada pelas águas do rio ou do lago sagrado, e na qual esteja gravada a figura de duas **serpentes*** enlaçadas. Somente então produzir-se-á a união mística das árvores sagradas, e a mulher se tornará mãe. A associação dos símbolos água-pedra-serpente-árvore nesse ritual de fecundação é particularmente significativa.

Também entre os altaicos e turco-mongóis da Sibéria encontram-se interpretações antropomórficas da árvore. Assim, "entre os iunguses, um homem transforma-se em árvore e recupera em seguida sua forma primitiva" (ROUF, 246).

A árvore fonte da vida, precisa Eliade (ELIT, 261), "pressupõe que a fonte de vida se encontre concentrada nesse vegetal; portanto, que a modalidade humana ali se encontre no estado virtual, sob forma de germes e de sêmens". Segundo Spencer e Gillen, citados pelo mesmo autor, a tribo dos warramunga, do norte da Austrália,

136 | ÁRVORE

acredita que o "espírito das crianças", pequenino como um grão de areia, se encontre no interior de certas árvores, "de onde sai às vezes para penetrar, pelo umbigo, no ventre maternal". Crença que faz lembrar outra, muito difundida, segundo a qual "o princípio do fogo, como o da vida, está escondido dentro de certas árvores, de onde se consegue extraí-lo por meio de fricção" (GRAF).

Todas as crenças que acabamos de referir demonstram que, sexualmente, o simbolismo da árvore é *ambivalente*. Em sua origem, a árvore da vida pode ser considerada imagem do *andrógino inicial*. Mas, no plano do mundo dos fenômenos, o tronco erguido em direção ao céu, símbolo de força e de poder eminentemente *solar*, diz respeito ao *Falo*, imagem arquetípica do *pai*. Ao passo que a árvore oca, da mesma forma que a árvore de folhagem densa e envolvente onde se aninham os pássaros e que periodicamente se cobre de frutos, evoca, por sua vez, a imagem arquetípica lunar da *mãe fértil*: é o carvalho oco de onde escapa a água da fonte da juventude (CANA, 80); é também o **atanor*** dos alquimistas, matriz onde se opera a gestação do ouro filosofal, muitas vezes comparado a uma árvore. Foi nesse sentido que Jerônimo Bosch, na Tentação de Santo Antônio, "a assimilou a uma megera que extirpa de seu ventre de cortiça uma criança enfaixada" (VANA, 217). Algumas vezes a árvore é considerada macho, e outras vezes fêmea: "entre os tchuvaches, a tília é usada para fazer postes funerários para o ofício das mulheres mortas, o carvalho, para o ofício dos homens mortos" (ROUF, 360).

Ou então, pode ocorrer que as duas polaridades se adicionem, o que leva Jung a uma interpretação do símbolo em termos de androginia, ou melhor, de *hermafroditismo*.

O mito de Cibele e Átis constitui para o psicanalista um excelente esquema ilustrativo de seu pensamento. Inicialmente, ele considera que Cibele, mãe dos deuses e símbolo da libido maternal, era tão andrógina quanto a árvore. Mas uma andrógina ardendo de amor por seu filho. No entanto, como o desejo amoroso do jovem deus estivesse voltado para uma ninfa, Cibele, com ciúmes, faz com que ele enlouqueça. "Átis, no paroxismo do delírio provocado por sua mãe, loucamente apaixonada por ele, castra-se debaixo de um pinheiro", explica C. J. Jung,

> árvore que desempenha um papel capital no culto prestado a esse deus. (Uma vez por ano, recobria-se o pinheiro de guirlandas, pendurava-se nele uma imagem de Átis e, depois, abatia-se a árvore para simbolizar a castração.) No auge do desespero, Cibele arrancou a árvore do chão, levou-a para sua gruta e chorou. Assim, tem-se a figura da mãe ctônica que vai esconder o filho em seu antro, i.e., em seu regaço; pois, de acordo com outra versão, Átis foi metamorfoseado em pinheiro. Aqui, antes de mais nada a árvore é o falo, mas também a mãe, pois nela era pendurada a imagem de Átis. Isso simbolizava o amor do filho *atado* à mãe (JUNL, 411-412).

Na Roma imperial, a título de recordação, símbolo ou *simulacro* de Átis, um pinheiro cortado era transferido solenemente para o Palatino no dia 22 de março, por ocasião da festa denominada *Arbor intrat*.

Outro mito é interpretado, com certa liberdade em relação aos detalhes das lendas antigas, no mesmo sentido e pondo em evidência a mesma árvore, o pinheiro. O herói Penteu é filho de Equíon, a cobra, e ele mesmo era uma serpente por sua própria natureza. Curioso de assistir às orgias das Mênades, trepa furtivamente no alto de um pinheiro. "Mas sua mãe, dando-se conta disso, dá o alarme às Mênades. A árvore é abatida e Penteu, confundido com um animal, é estraçalhado. Sua própria mãe é a primeira a lançar-se sobre ele [...]. Assim, nesse mito, encontram-se reunidos o sentido fálico da árvore (pois a derrubada simboliza a castração) e seu sentido maternal, figurado pela subida no pinheiro e pela morte do filho" (JUNL, 413).

Essa ambivalência do simbolismo da árvore, a um só tempo falo e matriz, manifesta-se ainda com maior clareza na árvore dupla: "Uma árvore dupla simboliza o processo de individuação no decurso do qual os contrários existentes dentro de nós se unem" (JUNS, 187).

A abundância, nas lendas dos povos, de *pais-árvores* e de *mães-árvores* conduz à *árvore-ancestral* cuja imagem, despojada pouco a pouco de seu contexto mítico, terminará por ser em nossos dias a *árvore genealógica*. Fazendo a trajetória do símbolo profundo até a alegoria moderna, pode-se citar ainda o mito bíblico da *árvore de Jessé* (*Isaías*, 11, 13), que inspirou tantas obras de arte e comentários místicos: "E sairá um ramo do tronco de Jessé, e um rebento brotará das suas raízes. Sobre ele descansará o espírito do Senhor, espírito de sabedoria e de discernimento, espírito de conselho e de fortaleza, espírito de ciência e de piedade; no temor do Senhor estará a sua inspiração." A árvore de Jessé simboliza a cadeia de gerações cuja história nos é resumida pela Bíblia, e que culminará com a vinda da Virgem e do Cristo. Era um motivo muito popular entre os miniaturistas e vitralistas do séc. XIII, particularmente entre os cistercienses, por causa de sua especial devoção à Virgem. Nessas representações a árvore emerge do umbigo, da boca ou do flanco de Jessé. O tronco algumas vezes tem galhos sobre os quais aparecem os reis de Judá, ancestrais do Cristo.

Outra árvore de Jessé que, segundo Oursel, constitui a obra-prima da miniatura cisterciense, encontra-se no *comentário de São Jerônimo sobre Isaías*. Por baixo da imagem lê-se o texto *Egredietur virgo*. Jessé, tendo o busto e a cabeça meio levantados, sustenta com a mão esquerda a árvore que brota de seu flanco. A Virgem, imensa, paira. Tem-se mesmo a impressão de ela haver acabado de saltar para o alto, saindo da ramagem que brota do ventre de Jessé, um ventre que é como se fosse um monte. Com o braço direito ela segura a criança, e com a mão esquerda oferece-lhe uma flor; dois anjos circundam sua cabeça na base de uma auréola rodeada de pedras. O anjo da direita, em cuja direção a Virgem está olhando, apresenta uma igreja esquematizada: a de Citeaux. O anjo da esquerda sustenta uma coroa, destinada à Vir-

gem. Por cima dessa auréola está a pomba, avatar do Espírito Santo.

Simbolizando o crescimento de uma família, de uma cidade, de um povo ou, melhor ainda, o poder crescente de um rei, a árvore da vida pode bruscamente inverter sua polaridade e tornar-se *árvore de morte*. Conhece-se o caso de Nabucodonosor atormentado por seus sonhos e a interpretação que lhes é dada pelo profeta Daniel:

> Tive um sonho, diz *o rei*, que me atemorizou [...]. Havia uma árvore no centro da terra, e sua altura era enorme. A árvore cresceu e tornou-se forte, sua altura atingiu o céu e dela se podia ver os confins da terra inteira. Suas folhas eram formosíssimas, e abundantes os seus frutos. Nela cada um encontrava alimento [...]. Um vigilante, um santo desceu do céu. Bradou com voz possante: "Derrubai a árvore, cortai seus ramos, arrancai suas folhas, jogai fora seus frutos, fujam os animais do seu abrigo." Daniel (Baltasar) respondeu-lhe: "Meu Senhor, que este sonho seja para os que te odeiam e a sua interpretação para os teus adversários! [...] A árvore que viste, grande e vigorosa, cuja altura chegava até o céu [...] esta árvore, digo, és tu, ó Rei, que tens sido engrandecido e que te fizeste poderoso. E cresceu a tua grandeza e chegou até o céu [...] mas [...] lançar-te-ão fora da companhia dos homens [...]" (*Daniel*, 2, 3, 4, 2, 7, 8, 11, 17, 22).

Em *Ezequiel* (31, 8-10), o faraó é comparado a um *cedro do Líbano*. Grandes árvores, como os terebintos, representam por vezes nos *Salmos* (29, 9) os inimigos de Jeová e de seu povo: "o clamor de Jeová retorce os terebintos descascando as florestas". *Isaías* (14, 13) já denunciava os tiranos que querem, como ciprestes e cedros, *escalar os céus*, mas que são abatidos. Outro dos aspectos negativos do simbolismo dessas grandes árvores é que representam também a ambição desmedida dos grandes da terra que desejam sempre estender e aumentar seu poder, acabando por ser destruídos.

A *Cabala* também fala em uma *árvore da morte*. É ela que fornece a Adão as folhas com as quais cobre sua nudez. O *Zohar* vê, nessa ár-

138 | ASAS

vore, o símbolo do *saber mágico*, que é uma das consequências da queda. Esta última está ligada à existência do corpo físico privado do *corpo de luz* (SCHK, 193).

Mas é a cruz, instrumento de suplício e de redenção, que reúne em uma única imagem os dois significados extremos desse significado maior que é a Árvore: pela morte para a vida – *per crucem ad lucem*, pela cruz para a luz.

ASAS

As asas são, antes de mais nada, símbolo do alçar voo, i.e., do alijamento de um peso (leveza espiritual, alívio), de desmaterialização, de liberação – seja de alma ou de espírito –, de passagem ao corpo sutil. As tradições extremo-orientais, xamanísticas do Este ou do Oeste e do Ocidente, seja ele muçulmano ou judaico-cristão, não diferem sobre esse tema; porquanto o alçar voo da alma e o do xamã são ambos a mesma aventura, no que concerne à liberação da gravitação terrestre: aquilo que o esoterismo alquímico exprimia através da imagem da **águia*** devorando o **leão***. Em toda tradição, as asas jamais são recebidas, mas, sim, conquistadas mediante uma educação iniciática e purificadora por vezes longa e arriscada. Ainda nesse caso, podem-se comparar os relatos dos xamãs, os dos grandes místicos cristãos ou sufistas, e numerosos contos alegóricos, entre os quais, em primeiro lugar, se deveria citar os de Andersen. Contrariamente a uma ideia que tem sido aceita sem discussão, as asas do santo em oração não são apenas uma visão espiritual, como bem o atesta a crença na levitação.

A leveza e o poder de voar são peculiares aos Imortais taoistas, que podem, assim, atingir as **Ilhas*** dos Imortais. A própria etimologia dos caracteres que os designam põe em destaque o poder de elevar-se nos ares. A dieta que lhes é própria faz com que lhes cresça sobre o corpo uma penugem ou mesmo plumas. Seus hábitos assemelham-se, por vezes, aos das aves.

O alçar voo aplica-se universalmente à alma em sua aspiração ao estado supraindividual. O alçar voo, *a saída do corpo*, se faz através da *coroa*

da cabeça, segundo um simbolismo que examinamos ao tratar do **domo***. De forma semelhante, o taoismo encara o alçar voo do *corpo sutil*, que nada mais é do que o *Embrião do imortal*.

As asas indicam, ainda, a faculdade cognitiva: "aquele que compreende tem asas", está escrito em um dos *Brahmanas*. E no *Rig-Veda*: "A inteligência é o mais rápido dos pássaros." Aliás, não é por outra razão que os anjos – quer se trate de realidades ou de símbolos de estados espirituais – são alados.

É muito natural, pois, que a asa, as plumas, estejam relacionadas com o elemento Ar, elemento sutil por excelência. Assim, foi com a ajuda de seus braços recobertos de plumas que o arquiteto celeste *Vixvacarman*, como se usasse um fole de forja, realizou sua obra de demiurgo (COOH, ELIY, ELIM, GRIF, KALL, SILI).

Na tradição cristã, as asas significam o movimento aéreo, leve, e simbolizam o *pneuma*, o espírito. Na Bíblia, são símbolos constantes da espiritualidade, ou da espiritualização, dos seres que as possuem, quer sejam representados por figuras humanas, quer tenham forma animal. Dizem respeito à divindade e a tudo o que dela pode se aproximar, após uma transfiguração; por exemplo, os anjos e a alma humana. Quando se fala de asas a propósito de um pássaro, trata-se, na maior parte das vezes, do símbolo da pomba, que significa o Espírito Santo. A alma propriamente dita, pelo fato de sua espiritualização, possui asas de pomba, no sentido dado pelo *Salmo* (54, 7): "E eu digo: Oh! Tivera eu asas como a pomba, e voaria e procuraria um pouso." Possuir asas, portanto, é abandonar o mundo terreno para ter acesso ao celeste.

Esse tema das asas, cuja origem é platônica (*Fedro*, 246), é constantemente explorado pelos Padres da Igreja e pelos místicos. Fala-se das asas de Deus na Santa Escritura. Elas designam seu poder, sua beatitude e sua incorruptibilidade. "Tu me protegerás à sombra de tuas asas" (*Salmos* 16, 8). "Depositarás tua esperança em tuas asas" (*Salmos* 35, 8). Segundo Grégoire de Nysse, se Deus, o arquétipo, é alado, a alma criada à sua imagem possui suas próprias asas. Se ela as perdeu, por causa do pecado original, é-lhe possível recobrá-las, e fazer isso justamente no ritmo de sua transfiguração. Se o homem se afastar de Deus, perde suas asas; aproximando-se, torna a recuperá-las. Na medida em que a alma for alada, mais alto se elevará, e o céu, em direção ao qual se encaminha, é comparável a um **abismo*** sem fundo. Ela pode sempre subir mais, pois é incapaz de atingi-lo em sua plenitude. Assim como a **roda***, a asa é símbolo habitual "de deslocamento, de liberação das condições de lugar, e de ingresso no estado espiritual que lhe é correlato" (CHAS, 431).

Portanto, as asas exprimirão geralmente uma elevação ao sublime, um impulso para transcender a condição humana. Constituem o atributo mais característico do ser divinizado e de seu acesso às regiões uranianas. A adjunção de asas a certas figuras transforma os símbolos. Por exemplo, a serpente, de signo de perversão do espírito, torna-se, quando alada, símbolo de espiritualização, de divindade.

As asas indicam, com a sublimação, uma liberação e uma vitória: convém aos heróis que matam os monstros, *os animais fabulosos, ferozes ou repugnantes*.

Sabe-se que Hermes (Mercúrio) tinha asas nos calcanhares. Gaston Bachelard vê no *calcanhar dinamizado* o símbolo do viajante noturno, i.e., dos sonhos de viagem. Esta *imagem dinâmica vivida* é muito mais significativa na *realidade onírica* do que as asas presas às omoplatas. "Com frequência, o sonho de asas que batem é apenas um sonho de queda. Defendemo-nos da vertigem agitando os braços, e essa dinâmica pode originar asas nas costas. Porém, o voo onírico natural, o voo positivo que é nossa obra noturna, não é um voo ritmado, tem a mesma continuidade e história de um impulso, é a criação rápida de um *instante dinamizado*." E o autor compara essas asas *no calcanhar* aos calçados, denominados *pés ligeiros*, de santos budistas a viajarem pelos ares; aos sapatos voadores dos contos populares; às botas de sete léguas. "Para o homem que está sonhando, é

no pé que estão as forças voadoras [...]. Nós nos permitiremos, pois, em nossas pesquisas de metapoética", conclui Bachelard, "designar essas asas no calcanhar sob a denominação asas oníricas" (BACS, 39-40). A asa, símbolo de dinamismo, sobrepõe-se aqui ao símbolo da espiritualização; presa ao pé, ela não implica necessariamente uma ideia de sublimação, mas, sim, de liberação de nossas mais importantes forças criadoras: o poeta, assim como o profeta, tem asas no momento em que está inspirado.

ASCENSÃO

Na iconografia cristã há numerosas representações do *homem ascensional*: símbolo do alçar voo, da elevação ao céu após a morte. Geralmente é representado com os braços levantados, como na oração; as pernas dobradas por baixo do corpo, como na adoração; por vezes está suspenso da terra, sem suporte aparente, e sua cabeça está nimbada de estrelas; outras vezes, asas, anjos ou pássaros o estão levando (CHAS, 322). Todas essas imagens representam uma resposta positiva do homem à sua vocação espiritual e, mais do que um estado de perfeição, um movimento em direção à santidade. O nível de elevação no espaço, ainda bem perto do chão ou em pleno céu, corresponde ao grau de vida interior, à medida segundo a qual o espírito transcende as condições materiais da existência. A Assunção da Virgem Maria, após sua Dormição (o sono de três dias da Virgem), simboliza, por exemplo, independentemente da realidade histórica do fato, a espiritualização absoluta de seu ser, corpo e alma.

Outros símbolos ascensionais – a **árvore***, a **flecha***, a **montanha*** etc. – representam também a subida da vida, sua gradual evolução para as alturas, sua projeção para o céu.

A ascensão xamânica é, por sua vez, uma operação divinatória e profilática, destinada a salvar um doente encontrando-lhe a alma roubada por um espírito. A moderna psicanálise, que vê nos sonhos ascensionais um símbolo orgásmico, vem unir-se àquele aspecto da tradição cristã da Idade Média que associava ao diabo, e portanto aos

140 | ASFÓDELOS

cultos orgiásticos, a ascensão dos feiticeiros, feiticeiras e possessos – Polo tenebroso do símbolo.

ASFÓDELOS

Para os gregos e os romanos os asfódelos, plantas liliáceas de flores regulares e hermafroditas, estão sempre ligados à morte. Flores das pradarias infernais, são consagradas a Hades e a Perséfone. Os próprios antigos não sabiam de modo algum a razão disso, e procuraram cortar ou mesmo corrigir esse nome, para fazê-lo significar "campo de cinzas ou os decapitados, i.e., misticamente aqueles cujas cabeças já não ditam vontades" (LANS, 1, 166).

Tira-se álcool dessa planta. O asfódelo simbolizaria a perda do juízo e dos sentidos, característica da morte. Se bem que os Antigos lhe tenham atribuído um cheiro pestilento – sob a influência, talvez, de uma associação com a ideia de morte –, o perfume do asfódelo assemelha-se ao do jasmim. Victor Hugo evoca esse perfume em *Booz endormi* (Booz adormecido) numa *penumbra nupcial* (*Ela, fora da vida, e eu, semimorto*), em que a velhice, a dúvida, o enfraquecimento dos sentidos contrastam com a expectativa do amor:

> Um fresco perfume desprendia-se dos tufos de asfódelos;
> Os sopros da noite flutuavam sobre Galgala [...]
> Ruth sonhava e Booz dormia; a erva era negra [...].

ASNA (Arquit., heráld.)

Seu formato de onda, simples ou multiplicado, com uma ponta em bico que se alterna com um vazio, faz lembrar os movimentos da água. A onda elevada representa também a primeira letra do alfabeto, em maiúscula: *A*. Esses dois valores unem-se numa mesma direção simbólica: a **água***, como o elemento primordial de todas as coisas; a letra *A*, como o início de toda **escrita***. O desenho da asna indica igualmente, quando usado em uniformes militares (fr. *chevron* = galão), começo de autoridade. O sentido da asna, tantas vezes perdido na simples ornamentação, situa-se nos diversos planos – cosmogônico, cultural, social – para designar a origem de um movimento jamais

completado. "É justamente o movimento que faz a vida", diz Griaule, em todos os planos (GRIE). Todo começo é prenhe de uma capacidade de desenvolvimento: a água fecunda a terra, a primeira letra (uma vogal) fecunda a palavra, a autoridade fecunda a sociedade. Mas esse sentido, como todo símbolo, pode voltar-se contra si mesmo através de um processo de perversão: a água pode inundar e devastar, a palavra pode enganar, e a autoridade, oprimir e arruinar. A repetição da asna em linhas quebradas e contínuas, o *A* invertido em *V*, em dentes de serra, aparenta-se, como todo fenômeno de repetição, segundo Freud, a uma pulsão de morte. Entretanto, conforme o número dos dentes da serra, ela pode revestir-se de um sentido complexo: o número oito, por exemplo, simbolizaria o acesso ou a destinação a uma vida nova, e, portanto, a morte-renascimento, como a maioria dos símbolos fundamentais: impulso, pausa, impulso, pausa – numa sucessão rítmica.

A asna, no que diz respeito à sua utilização prática, é também um signo de solidez, de valor, de competência de experiência, condições da autoridade. O sentido simbólico permanece: todo título, toda insígnia, todo novo começo pressupõe uma preparação, uma prova, uma emergência, um passado, uma anterioridade.

No entanto, a asna, tanto na heráldica como na arquitetura, por ser uma forma simples, com o topo em ponta, é essencialmente uma figura representativa do equilíbrio realizado, tal como o **compasso*** da franco-maçonaria.

ASNO, JUMENTA

Se o asno é para nós o símbolo da ignorância, trata-se apenas do caso particular e secundário de um conceito mais geral que o considera, quase universalmente, o emblema da obscuridade e até mesmo das tendências satânicas.

Na Índia, serve de montaria para divindades exclusivamente funestas, principalmente para *Nairrita*, guardião da região dos mortos, e para *Kalaratri*, aspecto sinistro de *Devi*. O *asura Dhenuka* tem a aparência de um asno.

No Egito, o *asno vermelho é* uma das entidades mais perigosas que a alma encontra em sua viagem *post-mortem*; o que a expressão popular (francesa) *malvado como um asno vermelho* curiosamente tende a confirmar. Além disso, esse animal poderia ser identificado com a *besta escarlate do Apocalipse* (Guénon).

No esoterismo ismaelita, o *asno de Dajjal é* a propagação da ignorância e da impostura, devido ao literalismo estrito que dificulta o advento da visão interior.

A essa interpretação pode-se contrapor a presença do asno na manjedoura e o papel por ele desempenhado no momento da entrada do Cristo em Jerusalém. Mas Guénon fez notar que, no primeiro caso, ele se opõe ao boi, como as tendências maléficas às tendências benéficas, e que, no segundo caso, ele representa essas mesmas forças maléficas vencidas, *superadas* pelo Redentor. Seria possível, certamente, atribuir um papel bem diferente à montaria de Jesus triunfante. Na China, aliás, o asno branco é por vezes a montaria dos Imortais.

Na cena de Ramos, trata-se na verdade de uma jumenta, distinção que não deixa de ser importante. No mito do falso profeta Balaão, o papel da jumenta é claramente benéfico, e Monsenhor Devoucoux não hesita em torná-la símbolo do conhecimento, da ciência tradicional, o que marca uma inversão completa do símbolo inicial. A partir desse fato, deve-se ver um simbolismo iniciático nas honras que se reservam ao asno por ocasião da *festa dos loucos* medieval? No entanto, em toda essa festa existe um aspecto de paródia, de inversão provisória de valores que aparece como essencial e que nos leva às noções primeiras. Trata-se, observa Guénon, de uma *canalização* das tendências inferiores do *homem decaído* (que perdeu a graça divina), com vistas a limitar os efeitos nefastos, em suma, daquilo que a terminologia moderna denominaria uma *liberação* controlada: o acesso momentâneo do asno ao coro da igreja é a imagem disso. Se se quiser falar em ciência sagrada, seria ainda no sentido de inversão e derrisão. Através de um luciferanismo histriônico,

o asno satânico é substituído pela jumenta do conhecimento (CORT, DEVA, CUES, MALA).

O asno, como Satá ou como a Besta, significa o sexo, a libido, o elemento instintivo do homem, uma vida que se desenrola inteiramente no plano terrestre e sensual. O espírito monta sobre a matéria que lhe deve estar submissa, mas que às vezes escapa ao seu governo.

É bem conhecido o romance de Apuleio, *O burro de ouro* ou *Metamorfoses*. O escritor latino narra as transformações de um certo Lúcio, que, de frequentador da alcova de uma cortesã sensual, chega à contemplação mística diante da estátua de Ísis. Uma série de metamorfoses ilustra a evolução espiritual de Lúcio. Sua transformação em asno é, diz Jean Beaujeu comentando essas passagens, "a manifestação concreta, o efeito visível e o castigo de seu abandono ao prazer da carne". A segunda metamorfose, "aquela que lhe restitui a figura e personalidade humanas, não é apenas uma manifestação brilhante do poder salvador de Ísis, mas significa uma transição da infelicidade, das volúpias medíocres, da escravidão ao acaso cego, à felicidade sobrenatural e a serviço da divindade todo-poderosa e providencial; transição essa que é uma verdadeira ressurreição – a ressurreição interior". Quando torna a ser humano, Lúcio pode seguir a via da salvação, empenhar-se no caminho da pureza, ter acesso às mais sublimes iniciações. Efetivamente, ele só penetra na intimidade do conhecimento divino depois de passar por uma série de provas que o elevam cada vez mais e de ter sido despojado de sua figura de asno e de novo revestido com a de homem.

O castigo das *orelhas de burro* provém, certamente, da lenda segundo a qual Apolo transformou as orelhas do rei Midas em **orelhas*** de asno, porque o rei preferira, à música do templo de Delfos, os sons da flauta de Pã. Essa preferência indica, em linguagem simbólica (as orelhas de asno), a busca de seduções materiais, em detrimento da harmonia do espírito e da predominância da alma.

Na descrição que faz da *Descida aos Infernos*, Pausânias ressalta a presença, vizinha a carneiros negros, vítimas de sacrifícios, "de um homem

142 | ASNO, JUMENTA

sentado; pela inscrição, tem o nome de Ocno; é representado a trançar uma corda de junco; uma jumenta, que lhe está ao pé, vai comendo essa corda à medida que ele a trança. Conta-se, *diz Pausânias,* que esse Ocno era um homem muito trabalhador, cuja mulher era muito gastadeira; por isso, tudo o que o marido conseguia juntar trabalhando, ela rapidamente gastava em comida" (**10**, 28-31). A alusão é transparente, pelo menos em relação à mulher. Seu enigmático marido, porém, não é destituído de interesse, pois completa o simbolismo da narrativa. "Seu nome significa: hesitação, indecisão. Sua presença nesse contexto sugere que se veja nele o símbolo de uma fraqueza, até mesmo de um vício: a hesitação que, sistematicamente, conduz a jamais tomar partido e a nunca levar a cabo os empreendimentos" (Jean Defradas). Sob esse aspecto, o simbolismo da cena conjugal torna-se inteiramente transparente.

A arte do Renascimento pintou diversos estados d'alma com os traços de um asno: o desencorajamento espiritual do monge, a depressão moral, a preguiça, o deleite melancólico, a estupidez, a incompetência, a teimosia, certa obediência um pouco tola (TERS, 28-30). Os alquimistas veem no asno o demônio de três cabeças: uma representando o mercúrio, a outra, o sal, a terceira o enxofre, os três princípios materiais da natureza: o ser obstinado.

No entanto, em certas tradições, o asno aparece como animal sagrado. Desempenha papel importante nos cultos apolíneos: em Delfos, asnos eram oferecidos em sacrifício. O baú que servia de berço a Dioniso era carregado por um asno, animal que lhe era consagrado. Segundo outra tradição, esse sacrifício de asnos seria de origem nórdica: "Ninguém saberia, nem por mar nem por terra, encontrar a estrada maravilhosa que conduz aos festins dos Hiperbóreos. Outrora, Perseu, chefe dos povos, sentou-se à mesa dos Hiperbóreos e entrou em suas moradas; encontrou-os sacrificando ao Deus magníficas hecatombes de asnos; seus banquetes e suas homenagens não cessam de ser para Apolo a mais viva das alegrias, e Apolo sorri vendo erigir-se a lubricidade das bestas

por eles imoladas!" (Píndaro, *décima Pítica*). Em Aristófanes (*As rãs*) o escravo de Baco diz a seu senhor, quando este lhe coloca um fardo às costas: "E eu sou o asno que carrega os mistérios." Talvez esta seja apenas uma cena de escárnio. Mas o asno carregador de mistério não é uma imagem isolada; costuma-se interpretá-lo como o símbolo do rei ou do poder temporal.

O asno selvagem, o onagro, simboliza os ascetas do **deserto***, os solitários. A razão disso é, sem dúvida, que o casco do onagro não pode ser atacado por nenhum veneno. A queixada do asno é conhecida também por sua extrema dureza: empunhando apenas uma queixada de asno, Sansão é capaz de matar milhares de inimigos.

O asno está relacionado com Saturno, o segundo sol, que é a estrela de Israel. Por isso houve, em certas tradições, identificação entre Jeová e Saturno. Isso talvez explicasse o fato de que, sendo Cristo o filho do Deus de Israel, caricaturas satíricas tenham representado os crucificados com cabeça de asno.

A jumenta simboliza a humildade, e o jumentinho, a humilhação. Richard de Saint-Victor dirá que o homem precisa compreender o sentido dado à jumenta, a fim de penetrar na humildade, tornando-se vil aos próprios olhos (*De gen. paschate PL*, 196, 1062-1064 e *Sermões e opúsculos espirituais*, Paris, 1951, 89).

Se foi a vontade do Cristo servir-se de semelhantes montarias – dirá Richard de Saint-Victor –, era para mostrar a necessidade da humildade. Daí o texto: "sobre quem, pois, repousa meu espírito, diz o Profeta, senão sobre o humilde, sobre o tranquilo, sobre aquele que treme às minhas palavras (*Provérbios*, **16**, 18). Monta a jumenta aquele que se exercita nas práticas da humildade verdadeira, interiormente, diante de Deus; montar o filhote da jumenta é mostrar-se atento somente aos deveres da humilhação verdadeira, exteriormente, diante do próximo" (id. *Opúsculos e sermões*, p. 95).

A jumenta, nesse caso, é símbolo de paz, de pobreza, de humildade, de paciência e de coragem e, em geral, é apresentada sob uma luz favorável na Bíblia: Samuel parte em busca das jumentas extraviadas; Balaão é instruído por sua jumenta, que o adverte da presença de um anjo de Jeová; José leva Maria e Jesus no lombo de uma jumenta para o Egito, a fim de fugir às perseguições de Herodes; antes da Paixão, o Cristo faz sua entrada triunfal em Jerusalém montado numa jumenta.

ASSENTO (Sede, Sé)

O assento é universalmente reconhecido como um símbolo de autoridade. Receber sentado é manifestar superioridade; oferecer um assento é reconhecer uma autoridade, um valor pessoal ou representativo. A Santa Sé é o símbolo da autoridade divina da qual o papa é investido como Soberano Pontífice. Um assento elevado indica superioridade.

Cortar o assento é uma expressão chinesa que significa, simbolicamente, *romper a amizade*. No espírito chinês, tem grande valor devido à importância que os chineses dão à amizade e à sinceridade entre amigos. *Vender um amigo*, i.e., traí-lo, era, segundo Mencius, contrário à doutrina do respeito filial. Cortar o assento ou romper a amizade com alguém é uma fórmula tirada de uma história muito antiga: dois sábios bastante conhecidos, Kuan-Ning e Hua-In, da dinastia Wei (220-265 da era cristã), no período dos Três Reinos, eram amigos íntimos, trabalhavam juntos no campo e na biblioteca. Mas um dia, ao cultivarem a terra, acharam uma moeda de ouro; Hua-In a cobiçou, dando uma má impressão de si ao seu amigo. Quando voltaram à biblioteca, este não quis mais manter a amizade; separou o seu assento do assento do companheiro, cortando o banco. Fatos posteriores provaram que Kuan-Ning não se enganara com relação à probidade do amigo, pois, enquanto recusava obstinadamente todos os empregos que lhe foram sucessivamente oferecidos pelo usurpador de Han, Hua-In, ao contrário, desempenhou um papel eminente nessa usurpação.

ASTROS

Em geral, participam das qualidades de transcendência e de luz que caracterizam o **céu***, com um matiz de *regularidade* inflexível, comandada por uma razão natural e misteriosa ao mesmo tempo. São animados por um movimento circular que é o sinal da *perfeição* (*v.* **estrelas***, **Lua***, **Sol***).

Os astros são símbolos do comportamento perfeito e regular, como também de uma imarcescível e distante beleza.

Na Antiguidade, eram divinizados; mais tarde, concebeu-se que eram dirigidos pelos anjos. Tornaram-se morada das almas dos personagens ilustres, tal como o afirma Cícero no *Sonho de Cipião*. Foram objeto não apenas de poemas, mas de admiráveis orações; testemunho disso é o fervoroso hino aos planetas que a seguir reproduzimos.

Escrito por um devoto pagão, no início do séc. IV, ele exprime o simbolismo cósmico e moral atribuído aos planetas pelos astrólogos, mais ou menos místicos, dos primeiros séculos de nossa era:

Sol, soberanamente bom, soberanamente grande, que ocupas o centro do céu, intelecto e regulador do mundo, chefe e mestre supremo de todas as coisas, que fazes durar para sempre os lumes das outras estrelas ao difundir sobre elas, na justa proporção, a chama da tua própria luz,

e tu, Lua, que situada na mais baixa região do céu, de mês a mês, sempre alimentada pelos raios do sol, resplandeces com augusto brilho para perpetuar os semens geradores,

e tu, Saturno, que situado na ponta extrema do céu te adiantas, astro lívido, com um caminhar preguiçoso de movimentos indolentes,

e tu, Júpiter, habitante da rocha Trapeia, que por tua majestade bendita e salvadora não cessas de dar alegria ao mundo e à Terra, que deténs o governo supremo do segundo círculo celeste,

tu também, Marte Gradivus, cujo brilho vermelho infunde sempre um horror sagrado, e que habitas a terceira região do céu,

vós enfim, fiéis companheiros do Sol, Mercúrio e Vênus,

pela harmonia de vosso governo, por vossa obediência ao julgamento do Deus Supremo que concede ao nosso soberano mestre Constantino e a seus

144 | ATANOR

filhos de todo invencíveis, nossos senhores e nossos césares, um império perpétuo, fazei com que, sobre nossos filhos, ainda, e sobre os filhos de nossos filhos reinem eles sem interrupção durante a infinidade dos séculos a fim de que, tendo afastado de si todo mal e toda aflição, o gênero humano alcance a mercê de uma paz e de uma felicidade eternas. Firmicus Maternus (*Trois dévots païens*, trad. francesa de A. J. Festugière, Paris, 1944, I, p. 13-14).

ATANOR

Símbolo do cadinho de transmutações físicas, morais ou místicas. Para os alquimistas, "o atanor, onde se opera a transmutação, é uma matriz em forma de ovo assim como o mundo que é, ele mesmo, um gigantesco ovo, o ovo órfico que se encontra na base de todas as iniciações, tanto no Egito como na Grécia; e do mesmo modo que o Espírito do Senhor, ou Ruah Elohim, flutua sobre as águas, assim também nas águas do atanor deve flutuar o espírito do mundo, o espírito da vida, para apoderar-se do qual o alquimista deve ser bastante hábil" (GRIM, 392).

ATENA (Minerva)

Tal como a de seu irmão, **Apolo***, a figura de Atena evoluiu muito na Antiguidade e, de maneira constante, no sentido de uma espiritualização. Dois de seus atributos simbolizam os termos dessa evolução: a serpente e o pássaro. Antiga deusa do mar Egeu, proveniente dos cultos ctonianos (a serpente), elevou-se a uma posição dominante nos cultos uranianos (o pássaro): deusa da fecundidade e da sabedoria; virgem, protetora das crianças; guerreira, inspiradora das artes e dos trabalhos da paz. É, segundo a expressão de Marie Delcourt, "uma pessoa muito enigmática, sem dúvida aquela, de toda a mitologia grega, cujo ser profundo continua sendo, para nós, o mais secreto". Isto porque a imagem que formamos de Atena condensa muitos séculos de história mitológica vivida com a maior intensidade.

Seu nascimento foi como um jorro de luz sobre o mundo, a aurora de um novo universo, semelhante a uma visão apocalíptica. Com um só golpe de um **machado*** de **bronze*** forjado por Hefaístos, segundo a evocação de Píndaro, "Atena brotou da fronte de seu pai lançando um grito tremendo. Ao ouvi-lo, Urano estremece, como também a Terra-Mãe". Sua aparição determinou uma completa mudança na história do Cosmo e da humanidade. Uma chuva de *neve de ouro* espalhou-se sobre a cidade de seu nascimento: neve e ouro, pureza e riqueza provenientes do céu com dupla função: a de fecundar como a chuva, e a de iluminar como o Sol. Essa neve de ouro é também *a arte que engendra a ciência e que sabe crescer, sempre mais bela, sem recorrer à fraude*, i.e., à mentira, e sem recorrer à magia. Nesse mesmo dia, Apolo, *o Deus que dá aos homens a luz*, determinou à sua descendência inumerável que cumprisse, no futuro, com esta obrigação: "[...] Sobre o altar brilhante que deveriam ser eles os primeiros a erigir em honra à Deusa, instituiriam um augusto sacrifício, a fim de regozijar o coração da Virgem da lança fremente e o de seu pai (Píndaro, Sétimo "Epinikio" Olímpico). Difícil seria imaginar-se atmosfera mais luminosa, semelhante à epifania de uma divindade a emergir de uma montanha sagrada" (SECG, 325).

Todavia, em certos dias de festas em homenagem a Atena, ofereciam-se doces com o formato de serpentes e de falos: símbolos de fertilidade e de fecundidade. Na Grécia, em memória de Erecteu, o futuro fundador de Atenas que, quando ainda bem criança, Atena mantivera protegido dentro de um pequeno cofre, acompanhado e resguardado por uma serpente, oferecia-se aos recém-nascidos um amuleto que trazia a figura de uma pequenina serpente: símbolo de sabedoria intuitiva e de vigilância protetora. Muitas estátuas revestem Atena não apenas de um escudo com a cabeça de uma Górgona aureolada de serpentes, cuja vista bastava para aterrorizar seus inimigos, mas também de um cinturão, de uma cota, de uma túnica, ou de um talabarte, todos guarnecidos de uma franja de serpentes com a goela aberta: símbolo da combatividade da deusa e da acuidade de sua inteligência. É essa jovem armada quem defende as alturas (em todos os sentidos do termo, físico e espiritual) onde fez sua morada.

Se ela coloca sobre seu escudo a cabeça aterrorizadora da Medusa, é à guisa de espelho da verdade, a fim de combater seus adversários petrificando-os de horror diante de suas próprias imagens. Foi graças ao escudo emprestado pela deusa que **Perseu*** conseguiu derrotar a medonha **Górgona***. Atena é, por conseguinte, a deusa vitoriosa, pela sabedoria, pela engenhosidade, pela verdade. Até mesmo a **lança*** que segura na mão é uma arma de luz; separa e traspassa as nuvens como o relâmpago; é um símbolo vertical, assim como o fogo e o **eixo***.

A proteção por ela concedida aos heróis – Héracles, Aquiles, Ulisses, Menelau – *simboliza*, escreve Pierre Grimal, "a ajuda prestada pelo Espírito à força bruta e ao valor pessoal dos heróis" (GRID, 57).

Aquela que foi venerada como deusa da fecundidade e da vitória simboliza sobretudo: "a criação psíquica... a síntese pela reflexão... a inteligência socializada" (VIRI, 104).

Atena é, efetivamente, a protetora dos lugares altos, acrópoles, palácios, cidades (deusa políade); inspiradora das artes civis, agrícolas, domésticas, militares; inteligência ativa e industriosa. É a deusa do equilíbrio interior, da medida em todas as coisas. "É a personalidade divina que melhor exprime os aspectos mais característicos da civilização helênica, guerreira ou pacífica, mas sempre inteligente e ponderada, sem mistérios ou misticismo, sem ritos orgíacos ou bárbaros" (LAVD, 129).

A própria história do mito de Atena, com seu valor simbólico, tem muito a ganhar, se observada desse ângulo. Mostra-nos que a deusa só alcançou a perfeição ao cabo de longa evolução, reflexo da evolução da consciência humana. No decurso de sua história mitológica, Atena apresentou mais de um traço de caráter selvagem e bárbaro, capaz de contradizer a imagem que a deusa oferece dela mesma, quando todos os elementos de sua rica personalidade foram integrados numa harmoniosa síntese. Pode-se julgá-la por uma determinada fase de seu desenvolvimento e pôr em relevo certa característica especial. Pode-se considerá-la, ao contrário, em seu ponto culminante na consciência grega. Parece desde logo que, do mesmo modo que seu irmão Apolo, ela simbolizaria: "a espiritualização combativa e a sublimação harmonizante (que) são solidárias [...] Eles (o irmão e a irmã) simbolizam as funções psíquicas judiciosas, nascidas da visão de ideais superiores: a verdade suprema (Zeus) e a sublimidade perfeita (Hera)". Notemos que Zeus e Hera são tomados aqui, também eles, em sua mais elevada significação. Atena simbolizará mais particularmente a *combatividade espiritual* (DIES, 97-98), aquela que deve estar sempre desperta, porque nenhuma perfeição é adquirida para sempre, salvo para o ser que se houver tornado *tal que, finalmente, a eternidade o converta em si mesmo*.

ATLÂNTIDA

A Atlântida, continente submerso, qualquer que seja a origem histórica da lenda, permanece no espírito dos homens, à luz dos textos inspirados a Platão pelos egípcios, como símbolo de uma espécie de paraíso perdido ou de cidade ideal. Domínio de Poseidon, que ali instalou *os filhos que engendrara de uma mulher mortal*; ele próprio ordenou, embelezou e organizou a ilha, que foi um grande e maravilhoso reino:

> Os habitantes tinham adquirido riquezas em tamanha abundância que, sem dúvida, jamais antes deles nenhuma casa real possuíra riquezas tais, e nenhuma as possuirá facilmente no futuro [...]. Duas vezes por ano, recolhiam os produtos da terra: no inverno, utilizavam as águas do céu; no verão, as que dava a terra, dirigidas para fora dos seus cursos (*Critias*, 114d, 118e, da trad. fr. de Albert Rivaud, E. Les-Belles-Lettres, Paris, 1925).

Quer sejam essas recordações as de uma tradição antiquíssima, quer se trate de uma utopia, Platão projeta na Atlântida seus sonhos de uma organização política e social sem falhas. Os dez reis julgam-se entre eles:

> Quando a escuridão da noite havia chegado e o fogo dos sacrifícios já estava frio, todos envergavam trajes muito belos de um profundo azul-celeste, e

sentavam-se por terra, nas cinzas de seu sacrifício sacramental. Então, nas trevas, após terem apagado todas as luzes em volta do santuário, eles julgavam e submetiam-se a julgamento, caso um deles acusasse o outro de ter cometido qualquer infração. Administrada a justiça, gravavam as sentenças, ao raiar do dia, sobre uma placa de ouro que consagravam, em memória (*Critias*, 120bc, p. 273).

Mas quando o elemento divino começou a diminuir neles, passando a dominar o caráter humano, mereceram o castigo de Zeus.

Assim, a Atlântida une-se ao tema do paraíso, da Idade de Ouro, que se reencontra em todas as civilizações, tanto nas origens da humanidade como no seu término. Sua originalidade simbólica está na ideia de que o paraíso reside na predominância em nós de um elemento divino.

A Atlântida mostra também que os homens, *porque desprezaram os mais belos dos bens, os mais preciosos*, acabam sempre sendo expulsos do paraíso, que com eles se afunda. Acaso isso não será sugerir a ideia de que tanto o paraíso como o inferno estejam basicamente em nós mesmos?

ÁTON

Deus egípcio cujo culto exclusivo foi estabelecido pelo célebre reformador religioso, o faraó Acnáton, Amenófis IV, que Daniel Rops batizou de *o rei embriagado (pela ideia) de Deus*, mas cujo reino foi fatal ao Império. Era o deus tutelar, solar e espiritual a um só tempo, que transmitia a irradiação de seu calor e de sua luz para todos os seres. Concebera e criara o universo por sua palavra e seu pensamento. Era representado como um sol a dardejar seus raios simbolizando a vida. Simboliza a vida única, de onde emana todo ser vivo. É cantado em hinos: "Salve! ó tu, ó Disco vivente que despontas no céu. Ele inunda os corações, e toda a terra está em festa pela virtude de sua jubilosa vibração" (da trad. fr. de Jean Yoyotte, em POSD, 32).

ÁUGURE

Os celtas conheceram druidas, poetas e adivinhos, mas nenhum colégio de áugures especializados. A adivinhação foi apanágio indiviso de toda a classe sacerdotal. Nisso reside a grande originalidade dos áugures em terras célticas. Abstração feita dessa particularidade, os procedimentos utilizados não diferem grandemente dos de países clássicos: adivinhação através dos elementos da natureza, através das aves, pela maneira de cair de um animal sacrificado (LERD, 53).

O Colégio dos Áugures, em Roma, teria sido fundado desde as origens da cidade por Numa, o segundo rei. Mas os auspícios ou consulta ritual do voo dos pássaros, dos meteoros e dos fenômenos atmosféricos, função própria dos áugures, remontam à mais alta antiguidade, provavelmente aos caldeus. "O vocábulo *augur*, cuja raiz é a mesma do verbo *augeo*", observa Jean Beaujeu,

significava um poder de crescimento; os áugures são os únicos intérpretes autorizados da vontade dos deuses, salvo recurso excepcional aos arúspices (colégios de sacerdotes que interpretavam as vontades divinas, mediante o exame das vísceras de animais sacrificados). Os áugures interpretam os auspícios, em nome do Estado, através do exame do voo dos **pássaros***, dos **frangos*** sagrados e do significado dos **relâmpagos***; a resposta é dada, por um sim ou um não, a uma pergunta precisa feita por um magistrado, e conforme rigoroso ritual. A decisão do áugure não tem apelação, seu poder é considerável, porquanto ele pode adiar uma batalha, uma eleição etc. Os áugures têm também como função a de *inaugurar* ritualmente cidades, templos e outros locais, e até mesmo fazer sacerdotes.

O áugure é geralmente representado vestido com uma roupagem vermelha, tendo na cabeça uma coroa e, na mão, seu bastão *augural*; está de pé, olhando para o céu. A insígnia de sua função é uma pequena vara recurva, em forma de croça, o *lituus*. O áugure utilizava-a para marcar o espaço do céu onde os pássaros deviam evoluir: desenhava um quadrado, com o formato de um templo, no qual o pássaro se encaixaria. O áugure não podia ser despojado de seus privilégios sagrados: eles o marcavam para toda a vida. "Mesmo quando condenado pelos maiores crimes", diz Plutarco, "o áugure não pode, enquanto viver, ser despojado de seu pontificado".

Intérprete todo-poderoso e infalível das mensagens divinas, através de uma escritura gravada nos céus, ele simboliza a predominância *do espírito sobre a razão*. É o leitor do Invisível, através dos sinais visíveis do céu. Causas misteriosas de fracasso ou de êxito escapam à inteligência humana: é preciso percebê-las por outros meios de investigação. O áugure viu, leu, falou – convém, pois, acatá-lo. As colusões históricas entre a voz do áugure e os desejos das autoridades públicas, numa época em que as crenças se haviam enfraquecido, em nada afetam esse valor do símbolo.

AUM (ou OM)

Colocado no início e no final de toda recitação litúrgica, Aum é o primeiro *mantra*, um dos mais poderosos e o mais célebre da tradição indiana. É o símbolo mais forte da divindade – que ele exprime no exterior e realiza no interior da alma –, resumindo em si mesmo o *sopro criador*; a tradição védica pretende, com efeito, que o universo se tenha desenvolvido a partir da energia cósmica posta em movimento quando o demiurgo pronunciou esta primeira fórmula, conclamando o despertar de todas as coisas: AUM BHUR BHUVAH SVAH (AUM TERRA! ATMOSFERA! CÉU!).

Por ser o som primordial, o verbo do universo, seu enunciado contém uma carga energética considerável e extraordinariamente eficaz no que concerne à transformação espiritual. No pensamento hindu, o *som* que é ao mesmo tempo Deus, a origem de todas as coisas e de todo o ser, confere aos mantras seu valor quase mágico. Como a palavra Aum exprime o ser em um único som, ela é, a um só tempo, este ser e o Ser de onde tudo deriva e no qual tudo se reabsorve. Exprimir o *som* de Deus é divinizar-se. *Aum* é, segundo Vivekananda e a tradição vedanta, a manifestação por excelência da divindade.

A significação totalizante da palavra *Aum* encontra-se reforçada pelo fato de que as três letras que a compõem contêm o ritmo ternário, tão importante no pensamento, na organização do mundo e na cosmogonia indianas. Eis alguns exemplos disso: tripla é a divindade suprema, sob as formas aparentes de Brahma, Vishnu e Shiva; triplas são as qualidades cósmicas: materialidade, energia, essencialidade; há três mundos: a terra, o espaço e o céu; e a humanidade está dividida em três castas: clero, nobreza e o "terceiro estado" (o povo), da mesma maneira que a pessoa humana é feita de corpo, pensamento e alma; o que vem ao encontro do enunciado da Idade Média cristã (*spiritus, anima, corpus*).

Para essas doutrinas metafísicas os hindus procuram correspondências fisiológicas, que conduzem a uma verdadeira *teologia do som*. A técnica da pronúncia da palavra sagrada Aum, segundo Vivekananda, esclarece-lhe o simbolismo:

Quando exprimimos um som, pomos em ação o sopro e a língua e utilizamos a laringe e o palato como placa de ressonância. A mais natural das manifestações do som é precisamente a sílaba *Aum*, que encerra todos os sons. *Aum* compõe-se de três letras: *A.U.M.* O *A* é o som fundamental, a chave, que se pronuncia sem contato com qualquer parte da língua e do palato. É o som menos diferenciado de todos, aquele que leva Krishna a dizer na *Bhagavad-Gita;* "Por entre as letras eu sou o 'A' e o Binário das palavras compostas; sou Eu que sou o Tempo infinito; eu sou o Deus cuja face está voltada para todos os lados." O som da letra *A* parte do fundo da cavidade bucal, é gutural. O *U* é soprado a partir da própria base da placa de ressonância da boca, e vai até sua extremidade. Representa exatamente o movimento da força para a frente, movimento que nasce da raiz da língua e vem terminar sobre os lábios. O *M* corresponde ao último som da série labial, por ser produzido com os lábios cerrados. Quando pronunciado corretamente, *Aum* representa todo o fenômeno da produção do som, o que não pode ser feito por outra palavra. Portanto, é o símbolo natural de todos os sons diversificados; condensa toda a série possível de todas as palavras que se possa imaginar.

148 | AURA

A melhor expressão do som, a melhor expressão do sopro, *Aum* é a melhor manifestação do divino. Ao atravessar todas as palavras e todos os seres, desdobra-se num movimento criador perpétuo, universal, ilimitado. É a mais sutil tradução do Universo manifestado.

O vocábulo Aum tem sido relacionado com a palavra hebraica *Amen*, adotada pela liturgia cristã, palavra que finaliza as orações e cuja música se compõe geralmente de uma série poderosa de ársis e de tésis, de impulsos e de pausas, e que termina por um sopro. Esta palavra, estes cantos obedeceriam, para certos psicólogos, *à mesma pulsão arquetípica* a que obedece *Aum*, e também simbolizariam, no voto final da prece, o sopro criador invocado para que a oração seja atendida favoravelmente.

AURA

A aura designa a luz que rodeia a cabeça dos seres solares, i.e., dotados da luz divina. Materializada como **auréola*** ou **nimbo***, em volta de cabeças ou de corpos, ela simboliza glória para o ser em sua totalidade. A aura é, pois, comparável a uma espessa nuvem luminosa: suas colorações são variadas. A forma ovoide da aura relaciona-a com a **amêndoa*** mística, com a **mandorla*** e com o **ovo*** áurico. Por vezes, a aura e o nimbo (ou a auréola) se confundem em consequência de seu caráter análogo. A luz é sempre um sinal divino de sacralização. As religiões de luz, os cultos do Sol e do fogo encontram-se na origem dessa importância dada à aura (COLN).

AURÉOLA (v. Nimbo)

Imagem solar que possui o sentido de coroa (coroa real). A auréola manifesta-se através de uma irradiação em volta do rosto e, às vezes, de todo o corpo. Essa irradiação de origem solar indica o *sagrado*, a santidade, o divino. Materializa **aura*** sob uma forma específica.

A auréola elíptica, ou auréola situada em volta da cabeça, indica a *luz espiritual*. Esta, por sua vez, prefigura a dos corpos ressuscitados. Trata-se, pois, de uma transfiguração antecipada em corpo glorioso (COLN).

A tonsura dos sacerdotes e dos monges aparenta-se com a auréola quando considerada sob o aspecto de **coroa***: indica uma vocação exclusiva para o espiritual, a abertura da alma.

Na arte bizantina, a auréola redonda era reservada aos defuntos que haviam vivido como santos na terra e que são recebidos no céu; os personagens que continuavam vivos na terra podiam, quando muito, ter direito a uma auréola quadrada. Reencontra-se, neste caso, o simbolismo universal do **círculo*** = o céu, e o do **quadrado*** = a terra.

"A auréola é um procedimento de uso universal para valorizar um personagem naquilo que ele tem de mais nobre: a cabeça. Graças à auréola, a cabeça é, por assim dizer, engrandecida; ela irradia. No homem aureolado, a parte superior – celeste e espiritual – assumiu a preponderância: é o homem realizado, unificado pelo alto" (CHAS, 270). Foi dito dos santos, efetivamente, que eles se harmonizavam nas alturas.

A auréola simboliza a irradiação da luz sobrenatural, assim como a roda representa os raios do sol. Marca a difusão, a expansão para fora de si desse *centro de energia espiritual*: a alma ou a cabeça do santo que a auréola envolve.

AURIGA

Condutor de carros nos jogos do hipódromo e do circo, o auriga era, na maior parte dos casos, um escravo; contudo, era um servidor por vezes tão hábil, que seu dono mandava erguer uma estátua em sua honra. O Auriga de Delfos é a estátua de um condutor de carros vencedor: vestido numa longa túnica, ele segura as rédeas com a mão direita. É o próprio símbolo da calma, do autodomínio, da dominação das paixões; reduz o múltiplo que está em nós e fora de nós à unidade da vontade e da direção.

Perante os movimentos ardentes ou desordenados dos cavalos que, em nós, são nossos instintos ou nossas paixões, o auriga representa a razão, ao mesmo tempo maleável, adaptada, vigilante e inflexível. A um simples movimento de seu dedo, reconduz à trilha o cavalo que se desvia, assim como a razão reconduz ao equilíbrio e à sabedoria. Entretanto, sem o ardor dos cavalos ou paixões, a razão nada conseguiria. Essa parelha da alma dividida, puxada com violência para um lado e para outro, é o auriga quem conduz, e sua serenidade grave sem ser crispada simboliza o equilíbrio interior, feito de tensão entre forças diversas. A mão que segura as rédeas representa perfeitamente o **nó*** que reúne as forças do espírito e as da matéria. Esse simbolismo relaciona-se com o do mito platônico da parelha alada (*Fedro*, 246 a 246 s.).

AURORA

Em todas as civilizações, a Aurora *de dedos cor-de-rosa* é o símbolo alegre do despertar na luz reencontrada. "A aurora tiritante, vestida de rosa e verde", diz Baudelaire (*Crépuscule du matin*). Após a longa noite, sua irmã, portadora de angústia e de receio, a aurora,

> guia esplendorosa das liberalidades, surgiu;
> radiosa, abriu-nos as portas.
> Impulso primeiro dos seres vivos, revelou-nos nossas riquezas,
> a aurora desperta todas as coisas...
> Repelindo os ódios, guardiã da Ordem
> e nascida na Ordem, rica de benesses, estimuladora de benefícios,
> feliz no presságio e portadora do convite divino,
> levanta-te, Aurora: tu és a mais bela de todas as belezas.
>
> (*Rig-Veda*, I, 113; in *VEDV*, 100)

Sempre jovem, *sem envelhecer, sem morrer, ela caminha cumprindo seu destino* e vê sucederem-se as gerações. Cada manhã, todavia, ela ali está, *símbolo de todas as possibilidades*, signo de todas as promessas. Com ela recomeça o mundo e tudo nos é oferecido. A aurora anuncia e prepara o desabrochar das colheitas, assim como a juventude anuncia e prepara o do homem. Símbolo de luz e de plenitude prometida, a aurora jamais cessa de ser a esperança em cada um de nós.

Os textos celtas insulares guardam vestígios de um antigo mito da aurora, análogo ao de Uças da mitologia védica, na lenda irlandesa dos amores do Boand e do Dagda, e na lenda galesa do Rhiannon (a *grande rainha*). O filho do céu (Dagda) e da aurora (ou da terra) é o dia. A expressão *na juventude do dia* é uma metáfora corrente nos textos galeses para designar a aurora (CELT, 15, 328).

A aurora, com todas as suas riquezas simbólicas na tradição judaico-cristã, é sinal do *poder do Deus celeste* e o anúncio de sua vitória sobre o mundo das trevas, que é o dos *malvados*. Àqueles que acreditam dever tudo a si próprios, Jeová dirá, dirigindo-se primeiramente a Jó:

> Acaso és tu o que depois do teu nascimento deste lei à estrela-d'alva, e o que mostraste à aurora o seu lugar?
> E tomaste a terra pelas suas extremidades, para fazê-la estremecer, e sacudir dela os ímpios?
>
> (*Jó*, **38**, 12-13)

Na poesia mística do Islã, a Aurora marca "um estado de tensão espiritual no qual o acontecimento primordial advém". O poeta sente-se convocado a tornar-se "o cofundador e a cotestemunha dos acontecimentos primeiros". É invadido "por uma intensa emoção metafísica que se reveste por vezes da forma da angústia, [...] por vezes da forma do êxtase" (Daryusch Shayegan, HPBA, p. 126-127).

A aurora boreal é uma manifestação do *Além* que tende a sugerir a existência de vida após a morte. Simboliza um modo de existência luminoso e misterioso, ao mesmo tempo. Entre os esquimós, é considerada o jogo de bola dos mortos (KHIE, 51).

AUTOMÓVEL

O automóvel aparece frequentemente nos sonhos modernos, e tanto a pessoa que sonha pode estar no interior do veículo, como pode ter a percepção de carros a manobrarem ao seu redor. Como todo veículo, o automóvel simboliza a *evolução em marcha e suas peripécias*.

Se a pessoa que sonha se encontra no interior do carro, este adquire, então, um simbolismo individual. Segundo suas características – carro de

150 | AUTOMÓVEL

luxo ou velho calhambeque –, exprime em maior ou menor grau uma boa adaptação à evolução em marcha. O ego pessoal de quem sonha pode estar dominado por um complexo, quando o sonhador não se vê a si mesmo dirigindo o carro, complexo que será determinado pela personalidade do motorista, a qual nada mais é do que outro aspecto da personalidade de quem sonha.

Se a pessoa que sonha estiver dirigindo o carro ela mesma, este poderá ser mal ou bem dirigido, ou até dirigido perigosamente; cada situação indicará a deficiente, perfeita ou perigosa maneira dessa pessoa conduzir sua existência, seja no plano objetivo ou no plano subjetivo. Por sua potência e por sua precisão mecânica, o automóvel obriga, efetivamente, a que se tenha excelente autodomínio, obrigando também a uma adaptação do modo de dirigir. Para dirigir bem é preciso que se disciplinem os impulsos, que se esteja seguro das reações e que se tenha o sentido das responsabilidades. É necessário, igualmente, observar o código de trânsito, a regra do jogo da vida, a parte inelutável de convenções e conveniências que se tem de aceitar. Dirigir bem um veículo evoca a autonomia psicológica e a liberação de constrangimentos: podem-se observar as regras sem por isso sofrer quando se reconhece sua necessidade social, mesmo se essas regras parecerem absurdas aos olhos da razão.

Sentir-se dentro de um carro no qual não se tem o direito de estar indica que a pessoa que sonha se empenhou erradamente numa conduta de vida, objetiva ou subjetiva, que não tinha o direito de adotar.

Ficar sem combustível (*v.* **avião***) pode assinalar uma deficiência de libido para conduzir a vida acertadamente, ou uma atonia psíquica. A pessoa que sonha superestimou suas forças ou não as utiliza completamente.

Um veículo carregado demais pode chamar a atenção de quem sonha para certas atitudes de açambarcamento ou de ligação a falsos valores que entravam ou entorpecem seu desenvolvimento. A evolução biopsíquica está obstruída, entorpecida, retardada.

A carroçaria pode estar em relação com a *persona*, a máscara, o personagem, que procura causar efeito em alguém, por desejo de ser admirado ou por medo de ser desprezado.

Se o automóvel for visto por quem sonha sob seu aspecto puramente mecânico, designa um desenvolvimento demasiado exclusivo da função do pensamento, do intelecto, do aspecto exclusivamente mecânico e técnico da existência ou da análise.

Um automóvel que esmaga uma criança pode indicar que o impulso vital, o desenvolvimento da personalidade, as pressões exteriores não levaram em consideração uma ligação persistente com a infância e com valores psicológicos reais que não se podem integrar numa evolução harmoniosa senão mediante uma cadência mais lenta. Revela resistências interiores à lei do movimento.

Automóveis que se chocam e se "engavetam" de modo violento fazem lembrar dolorosamente a potência dos conflitos interiores que se opõem com todas as suas forças, em vez de se juntarem às forças evolutivas. O choque de contrários é traumatizante.

Esmagar-se contra um obstáculo revela que o ego consciente se rompe dolorosamente também de encontro a um obstáculo que obstrui o caminho da evolução. O obstáculo precisará ser determinado: ele pode ser interior ou exterior, porém subjetivado numa brutal resistência.

Os caminhões transportam cargas úteis e preciosas, evocando os conteúdos positivos da psique. No entanto, podem também representar o parceiro de estrada que se transforma subitamente em adversário, contra quem se vai avançar e engalfinhar-se. É de uma perigosa ambivalência.

O ônibus é um veículo público. Evoca *a vida social que vos dirige a todos* (A. Teillard). Essa vida social opõe-se ao isolamento, ao egocentrismo, ao infantilismo, ao excesso de introversão. Nós não podemos subtrair-nos à vida coletiva. A dificuldade ou a obrigação de subir num ônibus é reveladora: "O individualista vê-se obrigado a viajar em um ônibus superlotado ou, então, é metido dentro dele à força" (AEPR, 186). Em toda evolução pessoal, o ônibus simboliza o contato forçado com o social.

AVELEIRA

Essa árvore e seu fruto – a avelã – tiveram relevante papel na simbólica dos povos germânicos e nórdicos. Iduna, deusa da vida e da fertilidade, para os germanos do norte, é libertada por Loki, transformado em falcão, que a leva sob a forma de uma avelã (MANG, 25). Num conto da Islândia, uma duquesa estéril passeia num bosque de aveleiras para consultar os deuses, que a tornam fecunda (MANG, 184). A avelã tem, frequentemente, lugar de relevo nos ritos matrimoniais. No Hanovre, a tradição exigia que a multidão gritasse *avelãs, avelãs* ao jovem casal. A recém-casada distribuía avelãs três dias depois das núpcias, para indicar que o casamento fora consumado (ibid.). Entre os pequenos russos de Volínia, durante o banquete de núpcias, a sogra lança sobre a cabeça do genro aveia e avelãs. Por fim, a expressão *quebrar as avelãs* (*hazelnüsse brechen*) era empregada na Alemanha como eufemismo amoroso.

Parece, então, que essa árvore da fertilidade tenha se tornado, muitas vezes, árvore do deboche. Em certas regiões da Alemanha, há canções folclóricas que lhe opõem, como árvore da constância, o abeto (ou pinheiro-alvar).

Explica-se, desse modo, à luz das práticas medievais, a escolha da varinha de aveleira pelos feiticeiros e pelos que buscavam ouro. Os metais *amadurecidos* no ventre da Terra-Mãe, como a água das nascentes, exprimem sua inesgotável fertilidade, provocada, por homeopatia, pela vara dessa madeira. Manhardt faz notar que na Normandia "batia-se três vezes na vaca com uma vara de aveleira para que ela desse leite". Das minutas de um processo de bruxaria, datadas de 1596, em Hesse, Alemanha, o mesmo autor extrai a seguinte citação: "se na noite de Walpurgis (30 de abril) a dita feiticeira batesse na vaca com sua vara do diabo, essa vaca daria leite o ano inteiro".

De modo que a aveleira, árvore de fertilidade, se fez pouco a pouco árvore da incontinência e da luxúria e, por fim, do diabo. Nos costumes celtas, esteve muitas vezes associada às práticas de magia. A mitologia germânica faz dela um atributo do deus Thor.

Em todos os textos insulares, elas são consideradas árvores de caráter mágico. Nessa qualidade, são frequentemente utilizadas pelos druidas e pelos poetas como *suportes de encantação*. A utilização mais notável é a gravura em madeira das *ogam* ou letras mágicas. O teixo e a bétula são também aproveitados para esse fim, e a avelã é encarada, em muitos contextos, como um *fruto de ciência*. De um dos reis míticos da Irlanda, MacGuill, se dizia que era *filho da aveleira*.

Símbolo de paciência e de constância no *desenvolvimento da experiência mística*, cujos frutos requerem longa espera.

> Ele me tornou semelhante à aveleira
> que logo floresce nos meses sombrios e
> prolonga bastante a espera de seus frutos desejados.
>
> (Hadewijch d'Anvers)

AVENTAL

O avental de couro é um dos ornamentos essenciais da maçonaria. O aprendiz o veste com a parte superior levantada; os graus superiores, com a parte superior para baixo. Herdado das tradições artesanais, o avental evoca claramente o *trabalho*, para o qual é necessário. Falava-se ainda, não faz muito tempo, do *direito de avental,* uma soma paga pelos aprendizes de certas profissões ao final do seu período de experiência. No simbolismo maçônico, o avental – que caracteriza a roupa do iniciado – é, de fato, o *emblema do trabalho; lembra que o maçom deve ter uma vida ativa e laboriosa.* Para outros, ele lembraria a túnica de pele com que Adão e Eva cobriram a sua nudez após o pecado original: o avental tem de ser branco, imaculado e puro. Conservando-o assim, cada um pode, no seu plano, realizar essa perfeição aspirada por todo iniciado. Outros veem, ainda, o símbolo do corpo físico, do invólucro material que o espírito tem de vestir para tomar parte da obra da Construção Universal; outros atribuem--lhe uma significação ética: o avental maçônico só

152 | AVESTRUZ

cobre a parte inferior do corpo, principalmente o ventre [...] sede da afetividade e das paixões [...]. Isto significa que só a parte superior do corpo, sede das faculdades racionais e espirituais, deve participar do trabalho, e só ela permite alcançar a serenidade de espírito que produz o verdadeiro iniciado (BOUM, 292).

Acreditou-se, também, e não sem razão, que o papel protetor do avental estendia-se a certos centros sutis do ser.

Daí vem esse triplo simbolismo do avental: a pessoa dedicada ao trabalho; o pertencer a um meio de trabalho; a proteção contra os riscos do trabalho.

Os aventais de ossadas são documentos quase totalmente desaparecidos; no Tibete e na África, são frequentemente substituídos por simples aventais de tela com pinturas brancas sobre fundo preto representando ossos. "O avental de ossos humanos para feiticeiro, que tem a forma de trapézio terminado com um cinto de pano, constitui uma das seis peças do material mágico tântrico (punhal, faca sacrificial, flauta mágica, tambor de crânios, vasilha de crânio ou boca, avental de ossos)." À noite, eles emitiriam raios de luz. Os fragmentos de ossos, quadrados ou em forma de medalhão, podem ser esculpidos: figuras, máscaras, flores etc.; às vezes são intercalados com *contas* de material semiprecioso, vermelhas, verdes, azuis (TONT, 18). É possível que esse avental simbolize uma proteção contra as reações dos mortos ou a intervenção exigida dos mortos, para preservar de contatos nocivos e da sujeira, no momento dos atos sagrados. Voltamos, assim, ao símbolo de proteção. Mas também é possível que o feiticeiro que veste o avental queira, ao fazê-lo, associar os mortos ao seu *trabalho* e captar a força mágica contida nas ossadas. Aproximamo-nos, aqui, do primeiro valor simbólico do avental, ligado ao trabalho.

AVESTRUZ

No Egito, a pluma de avestruz era um *símbolo de justiça, de equidade, de verdade*. Os Antigos viam a origem dessa significação no fato de que as plumas de avestruz seriam todas do mesmo comprimento: esse, porém, é um ponto de pouca importância. A pluma de avestruz erguia-se sobre a cabeça da deusa Maat, deusa de justiça e de verdade, que presidia à pesagem das almas; servia igualmente de peso equilibrador na balança do julgamento. Tal como a deusa à qual serve de emblema, a pluma de avestruz significa a ordem universal, fundada na justiça.

As plumas de avestruz, com as quais eram confeccionados os enxota-moscas dos faraós e dos altos dignitários, simbolizavam o dever essencial de suas funções: observar a justiça.

Nas tradições africanas, entre os dogons, povo de agricultores cujo sistema simbólico é todo ele lunar e aquático, o avestruz substitui, às vezes, as linhas onduladas ou as sequências de caracteres ziguezagueantes que simbolizam *os caminhos da água*. Nessas representações, seu corpo é pintado com círculos concêntricos e zigue-zagues. Segundo Marcel Griaule, o modo de andar em zigue-zague, característico dessa ave, fazendo curvas como um curso de água, explicaria tal interpretação (GRIG).

AVIÃO

"Atualmente, vemos com frequência que os automóveis e aviões substituem, nos sonhos contemporâneos, os animais fabulosos e os monstros dos tempos remotos" (C. G. Jung).

Ao conteúdo simbólico do **automóvel*** o avião acrescenta o da **levitação***. O avião não é o cavalo, mas sim, Pégaso. Portanto, dir-se-á que sua decolagem pode exprimir uma aspiração espiritual, a da liberação do ser de seu ego terreno através do acesso purificador às alturas celestes. E isso também significa que a viagem de avião, pelo menos em sua fase ascendente (e é raro que o sonhador, nessa conjuntura, se veja a descer novamente à terra), conduz a uma espécie de êxtase que apresenta certa analogia com a "pequena morte" (em fr. *la petite mort*, antiga expressão coloquial que as mulheres usavam para referir-se ao "orgasmo total"). Assim, muitas vezes o psicanalista confe-

AVIÃO | 153

rirá a sonhos desse gênero uma coloração sexual, embora a análise desses sonhos seja evidentemente muitíssimo mais complexa e matizada.

O aparecimento do avião nos sonhos, embora frequente, é logicamente recente. Se bem que pertença ao mundo moderno, o avião parece, assim como o pássaro, ilustrar uma das grandes aspirações do homem, que é a de lançar-se nos ares. E é nesse sentido que o avião se relaciona com Pégaso, do mesmo modo que o automóvel com o cavalo. O sonhador pode encontrar-se dentro do avião ou percebê-lo em evoluções no céu. No primeiro caso, ele libera o homem da gravitação que o prende à terra sobre a qual se arrasta, incapaz de elevar-se. No segundo caso, toma o aspecto quase mágico de forças que vêm do Além. Evoca, então, as forças cósmicas do Inconsciente coletivo, perante as quais o ego consciente mede sua impotência. O avião pertence ao domínio do **ar*** e materializa uma força deste elemento. É o domínio das ideias, do pensamento, do espírito.

O avião é também assimilado ao **dragão*** ou aos raios de **Zeus***.

O sonhador encontra-se no interior do avião: neste caso o avião se reveste de um simbolismo individual. A personalidade solta-se na imensidão livre. Sente-se independente e embora permaneça inteiramente sob o domínio da Terra-Matéria, lança-se para o Céu-Espiritual.

Ao mesmo tempo rápido, delicado em seu mecanismo e difícil de manejar, o avião faz lembrar justamente o comportamento na vida, que se assemelha a uma grande aventura iniciática. Dirigir bem exige competência e domínio de si suficientes para permitirem evoluir nos espaços infinitos.

O avião assegura independência, autonomia, rapidez e torna possível ao piloto ir aonde quiser, com toda a liberdade e quase instantaneamente.

Às vezes, o avião no qual se encontra o sonhador é pilotado por outro personagem, aspecto complexado de si mesmo, que domina o sonhador. No entanto, esse personagem pode também representar o analista ou, ainda, o *self* que conduz a evolução. Se o sonhador ou o piloto se entrega-

rem a acrobacias, estas podem ser brilhantes ou perigosas do ponto de vista espiritual. Denotam certa indecisão ou inconstância no dinamismo, um gosto excessivo pelo risco e a tentação de ultrapassar os limites da razão.

Encontrar-se dentro de um avião no qual não se tem o direito de estar: esta situação indica que o sonhador se empenhou erradamente numa conduta objetiva ou subjetiva de vida que não tem o direito de adotar; sugere também um privilégio proibido.

Ficar sem combustível, conforme já se observou, pode significar uma deficiência da libido; talvez haja também atonia psíquica.

Se um avião sobrecarregado não consegue decolar ou voa mal, significa que *impedimenta* (bagagens pesadas) estão a obstruir o psiquismo e impedem que a evolução alce seu voo: ilusões, falsos valores, pseudo-obrigações, saber intelectual, projeções, fixações inconscientes, ideias fixas, inquietações, revolta, sentimentalismo, apetites etc. A fim de que possamos nos elevar, é preciso jogar fora parte do lastro.

O avião, quando visto pelo sonhador sob seu aspecto puramente mecânico, indicará, como no caso do automóvel, um comportamento demasiado exclusivo da função do pensamento, do intelecto, do aspecto puramente mecânico ou técnico da existência ou da análise.

Dois aviões entrechocando-se brutalmente ou um combate aéreo revelam pensamentos de tendências opostas que se chocam com violência em nós e que provocam mútua destruição, dilacerando-nos psicologicamente. Há choque de contrários.

Aviões que evoluem no céu revelam forças espirituais, potências cósmicas percebidas em nosso espaço psíquico e que se liberam. No elemento água, essas forças vivas são os peixes.

A queda de um avião que se projeta contra o solo denota uma atitude demasiado intelectual ou demasiado espiritualista, de tendência utópica; por demais afastada do *terrestre*, rompe-se ao contato das realidades materiais da existência. Os ideais retomam brutalmente contato com as

154 | AZEITE, ÓLEO

sólidas realidades concretas. O choque é doloroso. Ao sonhador pode faltar também o sentido do real (confronte-se com o mito de **Ícaro***). Existe colisão entre o espírito e o instinto. Os polos são demasiado opostos. Porque ainda lhe faltam bases para a elevação espiritual, a antiga personalidade desmorona-se; se, porém, a experiência for assumida, uma nova partida terá lugar sobre bases novas, levando igualmente em conta tanto o *mundo de baixo* como o *mundo do alto*.

Bombardeio por avião: dos planos psíquicos mais recuados surgem aviões ameaçadores. O inconsciente negligenciado ataca, a fim de que se leve em consideração seu poderio. Erige-se em Zeus fulminador a despejar **raios*** e **relâmpagos***. A ação simbolizará as tendências do inconsciente para soltar-se dos constrangimentos do meio ambiente, uma vontade de libertação.

AZEITE, ÓLEO

O uso ritual e sacrificial do azeite é característico dos povos do Mediterrâneo e do Oriente Próximo. Mais precisamente, de todas as sociedades no seio das quais a **oliveira***, fornecendo iluminação e alimento, tem o lugar de eleição que é de conhecimento geral. Falando desse duplo uso, o azeite é símbolo de *luz* e de *pureza* ao mesmo tempo que de *prosperidade*.

Na África do Norte e, ao que parece, em toda a tradição mediterrânea, as mulheres fazem libações de azeite sobre altares de pedra bruta. Os homens azeitam o soco do **arado*** antes de enfiá-lo na terra. "Trata-se, nos dois casos, de uma oferenda ao Invisível" (SERP, 120). Símbolo da força untuosa e fertilizante, de cor solar, o azeite assim oferecido atrai, ao mesmo tempo que introduz seu símbolo, a fecundidade sobre o sulco aberto. O soco untado que penetra no solo significa talvez também a doçura, uma reverência quase sagrada, no contato com a terra, elemento principal nesse rito da fecundação, que simboliza a união dos sexos.

Materializando a ideia de uma família de culturas, o azeite se torna um sinal da bênção divina, símbolo de *alegria* e de *fraternidade* (*Deuteronômio*, 33, 24; e *Salmos* 45, 8 e **133**, 1-2).

No entanto, nos ritos de unção, o simbolismo é ainda mais profundo. Os reis de Israel eram ungidos, e o azeite lhes conferia *autoridade, poder* e *glória* da parte de Deus, que era, aliás, reconhecido como o verdadeiro autor da unção. Por isso, o óleo da unção era visto como um símbolo do *Espírito de Deus* (I. *Samuel*, **16**, 13; *Isaías*, **11**, 2 – em que se trata do rei futuro).

Do fato de que o ungido é como que introduzido na esfera divina se depreende que os homens não devem botar-lhe a mão (I. *Samuel*, **24**, 7, 11; **26**, 9).

Foi, talvez, esse velho fundo de crenças que se perpetuou na expressão popular francesa *C'est un huile*, que designa um personagem importante, fora do comum, que é melhor não ofender; ou na expressão brasileira beber azeite, para "ser muito esperto".

A palavra hebraica para *ungido* deu, em transcrição, Messias, e, na tradução grega, Christos. Jesus é, então, visto como o rei esperado, sem que se possa totalmente excluir *a priori* qualquer alusão a um ministério sacerdotal e profético. Mas, como ele não havia recebido, evidentemente, um óleo de unção material, o caminho estava aberto para a espiritualização: o Espírito Santo, que o azeite simboliza, é dado a Jesus em plenitude, como que por unção (*Lucas*, **4**, 18). E como o cristianismo primitivo relaciona imediatamente o dom do Espírito e o batismo (*Atos*, **2**, 38; **9**, 17 s.), chega-se rapidamente à instituição de um rito batismal de unção efetiva com óleo (Hipólito, *Tradição apostólica*, 22; Tertuliano, *Tratado do Batismo*, 7).

E é assim que o azeite, apresentado no *alfa* e no *ômega* da vida (extrema-unção), vem a ter, no mundo cristão, um papel excepcionalmente sacralizante. O que o comentário de Dionísio Areopagita resume admiravelmente:

> O pontífice esparze óleo sobre o defunto. Ora, estareis lembrados de que, no sacramento da regeneração, antes do santo batismo, e quando o iniciado se despojou totalmente das suas vestes antigas, sua primeira participação nas coisas sagradas

consiste na unção com os santos óleos. E, ao termo da vida, são ainda os santos óleos que se lançam sobre o cadáver. Pela unção do batismo chamava-se o iniciado para a liça, para o bom combate; o azeite da unção dos agonizantes significa que ele encerrou sua carreira e pôs fim às suas gloriosas lutas (PSEO, 151-152).

Por outro lado, a consistência fluida do azeite faz com que ele seja considerado na mitologia xintoísta uma imagem da *indiferenciação* primordial: as águas originais são de azeite.

Não é, portanto, de admirar que a Ciência Hermética tenha, ela também, conferido papel de símbolo maior ao azeite. Já presente no começo e no fim da vida, ele se torna também, para Claude de Saint-Martin, um símbolo de *laço intermediário*, enquanto elemento de uma Grande Obra alquímica, na qual o vinho e o lêvedo são o *enxofre* e o *mercúrio*. O azeite, diz-se, "é composto de quatro substâncias elementares, que lhe dão relações *ativas* com os quatro pontos cardeais". Por sua natureza, então, ele fixaria e conteria as influências exteriores, o que é outro aspecto do seu papel purificador e protetor.

AZEVICHE

Na bacia do Mediterrâneo (Itália, Espanha) e na Índia, o amuleto de azeviche (ou gagata), como o de coral, protegia do mau-olhado. Nas ilhas Britânicas, o azeviche afastava as tempestades, os demônios, os venenos, as possessões, as doenças enviadas pelos feiticeiros e as mordidas de cobra. As mulheres irlandesas, quando seus maridos se ausentavam, queimavam azeviche, betume altamente inflamável, para garantir sua própria segurança (BUDA, 316).

Segundo Marbode, "por combustão, o azeviche favorece às mulheres a vinda das suas regras [...]. Acredita-se que seja contrário aos demônios [...]. Prevalece nobre as magias e revoca os encantamentos. É, diz-se, a pedra de toque da virgindade" (GOUL, 208).

Em todo caso, o azeviche, pedra negra e luzente, intervém como símbolo tutelar, protegendo contra todos os malefícios invisíveis.

AZUL

O azul é a mais *profunda* das cores: nele, o olhar mergulha sem encontrar qualquer obstáculo, perdendo-se até o infinito, como diante de uma perpétua fuga da cor. O azul é a mais imaterial das cores: a natureza o apresenta geralmente feito apenas de transparência, i.e., de vazio acumulado, vazio de ar, vazio de água, vazio do cristal ou do diamante. O vazio é exato, puro e frio. O azul é a mais *fria* das cores e, em seu valor absoluto, a mais *pura*, à exceção do vazio total do branco neutro. O conjunto de suas aplicações simbólicas depende dessas qualidades fundamentais.

Aplicada a um objeto, a cor azul suaviza as formas, abrindo-as e desfazendo-as. Uma superfície repassada de azul já não é mais uma superfície, um muro azul deixa de ser um muro. Os movimentos e os sons, assim como as formas, desaparecem no azul, afogam-se nele e somem, como um pássaro no céu. Imaterial em si mesmo, o azul desmaterializa tudo aquilo que dele se impregna. É o caminho do infinito, onde o real se transforma em imaginário. Acaso não é o azul a cor do pássaro da felicidade, o pássaro azul, inacessível embora tão próximo? Entrar no azul é um pouco fazer como Alice, a do País das Maravilhas: passar para *o outro lado do espelho*. Claro, o azul é o caminho da divagação, e quando ele se escurece, de acordo com sua tendência natural, torna-se o caminho do sonho. O pensamento consciente, nesse momento, vai pouco a pouco cedendo lugar ao inconsciente, do mesmo modo que a luz do dia vai-se tornando insensivelmente a luz da noite, o azul da noite.

Domínio, ou antes, *clima* da irrealidade – ou da super-realidade –, imóvel, o azul resolve em si mesmo as contradições, as alternâncias – tal como a do dia e da noite – que dão ritmo à vida humana. Impávido, indiferente, não estando em nenhum outro lugar a não ser em si mesmo, o azul não é deste mundo; sugere uma ideia de eternidade tranquila e altaneira, que é sobre-humana – ou inumana. Seu movimento, para um pintor como Kandinsky, é a um só tempo "movimento de afastamento do homem e movimento dirigido unica-

156 | AZUL

mente para seu próprio centro, que, no entanto, atrai o homem para o infinito e desperta-lhe um desejo de pureza e uma sede de sobrenatural" (KANS). A partir daí, compreende-se, quer a importante significação metafísica do azul, quer os limites de seu uso clínico. Um ambiente azul acalma e tranquiliza, embora não tonifique, ao contrário do verde, porquanto fornece apenas uma evasão sem sustentação no real, apenas uma fuga que, a longo prazo, se torna deprimente. Segundo Kandinsky, a profundidade do verde dá "uma impressão de *repouso terreno* e de contentamento consigo mesmo", ao passo que a profundidade do azul tem "uma gravidade solene, supraterrena". Essa gravidade evoca a ideia da morte: as paredes das necrópoles egípcias, sobre as quais se destacavam, em ocre e vermelho, as cenas dos julgamentos das almas, eram geralmente revestidas de um reboco azul-claro. Já se disse, também, que os egípcios consideravam o azul *a cor da verdade*. A Verdade, a Morte e os Deuses andam sempre juntos, e é por isso que o azul--celeste é também o limiar que separa os homens daqueles que governam, do Além, seu destino. Esse azul sacralizado – o azul-celeste (em francês: *l'azur*) – é o campo elísio, o útero através do qual abre seu caminho a luz de ouro que exprime a vontade dos deuses: Azul-Celeste e Ouro, valores respectivamente feminino e masculino que significam, para o (símbolo) uraniano o mesmo que Sinople (heráld.) e Goles (heráld.) para o ctoniano (*Sinople* e *Goles* são o verde [escuro] é o vermelho [brilhante] na heráldica. O primeiro figurado em diagonal, o segundo, em vertical. A oposição é:

AZUL		VERMELHO
[uranianos]	X	[ctonianos]
AMARELO		VERDE

Zeus e Jeová tronam (i.e., exibem-se do alto, majestosamente) com os pés pousados sobre o azul-celeste, ou seja, sobre *o outro lado* dessa abóbada celeste que, na Mesopotâmia, se dizia ser feita de lápis-lazúli, e da qual a simbólica cristã fez *o manto que cobre e vela a divindade* (PORS).

Desse mesmo azul-celeste, com três flores-de-lis douradas, era o brasão da casa real de França que, assim, proclamava a origem teologal dos Reis cristianíssimos.

Juntamente com o vermelho e o ocre amarelo, o azul manifesta as hierogamias ou as rivalidades entre o céu e a terra. Sobre a imensa estepe asiática, que não é interrompida por nenhuma linha vertical, céu e terra desde sempre estiveram face a face; por isso seu casamento preside o nascimento de todos os heróis da estepe: segundo uma tradição ainda não extinta, Gêngis Khan, fundador da grande dinastia mongólica, nasce da união do *lobo azul e da corça selvagem*. O lobo azul é também *Er Töshtük*, herói da gesta quirguiz, que usa uma armadura de ferro azul e empunha um escudo azul e uma lança azul (BORA). Os leões azuis e os tigres azuis, que abundam na literatura turco-mongol, são também atributos cratofânicos de *Tangri*, pai dos altaicos, que reside acima das montanhas e do céu, e que, com a conversão dos turcos ao islamismo, se transformou em *Alá*.

No combate entre o céu e a terra, o azul e o branco aliam-se contra o vermelho e o verde, tal como é tantas vezes atestado na iconografia cristã, principalmente em suas representações da luta de São Jorge contra o dragão. Em Bizâncio, as quatro equipes de carros de combate que se defrontavam no hipódromo ostentavam as cores vermelha ou verde de um lado, azul ou branca do outro. E tudo leva a crer que esses jogos da Roma do Oriente se revestiam de tão alta significação religiosa e cósmica quanto a dos jogos de pelota que celebravam, na mesma época, os antigos povos mesoamericanos. Pois tanto aqueles quanto estes últimos constituíam um teatro sagrado onde se representava a rivalidade do imanente e a do transcendente, da terra e do céu. Ao longo da história francesa essa rivalidade tem ensejado combates bem verídicos e mortais, com as facções opostas ostentando ainda as mesmas cores emblemáticas, em nome do direito divino e do direito humano, que cada uma delas afirma encarnar: os *chuãs* (insurgentes da Vendeia contra a Revolução Francesa, em 1793) eram azuis, os revolucionários do Ano II da República eram vermelhos – e tais são também as cores políticas que se enfrentam ainda hoje, pelo mundo afora.

A expressão *sangue azul* é explicada por um de nossos leitores da seguinte maneira: Na idade Média, blasfemar era um pecado mortal, e os camponeses jamais se arriscavam a nele incorrer; os senhores feudais, porém, costumavam fazê-lo sem o menor escrúpulo, até o dia em que certo jesuíta, favorito do rei, proibiu-lhes de empregar o nome de Deus em suas blasfêmias prediletas. Eles contornaram essa dificuldade, substituindo *Deus* por *Azul* (em francês: *Dieu* por *Bleu*, palavras que têm a mesma terminação). E foi assim que as imprecações se modificaram: *par la mort de Dieu* (pela morte de Deus) passou a ser *morbleu; Sacré Dieu* (Santo Deus), *sacrebleu; Par Dieu* (Por Deus), *parbleu; Par le sang de Dieu* (Pelo sangue de Deus), *palsembleu etc.* A criadagem, que frequentemente ouvia essa última imprecação, retinha apenas o final, ou seja, *sang bleu*, sangue azul; e como o uso dessas blasfêmias era privilégio da nobreza, para distinguir um nobre de um plebeu os criados costumavam dizer: "Esse é um sangue-azul!" (P. G. Villeneuve Saint-Georges).

O azul e o branco, cores marianas, exprimem o desapego aos valores deste mundo e o arremesso da alma liberada em direção a Deus, i.e., em direção ao *ouro* que virá ao encontro do branco virginal, durante sua ascensão no azul-celeste. Reencontra-se aí, portanto, valorizada positivamente pela crença no Além, a associação das significações mortuárias do azul e do branco. Em geral, quando se faz a promessa de trazer uma criança vestida sempre de branco ou de azul, em honra da Virgem, trata-se de crianças impúberes, i.e., ainda não sexuadas, ainda não plenamente materializadas: crianças que não pertencem de modo algum a este mundo; e que, justamente por isso, são capazes de responder, mais facilmente, ao chamamento azul da Virgem.

Ora, o signo da Virgem, na roda zodiacal, corresponde à estação das colheitas, ocasião em que a evolução primaveril já se realizou, e vai ceder lugar à involução outonal. O signo da Virgem é um signo centrípeta como a cor azul, e que vai despojar a terra de seu manto de verdura, desnudá-la, dessecá-la. É o momento da celebração da Assunção da Virgem-Mãe, festa que se realiza sob um céu sem véus, onde o ouro solar se faz fogo implacável e devora os frutos maduros da terra. Essa cor azul-celeste é, no pensamento dos astecas, o azul-turquesa, a cor do Sol, por eles denominado *Príncipe de Turquesa* (Chalchihuitl); era um sinal de incêndio, de sequidão, de fome, de morte. Mas Chalchihuitl é também essa pedra verde-azulada, a turquesa, que ornava a vestimenta da deusa da renovação. Quando morria um príncipe asteca, antes de incinerá-lo substituía-se seu coração por uma dessas pedras; tal como no Egito, onde antes de mumificar um faraó defunto, punha-se no lugar de seu coração um escaravelho de esmeralda. Em certas regiões da Polônia, subsiste ainda o costume de se pintar de azul as casas das jovens casadoiras.

Segundo a tradição hindu, a face de safira do Meru (a do Sul) reflete a luz e tinge de azul a atmosfera. A cidade misteriosa de *Luz*, à qual já nos referimos a propósito da **amendoeira***, a *morada de imortalidade* da tradição judaica, é também chamada a *Cidade azul*.

No budismo tibetano, o azul é a cor de *Vairocana*, da Sabedoria transcendente, da *potencialidade* – e, simultaneamente, da vacuidade, da qual a imensidão do céu azul é, de resto, uma imagem possível. A luz azul da Sabedoria do *Dharma-dhâtu* (lei, ou consciência original) é de uma ofuscante potência, embora seja ela que abra o caminho da Liberação.

O azul é a cor do *yang*, a do Dragão geomântico – daí as influências benfazejas. *Huan* (azul), cor do céu obscuro, longínquo, evoca, como no caso acima citado, a morada de imortalidade, mas evoca também – quando interpretado de acordo com o Tao Te Ching (cap. 1) – o não manifestado. O caractere antigo estaria em relação com o desenrolamento do fio de um duplo casulo, fazendo lembrar o simbolismo da **espiral***.

As línguas célticas não têm um termo específico para designar a cor azul (o vocábulo *glas*,

158 | AZUL

tanto em bretão, como em gaélico e em irlandês, significa *azul* ou *verde*, ou até mesmo *cinzento*, conforme o contexto; e, quando a distinção se faz indispensável, utilizam-se substitutos ou sinônimos. *Glesum* é, em celta antigo latinizado, o nome do **âmbar*** cinzento). O azul é a cor da *terceira função, produtora e artesanal*. Mas, já nos textos irlandeses e galeses da Idade Média, não parece mais ter valores funcionais comparáveis aos do **branco*** e do **vermelho***. César relata, no entanto, em *De Bello Gallico*, que as mulheres dos bretões parecem nuas, em certas cerimônias religiosas, por terem o corpo recoberto de cor azul; e um ancestral mítico dos irlandeses chama-se *Goedel Glas, Goidel, o azul*: é ele o inventor da língua gaélica (assimilada ao hebraico) (OGAC, 7, 193-194).

A linguagem popular, por excelência uma linguagem *terrena*, não acredita absolutamente nas sublimações do desejo e, portanto, não vê senão perda, falta, ablação e castração, onde outros veem mutação e novo começo. Consequentemente, o azul adquire, a maioria das vezes, significação negativa. O temor *metafísico* torna-se, assim, um *medo azul* (fr. *une peur bleue*), e passar-se-á a dizer *não vejo senão azul* (fr. *je n'y vois que du bleu*) com o sentido de *não vejo nada*. Em alemão, *estar azul* significa *perder a consciência* por causa do álcool. O azul, em certas práticas aberrantes, pode até mesmo significar o cúmulo da passividade e da renúncia. Assim, uma tradição das prisões francesas exigia que o invertido efeminado tatuasse seu membro viril de azul, a fim de exprimir que renunciava à sua virilidade. Ao contrário de seu significado mariano, neste caso o azul exprimia também uma castração simbólica; e a operação, *a imposição* desse azul, à custa de um longo sofrimento, testemunhava um heroísmo às avessas – não másculo, mas feminil, não sádico, e sim masoquista.

B

BAAL e BELIT

Casal de deuses adorados pelos semitas, Baal como deus do furacão e da fecundidade, Belit como deusa da fecundidade, sobretudo agrária. Os profetas judeus, que anunciavam em Jeová um Deus de concepção mais elevada, opuseram-se a esses cultos antigos que renasciam incessantemente e que celebravam, "ao ponto da exacerbação e do monstruoso, a sacralidade da vida orgânica, as forças elementares do sangue, da sexualidade e da fecundidade". O culto de Baal chegou mesmo a simbolizar a presença ou o retorno periódico, em toda civilização, de uma tendência a exaltar as forças instintivas. O culto jeovista salientava "a sacralidade de uma maneira mais integral, santificava a vida sem desencadear as forças elementares [...], revelava uma regra espiritual em que a vida do homem e seu destino se outorgavam novos valores; facilitava uma experiência religiosa mais rica, uma comunhão divina mais pura e mais completa" (ELIT, 17).

BABEL (torre de)
(v. Torre fulminada; Habitação divina)

A **torre*** de Babel simboliza a confusão. A própria palavra Babel provém da raiz *Bll*, que significa confundir. O homem presunçoso eleva-se desmesuradamente, embora lhe seja impossível ultrapassar sua condição humana. A falta de equilíbrio leva à confusão nos planos terreno e divino, e os homens já não se entendem: já não falam a mesma língua, o que quer dizer que entre eles já não existe o mínimo consenso, cada um a pensar somente em si mesmo e a considerar-se um Absoluto.

A narrativa bíblica situa-se no final dos capítulos concernentes às origens da humanidade, e precede a história mais circunstanciada, menos mitológica e mais cronológica dos patriarcas. Constitui-se numa espécie de conclusão, ao cabo dessa primeira fase da história da humanidade, que se caracterizou por uma formação progressiva de grandes impérios e de grandes cidades. É singular que o fim desse período seja marcado por um fenômeno social e por uma catástrofe social (*Gênesis*, **11**, 1-9, texto citado no verbete **torre***; *v.* **zigurates***).

Poder-se-ia dizer que a confusão babélica é o castigo da tirania coletiva que, à força de oprimir o homem, faz explodir a humanidade em frações hostis.

Sem contestar de forma alguma a intervenção divina nessa catástrofe, pode-se pensar que a teofania jeovista não exclui a interpretação simbólica segundo a qual Jeová seria também, no caso, uma manifestação de justiça imanente, uma expressão da consciência humana revoltada contra o despotismo de uma organização de tendência totalitária. Uma sociedade sem alma e sem amor está fadada à dispersão; a união só poderá proceder de um novo princípio espiritual e de um novo amor. "É o castigo de um erro coletivo", observa R. de Vaux, "que, assim como o dos pais primeiros, consiste também em um erro de imoderação. A união só poderá ser restaurada no Cristo salvador: milagre de línguas em Pentecostes" (*Atos*, **2**, 5-12), "assembleia de nações no céu" (*Apocalipse*, 7, 9-10; 14-17), (BIBJ, **1**, 107). A antítese da Torre de Babel, com sua incompreensão e sua dispersão, é efetivamente essa visão apocalíptica da sociedade nova governada pelo **cordeiro***, como também o dom das línguas por ocasião do Pentecostes.

BABILÔNIA

No plano dos símbolos, Babilônia é a antítese da Jerusalém celeste e do Paraíso. Entretanto, de acordo com sua etimologia, Babilônia significa *porta do deus*. Mas o deus sobre o qual essa **porta*** se abre, se bem que em certa época tenha sido buscado nos céus, no sentido do espírito, perverteu-se em homem e naquilo que no homem existe de mais vil: o instinto de dominação e o instinto de luxúria, erigidos em absoluto.

"Essa cidade é tão magnífica", escrevia Heródoto, "que não há no mundo cidade alguma que se lhe possa comparar". Seu cinturão de muralhas e seus jardins suspensos incluíam-se entre as sete maravilhas do mundo. Tudo foi destruído, pois era tudo fundado sobre valores unicamente temporais. O símbolo de Babilônia não é o de um esplendor condenado por sua beleza, mas o de um esplendor viciado, que a si próprio se condenou ao desviar o homem de sua vocação espiritual. Babilônia simboliza o triunfo passageiro de um mundo material e sensível, que exalta apenas uma parcela do homem e que, consequentemente, o desintegra.

Em alguns textos irlandeses, Babilônia simboliza o paganismo, interpretado de modo muito desfavorável, e é nessa cidade que os filhos de Callatin (**fomorianos***) vão fazer seu aprendizado de magia, a fim de matar o herói Cuchulainn. Esse simbolismo não é diferente do simbolismo da Babilônia dos textos bíblicos, que ele claramente toma por modelo (CELT, 7, *passim*).

BACANTES

As Bacantes ou Mênades, *as furiosas, as impetuosas*; mulheres tomadas de paixão por **Dioniso*** e entregues a seu culto com tamanho fervor que por vezes chegavam ao delírio e à morte. Em relação aos gregos, pode-se ler sobre esse tema a tragédia de Eurípides, *As Bacantes*, e, em relação aos romanos, a descrição dramática de Tito Lívio (XXIX, 8-9). Deu-se às suas estranhas práticas, difundidas ao longo do contorno da bacia mediterrânea, o nome de "orgiasmo" (celebração de orgias e mistérios, sobretudo do culto de Dioniso)

ou "menadismo". Certas cenas não poderiam deixar de evocar as famosas descrições médicas da histeria. "Sob muitos aspectos, o delírio das Bacantes, com os movimentos convulsivos e espasmódicos, a flexão do corpo para trás, o descaimento e o agitado movimento da nuca, faz lembrar as afecções neuropáticas devidamente descritas hoje em dia e que implicam o sentimento da despersonalização, da usurpação do ego por uma pessoa estranha, aquilo que é precisamente *o entusiasmo* na Antiguidade" (i.e., exaltação ou arrebatamento extraordinário daqueles que estavam sob inspiração divina, como as sibilas etc.), "ou seja, a possessão" (SECG, 292). Elas simbolizam a embriaguez de amar, o desejo de serem penetradas pelo deus do amor, como também "a irresistível influência dessa loucura, que é uma espécie de arma mágica do deus" (JEAD).

BAÇO

No Ocidente e também no mundo árabe, o baço é associado ao humor, mais particularmente ao riso, que se supõe seja provocado por uma dilatação do baço. É a consequência de concepções fisiológicas pouco conformes às da medicina moderna.

Na China, o baço é considerado um entreposto de energia, *yin*, terrestre. Corresponde ao sabor doce e à cor amarela, que é habitualmente a do centro. Entretanto, o sistema de correspondências é bastante complexo; a energia essencial é localizada no baço no equinócio da primavera; por sua vez, o *Hong-fan* faz o baço corresponder ao elemento Madeira e à primavera, portanto à cor verde (CHAT, CORT, GRAP). Mas, em todos os casos, é um símbolo de versatilidade, como os humores mutantes.

BÁCULO

Símbolo da fé, da qual o bispo é o intérprete. Sua forma de gancho, semicírculo, ou círculo aberto significa o poder celeste aberto sobre a Terra, a comunicação dos bens divinos, o poder de criar e recriar os seres. O báculo do bispo ou do abade é o emblema da sua jurisdição pastoral. É, então, também, um símbolo de autoridade, de uma autoridade que emana do céu. Cumpre

BALANÇA

relacioná-lo com o **cajado*** do pastor. O gancho que tem na extremidade permite puxar para o seio do rebanho a ovelha desgarrada.

BALANÇA

A balança é conhecida na qualidade de símbolo da justiça, da medida, da prudência, do equilíbrio, porque sua função corresponde precisamente à *pesagem* dos atos. Associada à espada, a balança é também a Justiça, mas duplicada pela Verdade. No plano social, trata-se de emblemas da função administrativa e da função militar, que são as do poder dos reis e que caracterizam, na Índia, a casta dos *Kshatriya*. Também essa é a razão pela qual, na China, a balança é um dos atributos do Ministro, associada, desta vez, a um torno de oleiro. Representada nas lojas das sociedades secretas chinesas, a balança significa o *direito* e a *justiça*.

Na cidade dos Salgueiros, pesamos tudo exatamente, o que pode se revestir de um interesse todo particular, desde que se recorde que a cidade dos Salgueiros corresponde ao *Invariável* (império do) *Meio*.

A balança como símbolo do Julgamento é apenas uma extensão da aceitação precedente da Justiça divina. No antigo Egito, Osíris pesava as almas dos mortos; na iconografia cristã, a balança é segurada por São Miguel, o Arcanjo do Julgamento; a balança do Julgamento também é evocada no *Corão*; no Tibete, os pratos da balança destinada à pesagem das boas e das más ações dos homens são respectivamente enchidos de pedras brancas e de pedras negras. Na Pérsia, o anjo Rashn, colocado ao pé de Mitra, pesa os espíritos sobre a ponte do destino; um vaso grego representa Hermes a pesar as almas de Aquiles e de Pátroclo.

Abarcando as noções de justiça, como também de medida e de ordem, a balança, entre os gregos, é representada por Têmis, que rege os mundos segundo uma lei universal. No dizer de Hesíodo, ela é filha de Urano (o céu) e de Gaia (a terra), portanto filha da matéria e do espírito, do visível e do invisível. Na *Ilíada*, aparece também como um *símbolo do destino*, tal como o testemunha o combate de Aquiles e Heitor: "Ei-los que

retornam às fontes pela quarta vez. Desta vez, o Pai dos deuses faz uso de sua balança de ouro; nela coloca as duas deusas da morte dolorosa, a de Aquiles e a de Heitor, o domador de éguas; depois, tomando-a pelo meio, ergue-a, e esse é o dia fatal de Heitor que, por seu peso, faz descer a balança e desaparece no Hades. Então Febo Apolo o abandona" (*Ilíada, 22,* 208-213).

Como a noção de destino implica a de tempo vivido, compreender-se-á que a balança seja igualmente o emblema de Saturno ou Cronos. Juiz e executor, Cronos mede a vida humana, também estabelecendo equilíbrio, igual ou não, entre os anos, as estações, os dias e as noites. Pode-se sublinhar aqui que o signo zodiacal da balança é atingido no equinócio do outono; no equinócio da primavera começa o de Áries; nessas datas, o dia e a noite equilibram-se. Do mesmo modo, os movimentos dos pratos da balança, como os do sol no ciclo anual, correspondem ao *peso* relativo do *yin* e do *yang*, do obscuro e da luz, o que reconduz, sem variação simbólica notável, da Grécia à China clássicas. A flecha (ponteiro), quando os pratos estão em equilíbrio (equinócio) – ou a espada que a ela se identifica – é o símbolo do *Invariável Meio*. O eixo polar que o representa termina na Ursa Maior, que a China antiga denominava *Balança de Jade*.

Às vezes, entretanto, os dois pratos da Balança celeste eram representados pela Ursa Maior e pela Menor. O texto do ritual das sociedades secretas acrescenta que a Balança da cidade dos Salgueiros "é magnífica e brilhante como as estrelas e as constelações", das quais efetivamente ela é o *reflexo*, ao pé do eixo cósmico. Além disso, o nome sânscrito da balança (*tula*) é o mesmo que o da *Terra Santa* primordial, situada na (região) **hiperbórea***, i.e., no *polo*. (*v.* **tule***.)

A *balança* é, ainda, o equilíbrio das forças naturais, de "todas as coisas feitas para serem unidas" (Devoucoux), das quais os antigos símbolos eram as pedras oscilantes.

Ao equilibrar as coisas e o tempo, o visível e o invisível, compreende-se que a *ciência* ou o

162 | BALANÇA (LIBRA) – SIGNO ZODIACAL

domínio da Balança seja familiar ao hermetismo e à alquimia: esta ciência é a das correspondências entre o universo corporal e o universo espiritual, entre a Terra e o céu (*v.* o *Livro das Balanças* de Jabîr ibn-Hayyân). E essa balança (*mizan*) é transferida pelo esoterismo islâmico até mesmo para o plano da linguagem e da escrita, a *balança das letras* estabelecendo a mesma relação das letras à linguagem, que a das coisas que a linguagem designa à sua natureza essencial. Levar a barra (ou travessão) de tais *balanças* à horizontal significa sem dúvida alcançar a suprema Sabedoria (CORT, CORJ, DEVA, EVAB, GUEM, SOUJ).

O *Livro dos mortos*, dos antigos egípcios, permite-nos fazer uma ideia da **psicostasia***, a pesagem (ou julgamento) das almas: nos pratos da balança, de um lado o vaso (significando o coração do morto), e de outro, a pluma de aves-truz (significando a justiça e a verdade). A balança simboliza a justiça, o peso comparado dos atos e das obrigações.

A figura da balança aparece com frequência nas sepulturas cristãs. O pensamento judaico-cristão retoma esse tema segundo o sentido que lhe é dado na Antiguidade.

Muitos autores bíblicos fazem a aproximação das noções de bem e de verdade com a da balança, como, por exemplo, em Jó (**31**, 6-7): "Que Deus me pese sobre balanças justas e ele conhecerá minha integridade."

O bem significa aquilo que está equilibrado no exterior e no interior. No pensamento judeu, os demônios aparecem sempre privados de poder em relação ao que é equilibrado.

O conhecimento é uma ciência exata e rigo-rosa: é pesado na balança. Esse sentido aparece em um texto do *Eclesiastes*:

> Escuta-me, meu filho, e aprende a sabedoria
> Eu te desvendarei uma doutrina pesada na balança
> e te farei conhecer uma ciência exata.

Essa medida rigorosa, nós a reencontramos tanto na ordem do conhecimento quanto na pesagem das almas e dos metais.

O equilíbrio simbolizado pela balança indica um retorno à unidade; i.e., à não manifestação, porque tudo aquilo que é manifestado está sujeito à dualidade e às oposições. O equilíbrio realizado pelos pratos fixados um diante do outro, portanto, significa uma posição para além dos conflitos, que pertencem ao tempo-espaço, à matéria. É a partir do centro da balança e da fixidez do ponteiro que as oposições podem ser encaradas como aspectos complementares. Na Cabala está escrito que antes da criação *a balança estava no mais Antigo dos dias*. Enel, a comentar esse texto, dirá que "antes da manifestação do ato que pôs em andamento a Criação, o Indefinido havia formado em *seu pensamento seu desdobramento*, que devia gerar todas as divisões consecutivas, até às da célula". Com seus dois pratos, a balança representa esse desdobramento.

A Balança (Libra)
(Signo zodiacal: 23 set. – 22 out.)

Ao entrar neste signo, o Sol está no ponto in-termediário do ano astronômico. Sua passagem do hemisfério norte ao hemisfério sul marca o equilíbrio entre o edifício construído e as forças que lhe preparam a ruína, assim como o equilíbrio entre os dias e as noites. É representado por uma balança, com seu travessão e os dois pratos. Esse ponto do justo meio, em torno do qual tudo oscila, é testemunho do balanceamento entre o crepúsculo de um outono exterior e a aurora de uma primavera interior. Nesse ponto central, em que se igualam as distâncias entre os dois pratos do motor e do freio, do impulso e da contenção, da espontaneidade e da reflexão, do abandono e do medo, da atração e do recuo diante da vida, vemos sobretudo uma neutralização das forças contrárias. Dele surge um mundo da média, da medida, dos semitons, das cores suaves, dos ma-tizes. É um universo de refinamento o que vemos apresentar-se na simbólica do elemento Ar, de natureza sutil. O meio aéreo da Balança significa, em relação ao de Gêmeos, o mesmo que o lugar do coração significa para o do espírito. O ego contrapõe-se, nesse caso, a outro que é diferente de si mas de igual valor, introduzindo o diálogo afetivo do *tu* e *eu*. O signo das Festas galantes, aliás, é colocado sob a regência de Vênus, a cuja assistência Saturno traz uma nota de desprendimento e de espiritualização. Trata-se da Vênus Afrodite das rosas de outono, deusa da beleza ideal, da graça da alma, das Núpcias sagradas; e, igualmente, a das serenatas e dos minuetos.

BALANÇO

Em todo o sudeste da Ásia, o balanço é associado aos ritos da fertilidade e da fecundidade por causa de seu movimento de alternância, que a terminologia chinesa identificaria ao do *yin*** e do *yang***.

Os *Brahmana* (*Brâmanas*) (obras religiosas hindus do período chamado *bramânico*) denominam o balanço (ou melhor, a retouça) *navio que conduz ao céu*, conforme um simbolismo do movimento que se explica por si mesmo, mas que não pode deixar de evocar, pensa Mircea Eliade, um contexto xamânico.

No rito solsticial hindu do *mahavrata*, o sacrificador balançava-se numa retouça evocando os três sopros, *prana*, *vyana* e *apana*, o que poderia estar em relação com uma disciplina respiratória inspirada no ioga. No entanto, trata-se da aplicação particular de um simbolismo cósmico mais geral: o movimento do balanço identifica-se ao do Sol, que o próprio *Rig-Veda* chama *retouça de ouro*; o ritmo do balanço é o do tempo, ciclo cotidiano e ciclo sazonal, ao mesmo tempo que é o do sopro. Por evocar, no caso do *mahavrata*, o início da ascensão do *yang*, o passatempo do balanço é comumente mais praticado na primavera, acompanha a renovação. É também, paralelamente, um símbolo de amor (utilizado nos ritos de casamento); o que outra interpretação, perfeitamente explícita, associa ao ritmo oscilatório da retouça ao atravessar o pórtico.

Todavia, quando se observa que o pórtico é um *torana* – entrada e saída do mundo, porta do sol –, esse ritmo é o mesmo, universal, da vida e da morte, da expansão e da reintegração, da evolução e da involução. E, por isso, é muito natural que Kabir (místico indiano) o tenha podido comparar ao do *samsara*: "A este balanço estão suspensos todos os seres e todos os mundos; e este balanço não cessa jamais de balançar-se."

Em certas regiões da Índia a utilização do balanço era proibida fora do domínio ritual; reservava-se o balanço para as comunicações entre a Terra e o céu e, mais particularmente, à manifestação da palavra divina.

De resto, relaciona-se esse balançar-se com os ritos de obtenção da chuva. Pois o movimento de embalo da retouça é um claro presságio da altura dos pratos de arroz; seu assento pode estar ornado de *makara* e, assim, evocar o domínio das águas ou o arco-íris; trata-se sempre, pelo acompanhamento dos ciclos naturais e de um impulso em direção ao céu, de atrair para o mundo a harmonia e a bênção celestes.

Sem dúvida, existem implicações dessa mesma espécie na antiga prova chinesa do balanço, destinada, diz Granet, a "pesar os talentos" e, sem dúvida, as virtudes (AUBJ, GRAC).

Pausânias descreve um quadro, *A descida aos infernos*, no qual ele reconhece, entre outros personagens da mitologia grega, a irmã de Ariadne, Fedra, cujo corpo se balança "suspenso no ar sobre uma corda a que ela se segura, de cada lado, com uma das mãos". Viu-se nessa imagem de *Fedra no balanço* o signo do suicídio da heroína – ideia, entretanto, contestada – e, também, foi considerada "a sobrevivência de um antigo rito pré-helênico. Efetivamente, foram encontradas pequeninas figuras, provenientes de Minos, feitas para serem balançadas. Qual seria a significação desses ritos do balanço? Seria verdadeiramente, como o supunha Charles Picard, uma figuração do impulso em direção ao divino? É muito difícil de se dizer. Que, numa religião em que a árvore era adorada como um símbolo de "fecundidade, a deusa se balançasse na árvore – também isso podia ter uma significação" (Defradas BEAG, 295). A atitude de Fedra viria ao encontro do simbolismo chinês da fecundidade. É o que confirma Pierre Lavedan a propósito desse balançar-se de Fedra: "ali está o rito agrário do balanço. É possível que ela fosse

164 | BALEIA

originalmente considerada uma divindade egeia da fertilidade do solo" (LAVD, 751).

Por outro lado, Atenas celebrava uma festa dos balanços. Era um rito de expiação pelo assassinato de Icário. Tendo difundido a plantação da vinha na Grécia, Icário teria dado a provar o vinho, presente de Dioniso (Baco), a alguns pastores que, sentindo-se embriagados e pensando que estivessem envenenados, o teriam matado. Sua filha se havia enforcado na árvore ao pé da qual jazia o cadáver. Atacadas de loucura, por obra de Dioniso, as jovens atenienses imitaram-na. Disse o oráculo que esse estado de crise era a vingança do deus pela morte de Icário e o ato desesperado de sua filha. Como o vinho, presente do deus, fora desprezado pelos homens, sentira-se o deus ultrajado. Assim, foi instituída uma festa religiosa durante a qual as jovens se penduravam nas árvores; mais tarde, essas jovens foram substituídas por suas efígies, discos com rosto humano, os *oscilla*; Roma também conheceu essa tradição (GRID, 145-146). No simbolismo da morte, figurado no suicídio de Fedra, confrontamo-nos, entretanto, com a morte para renascer, em conformidade com as crenças agrárias fundadas nos ciclos alternados da vegetação.

O rito do balanço associa, portanto, dois símbolos em sua própria significação: faz nascer o **vento*** que fecunda o solo, trazendo a chuva; reúne a mulher e a **árvore*** que é, também esta última, símbolo de vida. Esse rito do balançar-se é reencontrado no Nepal, na Estônia, nas Índias, na Espanha, "como um chamamento ao vento, necessário para a debulha, chamamento à fecundidade do sopro" (SERP, 312).

BALDAQUINO (*v.* Dossel)

BALEIA

O simbolismo da baleia está ligado ao mesmo tempo ao da *entrada na caverna* e ao do **peixe***. Na Índia, é o deus Vishnu metamorfoseado em peixe quem guia a arca sobre as águas do dilúvio. No mito de Jonas, a própria baleia é a arca: a entrada de Jonas dentro da baleia é a entrada no período

de obscuridade, intermediário entre *dois estados ou duas modalidades de existência* (Guénon). Jonas no ventre da baleia é a morte iniciática. A saída de Jonas é a ressurreição, o *novo nascimento*, tal como mostra, de modo particularmente explícito, a tradição islâmica. Com efeito, *nun*, a vigésima nona letra do alfabeto árabe, também significa **peixe*** e, em especial, a baleia. Essa a razão pela qual o profeta Jonas, Seyidna Yunus, é chamado Dhun-Nun. Na Cabala, a ideia de *novo nascimento*, no sentido espiritual, está ligada a essa letra *nun*.

O próprio formato da letra, em árabe (a saber, a parte inferior de uma circunferência, um arco, encimado por um ponto que lhe indica o centro), *simboliza a* **arca*** *de Noé flutuando sobre as águas.*

Essa semicircunferência representa igualmente uma **taça***, que pode, sob certos aspectos, significar o útero. Quando considerada desse modo, i.e., na qualidade de elemento passivo da transmutação espiritual, a baleia representa em certo sentido cada *individualidade na medida em que contém o germe da imortalidade em seu centro, representado simbolicamente junto ao coração*. Convém lembrar aqui a estreita relação existente entre o simbolismo da copa (*v.* **taça***) e o do **coração***.

"O desenvolvimento do germe espiritual implica que o ser emerja de seu estado individuado e do meio ambiente cósmico ao qual pertence, assim como o retorno de Jonas à vida coincide com sua saída do ventre da baleia [...]. Essa saída equivale à do ser que emerge da **caverna*** iniciática, cuja concavidade é igualmente representada pela semicircunferência da letra *nun*" (GUEN, 166-168).

A baleia também aparece no *Corão* (*A caverna*, cap. 18) com a parábola de uma viagem de Moisés, que levara consigo um peixe. Moisés chega "à confluência dos dois mares" (*v.* 60). "No local em que os dois mares se cruzam, no ponto em que se unificam as contradições, o peixe foge de Moisés e reencontra seu elemento, para nele renascer a uma nova vida. O simbolismo da letra árabe *nun*, bem como do crescente que a representa, une-se aqui, de maneira curiosa, ao simbolismo da cruz, representado pela junção dos dois mares, e ao do peixe, emblema de vida, o "íctio" (peixe, em grego) que foi igualmente para os primeiros cristãos um signo de ressurreição. Certamente não é uma casualidade que as preces destinadas ao serviço dos mortos tenham versículos que rimem principalmente com "n" (BAMC, 141).

Do ponto de vista do simbolismo cosmogônico, a tradição islâmica relata que a terra, uma vez criada, se balançava sobre as águas. Deus fez descer um anjo que levantou a terra sobre seus ombros. A fim de que seus pés pudessem se apoiar, Deus criou um rochedo verde que, por sua vez, se apoiava no dorso e nos chifres de um touro que tem quarenta mil cabeças e cujas patas estão pousadas em cima de uma imensa baleia. "De tal modo ela é imensa que, se todas as águas dos mares se reunissem dentro de uma de suas narinas, o conjunto seria comparável a um grão de mostarda numa terra deserta". Tha'labi disse: "Deus criou Nun; é a grande baleia."

E, visto que a terra repousa sobre o anjo, o anjo sobre o rochedo, o rochedo em cima do touro, o touro em cima da baleia, a baleia em cima da água, a água sobre o ar e o ar sobre as trevas, e que toda essa estrutura depende dos movimentos da baleia, Íblis, o demônio, induziu esta última a cair na tentação, segundo contam, de livrar-se de sua carga. Os terremotos são devidos aos sobressaltos da baleia. Entretanto, ela foi dominada: "Imediatamente, Deus enviou à baleia um pequeno animal que lhe entrou numa das narinas e penetrou até o cérebro. O grande peixe gemeu (e implorou) a Deus que permitisse a saída do pequeno animal. Mas ele continua a postar-se diante da baleia, ameaçando entrar novamente, cada vez que esta é tentada a se mexer" (SOUS, 252-253).

Assim como outros animais – o **crocodilo***, o **elefante***, a **tartaruga*** – a baleia é, portanto, um símbolo de apoio do mundo, um cosmóforo.

A Polinésia, a África subsaariana, a Lapônia introduzem a baleia em mitos iniciáticos análogos ao de Jonas. A passagem pelo ventre do monstro (marinho, com frequência) é às vezes considerada expressamente uma *descida aos infernos*. Nas costas do Vietnã, os ossos das baleias encalhadas são recolhidos e constituem objeto de culto: divindade do mar, a baleia guia as barcas dos pescadores e salva-os dos naufrágios. Por simples extensão, o espírito-baleia apresenta-se também como um espírito bom e prestativo na passagem que leva à morada dos imortais. A baleia, portanto, parece desempenhar neste caso um papel de psicopompo, o que forçosamente traz à lembrança não só o importante lugar por ela ocupado nas culturas indígenas da costa oeste do Canadá (Kwakiutl, Haïda, Tlingit etc.), mas principalmente as célebres máscaras de faces móveis, que representam um rosto humano no interior de uma baleia ou de qualquer outro monstro cujo corpo *possa ser aberto*. Seja como for, o culto vietnamita mencionado anteriormente parece provir dos chams, povo que certas tradições dizem ter vindo do mar e abordado, como a baleia, as costas de Anam. A tradição sul-asiática dos *deuses encalhados* existe igualmente no Japão. Deve-se mencionar, ainda, que foi uma baleia maravilhosa que levou aos montanheses sul-vietnamitas a Criança salvadora do mundo, o libertador do mal.

Finalmente, símbolo do *continente* e, conforme seu conteúdo, símbolo do *tesouro escondido* ou às vezes também da *desgraça ameaçadora*, a baleia contém sempre em si a polivalência do desconhecido e do interior invisível; é o centro de todos os opostos que podem vir a existir. Por essa razão, também já se comparou sua massa ovoide à conjunção dos dois arcos de círculo que simbolizam o mundo do alto e o mundo de baixo – o céu e a Terra.

BAMBU

O bambu é, no Japão, assim como o pinheiro e a ameixeira, uma das três plantas de bom augúrio.

Sobretudo, é um dos elementos principais da pintura da época Sung (a oitava das grandes dinastias chinesas), fortemente influenciada pelo budismo *tch'an*. A pintura do bambu é mais do que uma arte: é um exercício espiritual. A retidão

166 | BANANEIRA

inigualável do bambu, a perfeição de seu elã em direção ao céu, o espaço vazio entre seus nós – imagem da *shunyata*, da *vacuidade do coração* – simbolizam, para o budista, e mesmo para o taoista, os caracteres e o alvo de sua maneira de agir interior. Sem esquecer a evocação de seu farfalhar sussurrante que foi, para alguns mestres, o sinal da Iluminação. A pintura de bambu tem uma relação muito próxima com a caligrafia: é uma verdadeira linguagem, mas à qual somente tem acesso a percepção intuitiva.

Outros aspectos muito diversos: o bambu é utilizado para afugentar as más influências; menos, talvez, por causas simbólicas que em função dos estalidos secos que sua madeira produz quando posta no fogo. O bosque cerrado de bambus, obstáculo clássico, representa muitas vezes na iconografia a *selva dos pecados* que só o **tigre***, símbolo da potência espiritual do budismo, pode atravessar. Um texto dos T'ang identifica o bambu com a **serpente***, na qual, segundo parece, ele se transforma facilmente (a acepção é aparentemente benéfica). A dualidade do bambu macho e do bambu fêmea é um símbolo de afeição, de união conjugal. Encontra-se, em diversos textos, a menção de bambus com três e com nove **nós***: esses objetos evocam essencialmente um simbolismo numérico (BELT, CHOO, GROC).

Entre os bamuns e os bamilekes (povos do sudoeste de Camarões), um pedaço de bambu chamado *guis* (o riso) é um símbolo da alegria, da alegria simples de viver, sem doença e sem preocupação.

Tanto na África equatorial como na América, nas mesmas latitudes, uma lasca de bambu endurecida ao fogo desempenha um papel civilizador análogo ao da lasca de sílex ou de uma obsidiana (espécie de lava) nas culturas líticas e, principalmente, no México. É instrumento sacrificial e serve em particular aos *medicine-men* (curandeiros) que efetuam a circuncisão ritual.

É ponta de flecha de guerra, faca e, também, instrumento com o qual se obtém o fogo, entre os nômades ianomâmi do sul da Venezuela. Seus vizinhos, os iecuanas, aparentados com os caraíbas, utilizavam-no como instrumento de música sagrada: na língua desse povo, é chamado *uana* (clarineta), e vale notar que a principal festa na qual esse instrumento "fala" é denominada *ua-uana*; o demiurgo, ou herói civilizador, invocado nessa ocasião tem o nome de *uanadji*. Esse *uana*, entendido em seu sentido mais amplo, seria para os iecuanas a *árvore cósmica* ou *árvore da vida*, pai de Uanadji, o ancestral mítico e, portanto, pai de todos os iecuanas, cujos clãs, de resto, têm, todos, nomes com a terminação *uana*: Dek-uana, Yek-uana.

BANANEIRA

A bananeira não é uma árvore, mas uma planta herbácea, desprovida de tronco lenhoso. Suas hastes, muito macias, desaparecem após a frutificação. Esta a razão pela qual o Buda faz da bananeira o símbolo da fragilidade, da instabilidade das coisas, que não merecem, por isso mesmo, absorver o interesse: "As construções mentais assemelham-se a uma bananeira", lê-se no *Samyutta Nikaya* (**3**, 142). Um dos temas clássicos da pintura chinesa é o do Sábio, meditando sobre a impermanência das coisas, ao pé de uma bananeira.

BANDAGENS

Os ritos egípcios da mumificação comportavam uma operação que consistia em envolver o cadáver com bandagens de linho branco convenientemente apertadas. As bandagens assim colocadas têm uma dupla significação simbólica. Em primeiro lugar, fazem lembrar "o delgado fio de fluido vital que rodeia o cosmo [...]" depois, *veste de luz,* "a ressurreição após a hipnose da morte, que é um período de incubação e de germinação" (CHAS, 77).

BANDEIRA

Símbolo de proteção, concedida ou implorada. O portador de uma bandeira ou de um **estandarte*** ergue-o acima de sua cabeça. De certo modo, lança um apelo ao céu, cria um elo entre o alto e o baixo, o celeste e o terreno. "Jeová é minha bandeira", diz o texto do *Êxodo* (17, 15); o que significa: Deus é minha proteção. Entre os semitas, as bandeiras sempre tiveram um papel importante. No plano cristão, a bandeira simboliza a vitória do Cristo ressuscitado e glorioso. Toda procissão litúrgica, durante o tempo pascal e a ascensão, inclui o emprego de bandeiras.

Ao passarem do Cristo à alma, as bandeiras significam (segundo Richard de Saint-Victor, séc. XII, *Sermons et opuscules inédits*, texto latino, introdução e notas por Jean Chatillon, Paris, 1951, p. 68, 78) a sublevação (*sublevatio*) (do verbo lat. *sublevare*, em port. *sublevar*, no sentido de "mover de baixo para cima") e a elevação (*elevatio*) do espírito. A bandeira é elevada, o homem a estende acima de sua cabeça, e assim o faz com a contemplação voltada para os bens celestes. Estar suspenso acima da terra é ser iniciado nos segredos divinos.

Esse símbolo de proteção acrescenta-se ao valor do signo distintivo: bandeira de um senhor feudal, de um general, de um chefe de Estado, de um santo, de uma congregação, de uma corporação, de uma pátria etc. A bandeira oferece a proteção da pessoa, moral ou física, de quem ela é a insígnia.

BANHO

A virtude purificadora e regeneradora do banho é bem conhecida e atestada, tanto no âmbito do profano como no do sagrado, pelos seus evidentes usos entre todos os povos, em todos os lugares e todos os tempos. Pode-se dizer que o banho é, universalmente, o primeiro dos ritos que sancionam as grandes etapas da vida, em especial o nascimento, a puberdade e a morte. A simbólica do banho associa as significações do *ato de imersão* e do *elemento água*.

Para o psicanalista, a imersão é uma imagem da regressão uterina. Satisfaz a uma necessidade de calma, de segurança, de ternura, de *recuperação*, sendo o retorno à matriz original um retorno à fonte de vida. A imersão, voluntariamente consentida e que é uma espécie de enterramento, é a aceitação de um momento de esquecimento, de renúncia à sua própria responsabilidade, um

"colocar-se fora do jogo", uma espécie de *vacuidade*. Daí seus inumeráveis empregos terapêuticos. Essa imersão intervém no tempo vivido como um hiato, uma solução de continuidade, o que lhe confere obrigatoriamente um valor iniciático. O melhor exemplo disso é talvez aquele ritual de entrada numa sociedade secreta extremamente fechada de feiticeiras da África central (Camarões-Gabão), segundo o qual a noviça, drogada, é sepultada durante vinte e quatro horas numa cavidade estanque preparada *por baixo* do leito de um riacho, no coração da floresta equatorial: os símbolos da floresta-ventre, da água-mãe, e do tempo a fluir como a água dos rios, associados ao do esconderijo uterino formam, neste caso, um complexo simbólico de tamanha força que os iniciados dessa confraria praticamente se esquecem do curso de sua vida anterior. Aqui, a regeneração iniciática adquire plenamente seu sentido de morte e renascimento; além disso, tais costumes, ainda em vigor nos nossos dias embora dificilmente presenciados, lançam uma luz complementar sobre alguns mitos e costumes da Antiguidade clássica, ou sobre outros momentos de nossa história. Assim, entre os gregos, estátuas de deuses e deusas eram ritualmente mergulhadas em banhos purificadores (Atena, Hera etc.); um banho precedia a iniciação dos nazarenos e, na Idade Média, fazia-se exatamente a mesma coisa antes da sagração dos cavaleiros.

Purificadora, regeneradora, a água é também fertilizante: daí o banho ritual dos noivos e as imersões das mulheres estéreis em variados lagos ou bacias formados por uma fonte sagrada, prática atestada desde o Mediterrâneo até o Extremo Oriente, ao longo de mais de três mil anos de história.

Por sua vez, o cristianismo retoma o costume do banho lustral. João batiza no Jordão. Com o batismo cristão, matéria e espírito confundem-se no mesmo símbolo; quando João Evangelista declara: "Aquele que tiver tomado um banho já não tem necessidade de lavar-se, pois está inteiramente puro" (João, **13**, 10), a mesma palavra grega tem o sentido de *limpo* e de *puro*. Essa pureza, em sua

BANQUETE

acepção cristã, não é negativa: ela prepara uma vida nova e fecunda. O estado obtido é puramente vida, sem mistura com o princípio de morte que é o pecado: a pureza positiva não é a ausência de mácula, mas a vida no estado puro.

A despeito de tantas tradições concordantes em valorizar positivamente o banho, uma exagerada pudicícia cristã inverteu o símbolo, condenando o uso do banho como sendo contrário à castidade. É preciso, neste ponto, que se faça uma distinção entre os banhos quentes e os banhos frios. Os primeiros são considerados uma busca de sensualidade da qual convém manter-se afastado. Esta é precisamente a opinião proferida por São Jerônimo (*Epist.*, 45, 5), que vê no banho quente um atentado à castidade. Os cristãos dos primeiros séculos frequentavam prazerosamente os banhos em comum. Os concílios e os Padres da Igreja insurgiram-se com violência contra um costume que julgavam imoral. Na Idade Média, os banhos públicos tinham a reputação de serem lugares de libertinagem; por esse motivo, foram proibidos aos cristãos.

Certos monges ocidentais e orientais – sendo estes últimos ainda mais severos – excluem não apenas os banhos do corpo em sua totalidade, mas recusam até mesmo o uso da água. Clemente de Alexandria fizera a distinção entre quatro espécies de banhos: para o prazer, para aquecer-se, para a limpeza ou pela saúde. Somente este último motivo era válido, em sua opinião. As mulheres, entretanto, pareciam-lhe estar autorizadas a fazer uso do banho, com a condição de que fosse pouco frequente. Santo Agostinho mostra-se mais aberto ao autorizar, em sua Regra, o banho quente uma vez por mês.

Ao contrário, a imersão em água fria era recomendada como mortificação, mortificação essa cujo valor aumentava na medida em que a água fosse mais gelada. E assim é que os biógrafos de santos, que escreveram nos primeiros séculos cristãos e na Idade Média, copiando-se uns aos outros, falarão de imersões em água gelada a fim de mortificar a carne.

Notemos também que, numa certa acepção alquímica do termo, o banho pode ser interpretado como uma purificação pelo fogo e não pela água, assim como existe um batismo de fogo – o dos mártires. Finalmente, o *bartho*, em um texto como o *Tratado da flor de ouro*, é associado ao *jejum do coração* (*sin tchai*): sua *lavagem* é a eliminação de toda atividade mental, a aquisição decisiva da *vacuidade*, o que cerra o fecho do símbolo, levando-nos de volta ao seu ponto de partida.

BANQUETE

O banquete ritual é quase universal. Muitas vezes constitui-se de oferendas previamente consagradas: é o caso do *Shintô*. Milarepa cita o mesmo rito, realizado em casa de seu *guru*, Marpa. No taoismo antigo, era igualmente frequente. No ritual hindu, o ato de absorção da bebida comunial pelo sacrificador chama-se *beber o Soma no banquete dos deuses*, que é a evidente expressão de uma participação na beatitude supraterrestre. *Comer o sacrifício* é fórmula corrente na China antiga, onde corresponde a um festim que se realizava no Templo dos Ancestrais. No *Cheking* são narrados os cantos que os acompanham; o *Tso-tchuan* especifica que o "festim deve servir para fazer com que a Virtude se manifeste". Também é um rito de aliança e, provavelmente, de enfeudação (COOH, GRAD).

Como se sabe, o banquete exprime um rito comunial e, mais precisamente, o da Eucaristia. Por extensão, é o símbolo da *Comunhão dos Santos*, ou seja, da beatitude celeste através da partilha da mesma graça e da mesma vida.

De modo geral, é um símbolo de participação numa sociedade, num projeto, numa festa.

Na Irlanda, a única cerimônia desse gênero que se conhece é o banquete por ocasião da data festiva de Samain (primeiro de novembro). Realizava-se na capital real, Tara, ou, segundo alguns textos épicos, na capital do Ulster, Emain Macha. Em todo caso, o princípio é o mesmo: participação obrigatória e o agrupamento de todos os vassalos em torno do rei. Consumia-se carne de porco (animal simbólico do deus Lug) e bebia-se o hidromel ou cerveja; mais raramente, vinho, bebida indicadora de soberania e de imortalidade (OGAC, 13, 495 s.).

BARBA

Símbolo de virilidade, de coragem, de sabedoria.

Indra, o deus védico, Zeus (Júpiter), Poseidon (Netuno), Hefestos (Vulcano) etc., os heróis como os deuses, os monarcas e os filósofos são a maior parte do tempo representados com barba. O deus dos judeus e cristãos também é barbado. Rainhas egípcias são representadas com barba, como sinal de um poder igual ao dos reis. Na Antiguidade, dava-se uma barba postiça aos homens imberbes e às mulheres que tivessem dado prova de coragem e de sabedoria.

Na época céltica, as mulheres pedem ao jovem herói Cuchulainn que cole uma barba no rosto. Na narrativa *Razia dos bois de Cooley* (Táin bo Cuialngé) os guerreiros da Irlanda recusam-se a combater Cuchulainn, o herói de Ulster, porque ele é imberbe. Vê-se ele obrigado, diante daquela atitude de recusa, a arranjar uma falsa barba, mágica, feita de capim (WINI, 309). Os guerreiros francos são barbudos. Na Idade Média, os nove bravos ostentam uma barba de ouro, em testemunho de seu heroísmo e de sua inspiração.

No *Levítico* (**19**, 27), recomenda-se aos hebreus "que, ao cortar, não arredondem sua cabeleira nem os lados de sua barba".

Até o séc. VI, a maior parte das vezes o Cristo é representado como um adolescente imberbe – depois, barbudo. Os monges orientais usavam e ainda usam barba.

Entre os semitas, a barba tinha grande importância. Não era apenas sinal de virilidade, mas era também considerada o ornamento do rosto masculino. Por isso, era cultivada com cuidado e, muitas vezes, perfumada. Inculta e descuidada, era sinal de loucura. Segundo o costume oriental, nela se deviam pousar os lábios em demonstração de respeito. Cortar a barba de um inimigo ou de um visitante era cometer afronta grave. Quem a sofresse se escondia, a fim de não se expor ao ridículo, até que a barba tornasse a crescer. Em um único caso autorizava-se a que a barba fosse cortada: por ocasião de um luto ou de uma aflição moral; por vezes, apenas se recobria a barba, em sinal de aflição. Os leprosos deviam usar um véu por cima da barba. Entretanto, os sacerdotes egípcios raspavam a barba, a cabeça e o corpo inteiro; Moisés exige dos levitas que estejam completamente rapados no momento de sua consagração (*Números*, **8**, 7).

Muito embora os egípcios fizessem a barba, *desde a origem*, no entanto, assinala François Daumas (DAUE, 582), "os deuses foram distinguidos pelo porte de uma barba postiça, longa e afilada. Era trançada e presa às orelhas por um fio que passava sobre a face. Os reis compartilhavam com os deuses esse privilégio". Com a ponta curvada para a frente, essa barba postiça assemelha-se à que usam ainda hoje os dignitários de certas tribos da África central (*v.* **trança***).

BARCA

A barca é o símbolo da viagem, de uma travessia realizada seja pelos vivos, seja pelos mortos.

Além do costume de exporem os mortos em botes, há, na Melanésia, três importantes categorias de fatos mágico-religiosos que implicam a utilização (real ou simbólica) de uma barca ritual: 1) a barca para expulsar os demônios e as enfermidades; 2) a que serve ao xamã indonésio para viajar pelo ar, à procura da alma do doente; 3) a barca dos espíritos, que transporta as almas dos mortos para o Além (ELIC, 322).

A barca dos mortos é encontrada em todas as civilizações. Muito difundidas na Oceania são as crenças segundo as quais os mortos acompanham o Sol no Oceano, transportados por *barcas solares* (Frobenius, citado por ELIT, 127).

Na Irlanda, a barca, em sua acepção própria, aparece muito pouco nos textos épicos; no entanto, nos textos mitológicos ela é o símbolo e o meio de passagem para o Outro-Mundo (OGAC, **16**, 231 s.).

Na arte e na literatura do antigo Egito, acreditava-se que o defunto descia para as doze regiões do mundo inferior numa barca sagrada.

170 | BARCA

Ela vogava, em meio a mil perigos: as serpentes, os demônios, os espíritos do mal, portadores de longas facas. Tal como a da **psicostasia***, sua representação comporta elementos constantes, hieráticos, rituais, que certas variantes vêm enriquecer. No centro da imagem, desenha-se a barca solar levada pelas ondas. No meio da barca, ergue-se Ré (ou Rá), o Deus solar; o defunto está ajoelhado, em adoração diante dele. Na frente e atrás da barca, Isis e Néftis parecem indicar uma direção com a mão esquerda levantada, ao passo que a direita segura a **cruz*** ansada (**ankh***), símbolo da eternidade que aguarda o viajante. Na extremidade esquerda da figura, seguido pelo Deus Anúbis, de cabeça de **chacal***, *o guia dos caminhos*, o defunto dirige-se para a barca, carregando suas entranhas numa urna. "Tal como a coluna vertebral, as entranhas têm um caráter eminentemente sagrado: possuem a *força mágica* sem a qual o morto não poderia conservar sua personalidade nem sua consciência [...]. Ora, cada morto deve velar particularmente para que suas entranhas não lhe sejam de modo algum roubadas pelos espíritos malfazejos que pululam no Além, sempre em busca de *força mágica*" (CHAM, 52). Pelo menos, pululam nos caminhos líquidos do mundo subterrâneo, ao longo dos quais a barca avança em direção à morada definitiva do defunto, em direção à claridade da luz, se não tiver soçobrado pelo caminho. Às vezes, a barca contém apenas um porco; é o Devorador, que espera pelos danados para levá-los ao inferno das maldições, onde reinam os torturadores de dedos cruéis.

Por vezes, a barca é puxada ao longo das margens com a ajuda de comprida corda, que toma a forma de "jiboia viva, símbolo do deus que expulsava da frente de Ré os inimigos da luz" (CHAM, 70). Outras vezes, a serpente Apópis (ou Apófis), temível encarnação de Set, surgia das águas e ficava rodeando a barca e procurando virá-la. Como um dragão, Apópis lança chamas, faz redemoinharem as águas para apoderar-se da alma apavorada do defunto. Se resistir a esses assaltos, a barca concluirá seu percurso subterrâneo,

tendo evitado os escolhos, as portas do inferno, as goelas dos monstros, para desembocar à luz do Sol levante, diante de Quéfera, o **escaravelho*** de ouro, e a alma inocentada conhecerá as venturas eternas. Às vezes, um escaravelho erguido dentro da barca ostenta um sol sobre as patas, como uma promessa de imortalidade. Compreende-se que essa prodigiosa riqueza de imaginação possa, assim como a mitologia grega, prestar-se a uma interpretação psicanalítica, partindo do princípio de que a viagem subterrânea da barca solar seria uma exploração do inconsciente. No final da viagem, a alma inocentada pode cantar: "O laço está desatado. Atirei por terra todo o mal que há em mim. Ó Osíris poderoso! Acabo de nascer! Olha-me, acabo de nascer!" (citado em CHAM, 156).

Para G. Bachelard, a barca que conduz a esse nascimento é *o berço redescoberto*. No mesmo sentido, evoca o seio ou o útero. A *primeira* barca é, talvez, o ataúde.

Se a *Morte* foi "o primeiro navegador [...], o ataúde, nessa hipótese mitológica, não seria a última barca. Seria a primeira barca. A morte não seria a última viagem. Seria a primeira viagem. Será, para alguns sonhadores profundos, a primeira verdadeira viagem" (BACE, 100).

Entretanto, observa Bachelard, a barca dos mortos desperta uma consciência do erro, assim como o naufrágio sugere a ideia de um castigo, "a barca de Caronte vai sempre para os infernos. Não existe barqueiro da felicidade. A barca de Caronte seria, assim, um símbolo que permanecerá ligado à indestrutível infelicidade dos homens" (BACE, 108).

A vida presente também é uma navegação perigosa. Desse ponto de vista, a imagem da barca é um símbolo de *segurança*. Favorece a travessia da existência, como das existências. Geralmente, uma auréola em forma de barca figura por trás do personagem de Amida nas representações japonesas; faz lembrar aos fiéis que Amida é um barqueiro-passador (fr. *passeur*: que faz passar as pessoas de uma margem à outra), e que sua compaixão os conduzirá para além do Oceano das dores, que são a vida neste mundo e o apego a esta vida. Talvez esse personagem budista fosse, ele sim, *um barqueiro da felicidade*.

Na tradição cristã, a barca dentro da qual os crentes ocupam seus lugares a fim de vencer as ciladas deste mundo e as tempestades das paixões é a Igreja. A esse propósito, pode-se evocar a **Arca*** de Noé, que é a prefiguração da Igreja. "Existe prazer", dizia Pascal, "em estar num navio batido pela tempestade, quando se tem a certeza de que ele não naufragará."

BARSOM

Feixe de talos amarrados juntos. No antigo Irã, simboliza a natureza vegetal no momento das oferendas sacrificiais.

BASÍLICO e BASILISCO

Em francês, a mesma palavra – *basilic* – tem a dupla acepção de erva odorífera da família das labiadas e de monstro fabuloso. Em português, contudo, as duas etimologias não se confundiram: a palavra *basilisco* refere-se ao monstro fabuloso, e *basílico* (ou manjericão), à planta aromática.

O manjericão é uma planta de cujas folhas se diz que contém poderes mágicos (são utilizadas no preparo da água vulnerária vermelha), e cujas flores exalam penetrante odor. As folhas do manjericão são usadas, no Congo central, para conjurar a má fortuna e proteger contra os maus espíritos (FOUC). São apropriadas para curar pancadas, feridas e contusões.

O basilisco era um réptil fabuloso que matava com um simples olhar, ou só com o bafo, quem dele se aproximasse sem o ter enxergado ou tendo sido visto primeiro por ele. Teria nascido de um ovo de galo velho, de 7 ou 14 anos, ovo redondo, posto dentro do esterco e chocado por um sapo ou por uma rã. É representado por um galo com cauda de dragão ou por uma serpente com asas de galo. Todo seu simbolismo decorre dessa lenda.

Representaria: o poder real, que fulmina todos aqueles que lhe faltam ao respeito; a mulher devassa, corruptora dos homens incautos que não conseguem evitá-la justamente por não percebe-

rem, logo de início, sua devassidão; e os perigos mortais da vida que os homens não saberiam advertir a tempo, e dos quais só a proteção dos anjos divinos pode resguardá-los:

> Em teu favor dará ordem aos seus anjos
> [...] Levar-te-ão nas suas mãos
> Para que na pedra não tropecem os teus pés.
> Andarás sobre o áspide e a víbora (basilisco),
> Calcarás aos pés o leão e o dragão.
>
> (*Salmo*, **90**, 12-13)

A lenda acrescenta que era extremamente difícil capturar o basilisco. A única maneira de consegui-lo era colocando um espelho na frente dele; assim, aquele terrível olhar, dotado de potência mortal, refletido no espelho e voltado contra o próprio basilisco, matava-o; ou então, o hálito envenenado que exalava reincidia sobre ele, causando-lhe a morte que desejava provocar. Como não estabelecer uma aproximação, pois, entre esse monstro e a Górgona, cuja visão bastava para espalhar o pavor e a morte? A cabeça da Medusa no escudo de **Atena*** aniquilava, por si só, os inimigos da deusa.

Na Idade Média, julgava-se que o Cristo esmagara os quatro animais citados pelo Salmista, entre os quais se encontrava o basilisco. Diz-se que o basilisco era utilizado na medicina e que, quando misturado a outros ingredientes, se tornava precioso. Na alquimia, simbolizou o fogo devastador que precede a transmutação dos metais.

Não será sempre o basilisco a imagem da morte, que abate com o súbito lampejo de sua foice (tal como o olhar do monstro), se nela não meditarmos de antemão e para ela não nos prepararmos com lucidez?

E, finalmente, não será também, para a psicanálise, uma imagem do inconsciente, temível para aquele que o ignora e dominando quem não o reconhece, até a desintegração e a morte da personalidade? É necessário encarar o inconsciente e admitir seu valor, a fim de não nos tornarmos sua vítima.

172 | BASTÃO

BASTÃO

O bastão aparece na simbólica sob diversos aspectos, mas essencialmente como arma, sobretudo como arma mágica; como apoio da caminhada do pastor e do peregrino; como eixo do mundo.

Reveste todos esses sentidos na iconografia hindu: arma nas mãos de muitas divindades, mas sobretudo de *Yama*, guardião do sul e do reino dos mortos; seu *danda* desempenha um papel de sujeição e de punição. Em compensação, nas mãos de *Vamana*, o Anão, *avatara* (reencarnação) de *Vishnu*, o *danda* é um bastão de **peregrino***; diremos que é o eixo, quando aparece nas mãos do brâmane. Os bastões de *Ninurta* golpeiam o mundo e se relacionam com o raio.

O cajado do pastor reaparece no báculo pastoral do bispo, que Segalen evoca, salientando que "o balanceio de sua caminhada ritual é transcrição esplêndida e anacrônica daquele caminhar dos príncipes pastores, nas pastagens antigas". Apoio para o andar, mas signo de autoridade: o bordão do pastor e o bastão do comando. O *Khakkhara* do monge budista é apoio para a caminhada, arma de defesa pacífica, sinal de uma presença: tornou-se símbolo do estado monástico e arma de exorcismo; afugenta as influências perniciosas, libera as almas do inferno, amansa os dragões e faz brotarem as fontes: bastão do peregrino e **vara*** de condão da fada.

Na China antiga, o bastão, principalmente o bastão de madeira de **pessegueiro***, desempenhava um papel de grande importância: servia, por ocasião da chegada do ano, para a expulsão das influências nefastas. Yi, o Arqueiro, foi morto com um bastão de madeira de pessegueiro. O bastão, principalmente o bastão vermelho, servia para a punição dos culpados. Sempre há *bastões vermelhos* justiceiros na hierarquia das sociedades secretas. Entre os taoistas, os bastões de **bambu*** de sete ou nove **nós*** (números dos céus) eram de uso ritual comum. Chegou-se a dizer que os nós correspondiam aos graus de iniciação. Seja como for, esses bastões fazem lembrar o *Brahma-danda* hindu, cujos sete nós representam os sete *chakra*,

rodas ou *lótus* da fisiologia ioga, que marcam os graus da realização espiritual.

Os Mestres celestes taoistas são muitas vezes representados segurando um bastão vermelho na mão. Esse bastão é nodoso, pois deve incluir os sete ou os nove nós que simbolizam as sete ou nove aberturas que o iniciado deve transpor antes de poder alcançar o conhecimento. Uma vez adquirido esse conhecimento, ser-lhe-á então possível subir ao céu, por outros tantos graus, sentado nesse bastão que, por sua vez, é segurado no bico de um grou. A lenda das feiticeiras da Idade Média, que se dirigem ao Sabá cavalgando um cabo de **vassoura***, não deixa de ter uma certa analogia com essa viagem do Tao, se bem que a diferença seja imensa no signo que se relaciona com esse mesmo símbolo. De modo geral, o bastão do xamã, do peregrino, do amo e senhor, do mágico são, todos eles, *símbolo da* MONTARIA *invisível, veículo de suas viagens através dos planos e dos mundos*.

Nas lendas de feitiçaria, o bastão tornou-se "a vara de condão graças à qual a fada boa transforma a abóbora em carruagem e a rainha malvada em sapo" (SERH, 139).

Os bastões têm a ver também com um simbolismo axial, do mesmo modo que a **lança***. Em volta do *Brahma-danda*, Eixo do mundo, enrolam-se, sem sentido inverso, duas linhas helicoides, que fazem lembrar os dois *nadi* (nagas) tântricos a enroscar-se em torno do eixo vertebral, *sushumna*, como também o enroscamento das duas serpentes em outro bastão, do qual Hermes fez o **caduceu***. Exprime-se, assim, o desenvolvimento das duas correntes contrárias da energia cósmica. É preciso citar ainda o bastão de Moisés (*Êxodo*, 7, 8-12) transformando-se em serpente, e depois voltando a ser bastão. Segundo certas interpretações, esta é a prova da supremacia do Deus dos hebreus; segundo outras, é o símbolo da alma transfigurada pelo Espírito divino; certos autores viram igualmente nessa alternância bastão-serpente um símbolo da alternância alquímica *solve et coagula* (Burckhardt). Outras

BASTÃO | 173

associações do bastão e da serpente: os bastões de Esculápio e de Hígio, emblemas da medicina, e que representam as correntes do caduceu, as correntes da vida física e psíquica. Eles evocam o outro bastão de Moisés, que se tornará a serpente de bronze e uma prefiguração da Cruz redentora (BURN, ELIF, FAVS, GRAD, GUET, MALA, MAST, SEGS, SOYS).

O bastão é, ainda, considerado o símbolo *do tutor, o mestre indispensável na iniciação*. Servir-se do bastão para "empurrar para a frente o animal" não significa que o mestre deve bater com ele no discípulo – seria deturpar o verdadeiro sentido do bastão –, mas sim que o discípulo avança apoiando-se nele, apoiando-se nos conselhos do mestre (HAMK).

Apoio, defesa, guia, o bastão torna-se cetro, símbolo de soberania, de poder e de comando, tanto na ordem intelectual e espiritual como na hierarquia social. "O bastão, signo de autoridade e de comando, não era reservado somente, na Grécia, aos juízes e aos generais, mas também, como marca de dignidade, a certos mestres do ensino superior, pois nós sabemos que os professores, encarregados de explicar os textos de Homero, usavam um bastão vermelho (cor reservada aos heróis) quando interpretavam a Ilíada, *e um bastão amarelo (como signo das viagens etéreas de Ulisses sobre o mar celeste), quando falavam da* Odisseia."

O bastão de marechal é o signo supremo do comando: "O rei, ao delegar seu poder, entrega o bastão ao marechal de França; o Grão-Juiz (título do Ministro da Justiça no tempo do Primeiro Império em França) entrega a vara ao meirinho; o amo, ao mordomo; os guarda-portões de um palácio representam seus senhores pelo bastão. Nos funerais dos reis de França, quando as exéquias terminavam, o Grão-Mestre de cerimônias exclamava três vezes "o rei está morto!" ao quebrar seu bastão no joelho."

O bastão é também o signo da autoridade legítima que é confiada ao chefe eleito de um grupo. "O bastonário, no tempo antigo, era um chefe eleito que levava nas procissões o bastão ou o estandarte de uma confraria." Do mesmo modo, o presidente da ordem dos advogados, "nas cerimônias da confraria de São Nicolau, confirmada por carta de Felipe VI, de abril de 1342, levava o bastão de São Nicolau" (LANS, **B**, 55-57). À guisa apenas de lembrete, mencionaremos aqui, novamente, o báculo pastoral do bispo, transfiguração do cajado (ou bastão) de pastor.

A simbólica do bastão relaciona-se igualmente com a do fogo, e consequentemente com a da fertilidade e da regeneração. Assim como a **lança*** e o **pilão***, o bastão foi comparado a um falo; as miniaturas rajaputras são, a esse respeito, particularmente explícitas. "O bastão faz mal", dizem certos povos, referindo-se ao desejo masculino insaciado. O fogo brotou do bastão, segundo a lenda grega. Hermes é quem teria sido o inventor do fogo (*pyreia*), exceto o fogo trazido do céu por Prometeu, ao esfregar dois bastões de madeira um contra o outro – um de madeira dura, outro de madeira macia. Esse fogo terrestre seria de natureza ctoniana, diferente daquela do fogo celeste (uraniano), furtado aos deuses por **Prometeu***; este, não se teria tornado telúrico, segundo o epíteto que lhe deu Ésquilo, se não fosse por ter descido do Olimpo dos Imortais para o meio dos homens desta Terra.

Esse fogo, como o da centelha, o do relâmpago e o do raio, é fertilizante: faz chover ou brotarem as fontes subterrâneas. Com uma pancada de seu bastão no rochedo, Moisés descobre uma fonte onde o povo vem matar sua sede:

> [...] eles acamparam em Radifim, onde não havia água para dar de beber ao povo. Então tornaram eles a murmurar contra Moisés, dizendo: "Dá-nos água para bebermos." Moisés lhes respondeu: "Por que murmurais vós contra mim? Por que tentais o Senhor?" O povo, pois, achando-se neste sítio atormentado da sede e sem água, queixou-se altamente de Moisés, até lhe dizer: "Por que nos fizeste tu sair do Egito, para agora nos fazeres morrer de sede a nós, aos nossos filhos e às nossas bestas?" Clamou então Moisés ao Senhor, e lhe disse: "Que farei eu a este povo? Pouco falta que ele não me

174 | BATISMO (V. BANHO)

apedreje." E o Senhor disse a Moisés: "Caminha adiante do povo. Leva contigo alguns dos anciãos de Israel; toma na tua mão a vara com que feriste o rio, e vai até a pedra de Horeb. Eu me acharei lá contigo. Tu ferirás a pedra, e dela sairá água, para que o povo tenha donde beber." Fez Moisés diante dos anciãos de Israel o que o Senhor lhe havia ordenado. (*Êxodo*, 17, 1-6).

O sacerdote da deusa Deméter golpeou o solo com um bastão, *"rito destinado a promover a fertilidade ou a evocar as potências subterrâneas"* (SECG, 136). Uma noite, o fantasma de Agamenon apareceu em sonho a Clitemnestra. Dirige-se para seu cetro, do qual Egisto, seu assassino, se apropriara. Agarra-o, enterrando-o no chão como um bastão. No mesmo instante, Clitemnestra vê elevar-se do cimo desse tronco uma árvore florescente, "cuja sombra cobriu todo o país dos micenianos" (Sófocles, *Electra*, 413-415). Esse bastão, que reverdece e floreja, anuncia o retorno próximo do filho de Agamenon, o vingador. Simboliza a vitalidade do homem, a regeneração e a ressurreição (LANS, **B**, 59).

BATISMO (*v.* Banho)

Diz-se da atividade de João Batista no deserto: "[...] Então vieram até ele Jerusalém, toda a Judeia, e toda a região circunvizinha ao Jordão. E eram por ele batizados no rio Jordão, confessando seus pecados" (*Mateus*, **3**, 5-6). É o que se denominou batismo por imersão, tal como foi por longo tempo praticado. Esse rito de imersão é um *símbolo de purificação e de renovação*. Era conhecido nos meios essênios, mas também em outras religiões (que o associam aos ritos de passagem, especialmente aos de nascimento e morte) além do judaísmo e suas seitas. Entretanto, os editores da Bíblia *de Jerusalém* observam, a esse propósito, aquilo que diferencia o batismo de João dos outros ritos de imersão: "tinha um objetivo não já ritual, mas moral; não se repetia, o que lhe dava o caráter de uma iniciação; finalmente, tinha caráter escatológico, introduzindo o batizado no grupo dos que professavam uma espera diligente

do Messias que estava para vir, e que constituíam, por antecipação, a sua comunidade". Pode-se compará-lo ao enterro simbólico, à iniciação através da pedra perfurada, da concavidade de uma árvore, de uma fenda da terra.

Quaisquer que sejam as modificações trazidas pela liturgia das diversas confissões cristãs, os ritos do batismo continuam a incluir dois gestos ou duas fases de notável alcance simbólico: a imersão e a emersão. A imersão, hoje reduzida à aspersão, é por si só rica de muitas significações: indica o desaparecimento do ser pecador nas águas da morte, a purificação através da água lustral, o retorno do ser às fontes de origem da vida. A emersão revela a aparição do ser em estado de graça, purificado, reconciliado com uma fonte divina de vida nova.

Alguns textos irlandeses fazem menção a um *batismo druídico*, a respeito do qual nada mais se sabe além do fato de que talvez tenha existido. É possível, todavia, que o emprego do termo, em textos que são todos da época cristã, seja devido tão somente à atração do vocabulário litúrgico para designar analogicamente uma ilustração (i.e., cerimônia de lavagem ou purificação) ritual (LERD, 53-54).

A imersão ou a aspersão por uma água virgem é reencontrada nas tradições de numerosos povos associada aos ritos de passagem e, principalmente, ao nascimento e à morte.

Entre os maia-quichés, o batismo está ligado à história arquetípica dos Gêmeos, deuses do Milho. Nas tradições funerárias dos mesmos povos, não apenas o morto é lavado ritualmente, mas também sua tumba é aspergida de água virgem; em suma, pode-se dizer que o morto no momento de partir para sua outra vida é *batizado*, tal como o ser vivo, no início de sua vida terrena (GIRP, 195-196). Por meio dessa operação em que o morto recebe água viva, análoga ao *sangue divino*, é-lhe assegurada sua regeneração. Neste caso, essa espécie de batismo é igualmente uma operação iniciática de regeneração. A **água*** *primeira* ou *água virgem*, hoje *água benta*, desempenha papel complementar ao do **fogo*** nos rituais de purificação ou de regeneração.

Aliás, João Batista falará do fogo a propósito do batismo: "Eu na verdade vos batizo em água para vos trazer à penitência: porém o que há de vir depois de mim é mais poderoso do que eu, e eu não sou digno de lhe levar a sandália. Ele vos batizará no Espírito Santo, e em fogo" (Mateus, **3**, 11). E os exegetas observarão que "o fogo, meio de santificação menos material e mais eficaz do que a água, já no Antigo Testamento simboliza a intervenção soberana de Deus e de seu Espírito a purificar as consciências" (*Isaías*, **1**, 25).

> E eu farei passar esta terceira parte pelo *fogo,*
> e eu os queimarei como se queima a prata:
> e os provarei como se prova o ouro.
>
> (*Zacarias*, **13**, 9)

Nos primeiros séculos de nossa era, dir-se-á dos catecúmenos, não ainda batizados mas enviados ao martírio, que eles receberam o *batismo do fogo.*

Uma análise mais detalhada dos ritos católicos do batismo faria ressaltar o rico simbolismo dos múltiplos gestos e objetos que intervêm na administração desse sacramento: imposição das mãos, insuflação, sinais da cruz, tradição do sal da sabedoria, abertura da boca e das orelhas, renúncia ao demônio, recitação do Credo, unção de diversos óleos *de exorcismo de eucaristia*, colocação da vestimenta branca e do círio aceso. Todos os passos dessa cerimônia iniciática traduzem a dupla intenção de purificar e de vivificar. Revelam também *a estrutura folheada* do símbolo: em um primeiro plano, o batismo lava o homem de sua sujidade moral e outorga-lhe a vida sobrenatural (passagem da morte à vida); em outro plano, evoca a morte e a ressurreição do Cristo: o batizado assimila-se ao Salvador, sua imersão na água simboliza a colocação no túmulo, e sua saída, a ressurreição; em um terceiro plano, o batismo liberta a alma do batizado da sujeição ao demônio, introduzindo-o na milícia do Cristo, ao impor-lhe a marca do Espírito Santo, pois essa cerimônia consagra um compromisso de servir à Igreja. Não opera uma transformação mágica; confere a força de desenvolver-se, pela fé e pelos atos, no sentido do Evangelho. Toda essa liturgia simboliza e realiza, na alma do batizado, o nascimento da graça, princípio interior de aperfeiçoamento espiritual.

BAÚ (*v.* Cofre[1])

BEBEDEIRA

A bebedeira – que Rabelais doutamente demonstra ter precedido a sede – evoca certas obras em que a **embriaguez*** nada mais é, em suma, do que um pretexto para exercícios de linguagem (*v.* **álcool***) ou para abandonar-se ao sono do esquecimento.

A bebedeira é um rito muito apreciado na China antiga, onde, assim como o **banquete***, tem *valor comunial e valor de aliança*. O período de renovação do ano e a vacância do calendário entre dois anos sucessivos eram ocasiões dedicadas a bebedeiras noturnas (sete ou doze noites). Seu objetivo era a restauração das energias vitais, antes do ciclo anual e antes do início do despertar da natureza, que se pretendia propiciar. Esse ritual, bem como o tipo de preocupação que o determina, não são, aliás, peculiares só à China.

Entre os montanheses do antigo Vietnã do Sul, sonhar com uma bebedeira é anúncio de chuva. Entre eles, o rito comunial da jarra é característico e apresenta-se como propiciatório da fertilidade (DAMS, DAUB, GRAD, GRAC).

As bebedeiras são rituais e obrigatórias nas festividades celtas, muito particularmente durante a do Samain que concerne a toda a sociedade. Bebia-se, após o repasto, **hidromel*** e **cerveja***, havendo muitos textos que falam dessas bebedeiras e da embriaguez por elas provocada, sem qualquer tom de censura. Essa mesma observação é válida com respeito ao País de Gales. Na Gália, onde de bom grado bebia-se **vinho*** puro, à moda antiga, i.e., um vinho de alto teor alcoólico, os ágapes deviam muitas vezes acabar mal. Os irlandeses tomavam a precaução de desarmar os convivas de antemão, o que não bastava, entretanto, para impedir totalmente as provocações e as rixas. Não se tem notícia de que a embriaguez sagrada tenha sido frequente. Em todo caso, ela existiu – não

176 | BEEMOT

como meio de divinação, mas como meio de contato com o Outro-Mundo, um modo de colocar-se em disponibilidade passiva sob o influxo da divindade (*v.* **orgias***) (OGAC, 4, 216 s.; **13**, 481 s.).

BEEMOT

"Porque se lê no capítulo XL de Jó que Beemot come feno como um boi, os rabinos transformaram-no no boi maravilhoso, reservado para o festim de seu Messias. Esse boi é tão enorme, dizem eles, que engole todos os dias o feno de mil montanhas imensas com o qual se vem cevando desde o começo do mundo. Jamais abandona suas mil montanhas, onde a forragem que ele comeu durante o dia torna a brotar durante a noite, para o dia seguinte [...]. Os judeus prometem-se muita alegria no festim do qual ele será a iguaria melhor, a mais substancial. É comum jurarem pela parte que lhes caberá do boi Beemot" (COLD, 86).

Na verdade, esse boi é um **hipopótamo*** e, se come o feno de mil montanhas, não mora nas montanhas, mas sim sob o lótus e as plantas aquáticas dos rios ou dos pântanos. Simboliza o animalesco, o irracional, *a força bruta.* Foi somente numa tradição posterior que ele passou a simbolizar uma imensa reserva de *alimento* a ser repartida entre os convivas de futuros festins solenes ou míticos.

BEIJO

Símbolo de união e de adesão mútuas que assumiu, desde a Antiguidade, uma significação espiritual. "No *Zohar*, encontramos uma interpretação mística do termo beijo. Sem dúvida, a fonte do comentário desse termo é o texto do *Cântico dos cânticos*" (**I**, 1). "No entanto, existe uma segunda fonte que provém da concepção rabínica segundo a qual certos justos, tal como Moisés, foram poupados da agonia e da morte, tendo partido do mundo terrestre no arroubo extático do beijo de Deus" (VAJA, 210).

A esse respeito, Georges Vadja cita um texto do *Zohar* relativo ao beijo divino: "– Que ele me beije com beijos de sua boca – Por que empregará o texto essa expressão? Na verdade, ela significa *adesão de espírito a espírito.* É por isso que o órgão

corporal do beijo é a boca, ponto de saída e fonte do sopro. Do mesmo modo, é pela boca que são dados os beijos de amor, unindo (assim) inseparavelmente espírito a espírito. É por esta razão que aquele cuja alma sai no beijar adere a outro espírito, a um espírito do qual ele não se separa mais; esta união chama-se beijo. Ao dizer: 'que ele me beije com beijos de sua boca', a Comunidade de Israel pede essa adesão inseparável de espírito a espírito [...]."

Os comentaristas do *Cântico dos cânticos,* quer se trate dos Padres da Igreja ou dos autores da Idade Média, interpretam *o beijo* num sentido idêntico. Para Guillaume de Saint-Thierry, o beijo é o signo da unidade. O Espírito Santo pode ser considerado procedente do beijo do Pai e do Filho; a Encarnação é o beijo entre o Verbo e a natureza humana; a união entre a alma e Deus durante a vida terrena prefigura o beijo perfeito que se realizará na eternidade. Bernard de Clairvaux, também em seu comentário sobre o *Cântico dos cânticos,* fala longamente do *osculum* que resulta da *unitas spiritus.* Só a alma-esposa é digna de ambos. O Espírito Santo, dirá São Bernardo, *é o beijo da boca*, trocado entre o Pai e o Filho, beijo mútuo de igual para igual e somente a eles reservado. O beijo do Espírito Santo no homem, que reproduz o beijo da deidade trinitária, não é e não pode ser *o beijo da boca*, mas um beijo que se reproduz, se comunica a outro: *o beijo do beijo*, a réplica no homem do amor de Deus, a caridade de Deus tornada caridade do homem por Deus, semelhante, quanto ao objeto e ao modo do amor, à caridade que Deus tem por si mesmo. Segundo São Bernardo, o homem encontra-se, de certa maneira, no meio do beijo e do abraço do Pai e do Filho, beijo que é o Espírito Santo. Assim, pelo beijo, o homem está unido a Deus e, assim também, deificado.

Na qualidade de signo de concórdia, de submissão, de respeito e de amor, o *beijo* era praticado pelos iniciados no Mistério de Ceres: era testemunho de sua comunhão espiritual. Em um sentido idêntico, São Paulo o recomenda (*Romanos*, 16, 16). "Saudai-vos mutuamente com um santo beijo. Todas as igrejas do Cristo vos saúdam." Na Igreja primitiva ainda estava em uso. Inocêncio I substitui esse costume por uma placa de metal (*Pax*), que o celebrante beija e faz beijar, dizendo *Pax tecum*. Essa placa, mais tarde denominada *pátena*, permanecerá em uso. Existe ainda o costume de beijar as relíquias de santos expostas à veneração dos fiéis.

Na Antiguidade, beijavam-se os pés e os joelhos dos reis, dos juízes, dos homens que gozassem de uma reputação de santos. Beijavam-se as estátuas, a fim de implorar sua proteção.

Na Idade Média, no direito feudal, o vassalo era obrigado a beijar a mão de seu Senhor: daí a expressão *beija-mão*, que significa *render homenagem*.

Nos antigos rituais concernentes à cerimônia de ordenação dos padres e à da consagração das virgens, faz-se alusão ao beijo dado pelo bispo. Em razão da decência, essa efusão foi suprimida para as virgens, e a monja devia apenas pousar seus lábios na mão do prelado. Na sociedade feudal, o beijo provocava frequentes dificuldades quando era uma *dama* quem recebia ou oferecia a homenagem. Símbolo de união, o beijo guardava, com efeito, a polivalência e a ambiguidade das inumeráveis formas de união (DAVS).

BELEROFONTE

Após grande número de proezas e, particularmente, de sua vitória sobre a **quimera***, obtida graças a **Pégaso***, o cavalo alado, Belerofonte quis subir até o trono de Zeus. Para a assembleia dos deuses, "que simbolizava a lei que impõe ao homem a justa medida de suas aspirações e de seus esforços", a tentativa de Belerofonte significaria a vaidade do homem, a evoluir "em perversão dominadora sob a mais audaciosa das formas" (DIES, 83-90). Vencido, irá reunir-se nos Infernos aos outros ambiciosos, como **Ixião***; sua ambição, não colorida de sexualidade como no caso de Ixião, é mais o tipo de ambição do homem cujas façanhas guerreiras e heroicas o inebriaram a ponto de impeli-lo ao desejo do poder soberano. Belerofonte simboliza a falta de comedimento na ambição militar, ou o

poder militar a querer apropriar-se do poder civil e tornar-se a autoridade suprema.

BELIT (*v.* Baal)

BÊNÇÃO

A bênção significa uma *transferência de forças*. Abençoar quer dizer, na realidade, santificar, *tornar santo pela palavra*, i.e., aproximar do *santo*, que constitui a mais elevada forma da energia cósmica.

BERÇO

O berço, talhado na madeira, como entre os antigos romanos, ou simples cesto de vime, é um símbolo do *seio materno*, do qual é a continuação imediata. Elemento de proteção indispensável, macio e cálido, em nós permanece como recordação das origens, que se traduz nas nostalgias inconscientes do retorno ao útero; seu balanço associa-se à felicidade da segurança descuidada. Associa-se igualmente à viagem; essa a razão pela qual o berço tem, muitas vezes, o formato de uma barca ou de uma nacela. Útero que voga ou que voa, e que dá *segurança* na travessia do mundo.

BERRA-BOI (*v.* Zunidor)

BÉTEL (ou BÉTELE)

Conhece-se, sob a designação de bétel, um conjunto de substâncias ativas utilizadas na forma de uma preparação *mastigatória tônica e adstringente* (Littré). Trata-se, no sudeste asiático, de um composto de noz de areca, cal viva e folhas da planta (trepadeira) do bétel, às quais se acrescentam, conforme o caso, folhas de tabaco e diversas outras espécies aromáticas.

O bétel sempre desempenhou um papel importante nos ritos de noivado e de casamento no Vietnã:

> Eis uma jovem noz de areca cortada ao meio.
> Toma um bocado de masca antes que se estrague.
> Se os laços do himeneu devem unir-nos [...]

escreve a poetisa Ho-Xuan-Huong (citada por G. Lebrun). Com efeito, o bétel é *símbolo de amor e de fidelidade conjugal*, e certos tipos de

178 | BÉTILO

masca podem até mesmo desempenhar o papel de filtros de amor. Na verdade, esse simbolismo pode ser resultante do verdadeiro *casamento* dos elementos que constituem a masca. Entretanto, é justificado por uma lenda muito bela na qual um jovem mancebo é transformado em areca (gên. de palmeira asiática), e sua mulher metamorfoseada numa liana de bétel que se enrosca em torno do tronco da árvore. A árvore e a liana tomaram, respectivamente, o nome dos dois personagens: *lang* e *trau*.

O **pote*** de cal, por sua vez, representa o bonzo (sacerdote budista) malvado de outra lenda, cujo ventre está cheio da cal corrosiva que agita a espátula dos mascadores.

Ainda no Vietnã, a duração de uma masca de bétel é uma medida empírica de tempo (três a quatro minutos).

E se o bétel possui indiscutíveis qualidades higiênicas ou medicinais, a Índia atribui-lhe, além disso, virtudes afrodisíacas. A caixa de bétel (*tambula*) é, segundo o *Agni-Purana*, um dos atributos de *Devi*. Por vezes, figurada com um formato cilíndrico, de tampa pontiaguda, parece ser portadora de um simbolismo erótico (HUAN, LEBC, MALA, VUOB).

BÉTILO

Termo de origem semítica que significa *casa de Deus*. Trata-se de **pedras*** sagradas, veneradas particularmente pelos árabes antes do Profeta, na qualidade de manifestações da presença divina. Eram um dos receptáculos do poder de Deus. Foi com a cabeça apoiada numa pedra que Jacó recebeu, em sonhos, a revelação do destino reservado por Deus aos seus descendentes (*Gênesis*, **28**, 11-19); em seguida, ele erigiu essa pedra em monumento, aonde vieram em peregrinação multidões de israelitas. A **escada*** que se erguia dessa pedra no sonho do patriarca simbolizava a comunicação entre o céu e a terra, entre Deus e o homem. Da mesma maneira, Josué ergue uma pedra para servir de testemunho do pacto concluído entre Jeová e seu povo (*Josué*, 24-27). É a marca da comunicação espiritual. Semelhantes

pedras, que manifestavam um ato divino – e que eram uma espécie de teofanias, de lugares de culto –, tornavam-se facilmente objetos de idolatria. Por isso deviam ser destruídas, segundo a ordem dada a Moisés (*Levítico*, **26**, 1; *Números*, **33**, 52).

O *omphalos* (ônfalo) de Delfos, **umbigo*** do mundo para os helenos, era feito, segundo Pausânias (10, 16, 2), em pedra branca, e considerava-se que estivesse no centro da terra. Conforme uma tradição relatada por Varrão, o ônfalo recobriria a tumba da serpente sagrada de Delfos, **Pitão***. Na qualidade de umbigo, essa pedra simboliza *um novo nascimento e uma consciência reintegrada*. Ela é a sede de uma presença sobre-humana. "A partir da simples hierofania elementar representada por certas pedras e por certos rochedos – que impressionam o espírito humano por sua solidez, sua durabilidade e sua majestade – até o simbolismo onfálico ou meteórico, as pedras cultuais não cessam de *significar* alguma coisa que ultrapassa o homem" (ELIT, 202).

O nome do deus Hermes derivaria, segundo uma etimologia incerta, das *hermaï*, pedras colocadas à beira dos caminhos; elas significavam *uma presença, encarnavam uma força, protegiam e fecundavam*; alongadas em colunas e encimadas por uma cabeça, tornaram-se a imagem de um deus que delas herdou o nome; a pedra era divinizada; seu ciclo, coroado na imaginação dos homens. O culto de Apolo também derivaria do culto das pedras, que sempre foram um dos signos distintivos do deus.

Encontra-se nos países célticos atuais um número bastante grande de bétilos, que podem ser considerados outros tantos *omphaloï* (ônfalos) locais, como outros centros do mundo (**menir***). O principal bétilo da Irlanda, que é mencionado de modo desfavorável em todos os textos hagiográficos, foi Cromm Cruaich *a curva da colina* (outra das designações da pedra de Fal), primeiro ídolo da Irlanda, rodeado de 12 outros ídolos, cujo culto foi destruído por São Patrício pessoalmente, que de tal forma os golpeou com seu báculo, que eles se afundaram na terra. O bétilo de Kermaris (Morbihan), hoje desaparecido, ostentava a **suástica*** (CELT, **1**, 173 s.).

Uma pedra sagrada de Heliópolis, no antigo Egito, tinha o nome de *Benben*. Esse bétilo representava a colina primordial, a duna sobre a qual o deus Atum pousara para criar o primeiro casal. Nessa colina, sobre a pedra Benben, o Sol se havia levantado pela primeira vez; sobre ela, a fênix vinha pousar. A pirâmide e o obelisco não deixam de ter certa relação com o Benben primitivo. Este, por sua vez, relaciona-se com o ônfalo e o culto fálico. Serge Sauneron e Jean Yoyote (SOUN, 82-83) assinalam "já se ter proposto, não sem razão, explicar o nome do *benben* pela raiz *bn*, brotar. Realmente, seria interessante para o estudo das cosmogonias egípcias que se reconsiderassem os numerosos vocábulos egípcios em *bn* ou *bnbn* que concernem seja o brotar das águas, seja o nascer do Sol, seja a procriação.

BÉTULA

A bétula é, por excelência, a árvore sagrada das populações siberianas, entre as quais ela assume todas as funções do *Axis mundi* (*v.* **eixo***, **árvore***). Como **pilar* cósmico**, recebe sete, nove ou 12 incisões que representam os níveis celestes. Por ocasião das cerimônias xamânicas de iniciação, é plantada no centro da iurta (espécie de tenda) circular e chega até o orifício central do topo, que representa a *porta do Céu* ou do *Sol*, pela qual se *sai do cosmo* no eixo da Estrela Polar (*v.* **domo***).

Algumas vezes, a bétula é associada à Lua, e mesmo ao Sol e à Lua: neste último caso, tem o duplo aspecto de pai e mãe, macho e fêmea. Desempenha papel de proteção, ou melhor, de instrumento da *descida* da influência celeste: daí a noção de dualidade que é, essencialmente, a da manifestação (ELIC, ELIM, SOUL). A bétula simboliza o *caminho* por onde desce a energia do céu, e por onde é conduzida a aspiração humana para o alto.

Árvore sagrada na Europa oriental e na Ásia central, a bétula simboliza, particularmente na Rússia, a *primavera* e a *donzela*; *bétula* é o nome de um célebre conjunto russo de cantos e danças,

composto unicamente por moças. Entre os selkups caçadores, costuma-se pendurar as imagens dos espíritos protetores na bétula dos sacrifícios, perto da casa.

No mundo céltico, não se tem nenhuma indicação clara sobre o simbolismo da bétula, embora seja provavelmente de caráter *funerário*. O texto galês do *Combate dos arbustos* (*Kat Godeu*) contém um verso bastante enigmático após a descrição de um combate, ou melhor, de um massacre: "a fronte da bétula cobriu-nos de folhas; ela transforma e muda nossa deterioração"; o que talvez seja uma alusão ao costume de cobrir os despojos mortais com ramagens de bétulas (OGAC, **5**, 115). Embora isso signifique igualmente que ela é o artesão das transformações que preparam o defunto para uma nova vida.

Plínio acreditava que a bétula fosse originária da Gália; "a bétula", diz ele, "fornece aos magistrados os fasces (feixe de varas, insígnia do direito de punir na Roma antiga) temidos por todos, e aos cesteiros, as varas arqueadas e as fibras necessárias à fabricação de cabazes e cestos". E acrescenta que se costumava empregá-la igualmente na confecção das tochas nupciais, "consideradas propiciatórias de felicidade no dia de bodas" (*Hist. nat.*, **16**, 30 in LANS, **B**, 207). Em cada um desses casos, ela está estreitamente ligada à vida humana como um símbolo *tutelar*, tanto da vida como da morte.

BEZERRO (Bezerro de ouro)

Ídolo da riqueza. É o deus dos bens materiais, substituto do deus do espírito.

A origem da expressão está na Bíblia:

> Quando o povo viu que Moisés tardava em descer da montanha, congregou-se em torno de Aarão e lhe disse: "Vamos, faze-nos um deus que vá à nossa frente, porque a esse Moisés, a esse homem que nos fez sair da terra do Egito, não sabemos o que aconteceu." Aarão respondeu-lhes: "Tirai os brincos de ouro das orelhas de vossas mulheres, de vossos filhos e filhas, e trazei-mos." Então todo o povo tirou das orelhas os brincos e os levaram a Aarão. Este recebeu o ouro das suas mãos, o fez fun-

180 | BIBLIOTECA

dir em um molde e fabricou com ele uma estátua de bezerro. Então exclamaram: "Este é o teu Deus, Israel, o que te fez sair da terra do Egito." Diante disso, Aarão erigiu um altar diante da estátua e anunciou: "Amanhã, festa em honra ao Senhor." No dia seguinte, bem cedo, ofereceram holocaustos e trouxeram sacrifícios de comunhão. Depois, o povo sentou-se para comer e beber; em seguida, levantou-se para se divertir. Jeová então disse a Moisés: "Vai, desce, porque o teu povo, que fizeste vir da terra do Egito, perverteu-se. Depressa desviaram-se do caminho que eu lhes havia ordenado. Fizeram para si um bezerro de metal fundido, o adoraram, ofereceram-lhe sacrifícios e disseram: Este é o teu Deus, Israel, que te fez vir do país de Egito." Jeová disse a Moisés: "Vejo que este povo tem a cerviz dura. Agora, pois, deixa-me, para que se acenda contra eles a minha ira e eu os consumirei; e farei de ti uma grande nação" (*Êxodo*, **32**, 1-10).

O bezerro de ouro simboliza a tentação sempre renovada de divinizar os desejos materiais, sejam eles a riqueza, o prazer sensual ou o poder.

Ele será um dos ídolos de **Baal***, contra os quais os profetas terão de insurgir-se ao longo da história de Israel (**1**, *Reis*, **12**, 28) e da humanidade.

BIBLIOTECA

A biblioteca é nossa reserva de saber, como um tesouro disponível. Nos sonhos, geralmente, a biblioteca faz alusão aos conhecimentos intelectuais, ao saber livresco.

Entretanto, neles depara-se, às vezes, com um vetusto livro de magia, em geral a banhar-se na luz, que simboliza o *conhecimento*, no sentido pleno do termo, i.e., *a experiência vivida e registrada*.

BICICLETA

A bicicleta aparece frequentemente nos sonhos do imaginário moderno. Ela evoca três características:

a. Trata-se de meio de transporte movido pela pessoa que dele se utiliza, ao contrário dos ou-

tros veículos que são movidos por força alheia. O esforço individual e pessoal afirma-se, com a exclusão de toda e qualquer outra energia, a fim de determinar o movimento para a frente;

b. O equilíbrio é assegurado somente pelo movimento para a frente, exatamente como na evolução da vida exterior ou interior;

c. Só uma pessoa de cada vez pode montar na bicicleta. Essa pessoa, portanto, faz o papel de cavaleiro único (o *tandem*, ou bicicleta de dois assentos, é outro caso).

Como o veículo simboliza a evolução em marcha, o sonhador *monta* no seu inconsciente e vai adiante por seus próprios meios, em vez de *meter os pés pelas mãos* (fr. *perdre les pédales* – perder os pedais –, i.e., descontrolar-se ou confundir-se) por inércia, neurose ou infantilismo. Pode contar consigo mesmo e assumir sua independência. Assume a personalidade que lhe é própria, não estando subordinado a ninguém para ir aonde lhe aprouver.

Nos sonhos, raramente a bicicleta indica uma solidão psicológica ou real, por excesso de introversão, de egocentrismo, de individualismo, que impeça a integração social: ela corresponde a uma necessidade normal de autonomia.

BIFURCAÇÃO (*v.* Forcado)

BIGORNA

Entre os bakitaras ou banioros (nordeste do Congo, em zona sudanesa), a bigorna é considerada uma das esposas do **ferreiro***. Costuma ser levada à choça deste, onde é acolhida por sua primeira mulher, com o ritual reservado à entronização de uma segunda esposa; a bigorna é aspergida, e realizam-se rituais a fim de que ela venha a ter muitos filhos (CLIM).

A bigorna aparenta-se à feminidade, ao princípio passivo, do qual sairão as obras do ferreiro, princípio masculino. Na Grã-Cabília (uma das regiões do maciço da Cabília, situada a leste de Argel), a bigorna simboliza a água, e costuma ser colocada sobre um toro de freixo; o freixo representa a montanha, "assim como a bigorna represeta a água. Bater na bigorna é regar a terra" (SERP, 252). E ainda uma vez, neste caso, ela se revela como um princípio passivo a ser fecundado. O ferreiro, tal como o **raio***, seria o princípio ativo e fecundante.

BINDU

O *bindu* (termo sânscrito: gota, símbolo do absoluto; em tibetano: *Thi-gle*) é materializado pelo ponto central do **vajra***. É a imagem da incomensurável unidade em forma de ponto final de integração, bem como de ponto de partida de toda meditação profunda. Nessa *gota rutilante* está compreendido "um espaço infinito, resplandecente do brilho de sóis inumeráveis" (EYTA). O *bindu* tem igualmente o sentido de *gérmen* e de *sêmen*. É o *sêmen* transmutado interiormente pelo homem. Designa o ponto de onde partem o espaço interior e o exterior, no qual ambos se tornam UM. Ele é também o "Senhor além do Estado" cujo corpo é formado de fulgurações, e que reside em um **chakra*** superior. Está ligado à luz azul-celeste da Sabedoria do *Dharmadatu*, puro elemento de consciência que emana do coração de *Vairocana*, o *Dhyani-Buddha* no centro da **mandala***. Procede da **vacuidade*** infinita, como o espírito no qual repousam todas as coisas.

Esse grão de luz, viva como a de uma estrela, é formado pela união do *prana*, sopro vital, da essência de nosso espírito e do *princípio consciente*. Seu aspecto denomina-se Felicidade; sua natureza, claridade; sua essência, vacuidade (Lama Guendun).

BISÃO (*v. Bisonte*)

BISONTE

O bisonte (ou bisão), que constituía a principal fonte de carne e de couro para as tribos de caçadores da América do Norte, era um *símbolo de abundância e de prosperidade*. Essa função foi-lhe conservada, mesmo após o desaparecimento da espécie. Pode-se reencontrá-lo até nos ritos dos lavradores sedentários, em que ele é associado à espiga de milho (cerimônia *Hako*, dos indígenas pawnees).

BOCA

Abertura por onde passam o sopro, a palavra e o alimento, a boca é o símbolo da força criadora e, muito particularmente, da *insuflação da alma*. Órgão da palavra (*verbum*, *logos*) e do sopro (*spiritus*), ela simboliza também um grau elevado de consciência, uma capacidade organizadora através da razão. Esse aspecto positivo, porém, como todo símbolo, tem um reverso. A força capaz de construir, de animar (i.e., de dar alma ou vida), de ordenar, de elevar, é igualmente capaz de destruir, de matar, de confundir, de rebaixar: a boca derruba tão depressa quanto edifica seus castelos de palavras. É *mediação* entre a situação em que se encontra um ser e o mundo inferior ou o mundo superior aos quais ela o pode arrastar. Na iconografia universal, é representada tanto pela goela do monstro como pelos lábios do anjo; é do mesmo modo a porta dos infernos e a do paraíso.

Quando morria alguém, os egípcios praticavam um rito denominado *a abertura da boca*. Esse rito destinava-se a tornar todos os órgãos do defunto aptos a cumprir suas novas funções. A operação era posta sob os auspícios de Anúbis e praticada, no dia dos funerais, sobre um corpo cuidadosamente preparado. O sacerdote *sem*, especialmente qualificado, toca o rosto do morto duas vezes com uma pequena enxó (denominada *grande de magia*) e, uma vez, com um formão ou com pinças (denominadas *os dois divinos*); em seguida, abre a boca do defunto com um buril em forma de coxa de boi e um dedo de ouro. Essa cerimônia assegura ao morto a faculdade de proferir a *verdade*, de justificar-se perante o tribunal dos deuses (**psicostasia***) e de receber a nova vida. Um disco solar colocado sobre a boca revela que a própria vida do Deus Sol, Ré, é partilhada pelo defunto. Dali em diante, ele é chamado a receber o alimento celestial (ERMR, 308; PIED, 334-401). O *Livro dos mortos* do antigo Egito contém preces como a seguinte: "Restitui-me minha boca para falar [...]."

Havia sociedades secretas nas quais as cerimônias de iniciação exigiam, antes de mais nada, que o postulante fosse amordaçado na presença

182 | BODE

dos dignitários; um dos pontífices retirava-lhe a mordaça, mas somente após ter o postulante suportado as primeiras provas com êxito. A cerimônia do fechamento da boca simbolizava a obrigação de respeitar rigorosamente a *lei do arcano* (do segredo), de não abrir a boca senão com a autorização da sociedade secreta a que se pertencia, e de difundir apenas os ensinamentos recebidos diretamente dos mestres.

Esculturas do sul da Gália representam cabeças sem boca. Quando nasceu o *file* (poeta-adivinho) irlandês Morann, filho de Cairbré o Usurpador, o pai ordenou que o jogassem na água: a criança nascera sem boca. Essa falta de boca certamente deve estar relacionada com a *eloquência*, a poesia ou a expressão do pensamento. Pelo menos no vocabulário celta que se conhece não se encontra nenhum outro simbolismo mais preciso. A palavra é atestada em antroponímia e em toponímia (por exemplo, *Genava*, Genebra, literalmente: *boca do rio*) (OGAC, 7, 99). Assim como o cego é dotado de clarividência, o homem sem boca é o orador, o poeta de uma linguagem que não é a vulgar.

Ao observar que em muitas tradições a boca e o fogo estão associados (língua de fogo de Pentecostes, dragões que vomitam fogo, a lira de Apolo [o Deus-Sol] etc.), C. G. Jung vê um elo sinestésico, uma relação profunda entre *boca e fogo*. Aliás, não é um dos usos da língua (francesa) fazer referência tanto à "boca de fogo" (fr. *bouche à feu*, arma não portátil) como à "boca d'água" (fr. *bouche d'eau*)? Duas das características principais do homem são o uso da palavra e o uso do fogo. Ambas procedem de sua energia psíquica (*mana*). O simbolismo da boca alimenta-se nas mesmas fontes que o do fogo, e apresenta, também, o duplo aspecto do deus indiano da manifestação – Ágni –, criador e destruidor. A boca desenha, igualmente, as duas curvas do *ovo primordial*: a que corresponde ao mundo do alto, com a parte superior do palato, e a que corresponde ao mundo de baixo, com a mandíbula inferior. Assim, ela é o ponto de partida ou de convergência de duas direções; simboliza a origem das oposições, dos contrários e das ambiguidades.

BODE

Exatamente como o **carneiro***, o bode simboliza a pujança genésica, a força vital, a libido, a fecundidade. Essa similitude, porém, transforma-se ocasionalmente em oposição: pois, se o carneiro é sobretudo diurno e solar, o bode, na maior parte das vezes, é noturno e lunar; e enfim, antes de mais nada ele é um animal trágico, porquanto, por causas que nos escapam, deu seu nome a uma forma de arte: literalmente, *tragédia* significa *canto do bode*. E, originariamente, era com esse canto que se acompanhavam os ritos do sacrifício de um bode nas festas de Dioniso. Pois a esse deus o animal era particularmente consagrado: era sua vítima favorita (Eurípides, *Bacantes*, 667). Não nos esqueçamos de que o sacrifício de uma vítima implica todo um processo de identificação. Dioniso havia-se metamorfoseado em bode ao fugir para o Egito, na ocasião em que Tifão atacou o Olimpo e dispersou os deuses amedrontados durante sua luta com Zeus. Aliás, foi ter justamente a um país onde eram erigidos santuários a um deus cabra ou bode, que os gregos denominaram o deus Pã; os hierodulos, na Grécia, prostituíam-se a bodes. Era um rito de assimilação das forças reprodutoras da natureza, do poderoso impulso de amor pela vida. Tal como o **carneiro***, a **lebre-coelho*** e o pardal, o bode era consagrado a Afrodite e servia-lhe de montaria, assim como a Dioniso e a Pã, divindades que algumas vezes também se cobriam com uma pele de bode.

Sua virtude sacrificial aparece igualmente na Bíblia, em que o bode do sacrifício mosaico serve para a expiação dos pecados, desobediências e impurezas dos filhos de Israel. "Imolará então o bode destinado ao sacrifício pelo pecado do povo e levará o seu sangue para detrás do véu. Fará com esse sangue o mesmo que fez com o sangue do novilho, aspergindo-o sobre o propiciatório e diante deste" (*Levítico*, 16, 15-16).

Nada há de surpreendente, portanto, que devido a um desconhecimento profundo do símbolo e a uma perversão do sentido do instinto, se tenha feito tradicionalmente do bode a própria imagem da luxúria (Horácio, *Epodos*, **10**, 23). E eis o aspecto trágico. *Libidinosus*, diz o poeta latino desse *bode lascivo* que ele deseja imolar às *Tempestades*, como se a libido se identificasse com os desregramentos sexuais e com a violência da pujança genésica. Nessa perspectiva, o bode, animal fedorento, torna-se símbolo de abominação, de rejeição (ou reprovação) ou, como diz Louis Claude de Saint-Martin, "de putrefação e de iniquidade". Animal impuro, completamente absorvido por sua necessidade de procriar, o bode nada mais é do que um signo de maldição cuja força atingirá seu auge na Idade Média; o diabo, deus do sexo, passa a ser apresentado, nessa época, sob a forma de um bode. Nas narrativas edificantes, a presença do demônio – tal como a do bode – é assinalada por um odor forte e acre.

Os bodes, quando colocados à esquerda por ocasião do julgamento final, representam os malvados, os futuros condenados ao inferno. Na arte, vê-se por vezes um bode à frente de um rebanho de cabras. Nesse caso, é possível que ele designe os poderosos – graças ao dinheiro ou ao renome – que arrastam os fracos para o mau caminho. O Satã com cabeça de bode das imagens cristãs é, segundo Grillot de Givry (GRIA, 66-67), "o Mendes do Egito decadente, combinação do fauno, do sátiro e do egipã (*espécie de sátiro*), que tende a se tornar síntese definitiva da antidivindade". O bode é também, assim como o cabo da vassoura, montaria das feiticeiras que se dirigem ao Sabá.

A Irlanda designa, sob o termo genérico de *goborchind*, *cabeças de cabras* (ou de *bodes*), um certo número de seres inferiores, feios e disformes, relacionados com a categoria, ainda mais genérica, dos **fomorianos***.

Esse triunfo do aspecto nefasto ou noturno do símbolo faz do bode, por fim, uma imagem "do macho em perpétua ereção, para o qual, a fim de acalmá-lo, é preciso três vezes oitenta mulheres. É o homem que desonra sua grande barba de patriarca por copulações antinaturais. É ele quem desperdiça o precioso gérmen da reprodução. Imagem do desgraçado, que se torna digno de comiseração por causa dos vícios que não consegue dominar, do homem repugnante, o bode representa o ser que se deve evitar tampando o nariz".

Os tabus sexuais e os grandes temores da Idade Média cristã não chegaram, entretanto, a eliminar por completo os aspectos positivos do símbolo, tal como o provam inumeráveis tradições populares: assim, uma tradição mediterrânea, já assinalada por Plínio e atestada ainda recentemente, atribui ao sangue do bode extraordinária influência e, em especial, o poder de temperar maravilhosamente bem o ferro. Em outros lugares, ele representa o animal-fetiche, aquele que capta o mal, as influências perniciosas, ficando carregado de todos os males que ameaçam uma aldeia. Numa aldeia há sempre um bode que desempenha o papel de protetor; não se deve aborrecê-lo nem bater nele, pois todo mal que chega é interceptado por esse animal, assim como o para-raios atrai e canaliza o raio. Quanto mais barbudo e fedorento, mais eficaz ele é. Tem-se sempre outro bode, prestes a substituí-lo quando ele morre.

Na África, uma lenda fula apresenta o bode com sua dupla polaridade, como um símbolo da pujança genésica e da força tutelar.

Coberto de longos pelos, é signo de virilidade, mas um signo maléfico, porquanto todo o seu corpo é recoberto de pelos; torna-se então a imagem da lubricidade. A lenda africana de Kaydara descreve um bode barbudo: "Ele girava ao redor de um cepo, sobre o qual subia, descia e tornava a subir sem parar. A cada escalada, o macho caprino ejaculava em cima do cepo, como se estivesse se acasalando com uma cabra; apesar da quantidade considerável de esperma que vertia, não conseguia de modo algum extinguir seu ardor viril (*v*. **chifre***, **cabelos***, **pelos***). Essa lenda explica o fato de que, na classificação dos seres, o bode represente por vezes uma tentativa de união entre o animal e a planta, assim como o coral é intermediário entre a planta e o animal, e o morcego une a ave e o mamífero.

184 | BODE EXPIATÓRIO

Todavia, diante da Europa cristã, é ainda uma vez a Índia védica que traz ao aspecto negativo do símbolo um contrapeso suficiente ao identificar o bode – animal do sacrifício védico – ao Ágni, deus do fogo:

O bode é Ágni; o bode é o esplendor;
[...] o bode afasta as trevas para longe [...].
Ó bode, sobe ao céu dos homens pios;
[...] o bode nasceu do esplendor do Ágni.

(*Atharva Veda*, 9-5, VEDV, 263)

Ele surge como o símbolo do fogo genésico, do fogo sacrificial de onde nasce a vida, a vida nova e santa: por isso serve de montaria ao deus Ágni, regente do Fogo. Torna-se, então, um animal solar, revestido das três qualidades fundamentais, ou *guna*, como a **cabra***.

Santo e divino para uns, satânico para outros, o bode é claramente o animal trágico, que simboliza a força do elã vital, ao mesmo tempo generoso e facilmente corruptível.

BODE EXPIATÓRIO

O Levítico menciona pela primeira vez, na Bíblia, o bode expiatório. Por ocasião da Festa da Expiação, o Grande Sacerdote recebia dois bodes oferecidos pelos personagens mais importantes. De acordo com o resultado de um sorteio, um deles era imolado e o outro recuperava sua liberdade – mas essa liberdade era onerada com todos os pecados do povo. Um dos bodes, mantido à porta do Tabernáculo, via-se efetivamente carregado de todos os pecados e, em seguida, era levado... para o deserto, onde o abandonavam. Segundo outras versões, ele era atirado num precipício. "Aarão oferecerá o bode sobre o qual caiu a sorte 'para Jeová' e fará com ele um sacrifício pelo pecado. Quanto ao bode sobre o qual caiu a sorte 'para Azazel', será colocado vivo diante de Jeová, para fazer com ele o rito de expiação, a fim de ser enviado a Azazel, no deserto (*Levítico*, **16**, 5-10).

O rito do envio do bode a Azazel apresenta uma característica arcaica, que não é própria da legislação mosaica. Azazel é o nome de um demônio que morava no deserto, terra maldita onde Deus não exerce sua ação fecundante, terra de relegação para os inimigos de Jeová. O animal que lhe é enviado não é *sacrificado* a Azazel; o bode enviado ao deserto, onde habita o demônio, representa somente a parcela demoníaca do povo, o peso de seus pecados; ele leva esse peso (ou carga) para o deserto, local do castigo. Nesse ínterim, outro bode é verdadeiramente sacrificado a Jeová, segundo um ritual de transferência expiatória.

Um bode é sacrificado a Jeová pelo *pecado do povo*; a aspersão de seu sangue é interpretada como purificação. O bode expiatório, carregado com os pecados do povo, sofre, ao contrário, a pena do banimento, do afastamento, da relegação; simboliza, assim, a condenação e a rejeição do pecado – sua partida não tem retorno. Reencontramos esse sentido de purificação no costume segundo o qual o leproso trazia em oferenda duas aves, uma delas sendo sacrificada, e a outra, aspergida com o sangue da vítima; todavia, logo em seguida, soltavam-na viva (*Levítico*, **14**, 4-7). O mal é levado embora pelo bode expiatório; cessa de ser uma carga para o povo pecador. Um homem é chamado *bode expiatório* na medida em que é culpado pelos erros de outrem, sem que seja feito qualquer apelo à Justiça, sem que ele possa apresentar sua defesa e sem que ele tenha sido legitimamente condenado. A tradição do *bode expiatório* é quase universal; pode ser encontrada em todos os continentes e estende-se até o Japão. Representa essa profunda tendência do homem a projetar sua própria culpabilidade sobre outrem, assim satisfazendo a sua consciência, sempre a necessitar de um responsável, um castigo, uma vítima.

BODHIDHARMA (*v.* Daruma)

BODHISATTVA (Bodisatva)

Esse termo sânscrito (em tibetano: *Diang tchub sempa*) significa "aquele cujo espírito é desperto e que age com coragem". O Bodhisattva é o ser ideal que se deve tornar, por compaixão pelos seus semelhantes, não apenas o adepto do Mahaiana, como também o do Vajraiana (Grande Veículo e Veículo de Diamante). Contrariamente ao *arhat* (santo) que alcança a salvação graças a uma ascese pessoal, sem se preocupar com os outros, o *bodhisattva* que venceu o ego dedica sua realização ao bem de seus semelhantes; e, prestes a identificar-se com o Nirvana, sua grande sabedoria e infinita compaixão o induzem a não renunciar em absoluto ao mundo, onde ele renascerá. "Se bem que essa realização o libere do *samsara*, nele o bodhisattva se manifesta perpetuamente, para a felicidade de todos os seres" (KALE). Chenrezi (Avalokitesvara), sempre a emanar luz e compaixão, é o próprio tipo do bodhisattva. Efetuando-se a recitação de seu *mantra*, *Om mani padme hung*, "transmutam-se todos os pensamentos, todos os sons e todos os pensamentos impuros em aspectos puros correspondentes" (Kalou Rimpoché). Chenrezi, bodhisattva de compaixão, aparece muitas vezes nos *thankas* (tecidos pintados) de origem tibetana; surgido de um disco lunar, sobre um lótus branco, ele irradia quíntuplos raios de luz. Possui quatro braços; duas de suas mãos estão unidas, e as outras duas seguram um rosário de cristal e um lótus branco. Eupamê (Amithaba), o Buda de luz infinita, coroa sua cabeça. Muitas vezes, Chenrezi é representado com mil braços destinados a socorrer os inumeráveis seres aflitos; em cada uma de suas palmas abre-se o olho da sabedoria. A origem de seus onze rostos está ligada a uma de suas meditações sobre o sofrimento universal, cuja intensidade, unida à imensidão de sua tarefa, fez rebentar sua cabeça. Amithaba reconstituiu-lhe dez das cabeças, a fim de que ele pudesse atuar em todas as direções, e acrescentou-lhe a sua própria, cor de laranja, no topo. A face azul-escura que se acha nessa cabeça alaranjada tem uma expressão de cólera temível, a indicar com que violência, por vezes, o *bodhisattva* exerce sua compaixão, a fim de afrontar as forças do mal (KALE).

Existe, também, uma figura feminina do *bodhisattva*. Kurukulla, protetora do amor e divindade de submissão (originária das Índias Ocidentais, onde há um monte com esse nome), assimila-se a Vênus. A *Tara*, do *Vajraiana*, é uma de suas manifestações pacíficas; seu nome significa *aquela que permite a passagem* como estrela matinal atravessando o céu para tornar-se a estrela do pastor, a velar sobre o destino dos homens e permitir-lhes atravessar as trevas. Esse *bodhisattva* feminino do Vajraiana, também chamado *a grande liberadora*, não representa um ser exterior, e sim um aspecto do ego transmutado. Assim como a maioria das deidades do budismo tântrico tibetano, ela simboliza, portanto, uma vitória sobre o ego, ou seja, sobre a confusão que impele a uma apropriação da energia de maneira egocêntrica. Personificação feminina da Sabedoria, Tara mantém estreitamente abraçado Amithaba, Buda de luz infinita, enquanto ele, impávido, abençoa todos os seres.

Embora as *Tara* apresentem uma aparência pacífica, Kurukulla é uma deusa escarlate e colérica, maravilhosa emanação do Vazio, que dança sobre cadáveres e entesa seu arco, como Eros, a indicar claramente o machado de guerra sem o qual nenhuma liberação é possível. É a energia pura, toda cercada de chamas, que busca a mais alta felicidade do amor. Seus mais fervorosos devotos acreditam receber suas boas graças. "Aqui misturam-se e se superpõem aspirações de salvação e intenções mágicas e eróticas" (TUCK).

BOI, BÚFALO

Ao contrário do **touro***, o boi é um símbolo de bondade, de calma, de força pacífica; de "capacidade de trabalho e de sacrifício", escreve Devoucoux a propósito do boi da visão de Ezequiel e do Apocalipse. No entanto, esse boi poderia ser, por vezes, confundido com um touro, se não fosse por certos aspectos simbólicos e suas interpretações que estabelecem a distinção. A cabeça de boi do imperador Chennong, inventor da agricultura, e a de Tche-yeu parecem-se muito com cabeças de touro (o mesmo caráter, *niu*, designa ambos os animais). O boi *Ápis* de Mênfis, hipóstase de *Ptá* e de *Osíris*, não será ele próprio um touro? A mesma palavra designava todos os bovinos. A esse respeito, seu caráter lunar não é determinante.

O boi e, ainda mais, o búfalo, preciosos auxiliares do homem, são respeitados em toda a Ásia oriental. Servem de montaria aos sábios, particu-

186 | BOI, BÚFALO

larmente a Lao-tse, em sua viagem às fronteiras do oeste. Efetivamente, na atitude desses animais existe um aspecto de doçura e de desapego, que evoca a contemplação. Nos templos de *Xinto* (xintoístas), são frequentes as estátuas de bois. Na China antiga, porém, um boi feito de argila representava o frio, que se expulsava na primavera, com o objetivo de favorecer a renovação da natureza; é um emblema tipicamente *yin*.

O búfalo é mais rústico, mais pesado, mais selvagem. A iconografia hindu faz dele a montaria e o emblema de *Yama*, divindade da morte; igualmente, no Tibete o espírito da morte tem cabeça de búfalo. Entretanto, entre os *gelugpas* – seita dos Barretes amarelos –, o *Bodhisattva Manjushri*, destruidor da morte, é representado com cabeça de búfalo. O búfalo é a representação clássica do *asura* (titã) *Mahesha*, vencido e decapitado por *Candi* (aspecto de *Uma* ou *Durga*). É possível que esse búfalo, que gosta dos pântanos, esteja relacionado com a umidade e seja vencido pelo sol ou pela secura. De fato, costuma-se às vezes sacrificar um búfalo, na Índia, no fim da estação das chuvas. Mas o *asura* também é representado, na iconografia, sob forma humana e a liberar-se progressivamente da forma animal decapitada; o que tem um significado de ordem espiritual.

Entre as populações montanhesas do Vietnã, para as quais o sacrifício do búfalo é o ato religioso essencial, esse animal é respeitado do mesmo modo que um ser humano. Sua morte, pelo rito sacrificial, transforma-o no enviado, no intercessor da comunidade com os Espíritos superiores (DAMS, DANA, DEVA, EVAB, FRAL, GRAR, HERV, MALA, OGRJ, PORA).

Entre os gregos, o boi é um animal sagrado. Muitas vezes é imolado em sacrifício: o termo "hecatombe" designa um sacrifício de cem bois. É consagrado a certos deuses: Apolo tinha seus bois, que lhe foram roubados por Hermes; e este último só conseguiu fazer-se perdoar pelo seu furto, verdadeiro sacrilégio, ao oferecer a Apolo a lira que inventara, feita da pele e dos nervos de um boi retesados sobre uma carapaça de tartaruga. O

Sol também tem seus bois, de imaculada brancura e chifres dourados; os companheiros de Ulisses, famintos, ao comerem carne de boi na ilha de Trinácria, apesar da proibição de seu chefe, acabam por morrer, todos eles; somente Ulisses, o único que se abstivera, escapa à morte.

Bois sagrados eram mantidos pela família dos Buziges; destinavam-se a comemorar a labuta inicial de Triptólemo, por ocasião dos ritos da lavoura sagrada que se celebravam nos mistérios de Elêusis. Em toda a África do Norte, o boi é igualmente um animal sagrado, oferecido em sacrifício, ligado a todos os ritos de lavoura e de fecundação da terra (GRID, SECH, SERP).

Sem dúvida, por causa dessa peculiaridade sagrada de suas relações com a maior parte dos ritos religiosos, como vítima ou como sacrificador (quando abre o sulco na terra, por exemplo), o boi foi também o símbolo do sacerdote. Por exemplo, segundo uma interpretação incerta (LANS, **B**, 163), os bois de Gerião, o gigante de três cabeças, seriam "os sacerdotes do delfismo primitivo, do qual Gerião é o pontífice supremo; esse gigante teria sido vencido e morto por Héracles; e, em seguida, o culto délfico teria sido renovado".

Dionísio Areopagita resume nos seguintes termos a simbólica mística do boi: "a figura do boi marca a força e a potência, o poder de cavar sulcos intelectuais para receber as fecundas chuvas do céu, ao passo que os chifres simbolizam a força conservadora e invencível" (PSEO, 242).

Existe uma divindade galesa, *Damona*, guia do protetor das águas termais, Borvo ou Apolo Borvo, e cujo nome contém o tema celta que geralmente designa os bovinos: *dam*. Embora no mundo céltico o boi não possuísse simbolismo independente, à exceção do simbolismo cristão usual, as lendas galesas testemunham a existência de bois primordiais. Os dois principais são os do Hu Gadarn, personagem mítico, que foi o primeiro a chegar à ilha da Bretanha, com a nação dos Cymry (galeses). Antes da chegada destes últimos, na ilha só havia ursos, lobos, castores e bois chifrudos. O Lebor Gabala (*Livro das conquistas*) menciona também, embora sem outra indicação, bois míticos. O boi desempenharia nesse caso um papel análogo ao do *herói civilizador* (CHAB, 127-128; Myfyrian Archaeology of Wales, 400, 1; OGAC, **14**, 606-609).

BOLHA (*v.* Bula[1])

A bolha de ar ou de sabão – essa "bolha de azul-celeste que meu sopro aumenta", escreve Victor Hugo – simboliza a *criação leve*, efêmera e gratuita, que estoura subitamente sem deixar vestígio; nada além da delimitação arbitrária e transitória de um pouco de ar.

Nessa mesma perspectiva, o budismo faz da bolha a imagem da *anitya, a impermanência do mundo manifestado*: "Aquele que olha o mundo como se olha uma bolha de ar", lê-se no *Dhammapada*, "esse é capaz de não mais ver o reino da morte". Outro *sutra* assegura que "os fenômenos da vida podem ser comparados a um sonho, um fantasma, uma bolha de ar, uma sombra, o orvalho brilhante como um espelho, o clarão do relâmpago [...]." Texto que indubitavelmente tem em vista o tratado taoista *T'ai-yi kin-hua tsong tche* quando ensina que, no concernente ao *Tao,* "o Céu e a Terra são uma bolha de ar e uma sombra". Joubert, mais próximo de nós, não escreve também que "o mundo é uma gota de ar"? (GRIF).

BOLSA D'ÁGUA (*v.* Âmnio)

BORBOLETA

De imediato consideramos a borboleta um símbolo de ligeireza e de inconstância. A noção da borboleta que se queima no candeeiro não é nossa particular: "Como as borboletas se precipitam para a sua morte na flama brilhante, lê-se no *Bhagavad-Gita* (**11**, 29), assim os homens correm para a sua perdição [...]."

Graça e ligeireza, a borboleta é, no Japão, um emblema da mulher; mas duas borboletas figuram a felicidade conjugal. Ligeireza sutil: as borboletas são espíritos viajantes; sua presença anuncia uma visita ou a morte de uma pessoa próxima.

Outro aspecto do simbolismo da borboleta se fundamenta nas suas metamorfoses: a crisálida é o *ovo* que contém a potencialidade do ser; a borboleta que sai dele é um símbolo de ressurreição. É ainda, se se preferir, a saída do *túmulo.* Um simbolismo dessa ordem é utilizado no mito de Psique, que é representada com asas de borboleta. E também no de Yuan-k'o, o Imortal jardineiro, a quem a bela esposa ensina o segredo dos bichos-da-seda, e que talvez seja ela própria um bicho-da-seda.

Pode parecer paradoxal que a borboleta sirva, no mundo sino-vietnamita, para exprimir um voto de longevidade: essa assimilação resulta de uma homofonia, dois caracteres com a mesma pronúncia (*t'ie*) significando, respectivamente, *borboleta* e *idade avançada, setuagenário.* Por outro lado, a borboleta é às vezes associada ao crisântemo para simbolizar o outono (DURV, GUEM, KALL, OGRJ).

No *Tochmarc Etaine* ou *Corte de Etain*, conto irlandês do ciclo mitológico, a deusa, esposa do deus Mider e símbolo da soberania, é transformada em uma poça de água pela primeira esposa do deus, que é ciumenta. Mas dessa poça nasce, pouco tempo depois, uma lagarta, que se transforma em uma magnífica borboleta, a qual o texto irlandês algumas vezes chama mosca; mas o simbolismo é eminentemente favorável. Os deuses Mider e depois Engus a recolhem e protegem: "E essa lagarta se torna em seguida uma mosca púrpura. Ela era do tamanho da cabeça de um homem, e era a mais bela que já houve no mundo. O som de sua voz e o bater de suas asas eram mais doces que as gaitas de foles, que as harpas e os cornos. Seus olhos brilhavam como pedras preciosas na obscuridade. Seu odor e seu perfume faziam passar a fome e a sede a quem quer que estivesse perto dela. As gotículas que ela lançava de suas asas curavam todo mal, toda doença e toda peste na casa daquele de quem ela se aproximava." O simbolismo é o da borboleta, o da *alma liberta de seu invólucro carnal*, como na simbologia cristã (CHAB, 847-851), e transformada em benfeitora e bem-aventurada.

Entre os astecas, a borboleta é um símbolo da alma, ou do sopro vital, que escapa da boca

188 | BORNAL

do agonizante. Uma borboleta brincando entre flores representa a alma de um guerreiro caído nos campos de batalha (KRIR, 43). Os guerreiros mortos acompanham o Sol na primeira metade de seu curso visível, até o meio-dia; em seguida, eles descem de volta à terra sob a forma de colibris ou de borboletas (KRIR, 61).

Todas essas interpretações decorrem provavelmente da associação analógica da borboleta e da chama, do fato de suas cores e do bater de suas asas. Assim, o deus do fogo entre os astecas leva como emblema um peitoral chamado *borboleta de obsidiana*. A **obsidiana***, como o sílex, é uma **pedra*** de fogo; sabe-se que ela forma igualmente a lâmina das facas de sacrifício. O Sol, na *Casa das Águias* ou Templo dos Guerreiros, era figurado por uma imagem de borboleta.

Símbolo do fogo solar e diurno, e por essa razão da alma dos guerreiros, a borboleta é também para os mexicanos um símbolo do sol negro, atravessando os mundos subterrâneos durante o seu curso no turno. É assim símbolo do fogo ctoniano oculto, ligado à noção de sacrifício, de morte e de ressurreição. É então a borboleta de obsidiana, atributo das divindades ctonianas, associadas à morte. Na glíptica asteca, ela tornou-se um substituto da mão, como um signo do número cinco, número do Centro do Mundo (SOUC).

Um apólogo dos balubas e dos luluas do Kasai (Zaire central) ilustra ao mesmo tempo a analogia alma-borboleta e a passagem do símbolo à imagem. O homem, dizem eles, segue, da vida à morte, o ciclo da borboleta: ele é, na infância, uma pequena lagarta, uma grande lagarta na sua maturidade; se transforma em crisálida na velhice; seu túmulo é o casulo de onde sai a sua alma que voa sob a forma de uma borboleta; a postura de ovos dessa borboleta é a expressão de sua reencarnação (FOVA). Do mesmo modo, a psicanálise moderna vê na borboleta um símbolo de renascimento.

Uma crença popular da Antiguidade greco-romana dava igualmente à alma que deixa o corpo dos mortos a forma de uma borboleta.

Nos afrescos de Pompeia, Psique é representada como uma menininha alada, semelhante a uma borboleta (GRID). Essa crença é encontrada entre certas populações turcas da Ásia central que sofreram influência iraniana e para as quais os defuntos podem aparecer na forma de uma mariposa (HARA, 254).

BORDÃO (*v.* Bastão)

BORNAL

O *bornal da vida*, esta expressão enigmática (*seror hahayim*, em hebreu), só aparece uma vez na Bíblia, em 1 *Samuel*, **25**, 29, em que o contexto é o seguinte:

> E se alguém se levantar para te perseguir e para atentar contra a tua vida, a *vida do meu senhor estará guardada no* bornal da vida com Jeová, teu Deus, *ao* passo que a vida dos teus inimigos, ele a lançará fora como a pedra de uma funda.

O bornal designa o local onde o *princípio da vida* é conservado, com uma conotação evidente de salvação (*Eclesiástico*, **6**, 16).

Esta representação está próxima daquela do *Livro da vida*, que o Salmo **69**, 29 confirma (cf. *Isaías*, **4**, 3; *Daniel*, **12**, 1; *Enoch*, **47**, 3; *Apocalipse de João*, **3**, 5, **20**, 12). A inscrição do nome de um indivíduo nesse livro equivale à sua salvação, como a anulação do nome significa a sua perda (DQRH, 52).

O sentido exato desta expressão recebeu um esclarecimento direto por meio de uma descoberta arqueológica recente: um texto cuneiforme extraído da zona mesopotâmia de *Nuzi*, o atual Yorgan-Tepe, perto de Kerkuk, usa o mesmo termo (a raiz s-r-r) para designar a ação de fazer uma lista de contabilidade, neste caso, o inventário de um arrendamento de gado (EISB). Este valor *contábil* do termo é igualmente encontrado nos textos bíblicos, onde frequentemente expressa o ato de guardar o dinheiro numa bolsa (*v. Gênesis*, **42**, 35; *Provérbios*, **7**, 20: *Ageu*, **1**, 6) ou qualquer mercadoria preciosa num saco (*v. Cântico dos cânticos*, **1**, 13; *um saquinho de mirra*).

Esse termo também foi relacionado com o hábito de conservar manuscritos enrolados dentro de um jarro, como o atestam as descobertas de *Qumran* – os célebres manuscritos chamados *do Mar Morto* (VUIO). E, sem dúvida, faz-se alusão a este mesmo hábito em um oráculo do profeta *Isaías* (**8**, 16), o que permite supor a transmissão do ensino profético, desde aquela época, por intermédio de uma tradição escrita, pelo menos parcial.

Mas em outros textos, em que é dito que os erros do povo (*Oseias*, **13**, 12) ou de uma pessoa (*Jó*, **14**, 17) são encerrados e postos em reserva, o aspecto jurídico deste ato é nitidamente sublinhado: trata-se aqui de conservar os atos de uma pessoa que testemunharão contra ela ou a seu favor no dia do julgamento (CAZJ).

Entretanto, este tema ético representa apenas um aspecto secundário deste símbolo, cujo significado fundamental permanece o da *proteção e salvação concedidas por Deus*. Esta imagem conheceu, assim, uma longa história, dos tempos bíblicos aos nossos dias, perpetuando-se por intermédio de textos culturais e epitáfios:

- Entre os primeiros, um verso de *Qumran* afirma, durante a perseguição, a confiança total do salmista em Deus. O texto se expressa da seguinte forma (I Q *Hodayoth*, **2**: 20):

> Eu te dou graças, ó Senhor!
> Pois puseste a minha alma *no bornal*
> *da vida* e me protegeste de todas
> as armadilhas do Abismo.
>
> (DUPE, 221)

- Enquanto inúmeros *epitáfios judeus*, notadamente na Alemanha do Norte, vêm atestar, ainda hoje, a presença deste tema de esperança em Deus, para além dos limites da existência humana (JACT, 185-186).

BRAÇO

O braço é o símbolo da força, do poder, do socorro concedido, da proteção. É também o instrumento da justiça: o braço secular inflige aos condenados seu castigo.

As espáduas, os braços e as mãos, segundo Dionísio Areopagita, "representam o poder de fazer, de agir e de operar" (PSEO, 239). Nos hieróglifos egípcios, o braço é o símbolo geral da *atividade*. O deus indiano Brahma, que preside às atividades da manifestação, é representado com quatro rostos e quatro braços, para significar sua atividade onipresente e todo-poderosa; assim também, **Ganesha***, com cabeça de elefante, deus da ciência, é representado com quatro braços. O Shiva dançante é aureolado de múltiplos braços.

O braço é um dos meios da *eficácia* dos reis, em sua qualidade de impulso, equilíbrio, distribuição ou *mão de justiça*. O termo irlandês empregado nos textos mitológicos designa, aliás, a *mão* (*lam*) propriamente dita. O rei-sacerdote Nuada, que teve um de seus braços cortado na primeira batalha de Mag Tured, não pôde mais reinar, e foi substituído pelo usurpador Bress (um **fomoriano***), cujo reinado teve resultados desastrosos. Os nobres da Irlanda exigiram de Bress a restituição da soberania e, assim, Nuada pôde novamente subir ao trono depois de Diancecht, o médico, lhe ter feito a prótese de um braço de prata (metal real por excelência). Um relevo irlandês de época cristã representa Nuada segurando seu braço cortado com a mão válida. Parte do esquema mitológico é reencontrada, também, na lenda bretã de são Mélar (ou Meloir), na Alta Bretanha (OGAC, **13**, 286-289 e 58; **16**, 233-234, CELT, **6**, 425 s.).

O braço (e sobretudo o antebraço com a mão estendida) é considerado pelos bambaras o prolongamento do *espírito*. Mas o cotovelo, fonte da ação, é de essência divina. No gesto elementar através do qual o homem leva o alimento à boca, o antebraço, intermediário entre o cotovelo e a boca, simboliza o papel do espírito, mediador entre Deus e o Homem. Daí a importância simbólica do **côvado*** (fr. *coudée*, der. de *coude* = cotovelo; a origem lat. desses vocábulos é a mesma, tanto em port. como em fr.: *cubitu*) que mede a distância do Homem a Deus. O côvado bambara mede vinte e dois dedos, número que

190 | BRANCO

corresponde à totalidade das categorias da criação, e que portanto representa o *Universo*. Por isso os bambaras costumam dizer que o côvado é *a maior distância do mundo*. Essa distância, que separa o homem de seu criador, é preenchida pelo braço, i.e., pelo espírito, somente pelo fato de que este tem, por medida, o próprio número da criação (*v.* **vinte e dois***). Um provérbio bambara diz, ainda, que *a boca jamais consegue morder o cotovelo*, a fim de exprimir a qualidade transcendental de Deus (ZAHB). Esse mesmo simbolismo explica que, para os bambaras, o gesto de levar o braço para trás das costas exprime a submissão do homem à vontade divina.

Os braços erguidos significam, na liturgia cristã, a imploração da graça ao alto, e a abertura da alma às benesses divinas. A propósito do **KA*** egípcio, André Virel extrai o sentido fundamental desse gesto: "Os braços erguidos exprimem um estado passivo, receptivo. É a ação corporal que cede lugar à participação espiritual. A abertura dos braços representa, em relação à cabeça do faraó, a mesma coisa que a abertura dos chifres representa para a cabeça do animal sagrado. Nos dois casos, a abertura condiciona e significa a "recepção das forças cósmicas: o céu do Homem participa do céu do Universo" (VIRI, 133).

Os braços erguidos das pessoas que se rendem – prisioneiros de guerra ou criminosos, no momento em que são presos – evidentemente são uma medida de precaução imposta pelo vencedor, a fim de que seu adversário não possa fazer uso de armas que porventura tenha escondidas consigo. Embora em profundidade signifiquem um ato de submissão, um apelo à justiça ou à clemência: o vencido entrega-se à vontade do vencedor. Renuncia a defender-se. É o gesto característico da rendição, do abandono. Quem o faz torna-se passivo, entregue à mercê de seu senhor.

BRANCA DE NEVE (*v. Alquimia*)

BRANCO

Assim como o negro, sua contracor, o branco pode situar-se nas duas extremidades da gama cro-mática. Absoluto – e não tendo outras variações a não ser aquelas que vão do fosco ao brilhante –, ele significa ora a ausência, ora a soma das cores. Assim, coloca-se às vezes no início e, outras vezes, no término da vida diurna e do mundo manifesto, o que lhe confere um valor ideal, assintótico. Mas o término da vida – o momento da morte – é também um momento transitório, situado no ponto de junção do visível e do invisível e, portanto, é outro início. O branco – *candidus* – é a cor do candidato, i.e., daquele que vai mudar de condição (*os candidatos às funções públicas vestiam--se de branco*). Na coloração dos pontos cardeais é normal, portanto, que a maioria dos povos tenha feito do branco a cor do Este e do Oeste, i.e., dos dois pontos extremos e misteriosos onde o Sol – astro do pensamento diurno – nasce e morre todos os dias. Em ambos os casos, o branco é um *valor--limite*, assim como as duas extremidades da linha infinita do horizonte. É uma cor de *passagem*, no sentido a que nos referimos ao falar dos ritos de passagem: e é justamente a cor privilegiada desses ritos, através dos quais se operam as mutações do ser, segundo o esquema clássico de toda iniciação: morte e renascimento. O branco do Oeste é o branco fosco da morte, que absorve o ser e o introduz ao mundo lunar, frio, fêmea. Conduz à ausência, ao vazio noturno, ao desaparecimento da consciência e das cores diurnas.

O branco do Este é o do retorno: é o branco da alvorada, quando a abóbada celeste reaparece, ainda vazia de cores, embora rica do potencial de manifestação, cujos microcosmo e macrocosmo nele se *recarregaram*, à maneira de uma pilha elétrica, durante sua permanência (passagem) no ventre noturno, fonte de toda energia. Um desce da intensidade luminosa para o estado fosco, o outro sobe do estado fosco para o da intensida-de luminosa (ou brilho). Em si mesmos, esses dois instantes, essas duas brancuras, estão vazios, suspensos entre ausência e presença, entre Lua e Sol, entre as duas faces do sagrado, entre seus dois lados. Todo o simbolismo da cor branca, e de seus usos rituais, decorre dessa observação da natureza, a partir da qual todas as culturas humanas edificaram seus sistemas filosóficos e religiosos. Um pintor como W. Kandinsky, para quem o problema das cores ultrapassava em muito o problema da estética, exprimiu-se sobre esse tema melhor do que ninguém:

> O branco, que muitas vezes se considera uma *não cor* [...] é como o símbolo de um mundo onde todas as cores, em sua qualidade de propriedades de substâncias materiais, se tenham desvanecido [...]. O branco produz sobre nossa alma *o mesmo efeito do silêncio* absoluto [...]. Esse silêncio não está morto, pois transborda de possibilidades vivas [...]. É um nada, pleno de alegria juvenil, ou melhor, um nada *anterior a todo nascimento, anterior a todo começo.* A terra, branca e fria, talvez tenha ressoado assim, nos tempos da era glaciária.

Seria impossível descrever melhor, sem dizer o seu nome, *a alvorada.*

Em todo pensamento simbólico, a morte precede a vida, pois todo nascimento é um renascimento. Por isso, o branco é primitivamente a cor da morte e do luto. E isso ainda ocorre em todo o Oriente, tal como ocorreu, durante muito tempo, na Europa e, em especial, na corte dos reis de França.

Sob seu aspecto nefasto, o branco lívido contrapõe-se ao vermelho: é a cor do vampiro a buscar, precisamente, o sangue – condição do mundo diurno – que dele se retirou. É a cor da mortalha, de todos os espectros, de todas as aparições; a cor – ou antes, a ausência de cor, do anão Alberico, o Alberich dos Nibelungen, rei dos *Albos* ou dos *Elfos* (DONM, 184). É a cor das almas do outro mundo, o que explica que o primeiro homem branco a aparecer entre os bantos do sul de Camarões tenha sido chamado de *Nango-Kon* – o *fantasma-albino.* De início, esse "fantasma" fez com que fugissem, aterrorizadas, todas as populações que encontrava. Depois, tranquilizadas e confiantes em suas intenções pacíficas, começaram a vir, pouco a pouco, para pedir-lhe notícias dos parentes já falecidos,

porquanto ele, proveniente do país dos mortos, evidentemente devia estar em condições de dar essas notícias [...]. "Muitas vezes", observa M. Eliade, "nos ritos de iniciação, o branco é a cor da primeira fase, a da luta contra a morte" (ELIC, 32). Ou antes, diríamos nós, a da partida para a morte. Nesse sentido, o oeste é branco para os astecas, cujo pensamento religioso, como se sabe, considerava que a vida humana e a coerência do mundo estavam inteiramente condicionadas ao percurso solar. O oeste, por onde desaparece o astro do dia, era denominado *a casa da bruma;* representava a morte, i.e., *a entrada no invisível.* Por isso, os guerreiros, imolados todos os dias, a fim de assegurar a regeneração do Sol, eram conduzidos ao sacrifício ornados de uma plumagem branca (SOUM) e calçados de sandálias brancas (THOH) que, ao isolá-los do contato com o chão, bastavam para demonstrar que eles já não eram deste mundo, embora ainda não fossem do outro. O branco, dizia-se, "é a cor dos primeiros passos da alma, antes do alçar voo dos guerreiros sacrificados" (SOUM). Por essa mesma razão, todos os deuses do Panteão asteca, cujo mito celebra um sacrifício seguido de renascimento, usavam ornamentos brancos (SOUM).

Por sua vez, os povos indígenas puebla situam a cor branca a leste pelas mesmas razões – tal como o confirma o fato de que o Este, no pensamento deles, abrange as ideias de outono, de terra profunda e de religião (MULR, 279, segundo CUSHING e TALS).

Cor do Leste, nesse sentido, o branco não é uma cor solar. Tampouco é a cor da aurora, mas sim a da alvorada – esse momento de vazio total entre a noite e o dia, quando o mundo onírico recobre ainda toda realidade: ali está o ser interdito, suspenso numa brancura côncava e passiva. E, por esta razão, esse é o momento dos mandados de busca, dos ataques de surpresa e das execuções das penas capitais, ocasião em que o condenado (conforme exigido por uma tradição que ainda hoje persiste) veste uma camisa branca, significativa de submissão e de disponibilidade. Igual

192 | BRANCO

significado têm, também, a vestimenta branca dos comungantes e a da noiva, ao dirigir-se para seus esponsais; costuma-se chamar essa roupa de *vestido de noiva* ou *de casamento*, erradamente: pois é o vestido daquela que *se dirige para* o casamento. Uma vez realizado esse casamento, o branco cederá lugar ao vermelho, assim como a primeira manifestação do despertar do dia, sobre o pano de fundo da alvorada fosca e neutra como um lençol, será constituída pela aparição de Vênus, a vermelha – e, mais tarde, far-se-á menção às *núpcias do dia*. É a brancura imaculada do campo operatório, onde o bisturi do cirurgião fará brotar o sangue vital. É a cor da *pureza*, que não é originariamente uma cor positiva, a manifestar que alguma coisa acaba de ser assumida; mas sim uma cor neutra, passiva, mostrando apenas que nada foi realizado ainda. E é este justamente o sentido de origem da brancura *virginal*, e a razão por que, no ritual cristão, as crianças são enterradas debaixo de um sudário branco, ornado de flores brancas.

Na África subsaariana, onde os rituais iniciáticos condicionam toda a estrutura da sociedade, o branco de caulim – branco neutro – é a cor dos jovens circuncidados, durante todo o período de seu retiro; com ele besuntam o rosto e, às vezes, todo o corpo, a fim de mostrar que estão momentaneamente *fora* da sociedade. No dia em que a ela se reintegram, já na qualidade de homens completos e responsáveis, o branco, sobre seus corpos, cederá lugar ao vermelho. Tanto na África como na Nova Guiné, as viúvas, postas provisoriamente fora da coletividade, recobrem o rosto de um branco neutro; e além disso, na Nova Guiné, costumam decepar um dos dedos da mão, mutilação cujo significado simbólico é evidente: assim, amputam-se do falo que as havia despertado, por ocasião daquele segundo nascimento, que fora seu casamento, para retornar ao estado de latência – imagem da indiferenciação original, branca como o ovo cósmico dos órficos. E assim, sua desesperança recoloca-as na atitude de espera de um novo despertar. Pois, como se vê, essa brancura neutra é uma brancura de matriz,

maternal, uma fonte que deverá ser despertada por um toque de vara. E dela escorrerá o primeiro líquido nutriz, o leite, rico de um potencial de vida ainda não expressado, ainda todo cheio de sonho. E é este o leite bebido pelo lactente, antes mesmo de haver entreaberto os olhos para o mundo diurno, o leite cuja brancura é a do lírio e do lótus – ambos, imagens também de devenir, de um despertar rico em promessas e virtualidades; o leite, luz da prata e da Lua que, em sua ronda completa, é o arquétipo da mulher fecunda, plena de promessas de riquezas e de auroras.

Desse modo, progressivamente produz-se uma mudança; e como o dia sucede à noite, o espírito sai de sua inação para proclamar o esplendor de uma brancura que é a da luz diurna, solar, positiva, máscula. Ao cavalo branco do sonho, portador de morte, sucedem os alvos cavalos de Apolo, aqueles que o homem é incapaz de fitar sem ofuscamento.

A valorização positiva do branco, que se dá a seguir, também está ligada ao fenômeno iniciático. Não é o atributo do postulante ou do candidato que caminha para a morte, mas daquele que se reergue e que renasce, ao sair vitorioso da prova. Outro exemplo dessa valorização positiva é a toga viril, símbolo de afirmação, de responsabilidades assumidas, de poderes tomados e reconhecidos, de renascimento realizado, de consagração. Nos primeiros tempos do cristianismo, o batismo – que é um rito iniciático – chamava-se a Iluminação. E era após ter pronunciado seus votos que o novo cristão, nascido para a verdadeira vida, envergava, nas palavras de Dionísio Areopagita, "vestes de uma *resplandecente* alvura", pois, acrescenta, "ao escapar aos ataques das paixões, através de uma firme e divina constância, e ao aspirar ardentemente à unidade, o que nele havia de desregrado entra na ordem, o que havia de defeituoso se embeleza, e ele resplandece na plena luz de uma vida pura e santa" (PSEO, 91).

Entre os celtas, esse branco positivo é a cor reservada à *classe sacerdotal*: os druidas vestiam-se de branco. À exceção dos sacerdotes, somente o rei – cuja função confina com a do sacerdócio, e que é um guerreiro encarregado de uma missão religiosa excepcional – tem direito à vestimenta branca. O metal simbólico do rei Nuada é a prata, cor real. Na epopeia celta, a menos que sejam *reis*, todos os personagens vestidos de branco, pois, são *druidas* ou *poetas*, membros da classe sacerdotal. Em gaulês, o adjetivo *vindo-s*, que entra em múltiplas composições, devia significar "branco" e "belo"; em irlandês da Idade Média, *find* significa ao mesmo tempo "branco" e "santo": a expressão *in drong find*, "o bando branco", serve na hagiografia para designar os *anjos*; em britônico (gal.: *gwyn*, bret.: *gwenn*) a palavra significa, ao mesmo tempo, "branco" e "bem-aventurado" (LERD, 27-28).

No budismo japonês, a auréola branca e o lótus branco estão associados ao gesto de *punho do conhecimento* do grande Iluminador Buda, em contraposição ao vermelho e ao gesto de concentração.

O branco, cor iniciadora, passa a ser, em sua acepção diurna, a cor da revelação, da graça, da transfiguração que deslumbra e desperta o entendimento, ao mesmo tempo que o ultrapassa: é a cor da teofania (manifestação de Deus), cujo vestígio permanecerá ao redor da cabeça de todos aqueles que tenham conhecido Deus, sob a forma de uma auréola de luz que é exatamente a soma das cores. Essa brancura triunfal só pode aparecer sobre um cume: "Seis dias depois, Jesus tomou consigo a Pedro, Tiago e João, e os levou, sozinhos, para um lugar retirado num alto monte. Ali foi transfigurado diante deles. Suas vestes tornaram-se resplandecentes, extremamente brancas, de uma alvura tal como nenhum lavandeiro na terra as poderia alvejar. E lhes apareceram Elias com Moisés, conversando com Jesus" (*S. Marcos*, 9, 2-5). Elias é o mestre do princípio vital simbolizado pelo fogo, e sua cor é o vermelho; Moisés, segundo a tradição islâmica, associa-se ao *foro íntimo* do ser, cuja cor é o branco, esse branco oculto da luz interior, luz do *sirr*, o segredo, o mistério fundamental no pensamento sufista.

Entre os sufistas, também se encontra a relação simbólica do branco e do vermelho. O branco é a cor essencial da Sabedoria, vinda das origens e vocação do devenir do homem; o vermelho é a cor do ser, mesclado às obscuridades do mundo e prisioneiro de seus entraves; tal é o homem sobre a Terra, "arcanjo purpurado. Branco, eu o sou em verdade; sou um Sábio muito velho, cuja essência é luz [...]. Mas sou projetado, também eu, dentro do Poço obscuro [...]. Observa o crepúsculo e a alvorada... é um momento de permeio; um lado se volta para o dia, que é brancura; o outro, dirige-se para a noite que é negrume, e daí a púrpura do crepúsculo matutino e do crepúsculo do anoitecer" (CORE, 247).

Solar, o branco torna-se símbolo da consciência diurna desabrochada, que *morde* a realidade: para os bambaras, os dentes brancos são o símbolo da inteligência (ZAHD, ZAHB). Relaciona-se, portanto, com o ouro: e isso explica a associação dessas duas cores na bandeira do Vaticano, pela qual se afirma na Terra o reino do Deus cristão.

BRINCO, ARGOLA (*v. Fivela*)

BRONZE[1]

Liga de diferentes metais, principalmente de estanho e prata com cobre, o bronze origina-se simbolicamente da união de contrários; desses três metais, os dois primeiros (estanho e prata) associam-se à Lua e à água, e o outro, ao Sol e ao fogo. Daí a ambivalência e o caráter violentamente conflitivo das duas faces de seu simbolismo. Metal eminentemente sonoro, o bronze é, em primeiro lugar, uma *voz* – por um lado, a do *canhão* e, por outro, a do *sino*, vozes contrárias, é verdade, porém ambas *terríveis* e *possantes*.

Hesíodo descreve em termos assustadores a terceira raça dos homens, a raça de bronze, caracterizada por sua imoderação:

> E Zeus, pai dos deuses, criou uma terceira raça de homens perecíveis, raça de bronze, bem diferente da raça de prata, filha dos freixos, terrível e poderosa. Esses homens não pensavam senão nos trabalhos lastimosos de Ares e nos atos de imoderação. Não

194 | BRONZE[1]

comiam pão; seu coração tinha a rigidez do aço; aterrorizavam. Possante era sua força, invencíveis os braços que lhes saíam dos ombros nos corpos vigorosos. Suas armas eram de bronze, de bronze suas moradas, com o bronze lavravam, pois o negro ferro não existia. Sucumbiram, esses homens, sob seus próprios braços, e partiram para a morada fria e úmida do Hades arrepiante, sem deixar nome sobre a terra. A negra morte apoderou-se deles, por terríveis que fossem, e assim, abandonaram a resplandecente luz do sol (*Les travaux et les jours*, trad. francesa de Paul Mazon, Ed. Les Belles-Lettres, Paris, 1928, p. 90).

Metal dos atos de força e de violência, na mitologia de Hesíodo, o mesmo lhe sucede na filosofia da evolução desenvolvida por Lucrécio: "Esse bronze, cuja resistência se presta melhor aos violentos esforços" (*De natura rerum* [Sobre a natureza das coisas], 1270).

Metal sagrado, o bronze foi empregado nos instrumentos de culto, desde a Antiguidade até o budismo e o cristianismo. Entre os hebreus, a serpente de bronze encima os estandartes (*Números*, 21, 9), e basta um olhar em sua direção para preservar da morte pela picada da *serpente de fogo*; nos templos, fica em exposição como símbolo da proteção divina; e, ainda entre os hebreus, os quatro cantos do altar dos holocaustos eram cobertos por chifres de bronze: o criminoso que conseguisse agarrá-los estaria a salvo de castigo. Eram de bronze os vasos que tilintavam ao vento nos bosques sagrados de Zeus em Dodona; de bronze, o palácio de Hefaístos, as portas dos templos, o teto do templo de Vesta, a primeira estátua romana de Ceres, as taças das libações sagradas; de bronze, a abóbada celeste, para os egípcios ("Vou para o céu, atravessando o firmamento de bronze", diz uma fórmula do *Livro dos mortos*). De bronze, entre os romanos, é a navalha que corta os cabelos dos sacerdotes e o arado que traça os limites de um campo ou de uma nova cidade. Esse metal duro era símbolo de *incorruptibilidade e imortalidade*, bem como de *inflexível justiça*;

se a abóbada celeste é de bronze, significa que é impenetrável como esse metal e, também, que esse metal está ligado às forças uranianas mais transcendentes, aquelas cuja voz ressoa como o trovão, inspirando nos homens um sentimento de respeito e temor.

"Todo anjo é terrível", dizia Rilke, e é bem à maneira desse anjo que o bronze é terrível. Para dar-se conta disso basta ouvir soar em algum lugar o pesado sino maior de uma catedral.

É justamente a ressonância excepcional dessa liga metálica que faz com que Fama, a deusa da Reputação, a tenha escolhido como material para construir seu palácio, no cimo de uma montanha (OVIM, p. 32).

E aqui, uma vez mais, surge a dualidade do símbolo. Porque Fama, em seu palácio que repercute, amplificando-as, as palavras que conseguem alcançá-lo, "vive rodeada pela Credulidade, pelo Erro, pela Falsa Alegria, pelo Terror, pela Sedição, pelos Falsos Rumores (GRID, 157).

Dual, e portanto ambivalente também, é o símbolo contido na lenda da *corça com pés de bronze*, como o da sandália de Empédocles, feita igualmente de bronze. É possível que o metal simbolize, nesses casos, uma separação da condição terrena e da corrupção. Se o Etna, em cuja cratera Empédocles ter-se-ia lançado, jogou para fora a sua sandália de bronze, foi para que a doutrina do filósofo permanecesse imarcescível sobre a terra, consideraram os Antigos, enquanto seu autor era admitido na sociedade dos deuses. Sua doutrina seria imortal entre os homens, assim como ele, entre os deuses. Quanto ao pé de bronze da corça, é ambivalente: pode significar tanto a separação da terra corrompida em virtude desse metal duro e sagrado, como também o tornar pesada a corça, que é de natureza leve e pura, por causa do peso dos desejos terrenos: por um lado, sublimação da natureza; por outro, depravação. É o caráter bipolar do símbolo. Mais simplesmente: ele realça a fuga desvairada da **corça*** infatigável, esquivando-se às perseguições dos caçadores, corrida perpétua e sagrada da virgem indomável.

BRONZE²

Nos textos irlandeses, há grande número de menções concernentes às armas, aos utensílios ou às joias de bronze. Esse metal simboliza a *força militar*, embora indique também um estado antigo de civilização material (Idade do Bronze). Entretanto, a palavra *findruine*, que significa *bronze branco*, apresenta um problema, pois não se sabe se ela designa o latão ou o electro (liga de ouro e prata). É provável que os irlandeses a tenham aplicado tanto em relação ao primeiro caso, quanto ao segundo.

Segundo a tradição grega, foi Cíniras, o primeiro rei de Chipre (vindo provavelmente de Biblos), quem teria inventado o trabalho do bronze (GRID, 93).

O palácio de Fama, a deusa da Reputação, "é todo de bronze, está sempre aberto e repercute as palavras que chegam até ele, amplificando-as. Fama vive rodeada pela Credulidade, pelo Erro, pela Falsa Alegria, pelo Terror, pela Sedição, pelos Falsos Rumores, e vela, de seu palácio, sobre o mundo inteiro" (GRID, 157). Essa lenda utiliza uma das propriedades bem conhecidas do bronze: sua *sonoridade*; daí seu emprego na fabricação dos sinos.

Segundo Hesíodo, a raça de bronze é *terrível e poderosa*. Um dos últimos representantes na Terra dessa raça de bronze teria sido Talo, personagem da lenda cretense, que às vezes aparece como um ser humano e outras vezes como um ser mecânico feito de bronze, semelhante a um *robô*, que teria sido fabricado por Hefestos ou por Dédalo, o engenheiro-arquiteto do rei Minos. Esse Talo de bronze era uma criatura temível. Minos o havia encarregado de impedir a entrada de estrangeiros em Creta, e de impedir que saíssem da ilha seus habitantes. Talo bombardeava os infratores com enormes pedras ou, o que era ainda pior, fazendo com que seu corpo de bronze ficasse em brasa, ele perseguia, apertava entre os braços e queimava os culpados. Foi para escapar dele que Dédalo teria fugido da ilha pelo caminho dos ares. Mas – observação importante – "Talo era invulnerável em todo seu corpo, salvo na parte inferior da perna, onde se encontrava uma pequena veia, encerrada num dos tornozelos. [...] Medeia, por meio de seus encantamentos, conseguiu romper essa veia, e Talo morreu" (GRID, 435). E esse foi o fim da raça de bronze. O que há de notável nessa história é essa vulnerabilidade na parte inferior da perna, tal como no caso de Aquiles, que só era vulnerável no calcanhar. É o indício de uma fraqueza *psíquica* e *moral*. O singular é que toda a *potência energética* do robô de bronze se tenha esvaído por esse canal, uma vez aberto pela maga. Acaso podemos aventurar-nos a dizer que Talo simbolize a energia de mau quilate, de natureza puramente material, a energia pervertida, inteiramente submissa aos feitiços da magia, fosse ela magia da ciência e da arte de um Dédalo, de um Hefestos, de uma Medeia?

BROQUEL (*v.* Escudo)

BRUMA (*v.* Nevoeiro)

BRUNILDA

Uma das **valquírias***, virgem que permanece escondida por trás de uma intransponível cortina de chamas, e que só se entregará a um herói predestinado pelos deuses. Ela mata quem procura enganá-la.

Certos intérpretes acreditaram ver "na virgem adormecida, libertada por um guerreiro luminoso, um símbolo da terra entorpecida que o sol vem despertar" (LBDP).

Sem as restrições do aspecto superficial, ela representa sem dúvida o objeto maravilhoso e inacessível de um desmedido desejo: aquele que sente esse desejo morre de não poder satisfazê-lo, por ser incapaz de vencer as dificuldades necessárias. E aquele que acredita poder atingir o objeto do desejo através de um subterfúgio (que dispensaria as provas ou dificuldades reais), alcança apenas um objeto degradado, que já não é mais o objeto de seu desejo, que já não corresponde à sua expectativa. Brunilda também já foi comparada a Ártemis (Diana), às Amazonas, virgens guerreiras cujo único sonho é o de rivalizar com os homens em seus combates e suas caçadas.

BUCÉFALO

Nela, Wagner vê "a heroína [...] que permite a passagem do divino ao humano e a recapitulação final do mundo no divino". Ela é a valquíria que renuncia ao paraíso dos deuses e dos heróis para viver entre os homens, onde poderá conhecer o amor. Desobedece ao deus **Vótan***, seu pai. No entanto, esse amor acabará por elevá-la acima da condição humana, permitindo sua entrada em um novo paraíso. Ela simboliza a renúncia ao melhor de si mesmo por amor, e o valor de redenção de semelhante sacrifício.

Nascida de um deus, Brunilda representa um aspecto da divindade; unida ao homem, um aspecto da humanidade. É o duplo conhecimento do céu e da Terra, da força e da fraqueza, da alegria e da dor, da vida e da morte, cujo segredo está no amor. Sua revelação e seus gestos, dominados por uma busca do amor, liberam a humanidade da tirania do ouro e do poder. *Eu era, eu sou eterna no êxtase do desejo.*

BUCÉFALO

Nome dado ao cavalo de Alexandre o Grande. Indomável, só aceitava ser montado por seu dono. Temia a própria sombra, e só se arremessava impetuosamente de frente para o sol. Dobrava os joelhos diante de Alexandre e, depois, corria com uma impetuosidade infatigável. Foi morto no decurso de sangrenta batalha, e o rei edificou uma cidade ao redor de seu túmulo. Simboliza o servidor de um único amo, que se dedica a este até a morte e que, mais profundamente talvez, compartilha suas ambições, chegando mesmo a suscitá-las. Tal como Bucéfalo, que ficava imobilizado ou se empinava diante de sua sombra, Alexandre não podia viver à sombra de seu pai, Felipe, rei da Macedônia. O discípulo de Aristóteles sentia necessidade de horizontes mais vastos do que os de sua província natal, queria a luz da glória; do que resultou sua cavalgada fantástica em direção ao sol levante até a Índia, através da Pérsia; Bucéfalo, por sua vez, só se deixava conduzir na *direção do sol*. É o animal solar, que dedica todo o seu ímpeto aos mais grandiosos empreendimentos; destaca-se como uma estrela no céu.

BUCENTAURO

Criatura fabulosa, metade homem, metade touro, da mitologia grega. É um Centauro que, em vez de ter o corpo de um cavalo, tinha corpo de touro e cabeça de homem. Seu simbolismo é o mesmo do Centauro, com a variante introduzida pelo corpo de touro. O Centauro simboliza a dualidade fundamental do homem: matéria-espírito, instintos-razão. Todavia, o cavalo representaria mais propriamente o ardor impetuoso do instinto, e o touro, sua *potência fecundante*. O combate de Hércules contra o Centauro é o arquétipo de todos os combates contra a predominância dos instintos e contra toda forma de opressão e de obsessão. Faz lembrar o combate de Teseu contra o **Minotauro***.

Esse nome, Bucentauro, foi dado à galera veneziana, inteiramente revestida de ouro, na qual o Doge embarcava, todos os anos, no dia da Assunção, para comemorar as bodas de Veneza com o mar. Os remadores conduziam a embarcação até a passagem do Lido, onde o Doge atirava ao mar um **anel*** de ouro, pronunciando as seguintes palavras: "Nós te desposamos, Mar, e eis aqui o penhor de nosso verdadeiro e perpétuo senhorio." Sem dúvida, a figura de proa da galera era esculpida com a forma de um Bucentauro para simbolizar a *prosperidade* de Veneza, proveniente desse seu domínio sobre o mar. O mar era a potência fecunda do touro, que sabia exercer sua autoridade sobre a cabeça humana de Veneza.

BÚFALO (*v.* Boi)

BUFO, BUFÃO

Em alguns textos irlandeses, o bufo é o equivalente do druida, com o qual seu nome está, aliás, em irlandês, numa relação homonímica (*drui,* genitivo *druida,* e *druth,* genitivo *druith,* bufão). Trata-se evidentemente apenas de uma paródia (OGAC, **18**, 109-111).

Sim, mas paródia muito significativa, paródia da pessoa, do ego, reveladora da *dualidade de todo ser* e da face de bufão que existe em cada um. Na corte dos reis, nos cortejos triunfais, nas peças cômicas, o personagem do bufão está sempre presente. Ele é a outra face da realidade, aquela que *a situação adquirida* faz esquecer, e para a qual se chama a atenção. Uma das características do bufão é a de exprimir em tom grave coisas anódinas e, em tom de brincadeira, as coisas mais graves. Encarna a *consciência irônica*. Quando o bufo se mostra obediente, é sempre ridicularizando a autoridade por um excesso de solicitude. E quando imita nossas esquisitices ou nossas falhas, ele o faz inclinando-se, obsequiosamente. Para além de suas aparências cômicas, percebe-se a consciência dilacerada. Quando bem compreendido e assumido como um **duplo***** de si mesmo, o bufão é um fator de progresso e de equilíbrio, sobretudo quando nos desconcerta, pois obriga a buscar a harmonia interior num nível de integração superior. Ele não é, portanto, simplesmente um personagem cômico, é a expressão da multiplicidade íntima da pessoa e de suas discordâncias ocultas.

Por vezes, o bufo é condenado à morte por crime de lesa-majestade ou lesa-sociedade, executado, sacrificado; ou então, serve de **bode expiatório***. Com efeito, a história mostra-nos o bufão associado à vítima nos ritos sacrificiais. É o indício de uma fraqueza moral ou de uma involução espiritual do carrasco. A sociedade, ou a pessoa, não é capaz de assumir-se totalmente: imola na vítima a parte de si mesma que a incomoda.

A esse respeito, certos fenômenos racistas são característicos, quer se trate de negros, amarelos, brancos, peles-vermelhas ou judeus. Há uma tendência para travestir em bufões os membros da raça oprimida, sem que nos apercebamos de que, ao rejeitar *o outro*, estamos renegando uma parte de nós mesmos. Pois o primeiro movimento diante do bufão é sempre um movimento não solidário, mas ele não se elimina pela violência nem por um ridículo aumentado. Tudo o que o bufão representa deve ser integrado numa nova ordem, mais compreensiva, mais humana. O bufo rejeitado ou condenado simboliza uma parada na evolução ascendente.

BULA[1]

O nome de bula, dado às cartas pontifícias a partir do séc. II, provém do fato de que um selo de chumbo (tb. de ouro ou de prata) de formato redondo era afixado ao pergaminho; esse mesmo nome designava os atos (documentos que expressavam as decisões ou vontades) dos soberanos. As características do simbolismo da bula diferem das que assinalamos para o simbolismo da **bolha***, seu homônimo perfeito em francês (*bulle*) e em latim (*bulla*). Em lugar da leveza aérea sugerida pela bolha, o simbolismo da bula deriva de sua forma esférica, que manifesta perfeição astral, soberania, autonomia.

BULA[2] (*v.* Bolha e Bula[1])

Espécie de conta de metal, ornamento que os jovens romanos usavam ao pescoço (até a idade de 17 anos), como medalhões; costumavam presenteá-los aos deuses, à guisa de oferenda, quando depunham a toga pretexta ou quando se casavam. Constituído de duas placas côncavas justapostas, esse medalhão de formato esférico (*bulla*) que podia ser feito dos mais variados materiais – desde o ouro até o vidrilho – continha fórmulas mágicas e possuía poder protetor: símbolo de uma *potência tutelar* com a qual o portador deseja congraçar-se, e insígnia do triunfador.

BURACO

Símbolo da abertura para o desconhecido: "aquilo que desemboca no outro lado (o além, em relação ao concreto) ou que desemboca no oculto (o além, em relação ao aparente) [...]. O buraco permite que uma linha passe através de outra linha (coordenadas do plano dimensional) [...]" (VIRI, 44). No plano do imaginário, o buraco é mais rico de significado que o simples vazio: é repleto de todas as potencialidades daquilo que o preencheria ou que passaria por sua abertura; é como a espera ou a súbita revelação de uma presença. É do buraco aberto por uma machadada de Hefestos no crânio de Zeus que sai a deusa da Inteligência, Atena. O buraco pode ser simbolicamente considerado "o caminho do parto natural da ideia" (VIRI, 95).

198 | BUXO

Entre ele e o vazio há a mesma diferença que entre a privação e o nada. Essa distinção é tão verdadeira que o buraco aparece como o símbolo de todas as virtualidades. Sob este aspecto, está ligado aos símbolos da fertilidade no plano biológico, e da espiritualização, no plano psicológico.

Os povos indígenas viam nele ao mesmo tempo a imagem do órgão feminino, por onde passa o nascimento ao mundo, e uma **porta*** do mundo, por onde a morte permite que se escape das leis daqui da Terra. O disco de **jade*** chinês, *Pi*, que é furado, é justamente um símbolo do céu como *outro mundo*. Assim, o buraco tem um duplo significado imanentista e transcendental, abre o interior ao exterior, abre o exterior ao *outro*.

BURRO (*v.* Asno)

BUXO

O buxo (arbusto originário da Europa e da Ásia), consagrado na Antiguidade a Hades (Plutão) ou a Cibele (Reia), foi e continua a ser, ao mesmo tempo, símbolo funerário e de *imortalidade*, porque permanece sempre verde. Esse significado relaciona-se com a utilização do buxo no dia de Ramos, nos países nórdicos, em vez das **palmas***, preferidas nos países quentes, como também com o fato de que se costuma plantar ramos de buxo sobre os túmulos.

Além disso, por ser madeira dura e compacta, o buxo simboliza a firmeza, a *perseverança*; daí seu emprego na confecção dos malhetes das lojas *maçônicas* (DEVA, ROMM). Em virtude da dureza de sua madeira, os antigos utilizavam o buxo na fabricação de vergastas, piões, pentes, flautas e, sobretudo, tábuas de escrever. Estas últimas eram recobertas por uma camada de cera e, depois, podia-se escrever sobre uma base sólida.

Os povos celtas haviam divinizado o buxo, considerando-o símbolo de *eternidade*.

"Por outro lado, tendo sido classificado entre os arbustos infernais, o buxo era comumente considerado um símbolo de esterilidade. Por isso, os antigos tomavam muito cuidado para jamais incluí-lo entre as oferendas que depunham diante do altar de Vênus, deusa popular do amor, temerosos de perderem, por causa dessa oferenda, suas faculdades viris." No entanto, pensa Lanoé-Villène, "isso não passava de uma superstição, e acredito que, no início, ao contrário, as árvores cuja folhagem permanece verdejante durante o inverno devam ter sido principalmente consagradas a Afrodite (Vênus), porquanto a cor verde lhe foi sempre atribuída de modo especial" (LANS, *B*, 222).

Na verdade, nada existe de surpreendente no fato de que o mesmo arbusto tenha sido consagrado a Afrodite, a Cibele e a Hades, nem de que simbolize, a um só tempo, o amor, a fecundidade e a morte, uma vez que ele é a imagem do ciclo da vida.

BÚZIO

Concha marinha da qual a mitologia grega fez nascer **Afrodite***. É também, na mesma mitologia, o atributo dos *Tritões*.

Percebem-se logo, aqui, dois aspectos do seu simbolismo: sua relação com as águas primevas e seu uso como instrumento de música, ou melhor, como produtor de som, trombeta (lat. *bucina*). O som que a concha emite, perceptível de longe, inspira o terror. Por isso foi, outrora, utilizada na guerra. O capítulo inicial do *Bhagavad-Gita* está cheio de ecos desse medonho alarido: "sacudindo o céu e a Terra, o terrível estrépito despedaçou o coração dos amigos de Dhritarashtra". Em tal contexto, nos limites do abalo cósmico, a dilaceração do espírito tem, certamente, papel preparatório à experiência espiritual *militante* (cármica) que se exprime na obra. Seja em papel idêntico, seja no da evocação do som primordial (*v.* **aum***), ao qual voltaremos, a concha-trompa é ainda utilizada pelos brâmanes e lamas tibetanos ou pelos maoris, no curso das suas cerimônias. A concha tibetana, combinada com outros instrumentos, é expressamente usada para perturbação e aniquilamento do mental, preparatórios à percepção interior do *som natural da Verdade*. O som da concha é, aliás, percebido interiormente em certas experiências de ioga. Nas cerimônias funerárias, o búzio é representado junto da efígie do morto para indicar a função do som e do ouvido, importante no *Bardo*.

Saído do mar, o búzio está em relação com o elemento Água, donde sua atribuição a *Varuna*, senhor das **águas***. Nesse caso, como nos casos em que figura entre os oito *nidhi* (*tesouros*) do rei *Chakravarti* ou de *Shiri*, ele é associado ao **lótus***. Essa atribuição participa, sem dúvida, da dominação do universo pelo som que produz a concha. Ela mantém, igualmente, relações com a água e a Lua (o lótus é de natureza solar): é branca, cor de *Lua cheia*. Na China, um grande búzio era utilizado para *tirar água da Lua*, i.e., o *orvalho celeste*, mas também o elemento *yin*; o *yang*, o fogo, era tirado do Sol, com a ajuda de um espelho metálico.

A concha evoca, ainda, a ostra perlífera e a pérola que dela se tira. A concha significa, então, a orelha, à qual se parece a tal ponto que uma parte do pavilhão, na orelha externa, é chamada *concha*. Órgão da percepção auditiva, instrumento da percepção intelectual, a pérola é, no caso, a palavra, o Verbo. Esse o sentido, segundo Burckhardt, da concha representada em certos nichos de oração da arte muçulmana. Observemos, ainda, na *Roseraie du Mystère*, de Shabestari: "A concha é a palavra proferida; a pérola é a ciência do coração." Nessa perspectiva, a concha simboliza a atenção à Palavra.

Na Índia, o búzio é, essencialmente, um atributo de *Vishnu*, princípio conservador da manifestação. O som, a pérola são *conservados* na concha. É também, a concha, *Lakshmi* em pessoa, fortuna e beleza, a *xácti de Vishnu*. Poder-se-ia, sem dúvida, explicar assim a figuração pela concha – documentada no Kampuchea (Camboja) – da *salagrama*, contrapartida do *linga* Shivaíta. Além disso, a concha é, por vezes, considerada na Índia complementar do *vajra* (raio), complementarismo esse assumido no Tibete pelo **sino***. Ela é, então, o aspecto relativamente *passivo*, *receptivo*, de um princípio, do qual o *vajra* representa o aspecto *ativo*. São, à maneira búdica, a Sabedoria e o Método.

Um texto dos *Upanixades* faz do búzio de Vishnu o emblema dos cinco Elementos. Ele é, ao mesmo tempo, *nascido dos cinco* e origem dos Elementos, que são a especificação da *noção do eu*, da consciência individual (*ahmkara*). Ela significa, então, a origem da manifestação, o que é confirmado pela sua relação com as águas primevas e seu desenvolvimento espiraloide a partir de um ponto central. Diz-se, ademais, que a concha encerra os *vedas* durante os períodos de *pralaya*, que separam dois ciclos de manifestação. Ela contém, então, o germe, as possibilidades de desenvolvimento do ciclo futuro. O germe é, também, o som primordial, o monossílabo **aum*** (ou **om***), composto de três sons, a-u-m (em sânscrito, as vogais *a* e *u* se fundem para tornar-se *o*). Certas tradições reduzem os três elementos do monossílabo a um elemento em **espiral*** (o búzio), um **ponto*** (o germe que ela contém) e uma linha reta (o desenvolvimento das possibilidades contidas no invólucro da concha). Ela simboliza as grandes viagens, as grandes evoluções, interiores e exteriores (BURA, CORT, BHAB).

O búzio, como todas as conchas, está ligado ao arquétipo: Lua-água, gestação-fertilidade. Entre os maias, ele carrega a terra nascente no dorso do crocodilo monstruoso que emerge das águas cósmicas no começo dos tempos. Ele se encontra associado às divindades ctonianas, sobretudo ao **jaguar***, grande deus do interior da terra que, como o grande **crocodilo***, a leva às costas. Por extensão, ela simboliza o mundo subterrâneo e suas divindades (THOH).

C

CABAÇA¹

Símbolo feminino e solar entre os dogons, cujo sistema simbólico é de predominância lunar. É um substituto do *vaso de terracota,* matriz do Sol, em torno do qual se enrola a espiral de cobre vermelho de oito voltas, que é o símbolo da luz, do verbo, da água, do esperma, dos princípios fecundantes. O carneiro mítico, primeiro filho do Sol, traz entre seus chifres uma cabaça, pintada com o **óleo*** vermelho do *sa,* que nada mais é do que a matriz solar. Esse carneiro, representação do princípio *água-terra,* fecunda *a cabaça-matriz* por meio de um falo que se ergue sobre sua testa (GRID). O *Nommo, deus da água,* grande demiurgo da cosmogonia dos dogons, apresenta-se às vezes na terra sob a forma de uma cabaça. A família das plantas associadas ao cabaceiro está ligada às noções de espaço, de extensão e de comércio; "a cabaça é a imagem do corpo inteiro do homem, e do mundo em seu conjunto" (DIED).

CABAÇA²

Entre os bambaras, símbolo do ovo cósmico, da gestação, do útero em que se elabora a vida manifestada. Os bambaras chamam ao cordão umbilical a *corda da cabaça* da criança (ZAHB).

CABANA, CHOÇA

A choça simboliza a habitação do nômade, do viajante que não pertence a uma cidade permanente. Convém, por isso mesmo, ao cristão exilado da sua pátria, vivendo em terra **estrangeira***. A pátria é o céu; a cabana, a existência corporal e terrestre. Feita de galhos de árvores ou de caniços, é a própria imagem da precariedade, da fragilidade, da instabilidade. Exígua, está muito ligada à solidão e à contemplação.

Por isso, Guillaume de Saint-Thierry, evocando os eremitas da Chartreuse, escreve na sua carta aos irmãos do Mont Dieu: "Como os hebreus, i.e., como viajantes de passagem, vós, que sois seres espirituais, que não tendes, aqui na terra, cidade permanente, e buscais a cidade futura [...] construís pequenas choças."

A choça tem, assim, função iniciática, serve como um átrio que introduz ao outro mundo. Equivale à goela ou ao ventre do **monstro***, da tarrasca, do dragão, da urna e da jarra funerárias, da cabana do lenhador-antropófago, onde o ogro espera pelo Pequeno Polegar a fim de devorá-lo, a ele e aos seus sete irmãozinhos. O acesso ao outro mundo passa pela morte e pela purificação. Mas os iniciados sairão da choça animados de uma vida nova, providos de "misteriosos tesouros, símbolos das riquezas imateriais da iniciação. São senhores do espaço graças às botas de sete léguas, senhores dos homens graças à galinha dos ovos de ouro, *senhores do Invisível graças à chave secreta*" (SERH, 103-104, 119).

CABEÇA

A cabeça geralmente simboliza o ardor do princípio ativo. Abrange a autoridade de governar, ordenar, instruir.

Simboliza, igualmente, o *espírito manifestado,* em relação ao corpo, que é uma manifestação da matéria.

Devido à sua forma **esférica***, a cabeça humana é comparável, segundo Platão, a um universo. É um microcosmo.

Esses sentidos todos convergem para o simbolismo do único, da perfeição, do sol e da divindade.

No mundo celta, a cabeça é objeto de diversas práticas e crenças, muito homogêneas, no entanto, no seu conjunto. O costume principal é de guerra: os gauleses cortavam a cabeça de seus inimigos vencidos e levavam-nas triunfalmente consigo, atadas ao pescoço dos seus cavalos. Os troféus eram conservados com cuidado, se necessário, em óleo de cedro (*Deodoro de Sicilia*, 5, 29, 5; *Estrabão*, 4, 4, 5). O tema da cabeça cortada é frequente na numismática e em toda a plástica gaulesa e galo-romana. Os irlandeses não agiam diferentemente dos gauleses, e a epopeia insular oferece centenas de exemplos do guerreiro levando a cabeça do inimigo vencido em combate singular. A cabeça simbolizava, assim, *a força e o valor guerreiro do adversário*, indo incorporar-se aos do vencedor, e a degolação ainda garantia a morte desse mesmo adversário. A morte, segundo as concepções celtas, só era efetivada se atingidas as membranas do cérebro. As cabeças cortadas pelos guerreiros de Ulster eram conservadas, na corte do rei Conchobar, em uma edificação especial, a *Ala Vermelha,* contrapartida mítica do santuário de Entremont (Bouches-du-Rhône), no sul da Gália. A cabeça do rei gálico Bran, levada pelos seus companheiros da Irlanda, onde foram vencidos, é enterrada em Gwynrryn, *colina branca,* em Londres. A ilha da Bretanha não deverá sofrer qualquer invasão enquanto não tiver sido descoberta (OGAC, 8, 300-316; 10, 129-154). Da mesma maneira, quando os romanos, ao cavarem fundações de um templo de Júpiter, descobriram enterrado um crânio de dimensões excepcionais, os adivinhos interpretaram esse fato como um sinal de futura grandeza de Roma, que viria a tornar-se a cabeça do mundo (GRID, 328).

Todas as mitologias fazem alusão a seres policéfalos: animais, homens, gênios, deuses e deusas. Cada uma dessas cabeças é uma das manifestações particulares do ser; um deus tricéfalo, por exemplo, revela três aspectos do seu poder. Uma serpente de **sete*** cabeças, a naja, expressará, em compensação, o simbolismo desse **número*** associado ao seu próprio simbolismo: a fecundidade infinita. A aritmética simbólica combina-se ao símbolo particular do ser policéfalo. As três cabeças de **Hécate***, a deusa das encruzilhadas, as três cabeças de **Cérbero***, o guardião dos Infernos, referem-se às relações que a deusa e o diabo mantinham com os três mundos. **Jano*** tem duas cabeças, para ver em frente e atrás, o passado e o futuro. Amon-Rá, o deus egípcio, é sempre representado com o corpo pintado de verde, com quatro cabeças de carneiro; o que significaria, segundo Champolion, o espírito dos quatro elementos, a alma do cosmo. Conforme Horapollon (citado em LANS, 6, 1-28): "duas cabeças acopladas, uma de homem, outra de mulher, eram, no Egito, um símbolo de proteção contra os gênios maus."

Indra é um deus de *três cabeças*, pois governa os três mundos. Da mesma forma, os três fogos de Agni designariam as luzes que brilham nos três mundos. Poder-se-iam multiplicar os exemplos, ao longo das páginas. O princípio da interpretação permanece o mesmo: é necessário combinar o sentido do número e o da imagem policéfala.

Há estátuas cefalóforas, um personagem decapitado segurando a própria cabeça entre as mãos, como a de São Denis, primeiro bispo mártir de Paris, na Notre Dame. A lenda e sua representação simbolizam a crença de que o carrasco não tirou a vida de sua vítima, de que Denis continua a viver e agir espiritualmente, de que domina pelo espírito o poder que o mata. O espírito da vítima, simbolizado pela cabeça, não apenas subsiste, mas continua a ser carregado na própria terra, como pelo corpo do mártir, por todos aqueles que compartilham da mesma fé.

CABEÇA PARA BAIXO, DE
(de pernas para o ar)

Diverso do *acrobata**, que simboliza a libertação das leis comuns, tanto a da gravidade quanto as sociais, o homem *de cabeça para baixo* é um símbolo de significado religioso. Pés para o ar, traseira mais alta que a cabeça, "perdida a posição direita, perdido tudo o que ela simboliza de esforço para cima, para o céu, para o espiritual. Ele não escala mais o eixo da terra na direção do polo celeste,

202 | CABELOS

na direção de Deus, mas afunda-se, ao contrário, em direção ao submundo animal e às tenebrosas regiões inferiores". Orienta-se para baixo. No combate moral contra o pecado e contra si mesmo, a "capotagem" do vencido é o sinal da derrota culpável. Os desastres íntimos são igualmente representados por animais deformados: gansos, leões, macacos; o pecador é pior que um animal. Ou, ainda, por formas arquitetônicas quebradas, arcadas deslocadas, colunas derrubadas: o pecador já não passa de uma ruína (CHAS, 362).

CABELOS

Acredita-se que os cabelos, assim como as unhas e os membros de um ser humano, possuam o dom de conservar relações íntimas com esse ser, mesmo depois de separados do corpo. Simbolizam suas propriedades ao concentrar espiritualmente suas virtudes: permanecem unidos ao ser, através de um vínculo de *simpatia*. Daí o culto das relíquias de santos – e, principalmente, da mecha de cabelos –, culto que compreende não apenas um ato de veneração, mas também um desejo de participação das virtudes particulares desses santos. Daí, igualmente, o hábito existente em muitas famílias de conservar cachos de cabelos e os primeiros dentes de leite. Na realidade, essas práticas significam mais do que o simples desejo de perpetuar uma recordação: elas revelam quase uma vontade de fazer sobreviver o estado da pessoa a quem esses cabelos pertenciam.

Na maior parte das vezes, os cabelos representam certas virtudes ou certos poderes do homem: a força e a virilidade, por exemplo, no mito bíblico de Sansão. Chegam até mesmo a substituí-lo completamente: Tang, o Vitorioso, no momento em que se oferece como vítima de sacrifício pela felicidade de seu povo, corta os cabelos (e as unhas, pois, mesmo biologicamente, elas são o equivalente dos cabelos). A fim de conseguir realizar a Grande Obra (em alquimia: conversão de metais em ouro) da fundição das espadas, Kant-tsiang e sua mulher, Moye, oferecem-se em sacrifício à fornalha, jogando dentro dela seus cabelos e unhas cortados; fato idêntico é relatado na alquimia ocidental. No Vietnã, nunca se jogam fora os cabelos cortados ou arrancados pelo pente, pois poderão servir para influir magicamente sobre o destino de seu proprietário.

A idade da virilidade é aquela em que se deixam crescer os cabelos. Na China, o fato de se ter os cabelos cortados rente era uma mutilação, que impedia o acesso a certas funções e que, em última análise, era uma emasculação. O ato de cortar os cabelos correspondia não só a um sacrifício, mas também a uma rendição: era a renúncia – voluntária ou imposta – às virtudes, às prerrogativas, enfim, à própria personalidade. Encontram-se vestígios disso não somente no terrível escalpo dos povos originários da América, mas também no fato de que, quase em toda parte do mundo, a entrada no estado monástico implique o corte dos cabelos (recorde-se, aqui, a de Xáquia-Muni). Os vietnamitas costumam tirar toda uma série de conclusões relativas ao destino e ao caráter de um indivíduo, baseadas na disposição de seus centros capilares: criaram uma espécie de divinação capilar.

O corte e a disposição da cabeleira sempre foram elementos determinantes não só da personalidade, como também de uma função social ou espiritual, individual ou coletiva. O penteado revestia-se de extrema importância na casta guerreira nipônica. Mesmo na França, quando se começou a cortar os cabelos, somente os reis e os príncipes conservaram o privilégio do uso de cabelos longos, que eram insígnia de poderio. Na Ásia, o corte ou a modificação da cabeleira foram muitas vezes instrumento de dominação coletiva, tal como o uso da trança larga imposto aos chineses por seus invasores mandchus.

Na China, há todo um simbolismo relacionado aos cabelos *soltos* ou *desgrenhados,* quando implicam uma atitude ritual. Ainda hoje, é um sinal de luto; antigamente – embora a significação fosse a mesma – era um sinal de submissão. Alguns Imortais usavam os cabelos desgrenhados, tal como era costume entre os participantes do método de concentração taoista, para *conservar o Uno.* Participava-se de certas danças rituais muito antigas com os *cabelos desgrenhados*; e essa era também a atitude dos feiticeiros em seu ofício, e a dos aspirantes à entrada nas lojas das sociedades secretas. De modo geral, parece tratar-se de uma renúncia às limitações e às convenções do destino individual, da vida comum, da ordem social. Não seria o caso de se pensar, aqui, nos "beatniks" modernos?

Na iconografia hindu, os cabelos soltos são, na maior parte dos casos, uma característica das divindades terríveis. E o mesmo acontece com as **Górgonas*** da mitologia grega e com o **Tifão***. Mas é também uma das características de *Shiva*. Estão relacionados com *Vayu*, o vento, e também com *Ganga*, o rio Ganges, *manifestação* dessa divindade, que flui de sua coroa de cabelos emaranhados. A trama, a *tecedura* do Universo, é formada pelos *cabelos de Shiva* que se identificam às direções do espaço.

Os cabelos dispostos ao redor da cabeça são também uma imagem dos *raios solares*. De um modo mais geral, eles participam das relações com o céu: na China, cortar os cabelos ou cortar as árvores de uma montanha (o que vinha a dar no mesmo) fazia cessar a chuva. Num outro plano, poder-se-á notar o papel da mecha de cabelos dos muçulmanos, e, igualmente, o do *penacho* (*sikha*) de cabelos no topo da cabeça das divindades hindus, que aparecem como signo das relações efetivas ou potenciais com o domínio supra-humano, signo da ultrapassagem da individualidade e da *saída do cosmo*.

Embora não haja na tradição céltica qualquer especificação de que a cabeleira seja um símbolo ou um sinal de virilidade, de acordo com os textos insulares, no entanto, o uso de cabelos longos marca a qualidade aristocrática ou régia. Em geral, são os servidores ou os inferiores que têm cabelos curtos; e, nas descrições de personagens importantes, a menção da cabeleira, loura ou castanha, raramente é omitida. Na época antiga, a cabeleira foi o sinal distintivo dos gauleses independentes. Por oposição à Narbonnaise (nome dado pelos romanos a uma parte da Gália meridional, por

eles conquistada c. 125 a.C.), a Gália ainda livre chamou-se *Gallia comata* (Gália cabeluda) ou *Gallia braccata* (Gália das bragas): "Tu também, Tréviro, feliz de retornar ao combate, e tu, Ligúrio tosquiado, que antigamente eras tão belo com teus cabelos desgrenhados sobre os ombros, marchando à vanguarda de toda a Gália cabeluda" (Lucano, *Farsália* I, 441-443). O escritor latino simboliza, na figura do Tréviro, o gaulês *independente e livre*, e na do Ligúrio, aquele que, tendo perdido os cabelos juntamente com sua liberdade, abandonou também sua selvageria nativa.

Seja como for, o certo é que os celtas cuidavam muito bem de suas cabeleiras, penteando-as, trançando-as e, segundo alguns escritores antigos, descolorando-as. Silius Italicus (*Punica*, 4, 200) cita o caso de um gaulês que teria consagrado sua cabeleira a Marte. No início da cristianização da Irlanda, a tonsura eclesiástica era marca de grande humildade. A tonsura do cristianismo celta correspondeu, durante longo tempo, àquela que todos os textos atribuem ao deus Lug (WINI, 5, 733 s.; ZWIC, 1, 47-48 e 60).

O cabelo é um vínculo, o que lhe permite ser utilizado como um dos símbolos mágicos da apropriação, e até mesmo da identificação. Um fazedor de chuva do baixo Zambeze costumava ser possuído por dois espíritos: o de um leão e o de um leopardo. A fim de impedir que esses espíritos o abandonassem, ele jamais cortava os cabelos e jamais bebia álcool (FRAG, 3, 259-260). E Frazer sublinha que, frequentemente, os cabelos dos reis, dos sacerdotes e de outras pessoas são objeto de um tabu, e jamais podem ser cortados.

Em outros lugares, costuma-se suspender o corte de cabelos durante todo o período de uma guerra, de uma viagem, ou em consequência de um voto. Os egípcios costumavam deixar crescer seus cabelos durante o tempo em que viajavam. Deixar os cabelos crescerem (ou a barba e o bigode), sem cortá-los e sem penteá-los, é um sinal de luto para numerosos povos (papuas, da Nova Guiné) e, muitas vezes, é a consequência de uma promessa. A História contemporânea apresenta um notável exemplo disso no caso dos *barbudos* de

204 | CABELOS

Fidel Castro, que haviam feito uma promessa de não se barbear nem cortar os cabelos, enquanto não houvessem libertado Cuba da tirania.

Os cabelos são considerados a morada da alma, ou de *uma das almas*. Em Celebes e em Sumatra, costuma-se deixar crescer os cabelos das crianças para que elas não corram o risco de perder a alma que neles reside. Numa certa região da Alemanha, pensava-se que não se devia cortar os cabelos de uma criança antes que ela tivesse completado um ano, sob pena de torná-la desafortunada (id. p. 258 s.).

Inúmeros povos fazem da primeira vez que uma criança corta os cabelos a ocasião de uma importante cerimônia, marcada por uma série enorme de operações propiciatórias, destinadas a afugentar os espíritos maléficos. Com efeito, considera-se que a criança esteja particularmente vulnerável às forças malignas, a partir do momento em que é despojada, com a perda de seus primeiros cabelos, de uma parte de sua força vital. Este é especialmente o caso entre os povos indígenas hopi do Arizona (v. TALS), que só realizam essa operação de maneira coletiva, e apenas uma vez por ano, durante a festa do solstício de inverno. O primeiro corte dos cabelos do príncipe herdeiro coincidia, entre os incas, com o momento em que era desmamado, ao completar a idade de dois anos. Era então que ele recebia seu nome, e "nessa ocasião", segundo o Inca Garcilaso de la Vega (GARC, p. 65), "havia uma grande festa para a qual todos os parentes do rei se reuniam na corte".

Essa associação manifesta claramente o elo estabelecido entre o cabelo e a *força vital*: o futuro rei recebe um nome e, portanto, torna-se uma pessoa, ao mesmo tempo que perde seus primeiros cabelos, ligados à sua vida pré-natal; vale dizer, uma vez mais, que durante essa operação sua força vital própria se dissocia da força vital que, até aquele instante, ele recebera de sua mãe. E o fato de que isso ocorra no momento do desmame confirma essa interpretação.

O conceito de força vital traz consigo, forçosamente, os de alma e de destino. Ora, Don

Talayesva, ao descrever os ritos de casamento dos indígenas hopi, especifica que as mulheres, parentas dos jovens prometidos, após lhes terem lavado os cabelos, "colocam-nos juntos, dentro de uma mesma bacia com espuma de 'yuca' [aipim] purificadora e fertilizante), e depois enrolam-lhes os cabelos misturados numa única torcida, porque [dizem eles] nós acreditamos que assim ficarão ligados um ao outro, tal como a volva adere ao caroço de alperche" (TALS, 227).

Nesse mesmo sentido, a poesia iraniana compara as mechas ondulantes da cabeleira a um arco, cuja corda retesada religa as duas extremidades desse arco: imagem do laço tecido entre dois seres que se amam. Os cachos de cabelo simbolizam o selo de aliança que os amantes se comprometem a não trair jamais.

No pensamento simbólico, os cabelos estão igualmente ligados à *relva*, cabeleira da terra, e, portanto, à vegetação. Para os povos agrários, o crescimento dos cabelos assemelha-se exatamente ao das plantas alimentícias: daí sua importância, e o cuidado que todos os povos chamados *primitivos* dispensam aos cabelos. A ideia de crescimento está ligada à da ascensão: o céu despeja as chuvas fecundantes que fazem subir em direção a ele as plantas da terra; e assim, os cabelos encontram-se frequentemente associados, nos ritos propiciatórios, às **penas***, mensageiras entre os homens e os deuses uranianos.

E como a cabeleira é uma das principais armas da mulher, o fato de que esteja à mostra ou escondida, atada ou desatada é, com frequência, um sinal da disponibilidade, do desejo de entrega ou da reserva de uma mulher. Maria Madalena, na iconografia cristã, é sempre representada com os cabelos longos e soltos, muito mais como um sinal de abandono a Deus, do que como lembrança de sua antiga condição de pecadora. Na Rússia, a mulher casada costumava esconder seus cabelos, e há um provérbio que afirma: uma moça pode divertir-se, contanto que sua cabeça não esteja coberta. A noção de provocação sensual, ligada à cabeleira feminina, está igualmente na origem da tradição cristã segundo a qual as mulheres não podem entrar na igreja com a cabeça descoberta: se o fizessem, seria pretender a uma liberdade não somente de direito, mas de costumes. Na Rússia, a trança grossa e única é usada só pelas donzelas: é um signo de virgindade; depois de casada, a mulher usa duas tranças.

Pentear os cabelos de alguém é um sinal de atenção, de boa acolhida; e catar os piolhos também tem o mesmo sentido, para numerosos povos (russos, dravidianos da Índia). Em compensação, deixar-se pentear por alguém é sinal de amor, de confiança, de intimidade. Pentear alguém longamente significa embalar, adormecer ou acariciar esse alguém; daí os **pentes*** mágicos dos contos de inúmeros países (v. Andersen, o pente de ouro da velha vendedora de flores, em *A rainha das neves*); daí também provém, certamente, o costume das estudantes russas de evitar pentear-se na véspera dos exames, a fim de não correrem o risco de esquecer as lições.

Em um mito dos evenkis, é preciso que se faça uma bolsa dos cabelos trançados de todos os homens – um fio de cada homem – a fim de trazer de volta o *sol perdido* (Folclore Evenki, *Contos dos Países do Norte,* Moscou-Leningrado, 1959).

Na prática da Igreja cristã, tudo o que diz respeito à cabeleira apresenta símbolos variados. Os eremitas deixavam crescer seus cabelos. Segundo o exemplo dado pelos nazarenos, os solitários jamais deviam fazer uso da navalha de barbear ou da tesoura; sua cabeleira era abundante e hirsuta. Na Idade Média, os eremitas mandavam cortar seus cabelos, mas só uma vez por ano. Os cabelos não eram considerados enfeite. Em compensação, aqueles que entravam numa ordem religiosa (homens ou mulheres) eram tonsurados, em sinal de penitência.

Fazer-se cortar os cabelos por um homem idoso podia ter uma significação de dependência, era como colocar-se sob tutela. E por considerar-se que a força residia no uso de cabelos longos, o ato de cortar os cabelos adquiriu o valor de uma perda de potência.

Quanto aos laicos, e no respeitante às mulheres, estas não tinham o direito de usar cabelos curtos, constituindo exceção, entretanto, os períodos de penitência. Os penitentes de ambos os sexos eram encorajados a cortar seus cabelos. Os cabelos cortados rentes, tosquiados, no caso de certos criminosos – homens ou mulheres – não serão uma continuação inconsciente desse simbolismo, ainda em nossos dias? Clemente de Alexandria e Tertuliano recusavam às mulheres a liberdade de tingir os cabelos ou de usar perucas. Essas proibições provinham de um espírito de *penitência,* que não permitia os artifícios da sedução. (Para os clérigos, consultar o verbete **tonsura*.**)

Notemos que a importância dada aos cabelos era tão grande que uma desobediência dessa ordem podia privar o recalcitrante de entrar na igreja e de receber a sepultura religiosa.

O corte dos cabelos de adolescentes era acompanhado de preces. Os sacramentários antigos e medievais contêm orações nesse sentido. (V. M. Andrieu; *Les ordines romani du Haut Moyen Age,* Louvain, 1931; *v.* artigo "Dict. de spiritualité", fase 4, 833-834.)

São João da Cruz, retomando a frase de São Paulo: "Mas sobre tudo isso, revesti-vos da caridade, que é o vínculo da perfeição" (*Colossenses, 3,* 14), considera que o cabelo da esposa, "atando o ramalhete de virtudes da alma, é *a vontade e o amor*".

CABIROS

Os cabiros teriam sido *demônios fálicos,* objeto de um culto especial em Lemnos (SÉCG, 266, 89). Segundo P. Grimal (GRID, 70), eram "divindades misteriosas, cujo principal santuário encontrava-se na Samotrácia, embora fossem adorados por toda parte, mesmo no Egito, em Mênfis, no dizer de Heródoto". Podem ter sido em número de três, quatro ou sete; alguns autores dizem que eram filhos de Hefestos (Vulcano); outros identificam-nos ora com Deméter, ora com Perséfone, Hades, Hermes ou mesmo – entre os romanos – com a Tríade Capitolina (Júpiter, Minerva, Mercúrio). Tinham uma particularidade: jamais se lhes podia

206 | CABRA, CABRITO

pronunciar o nome impunemente. Faziam parte do cortejo de Reia (Cibele), esposa de **Cronos*** e mãe da terceira geração dos deuses. Por serem servidores dessa deusa, foram por vezes confundidos com os Coribantes e Curetes (sacerdotes frígios que estabeleceram em Creta o culto de Cibele); e porque, tardiamente, foram considerados protetores dos navegantes, costumavam relacioná-los aos Dióscuros (Castor e Pólux). Todavia, seu mistério permaneceu sempre impenetrável; raramente evocados, aliás, os Cabiros apresentam-se na mitologia como demônios enigmáticos. Certamente por isso correspondem ao aspecto mais secreto e mais oculto da divindade, ao *mistério incomunicável da energia divina*. E talvez seja também por esse motivo que se tenha feito dos Cabiros o símbolo dos *poderes desconhecidos do espírito*, das energias contidas nos deuses e nos homens, como uma reserva de força inefável e incalculável, e que seria perigoso desencadear à maneira dos aprendizes de feiticeiro.

CABRA, CABRITO

Na França, quase nada se conhece da cabra a não ser sua agilidade ou, segundo La Fontaine, seu gosto pela liberdade, por uma liberdade feita de impulsos imprevisíveis, motivo pelo qual do seu nome, cabra *(capris)*, deriva a palavra capricho.

Na Índia, a palavra que a designa significa igualmente *nonato* (não nascido) e, por isso, ela é o símbolo da substância primordial não manifestada. Ela é a Mãe do mundo, *Prakriti*. As três cores que lhe são atribuídas – o vermelho, o branco e o negro – correspondem aos três *guna*, ou qualidades primordiais: respectivamente *sattva*, *rajas* e *tamas* (DANA).

Certas povoações da China estabelecem uma relação entre a cabra e o deus do raio: a cabeça da cabra sacrificada serve de bigorna ao deus. Essa mesma relação entre o raio e a cabra é atestada no Tibete. Ela representa, em suma, um instrumento da atividade celeste em benefício da terra, e até mesmo, mais particularmente, da agricultura e da criação de animais.

Entre os germanos, a cabra Heidrun pasta na folhagem do **freixo*** Yggdrasil, e seu leite serve para alimentar os guerreiros do deus Odin (ou Wotan).

Entre os gregos, a cabra simboliza o relâmpago. A estrela da Cabra, na constelação do *Cocheiro,* anuncia a tempestade e a chuva; e foi com o leite da cabra Amalteia que Zeus se alimentou.

A ideia de associar a cabra à manifestação do deus é muito antiga. Segundo Diodoro da Sicília (hist. grego do século de Augusto), cabras teriam dirigido a atenção dos homens de Delfos para o lugar onde saía fumaça das entranhas da terra. Tomadas de vertigem, elas dançavam. Intrigados com essas danças, alguns homens compreenderam o sentido dos vapores que emanavam da terra: eles deviam interpretar aquela teofania; e então, instituíram um oráculo.

Jeová havia-se manifestado a Moisés no monte Sinai, em meio a relâmpagos e trovões. Como recordação dessa manifestação, a coberta que recobria o tabernáculo era feita de lã de cabra.

Uma vestimenta denominada *cilicium* (cilício), tecida em lã de cabra, era usada por certos romanos, e pelos sírios, no momento da prece, para simbolizar sua união com a divindade. Entre os cristãos, o uso ascético do cilício adquire o mesmo sentido, com a intenção de mortificar a carne como penitência, e de liberar assim a alma vivificada que almeja se entregar plenamente ao seu deus. O uso dessa vestimenta evoca o hábito de burel (tecido grosseiro de lã) dos monges.

A esse propósito, notemos que a palavra sufi (fr. *soufi*) proviria, segundo a tradição mais aceita no Oriente, de *suf*, termo que designa o feltro de pelo de cabra com o qual se fazia ritualmente a vestimenta dos dervixes de certas confrarias místicas muçulmanas, particularmente severas em seus regulamentos internos.

Os órficos comparam a alma iniciada a um *cabrito caído dentro do leite,* i.e., que vive do alimento dos neófitos para alcançar a imortalidade de uma vida divina. Nas orgias dionisíacas (bacanais), a pele dos cabritos degolados vestia as Bacantes. Às vezes, o cabrito designa Dioniso (Baco) em transe místico. É o recém-nascido para uma vida divina. Zeus, quando criança, sugava o leite da cabra Amalteia, que foi transformada em ninfa, depois em deusa nutridora, e em seguida em filha do Sol. Em todas essas tradições, a cabra aparece como o símbolo da ama de leite e da iniciadora, tanto no sentido físico como no sentido místico das palavras. Entretanto, sua conotação caprichosa implicaria também a gratuidade dos dons imprevisíveis da divindade.

CABRITO-MONTÊS
Animal associado aos deuses da fertilidade em Susa (cidade da Assíria). (*v*. **bode***, **cabra***).

CAÇA
O simbolismo da caça apresenta-se, como é bastante natural, sob dois aspectos: o de se matar o animal – que é a destruição da ignorância, das tendências nefastas; e, por outro lado, a procura do animal a ser caçado, sendo que o seguimento do rastro significa a *busca* espiritual. O sufista, escreve Jallal-od-din Rumi, "persegue a caça como um caçador, ele vê o rastro do gamo almiscarado e segue suas pegadas". E, nesse mesmo sentido, Mestre Eckhart (Johann E., filósofo alemão) fala da "alma na caçada ardente de sua presa, o Cristo". O simbolismo não é diferente entre os povos originários da América do Norte, para quem a caça é uma ocupação de importância primordial, seguir a pista do animal é seguir o caminho que leva ao Grande Espírito.

Na China antiga, a caça era passível de censura na sua qualidade de ocupação profana (Lao-tse julgava-a nefasta e causadora de problemas); mas, sob o aspecto ritual, o único considerado legítimo, permitia que se capturassem os animais utilizados nos sacrifícios e nas refeições comuniais, bem como os animais que serviam de emblemas (*wu*, essência). A consumação de animais emblemáticos enriquecia a Virtude do rei; sua conquista e sua distribuição eram, ao mesmo tempo, o sinal dessa Virtude. Consequentemente, o controle dos animais divinos era uma contribuição à boa ordem do império por apropriação e repartição dos símbolos – e portanto das influências celestes – que eles manifestavam. E esse controle deso-

rientava, também, as más influências demoníacas (COOH, GRAD, HEHS).

Entre os egípcios da Antiguidade, "a caça é uma extensão da criação divina: ela consiste em recuar os limites do *caos** que, sob a forma de animais selvagens, subsiste sempre nos confins do mundo organizado" (DAUE, 640).

A caça ao hipopótamo nos pântanos do Delta (do rio Nilo) revestia-se particularmente de uma significação mágico-religiosa. Esse animal, pesado e glutão, encarnava o deus maligno Set e era considerado "como uma manifestação de forças negativas que existem neste mundo". Arpoá-lo era agir à imitação de Hórus, o deus bom, e destruir forças malfeitoras. Muitas vezes, o próprio Faraó encarregava-se dessa execução. Na cidade de Edfu, consagrada a Hórus, os arpoadores eram personagens sagrados, votados ao culto do deus (POSD, 134-135).

Não resta dúvida de que a caça, no Egito, é também um esporte, uma prova de destreza, embora permaneça como um ato religioso, de grande alcance social.

> É também uma magia. De penas, de pelos ou de casco, todo animal de caça é o suporte consagrado das forças mal-intencionadas: bárbaros, demônios, feiticeiros, assassinos das almas finadas, inimigos públicos e privados, declarados ou virtuais, que o gesto do caçador subjuga implicitamente [...]. Além do mais, a caça é, para o rei, uma prova de valor, uma afirmação perpétua de juventude. Por privilégio ritual, o soberano enfrenta o leão terrível (POSD, 49).

No Império Romano, a caça ao leão era igualmente um privilégio do imperador.

Na África do Norte, como em muitas outras regiões, a caça é um privilégio senhorial. "Somente o dono da terra tem o direito de caça; ora", explica Jean Servier (SERH, 326), "a caça é uma dessacralização ritual dos campos, antes das lavouras: trata-se, efetivamente, de afastar das terras ainda incultas os animais selvagens, manifestações do Invisível". Segundo o ritual da caça a cavalo (e com cães), no Ocidente, a fanfarra real

208 | CACHIMBO SAGRADO

acompanhava a execução do cervo com dez toques de trombeta (ou buzina de caça) (ibid., 270).

O *Corão* proíbe de caçar ao homem que se encontra em estado de sacralização, i.e., que está temporariamente consagrado, porque vai em peregrinação e usa a vestimenta distintiva. Essa proibição é uma forma de pôr à prova o crente e o temor real que ele sente em relação ao seu deus. Revela, justamente por isso, o dever de pureza legal a que se obrigam particularmente os peregrinos, bem como a propensão dos árabes a se dedicarem à caça, do contrário não valeria como prova característica (*Corão*, 5, 94-95).

O peregrino de Alá deve eliminar a tentação de matar, a fim de chegar à Ka'ba puro de qualquer outro desejo que não seja o de honrar seu deus e submeter-se à sua lei.

As danças de caça remontam à mais remota Antiguidade. Jean-Paul Roux descreve as danças dos xamãs da Ásia Central (SOUD, 308-310). Ao imitar seus gestos e seu modo de andar através da dança, "o caçador transforma-se no animal que caça, e é ao transformar-se nesse animal que ele pode caçá-lo"; ou então: o homem imita o comportamento de um outro animal para fazer com que o animal caçado acredite que não é ele, homem, quem o persegue. Essas práticas parecem obedecer a duas ideias: que o homem se identifica ao animal através da dança e da caçada (vimos, em outros verbetes, que o animal selvagem parece cobrir sua presa, antes de dilacerá-la e devorá-la: duas modalidades de identificação); a segunda ideia, próxima de uma inconsciente ecologia: o caçador perturba a vida animal, embora tenha interesse em que os animais por ele perseguidos não escapem todos do território da tribo; é preciso salvaguardar um certo equilíbrio biológico, e por isso ele os retém, tratando de imitá-los e de identificar-se ao comportamento desses animais. E aí podemos observar os dois processos: o da sedução e o da posse.

Segundo a interpretação biológico-ética de Paul Diel, ao inverso da caça espiritual, que é uma *busca* do divino, o esporte da caça é o vício de **Dioniso*** Zagreu, *o grande caçador*, e revela seu desejo insaciável de gozos sensoriais. A partir de então, a caça já não simboliza senão a procura de satisfações passageiras e uma espécie de escravidão à repetição infinita dos mesmos gestos e dos mesmos prazeres. Ao contrário, a caçada de Ártemis, a virgem-sagitária do arco de prata, era dirigida, simbolicamente, contra os animais e os homens que se entregam aos seus instintos selvagens, contra os monstros, contra os gigantes. A *Dama das feras* simbolizaria a luta interior contra os instintos, a violência, a brutalidade, a selvageria. Ela caça não tanto a besta, quanto a bestialidade. É ela quem salva Ifigênia do sacrifício, substituindo-a por uma **corça***.

CACHIMBO SAGRADO

O cachimbo sagrado dos povos originários da pradaria (EUA) – quer seja cachimbo da guerra ou da paz – representa o Homem primordial, erguido no Centro do Mundo, portanto no Eixo do Mundo, a realizar através da prece que a fumaça do tabaco materializa – fumaça essa que nada mais é senão o sopro, i.e., a alma – a união das forças ctonianas e do Deus Supremo Uraniano em direção ao qual essa prece se eleva. O cachimbo simboliza, portanto, a força e a potência desse Homem primordial, microcósmico, invulnerável e imortal em seu ser, à imagem do Macrocosmo que ele representa. Todos os textos (Sioux, Osage etc.) descrevem o cachimbo como um ser humano, sendo que cada uma de suas partes recebe o nome de uma das partes do corpo (ALEC, 17-41):

> Colocar sua vida em harmonia com a da natureza inteira, é o que significa, em sua essência, a fumaça sagrada que se evola do cachimbo, cujo fornilho é um altar, e cujo tubo é o conduto do sopro vital. Os peles-vermelhas oferecem suas primeiras baforadas ao grande Wakanda, ou Senhor da Vida, ao Sol e à Terra e à Água; depois, dirigem uma baforada em direção aos quatro pontos cardeais [...]. Puxando três baforadas, uma após a outra, eles exalavam a primeira na direção do Zênite, a segunda na direção do solo e a terceira na direção do Sol.

O cachimbo assegura potência e invulnerabilidade: "Nada existe de mais misterioso nem de mais recomendável", diz Marquette: "[...] Não se homenageiam a tal ponto as coroas e os cetros dos Reis... Ele parece ser o árbitro da vida e da morte. Basta trazê-lo consigo e exibi-lo, para caminhar em segurança em meio aos inimigos que, no auge do combate, abaixam suas armas quando se lhes mostra o cachimbo sagrado."

Segundo o mesmo autor, o cachimbo da guerra, pintado de vermelho, é considerado o cachimbo do Sol.

O simbolismo do cachimbo completo é o de um emblema sagrado ou *remédio*, destinado a ser utilizado cada vez que surge um assunto sério ou de importância vital. A lenda dacota (ant. tribo indígena dos EUA) sobre a doação do milho aos homens especifica: "Esse cachimbo é um elo com o céu [...]. O cachimbo é, em si mesmo, num sentido que permanece profundamente indefinível, um signo místico da união do homem e da Natureza." Parece-nos que seria mais conveniente dizer: um signo da união da natureza e do Deus supremo através do Homem, erguido sobre a passagem da comunicação sagrada e realizando-a, pela ascensão da fumaça, saída do tabaco e do fogo (hierogamia da vegetação [Lua] e do Fogo [Sol]) e subindo para o céu graças ao Sopro do sacerdote. Nesse sentido, a celebração do ritual é justamente uma prece, "e até o cachimbo em si mesmo pode constituir a prece de um homem. No centro do Universo, existe o homem: centrais no homem são os pensamentos de seu espírito e as aspirações de seu coração. O cachimbo da paz é o emblema de ambos" (ALEC, 17-41).

Segundo o alquimista Geber, a **fumaça*** simboliza a alma separada do corpo (Geber, *De Alchemia,* Estrasburgo, 1529).

CACHOEIRA

A cachoeira é o motivo essencial da pintura chinesa de paisagem desde a época das dinastias T'ang (618-906) – como se pode apreciar através da obra de artistas como Wu Tao-tse e Wang Wei (um dos mais famosos e originais pintores paisagistas de sua época) –, mas sobretudo durante as dinastias Song (960-1279). Contrapõe-se ao rochedo, no par fundamental: **montanha*** e **água***, como o **yin*** ao **yang***. Seu movimento *descendente* alterna com o movimento *ascendente* da montanha, e seu dinamismo, com a impassibilidade do rochedo. A cascata é (e, neste ponto, chegamos às formulações do budismo *tch'an*) o símbolo da impermanência, oposto ao da imutabilidade. Embora, como entidade, a cachoeira permaneça, ela não é, entretanto, jamais a mesma. Heráclito, o filósofo grego, já o havia observado: em um mesmo rio, jamais é a mesma água que corre; observação esta que lhe servia de base para sua teoria sobre a perpétua evolução dos seres, e sobre o paradoxo do pensamento que pretende imobilizar as coisas móveis nos limites de definições fixas. As gotas de água que formam a cachoeira são renovadas a cada segundo; e o mesmo se aplica à *manifestação*, que, segundo o budismo, é um composto puramente ilusório.

O movimento *descendente* da cachoeira significa, igualmente, o da atividade celeste, que nasce do *motor imóvel,* e portanto do Imutável, e manifesta suas infinitas possibilidades: a água estagnada seria a imagem do manifestante imóvel, do qual partem todas as manifestações e no qual todas elas terminam por se reabsorver. Assim é que a cascata de Wang Wei (o autor refere-se, aqui, à famosa pintura em pergaminho intitulada *Paisagem do Wang Ch'uan*, uma de cujas cópias pode ser vista no British Museum) une a nuvem à espuma; a nuvem que paira e de onde vem a água; a espuma, centelha líquida, que passa e se perde. Assim também, no Japão, a admirável cascata Kegon, de Nikko, formada pelas águas do lago Chuznghi, junta-se ao Oceano por intermédio do Daiya, um rio menor.

A queda-d'água também está relacionada com o movimento elementar, indomado, das *correntes de força,* aquelas que se precisa dominar e regrar com vistas a um aproveitamento espiritual – e, aqui, deparamos com um certo tipo de preocupações do tantrismo. Em outras áreas culturais, o **rio*** e o ribeirão são os que se revestem desses significados (BURA, GOVM, GRIV, GROA).

210 | CADUCEU

Esse símbolo é também o da permanência da forma, apesar da mutação da matéria. Através de uma espécie de visão interior, para *além da aparência natural da cachoeira,* observa Liliane Brion-Guerry, "pode-se encontrar sua significação simbólica de emblema do movimento contínuo, de emblema do mundo onde os elementos mudam incessantemente, ao passo que a forma permanece inalterada".

CADEIA (*v.* corrente)

CADUCEU

Símbolo dos mais antigos, cuja imagem já se pode encontrar gravada na taça do rei Gudea de Lagash, em 2.600 a.C., e sobre as tábuas de pedra denominadas, na Índia, *nagakals.* As formas e as interpretações do caduceu são muito mais variadas do que geralmente se crê, e não se excluem, necessariamente.

O caduceu emblema de Hermes (Mercúrio) é uma vareta em torno da qual se enrolam, em sentido inverso, duas serpentes. Assim, ela equilibra os dois aspectos – esquerda e direita, diurno e noturno – do símbolo da serpente. A serpente* possui esse duplo aspecto simbólico: um deles, benéfico, o outro, maléfico, dos quais possivelmente o caduceu apresenta o antagonismo e o equilíbrio; esse equilíbrio e essa polaridade são, sobretudo, os das *correntes cósmicas*, representadas de maneira mais geral pela dupla espiral*. A lenda do caduceu relaciona-se ao caos primordial (duas serpentes lutam) e à sua polarização (separação das serpentes por Hermes), sendo que o enrolamento final ao redor da vareta realiza o equilíbrio das tendências contrárias em torno do eixo do mundo, o que leva por vezes a se dizer que o caduceu é um símbolo de *paz.* Hermes é o mensageiro dos deuses e, também, o guia dos seres em suas mudanças de estado, o que vem a corresponder justamente, observa Guénon, aos dois sentidos *ascendente* e *descendente* das correntes figuradas pelas duas serpentes.

O mesmo simbolismo exprime-se através do duplo enrolamento ao redor do bastão bramânico, pelo das duas *nadi* do tantrismo em volta

de *sushumna,* pela dupla circum-ambulação de Izanági e Izanâmi em torno do pilar cósmico, antes da consumação de sua união; e, melhor ainda, por Fu-hi e Niu-kua, unidos por suas caudas de serpente e intercambiando seus atributos do **compasso*** e do **esquadro*** (BURN, GUET, GUES, SAIR, SCHI).

Uma outra interpretação salienta o simbolismo de *fecundidade.* Formado por duas serpentes acasaladas sobre um falo em ereção, o caduceu parece ser uma das mais antigas imagens indo-europeias. Pode-se encontrá-lo associado a numerosos ritos, tanto na Índia antiga como na moderna; na mitologia grega, como emblema de Hermes; depois, entre os latinos, que o transferem a Mercúrio. Espiritualizado, esse falo de Hermes, o psicopompo penetra – segundo a expressão usada por Henderson, discípulo de Jung (JUNS, 156) – do mundo conhecido no desconhecido, "à procura de uma mensagem espiritual de liberação e de cura". Como se sabe, o caduceu é, hoje em dia, o emblema universal da ciência médica.

Todavia, o caduceu só adquire seu sentido completo na época grega, quando as asas passam a encimar as duas serpentes: a partir desse momento, o símbolo torna-se uma síntese ctono-uraniana, transcendendo suas origens, o que leva à evocação dos dragões alados chineses e da representação do deus asteca Quetzalcoatl, o qual, após seu sacrifício voluntário, renasce, através de uma ascensão celeste, sob a forma da serpente emplumada.

"A vareta mágica que representa o caduceu e que, geralmente, é composta de um bastão ao redor do qual se enrolam duas serpentes, evoca cultos muito antigos na bacia do mar Egeu, da árvore e da terra que dá o sustento às serpentes" (SECG, 278). Efetivamente, "o caduceu hindu associa-se à árvore sagrada [...]. O caduceu mesopotâmico apresenta uma vareta central. Ela parece ser exatamente a lembrança da árvore [...] Tem-se portanto o direito de considerar a vareta do caduceu de Hermes (e, também, aliás, o bastão do caduceu de Esculápio) o símbolo da árvore, associado à divindade, morada ou substituto desta". O fato de que essa vareta tenha tomado, posteriormente, uma outra significação – o poder divinatório ou o poder de curar – em nada altera seu aspecto de símbolo da eficiência da divindade da árvore (BOUA, 166).

Para Court de Gébelin, que cita Atenágoras e Macróbio (Ambrosius Macrobius Theodosius, escritor lat., ativo no ano 400 da era cristã), o bastão simboliza o equador, as asas simbolizam o tempo, e as duas serpentes, macho e fêmea, representam o "Sol e a Lua que, no decurso de um ano, percorrem a eclíptica sobre a qual estão por vezes separados, por vezes unidos". Essa interpretação convém sobretudo ao papel de Hermes, considerado o pai da astronomia e da agricultura (BOUA, 168). Por seu lado, os alquimistas também não deixaram de dar uma interpretação do caduceu.

> É o cetro de Hermes, deus da alquimia. Recebido de Apolo em troca de uma lira de sua invenção, o caduceu é formado por uma vareta de ouro rodeada por duas serpentes. Estas representam, para o alquimista, os dois princípios contrários que se devem unificar, quer sejam o enxofre e o mercúrio, o fixo e o volátil, o úmido e o seco ou o quente e o frio. Esses princípios conciliam-se no ouro unitário da haste do caduceu que surge, portanto, como a expressão do dualismo fundamental que ritma todo o pensamento hermético e que deve ser reabsorvido na unidade da pedra filosofal (VANA, 18-19).

Essa interpretação insere-se num conceito que faz do caduceu um símbolo de equilíbrio por integração de forças contrárias: representaria o combate entre duas serpentes, do qual Hermes seria o árbitro. Esse combate pode simbolizar a luta interior entre forças antagônicas, de ordem biológica ou de ordem moral, que compromete a saúde ou a honestidade de um ser. E assim é que, entre os romanos, por exemplo, o caduceu representa o equilíbrio moral e a boa conduta: *o bastão representa o poder; as duas serpentes, a prudência; as duas asas, a diligência; e o capacete, os pensamentos elevados.* Todavia, neste caso a interpretação não ultrapassa de modo algum o nível do emblemático. O caduceu reúne tam-

bém os quatro elementos da natureza e seu valor simbólico: a vareta corresponde à terra, as asas, ao ar, e as serpentes, ao fogo e à água. No que concerne a estas últimas, porém, não é apenas o seu rastejar serpenteante que as faz semelhantes ao movimento ondulatório das vagas e das chamas ou que as assimila à **água*** e ao **fogo***: é sua própria natureza, ao mesmo tempo ardente, pela mordida venenosa, e quase líquida, pela fluidez de seus corpos – o que as torna fontes de vida e de morte a um só tempo. Segundo o esoterismo budista, particularmente o ensinamento tântrico, o bastão do caduceu corresponde ao eixo do mundo, e as serpentes, à Kundalini, essa força que dorme enroscada em espiral na parte inferior do dorso humano, e que se eleva através dos *chakras* sucessivos até acima da fontanela (ou moleira), símbolo da energia *pura*, que anima a evolução interior do homem. Efetivamente, o que define a essência do caduceu é a própria composição e a síntese de seus elementos. Ele evoca o *equilíbrio dinâmico de forças opostas* que se harmonizam para constituir uma forma estática e uma estrutura ativa, mais altas e mais fortes. A dualidade das serpentes e das asas mostra esse supremo estado de força e de autodomínio que pode ser realizado tanto no plano dos instintos (serpentes) quanto no nível do espírito (asas) (CIRD, 34-36).

No entanto, o caduceu permanece como o símbolo da enigmática complexidade humana e das possibilidades infinitas de seu desenvolvimento. O atributo de **Hermes*** (**Mercúrio***) é feito de uma vareta que é a vara de ouro, ou a árvore da vida, em torno da qual se enrolam simetricamente, em forma de oito, duas **serpentes***. "Hermes", diz Homero, "segura a vara por meio da qual ele embruxa a seu bel-prazer os olhos dos mortais ou desperta aqueles que dormem" (*Ilíada*, XXIV, 343-344).

A **vara*** poderia lembrar, ainda, a origem agrária do culto de Hermes e os poderes mágicos que ele detém; as duas serpentes evocariam o caráter originalmente ctoniano desse deus, capaz de descer aos Infernos e de para lá enviar suas vítimas, ou, conforme sua vontade, de retornar

212 | CAIM

dos Infernos trazendo consigo de volta à luz certos prisioneiros. Pausânias assinala um culto que era prestado ao Hermes negro e ao Hermes branco – os dois aspectos, ctoniano e uraniano, nefasto e favorável, do mesmo deus. As serpentes do caduceu designam essa ambivalência, que é a mesma ambivalência do homem.

Finalmente, de acordo com a interpretação simbólica inspirada por sua ética biológica, e de acordo com a interpretação mitológica que atribui o caduceu a Asclépio (Esculápio), pai dos médicos e futuro deus da medicina porque sabia utilizar as poções para curar os enfermos e ressuscitar os mortos, Paul Diel explica o caduceu da seguinte maneira: "a **maça*** (clava), que é a arma contra a banalidade, transformou-se em **bastão***-cetro, símbolo do reino espiritual sobre a vida terrena, símbolo do reinado do espírito sobre o corpo, e a serpente-vaidade (a negação do espírito, a exaltação imaginativa, princípio essencial de todo desregramento malsão) derrama seu veneno na taça salutar" (DIES, 230). É toda a aventura da **medicina*** que se desenrola no mito de Asclépio e se resume no caduceu: a verdadeira cura e a verdadeira ressurreição são as da alma. A serpente enrosca-se em volta do bastão, que simboliza a árvore da vida, para significar a vaidade domada e submissa: seu veneno transforma-se em remédio, a força vital pervertida reencontra o caminho certo. A saúde é: "a justa medida, a harmonização dos desejos (a simetria das espirais das serpentes), a ordenação da afetividade, a exigência de espiritualização-sublimação, (que) presidem não apenas à saúde da alma, (mas também) codeterminam a saúde do corpo" (DIES, 233). Essa interpretação faria do caduceu o símbolo privilegiado do equilíbrio psicossomático.

CAIM

Quaisquer que sejam as interpretações históricas da Bíblia (*Gênesis*, 4, 1-24), em nada são elas afetadas pelas significações simbólicas que o tema implica. Em outras palavras, o fato de que também se vejam símbolos no drama que é descrito nesse capítulo bíblico não exclui, em

princípio, a existência do acontecimento; significa apenas dar-lhe uma dimensão que ultrapassa sua contingência. E mesmo que o acontecimento não se tenha produzido exatamente como a Bíblia o apresenta, seu simbolismo permanece. Luc Estang discerniu de maneira notável os valores simbólicos da narrativa antiga em *Le jour de Caín* (Paris, 1967).

De acordo com o próprio Gênesis, Caim é o primeiro homem nascido do homem e da mulher; é o primeiro lavrador; o primeiro sacrificador cuja oferenda não é bem recebida por Deus; o primeiro assassino; o revelador da morte. Jamais se havia visto, antes de seu fratricídio, o rosto de um homem morto. Caim é o primeiro *errante* à procura de uma terra fértil e o primeiro construtor de cidade. Ele é também o homem *marcado* por Deus, "a fim de que não fosse morto por quem o encontrasse". E é o primeiro homem a retirar-se *da presença de Jeová* e partir, numa infinda caminhada, em direção ao sol levante.

A aventura é de uma grandeza inigualável: é a aventura do homem entregue a si mesmo, assumindo todos os riscos da existência e todas as consequências de seus atos. Caim é o símbolo da responsabilidade humana.

Seu nome significa *posse*: sua mãe chamou-o de Caim porque ele foi sua primeira aquisição de um homem, o primeiro nascimento humano. Mas a posse com a qual ele próprio sonhou foi a posse da terra e, antes de mais nada, a posse de si mesmo, "a fim de possuir o resto. Tu me tiveste segundo o desejo e com a assistência de Deus, *diz ele à sua mãe*. Muito cedo compreendi que ele em nada me ajudaria, e que eu não poderia contar senão com minha própria vontade. Sabei, todos vós, que eu tive de conquistar por mim mesmo tudo o que vós me atribuís: o ardor e a rudeza, a força e a obstinação" (Luc Estang, 88).

Ele deseja acrescentar à terra de Deus o fruto do trabalho do homem, a fim de ser verdadeiramente o *senhor de seus atos*: "Sonhei em reconciliar a terra com Deus" (84). Deseja construir uma cidade que será uma manifestação ainda melhor dos feitos humanos do que a terra cultivada. "Eu via a cidade como uma outra lavoura, como uma outra semeadura, como uma nova messe. Que estou a dizer! Era como um despertar da terra para fora de si mesma, era, na verdade, sua elevação vertical à imagem do homem, pelo homem, que assim estabelecia sua própria soberania [...]. Suas muralhas teriam circunscrito o espaço onde eu nada esperava dele (de Deus)" (112-113). A cidade, prelúdio de todo futuro ateísmo.

Mas o Deus não aceitava de bom grado os sacrifícios do lavrador e desse sonhador de cidades. Por quê? Caim não podia aceitar "ser o mal--amado do Deus". Estava pronto para qualquer renúncia, "se ele, de início, me houvesse aceitado. Por pouco amável que eu fosse, era dessa maneira que me importava ser amado. Depois, não me teria custado nada satisfazê-lo. Rejeitado, porém, endureci-me na provocação, quando um único olhar dele me teria enternecido" (41).

Além do mais, Deus não recompensava seu encarniçado trabalho. "Que me compreendam bem, diz Caim, o que eu deplorava não era o fato de que Abel tivesse tantas vantagens, mas sim que eu não tivesse nenhuma [...]. O Deus permaneceu insensível ao meu sacrifício, surdo à minha queixa" (82-92). Então Caim se revoltou, não só por ele, *mas por todos vós*. Por todos aqueles que não aceitam esse *mistério de predestinação*, que divide os homens em rejeitados e eleitos, todos aqueles que não compreendem *o desprezo de Deus pelas grandezas terrenas e sua predileção pelos humildes.* É contra essa ordem de Deus que ele se revolta quando abre com uma pedra afiada a garganta de Abel, *o favorito do céu*. Mas é possível que o segredo dessa atitude de Deus para com ele se explique pelo fato de que a oferenda de Caim não era total, pois ele atribuía a si próprio parte de seu trabalho, sem reconhecer que até mesmo essa parte ele a devia a Deus. E assim, com ciúme do irmão, orgulhoso de seu trabalho e revoltado contra Deus, Caim matou, afirmou o valor próprio de seu esforço, renunciou a Deus.

Daí por diante, é condenado à condição de errante, de quem parte em busca de um futuro a ser indefinidamente construído: "Partiremos para o deserto dos homens, e que os homens, inumeravelmente, povoarão. Nós nos guiaremos pela aurora sempre renovada [...]. E será por não nos determos em parte alguma que estaremos sempre em toda parte. Nossa vida errante nos permitirá medir a terra e, ao mesmo tempo, nós a edificaremos" (125). Caim parte, em busca "do devenir do homem fora da presença de Jeová" (126).

Entretanto, foi-lhe preciso matar o irmão – um outro aspecto de si mesmo – e precipitar a hora da morte. A fim de liberar-se, chegou ao extremo do crime. A morte "é ser obrigado a dormir sem jamais poder despertar" (24). Ele a impôs brutalmente, diante dos olhos da primeira das mães: "Temor antigo, castigo misterioso, ó morte! eis-te pois revelada! Tens o rosto de todos nós, sob a máscara de Abel, e por tua causa nós não nos diferenciamos dos animais" (25). No sentir de Adão e Eva, a morte é o último fruto da árvore da sabedoria; diante dos despojos de Abel, Adão exclamará: "aqui, neste instante, nós esgotamos o sabor ao fruto da sabedoria; mais do que nunca ele é amargo" (53). Entretanto, ele dirá a Eva: "fomos nós que transmitimos o gérmen da morte ao corpo de Abel – Então, transmitir a vida não passa de mera vaidade!", replicará Eva, no auge da revolta (55). "Ah! é como se ele tivesse aberto em mim uma brecha: meus filhos jamais terminarão de matar-se uns aos outros" (74). Todavia, Temec, procurando justificar seu marido Caim, diz: "Que triunfe a vida, ainda que o preço seja a morte" (57).

É verdade que a morte inelutavelmente haveria de sobrevir, porquanto era o castigo do pecado original. O erro de Caim foi, na realidade, o de ter-se "adiantado aos desígnios de Jeová. Ele acrescentou novo mal ao mal cujo castigo é a morte" (77). Caim foi o *iniciador da morte*.

Daí por diante, sobre a fronte de Caim, e de todo homem, todos poderão ler: *Perigo de morte!* Embora devam perceber também, nessa advertência, o signo protetor que designa a criatura de Deus – não um estigma infamante, mas a marca do filho de Adão. "O signo que me reprova me protege, diz Caim. Na verdade, o Deus concede-me a graça de que meu crime intimide os vingado-

214 | CAIXA

res, porque o crime deles contra mim terá de ser expiado sete vezes! Misericórdia, ao preço de um castigo pesado demais" (50). Agora, o homem, segundo Caim, não afronta nada mais de Deus a não ser a ausência. Resta-lhe, porém, sua própria presença de homem a afrontar, como relembra Temec, a impiedosa esposa: "Tua própria presença, Caim! Doravante, na sucessão dos homens: Caim presente em cada um deles." No espelho de sua consciência, todo homem refletirá os traços de um Caim. Como disse Adão: "Meu filho Caim é essa segunda parte de mim mesmo, que não acabava mais de se projetar. Vós, que o seguis, sabei-o: sois o enxame de minhas ilusões" (126).

Se se quisesse encontrar, forçosamente, uma comparação na tradição grega, poder-se-ia pensar no mito de **Prometeu***, que desejou conquistar para a humanidade um poder divino; liberá-la de uma dependência total, atribuindo-lhe o fogo, princípio de todas as mutações futuras, quer seja o fogo do espírito, quer seja o fogo da matéria. Tal como Prometeu, Caim é o símbolo do homem *que reivindica sua parte na obra da criação.*

CAIXA

Símbolo feminino, interpretado como uma representação do inconsciente e do corpo materno, a caixa sempre contém um segredo: encerra e separa do mundo aquilo que é precioso, frágil ou temível. Embora proteja, também pode sufocar.

A caixa – ou o pote – de *Pandora** tem permanecido como o símbolo de tudo aquilo que não se deve abrir.

> Antigamente, a raça humana vivia na terra isolada e protegida dos males, da dura fadiga, das enfermidades dolorosas que trazem a morte aos homens. Entretanto, quando a mulher levantou com suas mãos a grande tampa do pote, dispersou-as pelo mundo, e assim provocou para os homens tristes inquietações. Só a Esperança permaneceu lá dentro, no interior de sua infrangível prisão, sem atravessar as beiras do pote e sem escapar para o lado de fora, pois Pandora, por vontade de Zeus, já recolocara a tampa em seu lugar. Em compensação, porém, inumeráveis tristezas vagam por entre os

homens: a terra está cheia de males, e até o mar está repleto deles! As doenças – umas durante o dia e outras à noite, conforme a vontade de cada uma – visitam os homens, trazendo aos mortais o sofrimento [...]. E assim, portanto, não existe nenhum modo de escapar aos desígnios de Zeus (HEST, v. 90-106).

Essa caixa, no fundo da qual só a Esperança permanece, é o inconsciente com todas as suas possibilidades inesperadas, excessivas, destrutivas ou positivas, mas sempre irracionais quando deixadas entregues a si mesmas. Paul Diel estabelece uma ligação entre esse símbolo e a exaltação imaginativa que empresta ao desconhecido encerrado na caixa todas as riquezas de nossos desejos e que nele vê o ilusório poder de realizar esses desejos: origem de tantas desgraças!

Pode-se estabelecer uma relação entre a caixa e as caixinhas, cofrinhos, **escrínios*** de numerosos contos e lendas. As duas primeiras caixinhas contêm bens e riquezas, e a terceira, tempestades, ruínas, morte. As três caixinhas correspondem às três partes da vida humana, sendo duas favoráveis e uma adversa. Em suma, quer seja a caixa ricamente ornamentada ou de uma simplicidade absoluta, ela só possui valor simbólico por seu conteúdo, e abrir uma caixa implica sempre um risco (LOEF).

CAJADO (*v.* Bastão)

CÁLAMO

O simbolismo da pena (*Qalam*) e do livro – ou da pena e da tábua – desempenha um papel muito importante nas tradições islâmicas. Na doutrina dos sufis, a pena *suprema* é a Inteligência universal. A *Tábua bem guardada,* sobre a qual a pena grava os destinos do mundo, corresponde à *prima matéria*, a substância incriada ou não manifestada que, sob as impulsões da *Inteligência* ou *Essência,* produz o conteúdo total da criação (BURA, 17).

Tabari (historiador e teólogo árabe [838-923]), em seus *Anais* (nome pelo qual era conhecida uma das obras mais importantes desse historiador, famosa pela precisão de detalhes:

História dos Profetas e dos Reis), diz que "Deus criou o *Qalam* mil anos antes de criar outra coisa". Diz-se, também, que o *Qalam* foi criado de luz.

"A primeira coisa criada por Deus foi a Tábua conservada ou secreta" (*Corão, 85, 22*). "Deus inscreveu nela o que era e o que será, até o dia da Ressurreição. Ninguém, a não ser Deus, sabe o que ela contém. É feita de uma **pérola*** branca". Dá-se até mesmo as dimensões dessa tábua: "Seu comprimento é o mesmo que separa o céu da Terra, e sua largura estende-se entre o Oriente e o Ocidente. Ela está atada ao Trono, sempre pronta a bater na fronte de Israfil, o anjo mais próximo do Trono. Quando Deus deseja realizar qualquer coisa em sua criação, a Tábua bate na testa de Israfil, que olha para ela, e nela lê a vontade de Deus. Por isso se diz que Alá apaga e confirma aquilo que Ele deseja, e que ao pé Dele está o Arquétipo da Escritura". (*Corão, 13, 39; 3, 7*). "Deus olha para essa Tábua trezentas e sessenta vezes por dia. Cada vez que Ele a olha, Ele faz viver e morrer, Ele eleva e rebaixa, Ele honra e humilha, Ele cria aquilo que Ele quer, e decide aquilo que Lhe parece bom."

Para escrever sobre essa Tábua, Alá criou o Cálamo (pedaço de cana ou caniço talhado em ponta, de que os antigos se serviam para escrever), ou a Pena (*al-qalam*), a partir de uma substância preciosa. Esse instrumento tinha a extremidade rachada e, por ali, a luz escorria como a tinta de nossas penas. Deus ordenou-lhe: *Escreve!* E o Cálamo estremeceu de emoção a tal ponto que os clarões de seus louvores assemelharam-se aos clarões do raio. O Cálamo perguntou: *Que devo escrever?* Deus respondeu-lhe: *O Destino.* E, então, ele pôs-se a inscrever sobre a Tábua tudo o que deveria acontecer até o dia da Ressurreição. A Tábua ficou repleta, o Cálamo estancou, e a felicidade de uns e a infelicidade de outros foram determinadas (SOUN, *Toufy Fahd*). Assim, o Cálamo surge como o símbolo da predestinação.

CALÇADO

Símbolo de afirmação social e de autoridade (*v.* **pé***, **sapato***). Um antigo costume russo exigia que no banquete de bodas o guardanapo da noiva fosse dobrado em forma de cisne, e o do noivo, em forma de sapato. Na igreja, a noiva tentava ser a primeira a pisar sobre o tapete de cetim cor-de-rosa sobre o qual se realizava o juramento na cerimônia ortodoxa, a fim de dominar seu esposo; na noite de núpcias, ela devia descalçar o marido – uma das botas do noivo continha um rebenque, e a outra, dinheiro. Entre os samoiedos, o costume exige que o noivo ponha à prova sua prometida, pedindo-lhe que lhe faça à mão botas de pele (AFAN). Entre os camponeses russos, era proibido sair de pés descalços no dia em que se levava pela primeira vez os animais ao pasto, do contrário, ali encontrariam muitas serpentes e lobos (DALP).

O ato de descalçar-se já é um primeiro passo para a intimidade.

Para os Antigos, o calçado era um sinal de *liberdade*. Em Roma, os escravos andavam descalços.

O calçado é o signo de que um homem pertence a si mesmo, de que se basta a si próprio e é responsável por seus atos.

Participa do tríplice simbolismo do *pé**: "fálico para os freudianos; símbolo da alma para Diel e, em nossa opinião, tanto relação como ponto de contato entre o corpo e a terra" (CIRD, 106), ou seja, símbolo do princípio de realidade (os pés no chão).

CALCANHAR

Segundo uma crença Semang, na hora da morte a alma deixa o corpo pelo calcanhar (ELIC, 254).

Aquiles era vulnerável no calcanhar. Geralmente, o escorpião e a serpente mordem no calcanhar. O calcanhar é como que a base do ser humano, caracterizado pela posição de pé. Quando atingido, o homem cai. Para a lógica imaginativa não parece nem um pouco contraditório que seja por ali que a vida ou a alma escapem e que também por ali adentre a morte.

CALDEIRÃO

O caldeirão é um *recipiente de metal, dentro do qual se costuma pôr algo a aquecer, ferver ou cozer.* Costuma-se usá-lo principalmente para o preparo

216 | CALDEIRÃO

de **caldos*** e doces de frutas, mas também para os cozimentos mágicos e demoníacos: daí as *caldeiras do diabo* e os *caldeirões de feiticeiras* de nossas lendas. Entre os celtas, o caldeirão é também o equivalente da **cornucópia***, do **vaso*** ou da **jarra*** em outros lugares: é o *caldeirão da abundância*, a dispensar um alimento inesgotável, símbolo de um conhecimento ilimitado.

A literatura céltica descreve três tipos de caldeirões: um deles é o caldeirão do Dagda, o deus druida. Este é um caldeirão de *abundância*, do qual ninguém se afasta sem obter a saciedade. Outro é o caldeirão de *ressurreição*, dentro do qual, segundo a narrativa gaélica do Mabinogi de Branwen, se costumava jogar os mortos a fim de que ressuscitassem no dia seguinte. E o terceiro tipo de caldeirão é o *sacrificial*, dentro do qual os reis depostos se afogavam, em vinho ou cerveja, ao mesmo tempo que se lhes incendiavam os palácios, por ocasião da última festa de Samain em seu reinado. Trata-se de três variantes do mesmo talismã divino, ancestral e protótipo do Santo Graal. Na Gália, os testemunhos tardios dos *Escólios de Berna* (séc. IX), quase com toda a certeza recopiando fontes anteriores perdidas, mencionam um semicúpio dentro do qual era afogado um homem, num ritual em homenagem a Teutates (OGAC, **10**, 381 s.; **12**, 349 s.).

Para maior precisão, notemos que o *caldeirão de abundância* de Dagda, o *Deus Eficaz-Senhor da Ciência*, contém não somente o alimento material de todos os homens da Terra, como também todos os conhecimentos de qualquer espécie. Pode-se acrescentar igualmente que Kerridwen, a deusa dos poetas, dos ferreiros e dos médicos, possuía também o seu caldeirão, que era um centro de inspiração e de poderes mágicos.

A maioria dos caldeirões míticos e mágicos das tradições célticas (cujo papel é análogo nas outras mitologias indo-europeias) foram encontrados no fundo do oceano ou de lagos. O nome do caldeirão milagroso da tradição irlandesa – *Murios* – é extraído de *muir*, o mar. A força mágica reside na água; os caldeirões, as panelas e os cálices são recipientes des-

sa força mágica, muitas vezes simbolizada por um licor divino, ambrosia ou *água de fonte;* concedem a imortalidade ou a eterna juventude, transformam aquele que os possui (ou que neles mergulha) em herói ou em deus (ELIT, 179).

O caldeirão, para os chineses, é o vaso *ting*, vaso ritual em que se põe a ferver as oferendas, mas também os culpados – a título de condenação – e até mesmo os acusados – a título de ordálio (prova judiciária estabelecida através dos elementos naturais: água, fogo). O caráter *ting* e o hexagrama do *I-Ching* por ele designado representam expressamente a caldeira (ou caldeirão). Essa caldeira, diz o *I-Ching*, é símbolo *de felicidade e de prosperidade*; e, aqui, reencontramos o caldeirão de abundância. Seguem-se interpretações parciais, em forma de provérbios, que tratam da discriminação do bem e do mal (por derramamento do conteúdo da caldeira), do fracasso ou do êxito da cocção, que aparece como uma imagem da Grande Obra alquímica: *Quando o caldeirão tem um pé quebrado, o caldo do Senhor se derrama.* Ora, esse caldo é a própria quintessência da Virtude do Senhor. O primeiro caldeirão trípode foi fundido por Juang-ti, que através dele obteve o poder divinatório, de fixação dos ciclos e, finalmente, a imortalidade. Os trípodes apareciam ao mesmo tempo que os sábios; sempre que a virtude se alterava, eles desapareciam. Yu-o-Grande, organizador do império, fundiu nove caldeirões com o metal trazido das nove regiões: eles simbolizavam a união dessas nove regiões em seu **centro*** (cinco delas eram *yang,* e quatro, *yin*), portanto, a totalidade do mundo; deslocavam-se sozinhos e ferviam espontaneamente; recebiam do alto a influência do céu. Na época da decadência dos Tcheu (a segunda das grandes dinastias chinesas, durante a qual viveu Confúcio), os trípodes afundaram-se dentro da água, perdendo-se assim as virtudes e os conhecimentos. O primeiro imperador, Ts'inche Huangti, tentou retirar um deles do rio Sseu, mas um dragão impediu-o de realizar esse intento. Sua virtude não era daquelas que permitem **a** obtenção de um caldeirão, a alquimia interna (*nei-tan*) faz do corpo humano o caldeirão trípode, dentro do qual se elabora o elixir da imortalidade. Mais especificamente, o caldeirão corresponde ao trigrama *k'uan*, a Terra, o princípio passivo, o receptáculo: ao mesmo tempo o *campo de cinabre inferior* (*hia tant ien*) e a *base* do simbolismo alquímico (ELIF, GRAD, GRAP, KALL, KALT, LECC, LIOT).

O caldeirão mágico, cujo simbolismo aparenta-se ao do **almofariz***, desempenha importante papel nos mitos e nas epopeias dos povos uralo-altaicos, e de toda a Ásia xamânica. *Kazan* (Caldeirão) é o nome de numerosos heróis (uns históricos e outros lendários) dos povos turcos; foi também, por diversas vezes, nome de cidade (Kazan, capital da Horda de Ouro, Kazan dos Tártaros do Volga etc.). O gigante *Samir-Kazan*, ou *Salir-Kazan*, dos turcos barabas e taras, parece ter sido o senhor das águas profundas, e luta, em certas versões da lenda, com o herói *Ak--Kobok, Espuma-Branca*. Na epopeia quirguiz de *Er Toshtük*, o herói é obrigado pelo *Gigante Azul*, senhor do mundo subterrâneo, a partir em busca "do caldeirão mágico de quarenta ansas (ou asas), caldeirão vivo, dotado de uma alma, e tão sedento de sangue que devora todos aqueles que ousam dele se aproximar. De acordo com as tradições dos eruditos, se tomarmos como referência a opinião dos sábios, uma das ansas desse caldeirão é um Dragão sugador de sangue; outra, encerra os sete flagelos de Deus que incendeiam o mundo inteiro; uma outra dessas ansas ergue-se verticalmente e, a julgar pela fúria por ela manifestada, aqueles que vieram para enfrentá-la pensaram ter diante de si a morte em pessoa" (BORA, 200). No final, é *Tchal-Kuyruk*, o cavalo mágico do herói, que acabará por salvar seu amo dessa provação, quando mergulha para atacar e derrotar o Caldeirão mágico no fundo do lago do País-sem-retorno.

O caldeirão reaparece em muitas lendas helênicas: *a cocção efetuada dentro de um caldeirão é operação mágica destinada a conceder àquele que sofre essa provação virtudes diversas, a começar pela imortalidade*. Estamos, pois, em presença de um mito de caráter claramente iniciático, explicativo e interpretativo dos perigos que ameaçam as crianças ou os adolescentes e, por conseguinte, profundamente ligado a práticas muito arcaicas (H. Jeanmaire, em SECG, 295). Outras lendas gregas, entretanto, apresentam a passagem pelo caldeirão como uma espécie de ordálio que decidirá a natureza divina do sujeito: "Quanto a Tétis [...], desejosa de saber se os filhos que tivera de Peleu eram mortais como ele, mergulha-os num tacho ou caldeirão cheio de água, onde morrem afogados; ou, segundo outros, mergulha-os num caldeirão de água a ferver, dentro do qual, naturalmente, eles não se sentiram nem um pouco melhor. Quanto a Medeia, por fim, punha a cozinhar o velho Pélias dentro de um caldeirão, sob o falacioso pretexto de restituir-lhe a juventude" (ibid., 308). O caldeirão simboliza o local e o meio da revigoração, da regenerescência, como também da ressurreição, em suma, das profundas transmutações biológicas. No entanto, a ambivalência do símbolo faz do caldeirão igualmente um prelúdio ao nascimento de um novo ser, através da morte e da cocção.

CALDO

O caldo evoca sobretudo as efervescências provocadas pela ebulição e não o produto final da fervura.

Na China antiga, o *Caldo de Jade* é a saliva, e uma das receitas da imortalidade é engolir metodicamente essa saliva.

O caldo, mistura equilibrada de substâncias e sabores, é um símbolo da harmonia universal (*ho*), e da união do *yin* e do *yang*, levando-se em conta, além disso, que é produzido pela ação do fogo sobre o líquido.

Em outros lugares, parecem ter existido ritos de ingestão do caldo que eram, ao mesmo tempo, ordálios e ritos de purificação e de comunhão. Por exemplo, admitia-se a virtude purificadora do caldo de **artemísia*** (GRAD, MAST).

Segundo o texto que narra *a Enfermidade de Cuchulainn*, por ocasião da entronização do rei supremo da Irlanda, um poeta (*file*) bebe caldo e come à saciedade carne do touro abatido para o

218 | CALENDÁRIO

festim ritual. Depois, adormece e vê, em sonhos, aquele que deve ser eleito rei. Segundo outras fontes, a operação repete-se no decurso da entronização, porém, dessa vez, com o novo rei e um cavalo. O reinado só tem início quando o candidato a rei, banhando-se no caldo do animal sacrificado, tiver bebido também, até não poder mais, e comido carne, ao mesmo tempo que seus súditos.

O caldo é *o veículo do vigor ou da regeneração* que se espera do novo rei. O banho e o consumo do caldo desempenham o mesmo papel que o banho ou o consumo de tutano animal que regenera um ou dois dos heróis irlandeses do ciclo de Ulster (OGAC, **15**, 123-137, 245-255).

Na Índia védica, o caldo era o meio da regeneração celeste e do retorno à unidade cósmica. Os cinco caldos (**cinco***, número da totalidade) que acompanham o sacrifício do **bode*** são cinco espécies de caldo de arroz. "O bode cozido instala-nos no mundo do céu quando se acompanha dos cinco caldos, que subjugam a perdição [...]" (*Atharva Veda* 9-5, in VEDV, 264).

CALENDÁRIO

A história dos calendários egípcio, grego, asteca, romano, maçônico, revolucionário (i.e., relativo à Revolução Francesa de 1789), chinês, muçulmano, gregoriano ou positivista etc. foge ao nosso propósito. O que importa aqui é a tentativa dos homens de marcar no tempo, constantemente em fuga, os pontos de referência que tivessem ligação com os fenômenos naturais, cuja evolução – a reiniciar-se com regularidade – podiam observar. Assim, os primeiros calendários têm uma base lunar, porquanto as lunações (i.e., revoluções sinódicas da Lua) são mais curtas e mais fáceis de observar e de estudar do que o ciclo solar. Estabelecer um calendário é adquirir-se segurança, é organizar o tempo, do mesmo modo que se constroem diques a fim de regularizar o curso de um rio; é ter-se a impressão de dominar, através da regulamentação, aquilo a que não se pode escapar. É possuir um meio de marcar as etapas da própria evolução humana, exterior ou interior, e de celebrar, ao mesmo tempo, numa data fixa, tudo aquilo que faz lembrar as relações do homem com os deuses ou o cosmo, ou com os mortos. A contemplação de um calendário evoca o perpétuo reinício. Ele é o símbolo da morte e do renascimento, assim como da ordem inteligível que preside ao escoamento do tempo; é a medida do movimento. Eis alguns exemplos:

O calendário egípcio *é seguramente o calendário mais bem adaptado*: um ano de 365 dias, dividido em 12 meses de 30 dias e mais 5 adicionais ou epagômenos (i.e., dias que não pertencem a nenhum mês, introduzidos no calendário a fim de que o ano tenha 365 dias) no fim do ano. Esse calendário convém perfeitamente ao país, que não conhece primavera. Os meses, agrupados de quatro em quatro, formam três estações: *inundação, inverno, verão*. Cada mês subdivide-se em três dezenas; no primeiro dia era homenageada a memória dos mortos.

Entretanto, não havia ano bissexto, e isso gerava um atraso progressivo em relação ao ano solar. Dias e noites são divididos em 24 horas, que a astronomia helenística subdividirá em 60 minutos, de acordo com o sistema sexagesimal, que é de origem babilônica (POSD, 40). O nascer de *Sothis* (Sírius, grande estrela da constelação do Cão Maior), consagrada a Isis, era o ponto de partida do ano civil: "Sothis era considerada a rainha das trinta e seis constelações que presidiam sucessivamente às trinta e seis décadas" (PIED, 520).

Entre os primeiros hebreus, o calendário em uso é lunar: o termo *Yerah* (mês) deriva de *Yareah* (Lua). Esse calendário imitava o dos fenícios. O calendário utilizado na época do período bíblico é solar. Sabemos, através do Livro dos Reis (1 *Reis*, 4, 7), que Salomão tinha sob suas ordens doze oficiais, sendo que cada um deles devia prestar um mês de serviço. Se o calendário solar já estava sendo utilizado antes do exílio, isto significa que os hebreus se familiarizaram durante o cativeiro com um calendário caldeu luni-solar, segundo o qual os meses dependiam dos movimentos da Lua e o ano era regido, com suas estações, pelo Sol (ZEIJ).

Os maias justapunham dois calendários: um, solar, para o ano civil de 365 dias (*haabi*); e o outro, para o ano religioso de 260 dias (*tzolkin*), ou seja, treze meses de vinte dias. O Deus Treze – número sagrado – era o deus do tempo: do nascimento e da morte. Era de acordo com esse último calendário, fundado nas crenças populares, que se assinalavam os dias do nascimento e os grandes acontecimentos da vida. O calendário civil, que acompanhava o calendário religioso, com a finalidade de fazer concordarem as datas tomadas aos dois níveis de existência – religioso e civil –, contava, por sua vez, com 18 meses de 20 dias, e mais um mês complementar de cinco dias. Esses cinco dias eram considerados maléficos. Eram a ponte ou a escada que conduzia ao ano seguinte. As combinações desses dois calendários formavam ciclos e eram de uma tal complexidade e precisão que a mesma data, ou a mesma justaposição, não podia repetir-se senão a cada 374.440 anos. Símbolo, a um só tempo, do irreversível e de um eterno retorno.

CALOR

O calor associa-se fisicamente à luz, assim como o amor, ao conhecimento intuitivo, a vida orgânica, à atividade do espírito. Segundo Plutarco, o calor e a luz são postos em movimento pelo Sol, como o sangue e o sopro, princípios vital e intelectual, o são pelo coração. O que não deixa de relacionar-se analogicamente com os conceitos tântricos. Nas representações do Sol, as ondas de calor que dele emanam são figuradas por vagas, e os raios de sol, por linhas retas.

O calor é uma potência cósmica, aquela que, de acordo com o *Rig-Veda*, permite ao *Um* nascer do caos primordial. Essa incubação do Ovo do mundo não deixou de ser comparada ao ovo chocado pela galinha, no qual a vida nasce igualmente, diz o Tratado da Flor de Ouro, *pelo poder do calor*. O que, aliás, não é senão o símbolo da concentração do espírito no coração, em vista do nascimento do *embrião de imortalidade*. Nesse sentido, o calor é princípio de renascimento e de regeneração, bem como de comunicação. Desem-

penha seu papel nos banquetes sacrificiais e em todas as refeições ou reuniões. Por isso Jung faz do calor uma das imagens da libido. O calor faz amadurecer, biológica e espiritualmente. Sua ação é tanto mais rápida e mais eficaz quanto o ser que a recebe se mostra mais predisposto: "Do mesmo modo, o calor do fogo transmite-se melhor nos corpos que estão mais aptos a recebê-lo e que, por seu movimento interno de ascensão, aproximam-se mais de sua semelhança" (PSEO, 228-229).

O calor, no *ioga*, é *tapas*, que é, ao mesmo tempo, a ascese. Essa obtenção do *fogo interior* é por vezes compreendida literalmente: no xamanismo, por exemplo, e também no g'*Tummo* tibetano, no qual ela se traduz por uma resistência extraordinária ao frio exterior. Mas nesse caso trata-se apenas de aplicações secundárias. *Tapas* é o ardor interior, o flamejamento espiritual, a destruição, pelo *fogo*, das percepções sensíveis, das limitações da existência individual. O elemento *fogo* corresponde no tantrismo, ademais, à *Anahata-chakra*, que é o *centro* do coração. Certas escolas búdicas praticam a meditação sobre o elemento *calor* (*tejodhatu*). Mas sobretudo a sensação de calor está estreitamente ligada à ascensão da *kundalini*, que não hesitamos em comparar a um incêndio. Segundo certos textos, esse calor é a consequência da *reelevação* e da transformação da energia seminal; é o que o Tratado da Flor de Ouro chama de "a *potência atiçadora* do sopro do *céu anterior*". O próprio Cânone búdico *pali* liga a obtenção do calor ao controle da respiração.

Num outro plano, o calor identifica-se à *cólera* das iniciações guerreiras, ligada à obtenção de uma certa *potência* psicofísica. Como se verifica muitas vezes, semelhante obtenção não deixa de encerrar certo perigo. Aliás, a *cólera* e o *calor* podem também derivar de influências satânicas que convém serem exorcizadas; *shanti* (paz) é literalmente a extinção do *fogo*.

É preciso notar ainda que, na China antiga, o fogo e o calor eram associados ao tema da seca e da obtenção da chuva, do mesmo modo que, como é o caso em toda parte, à cor vermelha. O

220 | CAMALEÃO

caractere *tch'e* (vermelho) exprime também a seca; é literalmente *o fogo do homem,* e isso estabelece uma ligação entre ele e a expressão da cólera (AVAS, CORM, ELIC, ELIY, ELIF, GOVM, GRIF, GUES, KALL, WIEC).

No mundo céltico, o calor é muitas vezes relacionado com o valor guerreiro de um herói ou de um personagem qualquer. A epopeia irlandesa diz de alguns guerreiros, e em particular de Cuchulainn, que eles faziam com que a neve derretesse a trinta passos. E é provavelmente por essa razão, calor e furor guerreiro andando sempre juntos, que os antigos celtas combatiam nus, tal como é frequentemente testemunhado pelos escritores da Antiguidade (*Carinthia, Mitteilungen des Geschichtsvereins für Kärnten*, t. 151, Klagenfurt, 1961, 436-438).

CAMALEÃO

Segundo as tradições dos pigmeus do Ituri, o deus supremo uraniano Arebati tem como atributos o trovão, o relâmpago e o camaleão. Este, demiurgo, criador dos primeiros homens, é sagrado. *Se acaso os pigmeus o encontram em seu caminho, retiram--no com cuidado porque têm medo do trovão e do relâmpago. Ele sobe no topo das mais altas árvores; assim, está mais próximo de Deus [...]. Um dia, o camaleão escutou no tronco de uma árvore um murmúrio e um ruído confuso. Ele rachou a árvore e uma grande onda escorreu de dentro dela. A onda espalhou-se e dividiu-se sobre toda a Terra. Era a primeira água do mundo. Junto com a água, saiu o primeiro casal humano, uma mulher chamada Otu (Sangue) e um adolescente chamado Mupe [...]. O primeiro filho deles foi o pai da raça pigmeia e o segundo foi o pai da raça negra [...]. A árvore (em questão) é a mãe de todas as árvores. De seu fruto, que o camaleão fez crescer, saíram novas espécies às quais o camaleão deu nome.*

Ele também deu nome a todas as espécies animais, a começar por uma cabra vinda do céu. Esse papel de intermediário entre o homem e as forças uranianas parece ter sido reconhecido ao camaleão na Antiguidade europeia: *sua cabeça e sua goela, queimadas com madeira de carvalho,*

permitiam comandar a chuva e o trovão. É o camaleão que permite ao Sol entrar em comunicação com os homens.

Para os dogons, o camaleão, por ter *recebido todas as cores,* está ligado ao arco-íris, caminho do céu e da terra.

Para os ela do Alto-Volta, é um símbolo de fecundidade, e suas cinzas servem, por isso, para a preparação de pós mágico-medicinais (NICO).

A função solar do camaleão nas civilizações africanas é ilustrada pelas representações da divindade superior Lisa (*Fon*) ou Orixá (*Ioruba*) do panteão vodu, que aparece nos santuários daomeanos sob a forma de um camaleão a segurar um sol na boca (GRID, MAUG), o que não deixa de ter certa relação com o **escaravelho*** egípcio.

Segundo outras tradições, o camaleão seria um dos primeiros seres vivos: "ele teria surgido quando a Terra ainda não se havia libertado por completo das Águas primordiais, e porque teria aprendido a andar na lama é que ele teria adquirido essa maneira de caminhar, lenta e aparentemente preguiçosa, que contribuiu para provocar a aparição da Morte. Efetivamente, o Camaleão fora encarregado por Uculunculu (demiurgo e primeiro homem) de ir dizer que os homens não morrem. Mas ele demorou muito, e, zangado, Uculunculu mandou o *lagarto* com a palavra de morte e este chegou primeiro" (MYTF, 233). Assim, a morte é o efeito da preguiça e de uma leviandade do camaleão.

De acordo com a lenda fula de Kavdara, o camaleão gozava de sete propriedades, que constituem o número dos símbolos revelados aos iniciados:

- Ele muda de cor à vontade: no sentido diurno, isso significa ser sociável, cheio de tato, capaz de estabelecer uma relação agradável seja com quem for; é ser capaz de adaptar-se a todas as circunstâncias, de adotar os costumes de qualquer meio ambiente. No sentido noturno, é ser hipócrita, versátil, mutável ao sabor dos interesses sórdidos e dos acordos inconfessáveis; significa, também, falta de originalidade e de personalidade. É viver como cortesão (bajulador) no vestíbulo dos poderosos;

- Ele tem o ventre estufado por uma língua comprida e viscosa, o que lhe permite não ter necessidade de se precipitar sobre sua presa, pois agarra-a a distância; quando não consegue pegar a presa, resta-lhe o recurso de recolher a língua para dentro do papo: avidez cuidadosamente dissimulada; palavra persuasiva que tira ao interlocutor todo meio de resistência; arte de livrar-se de qualquer impasse; engano com palavras melífluas; faculdades de mentir e de acobertar-se longamente numa emboscada para melhor surpreender;
- Não apoia as patas no chão, a não ser uma depois da outra, sem jamais se apressar: precavido, o (homem) prudente jamais entra temerariamente num negócio, mas pesa a situação e os riscos sem qualquer espírito de aventura ou de generosidade; explora os lugares e verifica tudo antes de dar o primeiro passo, antes de opinar e de tomar uma decisão;
- A fim de esquadrinhar as redondezas, o camaleão nunca se vira; inclina ligeiramente a cabeça e rola o olho, revirando-o em todos os sentidos dentro da órbita: observador dissimulado e desconfiado, que não se deixa influenciar, mas que recolhe todas as informações;
- Tem o corpo lateralmente comprimido: pessoa suscetível, mas que evita incomodar e estorvar;
- Tem o dorso ornado por uma crista: no sentido diurno, preocupação de se precaver das surpresas; no noturno, fatuidade do vaidoso;
- Possui uma cauda preênsil (com a faculdade de agarrar): hipócrita e covarde, apodera-se do bem de outrem disfarçadamente, por trás; armadilha montada com o objetivo de se apoderar de um bem, de modo imprevisível (HAMK, 56).

Mesmo na África, vê-se, assim, a significação simbólica do camaleão passar da ordem cósmica para a ordem ética e psicológica, o que indicaria um deslocamento dos centros de interesse e de observação. Demiurgo que fracassa em sua obra, permitindo que o homem se torne mortal, e animal cujos traços físicos e cujos hábitos servem de imagens para as lições do iniciador, encontra-se no camaleão uma impressionante bipolaridade – diurna e noturna – que reúne os poderes e os fracassos.

CÂMARA (Secreta)

Em todo ritual de iniciação apresenta-se uma prova, que é a passagem por uma câmara secreta: cubículo, subterrâneo, quarto fechado, buraco cavado no chão, clareira na floresta etc. É sempre um lugar afastado dos curiosos. Nesse local o iniciado é aspergido com água lustral ou com o sangue de uma vítima sacrificada. Muitas vezes, ele aí pernoita, pois acredita-se que receba, durante o sono ou acordado, as revelações da divindade. O papiro mágico Salt, do Egito antigo, evoca uma câmara secreta por onde passa o *signo dos sopros* e onde os defuntos são regenerados e preparados para sua nova vida. Apuleio descreve uma dessas câmaras em o *Asno de Ouro* (11, 25), no decurso de uma sessão de iniciação aos mistérios da deusa Isis. Põe na boca de Luciano, um de seus personagens, as seguintes palavras: "Aproximei-me dos limites da morte, apalpei o umbral (da morada) de Prosérpina [...]. Cheguei bem perto dos deuses do alto e dos deuses de baixo [...]." Essa câmara secreta simboliza o local da morte do *velho homem* e do nascimento do *homem novo*. Pode ser comparada ao batistério cristão. Toda iniciação, por mais natural que seja, comporta algo de secreto e de retirado, e a nova vida por ela inaugurada funda-se numa espécie de morte, numa parcela de abandono.

Ao estudar *O simbolismo dos contos de fadas*, M. Loeffler-Delachaux (LOEC, 98-100) distingue três tipos de câmaras secretas, que correspondem a três graus de iniciação, cada uma delas possuindo suas respectivas fechaduras e suas chaves de prata, de ouro e de diamante. São os sucessivos locais de iniciação onde o *mista* (ou iniciado) é, em primeiro lugar, purificado (chave de prata), depois instruído no sentido de dominar as forças da natureza (chave de ouro) e, finalmente, ilumi-

CAMELO

nado pelo conhecimento supremo e a aquisição do poder (chave de diamante). Essas três câmaras correspondem a uma progressão em direção a um sagrado cada vez mais interiorizado, como uma marcha espiritual que fosse do átrio ao interior do templo, chegando até o tabernáculo onde reside o divino, o que não deixa de ter uma certa semelhança com a teoria sufista das **quatro*** portas.

CAMELO

O camelo é comumente considerado símbolo de sobriedade e... de caráter difícil. É o atributo da temperança. Por causa das longas caravanas que a sulcam, a Ásia foi muitas vezes representada por um camelo.

O *Levítico* (9, 4) considerava-o um animal impuro. Tinham reputação de impuros os animais que os pagãos consagravam aos seus falsos deuses ou que, por repugnarem ao homem, não podiam senão ser considerados desagradáveis a Deus.

O camelo é apresentado – é verdade que muito excepcionalmente –, na iconografia hindu, como o emblema de *yogini* sinistros, relacionados com a morte.

Em primeiro lugar, porém, o camelo é a montaria que ajuda a atravessar o **deserto***: graças à qual, portanto, se pode alcançar o centro oculto, a Essência divina. Companheiro nas travessias do deserto, é o *veículo* que conduz o homem de um oásis a outro. Os Reis Magos são representados chegando ao presépio montados em camelos. E este é o motivo pelo qual diversos textos antigos – principalmente os de Honório de Autun – estabelecem um equívoco fonético entre os camelos (lat. *camelli)* e os *camilli*, que são os *servidores* de reis e são também altares, ao mesmo tempo que são os propagadores da *filosofia* hermética (DEVA, MALA).

O *Zohar* fala de *camelos voadores*, semelhantes aos dragões e às serpentes aladas, que teriam sido os *guardiões do Paraíso* terrestre, os mesmos a que se faria menção no *Avesta*, o livro sagrado da Pérsia antiga.

Na Ásia Central, o camelo é símbolo não de mau-caráter, mas de pretensão. "Porque o camelo se julgou grande, desgraçou o exército" (provérbio buriata, citado em HARA, 145).

CAMISA

Na tradição céltica, homens do *grande mundo do Leste* dizem a Dagda: *Toda pele que usa uma camisa a envolvê-la não pode ser atingida por doença alguma*. Símbolo de *proteção.*

Estar desprovido de camisa é sinal não apenas do mais extremo despojamento material, como também de uma completa solidão moral, e de ter sido relegado pela sociedade: já não existe proteção: nem a de um lugar material, nem a de um grupo, nem a de um amor. Dar até a própria camisa, ao contrário, é um gesto que significa generosidade sem limites. E, na medida em que a camisa é uma segunda pele, é o gesto de quem se dá a si mesmo, de quem partilha sua *intimidade.*

O próprio material de que é feita a camisa, em contato direto com o corpo, matiza seu simbolismo: cânhamo rude, a do camponês ou do asceta; linho fino, a das pessoas da sociedade; seda preciosa, a dos ricos; e a camisa bordada que se usa nas cerimônias etc., cada uma delas assinala um personagem. *O homem feliz não tem camisa*, diz o ditado. E isso significa que esse homem nada reivindica, que sua felicidade não depende dos bens materiais, por modestos que sejam. Leve como o ar, ele não se sobrecarrega com qualquer vínculo, qualquer espécie de vestimenta.

CAMPÂNULA-BRANCA (*v.* Galanto)

CAMPOS

Aos Campos Elísios da mitologia greco-romana correspondem, entre os egípcios, os campos de Ialu, também chamados de campos de **caniços***, campos de alimentos ou campos de oferendas. Era para lá que iam os defuntos, quando o resultado da **psicostasia*** tivesse sido favorável, a fim de que pudessem gozar das divinas alegrias da eternidade. Ali contemplariam *o ovo cósmico,* ou o Deus-Sol Ré em seu ovo, que conservava "a vibração original responsável pela vibração da luz e pela da palavra" (CHAS, 49). Antítese dos infernos, os campos são o símbolo do *Paraíso*, ao qual os justos têm acesso após a morte.

CAMUNDONGO

Os camundongos são utilizados para a adivinhação por numerosos povos da África ocidental. Entre os bambaras, estão duplamente ligados ao rito da excisão. Os clitóris das jovens excisadas são dados aos camundongos, e há uma crença de que o sexo do primeiro filho da jovem é determinado pelo camundongo que comeu o seu clitóris. Diz-se, também, que os camundongos veiculam a parte da alma das excisadas (a parte masculina do sexo feminino) que deve voltar para Deus para esperar por uma reencarnação. Os bambaras também acreditam que os camundongos transformam-se em sapos durante a estação de chuvas (ZAHB). São animais ctonianos que simbolizam a fase subterrânea das comunicações com o sagrado.

CANA

A cana é tomada comumente como símbolo de fragilidade, mas também de flexibilidade. É a cana de La Fontaine, bem como o *caniço pensante* de Pascal.

O simbolismo desta planta no Extremo Oriente se manifesta de duas maneiras distintas. Na mitologia do Xintô, o crescimento da cana, oriunda das águas primordiais, representa a manifestação, o equivalente do **lótus***; o Japão mítico é uma *planície de canas*.

A cana é, por outro lado, dotada de poderes purificadores e protetores. Foi com a ajuda de canas que *Izanagi* se purificou, ao retornar do país dos mortos; foi com a fumaça de canas que *Yi-yin* foi purificado, antes de se tornar ministro. É com cordas de canas que os gênios das **portas*** dominam os espíritos maléficos. Em certas cerimônias do *Xintô* as pessoas se purificam atravessando o *chi-no-wa*, que é um círculo de canas. O acesso a certas lojas de sociedades secretas chinesas é alcançado depois de se passar sob arcos de canas, com guardiães de cada lado. O tapete de canas brancas é de uso ritual.

A cana (*vetasa*) é às vezes considerada na Índia uma imagem do Eixo do mundo, o que não se pode deixar de associar à cana *axial* nascida das águas primordiais nipônicas (GRAD, HERS, HERJ).

Na lenda do rei Midas, uma cana cresce no buraco cavado pelo cabeleireiro do rei, para ali gritar sua confidência: *o rei Midas tem orelhas de burro*. Esta cana seria, segundo Paul Diel, um dos símbolos da banalização que resulta da tolice de se ter desejos excessivos. Nesse contexto lendário, "a cana representa a propensão da alma pervertida que se dobra a todos os ventos, se curva a todas as correntes de opinião" (DIES, 132).

A cana, arrancada da terra, torna-se a **flauta*** sagrada dos *mawlawivya* ou dervixes rodopiantes – o *Ney*, principal instrumento de seus concertos espirituais que, segundo as palavras de Mevlana Jalad-ed-Din Rumi, fundador da ordem, *canta as dores da separação*. A flauta de cana simboliza aqui o místico, separado de Deus, que manifesta, com seus soluços e seu canto, a sua aspiração a reencontrá-lo na vida eterna.

Este símbolo da alma ardente que se exprime, chora e canta é encontrado no folclore e nas superstições de certos povos da Europa oriental é da Ásia. Assim os ucranianos, os bielo-russos e até os lituanos dizem que *a cana que cresce sobre o corpo de um afogado acusa o assassino, se alguém faz com ela uma flauta*. A cana é uma voz.

Os anos do calendário asteca são colocados sob quatro signos, dentre os quais o da cana. A cana (verde) é associada ao Leste, país da Renovação. Constituía para os antigos mexicanos um símbolo de fertilidade, de abundância, de riqueza (SOUP).

CÂNCER
(Signo zodiacal: 22 jun. – 22 jul.)

Quarto signo do Zodíaco que, no hemisfério norte, se situa imediatamente após o solstício de verão, quando os dias começam a encurtar. Seu hieróglifo, semelhante a duas espirais, exprime a mudança de sentido do movimento solar – que se torna descendente, quando até esse momento era ascendente – e representa esquematicamente *as vagas da vida* (i.e., as flutuações, as indecisões ou os altos e baixos etc.). Signo lunar, significa

224 | CANDELABRO[1]

o retraimento em si mesmo, a sensibilidade, a timidez e a tenacidade.

Com o Câncer, surge todo um universo aquático; apresenta-se como o símbolo da *água original*: águas-mães calmas e profundas da fonte murmurante, passando pelo leite materno e pela seiva vegetal. O caranguejo, de água doce ou de mar, que o representa, é um animal aquático que vive debaixo de uma carapaça protetora. Ao espírito das águas associa-se estreitamente um valor de coisa interna, íntima ou interior, a relembrar que os esboços e prefigurações da vida em fase de renascimento – gérmens, ovos, fetos e brotos – estão circundados por conchas, matrizes, cascas e invólucros, todos eles destinados a resguardar o poder de ressurreição encerrado nessas couraças. Efetivamente, o quarto signo identifica-se ao *arquétipo materno* que Jung distinguiu:

> Todo o mundo dos valores de conteúdo, ou seja, tudo aquilo que é grande, e que envolve, resguarda, conserva, nutre, protege e mantém aquecido aquilo que é pequeno. Princípio matricial e nutriente, que vai do útero à terra-mãe: profundeza, abismo, poço, gruta, caverna, bolso, vaso, abrigo, casa, cidade [...] que vem terminar no grande refúgio da humanidade, que era a Grande Mãe. Ao signo Câncer encontra-se associada a Lua, de fisionomia alvacenta e de luz acinzentada e pálida, símbolo planetário desse princípio matricial, do *psiquismo inconsciente*, do clarão vegetativo crepuscular, da pulsão vital ainda não assumida pela razão. No concerto zodiacal, a partitura canceriana, sempre que não se trate de uma pausa, assimila-se a um murmúrio melódico de penumbra ou a um canto sonhador em claro-escuro. E a natureza canceriana deriva do desenvolvimento da sensibilidade da alma infantil na proximidade da mãe, como também do surto ascensional do imaginário, com seu mundo de subjetividade, de lembrança, de sonho, de romanesco, de fantasia, de lirismo [...].

O papel do Câncer é também o da *mediação*, da mediunidade, do meio. Ele marca o meio do ano, une o mundo definido ao indefinido, é o limiar da reencarnação, a passagem do **zênite*** para o **nadir***. Os seres marcados por esse signo gozam de um grande poder secreto, próprio a favorecer os renascimentos futuros.

CANDEIA (*v.* Vela)

CANDELABRO[1]

No verbete candelabro2 (fr. *chandelier*) ver-se-á a explicação do símbolo. Na Bíblia, há dois textos que a ele fazem alusão. "Farás um candelabro de ouro puro [...]. Far-lhe-ás também sete lâmpadas, que se acenderão para alumiar defronte dele. As suas espevitadeiras e os seus aparadores serão de ouro puro. Com um talento de ouro puro se fará o candelabro e todos esses acessórios. Vê, pois, e faze tudo conforme o modelo que te foi mostrado sobre a montanha" (*Êxodo*, **25**, 31-33; 37-40).

É a essa descrição que se referirá a visão de Zacarias (**4**, 1, 14): "Vejo um lampadário todo de ouro com um reservatório em sua parte superior; sete lâmpadas estão sobre ele e sete canais para as lâmpadas que estão em sua parte superior. E junto dele estão duas oliveiras, uma à sua direita e outra à sua esquerda. Então eu perguntei ao anjo que falava comigo: O que significam estas coisas, meu Senhor? E o anjo que falava comigo respondeu-me: Não sabes o que significam estas coisas? Eu disse: Não, meu Senhor! E ele respondeu-me: Estes sete são os olhos de Jeová, que percorrem toda a terra." Já a visão do profeta começa a explicitar os valores simbólicos: as sete lâmpadas são os olhos de Jeová, que percorrem toda a terra; os dois ramos de oliveira são *os dois bicos de ouro* que distribuem o óleo, quer dizer, o poder: espiritual, representado por Josué, e temporal, encarnado por Zorobabel, ambos *Ungidos,* sendo que um recebeu a unção sacerdotal, e o outro, a unção régia; cada qual com seu papel na temática da salvação.

CANDELABRO[2]

Símbolo de luz espiritual, de semente de vida e de salvação.

Seu simbolismo religioso apoia-se em seu simbolismo cósmico: *demos-lhe tantos braços,* diz Josefo (Flavius Josephus), ao referir-se ao candelabro de sete braços, *quantos são os planetas, incluído o Sol; imitação terrestre,* segundo Fílon, *da esfera celeste arquetípica.*

O candelabro dos hebreus é equivalente à árvore babilônica da luz. De acordo com o texto do *Êxodo* (**25**, 31-33), ele é feito de ouro puro. Compreende sete braços – três de cada lado do eixo principal. As duas séries de três representam a dualidade: "os cálices terão o formato de flor de amêndoa". O candelabro representa a **amendoeira***, ou seja, a *noz de ouro* que se encontra em muitas civilizações.

O candelabro de sete braços, ou *Menorah,* aparece também de maneira clara no templo de Zorobabel. Zacarias (**4**, 1-14) dá uma descrição mítica desse candelabro, que deixa entrever um simbolismo de origem astral: ele corresponderia aos sete planetas, aos sete céus. As sete lâmpadas que sustenta são, para Zacarias, os olhos de Deus – sete (número perfeito) olhos que percorrem a Terra inteira. Escritores judeus ulteriores, como Fílon, Flávio Josefo e mesmo algumas testemunhas do antigo rabinismo põem em evidência explicitamente esse simbolismo. Para Fílon (*Vida de Moisés* **2**, 105), o candelabro é o céu com o sistema planetário, no centro do qual brilha o sol. A haste central simboliza o Sol, rodeado por três planetas de cada lado. Por conseguinte, é também um símbolo do Logos, luz do mundo.

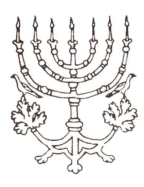

Candelabro de sete braços. Miniatura, séc. XII.
Arte alsaciana

Segundo o mesmo texto de Zacarias, o candelabro está ladeado por duas árvores: são duas oliveiras, que fornecem diretamente o azeite necessário às lâmpadas. Pode-se indagar, em vista disso, se o candelabro de sete braços não deriva diretamente de uma árvore sagrada. Os paralelos das religiões greco-romanas, bem como muitas representações (é verdade que mais tardias) nas quais os braços do candelabro aparecem ornamentados com folhas, favoreceriam uma conclusão nesse sentido.

Símbolo da divindade e da luz que ela distribui entre os homens, a Menorah foi muitas vezes utilizada como simples motivo ornamental (embora rico em significado) nas paredes das sinagogas ou nos monumentos funerários.

No *Apocalipse* (**1**, 20) são mencionados justamente sete candelabros (de ouro), porém não está dito que eles tenham sete braços. Simbolizam as sete Igrejas.

Nos primeiros séculos cristãos, o candelabro designava "o Sol sobre sua quadriga, aureolado por sete raios, rodeado pelos doze signos do Zodíaco e ladeado, nos ângulos, por figuras que representavam as estações" (v. Jean Daniélou, *Symbolisme cosmique et mouvements religieux,* Museu Guimet, Paris, 1953, p. 63).

Para Clemente de Alexandria, o candelabro de ouro com sete braços significa os "movimentos dos sete astros luminosos que realizam seus percursos no céu" (*Strom,* **5**, 6, 34, 8). Um segundo símbolo – explicado também pelo mesmo autor – relaciona-se à cruz de Cristo, não apenas por causa de sua forma, mas porque o candelabro relembra a cruz-fonte de luz. Por fim, o candelabro evoca os sete arcanjos superiores (*v.* Jean Daniélou, "Aux sources de l'ésotérisme judéo-chrétien", in *Umanesimo e esoterismo.* Pádua, 1960, p. 40).

Nas tradições célticas, *candelabro da coragem* é uma expressão usual (ou ainda: *candelabro da Bodb*) para designar, em termos honrosos, um guerreiro valoroso. Evidentemente, a metáfora tem como base figurada o brilho, o esplendor do guerreiro célebre. Assim também, a lança de um grande guerreiro é algumas vezes comparada a um *candelabro* régio (WINI, 5, 373).

CANELA – CANELEIRA

Essa casca (ou cortiça) de laureácea (caneleira, caneleiro ou pau-canela), que foi uma das *especiarias* importadas do Oriente, é um *fortificante* tradicional da farmacopeia chinesa. Por isso é utilizada nos métodos taoístas que visam à purificação dos corpos através da *abstenção de cereais*.

Efetivamente, é o alimento habitual dos Imortais e, em particular, do ilustre P'ong-tsu, que viveu 888 anos. A canela, por ser de natureza *yang*, nutre o *sing*, o *princípio vital*. Preparava-se com a canela um vinho do qual uma única gota bastava para dar ao corpo a cor do ouro, i.e., para metamorfoseá-lo em puro *yang*. Segundo o *Paopu tse,* a canela deve ser absorvida mesclada a uma porção de cérebro de tartaruga, porque a tartaruga *nutre o yin* (está ligada ao elemento Água), ao passo que a canela nutre o *yang*. Essa conjunção, estando em conformidade com a do ritmo universal, permite a integração a esse ritmo, *caminhar sobre as águas* e, finalmente, atingir a imortalidade.

Relacionando-se com a preparação das drogas de imortalidade, a caneleira (ou a cássia, ou o **loureiro***) é considerada por vezes a árvore da Lua, aquela ao pé da qual a lebre tritura as ervas medicinais.

Além disso, a caneleira (*kuei*) é, por mera homofonia, símbolo de nobreza e de honrarias (BELT, DURV, SOUL).

CÂNFORA

Na terminologia hindu, a cânfora é a designação do branco puro: *Shiva é branco como a cânfora.* O poder de sublimação do produto acrescenta a essa noção a de sutileza: "um corpo muito nobre que tem a brancura e a sutileza da cânfora", lê-se no Risalat de Ibn al-Walid (CORT).

CANGA (*v.* Jugo)

CANTO

O canto é o símbolo da palavra que une a potência criadora à sua criação, no momento em que esta última reconhece sua dependência de criatura, exprimindo-a na alegria, na adoração ou na imploração. É o sopro da criatura a responder ao sopro criador.

O canto é a modalidade normal de expressão do *file*, poeta-adivinho, quando exerce suas funções. Sabe-se que o nome do hino religioso em gaulês é *cantalon* (OGAC, 11, 288-293), e essa palavra tem parentesco com o nome da *encantação* em irlandês: *cetal*, com o da *lição* em bretão, e com o do *canto* no domínio itálico (lat. *canere*). Um poeta mítico irlandês chama-se Amorgen: *nascimento do canto* (OGAC, 12, 448-449). Os filhos de Lir, transformados em cisne pela madrasta, e que adormecem os Tuatha Dê Danann pelo *modo do sono*, praticam o canto vocal, sem acompanhamento de harpa. Em relação à música – e isso demonstra a Antiguidade da tradição – o canto é *primordial*: a música, mesmo a sagrada, é apenas uma técnica; os harpistas tinham a categoria de *homens livres*, possuidores de gado (*bó-aire*), e não a de membros da classe sacerdotal, como os poetas (*filid*) (OGAC, 18, 326-329).

CÃO

Não há, sem dúvida, mitologia alguma que não tenha associado o cão – Anúbis, T'ian-k'uan, Cérbero, Xolotl, Garm etc. – à morte, aos **infernos***, ao mundo subterrâneo, aos impérios invisíveis regidos pelas divindades ctonianas ou selênicas. À primeira vista, portanto, o símbolo bastante complexo do cão está ligado à trilogia dos elementos **terra*** – **água*** – **Lua***, dos quais se conhece a significação oculta, femeal, ao mesmo tempo que é vegetativa, sexual, divinatória e fundamental, tanto no que concerne ao conceito de inconsciente, quanto ao de subconsciente.

A primeira função mítica do cão, universalmente atestada, é a de *psicopompo*, i.e., guia do homem na noite da morte, após ter sido seu companheiro no dia da vida. De Anúbis a Cérbero, passando por Thot, Hécate e Hermes, ele emprestou seu rosto a todos os grandes guias de almas, em todos os escalões de nossa história cultural ocidental. Mas existem cães no universo inteiro, e em todas as culturas eles reaparecem com variantes que não fazem senão enriquecer esse simbolismo fundamental.

Os cinocéfalos (macacos de cabeça semelhante à do cão), tão numerosos na iconografia egípcia, têm por missão *aprisionar ou destruir os inimigos da luz,* e guardar as Portas dos locais sagrados.

Entre os germanos, um cão terrível, chamado Garm, guarda a entrada do Niflheim, reino dos mortos, país de gelos e de trevas.

Os antigos mexicanos criavam cães especialmente destinados a acompanhar e a guiar os mortos no Além. Costumava-se enterrar junto com o cadáver "um cão cor de leão – i.e., de sol – que acompanhava o defunto assim como Xolotl, o deus-cão, havia acompanhado o Sol durante sua viagem por debaixo da terra" (GIRP, 161; SOUA). Ou então o cão era sacrificado sobre a tumba de seu amo para ajudá-lo, ao cabo de sua longa viagem, a atravessar os nove rios (SOUA) que defendiam o acesso *da morada eterna dos mortos, Chocomemictlan, o nono céu* (ALEC, 246).

Ainda hoje, na Guatemala, os indígenas lacandones costumam depositar, nos quatro cantos de suas sepulturas, quatro miniaturas de cão, feitas de folhas de palmeira (THOH).

A décima terceira e última constelação do antigo Zodíaco mexicano é a constelação do Cão; ela introduz as ideias de morte, de fim, de mundo subterrâneo (BEYM), mas também as de iniciação e renovação, pois, segundo o verso de Nerval: "A décima terceira retorna [...] ainda é a primeira." Nos antípodas da América Central, esse exemplo permite melhor compreender certos detalhes de ritos funerários dos povos xamânicos da Sibéria. Assim, entre os Gold, o morto é sempre sepultado com seu cão. Noutra região, povoada por cavaleiros, o **cavalo*** do morto é sacrificado, e sua carne, distribuída aos cães e às aves que guiarão o defunto na direção dos impérios do céu e dos infernos (HARA).

Na Pérsia e na Báctria (país da Ásia antiga, situado ao norte do atual Afeganistão), costumava-se jogar os mortos aos cães, como também os velhos e os enfermos. Em Bombaim, os parsis colocam um cão perto do moribundo, de modo a que homem e animal possam olhar-se nos olhos. Quando uma mulher morre de parto, costuma-se trazer não apenas um cão, mas sim, dois, pois é preciso assegurar a viagem de duas almas. Na ponte mítica de Tschinavat, onde os deuses puros e os deuses impuros disputam as almas entre si, os justos são guiados para o paraíso por cães que guardam a ponte, ao lado dos deuses puros (MANG, 52 n.).

Mas o cão, para o qual o invisível é tão familiar, não se contenta em guiar os mortos. Serve também como intercessor entre este mundo e o outro, atuando como intermediário quando os vivos querem interrogar os mortos e as divindades subterrâneas do país dos mortos.

Assim, entre os bantos do Cassai (bacia congolesa), observou-se um método divinatório por meio de hipnotismo, durante o qual o *cliente* do adivinho, amarrado a ele por um fio, é baixado para dentro de uma cova funda, onde deverá entrar em comunicação com os espíritos, graças à presença, a seu lado, enquanto dura o transe hipnótico, de um cão e de uma **galinha*** (FOUC). Nessa mesma região, a aparição de um cão no sonho é uma advertência de que uma operação de feitiçaria está sendo realizada em algum lugar. Finalmente – e este exemplo é indubitavelmente o mais surpreendente – os mesmos observadores assinalaram o seguinte costume, praticado pelos bantos para resolver o enigma da morte misteriosa de um dos habitantes da aldeia: o chefe da tribo pendura numa árvore o cão do morto coberto por uma pele de **leopardo***, destinada certamente a desenvolver seus dons num sentido agressivo. O corpo do animal assim sacrificado é, a seguir, dividido entre todos os habitantes da aldeia, que são obrigados a consumi-lo inteiro, à exceção da cabeça. O chefe fica com a cabeça do cão e, após recobri-la de caulim (*v.* **branco***), interroga-a nos seguintes termos:

> Tu, cão, e tu, leopardo, olhai atentamente!
> Tu, cão, fareja de que lado veio a morte deste homem
> Tu vês as almas, tu vês os feiticeiros,
> Não te enganes quanto ao causador da morte deste homem!

228 | CÃO

Algum tempo depois, um dos aldeões que haviam participado da partilha cai doente: o cão designou o culpado.

Esse dom de clarividência, além da familiaridade do cão com a morte e com as forças invisíveis da noite, pode, num dado momento, tornar o animal suspeito de feitiçaria. Este é o caso assinalado por Evans-Pritchard (EVAN), entre os azandés do Sudão meridional, onde julgamentos por ordálio fizeram com que se atribuísse a cães suspeitos a responsabilidade de mortes inexplicáveis.

Os costumes siberianos narrados a seguir coincidem igualmente com os costumes africanos: em seus banquetes funerários, os teleutas oferecem aos cães a parte que caberia ao morto, após ter pronunciado estas palavras:

Quando vivias, eras tu mesmo quem comia.

Mas agora que estás morto, é tua alma que comeu.

(HARA, 227)

Por outro lado, Banyowski descreve um traje de xamã feito de peles curtidas de cão (ROUF, 242), o que mostra o poder divinatório outorgado a esse animal. Reencontra-se essa crença na África ocidental, na antiga Costa dos Escravos. Bernard Maupoil (MAUG, 199), num de seus relatos, conta que um de seus informantes, em Porto Novo, confiou-lhe o seguinte: a fim de reforçar o poder de seu **rosário*** divinatório, ele o deixara enterrado durante alguns dias dentro da barriga de um cão, que imolara expressamente com essa finalidade.

Entre os iroqueses (povos indígenas dos EUA), o cão também é considerado mensageiro intercessor: todos os anos, por ocasião das festas do ano-novo, sua tradição exigia que se sacrificasse um cão branco: "esse sacrifício constituía o centro da festa. Com efeito, o cão era um mensageiro que se apressava em ir para o céu levando as preces dos homens" (KRIR, 267).

Além de visitá-los com frequência, muitas vezes o cão é também guardião dos infernos; ou então, empresta seu rosto aos senhores dos infernos; e embora já tenhamos citado alguns exemplos disso, poderíamos dar ainda inúmeros outros. Na mitologia grega, Hécate, divindade das trevas, podia tomar a forma quer de uma égua, quer de um cão; assombrava as **encruzilhadas***, acompanhada por uma matilha infernal (ROYR). Assim também, os xamãs do Altai, quando descrevem suas viagens órficas, costumam narrar detalhadamente os choques violentos que tiveram com cães, às portas da morada do senhor dos infernos (ELIC, 187). O décimo dia do calendário divinatório dos astecas é o dia do cão; seu patrono é o deus dos infernos, e é no décimo céu que residem as divindades noturnas.

A associação do cão, das divindades ctonianas e do sacrifício humano ressalta claramente de um mito peruano pré-incaico relatado pelo Padre Francisco de Ávila (AVIH) em sua crônica, que data dos primeiros tempos da conquista espanhola. Segundo esse mito, o estabelecimento dos *tempos novos* (que provavelmente correspondia ao começo mítico do ciclo agrário) era assinalado pelo triunfo da divindade uraniana, senhora das águas e do fogo do céu, sobre a divindade ctoniana, senhora do fogo interior da terra. Tendo acuado seu rival num alto vale andino, e tendo-o assim reduzido à impotência, o deus celeste decidiu que *por se haver nutrido de carne humana, ele se nutriria a partir desse momento de carne de cão*; e é esta a razão pela qual, concluiu o Padre Ávila, os yuncas, adoradores da divindade vencida, comem ainda hoje a carne do cão.

Psicopompo, como Hermes, o cão também possui, quando a ocasião se apresenta, qualidades medicinais; na mitologia grega, ele figura entre os atributos de Asclépio, o Esculápio dos latinos, herói e deus da medicina (GRID).

Enfim, seu conhecimento do mundo do Além, bem como do mundo em que vivem os seres humanos, faz com que o cão seja muitas vezes apresentado como herói civilizador, na maioria das vezes senhor ou conquistador do **fogo*** e igualmente como ancestral mítico, o que enriquece seu simbolismo de uma significação sexual.

E é por isso que os bambaras o comparam ao pênis e, por eufemismo, empregam justamente a palavra *cão* para designá-lo. Segundo Zahan (ZAHB), essa associação proviria da analogia que estabelecem entre a *cólera* do pênis – a ereção – diante da vulva, e o latido "do cão perante o estranho; poderia provir, também, da voracidade sexual do homem, cuja avidez nesse terreno só tem como equivalente a fome canina" (ibid., 70).

Mitos turco-mongóis contam casos de mulheres fecundadas pela **luz***; muitas vezes especificam que a luz, após ter visitado a mulher, deixa-a, sob a forma de um *cão amarelo*; mito esse que tem certa relação com o do cão *cor de leão*, eminentemente solar, dos astecas.

Por outro lado, cães e lobos estão na origem de muitas dinastias turcas e mongóis, o que conduz ao mesmo sentido dos mitos ameríndios, e os confirma. Assim, os denês da América setentrional atribuem a origem do homem às relações secretas de uma mulher e de um cão (KRIE, 62). Diz a tradição asteca que Xolotl, o deus-cão, roubou dos infernos as ossadas das quais os deuses deviam extrair a nova raça humana (METB).

Ancestral mítico, muitas vezes o cão é divisado nas manchas da Lua, o que faz com que, a exemplo de outros animais lunares, tais como o **coelho***, a **raposa*** etc., ele seja frequentemente considerado um ancestral e herói algo libidinoso. Na Melanésia, o cão é o ancestral de uma das quatro classes da sociedade, estudadas por Malinowski (MALM). Deve-se estabelecer uma aproximação entre a loba romana e os inúmeros outros canídeos, heróis civilizadores, sempre ligados à instauração do ciclo agrário.

Entretanto, na maior parte das vezes, é sob os traços de herói pirogenético que o cão aparece nessas tradições – centelha de fogo que precede a centelha de vida ou que, frequentemente, com ela se confunde. Assim, para os chiluks do Nilo Branco e toda a "região do Alto Nilo, o cão teria roubado o fogo à serpente, ao arco-íris, às divindades celestes ou ao Grande-Espírito para trazê-lo na ponta de sua cauda (FRAF). Ao correr em direção à fogueira, ele teria incendiado sua cauda e, ganindo de dor, teria transmitido o fogo ao mato, onde

os homens acabaram por pegá-lo. Entre os falis do norte dos Camarões, ele é associado ao **macaco*** negro, encarnação do ferreiro ladrão de fogo (LEBF), e para seus vizinhos, os Prodovko, foi ele que trouxe aos homens as duas riquezas mais preciosas que possuem: o fogo e o milho miúdo (ou milhete). Para os ibos, ijós e outras populações da Biafra, foi o cão, igualmente, que roubou o fogo do céu para dá-lo aos homens (TEGH, 88). Na América do Sul, o Canis vetulus não é o conquistador do fogo, e sim seu primeiro proprietário; os heróis **gêmeos***, sob forma de **caracol*** e de **peixe***, furtaram-no ao cão (FRAF). Na América do Norte, a analogia simbólica fogo-ato sexual é detalhada em outros mitos que apresentam o cão como herói pirogenético: assim, para os sias e os navajos no Novo México, para os karoks, os gallinomeros, os achomawis e os maidus da Califórnia, o coiote, grande herói da pradaria, inventa o fogo por meio de fricção, ou então, rouba-o e carrega-o em suas **orelhas***, ou, ainda, organiza a corrida de revezamento graças à qual os homens conseguem roubar o fogo dos deuses (FRAF).

Certos mitos da Oceania vão especificar-nos ainda melhor a significação sexual do cão, sempre ligada à conquista do fogo. Por exemplo: na Nova Guiné, muitas povoações acreditam que o cão tenha roubado o fogo ao seu primeiro possuidor, o **rato*** – trata-se, portanto, do fogo ctoniano. Para os motu-motu e para os ozokaivas da Papua Nova Guiné, não há dúvida de que o cão seja o senhor do fogo, porquanto é sempre ao pé do fogo que ele costuma dormir, e quando se tenta escorraçá-lo daí, ele rosna. Todavia, um mito da Nova Bretanha, igualmente relatado por Frazer, é o que ilustra de maneira mais surpreendente a associação cão-fogo-sexualidade: naquele tempo, os membros de uma sociedade secreta masculina eram os únicos que conheciam o segredo do fogo por fricção. Mas um cão espionou-os, e transmitiu sua descoberta às mulheres da seguinte maneira: pintou seu **rabo*** nas cores da tal sociedade de homens e, depois, veio esfregá-lo num pedaço de pau, sobre o qual estava sentada uma mulher,

230 | CÃO

continuando o movimento de fricção até que o fogo brotasse; então, a mulher pôs-se a chorar, e disse ao cão: *Tu me desonraste, e agora tens de casar comigo.*

Para os murut do norte de Bornéu, o cão é a um só tempo ancestral mítico e herói civilizador: primeiro filho dos amores incestuosos de um homem com a irmã, únicos sobreviventes do **dilúvio***, o cão ensina à nova humanidade todas as técnicas novas, inclusive a do fogo. Ainda uma vez, é a origem do ciclo agrário que se explica desse modo. Para seus vizinhos, os dayak, no dia seguinte ao dilúvio, o cão revela a uma mulher o segredo do fogo, esfregando o rabo num cipó. Finalmente, num mito das ilhas Carolinas, o fogo é entregue a uma mulher pelo deus do **trovão***, que lhe aparece sob forma de um cão. Esse último exemplo demonstra claramente a oscilação do símbolo entre os domínios ctoniano e uraniano, o que nos conduz novamente aos centro-americanos. Para os maias, o cão guia o sol em seu percurso subterrâneo, conforme já vimos, e, portanto, representa o sol negro; para os astecas, ele é a síntese, o próprio símbolo do fogo.

No domínio céltico, o cão é associado ao mundo dos guerreiros. Contrariamente ao que sucede na civilização greco-romana, entre os celtas o cão é objeto de comparações ou de metáforas elogiosas. O maior dos heróis, Cuchulainn, tem o apodo de *cão de Culann,* e sabe-se que todos os celtas, tanto os insulares como os continentais, tiveram cães treinados para o combate e a caça. Comparar um herói a um cão era algo de honroso, era render homenagem à sua bravura guerreira. Não existe qualquer conotação pejorativa. Parece não haver nenhum cão infernal análogo a Cérbero. O cão maléfico aparece somente no folclore, e provavelmente sob a influência do cristianismo: na Bretanha, o cão negro dos montes de Arrée (Finisterra, França) representa os danados (almas condenadas ao inferno). O herói irlandês Cuchulainn tinha, como principal proibição alimentar, a carne de cão; e, a fim de condená-lo a morrer, as feiticeiras que ele encontrou quando se dirigia ao

combate oferecem-lhe dessa carne, obrigando-o a comê-la (OGAC, **11**, 213-215; CELT, 7, *passim*; CHAH, 293-294).

Certos aspectos da simbólica do cão que acabamos de descrever, a saber: herói civilizador, ancestral mítico, símbolo de potência sexual e portanto de perenidade, sedutor, incontinente – transbordante de vitalidade como a natureza, na época de sua renovação, ou fruto de uma ligação proibida –, fazem aparecer o cão como a face diurna de um símbolo. Mas convém que sua face noturna seja igualmente observada. A mais convincente ilustração desse aspecto é a interdição implacável sofrida por esse animal nas sociedades muçulmanas.

O Islã faz do cão a imagem daquilo que a criação comporta de mais vil. Segundo Shabestari, apegar-se ao mundo é identificar-se ao cão, devorador de cadáveres; o cão é o símbolo da avidez, da gula; a coexistência do cão e do anjo é impossível. Segundo as tradições do Islã, no entanto, o cão possui cinquenta e duas características, metade das quais santas, e a outra metade, satânicas. Por isso ele vigia, é paciente e não morde seu amo. Além disso, late contra os escribas etc. Sua fidelidade é louvada: *Se um homem não tem irmãos, os cães são seus irmãos. O coração de um cão assemelha-se ao coração de seu amo.*

Os cães são também considerados animais impuros. Os jnun aparecem muitas vezes sob a forma de cães negros. O latido de cães perto de uma casa é presságio de morte. Sua carne é utilizada como remédio (contra a esterilidade, contra a má sorte etc.). Em Tânger, a carne dos cachorrinhos e dos filhotes de gato costuma ser comida como antídoto contra a feitiçaria. Ao contrário dos outros cães, o cão de caça é considerado não impuro, mas dotado de baraka: protege contra o mau-olhado. Os muçulmanos da Síria acreditam que os anjos jamais entram numa casa onde se encontra um cão (WESR, 2, 303). Segundo uma tradição do Profeta, este declarou que um recipiente no qual tiver bebido um cão deve ser lavado sete vezes, sendo que a primeira lavagem deverá ser feita com terra. Diz-se que o Profeta proibia matar os cães, salvo os cães negros que tivessem duas manchas brancas por cima dos olhos, pois essa espécie de cão era uma encarnação do diabo. Quem mata um cão torna-se impuro; diz-se ser tão grave quanto matar sete homens; acredita-se que o cão tenha sete vidas. O cão que guardava os Sete Adormecidos em sua caverna (*Corão*, 18) é figurado nos amuletos.

Entretanto, os muçulmanos estabelecem uma distinção entre o cão vulgar e o de caça, cuja nobreza de atitude o torna um animal puro. O *enviado* de Dante, o Veltro, é um lebréu (ou galgo), animal que reencontramos nas gravuras de Dürer, e que se pôde identificar ao Precursor do segundo advento de Cristo. Um cão cuspindo fogo é o emblema de São Domingos de Gusmão (1170-1221), fundador da Ordem cujos monges eram denominados Dominicanes (*cães do Senhor*), i.e., aqueles que protegem a Casa pela voz ou os arautos da palavra de Deus. No Extremo Oriente o simbolismo do cão é essencialmente ambivalente: benéfico, porque o cão é um achegado companheiro do homem e o guardião vigilante de sua casa; e maléfico porque, aparentando-se ao lobo e ao chacal, ele aparece como animal impuro e desprezível. Esses aspectos não correspondem a nenhuma limitação geográfica, sendo ampla e igualmente difundidos.

Sentido muito próximo revela-se no Tibete, onde o cão é o signo do apetite sensual, da sexualidade e, ao mesmo tempo, do ciúme. Aquele que vive como um cão, ensina o Buda, *por ocasião da dissolução* do corpo, após a morte, irá juntar-se aos cães (*Majjhima-nikaya*, 387).

No Japão, o cão goza em geral de uma consideração favorável: companheiro fiel, sua efígie protege as crianças e facilita os trabalhos de parto. Na China, acompanha, não menos fielmente, os Imortais, até mesmo em sua apoteose: o *Grande Venerável,* que apareceu no monte Tai-che na época do imperador Wu da dinastia Han, segurava pela trela um cão amarelo; o cão de Han-tse tornou-se vermelho como o cão celeste, cresceram-lhe asas, e ele obteve a imortalidade; o

alquimista Wei-Po-*yang* subiu ao céu em companhia de seu cão. O cão é o ancestral e o emblema de certas povoações, talvez dos próprios chineses, porquanto P'an-ku poderia ter sido um cão.

O Cão celestial (*T'ien-k'uan*) é tempestade e meteoro: faz o estrondo do trovão e tem a luminosidade do relâmpago; é vermelho como o fogo. Não resta dúvida de que ele é o adversário do mocho demoníaco, mas é também o anunciador da guerra. Assim, a fim de proteger-se contra o mocho, os chineses costumam fazer latir os cães puxando-lhes uma orelha. Segundo certas tradições antigas, os chineses representam igualmente o caos com a figura de um enorme cão de longos pelos. Ele tem olhos, mas não vê; tem orelhas, mas não ouve; não tem as cinco vísceras, mas vive.

Outro símbolo tipicamente chinês é o dos *cães de palha* (cf. *Tao Te ching*, cap. 5). O uso ritual dessas miniaturas, sugere M. Kaltenmark, pode ser de origem xamânica; elas constituem, escreve Wieger, *filtros de malefícios* que são destruídos após terem sido usados. O símbolo utilizado por Tchuang-tse apoia-se precisamente na existência passageira do objeto que se joga fora, que se pisoteia e queima, uma vez que ele tenha exercido seu ofício (cap. 14). Aquilo que cessou de ter utilidade deve ser rejeitado – conclui ele – sob pena de tornar-se nefasto. Lao-tse faz dessas miniaturas o símbolo do caráter efêmero das coisas deste mundo, às quais o sábio renuncia a apegar-se (CORT, GRAD, KALI, LECC, OGRJ, SCHC, WIET). Segundo Tchuang-tse, em *O destino do céu*: "antes da oferenda, os cães de palha eram guardados dentro de cofres envoltos num belo tecido. Após a oferenda ao morto, eles eram queimados, pois, se os tivessem utilizado novamente numa outra ocasião, cada um dos membros da família do defunto teria sido atormentado por pesadelos".

A Ásia central, por sua vez, apresenta mitos que poderíamos qualificar de intermediários, os *missing links* (elos perdidos) através dos quais se pode compreender de que maneira o cão se tornaria pouco a pouco o impuro, o maldito, marcado por uma mácula original, inapagada.

232 | CÃO DE LAREIRA

Para alguns tártaros, Deus, no momento da criação, confiou o homem à guarda do cão, a fim de que ele o preservasse dos encontros com o diabo. Mas o cão deixou-se avassalar pelo *inimigo* e, por causa disso, tornou-se o responsável pela queda do homem. Para os iacutos, foram as *imagens* dos homens que Deus confiara à guarda do cão, e este permitiu que o demônio as maculasse; como castigo, Deus deu ao cão sua forma atual. Muitas variantes retomam esse mesmo tema, entre os povos ribeirinhos do Volga aparentados com os finlandeses (HARA). Todas têm este importante detalhe em comum: o cão, primitivamente *nu*, recebe seu pelo lanudo do diabo, em pagamento de sua traição. Assim, a traição do cão materializa-se "através de seu pelo; e faz com que o cão, em virtude dessa intermediação, vá se tornando, pouco a pouco, o animal impuro, intocável; mais ainda, essa traição é também a causadora entre os homens das enfermidades, das *impurezas internas* que provêm, assim como o pelo do cão, da saliva do diabo. E é assim que o cão se torna responsável pela morte dos homens, consequência final dessas calamidades, dessas *sujidades e salivações*. Os buriatas, por sua vez, dizem que Deus amaldiçoou o cão perjuro nos seguintes termos: "Tu sofrerás de fome eternamente, roerás ossos e comerás os restos dos alimentos dos homens, que te moerão a pancadas" (HARA, 85).

E, neste ponto extremo de seu aspecto nefasto, o símbolo do cão une-se ao do **bode expiatório***.

Uno Harva vê nesses mitos asiáticos um vestígio do dualismo iraniano, e relembra a esse propósito que um cão, o animal de Ahura Mazda, desempenhou papel preponderante na antiga religião persa, porque afugentava os maus espíritos; neste caso, vemos uma vez mais a oscilação do símbolo no mito. Segundo as palavras de Jean-Paul Roux, pode-se dizer que essa dualidade própria ao símbolo do cão, no pensamento dos povos da Ásia – para os quais ele é a um só tempo espírito protetor e benéfico, e suporte da maldição divina –, dele faz, por excelência, *o anjo caído* (ROUF, 83).

Em resumo, a figura do cão abarca um simbolismo de aspectos antagônicos, que nem todas as culturas conseguiram resolver. Mas é surpreendente, a esse respeito, lembrar que, para os alquimistas, o cão devorado pelo lobo representa a purificação do **ouro*** pelo **antimônio*** – penúltima etapa da *grande-obra* (transmutação dos metais em ouro; busca da pedra filosofal). Ora, o que são neste caso o cão e o lobo, senão os dois aspectos do símbolo em questão, que sem dúvida encontra, nessa imagem esotérica, sua resolução e, ao mesmo tempo, sua mais alta significação? Cão e lobo a uma só vez, o sábio (ou o santo) purifica-se ao devorar-se, ou seja, sacrificando-se em si mesmo, para alcançar finalmente a etapa última de sua conquista espiritual.

CÃO DE LAREIRA

Na Gália, foi descoberta uma quantidade bastante grande (várias centenas) de cães de lareira (armação metálica que serve para apoiar a lenha e evitar que ela role para fora) nas escavações arqueológicas. Em geral, são peças feitas em argila ou em pedra (algumas vezes em ferro) e ostentam quase sempre uma cabeça de carneiro, e, muito raramente, uma cabeça de cavalo. Esses animais (carneiro e cavalo) figuram nos altares domésticos na Antiguidade romana. As escavações da cidade fortificada (lat. *oppidum*) de La Roque (em Hérault, no sul da França-Languedoc) permitiram que se encontrasse, num dos cômodos, um *altar-lareira* feito de terracota decorada, que ocupa o centro dessa peça; cães de lareira e vasilhames, cujo fundo fora perfurado antes da cocção, encontravam-se ao pé desse altar. Descobriu-se igualmente um altar doméstico numa sepultura da Boêmia (Lovosice), de época anterior à ocupação romana da Gália. Os cães de lareira aí encontrados são em forma de chifres (*crescente*) e correspondem a numerosas peças semelhantes descobertas na Alemanha e na Europa ocidental que, graças a eles, puderam ser explicadas. O simbolismo dos cães de lareira está ligado ao do **fogo*** (OGAC, **12**, 296 s., 571 s.; CELT, **12**, 224). Os ornamentos, dos quais muitas vezes estão acompanhados, relacionam-se todos eles, de resto, a um simbolismo solar: o fogo fertilizante.

CAOLHO (v. Ciclope)

Um herói romano, Horatius Cocles, era caolho: o olhar temível de seu único olho bastava para paralisar o inimigo e interditar-lhe a passagem pela ponte Sublicius, que dava acesso à cidade. Um deus da mitologia escandinava, Odin, havia igualmente perdido um olho: mas adquiriu a visão do Invisível, tornando-se o deus da soberania mágica; na guerra, Odin imobilizava ou fulminava o inimigo com seu poder de fascinação.

O olho único do caolho é um símbolo de clarividência e do poder mágico encerrado no olhar. Do mesmo modo, o zambro, o **coxo*** e o maneta parecem possuir, por causa de sua enfermidade ou de sua amputação, capacidades excepcionais no membro são o que lhes resta, como se fossem capacidades não diminuídas e nem mesmo apenas duplicadas, e sim decuplicadas, ou, antes, como se estivessem transpostas para um outro plano. Na dialética do símbolo, tudo acontece como se a privação de um órgão ou de um membro fosse compensada por um desenvolvimento de intensidade no *órgão ou no membro restantes.*

Nos Edas, Allfodr vem à fonte Mina, que contém ciência e sabedoria. Ele pede para beber da fonte, porém só o consegue após ter dado um de seus olhos como penhor. Sacrifica um certo poder de visão por um outro poder – aquele que lhe confere uma visão sublimada, o acesso à ciência divina.

Gustave Courbet observava, em sentido inverso: "Vejo tudo com demasiada clareza, seria preciso que vazasse um de meus olhos." Tanto em um caso como no outro, existe abandono da visão diurna para alcançar a visão noturna, que é a do visionário.

CAOS[1]

Na Antiguidade greco-romana, o caos é a "personificação do vazio primordial, anterior à criação, ao tempo em que a ordem não havia sido imposta aos elementos do mundo" (GRID, 88). Essa

noção corresponde à do Tohu wa bohu* (caos[2]) mencionado em *Gênesis* (*1*, 2): "Ora, a terra estava vazia e vaga, as trevas cobriam o abismo, o espírito de Deus pairava sobre as águas." Os elementos da locução hebraica *tohu wa bohu* significam o deserto e o vazio; as trevas sobre o abismo possuem igualmente um valor negativo; são, na mesma medida, símbolos da *indiferenciação*, do inexistente, bem como de todas as *possibilidades*, até mesmo das mais opostas. Os exegetas judeus e cristãos aí verão a revelação da *criação a partir do nada.*

Na cosmogonia egípcia, o caos é "uma potência do mundo informe e não ordenado [...] que envolve a criação ordenada assim como o oceano envolve a terra". Existia antes da criação e coexiste com o mundo definido e diferenciado, do qual parece ser o invólucro e uma espécie de imensa e imortal "reserva de forças" (MORR, 48-49), em que as formas se dissolverão no final dos tempos. O nome dado ao caos primitivo parece ter sido *Nun*, pai dos deuses do Sol, dos homens e de todas as coisas, concebido como a água original, da qual sairia o próprio Ré, "deus que é maior e mais poderoso do que seu criador" (ibid., 225, 229).

Na tradição chinesa, o caos é o espaço homogêneo, anterior *à divisão em quatro horizontes,* que equivale à fundação do mundo. Essa divisão marca a passagem ao diferenciado e a possibilidade da orientação. É a base de toda organização do cosmo. Ser desorientado significa tornar a entrar no caos. Dele não se sai senão pela intervenção de um pensamento ativo, que introduz contornos e separações no elemento primordial (SOUN).

O caos inicial do mundo céltico é representado pelos **fomorianos***, *criaturas maléficas e negras*, mas que, contrariamente a todas as outras raças do país, são estáveis na Irlanda, onde jamais foram imigrantes: são os verdadeiros autóctones. Entretanto, a vida e a ciência surgiram do caos e Delbaeth, *forma*, é o pai dos deuses e dos fomorianos ao mesmo tempo. Os deuses, portanto, são todos irmãos e irmãs entre si, ao passo que Dana (ou Ana), *arte*, é a mãe dos deuses. No entanto, ela é virgem (Brígida, que equivale à Minerva

234 | CAOS²

clássica, é a filha do Dagda, sendo ao mesmo tempo a mãe virginal dos três reis primordiais). Elatha, *ciência,* une-se a Eri (Irlanda) para conceber o rei usurpador, Bress. Foi preciso que se travasse a grande batalha de Mag Tured (que é uma descrição da *gênese do mundo),* a fim de que os deuses dos Tuatha Dê Danann (*tribos da deusa Dana)* fossem capazes de dominar o caos sob a direção de Lug, o *politécnico* (OGAC, 17, 399-400; **18,** 365-399). Esses combates lembram as gigantomaquias da mitologia grega.

Para a análise moderna, o caos "não passa de uma denominação simbólica [...]. O caos simboliza a derrota do espírito humano diante do mistério da existência" (DIES, 110). O caos precede a própria formação do inconsciente. Equivale à protomatéria, ao indiferenciado, ao informe, à total passividade, a que fazem alusão as tradições platônicas e pitagóricas.

CAOS²

A expressão hebraica *tohu wa bohu* significa a desordem e o vazio. Trata-se do caos primordial, anterior à criação do mundo. Além desse emprego das palavras referente à paisagem primordial que precede a ordem da criação, encontramos os termos *tohu* e *bohu* em Jeremias e Isaías. Para o primeiro, trata-se da destruição do mundo. "Vejo a terra, e eis que ela está informe e vazia, os céus e a luz desapareceram" (*Jeremias,* **4,** 23). Isaías faz alusão à destruição e à desolação. É o retorno ao informe e ao caos.

O caos simboliza, originariamente, uma situação absolutamente anárquica, que precede a manifestação das formas e, no final, a decomposição de toda forma. É o termo de uma regressão no caminho da individualização, um estado de demência.

CAPA¹ (Casula, Romeira, Pelerine etc.)

A capa de asperges (ou capa-magna, pluvial: usada pelos sacerdotes em certas cerimônias eclesiásticas), a romeira, a pelerine, a capa dos frades, a casula – em suma, toda vestimenta circular que tem uma abertura na parte de cima evoca a cúpula, a

tenda, a cabana ou choça redondas, que têm um orifício no teto à guisa de chaminé. Nessas peças de vestuário pode-se ver um *simbolismo ascensional e celeste; o sacerdote que enverga uma casula, ou qualquer dessas capas,* encontra-se ritualmente no centro do universo, identificado com o eixo do mundo, a capa de asperges representando a tenda celeste, a cabeça ultrapassando-a e situando-se no Além, onde está Deus, de quem ele é, na terra, o representante (CHAS, 380).

CAPA² (*v.* Manto)

CAPACETE, ELMO

O capacete é um símbolo de invisibilidade, de invulnerabilidade, de potência.

O capacete de Hades, muitas vezes representado como um barrete frígio, tornava **invisível***, mesmo para os deuses, todos aqueles que o usassem (*Ilíada,* 5, 841; *República,* **10,** 612 b). Segundo a antiga interpretação grega, Hades significa *o invisível.* Os ciclopes haviam-lhe dado esse capacete a fim de que participasse na luta vitoriosa contra os titãs. Outros deuses e heróis também usaram o mesmo capacete por ocasião de seus combates. Atena, por exemplo, quando vem ajudar Diomedes a combater Ares, usa, segundo a *Ilíada,* esse precioso elmo. Assim como o gorro pontudo dos **anões*** ou o **capuz*** dos mágicos, o capacete protege ao tornar invisível.

Pois, mesmo quando não confere esse privilégio extremo, pelo menos manifesta poderio. Um exemplo disso seria o capacete de Agamenon, descrito na *Ilíada* (**11,** 42-43): "Sobre sua fronte, pousa um elmo de duas cimeiras, quatro copos, ornado com crinas de cavalo, e cujo penacho oscila no ar, aterrorizador." E acaso não acontece o mesmo em relação aos capacetes dos "couraceiros" (antiga cavalaria pesada, formada por soldados armados de couraças), ornados de uma longa cauda de cavalo, que se ergue em nuvens negras e ameaçadoras quando eles galopam?

O simbolismo do capacete relaciona-se ao da cabeça, que é por ele diretamente coberta. A esse respeito, pode-se dizer que o capacete protege os pensamentos, mas que também os oculta: símbolo de elevação passível de perverter-se em dissimulação, sobretudo quando a viseira está abaixada. Sua cimeira, conforme a maior ou menor elaboração dos enfeites decorativos, denota a imaginação criadora e as ambições do chefe que o estiver usando.

Mas o fato de que o capacete seja um atributo particular de Hades, rei dos Infernos que vela com desmedido zelo sobre os mortos, pode sugerir muitas outras interpretações. O desejo de escapar à vigilância de outrem acaso só poderia satisfazer-se na morte? Ou, então, o capacete de Hades não significará, talvez, a morte invisível que está à espreita, incessantemente, em torno de nós? Ou, ainda, como no caso de Giges, com seu **anel***, o desejo e o sonho do capacete não seriam reveladores da ambição do poder supremo, ou da situação dos deuses, que tudo veem sem serem vistos? Ou, ainda numa outra hipótese, segundo Paul Diel (DIES, 147) – e nenhuma dessas hipóteses deve ser excluída –, esse capacete que torna invisível, que recobre a cabeça do deus dos tormentos infernais, não será um símbolo do subconsciente? Poderia ser uma indicação de que procuramos esconder algo a nós mesmos, ou de que procuramos, nós mesmos, nos esconder – e, nesse caso, o signo desse símbolo do poderio se inverteria, passando a exprimir apenas a impotência, a incapacidade de um ser para exprimir-se integralmente. A invisibilidade de nada mais serviria, a não ser para fugir ao combate espiritual consigo mesmo.

CAPELO (v. Caput)

CAPRICÓRNIO
(Signo zodiacal: 21 dez. – 19 jan.)

Décimo signo do Zodíaco, que, no hemisfério norte, começa no solstício de inverno – *a porta dos deuses* – quando a morte aparente da natureza corresponde à plenitude espiritual, à época em que a engenhosidade do homem atinge seu ponto máximo, pois ele está liberado das labutas sazonais. Símbolo do fim de um ciclo e, sobretudo, do *início de um ciclo* novo: é o signo que inaugura o Zodíaco do Extremo Oriente. Exprime a paciência, a perseverança, a prudência, a industriosidade, a realização, o sentido do dever. Saturno é o seu ascendente.

Para o hemisfério norte, o Capricórnio simboliza o despojamento, a retração e a concentração do inverno em sua severa grandeza; assimila-se à meia-noite do Natal, o auge do frio e da obscuridade; a hora zero para a semente enterrada no solo, em relação à longínqua colheita. O elemento Terra fomenta seu desenvolvimento: é a terra invernal em cujas profundezas se elabora a lenta e penosa tarefa da vegetação. Esse ponto de partida une-se dialeticamente a uma noção de chegada, de destinação, de objetivo, concebido como um meio-dia terrestre, um ponto culminante. O signo é representado por um animal fabuloso, metade bode, metade delfim, ou por uma cabra, quadrúpede trepador, atraído pelos cumes. É regido por Saturno, que, por sua vez, está associado a tudo o que é duro, ingrato, sombrio e obscuro, impiedoso deus do tempo que cristaliza o homem em suas ambições supremas, quando não o condena ao despojamento e à renúncia. A natureza capricorniana traz a marca desse universo frio, silencioso, imóvel. Edifica-se sobre um movimento inicial de retraimento em si mesmo e de concentração; a vida deserta o aspecto exterior desse personagem que possui, muitas vezes, as características da *grisaille* (pintura monocromática, séc. XVII; de tonalidade basicamente cinzenta) com sua simplicidade, sobriedade e total ausência de brilho; refugia-se nas profundezas de seu ser. E a *lenta elevação dessas forças* profundas, cuja existência é com frequência ignorada pela própria pessoa, é o que lhe permite afirmar seu valor, assegurando-lhe o pleno domínio de si mesma. Esse autodomínio costuma ser o resultado de um paciente treinamento da vontade, exercida para afirmar seu comando sobre o instinto e a sensibilidade. Disso deriva a predominância das virtudes frias; pelo menos, quando o fracasso dessa autorrealização não provoca no capricorniano uma fuga para a taciturnidade, o pessimismo ou a melancolia...

236 | CAPUZ

A figura simbólica desse signo industriosidade – corpo de **bode***, rabo de **peixe*** – revela a natureza ambivalente do capricorniano, entregue às duas tendências da vida: em direção ao abismo ou às alturas, em direção à água ou à montanha. Ele encerra as *possibilidades inversas*, evolutivas e involutivas, e somente numa perpétua tensão entre suas inclinações opostas consegue encontrar um difícil equilíbrio.

CAPUZ

O manto com capuz (do lat.: *cucullus* [cogula], palavra de origem celta) é uma vestimenta comum na Gália, e há numerosíssimas representações de personagens (mesmo mitológicos: *Genius Cucullatus*) que o usam. O deus irlandês Dagda possui um capuz que se assemelha muito à *Tarnkappe* (em alemão no original: espécie de carapuça mágica que tornava invisível o personagem) de Siegfried na Nibelungenlied (A saga dos Nibelungos), noutras palavras, ao *manto de invisibildade*. Segundo a narrativa da *embriaguez dos Ulates,* o Dagda, que ninguém consegue ver, usa sete capuzes, uns por cima dos outros. Por ocasião dos combates, cobria a cabeça com eles.

A tradição referente aos deuses, heróis, espíritos, demônios e feiticeiras encapuzados é muito difundida. Parsifal, munido de dois bodes, ostenta o barrete pontudo dos **cabiros***.

Para C. G. Jung, o capuz simboliza a esfera mais elevada, o *mundo celeste*, assim como o sino, a abóbada, o crânio. Cobrir a cabeça significa ainda mais do que se tornar invisível: significa desaparecer e morrer. Nas cerimônias iniciáticas, os *mistas* (nome dado aos iniciados nos mistérios inferiores de Ceres) aparecem muitas vezes com a cabeça coberta por um véu ou por um capuz (igual ao dos frades). Entre os nandis da África Oriental, os recém-circuncidados têm um longo circuito a percorrer durante os ritos de iniciação, e são extravagantemente trajados para essa caminhada com grandes chapéus de forma cônica, confeccionados com plantas altas, e que os recobrem quase por completo.

Alguns intérpretes fazem do capuz, bem como do barrete pontudo, um símbolo *fálico*.

CAQUI

Os célebres caquis do pintor chinês Muk'i são menos um símbolo formal do que uma tentativa para expressar o inexprimível, o vestígio sutil da Iluminação.

O caqui (fruto do caquizeiro) é designado, no Extremo Oriente, com o caractere *che*, homófono de *che* (negócios). Por isso é utilizado para formular votos de *prosperidade nos negócios* (DURV).

CARACOL

Símbolo lunar, universalmente. Indica a regeneração periódica: o caracol mostra e esconde seus chifres assim como a Lua, que aparece e desaparece: morte e renascimento, tema do eterno retorno.

Significa também a fertilidade: a espiral, ligada às fases da Lua, e o desenvolvimento do chifre. "Como tal, o caracol torna-se o lugar da teofania lunar, como por exemplo na antiga religião mexicana em que o deus da Lua, Teczistecatl, é representado dentro de uma concha de caracol" (ELIT, 141).

E, do mesmo modo que os moluscos em geral, o caracol apresenta um simbolismo sexual: analogia com a vulva, matéria, movimento, mucosidade.

Simboliza também o movimento na permanência. "A forma helicoidal da concha do caracol terrestre ou marinho constitui um pictograma universal da temporalidade, da permanência do ser através das flutuações da modificação" (DIED).

Entre os astecas, o caracol simbolizava comumente a concepção, a gravidez, o parto (ELIT, 174, baseado em Jackson, *The Aztec Moon cislt*). No Daomé, ele é considerado um receptáculo de esperma (MAUG).

Nos hieróglifos egípcios, a **espiral*** era representada por um caracol. Poderia simbolizar, tal como essa figura geométrica tão difundida na natureza, a evolução da vida.

Na África do Norte, costuma-se confeccionar terços com as conchas dos caracóis.

> O caracol lembra o chifre dos carneiros [...]. Além do mais, ele participa do [elemento] úmido e só

sai da terra, como costumam dizer os homens do campo, depois da chuva. Está ligado ao ciclo da lavoura, e tornou-se o símbolo da fecundidade propiciada pelos mortos, o adorno quase indispensável do ancestral que retornou à terra dos homens para fecundá-la, portador de todos os símbolos da face do céu e das chuvas benfazejas (SERP, 371).

CARANGUEJO

O caranguejo, como inúmeros outros animais aquáticos, está ligado, paradoxalmente, aos mitos da seca e da Lua. Na China, ele é associado ao mito de Niu-tch'e, que foi queimado pelo sol. Os caranguejos são o alimento dos *espíritos da seca.* Seu crescimento liga-se às fases da Lua. No Sião, são associados, como outros animais aquáticos, aos ritos de obtenção da chuva. Assistem, entre os tais, ao guardião do *Fim das Águas,* à entrada da caverna cósmica.

Na Índia, o caranguejo é o signo zodiacal de Câncer, que corresponde ao solstício do verão, início do movimento descendente do sol. É também chamado, em certas regiões da China, *Pao-p'u tse,* o signo da quinta hora do dia: a relação se estabelece, de um lado e de outro, com os ciclos solares. Entre as populações do Kampuchea (Camboja), o caranguejo é um símbolo benéfico. Obter um caranguejo em sonhos é ver todos os desejos realizados.

Dava-se ao caranguejo na China, segundo um texto do período T'ang, o nome de *koel* ('ladino', 'esperto'), sem dúvida em razão do seu deslocamento lateral (BELT, GRAD, GUES, MASR, PORA), ligado a esse tipo de andar oblíquo e às pinças ávidas.

Na tradição dos Munda de Bengala, depois da tartaruga, primeiro demiurgo, o caranguejo foi enviado pelo Sol, deus supremo, esposo da Lua, para trazer a terra do fundo do oceano (EILT, 122).

Segundo um mito dos Andaman, o primeiro Homem se afoga apanhando caranguejos numa angra. Ele se transforma em animal aquático e faz virar o barco de sua Mulher, que fora à sua procura. Ela se afoga também e vai reunir-se a ele, transformada em caranguejo (SCHP, 162).

O caranguejo é um avatar das *forças vitais transcendentes,* as mais das vezes de origem ctoniana, mas também uraniana. O caranguejo vermelho da Melanésia, que revelou a magia aos homens, é um exemplo disso, enquanto o caranguejo mítico do fundo dos oceanos, cujos movimentos desencadeiam as tempestades, é uma figuração tipicamente ctoniana, que permite incluir esse animal entre os grandes cosmóforos, tais como a tartaruga, o crocodilo, o elefante.

O caranguejo é um símbolo lunar. Desde a Antiguidade clássica, sua imagem está associada à da Lua, tal como a da lagosta, figurando na carta *Lua* do Tarô, porque "esses animais marcham como a Lua, para a frente e para trás" (RUT, 180).

Um caranguejo figura em certas estátuas da arte machica na África, e simboliza o mal, ou o demônio do mal.

CARBÚNCULO (*v.* Almandina, Rubi)

CARDO

O cardo é geralmente considerado uma planta de toque áspero, desagradável; e, também, o alimento dos **asnos***. Como toda planta que tem espinhos, é um símbolo de defesa periférica, de proteção do *coração* (cerne) contra os assaltos perniciosos do exterior. *Quem nele se esfrega se espeta:* é a divisa da Lorraine (Lorena, região do leste da França), cujo emblema é um cardo. Sob esse aspecto, tornou-se o emblema da austeridade, de uma certa misantropia e do espírito vingativo.

No entanto, é provável que o aspecto irradiante da coroa dessa planta seja capaz de conferir-lhe um valor completamente diverso, relacionado com a irradiação da luz.

Na China antiga, o cardo era considerado um *fortificante,* capaz de favorecer a longevidade, sem dúvida por causa da sobrevida ilimitada da planta após a secagem (KALL).

CARMA

Termo sânscrito (raiz **K.R.**: fazer) que exprime o encadeamento das causas e dos efeitos, garantia da ordem do universo. Uma significação ética acrescenta-se ao sentido cósmico: os atos

238 | CARNE

humanos estão ligados inelutavelmente a suas consequências, e essas ocasionam situações pelas quais os autores desses atos foram responsáveis, nesta vida ou em vidas anteriores. Na época védica, o Carma comporta um ritual, que revela esta consciência de que tudo o que acontece deve ser concebido como uma retribuição justa. Tudo se cumpre num espaço de duração que ultrapassa e engloba o tempo de uma existência individual: "[...] os homens são herdeiros de seus atos", diz Buda, "Aquilo que se tem a intenção de fazer, aquilo que se projeta e aquilo de que se cuida, é nisso que se apoia a consciência para estabelecer--se [...] Daí surge esta massa inteira de dor". O Carma depende definitivamente da consciência. Visão grandiosa que associa a liberdade humana à ordem do universo e torna a unir num conjunto coordenado o físico e o moral. Só há determinismo cósmico para a consciência ignorante.

CARNE

As significações da palavra *carne* evoluíram, ao longo dos tempos, no sentido de uma interiorização crescente. A carne é muitas vezes representada pelas imagens de um São Jerônimo a dilacerar a própria pele com uma pedra, ou pela tentação de Santo Antônio: aparece como uma força diabólica que habita no corpo do homem, *o diabo no corpo*.

No Antigo Testamento, em contraposição ao espírito, a carne é representada *em sua fragilidade com seu caráter transitório*; a humanidade é carne e é o divino espírito (*pneuma*). No Novo Testamento, a carne é associada ao sangue para designar a natureza humana do Cristo e do homem; o antagonismo entre a carne e o espírito exprime o abismo entre a natureza e a graça (João, **6**, 23). Não apenas a carne é incapaz de abrir-se aos valores espirituais, como também se inclina ao pecado. São Paulo mostra o carnal escravizado ao pecado; abandonar-se à carne significa não somente tornar-se passivo, como também introduzir em si mesmo um *gérmen de corrupção*. O homem encontra-se dilacerado entre a carne e o espírito, despedaçado pela dupla tendência que o anima: de um lado, o desejo sincero de acertar,

e de outro, uma vontade ineficaz (*Romanos*, 7, 14; **8**, 8; *Gálatas*, **5**, 13; **6**, 8). Com São Paulo, afastamo-nos da tradição judaica, pois como a terminologia modificou-se, os termos já não têm o mesmo conteúdo, e a carne passa a possuir doravante um sentido moral que não lhe era implícito anteriormente; já não se trata somente do corpo ou da humanidade, mas da *natureza humana que perdeu sua retidão por causa do pecado original*. A carne arrasta para baixo, e disso resulta a necessidade constante de lutar contra as desordens que ela não cessa de produzir.

A doutrina de São Paulo atrairia a atenção dos Padres da Igreja que, segundo a violência ou a moderação de seus respectivos temperamentos, ampliariam o pensamento do apóstolo ou o comentariam comedidamente; ao primeiro grupo pertencem Jerônimo e Tertuliano, ao segundo, Ambrósio e Agostinho. Assim, a carne é considerada o adversário do espírito, e por isso será julgada como inimigo, um animal indômito e indomável, constantemente revoltado. Ao desejar exprimir o peso da carne, São Gregório de Nazianze compara-a a uma massa de chumbo; segundo Ambrósio, Deus não habita nos carnais, e aqueles que se desligam da carne tornam-se comparáveis aos anjos que ignoram as tribulações e a servidão da carne; preservados de pensamentos mundanos, eles pertencem inteiramente às realidades divinas.

O gnosticismo, o montanismo e os maniqueístas haviam exagerado as oposições entre a carne e o espírito; certos Padres da Igreja, justamente ao combater esses diversos movimentos, não escapariam entretanto às tendências que desejavam refutar. As doutrinas estoicas, principalmente, exerceriam profunda influência sobre as oposições denunciadas entre a carne e o espírito.

Os monges do séc. XII extrairiam dessa herança seus mais acerbos epítetos; leitores assíduos de Cassiano, através dele reencontrariam elementos surgidos do estoicismo e do neoplatonismo, e poderiam meditar sobre a força e os delitos da carne entregue ao seu próprio peso negativo. As narrativas dos Padres do Deserto, os *consuetudines monasticae*, as obras dos grandes reformadores seriam para eles documentos adicionais que lhes mostravam os exemplos a seguir e os desempenhos a imitar na ordem ascética. Sua ascese teria por finalidade a de conquistar a liberdade que provém da graça e do espírito a serviço de Deus, e cujo resultado era um enfraquecimento da carne e de suas exigências. Daí a importância que se dava à **virgindade***, que, desde os primeiros séculos cristãos, havia adquirido um nível de excelência, colocando-se imediatamente após o martírio e, aliás, considerada substituta deste.

Numerosos vícios decorrem da carne, no sentido a que se referiu São João, ao mencionar a concupiscência da carne, a concupiscência dos olhos e o orgulho das riquezas (João, 2, 16); e isso porque a ela estão associados o demônio e a vida mundana.

Segundo Guillaume de Saint-Thierry, a carne deve ser tratada com sobriedade, pois seus desejos imoderados são opostos às intenções do espírito. Todavia, a carne *refloresce* quando o espírito se reforma à imagem de Deus; por vezes ela se adianta ao espírito que a guia, deleita-se naquilo que alimenta o espírito, e sua submissão torna-se natural. O homem que é espiritual, e que faz uso de seu corpo de um modo espiritual, merece ver a submissão de sua carne tornar-se natural e espontânea (DAVS, 44, 82, 264).

Para Bernardo de Clairvaux, a carne é o primeiro inimigo da alma; corrompida desde seu nascimento, manifesta-se viciada por seus maus hábitos e obscurece a visão interior. Bernardo costumava pedir a seus noviços que deixassem o corpo à porta do mosteiro, pois somente o espírito é admitido no interior dos claustros. "Até quando a carne miserável, insensata, cega, demente e absolutamente desvairada procurará encontrar consolações passageiras e caducas?, *lemos em seu* 6° sermão sobre o Advento" (BERA, 2, 172). Entretanto, a carne pode vir a tornar-se uma fiel companheira do espírito. Mas, no pensamento cristão, ela não cessa de provocar a desconfiança. O humanismo apenas atenuaria essa desconfiança, ao tender a baixar as barreiras que separam a carne do espírito, e ao insistir sobre a unidade indissolúvel da natureza humana.

Se, para Hildebert de Lavardin, a carne é uma *lama pegajosa*, é evidente que livrar-se dessa lama exige um dinamismo do qual poucos homens se mostrariam capazes; a prece, a humildade, a compunção, a nostalgia do reino de Deus são alguns coadjuvantes para a aquisição da paz de coração que resulta de um perfeito domínio da carne. Pouco a pouco, esta vai sacralizando e participa da luz do espírito. Assim, a alma tem uma prelibação da beatitude celeste, ao mesmo tempo que prossegue sua peregrinação terrestre. Pois a carne não comporta somente cores noturnas, herdadas do dualismo platônico e exacerbadas no maniqueísmo. A carne assume também um valor de intimidade, não apenas corporal, mas espiritual, intimidade que implica a totalidade do ser humano. Pode-se ser penetrado até mesmo na carne por um sentimento de amor ou de ódio; em linguagem vulgar, penetrado *até as tripas*. A carne designa, então, o princípio mais profundo da pessoa humana, a sede do coração, entendido no sentido de princípio e de ação. "Dar-vos-ei um coração novo, porei no vosso íntimo um espírito novo, tirarei do vosso peito o coração de pedra e vos darei um coração de carne" (*Ezequiel*, 36, 26). O cristianismo traz até mesmo uma promessa de "ressurreição da carne", manifestando, assim, que é o homem total que retorna à vida. Por acaso o Cristo não é o *Verbo feito carne*? E isso leva Paul Valéry a dizer que nenhuma outra religião jamais exaltou tanto a carne.

CARNEIRO

Ardente, macho, instintivo e potente, o carneiro simboliza a força genésica que desperta o homem e o mundo, e que assegura a recondução do ciclo vital, quer na primavera da vida, quer na primavera sazonal. Isso porque ele associa o ímpeto e a generosidade a uma obstinação que pode conduzir à obcecação. Essas características são atestadas no mundo inteiro, através de numerosos mitos, costumes e imagens simbolizantes. Assim. Ámon, divindade egípcia do ar e da fecundidade, mais

240 | CARNEIRO

tarde reconduzido sob o nome de *Júpiter-Ámon*, é representado com uma cabeça de carneiro, exatamente como o *Hermes-Krióforo*, ou carregador de carneiro, que era venerado em um templo da Beócia por ter afastado uma epizootia carregando um carneiro às costas ao redor da cidade, a fim de afugentar a calamidade. Ritos pastorais idênticos faziam com que os dórios adorassem o deus do carneiro, *Apollon-Karneiros*, igualmente venerado em Esparta para afugentar as feras, proteger os rebanhos, educar os pastores. Sem dúvida, esses ritos e crenças mediterrâneos constituem a origem da figura do Cristo como o Bom Pastor, e de numerosas representações cristãs de pastores a carregarem um **cordeiro*** ou um carneiro às costas. O Carneiro se tornaria, então, "uma variante do Cordeiro de Deus, que se oferece à morte para a salvação dos pecadores, tornando-se o símbolo não apenas do Cristo, mas dos fiéis que, depois dele e nele, aceitam a morte expiatória" (CHAS, 278), e isto numa sublimação da simbólica do fogo, do sangue e da fecundidade regeneradora.

Poder-se-ia multiplicar ao infinito os exemplos. *Knum* (ou *Quenum)*, o Deus oleiro que, segundo as crenças do antigo Egito, modelou a criação, é o Deus-carneiro por excelência, o carneiro procriador. Carneiros mumificados têm sido encontrados em abundância. "Neles residiam as forças que asseguravam a reprodução dos vivos; seus chifres entravam na composição de muitas coroas mágicas, destinadas a deuses e a reis, coroas essas que eram o próprio símbolo do temor irradiado pelo sobrenatural" (POSD, 178).

Mesma simbologia no tempo dos Ptolomeus, entre os quais, segundo narra Jean Yoyote, "Um sacerdote de Mendes, tendo erigido sua imagem no templo do Carneiro, senhor da cidade e patrono de fecundidade, pode contar com seus peregrinos para orarem em seu favor: – Ô vós, que navegais rio acima e rio abaixo para vir contemplar os grandes carneiros sagrados, rogai ao Deus em favor desta minha estátua" (SOUP, 20).

Da Gália à África negra, da Índia à China, há a mesma celebração dessa cadeia simbólica

que associa fogo criador, fertilidade e, em última instância, imortalidade.

Assim, nos Vedas, o carneiro relaciona-se com o *Agni*, regente do fogo e, principalmente, do fogo sacrificial. No ioga tântrico, o *manipura-chakra*, que corresponde ao elemento *fogo,* tem por alegoria o Carneiro. E é (segundo a *Baskala-mantra Upanixade*) metamorfoseado em carneiro que o sábio Indra ensina a doutrina da *unidade do Princípio Supremo:*

> Transformei-me em carneiro para tua felicidade.
> Conseguiste chegar ao caminho da Lei, [para teu bem-estar.
> Procura alcançar, pois, minha verdadeira [natureza única.
> Eu sou a bandeira, sou a imortalidade,
> Sou o espaço que o mundo ocupa, aquilo que foi, e será.
>
> (VEDV, 428)

O carneiro também é a montaria da divindade hindu *Kuvera*, guardiã do norte *9 dos tesouros,* o que evoca o Velocino de Ouro. Mas se as buscas do Velocino de Ouro são, sobretudo, as de um tesouro espiritual, i.e., da sabedoria, talvez sejam também *ordálios reais* (Ramnoux). Ora, na China antiga o carneiro participava dos ordálios judiciários, nos quais desempenhava o mesmo papel do unicórnio. Na mesma época e na mesma área cultural, o carneiro também é, por vezes, a montaria de um Imortal (*Ko Yeou*), e na Índia é a metamorfose do próprio Imortal (GRAD, KALL, MALA, RENB). Retenhamos, quanto à África negra, entre outros testemunhos, o de Mareei Griaule, que viu representado na parede de um santuário o Carneiro Celeste, divindade agrária, a dominar uma espiga de milho erguida, e com uma cabeça de serpente na extremidade da cauda; simbolismo de uma vigorosa fecundidade.

Na Gália havia numerosos cães de lareira (peça utilizada para apoiar a lenha a arder na lareira, a fim de evitar que ela role para fora) em terracota e em pedra, com cabeças de carneiro, o que se relaciona com o simbolismo ígneo do animal e com a fecundidade familiar (CHAB, AG AC). Depois do *Velocino* (ou *Tosão*: velo de carneiro), é o **chifre*** do Carneiro que fica carregado de um valor simbólico, fonte de inumeráveis costumes, tradições e imagens derivadas do mesmo simbolismo original, sendo que, de todos, o mais forte é, sem dúvida, a **cornucópia***. A psicanálise e a psicologia moderna bem lhe conhecem a importância, assim evocada e resumida (a propósito do mito do Velocino de Ouro) por A. Virei: o carneiro, "além de gerador do rebanho, é também a máquina que permite sejam derrubadas as portas e os muros das cidades sitiadas e, portanto, que se abra a carapaça das coletividades. A forma espiralada de seus cornos acrescenta, ainda, uma ideia de evolução e reforça o valor de abertura e de iniciação evocada pelo 'V' de todos os chifres de animal. O carneiro do mito do Velocino representa bem a iniciação: é dotado de verbo e de razão. Simboliza a força psíquica e sagrada, a sublimação: ele voa e seu velo é de ouro" (VIRI, 174). Todavia, sua força de penetração é ambivalente: ela fertiliza, fere ou mata.

Carneiro (Áries)
(signo zodiacal: 21 mar. – 20 abr.)

O Carneiro zodiacal corresponde, no hemisfério norte, à elevação do Sol, à passagem do frio ao calor, da sombra à luz; o que não deixa de se relacionar com as buscas do Velocino de Ouro, já mencionadas.

É o primeiro signo do Zodíaco, situando-se ao longo de 30 graus a partir do equinócio da primavera. Nesse momento, a natureza desperta, após o entorpecimento do inverno, e por isso esse signo simboliza antes de mais nada o desabrochar da primavera – portanto, o impulso, a virilidade (é o principal signo de Marte), a energia, a independência e a coragem. Signo positivo ou *masculino* por excelência. Sua forte influência é desfavorável às mulheres quando Áries se encontra a oriente no momento de um nascimento feminino.

O signo de Áries (ou Carneiro) – que transpõe o sol todos os anos do dia 21 de março (equinócio da primavera) ao dia 20 de abril – é um símbolo intimamente ligado à natureza do fogo original.

É uma representação cósmica da potência animal, ou animante, do fogo, a um só tempo criador e destruidor, cego e rebelde, caótico e prolixo, generoso e sublime, que de um ponto central se difunde em todas as direções. Essa força ígnea assimila-se ao brotar da vitalidade primeira, ao arrebatamento súbito e primitivo da vida, com tudo aquilo que um processo inicial tem de impulsão pura e de irracional, de descarga eruptiva, fulgurante, indomável, de arrebatamento desmedido, de sopro inflamado. Diz a tradição hermética que se está na presença de um vocábulo cujas sonoridades são em **vermelho*** e **ouro***, em afinidades astrais com Marte e o Sol. Um vocábulo essencialmente agressivo, que corresponde a uma natureza tumultuosa, efervescente, convulsiva. A astrologia associa um caráter humano a cada signo zodiacal, embora especificando que não basta ter nascido no mês zodiacal, e que não é preciso ter nascido nesse mês, para assemelhar-se ao tipo desse signo. Ora, o tipo Carneiro (ou Áries) pertence à categoria do *Colérico* (emotivo-ativo-primário) da caracterologia moderna, com sua vitalidade incandescente, seu ardor de viver à rédea solta (ou a toda a brida, i.e., em ritmo acelerado), no tumulto e na intensidade, nas emoções fortes, nas sensações violentas, nos perigos, nas proezas, nos choques de uma existência superativada.

CARPA

A carpa significa, para os franceses, ignorância... e discrição, ambas as coisas parecendo, aliás, estar ligadas. (Faz-se referência, aqui, às duas expressões fr.: *être ignorant, bête comme une carpe*, i.e., ser ignorante, tolo como uma carpa e: *rester muet comme une carpe*, ficar mudo como uma carpa; no Bras.: *mudo como um peixe*.)

No Extremo Oriente, a carpa é um animal de bom augúrio: por isso, emprega-se frequentemente seu nome ao expressar bons votos. Aliás, sua longevidade bem conhecida faz com que esse peixe seja o emblema de um voto de longa vida. A carpa é a montaria e a mensageira dos Imortais: utilizam-na para elevar-se ao céu (salto de carpa) e encontram em seu ventre mensagens ou sinetes. Transforma-se facilmente em dragão

242 | CARRINHO DE MÃO

alado. Quando colocada em efígie sobre os telhados das casas, ela as protege do incêndio. No Vietnã, é a carpa que conduz ao céu, o espírito do Lar, nos dias que precedem a renovação do ano. Entretanto, por ocasião da festa que se realiza na metade do outono, é ela também que protege as casas contra os malefícios da Carpa de Ouro, espírito demoníaco conhecido das lendas populares.

Na China, e sobretudo no Japão, a carpa simboliza a coragem e a perseverança, pois sobe os rios nadando contra a correnteza e, segundo se diz, até mesmo contra as cachoeiras. Símbolo de virilidade, ela é o emblema dos rapazes. Por isso, no dia da festa que lhes é consagrada, costuma-se colocar carpas de papel no topo de um mastro ou nos telhados das casas (CHOO, DURV, HERS, KALL, OGRJ). A carpa é também o símbolo da supremacia intelectual. Oferecer uma carpa a um estudante é um augúrio de sucesso nos exames.

No Japão, costuma-se dizer que, ao contrário dos demais peixes – que em tais circunstâncias procuram escapar –, a carpa, a partir do momento em que se encontra em cima da tábua da cozinha, prestes a ser retalhada, permanece imóvel – e assim é que o homem ideal deve proceder diante da morte inevitável.

Entre os bambaras, é um símbolo da vulva; as moças que sofreram excisão clitoriana cantam: "Carpa, mãe carpa; a mãe carpa foi fazer sua toalete; uma coisa apareceu na frente da mãe carpa; se olharmos para ela diremos que é um cordão vermelho, que é um pompom vermelho", fazendo alusão ao clitóris (ZAHB). A carpa é um presságio de fecundidade nos planos material e espiritual.

CARRINHO DE MÃO

Felizmente, os homens já sabiam usar o carrinho de mão muito antes que um equívoco houvesse atribuído a invenção desse utensílio a Pascal.

O simbolismo do carrinho de mão decorre de uma visão global desse instrumento, imaginado como um prolongamento dos braços do homem e como um **carro*** em miniatura. Efetivamente, simboliza a força humana, aumentada de três maneiras: antes de mais nada, em intensidade, por causa dos dois braços do carrinho de mão

que funcionam como alavanca; na sua capacidade de carga, pelo volume da caixa; em sua liberdade de direção e sua mobilidade, graças à roda. Sob esses diversos pontos de vista, o carrinho de mão apresenta-se como parte das forças cósmicas mobilizadas a serviço do homem. Ao mesmo tempo, porém, compromete toda a responsabilidade do homem, que pode empurrá-lo com maior ou menor ímpeto, enchê-lo de conteúdos diversos e encaminhá-lo em má direção. O equilíbrio do carrinho depende, igualmente, de seu condutor: poderá tombar tão facilmente quanto avançar. Desse ponto de vista, simboliza um destino, com todas as suas virtualidades e suas ambivalências. Símbolo sintético de forças cósmicas suplementares (roda solar, receptáculo, princípio ativo dos braços), postas à disposição do homem: mas essas FORÇAS DE ACRÉSCIMO passam necessariamente pela vontade do homem, são apenas instrumentos do homem. E o homem será julgado quanto ao emprego que der a esse dom de energia.

A imagem do carrinho de mão entrou em numerosas lendas, como o carrinho da morte ou o carrinho do vinagreiro, nas quais desempenha o papel de um *instrumento do destino*, podendo ser conduzido por um fantasma que vem buscar o moribundo, ou podendo transportar um tesouro escondido.

CARRO[1]

No simbolismo do carro (fr. *char* – entre outros significados: espécie de carruagem de duas rodas de que os antigos se serviam nos combates, nos jogos e nas cerimônias públicas, e à qual se atrelavam dois ou quatro cavalos [bigas ou quadrigas]) é preciso distinguir: o veículo propriamente dito, o modo como é conduzido e a parelha de animais a ele atrelada.

Na China, esse carro é um símbolo do mundo: o fundo quadrado (*tavu*) representa a Terra; o dossel redondo (*kai*) é uma figuração do céu; situado entre os dois, o pilar central é o eixo do mundo. O pilar tem o mesmo tamanho do condutor, que a ele se identifica e representa, portanto, o *mediador* entre o céu e a Terra. Simbolismo próximo ao existente na Índia, onde a caixa (*kosha*) do carro cósmico corresponde ao espaço intermediário (*antariksha*) entre o céu e a Terra. Mas, neste caso, é o eixo do carro (*aksha*) que representa o Eixo do mundo, juntamente com as duas rodas, que são o céu e a Terra – ao mesmo tempo reunidas e separadas pelo eixo.

O carro é muitas vezes associado ao Sol, principalmente na Índia, no culto de *Mitra*, no de *Cibele* e de *Átis*, como símbolo de seu percurso no céu. O percurso do carro de Mitra, aliás, tem um papel demiúrgico, bem como o de *Átis*. Mas o carro – o de quatro rodas (fr. *chariot* – *v.* carro²) – designa também a Ursa Maior e a Ursa Menor, constelações *polares,* portanto *centrais e imóveis. O timão do Grande Carro (Grand Chariot:* Ursa Maior), que é também o *cabo do* alqueire*, designa sucessivamente os quatro orientes e determina, por conseguinte, as quatro estações: *ele se move no centro,* escreveu Sseu-ma-Ts'ien, e *o Tratado da Flor de Ouro* especifica que ele faz *girar por completo a manifestação.*

Outro dos símbolos do carro, que é hindu e platônico ao mesmo tempo, é o do *ego*: o carro só existe em função do conjunto das peças que o formam; por isso, quando essas peças são consideradas separadamente, o carro deixa de existir; o carro, portanto, assim como o *ego*, é apenas uma designação convencional. Símbolo amplamente utilizado pelo budismo e em especial nos *Milindapanha*.

CARRO – Roda solar. Templo do Deus-Sol. Konarak (Índia).

O budismo também dá mais importância ao modo pelo qual é conduzido do que ao próprio carro. No *Rig-Veda*, o *mestre do carro* era *Agni* ou *prana* (sopro), ou *Atma* (o *self*), ou ainda a *Buddhi* (o Intelecto). No budismo, é o *Buda*, ou o *atta* (o *self*) ou o *Dharma* (a lei). A parelha (atrelada ao carro) é constituída pelos sentidos, e o cocheiro é o espírito: é preciso que o cocheiro controle a parelha, tendo como referência o seu conhecimento do *mestre*.

No Zen-budismo, o *carro do Boi branco* designa o *veículo* espiritual do Buda, por oposição aos carros puxados por cabras, gamos e bois, veículos dos *Shravaka*, dos *Pratvekabuddha* e dos *Bodhisattva*, que não permitem alcançar o conhecimento supremo.

É preciso notar-se também que, na China antiga, conduzir carros e atirar com arco e flecha eram o meio de os príncipes manifestarem, a um só tempo, sua habilidade e sua virtude. Saber conduzir um carro significava, diríamos hoje em dia, ter as qualidades de timoneiro da nau do Estado (fr. *le char de 1'État*) (AVAS, COOH, ELIF, GRAD).

Em toda a epopeia irlandesa, que permaneceu arcaica, o carro é o veículo normal do guerreiro ou do *herói*. E o mesmo aconteceu na Bretanha, na época de César, como também na Gália, anteriormente à conquista romana. O nome do carro, em celta, foi o tema que forneceu ao francês o nome do *vigamento* (*charpente*): gaulês *carpentum*, médio irlandês *carpat*. Encontramo-lo em um topônimo do sul da Gália, *Carpentorate Carpentras* (antiga capital do condado de Venaissin) e ele existe em antroponímia sob a forma de *Carpantus*. A romanização e a cristianização apagaram quase todo vestígio de simbolismo, embora uma inscrição recentemente descoberta em Péguilhan (França), no departamento Haute-Garonne, seja dedicada ao *Carpento Deo*, ao deus *Carpentus* (Wuilleumier, *Inscriptions latines des trois Gaules*, p. 16). Outro vestígio de simbolismo é, na lenda irlandesa da *Concepção de Cuchulainn*, o fato de que Deichtire (*dextera*, **direita*** ou destra), a própria irmã do rei Conchobar, lhe sirva ex-

244 | CARRO[1]

cepcionalmente de cocheiro. O cocheiro não fazia parte da classe guerreira, entretanto Loeg, cocheiro de Cuchulainn, é chamado de *rei dos cocheiros da Irlanda*. Quanto ao carro, é um objeto precioso de uma solidez a toda prova, ornado de placas de bronze e de tecidos raros. Na ocasião em que pegou em armas, o herói Cuchulainn, aliás, arrebentou todos os carros de combate que lhe eram oferecidos, poupando somente o próprio carro do rei de Ulster.

Ao comentar as Escrituras, e muito particularmente Ezequiel, Dionísio Areopagita, nos primeiros séculos de nossa era, escreveu: "Os carros representam a igualdade harmônica que une os espíritos de uma mesma ordem" (PSEO, 68).

O carro do sol simboliza, desde os tempos pré-históricos, o *deslocamento do sol* ao longo de uma curva que religa, ao passar pelo céu, as duas linhas opostas do horizonte, do levante ao poente. Esse carro haveria de tornar-se o de Apolo, de Mitre, de Átis, quando essas divindades fossem identificadas ao Deus-Sol. Tudo o que fazia lembrar os cultos solares antigos haveria de ser destruído entre os hebreus: "[...] (fosias) fez desaparecer os cavalos que os reis de Judá tinham dedicado ao Sol na entrada do Templo de Jeová [...] e queimou o carro Sol (2 *Reis*, **23**, 11).

Todas as religiões do mundo antigo conheciam um carro que rola produzindo enorme estrondo (carro de Zeus ou do Sol), com um Condutor *todo-poderoso* a guiar esse carro através da imensidão do céu... Posteriormente, muitos atributos haveriam de completar a imagem que se tinha desse veículo sobrenatural, que distribuía entre os homens todo o bem e todo o mal, todas as prosperidades e todas as devastações. O relâmpago foi representado por um *chicote** nas mãos de Zeus, e por um mangual nas mãos dos Dióscuros (Castor e Pólux) espartanos... Em certas regiões, modificou-se o mito inicial do carro do trovão, que foi substituído por um trenó ou corcel veloz (LOEF, 27-28). O carro celeste das nuvens e do trovão não conhece obstáculos, rola depressa, livremente, por toda parte. Sob esse aspecto, distingue-se do carro solar, que segue uma curva

regular. Evoca mais o capricho da potência divina do que sua majestade reguladora: antes indica a fase uraniana do que a fase jupiteriana da evolução cósmica e espiritual.

Os contos de fadas retomaram essas imagens embelezando-as e tirando parte de sua força na medida em que as embelezavam, embora guardando essa ideia implícita no símbolo de que tanto a felicidade como a infelicidade descem igualmente do céu: As fadas deste conto (A corça no bosque), refere-nos Perrault, possuíam dois tipos de equipamento de viagem:

> um para suas boas ações, e outro para as ações nefastas. Cada uma das fadas tinha sua carruagem feita de materiais diferentes; umas eram de ébano, puxadas por pombos brancos, outras, de marfim, puxadas por pequeninos corvos, e outras, ainda, feitas de cedro. Esse era seu equipamento de aliança e de paz. Mas quando elas estavam zangadas, logo se rodeavam de dragões voadores e de cobras que lançavam fogo pela goela e pelos olhos, sobre os quais se locomoviam de uma extremidade do mundo à outra, em menos tempo do que se precisa para dizer boa noite ou bom dia (LOEF, 31).

Nessas imagens tradicionais do carro, existe sempre a possibilidade de diferenciar o carro e seu condutor: o auriga de Delfos, o companheiro de Arjuna, a alma humana de *Fedra* (246). O carro, que por vezes se identifica a um segundo personagem (tal como no caso de Arjuna, o arqueiro), representa o conjunto de forças cósmicas e psíquicas a conduzir; o condutor é o espírito que as dirige. Quando aplicada ao ser humano, como no diálogo de Platão, a imagem se resume no seguinte: o carro, ou seu substituto personificado, "representa a natureza física do homem, seus apetites, seu duplo instinto de conservação e de destruição, suas paixões inferiores, seus poderes de ordem material sobre aquilo que é material. Poder-se-ia acrescentar todas as potências do inconsciente. O *Condutor do carro* representa, por sua vez, a natureza espiritual do homem [...]. Vela pela orientação das parelhas" (LOEF, 58).

Acrescentemos que ele simboliza a consciência. O carro e seus personagens formam apenas, portanto, um único ser humano, visto sob seus diversos aspectos, e uma situação conflitiva ou, pelo menos, dinâmica. O carro aparece, segundo uma tradição védica amplamente difundida, "como o veículo de uma alma em experiência; ele transporta essa alma pelo tempo que dura uma encarnação" (LOEF, 60). A análise moderna corrigiria o dualismo *substancialista* ou pelo menos *separatista* dessa interpretação pela concepção de um centro de energias em tensão que se deve harmonizar. O que viria ao encontro do sentido profundo dos carros míticos, mas identificando veículo e veiculado: *veículos de forças cósmicas determinadas*. Essas forças cósmicas, de origem planetária, atuam sobre a Terra e seus habitantes, de acordo com certas diferenças: os carros de Cibele influem e resplandecem sobre as colheitas; os de Afrodite, sobre o amor, e os de Marte, sobre a guerra (LOEF, 61).

O carro de fogo é um símbolo universal, do mesmo modo que o carro solar ou o carro psíquico, *o carro alado da alma*. Elias, transportado ao céu num turbilhão, será geralmente representado em um carro (*Malaquias,* 2). "Toda representação de um personagem a arremessar-se impetuosamente num carro de fogo em direção ao domínio da imortalidade é o símbolo do *homem espiritual,* a destruir pelo caminho seu corpo físico em benefício de uma ascensão excepcionalmente rápida" (LOEF, 63).

Os animais que puxam os carros acrescentam matizes a esse simbolismo geral; mas se, por um lado, o acessório acentua o principal, por outro lado, às vezes acaba por eclipsá-lo. **águias*** puxam o carro de Zeus; **pavões***, o de Juno; **cavalos***, o de Apolo; **unicórnios***, o de Atena; **bodes***, o de Dioniso; **cisnes*** ou **pombas***, o de Afrodite; **cegonhas***, o de Hermes; **cervos***, o de Ártemis; **cães***, o de Hefestos; **lobos***, o de Ares (Marte); **dragões***, o de Ceres; **leões***, o de Cibele.

Mas o símbolo cai na alegoria quando o **asno*** puxa o carro da preguiça ou o das conferências de paz; **gaios***, o da vigilância; bois negros, o da morte; **morcegos***, o da noite; cavalos alados, o carro da aurora; elefantes, o carro da reputação; mulas, o da pobreza; aves de rapina, o da cupidez; e bezerros, o carro da primavera (TERS, 71-89).

CARRO²
(Carro de quatro rodas, que serve para o transporte de diversos tipos de carga)

Além da simbólica geral do **carro¹***, de duas rodas, à qual está profundamente ligada a do carro de quatro rodas, esta última matiza-se de significações especiais, conforme o conteúdo do carro em questão.

O carro (ou carroça) de feno, por exemplo, é ambivalente. Em certos casos, simboliza ocupações fúteis e vãs: segundo um provérbio flamengo, *conduzir uma carroça de feno* significava *ocupar-se de bagatelas, entregar-se a brincadeiras infantis.* Em outros casos, ilustrados particularmente por um quadro satírico de Jerônimo Bosch (que se encontra no Museu do Prado, em Madri) onde aparecem personagens eclesiásticos a agitar-se em volta de uma carroça no intuito de apoderar-se de um pouco de feno, a imagem faria alusão à caça de prebendas (rendas eclesiásticas) e benefícios. Viria ao encontro de uma outra imagem de cupidez: *guardar feno nas botas* (fr. *mettre du foin dans ses bottes*), expressão francesa que significa *conseguir enriquecer enormemente,* e se aplica, sobretudo, "àqueles que vieram de baixo e fizeram grandes fortunas por meios ilícitos" (TERS, 89-90).

Reencontramos no Carro (fr. *Chariot*), sétimo arcano maior do *Tarô**, o *Enamorado** da sexta carta, um tanto envelhecido, coroado de ouro para comprovar que "dominou suas ambivalências e, graças a isso, conquistou a unidade propícia a todo homem que tenha conseguido solucionar seus conflitos. Sobre seus ombros, dois lados de rosto (projeção desdobrada) testemunham oposições por ele ultrapassadas. E é por tê-las ultrapassado que o Enamorado está no Carro, ou seja, que ele avança" (VIRI, 77). Tem um *cetro** na mão e está debaixo de um baldaquino cor de carne, sustentado por quatro colunas, duas azuis e

246 | CARVALHO

duas vermelhas, que se erguem dos quatro ângulos do carro. Usa um saiote vermelho, separado por um cinto amarelo de uma couraça azul, que tem uma manga amarela e a outra vermelha, e sobre a qual um tríplice esquadro salienta o trabalho de construção que deve ser realizado nos três mundos: natural, humano e divino. Os cavalos que puxam seu carro não têm rédeas visíveis; ambos olham na mesma direção, porém um deles é azul, e o outro, vermelho, e parecem estar, cada um, puxando para o seu lado; todos dois têm a perna exterior levantada. Entre eles, as iniciais S.M., que tanto podem significar *Sua Majestade* como, na interpretação alquímica, *Enxofre* (lat. *Sulfure*) e *Mercúrio*, elementos de base da Grande Obra (i.e., a transmutação dos metais em ouro, a procura da pedra filosofal). Diante dessa figura, os estudiosos pensaram na lenda de Alexandre que desejava verificar (de pé sobre um carro puxado pelos ares por dois pássaros-gigantes ou dois grifos) se os céus e a terra se tocam; ou, então, no carro de fogo do profeta Elias. Alguns viram nessa carta "o sucesso, o triunfo, a superioridade, a diplomacia aplicada" (O. Wirth); "as investigações periciais, a necessidade de ser esclarecido" (Th. Tereschenko); ou "as concessões perniciosas, os escândalos" (J. R. Bost). "Em astrologia, essa figura corresponde à VII casa horoscópica, a da vida social" (A. V.).

No plano psicológico, a sétima carta está ligada ao homem que dominou as oposições e unificou as tendências contrárias pelo efeito de sua vontade. Neste caso, estamos no domínio da ação pessoal, situada no espaço e no tempo. A fatalidade foi ultrapassada; o homem fez sua escolha, assumiu sua própria defesa e, a partir de agora, é o vitorioso sobre si próprio que avança, afoitamente, sem se lembrar talvez de que, se se desviar do Papa (carta 4), corre o risco de terminar na Roda da Fortuna (carta 10), da qual as rodas do carro vistas em perfil nesta sétima carta do tarô podem ser uma prefiguração.

CARVALHO

Árvore sagrada em numerosas tradições, o carvalho é investido dos privilégios da divindade suprema do céu, sem dúvida porque atrai o raio e simboliza a majestade: carvalho de Zeus, em Dodona (antiga cidade do Épiro, na Grécia, onde havia um oráculo de Zeus), de Júpiter Capitolino, em Roma, de Ramowe, na Prússia, de Perun, entre os eslavos. A clava de Hércules era de carvalho. Indica particularmente solidez, potência, longevidade, altura – tanto no sentido espiritual quanto no material.

O carvalho, em todos os tempos e por toda parte, é sinônimo de força: e essa é claramente a impressão que dá a árvore na idade adulta. Aliás, carvalho e força exprimem-se pela mesma palavra latina *robur*, que simboliza tanto a força moral como a força física.

O carvalho é, por excelência, a figura da **árvore*** ou do *eixo do mundo,* tanto entre os celtas quanto na Grécia, em Dodona. E o mesmo ocorre entre os iacutos siberianos.

Observa-se além disso que, tanto em Sichen (antiga capital de Israel) quanto em Hébron (primeira capital do reino de David, atual *Al-Khalil*), foi ao pé de um carvalho que Abraão recebeu as revelações de Jeová: o carvalho desempenhava, portanto, ainda nesse caso, seu papel axial, que o tornava instrumento de comunicação entre o céu e a Terra (GUEM). Na *Odisseia,* Ulisses vem consultar, por duas vezes, ao seu regresso, "a folhagem divina do grande carvalho de Zeus" (**14,** 327; **19,** 296). O Velocino de Ouro, guardado pelo dragão, estava suspenso a um carvalho que, no caso, tinha valor de templo.

De acordo com certa passagem da obra de Plínio, o Velho, que se apoia sobre a analogia do grego (*drus*), o nome dos druidas está em relação etimológica com o nome do carvalho; daí resulta a tradução *homens de carvalho,* que conseguiu se introduzir até mesmo nas obras eruditas modernas. Mas o nome do carvalho é diferente em todas as línguas celtas, inclusive no gaulês (*dervo*). A aproximação é simbolicamente válida, entretanto, no sentido de que os druidas, por causa de sua qualidade sacerdotal, têm direito à sabedoria e à força ao mesmo tempo. O carvalho simboliza, efetivamente, esses dois valores (OGAC, **12**, 48-50; **18**, 111-114). Objeto de adoração para os celtas, o carvalho – por seus grandes galhos, por sua folhagem espessa e por seu próprio simbolismo – era também o emblema da hospitalidade e o equivalente de um templo.

CARVÃO

Símbolo do fogo escondido, da *energia oculta*; a força do sol furtada pela terra está dissimulada em seu seio; reserva de **calor***. Um carvão em brasa representa uma força material ou espiritual contida, que aquece e ilumina, sem chama e sem explosão; perfeita imagem do autodomínio em um ser de fogo. O carvão negro e frio representa somente virtualidades: necessita de uma centelha ou de um contato com o fogo para revelar sua verdadeira natureza. Realiza, então, a transmutação alquímica do negro ao vermelho. Mas é como uma vida extinta e incapaz de reacender-se por si mesma, quando permanece negro.

CASA

Como a cidade, como o **templo***, a casa está no centro do mundo, ela é a imagem do universo. A casa tradicional chinesa (*Ming-t'ang*) é quadrada; ela se abre para o Sol nascente, o dono da casa se volta para o sul, como o imperador em seu palácio: a implantação *central* da construção se faz segundo as regras da **geomancia***. O teto é furado com um buraco para a fumaça; o solo, com um buraco para drenar a água da chuva; a casa tem, assim, o seu centro atravessado por um eixo que reúne os *três mundos*. A casa árabe também é quadrada, fechada em torno de um claustro quadrado que encerra em seu centro um **jardim*** ou **fonte***: é um universo fechado em quatro dimensões, cujo jardim central é uma evocação do Éden, aberto exclusivamente à influência celeste. A iurte mongol é redonda, em relação com o nomadismo, pois o quadrado orientado implica a fixação espacial; o mastro central, ou apenas a coluna de fumaça, coincide com o Eixo do mundo.

Há casas de um tipo particular – próximas, a bem dizer, do templo – que exprimem ainda com maior precisão esse simbolismo cósmico. Assim são as *casas comunais* que em diversas regiões (especialmente na Ásia oriental e na Indonésia) ocupam o centro da cidade, na interseção dos eixos cardeais: é o caso do alojamento da *dança do Sol* entre os sioux, casa redonda como a dos iurtes, provida de uma pilastra central que evoca não somente o ciclo solar, mas também a manifestação espacial e, através de suas vinte e oito pilastras ligadas ao eixo, as mansões lunares; é o caso dos alojamentos das sociedades secretas no Ocidente, onde o caráter cósmico do alojamento é nitidamente afirmado e onde o fio de prumo faz as vezes de eixo: da China, onde o alojamento é quadrado, com quatro portas cardeais, cada uma correspondendo ao elemento e à cor de seu oriente; o centro, correspondendo ao elemento Terra, é ocupado pela *Cidade dos Salgueiros* ou *Casa da Grande Paz,* situada na direção da Ursa Maior e figurando a morada da imortalidade; é o caso, sobretudo, do *Ming-t'ang* chinês, que Granet chama de *Casa do calendário,* mas que é, acima de tudo, *Sala da luz.* O *Ming-fang* originalmente talvez tenha sido circular, e cercado por um fosso em forma de anel de jade, o *Py-yong*: receptáculo, portanto, da influência celeste no centro do mundo chinês: ele é, em seguida, quadrado como a terra (seja de cinco salas em cruz, seja de nove salas dispostas como as nove províncias), coberto com um telhado de palha redondo como o céu, apoiado por oito pilastras que correspondem aos oito ventos e aos oito trigramas. O *Ming-tang* comporta quatro lados voltados para as quatro estações, cada um cortado por três portas (sendo o total de doze portas correspondentes aos doze meses – aos doze signos do Zodíaco –, como na Jerusalém celeste). A circulação do imperador dentro do *Ming-t'ang* determina as divisões do tempo e assegura a ordem do império, conformando-a à ordem celeste.

Se o taoismo constrói diversos *palácios* – que correspondem a centros sutis – no interior do corpo humano, a identificação do próprio corpo com a casa é corrente no Budismo. É como diz o

248 | CASAMENTO

patriarca Huei-nêng, um albergue, entendendo-se por isso que não pode constituir mais do que um refúgio temporário. Na Roda da Existência tibetana, o corpo figura como uma casa de seis janelas, correspondentes aos seis sentidos. Os textos canônicos exprimem a saída da condição individual, do *cosmo,* por fórmulas tais como o arrombamento do *telhado do palácio,* ou do *telhado da casa* (**domo***). A *abertura* do alto do crânio por onde se efetua essa saída (*brahmarandhra*) é, além disso, chamada pelos tibetanos de *buraco da fumaça* (COOH, COOD, FRAL, GOVM, GRIL, GUET, HEHS, LIOT, SCHIP, WARH).

No Egito, chamavam-se *casas da vida* a uma espécie de seminários religiosos, ligados aos santuários, onde os escribas copiavam os textos rituais e as figuras mitológicas, onde se formavam também médicos, cirurgiões, operadores, enquanto o pessoal do templo se entregava a suas ocupações. Entre os dogons, na África negra, Mareei Griaule (citado e comentado em CHAS, 246) descreveu a "grande casa familiar (como representando) [...] a totalidade do Grande Corpo Vivo do Universo".

Parece que na concepção irlandesa de habitação a casa simboliza a atitude e a posição dos homens em relação às forças soberanas do Outro-Mundo. O palácio da rainha e do rei de Connaught, Ailill e Medb, é circular (o círculo é um símbolo celeste) e compreende sete compartimentos, cada um com sete leitos ou sete quartos, dispostos simetricamente em torno de um fogo central. O teto em forma de domo reforça ainda mais as possibilidades de comunicação com o céu. A casa do rei é então ao mesmo tempo uma *imagem do cosmo* humano e um *reflexo do céu* sobre a Terra.

A casa significa o ser interior, segundo Bachelard; seus andares, seu porão e sótão simbolizam diversos *estados da alma.* O porão corresponde ao inconsciente, o sótão, à elevação espiritual (BACE, 18).

A casa é também um símbolo feminino, com o sentido de refúgio, de mãe, de proteção, de seio maternal (BACV, 14).

A psicanálise reconhece, em particular, nos sonhos de casa, diferenças de significação segundo as peças representadas, e correspondendo a diversos níveis da psique. O exterior da casa é a máscara ou a aparência do homem; o telhado é a cabeça, e o espírito, o controle da consciência: os andares inferiores marcam o nível do inconsciente e dos instintos; a cozinha simbolizaria o local das transmutações alquímicas, ou das transformações psíquicas, isto é, um momento da evolução interior. Do mesmo modo, os movimentos dentro da casa podem estar situados no mesmo plano, descer, ou subir, e exprimir, seja uma fase estacionária ou estagnada do desenvolvimento psíquico, seja uma fase evolutiva, que pode ser progressiva ou regressiva, espiritualizadora ou materializadora.

CASA DE DEUS (*v.* Habitação divina)

CASAMENTO

Símbolo da união amorosa do homem e da mulher. Em um sentido místico, significa a união de Cristo com a sua Igreja, de Deus com seu Povo, da alma com o seu Deus. Na análise junguiana, o casamento simboliza, no curso do processo de individualização ou de integração da personalidade, a conciliação do inconsciente, princípio feminino, com o espírito, princípio masculino.

As hierogamias (casamentos sagrados) são encontradas em quase todas as tradições religiosas. Elas simbolizam não apenas as possibilidades de união do homem com Deus, mas também uniões de princípios divinos que engendram certas hipóstases. Uma das mais célebres dessas uniões é a de Zeus (a força) com Têmis (a justiça ou a ordem eterna), que deu origem a Irene (a paz), Eunomia (a disciplina) e Dice (o direito).

O Egito conhecia as *esposas do deus Ámon.* Elas em geral eram filhas de rei, consagradas como adoradoras do Deus e dedicavam sua virgindade a essa teogamia. "Casada somente com Ámon, a Adoradora lhe faz um culto de um erotismo discreto; encantando o deus com sua beleza e com o ruído de seus sistros, senta-se sobre os joelhos dele e lhe passa os braços em torno do pescoço" (POSD, 4). Não se pode deixar de aproximar, sem afirmar uma filiação qualquer entre esses ritos, as Adoradoras de Ámon, deus da fecundidade, e as Vestais, sacerdotisas da deusa do lar, Héstia (Vesta). Vesta tornar-se-á em Roma a deusa da Terra, a Deusa Mãe, e seu culto se caracterizará por uma extrema exigência de pureza.

É assim que o casamento, instituição que preside à transmissão da vida, aparece aureolado de um culto que exalta e exige a virgindade. Ele simboliza a origem divina *da vida*, da qual as uniões do homem e da mulher não são senão receptáculos, instrumentos e canais transitórios. Ele se inclui entre os ritos de Sacralização da vida.

CASCATA (*v.* Cachoeira)

CASTA

As castas hindus não são apenas, conforme se supõe em geral, um fenômeno de organização social de tipo ariano e o instrumento de uma ordem hierárquica ou de uma segregação. Exprimem uma repartição das funções simbolicamente próprias tanto às atividades divinas, quanto à existência de uma sociedade e à de um indivíduo. Pois a complexidade do ser humano faz com que este seja uma espécie de sociedade em miniatura. A partir desses pontos de vista, o princípio das castas assume valor universal. À função sacerdotal correspondem as atividades espirituais ou intelectuais; às funções régias, as atividades de comando, de justiça, de força; às funções econômicas, comerciais e agrícolas, as atividades de produção e de intercâmbio; às funções inferiores de serviço, as mais modestas atividades. Autoridade espiritual, poder temporal, produção de riquezas, mão de obra servil. Essas funções necessárias compreendem atividades que se verificam quer na vida coletiva, quer na vida individual. Se o mundo social é calcado na imagem do mundo divino, o mundo interior do homem é calcado na imagem da sociedade. Essas concepções originaram toda uma floração de símbolos.

De *Purusha* (o Princípio que desce e se manifesta), ensina o *Rig-Veda,* o *brâmane* (função sagrada) foi a boca (órgão da palavra); o *Kshatriya* (função régia e guerreira) foi os braços (órgão da força); o *Vaishya* (função econômica) foi os quadris (órgão do esforço); o *Shudra* (funções servis) nasceu sob seus pés.

Essa distinção social quadripartita inspirou um certo urbanismo; para cada classe estava reservada uma das regiões cardeais da cidade: o norte para os brâmanes, o leste para os guerreiros, o sul para os negociantes, e o oeste para as classes servidoras. Para cada casta, igualmente, era reservada uma estação privilegiada; aos brâmanes, o inverno, que evolui do solstício ao equinócio para uma luz sempre em aumento; aos guerreiros, a primavera, *a estação em que os reis partem para a guerra*; aos negociantes, o verão, a estação ativa dos amadurecimentos e das viagens; aos servidores, o outono, estação das colheitas e de sua estocagem nos celeiros, que vai da luz declinante do equinócio para a obscuridade do solstício de inverno.

Essa divisão quadripartita das castas exprime-se igualmente nos quatro braços de *Ganesha*, em sua qualidade de senhor do universo e de todas as funções que nele se realizam. Alguns a encontram nos quatro *Vedas*, ou as quatro vias do conhecimento, cada uma delas convindo mais especialmente às aptidões gerais de uma casta determinada. Tem sido relacionada também com as quatro cores (na Índia e entre os maias: branco, vermelho, amarelo, preto); com os quatro elementos; com as quatro hipóstases de *Sadashiva* ou de *Vishnu*; com as quatro idades do mundo, a idade de ouro (primazia do brâmane, ou das atividades espirituais), a idade de prata (supremacia do guerreiro), a idade de bronze (predominância das atividades econômicas), a idade de ferro (reino da servidão sob a tirania).

Aos olhos dos analistas, não se exclui a hipótese de que essas divisões sociais, cósmicas e históricas correspondam a tendências, a níveis de estrutura, a fases de evolução, que se encontram na vida interior de todo ser humano. E, assim sendo, simbolizam funções psíquicas. A casta, em sua qualidade de símbolo – mesmo quando as condições sociais mudam historicamente –, permanece de uma constante atualidade (DANA, GUES, MALA, SCHC).

CASTANHEIRO

Na China antiga, o castanheiro correspondia ao oeste e ao outono. Era plantado sobre o altar do Solo, de forma a estar voltado para esse horizonte (**catalpa***). A tradição fez do castanheiro o símbolo da previdência, pois seu fruto serve de alimento para o inverno (GRAR).

CASTANHO-ESCURO

O castanho-escuro situa-se entre o ruivo e o negro, embora esteja mais próximo do negro. Vai do ocre à tonalidade terra-escura. Antes de mais nada, o castanho-escuro é a cor da gleba, da argila, do solo terrestre. Faz lembrar também a folha morta, o outono, a tristeza. É uma degradação, uma espécie de casamento rebaixador das cores puras.

Tanto entre os romanos como na Igreja católica, o castanho-escuro é um símbolo da humildade (*humus:* terra) e da pobreza que levam certos religiosos a usarem vestimentas de burel (tecido grosseiro de lã).

Na Irlanda, entretanto, a cor castanho-escuro (*donn*) é um substituto do negro, de que contém todo o simbolismo, infernal ou militar.

O castanho-escuro relaciona-se também com os **excrementos***; a predileção dos sádicos por essa cor – por exemplo, as camisas pardas dos hitleristas – parece confirmar as observações de Freud sobre o complexo anal, evocado pelo castanho-escuro.

CASTELO

Na vida real, assim como nos contos e nos sonhos, em geral o castelo está situado em lugares altos ou na clareira de uma floresta: é uma construção sólida e de difícil acesso. Dá impressão de segurança (como a casa, geralmente), mas de uma segurança no mais alto grau. É um símbolo de *proteção*.

Todavia, sua própria localização isola-o um pouco no meio de campos, bosques e colinas. E o que ele encerra, separado assim do resto do mundo, adquire um aspecto longínquo, tão inacessível quanto desejável. Por isso o castelo figura entre os símbolos da *transcendência*: a Jerusalém celeste toma a forma, nas obras de arte, de uma fortaleza eriçada de torres e torreões pontiagudos, situada no cume de uma montanha.

Os templos funerários que os faraós mandaram construir, no topo ou ao lado de suas tumbas, são chamados de *castelos milhares de vezes milenares* e destinam-se, eternos como as tumbas reais, a associar o destino sobre-humano dos grandes deste mundo ao destino dos deuses (POSD, 283 c).

O que é protegido pelo castelo é a transcendência do espiritual. Julga-se que ele resguarde um poder misterioso e inatingível. Os castelos surgem nas florestas e nas montanhas mágicas (que por si sós já têm o peso de uma força sagrada) e desaparecem como por encanto, quando deles se aproximam os cavaleiros e a miragem se esvai. Nos castelos estão adormecidas as belas jovens e padecem, suspirosos, os príncipes encantados, enquanto esperam – elas, ser despertadas pelo visitante enamorado, e eles, o instante de acolher a viajante maravilhosa. O castelo simboliza a *conjunção dos desejos*.

O *castelo negro é* o castelo definitivamente perdido, o desejo condenado a permanecer para sempre insaciado: é a imagem do *inferno,* do destino "marcado", sem esperança de retorno ou de mudança. É o castelo sem ponte e para sempre vazio, habitado somente pela alma solitária, que vaga infindavelmente entre seus muros sombrios.

O *castelo branco,* ao contrário, é um símbolo de *realização*, de um destino perfeitamente cumprido, de uma perfeição espiritual. Entre os dois, o negro e o branco, escalonam-se os diversos castelos da alma, descritos pelos místicos como outras das tantas moradas sucessivas ao longo do caminho da santificação. O castelo da iluminação no cimo dos montes, e que se confunde com o céu, será o lugar onde a alma e seu Deus estarão eternamente unidos e gozarão, em pleno, de sua recíproca e imarcescível presença.

O *castelo às escuras,* que não é necessariamente o castelo negro, simboliza o *inconsciente*, a memória confusa, o desejo indeterminado; o castelo iluminado, que tampouco é o castelo de brancura ou de luz, simboliza a consciência, o desejo aceso, o projeto posto em andamento.

CASULA (*v.* Capa¹)

CATALPA

Na China antiga, a catalpa era a árvore que correspondia ao verão e ao sul (as árvores que correspondiam aos outros três pontos cardeais eram a acácia, o castanheiro e a tuia). Por isso, no altar do solo meridional devia estar sempre plantada uma Catalpa.

Além disso, o nome dessa árvore em chinês (*tse*) é homófono do caractere que designa o filho; consequentemente, a catalpa é o símbolo do lar paterno e da obediência filial, como o indica o *Che-ching*. O Imperador Wu, tendo sonhado que cresciam catalpas no pátio de sua concubina, Wey Tse-fu, concluiu que era um desejo do céu ver assegurada com ela a descendência masculina da casa imperial (GRAR, LECC).

CATÁSTROFE

Tanto nos atos da vida real como nos sonhos, a catástrofe é o símbolo de uma mutação violenta, sofrida involuntariamente ou desejada. Por causa de seu aspecto negativo, que aparece com maior evidência, é a destruição, a perda, a separação, a ruptura, o fracasso, a morte de uma parte de si mesmo ou de alguém de seu meio, que se revelam. Entretanto, a violência da catástrofe oculta um aspecto positivo, que é o mais importante: o de uma vida nova e diferente, de uma ressurreição, de uma transformação psíquica, de uma mudança social, desejados pela consciência, nascidos do inconsciente, ou em vias de realização. A catástrofe gera o seu contrário, ou revela o desejo desse contrário, ou seja a manifestação de uma outra ordem.

O sentido da mutação catastrófica não é indiferente, simbolicamente, ao elemento predominante representado na imaginação: o **ar***, quando se trata de catástrofe aérea; a **água***, quando se trata de inundações; o **fogo***, de incêndios; a **terra***, de terremotos. O elemento determinante é em si mesmo um símbolo, que pode ajudar a especificar o sentido do símbolo genérico da catástrofe, i.e., o domínio onde se podem produzir a catástrofe e a renovação.

CAUDA (*v.* Rabo)

CAURI

A forma do cauri, mais ainda do que a de qualquer outra concha, evoca o sexo feminino. Daí sua simbólica, que associa as ideias de fecundidade, de riqueza e de felicidade. A partir da Malásia, seu lugar de origem, o cauri foi durante séculos objeto de um comércio muito ativo, primeiramente no Extremo Oriente e, a seguir, na África negra, onde foi amplamente utilizado como moeda. Todavia, a arte, a magia propiciatória e múltiplas modas se inspiraram no cauri, principalmente na África, onde ele continua a ser utilizado não só como ornamento corporal, mas também como amuleto.

"Sua utilização na arte não conhece limites: máscaras, adornos de danças, colares e penteados são enfeitados de cauris [...]. Assim como o ouro, ele desperta todas as paixões" (MVEA, 63).

CAVALEIRO¹ (Figura equestre)

As estátuas ou retratos equestres glorificam um chefe vitorioso; são um símbolo de seu triunfo e de sua glória: assim como ele doma sua montaria, dominou forças adversas. Mostram a ascensão desse chefe ao paraíso dos deuses, dos heróis ou dos eleitos, tal como a célebre imagem do Profeta montado em sua égua Boraq, conduzida por Gabriel, no meio de um cortejo de anjos, até diante do trono de Deus. Nesse caso, podem revestir-se de uma significação espiritual, como a realização da palavra sagrada e o acesso à perfeição. Às vezes, atribuem-se significados especiais a certas particularidades da montaria, de seus arreios e jaezes, bem como do cavaleiro, de sua indumentária, emblemas ou armadura. Descobre-se toda uma filosofia nesses sinais particulares. Tomemos um exemplo muito pouco conhecido e de uma estranha riqueza:

Os dogons esculpiram figuras equestres, sendo que uma das mais surpreendentes é a do cavaleiro-guia de Orosongo. Nessa figura, Mareei

252 | CAVALEIRO²

Griaule vê a imagem de um episódio que pertence ao mito da descida da *arca**: "o cavaleiro-guia assume a posição de vigário do Criador, encarregado de renovações." Jean Laude, que cita a opinião de Griaule, dá dessa mesma figura uma interpretação menos mítica e, ao que parece, mais aprofundada:

> [...] nela, o iniciado veria um grupo de sinais, uma linha asnada (i.e., formada por VV), cujo sentido aparente seria vibração. Ora, os desenvolvimentos desse sentido seriam mais ricos e, para os olhos avisados, mais essenciais do que uma sequência do mito; diriam respeito a uma concepção da matéria, a uma cosmogonia, a uma sabedoria, a uma regulamentação dos comportamentos sociais. Essa vibração evocaria a linha helicoidal seguida pelo ferreiro [o deus-criador] ao descer. Em um nível mais elevado da iniciação, ela representa a vibração da matéria, da luz, da água. Neste caso, a obra de arte concretiza uma filosofia, no sentido pré-socrático do termo.

É verdade que a concepção do cosmo como uma vibração é bastante difundida nas culturas primitivas, sem que nada se possa inferir dela no que concerne às teorias da física moderna.

A interpretação simbólica do cavaleiro, como de toda imagem carregada de significações ocultas, deve levar também em consideração todos os detalhes da representação. Da expressão do triunfo, militar ou espiritual, a imagem do cavaleiro passou à significação de um perfeito autodomínio e do domínio das forças naturais. Jung observa, ao contrário, que a imagem do cavaleiro, na arte moderna, passou a exprimir já não mais a tranquilidade, mas sim um *medo torturante* e um certo desespero, como uma espécie de pânico diante de forças cujo controle o homem, ou a consciência, teriam perdido. A interpretação dos símbolos não poderia excluir nenhum desses sentidos diferentes, uma vez que correspondem a percepções efetivamente vividas.

Os cavaleiros do Apocalipse são um testemunho dessa polivalência do símbolo (6, 1-18). Sua descrição inspira-se nas visões de Ezequiel e de Zacarias; os quatro cavaleiros significam os quatro terrores que estavam na iminência de assolar o Império Romano: os animais selvagens (os partos), a guerra, a fome, a peste. O cavaleiro do cavalo **branco*** *partiu vencedor, e para vencer ainda;* ele designa, pelo arco com que vem armado, os (invasores) partos que semearam o pânico entre os romanos no primeiro século de nossa era; a tradição cristã também reconheceu o Cristo, nesse cavaleiro vencedor; nele, uma interpretação mística vê até mesmo o triunfo da Palavra de Deus, que se difunde através do mundo, como uma vitória contínua e irresistível, a partir do jazigo da Ressurreição até os pontos extremos da terra, e até o final dos tempos. O segundo cavaleiro, que monta um cavalo **vermelho-fogo***, traz a missão de *tirar a paz da terra, para que os homens se matassem entre si*; ostenta uma grande espada; é a guerra. O terceiro aparece montado num cavalo negro; tem na mão uma balança e proclama: "Um litro de trigo por um denário e três litros de cevada por um denário! Quanto ao óleo e ao vinho, tratem de poupá-los"; é a fome. O quarto cavaleiro galopa montado num cavalo esverdeado. É a peste. Hades o acompanha para fazer descerem os mortos. Essas calamidades clássicas tomaram, nas literaturas orientais, valor de símbolos: significam os piores castigos que ameaçam os destinos do mundo no *grande* dia de Deus, se os homens continuarem a desprezar sua Palavra.

CAVALEIRO²
(Paladino dos ideais de cavalaria, cavaleiro andante)

Na França, é possível que a instituição da cavalaria tenha desaparecido até mesmo muito antes do fim do *Ancien Régime* (sistema de governo que vigorou antes da Revolução de 1793). No entanto, a figura do cavaleiro subsiste, não só na literatura ocidental da Idade Média, como em todas as literaturas modernas. A ideia do cavaleiro, mesmo fora do contexto de sua história, é um elemento da cultura universal e um tipo superior da humanidade. E embora essa ideia já não corresponda às realidades existentes nas instituições, ela exprime, porém, sob a forma de símbolos, certo número de valores.

Poder-se-ia dizer que o ideal da cavalaria se resume em um acordo de lealdade absoluta para com as crenças e compromissos aos quais toda vida está submetida. Ele exprime uma recusa da corrupção ambiente, sobretudo quando essa corrupção se apresenta como felonia, muito embora não se possa dizer que seus adeptos tenham sido perfeitamente irreprocháveis. Violentos, brutais, sensuais, grosseiros e impacientes, os cavaleiros não eram modelos de irrepreensibilidade. No entanto, alguns dentre eles deram prova de grande refinamento em relação aos usos e costumes de seu tempo, tendo contribuído, aliás, para suavizá-los. Mas aqui, não é a história desses personagens que nos interessa, e sim a significação do tipo que encarnam. Se o símbolo do cavaleiro é inteiramente interiorizado, i.e., se diz respeito apenas à luta espiritual – como pretendem certos autores –, tende, portanto, a confundir-se com o símbolo de santo; e, nesse sentido, citaríamos os exemplos de São Luís e de Santo Inácio de Loiola. Ele perde igualmente toda significação específica, se for identificado ao do rei. Melhor conviria, pois, caracterizar o cavaleiro como sendo *o senhor de sua montaria,* esta última podendo ser, evidentemente, quer seu cavalo, quer seu próprio eu, ou o serviço do rei, ou o devotamento à dama eleita, ou ainda o exercício de uma função, ou a liderança de uma guerra etc. Essa autoridade de senhor, que consiste precisamente na posse dos meios necessários para a obtenção dos objetivos desejados, acompanha-se de uma espécie de doação mística a um ser superior: Deus, rei, a pátria, a dama, a tarefa etc. O cavaleiro não é um soberano, é *servidor* (fr. *chevalier servant*). Ele se realiza na ação por uma grande causa.

O ideal da cavalaria pode eventualmente perverter-se nas direções do poderio (os Cavaleiros teutônicos), da riqueza (os Templários) e do irrealismo (Dom Quixote). E então, os cavaleiros erigem-se em soberanos, i.e., em defensores de seu próprio território, de seu próprio tesouro, de suas próprias visões. Ao apropriar-se de bens, alienam-se a si mesmos.

O cavaleiro pertence a uma classe de guerreiros. O termo *cavaleiros* (equites) foi escolhido por César para designar o conjunto da classe guerreira entre os celtas, por oposição à classe sacerdotal (druidas), e, em conexão com esta última, por oposição à plebe, que não tem qualquer existência política, social ou religiosa reconhecida. A escolha do termo simboliza exatamente a natureza e a função, ou seja, a própria essência da parte *militar* da sociedade céltica. Os cavaleiros correspondem aos Kshattriyas da Índia (*v.* **cavaleiro**[1]* e **casta***).

O símbolo do cavaleiro, portanto, inscreve-se em um complexo de combate, e em uma intenção de espiritualizar o combate. Essa espiritualização realiza-se seja pela escolha de uma causa superior, seja pela escolha de meios nobres, seja através da admissão numa sociedade de elite, ou seja, pela busca de um chefe extraordinário, ao qual se deseja prestar juramento de obediência. O sonho do cavaleiro revela o desejo de participar de um grande empreendimento, que se distingue por um caráter moralmente muito elevado e de certo modo sagrado.

A cavalaria confere um estilo à guerra, bem como ao amor e à morte. O amor é vivido como um combate, e a guerra, como um amor; tanto a um como a outro, o cavaleiro sacrifica-se até a morte. Ele luta contra todas as forças do mal, inclusive as instituições da sociedade, quando estas lhe parecem violar suas exigências interiores.

O patrono dos cavaleiros é o arcanjo São Miguel – fato ilustrado em seu combate com o demônio, que ele vence, e contra o exército do mal, que ele põe em debandada. É sua imagem de herói – de elmo e couraça, a segurar uma lança – que povoa os cérebros exaltados ou simplesmente os corações generosos, ávidos de não poupar esforços para melhorar o mundo. O ideal cavalheiresco parece inseparável de um certo fervor religioso. "A proeza do arcanjo São Miguel", escreve J. Huizinga (HUID, 78), "foi o primeiro ato miliciano e proeza cavalheiresca que jamais se realizara; daí procede a cavalaria que [...] é uma imitação dos coros dos anjos em torno do trono de Deus. O poeta espanhol Juan Manuel

254 | CAVALO

denomina-a uma espécie de sacramento, que ele compara ao batismo e ao casamento".

Mas o cavaleiro não é apenas a imagem daquilo que um homem pode vir a ser. Ele é também aquele que se deseja, aquele sobre cujo coração, terno e corajoso, se almeja repousar. Um exemplo disso é o velho rei Merdrain, quando se estreita mais entre os braços de Galahad, dizendo:

> Galahad, justiceiro soldado de Deus, verdadeiro cavaleiro cuja vinda tanto esperei, abraça-me e deixa-me repousar sobre teu peito, para que eu possa morrer em teus braços; pois tu és virgem e mais puro do que qualquer outro cavaleiro, assim como a flor-de-lis, signo de virgindade, é mais branca do que qualquer outra flor. Tu és um lírio de virgindade, tu és uma rosa íntegra, uma flor de boa virtude, e cor de fogo, pois em ti o fogo do Espírito Santo está tão bem aceso, que minha carne, antes velha e morta, já está plenamente renovada (BEGG, 227).

O verdadeiro cavaleiro é aquele que participa, como Parsifal, na *busca do Santo Graal* e do qual o universo espera receber *nutrição superior e celeste alimento*; é aquele que, através de todas as aventuras da vida, introduz ao cerne do *Palácio espiritual*. Ao nutrir-se, ele próprio, da hóstia, dela se torna, para os demais, uma encarnação.

CAVALO

Uma crença, que parece estar fixada na memória de todos os povos, associa originalmente o cavalo às trevas do mundo ctoniano, quer ele surja, galopante como o *sangue nas* veias, das entranhas da **Terra*** ou das abissais profundezas do **mar***. Filho da **noite*** e do mistério, esse cavalo arquetípico é portador de morte e de vida *a* um só tempo, ligado ao **fogo***, destruidor e triunfador, como também à **água***, nutriente e asfixiante. A multiplicidade de suas acepções simbólicas decorre dessa significação complexa das grandes figuras *lunares* em que a imaginação associa, por analogia, a Terra, em seu papel de Mãe, *a Lua*, seu luminar, as águas e a sexualidade, o sonho e a divinação, o **Reino vegetal*** e sua renovação periódica.

Por isso, os psicanalistas fizeram do cavalo o símbolo do "psiquismo inconsciente *ou da* psique não humana" (JUNA, 312), arquétipo próximo ao da "Mãe, memória do mundo", ou então ao do tempo, porquanto está ligado "aos grandes relógios naturais" (DURS, 72), ou ainda, ao da *impetuosidade do desejo* (DIES, 305). Mas a noite conduz ao dia, e acontece que o cavalo, ao passar por esse processo, abandona suas sombrias origens para elevar-se até os céus em plena **luz***. Vestido de um branco manto de majestade, ele cessa então de ser lunar e ctoniano, para tornar-se uraniano ou solar, na esfera dos deuses bons e dos heróis: o que amplia ainda mais o leque de suas acepções simbólicas. Esse branco cavalo Celeste representa o instinto controlado, dominado, sublimado; é, segundo a nova ética, *a mais nobre conquista do homem*. Entretanto, não há conquista que seja eterna e, a despeito dessa imagem luminosa, o cavalo tenebroso prossegue sempre, dentro de nós, sua corrida infernal: ele é por vezes benéfico, por vezes maléfico. Pois o cavalo não é um animal como os outros. Ele é montaria, veículo, nave, e seu destino, portanto, é inseparável do destino do homem. Entre os dois intervém uma dialética particular, fonte de paz ou de conflito, que é a do psíquico e do mental. Em pleno meio-dia, levado pelo poderoso ímpeto de sua corrida, o cavalo galopa às cegas, e o **cavaleiro***, de olhos bem abertos, procura evitar os pânicos do animal, conduzindo-o em direção à meta que se propôs alcançar; à noite, porém, quando é o cavaleiro que por sua vez se torna cego, o cavalo pode então tornar-se vidente e guia. A partir daí, é ele que comanda, pois só ele é capaz de transpor impunemente as portas do mistério inacessível à razão. Se entre ambos, porém, houver qualquer conflito, a corrida empreendida poderá levar à loucura e à morte; mas se houver concordância, ela será triunfante. As tradições, os rituais, os mitos, contos e poemas que evocam o cavalo, não fazem senão exprimir as mil e uma possibilidades desse jogo sutil.

O animal das trevas e dos poderes mágicos

A estepe da Ásia central, país de cavaleiros e de xamãs, conservou em suas tradições e em sua literatura a imagem do cavalo ctoniano, cujos misteriosos poderes suprem os do homem e transpõem-lhes o limite, no umbral da morte. Clarividente, acostumado com as trevas, o cavalo exerce funções de guia e de intercessor; numa palavra: de psicopompo. Sob esse aspecto, a epopeia quirguiz de Er-Töshtük é significativa (BORA). A fim de recuperar sua **alma*** que fora roubada por um mágico. Töshtük, por mais que fosse um verdadeiro herói, vê-se obrigado, de certo modo, a abdicar de sua própria personalidade e a fiar--se nos poderes *supranormais* do cavalo mágico Tchal-Kuiruk, que o auxiliaria a penetrar no mundo subterrâneo e a livrar-se de suas emboscadas. Tchal-Kuiruk, esse *Bayard* (cavalo mágico, personagem do romance de cavalaria do séc. XII intitulado *Os quatro filhos Aymon,* em que se narram as aventuras de quatro bravos cavaleiros que lutam contra Carlos Magno, todos quatro montados nesse mesmo cavalo) asiático, é capaz de entender e falar como um homem; e desde o início da cavalgada fantástica ele adverte seu amo da inversão de poderes que deverá ocorrer: "Teu peito é largo, mas teu espírito é estreito; não és capaz de refletir sobre coisa alguma. Tu não vês o que eu vejo e não sabes o que eu sei [...]. Tu tens a coragem, mas falta-te a inteligência" (BORA, 136, 106). E, finalmente, acrescenta as palavras que resumem de modo admirável seus poderes: "Eu sou capaz de caminhar nas águas profundas."

No entanto, Tchal-Kuiruk, que participa ao mesmo tempo dos dois mundos, não consegue passar de um a outro senão ao preço dos mais cruéis suplícios; e, cada vez que a situação assim o exige, ele próprio pede ao seu cavaleiro que lhe arranque a chicotadas pedaços de carne, *do tamanho de carneiros,* a fim de tornar mais eficazes suas virtudes; a imagem é significativa: em cada uma dessas vezes, opera-se um processo iniciático.

Basta a leitura dessa epopeia, para que se penetre o sentido profundo de certas tradições xamânicas. Assim, entre a maioria dos povos altaicos, a sela e o cavalo do morto são colocados perto do cadáver, a fim de assegurar ao defunto os meios para fazer sua última viagem (HARA). Entre os buriatas, costuma-se amarrar o cavalo de um doente (que, segundo a crença, perdeu temporariamente a alma) perto do leito de seu amo, a fim de que dê sinais do retorno da alma do enfermo; pois, quando isso acontece, "o cavalo o manifesta pondo-se a tremer" (ELIC, 199). Quando morre um xamã, costuma-se deitá-lo em cima de sua manta de sela, com a própria sela a servir-lhe de travesseiro; entre as mãos, colocam--lhe as rédeas, um arco e flechas (HARA, 212).

Entre os beltires, o cavalo do morto é sacrificado a fim de que sua alma guie a do homem; e é significativo o fato de que, logo depois, a carne do cavalo seja dividida entre os **cães*** e os **pássaros***, também eles animais psicopompos, habituais frequentadores dos dois mundos transcendentes: o de baixo e o do alto. Esse sacrifício do cavalo ao amo defunto é um costume de tal modo comum, que se chegou até mesmo a considerá-lo um dos elementos constitutivos (e graças aos quais elas podem ser reconhecidas) das civilizações primitivas da Ásia (DELC, 241). Ele ocorre, igualmente, entre numerosos povos indo-europeus, e até entre os povos mediterrâneos da Antiguidade: na *Ilíada,* Aquiles sacrifica quatro éguas sobre a pira funerária de Pátroclo, seu *irreprochável amigo*; elas conduzirão o morto ao reino de Hades. O cavalo, por causa de seu poder de clarividência e de seu conhecimento do Outro-Mundo, desempenha igualmente um importante papel nas cerimônias xamânicas. O espírito benéfico do xamã altaico, que o acompanha em suas viagens divinatórias, possui "olhos de cavalo que lhe permitem ver, antecipadamente, o que vai ocorrer em trinta dias de viagem; ele vela sobre a vida dos homens e mantém informado o Deus supremo" (HARA, 112). A maior parte dos acessórios do transe xamânico tem relação com o cavalo. Por isso, o **tambor*** ritual, cujo batimento ritmado provoca e faz durar a crise, é fabricado, quase sempre, com

CAVALO

a pele estirada de um cavalo ou de um **cervo***; os iacutos e outros povos denominam-no expressamente o cavalo do xamã (HARA, 351). Por fim, "para ir até o Outro-Mundo", os xamãs utilizam muitas vezes uma bengala cuja parte superior recurva tem a forma de uma cabeça de cavalo, denominada *bengala-cavalar,* usada por eles "como se se tratasse de um cavalo vivo" (ibid., p. 333), o que lembra bastante os cabos de vassoura das feiticeiras ocidentais.

O homem metamorfoseado em cavalo: o possuído e o iniciado

O lugar preeminente ocupado pelo cavalo nos ritos extáticos dos xamãs leva-nos a considerar o papel desse animal nas práticas dionisíacas e, de modo mais geral, nos rituais de posse e de iniciação. E, logo à primeira vista, impõe-se a seguinte constatação: no Vodu haitiano e africano, no Zar da Abissínia assim como nos antigos mistérios da Ásia Menor, a *inversão* dos papéis entre cavalo e cavaleiro, já esboçada mais acima, prossegue, chegando a atingir suas mais extremas consequências. Em todas essas tradições, o homem, i.e., o possuído, transforma-se ele próprio em cavalo, para ser montado por um espírito. Os possuídos do Vodu são expressamente denominados de cavalos de seus Loa, tanto no Haiti como no Brasil; e o mesmo ocorre na Abissínia, onde, no momento da *Wadadja* (dança coletiva dos possuídos), o possuído identifica-se ao seu *Zar,* "já não sendo senão seu *cavalo* e obedecendo como um cadáver aos caprichos que esse espírito lhe ordena" (LEIA, 337). O mesmo ritual, com os mesmos termos, era também praticado no Egito, no início desse século, segundo Jeanmaire (JEAD).

As práticas dionisíacas da Ásia Menor não constituem exceção ao que acima mencionamos como sendo uma regra em toda essa região. Dizia-se com respeito aos adeptos dos mistérios que eles eram cavalgados pelos deuses. Em torno de Dioniso (Baco), o Grão-Mestre das práticas extáticas, abundam as figuras hipomorfas; por exemplo: os Silenos e os Sátiros, companheiros das Mênades (ou bacantes) no cortejo dionisíaco,

são homens-cavalos, assim como os Centauros, que Dioniso embriagou, provocando sua luta contra Héracles (Hércules) (JEAD, GRID). As heroínas das tradições legendárias relativas à orgia báquica, especifica Jeanmaire, "têm nomes em cuja composição entra, com notável frequência, o componente *hippé* [...] ou recebem epítetos que despertam igualmente a ideia de qualidades relacionadas a cavalos" (JEAD, 285). Em vista de tudo isso, sem dúvida pode-se compreender por que, nas antigas tradições chinesas, os neófitos eram chamados de *jovens cavalos* na ocasião de sua iniciação. Por sua vez, os iniciadores e os propagadores de novas doutrinas eram chamados de *mercadores de cavalos.* Realizar uma reunião iniciática, mais ou menos secreta, traduzia-se por *soltar os cavalos.* E se o cavalo simboliza os componentes animais do homem, isso se deve, sobretudo, à qualidade de seu instinto que o faz aparecer como um ente dotado de clarividência. Corcel e cavaleiro estão intimamente unidos. O cavalo instrui o homem, ou seja, a intuição esclarece a razão. O cavalo ensina os segredos, conduz-se de maneira justa. E sempre que a mão do cavaleiro o leva por um caminho errado, ele descobre as sombras, os fantasmas; embora corra o risco de tornar-se um aliado do demônio.

A iniciação dos cavaleiros do Ocidente medieval apresenta certa analogia com a simbólica do cavalo, montaria privilegiada da busca espiritual. Seu protótipo é, de certo modo, o combate contra a quimera travado por Belerofonte, cavalgando Pégaso.

Assim, pois, após ter sido considerado sob seu aspecto de psicopompo e vidente, o cavalo torna-se o Possuído, o adepto dos divinos mistérios que abdica de sua própria personalidade a fim de que a personalidade de um Espírito superior se manifeste através dele; função passiva que está indicada no duplo sentido da expressão *cavalgar* e *ser cavalgado.* A esse respeito, convém observar que os habitantes do Panteão vodu – os Loa – que vêm cavalgar seus possuídos não são, todos eles, espíritos infernais; dentre os Loa, os mais importantes são os Loa brancos, espíritos celestes, uranianos. O cavalo, símbolo ctoniano, atinge pois, dessa maneira, sua mais extrema valorização positiva, em que os dois planos – *o de cima* e o *de baixo* – se manifestam, indiferentemente, por seu intermédio, o que quer dizer que sua significação se torna cósmica. E, por essa via, alcança o simbolismo do sacrifício védico do cavalo, o Ashvamedha, ritual de caráter essencialmente cosmogônico, como salienta M. Eliade: "O *cavalo* é (então) identificado ao Cosmo, e seu sacrifício simboliza – ou melhor, reproduz – o ato da criação" (ELIT).

Certas figuras da mitologia grega, como a de Pégaso, representam, por sua vez, não a fusão dos planos de cima e de baixo, e sim a passagem, a sublimação de um para o outro: **Pégaso*** leva o raio a Zeus; ele é um cavalo celeste; no entanto, sua origem é ctoniana, pois nasceu quer dos amores de Poseidon e da Górgona, quer da Terra fecundada pelo sangue da Górgona. Pode-se dizer, então, que ele representa a sublimação do instinto; já não mais o mágico ou o possuído, e sim o Sábio iniciado.

Os cavalos da morte

A valorização negativa do símbolo ctoniano faz do cavalo, por sua vez, uma cratofania infernal, uma manifestação da morte análoga à da *ceifeira* no folclore mundial. Na Irlanda, o herói Conal I Cernach possui um cavalo com cabeça de cão, o *Vermelho de Orvalho,* que dilacera o flanco de seus inimigos. Os cavalos de Cuchulainn, o Tordilho de Macha (é o *rei dos cavalos da Irlanda*) e o Casco Negro, têm uma inteligência humana: o Tordilho recusa-se a deixar-se atrelar ao carro do herói, que se prepara para o seu último combate, e derrama lágrimas de sangue; um pouco mais tarde, ele guiaria o vingador Conal I Cernach na direção do corpo de seu amo; quanto ao Casco Negro, vai afogar-se de desespero.

Os cavalos da morte, ou pressagiadores da morte, abundam desde a Antiguidade grega até a Idade Média, estendendo-se a todo o folclore europeu, "Já entre os helênicos, na antiga versão da chave dos sonhos que é a obra de Artemidoro, sonhar com um cavalo é sinal de morte para o doente" (JEAD, 284). A Deméter da Arcádia (Ceres), muitas vezes representada com cabeça de cavalo, é identificada a uma das Erínias (As Fúrias ou Eumênides), essas terríveis executoras da justiça infernal. Ela dá à luz um outro cavalo (também filho de Poseidon), Arião, montaria de Hércules. As Harpias, "demônios da tempestade, da devastação e da morte" (JEAD), são representadas como figuras ambíguas, a um só tempo mulheres-pássaros e éguas; uma delas é a mãe dos cavalos de Aquiles; outra, a mãe dos corcéis que Hermes (Mercúrio) oferece aos Dióscuros (Castor e Pólux). Arimã, o diabo do zoroastrismo, apresenta-se muitas vezes sob a forma de um cavalo, para matar ou carregar suas vítimas.

Os cavalos da morte são, em sua maioria, negros como Caros, deus da morte dos gregos modernos. Negros são também, a maior parte das vezes, esses corcéis da morte, cuja cavalgada infernal persegue durante longo tempo os viajantes perdidos, tanto na França como em toda a cristandade:

> Certa vez, à meia-noite quase [...]
> Ia eu solitário, já muito além do Loire,
> Quando, ao passar um desvio e chegar
> Diante de uma Grande Cruz, em uma
> [*encruzilhada*,*
> Pensei ouvir latidos de uma matilha de
> [cães
> Que me estivessem, passo a passo,
> [a seguir as pegadas.
> E vi ao pé de mim, num grande corcel
> [negro,
> Um esqueleto de homem a estender-me
> [a mão
> Para que eu subisse, do cavalo, à garupa
> Um enorme pavor me percorreu os
> [ossos...
>
> (RONSARD, *Hino aos demônios*)

Mas há também cavalos pálidos, *alvacentos,* que são muitas vezes confundidos com o cavalo branco uraniano, cuja significação é exatamente con-

258 | CAVALO

trária. E quando esses cavalos alvacentos são, por vezes, chamados de **brancos***, deve-se entender que essa denominação se refere à brancura lunar, fria, feita de vazio, de ausência de cores; ao passo que a brancura diurna é solar, cálida e plena, feita da soma das cores. O cavalo alvacento tem a brancura de um sudário ou de um fantasma. Sua brancura está muito próxima da acepção mais usual do negro: é a brancura do luto, tal como é entendida pela linguagem comum, quando se fala de *noites brancas* (insones) ou de brancura *cadavérica*. É o cavalo pálido do Apocalipse, o cavalo *branco,* presságio de morte nas crenças alemãs e inglesas. Todos esses são cavalos nefastos, cúmplices das águas turbilhonantes, que se encontram no folclore franco-alemão, desde o Schimmel Reiter (O Cavaleiro do Cavalo Branco), que destrói os diques durante a tempestade, a Blanque Jument (Égua Branca) do Estreito de Calais e o Bian Cheval (Cavalo Branco) de Celles-sur-Plaine, até o Drac, belo cavalo branco que se apodera dos viajantes para afogá-los no rio Doubs (DOND, DONM). Na Idade Média, a padiola era denominada de *cavalo de São Miguel*; o cavalo simbolizava a *árvore da morte.* (Estes últimos exemplos ilustram a valorização negativa do cavalo lunar, associado ao elemento água; examinaremos, mais adiante, sua valorização positiva.) Não poderia faltar aqui o pesado e inquietante cavalo de olhar fixo que povoa a imaginação de Albrecht Dürer. Sob o aspecto semântico, Krappe vê esse cavalo sinistro, quer seja negro ou alvacento, na própria origem do francês *cauchemar* (pesadelo, obsessão temível) ou do inglês *nightmare* (pesadelo, visão terrível; lit.: *night:* noite, *mare:* égua); a *mahrt* alemã (égua) é um demônio ctoniano, como o indica a palavra (comparar: esloveno antigo mora *feiticeira;* russo mora *espectro;* polonês mora; tcheco mura *pesadelo;* latim *mors, mortis;* ant. irl. *marah* morte, epidemia; lituano *maras* morte, peste; letão *meris* peste; e a sinistra *Mor(r)igain* irlandesa (KRAM, 229). Os cavalos da morte ou do pesadelo povoam o folclore céltico: o March--Malaen (Malaen, lat. *Malignus)* é um dos *três*

flagelos da ilha da Bretanha; os Kelpies da Escócia são cavalos-demônios, e o folclore bretão está cheio de histórias curiosas e de contos referentes a cavalos diabólicos que desviam do caminho os viajantes, ou os precipitam em grotas e pântanos. Os cavalos negros, nesse folclore, costumam ser na maior parte das vezes quer um diabo, quer um demônio, quer um ente maldito ou uma alma penada; ou, então, são a montaria do herói de uma dessas *caçadas malditas* pouco antes evocadas no trecho do poema de Ronsard, dentre os quais o mais célebre é sem dúvida o Rei Artur, condenado a perseguir numa corrida sem fim uma presa inatingível. Nessa lenda, é significativo observar que em suas mais antigas versões a *caçada de Artur* aparece acompanhada de uma matilha de cães **brancos***, e que o animal por ele perseguido é uma **lebre*** – animal tipicamente lunar (DOND).

Dontenville vê no Artur dessa lenda um homólogo celta do Wotan (ou *Odin,* deus da mitologia escandinava, princípio de todas as coisas: eloquência, sabedoria, poesia etc., e deus da Bravura) germânico. Outra lenda próxima a essa – a da Dama Branca – merece ser examinada, pois inverte a polarização do símbolo, dando-lhe uma significação sexual, ao mesmo tempo que o corcel dessa nova cavalgada fantástica torna-se "de uma brancura ofuscante: no Jura, assim como no Périgord, a Dama vestida de branco passa por cima dos bosques farfalhantes, e ouve-se o ruído de seus cavalos, de seus lebréus, dos cavalariços e de sua trompa de sons harmoniosos. Essa música, a princípio guerreira, e depois suave e mansa, deve abrir as portas ardentes da volúpia" (DOND, 35). Corcel de uma brancura ofuscante, música guerreira e depois voluptuosa – eis que se inicia a ascensão do símbolo cavalo do domínio ctoniano para o uraniano.

A imolação do cavalo

O encadeamento simbólico Terra-Mãe, Lua--Água, Sexualidade-Fertilidade, Vegetação--Renovação periódica permite descobrir outros aspectos desse símbolo. Vários autores explicaram o processo através do qual as divindades ctonianas se tornam, nas civilizações de agricultores, divindades agrárias. O cavalo, em suas metamorfoses simbólicas, não é de modo nenhum uma exceção à regra. Frazer cita múltiplos exemplos. Em Roma, os cavalos destinados à tropa eram consagrados a Marte, de 27 de fevereiro a 24 de março (as Equínias): iniciavam-se nesse período as expedições militares. Quando elas terminavam, seis meses mais tarde, era sacrificado uma vez por ano, em 15 de outubro, no dia seguinte às colheitas, um cavalo dedicado a Marte. Sua cabeça era guarnecida de grãos de cereais, como forma de agradecimento pela colheita enceleirada; pois Marte era o deus que defendia a coletividade não só contra os flagelos dos cultivos, mas também contra os inimigos do homem. O **rabo*** do animal "era levado à casa do rei com grande celeridade, a fim de que o sangue escorresse sobre a lareira de sua casa [...] Além disso, parece que também se recolhia o sangue do cavalo, que era conservado até o dia vinte e um de abril; então, as vestais misturavam-no com o sangue de novilhos ainda não nascidos, que haviam sido imolados seis dias antes; distribuía-se essa mistura entre os pastores, que, juntamente com outros ingredientes, a queimavam, utilizando-a depois para fumigar seus rebanhos" (FRAG, **8**, 40 s.). Essa imolação do cavalo devia ser, nas palavras de G. Dumézil, "uma espécie de capitalização régia da vitória. O costume de cortar o rabo do cavalo, *observa Frazer,* assemelha-se ao costume africano (Guiné, Grande Bassam) que consiste em cortar o rabo dos bois e oferecê-lo em sacrifício, para ter uma boa colheita. Tanto no costume romano como no africano, aparentemente o animal representa o espírito do trigo, e crê-se que seu poder fertilizante resida, em especial, no rabo" (ibid.). Por causa da rapidez de sua corrida (que o associa ao tempo, como já vimos, e portanto à continuidade do tempo), o cavalo – que, por outro lado, atravessa incólume os países da morte e do frio, e portanto o inverno –, portador do *espírito do trigo,* do outono até o inverno, preenche a lacuna invernal e assegura a indispensável renovação. Esse mesmo papel de

espírito do trigo – ou de qualquer outro cereal – é-lhe conferido em numerosas outras tradições. Assim, na França e na Alemanha, era costumeiro que na época das colheitas o mais jovem cavalo da aldeia fosse festejado e rodeado de cuidados especiais, pois através dele deveria ser assegurada a nova germinação; e, até o próximo plantio, dizia-se que esse cavalo trazia em si o espírito do trigo (FRAG, 7, 292).

Na Irlanda, segundo a narrativa de uma testemunha ocular, narrativa esta igualmente relatada por Frazer (ibid., **10**, 203), no decurso de uma festividade em volta das fogueiras de São João, depois de todos os camponeses terem saltado por cima das brasas, viu-se aparecer repentinamente uma grande estrutura de madeira, medindo cerca de dois metros e meio de comprimento, que ostentava numa de suas extremidades uma cabeça de cavalo, e estava coberta por um grande lençol branco a ocultar o homem que a vinha carregando. Acolheram-na com grandes exclamações: *O Cavalo Branco! O Cavalo Branco!* A figura mascarada saltou por cima da fogueira e, em seguida, pôs-se a perseguir os espectadores. Quando perguntei o que o cavalo representava, conclui o narrador, responderam-me: todo o gado. De espírito do trigo, o cavalo passou, portanto, a ser o símbolo de toda abundância, fato explicável por seu dinamismo e sua força impulsiva e generosa. A descrição detalhada de outras cerimônias agrárias sublinha essa interpretação. Em Assam, por exemplo, entre os garôs (Índia), para celebrar o fim das colheitas, a efígie de um cavalo (de cor branca e bastante semelhante ao das festas de São João na Irlanda) é jogada dentro do rio, após uma dança durante a qual se costuma bombardeá-la com **ovos***. Sabe-se que os espíritos das águas fazem parte do ciclo lunar, e que regem a germinação e o crescimento das plantas. A associação cavalo-ovos reforça os poderes desse espírito do arroz. A cabeça da figura mascarada, observa Frazer, é conservada até o ano seguinte, tal como em Roma se costumava conservar a cabeça do cavalo sacrificado pregada na porta de uma fortaleza.

260 | CAVALO

A afinidade existente entre o cavalo e as águas correntes é claramente ressaltada numa antiga tradição dos pescadores do rio Oka (afluente do Volga), segundo a qual, no início da primavera, dia 15 de abril, data em que os últimos gelos se derretiam, os pescadores costumavam roubar um cavalo a fim de oferecê-lo em sacrifício (afogavam-no) ao Grande-Pai das águas, que despertava justamente nesse dia: "Ó Grande-Pai!, diziam os pescadores, aceita este presente e protege nossa família (i.e., nossa tribo)" (DALP 878). Essa imolação do cavalo por imersão nas águas de um rio parece ter sido praticada por outros povos indo-europeus, entre os quais os gregos antigos, a julgar pela seguinte imprecação, dirigida por Aquiles aos assassinos de Pátroclo (*Ilíada*, 21, 130 s.): "O belo rio dos turbilhões prateados não vos defenderá. Em vão lhe imolareis touros poderosos e atirareis ainda vivos, em seus redemoinhos, cavalos de cascos pesados; nem por isso deixareis de morrer de uma morte cruel."

Uma divindade das águas

Ao participar do *segredo* das águas fertilizantes, o cavalo conhece o caminho subterrâneo por elas percorrido; e isso explica que, desde a Europa até o Extremo Oriente, se acredite que ele tenha o dom de fazer brotarem **fontes*** com a pancada de seu casco. Um exemplo disso, na França, são as nascentes ou fontes Bayard, que demarcam, no Maciço central, o périplo dos "quatro filhos Aymon", e que têm o mesmo nome do célebre cavalo mágico (já citado neste verbete). O próprio **Pégaso*** inaugura essa tradição ao criar a fonte Hippocrène – Fonte do cavalo – não longe do bosque sagrado das Musas; as Musas aí costumavam reunir-se para cantar e dançar, "e a água corria, a fim de favorecer a inspiração poética" (GRID, 211). Neste caso, a função do cavalo é a de *despertar* o Imaginário, assim como anteriormente ele *despertava* a natureza, no momento da renovação.

Por isso, compreende-se que o cavalo possa ser igualmente considerado um avatar, ou um auxiliar, das divindades da **chuva***. Na África, entre os *Ewe*, o deus da chuva sulca o céu montado

numa estrela cadente, que é seu cavalo. Entre os bambaras do Mali, os iniciados da sociedade *Kwore*, durante seus ritos para chamar a chuva, montam cavalos de madeira, que representam os cavalos alados sobre os quais os espíritos por eles evocados costumam travar suas batalhas celestes contra aqueles que desejam impedir a queda das águas fecundantes (DIEB). De modo mais geral, o símbolo do cavalo, entre os bambaras, segundo Zahan (ZAHV), engloba as noções de velocidade, imaginação e imortalidade: situa-se, portanto, bem próximo a Pégaso. Analogicamente, esse cavalo dos bambaras corresponde à criança e à palavra, o que explica que a mesma planta (o *koro*), que evoca "a energia do discurso e a abundância das palavras, seja utilizada indiferentemente para fortificar as crianças débeis e para tornar fecundas as éguas estéreis" (ibid., 161-162).

Esse exemplo acrescenta às imagens já mencionadas a da *criança*, que, assim como a fonte, manifesta o despertar das forças impulsivas e imaginativas.

A impetuosidade do desejo

Mas, a partir do instante em que se transpõe o umbral da puberdade, é então que o cavalo se torna plenamente – nas palavras de Paul Diel – o símbolo da *impetuosidade do desejo,* da Juventude do homem, com tudo o que ela contém de ardor, de fecundidade, de generosidade. No Hino a Agni, o *Rig-Veda* evoca a juventude nos seguintes termos:

> Como uma abundância agradável, Como uma rica morada, Como uma montanha com suas potencialidades,
>
> Como uma onda salutar, Como um cavalo que se precipita pelo [caminho de um só ímpeto, Como um rio com suas vagas, quem poderia imobilizar-te!
>
> (*Rig-Veda, 1*, 65)

É significativo que nesses versos as noções de água corrente e de fogo (Agni) estejam associadas. Símbolo de força, de potência criativa, de juventude, adquirindo uma valorização quer sexual quer espiritual, o cavalo participa simbolicamente tanto do plano ctoniano como do uraniano. Isso leva-nos a evocar o cavalo branco, em sua acepção solar, luminosa. Aliás, é interessante notar que há também duas acepções simbólicas do cavalo **negro***: na poesia popular russa, com efeito, aquele que até agora havíamos considerado exclusivamente o corcel da morte torna-se o símbolo da juventude e da vitalidade triunfante. "O cavalo negro corre, a terra estremece, e de suas ventas sai a labareda, de suas orelhas, a fumaça, e debaixo de seus cascos brotam centelhas" (AFAN, **1**, 203).

Esses são os cavalos negros que se costuma atrelar, nos contos de fadas, à carruagem do casamento; são bem o exemplo, portanto, dos cavalos do desejo liberado; são eles, ainda, os que evocam saudosamente uma canção popular muito recente: "Olá meus jovens anos! Olá meus cavalos negros!"

E a mesma imagem é retomada, em 1964, em *O Desna encantado*, pelo cineasta soviético Alexandre Dovjenko: "Meus anos passaram, meu dia declina, já não posso voar; sinto saudades do passado, e um imenso desejo de selar meus cavalos negros... Onde estais, onde estais!"

E por fim, as palavras cavalo e potro, ou égua e potranca chegam até mesmo a assumir uma significação erótica, revestindo-se da mesma ambiguidade que tem a palavra cavalgar (ou montar). Mais de um poeta inspirou-se nessa significação; García Lorca, por exemplo, no célebre *Romance à casada infiel*:

> Aquella noche corri
> el mejor de los caminos,
> montado en potra de nácar sin bridas y sin estribos.
> [Aquela noite corri / o melhor dos caminhos, / montado em potranca de nácar / sem bridas e sem estribos.]
>
> (*Romancero gitano*)

Esta metáfora de um poeta moderno é colhida nas fontes do simbolismo indo-europeu. Do mesmo modo que o cavalo representou a força fecundante, o instinto e, através da sublimação, o espírito, a égua passou a encarnar o papel da Terra-Mãe na hierogamia fundamental Terra-Céu, que preside

às crenças dos povos de agricultores. Anteriormente citamos a Deméter (Ceres) de cabeça de cavalo, deusa da fertilidade. Conta-se que ela se uniu a um mortal – o belo Jasão – nos sulcos de um campo que acabava de ser arado. Esse teatro dionisíaco não foi somente mítico. Nos rituais de entronização dos reis da Irlanda, no séc. XII, conforme são relatados por Schröder (KOPP), o futuro rei, durante uma cerimônia solene, devia unir-se a uma égua branca. Esta era imolada logo a seguir, e sua carne, cozida, era partilhada num festim ritual, do qual só o rei não tomava parte. Entretanto, a seguir, ele era obrigado a banhar-se no **caldeirão*** que continha o caldo do animal. A análise desse ritual é eloquente. O que se deduz, efetivamente, é que, através da cópula, o homem e a égua reproduzem a união urano-ctoniana; o futuro rei toma o lugar da divindade celeste para fecundar a Terra, representada pelo animal. Mas, na última prova desse ritual – a do banho no caldo – ele realiza um verdadeiro *regressus ad u ter um*: o caldeirão representa o ventre da Terra-Mãe, e o caldo, as águas da placenta. A partir desse banho, de caráter tipicamente iniciático, o futuro rei renasce, tendo recebido, como se tivesse passado por uma segunda gestação, transmissão dos mais sutis poderes, dos poderes mais secretos da Terra-Mãe que ele despertara, sob a forma da égua. Através dessa dupla operação, ele abandona sua condição humana para elevar-se ao nível do sagrado, inseparável da condição real.

O corcel solar

Ctoniano em sua origem, o cavalo torna-se pouco a pouco solar e uraniano. Após o exemplo precedente, é surpreendente constatar que os uralo-altaicos costumam representar a hierogamia Terra-Céu pelo casal Cavalo Branco-Boi Cinzento (ROUF, 343-344). O cavalo – macho, naturalmente – é, neste caso, uma epifania celeste.

Os cavalos puxam o carro do Sol, e a ele são consagrados. O cavalo é o atributo de Apolo, em sua qualidade de condutor do carro solar. É preciso não esquecer que, no folclore, os cavalos veem e entendem. Em uma das miniaturas do *Hortus*

262 | CAVALO

deliciarum (Jardim das delícias) de Herrade de Landsberg, o carro do Sol é puxado por dois ou quatro cavalos, e o da Lua, por bois. Trata-se, no caso, da retomada de um tema antiquíssimo. Desde os tempos pré-históricos, o Sol é representado num carro, a fim de significar seu deslocamento. E esse é o carro que haveria de tornar-se o de Apolo. Tal como Mitra, que subia ao céu no carro do Sol, Elias eleva-se num carro de fogo puxado por cavalos. Na Bíblia (2 *Reis*, **23**, 11), faz-se alusão ao carro do Sol. Vê-se também o carro do faraó sendo tragado pelo Mar Vermelho, em uma das pinturas murais da abadia de Saint-Savin (séc. XI-XII, França).

Insere-se igualmente nesse mesmo contexto o cavalo indiano asha, que significa literalmente o penetrante; sua penetração é a da luz. Os Ashvins de cabeça de cavalo, que estão em relação com o ciclo quotidiano do dia e da noite, são filhos de um cavalo e de uma égua – ambos símbolos solares – que encarnam o Dharma (a lei) e o Conhecimento.

O isomorfismo dos Ashvins e dos Dióscuros foi salientado por M. Eliade (ELIT). Emblema tântrico do Boddhisattva Avalo-kiteshvara, o cavalo simboliza a potência de sua graça, difundida pelos quatro horizontes. No Bardo Thodol, Ratnasambhava, Buda do Sul e símbolo solar, está sentado em um trono feito de cavalos. E por isso ele é também, segundo se afirma, símbolo de sagacidade e de beleza formal. Paul Valéry descreveu-o com as características de uma aérea dançarina: "O realismo e o estilo, a elegância e o rigor harmonizam-se nesse ser que possui a opulência pura do animal de raça. O cavalo caminha como se estivesse na ponta dos pés, apoiado de leve sobre os quatro cascos. Nenhum outro animal assemelha-se tanto à primeira bailarina, à estrela de um corpo de balé. como um puro-sangue em perfeito equilíbrio, que a mão do cavaleiro parece manter quase suspenso no ar, e que avança, em passos miúdos e delicados, à luz do sol."

Tanto nos textos búdicos como nos da Índia, e mesmo nos textos gregos influenciados por Platão, os cavalos são sobretudo os símbolos dos sentidos atrelados ao carro do espírito, e que o arrastam ao sabor de seus desejos, a menos que sejam guiados pelo *self,* que é o *senhor do carro.* De modo análogo, o ensinamento do Bardo é comparado e considerado semelhante ao *controle da boca do cavalo pela brida.* Tudo isso tem uma certa afinidade com o simbolismo de Pégaso. Pois nesses textos aparecem não apenas todos os cavalos alados, como também as associações cavalo-pássaro, com numerosos exemplos nas mitologias e tradições, sempre ligados a um contexto urano-solar: assim, no *Rig-Veda*, o Sol ora é um garanhão, ora, um pássaro (ELIT, 133). E se esse encadeamento de analogia for levado ainda mais longe, poder-se-á observar que a vivacidade do cavalo, em sua acepção uraniana, faz com que ele seja muitas vezes uma epifania do vento: nos contos árabes, quatro cavalos representam os quatro ventos; e, na China, o cavalo é a montaria de Vayu, divindade do vento. Bóreas (o deus do vento norte), seu homólogo da mitologia grega, transforma-se em cavalo para seduzir as éguas de Erictônio, que assim gerariam "doze potros tão velozes que, quando corriam sobre um campo de trigo, não chegavam sequer a dobrar as espigas sob seu peso, e quando corriam sobre a superfície do mar nem ao menos o encrespavam" (GRID, 66-67). No entanto, esse mesmo Bóreas também gerou cavalos nascidos de uma das Erínias, e depois, de uma das Harpias: neste caso, portanto, o cavalo nasce de uma união ctonouraniana, e traz em si a violência. E assim, nesse mecanismo ascensional que (como se pode ver através deste último exemplo) não o separa de suas origens, o cavalo se torna pouco a pouco símbolo guerreiro e, até mesmo, animal de guerra por excelência.

Como se viu anteriormente, o cavalo sacrificado em Roma uma vez por ano era consagrado a Marte (deus da Guerra). E o Guerreiro, efetivamente, participa tanto do plano uraniano como do ctoniano; semeador de morte, infernal em sua luta, ele eleva-se aos céus quer por seu triunfo, quer por seu sacrifício. Esse cavalo-guerreiro é onipresente nas epopeias célticas. É muitas vezes caracterizado por sua pelagem alazã, cor de fogo. Foi encontrado num tesouro céltico, em Neuvy-en-Sullias (Loiret, França), um cavalo votivo acompanhado de uma inscrição dedicada a Rudiobus (o Vermelho): é o cavalo ruivo do Apocalipse, anunciador de guerra e de derramamento de sangue.

Na tradição védica, o cavalo sacrificado simboliza o Cosmo. O carro do **Sol***, no *Rig-Veda*, é puxado por um ou por sete cavalos. O cavalo participa do duplo simbolismo solar e de sua dupla validade: força fecunda quando brilha, força mortífera quando entra pela noite adentro. Os cavalos também são atrelados aos carros funerários.

O cavalo de majestade

Solar, atrelado ao carro do astro-rei, o cavalo branco torna-se a imagem da beleza vencedora, pelo domínio do espírito (o Senhor do Carro) sobre os sentidos.

Branco, porém de uma brancura ofuscante, o cavalo é o símbolo da majestade. Na maior parte das vezes, ele é montado por aquele a quem a Bíblia se refere como "Fiel" e "Verdadeiro" (*Apocalipse*, **19**, 11), i.e., pelo Cristo. Segundo o texto do *Apocalipse,* os exércitos do céu que o acompanham cavalgam corcéis brancos. E por isso, veem-se nas miniaturas anjos montados em cavalos. Na catedral de Auxerre (em Yonne, a 170 km a sudeste de Paris; séc. XIII), num dos afrescos, dividido por uma cruz grega, vê-se o Cristo no centro, montado em um cavalo branco. Na mão direita, ele está segurando um bastão negro que representa o cetro real que, por sua vez, significa seu poder sobre as nações. Nos quatro cantos do afresco, anjos de asas estendidas e montados a cavalo servem-lhe de escolta. No altar subterrâneo da igreja de Notre-Dame de Montmorillon (Vienne, França), o cordeiro é substituído por um cavalo branco que ostenta um nimbo em forma de cruz.

No final dessa ascensão, triunfa a figura simbólica do alvo cavalo de majestade, montaria de, Heróis, de Santos e de conquistadores espirituais. Todas as grandes figuras messiânicas montam corcéis desse tipo. Assim, na Índia, Kalki – futuro avatar e, ele próprio, um cavalo – haveria de retornar como cavalo branco. Dizem os que esperam o novo advento do profeta Maomé que ele haverá de vir montado num cavalo branco. Montaria do Buda para a Grande Viagem (ou Partida), o cavalo branco acaba por ser, sem seu cavaleiro, a representação do próprio Buda.

Em conclusão, vê-se que o Cavalo constitui um dos arquétipos fundamentais dentre os que a humanidade inscreveu em sua memória. Seu simbolismo estende-se aos dois polos (alto e baixo) do Cosmo, e por isso é realmente universal. No mundo *de baixo,* o ctoniano, vimos efetivamente que o cavalo aparece como um avatar ou um *amigo* dos três elementos constituintes desse mundo – fogo, terra, água – e de seu luminar, a Lua. Mas nós o vimos também no mundo *de cima, o* uraniano, associado a seus três elementos constituintes – ar, fogo e água – (sendo esses dois últimos compreendidos, desta vez, em sua acepção celeste), e ao seu luminar, o Sol. No frontão do Partenon, são cavalos que puxam tanto o carro do Sol como o da Lua. O cavalo passa com igual desenvoltura da noite ao dia, da morte à vida, da paixão à ação. Religa, portanto, os opostos numa manifestação contínua. Ele é essencialmente manifestação; ele é Vida e Continuidade, acima da descontinuidade de nossa vida e de nossa morte. Seus poderes ultrapassam o entendimento; o cavalo é, portanto, um ente maravilhoso, não havendo nenhum motivo para surpresa no fato de que o homem o tenha tantas vezes sacralizado, da pré-história à história. Talvez um único animal o ultrapasse em sutileza no bestiário simbólico de todos os tempos: a **serpente***, símbolo que se reparte de um modo mais igual em todos os continentes, e que, assim como o cavalo, à imagem do tempo, *percorre* incessantemente – de baixo para cima e de cima para baixo – o caminho entre os infernos e os céus. Nesse perpétuo vaivém, os caminhos secretos do cavalo e da serpente são os da água: ambos habitam as nascentes e os rios. E por isso, cavalos e serpentes são tantas vezes os heróis intercambiáveis de inúmeras histórias maravilhosas; ou então, eles se unem, dando nascimento a um

264 | CAVERNA

monstro estranho, hipofídico. Tal é o caso do cavalo-dragão (*Long-Ma*) – que na China traz o diagrama do rio *Ho-t'u*, também chamado *Ma-t'u*, diagrama do cavalo – que para Yu-o-Grande, há evidente relação com o simbolismo do Verbo, que evoca mais uma vez o paralelo com Garuda. O cavalo toma o lugar do dragão em numerosas lendas chinesas, do *Li-sao* de *Kiu-yuan* ao *Si-yu ki*. Num e noutro desses dois casos, os cavalos contribuem para a busca do Conhecimento ou da Imortalidade. E, sem dúvida, tampouco foi por obra do acaso que os ancestrais das sociedades secretas, os divulgadores da ciência taoista, os propagadores do amidismo no Japão, tomaram o aspecto de *mercadores de cavalos*. Nem tampouco se pode considerar mera casualidade que o propagador do Zen na China, Matso, por causa de um jogo de palavras feito com seu nome, seja tido por "um jovem potro que, em seu ímpeto, pisoteia todos os povos do mundo".

A montaria dos deuses

Força e rapidez: estas são as qualidades que o *I-Ching* atribui ao cavalo. O cavalo é por vezes a montaria de *Vayu*, divindade do vento, do elemento ar. Os oito cavalos do rei Mu acaso correspondem aos oito ventos, como sugere Granet? Não é impossível. Em todo caso, na China, o cavalo é um animal tipicamente *yang*. Antigamente, eram oferecidos sacrifícios ao *Primeiro Cavalo*, que era uma constelação, mas que evocava uma tradição de criadores de cavalos. A presença frequente de cavalos (vivos ou figurados) nos templos xintoistas do Japão não é tampouco absolutamente explicada de maneira satisfatória. É possível que tenham sido a montaria dos kami. No Japão, o cavalo está igualmente ligado às noções de proteção da longevidade (sendo este, também, o caso do cavalo-dragão chinês).

E é esse mesmo monstro (misto de cavalo e de dragão) que se pode ver num dos capitéis da igreja de Tavant (França, séc. XII), montado por um cavaleiro nu a perseguir uma feiticeira, igualmente nua, que tenta fugir, andando de gatinhas (DONM, 155).

Em sua valorização negativa, é a montaria infernal do *Senhor de Gallery* (fr. *Sieur de Gallery*), caçador maldito, cuja gesta é comparável à do rei Artur:

> Estais escutando o tumulto?
> [...] É a caçada de Gallery
> Que vai passar por aqui,
> ao longo do caminho, com seu bando
> De lobisomens e vampiros
> Gallery vai à frente
> Montado num cavalo
> Que tem cauda de serpente
> e a pele de um sapo.
>
> (DOND, 32-33)

Em vez de unificar-se numa só figura mítica, o binômio cavalo-dragão pode igualmente cindir-se em seus dois componentes, que, adquirindo então valores contrários, se defrontam numa luta de morte, que acaba por tornar-se a luta entre o bem e o mal. A partir desse momento, evidentemente, o cavalo é que passa a ser valorizado no sentido positivo, pois ele representa a face *humanizada* do símbolo; o dragão, por sua vez, passa a representar a *Besta-em-nós* (fr. *la Bête-en-nous*, o instinto bestial) que é preciso matar, ou seja, rejeitar. O mito de São Jorge e o Dragão é um exemplo disso.

CAVERNA

Arquétipo do útero materno, a caverna figura nos mitos de origem, de renascimento e de iniciação de numerosos povos.

Sob a designação genérica de caverna, incluímos igualmente as grutas e os antros, se bem que não haja sinonímia perfeita entre essas palavras. Entendemos por caverna um lugar subterrâneo ou rupestre, de teto abobadado, mais ou menos afundado na terra ou na montanha e mais ou menos escuro; o antro seria uma espécie de caverna mais sombria e mais profunda, situada bem no fundo de uma anfractuosidade, sem abertura direta para a luz do dia; entretanto, excluímos o covil, guarida de animais selvagens ou de bandidos, cujo significado nada mais é do que uma forma corrupta do símbolo.

Nas tradições iniciáticas gregas, a caverna representa o mundo. "A caverna pela qual Ceres descera aos Infernos, à procura de sua filha, foi chamada de mundo". (*Servius, Sur les Bucoliques*, 111, 105). Para Platão, esse mundo é um lugar de ignorância, de sofrimento e de punição, onde as almas humanas são encerradas e acorrentadas pelos deuses como se estivessem dentro de uma caverna. "Imagina, pois, homens", diz Platão em *A República* (**livro VII**, 514, ab) ao descrever seu famoso mito,

> [...] que vivem numa espécie de morada subterrânea em forma de caverna que tem, ao longo de toda sua fachada, uma entrada a abrir-se amplamente para o lado da luz; no interior dessa morada esses homens estão, desde a infância, acorrentados pelas pernas e pelo pescoço, de modo a permanecerem sempre no mesmo lugar, a não verem o que estiver diante deles e incapazes, por outro lado, por causa da corrente que lhes sujeita a cabeça, de girá-la circularmente. Quanto à luz, a única que lhes chega é a que provém de um fogo que arde por trás deles, no alto e longe.

Para Platão, esta é a situação dos homens na terra. A caverna é a imagem deste mundo. A luz indireta que ilumina suas paredes provém de um sol invisível; mas indica o caminho que a alma deve seguir a fim de encontrar o bem e a verdade: "a subida para o alto e a contemplação daquilo que existe no alto representam o caminho da alma para elevar-se em direção ao lugar inteligível". Em Platão, o simbolismo da caverna implica portanto uma significação não apenas cósmica, mas também ética ou moral. A caverna e seus espetáculos de sombras ou de fantoches representam esse mundo de aparências agitadas, do qual a alma deve sair para contemplar o verdadeiro mundo das realidades – o mundo das ideias.

Numerosas cerimônias de iniciação começam com a passagem do postulante para dentro de uma caverna ou fossa: é a materialização do *regressus ad uterum* (retorno ao útero) definido por Mircea Eliade. Esse era especialmente o caso no ritual de Elêusis (MAGE, 286), no qual, sendo a lógica simbólica rigorosamente transcrita nos fatos, os iniciados eram acorrentados dentro da gruta; dali deviam conseguir escapar para alcançar a luz. Já nas cerimônias religiosas instituídas por Zoroastro, um antro representava o mundo (MAGE, 287): "Zoroastro foi quem primeiro consagrou em homenagem a Mitra um antro natural, regado por fontes, coberto de flores e de folhagens. Esse antro representava a forma do mundo criado por Mitra[...]." Inspirando-se nessas crenças, os pitagóricos, e depois deles Platão, chamaram o mundo de antro e de caverna. Com efeito, em Empédocles, as forças que conduzem as almas dizem: Viemos para debaixo deste antro coberto por um teto (Porfírio, *Do antro das Ninfas*, 6-9). Plotino comenta esse simbolismo nos seguintes termos: A caverna, para Platão, assim como o antro para Empédocles, significa, ao que me parece, o nosso mundo, onde a caminhada em direção à inteligência representa para a alma a libertação de seus laços e a ascensão para fora da caverna (Plotino, *Enéadas*, **IV**, 8,1). Segundo uma opinião mais mística, Dioniso é, ao mesmo tempo, o guardião do antro e aquele que dele libera o prisioneiro ao romper suas correntes: Como o iniciado é um Dioniso, na realidade é ele mesmo quem se mantém aprisionado no começo, e ele mesmo é quem se libera no final; ou seja, segundo a interpretação de Platão e Pitágoras, a alma é mantida em prisão por suas paixões e liberada pelo *Nous*, i.e., pelo pensamento (MAGE, 290-291).

Como se vê, toda a tradição grega une estreitamente o simbolismo metafísico e o simbolismo moral: a construção de um eu harmonioso faz-se à imagem de um cosmo harmonioso.

Entretanto, em face dessa interpretação ergue-se o outro aspecto simbólico da caverna, o mais trágico dos aspectos. O antro, cavidade sombria, região subterrânea de limites invisíveis, temível abismo, que habitam e de onde surgem os **monstros***, é um símbolo do inconsciente e de seus perigos, muitas vezes inesperados. O antro de Trofônio, muito célebre entre os antigos, pode efe-

266 | CAVERNA

tivamente ser considerado um dos mais perfeitos símbolos do inconsciente. Trofônio, rei de uma pequena província e ilustre arquiteto, construiu, com a ajuda de seu irmão, Agamedes, o templo de Apolo em Delfos. Depois, como o rei Hirieu os houvesse encarregado de construir um edifício para guardar seus tesouros, eles abriram uma passagem secreta a fim de roubar essas riquezas; percebendo a manobra, Hirieu armou uma armadilha e Agamedes foi apanhado. Ao não conseguir libertá-lo e não querendo ser reconhecido através dos traços fisionômicos do irmão, Trofônio cortou-lhe a cabeça, no intuito de levá-la consigo. No mesmo instante, porém, foi submerso nas entranhas da terra. Anos mais tarde, a Pítia (sacerdotisa de Apolo), consultada para pôr fim a uma terrível seca, recomenda que se dirijam a Trofônio, cuja morada, diz ela, ficava dentro de um antro no fundo de um bosque. A resposta do rei-arquiteto foi favorável e, desde então, a morada do oráculo foi das mais frequentadas. Mas só se podia consultá-lo depois de atravessar os mais assustadores obstáculos. Uma sequência de vestíbulos subterrâneos e de grutas levava à entrada de uma caverna, que se abria como uma cova fria, medonha e negra. O consulente descia até ali por uma escada, que terminava numa outra cova, cuja abertura era muito estreita. O consulente introduzia primeiro os pés, depois o corpo, que passava com grande dificuldade; depois, era a queda rápida e precipitada no fundo do antro. Quando voltava, vinha com a cabeça para baixo e os pés para cima, puxado muito rapidamente também, no sentido inverso, com o auxílio de uma máquina invisível. Durante todo o percurso, segurava doces de mel, que o impediam de tocar na máquina e lhe permitiam acalmar as serpentes que costumavam infestar esses lugares. A permanência no antro podia durar um dia e uma noite. Os incrédulos jamais tornavam a ver a luz do dia. Os crentes às vezes ouviam o oráculo; de volta à superfície, sentavam-se num banco denominado Mnemósine (deusa da memória), e evocavam as terríveis impressões sofridas, que os deixariam marcados pelo resto da vida. Era *comum* dizer-se

das pessoas graves e tristes: *ela consultou o oráculo de Trofônio.*

O complexo de Trofônio, que matou o próprio irmão para não ser reconhecido como culpado, é o das pessoas que renegam as realidades de seu passado a fim de nelas sufocar um sentimento de culpabilidade; mas o passado, gravado no fundo de seu ser, não desaparece por isso; continua a atormentá-las sob toda espécie de metamorfoses (serpentes etc.), até o momento em que elas aceitam trazer esse passado à luz do dia, façam com que ele saia do antro e o reconheçam como algo que lhes pertence. A caverna simboliza a exploração do eu interior, e, mais particularmente, do eu primitivo, recalcado nas profundezas do inconsciente. Apesar das diferenças evidentes que os separam, pode-se estabelecer uma aproximação entre o fratricídio de Trofônio e o de **Caim***, ao matar Abel. A marca imemorial do assassinato habita o inconsciente, e ilustra-se através da imagem de um antro.

A caverna também é considerada um gigantesco receptáculo de energia, mas de uma energia telúrica e de modo algum celeste. Por isso ela sempre desempenhou (e ainda desempenha) um papel nas operações mágicas. Templo subterrâneo, a caverna guarda as lembranças do período glaciário, verdadeiro segundo nascimento da humanidade. É propícia às iniciações, ao sepultamento simulado, às cerimônias que circundam a imposição do ser mágico. Simboliza a vida latente que separa o nascimento obstétrico dos ritos da puberdade. Põe em comunicação o primitivo com as potências ctonianas (divindades que residem no interior da terra) da morte e da germinação (AMAG, 150).

Historiadores da magia acrescentam: "a disposição quase circular da gruta, sua penetração subterrânea, a sinuosidade de seus corredores, que evoca a das entranhas humanas, sempre fizeram com que a caverna fosse um local preferido para as práticas da feitiçaria". Nesse sentido, a caverna ocupa uma função análoga à da **torre*** e à do **templo***, na qualidade de condensador de força mágica ou extranatural, embora nela se trate de eflúvios telúricos, de forças que emanam "das estrelas de baixo" (AMAG, **151**), e se dirigem para essas outras estrelas de baixo, que queimam o coração do homem.

No Oriente Próximo, a gruta, como um útero, simboliza as origens, os renascimentos. Na Turquia, há uma lenda particularmente surpreendente, do séc. XIV: "Nos confins da China, sobre a Montanha Negra, as águas inundam uma gruta e arrastam para dentro dela terra argilosa que enche uma cavidade com forma humana. A gruta serve de molde, e, ao cabo de nove meses, sob o efeito do calor solar, o modelo adquire vida: é o primeiro homem, chamado *Ay-Atam*, 'meu Pai-Lua'" (ROUF, 286). Durante quarenta anos esse homem vive sozinho; então, uma outra inundação dá nascimento a um segundo ser humano. Dessa vez, porém, a cocção não é completa; o ser imperfeito é uma mulher. Da união desse homem e dessa mulher nascem quarenta filhos, que se casam entre si e que se reproduzem [...] Ay-Atam e sua mulher morrem. O filho mais velho enterra-os na fossa da gruta, esperando, assim, devolver-lhes a vida.

Nas tradições do Extremo Oriente, além de certas interpretações de interesse secundário, a caverna é o símbolo do mundo, o lugar do nascimento e da iniciação, a imagem do centro e do coração.

É uma imagem do cosmo: seu chão plano corresponde à Terra, sua abóbada, ao céu. Os Tais, entre outros, consideram efetivamente o céu o teto de um gruta. A antiga *casa dos homens* chinesa, que era uma gruta, tinha um mastro central, substituto do **eixo*** do mundo e da **estrada real***. O soberano devia escalar esse mastro a fim de *mamar o leite do céu* (as estalactites da abóbada); assim fazia ele a prova de sua filiação celeste e de sua identificação com a Estrada. A caverna – quer seja habitação de trogloditas ou símbolo – tem sempre uma abertura central na abóbada, destinada à passagem da fumaça da lareira, da luz, da alma dos mortos ou de xamãs: é a *porta do sol,* ou o *olho cósmico* (examinado no simbolismo análogo do **domo***), por onde

se efetua a *saída do cosmo*. Notar-se-á incidentalmente que o cadinho dos alquimistas e o crânio humano têm a mesma *abertura* no topo, tanto um como o outro podendo ser assimilados à caverna. A antropologia simbólica do taoismo é, de resto, bastante explícita nesse sentido, quando identifica o crânio ao monte Kuan-Luan, centro do mundo, que contém uma gruta secreta por onde se efetua o retorno ao estado primordial antes da saída do cosmo.

De fato, tudo o que é essencial no simbolismo da caverna está sugerido nesse conceito, principalmente sua conjunção com a montanha. Observou-se (Seckel) que a arquitetura tradicional da Índia estava resumida na caverna: o templo rupestre, cavado sob a montanha, contém, por sua vez, um **stupa***. O stupa-montanha é perfurado por uma gruta que contém as relíquias. A *cella* (nave em latim) do templo-montanha é expressamente considerada uma caverna. Segundo uma lenda dos Tais do Vietnã do Norte, as águas do mundo penetraram numa caverna, ao pé da montanha cósmica, e tornaram a sair pelo cume da montanha, a fim de constituir o rio celeste. O Imortal Han-Tse, ao penetrar um dia numa caverna de montanha, saiu novamente pelo cume no meio de uma residência celeste. Tais fatos indicam que a caverna se situa sobre o próprio eixo que atravessa a montanha e que se identifica com o eixo do mundo.

No caso do templo-montanha indo-cambojano, a *cella* é literalmente atravessada por esse eixo, que se prolonga ao mesmo tempo na direção do céu e para dentro de um poço estreito debaixo da terra. Quando ela contém um linga, este coincide de maneira explícita com a marca do eixo. É curioso observar que o **ônfalo*** de Delfos se erguia sobre o túmulo da serpente Pitão e sobre a greta onde haviam submergido as águas do dilúvio de Deucalião.

Guénon observou que, se a montanha era normalmente figurada por um triângulo reto, a caverna devia ser figurada por um triângulo menor, situado no interior do primeiro, com a ponta para baixo: seria, a um só tempo, a expressão da

268 | CAVERNA

inversão de perspectiva consecutiva à decadência cíclica, que faz da verdade manifestada uma verdade oculta, e o símbolo do coração. Pois a Caverna representa ao mesmo tempo o centro espiritual do macrocosmo, progressivamente *obscurecido* (o que pode ter sido verdade, desde a época das cavernas paleolíticas), e o centro espiritual do microcosmo, o do mundo e o do homem. A *caverna do coração* dos *Upanixades* (livros sagrados do hinduísmo) contém o éter, a alma individual e até mesmo o *Atmâ*, o Espírito universal.

O caráter *central* da caverna faz com que ela seja o lugar do nascimento e da regeneração; também da iniciação, que é um *novo nascimento* ao qual conduzem as provas do **labirinto***, que geralmente precede a caverna. É uma *matriz* análoga ao cadinho dos alquimistas. Entre diversos povos – principalmente entre os povos originários da América – supõe-se que os homens tenham nascido de embriões amadurecidos dentro das cavernas terrestres. Na Ásia, acredita-se que nasçam de **abóboras***, porque as abóboras são também cavernas e crescem dentro de cavernas, onde os Imortais as recolhem. *K'iao* é matriz e caverna: os homens dela nascem e nela fazem ponto de retorno. Os imperadores da China antiga eram encerrados numa gruta subterrânea, antes de poderem elevar-se ao céu, no limiar do ano-novo.

Entrar na caverna é, portanto, retornar à origem e, daí, *subir ao céu, sair do cosmo*. Esta é a razão pela qual os Imortais chineses habitam as cavernas, que Laotse teria nascido numa caverna, e que o Imortal Liu Tong-pin é o *hóspede da caverna*. O mesmo caractere, *t'ong*, significa caverna e, também, penetrar, compreender (as coisas ocultas). Por isso ensina-se que a caverna dos Imortais – e, aqui, se vê interiorizar-se o sentido das lendas – não deve ser procurada somente no cume das montanhas, mas também no próprio corpo, sob esse monte Kuan-Luan, que é o cume da cabeça. A *cella* (nave) do templo hindu é chamada de *garbhagrina* ou casa-matriz. Luz, a morada de imortalidade da tradição judaica, é uma cidade subterrânea. É bastante característico que Jesus tenha nascido numa gruta, de onde se irradia

a luz do Verbo e da Redenção; que a ofuscante irradiação do *Amaterasu* emane de uma caverna de rochedo entreaberta, como, aliás, o das *vacas*, das *go* védicas; que o culto de *Mitra*, deus solar, tenha muitas vezes sido celebrado debaixo da terra; que o sol nascente saia, na China, de *K'ong-sang*, que é uma *amoreira oca;* a luz encerrada na caverna exprime-se ainda de outras maneiras. As *cavernas de pedra* de São João da Cruz são os mistérios divinos que não podem ser alcançados senão na união mística. A *caverna* de Abu Ya'qüb é a caverna primordial, a ocultação cíclica, e ainda o tawil que, segundo a doutrina esotérica muçulmana, é *retorno* à substância *central.*

Já observamos que a caverna é, de diversas maneiras, lugar de passagem da terra para o céu. Seria preciso acrescentar que Jesus, se bem tenha nascido numa caverna, também foi sepultado numa caverna durante a descida aos Infernos, antes da ascensão ao Céu. Aliás, a gruta é também uma passagem do céu para a terra, pois, na China, os seres celestes descem pela gruta. Esse papel intermediário explica sem dúvida que o Purgatório tenha sido (principalmente nas tradições celtas) localizado em grutas, e que a caverna de Platão seja, por sua vez, apenas uma espécie de Purgatório, onde a luz só é percebida através de seu reflexo, e os seres, por sua sombra, todos eles à espera da conversão e ascensão da alma para a contemplação direta das ideias.

Finalmente, o caráter subterrâneo da caverna é objeto de várias interpretações secundárias; ela abriga os mineiros, os *anões,* os guardiões dos *tesouros ocultos,* que são perigosas entidades psíquicas, muitas vezes relacionadas com o aspecto nefasto da metalurgia. Os *Dáctilos* da Grécia antiga eram **ferreiros*** e também sacerdotes de *Cibele* (Reia), divindade das cavernas. Frequentemente, as cavernas abrigam monstros, salteadores e, com maior clareza, as próprias portas do inferno, tal como se acentua em particular nos mitos chineses. E, de resto, deve-se notar ainda que se bem a caverna conduzisse aos infernos, e embora nela fossem enterrados os mortos que, portanto, ali iniciavam sua viagem além-túmulo, essa *descida* *aos infernos* representava, universalmente, apenas um estágio prévio, necessário ao novo nascimento. E aqui reencontramos os dois aspectos – o positivo e o negativo – de todo grande símbolo.

A imagem da caverna aparece nos sonhos, geralmente ligada a outras imagens de igual vetor. Esse grupo de símbolos (caverna, mulher, mamífero, universo subjetivo) pode ser encontrado também no universo onírico do homem atual. Assim é que a psicanálise revelou a equivalência simbólica da imagem da mulher e imagens de interior, tais como a *casa**, a caverna etc., equivalência confirmada pela psicoterapia do sonho acordado. Em numerosos contos, a virgem a ser conquistada mora numa caverna. E a virgem cristã foi associada, em diversos lugares, à gruta ou à cripta (VIRI, 167). A caverna simboliza o lugar da identificação, ou seja, o processo de interiorização psicológica, segundo o qual o indivíduo se torna ele mesmo, e consegue chegar à maturidade. Para isso, é-lhe preciso assimilar todo o mundo coletivo que nele se imprime com risco de perturbá-lo, e integrar essas contribuições às suas forças próprias, de modo a formar sua própria personalidade e uma personalidade adaptada ao mundo ambiente em vias de organização. A organização do eu interior e de sua relação com o mundo exterior é concomitante. Desse ponto de vista, a caverna simboliza a subjetividade em luta com os problemas de sua diferenciação.

CEBOLA

Esta planta aliácea goza de uma tal reputação que uma seita se consagrou a seu culto. Sua forma bulbosa, suas camadas sucessivas, seu forte cheiro são outros tantos temas que se prestaram a interpretações simbólicas. Ramakrishna compara a estrutura folhada do bulbo, que não chega a nenhum núcleo, à própria estrutura do *ego,* que a experiência espiritual debulha camada por camada até a vacuidade; a partir daí, nada constitui mais obstáculo ao Espírito universal, à fusão em Brahma. No plano mágico, os egípcios se protegiam de certas doenças com hastes de cebolas; os latinos, segundo Plutarco, proibiam o uso do bulbo, porque acreditavam que ele crescia, quando a Lua diminuía; quanto ao cheiro, provocava um sentimento de força vital. Virtudes afrodisíacas lhe são igualmente atribuídas, tanto por sua composição química, como por suas sugestões imaginativas.

CEBOLINHA BRANCA
(*v.* Chalota-das-cozinhas)

CEDRO

Por causa do tamanho considerável da mais conhecida de suas variedades – o cedro do Líbano –, fez-se dessa árvore um emblema da grandeza, da nobreza, da força e da perenidade. Entretanto, em virtude de suas propriedades naturais, ela é, acima de tudo, um símbolo de incorruptibilidade. Isso é o que exprime Orígenes, o teólogo-filósofo do séc. II, ao comentar o *Cântico dos cânticos* (**1**, 17): "O cedro jamais apodrece; fazer de cedro as vigas de nossas moradas é preservar a alma da corrupção."

O cedro, assim como todas as coníferas (*v.* **árvore****),* é consequentemente um símbolo de imortalidade (ORIC, VARG).

Os egípcios faziam embarcações, ataúdes e estátuas de cedro; os hebreus, durante o reinado de Salomão, construíram em cedro o vigamento do Templo de Jerusalém. Havia estátuas gregas e romanas feitas em madeira de cedro. Dessa madeira resinosa, os romanos também fizeram tochas olorosas; esculpiam as imagens de seus deuses e de seus ancestrais nessa madeira, que consideravam sagrada. Os celtas costumavam embalsamar com resina de cedro as mais nobres cabeças dentre as dos inimigos que decapitavam. Em certos casos, essa resina é substituída por ouro, que, de acordo com todas as evidências, tem a mesma significação. Por vezes, o Cristo é representado no centro de um cedro.

CEGO (*v.* Ciclope)

Ser cego significa, para uns, ignorar a realidade das coisas, negar a evidência e, portanto, ser doido, lunático, irresponsável. Para outros, o cego é aquele que ignora as aparências enganadoras do mundo e, graças a isso, tem o privilégio de conhecer sua

270 | CEGONHA (V. GARÇA-REAL)

realidade secreta, profunda, proibida ao comum dos mortais. O cego participa do divino, é o inspirado, o poeta, o taumaturgo, *o Vidente*. Em resumo, são esses os dois aspectos – fasto e nefasto, positivo e negativo, do simbolismo do cego, entre os quais oscilam todas as tradições, mitos e costumes. E é por isso que a cegueira, que às vezes é uma sanção divina, não deixa de relacionar-se com as provas iniciáticas. Assim também os músicos, bardos e cantores cegos abundam, na qualidade de seres inspirados, em todas as tradições populares.

Indubitavelmente é por causa das esculturas representando um Homero cego que a tradição faz do cego um símbolo do poeta itinerante, do rapsodo, do bardo e do trovador. Ainda nesse caso, porém, não ultrapassamos a alegoria. Também é frequente representar-se a cegueira nos velhos: ela simboliza, então, a sabedoria do ancião. Os adivinhos são geralmente cegos, como se fosse preciso ter os olhos fechados à luz física a fim de perceber a luz divina. Em certos casos, a cegueira é um castigo infligido pelos deuses aos adivinhos que abusavam de seu dom de videntes para contemplar a nudez das deusas, ou ofender de algum modo os deuses, ou divulgar os segredos do arcano. Tirésias, o adivinho, foi privado da vista por Atena, por tê-la espiado quando se banhava; Édipo furou voluntariamente os próprios olhos, como expiação de seu duplo crime. Tobias ficou cego enquanto dormia: mas o fel de peixe administrado por seu filho, a uma ordem do anjo de Jeová, abre-lhe as pálpebras. Sansão perde a vista após ter pecado contra Jeová etc. Os deuses cegam ou convertem em loucos aqueles que desejam arruinar e, por vezes, salvar. Se assim aprouver aos deuses, porém, o culpado recobra a vista, pois são eles os donos da luz. Tal é o sentido principal dos milagres de Jesus ao curar os cegos. Milagres semelhantes foram atribuídos, na Antiguidade, a Indra, Atena etc.

Entre os celtas, a cegueira constitui normalmente uma desqualificação para o sacerdócio ou para a função divinatória. Entretanto, por contrainiciação, certo número de personagens míticos irlandeses, dotados de vidência, são cegos. Quando deixam de ser cegos é que perdem seu dom de vidência (OGAC, **13**, 331 s.).

É possível que a visão interior tenha, por sanção ou por condição, que renunciar à visão das coisas exteriores e fugidias. Alguns ascetas hindus acreditam poder alcançar a iluminação espiritual fixando os olhos num sol ofuscante e ardente, até perderem a vista. O cego evoca a imagem daquele que *vê* outra coisa, com outros olhos, de um outro mundo: é considerado menos um enfermo do que um forasteiro, um estranho.

> Os olhos, dos quais já se partiu a fagulha
> [divina,
> Mantêm-se, como se ao longe olhassem,
> [erguidos
> Para o céu; ninguém os vê jamais sonhadoramente
> Inclinar para o chão sua triste cabeça.
> [...] Assim atravessam a noite ilimitada,
> Esta irmã do silêncio eternizado [...]
>
> (Charles Baudelaire)

CEGONHA (v. Garça-real)

Se bem que o *Levítico* (11, 18-19) a qualifique de *imunda* (*v.* **proibições***), a cegonha é, de maneira geral, uma ave de bom agouro. É o símbolo da piedade filial, pois se pretende que alimente seu pai velho. Acredita-se, em certas regiões, que ela traga os bebês no bico; o que pode ter alguma relação com o fato de ser migradora, voltando quando a natureza acorda. Do mesmo ponto de vista e pelas mesmas razões, há quem lhe atribua, pelo simples olhar, o poder de causar a concepção. Diz-se a mesma coisa, na China, da garça-real.

A garça branca é o hieróglifo tolteca de Atzlan, a *Atlântica,* ou ilha primeva. A garça, a cegonha, a íbis são serpentários, i.e., são *adversários do mal,* animais *antissatânicos* e, em consequência, símbolos do Cristo. No Egito antigo, a íbis era um aspecto de Tot, personificação da Sabedoria, e a **fênix***, símbolo do ciclo solar e da ressurreição, bem poderia ter sido o flamingo. A atitude desses pernaltas, imóveis e solitários, num pé só, evoca naturalmente a contemplação.

No Extremo Oriente e, sobretudo, no Japão, a cegonha se confunde facilmente com o **grou*** e aparece como um símbolo de imortalidade.

A cegonha é, pelo menos, o símbolo mais corrente da longevidade. A ela se atribui a faculdade de alcançar idades fabulosas. Quando atinge 600 anos não come mais, contentando-se em beber para viver. Depois de 2.000 anos, fica toda negra. É, com a **lebre*** e o corvo, animal muito caro aos alquimistas taoístas.

A oposição da garça à serpente, como do fogo à água, encontra-se nas crenças populares do Kampuchea (Camboja): a garça traz a seca; pousada em cima de uma casa é presságio de incêndio (BELT, CORM, GUEM, PORA, SOUM).

CEM

Este número individualiza a parte de um todo que, por sua vez, é apenas parte de um conjunto maior. Por exemplo: a poesia galante persa dirá, ao referir-se a uma mulher, que é a um só tempo bela e dotada de todas as qualidades, que ela tem cem cabelos. O chinês dirá, de certa doutrina, que ela tem *cem flores,* muito mais para significar que essa doutrina possui todas as qualidades, do que no intuito de atribuir-lhe cem aparências diversas. Um grande chefe exigirá *cem homens* para reunir uma força dotada de todas as capacidades que lhe permitirão alcançar seu objetivo.

O cem é uma parte que forma um todo dentro do todo, um microcosmo dentro do macrocosmo, que distingue e individualiza uma pessoa, um grupo, uma realidade qualquer dentro de um conjunto. E essa entidade assim individualizada possuirá suas propriedades distintivas, que a tornarão de uma eficácia particular dentro de um conjunto mais vasto.

Os múltiplos de cem acrescentam a esse princípio de individuação as características de um multiplicador. Por exemplo: entre os incas, por ocasião da festa da Lua (Coya Raími, 22 de setembro a 22 de outubro), 400 guerreiros são enfileirados na praça quadrada do Templo de Coricancha, sendo 100 de cada lado. Cada um desses grupos de 100 parte na direção marcada por seu lado – i.e., em direção aos quatro pontos cardeais – para afugentar as doenças (ME A A). O quatro simboliza a terra; o cem simboliza cada um dos grupos individualizados, que deve percorrer um dos quatro setores definidos.

CENTAUROS

Seres monstruosos da mitologia grega, cuja cabeça, braços e tronco são os de um homem, e o resto do corpo e as pernas, de um cavalo. Os Centauros vivem com suas fêmeas, as Centauras; nas florestas e montanhas, alimentam-se de carne crua; não podem beber vinho sem embriagar-se; são muito inclinados a raptar e violar as mulheres. Geralmente, aparecem em bandos: significam a besta no homem, de infinitos aspectos (DIES, 134).

Segundo contam as lendas, os Centauros repartiram-se em duas grandes famílias. Os filhos de Ixiã e de uma das oceânidas (nome dado às três mil ninfas, filhas de Tétis e de seu irmão, o Oceano) simbolizam a força bruta, insensata e cega; os filhos de Filira e de Cronos, dentre os quais o Centauro Quiron é o mais célebre, representam, ao contrário, a força aliada à bondade, a serviço dos bons combates. Médico muito hábil, amigo de Héracles, Quiron luta ao lado deste no combate contra os outros Centauros. Ferido por engano por uma flecha atirada por Héracles, e desejando morrer, Quiron oferecerá seu privilégio de imortalidade a Prometeu, para conseguir finalmente conhecer o repouso eterno. Sem dúvida, há poucos mitos tão instrutivos como este sobre os profundos conflitos entre o instinto e a razão.

Nas obras de arte, o rosto dos Centauros traz geralmente a marca da tristeza. Eles simbolizam a concupiscência carnal, com todas as suas brutais violências, e que torna o homem semelhante às bestas quando não é equilibrada pela força espiritual. São a espantosa imagem da dupla natureza do homem – uma, bestial, e a outra, divina (TERS, 64). São a antítese do **cavaleiro**[2]*, que amansa e domina as forças elementares, ao passo que os Centauros, à exceção de um Quiron e de seus irmãos, são dominados pelos instintos selvagens descontrolados. Também se fez do Centauro

272 | CENTRO

a imagem do inconsciente, de um inconsciente que se assenhoria da pessoa, livra-a dos seus impulsos e abole a luta interior.

CENTRO

Um dos quatro símbolos fundamentais (segundo CHAS, 22), juntamente com o **círculo***, a **cruz*** e o **quadrado***.

O Centro é *antes de mais nada o* Princípio (23), o Real absoluto (166); o centro dos centros não pode ser senão Deus. "Os polos das esferas", afirma Nicolau de Cusa, "coincidem com o centro que é Deus. Ele é circunferência e centro, ele, que está em toda parte e em parte alguma". Seria impossível não lembrar aqui Pascal, quando cita Hermes Trismegisto: "Deus é uma esfera cujo centro está em toda parte e cuja circunferência não está em parte alguma." O que significa que a presença de Deus é universal e ilimitada, que ela está, portanto, no centro invisível do ser, independentemente do tempo e do espaço.

Se, segundo Nicolau de Cusa, o centro é a imagem dos opostos, ele deve ser concebido como um foco de intensidade dinâmica. "É o lugar de condensação e de coexistência de forças opostas, o lugar da mais concentrada das energias". É exatamente o contrário da centralização dos opostos ou do equilíbrio dos complementares.

O centro tampouco deve ser concebido, na simbólica, como uma posição simplesmente estática. É o foco de onde partem o movimento da unidade em direção à multiplicidade, do interior em direção ao exterior, do não manifestado para o manifestado, do eterno para o temporal, todos os processos de emanação e de divergência, e onde se reúnem, como em seu princípio, todos os processos de retorno e de convergência em sua busca da unidade.

Mircea Eliade (ELIT, 316) distingue esse símbolo, de uma maneira geral, em "três conjuntos solidários e complementares entre si: 1) no centro do mundo encontra-se a **montanha*** *sagrada*, e aí se reúnem o céu e a Terra; 2) todo templo ou palácio e, por extensão, toda cidade sagrada ou residência real são assimilados a uma montanha sagrada e, assim, respectivamente promovidos a *centro*; 3) por sua vez, o templo ou a cidade sagrada, sendo o lugar por onde passa o *Axis mundi*, são considerados o ponto de junção entre Céu, Terra e Inferno". É igualmente no centro do mundo que se eleva a árvore da vida. Observemos que as imagens de centro e **eixo***, na dinâmica dos símbolos, são correlativas e não se distinguem senão conforme o ponto de vista: uma coluna vista a partir do topo é um ponto central; vista do horizonte, na perpendicular, **é*** um eixo. Assim, o mesmo local sagrado, que sempre busca a altura, é consequentemente centro e eixo do mundo a um só tempo; e por isso será também o lugar privilegiado das teofanias.

Muitas vezes, o centro do mundo é figurado por uma elevação: **montanha***, **colina***, **árvore***, **ônfalo***, **pedra***. Entretanto, vale a pena observar que esse centro, embora seja único no céu, não é único na terra. Cada povo – poder-se-ia dizer cada indivíduo – possui um centro do mundo próprio: seu *ponto de vista*, seu ponto magnético. Concebe-se esse ponto como sendo o de junção entre esse desejo, coletivo ou individual, do homem e o poder sobre-humano capaz de satisfazer a esse desejo, seja um desejo de saber, seja um desejo de amar e de agir. O ponto onde se juntam desejo e poder, este é o centro do mundo. Não existe nenhum povo que não tenha seu monte sagrado, considerado por cada um desses povos o seu centro do mundo.

Essa noção de centro liga-se igualmente à noção de canal de comunicação. Efetivamente, o centro é chamado de umbigo da terra. Nas figuras de talha africanas é surpreendente ver a dimensão dada ao umbigo, que se assemelha por vezes a um longo tubo, frequentemente muito maior do que o membro viril. É do centro que provém a vida. Para os gregos, o centro do mundo estava marcado pelo **ônfalo*** de Delfos. O monte Carizim, sagrado para os samaritanos, era o umbigo da Terra; o nome do monte Tabor teria vindo de tabur, que significa umbigo. O centro tem uma significação tanto espiritual quanto material. O alimento místico emana do centro, do mesmo modo que o alimento biológico emana do sangue materno.

O centro é também o símbolo da lei organizadora. A esse respeito, falaremos do poder central. É o poder organizador do Estado; num sentido superior, organiza o universo, a evolução biológica, a ascensão espiritual. Nesse símbolo, percebe-se, subjacente, a oposição dinâmica entre o *tohu bohu* (*v. caos²* *) inorganizado no qual perecem as formas envelhecidas ou superadas, e de onde surgem as formas novas e o cosmo organizado, que é elevado em direção à luz, organização viva e finalmente gênese espiritual (CHAS, 166).

O centro pode ser considerado, em sua irradiação horizontal, por assim dizer, uma imagem do mundo, um microcosmo que contém em si mesmo todas as virtualidades do universo; e em sua irradiação vertical, um lugar de passagem, o cenáculo das iniciações, o caminho entre os níveis celeste, terrestre e infernal do mundo, o umbral de transposição e, consequentemente, da ruptura. O centro crítico é o ponto da maior intensidade, o lugar da decisão, a linha divisória.

Na Gália, a noção de centro está inscrita no topônimo Mediolanum (do qual provém, entre outros, o nome da cidade de Milão, na Gália cisalpina). Como esse, são conhecidos uns cinquenta exemplares. Muito provavelmente, esse nome significa *centro de perfeição* e, ao mesmo tempo, *planície central.* Um dos "Mediolanum" da França, Châteaumeillant (Cher), era um *oppidum* (cidade fortificada) dos bitúriges, *reis do mundo,* que deram seu nome a Bourges (antiga capital de Berry) e à província do Berry (uma das regiões ao sul da bacia parisiense). César, no *De Bello Gallico,* fala também no *lugar consagrado* onde se reuniam os druidas, na floresta dos carnutos (antigo povo da Gália, no tempo de César), para elegerem seu chefe. Na Irlanda, a província de Midhe, *centro* (ingl. Meath), foi constituída por meio da subtração de uma parcela de cada uma das outras quatro províncias primitivas. Era em Midhe que se costumavam realizar todas as festas religiosas e oficiais, e era em Tara, capital dessa província central, que o rei supremo da Irlanda tinha sua

capital. O Centro era o vínculo que assegurava a unidade das várias partes (CELT, **1**, 159 s.).

Nas civilizações mesoamericanas, o Centro da cruz dos pontos cardeais corresponde ao *quinto sol* e, portanto, ao mundo atual. No Códex Bórgia, está representado circundado pelos quatro deuses que correspondem aos quatro primeiros sóis, pintados com as quatro cores fundamentais: vermelho, negro, branco, azul, unidas por traços vermelho-sangue. A figura central é Quetzalcoatl, deus do sol nascente. Nas outras ilustrações desse mesmo Códex, nasce, no centro, a árvore da vida, multicolorida, encimada pelo pássaro Quetzal. Entre os astecas, o cinco é o algarismo do centro e designa, em numerosas tradições, a pessoa humana.

Certas pessoas encontram-se investidas de uma função particular de centro: o Cristo, por exemplo, tal como é ressaltado em inúmeras obras de arte, que manifestam, pela própria posição que se dá ao Messias, o sentido de sua missão salvífica.

Uma assinatura ou um sinete em forma de cruz, com um centro que tem o formato de um círculo ou de um losango, simbolizam a soberania sobre o universo.

O nome de Carlos Magno está longe de ser único: quatro das letras de seu prenome, Karolus – as quatro consoantes –, estendiam-se em direção aos quatro pontos cardeais, ao passo que num losango interior agrupavam-se as vogais. Essa disposição de um centro que comanda e dos pontos cardeais que, ao mesmo tempo, coordenam e obedecem, foi reencontrada em todas as assinaturas dos Carolíngeos (CHAS, 443). Um nome, uma letra, um sinal, um ponto no centro de uma figura revelam o papel de pivô (sobre o qual tudo repousa e do *qual tudo depende*) *da personalidade assim simbolizada.*

Na psicoterapia, reconhecem-se três funções essenciais do centro, quer ele seja arquétipo, totem, símbolo, mito, conceito ou, mais simplesmente, pulsão bem definida ainda que mal conceituada: a primeira é a de sistematizar progressivamente o conteúdo representativo ou psíquico do Imaginário; a segunda é a de agra-

274 | CERÂMICA (V. POTE)

var a intensidade das ambivalências internas e, consequentemente, de dinamizar ideias motoras e inibições; a terceira será a de inclinar para a projeção externa, através da criação ou da ação (VIRI, 179).

CERÂMICA (v. Pote)

A primeira acepção simbólica dos objetos de cerâmica é, com efeito, a sua identificação com o útero ou matriz. Tal é, por exemplo, o seu sentido na imagem do sol dos dogons, feita de barro cercado por uma espiral de cobre vermelho. O barro representa a parte fêmea desse símbolo bissexual, sendo o **espiral*** o germe macho fecundador.

Os bambaras fazem da cerâmica, por extensão, um símbolo do conhecimento. Durante o retiro iniciatório dos novos circuncisos, estes aprendem que é necessário ir *até os potes dos mestres,* isto é, tentar chegar até os mestres no conhecimento (ZAHB).

O conhecimento é, com efeito, para os bambaras, a felicidade suprema, cujo usufruir físico, no coito, não passa de sucedâneo. Concepção através da qual eles se aproximam, de certa maneira, do pensamento místico dos sufis, já que, também para estes, estando todo conhecimento em Deus, o conhecimento supremo consiste na identificação com ele, de onde procede a beatitude.

Os Fali dão à primeira esposa o nome da grande jarra em que se prepara a cerveja de milho; à segunda, o do jarro onde se conserva a água; à terceira, o nome do alguidar comum; e à quarta, o do vaso de pescoço longo que serve para transportar água (LEBF).

CÉRBERO

Filho de **equidna***, a víbora, e de **Tifão***, o gigante, Cérbero é o cão monstruoso, de múltiplas cabeças (três, cinquenta, cem), com cauda de dragão, e o dorso eriçado de cabeças de serpente. Proíbe que os vivos entrem no inferno, e que os mortos saiam. Os dois únicos a realizarem essa façanha foram Héracles (Hércules) – que o dominou com suas próprias forças – e Orfeu, que o encantou (e adormeceu) ao som de sua

lira; sempre que voltava da terra aos infernos, porém, a natureza terrificante de Cérbero tornava a predominar.

Cão de Hades, ele simboliza o terror da morte entre aqueles que temem os Infernos. Mais ainda, simboliza os próprios Infernos e o inferno interior de cada ser humano. É preciso notar, com efeito, que foi sem a ajuda de qualquer outra arma, a não ser suas próprias forças, que Héracles conseguiu vencê-lo num dado momento; e que foi por meio de uma ação espiritual – o som de sua lira – que Orfeu conseguiu amansá-lo durante alguns instantes. Dois indícios que fazem prevalecer favoravelmente a interpretação neoplatônica, segundo a qual Cérbero era o próprio espírito do demônio interior, *o espírito do mal.* Só era possível dominá-lo na terra, ou seja, através de uma violenta mudança de meio ambiente (ascensão), ou da utilização das forças pessoais de natureza espiritual. Para derrotá-lo, não se pode contar senão consigo mesmo.

CERCADO, ESPAÇO (v. Recinto¹)

CÉREBRO

O cérebro é um substituto da cabeça completa, num texto irlandês da Idade Média: Naquele tempo, os ulates (habitantes de Ulster) costumavam, de cada guerreiro que matavam em duelo, retirar os cérebros das cabeças e misturá-los com cal, até que se tornassem bolas duras. Foi o cérebro do rei Leinster Mesgera que, submetido a esse processo, serviu a um dos guerreiros de Connaught para ferir mortalmente na cabeça o rei Conchobar (OGAC, 10, 129-138).

CEREJA

A cereja é o símbolo da vocação guerreira do Samurai japonês e do destino para o qual se deve preparar: "romper a polpa vermelha da cereja para alcançar o duro caroço ou, em outras palavras, fazer o sacrifício do sangue e da carne, a fim de chegar à pedra angular da pessoa humana. (Os Samurais) haviam adotado como emblema a flor de **cerejeira***, virada na direção do levante, símbolo da devoção de suas vidas. Os copos dos sabres eram ornamentados de cerejas, outro símbolo da busca do Invisível pela via interior, o **V.I.T.R.I.O.L.** * das iniciações ocidentais" (SERH, 161).

CEREJEIRA

A floração das cerejeiras, que é um dos espetáculos naturais mais apreciados no Japão – e que, efetivamente, representa uma das manifestações mais sedutoras que existem da beleza em seu estado puro –, não deve essa posição privilegiada apenas a um esteticismo gratuito, como poderia fazer supor o fato de que as cerejeiras floridas do Japão sejam árvores estéreis.

A flor de sakura é um símbolo de pureza, e esta é a razão pela qual ela é o emblema do bushi, do ideal cavalheiresco. Nas cerimônias nupciais, o chá é substituído por uma infusão de flores de cerejeira, que são, neste caso, um símbolo de felicidade.

É necessário também observar que a floração da variedade mais conhecida do sakura coincide com o equinócio de primavera: é a ocasião de festividades e de cerimônias religiosas, cujo objetivo é o de favorecer e proteger as colheitas. A floração das cerejeiras prefiguraria na verdade a do arroz e, portanto, pelas dimensões de sua prodigalidade e por sua duração, daria uma indicação sobre a riqueza das próximas colheitas. Vê-se, em todo caso, que ela é a imagem da prosperidade e da ventura da existência terrena, que são, de fato, mesmo quando isso não seja percebido de imediato, prefigurações da beatitude intemporal (HERS).

A flor de cerejeira, efêmera e frágil, que o vento não tarda a levar, simboliza também, no Japão, uma morte ideal, desapegada dos bens deste mundo, e a precariedade da existência.

> Se me pedirem
> Para definir o espírito do Japão,
> Eu diria que é a Flor da Cerejeira nas
> [montanhas,
> *Perfumosa no sol da manhã*
>
> (Motoori Norinaga,
> poeta falecido em 1801)

CERVEJA

A cerveja, fabricada pelo ferreiro divino Goibniu, é a *bebida de soberania*. O nome da rainha de Connaught que personifica a soberania sobre a Irlanda – Medb – designa também **a** *embriaguez*. Nas grandes festas, a cerveja é consumida em quantidade pela classe guerreira, sobretudo na celebração do Samain, no primeiro de novembro. É numa cuba de cerveja (ou por vezes de vinho, após a cristianização) que se afoga, quando perde o trono, em sua casa incendiada, o rei deposto, ou decrépito, ou que tenha abusado do poder. Na medida em que pode ser considerada em oposição ao hidromel, que parece ser privilégio da classe sacerdotal, a cerveja, bebida dos reis, é em princípio reservada à *classe guerreira* (OGAC, **14**, 474 s.).

Uma lenda gaélica, confirmada por textos apócrifos, narra que um filho de rei, Ceraint o Bêbado, filho de Berwyn (*berwi*, ferver), foi quem primeiro preparou a cerveja de malte (*brag*). Pôs a ferver o mosto com flores do campo e mel. Quando o preparado estava em ebulição, apareceu um javali que deixou pingar dentro dele um pouco de sua baba – e foi isso que provocou a fermentação. No repertório irlandês não existe qualquer equivalência conhecida dessa lenda, embora se observe que o consumo de cerveja acompanha o da carne de porco (ou antes, de javali) em todos os festins rituais da celebração do Samain (início do ano céltico), como também nos mitos relacionados com o Outro-Mundo. Como o porco (ou o javali) era o animal que simbolizava Lug, deve-se ainda relacionar o fato da existência do teônimo *Borvo* ou *Borno*, que, no centro da Gália, é o *patrono* das fontes borbulhantes. Efetivamente, Borvo é um cognome do Apolo céltico (que, por sua vez, é um aspecto do *Lug* irlandês). E como a cerveja era a bebida de imortalidade da classe guerreira, não há nada de surpreendente no fato de que o símbolo do deus (Lug) tenha vindo pessoalmente depositar nessa bebida o *gérmen da vida*, sob a forma de sua própria saliva (DUMB, 5-15).

O *pombe*, cerveja de banana, parece desempenhar um papel análogo de bebida de imortalidade

276 | CERVO (V. GAZELA)

para os guerreiros na sociedade, estritamente hierarquizada, dos tutsis do Ruanda, na África.

Na América equatorial, as cervejas de milho (*chicha*, da cordilheira dos Andes) ou de mandioca (Amazônia) desempenham um papel ritual importante até hoje. Essas cervejas são de uso indispensável em todos os ritos de passagem (ver iniciação dos piaroas, em GHEO); tornam-se, às vezes, o alimento único (bebida e comida, a um só tempo) dos *anciãos,* i.e., dos sábios. Sem dúvida alguma, seu simbolismo está ligado ao da **fermentação***. Essas bebidas representam para o iniciado – responsável, que cumpre a fase involutiva da vida – o mesmo que o **leite*** representa para o seu contrário, ou seja, para a criança, irresponsável, que está começando sua evolução.

No antigo Egito, a cerveja era também bebida nacional, apreciada pelos vivos e pelos defuntos, bem como pelos deuses, em sua qualidade de beberagem de imortalidade.

CERVO (*v.* Gazela)

O cervo é muitas vezes comparado à **árvore*** da vida por causa de sua alta galhada, que se renova periodicamente. Simboliza a fecundidade, os ritmos de crescimento, os renascimentos. E esses seus valores simbólicos podem ser encontrados quer nos ornamentos de batistérios cristãos quer nas tradições muçulmanas, altaicas, maias, dos povos pueblo etc. O cervo "é uma imagem arcaica da renovação cíclica" (ELII, 216).

Os indígenas da América manifestam em suas danças e cosmogonias esse elo existente entre o cervo e a árvore da vida: "A associação que une estreitamente o pinheiro à espécie dos cervídeos (danças do Cervo em torno de uma conífera que se ergue na 'plaza') pode ser em parte simples imagem florestal; embora seja provável que, num sentido muito mais profundo, ela contenha o simbolismo que associa o cervo não apenas ao Leste e à alvorada, mas também aos primórdios da vida que surgiu no momento da criação do mundo... Em mais de uma cosmogonia ameríndia, é o alce, ou o gamo, que faz surgir para a existência, com seus fundos mugidos, a vida criada; e às vezes,

na arte indiana, a árvore é representada a sair dos chifres bifurcados desse animal, tal como na tradição europeia da visão de S. Hubert" (ALEC, 55).

A efígie sagrada do Deus-Sol dos indígenas hopi (povo pueblo do Arizona) é gravada numa pele de gamo (TALS, 429). No séc. XVI, entre os povos indígenas da Flórida, durante a festa do Sol, na primavera, costumava-se erigir um poste no topo do qual era "colocada a pele de um cervo, arrancada a um animal que tivesse sido capturado numa cerimônia ritual; primeiramente, enchia-se a pele de folhagens a fim de restituir-lhe a forma do corpo do cervo, decorando-a com frutos e plantas suspensos. Depois, colocavam a imagem dirigida para o nascer do Sol, e a dança realizava-se em torno dela, acompanhada de preces para uma estação de abundância" (ALEC, 172). W. Krickeberg faz referência a um costume análogo a esse, observado entre os timucuas, por ocasião da festa da primavera (KRIE, 129).

O cervo é também o anunciador da luz – guia os homens para a claridade do dia. Eis um resumo de um canto dos indígenas Pawnee em homenagem à luz do dia: "Nós chamamos as crianças. Nós lhes dizemos que devem acordar [...]. Nós dizemos às crianças que todos os animais já estão acordados. Elas saem das moradas onde dormiram. O Cervo as guia. Ele vem das matas onde mora, trazendo seus filhotes para a Luz do Dia. Nossos corações estão jubilosos" (ALEC, 145).

Em outras tradições, esse valor adquirirá toda sua amplidão cósmica e espiritual. O cervo surgirá como o mediador entre o céu e a Terra, como o símbolo do *nascer do Sol.* que se eleva para o seu Zênite. Um dia, aparecerá uma cruz entre suas galhadas e ele se tornará a imagem do Cristo, o símbolo do dom místico, da revelação salvífica. Mensageiro do divino, ele pertence, portanto, a essa cadeia de símbolos que veremos muitas vezes estreitamente ligados entre si: a **árvore*** da vida, os **chifres***, a **cruz***.

O cervo é, ainda, um símbolo de *velocidade*, mas também de temor. Animal consagrado na Antiguidade clássica à deusa Diana (Ártemis), a

CERVO (V. GAZELA) | 277

virgem caçadora, ele evoca de modo quase similar os *Jataka* budistas. O cervo de ouro não é outro senão o próprio *Bodhisattva*, salvando os homens do desespero, acalmando suas paixões. As gazelas de Benares (símbolos do primeiro Sermão) são também cervos: a "força do cervo selvagem" (Wang-tchu) é a *potência do Ensinamento* e da Ascese do Mestre, que se difunde com a rapidez de um corcel, e que não deixa de inspirar, por causa de suas dificuldades, um certo temor.

O cervo de ouro encontra-se nas lendas cambojanas, embora o caráter *solar* do animal nelas apareça sob um aspecto maléfico. Tal como acontece muitas vezes, o animal solar é relacionado com a seca; é preciso, para obter a chuva, *matar o cervo*, e esta é a finalidade da dança do trote, tão popular no Kampuchea (Camboja), principalmente na região de Angkor. Noutras regiões, a isso acrescenta-se o fato de que a entrada de um cervo numa cidade seja anunciadora de incêndio e obrigue o povo a abandonar o lugar. A mesma ideia do cervo nefasto e portador da *seca* era conhecida na China antiga. Notar-se-á com interesse que Orígenes faz do cervo *o inimigo e o perseguidor de serpentes* (i.e., o inimigo do mal, expressamente o símbolo do Cristo); mas a serpente é o animal da terra e da água, ideia que se opõe à do animal do céu e do fogo. O cervo é, assim como a **águia***, devorador de serpentes, signo eminentemente favorável, embora bipolar, pois ele destrói através do fogo e da seca, que asfixia tudo o que vive da água.

São João da Cruz atribui aos cervos e aos gamos *dois efeitos diferentes do apetite concupiscível,* um deles de timidez, e o outro de ousadia, função da atitude que se supõe ser a desses animais diante de seus desejos.

Os inúmeros cervos e corças que vivem em completa liberdade em Nara, devido à sua total ausência de temor, evocam, ao contrário, uma espécie de retorno à pureza primordial, que tolera a familiaridade com os animais. O gamo tem a particularidade de colocar suas patas traseiras na marca deixada por suas patas dianteiras: o que simbolizaria a maneira pela qual se deve seguir

o caminho dos Ancestrais; e aqui chega-se bem perto do simbolismo da **caça***.

Existem ainda outras significações, de menor interesse, como, por exemplo, o fato de os chineses atribuírem à galhada de cervo uma virtude afrodisíaca. O que não é, no entanto, de todo sem interesse, na medida em que a droga que dela se extrai é tida como alimento do *yang*: aproximando-nos das técnicas de *imortalidade*. Encontra-se, também, menção a um símbolo de longevidade, mas sobretudo de prosperidade, baseado nos habituais trocadilhos populares, pois *lou* significa a um só tempo *cervo e emolumentos*. Neste último caso, i.e., quando é a imagem de *remuneração*, está geralmente acompanhado de um pinheiro (longevidade) e de um morcego (felicidade) (BELT, DURV, GRAD, HERS, KALL, ORIC, PORA, VARG).

Na iconografia mitológica greco-romana, os cervos são atrelados à carruagem da deusa Ártemis (Diana), que os conduz com rédeas de ouro. Sem dúvida, eles devem esse privilégio à sua *agilidade*. Diana de Poitiers (a favorita do rei Henrique II), foi muitas vezes representada acompanhada de um cervo, e com uma divisa que poderia ser a da deusa caçadora: *quodcumque petit consequitur* (ela obtém tudo o que deseja).

Um indício evidente da importância do cervo na simbólica céltica é a frequência relativa de sua aparição na iconografia ou na lenda.

Há uma divindade gaulesa que tem o nome de Cernunnos, *aquele que tem o alto do crânio como um cervo*. É representada sobre o caldeirão de prata de Gundestrip, sentada na postura búdica, a segurar com uma das mãos um colar metálico (ornamento típico dos gauleses e, mais tarde, dos soldados romanos), e com a outra, uma serpente; está rodeada pelos mais diversos animais, principalmente um cervo e uma serpente: talvez se deva interpretar essas galhadas de cervo que encimam a cabeça do deus como uma irradiação de luz celeste (v. **chifre***).

Outro monumento notável é o de Reims, no qual Cernunnos está representado como o deus da abundância. Conhecem-se muitas outras

278 | CERVO (V. GAZELA)

representações desse mesmo deus. Todavia, é bem possível que ele deva ser interpretado como sendo o *senhor dos animais*. Na Irlanda, o filho de Find, o grande herói do ciclo ossiânico (rel. a Ossian, lendário bardo escocês do séc. III), chama-se Oisin (filhote de corça), ao passo que São Patrício se metamorfoseia e metamorfoseia seus companheiros em cervos (ou gamos), a fim de escapar às ciladas do rei pagão Loegaire: age desse modo graças à encantação ou procedimento mágico denominado *feth fiada*, com que normalmente se obtinha a invisibilidade. O simbolismo do cervo no mundo céltico é portanto muito vasto e relaciona-se certamente com os estados *primordiais*. Na falta de um estudo de conjunto, vemo-nos obrigados provisoriamente a nos limitar ao levantamento do simbolismo de *longevidade e abundância*. Os gauleses usavam numerosos talismãs feitos em chifre de cervo; e foram encontrados, na Suíça, em tumbas alemânicas, cervos sepultados ao lado de cavalos e de homens. Esse fato foi relacionado com as máscaras de cervos de que estavam munidos cavalos sacrificados nos "kurganas" da região altaica (montes Altai), nos sécs. V e VI antes de nossa era. Na Bretanha armoricana (ou Baixa Bretanha, parte da Gália que forma a Bretanha atual), Santo Edern é representado a cavalgar um cervo (CHAB, 240-257; ZEIP, **24**, 10 s. e 155 s.; OGAC, **5**, 324-329, 8, 3 s., 9, 5 s.).

Assim como a **rena*** e o **corço***, o cervo parece ter desempenhado um papel de psicopompo em certas tradições europeias, principalmente entre os celtas: o Morholt da Irlanda, tio de Isolda, morto por Tristão num duelo, é representado por uma figura jacente e "cosido numa pele de cervo" (BEDT, 20).

Muitas vezes o cervo é associado à gazela na Sagrada Escritura. A propósito da relação entre esses dois animais, Orígenes observa que a gazela possui um olhar agudo, e que o cervo é matador de serpentes, obrigando-as a sair de suas covas graças ao sopro de suas narinas. Orígenes compara o Cristo a uma gazela segundo a theoria, e a um cervo, segundo suas obras, a práxis (*Homilia III sobre o Cântico dos cânticos*).

Entre os antigos hebreus, a palavra cervo, hayyal, deriva do termo hayil, que significa **carneiro***; o cervo é muitas vezes considerado uma espécie de grande carneiro, ou melhor, de **bode*** selvagem, e daí provêm as diversas traduções da Vulgata.

O cervo simboliza rapidez, os saltos. Quando ele procura uma companheira e quando tem sede, seu apelo rouco e selvagem parece ser irresistível; daí sua comparação com o Cristo, ao fazer um apelo à alma, e à alma-esposa, em busca de seu esposo. O cervo simboliza tanto Esposo divino, diligente e infatigável na procura das almas, suas esposas, como também a própria alma, em busca da fonte divina onde se possa dessedentar.

Certas obras de arte fizeram do cervo o símbolo do temperamento melancólico, sem dúvida por causa de seu gosto pela solidão. Encontra-se, às vezes, um cervo atingido por uma flecha, tendo na boca uma erva graças à qual espera conseguir curar-se. A lenda deixa transparecer que seu mal é incurável, *malum immedicabile*. Trata-se evidentemente de um mal de amor, e a fonte dessa constatação é Ovídio, que, em suas *Metamorfoses* (1, 523) faz Apolo dizer as seguintes palavras, no momento em que Dafne lhe foge: Infeliz de mim, cujo amor não poderia ser curado por nenhuma *Erva* (TERS, 67, 416).

Escritores e artistas têm feito do cervo um símbolo de prudência, porque ele foge sempre no sentido do vento, que leva consigo o seu cheiro, e porque ele sabe reconhecer instintivamente as plantas medicinais. É símbolo também de ardor sexual: aparece perto do casal Afrodite e Adônis, perto de Susana no banho, espiada pelos velhos etc.; do sentido do ouvido, porque, com as orelhas erguidas, nada se aproxima dele sem que ele lhe ouça o ruído; da poesia lírica, porque está sempre ao lado da musa Erato, que é por ele amada; da música, pois chega a ponto de deitar-se para ouvi-la, e porque suas galhadas têm forma de lira (TERS, 65-68).

O cervo alado pode significar *a prontidão no agir*. Mas, se interpretarmos a imagem em

CESTA (V. TAÇA) | 279

função da simbólica da **asa***, toda a simbólica do cervo passa a estar, nesse caso, elevada ao nível da espiritualidade: a prudência do santo, o ardor em unir-se a Deus, a atenção à palavra e ao sopro do Espírito, a sensibilidade diante da presença de Deus.

Muitas vezes associado ao unicórnio, o cervo é o símbolo do mercúrio filosofal. Uma gravura da obra-prima de Lambsprinck (séc. XIV), a pedra filosofal (LAPP), mostra-nos os dois animais frente a frente, numa floresta. O poema que acompanha essa Terceira figura revela que o cervo simboliza o Mercúrio (aspecto masculino) e o Espírito; o unicórnio é o Enxofre (aspecto feminino) e a alma, ao passo que a floresta é o Sal e o corpo.

CESTA (*v.* Taça)

O hieróglifo da cesta se traduz, segundo a gramática egípcia de Gardiner, por *senhor... aquele que sobressai com relação aos demais... supremacia, superioridade.* Uma cesta serve, muitas vezes, de pedestal às representações dos deuses. Segundo *Mariette, esse hieróglifo significaria também: o todo feito Deus, o universo e Deus confundidos num Ser único.* A cesta-taça evocaria, na escrita e na arte egípcias, uma ideia de totalidade, de conjunto, sob uma suserania celeste. Os mortos eram, por vezes, colocados em cestas, abandonadas à flor das águas, onde **Ísis*** recolhia seus membros desconjuntados para pô-los, reestruturados, em outra cesta, como fizera com os membros dispersos de Osíris. Apuleio (*Metamorfoses,* XI, 11) conta que, por ocasião das procissões de Isis, uma cesta que era levada *escondia, por entre suas flores, os mistérios da sublime religião.* Sob uma forma mais ou menos secularizada, não é uma tradição análoga, cujo segredo se reconhece no costume da "corbelha da noiva", anunciadora de uma vida nova?

A "cesta tríplice", no budismo, designa as três forças: o Buda fundador, a Lei, a Comunidade.

Símbolo, também, do corpo maternal: Moisés, Édipo etc. foram encontrados entregues à correnteza, em cestas.

Cheia de lã ou de frutos, ela simboliza o gineceu e os trabalhos domésticos, bem como a fertilidade. Daí vem que sirva de atributo a numerosas deusas, como a Ártemis de Éfeso, cujas sacerdotisas usavam um penteado em forma de cesta.

CETRO

O cetro prolonga o braço, é um sinal de força e de autoridade. Quebrar o cetro significa renunciar ao poder.

Ele simboliza, principalmente, a autoridade suprema: "[...] modelo reduzido de um grande bastão de comando: é uma vertical pura, o que o habilita a simbolizar, primeiramente, o homem enquanto tal; em seguida, a superioridade deste homem feito chefe; e, enfim, o poder recebido de cima. O cetro dos nossos soberanos ocidentais é, na verdade, o modelo reduzido da *coluna** do mundo que as outras civilizações assimilam explicitamente como a pessoa do seu rei ou sacerdote" (CHAS, 377). No frontão do templo do Olimpo erguia-se um Zeus majestoso; ao centro do templo, num trono ricamente decorado, uma estátua de ouro e marfim, segurando na mão esquerda o cetro com uma *águia**: o senhor do universo. Na tradição grega, o cetro simboliza menos a autoridade militar, em si, do que o direito de fazer justiça. O cetro pertencerá à panóplia das insígnias consulares.

O cetro mágico das deusas egípcias era um símbolo de alegria – a alegria de poderem executar as suas vontades. O cetro dos faraós terminava na forma de cabeça do deus Seth. Plutarco fez desse deus, comparado a **Tifão*** e a **Baal***, a encarnação da força do mal. "É verdade", escreve M. Yoyotte, "que o *deus rubro* foi a amabilidade em pessoa; o animal tifaniano foi tradicionalmente associado a imagens de tempestade e a ideias de violência; com efeito, os velhos mitos fazem dele o assassino de Osíris e o agressivo rival do jovem **Hórus***, cujo olho ele furou [...] [mas, também é ele quem] atravessa o horrível Apópis com sua lança e que, longe de personificar a destruição, protege a produção dos oásis" (POSD, 266). No alto do cetro faraônico, ele sem dúvida conserva esse duplo simbolismo de príncipe da fecundidade, e, também, de príncipe impiedoso na sua ira, que castiga tanto os seus inimigos pessoais quanto os do povo. A violência está em suas mãos e ele pode lançá-la como um raio.

CÉU
Símbolo quase universal pelo qual se exprime a crença "em um Ser divino celeste, criador do universo e responsável pela fecundidade da terra (graças às chuvas, que ele despeja). Tais Seres são dotados de uma presciência e de uma sabedoria infinitas; as leis morais e, frequentemente, os ritos do clã foram instaurados por eles durante sua breve passagem pela terra. Velam pela observância das leis, e o raio fulmina aqueles que as infringem" (ELIT, 46).

O céu é uma *manifestação direta da transcendência*, do poder, da perenidade, da sacralidade: aquilo que nenhum vivente da terra é capaz de alcançar. O simples fato de ser *elevado*, de encontrar-se em cima, "equivale a ser poderoso (no sentido religioso da palavra) e a ser, como tal, saturado de sacralidade [...]. A transcendência divina se revela diretamente na inacessibilidade, na infinidade, na eternidade, e na força criadora do céu (a chuva). O modo de ser celeste é uma hierofania inesgotável. Em consequência, tudo o que se passa no espaço sideral e nas regiões superiores da atmosfera – a revolução rítmica dos astros, a movimentação das **nuvens***, as tempestades, o **raio***, os meteoros, o **arco-íris*** – são momentos dessa mesma hierofania" (ELIT, 4748).

Enquanto *regulador da ordem cósmica*, o céu foi considerado o pai dos reis e dos senhores da terra. Na China, o imperador será feito *filho do céu*. A passagem da transcendência à soberania forma um conjunto clássico, céu – deus criador – soberano, que tem por correspondente o conjunto, não menos clássico: império – filho de Deus – benfeitor – rei. A hierarquia terrestre se organiza no modelo da hierarquia celeste: o alto se torna o senhor; o dispensador de bens arroga-se o direito de dominar. Servir faz avassalar. É conhecida a inscrição do sinete de Gêngis Khan: "Deus no céu e o Khan na Terra. O selo do Senhor da terra." O esquema se inverterá na história, segundo um processo de perversão, que todos os símbolos conheceram: o senhor será chamado benfeitor, mesmo se é a ruína dos outros; pai, mesmo se mata; celeste, mesmo se se chafurda no vício. Mas essa corrupção do símbolo não tira nada da sua força original.

O céu é o símbolo complexo da ordem *sagrada do universo*, que ele revela pelo movimento circular e regular dos **astros***, e que esconde sugerindo apenas a noção de ordens invisíveis, superiores ao mundo físico, a ordem transcendente do divino e a ordem imanente do humano. O céu é muitas vezes representado por uma redoma, uma **taça*** emborcada, uma cúpula, um pálio, um **para-sol***, uma sombrinha, uma pomba, um guarda-chuva pivotando em torno do seu eixo, ou pelo coração do homem.

CÉU: *apud* Roberto Fludd.
Utriusque Cosmi historia. Oppenheim, 1619.

O céu é, universalmente, o símbolo dos *poderes superiores* ao homem, benevolentes ou temíveis: o caractere chinês *t'ian* (céu) representa o que o homem tem por cima da cabeça. É a insondável imensidade, a esfera dos ritmos universais, a das grandes Luminárias, a origem, portanto, da luz, o guardião, talvez, dos segredos do destino. O céu é a morada das Divindades; designa, por vezes, o próprio Poder divino. É também a morada dos Bem-aventurados. Admitem-se, ordinariamente, sete (ou nove) céus. E é assim do Budismo ao

Islã e de Dante à China. Trata-se, então, de uma hierarquia de estados espirituais que devem ser galgados um por um.

Sob outro aspecto, o céu é, com a Terra, resultado da primeira polarização, a metade superior do **Ovo*** do Mundo. É assim que ele aparece, especialmente no Upanixade Chandogya e na arquitetura hindu. Mesmo quando esse simbolismo não vem expresso com precisão, a noção de um elo primitivo – rompido ulteriormente – entre o céu e a Terra é quase universal. A polaridade se exprime com particular nitidez na China: o céu é o princípio ativo, masculino, em oposição à Terra, passiva e feminina. *Céu em ação, poder supremo,* diz o *I-Ching* a propósito do hexagrama celeste t'ien. O céu não é, então, o princípio supremo, mas o polo *positivo* da sua manifestação: *o céu é o instrumento do Príncipe,* diz Zhuangzi (Chuang-tse); o Príncipe é *o remate do céu, a cumeeira* (T'ien-ki).

Por ação do céu sobre a Terra, *todos os seres são produzidos. A penetração da Terra pelo céu é,* por conseguinte, vista como uma união sexual. O resultado dela pode ser o homem, filho do céu e da Terra, ou, no simbolismo particular à alquimia interna, o embrião do Imortal. O mito dos esponsais do céu e da Terra estende-se da Ásia à América, passando pela Grécia, Egito e África negra. A expressão *filho do céu e da Terra* pertence aos mistérios órficos bem como aos livros chineses. O verdadeiro filho do Céu e da Terra, aquele de quem o *I-Ching* diz que é seu igual e que, *por consequência, não está em oposição a eles, é o homem verdadeiro* e, positivamente, o imperador: o caractere *wang,* que o designa (*v.* **rei***, **jade***), exprime exatamente essa mediação, da qual se encontra igualmente menção na Tábua de Esmeralda hermética (*Ele ascende da Terra ao céu e desce de volta do céu à Terra...*).

A alquimia chinesa, como já fizemos notar, transferiu o céu para o interior do microcosmo humano. Se bem que de modo diferente, o esoterismo islâmico faz a mesma coisa: o céu, diz Abu Ya'qub, fica no interior da alma e não o inverso.

Esse o motivo pelo qual o homem *lê as coisas úteis no céu.* Temos aí uma motivação espiritual, digna de interesse para a astrologia (CORT, ELIM, GRIF, GUED, LIOT, MAST).

Contrariamente à tradição chinesa, o céu, no Egito, é um princípio feminino, fonte de toda manifestação. No Egito antigo, com efeito, é a deusa Nut, curvada em forma de abóbada, que figura o céu. Um relevo de um sarcófago da XX dinastia representa Nut inclinada para a frente, em forma de pórtico romano, com as mãos tocando o solo no Oriente, os pés no Ocidente. No interior do pórtico, vê-se desenhado um mapa-múndi, com os diversos países da Terra, a morada subterrânea dos deuses inferiores, e um sol irradiante. A deusa envolve na sua curvatura semicircular, percorrida pelo sol, o cosmo inteiro, com seus três níveis. Personificando o espaço celeste que engloba o universo, Nut é chamada *a mãe dos deuses e dos homens.* Sua imagem pode ser vista gravada em inúmeros sarcófagos. Um papiro do Louvre a descreve como uma mãe cheia de ternura: "Tua mãe Nut te recebeu em paz. Ela põe seus dois braços por trás da tua cabeça todos os dias; ela te protege no ataúde; ela te salvaguarda na montanha funerária; ela estende sua proteção sobre as tuas carnes de maneira admirável; ela se faz toda proteção para a vida, e toda integridade de saúde. Representam-na, também, num **sicômoro***, vertendo às almas a água celeste que as renova" (PSED, 376). Diz-se que ela desposou a Terra, o deus Geb, e, superior às estrelas e aos planetas, gerou o Sol, o deus Ré (ou Rá): o céu desposou a Terra, e o Sol nasceu.

Na tradição bíblica, o céu é identificado com a divindade. Cronistas e profetas evitam *sistematicamente o emprego do nome divino.* Assim, *céu* substitui a expressão Deus do céu, que era designação corrente ao tempo dos persas. Lê-se, por exemplo, em 1 *Macabeus* (2, 21): "O céu nos defenda de abandonar a Lei e seus mandamentos." Mais adiante, em 2 *Macabeus* (2, 21), o autor sagrado atribui igualmente ao céu as atenções especiais de Jeová.

282 | CÉU

No Novo Testamento, a expressão Reino dos céus, próprio do Evangelho mais judaizante, o de Mateus, responderá à preocupação judaica de substituir o nome temível por uma metáfora. (Nota da Bíblia de Jerusalém sobre Mateus (*3, 2*): o Reino dos céus está às portas.) A expressão aparece repetida mais adiante, *4, 17*: o Reino de Deus sobre o povo eleito e, por ele, sobre o mundo, está no centro da pregação de Jesus (BIBJ).

No Apocalipse, o céu é a *morada* de Deus, maneira simbólica de designar a distinção entre o Criador e a sua criação. O céu entra, então, num sistema de relações entre Deus e os homens. Se essas relações se modificam, como depois da Encarnação redentora, por exemplo, o sistema muda completamente, e é possível falar de um céu novo. É assim que o autor do *Apocalipse* pode exclamar: "Eu vi um céu novo, uma terra nova. O primeiro céu, com efeito, e a primeira terra, desapareceram [...]. E eu vi a Cidade santa, a nova **Jerusalém***, que descia do céu, de Deus [...]. Eis que faço novo o universo." O novo céu simboliza aqui a renovação universal, que inaugura a era messiânica. As relações da criação com o seu Deus são inteiramente transformadas.

O céu não tem papel determinante no simbolismo celta, que não localiza nele a sede ou residência dos deuses. As línguas modernas distinguem nitidamente o céu religioso do céu atmosférico, mas não existe prova de distinção idêntica na época celta pré-cristã. A rigor, ela não era necessária. O céu atmosférico parece ter sido compreendido, em geral, como uma *abóbada:* é assim que se explicaria o temor dos gauleses de que o céu desabasse sobre as suas cabeças ou, ainda, o juramento irlandês pelos elementos (OGAC, 12, 185-197).

Na época histórica (c. 1.000 anos d.C.), os mexicanos acreditavam em nove céus, simbolizados na arquitetura sacra pelos nove patamares das suas pirâmides. Acreditavam, igualmente, em nove mundos inferiores. "Os astecas substituíram essa cosmologia de patamares por um sistema de camadas e distinguiram treze céus e nove mundos inferiores" (KRIR. 60).

Doze céus entre os algonquinos, cada um deles habitado por um Manitu, e o décimo segundo pelo *Criador,* poder supremo, Grande Manitu (MURL, 237).

Os treze céus dos astecas, segundo a *Historia de los Mexicanos por sus pinturas,* citada por Soustelle (SOUM), tinham as seguintes características:

1. País das Estrelas;
2. País dos Tzitzimime, monstros de aspecto esquelético, que se desencadearão sobre o mundo logo que o Sol pereça;
3. País dos 400 guardiães dos céus;
4. País das *aves que descem sobre a terra* (sem dúvida as almas dos eleitos);
5. País das *serpentes de fogo,* meteoros e cometas;
6. País dos quatro ventos;
7. País do pó (?);
8. País dos deuses.

Os céus nove a treze são habitados pelos Grandes Deuses; o sol reside no 12º; os poderes noturnos, no 10º; o casal divino primordial reside no 13º e último. O 13º é também o país de onde vêm os bebês e para onde retornam os "anjinhos", i.e., os bebês natimortos. Existe, nele, uma, *árvore de leite* (SOUM).

Sete céus se dispõem em andares entre os bambaras:

- o primeiro céu é impuro;
- o segundo, fresco, parcialmente purificado, é o país das almas dos homens e dos animais;
- o terceiro, céu negro, é o sítio de repouso dos espíritos, intermediários entre os deuses e os homens;
- o quarto céu é o *espelho* dos três primeiros. O demiurgo Faro, senhor da água e do verbo, responsável pela organização do mundo na sua forma atual, aí faz a sua *contabilidade:* ele acompanha no espelho a vida da sua criação;
- o quinto céu é vermelho. É o céu da justiça divina, onde Faro dita suas sentenças contra os homens que desobedeceram às proibições. É também o céu da guerra e dos combates. É o país do sangue, do fogo, dos ventos quentes

e nocivos. Os bambaras lhe ofereciam sacrifícios propiciatórios antes de empreenderem uma guerra. O quinto céu – país da seca – é habitado por espíritos que procuram deter a queda das águas; são combatidos pelos espíritos Kwore, cavaleiros que montam ginetes alados e habitam no terceiro céu (*v.* **cavalo***) (DIEB). O relâmpago, o trovão, o raio resultam desses combates;

- O sexto céu é o do sono. Aí se conservam os segredos do mundo. As almas dos homens e dos espíritos vão purificar-se nele, a fim de receber, em sonho, as instruções do deus Faro;
- O sétimo céu é o reino do deus Faro, e o reservatório das águas que ele fornece à Terra sob a forma de chuvas fecundantes e lustrais.

Ora há sete, ora nove céus na imagem do mundo dos povos uralo-altaicos. Essas diferentes camadas celestes são representadas por outros tantos entalhes na estaca ou tronco sagrado de bétula no qual o xamã materializa as etapas sucessivas do seu progresso. "Fala-se às vezes em muitos lugares do céu, em doze, dezesseis, dezessete camadas" (JEAD, **41**, segundo Katanov e Radloff). A Estrela Polar tem papel particular nessa organização celeste. Segundo Anokhin, ela constitui o quinto obstáculo à ascensão xamânica, e corresponde, em consequência, ao quinto céu (ibid., p. 39). Segundo Bogoraz, os Tchukche imaginam que "a abertura do céu pela qual se pode passar de um mundo ao outro encontra-se nas imediações da Estrela Polar" (ibid., p. 41). "Todos os mundos", acrescenta Bogoraz, "estão ligados entre si por aberturas situadas perto da Estrela Polar. Os xamãs e os Espíritos as utilizam nas suas viagens de um mundo a outro. Os heróis das diversas lendas, a cavalo numa águia ou num albatroz, podem igualmente atravessá-las."

Os Tártaros do Altai e os Teleutas situam a Lua no sexto céu e o Sol no sétimo.

As mesmas populações põem no terceiro céu o Paraíso dos Bem-aventurados, morada de Jajyk-Khan, o *Príncipe do Dilúvio,* divindade protetora dos homens e mediadora entre eles e o Deus supremo. Do terceiro céu procedem igualmente as almas das crianças por nascer, que Jajyk envia para a terra (HARA, 96).

O livro uigur *Kudatku Bilik,* escrito por volta de 1069, põe os sete astros na ordem seguinte, a começar do céu superior: Saturno, Júpiter, Marte, Sol, Vênus, Mercúrio e Lua (HARA, 116). Essa disposição é a que foi sempre adotada pelos astrólogos e ocultistas europeus.

Segundo Uno Harva, a disposição do céu em nove camadas seria incontestavelmente uma ideia mais recente que sua disposição em sete camadas, "não só entre os povos da família turca mas também entre os outros povos asiáticos em que se encontra essa representação" (HARA, 43). O citado autor acrescenta: os últimos adoradores de Mitra começaram a falar em nove céus ao tempo de Juliano o Apóstata. Foi em nove círculos estelares que os Sabeus, segundo se depreende de fontes do séc. X, organizaram o clero dos seus templos. Os *nove planetas,* que correspondem, cada um, a um metal, e que são mencionados na compilação jurídica hindu Yaajnavalkya, são explicados por Bossuet como de origem persa tardia.

No *Paraíso* de Dante conta-se, afora os sete círculos planetários, e acima deles, em oitavo lugar, o céu das estrelas fixas e, em nono, o primum mobile. A ideia dos nove céus se difundiu na Idade Média até nos países nórdicos e deixou traços nas fórmulas mágicas finlandesas.

O céu é também um símbolo da consciência. Emprega-se a palavra, com frequência, para significar o absoluto das aspirações do homem, como a plenitude da sua busca, como o lugar possível de uma perfeição do seu espírito, como se o céu fosse o espírito do mundo... Compreende-se que o raio – rasgadura brilhante do céu – seja apropriado para simbolizar essa abertura do espírito, que é a tomada de consciência (VIRI, 108).

CHÁ

A admirável cerimônia do chá japonês não se refere somente à estética, por mais perfeita que seja. A beleza do ritual, dos instrumentos e dos gestos podem, certamente, fazê-la assemelhar-se

284 | CHACAL

a uma espécie de culto incomum à beleza. Mas a primeira cerimônia do chá, dizem os taoistas, é a oferenda da taça por Yin-hi a Lao-Tse, que ia entregar-lhe o *Tao Te Ching*. E o fazedor de chá, dizem os adeptos do Zen, nasceu das pálpebras de Bodhidharme, que as havia cortado e atirado longe para impedir que a sonolência se apoderasse dele durante a meditação. Eis por que o chá é utilizado pelos monges com a mesma função: mantê-los acordados.

Se a cerimônia do chá tem todas as aparências de um *rito de comunhão,* o que provavelmente foi – visando, afirmam, a atenuar a rudeza dos costumes, disciplinar as paixões, vencer os antagonismos guerreiros e estabelecer a paz –, sua principal característica é a sobriedade, o despojamento do ato, que visa ao *despojamento da individualidade.* Como em todas as artes do Zen, o objetivo a atingir é o ato não ser efetivado pelo ego, mas pela *natureza pura* ou pela *vacuidade.* Finalmente, o chá é o símbolo da Essência de que faz parte o *Self;* mas essa participação não é o vazio do sono; é vigília intensa e ativa no silêncio contemplativo (OGRI, OKAT, SCHI).

CHACAL

Porque uiva até morrer, ronda pelos cemitérios e se alimenta de cadáveres, o chacal é um animal de mau augúrio, assim como o lobo. Na iconografia hindu, serve de montaria a Devi, quando esse deus é considerado sob seu aspecto sinistro.

Certos textos de igual origem fazem do chacal um símbolo do desejo, da avidez, da crueldade, da sensualidade, em suma, dos sentimentos e das sensações exacerbados.

O chacal foi considerado o símbolo de Anúbis, o deus egípcio, e que segundo a crença se encarnava num cão selvagem. Geralmente, Anúbis era representado com uma cabeça de chacal. Na realidade, o verdadeiro chacal não existia no Egito; tratava-se, no caso, de "cães errantes, animais com um falso aspecto de lobos, com grandes orelhas pontiagudas e focinho afilado, membros delgados, de cauda longa e peluda" (POSD, 44 a). Eram famosos por sua velocidade agressiva, e

costumavam vagar pelas montanhas e cemitérios. Era Anúbis o deus encarregado de cuidar dos mortos; velava sobre os ritos funerários e sobre a viagem para o outro-mundo; chamavam-no de *senhor da necrópole.* O mais célebre de seus santuários encontrava-se em *Cinópolis, a cidade dos cães* (POSD, 16 bc). Esse cão-chacal-psicopompo simboliza a morte e as vagueações do defunto até chegar ao vale da imortalidade. Não seria certo, apesar das analogias superficiais, confundi-lo com o **Cérbero*** dos Infernos gregos.

CHAKRA

Termo sânscrito que significa *Roda.* Trata-se dos pontos ocultos de junção dos canais sutis (*nadis*) por onde, segundo a fisiologia hindu, circula a energia vital. Esses centros de consciência da fisiologia mística, superpostos ao longo da coluna vertebral até o topo da cabeça, podem ser qualificados de *turbilhões de matéria etérea* (avas). É no centro psíquico inferior, o Muladhara, que se desperta a Kundalini, forma estática da energia criadora. O tantrismo hindu enumera seis centros, e mais um centro cerebral superior, o Sahasrára ou *lótus de mil pétalas.* O budismo tântrico tibetano considera cinco chakras (Khorlos): o do períneo, o do umbigo, o do coração, o da garganta e o do cérebro, que correspondem respectivamente à terra, à água, ao fogo, ao ar e ao éter, assim como aos quatro pontos cardeais e ao centro – i.e., ao cume –, às cinco famílias de Dhyani Budas, às cinco sílabas germinais e às cinco partes do stupa (chörten).

CHALOTA-DAS-COZINHAS (cebolinha-branca)

Seria, sem dúvida, um trocadilho de mau gosto derivar a palavra do hebraico *Hekhalot,* que designa os sete palácios, as sete moradas celestes. A raiz desta última palavra parece ser, no entanto, o vocábulo hebraico para o céu da boca ou palato (fr. *palais,* que tb. designa "palácio"). Acontece que "palácio" vem de *palatium,* uma das sete colinas de Roma (Palatino) e da residência imperial (*palatium*) no mesmo monte (desde Augusto); "palato" vem de *pálatum,* que tanto é a abóbada "palatina" quanto a abóbada celeste. Exprimiria simbolicamente o último palácio alcançado pelo homem em sua ascensão espiritual: é lá que ele degustará os sabores do conhecimento. O simbolismo da chalota está ligado também ao da **cebola***.

CHAMA

Em todas as tradições, a chama (flama) é um símbolo de purificação, de iluminação e de amor espirituais. É a imagem do espírito e da transcendência, a alma do fogo.

No seu sentido pejorativo e noturno, chama pervertida, ela é o brandão da discórdia, o sopro ardente da revolta, o tição devorador da inveja, a brasa calcinante da luxúria, o clarão mortífero da granada.

CHAMINÉ

Símbolo das vias de comunicação misteriosas com os seres do alto. É o caminho usado pelas feiticeiras quando vão ao Sabá (GRIA, 54); e por *Papai Noel,* para trazer seus brinquedos. Deve-se estabelecer uma aproximação entre a chaminé, a abertura central da tenda dos nômades e da cabana dos sedentários, a cúpula dos templos e a fontanela (ou moleira) da abóbada do crânio. Seu simbolismo aparenta-se ao do **eixo***️ do mundo, ao longo do qual descem os influxos celestes e as almas se elevam da terra. Ela liga os dois mundos entre si: a fumaça que dela se evola é um testemunho da existência de uma respiração e, portanto, de uma vida dentro da casa; e, mesmo quando a casa está inteiramente fechada, o vento que vem do alto penetra célere, a cantar, pela chaminé.

A chaminé é também o canal por onde passa o *sopro* que anima o lar, aspira a chama, atiça o fogo, em suma, mantém a vida da família ou do grupo. Nesse sentido, participa do simbolismo biológico e tutelar do **fogo***️ e do **calor***️. É igualmente o símbolo do elo social. Em volta dela é que se realizam os serões ou que se evocam os costumes dos antepassados e os espíritos dos contos de fadas.

CHAPÉU

O Mestre, na assembleia maçônica, jamais tira o chapéu: ele participa dos trabalhos com a cabeça coberta, como "sinal de suas prerrogativas e de sua superioridade" (BOUM, 278). Quer esse costume seja ou não mantido por razões práticas, isso em nada afeta o simbolismo do chapéu. O papel desempenhado pelo chapéu parece corresponder ao da **coroa***, signo do poder, da soberania, sobretudo quando se tratava, antigamente, de um tricórnio (*v.* **chifre***).

Julgou-se que o uso do chapéu podia significar o fim da função dos cabelos como instrumento receptador da influência celeste, e que, assim sendo, houvesse sido atingido o objetivo último da busca iniciática. No entanto, a consecução desse objetivo não interrompe – muito pelo contrário – a *função mediadora*; as pontas do chapéu ou as pontas da coroa são concebidas, assim como os cabelos, à imagem de *raios de luz* (BOUM).

O chapéu, em sua qualidade de peça que cobre a cabeça do chefe (fr. *couvre-chef* = "chapéu", trad. literal: *cobre-cabeça),* simboliza também a cabeça e o pensamento. É, ainda, símbolo de identificação; como tal, assume toda a sua relevância no romance de Meyrink, *O golem*️*: o herói tem os pensamentos e empreende os projetos da pessoa cujo chapéu está usando. Mudar de chapéu é mudar de ideias, ter uma outra visão do mundo (*Jung*). "Usar o chapéu" significa, em francês coloquial (*porter le chapeau),* assumir uma responsabilidade, mesmo por uma ação que não se tenha cometido.

CHAVE

O simbolismo da chave está, evidentemente, relacionado com o seu duplo papel de *abertura* e *fechamento*. É, ao mesmo tempo, um papel de iniciação e de discriminação, o que é indicado, com precisão, pela atribuição das *chaves do Reino dos Céus* a São Pedro. O *poder das chaves é* o que lhe faculta *ligar* e *desligar, abrir* ou *fechar* o céu, poder efetivamente conferido a São Pedro pelo Cristo (segundo a terminologia alquímica, é o poder de *coagular* e de *dissolver*). Esse poder está representado nas armas papais por duas chaves, uma de ouro, outra de prata, que foram, antes, os emblemas do deus romano Jano. Esse duplo

286 | CHICOTE

aspecto do poder, diurno e noturno, corresponde à autoridade espiritual e às funções régias, cujo alvo é, respectivamente, e segundo Dante, o acesso ao *Paraíso celeste* e ao *Paraíso terrestre,* ou, segundo a terminologia hermética, aos *Grandes Mistérios* e aos *Pequenos Mistérios.* As chaves de Jano abrem também as portas dos solstícios, i.e., dão acesso às fases ascendente e descendente do ciclo anual, aos domínios respectivos do *yin* e do *yang,* que encontram seu equilíbrio nos equinócios. Jano era considerado o guia das almas, donde seus dois rostos, um voltado para a terra e o outro para o céu. Com um bastão na mão direita, uma chave na mão esquerda, ele guarda todas as portas e governa todos os caminhos.

O simbolismo da chave que abre a via iniciática vem expresso também no *Corão,* onde está dito que a Shahadah (Chahada) é a chave do Paraíso. As interpretações esotéricas fazem de cada um dos quatro vocábulos dessa profissão de fé (*Não há outro Deus a não ser Deus*) um dos quatro *dentes* da chave, a qual, desde que inteira, abre *todas as portas da Palavra de Deus,* logo, as do Paraíso.

Mais comumente, a chave é, no Japão, um símbolo de prosperidade, uma vez que abre o celeiro do arroz. Mas quem não percebe que o *celeiro do arroz* pode conter um alimento espiritual e que, nesse caso, a chave que lhe dá acesso não tem significado diverso desses que acabamos de lembrar? (BENA, CORT, GUET, GUES). Mas, porque abre e fecha a porta, a chave se torna o símbolo do poder e da lei para os bambaras: "tudo o que se diz, tudo o que se faz, no homem, no reino, no mundo, é porta" (ZABH, 82). O Chefe, o Sol, Deus são, todos três, chaves: Deus, chave da criação e do mundo; o Sol, chave do dia, que ele abre ao nascer e fecha ao se pôr. O escabelo (**trono***), o **pé*** do homem são chaves. A chave simboliza o chefe, o senhor, o iniciador, aquele que detém o poder de decisão e a responsabilidade.

No plano esotérico, possuir a chave significa ter sido iniciado. Indica não só a entrada num lugar, cidade ou casa, mas acesso a um estado, morada espiritual, ou grau iniciático.

Nos contos, como nas lendas, muitas vezes se mencionam três chaves: elas introduzem sucessivamente em três recintos secretos, que são outras tantas antecâmaras do mistério. De prata, ouro, ou diamante, elas marcam as etapas da purificação e da iniciação (LOEF, 98). A chave é, aqui, o símbolo do mistério a penetrar, do enigma a resolver, da ação dificultosa a empreender, em suma, das etapas que conduzem à iluminação e à descoberta.

CHICOTE

Símbolo do poder judiciário e de seu direito de infringir castigos. No Egito, as estátuas do deus Min representam-no com o braço direito erguido em forma de esquadro no ângulo de um látego, "látego régio, símbolo de terror salutar, (que) paira misteriosamente acima da mão aberta". Mas esse deus era igualmente associado aos cultos de fecundidade. Com efeito, observa Jean Yoyotte, "[...] o outro braço desliza, sob a vestimenta e a mão circunda a base do falo divino [...]" Tal é a imagem calma em que se encarnava a temível divindade do "touro que cobre as fêmeas, senhor procriador, cuja procissão inaugurava o tempo das colheitas [...]" (POSD, 173).

O chicote era também a insígnia de certas divindades gregas: de **Hécate***, impondo respeito aos monstros infernais; das Erínias que fustigavam os criminosos; como dos dignitários do poder e dos sacerdotes. No santuário de Zeus, em Dodona, as compridas e estreitas correias de um látego, nas mãos da estátua de uma criança, golpeiam, ao sopro do vento, um caldeirão sagrado, e o som resultante desses golpes é tido como o oráculo do deus (*v.* **flagelação***).

Em geral, o chicote é um símbolo do **raio***. Por isso, frequentemente encontram-se ritos de autofustigação nas sociedades iniciáticas, encarregadas de lutar contra as secas; por exemplo, na sociedade *Kwore* dos bambaras (DIEB). É significativo o fato de que os iniciados do Kwore utilizem concomitantemente o chicote e os **archotes***, com os quais queimam o corpo. Efetivamente, o raio é tido como capaz de trazer a chuva.

Tal como o raio, o látego é um símbolo de energia criadora. No *Veda,* seu papel adquire amplidão cósmica; ele transforma o leite em manteiga – alimento primordial dos vivos. Da batedura do mar de leite saem as **apsaras*** e os germes de vida.

CHIFRE

O chifre tem o sentido de eminência, de elevação. Seu simbolismo é o do *poder.* De maneira geral, é, aliás, o símbolo dos animais que têm chifre. Tal simbolismo está ligado a Apolo Karneios, a Dioniso. Foi usado por Alexandre o Grande, que se apropriou do emblema de Amon, o carneiro, a que o *Livro dos mortos* egípcio chama *Senhor dos dois chifres.* É encontrado, ainda, no mito chinês do terrível Tch'e yeu, de cabeça cornuda, a quem Huang-ti não pôde vencer senão soprando num chifre. Huang-ti utilizou a bandeira do seu rival, carregando sua efígie cornuda e conservando em seu poder a *virtu* do adversário para impor seu próprio poder. Os guerreiros de diversos países (principalmente os gauleses) usavam capacetes com chifres. O poder dos chifres, aliás, não é apenas de ordem temporal.

Os chifres de carneiro, observa Guénon, são de caráter *solar;* os do touro, de caráter *lunar.* A associação da Lua e do touro era familiar aos sumerianos e também aos hindus. Uma inscrição do Kampuchea (Camboja) designa a Lua como um *chifre perfeito* (*v.* **crescente***) e insiste no aspecto *chifrudo* do touro de Shiva. O *Mahabharata* fala do chifre de Shiva, porque Shiva se identifica com a sua montaria, Nandi (BHAB, GRAC, GUES).

"Os chifres dos bovídeos são o emblema da Magna Mater divina. Onde quer que eles apareçam, nas culturas neolíticas, seja na iconografia, seja nos ídolos de forma bovina, assinalam a presença da Grande Deusa da fertilidade" (O. Menghin, in ELIT, 146). Eles evocam os prestígios da força vital, da criação periódica, da vida inesgotável, da **fecundidade***. Vieram, em consequência, a simbolizar a majestade e os benefícios do poder real. A exemplo de Dioniso, Alexandre foi representado com chifres, para simbolizar seu poderio e seu gênio, que o aparentavam à natureza divina e que deviam assegurar a prosperidade do seu império.

Se o chifre se prende, as mais das vezes, a um simbolismo lunar e, portanto, feminino (chifre do touro), pode também tornar-se um valor simbólico solar e masculino (chifre do carneiro). É o que explica que ele apareça frequentemente como símbolo da *potência viril,* e esse outro aspecto do símbolo se aplica, também, evidentemente, ao caso de Alexandre o Grande.

Maria Bonaparte chama a atenção para o fato de que, em hebraico, quer dizer, ao mesmo tempo, chifre, poder, força. O mesmo acontece com o sânscrito *linga* e com o latim *cornu.* O chifre não sugere apenas a potência, pela sua forma; pela sua função natural, é a própria imagem da arma poderosa, potente (em uma gíria italiana, o pênis se diz corno).

O poder vem se unir à agressividade. Agni possui chifres indestrutíveis, afiados pelo próprio Brahma, e todo chifre acaba por significar potência agressiva do bem contra o mal. Nessa conjunção dos cornos animais e do chefe, político ou religioso (chefe iroquês, Alexandre, xamãs siberianos etc.), descobrimos um processo de anexação da potência por apropriação mágica dos objetos simbólicos [...]. O chifre, o troféu [...] é exaltação e apropriação da força. O soldado romano vitorioso acrescenta um cornículo ao seu elmo [...] (DURS, 146-147).

Sol e Lua, água e fogo, aparecem conjuntamente nas crenças dos dogons, se bem que estas sejam, as mais das vezes, impregnadas de um simbolismo lunar, com o mito de um carneiro celeste que leva entre os chifres uma cabaça (*v.* **abóbora***), que não é outra coisa senão a matriz solar. Seus chifres, que são testículos, servem para manter essa cabaça, que ele fecunda por meio de um pênis plantado na testa, enquanto urina as chuvas e os nevoeiros que descem para fecundar a terra (GRIE, 36). Esse carneiro se desloca pela abóbada celeste antes das tempestades, durante a estação das chuvas. É o carneiro de ouro, mas

288 | CHUMBO

seu tosão é feito de cobre vermelho, símbolo da água fecundante (*v.* **cobre***). Numa variante do mito, ele é leito de folhas verdes – e aí reaparece a analogia simbólica das cores **verde*** e **vermelho***.

Segundo uma lenda peul, a envergadura dos chifres nodosos do bode mede sua virilidade (HAMK, 17).

Certas vestes xamânicas siberianas são ornadas de ramagens, em geral de ferro, imitando a galhada dos cervídeos. Esses atributos desempenham, ao que parece, papel equivalente ao das asas do grão-duque, que ornam as roupas xamânicas altaicas e, principalmente, entre os tunguses, samoiedas e ienisseienses (HARA, 345).

Na tradição judaica e na cristã, o chifre simboliza também a força e tem o sentido de raio de *luz*, de relâmpago. Daí a passagem de *Habacuc* (**3**, 4-5) que fala da mão de Deus de onde saem raios (chifres):

> Seu brilho é como a luz,
>
> raios saem de sua mão,
>
> lá está o segredo de sua força.

"Quando Moisés desceu do Sinai, seu rosto resplandecia" (*Êxodo*, **34**, 29), i.e., "lançava raios". A palavra "raios" é traduzida no sentido próprio como *chifres* na Vulgata. Por isso, os artistas medievais apresentavam Moisés com chifres no alto da cabeça. Esses dois cornos têm o aspecto do crescente lunar. Os quatro cornos do altar dos holocaustos, postos no templo, designam as quatro direções do espaço, i.e., a extensão ilimitada do poder de Deus.

Nos *Salmos*, o chifre simboliza o poder de Deus, que é a mais poderosa defesa daqueles que o invocam: "Nele me abrigo, meu rochedo, / meu escudo e meu chifre de salvação." (**18**, 4).

Ele pode simbolizar também a força arrogante e agressiva dos soberbos, cuja pretensão Jeová submete: "Não levanteis o chifre, / Não levanteis tão alto o vosso chifre, / Não faleis retesando a nuca." (**75**, 6).

Aos justos, ao contrário, Deus conferirá a força: "Ali farei brotar um chifre em David" (**132**, 17).

A palavra "chifres" é por vezes empregada para designar os braços transversais da cruz.

Na tradição celta, por duas ou três vezes, os textos mitológicos ou épicos mencionam um personagem, Conganchnes, *o de pele de chifre,* totalmente invulnerável, salvo na planta dos pés (OGAC, 10, 375-376). O chifre simbolizaria, nesse exemplo, por sua dureza, uma *força defensiva*, como o **escudo***.

Os cornos, na análise contemporânea, são considerados também uma imagem de divergência, podendo, como o **forcado***, simbolizar a ambivalência e, no mesmo contexto, *forças regressivas*: o diabo é representado de chifres e com cascos fendidos. Mas, por outro lado, os chifres podem ser também um símbolo de abertura e de iniciação, como no mito do **carneiro*** de tosão de ouro, por exemplo (VIRI). C. G. Jung percebe uma outra ambivalência no simbolismo dos chifres: eles representariam um *princípio ativo* e masculino pela sua força de penetração; um *princípio passivo* e feminino, por sua abertura em forma de lira e de receptáculo. Reunindo esses dois princípios na formação da sua personalidade, o ser humano, assumindo-se integralmente, atinge a maturidade, o equilíbrio, a harmonia interior, o que não deixa de ter relação com a ambivalência solar-lunar evocada acima.

CHOÇA (*v.* Cabana)

CHUMBO

Símbolo do peso e da individualidade incorruptível. Metal pesado, ele é tradicionalmente atribuído ao deus separador, Saturno (a delimitação). É assim que, para a transmutação do chumbo em ouro, os alquimistas buscavam simbolicamente desprender-se das limitações individuais, para atingir os valores coletivos e universais (VIRI, 175).

Segundo Paracelso, o chumbo seria "a água de todos os metais... Se os alquimistas conhecessem o que contém Saturno, eles abandonariam todas as outras matérias para trabalhar apenas aquela" (PERD, 390). Essa seria *a matéria da obra chegada ao ponto de negrume*; o chumbo branco identificar-se-ia com o mercúrio hermético. Ele simbolizaria a matéria, enquanto está impregnada de força espiritual e a possibilidade das transmutações das propriedades de um corpo nas de um outro, assim como das propriedades gerais da matéria em qualidades do espírito. O chumbo simboliza a base mais modesta de onde pode partir uma evolução ascendente.

CHUVA

A chuva é universalmente considerada o símbolo das influências celestes recebidas pela terra. É um fato evidente o de que ela é o agente fecundador do solo, o qual obtém a sua fertilidade dela. Daí os inúmeros ritos agrários com vistas a chamar a chuva: exposição ao Sol, chamamento da tempestade através da forja, *montes de areia* cambojanos, danças diversas. Mas essa fertilidade se estende a outros domínios além do Sol: *Indra*, divindade do raio, dá a chuva aos campos, mas fecunda também os animais e as mulheres. Aquilo que desce do céu para a terra é também a fertilidade do espírito, a luz, as influências espirituais.

A chuva, diz o *I-Ching*, é originária do princípio *k'ien*, o princípio ativo, celeste, do qual toda manifestação tira a sua existência. O *Risalat* de Ibn al-Walid faz da chuva celeste, das *Águas superiores*, o equivalente cosmológico do sêmen. "Que as nuvens negras façam chover (a *justiça*, ou a *vitória*). Que a terra se entreabra para que a saúde amadureça!" – lê-se em *Isaías* (45, 8). O caractere *ling* que, no *Tao Te Ching* (cap. 39), designa as influências celestes, se compõe do caractere *wu*, designando as encantações mágicas e, de três bocas abertas, recebendo a chuva do céu: é bem a expressão dos ritos evocados mais acima, mas cujo efeito é do domínio do intelecto. *Deus envia seu anjo com cada gota de chuva*, dizem os esotéricos do Islã. Além do sentido particular que eles atribuem a essa fórmula, não se pode deixar de prestar atenção no seu simbolismo literal e de aproximá-la do fato de que, segundo a doutrina hindu, os seres sutis descem da Lua à terra dissolvidos dentro das gotas de chuva. Essa chuva

lunar comporta também o simbolismo habitual da fertilidade, da revivificação. A chuva é a graça, e também a sabedoria: "A Sabedoria suprema, ensina o mestre" Huei-neng, "imanente à própria natureza de cada um, é comparável à chuva [...]."

Se o simbolismo da chuva é geralmente muito próximo do orvalho, notar-se-á que às vezes eles se opõem na China, onde a influência da chuva é de natureza *yin*, e a do orvalho, de natureza *yang*. Os dois têm, no entanto, origem lunar. O fato de seus efeitos estarem em acordo é um signo de harmonia do mundo (CORT, DANA, ELIM, GRAP, GUET, GUES, HOUD, LIOT, PORA).

A chuva vinda do céu fertiliza a terra, é o que traz à luz a lenda grega de Dânae. Encerrada por seu pai em uma câmara subterrânea de bronze para não se arriscar a ter filho, ela recebe a visita de Zeus, sob a forma de chuva de ouro, que penetra por uma fenda do teto, e do qual ela se deixa engravidar. Simbolismo sexual da chuva considerada esperma e simbolismo agrário da vegetação, que tem necessidade da chuva para se desenvolver, reúnem-se aqui estreitamente. O mito lembra igualmente os pares luzes-trevas, céu-inferno, ouro-bronze, que evocam a união dos contrários, origem da manifestação e da fecundidade.

Segundo as tradições ameríndias, a chuva é a *semente do deus da tempestade* (ELIT, 90). Na hierogamia Céu-Terra, a chuva é o esperma que fecunda. Esse valor simbólico lhe é atribuído em todas as civilizações agrárias.

Nas línguas maia-quichés, água, chuva e vegetação são termos equivalentes que se traduzem pela mesma palavra (GIRP, 92).

Ela pode ser considerada esperma ou semente, mas também sangue: daí a origem dos sacrifícios humanos, ritos de fecundação, característicos das civilizações agrárias.

Itzanam, deus agrário da teogonia maia, proclama: "Eu sou a substância do céu, o orvalho das nuvens" (GIRP, 93).

Nas línguas maia-quichés, a palavra *Quic* significa ao mesmo tempo sangue, resina, seiva, bem como toda excreção líquida, humana ou animal que se assemelhe à chuva (GIRP, 107).

290 | CIBELE

Entre os astecas, *Tlaloc*, deus da chuva, é também o deus do **trovão*** e do raio, *chuva de fogo*. Sabe-se que o raio, como a chuva, tem valor de semente celeste. O céu de *Tlaloc* – Tlalocan – é a morada dos afogados e dos fulminados (H. Lehmann, *Symbolisme cosmique et monuments religieux,* Paris, 1953). Tlaloc é representado com os olhos e a boca rodeados de anéis, feitos com os corpos de duas serpentes. Essas serpentes representam ao mesmo tempo o raio e a água (SOUM).

Entre os incas do Peru, a chuva é jogada sobre a terra pelo deus do trovão, *Illapa*, que a tira da Via-Láctea, grande rio do céu (LECH).

A associação simbólica Lua – Águas – Primeiras Chuvas – Purificações aparece nitidamente nas cerimônias celebradas entre os incas na ocasião da festa da Lua (Coya Raimi, de 22 de setembro a 22 de outubro). Marcando esse mês o final da estação da seca, os estrangeiros, os doentes e os cachorros eram expulsos da cidade de Cusco, antes de começarem as cerimônias para chamar as primeiras chuvas (MEAA).

Na Índia, diz-se da mulher fecunda que ela é a chuva, isto *é,* a fonte de toda prosperidade (BOUA).

A chuva, filha das nuvens pesadas e da tempestade, reúne os símbolos do fogo (relâmpago) e da água. Ela apresenta também a dupla significação de fertilização espiritual e material. O Chandogya Upanixade exprime perfeitamente o papel da chuva (VEDV, 400). Caindo do céu, ela exprime ainda um favor dos deuses, também de duplo sentido, espiritual e material. O *Rig-Veda* manifesta esses aspectos múltiplos da chuva:

Aquele que vós favoreceis, ô Mitra e
[yaruna,
a chuva do céu o enche de seu *mel**...
Nós imploramos a vós a chuva, a dádiva, [a imortalidade...
ó, soberanos, regai-nos com o *leite** do
[céu!...
Eles fazem chover o céu, prata dourada,
[imaculado.

(VEDV, 88)

CIBELE

Deusa da terra, filha do céu, esposa de Saturno, mãe de Júpiter, de Juno, de Netuno, de Plutão, Cibele simboliza a *energia encerrada na terra*. Ela engendrou os deuses dos quatro elementos. Ela é a fonte primordial, ctoniana, de toda fecundidade.

Seu carro é puxado por leões: o que significa que ela domina, ordena e dirige a potência vital. Por vezes aparece coroada com uma estrela de sete pontas ou com um crescente lunar, sinais do seu poder sobre a evolução biológica terrestre. Sob a forma de uma **pedra*** foi ela adorada pelos romanos nos primeiros tempos. Os romanos mandaram vir de Pessinonta para Roma, por volta de 205 a.C., a pedra negra que era seu símbolo: "Contém os germes que lhe permitem fazer gerar para o gênero humano tanto as louras searas quantas árvores pejadas de frutos; que lhe permitem, igualmente, fornecer aos animais selvagens, que erram pelas montanhas e ao longo dos cursos de água, as folhagens e os grandes pastos. Assim, deram-lhe ao mesmo tempo os nomes de Grande Mãe dos Deuses, Mãe das espécies selvagens, e Criadora de Humanidade" (Lucrécio, De rerum natura, II, v. 595-600).

Seu culto, trazido da Frígia para Roma no séc. III a.C., como o da Mãe dos deuses, atingiu seu apogeu sob o império. Cibele é a Deusa Mãe, a Magna Mater, a *Grande mãe asiática,* cujo culto se confunde, nos tempos mais antigos, e em todas as regiões, com o da fecundidade. Ora ela é representada sentada debaixo da árvore da vida, ora cercada de leões, ora ornada de flores. Entre os gregos, Gaia e Reia têm o mesmo papel; lutaram longamente, na devoção dos helenos, contra a introdução do culto extático e desregrado dessa divindade asiática. Seus dois símbolos, o **leão*** e O **tamboril***, são de origem asiática. Um hino homérico assim descreve a Mãe dos deuses: "[...] Musa harmoniosa filha do grande Zeus, Mãe de todos os deuses e de todos os homens. Ela ama o som dos guizos e dos tamborins, bem como o frêmito das flautas. Ela gosta, igualmente, do grito dos lobos e do rugido dos leões de pelo fulvo, das montanhas cheias de ecos, e dos vales umbrosos."

Ao tempo da decadência romana, Cibele será associada ao culto de Átis, o deus morto e ressuscitado periodicamente, culto esse dominado pelos estranhos amores da deusa, por ritos de castração e pelos sacrifícios sangrentos do tauroból. De uma forma quase delirante, ela simboliza os ritmos da morte e da fecundidade, da fecundidade pela morte. Toda uma teologia, a doutrina *metróaca,* será elaborada em torno da deusa. *Mistura de barbaria, de sensualidade e de misticismo* (LAVD, 639-642), o culto de Cibele inspirou, no entanto, ao imperador Juliano, no séc. IV d.C., uma das mais belas preces conhecidas, na qual o simbolismo transfigura e sublima a lenda:

> Ó Mãe dos deuses e dos homens, Ó conselheira do grande Zeus, Deusa criadora da vida, Sabedoria, Providência, Criadora das [nossas almas, Ó amante do grande Dioniso, Concede a todos os homens a ventura Cujo elemento capital é o conhecimento [dos deuses.
>
> (Imperador Juliano,
> *Sobre a Mãe dos deuses,* XX BEAG, 480)

François Mauriac consagrou a esse mito um admirável poema, O sangue de Átis:

> Nada, nada arrancará tua raiz profunda
> Do meu imenso corpo entorpecido de
> [prazer.

CICLOPE (*v.* Caolho)

Os ciclopes tinham apenas um olho no meio da testa. Eram senhores da Tempestade, do Raio, do Trovão, semelhantes, por sua violência súbita, às erupções vulcânicas, símbolos da força bruta a serviço de Zeus.

Mas, tendo incorrido na cólera de **Apolo***, deus da sabedoria, foram mortos por ele. Se dois olhos correspondem, para os homens, ao normal, e três, a uma clarividência sobre-humana, um único revela um estado assaz primitivo e sumário da capacidade de compreender. O olho único, no meio da testa, trai uma recessão da inteligência,

ou sua incipiência, ou a perda do sentido de certas dimensões e de certas analogias.

O demônio é representado muitas vezes, na tradição cristã, com um só olho no meio do rosto: o que simboliza a dominação das forças obscuras, instintivas e passionais. Entregues a elas mesmas, não assumidas pelo espírito, elas não podem senão desempenhar papel destruidor, no universo como no homem. O ciclope da tradição grega é uma força primitiva ou regressiva, de natureza vulcânica, que só pode ser vencida pelo deus solar, Apolo. O ciclope reúne em si duas tradições: a do ferreiro, servidor de Deus e de Hefestos, que maneja o raio para os deuses, e a do monstro selvagem, de força prodigiosa, escondido nas cavernas, de que sai apenas para a caça. É a esses seres fabulosos que a lenda atribui os monumentos ditos *ciclópicos,* em Micenas sobretudo, dada a enormidade das pedras que se superpõem e que pesam até 800 toneladas. Um dos ciclopes deixou na poesia uma lembrança de violência contida e de doçura melancólica – apesar dos seus repastos antropofágicos e das rochas que lançava brutalmente contra os homens –, de uma doçura escarnecida pela bela Galateia, indiferente a *esse grande coração de bronze,* que ardia de amor por sua graça ligeira. Albert Samain tirou dessa lenda um poema musical, *Polifemo,* levado à cena, sem grande sucesso, na Ópera de Paris.

A mitologia celta não tem *ciclope* propriamente dito, mas séries inteiras de personagens sombrios, com um só olho, um só braço, uma só perna, afligidos, ainda, por deformidades e gigantismo. Simbolizam o lado negro ou titanesco da criação, e a lenda irlandesa os assemelha, por isso mesmo, aos poderes maus ou infernais. Mantêm, no entanto, relações constantes de parentesco com os deuses *celestes* ou *claros.* Alguns podem servir de protótipos: o irlandês Balor tinha um olho capaz de paralisar todo um exército; o deus Lug o matou com uma pedra de funda. Seu equivalente galês, Yspaddaden Penkawr, tem a mesma capacidade física, e é pai de uma filha, pedida em casamento por Kulhwch, que corresponde funcionalmente ao deus Lug. Em suma, o ciclope evoca o poder

292 | CIDADE

ou a violência dos elementos, uma força brutal desencadeada, que escapa ao império do espírito. É uma das representações do *Impar*, i.e., da antiordem, uma vez que toda ordem humana está fundada, como se sabe, sobre o par, figura de equilíbrio. Está ligado, portanto, ao que Roger Caillois chamava, com tanta justeza, o esquerdo maldito (*v.* **perneta***).

CIDADE

A construção das cidades, primitivamente imputada a Caim (*Gênesis*, 4, 17), é o sinal da sedentarização dos povos nômades, partindo de uma verdadeira *cristalização* cíclica (*v.* **telha***). É por essa razão que as cidades são tradicionalmente **quadradas***, símbolo da *estabilidade*, enquanto as tendas ou os acampamentos nômades são em geral redondos, símbolo de *movimento* (*v.* **círculo***). Também é por esta razão que o Paraíso terrestre é redondo e tem relação com o simbolismo vegetal, enquanto a **Jerusalém*** celeste, que encerra o ciclo, é quadrada e mineral.

As cidades, instaladas no *centro* do mundo, refletem a ordem celeste e recebem a sua influência. Pela mesma razão, em certos casos são também as imagens de centros espirituais. Assim, a Heliópolis primordial, *cidade do sol*; Salem, a *cidade da paz*; Luz, *a amendoeira*, que Jacó denominou Beith-el, *a casa de Deus*. O nome Heliópolis evoca naturalmente o simbolismo zodiacal. Lembraremos também que a Jerusalém celeste possui doze portas (três em cada oriente), que correspondem, manifestamente, aos doze signos, a não ser que sejam as doze tribos de Israel, e que a divisão duodenária também fosse praticada nas cidades romanas e, menos explicitamente, nas hindus. Percebe-se, então, o papel que a astrologia deve desempenhar na construção das cidades, que refletem os movimentos do sol, *fixando-os,* e cujo plano frequentemente coincide com as posições da Ursa Maior. Em Roma, como na China, na Índia e em Angkor, o plano da cidade é estabelecido com o auxílio do relógio solar. No meio do verão, o relógio não deverá projetar sombra sobre a cidade, situada em seu *centro*. O papel da geo-

mancia também é importante, pois o local deve ser estabelecido de acordo com a convergência dos ventos, das águas ou das correntes telúricas, segundo a disposição da sombra e da luz.

As cidades são geralmente quadradas e orientadas. Na Índia, os quatro orientes correspondem às quatro castas. Em Roma, como em Angkor e em Pequim, e como em todo país de influência sinoide, duas vias perpendiculares ligam-se às quatro portas principais e fazem com que o plano da cidade se assemelhe à **mandala***, quaternário simples de Shiva. A sua extensão – a mandala de 64 casas – é o plano de Ayodhya, a cidade dos deuses. Essa disposição faz da capital o centro e o resumo do império; as quatro direções do espaço dela emanam, as quatro regiões para ela confluem. Nas quatro direções difunde-se a virtude real, até as extremidades da terra; pelas portas são recebidas as homenagens dos vassalos, expulsas as más influências. Assim, na China, a cidade é o centro de uma série de **quadrados*** encaixados, o que lembra a forma da *muralha tripla* dos celtas e dos gregos, assim como a dos templos angkorianos. Segundo Platão, a capital dos atlantas era disposta de modo semelhante, mas de forma redonda, símbolo da perfeição celeste, em círculos encaixados.

No centro do Ayodhya situa-se o Brahmapura, a morada de Brahma; no centro da mandala, o Brahmastana; no centro da Jerusalém celeste reside o Cordeiro. A palavra king, que designa a capital chinesa, tem o sentido de *pivô*; no centro das cidades angkorianas se estabelece a *montanha,* imagem do Meru, centro e eixo do mundo. As muralhas exteriores correspondem às cadeias de montanhas que encerram o universo. Esse templo- -montanha contém o linga real – da mesma forma que o imperador chinês se estabelece no centro de sua capital-pivô. Não dizem que Pataliputra foi construída no próprio local do Meru? E Kash, a *cidade luz,* que é a ancestral mítica de Benares, não corresponde ao topo da cabeça, ponto através do qual o homem entra em contato com o céu? A *Cidade divina* (Brahmapura) é também uma designação do coração, *centro* do ser onde reside Purusha. E, no fundo, o simbolismo não é muito diferente do que o do patriarca zen Huei-neng, quando diz que o corpo é a cidade cujos sentidos são as portas, e cujo rei é o Eu, o sing, ou a *natureza em si* (BURA, BENA, COEA, DANA, GIUP, GRAD, GRAC, GRAP, GRIR, GRIC, GUER, GUES, HOUD, HUAV NGUA).

Segundo o pensamento medieval, o homem é um peregrino entre duas cidades: a vida é uma passagem da Cidade de baixo à de cima. A cidade de cima é a dos santos; aqui embaixo, os homens, peregrinos por graça, cidadãos da cidade de cima (por eleição) peregrinam em direção ao reino (DAVS, 32).

Segundo a psicanálise contemporânea, a cidade é um dos símbolos da mãe, com o seu duplo aspecto de proteção e de limite. Em geral tem relação com o princípio feminino.

Da mesma forma que a cidade possui os seus habitantes, a mulher encerra nela os seus filhos. É a razão por que as deusas são representadas com uma coroa de muros. No Antigo Testamento, as cidades são descritas como pessoas; este tema também é retomado no Novo Testamento, do qual a epístola aos Gálatas oferece um exemplo precioso: "Mas a Jerusalém do alto é livre, e esta é a nossa mãe, segundo está escrito: 'Alegra-te, estéril, que não deste à luz, grita de alegria [...]'" (4, 26). A cidade de cima gera através do espírito, a cidade de baixo, através da carne; tanto uma quanto a outra são mulheres e mães. O simbolismo da cidade é particularmente desenvolvido no *Apocalipse* (17, 1 s.) JUNM, (348, 357 s.).

Babilônia, a Grande, nome simbólico de Roma (que contava, então, com um milhão de habitantes e cujo império atingia o seu auge), é descrita como a antítese, o oposto, da Jerusalém de cima: Um dos Anjos das sete taças veio dizer-me: Vem! Vou mostrar-te o julgamento da grande Prostituta sentada à beira de águas copiosas. [...] A mulher estava vestida de púrpura e escarlate, adornada de ouro, pedras preciosas e pérolas, e tinha na mão um cálice de ouro cheio das repugnantes impurezas da sua prostituição. Sobre a sua fronte estava inscrito um mistério: "Babilônia, a Grande,

a mãe das repugnantes prostitutas da terra." Vi então que a mulher estava embriagada com o sangue dos santos e com o sangue dos mártires de Jesus. A Roma das sete colinas era a cidade, naquele tempo, Urbs. Era o símbolo invertido da cidade, a anticidade, i.e., a mãe corrompida e corruptora, que, ao invés de dar vida e bênção, atrai morte e maldição.

CÍDIPE

Na arte romântica, Cídipe, o **perneta***, aparece com relativa frequência. É interpretado por J. E. Cirlot como *a antítese da sereia de cauda dupla*. E se essa é, por causa do número dois, um símbolo de feminilidade, este, em vista do número um, é um símbolo de masculinidade, assumindo, talvez, uma significação fálica (CIRD, 72).

CIDRA, CIDREIRA

Esta fruta, que serve para preparar a essência de bergamota, e de cuja casca se faz um doce muito apreciado, é chamada no Extremo Oriente de *mão de Buda*. É um símbolo de longevidade. Por homofonia entre o caractere *fo, fu* e o caractere *fu* (felicidade), é também um símbolo da felicidade.

Tal como a maioria dos frutos que têm pevides numerosas (*v.* **abóbora***, **romã***, **laranja***), é igualmente símbolo de fecundidade. Na iconografia indiana, é um dos atributos específicos de Sada-Shiva, do qual indicaria a potência *criadora.*

Moisés ordenou que se entrançassem ramos de cidreira e de palmeira junto com galhos de **salgueiro*** para fazer os tirsos consagrados por ocasião da festividade dos Tabernáculos. Para os judeus, a cidreira era uma árvore sagrada, cujo fruto não estava sujeito ao dízimo; costumava-se levá-lo na mão, ao entrar no Templo.

Na Idade Média, a cidra era utilizada nas operações mágicas (DURV, MÁLA).

CIFRAS

Algarismos e chaves de escritas secretas) (*v.* Números)

Consideradas não sinais, mas sim significantes que remetem a inumeráveis significados, as cifras, mais do que para acumular conhecimentos,

294 | CIGARRA

servem para abrir o espírito ao conhecimento. São vetores de símbolos, no nível do homem como no do cosmo, que escondem o infinito por trás do finito de sua aparência. Em virtude dessa propensão à ocultação, que, de certo modo, lhes é natural, as cifras sempre constituíram uma linguagem privilegiada para os esoteristas; e se os maiores – ou os mais inspirados – dentre eles empregam uma linguagem *cifrada,* não existe outro método para tentar decifrá-la a não ser aquele que é elaborado pelo imaginário. "Suportes do sonho, do fantástico, da especulação metafísica, materiais de construção da literatura, instrumentos de sondagem do futuro incerto ou, pelo menos, do desejo de predizer, as cifras são uma substância poética" (IFHI, 8).

CIGARRA

Símbolo dos termos complementares **luz***-obscuridade, pela alternância do seu silêncio durante a noite e do seu estridular ao calor do sol. Na Grécia, a cigarra era consagrada a Apolo.

Tornou-se atributo dos maus poetas, de inspiração intermitente. É tomada também por imagem da negligência e da imprevidência (La Fontaine).

CÍLIOS

Na poesia árabe e persa, **os** cílios são considerados com *as armas do amor* instilado, ele mesmo, nos olhos. Comparam-nos a lanças, a espadas, a **flechas***: *os cílios são flechas no arco formado pelos teus sobrolhos, e todas atingem o alvo.*

São não somente as armas, mas o exército do amor: teus cílios são dois renques de cavaleiros, alinhados pacificamente em face uns dos outros; mas o sangue corre cada vez que se chocam, i.e., que se aproximam para lançar uma olhadela (HUAS, 33-34).

CINABRE, CINÁBRIO

O cinabre é o sulfeto vermelho de mercúrio, composto em que se reconhecem os dois elementos básicos da alquimia universal: o enxofre e o mercúrio. A forma antiga do caractere *tan*, que o designa em chinês, representa, aliás, o cinabre

no interior do forno do alquimista. Uma outra forma arcaica evoca a transformação do homem pelo uso do cinabre. É, por excelência, a droga da imortalidade, uma vez que é rubro (cor de bom augúrio e cor do sangue) e capaz de tingir o corpo de vermelho, i.e., de rejuvenescer a tez, e dar-lhe, ao mesmo tempo, a luminosidade do sol. Note-se que o consumo do cinabre não constitui peculiaridade da China, é conhecido na Índia e na Europa e foi recomendado por Paracelso.

Cumpre observar que o simbolismo do cinabre não resulta da sua qualidade de *sal,* que combina o *yin* e o *yang*, neutralizando seus efeitos recíprocos (a alquimia chinesa não dá importância ao enxofre). O que se procura obter é o *yang* em estado puro, ouro ou cinabre, se bem que, identificado ao óvulo, ele seja substancialmente *yin* (VANC). Chega-se a esse resultado por calcinações sucessivas, que têm por efeito libertar o mercúrio. A alternância cinabre-mercúrio é o símbolo da morte e do renascimento, da regeneração perpétua, à maneira da **fênix***, que renasce após a combustão.

O simbolismo do cinabre se estabelece, então, em dois planos:

A operação alquímica, que realiza simbolicamente a regeneração;

O consumo do produto, que se supõe capaz de conferir a imortalidade física. Existe manifestamente uma hierarquia entre essas duas concepções, e os textos chineses não se enganam nesse particular: dão primazia à primeira. A longevidade corporal não passa de uma resultante (ELIF, GRIF, KALL, WIEC).

CINCO¹

O número 5 tira seu simbolismo do fato de ser: por um lado, a soma do primeiro número par e do primeiro número ímpar (2 + 3); e, por outro, de estar no *meio* dos nove primeiros números. É símbolo de união, número *nupcial* segundo os pitagóricos; número, também, do centro da harmonia e do equilíbrio. Será, por conseguinte, a cifra das hierogamias, o casamento do princípio celeste (3) e do princípio terrestre da mãe (2).

É, ainda, o símbolo do homem (braços abertos, o homem parece disposto em cinco partes em forma de cruz: os dois braços, o busto, o centro – abrigo do coração –, a cabeça, as duas pernas). Símbolo, igualmente, do universo: dois eixos, um vertical, outro horizontal, passando por um mesmo centro. Símbolo da ordem e da perfeição. Símbolo, finalmente, da vontade divina, que não pode desejar senão a ordem e a perfeição (CHAS, 243-244).

O número 5 representa também os cinco sentidos e as cinco formas sensíveis da matéria: a totalidade do mundo sensível.

A harmonia pentagonal dos pitagóricos deixa sua marca na arquitetura das catedrais góticas. A estrela de cinco pontas, a flor de cinco pétalas, estão postas, no simbolismo hermético, no centro da cruz dos quatro elementos: é a *quintessência,* ou o éter. O 5, em relação ao 6, é o microcosmo em relação ao macrocosmo, o homem individual em relação ao Homem universal.

Na China, igualmente, 5 é o número do *Centro.* Encontra-se na casa central de Lochu. O caractere wu (cinco) primitivo é, precisamente, a cruz dos quatro elementos, aos quais se junta o centro. Numa fase ulterior, dois traços paralelos aí se unem: o céu e a Terra entre os quais o *yin* e o *yang* produzem os cinco agentes. Também os antigos autores asseguram que *debaixo do céu, as leis universais são em número de cinco.* Há cinco cores, cinco sabores, cinco tons, cinco metais, cinco vísceras, cinco planetas, cinco orientes, cinco regiões do espaço e, naturalmente, cinco sentidos. Cinco é o número da Terra. É a soma das quatro regiões cardeais e do centro, o universo manifestado. Mas é também a soma de dois e de três, que são a Terra e o céu na sua natureza própria: conjunção, casamento do *yin* e do *yang,* do T'ien e do Ti. É, também, o número fundamental das sociedades secretas. É essa união que as cinco cores do arco-íris simbolizam. Cinco é, ainda, o número do coração.

No simbolismo hindu, cinco é a conjunção de dois (número *feminino*) e de três (número *masculino*). É princípio de vida, número de Shiva *trans-formador.* O pentágono estrelado, igualmente um símbolo *Shivaísta, é* considerado um pentágono simples circundado por cinco triângulos de fogo, radiantes, que são **linga***, Shiva, enquanto Senhor do Universo, domina também as cinco regiões, e é, por vezes, representado com cinco faces, e venerado, sobretudo no Kampuchea (Camboja), sob a forma de cinco linga. No entanto, a quinta face, a que está voltada para o alto, identifica-se com o eixo e não é, em geral, figurada (BENA, BHAB, DANA, GRAP, GUEC, GUET, LIOT, WIEC, KRAA).

No budismo japonês da seita Shingon, distinguem-se, igualmente, cinco orientes (os quatro pontos cardeais mais o centro); cinco elementos (terra, água, fogo, vento, espaço); cinco cores; cinco qualidades de conhecimentos, as que o Buda supremo possuía e que o adepto do esoterismo Shingon deve esforçar-se para adquirir progressivamente a fim de ascender ao nível da Iluminação. Cinco se revela, aqui, como o número da perfeição integrada.

Cinco são as províncias da Irlanda, repartidas em quatro províncias tradicionais: Ulad (Ulster), Connacht (Connaught), Munster (Mumu) e Leinster (Lagin), e uma província central. Midhe (Meath), constituída pela retirada de uma parcela das quatro outras províncias. O nome da *província é,* em irlandês médio, coiced, *ced,* literalmente, *quinta.* Cinco é, ainda, o número dos deuses fundamentais do panteão celta, ou seja, um deus supremo, politécnico, Lug (*luminoso*), assemelhado a Mercúrio, no contexto romano, a quatro deuses, dos quais ele transcende todos os aspectos: Dadge (*deus bom),* Júpiter; Ogme (o campeão) e Nuada (o rei), Marte; Diancecht (médico) e Mac Oc (o rapaz), Apolo; Brigit (brilhante, mãe dos deuses, mãe das artes e das técnicas, de Goibniu, o ferreiro), Minerva. O esquema é confirmado por Júlio César, que, em *De Bello Gallico,* enumera Mercúrio, Júpiter, Marte, Apolo, Minerva. Todavia, no autor latino, os teônimos romanos designam não divindades, mas funções. O que explica que determinadas correspondências célticas

296 | CINCO[1]

sejam duplas. Cinco seria, também, o símbolo da totalidade: totalidade do país da Irlanda, totalidade do panteão celta. Mas uma totalidade obtida por um centro que reúne e integra quatro e do qual os quatro participam.

Na maior parte dos textos irlandeses medievais, cinquenta, ou seu múltiplo triplo cento e cinquenta (*tri coicait*, literalmente: *três cinquentenas)*, é um número convencional, que indica ou simboliza o infinito. Conta-se raramente acima disso. Mas o sistema de numeração celta é ainda hoje, nas línguas modernas, arcaico e de emprego infeliz.

Na América Central, cinco é uma cifra sagrada. No período agrário, é o símbolo numeral do deus do milho. Nos manuscritos, bem como na escultura maia, é representado frequentemente por **uma*** mão aberta. Segundo Girard (GIRP, 198), a sacralização do número cinco estaria ligada ao processo de germinação do milho, cuja primeira folha sai da terra cinco dias depois da semeadura. Os Deuses Gêmeos do Milho, depois da sua morte iniciática, ressuscitam do rio cinco dias depois de terem suas cinzas lançadas às águas (*Popol-Vuh*). O mito especifica que eles aparecem primeiro sob a forma de peixes, em seguida, de homens-peixes (sereias), antes de se fazerem *adolescentes radiosos* (solares). Assim, o glifo maia do número cinco, constituído, de regra, por uma mão, surge também sob os traços de um peixe. Ainda hoje, os Chorti, descendentes dos maias, associam o número cinco ao milho e ao peixe. Mais adiante, na sua história, os Gêmeos se diferenciam em Deus Sol e Deus Lua. É o Deus Lua que conserva o cinco símbolo numérico (donde a analogia com o **peixe***, símbolo lunar).

Entre os Chorti, igualmente, o ciclo de infância, pelos mesmos motivos (analogia homem-milho), é de cinco anos; o Deus do Milho é o protetor das crianças que ainda não atingiram a idade da razão, i.e., menores de cinco anos (GIRP, 201).

Segundo as crenças dos maias, Deus iça o morto pela **corda***, que é a sua alma, no quinto dia. Assim também o milho termina seu período de gestação e sai da terra *içado* por Deus, depois de cinco dias. O colmo do milho é, igualmente, denominado *corda* ou *alma*.

Na tradição mexicana, Quetzalcoatl descansa quatro dias no inferno antes de renascer ao quinto dia (GIRP, 200-201). O pictograma solar dos maias compõe-se de cinco círculos; o Deus do Milho é, igualmente, deus solar.

Cinco é também símbolo de perfeição entre os maias (THOH), para os quais o quinto dia é o das divindades terrestres. Segundo o mesmo autor, ele é, então, sem qualquer dúvida, o dia da serpente que envia a chuva.

Os **quatro*** sóis sucessivos da tradição asteca representam o remate de um mundo que se encontra, com o quarto sol, realizado, mas não ainda manifesto. É com o quinto sol, signo da nossa era, que se completa a manifestação. Vimos que cada um desses sóis – e dessas idades – correspondia a um dos pontos cardeais. O quinto sol corresponde ao centro ou meio da cruz assim desenhada. É o despertar desse centro, o tempo da consciência. Cinco é, então, a cifra simbólica do homem-consciência do mundo. Os astecas atribuem ao *Sol do Centro* a divindade Xiuhtecutli, senhor do fogo, representado às vezes por uma **borboleta*** (SOUM).

Entre os astecas, o deus cinco (milho jovem) é o senhor da dança e da música. Essa função apolínea o associa ao amor, à primavera, à aurora e a todos os jogos. O mesmo deus, dito *o cantor*, é, entre os Huitchol, a estrela-d'alva.

Retomando a interpretação do número cinco entre os antigos mexicanos, J. Soustelle (SOUC) esclarece perfeitamente a ambivalência própria do símbolo. Cinco, diz ele, é, antes de tudo, o número do mundo presente (que foi precedido por quatro esboços preliminares de criação) e do *centro* da **cruz*** dos pontos cardeais. Por isso ele simboliza o fogo, mas sob sua dupla acepção, de uma parte, solar, logo ligado ao dia, à luz, à vida triunfante; de outra, sob sua forma interna, terrestre, ctoniana, associada à noite e ao curso noturno do *sol negro* nos infernos. O herói Quetzalcoatl, nas suas metamorfoses sucessivas, encarna por duas vezes a ideia de sacrifício e de renascença, assemelhado, de um lado, ao Sol, de outro, a Vênus, que, todos dois, desaparecem a Oeste no domínio das trevas, para reaparecer – renascer – a Leste, com o dia. Enquanto *Senhor da casa da aurora*, Quetzalcoatl, renascendo sob a forma de Vênus, estrela-d'alva, é representado nos manuscritos mexicanos como um personagem que leva estampado no rosto o número cinco, sob a forma de cinco pontos grossos, em quincunce (um em cada ângulo e o quinto no meio). Assim, o número cinco tem por significado esotérico, precisa J. Soustelle, *no simbolismo da classe sacerdotal e guerreira, o sacrifício, ou, mais exatamente, o autossacrifício e a ressurreição.* Glifo solar, ele encarna a ideia do triunfo solar, do triunfo da vida. Mas subentende também aqueles sacrifícios dos guerreiros, cujo sangue derramado, alimento do Sol, condiciona o retorno cíclico do astro, que condiciona, por sua vez, a vida. Da mesma forma, o Centro do mundo, representado pelo 5, é também o glifo do tremor de terra, do castigo final, do fim do mundo, onde os espíritos maus se precipitarão das quatro direções cardeais para o centro, a fim de aniquilar a espécie humana. O Centro do mundo é, aqui, a encruzilhada central, e, como todas as **encruzilhadas***, lugar onde se produzem temíveis aparições.

Cumpre lembrar que é nas encruzilhadas que aparecem, cinco vezes por ano, à noite, as mulheres mortas de parto, as quais, divinizadas como os guerreiros mortos em combate ou sacrificados, acompanham o Sol no seu curso diurno – o que lembra, por analogia, o pensamento dos dogons quanto a esse número. Finalmente, e sempre para precisar o lado nefasto desse símbolo, há que lembrar que 5, enquanto meio da série noturna (9), é o oposto de 7, meio da série diurna (13). O quinto Senhor da noite, Mitlantecutli, Senhor da morte, opõe-se à feliz deusa Chicomecoatl, sétima das 13 divindades diurnas. Ele traz nas costas um signo solar: é o sol dos mortos – o sol negro –, que passa por baixo da terra durante a noite. Assim,

conclui J. Soustelle, o número 5 simboliza, para os mexicanos, *a passagem de uma vida à outra pela morte, e a ligação indissolúvel do lado luminoso e do lado sombrio do universo.*

O precioso relato do padre Francisco de Ávila, *De Priscorum Huarachiriensum* (AVIH), mostra o papel capital que desempenhava o número *cinco* nas crenças dos antigos peruanos: *tudo o que servia de alimento amadurecia cinco dias depois de semeado.* Os mortos ressuscitavam depois de cinco dias, razão pela qual não eram enterrados, mas expostos: *no quinto dia, via-se reaparecer o seu espírito sob a forma de uma pequenina mosca.* Nos mitos relativos ao fim das primeiras idades, havia um dilúvio, que durou cinco dias, e um eclipse do Sol, que mergulhou o mundo em trevas igualmente de cinco dias. *Então, os cimos das montanhas se entrechocaram, e almofarizes e mós de moinho puseram-se a esmagar os homens.* O deus Paryacaca, senhor das águas e do raio, nasce de cinco ovos sob a forma de cinco milhafres; ele é um em cinco; faz chover simultaneamente em cinco lugares diferentes e desfere relâmpagos *das cinco regiões do céu.*

A concepção de cinco humanidades sucessivas – sendo a nossa a quinta – encontra-se em *Êrga kaí hemérai* (Os *trabalhos e os dias*), de Hesíodo. Para o poeta da *Theogonia,* a terra foi habitada sucessivamente pelos homens de ouro, pelos homens de prata, pelos homens de bronze e pelos semideuses – que pereceram no curso da guerra de Tróia – antes que sobreviesse a nossa geração, a dos homens de ferro. Os homens de ouro se tornaram "os gênios benfazejos, guardiães da terra, dispensadores das riquezas" (HEST, 121-125); seus sucessores, os homens de prata, culpados *dos mais loucos excessos,* foram sepultados por Zeus depois de haverem recusado render o culto devido aos imortais; transformaram-se "naqueles seres que os mortais chamam os Bem-aventurados dos Infernos, gênios inferiores, mas que alguma felicidade ainda acompanha" (ibid., 140-144). Os homens de bronze, culpados, eles, não da soberba luciferiana dos seus predecessores, mas do excesso

298 | CINCO[1]

de "sua própria força terrificante, *sucumbiram* às suas próprias mãos e partiram para o Hades, agitados de arrepios, sem deixar nome na terra" (ibid., 150-155). Quanto à raça divina dos semideuses, ela habita, "de coração leve e sem cuidados, as Ilhas dos Bem-Aventurados, à beira dos turbilhões profundos do Oceano" (ibid., 170-175), i.e., no extremo Ocidente, nas proximidades do jardim dos deuses, a que montam guarda as Hespérides. Existe, também aí, uma curiosa aproximação a fazer entre a tradição grega e a dos cinco sóis ou cinco eras dos astecas.

Para os dogons e bambaras do Mali, o único é excepcional, não como sinônimo de acabamento, de perfeição, mas como sinônimo de erro da natureza: é o número do caos inicial, enquanto o 2 é o do cosmo organizado. Desse modo, 5, feito da associação de 4, símbolo feminino, e 1, é, ele mesmo, um símbolo do incompleto, do impuro, do desarmônico, do instável, da criação inacabada. É, assim, um número considerado, as mais das vezes, nefasto, associado aos mais graves reveses, como os maus sucessos e a morte. No entanto, ele pode ser considerado um símbolo feliz: os bambaras falam, com efeito, de um quinto mundo – por vir –, que seria o mundo perfeito, nascido da associação não mais de 4 e 1, como o mundo atual, mas de 3 e 2 (DIEB).

Santa Hildegarda de Bingen desenvolveu toda uma teoria do número cinco como símbolo do homem. O homem se divide, de comprido, i.e., do alto da cabeça aos pés, em cinco partes iguais; no sentido da largura, formada pelos braços estendidos da extremidade de uma das mãos à da outra, divide-se ele em cinco partes iguais. Levando em conta essas medidas iguais no comprimento e essas cinco medidas iguais na largura, o homem pode ser inscrito num quadrado perfeito (DAVS, 170). Cinco quadrados no comprimento e cinco quadrados na largura, com o peito como lugar de interseção, formam uma cruz num quadrado. Se o quadrado é o símbolo da Terra, o homem é como uma cruz neste mundo, ou este mundo é para ele como uma cruz.

Além dessas cinco partes iguais no comprimento e das cinco partes iguais na largura, o homem possui cinco sentidos, cinco extremidades (cabeça, mãos, pés). Plutarco usa esse número para designar a sucessão das espécies. Uma ideia assim pode, até, encontrar-se no *Gênesis*, onde se diz que os peixes e as aves foram criados no quinto dia... O número par significando a matriz, uma vez que feminino, e o número ímpar, o elemento masculino, a associação de um e de outro é andrógina... Assim, o pentagrama é o emblema do microcosmo e do andrógino. Nas miniaturas medievais, o homem microcosmo é muitas vezes representado de braços e pernas abertos, a fim de melhor indicar as cinco pontas do pentagrama. O número cinco rege, pois, a estrutura do homem (DAVS, 171).

Cinco é cifra de bom augúrio para o Islã, que lhe vota especial predileção: o pentagrama dos cinco sentidos e do matrimônio. *Cinco* é o número das horas, da prece, dos bens para o dízimo, dos elementos do *hajj* (e dos dias em Arafat), dos gêneros de jejum, dos motivos de ablução, das dispensas para a sexta-feira; é o quinto dos tesouros e do butim; as cinco gerações para a vingança tribal, os cinco camelos para a *diya,* as cinco takbir, ou fórmulas de oração: Deus é grande! São os cinco testemunhos do Mubâhala (pacto), as cinco chaves do mistério no *Corão* (*Corão* 6, 59; 31, 34). São, também, os cinco dedos da *mão de Fátima* (MASA, 163).

Contra o mau-olhado, estendem-se os cinco dedos da mão direita, dizendo: *Cinco no teu olho,* ou *Cinco sobre teu olho.* Em Fez, para conjurar o perigo causado pela admiração por alguma coisa ou por alguém, é costume dizer: *Cinco e quinze.* O número cinco tornou-se desse modo um sortilégio em si mesmo. O quinto dia da semana, a quinta-feira, está sob o signo de uma proteção eficaz.

"Cinco", diz Allendy (ALLN, 121), "é o número da existência material e objetiva. O psicanalista e a tradição maia se encontram aqui, bem como as tradições orientais, para fazer de cinco o signo da *vida manifestada.* Sendo um número ímpar, ele exprime, não um estado, mas um ato. O Quinário é o número da criatura e da individualidade". É digno de nota, nesse sentido, que o **homem*** se inscreva num pentagrama, que tem por centro o seu sexo. É o pentagrama que se encontra na origem do signo ideográfico chinês Jen, que representa o Homem. Se um homem está alongado, de braços e pernas estendidos, com o sexo servindo de centro, sua parte superior é igual à sua parte inferior; e uma circunferência pode ser traçada a compasso, cada uma dessas partes tendo o comprimento de um raio. Uma vez mais. o cinco simboliza a manifestação do homem, ao termo da evolução biológica e espiritual.

CINCO²

Réptil sáurio considerado de bom augúrio pelos bambaras, árabes e egípcios. Eles não o comem, embora apreciem o lagarto; fazem dele alguns remédios, ainda nos dias de hoje; vê-lo é sinal premonitor de cura próxima para aqueles que estão doentes. Os markos "o chamam de **serpente*** de mulher, pois ele é totalmente inofensivo; é considerado bom e sagrado. De acordo com a lenda popular dos fulas, quando o cinco envelhece, transforma-se numa serpente de duas cabeças" (HAMK, 12). Representa o aspecto diurno e favorável da serpente.

CINTO

O cinto é, antes de mais nada, uma peça de vestuário e, até mesmo, a primeira dentre essas peças, se se der crédito às narrativas de gênese, tal como a da Bíblia, e conforme as observações etnográficas que parecem concordar sobre esse ponto. E é isso que diferencia fundamentalmente seu campo simbólico do campo simbólico da **fivela***. A fivela parte do cosmo, o cinto parte do homem. Preso em torno da cintura por ocasião do nascimento, o cinto *religa* a unidade ao todo, ao mesmo tempo que *liga* o indivíduo. Toda a ambivalência de sua simbólica resume-se nesses dois verbos. Ao religar (atar, ligar bem), o cinto tranquiliza, conforta, dá força e poder; ao ligar (apertar, prender), ele leva, em troca, à submissão, à dependência e, portanto, à restrição – escolhida ou imposta – da liberdade.

Materialização de um compromisso, de um juramento, de um voto oferecido, muitas vezes o cinto assume um valor iniciático sacralizante e, materialmente falando, ele se torna um emblema visível, muitas vezes também glorificante, que proclama a força e os poderes dos quais seu portador está investido: tais como, por exemplo, as faixas dos judocas nas diferentes cores, os cinturões dos soldados, aos quais estão penduradas suas armas, a faixa do presidente da câmara municipal (em França), e os inúmeros cintos votivos, iniciáticos ou usados nas ocasiões solenes, mencionados nas tradições e ritos de todos os povos.

Assim, na Índia, segundo o ritual de iniciação, o enrolamento da faixa reveste-se de alta significação. Após ter oferecido suas oblações, o mestre vai-se postar ao Norte do recinto (onde se realiza a cerimônia), com o rosto voltado para o Oriente; o rapaz, por sua vez, coloca-se a Leste do recinto, com o rosto voltado para o Ocidente.

A seguir, o mestre segura a faixa enrolando-a ao redor da cintura do rapaz, da esquerda para a direita, de modo a dar três voltas. Cada vez que termina de dar uma volta, pronuncia a seguinte fórmula:

Ela veio, protegendo-nos de malefícios, purificando nossa pele, revestindo-se ela
[própria
de força, graças à potência de seus sopros, [a faixa sagrada, a Deusa cordial!

> (*Asvatayana Grhyasutra* 1, 19
> em VEDV, 303-304)

A faixa é justamente, no exemplo acima citado, iniciática por si mesma, símbolo de proteção, de purificação e de força.

Sua potência reside nos **sopros*** (poderes misteriosos que animam ou inspiram), cujo sentido espiritual e divino indicamos no verbete correspondente. A faixa (ou cinto) é qualificada na fórmula acima de *deusa cordial*. Seus nós podem fazer pensar no *nó de Ísis* do Egito antigo, que era, por sua vez, signo de vida, símbolo também ele de proteção, de pureza, de força e de imortalidade.

300 | CINTO

Na Bíblia, o cinto é igualmente símbolo de união estreita, de constante ligação, no duplo sentido da união na bênção (*Salmo*, **76**, 11) e da tenacidade na maldição (*Salmo*, **109**, 19):

Vestia a maldição como um manto: que ela o penetre como água, e como óleo em seus ossos! Seja-lhe como roupa a cobri-lo,

Como um cinto que sempre o aperte!

Os judeus celebravam a Páscoa, de acordo com a ordem de Jeová, usando um cinto em volta da cintura.

O viajante usa um cinto: o que significa que ele está *pronto a enfrentar o perigo*. A composição desse cinto simboliza a vocação daquele que o usa, pode indicar a humildade ou o poderio, e designa sempre uma escolha e um exercício concreto dessa escolha. Esta é a razão pela qual, na passagem em que Cristo diz a Pedro "quando eras jovem, tu te cingias, mas virá um tempo em que outro te cingirá" (João, **21**, 18), quer dar a entender que, a princípio, Pedro escolheria seu próprio destino e que, depois, sentiria o apelo de uma vocação.

O cinto protege contra os maus espíritos, da mesma maneira que os cinturões de proteção ao redor das cidades as protegem dos inimigos.

[...] Entre os Antigos, o ato de cingir-se os rins para a caminhada ou para toda ação viva e espontânea era tido como prova de energia e, por conseguinte, de desprezo por qualquer espécie de fraqueza; era, ao mesmo tempo, a marca da castidade de costumes e da pureza de sentimentos [...] e, além disso, segundo São Gregório, é o símbolo da castidade (AUBS, **2**, 150 s.).

E é também nesse sentido ligado ao de continência que se deve interpretar, igualmente, na tradição cristã, o cordão usado pelo sacerdote para celebrar a missa, ou o cinto de couro ou de corda com o qual os monges cingem os rins; se bem que o símbolo esteja longe de terminar nessa imagem, porquanto os rins (ou o *lombo*), segundo a Bíblia, simbolizam o *poderio* e a *força* (*Salmos* 17, 28, 40), mas também a *justiça* (*Isaías*, **11**, 5). A partir daí, compreende-se mais plenamente

por que certas regras monásticas, tal como a de São Basílio, prescrevem aos monges que durmam vestidos, com os rins cingidos por um cinto. Um comentário de Dionísio Areopagita confirma esse importante aspecto do símbolo, bem como sua interpretação em um sentido a um só tempo material e sublimado: as inteligências celestes, escreve ele, estão revestidas de uma roupagem e de um cinto, cujo significado é preciso que seja compreendido simbolicamente: "Os cintos significam o cuidado com o qual elas conservam suas potências genésicas; o poder que possuem de recolher-se, de unificar suas potências mentais voltando-se para dentro de si mesmas, curvando-se harmoniosamente sobre si no círculo indefectível de sua própria identidade" (PSEO, 240). Aqui, o cinto amplia seu simbolismo, como o testemunha a arte cristã, estendendo-o à fecundidade espiritual obtida através da concentração mental, ao mesmo tempo que à permanência da identidade pessoal, que é um dos aspectos mais importantes da fidelidade. Ser infiel é mudar de identidade; ser fecundo é multiplicar sua identidade.

Poderíamos citar uma infinidade de exemplos em que aparece, em todos os graus, a estreita relação entre as palavras *cinto, castidade e fecundidade*. É o caso do cinto que as viúvas (na Idade Média) costumavam depositar sobre a tumba de seus maridos, quando renunciavam à sua sucessão; como também o desses cintos maravilhosos, condenados pelos concílios por serem mágicos, e que se supunham capazes de facilitar os partos. Toda essa simbólica também aproxima o cinto – no qual o viajante guardava seu dinheiro e pendurava suas armas – da *cornucópia* (atributo da abundância).

Se o ato de amarrar o cinto (ou faixa) significa realizar um voto, o ato de desamarrá-lo significará, portanto, romper esse voto. A tradição muçulmana, ao referir-se a um cristão que abjura sua fé para entrar no Islã, diz que ele *rompe* seu cinto. Para um magistrado ou para um soldado, desatar o cinto significa renunciar ao exercício de suas funções, desarmar-se, render-se; neste caso, existe metonímia entre o cinto e as armas que a ele estão seguras ou a função da qual o cinto é a insígnia. Se o cinto não for voluntariamente abandonado, e, sim, arrancado pela força, arrebatado por outrem, esse ato torna-se uma degradação, uma mutilação, uma violação. No mundo greco-romano, quando se dizia, fazendo referência a uma jovem, que ela havia desatado seu cinto, significava que se entregara. Surge aqui, ao inverso do cinto de castidade, passivamente imposto pelo amo e senhor, o *cinto de virgem* que as jovens costumavam usar com orgulho, até a noite de núpcias, quando o esposo o desatava. Festus nos diz que: *Esse cinto era feito de lã de ovelha e significava que, da mesma maneira que tal lã, tosada em flocos, estava unida a si mesma, assim também o marido está unido, pelo cinto e uma estreita ligação, à sua mulher. Cabe ao marido desatar esse cinto, amarrado com o nó... de Hércules, como presságio de que ele será tão feliz, pela descendência numerosa, corno o foi Hércules, que deixou setenta filhos.*

CINTURÃO DE MURALHAS (*v. Recinto*[1])

CINZA

Antes de mais nada, a cinza extrai seu simbolismo do fato de ser, por excelência, um valor residual: aquilo que resta após a extinção do fogo e, portanto, antropocentricamente, o cadáver, resíduo do corpo depois que nele se extinguiu o fogo da vida.

Espiritualmente falando, o valor desse resíduo é nulo. Por conseguinte, em face de toda visão escatológica, a cinza simbolizará a *nulidade* ligada à vida humana, por causa de sua precariedade.

Na liturgia cristã, a fórmula da Quarta-Feira de Cinzas é explícita: "Pulvis es et in pulverem reverteris, *palavras que se relacionam às de Abraão:* Eu me atrevo a falar ao meu Senhor, eu que sou poeira e cinza" (*Gênesis*, **18**, 27). Porquanto é justamente o mesmo simbolismo que, baseado nessas palavras, é reconduzido pelo cristianismo após os textos do Novo Testamento, que, por sua vez, deram seguimento aos textos do Antigo Testamento. Reencontra-se simbolismo idêntico na Índia. Assim, os corpos dos iogues e dos sadus são esfregados com cinzas, como sinal de renúncia a toda vaidade terrena, a exemplo do corpo do Shiva asceta, ao passo que os ascetas cristãos

às vezes misturam seus alimentos com cinzas. Todavia, esse simbolismo não deixa de ter outras facetas e prolongamentos. As tradições chinesas, por exemplo, estabelecem uma distinção entre *cinza úmida* e *cinza seca*. Segundo Lieu-Tse (cap. 2), a visão de cinzas úmidas era um presságio de morte. Entretanto, a cinza de caniços utilizada por Niu-kua para estancar as águas do dilúvio parece marcar a conjunção desses dois elementos mais do que a destruição de um pelo outro, ou salientar a putrificação dos elementos através do fogo. A *cinza extinta*, à qual Tchuang-tse compara o coração do sábio (caps. 22 e 23), significa a extinção da atividade mental. Essa mesma expressão é usada novamente no comentário do *Tay-yi kin-hua tsong tche* (GRAD, DANA).

Finalmente, não se deve esquecer que tudo aquilo que está associado à morte liga-se, como ela, ao simbolismo do *eterno retorno*. E talvez seja isto o que explique o costume, mantido durante tanto tempo nos mosteiros cristãos, de se estender os moribundos no chão recoberto por uma cinza disposta em forma de **cruz***. Sabe-se que a cruz é um símbolo universal da alternância morte/vida, o que explica o fato de que uma tradição cristã tenha, como neste caso, ecos no universo religioso mesoamericano: entre os maia-quichés, a cinza parece efetivamente ter uma função mágica, ligada à germinação e ao retorno cíclico da vida manifestada: os heróis Gêmeos do *Popol-Vuh* transformam-se em cinzas antes "de ressuscitar como o pássaro fênix". Em nossos dias, os chortis, descendentes dos maias, "costumam fazer uma cruz de cinzas para defender a plantação de milho contra os espíritos malignos, e misturam a cinza com a semente do milho a fim de imunizá-la contra a putrefação, a alforra (ferrugem das searas) ou qualquer outro perigo que ameace o grão durante sua permanência no seio da terra".

Essa mesma valorização positiva poderia explicar também que, na tradição cristã, cinza benta seja utilizada em certos ritos, tais como a consagração de uma nova igreja.

Por fim, é surpreendente que a cinza, estando essencialmente associada ao princípio yang – e, por-

302 | CINZEL

tanto, ao **Sol***e ao* **ouro***, bem como ao* **fogo***e à seca* – possa ser utilizada pela magia de oposição: assim, por exemplo, entre os muíscas (chibchas da Colômbia), os sacerdotes chamavam a chuva espalhando cinzas do alto dê uma montanha.

CINZEL

Como todas as ferramentas de cortar (*v.* **arado***, **machado***), o cinzel representa *o* princípio cósmico ativo (masculino), que penetra e modifica o princípio passivo (feminino). Assim, o cinzel (buril) do escultor modifica a pedra. Esse simbolismo foi usado nas iniciações de ofícios e deixou sua marca na maçonaria. O cinzel é o relâmpago, agente da Vontade celeste penetrando a matéria; é o *raio intelectual,* penetrando a individualidade. É a força que corta, retalha, separa, distingue, primeira operação do espírito, que só julga depois de contrapesar.

E, todavia, enquanto agente, ele mesmo é "agido", pois tanto tem papel ativo com relação à matéria, como passivo com relação ao **camartelo*** ou à **mão***, que representam a Vontade operativa. O que constitui, aliás, como frequentemente acontece, uma inversão, no plano da manifestação, da hierarquia dos princípios, segundo a qual a vontade não pode ser *anterior* ao conhecimento.

A modificação da matéria bruta pelo cinzel (e pelo camartelo) é, no entanto, considerada por Chuangtse (Chuangtsu, Chuang-tseu, Zhuangzi) (cap. 11) o símbolo dos atentados ilegítimos à espontaneidade, das intervenções abusivas do homem nas leis naturais da vida.

O cinzel (tanka), que dificilmente se distingue do machado, tem, manifestamente, o mesmo sentido, quando aparece como atributo das divindades hindus (BURA, MALA, ROMM).

A tesoura (fr. *ciseaux*) era um atributo de Átropos, uma das Parcas, encarregada de cortar o fio da vida: símbolo da possibilidade de um fim súbito e do fato de que a vida depende dos deuses.

CINZENTO

A cor cinzenta ou gris, composta, em partes iguais, de preto e de branco, designaria, na simbologia cristã, e segundo F. Portal (PORS, 305), a ressur-reição dos mortos. Os artistas da Idade Média, acrescenta esse autor, dão ao Cristo um manto gris quando ele preside ao Juízo Final.

É a cor da cinza e da bruma. Os hebreus se cobriam de cinza para exprimir uma intensa dor. Entre nós, o gris-cinza é uma cor de luto aliviado. A grisalha de certos tempos brumosos dá uma impressão de tristeza, de melancolia, de enfado. É o que se chama um tempo gris, e os franceses dizem *faire grise mine* para designar um ar rebarbativo.

Quanto aos sonhos que aparecem numa espécie de névoa acinzentada, situam-se nas camadas recuadas do Inconsciente, que precisam ser elucidadas e clarificadas "pela tomada de consciência. Donde a expressão francesa *se griser* para "estar um tanto embriagado", i.e., no estado de obscurecimento da meia-consciência.

Na genética das cores, parece que é o cinzento que é percebido em primeiro lugar. E é ele que fica para o homem no centro da sua esfera de cores. O recém-nascido vive no gris. No mesmo gris que vemos quando fechamos os olhos (*das physiologische Augengraü*), mesmo na escuridão total. A partir do dia em que a criança abre os olhos, todas as cores a envolvem mais e mais. A criança toma conhecimento do mundo da cor no curso dos seus três primeiros anos. Habituada ao cinza, identifica-se com o cinza. Quando se encontra no meio de outros seres e objetos, seu gris se torna o centro do mundo da cor, seu ponto de referência. Ela compreende que tudo o que vê é cor. A predominância da cor no mundo das formas explica o mimetismo no mundo animal e a camuflagem no mundo dos homens.

O homem é cinzento em meio a um mundo cromático, representado pela analogia com a esfera celeste na esfera cromática. O homem é o produto dos sexos opostos e se encontra situado no gris central, entre **cores*** complementares, que formam uma esfera cromática harmônica, pois todos os pares de contracores se acham num equilíbrio perfeito. A imagem imperfeita nessa esfera cromática pode ser concretizada por um ato material (v. *Harmonie des coleurs,* p. 79).

O homem procurou sempre concretizar as cores perfeitas que ele imagina e vê nos seus sonhos. Colore o meio que o cerca e a própria pele. Tem necessidade da cor e da contracor, justamente por ser o meio gris entre todas as cores complementares, entre o azul e o amarelo, o verde e o vermelho, o branco e o preto, as passagens de uma a outra e dos inumeráveis pares de contracores que têm, invariavelmente, no meio deles, o gris mediano.

O homem consciente, no centro do mundo da cor, da esfera cromática perfeita, ideal, onde se encontram as cores reais e irreais em perfeito equilíbrio, o homem sente que se encontra em um campo de forças cromáticas extremamente poderosas, no meio desse espaço tridimensional de pares de contracores e, ao mesmo tempo, no meio de um outro espaço semelhante ao primeiro, mas sem equilíbrio, em que todas as cores, numa esfera cromática homogênea, são repartidas regularmente. Esse conjunto de duas esferas é vivo, porque dotado de pulsação. É a pulsação do homem no centro gris mediano.

A orientação no mundo da **cor*** é possível graças aos quatro tons absolutos; as quatro tonalidades fundamentais, chamadas amarelo absoluto, verde absoluto, azul absoluto e vermelho absoluto. Esses quatro tons permanecem constantes, seu aspecto amarelo, verde, azul e vermelho não depende da intensidade da luz. Todas as outras cores modificam sua tonalidade segundo as condições de iluminação. Os quatro tons absolutos correspondem aos quatro pontos cardeais. O homem atribui a cada ponto uma cor cuja escolha depende das suas condições de vida.

Cada tonalidade fundamental domina inumeráveis cores afins, que são mais quentes ou mais frias do que ela. Tendo todas as cores uma tendência para o amarelo, o vermelho e seu intermediário dito laranja mostram uma tendência para o quente; tendo todas as cores uma tendência para o azul, o verde e seu intermediário dito verde-gaio mostram uma tendência para o frio. O homem sente que o laranja é o polo que atrai todas as tendências quentes; o verde-gaio é o polo do frio.

Muitos jovens amam o violeta, que é indiferente ao quente e ao frio. Os jovens se identificam com essa indiferença cromática. O amarelo esverdeado, dito *stil-de-grain* em fr., contracor do violeta, atrai em especial as moças, que com ele, paralelamente, se identificam.

A atitude do homem no centro gris muda segundo as condições do seu caráter e da sua vida. Ele encontra, na zona circular que contém as doze tonalidades principais, os quatro tons absolutos e seus intermediários, um reflexo muito sensível do Zodíaco. Cada um se volta, então, inconscientemente, para a região cromática à qual pertence, sua cor de predileção. Grupos de homens, povos inteiros, podem voltar-se em conformidade com isso e encontrar uma atitude semelhante ao centro gris. A cor se torna significativa para o homem, para os povos, e mesmo, talvez, para a humanidade, de maneira irracional e imprevisível.

CIPÓ

Entre as populações tais, o cipó foi a ligação primitiva entre o céu e a Terra, ligação cuja ruptura é de tradição universal. Alguns veem nas **abóboras***, que constituem os frutos deste cipo-eixo do mundo, a origem mesma de sua raça.

A dualidade do cipó e da árvore ao redor da qual ele se enrosca é um símbolo de amor. Mais precisamente, na Índia, o cipó é Parvati, enquanto a árvore é Shiva sob a forma de **linga*** (**falo***). Este símbolo não é desprovido de analogias com o do bétele. Além disso, o enroscamento helicoide das plantas *volúveis* evoca muito naturalmente o simbolismo geral da espiral (DANA, FRAL, ROUN).

CIPRESTE

Árvore* sagrada para numerosos povos. Graças à sua longevidade e à sua verdura persistente, é chamada árvore da vida (cipreste-tuia).

Para os gregos e romanos, estava em comunicação com as divindades do inferno. É a árvore das regiões subterrâneas. E está ligada por isso mesmo ao culto de Plutão, deus dos infernos. Orna, também, os cemitérios.

Árvore funerária em todo o mediterrâneo, deve, sem dúvida, tal fato ao simbolismo geral

304 | CÍRCULO (V. QUADRADO, RODA, CINTO)

das coníferas, as quais, por sua resina inalterável e folhagem persistente, evocam a imortalidade e a ressurreição. "Os rigores do inverno", diz Chuang-tse (cap. 28), "só servem para fazer ressaltar com mais brilho a força de resistência do cipreste, que eles não conseguem despojar de suas folhas." Na China antiga, consumir sementes de ciprestes conferia a longevidade, por serem ricas de substâncias *yang*. A resina do cipreste, esfregada nos calcanhares, permitia andar sobre as águas. Tornava, então, o corpo *leve*. A chama obtida pela combustão das sementes revela a existência de jade e de ouro, igualmente substâncias *yang* e símbolos de imortalidade.

Orígenes faz do cipreste um símbolo das virtudes espirituais, porque *o cipreste tem muito bom odor*, o dá santidade.

No Japão, uma das madeiras mais usadas nos ritos do Xintô é uma variedade de cipreste, o hinoki. Além do seu emprego na fabricação de instrumentos, como o shaku (*cetro*) dos sacerdotes, serve para acender o fogo ritual, obtido esfregando dois fragmentos de hinoki. A mesma madeira é utilizada na construção dos templos, como o de Ise. Manifestamente, predominam aí as ideias de incorruptibilidade e de pureza.

Símbolo de imortalidade, além de tudo o que foi dito, o cipreste (associado ao pinheiro) é representado nas lojas das sociedades secretas chinesas, à entrada da *Cidade dos Salgueiros* ou do *Círculo do céu e da Terra*. Os *yin*, segundo Confúcio, costumavam plantar ciprestes junto dos altares da Terra (DUSC, HERS, ORIC, SCHI).

CÍRCULO (*v.* Quadrado, Roda, Cinto)

Segundo símbolo fundamental (de acordo com CHAS, 24), no grupo a que pertencem o **centro***, a **cruz*** e o **quadrado***.

Em primeiro lugar, o círculo é um *ponto** estendido; participa da perfeição do ponto. Por conseguinte, o ponto e o círculo possuem propriedades simbólicas comuns: perfeição, homogeneidade, ausência de distinção ou de divisão... O círculo pode ainda simbolizar não mais as perfeições ocultas do ponto primordial, mas os efeitos cria-

dos; noutras palavras, pode simbolizar o mundo, quando se distingue de seu princípio. Os círculos concêntricos representam categorias de ser, as hierarquias criadas. Para todas essas categorias, eles constituem a manifestação universal do Ser único e não manifestado. Portanto. o círculo é considerado em sua totalidade indivisa... O movimento circular é perfeito, imutável, sem começo nem fim, e nem variações; o que o habilita a simbolizar o tempo. Define-se o tempo como uma sucessão contínua e invariável de instantes, todos idênticos uns aos outros... O círculo simbolizará também o céu, de movimento circular e inalterável...

Em um outro nível de interpretação, o próprio céu torna-se símbolo, o símbolo do mundo espiritual, invisível e transcendente. Mais diretamente, porém, o círculo simboliza o céu cósmico, particularmente em suas relações com a terra. Nesse contexto, "o círculo simboliza a atividade do céu, sua inserção dinâmica no cosmo, sua causalidade, sua exemplaridade, seu papel providente. E por essa via junta-se aos símbolos da divindade debruçada sobre a criação, cuja vida ela produz, regula e ordena" (CHAS 28).

Segundo textos de filósofos e de teólogos, o círculo pode simbolizar a divindade considerada não apenas em sua imutabilidade, mas também em sua bondade difundida como origem, substância e consumação de todas as coisas; a tradição cristã dirá: como *alfa** e *ômega** (CHAS, 29).

Dionísio Areopagita conseguiu descrever, em termos de filósofo e de místico, as relações do ser criado para com sua causa, graças ao simbolismo do *centro** e dos círculos concêntricos: ao afastar-se da unidade central, tudo se divide e se multiplica. Inversamente, no centro do círculo todos os raios coexistem numa única unidade, e um ponto único contém em si todas as linhas retas, unitariamente unificadas em relação às outras e todas juntas em relação ao princípio único do qual todas elas procedem. No próprio centro, sua unidade é perfeita; se elas se afastarem um pouco do centro, distinguem-se pouco; se se separarem ainda mais, distinguem-se melhor. Em resumo, na medida em que estão mais próximas do centro, mais íntima se torna sua união mútua; na medida em que estão mais afastadas do centro, aumenta a diferença entre elas (PSEO, 132, 133). O símbolo evidencia aqui seu alcance, social e místico ao mesmo tempo.

No zen-budismo encontram-se muitas vezes desenhos de círculos concêntricos. Esses círculos simbolizam as etapas do aperfeiçoamento interior, a harmonia progressiva do espírito.

O círculo é o signo da Unidade de princípio, e também o do céu: como tal, indica a atividade e os movimentos cíclicos de ambos. É o desenvolvimento do **ponto* central***, sua manifestação: "Todos os pontos da circunferência reencontram-se no centro do círculo, que é seu princípio e seu fim", escreveu Proclo. Segundo Plotino, "o centro é o pai do círculo", e segundo Angelus Silesius, "o ponto conteve o círculo". Inúmeros autores, dentre os quais Henri Suso, aplicam a mesma comparação do centro e do círculo a Deus e à criação.

O círculo é a figura dos ciclos celestes, principalmente das revoluções planetárias, do ciclo anual representado pelo Zodíaco. Caracteriza a tendência *expansiva* (rajas). Por conseguinte, é o signo da harmonia, e isso explica que as normas arquitetônicas se assentem frequentemente na divisão do círculo. "Por que o céu se move com um movimento circular?", indaga Plotino. *Porque ele imita a Inteligência.* O simbolismo do Zodíaco reencontra-se em outras irradiações semelhantes ao redor do Centro *solar*: os doze Aditya da Índia, os Cavaleiros da Távola Redonda, o Conselho *circular* do Dalai-Lama.

A forma primordial é, efetivamente, menos o círculo do que a esfera, representação do **Ovo* do Mundo**. Todavia, o círculo é a **taça***, ou a projeção da **esfera***. Por isso o Paraíso terrestre era circular. A passagem do quadrado do círculo – na mandala, por exemplo – é a da cristalização espacial ao nirvana, à indeterminação original; passagem da Terra ao céu, segundo a terminologia chinesa. O que confirma a simbólica ocidental e cristã.

Entretanto, o simbolismo não é sempre tão simples, pois a imutabilidade celeste encontra também sua expressão no quadrado, e as *mutações* terrestres, no círculo. Ambos os aspectos são utilizados na arquitetura hindu tradicional, da qual já se disse que consistia na transformação do círculo em quadrado, e do quadrado em círculo. Por outro lado, o círculo, símbolo da animação (dar alma ou vida), é a forma habitual dos santuários entre os povos nômades, e o quadrado é a forma habitual dos templos entre os povos sedentários (BURA, BENA, DANA, GUEM, GUEC, GUER, GUES, KRAT, SECA).

Combinada com a do quadrado, a forma do círculo evoca uma ideia de movimento, de mudança de ordem ou de nível. A figura circular, adjunta à figura *quadrada**, é espontaneamente interpretada pelo psiquismo humano como a imagem dinâmica de uma dialética entre o celeste transcendente, ao qual o homem aspira naturalmente, e o terrestre, onde ele se situa no momento, onde percebe a si mesmo como sujeito de uma passagem a realizar a partir de agora, graças à ajuda dos signos (CHAS, 131).

Os esquemas do quadrado encimado por um arco (fragmento do círculo) ou prolongado por um arco na horizontal, a estrutura cubo-cúpula, tão frequentes na arte muçulmana como na arte românica, materializam essa dialética do terrestre e do celeste, do imperfeito e do perfeito. Essa forma complexa provoca uma ruptura de ritmo, de linha, de nível, que convida à pesquisa do movimento, da mudança, de um novo equilíbrio; simbolizaria a aspiração a um mundo superior ou a um nível de vida superior. Tornou-se a imagem clássica do arco do triunfo, reservado à passagem do herói vitorioso; na ordem intelectual, o herói é o gênio que penetrou um enigma; na ordem espiritual, o herói é o santo, que triunfou sobre as tendências inferiores de sua natureza. Ambos têm acesso, cada qual em sua ordem, a um outro modo de vida, que participa mais de perto no da divindade, considerada em sua força, sua sabedoria ou sua santidade.

O círculo inscrito num quadrado é um símbolo bem conhecido dos Cabalistas. Representa a centelha do fogo divino oculta na matéria,

306 | CÍRCULO (V. QUADRADO, RODA, CINTO)

e que anima essa matéria com o fogo da vida (GRIA, 234).

O círculo é também símbolo do tempo; a **roda*** gira. Desde a mais remota Antiguidade, o círculo tem servido para indicar a totalidade, a perfeição, englobando o tempo para melhor o poder medir. Os babilônios utilizaram-no para medir o tempo: dividiram-no em 360°, decomposto em seis segmentos de 60°; seu nome, *shar*, designava o universo, o cosmo. A especulação religiosa babilônica daí retirou, mais tarde, a noção do tempo infinito, cíclico, universal, que foi transmitida na Antiguidade – à época grega, por exemplo – através da imagem da **serpente*** *que morde a própria cauda.* Na iconografia cristã, o motivo do círculo simboliza a eternidade; três círculos unidos entre si evocam a Trindade do Pai, do Filho e do Espírito Santo.

Entre os indígenas da América do Norte, igualmente, o círculo é o símbolo do tempo, pois o tempo diurno, o tempo noturno e as fases da Lua são círculos por cima do mundo, e o tempo do ano é um círculo em volta da extremidade do mundo (Narrativa do Chefe Espada, Xamã Dakota, em ALEC, 22).

No mundo céltico, o círculo tem uma função e um valor mágicos. Cuchulainn gravou uma inscrição em letras ogâmicas (escritura celta) num círculo de madeira, a fim de deter o exército da Irlanda que invadira o Ulster. O círculo foi afixado a uma pilastra, e a inscrição ordenava expressamente a quem a lesse que não seguisse adiante, a menos que estivesse disposto a aceitar o duelo. O círculo, portanto, simboliza um limite mágico infranqueável. O círculo tem aplicações religiosas imediatas: o grande ídolo da Irlanda (pedra de Fal ou Cromm Cruaich), segundo os textos hagiográficos, está rodeado de outras doze pedras, de menor altura, dispostas em círculo. Templos galo-romanos circulares estão inscritos em um quadrado, em Périgueux (Dordogne) e Allonne (Sarthe), como imagem das inter-relações do céu (círculo) e da terra (quadrado). Vercingetórix, no momento de sua rendição, descreve a cavalo um grande círculo ao redor de César. O simbolismo

do círculo é duplo, a um só tempo mágico e celeste (*v.* **recinto**[1]* e **recinto**[2]*) (WINI, 5, 69; CELT, 1, 159-184).

Quanto às tradições judaicas e cristãs, o círculo não se encontra nas construções bíblicas; ele é bizantino de origem. No plano arquitetônico, precedeu a cúpula. Igrejas românicas que reproduzem o Santo Sepulcro de Jerusalém tomam uma forma arredondada, tal como as igrejas construídas pelos templários ou as abadias de Charroux e de Fontevrault (1099). A abside das igrejas românicas apresenta uma semicúpula.

O Santo Sepulcro de Jerusalém era uma tentativa de imitar a grande abóbada do universo, que é simbolizada no homem por sua caixa craniana. Honório de Autun retoma essa dupla divisão quando se refere à igreja em cruz (**quadrado***) e à igreja redonda; utiliza a terminologia usual e o sentido simbólico nela implícito.

O círculo exprime o sopro da divindade sem princípio nem fim. Esse sopro processa-se continuamente e em todos os sentidos. Se o sopro parasse, haveria imediatamente uma reabsorção do mundo. O sol e o ouro, imagens do Sol, são designados por um círculo. O plano circular é associado ao culto do fogo, dos heróis, da divindade. O redondo possui um sentido universal (*orbs--órbita*) simbolizado pelo globo. A esfericidade do universo e da cabeça do homem são também indícios de perfeição.

A igreja românica apresenta a imagem do homem, mas apresenta sobretudo o símbolo do homem perfeito, ou seja, do Cristo-Jesus. Notemos, além disso, que a palavra Jesus, em letras hebraicas, significa: o homem. O Verbo, ao fazer-se homem e assumir a humanidade, adquire proporções humanas. Através da Encarnação, une sua divindade à humanidade, liga o céu à terra, e lança no círculo uma forma quadrada que corresponde à forma do homem, ou melhor, ele inscreve o quadrado no círculo da divindade. Embora o significado disso vá ainda mais além, pois o quadrado indica a força. Semelhante evidência impõe-se, por exemplo, na visão de *Daniel* (7, 1-28), com os quatro animais e os quatro reis.

CÍRCULO (V. QUADRADO, RODA, CINTO) | 307

Ora, pela Redenção, o Cristo faz despedaçar-se o quadrado e o inutiliza, pois ele é um rei privado de poder e de bens. Nada mais resta do quadrado senão a **cruz***. E, assim, o Cristo situa sua natureza humana no seio da natureza divina, e o homem quadrado, por causa da Encarnação e da Redenção, insere-se, ele próprio, dentro do círculo. Noutras palavras, a humanidade está ligada à divindade, tal como o tempo à eternidade, o visível ao invisível, o terrestre ao celeste.

Os autores modernos falam sem reservas da igreja edificada à imitação do Cristo crucificado. É assim e não é bem assim. Toda natureza humana é crucificada, porquanto a efígie do homem simboliza a cruz e significa os eixos cardeais.

Por isso o **templo*** é sempre construído à imagem do homem. O templo cristão resulta da *quadratura* segundo os eixos cardeais introduzidos em um círculo. A planta do templo hindu apresentada no Vâstu Parusha-mandala é também uma figura quadrada, expressão da divisão quaternária de um grande círculo que simboliza o ciclo solar (DAVS, 190-192; HAUM, 3-4; BURH, 364). Isso leva a crer que toda arquitetura sagrada tenha recorrido a essas figurações fundamentais.

CÍRCULO MÁGICO:
Círculo da Mesa Sagrada de São Miguel Arcanjo que se usava para invocações mágicas, *apud* Francis Barret. *The Magus,* Londres, 1901.

Na tradição islâmica, a forma circular é considerada a mais perfeita de todas. E é por isso que os poetas dizem que o círculo formado pela boca é a mais bela das formas, por ser completamente redonda.

Concentrado em si mesmo, sem princípio nem fim, realizado, perfeito, o círculo é o signo absoluto. O problema residia em passar do quadrado ao círculo, uma vez que o recinto de reunião dos fiéis é uma sala quadrada, embora somente uma cúpula seja digna de representar a incomensurável grandeza divina. Na Meca, o cubo negro da Ka'ba ergue-se em um espaço circular branco, e a procissão de peregrinos inscreve, ao redor do cubo negro, um círculo ininterrupto de prece (BAMC, 120). É costume fazer-se a volta completa dos mausoléus dos santos, das mesquitas, do local onde um animal foi sacrificado no momento em que a criança recebeu seu nome etc. (*v.* **circum-ambulação***) (WESR, 441, 462-464).

As rosetas ou rosáceas de muitas pétalas, tão frequentes como motivos de bordados, decoração, amuletos e arquitetura, no Oriente Médio, podiam-se encontrar já nas civilizações pré-islâmicas. Se por um lado pode-se considerá-las como tendo, mais especificamente, uma significação profilática contra o mau-olhado, por outro lado pode-se também (e, ao que parece, com razão) ver nessas rosáceas a sugestão de uma imagem da roda sob a aparência de flor, e um símbolo da vida, da duração da vida terrena. Na Baixa Mesopotâmia, o zero é o número perfeito, que exprime o todo e, portanto, o universo. Quando dividido em graus, representa o tempo. "Do círculo e da ideia do tempo nasceu a representação da roda, que deriva dessa ideia, e que sugere a imagem do ciclo correspondente à noção de um período de tempo (etimologicamente, o hebraico associa a torre, que é *circular,* com o verbo *mover-se em círculos,* girar, dar a volta; da mesma forma, liga a geração humana a esse 'mover-se em círculos'). O simbolismo do círculo abrange o da eternidade ou dos perpétuos reinícios" (RUTE, 333).

A abóbada giratória dos céus, a Roda do céu, são expressões correntes na literatura persa. Implicam a ideia de destino. Por isso, Omar Khayyam escreve:

308 | CÍRCULO (V. QUADRADO, RODA, CINTO)

Uma vez que a Roda do céu jamais
girou de acordo com a vontade de um
[sábio.
Que importa que se contem sete ou oito
[céus!

A dança circular dos dervixes "mawlavis", denominados dervixes rodopiantes, inspira-se num
simbolismo cósmico: eles imitam a ronda dos planetas em torno do Sol, o turbilhão de tudo o que
se move, mas também imitam a busca de Deus,
simbolizado pelo Sol. Seu fundador, Jelal ed'din
Rumi, mais comumente chamado Mevlana, o
maior poeta do sufismo, celebrou essa **circum-
-ambulação** * da alma em sua obra monumental,
o "Mathnawi: Eu girei, diz ele, com os nove pais
(planetas) em cada céu. Durante anos, girei com
as estrelas [...]."

A comparação neoplatônica de Deus a um
círculo, cujo centro está em toda parte, é um
tema que reaparece em todos os autores sufistas, principalmente no *Glolshan-i-Raz* (*Rosal dos
Segredos*), de Mahmoud Shabestari. Rumi opõe
a circunferência do mundo dos fenômenos ao
Círculo do Ser absoluto. Rumi diz, também, que
se se abrisse um grão de poeira, nele se encontraria
um sol e planetas a girar à roda. Um físico não
diria do átomo a mesma coisa?

Aliás, o Trono de Deus é representado com
um círculo à guisa de base: aí está o *horizonte
supremo,* Khatt al istima, do qual Maomé fez a
volta, no momento do Mi'radj (êxtase do Profeta
do Islã – *v.* **escada** *), em "dois lances de arco. O
êxtase de Maomé consistiu, portanto, em fazer
a volta da inacessibilidade de Deus" (MASH,
849-850).

A figura do círculo simboliza igualmente as
diversas significações da palavra: um primeiro
círculo simboliza o sentido literal; um segundo
círculo, o sentido alegórico; um terceiro, o sentido místico.

O Tawhid, ciência da atestação de que Deus é
Um, é representado por al-Hallaj através de uma
figura composta de três círculos concêntricos: o
primeiro círculo compreende os atos de Deus; o

segundo e o terceiro, suas marcas e consequências:
são os dois círculos concêntricos do criado. O
ponto central significa o Tawhid, a ciência. Mas,
no fundo, é a ciência daquilo que se ignora (fr.
nescience) (MASH, 850).

Jung mostrou que o símbolo do círculo é
uma imagem arquetípica da totalidade da psique, o símbolo do *self,* ao passo que o quadrado
é o símbolo da matéria terrestre, do corpo e da
realidade (JUNS, 240-249).

Em sua qualidade de forma envolvente, qual
circuito fechado, o círculo é um símbolo de proteção, de uma proteção assegurada dentro de seus
limites. Daí a utilização mágica do círculo, como
o cordão de defesa ao redor das cidades, ao redor
dos túmulos, a fim de impedir a penetração dos
inimigos, das almas errantes e dos demônios. Há
lutadores que costumam traçar um círculo em
volta de seu corpo, antes de travar o combate.

O círculo protetor toma a forma, para o indivíduo, da argola (ou aro), do bracelete, do colar,
do cinto, da coroa. O aro talismânico, o anel-
-amuleto, o círculo mágico pentacular que se usa
no dedo foram utilizados desde tempos remotos
e por todos os povos; estão ligados, efetivamente,
à proteção imediata do usuário, nos pontos mais
sensíveis: os dedos da mão, instrumentos naturais
de emissão e de recepção do fluido mágico e,
portanto, muito vulneráveis (MARA, 342).

Esses círculos desempenhavam o papel não
apenas de adornos, mas também de estabiliza-
dores, que mantinham a coesão entre a alma e o
corpo... Esse simbolismo explica, provavelmente, por que os guerreiros antigos usavam uma
quantidade tão grande de braceletes. E talvez
fosse também por isso que eles os recebessem de
todos aqueles que desejavam vê-los retornar sãos e
salvos, e com a alma devidamente unida ao corpo
(LOEC, 164).

Esse mesmo valor do símbolo explica o fato
de que os anéis e braceletes sejam retirados ou
proibidos àqueles cuja alma deve estar livre para
evadir-se, como os mortos, ou para elevar-se em
direção à divindade, como os místicos. Entretan-

to, neste último caso, um outro valor simbólico pode estar implícito, pois o anel significa também uma união e um dom voluntário irrevogáveis; e esta é a razão pela qual algumas religiosas usam a aliança. Quando muitos valores simbólicos estão em conflito, o valor escolhido revela a importância privilegiada que lhe é atribuída; embora nem por isso o valor eclipsado nesse caso especial deixe de existir com menos força.

CIRCUM-AMBULAÇÃO

Poucos ritos são tão universalmente comprovados como a circum-ambulação. Praticavam-na os hebreus em torno do altar (*Salmos* 26, citado em nossos dias na liturgia eucarística). Os árabes a praticam em torno da Ka'ba (Caaba) de Meca, retomando nisso um rito pré-islâmico. Os budistas fazem-no em volta das *stupa* (o Buda o fez em volta da árvore de Bogh-Gaya). Os tibetanos (Bon-po e Lamaístas), em torno dos templos, em torno dos *chorten*. Os cambojanos evoluem em torno de uma casa nova, de um altar; o rei, em torno de sua capital, da qual toma posse. Pois o bispo católico não faz a mesma coisa, em torno da igreja que ele consagra? Ou o padre em torno do altar, que incensa? A circum-ambulação é largamente praticada na Índia. Na China, o era também, pelo imperador no seu Ming-fang. O rito é conhecido das populações centro-asiáticas e siberianas. Foi em seguida a uma circum-ambulação em torno do pilar celeste que o primeiro casal se uniu, segundo a mitologia japonesa.

Observe-se que se Izanami e Izanagi giraram em sentido inverso antes de se encontrarem, a ambulação ocorre mais geralmente guardando o centro à **direita***, i.e., no sentido do movimento aparente do sol, visto do hemisfério boreal: é o caso da Índia, do Tibete, do Kampuchea (Camboja). Em outras circunstâncias, no entanto, utiliza-se o sentido *polar* (aquele no qual se veem as estrelas girar em torno do polo). É o caso, no Islã, no Bon-po e, muito excepcionalmente, no mundo nindu, em Angkor-Vat.

Vê-se que, se a circum-ambulação é por vezes um simples rito de homenagem (mas não poderá esse rito ter, por si mesmo, e originariamente, um sentido simbólico?), ela tem, sobretudo, valor cósmico. O pradakrishna (solar) se efetua às vezes ao nascer do sol: é o ciclo da luz. O imperador chinês, processionalmente no Ming t'ang, se detém às doze portas, que correspondem aos doze sóis (adityia) e aos doze signos do Zodíaco. A ambulação se completa sete vezes em Meca; é o número das esferas celestes. Na Sibéria se cumpre três, sete, nove vezes: é o número dos mundos, ou dos planetas, ou dos andares do céu. Observe-se, aliás, que o mito japonês faz com que o kami macho gire num sentido, o kami fêmea, no outro, o que seria ainda mais significativo se os textos fundamentais não estivessem em contradição quanto ao sentido utilizado por um e pelo outro.

A imitação dos ciclos astrais tem, seguramente, por objetivo assegurar a harmonia do mundo, adaptando os ritmos do microcosmo aos do macrocosmo. Ela resume e reúne o universo no templo ou no monumento que figura, no caso, o *centro*. Girar em torno do monumento é reintegrar a circunferência no seu centro.

O **templo*** é também o eixo do mundo, em torno do qual evolui o redemoinho samsárico, até que a Iluminação freie o giro. É então que a circunferência se confunde com o centro. Em Borodubur (Java), com sua base quadrangular de pedra em dois andares, suas quatro galerias, em ordem ascendente, e seus três terraços superiores, circulares, coroados por uma *stupa* fechada e vazia – ou ocupada por um Buda invisível –, o símbolo expressa com ainda maior eloquência um movimento concêntrico e progressivo em busca do conhecimento do *self*, i.e., da *própria natureza.*

Angkor propõe os dois sentidos: pradakrkhna ou prasavya, a via celeste ou a terrestre, a via da vida ou da morte, kalpa ou pralaya. No tantrismo, a *via da direita* corresponde ao leste ou à primavera; a *via da esquerda,* ao oeste ou ao outono. São as duas correntes contrárias da energia cósmica. Ora, Angkor-Vat é o único templo que se abre ao sol poente. É, admite-se, um templo, funerário. É, também, um dos raros templos do grupo consagrado a Vishnu: prasavya pode ser o ritmo

310 | CIRCUNCISÃO

de Vishnu, porque a involução não leva ao nada mas ao Princípio. Vishnu – o *Conservador* – reintegra o ritmo e absorve as formas. Pradakrishna é, em contraposição, o ritmo Shivaísta: evolutivo e centrífugo, é o da manifestação presente, organizada pelo rei reinante, que está bem no centro do espaço e do tempo, substituto de Shiva (BURA, GRIS, GUET, HERJ, SOUP, SOUD).

Nas tradições celtas, a circum-ambulação no sentido do movimento do sol é usada correntemente como marca de intenção favorável. No sentido oposto, indica hostilidade, inimizade, ou, ainda, furor guerreiro. De volta da sua primeira experiência na fronteira do Ulster, o herói Cuchulainn (que tem sete anos) manobra para que seu carro apresente o lado esquerdo para o recinto da capital da província, Emain Macha. O rei Conchobar manda imediatamente que se tomem as medidas de precaução necessárias.

No sama dos dervixes rodopiantes, a dança circum-ambulatória assume um significado ao mesmo tempo cósmico e místico. Ela tende a evocar a evolução dos astros e a provocar o êxtase da alma, pela união de um duplo torvelinho e do estridular das flautas. O ordenador dessas danças sagradas, que foi também um grande poeta religioso, Jalal-od-Din-Rumi, escreveu: Ó Dia, levanta-te, os átomos dançam, dançam as almas perdidas de êxtase, e dança a abóbada celeste por causa desse Ser. Ao ouvido te direi onde essa dança o conduz. Todos os átomos que se encontram no ar e no deserto, saiba que estão possuídos como nós, e que cada átomo, ditoso ou desditoso, fica aturdido pelo sol da alma incondicionada. Cada um dos movimentos dessa dança, explica Eva Meyerovitch, comporta um sentido simbólico. O xeque, imóvel no centro da ronda, representa o polo, o ponto de interseção, entre o intemporal e o temporal, por onde passa e se distribui a graça sobre os dançarinos. O círculo é dividido pelo meio em dois semicírculos, dos quais um representa o arco de descida, ou de involução, das almas na matéria, e o segundo, o arco de ascensão para a luz.

CIRCUNCISÃO

Nas regiões da Polinésia, como entre os judeus, ela repete a secção do cordão umbilical praticada por ocasião do nascimento da criança e simboliza um novo nascimento, i.e., o acesso a uma nova fase da vida.

Na medida em que é praticada a comando, torna-se um sinal de obediência e de fidelidade. Na medida em que vem a distinguir dos outros os povos que a praticam, torna-se o símbolo de uma comunidade.

É muito provável que a circuncisão tenha existido desde tempo imemorial entre os israelitas e entre os povos com eles aparentados. Ao tempo de Jeremias, outros povos descendentes de Abraão praticavam a circuncisão (*Jeremias*, **9**, 24-25). Os egípcios faziam o mesmo ou, pelo menos, alguns dentre eles. Sabe-se que era corrente entre os árabes, muito antes do Islã, e que continua em uso por grande número de povos.

Todos esses povos circuncidavam e ainda circuncidam os meninos que chegam à puberdade. A Bíblia tem o cuidado de registrar que Ismael, o ancestral dos árabes, foi circuncidado com a idade de treze anos (*Gênesis*, **17**, 25).

Parece que o rito não era usual entre os fenícios, nem entre os assírios e babilônios. À medida que Israel entrava num relacionamento mais estreito com todos esses povos, a circuncisão se tornava um signo de nacionalidade que ia ganhando mais e mais valor religioso. E com muito maior razão quando os israelitas foram exilados para a Babilônia. Foi nesse momento, com toda a probabilidade, que se estabeleceu a lei de circuncidar os meninos aos oito dias de nascidos (*Levítico*, **12**, 3; *Gênesis*, **17**, 12; *21*, 4).

O costume converteu-se em sinal, nós diríamos em sacramento, da aliança entre Deus e o seu povo. É também o signo da fidelidade do povo ao seu Deus: sob o domínio grego, a circuncisão dava margem a perseguições e a resistências.

Nos primeiros tempos da Igreja cristã a questão foi asperamente debatida. Tratava-se de saber se era preciso que os irmãos vindos do paganismo fossem circuncidados. O próprio Deus deu a resposta: entra-se na Igreja não pela circuncisão mas pelo batismo (*Atos dos Apóstolos*, **10**, *4*, 48; **11**, 1-18; **15**, 5-12) (BIBM).

CÍRIO

O círio simboliza a luz. O pavio faz fundir a cera, de modo que a cera participa do fogo: donde a relação com o espírito e a matéria.

Era costume antigo que a virgem levasse em cada mão um círio aceso. O círio não deixaria de ter um certo sentido fálico, que seria como que a outra face do símbolo de alma e de imortalidade dado à sua chama em numerosos ritos religiosos tais como, no cristianismo, o círio pascal, ou o grande círio erguido ao lado do ataúde nas obséquias papais. Guillaume Durand (séc. XIII) explica esse costume dizendo que as virgens portavam círios para mostrar que, a exemplo das virgens prudentes do Evangelho, elas estavam prontas a receber o esposo (*Mateus*, 25, 1-13). O mesmo autor distingue um outro símbolo, segundo o qual levar o círio significaria que as virgens desejavam ser como a luz, que ilumina os homens. O simbolismo da luz teve sempre um papel importante no pensamento cristão (METC, 198).

Esse rito pode ter sido tomado de empréstimo ao cerimonial nupcial observado entre gregos e romanos na Antiguidade clássica. A noiva era conduzida em solene cortejo, à luz de **archotes***, da sua casa à do futuro marido. Os esposos também levavam archotes. O uso se conservou na Grécia e na maior parte das comunidades ortodoxas.

Na Grécia arcaica ofereciam-se velas às divindades do mundo subterrâneo bem como aos deuses da fertilidade (ELIT).

Ainda em nossos dias, Paulo VI desenvolveu toda a simbologia do ritual por ocasião de uma audiência a religiosas (2 de fevereiro de 1973). O círio simboliza, dizia ele, a fonte pura e primitiva em que as freiras devem buscar a luz. Por sua retidão e doçura, ele é a imagem da inocência e da pureza. Ardendo para iluminar, ele exprime uma vida inteiramente consagrada ao amor único, abrasante, total. O círio, por fim, tem por destino consumir-se em silêncio, como a vossa vida se consome no drama, inevitável desde que o vosso coração foi consagrado; no sacrifício, como o do Cristo sobre a cruz; num amor doloroso e feliz, que não se extinguirá no último dia, mas continuará a resplandecer, no encontro eterno com o Esposo divino.

CISNE

Da Grécia antiga à Sibéria, passando pela Ásia Menor bem como pelos povos eslavos e germânicos, um vasto conjunto de mitos, de tradições e de poemas celebra o cisne, ave imaculada, cuja brancura, cujo poder e cuja graça fazem uma viva epifania da **luz***.

Há, todavia, duas alvuras, duas luzes: a do dia, solar e máscula; a da noite, lunar e feminina. Segundo o cisne encarne uma ou outra, seu símbolo inflete num sentido diferente. Se ele não se fragmenta e se quer assumir a síntese das duas, como é, por vezes, o caso, torna-se andrógino e, além disso, carregado de mistério sagrado. Finalmente, assim como existe um **Sol*** e um cavalo **negros***, existe um cisne negro, não dessacralizado, mas carregado de um simbolismo oculto e invertido.

Contam os buriatas que um caçador surpreendeu um dia três mulheres *esplêndidas,* que se banhavam num **lago*** solitário. Não eram senão cisnes, os quais se haviam despojado dos seus mantos de plumas para entrar na água. O homem se apoderou de um desses mantos e escondeu-o, o que fez com que, depois do banho, apenas duas das mulheres-cisnes pudessem recobrar suas asas e voar. O caçador tomou a terceira por esposa. Ela lhe deu onze filhos homens e seis filhas, depois recuperou sua roupagem e se foi. Mas antes fez-lhe um discurso: "Vós sois seres terrestres e deveis ficar na terra. Mas eu, eu não sou daqui, venho do céu, e para o céu tenho de voltar. Todo ano, na primavera, quando passarmos, voando, para o norte, e todo outono, quando passarmos, de retorno, para o sul, deveis celebrar a nossa passagem com cerimônias especiais" (HARA, 319).

Conto análogo pode ser encontrado na maior parte dos povos altaicos, com variantes. Mui-

312 | CISNE

tas vezes o **ganso*** selvagem substitui o cisne na história. Em todos esses relatos, a ave de luz, de beleza deslumbrante e imaculada, é a virgem celeste, que será fecundada pela **água*** ou pela **Terra*** – o lago ou o caçador – para dar origem ao gênero humano. Mas, como faz notar J. P. Roux (ROUF, 351), essa luz celeste deixa de ser aqui *masculina* e *fecundante* para tornar-se *feminina* e *fecundada*. Esses mitos retomam a representação egípcia da hierogamia Terra-Céu: Nut, deusa do céu, é fecundada por Geb, deus da Terra. Trata-se, então, nesse caso, da luz lunar, leitosa e doce, de uma virgem mítica. Essa aceitação do símbolo do cisne parece ter predominado entre todos os povos eslavos bem como entre os escandinavos, os iranianos e os turcos da Ásia Menor. A imagem – ou, melhor, a crença – é, às vezes, levada às consequências mais extremas. Assim, na bacia do Ienissei, acreditou-se por muito tempo que o cisne "tivesse regras, como a mulher" (ROUF, 353). O que ele tem, de fato, são muitos avatares, que variam de povo para povo: além do ganso selvagem, que já mencionamos, cumpre assinalar a **gaivota*** entre os tchukches, a **pomba*** e o **pombo*** na Rússia (ibid., p. 353).

O cisne encarna, as mais das vezes, a luz masculina, solar e fecundadora. Na própria Sibéria, essa crença, se bem que não generalizada, deixou alguns traços. Também Uno Harva observa que, entre os buriatas, as mulheres fazem uma reverência e dirigem uma prece ao primeiro cisne que percebem na primavera (HARA, 321). Mas é na luz pura da Grécia que a beleza do cisne macho, inseparável companheiro de Apolo, foi celebrada com maior nitidez. Nos mitos, essa ave uraniana é, igualmente, o elo, por suas migrações anuais, entre os povos do Mediterrâneo e os misteriosos **hiperbóreos***. Sabe-se que **Apolo***, deus da música, da poesia, e da adivinhação, nasceu em Delos, num dia **sete***. Cisnes sagrados fizeram, nesse dia, sete vezes a volta da ilha. Depois Deus entregou à jovem divindade, juntamente com a lira, um **carro*** puxado por cisnes brancos. Esses o conduziram, "primeiro, à sua terra, às bordas do oceano, para além da pátria dos ventos do Setentrião, onde vivem os hiperbóreos, sob um céu invariavelmente gris" (GRID, 41). O que levou Victor Magnien a dizer, na sua obra sobre os mistérios de Elêusis, que o cisne "simboliza a força do poeta e da poesia" (MAGE, 135). Ele será o emblema do poeta inspirado, do pontífice sagrado, do druida vestido de branco, do bardo nórdico etc. O mito de Leda parece, à primeira vista, retomar a mesma interpretação, masculina e diurna, do símbolo do cisne. Examinando-o de mais perto, no entanto, nota-se que, se Zeus se transmudou em cisne para acercar-se de Leda, só o fez, diz o mito grego, depois que ela se "metamorfoseou em gansa para escapar-lhe" (GRID, 257). Ora, já vimos que o ganso é um avatar do cisne na sua acepção lunar e feminina. Os amores de Zeus Cisne e de Leda Gansa representam, então, a bipolarização do símbolo, o que faz pensar que os gregos, combinando deliberadamente as duas acepções, diurna e noturna, fizeram da ave um símbolo hermafrodita, em que Leda e seu amante se fazem um.

Essa mesma ideia está subentendida na análise que faz Gaston Bachelard de uma cena do segundo Fausto (BACE, 50 s.). Em águas frescas, essas águas voluptuosas das quais diz Novalis que eles se mostram *com uma celeste onipotência como o elemento do amor e da união*, surgem as virgens no banho. São seguidas por cisnes, que não passam, de início, da *expressão da sua nudez permitida* (Bachelard); depois, finalmente, surge *o cisne,* e cumpre, aqui, citar Goethe:

> A cabeça e o bico se movem com alguma [arrogância e complacência... Um dentre eles, sobretudo, parece transbordar de audácia e avança, veloz, pelo meio dos outros; suas plumas se enfunam como vaga cobrindo vaga, e progride, ondulando, rumo ao sagrado [asilo [...] (versos 7300-7306).

A interpretação dessa cabeça e desse bico, a das plumas infladas, a do *asilo sagrado,* por fim, dispensam comentário: estamos diante do cisne macho que confronta o cisne fêmea, representado pelas donzelas. E Bachelard conclui: "a imagem do cisne é hermafrodita. O cisne é feminino na contemplação das águas luminosas; masculino, na ação. Para o inconsciente, a ação é um ato. Para o inconsciente, não há senão um ato [...]" (BACE, 152). A imagem do cisne, desde logo, se sintetiza, para Bachelard, como a do Desejo, que chama, para que se confundam, as duas polaridades do mundo, manifestadas pelas suas luminárias. O canto do cisne, em consequência, pode ser interpretado como as eloquentes juras do amante... com esse termo tão fatal à exaltação que é, verdadeiramente, uma morte amorosa (ibid.). O cisne *morre cantando e canta morrendo*. Torna-se, na realidade, o símbolo do primeiro desejo que é o desejo sexual.

Prosseguindo na análise do canto do cisne, é perturbador encontrar, obliquamente, pela psicanálise, a cadeia simbólica luz palavra-sêmen, tão presente sempre no pensamento cosmogônico dos dogons: Jung, observa G. Durand (DURS, 161), "aproximando o radical *sven* do sânscrito *svan,* que significa produzir um som confuso, chega a concluir que o canto do cisne (*schwan*), ave solar, não é senão a manifestação mítica do isomorfismo etimológico da luz e da palavra".

Citarei apenas um exemplo da inversão simbólica a que se presta a imagem do cisne negro. No conto de Andersen *O companheiro de viagem*, que se alimenta nas fontes do folclore escandinavo, uma virgem enfeitiçada e sanguinária aparece sob a forma de um cisne preto. Mergulhada por três vezes num tanque de água purificadora, o cisne se torna branco, e a princesa, exorcizada, sorri, finalmente, ao seu jovem esposo (ANDC, 87).

No Extremo Oriente, o cisne é também símbolo de elegância, nobreza e coragem. Por isso, segundo Li-tse, os mongóis fizeram com que o imperador Mu, dos Tchu, bebesse sangue de cisne. É ainda símbolo da música e do canto; enquanto o ganso selvagem, cuja extrema desconfiança é notória, é um símbolo de prudência. O *I-Ching* faz uso disso para indicar as etapas de uma progressão circunspecta. Essa progressão é suscetível, naturalmente, de interpretação espiritual.

Esses diversos animais são confundidos pela iconografia hindu, na qual o *cisne* de Brahma (*ahmsa*), que lhe serve de montaria, tem a morfologia do ganso selvagem. O parentesco etimológico entre hamsa e anser é *flagrante,* diz M. T. de Mallmann. O hamsa, montaria de Varuna, é a ave aquática; montaria de Brahma, é o símbolo da elevação do mundo visível para o céu do conhecimento. Num sentido próximo desse, certos textos sânscritos do Kampuchea (Camboja) identificam Shiva ao Kalahamsa, *que frequenta o lago do coração dos* yogi, ao hamsa, que mora no bindu, hamsa significando, aí, ao mesmo tempo, o anser e o Atmâ, i.e., o Eu, *o Espírito universal.* Atribuído a Vishnu, ele se torna um símbolo de Narayana, um dos nomes do Deus criador, e alma do mundo personificada.

O simbolismo do cisne abre ainda outras perspectivas: é ele que põe, ou choca, o ovo do mundo. Assim faz *o ganso do Nilo* no Egito antigo. Ou o hamsa que cobre o Brahmanda nas águas primordiais na tradição da Índia. Da mesma espécie é o ovo de Leda e de Zeus, do qual saíram os Dióscuros, que tinham, cada um, como elmo, uma metade desse ovo do qual representam a diferenciação. Não será inútil acrescentar que, segundo crenças muito disseminadas até recentemente, as crianças, nascidas da terra e da água, eram trazidas por cisnes (BHAB, DANA, ELIM, GUET, MALA, SOUN).

Nos textos celtas, a maior parte dos seres do Outro-Mundo que, por um motivo ou por outro, penetram no mundo terrestre, tomam a forma do cisne e viajam, as mais das vezes, aos pares, ligados por uma corrente de ouro ou de prata. Em muitas obras de arte celtas figuram cisnes, um de cada lado da barca solar, que eles guiam e acompanham na sua viagem pelo oceano celeste. Vindos do norte ou para ele voltando, eles simbolizam os estados superiores ou angélicos do ser em processo de libertação e de retorno para o Princípio supremo. No continente, e mesmo nas ilhas, o cisne é, frequentemente, confundido com a cegonha, por um lado, ou com o ganso, por outro – o que explica a proibição alimentar de que

314 | CÍTARA (V. LIRA)

este último era objeto, segundo César, entre os bretões (OGAC, **18**, 143-147; CHAB, 537-552).

O cisne faz parte, igualmente, da simbólica da alquimia. *Foi sempre visto, pelos alquimistas, como um emblema do mercúrio. Tem dele a cor e a mobilidade, bem como a volatilidade, proclamada por suas asas. Exprime um centro místico e a união dos opostos (água-fogo), e nisso outra vez se encontra o seu valor de arquétipo do andrógino.* No mosteiro franciscano de Cimiez, a divisa latina esclarece o esoterismo da imagem *Divina sibi canit et orbi.* Ela canta divinamente por si e pelo mundo. Esse silvo é chamado o canto do cisne, porque o mercúrio, votado à morte e à decomposição, vai transmitir sua alma ao corpo interno saído do metal imperfeito, inerte e dissolvido (Basile Valentin, *Les 12 clefs de la Philosophie,* trad. fr. Eugène Canseliet, ed. de Minuit, Paris, 1956, p. 152).

CÍTARA (*v.* Lira)

Na tradição uraliana, a cítara é construída pelo feiticeiro com elementos heteróclitos, em que figuram, muitas vezes, espinhas de peixe, ossos de animais; uma pele, cabelos ou pelos. Quando Orfeu a tange, toda a natureza se extasia.

A expressão *jogo de cítaras* (fr. *jeu de cithares*) é empregada para evocar o canto dos pássaros.

A cítara é um tributo de Terpsícore, musa da dança, que traduz em gestos os sons do instrumento para exprimir as mesmas emoções. É também um dos atributos da temperança, essa virtude fundada no sentido da medida, como a música (TERS, 99).

É, ainda, por sua própria estrutura, um símbolo do universo: suas cordas correspondem aos níveis do mundo; sua caixa, fechada de um lado e aberta do outro, como a carapaça da tartaruga, representa uma relação entre a terra e o céu, como o voo do pássaro ou o encantamento da música (DAVR). A cítara simboliza o canto do universo. Corresponderia à cosmologia pitagórica.

CITISO

A elegante floração cor de âmbar do arbusto inspira alegria, beleza, graça. Está associada, nos países eslavos, aos ritos do matrimônio.

CLAUSTRO

De Champeaux compara o claustro a uma **Jerusalém*** celeste: *na encruzilhada das quatro vias do espaço, o poço, uma árvore, uma coluna,* marcam o umbigo do mundo, o *ônfalo.* Por aí passa o eixo terrestre, essa **escada*** *espiritual cujo pé mergulha nas trevas inferiores* (CHAS, 152). É, igualmente, um centro cósmico, em relação com os três níveis do universo: com o mundo subterrâneo pelo poço; com a superfície do solo; com o mundo celeste pela árvore, pela roseira, pela coluna ou pela cruz. Ademais, sua forma, quadrada ou retangular, aberta sob a cúpula do céu, representa a união dá terra e do céu. O claustro é o símbolo da intimidade com o divino.

CLAVA (*v.* Maço²)

CLAVÍCULA

Símbolo da sede dos alimentos humanos, para os dogons do Mali. Cada clavícula é um celeiro que contém oito grãos, associados aos quatro elementos e aos quatro pontos cardeais, bem como aos oito ancestrais míticos de que procedem todos os dogons. Consideradas o sustentáculo do esqueleto, as clavículas são, com o crânio, e sempre segundo os dogons, os primeiros ossos formados no feto. A importância atribuída às clavículas pelos dogons é tamanha que eles as incluem entre os cinco elementos constitutivos da pessoa humana (os outros quatro são: o corpo, as duas almas gêmeas, macho e fêmea, os reflexos das ditas almas na sombra, e a força vital, considerada um fluido associado ao sangue). Encontram-se crenças análogas entre outros povos das margens do Niger. Assim, para os bozos, povo de pescadores vizinho dos dogons, as clavículas contêm os símbolos das oito famílias de peixes. A virtude fertilizadora desses ossos faz com que os dogons conservem clavículas de animais, que eles trituram e misturam às sementes, a fim de aumentar a colheita (DIED, GRID).

A clavícula, osso, não deve ser confundida com a clavícula, literalmente pequena chave dos alquimistas, no sentido em que aparece, por exemplo, em a *Clavícula de Salomão.*

Esse rei, de cujo fausto a Bíblia dá notícia, empolgou a imaginação dos orientais, que não cessaram de cantar a sua glória. Eles lhe conferiram, pois que Deus lhe havia fornecido a sabedoria, um poder absoluto sobre o mundo e, em particular, sobre os demônios. Assim, a ele se atribui a redação dessa famosa *Clavícula de Salomão,* que todo bruxo devia levar consigo, escrita de próprio punho e sem a qual não poderia invocar os demônios. A clavícula de Salomão é a chave dos mágicos.

CLITÓRIS

Símbolo do elemento masculino da mulher. Para os dogons e os bambaras do Mali, todo ser nasce com duas almas de sexo oposto. O clitóris contém a alma masculina da mulher, donde a origem da excisão, que, suprimindo a ambivalência natural, confirma a mulher no seu sexo. O clitóris removido se transforma em **escorpião*** (GRIH). No homem, é o prepúcio que contém sua alma feminina. A circuncisão, nele, corresponde à excisão, acentuando e confirmando seu caráter viril.

COBRA (*v.* Naja, Serpente, Uraeus [ureio])

COBRE

O cobre vermelho tem papel de primeiro plano na simbólica cosmogônica dos dogons do Mali. Representa fundamentalmente o elemento água, princípio vital de todas as coisas; mas também a luz que irradia do helicoide de cobre enrolado em torno do sol; a palavra, igualmente fecundante; o esperma, que se enrola em torno da matriz feminina.

Sendo símbolo da água, o cobre vermelho o é, também, da vegetação.

Aí deparamos, como na tradição asteca, com a equivalência das cores **vermelho*** e **verde***, as duas, expressões da força vital.

Os raios solares, acobreados, são os caminhos da água. É por isso que só podem ser vistos assim em dias de bruma quente ou em tempo tempestuoso, quando atravessam as nuvens. Chamam-nos *água de cobre.* Mas a rigor eles só se transformam

realmente em cobre no seio da terra, *fundo demais para que os homens possam vê-lo.* Uma montanha do território dos dogons, especialmente rica em minério de cobre, é chamada *o morro-água de cobre.* É para lá que se supõe que vão as almas dos mortos a fim de fazerem sua provisão de cobre, i.e., de água, antes de empreenderem sua grande viagem para o país dos mortos (ao sul). E como o cobre é água, os homens que usam joias desse metal evitam andar à beira dos rios, ou poderiam afogar-se (GRIH, GRIS, GRIE).

Há crenças análogas entre os bambaras, vizinhos dos dogons. Acreditam todos, bambaras e dogons, num demiurgo, que é, ao mesmo tempo, senhor da água e do verbo. Essa divindade suprema, Faro, responsável por toda a organização do mundo na sua forma atual, é igualmente o senhor dos metais, em número de sete, entre os quais se distinguem o cobre vermelho, que é masculino, e o cobre amarelo, que é feminino. O cobre vem do quinto céu, o céu vermelho, terra do sangue, do fogo, da guerra e da justiça divina. Ele desce para a terra com o raio e se enfia no solo com os machados de **pedra*** (pedras de raio). Representa ainda o verbo, na essência divina. É o *som do Faro*: o deus se enrola em torno dos brincos de cobre vermelho espiralado que os bambaras usam na orelha, para penetrar até o tímpano; na terra, ele corresponde às *segundas águas*, as águas vermelhas, reflexo do quinto céu, nas quais Faro afoga os culpados. Faro, como o deus da água dos dogons, é representado com um torso humano e cauda de peixe; com uma diferença, que essa cauda não é verde mas de cobre vermelho. Ele usa dois colares, pelos quais ouve, todo o tempo, as conversas dos homens. O colar de cobre lhe transmite as palavras de uso corrente, o de ouro, as palavras *secretas e poderosas*. O ouro seria, assim, de certo modo, uma concentração de cobre vermelho (DIEB).

Nas crenças russas, o cobre está sempre associado à cor verde. A *Senhora da Montanha de Cobre* (Ural) tem olhos verdes e usa uma roupa de malacacheta. Às vezes aparece sob a forma de um lagarto verde. Diz-se da malacacheta que ela contém e exibe *todas as belezas da terra*. O cobre,

316 | CODORNA

como o ouro, está associado à serpente mítica. A Senhora da Montanha de Cobre pode ser encontrada na noite da festa das serpentes (25 de setembro), mas esse encontro é nefasto: aquele que a vê se condena a morrer de saudade.

CODORNA

Na linguagem figurada (em francês), a codorna é símbolo de calor e até mesmo, mais familiarmente, de ardor amoroso (a expressão *être chaud comme une caille,* cuja trad. lit. é: *estar quente como uma codorna,* significa: "estar cheio de ardor (amoroso), ou de entusiasmo por alguma coisa"). Notar-se-á que, na China, ela é a ave do sul e do fogo; é o *Pássaro vermelho,* símbolo do verão. Dá seu nome, na astronomia chinesa, à estrela central do Palácio do Verão.

No entanto, o simbolismo da codorna está ligado sobretudo aos seus hábitos de ave migratória, e ao caráter cíclico que esses hábitos implicam. Caráter um tanto ou quanto estranho, aliás, que, lhe permitirá substituir, na China, a fênix. Na China antiga, a codorna, assim como a andorinha, reaparece com a estação do bom tempo; acredita-se que ela se transforme, durante o inverno, em ratazana ou em **rã***. Os torneios primaveris figuram os jogos amorosos das codornas (ou das perdizes, ou dos gansos selvagens). Esse ritmo sazonal, esse vaivém das aves migratórias, é uma imagem de alternância do *yin* e do *yang,* o pássaro do céu se metamorfoseando em animal subterrâneo ou aquático.

O mito védico da *libertação da codorna* pelos Ashvin, os deuses gêmeos com cabeça de cavalo, é bastante conhecido. Parece possuir uma significação da mesma ordem, embora se relacione com um ciclo de amplitude diferente. Os Ashvin estão ligados, segundo uma interpretação corrente, ao Céu e à Terra, ao dia e à noite. A codorna (vartika), que os deuses gêmeos libertam *da goela do lobo,* seria, portanto, a aurora, a luz que precedentemente fora *engolida,* encerrada na **caverna***. Deve-se notar que as nuvens da aurora chinesa têm cinco cores, *como o ovo da codorna,* e, também, que a codorna voa sempre durante

a noite. Vartika significa *aquela que retorna,* e deriva, observa R. Christinger, da mesma raiz da palavra Ortyx, o nome grego dessa ave. Ortígia, a *ilha das codornas,* a ilha de Delos, é a pátria de Ártemis e de Apolo, cuja alternância não deixa de ter certa relação com a dos Ashvin. Desnecessário dizer que essa luz libertada da noite – ou dos infernos – não é somente a do sol matinal, mas também a do sol espiritual, a luz propriamente intelectiva ou iniciática (CHAT, CHRC, GRAR).

Seria bom lembrar, ainda, que as codornas constituem, juntamente com o maná, o alimento milagroso dos hebreus no deserto.

COELHO (*v.* Lebre)

COFRE[1]

O simbolismo do cofre tem por base dois elementos: o fato de nele se depositar um Tesouro material ou espiritual; e o fato de que a abertura do cofre seja o equivalente de uma revelação.

O *depósito* no cofre é o das Tábuas da Lei na Arca da Aliança dos hebreus; o do Espelho de Amaterasu no cofre de Isis; o dos *tesouros* de Kuvera nas suas jarras; o do destino, na caixa de **Pandora***; o do arroz da imortalidade e dos diversos objetos simbólicos no **alqueire*** (teu) das sociedades secretas chinesas. Aquilo que se depõe no cofre é o Tesouro da Tradição, o instrumento da sua revelação e da sua comunicação com o Céu. Seria esse o motivo pelo qual os imperadores da China selavam em cofres, no cume do T'ai-chan, as súplicas endereçadas ao Soberano celeste? O cofre é, na verdade, o próprio suporte da Presença divina, análogo ao tabernáculo.

Ainda hoje, no Extremo Oriente, depositam-se nos cofres as tabuinhas dos antepassados, cujo culto já não é celebrado. Simultaneamente, a região das Nove Obscuridades, ou das Nove Fontes, onde habitam os espíritos dos Antepassados, é comparada a um *cofre de jade,* onde eles estariam *depositados,* à espera de um *renascimento* ou de uma *libertação.* No Egito, o *enterro* cíclico de Osíris era motivo para a confecção de cofres em forma de crescente lunar.

A mesma palavra tabut designa em árabe o cofre, a Arca da Aliança, e a cesta em que Moisés foi lançado ao Nilo. Observe-se que Hiruko, o primeiro ser nascido da união de Izanagi e Izanami, foi, da mesma forma, abandonado sobre as águas num bote feito de caniços. A abertura da cesta que continha Moisés é, com efeito, uma manifestação divina, o anúncio de uma nova era tradicional, de um novo *advento*. Mas a abertura ilegítima do cofre é cheia de perigos: quando os rebeldes Genji se apoderaram do cofrezinho imperial e pretenderam abri-lo, ficaram cegos e perderam a razão com o brilho ofuscante do Espelho.

A Revelação divina não pode ser levianamente despida dos seus véus. O cofre não pode ser aberto senão na hora providencialmente estabelecida e só pelo detentor legítimo da chave (GRAR, HERS, HERJ, MAST, SOUL, VALH).

COFRE² (Escrínio)

Tanto no *Atharva-Veda* como em alguns dos *Upanixades* (ambos livros sagrados dos mais antigos do hinduísmo), o *escrínio,* às vezes qualificado como *estojinho de ouro,* é o símbolo da cabeça ou, com menor precisão, do misterioso *vazio interior* – que encerra e protege de qualquer ataque esse inestimável tesouro: "o *self.* Dentro desse estojinho de ouro com três linhas divisórias, três receptáculos, existe um prodígio: é o *Atma*" (*Atharva-Veda*, X, 2). Pequeno cofre destinado a conter aquilo que consideramos de mais precioso, os cassetes ou os videocassetes (fr. *cassettes,* escrínios) antigos respondem a essa busca de um tesouro, pois neles cada pessoa encontrava a imagem visual e sonora de seu desejo, a sua própria imagem. O cassete era uma espécie de **duplo*** de cada indivíduo.

COGUMELO

O cogumelo – e, na China, mais especificamente o *agárico* (cogumelo que nasce nos troncos de árvores velhas ou cortadas) – é um símbolo da longevidade. A razão disso talvez seja que, após a secagem, o cogumelo se conserva durante longo tempo. Figura entre os atributos do deus da longevidade. "Os Imortais o consomem associado à **canela***, ao **ouro*** ou ao **jade***. E com essa mistura eles obtêm", escreve Wang Tch'ong, "a leveza do corpo".

Além disso, os chineses acreditavam que o agárico (ling-tche) só prosperava se houvesse paz e boa ordem no Império. Seu desenvolvimento, portanto, era sinal de que se fazia bom uso do mandato celeste.

Em certos textos antigos, era considerado também um filtro de amor.

Em um plano completamente diverso, a cosmologia sino-tibetana faz do cogumelo, por causa do formato abobadado de seu chapéu, uma imagem do Céu primordial.

Tchuang-tse (cap. 2), aliás, considera a multiplicidade dos cogumelos nascidos *de uma mesma umidade* a imagem das modalidades impermanentes do ser, aparições fugidias de uma única e mesma essência (DURV, KALL, ROUN).

Entre os dogons, os cogumelos são simbolicamente associados à parede do abdome e aos instrumentos musicais. Costuma-se esfregar a pele dos tambores com um pó de cogumelos carbonizados, a fim de *torná-los capazes de falar* (DIED).

Para os orotch, povo tungue da Sibéria, as almas dos mortos são reencarnadas na Lua sob a forma de cogumelos, e atiradas novamente à Terra sob essa mesma forma (ELIF).

Para certos povos bantos do Congo central, o cogumelo seria igualmente um símbolo da alma. Entre os luluas, fala-se do *cogumelo de quintal e do cogumelo do mato* para evocar o mundo dos vivos e o dos mortos (FOUC). E um sábio acrescenta: *um cogumelo no quintal e um cogumelo na savana são um mesmo cogumelo*. Todas essas crenças têm um ponto em comum: fazem do cogumelo o símbolo da vida regenerada pela fermentação e pela decomposição orgânica, i.e., pela morte.

COIOTE

Animal nefasto e astucioso que, nas lendas cosmogônicas dos povos indígenas da Califórnia, entrava a ação dos heróis criadores e é responsável por tudo o que há de perverso na criação (KRIE, 73). Está para o herói criador (a raposa prateada) como o **gêmeo*** *mau* para o *bom* na cosmogonia

318 | COLA (ÁRVORE)

iroquesa. A ele se atribui particularmente a invenção do inverno e da morte (KRIR, 314-316).

COLA (Árvore)

As cascas de cola inspiraram numerosos motivos decorativos na África negra. Opostas de ponta a ponta, quatro cascas são muitas vezes colocadas em forma de cruz. Por causa de seu sabor amargo, a cola simboliza na tradição as provas da vida. Mas, porque significa as provas da vida, a cola é também o símbolo da amizade sólida e da fidelidade. Nas festas de noivado os dois futuros cônjuges que comem uma noz de cola juntos e a oferecem aos pais declaram com isso seu consentimento em viver juntos (MVEA, 64).

COLAR (v. Círculo)

Afora seu papel de ornamento, o colar pode significar uma função, uma dignidade, uma recompensa militar ou civil, um laço de servidão: escravo, prisioneiro, animal doméstico (coleira).

De modo geral, o colar simboliza o *elo* entre aquele ou aquela que o traz e aquele ou aquela que o ofertou ou impôs. Nessa qualidade, liga, obriga, e se reveste, por vezes, de uma significação erótica.

Num sentido cósmico e psíquico, o colar simboliza a redução do múltiplo ao uno, uma tendência a pôr em seu devido lugar e em ordem uma diversidade qualquer mais ou menos caótica. Em sentido oposto, desfazer um colar equivale a uma desintegração da ordem estabelecida ou dos elementos reunidos.

A mitologia celta só conhece um colar: o do juiz mítico Morann, que tinha por particularidade cerrar-se em torno do pescoço do proprietário quando este proferia um julgamento iníquo e, ao contrário, de alargar-se quando a sentença era justa (OGAC, 14, 338). O Rei dos Macacos, uma vez bonzo, e submisso aos deuses, usa uma cinta de ouro na testa, dotada dos mesmos poderes, no célebre romance tradicional chinês *A viagem ao Ocidente* (Si Yeu Ki).

COLHEITA

Sem dúvida, é inútil nos demorarmos nos empregos metafóricos do termo na Bíblia. Nós os compreendemos perfeitamente ainda hoje: colher-se-á o que se tiver semeado (*Provérbios*, 22, 8). A colheita como imagem do trabalho proposto (*Mateus*, **9**, 37) etc.

Mais interessante é ressaltar o conteúdo simbólico da imagem: "A colheita é o fim do mundo", escreve Mateus (**13**, 39). Pode-se até mesmo dizer com exatidão que se trata do *julgamento final.* Assim, em Joel (**4**, 12-13), Deus anuncia que vai sentar-se para julgar: "Lançai a foice, a colheita está madura." O texto emprega em seguida a imagem paralela da vindima (v. *Apocalipse*, **14**, 15-19).

Entretanto, diversos textos do Novo Testamento permitem excluir a explicação racional segundo a qual as ações do homem, no curso do seu desenvolvimento, atingem a maturidade e são, então, simplesmente colhidas e contabilizadas por um juiz passivo, como se medidas em uma balança. A parábola do joio e do bom grão (Mateus, **23**, 24-30, 36-43) deixa uma parte de mistério na colheita – Juízo Final: a paciência de Deus guarda para si a decisão soberana. O critério último que presidirá a essa colheita é a determinação da qualidade essencial dos frutos trazidos pelo homem. Ele viveu, semeou e frutificou para os seus apetites carnais, ou para o bem, para o Espírito, isto é, para a vontade de Deus e de seu reino (*Gálatas,* 6, 7-10)? Eis por que o resultado da colheita não está sempre de acordo com a lógica. Aquele que semeou com lágrimas colherá com cantos de alegria (*Salmos* 126, 5).

COLIBRI

Entre os astecas, as almas dos guerreiros mortos voltavam à terra sob a forma de colibris ou de **borboletas***. Considera-se, igualmente, o colibri autor do calor solar (KRIR, 65).

Num mito dos povos indígenas hopi, do Arizona, aparentados linguisticamente aos astecas, o colibri figura como um herói intercessor ou medianeiro, que salva a humanidade da fome, intervindo junto ao deus da germinação e do crescimento das plantas (Leo W. Simmons, in TALS, apêndices 441-442).

Essa mesma valorização positiva leva os indígenas tukano da Colômbia a acreditar que o colibri ou "pássaro-mosca" copula com as flores. Por isso, ele representa o pênis, a ereção, a virilidade radiosa. De resto, no Brasil, o troquilídeo é também chamado beija-flor.

COLINA

Esse montículo de terra é, para os egípcios, o símbolo de outro, que emergiu do caos antes de qualquer coisa, quando o vento soprou, tempestuoso, por sobre as águas primevas. *Os deuses* pisam terra firme no alto da colina original e criam a luz (SETHE in MORR, 230-231).

Assim, a colina é a primeira manifestação da criação do mundo: saliente o bastante para diferenciar-se do caos inicial, ela não tem a majestosa imensidade da **montanha***. Marca o começo de uma emergência e da diferenciação. Seus contornos suaves se harmonizam com um aspecto do sagrado que está na medida do homem.

Em muitas lendas irlandesas, o sid ou Outro--Mundo fica localizado nos tertres (ou lagos), donde o sentido de *colina* que a palavra assume muitas vezes no irlandês médio e moderno. Trata-se de uma adaptação léxica recente, devida ao obscurecimento da noção de sid (OGAC, 14, 329-340). À maneira celta, em lugar de significar a criação deste mundo, a colina simboliza o outro mundo.

COLMEIA

Ela é a **casa*** das **abelhas*** e, por metonímia, as próprias abelhas, enquanto coletividade, *povo*. Seu valor simbólico está, portanto, claro: enquanto *casa*, a colmeia é segura, protetora, maternal. Enquanto coletividade, laboriosa, e quanto! – o barulho da colmeia não é o do ateliê, da usina –, ela simboliza a união aplicada, organizada, submetida a regras estritas, que tem o atributo de acalmar as inquietudes fundamentais do ser e dar a paz. É o mesmo caso de seitas iniciatórias ou comunidades religiosas, formas de organização que evocam simbolicamente aquelas através das quais certos dirigentes, chefes de Estado ou de empresa asseguram hoje os seus poderes, em nome da ordem, da justiça e da segurança.

COLOSSO

Estátuas colossais de deuses e de reis podem ser encontradas no Egito, na América, na Ásia, na ilha de Páscoa etc. As mais célebres são as de Amenófis (Amenhotep) III, em Tebas; de Ramsés II, em Mênfis; de Ramsés III, em Abu Simbel. Gigantes de pedra ou figuras rupestres talhadas diretamente nas paredes de penhascos, tais colossos são tão fiéis nos seus traços quanto as estatuetas ou estátuas de tamanho natural. Exigiram o concurso não só de escultores mas de arquitetos e de engenheiros.

As dimensões anormais dadas aos retratos dos faraós simbolizavam os poderes supernormais de que estavam eles investidos. Indicavam o caminho do absoluto e do infinito, ao termo do qual a grandeza do poder real tinha a sua fonte, destacando-se contra a imensidão do deserto, da montanha, do céu. Afirmavam também a essência imutável e sobre-humana dos príncipes. Os colossos encarnavam os espíritos que habitavam o faraó. Verdadeiras hipóstases visíveis do Rei-deus, tinham os nomes de Amenófis-Sol-dos-Soberanos, Ramsés-Guardião-das-Duas Terras etc. O povo e os guerreiros, principalmente, votavam devoção particular a essas divindades dinásticas, cujo semblante coroado insistia em emergir por cima dos recintos sagrados (POSD, 65a).

COLUNA

Elemento essencial da arquitetura, a coluna é suporte: ela representa o **eixo*** da construção e liga os seus diversos níveis. As colunas garantem a solidez da construção. Enfraquecê-las é ameaçar o edifício inteiro. Por isso são tomadas com frequência pelo todo. Simbolizam a solidez de um edifício, quer seja ele arquitetural quer seja social ou pessoal. Foi empurrando as colunas do templo de Dagon, em Gaza, que Sansão, prisioneiro dos filisteus, esmagou seus inimigos e, morrendo com eles, deu a vitória a seu povo (*Juízes*, 16, 25-30).

A coluna, com a base e o capitel que, em geral, a acompanham, simboliza a **árvore*** da vida. A

320 | COLUNA

base indica a raiz; o fuste, o tronco; e o capitel, a folhagem, o que explica o emprego popular da palavra para designar o falo ereto. Essa conotação sexual parece já atestada entre os gregos. Tal seria o sentido da atribuição a Deméter (Ceres), em certas obras de arte, de uma coluna e de um delfim, simbolizando o mar e a sua fecundidade. A noção de verticalidade, que preside a essa orientação do símbolo, aplica-se também à coluna vertebral, para fazer da coluna o símbolo da afirmação de *self*, o que dá todo o seu sentido aos costumes de prosternação e de volta à posição direita do corpo entre homens ou em face de uma representação sagrada. É ela que dá vida ao edifício que sustenta e a tudo o que ele significa. Foi à árvore, aliás, que o homem tomou de empréstimo a forma da coluna. "Na sua imensa maioria, as colunas egípcias, por exemplo, são uma transposição em pedra dos suportes vegetais, troncos, feixes de colmos, que bastavam, outrora, para sustentar os tetos dos edifícios de madeira... Elas terminam, no alto, por um capitel, que figura, ao emergir dos cinco atilhos horizontais que retêm, teoricamente, o molho das hastes que compõem a coluna, o desabrochar floral das plantas saídas do solo" (POSD, 63).

As colunas egípcias tiram, em geral, suas formas das formas das palmeiras ou dos papiros, com suas nervuras e seu movimento impetuoso para o alto. Esses *temas simbólicos* da coluna *exprimem a vida infundida ao edifício ou o seu desabrochar.* As dimensões relativas da coluna variam *segundo as necessidades da expressão simbólica.* Um capitel, por exemplo, tomará tamanho desmesurado para representar as cabeças da deusa Hator. Ou os ábacos de forma vegetal ficarão desproporcionados a fim de evocar um deus que dança. E assim por diante (DAUE, 588). O papel arquitetônico da coluna parece, aqui, subordinado à sua função expressiva. Mas ela conserva, nos dois casos, todo o seu valor simbólico.

Nas tradições célticas, a coluna ou o pilar é também um símbolo do eixo do mundo. E essa noção, muito próxima da concepção da árvore da vida, encontra-se até nas metáforas correntes, que comparam os heróis ou os guerreiros a pilares de combate. A primeira narrativa mitológica irlandesa, que é, ao mesmo tempo, *Gênesis* e anúncio do *Apocalipse*, tem por título Cath Maighe Tuireadh, ou seja, em tradução literal, *Batalha da Planície dos Pilares*, o que pode ser entendido como referência, seja a monumentos megalíticos, seja a heróis guerreiros. Um poema galés muito antigo compara os quatro evangelistas às colunas que sustentam o mundo. É, provavelmente, a essa concepção que convém associar também as colunas do cavaleiro gigante anguípede cujas representações são numerosas na Gália (REVC, 12, 52-103; MYVA, 29 a; Friedrich Hertlein, *Die fuppitergigantensàulen*, Stuttgart, 1910).

Mas a coluna poderia ser, também, o símbolo dos suportes do conhecimento, uma vez que contivesse o alfabeto.

Do ponto de vista da mística celto-ibérica, as colunas são letras de um alfabeto abstrato. *Marwnad Ercwlf*, antigo poeta galés, que se encontra no *Livro vermelho de Hergest*, trata do Héracles celta – que os irlandeses chamavam *Ôgmios* – e conta como Ercwlf erigiu *quatro colunas de igual altura coroadas de ouro vermelho,* aparentemente as quatro colunas, de cinco letras cada uma, que constituíam o alfabeto de vinte letras dos bardos, conhecido sob o nome de Boibel Loth (*A Deusa Branca*). Parece que por volta do ano 400 a.C., esse novo alfabeto, no qual o nome das letras, em grego, se reportava à viagem celeste de Héracles, à sua morte no monte Eta, na Tessália, e aos seus poderes enquanto fundador de cidade e juiz, substituiu o alfabeto de árvores *Beth-Luis-Niu*, cujas letras se referiam ao assassínio sacrificial de Cronos pelas mulheres selvagens (GRAM, 396, nota 3).

A arte greco-romana também não limita a coluna a um papel puramente arquitetônico. Não lhe são estranhas as colunas votivas e triunfais, rodeadas de relevos ou de inscrições gravadas e douradas, que relembram os feitos memoráveis dos heróis. A coluna de Trajano, erigida à glória do imperador, desenrola uma espiral de baixos-relevos, que vão da base ao cimo, contando, em 115 cenas, os episódios mais notáveis das suas numerosas campanhas (LAVD, 265). Essas colunas simbolizam as relações entre o céu e a terra, evocando, ao mesmo tempo, o reconhecimento do homem para com a divindade e a divinização de certos homens ilustres. Manifestam o poder de Deus no homem e o poder do homem sob a influência de Deus. A coluna simboliza o poder que assegura a vitória e a imortalidade dos seus resultados.

Nos hinos homéricos, ela mantém e compendia a *ordem* olímpica, ao mesmo tempo que o poder divino.

As *colunas de Hércules* (Héracles) teriam sido erguidas pelo herói ao termo de sua viagem à África do Norte (Líbia, na Antiguidade), onde massacrou grande número de monstros ao chegar a Tarters (hoje Tânger). Uma delas ficava na África, o rochedo de Ceuta; a outra, na Europa, a rocha de Gibraltar. Destinavam-se, a bem dizer, menos a assinalar os limites geográficos e separar os dois continentes que a reduzir a passagem de um para outro, a fim de melhor separar a bacia do Mediterrâneo do oceano Atlântico e impedir, assim, os tubarões e monstros do oceano de franquear o estreito de Gibraltar. É a fronteira de proteção, que não se deve passar. Assinalam-se colunas, ditas, igualmente, "de Hércules", no litoral da Alemanha, no mar Negro, nas costas da Bretanha e ao longo da costa indiana. A coluna simbolizaria, nesses casos, o limite de proteção, além do qual o homem não devia aventurar-se, pois Deus ali não exercia mais os seus poderes.

As colunas indicam limites e, em geral, enquadram **portas***. Marcam a passagem de um mundo para outro.

Ultrapassar esses limites, no entanto, é a ambição dos príncipes. Era a de Carlos V, que tomou por divisa as duas palavras: plus ultra. O que significava ter ele transposto, por seu Império, os limites do mundo antigo, e estendido o seu poder "bem além do estreito de Gibraltar" (TERS, 108).

É o mesmo simbolismo que as tradições judaico-cristãs retomam num sentido cósmico e espiritual. Árvore de vida, árvore cósmica, árvore dos mundos, a coluna liga o alto e o baixo, o humano e o divino. O Bahir ilustra isso claramente quando diz que a coluna liga a última *sefira*, i.e., a terra, à sexta, dita céu. Na simbólica românica, a coluna, suporte da vida, suporte do mundo, evoca o poder de Jeová, capaz de sacudir as colunas do mundo.

Essas imagens lembram as tradições cosmológicas correntes: *A terra repousa sobre colunas, que Deus sacode por ocasião dos terremotos.* Lembram, também, as tradições escatológicas: o mundo terá fim quando as suas colunas forem derrubadas.

A coluna toma, por vezes, o sentido de uma teofania: A propósito do tema da luz, a liturgia pascal evoca o símbolo da coluna de fogo, que guiou os israelitas no deserto. A coluna de luz designa sempre as almas que amam a Deus e que, por transparência, deixam filtrar através delas a luz divina (DAVS, 237).

As colunas do Palácio e do **templo*** de Salomão deram origem a inumeráveis interpretações. Cumpre distinguir, inicialmente, duas espécies de colunas.

As colunas do grande recinto hipostilo do palácio, que servia de passagem para as entradas reais e de sala da guarda, funcionando como um largo vestíbulo que conduzia aos apartamentos do rei e à sala do trono, eram em **cedro***. Ora, o cedro é símbolo de incorruptibilidade e de imortalidade (1 *Reis*, 7, 2-6).

As outras colunas, em número de duas – as mais célebres –, eram feitas de bronze e "se erguiam diante do Vestíbulo do Templo de Salomão, de um lado e de outro da entrada. Hiram fundiu essas duas colunas de bronze. Levantou-as diante do vestíbulo do santuário. Ergueu a coluna da direita e lhe deu como nome Yakin. Ergueu a coluna da esquerda e chamou-lhe Boaz". Assim foi completada a obra das colunas (1 *Reis*, 7,15-22). Conhece-se o simbolismo do **bronze***, metal sagrado, sinal da aliança indissolúvel do céu e

322 | COLUNA

da terra, garantia da eterna estabilidade dessa aliança. O nome dado à coluna da direita evoca, justamente, em hebraico, a ideia de solidez e de estabilidade (Yakin), ao passo que o da coluna da esquerda sugere a de força (Boaz). *As duas palavras reunidas significam, então,* escreve Crampon, *que Deus estabeleceu na força, solidamente, o templo e a religião de que ele é o centro.*

Outros autores, como Oswald Wirth, perceberam nos nomes dessas colunas significados sexuais. A da direita exprimiria o princípio ativo ou a masculinidade; a da esquerda, o princípio passivo ou a feminilidade. Essa interpretação, que as identifica com os órgãos da fecundação, seria reforçada pelo simbolismo sexual das **romãs***: *duzentos romãs* em torno de cada capitel.

Numa coluna de fogo, à noite, numa coluna de nuvem, de dia, Jeová guiava os hebreus através do deserto que bordejava o mar dos Juncos (*Êxodo*, **13**, 21-22).

Essas colunas simbolizam a presença de Deus, uma presença ativa, a qual, no sentido histórico, conduziu o povo eleito através das ciladas do caminho e, no sentido místico, dirige a alma nos caminhos da perfeição.

A coluna, no seu sentido de elo entre a terra e o céu, é, em certos casos, a pedra sacrifical. É no seu cimo, na sua parte celeste, que o animal é sacrificado. Após os ritos de consagração, ritos de purificação são realizados em toda a volta da coluna. As leis são inscritas na coluna e sobre a coluna os juramentos são proferidos. Ela é o eixo do sagrado, ou o eixo sagrado da sociedade, como ressalta, admiravelmente, de um texto de Platão relativo aos costumes dos Atlantes (*Crítias,* 119 d, 120 b, trad. fr. de Albert Rivaud, Belles-Lettres, 1925, pp. 272-273).

Os chineses falam em coluna do Céu no circuito da Terra, mas seu número não é fixo: 8, 4 ou 1. Sua localização também não é certa (MYTF, 126).

Entre os uralianos, colunas ou uma só coluna suporta(m) o céu. O culto é celebrado nos bosques sagrados onde se erguia a árvore da vida, que pode ter sido o símbolo da coluna que sustentava o firmamento. Ela é o pivô do movimento circular celeste, o que explicaria a mudança da posição dos astros nas diversas horas do dia e da noite. Um ferreiro de arte prodigiosa seria responsável pela sua construção, e era importante conservá-la em bom estado. Sem isso, o universo corria o risco de desabar, e o firmamento esmagaria a superfície da terra. A Estrela Polar era tida como o cimo da coluna sagrada. Em torno dela é que o céu girava (MYTF, 109).

A estaca central da tenda dos samoiedas yuraques é o emblema dessa coluna que sustenta o universo, e os xamãs fazem dela objeto de certos ritos, principalmente depois da morte de um dos habitantes da tenda. É ao longo dessa coluna que se pode efetuar a ascensão para as regiões celestes, e o orifício superior da tenda representa, então, o buraco no firmamento pelo qual o feiticeiro consegue introduzir-se no céu a fim de encontrar nele os espíritos que o habitam (MYTF, 109).

Essa mesma simbologia se encontra nas tradições da franco-maçonaria, as quais, como se sabe, assentam sobre o Templo de Salomão. Cada loja, com efeito, representa um Templo, onde, em face do delta luminoso, duas colunas, marcadas com o J de Jakin – ou Yakin – e com o B de Boaz, ocupam lugar essencial. Masculina, ativa, ígnea, a coluna J é pintada de vermelho, enquanto a coluna B, passiva, feminina, aérea, é pintada de branco. A primeira é associada ao Sol, a segunda, à Lua. Por ocasião das cerimônias maçônicas, os aprendizes se alinham ao pé da coluna, os companheiros junto da coluna B. Os mestres ficam no espaço do meio.

O conjunto do simbolismo da coluna se poderia resumir no poema de Paul Valéry (Cantique des colonnes):

> Nous chantons à la fois
> Que nous portons les cieux!...
> Filles des nombres d'or,
> Portes des lois du ciei...
> Nous marchons dans le temps
> Et nos corps éclatants
> Ont des pas ineffables.

[Cantamos, ao mesmo tempo / Que sustentamos os céus!... / Filhas dos números de ouro, / Portas das leis do céu... / Caminhamos no tempo / E nossos corpos resplandecentes / Têm passos inefáveis.]

COMBATE (v. Cosmogonia, Guerra, Luta)

COMETA

No antigo México, como no antigo Peru, a passagem dos cometas era observada pelos padres e adivinhos. Constituíam um mau presságio, anunciador de uma catástrofe nacional, como fome, guerra desastrada, morte próxima do rei. Tanto a tradição asteca quanto a inca faz menção de um cometa que teria anunciado a Montezuma (Moctezuma) II e ao inca Huayna Capac a chegada dos espanhóis e a queda do império.

No México, os cometas eram chamados *serpentes de fogo* ou *estrelas que fumam* (fumegantes).

Crença análoga existe entre os bantos do Kassai (Kasai), no Zaire, para os quais a aparição de um cometa é prenúncio de grandes desgraças ou de graves ameaças à comunidade.

Um cometa precedeu à morte de César.

COMPASSO

Numa linguagem literária – e até certo ponto convencional –, o compasso é considerado entre nós o emblema das ciências exatas, do rigor matemático, por oposição à fantasia imaginativa, à poesia. As noções de regra e régua, de retidão, direitura, estão também na base do kuei chinês.

E, no entanto, quer no esoterismo ocidental, quer na China antiga, o compasso – geralmente associado ao **esquadro*** – é um importante símbolo cosmológico, uma vez que serve para *medir* e para traçar o *círculo*, enquanto o esquadro serve para traçar o quadrado. *É no esquadro e no compasso,* dizem os legistas, *que está a perfeição do quadrado e do círculo.*

Um belo desenho de William Blake, intitulado *O Ancião dos dias mede o tempo,* representa o Padre Eterno inscrito no disco do sol e dirigindo para o mundo um imenso compasso. Coomaraswamy e Guénon associaram esse símbolo à medida – ou determinação – dos *limites do Céu e da Terra,* de que falam os Vedas, e evocaram o papel do arquiteto celeste Vixvacarman, bem como o do Grande Arquiteto do Universo, dos maçons.

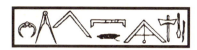

COMPASSO:
Sepulcro de um arquiteto. Pedra funerária. Escultura romana dos primeiros séculos d.C.

Dante cantou o Deus Arquiteto: Aquele que, com o seu compasso, marcou os limites do mundo e determinou, dentro deles, tudo o que é visível e tudo o que está oculto (*Paraíso,* **19**, 40-42).

O compasso foi interpretado como imagem do pensamento a desenhar ou percorrer os círculos do mundo. Traçando as imagens do movimento, e móvel ele mesmo, o compasso tornou-se o símbolo do dinamismo construtor, atributo das atividades criadoras.

Girando sobre a sua ponta a fim de voltar ao ponto de partida, o compasso simbolizou também o ciclo de uma existência: Por mais longe que vás, por mais tempo que fiques ausente, é ao ponto de partida que tornarás, como o compasso, que tem uma das pontas apoiadas no centro e a outra na periferia: por mais que dês voltas, sempre retornarás ao ponto de onde saiu (Sohrawardi, Uarchange empourpré, CORE, II, 248).

No Ocidente como na China, compasso e esquadro evocam, respectivamente, o Céu e a Terra. O Mestre maçom, *entre esquadro e compasso,* está no papel de *mediador,* que é também o do jen taoista. No Ocidente, o compasso e o esquadro são atribuídos, respectivamente, às duas metades, masculina e feminina, do Andrógino hermético (Rebis), que corresponde ao Sol e à Lua, na China a Fu-hi e Niu-kua, que são os princípios masculino e feminino da manifestação. Todavia, quando Fu-hi e Niukua são unidos, seus atributos ficam invertidos, ou, mais exatamente, trocados. É a figuração da *hierogamia,* a síntese reconstituída do *yin* e do *yang* na qual a figura *yang* porta o atributo *yin,* e inversamente; da mesma forma que, na

324 | CONCHA (V. BÚZIO)

representação do T'aiki, a metade *yang* comporta um ponto *yin*, e a metade *yin*, um ponto *yang*.

Mais prosaicamente, a expressão compasso e esquadro (kuei-kin) indica os bons costumes, a boa ordem, na verdade, a harmonia complementar das influências celestes e terrestres, masculinas e femininas.

Observe-se, ainda, que, na conformidade do simbolismo do círculo e do quadrado, o compasso está mais particularmente em relação com a determinação do tempo, e o esquadro com a do espaço, o que é indicado na China pelo sinal kin, esquadro antigo utilizado para as medidas espaciais.

Compasso e esquadro foram, na Idade Média, os emblemas da maior parte das corporações: o *Compagnonnage*, observou Guénon, só proibia o uso do compasso aos sapateiros e padeiros (BLAM, GRAD, GRAP, GUER, GUET, GUEO, WIEC).

Os graus de abertura do compasso simbolizam, na tradição maçônica, as possibilidades e os graus do conhecimento:

> 45° se referem ao 8°, 600 ao 6°, e 90° ao 4°. Limitando a abertura do compasso ao máximo de 90°, a maçonaria indica, com isso, os limites que o homem não pode ultrapassar. O ângulo de 90° reproduz o esquadro. Ora, o Esquadro é, como sabemos, o símbolo da Matéria; o Compasso é o símbolo do Espírito e do seu poder sobre a matéria. O Compasso, aberto em 45°, indica que a matéria não está, ainda, completamente dominada; enquanto a abertura em 90° realiza integralmente o equilíbrio entre as duas forças; o compasso se torna esquadro justo (BOUM, 7).

As posições relativas do compasso e do esquadro simbolizam também os diversos estados nos quais se encontra o companheiro com relação às forças materiais e espirituais: se o esquadro é posto sobre o compasso, a matéria domina o espírito; se os dois instrumentos são entrecruzados, as duas forças se equilibram; se o compasso é posto sobre o esquadro, isso indica uma superioridade espiri-

tual; se, enfim, a abertura do compasso coincide com a do esquadro, é a harmonização suprema dos dois planos, material e espiritual (BOUM, 6).

Já se fez também do compasso, na iconografia tradicional, um símbolo da prudência, da justiça, da temperança, da veracidade – virtudes fundadas no espírito de moderação. Ele se tornou, igualmente, o emblema da geometria, da astronomia (e da musa Urânia, que a personifica), da arquitetura e da geografia, sempre por essa mesma razão, de ser o instrumento da medida e, particularmente, da concordância ou correspondência. Como Saturno, que foi primitivamente uma divindade agrária, contasse entre as suas atribuições a medição das terras, o compasso é um tributo de Saturno. E como Saturno era, cumulativamente, o deus do tempo, coxo, triste, taciturno, perdido em meditações *sobre o desconhecido, em busca da pedra filosofal e da extração da quintessência*, o compasso se fez símbolo da melancolia (TERS, 109-112).

CÔNCAVO (*v.* Oco)

CONCHA (*v.* Búzio)

A concha, evocando as águas onde se forma, participa do simbolismo da fecundidade própria da água. Sua forma e sua profundidade lembram o órgão sexual feminino. Seu conteúdo ocasional, a pérola, suscitou, possivelmente, a lenda do nascimento de Afrodite, saída de uma concha. O que confirmaria o duplo aspecto, erótico e fecundante, do símbolo. Não esqueçamos que, na Espanha, o prenome feminino muito comum de Concepción é, muitas vezes, substituído pelo seu diminutivo, Concha ou, mais familiarmente ainda, Conchita. Como negar, neste caso, a intencionalidade da imaginação popular? Os inumeráveis *Nascimento de Vênus,* como os de Botticelli e Ticiano, ilustram essa mesma associação. Da fecundidade ligada ao prazer sexual é fácil passar às noções de prosperidade, de sorte: o que fazem os chineses, que só raramente deixam de aproximar a imagem da concha à dos imperadores.

Retomando a mesma linha simbólica, os astecas chamam Teccaciztecatl, o da concha, ao seu deus-Lua, cuja representação, que significa nascimento, geração, é a de um útero.

Mas a Lua está ligada à Terra na sua própria essência, i.e., no interior da Terra, às forças ctonianas que se apresentam, frequentemente, sob a forma de uma velha divindade luniterrestre. É o caso dos maias, para os quais a concha simboliza o mundo subterrâneo e o reino dos mortos. A forma de uma concha ajuntada ao glifo solar significa o sol negro, quer dizer, o sol na sua função noturna, quando ele visita esses mundos (THOH). Nas Antilhas, põem-se conchas em cima das lápides tumulares, e nelas se acendem velas para as festas.

A concha está ligada também à ideia de morte pelo fato de ser a prosperidade que ela simboliza, para uma pessoa ou para uma geração, o resultado da morte do ocupante primitivo da concha, ou da morte da geração precedente. Na idade da rena, as conchas marinhas, que figuram nos adornos funerários, "solidarizam o defunto com o princípio cosmológico. Lua, Água, Mulher o regeneram, inserem-no no cósmico, e pressupõem, à imagem das fases da Lua, nascimento, morte e renascimento" (Breuil, in SERH, 37-38).

Nas ilhas do Pacífico ocidental, Bronislaw Malinowski descobriu um singular comércio (kula) de conchas, trabalhadas em forma de braceletes (mwali) ou enfiadas em colares (sulawa). Esse sistema intertribal de troca, à margem das outras trocas, parece mais uma cerimônia ritual que uma transação com fito de lucro. Kula significa círculo. Ora, "a mesma palavra se aplica à viagem das almas dos mortos, as quais, segundo a tradição, vão para a ilha de Tuma, a noroeste de Boyuna: a pátria... dos mwali. Os mwali, braceletes talhados na parte superior de uma grande concha cônica, são tidos por masculinos; viajam em direção oeste e simbolizam a aventura humana cujo termo é a morte. Os sulawa, longos colares de conchas vermelhas (tidas por femininas), vão de oeste para leste. Representam a impureza da carne e o sangue catamenial, a encarnação, a descida da alma na matéria, a fecundidade vinda dos mortos. Esses talismãs do mar provocam a troca dos bens, a aliança dos homens, sua união sob todas as formas" (SERH, 285-291).

Tudo o que precede explica que a concha seja, nos sonhos, uma expressão da libido. A vagina, que ela designa, é a entrada da gruta, da câmara do tesouro, porque toda concha pode **conter*** uma pérola. Sonhar com concha, então, é um convite à viagem, sempre dotado de um valor positivo (AEPR).

P. Bourgeade, citado por Guiraud (GUID), resume, numa frase, esse simbolismo fundamental: Depois, de concha em concha, cheguei à sua, a original, a concha pálida, de frincha rósea, donde tudo procede e para onde tudo retorna.

CONDOR

Em todas as mitologias da cordilheira dos Andes, o condor intervém como um avatar do **Sol***. E sob essa forma é representado, tanto em Tiahuanaco quanto em Chavin de Huantar ou nas cerâmicas de paracas, nasças, huaylas etc. (MEJP).

CONE

Figura geométrica que participa do simbolismo do **círculo*** e do **triângulo***, mas da qual não se conhece significação tradicional autorizada e precisa. O cone seria um símbolo de Astarte, divindade cananeia do amor e da fecundidade, correspondente à Istar assíria e à Afrodite grega. Talvez representasse a vagina, imagem da feminilidade. Tem algo a ver também com o culto lunar.

Seu simbolismo foi comparado igualmente por Frazer ao da pirâmide. Seria possível evocar o da **torre*** e o do **zigurate***. Imagem ascensional da evolução da matéria em direção ao espírito, da espiritualização progressiva do mundo, da volta à unidade, da personalização.

CONFISSÃO

Entre os egípcios, o *Livro dos mortos* e outros textos apresentam numerosos exemplos de *confissões*. Elas assumem, na maioria dos casos, uma forma negativa, expondo todos os pecados que o defunto não cometeu. O interrogatório do acusado, por ocasião da **psicostasia***, não tem por finalidade provocar confissões ou despertar remorsos. *Longe*

326 | CONFLITO

disso. Contém, sobretudo, declarações nas quais o defunto afirma não ter cometido determinadas infrações à moral vigente, às leis rituais e, mesmo, certos crimes. Vêm, em seguida, outras declarações, em que ele afirma haver cumprido certos deveres morais. O morto tem o ar de pedir aos juízes: *Que não façais subir até esse deus a que servis tudo o que existe de mau em mim.* Um pensamento muito profundo e muito justo se revela aqui: o morto não quer conservar dos seus atos senão aquilo que sua consciência ratifica. O que ela rejeita não pertence inteiramente à sua pessoa; provém de uma parte dele mesmo para a qual não pede sobrevida.

Mas o pensamento egípcio não exclui a magia: se a afirmação se refere apenas ao bem, é o bem que ela realiza: a negação do mal destrói o mal. As declarações do morto são feitas no mesmo espírito mágico. Falando apenas de inocência e de bom comportamento, elas têm um efeito salutar pela virtude da fórmula. O mesmo é verdadeiro quanto ao desenho (a cena da psicostasia): pelo simples fato de representar o coração e o Maat em equilíbrio, ele opera essa desejada equivalência entre um e outro (MORR, 177). A confissão simboliza a vontade definitiva do defunto, a imagem que ele quer deixar de si mesmo para a eternidade aos homens e aos deuses. Ela é seu testamento moral.

Na tradição bíblica, pelo contrário, o que libera o pecador é a confissão das faltas cometidas, e não a lembrança dos atos bons:

> Quem esconde suas faltas jamais tem
> [sucesso;
> mas quem as confessa, e abandona, obtém
> [compaixão.

> (*Provérbios*, **28**, 13)

O chamamento à fidelidade à lei de Jeová não está de todo ausente. Mas, em geral, a falta deve ser reconhecida, confessada publicamente e expiada por um sacrifício:

> Se um homem é responsável (por um [juramento
> leviano),

> confessará o pecado cometido,
> levará a Jeová, como sacrifício de reparação
> pelo pecado cometido, uma fêmea de gado
> [miúdo,
> e o sacerdote cumprirá sobre ele o rito
> de expiação, que o livrará do seu pecado.

> (*Levítico*, **5**, 5)

Números (**5**, 7) acrescentam à confissão e à expiação pelo sacrifício o dever de restituição, em caso de ter havido frustração (*Salmos* **32**, 5).

A confissão cristã reteve esses diversos elementos oriundos do judaísmo: reconhecimento expresso da culpa, reparação, penitência, absolvição divina, acrescentando-lhes, de forma talvez menos explícita, o firme propósito de não reincidir na falta, como condição do perdão obtido. O pecado é um laço, um nó espiritual. A confissão, entendida na sua plenitude, desata o laço. É esse, aliás, o sentido textual de absolver, soltar, livrar, libertar. O Cristo deu a São Pedro o poder de ligar e desligar, i.e., de manter o laço do pecado ou de rompê-lo. A confissão simboliza aqui a vontade de se livrar do mal da falta.

Os astecas tinham o direito, uma vez na vida, de confessar os seus pecados. E isso os *lavava* dos seus pecados tanto na terra quanto na vida além da morte, tanto diante dos deuses quanto dos homens. Essa confissão era feita à deusa da luxúria, Tlazolteotl, dita, por isso mesmo, "aquela que come as imundícies" (SOUA, 230). Cabia, então, à mesma deusa que inspirava os desejos mais pervertidos a missão de perdoá-los. Exemplo da associação de contrários, característica do pensamento simbólico (*v.* excrementos, obsidiana, azul, vermelho etc.).

CONFLITO

Resultado de tensões contrárias, internas ou externas, que podem atingir uma intensidade crítica, o conflito simboliza a possibilidade da passagem de um contrário a outro, da inversão de tendência, para o bem ou para o mal: independência--servidão, dor-alegria, saúde-doença, guerra-paz, preconceitos-sabedoria, vingança-perdão, divisão-

-reconciliação, depressão-entusiasmo, culpabilidade-inocência etc. A **encruzilhada*** é a imagem do conflito – este, um símbolo da realidade, ao mesmo tempo, da instabilidade moral devida às circunstâncias ou à pessoa, bem como da incoerência psíquica, individual ou coletiva.

CONFLUÊNCIA

Um número bastante elevado de cidades celtas têm ou tiveram o nome de "confluência", o que está comprovado à exaustão e sob diversas formas, como no gaulês, Condare (e a toponímia atual: Condé, Candes, Condes, Cosnes, Condat, Condal, Condres etc.), de que se conhece mais de uma centena de exemplos, em todas as regiões da Gália. O sentido é evidente, mas a etimologia, desconhecida. Talvez a palavra se tenha formado do prefixo galés cone de um verbo do-ti-s, *pôr, colocar* (cf. irl. dal, *reunião*). A confluência deve ter tido papel no simbolismo religioso, porque a capital da Gália, Lugdunum (Lyon) ficava situada na confluência do Saône e do Ródano. Em neocéltico, o nome "confluência" é raro (cf., no entanto, o bretão Kemper [Quimper], cujo equivalente seria mais aproximadamente *embocadura*). O simbolismo exato é difícil de determinar, à falta de documento preciso. Sem dúvida, participa ao mesmo tempo dos simbolismos de *caminho,* de *reunião* e de *centro* (HOLA, 1, 1092-1095).

A simbólica da confluência se prende à da conjunção e à da *coincidência dos opostos,* que aparece em inúmeros mitos e imagens. Significa a volta à unidade depois da separação, a síntese depois da distinção, a junção do céu e da terra, a superação de um complexo inibidor.

Na China antiga, a confluência tinha papel particularmente importante. A do Yangtse com o rio Lo, por exemplo, ou a do Ts'in com o Wei, eram locais de cerimônias. A ideia de conjunção, de mistura de águas, evoca, segundo Granet, os ritos sexuais. É, mais precisamente, um símbolo da união exogâmica. Os ritos primaveris registrados no Che-king têm por objetivo expulsar as más influências, das quais a principal é a esterilidade. A mistura das águas é um exemplo de fecundação

natural. O *Tao Te Ching* (cap. 61) associa a noção de confluência à de *fêmea do Império,* de receptividade, de passividade eficaz, se não for audácia dizer assim. Ficar em nível inferior é estabelecer-se num ponto de irresistível convergência, ou seja, em definitivo, no *Centro.*

A noção de confluência é igualmente sensível na Índia, onde a união do Ganges (Ganga) e do Yamuna (Jumna) é celebrada tanto pelos textos quanto pelas peregrinações a Allahabad. Cumpre dizer que o *Ganges* e o *Yamuna* (v. rio) não são apenas os dois companheiros simétricos de Varuna, mas que o primeiro é límpido, e o segundo, escuro, que o primeiro se relaciona com *Shiva,* e o segundo, com Vishnu; e, finalmente, que ao rei dos rios sagrados se une a *filha do Sol.*

A foz dos rios é, igualmente, lugar sagrado por excelência. Evoca, de maneira claríssima, o retorno à indistinção primeva (v. **oceano***). É também esse, aliás, o sentido da *confluência* dos contrários segundo Chiangtse (Zhuangzi), equivalente à sua volta ao Princípio.

Coomaraswamy traduz, finalmente, por *confluência* o samsara búdico, o fluxo ilusório dos fenômenos, que nos arrasta inelutavelmente no movimento contínuo do encadeamento causal dos atos (COOH, GRAF, GRAD, SOUP).

CONSTELAÇÕES

Antes de ser um objeto ideal de matemática esférica, a abóbada estrelada foi uma fonte de mitologia astral. Provavelmente, esta não teve, jamais, pretensões à objetividade astronômica. Tratava-se menos do objeto celeste percebido por si mesmo que da visão do eu através do objeto celeste. Sabe-se hoje que os mitos não foram lidos no céu para baixar à Terra em seguida, mas que se originaram no coração do homem e foram povoar a abóbada celeste, segundo um processo inconsciente de *projeção*, que fez Bachelard dizer: *O Zodíaco é o teste de Rorschach da humanidade criança.* Sobre essa tapeçaria do firmamento, bordada de mil e um segredos da natureza humana, a alma dos povos depôs todo um universo heteróclito – objetos: triângulo, cavalete, sextante,

328 | CONSTELAÇÕES

taça, compasso, balança, lira, flecha...; temas particulares: cabeleira, mastro, vela de navio...; animais: abelha, cão, corvo, camaleão, girafa, leão, serpente; personagens míticos: unicórnio, dragão, hidra, centauro, cavalo alado... Os hermetistas nos asseguram que essas representações divinizadas são testemunho da nossa realidade interior; são as imagens primitivas de poderes psíquicos outrora projetados no céu, mas sempre vivos no coração do homem e presentes nas suas projeções mitológicas modernas.

Já no séc. XII a.C. elas eram conhecidas pelos mesmos nomes que hoje têm. E não foram desenhadas arbitrariamente no céu. Robert Fludd, no seu *Estudo do macrocosmo* (a tradução francesa do tomo I foi publicada por Pierre Piobb em Paris em 1907) insiste – como muitos outros antes dele – no simbolismo das figuras celestes. O Venerável Beda, primeiro enciclopedista inglês (astrólogo e precursor longínquo da reforma do calendário juliano), dando-se conta de que a astrologia é uma expressão viva e fascinante do paganismo greco-romano e de que o seu ensino era um *cavalo de Troia* introduzido nos mosteiros, ao tentar *cristianizar* a Astrologia, jamais pensou em modificar os contornos das constelações. Sua tentativa infrutífera de substituir os nomes pagãos das constelações (e dos signos do Zodíaco) por nomes e signos tirados do Antigo e do Novo Testamentos parece haver encontrado inclusive a oposição dos seus amigos e discípulos. Ele preconizava batizar o Zodíaco com os nomes dos 12 apóstolos (Áries, por exemplo, seria São Pedro; o Touro, Santo André etc.), e de dar à constelação da Lira o nome de Lapinha de Jesus Cristo, à de Andrômeda, o de Santo Sepulcro; à do Cão Maior, o de David; à de Hércules, o dos Magos etc.

Mais tarde, inspirados nessa tentativa de Beda, muitos outros intentaram esse *batismo* do céu estrelado, não só no plano astrológico como também no plano puramente astronômico. A diferença profunda entre esses dois pontos de vista é a seguinte: um astrólogo acredita que o nome de Marte, por exemplo, foi dado ao planeta que assim se denomina, não por acaso, mas porque sua influência corresponde exatamente ao caráter daquele deus. A história do Marte mitológico é, para alguns, uma transposição poética de dados astrológicos facilmente verificáveis pelos que fazem horóscopos. Enquanto, para um astrônomo, esse nome poderia aplicar-se a não importa que planeta do sistema solar e não depende absolutamente de considerações desse gênero. A tentativa do Venerável Beda foi, no entanto, mais astrológica que astronômica, uma vez que ele não distribuía os nomes cristãos ao acaso. Cuidava de harmonizar a influência astral de cada fator sideral com o caráter do personagem ou do episódio bíblico. Algumas das suas equivalências *cristãs* dos nomes pagãos são, aliás, tradicionais e não uma invenção pessoal dele. Assim, por exemplo, a constelação de Órion foi sempre associada pelos hebreus a Nemrod, *poderoso caçador*, que se identifica, geralmente, com o Marduk da Babilônia.

Da Antiguidade ao séc. XVIII, os astrólogos ocidentais utilizavam (os orientais ainda em nossos dias utilizam) as constelações e as estrelas fixas simultânea e obrigatoriamente com os signos do Zodíaco. A astrologia hindu contemporânea é um sistema fundado em constelações zodiacais igualadas. Os astrólogos ocidentais do séc. XX, salvo raras exceções, não tomam em consideração, nos seus levantamentos de horóscopos, a influência das constelações.

Na simbólica chinesa, a constelação é um dado fundamental: constitui o terceiro elemento de interpretação. Diz respeito às relações dos dois primeiros. O primeiro é o princípio ativo ou a força luminosa, dita **Yang***; o segundo, o princípio passivo ou a força tenebrosa, dita *yin*. Observe-se o papel efetivamente primordial desses dois princípios na interpretação dos símbolos. A constelação representa o conjunto das relações e dos laços que possam existir entre todas as diferenças e entre os mundos. Não é de admirar que se tenha tornado um emblema imperial.

Nos verbetes consagrados a cada uma das doze constelações do Zodíaco, ver-se-á o seu simbolismo próprio: Áries, Touro, Gêmeos, Câncer, Leão, Virgem, Libra, Escorpião, Sagitário, Capricórnio, Aquário e Peixes.

CONSTRUÇÃO

A tradição hindu atribui a Brahma um tratado de arquitetura. Na verdade, é sob as aparências de Vixvacarman que ele aparece como arquiteto ostentando a machadinha e a *varinha de medir* (manadanda), que é *a cana de ouro do Apocalipse* (*Apocalipse*, 21, 15). A construção aparece, nesse sentido, como o próprio símbolo da manifestação universal. Ela o é também em sentido inverso: toda construção renova a obra da criação. Todo edifício está sempre firmado, de certo modo, no *centro do mundo* e se presta ao duplo simbolismo da volta ao centro e da passagem da Terra ao céu. Isso pode ser constatado com relação a diferentes tipos de construção. É um simbolismo dessa ordem que serve de fundamento à maçonaria: nascida, com efeito, entre as corporações de construtores do Medievo, ela conservou dessa origem o vocabulário e os emblemas (compasso, esquadro, fio de prumo, maço com duas cabeças, colher de pedreiro). A vontade divina, conhecida pelo nome de *Grande Arquiteto do Universo,* evoca de maneira precisa o símbolo de Vixvacarman. O *plano do Grande Arquiteto* é a extensão às dimensões universais da realização espiritual do indivíduo.

Se os misteres da construção – entre outros – puderam servir uma realização como essa, foi em função do simbolismo tradicional, que fazia deles as aplicações contingentes de princípios espirituais: a construção, o corte da pedra são o ordenamento do caos, a harmonização, segundo as leis divinas, da matéria bruta. Simultaneamente, a alma se acha modelada à imagem de Deus, edificada como a **Casa*** de Deus. *A arte da geometria* se torna *geometria sagrada.*

É extraordinário que em todas as regiões do mundo a construção seja acompanhada de práticas rituais, sobretudo de natureza sacrifical: trata-se de incorporar ao edifício a essência da vida da vítima sacrificada (que é, na Índia, Purusha, a Essência universal, mas que foi alhures uma vítima humana). Acessoriamente, trata-se, como no Japão, de purificar o sítio, de aplacar um kami local irritado, de garantir proteção contra acidentes. Ou, como no Vietnã, de assegurar a perenidade do edifício ou de defendê-lo do incêndio. Parece evidente que, em nenhum caso, o sentido profundo de imitação cosmogônica tenha ficado esquecido.

Cumpre indicar, num contexto de todo diverso, duas aplicações particulares do simbolismo construtivo.

Para o Buda, ele é a imagem das construções mentais que devem ser eliminadas com vistas à libertação: Eu vi agora o construtor da casa. Tu não construirás jamais para mim!... Meu coração está livre de todas as construções, a desaparição da sede foi alcançada... (Dhammapada, 154). No curso da própria libertação, da saída do cosmo, o teto da casa voa em estilhaços.

O *Tratado da Flor de Ouro* – e nisso ele será, curiosamente, acompanhado por São Simeão (o Novo Teólogo) – faz da construção o símbolo do rigor e do método, com os quais deve ser conduzida a experiência espiritual (BURA, DANA, GUES, HERS, SCHP).

CONTINENTE

Os continentes têm um significado simbólico, ligado tanto a estereótipos culturais quanto a experiências vividas. A Europa não tem o mesmo sentido, para um europeu que nela vive, que para um americano que a visita; para um africano, que dela se emancipa; para um nativo da Oceania etc. Mas os estereótipos continentais não permaneceram como puros produtos culturais, saídos do conhecimento, mais ou menos variado, de uma emotividade, mais ou menos viva, de uma consciência, mais ou menos nítida. Penetraram até o inconsciente, com uma enorme carga de afetividade, e saem dele nos sonhos e nas reações espontâneas, muitas vezes aparentadas a um racismo que se ignora. Então, o continente não representa mais, na realidade, uma das cinco partes do globo. Simboliza um mundo de representação,

330 | CONTRÁRIOS

de paixões, de desejos. O Dr. Verne, por exemplo, mostrou efetivamente, ao analisar o sonho de uma das suas pacientes, que a Ásia não era para ela a lembrança, o objetivo ou o desejo de uma viagem intercontinental. Mas que esse sonho da Ásia simbolizava a *volta ao sagrado, o mundo do absoluto, o mistério da superação, o caminho da unicidade portadora da mensagem do verdadeiro e do real.* A Ásia se tornava, então, um continente interior, como a África, a Oceania, a Europa. Esses continentes e sua interpretação simbólica variam para cada indivíduo. Essa dimensão interior pode estar ligada a não importa que lugar: cidade, país etc. O importante é saber o que significam, para cada um, as imagens, as sensações, os sentimentos, os preconceitos dos quais o lugar em causa é portador e que fazem toda a verdade subjetiva do símbolo. A geografia impregna-se de uma geossociologia, de uma geocultura, bem como de uma geopolítica.

CONTRÁRIOS

Uma das formas clássicas de oposição no interior de um mesmo tema, ou entre vários temas: contraditório, contrário, diverso, diferente, distinto, outro, complementar, relativo. Cada um desses termos designa uma forma de oposição em maior ou menor grau exclusiva da outra, inclusiva ou coexistente, em maior ou menor grau, determinada ou determinante em maior ou menor grau, ao mesmo tempo homogênea e heterogênea. As ciências modernas as mais avançadas, a física e a biologia principalmente, reconhecem a presença simultânea de forças opostas em todo ser, em toda manifestação de energia. Donde uma nova lógica, que não é mais aquela do terceiro termo excluído. As ditas forças vão juntar-se, nisso, à intuição constante da interpretação simbólica, que discerniu a bipolaridade de todo símbolo, suas faces diurna e noturna, seus aspectos positivos e negativos, sua variabilidade e sua constância, segundo os diferentes intérpretes e as diferentes situações.

Andar quando todo mundo dorme, fórmula iniciática que significa: fazer sistematicamente o contrário do usual, a fim de se distinguir do resto do grupo, porque se anda à procura da outra face, do verso das coisas (HAMK, 23). Encontra-se atitude análoga entre os discípulos do Zen e entre os possuídos pela obsessão da *Baleia* branca ou corcunda, jubarte (*Megaptera*).

Sobre a *coincidência dos contrários,* que é um dos princípios fundamentais da simbólica, encontram-se exemplos na análise de numerosos símbolos.

COPA (*v.* Taça)

COR

Se a cromatologia evoluiu muito nos últimos anos, principalmente sob a influência dos Kandinski, Herbin e Henri Pfeiffer, a simbologia da cor conserva todo o seu valor tradicional. O esquema da página seguinte, amavelmente oferecido por Henri Pfeiffer, orientará até certo ponto a interpretação geral deste verbete. Cada uma das cores principais será objeto de uma entrada particular, por ordem alfabética: **amarelo***, **azul***, **branco***, **castanho***, **cinzento***, **laranja***, **preto***, **verde***, **vermelho***, **violeta***.

O primeiro caráter do simbolismo das cores é a sua universalidade, não só geográfica mas também em todos os níveis do ser e do conhecimento, cosmológico, psicológico, místico etc. As interpretações podem variar. O vermelho, por exemplo, recebe diversas significações conforme as culturas. As cores permanecem, no entanto, sempre e sobretudo como fundamentos do pensamento simbólico.

As sete cores do arco-íris (nas quais o olho pode distinguir mais de setecentos matizes) foram postas em correspondência com as sete notas musicais, os sete céus, os sete planetas, os sete dias da semana etc. Determinadas cores simbolizam os elementos: o vermelho e o laranja, o fogo; o amarelo ou o branco, o ar; o verde, a água; o preto ou o castanho, a terra. Elas simbolizam também o espaço: o azul, a dimensão vertical: azul-claro no alto (o céu), azul-escuro na base; o vermelho, a dimensão horizontal, mais clara a oriente, mais escura a ocidente. Elas simbolizam ainda: o preto, o tempo; o branco, o intemporal; e tudo o que acompanha o tempo, a alternância da escuridão e da luz, da fraqueza e da força, do sono e da vigília. Enfim, as cores opostas, como branco e preto, simbolizam o dualismo intrínseco do ser. Uma veste em duas cores; dois animais confrontados ou apoiados um ao outro, um branco, outro preto; dois dançarinos, um branco, outro preto etc. Todas essas imagens coloridas traduzem conflitos de forças que se manifestam em todos os níveis da existência, do mundo cósmico ao mundo o mais íntimo, com o preto representando as forças noturnas, negativas e involutivas, e o branco, as forças diurnas, positivas e evolutivas.

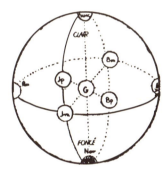

Esquema de uma esfera ideal da cor.
Tons puros de valor médio: Rm, vermelho, Jm, amarelo; Vm, verde; Bm, azul. Tons puros: Jp, amarelo; Bp, azul. Valores puros: branco, cinza, preto.

Cumpre, todavia, ter em mente que o tenebroso é o meio do germe e que o preto, como C. G. Jung tão fortemente sublinhou, é o lugar das germinações; é a cor das origens, dos começos, das impregnações, das ocultações, na sua fase germinativa, anterior à explosão luminosa do nascimento. Talvez seja esse o sentido das Virgens negras, deusas das germinações e das **cavernas***, como a Ártemis de Éfeso, de face sombria e brilhante.

As cores apresentam um simbolismo cósmico e intervêm como divindades em inúmeras cosmogonias. Elas têm papel importante, por exemplo, no relato da criação do Sol entre os navajos (ALEC, 29-31): "Os navajos tinham, já, parcialmente decomposto a luz em suas cores diversas. Perto do Sol estava o *branco,* indicando a aurora; acima do branco, expandia-se o azul, para a manhã; abaixo do azul estava o amarelo, *símbolo do pôr do sol; e acima dele, o preto,* imagem da noite". Mais adiante, no mito, o branco entra em ação sob a forma de pérolas, e o azul, sob a forma de turquesa.

Segundo o mesmo autor (ALEC, 114 e MURL, 278), o simbolismo cósmico das cores entre os indígenas pueblos é o seguinte: "amarelo-milho = norte; azul = oeste; vermelho = sul; branco = leste; mosqueado = em cima; preto = embaixo; local do fogo aceso, centro do mundo = multicor".

Entre os indígenas da pradaria: "vermelho = oeste; azul = norte; verde = leste; amarelo = sul" (ALEC, 181). Entre os andamans, o homem tem uma alma vermelha e um espírito preto. Da alma provém o mal, e do espírito, o bem (SCHP, 165). Segundo Heródoto, a cidade de Ecbatana tinha sete muralhas pintadas com as cores dos sete planetas: era concebida como um microcosmo.

Em certas tradições agrárias da Europa, faz-se no último molho de trigo da colheita uma cabeça preta com lábios vermelhos: originariamente as cores mágico-simbólicas do órgão sexual feminino (ELIT, 306). Quando da festa indígena da vegetação, o Holi, desencadeia-se uma orgia coletiva. Grupos de homens e de meninos percorrem as ruas, aspergindo-se com o pó de holi e com água tingida de vermelho, por ser o vermelho a cor vital e genésica por excelência (ibid.).

Os astecas, como a maior parte dos ameríndios, têm só uma palavra para designar indiferentemente o azul e o verde. O simbolismo das pedras azuis ou azul-verdes é, entre eles, duplo: por um lado, um simbolismo solar, associado à turquesa, pedra do fogo e do Sol, sinal de seca e de fome; o azul ou o verde são, aqui, um sucedâneo do vermelho; por outro lado, o azul-verde das pedras *chalchiuitl,* que eram introduzidas à guisa de coração, no corpo dos mortos, é um símbolo lunar de fertilidade, de umidade, e um penhor

332 | COR

de renascimento. É a cor mesma da serpente de plumas (as plumas azuis-verdes da ave Quetzal, símbolo da primavera) e do peixe chalchiuitl.

Para muitos povos indígenas da América do Norte, cada um dos setores cósmicos está associado a uma cor sagrada: o norte é amarelo; o oeste, azul; o sul, vermelho; o leste, branco; o **Zênite*** (o alto) é multicor; o **nadir*** (embaixo), preto (MYTF, 177-179).

Entre os maias, quatro cores designavam os espíritos dos quatro pontos cardeais e inspiravam os sentimentos dos homens, como *esguichos de sêmen*: ao branco corresponde o norte, a primeira árvore, o primeiro homem, a promessa e a esperança; ao preto, o oeste, o centro oculto e invisível, a mãe, a noite, a desgraça e a morte; ao vermelho, o leste, o mel, a avidez pelas riquezas e pelo poder; ao amarelo, o sul, o milho, a terra nutriz.

Para os alakalufs, da Terra do Fogo, o homem ocupa o centro de uma esfera ideal, cujos quatro eixos são figurados por quatro cores simbólicas: azul: céu, norte; verde: terra, sul; vermelho: sol nascente, leste; amarelo: rochedo, i.e., montanhas rochosas, ou o sol poente, morada ocidental da tempestade e dos mortos (H.B. Alexander, cit. por A. Breton, in AMAG).

As cores têm, também, um simbolismo de ordem biológica e ética. Entre os egípcios, por exemplo, o valor simbólico das cores intervém com muita frequência nas obras de arte. O preto é *sinal de renascimento póstumo e de preservação eterna*, é a cor do *betume que impregna a múmia*, a cor dos deuses Anúbis e Min – o primeiro, que introduz os mortos no outro mundo, o segundo, que preside à geração e às colheitas. O verde tinge, por vezes, o negro Osíris, por ser a cor *da vida vegetal da mocidade e da saúde. A pele de Amon, deus do ar, se tinge de azul puro. O amarelo era o ouro, a carne dos imortais. O branco também era fasto e alegre... O vermelho, na melhor das hipóteses, violência temível; na pior, maldade, perversidade. O* vermelho é a cor maldita, a cor de Seth e de tudo aquilo que é prejudicial. Os escribas mergulham sua pena em tinta vermelha *para escrever as pala-*

vras de mau agouro, como os nomes de Apopis, o demônio-serpente da adversidade, ou de Seth, o deus do mal, o Tifão do Nilo (POSD).

O simbolismo da cor pode assumir também valor eminentemente religioso. Na tradição cristã, a cor é uma participação da luz criada e incriada. As Escrituras e os Padres da Igreja não fazem outra coisa senão exaltar a grandeza e a beleza da luz. O Verbo de Deus é chamado luz que procede da luz. Os artistas cristãos, em consequência, são os mais sensíveis a esse reflexo da divindade que é a estrutura luminosa do universo. A beleza das cores é extraordinária nas miniaturas e nos vitrais... A interpretação das cores está ligada às normas da Antiguidade, evoca as pinturas egípcias arcaicas. A cor simboliza uma força ascensional no jogo de sombra e de luz, tão impressionante nas igrejas romanas, onde a sombra não é o inverso da luz, mas acompanha a luz, para melhor valorizá-la e colaborar na sua plena manifestação... Há uma presença solar magnificada, não só no templo, mas na liturgia, que celebra o encantamento do dia (DAVS, 159-160).

Todavia, para lutar contra a sedução mais sensível da natureza para aqueles que não atribuem diretamente a Deus a sua beleza, São Bernardo recomenda a grisalha na arquitetura cisterciense. Um capítulo da sua Regra exige que as maiúsculas ornadas dos missais tenham apenas uma cor e prescindam de floreios. Apesar disso, Suger tritura safiras para obter o azul dos seus vidros. Não basta, porém, admirar a beleza das cores. Há que apreender o seu significado e elevar-se, por elas, até a luz do Criador (ibid., 174, 211). A arte cristã acabou por atribuir, num processo paulatino e sem fazer disso regra absoluta, o branco ao Pai, o azul ao Filho, o vermelho ao Espírito Santo; o verde à esperança, o branco à fé, o vermelho ao amor e à caridade, o preto à penitência, o branco à castidade.

Para Fílon de Alexandria, quatro cores recapitulam o universo, simbolizando seus quatro elementos constitutivos: o branco, a terra; o verde, a água; o violeta, o ar; o vermelho, o fogo. Os paramentos litúrgicos e as vestes de cerimônia que comportam essas quatro cores simbolizam o conjunto dos elementos componentes do mundo e associam, desse modo, a totalidade do universo aos atos rituais.

Na África negra, a cor é um símbolo igualmente religioso, carregado de sentido e de poder. As diferentes cores são outros tantos meios de chegar ao conhecimento do outro e de agir sobre ele. Elas se investem de valor mágico: "o *branco* é a cor dos mortos. Sua significação ritual vai mais longe ainda: cor dos mortos, serve para afastar a morte. Atribui-se ao branco um poder curativo imenso. Frequentemente, nos ritos de iniciação, o branco é a cor da primeira fase, a da luta contra a morte... O *ocre amarelo* é a cor neutra, intermediária, que serve para guarnecer os fundos, por ser a cor da terra, a cor das folhas secas ... O *vermelho* é a cor do sangue, a cor da vida... As jovens mães, os jovens iniciados, os homens maduros nos ritos sazonais, todos se vestem de vermelho, se cobrem de *Nikula*, se mostram molhados de unguentos. O *preto*, cor da noite, é a cor também das provas, do sofrimento, do mistério. Pode ser o abrigo do adversário que espreita... O *verde* é raramente empregado sozinho como cor, as folhas verdes são o ornamento dos iniciados, na fase da vitória da vida" (MVEA, 32).

Na tradição islâmica, o simbolismo das cores é muito rico, e impregnado, também ele, de crenças mágicas.

Os animais pretos são considerados nefastos. Um cão preto causa a morte na família. As galinhas pretas são empregadas na feitiçaria. O *preto* é usado como talismã contra o mau-olhado, como meio de influir sobre o tempo, segundo o princípio da magia homeopática.

O *branco*, cor da luz e do brilho, é, ao contrário, de bom agouro. Atribui-se uma virtude mágica ao leite, em parte por sua cor. Em Fez, nas festas dos esponsais, faz-se com que os noivos bebam leite para tornarem sua vida *branca*. Nos casamentos de camponeses, a noiva é salpicada de leite. Farinha, lã, ovos brancos são favoráveis.

A brancura da prata também o é. Quando uma pessoa está doente, de cama, e se lê, junto do leito, uma fórmula de encantação ou se lhe dá um amuleto, é preciso que ela dê ao médico ou escriba algum dinheiro ou qualquer coisa branca.

O verde também é fasto; é o símbolo da vegetação. Oferecer a alguém um objeto verde, sobretudo pela manhã, lhe dá boa sorte. Lança-se um punhado de ervas na direção da Lua nova para fazer o mês *verde* ou abençoado. A verdura que cresce graças à água, fonte de vida, produz, ao que se acredita, efeito sobre o morto, transmitindo-lhe a energia vital (WESR, **11**, 532). Em certas partes do Marrocos, põem-se ramos de murta ou folhas de palmeira no fundo das sepulturas.

O *amarelo*, cor do ouro e do sol, possui uma virtude mágica. O açafrão deve suas propriedades profiláticas à sua cor.

Mas as cores nos transportam também a um outro nível do símbolo. Para os místicos, uma escala de cores representa as manifestações da Luz absoluta no êxtase. Assim, para Jelal-ed'Din Rumi, uma vai do *azul*, *vermelho*, *amarelo*, passando pelo *branco*, pelo *verde*, *azul-pálido*, até a luz sem cor. Uma outra escala vai do branco (cor do Islã), amarelo (cor do crente), *azul-escuro* (cor do benefício), *verde* (cor da paz), *azul* (cor da certeza intuitiva), *vermelho* (cor da gnose) ao *preto* (cor da existência divina, i.e., cor no sentido próprio, na qual estão compreendidas todas as cores e onde não se podem reconhecer outras cores) (NICM, 265).

Para Rumi igualmente, o *vermelho* e o *verde* simbolizam a graça divina, trazendo à alma que estava na obscuridade a mensagem da esperança. O vermelho provém do Sol e é, por isso, a melhor das cores.

Segundo o método do *dikhr* (invocação do nome divino) entre os mestres naqchabênditas, consideram-se os centros sutis do ser humano associando-lhes suas *luzes* correspondentes. Assim, a "luz do coração é amarela; a luz do espírito, vermelha: a luz do centro sutil chamado 'o segredo', branca. O centro conhecido como 'o escondido' é preto. O mais-escondido tem uma luz verde"

334 | COR

("Petite philocalie de la prière du coeur", *Cahiers du sud*, 1953, p. 323 s.).

Jili, no seu tratado do Homem Perfeito (*Insan-ul-kamil*), declara que os místicos viram os *sete céus*, que se elevam acima das esferas da terra, da água, do ar e do fogo, e são capazes de interpretá-los para os *homens sublunares*:

a. O Céu da Lua, invisível em razão da sua sutileza, criado da natureza do Espírito, morada de Adão. Sua cor é mais *branca* do que a prata;

b. O Céu de Mercúrio, mansão de certos anjos, criado da natureza do pensamento; sua cor é o *cinza*;

c. O Céu de Vênus, criado da natureza da imaginação, morada do Mundo das Similitudes; sua cor é o *amarelo*;

d. O Céu do Sol, criado da luz do coração, é *amarelo-ouro brilhante,*

e. O Céu de Marte, governado por Azrael, anjo da morte; esse céu, criado da luz do Juízo, é *vermelho-sangue*;

f. O Céu de Júpiter, criado da luz da meditação, habitado pelos anjos dos quais Miguel é o chefe, tem a cor *azul*;

g. O Céu de Saturno, criado da luz da Primeira Inteligência; sua cor é o *preto* (NICM, 12 s.);

O mesmo autor descreve *os sete limbos da terra*, aos quais correspondem também cores determinadas:

a. a Terra das Almas, criada mais branca do que o leite, mas tornada da cor do pó, depois que Adão andou sobre ela após a queda, à exceção de uma região ao norte, habitada pelos homens do mundo invisível;

b. a Terra das Devoções, habitada pelos jinns, que acreditam em Deus. Sua cor é a da *esmeralda*;

c. Terra da Natureza de cor *amarelo-açafrão*, habitada pelos jinns incréus;

d. a Terra da Concupiscência, habitada por demônios, de cor *vermelho-sangue*;

e. a Terra da Exorbitância (*arzul-tughyan*), habitada pelos demônios, de cor *azul-índigo*;

f. a Terra da Impiedade (*arzul-ilhad*), negra como a noite;

g. a Terra da Miséria (*arzul-shaqawa*), solo do Inferno (NICM, 124-125).

Dos sete céus, das sete terras, passamos ao homem interior e às *sete cores dos órgãos da fisiologia sutil*. Segundo Alaoddwala Semanani (séc. XIV), a coloração característica das luzes, que são os véus tênues que envolvem cada um dos seus centros sutis, revela ao peregrino a etapa do crescimento ou do itinerário espiritual em que ele se encontra.

A luz do corpo (o Adão do teu ser) é de cor *cinza* fumê, tendendo para o negro; a da alma vital (o Noé do teu ser) é de cor *azul*; a do coração (Abraão) é *vermelha*; a do foro íntimo (Moisés) é *branca*; a do espírito (Davi) é de cor *amarela*; a do arcano (Jesus) é de um *preto luminoso*; a do centro divino (Maomé) é de uma cor *verde resplandecente*, pois a cor verde é a mais apropriada para o segredo do mistério dos Mistérios (H. CORBIN, "Uintériorisation du sens en herméneutique soufie iranienne", in Eranos Jahrbuch, *26*, 1958).

As cores se revestiram igualmente de uma significação política no Islã. A cor negra entrou com os abássidas nos emblemas do califado e do Estado em geral. Os estandartes *pretos* tornaram-se os símbolos da revolta abássida.

Segundo Bukhari e Muslim, o Profeta usava um turbante negro no dia da sua entrada em Meca. Diz-se também que sua bandeira pessoal, chamada *Al-'Ikab*, era preta. Segundo outras tradições, seria de cor *verde*.

Um ditado nos conta que os árabes só usavam turbante negro quando tinham de executar uma vingança.

O preto era a cor do luto no Irã. O uso ficou em todo o Islã. Diz o historiador Makkari, do Maghreb, que entre os antigos muçulmanos da Espanha, o branco era sinal de luto; entre os *Orientais,* era o preto.

Encontram-se, assim, juntas as noções de luto, de vingança e de revolta.

O Califa usava um manto preto, e um alto ornato de cabeça da mesma cor. Só se podia ir ao palácio vestido de preto. E era com vestimentas pretas que os notáveis frequentavam a mesquita.

As roupagens de honra eram pretas. E como o guarda-roupa de um grande personagem, pretos eram os estofos e cortinas da sua sala de audiência. Era preto também o véu da Caaba. O uso de vestes brancas era imposto à guisa de punição.

Como a cor preta fora o emblema dos abássidas, os alidas adotaram o verde. No começo do seu reinado, o califa Ma'imum, simpatizante dos alidas, aboliu o uso do negro.

O branco tornou-se o emblema da causa dos umaiadas. *Os cronistas designam os movimentos de revolta umaiada pela expressão* branquear. Pouco a pouco, o branco se tornaria a insígnia de qualquer oposição. Os carmatas marcham sob bandeiras, brancas. Por extensão, dá-se o qualificativo de branca a uma religião que se oponha ao Islã. Chama-se à religião dos rebeldes *a religião branca.*

A expressão *o preto e o branco* significava o conjunto dos súditos do império, leais e rebeldes.

Os rebeldes da Pérsia são, por vezes, chamados *os vermelhos.* Mas isso procede de uma outra ordem de ideias. Desde os tempos pré-islâmicos, persas e estrangeiros em geral são chamados "os vermelhos" por oposição aos árabes, "os negros". Donde a expressão o *Vermelho e o Negro,* a qual, entre eles, significa "todo mundo".

Os psicólogos distinguem as cores quentes e as cores frias. As primeiras favorecem os processos de adaptação e de ardor (vermelho, amarelo, laranja); têm um poder estimulante, excitante. As segundas favorecem os processos de oposição, de remate (azul, índigo, violeta); têm poder sedativo, pacificante. Numerosas aplicações desses valores têm sido feitas em apartamentos, escritórios, ateliês. As cores suscitam aquilo que simbolizam.

Cumpre levar em conta igualmente a sua tonalidade, seu *brilho.* Claras e luminosas, elas produzem um efeito mais positivo, mas que pode ser desmesurado, até a excitação; foscas, apagadas, seu efeito é mais interiorizado, mas pode tornar-se também negativo.

Os sonhos coloridos são expressões significativas do inconsciente. Representam certos estados de alma daquele que sonha e traduzem as diversas tendências de pulsações psíquicas. Na concepção analítica, segundo C. G. Jung, as cores exprimem as principais funções psíquicas do homem, pensamento, sentimento, intuição, sensação.

O *azul* é a cor do céu, do espírito; no plano psíquico, é a cor do pensamento.

O *vermelho* é a cor do sangue, da paixão, do sentimento.

O *amarelo* é a cor da luz, do ouro, da intuição.

O *verde* é a cor da natureza, do crescimento. Do ponto de vista psicológico, indica a função de sensação (função do real), a relação entre o sonhador e a realidade (TEIR, 64).

Por vezes, observa J. de la Rocheterie, um objeto ou uma zona onírica chama a atenção pela vivacidade das suas cores, como que para acentuar a importância da mensagem que o inconsciente dirige ao consciente. Raramente, todo o sonho resplandece em cores brilhantes. Quando é esse o caso, aquilo que se contém no inconsciente é vivido com uma grande intensidade de emoção. Mas essas emoções podem ser extremamente diversas pois assim como as cores nascem da variedade das ondulações da luz, da mesma forma a qualidade da emoção varia com o tom da cor.

Segundo a simbologia maçônica, a cor branca corresponde à Sabedoria, à Graça e à Vitória; a cor vermelha, à Inteligência, ao Rigor e à Glória; enquanto o azul combina com a Coroa, a Beleza, o Fundamento; o preto, finalmente, corresponde a Malkuth, o Reino. O azul é também a cor do Céu, do Templo, da Abóbada estrelada.

Os companheiros (maçônicos) usam fitas fixadas aos chapéus, à bengala ou à *boutonnière*: os canteiros do *Dever de liberdade* ostentavam fitas verdes e azuis na *boutonnière* do lado direito; os marceneiros do mesmo *Dever,* fitas verdes, azuis e brancas na *boutonnière* do lado esquerdo.

A faixa é azul, segundo o rito francês; azul também no rito escocês, mas debruada de vermelho: a dualidade das cores do cordão, diz Henri Tullien, pode ser considerada a tradução das duas formas, positiva e negativa, da energia telúrica e do magnetismo universal... O vermelho e o

336 | CORAÇÃO

azul, segundo Frédéric Portal, representariam a identificação do amor e da sabedoria.

"O vermelho...", diz Jules Boucher, "torna sensível uma irradiação, uma extensão do sentido espiritual" (in BOUM, 140, 206, 304-306).

A alquimia conhece também sua escala de cores. Segundo uma ordem ascendente, ela atribui o preto à matéria, ao oculto, ao pecado, à penitência; o cinza, à terra; o branco, ao mercúrio, à inocência, à iluminação, à felicidade; o vermelho, ao enxofre, ao sangue, à paixão, à sublimação; o azul, ao céu; o ouro, à Grande Obra.

CORAÇÃO

O coração, órgão *central* do indivíduo, corresponde, de maneira muito geral, à noção de **centro** *. Se o Ocidente fez do coração a sede dos sentimentos, todas as civilizações tradicionais localizam nele, ao contrário, a inteligência e a intuição: talvez o *centro* da personalidade se tenha deslocado da intelectualidade para a afetividade. Mas Pascal não diz que *os grandes pensamentos vêm do coração*? Pode-se acrescentar que, nas culturas tradicionais, conhecimento tem sentido muito amplo, que não exclui os valores afetivos.

O coração é, de fato, o centro vital do ser humano, uma vez que responsável pela circulação do sangue. Por isso, é ele tomado como símbolo – e não, certamente, como sede efetiva – das funções intelectuais. Essa *localização* já ocorre na Grécia antiga. Ela é importante na Índia, onde se considera o coração Brahmapura, a morada de Brahma. O coração do fiel, diz-se no Islã, é o *Trono de Deus*. Se, no vocabulário cristão igualmente, o *Reino de Deus* se contém no coração, é que esse centro da individualidade, para o qual a pessoa retorna na sua caminhada espiritual, representa o estado primordial, inicial, o *locus* da atividade divina. O coração, diz Angelus Silesius, é o templo, o altar de Deus: pode *contê-lo por inteiro*. O coração, diz o *Huang-ti nei king*, é um órgão régio, representa o rei, e nele reside o Espírito. Se a igreja cruciforme se identifica com o corpo do Cristo, o lugar do coração é ocupado pelo altar. Diz-se que o Santo dos Santos é o coração do Templo de Jerusalém,

ele mesmo *coração* de Sion (Sião), que é, como todo centro espiritual, um *coração do mundo*.

O duplo movimento (sístole e diástole) do coração faz dele ainda o símbolo do duplo movimento de expansão e reabsorção do universo. Por isso, o coração é Prajapati, é Brahma na sua função produtora, é a origem dos ciclos do tempo. Segundo Clemente de Alexandria, Deus, *coração do mundo*, se manifesta segundo as seis direções do espaço. Alá é, da mesma forma, *Coração dos corações e Espírito dos espíritos.*

Por estar ele no centro, os chineses fazem corresponder ao coração o elemento terra e o número cinco. Mas em razão da sua natureza – porque ele é o Sol – atribuem-lhe também o elemento fogo. *Ele se eleva até o princípio da luz,* como comenta o *Su-wen.* A luz do espírito, a da intuição intelectual, da revelação, brilha na *caverna do coração.* O órgão de uma tal percepção é, segundo o sufismo, o *Olho do Coração (Ayn-el-Qalb)*, expressão que se encontra em numerosos textos cristãos, principalmente em Santo Agostinho.

O coração é o Rei, dizia o *Nei-king. A função do coração é governar,* confirma um texto ismaelita. O coração, ensina o mestre taoista Liu-tsu, é o senhor da respiração. O que se poderia explicar pela simples analogia entre o ritmo cardíaco e a respiração, identificados nas suas funções de símbolos cósmicos. Mas Plutarco se vale da mesma imagem: o sol difunde a luz como o coração difunde o sopro. Ora, também no taoismo, o sopro ou hálito (k'i) é a luz, é o espírito. Liu-tsu concentra o espírito entre as sobrancelhas, onde a *ioga* situa o Ajna-chakra. Ele transfere, de certo modo, a função do coração: é por isso que **esse*** *espaço de uma polegada é* chamado *coração celeste (fiensin).*

Na escrita hieroglífica egípcia o coração é representado por um vaso. Ora, o coração é relacionado também com o santo Graal, **taça*** da Última Ceia, que recolheu o sangue do Cristo na cruz. É, aliás, extraordinário que o **triângulo*** invertido, que é uma figuração da taça, seja também o símbolo do coração além do fato de que o cálice que contém a poção da imortalidade se obtenha necessariamente no *coração do mundo* (BENA, CHAT, CORT, DANA, GRIF, GUEV, GUEM, GUEI, GUES, JILH, LIOT, SAIR, SCHC).

Na religião egípcia, o coração desempenha papel fundamental: *segundo a cosmogonia menfita, o deus Ptá teria pensado o universo com seu coração antes de materializá-lo pela força do verbo criador* (POSD, 61). Mas, sobretudo, ele é, em cada homem, o centro da vida, da vontade, da inteligência. Por ocasião da **psicostasia***, é o coração do defunto – única víscera deixada em seu lugar na múmia – que é posto num dos pratos da balança, e o escaravelho do coração, amuleto essencial, traz gravada a fórmula mágica que impede o coração de testemunhar contra o morto no tribunal de Osíris. O *coração de um homem é seu próprio deus, e meu coração estava satisfeito com meus atos*, lê-se na biografia de um discípulo dos sábios. Também numa esteia do Louvre, o coração é comparado à consciência: *quanto ao meu coração, ele me fez executar tais atos, ao tempo em que dirigia os meus negócios. Foi para mim uma testemunha excelente [...]. Eu brilhava, porque ele fazia com que eu agisse [...]. É a apreciação do deus que está em todo corpo.* O maior desejo de cada um é o que formula Paheri d'El-Kab: "Possas tu atravessar a eternidade com doçura no coração, e no favor do deus que em ti habita" (DAFE, 331). Assim, o coração é, em nós, o próprio símbolo da presença divina e da consciência dessa presença.

Na Antiguidade clássica, o coração não tinha significação simbólica muito precisa. Uma tradição pretende que Zeus, tendo engolido o coração ainda palpitante de Zagreus, que os titãs desencadeados haviam despedaçado, regenerou seu filho engendrando Dioniso com Sêmele (GRID, 221b, 477 a). Parece ser essa a única lenda em que o coração tem algum papel. E esse papel é o de um princípio de vida e de personalidade. O coração de Zagreus, regenerado, dará **Dioniso***.

No mundo céltico, existe uma assinalada interferência semântica entre *centro* (em bretão, kreiz; galés, craidd; irlandês, cridhe) e *coração*. Essas três palavras derivam da raiz indo-europeia krd, *coração, centro, meio,* de que provieram os vocábulos latino, grego, armênio, germânico e eslavo para *coração*. As três línguas bretânicas usam um empréstimo romano para designar o *coração* (bretão, kalon; cornualhes e galés, calon). Os textos irlandeses dizem, algumas vezes, para evocar a morte de um personagem vencido pela tristeza, que "seu coração partiu-se no seu peito" (OGAC, 5, 339). O coração simboliza, manifestamente, o centro da vida.

Na tradição bíblica, o coração simboliza o homem interior, sua vida afetiva, a sede da inteligência e da sabedoria. O coração está para o homem interior como o corpo para o homem exterior. É no coração que se encontra o princípio do mal. O homem se arrisca sempre a seguir o seu coração maldoso. A perversão do coração provém da carne e do sangue. Babua ben Asher (fim do séc. XVIII), comentando o texto *amar de todo o coração*, disse que o coração é o primeiro órgão que se forma e o último que morre, de modo que a expressão *de todo o teu coração* quer dizer, realmente, até o teu último suspiro (VAJA, 237).

O coração tem lugar saliente na tradição hebraica. Prestar atenção se diz sim lev, i.e., *empenhar o coração*; meditar é falar *ao coração*.

Segundo um Midrash o *coração de pedra* do homem deve tornar-se um *coração de carne*. Os *sábios de coração* têm o espírito de sabedoria (BAHR).

Na Bíblia, a palavra coração é empregada uma dezena de vezes para designar o órgão corporal, mas há mais de mil exemplos nos quais a interpretação é metafórica. A memória e a imaginação dependem do coração, bem como a vigilância, donde a frase: *Durmo, mas o meu coração vela.* O coração tem papel central na vida espiritual. Ele pensa, decide, faz projetos, afirma suas responsabilidades. Conquistar o coração de alguém é fazer com que perca o controle de si mesmo (*Cântico dos cânticos*, 4, 9-10).

O coração está associado ao espírito e, por vezes, os dois termos se confundem em razão do seu significado idêntico. Donde as expressões:

338 | CORAÇÃO

espírito novo e coração novo (*Ezequiel*, 3b, 2b); *coração contrito e espírito contrito* (*Salmos* 51, 19). O coração é sempre mais ligado ao espírito que à alma.

Na tradição islâmica, o coração (*qalb*) representa não o órgão da afetividade, mas o da contemplação e da vida espiritual. Ponto de interseção do espírito na matéria... é o essencial do homem, essa oscilação reguladora posta no interior de um pedaço de carne. É o lugar escondido e secreto (sirrj) da consciência (MASH, 477).

O coração é representado como constituído de envoltórios sucessivos ('Ala al Dawlah distingue sete), cujas cores são visíveis no êxtase. Dentro da nafs, a alma carnal, o sirr constitui a "personalidade latente, consciência implícita, subconsciente profundo, célula secreta, oculta a toda criatura, virgem inviolada" (MASH, 486. Fazer a aproximação com a centelha, fundamento da alma em Mestre Eckhart).

Esse órgão espiritual, a que os sufis chamam o coração (*qalb*), mal se distingue do espírito (ruh): Jili diz que quando o *Corão* fala do espírito divino insuflado em Adão, é do coração que se trata (NICM, 113). Esse mesmo místico descreve o coração como a luz eterna e a consciência sublime (sirr) revelada na quintessência dos seres criados, a fim de que Deus possa contemplar o Homem por esse meio. É o Trono de Deus fal-Arsh e seu templo no homem... o centro da consciência divina e a circunferência do círculo de tudo o que existe.

O *Corão* diz que o coração do crente se acha entre dois dedos do Misericordioso. E uma tradição sagrada faz dizer a Deus: O céu e a terra não me contêm mas eu estou contido no coração do meu servidor. Os nomes e os atributos divinos constituem a verdadeira natureza do coração: o coração representa a presença do Espírito sob seu duplo aspecto (Conhecimento e Ser), porque ele é, ao mesmo tempo, o órgão da intuição (al kashf – revelação, ato de levantar o véu; *v. véu**) e o ponto de identificação fwajdj com o Ser (al-wujudj. O ponto mais íntimo do coração é chamado o mistério (as-sirr) e é o ponto onde a criatura encontra Deus (BURD, 118).

Para os místicos sufistas, o coração é também o *Trono da Misericórdia.* O amor de que ele é a sede manifesta, com efeito, o amor de Deus. O coração amante é uma teofania, o espelho do mundo invisível e de Deus.

Para Ibn al'-Arabi, o coração do místico é absolutamente receptivo e plástico. Por esse motivo, ele assume qualquer forma pela qual Deus se revele, como a cera que recebe a impressão do sinete (existe uma analogia entre a raiz da palavra qalb. coração) *QLB,* e a raiz de qâbil, *QBL,* que significa *receber, estar em face de (ser passivo, receptivo)* (BURD, 152).

Tirmidh (séc. IX) expõe, como psicólogo místico, a teoria da *ciência dos corações* e observa explicitamente que qalb (coração) designa tanto o órgão regulador do pensamento quanto a víscera da carne (MASL, 293).

Em psicologia muçulmana, o coração sugere os pensamentos os mais escondidos, os mais secretos, os mais autênticos, a base mesma da natureza intelectual do homem.

A noção de nascimento espiritual está ligada ao símbolo do coração: *Os corações, no seu segredo, são uma só virgem,* diz al-Hallaj. Os místicos são chamados, entre os sufistas, os *homens do coração.* A visão espiritual é comparada ao olho do coração: *Eu vi o meu Senhor com o olho do coração,* diz ainda al-Hallaj.

O próprio *Corão* alude ao conhecimento pelo coração: O coração não renega o que viu (a propósito da visão do Profeta, 53, 11) e não são os olhos deles que são cegos, são os seus corações, nos seus peitos, que são cegos (22, 45).

Uma única palavra designa a alma e o coração entre os caraíbas da Venezuela e das Guianas. Entre os tucanos (bacia Amazônica), há uma palavra só para coração, alma e pulso. Para os wuitotos (sul da Colômbia), coração, peito, memória e pensamento (METB) são a mesma coisa.

Para os povos indígenas pueblo do Arizona, os filhos são produto da semente saída da medula espinhal do homem e do sangue do coração da mulher (TALS, 282).

Nas tradições modernas, o coração tornou-se um símbolo do amor profano, da caridade enquanto amor divino, da amizade, e da retidão (TERS, 102-103).

Guénon (GUES, 224) observou que o coração tinha a forma de um triângulo invertido. Como os símbolos que assumem essa forma, o coração se reportaria "ao princípio passivo ou feminino da manifestação universal [...] enquanto aqueles (símbolos) esquematizados pelo triângulo direito se reportam ao princípio ativo ou masculino".

Sabe-se que no Egito antigo o vaso era o hieróglifo do coração, e que na Índia o triângulo invertido é um dos símbolos principais da **xácti***, o elemento feminino do ser, ao mesmo tempo que o das Águas primordiais.

CORAL

Árvore* das **águas***, o coral participa do simbolismo da árvore (eixo do mundo) e do simbolismo das águas profundas (origem do mundo). Sua cor vermelha o aparenta com o sangue. Suas formas são atormentadas. Todos esses signos fazem dele um símbolo das vísceras.

Segundo uma lenda grega, o coral teria surgido das gotas do sangue derramado pela Medusa, uma das **Górgonas***. Outra versão: a cabeça da Medusa, decepada por Perseu, se transformou em coral, enquanto do sangue jorrado nasceu Pégaso. O que parece coerente, segundo a dialética interna dos símbolos, quando se atenta para o fato de que a cabeça da Medusa tinha a propriedade de petrificar os que a fitavam.

O simbolismo do coral tem tanto a ver com a sua cor quanto com a rara particularidade que tem de fazer coincidir, na sua natureza, os três reinos, animal, vegetal e mineral.

Na Antiguidade, o coral era usado como amuleto, para defender do mau-olhado. Acreditava-se também que fazia estancar as hemorragias, como um coagulante, e conferia eficaz proteção contra o raio.

Sob o nome da *partaing*, vocábulo de etimologia obscura (*parthicus?*), o coral vermelho serviu, nos textos irlandeses, a comparações ligadas à beleza feminina (os lábios, principalmente). Ele não participa, ao que parece, no meio céltico, do simbolismo guerreiro da cor vermelha. Mas "os documentos arqueológicos estabelecem o uso do coral nos ornamentos celtas da segunda idade do ferro (elmos, escudos etc.). Depois, à falta de coral, os celtas o substituíram pelo esmalte vermelho inventado por eles.

Muito usado na sua forma natural pelos ourives barrocos da Europa central, do séc., XVI ao séc. XVIII, ele deu origem, associado a figuras de metal precioso, a toda espécie de monstros e seres míticos, que fazem dele uma representação material inata do imaginário, do fantástico.

CORÇA

Nos sonhos de um homem, a corça simboliza o animal sob seu aspecto ainda indiferenciado, primitivo e instintivo.

Nos sonhos de uma mulher, evoca geralmente sua própria feminilidade, ainda mal diferenciada (por vezes mal aceita), num estado ainda primitivo e instintivo, que não se revelou plenamente, seja por censura moral, seja por temor, seja por culpa das circunstâncias, seja por infantilismo psíquico, seja por um complexo de inferioridade: *animus* demasiado possante e negativo. Segundo a lenda, Siegfried foi amamentado por uma corça (mãe). A imagem da corça é a da adolescente que sobrevive (i.e., que persiste) na mãe e, às vezes, a da virgindade feminina castradora. Na mitologia grega, a corça era consagrada a Hera (Juno), deusa do amor e do himeneu.

A corça é essencialmente símbolo feminino. Pode desempenhar o papel de mãe-de-leite no que concerne às crianças de peito. Sua beleza deriva do extraordinário brilho de seus olhos: seu olhar é muitas vezes comparado ao de uma adolescente. Nos contos, as princesas são por vezes transformadas em corças.

A corça *dos chifres de ouro* (Píndaro) era um animal consagrado a Ártemis; a deusa havia atrelado quatro corças à sua quadriga. Quanto à quinta, Héracles a perseguira até o país dos sonhos, a morada dos Hiperbóreos.

340 | CORÇA (COM PÉS DE BRONZE)

O *Cântico dos cânticos* emprega a palavra *corças* (em algumas trad., *cervas*) numa fórmula de conjuração para preservar a tranquilidade dos amores:

> Filhas de Jerusalém, pelas corças e gazelas do campo, não desperteis, não acordeis o amor até que ele o queira. (2, 7)

Segundo a simbólica dos povos turcos e mongóis, a corça é a expressão da terra-fêmea na hierogamia fundamental terra-céu. A corça selvagem, ao acasalar-se com o lobo **azul***, deu à luz Gêngis Khan, segundo a crença mongol. Ainda hoje, em Konya, antiga capital dos seldjúquidas da Anatólia, diz-se "que no momento em que a corça está parindo, uma luz sagrada ilumina a terra" (ROUF, 321, citando Oguz Tansel). Esse casal fundamental, fera-herbívoro, presente em toda a mitologia oriental, tem igualmente sua expressão plástica nas placas comemorativas de combates, da mesma origem, nas quais se vê a figura de um animal carnívoro trepado no lombo da presa por ele caçada. Jean-Paul Roux observa (o que é muito importante no plano do simbolismo) que essas placas comemorativas trazem a figura de um animal selvagem não em vias de caçar sua vítima, mas de cobri-la; "para nós, *acrescenta ele,* a partir desse fato já não poderia existir qualquer dúvida de que elas representem a *união sexual mítica* do macho e da fêmea, do céu e da terra" (ROUF, 321).

CORÇA (com pés de bronze)

A corça de cornos de ouro e pés de bronze que Héracles (Hércules) perseguiu durante um ano inteiro, chegando a ir até o país dos hiperbóreos, era consagrada a Ártemis (Diana); Héracles devia capturá-la viva. Atirando-lhe uma flecha que a atingiu entre o osso e o tendão, sem derramar uma só gota de sangue, ele conseguiu imobilizar as duas patas dianteiras e levou a corça para Micenas, a cidade antiga dos palácios construídos como fortalezas, símbolo de uma inexpugnável segurança: "Ele traspassou a corça dos pés de bronze", diz Virgílio (*Eneida*, **6**, 802).

No verbete **bronze**[1]*, a corça dos pés de bronze já foi interpretada, a partir da simbólica própria do bronze: pelo fato de ser sagrado, esse metal isolava a corça do mundo profano; e pelo fato de ser pesado, ele a submetia à terra. Percebe-se então os dois aspectos – o diurno e o noturno – da corça dos pés de bronze: seu caráter virginal era acentuado por essas características, embora pudesse perverter-se em grosseiros desejos terrestres que impediam qualquer impulso espiritual.

Neste verbete, é do ponto de vista da simbólica própria da corça que a lenda pode ser interpretada. A corça é o animal de corrida ligeira e veloz como a flecha; se for acentuada essa característica, dir-se-á que ela é infatigável, que seus cascos jamais se gastam e que ela tem, nesse sentido, *pés de bronze*; se, por outro lado, se considerar seu caráter arisco, sua fuga para o longínquo país dos **hiperbóreos*** (que eram os sábios das origens), a corça dos pés de bronze, que Héracles quer capturar viva ao cabo de longa perseguição na direção do Norte, simbolizará a sabedoria, tão difícil de alcançar. Neste ponto, o símbolo do metal sagrado e o da corça fugitiva se reúnem.

A caça à corça, na tradição mística dos celtas, simboliza também a perseguição da sabedoria, que só é encontrada debaixo de uma **macieira***, árvore do conhecimento. Ora, os Hiperbóreos moram nos países nórdicos e, segundo variantes da lenda, a corça teria sido apanhada debaixo de uma árvore, e teria procurado refúgio nos montes. Portanto, parece confirmar-se suficientemente que, nesse caso, ela significa a sabedoria da qual Héracles se fazia o infatigável perseguidor. Essas interpretações, entretanto, não se podem impor como certas, por falta de textos absolutamente precisos e decisivos. São apenas um exemplo de uma dialética do imaginário, cujo caráter um tanto incerto não podemos deixar de reconhecer. Todavia, é num sentido muito próximo a esses que Paul Diel interpreta também "a corça dos pés de bronze: a corça, tal como o cordeiro, simboliza a qualidade da alma oposta à agressividade dominadora. Os pés de bronze, quando atribuídos à sublimidade, representam a *força da alma*. A imagem representa a paciência e a dificuldade do esforço a realizar a fim de se alcançar a perfeição e a sensibilidade sublimes; e ela indica igualmente que essa sensibilidade sublime (corça), se bem que oposta à violência, acaba por ser de um vigor isento de qualquer fraqueza sentimental (pés de bronze)" (DIES, 209).

CORÇO

Entre os povos indígenas panches (Colômbia), o corço era tabu, pois acreditavam que a alma humana após a morte passa para o corpo desse animal.

Entre os astecas, a primeira mulher divinizada, igualmente chamada de *mulher-serpente,* mãe de dois Heróis-Gêmeos, é representada às vezes sob a forma de um corço de duas cabeças, caído do céu, e que foi usado como fetiche de guerra (SOUM)).

Na glíptica maia, o corço moribundo é símbolo de seca (THOH) (*v.* **cervo***).

Em vários dos Códices do antigo México, entre os quais o Códex Bórgia, o corço é representado como sendo, ele próprio, o portador do Sol (BEYM).

Para a maioria dos povos da estepe asiática o corço é um animal psicopompo. Os trajes xamânicos são muitas vezes talhados de uma pele de corço, e certos xamãs costumam usar na cabeça ou nas costas imitações da galhada do corço ou do **cervo***, feitas de ferro (HARA).

CORDA

A corda está ligada, de maneira geral, ao simbolismo da ascensão, como a **árvore***, a **escada*** de mão, o fio de teia de **aranha***. A corda representa o meio, bem como o desejo de subir (ELIT, 95). Atada em nós, simboliza qualquer espécie de *vínculo* e possui virtudes secretas ou mágicas.

A corda do arco simboliza, na tradição védica, a força que confere ao arco sua eficácia. Mas essa força é invisível e de natureza quase imaterial. Ela não provém nem do peso, nem da duração, nem de uma ponta acerada. Ela é como que *feminina.* Ela vem de uma tensão.

"Ei-la que se aproxima da orelha, / como se fosse falar, beijando / seu querido amante, / é a Corda: esticada no arco, ela vibra / como uma donzela, salvadora, na batalha." (*Rig-Veda*, 6, 75)

A corda de prata designa a via sagrada, imanente na consciência do homem, que liga seu espírito à essência universal, o *palácio de prata.* É a via da *concentração* pela meditação.

Varuna é representado, em geral, com uma corda na mão, símbolo do seu poder de ligar e desligar (**laços***).

Nos hieróglifos egípcios, a corda em nó designa o nome de um homem ou a existência distinta do indivíduo. É o símbolo de uma corrente de vida, refletida sobre si mesma e se constituindo enquanto pessoa.

A lenda grega fala de um cordoeiro, Ocnos, "personagem simbólico, que era representado nos Infernos, ocupado em tecer uma corda que uma **jumenta*** ia comendo à medida que ficava pronta. Tal símbolo era interpretado correntemente como significando que Ocnos era um homem trabalhador, que desposara uma mulher gastadeira" (GRID, 322a). Como, por outro lado, a corda simboliza o castigo de Nêmesis, é lícito perguntar se a corda de Ocnos, incessantemente tecida por ele e devorada por sua mulher, não simbolizaria o castigo perpétuo infligido a um casal malvado. A corda é representada também, muitas vezes, entre as mãos da Fortuna, que pode pôr termo a uma vida, cortando o fio da existência segundo os seus caprichos.

Na África, os feiticeiros utilizam a corda como instrumento de magia. Acredita-se que ela se transforme em serpente, cajado, fonte de leite etc. (HOLK).

Já nas civilizações da América Central é um símbolo divino. Cordas pendentes do céu simbolizam, nas artes maia e mexicana, o sêmen divino caindo do céu para fecundar a terra. Esse simbolismo é encontrado também no nome do mês que marca o começo da estação das chuvas e que, no antigo calendário mexicano, se diz Toxacatl, que significa "corda" ou "laço" (GIRP, 99).

Nos costumes locais como nos manuscritos maias, a chuva é, igualmente, simbolizada por cordas. Não se diz, familiarmente, em francês,

342 | CORDÃO UMBILICAL

quando chove muito, que *il tombe des cordes?* (caem cordas).

Na arquitetura maia, as cordas se tornam pequenas colunas.

Entre os Chorti, o defunto era enterrado com uma corda, que devia ajudá-lo a combater os animais ferozes que encontrasse pelo caminho, no mundo subterrâneo.

A corda sagrada xintoísta, Shimenawa (corda de palha de arroz: *shime* = "apertado", *nawa* = "corda"), tinha originariamente o nome de shirikumenawa. O nome atual é uma redução. O antigo significava *uma corda de palha tecida de tal maneira que as raízes da palha são visíveis na sua extremidade.* Tal corda é posta nos lugares sagrados para barrar a entrada das más influências, dos maus espíritos. Para impedir, também, os acidentes, os sinistros, as desgraças. Símbolo protetor, os japoneses põem cordas sobre os *torri,* nos templos xintoístas, no alto das novas construções, nos ringues onde vai haver lutas de sumô, e na porta de todas as casas por ocasião do Ano-Novo. As Shimenawas velhas são queimadas, por serem sagradas.

Era com uma corda que os feiticeiros das regiões nórdicas atavam os ventos sobre os quais tinham poder. Numa ilustração da *Historia de gentibus septentrionalibus* (Olaus Magnus, Roma, 1555), veem-se dois navegadores em discussão com um feiticeiro, de pé sobre um rochedo isolado, no mar, para saber por que preço ele lhes venderá a *corda de três nós que tem na mão* e que encerra os ventos subjugados. "Desfazendo o primeiro nó, eles obtêm um bom ventinho de oeste-sudoeste; desfazendo o segundo, trocam-no por um vento norte assaz rude; uma vez desmanchado o terceiro, sobrevém a mais horrível tempestade" (GRIA, 105).

No *Corão,* a corda é, igualmente, um símbolo ascensional, lembrando a corda do xamã ou do hindu, que serve para escalar os céus.

"Eles possuem, acaso, / a realeza dos céus, da terra, / e daquilo que fica no meio? / Que subam, então, ao céu com cordas!" (18, 10; 22, 15; 40, 34)

Mas que derrisão querer alguém lançar uma corda para o ar! Há nas palavras do Profeta sobre a corda como que um desafio cheio de ironia. As cordas celestes só podem vir do próprio céu e não subir por si mesmas da terra, apesar de todos os esforços dos homens. Ou, em outras palavras, a ascensão celeste só é possível pela graça.

A corda com nós é, nos templos maçônicos, um símbolo com o qual se adornam as paredes: simboliza a cadeia de união que prende todos os maçons uns aos outros, e que eles mesmos figuram formando um círculo, de mãos dadas. Numa Loja mista, os membros se esforçam, tanto quanto possível, em formar uma corrente em que Irmãos e Irmãs se alternem. F. Gineste diz, a propósito: a cadeia de união nos parece, essencialmente, o símbolo de uma solidariedade humana; melhor ainda, de uma reconciliação universal (HUTF, 158, 174).

CORDÃO UMBILICAL

Os bambaras chamam-no *corda da cabaça* da criança. Consideram-no a raiz pela qual o ser humano em gestação é preso à terra-mãe. Assim, enquanto ele não cai – o que, segundo a crença deles, deve ocorrer no sétimo dia (**sete*** = número do homem completo), o nascimento não está completo e acabado. Por isso, a mulher parida não é visitada e felicitada no dia do parto. Só no oitavo dia (**oito*** = número da palavra) se realiza a cerimônia da imposição do nome. Dessa concepção simbólica das virtudes do cordão umbilical resulta o seu valor medicinal fertilizante. Ele é conservado num "bentinho" que a criança leva preso ao pescoço, como um talismã. Um pedaço de algodão, macerado em água na qual se puseram os cabelos da primeira raspagem da cabeça da criança, constitui um remédio, que lhe é dado se cai doente. Misturado à semente que se vai plantar, assegura a sua germinação.

Para os povos hopi (pueblo), ele é a casa da alma da criança. Don C. Talayesva, chefe hopi, na sua célebre autobiografia (TALS, 7), dá a seguinte explicação a respeito do assunto: Quando meu cordão umbilical caiu, prenderam-no a uma flecha que foi dependurada a um barrote do teto para fazer de mim um bom caçador e dar à minha alma de menino, caso eu morresse, uma casa. Porque a minha alma podia ficar ao lado da flecha e voltar rapidamente ao útero de minha mãe para nascer de novo e logo.

CORDEIRO

Em todas as etapas do desenvolvimento da civilização mediterrânea – civilização tanto de pastores nômades quanto de agricultores sedentários – o cordeiro primogênito, aquele que se denomina hoje em dia de cordeiro-do-São-João, surge, em sua brancura imaculada e gloriosa, como uma cratofania primaveril; encarna o triunfo da renovação, a vitória, sempre a renovar-se, da vida sobre a morte. É justamente essa função arquetípica que faz do cordeiro, por excelência, a vítima propiciatória, aquela que se tem de sacrificar para assegurar a própria salvação. E nele também, tal como ocorre em muitos outros ritos e costumes, os adeptos de Dioniso prefiguram o tempo das grandes revelações: assim, para permitir que o deus reaparecesse às margens do lago de Lerna, pelo fundo do qual teria descido aos infernos à procura de sua mãe, "lançaram nas profundezas das águas um cordeiro, a fim de apaziguar Pilaucos, guardião das portas infernais" (SECG, 294).

Com a revelação hebraica, esse símbolo adquirirá seu sentido pleno: O cordeiro (ou a ovelha) simboliza em primeiro lugar o israelita; membro do rebanho de Deus (*Isaías*, **40**, 10-11), que pasta conduzido por **pastores*** (chefes políticos) (1 *Enoc*, 89, 12 s.):

> Eis que virá o Senhor Deus com fortaleza... Ele apascentará como pastor o seu rebanho: ajuntará pela força do seu braço os cordeiros, e os tomará no seu seio, ele mesmo levará sobre si as ovelhas que estiverem prenhes (*Isaías*, **40**, 10-11).

A mesma imagem será retomada pelo cristianismo (*Lucas*, **10**, 3; **15**, 3 s.; *João*, **21**, 15-17).

E, sobretudo, com uma constância que acontecimento algum jamais alterou até os nossos dias, o cordeiro novo, dos judeus aos cristãos e destes

aos muçulmanos, tem sido a vítima sacrificai de todas as ocasiões, principalmente da Renovação, quer se trate da Páscoa judaica ou das Páscoas cristãs, morte e ressurreição do Cristo, cordeiro de Deus, também sacrificado no Ramadão – esse *Kurban* que, na língua corrente do Oriente Médio, se torna o vocativo afetuoso usado para saudar o amigo verdadeiro, como se se dissesse "irmão".

Um estudo pormenorizado desses três rituais faz aparecer a continuidade de suas significações simbólicas, até nos mínimos detalhes. Assim, o derramamento do sangue redentor do Cristo na cruz não deixa de estar relacionado com o sangue salvador do cordeiro sacrificado, com o qual os judeus recobrem os montantes e o dintel da porta, a fim de afastar de suas casas as forças do mal.

No momento em que João Batista exclama, ao ver Jesus: "Eis o cordeiro de Deus que tira o pecado do mundo" (*João,* **1**, 29), refere-se certamente, pelo menos em parte, ao tema sacrifical. Na primeira epístola de *Pedro* (**1**, 18-19), é a tônica pascal que aparece em primeiro plano: o cristão é libertado, como o fora antigamente Israel do Egito, pelo sangue de um cordeiro – Jesus Cristo.

João (**19**, 36) e Paulo (1 *Coríntios*, 5, 7) afirmam igualmente que a morte do Cristo realiza, com perfeição, o sacrifício do cordeiro pascal.

Todavia, o cristianismo primitivo prende-se, do mesmo modo, ao referir-se a Jesus como a um cordeiro, a uma outra profecia do Antigo Testamento: a misteriosa página na qual *Isaías* (**53**, sobretudo o versículo 7) anuncia um Messias sofredor, simbolizado pela imagem de um cordeiro levado ao matadouro (v. *Atos*, 8, 32).

No Apocalipse, o cordeiro está sobre a montanha de Sião e no centro da Jerusalém celeste. Baseando-se numa descrição quase idêntica do Brahmaputra, dada pela *Bhagavad-Gita* (**15**, 6), e da Jerusalém celeste, Guénon sugeriu uma aproximação – puramente fonética – entre o cordeiro (*agnus*, em latim) e o Agni védico, o qual, aliás, é carregado por um carneiro. A similitude não poderia ser fortuita porque, além do aspecto *sacrifical* do Agni, tanto um como outro aparecem como *a*

344 | CORNISO

luz no centro do ser, aquela que se atinge na busca do Conhecimento supremo. Essa aproximação com o deus védico do fogo manifesta o aspecto solar, viril e luminoso do cordeiro: é a face leonina do cordeiro que se encontra igualmente assinalada no Apocalipse, onde a palavra *cordeiro* é empregada 28 vezes para designar o Cristo. Como, por um lado, o vocábulo grego não é exatamente o mesmo que nos casos precedentes, e, por outro lado, esse cordeiro manifesta sua cólera (6, 16 s.), guerreia e obtém a vitória (17, 14), foi possível, não sem alguma verossimilhança, supor uma influência do simbolismo astral (o carneiro do Zodíaco). Seja como for, a simbólica anterior ainda está presente: trata-se de um cordeiro imolado (5, 6, 9, 12) e, portanto, sacrifical ou mesmo pascal. Mas o símbolo, neste caso, refere-se ao Cristo ressuscitado e glorificado. Esta a razão pela qual se descobrem ainda novos harmônicos: o cordeiro vencedor da morte (5, 5, 6), vencedor das forças do mal (17, 14), todo-poderoso, divino (5, 7-9) e juiz (6, 16 s.).

Foi sem dúvida a fim de evitar qualquer confusão de cultos e crenças que poderia resultar dessa similitude entre os símbolos, que o Concílio, reunido em Constantinopla em 692, ordenou que a arte cristã passasse a representar o Cristo na Cruz não mais sob a forma de cordeiro, nem rodeado pelo sol ou pela Lua, mas com figura humana.

CORDEL DE PEDREIRO (*v.* Linha de pedreiro)

CORNISO

O ritual dos Feciais (Tito Livio, 1, 32) previa que o sacerdote romano encarregado da "declaração de guerra *ao inimigo se apresentasse na fronteira* armado de uma lança de ponta de ferro ou de madeira de corniso (uma araliácea) endurecida" para interpelar o adversário. Esse rito corresponde a uma antiga prescrição mágica, anterior à introdução do ferro. Da mesma forma que o lançamento de uma arma em território estrangeiro, a escolha do corniso simbolizava a morte sangrenta que recairia sobre o inimigo. No Extremo Oriente, pelo contrário, o corniso representa a força viva do sangue e das influências benéficas.

CORNO (*v.* Chifre)

CORNUCÓPIA

Na tradição greco-romana, "é um símbolo da fecundidade e da felicidade. Cheia de flores e de frutos, com a abertura para cima e não para baixo, como na arte moderna, a cornucópia é o emblema de numerosas divindades: Baco, Ceres, os Rios, a Abundância, a Constância, a Fortuna" etc. (LAVD, 206). Foi Júpiter (Zeus) que, tendo quebrado o chifre da cabra que o aleitava, ofereceu-o à sua ama, Amalteia, prometendo-lhe que o chifre se encheria no futuro com todos os frutos que lhe apetecessem. O "corno da abundância" simboliza a profusão gratuita dos dons divinos.

Segundo uma outra lenda, que tem o mesmo valor simbólico, a cornucópia seria um chifre do rio Aquelôo. Trata-se do maior rio da Grécia, filho do Oceano e de Tétis, a divindade do mar. Ele mesmo era o mais velho de mais de 3.000 rios e o pai de inumeráveis fontes. Como todos os cursos de água, tinha o poder de assumir as formas que desejasse. Quando de um combate que o opôs a Héracles (Hércules), pela posse da bela Djanira, ele se metamorfoseou em touro. Mas, tendo Héracles partido um dos seus chifres, declarou-se vencido. Em troca desse chifre, que pediu de volta a Héracles, este lhe ofereceu um dos cornos da cabra Amalteia, que tinha em seu poder. A cornucópia seria, então, ou o chifre de Aquelôo, o deus-rio, que uma ninfa recolhera e enchera com os mais deliciosos frutos, ou o da cabra que aleitara Zeus. Conforme a versão adotada, a abundância viria da água ou do céu. Mas não é o céu, com suas chuvas, que alimenta os rios?

Pelos tempos em fora, a cornucópia tornou-se atributo, mais que símbolo, da liberalidade, da felicidade pública, da ocasião afortunada, da diligência e da prudência, que estão nas fontes da abundância, da esperança e da caridade, do outono – estação das frutas –, da equidade e da hospitalidade (TERS, 116-121).

COROA

O simbolismo da coroa fica a depender de três fatores principais. Sua *colocação* no alto da cabeça lhe confere um significado supereminente: ela participa não só dos valores da cabeça, cimo do corpo humano, mas dos valores do que sobrepuja a própria cabeça, um dom vindo de cima; ela assinala o caráter transcendente de uma realização qualquer bem-sucedida. Sua *forma* circular indica a perfeição e a participação da natureza celeste, de que o círculo é o símbolo. Ela une, na pessoa do *coroado*, o que está abaixo dele e o que está acima, mas fixando os limites que, em tudo que não é ele, separam o terrestre do celestial, o humano do divino. Recompensa de uma prova, a coroa é uma promessa de vida imortal, a exemplo da vida dos deuses. Enfim, a própria matéria da coroa, vegetal ou mineral, indica, por sua consagração a determinado deus ou determinada deusa, a natureza do feito heroico realizado e a da recompensa divina atribuída, a assimilação a Ares (Marte), Apolo, Dioniso etc. Revela, ao mesmo tempo, que forças supraterrestres foram captadas e utilizadas para o êxito do feito premiado. Concebe-se, desde logo, que a coroa simboliza uma dignidade, um poder, uma realeza, o acesso a um nível e a forças superiores. Quando ela termina em forma de domo, afirma uma soberania absoluta.

Já se observou que a palavra "coroa" é, originariamente, muito próxima da palavra **corno*** e exprime a mesma ideia: a de elevação, poder, iluminação. Uma e outra se *elevam* acima da cabeça e são insígnias do *poder* e da *luz*. A coroa foi, outrora, ornada de pontas que figuravam, como os cornos, raios de luz. Esse pode ser também o significado da coroa crística. E é, seguramente, o das cabeças de cobra que cingem a fronte das divindades egípcias e a dos faraós. No simbolismo cabalístico, a coroa (Kether), que exprime o Absoluto, o Não Ser (Ayn Soph), está no cimo da Árvore dos Sephiroth. A iconografia alquimista mostra os espíritos dos planetas recebendo sua luz, sob forma de coroa, das mãos de seu rei, o Sol. Toda coroa participa do brilho e do simbolismo da coroa solar.

Só os deuses e os faraós ostentavam coroas no Egito. Soberanos do Alto e do Baixo Egitos, os faraós usam a dupla coroa (pschent) composta da mitra branca do Alto Egito engastada na coroa vermelha do Delta. O atew é o ornato de cabeça sagrado de Osíris. Compõe-se da mitra branca, de duas *plumas* * de avestruz, de *chifres* * de *carneiro* *, do urélio (*uraeus* *), o que se soma, ocasionalmente, a alguns outros ornamentos. Cada um desses elementos é um hieróglifo, porque tudo é símbolo no Egito: a mitra branca exprime uma ideia de luz; a pluma de avestruz é o emblema da verdade; os chifres de carneiro lembram o ardor gerativo etc. (PIED, 75).

Essas coroas divinas ou régias eram objeto de um culto, porquanto, "grandes nos seus sortilégios *e manipuladas unicamente pelos iniciados nos* mistérios dos dois uraeus, *elas eram* consideradas seres carregados de poder" (POSD, 170).

Durante o preparo da água sagrada e durante o sacrifício aos *Oito Deuses Terríveis,* destinado a afastar os espíritos funestos, o padre tibetano oficia cingido por uma coroa com cinco efígies; conhecem-se coroas análogas na Mongólia, no Nepal, em Bali.

Cada painel representa uma certa rede de concordâncias em torno das figuras dos cinco Dhyani-Budas ou Budas de meditação.

"[...] verde, Norte, ausência de temor; [...] vermelho, Oeste, meditação; [...] azul, Leste, testemunho; [...] branco, Centro, ensino; [...] amarelo, Sul, caridade" (TONT, 6).

Essa coroa simboliza e concentra ao mesmo tempo as forças exteriores e interiores que garantem ao sacrifício seu valor cósmico e ético, associando à celebração o conjunto dos cinco Budas e o universo material: os cinco pontos cardeais, com seu centro e as cinco cores.

Na ioga – e também no Islã – *a coroa da cabeça* é o ponto por onde a alma escapa das limitações corpóreas para elevar-se aos estados supra-humanos. É, à maneira hindu, o Sahasrara padma (o lótus das mil pétalas) (GUEV, QUES, WARK).

Desde a mais alta Antiguidade, se atribui *valor profilático* à coroa. Ela o tinha pela matéria de que era feita: flores, folhagem, metais e pedras preciosas, e pela sua forma circular, que a aparentava ao simbolismo do céu.

346 | COROA

Na Grécia e em Roma, a coroa era *um signo de* consagração *aos deuses*. No sacrifício, sacrificador e vítima são coroados. *Os deuses voltam as costas aos que se apresentam diante deles sem coroa,* diz um poeta grego arcaico. As estátuas dos deuses são coroadas, e, em geral, com as folhas das árvores ou os frutos das plantas que lhes são consagradas, o carvalho a Zeus, por exemplo, o loureiro a Apolo, o mirto a Afrodite, a vinha a Dioniso, as espigas a Ceres etc. Os mortos são ornados com uma coroa, como os vivos nas grandes circunstâncias da vida, para atrair a proteção divina. As coroas tendem a assimilar aqueles que as levam à divindade. São um símbolo de identificação. Elas captam as virtudes do céu, ao qual se parecem pela forma, como já foi visto, e do deus, a quem sua matéria as identifica (LAVD, 302-303). Guarnecida de ameias, a coroa orna os deuses, as deusas, os heróis, bem como Cibele, deusa da terra e das searas.

A coroa é a figura do lugar de repouso dos Bem-aventurados ou dos Mortos (os círculos dantescos da *Divina comédia*) ou do estado espiritual dos iniciados. Tábulas órficas atribuem as seguintes palavras à alma de um defunto que se dirige a Perséfone: "Eu levantei voo para fora do ciclo enlutado das dores. E com meus pés ligeiros, abordei a coroa desejada." Ou, ainda, segundo Plutarco, o iniciado, "tornado livre e capaz de divagar sem embaraços, celebra os mistérios, com uma coroa na cabeça" (in SECG, 120, 169). Foi uma coroa de luz, segundo uma versão da lenda de Ariadne e de Teseu, que guiou Teseu no seio do labirinto depois de morto o Minotauro. E essa coroa de luz lhe veio de Ariadne, que a recebera de Dioniso como presente de núpcias. Símbolo da luz interior, que aclara a alma daquele que triunfou num combate espiritual. C. G. Jung verá na coroa *irradiante* o símbolo por excelência do grau o mais elevado da evolução espiritual.

Na iconografia da América Central, a coroa só aparece com os deuses agrários (GIRP, 80).

A coroa de plumas dos indígenas, a coroa de ouro e a *auréola** representam uma tentativa de identificação com a divindade solar e, por conseguinte, uma excepcional tomada de poder (LOEC, 50-51).

Essa coroa de plumas se transformou, com a degradação do sentido do símbolo, num ornato de folclore ou de feira, "servindo, então, de atributo da América na representação alegórica das partes do mundo" (TERS, 131).

A imagem da coroa está relacionada, nos escritos judaicos e cristãos, com modos os mais diversos de representação.

a. A coroa real ou sacerdotal. Em todas as civilizações, o atributo do rei é a coroa. Todavia, a religião judaica assimilou, em alguns casos, o diadema de ouro puro usado pelo sumo sacerdote (*Êxodo,* 28, 36) a uma coroa (v. *Sirach,* 45, 12). Sendo Deus o soberano supremo, pode coroar os homens e os povos com suas bênçãos (*Ezequiel,* **16**, 12; *Isaías,* **62**, 3). Os profetas chegam a dizer que Israel é a coroa do seu Deus, i.e., o signo de sua ação onipotente em favor dos homens. O conteúdo do símbolo se amplia, e a coroa assinala, com perfeita naturalidade, a honra, a grandeza, o júbilo, a vitória. Daí se passa, sem esforço, à ideia de vitória escatológica, transcendente. O Qumran, *o Livro da Regra* (**4**, 7 s.) promete aos fiéis a coroa de glória da vitória suprema. É nessa perspectiva que se deve ler e entender os textos do *Apocalipse* (**4**, 4-10). Os 24 Anciãos que, no céu, representam a Igreja de Deus, levam coroas, que depositam diante do trono de Deus. O Cristo aparece como soberano, coroado como o próprio Deus (*Apocalipse,* **14**, 14).

b. A coroa do atleta vitorioso nos jogos e combates do estádio. É essa realidade concreta que o cristianismo primitivo transpõe num registro espiritual e religioso. A vida do cristão implica, na sua fidelidade, um esforço sustentado. É uma corrida em direção a um alvo, e todas as forças vivas do indivíduo devem estar concentradas na sua participação (1 *Coríntios,* **9**, 24-27). A vitória, e a coroa, que constitui seu prêmio, não são mais comparadas a uma recompensa merecida por uma vida moral exemplar, mas à salvação eterna, concedida àquele que, levando a sério a significação do Evangelho, viveu com um único fito, o de honrá-lo. Donde a nota escatológica, tantas vezes presente na imagem da coroa (*Tiago*, **1**,12; 1 *Pedro*, **4**, 5). É por isso que se pode falar de coroa de vida (*Apocalipse*, **2**, 10), de coroa de imortalidade. Mártir na arena, Policarpo obteve verdadeiramente o prêmio: a imortalidade. Essa utilização do símbolo suscita uma generalização na qual se perde completamente de vista o elo principal com os jogos esportivos. Assim, o relato da ascensão de Isaías (**9**, 7) fala das coroas reservadas no sétimo céu aos que amam o Bem Amado (o Messias).

c. Esse sentido derivado permite aproximar da coroa a guirlanda que os iniciados recebem nos cultos que têm mistérios. O devoto de Mitra que se vê elevado ao grau de *miles* recebe uma coroa e exclama: "Mitra é a minha coroa!" O mesmo acontece nos mistérios de Isis (*v.* Apuleio, O *asno de ouro*). É lícito indagar se não conviria evocar aqui a imagem da coroa que simboliza a iniciação cristã: o batismo. As *Odes de Salomão,* cujo caráter batismal é reconhecido pela maioria dos especialistas, contêm muitas alusões suscetíveis de serem assim compreendidas: "Ode I: Teceram-me uma coroa de Verdade"; (20, 7-8): "Reveste-te abundantemente da graça do Senhor; vem de volta ao paraíso, tece uma coroa da sua árvore e põe essa coroa na tua cabeça." É fácil observar que, nesses textos, a imagem da coroa está indissoluvelmente ligada à do **paraíso***, uma vez que é a **árvore*** da vida que fornece os materiais de que a coroa será feita. Da mesma forma, o Procatecismo de Cirilo de Jerusalém: "Vós, os catecúmenos, vós teceis flores espirituais em coroas celestes [...]." As liturgias mandeístas atestam um rito de coroamento efetivo do novo batizado. Para explicar os textos das *Odes de Salomão,* é possível apelar ainda para um último aspecto do tema da coroa. Sabe-se que o dom da coroa nupcial é um rito essencial nos casamentos orientais (*Cântico*, **3**, 11). Como

não repugna às odes falar de núpcias espirituais entre a alma e o Cristo, é lícito igualmente indagar se o símbolo da coroa não deverá ser entendido nesse contexto.

d. É esse, efetivamente, o sentido que os ritos medievais da consagração das virgens parecem confirmar: as cerimônias são uma réplica da celebração do sacramento do matrimônio. *Seus símbolos principais são o véu, o anel e a coroa.* O véu simboliza a vontade e o voto da virgem de ser preservada de toda mácula pelo amor dos bens eternos; o anel simboliza a fidelidade à fé: *o sinal do Espírito Santo, a fim de que sejas chamada esposa do Cristo.* Em seguida, o bispo depõe uma coroa na cabeça da virgem, dizendo:

> Recebe um sinal do Cristo na tua cabeça,
> A fim de que te tornes esposa dele;
> E, se permaneceres nesse estado,
> Serás coroada para toda a eternidade.

Esses símbolos são claros e tradicionais. Em razão de sua origem solar, a coroa simboliza o poder régio ou, melhor ainda, *o poder divino.* Esse símbolo da coroa é, aliás, muito antigo. Os sacerdotes judeus usavam coroas de flores na procissão da festa dos tabernáculos. Mais tarde, a coroa simbolizará a presença do Cristo, que é como uma coroa na cabeça dos eleitos (DAVS, 24 s.).

Tal uso, que se encontra de novo no ritual do batismo, indica um novo nascimento no Cristo. É pelo Cristo e no Cristo que a virgem, por ocasião da sua consagração, possui um nome novo (DAVS, 239-240).

A coroa serviu, depois, para designar toda superioridade, por efêmera e superficial que fosse, e para recompensar um feito insigne ou méritos excepcionais. A imagem não conservava senão numa pálida filigrana a lembrança do seu valor simbólico. Não era mais que o signo da manifestação de um sucesso ou de uma dignidade. Figurou, com materiais diversos, na fronte ou na *mão* dos generais triunfantes, dos gênios, dos sábios, dos poetas, das alegorias da vitória, da guerra, da paz, da ciência, da retórica, da filosofia, da teologia, da

348 | CORRENTE (CADEIA)

astrologia, da fortuna, da virtude, da honra, da sabedoria. Ornou a fronte dos vícios desde que superiores, como o orgulho, ou, segundo os gostos, como a gula e a luxúria. Já se viu que representava a América, com penas. Pois foi também atributo da Europa e da ninfa Europa, pois esta era superior às demais como o continente era "superior aos outros: reinava sobre o resto do mundo". Foi também atributo da África, que "tem a cabeça toda cingida de raios flamejantes" (TERS, 125-133).

CORRENTE (Cadeia)

Símbolo de elos e relações entre o céu e a terra e, de modo geral, entre dois extremos ou dois seres. Platão faz alusão à **corda*** luminosa que encadeia o universo. Essa corrente dourada teria como objetivo unir o Céu e a Terra.

Um trecho do *Górgias* (509 a) menciona "as correntes de ferro e de diamante", que são os encadeamentos lógicos de um discurso ou de uma demonstração. Através dessas correntes, Sócrates uniu a felicidade do homem à prática da justiça: vale dizer, o brilho e a solidez de seu raciocínio. Sua palavra é uma corrente de ferro e diamante. Segundo Homero, a corrente de ouro que está suspensa à abóbada celeste desce até a terra. Zeus o Tonitruante, tendo reunido os deuses sobre o mais alto cume do Olimpo, intimou-os à submissão total ao seu poder supremo e, a fim de provar que era todo-poderoso, a eles se dirigiu com as seguintes palavras: "Pois bem, deuses, fazei a experiência e sabereis, todos vós! Suspendei, pois, ao céu um cabo de ouro; depois, agarrai-vos a ele, todos vós, deuses e deusas: não conseguireis levar do céu à terra Zeus, o senhor supremo, por mais esforços que façais. Mas se eu, por minha vez, assim o desejasse, puxaria livremente, e seria a terra e o mar ao mesmo tempo que eu arrastaria convosco. E após fazer isso, amarraria a corda a um pico do Olimpo e, sem levar em conta a vossa vontade tudo flutuaria ao sabor dos ventos. Tanto é verdade que eu triunfo sobre os deuses como sobre os homens!" (HOMI, **8**, 18-28).

Esse mesmo tema, retomado por Dionísio Areopagita, é aplicado à prece (PSEO, 90). A corrente de ouro infinitamente luminosa está presente no alto e embaixo. A fim de melhor fazer-se compreender, Dionísio toma o exemplo de um barco amarrado por uma corda a um rochedo. Quando se puxa a corda, o rochedo não se move, mas o barco avança pouco a pouco em direção a ele. Na verdade, a *aurea catena Homeri* haveria de ser uma imagem constantemente retomada e comentada.

Não resta dúvida de que o *cordão astral* se relaciona à corrente de ouro. Esse cordão astral, também chamado de corda astral, tem por função unir o espírito à psique, ou seja, o *nous* (ou razão) à alma (*animus-anima*). Plutarco, em seu tratado sobre o Daimon (voz interna misteriosa) de Sócrates, faz alusão a ele. A esse respeito, Mircea Eliade observa que tema semelhante foi desenvolvido "pelos neoplatônicos a partir do texto de Platão sobre os homens títeres dos deuses e a corda de ouro da razão" ("Mythes et symboles de la corde", no *Eranos Jahrbuch*, 1960, **29**, 32). Prosseguindo em sua pesquisa, Mircea Eliade dirá ainda que uma imagem como essa pode ligar-se à parapsicologia, uma vez que certas pessoas são capazes, segundo os estudos de parapsicólogos, de visualizar e de sentir essa corda ou fio que une o corpo físico ao corpo sutil.

Existem referências, em alguns textos irlandeses, a guerreiros que combatem acorrentados uns aos outros. O simbolismo é o do *deus com liames*, ógmios (Ogme, em irlandês), que é, por definição, o *campeão* e o deus da guerra (OGAC, 12, 224-225).

Uma corrente atava a língua de Ógmios às orelhas daqueles que o escutavam: isso simboliza o deus da palavra, que prendia seus ouvintes com a corrente de sua eloquência. De um modo geral, a corrente (ou cadeia) é o símbolo dos elos de comunicação, de coordenação, de união, consequentemente, do casamento, da família, da cidade, da nação, de toda coletividade, de toda ação comunitária. *Faz-se a corrente com as próprias mãos*. Em um sentido sociopsicológico, a corrente simboliza a necessidade de uma adaptação à vida coletiva e a capacidade de integração ao grupo.

Marca uma fase da evolução ou da involução pessoais, e não há nada de mais difícil, talvez, do ponto de vista psíquico, do que sentir a indispensável ligação social, não mais como uma corrente pesada e imposta do exterior, mas numa forma de adesão espontânea.

CORTINA DE FOGO

Simboliza a passagem entre o estado antigo, o homem velho, e o estado novo, o homem novo. O metal deve sofrer uma fusão, isto é, passar pelo **fogo*** e pela **água*** para sofrer uma transmutação. Da mesma forma, o homem passa necessariamente pelo fogo e pela água para ser transformado e se tornar imortal. A cortina de fogo é a demarcação entre o perecível e o imperecível. É na passagem que o ser sofre sua mutação, e de imperfeito se torna perfeito.

CORUJA

A coruja, maltratada em nossa civilização por uma lamentável reputação de ladra, e ave que costumamos transformar no emblema da feiura (aparentemente, contra a opinião de Rabelais), era, no entanto, a ave de Atena (Minerva). Ave noturna, relacionada com a Lua, a coruja não consegue suportar a luz do Sol e, nesse particular, opõe-se, portanto, à águia, que recebe essa mesma luz com os olhos abertos. Guénon observou que se podia ver nesse aspecto, assim como na relação com Atena-Minerva, o símbolo do conhecimento racional – percepção da luz (lunar) por reflexo – em oposição ao conhecimento intuitivo – percepção direta da luz (solar) (GUES). Talvez seja também por esse motivo que a coruja é tradicionalmente atributo dos adivinhos: simboliza seu dom de clarividência, mas através dos signos por eles interpretados. "A coruja, ave de Atena, simboliza a reflexão que domina as trevas" (BAGE, 108).

Na mitologia grega, a coruja é representada por Ascálafo, filho de Aqueronte e da ninfa da obscuridade: foi ela quem *viu* Perséfone (Prosérpina) saboreando um fruto do inferno (um bago de romã), e denunciou-a, privando-a assim de toda e qualquer esperança de um dia poder retornar definitivamente ao mundo da luz (GRID).

Entre os astecas, ela é o animal simbólico do deus dos **infernos***, juntamente com a **aranha***. Em muitos Códices, a coruja é representada como *a guardiã da morada obscura da terra*. Associada às forças ctonianas, ela é também um avatar da noite, da chuva, das tempestades. Esse simbolismo associa-a um só tempo à morte e às forças do inconsciente luniterrestre, que comandam as águas, a vegetação e o crescimento em geral.

No material funerário das tumbas da civilização pré-incaica Chimu (Peru), encontra-se frequentemente a representação de uma faca sacrifical em forma de meia-Lua, encimada pela imagem de uma divindade metade humana metade animal, semelhando ave noturna, coruja ou mocho. Este símbolo, evidentemente ligado à ideia de morte ou de sacrifício, é ornamentado de colares de **pérolas*** e de **conchas*** marinhas, tem o peito pintado de vermelho, é a divindade assim representada está muitas vezes ladeada por dois **cães***, cuja significação de psicopompos já conhecemos. Esse mocho, ou essa coruja, aparece, muitas vezes, segurando uma faca sacrifical numa das mãos, e na outra, o recipiente destinado a recolher o sangue da vítima (GRID).

Ainda em nossos dias, a coruja é a divindade da morte e a guardiã dos cemitérios, para numerosas etnias indo-americanas (REIN). Entretanto, permanece como fato surpreendente que um vetor de símbolo tão universalmente tenebroso e associado às mais sinistras ideias tenha podido, em algumas línguas latinas, designar como adjetivo a mulher bonita (fr. *chouette* = bonito(a), *être chouette*, ser bonito, distinto, perfeito etc.), passando depois a designar tudo aquilo que é de bom augúrio.

CORVO

Ao que parece, a conclusão a tirar de um estudo comparativo dos costumes e crenças de numerosos povos é que o simbolismo do corvo só tomou seu aspecto negativo há pouco tempo e quase que exclusivamente na Europa. Consideram-no, com efeito, nos sonhos, como uma figura de mau agouro, ligada ao temor da desgraça. É a ave negra

350 | CORVO

dos românticos, planando por sobre os campos de batalha a fim de se cevar na carne dos cadáveres. Essa acepção, convém repetir, é moderna e estritamente localizada. É encontrada, por exemplo, na Índia, onde o *Mahabharata* compara a corvos os mensageiros da noite. E, talvez, no Laos, onde a água contaminada pelos corvos é imprópria para as aspersões rituais. Quase por toda parte, no entanto, no Oriente como no Ocidente, o simbolismo do corvo é construído sobre as suas virtudes positivas.

Assim, na China e no Japão ele é o símbolo da *gratidão filial*. O fato de que o corvo alimente seu pai e sua mãe é considerado pelos Han o signo de um prodigioso restabelecimento da ordem social. Ainda no Japão, ele exprime o amor filial. As crianças japonesas cantam nas escolas primárias:

Por que canta o corvo?

Porque na montanha

Há um menino querido de sete anos.

O corvo canta

Meu querido! Meu querido!

Ele canta

Meu querido! Meu querido!

(A onomatopeia para o crocito do corvo é, no Japão, *Kaka;* "querido", em japonês, é *kawaii*).

Também no Japão, ele é, simultaneamente, um mensageiro divino. Para os tcheus, uma ave de bom agouro, anunciadora de seus triunfos, e sinal de suas virtudes. Tratava-se, é verdade, de um corvo vermelho, da cor do sol. Na China, o corvo é um pássaro solar. Dez corvos levantam voo da amoreira do Levante para trazer a *luz ao mundo*, um símbolo que parece ter passado ao *Xintô*. Mas Yi, o Bom Arqueiro, abateu nove a flechadas. Sem isso, o mundo teria ardido.

Um corvo de três pés figura no seio do sol, segundo pedras esculpidas do tempo dos han. Seria ele o princípio animador do sol, e, talvez, uma representação do *yang*, ímpar (MYTF, 126). Esses três pés, emblema dos imperadores da China, correspondem, como a trípode, a um simbolismo solar: nascimento, Zênite, crepúsculo.

Símbolo de perspicácia, no *Gênesis* (**8**, 7), é ele que vai verificar se a terra começa a reaparecer à superfície das águas, depois do dilúvio universal: "No fim de quarenta dias, Noé abriu a janela que fizera na arca e soltou o corvo, que foi e voltou, esperando que as águas secassem sobre a terra."

Sempre solar, o corvo era, na Grécia, consagrado a Apolo. Foram os corvos que determinaram o lugar do *ônfalo* de Delfos, segundo Estrabão. Segundo Plínio, foram águias. E, segundo Plutarco, cisnes. Esses três pássaros têm isso pelo menos em comum: desempenham o mesmo papel de mensageiros dos deuses e preenchem funções proféticas. Os corvos eram, igualmente, os atributos de *Mitra*. Passavam por ter o poder de conjurar a má sorte.

O corvo aparece ainda, e com grande frequência, nas lendas celtas, em que tem papel profético. O nome de Lyon, Lugdunum, foi interpretado pelo Pseudo-Plutarco – que se baseou, certamente, em tradições gaulesas – como *colina do corvo* e não mais como *colina de Lug,* porque um voo de corvo teria indicado aos fundadores o local onde deveriam construir a cidade. Na Irlanda, a deusa da guerra, Bodb, tem o nome de gralha. Cabe ao corvo, aliás, um papel fundamental na narrativa gaulesa, intitulada Breudwyt Ronabwy, *O sonho de Ronabwy.* Os corvos de Owein, depois de massacrados pelos soldados de Artur, reagiram e fizeram em pedaços os galeses. O folclore trata o corvo com a maior consideração (LERD, 58). Na Gália, era animal sagrado. E a mitologia germânica os tinha na conta de pássaros diletos e companheiros de Wotan.

Na mitologia escandinava, dois corvos estão permanentemente pousados sobre o espaldar do trono de Odin. Um é Hugin, o espírito; o outro, Monnin, a memória. Dois lobos permanecem, também, junto do deus. Os dois corvos representam o princípio de criação; os lobos, o princípio de destruição (MYTF, 148).

Entre os povos tingits (costa NW do Pacífico), a figura divina central é o Corvo, herói e demiurgo primordial, que faz o mundo, ou, mais precisamente, o organiza, difundindo por toda parte a civilização e a cultura, criando o Sol etc. (ELIT, 59). É ele o responsável pelo elemento dinâmico e organizador.

Na América do Norte, o Ser supremo celeste tende, em geral, a confundir-se com a personificação mítica do trovão e do vento, representada por uma grande ave (corvo etc.). Com um bater de asas, ela faz surgir o vento e sua língua é o relâmpago (ibid.).

Por ocasião da festa da primavera dos Mandan, o *primeiro homem,* arauto da renovação, comemora a retirada das águas. Apresenta-se nu e pintado de branco, com uma capa sobre os ombros, feita de quatro peles de lobo branco, e na cabeça, dois corvos mortos e destripados. (LEVC).

O corvo mensageiro do deus do trovão e do raio figura na mitologia maia (*Popol-Vuh*).

Seu papel de guia e de espírito protetor é atestado na África do Norte. Os likubas e likualas do Congo consideram o corvo "uma ave que avisa os homens dos perigos que os ameaçam" (LEBM).

Ele seria também um símbolo da solidão, ou melhor, do isolamento voluntário daquele que resolveu viver num plano superior. Seria, igualmente, um atributo da esperança, pois o corvo repete sempre, segundo Suetônio, *eras, eras,* i.e., "amanhã, amanhã" (TERS, 111).

Assim, na maior parte das crenças a seu respeito, o corvo aparece como um herói solitário, muita vez demiurgo ou mensageiro divino, guia, em todo caso, e, até, guia das almas na sua última viagem, pois que, psicopompo que é, ele penetra, sem se perder, o segredo das trevas. Parece que seu aspecto positivo está ligado às crenças dos povos nômades, caçadores e pescadores; torna-se negativo com a sedentarização e com o desenvolvimento da agricultura.

Os alquimistas sempre associaram a fase de putrefação e a *matéria em negro* ao corvo. Eles chamam a esta última *cabeça de corvo.* Ela é *leprosa,* e há de branqueá-la, "lavando-a sete vezes nas águas do Jordão". São as inibições, sublimações, coobações ou digestões da matéria, que se fazem por conta própria utilizando apenas o regime do fogo. Assim se justifica a representação, tão frequente, do negro volátil nas estampas dos antigos tratados de ciências herméticas (PERD).

COSMOGONIA

Relato da **criação*** do mundo, fico em símbolos. Toda religião, toda cultura têm suas teorias e seus mitos sobre a origem do universo ou o nascimento do mundo. A irrupção do ser para fora do nada, ou a aparição súbita do cosmo não podem ser objeto da história por serem, por definição, sem testemunhas. A única realidade perceptível é o fruto da criação, a criatura, e não a própria criação. Toda origem é sagrada, *a fortiori* a origem absoluta. Sua descrição pode assumir apenas a forma de um **mito***, imaginado pelo homem ou revelado pelo Criador. Mas esses mitos *temporalizam,* pela própria necessidade da expressão, o que escapa ao tempo pela necessidade mesma da existência. Eles humanizam obrigatoriamente o que é sobre-humano. Não podem ser senão enganosos, e, no entanto, não são de todo destituídos de sentido, nem de verdade. Informam sobre o homem e sobre a maneira de conceber a irrupção do ser e da vida. As cosmogonias traduzem um sentimento universal de transcendência, i.e., a atribuição das origens do cosmo a um ser ou a seres extracósmicos. Não se trata senão de um modo de transformar o problema das origens do mundo em um outro problema, o da *transcendência*. E é por isso que se pode dizer que eles falam essencialmente a linguagem interna dos símbolos, que não tem tradução racionalmente unívoca.

Certas cosmogonias partem, aliás, não do nada, mas do caos. As águas, a terra, as trevas preexistem desde toda a eternidade. Mas uma energia interveio, e daí surgiram a ordem e a luz. O problema é, nesse caso, menos o das origens que o do *princípio organizador.* Esse princípio costuma ser identificado com o sopro ou espírito (*spiritus*), com a palavra, mas não se pode entrar aqui na análise de todas as cosmogonias. De um ponto de vista geral, elas correspondem a um *esquema humano da ação.* Constituem um modelo segundo o qual os homens concebem

352 | COTOVIA

o desdobramento da energia e segundo o qual eles se esforçam para realizar seus projetos. "A cosmogonia", diz Mircea Eliade,

> [...] é o modelo exemplar de toda espécie de fazer. Não só por ser o Cosmo o arquétipo ideal ao mesmo tempo de toda situação criadora e de toda a criação, mas por ser uma obra divina. O Cosmo é, então, santificado na sua própria estrutura. Por extensão, tudo o que é perfeito, pleno, harmonioso, fértil, em uma palavra, tudo o que é concebido como um cosmo, tudo o que se parece a um cosmo, é sagrado. Fazer bem-feita qualquer coisa, obrar, construir, estruturar, dar forma, informar, formar, tudo isso se resume em dizer que se faz com que alguma coisa comece a existir, que se dá vida a alguma coisa e, em última instância, que se faz com que alguma coisa se assemelhe ao organismo harmonioso por excelência, o Cosmo. Ora, o Cosmo, não custa repetir, é a obra exemplar dos deuses, é a sua obra-prima (SOUD, 474-475).

C. G. Jung observa, por outro lado, que toda cosmogonia implica certa noção de sacrifício: dar forma a uma matéria é participar da *energia primordial* para modificá-la. O que não se dá sem luta. As cosmogonias são acompanhadas sempre de teomaquias (combates de deuses), de gigantomaquias, de convulsões gigantescas, em que deuses e heróis se digladiam e entrematam, erguendo cadeias de montanhas e rolando oceanos entre os abismos. A ordem e a vida só nascem do caos e da morte: esses contrários são casais **gêmeos***, são as duas faces, diurna e noturna, do ser contingente. Todo progresso se apoia numa destruição. Mudar é, ao mesmo tempo, nascer e morrer. Esse é um outro aspecto das cosmogonias, essa lei geral do sacrifício regenerador. Sob uma forma muitas vezes cruel, bárbara e monstruosa, elas ilustram e simbolizam essa lei energética.

COTOVIA

A cotovia, por sua maneira de elevar-se muito rapidamente no céu ou, ao contrário, de deixar-se cair bruscamente, pode simbolizar *a evolução e a involução da Manifestação.* Suas passagens sucessivas da terra ao céu e do céu à terra *unem os dois polos da existência:* ela é uma espécie de mediadora.

Assim, representa a união entre o terrestre e o celeste. Voa alto e faz seu ninho na terra com talinhos de erva seca. O alçar de seu voo na clara luz da manhã evoca o ardor de um impulso juvenil, o fervor, a manifesta alegria da vida. Seu canto, por oposição ao do **rouxinol***, é um canto de alegria:

> Mais alto ainda, sempre mais alto,
> De nossa terra tu te arremessas,
> Qual vapor inflamado;
> Tua asa vence o abismo azul,
> E sobes, cantando e subindo cantas sempre.
>
> (SHELLEY, "A uma cotovia")

Na luz da manhã, a cotovia, *qual ventura desencarnada levantando voo,* simboliza o impulso do homem para a alegria. Na opinião dos teólogos místicos, o canto da cotovia significa a prece clara e jubilosa diante do trono de Deus.

Em célebres páginas, Michelet fez da cotovia um símbolo moral e político: *a alegria de um invisível espírito que desejaria consolar a terra.* Ela é a imagem do trabalhador, particularmente do lavrador. Bachelard (BACS, 100-106) observa que a cotovia é uma "imagem literária pura", seu voo muito elevado, seu pequenino talhe e sua rapidez impedem-na de ser *vista* e de tornar-se imagem pictórica. Metáfora pura, a cotovia transforma-se, portanto, em símbolo *de transparência, de dura matéria, de grito.* E o filósofo cita o poeta Adolpho Rossé: "E depois escutai: não é a cotovia quem canta... é o pássaro cor de infinito"; ao que Bachelard acrescenta: "cor de ascensão... um jato de sublimação... uma vertical do canto... uma onda de alegria. Só a parte vibrante de nosso ser pode conhecer a cotovia." Ao cabo de sua sutil análise, Bachelard faz da "cotovia pura... o signo de uma sublimação, por excelência".

Pássaro sagrado para os gauleses, permanece, ao longo de toda a história do folclore e das crenças populares francesas, como uma ave de bom augúrio, estando por vezes até mesmo na composição dos talismãs: "Aquele que tiver em seu poder os pés de uma cotovia, verdadeiros ou figurados, não poderá ser perseguido; esse talismã assegura a vitória sobre os homens e os elementos" (CAND, 17).

COURAÇA (*v.* Escudo, Capacete)

CÔVADO

Enquanto medida de comprimento, usada principalmente no Egito, o côvado (que equivale a 66cm) simboliza a ordem, a justiça e a verdade. O deus Tot, deus humano com forma de íbis, é representado com um côvado nas mãos. Tot é o inventor das leis e o protetor dos escribas (*v.* **braço**).

COXA

A tradução francesa *l'amitié de ma hanche* (a amizade de meus quadris), adotada, em geral, pelos celtizantes franceses ou alemães para a expressão irlandesa cardes mo sllasta, é um eufemismo literário. Designa o que a rainha Medb (*embriaguez*) oferece aos homens que quer tentar ou pelos quais simplesmente se enamorou. Na verdade, em irlandês, significa *coxa, parte superior da perna*. A expressão é uma designação atenuada da "conjunção sexual" (ROYD, S, 271). Não parece que haja nela outro simbolismo que o da posse erótica e temporária. Medb (que simboliza a soberania celta) jamais se viu *sem um homem na sombra de um outro*. O simbolismo da função régia é completamente diverso (WINI, 5, 15, CELT, **15**).

Por sua função no corpo, que é de suporte móvel, a coxa significa, igualmente, a força. A Cabala insiste nessa firmeza, análoga à da **coluna***.

A coxa de Júpiter (Zeus), no interior da qual, segundo a lenda grega, Dioniso teria operado uma segunda gestação, mereceria toda uma análise simbólica, que lhe empreste, evidentemente, significação sexual e matricial. Segundo o esquema clássico dos ritos iniciáticos, a lenda significa que aquele que se tornará o Mestre dos mais célebres mistérios da Antiguidade grega recebe sua educação iniciática – ou segunda gestação – nessa coxa de um deus supremo, que pode ser considerado o andrógino inicial. Como no exemplo celta citado mais acima, haveria aqui, de novo, um eufemismo. O que se designa, desta vez, não é a vagina mas a câmara uterina. A expressão está ligada, então, diretamente, ao simbolismo da gruta ou, mais ainda, ao da árvore oca, o que não é contraditório com a coxa considerada *exteriormente* uma coluna, i.e., como um símbolo, ao mesmo tempo de elevação e de força.

COXO

Praticamente em todas as mitologias, quando não são **pernetas***, os mestres do fogo e da forja são coxos. Essa enfermidade faz com que participem do *ímpar* e de toda a ambiguidade – sagrado esquerdo e sagrado direito, divino e diabólico – que essa palavra subentende. A perda de sua integridade física é considerada, na maioria das vezes, o preço que devem pagar por seus conhecimentos extra--humanos e pelo poder que estes lhes conferem.

Heróis e/ou ladrões, despertaram, como Prometeu, o ciúme do Deus supremo, que os marcou na carne com sanção análoga ao pagamento de um resgate. Tal é o caso, em numerosas mitologias, de alguns heróis civilizadores. No entanto, *numero Deus impari gaudet...* (Deus regozija-se com o ímpar). Afinal de contas, parece bastante humano esse Deus que tem ciúmes de quem o regozija. Lesage fez uma maliciosa utilização desse símbolo com seu *Diable boiteux* (Diabo coxo), ao qual não falta nem verdade nem sutileza.

Coxear é sinal de fraqueza, de irrealização, de desequilíbrio. Nos mitos, lendas e contos, o herói coxo sugere um ciclo que se pode exprimir pelo final de uma viagem e o anúncio de uma nova viagem. O coxo evoca o sol poente, ou ainda, o sol do final e do início do ano.

Quando Apuleio descreve a Descida aos infernos, especifica: "Quando boa parte da abóbada infernal tiver sido percorrida, tu encontrarás um asno coxo carregado de feixes de lenha e um asneiro que coxeia como ele." Quer se trate de um deus, de um rei, de um príncipe, de um dançarino ou de um asneiro, o símbolo permanece idêntico; pode-se reencontrá-lo, também, nas *danças de passos claudicantes*. O coxo exerce muitas vezes o ofício de ferreiro; ora, o ferreiro fabrica gládios,

354 | CRÂNIO

cetros, broquéis, que simbolizam os membros do Sol, seus raios. Obra que jamais se iguala à de um Deus, de um demiurgo ou do próprio Sol.

Se o **pé*** é um símbolo da alma, um defeito no pé ou no andar revela uma fraqueza da alma. De resto, isso é o que ressalta de todos os exemplos mitológicos e lendários onde se encontram coxos. Se Aquiles, embora não sendo coxo, é vulnerável no calcanhar, é por causa de sua propensão à violência e à cólera, que são fraquezas da alma. Coxear, do ponto de vista simbólico, significa um defeito espiritual.

Esse defeito não é necessariamente de ordem moral; pode designar uma ferida de ordem espiritual. A visão de Deus, por exemplo, implica um perigo mortal, e pode deixar uma espécie de ferimento, simbolizado pela claudicação, na alma daqueles que se beneficiaram apenas de um curto instante dessa visão. Foi o que aconteceu a Jacó, depois de seu heroico combate com Deus. Ele mesmo explica que se tornou coxo, porque vira Deus: "[...] eu vi a Deus face a face e a minha vida foi salva." Nascendo o Sol, ele tinha passado Peniel e manquejava de uma coxa (*Gênesis*, **32**, 25-32).

Hefestos (Vulcano) é um deus coxo e disforme. Assim como Jacó após sua luta com Jeová, Hefestos tornou-se coxo após um combate com Zeus para defender sua mãe (*Ilíada*, I, 590-592). No Olimpo, ele é o ferreiro, o deus do fogo. Não será sua enfermidade o sinal de que também ele possa ter visto algum segredo divino, algum aspecto escondido da divindade suprema, motivo pelo qual ele deva permanecer eternamente aleijado? E esse algo que ele viu não será por acaso o segredo do fogo, o segredo dos metais, que podem ser sólidos ou líquidos, puros ou mesclados em ligas, e que se podem transformar em armas ou em relhas de arado? Ele deve ter sido obrigado a pagar por esse conhecimento, furtado do céu, com a perda de sua integridade física. Em muitas outras mitologias encontramos deuses--ferreiros – Varuna, Tyr, Odin, Alfodr –, todos eles, deuses que conhecem os segredos do fogo e do metal em fusão, os deuses mágicos; são coxos, zarolhos, manetas, estropiados. A perda de sua

integridade física é o preço de sua ciência e de seu poder, como se fosse, também, uma espécie de lembrete do castigo que ameaça todo ato de descomedimento. Tomai cuidado para não abusar desse poder mágico: o Deus supremo é ciumento, e deixará em vós a marca de seu poderio, o sinal de que vós lhe sereis sempre submissos.

A claudicação simboliza a marca a ferro candente naqueles que se aproximaram do poder e da glória da divindade suprema, mas também simboliza a incapacidade de rivalizar com o Todo--Poderoso.

CRÂNIO

O crânio, sede do pensamento, e, portanto, do comando supremo, é o principal dos quatro *centros* pelos quais os bambaras resumem sua representação macrocósmica do Homem. Os três outros estão situados na base do esterno, do umbigo e no sexo. Sobre os altares da sociedade iniciática Koré, quatro vasos de cerâmica, cheios de água celeste, recolhida na primeira e na última chuvas do ano, representam esses quatro pontos. O vaso central, que representa o crânio, contém quatro **pedras*** *de trovão,* que materializam o fogo do céu, expressão do espírito e da inteligência de Deus, e seu avatar microcósmico, o cérebro humano, forma do ovo cósmico e, como ele, matriz do conhecimento (ZAHB).

Em inúmeras lendas, europeias e asiáticas, o crânio humano é considerado um homólogo da abóbada celeste. Assim, no Grimnismal islandês, o crânio do gigante Ymir se torna, depois da morte dele, abóbada celeste. Da mesma forma, segundo o *Rig-Veda*, a abóbada celeste é formada do crânio do ser primordial (HARA, 81-82). Gilbert Durand (DURS, 143 s.) estabeleceu, justamente, um paralelo entre a valorização da verticalidade nos planos do macrocosmo social (os arquétipos monárquicos), do macrocosmo natural (sacralização das montanhas e do céu), e do macrocosmo humano. O que explica tanto as inumeráveis formas do culto dos crânios (crânios dos antepassados ou crânios-troféus) quanto as analogias cosmogenéticas acima mencionadas.

Da mesma lei de analogia entre o microcosmo humano e o macrocosmo natural provêm a identificação dos olhos com as luminárias celestes e do cérebro com as nuvens (*v.* **coluna***).

O culto do crânio não se limita à espécie humana. Entre os povos de caçadores, os troféus animais têm papel ritual importante, ligado, ao mesmo tempo, à afirmação da superioridade humana, atestada pela presença na aldeia de um crânio de caça de grande porte e ao cuidado com a preservação da vida. O crânio é, com efeito, o *cume* do esqueleto, o qual constitui o que existe de imperecível no corpo, logo, uma *alma*. As pessoas se apropriam, assim, da sua energia vital.

Tito Lívio (**23**, 24) conta que os gauleses cisalpinos que, no ano 216 a.C., surpreenderam e destruíram, de emboscada, o exército do cônsul romano Postumius, levaram os despojos e a cabeça cortada desse magistrado com grande pompa. "Seu crânio, cingido por um círculo de ouro, lhes serviu de vaso sagrado para oferecer libações nas festas. Era também o cálice dos pontífices e dos sacerdotes do templo e, aos olhos dos gauleses, a presa não foi menor que a vitória."

O simbolismo do crânio identifica-se com o da **cabeça***, considerada troféu de guerra, e com o da copa. Cumpre mencionar ainda os crânios dos santuários celtas do sul da Gália: Entremont, la Roquepertuse e Glanum (Saint-Rémy-de-Provence), que ficavam dependurados de entalhes cefaliformes. Uma sala de crânios existiu em Entremont (OGAC, II, 4; 10, 139; BENR).

Pela sua posição no alto da cabeça, sua forma de cúpula, sua função de centro espiritual, o crânio é muitas vezes comparado ao céu do corpo humano. Consideram-no "a sede da força vital do corpo e do espírito [...] Decapitando um cadáver [...] e conservando o crânio em seu poder [...] o primitivo alcança diversos objetivos: primeiro, o de possuir o *souvenir* mais direto e mais pessoal do defunto; depois, o de apropriar-se de sua força vital, com efeitos benéficos para o sobrevivente. Acumulando crânios, esse apoio espiritual se amplia [...] Donde os montículos de crânios descobertos por certas escavações" (GORH). Donde

também a utilização do crânio, receptáculo da vida no seu alto nível, pelos alquimistas nas suas operações de transmutação.

Na franco-maçonaria, o crânio simboliza o ciclo iniciático: a morte corporal, prelúdio do renascimento em um nível de vida superior, e condição do reino do espírito. O símbolo da morte física, o crânio, corresponde à putrefação alquímica como a tumba corresponde à fornalha (atanor): o homem novo sai do cadinho onde o homem velho se extingue para transformar-se. O crânio é muitas vezes representado entre duas tíbias cruzadas em *x,* formando uma *cruz de Santo André,* símbolo das oposições dentro da natureza sob a influência predominante do espírito e, em consequência, símbolo de perfeição espiritual.

CREMAÇÃO

Símbolo de toda sublimação: a cremação destrói o que é inferior, para abrir caminho ao superior. Nas mitologias, nas tradições, e até na alquimia, a passagem pela fornalha é condição para a elevação a um nível superior de existência.

Um rito de cremação sacrifical (se é que *não se trata de um mito evemerizado) é resumido brevemente pelas Scholies Bernoises:* "Taranis Dis Pater é *aplacado* por eles da maneira seguinte: queimam um certo número de homens numa jaula de madeira [...]." César confirma isso em De Bello Gallico: "Outros têm grandes gaiolas cujas paredes são feitas de varas flexíveis, as quais eles enchem de homens vivos." *Depois, acendem-nas, e os homens morrem envolvidos pelas chamas.* Nada se conhece de parecido nas fontes insulares, afora o mito da casa de ferro que é aquecida ao rubro e na qual os ulatas são metidos por tradição, no relato *A embriaguez dos Ulatas.* Mito parecido existe no Mabinogi de Branwen, filho de Llyr, no País de Gales (OGAC, 7, 34 e 56; CELT, **2**, *passim*).

Essa simbologia de sublimação e purificação apresenta, igualmente, um caráter ascensional que não deve ser negligenciado. É o que explica tanto o sentido fundamental da cremação enquanto rito funerário – a alma imortal, libertada pelo fogo do seu invólucro carnal, levanta voo para os céus –

356 | CREPÚSCULO

quanto todas as formas de oração ou invocação divina nas quais uma mensagem é liberada e lançada no rumo da divindade pelo fogo. Também se lhe pode comparar o rito do cachimbo dos povos originários da América do Norte, no qual a **fumaça*** se eleva, levando aos deuses o recado dos homens. Ou o ritual budista de cremação das preces escritas, geralmente em papéis preciosos, às vezes em seda, prata ou ouro. Ou a cremação de sapecas-papel, ritos nos quais se acredita que a invocação, a oração, a oferenda cheguem certamente à divindade por estarem desmaterializadas, i.e., reduzidas à sua pura realidade espiritual pela virtude do fogo. O que pode ser visualmente constatado, pois que o tabaco indiano, como a prece budista, sobe para o alto como fumaça.

A interpretação psicanalítica do mito confirma o sentido simbólico geral da cremação: o homem queima nele – ou fora dele – aquilo que se opõe à sua elevação. Se é nele mesmo que são queimados os obstáculos, o resultado é um aperfeiçoamento interior; se fora dele, é no exterior que o poder se consolida. O mesmo pode ser dito dos sacrifícios: um sacrifício externo só confere uma pureza ritual; um sacrifício interior (queimar os próprios demônios), uma pureza pessoal.

CREPÚSCULO

Símbolo estreitamente ligado à ideia do Ocidente, a direção onde o Sol declina, se extingue e morre. Exprime o fim de um ciclo, e, em consequência, a preparação de outro. Os grandes feitos mitológicos, prelúdio de uma revolução cósmica, social ou moral, ocorrem no curso de uma viagem para Oeste: Perseu tentando matar a Górgona; Héracles, o monstro do jardim das Hespérides; Apolo voando em fuga para os Hiperbóreos etc.

O crepúsculo é uma imagem espaço-temporal: o instante suspenso. O espaço e o tempo vão capotar ao mesmo tempo no outro mundo e na outra noite. Mas essa morte de *um* é anunciadora do *outro* um novo espaço e um novo tempo sucederão aos antigos. A marcha para Oeste é a marcha para o futuro, mas através das transformações tenebrosas. Para além da noite esperam-se novas auroras.

O crepúsculo reveste-se, também para si mesmo, da beleza nostálgica de um declínio e do passado, beleza essa que ele simboliza. É a imagem e a hora da saudade e da melancolia.

CRESCENTE

Uma das formas mais características dos movimentos da Lua: símbolo, ao mesmo tempo, da mudança e da restituição das formas, o crescente lunar está ligado à simbologia do princípio feminino, passivo, aquático.

Ártemis* – Diana –, identificada com a Lua na Antiguidade, *deusa noturna, honra dos astros, protetora dos bosques*, era frequentemente representada com um crescente nos cabelos ou na mão. Uma deusa romana, Lucina, identificada com Diana por Cícero, presidia aos partos. Ela trazia também um crescente lunar nos cabelos. Deusa da castidade, Lucina o era também dos nascimentos. Assim, o crescente simbolizava a castidade e o nascimento, com o duplo aspecto, noturno e diurno, de nascer. Nota-se que a Virgem do cristianismo é muitas vezes comparada à Lua, nas ladainhas, e representada sobre um crescente lunar.

Associado a uma estrela, em diversos países muçulmanos, o crescente seria a imagem do paraíso. As sepulturas dos santos, até os confins do Maghreb, servem-se de formas ricas em valor simbólico, entre as quais o crescente tem lugar de eleição. "Sua base quadrada simboliza a terra e o corpo; a cúpula – por vezes um cone muito alongado, como no Mzáb – representa a alma vegetativa; o crescente e a estrela figuram, no alto, a tríplice flama do espírito" (SERH, 73). Para René Guénon, o crescente lunar participa igualmente do simbolismo da **taça***.

Ele é igualmente para o Islã símbolo de ressurreição. O crescente não é uma figura acabada, embora quase o seja. Difere da esfera fechada. Os teólogos muçulmanos dizem que o crescente é, ao mesmo tempo, aberto e fechado, expansão e concentração. O contorno, no justo momento de fechar-se sobre si mesmo, se detém e deixa ver uma abertura. Da mesma forma, o homem não é prisioneiro da perfeição do plano divino...

O signo do crescente aparece sobretudo como um emblema de ressurreição. Parece fechar-se, estrangular-se, mas eis que há uma abertura para o espaço livre, ilimitado. Assim, a morte parece fechar-se sobre o homem, mas ele renasce numa outra dimensão, infinita. Põe-se, por isso, o signo do crescente sobre os túmulos. No simbolismo do alfabeto árabe, a letra n, que tem, precisamente, a forma de um crescente, arco de círculo coroado por um ponto, é também a letra da ressurreição. As orações destinadas ao serviço dos mortos têm versículos que rimam principalmente em n. No árabe, essa letra se pronuncia nun, que significa igualmente um peixe (BAMC, 135). Ora, numa parábola do *Corão*, o peixe é um símbolo da vida eterna.

O crescente, emblema dos otomanos, tornou-se, a partir das Cruzadas, o da maior parte dos países muçulmanos. Ainda hoje, muitos deles têm esse emblema nas bandeiras nacionais (Paquistão, Argélia, Cingapura, Comores, Malásia, Maldivas, Mauritânia, Tunísia, Turquia). Esse emprego, de começo ocasional, assumiu, pouco a pouco, valor de símbolo, paralelamente ao da cruz cristã. "Assim, a organização que corresponde à Cruz Vermelha no Islã é, na maioria dos casos, o Crescente Vermelho" (RODI).

CRIAÇÃO[1]

A criação simboliza o fim do **caos***, pelo advento, no universo, de uma certa forma, de uma ordem, de uma hierarquia. *A ordem basta para caracterizar a invenção* (Pascal).

A invenção é a percepção de uma ordem nova, de novas relações entre termos diferentes; a criação, a instalação dessa ordem por uma energia. Segundo as diversas cosmogonias, que não nos caberia resumir aqui (é possível consultar, sobre o assunto, o excelente livro SOUN), a obra do criador precede o caos ou lhe sucede. O caos não passa de uma primeira fase: uma massa elementar e indiferenciada (*v.* caos[2]) que o espírito penetra, dando-lhe forma. A criação, no sentido estrito, dita "do nada" (*a nihilô*), é o ato que faz existir esse caos, pela evolução do qual começa o tempo. Mas o

próprio ato criador é extratemporal. O ato de criação, no seu sentido lato, é a energia, que organiza os primeiros dados, informes. A criação é o efeito dessa energia. Em certas cosmogonias, este mundo precede a criação, que só é concebida como um primeiro princípio de distinção ou como a energia que desperta as formas encerradas no magma original.

Na hieroglífica tradicional, atribuída aos egípcios, os principais aspectos da criação são representados por quatro desenhos geométricos: a espiral, que indica a energia cósmica insuflada pelo espírito criador; a espiral quadrada, que significa essa energia em ação no seio do universo; uma massa tão informe quanto possível, como uma vaga nuvem, imagem do caos primevo; o quadrado, que representa a terra e o mundo organizado, estabelecido sobre a base dos quatro pontos cardeais.

Depois do ato criador, duas forças são geralmente percebidas como distintas: uma, imanente na matéria, que é a própria matéria, participando da energia criadora e tendendo espontaneamente a formas sempre diferenciadas; a outra, transcendente, a energia criadora que continua sua obra e sustenta essa obra na existência – pois o mundo foi concebido como uma criação contínua.

Nenhum texto da mitologia celta evoca diretamente a criação do mundo. Mas trata, com frequência, de um personagem primordial, deus, ou herói, ou heroína, que desbrava os primeiros campos, que faz jorrar as águas de lagos e rios, e gera, ao mesmo tempo, numerosa descendência. A Irlanda sofreu, assim, cinco invasões míticas; de cada vez surgiram novos campos arroteados, novos lagos, novos rios, que receberam o nome do seu criador e aboliram o caos natural, tornando viável a implantação humana, a pecuária, a caça e, ulteriormente, a cultura. O simbolismo desse aspecto, tão parcial, da criação, combina-se com os da **água*** e do **campo***. Pode-se relacionar também com as ideias principais da criação do mundo o tema da batalha de Mag Tured, entre os deuses, Thuata Dé Danann, representando a sociedade divina e humana, ordenada, hierarquizada, e os

358 | CRIAÇÃO² (DE ANIMAIS)

fomorianos*, que são uma imagem do caos e do mundo interior ao Gênesis (LEBI, *passim*).

CRIAÇÃO² (de animais)

O simbolismo evangélico do pastor e de seu rebanho é muito conhecido e dispensa comentários. É o simbolismo do chefe espiritual, a guiar a massa de discípulos no caminho da verdade e da salvação, e a ir, pressuroso, em busca da ovelha desgarrada. Segundo Samyutta Nikaya, o Buda emprega ideias muito próximas: *a pastagem do monge, seu próprio domínio natal,* é o domínio da realização espiritual, do qual ele não se deve afastar, sob pena de perigo. É o domínio das *quatro etapas da vigilância*, sendo que *o campo defeso* é o domínio dos sentidos. O matiz essencial (dessa ideia) é que o *pastor*, no caso, não é personalizado; identifica-se ao darma, ao destino, à ordem das causas e efeitos.

De maneira mais imediata, quando se estabelece uma oposição entre pastores e agricultores, é a civilização nômade associada ao espaço, e a civilização sedentária prisioneira do tempo, ou seja, em última análise, o Ser oposto ao Ter. A substituição da primeira pela segunda é o assassinato de Abel por Caim: uma fase de fixação, de *coagulação* cíclica. Encontra-se na China uma mitologia paralela: *Tch'e-yu* tem seu culto em regiões de criação, sua dança é uma *dança de criadores de animais*; ele combate a cavalo e costuma ser relacionado com as populações mandchus que são nômades, afamadas pela criação de cavalos; possui uma cabeça com chifres: e é, além disso, uma divindade do vento. Ora, *Tch'e-yu* é vencido por Huang-ti, inventor da agricultura e dos ritos que a ela se referem, fundidor (de metais) e alquimista. Tudo isso sugere justamente a vitória de uma confraria de agricultores e de metalúrgicos sedentários sobre uma confraria de nômades dedicados ao pastoreio, do aspecto *yin* de uma civilização sobre seu aspecto *yang*. Diz-se, aliás, que o metal necessário à fundição dos **nove*** caldeirões dinásticos por Yu-o-Grande, foi trazido das nove Regiões pelos nove Pastores; e, através dessa crença, adverte-se um fenômeno

de fixação, de ajuntamento do espaço chinês em torno de seu centro e, portanto, de organização e de sedentarização definitiva (GRAD, GUET).

CRIANÇA

Infância é símbolo de inocência: é o estado anterior ao pecado e, portanto, o estado *edênico,* simbolizado em diversas tradições pelo retorno ao estado embrionário, em cuja proximidade está a infância. Infância é símbolo de simplicidade natural, de espontaneidade, e este é o sentido que lhe é dado pelo taoismo: *Apesar de vossa idade avançada, tendes a frescura de uma criança* (*Tchuang-tse*, cap. 6). A criança é espontânea, tranquila, concentrada, sem intenção ou pensamentos dissimulados (Lao-tse, 55, comentado em Tchuang-tse, cap. 23). Esse mesmo simbolismo é empregado na tradição hindu, na qual o estado de infância é denominado balya: é, exatamente como na parábola do Reino dos Céus, o estado prévio à obtenção do conhecimento (GUEV, GUEC).

A ideia de infância é uma constante nos ensinamentos evangélicos e de toda uma parte da mística cristã, como, por exemplo, o caminho de infância de Santa Teresa do Menino Jesus, ao lembrar (*Mateus,* **13**, 3): "Em verdade vos digo, se não mudardes e não vos tornardes como as crianças, de modo algum entrareis no Reino dos Céus." Ou *Lucas* (**18**, 17): "Em verdade vos digo, aquele que não receber o Reino de Deus como uma criança, não entrará nele."

Aliás, na tradição cristã, os anjos são muitas vezes representados como crianças, em sinal de inocência e de pureza. Na evolução psicológica do homem, atitudes pueris ou infantis – que em nada se confundem com as do símbolo *criança* – assinalam períodos de regressão; ao inverso, a imagem da criança pode indicar uma vitória sobre a complexidade e a ansiedade, e a conquista da paz interior e da autoconfiança.

Os franco-maçons são chamados de *os Filhos da Viúva.* Segundo diversas interpretações, essa Viúva seria a deusa Isis à procura de seu marido despedaçado, ou a mãe do arquiteto Hirão, ou uma personificação da Natureza sempre fecunda.

O tema da Viúva é frequente nas mitologias. A expressão maçônica indicaria a solidariedade ao princípio, seja ele qual for, que une os maçons; se o princípio for luz, energia, potência, natureza, eles seriam filhos da luz etc. (BOUM, 280-283).

CRISÁLIDA

Símbolo do lugar das metamorfoses, deve ser aproximado da **câmara*** secreta das iniciações, da matriz (ou útero) das transformações, dos túneis etc. Mais ainda do que um envelope protetor, ela representa um estado eminentemente transitório entre duas etapas do devenir, a duração de uma maturação. Implica a renúncia a um certo passado e a aceitação de um novo estado, condição da realização. Frágil e misteriosa, como uma juventude cheia de promessas (mas de promessas das que não se sabe exatamente qual será o resultado), a crisálida inspira respeito, cuidados e proteção. Ela é o futuro imprevisível que se forma, e, na biologia, símbolo da emergência.

CRISÂNTEMO

A disposição regular e irradiante de suas pétalas faz dessa flor um símbolo essencialmente solar, associado portanto às ideias de longevidade e até mesmo de imortalidade. E é isso que explica que ela seja o emblema da casa imperial japonesa. O crisântemo heráldico japonês tem dezesseis pétalas, o que sobrepõe à imagem solar a de uma rosa dos ventos, no centro da qual o Imperador rege e resume as direções do espaço.

Do Japão à China e ao Vietnã, muitas homofonias dão-lhe um papel de mediador entre céu e terra, associando-o não apenas às noções de longevidade e de imortalidade, como também às de plenitude, de totalidade. Assim, ele passa a ser igualmente símbolo de perfeição, e, portanto, de alegria para os olhos.

Tanto na Ásia como na Europa, o crisântemo é, por excelência, a flor outonal; e o outono é a estação da vida tranquila após a realização dos trabalhos dos campos: por isso, o filósofo Tche T'uen-yi vê, nessa flor, "aquela que, dentre todas as flores, se esconde e evita o mundo". O poeta So-kong Tu, da dinastia T'ang, faz do crisântemo

o emblema da simplicidade, da espontaneidade natural e discreta dos taoístas, o que não é, em última análise, muito diferente (DURV, KALL).

CRISTA (v. Penacho)

CRISTAL

O cristal é um embrião: ele nasce da terra, da rocha. Segundo a mineralogia indiana, ele se distingue do diamante pelo seu grau de maturidade embriológica: o cristal não passa de um diamante insuficientemente *amadurecido* (ELIM, EI.IF).

Sua transparência é um dos mais belos exemplos da união dos contrários: o cristal, se bem que material, permite que se veja através dele, como se material não fora. Representa, assim, o plano intermediário entre o visível e o invisível. É o símbolo da adivinhação, da sabedoria, e dos poderes misteriosos conferidos ao homem. São palácios de cristal o que os heróis do Ocidente e do Oriente encontram ao saírem das florestas sombrias na sua busca de um talismã real. Uma mesma crença une o quartzo tjuringa dos iniciados australianos ao Santo Graal, na cavalaria ocidental, talhado na esmeralda mística (SERH, 102-103).

Não será temerário aproximar desse ponto de vista o do *xamanismo* oceano-australiano, e mesmo norte-americano, que faz dos cristais de rocha *pedras de luz* destacadas do Trono celeste, e instrumentos da clarividência do xamã. Em Kalimantan (Bornéu), o xamã dayak utiliza, para descobrir a alma do doente, diversos objetos mágicos, dos quais os mais importantes são cristais de quartzo: bata ilau (ou pedra de luz).

Em Dobu (Melanésia), o curandeiro "vê no cristal a pessoa que provocou a doença, seja ela viva ou falecida" (ELIC, 327). Na Austrália, os cristais de rocha, que têm papel importante na iniciação do *medicine man* (curandeiro) são de "origem celeste [...]. Consideram-nos, frequentemente, fragmentos que se soltaram do trono do Ser supremo celeste. A mesma crença existe entre os negritos da Malaca. Entre os semang e os dayak, os xamãs possuem *pedras-luz*, que refletem tudo o que chega à alma do doente e, por conseguinte, onde essa alma se encontra perdida. Entre os

360 | CRISTO

negritos, o curandeiro vê também a doença *nos cristais*. Acredita-se que esses cristais sejam habitados por espíritos que lhes mostram a doença (Cenoi)" (ELIC, 305; SCHP, 154).

Em estreita relação com a serpente-arco-íris, os cristais outorgam a faculdade de elevar-se até o céu. Mesmo simbolismo entre os povos indígenas da América. O cristal é considerado substância sagrada de origem uraniana, comportando poderes de clarividência, sabedoria e adivinhação, mais a capacidade de voar. "Os curandeiros da Austrália e de outros lugares atribuem de maneira nebulosa os próprios poderes à presença de cristais no interior dos seus corpos" (ELIC, 135-136).

As pedras transparentes ou translúcidas como o cristal de rocha, o quartzo, a obsidiana, a diorita do Sul são empregadas tradicionalmente pelos povos indígenas peles-vermelhas das *Pradarias* como talismãs e produtores de visão: facilitam o *transe*, o qual permite a percepção do invisível. Entre os navajos, é o cristal de rocha que, primeiro, eleva o sol, que ilumina o mundo (ALEC, 65). Entre os maias, os sacerdotes liam o futuro em fragmentos de cristal de rocha imersos numa copa de hidromel, a fim de "despertar o cristal para a consciência" (KRIR, 105).

Na cristandade, a luz que penetra o cristal é uma imagem tradicional da Imaculada Conceição: *Maria é um cristal; seu filho, a luz celeste. Assim, ele a atravessa toda sem, no entanto, quebrá-la* (Angelus Silesius). Também, antes de serem instrumentos divinatórios, as bolas de cristal foram objeto de veneração: os escoceses chamavam-nas pedras de vitória.

As mensageiras do Outro-Mundo celta, segundo a maioria dos textos irlandeses, vêm sob a forma de pássaros. Mas quando vêm por mar, utilizam barcos de vidro ou de cristal. Esses materiais simbolizam aparentemente uma perfeição técnica inacessível à indústria humana (ZEIP, 17, 193-205). Ou a transparência do navio de cristal simboliza a imaterialidade do viajante e o caráter todo espiritual da sua missão. Os **elfos*** tinham sandálias de cristal ou de vidro. Cinderela, também.

Uma interpretação psicanalítica do palácio de cristal se apoia principalmente no conto de Perrault, Gracieuse et Percinet. Perdida numa sombria floresta, caída por terra de exaustão, Gracieuse invoca Percinet: "Será possível que V. me tenha abandonado?" Percebe, então, um palácio todo de cristal, que brilha tanto quanto o Sol [...]. Recebida nesse palácio de magia, ela é conduzida a um salão cujas paredes eram feitas de cristal de rocha [...]. Toda a sua história estava gravada nelas, cada um dos seus atos se inscrevia naqueles muros de cristal. Esse o simbolismo dos palácios de cristal e, mais geralmente, de todo palácio que surge da terra ao bel-prazer de fadas. O conto faz deles o hábitat das imagens gravadas em nosso inconsciente e que contam, através de nós, a história do mundo. Para os iniciados, as imagens ancestrais se imprimem na substância luminosa do corpo astral – último invólucro da alma –, donde seu nome de clichês astrais. Estes renascem de existência em existência e perpetuam através dos séculos fantasmas que pertencem às épocas e meios os mais diversos (LOEF, 84-85). Corpo astral, inconsciente coletivo, qualquer que seja o substrato da imagem, o palácio de cristal parece pertencer aos arquétipos do sonho e do devaneio.

CRISTO

Sem pretender atacar a tese da realidade histórica do Cristo, nem tampouco a da realidade dogmática do Verbo encarnado, porém, ao contrário, baseando-se nessas realidades, muitos autores viram no Cristo a síntese dos símbolos fundamentais do universo: o céu e a terra, por suas duas naturezas – divina e humana; o ar e o fogo, por sua ascensão e sua descida aos infernos; o túmulo e a ressurreição; a Cruz, o Livro da mensagem evangélica, o eixo e o centro do mundo, o Cordeiro do sacrifício, o Rei pantocrátor senhor do universo, a montanha do mundo no Gólgota, a Escada da salvação; todos os símbolos da verticalidade, da luz, do centro, do eixo etc. (CHAS, 444 s.). A arquitetura das igrejas – sendo a igreja a imagem e o *lugar* do Cristo, bem como do mundo religioso – reproduz também uma síntese de símbolos. *Eu sou o caminho, a verdade e a vida.* O Cristo goza desse privilégio único: o de identificar ao mesmo tempo o mediador e os dois termos a serem unidos. Ao dar ao símbolo toda a sua força histórica, toda a sua realidade a um só tempo ontológica e significante, pode-se dizer que o Cristo é para a Cristandade o rei dos símbolos.

Ao inverso, quando se considera a face noturna do símbolo, por seu calvário, sua agonia e sua crucificação, ele representa as consequências do pecado, das paixões, da perversão da natureza humana. E para as consciências que não admitem essas noções de pecado, de piedade ou de sacrifício, ele encarna o desprezo pela natureza e por seus arrebatamentos. Ele é o anti-Dioniso. Volta contra si mesmo todos os valores humanos. O que ele se tornou, na interpretação da Igreja, escreve Nietzsche no Anticristo, opõe-se a tudo o que há de bom na vida: *Tudo o que exalta no homem o sentimento de poder, a vontade de poder, e o próprio poder.*

CRISTO, MONOGRAMA DO

O monograma do Cristo é um importante símbolo da Igreja primitiva que se apresenta sob duas formas: a primeira, constituída pelas letras I e X (iniciais gregas de Jesous Xristos); a segunda, denominada *monograma do Cristo constantiniano*, e ainda usada em nossos dias, constituída pelas letras X e P (no alfabeto grego, o P corresponde ao R) que são, em grego, as duas primeiras letras da palavra Xristos (*v.* **cruz***).

A primeira figura, a menos que esteja inscrita num círculo, como é frequente, é uma roda de seis raios (algumas vezes de oito, pela adjunção de um diâmetro horizontal). Essa figura (*v.* **roda***) é um símbolo cósmico e um símbolo solar: lembremo-nos de que, segundo a liturgia, o Cristo é sol invictus (o sol invicto).

A segunda figura diferencia-se da primeira apenas pela adjunção da argola do P; e sobre ela Guénon observou que representava o sol elevado ao topo do eixo do mundo, ou ainda o *orifício da agulha*, a *porta estreita*, e, finalmente, também poderia representar a *porta do sol* por onde se efetua a *saída do cosmo*, fruto da Redenção pelo Cristo.

MONOGRAMA DO CRISTO (Iniciais gregas do nome do Cristo, dispostas em forma de símbolo).

Deve-se fazer a aproximação entre esse símbolo e a antiga marca corporativa do *quatro de cifra*, na qual o *P* é simplesmente substituído por um *4,* aliás aparentado à cruz.

CRIVO

Símbolo da separação do bem e do mal, dos bons e dos maus, do espírito crítico, da escolha impiedosa, do julgamento imparcial e sem amor. O crivo ou joeira simboliza o princípio da mecânica aplicado à apreciação dos atos morais e das criações espirituais. É a Satanás que o Cristo atribui essa maneira de julgar como que com um crivo: "Simão, Simão, eis que Satanás pediu insistentemente para vos peneirar como trigo; eu, porém, orei por ti, a fim de que tua fé não desfaleça" (*Lucas,* 22, 31-32). O crivo é a prova da solidez, da qualidade de bom grão, do grão despojado de toda poeira.

Ele é também a prova, seja da perseguição, seja do castigo. Torna-se, então, instrumento da justiça divina. Isaías descreve da seguinte maneira a cólera de Deus: Jeová vem peneirar as nações na joeira destruidora, impor sua brida à queixada dos povos (*Isaías* 30, 28). Passar pelo crivo é uma ameaça que Jeová brande contra os pecadores: Porque eis que eu mesmo ordenarei e sacudirei a casa de Israel entre todos os povos, como se sacode com a peneira, sem que a menor pedra caia por terra (*Amos,* 9, 9). O crivo aqui deve reter só as faltas, mas até as menores faltas: toda fraqueza, por mínima que seja, será levada em consideração.

362 | CROCODILO (ALIGATOR, JACARÉ)

Há, com efeito, duas maneiras de ver a operação do crivo: ou o crivo que retém as pedras pequenas (os pecadores) para deixar passar a areia fina (os justos); ou o crivo que retém o grão (os justos), enquanto o pó de palha é eliminado (o que impõe a tradução: sem que caia um grão por terra). É nesse último sentido, pejorativo, que o profeta fala da alimpadura, i.e., do resíduo do cereal joeirado: o que cai do crivo e que é indigno e desprovido de qualquer valor. A *alimpadura do frumento*, o que passou através do crivo, é o refugo, o restolho, a matéria dos fraudadores e dos exploradores. O que o crivo rejeitou está votado à morte e ao castigo (*Amos*, **8**, 6).

Nas representações egípcias, o escriba tem, muitas vezes, por atributos, tinta de escrever, um caniço e um crivo para avaliar. O escriba contava e registrava *os alqueires de grão joeirado*. A joeira simbolizava, então, posta sobre os joelhos do escriba, o discernimento dos valores reais: não se registrará joio por trigo, más ações por boas, mentiras por palavras divinas. É possível dizer que o crivo simboliza o sentido dos valores.

O crivo foi considerado um dos instrumentos da adivinhação, da discriminação: quando o nome de um culpado é proferido, o crivo, suspenso por tenazes e seguro pelo dedo médio de dois assistentes, se põe a girar. É a coscinomancia (ou cosquinomancia), arte de *fazer girar a peneira* (fr. *sas*, palavra antiga para designar o crivo).

Volta-se aqui ao caráter divinatório atribuído aos objetos em rotação, pois o movimento giratório apresenta sempre um caráter misterioso e, com frequência, diabólico (GRIA, 329).

CROCODILO (Aligator, Jacaré)

Cosmóforo ou "portador do mundo", divindade noturna e lunar, senhor das águas primevas, o crocodilo, cuja voracidade é a mesma da **noite*** devorando diariamente o Sol, apresenta, de uma civilização – ou de uma época – a outra, muitas das inumeráveis facetas dessa cadeia simbólica fundamental que é a das forças que dominam a morte e o renascimento. Se parece temível, é por exprimir uma força inelutável, como o é a noite

para que venha o dia, ou como o é a morte para que a vida possa voltar. O mesmo acontece com todas as fatalidades.

O Ocidente retém do crocodilo sua voracidade mas faz dele, sobretudo, um símbolo de duplicidade e de hipocrisia. Na mitologia chinesa, o crocodilo é o inventor do **tambor*** e do canto. Tem, então, certo papel no ritmo e na harmonia do mundo. Fala-se também de um crocodilo que produz um esplendor de luzes. As lendas kampucheanas (cambojanas) relacionam ainda o crocodilo com o brilho de uma gema, de um diamante. Em todos esses casos, estamos de volta ao simbolismo do **relâmpago***, tradicionalmente associado ao da **chuva***. Porque o crocodilo está, naturalmente, em relação com a água, quer a produza, quer reine sobre ela. Na Índia ele é a *montaria* do mantra Vam, que é a semente verbal da Água. A iconografia nem sempre o distingue do **makara***, montaria de Varuna, que é o *Senhor das Águas*. Nas lendas e concepções populares do Kampuchea (Camboja), o rei da terra e das águas não é o naga de Angkor mas seu homófono e homólogo exato, o nâk, que é o crocodilo. O asura Bali, o Kron Pali kampucheano (cambojano), *senhor da terra*, é um crocodilo.

A *bandeira do crocodilo,* usada nos ritos funerários do Kampuchea (Camboja), tem igualmente relação com a lenda do Kron Pali. Lembra, em todo caso, que o Pali reina sobre o mundo inferior, o que é preciso relacionar com a atribuição do crocodilo ao Seth egípcio (o Tifão grego), *símbolo das trevas e da morte.* O crocodilo está, aliás, ligado ao reino dos mortos em inúmeros países da Ásia (DANA, GRAD, GUES, PORA, SOUN).

Para os povos pueblo-mistecas e astecas do antigo México, a terra nasceu de um crocodilo, que vivia no mar original. No *Códice bórgia*, o crocodilo é representado como símbolo da terra (KRIR, 62). O *Crocodilo da casa das águas correntes* é também um dos nomes dados, num manuscrito do Chilam Balam, ao Dragão Celeste, que vomitará o dilúvio no fim do mundo.

Na versão maia da gênese, o grande crocodilo original carrega a terra nas costas num **búzio***.

CROCODILO (ALIGATOR, JACARÉ) | 363

Divindade ctoniana, ele aparece muitas vezes como substituto do grande **jaguar***, senhor dos mundos subterrâneos. Nessa capacidade, é frequentemente associado aos **nenúfares***.

Símbolo de abundância, de dominância lunar, vem representado muitas vezes na glíptica maia com o signo *u* (signo da Lua) na cabeça, de onde nascem os nenúfares e os brotos de milho. Em outros lugares, as plantas saem diretamente do seu nariz, feito de **conchas***. Ele vela, na mitologia maia, nas extremidades dos quatro caminhos, como faz o jaguar entre os astecas. Nesse caso, é muitas vezes bicéfalo e pode ser substituído por serpentes ou lagartos (THOH). A associação, na glíptica maia, do crocodilo e de uma mandíbula aberta, acentua uma vez mais seu parentesco com o jaguar, mandíbula da terra a devorar o Sol. A associação crocodilo-mandíbula é ligada universalmente à sua função iniciática.

Em muitos mitos indígenas da América do Sul, o crocodilo aparece igualmente como um substituto do jaguar, expressão das forças ctonianas. Tem, em geral, por antagonista a tartaruga (LEVC). A complementaridade jaguar-crocodilo recobre a dos elementos fogo e água, de que são eles os avatares ou os senhores.

Na Melanésia, o crocodilo-antepassado, fundador da quarta classe social, a mais recente, tem igualmente a serpente como substituto (MALM).

Nos ritos iniciáticos da sociedade Poro da Libéria – melhor do que em qualquer outro lugar – aparece sua profunda significação iniciática. Para a celebração dos ritos – de circuncisão –, os meninos pequenos, chamados a se tornarem adultos pelo corte do prepúcio, desaparecem na floresta para um retiro que pode durar quatro anos. Diz-se então que estão mortos, devorados pelo Poro ou *espírito-crocodilo*. Acredita-se que passem por uma nova gestação, ao termo da qual – se sobreviverem (às vezes morrem) – são *rejeitados* pelo Poro depois de terem perdido seu prepúcio. Diz-se, então, que nasceram de novo, que trazem no corpo as cicatrizes dos dentes do Poro – o que não deixa de lembrar a ideia da *vagina dentada*. Um paciente do Dr. Abraham, observa Bruno

Bettelheim comentando esse costume, comparava a vagina às fauces de um crocodilo, "o que indica que, em nosso tempo, os ocidentais podem produzir fenômenos análogos" (BETB, 140).

Na mitologia egípcia, o crocodilo Sobek, que assiste avidamente à **psicostasia***, é o *Devorador*. Engolirá as almas que não puderam justificar-se e que não serão mais que imundície no seu ventre. Mas, para a sua travessia com os rebanhos, os *guês* recorriam a diversos processos mágicos a fim de evitar o crocodilo. Ele era, até, cantado, por derrisão sem dúvida, como o *Encanto das Águas*. Templos lhe foram erguidos, todavia, na região dos lagos. Uma cidade lhe foi dedicada: Crocodilópolis. "Alçado das águas primordiais", ele foi invocado como o "touro dos touros, grande ser macho", deus da fecundidade, cumulativamente aquático, ctoniano e solar. É visto, com efeito, surgir das ondas, como o Sol, pela manhã, e devorar os peixes, inimigos do Sol. Havia crocodilos sagrados no Egito, domesticados, e cobertos de joias (POSD, 71).

Em outras regiões do Egito antigo eles eram, ao contrário, tidos como monstros. Os hieróglifos traduzem essa diversidade de sentimentos e de crenças, ao mesmo tempo que dão uma explicação disso, pelo menos parcial: os olhos do crocodilo indicam o nascer do dia; sua goela, um assassínio; sua cauda, as trevas e a morte.

Para Plutarco (*Ísis e Osíris*, 75), o crocodilo seria um símbolo da divindade. Mas as razões que ele invoca contam-se entre as mais fracas da hermenêutica sacra: Ele não tem língua, ora, a razão divina prescinde de palavras para manifestar-se. É o único animal que, vivendo em meio às águas, tem os olhos cobertos por uma membrana leve e transparente; ele vê sem ser visto, privilégio do primeiro dos deuses. Os crocodilos produzem 60 ovos, que levam outros tantos dias para chocar. Sua vida dura também, no máximo, 60 anos. Ora, o número 60 é o primeiro que os astrônomos empregam nos seus cálculos.

Sob o nome de **Leviatã***, o crocodilo é descrito na Bíblia como um dos monstros do **caos*** primitivo (*Jó*, **40**, 25; 41,26).

364 | CRONOS (V. URANO, SATURNO)

Foi essa imagem, aliás, que prevaleceu nos sonhos, pelo menos no sonho dos ocidentais: o crocodilo é aparentado ao dragão quanto ao significado, mas encerra em si uma vida ainda mais antiga, mais insensível, capaz de destruir impiedosamente a do homem. É um símbolo negativo porque exprime uma atitude sombria e agressiva do inconsciente coletivo (AEPR, 275).

Sua posição de intermediário entre os elementos terra e água faz do crocodilo o símbolo das contradições fundamentais. Ele se agita na lama, de onde surge uma vegetação luxuriante: nessas condições, ele é símbolo de fecundidade. Mas devora e destrói, saindo de súbito da água e dos caniços: nessa capacidade, é o demônio da malvadez, o símbolo de uma natureza viciosa. Fecundidade, crueldade, ele é a imagem da morte e tem um papel de psicopompo: os defuntos eram, por vezes, representados no Egito sob a forma de crocodilos. Parecido com os grandes sáurios aquáticos da pré-história e com os dragões da lenda, ele é o senhor dos mistérios da vida e da morte, o grande iniciador, o símbolo dos conhecimentos ocultos, a luz alternativamente eclipsada e fulminante.

CRONOS (v. Urano, Saturno)

O mais jovem dos titãs, filho de Urano, Cronos encerra a primeira geração dos deuses cortando fora os testículos do pai. Para não ser destronado por causa da progenitude, segundo a predição de seus pais, devora os próprios filhos logo que nascem. Reia, sua irmã e esposa, foge para Creta a fim de dar à luz Zeus. E em lugar do menino, dá a Cronos, para comer, uma pedra. Adulto, Zeus ministra a Cronos (Saturno) uma droga que o faz vomitar todos os filhos que engolira. Com o auxílio deles, Zeus acorrenta Cronos, mutila-o, e abre a era da segunda geração dos deuses.

Cronos é muitas vezes confundido com o Tempo (Chronos), do qual se tornou a personificação para os intérpretes antigos da mitologia. Como tantas vezes acontece, tais interpretações, se bem que fundadas num jogo de palavras, exprimem assim mesmo uma parte de verdade. Cronos,

mesmo que não seja identificado a Chronos, tem o mesmo papel do tempo: devora, tanto quanto engendra; destrói suas próprias criações; estanca as fontes da vida, mutilando Urano, e se faz fonte ele mesmo, fecundando Reia. *Simboliza* a fome devoradora da vida, *o desejo insaciável.* Muito mais que isso: com ele começa o sentimento de duração e, mais especificamente, "o sentimento de uma duração que se esgota, i.e., que extravasa e passa entre a excitação e a satisfação" (DIES. 115). Simboliza também o medo de um herdeiro, de um sucessor, de um substituto. Complexo de Cronos, inverso do complexo de Édipo.

Robert Graves (GRAM, 38-40) estima que não foi um simples trocadilho que permitiu identificar desde a Antiguidade Cronos com Chronos (o tempo), armado com sua foice implacável. Cronos, diz o sábio inglês, "é representado em companhia de um **corvo***, como Apolo, Asclépio, Saturno e o deus celta Bran (celta: corvo) ou Bendigeidfran ('Bran, o abençoado') e Cronos significa, provavelmente, 'gralha', como no latim *cornix* e no grego *coroné*. O **corvo*** era uma ave oracular, que se acreditava habitar a alma de um rei sagrado depois de ter sido esse rei sacrificado." Tal hipótese daria à castração de Cronos uma conotação sacrificial, e o deus mutilado, feito pássaro, simbolizaria, em consequência, a sublimação dos instintos.

O mesmo autor aponta a analogia entre o mito segundo Hesíodo e as lutas travadas entre os invasores helênicos, vindos do Norte, e os habitantes pré-helênicos da Grécia. Àquele tempo, a castração era prática corrente. A de Urano, como a de Cronos, num tal contexto histórico e sociológico, não deve ser entendida necessariamente num sentido metafórico, sobretudo quando se leva em conta o fato de serem alguns dos vencedores originários da África oriental, onde, e até hoje, os guerreiros gália levam consigo uma pequenina foice para emascular com ela os inimigos, na batalha. Existem afinidades muito estreitas entre os ritos religiosos da África oriental e os da Grécia primitiva (GRAM, 38, 1).

Na tradição religiosa órfica, Cronos aparece livre das suas cadeias, reconciliado com Zeus, e habitando com ele as ilhas dos Bem-aventurados. Foi uma reconciliação entre Zeus e Cronos, considerado um rei bom, o primeiro a reinar sobre o céu e a terra, que levou às lendas da Idade do Ouro (GRID, 105 a). Mas foi só depois da mutilação, e das provas por que passou, que Cronos (como, mais tarde, Saturno entre os romanos) passou a desempenhar esse papel de rei bom de um país e de um período lendários. Quando os homens se fizeram maus, com as gerações do bronze e do ferro, Cronos os abandonou para subir de volta aos céus, onde ficou. A versão de Hesíodo, no entanto, difere dessa: foi antes dos seus dissabores que Cronos presidiu a uma espécie de idade do ouro, da qual *Os trabalhos e os dias* nos pintam um quadro idílico.

O valor do símbolo permanece o mesmo, quer o rei tenha sido mutilado antes ou depois da idade de ouro: Cronos é o soberano incapaz de adaptar-se à evolução da vida e da sociedade. Sem dúvida ele deseja a felicidade dos seus súditos e a paz de uma idade do ouro. Mas é ele só quem governa; rejeita toda ideia de sucessão; não concebe outra sociedade que não a sua. Para transformar--se, o mundo tem de se revoltar, e Cronos ou é castrado pelos filhos ou se retira para o céu. Em outras palavras: ou ele é expulso ou recusa servir a outra ordem além daquela que concebeu e quis. É a imagem mesma do conservantismo cego e obstinado. É vencido, por sua vez, e se seu reinado está ligado à lembrança de uma idade do ouro é porque esta configura, no tempo que escoa, um período ideal, que concentra a realização de todos os sonhos, e que deve, forçosamente, permanecer imóvel: é a contradição do tempo, uma pausa na evolução inelutável, uma condenação à morte. Cronos é o chefe acabado dessa perfeição estagnante. O paraíso se basta, é incontestável. As pessoas devem satisfazer-se com ele, não devem ter vontade de deixá-lo. Mas chegam outros seres, com todas as suas possibilidades de inovação e de conflito, com suas tentações de expandir-se, em liberdade e em poder: o que Cronos não poderia admitir, e isso o condena necessariamente à derrota. Ele perde o poder, i.e., castram-no.

Em De *defectu oraculorum*, 18, Plutarco evoca as ilhas misteriosas do Hiperbóreo: Aí, Cronos, adormecido e guardado por Briareu, jaz prisioneiro numa ilha, e o sono foi o laço inventado para mantê-lo subjugado. Em torno dele, demônios em grande número se agitam para servi-lo, como valetes e lacaios. Cronos acorrentado e adormecido simboliza a inexistência ou a suspensão do tempo, e cabe comparar a abordagem grega com as concepções celtas sobre a eternidade e o Outro--Mundo (LERD, 145-147. Mélanges Grenier, 2, 1052-1062).

CRUENTAÇÃO

A cruentação é o afluxo de sangue ao orifício de uma ferida, depois ou antes da morte.

As *Scholies Bernoises,* de LUCAIN, textos tardios do séc. IX, que se fundamentam em fontes hoje perdidas, mencionam a cruentação como modo de sacrifício em honra de Esus-Marte: "Esus-Marte se propicia assim: suspende-se um homem em uma árvore até que seus membros fiquem moles, relaxados pela perda de sangue." Mas esse é o único testemunho de que dispomos sobre esse tipo de sacrifício, e seu único correspondente parcial é germânico. A inglingasaga precisa que Odin é o deus dos **enforcados*** e o Havamal relata que ele ficou nove dias e nove noites dependurado de uma árvore consagrada a ele mesmo. Mas não houve, aí, cruentação. nem se conhece qualquer exemplo insular dessa prática (OGAC, 7, 34-35; 10, 3 s.).

A cruentação foi também utilizada como um ordálio: servia para apontar o criminoso. Esse correr ou jorrar do sangue é como a prova da verdade, atestando que o sacrifício foi aceito ou que a confissão do crime foi arrancada.

CRUZ

A cruz é um dos símbolos cuja presença é atestada desde a mais alta Antiguidade: no Egito, na China, em Cnossos, Creta, onde se encontrou uma cruz de mármore do séc. XV a.C. A cruz é o terceiro dos quatro símbolos fundamentais (segundo

366 | CRUZ

CHAS), juntamente com o **centro***, o **círculo*** e o **quadrado***. Ela estabelece uma relação entre os três outros: pela interseção de suas duas linhas retas, que coincide com o centro, ela abre o centro para o exterior; inscreve-se no círculo, que divide em quatro segmentos; engendra o quadrado e o triângulo, quando suas extremidades são ligadas por quatro linhas retas. A simbologia mais complexa deriva dessas singelas observações: foram elas que deram origem à linguagem mais rica e mais universal. Como o quadrado, a cruz simboliza a terra; mas exprime dela aspectos intermediários, dinâmicos e sutis. A simbólica do **quatro*** está ligada, em grande parte, à da cruz, principalmente ao fato de que ela designa um certo jogo de relações no interior do quatro e do quadrado. A cruz é o mais *totalizante* dos símbolos (CHAS, 365).

Apontando para os quatro pontos **cardeais***, a cruz é, em primeiro lugar, *a base de todos os símbolos de orientação*, nos diversos níveis de existência do homem. "A orientação total do homem exige [...] um triplo acordo: a orientação do sujeito animal com relação a ele mesmo; a orientação espacial, com relação aos pontos cardeais terrestres; e, finalmente, a orientação temporal com relação aos pontos cardeais celestes. A orientação espacial se articula sobre o eixo Leste-Oeste, definido pelo nascer e pôr do sol. A orientação temporal se articula sobre o eixo de rotação da Terra, ao mesmo tempo Sul-Norte e Embaixo-Em cima. O cruzamento desses dois eixos maiores realiza a cruz de orientação total. A concordância, no homem, das duas orientações, animal e espacial, põe o homem em ressonância com o mundo terrestre imanente; a das três orientações, animal, espacial e temporal, com o mundo supratemporal transcendente pelo meio terrestre e através dele" (CHAS, 27). Não seria possível condensar melhor os significados múltiplos e ordenados da cruz. Uma síntese semelhante se verifica em todas as áreas culturais e se expande nelas em inúmeras variações e ramificações.

Na China, o número da Cruz é o 5. "A simbólica chinesa [...] nos ensinou de novo a não considerar jamais os quatro lados do quadrado ou os quatro braços da cruz fora da sua relação necessária com o centro da cruz ou com o ponto de interseção dos seus braços [...]. O centro do quadrado coincide com o do círculo. Esse ponto comum é a grande encruzilhada do imaginário" (CHAS, 31).

A cruz tem, em consequência, uma função de síntese e de medida. Nela se juntam o céu e a terra... Nela se confundem o tempo e o espaço... Ela é o cordão umbilical, jamais cortado, do cosmo ligado ao centro original. De todos os símbolos, ela é o mais universal, o mais totalizante. Ela é o símbolo do intermediário, do mediador, daquele que é, por natureza, reunião permanente do universo e comunicação terra-céu, de cima para baixo e de baixo para cima (CHAS, 31-32). Ela é a grande via de comunicação. É a cruz que recorta, ordena e mede os espaços sagrados, como os *templos**; é ela que desenha as praças nas cidades; que atravessa campos e cemitérios. A interseção dos seus braços marca as *encruzilhadas**; nesse ponto central ergue-se um altar, uma pedra, um mastro. Centrípeta, seu poder é também centrífugo. Ela explicita o mistério do centro. É difusão, emanação... mas também ajuntamento, recapitulação (CHAS, 365).

A cruz tem, ainda, o valor de símbolo ascensional. Numa adivinha medieval alemã, fala-se de uma **árvore*** cujas raízes estão no inferno e a rama no trono de Deus e que engloba o Mundo entre os seus galhos. Essa árvore é, precisamente, a cruz. Nas lendas orientais, ela é a ponte ou a escada de mão pela qual os homens chegam a Deus. Em certas variantes, a madeira da cruz tem sete degraus, da mesma forma que as árvores cósmicas representam os sete céus (ELIT, 254-255).

A tradição cristã enriqueceu prodigiosamente o simbolismo da cruz, condensando nessa imagem a história da salvação e a paixão do Salvador. A cruz simboliza o Crucificado, o Cristo, o Salvador, o Verbo, a segunda pessoa da Santíssima Trindade. Ela é mais que uma figura de Jesus, ela se identifica com sua história humana, com a sua pessoa. Celebram-se festas da Cruz: a Invenção, a Exaltação da Cruz. Cantam-se hinos em sua honra: O *Crux, spes unica.* Ela também tem sua história: sua madeira veio de uma árvore plantada por Seth sobre o túmulo de Adão, e espalha fragmentos depois da morte do Cristo através de todo o universo, onde multiplica os milagres. E a cruz reaparecerá entre os braços do Cristo por ocasião do Juízo Final. Não existe símbolo mais vivo. Acresce que a iconografia cristã se apoderou dela para exprimir o suplício do Messias mas também a sua presença. Onde está a cruz, aí está o crucificado. A cruz sem cabeça (o tau, T); a cruz com cabeça e uma só barra horizontal; a cruz com cabeça e duas barras transversais; a cruz com cabeça e três barras transversais.

Os diversos sentidos que a simbólica lhe atribui não têm nada de absoluto. Eles não se excluem uns aos outros. Um não é verdadeiro, e o outro, falso. Exprimem cada qual uma percepção vivida e interpretada em símbolo.

A cruz em Tau simbolizaria a serpente fixada em uma estaca, a morte vencida pelo sacrifício. Já no Antigo Testamento ela se revestia de um sentido misterioso. Foi porque a madeira do sacrifício que ele levava aos ombros tinha essa forma que Isaac foi poupado: um anjo deteve o braço de Abraão que ia imolar o filho.

A cruz com um braço transversal é a cruz do Evangelho. Seus quatro braços simbolizam os quatro elementos que foram viciados na natureza humana, o conjunto da humanidade atraída para o Cristo dos quatro cantos do mundo, as virtudes da alma humana. O pé da cruz enterrado no chão significa a fé assentada em profundas fundações. O ramo superior da cruz indica a esperança que sobe para o céu; a envergadura da cruz é a caridade que se estende mesmo aos inimigos; o comprimento da cruz é a perseverança até o fim. A cruz grega, de quatro braços iguais, pode inscrever-se num quadrado. A cruz latina divide desigualmente o madeiro vertical segundo as dimensões do homem de pé, com os braços estendidos, e só pode ser inscrita num retângulo. Uma é idealizada, a outra, realista. *De um patíbulo, os gregos fizeram um ornamento* (DIDH, 360). As igrejas gregas e latinas foram geralmente projetadas para

formar no solo uma cruz, grega no Oriente, latina no Ocidente. Mas há exceções.

A cruz com dois braços transversais representaria, no braço superior, a inscrição derrisória de Pilatos, *Jesus de Nazaré, rei dos judeus*. O braço inferior seria aquele em que se estenderam os braços do Cristo. É a cruz dita "de Lorena", mas que provém, na realidade, da Grécia, onde é comum.

A cruz com três braços transversais tornou-se um símbolo da hierarquia eclesiástica, correspondendo à tiara papal, ao chapéu cardinalício e à mitra episcopal. A partir do séc. XV, só o papa tem direito à cruz com três braços transversais; a cruz dupla se fez privativa do cardeal e do arcebispo; a cruz simples, do bispo.

Distingue-se igualmente a cruz da paixão e a da ressurreição. A primeira recorda os sofrimentos e a morte do Cristo; a segunda, sua vitória sobre a morte. É por isso que ela é, em geral, adornada de uma bandeirola ou um galhardete e se parece com um estandarte ou *labarum* que o Cristo brandiria ao sair do sepulcro e "cuja haste termina em cruz e não em ponta de lança [...] Já não é uma árvore, como na cruz da paixão, mas um bastão" (DIDH, 369-370), diríamos, até, um cetro. É um *patíbulo transfigurado*.

Nos desenhos de cruzes gregas com dois braços transversais veem-se as iniciais gregas do nome de Jesus Cristo e a palavra NIKE, que significa vitória. Ao pé de uma dessas cruzes se erguem um **falcão*** de asas abaixadas e uma **águia*** de asas abertas; ao pé da outra cruz, dois **pavões*** de caudas oceladas; uma dessas cruzes é **trançada*** de fitas, significando a união das duas naturezas, humana e divina, no Verbo encarnado; e outra cruz é feita de fitas entrelaçadas, com a mesma significação.

Na sua *História de Deus,* tão rica sob tantos aspectos, M. Didron dá um perfeito exemplo do adoçamento do símbolo em alegoria, e isso o leva, a nosso ver, a um verdadeiro contrassenso numa de suas interpretações. Ele registra grande número de cruzes gregas aos pés das quais se afrontam animais que, diz ele, "olham com terror ou com amor o signo da redenção sob o qual eles parecem

368 | CRUZ

humilhar-se. O **leão***, a **águia***, o **pavão***, o **falcão*** são os animais que mais frequentemente se veem. A águia e o pavão, emblema do orgulho; o falcão e o leão, que lembram a violência cruel e a crueldade grosseira, poderiam muito bem significar que essas más paixões são obrigadas a passar sob o jugo da cruz. A pomba e a ovelha, que se encontram amiúde nos afrescos das catacumbas e nos sarcófagos antigos poderiam anunciar que as virtudes brotam da cruz como os vícios são abatidos por ela". Aqui, a alegoria só reteve um aspecto do símbolo, o mais exterior, o mais afastado da sua realidade profunda. Pensamos, ao contrário, que todas essas figuras não fazem mais que exprimir um dos aspectos da figura *inumerável* do Cristo. Nenhuma imagem esgota a riqueza do Verbo Encarnado, como nenhum nome traduz o infinito da divindade. Remeta-se o leitor aos verbetes que lhes são reservados. O leão afirma a realeza do Cristo, que triunfa da morte pela sua morte na cruz; o pavão de asas oceladas significa a revelação pelo Verbo da Sabedoria divina, a manifestação da Palavra e da Luz; a águia revela a sublimidade do Salvador, que vive nas alturas; o falcão, a perspicácia da visão profética.

Esses animais não estão esmagados ao pé da cruz, como acontece em outros casos. Estão de pé, direitos, em toda a sua glória. Por que ver aqui oposição, e dizer que há semelhança com o Cristo quando são pombas e cordeiros os animais representados? É o mesmo processo de identificação que vale para todos esses animais ao pé da cruz. Quando eles não são esmagados, servem para pôr em relevo, simbolicamente, um dos aspectos da própria personalidade do Redentor.

Em outras cruzes características, observam-se as duas primeiras letras de *Christos*, em grego, XP, o *Rho* atravessando o X como um eixo vertical. Observam-se, igualmente, o A e o O, ou seja, o **alfa*** e o **ômega***, significando que o Cristo é o começo e o fim da evolução criadora, o ponto alfa e o ponto ômega. Outros monogramas apresentam no mais curto dos braços (com sêxtupla ramificação) as iniciais de Jesus Christo, o *iota* servindo de eixo em lugar do *Rho*. Alguns desses monogramas inscrevem-se num quadrado, referindo-se, dessa

maneira, à vida terrestre e humana do Cristo. Outros, num círculo, como numa roda mística, evocando sua vida celeste e divina.

O poder do simbolismo nos primeiros séculos cristãos revela-se ainda na cruz mística, gravada na pedra, que reproduzimos. O sinete traz gravada uma cruz em *tau* (T); o *chi* (X) atravessa a haste do tau, que se arredonda em *rho* (P) por cima. O nome do Cristo e a forma da sua cruz estão resumidos nessas linhas. O Cristo, filho de Deus, é o começo e o fim de tudo; o A e o O, começo e *fim* dos signos intelectuais e, por extensão, da própria inteligência, e da alma humana, escoltam, por assim dizer, a cruz, à direita e à esquerda. A cruz esmagou e domou Satanás, a antiga serpente. A serpente se enrola, então, acorrentada, ao pé da cruz. Esse inimigo do gênero humano procura pôr a perder a alma, que é representada sob a forma de uma pomba. Mas a pomba, por ameaçada que esteja, olha a cruz, de onde lhe vem a força, e que a salva do veneno de Satã. A palavra SALUS, escrita no solo que sustenta a cruz e as pombas, é o canto de triunfo que o cristão fiel entoa em honra de Jesus e da cruz (DIDH, 380-381).

Prosseguindo sua evolução no mundo dos símbolos, a Cruz se torna o Paraíso dos Eleitos. Uma edição da *Divina Comédia,* de 1491, mostra a cruz no meio de um céu estrelado, cercada de bem-aventurados em adoração. A cruz é, então, o símbolo da glória eterna, da glória conquistada pelo sacrifício e culminando numa felicidade extática. Só Dante poderia evocar uma visão dessas:

> [...] Sobre essa cruz o Cristo resplandecia a tal ponto que eu não saberia encontrar imagem para representá-lo; mas aquele que toma a sua cruz e segue o Cristo me desculpará por não saber exprimi-lo, quando vir, na dita claridade, o Cristo brilhando como o relâmpago...

Nas tradições judaicas e cristãs, o símbolo crucífero pertence aos ritos primitivos de iniciação. A cruz cristã é anunciada por figuras no Antigo Testamento, como os montantes e barrotes das casas dos judeus, marcados com o sangue do cordeiro sob um signo cruciforme; cordeiro assado sobre duas achas apresentadas em forma de cruz.

A cruz recapitula a criação, tem um sentido cósmico. É por isso que Ireneu pode escrever, falando do Cristo, e da sua crucifixão: Ele veio sob uma forma visível para junto do que lhe pertence, e ele se fez carne e foi pregado na cruz de modo a resumir em si o Universo (*Adversus haereses*, 5, 18, 3).

A cruz se torna, assim, o polo do mundo, como afirma Cirilo de Jerusalém: Deus abriu suas mãos sobre a cruz para abraçar os limites do Ecúmeno, e por isso o monte Gólgota é o polo do mundo (*Catechesis*, 13, 28). Gregório de Nissa falará da cruz enquanto sinal cósmico (*Oratio de resurrectione*). Lactâncio escreve: Deus, no seu sofrimento, abriu os braços e abraçou o círculo da terra (*Divinae Institutiones*, 4, 26, 36). Os autores da Idade Média retomaram o tema da cruz cósmica, que Agostinho valoriza em *De Genesi ad litteram*, (8, 4-5).

A presença da cruz é visível na natureza. O Homem de braços abertos simboliza a cruz. Isso se pode dizer do voo dos pássaros, do navio com seu mastro, dos instrumentos de arar a terra. Assim, Justino, na sua *Apologia* (I, 55), enumera tudo o que contém a imagem da cruz. A lista das *cruces dissimulatae* comporta o arado, a âncora, o tridente, o mastro do navio com sua verga, a cruz gamada etc.

A cruz assume os temas fundamentais da Bíblia. Ela é árvore da vida (*Gênesis*, **2**, 9), sabedoria (*Provérbios*, **3**, 18), madeira (a da arca de Noé, a das Varas de Moisés que fizeram brotar água da pedra, a árvore plantada junto das águas correntes, o bastão ao qual está suspensa a serpente de bronze). A árvore da vida simboliza, reciprocamente, o madeiro da cruz, donde a expressão empregada pelos latinos: *sacramentum ligni vitae*. Barnabé também descobre no Antigo Testamento todas as prefigurações da cruz.

Convém sempre distinguir a cruz do Cristo padecente, a cruz patíbulo, da cruz gloriosa, que **deve*** ser vista num sentido escatológico. A cruz gloriosa, cruz da parusia, que deve aparecer antes da segunda vinda do Cristo, é o signo do Filho do Homem, signo do Cristo ressuscitado (*v.* o texto de Dante, já citado).

A cruz é ainda, na teologia da redenção, o símbolo do resgate devido por justiça e do anzol que pescou o demônio. Toda uma tradição exige a necessidade de um resgate ao demônio, baseado numa certa justiça. Esta intervém nas fases da economia redentora. O sacrifício da cruz era necessário e necessária, em consequência, a morte do Cristo para que o homem fosse libertado dos efeitos do pecado. Donde o uso frequente do termo "resgate". A cruz lembra uma espécie de anzol que fisga o demônio, imobilizando-o e impedindo que ele prossiga sua obra (DAVS, 225-226; J. Rivière, *Le dogme de la Rédemption*, Paris, 1948, pp. 231 s.).

São Boaventura compara também a Cruz do Cristo à *árvore** da vida: A cruz é uma árvore de beleza; sagrada pelo sangue do Cristo, cobre-se de todos os frutos (GOUL, 293).

A madeira da verdadeira cruz do Cristo ressuscita os mortos, segundo uma velha crença. Deve tal privilégio ao fato de ser essa cruz feita com a madeira da árvore da vida plantada no paraíso.

Na explicação da cruz celta, é necessário remeter o leitor ao simbolismo geral da cruz. Mas a cruz celta se inscreve num círculo que suas extremidades ultrapassam, de modo que ela conjuga o simbolismo da cruz e o do círculo. Poder-se-ia acrescentar um terceiro: o do centro, pelo fato da existência de uma pequena esfera no centro geométrico da cruz e no meio dos braços de inúmeros exemplos arcaicos de cruz. No curso dos primeiros períodos da arte irlandesa, as cruzes eram completamente inscritas no círculo e desprovidas de qualquer decoração. Num segundo estádio de estilo, os braços ultrapassam ligeiramente o círculo. Por fim, as cruzes são maiores, cobertas e rendilhadas (*v.* reproduções fotográficas de cruzes insulares in François Henry, *L'art Irlandais*, I, 1963). É possível reconhecer na cruz irlandesa símbolos celtas coincidindo com o simbolismo cristão. A correspondência quaternária ilustra a repartição dos quatro elementos: ar,

370 | CRUZ

terra, fogo, água, e de suas qualidades tradicionais: quente, seco, úmido e frio. Ela coincide com a divisão da Irlanda em quatro províncias com uma quinta ao centro, constituída pela ablação de uma parte de cada uma das quatro outras. São também os Quatro Mestres da tradição analística (que correspondem aos quatro evangelistas) e o sobrenome de São Patrício (Patrick), Coithrige *(servidor) dos quatro*. Os dois eixos da cruz fazem pensar ainda na passagem do tempo, nos pontos cardeais do espaço, e o círculo recorda os ciclos da manifestação. Mas o centro, no qual não há mais nem tempo nem mudança de nenhuma espécie, é o sítio de passagem ou de comunicação simbólica entre este e o Outro-Mundo. É um ônfalo, um ponto de ruptura do tempo e do espaço. A estreita correspondência das antigas concepções celtas e de dados esotéricos cristãos permite pensar que a cruz inscrita no círculo tenha representado para os irlandeses do período carolíngio uma síntese íntima e perfeita do cristianismo e da tradição celta (GUES, 185; GUEC, *passim*).

Na Ásia, se o simbolismo da cruz não tem a mesma riqueza mística que no mundo cristão, não deixa de ter relevância. Não seria o caso de estudar em algumas linhas um simbolismo tão vasto quanto o da cruz, ao qual Guénon consagrou um volume inteiro. Tal simbolismo repousa essencialmente sobre o fato de que a cruz é constituída pelo cruzamento de eixos direcionais, que se podem considerar de diversas maneiras, seja neles mesmos, seja no seu cruzamento central, seja na sua irradiação centrífuga. O eixo vertical pode ser considerado ligação entre uma hierarquia de graus ou estados do ser; o eixo horizontal como o desabrochar do ser em um grau determinado. O eixo vertical pode figurar ainda a *atividade do Céu* ou de Purusha; o eixo horizontal, a *superfície das Águas*, sobre a qual ela se exerce, e que corresponde à Prakriti, a substância universal passiva. Os dois eixos são, ainda, os dos solstícios e equinócios, ou o encontro desses com o eixo dos polos. Obteríamos, então, uma cruz em três dimensões, que determina as seis direções do espaço.

A cruz direcional, que divide o círculo em quatro, é intermediária entre o círculo e o quadrado, entre o Céu e a Terra, o símbolo, portanto, do mundo intermediário, e também o do Homem universal, na Tríade chinesa. É, segundo São Martinho, o emblema do centro, do fogo, do Intelecto, do Princípio. Convergência das direções e das oposições, local do seu equilíbrio, o centro da cruz corresponde efetivamente ao *vazio do meio*, à atividade central *não operante*, ao Meio Invariável (tchong-yong). A cruz é também – acabamos de perceber que o círculo dividido por ela era uma roda – o emblema da irradiação do centro, solar ou divino. Porque ela significa a totalidade do espaço, a cruz representa na China o número 10, que contém a totalidade dos números simples (Wieger).

A cruz vertical e *central* é, ainda, o eixo do mundo, o que está bem exemplificado no globo que tem ao alto uma cruz polar, símbolo imperial que os alquimistas identificavam com o cadinho regenerador.

Cumpre ainda lembrar o plano cruciforme dos templos hindus e das igrejas, nos quais a cabeça corresponde à abside, os braços, ao transepto, o corpo e as pernas, à nave, o coração, ao altar ou ao lingam.

Encontra-se em Abu Ya'qub Sejestani uma interpretação esotérica toda particular do símbolo da Cruz, cujos quatro braços são identificados às quatro palavras da *Shahada*, que é a profissão de fé muçulmana (BURA, CORT, GUEC, SAIR, WIEC).

No Egito, a cruz ansada (**ankh***), muitas vezes confundida com o nó de Ísis, é o símbolo de *milhões de anos de vida futura*. Trata-se de um signo formado por uma argola redonda ou oval da qual pende uma espécie de Tau. Lembra um nó de fita. É um dos atributos de Ísis, mas pode ser visto na mão da maior parte das divindades, como emblema da vida divina e da eternidade.

Nas mãos dos mortais, ela exprime o desejo de uma eternidade venturosa, na companhia de Ísis e Osíris. Seu círculo é a imagem perfeita daquilo que não tem nem começo nem *fim*... a cruz figura o estado de transe, no qual se debatia o iniciado;

mais exatamente, ela representa o estado de morto, a crucificação do eleito e, em certos templos, o iniciado era deitado pelos sacerdotes num leito em forma de cruz (CHAM, 22). Costumava ser aplicada à fronte do faraó e dos iniciados como que para lhes conferir a visão da eternidade para além dos obstáculos ainda por vencer. É apresentada pelos deuses aos defuntos, observa Maspero, como um símbolo de vida eterna, cujos eflúvios são vivificantes.

Para Paul Pierret, é igualmente um símbolo de proteção dos mistérios sagrados. Havia numerosos amuletos (*Ta* ou fivela de cinto) em pedra dura, em pasta de vidro ou em madeira de *sicômoro** dourada. As mais das vezes em jaspe ou em quartzo vermelho, opaco, que se pendurava ao pescoço da múmia... O texto especial do capítulo 46 do *Livro dos mortos*, gravado sobre esse filactério, confiava o defunto à proteção de Ísis (PIED, 531).

Na arte africana, os motivos crucíferos, com as linhas ou com folhas de mandioca, são numerosos e ricos de significado. A **cruz*** tem, em primeiro lugar, um sentido cósmico; indica os quatro pontos cardeais; significa a totalidade do cosmo. Basta acrescentar um círculo em cada extremidade e ela passa a simbolizar o sol e seu curso. Terminada em arcos de círculo, ela representa, para os Bamoun, o rei. **Encruzilhada***, ela exprime também os caminhos da vida e da morte, uma imagem do destino do homem (MVEA, 106). Entre os peúles, é costume, quando entornam o leite, desastradamente, molharem os dedos nas gotas ou na poça e desenharem no peito uma cruz (HAMK, 25).

A associação cruz-espiral resume a organização do mundo segundo o pensamento dos bantos do Kasai do Zaire (Congo, LuLua e Baluba). O eixo vertical dessa cruz une a terra (morada dos homens e, na sua expressão ctoniana, das almas mortas) ao Céu Superior, morada do Deus Supremo. Ele próprio está no centro de uma cruz, nos braços da qual assistem os quatro gênios superiores, seus assessores. O eixo horizontal liga o mundo dos gênios bons (a leste) ao dos gênios maus (a oeste). O centro dessa cruz primordial

é a encruzilhada da Via-Láctea, onde as almas dos mortos, depois de terem franqueado uma ponte, são julgadas e, em seguida, dirigidas para a esquerda ou para a direita (a oeste ou a leste), segundo seus méritos. De um para outro desses quatro planos primordiais, Gênios, Espíritos e Almas evoluem em espiral.

Essa construção arquetípica preside à ordenação arquitetural dos compartimentos e lugares de reunião bem como à disposição hierárquica dos membros de uma família ou de uma sociedade, uns em relação aos outros.

Assim, no recinto familiar, a casa do homem fica no centro de uma cruz sobre cujos braços estão dispostos, na ordem hierárquica norte, sul, leste, oeste, as casas de suas quatro mulheres. Também nas clareiras onde se reúnem os membros das Sociedades Secretas, os Quatro Grandes Iniciados instalam-se em torno do centro, lugar do chefe supremo, invisível, na interseção dos braços de uma cruz e de uma **espiral***, igualmente originada desse centro (FOUA, FOUC). Para as mesmas populações, a cruz tatuada, gravada, forjada etc. simboliza, ao mesmo tempo, os pontos cardeais e as quatro vias do universo que levam à morada dos Gênios (Céu ou norte), à dos homens (embaixo), à das almas boas (leste) e à das más (oeste).

"A cruz", escreveu Guénon, "é, sobretudo, símbolo da totalização espacial... O símbolo da cruz é uma união dos contrários... que se deve comparar tanto com o Kua (união do *Yang* e do *Yin*) quanto com a tetraklis pitagórica. Esse simbolismo é particularmente sensível na tradição mítica dos mexicanos antigos. A cruz é o símbolo da totalidade do mundo, e a ligadura central dos anos. Quando os antigos escribas procuravam representar o mundo, eles agrupavam em forma de cruz grega ou de cruz-de-malta os quatro espaços em volta do centro" (SOUM). Melhor ainda: a mitologia mexicana nos dá toda a paleta simbólica que vem se agrupar sob o sinal da cruz: é Xiuhtecutli, o deus fogo, que habita a fornalha (centro) do universo. Lugar da síntese, esse centro tem uma aparência ambígua: um aspecto nefasto e um aspecto favorável. Enfim, no Códex Bórgia, o centro é figurado por uma árvore multicor, cuja ambiguidade vertical não deixa dúvida. É coroada por um Quetzal, o pássaro do Leste, e brota do corpo de uma deusa terrestre, símbolo do Ocidente. Acresce que essa árvore cósmica está flanqueada de um lado pelo grande deus Quetzalcoatl, o deus que é sacrificado na fogueira para dar vida ao sol; de outro, por Macuilxochitl, deus da aurora, da primavera, mas também dos jogos, da música, da dança, do amor (DURS, 354-355).

Para o índio da América, como para os europeus, a cruz romana é o símbolo da árvore da vida, representada por vezes sob a sua simples forma geométrica, por vezes com extremidades ramificadas ou foliáceas, como nas célebres cruzes de Palenque (ALEC, 55).

No Códex Ferjervary Mayer, cada um dos pontos cardeais da terra vem representado por uma árvore em forma de cruz coroada por um pássaro (ALEC, 56).

Em certos códices, a árvore da vida é representada por uma cruz de Lorena, que tem, nos braços horizontais, sete flores, representando sem ambiguidade a divindade agrária. Em outros casos, o septenário divino é representado por seis flores e o Pássaro Solar no meio do céu.

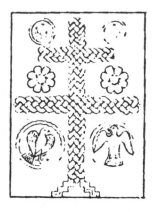

Cruz grega com dois braços transversais.
Escultura do séc. XI, Atenas.

Cruz grega com dois braços transversais.
Escultura do séc. XI, Atenas.

Cruz: a forma grega.
Escultura de antigos sarcófagos.
Primeiros séculos d.C.

Cruz: a forma grega.
Escultura de antigos sarcófagos.
Primeiros séculos d.C.

Cruz: a forma grega.
Escultura de antigos sarcófagos.
Primeiros séculos d.C.

Cruz grega em estrela de seis pontas.
Escultura do séc. IV (Salonica)

Cruz grega com seis braços desiguais.
Escultura do séc. IV (Salonica).

Cruz mística. Pedra gravada.
Primeiros séculos d.C.

Cruz guarnecida pelos quatro
evangelhos nos cantos.
Fresco. Primeiros séculos d.C. Catacumbas

Cruz "habitada".
Gravura florentina de 1491

374 | CTONIANO

Ao fim do seu estudo sobre a significação dos pontos cardeais para os mexicanos antigos, J. Soustelle pode dizer que *a cruz é o símbolo do mundo na sua totalidade.*

CTONIANO

Ctonos era o nome dado à Terra, mãe dos titãs, e morada dos mortos e dos vivos. É o baixo, por oposição ao alto – a terra sob seu aspecto interno e obscuro.

O epíteto ctoniano é usado em relação a seres fabulosos (dragões), ou reais (serpentes), de origem subterrânea, de natureza muitas vezes temível, ligados às ideias e às forças da germinação e da morte. Simbolizam o lado ameaçador – quer o perigo seja interior ou quer seja exterior – na luta travada entre a vida e a morte, sempre estreitamente enlaçadas. Aparecem nas situações extremas, prelúdios de acontecimentos decisivos, sob a forma de dificuldades imprevistas, de castigo, de terrores, como o polo oposto ao dos sentimentos de segurança, de força, de otimismo. O aspecto ctoniano do inconsciente abrange tudo o que este pode fazer temer, por força de seu caráter oculto, imprevisto, súbito, violento, quase irresistível – aspecto que não se identifica (e insistimos nesse ponto) à totalidade do inconsciente. O ctoniano é o aspecto noturno da esposa, da mãe, do antro.

CUBO

Quadrado do quadrado, ele tem, na ordem dos volumes, a mesma significação que o **quadrado*** na ordem das superfícies. Simboliza o mundo material e o conjunto dos quatro elementos. Pelo seu equilíbrio, foi tomado como símbolo da estabilidade. É encontrado, frequentemente, na base dos tronos.

Num sentido místico, o cubo foi considerado "símbolo da sabedoria, da verdade e da perfeição moral" (PORC, 55). É o modelo da Jerusalém futura, prometida pelo Apocalipse, que é igual nas suas três dimensões. É também, em Meca, a Caaba, Santo dos Santos do Islã, erguida no centro da Grande Mesquita. Esse edifício, cuja

forma cúbica é indicada expressamente pelo nome (*kaaba* = "cubo"), contém a célebre pedra negra, dada a Abraão pelo arcanjo Gabriel. É interessante observar que a primeira Caaba – a atual é uma reconstrução do séc. X, depois de um incêndio – se situa nas próprias fontes das religiões reveladas, pois a tradição pretende que ela tenha sido edificada por Adão, e reedificada por Abraão e Ismael em seguida ao dilúvio. Donde se conclui que o cubo já era considerado um símbolo de perfeição na origem da nossa civilização. É a imagem da *eternidade,* em virtude do seu caráter, não espiritual, mas sólido.

Combinado com a **esfera***, simboliza a totalidade terrestre e celeste, finita e infinita, criada e incriada, daqui de baixo e do alto.

CUCO

O cuco é, para nós, símbolo do ciúme, sentimento do qual ele é o aguilhão; e, mais ainda, do parasitismo, pelo fato de pôr ele seus ovos no ninho de outras aves. Sinal de preguiça, também, por ser, supostamente, incapaz de construir por si mesmo seu ninho.

É encontrado, às vezes, como emblema de Hera (Juno). Zeus seduziu Hera "voejando em torno dela e se aninhando no seu seio sob a forma de um cuco, ave que anuncia a primavera" (SECG, 176). A partir dessa lenda, já se quis fazer dele um símbolo do espírito de Deus veiculado pelo "raio nas águas aéreas" (LANS, 3, 98), águas que a deusa representaria.

No Japão, sua aparição de madrugada faz dele um mensageiro do reino da noite. Seu voo matinal acompanha a fuga das sombras.

Entre os povos siberianos, o Sol e a Lua são, às vezes, figurados por dois cucos. A ave, em relação com a primavera e com o despertar da natureza, assiste o xamã e ressuscita os mortos. Entre outros povos da mesma região, o cuco preside à distribuição da justiça (SOUL, OGRI).

Na poesia inglesa, foi cantado *como um símbolo da voz esparsa da* primavera por William Wordsworth:

blithe newcomer! I have heard,
hear thee and rejoice.
O cuckoo, shall I call thee bird,
Or but a wandering voice?

[ó jubiloso recém-chegado! Ouvi-o, / Estou ouvin-
do-o e me regozijo. / Ó cuco, devo chamá-lo de
pássaro, / Ou de apenas uma voz errante?]

(*To the cuckoo*, CAZA, 199-201)

Na África, acredita-se que o seu canto possa en-
louquecer o gado que o ouve nas horas quentes do
dia (SERP, 157). Sem dúvida, esse canto excita ao
extremo os instintos e atiça o fogo sexual.

Na tradição védica, o cuco simbolizaria a alma
humana, antes e depois da encarnação. O corpo
seria como um ninho estranho, no qual a alma
viria pousar (LANS, 3, 99).

Segundo uma lenda popular, o primeiro canto do cuco na primavera pode ser uma promessa
de riqueza, se aquele que o ouve tem consigo, na
ocasião, alguma moeda.

CUPIM

Apesar de a vida dos cupins ser, geralmente, semelhante à de suas primas, as **formigas***, diversos
elementos simbólicos lhes são peculiares. Primeiramente, a finalidade da sua atividade é considerada de forma distinta: é símbolo de *destruição
lenta e clandestina*, mas impiedosa; isto é o que ela
é efetivamente na realidade, ao menos do ponto
de vista dos homens terra a terra.

Na Índia, acredita-se que o cupinzeiro possua
uma função protetora, talvez porque a atividade
subterrânea dos insetos coloque-os em ligação
com as nefastas influências provindas da terra.

Para os montanheses do Vietnã do Sul, ocasionalmente, o cupinzeiro é a residência do gênio
superior Ndu, que garante e protege as colheitas.
É, portanto, uma garantia de riqueza. As relações
entre o cupim e a matéria-prima são confirmadas,
na Índia, por sua conhecida relação com os **naga***;
e talvez também seja por isso que se obtenha
chuva no Kampuchea (Camboja) enterrando uma
vara num cupinzeiro (CHOA, DAMS, GRIE,
PORA).

O cupinzeiro tem um sentido simbólico e
esotérico extremamente complexo, importante
no pensamento cosmogônico e religioso dos dogons e dos bambaras. Nos mitos da criação do
mundo, representa, em princípio, o **clitóris*** da
terra, erigido contra o céu, tornando imperfeita
a primeira união urano-telúrica. Esse clitóris é
a polaridade, masculina da mulher, que deve,
por isso, ser extirpada. É, também, o símbolo
do único, erguendo-se e, de uma certa forma,
opondo-se à criação, completamente regida pelo
princípio da dualidade ou da geminação. Essa
concepção do cupim, como símbolo de poder *solitário e misterioso,* faz com que os poucos grandes
iniciados das sociedades bambaras, que atingiram
o mais alto grau de perfeição espiritual acessível
ao homem, sejam denominados aqueles *de detrás
do cupim* (ZAHB, 135).

CURIANGO (*v.* Engole-vento)

D

DAKINI

Mensageira celeste, essa emanação dos Budas, guardiã dos ensinamentos secretos e grande inspiradora do yogin, simboliza a energia feminina – às vezes destrutiva, mais frequentemente criadora –, ligada ao conhecimento transcendental, à receptividade, a abertura total, semelhante a uma dança no espaço ilimitado. As dakinis (em tibetano, khandro) acompanham, frequentemente as divindades representadas na iconografia do Veículo de Diamante. Trata-se, aí, de antigas fadas ou feiticeiras, de origem xamânica, integradas ulteriormente pelo budismo tibetano. A expressão *língua das dakinis* designa o sentido íntimo dos termos utilizados nos textos tântricos. O yogin que executa a *cosmização* do próprio corpo deve também viver a destruição da linguagem, indispensável à sua preparação espiritual. Ela rompe o universo profano substituindo-o por um universo em níveis conversíveis e integráveis. Não é apenas para esconder aos não iniciados o Grande Segredo, que ele é convidado a compreender *bodhicitta* ao mesmo tempo como *Pensamento de Iluminação* e sêmen viril. O yogin deve penetrar, pela própria linguagem, pela criação de uma língua nova e paradoxal, até o nível onde a semente se transmuta em pensamento, e inversamente.

DANÇA

A dança é *celebração,* a dança é *linguagem.* Linguagem para aquém da palavra: as danças de cortejamento dos pássaros o demonstram. Linguagem para além da palavra: porque onde as palavras já não bastam, o homem apela para a dança.

O que é essa febre, capaz de apoderar-se de uma criatura e de agitá-la até o frenesi, senão a manifestação, muitas vezes explosiva, do *Instinto de Vida,* que só aspira rejeitar toda a dualidade do temporal para reencontrar, de um salto, a unidade primeira, em que corpos e almas, criador e criação, visível e invisível se mesclam, fora do tempo, num só êxtase. A dança clama pela identificação com o imperecível; celebra-o.

Tal é a dança do rei Davi diante da Arca, ou a que encantava e arrastava num turbilhão sem fim Meviana D'jellal ed'din Rumi, o fundador da confraria dos dervixes rodopiantes (*mawla-wiyya*), e um dos maiores poetas líricos de todos os tempos. Tais são também todas as danças principiativas, todas as danças qualificadas como *sagradas.*

Mas tais são, ainda, na vida dita profana, todas as danças, populares ou eruditas, elaboradas ou de improvisação, individuais ou coletivas, as quais, em maior ou menor grau, buscam uma libertação no êxtase, quer ela se limite ao corpo, quer seja mais sublimada – na medida em que se admita que haja graus, modos e medidas no êxtase.

O ordenamento da dança, seu ritmo, representa a *escala* pela qual se realiza e completa a libertação. Não há melhor exemplo que o dos xamãs, pois eles mesmos confessam que é com a dança, acompanhada pelo tambor, que se consuma a sua ascensão para o mundo dos espíritos. Da Grécia e de seus mistérios, da África, pátria dos orixás e do vodu, ao xamanismo siberiano e americano, e até nas danças mais livres do nosso tempo, por toda parte o homem exprime pela dança a mesma necessidade de livrar-se do perecível; As numerosas danças rituais para pedir chuva não diferem, nesse sentido, de nenhuma maneira, da mais trivial dança amorosa, e a extenuante dança do Sol, dos indígenas das Pradarias norte-americanas, bem como as danças de luto da China antiga, põem à prova a alma, procuram fortificá-la e conduzi-la pela senda invisível que leva do perecível ao imperecível. Porque se a dança é *provação* fervente e *prece*, ela é também *teatro*.

Seria possível arrolar mil exemplos: o das danças de possessão, como as que se veem no vodu do Haiti, mostra que esse teatro, essencialmente simbolista, tem também virtudes curativas. É essa, sem dúvida, a razão pela qual a medicina descobre – ou redescobre – uma terapêutica da dança, que as culturas conhecidas como animistas nunca deixaram de aplicar.

Na Índia, o protótipo da dança cósmica é o *tandava de Shivanataraja*. Inscrita num círculo de chamas, essa dança simboliza ao mesmo tempo a criação e a pacificação, a destruição e a conservação. Simboliza, igualmente, a experiência do Yogin. Por outro lado, o Buda *Amogasiddhi*, senhor do movimento vital, criador, intelectual, leva, no budismo tântrico, o nome de *Senhor da Dança*.

As danças rituais da Índia fazem intervir todas as partes do corpo, em gestos que simbolizam estados distintos da alma: mãos, unhas, globos oculares, nariz, lábios, braços, pernas, pés, ancas, que se mobilizam em meio a uma exibição de sedas e de cores, ou, por vezes, numa quase nudez.

Todas essas figuras exprimem e pedem uma espécie de fusão num mesmo movimento estético, emotivo, erótico, religioso, ou místico, que é como uma volta ao Ser único de onde tudo emana, para onde tudo retorna, por um ir e vir incessante da Energia vital.

Nas tradições chinesas, a dança, ligada ao ritmo dos números, permite organizar o mundo. Ela pacifica os animais selvagens, estabelece a harmonia entre o Céu e a Terra. É dança de Yu-o-Grande que põe fim ao transbordamento das águas, à superabundância do *yin*. O sinal *wu*, que exprime a não manifestação, a *destruição*, teria tido, segundo alguns exegetas, o sentido primitivo de *dançar*.

Na África, onde a dança é, mais que no resto do mundo, extroversão, ela constitui, segundo o padre Mveng (MVEA, 81), "a forma a mais dramática da expressão cultural, porque é a única em que o homem, em sua recusa ao determinismo da natureza, se deseja, não só simplesmente liberado, mas liberado inclusive de seus limites". É por isso, de acordo com o autor, "que a dança é a única expressão mística da religião africana".

No Egito, onde as danças eram tão múltiplas quanto elaboradas, "elas traduziam", segundo Luciano, "em movimentos expressivos, os mais misteriosos dogmas da religião, os mitos de Ápis e de Osíris, as transformações dos deuses em animais, e, acima de tudo, os seus amores" (POSD, 8).

DANIEL

No fosso dos leões, lambido pelo leão que devia devorá-lo, Daniel simboliza, em muitas obras de arte cristãs, "a figura do Cristo, que tornou a morte inofensiva" (CHAS, 334), e a tentação do pecado.

DARUMA (Bodhidharma)

No Japão, símbolo de paciência e de tenacidade, popularizado por inumeráveis bonecos.

Dharma foi o primeiro patriarca da escola do Zen. Levou a doutrina zen da Índia para a China no séc. VI. Segundo a lenda, ele teria permanecido sentado, com as pernas cruzadas, durante nove anos, a meditar face a um muro. Por isso se tornou um símbolo da paciência.

Sua imagem, sob todas as formas possíveis de bonecos, é muito disseminada pelo Japão. Um desses bonecos o representa sentado, as pernas substituídas por um arredondamento, de modo que, quando o boneco é inclinado, ele volta sempre à posição primitiva, o que ilustra o dito

378 | DA'WAH (APELO, INVOCAÇÃO)

japonês segundo o qual é possível cair sete vezes e levantar-se oito.

Ainda que se ignore geralmente a sua origem, o boneco que volta à posição primitiva espalhou-se pelo mundo todo. Representa tanto uma inalterável paciência quanto uma infatigável obstinação.

DA'WAH (Apelo, Invocação)

Trata-se de um método de encantação muito secreto mas considerado lícito na tradição islâmica, que se baseia sobre toda uma teologia simbólica das **letras***. As tabelas de *Jawahiru'l-Khamsah*, tratado do xeque Abul-Muwwayid, do Gujarate, indicam as correspondências que constituem a chave dessa ciência. Regras minuciosas dizem respeito ao regime alimentar que devem observar, às abluções que devem fazer tanto o exorcista, que as põe em prática, quanto o esoterista, que nelas se inspira na sua meditação. Devem igualmente respeitar as leis de uma estrita moralidade. Todo o sistema repousa sobre a relação considerada existente entre as letras do alfabeto árabe, os atributos divinos, os números, os quatro elementos, os sete planetas e os doze signos do Zodíaco. Todo componente de uma série deve ter seus correspondentes nas séries paralelas. Durante a encantação, segundo o caso, perfumes diversos são queimados (Tabelas segundo HUGD, na palavra Da'wah; *v.* pp. 278-279).

Não seria possível encontrar ilustração mais completa do famoso soneto de Baudelaire:

> A Natureza é um templo onde pilares vivos
> Deixam, por vezes, escapar confusas palavras;
> O homem por aí passa atravessando florestas de [símbolos
> Que o observam com o olhar de velhos conhecidos.

Da'wah é, talvez, a mais extensa malha existente de correspondências simbólicas. Quem o domina dispõe de um poder quase divino sobre o universo. Quem possui o arcano das **letras*** detém as chaves da criação. O Da'wah pode, igualmente,

simbolizar aquilo que a lógica moderna entende por sistêmica ou por pensamento complexo.

DECANATO

O Zodíaco (360°) está dividido em doze partes de trinta graus (30°) cada uma, os signos. Cada signo compreende três (3) decanatos, de dez graus (10°), como o nome indica.

A tradição greco-latina atribui a invenção dos decanatos ao antigo Egito. Os egípcios, com efeito, a eles recorriam para determinar as horas da noite.

> Eram constelações do céu, das quais eles haviam levantado tabelas, e cuja aparição na linha do horizonte permitia saber em que momento da noite se estava [...]. Numa duração de cerca de dez dias, um mesmo decanato era visível no horizonte. Os 36 decanatos, reinando, assim, sobre dez dias, cada um, do ano egípcio, foram considerados *gênios protetores*. Mais tarde, tiveram papel relevante nos Zodíacos, depois na astrologia helenística (PQSD, 8).

Os numerosos documentos arqueológicos egípcios remontam até a 1ª dinastia, i.e., a meados do III milênio a.C., mas desafiam, muitas vezes, qualquer identificação com as estrelas e os signos, uma vez que há pelo menos quatro séries diferentes de símbolos. Quanto à Mesopotâmia, a existência dessa divisão do céu em 36 setores é claramente atestada por textos do período cassita (c. II milênio).

É impossível passar em revista as diferentes imagens simbólicas do Egito antigo, tais como figuram nos sarcófagos e nas paredes dos templos e túmulos.

Mas, dessa época recuada até os nossos dias, cada um dos decanatos é representado por um símbolo, tem significação particular, e encontra-se em afinidade com um planeta. A seguir, a lista dos decanatos como são hoje utilizados na Índia, segundo Cyrus D. F. Abayakoon:

LETRAS DO ALFABETO ORDENADAS SEGUNDO O ABJAD (OS QUATRO PRIMEIROS ATRIBUTOS DIVINOS) COM SUA CIFRA RESPECTIVA	A 1	B 2	J 3	D 4	H 5	W 6	Z 7	H . 8
ATRIBUTOS OU NOMES DE DEUS	Alá	Bâqi	Jâmi	Dayyân	Hâdi	Wali	Zaki	Haqq
CIFRA DO ATRIBUTO	66	113	114	65	20	46	37	108
SIGNIFICAÇÃO DO ATRIBUTO	Deus	Eterno	Que reúne	Que conta	Guia	Amigo	Purificador	Verdade
CATEGORIA DO ATRIBUTO	Terrível	Amável	Terrível e amável	Terrível	Amável	Amável	Composto	Composto
QUALIDADE, VÍCIO OU VIRTUDE DA LETRA	Amizade	Amor	Amor	Hostilidade	Hostilidade	Amor	Amor	Ódio
ELEMENTOS	Fogo	Ar	Água	Terra	Fogo	Ar	Água	Terra
PERFUME DA LETRA	Aloés negro	Açúcar	Canela	Sândalo vermelho	Sândalo branco	Cânfora	Mel	Açafrão
SIGNOS DO ZODÍACO	Áries	Gêmeos	Câncer	Touro	Áries	Gêmeos	Câncer	Capricórnio
PLANETAS	Saturno	Júpiter	Marte	Sol	Vênus	Mercúrio	Lua	Saturno
GÊNIOS (JINN)	Qayuûsh	Danûsh	Nulûsh	Twayûsh	Hûsh	Puyûsh	Kapûsh	Ayûsh
ANJOS DA GUARDA	Isrâfi	Jibrâ'il (Gabriel)	Kalkâ'il	Dardâ'il	Durbâ'il	Raftmâ'il	Sharkâ'il	Tankafil

380 | DECANATO

LETRAS DO ALFABETO ORDENADAS SEGUNDO O ABJAD (OS QUATRO PRIMEIROS ATRIBUTOS DIVINOS) COM SUA CIFRA RESPECTIVA	T · 9	Y 10	K 20	L 30	M 40	N 50	S · 60	70
ATRIBUTOS OU NOMES DE DEUS	Tāhir	Yāsin	Kāfi	Latif	Malik	Nūr	Sami'	'Ali
CIFRA DO ATRIBUTO	215	130	111	129	90	256	180	110
SIGNIFICAÇÃO DO ATRIBUTO	Santo	Chefe	Presumido	Benigno	Rei	Luz	Ouvinte	Exaltado
CATEGORIA DO ATRIBUTO	Terrível	Amável	Amável	Amável	Terrível	Amável	Composto	Terrível
QUALIDADE, VÍCIO OU VIRTUDE DA LETRA	Desejo	Atração	Amor	Separação	Amor	Ódio	Desejo	Riqueza
ELEMENTOS	Fogo	Ar	Água	Terra	Fogo	Ar	Água	Terra
PERFUME DA LETRA	Almíscar	Folhas de rosas	Folhas de rosas brancas	Maçãs	Marmelo	Jacinto	Diferentes perfumes	Pimenta branca
SIGNOS DO ZODÍACO	Áries	Libra	Escorpião	Touro	Leão	Libra	Sagitário	Virgem
PLANETAS	Júpiter	Marte	Sol	Vênus	Mercúrio	Lua	Saturno	Júpiter
GÊNIOS (JINN)	Badyūsh	Shahbūsh	Kadyūsh	'Adyūsh	Majbūsh	Damalyūsh	Fa'vush	Kashpūst'
ANJOS DA GUARDA	Ishmā'il	Sarakikā'il	Kharurā'il	Tatā'il	Rūyā'il	Hūlā'il	Hamwākil	Lumā'il

DECANATO | 381

	F	S •	Q	R	Sh	T	S •	Kh	Z	Z •	Z	Gh
LETRAS DO ALFABETO ORDENADAS SEGUNDO O ABJAD (OS QUATRO PRIMEIROS ATRIBUTOS DIVINOS) COM SUA CIFRA RESPECTIVA	80	90	100	200	300	400	500	600	700	800	900	1.000
ATRIBUTOS OU NOMES DE DEUS	Fattâh	Samad	Qâdir	Rabb	Shafi'	Tawwâb	Thâbit	Khâliq	Dhâkir	Dârr	Zâhir	Ghafûr
CIFRA DO ATRIBUTO	489	134	305	202	460	408	903	731	921	1.001	1,106	1,285
SIGNIFICAÇÃO DO ATRIBUTO	Que abre	Estabelecido	Possante	Senhor	Que aceita	Que perdoa	Estável	Criador	Que se recorda	Punidor	Evidente	Grande perdoador
CATEGORIA DO ATRIBUTO	Amável	Terrível	Composto	Terrível	Amável	Amável	Terrível	Composto	Composto	Terrível	Terrível	Amável
QUALIDADE, VÍCIO OU VIRTUDE DA LETRA	Hostilidade	Intimidade	Desejo	Amizade	Hostilidade	Insônia	Ódio	Amor	Ódio	Ódio	Hostilidade	Convalescença
ELEMENTOS	Fogo	Ar	Água	Terra	Fogo	Ar	Água	Terra	Fogo	Ar	Água	Terra
PERFUME DA LETRA	Noz	Moscada	Laranja	Água de rosas	Aloés branco	Âmbar	Aloés branco	Violeta	Manjericão	Cístio	Jasmim	Cravo-da-índia
SIGNOS DO ZODÍACO	Leão	Libra	Peixes	Virgem	Escorpião	Aquário	Peixes	Capricórnio	Sagitário	Aquário	Peixes	Peixes
PLANETAS	Marre	Sol	Vênus	Mercúrio	Lua	Saturno	Júpiter	Marte	Sol	Vênus	Mercúrio	Lua
GÊNIOS (JINN)	Latyûsh	Kalapûsh	Shamyûsh	Rahûsh	Tashyûsh	Latyûsh	Twahyûsh	Dâlâyûsh	Twakapûsh	Ghâyûsh	Ghafûpûsh	'Arkupûsh
ANJOS DA GUARDA	Sahrmâ'il	Ahjmâ'il	'Itrâ'il	Amwâkil	Amrâ'il	Azrâ'il	Mikâ'il (Miguel)	Mahkâ'il	Harfâ'il	'Ataîl	Nurâ'il	Nukhâ'il

382 | DECANATO

ÁRIES

- 1º decanato: um homem valente, armado, brandindo uma espada na mão direita; significa a audácia, a coragem, a força e a falta de modéstia; regido por Marte;
- 2º decanato: um homem de túnica, semelhante a um sacerdote; indica a nobreza, a grandeza, o poder, e uma grande autoridade; o Sol;
- 3º decanato: mulher jovem, sentada em um tamborete, tocando um alaúde; representa a sutileza em todo gênero de trabalhos, a doçura, a graça, a alegria e a beleza; Vênus.

TOURO

- 1º decanato: um livro e um jovem lavrando a terra; indicam o trabalho dos campos, a semeadura, os trabalhos de construção, a ocupação das casas, as ciências, a sabedoria sobre a terra e, sobretudo, a ciência da geometria; Mercúrio;
- 2º decanato: um homem de grande estatura, munido de cinto, com uma chave na mão direita; significa o poder, a nobreza, a dignidade e o domínio sobre os outros; Lua;
- 3º decanato: um velho apoiado a uma muleta, deixando pender um braço, com uma perna de pau; representa a miséria, a escravidão, a loucura, as privações e a baixeza; Saturno.

GÊMEOS

- 1º decanato: um jovem com um cinto; anuncia escritos, o fato de receber ou dar dinheiro, a procura e a sabedoria nas coisas não proveitosas; Júpiter;
- 2º decanato: um homem com um machado cortando lenha; significa encargos, pressão, trabalho, o fato de conseguir a posse de bens pelo trabalho ou por atos desonestos; Marte;
- 3º decanato: um homem com um falcão na mão direita e uma rede na esquerda; indica o esquecimento, o desdém, a alegria, a jovialidade e o fato de ouvir palavras inúteis; Sol.

CÂNCER

- 1º decanato: uma bela mulher, jovem, com uma flor na mão; significa a alegria, a sutileza,

a humanidade, a cortesia e as coisas que incitam o homem ao amor; Vênus;

- 2º decanato: um homem e uma mulher sentados a uma mesa, com uma grande quantidade de dinheiro à frente deles; exprime a alegria das mulheres, a riqueza e a abundância; Mercúrio;
- 3º decanato: um caçador soprando uma trompa de caça, com um cão junto dele e uma lança ao ombro; ilustra a caça, a perseguição dos fugitivos, a obtenção de bens pela guerra, pelas querelas, pelas disputas; Lua.

LEÃO

- 1º decanato: um homem a cavalo sobre um leão com uma pluma no chapéu; indica a crueldade, a malvadez, a violência, o fato de realizar grandes trabalhos, a audácia e a cobiça; Saturno;
- 2º decanato: um homem com um falcão no punho; exprime o amor, a sociedade, a não separação, o fato de não perder os seus, de evitar as pendências; Júpiter;
- 3º decanato: um homem brandindo uma espada por cima da cabeça com uma das mãos e com um escudo na outra; significa as querelas, as disputas, a ignorância, a miséria, a vitória sobre os miseráveis e os espíritos vis, devido à ignorância deles quanto à ocasião de sacar da espada, e as guerras; Marte.

VIRGEM

- 1º decanato: um homem depositando dinheiro num cofre; indica as semeaduras, o cultivo da terra, as culturas, o povoamento, a acumulação de riqueza e de gêneros comestíveis; Sol;
- 2º decanato: dois homens, um deles com uma bolsa na mão; símbolo do ganho, da aquisição, da acumulação cúpida, do fato de ser avaro, de subir na vida pela força; Vênus;
- 3º decanato: um velho decrépito, apoiado a um bordão; evoca a velhice, a debilidade, a indolência, a perda dos membros devido a enfermidades, o fato de desenraizar árvores, o despovoamento de lugares habitados; Mercúrio.

LIBRA

- 1º decanato: um estudante com um livro aberto diante dele; ilustra a justiça, o direito, a verdade, o socorro dado aos fracos contra os fortes e os maus, bem como a assistência aos pobres e desvalidos; Lua;
- 2º decanato: um velho de túnica, sentado numa cadeira, aparência muito grave; prediz a gula, a sodomia, o canto e a alegria, o fato de participar de prazeres condenáveis; Saturno;
- 3º decanato: um homem jovem com uma taça na mão; evoca a tranquilidade, a abundância, uma boa vida, tranquila e segura; Júpiter.

ESCORPIÃO

- 1º decanato: dois homens brigando, agarrando--se pelos cabelos; simboliza a luta, a tristeza, a trapaça, a vilania, a perdição e a malignidade; Marte;
- 2º decanato: um homem sentado em um tamborete com dois cães prestes a se engalfinharem junto dele; significa as afrontas, as defecções, o fato de atiçar disputas, o de perseverar em querelas virulentas; Sol;
- 3º decanato: duas mulheres agarrando-se pelos cabelos; uma tem um bastão e bate na cabeça da outra; a guerra, a embriaguez, a violência, a fornicação, a ira e a soberba; Vênus.

SAGITÁRIO

- 1º decanato: um homem armado de machado; significa a audácia, a liberdade, e a guerra; Mercúrio;
- 2º decanato: um homem aflito sentado num tamborete; evoca o medo, a lamentação, os cuidados, e um espírito temeroso; Lua;
- 3º decanato: um homem com uma pluma no chapéu e com um bastão na ponta dos dedos; indica a teimosia e o fato de não se deixar persuadir, as renúncias penosas, a tendência ao mal, à luta, e às coisas horríveis; Saturno.

CAPRICÓRNIO

- 1º decanato: um homem viajando a pé; sinal de previdência, de trabalho, de alegria, de ganho e perda, de fraqueza, de baixeza; Júpiter;

- 2º decanato: um homem procurando alcançar um pássaro no ar; o fato de perseguir coisas inacessíveis; Marte;
- 3º decanato: um homem sentado a uma mesa, contando seu dinheiro; representa a cobiça, o fato de gerar seus bens, de não se bastar a si mesmo, de ser suspeitoso; Sol.

AQUÁRIO

- 1º decanato: uma mulher sentada, fiando, sobre um rochedo; evoca um espírito ansioso, a aptidão para o ganho, o fato de não descansar nunca, o trabalho, os prejuízos, a pobreza, a mesquinharia; Vênus;
- 2º decanato: uma pessoa agradável, bem-vestida, sentada num tamborete; significa a beleza, a compreensão, a modéstia, as boas maneiras, a polidez, e a liberdade; Mercúrio;
- 3º decanato: um homem de olhar invejoso e mãos nos quadris; indica a defecção, as afrontas; Lua.

PEIXES

- 1º decanato: um homem em viagem, com um fardo às costas; evoca o fato de ter muitos pensamentos, as viagens, as mudanças de lugar, a busca de bens, de comida; Saturno;
- 2º decanato: um velho apontando o céu; ilustra o elogio de si mesmo, um grande espírito, a busca, a intervenção nos assuntos alheios para fins nobres e elevados; Júpiter;
- 3º decanato: um moço abraçando uma mulher; significa a fornicação, o prazer com as mulheres, o amor à paz e à tranquilidade; Marte.

É impossível datar com precisão essa série de símbolos, praticamente desconhecida na Europa. Mas ela é, certamente, muito antiga. No horóscopo prático, levam-se principalmente em consideração os decanatos em que se encontram o Ascendente, o Sol e a Lua, combinando esses significados com outros fatores astrológicos.

DECAPITAÇÃO

Em diversas religiões primitivas, a decapitação derivava de um ritual e de uma crença: a cabeça é a

384 | DÉDALO

sede do espírito. Há que preservá-la ou destruí-la, segundo ela pertença a amigo ou inimigo.

Os celtas, tanto na Irlanda quanto no continente, cortavam a cabeça do inimigo vencido em *combate singular*. Esse costume tem base religiosa, uma vez que, segundo o deus-médico, Diancecht, a ressurreição ou a cura são sempre possíveis desde que os órgãos essenciais (cérebro, medula, membranas do cérebro) não tenham sido afetados. As cabeças decepadas eram conservadas como troféus de guerra e sofriam um tratamento para esse fim. Podia-se também conservar apenas uma parte. Um texto irlandês fala da língua, outro menciona um cérebro misturado com argila e modelado como bola de jogar. Tito Lívio conta que o crânio do cônsul Postumius, derrotado pelos gauleses cisalpinos, foi levado com grande pompa para o seu templo principal, onde, guarnecido de metal precioso, serviu de cálice no culto (OGAC, 1, 13, 139 s. 286; 11, 4).

Esses costumes são encontrados, comprovadamente, em todas as partes do mundo, desde as famosas *tsantsa*, ou cabeças reduzidas, dos povos Jivaro do Equador até os crânios modelados da Oceania. Os Bamun dos Camarões degolavam os inimigos mortos em combate e conservavam deles apenas os *maxilares* inferiores. Esses troféus eram empregados de diversas maneiras. Serviam, inclusive, para ornamentar o gargalo das cabaças cerimoniais em que se servia vinho de palmeira na corte de Foumban.

DÉDALO

Tal qual **Hermes***, mas com características mais para técnico do que para comerciante, Dédalo simboliza a engenhosidade. Tanto constrói o **labirinto***, onde o homem se perde, quanto as **asas*** artificiais de **Ícaro***, que contribuem para a fuga e o voo e provocam, finalmente, a perda. Construtor do labirinto, símbolo do subconsciente, ele representaria muito bem, em estilo moderno, o tecnocrata abusivo, "de intelecto pervertido, de pensamento cego pelo afeto, que, perdendo a lucidez, faz-se imaginação exaltada

e fica prisioneiro da sua própria construção, o subconsciente" (DIES, 47).

Mas a construção pode ser, também, consciente, e elevar-se sobre as asas da ambição, a qual, uma vez desmesurada, leva à catástrofe. O personagem lendário de Dédalo é o símbolo do tecnocrata, do aprendiz de feiticeiro fantasiado de engenheiro, que não conhece os limites do seu poder, se bem que seja representativo "da inteligência prática e da habilidade de execução" (DEVD, 143) e "o tipo do artista universal, sucessivamente arquiteto, escultor, inventor de meios mecânicos" (GRID, 118). Com as estátuas animadas que lhe foram atribuídas, ele faz lembrar Leonardo da Vinci e seus *automata*. Mas Dédalo não teve mais sorte do que Leonardo com os diferentes príncipes a que serviu.

DEDO DO PÉ

O herói se recusa a nascer pela vulva. Vem ao mundo pelo dedo grande do pé direito de sua mãe. Esta crença é expressa nos mitos dos pigmeus entre os bambuti do Congo. Encontra-se igualmente entre os pahouinbeti dos Camarões do Sul. O dedo do pé simboliza uma origem excepcional.

DEDOS

Para os dogons, o dedo indicador (índex) é o dedo da vida; o dedo médio, o da morte. O médio da mão esquerda é a única parte visível do corpo do defunto, todo ele escondido e atado numa cobertura ritual. Os dogons dizem que "é com a ajuda desse dedo que o morto fala aos vivos" (GRIS). Mas o índex é também o dedo do senhor da palavra (valor numérico 7), e o médio o dedo da própria palavra (valor numérico 2) (GRIE).

O polegar é símbolo de poder para os bambaras, entre os quais os chefes usam no polegar um anel ornado com o signo do raio: quando dão uma ordem balançando a mão, ameaçam, desse modo, com o raio, o interlocutor (DIEB). Em oposição a esse dedo, e simbolizando o poder social, o auricular ou mínimo, sempre para os bambaras, que o denominam *filho dos outros dedos*, é detentor da *nyama*, i.e., da força vital dos outros dedos. Eles o empregam para a adivinhação e para lançar as sortes. O dedo mínimo do pé, como o auricular, simboliza a pessoa inteira e é, por vezes, enfeitado com um anel de prata, símbolo do verbo que habita a totalidade do corpo humano, da cabeça aos pés. Um gesto feito com o auricular é sinal de aquiescência total e compromete a pessoa inteira.

O intervalo que separa o dedão do pé do dedo seguinte tem uma significação sexual para os bambaras. Eles consideram, com efeito, que ali se encontra um dos centros nervosos do corpo humano, o qual governa *as cordas*, i.e., os nervos do sexo e do ânus. Ele é, então, o "reflexo das funções de locomoção, de reprodução e de evacuação do corpo humano" (ZAHB). Numerosas práticas, elucida M. Zahan, "põem essa relação em evidência. Assim, diz-se da mulher que tem esse vão muito aberto que ela tem fortes apetites sexuais e uma certa tendência à libertinagem. Por outro lado, é costume prender ao dedão do pé de cada um dos recém-casados um fio de algodão: isso ajuda o homem na defloração e ajuda a mulher a suportar as dores.

Ainda para os bambaras (ZAHB), o polegar encarna a força, não somente física mas mental. Esse dedo, *prolongamento da atividade da alma,* representa igualmente o trabalho.

Os dogons atribuem também ao polegar os valores numéricos 3 e 6 (GRIE), valor triplicemente masculino, uma vez que o número 3 é o signo da masculinidade. O indicador é o dedo do juízo, da decisão, do equilíbrio, do silêncio, i.e., do autodomínio. O dedo médio, "pai de todos", simboliza a afirmação da personalidade; o anular e o auricular estão ligados às funções de sexualidade, aos desejos e apetites; mas o símbolo do anular é mais nitidamente sexual que o do outro; o do auricular, mais esotérico: ele é o dedo dos desejos secretos, dos poderes ocultos, da adivinhação.

O padre Dupeyrat constatou que as mulheres da Papua Nova Guiné cortavam uma falange em sinal de luto quando lhes morria o marido. Alfred Métraux (METM) registra o mesmo costume entre os indígenas do delta do Paraná, no Brasil.

Segundo o sistema de correspondências planetárias do microcosmo, a astrologia tradicional faz do polegar o dedo de Vênus; do indicador, o de Júpiter; do médio, o de Saturno; do anular, o dedo solar; e do auricular, o dedo de Mercúrio (GRIA etc.).

DEFORMIDADE (*v.* Ciclope, Anão, Perneta)

Os seres maléficos ou sombrios que os textos chamam fomorianos são sistematicamente descritos como disformes: têm um olho só, uma perna, um braço, seja naturalmente, seja pela mutilação contrainiciática. E esses órgãos únicos são, muitas vezes, monstruosos ou invertidos. Pode-se, então, considerar pertencentes às categorias *sombrias* e, em consequência, dotadas de poderes mágicos, todos os seres afetados por uma tara ou uma deformidade física: mutilação ou cegueira, completa ou parcial (OGAC, **18**, 37-394).

A ablação ou ausência de um elemento de simetria ou integridade corporais, que não são, necessariamente, deformidade, compelem o retorno do *dual* humano ao *uno*, portanto, ao esquerdo ou direito "malditos" (*v.* ciclope) e pertencem a um simbolismo estudado mais adiante (*v.* mutilação, perneta)

Toda deformidade é sinal de mistério, seja maléfico, seja benéfico. Como qualquer anomalia, ela comporta uma primeira reação de repulsa; mas é o lugar ou o signo de predileção para esconder coisas muito preciosas, que exigem um esforço para serem conquistadas. O que explica o respeito misturado de temor que a sociedade africana testemunha ao louco, ao estropiado, sobretudo aos cegos, que se têm como capazes de ver a outra face das coisas (HAMK, 32). A anomalia exige, para ser compreendida, que se vá além das normas habituais de julgamento e, desde logo, conduz a um conhecimento mais profundo dos mistérios do ser e da vida.

O cego, é sabido, tem muitas vezes fama de *vidente*, no sentido de *clarividente*. Da mesma forma, o *surdo* pode ouvir *o inaudível.*

A deformidade faz daquele que a tem um intercessor, que pode ser perigoso ou benevolente,

386 | DEMÉTER (V. CIBELE)

entre o conhecido e o desconhecido, o diurno e o noturno, este mundo e o outro. Inumeráveis são as crenças populares que atribuem tal papel ambíguo ao corcunda.

Observemos, por fim, que, segundo diversos estudos e pesquisas sociológicos, certas deformidades ou enfermidades, tais como o pé deformado ou a atrofia total ou parcial de um membro, podem ser dotadas de um vigoroso poder erógeno.

DELFIM (v. Golfinho)

DEMÉTER (v. Cibele)

Deusa da fertilidade, deusa maternal da terra, Terra-Mãe, cujo culto remonta à mais remota Antiguidade, e se reveste dos maiores mistérios, Deméter ocupa o centro dos mistérios iniciáticos de Elêusis, que celebram o eterno recomeçar, o ciclo das mortes e dos renascimentos, no sentido, provável, de uma espiritualização progressiva da matéria. Ela dá à luz **Perséfone***, filha única, que foi raptada por **Hades***, e se tornou rainha dos Infernos. A Antiguidade descreveu em comoventes poemas a aflita viagem de Deméter aos infernos em busca de sua filha perdida. Mãe e filha são representadas na arte como unidas por uma ternura igual. São invocadas juntas no culto, para assegurar a sobrevivência das almas no mundo dos Mortos.

Deméter confiou a Triptólemo, filho do rei de Elêusis, uma espiga de trigo. Triptólemo percorreu o mundo para ensinar aos homens a agricultura. Mas a vegetação está submetida, ela também, à lei das mortes e dos renascimentos: se o grão não morre. Antes de germinar e de começar a sair da terra, o grão passa meses escondido, como Perséfone, que passou seis meses de inverno no mundo subterrâneo, junto de Hades, antes de voltar para outros seis meses de primavera e de verão ao lado de sua mãe na luz do Olimpo.

Por suas relações com a filha, deusa dos infernos, e com Triptólemo, o propagador da cultura do trigo, Deméter se revela como deusa das *alternâncias entre a vida e a morte*, que marcam o ritmo das estações, o ciclo da vegetação e de toda existência. Ela participa, por essa forma, do simbolismo da terra-mãe. Mas distingue-se da terra, elemento cosmogônico (Gaia, Reia) no fato de simbolizar a *terra cultivada*, a que produz o trigo e todas as ricas searas (GRID, 12; DIES, 122).

Deméter simboliza, com efeito, uma fase capital na organização da terra: a passagem da natureza à cultura, do selvagem ao civilizado. Se intervêm símbolos sexuais no curso da iniciação aos grandes mistérios de Elêusis, é menos para evocar, ao que parece, a fecundidade da união sexual que para garantir ao iniciado uma regeneração num Além de **luz*** e de felicidade. "Feliz, entre os homens da terra, aquele que tem a visão destes mistérios" (hino homérico a Deméter).

Segundo a interpretação psicanalítica de Paul Diel (DIES, 197), Perséfone seria o "símbolo supremo do recalcamento"; e o sentido oculto dos mistérios de Elêusis consistiria "na descida ao subconsciente a fim de libertar o desejo recalcado (a fim de buscar a verdade sobre si mesmo), o que pode ser a mais sublime das realizações". E Deméter, que deu aos homens o pão, símbolo do alimento espiritual, lhes dará o sentido verídico da vida: "a sublimação-espiritualização do desejo terrestre", i.e., "a libertação com respeito a toda exaltação" como a todo recalque. Deméter se afirma, assim, como "o símbolo dos desejos terrestres justificados, que encontram satisfação graças ao esforço engenhoso do intelecto servidor, o qual, cultivando a terra, permanece assim mesmo acessível ao apelo do espírito". E, todavia, Deméter, a fecundadora maternal e espiritual, não se iguala ao espírito como Hera, esposa de Zeus (DIES, 122). Ela não é a luz, mas o caminho para a luz, ou o archote que ilumina esse caminho.

DEMÔNIO (v. diabo)

No pensamento grego, os demônios são seres divinos ou semelhantes aos deuses por um certo poder. O *daimon* de qualquer um foi, assim, identificado à vontade divina e, em consequência, ao destino do homem. Depois, a palavra passou a designar os deuses inferiores, e, por fim, os espíritos maus.

Segundo uma outra linha de interpretação, os demônios eram as almas dos defuntos, gênios tutelares ou temíveis, intermediários entre os deuses imortais e os homens, vivos porém mortais. Um **gênio*** estava ligado a todo homem e desempenhava o papel de conselheiro secreto, agindo por intuições súbitas mais do que por raciocínio. Eram como que a sua inspiração interior.

O demônio simboliza uma iluminação superior às normas habituais, permitindo ver mais longe e com mais segurança, de modo irredutível aos argumentos. Autoriza, mesmo, a violar as regras da razão em nome de uma luz transcendente, que é não só da ordem do conhecimento, mas também da ordem do destino.

Para muitas populações primitivas, ao contrário do demônio interior, que é como que o símbolo de um elo particular entre o homem e uma consciência superior, representando, talvez, o papel de anjo da guarda, os demônios são seres distintos e inumeráveis, turbilhonando por toda parte, para o melhor e para o pior. Para essas populações, tais como, por exemplo, as da Indonésia, "o universo é povoado de seres visíveis e invisíveis: plantas animadas, espíritos de animais que se tornam humanos ou de homens que se tornaram animais, demônios que ocupam as sete profundezas do mundo subterrâneo, deuses e ninfas que ocupam os sete céus superpostos, todos em comunicação uns com os outros através dos sete andares do mundo dos homens e também através do homem, microcosmo no macrocosmo, todos confundidos também numa unidade movente e polimorfa" (SOUD, 403-404).

Para a demonologia cristã, segundo Dionísio Areopagita, os demônios são *anjos que traíram a própria natureza*, mas que não são maus, nem por sua origem, nem por sua natureza. "Se eles fossem naturalmente maus, não procederiam do Bem nem seriam contados entre os seres; e mais: como teriam se separado dos anjos bons se a sua natureza fosse má desde toda a eternidade? [...] A raça dos demônios não é, pois, perversa no que se conforma à sua natureza mas sim naquilo em que não se conforma" (PSEO, 118-119). Eles se revelam inimigos de toda natureza, antagonistas do ser.

DENTADA

As fileiras de dentes são como muros de fortaleza em relação ao ser humano: no plano dos símbolos, é o forte que guarda o espírito. A marca dos dentes na carne é como o sinal gravado de algo espiritual: intenção, amor, paixão. É o selo que indica uma vontade de possessão.

Nos sonhos, uma dentada pode simbolizar um choque operatório (TEIR, 174). Para C. G. Jung, é o símbolo de uma perigosa agressão dos instintos.

De um lado, prevalece o simbolismo da marca; de outro, o simbolismo da agressão. De uma parte e de outra, é uma tomada de possessão, tentada ou malfadada.

DENTES (*v.* Decapitação)

Para os bambaras, existe uma correspondência entre os dentes e o olho, ambos associados analogicamente aos conceitos de inteligência e de universo.

Os bambaras distinguem entre os dentes três grupos, de funções simbólicas diferentes: incisivos, caninos e molares. Os incisivos "representam reputação e celebridade, aparecendo no primeiro plano quando os lábios se entreabrem para o riso; são, igualmente, sinal de alegria, e acredita-se que confiram à palavra um aspecto de juventude e de jovialidade. Os caninos são signo de trabalho, mas também de encarniçamento e de ódio. Os molares, *símbolo de proteção*, são sinal de resistência e de perseverança: as pessoas que "têm molares fortes passam por ser tenazes e obstinadas nas suas palavras" (ZABH, 22).

Perder os dentes é perder força agressiva, juventude, defesa. É um símbolo de frustração, de castração, de falência. É a perda da energia vital, enquanto a mandíbula sadia e bem guarnecida atesta a força viril e confiante em si mesma.

A tradição védica parece dar sentido semelhante aos dentes, principalmente aos caninos, cuja agressividade é preciso vigiar, conter. São eles:

388 | DESERTO

Dois tigres, que avançam para baixo,
procurando devorar o pai e a mãe.
Ó Agni, fazei que nos sejam propícios!
Sede pacíficos e de bom augúrio!
Aquilo que, na vossa substância, é de temer,
Ó dentes,
Que se vá para outras partes.

O dente do siso serve, na Irlanda, segundo alguns textos, para o sortilégio chamado *teinm laegda*, ou *iluminação do canto*. O poeta ou o herói dotado de visão põe o polegar debaixo do dente do siso, morde-o, canta uma quadrinha, depois oferece um sacrifício aos deuses.

A poesia galante persa, como a europeia, compara os dentes a pérolas ou a estrelas fixas e muitas vezes, também, ao granizo: "Um orvalho caiu dos narcisos (teus olhos) como a chuva. Regou as rosas (tua face). Transformada em granizo, que alegra a alma (teus dentes), ela crivou as jujubeiras (teus lábios)" (HUAS, 61).

O dente é um instrumento de tomada de posse, tendendo à assimilação: é a mó que esmaga para fornecer um alimento ao desejo. Os dentes simbolizam a força de mastigação, a *agressividade* devida aos apetites dos desejos materiais. Os dentes do Dragão representam a agressividade da perversão dominadora: a mastigação devorante. Da sementeira dos dentes do Dragão nascem *os homens de ferro*, os homens de alma endurecida, os quais, julgando-se predestinados ao poder, não cessam de combater-se uns aos outros a fim de satisfazerem as suas ambições (DIES, 176). Os ambiciosos têm dentes longos.

Mas esse meio de assimilação é o símbolo de uma perfeição, se tende a assimilar os alimentos celestes. Os dentes significam a perfeição com a qual dividem o alimento que recebem; porque cada essência intelectual, tendo recebido em dom de uma essência mais divina a intelecção unificadora, divide-a e multiplica-a providencialmente para elevar espiritualmente, e tanto quanto possível, a essência inferior que tem a seu cargo (PSEO, 239).

DESERTO

O deserto comporta dois sentidos simbólicos essenciais: é a indiferenciação inicial ou a extensão superficial, estéril, debaixo da qual tem de ser procurada a Realidade.

Ninguém se admire de que o Islã use esse simbolismo, mas, se o faz, é mais, ao que parece, sob o segundo aspecto. Assim, Abd al-Karim al-Jili diz: "Fora da Sua morada, a tropa erra no deserto. Que limites insuperáveis se abrem à frente da caravana que tende para Ela!" Será fácil ao leitor observar como essa busca da Essência lembra a busca pelos hebreus da Terra Prometida através do deserto do Sinai, assim como a procura do Santo Graal.

No esoterismo ismaélico, o *deserto* é o ser exterior, o corpo, o mundo, o literalismo, que a pessoa percorre cegamente, sem perceber o Ser divino escondido no interior dessas aparências. Aliás, o deserto, segundo *Mateus* (**12**, 43), "é povoado de demônios". Já para um Richard de Saint-Victor, o deserto, muito pelo contrário, é o coração, o lugar da vida eremítica interiorizada. A contradição não é senão aparente, todavia. Jesus foi tentado no deserto, e os eremitas, como Santo Antão, sofreram nele o assalto dos *demônios*. Os eremitas do deserto do coração não escapam, sem dúvida, melhor do que os outros. Seu deserto é o dos desejos e das imagens diabólicas exorcizadas.

Shankaracharya utiliza o simbolismo do deserto (maru) mais no primeiro sentido, para significar a uniformidade inicial e indiferenciada, fora da qual nada existe senão de maneira ilusória, como existem as miragens. Para Mestre Eckhart, o *deserto onde reina apenas Deus* é a indiferenciação reencontrada pela experiência espiritual, idêntica nesse particular ao *mar* do simbolismo búdico. Para Angelus Silesius, "a Deidade é o deserto; e, até: eu devo subir inda mais alto do que Deus, num deserto", i.e., até a indistinção do princípio (CORT, ECKT, JILH).

A preço de um paradoxo verbal, é possível afirmar que o símbolo do deserto é um dos mais férteis da Bíblia.

Terra árida, desolada, sem habitantes, o deserto significa para o homem o mundo afastado de Deus, como já foi visto, o covil dos demônios (*Mateus*, **12**, 43; *Lucas*, **8**, 29), o lugar do castigo de Israel (*Deuteronômio*, **29**, 5) e da tentação de Jesus (*Marcos*, **1**, 12 s.).

E, todavia, os escritores bíblicos não podem admitir que houvesse circunstâncias mais fortes que o seu Deus. De modo que, para retomar os exemplos precedentes, a estada de Israel no deserto é vista pelos profetas (*Oseias*, **2**, 16; **13**, 5 s.) como o tempo em que o povo teria de entregar-se só à graça de Deus (cf. **maná***). Da mesma forma, Jesus, tendo derrotado o tentador, é servido, no deserto, pelos anjos (*Marcos*, **1**, 13).

É por isso que os monges do cristianismo posterior se retiraram para o deserto como os eremitas (deserto se diz, em grego, *eremos*), para afrontar, aí, a sua natureza e a do mundo unicamente com a ajuda de Deus. O conteúdo simbólico do termo aparece muito bem aí, pois logo se deixou de achar necessário ir materialmente para o deserto, a fim de levar uma vida de eremita.

Assim como a estada de Israel no deserto fora a clara manifestação do poder de Deus, o judaísmo se pôs a aguardar com fervor uma época na qual circunstâncias comparáveis parecessem o prelúdio da salvação final. Assim, o historiador Flavius Josephus (*História da guerra judaica*, 2, 259-261) conta que um profeta arrastou multidões entusiastas para o deserto, a fim de que encontrassem mais depressa a derradeira intervenção divina (*Atos*, **21**, 38). Por ocasião da queda de Jerusalém, quando o incêndio do Templo manifesta a derrocada das esperanças nacionais do judaísmo, um movimento de massa conduz a um único pedido endereçado ao invasor romano: os vencidos solicitavam permissão para se retirarem para o deserto. Lá, com toda a certeza, estariam em melhores condições que alhures para esperar a salvação final do seu Deus. Estas especulações podem ser discernidas no fundo do quadro da advertência evangélica: "Se alguém vos disser que Ele (o Messias) está no deserto, não vades até lá"

(*Mateus*, **24**, 26). Enfim, não foi, sem dúvida, por acaso que São João Batista pregou no deserto (*Mateus*, **3**, 1 e ref. paralelas) para anunciar a iminente vinda do esperado Messias. Lugar propício às revelações, o deserto favorece as empresas dos falsos profetas tanto quanto as dos verdadeiros.

É também na perspectiva de um novo êxodo, que repetisse as condições do primeiro, que é preciso compreender *Apocalipse* (**12**, 1, 14): a mulher (= o povo de Deus), perseguida pelo dragão, foge para o deserto, onde Deus lhe assegura um alimento miraculoso.

A ambivalência do símbolo é manifesta, a partir da simples imagem da solidão. É a esterilidade, sem Deus. É a fecundidade, com Deus, mas devida a Deus somente. O deserto revela a supremacia da graça; na ordem espiritual, nada existe sem ela; tudo existe por ela e só por ela.

DESPENSA

Despensa é o lugar fechado onde se costuma esconder o vinho ou os mantimentos. As casas dos hebreus, encimadas por terraços, não comportavam despensas (no andar superior); câmaras, ao abrigo do calor e da luz, às vezes cavadas no chão, serviam para guardar o vinho e as provisões. A despensa pode designar também a *câmara do tesouro*; assim, no primeiro templo, era uma dessas câmaras que se utilizava para o armazenamento do produto dos dízimos. É mencionada a existência de tais cômodos no segundo templo (2 *Esdras*, **13**, 12-13; *Malaquias*, **5**, 1), para onde os israelitas deviam levar suas oferendas.

No plano espiritual, a palavra despensa possui um sentido místico preciso. Bernard de Clairvaux diria que o Espírito Santo para aí leva a alma, a fim de torná-la consciente de suas riquezas. A despensa corresponde, nesse caso, ao conhecimento de si mesmo; a alma que se conhece consegue exercer a caridade em relação a outrem, dá o que possui, e recusa-se a conservar só para si as benfeitorias recebidas. O Cristo dirigiu a alma para o interior de si mesma, o Espírito Santo encoraja-a a compartilhar seus bens espirituais. Bernard compara a despensa ao segundo céu. Na

390 | DESPERTO

ordem mística, a despensa designa ainda a câmara do tesouro, à qual já aludimos acima; mas, neste caso, a palavra despensa designa a câmara secreta na qual a alma deve penetrar a fim de recolher-se e tomar consciência das graças recebidas. Ela saboreia o vinho ali contido e prova os alimentos espirituais. Assim, a palavra despensa adquire o sentido de interioridade, de câmara do segredo.

Também no Islá, a despensa – onde se preserva o vinho do conhecimento divino – simboliza o recinto sagrado para o qual se retira o místico, a fim de unir-se ao seu Deus,

DESPERTO

Símbolo de um dos estados iniciáticos que o postulante atravessa. Sabe-se que o esquema de todos os rituais iniciáticos compreende uma morte, seguida de uma viagem ao país dos espíritos e de um renascimento. Por essa razão, os Iniciados das Sociedades mágicas do Kassai (Congo Central) recebem o título de Mutabala, i.e., Despertos (FOUC). Buda significa originalmente "o Desperto".

DEUS

Os símbolos da Divindade são, principalmente, os do pai, do juiz, do todo-poderoso, do soberano. E porque o estudo de Deus (teologia) está ligado ao do ser (ontologia), esses dois termos foram, muitas vezes, confundidos, e cada um deles foi tomado por símbolo do outro, no sentido de que um remete ao outro no conhecimento imperfeito que podemos obter dos dois. O nome de Deus seria, apenas, um símbolo para recobrir o desconhecido do ser: e o ser, um outro símbolo, que remete ao Deus ignoto. Não há outro nome para Deus além do que ele mesmo se conferiu: "Eu sou aquele que é" (*Êxodo*, **3**, 14).

Segundo a fé católica:

> Tudo o que existe concerne ao ser subsistente (Deus), é relativo a ele; mas ele mesmo (Deus) não é em virtude do que já existe, ele é em si mesmo a existência. É por isso que ele não está em relação necessária com os existentes, ele é independente deles, isolado, logo *ab-soluto*. A independência divina se revela, então, como o nó verdadeiro dessa diferença ontológica. Toda afirmação verdadeira a propósito de Deus pressupõe que se tenha penetrado até esse núcleo essencial... É aí que tocamos a tendência de cada um a exceder os limites e as condições particulares do seu domínio próprio ou ainda a necessidade de enraizar-se no absoluto de uma plenitude sem limites: aquela que encontramos no ser subsistente (ENCF, **I**, 332: *v. as concepções bíblicas de Deu*s, 34-36).

O politeísmo hipostasiou cada uma das múltiplas manifestações desse Absoluto, que ele tomou por seres essenciais e distintos. Deus é e simboliza o Um, para o qual tendem todas as manifestações, a Vida, na qual se realiza toda vida. O próprio ateísmo, pelo menos sob uma certa forma, não é a negação de toda ideia de Deus. Toda ideia, imperfeita e limitada em si, é uma negação da divindade; é, pelo menos, a via negativa de uma teologia e das místicas. Poder-se-ia responder que, se nenhuma ideia exprime efetivamente Deus, uma certa ideia é como que um vetor, uma orientação do espírito, para Deus.

Todos os seres aparentes e sensíveis da natureza são participações do ser: da mesma forma, todos os mistérios da vida da graça são, para os crentes, participações na natureza mesma de Deus. Esses seres contingentes, por sua própria realidade, são, por sua vez, símbolos do ser e de Deus: *aquilo que vedes em enigma vereis na realidade,* prometeu ele aos eleitos. Os seres cá de baixo, cuja percepção é tomada por uma evidência, não são, a bem dizer, senão enigmas, pois nós ignoramos um dos termos da relação que os faz existir. Mas é na direção desse termo escondido que o espírito, como que por um símbolo, é conduzido pelo seu conhecimento dos seres. Não é de admirar que, nos seus esforços para decifrar o enigma, daqui de baixo, os homens tenham chegado a representações infinitamente variáveis de Deus, nem que eles tenham transferido para a sua ideia de Deus o conhecimento que tinham de si mesmos e do seu relacionamento com o mundo (*v.* **criação***). Tocados por um sentimento de dependência impotente, projetaram seus desejos e seus temores em um Ser superior, capaz de satisfazê-los e defendê-los.

Estrabão (**3**, 4, 16) conta que os celtiberos, todos os meses, na Lua cheia, rendiam homenagem a um deus anônimo, dançando diante da porta de suas casas. É lícito imaginar um deus que não pudessem nomear por força de uma proibição qualquer, mas é preferível ver nisso uma concepção metafísica, análoga, talvez, à dos *deuses* e *não deuses* irlandeses. O deus que não se pode nomear é o *não ser,* e essa a razão pela qual é anônimo. Os astecas também veneravam um *deus desconhecido.*

Entre os gregos, São Paulo mencionou a noção de um *deus desconhecido,* interpretado por ele como o pressentimento da existência de um Deus único, bom e transcendente (*Atos*, **17**, 23, s.). O deus *não ser* e *não conhecido* poderia designar o que seria sem medida comum com o ser tal como nós o conhecemos e tal como o exprime a nossa linguagem.

A maior parte dos textos irlandeses mitológicos e a multiplicidade das representações figuradas galo-romanas fizeram crer geralmente que os celtas eram politeístas e que praticavam uma religião naturista e primitiva. Mas essa é uma impressão toda exterior. A estrutura do panteão faz, todavia, pensar em um monoteísmo bastante próximo do cristianismo: cada uma das divindades principais tem diversos aspectos, designados por nomes variáveis, e constitui, ela mesma, um aspecto da grande divindade politécnica que transcende todas as outras. A divindade vai do um à pluralidade e o determinado comanda o indeterminado. Mas uma tal concepção não foi mais compreendida depois da ocultação das doutrinas ensinadas pelos druidas, e é isso que explica a aparência multiforme e vaga do panteão galo-romano (OGAC, **12**, 335).

Segundo o simbolismo anagenético de Paul Diel,

> [...] as divindades simbolizam as qualidades idealizadas do homem. A expansão das qualidades é

acompanhada de alegria; sua destruição gera a angústia, a inibição, a impotência, o tormenta [...] O mito, para exteriorizar essa luta interior, mostra o homem pelejando contra **monstros***, símbolos das inclinações perversas. As divindades são imaginadas ajudando o homem ou fornecendo-lhe armas. Mas o que vem de fato em socorro do homem são as suas próprias qualidades (simbolizadas pela divindade auxiliadora e pelas armas emprestadas pelas divindades). No plano dos conflitos da alma, a vitória se deve à força inerente ao homem (DÍES, 59).

DEZ

Dez é o número da *Tetraktys* pitagórica: a soma dos quatro primeiros números (1 + 2 + 3 + 4). Tem um sentido de totalidade, de conclusão, termo, remate. O sentido de volta à unidade, depois do desenvolvimento do ciclo dos nove primeiros números. A dezena era, para os pitagóricos, o mais sagrado dos números, o símbolo da criação universal, sobre o qual eles prestavam juramento, evocando-o da seguinte forma: "A *Tetraktys,* na qual se encontram a fonte e a raiz da eterna Natureza" (MONA, p. 26). Se tudo deriva dela, tudo a ela retorna: ela é, então, também, uma imagem da totalidade do movimento.

A Tetraktys forma um triângulo de dez pontos, dispostos em pirâmide de quatro andares.

No ápice, um só ponto simboliza o **um***, ou o divino, princípio de todas as coisas, ser não ainda manifestado. Embaixo, a origem da manifestação é assinalada por **dois*** pontos, simbolizando a primeira aparição, o desdobramento por casal ou díade, o masculino e o feminino, Adão e Eva, o falo e o ovo, a luz e as trevas, o céu e a terra, o *yin* e o *yang* etc., em suma, o dualismo interno de todo ser. Os três pontos correspondem aos três níveis do mundo: infernal, terrestre, celeste; aos três níveis da vida humana: físico, psíquico, espiritual. A base da pirâmide, com seus quatro pontos, simboliza a terra, a multiplicidade do universo material, os quatro **elementos***, os quatro pontos **cardeais***, as quatro estações do ano etc. O conjunto constitui a dezena, ou a totalidade do universo criado e incriado.

392 | DEZ MIL

Observe-se que o número 10 é a fórmula binária que corresponde ao 2 nas calculadoras eletrônicas: o que confirma seu sentido na origem do múltiplo e da manifestação, bem como o seu papel totalizador. É, aliás, enquanto múltiplo ou duplo, que ele é conhecido na China: 10 é antes de tudo o dobro de 5, sublinhando o dualismo do ser. **Cinco*** já era um número totalizante; dez mostra o dualismo interno. de todos os elementos que compõem o cinco. Por exemplo, no *Hong-huei*, os Ancestrais são 5 x 2, aos quais correspondem 5 x 2 casas. O todo é representado no teú por 5 x 2 bandeiras. As 10 hastes celestes, que servem para medir o tempo, equivalem, duas a duas, aos 5 **elementos*** chineses. Simbolizando, embora, um conjunto, 10 tem uma conotação de dualismo fundamental, princípio do movimento.

Não é de surpreender, nessas condições, que o dez possa exprimir do mesmo modo a morte e a vida, sua alternância, ou, melhor, sua coexistência, estando ligado a esse dualismo. É assim que o décimo dia, para os maias, era considerado nefasto. Pertencia ao deus da morte (THOH). Cumpre não esquecer que ele se segue ao **nono*** dia, que é o da doença.

Em contrapartida, dez é o mais fasto dos números na aritmética dos bambaras: é a soma dos quatro primeiros números e marca as quatro etapas da criação. É também a soma de seis e de quatro, todos dois números fastos e de significação fundamental. Dez é, ainda, o emblema da fecundidade, atributo do *deus da água,* Faro. É mesmo um dos nomes desse deus (DIER). Numa lógica dos símbolos, tudo isso é perfeitamente compreensível, embora fosse incompatível numa lógica puramente conceitual.

Totalizador, além de tudo, o número dez aparece no Decálogo, que simboliza o conjunto da lei em dez mandamentos que se resumem em um.

DEZ MIL

Esse **número*** simboliza a plenitude, a fertilidade, a abundância. Santo Ireneu, falando do tempo messiânico, faz alusão a um ensinamento do Cristo, relativo a vinhas que teriam, cada uma, dez mil galhos e, em cada galho, dez mil ramos, e em cada ramo, dez mil sarmentos, e em cada sarmento, dez mil cachos de uva, e cada cacho daria vinte e cinco medidas de vinho (*Adv. haer.,* 5, 33, 3). Cada semente semeada produzirá dez mil grãos.

Essa fertilidade se refere ao reino do Cristo, antes do fim dos tempos, e simboliza uma *renovação da terra.* Nesse tempo, os justos serão providos de um corpo transfigurado, embora vivam num plano terrestre. Esse número de dez mil resulta de uma transfiguração da terra e dos homens, considerada uma nova criação (DANT, 345-346).

Na China, a expressão *Dez mil seres,* ou, melhor, *Dez mil,* significa a totalidade. É o símbolo do que é tamanho que não pode ser nomeado. Esse número deve representar a totalidade dos *seres, essências e coisas* sobre a terra.

Quando os chineses desejam *Dez mil anos* a um personagem no poder, eles não querem que ele viva todo esse tempo; mas como a expressão simboliza tudo o que existe, eles reconhecem nesse personagem, inconscientemente talvez, a união do Céu e da Terra, a harmonia perfeita que decorre do *Yin* e do *Yang,* pois que ele tem procurado, como é do dever de todo homem público, o desenvolvimento completo da sua vocação, que é servir, agir para o bem comum dos seus súditos.

Lao-tse dizia que: "Os 10 mil seres são levados às costas do Yin e abraçados pelo Yang." Vê-se que quando os chineses gritam *Dez mil anos para X...,* qualquer que seja o seu chefe, eles não lhe desejam, a rigor, nada em particular, nada para ele mesmo. Reconhecem simplesmente que ele fez o melhor que pôde por tudo o que existe. Almejam, em suma, a manutenção da ordem, que ele encarna.

Os historiadores gregos dizem que a guarda do rei da Pérsia compunha-se de 10 mil soldados chamados Os Imortais. Um mil desses homens eram armados com uma lança de punho de ouro; 9 mil, uma lança de punho de prata. Esse número simbolizava a multidão quase infinita dos exércitos persas, e o qualificativo de imortal, sua reputação de invencibilidade.

DEZESSEIS
(v. Habitação divina [a torre fulminada], Suástica, Quatro)

Este número, quadrado de **quatro***, indica a realização da força material. Enquanto tal, toma também uma significação moral perigosa, a de uma exaltação do orgulho, de uma vontade de poder sem controle: Jacob Boehme designa através desse número o abismo, oposto ao Nirvana.

Se, por outro lado, considerarmos que é o dobro de **oito***, ele se torna a "multiplicação, para o ser, dos ciclos de vicissitude e de renascimento" (ALLN, 364), ou então a duplicação do oitavo dos Sefiroth da Cabala: "Hod, o esplendor, a glória" (FRCH, 158), o que tampouco vem a ser uma situação de completa tranquilidade.

DEZESSETE (e Setenta e dois)

Esse número, bem como o 72 – que está relacionado com ele, sendo o primeiro a soma e o segundo o produto de 9 e de 8 – apresenta grande importância simbólica.

Na tradição islâmica, 17 é o número de *rak'a* (gestos litúrgicos) que compõem as cinco preces quotidianas. É também o número das palavras (17) que compõem a chamada à prece. No folclore muçulmano, o número simbólico 17 aparece nas lendas, "principalmente nos 17 conselhos murmurados ao ouvido do rei quando da sua coroação e nos 17 componentes do estandarte" (M. Mokri, *Les secrets de Hamza*).

É, sobretudo, no xiismo – e, por influência dele, na literatura épico-religiosa dos turcos da Anatólia – "que uma importância quase mágica é dada ao número 17 [...]. Os místicos xiitas possuem, desde priscas eras, uma verdadeira veneração pelo número 17. Essa veneração tem por origem as antigas especulações pitagóricas que se fundam nas letras do alfabeto grego [...] 17 representava o número daqueles que seriam ressuscitados. Cada um desses personagens deveria receber uma das 17 letras do alfabeto, das quais se compõe o nome de Deus, o que não deixa de ter relação com a carta

da Estrela", 17º arcano do baralho do Tarô, cujo simbolismo evoca a mutação, o renascimento, e que o Dr. Allendy interpreta como a "liberação cármica" (ALLN, 364). Por outro lado, segundo o *Livro da Balança*, de Gabir ibn Hayyan, alquimista e sufi, "a *forma (sura)* de todas as coisas do mundo é 17; o número 17 representa a própria *base* da teoria da Balança e deve ser considerado o *cânone do equilíbrio* de qualquer coisa".

"O número 17 tem uma importância particular na tradição das corporações de ofícios, que reconhecem 17 companheiros iniciados por Ali, 17 patronos dos fundadores de corporações muçulmanas iniciados por Selman-i Farsi, e 17 corporações maiores" (MELN, 455 s.).

Para os gregos antigos, 17 representa o número das consoantes do alfabeto. Ele se divide, por sua vez, em 9 (número das consoantes mudas) e em 8 (número das semivogais e semiconsoantes). Esses números estavam igualmente em estreita relação com a teoria musical e com a harmonia das esferas.

Dezessete e 72 representam, já foi dito no começo, a soma e o produto de 9 e de 8. Acresce que, somando os algarismos que compõem os dois números, obtém-se 8 para 17, e 9 para 72. A relação 9:8 aparece repetidamente nas especulações aritmológicas dos gregos antigos, no plano gramatical, no musical (em que a relação 9:8 é representada pelas cordas medianas da lira), métrico ou cosmológico.

Esse número teria sido considerado nefasto na Antiguidade romana, porque as letras que o compõem, XVII, são as que, mudada a ordem, compõem a palavra VIXI, *eu vivi*.

DIA

A primeira analogia do dia é a de uma sucessão regular: nascimento, crescimento, plenitude e declínio da vida. Se se toma por referência um ponto qualquer do céu local (por exemplo, o horizonte oriental, que é o fator mais importante de um horóscopo e se diz, em astrologia, Ascendente), esse ponto vê passar em 24h todos os graus do Zodíaco, enquanto a Lua dá a volta ao

394 | DIABO (V. DEMÔNIO)

céu em pouco menos de 28 dias (em 27, 32 dias, mais exatamente), e o Sol em um ano. A Lua, no seu curso mensal, parece imitar o dia: ela cresce, chega à sua plenitude, diminui, e passa por uma fase de obscuridade, enquanto as estações do ano parecem repetir, em escala maior, as quatro partes do dia: a primavera, a manhã; o verão, o meio-dia; o outono, o pôr do sol; o inverno, a noite. Desde os tempos mais remotos, a analogia se impôs entre um dia, um mês (lunar) e um ano. Os textos sumérios do 3º milênio repetem seguidamente:

> O que era seu primeiro ata foi seu primeiro mês.
> O que era seu segundo dia foi seu segundo mês,
> O que era seu terceiro dia foi seu terceiro mês.

O equivalente de *Ezequiel* (4, 6): "Eu te contarei um número de dias igual ao dos anos da iniquidade deles [...]."

Encontra-se não só entre os babilônios mas também nos Vedas e na tradição chinesa. Para um astrólogo não se trata, aí, de vagas aproximações ou de analogias poéticas mas de reações astronômicas, que ele leva em consideração no trabalho horoscópico e sobre as quais ele funda principalmente previsões datadas. Porque essas configurações que se formam com relação às posições astrais no 2º dia depois de um nascimento, como também as do 2º mês lunar, correspondem aos acontecimentos que sobrevêm no curso do 2º ano da vida e assim por diante. Essas analogias são o fundamento mesmo daquilo a que se chama as *direções astrológicas*, divididas, segundo a importância, em *primárias, secundárias* e *terciárias*. As direções *primárias* têm a predileção dos astrólogos franceses; as *secundárias* (um dia = um ano) são a ferramenta principal dos anglo-saxões desde o séc. XVII; e as *terciárias* (um mês lunar = ano), se bem que elas tenham sido objeto dos trabalhos originais do americano Benjamine e do francês Maurice Froger, gozam, de uns quinze anos para cá, de prestígio especial na Alemanha.

Segundo o pensamento judeu, a duração da criação é representada por seis dias. O sétimo tendo por significação representar a vida eterna.

O tema da criação em seis dias, exposto no *Gênesis*, tem sido objeto de numerosos comentários judeus e cristãos.

No *Quarto livro de Esdras*, dito também a *Ascensão de Isaías*, a alma libertada da servidão do corpo empreende uma viagem que corresponde aos seis dias da criação do mundo e ao sétimo, que simboliza o repouso de Deus. A alma deve assim passar por *sete céus*. Experimenta a criação do seu eu através das diferentes criações de Deus, e a sucessão dos dias. O dia simboliza uma *etapa da ascensão espiritual* (cf. G. G. Scholem, *Les grands amants de la mystique juive,* trad. fr. de M. M. Davy, Paris, 195).

Uma outra exegese rabínica interpreta o sétimo dia, não como o dia do repouso do Senhor depois das suas atividades de Criador – Deus não pode conhecer a fadiga –, mas como o instante em que Deus cessa voluntariamente de intervir no mundo, o instante em que ele abandona ao homem a condução e a responsabilidade do universo, para que faça a sua manutenção, acabamento, tornando-o humano e digno de receber, um dia, seu Criador, que viveria então na companhia de suas criaturas; correlativamente, investido dessa missão cocriadora, o homem é chamado a tornar-se digno de viver com o seu Deus. O sétimo dia simboliza, assim, o tempo da ação reservado a uma humanidade entregue a si mesma, o tempo da responsabilidade e da cultura; por oposição à natureza, criada em seis dias e dada aos homens para aí desenvolver sua atividade própria, e por oposição ao oitavo dia, que será o da renovação, quando Criador e criatura ficarão reunidos num Universo de perfeita harmonia.

DIABO (v. Demônio)

"O mito do Diabo é vizinho dos mitos do **dragão***, da **serpente***, do guardião do limiar (**monstro***) e do simbolismo do encerramento, de limite. Passar além desse ponto é ser maldito ou sagrado, vítima do diabo ou eleito de Deus. É a queda ou é a ascensão. A ideia de Deus está associada a uma ideia de abertura do centro fechado, de garça, de luz, de revelação" (VIRI, 791).

O Diabo simboliza todas as forças que perturbam, inspiram cuidados, enfraquecem a consciência e fazem-na voltar-se para o indeterminado e para o ambivalente: centro de noite, por oposição a Deus, centro de luz. *Um arde no mundo subterrâneo, o outro brilha no céu.*

O Diabo é o símbolo do *Malvado*. Quer ele se vista como um *senhor muito fino,* quer ele faça caretas no capitel das catedrais, tenha cabeça de bode ou de camelo, chavelhos, cornos, pelos por todo o corpo, pouco importa a figuração – *nunca lhe faltam disfarces* –, ele é sempre o Tentador e o Carrasco. Sua redução a uma forma animal serve para manifestar simbolicamente a queda do espírito. Todo o papel do diabo é esse: espoliar o homem, tirar-lhe a graça de Deus, para então submetê-lo à sua própria dominação. É o anjo caído, com suas asas roídas, que quer partir as asas de todo criador. Ele é a síntese das forças desintegradoras da personalidade. O papel do Cristo, ao contrário, é de arrancar o gênero humano ao poder do diabo *pelo mistério da cruz.* A cruz do Cristo liberta os homens, i.e., põe de novo nas suas mãos, com a graça de Deus, a livre disposição deles mesmos, de que uma tirania diabólica os havia privado.

Enquanto divisor, desintegrador, o diabo preenche uma função que é a antítese exata da função do símbolo, que é de reunir, integrar.

No Japão, os espíritos diabólicos (*Tengu*) são representados sob a forma de espíritos galhofeiros das montanhas, com narizes compridos ou bicos de aves de rapina. Os orgulhosos e os gabolas passam por ter narizes compridos, e diz-se que são *tengu.*

Entre a **Temperança** * e a Torre Fulminada ou Habitação **Divina** * (fr. *Maison-Dieu*), o 15º arcano maior do Tarô convida a refletir sobre o Diabo. "Exprime a combinação das forças e dos quatro elementos da natureza (água, terra, ar e fogo) em meio dos quais se desenrola a existência do homem. O desejo de satisfazer a suas paixões a não importa que preço, a inquietação, a excitação exagerada, o emprego de meios ilícitos, a franqueza que dá lugar às influências deploráveis (O.

Wirth). Correspondendo em astrologia à III casa horoscópica, esse arcano representa de certo modo o inverso da Imperatriz. Em vez do domínio das forças bem ordenadas, o diabo representa uma regressão para a desordem, a divisão e a dissolução, não só no plano físico mas também nos níveis moral e metafísico" (André Virei).

De pé, seminu, em cima de uma bola cor de carne, cuja metade inferior enfia-se num soclo ou bigorna rubra com seis camadas superpostas, o Diabo, cujo hermafroditismo é abundantemente sublinhado, tem asas azuis semelhantes às de um **morcego** *. Calças azuis são presas ao corpo por um cinto vermelho cruzado abaixo do umbigo. Os pés e as mãos têm unhas compridas como as de um macaco. A mão direita se eleva, a esquerda, voltada para o chão, segura pela lâmina uma espada desembainhada e nua, sem punho nem guarda (ou copos). Na cabeça, leva uma estranha cobertura amarela, feita de crescentes lunares afrontados e de uma galhada de veado com cinco pontas. Ao pedestal estão presos pelo pescoço, por um cordão que passa através de um anel soldado ao soclo, dois diabretes simétricos, inteiramente nus, um macho e outro fêmea (a menos que sejam, eles também, andróginos), providos, cada qual, de uma longa cauda que roça pelo solo, cascos fendidos, mãos escondidas por trás das costas, cabeça coberta por um gorro vermelho, de onde partem dois chifres de veado preto e duas gafulhas ou dois cornos. O solo é amarelo, raiado de negro na parte superior. Mas, debaixo das patas dos dois diabinhos, o solo é negro como aquele sobre o qual passa a foice da **Morte** * (arcano XIII).

Tudo, aqui, lembra os domínios do inferno, onde o homem e o animal já não se diferenciam. O Diabo reina sobre as forças ocultas, e sua paródia de Deus, *o macaco de Deus,* lá está para advertir dos perigos que corre todo aquele que quer usar essas forças em benefício próprio, desviando-as do seu fim.

"Aquele que aspira ao saber oculto, ao Poder oculto, deve ficar em equilíbrio, como o Mago, ou manter neutralizadas as tendências opostas do

396 | DIAMANTE

Abismo, como o herói em seu carro, adquirir a Paz interior, como o Eremita, ou distribuir, como vencedor altruísta dos próprios desejos, como o Enforcado, os benefícios da ciência: senão cairá, vítima das correntes fluídicas desregradas, que ele mesmo evocou ou projetou mas não soube controlar. Diante do oculto, há que dominar – ou resignar-se a servir. Vencedor ou vencido: ninguém trata em pé de igualdade com as Forças do Nada" (RJJT, 25). Essas forças, no entanto, são indispensáveis ao equilíbrio da natureza: só Lúcifer, portador da luz, poderia tornar-se Príncipe das Trevas. E quando as cartas do Tarô são dispostas em duas fieiras, o oitavo arcano domina o décimo quinto, "número ímpar e triangular, agente dinâmico e criador" (ALLN, 362), para recordar que o Diabo está, ele também, sujeito à lei universal da Justiça.

No plano psicológico, o Diabo mostra a escravidão que espera aquele que fica cegamente submisso ao instinto, mas acentua ao mesmo tempo a importância fundamental da libido, sem a qual não há desabrochar humano; e para poder superar a queda da Habitação **Divina*** (16º arcano) é preciso ser capaz de assumir essas forças perigosas de modo dinâmico.

DIAMANTE

Suas excepcionais qualidades físicas, de dureza, limpidez, luminosidade, fazem do diamante um símbolo maior da perfeição, mesmo que o seu brilho não seja considerado unanimemente benéfico.

A mineralogia tradicional da Índia diz que ele nasce da terra sob a forma de um embrião, de que o **cristal*** constituiria um estado de maturação intermediário. O diamante está *maduro,* o cristal está *verde.* O diamante é, mesmo, o auge da maturidade. Trata-se, então, de uma *realização* perfeita e acabada, que a alquimia hindu utiliza, ela mesma, simbolicamente, associando o diamante à imortalidade, i.e., identificando-o à Pedra filosofal.

A dureza do diamante, seu poder de riscar, de cortar, são especialmente postos em relevo no budismo tântrico, onde o vajra (raio e diamante)

é o símbolo da inalterabilidade, do invencível poder espiritual. É, segundo a etimologia do seu equivalente tibetano dordje, *a rainha das pedras preciosas.* Simboliza a clareza, a irradiação, a glória, o fio ou gume da Iluminação, o *vazio* e o indeterminado. É, ainda, "a natureza verdadeira, idêntica à natureza do Buda. Aquilo que não cresce nem diminui é o Diamante", ensina o patriarca *zen* Hueineng. Um texto tântrico propõe, expressamente, a equação: *shunyata* (vacuidade) = *vajra.*

A imutabilidade é, por excelência, um caráter *axial*: é por isso que o trono do Buda, situado no sopé da Árvore da Bodhi, é um *trono de diamante.* É por isso, também, que o eixo do mundo é descrito por Platão como sendo de diamante. Lume de irradiação brilhante, ele participa também da simbologia do **centro***. Mostramos na palavra **pedra*** a analogia já apontada entre a *pedra angular* e o diamante, ambos designados em alemão pelo termo Eckstein.

Na iconografia tibetana, o dordje (cetro de diamante) opõe-se ao **sino*** (tilpu) como o mundo *adamantino* (potencial, não manifestado) se opõe ao mundo fenomenal (ou *do seio materno*), ou o princípio ativo ao princípio passivo, como a Sabedoria ao método.

Em linguagem corrente, o fr. *diamant sous le marteau* (diamante debaixo do martelo) exprime a firmeza, a *solidez* de caráter, que resiste às perseguições (ELIY, GOUM, GUES, HOUD, SECA).

Nas tradições ocidentais, o diamante é o símbolo da soberania universal, da incorruptibilidade, da realidade absoluta.

Segundo Plínio, ele é o talismã universal, que torna inoperantes todos os venenos e todas as doenças. Ele afasta os maus espíritos, os sonhos maus. Mergulhado no vinho ou na água, preserva aquele que o bebe da apoplexia, da gota e da hepatite (BUDA, 31-313).

Das tradições da Europa ocidental consta que ele afasta, igualmente, os animais selvagens, os fantasmas, os feiticeiros e todos os terrores da noite. A tradição russa diz que o diamante impede a luxúria e favorece a castidade (MARA,

272). Dizia-se também, na França, que impedia a cólera e "mantinha a harmonia entre marido e mulher – o que lhe valera o nome de pedra de reconciliação" (PLAD, 214). "Contém em si a inocência, a sabedoria e a fé (PORS, 53). Em linguagem iconológica, o diamante é o símbolo da constância, da força, e das outras virtudes heroicas" (ibid., 54).

Os contos populares acrescentam que os diamantes engendram outros: origem ancestral da sabedoria, que engendra a si mesma. A forma do diamante bruto faz lembrar a crença que considera o cubo um outro símbolo da verdade, da sabedoria e da perfeição moral.

Na divisa dos Médicis, o diamante figura como um símbolo do amor divino. Mas a interpretação se baseia num jogo de palavras: *diamante, dio amante.*

Três anéis entrelaçados, cada um com um diamante, constituíam a divisa de Cosimo de Médicis... O filho de Cosimo, Pietro, retomando a divisa de seu pai, mas modificando-a, como era de regra, pôs um anel com um diamante nas garras de um falcão, com a divisa *semper* (TERS, 147). O que significava devotar a Deus um amor eterno, uma fidelidade a toda prova. Lorenzo o Magnífico acrescentou ao anel três plumas (dourada, verde e vermelha), querendo dizer que, amando a Deus, floresceria nessas três virtudes, Fides, Spes, Charitas, apropriadas às três cores: a Fé branca, a Esperança verde, a Caridade ardente, i.e., vermelha, com um *Semper* ao pé (ibid.).

O diamante dos Médicis foi também interpretado como símbolo da sabedoria da família, da sua vitória sobre si mesma e sobre os outros. Botticelli, representando Minerva (*v.* **Atena***) a dominar um **centauro***, enfeita o vestido da deusa com um anel de diamantes.

O diamante simbolizou também, na arte do Renascimento, a igualdade da alma, a coragem em face da adversidade, o poder de libertar o espírito de todo temor, a integridade de caráter, a boa-fé.

DIANA (*v.* Ártemis)

DILÚVIO

Reconhecer a significação simbólica que os dilúvios assumiram nas tradições e nos mitos não é negar a sua existência histórica. Dentre os cataclismos naturais, o dilúvio se distingue por seu caráter não definitivo. Ele é o sinal da germinação e da regeneração. Um dilúvio não destrói senão porque as *formas* estão usadas e exauridas; mas ele é sempre seguido de uma nova humanidade e de uma nova história. Evoca a ideia de reabsorção da humanidade na água e de instituição de uma nova época, com uma nova humanidade. Pode-se associar ao dilúvio o afundamento dos continentes debaixo do mar, como no caso do mito geográfico (ou, talvez, da realidade) de Atlântida. O dilúvio está muitas vezes ligado às faltas da humanidade, morais ou rituais, pecados, desobediência das regras e das leis. O dilúvio purifica e regenera como o batismo; é, ele mesmo, um imenso batismo coletivo, decidido, não por uma consciência humana, mas por uma consciência superior e soberana. O dilúvio revela como a vida pode ser valorizada por uma outra consciência que não a consciência humana... a vida humana aparece como uma coisa frágil, que cumpre reabsorver periodicamente, pois que o destino de todas as formas é dissolver-se a fim de poder ressurgir. Se as *formas* não fossem regeneradas pela sua reabsorção periódica nas águas, elas se desagregariam progressivamente, elas esgotariam suas potencialidades criadoras e se extinguiriam definitivamente. As perversidades, os *pecados* acabariam por desfigurar a humanidade. Esvaziada das formas e das forças criadoras, a humanidade se estiolaria, decrépita e estéril. Ao invés da regressão lenta em formas subumanas, o dilúvio traz a reabsorção instantânea nas águas, nas quais os pecados são purificados e das quais nascerá a humanidade nova, regenerada (ELIT, 144, 183).

No contexto mitológico irlandês, o dilúvio bíblico foi adaptado às origens do mundo e simboliza o limite entre a *pré-história* e a *história,* pois que todas as raças anteriores a ele foram destruídas. Só Fintan, o homem primordial, escapou. Ele chegou *no dorso de uma vaga* e dormiu durante

398 | DIONISO (BACO)

vários séculos na areia de uma praia selvagem, antes de transmitir aos sábios da Irlanda toda a ciência tradicional de que era depositário.

DIONISO (Baco)

Divindade cuja significação é abusivamente simplificada quando se faz dela o símbolo do entusiasmo e dos desejos amorosos. A complexidade infinita do personagem de Dioniso, *o jovem deus,* ou o deus *nascido duas vezes,* se traduz na multiplicidade de nomes que lhe foram dados, dos quais os primeiros, verdade seja dita, como "o Delirante, o Murmurante, o Fremente, *derivam dos* clamores orgiásticos" (SECG, 285).

Dioniso descende de Zeus e de Sêmele, deusa-mãe de origem frígia ou mortal, filha de Cadmos e da Harmonia. Desejando receber seu amante divino em toda a sua majestade, Sêmele teve a casa incendiada e foi, ela mesma, fulminada. "Retirado por Zeus do ventre materno, o deus nascituro acabou sua maturação na coxa do pai. Pode-se reconhecer aí um mito naturista elementar: a Terra-Mãe, fecundada pelo raio do deus do céu, dá à luz um jovem deus, cuja essência se confunde com *a vida* que surge das entranhas do solo [...]. A afabulação do duplo nascimento permite, por um lado, salvaguardar o raio, que, outrora, simbolizava a união do céu e da terra, e, por outro, realçar a situação excepcional do novo deus na descendência de Zeus" (ibid.). Esse duplo nascimento, que quer dizer também dupla gestação, remete ao esquema clássico da iniciação: nascimento, morte e renascimento: a **coxa*** de Júpiter – oca como a árvore oca, acrescenta então, simbolicamente, aos poderes iniciáticos de Dioniso, a *força excepcional* que, sempre simbolicamente, reside na coxa do pai dos deuses.

"Dioniso desposa Ariadne, que era, *originariamente,* uma deusa *egeia da vegetação, notadamente das árvores.* Inúmeros são os temas dionisíacos que representam a aliança do casal divino: a cena simboliza, muitas vezes, a união do deus e do iniciado aos seus mistérios". Essa decoração era repetida por toda parte, *diz Jean Beaujeu,* e repetida a ponto de perder uma boa parte da sua significação: aquele que encomendava um motivo dionisíaco a um artista ou a um ateliê ou comprava algo de *tema* dionisíaco não era necessariamente um iniciado ou um adepto. Inversamente, a iconografia revela, em certos casos, uma intenção decidida e uma devoção real, como o célebre conjunto de afrescos que cercam a grande sala da Vila dos Mistérios, em Pompeia, e representam as cenas principais de uma iniciação. Aí se vê Ariadne abraçar Dioniso, que se entrega a ela em êxtase. Sêmele, sua mãe, e Ariadne, sua mulher, são figuras da salvação pelo dom e pelo amor de Dioniso (H. Jeanmaire, 345).

Deus da vegetação, da vinha, do vinho, dos frutos, da renovação sazonal, *Senhor da árvore* (Plutarco), ele é aquele que *distribui a alegria em profusão* (Hesíodo). *Gênio da seiva e dos jovens brotos,* Dioniso é também o princípio e o senhor da fecundidade animal e humana. Denominado, aliás, Falen ou Falenos, a procissão do Phallos ocupa lugar importante em muitas de suas festas (assim como a *descoberta ou revelação* do falo nos afrescos da iniciação, por exemplo, na já citada Vila dos Mistérios, em Pompéia). As espécies prolíficas do **bode*** e do **touro*** intervêm frequentemente na sua lenda e no seu culto. Bode e touro eram suas vítimas prediletas para os sacrifícios e, em tempos mais antigos, na prática do despedaçamento, que terminava em comunhão sangrenta (SECG, 29).

Poder-se-ia dizer, considerando as consequências sociais e, mesmo, as formas do seu culto, que Dioniso era o deus da libertação, da supressão das proibições e dos tabus, o deus das catarses e da exuberância. *O propósito da purificação dionisíaca,* diz P. Boyancé, *é levar ao paroxismo aquilo de que se quer livrar a alma.*

Por ter tirado do inferno sua mãe, Sêmele, fulminada por Zeus, e por tê-la introduzido na morada dos Imortais, Dioniso era também considerado um libertador dos Infernos, deus ctoniano, iniciador e condutor das almas. Aristófanes descreveu sob o nome de Iaco (*v.* **grito**) um Dioniso infernal, que dirige as danças dos iniciados, danças dos mortos, em meio às pradarias subterrâneas dos infernos. Mas seu papel nas cerimônias de Elêusis mostra essa passagem pelas profundezas da terra como uma fase de germinação e um penhor de fertilidade. "Toda produção terrestre tem sua fonte última nas profundezas do inferno" (SECG, 294). A descida de Dioniso aos infernos, seja em busca de sua mãe, seja para estadas periódicas, simboliza a alternância das estações, do inverno e do verão, da morte e da ressurreição. Encontra-se aí a trama estrutural dos deuses mortos e ressuscitados, comum às religiões de mistérios, que florescerão no começo da nossa era em todo o mundo greco-romano.

No sentido mais profundamente religioso, o culto dionisíaco, a despeito das suas perversões e, mesmo, através delas, testemunha o violento esforço da humanidade para romper a barreira que a separa do divino, e para libertar sua alma dos limites terrenos. Os excessos sexuais e a libertação do irracional são apenas buscas desastradas de alguma coisa sobre-humana. Por paradoxal que isso pareça, Dioniso, considerando o conjunto do seu mito, simboliza o esforço de espiritualização da criatura viva desde a planta até o êxtase: Deus da **árvore***, do **bode***, do fervor e da união mística, ele sintetiza, em seu mito, toda a história de uma evolução.

Antes dele, já se disse, havia dois mundos, o divino e o humano, duas raças, a dos deuses e a dos homens. Dioniso tende a introduzir os homens no mundo dos deuses e a transformá-los numa raça divina. O homem aceitava alienar-se na esperança de se ver transfigurado. "Todo adepto fervoroso de Dioniso aspira escapar da sua pessoa pelo êxtase e, nos transportes do entusiasmo, pôr-se em união íntima com o deus pelo qual é, por algum tempo, possuído [...] O movimento dionisíaco foi uma fonte capital do espiritualismo grego; pela noção da alma, que ele contribuiu para resgatar e propagar [...]. Graças ao dionisismo, tomou forma uma ideia de alma aparentada ao divino e mais real, em certo sentido, que o corpo [...]" (SECG, 291, 3). Se ele conduziu sua mãe (a Terra) dos Infernos ao Olimpo, é lícito imaginar

que queira também abrir o acesso à imortalidade a todos os filhos da terra. Tal é, pelo menos, um dos sentidos, um dos vetores, do símbolo de Dioniso.

Do ponto de vista da psicanálise – e para fixarmos principalmente os aspectos primitivos do deus – Dioniso simboliza a ruptura das inibições, das repressões, dos recalques. Ele é uma das figuras nietzschianas da vida, oposta à sábia face apolínea. *Simboliza as forças obscuras que surgem* do inconsciente. É o deus que preside aos excessos provocados pela embriaguez, toda espécie de embriaguez, a que se apodera dos beberrões, a que arrebata as multidões arrastadas pela música e pela dança, até mesmo a da loucura, que ele inspira àqueles que não o honraram como convém. Dioniso oferece aos homens os dons da natureza, sobretudo os da vinha. Ele é o deus das formas inumeráveis, o criador-mor de ilusões, o autor de milagres (Defradas, in BEAG).

Simbolizaria, então, as forças de dissolução da personalidade: a regressão para as formas caóticas e primordiais da vida, que provocam as *orgias*; uma submersão da consciência no magma do inconsciente. Sua aparição nos sonhos indica uma violentíssima tensão psíquica, a aproximação do ponto de ruptura. Percebe-se a ambivalência do símbolo: a libertação dionisíaca pode ser espiritualizante ou materializante, fator evolutivo ou involutivo da personalidade. Simboliza em profundidade a energia vital tendendo a emergir de toda sujeição e de todo limite.

DIREITA/ESQUERDA

A linha reta (fr. *ligne droite*) pode ser materializada pela **flecha***, o **raio***, a **coluna***, a **chuva***, a **espada***. Simboliza a comunicação da causa ao efeito, do incriado ao criado, como ação e passagem de influxo de um para o outro, mais do que como estrutura do mundo.

Na Bíblia, "olhar à direita" (*Salmos* 142, 5) é olhar para o lado do defensor; é lá o seu lugar. Como será o dos Eleitos no Juízo Final, quando os Danados ficarão à esquerda. A esquerda é a direção do inferno; a direita, a do paraíso.

400 | DIREITA/ESQUERDA

Certos comentários rabínicos assinalam que o primeiro homem (**Adão***) era não só **andrógino*** mas homem do lado direito e mulher do lado esquerdo. Deus o rachou verticalmente em duas metades quando da distinção *homem/mulher* (ELIT, 361).

A Idade Média cristã não escapou a essa tradição, segundo a qual o lado esquerdo seria o lado feminino, em oposição ao direito, masculino. Sendo fêmea, a esquerda é igualmente noturna e satânica, segundo antigos preconceitos, por oposição à direita, diurna e divina. Assim, as missas negras comportam o sinal da cruz feito com a mão esquerda, e o Diabo marca "no olho esquerdo com a ponta de um dos seus chifres os meninos que lhe são consagrados" (GRIA).

Uma gravura do *Compendium Maleficorum* do padre Guccius (Milão, 1626) mostra Satanás imprimindo sobre os seus novos adeptos a marca da sua garra *abaixo da pálpebra esquerda* e tornando-os, assim, cegos à luz divina e capazes de ver apenas a sua luz.

Entre os gregos, o lado direito era o lado "do braço que ergue a lança" (Ésquilo, *Agamêmnon*, 115). Os presságios favoráveis aparecem à direita, que simboliza a força, a destreza, o sucesso. A palavra latina *sinister* (esquerdo[a]) deu em português sinistro(a).

As noções de *esquerda* e *direita* têm, entre os celtas, o mesmo valor que na Antiguidade Clássica, i.e., a direita é favorável, de bom agouro, e a esquerda é nefasta, de mau agouro. Os escritores antigos contradiziam-se algumas vezes. Para Posidonius, os gauleses adoravam seus deuses voltados para a direita; segundo Plínio, voltavam-se para a esquerda. Mas a única distinção válida entre direita e esquerda é, afora os pontos cardeais leste e oeste, o sentido da marcha do Sol: é *direito* o que vai no mesmo sentido que o Sol; *esquerdo,* o que vai no outro sentido. Na orientação celta, o observador se posta voltado para o sol nascente, o que põe o sul à direita e o norte à esquerda. O norte é o *baixo,* onde o Sol termina seu declínio e começa sua ascensão diurna; o sul é o *alto,* onde o

Sol termina sua ascensão e começa o seu declínio. A originalidade dos irlandeses consistiu em assimilar ou confundir na sua orientação a esquerda e o norte e, por via de consequência, a direita e o sul, devido a uma proibição de vocabulário que atingiu o termo designativo da *esquerda* (clé, gal. cledd, bret. kleiz), substituído por eufemismos dos quais o principal é tuath, *norte.* Foi, na verdade, o nome da *tribo* que assumiu o sentido de *norte* porque os deuses irlandeses do paganismo ou Tuatha Dé Danann (tribos da deusa Dana) eram, na tradição antiga, de origem nórdica, e esta última passou a ser malvista depois da cristianização da Irlanda (OGAC, XVIII, 311-322; *v.* **pontos cardeais***).

Para os ameríndios, no templo inca de Coricancha, em Cusco, a efígie da divindade suprema, Huiracocha Pachacamar, era flanqueada à direita pelo deus Sol e à esquerda pela deusa Lua.

Na África, para os bambaras, o 4, número da feminilidade, é sinônimo de esquerda; o 3, número da masculinidade, é sinônimo de direita. A mão direita é símbolo de ordem, de retidão, de trabalho, de fidelidade; a mão esquerda é símbolo de desordem, incerteza, exprimindo "as variações da consciência humana" (DIER).

Segundo um costume funerário dogon, o cadáver é deitado do seu lado direito se for homem; do esquerdo, se for mulher (GRIE).

No Extremo Oriente, pelo contrário, o lado esquerdo é que parece favorável. O que redunda em privilegiar o noturno com relação ao diurno, a realidade secreta com relação à aparência, o que é bem conforme à arte e ao pensamento chineses. No Yunnan, por exemplo, Dto Mba Shi Lo, fundador do xamanismo entre os Mo So, "nasce do lado esquerdo de sua mãe, como todos os heróis e santos" (ELIC, 391).

A antítese direita/esquerda nada tem, na China, de uma oposição absoluta, uma vez que, como tudo o mais, os dois termos são regidos pelo *Yin* e pelo *Yang,* e que estes não se opõem. Da mesma forma como não se opõem, entre os chineses, religião e magia, puro e impuro, sagrado e profano, a direita, que é, as mais das vezes, consagrada às atividades terrestres e às obras profanas, nem por isso é, tampouco, rival da esquerda.

A esquerda é o lado honroso, representa o Céu; é, portanto, *Yang*. Leva a melhor, em certos momentos, sobre a direita, que é a Terra, e *Yin*. E como a direita é *Yin*, está ligada às mulheres, ao outono, às colheitas, aos alimentos.

Em *O caminho e a virtude*, de Lao-tse, está escrito:

> A Esquerda é o lugar de honra nas horas fastas,
> e a Direita nas horas nefastas (*o luto é Yin*).
> Na guerra, o tenente fica à esquerda,
> Seu comandante à direita,
> Igualando, assim, a guerra aos funerais.

A crença segundo a qual é de mau agouro acrescentar uma construção a oeste de uma casa pronta (direita e *Yin*) deriva, provavelmente, do temor de ver juntar-se à família uma nova esposa; nos tempos antigos, o oeste era a direção reservada à habitação das mulheres.

Fundando-se no princípio de que a direita é *Yin*, logo, feminina, e a esquerda, masculina é *Yang*, os médicos diagnosticavam o sexo do embrião, durante a gravidez, pelo lugar onde se colocava no ventre materno. Havia que levar em conta, além disso, o ano da concepção, que podia ser *Yin* ou *Yang!*

Os chineses empregavam o mesmo princípio quando se tratava de vacinar uma menina ou um menino. Para a varíola, a insuflação se fazia na narina direita, para as meninas, e na esquerda, para os meninos. Na aplicação de produtos afrodisíacos valia essa mesma regra, para homens e mulheres.

Tudo o que é esquerdo é nobre. Assim, para cumprimentar, os chineses escondem a mão direita debaixo da esquerda; as mulheres fazem o contrário. Todavia, em períodos de luto, que é *Yin*, os homens escondem a mão esquerda debaixo da direita.

Nos tempos arcaicos cortava-se a orelha esquerda de um prisioneiro ou furava-se o seu olho esquerdo.

De maneira geral, na China, dá-se com a mão esquerda e recebe-se com a direita.

Nas relações humanas, a direita e a esquerda regulam o protocolo e as precedências. O chefe recebe de pé, voltado para o Sul, a fim de receber o princípio *Yang*; os convidados fazem face ao norte, que é o baixo e o *Yin*.

Da mesma forma, na tradição japonesa, a esquerda é a sede da sabedoria, da fé, do instinto. Está em relação com o Sol (hi), que é o elemento masculino. A esquerda tem precedência sobre a direita. A deusa do Sol, Amaterasu, nasceu do olho esquerdo de Izanagi; a Lua nasceu do seu olho direito. A direita está em relação com a Lua, a água, o elemento feminino.

Já se procuraram os motivos para essas diversas interpretações da direita e da esquerda. Na Índia, por exemplo, em circunstâncias rituais, virar da esquerda para a direita era propício; da direita para a esquerda, nefasto. Este último giro só se fazia nas cerimônias fúnebres. As sessões de magia negra dão, igualmente, prioridade à esquerda: adianta-se, primeiro, o pé esquerdo, apresenta-se o flanco esquerdo ao fogo etc. Goblet d'Alviella, citado por J. Boucher, explica que "um sentido propício está associado à rotação pela direita, e um sentido sinistro à rotação pela esquerda porque no primeiro caso o movimento acompanha o curso aparente do Sol; no segundo, vai de encontro a esse curso". Por outro lado, em certas cerimônias fúnebres bramânicas, uma primeira circum-ambulação, no sentido da esquerda, indicaria a direção do domínio dos mortos, dos antepassados, enquanto uma segunda circum-ambulação, no sentido da direita, indicaria o retorno a este mundo (BOUM, 113). Convém precisar que a rotação aparente do Sol não parece destrógira senão quando, no hemisfério norte, o observador olha o Sol a leste e ao sul. No hemisfério austral, a mesma rotação parece, ao contrário, sinistrógira. As analogias *simbólicas* que se desejariam tirar dessas observações se revelariam, então, bastante frágeis e fantasiosas, ou teriam de ser invertidas para o hemisfério Sul. Por outro lado, a abóbada

402 | DISCO

celeste das estrelas, pelo fato da rotação da terra, evolui da direita para a esquerda. O movimento estelar ou polar seria então, sempre segundo as aparências, o inverso do movimento solar.

Na tradição cristã do Ocidente, a direita tem um sentido ativo; a esquerda é passiva. Também, a direita significa o *futuro,* e a esquerda, o *passado,* sobre o qual o homem não tem poder. Enfim, a direita possui um valor benéfico, e a esquerda parece maléfica.

A direita e a esquerda de Deus têm seu simbolismo particular no livro *Bahir* (SCHO, 156-157, 16-162).

Comentando o texto do *Cântico dos cânticos: seu braço esquerdo está sob a minha cabeça e sua direita me enlaça*, Guillaume de Saint-Thierry assinala que a direita exprime a sagacidade da razão e se exerce no esforço. A esquerda, amiga do repouso, designa a vida contemplativa e a sabedoria; realiza-se na paz e no silêncio. De todos esses exemplos resulta que, no conjunto da tradição ocidental, direita e esquerda se opõem identicamente como macho e fêmea, ativo e passivo, dia e noite, extroversão e introversão, atividade e passividade etc., enquanto as civilizações do Extremo Oriente invertem, ponto por ponto, essas analogias simbólicas, proclamando a esquerda *Yang*, e a direita, *Yin.* Observemos, porém, que, tanto num caso quanto no outro, é o princípio masculino, ou *yang,* que sai valorizado em detrimento do princípio feminino, ou *yin,* com a única ressalva, pelo menos para nós ocidentais, de que é preciso reconhecer, ao lado esquerdo, ou feminino, que ele condiciona a própria vida, uma vez que é o lado do coração.

Poder-se-ia dizer que o Ocidente, usando um outro neologismo, é *destrocrata.* Essa disputa de precedência, diurno-noturno, macho-fêmea, que se tornará, no séc. XIX, a dos antigos e dos modernos, dos românticos e dos clássicos, não será, afinal de contas, mais história como a do ovo e a galinha?

Em política, a direita simbolizaria a ordem, a estabilidade, a autoridade, a hierarquia, a tradição, uma relativa autossatisfação; a esquerda, a insatisfação, a reivindicação, o movimento, a busca da justiça social, de maior progresso, a libertação, a inovação, e o risco. Na realidade, esses esquemas simplificadores são por demais imbricados na política real e não correspondem absolutamente senão a fantasmas mobilizadores, mitos, na mentalidade do eleitorado.

DISCO

O disco é, na iconografia hindu, um dos atributos de Vishnu. É uma arma de lançamento particularmente mortífera: Guarda esse disco que ergueste, diz Shiva a Krishna no Harivamsa, esse disco irresistível, indestrutível, que é o terror do inimigo nas batalhas.

Mas *o disco belo de ver é* também um símbolo solar – nisso ele se distingue mal da **roda***, *chakra* –, e por isso é o atributo dos *aditya*, que são os sóis. Ele tem, aliás, a cor do Sol. Na imagem clássica de Vishnu, o disco representa a tendência *sattvica,* volta explicitamente ao simbolismo do disco como *arma assassina* e, também, como Sol (BHAB, DANA, MALA). Destrói iluminando.

Numerosas inscrições gaulesas contêm o nome do disco, Kenten ou kantena. Os documentos celtas não permitem elucidar, com certeza, o simbolismo, mas está em relação provável com os do **círculo***, da **roda***, do **anel*** (OGAC, 1, 3 s.). Poderia significar também o céu.

O disco sagrado da China simboliza a perfeição celeste. O disco de **jade***, com um buraco (*Pi*), que o atravessa de lado a lado, representa o próprio céu.

Na pintura egípcia, veem-se, por vezes, oito discos azuis, em duas colunas de quatro discos superpostos cada uma, contra um fundo igualmente azul. Simbolizam as profundezas do espaço e a infinidade do céu.

O disco alado, muito frequente na simbologia, representa o Sol em movimento e, por extensões sucessivas, o voo, a sublimação, a transfiguração.

DISFARCE (v. Máscara)

DOBRADURAS

Gohei é a pronúncia japonesa do caractere chinês e mitegura é a palavra propriamente japonesa que designa as dobraduras esotéricas do papel.

Essas dobraduras rituais, talvez mágicas, são ao mesmo tempo uma oferenda simbólica e o signo da presença do kami (divindade) no santuário. Existem vinte formas de dobrar o papel, tendo cada uma significações simbólicas e esotéricas e servindo a um treinamento espiritual.

Perto dos templos, veem-se montanhas dessas dobraduras, que lembram as velas acesas dos santuários cristãos.

DODECAEDRO

Forma geométrica de um sólido convexo de 12 faces pentagonais. Há também dodecaedros estrelados de doze pontas. Cerca de trinta desses objetos, em bronze, foram descobertos na Etrúria e na Gália. Tinham as faces perfuradas de aberturas circulares, e os ângulos triedros, protegidos por pequenas esferas. Tais objetos remontariam ao começo da era cristã e teriam sido enterrados em fins do séc. III ou começo do séc. IV.

O dodecaedro assume todo o seu sentido no contexto da simbólica pitagórica dos números e do idealismo platônico. O número, como a ideia, exprime as realidades inteligíveis, suprassensíveis, que são os protótipos ou os modelos eternos das coisas aqui da Terra. Estas têm apenas participação mais ou menos adequada nas perfeições imutáveis que são os números e as ideias.

O poliedro de 12 faces deriva do pentagrama: 12 pentagramas que se toquem por um lado e se liguem por uma espiral compõem, uma vez direitos no espaço, o sólido conhecido como dodecaedro. Essa passagem da segunda para a terceira dimensão, a partir do pentagrama, é considerada por Matila C. Ghyka "o arquétipo ideal do crescimento dinâmico" (GHYN, 1, 46).

Na série dos cinco grandes poliedros regulares, que engendram sucessivamente os números, o Dodecaedro exprime a síntese mais perfeita. Segundo a simbólica geométrica, o tetraedro (pirâmide regular, de quatro lados) representa o fogo; o octaedro, o ar; o icosaedro (corpo sólido, de 2 faces, que são triângulos equiláteros), a água; o cubo, a terra. Quanto ao dodecaedro, ele tem o papel de exprimir o universo todo. Por isso foi dotado, na tradição *pitagórica,* das propriedades as mais surpreendentes, de ordem matemática, física e mística. "O dodecaedro não é só a imagem do Cosmo, ele é o seu número, a sua fórmula, a sua Ideia. A terra dos Bem-Aventurados exibe essa forma. É a realidade profunda do Cosmo, a sua essência. Pode-se dizer, sem que isso implique força de expressão, que o dodecaedro é o próprio Cosmo" (Léonard Saint-Michel, in *Lettres d'humanité,* Paris, X, p. 11). Os objetos antigos que foram encontrados serviam de apoio a esse valor simbólico: cada um deles era um "microcosmo de bolso, semelhante em todos os pontos ao Macrocosmo que ele exprime, segundo as leis analógicas da Magia tradicional, símbolo semelhante, no sentido geométrico do termo, idêntico em essência, transubstanciado (se não for ousadia dizê-lo), universo real e vivo sob as aparências de um simples dodecaedro" (ibid., p. 11).

Nada mais natural, então, que esses objetos misteriosos tenham servido para operações mágicas. A tentação de passar do conhecimento ao poder é constante. A utilização mágica, operacional ou divinatória, é uma perversão habitual da percepção do símbolo. O valor antigo e profundo do símbolo, que deveria levar a alma a uma visão mística das coisas, é desviado para fins de dominação. Não se exclui, ademais, que o mesmo símbolo do Cosmo tenha sido usado para fins de culto e se tenha transformado em ídolo.

Como um certo número de dodecaedros foram encontrados na Gália, certos intérpretes quiseram ver neles outros tantos **ovos* de serpente**, como aqueles de que fala Plínio, o Antigo, e que *tinham grande reputação nas Gálias.* Esses ovos seriam formados de répteis enlaçados formando um nó em bola. Seriam dotados de toda espécie de virtude benéfica. Os druidas os empregavam. Camille Jullian vê neles uma réplica de fósseis de ouriços-do-mar. Para Léonard Saint-Michel, eles têm mais a ver com dodecaedros, cujos ân-

404 | DOIS

gulos triedros, coroados de pequeninas esferas, hoje indistintas, sem relevo, poderiam lembrar originariamente cabeças salientes de serpentes enlaçadas. Seja como for, essa aproximação do símbolo com o ovo mágico e com o dodecaedro não é fortuita: simbolizam, um e outro, o *desenvolvimento do universo*.

Símbolo geométrico de valor insigne, o dodecaedro, construído segundo as proporções da razão áurea ou número áureo (e a partir do pentagrama, cujo poder benéfico é conhecido), é das formas a mais rica em ensinamentos eurrítmicos, cosmogônicos e metafísicos. Lembra, com efeito, o mistério das evoluções do físico-químico para o vital, do fisiológico para o espiritual, em que se resumem a história e o sentido do universo.

Existe em todo antigo domínio celta um certo número de dodecaedros em bronze, perfurados e embolados, de dimensões e peso variáveis (entre 35 e 1.100 gramas), sobre cuja utilidade e emprego os especialistas hesitaram por muito tempo, mas cujo papel religioso já não deixa qualquer dúvida. Representam, com toda verossimilhança, o céu ou o universo, e serviram, sem dúvida, de dados em jogos de adivinhação em que se lança a sorte. Constituem, por outro lado, uma coincidência digna de nota das concepções celtas e pitagóricas (OGAC, 7, 32-35).

DOIS

Símbolo de oposição, de conflito, de reflexão, esse número indica o equilíbrio realizado ou ameaças latentes. É a cifra de todas as ambivalências e dos desdobramentos. É a primeira e a mais radical das divisões (o criado e a criatura, o branco e o preto, o masculino e o feminino, a matéria e o espírito etc.), aquela de que decorrem todas as outras. Na Antiguidade, era atribuído à Mãe: designa o princípio feminino. E entre as suas assustadoras ambivalências, está a de poder ser o germe de uma evolução criadora tão bem quanto o de uma involução desastrosa.

O número dois simboliza o dualismo, sobre o qual repousa toda dialética, todo esforço, todo combate, todo movimento, todo progresso. Mas a divisão é o princípio da multiplicação bem como o da síntese. E a multiplicação é bipolar, ela aumenta ou diminui segundo o signo que afeta o número.

O dois exprime, então, um antagonismo que de latente se torna manifesto; uma rivalidade, uma reciprocidade, que tanto pode ser de ódio quanto de amor; uma oposição, que pode ser contrária e incompatível mas também complementar e fecunda.

Uma imagem dupla na simbólica, dois leões, duas águias etc., reforça, multiplicando-o, o valor simbólico da imagem, ou, inversamente, desdobrando-a, mostra as divisões internas que a enfraquecem.

Toda a simbologia africana repousa sobre um dualismo fundamental, considerado a lei cósmica por excelência: há, no homem, a morte e a vida, o bem e o mal. Do mesmo Gueno (deus) vêm o bem e o mal. Toda coisa tem seu aspecto positivo (diurno) e seu aspecto negativo (noturno). Cumpre notar também a rivalidade da esquerda com a direita, do alto com o baixo, do inferior com o superior, em cada ser e nas relações com todo ser: dos pontos cardeais, opostos dois a dois; do dia com a noite; dos sexos... (HAMK, 25).

No sistema aritmosófico dos bambaras do Mali, o número da dualidade inicial e da gemelidade é um símbolo de união, de amor, ou de amizade (DIEB).

No mundo celta, uma certa quantidade de figuras míticas dispõe-se aos pares; os que assim se grupam são caracteres opostos ou complementares. O trabalho de exploração e de interpretação da mitologia céltica não está suficientemente adiantado para que se possa nomear com certeza um grande número desses pares, mas o par, a dualidade essencial, é, em país celta, a do druida e do guerreiro, muitas vezes reunida ou concentrada em uma só entidade divina. Um representa *a força*, o outro, *a sabedoria* da tradição. Todas as séries ou construções mitológicas respeitam esse princípio dualista, que se integra facilmente numa série de símbolos numerais que cobrem o campo teológico (OGAC, **12**, 29-234 e 349-382).

Sobre o dualismo chinês, ver *yin-yang*.

Segundo a aritmosofia de Allendy, dois é o número da "diferenciação relativa, *da* reciprocidade antagonista *ou* atrativa" (ALLN, 19). Como todo progresso não se opera senão por uma certa oposição, ou, pelo menos, pela negação daquilo que se quer ultrapassar, dois é o motor do desenvolvimento diferenciado ou do progresso. Ele é o outro enquanto outro. Da mesma forma, se a personalidade se afirma opondo-se, como já foi dito, dois é o princípio motor no caminho da individualização. Os símbolos binários, ou os pares (*v.* gêmeos*), são inumeráveis, em todas as tradições. Estão na origem de todo pensamento, de toda manifestação, de todo movimento.

Na cultura iraniana, encontra-se o número *dois* ligado aos temas seguintes:

O dia e a noite, apresentados como *dois* aspectos do eterno retorno do tempo e do movimento celeste;

O mundo aqui de baixo e o mundo do Além, simbolizados por *duas moradas* ou *dois palácios* (*do-sara*);

A vida terrestre, representada por uma morada feita de pó, onde existem *duas portas*, uma para entrar, outra para sair, i.e., morrer;

A brevidade da vida, ilustrada por uma estada de *dois dias* (*do ruza-maqam*) neste mundo;

As divergências e desavenças entre os homens de cada época foram traduzidas por um clima em que reinam *duas atmosferas* (*dohavai*).

Nas descrições populares, poéticas, da beleza de uma mulher, certas partes do corpo e do rosto são associadas, duas a duas, a imagens que se encontram em todos os contos populares. Eis um exemplo:

Dois brincos de pérolas ornavam seus dois lobos, duas trancas, como dois buquês de narcisos, acariciavam a rosa da sua face, onde duas pintas faziam pensar em dois hindus pretos sentados à borda da fonte dos seus lábios; seus dois olhos pareciam dois narcisos, seus dois lábios duas coralinas suaves, e suas sobrancelhas eram desenhadas como arcos [...]; seus dois seios, como dois limões doces de

Oman, podiam ser adivinhados debaixo da camisa de seda [...]; suas duas pernas tinham a graça de duas colunas de marfim etc.

Em testemunho de seu respeito ou de seu amor, o herói no curso das libações, põe os dois joelhos em terra, oferecendo com as duas mãos uma taça de vinho a uma princesa ou à bem-amada.

Para exorcizar os espíritos malignos, ou para quebrar o encanto de um castelo, o herói recita duas *rakat* de orações muçulmanas.

Para transmitir a contento a imagem de um demônio, a ênfase é sempre posta nos seus *dois chifres*.

As principais expressões persas que utilizam o número dois são muito numerosas e tendem todas a mostrar que as virtudes do objeto são duplas, decuplicadas, elevadas, de qualquer maneira, ao quadrado, ou infinito. O dois multiplica a potência ao infinito, na simbólica persa. Por exemplo: o mensageiro em dois cavalos significa uma extrema rapidez; uma tenda com dois compartimentos, o extremo conforto etc.

(Ver, por exemplo, Nizami, *Haft-paykar*, ed. Vahid Dastgerdi (2. ed.), Teheran, 1334 H.s. p. 354, 11-147; Mohammad Kazen, *Alamara-ye Naderi*, Moscou, 196, p. 586.)

DÓLMEN
(*v.* Bétilos, Domo, Menhir, Pedras)

DOMO

O domo representa universalmente a *abóbada celeste*. O conjunto de um edifício que tem cúpula é, assim, a imagem do mundo. A cúpula repousa, as mais das vezes, sobre quatro pilares ou sobre uma construção de base quadrangular; o que nos leva ao simbolismo chinês segundo o qual o céu *cobre* e a terra *sustenta,* mas, também, segundo o qual o céu *é redondo*, e a terra, *quadrada*.

As construções dolmênicas, as tumbas miscenianas, diversos templos rupestres, da Índia à Coreia, têm essa significação geral do domo cósmico. Entre os montanheses do sul do Vietnã, o Céu é uma cesta hemisférica pousada sobre um disco chato. Não corresponde isso à imagem da

406 | DONINHA

tartaruga chinesa, cuja carapaça é arredondada por cima, chata por baixo, e cujo simbolismo é idêntico? Os egípcios representavam o céu sob a forma da deusa Nut de corpo curvado, apoiando-se ao solo nas pontas dos dedos das mãos e dos pés. A cúpula bizantina, o stupa búdico, a qubbah muçulmana têm o mesmo valor.

O profeta Maomé, elevado ao Céu, descreve-o como uma cúpula de nácar branco assentada em quatro pilares. A cúpula é o espírito universal que *envolve* o mundo; os pilares são os ângulos do *cubo* cósmico, seus componentes anímicos e corporais. O *Trono da Luz divina,* diz um texto árabe, *é como um domo acima dos Anjos e do mundo.* A forma do cosmo é, algumas vezes, o octógono (como no caso bem conhecido da mesquita do Rochedo [*Qubbah al-Sakhra*] ou mesquita de Omar, em Jerusalém). Mas trata-se, no caso, de um desenvolvimento do quadrado por desdobramento das direções do espaço (*v.* **oito***).

A cúpula bizantina, ornada com o Cristo Pantocrator, não tem significação diversa, e essa identidade se confirma quando se sabe que ela é, por vezes, *sustentada* pelas imagens dos quatro Evangelistas. O stupa búdico comporta, frequentemente, um pedestal quadrado; ele afirma sua dominação sobre o espaço quaternário pelas suas quatro portas cardeais.

Os dois barrotes reunidos no coroamento do domo, observa Coomaraswamy – idênticos aos arcos de apoio da tenda (iurta ou iurte) mongol – representam *a concentração dos poderes psíquicos na sua fonte,* figurada pelo orifício central, a *porta do Sol.* Poder-se-ia dizer que, inversamente, eles representam a irradiação solar envolvendo o mundo.

A essa *porta* do topo chega o *eixo do mundo,* figurado ou não. Ele é sempre real no caso do stupa, e se prolonga acima dele. Na Ásia Central, é a coluna de fumaça que sobe do lar ou fornalha central e se eleva para o céu; na Sibéria, é o tronco da bétula que ultrapassa a tenda; é também, mais geralmente, o cabo do para-sol e do baldaquino da carreta que, também ele, excede o *domo.* O

orifício central, por vezes semelhante à **estrela*** **polar**, é, essencialmente, o Sol, *olho do mundo.* Sua ultrapassagem é *a ascensão em pós de* Âgni, *a saída do cosmo* (*v.* **caverna***), a evasão para fora do mundo condicionado. Diz-se de Moggalana, *Dahammapada, que, rompendo a cúpula, lança-se nos ares.* Ao alcançar a Iluminação, o Buda declara que a *cumeeira do telhado voou em pedaços.* O olho do domo é, ainda, nesse caso, a *abertura* do alto do crânio (ele mesmo análogo a uma abóbada), o brahmarandhra, por onde escapa a alma do Sábio libertado da condição temporal, ou, segundo o *Tratado da Flor de Ouro, o corpo sutil,* nascido do embrião da imortalidade (BURA, COOH, ELIM, GUES).

DONINHA

Em todas as narrativas irlandesas do ciclo de Ulster, a mãe do rei Conchobar tem o nome de Ness, doninha (mustelídeo europeu muito parecido com o furão brasileiro). Ela é, em primeiro lugar, uma virgem guerreira. Mas pode simbolizar, por outro lado (positivo), a afeição e a vigilância, e, por um lado negativo, a inconstância ou a astúcia, aspectos que não condizem, é bem verdade, com sua atitude inicial de guerreira indômita. Talvez a Irlanda medieval tenha confundido o símbolo da doninha com o do **arminho*** (OGAC, **11**, 56 s.; CHAB, 318-327).

DOSSEL (Pálio, Baldaquino)

Símbolo de proteção, seja oferecida, seja recebida, por aquele que se encontra debaixo dele. Se se trata de um rei, ele a oferece a seus súditos e a recebe do céu. O rei é o centro da irradiação, o centro do mundo. Donde o uso do dossel para tornar manifesta essa dignidade e esse poder. O dossel retangular tem relação com a terra e os bens terrenos; o circular, com os bens celestes (*v.* **para-sol***).

DOZE (*v.* Número, Vinte e um)

Doze é o número das divisões espaço-temporais. É o produto dos quatro pontos cardeais pelos três planos do mundo. Ele divide o céu, considerado uma cúpula, em 11 setores, os 12 signos

DOZE (V. NÚMERO, VINTE E UM) | 407

do **zodíaco***, mencionados desde a mais remota Antiguidade. Os 12 meses do ano são determinados na China pelas estações do imperador nas 12 portas do Ming-fang. Doze divide o ano em 12 meses, entre assírios, hebreus etc. E os períodos principais do tempo, em grupos de 12 anos, tanto entre os chineses quanto entre os povos da Ásia Central. A combinação dos dois algarismos, 12 x 5, dá origem aos ciclos de 6 anos, em que se resolvem os ciclos solar e lunar. O 12 simboliza o universo no seu curso cíclico espaço-temporal.

Doze simboliza também o universo na sua complexidade interna. O duodenário que caracteriza o ano e o Zodíaco representa também a multiplicação dos quatro elementos, terra, água, ar, fogo, pelos três princípios alquímicos (enxofre, sal, mercúrio); ou, ainda, os três estados de cada elemento em suas fases sucessivas de evolução, de culminação e de involução: ou, ainda, segundo Allendy (ALLN, 328), "os quatro elementos considerados cada um nas suas diferentes manifestações cósmicas e segundo um tríplice ponto de vista, o qual pode ser, por exemplo, os três gunas dos indianos: Atividade, Inércia, Harmonia".

Esse número (12) é de uma grande riqueza na simbologia cristã. "A combinação do *quatro* do mundo espacial e do *três* do tempo sagrado medindo a criação-recriação, dá o número *doze,* que é o do mundo acabado. É o da Jerusalém celeste (12 portas, 12 apóstolos, 12 juízes etc.). É o do ciclo litúrgico do ano de 12 meses e de sua expressão cósmica, que é o Zodíaco. Num sentido mais místico, o três diz respeito à Trindade, o quatro, à criação, mas o simbolismo do doze continua o mesmo: uma realização do criado terrestre por assunção no incriado divino [...]." (CHAS, 243).

A importância desse número é facilmente compreensível. Para os escritores bíblicos é o número de eleição, o do povo de Deus, da Igreja: Israel (Jacó) tinha 12 filhos, ancestrais epônimos das 12 tribos do povo judeu (*Gênesis*, **35**, 23 s.). A árvore da vida tinha 12 frutos; os sacerdotes, 12 joias. Quando Jesus escolheu 12 discípulos proclamou abertamente sua pretensão de eleger,

em nome de Deus, um povo novo (Mateus, **1**, 1 s. e paralelos). A Jerusalém celeste tem 12 portas assinaladas com os nomes das tribos de Israel (*Apocalipse,* 21, 12), e sua muralha, 12 carreiras horizontais de pedra em nome dos 12 apóstolos. A Mulher vestida com o Sol (*Apocalipse*, **12**, 2) tinha sobre a cabeça uma coroa de 12 estrelas. Quanto aos fiéis do fim dos tempos, são 144 mil, 12 mil de cada uma das 12 tribos de Israel (*Apocalipse*, 7, 4-8; 14, 1).

Da mesma forma, a Cidade futura, *em ouro fino,* além de repousar sobre 12 alicerces, cada um com o nome de um apóstolo do Cordeiro (*Apocalipse*, **21**, 14), constitui-se em um cubo, de que cada face mede 12 mil estádios. E a muralha, *de jaspe,* tem 144 côvados. Esse número simbólico de 12 mil multiplica por 1 mil (símbolo de multidão) o número de Israel (12), que é o do antigo povo eleito e o do novo. Quanto ao número dos fiéis, 144 mil, o quadrado de 12 multiplicado por 1 mil simboliza a *multitude dos fiéis do Cristo*. Paul Claudel idealizou esses algarismos: "Cento e quarenta e quatro são 12 vezes 12; doze que é três multiplicado por quatro, o quadrado multiplicado pelo triângulo. É a raiz da esfera, é o algarismo da perfeição. Doze vezes doze é a perfeição multiplicada por si mesma, a perfeição ao cubo, a plenitude, que exclui qualquer outra coisa que não seja ela mesma, o paraíso geométrico [...]."

O número 12 representará a Igreja, a Igreja triunfante, ao cabo das duas fases, militante e padecente.

Para os dogons e os bambaras do Mali, os princípios contrários 4 e 3 (fêmea e macho), que estão na base de todas as coisas, podem associar-se de duas maneiras, uma estática, outra dinâmica, das quais dependem os valores do número 7 e do número 12. Se 7, soma de 4 e 3, é o princípio do homem e do universo, 12, que provém da sua multiplicação, é o símbolo do devir humano e do desenvolvimento perpétuo do universo (DIEB).

A *vibração sonora* que preside à gênese, no pensamento africano, ao formar o ovo cósmico

408 | DRAGÃO

antes da separação da terra e do céu e do nascimento dos Grandes Demiurgos, organizadores da criação, começa por visitar – i.e., por definir – os quatro pontos cardeais: sobre cada um ela executa três giros em espiral; é assim que o complexo espaço-tempo se define na origem, por esse *casamento* do três e do quatro, que dá o 12, *número de ação*, e não princípio estático, como é o sete. E assim, precisa G. Dieterlen, se forma o ovo cósmico, mexido pelo movimento giratório da vibração sonora.

O número 12 não tem no mundo celta, cujos números-chave são três, nove e 27, significado que se afasta do simbolismo geral. A Távola Redonda do Rei Artur compreende, ela também, 12 cavaleiros.

Doze é, em definitivo, e sempre, o número de uma realização, de um ciclo concluído. Assim, no Tarô, o Enforcado (XII) assinala o fim de um ciclo involutivo, seguido pela Morte (XIII), que cumpre tomar no sentido de renascimento.

DRAGÃO

O dragão nos aparece essencialmente como um guardião severo ou como um símbolo do mal e das tendências demoníacas. Ele é, na verdade, o guardião dos tesouros ocultos, e, como tal, o adversário que deve ser eliminado para se ter acesso a eles. No Ocidente, o dragão guarda o Tosão de Ouro e o Jardim das Hespérides; na China, num conto da dinastia T'ang, guarda a Pérola. A lenda de Siegfried confirma que o *tesouro* guardado pelo dragão é a imortalidade.

Como símbolo demoníaco, o dragão se identifica, na realidade, com a **serpente***: Orígenes confirma essa identidade a propósito do *salmo 74* (*v.* **Leviatã***). As *cabeças de dragões* quebradas, as serpentes destruídas, são a vitória do Cristo sobre o mal. Afora as imagens bem conhecidas de São Miguel e de São Jorge, o próprio Cristo é representado ocasionalmente calcando aos pés um dragão. O patriarca zen Hueineng faz igualmente dos dragões e das serpentes os símbolos do ódio e do mal. O terrível Fudô (Acala) nipônico,

dominando o dragão, vence, assim, a ignorância e a obscuridade.

Mas esses aspectos negativos não são os únicos nem os mais importantes. O simbolismo do dragão é ambivalente, o que, aliás, é expresso, na imaginária do Extremo Oriente, pela figura dos dois dragões que se afrontam, motivo que volta na Idade Média e, mais particularmente, no hermetismo europeu e muçulmano, onde essa confrontação assume aspecto análogo ao das serpentes no caduceu. É a neutralização das tendências adversas, do enxofre e do mercúrio alquímicos (ao passo que a natureza latente, não desenvolvida, é representada pelo **uroboro***, a serpente ou dragão emblemático mordendo a cauda). No próprio Extremo Oriente, o dragão comporta aspectos diversos, o que não é de admirar num animal aquático, terrestre – i.e., subterrâneo – e celeste, tudo ao mesmo tempo. Nisso ele se assemelha à Quetzalcoatl ou *serpente de plumas,* dos astecas. Já se tentou, mas sem nenhum sucesso, distinguir entre o dragão Song (aquático) e o dragão ku'ei (terrestre). Existe no Japão uma distinção popular entre as quatro espécies: celeste, pluvial, terrestre-aquático, e subterrâneo.

Na realidade, trata-se apenas de aspectos distintos de um símbolo único, que é o do *princípio ativo e demiúrgico: poder divino, élan espiritual,* diz Grousset. Símbolo celeste, em todo caso, poder de vida e de manifestação, ele cospe as águas primordiais ou o Ovo do mundo, o que faz do dragão uma imagem do Verbo criador. Ele é a nuvem que se desenrola por cima das nossas cabeças e derrama a sua abundância de águas fertilizantes. É o princípio *k'ien*, origem do Céu e produtor da chuva, cujos seis cavalos de tiro são seis dragões atrelados; seu sangue, diz ainda o *I-Ching*, é negro e amarelo, cores primordiais do Céu e da Terra. Os seis traços do hexagrama *k'ien* representam, tradicionalmente, as seis etapas de manifestação, desde o *dragão escondido*, potencial, não manifestado, não ativo, até o *dragão planador,* que volta ao princípio, passando pelo dragão *nos campos, visível, saltador* e *voador.*

O *dragão* se identifica, segundo a doutrina hindu, ao Princípio, a Agni ou a Prajapâti. O *Matador do Dragão* é o sacrificador, que *aplaca* a potência divina e com ela se identifica. O *dragão* produz o soma, que é a bebida da imortalidade; ele é o soma da oblação sacrificial. O poder do dragão, ensina Chuang-tse (Zhuangzi), é coisa misteriosa: é a resolução dos contrários; por isso Confúcio viu, segundo ele, em Lao-tse a própria personificação do dragão. Por outro lado, se o dragão-soma proporciona a imortalidade, o dragão chinês igualmente conduz a ela. Os dragões voadores são montarias de imortais; eles os elevam até o Céu. Huangti, que havia utilizado o dragão para vencer as más tendências, subiu ao Céu no dorso de um dragão. Mas ele era, ele mesmo, dragão, bem como Fu-hi, o soberano primordial, que recebeu de um cavalo-dragão o Ho-t'u. E foi graças ao dragão que Yu-o-Grande pôde organizar o mundo, drenando as águas excedentes: o dragão, enviado do Céu, *abriu-lhe o caminho* (k'ai tao).

Potência celeste, criadora, ordenadora, o dragão é, muito naturalmente, o símbolo do imperador. É extraordinário que tal simbolismo se aplique, não só na China, mas entre os celtas, e que um texto hebraico fale do dragão celeste como de *um rei no seu trono*. Ele é, de fato, associado ao raio (cospe fogo) e à fertilidade (traz a chuva). Simboliza, assim, as funções régias e os ritmos da vida, que garantem a ordem e a prosperidade. É por isso que se tornou o emblema do imperador. Da mesma forma que se expõem os retratos "deste quando o país é assolado pela seca, faz-se uma imagem do dragão Yin, e começa logo a chover" (GRAD, I. 361).

O dragão é uma manifestação da onipotência imperial chinesa: *a face do dragão* significa a *face do imperador; o andar do dragão* é o porte majestoso do chefe; a *pérola do dragão,* que ele carrega, ao que se acredita, na garganta, é o brilho indiscutível da palavra do chefe, a perfeição do seu pensamento e de suas ordens. *Não se discute a pérola do dragão,* declarava ainda em nossos dias, Mao.

Se o simbolismo aquático permanece, evidentemente, capital; se os dragões vivem na água, fazem brotar as fontes; se o *Rei dragão* é um rei dos eagas, identificando-se, aqui também, à serpente – o dragão está ligado sobretudo à produção da chuva e da tempestade, manifestações da atividade celeste. Unindo a terra e a água, ele é o símbolo da chuva celeste fecundando a terra. As *danças do dragão,* a exposição de dragões de cor apropriada, permitem obter a chuva, bênção do céu. Em consequência, o dragão é sinal de bom augúrio, sua aparição é a consagração dos reinados felizes. Pode acontecer que da sua goela saiam folhagens: símbolo de germinação. Segundo um costume indonésio, no dia de ano-bom, rapazes se revestem de um *dragão* de papel, que animam e fazem dançar serpenteando pelas ruas, enquanto os cidadãos, debruçados às janelas, lhes oferecem *saladas verdes,* que o dragão engole para grande júbilo do público. A colônia indonésia dos Países Baixos perpetua, todo ano, esse rito, pelas ruas de Amsterdam. O trovão é inseparável da chuva: seu relacionamento com o dragão se prende à noção de princípio ativo, demiúrgico. Huangti, que era dragão, era também o gênio do trovão. No Kampuchea (Camboja), o dragão aquático possui uma gema cujo brilho – e relâmpago – produz a chuva.

A escalada do trovão, que é a do *yang,* da vida, da vegetação, da renovação cíclica, é representada pela aparição do dragão, que corresponde à primavera, ao nascente, à cor verde: o dragão se eleva no céu no equinócio da primavera e mergulha no abismo do equinócio do outono, o que é traduzido pela posição das estrelas kio e ta-kio, Espiga da constelação da Virgem, e Arcturo – os *cornos do dragão.* A utilização do dragão na ornamentação das portas no Oriente lhe confere também um simbolismo cíclico, mas principalmente de natureza solsticial. Astronomicamente, a cabeça e a cauda do dragão são os *nós da Lua,* os pontos onde se dão os eclipses. Donde o simbolismo chinês do dragão devorando a Lua ou o simbolismo árabe da *cauda do dragão* como região

410 | DRAGÃO

tenebrosa. Voltamos, aqui, a um aspecto *obscuro* do simbolismo do dragão, mas a ambivalência é constante: o dragão é *yang* enquanto signo do trovão e da primavera, da atividade celeste; e é *yin* enquanto soberano das regiões aquáticas; *yang* naquilo em que se identifica com o cavalo, com o leão – animais solares –, com as espadas; *yin* quando metamorfoseado em peixe ou identificado com a serpente; *yang* como princípio geomântico, *yin* como princípio alquímico (mercúrio) (BELT, BURA, BHAB, CHAT, CHOO, COOH, COMD, CORT, DURV, ELIY, ELIF, EPEM, GRAD, GRAP, GRAR, GROC, GUEV, GUET, GUES, HOUD, KALL, LECC, LIOT, MATM, OGRJ, ORIC, PORA, SECA, SOUL, SOUN, SOYS).

O dragão vermelho é o emblema do País de Gales. O Mabinogi de Lludd e Llewelys conta a luta do dragão vermelho e do dragão branco, este último simbolizando os saxões invasores. Finalmente, os dois dragões, bêbados de hidromel, são enterrados no centro da ilha de Bretanha, em Oxford, num cofre de pedra. A ilha não deveria sofrer outra invasão enquanto eles não fossem descobertos (CELT, 6, 451-452; CHAB, 391-41). O dragão trancafiado é o símbolo das forças ocultas e contidas, as duas faces de um ser velado. O dragão branco usa as cores lívidas da morte, o dragão vermelho, as da cólera e da violência. Os dois dragões enterrados juntos significam a fusão do seu destino. A cólera amainou, mas os dragões poderiam ressurgir juntos. Permanecem como ameaça, como poder virtual, prontos a lançar-se contra qualquer novo invasor.

É lícito ligar a imagem da baleia que vomita Jonas à simbólica do dragão, monstro que engole e cospe a sua presa, depois de a ter transfigurado. Essa imagem de origem mítica solar representa o herói no ventre do dragão. Morto o monstro, o herói reconquista uma eterna juventude. Completada a descida aos infernos, ele ascende do país dos mortos e da prisão noturna do mar (DAVS, 225). A análise de C. G. Jung tirou partido desse mito, no qual a experiência clínica reconheceu a

substância de muitos sonhos e da sua interpretação tradicional: o mito familiar de Jonas e da baleia, em que o herói é engolido por um monstro marinho que o arrasta para o mar alto, à noite, de oeste para leste, simboliza a marcha suposta do sol, do crepúsculo da tarde até a alvorada. "O herói", explica J. L. Henderson, "afunda-se nas trevas, que representam uma espécie de morte [...]. A luta entre o herói e o dragão [...] deixa transparecer [...] o tema arquetípico do *triunfo do Ego sobre as tendências regressivas*. Na maioria das pessoas, o lado tenebroso, negativo, da personalidade permanece inconsciente. O herói, ao contrário, deve dar-se conta de que a sombra existe e que ele pode tirar forças dela. Tem de compor-se com as potências destrutivas se quiser tornar-se suficientemente forte para medir-se com o dragão e vencê-lo. Em outras palavras, o Ego só pode triunfar depois de ter dominado e assimilado a sombra" (JUNS, 12). O mesmo autor cita, no mesmo sentido, a aceitação por Fausto do desafio de Mefistófeles, o desafio da vida, o desafio do inconsciente: através dele, através daquilo que ele acreditou fosse a perseguição do mal, ele desemboca nos horizontes da salvação.

"Todos os dragões de nossa vida são, talvez, princesas encantadas, que esperam ver-nos belos e bravos. Todas as coisas terrificantes podem ser, apenas, coisas inermes que esperam socorro de nós" (R. M. Rilke, *Cartas a um jovem poeta*). O dragão está primeiro em nós.

Os dragões representam, também, as legiões de Lúcifer em oposição aos exércitos dos anjos de Deus: Deslocando-se um pouco mais depressa que a luz divina, cuspindo antes do tempo todos os fogos do inferno, poderosamente armados com todas as garras do ódio e com todos os croques do desejo, couraçados de egoísmo, munidos das asas possantes da mentira e da astúcia, os dragões de Lúcifer estavam para o mal como os anjos de Deus estavam para o bem. Os dragões de Lúcifer!... Silvando, soprando, uivando, rugindo, eles se precipitam ainda sobre nós do fundo das idades e das trevas... As serpentes, os ratos, os morcegos, os vampiros, tudo o que tem um toque de horror e de poder maléfico na memória ancestral e na imaginação popular é, mal camuflada, uma imagem de dragões que ameaçavam o Todo-Poderoso. Se alguma coisa subsiste, no fundo do inconsciente coletivo, do terror original e da repugnância primeva, é certamente a sombra da besta fabulosa e abjeta que compunha o grosso daquilo a que chamaríamos hoje, para falar a nossa linguagem, e forçando os termos com uma vulgaridade um tanto fácil, as forças aéreas e os contingentes blindados do Tinhoso (ORMD).

São Jorge ou São Miguel em combate com o dragão, representados por tantos artistas, ilustram a luta perpétua do bem contra o mal. Sob as formas as mais variadas, o tema obsessiona todas as culturas e todas as religiões e aparece até no materialismo dialético da luta de classes.

O eixo dos dragões, no tema astrológico, é também chamado *eixo do destino*. A cabeça do dragão, que indica o lugar onde se deve construir a sede da existência consciente, opõe-se à cauda do dragão, que revolve todas as influências vindas do passado, o carma de que é preciso triunfar. Essas duas partes do dragão são igualmente chamadas nós lunares, norte e sul. Trata-se de pontos nos quais a trajetória da Lua cruza com a do Sol.

O dragão é o símbolo do mercúrio filosofal. Dois dragões que se dão combate designam as duas matérias da Grande Obra, i.e., da busca da pedra filosofal: um deles é alado; o outro, não, para significar justamente a fixidez de um e a volatilidade do outro. Quando o enxofre, fixo, transmudou, em sua própria natureza, o mercúrio, os dois dragões são substituídos como sentinelas à porta do jardim das Hespérides, e é possível colher sem medo os pomos de ouro (PERD).

A linhagem Brug-pa Kagyu-pa, que pertence ao Veículo de Diamante, significa *linhagem do dragão* Kagyu-pa. Seus ensinamentos estão magnificamente expostos na *Vida e cantos de Brug-pa Kung-Legs, o Yogin,* que viveu no séc. XV, e cujo nome significa Belo Dragão. É venerado no Butã (*País do Dragão*), vizinho do Tibete. (*Vie et chants*

de Brug-pa Kung-legs, le Yogin, trad. fr. do tibetano e notas de R. A. Stein, Paris, 1972.)

DRUIDA

O nome do druida é, etimologicamente, o da ciência (*dru[u]id* – os muitos sábios) e há uma primeira equivalência semântica com o nome do *bosque e da árvore* (*-vid*). Mas a árvore é, também, um símbolo de força, e os druidas celtas têm direito à sabedoria e à força. É o que resume a etimologia analógica de Plínio, que põe o nome do druida em relação com o nome do carvalho, drus. Malgrado as hesitações dos antigos e de alguns modernos também, que querem ver neles unicamente filósofos, há que considerá-los os correspondentes estritos dos brâmanes da Índia. São, na verdade, sacerdotes, e suas doutrinas têm essência metafísica. Caso único, com efeito, na Europa ocidental, eles constituem uma classe sacerdotal, organizada e hierarquizada: sacerdotes sacrificadores, adivinhos ou satiristas, vates ou especialistas em ciências físicas. Os druidas podem ser não apenas sacerdotes mas também conselheiros muito ouvidos (o druida foi suplantado pelo capelão ou confessor na época cristã). Os adivinhos ou poetas podem ser juízes e historiadores (mas não são, jamais, satiristas). Os vates são médicos. A acumulação de funções, todavia, não lhes é interdita. A Irlanda forneceu toda uma série de nomes ligados, principalmente, à adivinhação ou à sátira. Na Gália só se conhece o nome de gutuater (*druida*) invocador. Os druidas governam, transcendem toda a sociedade humana, e dominam o poder político: na Irlanda como na Gália, o druida fala antes do rei. São os druidas que regulam a eleição real e que determinam a escolha do candidato (ou candidatos). Influenciam, também, toda a classe guerreira, que encerram numa teia apertada de proibições e obrigações, coletivas ou pessoais, e que castigam quando necessário por meio de um arsenal mágico dos mais aperfeiçoados. Sendo a classe sacerdotal um reflexo da sociedade divina, os druidas simbolizam todo o panteão por suas qualidades e suas funções. Livres de toda obri-

412 | DUPLO

gação, eles têm direito, ao mesmo tempo, ao sacerdócio e à guerra, o que corresponde a um aspecto extremamente arcaico da tradição. O druida Diviciacus comanda um corpo de cavalaria e o druida irlandês Cathbad maneja a espada. Mas o papel precípuo dos druidas é regular os contatos entre os homens e o Outro-Mundo dos deuses, por ocasião das grandes festas anuais. Essa é também a razão pela qual eles se limitam, de preferência, às suas funções sacerdotais. O druida Mog Ruith, solicitado pelos habitantes do Munster, pede recompensas suntuosas mas não aceita qualquer acesso à realeza para ele ou seus descendentes. Há muito menos traços da existência de druidas entre os celtas britânicos (mas cumpre lembrar que os druidas da Gália, segundo César, e da Irlanda, segundo todos os textos lendários, iam completar sua instrução na Grã-Bretanha. O único testemunho concreto disso é a destruição, registrada por Tácito, do santuário de Anglesey, no séc. I d.C. por um exército romano). A classe sacerdotal não sobreviveu na ilha: a cristianização foi mais precoce que na Irlanda. Todo o legado intelectual dos druidas foi confiado aos bardos, os quais, na Irlanda, não fazem parte da classe sacerdotal. Todas as organizações atuais que se dizem de inspiração druídica não passam de criação *ex nihilo*, sem qualquer valor tradicional (OGAC, 12, 49-58, 29-234, 349-382, 475-486; 18, 15-114 e 161-162).

DUPLO

A arte representa, em todas as culturas, animais em duplicata, **serpentes***, **dragões***, **pássaros***, **leões***, **ursos*** etc. Não se trata de uma simples preocupação de ornamentação, nem é isso o indício certo de uma influência maniqueísta. Os animais representados têm, todos, uma dupla polaridade simbólica, benéfica e maléfica, que é, neste Dicionário, esclarecida em seu verbete respectivo. É muito provavelmente esse duplo aspecto do que vive que se evoca pela duplicação das figuras. O leão, por exemplo, simboliza, por sua força, ao mesmo tempo o poder soberano e o

apetite devorador, quer seja ele apetite de justiça vindicativa, quer seja o do déspota sanguinário, o da vontade de poder. Da mesma forma, a representação de fitas ou de entrelaçamentos vegetais em torno de um personagem simboliza, se o círculo é fechado, o aprisionamento nas dificuldades e infortúnios; se o círculo é aberto, o alívio ou a libertação. Por vezes, a duplicação apenas reforça, redobra o sentido de um dos polos do símbolo.

As religiões tradicionais concebem geralmente a alma como um duplo do homem vivo, que pode separar-se do corpo com a morte dele, ou no sonho, ou por força de uma operação mágica, e reencarnar-se no mesmo corpo ou em outro. A representação que o homem se faz, assim, de si mesmo é desdobrada. A psicoterapia conhece, por seu lado, fenômenos de desdobramento histérico ou esquizofrênico da personalidade. As perturbações do eu aparecem, na análise, como símbolos. Revelam *uma regressão a estádios anteriores e primitivos,* que se podem considerar o *embasamento normal da mentalidade atual do paciente, à maneira de camadas geológicas.* Essas camadas podem vir à luz por sinais de regressão mórbida, por métodos de exploração, como o desdobramento do psicodrama, por atividades psíquicas ou "místicas" conduzidas perigosamente.

Um outro desdobramento se verifica, ainda, no conhecimento e na consciência de si mesmo, entre o *eu* cognoscente e consciente e o *eu* conhecido e inconsciente. O eu das profundezas, e não o das percepções fugitivas, pode aparecer como um arquétipo eterno e, segundo as análises de Henry Corbin, a partir dos textos do Sufi Sohrawardi, como o Homem de luz, o Eu-luz, o Guia pessoal, o Anjo iniciador, a Testemunha do céu, a Natureza perfeita, Gêmeo celeste: "Aquele que se conhece a si mesmo conhece o seu Senhor" (CORE, II, 26). O gnosticismo impregna aqui a mística muçulmana: os Espíritos Santos são, para cada alma, os Duplos celestes. Esse duplo emprega-se em ativar no místico sua própria imagem, seu ícone pessoal. O que o cristianismo, de certo modo, traduzirá pelo Anjo da guarda.

O romantismo alemão deu ao Duplo (*Doppelgänger*) "uma ressonância trágica e fatal... Ele pode ser o complementar, porém, mais frequentemente, é o adversário, que nos desafia ao combate... Encontrar seu duplo é, nas tradições antigas, um acontecimento nefasto, até mesmo um sinal de morte" (BRIR, III, 12). Um conto de Andersen, A **sombra***, ilustra também essa cruel aparição do Duplo.

DURGA

Deusa venerada particularmente no templo conhecido como Kalighat, em Calcutá, Índia, seja como "divindade terrificante à qual se devem sacrificar **bodes***", seja, para alguns iniciados, como "epifania da vida cósmica em contínua e violenta palingênese" (ELIT, 2). Ela reveste, assim, um duplo valor simbólico, cujas significações, aparentemente opostas, não são, aliás, irredutíveis: a intensidade da força vital, que é, ao mesmo tempo, regeneradora e destrutiva; a mãe sagrada, que dá a vida e que a devora.

E

ÉBANO

O ébano é caracterizado por sua cor **preta***. Às vezes, os malhetes maçônicos são pintados de preto, com o objetivo de torná-los semelhantes ao ébano: a dureza da madeira não parece bastar para justificar simbolicamente essa prática (*v.* **ibuxo** *).

Antigamente, acreditava-se que o ébano tinha o poder de proteger do medo; por isso, essa madeira era utilizada no fabrico de berços (BOUM, 14).

Plutão, rei dos infernos, assentava-se num trono de ébano. A simbólica do ébano estaria, assim como a do **preto***, ligada à simbólica dos infernos e à passagem pelas trevas.

ECLIPSE

O eclipse, na qualidade de fenômeno que marca uma desaparição, um ocultamento acidental da luz, é quase universalmente considerado uma *ocorrência dramática*. É um sinal de mau agouro, que anuncia acontecimentos funestos: este é o caso no antigo Egito, como também nos países árabes, embora uma crença semelhante pareça dificilmente compatível com os ensinamentos do Profeta; mesmo caso na China... Somente os kampucheanos (cambojanos), ao que parece, interpretam o eclipse num sentido favorável ou desfavorável, conforme o modo como se produz. Existem prescrições canônicas no Islã, e há cerimônias búdicas, por ocasião dos eclipses. Eles são com frequência relacionados à morte: significam a morte do astro. Acredita-se que o astro seja devorado por um monstro (o Rahu hindu, que é também *kala*, o **glutão***).

Em chinês, a palavra eclipse e a palavra comer (tch'eu) exprimem-se pelo mesmo caractere: a Lua é comida por um sapo.

Entretanto, e sempre no caso dos antigos chineses, esse desregramento cósmico encontra sua origem num *desregramento* microcósmico, a saber, o dos imperadores ou de suas mulheres. É uma dominação do *yang* (macho, luz) pelo *yin* (fêmea, obscuridade). Convém (e este é também um ponto de vista amplamente aceito) socorrer o astro em perigo ou extraviado: restabelece-se a ordem cósmica através do restabelecimento da ordem terrestre (por exemplo: pondo-se os vassalos numa formação quadrada); e atiram-se flechas para o céu, seja contra o monstro devorador, ou seja, sugere Granet, como oblação (oferenda aos deuses); ou ainda contra a Lua (*yin*) que está eclipsando o Sol (*yang*), segundo uma tradição mais recente, embora pouco aceitável.

De um modo geral, o eclipse apresenta-se como o anunciador de desregramentos cataclísmicos no final de um ciclo, que exige intervenção ou reparação, com vistas a preparar a vinda de um ciclo novo: isso seria a liberação do astro engolido pelo monstro (GRAD, GRAP, SOUL).

No antigo Peru, havia quatro explicações para os eclipses, considerados, sem exceção, um fenômeno de mau agouro (um eclipse solar estaria incluído entre os sinais que anunciaram a chegada dos espanhóis e o desmoronamento do Império dos incas):

Segundo a mais antiga das crenças, um monstro, **jaguar*** ou **serpente***, devora o astro;

O astro está enfermo e morre;

O Sol esconde-se, por estar encolerizado contra os homens;

A teogamia Sol-Lua realiza-se. Os dois astros se unem, tendo a Lua seduzido e dominado o Sol. Situação correspondente à observada na tradição chinesa: o *yin* sobrepondo-se ao *yang*.

ECO

Entre os maias, Eco é um dos atributos do grande deus ctoniano, o **jaguar***. Por causa disso, o eco é associado às montanhas, aos animais selvagens, particularmente ao tapir, e aos **tambores*** de invocação (THOH).

Segundo uma lenda grega, a Ninfa Eco, desiludida em seu louco amor por **Narciso***, desdenhada, definhando de tristeza, refugia-se nos bosques e grotões, e termina por identificar-se ao rochedo, que repercute todos os ruídos; segundo outras versões, Eco distraía a atenção de Hera (Juno), esposa de Zeus, enquanto o Senhor do Olimpo ia cortejar suas irmãs; e por isso teria sido castigada, tornando-se aquela que não sabe falar em primeiro lugar, que não pode calar-se quando alguém fala com ela, e que repete apenas os últimos sons da voz que lhe chega (Ovídio, Metamorfoses, 3). Objeto de muitas outras lendas, Eco aparece como o símbolo da regressão e da passividade, que podem ser apenas um estado passageiro, precedendo uma transformação. Ela evoca igualmente as noções de **duplo***, de **sombra***, de **golem***.

ÉDIPO

Herói lendário da tragédia grega, que se tornou o eixo principal da psicanálise moderna: o complexo de Édipo.

Advertido por um oráculo de que, se tivesse um filho, este o mataria, Laio, o pai de Édipo, mandou perfurar os tornozelos de seu filho, quando este nasceu, e ligou-os com uma correia; daí este nome de pé inchado (Édipo). O servidor, que devia abandoná-lo para que morresse, entregou-o a estrangeiros, pastores ou reis, conforme as lendas. Eles tomaram conta da criança. Já adulto e indo ter a Delfos, Édipo, por causa da prioridade de passagem num desfiladeiro estreito, mata Laio, ignorando que este era seu pai. Cumpria assim o oráculo, sem o saber. Na estrada de Tebas encontra a **esfinge***, um monstro que devastava a região. Ele o mata, é aclamado rei e recebe como esposa Jocasta, a viúva de Laio, sua própria mãe. Mas em consequência de oráculos obscuros do adivinho Tirésias, Édipo descobre que assassinou seu pai e

desposou sua mãe. Jocasta se mata; Édipo arranca seus próprios olhos. Conhece-se todo o proveito que a psicanálise freudiana soube tirar dessa situação, generalizando-a, para fazer dela o modelo das relações entre os filhos e seus pais: fixação amorosa no progenitor do sexo oposto, agressividade hostil em relação ao do mesmo sexo, o qual é preciso destruir para atingir sua própria maturidade, dupla tendência que admite inumeráveis variantes.

Paul Diel renovou a interpretação da lenda, examinando cada um de seus detalhes: Os tendões cortados no Édipo criança simbolizam uma diminuição dos recursos da alma, uma deformação psíquica que caracterizou o herói durante toda a sua vida. O **pé***, com efeito, em numerosas tradições, serve para representar a alma, seu estado e sua sorte. O mito compara assim os passos do homem à sua conduta psíquica... (o pé vulnerável de Aquiles simbolizava a vulnerabilidade de sua alma; sua propensão à cólera, causa de sua perdição); o pé descalço de Jasão, em busca do Tosão de Ouro, também fazia dele um coxo... o homem psiquicamente coxo é o ser nervoso. Édipo é o símbolo do homem que oscila entre o nervosismo e a banalização. Ele compensa sua inferioridade (a alma ferida) por meio da ativa busca de uma superioridade dominadora. Mas seu sucesso exterior tornar-se-á a causa de sua derrota interior. A lenda comporta um outro símbolo: o desfiladeiro estreito onde Laio foi assassinado. Ora, como toda cavidade (antro do dragão, inferno etc.), o caminho escavado é símbolo do subconsciente. O caminho de Édipo contra seu pai tem suas raízes no subconsciente: é lá que se deve procurar seu sentido. Ele representa o conflito assassino que dilacera a alma do coxo: a ambivalência entre a vaidade ferida e a vaidade triunfante. Por sua vitória sobre seu pai, Édipo não escapa à sua própria vaidade.

Caso se considere o papel de sua mãe Jocasta um símbolo, pode-se dizer que *desposar a mãe* vem a ser sinônimo do apego excessivo à terra. Édipo exalta seus desejos terrestres e torna-se prisioneiro deles: sua existência se banaliza. Quando explode finalmente a revelação de que ele é o assassino

416 | ÉGIDE

de seu pai e o esposo de sua mãe, em lugar de assumi-la, ele a rejeita: ele se cega. Este gesto, expressão do paroxismo do desespero, é ao mesmo tempo o símbolo da recusa definitiva de ver. O olhar interior se cega. A culpa é reprimida ao invés de ser sublimada. O remorso aterrorizador não conseguiu tornar-se arrependimento salutar. A cegueira vaidosa é completa, a luz interior se apaga, o espírito morre.

Mas eis que **Antígona***, sua filha, o toma pela mão e o guia até o santuário das **Eumênides***, em Colona, onde ele morre. Esta última cena significa que ele finalmente encontrou a paz numa justa apreciação de seu erro, no conhecimento e aceitação de si mesmo e de seu destino. Símbolo da alma humana e de seus conflitos, símbolo do ser nervoso capaz de loucura e de recuperação, Édipo, arrastado por sua fraqueza para a queda, mas tirando dessa própria queda sua força de elevação, acaba por desempenhar o papel de herói-vencedor (DIES, 149-170). Édipo resume a constelação psíquica do nervoso e do neurótico, do impulsivo, do excessivo, que só se dominará pela aceitação da morte.

ÉGIDE

Arma de Zeus (Ilíada, cap. 15); originalmente, simples pele de cabra; depois, tornou-se um escudo apavorante, forjado por Hefestos (Vulcano) e recoberto com a pele da cabra Amalteia, que havia alimentado Zeus com seu leite. Zeus concedeu esse escudo a Apolo e, mais tarde, a Atena (Minerva). Segundo certas descrições, a égide de Atena, em pele de cabra, era franjada com cabeças de serpentes e ostentava no centro a figura terrificante da Górgona (Medusa). Primeiramente símbolo do poderio soberano e, depois, da proteção ou do patrocínio de um personagem importante.

No entanto, a égide, ao contrário do raio, não é uma arma destinada a atingir diretamente. É uma *arma psicológica*, dissuasiva, cujo objetivo é o de inspirar o temor, e o de incitar os mortais a não depositarem sua confiança senão naquele que a merece: o Deus todo-poderoso. Em sua origem, ela simbolizava a tempestade, geradora de pavor e de pânico.

"Quanto a ti, toma em tuas mãos a égide franjada; depois, agita-a com bastante força, para provocar a debandada dos heróis aqueus [...]." (HOMI, **15**, 229-230). Febo Apolo segura a égide impetuosa, terrível, peluda, deslumbrante, que Hefestos, o bom **Ferreiro***, fabricara para o uso de Zeus, a fim de que este pusesse os homens em fuga. Ao empunhar a égide, Apolo mostra o caminho aos seus homens: "Enquanto Febo Apolo mantém a égide imóvel nas mãos, batem-se as armas de ambos os lados, e os homens tombam. Mas quando, diante dos dânaos, de velozes corcéis, e com os olhos fixos neles, começa a agitá-la, lançando ao mesmo tempo um **grito*** muito longo, no peito daqueles guerreiros o coração é atingido pelo sortilégio; e eles esquecem seu valor ardoroso, sem coragem para prosseguir a luta: Apolo semeara o pânico entre eles" (HOMI, XV, 310-328).

EGITO

Na tradição bíblica, o Egito simbolizou o país da servidão suportada, o país de onde vinham as tentações da idolatria e as ameaças de invasão, por oposição à Terra Prometida. E no entanto, no início do Evangelho, encontra-se uma fuga para o Egito, como se a Palestina de Herodes sobrepujasse em perversão o antigo país dos faraós; mas a família de Jesus não tarda em retornar à Galileia. Pode-se ver nessas tradições o símbolo da fuga, do afastamento de uma vida sob o jugo dos sentidos ou das forças estrangeiras, e da caminhada para uma forma de vida superior e livre.

Os próprios antigos egípcios denominavam seu domínio de o Negro e o Vermelho; o vermelho designava o aspecto saariano do país, com suas extensões desérticas e crestadas de sol; o negro, o aspecto nílico, o vale que se estira ao longo do rio fecundante: o Nilo enegrece o vale com seus aluviões, emprestando-lhe as cores escuras de uma rica vegetação. Assim, o Egito simboliza a união dos contrários: a esterilidade do deserto e a fertilidade do vale.

Simboliza igualmente uma outra dupla de contrários: uma encruzilhada aberta e um oásis fechado (POSD, 98). Encruzilhada, pois, efetivamente, quatro mundos para ele convergem: o

Saara, a África negra, o Oriente Próximo asiático, e o Mediterrâneo médio europeu. Oásis: seu cinturão de mares e desertos isola-o, tendo-lhe valido três milênios de civilização autônoma e quase imutável.

EIXO

O eixo, em torno do qual se efetuam as revoluções do mundo, liga entre si os domínios ou os estados hierarquizados em seu respectivo centro. Pode ser o caso de unir a Terra ao Céu, mais precisamente o centro do mundo terrestre ao centro do céu, representado pela Estrela Polar. No sentido descendente, esse eixo é aquele seguido pela atividade celeste; no sentido ascendente, é a Via do meio (*tchong-tao*), ou a Via real (*wang-tao*). Por vezes, trata-se também de unir os Tjês mundos: mundo subterrâneo, terra e céu, ou *Tribhuvana*: terra, atmosfera e céu. Essa hierarquia corresponde simbolicamente aos estados do ser, como bem o indicam as etapas da viagem axial de Dante. É ao longo do eixo que se eleva para os estados superiores aquele que chegou ao centro, i.e., ao estado edênico ou primordial. Assim, diz-se de Lao-tse que ele exercia suas funções de arquivista – de guardião dos ensinamentos tradicionais saídos dos quatro orientes – ao pé da coluna, eixo que liga o céu e a terra.

No espaço, o eixo do mundo é o eixo dos polos; no tempo, o eixo solsticial. Suas representações são inumeráveis, sendo, todavia, as mais frequentes a **árvore*** e a **montanha***. Como o são também o **bastão***, a **lança***, o **linga***, o mastro do carro ou seu eixo (imaginado na posição vertical, com as duas **rodas*** a representarem o céu e a terra), as **colunas*** de luz ou de fumaça; também o **gnomo***, cuja sombra inexiste no dia do solstício, ao meio-dia. O mastro do carro identifica-se ao gnomo, e o condutor do carro, ao mastro: é que, neste caso, se trata do *wang*, o rei, cujo caractere representa o céu, o homem e a terra unidos por um eixo central. O mastro do carro ultrapassa o guarda-sol para figurar a saída do cosmo; do mesmo modo, o mastro do navio ultrapassa o cesto da gávea. O mastro de cocanha (sin. bras.: pau de sebo) – cujo equivalente pode ser encontrado na China antiga

e em muitas cerimônias extremo-orientais mais recentes – atravessa o círculo fixado no seu topo. A coluna de fumaça atravessa o teto da cabana e sobe para o céu. Observemos, ainda, a propósito do mastro de navio, que, no Vietnã, denomina-se de abertura do coração o delineamento do buraco destinado a recebê-lo, localizado no centro da embarcação. De modo semelhante, o mastro ultrapassa a **stuspa*** e o pagode, ostentando círculos e guarda-sóis que representam os níveis celestes. No caso do pagode, trata-se certamente de um mastro fincado no solo, em torno do qual se articula toda a construção, e ao qual se identifica o Buda, assim como o rei ao mastro do carro.

O pilar cósmico do *Veda* (*skambha*) está representado, nos templos como o de Angkor, por um poço profundo cavado por baixo do santuário central, pelo linga ou pela efígie divina que contém este linga, e, enfim, pelo mastro que se eleva no céu (*vajra* de *Indra* ou *trishula* de *Shiva*). Nos templos da Índia, o mastro atravessa a *amalaka*, que representa a porta do Sol; no Kampuchea (Camboja), mais frequentemente uma flor de lótus. O *skambha*, porém, identifica-se além disso com o próprio *Indra* e também com *Shiva*, sob a forma de uma coluna ou de um *linga* de fogo. O *vajra* é um símbolo axial, pois o raio é uma manifestação da Atividade celeste. Durante as festas hindus do *Indradhvaja* erguem-se mastros que, também neste caso, se identificam com Indra. Notar-se-á que o próprio Platão considera o eixo do mundo como sendo luminoso e feito de diamante (o *vajra* é diamante). Esta chama em forma de coluna, e que arde através da sarça, escreveu Clemente de Alexandria, é o símbolo da luz santa que, da terra, transpõe o espaço e torna a subir ao céu através do madeiro (da Cruz), através do qual nos é dado contemplá-la em espírito (Strómatas, 1). A assimilação ao eixo da Cruz mediadora é amplamente atestada e facilmente explicável; tal é, por exemplo, o sentido da divisa dos frades cartuxos: *Stat lux dum volvitur orbis* (a luz [cruz] permanece de pé quando gira o globo); ela é o eixo estável e imóvel, quando tudo muda e tudo morre em torno dela. A coluna luminosa, assegura

418 | ELECTRA

ainda Clemente, é uma representação não icônica da Divindade. Representa Apolo; é um raio do sol espiritual. Os maniqueístas e o esoterismo muçulmano referem-se a uma coluna de luz que conduz as almas ao seu Princípio.

A noção de Axis múndi, de pilar cósmico, encontra-se da América à Austrália, passando pela África e pela Sibéria. Pode-se encontrá-la também no Japão, onde Izanagi e Izanami giram em sentido inverso em torno dele antes de se unirem. Símbolo do enrolamento em torno do eixo de duas forças complementares que se equilibram: as duas serpentes do **caduceu***, o duplo enrolamento em torno do bastão bramânico, o das duas nadi em volta do sushumna, no tantrismo. Este último dado vem lembrar que o tantrismo identifica o eixo à coluna vertebral: esta a razão pela qual o Buda estava impedido de girar a cabeça, pois o eixo era rigorosamente fixo.

Pode-se ainda evocar, na mesma perspectiva, as colunas da direita e da esquerda da árvore sefirótica (da Cabala), as da misericórdia e da severidade, enquadrando a coluna do meio. E também as colunas de Hércules, que Guénon demonstrou serem um símbolo solsticial, sendo o próprio herói de natureza solar. Em um outro plano, **coluna*** é sinônimo de sustentação, por causa de sua função arquitetônica: assim, as colunas da Igreja ou as colunas do Templo, que às vezes são apresentadas invertidas, desempenham o papel mediador de um eixo (BURA, BHAB, CADV, CORT, ELIC, ELIY, ELIM, GRAP, GRIR, GUED, GUEM, GUEC, GUET, GUES, HUAV, JACT, KALL, KRAT, SAIR, SCHI, SECA).

Algumas vezes, os celtas também representaram o eixo do mundo como uma **coluna***, uma *solis columna*. Essa coluna, que sustentava o céu, deve ser relacionada com a árvore da vida e com o conceito de santuário (*nemeton*). Um texto gaélico medieval, do séc. XII ou XIII, faz dos evangelistas os quatro **pilares*** que sustentam o mundo, o eixo da Nova Aliança (OGAC, 4, 167; ZWIC, I, 184).

ELECTRA

Segundo um mito grego, ela teria concebido, de sua união com Zeus, a Harmonia. Mas a personagem Electra é conhecida sobretudo através da tragédia grega – como a filha de Agamenon e de Clitemnestra. Após o assassinato de Agamenon por Egisto, o amante de Clitemnestra, Electra sente-se devorada pelo desejo de vingar o pai, incitando a morte da mãe. O complexo de Electra, no registro da psicanálise, corresponde ao complexo de Édipo, mas com matizes femininos. Electra não matará a mãe com suas próprias mãos; em vez disso, incitará Orestes, seu irmão, a fazê-lo, e o ajudará no momento de enterrar o punhal. Em geral, após uma fase de fixação afetiva na mãe, durante a primeira infância, a jovem adolescente costuma apaixonar-se pelo pai e provocar os ciúmes da mãe; ou então, quando esse amor não é retribuído pelo pai, ela tende, por sua vez, a virilizar-se, no intuito de seduzir a mãe; ou ainda, recusando o casamento, inclina-se para a homossexualidade. Seja como for, Electra simboliza um amor passional pelos pais, até o ponto de reduzi-los à igualdade pela morte. E nessa espécie de equilíbrio fúnebre, ao pedir aos deuses "justiça contra a injustiça", Electra acaba por unir-se ao símbolo do mito, pois restabelece a Harmonia desejada pelo Destino.

ELEFANTE

Para os ocidentais, o elefante é a imagem viva do peso, da lentidão e da falta de jeito; no entanto, na Ásia, a ideia que se tem desse animal é fundamentalmente diferente.

O elefante é a montaria dos reis, sobretudo de Indra, o Rei celeste. Ele simboliza, portanto, o poder régio. Além disso, no exercício de suas funções de soberania, Shiva recebe o nome de elefante. A paz e a prosperidade são o efeito do poder régio estabelecido; a potência do elefante (*mâtangi*) dá àqueles que a invocam tudo o que possam desejar. Em muitas regiões, principalmente naquelas onde sopra a monção, a chuva, bênção do Céu, é a dádiva mais almejada: no Sião, no Laos, no Kampuchea (Camboja), o elefante branco concede a chuva e as boas colheitas. Pois Indra é também a divindade das chuvas; o elefante ostenta na cabeça uma pedra preciosa, que refulge como o raio.

Além do mais, o elefante é símbolo, não de peso bruto, mas de estabilidade, de imutabilidade. A ioga costuma atribuí-lo ao chakra muladfiara, onde ele corresponde, consequentemente, ao elemento terra e à cor ocre. O elefante acompanha, também, o *Boddhisattva Akshobhya*, o Imutável. Em certas mandalas tântricas, o elefante aparece quer às portas cardeais, quer nos pontos colaterais; pode-se encontrá-lo igualmente em Angkor, no Mebon oriental, e sobretudo no Bakong. Ele significa a dominação do centro real sobre as direções do espaço terrestre. Sua presença, entre outros símbolos, junto a Vasudeva – Vishnu como senhor dos três mundos – parece indicar justamente sua soberania sobre o mundo terrestre.

O elefante evoca ainda a imagem de **Ganesha*** (deus hindu da Ciência e das Letras, com cabeça de elefante), símbolo do conhecimento. O corpo de homem desse deus representa o microcosmo, a manifestação; e sua cabeça de elefante, o macrocosmo, a não manifestação. Segundo essa interpretação, o elefante é, efetivamente, o começo e o fim, aquilo que se depreende a um só tempo do desenvolvimento do mundo manifestado a partir da sílaba om (e, portanto, do não manifestado) e da realização interior do iogue. Ga-ja, o elefante, é o **alfa*** e o **ômega***.

O simbolismo do elefante é também muito empregado nas formulações búdicas; foi de um filhote de elefante que a rainha Mâya concebeu Buda. Neste caso, o elefante desempenha um papel angélico que poderia parecer imprevisto, se já não soubéssemos que esse animal é o instrumento da ação e da bênção do Céu. Às vezes ele é figurado só, para significar a concepção de Buda. Em outros lugares, colocado no topo de uma pilastra, o elefante evoca o Despertar, o que nos leva novamente ao simbolismo do conhecimento representado por **Ganesha***. Enfim (numa significação muito próxima a esta última), ele é a montaria do Boddhisattva Samantabhadra, para exprimir, não menos formalmente, o poder do conhecimento. Num aspecto secundário, a força bruta é exprimida no episódio do elefante furioso Nalagiri (DAMI, GOVM, GROI, KRAT).

Assim como o **touro***, a **tartaruga***, o **crocodilo*** e outros animais, o elefante também desempenha, na Índia e no Tibete, o papel de animal-suporte-do-mundo: o universo repousa sobre o lombo de um elefante. Em numerosos monumentos, a figura do elefante faz as vezes de cariátides: ele é cosmóforo. E é igualmente considerado um animal cósmico, por causa da semelhança de sua estrutura com a do cosmo: quatro pilares que sustentam uma esfera.

Na África, segundo as crenças dos baoulés, o elefante simboliza a força, a prosperidade, a longevidade e a sabedoria. É símbolo de violência e de feiura entre os ekois dos quais os ibos da Biafra imitaram o culto e as instituições do Ekkpe (região leste da Nigéria). Neste caso, porém, o símbolo não ultrapassa de modo algum o nível da metáfora.

E é ainda nesse mesmo nível que ele serve de atributo: ao poderio régio, quando se considera apenas sua própria massa: ao rei que evita a loucura e a *imprudência*, quando se considera sua própria desconfiança e sua precaução; à piedade (devoção), se se der crédito a Plínio (o Velho) e a Elien: Quando brilha a Lua nova, os elefantes, segundo ouço dizer, movidos por uma espécie de inteligência natural e misteriosa, carregam ramos, recentemente arrancados às florestas onde pascem, erguem-nos e, com os olhos voltados para o céu, agitam brandamente esses galhos, como se estivessem dirigindo uma prece à deusa, a fim de que ela lhes seja propícia e benévola; e à castidade, se é verdade que, segundo Aristóteles, enquanto a fêmea do elefante está prenhe (dois anos), esse animal não se aproxima dela, nem cobre nenhuma outra fêmea, e que ele seria até mesmo o vingador do adultério. Há uma gravura do séc. XVII que ilustra essas fábulas, mostrando um elefante a lutar contra um javali: a luta do pudor contra a libido (TERS, 153-155).

ELEMENTOS

A teoria chinesa dos *Cinco Elementos* dataria do segundo milênio antes de nossa era, e teria aparecido em um pequeno tratado, considerado por alguns como sendo o mais antigo tratado da filosofia chinesa: o Hong-Fan.

420 | ELEMENTOS

Esses Cinco Elementos são: a água, o fogo, a madeira, o metal e a terra, que os chineses fazem corresponder aos cinco primeiros algarismos: 1 – 2 – 3 – 4 – 5.

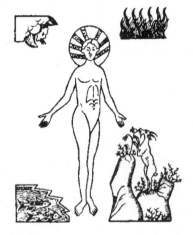

ELEMENTOS: Miniatura do séc. XII.
Arte alsaciana.

Esses elementos têm correspondências no tempo e no espaço:

- A água com o baixo, o inverno, o norte (que se situa na parte baixa do mapa);
- O fogo com o alto, o verão, o sul;
- A madeira com a primavera e o leste;
- O metal com o outono c o oeste;
- A terra está no centro, prestando assistência a todos os demais pontos e elementos.

A cada um dos elementos, os chineses fizeram corresponder um animal, uma víscera, uma cor, um sabor, uma planta, um modo da escala musical pentatônica e um planeta, o que os levou a dizer que tudo o que se encontrava sobre a Terra podia estar na dependência de um dos elementos.

Naturalmente, seria impensável (para os chineses) querer fazer com que os elementos agissem, sem reportar-se à ação do *Yin** e do *Yang**.

Os Cinco Elementos reagem uns sobre os outros, alternadamente produzindo-se um do outro, ou destruindo-se um pelo outro. Esse princípio de classificação e de equivalência responde à necessidade de harmonizar a vida humana e a ordem cósmica, sendo que o *Yin* e o *Yang* têm por função animar os aspectos antitéticos da ordem cósmica, ou seja, dos elementos que a compõem; é claro que a teoria dos Cinco Elementos não pode ser concebida sem eles.

Elementos	ÁGUA	FOGO	MADEIRA	METAL	TERRA
Números	1	2	3	4	5
Sabor	salgada	amargo	ácida	acre	doce
Atividades humanas	gravidade	boa ordem	ciência	entendimento	santidade
Signos celestes	chuva	yang	quente	frio	vento
Vegetais	milhete amarelo	feijão	trigo	oleaginoso	milhete branco
Animais domésticos	porco	frango	carneiro	cão	boi
Notas	Yu	Tche	Kio	Chang	Kong
Vísceras	rins	pulmões	baço	fígado	coração
Cores	negro	vermelho	verde	branco	amarelo
Elementos corporais	sangue	respiração	ossos	unhas	músculos
Sentimentos	cólera	prazer	alegria	dor	amor

Para os gregos, bem como para a maioria das tradições, os elementos são em número de quatro: a **água***, o **ar***, o **fogo***, a **terra***. Mas não são de modo algum irredutíveis entre si; ao contrário, transformam-se uns nos outros (Platão, *Timeu*, 56 s.). E até mesmo procedem uns dos outros, com um rigor que alcança o dos raciocínios matemáticos. Por isso, no Timeu a teoria desses elementos está ligada à das Ideias e dos Números, como também à da Participação, que está no cerne da dialética platônica. Cada um desses elementos subdivide-se em variedades, segundo as medidas da participação e das misturas. Assim sendo, pode-se distinguir três espécies de fogo: a chama ardente, a luz e os resíduos incandescentes da chama. Havia um quinto elemento que se podia ligar tanto ao ar quanto ao fogo: o éter.

Esses elementos têm sua correspondência na simbólica baseada na análise do imaginário. E cada elemento age como condutor para uma outra realidade que não é a sua. Os trabalhos de Gaston Bachelard sobre esse tema são de uma extraordinária riqueza. Eles demonstram como a imagem do ar está na base de toda uma psicologia ascensional, que, por sua vez, tem seus contrários no alçar voo e na queda (BACC); e de que maneira os quatro elementos correspondem aos quatro temperamentos: a água ao linfático, a terra ao bilioso, o ar ao sanguíneo, o fogo ao nervoso (BACF).

Os quatro elementos são o fundamento daquilo que Bachelard denominou de a imaginação material, essa espantosa necessidade de penetração que, para além das seduções da imaginação das formas, irá pensar a matéria, sonhar a matéria, viver na matéria ou então – o que vem a dar na mesma – materializar o imaginário... A fisiologia da imaginação, ainda mais do que sua anatomia, obedece à lei dos quatro elementos (BACS, 14-15). Bachelard considera os quatro elementos os hormônios da imaginação. Eles acionam grupos de imagens. Ajudam a assimilação íntima do real disperso em suas formas. Através deles efetuam-se as grandes sínteses que dão qualidades um pouco regulares ao imaginário. O ar imaginário, particularmente, é o hormônio que nos faz crescer no sentido psíquico (ibid., 19). A análise de Jung retoma a distinção tradicional entre os princípios ativos e masculinos, ar e fogo, e os princípios passivos e femininos, água e terra. As variadas combinações desses elementos e de suas relações simbolizam a complexidade e a infinita diversidade dos seres ou da manifestação, bem como sua perpétua evolução de uma combinação a outra, conforme a predominância de um determinado elemento. No plano interior e espiritual, é igualmente a evolução psíquica que se encontra evocada pela valência de condutor própria a cada elemento. O fogo é muitas vezes considerado o elemento motor, que anima, transforma, que faz com que evoluam de um para outro os três estados da matéria: sólido (terra), líquido (água), gasoso (ar). O ser de fogo simboliza o agente de toda evolução.

E o fato de serem considerados os elementos como símbolos estabelece uma ligação entre a astrologia e a antiga doutrina dos grandes filósofos (Pitágoras, Empédocles, Platão, Aristóteles...), segundo a qual os diversos fenômenos da vida estão sujeitos às manifestações dos elementos, que determinam a essência das forças da natureza, sendo que esta realiza sua obra de geração e de destruição por meio desses elementos: a **água***, o **ar***, o **fogo*** e a **terra***. Cada um deles surgiu da combinação de dois princípios primordiais: a Água procede do Frio e do Úmido; o Ar, do Úmido e do Quente; o Fogo, do Quente e do Seco; e a Terra, do Seco e do Frio. Cada um deles é representativo de um estado: líquido, gasoso, ígneo e sólido. E a cada um deles está assimilado um conjunto de condições dadas à vida, e isso numa concepção evolutiva, na qual o desenrolar do ciclo tem início com o primeiro elemento (Água), para terminar com o último (Terra), passando pelos termos intermediários (Ar e Fogo). Assim, tem-se uma ordem quaternária da natureza, temperamentos e etapas da vida humana: inverno, primavera, verão e outono; da meia-noite ao nascer do sol, do nascer do sol ao meio-dia, do meio-dia ao poente, do poente à meia-noite; linfático, sanguíneo, bilioso, nervoso; infância, juventude, maturidade,

422 | ELFO

velhice; formação, expansão, culminação, declínio etc. As operações da alquimia, da astrologia e das disciplinas esotéricas repousam na base desses valores universais.

A simbólica maçônica estabeleceu um quadro de correspondência entre os elementos e as principais etapas da ascensão iniciática.

Na iniciação maçônica, observa Jules Boucher, o Recipiendário começa por sair da Terra. Em seguida, ele é sucessivamente purificado pelo Ar, pela Água e pelo *Fogo*. Liberta-se, de escalão em escalão, da Vida material, da Filosofia e da Religião e, por fim, consegue chegar à Iniciação pura (BOUM, 45).

ELEMENTOS	PARTES DO SER HUMANO	ETAPAS
Fogo	Espírito	Iniciação
Água	Alma	Religião
Ar	Mente	Filosofia
Terra	Corpo	Vida material

O mesmo autor estabelece uma aproximação entre o quadro acima e certos dados da astrologia tradicional: ao elemento *Fogo* corresponde o ardor e o entusiasmo; ao elemento *Água*, a sensibilidade e a emotividade; ao elemento *Ar*, a intelectualidade; ao elemento *Terra*, a materialidade (44). As correspondências zodiacais com os elementos seriam as seguintes:

> **Fogo:** Áries (ou Carneiro), Leão, Sagitário;
> **Água:** Câncer, Escorpião, Peixes;
> **Ar:** Gêmeos, Libra (ou Balança), Aquário;
> **Terra:** Touro, Virgem, Capricórnio.

Neste ponto, é interessante notar que a tradição mística muçulmana (*sufi*) estabelece, entre as quatro etapas da evolução iniciática e os quatro elementos, relações estritamente contrárias: ar, fogo, água, terra – cuja explicação é a seguinte:

1. A realidade aparente sendo puramente ilusória, não tem nenhuma materialidade – é o elemento ar.
2. Aquele que envereda pelo caminho da perfeição (*tarik*) e tenciona prosseguir nele terá de

principiar, portanto, por queimar dentro de si as imagens dessa realidade ilusória (elemento fogo).

3. Graças a isso, ele começará a apreender a divina e única realidade, inicialmente no que ela tem de mais fluido e impreciso – elemento água.
4. E, por fim, ele conseguirá fundir-se na total e única realidade, o *Hak*, a divindade, a única verdadeiramente sólida – elemento terra.

As figuras tradicionais dos quatro elementos são as linhas seguintes, com variações ornamentais diversas em torno do tema central:

Água 99 99 ou então 66 66 (ondas)
Ar ∿∿∿∿∿∿∿∿∿ (volutas)
Fogo ∧∧∧∧∧∧∧∧∧∧ (relâmpagos)
Terra ⊓⊔⊓⊔⊓⊔⊓⊔⊓⊔ (quadrados)

Os triângulos e os quadrados, associados aos elementos fogo e terra, remetem à simbólica dos números **três*** e **quatro***, e ajudam, principalmente, a compreender o valor *másculo* ligado ao número três, e o valor *feminino* ligado ao número quatro. A esse propósito, pode-se lembrar a frequente associação *relâmpago-pênis*, sublinhada por Geza Roheim (GEZH).

ELFO

Divindades aéreas, de origem nórdica, amantes de danças noturnas nos prados, e que parecem convidar os humanos a unirem-se a elas, mas que, na realidade, trazem-lhes a morte.

São os espíritos do ar, porém saídos da terra e das águas, deslumbrantes, caprichosos, pequeninos, flutuantes, vaporosos, temíveis (*v.* **anões***). Simbolizam as forças *ctonianas e noturnas*, que provocam pavores mortais, sobretudo nos adolescentes. Pois, ao contrário dos adultos, menos perspicazes, menos sensíveis ao imaginário, ao imperceptível, e que por isso nada percebem, os adolescentes conseguem discernir os elfos na bruma. Esses entes são como as emanações confusas das paixões nascentes e dos primeiros sonhos de amor. Fascinam e enfeitiçam os jovens corações e as imaginações ingênuas.

É de noite que os elfos saem
com suas vestes úmidas na fimbria
e sobre os nenúfares arrastam
seus pares, mortos de fadiga

(Théophile Gautier)

A *Dama branca* é a rainha dos elfos. Certos intérpretes consideram as rondas dos elfos condensados energéticos, que emergem do universo: daí seu poder de fascínio e sua capacidade de fazer atravessar as **portas*** que separam os três níveis do universo e, principalmente, o mundo dos vivos do mundo dos mortos. Eles agem sobre a imaginação, exaltando-a através de sonhos e aparições, e arrastam em sua dança o ser seduzido por sua beleza. Simbolizam as forças inconscientes do desejo, metamorfoseadas em cativantes imagens, cuja poderosa atração tende a inibir o autocontrole e a capacidade de discernimento.

ELIXIR

O elixir da imortalidade, evocado nas tradições, simboliza o estado de consciência transformado. Qualquer que seja o nível de elevação, o elixir assegura a perenidade (ALLA, 154).

Sob seu aspecto negativo, a perenidade que ele confere é a do esquecimento. Foi esse elixir do esquecimento que os druidas de Ulster deram a Cuchulainn, a pedido de Emer, sua mulher, para que ele já não se lembrasse mais de Fand, a graciosa esposa do deus do mar. *Após tê-lo bebido, ele já não mais se lembrou de Fand, nem de nada do que fizera.* Uma poção semelhante foi dada pelo druida do rei Conn, o das cem batalhas, a Condle, filho do rei, a fim de que este esquecesse a mulher do sid, que viera provocar seu amor. Mas a força da mulher do Outro-Mundo foi superior aos poderes mágicos do druida. Lamentavelmente, nada se sabe a respeito da composição desse elixir do esquecimento; pode-se supor, apenas, que consistisse em uma decocção vegetal (OGAC, 10, 310).

ELMO (*v.* Capacete)

EMARANHAMENTO (*v.* Enredamento)

EMBALAGEM (*v.* Empacotamento)

EMBRIAGUEZ

A embriaguez, ligada à fecundidade, às searas, à riqueza das colheitas, tem muito a ver com os fenômenos lunares. A Lua governa, com efeito, na simbologia tradicional, o ciclo da vegetação, da gravidez, do crescimento. Por isso mesmo, os deuses da fecundidade são, na maioria das vezes, divindades lunares.

A ebriedade espiritual é um símbolo universal: pertence não só à linguagem dos místicos cristãos e muçulmanos, para os quais engendra a perda do conhecimento de tudo o que é alheio à Verdade, i.e., o esquecimento até do nosso esquecimento, mas também à linguagem dos próprios esoteristas. A embriaguez do espírito não é apenas um transporte das faculdades mentais, uma vez que o vinho é, ele mesmo, sinônimo de conhecimento. Não é também um símbolo verbal, analógico, pois que, um pouco por toda parte, o homem recorre à embriaguez física como meio de acesso à espiritual, libertando-se do condicionamento do mundo exterior, da vida controlada pela consciência: era assim nos mistérios gregos e no taoismo, cujos sábios beberrões são famosos. "Quando a gente se embebeda", diz Liu-ling, "não tem mais sensação de frio nem de calor, as paixões se dissipam, os seres que formigam em torno não são mais que lentilhas-d'água, boiando à superfície do Kiang e do Han [...]." Desde as origens, Yu-o-Grande, que praticava a dança extática, era, ao que se diz, dado à bebida.

Um texto tântrico assegura que quando a gente bebe, quando bebe de novo, quando bebe mais, até cair por terra, e se ergue, e recomeça a beber, a gente escapa para sempre ao ciclo da reencarnação. O que poderia ser um símbolo aceitável da embriaguez espiritual. Trata-se, na verdade, de coisa muito diferente: embriaguez, aqui, é o símbolo dos exercícios de retenção da respiração (prender o fôlego), ligados à ascensão da kundallini. A queda por terra é a descida da energia até o centro-raiz (*muladhara-chakra*), que corresponde à Terra. A repetição da experiência conduz, finalmente, à libertação (CORM, ELIY, GRAD, MAST, SCHO).

424 | EMBRIÃO

A embriaguez é generalizada na grande festa irlandesa de Samain, onde **cerveja*** e **hidromel*** correm como rios. A maior parte dos textos fala da confusão da embriaguez, sem nenhuma intenção, sem qualquer conotação pejorativa. O que é fácil de compreender com relação a uma festa que está, simbolicamente, fora do tempo humano e na qual os homens se acreditam em contato direto com o Outro-Mundo, dos deuses. Esse contato direto não seria possível sem uma embriaguez sagrada, a qual, por algumas horas, faz sair a humanidade do seu estado normal (OGAC, 13, 481-506) (*v.* **circum-ambulação***, **dança***).

EMBRIÃO

O embrião simboliza a potencialidade, o estado de não manifestação; mas também simboliza a soma das possibilidades de ser, em planos que nem sempre são, aliás, do domínio cosmológico, embora na maior parte das vezes a ele se refiram.

A noção de embrião do mundo manifestado exprime-se de modo particularmente claro na mitologia hindu: *Hiranyagarbha*; o embrião de ouro do *Veda* é o princípio da vida levado sobre as águas primordiais, o germe da *Luz cósmica* (GUES). De maneira mais imediata, a *Terra-mãe* é portadora de embriões: os minerais amadurecem na terra, pensavam os ocidentais da Idade Média, como também os chineses e os babilônios. Esse amadurecimento realiza-se no cadinho do fundidor ou no do alquimista, tal como a criança no seio materno. Na Índia, acredita-se que o **diamante*** provenha do **cristal*** *amadurecido* no útero terrestre; segundo os norte-vietnamitas, se o bronze for amadurecido dessa mesma maneira, dará ouro.

Poder-se-á notar, por outro lado, a relação possível entre o simbolismo de *Hiranyagarbha* e o fruto da Grande Obra, no cadinho do alquimista, que é, ele próprio, *embrião de ouro*. Dele nasce, diria Angelus Silesius, *o Filho dos Sábios*, ou seja, a pedra filosofal. Um simbolismo dessa mesma ordem desenvolve-se na alquimia *tântrica* dos taoístas: pela união interna da essência e do sopro (*tsing* e *k'i*) forma-se o Embrião misterioso. O Embrião misterioso enovela-se e dá nascimento a um corpo (*T'ai-siking*). Essas mesmas noções são expressas no *Tratado da Flor de Ouro*. "Não procures do lado de fora o Embrião primordial", confirma Hueiming king. Pois, assim como notaremos mais adiante, o retorno ao estado embrionário é sinônimo de acesso ao estado edênico, ou primordial. E é por isso que o embrião alquímico-tântrico é o germe da imortalidade.

Hiranyagarbha é o fogo: às vezes, ele é identificado com *Agni*. O germe de luz é visto no seio de sua mãe: e o mesmo poderia ser dito em relação ao Buda, ao Sol egípcio, e, também, ao Cristo. O Messias como germe é uma constante bíblica, e tanto é assim que São Paulo escreveu (*Gálatas*, **4**, 19): "[...] meus filhos, por quem eu sofro de novo as dores do parto, até que Cristo seja formado em vós."

O *retorno ao embrião*, tão caro ao simbolismo alquímico, exprime-se ainda na técnica taoista do *t'ai-si* ou respiração embrionária. Trata-se — ao imitar a respiração em circuito fechado do feto — de reintegrar a origem e de alcançar a imortalidade ou, pelo menos, de obter a longevidade. Por outro lado, com vistas a facilitar o seu *renascimento*, numerosos povos (principalmente os tibetanos e a maioria dos ameríndios andinos) costumam colocar o corpo dos mortos na posição embrionária. A identificação do candidato com um embrião capaz de *nascer* de novo é igualmente muito difundida: uma aplicação precisa desse processo pode ser encontrada nos Brâmanas.

Deve-se estabelecer uma aproximação entre o simbolismo embriológico e o do *germe* de luz contido no coração, como *Hiranyagarbha* no Ovo do mundo, e que a iconografia às vezes representa pela letra hebraica *iod*; assim também o da luz ou *nódulo de imortalidade* (**amendoeira***), que contém todas as possibilidades de regeneração do ser.

O esoterismo ismaeliano descreve habitualmente em termos de embriologia a formação do "corpo profético: Moisés, com os *Imam* de seu período e seus dignitários, foi como o embrião" (Ibn al Walid) (COOH, CORT. DANA, ELYI, GRAP, MAST, SILI).

EMBRULHO (*v.* Empacotamento)

EMPACOTAMENTO

Na China, o empacotamento de um objeto sempre foi feito conforme uma regra imutável, de acordo com a qual não se leva em consideração a forma do objeto a ser embrulhado. O papel, ou qualquer outro material empregado, é colocado diante da pessoa encarregada de fazer o embrulho numa posição determinada, de maneira que suas extremidades coincidam com os quatro pontos cardeais: uma ponta para cima, outra para baixo, e as outras duas pontas a cada um dos lados, à direita e à esquerda; o objeto a ser empacotado, que teoricamente se encontra no centro, representa o quinto ponto cardeal, de grande importância para os chineses: e assim, torna-se centro do mundo, merecedor de um cuidado quase sagrado. É um procedimento que dispensa qualquer tipo de barbante para firmar o embrulho, pois, feito desse modo, o pacote jamais se desfaz. Mas, sobretudo, o objeto assim empacotado assume o valor de um pequeno universo, centro de cuidados, de atenções e de intenções.

Sabe-se que, no Japão, essa arte do empacotamento continua a ser uma praxe observada por todos, com um cuidado extremo. Nossos embrulhos para presentes de Natal tornam-se insignificantes, quando comparados às mais simples embalagens japonesas. E isso acontece porque, segundo uma reflexão de Jean Barthes, o objeto – escondido debaixo de uma multiplicidade de invólucros de todo tipo (papel, tecido, madeira etc.) – acaba, em última análise, por não ter importância alguma; dir-se-ia, em linguagem corrente, que ele tem apenas um valor simbólico; seria mais certo dizer que a embalagem, que materializa o gesto do presente, acaba por tornar-se um pensamento (BARS, 60) por trás do qual o significado, ou seja, o conteúdo do embrulho vai-se confinando, confinando, até tornar-se um vazio. O conteúdo simbólico – e, portanto, o verdadeiro conjunto de significados, oculto por trás da aparência exterior do pacote – pode ser descoberto ou lido na própria embalagem, à medida que ela for sendo desembrulhada, desdobrada, despida.

ENAMORADO, O

O sexto arcano maior do Tarô, o Enamorado, simboliza essencialmente a dificuldade da escolha que enfrenta todo adolescente que chega à encruzilhada da puberdade. Seu caminho até ali era um, e eis que esse caminho se separa em dois: destra e sinistra. Qual escolher? É o *Y pitagórico*. O número seis, que lhe está associado, sublinha em primeiro lugar o aspecto sexual desse símbolo: o senário (ou *sena*, do lat. "de, ou relativo a, seis"), diz Clemente de Alexandria, é um número sexual que, por esta razão, atrai o casamento. A escolha acarreta um defrontamento de antagonismos e o desejo de vencê-los através da união.

Um jovem mancebo está no centro dessa lâmina (nome dado às cartas do jogo de Tarô que, antigamente, eram gravadas e feitas em metal) vestido com uma túnica de listras **azuis***, **vermelhas*** e **amarelas***. Emolduram-no duas mulheres: à esquerda, vê-se uma mulher loura (envolta numa roupagem azul e usando uma capa também azul, com beiradas vermelhas) que dirige a mão **esquerda*** para o peito do rapaz, ao passo que a palma da outra mão está voltada para baixo. À direita do Enamorado, uma mulher vestida com roupagem vermelha de grandes mangas azuis, de cabelos azuis encimados por uma espécie de toucado ou coroa amarela, pousa sua mão esquerda no ombro direito do jovem mancebo, tendo a outra aberta e virada para o chão. A primeira dessas mulheres é sedutora; a segunda, de nariz comprido, tem um ar severo e envelhecido. No entanto, é para ela que o Enamorado está olhando. Por cima dele, um anjo ou Eros-Cupido de asas azuis está no centro de um círculo solar de raios azuis, amarelos e vermelhos; está segurando um arco e uma flecha branca apontada na direção do rapaz.

Todos os comentadores do Tarô relembram, a propósito dessa lâmina, a parábola de Hércules na encruzilhada tendo de escolher entre o Vício e a Virtude, ou a tradição órfica e pitagórica do caminho seguido pela alma após a morte, no

426 | ENCRUZILHADA

momento em que, chegando a uma bifurcação, ela deve escolher entre a estrada da esquerda, a qual na realidade conduz aos Infernos, e a da direita, que leva aos Campos dos Bem-Aventurados. Só um dos caminhos conduz à verdadeira felicidade; cabe a nós saber escolhê-lo. A **flecha***, símbolo dinâmico e decisivo, vetor de sol e de luz intelectual (VIRI, 73) que ajuda a resolver os problemas de ambivalência, está presente para guiar o Enamorado ou ditar-lhe sua escolha. Neste caso, seu intuito é o de afastá-lo das seduções ilusórias.

Mas essa lâmina simboliza também os valores afetivos e a projeção da dupla imagem que o homem tem da mulher. Vênus Urânia ou Vênus das encruzilhadas, anjo ou demônio, inspiradora de amores carnais ou platônicos, reveste-se incessantemente de múltiplas formas diante das quais o homem hesita porque, no fundo, não se conhece a si mesmo: "quer o homem oculte um conflito inexprimido, quer esteja hesitante diante dos termos de um conflito cuja expressão começa a nascer, resta-lhe proceder, primeiramente, à tomada de consciência total e absoluta dos elementos que o dilaceram e, em seguida, de sua objetivação, i.e., o acesso a uma posição que o tornará independente em relação a esses elementos. Somente então uma síntese construtiva é possível; tal é a dialética fundamental de todo progresso da consciência" (VIRI, 77). E tal é também, poderíamos acrescentar, uma das lições simbólicas dadas pelo Enamorado, esse ego afetivo diante do qual se vêm pousar e resolver todas as nossas escolhas.

ENCRUZILHADA

A importância simbólica da encruzilhada é universal. Liga-se à situação de cruzamento de caminhos que a converte numa espécie de centro do mundo. Pois, para quem se encontra numa encruzilhada, ela é, nesse momento, o verdadeiro centro do mundo. Lugares epifânicos (i.e., aqueles onde ocorrem aparições e revelações) por excelência, as encruzilhadas costumam ser assombradas por gênios (ou espíritos), geralmente temíveis, com os quais o homem tem interesse em

se reconciliar. Nas tradições de todos os povos, a encruzilhada é o lugar onde se erigiram obeliscos, altares, pedras, capelas, inscrições: lugar que leva à pausa e à reflexão. É, igualmente, um lugar de passagem de um mundo a outro, de uma vida a outra – passagem da vida à morte.

Nos Andes peruanos, edificaram-se verdadeiras pirâmides nas encruzilhadas, e também **pedras*** votivas são aí depositadas ritualmente pelos viajantes, numa tradição que subsiste até hoje. Verifica-se tradição análoga na Sibéria. Segundo uma crença dos astecas, era também nas encruzilhadas (naturalmente, à hora do crepúsculo) que as mulheres mortas de parto apareciam, transformadas em espíritos perigosos *que apavoravam e causavam ataques epilépticos ou paralisia naqueles que encontravam.*

Na África, sobretudo nas regiões de florestas e savanas, a encruzilhada assume a importância de algo sagrado. Cada vez que pastores fulas se reúnem numa clareira, em um cruzamento de caminhos, costumam batizá-la encruzilhada do encontro ou da residência, e o local passa a ser sagrado, após um ritual específico. O senhor do caminho – o iniciado – entra em contato com os espíritos que habitam o lugar, seja através de um sonho, seja por meio de plantas (ou ervas) especiais; conforme a densidade oculta existente no local, este se tornará acampamento ou encruzilhada de encontros durante muitos dias. Aí serão sacrificados animais: cabras malhadas, bois ou carneiros; os pios e os movimentos dos pássaros serão interpretados, particularmente os da rola, pois ela é mensageira dos deuses e seu coração não tem nenhuma agressividade.

Entre os bambaras do Mali, costuma-se depositar, nas encruzilhadas, oferendas (ferramentas, algodão bruto, tecidos etc.) para os espíritos Soba, que constantemente intervêm nos destinos humanos. O mesmo acontece entre os balubas, luluas e outros bantos do Cassai.

No entanto, a encruzilhada, embora seja um lugar de passagem por excelência, é também o local propício para que as pessoas (devidamente protegidas pelo anonimato) se desembaracem das forças residuais, negativas, inaproveitáveis, nocivas para a comunidade: os bambaras, por exemplo, depositam nas encruzilhadas as imundícies da cidade, carregadas de uma força impura, que só os espíritos conseguem neutralizar ou transmutar em força positiva. Também por essa razão, os bambaras costumam depositar nesse mesmo local os objetos que tenham pertencido aos mortos. Pois acreditam que os espíritos das encruzilhadas são capazes de absorver as forças assim eliminadas e que, para esses espíritos, elas constituem *uma espécie de alimento, mais tarde devolvido aos homens sob a forma de dons, livres de toda impureza.* Costumam invocar a proteção desses espíritos, em particular nos momentos importantes da vida coletiva, principalmente na época da semeadura. Ainda entre os bambaras, são os anciãos (ou seja, aqueles que têm menos a temer dos espíritos invisíveis) os encarregados de abandonar nas encruzilhadas os recém-nascidos cuja legitimidade é duvidosa. Também nas encruzilhadas são enterradas as crianças que nascem anormais, principalmente os hidrocéfalos; e são depositados os objetos contaminados pelos circuncidados durante o período de seu retiro, período esse de passagem em que, já não sendo mais crianças e ainda não sendo homens, eles tornam impuro tudo o que tocam. Na África central, P. Lebeuf observou uma crença análoga entre os licubas e os licualas do Congo, que também costumam livrar-se das imundícies carregadas de uma força perigosa depositando-as nas encruzilhadas.

As encruzilhadas do Outro-Mundo não são menos importantes ou menos temíveis. Para os bantos do Cassai, é na encruzilhada da Via-Láctea que o tribunal divino divide e seleciona as almas, mandando-as para o Este ou para o Oeste, direções do paraíso ou do inferno, a meio caminho entre o mundo terrestre e o mundo uraniano transcendente.

As aplicações práticas desse símbolo são numerosas: assim, a terra das encruzilhadas entrou na preparação dos ingredientes que são utilizados nos ordálios e nas operações divinatórias. E é também nas encruzilhadas que as mulheres luluas

e balubas (incumbidas do cuidado das plantações) costumam depositar os primeiros frutos das colheitas. Se a cidade estiver ameaçada pela fome, a população inteira dirige-se em procissão às encruzilhadas mais próximas, a fim de depositar ali oferendas, de víveres ou de velhos utensílios domésticos, destinadas às almas dos ancestrais. Nas encruzilhadas, ainda, é que as mulheres que acabam de desmamar um filho, ficando assim dispensadas da proibição costumeira de terem relações sexuais durante o período de aleitamento, vão sacrificar uma galinha branca às almas das crianças mortas.

Os senufos também consideram os monturos depositados nas encruzilhadas locais sagrados, *frequentados durante a noite por espíritos protetores da família.* Costumam depositar nesse local oferendas votivas, tais como cascas de ovos, ossos de animais sacrificados aos espíritos, penas de aves misturadas com sangue. Semelhante escolha de ex-votos demonstra claramente que os senufos atribuem à combinação encruzilhada-imundície um poder regenerador.

Nos Camarões, segundo J. Itmann, citado por Holas, as encruzilhadas, na zona florestal, estão em relação com os espíritos envolvidos nos cultos de fecundidade. Na Guiné, o costume das oferendas depositadas nas encruzilhadas é atestado entre numerosos povos, como os iacubas, os tomas, os guerês, os quissis etc.

R. E. Dennet conta que entre os iorubas da Nigéria existe, sob a forma de um corpo humano com quatro cabeças, uma representação da divindade Olirimeri que, em Abomé (antiga capital do Daomé), era chamada *de aquele que olha para os quatro pontos cardeais.*

Para os bambaras, a encruzilhada *encarna o ponto central, primeiro estado da divindade antes da criação; é a transposição do cruzamento original de caminhos que o criador traçou no começo de todas as coisas com sua própria essência, para determinar o espaço e ordenar a criação.*

Essas tradições foram transportadas para a América (onde sofreram toda espécie de contaminação) pelos negros para ali levados como

428 | ENCRUZILHADA

escravos. A primeira divindade invocada nas cerimônias vodus (Legba Atibon Legba, para os fons do Daomé; Exu Elegbara, no Haiti; ou simplesmente Exu, entre os iorubas da Nigéria ou do Brasil) é considerada o mensageiro intermediário entre os homens e as outras divindades. No Brasil, é chamada de *o homem das encruzilhadas, porque no lugar onde duas ruas se cruzam é que se encontra Exu; diz-se que foi Exu quem revelou a arte divinatória aos homens.* Em Cuba, com o nome de *Eleggua* (Lydia Cabrera), no Haiti e na África, costuma aparecer nas portas, porque *é quem abre e fecha os caminhos.* No Haiti, é o senhor das encruzilhadas e dos caminhos, o guardião de todas as entradas; nas encruzilhadas, recebe as homenagens dos feiticeiros e preside suas encantações e suas bruxarias. Como toda figura simbólica, Legba tem um aspecto fasto (feliz, positivo) e um aspecto nefasto; este último é ilustrado pela estatueta denominada *Legba-Aovi* ou *Legba--Infelicidade*, erguida em certas encruzilhadas da floresta, na terra dos fons (Daomé); quem com ela se depara arrisca-se a ficar órfão.

A encruzilhada é o encontro com o destino. Foi numa encruzilhada que **Édipo*** encontrou e matou seu pai, Laio, e que tem início sua tragédia. Foi ao cabo de uma longa viagem que Édipo decidira fazer no intuito de fugir a seu destino que, justamente numa encruzilhada, esse destino se lhe impôs.

Cada ser humano é, em si mesmo, uma encruzilhada onde se cruzam e se debatem os aspectos diversos de sua pessoa. Conhece-se, por exemplo, o tríplice aspecto de **Afrodite***, deusa uraniana, oceânica, ctoniana. Ela pode ser ao mesmo tempo a deusa casta, a deusa fecunda e a deusa lúbrica. E, precisamente nas encruzilhadas, é que ela se torna a deusa dos amores vulgares e impuros. Não é curioso observar, a esse respeito, que a palavra latina *trivium* significa encruzilhada, e que dela se originou o adjetivo trivial? A Afrodite das encruzilhadas (um dos lugares onde a deusa costuma deixar-se ficar) simboliza os amores efêmeros, transitórios. Identifica-se ao bode que é por ela cavalgado numa escultura de Scopas (séc. IV a.C.).

Os romanos costumavam venerar os deuses Lares das encruzilhadas, justamente para evitar que um destino nefasto lhes sobreviesse quando por ali passassem. E acorriam às encruzilhadas a fim de obter, por meio de oferendas, as boas graças e a proteção das divindades do lugar: proteção para as famílias que moravam em torno dos cruzamentos de caminhos, proteção para os campos semeados da vizinhança, proteção para as aldeias e cidades. Nas encruzilhadas, erigiam-se capelas ou, quando menos, altares. Perto do edifício, colocavam-se bancos destinados ao repouso e à meditação.

As festas compitais (antig., festas romanas em honra dos deuses Lares ou Penates, celebradas nos trívios e praças públicas) desses deuses (Lares), celebradas em janeiro (mês de Jano, o deus das portas), adquiriram uma tal importância para o povo, que Augusto as anexou ao seu próprio culto, mandando que fosse acrescentada uma estátua sua junto à dos deuses Lares em todas as encruzilhadas, a fim de ser também ali reconhecido como o Protetor do destino de todo seu povo.

Na Índia, igualmente, eram previstos rituais de invocação para favorecer a travessia das encruzilhadas. Segundo o ritual védico dos esponsais, se o carro de bois dos jovens esposos (no qual eram transportados da casa da noiva ao novo lar) passa por um cruzamento de caminhos, o cortejo inteiro recita em uníssono:

> Que os demônios que por aqui circulam
> [e espreitam não consigam encontrar os esposos!
> Que estes consigam sair da encruzilhada
> [pelos bons caminhos, e que os demônios escapem,
> a correr. As duas rodas de teu carro, ó Surya! os
> sacerdotes as conhecem muito bem. E, no entanto,
> a Roda Única, oculta no segredo,
> só os inspirados sabem o que ela é.
>
> (*Rig-Veda*, Grhyasutra, **1**, 6.
> em VEDV, 310.)

Na mitologia grega, uma divindade bastante mal definida, de origem incerta, de uma esfera de ação ilimitada, identificada a Ártemis, a Deméter e a

Apolo, ou ainda a outros deuses e deusas, foi denominada a deusa das encruzilhadas; era Hécate. Certamente esse nome funcional lhe fora dado de comum acordo, no sentido de considerá-la a senhora dos três mundos: o Céu, a Terra e os Infernos. Tinha o corpo e o rosto tríplices, e desempenhava um tríplice papel. Segundo cada um desses três papéis, Hécate era considerada aquela que concedia todos os dons aos mortais, a fonte de toda glória e a mais sábia das deusas na arte mágica das encantações. Erigiam-se estátuas em sua honra, nas quais ela é representada como uma mulher de três cabeças ou de três corpos, e colocavam-se essas estátuas nas encruzilhadas das clareiras e dos caminhos; e ali os viajantes depositavam suas oferendas. Hécate favorecia os nascimentos, conservava a vida e determinava o seu término. No culto masdeísta (masdeísmo: antiga religião dos persas e medos), encontra-se também a deusa tríplice de três rostos e com três funções. Em Siracusa, suas festas duravam três dias. As oferendas de alimentos eram depositadas nas encruzilhadas; expunham-nas em pequenas crateras (vasos antigos, em forma de taça, com duas alças, que nas mesas de jantar dos gregos e romanos continham o vinho, misturado com água) ornadas com a imagem da deusa. Esses alimentos eram comidos por pobres, em nome de Hécate. Depois, jogavam-se fora os restos, junto com galhos de tomilho. Daí provém o nome de oxythymia (fr. thym, tomilho, do lat. thymum) dado às encruzilhadas. Deusa das noites e das sombras, porquanto seu reino estendia-se igualmente aos Infernos, seu culto era celebrado também em grutas. Como oferenda expiatória, eram-lhe sacrificados particularmente os cães. Pode acontecer que Hécate apareça aos mágicos e feiticeiros sob a forma de uma égua, de uma loba ou de uma cadela. Os gregos atribuíam-lhe uma influência especial sobre a imaginação – criadora de espectros, de fantasmas e de alucinações. Denominam-se Hecateus os fantasmas gigantescos que surgiam durante as festas. Logicamente, os feiticeiros ou sacerdotes de Hécate eram peritos

em evocar essas visões. Benfazeja e apavorante, a deusa de três rostos condensa tudo aquilo que é desconhecido, simbolizado pela encruzilhada. Era igualmente comum que se erigissem nas encruzilhadas estátuas de Hermes (Mercúrio), o psicopompo, simbolizando, segundo Jung, a função mediadora do deus entre os universos diferentes; pois a ele competia guiar as almas através dos caminhos subterrâneos do mundo obscuro dos Infernos; Jung via também, na encruzilhada, um símbolo da mãe: a união dos opostos, um resumo de toda união; daí seu caráter ambivalente de aparição benéfica ou maléfica.

Em toda a Europa, é geralmente nas encruzilhadas, como também no cume de montes malditos, que os diabos e feiticeiros costumam reunir-se para celebrar seus sabás.

Acaso não seria com um propósito de conjuração, de sacrifício expiatório e de imploração que o mundo cristão multiplicou, nas encruzilhadas, as cruzes, os calvários, as estátuas da Virgem e dos santos, os oratórios e as capelas onde, em certos países, círios ardem incessantemente? Com efeito, a encruzilhada pode ter um aspecto benéfico: é o lugar onde se reencontra a luz, onde também costumam aparecer os espíritos bons, as fadas benfazejas, a Virgem ou os santos.

Em suma, quaisquer que sejam as civilizações, a encruzilhada representa a chegada diante do desconhecido; e como a mais fundamental das reações humanas diante do desconhecido é o medo, o primeiro aspecto desse símbolo é a inquietação. Nos sonhos, denota a preocupação com um encontro importante, solene e, de certo modo, sagrado; pode revelar também o sentimento de alguém que se encontra diante de um cruzamento de caminhos, ou seja, que precisa tomar uma nova orientação, uma orientação decisiva. De acordo com o ensinamento simbólico de todas as tradições, a parada na encruzilhada parece obrigatória, como se uma pausa para a reflexão, para o recolhimento religioso e mesmo para o sacrifício fosse necessária, antes de se prosseguir na busca do caminho escolhido.

430 | ENFORCADO, O

A encruzilhada é, igualmente, o lugar de encontro com os outros, tanto exteriores como interiores. É um local privilegiado para as emboscadas: exige atenção e vigilância. E se nas encruzilhadas costumam estar tanto a tríplice Hécate quanto o Hermes psicopompo, é para indicar-nos que devemos escolher – para nós e em nós – entre o céu, a terra e os infernos. Na verdadeira aventura humana, a aventura interior, não encontramos senão a nós mesmos na encruzilhada: nossa esperança era a de uma resposta definitiva, mas diante de nós há somente novos caminhos, novos obstáculos, novas vias que se abrem. A encruzilhada não é um terminal, mas apenas um ponto de repouso ou de parada, um convite para que se vá mais além. Para-se numa encruzilhada só quando se deseja atuar sobre os outros, para o bem ou para o mal, ou quando se constata a própria incapacidade de escolher por si mesmo: neste caso, a encruzilhada passa a ser o lugar da meditação e da espera, mas não da ação. No entanto, ela também é o lugar da esperança: o caminho seguido até aqui não estava obstruído; cada nova encruzilhada oferece uma nova possibilidade de escolher o caminho certo. Com uma única ressalva: as escolhas são irreversíveis. A fim de mostrar-nos toda a força desse símbolo, existem contos nos quais a própria encruzilhada desaparece, após a passagem do herói: os problemas da escolha foram solucionados (SOUM, ALEC, DIEB, FOUA, FOUG, LEBM, HOLS, DENY, ZABH, MARV, METV, MAUG).

ENFORCADO, O

Tendo sua origem e derivação no **Eremita*** (carta IX) e no **Diabo*** (carta XV), que equivalem às duas mulheres do **Enamorado*** (carta VI) no plano espiritual, o décimo segundo arcano maior do **Tarô***, cujo complementar é a **Roda*** da Fortuna, nos apresenta um Enforcado, cujo rosto muito se assemelha ao do **Mago***.

Um homem jovem é suspenso por um pé em um patíbulo verde-escuro, sustentado por duas árvores amarelas, cada uma com seis cicatrizes vermelhas, que correspondem aos ramos cortados, árvores plantadas sobre dois montículos verdes, sobre os quais cresce uma outra planta de quatro folhas. Os cabelos e os chinelos do Enforcado são azuis, assim como a parte de cima de sua roupa de meias-mangas vermelhas, com abas amarelas, marcadas, umas e outras, por um crescente horizontal, abotoado por nove botões (seis abaixo da cintura, três acima), botões brancos, como o colarinho, o cinto e a parte das vestes na qual estão presos.

O Enforcado tem as mãos nas costas à altura da cintura e sua perna esquerda está dobrada por trás da outra à altura do joelho. O Enforcado – ou O Sacrifício ou A Vítima – representa: a expiração sofrida ou voluntária, a renúncia (M. Poinsot); o pagamento de dívidas, a punição, o ódio da multidão e a traição (fr. *Rolt-Wheeler*); a escravidão psíquica e o despertar liberador, as correntes de todas as espécies, os pensamentos culposos, os remorsos, o desejo de se liberar de um jugo (Th. Terestchenko); o ato de se desinteressar, o esquecimento de si mesmo, o apostolado, a filantropia, as boas resoluções não executadas, as promessas não cumpridas, o amor não compartilhado (O. Wirth). Em um Tarô francês do começo do séc. XVIII, essa carta não se chama o Enforcado, porém, a Prudência, que é um conselho a ser dado em face das numerosas significações desse arcano. Ele corresponde à décima segunda casa do horóscopo na Astrologia.

À primeira vista, essa carta é a da derrota e da impotência total. Entretanto, os braços e as pernas do Enforcado desenham uma espécie de cruz sobre um triângulo, signo alquímico da realização da Grande Obra. É preciso, ainda uma vez, ir além das aparências. Esse Enforcado não é vítima, antes de tudo, de uma servidão mágica? A corda, cujas extremidades podem fazer pensar em pequenas asas, na verdade não passa em torno do pé dele e é possível questionar como é que ela o segura. É que o Enforcado simboliza aqui todo homem que, absorvido por uma paixão, sujeito de corpo e alma à tirania de uma ideia ou de um sentimento, não tem consciência da sua escravidão.

Todo ser humano dominado por um hábito mental está relacionado com a carta do Enforcado, diz Van Rijnberk, que acrescenta: do mesmo modo, todo homem dominado por um preconceito moral, contra ou sobre o que quer que seja, pertence à categoria das pessoas não livres, ligadas de cabeça para baixo à plataforma de seus preconceitos (RIJT, 242).

Mas o símbolo do Enforcado desemboca ainda em um outro plano. Sua aparente inatividade, sua posição indicam uma submissão absoluta, que promete e assegura um maior poder oculto ou espiritual: a regenerescência ctoniana. O Enforcado renunciou à exaltação de suas energias próprias, ele se afasta para melhor receber as influências cósmicas: as doze marcas vermelhas dos galhos cortados evocam os signos do Zodíaco e sobretudo, sua cabeça, entre os dois montículos, parece afundar-se no chão, que seus cabelos azuis tocam, sendo o azul a cor dos poderes ocultos. Pensamos aqui em Anteu, o Gigante, que reganhava forças cada vez que tocava a terra; pensamos na posição dos iogues, erguidos sobre a cabeça e com os braços apoiados no chão, para alcançar uma maior concentração intelectual através de uma regeneração e de uma circulação de forças de baixo para cima, entre o céu e a terra. O Enforcado marca bem o final de um ciclo, o homem se invertendo para enfiar a cabeça na terra, poder-se-ia dizer, para restituir o seu ser pensante à terra da qual foi moldado. O Enforcado é o "arcano da restituição final". Mas essa restituição é a condição da regeneração.

Símbolo da purificação pela inversão da ordem terrestre, o Enforcado é, então, o Místico por excelência e é nesse sentido que Wirth vê nesse décimo segundo arcano maior aquele que abre a série da iniciação passiva, em oposição aos doze primeiros, que são os da iniciação ativa, fundada na cultura e no desenvolvimento das energias que o indivíduo extrai de si mesmo (WIRT, 182).

ENGOLE-VENTO (Curiango)

As populações de montanheses do sul do Vietnã chamam ao engole-vento ou curiango, pássaro ferreiro: seu grito é comparado ao choque do martelo contra a bigorna. O engole-vento é, efetivamente, o padroeiro dos ferreiros e forja os **machados*** do trovão. A perícia na arte da *forja* se obtém sonhando com um engole-vento (DANA, KEMR).

ENGUIA

A enguia – para nós, imagem do escorregadio e símbolo de dissimulação – relaciona-se ao mesmo tempo com a **serpente***, por sua morfologia, e com os símbolos aquáticos, pelo seu hábitat. No antigo Egito, foi o emblema do Harsomtous de Dandará, sol nascente, símbolo da manifestação primordial emergindo das **águas***.

Animal de estimação no Japão, onde é considerada mensageira divina: a iconografia a associa à **tartaruga*** (OGRJ).

Em certo episódio da mitologia irlandesa aparece uma enguia. Resultado de uma metamorfose da Bodb (gralha) ou deusa da guerra que, despeitada por não ser amada pelo herói Cuchulainn, surge sob essa forma no vau de um rio onde ele está combatendo contra os homens da Irlanda e se enrosca em sua perna. Cuchulainn arranca-a brutalmente, atirando-a de encontro aos rochedos (WINI, 315).

Em um grau inferior, a enguia reúne os simbolismos da **serpente*** e da **água***. Conservou uma conotação sexual na gíria francesa moderna através da expressão "anguille de calecif" (enguia das cuecas), usada para designar o pênis (GUID).

ENREDAMENTO
(Envolvimento, Emaranhamento)

Símbolo fundamental para Jung, que o estuda em função de uma parte do mito de Osíris. Originalmente, esse deus encarnava as potências terrestres e, em particular, as forças vegetais; pertencia ao grupo das divindades ctonianas. E é por esse motivo que geralmente sua figura aparece rodeada de plantas ou emaranhada na vegetação, com liames e **nós***. Algumas estatuetas de Osíris eram fabricadas com o lodo do Nilo e amassadas com uma mistura de grãos de cereais; esses grãos germinavam e, então, nasciam os chamados Osíris

432 | EN-SOF

vegetantes... Dizer que o emaranhamento simboliza o inconsciente, o olvido, a censura, a repressão e o recalque, ainda seria dizer muito pouco: ele certamente compreende essa simbólica, mas esta torna-se mais precisa ainda quando relacionada à simbólica do **nó*** e à dos deuses da vegetação e do ciclo vegetal da morte e do renascimento. Outras imagens podem ter sugerido isso, como, por exemplo, o enlaçamento de cipós, de galhos ou de serpentes. O emaranhamento ou enredamento revela-se à psicanálise como uma fase de complicação interior, particularmente difícil de ser deslindada e desenredada. É a fase característica da pessoa que não é capaz de libertar-se da brenha dos problemas elementares, que não consegue alçar seu voo no sentido da liberação – um Osíris incapaz de elevar-se do ctoniano para o celeste.

EN-SOF

Palavra hebraica muito empregada na Cabala, o *En-Sof* designa o Infinito. Aquilo que não *pode ser concebido pelo pensamento, i.e., o Deus abscondiíus*, o deus oculto.

ENTRELAÇADO
(Entrelaçamento, Entrelaço)

Nas obras de arte ou nos motivos decorativos, símbolo aquático, que representa a ondulação e o entrecruzar das ondas, ou ainda, a vibração do ar. Em muitas cosmogonias, a vibração seria a própria natureza da ação criadora, da energia e de toda existência.

Os entrelaçados são um motivo ornamental que aparece constantemente na arte céltica e, sobretudo, na iluminura irlandesa. Simbolizam o mesmo conceito que é simbolizado pelo **uróboro***: o movimento sem fim da evolução e da involução, através do **enredamento*** dos fatos cósmicos e humanos (HENI, *passim*).

Sabe-se da predileção de Leonardo da Vinci e, mais tarde, de Albrecht Dürer, pelos entrelaçados: "o pintor de Nuremberg descobrira nos entrelaços", escreve Marcel Brion, "um elemento de curiosidade intelectual, de beleza plástica e de mistério que correspondia às suas próprias inquietações e às suas próprias aspirações" (BRIV, 193).

Para esses dois artistas, o desenho dos entrelaços inscreve-se no esforço de reconstituição da unidade perdida. Os entrelaços constituem uma espécie de forma simbólica de toda a pesquisa de Da Vinci em busca da unidade perdida, uma imagem do pensamento desse homem, e até mesmo o próprio retraio de sua personalidade, um resumo de sua filosofia, uma projeção das circunvoluções dessa inteligência apaixonante (BRIV, 194-197). Na obra de Leonardo, o entrelaçamento pode ser comparado a um batistério, com seu plano **octogonal*** e seus desenvolvimentos em múltiplos de oito, e representa, consequentemente, o lugar da iluminação e da transfiguração, o ponto central a partir do qual a visão do homem abrange em sua totalidade e em sua unidade o sistema do universo e descobre-lhe os segredos, e onde a ordem sublime da natureza se revela ao homem em sua construção harmoniosa (BRIV, 210).

No verbete **cruz***, podem-se ver os entrelaçados a formarem o próprio madeiro do suplício (*v.* ilustrações das cruzes gregas de travessão duplo), e a ampliarem, assim, essa interpretação, até abarcarem numa mesma unidade o mundo da natureza e o mundo da graça. Por conseguinte, compreende-se que os entrelaços sejam, mais do que um convite para sair dessa unidade, um convite para entrar nela, participar de sua misteriosa energia, e para identificar, de certo modo, a alma do iniciado não apenas à alma do mundo, mas também à própria natureza da divindade.

Os cordões entrelaçados, na forma de um 8 (oito) deitado, pintados nas paredes das lojas maçônicas ou bordados nas vestimentas, não são apenas elementos decorativos do tipo que muitas vezes se costuma chamar de laços de amor. Eles simbolizam os vínculos que unem os membros de um corpo social: através de seus repetidos enlaçamentos, exprimem uma união até a morte. E, com as mais recentes descobertas da eletrônica e da biologia das células nervosas, os entrelaçados passarão a simbolizar também o conjunto das conexões químicas e elétricas do cérebro do homem, seus milhares de neurônios e sinapses. Simbolizarão, igualmente, o sistema central de uma rede de telecomunicações e, mais do que tudo, o próprio pensamento complexo (nada se pode definir, a não ser por meio de uma rede de inter-relações ativas), cuja valorização pela sistemática tem condições de revolucionar não só a lógica tradicional, como também o método das ciências e a inteligência da comunicação.

ENVOLVIMENTO (*v.* Enredamento)

ENXADREZADO[1]
(*v.* Xadrez [Jogo e tabuleiro])

ENXADREZADO[2]
(*v.* Tabuleiro [para jogos])

ENXERTO

O enxerto, como modificação artificial, que é, da fecundação das espécies vegetais, sempre se revestiu, no Oriente Próximo, de um aspecto ritual e simbólico. O enxerto só é tido por eficaz se corresponde a uma conjunção determinada do Sol e da Lua. Está ligado à atividade sexual daquele que o executa. Tem, de modo geral, um significado sexual. Designa uma intervenção na ordem da geração. Constitui, pelo menos em certos casos, uma união sexual contra a natureza. Também o consumo de frutos enxertados foi proibido entre os hebreus. Todo o problema do enxerto está ligado ao poder – e ao direito – que tem o homem de contribuir para modificar o reino vegetal, às modalidades e limites do exercício desse poder e desse direito (EPEM).

A ciência moderna e a prática médica estenderam o enxerto ao reino animal, pela substituição de um órgão vivo a um órgão necrosado, pela inseminação artificial, pela transferência de células fecundadas de um útero para outro etc. A importância simbólica dessas operações se modifica, em consequência: o enxerto já não é visto como uma operação contra a natureza mas, ao contrário, como coisa conforme a natureza, embora fora dos poderes da natureza por si só. Exige a intervenção do homem. Simbolizaria, então, um certo acesso do homem aos poderes demiúrgicos, limitado, todavia, a trocas no interior de uma mesma espécie, cuja continuidade ela contribui

para assegurar. As manipulações genéticas, num certo nível de transformações de uma espécie em outra, suscitam alguns problemas e se revestem de uma simbologia diferente, carregada, provavelmente, de uma carga maléfica, como um eventual atentado à ordem e ao equilíbrio da natureza e aos valores propriamente específicos.

ENXÓ

Ferramenta de marcenaria, cuja denominação em fr. se deve à parte recurva que lembra o focinho do arminho (fr. *hermine*).

Uma enxó de cabo esculpido em forma de personagem e levada no ombro esquerdo é a insígnia do escultor, alto funcionário real na África (LAUA, 129).

Entre os egípcios, era o instrumento de Anúbis e servia para a operação telúrgica da "*Abertura da boca* [...] varinha mágica em forma de **uraeus***". Graças a essa operação, minuciosamente descrita nos rituais, "o defunto recuperava as faculdades vitais que lhe eram indispensáveis para *viver* no outro mundo" (CHAM, 57). A enxó aparece aqui como o símbolo daquilo que corta para conservar a vida, como o bisturi do cirurgião.

ENXOFRE

O enxofre é o princípio ativo da alquimia, aquele que age sobre o mercúrio inerte e o fecunda, ou o *mata*. O enxofre corresponde ao fogo, como o mercúrio à água. É o *princípio gerador masculino*, cuja ação sobre o mercúrio produz os metais subterraneamente. Manifesta *a Vontade celeste* (à qual, inclusive, *a chuva de enxofre* de Sodoma curiosamente corresponde) e a atividade do Espírito. O *Enxofre vermelho* do esoterismo muçulmano designa o Homem universal – também representado pela **fênix*** – portanto, o *produto da obra vermelha* hermética.

A ação do enxofre sobre o mercúrio o mata e, ao transmutá-lo, produz o **cinabre***, que é uma droga da imortalidade. A constante relação do enxofre com o fogo por vezes também o associa ao simbolismo infernal (ELIF, GUET). Em *Jó* (**18**, 15), o enxofre aparece como um símbolo de esterilidade, à maneira de um desinfetante.

434 | ÉPONA

Espalha-se na morada do Rei dos terrores. É o aspecto infernal e destruidor do símbolo o seu sentido positivo invertido em sentido contrário.

Segundo outra tradição esotérica, que se associa à primeira, o enxofre simboliza o sopro ígneo e designa o esperma mineral. É, portanto, igualmente associado ao princípio ativo. Produz a luz ou a cor (ALLA. 245).

O enxofre vermelho (*kibrit ahmar*, em árabe), "que praticamente só existe de modo lendário, teria sido encontrado no Ocidente, perto do mar, e seria muito raro. É por isso que, para designar um homem especial. chamam-no de enxofre vermelho" (ENCI).

O enxofre vermelho é comparado por Jildaki († 1342) à transubstanciação da alma pela ascese (MASH, 931).

Segundo o simbolismo alquímico dos místicos muçulmanos, a alma que se encontra cristalizada numa dureza estéril deve ser *liquefeita* e depois *congelada*, operações seguidas da *fusão* e da *cristalização*. As forças da alma são comparadas às forças da natureza: calor, frio, umidade, secura. Na alma, as forças correspondentes têm relação com dois princípios complementares, análogos ao enxofre e ao mercúrio na alquimia. No sufismo, o mercúrio designa a plasticidade da psique, e o enxofre, o *ato espiritual*. Para lbn-al'Arabi o enxofre designa a ação divina (*al-Amr*), e o mercúrio, a Natureza na sua totalidade (BURD, 109).

Sabemos que a cor da Pedra filosofal é o vermelho.

Para os alquimistas, "o enxofre estava para o corpo como o sol está para o universo" (MONA, 60). O ouro, a luz, o amarelo, interpretados no sentido infernal de seu símbolo, "denotam o egoísmo orgulhoso que só busca a sabedoria em si mesmo, que se torna a sua própria divindade, seu princípio e seu fim" (PORS, 84). É este lado nefasto do simbolismo do sol e da cor amarela que o enxofre satânico representa na tradição cristã, tanto no Antigo como no Novo Testamento. Sodoma é consumida por uma chuva de enxofre e a punição prometida aos maus no livro de Jó

usa essa mesma imagem: "a luz se obscurecerá em sua tenda [...] espalhando o enxofre sobre o teu redil [...]. Lançado da luz às trevas, ele se vê banido da terra" (Jó, **18**).

A chama amarela esfumaçada com enxofre é, para a Bíblia, essa antiluz atribuída ao orgulho de Lúcifer; a luz transformada em trevas: "[...] vê bem se a luz que há em ti não é treva" (*Lucas*, **11**, 36).

É um símbolo de *culpa e punição*, razão pela qual era "empregado no paganismo para a purificação dos culpados", segundo G. Portal (PORS, 86).

ÉPONA

Nessa divindade galo-romana, de nome puramente gaulês, vê-se, em geral, a deusa dos cavalos; e, diante da importância de seu culto em todas as províncias renanas e danubianas, indagou-se de onde poderia ele provir, uma vez que César, em seu esquema religioso do *De Bello Gallico*, em nenhum momento faz qualquer menção a Épona. Múltiplos trabalhos sobre o tema esforçaram-se por estudar as origens e tipologia iconográficas: Épona cavalgando e Épona sentada entre dois cavalos. Também foram buscadas, pertinazmente, correspondências insulares; acreditou-se havê-las encontrado na divindade gaulesa Rhiannon e na irlandesa Macha. Rhiannon, porém, é uma *rainha*, e Macha é a personificação da planície, onde estava situada a capita! do Ulster, Emain Macha. Nem uma nem outra são especificamente hipomorfas; ambas pertencem, entretanto, a esse tipo de *soberanas* muito ligadas à posse do país, e que é preciso derrotar ou desposar. Por outro lado, o cavalo pertence por definição à função guerreira, e somente a ela. Pode-se portanto supor que Épona constitua a adaptação céltica (maltraduzida por um nome indígena) da *potnia theron*, ou *senhora dos animais*, cuja iconografia teria sido imitada pelos gauleses. O elemento mítico representado pelo nome pode ter sido acrescentado secundariamente ao ciclo de uma divindade, a Minerva citada por César, que recebeu grande número de apodos – tópicos, laudatórios ou funcionais.

Ao passar para o panteão romano, depois das conquistas, Épona tornou-se (em consequência de uma série de transformações banalizantes) a deusa protetora dos cavalos e das estrebarias. Originalmente representada como uma égua, símbolo da fecundidade, passou depois a ser representada por uma mulher a cavalo, carregando uma cornucópia repleta de frutos. Às vezes, é aproximada do culto das Deusas-Mães, dos Mananciais e dos Lares.

EQUIDNA

Monstro com corpo de mulher que tem, em vez de pernas, uma cauda de serpente, ela é assimilada à víbora. Esposa de **Tifão***, Equidna concebe monstros tais como Cérbero, o cão dos Infernos, o Leão de Nemeia, a **quimera*** etc. "Representa o desejo terrestre vaidosamente exaltado contra o espírito [...] a exaltação sentimental contra o espírito: a nervosidade" (DIES, 120).

C. G. Jung fez de Equidna, na perspectiva analítica do incesto, uma imagem da mãe: bela e jovem mulher até a cintura, mas horrível serpente, da cintura para baixo. Esse ser duplo corresponde à imagem da mãe: "em cima, a metade humana, amável e sedutora; embaixo, a metade animal, terrível, que a interdição do incesto transforma em animal angustiante. Ela só traz ao mundo monstros horrendos, em particular, Ortro, o cão do monstruoso Gerião, que foi morto por Hércules. É com esse cão, filho seu, que Equidna gerou a esfinge, numa união incestuosa. Esses dados bastam para caracterizar a carga de *Libido* que produziu o símbolo da **esfinge***" (JUNL, 174-205). Equidna é um símbolo da *prostituta apocalíptica*, da libido que queima a carne e a devora. Ela é a mãe daquele abutre que dilacerava as entranhas de Prometeu. Ela é o fogo dos Infernos, o desejo excitado, eternamente insatisfeito. E é também a sereia tentadora que Ulisses se recusa a escutar.

EREMITA (O Eremita, carta do Tarô)

O **Enamorado***, da sexta carta, convertido em condutor triunfal do **Carro*** (fr. *Chariot*), choca-se, primeiro, com a **Justiça***, que lhe lembra que um equilíbrio rigoroso é a própria lei do mundo e que cumpre nada turbar ou perturbar. Então, e a fim de resolver essa nova ambivalência, ele escolhe a via que lhe propõe o Eremita, nono arcano maior do **Tarô***. Esse velho sábio, um tanto curvado, apoia-se num **bastão***, que simboliza simultaneamente sua longa peregrinação e sua arma contra a injustiça e o erro que encontra. Um longo manto azul, de forro amarelo; um capuz vermelho que termina num pompom amarelo, recobrem a túnica vermelha que tem uma larga manga branca. Na mão direita, à altura do rosto, ele leva, presa por uma argola branca, uma lanterna de seis vidros, dos quais só três são visíveis: dois amarelos e um vermelho. Essa **lanterna***, é evidente, lembra a de Diógenes, que buscava à luz do dia um homem em Atenas e só encontrava imbecis. Mas simboliza também, como a lâmpada de Hermes Trismegisto, a luz velada da sabedoria, a que o Eremita cobre com seu manto azul de iniciado. A iluminação deve permanecer interior, e é inútil cegar ou ofuscar aquele a quem não se destina. A via do Sábio é a da Prudência, e o Eremita, "mestre secreto, trabalha no invisível para condicionar o futuro em gestação" (WIRT, 165). Desligado do mundo e de suas paixões, ele é o filósofo hermético por excelência, e a maneira incorreta como o Tarô registra seu nome em francês, com H, sublinha, de maneira indiscutível, a ligação simbólica com **Hermes***, senhor todo-poderoso dos puros iniciados.

ERÍNIAS

Nome grego das Fúrias, demônios ctonianos que, assim como as Harpias (**Górgonas***), adotavam a forma de cães e de serpentes. As Erínias eram os instrumentos da vingança divina para castigar os erros dos homens, que elas perseguiam, semeando-lhes o medo no coração. Na Antiguidade, já eram identificadas à consciência. Interiorizadas, simbolizam o remorso, o sentimento de culpa, de autodestruição daquele que se abandona ao sentimento de um pecado que considera inexpiável.

Assim como as Moiras (o destino), elas eram originalmente "guardiãs das leis da natureza e da ordem das coisas (física e moral), e por isso puniam todos aqueles que ultrapassassem seus

436 | EROTISMO

direitos à custa dos de outrem, quer entre os deuses, quer entre os homens". Só mais tarde viriam a tornar-se especificamente "as divindades vingadoras do crime" (LAVD, 391 e Paul Mazon, HOMI III, p. 74, n. 1).

Essa evolução corresponde à da consciência que, de início, tolhe e proíbe, e em seguida condena e destrói. Podem transformar-se em Eumênides, divindades favoráveis e benévolas, quando a razão, simbolizada por Atena (Minerva), leva a consciência mórbida aplacada a uma apreciação mais equilibrada dos atos humanos.

EROTISMO

O simbolismo do amor nos é familiar através do *Cântico dos cânticos*, graças ao partido que souberam tirar dessa obra os místicos cristãos, entre os quais São Bernardo e São João da Cruz. O amor do Esposo e da Bem-Amada é interpretado como sendo o de Jeová e Israel, ou do Cristo e a Igreja, ou o amor de Deus e a alma. Literalmente mais próximos do *Eros* grego, Dionísio Areopagita cita os *Hinos eróticos* de São Heróteo e interpreta o desejo amoroso como significando um poder geral de unificação e de conexão, que se traduz no sentido intelectual de união, para os místicos; aliás, encontra-se um simbolismo do mesmo gênero nos *Upanixades*, e principalmente na obra dos místicos muçulmanos.

Pois, universalmente, a união sexual é a repetição da hierogamia primeira, do enlace do céu e da Terra, do qual nasceram todos os seres: "Quando essa penetração recíproca se opera, diz o *I-Ching*, o céu e a Terra se harmonizam e todos os seres se produzem." É o signo da harmonia, da conjunção dos opostos e, sem dúvida, da fecundidade. Em diversas regiões, principalmente na China antiga e, mais recentemente, entre os tais, por ocasião do equinócio da primavera, uniões rituais marcavam a renovação da natureza e provocavam sua fecundidade.

Entretanto, o mais conhecido dos simbolismos eróticos é o do sactismo e do tantrismo, como também o das *práticas de longa vida taoístas*. O mais importante de seus pontos comuns

prestou-se a um grosseiro erro de interpretação, o que costuma acontecer sempre que uma acepção é tomada no seu sentido exclusivamente literal. Não resta a menor dúvida de que o simbolismo cósmico e ritual do ato sexual é familiar à Índia, e de que as práticas chinesas do quarto de dormir não são apenas emblemáticas. No entanto, no primeiro caso, o ato sexual sublimiza-se, até não ser precisamente senão pura imagem do espírito; e, quanto ao segundo, as referidas práticas são consideradas aberrações pelos melhores textos. Toda união converte-se na de *Shiva* e da *xácti*, que é, na realidade, a reconstituição da androginia primordial, uma vez que a *xácti* não é distinta de Shiva.

É a união do Sol e da Lua, do fogo e da água. E, quando há acasalamento ritual, a *yogini* não é apenas a imagem da *Prakriti* ou da *xácti*: ela é a *Prakriti*, ela é a *xácti*; se bem que o iogue que a ela se une busque efetivamente só sua própria reunificação. A iconografia que repete a *maifiuna* representa a união não de seres, mas de princípios, das próprias Essência e Substância universais ou, no budismo tibetano, da Sabedoria e do Método. Na ioga, a união dos princípios opostos realiza-se em cada um dos centros sutis (*chakra*), e o fato de que se trate justamente de elementos masculinos e femininos interiores ao ser exprime-se em termos de incesto.

Ainda um outro aspecto, embora sirva apenas para precisar, num plano inferior, a noção de integração, de unificação interior: a subida do sêmen, ligada ao controle da respiração, e que é uma fonte essencial de energia iogue. O mesmo procedimento (terá ele a mesma origem?) é exposto no Tratado da Flor de Ouro taoista, segundo o qual as práticas eróticas falsamente atribuídas a certos Imortais visavam somente a restaurar seu princípio vital, e não devem ser interpretadas de outro modo. Embora se possa admitir que os melhores dentre eles buscaram essa restauração unicamente em si mesmos, inúmeros textos mostram, no entanto, que nem todos eram sensíveis ao simbolismo, e que o literalismo os havia mergulhado na prática das mais graves aberrações;

todavia, evidentemente, já não mais se tratava de Imortais. A própria alquimia interna faz uso do simbolismo sexual, porquanto o embrião da imortalidade nasce da penetração da Terra pelo Céu, da união do sêmen e do sopro, que é a da água e do fogo (AVAS, COOH, DANA, ELIF, GOVM, MAST).

No Egito, independentemente de toda interpretação simbólica, não faltam as representações eróticas: a mulher e o homem são designados por uma imagem de seus órgãos genitais, e sua união, pelo cruzamento de dois hieróglifos. Imagens dos amplexos de Ísis e Osíris, ídolos fálicos, estatuetas de cortesãs, deuses copuladores, folguedos libertinos, dão o mais antigo testemunho da inquietação sexual (POSD, 106-107). Havia igualmente muitas condenações e de proibições. O erotismo pode revelar apenas uma espécie de desejo, até mesmo de obsessão, sexual: todavia, simboliza o caráter quase irresistível das impulsões vitais, tanto nas obscenidades pornográficas, quanto nas mais refinadas obras, e nas uniões ao mesmo tempo mais íntimas e mais espiritualizadas. O erotismo também se distingue da pornografia pelo seu caráter estético e, às vezes, por seu simbolismo místico.

No entanto, pode-se sublinhar que a pornografia atualmente "em moda" no Ocidente traz consigo – voluntariamente ou não – o testemunho de uma vontade de reagir contra a hipocrisia que, durante toda a evolução da civilização industrial do séc. XIX e da primeira parte do séc. XX, foi a nota predominante em matéria de sexo. Guardadas as devidas proporções, a pornografia representa, para o vulgo, o mesmo que representou para o erudito a descoberta da psicanálise. Nesse sentido, ela é um símbolo invertido: à elegância de uma linguagem que mascara sentimentos grosseiros, a pornografia tenta responder utilizando uma linguagem contrária, que não corresponde necessariamente a sentimentos menos grosseiros.

ERVAS

Símbolo de tudo o que é curativo e vivificante, as ervas restauram a saúde, a virilidade e a *fecundidade*. Foram os deuses que descobriram suas virtudes medicinais. Mircea Eliade relaciona sua simbologia à da **árvore*** da vida (ELIT, 253-254, 257, 262).

De modo geral, as ervas são, muitas vezes, oportunidades para teofanias de divindades fecundantes.

"Ó Ervas! Ó vós, mães, eu vos saúdo como deusas!"

As ervas facilitam o parto, aumentam a potência genética, asseguram a fertilidade e a riqueza. É por isso que se chega a recomendar o sacrifício de animais às plantas.

Um dos nomes da erva em bretão, *louzaouenn*, tem ainda, no plural, o sentido arcaico de "remédio". A medicina celta primitiva fazia grande uso de ervas medicinais, e a origem dessa tradição é mítica, pois que as ervas estão na base (as encantações não passavam de meio auxiliar) das virtudes curativas da **fonte*** da saúde (*Slante*) dos Tuatha De Danann, no relato da batalha de Mag Tured. O simbolismo da erva está ligado ao da fonte (OGAC, **11**, 279; **12**, 59; 16, 233).

Curvar as ervas para a terra significa aniquilar os inimigos nas epopeias dos esquimós da Ásia.

ERVAS MEDICINAIS

Para os cristãos, as **ervas*** medicinais deviam a sua eficácia ao fato de terem sido encontradas pela primeira vez no monte do Calvário. Para os antigos, as ervas deviam as suas virtudes curativas ao fato de que haviam sido descobertas pela primeira vez pelos deuses (ELIT).

Segundo Mircea Eliade, as ervas medicinais tomam o seu valor de um arquétipo celeste, que é uma expressão da árvore cósmica. O local mítico da sua descoberta, da sua origem, por exemplo, o Gólgota, sempre é um centro.

As ervas medicinais ilustram, pelas virtudes que lhes são atribuídas, a crença de que a cura só pode vir de uma dádiva divina, como tudo o que tem relação com a vida.

ESCADA

Os diferentes aspectos do simbolismo da escada estão todos ligados ao problema das relações entre o **Céu*** e a **Terra***.

438 | ESCADA

A escada é o símbolo por excelência da ascensão e da valorização, ligando-se à simbólica da verticalidade. Mas ela indica uma ascensão gradual e uma via de comunicação em sentido duplo entre diferentes níveis. Quando se trata de valor, observou Bachelard, todo progresso é concebido como uma subida; toda elevação se descreve por uma curva que vai de baixo para cima. A verticalidade seria a linha do qualificativo e da elevação; a horizontalidade, a linha do quantitativo e da superfície. A altura seria a dimensão de um ser visto do exterior; a profundidade, essa mesma dimensão vista do interior. Na arte, a escada aparece como o suporte imaginário da ascensão espiritual.

Ela é também o símbolo das permutas e das idas e vindas entre o céu e a terra:

Vi uma escada de ouro que fulgia
e que se elevava tanto que meus olhos
não podiam segui-la.
Vi descerem pelos degraus tantos esplendores
que pensei que todas as luzes do céu
se tivessem juntado ali.

(Dante, *Paraíso*, 28-34)

A escada pode ser confeccionada com estacas fincadas no flanco da montanha; ou, ainda, segundo uma lenda da Oceania, com flechas sucessivas que formem uma cadeia, a ponta de uma plantada na base empenachada da outra, até a primeira, fixada na abóbada celeste. A escada pode ser também de matéria aérea, como o arco-íris; ou de ordem espiritual, como os graus da perfeição interior.

A noção de um contato primordial entre o céu e a terra, que teria sido ulteriormente rompido, é quase universal. Que esse contato tivesse sido mantido com o auxílio de uma escada é o que se encontra no Xintó, em que Amaterasu toma emprestada a escada do céu; e também no Laos, entre os montanheses do sul do Vietnã. Nesses diversos casos, a escada representa manifestamente o mesmo papel que a **árvore*** do mundo. Simbolismo idêntico ao da escada de Jacó, ao longo da qual subiam e desciam os anjos; ao da

escada feita de dois **nagas***, pela qual o Buda desceu do monte *Meru*; ao mi'radj do Profeta (Maomé); à bétula com sete entalhes dos xamãs siberianos. Observemos, ainda, que o imperador vietnamita Minh-Huang alcançou a Lua com ajuda de uma escada.

Cumpre observar que a bétula siberiana comporta **sete*** (ou 9* ou 16*) entalhes; que a escada do Buda tem sete cores; a escada dos mistérios mitraicos, sete metais; a dos *Kadosch* da Maçonaria escocesa, sete degraus; a passagem da terra ao céu exige a travessia de sete patamares cósmicos, que são as sete esferas planetárias às quais correspondem as sete artes liberais de Dante, igualmente mencionadas na escada dos *Kadosch*. A essas artes liberais podem corresponder conhecimentos menos manifestos; a esses degraus, graus iniciáticos – e esse é exatamente o caso nos mistérios de Mitra. A passagem da terra ao céu se faz por uma sucessão de estados espirituais, cuja hierarquia é assinalada pelos degraus e que simbolizam aliás, igualmente, os anjos na escada de Jacó.

Se nós nos limitamos ao método, encontramos a noção de escada (gr. *climax*) nos Padres da Igreja, principalmente em São João Clímaco – que lhe deve seu sobrenome: trata-se de uma cuidadosa gradação dos exercícios espirituais, galgados degrau por degrau. Desse modo se chegará, diz São Simeão, o Novo Teólogo, a deixar a terra para subir até o céu. E Santo Isaac, o Sírio: A escada deste reino está escondida dentro de ti, na tua alma. Lava-te, pois, do pecado, e descobrirás os degraus por onde subir. Os *jhana* búdicos se apresentam de maneira análoga (COEA, ELIM, PHIL, GUED, GUES, HERJ).

Na iniciação mitríaca, *símbolo dos degraus de ascensão mística*, "a escada (clímax) cerimonial tinha sete degraus, e cada degrau era feito de um metal diferente. (E cada metal, como cada planeta, tem seu valor simbólico.)" Segundo Celso (Orígenes, *Contra Celsum*, 6, 22), "o primeiro degrau era de chumbo e correspondia ao céu no planeta Saturno; o segundo, de estanho (Vênus); o terceiro, de bronze (Júpiter); o quarto, de ferro (Mercúrio); o quinto, de uma liga monetária

(Marte); o sexto, de prata (a Lua); o sétimo, de ouro (o Sol). O oitavo degrau, diz Celso, representa a esfera das estrelas fixas. Subindo essa escada cerimonial, o iniciado percorria, efetivamente, os sete céus, elevando-se, desse modo, até o Empíreo" (ELIT, 96).

Os textos hindus, persas e gregos invocam muitas vezes a escada dos metais que, aliás, reencontramos na Bíblia (*Daniel*, **2**, 32-36). Hesíodo propõe uma *escada de metais* aplicada às diferentes idades do mundo, e Aimeric utilizou-a no séc. XII, dessa vez tomando os metais como símbolo de uma escala de valores para classificar a literatura cristã.

Na Bíblia, a escada está também onipresente com sentido simbólico. No Talmude de Jerusalém faz-se alusão a duas escadas: uma curta, que é a de Tiro; e outra longa, que é a escada egípcia. A escada que liga o alto ao baixo possui o sentido da **oitava*** (musical), pois a cada degrau corresponde um outro nível. O Cristo e a cruz são escada, o próprio homem é escada, e o mesmo se pode dizer em relação à árvore e à montanha. O mosteiro, por sua vez, também é uma escada, pois no interior do claustro é que o monge realizará sua escalada ao céu. Por isso há mosteiros cistercienses e cartuxos com o nome de *Scala Dei*.

A escada, já o dissemos, é uma das figuras do simbolismo ascensional. No lugar onde o alto e o baixo, o céu e a terra podem juntar-se, ela se ergue, como uma unidade. Estabelece uma ponte, no sentido a que Iâmblico († 330) se refere, ao convidar os homens a se elevarem para as alturas como ao longo de uma ponte ou de uma escada. Toda a vida espiritual exprime-se num ato de elevação. E, por isso, Santo Ambrósio diria que a *alma do batizado sobe ao céu*.

A palavra hebraica *sullam*, que o latim traduz por *scala*, aparece frequentemente no Antigo Testamento. Embora a escada de Jacó seja o exemplo mais conhecido, há outros exemplos igualmente significativos: os três andares da Arca de Noé (*Gênesis*, **6**, 16), os degraus do trono de Salomão (1, *Reis*, **10**, 19), os degraus do templo de Ezequiel (*Ezequiel*, **40**, 26, 31). O *Salmo* (84, 6) menciona as peregrinações no coração, e os quinze salmos graduais são denominados *Cânticos das subidas*.

Aos olhos de Santa Perpétua, no momento de seu martírio, a ascensão aparece sob a forma de uma escada: "Eu vejo, dirá ela, uma escada de bronze de uma espantosa grandeza, chegando até o céu e tão estreita que só uma pessoa de cada vez pode subi-la: sobre os montantes da escada, toda espécie de ferros estão cravados; há espadas, lanças, ganchos pontiagudos, gládios; de tal maneira que, se alguém subisse descuidadamente, e sem fixar sua atenção no alto, seria dilacerado e iria deixando nos ferros pedaços de carne arrancada. E havia, deitado na escada, um dragão de tamanho impressionante, que armava emboscadas àqueles que subiam, amedrontando-os para impedi-los de continuar a escalada. Quanto a mim, quando pisei o primeiro degrau, esmaguei-lhe a cabeça. E subi, e vi um jardim imenso etc." (PASP, **66**). (*Passio S. Perpetuae*, n. 4, cf. "Armitage Robinson, The passion of St. Perpetua", em *Eranos Jahrbuch*, 1950, Zurique, 1951, p. 53.)

Ao comentar essa visão, Agostinho dirá que a cabeça do **dragão*** forma o primeiro degrau da escada (*Sermão*, **280**, 1). Não se pode começar a ascensão sem primeiramente esmagar aos pés o dragão.

Como os degraus da escada estabelecem a ligação entre a terra e o céu, eles são constantemente usados pelos Padres da Igreja e pelos místicos da Idade Média sob sua forma simbólica. É sempre por degraus sucessivos que a alma realiza sua própria ascensão. Os três degraus de novato, de avançado e de perfeito, ou de carnal, psíquico e espiritual, ou de via purgativa, iluminativa e unitiva, são divisões várias que, sob nomes diversos, viriam a tornar-se tradicionais. Orígenes, em suas Homílias sobre o *Cântico dos cânticos*, descreve as sete etapas que a alma deve transpor a fim de poder celebrar suas núpcias com o Verbo, o que demonstra a universalidade desse emprego do número **sete***.

A cada etapa corresponde um livro da Escritura. No início, são os Provérbios, depois, o Eclesiastes e, no ponto culminante, o *Cântico dos*

440 | ESCADA

cânticos. Guillaume de Saint-Thierry, ao descrever os sete degraus da alma, diria que ela faz seu *anabathmon*, i.e., sua ascensão, e atravessa os degraus de seu coração, a fim de alcançar a vida celeste.

Dionísio Areopagita, compara as três vias – purgativa, iluminativa e unitiva – às tríades da hierarquia eclesiástica. Tiago de Sarug († 521) faz alusão à **cruz***, erguida qual escada maravilhosa entre o terreno e o celeste. E escreve: Ele (o Cristo) erguia-se na terra como uma escada rica em degraus, e levantava-se, a fim de que todos os seres terrestres fossem elevados por ele. Ela (a cruz) é um caminho de grande extensão; ela é como uma escada entre os seres terrestres e os seres celestes. É tão fácil de seguir, que até mesmo os mortos caminharão sobre ela. Ela esvaziou os Infernos, e eis que: mesmo os mortais sobem por ela (texto traduzido e citado por Edsman, "*Le baptême de feu*", p. 51-52; em *Eranos fahrbuch*, 1950).

Nessa conquista do celestial, a escada, segundo Cassiano, comporta dez degraus, e doze para Bento, que os cita no capítulo 7 de sua Regra. João Clímaco, em seu tratado intitulado Escada, fala de trinta degraus, em lembrança dos trinta anos da vida oculta do Cristo. A escada de Jacó serve de tema fundamental a numerosos escritores, entre os quais Gregório Magno e Isidoro de Sevilha. E seria a partir desse acervo rico e harmonioso que os autores da Idade Média iriam construir suas diversas interpretações da escada mística, a unir terra e céu, que a alma é convidada a ascender na medida de seu desejo, de seu conhecimento e de seu amor.

Um símbolo ascensional dessa ordem indica uma hierarquia, um movimento. No ponto de partida, a condição terrena; à chegada, o estado angélico. Entre um e outra, andares, com suas etapas provisórias, que não marcam pontos de parada ou de repouso, mas sim a beleza pressentida, a paz que começa a tranquilizar o viajante, encorajando-o a prosseguir o caminho, a enfrentar as lutas que deve aceitar. E à medida que ele se for despojando e desnudando, sua caminhada se tornará cada vez mais fácil. Por isso a ascese tem sua importância. Notemos que os sete degraus

descritos pelos místicos têm uma relação com as sete portas do céu que encontramos na iniciação ao mitraísmo. Cada uma delas é guardada por um anjo e, cada vez que atravessa uma dessas portas, o iniciado deve despojar-se, a fim de conseguir alcançar a ressurreição da carne.

Conviria, ainda, salientar a direção vertical tanto da subida (*ascensus*) quanto da descida (*descensus*), sendo que o cume está rigorosamente acima da base. E, por isso, Mestre Eckhart escreveu: "O que existe de mais alto em sua insondável Divindade corresponde àquilo que de mais baixo existe nas profundezas da humildade." Num sentido idêntico, afirma-se esse comentário de Macróbio (escritor latino, ativo no ano 400 da era cristã): "tudo se segue em sucessões contínuas, e vai degenerando por ordem progressiva, do primeiro ao último degrau; o observador judicioso e profundo deve descobrir que a partir do Deus supremo até a mais vil das escórias, tudo se une e se encadeia por vínculos mútuos e para sempre indissolúveis" (*Commentaire sur le Songe de Scipion*, 1, 14, 15).

É evidente que essa simbólica da escada é fiel à tradição platônica, pois descreve a ascensão da alma tendo como ponto de partida o mundo sensível, e elevando-se, de degrau em degrau, para o inteligível (DAVS, *passim*).

Símbolo de ascensão, a escada acabou por designar o êxtase do Profeta do Islã (*Mi'radj*). Quando o anjo Gabriel arrebatou aos céus o Profeta, no momento de sua ascensão noturna, uma escada (*mi'radj*) soberba apareceu: era aquela em direção à qual os moribundos dirigem o olhar, e que é usada pelos espíritos dos homens para subirem ao céu. Para os sufistas, a ascensão é o símbolo da subida da alma, que escapa aos vínculos do mundo sensível e chega ao conhecimento místico.

Os degraus da escada simbolizam também os anos de vida. "Os camponeses do Zakkar e do vale do Chelif, na Argélia, até hoje costumam plantar nas sepulturas esteias funerárias feitas em madeira de oliveira, que representam de maneira esquemática os sete céus da escada terrestre" (SERH, 148).

Na tradição egípcia, a escada de Ré une a terra ao céu. O *Livro dos mortos* egípcio faz alusão à escada que permite ver os deuses. A ideia da escada, no Egito, está ligada ao mito do *centro do mundo*; mas todo lugar sagrado pode vir a tornar-se **centro*** e, assim, capaz de tocar o céu.

Os egípcios conservaram em seus textos fúnebres a expressão *asket pet* (*asket* = degrau) para demonstrar que a escada de Ré é uma escada verdadeira (Budge, *From Fetish to God*). "Está colocada para mim a escada de ver os deuses, diz o *Livro dos mortos*. Em numerosos túmulos do tempo das dinastias arcaicas ou medievais, foram encontrados amuletos que representam uma escada ou uma **escadaria***" (Budge, *The Mummy*) (ELIT).

A ascensão do xamã uralo-altaieo para oferecer a Bai-Ulgen a alma do cavalo sacrificado realiza-se, como já vimos, pelos sete degraus ou entalhaduras feitas no tronco de uma bétula. Cada um desses degraus marca igualmente a passagem por uma esfera planetária. Como no mistério de Mitra, o sexto degrau corresponde à Lua, e o sétimo, ao Sol. Ao passar da Ásia para a América, o xamanismo conserva os mesmos suportes simbólicos. Assim, explica A. Métraux (citado in ELIC, 296), "entre os povos indígenas taulipangues (caraíbas, do Alto Rio Branco) da Amazônia, a fim de alcançar o país dos espíritos, o xamã bebe uma infusão preparada com um cipó, cuja forma sugere a de uma escada".

O mesmo simbolismo ascensional entre os turcos: no poema *Uigur Kadatku Bilik*, "um herói sonha que está subindo uma escada de cinquenta degraus, na extremidade da qual uma mulher lhe dá de beber, assim reanimado, ele consegue chegar até o céu" (ELIT).

E Eliade resume a lição desses fatos: todo simbolismo ascensional significa a *transcendência da vocação humana* e a penetração nos níveis cósmicos superiores (ELIT).

Mas a escada pode também ser utilizada pela divindade para descer do céu à terra: a Este de Timor, o *Senhor-Sol*, divindade suprema, baixa uma vez por ano numa figueira, para fecundar sua esposa, a Terra-Mãe. A fim de facilitar-lhe a descida, arma-se na figueira uma escada de sete ou dez degraus (essa festividade costuma realizar-se no começo da estação das chuvas).

Em numerosas representações dos ameríndios, também se faz menção a uma escada que permite alcançar o **arco-íris***. Muitas vezes, o próprio arco-íris é representado por uma escada, como acontece entre os povos indígenas pueblo (LEHC). O arco-íris representa o caminho dos mortos. Mas ele é, igualmente, tanto a via descendente quanto a ascendente, através da qual os habitantes do céu se comunicam com os da terra, servindo-se dela como se fosse uma escada.

O **arco-íris*** conduz à ideia de escada dupla, bem como ao seu particular simbolismo. Essa figura é muito antiga; acredita-se que seja de origem caldeia. Por vezes, aparece inscrita no interior de um círculo coroado ou de uma estrela. É um símbolo da justiça, pois assinala uma igualdade entre a descida e a subida, entre o pecado e o castigo. Houve também quem interpretasse essas duas partes iguais da escada, a girarem sobre a barra que as une no cimo, como uma equivalência da balança e, portanto, símbolo da *justiça imanente*. Todo erro desencadearia automaticamente forças destrutivas sobre o culpado e, por círculos concêntricos, sobre sua esfera de influência: a punição está submetida a uma espécie de determinismo físico.

Na literatura psicanalítica, a escalada, a **escadaria***, a escada, ocupam lugar importante. Nos sonhos, a escada, na qualidade de meio de ascensão, gera o medo, o temor, a angústia ou – ao contrário – a alegria, a segurança etc. O sonhar acordado apresenta uma infinidade de sugestões de subidas e de descidas, e a interpretação desses sonhos inscreve-se principalmente numa dialética de verticalidade, às vezes com o acréscimo do temor angustiante de que a escada possa cair. Associado à noção de ritmo (*v.* **dança***), o símbolo da escada pode conter por vezes uma significação erótica, sendo que a ascensão, nesse caso, é a do desejo, que sobe até atingir o orgasmo.

442 | ESCADARIA

ESCADARIA

A escadaria é o símbolo da progressão para o saber, da ascensão para o conhecimento e a transfiguração. Quando ela se eleva em direção ao céu, trata-se do conhecimento do mundo aparente ou divino; quando penetra no subsolo, trata-se do saber oculto e das profundezas do inconsciente. A escadaria branca representa, às vezes, a alta ciência, e a escadaria negra, a magia negra. Assim como a **escada***, ela simboliza a busca do conhecimento exotérico (a subida) e esotérico (a descida) (HAMK, 6).

Os egípcios também conheciam esse símbolo de ascensão. As **pirâmides*** são já um análogo da escadaria; fato que se torna particularmente evidente no caso das pirâmides com degraus. Outras obras de arte plástica representam as almas dos defuntos subindo uma escadaria de sete ou nove degraus, para chegarem diante do trono de **Osíris*** e se submeterem à **psicostasia***. Veem-se também representações de barcas que ostentam no centro, à guisa de mastro e de velame, uma escadaria de sete ou nove degraus, "simbolizando a última e definitiva ascensão da alma em direção às estrelas, com as quais se confundirão, unindo-se assim à luz de Ré; são as Barcas da Escadaria do Céu, símbolos da ascensão da alma" (CHAS, 139, 171).

Símbolo ascensional clássico, a escadaria pode designar não apenas a subida para o conhecimento, mas uma elevação integrada de todo o ser. Participa da simbólica do **eixo*** do mundo, da verticalidade e da **espiral***. Quando a escadaria tem uma forma espiraloide, atrai particularmente a atenção para o foco do desenvolvimento axial, que pode ser Deus, um princípio, um amor, uma arte, a consciência ou o próprio eu do ser que, quando em ascensão, se apoia por completo nesse centro, em torno do qual desenha suas volutas. Como todos os símbolos desse tipo, a escadaria também tem um aspecto negativo: a descida, a queda, o retorno ao terra a terra e mesmo ao mundo subterrâneo. Porquanto a escadaria liga os três mundos cósmicos entre si, e se presta tanto

à regressão quanto à ascensão. Ela resume todo o drama da verticalidade.

ESCAMAS

Símbolo da montanha ou do suporte do mundo, derivando sem dúvida do símbolo da **tartaruga***. "Na arte românica, podem ser vistas frequentemente sob os pés do Cristo na ascensão, sob os pés dos anjos, no cimo das montanhas, simbolizando o limite da terra e o contato com o céu etc. Chegam a simbolizar o próprio céu" (CHAS, 153). Num outro sentido, que faz sobressair a coincidência dos opostos, as escamas designam, ao contrário, o obstáculo que impede ver o céu: é preciso que as escamas caiam dos olhos para que o homem compreenda. Na glíptica maia, o simbolismo da escama parece associado ao do losango, do qual se conhece a conotação sexual. Conotação sexual igualmente no velho francês: "abrir a escama" por desvirginar. Escama seria aqui um sinônimo do latim *vulva* – invólucro (GUID).

ESCARAVELHO

O escaravelho é conhecido principalmente como símbolo egípcio. Era o símbolo cíclico do Sol e, ao mesmo tempo, da ressurreição.

É a imagem do Sol que renasce de si mesmo: *Deus que retorna*. Na pintura egípcia, o escaravelho ou traz a bola enorme do Sol entre as patas – assim como o deus solar volta das sombras da noite, supõe-se que o escaravelho renasça da própria decomposição – ou faz rolar uma bola de fogo na qual depositou o seu sêmen. Por isso, simboliza o ciclo solar do dia e da noite. É frequentemente chamado de deus Khépri, *Sol Nascente*. Na escrita egípcia, a figura do escaravelho com as patas estendidas corresponde ao verbo *kheper*, que significa algo como: *vir à existência tomando uma determinada forma.*

Os escaravelhos também eram usados como **amuletos*** *eficazes – o inseto ocultava em si o princípio do eterno retorno*. Nas múmias dotadas de asas de falcão abertas, assim como no sarcófago de Tutancâmon, os escaravelhos serviam como talismãs e eram invocados segundo uma fórmula do *Livro dos direitos* como *o deus que está no meu coração, meu criador que me sustenta os membros.*

Na cena da **psicostasia***, o coração do falecido era a testemunha moral do defunto, o julgamento de sua consciência. Cabia ao acusado harmonizar-se com a parte de si mesmo que podia decidir a sua salvação ou a sua condenação. Por isso, colocava-se sobre o coração do defunto um **amuleto*** representando um escaravelho para impedi-lo de testemunhar contra o morto: o escaravelho do coração. "O coração é a consciência; dirige e censura o homem; é um ser independente, de uma essência superior, que reside no corpo. Como se pode ler sobre um caixão num museu de Viena: o coração do homem é o seu próprio deus" (POSD, 61, 259-260).

O simbolismo vem também do comportamento do escaravelho-bola ou pilular, que se enrola como uma bola – representação do Ovo do mundo, de onde nasce a vida, a manifestação organizada. Assim, considerava-se que o escaravelho gerava a si mesmo. A mesma interpretação é conhecida na China: "O escaravelho vira uma bola" – diz o *Tratado da Flor de Ouro* –, "na bola nasce a vida, fruto do seu esforço indiviso de concentração. Conclui-se: se um embrião pode nascer no estrume, por que a concentração do espírito não poderia fazer nascer, no coração celeste, o embrião da imortalidade?"

As glosas taoistas fazem da atividade deste escaravelho o exemplo da "habilidade aparentemente inábil, da perfeição aparentemente imperfeita", das quais Lao-tse fala (capítulo 45) e que são os critérios da Sabedoria (GRIF, SOUN, WIET).

Num texto bastante obscuro do *Livro de Chilam Balam*, que relata as tradições religiosas maias, o escaravelho aparece como a lama da terra, no sentido material e moral do termo, chamada, apesar de tudo, a tornar-se divindade: "Então apresentaram-se os deuses escaravelhos, os desonestos, os que puseram em nós o pecado, os que eram a lama da terra [...]. Atenção, falem e serão os deuses desta terra." Não é impossível que os autores desse livro satírico, oriundos dos meios indígenas em luta contra a prática cristã dos conquistadores, tenham representado os padres estrangeiros sob a forma desses escaravelhos invasores.

ESCARAVELHO-BOSTEIRO

(Inseto coleóptero, da família dos escarabeíneos, que vive de excrementos de mamíferos herbívoros. Sin. bras.: *rola-bosta, carocha* etc.).

O simbolismo desse animal é tomado, na Irlanda, unicamente no sentido desfavorável. No ciclo de Ulster, um personagem de alto nível, *Dubthach Doel Tenga*, é chamado de *Dubthach, o da língua de bosteiro*, porque maneja facilmente a injúria, e esse cognome é uma metáfora baseada na cor escura do animal. Na narrativa da *Morte dos filhos de Tuireann*, diz-se que um escaravelho--bosteiro rói as entranhas do rei Nuada, do qual os três filhos médicos de Diancecht (Apolo) vêm cuidar (OGAC, 16, 233-234, CHAB, 900-907). Esse bosteiro que rói as entranhas do rei pode ser entendido, no sentido físico, como lepra, ou no sentido moral, como um vício. Os filhos do Apolo celta são, como se vê, médicos do corpo e da alma (*v.* **escaravelho***).

ESCOLHA (*v.* Encruzilhada)

ESCOLHO (*v.* Recifes, Rochedo, Símplégades)

ESCORPIÃO

Muitos africanos evitam pronunciar-lhe o nome, pois ele é maléfico: chamá-lo pelo nome equivaleria a desencadear forças contra si mesmo. Ele só é designado através de alusões como a hiena, frequentemente apelidada de *a combalida*.

Segundo uma lenda do Mali, o escorpião diz: "Não sou um espírito dos elementos e tampouco um demônio. Sou o animal fatal àquele que o tocar. Tenho dois cornos e uma cauda que torço no ar. Os meus cornos chamam-se, um, a violência, o outro, o ódio. O estilete da minha cauda chama-se buril de vingança. Só ponho no mundo uma vez: a concepção que, para os outros, é sinal de crescimento, para mim é sinal de morte próxima" (HAMK, 10).

444 | ESCORPIÃO

Como animal noturno, por causa de sua cauda cuja ponta é um tumor cheio de veneno que alimenta um ferrão sempre retesado e pronto para picar fatalmente aquele que o tocar, ele encarna o espírito belicoso, mal-humorado, sempre escondido e rápido em matar; como animal diurno, simboliza a abnegação e o sacrifício maternos, pois, segundo a lenda, antes de nascerem, seus filhotes escavam-lhe os flancos e comem-lhe as entranhas (HAMK, 60).

O escorpião é o Deus da caça, para os maias, Na glíptica maia, é utilizado como símbolo de penitência e de sangria (THOH). Para os dogons, ele é igualmente associado às operações cirúrgicas: com efeito, ele representa o clitóris excisado. A bolsa e o ferrão simbolizam o órgão, e o veneno, a água e o sangue da dor (GRIE). Nesse sentido, ele representa a segunda alma (a alma masculina) da mulher. Mas, por outro lado, tendo oito patas, o escorpião é o protetor dos gêmeos, que totalizam oito membros: ninguém os tocará sem expor-se à sua picada (GRIE). Essas duas acepções simbólicas do escorpião não são contraditórias, mas complementares, pois, como especifica Griaule, o nascimento de gêmeos é um evento considerável. Repete o parto da primeira mulher e a transformação do seu clitóris em escorpião (que só se dava, *in illo tempore*, após o parto).

No Egito, esse perigoso aracnídeo dá a sua forma a um dos mais antigos hieróglifos e o seu nome a um dos soberanos pré-dinásticos, o rei escorpião. A sua imagem, que termina com a cabeça de Ísis, é encontrada sobre certos **cetros*** de faraós. Foi até honrado como um deus, sob a forma feminina da deusa Selket, pessoa benevolente, pois dava aos feiticeiros de Selket, antiga corporação de curandeiros, poder sobre as suas manifestações terrestres (POSD, 261). Aqui, o escorpião se reveste de toda a ambivalência simbólica da **serpente***.

Na tradição grega, o escorpião é o vingador de Ártemis – Diana, para os romanos –, a virgem caçadora, eternamente jovem, um tipo de jovem arisca. Ofendida por Oríão, que tentou violentá-la, a deusa fez com que este fosse picado no calcanhar por um escorpião. Por esse favor, o escorpião foi transformado em constelação; Oríão também foi enviado ao céu e transformado em constelação. Em consequência, diz-se que Oríão foge constantemente do escorpião (GRID). O escorpião aparece aqui como o instrumento da justiça vingativa.

Em astrologia, o Escorpião (23 de outubro – 21 de novembro) é o oitavo signo do Zodíaco, ocupando o meio do trimestre do outono no hemisfério setentrional, quando o vento arranca as folhas amareladas e os animais e as árvores preparam-se para uma nova existência. Símbolo ao mesmo tempo de resistência, de fermentação e morte, de dinamismo, de dureza e de lutas, esta parte do céu tem Marte como regente planetário.

O Escorpião evoca a natureza na época do Dia de Todos os Santos, da queda das folhas, da morte da vegetação, do retorno da matéria bruta ao caos, enquanto o húmus prepara o renascimento da vida; o quaternário aquático entre a água primeira da fonte (Câncer) e as águas devolvidas do Oceano (Peixes), ou seja, as águas profundas e silenciosas da estagnação e da maceração. O animal negro, que foge da luz, vive escondido e é dotado de um ferrão envenenado. Essa reunião compõe um mundo de valores sombrios, próprios para evocar os tormentos e os dramas da vida até o abismo do absurdo, do nada, da morte... Daí o fato de o signo ser colocado sob a regência de Marte, assim como de Plutão, força misteriosa e inexorável das sombras, do inferno, das trevas interiores. Estamos no centro do complexo sadoanal do freudianismo; mas, aos valores psíquicos do ânus vêm-se unir os do sexo, e vemos estabelecer-se uma dialética de destruição e de criação, de morte e de renascimento, de condenação e de redenção, com o Escorpião como *um santo de amor num campo de batalha ou um grito de guerra num campo de amor*... Em tal território rubro e negro, o indivíduo enraíza-se nas convulsões dos seus obstáculos e só se transforma em si mesmo quando sacudido do transe selvagem de um demônio interior que tem sede, não de bem-estar, mas de mais-ser, até o gosto amargo da angústia de viver, entre o apelo de Deus e a tentação do diabo. Esta natureza vulcânica faz do tipo de Escorpião um pássaro cujas asas só se abrem facilmente no meio das tempestades, pois o seu clima é o das tormentas, e é da tragédia o seu território.

ESCRITA

Um documento da Antiguidade egípcia representa *Thot* a extrair os caracteres da escrita do retrato dos deuses. Assim, a escrita surge à imagem de Deus, tem uma origem sagrada; depois, identifica-se com o homem. É o sinal visível da Atividade divina, da manifestação do Verbo. Alguns esoteristas muçulmanos consideram as **letras*** do alfabeto elementos constitutivos do próprio corpo de Deus. Na Índia, Saravasti, a **xácti*** de Brahma, *deusa da palavra*, é também designada *deusa-alfabeto* (*lipidevi*): as letras se identificam com as partes do seu corpo. A guirlanda de cinquenta letras ostentada por *Brahma*, produtor da manifestação, tem o mesmo sentido: ler as letras em ordem alfabética é *anuloma*, a evolução (*shristi*); lê-las na ordem inversa é viloma, a reintegração (*nivritti*).

O nome da divindade suprema entre os hebreus (*Jeová*), bem como entre os árabes (*Alá*), compõe-se (na língua original) de quatro letras, determinação quaternária da Unidade. A gnose muçulmana estabelece uma relação entre elas e os quatro elementos, os quatro pontos cardeais, os quatro Anjos da glorificação. Repetindo as palavras de São Martinho, talvez se possa dizer que as quatro letras essenciais exprimem as qualidades ou a potência divinas, e que o alfabeto desenvolvido representa a produção do Verbo (*anuloma*) (Cf. verbete **quatro***). O Islã considera, além disso, *sete letras supremas*, homologadas às sete *Inteligências* ou *Verbos divinos*. As 28 letras do alfabeto completo (28, que é quatro vezes sete) são o homem integral – corpo e alma; são também as 28 mansões lunares; todavia, como especifica Ibn Arabi, não são as mansões que determinam as letras, mas justamente o inverso. Aliás, todo um simbolismo é extraído do fato de que a *Shafaada* (o *Testemunho* fundamental do Islã) comporte

quatro palavras, sete sílabas e doze letras. Na realidade, a criação é vista como um livro, cujas letras são as criaturas. "Nada existe no mundo", escreve Abu Ya'qub Sejestani, "que não possa ser considerado uma escrita". O Livro do mundo exprime, de resto, a unicidade da Mensagem divina primordial, da qual as Escrituras sagradas são as traduções específicas. Notemos ainda que, tanto na Cabala hebraica quanto no esoterismo muçulmano, cada letra corresponde a um número, que determina, assim, as relações simbólicas entre os elementos da manifestação.

O simbolismo cosmológico das **letras***, aliás, parece ter sobrevivido no ritual do alfabeto, praticado no momento da consagração das igrejas católicas, ritual que evoca a dominação da Igreja sobre as dimensões do espaço e do tempo. Tratando-se, na ocorrência, dos alfabetos grego e latino, os dois principais instrumentos da liturgia do Oriente e do Ocidente, pode-se dizer que também se tratava de simbolizar a união de judeus e gentios, a escrita dos dois Testamentos, "enfim, os próprios artigos de nossa fé" (BENA).

É evidente que o simbolismo das letras, assim considerado, dá às Escrituras sagradas uma pluralidade de sentidos hierarquizados, que Dante fixou em número de quatro. O *Corão* tem sete. Na verdade, o obscurecimento progressivo de alguns desses sentidos não deixa de estar relacionado com a alteração sofrida pela própria escrita. Os hieróglifos e os ideogramas primitivos são a tradução de uma linguagem *divina* e certamente ritual. A alteração dos ideogramas – particularmente sensível na China – retira-lhes esse valor. Aliás, a ciência das analogias fonéticas, familiar não apenas aos chineses, como também aos hindus (*nirukta*), e mesmo a Platão (ela é evocada no Crátilo), é um elemento simbólico precioso, embora possa velar-se facilmente, por causa de sua aparente ausência de *lógica*. O estudo da linguagem e mesmo da gramática – para um Patanjali, ou um Bhartrihari – pode ser um exercício de ordem espiritual, uma verdadeira ioga.

A Índia (tanto a hinduísta quanto a budista) faz até hoje uma ampla utilização ritual dos ide-

446 | ESCRITA

ogramas e caracteres. São utilizados no traçado (as raízes da escrita são, por si mesmas, de resto, verdadeiros iantras). O tantrismo situa-os, enquanto sílabas-germes (*tattvabija*) – ou seja, em sua qualidade de fixação das maneiras – em cada um dos centros sutis do ser. Da mesma maneira, os *siddha*, caracteres simbólicos do *Vajrayana*, são representações de Buda ou de outras figuras sagradas, e entram, a esse título, na *mandala*.

Ainda que de modo sumário, deve-se mencionar os iletrados, categoria em que se incluíram numerosos mestres espirituais (como o próprio Maomé, o patriarca *zen* Huei-neeng e, mais próximo de nós, o grande místico Ramakrishna); a condição de iletrado é, evidentemente, o inverso da ignorância – simboliza a percepção intuitiva imediata das Realidades divinas, a liberação das servidões do literalismo e da forma (AVAS, BEUA, CORT, LIOT, VACG).

Se a escrita chinesa é essencialmente simbólica, é porque não utiliza signo algum a que se possa dar apenas o simples valor de um signo. Os chineses desejam que em todos os elementos da linguagem – sonoros e gráficos, ritmos e sentenças – sobressaia a eficiência própria dos símbolos. Por esse meio, a expressão figura o pensamento, e essa figuração concreta impõe o sentimento de que exprimir não é evocar, mas realizar.

Assim, pode-se dizer que tanto o escrever quanto o falar, em chinês, são sobretudo a preocupação com a eficácia, e não apenas uma obediência a necessidades de ordem estritamente intelectual.

O mérito dessa escrita figurativa que permite todas as expressões de pensamento, até mesmo as mais científicas, reside no fato de ela permitir que se dê às palavras sua *função de força atuante*.

O poder da escrita na China é de tal importância que a caligrafia sobrepujou a pintura. Eis o que diz da arte da escrita o príncipe dos calígrafos chineses, Wang Hsichih (321-379):

"Cada traço horizontal é uma massa de nuvens em formação de combate; cada gancho, um arco entesado de uma força rara; cada ponto, uma rocha a tombar de um elevado cume; cada ângulo pontiagudo, uma escápula de cobre; cada prolongamento de linha, um venerável galho de sarmento; e cada traço livre e solto, um corredor prestes a saltar."

Os egípcios tiveram muitos tipos de escrita. Os hieróglifos, esculturas sagradas, constituíam uma escrita monumental. Inicialmente, eram ideogramas (imagens de ideias), mas também desempenharam o papel de letras. "O sistema da escrita repousa sobre a combinação, nos vocábulos, dos sinais figurativos e dos sinais fonéticos. Noutras palavras, os hieróglifos são desenhos de objetos diversos, reproduzidos dos três reinos da natureza, dos ofícios, das artes etc., e que exprimem, alguns, ideias, e outros, sons. Dividem-se os sinais ideográficos em figurativos e simbólicos" (PIED, 262; *v.* igualmente POSD, 129-134). Os primeiros falam de si mesmos: o desenho de um leão deitado designa um leão; e os segundos "exprimem ideias abstratas que não seria possível mostrar, a não ser através de imagens convencionais ou alegóricas. Assim, dois braços, um armado de escudo, o outro de lança, designam a guerra, o combate" (ibid.). O pensamento egípcio desenvolvia-se, portanto, na base de uma estrutura de símbolos, aos quais se atribuía mais do que o valor de um sinal convencional, porém que se impregnaram de uma força mágica e de um poder *evocador*. A escrita hierática foi uma simplificação e uma abreviação da precedente; era empregada nos papiros e nos atos da vida civil: lê-se da direita para a esquerda, sobre linhas horizontais. Somente os textos sagrados continuaram a ser escritos em hieróglifos lineares, grafados na vertical, em forma de colunas. A escrita demótica (simplificação da hierática, e com ligaturas, que nesta não havia) deriva da segunda, mas é extremamente difícil de decifrar. Serviu sobretudo aos atos civis, embora também tenha sido usada em textos mágicos (ibid., 181). Finalmente, existe uma escrita secreta, de caráter essencialmente fonético, que pratica a homofonia e o trocadilho, e que não é acessível senão aos iniciados ou aos afortunados pesquisadores que conseguiram estabelecer relações entre essa e as demais escritas, violando assim o segredo dos símbolos.

O conjunto de documentos que se possui sobre o mundo celta da Antiguidade prova que os celtas conheciam e utilizavam a escrita. Entretanto, não lhe concediam o valor absoluto de arquivo e de meio de ensino que as nossas sociedades modernas lhe atribuem. Com efeito, o que está escrito fica definitivamente fixado, sem nenhuma modificação possível, porém o saber deve transmitir-se e renovar-se a cada nova geração. A escrita era da alçada do *deus dos* **laços*** (cadeias), Ógmios, e tinha pleno valor mágico. Constituía até mesmo uma sanção de muita gravidade, pois a maldição escrita tinha consequências infinitamente mais duradouras do que a simples encantação falada ou cantada. De resto, a complexidade e a dificuldade da escrita irlandesa primitiva – os *ogam* – eram de tal ordem que tornavam proibitivo alongar um texto. Os que existem, e que se conhecem, são inscrições funerárias muito breves, mencionando quase unicamente o nome do defunto.

Todavia, apesar de todos os esforços realizados para erigi-la em imagem de Deus, em tradução do Cosmo, e, além disso, para divinizá-la, a escrita surge também como um substituto degradado da palavra. A história da escrita não remonta a mais de 6.000 anos. Os grandes mestres – Sócrates, Buda, Jesus Cristo – não deixaram escritos. Ela simboliza uma perda de presença: a escrita chega quando a palavra se retira. É um esforço para encapsular o espírito e a inspiração: a escrita permanece, como um símbolo da palavra ausente. O fundador da linguística moderna, Ferdinand de Saussure (1857-1913), distinguiu claramente: linguagem e escrita são dois sistemas diferentes de sinais: a única razão de ser do segundo é representar o primeiro. Ela materializa a revelação, corta o vínculo humano, substituindo-o por um universo de signos. Para reativar a revelação, é preciso uma presença falante. Não se escreve nas almas com uma pena, dizia Joseph de Maistre. Jean Lacroix resume bem esse valor simbólico da escrita, por oposição à linguagem: um esforço

indireto e perigoso para reapropriar-se simbolicamente da presença.

ESCUDO

O escudo (broquel) é o símbolo da arma passiva, defensiva, protetora, embora às vezes possa ser também mortal. À sua própria força (como objeto de metal ou de couro), ele associa magicamente forças figuradas. Efetivamente, o escudo é em muitos casos uma representação do universo, como se o guerreiro a usá-lo opusesse o cosmo ao seu adversário, e como se os golpes deste último atingissem muito além do combatente à sua frente e alcançassem a própria realidade representada nos ornatos do broquel. O escudo de Aquiles é um singular exemplo disso: "Hefestos (Vulcano) cria nele uma decoração múltipla, fruto de seus sábios pensamentos. Ornamenta-o com figuras da terra, do céu e do mar, do sol infatigável e da Lua cheia, bem como de todos os outros astros que coroam o céu [...]. Também são figuradas duas cidades humanas – duas belas cidades. Numa delas, veem-se núpcias, festins... Em torno da outra cidade, acampam dois exércitos, cujos guerreiros rebrilham sob suas armaduras. Os atacantes hesitam entre duas decisões: a destruição da cidade inteira, ou a partilha de todas as riquezas que guarda dentro de seus muros a aprazível cidade [...]." (HOMI, **18**, 478-492; 508-512). Nesse broquel, Hefestos põe ainda "uma terra branda, um campo fértil [...] domínios reais [...] um vinhedo pesadamente carregado de uvas [...] um rebanho de vacas de chifres altos [...] uma pastagem de cabras [...] uma praça de dança [...] e, por fim, a força pujante do rio Oceano, a formar a beirada do sólido escudo". Todas as razões de viver, todas as belezas do universo, todos os símbolos da força, da riqueza e da alegria estão mobilizados e concentrados nesse broquel. Esse espantoso espetáculo simboliza também o que está em jogo na batalha: tudo o que se perde ao morrer, tudo o que se ganha ao triunfar. O escudo era grande o bastante para proteger o combatente de cima a baixo e, eventualmente, servir de padiola para carregar um morto ou um ferido.

448 | ESFERA

Ao invés de estar ornamentado com cenas sedutoras, apresenta por vezes uma figura apavorante, que é o quanto basta para derrubar o adversário. É a arma psicológica. Perseu vencera a horrenda Medusa sem olhar para ela, porém polindo seu escudo como um espelho; ao ver-se a si própria ali refletida, a Medusa ficou petrificada de horror, e o herói cortou-lhe a cabeça. Foi uma cabeça decepada e horripilante que Atena colocou sobre seu broquel, a fim de gelar de pavor aqueles que porventura ousassem atacá-la.

Na descrição pauliniana da armadura, da qual o cristão deve-se servir para o combate espiritual da salvação, o escudo é a Fé, contra a qual se romperão todas as armas do Maligno. São Paulo diz, mais precisamente, que a Fé extinguirá os dardos inflamados do Maligno; extinguir chamas – o sentido do símbolo dá, aqui, uma significação totalmente espiritual ao papel do escudo da fé, que deve ser usado contra as tentações da heresia, do orgulho e da carne.

Um texto irlandês, A Razia das Vacas de Fraech, indica que os broquéis dos guerreiros traziam incrustações ou trabalhos de gravação que representavam animais (fantásticos ou fabulosos) servindo de emblema. É um início de heráldica, pois cada herói irlandês parece ter arvorado ornamentações ou emblemas diferentes. Por sua própria natureza, o escudo tem pleno valor apotropaico (i.e., valor de afastar malefícios). Os nomes celtas do escudo (irl. *sciath*; gal. *yscwyd*; bret. *skoed*) relacionam-se com o vocábulo latino *scindo* (cortar, fender). Na literatura medieval irlandesa, ele assumiu acepções metonímicas ou metafóricas numerosas, tais como: guerreiro, proteção, garantia legal etc. Antes de tudo, o escudo é *arma passiva*, submissa, como a classe guerreira, ao poder da classe sacerdotal, e não um instrumento de agressão (as línguas célticas não têm nenhuma palavra indígena que designe a couraça [irl. *luirech*, vem do lat. lorica], embora os celtas a utilizassem). Encontram-se numerosos exemplos proto-históricos do broquel circular chanfrado, nas esteias funerárias do sul da França e na Espanha, nas quais ele é o elemento decora-

tivo mais importante, juntamente com o material militar habitual (carro, arco, lança etc.) (OGAC, 11, 76-77; 14, 521-546; WINI, 5, 667-679; ROYD, letra S, col. 91-92).

Na arte renascentista, o escudo é o atributo da virtude da força, da vitória, da suspeita, da castidade. Pode-se apreciar no Louvre um quadro de Mantegna, A vitória da Sabedoria sobre os vícios, no qual Minerva aparece carregando no braço um broquel translúcido (TERS, 50-51).

ESFERA

Mesmo simbolismo que o **círculo***; ela é o círculo na ordem dos volumes. Dá o relevo, a terceira dimensão às significações do círculo e corresponde melhor à experiência percebida: A totalidade celeste-terrestre se expressa maravilhosamente no par **cubo***-**esfera**. Em arquitetura, nós os encontraremos sob a forma do quadrilátero inserido na esfera. Esta é normalmente reduzida à semiesfera, como nos casos das absides (CHAS, 32). Podemos constatá-lo nas basílicas bizantinas, nas mesquitas, na arte do Renascimento, como por exemplo em São Pedro, no Vaticano.

Em algumas figuras da arte cristã, vê-se um personagem coberto por uma abóbada, com os pés pousados sobre um banco retangular: é o símbolo de Deus descendo do seu trono celeste sobre a terra. A passagem da esfera, do círculo, do arco com formas retangulares, simboliza também a Encarnação (CHAS, 79), a mesma pessoa oriunda de duas naturezas, a divina e a humana, fazendo a ligação, a ponte, a união, entre o céu e a terra. A passagem do quadrado ao círculo simboliza, ao contrário, a volta do criado ao não criado, da terra ao céu, a plenitude da realização, a perfeição do ciclo completo.

Na tradição grega, notadamente em Parmênides e nos textos órficos, duas esferas concêntricas representavam o mundo terrestre e o Outro-Mundo; a morte nos faz passar de uma esfera a outra: Saí do círculo onde se está sob o peso de terríveis lutos, lê-se num tablete órfico; entrei no círculo desejável, com passos rápidos. Penetrei no seio da Senhora, da rainha infernal (frag. 32c).

A cosmogonia exposta por Platão em Timeu apresenta o universo sob forma de esfera. Quanto à forma, Ele (o Criador) deu-lhe (ao Universo) a mais conveniente e natural. Ora, a forma mais conveniente ao animal que deveria conter em si mesmo todos os seres vivos só poderia ser a que abrangesse todas as formas existentes. Por isso, ele torneou o mundo em forma de esfera, por estarem todas as suas extremidades a igual distância do centro, a mais perfeita das formas e mais semelhante a si mesmo, por acreditar que o semelhante é mil vezes mais belo do que o não semelhante (PLAO, **2**, 488).

O **andrógino*** original era, de fato, frequentemente concebido como esférico. Ora, é sabido que a esfera simbolizou, desde o nível das culturas arcaicas, a perfeição e a totalidade (ELIT, 355).

Como figura de simetria por excelência, a esfera é um símbolo de ambivalência. Certas populações australianas arcaicas acreditam, como Platão, que o andrógino original (imagem da ambivalência) é esférico (simetria). Essa mesma associação entre a origem, a bissexualidade e a esfera pode ser encontrada em *O banquete de Platão* (VIRI, 99).

Segundo os profetas, de Deus emanam três esferas que preenchem os três céus: a primeira, ou esfera do amor, é vermelha; a segunda, ou esfera da sabedoria, é azul; a terceira, ou esfera da criação, é verde (PORS, 81-182).

A cosmogonia islâmica recorre constantemente à ideia da esfera. Uma tradição relatada por Ibn Abbas descreve a criação da **água*** como a de uma pérola branca com as dimensões do céu e da terra. Os sete céus apresentam-se sob a forma de tendas redondas superpostas.

Eis como al-Farabi († 950) descreve o processo da criação segundo a sua teoria das emanações: Após a emanação da Esfera Superior, a emanação continua através da produção, conjunta, de um Intelecto e de uma Esfera. É assim que, do segundo Intelecto, produz-se um Terceiro e a Esfera das Estrelas fixas; do Terceiro Intelecto, um Quarto e a Esfera de Saturno; do Quarto Intelecto, um Quinto e a Esfera de Júpiter; do Quin-

to Intelecto, um Sexto e a Esfera de Marte; do Sexto Intelecto, um Sétimo e a Esfera do Sol; do Sétimo Intelecto, um Oitavo e a Esfera de Vênus; do Oitavo Intelecto, um Nono e a Esfera de Mercúrio; do Nono Intelecto, um Décimo e a Esfera da Lua (FAHN, 237).

O essencial dessa teoria está presente em Avicena. De acordo com outras doutrinas emanatistas, como a dos Irmãos da Pureza, o universo se compõe de esferas, desde a Esfera periférica até a que se encontra no centro da terra. A noção de esfera e de movimento orbicular é dominante e exprime a perfeição. Se um ser for concebido como perfeito, ele será simbolicamente imaginado como uma esfera. Ele realiza a equidistância em relação ao centro interior de todos os pontos da superfície da esfera.

ESFINGE

No Egito, são prodigiosas construções de pedra em forma de leão deitado, com cabeça humana e olhar enigmático saindo da juba. A mais famosa encontra-se no prolongamento da pirâmide de Quéfren, próxima ao Templo do Vale, nas cercanias das mastabas e das **pirâmides*** de Gizé, que deitam as suas sombras sobre a imensidão do deserto. A esfinge sempre guarda essas necrópoles gigantes; o seu rosto pintado de vermelho contempla o único ponto no horizonte onde nasce o sol. É a guardiã das entradas proibidas e das múmias reais; escuta o canto dos planetas; à beira das eternidades, vela sobre tudo o que foi e tudo o que será; vê correr, ao longe, os Nilos celestes e navegar as barcas solares (CHAM, 10). Na realidade, esses leões divinos teriam cabeças de faraós e representariam, segundo Jean Yoyotte, uma força soberana, impiedosa para com os rebeldes, protetora dos bons. Por seu rosto barbado, é rei ou Deus-Solar; possui os mesmos atributos do **leão***. Sendo felino, é irresistível no combate (POSD, 272). Os traços e a posição solidamente agachada da esfinge expressariam não a angústia, inventada pelo lirismo romântico, mas a serenidade de uma certeza. Georges Buraud observou em *Les masques*: "Nenhuma inquietação, nenhum temor nos traços, como vemos nas más-

450 | ESMERALDA

caras gregas. Não estão fitando um enigma cuja grandeza as perturba, mas chegando interiormente a uma verdade absoluta, cuja plenitude as preenche, ao contemplarem o nascer do Sol."

Na Grécia, existiam leoas aladas com cabeças de mulher, enigmáticas e cruéis, espécie de monstros temíveis, nos quais se poderia ver o símbolo da feminilidade pervertida.

Nas lendas gregas, uma esfinge devastava a região de Tebas, um monstro meio-leão, meio-mulher, que devorava aqueles que não conseguiam responder aos seus enigmas (GRID, 324). Seria o símbolo da devassidão e da dominação perversa; da praga assolando um país... as consequências destruidoras do reino de um rei perverso... Todos os atributos da esfinge são indícios de vulgarização: só pode ser vencido pelo intelecto, pela sagacidade, o oposto do embrutecimento vulgar. Está sentada sobre a rocha, símbolo da terra: adere a ela, como se estivesse presa, símbolo da ausência de elevação (DIES, 152, 155). Pode ter asas, mas não voa; está destinada a sumir-se no abismo. Ao invés de exprimir uma certeza – embora misteriosa – como a esfinge do Egito, a esfinge grega, segundo Paul Diel, designava apenas a vaidade tirânica e destrutiva.

No curso de sua evolução no imaginário, a esfinge veio a simbolizar o inelutável. A palavra esfinge faz pensar em enigma, evoca a esfinge de Édipo: um enigma opressor. Na realidade, a esfinge se apresenta no início de um destino, que é, ao mesmo tempo, mistério e necessidade.

ESMERALDA

Verde e translúcida, a esmeralda é a pedra da luz **verde***, o que lhe confere a um só tempo uma significação esotérica e um poder regenerador.

Para os povos centro-americanos, associada à chuva, ao sangue e a todos os símbolos do ciclo lunar, a esmeralda constituía uma garantia de fertilidade. Os astecas denominavam-na de quetzalitzli, e associavam-na, portanto, ao pássaro quetzal de longas penas verdes, símbolo da renovação primaveril. Por esse motivo, a esmeralda era ligada ao Este, e a tudo o que dizia respeito

ao culto do Deus-Herói Quetzalcoatl (SOUA). Distinguia-se do jade verde pelo fato de não abarcar, como este, os ritos sangrentos oferecidos às grandes divindades Huitzilopocfatli e Thaloc, que personificavam o sol do meio-dia e as não menos implacáveis chuvaradas tropicais. Esse sentido benéfico é também atestado na Europa, se se der crédito ao que escreveu Portal: a superstição atribuiu durante muito tempo à esmeralda a virtude miraculosa de apressar o parto (PORS, 214). Por extensão, ela teria tido igualmente virtudes afrodisíacas, que foram assinaladas por Rabelais.

Para os alquimistas, era a pedra de Hermes (Mercúrio), o mensageiro dos deuses e o Grande Psicopompo (condutor das almas dos mortos). Também costumavam chamar a esmeralda de o orvalho de maio, mas esse orvalho nada mais era do que o símbolo do orvalho mercurial, do metal em fusão no momento em que, dentro da retorta, ele se transforma em vapor (GOUL, 203). Por ter a propriedade de traspassar as mais densas trevas, essa pedra deu seu nome à célebre Tábua de Esmeralda atribuída a Apolônio de Tiana, e que encerrava o Segredo da Criação dos Seres, e a Ciência das Causas de todas as coisas (MONA). A tradição hermética afirmava igualmente que, durante a queda de Lúcifer, uma esmeralda tombara de sua fronte.

Sob seu aspecto nefasto, essa pedra é associada, na epigrafia cristã, às mais perigosas criaturas do inferno.

No entanto, as tradições populares da Idade Média conservaram, no que concerne à esmeralda, todos os seus poderes benéficos, misturados, como não poderia deixar de ser, a algo de bruxaria. Pedra misteriosa – e portanto perigosa para quem não a conhece –, a esmeralda tem sido, quase no mundo inteiro, considerada o mais poderoso dos talismãs. Saída dos infernos, ela pode eventualmente voltar-se contra as criaturas infernais, cujos segredos conhece. E é por isso que, na Índia, costuma-se dizer que a simples visão de uma esmeralda causa tamanho terror à víbora ou à naja, que os olhos lhes saltam fora das órbitas (BUDA, 313). Segundo Jerôme Cardan, quando se amarra uma esmeralda no braço esquerdo, fica-se protegido do feitiço (MARA, 273). Segundo um manuscrito gótico de Oxford, a esmeralda tem o poder de dar a liberdade ao prisioneiro, mas com a condição de que seja consagrada, i.e., de que sejam suprimidas suas forças malignas. Na visão de São João, o Eterno aparece sentado em seu trono com a aparência de uma pedra de jaspe verde ou de cornalina; um arco-íris em torno do trono é como uma visão de esmeralda (*Apocalipse*, 4, 3). O Graal é um vaso talhado numa enorme esmeralda.

Pedra do conhecimento secreto, a esmeralda revela, pois, como todo suporte de símbolo, um aspecto fasto e um aspecto nefasto, que, nas religiões do Bem e do Mal, se traduzem por um aspecto abençoado e um aspecto maldito. Já o verificamos no exemplo de Lúcifer. E encontramos uma outra ilustração muito precisa na estatueta equestre de São Jorge, do Tesouro de Munique, preciosa peça de ourivesaria barroca, na qual o santo, vestido de safira (cor celeste) e montado no cavalo branco solar, vence um dragão de esmeralda. Nesse exemplo, retirado da tradição cristã que progressivamente foi separando os valores uranianos e ctonianos – fazendo dos primeiros o Bem, e dos segundos, o Mal – o azul da safira opõe-se ao verde da esmeralda, que simboliza a ciência maldita. No entanto, a ambivalência simbólica da esmeralda não é excluída das tradições cristãs, uma vez que ela é também a pedra do papa. A Idade Média cristã conservara certas crenças egípcias e etruscas, segundo as quais a esmeralda, quando colocada sobre a língua, concedia a faculdade de invocar os maus espíritos e de poder conversar com eles; era-lhe também reconhecido um poder de cura pelo contato, principalmente das afecções da vista; era a pedra da clarividência, bem como da fertilidade e da imortalidade; em Roma, era o atributo de Vênus; na Índia, acreditava-se que conferisse a imortalidade.

Cratofania elementar, a esmeralda é, em suma, uma expressão da periódica renovação da natureza e, portanto, das forças positivas da terra; nesse sentido, ela é um símbolo de primavera, da vida manifestada e da evolução, opondo-se assim às forças invernais, mortais, involutivas; é tida como uma pedra úmida, aquosa, lunar, e opõe-se a tudo o que é seco, ígneo, solar. Por isso é que a esmeralda se opõe à safira. Entretanto, ela também tem poder de ação sobre outras expressões ctonianas de caráter nefasto, embora já não mais alopaticamente, mas, sim, homeopaticamente.

ESPAÇO (Orientação)

O espaço, inseparável do tempo, é não somente o lugar dos possíveis – e, nesse sentido, simboliza o caos das origens –, mas também o das realizações – nesse caso, simboliza o cosmo, o mundo organizado. Nele continuam borbulhando as chamadas energias dissipativas, como diz hoje em dia Prigogine, das quais resultam, sempre, imprevisíveis ordens novas. O espaço é como uma extensão incomensurável, cujo centro se ignora e que se dilata em todos os sentidos; simboliza o infinito onde se move o universo, e é simbolizado pela cruz em três dimensões e seis direções, bem como pela esfera, mas por uma esfera em movimento e de expansão ilimitada. Assim, o espaço engloba o conjunto do universo, com suas atualizações e suas potencialidades.

No sentido de situação de um objeto ou de um acontecimento, o espaço simboliza um conjunto de coordenadas ou de indicações que constitui um sistema móvel de relações, a partir de um ponto, de um corpo, ou de um centro qualquer, irradiando sobre x dimensões, reduzidas praticamente a três eixos, sendo cada um deles de duas direções: Este-Oeste, Norte-Sul, Zênite-Nadir; ou ainda, direita-esquerda, alto-baixo, adiante-atrás; ao que se acrescenta o tempo, como medida do movimento (antes-durante-depois) e das velocidades (mais-igual-menos). Assim sendo, de um modo geral o espaço simboliza o meio – exterior ou interior – no qual todo ser se move, seja ele individual ou coletivo.

Fala-se também em espaço interior para simbolizar o conjunto das potencialidades humanas na via das atualizações progressivas, o conjunto do consciente, do inconsciente e dos imprevisíveis possíveis.

452 | ESPADA

A astrologia, quer se proclame científica ou não, assenta igualmente sobre o sentido de misteriosas conexões espaciais existentes entre os planetas, as estrelas e as galáxias. A astronomia, por sua vez, por mais rigorosa que seja, não pode deixar de gerar uma mescla de assombro e de apreensão diante desse espaço que ultrapassa qualquer cálculo, e que jamais chega a um limite onde a extensão se detenha. Os cosmonautas que palmilharam a superfície da Lua não esconderam sua emoção quase religiosa, e compreenderam, como dizia Pascal, que o Homem e a Terra não têm qualquer proporção com a imensidão do espaço.

O espaço desempenha igualmente o papel de uma ideia-força na estética universal. Para dar apenas um exemplo: no Japão, o espaço é concebido como a arca do mistério. E esse mistério oferece-se ao homem para que, nele, o homem possa edificar e organizar suas construções. Mas, não lhe é possível inscrevê-las no espaço sem um sentimento de respeito por tudo o que é sagrado, e sem uma preocupação de purificação dos pensamentos e dos corpos que utilizam esse espaço. O templo xintoísta, o jardim japonês, com suas rochas, riachos e arbustos, são reduções do cosmo, uma passagem do caos das potencialidades à ordem das atualizações, tanto no plano material quanto no espiritual. A travessia do templo ou do jardim é uma caminhada sagrada, ascética e mística no espaço, durante a qual se afirma e cresce o desejo do Ser, à proporção em que se vai estabelecendo em seu cerne o vazio da pureza mental, afetiva e imaginativa. E jamais, seja qual for o ponto de onde parta o olhar, é vista a totalidade do espaço: e assim o infinito é simbolizado, ainda que sobre uma superfície limitada. Se os arquitetos de todos os países, inclusive os do Japão, houvessem conservado esse sentido sagrado do espaço, de quantos horrores nosso planeta não teria sido preservado, e de quanta beleza não se teria revestido!

ESPADA

Em primeiro lugar, a espada é o símbolo do estado militar e de sua virtude, a bravura, bem como de sua função, o poderio. O poderio tem um duplo aspecto: o destruidor (embora essa destruição possa aplicar-se contra a injustiça, a maleficência e a ignorância e, por causa disso, tornar-se positiva); e o construtor, pois estabelece e mantém a paz e a justiça. Todos esses símbolos convêm literalmente à espada, quando ela é o emblema do rei (espada sagrada dos japoneses, dos antigos povos kampucheanos (cambojanos), dos khmers e dos chans, estes últimos conservando ainda o *Sadet do Fogo* da tribo jaraí). Quando associada à **balança***, ela se relaciona mais especialmente à justiça: *separa* o bem do mal, *golpeia* o culpado.

Símbolo guerreiro, a espada é também o símbolo da guerra santa (e não o das conquistas arianas, tal como pretendem alguns, a propósito da iconografia hindu, a menos que se trate de conquistas espirituais). Antes de mais nada, a guerra santa é uma guerra interior, e esta pode ser igualmente a significação da *espada trazida* pelo Cristo (Mateus, **10**, 34). Além do mais – sob seu duplo aspecto destruidor e criador –, ela é *um símbolo do Verbo*, da Palavra. O *khitab* muçulmano costuma segurar uma espada de madeira durante sua predicação; o Apocalipse descreve uma espada de dois gumes a sair da boca do Verbo. Esses dois gumes relacionam-se com o duplo poder. Podem significar também um dualismo sexual: ou os gumes são macho e fêmea (conforme exprime certo texto árabe), ou as espadas são fundidas ritualmente por casais ou por um casal de fundidores, no decurso de operações que são casamentos (tal como sucede nas lendas chinesas).

A espada é também *a luz e o relâmpago*: a lâmina brilha; ela é, diziam os Cruzados, um fragmento da *Cruz de Luz*. A espada sagrada japonesa deriva do relâmpago. A espada do sacrificador védico é o raio de *Indra* (o que a identifica ao *vajra*). Ela é, portanto, o fogo: os anjos que expulsaram Adão do Paraíso tinham espadas de fogo. Em termos de alquimia, a espada dos filósofos é o fogo do cadinho. Ao mundo dos *asura*, o *Bodhisattva* leva a espada chamejante: é o símbolo do combate pela conquista do conhecimento e a liberação dos desejos; a espada corta a obscuridade da ignorância ou o nó dos emaranhamentos (Govinda). Do mesmo modo, a espada de *Vishnu*, que é uma espada chamejante, é o símbolo do conhecimento puro e da destruição da ignorância. A bainha é a nescidade e a obscuridade: conceito ligado, certamente, ao fato de que a espada sagrada do Sadet do Fogo dos jaraís não possa ser tirada da bainha por um profano, sob pena dos piores perigos. Em simbólica pura, esses perigos haveriam de exprimir-se pela cegueira ou pela queimadura, sendo que o fulgor ou o fogo da espada só podem ser suportados por indivíduos qualificados.

A espada, além de ser o relâmpago e o fogo, é também um raio do Sol: o rosto apocalíptico de onde sai a espada é brilhante como o Sol (é, efetivamente, a fonte da luz). Na China, o trigrama *li*, que corresponde ao Sol, corresponde igualmente ao relâmpago e à espada.

Inversamente, a espada está relacionada com a **água*** e com o **dragão***: a têmpera é união da água e do fogo; sendo fogo, a espada é atraída pela água. A espada sagrada nipônica foi extraída da cauda do dragão; a do Sadet do Fogo foi encontrada no leito do Mekong. Na China, as espadas precipitam-se por si mesmas na água, onde se transformam em dragões brilhantes; as espadas fincadas na terra fazem brotar fontes. Conhece-se a conotação existente entre o relâmpago e a produção da chuva.

A espada é também um símbolo axial e *polar*: este é o caso da espada que se identifica ao eixo da balança. Na China, a espada, símbolo do poder imperial, era a arma do Centro; entre os citas, o eixo do mundo e a atividade celeste eram representados por uma espada fincada no cume de uma montanha. Aliás, a ideia de que a espada fincada na terra possa produzir uma fonte não deixa de estar relacionada com a atividade produtora do Céu (CHOO, COOE, HERS).

Na tradição bíblica, a espada faz parte dos três flagelos: guerra-fome-peste. Essa trilogia aparece, particularmente, em *Jeremias* (**21**, 7; **24**, 10) e em *Ezequiel* (**5**, 12-17; **6**, 11-12; **12**, 16 etc.); no caso, a espada simboliza a invasão de exércitos inimigos.

A espada de fogo designa, segundo Fílon (*De cherubim*, **25**, 27), o logos e o sol.

Quando Deus expulsou Adão do Paraíso, ele colocou diante do jardim do Éden os querubins e a chama da espada fulgurante para guardar o caminho da árvore da vida (*Gênesis*, **3**, 24). Segundo Fílon, os dois querubins representam o movimento do universo, o deslocamento eterno do conjunto do céu, ou ainda, dos dois hemisférios. Conforme uma outra interpretação do mesmo autor, os querubins simbolizam os dois atributos supremos de Deus: a bondade e o poder. A espada refere-se ao Sol, cujo percurso faz a volta do universo inteiro no período de um dia cósmico. A espada relaciona-se também à razão, que reúne a um só tempo os dois atributos de bondade e de poder: pela razão, Deus é generoso e soberano ao mesmo tempo (*De cherubim*, 21-27).

Nas tradições cristãs, a espada é uma arma nobre que pertence aos cavaleiros e aos heróis cristãos. Ela é muitas vezes mencionada nas canções de gesta. Rolando, Olivier, Turpin, Carlos Magno, Ganelão e o emir Baligant, todos eles possuíam espadas individualizadas que tinham nomes, como, por exemplo, *Joyeuse* ("Alegre"), Durandal, Hauteclaire, Corte, Bantraine, Musaguine etc., para lembrar apenas alguns deles. Esses nomes provam a personalização da espada. À espada está associada a ideia de luminosidade, de claridade; a lâmina é qualificada de cintilante (cf. Jeanne Wathelet-Willem. "L'épée dans les plus anciennes chansons de geste. Étude de vocabulaire", em *Mélanges René Croizet*. Poitiers, 1966, pp. 435-441).

Às vezes, a espada designa a palavra e a eloquência, pois a língua, assim como a espada, tem dois gumes.

ESPÁDUAS (Ombros)

As espáduas significam o poder, a força de realização. Nos *Fragmentos de Teódoto*, o Gnóstico (*Excerpta ex Theodoto*), lê-se: "a **cruz*** é o signo do limite no Pleroma [entre os gnósticos, plenitude divina da qual são emanações os seres espirituais]. Por isso, tendo Jesus, por esse signo, carregado

454 | ESPELHO

sobre os ombros as sementes, introduziu-as no Pleroma. Pois Jesus é chamado os ombros (espáduas) da semente". Ireneu escreverá: "O poder está sobre suas espáduas."

Dionísio Areopagita dirá, também, no mesmo sentido: "os ombros representam o poder de fazer, de agir, de operar" (PSEO, 239).

Para os bambaras, as espáduas são o centro da força física e, até mesmo, da violência (ZAHB).

ESPELHO

Speculum (espelho) deu o nome à *especulação*: originalmente, especular era observar o céu e os movimentos relativos das estrelas, com o auxílio de um espelho *Sidus* (estrela) deu igualmente *consideração*, que significa etimologicamente olhar o conjunto das estrelas. Essas duas palavras abstratas, que hoje designam operações altamente intelectuais, enraízam-se no estudo dos astros refletidos em espelhos. Vem daí que o espelho, enquanto superfície que reflete, seja o suporte de um simbolismo extremamente rico dentro da ordem do conhecimento.

O que reflete o espelho? A verdade, a sinceridade, o conteúdo do coração e da consciência: "como o Sol, como a Lua, como a água, como o ouro", lê-se em um espelho do museu chinês de Hanói, seja claro e brilhante e reflita aquilo que existe dentro do seu coração. Esse papel é utilizado nos contos iniciatórios do Ocidente, no ritual das sociedades secretas chinesas, na narração de Novalis, *Die Lehringe zu Sais*, no poema de Mallarmé:

> Ó espelho!
> Água fria pelo tédio em teu quadro gelada
> Quantas vezes e durante horas, desolada
> Dos sonhos, e buscando minhas lembranças que são
> Como folhas sob teu vidro de poço profundo
> Apareci-me em ti como uma sombra longínqua
> Mas, horror! certas noites, em tua severa fonte
> Conheci a nudez do meu sonhar disperso!
>
> (Herodíade)

Embora sua significação profunda seja outra, o espelho é do mesmo modo relacionado, na tradição nipônica, com a revelação da verdade e não menos com a pureza. É também dentro da mesma perspectiva que *Yama*, o soberano indo-budista do reino dos mortos, utiliza, para o Julgamento, *um espelho do carma*. Os espelhos mágicos, se nada mais são, sob uma forma puramente *divinatória*, do que os instrumentos degenerados da revelação da palavra de Deus, nem por isso é menor sua surpreendente eficácia nas diversas formas do xamanismo – que utilizam com esse fim o **cristal*** de rocha – e também entre os pigmeus da África. A verdade revelada pelo espelho pode, evidentemente, ser de uma ordem superior: evocando o espelho mágico dos Ts'in, Nichiren o compara ao espelho do *Dharma* budista, que mostra a causa dos atos passados. O espelho será o instrumento da Iluminação. O espelho é, com efeito, símbolo da *sabedoria* e do *conhecimento*, sendo o espelho coberto de pó aquele do espírito obscurecido pela ignorância. A *Sabedoria do grande Espelho* do budismo tibetano ensina o segredo supremo, a saber, que o mundo das formas que nele se reflete não é senão um aspecto da *shunyata*, o vácuo.

Esses reflexos da Inteligência ou da Palavra celestes fazem surgir o espelho como o símbolo da *manifestação que reflete a inteligência criativa*. É também o do Intelecto divino *que reflete* a manifestação, criando-a como tal à sua imagem. Essa revelação da Identidade e da Diferença no espelho é a origem da *queda* de Lúcifer. De uma maneira mais geral, ela é o ponto de chegada da mais elevada experiência espiritual. É assim para São Paulo (2, *Cor.*, 3, 18) e para numerosos pensadores cristãos e muçulmanos. "O coração humano, espelho que reflete Deus", está dito, por exemplo, em Angelus Silesius; o espelho do coração reflete, entre os budistas, a natureza de Buda; entre os taoístas, o céu e a Terra.

A Inteligência celeste refletida pelo espelho se identifica simbolicamente com o Sol: é por isso que o espelho é frequentemente um símbolo solar. Mas ele é ao mesmo tempo um símbolo lunar, no sentido em que a Lua, como um espelho, reflete a luz do Sol. O espelho solar mais célebre é o do mito japonês de *Amaterasu*: o espelho faz com que a Luz divina saia da caverna e a reflete sobre o mundo. No simbolismo siberiano, os dois grandes espelhos celestes refletem o universo, reflexo que o xamã, por sua vez, capta com o auxílio de um espelho. O reflexo da perfeição cósmica se exprime do mesmo modo no espelho de *Devi* e, no segundo grau, no dos *Sarasundari*, que são seus mensageiros. Na tradição do Veda, o espelho é a miragem solar das manifestações; ele simboliza a sucessão de formas, a duração limitada e sempre mutável dos seres.

> Forma após forma, ele tomou todas as formas;
> A forma própria se encontra em toda a parte:
> Indra, com suas magias, tem muitas forcas;
> mil corcéis são atrelados para ele!
>
> (*Rig-Veda*, Grhyasutra, **1**, 6)

O reflexo da luz ou da realidade certamente não transforma a natureza, mas comporta um certo aspecto de ilusão (*a tomada da Lua na água*), de *mentira* em relação ao Princípio. Existe *identidade dentro da diferença*, dizem os textos hindus: *A luz se reflete na água, mas na realidade não a penetra; assim faz Shiva*. Assim, a *especulação* não é senão um conhecimento indireto, *lunar*. Além disso, o espelho dá uma imagem *invertida* da realidade: *Aquilo que está no alto é como aquilo que está embaixo*, diz a *Tábua de Esmeralda hermética*, mas em sentido inverso. A manifestação é *o reflexo invertido do Princípio*: é o que exprimem os dois triângulos invertidos do hexágono estrelado. O símbolo do *Raio luminoso* se refletindo na *superfície das Águas* é o signo cosmogônico da manifestação: é *Purusha* agindo sobre *Prakriti* passiva, o céu vertical sobre a Terra horizontal. Entretanto, essa *passividade* que reflete as coisas sem ser por elas afetada é, na China, o símbolo da *não atividade* do Sábio.

Símbolo lunar e feminino, o espelho é ainda na China o emblema da rainha. O espelho *toma o fogo do Sol*. Ele é, ademais, o signo da *harmonia*, da união conjugal, sendo o espelho partido o da separação (a metade partida do espelho vem, às vezes, sob a forma de pega, contar para o marido as infidelidades da mulher). O animal chamado *p'o-king*, ou *espelho quebrado*, se relaciona com as fases da Lua; a união do rei e da rainha se efetua quando a Lua está cheia, com o espelho plenamente reconstituído.

A utilização taoista do espelho mágico é bastante especial: revelando a natureza real das influências maléficas, ela as afasta, ela protege contra tais influências. Também se coloca, até os dias de hoje, sobre as portas das casas, um espelho *octogonal* com os oito trigramas. O espelho octogonal – que é, sem dúvida, signo de *harmonia e de perfeição* no caso de *Amaterasu* – é, na China, intermediário entre o espelho redondo (celeste) e o espelho quadrado (terrestre). O reflexo do homem não lhe é dado apenas pelo bronze polido ou a água adormecida; testemunha este texto dos Anais dos T'ang utilizado por Segalen: "O homem se utiliza do bronze como espelho. O homem se utiliza da antiguidade como espelho." O homem se utiliza do homem como espelho. No Japão, o Kagami, ou espelho, é um símbolo de *pureza perfeita da alma*, do espírito sem nódoa, da reflexão de si na consciência. Ele é também símbolo da deusa solar (Amaterasu-Omi-Kami). Existe um espelho sagrado em muitos santuários xintoístas, assim como existe um crucifixo nas igrejas. É um dos grandes atributos do trono. No Palácio Imperial, o espelho sagrado é conservado em uma edificação especial.

O emprego do espelho mágico corresponde a uma das mais antigas formas de adivinhação. Varron disse que ela tem origem na Pérsia. Pitágoras, segundo uma lenda, tinha um espelho mágico que ele apresentava à face da Lua, antes de nele ver o futuro, como o faziam as feiticeiras da Tessália. Seu emprego é o inverso da necromancia, simples evocação dos mortos, porque ele faz aparecer homens que ainda não existem ou que desempenham uma ação qualquer que, na verdade, só executarão mais tarde (GRIA, 334).

Em virtude da analogia água-espelho, encontra-se com frequência a utilização mágica, entre os bambaras, por exemplo, de fragmentos de espelhos nos seus ritos para fazer vir a chuva (DIEB).

456 | ESPELHO

O espelho, do mesmo modo que a superfície da água, é utilizado para a adivinhação, para interrogar os espíritos. Sua resposta às questões colocadas se inscreve por reflexo. No Congo, os adivinhos utilizam esse procedimento salpicando o espelho – ou a superfície da água – com pó de caulim: os desenhos do pó branco, emanação dos espíritos, lhes dão a resposta (FOUC). Na Ásia Central, os xamãs praticam a adivinhação através do espelho, dirigindo-o rumo ao Sol ou à Lua, a que se atribui a qualidade de espelhos sobre os quais se reflete tudo aquilo que se passa na terra (HARA, 130). Por outro lado, as vestimentas dos xamãs são muitas vezes enfeitadas com espelhos que refletem as ações dos homens ou, ainda, protegem o xamã (durante a sua viagem) contra os dardos dos espíritos maus. Depois de ter xamanizado, o mágico às vezes deve fazer nesses *escudos* um número de riscos igual ao das flechas que os atingiram (HARA, 348).

O tema da *alma* considerada espelho, esboçado por Platão e por Plotino, foi particularmente desenvolvido por Santo Atanásio e por Gregório de Nissa. Segundo Plotino, a imagem de um ser está sujeita a receber a influência de seu modelo, como um espelho (*Enéadas*, 4, 3). De acordo com a sua orientação, o homem enquanto espelho reflete a beleza ou a feiura. O importante está, acima de tudo, na qualidade do espelho, sua superfície deve estar perfeitamente polida, pura, para obter um máximo de reflexo. É por isso, segundo Gregório de Nissa, que "como um espelho, quando é bem-feito, recebe em sua superfície polida os traços daquele que lhe é apresentado, assim também a alma, purificada de todas as manchas terrestres, recebe em sua pureza a imagem da beleza incorruptível". É uma participação e não um simples reflexo: assim a alma participa da beleza na medida em que se volta para ela (Jean Daniélou, "La colombe et la ténèbre dans la mystique byzantine ancienne", *Eranos fahrbuch*, 1954, T0323, p. 395; Régis Bernard, *L'image de Dieu d'après saint Athanase*, Paris, 1952, p. 75).

O espelho não tem como única função refletir uma imagem; tornando-se a alma um espelho perfeito, ela participa da imagem e, através dessa participação, passa por uma transformação. Existe, portanto, uma configuração entre o sujeito contemplado e o espelho que o contempla. A alma termina por participar da própria beleza à qual ela se abre.

Sob aspectos muito diversos, o espelho é um tema privilegiado da filosofia e da mística muçulmanas inspiradas no neoplatonismo. Já foi dito do espelho que ele constituía o próprio símbolo do simbolismo (MICS).

O aspecto numinoso do espelho, isto é, o terror que inspira o conhecimento de si, é caracterizado na lenda sufista do **pavão***. O espelho é o instrumento de Psique (DURS) e a psicanálise acentuou o lado tenebroso da alma.

A noção neoplatônica das duas faces da alma, "que teria um lado inferior, voltado para o corpo, e um lado superior, voltado para a inteligência" (PLOE, 4, 88 e 3, 43) foi utilizada por al-Ghazali e exerceu uma grande influência entre os sufistas.

Attar diz que "o corpo está em sua obscuridade assim como as costas do espelho; a alma é o lado claro do espelho" (RITS, 187). A propósito dessas duas faces do espelho, Rumi explica que Deus criou este mundo, que é obscuridade, a fim de que sua luz pudesse manifestar-se (*Fihima Fihi*, caps. 59 e 17, trad. do persa por E. Meyerovitch).

Em virtude da teoria do microcosmo, imagem do macrocosmo, o homem e o universo estão nas posições respectivas de dois espelhos. Do mesmo modo as essências individuais se refletem no Ser divino, segundo Ibn'Arabi, e o Ser divino se reflete nas essências individuais.

Além disso, o tema do *espelho mágico*, que permite ler o passado, o presente e o futuro, é clássico na literatura islâmica. A **taça*** de Jamshid, rei lendário do Irã, é na realidade um espelho. Ela simboliza, por sua vez, o **coração*** do iniciado.

Sendo o coração simbolizado por um espelho – de metal, antigamente –, a ferrugem simboliza o pecado e o polimento do espelho, sua purificação.

O espelho dos noivos, chamado *Ayin-y Bibi Maryam*, Espelho de Nossa Senhora Maria, ainda é utilizado na Pérsia, no Afeganistão e no

Paquistão, "para abençoar o primeiro encontro entre o noivo e a esposa. O espelho é suspenso na parede do fundo da sala de reunião; os noivos devem entrar por duas portas opostas e, em vez de se olharem diretamente um ao outro, devem olhar para o espelho de viés. Fazendo assim, eles se encontram como no Paraíso, vendo os seus rostos *corrigidos* (o olho direito à direita), não *invertidos* como neste mundo" (L. Massignon, em *Mardis de Dar-el-Salam*, 1959, p. 29; tradução de uma passagem escrita diretamente em inglês pelo autor). Essa faculdade do espelho de corrigir a imagem torna-se aqui símbolo das coisas vistas de acordo com sua realidade essencial.

Para os sufistas todo o universo constitui um "conjunto de espelhos nos quais a Essência infinita se contempla sob múltiplas formas ou que refletem em diversos graus a irradiação do Ser único; os espelhos simbolizam as possibilidades que tem a Essência de se determinar a si mesma, possibilidade que ela comporta de maneira soberana em virtude de Sua infinitude. Está aí pelo menos a significação em princípio dos espelhos. Eles têm também um sentido cosmológico, o das substâncias receptivas, em relação ao Ato puro" (BURS, 63).

Em uma outra acepção, por fim, o espelho simboliza a reciprocidade das consciências. Um *hadith* célebre declara que o *crente é o espelho do crente*. Quanto mais a *face* do espelho da alma foi *polida* pela ascese, mais ele será capaz de refletir fielmente aquilo que o cerca, até os pensamentos mais ocultos de outra pessoa. A literatura sufista possui exemplos abundantes dessa capacidade de *reflexo* do homem purificado.

ESPIGA

Para os povos indígenas da pradaria, "a espiga do milho representa o poder sobrenatural que habita Hraru, a terra de onde provém o alimento necessário à vida; e é por isso que nós lhe damos o nome de Atira, a mãe que insufla a vida. O poder inerente à terra, e que a torna capaz de produzir, vem do alto, e é por isso que nós pintamos de azul a espiga do milho" (tradição relatada por ALEC, 138).

Nas civilizações agrárias, a espiga (de trigo nos mistérios de Elêusis, de milho nos mistérios dos povos indígenas da América do Norte) é o filho nascido da hierogamia fundamental Céu-Terra. É a resolução dessa dualidade fundamental; e é por esse motivo que, em sua qualidade de síntese, a espiga de milho ostenta simultaneamente a cor feminina da terra vermelha e a cor máscula do céu azul: "A espiga de milho feminina é coberta pela abóbada azul do céu masculino" (ALEC, 162).

Nas obras de arte do Renascimento, fez-se da espiga de milho o atributo do verão, estação das colheitas de cereais; de Ceres, a deusa da agricultura, que deu o trigo aos homens e que é geralmente representada com um punhado de espigas nas mãos; da Caridade e da Abundância, que distribuem espigas em profusão e todos os alimentos que as espigas simbolizam (TERS, 158-159). A espiga era igualmente o emblema de Osíris, o Deus-Sol morto e ressuscitado, e simbolizava, na Antiguidade egípcia, o ciclo natural das mortes e dos renascimentos. A espiga contém o grão que morre, seja para nutrir ou seja para germinar.

Em geral, símbolo do crescimento e da fertilidade; alimento e sêmen ao mesmo tempo. Indica a chegada à maturidade, tanto na vida vegetal e animal quanto no desenvolvimento psíquico: é o desabrochar de todas as possibilidades do ser, a imagem da ejaculação.

ESPINHO

O espinho evoca a ideia de obstáculo, de dificuldades, de defesa exterior e, por conseguinte, de abordagem áspera e desagradável. O espinho é a defesa natural da planta, e traz à lembrança, inevitavelmente, o papel do chifre em relação ao animal. Note-se que, em topologia, o fr. *épine* é usado para designar *blocos de pedra levantados verticalmente*, que comportam um simbolismo axial e solar. A esse respeito, Guénon observou que a coroa de espinhos do Cristo (feita, segundo dizem, de espinhos de acácia) pode ter uma

458 | ESPIRAL

certa relação com a *coroa de raios*, quando se identificam os espinhos, através de uma inversão do símbolo, aos raios luminosos que emanam do corpo do Redentor. E tanto é assim que o Cristo coroado de espinhos é representado às vezes com um aspecto *radioso*.

A coroa de espinhos usada pelo Cristo na ocasião de sua Paixão, segundo uma outra interpretação, celebra os esponsais do céu e da terra virgem: é como que a aliança de casamento entre o Verbo – Filho do Homem – e a Terra, virgem que pode sempre ser fecundada.

Na China, as flechas, espinhos volantes, eram armas que serviam para expulsar influências perniciosas, instrumentos de exorcismo do espaço *central* (GRAD, GUES).

Nas tradições semíticas e cristãs, o espinho evoca também a terra selvagem não cultivada; daí a expressão *terra de espinhos*, usada para designá-la. E se, por um lado, o espinho representa a terra virgem e não lavrada, por outro lado, a coroa de espinhos – substituída pela coroa de flores de laranjeira nos casamentos – significa a virgindade da mulher, bem como a do solo.

O espinho do agave, entre os mexicanos, está simbolicamente ligado ao sílex das facas sacrificais. O sul, terra do fogo, do sol do meio-dia (Uitzilopochtli) e dos sacrifícios humanos – oferenda de sangue ao Sol – é chamado, em língua nahuatl, de a *banda dos espinhos*, certamente porque o espinho do agave era utilizado pelos sacerdotes como instrumento de mortificação. Eles espetavam as pernas para oferecer o sangue aos deuses.

ESPIRAL

A espiral, cuja formação natural é frequente no reino vegetal (vinha, *volubilis*) e animal (caracol, conchas etc.), evoca a evolução de uma força, de um estado.

Essa figura é encontrada em todas as culturas, carregada de significações simbólicas: é um tema aberto e otimista – partindo de uma extremidade dessa espiral, nada mais fácil do que alcançar a outra extremidade (BRIA, 198).

Ela manifesta a aparição do movimento circular saindo do ponto original; mantém e prolonga esse movimento ao infinito: "é o tipo de linhas sem fim que ligam incessantemente as duas extremidades do futuro [...] (A espiral é e simboliza) emanação, extensão, desenvolvimento, continuidade cíclica mas em progresso, rotação criacional" (CHAS, 25).

A espiral tem relação com o simbolismo cósmico da **Lua***, o simbolismo erótico da vulva, o simbolismo aquático da **concha***, o simbolismo da fertilidade (voluta dupla, **chifres*** etc.); em suma, representa os ritmos repetidos da vida, o caráter cíclico da evolução, a permanência do ser sob a fugacidade do movimento.

Trata-se, na verdade, da espiral helicoidal, mas o simbolismo pouco difere da espiral plana. Esta tem maior ligação com o **labirinto***, *evolução* a partir do centro, ou *involução*, volta ao centro. A espiral dupla simboliza simultaneamente os dois sentidos desse movimento, o nascimento e a morte, *kalpa* e *pralaya*, ou a morte iniciática e o renascimento transformados em um só ser. Indica a ação, em sentido contrário, da mesma força em torno de dois polos, nas duas metades do Ovo do mundo. A espiral dupla é o traçado da linha mediana do *yin-yang**, a que separa as duas metades, preta e branca, da figura. O ritmo alternativo do movimento fica, desta forma, expresso com maior precisão, como no antigo caractere, que, através de uma espiral dupla, representa a expansão alternante do *yin* e do *yang*.

A espiral dupla é, ainda, o duplo enroscamento das serpentes em torno do **caduceu***, a dupla hélice em torno do bastão bramânico, o duplo movimento dos *nadi* em torno da artéria central *sushumna*: polaridade e equilíbrio das duas correntes cósmicas contrárias. Deste modo, o mesmo símbolo pode se expressar através da rotação alternativa da espiral nos dois sentidos: é o caso da serpente *Vasuki*, puxada alternadamente por *deva* e pelos *asura* no mito hindu da Batida do Mar de Leite; *do isqueiro de rosca*, que tentaram relacionar com a dupla espiral céltica e com as funções de

Júpiter como senhor do fogo. Na Ásia, ainda se faz uso de furadeiras com brocas muito semelhantes. O que é preciso notar aqui é que a produção do fogo não difere da do *amrita*. É o resultado da alternância e do equilíbrio de duas energias de sentido contrário. A espiral dupla se relaciona, ainda, com certas figurações do **dragão***.

Além disso, o dragão se enrosca em espiras helicoides em volta das colunas dos templos. A serpente da *kundalini* também, em torno do *svayambhuva-linga*, na base da coluna vertebral, mas então a espiral *não é desenvolvida*, é embrionária. E o *yin-yang* pode ser considerado o traço descritivo, no plano horizontal, da hélice evolutiva. Essa hélice, de voltas infinitesimais, simboliza o desenvolvimento e a continuidade dos estados da existência; também os dos graus de iniciação, como é o caso no uso simbólico da **escada*** em espiral (AVAS, BENA, EPEM, GUED, GUEC, GUET, GUES, LIOT, MATM, VARG, WIEC).

A espiral é um símbolo de fecundidade, aquática e lunar. Baseada em todos os ídolos femininos paleolíticos homologa todos os centros de vida e de fertilidade (ELIT). De vida, porque indica o movimento de uma certa unidade de ordem ou, inversamente, a permanência do ser sob sua mobilidade.

Pode ser encontrada em todas as culturas. "A espiral é um leitmotiv constante [...]. O simbolismo da concha espiralada é reforçado por especulações matemáticas que fazem dela o signo do equilíbrio dentro do desequilíbrio, da *ordem do ser no seio da mudança*. A espiral, sobretudo a logarítmica, possui essa propriedade notável de crescer de modo terminal, sem modificar a forma da figura total e, assim, de manter-se com forma permanente apesar do crescimento assimétrico" (GHYN). As "especulações aritmológicas sobre o Número de Ouro, número da figura logarítmica espiralada, vêm completar naturalmente a meditação matemática da semântica da espiral. É por todas essas razões semânticas e por seus prolongamentos semiológico e matemático que a forma helicoide da casca do caracol, terrestre ou marinho, constitui um glifo universal da tem-

poralidade, da permanência do ser através das flutuações da mudança" (DURS, 338).

Entre os povos indígenas pueblo de Zuni, na grande festa do solstício de inverno – que é também a festa do Ano-Novo, o primeiro dia – depois de acender-se o fogo do Ano-Novo sobre um altar, entoam-se *cantos espirais* e dançam-se danças espirais (MURL, 292). Esse costume poderia dar a chave simbólica da origem de todas as danças giratórias, das quais a mais famosa é a dos Mevlevi ou *dervixes-giradores* turcos: como diz Gilbert Durand, "assegurar a permanência do ser através das flutuações da mudança". De fato, o solstício de inverno é, simbolicamente, o momento zero da cosmologia maia, que tem por símbolo a espiral. É o instante crítico em que é preciso assegurar o recomeço do ciclo anual, sem o qual seria o fim do mundo. São conhecidos os sacrifícios humanos loucos que, sob o terror provocado por essa ameaça, os astecas praticavam para dar força e sangue ao Sol, a fim de que ele retomasse sua trajetória.

A espiral dupla de movimento inverso (em S) é um símbolo das mudanças lunares e do trovão, pois a tempestade é muitas vezes associada às mudanças da Lua. É uma expressão gráfica do simbolismo da fecundidade, associado ao complexo tempestade-trovão-relâmpago. A esse título, ela pode representar o **zunidor*** (HENL).

Para inúmeros povos da África negra, a espiral ou o helicoide simbolizam a dinâmica da vida, o movimento das almas na criação e na expansão do mundo. O glifo solar dos dogons e dos bambaras é revelador: é feito de um pote (matriz original) envolto por uma espiral de cobre vermelho de três voltas (símbolo da masculinidade); esta representa o verbo original, a *primeira palavra* do Deus Amma, i.e., o espírito, sêmen de divindade. Entre os bambaras, o Mestre Faro, senhor da Palavra, é representado por uma espiral no centro de pontos cardeais. Eles o materializam com um barrete de verga com oito espiras, outrora usado pelos reis. De acordo com a espiral usada por Faro, quando da primeira reorganização do mundo, "ele se movimenta de quatro em quatro séculos para fiscali-

460 | ESPIRRO

zar os confins, e depois retorna ao ponto central, de onde vigia e rege o universo" (DIED). Da mesma forma, o mecanismo da procriação, o licor seminal do homem e a sua palavra, que penetram a mulher pelo sexo mas também pela orelha, que é um outro sexo, enroscam-se em espiral em torno da matriz para fecundar o germe etc. (GRIE, 38, 51, 62; DIEB, 40, 43; GRIG, ZAHD).

Mais ao sul, um simbolismo análogo rege o emprego da espiral no pensamento cosmogônico dos luluas e dos lubas, tribos bantos do Kassai (Zaire). O movimento das almas, espíritos, gênios, entre os quatro planos do universo, desenha uma espiral ou um helicoide. Na glíptica desses povos, uma grande espiral ladeada de duas pequenas representa o Deus Supremo criando o Sol e a Lua. Uma só espiral representa a serpente píton enrascada, imagem do Criador e do movimento cíclico da vida. Representa também o céu, e, ainda, a peregrinação cíclica das almas, encarnadas, desencarnadas e reencarnadas sucessivamente. Uma espiral com as espiras estriadas de forma regular significa o "movimento da vida do homem, passando alternadamente pelo bem e o mal. Por analogia, a casca do caracol terrestre, igualmente espiralada e estriada, entra na composição dos medicamentos de uso duplo, benéfico e maléfico" (FOUA, 66).

Dan, uma grande divindade vodu, símbolo da continuidade, geralmente representado no Daomé sob a forma da serpente que morde a própria cauda, também assimilado ao arco-íris, é considerado um ser duplo bissexuado e gêmeo de si próprio, os dois em um, *enrolados em espiral em torno da terra, que preservam na desintegração*. A espiral tem claramente a significação fundamental do *movimento original*, é a vibração criadora dos dogons, que está na base de toda criação, e Paul Mercier tem essa frase surpreendente: "por si próprio ele nada faz; mas, sem ele, nada pode ser feito" (MERD).

Graficamente, os luluas representam a Terra, a Lua e o Sol através de uma série de círculos concêntricos ou de espirais, que só se distinguem em tamanho; o menor desses signos é a Terra, o maior, o Sol; duas espiras ou círculos concêntricos para a Terra, três para a Lua e quatro para o Sol (FOUA).

Com a sua dupla significação de *involução* e de *evolução*, a espiral se une ao simbolismo da **roda***, cuja frequência nas representações figuradas ou nos temas célticos ornamentais (metalurgia, cerâmica, moedas etc.) ela alcança e ultrapassa. A ciência moderna quis ver nela um equivalente do *fulmen* latino e um símbolo céltico do raio, mas essa explicação é insuficiente, pois a espiral é, na verdade, um símbolo cósmico. É um tema que encontramos com frequência gravado pelos celtas nos dólmens ou monumentos megalíticos (OGAC, 11, 307 s.).

Para os germânicos, uma espiral cerca o olho do cavalo que, atrelado à carruagem do Sol, simboliza a fonte da luz.

A espiral simboliza, igualmente, a viagem da alma, após a morte, ao longo dos caminhos desconhecidos, mas que a conduzem, através dos seus desvios ordenados, à morada central do ser eterno: "Creio que em todas as civilizações primitivas em que a encontramos, desde o Cabo Norte até o Cabo da Boa Esperança, e em muitas civilizações da América e da Ásia, e até mesmo da Polinésia, a espiral representa a viagem que a alma do defunto realiza, após a sua morte, até o seu destino final" (BRIA, 198).

ESPIRRO

O simples fato de espirrar, provocado pelos demônios que fazem cócegas no nariz do homem, pode expulsar a alma do corpo. Os lapões acreditavam que um espirro violento seria capaz de causar a morte: dessa crença provém o costume, que data da Antiguidade, de se desejar boa sorte àquele que acaba de espirrar (HURA).

Em certas tribos africanas, espirrar quando uma pessoa está falando significa: Gueno (Deus) aprova. Quando se espirra inesperadamente, em meio a um silêncio geral, é um sinal de bom augúrio: nesse momento, costuma haver um intercâmbio de votos, e até mesmo de presentes (HAMK).

ESPOJAR-SE

O espirro simboliza uma manifestação do sagrado para aprovar ou punir, devido à sua brusquidão, que marca uma ruptura do continuum temporal.

ESPOJAR-SE

Espojar-se no chão, na areia, nas rochas, evoca o mito de Anteu, invulnerável enquanto em contato com sua mãe, a terra. Para vencer o Gigante, Héracles é obrigado a levantá-lo sobre as costas, a fim de poder sufocá-lo apertando-o com toda a sua força. O contato com a terra simboliza a necessidade de se deixar penetrar pelas forças telúricas, de sugar o seio materno, não mais pela boca, mas por todos os poros; enfim, de recarregar-se de energia. A terapêutica recomenda banhos de lama, especialmente para estimular os vasos sanguíneos e favorecer a circulação.

A posição deitada no chão, como que para penetrar na terra, corresponde simbolicamente a uma passagem pelo descanso da morte, da qual se renasce regenerado, revigorado, para em seguida firmar-se na posição ereta. Espojar-se dá uma imagem dos mitos da morte e da ressurreição. Mas permanecer deitado conduz à degenerescência.

ESQUADRO

A conjuração dos símbolos do esquadro e do **compasso**** já foi evocada em outros verbetes. Assim sendo, se voltamos ao tema com este verbete é apenas no intuito de complementá-lo, acrescentando alguns pormenores específicos.

Dissemos que o esquadro serve para traçar o **quadrado**** e para medir a terra. Ora, na China antiga, a terra é quadrada, suas divisões são quadradas: esta é a razão pela qual o esquadro tem os catetos iguais. As antigas formas do caractere fang (quadrado) representam dois esquadros contrapostos que formam, unidos, um quadrado; ou ainda, uma suástica destra formada de quatro esquadros e que, portanto, delimita o espaço em quatro regiões. O esquadro é um dos emblemas do imperador, que é senhor da Terra e, à imagem de Yu-o-Grande, seu organizador. A glosa tradicional do caractere kong (esquadro) indica

que o esquadro dá sua figura a todas as coisas; ele forma o ângulo reto, que forma os quadrados que, por sua vez, formam os círculos... (Wieger). Outros textos confirmam a formação do **círculo****, por inscrição, a partir do quadrado****: e, segundo Granet, é por isso que o esquadro é o emblema do feiticeiro, que é *Yin-yang***. Aliás, o círculo inscrito no quadrado é um símbolo da androgenia primordial.

O esquadro é a forma da letra grega *gamma* (gama). Daí as figuras antigas denominadas *gammadia*: podem ser quatro esquadros contrapostos pelo cimo, e delimitando entre eles uma cruz, ou quatro esquadros formando um quadrado, cujo centro está indicado por uma cruz. Em ambos os casos, a cruz central é um símbolo do Cristo, e os quatro esquadros, o dos quatro Evangelistas, ou o dos quatro animais do Apocalipse. Além disso, Guénon observou que a primeira forma do gammadion correspondia às delimitações interiores do Loehou, o quadrado mágico revelado a Yu-o-Grande, e, assim, podia reconduzir à noção de medida do espaço terrestre (GRAP, GUEC, GUES, WIEC).

Por indicar dimensões várias, a horizontal e a vertical, o esquadro simboliza o espaço. Todavia, como serve somente para desenhar figuras quadradas ou de ângulos retos, ele também simboliza a retidão e o respeito às leis e regulamentos. Na franco-maçonaria, suspenso ao cordão do Venerável, significa que a vontade de um chefe de Loja só pode ter um único sentido – o dos estatutos da Ordem – e que não deve agir senão de uma única maneira – a do bem. Para outros intérpretes, o esquadro simboliza o equilíbrio resultante da união do ativo e do passivo, sobretudo quando tem o formato do T; ao contrário, quando é assimétrico como um L, traduz a atividade e o dinamismo. O esquadro retifica e ordena a matéria. Em astrologia, o ângulo de 90° seria considerado maléfico. Certos autores invectivam o esquadro denominando-o de cruz partida, a bandeira do rei dos infernos. Por oposição ao **Compasso****, que evoca o espírito (na medida em

462 | ESQUELETO

que desenha curvas e é ativo), o esquadro está ligado à matéria, naquilo que ela tem de passiva e submissa (BOUM, 1-4).

ESQUELETO

Personificação da morte e, por vezes, do demônio. Na alquimia, símbolo do negro, da putrefação, da decomposição, das cores e operações que precedem as transmutações. Não representa uma morte estática, um estado definitivo, mas uma morte dinâmica, ou melhor, anunciadora e instrumento de uma nova forma de vida. O esqueleto, com seu sorriso irônico e seu ar pensativo, simboliza o conhecimento daquele que atravessou a fronteira do desconhecido, daquele que, pela morte, penetrou no segredo do além. Nos sonhos, ele indica a iminência de um acontecimento que transformará a vida, quebrando uma certa rotina, cujo desaparecimento o sujeito pressente com angústia, por não saber ainda o que irá acontecer.

Na Antiguidade, de acordo com Apuleu, circulavam selos ou estatuetas representando um esqueleto, que serviam para realizar operações mágicas. Esses esqueletos eram, supostamente, a imagem de Mercúrio (*v.* **Hermes***), deus psicopompo que usufruía do privilégio de poder descer aos Infernos e daí voltar, assim como de levar as almas dos defuntos. Poder-se-ia ver, aqui, uma tentativa de identificação do morto com o deus, para que o primeiro pudesse participar do mesmo privilégio do segundo de sair dos Infernos ou, ao contrário, para que a pessoa em questão fosse levada aos Infernos.

No Satiricon de Petrônio, um esqueleto de prata com articulações móveis faz a sua aparição num banquete para simbolizar, não um deus ou um morto em particular, mas a morte em geral e a brevidade da vida. Essa visão do esqueleto em plena orgia estimulava os convivas a usufruírem mais intensamente esses efêmeros instantes de prazer. O esqueleto dos ágapes não era uma exceção na Antiguidade, assim como as danças macabras não o eram na arte medieval.

ESQUERDA (*v.* Direita/Esquerda)

ESTAÇÕES

As estações foram representadas de modo diverso nas artes: a primavera, por um cordeiro, um cabrito, um arbusto, guirlandas de flores; o verão, por um dragão cuspindo fogo, um feixe de trigo, uma foice; o outono, por uma lebre, parras, cornucópias de abundância transbordantes de frutos; o inverno, por uma salamandra, um pato selvagem, o fogo na lareira etc.

A primavera é consagrada a **Hermes***, o mensageiro dos deuses; o verão, a **Apolo***, o deus solar; o outono, a **Dioniso***, o deus do vinho; o inverno, a **Hefestos***, o deus das artes do fogo e dos metais. A sucessão das estações, assim como a das fases da Lua, marca o ritmo da vida, as etapas de um ciclo de desenvolvimento: nascimento, formação, maturidade, declínio – ciclo que se ajusta tanto aos seres humanos quanto a suas sociedades e civilizações. Ilustra, igualmente, o mito do eterno retorno. Simboliza a alternância cíclica e os perpétuos reinícios.

ESTANDARTE

Toda sociedade organizada tem suas insígnias – totens, pendões, bandeiras, estandartes – que são sempre colocadas num topo (haste, tenda, fachada, teto, palácio).

De uma maneira geral, o estandarte designa um indício de guerra: é, ao mesmo tempo, um signo de comando, de reunião de tropas e o emblema do próprio chefe.

Esse é justamente o sentido que lhe dá a iconografia hindu: a **bandeira*** vitoriosa é signo de guerra e, por conseguinte, de ação contra as forças maléficas. No taoismo, os pendões são chamamentos, convocações (dos espíritos, das divindades, dos elementos) e, simultaneamente, proteção mágica. Isto porque, na China antiga, os estandartes não eram somente as insígnias dos grupos ou dos chefes, mas continham efetivamente o espírito e a virtude desses grupos e chefes. O caractere wu designa o estandarte e a essência. E se, por um lado, os estandartes fincados no **alqueire*** das sociedades secretas são instrumentos de chamamento à ação, guerreira ou espiritual, por outro lado, efetivamente são os substitutos dos Ancestrais das lojas que representam, e não apenas seus emblemas: são presença protetora desses ancestrais no recinto da loja; no simbolismo da Maçonaria, igualmente, faz-se menção a estandartes.

Finalmente, de modo algum poderíamos omitir o simbolismo da bandeira agitada pelo vento: na Índia, ele é o atributo de Vayts, que é o regente do elemento ar; é associado à ideia de mobilidade e às fases da respiração; sob esse aspecto, o simbolismo do estandarte aproxima-se muito ao do **leque*** (GRAD, GRAC).

ESTATUETAS

As estatuetas africanas não visam a representar exatamente um ancestral ou um ser determinado; segundo Jean Laude, devem conter a sua força vital e assegurar a prosperidade da família. São muitas vezes ligadas aos restos do morto, ou emergem de cestos e sacos de ossos. Quando as famílias se subdividem, uma nova estatueta é executada e levada por aqueles que partem, para que a relação com o ancestral seja mantida. O objeto esculpido, ao sair das mãos do artista, não tem essa carga de afetividade. Ele só será consagrado, impregnado de forças religiosas depois dos ritos apropriados. Uma escultura sem essa afetividade pode ser vendida, dada ou jogada fora; é inerte. O africano jamais confunde a imagem com o que ela representa.

Os ba-Kongos esculpiram, inicialmente na madeira, depois na pedra, os mintardi (guardiães), estatuetas que se supunham encarnar o espírito do chefe defunto, manifestar a continuidade de sua presença e velar pelo destino de sua família e de seu povo. Símbolo de proteção ancestral sobre a descendência.

Os dogons às vezes interpretam as estatuetas como uma prece para obter a chuva fertilizante (proteção) ou como uma figuração – quando os membros ficam um pouco destacados – do mito que explica como o corpo humano foi articulado para permitir o trabalho (cosmogonia). Vemos aqui o sentido ético e cósmico do símbolo. Uma estatueta não possui um sentido único e definido que possibilitaria interpretar seus gestos e atitudes e relacioná-la a um acontecimento preciso de um mito fixo e rígido. Possui várias significações, cujo conhecimento parece ser progressivo, vinculado às etapas de uma iniciação que dura até a morte.

Além de apoio ao conhecimento iniciático, o símbolo por vezes impregna-se também de um poder mágico. Certas tribos estabelecem uma correlação entre uma força mágica e os aspectos das estatuetas. Algumas delas, com formas excessivamente alongadas, ou crispadas e tensas como num esforço violento, favorecem o crescimento e aumentam o vigor físico. O símbolo transforma-se aqui num instrumento eficaz, como o sacramento na teologia cristã. Contudo, é concebido de modo materializante, como o habitáculo da força de um ancestral ou de um gênio (*v.* **máscara***) (LAUA, 138, 140, 153, 181, 185, 280, 286).

Os dogus, ídolos do período Jômon da pré-história japonesa, são pequenas estatuetas abstratas que, segundo os arqueólogos, seriam símbolos, carregados de forças mágicas, de fecundidade e de fé nas forças sobrenaturais.

ESTERNO

A base do esterno é um dos quatro centros de interpretação microcósmica do Homem, entre os bambaras, que chamavam esse ponto de osso da cabeça do coração. Ele comanda a parte do corpo compreendida entre a base da cabeça e o diafragma, i.e., os membros superiores, os órgãos respiratórios e o coração. No altar da sociedade iniciática Koré, a cerâmica que representa este centro contém um fragmento de matéria resinosa, não identificada, chamada o **osso* do braço*** do gênio, que simboliza a essência do espírito divino associado aos membros superiores. A função de **encruzilhada*** no esterno fica enfatizada pela presença, na mesma cerâmica, de dois pequenos ramos dispostos em cruz, que evocam a encruzilhada original, de onde provém toda vida e todo conhecimento. Esses dois ramos simbolizam o coração e os pulmões: encruzilhada do verbo, onde este se materializa, à base de ar, a partir do impulso

464 | ESTRADA REAL

enviado pelo cérebro. Este ponto também comanda a zona esternoclido-omo-trapezoide, base ou suporte do pescoço para os bambaras, portanto, fundamento do saber. Graficamente, essa região é representada por um **losango***, o que enfatiza a função matricial do cérebro.

Em profundidade, a extremidade do esterno corresponde às cordas que comandam os órgãos do ventre, as quais têm como equivalente macrocósmico os canais invisíveis pelos quais circula a vida, entre o céu e a terra (ZAHB).

ESTRADA REAL

A estrada real significa a via direta, a via reta. Está em oposição aos caminhos tortuosos. Essa expressão frequentemente usada no mundo antigo também se aplica à ascensão da alma.

Empregado em Números (20, 22), o termo possui um sentido histórico e simbólico para os seus intérpretes. Os filhos de Israel enviam um embaixador a Schar, rei de Armor, pedindo permissão para atravessar as suas terras a fim de alcançar a Terra prometida. Prometem não se afastar pelos campos e vinhas; não beberão a água do poço, andarão pela estrada real até que as terras estrangeiras sejam deixadas para trás.

A estrada real é, portanto, considerada uma estrada direta, desprovida de qualquer possibilidade de desvio que provoque um atraso. A estrada real ainda será interpretada como o caminho que leva à capital do reino, o lugar onde reside o rei. Fílon de Alexandria escreve: Entremos na estrada real, nós que achamos que é preciso abandonar as coisas da terra, nessa estrada real da qual nenhum homem é senhor, somente aquele que é verdadeiramente rei... Aquele que viajar pela estrada real não sentirá fadiga até o seu encontro com o rei (DANP, 195).

Assim, ela vai simbolicamente à Jerusalém celeste, designa o Cristo que, de acordo com as suas próprias palavras, declara: eu sou o caminho (João, 14, 6); eu sou rei (João, 19, 21); eu sou o caminho, a verdade e a vida.

Esse termo passará para a Idade Média e o séc. XII através de Orígenes e de Cassiano; será aplicado à vida monástica enquanto vida contemplativa estritamente ordenada para Deus. Em seu tratado sobre o amor de Deus, Bernardo de Clairvaux faz alusão à via régia; esta evita os desvios, os circuitos, os atalhos, ou seja, tudo o que pode dissipar a alma e reter a atenção. Unificado, o monge só se prende a Deus (De diligendo Deo, 21). (*v.* La Voie royale, em suplemento de Vie Spirituelle, novembro de 1948, pp. 329-352.)

ESTRANGEIRO

O termo estrangeiro simboliza a situação do homem. Com efeito, quando Adão e Eva são expulsos do Paraíso, abandonam sua pátria e possuem, a partir desse momento, estatuto de estrangeiro, de emigrado.

Fílon de Alexandrina observa que Adão foi expulso do Paraíso, ou seja, condenado ao exílio. Assim, todo filho de Adão é um hóspede de passagem, um estrangeiro em qualquer país onde se encontre, e até mesmo em seu próprio país. Pois, cada um de nós entrou neste universo como se entrasse numa cidade estrangeira, com a qual não tivesse nenhuma ligação antes de nascer; e, uma vez aqui dentro, o homem jamais deixa de ser um hóspede de passagem, até ter percorrido de um extremo ao outro a duração de vida que lhe houver sido atribuída... Rigorosamente falando, só Deus tem cidadania.

Esse tema seria retomado pelos Padres da Igreja, particularmente por Santo Agostinho e pelos autores da Idade Média, que elaboraram o tipo humano do **peregrino***.

Se a pátria é o céu, os exilados do céu serão estrangeiros durante toda sua vida terrena.

Segundo outras tradições, o estrangeiro é visto como um rival potencial e, embora se beneficie das leis da hospitalidade, ele pode ser tanto um mensageiro de Deus quanto uma perigosa encarnação diabólica. Assim sendo, na primeira dessas qualificações convém honrá-lo e, na segunda, conciliar-se com ele. Pode igualmente significar a parcela existente no homem, ainda errática e não assimilada, em busca da identificação pessoal.

Em toda sociedade, o estrangeiro é aquele cujo amor está em algum outro lugar. Ele não tem os mesmos centros de interesse dos demais, mesmo quando não os define com precisão; de que gostas mais, homem enigmático?, indaga Baudelaire. E enumera: de teu pai, tua mãe, tua irmã ou teu irmão... ou dos teus amigos... da pátria... da beleza... do ouro? Então! de que gostas, na verdade, extraordinário estrangeiro? – Eu gosto das nuvens... das nuvens que passam... lá longe... as maravilhosas nuvens (Le Spleen de Paris, 1).

ESTRELA (*v.* Ursa, Polo)

No que concerne à estrela, costuma-se reter sobretudo sua qualidade de luminar, de fonte de luz. As estrelas representadas na abóbada de um templo ou de uma igreja dizem respeito, especificamente, ao significado celeste desses astros. Seu caráter celeste faz com que eles sejam também símbolos do espírito e, particularmente, do conflito entre as forças espirituais (ou de luz) e as forças materiais (ou das trevas). As estrelas traspassam a obscuridade; são faróis projetados na noite do inconsciente.

A estrela flamejante da Maçonaria procede do pentagrama pitagórico (algumas vezes denominado de **selo de Salomão***, se bem que essa designação seja mais frequentemente reservada, na prática, ao hexágono estrelado, ou escudo de Davi). A estrela flamejante de cinco pontas é o símbolo da manifestação central da Luz, do centro místico, do foco ativo de um universo em expansão. Traçada entre o esquadro e o compasso – ou seja, entre a Terra e o Céu –, ela representa o homem regenerado, radioso como a luz, em meio às trevas do mundo profano. E ela é, assim como o número **cinco***, símbolo de perfeição. No quadro do grau de Companheiro, a estrela flamejante tem no centro a letra **G***: é o equivalente do *iod*. O Princípio divino no coração do iniciado (BOUM, GUET).

Além disso, a estrela de cinco pontas é um símbolo do microcosmo humano; e a estrela de seis pontas, emblema do judaísmo, com seus dois triângulos invertidos e enlaçados (*v.* selo de Salomão*), simbolizaria o amplexo do espírito

e da matéria, dos princípios ativo e passivo, o ritmo de seu dinamismo, a lei da evolução e da involução. A estrela de sete pontas, por sua vez, participa do simbolismo do número **sete***; unindo o quadrado e o triângulo, ela representa a lira cósmica, a música das esferas, a harmonia do mundo, o arco-íris de sete cores, as sete zonas planetárias, o ser humano em sua totalidade etc.

Tanto para o Antigo Testamento quanto para o Judaísmo, as estrelas obedecem às vontades de Deus e, eventualmente, as anunciam (*Isaías*, **40**, 26; Salmos 19, 2). Portanto, elas não são criaturas puramente inanimadas: um anjo vela sobre cada estrela (1 Enoch, 72, 3). E daí para que se começasse a ver na estrela o símbolo do anjo era só um passo, que não tardou a ser dado: o Apocalipse fala de estrelas caídas do céu (6, 13), como se se referisse a anjos caídos.

Daniel (12, 3), quando descreve o que haveria de ocorrer aos homens no momento da ressurreição, usa justamente o símbolo da estrela para caracterizar a vida eterna dos justos: a ascensão para o estado de estrelas celestes.

Em compensação, quando o visionário do Apocalipse fala das sete estrelas que o Cristo segura em sua mão direita (1, 16-20; 2; 3, 1), refere-se sem dúvida aos sete planetas, às sete Igrejas (à testa dos destinos humanos).

Finalmente, restaria ainda por assinalar que a profecia de Números, 24, 17 influenciou a simbólica messiânica, e que a estrela foi muitas vezes considerada uma imagem ou nome do Messias esperado. Explica-se, assim, a presença de uma estrela nas moedas cunhadas por Simão Bar-Kokba (Filho da Estrela), chefe político-religioso da segunda revolta judaica em 132-135 da nossa era.

Estrela é o nome de uma divindade gaulesa, Sirona, cuja existência é amplamente atestada pela epigrafia romana da época. Uma outra divindade galesa tinha o nome de Arianrod, a roda de prata, que, segundo Joseph Loth, servia igualmente para designar uma constelação: a corona Borealis. Pode-se supor, em função das tendências do panteão céltico, que os teônimos designem um

466 | ESTRELA (V. URSA, POLO)

dos aspectos da grande deusa primordial, embora não haja possibilidade alguma de se fazer qualquer interpretação mais detalhada. No atual estado de nossos conhecimentos, pode-se afirmar somente que os celtas não ignoravam o simbolismo astral (LOTM, 1, 191).

Segundo os iacutos, as estrelas são as janelas do mundo. São aberturas dispostas de modo a permitir a aeração das diferentes esferas do céu (geralmente em número de 9, mas, às vezes, também de 7, 12 ou 15). Uno Holmberg observa que essa ideia mítico-religiosa domina todo o hemisfério norte. Está implícita, também, numa expressão muito difundida do simbolismo do acesso ao Céu através de uma porta estreita: o interstício entre os dois níveis cósmicos alarga-se só por um instante, na pequena dimensão de uma estrela, e o herói (ou o iniciado, o xamã etc.) deve aproveitar esse instante paradoxal para penetrar no Além (ELIC, 236).

Nos mitos astecas, as estrelas são chamadas de mimixcoatl (serpentes-nuvens), porque *Mixcoatl*, deus da Estrela Polar, multiplicou-se nelas; elas já existiam anteriormente e, naquele tempo, serviam de alimento ao Sol (KRIK, 62).

Na glíptica maia, as estrelas são muitas vezes representadas como olhos, de onde brotam raios de luz (THOH). Na Guatemala, elas ainda hoje representam, na crença popular, as almas dos mortos. Delas emanam os insetos, que descem para visitar a terra. Segundo o Padre Cobo, a mesma crença existe no Peru: as estrelas são as almas dos justos. Entretanto, o Inca Garcilaso nos diz, por sua vez, que elas eram consideradas damas e súditas da corte da Lua (GARC). Mas sem dúvida é o Padre Cobo (*Historia del Nuevo Mundo*) quem nos dá a explicação mais interessante do simbolismo cósmico das estrelas, observado entre os incas, ao dizer: Não apenas os homens, mas também todos os animais e os pássaros eram representados no céu por estrelas ou constelações que, segundo a crença dos povos originários, eram como sua causa segunda, lá colocadas pelo Criador a fim de velar pela conservação e pelo crescimento das espécies. O Padre Acosta (*Historia natural y moral de las Índias*) é da mesma opinião: de todos os animais e pássaros existentes na terra, eles acreditavam que um **duplo*** figurasse no céu, a cargo do qual estariam sua procriação e seu crescimento (ou proliferação).

Crença essa que tem relação com uma crença dos bambaras, segundo a qual a água, espelho da criação e matéria do sétimo céu, contém os duplos, ou testemunhas, de todas as espécies criadas, a fim de que o grande demiurgo, organizador do mundo, cuja morada é também no sétimo céu, possa controlar suas criaturas (DIEB).

Segundo o Kalevala (Finlândia), as estrelas são feitas de fragmentos da casca do ovo cósmico.

A estrela da manhã tem uma significação toda especial.

De cor vermelha, anunciadora do perpétuo renascimento do dia (princípio do eterno retorno), ela é símbolo do próprio princípio da vida. E é nesse sentido que a homenageiam os povos indígenas da pradaria (ALEC, 62).

Eis um extrato de cantos do Hako, ritual dos pawnees (ibid., 145): A estrela da manhã assemelha-se a um homem inteiramente pintado de vermelho; tal é a cor da vida. Ele usa perneiras e uma veste o envolve. Sobre sua cabeça está pousada uma macia e penugenta pluma de águia, pintada de vermelho. Essa pluma representa a nuvem macia e leve que flutua alto nos céus, e o vermelho é o toque de luz de um raio do sol nascente. A macia e penugenta pluma é o símbolo da respiração e da vida... Estrela da Manhã, aproxima-te ainda mais. Traz-nos a força e a renovação... Seu brilho diminui de intensidade; ela recua, retornando para o lugar onde habita e de onde veio. Nós a contemplamos a desaparecer, diante de nossos olhos. Ela nos deixou o dom de vida, que Tirawa-Atius (Tirawa-Atius o Pai da vida, Deus supremo uraniano) por ela nos enviara... O dia a segue de bem perto...

Entre os coras (povos indígenas do Sudoeste da América do Norte, vizinhos do México), a Estrela da Manhã faz parte da Trindade Suprema,

ESTRELA (V. URSA, POLO) | 467

juntamente com a Lua e o Sol. Herói civilizador, ela mata a serpente, Senhor do Céu Noturno e das Águas, para oferecê-la como alimento à Águia, Deus do Céu Diurno e do Fogo (KRIE, 103).

Segundo o cronista Sahagun, Vênus, em sua qualidade de estrela da manhã, é temida pelos mexicanos que, de madrugada, costumam fechar portas e janelas para evitar seus perigosos raios (THOH). Ela lança enfermidades e, por causa disso, é muitas vezes representada pela figura de um arqueiro. Algumas vezes, chega até mesmo a ostentar uma máscara em forma de caveira (SOUP). Considerada o irmão mais velho do Sol pelos maias, ela é representada pela figura de um homem corpulento e rude, cujo feio rosto apresenta-se ornado por uma barba hirsuta: é o patrono dos animais da floresta, ao qual os caçadores costumam fazer oferendas de fumaça de copai e dirigir preces, ao nascer do dia.

Na poesia elegíaca árabe e persa, é à frente da bem-amada (quando descoberta e livre de véus) que se compara a estrela Vênus, a elevar-se na brancura do alvorecer (HUAS, 21, citando Farrukhi).

A Estrela Polar desempenha um papel privilegiado na simbólica universal: o de centro absoluto em torno do qual, eternamente, gira o firmamento (CHAS, 17). Todo o céu gira em torno desse ponto fixo, que evoca ao mesmo tempo o Primeiro motor imóvel e o centro do universo. Em relação à Polar é que se definem a posição das estrelas, a dos navegadores, a dos nômades, a dos caravaneiros e a de todos os errantes nos desertos da terra, dos mares e do céu. Em numerosas regiões da Ásia e da Europa, ela é chamada de estaca, eixo, umbigo, centro orgânico, porta do céu, estrela umbilical do Norte. Estaria ligada, igualmente, ao mistério da geração. Na China, costuma-se compará-la ao Ser principesco, o Nobre, o Sábio: o Kiun-tse é como uma Estrela Polar fixa, em direção à qual todas as outras estrelas se voltam no gesto de uma saudação cósmica (Luenyu, 2, 1). É a ela que Shakespeare compara o homem que permanece inflexível (Júlio César, III, 1). Em suma, o polo celeste simboliza o centro ao qual tudo se refere,

o Princípio de onde tudo emana, o Motor que move tudo e o chefe em torno do qual gravitam os astros, como uma corte, em volta de seu rei. Em certas religiões primitivas, a Estrela Polar é a sede do Ser divino a quem se costuma atribuir a criação, a conservação e o governo do universo. A Polar é, por excelência, o trono de Deus. Lá de cima, ele vê tudo, fiscaliza tudo, comanda tudo, intervém, recompensa ou castiga, dando lei e destino ao mundo celeste, do qual o terrestre não passa de uma réplica (CHAS, 17-18).

Segundo a tradição turco-tártara: No meio do céu brilha a Estrela Polar, que fixa a tenda celeste como uma estaca. Na língua dos samoiedos, ela é o prego do céu, a estrela-prego; e o mesmo se constata entre os lapões, filandeses e estonianos. Os turco-altaicos concebem a Estrela Polar como uma pilastra: ela é a pilastra de ouro entre os mongóis, calmuques e buriatas; a pilastra de ferro dos quirguizes, dos basqueires e dos tártaros siberianos; a pilastra solar dos teleutas. Uma imagem mítica complementar é a das estrelas ligadas, de uma maneira invisível, à Estrela Polar. Na imaginação dos buriatas, as estrelas são como uma manada de cavalos, e a Estrela Polar é a estaca à qual os cavalos são amarrados.

O Irminsül dos saxões é denominado por R. Von Fulda de Universalis Columna, *quasi sustinens omnia* (i.e., a coluna do universo, sustentáculo de todas as coisas). Os lapões da Escandinávia receberam essa crença dos antigos germanos; dão à Estrela Polar o nome de **O pilar* do céu** ou o pilar do mundo. Houve quem comparasse o Irminsül às **colunas* de Júpiter**. Ideias similares sobrevivem ainda no sudeste europeu; por exemplo: a coluna do céu dos romenos (ELIC, 236).

Os tchuctches sabem que o orifício do céu é a Estrela Polar, que os três mundos estão interligados por orifícios semelhantes e que é através deles que o xamã e os heróis míticos estabelecem comunicação com o céu. E tanto entre os altaicos quanto entre os tchuctches, o caminho do céu passa pela Estrela Polar (ELIC, 238). Em sua viagem mística, o xamã iacuto escala uma montanha de sete patamares. O cimo dessa montanha

468 | ESTRELA (V. URSA, POLO)

está situado na Estrela Polar, no Umbigo do céu [...]. Os buriatas dizem que a Estrela Polar está enganchada no cume da montanha (ELIC, 241).

O monte Meru da mitologia indiana ergue-se no centro do mundo; acima dele, faísca a Estrela Polar. Os povos uralo-altaicos conheciam também um monte central chamado Sumbur, Sumur ou Sumeru, em cujo píncaro está suspensa a Estrela Polar (ELIT, 95).

De acordo com a tradição islâmica, o local mais alto da terra é a Caaba, porquanto a Estrela Polar prova que ela se encontra exatamente abaixo do centro do céu (ibid.). A estrela é também teofania, uma manifestação de **deus na noite*** da fé, para preservar de todas as ciladas do caminho que conduz a criatura em direção ao seu Criador. Ela fulge, não apenas no céu físico, mas no coração do homem, obscurecido pelas paixões e mergulhado na noite dos sentidos:

> Nessa noite tenebrosa, eu perdi o caminho da busca.
> Aparece, pois, ó estrela que nos guias!
> Aonde quer que eu vá, minha angústia não faz senão aumentar.
>
> (Shabestari, HPBA, 129)

Segundo Anokin, citado por Uno Harva (HARA, 39), "a Estrela Polar constituiria não o último, mas o quinto dos sete ou nove obstáculos que deve transpor o xamã durante o percurso de sua ascensão para o Céu do Deus Supremo".

Segundo uma outra tradição xamânica, relatada por Boratav e citada por Uno Harva, todos os mundos estão ligados entre si por aberturas situadas perto da Estrela Polar. Encontra-se crença análoga, relatada por Alexander, entre os indígenas pés-negros. A Estrela Imóvel (Estrela Polar) é uma abertura colocada na abóbada celeste, através da qual Soatsaki (um herói legendário) foi levado para o céu e, depois, tornou a ser trazido para a terra.

Conforme a sabedoria esotérica dos xamãs, a Estrela Polar é o eixo em torno do qual gira o firmamento. Sua posição é considerada fixa. Era nas paragens dessa estrela que a abóbada celeste atingia seu ponto culminante.

Umbigo do Mundo, situada no cume da montanha do Mundo pela maioria das tradições asiáticas, na Ásia Menor, na Índia e na Ásia Central, ela indica a morada do Deus supremo uraniano. E esta é a razão pela qual os habitantes dessas regiões colocavam muitas vezes os altares de seus templos dirigidos para o Norte: Todos eles oram voltados para o Norte, escrevia Ruysbroek no séc. XIII (HARA) (*v.* **pontos cardeais***). Já a Bíblia (*Isaías*, **14**, 13) diz: "[...] estabelecer-me-ei na montanha da Assembleia, nos confins do Norte."

A Polar, sendo o eixo e o Centro do Universo, como tal é evocada pelos noivos, nos ritos védicos de casamento, a fim de que lhes seja assegurada descendência. O marido aponta-a à mulher, pronunciando as seguintes palavras:

> Não vaciles! toma em mim teu alimento.
> E a esposa responde:
> Eu vejo a Polar,
> Que me seja concedida descendência!
>
> (*Sankhanàyana Grhyasutra*, 1, 6, in VEDV, 312)

O marido desempenha o papel de Estrela Polar no pequeno universo do lar.

Entre os keitas do Mandé (Mali), o glifo estrela cadente representa a jovem esposa que deixou a casa paterna, para chegar à do esposo; por isso, costuma-se chamar a estrela cadente de a pequena proprietária da tanga (GRIG).

Estrelas reais: é o nome que se dá geralmente em astrologia às quatro estrelas fixas de primeira grandeza, particularmente importantes nos temas. Essas estrelas foram os pontos de referência do calendário babilônico: Aldebarã, principal da constelação do Touro, Guardiã do Este; Regulus, da constelação do Leão, Guardiã do Norte; Antares, cerne da constelação do Escorpião, Guardiã do Oeste; e Fomalhaut, do Peixe Austral, Guardiã do Sul. Esta lista não é única, e varia segundo os autores. Assim, às vezes substitui-se Regulus

ESTRELA (V. URSA, POLO) | 469

por Rigel, da constelação de Órion (chamada, na Índia, de Raja, senhor, rei, o que salienta seu papel de estrela real), e Antares (que é uma estrela nefasta, o coveiro das caravanas para os povos mesopotâmicos) pela benéfica Spica, Espiga da Virgem. No entanto, Sírio, a mais brilhante estrela do céu, jamais figura entre essas estrelas reais. Muitas imagens simbólicas são associadas a cada uma dessas estrelas. Na maioria dos casos, costuma-se representar Aldebará por um olho, Regulus, por um coração ou coroa Antares (cujo nome provém de Ares-Marte), por um punhal ou cimitarra, e Spica, por uma **esfinge*** com cabeça e tronco de mulher, ou por uma gavela (feixe de espigas).

A estrela de Belém é considerada pela maioria dos historiadores uma concessão da Igreja nascente ao pensamento astrológico, na época todo-poderoso, e se inclui entre os fenômenos cósmicos extraordinários, parecidos entre si, que precederam o nascimento de quase todos os chamados Filhos de Deus (inclusive Buda). Assim, por exemplo, segundo lendas tardias, a natividade do Agni (que, tal como Jesus, era depositado por sua Mãe-Virgem, Maya, e por seu pai terreno, Twâstri, o Carpinteiro, entre a Vaca mística e o jumento, portador do Soma) era anunciada pela aparição de uma estrela denominada Savanagraha.

Seria um erro pensar que a data do nascimento do Cristo possa ser determinada pela Astronomia ou pela Astrologia. Todas as pesquisas astronômicas da Estrela de Belém foram em vão. Imaginaram-se hipóteses várias: a aparição de um cometa, quádrupla conjunção de planetas, estrela nova etc., mas todas essas explicações são claramente insuficientes e forçadas. Provavelmente o fenômeno é simbólico, psicológico, e não físico. No tempo do nascimento presumível do Cristo, as observações astronômicas eram tão difundidas que, se qualquer grande fenômeno ocorresse, teria sido observado e consignado pelos autores orientais ou romanos. Na falta de documentação, torna-se impossível determinar a que época remontam as primeiras tentativas de se preparar o tema astrológico de Jesus.

Todavia, depois do Diabo, centro da noite, e da Habitação Divina, explosão da contradição, a Estrela, 17º arcano maior do **Tarô***, é um centro de luz (VIRI, 81). Em astrologia, ela corresponde à quinta casa horoscópica.

Uma mulher jovem, nua, de cabelos azuis e cacheados a tombarem-lhe sobre os ombros, com o joelho esquerdo apoiado no chão, segura duas jarras vermelhas, uma em cada mão, cujo conteúdo, azul, ela derrama numa espécie de lago, também azul. Do chão, amarelo e ondulado, brotam uma planta de três folhas e dois arbustos verdes que se destacam contra o céu. O arbusto da esquerda é o mais importante: um pássaro negro, símbolo da alma imortal, nele acaba de pousar. No céu, seis estrelas, superpostas de três em três, de tamanhos e cores diferentes (duas amarelas de sete pontas, duas azuis e duas vermelhas de oito pontas), estão dispostas em forma simétrica em torno de uma sétima, situada no topo da lâmina (ou carta), bem maior do que as demais, e que dá a impressão, por sua vez, de ser composta de duas estrelas de oito pontas, superpostas, sendo uma amarela, e a outra, vermelha. Segundo certos comentaristas, essas estrelas são a natureza humana e a natureza divina (MARD, 314). Bem por cima da cabeça da jovem, que sem dúvida personifica Eva ou a humanidade, brilha uma estrela amarela de oito pontas. Esse conjunto de sete estrelas, agrupadas em torno de uma estrela maior, evoca a constelação das Plêiades. Faz lembrar, também, o oitavo arcano, o da Justiça, em sua qualidade de inteligência coordenadora das ações e reações naturais (WIRT, 222). Pela primeira vez aparecem astros no Tarô, e as duas cartas seguintes serão a Lua e o Sol. Até esse momento, o homem estava encerrado em seu universo; agora, ele se mistura à vida cósmica e se abandona às influências celestes que deverão conduzi-lo à iluminação mística (*v.* lâminas 18 a 21) (WIRT, 224). Essa jovem nua está num estado de perfeita receptividade, e nada guarda para si daquilo que recebeu. A água que escorre de seus jarros, serpenteando como a dos jarros da Temperança (arcano XIV), é azul como

470 | ETERNIDADE

seus cabelos, e vai juntar-se, embora não chegue realmente a misturar-se, a uma água igualmente azul, ou vai regar a terra árida. Acaso isso não significa fazer participar do caráter celeste os elementos materiais que são a água e a terra? Intercomunicação de mundos diferentes, alma que une o espírito à matéria, passagem à evolução orientada ... o arcano XVII apresenta um simbolismo de criação, de nascimento, de mutação. A imagem da água a escorrer de um jarro faz lembrar que o nascimento, nos sonhos e nos mitos, se associa a imagens de água ou se exprime através dessas imagens... A estrela é o mundo em formação, o centro original de um universo (VIRI, 81).

Estreitamente ligada ao céu, do qual depende, a Estrela evoca também os mistérios do sono e da noite; para resplandecer com seu brilho pessoal, o homem deve situar-se nos grandes ritmos cósmicos e harmonizar-se com eles.

Esse arcano, com sua flora e suas águas, seus dois cântaros a se derramarem, suas estrelas de sete e de oito pontas, simboliza a criação, mas de modo algum uma criação realizada e perfeita, e, sim, em vias de se realizar; indica um movimento de formação do mundo ou de si mesmo, um retorno às fontes aquáticas e luminosas, aos centros de energia terrestres e celestes. Simboliza a inspiração que vem materializar ou, melhor, traduzir os desejos até então inexprimíveis do artista.

ETERNIDADE

A eternidade simboliza aquilo que é privado de limite na duração.

Segundo Boécio, a eternidade é uma posse simultânea e perfeita de uma existência sem fim (De consolatione, 5). Retoma, dessa forma, as definições dos filósofos anteriores a ele. Assim, para Plotino, a eternidade é uma vida que persiste em sua identidade, sempre presente a ela mesma em sua totalidade (*Enéadas*, **3**, 7). Ao falar da eternidade, São Boaventura diria que a simplicidade e a invisibilidade, que são os mundos do centro, pertencem à eternidade (Quaestiones disputatae, De mysterio Trinitatis qu. 5, art. 1, 7-8). Dante

fará alusão ao ponto em que todos os tempos estão presentes (*Paraíso*, **17**, 18). É um ato vital de uma intensidade infinita.

A eternidade representa a infinidade do tempo independente de toda contingência limitativa: é a afirmação da existência na negação do tempo. A Irlanda, que não possuía meio algum de tornar compreensível essa noção inacessível à inteligência humana – como tampouco o possuía qualquer outro povo –, saiu-se da dificuldade justapondo simbolicamente o tempo humano – fixo, imutável, de uma regularidade cíclica, contra o qual o homem é impotente – e o tempo divino, de limites elásticos, no qual muitos séculos são como um ano, ou vice-versa... Rompeu o ciclo pela adição de uma unidade. Um ano e um dia, um dia e uma noite tornaram-se, assim, símbolos da eternidade (OGAC, 18, 148-150). Essa adição da unidade traduz a emergência das condições comuns de submissão ao tempo.

Há numerosas figuras consideradas evocadoras da eternidade; uma deusa a segurar a Lua e o Sol ou o cetro e a cornucópia, ou sentada em um globo rodeado de estrelas, ou usando um cinto feito de estrelas. À eternidade associa-se geralmente uma ideia de beatitude. Por causa de sua longevidade legendária, o elefante, o cervo, a fênix e o dragão também simbolizam a eternidade; bem como, mas por causa de sua forma circular, a serpente enrolada em espiral, ou a serpente que morde a própria cauda (**uróboro***).

A eternidade é a ausência ou a solução de conflitos, o ultrapassamento de contradições, tanto no plano cósmico quanto no plano espiritual. É a perfeita integração do ser em seu princípio; é a intensidade absoluta e permanente da vida, que escapa a todas as vicissitudes das mutações e, particularmente, às vicissitudes do tempo. Para o homem, o desejo de eternidade reflete sua luta incessante contra o tempo e, talvez ainda mais, sua luta por uma vida que, de tão intensa, possa triunfar para sempre sobre a morte. A eternidade não reside no imobilismo, nem tampouco no turbilhão: ela está na intensidade do ato.

EUMÊNIDES

Figuras lendárias, sistematicamente opostas às **Erínias***: se estas últimas representam o espírito vingativo, o gosto pela tortura e pelo tormento aplicados como castigo por toda violação da ordem, as Eumênides encarnam o espírito de compreensão, de perdão, de superação e de sublimação. Essas imagens opostas e correlatas representam as duas tendências da alma pecadora, que hesita entre o remorso e o arrependimento. As Erínias simbolizam a culpa recalcada que se torna destrutiva, o tormento do remorso; as Eumênides representam essa mesma culpa, porém confessada, e que se torna sublimemente produtiva: o arrependimento liberador (DIES, 162).

As Erínias são impiedosas; as Eumênides, benévolas. Já na Antiguidade, os mesmos espíritos – protetores da ordem social e principalmente da ordem familiar, vingadores de crimes e inimigos da anarquia – eram chamados de Erínias ou Fúrias, quando sua cólera se desencadeava, e de Eumênides, quando se pretendia aplacá-los implorando-lhes a benevolência. Entretanto, essa última atitude pressupunha uma conversão interior que já significava, em si mesma, um retorno à ordem.

EVA

É desnecessário evocar aqui a criação da mulher e seu diálogo com a serpente no Paraíso terrestre, a não ser para relembrar o essencial das múltiplas significações que ela representa.

Segundo a tradição patrística, **Adão*** e Eva estão recobertos, antes do pecado, por um manto de incorruptibilidade; seus apetites inferiores são submissos à razão; ambos possuem, de acordo com Santo Agostinho, um conhecimento experimental de Deus, que lhes fala e a eles se mostra (De Genesi ad. litt., 8, 18); estão livres de toda e qualquer preocupação e podem entregar-se à contemplação. Mas essa ventura perfeita cessaria após o pecado, e a primeira responsável pelo pecado seria Eva, cuja função foi a de tentar Adão.

Que sentido convém dar à figura de Eva? Conforme a narrativa do *Gênesis*, durante o sono de Adão é que ela foi tirada de uma de suas costelas; e a esse sono Agostinho se referiria, comparando-o a um estado de êxtase (9, 19): daí a crença na subordinação da mulher ao homem. Eva é considerada a primeira mulher, a primeira esposa, a mãe dos vivos. Num plano de interioridade, ela simboliza o elemento feminino no homem, na medida em que, segundo Orígenes, o homem interior comporta um espírito e uma alma: diz-se que o espírito é macho, e a alma pode ser denominada fêmea (Homílias sobre o *Gênesis*, 4, 15). De seu mútuo entendimento nascem filhos: os pensamentos justos e os bons impulsos.

Eva significa a sensibilidade do ser humano e seu elemento irracional. Na suposição de que só essa parte da alma tivesse sucumbido à tentação, as consequências do pecado não teriam sido trágicas; o drama surge do consentimento dado pelo espírito, i.e., por Adão. A ruptura entre Adão e Eva, seu desentendimento, e o fato de Adão rejeitar a responsabilidade do pecado, transferindo-a a Eva, provém da inimizade que, daí em diante, separa a alma do espírito. O homem pecou em sua totalidade, porquanto tanto a alma quanto o espírito consentiram no pecado. Nesse pecado, portanto, o papel inicial foi representado pela alma (Eva) e autenticado pelo espírito (Adão). O tentador (a serpente) não podia dirigir-se diretamente ao espírito para assegurar sua vitória e, por isso, foi-lhe necessário atrair a alma.

Colocar o pecado original e seus efeitos num plano de interioridade é singularmente esclarecedor. Reduzi-lo, porém, unicamente ao consentimento de um casal sexuado não seria destruir-lhe por completo o sentido e a significação?

Todavia, semelhante ponto de vista não seria de modo algum o que haveriam de adotar os Padres da igreja e seus comentaristas. Na maior parte das vezes, Eva designará a mulher, a carne, a concupiscência; Adão será sinônimo do homem e do espírito. E esse é, talvez, não propriamente o equívoco, mas o conhecimento parcial do que concerne ao mito de Adão e Eva.

No momento em que Tertuliano exclama: "Acaso ignoras que tu és Eva [...]? A sentença

472 | EVÊMERO

de Deus ainda hoje vigora sobre teu sexo" (*De cultu feminarum*, **1**, 1), sua misoginia o cega. As imprecações dos Padres da Igreja contra a mulher são provocadas por essa interpretação dos fatos, toda ela exterior e rigorosamente literal. Daí este sugestivo comentário de um autor moderno: O tema de Eva, como imagem da mulher interior ao homem, apesar do interesse que desperta atualmente, não foi estudado a fundo na Tradição: é considerado muitas vezes uma simples alegoria moral, destituído de qualquer interesse para a teologia... como um componente importante da antropologia agostiniana e medieval (PLAE).

No entanto, há exemplos de escritores favoráveis a essa simbólica. Assim, Fílon reteve o sentido de interioridade, que também foi explorado por Santo Ambrósio (*De Paradiso*, **2**, 11) e explicitado pelo próprio Santo Agostinho de um modo surpreendente, quando ele diz, a propósito do ato de conhecer: Esse ato de conhecer assemelha-se à formação da mulher a partir de uma das costelas do homem, e cuja finalidade é a de significar uma união. Que cada um governe judiciosamente essa parte que lhe é submissa e que se torne, por assim dizer, conjugal dentro dele mesmo, e que a carne não cobice nada contra o espírito, mas lhe seja submissa... tal é a obra da sabedoria perfeita (*De genesi contra manichaeos*, **2**, 12, 16) (PLAE).

É o termo conjugal que devemos reter. A estrutura do homem interior, portanto, é *conjugal*, supõe a união de dois elementos distintos. Uma observação: o procedimento seguido por Agostinho no ato de conhecer leva-o a descobrir essa junção e, a fim de explicá-la, ele a compara à criação de Eva, à união do casal Adão-Eva. Ora, no pensamento hebraico, tal como no-lo apresenta o Antigo Testamento, o verbo conhecer tem a significação do ato conjugal; por conseguinte, Adão conhece Eva. Num sentido quase idêntico, Ambrósio escrevera: Que ninguém julgue fora da ordem natural das coisas considerar Adão e Eva representações da alma e do corpo (*In Lucam*, **4**, 66). Consequentemente, a união entre a alma e o corpo, o espírito e a carne, passam a simbolizar, num plano interior, a união dos sexos masculino e feminino. E se a finalidade última do casamento é a procriação, a união conjugal do espírito e do corpo comporta igualmente a procriação que lhe convém: a das boas obras.

Os escritores medievais seriam influenciados pela divisão pauliniana (Eva-carne, Adão-espírito), e pela seguinte afirmação da Bíblia: "[...] não foi Adão que foi seduzido, mas a mulher que, seduzida, caiu em transgressão" (Primeira a Timóteo, **2**, 14). A sutileza dos conceitos de Agostinho sobre os símbolos de Adão e Eva aparece muito mais raramente nos comentários desses escritores. Pierre Lombard agruparia os textos relativos a Adão e Eva, contentando-se em parafraseá-los (*Collectanea in Ep. ad Corinthios*); Richard de Saint-Victor teve a vantagem de propor em planos diversos a simbólica do casal Adão-Eva. Falará não apenas do espírito e da alma, mas também da inteligência e da afetividade, do conhecimento e do amor.

EVÊMERO

Primeiro autor grego de uma espécie de filosofia da história religiosa. Viveu no início do terceiro século antes de nossa era. Os deuses e heróis eram considerados homens, que teriam se beneficiado da apoteose depois de mortos. Evêmero, que deu seu nome a uma doutrina, o evemerismo, cuja tendência era a de desmitificar a religião e encontrar-lhe origens sociais, simboliza o espírito crítico, racionalista e sistemático, aplicado à história dos deuses, que, segundo ele, seriam apenas homens, imortalizados por seus semelhantes.

EXCREMENTOS

Considerados receptáculo de força, os excrementos simbolizam uma potência biológica sagrada que residiria no homem e que, mesmo depois de evacuada, ainda poderia, de uma certa maneira, ser aproveitada. E, assim, aquilo que na aparência é uma das coisas mais desvalorizadas, seria, ao contrário, uma das mais carregadas de valor: as significações do ouro e do excremento estão unidas em muitas tradições. Certos radioestesistas chegam até mesmo ao ponto de afirmar que as vibrações do ouro e do excremento são equivalentes.

A associação de detritos ou de imundícies à noção de pecado pode ser encontrada entre os astecas. Em seu panteão, figura Tlazolteotl, deusa do amor carnal, da fecundidade e da confissão. O nome dessa deusa significa a devoradora de detritos ou a deusa das imundícies, porque ela devora os pecados (SOUP).

Na África negra, ritos especiais cercam os detritos, que são considerados carregados de forças, comunicadas pelos homens. Entre os bambaras do Mali, os detritos costumam ser queimados; depois, suas cinzas são lançadas ao Niger, como oferenda ao deus Faro, organizador do mundo, tido como capaz de restituir aos homens as forças que continham os detritos, devidamente purificadas e regeneradas, sob forma de chuvas por ele mandadas para dessedentar a terra (DIEB). Jean-Paul Lebeuf encontrou uma crença análoga, entre os likubas e os likualas do Congo (LEBM). Tanto entre os falis do Norte dos Camarões, quanto entre os batekês do Congo, acredita-se que as almas escolham seu domicílio em meio aos monturos de lixo, de onde passam para o corpo das mulheres que andam por ali atarefadas em suas ocupações domésticas (LEBF, 326, n).

Desse mesmo simbolismo derivam: a significação esotérica dos excrementos e, consequentemente, a significação da coprofagia ritual. Considera-se que o excremento esteja carregado de uma parte importante da força vital daquele – homem ou animal – que o tiver evacuado. Segundo D. Zahan (ZAHB, 168), o excremento realiza uma espécie de síntese daquele que come e daquilo que é por ele comido. Daí seu poder vitalizante, que explica a utilização frequente de excrementos na medicina tradicional de numerosos povos.

Ritualmente, portanto, o coprófago é aquele que toma o lugar da divindade capaz de regenerar as forças residuais do ser e de seus alimentos, contidas nos excrementos. Entre os bambaras, a classe de iniciados que praticam a coprofagia é justamente a dos abutres, que representa a infância, ou seja, o primeiro dos quatro estágios da vida espiritual, que se seguem aos quatro estágios da vida material. E Zahan nos diz (p. 169): Ele engole as forças profundas e ocultas do universo. Tanto mais fermentados e cheios de vermes estiverem os detritos, tanto mais apreciados serão, pois nisso reside justamente a prova de sua vitalidade. Ao consumi-los, o abutre ... assimila o mundo por intermédio da coprofagia.

A valorização noturna do excremento, que explica o poder iniciático atribuído ao abutre, à hiena e a todos os animais que se alimentam de carniça, é claramente atestada entre os dogons e os bambaras. Um dos primeiros informantes de M. Griaule declarava o seguinte: O que é comido é a luz do sol; o excremento é a noite (GRIE), o que vem ao encontro da significação alquímica do ouro. No pensamento dos dogons e dos bambaras, o **ouro*** é efetivamente uma sublimação do **cobre*** vermelho, seu irmão mais novo (GRIE), e o cobre vermelho, por sua vez, é chamado de excremento do deus Nommo, organizador do mundo.

Para os bambaras, o excremento de Faro (o monitor análogo ao Nommo dos dogons) é considerado o resíduo do mundo, princípio que deu origem a todos os seres vivos (ZHAB, 2217). Noção que deve ser aproximada do fato de que o **vermelho***, símbolo de força vital, é associada pelos bambaras aos cadáveres e às moscas (a mesma palavra significa mosca e vermelho).

Nessa mesma ordem de ideias, numerosos mitos ameríndios fazem da carniça e do cadáver putrefato o cadinho, o útero placentário onde a vida se regenera. Assim, para os povos caxinauás, os primeiros homens do mundo atual apareceram, após o dilúvio, sob a forma de vermes surgidos dos cadáveres dos gigantes que formavam a humanidade precedente (METS). Como símbolo da vida regenerada, pode-se substituir o verme pelo cogumelo, que, também ele, eclode da decomposição orgânica: assim sendo, é possível estabelecer uma aproximação entre o mito dos caxinauás e a crença dos orotchs (povo tunguse da Sibéria), para os quais a alma humana, no momento da morte, voa para a Lua sob forma de borboleta e, depois, volta à terra reencarnada como **cogumelo*** (FOUD).

474 | EXCREMENTOS

Entre os excrementos considerados sinal de abundância e utilizados ritualmente com a finalidade de prover essa abundância, podemos citar os da serpente arco-íris, no Daomé (MAUG).

Os excrementos – aos que se fazem muito raras menções no mundo céltico – parecem ser um símbolo de ignominioso desprezo. O único exemplo claro de utilização do excremento na epopeia irlandesa é o do texto intitulado Aided Cùroi ou Morte de Cùroi: após uma certa batalha, em que a partilha dos despojos fora particularmente desigual, o rei de Leinster, Cùroi, nada recebeu, se bem houvesse prestado auxílio assaz precioso aos ulatas. Então, como vingança, ele derrota o jovem herói Cuchulainn num duelo, arranca-lhe a cabeleira, atira-o ao chão, e unta-lhe a cabeça com bosta de vaca. Por sua vez, a fim de vingar-se de tamanha afronta, Cuchulainn seduziria a mulher de Cùroi, Blahnat, pequena flor, e torná-la-ia sua cúmplice no assassinato do adversário (OGAC X, 399-400).

Seria o caso de indagar se Cùroi não teria dado provas de sua ignorância quando besuntou de excremento a cabeça do adversário. Pois, acreditando estar somente a emporcalhá-lo, deu-lhe, sem o saber, uma força nova; pelo menos, é o que parece demonstrar o fato de ter Cuchulainn, apesar da injúria sofrida, seduzido a mulher de seu vencedor, conseguindo que ela se tornasse sua cúmplice para matar Cùroi. Nesse caso, estaríamos reencontrando (se bem que nenhum outro texto celta a formule, exceto o que mencionamos acima) a interpretação tradicional que vê no excremento um concentrado de forças biológicas, capaz de regenerar os seres. Isso se refere particularmente à bosta de vaca, que, pelo menos no mundo cabila, é a base de todos os feitiços de transferência mágica do **leite*** (SERP, 158).

F

FACA

Já se viu, a propósito do **cinzel***, o simbolismo geral dos instrumentos cortantes, que se aplica plenamente aqui: é o princípio ativo modificando a matéria passiva. A importância desse simbolismo varia segundo as populações que utilizam o instrumento: entre os montanheses do Vietnã meridional, onde a faca e o sabre servem para tudo, o conjunto dessas duas palavras designa o trabalho do homem de maneira global.

Na iconografia hindu, a faca só é atribuída a divindades terríveis, entre as mãos das quais aparece sobretudo como arma cruel. O mesmo vale para a glíptica mexicana e maia.

Na China, a faca era um emblema da Lua. Primeiro, por ser curva, depois por estar ligada ao tema do "fatiamento" da Lua quando se faz minguante.

Nas regiões as mais diversas, a faca tem o poder de afastar as influências maléficas, o que parece associado a um dos aspectos do simbolismo do **ferro*** (DAMS, ELIF).

O símbolo da faca é, frequentemente, associado também à ideia de execução, no sentido judiciário, de morte, vingança, sacrifício (a mão armada de Abraão, quando do sacrifício de Isaac). A faca é o instrumento essencial dos sacrifícios, e de numerosas provas iniciáticas, a começar pela circuncisão. A esse propósito, é interessante notar que, no ritual de circuncisão dos bambaras, a faca operatória é chamada "cabeça-mãe da circuncisão" (DURS). O sacerdote a retira da sua bainha como o pênis do circuncidado sairá do seu prepúcio. Ocorre aí uma acepção, ligada às tradições de um antiquíssimo povo africano, do simbolismo fálico da faca, tão frequentemente evidenciado por Freud na interpretação dos sonhos dos seus pacientes.

Existem facas neolíticas em osso, em sílex, em obsidiana, cujo uso subsistiu no seio de certos povos para as cerimônias e sacrifícios rituais muito depois de terem sido substituídas por facas de ferro para os usos profanos.

FACE

Em hebraico, a palavra face (panim) é sempre empregada no plural. A face do homem designa seu rosto, sobre o qual se inscrevem seus pensamentos e sentimentos. Quando orientada para a luz, ela pode resplandecer de claridade. A face de Deus corresponde à Sua essência, e por isso é impossível contemplá-la. E daí o seguinte texto sagrado: "Não poderás ver a minha face, porque o homem não pode ver-me e continuar vivendo" (*Êxodo*, **33**, 20). Também por esse motivo João diria: "Ninguém jamais viu Deus" (1, 4). Quando Moisés exclama: "[...] mostra-me o teu caminho, e que eu te conheça e encontre graça aos teus olhos" (*Êxodo*, **33**, 13), ele exprime, através desse apelo, o desejo de contemplar a essência divina. Entretanto, segundo Santo Agostinho, o êxtase – na qualidade de morte virtual – mostra-se capaz de permitir uma certa apreensão de Deus; tal foi o caso de Moisés no Sinai, e de Paulo, transportado em êxtase ao terceiro céu. Qualquer visão semelhante é uma antecipação da beatitude. A visão face a face, porém, é reservada à vida eterna. Muitas vezes, os místicos imploram a Deus que lhes mostre sua face. A face é o símbolo do próprio ser de Deus ou de uma pessoa humana, da qual ela

476 | FADA

é a manifestação. E é por isso que ninguém pode, sob pena de cometer sacrilégio, ver um Imperador face a face, em todos os lugares onde ele for (como na China) de natureza divina.

FADA

Mestra da magia, a fada simboliza os poderes paranormais do espírito ou as capacidades mágicas da imaginação. Ela opera as mais extraordinárias transformações e, num instante, satisfaz ou decepciona os mais ambiciosos desejos. Talvez por isso ela represente a capacidade que o homem possui para construir, na imaginação, os projetos que não pôde realizar.

A fada irlandesa é, por essência, a *banshee* (fada cuja aparição anuncia morte iminente na família), da qual as fadas de outros países célticos são apenas equivalentes mais ou menos alterados, ou incluídos num conceito semelhante. De início, a fada, personagem que se confunde com a mulher, é uma das mensageiras do Outro-Mundo. Muitas vezes, ela viaja sob a forma de um pássaro, preferentemente a do cisne. Essa qualidade, porém, deixou de ser compreendida a partir da cristianização, e os transcritores fizeram da fada a figura da mulher enamorada, que vinha em busca do eleito de seu coração. Por definição, a **banshee** é um ser dotado de magia. Não está submetida às contingências das três dimensões, e a maçã ou o galho que ela entrega a alguém possuem qualidades sobrenaturais. Nem o mais poderoso dos druidas consegue reter aquele que por ela for chamado; e quando a *banshee* se afasta temporariamente, o eleito cai em estado de prostração (OGAC, **18**, 136-143).

Shakespeare mostrou maravilhosamente, ao descrever a Rainha Mab, a ambivalência da fada, capaz de transformar-se em feiticeira:

Ah, depreendo, então, que foste visitado pela Rainha Mab.
Ela é a parteira das fadas, e costuma aparecer
Do tamanho de uma pedra de ágata
No dedo indicador de um conselheiro municipal
Puxada por minúsculas partículas de luz...
[...] Essa é justamente a mesma Mab

Que trança a crina dos cavalos de noite
E cola as grenhas dos duendes em sujos e feios **nós***
Que, uma vez desemaranhados, são presságio de muitos infortúnios.
É essa a velha feiticeira que [...]

(*Romeu e Julieta,* Ato I, Cena 4
– Trad. lit.)

Na verdade, os palácios evocados pelas fadas, que elas fazem surgir na escuridão da noite, cintilantes, podem desaparecer numa fração de segundo, deixando apenas a lembrança de uma ilusão. Na evolução psíquica, situam-se entre os processos de adaptação ao real e da aceitação de si mesmo, com suas limitações pessoais. Costuma-se recorrer às fadas e às suas operações mágicas na medida em que não se romperam os laços das ambições desmedidas. Ou então elas funcionam como uma compensação para as aspirações frustradas. A vara de condão e o anel são as insígnias do poder das fadas. Elas estreitam ou desfazem os **nós*** do psiquismo.

Não parece discutível o fato de que as fadas do nosso folclore fossem originalmente as Parcas romanas que, por sua vez, são a transposição latina das Moirai gregas (divindades da mitologia que personificavam o Destino). Seu próprio nome – Fata, os Fados ou Destinos – é uma prova disso. *As três Parcas,* explica P. Grimal, *eram representadas no fórum por três estátuas que se costumava chamar comumente de as três fadas: tria fata.* Ainda hoje esse nome lhes é dado na maioria das línguas latinas; e a raiz do nome pode ser encontrada em sua descendência, bem como no designativo dos inumeráveis pequeninos gênios que a imaginação popular criou a seguir, tais como: as *fadas* (fr. – é o próprio termo original) da Provença, as *fades* (fr.) da Gasconha, as *fadettes* (fr.) e *fayettes* (fr.), fadinhas, os *fadets* (fr.), e *farfadets* (fr.), espíritos travessos, duendes.

Em geral reunidas em grupos de três, as fadas puxam do fuso o fio do destino humano, enrolam-no na roca de fiar e cortam-no com suas tesouras, quando chega a hora. É possível que elas tenham sido, originalmente, deusas protetoras das lavouras. O ritmo ternário, característico de suas atividades, é o ritmo da própria vida: juventude, maturidade e velhice; ou então: nascimento, vida e morte – que a astrologia transformaria em: evolução, culminação, involução. Segundo velhas tradições bretãs, por ocasião do nascimento de uma criança, devia-se colocar três talheres sobre uma mesa bem provida; era preciso que essa mesa, porém, fosse posta num cômodo bem isolado do resto da casa, a fim de que as fadas se tornassem propícias. São elas, também, que conduzem ao céu as almas das crianças natimortas, e que ajudam a romper os malefícios de Satã (GOLD, 119).

Para melhor compreender o simbolismo das fadas, seria preciso remontar-se a um passado ainda mais antigo do que as Parcas e as Moirai, e chegar às Queres, divindades infernais da mitologia grega, espécie de valquírias, que se apoderam dos moribundos no campo de batalha, embora também pareçam determinar, segundo a *Ilíada,* a boa ou a má sorte e o destino do herói; elas lhe aparecem e lhe oferecem uma escolha, da qual dependerá o resultado benéfico ou maléfico da viagem desse herói.

A filiação das fadas, tal como acabamos de indicar, demonstra que elas eram, em sua origem, expressões da Terra-Mãe. Mas, ao longo da História, e de acordo com um mecanismo ascensional que já expusemos em outros verbetes, elas foram pouco a pouco *subindo* do fundo da terra, até chegarem à superfície, onde se tornam, na luminosidade do Luar, espíritos das águas e da vegetação. Entretanto, os lugares de suas epifanias mostram-lhes claramente a origem; com efeito, na maior parte das vezes, as fadas aparecem nas montanhas, perto de gretas e de torrentes, nas inumeráveis *mesas de fadas* (rochas de superfícies planas) ou nas mais recônditas profundezas das florestas, à beira de uma gruta, de um abismo, de uma *chaminé de fadas* (coluna ou pirâmide argilosa encimada por um bloco que a protege da erosão), ou, ainda, junto às águas Brahmantes de um rio, ou à beira de um manancial ou de uma fonte. As fadas são associadas ao ritmo ternário; no entanto, quando se examina o assunto mais de perto, elas podem ser associadas também ao ritmo quaternário: em termos musicais, dir-se-ia que elas são um compasso quaternário, com três tempos marcados e uma pausa, o que representa, efetivamente, o ritmo lunar e o das estações. A Lua é visível durante três fases sobre quatro; em sua quarta fase, torna-se invisível; costuma-se dizer, então, que ela está *morta*. Da mesma maneira, a vida representada pela vegetação nasce na terra durante a primavera, desabrocha no verão, decai no outono, e desaparece durante o inverno, tempo de pausa (silêncio), de *morte*. Se examinarmos minuciosamente contos e lendas relativos às fadas, tornar-se-á evidente que esse *quarto tempo* das fadas não foi esquecido pelos autores anônimos dessas narrativas. É o tempo de ruptura, em que se dissipa a epifania antropomorfa da fada. A fada participa do sobrenatural porque sua vida é contínua, e não descontínua, como a nossa e como a de todas as coisas vivas neste mundo. É normal, portanto, que na estação da morte não se possa vê-la, como também que ela não apareça. No entanto, a fada jamais deixa de existir, embora sob outra forma, que está ligada, em sua essência, e tal como ela própria, à vida contínua, à vida eterna. Eis a razão pela qual **Melusina*** no sábado abandona seu esposo humano, pedindo-lhe que não a procure ver e que respeite o seu segredo. Pois, na verdade, nessa quarta fase, ela precisa despojar-se da aparência humana para adotar a de uma serpente – epifania animal, como sabemos, da vida eterna. Melusina é, alternativamente, mulher e serpente – tal como a serpente muda de pele a fim de se renovar, indefinidamente. Este é o momento que, para os humanos, corresponde ao tempo de silêncio, à morte. Por isso, as fadas jamais se deixam ver, senão de modo intermitente, como os eclipses; embora subsistam, em sua essência, de modo permanente. Poder-se-ia dizer o mesmo sobre as manifestações do inconsciente.

FAISÃO

O faisão e a faisoa desempenham importante papel nas mitologias do Extremo Oriente. Um faisão – símbolo, por seu canto e por sua dança,

478 | FALCÃO

da harmonia cósmica – prefigurou o advento de Yu-o-Grande, ordenador do mundo. O grito emitido pela faisoa para chamar o faisão tem relação com o trovão. Tch'en, que é o trovão, a primavera, o abalo cósmico e a concepção, designa também o ruflar de asas dos faisões; é o signo do despertar do *yang*. Ao ritmo sazonal, o faisão transforma-se em serpente e vice-versa; o faisão é *yang*, e a serpente, *yin*: o ritmo e a alternância do universo. É por isso, sem dúvida, que a curvatura dos tetos dos pagodes é a imagem das asas de um faisão a voar.

O grito de chamamento da faisoa é igualmente utilizado na mitologia do Xinto (ou xintoísmo). A faisoa é a enviada de *Amaterasu-omikami* junto ao *kami* (deus) organizador do mundo, Ame-wakahiko, que, entregue às alegrias terrenas, rompeu os vínculos com o Céu. No que concerne ao kami culposo e aos seus, o grito dessa ave é de mau agouro. E, no entanto, ela não deixa de ser o pássaro mensageiro, o *raio da luz* original: tanto é verdade, que a flecha atirada contra a faisoa atinge o lugar onde habita Amaterasu. É o símbolo da luz – colorida e organizadora.

Por outro lado, Tchuang-tse faz do faisão dos pântanos o símbolo de uma existência *trabalhosa e inquieta,* embora livre de entraves (BELT, GRAD, HERJ). Em toda parte, esse pássaro é considerado uma cratofania solar.

FALCÃO

No Egito, por sua força e sua beleza, que o tornavam o príncipe das aves, o falcão simbolizava o princípio celeste. Entre outras divindades, ele encarnava por excelência Hórus, deus dos espaços aéreos, cujos olhos eram respectivamente o Sol e a Lua; esse deus costumava assumir a forma de um falcão ou de um homem com cabeça de falcão. "Os egípcios haviam-se impressionado com a estranha mancha que se observa por baixo do olho do falcão, olho que tudo vê; e, por isso, desenvolveu-se toda uma simbólica da fecundidade universal em torno do olho de Hórus" (POSD, 112). O falcão era igualmente atributo do deus Ré, símbolo do sol nascente, e que é às vezes representado tendo a cabeça encimada (em

vez de por uma crista de falcão) por um disco solar rodeado por uma cobra, que simboliza a chama.

Entre os incas do Peru, emblema e símbolo solar. Segundo o cronista Sarmiento, citado por *Means,* todos os incas desde Manco Capac, fundador da dinastia, tinham um *duplo* ou irmão espiritual, uma espécie de anjo da guarda, representado sob a forma de um falcão, e que eles costumavam chamar de Inti, o Sol (MEEA).

Em um mito dos yungas (Peru), os Heróis criadores nascem de cinco ovos, postos numa montanha, sob forma de falcões, antes de tomarem a aparência humana. Em uma outra versão, a heroína procria, após ter tido relações com o deus Falcão-Avestruz (LEHC).

No relato irlandês das aventuras de Tuan Mac Cairill, o falcão é um dos estados sucessivos desse personagem primordial. O falcão corresponde, portanto, à águia no conto mitológico galés dos *Antigos Mundos*. A importância do falcão nas leis galesas de Hywel Da (séc. X) dever-se-ia, talvez, mais ao desenvolvimento da falcoaria como método de caça (CHAB, 443-457).

Na Idade Média, o falcão é às vezes representado despedaçando corpos de lebres; e, como as lebres simbolizam a lascívia, segundo algumas interpretações, nesse caso o falcão significaria a vitória sobre a concupiscência (CIRD, 134). De modo mais geral, é a vitória do princípio másculo, diurno e solar sobre o princípio feminino, noturno e lunar.

O falcão, cujo tipo simbólico é sempre uraniano, másculo e diurno, é um símbolo ascensional em todos os planos: físico, intelectual e moral. Ele indica uma superioridade ou uma vitória, quer adquiridas ou quer em vias de ser adquiridas. "Sempre que os egípcios", escreve Horapollon, "desejam figurar um deus, ou a altura, o rebaixamento, a superioridade, a categoria e a vitória, pintam um falcão" (TERS, 162).

Às vezes, representa-se o falcão *encapuzado.* Neste caso, a ave simboliza a esperança na luz nutrida por quem vive nas trevas; é a imagem dos prisioneiros, do ardor espiritual entravado e da luz debaixo do alqueire, do conhecimento esotérico;

foi por isso, sem dúvida, que muitos impressores do Renascimento escolheram como emblema a figura de um falcão encapuzado, com a divisa: *Post tenebras spero lucem* (Depois das trevas espero a luz) (TERS, 163).

FALENA

Mariposa que, ao pousar sobre as folhas das árvores, as faz retorcerem-se. Símbolo constante da alma em busca do divino e consumida pelo amor místico, a exemplo do lepidóptero (*v.* **borboleta***) que vem queimar as asas na chama em torno da qual voa. Esse tema é *leitmotiv* da literatura mística persa.

Nesta noite de separação me ofereça pois a falena da União, senão pela flama da minha dor farei arder o universo como um candeeiro (Shabestari, HPBA, 129).

Símbolo de uma humanidade que sonha elevar seu espírito aos ápices do amor e que implora, em sua noite fria, possuir asas.

FÁLERAS

Placas redondas de metal precioso ou de marfim... ou pequenos discos ocos em forma de taça com um botão ressaltando do centro... ou ainda colares dessas placas (LAVD), às vezes com pedras inseridas ou gravados com figuras. Essas placas circulares ornavam os arreios dos Cavalos e decoravam soldados e generais como medalhas.

Elas participam do simbolismo do **círculo*** e do **disco*** e atribuem uma perfeição, dentro de uma certa ordem, àquele que é seu portador: o vigor e a velocidade do cavalo, o heroísmo no combate dos militares, a sabedoria nos civis. A imagem gravada ou realçada nas fáleras, leão, águia, imperador ou divindade, especificava de modo simbólico a perfeição particular manifestada por seu titular. Reconhecer nele essa perfeição através de uma distinção material, ela própria frequentemente uma obra de arte, era confirmar nele essa perfeição e de certa forma identificá-la.

FALO

Símbolo do poder gerador, fonte e canal do sêmen, enquanto princípio ativo. De diversos símbolos procede um sentido fálico, como o **pé***, o **polegar***, a pedra erguida, a **coluna***, a **árvore*** etc. Sua representação não é obrigatoriamente esotérica (*v.* **linga***, **ônfalo***) nem erótica: ela significa simplesmente a potência geradora que, sob essa forma, é venerada em diversas religiões.

A simbologia fálica – como aliás em todas as tradições antigas – tem um importante papel no pensamento judaico.

A nona Sefira Jessod considera o poder da geração o fundamento de tudo o que está vivo. No *Sepher Bahir* o falo é também comparado ao justo. Este, tal como uma coluna, é ao mesmo tempo base e ponto de equilíbrio entre o Céu e a Terra. Em função das relações estreitas que existem entre o microcosmo e o macrocosmo recai sobre a ação terrestre realizada pelo justo a energia cósmica. A presença ou ausência dos justos, no plano terrestre, firma ou afrouxa os fundamentos entre o Céu e a Terra. Do mesmo modo, o falo se firma ou afrouxa de acordo com a presença ou ausência da energia. *O justo é chamado de fundamento do mundo* (*Provérbios*, **10**, 25, segundo a Bíblia Hebraica); ora, é sobre o falo que repousa a vida, assim como o universo sobre uma coluna. Segundo a opinião de Galeno, que prevaleceu durante toda a Idade Média, o sêmen provém do cérebro e desce pela medula. É por isso que o falo simboliza o Oriente, o levante, o leste místico, lugar e origem da Vida, do calor, da luz. Ele é chamado de sétimo membro do homem: ele é o centro e em torno dele se ramificam as pernas, os braços, a coluna vertebral por onde corre o sêmen e a cabeça onde este se forma. Seu parceiro, o oitavo membro (feminino), fica à sua frente; ele lhe comunica a sua semente, tal qual um canal que desemboca no mar. Segundo o Sepher Yerira, o falo preenche uma função, não somente geradora, mas equilibradora no plano das estruturas do homem e da ordem do mundo. Vem daí que esse sétimo membro, fator de equilíbrio na estrutura e no dinamismo humanos, seja relacionado com o *sétimo dia* da criação, dia do repouso, e com o *justo,* cujo papel é o de sustentar

480 | FARINHA

e equilibrar o mundo. Sob representações diversas, ele designa a força criadora e é venerado como a origem da vida.

Daí a importância dada ao bom e ao mau uso desse sétimo membro (ver G. C. Scholem, *Les origines de la Kabbale*, col. Pardés, Paris, 1966, pp. 165-169).

FARINHA

Resultado de uma purificação e de uma ascese, como a peneiração separa a farinha do farelo, a farinha simboliza o alimento essencial, obtido pelo discernimento e pela seleção. Essa noção se encontra no *Rig-Veda,* em que se diz que a palavra sai do pensamento dos sábios como a farinha da peneira.

Num sentido degradado, ela designa um alimento homogêneo, material, intelectual, afetivo, de que se alimentam certos grupos e que faz todos os seus membros semelhantes, farinha do mesmo saco (fr. *de même farine* [da mesma farinha]).

FAVA

A fava simboliza o sol mineral, o embrião. Evoca o enxofre aprisionado na matéria. Eugène Canseliet observa que a fava do bolo de Reis (alusão a uma tradição específica de alguns países; no Brasil, o anel é a prenda tradicionalmente colocada dentro da rosca ou bolo de Reis) é às vezes substituída por um bebê minúsculo (um banhista) ou por um pequenino peixe (CANA, 93).

As favas fazem parte dos frutos que compõem as oferendas rituais, feitas por ocasião das lavouras ou dos casamentos. Elas representam os filhos-homens esperados; numerosas tradições confirmam e explicam essa aproximação. Segundo Plínio, a fava era usada no culto dos mortos por acreditar-se que continha a alma dos mortos. As favas, na qualidade de símbolos dos mortos e de sua prosperidade, pertencem ao grupo dos fetiches protetores. No sacrifício que se costumava realizar na primavera, elas representavam a primeira dádiva vinda de baixo da terra, a primeira oferenda dos mortos aos vivos, o signo de sua fecundidade, ou seja, de sua encarnação. E isso leva-nos a compreender as razões da proibição estabelecida por Orfeu e Pitágoras para os quais comer favas era o equivalente a comer a cabeça dos próprios pais, a partilhar do alimento dos mortos e, *graças a isso, permanecer dentro do ciclo das reencarnações e sujeitar-se aos poderes da matéria. No entanto, fora do âmbito das comunidades órficas e pitagóricas, as favas constituíam, ao contrário,* o elemento essencial da comunhão com os Invisíveis, no limiar dos ritos de primavera (SERP, 153, 158, 171-172).

Em resumo, as favas são as primícias da terra, o símbolo de todas as benfeitorias provenientes dos Entes que habitam debaixo da terra (SERH, 92-93).

O *campo de favas* – denominação que os egípcios usavam com sentido simbólico, era o lugar onde os defuntos aguardavam a reencarnação. O que confirma a interpretação simbólica geral dessa leguminosa.

FEBO (*v.* Apolo)

FEIJÃO

No Japão, o feijão – e, principalmente, o feijão tostado na grelha – tem uma virtude de proteção e de exorcismo. Afasta os demônios, mantém o mal a distância, defende do raio.

Pouco antes da primavera, na noite de 3 de fevereiro, os japoneses espalham feijões pela casa (mamemaki) a fim de expulsar os demônios e os maus espíritos do lar. Acompanham seu gesto gritando: *demônios fora e felicidade dentro.* Na origem, como na cerimônia, do transplante das mudas de arroz, esse rito tinha por finalidade assegurar a fecundação do legume e a prosperidade da casa.

A semeadura do feijão parece ter tido, na Índia, papel de magia amorosa, em razão da semelhança do feijão com o testículo (CHOO, HERS). (*v.* **fava***).

FEITICEIRO (Feiticeira)

C. G. Jung acredita que as feiticeiras sejam uma projeção da *anima* masculina, i.e., do aspecto feminino primitivo que subsiste no inconsciente do homem: as feiticeiras materializam essa sombra odienta, da qual não podem libertar-se, e se revestem, ao mesmo tempo, de uma força temível; para as mulheres, a feiticeira é a versão fêmea do *bode expiatório,* sobre o qual transferem os elementos obscuros de suas pulsões (ADIJ, 18). Mas essa projeção, na realidade, é uma participação secreta da natureza imaginária das feiticeiras. Enquanto essas forças obscuras do inconsciente não são assumidas à luz do conhecimento dos sentimentos e da ação, a feiticeira continua a viver em nós. Fruto de recalques, ela encarna "os desejos, os temores e as outras tendências da nossa psique que são incompatíveis com o nosso ego, seja por serem por demais infantis, seja por outras razões" (ibid., 18). Jung observou que "a anima é muitas vezes personificada por uma feiticeira ou sacerdotisa, pois as mulheres têm mais ligações com as forças obscuras e os espíritos" (JUNS, 176). A feiticeira é a antítese da imagem idealizada da mulher.

Num outro sentido, a feiticeira foi considerada uma degradação voluntária, sob a influência da pregação cristã, das sacerdotisas, das sibilas, das magas druídicas. Disfarçaram-se de modo medonho e diabólico, ao contrário dos iniciados antigos que ligavam o Visível e o Invisível, o humano e o divino; mas o inconsciente suscitou a fada, cujo traço feiticeiro, servo do diabo, só passou a aparecer como caricatura. Feiticeira, fada, maga, criaturas do inconsciente, todas são filhas de uma longa história, registrada na psique, e transferências pessoais de uma evolução obstruída que as lendas hipostasearam, dando-lhes os trajes e a alma de personagens hostis (LOEF, 240-243).

O feiticeiro, da mesma forma, é a *manifestação dos conteúdos irracionais da psique* (ibid., 31). Não será através de uma ação ou de auxiliares externos que nos libertaremos do feiticeiro e do seu domínio; mas por uma transformação interior, que se concretizará, inicialmente, através de uma atitude positiva em relação ao inconsciente e de uma integração progressiva da personalidade consciente de todos os elementos que dela emergirão. O feiticeiro não passa de um símbolo das energias criadoras instintuais não disciplinadas, não domesticadas, e que podem desdobrar-se em oposição aos interesses do ego, da família e do clã. O feiticeiro, investido das *forças sombrias do inconsciente,* sabe como fazer uso delas, conseguindo assim exercer poderes sobre os outros. Só é possível desarmá-lo colocando essas mesmas forças sob o domínio da consciência, identificando-as consigo mesmo através de uma integração, em vez de identificá-las com o feiticeiro, expulsando-as de si.

Os próprios feiticeiros, da África, ou de outros lugares, não fingem ser os animais que as suas máscaras representam – leão, pássaro ou réptil; só se identificam com o animal através de um tipo de parentesco simbólico, cuja força vem da sua própria convicção e da transferência, sobre eles, dos temores daqueles que o cercam. O feiticeiro é a antítese da imagem ideal do pai e do demiurgo: é a força perversa do poder, o aspecto noturno do xamã ou do *medicine-man* (curandeiro), do curador da morte, como este é o curador da vida no invisível.

Para Grillot de Givry (GRIA, 35), o feiticeiro e a feiticeira são sacerdote e sacerdotisa da Igreja demoníaca. Nasceram da crença cristã em Satanás, propagada pela doutrina pastoral. Também a Igreja encarava a feitiçaria com seriedade. "A função principal do feiticeiro, como indica o seu nome, era a de enfeitiçar as pessoas a quem, por alguma razão, queriam mal. Atraía sobre elas a maldição do Inferno, como o sacerdote invocava a bênção do Céu; e, nesse campo, estava em total rivalidade com o mundo eclesiástico" (ibid., 37). Ou, então, através de pactos com o diabo, o feiticeiro obtinha bens materiais e vinganças pessoais, em contradição com as leis de Deus; ou, ainda, entregava-se à adivinhação, usando todo tipo de procedimento, buscando os segredos da natureza a fim de obter poderes mágicos, sempre em contradição com a lei cristã. A fronteira entre a ciência e a magia passava sobretudo pela consciência moral, e muitos santos, precursores da pesquisa científica, foram considerados feiticeiros.

FEIXE DE LENHA

Na China antiga, o feixe de lenha (sin) é o símbolo do composto humano transitório, que a sucessão

482 | FEMININO (O ETERNO...)

da vida e da morte ata e desata. O fogo é o chen (espírito) que se propaga de um feixe a outro, sem jamais se extinguir. Essa doutrina é relatada por Tchuang-tse, que a considera muito antiga: *estado de vida, estado de morte; feixe de lenha atado, feixe de lenha desatado,* diz a glosa. E mais: *o fogo significa para o feixe de lenha o mesmo que o espírito significa para o corpo.* O feixe de lenha tem certa relação com os skandha hindus (os *aglomerados*), tal como salienta, aliás com justeza, Wieger (*v.* **lagarta***). E se vemos, tantas vezes, nos contos e lendas, feiticeiras a carregarem feixes de lenha, é sem dúvida por causa desse simbolismo – que estabelece uma aproximação entre o feixe de lenha, o fogo e o espírito, sob a enganosa aparência da pobreza de andrajos. O feixe de lenha seca contém as riquezas do espírito e as energias do fogo, conhecimento e poderes. Uma das imagens favoritas da hagiografia sufista é a do místico que consegue alcançar o estado de santidade juntando, durante **quarenta*** anos, feixes de lenha para a cozinha de seu convento (cf. *Histoire,* de Yunus Emre). A expressão popular *cheirar a herege* (fr. *sentir le fagot* – literalmente: "cheirar a lenha") é um exemplo claro de inversão simbólica, porquanto se trata, no caso, de uma alusão à lenha da fogueira sobre a qual queimavam os heréticos, por oposição ao feixe de lenha que podia conduzir à santidade.

FEL (*v.* Fígado)

FEMININO (*v.* Masculino – Feminino)

FEMININO (O eterno...)

Eterno feminino: são essas as últimas palavras de Goethe, no segundo *Fausto,* para designar a atração que guia o desejo do homem no sentido de uma transcendência. Nesse caso, o feminino representa o desejo sublimado. Margarida ouve-se a si mesma dizer: *Vem, alça teu voo para as altas esferas. Se ele adivinhar tua intenção te seguirá.* E o coro místico proclama: *O Eterno Feminino nos atrai para o Alto.*

A Beatriz de Dante é um exemplo desse papel de guia. Numa de suas proféticas páginas, Nicolau Berdiaeff prevê que, na sociedade futura, a mulher

desempenhará um importante papel. Ela está mais ligada do que o homem à alma do mundo, às primeiras forças elementares, e é através da mulher que o homem comunga com essas forças... As mulheres estão predestinadas a ser, como no Evangelho, as portadoras de essências odoríferas... Não será a mulher emancipada nem aquela que se tornar semelhante ao homem a que terá um importante papel a desempenhar no período futuro da história, mas sim, o eterno feminino (BNMA, 162-163). A mulher é o futuro do homem (*Aragon*). Pierre Teilhard de Chardin via, nessa expressão, o próprio significado do amor, como *a grande força cósmica.* É o encontro de uma aspiração humana à transcendência e de um instinto natural, em que se manifestam: 1) o vestígio mais experimental do domínio dos indivíduos por uma corrente vital extremamente vasta; 2) a fonte, em certo modo, de iodo potencial afetivo; 3) e, por fim, uma energia eminentemente apta a aperfeiçoar-se, a enriquecer-se de mil matizes cada vez mais espiritualizados, a reportar-se, em pensamento, para múltiplos objetos, e principalmente para Deus. A Virgem-Mãe, Nossa Senhora, é a mais perfeita encarnação desse tema. O Feminino autêntico e puro é, por excelência, uma Energia luminosa e casta, portadora de coragem, de ideal e de bondade: a bem-aventurada Virgem Maria. Ele a saúda como a Pérola do Cosmos... a verdadeira Deméter. O feminino simboliza a face atraente e unitiva dos seres... Eu sou a atração da universal presença e seu infinito sorriso (LUEF, 12, 41). Que distância tamanha, em relação às tolices que Michelet (historiador francês [1798-1874]) escreveu sobre a mulher!

Para Jung, o feminino personifica um aspecto do inconsciente denominado anima. A anima é a personificação de todas as tendências psicológicas femininas na psique do homem, como, por exemplo, os sentimentos e humores instáveis, as intuições proféticas, a sensibilidade ao irracional, a inerente capacidade de amar, a faculdade de sentir a natureza e, finalmente, embora não menos importante, as relações com o inconsciente. Não era por mero acaso que, antigamente, as sacerdotisas (como a Sibila, na Grécia) se encarregavam de sondar a vontade dos deuses e de comunicar-se com eles (JUNS, 177). A anima pode simbolizar também um sonho quimérico de amor, de felicidade e de calor maternal (o ninho) – um sonho que leva o homem a ignorar a realidade. O caçador se afoga (alusão ao conto siberiano relatado por Jung, nesse capítulo, a fim de ilustrar o comportamento da *anima* malévola) por ter perseguido um fantasma, gerado por um desejo de impossível realização. Outra das manifestações negativas da anima na personalidade masculina revela-se na propensão a fazer determinadas observações mordazes, viperinas e efeminadas, que diminuem o valor de tudo. Esse tipo de observação baseia-se sempre numa mesquinha distorção da realidade, e é sutilmente destrutivo. Pelo mundo inteiro, existem lendas em que aparece a figura de uma mulher belíssima que, por meio do veneno ou de uma arma oculta, mata os seus amantes na primeira noite de amor. Esse aspecto da anima é tão frio e tão impiedoso quanto certos aspectos igualmente medonhos da própria natureza (JUNS, 178-179).

Na poesia islâmica, o eterno feminino simboliza, pela sedução de suas características predominantes, a Beleza divina.

FÊNIX

A fênix, segundo o que relataram Heródoto ou Plutarco, é um pássaro mítico, de origem etíope, de um esplendor sem igual, dotado de uma extraordinária longevidade, e que tem o poder, depois de se consumir em uma fogueira, de renascer de suas cinzas. Quando se aproxima a hora de sua morte, ela constrói um ninho de vergônteas perfumadas onde, no seu próprio calor, se queima. Os aspectos do simbolismo aparecem, então, com clareza: ressurreição e imortalidade, reaparecimento cíclico. É por isso que toda a Idade Média fez da fênix o símbolo da Ressurreição de Cristo e, às vezes, da Natureza divina – sendo a natureza humana representada pelo **pelicano***.

A fênix é, no Egito antigo, um símbolo das revoluções solares; ela está associada à cidade de Heliópolis. É possível, entretanto, que essa *cidade do Sol* não seja originalmente a do Egito, mas a *Terra solar* primordial, a *Síria de Homero*. A fênix, dizem os árabes, somente pode pousar na montanha de Qaf, que é o polo, o centro do mundo. Seja como for, a fênix egípcia, ou Bennou, estava associada ao ciclo quotidiano do sol e ao ciclo anual das cheias do Nilo, daí sua relação com a *regeneração* e a vida.

Como se tratava, no Egito, da garça real *purpúrea,* pode-se evocar o símbolo de regeneração, que é a *obra em vermelho* alquímica. Os taoistas designam a fênix com o nome de *pássaro de zarcão* (tanniao), sendo o zarcão o sulfeto vermelho de mercúrio. A fênix corresponde, além disso, como emblema, ao sul, ao verão, ao fogo, à cor vermelha. Seu simbolismo se relaciona também com o Sol, a vida e a imortalidade. A fênix é a cavalgadura dos Imortais. É o emblema de Niukua, que inventou o cheng, instrumento de música em forma de fênix, imitando o canto sobrenatural da fênix.

A fênix macho é símbolo de felicidade; a fênix fêmea é o emblema da rainha, em oposição ao dragão imperial. Fênix macho e fênix fêmea são, juntos, símbolo de união, de casamento feliz. Além disso, as fênix de Siao-che e Long-yu, se manifestam a felicidade conjugal, conduzem os esposos ao paraíso dos imortais. É uma fênix que revela a Pien-ho a presença do jade dinástico dos Tcheu, símbolo da imortalidade, e é o Fong--hoang, manifestação de puro *yang*, que aparece na ocasião dos reinados felizes.

Al-Jili faz da fênix o símbolo daquilo que só existe em função do próprio nome; ela significa *aquilo que escapa às inteligências e aos pensamentos.* Assim como a ideia de fênix não pode ser alcançada a não ser através do nome que a designa, Deus não pode ser alcançado a não ser pelo intermédio de seus Nomes e de suas Qualidades (CORM, DEVA, DURV, GUES, JILH, KALL, SOUN).

Esse pássaro magnífico e fabuloso levantava--se com a aurora sobre as águas do Nilo, como um sol; a lenda fez com que ele ardesse e se apagasse como o Sol, nas trevas da noite, e depois renas-

484 | FERMENTAÇÃO

cesse das cinzas. A fênix evoca o fogo criador e destruidor, no qual o mundo tem a sua origem e ao qual deverá o seu fim; ela é como que um substituto de Shiva e de Orfeu.

Ela é um símbolo da ressurreição, que aguarda o defunto depois do julgamento das almas (**psicostasia***) se ele houver cumprido devidamente os ritos e se sua confissão negativa foi julgada como verídica. O próprio defunto se transforma em fênix. A fênix frequentemente leva consigo uma estrela, para indicar sua natureza celeste e a natureza da vida no outro mundo. A fênix é o nome grego do pássaro Bennou; ele figura na proa de diversas **barcas*** sagradas, que vão desembocar "no vasto incêndio da luz... símbolo da alma universal de Osíris que criará a si mesma de si mesma para sempre, por tanto tempo quanto durar o tempo e a eternidade" (CHAM, 78).

O pensamento ocidental latino tinha que herdar alguma coisa do símbolo referente à fênix, pássaro fabuloso, cujo protótipo egípcio, o pássaro Bennou, gozava de um prestígio extraordinário em função de suas características. Entre os cristãos, será, a partir de Orígenes, considerado um pássaro sagrado e símbolo de uma vontade irresistível de sobreviver, bem como da ressurreição e do triunfo da vida sobre a morte (DAVR, 220; SAIP, 115).

FERMENTAÇÃO

Na língua dos bambaras, a palavra Kumu – *fermentar – designa* todo processo através do qual uma substância, ou até mesmo um objeto, é posto em estado de acidificação e da efervescência, capaz de conferir-lhe maior influência sobre os seres que sofrem sua ação (ZAHB, 167). *As bebidas fermentadas, portanto, são a imagem do conhecimento* efervescente *que permite ao espírito ultrapassar seus habituais limites, a fim de alcançar – pela intuição ou pelo sonho – o conhecimento profundo da natureza, o conhecimento do segredo das coisas. Isso explica o consumo ritual de bebidas fermentadas, tais como a* **cerveja***de milho miúdo, de mandioca, de banana e de milho*, na África, na América e, de maneira geral, em todas as sociedades agrícolas.

Sobre esse último ponto, é interessante salientar que a grande divindade agrária dos astecas, Tlaloc, senhor das chuvas fertilizantes, do trovão e do relâmpago, *chuva de fogo*, é representado, às vezes, por uma jarra de "pulque" (cerveja de agave) efervescente; até mesmo o nome dessa divindade significa *o "pulque" da terra* (BEYM).

Além disso, deve-se ressaltar que a simbólica da fermentação está ligada à da decomposição e à da podridão (*v.* **excrementos***). A esse respeito, há um mito dos povos tucunas, do Amazonas, bastante significativo, pois associa as virtudes da cerveja (fermentação) e a dos **vermes*** (decomposição), ao fornecer a receita de um elixir da imortalidade. Citaremos aqui apenas a parte desse mito que nos interessa: uma tartaruga (macho), desprezada pela noiva por alimentar-se de **cogumelos*** arborícolas (símbolo da vida que renasce da decomposição), após diversas aventuras, quebra as jarras de cerveja de mandioca, todas já reunidas e arrumadas para uma festa, e a cerveja, "que estava fervilhando de vermes, espalha-se pelo chão, onde as formigas e as outras criaturas que mudam de pele começam a lambê-la; e é por isso que elas nunca envelhecem" (LEVC).

Em alquimia, a fermentação é associada à noção de transmutação: é a transformação, o *amadurecimento* orgânico, que prepara a regenerescência e a passagem do estado de morte ao estado de vida. Os metais e as pedras, para o alquimista, fermentam na terra.

A ideia de fermentação atrai a do retorno periódico e, por conseguinte, os lugares onde a fermentação se produz naturalmente são lugares mágicos, assombrados pelos espíritos dos mortos (**encruzilhada***). Isso explica o costume russo da região do Kourak, segundo o qual se queimava esterco no pátio das fazendas para aquecer os defuntos no Outro-Mundo, durante a noite de Natal e no dia de Reis (DALP).

A valorização simbólica da fermentação, considerada a manifestação essencial da vida triunfante, está igualmente presente em toda a história e tradições de Israel; fato que é ilustrado pela noção de penitência associada ao pão ázimo ou pão não fermentado, que significa, em relação ao pão levedado, o mesmo que a cinza significa para o fogo... um elemento de luto ou de penitência, em suma, um elemento castrador.

A hóstia eucarística, feita de massa sem fermento, simboliza o alimento que não provoca a "fermentação" das paixões, e que é de ordem puramente espiritual.

FERREIRO

Dos ofícios ligados à transformação dos **metais***, o de ferreiro é o mais significativo quanto à importância e à ambivalência dos símbolos que implica. A forja comporta um aspecto cosmogônico e criador, um aspecto *asúrico* (rei dos *asuras,* deuses soberanos da mitologia védica) e infernal, enfim, um aspecto iniciático.

O primeiro *ferreiro* é o Brahmanaspati védico, que *forja,* ou melhor, *solda* o mundo: seu trabalho de forja é a constituição do ser a partir do não ser. A fundição do metal (*fundi e reformai o universo,* equivalente do solve e coagula hermético) é uma noção taoista essencial: *O Céu e a Terra são a grande fornalha, e a transformação é o grande fundidor,* escreve Tchuang-tse (capítulo 6). Entre os povos montanheses do Vietnã do Sul, a obra da criação é uma obra de ferreiro: *Bung toma de um pequeno martelo e forja a terra; depois, usando um martelo curto, forja o céu.* Tian, *a terra, e* Tuin, *o céu, casam-se...* Às vezes, o próprio homem é forjado, ou, pelo menos, seus ossos e articulações o são. O ferreiro primordial não é o Criador; ele é seu assistente, seu instrumento, o fabricante da ferramenta divina, ou o organizador do mundo criado. Tvasfatri forja a arma de Indra, que é o raio; assim também, Hefestos (Vulcano) forja a de Zeus; Piá, as de Hórus; os anões, o martelo de Thor (deus da guerra, entre os povos escandinavos antigos); o engole-vento, o machado de Konas. A arma ou ferramenta cosmogônica, na maior parte das vezes, é o raio, ou o trovão – símbolos da atividade celeste. Além disso, o simbolismo da forja liga-se muitas vezes à palavra ou ao canto, o que nos traz ao papel iniciático desse ofício, mas também à atividade criadora do Verbo.

Todavia, a participação simbólica do ferreiro na obra cosmogônica comporta um perigo grave – que é o da não qualificação, da paródia *satânica* da atividade proibida. De resto, o metal é extraído das entranhas da terra; a forja está em relação direta com o *fogo subterrâneo*; às vezes, os ferreiros são monstros, ou identificam-se com os guardiães dos *tesouros ocultos.* Possuem, portanto, um aspecto temível, propriamente *infernal*; sua atividade aparenta-se à magia e à feitiçaria. E é por essa razão que, muitas vezes, os ferreiros eram mais ou menos excluídos da sociedade; e, na maioria dos casos, seu trabalho era rodeado de ritos de purificação, de proibições sexuais e de exorcismos.

Em outras civilizações, ao contrário, o ferreiro desempenha importante papel: detentor dos segredos celestes, ele obtém a chuva e cura as enfermidades. Tinha uma situação de igualdade em relação ao chefe ou ao rei, pois era o substituto do *organizador* do mundo. Quando se fala em Gêngis Khan, não se costuma dizer que ele era um antigo ferreiro? Entretanto, esse aspecto do ofício está ligado à iniciação. Na China, costuma-se dizer que a forja *entra em comunicação com o céu;* o domínio do fogo chama a chuva, e, portanto, a união da água e do fogo, que é a Grande Obra alquímica. E, se o poeta taoista Hi K'ang se dedica ao trabalho da forja – essa que, além de tudo, está situada debaixo de um **salgueiro***, no centro do pátio de sua casa –, não é simplesmente como mera distração que ele o faz, e sim, sem dúvida para obter, ao pé do Eixo do mundo, a comunicação celeste.

Talvez Caim tenha sido o primeiro *ferreiro.* Quanto a Tubalcaim, não resta a menor dúvida: "ele foi o pai de todos os laminadores em cobre e ferro" (*Gênesis*, 4, 20-22). Seu homólogo chinês é Huang-ti, o Imperador amarelo, patrono dos ferreiros, dos alquimistas e dos taoistas. Tch'e--yeu, seu rival, era também fundidor, embora fosse, ao contrário de Huang-ti, um promotor de desordens. Neste caso, os dois aspectos do simbolismo se encontram, e, ao mesmo tempo, surgem os primeiros vestígios de confrarias iniciáticas: Tch'e-yeu forja armas, instrumentos de discórdia

486 | FERRO (V. ÍMÃ, EMBRIÃO, FERREIRO, METAIS)

e de morte; Huang-ti funde o caldeirão de cobre trípode, que lhe valeu a imortalidade. Por outro lado, a fundição de espadas é, por sua vez, obra iniciática: o êxito dessa obra de fundição – pela têmpera e pela liga dos metais – é uma união da água e do fogo, do *yin* e do *yang*, reconstituição na perfeição da unidade primordial. Seu homólogo exato é a obra alquímica: união da essência e do sopro, dos trigramas li e k'an, do enxofre, da Terra e do Céu. É, efetivamente, o retorno ao estado edênico, a obtenção da imortalidade (DAMS, ELIF, GRAD, GUER, KALL, MAST, SILI).

O ferreiro Goibniu aparece na grande narrativa mítica da *Segunda Batalha de Moytura*. Auxiliado pelos deuses artesãos, Goibniu forja as armas com as quais os irlandeses conseguem derrotar os **fomorianos*** (poderosas entidades inferiores e infernais). Ele não é de modo algum apresentado sob uma luz desfavorável; no entanto, permanece sempre de uma importância secundária no panteão dos deuses. César, por exemplo, não o inclui na lista dos cinco deuses principais. Goibniu era também o cervejeiro dos deuses, encarregado da **fermentação*** da cerveja (RECV, 12, 94-96).

Personagem enigmático das culturas africanas, o ferreiro é uma figura central, postado na encruzilhada dos problemas que essas civilizações propõem.

Em primeiro lugar, ele é o artesão que fabrica os utensílios de ferro, necessários aos cultivadores e caçadores: as duas ocupações fundamentais da vida do país dependem, portanto, de sua atividade.

A seguir, ele é o único capaz de esculpir *as imagens dos ancestrais e dos gênios, que serão o sustentáculo dos cultos*: desempenha, portanto, um papel igualmente importante na vida religiosa.

Na vida social, ele é também *o pacificador ou o mediador, não apenas entre os membros da sociedade, porém, do mesmo modo, entre o mundo dos mortos e o dos vivos*. Às vezes associado do Demiurgo, trazendo do céu as sementes e as técnicas, ele se torna o chefe de sociedades iniciáticas.

Em virtude de seu caráter mais ou menos sagrado, ele determina, nos demais, atitudes em relação à sua pessoa que são ambíguas ou ambivalentes. Pode ser tanto desprezado e temido, quanto respeitado, pelas categorias mais variadas das hierarquias sociais; quase sempre, mora num local afastado da aldeia, ou num lugar reservado, em companhia da mulher, a oleira que faz os potes do fole.

A arte de trabalhar o ferro é considerada, às vezes, uma arte secreta, reservada aos reis e sacerdotes. Houve casos de ferreiros que ocupavam altas funções políticas, principalmente entre os tuaregues: os chefes nomeavam ferreiros como primeiros-ministros.

Na cosmogonia dos dogons, o ferreiro é um dos oito **gênios*** (Nommo); diz a tradição desse povo que Nommo quebrou as articulações das pernas ao cair, violentamente, na terra, quando descia para trazer aos homens uma arca que continha as técnicas, os grãos ou sêmens dos ancestrais humanos ou animais. Daí o fato de que ele seja muitas vezes representado **coxo***, como o Hefestos (Vulcano) das tradições gregas e romanas (LAUA, 121, 124, 126, 181).

No conjunto, o ferreiro surge como um símbolo do Demiurgo. No entanto, embora seja capaz de forjar o cosmo, ele não é Deus. Dotado de um poder sobre-humano, pode exercê-lo quer contra a divindade, quer contra os homens; nessa qualidade, ele é temível, como um mago satânico. Seu poder é essencialmente ambivalente; ele pode ser tanto maléfico quanto benéfico. E, por isso, inspira reverencioso temor em toda parte.

FERRO (*v.* Ímã, Embrião, Ferreiro, Metais)

O ferro é comumente adotado como símbolo de robustez, de dureza, de obstinação, de rigor excessivo e de inflexibilidade – todas essas, aliás, características que as qualidades físicas do metal em questão só confirmam de modo incompleto.

Tanto na tradição bíblica quanto na China antiga, o ferro se opõe ao cobre ou ao bronze, assim como o metal vulgar se opõe ao metal nobre, ou como a água se opõe ao fogo, o norte ao sul,

FERRO (V. ÍMÃ, EMBRIÃO, FERREIRO, METAIS) | 487

o negro ao vermelho e o *yin* ao *yang*. A *idade do ferro é* a idade *dura,* o remate final da *solidificação* cíclica, da qual a idade do *cobre* ou do *bronze* é a penúltima etapa. As testas de *ferro* e de *cobre* dos heróis míticos e as *pranchas de ferro e de cobre* da ponte simbólica da lenda dos *Hong* exprimem a mesma polaridade.

A vulgaridade do metal não é uma noção constante; ao contrário: o ferro teve, entre numerosos povos, um valor sagrado positivo, quer fosse considerado *caído do céu* (e de origem meteórica), quer o considerassem de origem terrestre; em ambos os casos, ele confirma os dados da embriologia tradicional. Mas o simbolismo do ferro é ambivalente, tal como o das artes metalúrgicas: o ferro protege contra as más influências, e é também o instrumento dessas mesmas influências; é o agente do princípio ativo que *modifica* a substância inerte (*v.* **karado***, **tesoura***, **faca***), embora seja igualmente o instrumento satânico da guerra e da morte. A *modificação* da matéria pelo instrumento cortante não tem, por sua vez, apenas um aspecto positivo, porquanto os utensílios de ferro eram proibidos na construção do Templo de Salomão (I, *Reis*, 6-7). Na Índia, o ferro é claramente de natureza *"asúrica"*, i.e., reservado às divindades secundárias (*asura*). O Egito antigo identificava o ferro com os ossos de Set, divindade essencialmente tenebrosa. No entanto, é o ferro que proporciona poder e eficácia ao xamã; aliás, o ferro é considerado símbolo de fertilidade ou protetor das colheitas: por toda parte, sua ambivalência está ligada à do trabalho da forja (ELIF, GRIH).

Na concepção do mundo dos dogons do Mali, o ferro é o oposto simbólico do cobre. Ele é o senhor das sombras e da noite, ao passo que o cobre é, essencialmente, símbolo de luz e de vida (GRIE). Por essa razão, o ferro é um dos atributos do demiurgo nefasto Yurugu, a *raposa pálida,* senhor da primeira palavra e da arte divinatória, aquele que comanda a noite, a seca, a esterilidade, a desordem, a impureza e a morte (DIED). Mas o segundo demiurgo, Nommo, benfeitor e guia da humanidade, senhor absoluto do céu,

da água, das almas e da fecundidade, limita as atividades desordenadas de Yurugu. O homem não está submetido à dualidade dessas forças antagônicas, e o **ferreiro***, criado por Nommo, é capaz de dominar o ferro, e de com ele fabricar a enxada, instrumento básico da agricultura, como também as armas de caça e de guerra. Yurugu é um amigo secreto, temido pela mulher, mas de quem o homem obtém benefícios.

A raposa pálida, ou seu substituto, o chacal, é o animal divinatório mais utilizado pelos dogons, entre os quais é o **ferreiro*** que costuma exercer na maioria das vezes, além da sua própria, as funções de adivinho (GRIE, DIED, PAUC).

Entre os watchagas (bantos caminitizados do Kilimandjaro), as mulheres usam colares e braceletes de ferro que favorecem a fertilidade e curam as crianças doentes. Para os Tiv (Nigéria do Norte), o ferro tem o poder de assegurar a comunhão entre os vivos e os mortos (CLIM).

Em seu célebre *Mito das raças,* Hesíodo (*Les travayx et les jours,* **42**, 201, tradução de Paul Mazon) descreve com sentimento de terror a quinta raça, segundo a sucessão dos tempos – a raça de ferro: "Prouvera aos Céus... que eu houvesse morrido mais cedo ou nascido mais tarde. Pois eles não cessarão nem de sofrer, durante o dia, fadigas e misérias, nem de ser consumidos, durante a noite, pelas duras angústias que lhes serão enviadas pelos deuses... Hora virá porém, em que Zeus, por sua vez, haverá de aniquilar essa raça de homens perecíveis: e este será o momento em que eles nascerão com as fontes brancas... Já não terão valor algum o juramento mantido, a justiça e o bem: passarão a respeitar somente o artesão de crimes, o homem de sentimentos desmedidos, e o único direito será o da força – a consciência já não mais existirá... A Consciência e a Vergonha, deixando os homens em desamparo, elevar-se-ão para as moradas Eternas... Contra o mal, não haverá recurso de espécie alguma." Nessa visão apocalíptica de Hesíodo, a raça de ferro simboliza o reino da materialidade, da regressão para a força bruta, e da inconsciência.

488 | FETICHES

De origem ctoniana, ou mesmo infernal, o ferro é um metal profano, que não deve ser relacionado com a vida. Segundo Platão (*Crítias*, 119e), os habitantes da Atlântida costumavam caçar *sem. armas de ferro,* usando unicamente venábulos (espécie de lança ou dardo para a caça de feras) de madeira e redes. Também os druidas eram proibidos de utilizar instrumentos de ferro; costumavam cortar o visco sagrado com um foicinho de ouro.

O ferro simboliza uma *força dura*, sombria, impura, diabólica.

FETICHES

Símbolo de uma energia divina captada, presente, utilizável. Os fetiches naturais devem sua virtude mágica às forças que os habitam e lhes vêm da natureza: conchas, seixos, pedaços de madeira, excrementos etc. Os fetiches impregnados são esculturas que tiram seu poder das operações efetuadas por um ser dotado de faculdades sobrenaturais: o *nganga* (curandeiro). "As **estatuetas***não passam, assim, de simples suportes ou condutores da força mágica" (LAUA, 279).

FETO (*v.* Embrião)

FÍBULA

Sob o designativo de *broche* (delg), todos os textos medievais irlandeses descrevem, minuciosamente, esse objeto de adorno, feito de bronze ou de prata, e muitas vezes até mesmo de ouro, ornado de pedras preciosas e de esmalte, e que faiscava no peito dos heróis cujo manto prendia. Entretanto, é possível que o broche – quase sempre descrito como joia valiosa – tenha sido apenas um símbolo do luxo da vestimenta própria à classe guerreira. As numerosíssimas descobertas, feitas na Gália, na Bretanha e em todas as regiões do antigo império celta, são, evidentemente, as de objetos de adorno ricamente decorados (máscaras, espirais, motivos inspirados na folha de palma, cabeças entalhadas, tríscelos, suásticas etc.), feitos em ouro, prata ou bronze (com incrustações de âmbar, de coral ou de esmalte); na maior parte das vezes, as fíbulas são encontradas aos pares, nas sepulturas.

Provavelmente, era o objeto representado pela fíbula, que devia ter uma significação própria; e essa significação estaria ligada como um voto ou como um poder especial – à pessoa portadora da fíbula. Algumas vezes, atribui-se a esse objeto o sentido de símbolo de proteção e, por derivação, o de símbolo de virgindade ou de fidelidade. Doze fíbulas de ouro prendiam o xale no qual Penélope se envolvia, como se fosse um manto (peplo).

Na região da Grande Cabília (a este de Argel), as fíbulas simbolizam a mulher (SERP, 251-252) e, por conseguinte, a fecundidade. Poderíamos indagar, portanto, se a fíbula que feriu Cuchulainn não seria justamente o amor de uma mulher; e, nessa mesma linha de pensamento, indagar também se o broche, montado como joia, não seria o símbolo do amor, que pode unir e ferir dois seres.

FÍGADO (Fel)

O fígado é comumente associado às comoções da cólera, e o fel, à animosidade e às intenções deliberadamente venenosas, o que explica o sabor amargo da bílis. Poucas interpretações existem que, em outras áreas culturais, não tenham uma relação qualquer com esta: o Islã atribui ao fígado as paixões, e ao fel, a dor.

São João da Cruz, ao interpretar Jeremias (*Lamentações*, **3**, 19, e *Deuteronômio*, **32**, 33), relaciona o fel à memória, à *morte da alma* (envenenada pela amargura e pela descrença), à *completa privação de Deus.*

O *fel do dragão* opõe-se ao vinho; é o contrário da beberagem de vida. O Suwen, tratado básico da medicina chinesa tradicional, atribui ao fígado o sabor amargo e a cor verde. O fígado, diz esse tratado, é o *gerador de forças*; ele é o *general que elabora os planos,* e a vesícula biliar é o *juiz que decide e condena.* Gerador de forças e, ao mesmo tempo, gerador da cólera e da coragem, e das virtudes guerreiras em geral. Nas línguas do Extremo Oriente, numerosas expressões que significam *o fígado* – mas, sobretudo, *o fel* – têm, ao mesmo tempo, o sentido de *coragem.* A acepção de *amargura* é igualmente conhecida na Europa; algumas vezes, também a de *alegria.* Na China antiga, costumava-se comer o fígado dos inimigos: não fazê-lo seria duvidar de sua coragem. Esse ato significava também assimilar a coragem dos inimigos. Usava-se o fel das lebres na fundição de espadas. Kong-yin abriu o próprio ventre para substituir seu fígado pelo fígado do seu senhor, morto em combate. No Kampuchea (Camboja), no Laos e no Champa, costumava-se preservar todos os anos uma certa porção de fel humano, obtido por meio de sutis agressões; esse fel era usado na preparação de uma beberagem que se dava aos chefes, e servia para esfregar a cabeça dos elefantes de guerra (CADV, CHAT, FRAL, CORT, PELC, PORÁ).

FIGUEIRA

A figueira, assim como a **oliveira*** e a **videira***, é uma das árvores que simbolizam a abundância. Também ela, porém, tem seu aspecto negativo: quando seca, torna-se a **árvore*** do mal; e, na simbólica cristã, representa a Sinagoga, que, por não ter reconhecido o Messias da Nova Aliança, já não tem frutos; do mesmo modo, representará particularmente as Igrejas cujos ramos tiverem sido dessecados pela heresia.

A figueira simboliza a ciência religiosa. No Egito, possuía um sentido iniciático. Os eremitas gostavam de alimentar-se de figos.

Tanto no Antigo quanto no Novo Testamento, pode-se encontrar esse símbolo no *Gênesis* (3, 7), Adão e Eva, ao perceberem que estavam nus, *entrelaçaram folhas de figueira e se cingiram* (*v.* **cinto***). Em *Reis* (1, 4), as árvores pedem à figueira que reine sobre elas.

A figueira aparece também no Novo Testamento, e Jesus a amaldiçoa (Mateus, **21**, 19; Marcos, **2**, 12 s.). Deve-se notar que Jesus se dirige à figueira, ou seja, à ciência que essa árvore representa. Jesus disse a Natanael: *Eu te vi, quando estavas sob a figueira* (João, **1**, 48-49); Natanael era um intelectual.

No esoterismo islâmico, a figueira é associada à oliveira, para significar as dualidades de diversas naturezas.

Na Ásia oriental, o papel da figueira é de extrema importância. Trata-se, no entanto, de uma variedade especial dessa árvore: a imponente *figueira dos pagodes* ou baniana, o ficus religiosa dos botânicos. A *figueira perpétua dos Upanixades* e da *Bhagavad Gita é a árvore do mundo* – que une a terra ao céu. E, no budismo, ela desempenha idêntico papel: o pipal (*Ficus indica*), ao pé do qual o Buda recebeu a Iluminação, a Árvore da Bodhi, identifica-se ao eixo do mundo. Aliás, na iconografia primitiva, ele simboliza o próprio Buda, que, sob suas diversas formas, se integra ao eixo.

Em todo o sudeste da Ásia, acredita-se que a baniana esteja povoada de gênios Ela é símbolo de poder e de vida; entre os srés, símbolo da procriação; entre os rongaos e os sedangs, símbolo da longevidade (CORT, DAMS, GUEV).

Essa árvore simboliza também a imortalidade e o conhecimento superior: era a árvore favorita do Buda, sob a qual ele gostava de ficar, quando ensinava a seus discípulos.

A figueira, assim como o salgueiro, simboliza a imortalidade, e não a longa vida, pois, para os chineses, a imortalidade não pode ser concebida senão através do espírito e do conhecimento.

Árvore sagrada das tradições indo-mediterrâneas, a figueira é frequentemente associada a ritos de fecundação. No pensamento dravidiano (DOUA, 18), "a figueira deve seu poder fecundante ao *látex,* por ser o *látex* da mesma essência que o rasa, parte da energia universal incluída no elemento Água". As Águas Inferiores da Gênese são assimiláveis ao *Rasa.* O látex é também o suco vital, *Ojas,* que comunica vida à criança in útero. Inúmeros ritos de magia imitativa atestam a importância simbólica das **árvores*** que têm látex; daí o costume dravidiano (igualmente relatado por J. Boulnois) de amarrar, envolta em palha, a placenta da novilha ao galho de uma braniana (outra das árvores que possuem látex), a fim de que a vaca tenha leite e continue a dar cria. Em toda a Índia, a figueira dos Pagodes é a árvore de Vishnu e de Shiva. Seu culto é associado ao da **serpente***,

FILHA DO REI

uma vez que essa associação árvore-serpente é, por excelência, criadora de força fecundante.

Na arte indiana atual, a folha de figueira, assim como a folha de parreira na arte greco-latina antiga, é usada como tapa-sexo – o que talvez não seja completamente desprovido de significação simbólica (BOUA, 72). Segundo antiga crença romana, Rômulo e Remo nasceram debaixo de uma figueira; e, durante muito tempo, os divinos gêmeos foram venerados no *Comitium* debaixo de uma figueira, nascida de um galho arrancado à figueira original (*Pausânias*, 7, 44; **8**, 23, 4; **9**, 22, 2). Na Índia, existe essa mesma crença, aplicada a Vishnu. Na Grécia, a figueira é consagrada a Dioniso (Baco).

A importante sacralização da figueira, ou de outras árvores possuidoras de látex, característica tanto dos dravidianos da Índia como dos antigos cretenses, encontra-se também na África Negra. J. P. Boulnois assinala-a, entre os kotokos do Chade, para os quais *podar uma figueira* yagalé *pode provocar a esterilidade*. A mulher kotoko, acrescenta Boulnois, quando está amamentando, *a fim de aumentar o seu leite, costuma dar um talho na casca dessa figueira e recolher-lhe o látex.* Para numerosos povos bantos da África central, a figueira também é uma árvore sagrada (BOUA, 113).

Na Grécia, em certos cultos agrários primitivos, os sicofantas (do grego *sukon,* figo, e *phainein,* fazer ver: nome que, em Atenas, se costumava dar àqueles que denunciavam os ladrões de figos) eram os encarregados de *revelar o figo.* É muito possível que essa expressão oculte, simbolicamente, um rito de iniciação aos mistérios da fecundidade. Mais tarde, quando se proibiu a exportação de figos para fora da Ática, começou-se a chamar de sicofantas (reveladores do figo), com sentido pejorativo, aqueles que denunciavam os contrabandistas; a palavra passou a designar, posteriormente, os delatores em geral.

Na África do Norte, o figo é o *símbolo da fecundidade proveniente dos mortos.* E a palavra *figo,* tendo-se tornado sinônimo usual de testículos, já não é mais empregada na conversação do dia a dia,

na qual acabou por ser substituída pelo nome da estação dessa fruta: "o Khrif, o outono. Nesse nível de comparação, quase não se vai além da alegoria e da analogia." Jean Servier chega à interpretação simbólica, porém, ao acrescentar: "Cheios de uma infinidade de sementes, os figos são um símbolo de fecundidade e, a este título, são a oferenda geralmente depositada nos rochedos, nas termas e nos santuários dos espíritos guardiães e dos Invisíveis: oferenda essa da qual pode compartilhar o viajante necessitado, porque ela é a dádiva do Invisível" (SERP, **38**, 143).

FILHA DO REI

O tema da *Filha do rei* encontra-se, com frequência, em quase todas as tradições. A *Filha do rei* é concedida ao herói, como recompensa por sua audácia e sua coragem. Em geral, o empreendimento difícil comporta perigos, que o herói soube vencer arriscando a própria vida. Atalanta e Hipômenes, Andrômeda e Perseu, Ariadne e Teseu etc. são alguns exemplos dos casais mitológicos que simbolizam esse tema.

À *Filha do rei* é associado o símbolo da **água***, na qualidade de elemento primordial. Segundo Tales e Anaximandro, todas as coisas vivas provêm da Água. As cosmogonias referem-se à Água como o mais antigo dos elementos. No *Gênesis* (**1**, 2), faz-se alusão ao espírito de Deus pairando sobre as Águas; no momento da criação, Deus separa as águas superiores das águas inferiores. As divindades marinhas são dotadas do dom de profecia, e saíram do *Velho do Mar,* que conhece perfeitamente os destinos. Por isso, a água, tal como o fogo, é utilizada nos ordálios: a água julga. E assim, o homem mau é vítima de naufrágios, durante as tempestades. Entretanto, a água não exerce somente a função de justiceiro, mas também as de purificador e de providência. Com efeito, no ordálio executado pela água, o mau é castigado, ao passo que o bom é sempre inocentado. Ora, nos relatos antigos, a *Filha do rei* tem o poder de acalmar a cólera do oceano; é, por vezes, até mesmo oferecida como vítima propiciatória; ou consegue salvar a vida de um náufrago. Basta citar, a esse último propósito, o exemplo de Ulisses: sozinho numa jangada, lança-se ao mar tempestuoso e nada, desesperadamente. Teria sucumbido sem o socorro de Ino, que lhe dá uma vela, permitindo-lhe, assim, manter-se à tona das águas enfurecidas, prestes a submergi-lo. Por fim, aborda ao litoral da ilha dos feácios, onde encontraria a Filha do rei, Nausícaa. Outras vezes, o herói do relato é uma criança, cujo destino será da maior relevância; a água, que profetiza e julga, conduzirá a cesta de vime ou a caixa de junco contendo a criança (predestinada) de maneira tal que ela acabará por ser descoberta pela *Filha de um rei*, à beira da água a banhar-se ou a lavar roupa. Assim, Moisés submete-se ao julgamento da água, e é recolhido pela Filha do Faraó. Muito antes de Moisés, podem-se encontrar histórias análogas, como, por exemplo, a dos gêmeos gregos Neleu e Pélias, que foram colocados numa gamela de madeira, abandonados ao mar e, mais tarde, reencontrados pela própria mãe – a Filha do Rei de Elide (PIEF, 193-200).

A filha do rei é o símbolo da proteção inesperada, da virgem-mãe; essa é a virgem cuja pureza desinteressada vem em socorro do homem ameaçado pelas águas. É a face propícia da água – sendo a outra face a da água que submerge. Pertence àquela parte das águas superiores que Deus, na origem do mundo, separou das águas inferiores. É a água celeste salvadora, o aspecto tranquilizador da **mãe***.

A Filha do rei interpreta-se também em relação com o mito quase universal do *velho rei* (LOEF, 7-18). O velho rei é a memória do mundo, o inconsciente coletivo – aquele que recolheu todos os arquétipos da longa história dos homens. Em geral, ele mantém a filha prisioneira: ela representa o inconsciente individual que, sem experiência própria, não consegue emergir do inconsciente coletivo – o pai – que a oprime com a carga de todo o seu passado. Mas o príncipe encantado (ou o princípio ativo da consciência) virá despertá-la e liberá-la do peso dessa opressão; em compensação, ela haverá de trazer-lhe um frag-

mento da memória do mundo. Sobre essa base, pois, poderá aumentar a ação conjugada do príncipe encantado e da Filha do rei, simbolizando a aliança do inconsciente coletivo (o velho rei), do inconsciente individual (a Filha do rei), e do consciente (o príncipe).

FÍMBRIA (Orla de vestimenta)

No vasto campo da simbologia do vestuário, e especialmente no Oriente Próximo antigo, uma determinada expressão merece reparo. Trata-se do motivo da *fímbria da veste*, mais frequentemente, do **manto***. Tal motivo se divide em dois grupos de atestações – de significado simbólico antitético –, quer se trate de *agarrar* a franja ou de *cortá-la*.

Esse motivo, ambivalente, está ligado à equivalência simbólica da vestimenta com a pessoa do seu possuidor, bem atestada nesse particular. Porque a sua significação fundamental é a do poder da pessoa, visto como dado positivo ou negativo segundo o verbo de ação que acompanha e determina, assim, o motivo.

Segurar a fímbria da veste: essa expressão aparece numa inscrição aramaica gravada na estátua do rei Panammu (séc. VIII a.C.), encontrada em Zendjirli (linha 11):

Dada a sua sabedoria e lealdade, ele agarrou a *fímbria da veste* de seu Senhor, o rei de Assíria...

Esse gesto formal, que corresponde a uma terminologia estereotipada e já atestada na Babilônia e em Assur, exprime claramente a relação de vassalagem que liga, a partir daquele momento, o príncipe arameu a seu suserano, o rei de Assur.

Com efeito, o mesmo gesto é registrado um milênio mais cedo, igualmente num contexto político, numa carta dos *Arquivos Reais de Mari* (A.R.M., vol. 6, letra 26):

Segura a fralda da veste de Zimri-Lim (rei de Mari), executa suas ordens.

E, no entanto, entre esses mesmos documentos de Mari, uma outra carta oferece uma variante muito curiosa do mesmo tema simbólico. Trata-se, aqui, para dois personagens, de ligar as fímbrias das suas respectivas vestes por ocasião de uma cerimônia de aliança política:

492 | FÍMBRIA (ORLA DE VESTIMENTA)

Meu irmão *ligou a fímbria* (= aliou-se) com o Homem (o rei) de Babilônia.

A variante que distingue essas duas ações similares é rica em ensinamentos: enquanto em Zendjirli, e nos textos paralelos de Akkad, o príncipe arameu se submete ao seu suserano assírio por ocasião de um *tratado de paz* largamente unilateral, este último documento diplomático de Mari nos apresenta, ao contrário, um rito de aliança política entre dois parceiros iguais.

O ato de *segurar a fímbria da veste,* cuja origem deve, então, situar-se no contexto político-jurídico dos ritos de aliança, conheceu uma vasta expansão e acabou por exprimir – sobretudo no domínio religioso – a marcada obediência a um deus, concebido, dessa forma, como rei-suserano. Eis como se exprime, numa prece, a mãe do rei Nabonido (séc. VI a.C.):

> A fímbria (do manto) de Sin, rei dos deuses,
> eu segurei, enquanto, noite e dia,
> meus ouvidos estavam com ele (atentos a ele).

É incontestavelmente um eco a essa representação o que atesta o texto bíblico do Evangelho segundo Marcos (5, 25-29), com seu relato da cura da hemorroíssa: "Ora, uma mulher que havia doze anos tinha um fluxo de sangue, e que muito sofrerá nas mãos de vários médicos, tendo gasto tudo o que possuía sem nenhum resultado, mas cada vez piorando mais, tinha ouvido falar de Jesus. Aproximou-se dele, por trás, no meio da multidão, e tocou-lhe as vestes. Porque dizia: Sé ao menos tocar as suas vestes estarei curada. E logo estancou a hemorragia." Cf. paralelos, como Mateus (14, 36): "E lhe trouxeram todos os doentes, rogando-lhes tão somente tocar a orla da sua veste. E todos os que a tocaram ficaram curados."

Cortar a fímbria da veste: o direito sumeriano já impunha uma repudiação solene, no curso da qual o marido cortava a orla do vestido da mulher culpada.

O direito assírio-babilônico, até nos seus prolongamentos capadócios, conservará esse costume de cortar a fímbria (sissiktum) da roupa do indiciado.

O sentido disso parece claro quando se tem em mente que a roupa – ou, mais exatamente, a fímbria, parte tomada pelo todo, segundo um procedimento bem conhecido de intensificação simbólica – caracteriza e simboliza a personalidade inteira. Cortar essa fímbria equivale a adquirir o poder de dispor de uma pessoa no futuro e esse poder é de vida e de morte.

Esse ato jurídico, ao qual se vem juntar, frequentemente, a ablação de uma parte pelo menos da cabeleira da mesma pessoa, oferece um princípio de explicação satisfatória a toda uma série de cartas provenientes dos arquivos reais de Mari, e que comportam, em última análise, a seguinte fórmula (A.R.N., vol. 13, letra 112):

> Presentemente, a fímbria da sua veste
> e um anel do seu cabelo
> mandei levar ao meu senhor (= *o rei*).

O fato que provoca o envio de cartas desse tipo é, em geral, o mesmo: um *profeta* (apilum = *testemunha.* Cf. *Malaquias,* 2, 12) manifestou-se publicamente num dos burgos do reino de Mari, junto de um santuário, aí proferindo oráculos. Podendo estes, por sua natureza, perturbar gravemente a ordem pública, o governador local deu-se pressa em enviar ao palácio um resumo dos ditos oráculos, aos quais juntou a fímbria do manto do profeta e um pouco da sua cabeleira, assegurando, assim, ao governo, os meios de dispor, no futuro, e de maneira absoluta, desse personagem perigoso e um tanto inquietante (A.R.M., vol. 6, nº 45; vol. 10, nºs 7 e 8; vol. 13, nº 112).

Aqui ainda, uma exceção a esse uso, todavia abundantemente atestada em Mari, traz um complemento interessante de informação: numa carta desses mesmos arquivos reais de Mari (publicada por G. Dossin na *Revista de Assiriologia,* vol. 42-1948, pp. 125-134), lê-se:

> Além disso, e como se tratasse de um funcionário, não tomei nem uma madeixa dos seus cabelos nem a orla da sua veste.

O *profeta,* com efeito, parece ser, no caso, um dos funcionários do reino, cuja obediência é dado firmemente estabelecido. É por isso inútil

FIO (TECELAGEM) | 493

que o governador se assegure dela, efetuando essas ablações simbólicas para enviá-las ao rei.

O dossiê se completa com um texto bíblico, o episódio da subida de Davi ao trono, que faz luz sobre todo o fundo do quadro: no *primeiro livro de Samuel* (24, 4-16), Davi, que surpreendeu Saul numa caverna do deserto de Judá, *corta furtivamente a barra do seu manto* mas poupa-lhe a vida. A interpretação desse texto é sobremaneira difícil. Mas parece, em face da documentação precedente, que o ato não foi de simples irreverência para com o rei. Com seu gesto, Davi ganhou poder sobre o rei Saul, donde o remorso que, em seguida, o possui. Mas adquiriu, ao mesmo tempo, a possibilidade de demonstrar concretamente esse poder, primeiro ao próprio Saul, depois ao povo todo, se preciso fora. Consegue também modificar a atitude de Saul, que se vê forçado a deixar de persegui-lo, a negociar com ele, a ceder-lhe, finalmente, a coroa.

Simbolismo de obediência ou de aliança política de uma parte, de dominação legal absoluta de outra, o símbolo da *fímbria da veste* oferece uma imagem fiel da mentalidade mágico-religiosa desse mundo oriental, estruturado ao mesmo tempo pela realidade concreta e pelo pensamento substitutivo e simbólico (HAUF).

FIO (Tecelagem)

O simbolismo do fio é essencialmente o do agente que *liga todos os estados da existência entre si, e ao seu Princípio* (Guénon). Esse simbolismo exprime-se sobretudo nos *Upanixades,* onde se diz que o fio (sutra), com efeito, *liga este mundo e o outro mundo e todos os seres.* O fio é ao mesmo tempo Atma (*self*) e prana (sopro). A fim de que seja alcançada a ligação com o centro principal, às vezes representado pelo Sol, é necessário que o *fio* seja *seguido passo a passo em todas as coisas.* O que não pode deixar de evocar o simbolismo do fio de Ariadne, que é o agente de ligação do retorno à luz. Ainda sobre esse mesmo tema, deveríamos citar também os fios que ligam as marionetes à vontade *central* do homem, seu animador, como no teatro japonês.

No plano cósmico, é importante que se faça uma distinção entre o fio da urdidura e o fio da trama: a urdidura liga entre si os mundos e os estados; sendo que o desenvolvimento condicionado e temporal de cada um desses mundos e desses estados é figurado pela trama. E o conjunto da tecedura é designado como: *os cabelos de Shiva.* O desenrolamento do fio exclusivamente de trama é simbolizado pelas Parcas – pela *fiação do tempo* ou do *destino.*

Notemos ainda, retornando ao *sopro,* que, para os taoistas, ele está associado ao vaivém da lançadeira sobre o bastidor: estado de vida, estado de morte, expansão e reabsorção da manifestação. A imagem do tecido que se termina durante o dia e é desmanchado à noite (e, aqui, reencontramos o mito de Penélope) é utilizada no *Rig Veda* para simbolizar, ainda uma vez, o ritmo vital e a alternância indefinida da respiração, semelhante à do dia e da noite.

No mito japonês da Deusa solar, a tecedura de Atmaterasu é destruída por Susamowo-no-Mikoto. Diversas iniciações femininas, principalmente na China, incluíam um trabalho de tecelagem ritual associado à reclusão, à noite e ao inverno, pois sua participação na tecedura cósmica torna esse trabalho perigoso, e por isso tem de ser mantido em segredo. Por outro lado, os trabalhos diurnos, do verão, são os dos campos – trabalhos masculinos. O encontro celeste da Tecelã e do Boieiro é o equinócio, o equilíbrio e a união do *yin* e do *yang.*

Conforme assinalamos anteriormente, o sentido de *fio* aplica-se à palavra sutra, que designa os textos búdicos. É preciso acrescentar, ainda, que a palavra tantra deriva igualmente da noção de *fio* e de *tecelagem.* Em chinês, o caractere king, composto de mi (fio grosso) e de king (curso de água subterrâneo) designa ao mesmo tempo a urdidura do tecido e os livros essenciais; wei é, a um só tempo, a trama e os comentários desses livros. Urdidura e trama são, respectivamente, o que na Índia se denomina de shruti e smriti, os frutos da faculdade intuitiva e da faculdade

494 | FIO DA NAVALHA

discursiva. No caso dos tantras (livros indianos de doutrina religiosa, que reúnem especulações, crenças, símbolos etc.), a tecelagem pode ser a da interdependência das coisas, das causas e dos efeitos. Mas o *fio* tântrico é também o da continuidade tradicional – *fio de Ariadne* no labirinto da busca espiritual, ligação com o Princípio de todas as coisas.

O enfiamento da agulha é, de resto, o símbolo da passagem pela *porta solar,* ou seja, da *saída do cosmo.* É também – o sentido é, de resto, o mesmo – o da flecha a traspassar o centro do alvo. Neste caso, o fio representa o vínculo entre os diferentes níveis cósmicos (infernal, celeste, terrestre) ou psicológicos (inconsciente, consciente, subconsciente) etc.

Para retornar ao nível elementar, à noção de fio do destino, que, no Extremo Oriente, o casamento é simbolizado pela torção, entre os dedos de um gênio celeste, de dois fios de seda vermelha: os fios do destino dos dois esposos transformam-se num único fio. Em outros países do sudeste asiático, costuma-se amarrar aos pulsos dos recém-casados um mesmo fio de algodão branco: o fio do destino comum (DURV, ELIM, GOVM, GUEC, GUES, SILI).

Na região da bacia mediterrânica e, particularmente, em todo o norte da África, fiar e tecer significam para a mulher o mesmo que lavrar significa para o homem: associar-se à obra criadora. Nos mitos e nas tradições, a tecelagem e a lavoura estão sempre juntas; se bem que a tecelagem seja, em si mesma, um trabalho de lavoura, um ato de criação de onde saem, fixados na lã, os símbolos da fecundidade e a representação de campos cultivados. Porfírio, no Antro das Ninfas, dizia: Que símbolo conviria melhor às almas que descem para a vida, do que a arte de tecer? (SERP, 132-136).

FIO DA NAVALHA

Imagem que simboliza a dificuldade da passagem para um estado superior. "O símbolo mais usado para exprimir a ruptura de níveis e a penetração no outro mundo, no mundo suprassensível (seja o dos mortos ou o dos deuses) é [...] o fio da navalha

(ou a porta estreita do Evangelho, Mateus 7, 14). É penoso passar pela lâmina afiada da navalha, pela ponte apertada e perigosa [...] encontrar uma porta numa parede que não apresenta porta alguma... subir ao céu por uma passagem que se entreabre apenas por um instante... passar entre dois móveis em contínuo movimento, entre duas rodas que se tocam a todo momento, entre as mandíbulas de um monstro [...] (todas as imagens mostrando uma situação que, na aparência, não tem saída) [...] todas essas imagens míticas exprimem a necessidade de transcender os contrários, de abolir a polaridade que caracteriza a condição humana, a fim de conseguir alcançar a realidade última" (ELII, 109 s.), colocando-se no eixo de uma outra polaridade.

FIO DE PRUMO

O fio de prumo – na maioria das vezes designado pela palavra *perpendicular* – é um importante elemento da Maçonaria. É figurado suspenso do alto de uma abertura em arco (no centro de uma abóbada, janela ou porta), a tocar o chão: evidente representação do eixo cósmico e da direção de onde provém a Atividade celeste. Em certos casos, aliás, ele é expressamente figurado como um fio unindo a Grande Ursa (ou a letra *G,* que a substitui) ao centro de uma suástica desenhada no chão, i.e., o **polo*** celeste ao polo terrestre.

De maneira mais imediata, sua significação está ligada ao equilíbrio da construção ou – o que tem sentido semelhante – à retidão do esforço espiritual. O objetivo do fio de prumo, entretanto, é também o da identificação à *Via do meio* ou ao Eixo do mundo (BOUM, GUET, GUES).

Em certas obras de arte, ele simboliza *a justiça temperada de clemência,* a arquitetura e a geometria (TERS, 181). É a regra viva de toda construção, material ou espiritual, que deve ser feita, segundo expressão de Le Corbusier, *na vertical com o céu.* O fio de prumo é o flexível símbolo da verticalidade.

FITA

O simbolismo da fita pode ser aproximado ao do **nó*** e ao do **laço*,** mas sua significação, quando a fita é de fato amarrada, é de um modo geral positiva. O nó da fita, cuidadosamente feito, toma a aparência de uma **flor***. É um signo de desabrochar, ao invés de marcar uma parada. Por outro lado, a fita pode figurar um diadema, um colar, uma coroa, ou servir de cinto, de jarreteira (a Ordem britânica), ou decorar partes das roupas, dos presentes etc. A forma circular que toma então, evoca, à maneira do círculo, uma participação na imortalidade, na perfeição, em uma ação generosa, até mesmo heroica. A Dama oferecia fitas ao seu cavaleiro; joga-se fitas ao vencedor. A fita recompensa um ato de coragem ou uma vida que se distingue, marca um sucesso, um triunfo, uma realização. Seu símbolo é orientado no sentido da manifestação de uma vitória. Mas ela não está completamente desprovida de toda potencialidade perigosa. A fita que distingue pode também encerrar um ser em sua vaidade e comprometer o seu desenvolvimento espiritual. Seres são estrangulados com fitas; pode-se também entender o estrangulamento com fita no sentido moral e psicológico. A cor da fita poderá modificar, *matizar* as interpretações de cada caso em particular.

FLAGELAÇÃO

Símbolo de ações próprias a pôr em fuga forças ou demônios que entravam a fecundidade material ou o desenvolvimento espiritual. O **chicote*** é aplicado, como medida corretiva, a todos os súditos de príncipes, reis e faraós, em todo o Oriente; particularmente, porém, às crianças indóceis. Na qualidade de penalidade infamante, a flagelação é reservada aos escravos.

Havia, igualmente, flagelações rituais, substitutos atenuados dos sacrifícios humanos, se bem pudessem chegar ao derramamento de sangue; ou então, simulacros de flagelação para afugentar os maus espíritos que comprometem a caça, as colheitas ou a fecundidade. Costumava-se chicotear as mulheres estéreis com correias (estreitas e compridas), feitas de couro de cabra; segundo Plutarco, chicoteavam-se os escravos, exclamando, ao mesmo tempo: *Afasta-te, fume.*

Os ascetas de todas as religiões flagelaram-se sempre, até sangrar, não só por espírito de sacrifício, mas também para repelir as tentações.

O objetivo da flagelação é o de destruir, simbólica e realmente, toda causa de desordem na sociedade ou no indivíduo, que perturbe ou iniba um funcionamento normal.

FIVELA
(Anel de cabelo [cacho]; Argola ou brinco; Alça, Laço, Presilha; Curva; Volta)

O simbolismo da fivela relaciona-se com o do **cinto***, do **nó*** e do elo. A fivela fechada significa autodefesa: protege quem a usa. A fivela aberta anuncia uma liberação: oferece ou dá aquilo que significa.

Do mesmo modo que o **uróboro***, a fivela, ao "morder a própria cauda", cumpre um percurso que leva ao seu ponto de partida; daí a expressão *afivelar a fivela* (em fr.: *boucler la boucle,* i.e., encerrar um ciclo, um circuito). E, neste caso, a fivela adquire um valor cíclico e simboliza o eterno retorno, em que alfa e ômega se reconduzem eternamente um ao outro: evoca o destino. Entretanto, o fr. *boucle* estabelece associações também com outros símbolos, a saber:

O anel de **cabelos*** (ou cacho – *boucle de cheveux*) é um símbolo de identificação. "Um só anel de cabelos da Medusa, quando apresentado a um exército atacante, bastava para pô-lo em debandada" (GRID, 168a). Pois equivalia à presença da terrível Górgona. Os poetas egípcios comparavam a Lua crescente a um anel de cabelos. O Khonson tebano era chamado de *o Senhor da mecha*; bastava uma única de suas mechas (de cabelo) para revelá-lo (SOUL, 20, 62). A forma circular do anel de cabelos não deixa de ter sua importância: encerra o significado no significante; simples cabelos lisos caídos em linha reta (não anelados) não teriam o mesmo valor simbólico.

Os brincos (*boucles d'oreille*) são usados, ao que parece, em todas as áreas culturais. São encontrados em Micenas, Atenas, Roma etc. Na África do Norte, têm uma significação especial, de origem sexual. Jean Servier relata que *são men-*

FLÂMINE

cionados numa lamentação em forma de ladainha, entre os bemi-snus... cujo sentido literal é o seguinte: *que Deus regue os seus brincos!* O sentido obsceno subentendido é: *Ó Deus, rega os grandes lábios* (de sua vulva). Esse simbolismo sexual dos brincos está claramente expresso na região de Aurés (Argélia), onde as mulheres, da puberdade até a menopausa, usam brincos denominados *bularwah*, cujo significado literal é "portadores de almas". As mulheres mais velhas usam brincos feitos de um simples aro de prata, ornados com um prendedor de chifre ou de âmbar. Essa joia, ligada à fecundidade da mulher, termina por personificar *a noiva da chuva* (SERP, 188, SERH, 94). Essas práticas relacionam-se com os ritos de excisão, salienta o mesmo observador, dos quais seriam apenas uma *das formas simbólicas, como a perfuração do nariz, ou do lábio superior, e a infibulação das orelhas.*

Seja como for, a simbólica sexual dos brincos parece estar de acordo com a etimologia latina da palavra francesa *boucle,* que significa literalmente *pequena boca.*

FLÂMINE

Sacerdotes romanos ligados ao serviço de várias divindades, os flâmines eram símbolo da flama espiritual no homem e na sociedade. Os principais eram os da tríade funcional indo-europeia, Júpiter, Marte, Quirino. A etimologia aparenta a palavra aos brâmanes e exprime, segundo Jean Bayet, *um poder misterioso de crescimento pela prece ou pela presença ritual.* Ele é o símbolo da flama espiritual no homem e na sociedade.

FLAMINGO

Nos *Upanixades,* encontra-se a seguinte narrativa: quando uma criança, órfã de pai e de uma sinceridade heroica, vai pedir a iniciação brâmica, o Mestre, para começar, faz dele um vaqueiro, confiando-lhe quatrocentas vacas magras e débeis. No momento em que ele já possui mil cabeças de gado, um touro lhe diz: *Leva-nos à casa do teu mestre e eu te transmitirei um quarto do brahman.* Então, o touro ensina-lhe as regiões do espaço; o fogo ensina-lhe um outro quarto – o que diz

respeito aos *mundos infinitos*; depois, o flamingo ensina-lhe *esse quarto do brahman, que é feito de luz*; e, por fim, uma ave mergulhadora revela-lhe os sentidos (*Chandogya Upanixades,* 4, 4, VEDV, 388). Assim, o flamingo, esse grande pássaro rosado, é aquele que conhece a luz; ele é o iniciador à luz; surge como um dos símbolos da *alma migrante* das trevas à luz. A esse título, ele é em nós:

> Flamingo no céu claro, o Deus bom no Espaço,
> qual sacerdote no altar, hóspede na morada,
> habita em nós, na Ordem e no Céu, na Vastidão!
> Ele é a Ordem, nascido das Águas, das Vacas e
> dos Montes!
>
> (Preces matinais – Sankhayana Grhya-
> -Sutra 4, VEDV, 268)

FLAUTA

Pã, deus das grutas e dos bosques, personificação da vida pastoral, metade-animal e metade-homem (da cintura para baixo tinha corpo de bode, semelhante ao dos faunos e dos sátiros), teria sido o inventor da flauta, ao som da qual regozijava os deuses, as ninfas, os homens e os animais. A flauta evoca também a lenda de Hiagne e, mais próxima do nosso tempo, a de Hans, o "flautista de Hamelin".

A lenda chinesa de Suo-che e Long-yu salienta, igualmente, as virtudes sobrenaturais do som da flauta (*cheng*). O som dessa flauta fazia soprar uma brisa suave, trazia nuvens coloridas e, sobretudo, fazia aparecerem as fênix que conduziam o casal ao paraíso dos Imortais. Do mesmo modo, a flauta de Hans, o "flautista de Hamelin", conduziu as crianças à **caverna** * **da montanha** *, que representa a reintegração no estado edênico. O som da flauta é a música celeste, a *voz dos anjos.* É importante notar que, tal como é frequente na China, o transporte beatífico realiza-se por intermédio de pássaros, cujo simbolismo é análogo ao dos anjos.

Outro instrumento taoista: a *flauta de ferro* que *corta a raiz das nuvens* e *fende os rochedos* – poderes que parecem, efetivamente, demonstrar uma relação entre essa flauta, o raio e a chuva (KALL, LALM) e torná-la símbolo da fecundação.

A flauta de bambu ou **cana*** (*ney*), instrumento tocado pelos dervixes durante suas sessões de dhikr, e principalmente durante o oratório espiritual (*sama*) acompanhado de danças a cargo dos *mawla-wyya* (dervixes rodopiantes), simboliza a alma separada de sua Fonte divina, que aspira a ela retornar. E esse é o motivo de suas lamentações. Assim, Talal-od-Din Rumi, fundador da Ordem dos *Mawla-wiyya,* dirige-se a Deus, dizendo:

Nós somos a flauta, e a música vem de Ti (*Mathnavi*, 1, 599).

E diz, ainda, numa de suas quadras:

> Escuta a cana – ela conta tantas coisas! Ela conta os segredos ocultos do Altíssimo; sua forma exterior é pálida, e seu interior é oco. Deu a cabeça ao vento, e repete: *Deus, Deus,* sem palavras e sem línguas.

Os sufistas dizem que a flauta – o *ney* – e o homem de Deus são uma única e mesma coisa.

Rumi conta que o Profeta Maomé, em certa ocasião, revelou ao genro, ʻAli, segredos que lhe proibiu repetir. Durante quarenta dias, ʻAli esforçou-se por manter a palavra dada; depois, incapaz de controlar-se por mais tempo, dirigiu-se ao deserto, onde, com a cabeça inclinada sobre a abertura de um poço, pôs-se a narrar as verdades esotéricas. Enquanto durou esse momento de êxtase, sua saliva foi tombando dentro do poço. Pouco tempo depois, brotou um pé de cana nesse mesmo poço. Um pastor cortou-o, fez buracos num dos pedaços, e começou a tocar no tubo de bambu. Essas melodias tornaram-se célebres; vinham multidões para ouvi-las, enlevadas. Até mesmo os camelos chegavam, e punham-se à escuta, em volta do pastor (*v.* **Orfeu***). A notícia chegou aos ouvidos do Profeta, que chamou o pastor e lhe pediu para tocar. Todos os assistentes entraram em êxtase. "Essas melodias, disse então o Profeta, são o comentário dos mistérios que eu comuniquei a ʻAli em segredo. Contudo, se alguém dentre vós, homens puros, estiver destituído de pureza, não poderá ouvir e entender os segredos sentidos na melodia da flauta, ou gozá-los, pois

a fé é toda ela feita de prazer e paixão" (Rumi, *Mathnavi*, 4, 2232; 6, 2014; Aflaki, *Manaqib ulkarifin,* T. 2, p. 8).

FLECHA

Na qualidade de utensílio ou instrumento, e já não mais somente na qualidade de signo, a flecha "é o símbolo da penetração, da cobertura. A flecha simboliza também o pensamento, que conduz a luz e o órgão criador, que abre para fecundar, que desdobra a fim de permitir a síntese... é ainda o traço de luz, que ilumina o espaço fechado, porque o abrimos. Representação do raio solar, elemento fecundante também ele, e separador de imagens" (VIRI, 194).

Ela é, igualmente, assim como a **escada***, símbolo dos intercâmbios entre o céu e a terra. No seu sentido descendente, é um atributo do poder divino, tal como o raio punitivo, o raio de luz ou a chuva fertilizante; os homens que Deus pode utilizar para executar suas obras são chamados, no Antigo Testamento, de *filhos da aljava.* Em seu sentido ascendente, a flecha está ligada aos símbolos da verticalidade; significa "a retidão totalmente aérea de sua trajetória, que, desafiando a gravidade, realiza simbolicamente uma libertação das condições terrestres" (CHAS, 162).

De modo geral, a flecha é o "símbolo universal da ultrapassagem de condições normais; é uma liberação imaginária da distância e da gravidade; uma antecipação mental da conquista de um bem fora de alcance" (CHAS, 324).

Por oposição ao **forcado***, a flecha é um objeto apropriado para "simbolizar a ruptura de ambivalência, a projeção desdobrada, a objetivação, a escolha, o tempo orientado" (VIRI, 69). Ela indica a direção em cujo sentido é buscada a identificação, ou seja: é ao diferenciar-se que um ser consegue alcançar sua identidade, sua individualidade, sua personalidade. Ela é um símbolo de unificação, de decisão e de síntese (*v.* **sagitário***).

Nos *Upanixades,* a flecha é principalmente símbolo de celeridade e de intuição fulgurante. Na tradição europeia, a flecha, sagitta, tem a

498 | FLECHA

mesma raiz do verbo sagire, que significa *perceber rapidamente*; por isso, a flecha é o símbolo do aprendizado rápido, e seu equivalente etimológico é o raio instantâneo: *o relâmpago* (DURS, 137).

É símbolo, igualmente, do dente, do dardo e da ponta afiada que voa para surpreender, ao longe, sua vítima. É invocada como uma deusa, para que proteja os bons e fira os que merecem castigo:

Reveste-se da plumagem da águia,

seu dente é o da fera,

segura pelos tendões,

tão logo solta, ela voa:

é a flecha...

Ó Flecha de certeira trajetória, poupa-nos!

E que o nosso corpo se torne de pedra.

Voa, longe, tão logo lançado,

Dardo aguçado pela prece;

vai, ataca impiedosamente os inimigos,

não deixes escapar nenhum deles.

(*Rig Veda*, 6. 76, VEDV, 216)

A flecha é o símbolo do destino:

Pois o meu desejo seria satisfeito

se pudesse saber o destino que me aguarda:

flecha prevista vem mais lenta.

(DANC, Paraíso, Canto 17, 25-27)

A flecha simboliza também a morte súbita, fulminante: Apolo, deus da morte na *Ilíada*, traspassou com suas flechas os filhos de Níobe.

A flecha atinge determinado objetivo, e indica uma realização. Assemelha-se a um raio solar, e representa a arma talhada na madeira. A esse propósito, C. G. Jung observa que os pais dos heróis divinos são, em geral, artesãos que trabalham com madeira: escultores, lenhadores e carpinteiros, como José, pai de criação de Jesus. Esse símbolo é empregado na qualidade do elemento fecundante, ou como raio solar. Faz-se alusão à aljava dos deuses e ao **arco*** dos Centauros. Numa de suas homilias, Orígenes qualifica Deus de arqueiro.

Em um manuscrito de miniaturas italianas do séc. XII, Deus aparece expulsando Adão e Eva a flechadas, tal como Apolo, na *Ilíada*, perseguindo

os gregos. Várias outras miniaturas do séc. XII representam Deus a segurar um arco e flechas (JUNL, JUNA, DIHD, DAFR).

Nas tradições japonesas, quando associada ao arco, a flecha simboliza o amor. Sua aparência fálica é evidente, pois ela penetra no centro; o princípio masculino finca-se no elemento feminino. No sentido místico, a flecha significa a busca da união divina.

Como imagens do destino, as flechas foram interrogadas, e simbolizaram a resposta de Deus às indagações dos homens.

A arte divinatória pelas flechas – ou belomancia – prática usual entre os árabes, baseia-se em um mecanismo comum a todos os procedimentos cleromânticos: utilizam-se objetos que servem para proporcionar a resposta dos deuses. Esse mecanismo consiste em confiar a um aparente acaso o cuidado de revelar a vontade ou o pensamento da divindade.

O desenvolvimento da belomancia entre os árabes acabou por conferir às flechas designações cada vez mais precisas, de modo que nenhuma dúvida pudesse subsistir após a resposta do oráculo. Às flechas primitivas, trazendo as menções *sim, não, bem, mal, faz* ou *não faças*, vieram acrescentar-se outras flechas com menções circunstanciadas, como por exemplo: *partir (em viagem), não partir, agir imediatamente, esperar* etc. As flechas em branco (i.e., sem nada escrito) recebiam, na ocasião da consulta, designações precisas, após convenção expressa com os consultantes.

Consultar as flechas tornou-se uma imagem poética comum. O poeta Wahib considera ilusórias as flechas do destino, e Abu l'-'Atâya compara a ação da morte entre os homens à de se agitarem violentamente as flechas (FAHD, 184-187).

Para Bachelard, *a imagem da flecha reúne, corretamente, rapidez e retidão.* Compara-a à imagem do esquiador a descer uma encosta, célere como o raio. Mais do que formal, a representação da flecha é dinâmica, e seu dinamismo é ascensional, mais do que horizontal. *A flecha que anima as páginas de Balzac é o índice de um movimento ascensional*, explica-nos Bachelard. Compreende-se, então, o papel por ela exercido num relato que exige do leitor uma *participação* profunda no devenir ascensional. É por uma necessidade vital, como numa conquista vital sobre o nada, que se participa de uma ascensão imaginária. *Através da imagem da flecha*, estamos agora empenhados, com todo nosso ser, na dialética do abismo e dos cumes (FACS, 72-73).

A flecha deve a segurança de sua trajetória e a força de seu impacto à coragem daquele que a lança. Identifica-se ao arqueiro, por assim dizer: através dela, é ele próprio quem se projeta e se lança sobre a presa. Por isso, a flecha de um deus jamais deixa de atingir o alvo. As de Apolo, de Diana e do Amor tinham fama de sempre atingir o alvo bem no meio. A flecha de um pensamento justo também pode traspassar a alma de irreprimível tormento:

> Zenão, cruel Zenão, Zenão de Eleia!
> Atravessou-me a tua flecha alada
> Que vibra, voa e não se move!
> O som me cria e a flecha me mata!
> O sol... sombra de tartaruga para a alma,
> Aquiles imóvel a grandes passos!
>
> (Paul Valéry, em *Cemitério Marinho*, tradução de Edmundo Vasconcelos, Massao Ohno – Roswitha Kempf Editores, 1982 – São Paulo)

Quanto ao amor, se suas flechas são infalíveis, é porque ele começa *por um olhar*, semelhante ao relâmpago. "O amante", explica-nos Alexandre Aprodisias (em TERS, 186), "vê e deseja ao mesmo tempo, sentimento que o faz emitir raios contínuos em direção ao objeto de seu desejo. Esses raios podem-se comparar a flechas que o amante estaria lançando sobre a amada". Todavia, o amor usa duas espécies de flechas, ensina-nos Ovídio, e todas atingem o alvo; segundo o metal de que são feitas, seu efeito sobre o amor varia: se forem de ouro, elas o inflamarão; mas quando são de chumbo, elas o extinguem.

FLOR
(*v.* **Crisântemo, Heliotrópio, Hemerocale, Íris, Lótus, Orquídea, Peônia, Rosa, Girassol**)

Embora cada flor possua, pelo menos secundariamente, um símbolo próprio, nem por isso a flor deixa de ser, de maneira geral, símbolo do princípio passivo. O *cálice* da flor, tal como a **taça***, é o receptáculo da *Atividade celeste*, entre cujos símbolos se devem citar a **chuva*** e o **orvalho***. Aliás, o desenvolvimento da flor a partir da terra e da água (**lótus***) simboliza o da manifestação a partir dessa mesma substância passiva.

São João da Cruz faz da flor a imagem das virtudes da alma, e do ramalhete que as reúne, a imagem da perfeição espiritual. Para Novalis (*Heinrich von Ofterdingen*), a flor é o símbolo do amor e da harmonia que caracterizam a natureza primordial; a flor identifica-se ao simbolismo da infância e, de certo modo, ao do estado edênico.

O simbolismo tântrico-taoísta da *Flor de Ouro* é também o do atingimento de um estado espiritual: a *floração* é o resultado de uma alquimia interior, da união da essência (*tsing*) e do sopro (*k'i*), da água e do fogo. A flor é idêntica ao Elixir da vida; a floração é o retorno ao *centro*, à unidade, ao estado primordial.

No ritual hindu, a flor (*pushpa*) corresponde ao elemento éter.

Flor: arte mexicana. Fragmento da prancha nº 34. Codex Magliabechiano.

500 | FLOR

Além do método e da atitude espiritual que lhe são essenciais, a arte japonesa do arranjo de flores (*ikebana*) comporta um simbolismo muito específico. Nessa arte, a flor é efetivamente considerada o *modelo do desenvolvimento* da manifestação, da arte espontânea, sem artifícios e, no entanto, perfeita; como também, o emblema do ciclo vegetal – resumo do ciclo vital e de seu caráter efêmero. O próprio arranjo das flores efetua-se conforme um esquema ternário: o galho superior é o do Céu, o galho médio, o do Homem, e o galho inferior, o da Terra; assim, exprime-se o ritmo da tríade universal, na qual o Homem é o *mediador* entre o Céu e a Terra. Nenhum arranjo *vivo* pode existir fora desse ritmo. E assim como essas três forças naturais devem harmonizar-se para formar o universo, as hastes das flores devem equilibrar-se no espaço, sem esforço aparente. Tal é o estilo verdadeiro do *ikebana*, desde o séc. XIV; mas existe também um estilo complexo ou *fluido*, com as hastes colocadas em posição descendente. Esse arranjo de flores tende a exprimir a vertente declinante da vida, o escoamento de tudo para o abismo. E é por esse motivo que a curvatura das hastes deve inclinar-se, cada vez mais, em direção às extremidades. O *ikebana* pode exprimir tanto uma ordem cósmica quanto as tradições dos ancestrais, ou sentimentos de alegria ou de tristeza. Uma outra escola, que existiu do séc. VIII até o séc. XIV, visava sobretudo a arranjar as flores de forma a que elas se mantivessem eretas (*Rikka*): a posição das flores em direção ao alto simbolizaria *a fé* em Deus, no Imperador, no esposo ou esposa etc. De início, os ramalhetes são duros, inflexíveis, notam os mestres do Rikka: são intransigentes, como a fé do neófito.

Se classificarmos os ramalhetes em estilos – *formal, semiformal e informal* –, parece que os conceitos por eles expressos jamais são verdadeiramente *formais*. Noção que podemos aproximar do simbolismo da flor mostrada pelo Buda a Mahakashyapa, e que substituía qualquer palavra e qualquer ensinamento: era, ao mesmo tempo, resumo do ciclo vital e imagem da perfeição a ser alcançada, da iluminação espontânea; a própria

expressão do inexprimível (AVAS, DANA, GRIF, GUES, HERF, OGRJ).

A respeito do simbolismo floral do mundo céltico, possuímos somente elementos muito vagos. Sabe-se que existiu, porque as flores entram, algumas vezes, nas comparações de forma ou de cor, embora nada se possa dizer de preciso. Uma galesa, Blodeuwedd, e uma irlandesa, Blathnat, têm nome de *flor*. A primeira, criada (por artes de magia) de uma grande quantidade de flores, é a mulher do deus Llew, que é por ela traído, em benefício de um dos senhores da vizinhança. A outra, é a mulher do *rei do mundo*, Cùroi, e ela também acaba por trair o marido pelo amor de Cuchulainn (OGAC, **10**, 399-402).

No caso dessas lendas celtas, a flor parece ser um símbolo de instabilidade, não de uma versatilidade que seria própria da mulher, mas da instabilidade essencial da criatura, votada a uma perpétua evolução, e, em especial, símbolo do caráter fugitivo da beleza.

Esse é igualmente o sentido da cesta de flores no caso de Lan Ts'ai ho, que algumas vezes é representado a carregar uma cesta de flores, a fim de melhor estabelecer o contraste entre sua própria imortalidade e a efêmera duração da vida, da beleza e dos prazeres.

Entre os maias, a frangipana (flor) é símbolo da fornicação. Ela pode representar o Sol, em função da crença na hierogamia fundamental Sol--Lua. Pode também significar *símio*. Essa flor tem cinco pétalas (algarismo lunar), embora muitas vezes apresente apenas quatro pétalas nos pictogramas em que aparece representada, sendo que o quatro é o número solar (THOH).

Na civilização asteca, as flores dos jardins eram não apenas um ornamento para o prazer dos deuses e dos homens e uma fonte de inspiração para os poetas e artistas, como também caracterizavam numerosos hieróglifos e fases da história cosmogônica. Alfonso Reyes descreveu o simbolismo das flores a partir dos hieróglifos e das obras de arte do México:

> A era histórica da chegada dos conquistadores ao México coincidiu exatamente com a chuva

de flores que se derramou sobre a cabeça dos homens, no final do quarto sol cosmogônico. A terra desforrava-se de suas mesquinharias anteriores, e os homens agitavam bandeiras, em sinal de júbilo. Nos desenhos do *Codex Vaticanus*, ela representada por uma figura triangular, ornada de galões de plantas entrançadas; a deusa dos amores ilícitos, suspensa a uma grinalda vegetal, desce sobre a terra, ao passo que bem ao alto, explodem sementes, fazendo tombar flores e frutos... A escrita hieroglífica oferece-nos as mais abundantes e mais variadas representações artísticas da flor. A *Flor* era um dos vinte signos dos dias, e também o signo de tudo o que era nobre e precioso e representava, ainda, os perfumes e as bebidas. Surgia do sangue do sacrifício e coroava o hieróglifo da prece. As guirlandas, a árvore e o "maguey (piteira, pita) alternavam nas designações de lugares. A flor era pintada de maneira esquemática, reduzida a uma estrita geometria, quer apresentada de perfil, quer pela boca da corola. Para a representação da árvore, utilizava-se também um sistema definido: às vezes, a figura de um tronco dividido em três galhos iguais com tufos de folhas nas extremidades; outras vezes, dois troncos divergentes que se ramificavam de maneira simétrica. Nas esculturas de pedra e de greda encontram-se flores isoladas, sem folhas, e árvores frutíferas irradiadas, quer como *atributos* da diversidade, quer como ornamentos de um personagem, ou como decoração exterior de um utensílio (Relatos do México).

Desse texto, bem como das numerosas imagens de flores que enriquecem a arte mexicana, depreende-se que as flores manifestavam a extrema diversidade do universo, a profusão e a nobreza das dádivas divinas; mas esse simbolismo, muito genético, estava particularmente ligado, no caso, ao curso regular do tempo e às idades cosmogônicas; exprimia fases específicas das relações entre os deuses e os homens. A flor era uma espécie de medida dessas relações.

Associadas analogicamente às borboletas, tal como elas, as flores representam muitas vezes as *almas dos mortos*.

Por isso, a tradição mitológica grega diz que Perséfone, futura rainha dos infernos, foi arrebatada por Hades (Plutão) nas planícies da Sicília, quando se divertia com suas companheiras a colher flores (GRID).

Com efeito, muitas vezes a flor apresenta-se como figura-arquétipo da alma, como centro espiritual. Quando isso ocorre, seu significado se explica conforme suas cores, que revelam a orientação das tendências psíquicas: o **amarelo***, revela um simbolismo solar, o **vermelho***, um simbolismo sanguíneo, o **azul***, um simbolismo de sonhadora irrealidade. Entretanto, os matizes do psiquismo diversificam-se até o infinito.

Os usos alegóricos das flores são igualmente infinitos: elas podem estar entre os atributos da primavera, da aurora, da juventude, da retórica, da virtude etc. (TERS, 190-193).

FLORESTA

Em diversas regiões, e principalmente entre os celtas, a floresta constituía um verdadeiro santuário em estado natural: exemplos disso eram as florestas de Brocéliande (na Bretanha; hoje chamada *Floresta de Paimpoint*) e a de Dodona, entre os gregos. Na Índia, os sannyasa fazem seus retiros nas florestas, tal como os ascetas búdicos: *As florestas são tranquilas, lê-se no Dhammapada, desde que o mundo se mantenha longe delas; nas florestas, o santo encontra seu* **repouso***.

No Japão, o torii assinala não apenas a entrada do domínio de um templo, como também a de um verdadeiro santuário natural, que costuma ser, na maior parte das vezes, uma floresta de coníferas. Na China, a montanha coberta por uma floresta é quase sempre o local de um templo.

A floresta, que constitui verdadeiramente a *cabeleira* da montanha, proporciona-lhe também o poder, pois permite-lhe provocar a chuva, ou seja, os benefícios do Céu – em todos os sentidos do termo; para atacar as montanhas, Yu-o-Grande cortava-lhes as árvores; Tsin Che Huangti, quando foi acolhido, no monte Kiang, por uma chuvarada torrencial, aborreceu-se seriamente, e, em represália, ordenou que se cortassem todas as

502 | FOCA

árvores do monte. Nessa circunstância, como em outras, é provável que o Primeiro Imperador não houvesse compreendido o simbolismo favorável daquela acolhida (GRAD, SCHP).

Há uma estrita equivalência semântica, na época antiga, entre a floresta céltica e o santuário – *nemeton*. Na qualidade de símbolo de vida, a árvore pode ser considerada um vínculo, um intermediário entre a terra, onde ela mergulha suas raízes, e a abóbada do céu, que ela alcança ou toca com sua copa. Os templos de pedra só seriam construídos na Gália por influência romana, após a conquista (OGAC, **12**, 185-197).

A grande floresta devoradora tem sido cantada numa abundante literatura hispano-americana inspirada pela floresta virgem, a *madre-selva* (a *Vorágine*, a Voragem, de José Eustacio Rivera). Encontra-se concepção idêntica do símbolo--floresta em Victor Hugo:

> As árvores assemelham-se a mandíbulas que roem
> Os elementos, dispersos no ar brando e desperto;
> [...]
> Para elas, tudo tem sabor: a noite, a morte...
> [...]
> ... E a terra jubilosa
> Contempla a floresta descomunal a comer.
>
> (*Légende des Siècles*, XVIe siècle,
> Le Satyre.)

Outros poetas são mais sensíveis ao mistério ambivalente da floresta, que gera, ao mesmo tempo, angústia e serenidade, opressão e simpatia, como todas as *"poderosas manifestações* da vida. Menos aberta que a **montanha***, menos fluida que o **mar***, menos sutil do que o **ar***, menos árida do que o **deserto***, menos escura do que a **caverna***, porém cerrada, enraizada, silenciosa, verdejante, umbrosa, nua e múltipla, secreta, a floresta de faias é ventilada e majestosa, a floresta de carvalhos, nos grandes abismos rochosos, é céltica e quase druídica, a de pinheiros, sobre os declives arenosos, evoca a proximidade de um oceano ou origens marítimas; e, no entanto, é sempre a mesma floresta". (Bertrand d'Astorg, *Le Mythe de la dame à la Licorne*, Paris, 1963.)

Para o psicanalista moderno, por sua obscuridade e seu enraizamento profundo, a floresta simboliza o inconsciente. Os terrores da floresta, tal como os terrores pânicos, seriam inspirados, segundo Jung, pelo medo das revelações do inconsciente.

FOCA

Considerada um animal fugidio, oleoso, encerado, impossível de pegar, ela simboliza a virgindade, que não seria devida a uma vontade superior, mas procederia do medo de se dar, da falta de amor. Assim, as ninfas perseguidas pelos deuses se transformavam em focas, segundo as lendas gregas. Poseidon, o deus dos mares, possuía um bando de focas, cuja guarda ele havia confiado a Proteu, um dos deuses subalternos do mar, que tinha a propriedade de se transformar em qualquer coisa que desejasse. O simbolismo da foca hoje se entende com mais precisão: ela simbolizaria o inconsciente, ou pelo menos certa parte do inconsciente originária da repressão, cuidadosamente mantida sob as rédeas de Proteu, mas capaz, como seu senhor, de todas as metamorfoses. Conta-se, por exemplo, que focas fêmeas, desprendendo-se das peles à beira da água, passeiam pelas praias como mulheres maravilhosas.

FOGO

A maior parte dos aspectos do simbolismo do fogo está resumida na doutrina hindu, que lhe confere fundamental importância. Agni, Indra e Surya são os fogos dos mundos: terrestre, intermediário e celeste, i.e., o fogo comum, o raio e o Sol. Além disso, existem outros dois fogos; o da penetração ou absorção (Vaishvanara), e o da destruição (outro aspecto do Agni). Considera-se, paralelamente, cinco aspectos do fogo ritual, que também é Agni.

> O Deus Agni escalou os cimos celestiais,
> e, ao liberar-se do pecado,
> ele nos liberou da maldição.
>
> (*Atharva Veda*, **12**, 2; VEVD, 234)

FOGO | 503

Segundo o *I-Ching*, o fogo corresponde ao sul, à cor vermelha, ao verão e ao coração. Essa última relação, aliás, é constante, quer o fogo simbolize as paixões (principalmente o amor e a cólera), quer ele simbolize o espírito (o *fogo do espírito,* que é também o sopro e o trigrama SI) ou o conhecimento intuitivo a que se refere a *Gita* (**4**, 10; **3**, 27). A significação sobrenatural do fogo estende-se das almas errantes (fogos-fátuos, lanternas, do Extremo Oriente), até o Espírito divino. Brahma *é idêntico ao fogo,* diz a *Gita* (**4**, 25).

O fogo é o símbolo divino essencial do Masdeísmo. A guarda do fogo sagrado é um costume que se estende da antiga Roma e Angkor. O símbolo do fogo purificador e regenerador desenvolve-se do Ocidente ao Japão. A liturgia católica do *fogo novo* é celebrada na noite de Páscoa. A do Xinto, coincide com a renovação do ano. Segundo certas lendas, o Cristo (e alguns santos) revivificava os corpos passando-os pelo fogo da fornalha da forja. Há, ainda, as *línguas de fogo* de Pentecostes. O papel do **ferreiro*** conduz ao de um seu parente, o alquimista, que *fabrica* a imortalidade à chama de seu fornilho, e até mesmo, acreditam os chineses, ao fogo do *cadinho* interior, que corresponde, pouco mais ou menos, ao plexo solar e ao manipura-chakra, que os iogues colocam sob o signo do Fogo. De resto, os taoistas entram no fogo para liberar-se do condicionamento humano, apoteose a propósito da qual não se pode deixar de evocar a de Elias, em seu **carro*** de fogo. Além do mais, eles entram no fogo *sem se queimar;* e isso, segundo afirmam, permite-lhes chamar a chuva – bênção celeste – mas evoca, também, *o fogo que não queima* do hermetismo ocidental, *ablução,* purificação alquímica, simbolizada pela **salamandra***. O homem é fogo, diz São Martinho; *sua lei, como a de todos os fogos, é a de dissolver (seu invólucro) e unir-se ao manancial do qual está separado.* Seria preciso acrescentar a esses fogos purificadores os da China antiga, que acompanhava, nas entronizações rituais, o banho e a fumigação. Tampouco poderíamos deixar de mencionar (em todas as regiões) o fogo dos ordálios.

O Buda substitui o fogo sacrifical do hinduísmo pelo fogo interior, que é, ao mesmo tempo, conhecimento penetrante, iluminação e destruição do "invólucro: Atiço em mim uma chama [...]. Meu coração é a lareira, e a chama é o self domado". (*Sumyuttanikaya,* **1**, 169). Os *Upanixades* asseguram, paralelamente, que queimar pelo lado de fora não é queimar. Daí os símbolos da Kundalini ardente na ioga hindu, e o do *fogo interior* no tantrismo tibetano. Esse último sistema, que considera apenas cinco centros sutis, faz corresponder o fogo ao coração. Também na Índia, Taijasa, condição do ser que corresponde ao sonho e ao estado sutil, deriva de tejas, o fogo. É curioso notar que Abu Ya'qub Sejestani considera o fogo em sua função de *levar as coisas ao estado sutil* pela combustão do invólucro grosseiro. A fórmula alquímica chinesa, pueril na aparência, e segundo a qual a união da água e do fogo produz vapor d'água, exprime um simbolismo dessa mesma natureza. Segundo uma tradição iniciática dos fulas, "o fogo é do céu porque ele sobe, ao passo que a água é da terra porque ela desce em forma de chuva" (HAMK). A origem da água é terrestre, e seu destino, celeste.

O aspecto destruidor do fogo implica também, evidentemente, um lado negativo; e o *domínio do fogo* é igualmente uma função diabólica. A propósito da forja, deve-se observar que seu fogo é a um só tempo celeste e subterrâneo, instrumento de demiurgo e de demônio. A queda de nível é representada por Lúcifer, *portador da luz* celeste, no momento em que é precipitado nas chamas do inferno: fogo que queima sem consumir, embora exclua para sempre a possibilidade de regeneração (AVAS, BHAB, COOH, GOVM, HERS, SAIR).

Nas tradições celtas, têm-se, a respeito do fogo como elemento ritual e simbólico, somente informações indiretas ou hagiográficas. Na Irlanda, por exemplo, os textos fazem menção unicamente à festividade denominada *Beltane,* que se realizava a 1º de maio, data que marca o início do verão. Nessa ocasião, os druidas acendiam grandes fogueiras – *o fogo de Bel* – e faziam passar o gado por entre elas, a fim de preservá-lo

504 | FOGO

das epidemias. Mais tarde, essas fogueiras druídicas foram substituídas pela de São Patrício (o grande apóstolo-missionário da Irlanda que, segundo a história, teria acendido na véspera da Páscoa uma fogueira em Uisnech, região central do país, em desafio às práticas pagãs da época): signo que marcou, decisivamente, o posterior prevalecimento do cristianismo. César, no *de Bello Gallico*, faz referência a grandes **manequins*** de vime, dentro dos quais os gauleses costumavam encerrar homens e animais e, em seguida, atear-lhes fogo. A interpretação desses costumes gauleses é incerta e, até hoje, mal estudada; porém, no caso da Irlanda, o simbolismo é visivelmente solar. É a *páscoa* dos pagãos (CELT, 173; OGAC, 14, 181-183).

Os inumeráveis ritos de purificação pelo fogo – em geral, ritos de passagem – são característicos das culturas agrárias. Com efeito, simbolizam os incêndios dos campos "que se adornam, após a queimada, com um manto verdejante de natureza viva" (GUES).

No *Popol-Vuh*, os Heróis Gêmeos, deuses do milho, morrem queimados na fogueira acesa por seus inimigos, sem qualquer tentativa de defesa, para renascerem, depois, encarnados no rebento verde do milho.

O ritual do Fogo Novo, celebrado ainda hoje pelos chortis, no momento do equinócio, ou seja, no momento da queima de terras antes da semeadura, perpetua esse mito. Os chortis, "nessa ocasião, acendem uma enorme fogueira, e nela queimam corações de pássaros e de outros animais" (ibid). E como o coração de pássaros simboliza o espírito divino, os indígenas, assim fazendo, repetem simbolicamente a incineração dos Gêmeos-Senhores-do-Milho!

O Fogo, nos ritos iniciáticos de morte e renascimento, associa-se ao seu princípio antagônico, a Água. Tanto é assim que os Gêmeos do *Popol-Vuh*, após sua incineração, renascem de um rio onde suas cinzas foram lançadas. Mais tarde, os dois heróis transformar-se-ão no novo Sol e na nova Lua (maia-quiché), realizando, assim, mais uma diferenciação dos princípios antagônicos

fogo e água, que haviam presidido sua morte e seu nascimento.

A purificação pelo fogo, portanto, é complementar à purificação pela água, tanto no plano microcósmico (ritos iniciáticos), quanto no plano macrocósmico (mitos alternados de Dilúvios e de Grandes Secas ou Incêndios).

O *velho deus* asteca do fogo, Huehuetotl, aparece nos Códices tendo como emblemas um penacho encimado por um pássaro azul, um peitoral em forma de borboleta e um cão. Na sua testeira, interpenetram-se dois **triângulos*** isósceles, sendo um na posição reta, e o outro, invertido (SEJF). Sahagun diz que esse deus reside *no reservatório das águas, entre as flores que são muros ameiados, envolvidos por nuvens d'água*. Assim, o fogo, terrestre e ctoniano, representa para os astecas a força profunda que permite a união dos contrários e a ascensão – ou a sublimação, segundo diz L. Séjourné – da água em forma de nuvens, i.e., a transformação da água terrestre, água impura, em água celeste, água pura e divina. O fogo, portanto, é sobretudo o motor da regeneração periódica. O triângulo ascendente, emblema da realeza, é o glifo da força evolutiva; o triângulo descendente, segundo L. Séjourné, representa Tlaloc, a grande divindade uraniana do trovão, do raio (fogo uraniano) e das chuvas. O glifo água queimada, que lhe é associado, resume a união dos contrários que se efetua no seio da terra (*v.* **arara*** e **jaguar***).

Para os bambaras, o fogo ctoniano representa a sabedoria humana, e o fogo uraniano, a sabedoria divina. Como entre os bambaras, o humano está na dependência do divino, o poder religioso tem prioridade sobre o profano (ZHAB).

Certos ritos crematórios têm, como origem, a aceitação do fogo na qualidade de veículo ou mensageiro entre o mundo dos vivos e o dos mortos. Assim, na ocasião de certas festividades comemorativas de um falecimento, os teleutas dirigem-se em procissão ao cemitério, onde acendem duas fogueiras: uma, à cabeceira do ataúde, e outra, junto à base. Na primeira dessas fogueiras, destinada ao defunto, deposita-se a quantidade de alimentos que lhe são reservados: o fogo encarregar-se-á de transmitir-lhe essa oferenda (HARA, 228).

A significação sexual do fogo está ligada, universalmente, à primeira das técnicas usadas para a obtenção do fogo: por meio da fricção, num movimento de vaivém – imagem do ato sexual (ELIF). Segundo G. Dieterlen, a espiritualização do fogo estaria, por sua vez, ligada à obtenção do fogo por meio da percussão. Mesma observação em Mircea Eliade. O fogo obtido por meio da fricção é "considerado o resultado (a progenitura) de uma união sexual". Mircea Eliade assinala o caráter ambivalente do fogo: "sua origem pode ser tanto divina quanto demoníaca (pois, conforme certas crenças arcaicas, ele é gerado, magicamente, no órgão genital das feiticeiras)" (ELIF, 41). G. Durand observa que a sexualização do fogo está claramente sublinhada em numerosas lendas, que situam o lugar natural do fogo na cauda de um animal (DURS, 360-361).

Para G. Bachelard, "o amor é a primeira hipótese científica para a reprodução objetiva do fogo e, antes de ser filho da madeira, o fogo é o filho do homem [...]. O método da fricção surge como o método natural. E é natural, além do mais, porque o homem chega a ele por sua própria natureza. Na verdade, o fogo surgiu em nós, inesperadamente, antes de ter sido arrebatado ao céu [...]. A vida do fogo, toda ela feita de crepitações e de movimentos rápidos e intermitentes, acaso não traz à lembrança a vida do formigueiro? [...] Ao menor acontecimento, veem-se as formigas que fervilham e saem, tumultuosamente, de sua morada subterrânea; do mesmo modo, ao simples acender de um fósforo, veem-se os animálculos ígneos se reunirem e se manifestarem, exteriormente, sob uma aparência luminosa" (BACF, 47, 49, 58).

G. Durand (DURS, 180-183) e Bachelard distinguem duas direções ou duas *constelações psíquicas* na simbologia do fogo, conforme a maneira como ele for obtido, tal como já dissemos, i.e.: por meio da percussão ou da fricção. No primeiro caso, o fogo aparenta-se ao relâmpago e à flecha, e possui um valor de purificação e de iluminação;

ele é o *prolongamento ígneo da luz*. Puro e fogo, em sânscrito, são conceitos designados pela mesma palavra. Ao fogo espiritualizante relacionam-se os ritos de incineração, o Sol, as fogueiras de elevação e de sublimação, enfim, todo fogo que transmita *uma intenção de purificação e de luz*. Esse fogo opõe-se ao *fogo sexual*, obtido por meio da fricção, tal como a *chama purificadora* se opõe ao *centro genital da sede matriarcal*, e tal como a exaltação da luz celeste se distingue de um *ritual de fecundidade agrária*. Assim orientado, o simbolismo do fogo marca *a etapa mais importante da intelectualização* do cosmo, e *afasta o homem cada vez mais da condição animal*. Ao prolongar o símbolo nessa direção, *o fogo seria* o deus vivente e pensante (E. Burnouf) que, nas religiões arianas da Ásia, já teve o nome de Agni, de Athor, e, entre os cristãos, de Cristo (DURS, 182). O isomorfismo do fogo aproxima-o do isomorfismo do pássaro, símbolo uraniano.

Compreender-se-á, desde logo, que o fogo seja a melhor imagem do *Die*, a menos imperfeita de suas representações. E é por esse motivo, como já explicara Dionísio Areopagita, que o fogo é tantas vezes empregado na simbologia teológica: "A teologia, como se pode constatar, situa as alegorias extraídas do fogo quase acima de todas as demais. Observarás, efetivamente, que ela não nos apresenta apenas a representação de *rodas inflamadas*, mas também a de animais ardentes e a de homens, de certo modo, fulgurantes; e que ela imagina, em torno das essências celestes, amontoadas de brasas escaldantes, e rios que rolam, trazendo chamas em seu caudal, em meio a um ruído atroador. Ela afirma, além disso, que os troncos também são escaldantes, e invoca a etimologia da palavra serafins para declarar que essas inteligências superiores são incandescentes e para atribuir-lhes as propriedades e os atributos do fogo. No todo, quer se trate do alto ou da parte mais baixa da hierarquia, suas preferências inclinam-se sempre para as alegorias extraídas do fogo. Parece-me que a imagem do fogo seja, efetivamente, a que melhor pode revelar a maneira pela qual as inteligências celestes se adaptam a Deus. E é por isso

506 | FOICE

que os santos teólogos descrevem muitas vezes sob forma incandescente essa Essência sobre essencial que escapa a qualquer figuração; e é essa forma a que fornece mais de uma imagem visível daquilo que apenas ousamos chamar de propriedade teárquica" (PSEO, 236-237).

Assim como o Sol, pelos seus raios, o fogo simboliza por suas chamas a ação fecundante, purificadora e iluminadora. Mas ele apresenta também um aspecto negativo: obscurece e sufoca, por causa da fumaça; queima, devora e destrói: o fogo das paixões, do castigo e da guerra. Segundo a interpretação analítica de Paul Diel, o fogo terrestre simboliza o intelecto, i.e., a consciência, com toda sua ambivalência. "A chama, a elevar-se para o céu, representa o impulso em direção à espiritualização. O intelecto, em sua forma evolutiva, é servidor do espírito. Mas a chama também é vacilante, e isso faz com que o fogo também se preste à representação do intelecto quando este se descuida do espírito". Lembremo-nos de que o espírito, neste caso, deve ser entendido no sentido de "supraconsciente. O fogo, fumegante e devorador", numa antítese completa da chama iluminante, "simboliza a imaginação exaltada... o subconsciente... a cavidade subterrânea... o fogo infernal... o intelecto em sua forma revoltada: em suma, todas as formas de regressão psíquica".

Nessa perspectiva, o fogo, na qualidade de elemento que queima e consome, é também símbolo de purificação e de regenerescência. Reencontra-se, pois, o aspecto positivo da destruição: nova inversão do símbolo. Todavia, a água é também purificadora e regeneradora. Mas o fogo distingue-se da água porquanto ele simboliza "a purificação pela compreensão, até a mais espiritual de suas formas, pela luz e pela verdade; ao passo que a água simboliza a purificação do desejo, até a mais sublime de suas formas – a bondade" (DIES, 37-38).

FOICE

Símbolo da morte, sob o seguinte aspecto: a foice, como a morte, iguala todas as coisas vivas. Mas foi somente a partir do séc. XV que a foice apareceu pela primeira vez nas mãos do **esqueleto***, para significar a inexorável igualizadora. No Antigo e no Novo Testamento, faz-se menção ao **foicinho*** e não à foice, quando se trata de segar as ervas daninhas; mas o foicinho é apresentado principalmente como um instrumento de castigo e, portanto, discriminatório, em vez de ser o instrumento geral da morte: igual para todos. Neste último sentido, porém, é mais comum verse o foicinho ou a foice nas mãos do velho Saturno (Cronos), o deus coxo do Tempo, como instrumentos que ceifam, cegamente, tudo o que é vivo. A passagem do foicinho à foice terá seguido a natural evolução das ferramentas agrícolas. Todavia, notemos que na lâmina da Morte, arcano XIII do jogo de Taro, a foice aparece a ceifar, não a vida, mas as ilusões deste mundo; e isso, por estar em perfeita concordância com o sentido simbólico do número XIII (início, e não final de um ciclo), valoriza positivamente esse instrumento, que, no caso, é representado como aquele que dá o acesso ao domínio das realidades verdadeiras e invisíveis: o Hak dos sufistas.

FOICINHO

O foicinho (diminutivo de foice), em virtude de seu formato, é frequentemente relacionado com a Lua crescente (por exemplo, a célebre *faucille d'or dans le champ des étoiles*, "foicinho de ouro no campo das estrelas", de Victor Hugo, comparação já utilizada também pelo poeta árabe Ibn-al-Motazz). O foicinho é o atributo de muitas divindades agrícolas, como Saturno e Silvano. Em geral, as armas recurvas são relacionadas com o simbolismo lunar e com o da fecundidade: signo de feminidade.

Assim, o foicinho simbolizaria o ciclo das searas que se renovam: a morte e a esperança dos renascimentos.

Conhece-se o uso ritual do foicinho de ouro entre os celtas, para a colheita do visco (planta parasita), símbolo de imortalidade. Aliás, a arte celta estiliza em forma de foicinho a cauda do galo, animal solar. Neste caso, observa-se uma completa inversão do signo que, de lunar, passa a ser solar. Na estilização celta, porém, o crescente adquire uma forma invertida, voltada para a terra; e essa posição da cauda do galo seria, aos olhos de certos intérpretes, um signo androgênico.

O shastra hindu, arma dos asura, tem o formato do foicinho, mas não parece que lhe deva ser assimilado.

No Japão, o foicinho serviu de *suporte* para a presença real do kami, em certos templos. E, para os japoneses, continua a ser um objeto sagrado: quando colocado em cima dos telhados das casas, ele as protege contra o raio (HERJ, MALA, VARG).

Atributo, igualmente da morte e do tempo, que tudo destroem. Foi o instrumento usado por Cronos para amputar os órgãos de seu pai, Urano, a fim de impedir uma procriação intempestiva. Sob esse aspecto, o foicinho é o símbolo da decisão incisiva, da diferenciação resolvida no caminho da evolução individual ou coletiva. É o signo de *progressão temporal, a própria* necessidade evolutiva, a partir do sêmen original (DIES, 113).

Esse símbolo é claramente bipolar: significa a morte e a colheita. Mas a colheita, por sua vez, só é obtida quando se corta a haste que liga, como um cordão umbilical, o grão à terra nutriz. A colheita (ou ceifa) é a condenação do grão à morte, quer como alimento, quer como semente. *Si le grain ne meurt...* Por isso o foicinho é o atributo tanto de Saturno (Cronos) quanto de Ceres.

FOLE

O fole, pelo papel que desempenha e por seu ritmo, representa naturalmente a respiração: é um instrumento produtor de *sopro*, símbolo da vida e, particularmente, da vida espiritual.

O símbolo do fole cósmico é uma constante no pensamento taoista. A sua mais famosa expressão é a de Tac-te-king (cap. 5): *o entre-Céu-e-Terra é como um fole de ferreiro: vazio, não encolhe; móvel, emite sem cessar. Tem o Céu como tampa e a Terra como fundo,* acrescenta Huai-nantseu. Esse espaço intermediário é, de fato, o da atmosfera (Bhuvas) de acordo com a tradição hindu e o domínio do sopro (k'i), segundo a tradição do Tao. O seu ritmo, campo de ação da Virtude principial, é o próprio ritmo da vida, produtor de *dez mil seres* (LIOT).

FÔLEGO (*v.* Sopro, Respiração)

FOLHA

Participa do simbolismo geral do reino **vegetal***. No Extremo Oriente, um dos símbolos da felicidade e da prosperidade. Um buquê ou ramo de folhas designa o conjunto de uma coletividade, unida numa ação coletiva e num pensamento comum.

FOMORIANOS

Personagens da mitologia celta, os fomorianos são seres maléficos, sombrios e disformes, que simbolizam forças contrainiciáticas e antievolutivas.

FONTE[1]

O simbolismo da fonte de *água pura* é expresso principalmente pelo manancial que brota no meio de um **jardim***, ao pé da Árvore da Vida, no centro do **paraíso*** terrestre, e que, depois, se divide em quatro rios, cujas águas correm para as quatro direções do espaço. Essa é, conforme as terminologias, a *fonte da vida,* ou da *imortalidade,* ou da *juventude,* ou ainda, a *fonte do ensinamento.* No constante dizer da tradição, a *fonte da juventude* nasce ao pé de uma árvore. Em virtude de suas águas sempre cambiantes, a fonte simboliza, não a imortalidade, mas sim um perpétuo rejuvenescimento. As bebidas divinas ou sacrificais – ambrosia, soma, hidromel – são, todas elas, *fontes de juventude.* Quem beber de sua água ultrapassa os limites da condição temporal e obtém, portanto, graças a uma juventude sempre renovada, a longevidade; esta, por sua vez, é produzida também pelo *elixir de vida* dos alquimistas.

Certa tradição oriental faz menção a uma *fonte de vida* hiperbórea ou *polar,* à busca da qual Alexandre o Grande teria se dedicado, sem jamais conseguir alcançá-la, por causa de sua *impaciência.* Por isso teria morrido jovem: aos 33 anos de idade.

Por vezes, estabelece-se uma aproximação entre a *fonte de vida* e o sangue e a água que

508 | FONTE²

brotaram das chagas do Cristo, e que teriam sido recolhidos por José de Arimateia no Graal. A gesta de Alexandre, à qual nos referimos acima, aparenta-se a uma *busca do Graal.*

As construções que, nos países árabes, se fazem em torno de um pátio quadrado, cujo centro é ocupado por uma fonte, são a própria imagem do Paraíso terrestre (CORN, GUEC, GUES).

Na narrativa irlandesa da Batalha de Mag Tured, fala-se de uma fonte de saúde dentro da qual eram jogados os feridos pelas Tutha De Danann (*Tribos da deusa Dana),* a fim de que ficassem curados e aptos para o combate, na manhã seguinte. Essa fonte continha um grande número de plantas curativas ou medicinais; Diancecht, o deus-médico, havia posto dentro dela uma planta de cada uma das ervas que nasciam na Irlanda. O simbolismo da fonte ou do manancial é o da regeneração e o da purificação. A fonte de Glanum (*pura),* na Gália do Sul (Saint-Rémy--de-Provence, França), estava sob a proteção de Valetudo (lat.: "saúde"), que faz lembrar o nome da fonte irlandesa (Slante, a *Saúde)* das Tutha De Danann. Muitos príncipes e guerreiros irlandeses iam regularmente fazer suas abluções matinais numa fonte; e quando o rei Sochaid surpreendeu e abordou a mulher que seria sua futura esposa (Etain), ela estava à beira de uma fonte, a soltar os **cabelos***, antes de lavar-se. A fim de purificar--se do nascimento de Oengus (Apolo, enquanto jovem), Boand vai ao manancial de Segais, de cuja água se forma, de repente, um rio (o Boyne), que corre para o mar e a afoga. O culto das fontes e mananciais permaneceu sempre constante, em todas as regiões celtas da atualidade, particularmente na Bretanha, onde lhe são atribuídas em geral (muitas vezes sob a proteção de Santa Ana, e, ainda com maior frequência, sob a de Nossa Senhora) virtudes curativas válidas para as mais diversas doenças, desde a febre até as moléstias cutâneas. Mas esse culto dos mananciais já existia na Gália, onde se conhecem muitas divindades de fontes terminais, entre as quais Apolo Borvo (*efervescente* – hoje chamada Bourbon-Lancy, Bourbon-L'Archambault, Bourbonne-les-Bains

etc.). No séc. IV, Ausônio (poeta latino nascido em Bordéus), celebrava ainda a fonte gaulesa: Divona... *fons addita divis.* A mais conhecida das fontes célticas, a de Barenton (Normandia, na floresta de Brocéliande, hoje chamada Paimpont) é uma autêntica fonte de borrasca. Menciona-se frequentemente essa fonte nos romances arturianos, em especial no conto galés de Owen e Lunet (**erva*** e **alqueire***) (OGAC XI, 279 s.; XII 59 s.; KERA).

Entre os germanos, a fonte de Mimir continha a água do saber: Sua água é tão preciosa que, a fim de que lhe fosse permitido bebê-la, o deus Odin aceitou entregar um de seus olhos. Por esse preço, ele bebeu a água do conhecimento, da profecia e da poesia (MYTF, 44).

Segundo as tradições órficas, existem duas fontes às portas dos Infernos; é preciso pertencer à raça do Céu, dos seres espiritualizados, para que se possa beber as águas da fonte da memória, que conferem a vida eterna: "Quando tu descer, es à morada de Hades, verás, à esquerda da porta, perto de um cipreste branco, uma fonte. É a fonte do esquecimento. Não bebas de sua água. Segue adiante. Encontrarás uma água clara e fresca, que sai do lago da memória. Nesse momento, deverás aproximar-te dos guardiães da entrada, e dizer-lhes: *Eu sou um filho da terra e do céu, porém minha raça é do céu.* E então, eles dar-te-ão a beber dessa água, e tu viverás eternamente entre os heróis." (Placa de ouro do Museu Britânico; Mareei Brion, *Un enfant de la terre et du ciei,* Paris, 1943. p. 130-131.)

FONTE²

A sacralização das fontes é universal, pelo fato de constituírem a boca da *água viva* ou da *água virgem.* Através delas se dá a primeira manifestação, no plano das realidades humanas, da matéria cósmica fundamental, sem a qual não seria possível assegurar a fecundação e o crescimento das espécies. A água viva que delas corre é, como a **chuva***, o *sangue divino,* o *sêmen do céu.* É um símbolo da maternidade. Por isso, são frequentemente protegidas por tabus: para os descendentes dos maia-quichés (América Central), é proibido pescar nas fontes ou podar as árvores à sua volta. A água da fonte é a água lustral, a *própria substância da pureza* (DURS).

Para os gauleses, as fontes são divindades que têm, principalmente, as propriedades de curar feridas e de reanimar os guerreiros mortos.

Numa espécie de pequeno poema esotérico, cuja interpretação simbólica seria inesgotável por sua riqueza, em especial para um psicanalista, os Tabletes Órficos apresentam uma fonte, cuja água fresca leva aqueles que a bebem ao reino dos heróis; mas ela não pode ser confundida com nenhuma outra fonte: "Encontrarás na casa de Hades, à esquerda, uma fonte; perto dela se ergue um cipreste branco; tenhas o cuidado de nem mesmo aproximar-te dela. Encontrarás outra, uma água fresca que corre do pântano da Memória; há guardas na frente dela. Dize-lhes: Sou o filho da Terra e do Céu estrelado, *vós* o sabeis. Estou morrendo de sede: dai-me imediatamente da água fresca que corre do pântano da Memória. E, então, eles te darão de beber da fonte divina e em seguida irás reinar entre os heróis" (fragmento 32a). Sabe-se que, nas culturas tradicionais, a fonte simboliza a origem da vida e, de uma maneira mais geral, *toda origem*, a do gênio, da força, da graça, de toda felicidade. Se a própria fonte vem do *pântano da Memória,* como deixar de evocar, aqui, o inconsciente? A Memória era adorada como o receptáculo de todo conhecimento. A fonte, neste caso, é a fonte do conhecimento, mãe desse conhecimento que leva à perfeição e que deriva da Memória, local sagrado do Saber. "Como esposa de Zeus, a Memória tornou-se mãe das Musas. De acordo com a concepção usual, ao absorverem a água do Letes, o Esquecimento, os mortos perdem toda lembrança da vida anterior. Em um sistema religioso em que a iniciação recebida durante a vida, e que consiste, em parte, da posse de fórmulas do passado que permitem encontrar o bom caminho no outro mundo, deve ser conservada para levar à beatitude, é compreensível que o papel que desempenha a Memória seja primordial" (J. Defradas, 300). A primeira

fonte da qual o texto órfico trata e com a qual deve-se ter cuidado é a de Letes, que leva ao sono da morte; a outra fonte é a da Memória, que garante uma vigília imortal. É desta que devemos beber, se formos *filhos da Terra e do Céu estrelado.*

É esse mesmo simbolismo da fonte como arquétipo que Jung traduz, considerando-a uma imagem da alma, como origem da vida interior e da energia espiritual.

FORÇA

"A décima primeira lâmina [carta] do **Tarô***", escreve Van Rijnberk, "simboliza a Força de Vontade dirigida para a realização de valores morais. A vontade pode aperfeiçoar-se em diferentes direções. No caso do **Mago***, há uma concentração da vontade, no intuito de obter-se um equilíbrio interior; do Vencedor, que conduz o **Carro***, ela irradia, domina e se projeta no astral; no do **Eremita***, ela aspira a arroubamentos místicos [...]. Na décima primeira lâmina, ela é aplicada no sentido da purificação moral – base e sustentação de todo arrebatamento místico, oculto e mágico. A Força, do Tarô, é o símbolo da Pureza moral, da Inocência perfeita: *Innocentia inviolata,* que encontra justamente nesse estado [de inocência inviolada, íntegra], as energias para o combate" (RIJT, 240).

Para resolver as ambivalências da **Roda da Fortuna*** e mostrar-nos que podemos dominar todas as situações, é uma jovem loura quem nos dá o exemplo: com a cabeça coberta por um chapéu curvo em forma de 8 (*lemniscata*), azul e branco, bordado de amarelo, bastante parecido com o chapéu do Mago, ela mantém aberta, segurando-a com as duas mãos cor de carne, a goela de um leão amarelo, visto de perfil. Sobre sua vestimenta azul, com corpete entrelaçado e mangas amarelas, pende a longa aba de um manto vermelho. Assim, ela inverte as cores da **Justiça***, à qual se assemelha, repetindo as do **Imperador*** e do **Papa***: o vermelho, que representa a ação e o poder, recobrindo a luz interior do azul. Neste caso, porém, a Força de que se trata nada sugere de físico; de certo modo, a jovem mantém aberta

510 | FORCADO

a goela do leão sem esforço aparente, usando, por assim dizer, a ponta dos dedos; sua figura não evoca Sansão, nem Davi, nem Hércules; é o exercício "de um poder feminino, muito mais irresistível, em sua suavidade e sutileza, do que todas as explosões da cólera e da força bruta" (WIRT, 176). Matar o leão de nada serviria; o que é preciso é utilizar sua força e sua energia, pois o iniciado não despreza nada do que é inferior; considera sagrados até mesmo os instintos menos nobres, pois eles são o estimulante necessário a toda ação... O que é vil não deve ser destruído, e sim enobrecido pela transmutação, à maneira do chumbo, que se deve saber elevar à dignidade do ouro (WIRT, 176). Esse simbolismo é claro no plano psicológico, em que nossa vontade precisa domar e utilizar as forças do inconsciente, a fim de realizar o melhor de nós mesmos.

A Força, ou o *Leão domado* por uma Virgem, representa a força moral, a bravura que domina a adversidade, a liberdade de ação e a confiança em si mesmo (*Th. Tereschenko*); o subjugamento das paixões, o êxito (*O. Wirth*). Na Astrologia, ela corresponde à 11ª casa horoscópica.

A oposição entre o leão, imagem da força bruta, e a virgem, imagem da força espiritual, transforma-se numa vitória do espírito sobre a matéria; e significa, não uma destruição, mas sim uma sublimação dos instintos.

E se nos lembrarmos de que o número 11 (onze) é fundamental na iniciação, não só porque é formado de 3 e de 8 (que, no Tarô, correspondem à Imperatriz e à Justiça), como também porque, em redução teosófica, ele iguala 2, não nos surpreenderemos de encontrar a **Papisa*** (2) sob a Força. Assim também, sabendo que a fim de se obter a origem e a derivação de uma carta é preciso interpretar a terceira antecedente e a terceira consecutiva, nós encontramos a Força provindo da Justiça (carta 8) e conduzindo à Temperança (14); o que salienta a conexão dessas três virtudes cardeais. Entretanto, no conjunto do Tarô, a Força é a única carta que não tem uma complementar: o número de nenhuma outra, acrescentado ao seu, soma 22. Acaso não será esse

um sinal de que, na batalha que devemos travar dentro de nós mesmos, estamos sempre sós, e de que devemos redobrar nossas energias, a fim de poder prosseguir em nosso caminho?

FORCADO

Símbolo por excelência da ambivalência, e que deve ser aproximado da **encruzilhada***. Esse instrumento de lavoura, *por causa da separação* existente entre suas pontas (duas ou três, saídas de uma mesma haste de pau ou de ferro), ilustra a tendência à diferenciação "manifestada por individualidades que tiveram origem comum. Entretanto, na própria medida em que os dois ramos (ou pontas) do forcado permanecem unidos a essa origem única, a imagem desse instrumento é também símbolo de indiferenciação" (VIRI, 38). Nessa qualidade, o forcado é o inverso da **flecha***; "um é símbolo masculino, e a outra, símbolo feminino: movimento oposto a passividade, penetração oposta a abertura, orientação oposta a lateralidade, diferenciação oposta a indiferenciação, unidade oposta a ambivalência" (VIRI, 194). Todavia, a significação do forcado poderá inverter-se se esse instrumento for utilizado como uma força objetiva que procura, por sua própria ambivalência, alcançar, captar e aprisionar entre seus ramos, como se eles fossem duas mandíbulas; o forcado torna-se, então, o emblema do diabo: "uma flecha das trevas, a imagem do poder mágico, do dinamismo da afetividade e das forças inconscientes" (VIRI, 202).

O forcado também foi utilizado para infligir suplícios a escravos: costumava-se fincá-lo no chão e colocar a cabeça do condenado metida entre os dentes do forcado, como se estivesse dentro da goela de um monstro. Para os supliciados, o forcado era o instrumento do retorno à indiferenciação da morte.

FORMIGA

"A formiga é um símbolo de atividade industriosa, de vida organizada em sociedade, de previdência, que La Fontaine leva até o egoísmo e a avareza". Citando Provérbios (6, 6), São Clemente de Alexandria escreve: "Já foi dito: Anda, preguiçoso, olha a formiga, e procura ser mais sábio do que ela. Porque a formiga reúne provisões durante a colheita, reserva alimentação abundante e variada para enfrentar a ameaça do inverno" (*Stromates*, 1).

O budismo tibetano faz também da formiga no formigueiro um símbolo de *vida* industriosa e de apego excessivo aos bens deste mundo (EVAB).

No Talmude ela ensina a honestidade. Na Índia, sugere a pouca valia dos viventes, votados, individualmente, à mediocridade e à morte, se não buscam identificar-se com Brahma, o infinito da pequenez evocando o infinito da divindade.

A formiga ocupa espaço dos mais humildes na tradição celta. O único texto em que aparece é o conto galês de Kulhweh e Olwen. Entre os diversos objetos reclamados pelo gigante Yspaddaden Penkawr na busca prévia, figura um sesteiro de grãos de linho. Todos os grãos são levados a Kulhweh pelas formigas da vizinhança, exceto um, que é entregue à noite pela formiga manca. Símbolo do servidor aplicado e infatigável (LOTM I, 329).

A formiga tem importante papel na organização do mundo segundo o pensamento cosmogônico dos dogons e bambaras do Mali. Nas origens, quando da primeira hierogamia céu-terra, o sexo da terra era um formigueiro. Na última etapa da criação do mundo, esse formigueiro tornou-se uma boca, de que saíram o verbo e seu suporte material, a técnica da tecelagem, que as formigas transmitiram aos homens (GRIE). Foram elas que lhes forneceram igualmente o modelo das suas habitações tradicionais. Os ritos de fecundidade permanecem associados à formiga: as mulheres estéreis vão sentar-se em cima de um formigueiro para pedir ao deus supremo, Amma, que as faça fecundas. Os homens dotados de *poderes* – tais como os **ferreiros*** – transformam-se temporariamente em animais, panteras e falcões (GRIM).

A associação formigueiro-sexo feminino (ao mesmo tempo *mons veneris* e vulva-fonte) acarreta uma série de aplicações práticas: os bambaras acreditam que as formigas ditas ndiginew estejam em ligação com a água invisível do subsolo. "Também, quando se quer perfurar um poço, não se poderia

escolher melhor lugar que o de um formigueiro" (ZAHB, 220). A terra desse formigueiro, utilizada ritualmente por determinadas sociedades iniciáticas, em relação com o abdome e as funções digestivas do homem, simboliza "a energia circulando nas entranhas da terra, prestes a manifestar-se sob forma de fonte ou nascente" (ZAHB).

No Marrocos costumava-se forçar os doentes atacados de letargia a engolir formigas (FRAG, 8, 147).

FORNO – FORNILHO

O simbolismo do forno e do fornilho (pequeno forno, fogareiro) deriva dos rituais da metalurgia e, de maneira mais geral, dos rituais das artes do fogo.

A fundição, a esmaltagem, o fabrico da louça e da cerâmica e a Grande Obra alquímica são: quer casamentos do *yin* e do *yang*, da água e do fogo, da Terra e do Céu; quer retornos à matriz (útero), regressões ao estado embrionário com vistas a um novo nascimento. O forno é o cadinho onde se elabora a união, é o *seio materno* onde se prepara o *renascimento*. O nome de *seio materno* era expressamente dado ao forno dos antigos esmaltadores europeus. Nas tradições chinesas, conhecem-se exemplos do sacrifício de uma mulher, e mesmo de um casal, ao Deus do Forno, a fim de favorecer a fundição do metal.

O fornilho dos alquimistas chineses tem a forma de uma ampulheta, i.e., a de dois cones contrapostos e unidos entre si pela parte mais estreita – que é a forma do monte Kuen-luen, centro do mundo, como também a da cabaça, imagem do cosmo. Nesse fornilho, a substância morre, para renascer uma configuração sublimada. Do mesmo modo, encontra-se em diversas lendas europeias o tema da regeneração de velhos ou da cura de doentes, através do processo de colocá-los num forno. Aliás, às vezes era preciso um milagre para salvar as vítimas da operação malsucedida em que as colocara um ferreiro imprudente. No entanto, nem por isso o símbolo é menos constante.

Pode-se ver ainda uma ideia semelhante no fornilho de incenso da Hong-huei, encontrado

512 | FORTALEZA

a flutuar sobre as águas de um rio, e revestido com os caracteres Fant-ts'ing-fou-ming (*destruir a obscuridade, restaurar a luz*), no qual se queima ritualmente cera branca. Neste caso, está claro, a restauração é de ordem iniciática. O fornilho – ou o **almofariz*** – flutuante significa a regeneração do *yang*, ao passo que a água – ou as rãs – saindo do fornilho, tais como aparecem noutras lendas, significam um evidente extravasamento do yin (ELIF, GRAD GRIL).

FORQUILHÁ (*v.* Forcado)

FORTALEZA

O castelo fortificado (ou forte), a *fortaleza, é,* quase universalmente, o símbolo do refúgio interior do homem, da *caverna do coração,* do *lugar* privilegiado de comunicação entre a alma e a Divindade, ou o Absoluto. Nos *Salmos* 46, 59, o próprio Deus é comparado à fortaleza:

> Quanto a mim, vou cantar a tua força,
> vou aclamar teu amor pela manhã;
> pois foste uma fortaleza para mim,
> um refúgio no dia de minha angústia.
> Ó força minha, vou tocar para ti,
> porque foste uma fortaleza para mim,
> ó Deus, a quem amo!
>
> (59, 17-18)

Quem me levará a uma cidade-forte?, lê-se no *Salmo* (60, 11). E, em Teolepto de Filadélfia: "Esforçai-vos por penetrar no mais interior castelo da alma, na morada do Cristo." E, ainda, nos *Sermões de Eckhart*: "Há, na alma, uma fortaleza onde nem mesmo o olhar de Deus, nas suas três pessoas, pode penetrar, *porque esse é o* lugar *da Unidade pura. Mais próximo de nossa época, o poeta Victor Segalen escreveu:* o castelo d'água (fr. *château d'eau*: grande reservatório d'água), o castelo-forte, o castelo da Alma exaltada [...]."

Os árabes denominam de borj (fortaleza) as constelações zodiacais, como também o *ta'wil* (o esoterismo), na medida em que ele *põe as almas ao abrigo da perdição.*

A *Bhagavad-Gita* faz da *fortaleza de nove portas* uma imagem do corpo do yogi (iogue),

cerrado às percepções e vinculações exteriores, e protegendo, portanto, a concentração interior ao espírito (5, 13).

Finalmente, o tratado taoísta da *Flor de Ouro* recomenda que se *fortifique e defenda o Castelo primordial,* que é o *lugar* do sing, do Espírito, da *natureza própria,* segundo a terminologia zen (CORT, ECKT, PHIL, GRIF, SEGI).

FORTUNA

Em Roma, divindade do destino, símbolo do capricho e do arbitrário que comandam a existência. É implacável, não por perversidade ou ódio, mas por uma espécie de indiferença às consequências da sua volubilidade ou do acaso. Representada com um leme ou timão, ela é o *piloto* da vida. Mas pode ser representada também como deusa cega.

Identificada, mais tarde, com Ísis, com a Tique grega, tornou-se a deusa da sorte, e a cornucópia da abundância lhe foi dada como atributo. Favorece a fecundidade, a prosperidade, a vitória. Os templos se multiplicam em sua honra.

FRANCO-MAÇONARIA

Os símbolos da franco-maçonaria são mencionados, ocasionalmente, nos verbetes mais gerais sobre a **acácia***, a **coluna***, o **compasso***, o **triângulo***, **Hirão*** etc. Os quadros aqui reproduzidos permitem resumir, de modo sintético, a simbólica da Corporação.

Nas aberturas dos trabalhos de uma loja maçônica, estende-se no chão – no local do piso em xadrez (cujos quadrados alternadamente brancos e pretos simbolizam a complementaridade dos dois princípios cósmicos: positividade e negatividade) – um tapete retangular denominado *Quadro*. No encerramento dos trabalhos, ele é retirado com um ritual semelhante ao da abertura. Do começo, o *Quadro* era riscado no chão antes de cada sessão e apagado ao fim. Cada grau maçônico comporta seu Quadro específico. Mas só trataremos aqui da sessão iniciática fundamental da Maçonaria, que contém, aliás, todos os símbolos da Associação: os três graus *corporativos* de *Aprendiz, Companheiro* e *Mestre*. O Quadro, que reúne os símbolos particulares do grau em um diagrama organizado, dá aos

FRANCO-MAÇONARIA | 513

Irmãos um resumo concreto, uma vista panorâmica do esoterismo maçônico. Eis algumas das diferenças entre o *Quadro de companheiro* (reproduzido aqui) e o de *aprendiz*: a disposição é a mesma, só que romãs que coroavam, no grau de aprendiz, as duas colunas, J.: e B.:, são substituídas por esferas. E, em vez de três degraus que conduzem ao Templo de Salomão, vemos cinco (por vezes, sete, em certos Quadros). Vê-se, ainda, o símbolo da *estrela flamejante*, que tem no centro a letra *G*. As três janelas dão para o exterior. E há a presença também da pedra cúbica pontuda. No Quadro de Companheiro encontram-se metodicamente reunidos todos os símbolos da atividade maçônica: as ferramentas, graças às quais, operando iniciaticamente sobre si mesmo, o Maçom se torna capaz de converter-se numa *pedra,* não mais bruta mas apta a inserir-se no grande Edifício humano e cósmico que se trata de construir aqui na terra. Tradicionalmente, a franco-maçonaria especulativa se apresenta como herdeira dos Maçons operativos da Idade Média, i.e., do patrimônio iniciático dos construtores das catedrais.

Traçado da Loja de Mestre.

Traçado da Loja de Companheiro.

Os símbolos verdadeiramente fundamentais da Maçonaria, tomados de empréstimo à arte da construção, servem de suporte a uma realização psíquica e espiritual. Ver-se-ão: o malhete (**maço**[1]*) e o **cinzel***, ferramentas do aprendiz (o qual, graças a eles, *desbasta a pedra bruta);* o **esquadro*** e o **compasso***; o nível e o fio de prumo; a régua. Quanto à **pedra*** cúbica de ponta, seu simbolismo de construção aplicar-se-ia à própria arquitetura da realidade: é o quaternário (os quatro elementos tradicionais: Ar, Água, Fogo, Terra), que se sobrepõe ao ternário divino. Poder-se-ia ver também aí uma das figurações da quintessência, esse quinto elemento dos alquimistas, que faz a síntese dos quatro. Mas ao simbolismo arquitetônico se alia a herança bíblica: o Templo para onde conduzem os degraus que cumpre escalar, é o de Salomão. *As duas colunas,* J.: (*Joaquim*) e B.: (*Boaz*), masculina e feminina, são as que, segundo a tradição, se encontravam à entrada do Templo de Salomão. Estão representadas, em todo Templo maçônico, no Ocidente; aparecem como uma simbolização palpável das duas polaridades

514 | FRANCO-MAÇONARIA

(masculina e feminina, positiva e negativa etc.) que se afrontam incessantemente no mundo. Luta, oposição necessária: simbolismo do piso em xadrez, o qual assinala o caráter indissociável da confrontação perpétua das duas polaridades cósmicas. Quanto à **estrela*** flamejante, ou pentagrama, ela tem cinco pontas; tal símbolo remonta, talvez, aos pitagóricos, cujo número sagrado (como o da Corporação maçônica) era cinco. Observe-se que a estrela flamejante está posta face ao Ocidente. Não seria o caso de considerá-la como um símbolo *andrógino?* Com efeito, a estrela flamejante, que pôde ser aplicada, em diversas tradições religiosas, seja ao aspecto masculino da Divindade (simbolismo solar), seja Feminidade divina (associação do pentagrama com a Virgem Maria), representaria como que o termo ideal da conjunção perfeita das duas polaridades opostas: a oposição convertida em fusão, unidade. A Letra G tem diversos significados: *Gnose* (conhecimento), *Deus* (o ingl. *God*), *geometria, geração,* esta última possibilitada – em todos os planos – pela conjunção do positivo e do negativo, das Colunas J.: e B.:

No alto do Quadro veem-se o **Sol*** e a **Lua***. O observador reencontra, nesse passo, mas num nível superior, a complementaridade cósmica dos dois princípios. Pode-se refletir também sobre o papel, na Maçonaria, dos ciclos solar e lunar, que comandam, cá embaixo, toda a vida terrestre, com predominância operativa do primeiro: a franco-maçonaria poderia ser classificada entre as iniciações *polares masculinas.* Donde as dificuldades encontradas pelo problema, resolvido de diferentes maneiras segundo as obediências, da admissão das mulheres aos mistérios maçônicos.

A substituição, sobre as duas colunas J.: e B.: das **romãs*** por duas **esferas*** tem uma dupla significação: simboliza, talvez, o domínio crescente sobre as paixões; as duas esferas, uma terrestre, outra celeste, concretizam todo o campo de ação do trabalho maçônico.

Em torno do Quadro, corre o debrum rendado, corda atada de maneira toda especial (**entrelaçados*** *de amor*). Simboliza a cadeia de união que agrupa todos os irmãos, tanto os que estão hoje vivos em toda a superfície da Terra quanto os que *passaram para o Oriente eterno* e os das gerações futuras. Pois os **nós***, cuja forma desenha o signo matemático do infinito, não simbolizam o caráter sempre também inacabado, sempre a recomeçar do trabalho maçônico?

O Quadro de Mestre representa, num ladrilhamento em losangos (e não mais em quadrados) o ataúde de Hirão, arquiteto lendário do Templo de Salomão. O ataúde está recoberto de um pano funerário, ornado de franjas de prata e decorado com uma cruz latina. Veem-se seis crânios humanos, cada um deles acompanhado de duas tíbias cruzadas. A cabeceira do ataúde – que leva um triângulo ornado com a letra G – está orientada para o Ocidente, os pés – presença do Compasso e do Esquadro – voltam-se para o Oriente. A esquerda do Quadro corresponde ao Setentrião, a direita, ao Meio-dia. O leitor estará lembrado de que, em muitas tradições, o Ocidente é a direção do *país dos mortos.* A **cruz*** é, evidentemente, um símbolo de sacrifício. A presença de um galho de acácia, posto no meio do ataúde, lembra a lenda de **Hirão***. Que é o próprio tipo dessas lendas iniciáticas, nas quais os símbolos de vida nova, de ressurreição, sucedem-se aos da morte. Hirão é o herói, o iniciado, o qual, aceitando o completo sacrifício da sua personalidade, alcança o estado de liberado, no qual poderá agir em prol da causa suprapessoal à que se dedicou. A cruz não é apenas um símbolo funéreo: é também, tradicionalmente, um símbolo de libertação humana total, do duplo desenvolvimento ou desabrochar do ser – horizontalmente e verticalmente – i.e., segundo os quatro pontos cardeais, de uma parte, e, outra parte, segundo o **eixo*** **zênite***-**nadir***. Analogamente, o Templo maçônico é posto em correspondência com o mundo no seu conjunto e com as seis direções espaciais. As tíbias postas debaixo das caveiras desenham uma cruz de Santo André (em diagonal), símbolo de vida e de perfeição. Quanto aos **losangos*** do solo, não são mais do que a combinação de dois triângulos em posições opostas (o divino e o terrestre): indicam a soberania do Ressuscitado sobre os domínios superior e inferior da realidade.

FRANGO

Ao simbolismo da **encruzilhada*** se liga o da pata de **ganso***, que se torna, entre os povos sudaneses de Mali, o da pata de frango. Segundo Zahan (ZAHB, 232), a configuração da pata do frango, em conjunto com os hábitos característicos desse animal, explica que a noção de encruzilhada, para os povos sudaneses, exprime ao mesmo tempo os símbolos de **centro***, de dúvida diante das três estradas oferecidas e de **espiral***, isto é, de revolução em torno de um ponto ou de um eixo. Com efeito, o frango, indicando com seu canto o ritmo da revolução diurna do sol, com a alternância dos dias e das noites, transforma-se, "de certo modo, no equivalente do movimento do sol em torno da terra; em consequência, continua o autor, toda representação da pata dessa ave é o signo do universo em seu movimento de rotação [...]. O valor religioso do frango, do ponto de vista do sacrifício, se apoia nesses dados. Sacrificar essa ave é sacrificar o substituto do mundo" (ibid.).

Para os alquimistas, o frango simboliza as três fases de evolução da obra, em função de sua crista vermelha, suas penas brancas, suas patas negras. É a matéria da obra que começa a se tornar negra devido à putrefação; depois, branca, à medida que o orvalho filosófico ou ozotii a purifica; enfim, vermelha, quando está perfeitamente fixada... O vaso dos filósofos é chamado de habitação do frango (PERD, 397-398). O vaso dos filósofos é o princípio e a raiz de todo ensinamento, é a água e o receptáculo de todas as tinturas; essas palavras devendo ser entendidas no sentido da linguagem hermética: o conjunto dos conhecimentos ocultos (*v.* **galo** *).

FREIXO

Entre os gregos, ao tempo de Hesíodo, o freixo era um símbolo de firme solidez. No famoso mito das raças, foi o freixo que engendrou *a raça de bronze, muito diferente da raça de prata, terrível e*

poderosa. O freixo, de cuja madeira se faziam as hastes das lanças, designa também a própria lança.

Nas tradições escandinavas, é símbolo de imortalidade e de relacionamento entre os três níveis do cosmos. Um poema escandinavo (citado por CHAS, 306) o descreve:

> Essa árvore sabiamente construída que mergulha suas raízes nas profundezas da terra...
>
> Eu sei que existe um freixo que se chama Yggdrasil
>
> O cimo da árvore se banha no alvacento vapor d'água
>
> De que provêm as gotas de orvalho que vão cair no vale
>
> Ele se ergue, eternamente verde, acima da fonte de Urd.
>
> É o gigante, deus da fecundidade:
>
> Yggdrasil estremece,
>
> O freixo ereto,
>
> Geme o velho tronco,
>
> E o gigante se liberta;
>
> Todos fremem nos caminhos do inferno...
>
> (Trad. de Régis Boyer)

Para os povos germânicos, o freixo Yggdrasil é a árvore do mundo. O universo se desenvolve à sombra da sua galhada, inumeráveis são os animais que nela habitam, e todos os seres derivam dela. Está sempre verdejante, pois tira sua força, sempre viva e renascente, da fonte de Urd. O freixo vive dessa água e faz viver o universo. A fonte é guardada por uma das Normas, que são as donas do destino.

O freixo enterra suas três principais raízes, uma na fonte de Urd; outra, no país dos gelos, Niflheim, para alcançar a fonte Hvergelmir, origem das águas que correm em todos os rios do mundo; a terceira no país dos Gigantes, onde canta a fonte da Sabedoria, Mimir. Os deuses germânicos se congregam aos pés de Yggdrasil, como os deuses gregos no cimo do Olimpo, para distribuir justiça. Por ocasião dos grandes cataclismos cósmicos, em que um universo se aniquila e cede lugar a outro, Yggdrasil permanece imóvel, de pé, invencível. Nem as cha-

516 | FRUMENTO

mas, nem os gelos, nem as trevas o abalam. Serve de refúgio aos que, tendo escapado aos desastres, vão repovoar a terra. É o símbolo da perenidade da vida, que nada pode destruir.

Nas antigas repúblicas bálticas, "freixo" se diz do homem néscio ou abobalhado, porque a árvore é considerada cega. Não sabe quando chega a primavera e fica desnuda por mais tempo do que as demais. Depois, no outono, temeroso de parecer outra vez ridículo, o freixo livra-se de todas as suas folhas de um só golpe e antes de todas as outras árvores (*Latvi esu Tautas paskas un teikas,* Riga, 1925-1937).

O freixo põe em fuga as serpentes ou assim se crê. Exerceria sobre elas uma espécie de poder mágico, de tal modo que se uma serpente tiver de escolher entre passar pelos ramos de um freixo ou pelo fogo de uma fogueira, escolhe a fogueira. Plínio e Dioscórides aludem a essas particularidades, acrescentando que "uma infusão de folhas de freixo misturada ao vinho tem grande eficácia como contraveneno" (LANS, 6, 2ª parte, 146-147).

"Na Grande Cabília como na Europa nórdica, o freixo é símbolo de fecundidade." O freixo *taslent* é a árvore da mulher por excelência, que ela tem de escalar para cortar as folhas necessárias à alimentação dos bois e das vacas. É do freixo que se suspendem certos amuletos, especialmente aqueles que fazem bater o coração dos homens. "Primeira árvore da criação, é, no entanto, apenas a segunda por sua utilidade. Vem depois da oliveira. Mas esse freixo forrageiro não é de todo tranquilizador. Como tudo que encerra poderes mágicos, infunde temor." Se um homem planta um freixo, perderá um parente do sexo masculino, ou sua mulher dará à luz natimortos. Tudo o que é fecundidade e vida é, também, por via de compensação, um risco, o de perda da vida e da fecundidade, justamente (SERP, 252).

FRUMENTO

O trigo é o *alimento* por excelência, e não só na Europa. Os chineses da Antiguidade pediam a Hu-tsi, o *Príncipe das Searas, cevada e frumento.* Segundo o *Chandogya-Upanishad,* o trigo vem da água, como a água vem do fogo. O frumento era, com o vinho e o azeite, uma das oferendas rituais dos judeus, o que Louis-Claude de Saint-Martin traduz em termos de alquimia: o frumento, diz ele, é a substância passiva, *a base,* i.e., o mercúrio da Grande Obra. É também, acentua ele, designado por uma palavra hebraica que significa ao mesmo tempo pureza, e cuja raiz está associada às noções de escolha, de eleição, aliança e favor de Deus, donde seu valor ritual.

O trigo como alimento fundamental significa *o alimento de imortalidade,* o que é um outro aspecto da Grande Obra (*v.* **arroz***, cuja significação é análoga na China). A espiga de trigo dos mistérios de Elêusis é um símbolo de ressurreição. O grão que morre e renasce representa a iniciação, o *novo nascimento* no estado primordial (BENA, SAIR).

FRUTO

Símbolo de abundância, que transborda da cornucópia da deusa da fecundidade ou das taças nos banquetes dos deuses. Em razão dos grãos que contém, Guénon comparou o fruto ao ovo do mundo, símbolo das origens. Na literatura, muitos frutos adquiriram significado simbólico (**figo***, **romã***, **maçã***): dos desejos sensuais, do desejo de imortalidade, da prosperidade.

FUDÔ-MYOO

Segundo o esoterismo shingon, símbolo da energia na execução das resoluções tomadas e, em particular, na escolha de uma vida de compaixão. É a principal figura dos *Cinco Grandes Reis de ciência.* Os cinco Budas têm, cada um, um duplo aspecto, que se traduz pelas expressões *corpo de cólera* e *corpo de compaixão.* Mas trata-se das duas faces de um só e mesmo ser. Poder-se-ia dizer que são os dois modos de um único sentimento. Porque as figuras terríveis correspondem ao corpo de cólera e *só agem contra as forças do mal.* Fud , as mais das vezes, representado em azul-marinho, raramente em amarelo ou vermelho, com uma silhueta de adolescente atarracado, que simbolizaria a pureza. "Seu rosto, de expressão extremamente tensa, sua boca armada de caninos que escapam dos lábios, seus olhos, um dilatado, o outro semicerrado, indicam um imenso esforço. Ele traz na mão direita um **gládio*** e na esquerda um laço, que simbolizam a destruição dos obstáculos e a neutralização das forças do mal. Ele está sentado ou de pé sobre um rochedo duro como o diamante, símbolo da firmeza. Atrás dele, uma auréola de chamas simboliza a purificação (MYTF, 168).

Essa imagem do Fudô pode ser, perfeitamente, universalizada e representar, numa concepção segundo a qual todas as virtudes são conexas, a força que deve afetar a prudência, a temperança e a justiça, para citar apenas as virtudes clássicas. No budismo, é a força com a qual cumpre conquistar e conservar a compaixão, que não é um dom natural. Não é preciso dizer que essa força se exerce tanto contra os inimigos interiores quanto sobre os outros, externos.

FUMAÇA

A fumaça é a imagem das relações entre a terra e o céu; pois, seja ela fumo dos sacrifícios ou de **incenso*** que leva a Deus as orações e a homenagem dos fiéis, seja como nos rituais chineses antigos – fumo de gordura ou de **artemísia***, que chama do Céu a alma huen para reuni-la à alma p'o com vistas à restauração da vida. Na China ainda, e no Tibete, a fumaça eleva a alma até o **além***. Assim, a incineração dos taoístas era um meio de redenção. A coluna de fumaça se identifica, seja como for, com o eixo do mundo, e é isso que exprime claramente a que procede da lareira central da iurte mongol, que se eleva e sai pelo buraco do teto, que é – já o vimos a propósito de **caverna*** e **domo*** – uma saída para o cosmo.

Na China antiga, a fumaça – de juncos e caniços – tinha papel de purificação ritual, tanto quanto a água e o fogo (GRAD, GRAR, KALL).

Conta-se das extraordinárias faculdades do druida-curandeiro do Ulster que, pela simples visão da fumaça que saía de uma casa, podia dizer quantos doentes havia lá dentro e de que doenças padeciam. Não se sabe o que vai aí de exagero irlandês. Ou se a coisa deva ser vista como intenção simbólica. Nesse caso, o simbolismo estaria em relação com as faculdades supranormais do druida e tratar-se-ia apenas de uma extensão, pela fumaça, da sua capacidade de diagnóstico (diante de ferimentos, Fingen identifica os seus autores). A fumaça é, também, de certo modo, como que a respiração da casa e, mais geralmente, a respiração de um ser (WINI, 5, 795).

Entre os povos indígenas da América do Norte, é possível citar, no conjunto dos fumos rituais, de funções purificadoras, o **incenso***; resinas como o copal; tabaco; madeira de cedro. As colunas de fumaça, elevando-se do solo para o alto, simbolizam a junção do céu e da terra e uma espiritualização do homem.

Um certo vapor que escapa do ser que acaba de expirar, como uma leve fumaça, simbolizava ou realizava para os alquimistas a saída da alma do corpo. Essa crença é geral em vários círculos.

FUNÇÃO

A função é o símbolo da ordem vital e social, de um movimento organizado. No sistema sociológico estabelecido por G. Dumézil, a sociedade indo-europeia está dividida em três classes que englobam todo o campo de possibilidades intelectuais e ativas. A existência dessa tripartição foi constatada através da comparação de dados hindus (na Índia, o endurecimento do sistema social deu origem às **castas***) e indo-europeus era geral (Roma, a Germânia, os celtas etc.). A primeira classe é sacerdotal (brâmanes), a segunda é guerreira (chátrias), e a terceira é produtora ou comerciante (vaixiás), segundo um esquema que, na França do *Ancien Régime* (sistema de governo que vigorou antes da Revolução francesa), corresponderia à divisão de classes então existente, a saber: clero, nobreza e terceiro estado (i.e., o povo, em oposição às duas primeiras). A sociedade celta, constituída conforme uma tradição extremamente arcaica, valorizava essencialmente a primeira função – a sacerdotal – e a segunda função: a guerreira. A classe sacerdotal compreendia o conjunto de druidas, poetas, adivinhos, médicos, historiadores e juízes; a classe guerreira compreendia a aristocracia e os homens livres,

518 | FUNCHO

possuidores de gado. A terceira função parece ter consistido unicamente em artesãos (ferreiros, carpinteiros, sapateiros etc.), que, pelo menos na Gália, formaram classe muito próspera e ativa. Nessa sociedade, não havia lugar reservado para os agricultores; e não se encontra vestígio algum, tampouco, da existência de uma burguesia comerciante, análoga aos vaixiás da Índia. A plebe ligada à gleba não tinha expressão: era totalmente *excluída das funções* sociais e religiosas, como os sudras e párias da Índia.

De acordo com a definição irlandesa, os *não deuses* são os agricultores, e os deuses são todos aqueles que possuem uma arte, intelectual ou manual. É uma concepção social de nômades guerreiros e criadores de gado, dirigidos por uma teocracia todo-poderosa. No entanto, parecem haver diferenças sensíveis entre os dois sistemas sociais: na Índia, por exemplo, os deuses-médicos ou *Ashvins* fazem parte da *terceira junção*. As mulheres têm acesso tanto à primeira quanto à segunda função; e na Irlanda, assim como a Gália, havia druidesas e profetisas. Na Irlanda, a mulher livre era obrigada a fazer o serviço militar. No ponto mais alto da hierarquia estava o deus Lug: deus *politécnico* que transcendia as três funções. Na narrativa do *Cath Maighe Tuireadh* (Batalha de Mag Tured), ele explica, no momento de sua chegada a Tara, que é, ao mesmo tempo, druida, campeador e artesão, capaz de exercer todas as atividades intelectuais e manuais. Todavia, nessa sociedade, tudo o que é *agrícola* resulta de um acréscimo tardio (geralmente cristão ou hagiográfico), ou de um dado tradicional mal compreendido. O deus-druida, Dagda, por exemplo, é considerado agricultor porque foi tardiamente evemerizado e transformado em rei dos Tuatha Dé Danann; estes, refugiados debaixo da terra após a chegada dos irlandeses, conservaram o poder mágico de destruir ou de dar (o trigo e o leite). A metódica e prudente utilização de semelhante sistema funcional permite, muitas vezes, classificar ou reconhecer, com maior facilidade, dados tradicionais fundamentais. Os símbolos da arte relacionam-se com essas diferentes funções (DUMI, OGAC, 12, 349-382).

O rei celta, que recebia os impostos e tributos, encarregava-se de assegurar a generosa repartição dos mesmos entre todos os seus súditos. Ele era a um só tempo *distribuidor* e *equilibrador*. Intermediário entre a classe sacerdotal (que o fiscalizava) e a classe guerreira (da qual provinha), o rei era também o responsável pela manutenção da coerência social; e, nessa qualidade, competia-lhe velar para que as tarefas *produtoras* fossem regularmente assumidas por aqueles incumbidos de realizá-las. De modo que o rei celta era também o responsável pela fecundidade e fertilidade dos campos, dos animais e das mulheres. Entretanto, ele não assumia pessoalmente essa fecundidade: sua incumbência era apenas a de mantê-la; e, ao que tudo indica, o mundo celta não tinha simbolismo especial referente a essa função. O papel equilibrador e distribuidor do rei exercia-se, com efeito, em todos os domínios da atividade humana, porquanto ele era também juiz e guerreiro; assistia às batalhas sem combater, porém sua presença era indispensável à vitória (OGAC, 4, 245; 10, 307).

FUNCHO

Símbolo de rejuvenescimento espiritual.

Os adeptos do culto de Sabázio, antigo Dioniso da Frígia, se enfeitavam de funcho. Segundo Plínio, o funcho tinha a propriedade de clarear a vista. Além disso, era por comê-lo que as serpentes adquiriam precisamente o poder maravilhoso de rejuvenescerem periodicamente.

O rico funcho se crispa no seu perfume, com o qual se conjura o mal espiritual (Matthieu de Vendôme, séc. XII).

FUNDA

Para os incas do Peru a funda era a arma de Illapa, deus do Trovão e da Chuva. Ela é, então, simbolicamente, o equivalente do **Zunidor***, que tem papel essencial como voz de uma grande divindade uraniana.

Na tradição greco-romana, a funda é simplesmente uma arma e não se presta às mesmas utilizações plásticas que o **arco*** nem a interpretações simbólicas.

Arma que permitiu ao pequeno pastor David abater o gigantes Golias, a funda simboliza a força do fraco, a oposição ao poder constituído.

FURACÃO

Nas tradições ameríndias, o furacão (ciclone, tromba, tornado, redemoinho) é concebido como uma conjuração dos três elementos (o ar, o fogo, a água) contra a terra: uma revolta dos elementos. É uma libertinagem quase orgiástica das energias cósmicas. Simboliza o fim de um tempo e a promessa de um tempo novo. Depois da destruição, a terra infatigável reproduzirá outra coisa (*v.* **tormenta***).

FURBU

Arma ritual do budismo tântrico, que tem o fim de vencer os demônios. O furbu é um punhal de lâmina triangular carregado com diversos símbolos: vajra, goela de makara, cabeças de divindades irritadas. Essa arma mágica tem a atribuição de tragar os maus espíritos que trespassa.

FUSO (Fio, tecelagem)

O fuso da necessidade, em Platão, simboliza a necessidade que reina no coração do universo.

O fuso gira com um movimento uniforme e induz a rotação do conjunto cósmico. Indica uma espécie de automatismo no sistema planetário: a lei do eterno. É comparável, sob esse aspecto, ao simbolismo lunar. As filhas da Necessidade, as Parcas, cantam como as Sereias, fazendo girar os fusos: Láquesis (o passado), Cloto (o presente), Átropos (o futuro). Elas regulam a vida de todo ser vivo com o auxílio de um fio que a primeira fia, a outra enrola e a terceira corta.

Esse simbolismo revela o caráter irredutível do destino: impiedosamente, as Parcas fiam e desfiam o tempo e a vida. O duplo aspecto da existência é, aí, manifesto: a necessidade do movimento, do nascimento à morte, mostra a contingência dos seres. A necessidade da morte reside na não necessidade da vida.

O fuso, instrumento e atributo das Parcas, simbolizará a morte.

G

G

Um dos símbolos da Maçonaria que se encontram no quadro do grau de Companheiro é a letra *G*, que ocupa o centro da estrela flamejante. A explicação da letra como inicial de tal ou qual palavra tomada das línguas modernas – glória, grandeza, geometria etc. – não parece satisfatória. E, no entanto, para a Maçonaria inglesa, ela é a inicial de Deus, **God**. Guénon observou que o *G* poderia substituir, por assimilação fonética, o *iod* hebraico, símbolo do princípio divino. Já se fez do *G* também inicial de *Geometria*, que é a ciência do Grande Arquiteto do Universo. Mas tal explicação só faz sentido se o *G* é substituído pelo seu equivalente *gamma* do alfabeto grego, cuja forma é a de um esquadro. Ora, quatro gamas reunidos formam uma *suástica*, símbolo polar, e indicam as quatro posições da Ursa Maior, ritmo do dia e do ano. O **fio*** de prumo aparece, por vezes, com o *G* no centro da *suástica*. O *G* seria, aí, um substituto da Ursa Maior e, portanto, uma figuração do *polo celeste* (BOUM, GUET, GUES). Simboliza um centro diretor ou iluminador.

GAFANHOTO

Os gafanhotos são a própria imagem da praga, da multiplicação devastadora. Aparecem com este significado do *Êxodo* (**10**, 14) ao *Apocalipse* (**9**, 3), em que representam, segundo os exegetas, as invasões históricas ou os tormentos de origem demoníaca. Este aspecto não deve ser negligenciado, uma vez que o exorcismo foi, por muito tempo, utilizado contra os gafanhotos.

No Antigo Testamento, a invasão dos gafanhotos, embora provocada por uma decisão especial de Deus, permanece uma calamidade de ordem física; no Novo Testamento, o símbolo toma outra distinção: a invasão do gafanhoto torna-se um suplício de ordem moral e espiritual (*Apocalipse*, **9**, 1-6).

Nesta mesma ótica, Tchuang-tsen só inclui multiplicação *inoportuna* dos gafanhotos como resultado de desordens cósmicas, sabidamente provocadas por desregramentos microcósmicos. Pois, na verdade, o gafanhoto tinha um valor totalmente diferente na China antiga: a sua multiplicação era um símbolo de posteridade numerosa, portanto, de bênção celeste. O ritmo dos seus pulos era associado aos ritos da fecundidade, às regras de equilíbrio social e familiar (GRAD, GRAR).

GAIVOTA

Segundo um mito dos índios lilloets, da Colúmbia Britânica, relatado por Frazer, a gaivota era primitivamente proprietária da *luz do dia*, que ela conservava ciumentamente dentro de uma caixa, apenas para seu uso pessoal. O Corvo, cujas qualidades demiúrgicas são conhecidas nas culturas do noroeste, conseguiu romper a caixa, usando de astúcia, em benefício da humanidade. O mesmo mito explica em seguida como o Corvo organiza uma expedição ao país dos peixes, a bordo da barca da gaivota (barca de luz) para conquistar o fogo.

GALANTO (CAMPÂNULA BRANCA)

Pequena flor branca perfumada que floresce no fim do inverno e anuncia a primavera. No Ocidente, transformou-se em símbolo de consolo e de esperança.

É um símbolo de coragem, de resistência, da fidelidade inquebrantável, entre os povos indígenas da pradaria norte-americana (ALEC, 238-239).

GALHO

A palavra que designa o *galho* é, em irlandês, *craeb, croeb*, a mesma que serve para designar a **vara*** mágica. Em muitos textos, esse galho (ou ramo) que possui poderosas qualidades mágicas (entre outras coisas, faz esquecer a tristeza, pois dele emana uma música misteriosa) é um galho de **macieira***. Ora, o fruto dessa árvore confere a imortalidade (OGAC, 14, 339-40). O galho é o símbolo e o instrumento de uma música cósmica, o intérprete da música das esferas.

GALINHA

A galinha desempenha o papel de psicopompo nas cerimônias iniciáticas e divinatórias dos bantus da bacia congolesa. Assim, no ritual iniciatório das mulheres xamãs entre os luluas, relatado por Dr. Fourche (FOUC), a candidata a xamã, à saída da fossa onde cumpre sua prova de morte e de renascimento, é considerada definitivamente entronizada quando um de seus irmãos suspende uma galinha pelo pescoço: *é através desse sinal que ela exercerá daí em diante o poder de atrair no mato as almas de médiuns defuntos, para conduzi-los e fixá-los ao pé de árvores a eles consagradas.* Em numerosos ritos de caráter órfico, ela aparece associada ao cachorro (*v.* **cão***).

O sacrifício da galinha para a comunicação com os defuntos, costume espalhado por toda a África subsaariana, provém do mesmo simbolismo.

GALO

O galo é conhecido como emblema da altivez – o que é justificado pela postura do animal – e como emblema da França. Mas trata-se de uma noção recente, sem valor simbólico, fundada no duplo sentido da palavra *gallus* = "galo" e "gaulês". A ave aparece, ao lado de Mercúrio, em algumas representações figuradas galo-romanas. Aparece também em moedas gaulesas. Mas os romanos fizeram um jogo de palavras entre *gallus*, "galo", e *Gallus*, "gaulês", como já foi dito. Essa a origem do *coq gaulois*, cujo valor simbólico tradicional é quase nulo (CHAB, 628-651). O caráter do galo e o do francês não deixam de ter, porém, do ponto de vista simbólico, um certo parentesco.

O galo é, universalmente, um símbolo solar, porque seu canto anuncia o nascimento do Sol. Por isso, consideram-no os hindus atributo de *Skanda*, que personifica a *energia solar*. No Japão, seu papel é importante, pois seu canto, associado ao dos deuses, fez sair Amaterasu, deusa do Sol, da caverna onde se escondia, o que corresponde ao nascer do Sol, à manifestação da *luz*. É por isso que, no recinto dos grandes templos xintoístas, galos magníficos circulam em liberdade; no templo de Ise criam-se galos sagrados. Uma homofonia duvidosa faz, por vezes, considerar os *toril* dos templos xintoístas como tendo sido, originariamente, poleiros para os galos.

A virtude da coragem, que os japoneses atribuem ao galo, lhe é atribuída também em outros países do Extremo Oriente, onde o galo tem papel especialmente benéfico: primeiro porque o sinal que o designa em chinês (*ki*) é homófono do que significa "bom augúrio", "favorável". Depois, porque seu aspecto geral e seu comportamento fazem-no apto a simbolizar as *cinco virtudes*: as virtudes civis, uma vez que a crista lhe confere um aspecto mandarínico; as virtudes militares, devido ao porte de esporas; a coragem, em razão do seu desempenho em combate (nos países onde a briga de galos é esporte particularmente apreciado); a bondade, por dividir sua comida com as galinhas; a confiança, pela segurança com que anuncia o nascer do dia.

E por anunciar o Sol ele tem poderes contra as influências maléficas da noite. Ele as afasta das casas se os proprietários têm o cuidado de pôr sua efígie na porta. No Vietnã, o pé de galo cozido é a imagem do microcosmo e serve para a adivinhação.

No budismo tibetano o galo é, no entanto, símbolo excepcionalmente nefasto. Figura no centro da Roda da Existência, associado ao porco

522 | GALO

e à serpente como um dos *três venenos*. Seu significado é o *desejo*, o apego, a cobiça, a *sede*. Convém lembrar que, na Europa, ele é tomado, ocasionalmente, como símbolo da cólera, explosão de um desejo desmesurado – e contrariado (DURV, GOVM, HUAV, PALL).

Segundo as tradições helênicas, "o deus do galo dos cretenses, Velchanos, é assemelhado a Zeus" (SECG, 10). O galo se encontrava junto de Leto (Latona), engravidada por Zeus, quando ela deu à luz Apolo e Ártemis. Assim, ele é consagrado simultaneamente a Zeus, a Leto, a Apolo e a Ártemis, i.e., aos deuses solares e às deusas lunares. Os *Versos de ouro* de Pitágoras recomendam, em consequência: "alimentai o galo e não o imoleis, porque ele é consagrado ao Sol e à Lua."

Símbolo da *luz nascente* ele é, portanto, um atributo particular de Apolo, o herói do dia que nasce.

Apesar do conselho atribuído a Pitágoras, um galo era sacrificado ritualmente a Asclépio (Esculápio), filho de Apolo e deus da medicina. Sócrates lembrou a Críton, pouco antes de morrer, que cumpria sacrificar um galo a Asclépio. Sem dúvida, deve-se ver nisso um papel de psicopompo atribuído ao galo; ele iria anunciar no outro mundo o advento da alma do defunto e conduzi-la até lá. A alma abriria os olhos a uma nova luz, o que equivalia a um novo nascimento. Ora, o filho de Apolo era, precisamente, esse deus, o qual, com seus remédios, operara ressurreições neste mundo, prefiguração dos renascimentos celestes. Pelo mesmo motivo, o galo era o emblema de Átis, o deus solar, morto e ressuscitado, no quadro das divindades orientais. Esse papel de psicopompo explica também que o galo seja atribuído a Hermes (Mercúrio), o mensageiro, que percorre os três níveis do cosmos, dos Infernos ao Céu. Sendo Asclépio, cumulativamente, um herói curador antes de tornar-se deus, acreditava-se que o galo curava as doenças.

Figura, com o cão e o cavalo, entre os animais psicopompos sacrificados (oferecidos) aos mortos nos ritos funerários dos antigos germanos (KOPP, 287).

Por ocasião das cerimônias de purificação e de expulsão dos espíritos que se seguiam à morte de alguém, certos povos altaicos usavam o galo para representar o defunto. Amarrado ao pé do leito mortuário, era expulso pelo xamã (HARA, 229).

Nas tradições nórdicas o galo é, ainda, um símbolo de *vigilância guerreira*. Ele perscruta o horizonte dos mais altos galhos do freixo Yggdrasil a fim de prevenir os deuses quando os gigantes, seus eternos inimigos, se preparem para atacá-los (MYTF, 12, 44). Mas o **freixo***, árvore cósmica, é a origem da vida. O galo, que vela no seu píncaro, como no alto da flecha de uma igreja, aparece, assim, como protetor e *guardião da vida*.

Os povos indígenas pueblo fazem do seguinte modo a associação galo-sol: "O avô dizia que as galinhas eram criaturas do deus Sol. É importante, dizia ele, o canto dos galos de madrugada. O Sol os pôs aqui para acordar-nos. Ele próprio avisa os galos com um sininho, para que eles cantem quatro vezes antes do dia" (autobiografia do chefe hopi Don C. Talayesva, TALS, 47). Esse exemplo acentua, por um lado, a função simbólica do quinário: o galo canta quatro vezes, depois o dia nasce, no quinto tempo, que é o do *centro* e o da manifestação (*v.* **cinco***).

Na África, segundo uma lenda dos peúles, o galo está ligado ao *segredo*. As atitudes, os atos e as metamorfoses do galo correspondem às diferentes espécies de segredos: um galo numa gaiola significa o segredo guardado em silêncio; um galo no pátio (metamorfoseado em carneiro), segredo divulgado aos próximos e íntimos; um galo na rua (metamorfoseado em touro), segredo divulgado e público; um galo nos campos (metamorfoseado em incêndio), segredo comunicado ao inimigo, causa de ruína e desolação (HAMK, 68). Para os azandés, essa presciência do dia ("Ele vê a luz do dia no interior dele mesmo") valia ao galo uma certa suspeição de feitiçaria (EVAS).

O galo é também um emblema do Cristo, como a **águia*** e o **cordeiro***. Mas, nele, a ênfase recai no seu simbolismo solar: luz e ressurreição.

Em *Jó* (**39**, 36), o galo é o símbolo da *inteligência recebida de Deus*, que deu "ao íbis a sabedoria de Jeová e deu ao galo a inteligência". Às duas aves foi dada também uma faculdade de previsão: o íbis anuncia infalivelmente as cheias do Nilo; o galo, o nascer do dia. Como o Messias, o galo anuncia o dia que sucede à noite. Figura, também, no mais alto das flechas das igrejas e das torres das catedrais. Essa posição, no cimo dos templos, pode evocar a supremacia do espiritual na vida humana, a origem celeste da iluminação salvífica, a vigilância da alma atenta para perceber, nas trevas da noite que morre, os primeiros clarões do espírito que se levanta. O galo dos campanários proviria, segundo Durand (DURS, 155), da conformidade do galo que anuncia o dia com o Sol no pensamento mazdeísta. O Talmud faz do galo um mestre de polidez, sem dúvida porque ele apresenta seu senhor, o Sol, anunciando-o com o seu canto.

No Islã, o galo goza de uma veneração sem igual em relação aos outros animais. O Profeta em pessoa dizia: "O galo branco é meu amigo. Ele é o inimigo do inimigo de Deus..." Seu canto assinala a *presença do anjo.*

Atribui-se, igualmente, ao Profeta a proibição de maldizer o galo que *convida à oração.* Maomé lhe teria conferido uma dimensão cósmica. "Entre as criaturas de Deus", teria dito ele, "há um galo cuja crista está debaixo do trono, os pés assentados na terra inferior, e as asas no ar. Quando passarem dois terços da noite e só restar um terço a passar, ele bate as asas e diz: louvor ao rei santíssimo, digno de exaltação e de santidade, i.e., que não tem associado. Nesse momento, todos os animais batem as asas e todos os galos cantam" (FAHN, 505).

O galo é muitas vezes comparado à serpente, no caso de Hermes e Asclépio principalmente. Na análise dos sonhos, a serpente e o galo são, todos dois, interpretados como símbolos do *tempo.* "Pertencem, ambos, ao deus médico Esculápio (Asclépio), que era, provavelmente, uma encarnação da vida interior e psíquica. Era ele quem enviava os sonhos" (TEIR, 160).

Marcam uma fase da evolução interior: a integração das forças ctonianas ao nível de uma vida pessoal, em que espírito e matéria tendem a equilibrar-se numa unidade harmoniosa.

Como símbolo maçônico, o galo é, ao mesmo tempo, o signo da vigilância e o do advento da luz iniciática. Corresponde ao mercúrio alquímico.

GAMMADIA (*v.* Esquadro)

GAMO (*v.* Cervo)

GANESHA

Figura venerada na Índia e muitas vezes reproduzida sob a forma de estatueta: "cabeça de elefante com uma presa quebrada (ou as duas), uma grande tromba, um enorme corpo glutão, deformado, sentado num veículo minúsculo: um rato (!) ou uma flor de lótus, muitas vezes com uma tiara na cabeça." Swami Siddheswarananda vê nesse símbolo "a integralidade do pensamento hindu..." *Maya, ou a contradição da vida.* "Essa mistura de elefante e homem, essa assimetria, essa falta de harmonia", esse conjunto de grotesco e de solene, de peso e ligeireza, gordo ventre em cima de um rato, de uma flor, todas essas oposições representariam *Maya*, a manifestação. Filho de Shiva, Ganesha exprime o "princípio da manifestação", com todas as suas aventuras no mundo movediço e ilógico das aparências ou das realidades efêmeras. Evoca todas as possibilidades da vida e todas as suas expressões, até as mais burlescas, no tempo e no espaço (*Vedanta*, n. 5, janeiro de 1967, p. 8).

GANSO

Quando na China, na literatura ou na pintura, se faz alusão aos gansos, trata-se sempre de gansos selvagens; ocorre o mesmo com os **patos***. A primazia simbólica dada aos animais selvagens sobre os animais domésticos tem sua origem nas épocas arcaicas. Assim, o ganso, que se tornou hoje em dia o símbolo da fidelidade conjugal, era, antigamente, um sinal, uma mensagem para que a jovem escolhida por um rapaz compreendesse que devia, diante do ganso que lhe era presenteado, acabar com suas resistências de pudor sexual, seguindo o exemplo desses animais selvagens no início da primavera.

524 | GARÇA-REAL (V. CEGONHA)

No *Che-Ching* ou *Livro das odes*, compilação de canções populares e de cantos religiosos, dos quais os mais antigos parecem ser do começo do séc. VII antes de nossa era, o ganso selvagem é frequentemente tomado como tema.

Eis um poema de Lu-Kuei-meng, da dinastia dos Tang, no qual o poeta se comove com as ciladas que se armam pelo caminho dos gansos:

> Ganso selvagem
>
> Longa é a rota do Norte ao Sul.
>
> Milhares de arcos estão armados no seu trajeto
>
> no meio da fumaça e da bruma,
>
> quantos de nós chegaremos a Hen-*Yang*?

A migração de uma região à outra é, como a mudança de um lar para outro, cheia de surpresas e ciladas.

Na literatura, quando os chineses citam os *gansos selvagens a chorar*, aludem aos refugiados, aos homens obrigados a deixar sua província.

Quando os faraós foram identificados com o Sol, sua alma foi representada sob a forma de um ganso, porque o ganso "é o sol oriundo do ovo primordial" (CHAM, 118).

No Egito, os gansos selvagens eram, como na China, mensageiros entre o céu e a terra. O advento de um novo rei era anunciado, entre outras cerimônias, soltando-se quatro gansos selvagens para os quatro cantos do horizonte. "Apressa-te, dizia-se, para o Sul e diz aos deuses do Sul que o faraó de tal tomou a Dupla Coroa." Repetia-se a fórmula para cada um dos pontos cardeais (POSD, 229).

Na África do Norte, é um costume ainda observado sacrificar-se um ganso, na qualidade de animal solar, no período crítico da mudança de ano (SERH, 332).

Na própria Roma, os gansos sagrados, que eram criados ao redor do templo da deusa Juno, tinham como que uma missão de *prevenir*; eram tidos como capazes de pressentir o perigo e dar o alarme. Distinguiram-se especialmente em 390 a.C., ao gritarem, quando os gauleses tentaram, uma noite, tomar de assalto o Capitólio.

No ritual do sacrifício do cavalo e da ascensão xamanista em Altai, referido por Radlov, o ganso serve de montaria para o xamã, que persegue a alma do cavalo. É com frequência um ganso, e não um cavalo, que serve de montaria ao xamã altaico, no seu retorno dos Infernos, depois de visitar o Rei dos Mortos (ELIC, 175-186; HARA, 368).

Na Rússia, na Ásia central e na Sibéria, o termo ganso é usado metaforicamente para designar a mulher desejada.

Na tradição céltica continental e insular, o ganso é um equivalente do cisne, do qual a lexicografia não o distingue sempre claramente. Considerado um *mensageiro do Outro Mundo*, ele é o objeto, entre os bretões, de uma proibição alimentar, junto com a **lebre*** e a galinha. César, que relata o fato em *De Bello Gallico* (5, 12), acrescenta que esses animais eram criados *por prazer* (*voluptatis causa*), mas não compreendeu o porquê (CHAB, 554-555).

O jogo do ganso, jogo de tabuleiro outrora muito difundido na França, foi objeto de uma interpretação esotérica, que o considera um *labirinto* e uma *compilação dos principais hieróglifos da Grande Obra* (Fulcanelli). Os *Contos da mãe gansa* também foram interpretados como relatos herméticos (*Atlantis*, n. 220, 125-140).

GARÇA-REAL (v. Cegonha)

O simbolismo da garça-real é semelhante ao dos pernaltas em geral. Os textos o associam frequentemente a uma metáfora relativa às *contorções guerreiras* do **herói*** Cuchulainn: o herói fazia saltar um dos seus olhos, "como um caldeirão, para nele cozinhar um vitelo de um ano", e enfiava o outro tão profundamente na órbita, que uma garça-real não poderia alcançá-lo com o bico (CHAB, 579-582).

Nas tradições europeias e africanas, a garça-real simboliza a indiscrição daquele que *mete o nariz* (*o bico*) em tudo. Mas também a vigilância, que pode perverter-se facilmente em curiosidade malsã. No ocultismo antigo, sem dúvida por causa do bico fino e penetrante, a garça passava por símbolo da *ciência divina* (*v.* **fênix***).

GARRAFA

Que diferença faz a garrafa, uma vez que se tenha a embriaguez! Ainda uma vez, a sabedoria dos povos acentua, sem hesitação, aquilo que dá ao símbolo sua especificidade. O valor do frasco é metonímico, procede de seu conteúdo, tão volátil quanto precioso, e que esse frasco ou garrafa é o único capaz de conter porque, ao contrário de todos os demais vasos, a garrafa é *tampada, hermética*. A garrafa, portanto, está associada (como símbolo) ao segredo, ou ao seu parceiro, o sagrado. Contém um elixir, um filtro: elixir da longa vida, ou mais prosaicamente, aguardente – pois ambos proporcionam, como o conhecimento esotérico, uma espécie de embriaguez. Neste caso, são duas categorias do mesmo símbolo que, tal como o testemunham tantas histórias e lendas, transforma também a garrafa na prisão de um *espírito* (gênio), diabólico ou divino, segundo o ângulo que se considere. O malicioso e perspicaz *diabo coxo* de Lesage não sai também de dentro de uma garrafa, exatamente como todas as reflexões dos bêbados?

O simbolismo da garrafa pode variar, de acordo com as inumeráveis formas e conteúdos dela. Fundamentalmente, porém, a garrafa *vem da arca e traz o ramo*, simboliza um saber e um saber salvífico, portador de paz. Ela é o navio e a arca dos *conhecimentos secretos e das revelações que hão de vir*. Vigny (Alfred de, 1797-1863) fez da garrafa o símbolo da ciência humana, exposta a todas as tempestades, mas rica de um *elixir divino*, infinitamente mais apreciável do que todo o ouro, os diamantes e as pérolas do mundo. O navegador que lança sua garrafa ao mar, no momento em que seu navio soçobra:

> ... sorri ao sonhar que esse vidro frágil
> levará seu pensamento e seu nome a algum porto...
> Que Deus pode permitir às águas enlouquecidas
> destruir os navios, mas não os pensamentos;
> e que, com uma garrafa, ele venceu a morte.

O pescador, que avista a garrafa após sua longa peregrinação sobre as ondas, indaga-se:

> Que elixir será esse, negro e misterioso?
> ... Pescador, é a ciência,
> é o elixir divino que bebem os espíritos,
> tesouro do pensamento e da experiência.

GARRIÇA

No simbolismo céltico, a garriça forma par com o corvo, e o sentido desta dualidade tem relação com o dos pares druida-guerreiro e javali-urso. Simbolicamente, em etimologia popular analógica, o nome de garriça é interpretado em irlandês (drui) como *druida dos pássaros* e, em bretão, a palavra que a designa é o exato equivalente linguístico do nome do druida em irlandês. A garriça corresponde, pois, à classe sacerdotal, e o corvo, à classe guerreira. Existe no País de Gales um importante folclore a seu respeito; é o *rei* dos pássaros, vestígio de antigas tradições. Um velho provérbio galês ameaçava com o inferno quem destruísse um ninho de garriça, e existe na Bretanha uma *canção da garriça* (OGAC, **3**, 108-110; **12**, 49-67).

O símbolo da garriça, entre os povos originários da América do Norte, é análogo ao da **cotovia*** no folclore europeu. Se bem que seja o menor e, por conseguinte, o mais frágil dos pássaros, ela canta mais forte que qualquer outro na aurora, para saudar a aparição do Sol. É um "pássaro risonho", um "passarinho muito feliz", dizem os povos pawnees (FLEH). É curioso relacionar esta interpretação ameríndia de pássaro *alegre* com o próprio nome de garriça em bretão antigo, que significa *alegre*.

GARUDA

Montaria de Vishnu, é representado como uma ave de rapina com cabeça humana, três olhos e bico de águia. *Primo e inimigo dos nagas*, o garuda aparece frequentemente destruindo serpentes com o bico e esmagando-as com suas garras. As serpentes que ele mata têm, muitas vezes, em vez de uma cabeça de réptil, um busto ou cabeça de homem.

Os tibetanos dão, geralmente, ao garuda um ar feroz, e ele parece dominado, em certas imagens, pelo rei dos infernos (TONT, 19). A luta

526 | GATO

da ave com a serpente é um tema habitual da iconografia asiática: vê-se nele a imagem da luta da vida contra a morte, do bem contra o mal, das potências uranianas contra as forças ctonianas, do duplo aspecto de Vishnu, que mata e ressuscita, que destrói e reconstrói. Talvez o psicanalista possa descobrir na serpente de cabeça humana, esmagada pelo pássaro, a imagem do inconsciente, sufocado pela razão, ou dos desejos rechaçados pelas proibições morais.

GATO

O simbolismo do gato é muito heterogêneo, pois oscila entre as tendências benéficas e as maléficas, o que se pode explicar pela atitude a um só tempo terna e dissimulada do animal. No Japão, o gato é um animal de mau augúrio, capaz, segundo dizem, de matar as mulheres e de tomar-lhes a forma. O célebre e tranquilo gato de Jingorô, em Nikko (pequenina cidade do município de Tochigi, bastante próxima de Tóquio, e um dos principais centros de peregrinação e turismo do Japão), parece não ter senão um valor decorativo. No mundo búdico, censura-se o gato por ter sido um dos dois únicos animais (a serpente foi o outro) que não se comoveram com a morte do Buda; o que poderia, no entanto, de um ponto de vista diferente, ser considerado sinal de sabedoria superior.

Encontram-se, na Índia, estátuas de gatos ascetas que representam a "beatitude do mundo animal" (Kramrisch); mas o gato é também, ao contrário, a montaria e a aparência exterior assumida pela *iogini Vidali*. Na China antiga, o gato era considerado mais um animal benfazejo, e sua postura era imitada nas danças agrárias, assim como a do leopardo (Granet).

Ainda em nossos dias, no Kampuchea (Camboja), costuma-se transportar um gato engaiolado de casa em casa, no decurso de uma procissão cantante, com a finalidade de obter a chuva: cada morador do vilarejo deve regar o gato, cujos aflitos miados, diz a crença, comovem *Indra*, o deus distribuidor do aguaceiro fecundante. Esse costume pode ser interpretado de diversas maneiras quando se leva em conta o simbolismo da chuva. O gato, portanto, está ligado à seca, que, por sua vez, evoca a noção de **caos**[1]* primordial, de *prima materia* não fecundada pelas *águas superiores*.

Pode-se notar, pelo menos à guisa de curiosidade, que tanto na Cabala como no budismo o gato é associado à **serpente***: indica "o pecado, o abuso dos bens deste mundo" (Devoucoux). Nesse sentido, o gato é por vezes representado aos pés do Cristo.

O artesanato popular vietnamita de imagens satíricas faz do gato o emblema do mandarim, em última análise o equivalente exato da expressão francesa *chat fourré* (trad. lit.: *gato enfeitado de peles*, designação humorística dos doutores, magistrados ou altos dignitários cujos trajes de cerimônia são guarnecidos de peles) (DEVA, DURV, GRAR, KRAA, OGRJ, PORA).

O Egito antigo venerava, na figura do gato divino, a deusa Bastet, benfeitora e protetora do homem. Numerosas obras de arte o representam com uma faca numa das patas, decepando a cabeça da serpente Apófis, o *Dragão das Trevas*, que personifica os inimigos do Sol e que se esforça por fazer soçobrar a **barca*** sagrada durante sua travessia pelo mundo subterrâneo. Neste caso, o gato simboliza a *força e a agilidade do felino*, postas a serviço do homem por uma deusa tutelar a fim de ajudá-lo a triunfar sobre seus inimigos ocultos.

Na tradição céltica, o simbolismo do gato é muito menos favorável do que o do **cão*** ou o do lince. O animal parece ter sido considerado com alguma *desconfiança*. Cenn Chaitt, o *cabeça de gato*, é o apodo do usurpador Cairpre, que, ao ocupar o trono da suprema realeza, causa a ruína da Irlanda. Um gato mítico pune, na *Navegação de Mael-Duin*, um dos irmãos de leite deste último, que pretendera, num castelo deserto onde o bando se detivera para festejar, se apoderar de um círculo de ouro. O ladrão é reduzido a cinzas por uma labareda lançada pelos olhos do gatinho que, em seguida, volta às suas brincadeiras. O porteiro do Rei Nuada, em Tara, tinha também um olho de gato, e isso o incomodava quando queria dormir, pois, durante a noite, com os guinchos de ratos e pios de pássaros, o olho se abria. E por fim, no País de Gales, um dos três flagelos da ilha de Anglesey, segundo as Tríades da ilha da Bretanha, é um gato parido pela leitoa mítica Henwen (*Velha-Branca*); atirado ao mar pelo guardador de porcos, ele foi, desgraçadamente, salvo e criado por imprudentes. Entretanto, fica-se na dúvida sobre um certo ponto em todas essas lendas, pois em alguns casos é possível que se tratasse do gato selvagem, e não do gato doméstico (MEDI, **10**, 35-36; OGAC, **16**, 233-234; BROT, 46-48).

Na tradição muçulmana, o gato (qatt) é considerado um animal basicamente favorável, salvo se for preto. "De acordo com a lenda, como os ratos incomodassem os passageiros da Arca, Noé passou a mão na testa do leão, que espirrou, lançando fora um casal de gatos; esta é a razão pela qual esse animal se assemelha ao leão." O gato é dotado de *baraka*. Um gato completamente preto possui qualidades mágicas. Dá-se sua carne a comer para ficar livre da magia; se o baço de um gato preto for pendurado bem junto do corpo de uma mulher menstruada, interrompe-lhe as regras. Utiliza-se o sangue do gato preto para escrever poderosas palavras encantatórias. Ele tem sete vidas. Muitas vezes, os *Djin* (nome que os árabes dão a seres, benéficos ou maléficos, superiores aos homens e inferiores aos anjos) aparecem sob a forma de gatos. Na Pérsia (MASP, 359), quando se maltrata um gato preto, corre-se o risco de estar maltratando o seu próprio *hemzad* (espírito nascido ao mesmo tempo que o homem, para lhe fazer companhia) e, assim, de prejudicar a si mesmo. Segundo outros, um gato preto é um *Djin* malfazejo que se deve cumprimentar sempre que ele entra durante a noite num quarto (WERR, 308-309).

Em muitas tradições, o gato preto simboliza a obscuridade e a morte.

Às vezes, o gato é concebido como um servidor dos Infernos. Os nias (Sumatra) conhecem a árvore cósmica que deu nascimento a todas as coisas. Os mortos, para subirem ao céu, passam por uma ponte: debaixo dessa ponte está o abismo do inferno. Um guardião está postado à entrada

do céu, com um escudo e uma lança; um gato ajuda-o a atirar as almas pecadoras nas águas do inferno (ELIC, 260).

Entre os povos pawnees da América do Norte (FLEH), o gato é um símbolo de *sagacidade*, de reflexão, de engenhosidade; "ele é observador, malicioso e ponderado, alcançando sempre seus fins". Por essa razão era um animal sagrado, que só podia ser morto com finalidade religiosa e por meio de alguns rituais.

Depois da sagacidade e engenhosidade vem o dom da *clarividência*, o que leva os povos da África central a confeccionarem suas *sacolas de remédios* com pele de gatos selvagens (FOUC).

GAVELA (Feixe de espigas)

Símbolo da colheita, da abundância, da prosperidade. A primeira e a última gavelas são comemoradas com ritos determinados. Acredita-se que uma e outra estejam "saturadas de força sagrada". Toda a energia da vegetação "reside nessa gavela e está concentrada em determinadas espigas que são poupadas, não se ceifam" (ELIT, 285). Mas essa força é, ela mesma, ambivalente. Pode tornar-se nociva se alguns grãos ou o feixe todo não forem lançados no campo do vizinho ou dados como oferenda. Propícia, a gavela assegura a alimentação da família, as bênçãos celestes, a proteção contra todos os males, a felicidade e, ocasionalmente, um dom de profecia.

Em conjunto, na qualidade de hastes reunidas, feixe, grupo de semelhantes, simboliza a redução do múltiplo ao um, a integração dos elementos num todo, a força que vem da união, a concórdia social. Pode, ao invés, significar, como o **nó***, um entrave ao livre desenvolvimento individual.

Os ramos de flores, os jatos de água das fontes e das cascatas, os luminosos feixes dos fogos de bengala simbolizam a profusão alegre da vida, que rebenta em mil esplendores e em mil germes, a prodigalidade dos seus dons efêmeros e uma espécie de oferenda perpétua.

Em toda a África do Norte, a "sega do último quadrilátero de um campo, o corte da última

528 | GAVIÃO

gavela tomam o aspecto de episódios de uma execução ritual, que assegura o desprendimento das almas que propiciaram a fecundidade". Jean Servier descreve esses ritos agrários e, em particular, a *decapitação* ritual da gavela. O último feixe, que é conservado até o ano seguinte, não é jamais queimado, "uma vez que não se deve pôr fim pelo fogo à úmida fecundidade dos seres do fundo da Terra" (SERP, 226, 230 s.).

GAVIÃO

Em nossa linguagem, o gavião é símbolo de usura, de rapacidade, assim como a maioria das aves da mesma espécie, munidas de garras aduncas. E pelo fato de a fêmea ser mais forte e mais hábil do que o macho, o gavião simboliza também (na França) o casal em que a mulher é quem domina (no Brasil: indivíduo esperto, vivo, fino; propenso a conquistas amorosas). Pode-se lembrar que, em função dos usos e costumes da época, o porte de um gavião pousado no punho era, antigamente, sinal de nobreza e de distinção (*v.* **falcão***). Ave caçadora e agressiva, ele também designa com frequência o pênis.

Na China antiga, o gavião, metamorfose do pombo-trocal, era um emblema do outono, estação tanto da caça quanto da vida retirada.

Aliás, foi um gavião que, associado à tartaruga, segundo o *Cho-ching*, ensinou a Kuen a construção dos diques que deveriam impedir o transbordamento das águas do dilúvio.

No Egito, o gavião era a ave do deus Hórus; portanto, um emblema solar. Como a águia, simbolizava os poderes do Sol. Também os gregos e romanos viram no gavião a imagem do Sol (GRAR, MASR).

GAZELA

Vivacidade, velocidade, beleza, acuidade visual: todas essas qualidades, que sempre distinguiram o gracioso animal, constituem os ingredientes da sua utilização simbólica.

Assim, a tradição hindu associa a gazela a *Vayu*, o regente do elemento ar, o vento, bem como a *yogini Vayuvega* (*Rápida como o vento*). É ainda o símbolo de *Ishvara* (ao qual se refere, na dança tradicional, o *mudra mrigacirsha = cabeça de gazela*). No tantrismo, corresponde ao elemento ar, que é o do *centro do coração* (*anahatachakra*).

A iconografia búdica representa, frequentemente, para ilustrar o primeiro sermão do Buda, as gazelas ajoelhadas junto ao trono do deus ou de um lado e de outro da Roda da Lei, no Parque das Gazelas, de Sarnath, perto de Benares (hoje Varanasi).

Os povos semitas parecem mais especificamente sensíveis à beleza e graça do animal, sobretudo de seus olhos. *As de olhos de gazela* são as *Huri* do Paraíso muçulmano. No *Cântico dos cânticos*, "o Esposo é comparado a um gamo e a um filhote de gazela" (**2**, 9). Com base numa aproximação fonética, Orígenes faz da gazela o símbolo da acuidade visual e, portanto, da vida contemplativa (GOVM, JACA, MALA, ORIC).

A tradição mística cristã se refere tanto ao olhar do animal quanto à sua vivacidade. Segundo Orígenes, a gazela tiraria seu nome da palavra grega que significa *ver*. Sua vista é, de fato, muito boa. Guillaume de Saint-Thierry seguindo Bernard de Clairvaux diz, no seu comentário ao *Cântico dos cânticos*, que se a gazela tem o olhar penetrante é porque a alma-esposa pede ao Esposo que aguce a ponta dos seus olhos interiores e tenha uma grande rapidez de espírito para compreender.

Finalmente, são inúmeras as obras de arte que representam uma gazela vítima de um animal feroz, de um leão as mais das vezes, que a cobre antes de abrir-lhe a garganta (*v.* **corça***). A psicanálise vê nessas imagens a ação autodestrutiva do inconsciente, simbolizado pela fera, com relação ao ideal espiritual que a gazela representa. Ela fica como que esmagada pelo peso da bestialidade. Seu claro olhar escurece sob o desencadeamento da paixão.

GEMA (*v.* Joia)

O exame da simbólica dessa palavra é inseparável do exame da palavra **joia***. Em fr. *joyaux* (gema) e *bijou* (joia) têm a mesma raiz que *joie* (alegria), *jouir* (gozar), *réjouir* (regozijar-se). A nuança que as diferencia vem, sem dúvida, do fato de que o *joyau*, pedra pura, produto direto do ventre ctoniano da terra, constitui essa preciosa manifestação do insondável inconsciente coletivo que o *bijou*, obra humana, glorifica e celebra engastando-o. Cumpre, então, para melhor tentar uma abordagem globalizante do seu símbolo, ver também palavras como **diamante***, **cristal***, **jade***, **pérolas***, **pedra*** etc. Cada uma delas, é o caso de dizer, elucidará uma faceta do símbolo. Examinaremos, no entanto, alguns aspectos dessa simbologia nas tradições do Oriente e do Extremo Oriente, as quais, como é sabido, sempre deram atenção apaixonada às gemas.

No esoterismo islâmico, a *gema singular (al--jawha ralfard)* tem o sentido do Intelecto, da essência incorruptível do ser. A *urna* radiante do Buda, que é uma gema, a esmeralda da fronte de Lúcifer, perdida por ocasião da queda e na qual se diz que os anjos talharam o Graal, são outros tantos símbolos de *Inteligência*, ou muito elevada, ou pervertida. Acreditou-se por muito tempo que a **esmeralda*** restaurava a memória e fortalecia a visão, o que procede de um simbolismo da mesma natureza. Ela era utilizada pelo oráculo de Júpiter-Ámon que era venerada no Peru antes da conquista dos incas. Serve para designar a *Tábua* de Hermes Trismegisto.

Gemas constelavam o peito do Sumo Sacerdote de Jerusalém: eram símbolos da verdade. São também símbolos de perfeição espiritual, uma vez que já foi dito de Maomé que ele era uma pedra preciosa entre as demais pedras.

Na Índia, a gema é um atributo de *Vishnu*. É o *tesouro do oceano, nascido das águas*. Mas percorreu todos os graus de elevação da matéria. Simboliza *Atma* – Espírito universal – nas suas manifestações brilhantes, luminosas. Trata-se, por vezes, de grupos de cinco gemas, que correspondem aos cinco elementos. Por exemplo: safira = terra; pérola = água; *kaustubha* = fogo; olho de gato = ar; topázio = éter. O *kaustubha* é o mesmo que se incrusta no meio do peito: seu nascimento das águas é o produto da batedura do Mar de leite, o que o liga ao simbolismo da imortalidade.

No Japão, os emblemas da dinastia imperial compreendem, com o **espelho*** e a **espada***, gemas célebres que simbolizam expressamente o *poder de dominação*. Granet observou que a sua forma era aparentada à do semi-*T'ai-Ki (yin--yang**), e que ela poderia ter alguma relação com as fases da Lua.

Jizobsatse, patrono da morte segundo as tradições búdicas, pode permitir um prolongamento da vida. É representado sentado, tendo na mão direita uma comprida bengala cheia de anéis e na mão esquerda a gema que satisfaz aos desejos.

A virtude das gemas não é sempre inerente à sua natureza ou à sua forma; mas pode, em certos casos, só funcionar nas mãos do possuidor legítimo: como se deu com a barra de jade de que fala o *Tsotchuan*, a qual se tornou vulgar quando profanada mas recobrou sua virtude entre as mãos do rei. Dôgen emprega o simbolismo do brilho implícito da gema, que só o polimento pode fazer aparecer: o mesmo se aplica às virtudes implícitas do homem, que a disciplina espiritual revela.

Segundo a *fisiologia* tântrica, "o altar ornado de gemas" (*manipitha*) na ilha das gemas (*manidvipa*) está localizado no *sahasrarapadma*, o "lótus de mil pétalas" do alto da cabeça. O altar é o do *Ishtadevata*, da Divindade adorada interiormente; a "ilha das gemas" é um "estado supremo de Consciência". A "gema no lótus" evoca, por outro lado, o grande *mantra* de *Avalokiteshvara (Om mani padme hum!)*, essencial na espiritualidade tibetana (v. **aum***). Uma das interpretações mais comuns faz corresponder as seis sílabas aos seis *loka*, aos *seis reinos* do mundo impermanentes, às seis seções da Roda da Existência (v. **seis***).

Na linguagem búdica, a "gema tríplice (*triratna*)" é a síntese da Doutrina: *Buddha Dharma-Sangha* (Buda-Lei-Comunidade) (AVAS, DEVA, GOVM, JILH, MALA, PORA, RENB, ROMM).

GÊMEOS[1]

Todas as culturas e mitologias testemunham um interesse particular pelo fenômeno dos gêmeos. Quaisquer que sejam as formas pelas quais são

530 | GÊMEOS[1]

eles imaginados: perfeitamente simétricos; ou bem um escuro e o outro luminoso; um voltado para o céu, outro para a terra; um negro, o outro branco, azul ou vermelho; um com cabeça de touro, o outro com cabeça de escorpião – exprimem, ao mesmo tempo, uma *intervenção do* **além*** e a *dualidade* de todo ser ou o dualismo de suas tendências, espirituais e materiais, diurnas e noturnas. São o dia e a noite, os aspectos celeste e terrestre do cosmos e do homem. Quando eles simbolizam, assim, as *oposições internas* do homem e o combate que ele tem de travar para superá-las, revestem significado sacrificial: a necessidade de uma abnegação, da destruição ou da submissão, do abandono de uma parte de si mesmo para o triunfo da outra. E caberá naturalmente às forças espirituais da evolução progressiva assegurar sua supremacia sobre as tendências involutivas e regressivas. Mas pode acontecer que os gêmeos sejam absolutamente idênticos, duplos ou cópias um do outro. Não exprimem então senão a unidade de uma dualidade equilibrada. Simbolizam a harmonia interior obtida pela redução do múltiplo ao um. Superado o dualismo, a dualidade não é mais que aparência ou jogo de espelho, o efeito da manifestação.

Os gêmeos simbolizam, por outro lado, o "estado de ambivalência do universo mítico". Aos olhos dos primitivos, aparecem sempre "carregados de uma força poderosa, seja perigosa e protetora, seja apenas perigosa, ou apenas protetora... Temidos e venerados, os gêmeos se apresentam sempre carregados de um *valor intenso*. "Os bantos os matavam; na África ocidental são adorados e fazem-se mágicos" (VIRI, 65). Em todas as tradições, gêmeos – deuses ou heróis – se desentendem ou se ajudam, marcando assim a ambivalência da sua situação, símbolo da própria situação de todo ser humano, dividido em si mesmo. André Virel (VIRI, 67) vê nas imagens gemelares, bem como nas imagens simétricas em geral, como que "a tensão interna de uma situação permanente... O medo do primitivo em face da aparição gemelar é o medo da visão exterior da sua

própria ambivalência, o medo da objetivação das analogias e das diferenças, o medo da tomada de consciência individualizadora... o medo da individuação, o medo da ruptura da indiferenciação coletiva. No fundo, os gêmeos simbolizam uma contradição não resolvida".

Analisando os sonhos de *Alice no país das maravilhas*, quando ela encontra dois gêmeos depois de uma **encruzilhada***, André Virel vê nos gêmeos o símbolo de uma ambivalência análoga ao cruzamento dos caminhos (VIRI, 75). Simbolicamente, os dois gêmeos desempenham o mesmo papel que a **encruzilhada***: na realidade, quando surgem nos sonhos, a encruzilhada ainda não foi atravessada.

O temor primitivo dos gêmeos subsiste. Se uma mulher grávida suspeita que espera gêmeos, vai pedir ao curandeiro que os reúna numa criança só. "O curandeiro, então, tomou um pouco de fubá diante da porta e espalhou-o ao sol; fiou um pouco de lá preta, fiou um pouco de lá branca, e com fios misturados envolveu o punho esquerdo de minha mãe: é um recurso poderoso para reunir dois filhos em um só. Assim foi que nós, gêmeos, começamos sendo um único ser... Via-se muito bem que eu era um bebê excepcional, gêmeos fundidos em um. Ninguém duvidava disso. Via-se perfeitamente a dupla mecha atrás da minha cabeça, e aqueles que presenciaram meu nascimento contaram como eu era grande e como que bissexuado ao sair da minha mãe. Sabiam todos que crianças assim eram chamadas antílopes, porque os antílopes nascem muitas vezes jumelados" (TALS, I, 10-11).

"A crença segundo a qual o nascimento de gêmeos pressupõe a união de um mortal e de um deus, e, sobretudo, de uma divindade celeste, é extremamente generalizada" (ELIT, 93). Segundo o mesmo autor, todos os heróis gêmeos da mitologia indo-europeia são benéficos (os Axvins, os Dióscuros, Castor e Pólux etc.): são curandeiros, protegem os mortais contra os perigos, salvam navegantes etc. Um dos mais famosos serviços dos gêmeos védicos é rejuvenescer um velho e "fazer dele marido capaz para esposas jovens" (DUMH, 34, nota).

No México e entre os povos indígenas pueblo, os Heróis Gêmeos, deuses da manhã e da noite, abrem caminho para a humanidade nos relatos cosmogônicos, quando a humanidade chega à terra: "eles matam os monstros e transformam as coisas caducas e imperfeitas em coisas novas. São, de modo geral, os libertadores e os guias da humanidade" (ALEC, 115).

Inúmeras narrativas cosmogônicas aludem a heróis criadores gêmeos, de funções antagonistas. Um é bom e outro mau, e o mau procura sempre entravar a ação criadora e civilizadora do irmão. Ou imita-o, mas desastradamente, criando animais perniciosos, como o outro criou animais úteis. Essa mitologia maniqueísta é particularmente de notar entre os iroqueses. Encontra-se a mesma coisa em certas tribos da América do Sul (os piaroas do Orinoco; para os iroqueses, *v.* MULR, 261 s.).

A esse dualismo dos Gêmeos míticos aplica-se o curso ascendente (evolução) e descendente (involução) do Sol. As danças iroquesas se subdividem, com efeito, em dois grupos: as do gêmeo bom (Sol da manhã), associadas à cor branca (Grande Dança das Plumas) e as do gêmeo mau (Sol da noite), associadas à cor negra (Danças de Guerra). Mesma divisão no ciclo anual: Festas de Inverno e de Verão. As festas de verão incumbem às mulheres e pedem a fertilidade para as plantações; as festas de inverno incumbem aos homens e rendem graças pelos favores recebidos, pela messe. Cada uma dessas metades dura seis meses, que se articulam nas festas do Ano-Novo, em fevereiro, e do Milho Verde, em outubro. Trata-se do mesmo dualismo no ciclo diurno e no ciclo anual (segundo MULR, 260 s.).

Essa mitologia e essa cosmogonia dualistas não deixam de ter relação com a concepção dos antigos maias, para os quais a própria Unidade é bipartida, como a língua do deus do milho etc.

O pensamento dualista dos antigos iroqueses não desapareceu com o advento dos tempos modernos. "Mesmo os fatos da transformação do mundo pelos civilizados estão inseridos nesse sistema" (MULR, 272). "No interior da Reserva iroquesa reina o *bom* irmão. É lá que estão a casa e o campo, lá que se está abrigado; mas fora reina o *mau* irmão e os que o apoiam: os Brancos. Lá é o deserto das usinas, dos blocos de apartamentos, das ruas asfaltadas."

Essas *mitologias dualistas* dos Gêmeos teriam por origem o *dualismo natural* das regiões com duas estações climáticas fortemente definidas.

No curso de uma das peripécias mais célebres da mitologia irlandesa, a deusa Macha, epônimo da capital do Ulster (*Emain Macha, gêmeos de Macha*), dá à luz dois gêmeos, depois de haver apostado corrida contra os cavalos do rei Conchobar. Não se sabe o nome desses gêmeos, mas não seria desarrazoado ver neles *Dióscuros* e protótipos de pares dioscúricos como Cuchulainn e Conall Cernach na Irlanda. Essas duplas estão ligadas pelo parentesco e pela educação. Cuchulainn e Conall Cernach são simultaneamente primos e *irmãos de leite*. Um e outro são, também, *filhos da irmã*: Conall Cernah é filho do poeta Amorgen e de Findchoem (*Branca-doce*), irmã de Conchobar; Cuchulainn é filho do rei Conchobar e de sua irmã Dechtire, mas o par é desigual: Cuchulainn é de muito superior a Conall Cernach em capacidade e em nomeada. A comparação se impõe com o par dioscúrico gaulês Bellovèse e Segovèse, sobrinhos de Ambigatus, todos dois filhos da irmã do soberano dos biturigas, segundo o relato de Tito Lívio (*Hist.*, 5, 34). Um (*Sego-vesos, vitorioso*) comanda, em direção à floresta herciniana, uma migração que não deixou traços; o outro (*Bello-vesos, guerreiro*) conduz suas tropas para a Itália setentrional e funda *Mediolanum* (Milão): *centro de perfeição* (sentido sagrado) e *centro da planície* (sentido profano). O simbolismo dos Dióscuros celtas é, então, *militar e guerreiro*. Mas Cuchulainn é também filho do deus Lug, e, assim, representa o aspecto *juvenil*, impetuoso, das façanhas heroicas. Por uma inconsequência cronológica, que só teria importância no plano humano, Conall Cernach, sendo embora *irmão de leite* (*comalta*) de Cuchulainn, é, já, adulto e

532 | GÊMEOS² – SIGNO ZODIACAL

monta guarda na fronteira quando o outro, que tem apenas 7 anos, faz seu primeiro reide destruidor na província vizinha. A fraternidade dos *Dióscuros* celtas é, então, mais de princípio que de fato, e o parentesco físico é inexistente: o aspecto celta é apenas militar (os Dióscuros na Índia são de *terceira* função). Segundo o *Timeu*, citado por Diodoro de Sicília (4, 56, 4), os celtas do litoral atlântico veneravam os Dióscuros vindos por mar. Os Dióscuros gauleses Momoros e Atepomaros (*grande cavaleiro*) têm mais um aspecto *profético*: desempenham papel de relevo na fundação de Lugdunum (hoje, Lyon), cujo lugar determinaram, segundo o Pseudo-Plutarco, seguindo o voo dos corvos (CELT, I, 15-9, 187; CHAD).

GÊMEOS²
(Signo zodiacal: 21 de maio – 21 de junho)
Símbolo geral da dualidade na semelhança e, até, na identidade. É a imagem de todas as oposições interiores e exteriores, contrárias ou complementares, relativas ou absolutas, que se resolvem numa tensão criadora. A fase dos Gêmeos, quando se esgota, desemboca na *eclosão do estio*.

Terceiro signo do Zodíaco, situa-se antes do solstício do verão no hemisfério norte. Signo principal de Mercúrio, é, antes de tudo, o símbolo duplo dos contatos humanos, dos transportes, das comunicações, das contingências do meio no qual se vive, da polaridade, inclusive sexual. Certos zodíacos representam esse signo não pela imagem habitual das duas crianças de mãos dadas, mas por um homem e uma mulher e, mesmo, como no Zodíaco copta, por dois amantes.

Dois efebos enlaçados representam esse signo dito duplo, que nos introduz no mundo dos contrários polares: masculino-feminino, trevas-luz, sujeito-objeto, interior-exterior... E é nisso que ele se põe em afinidade com Mercúrio, esse mensageiro dos deuses provido de asas nos pés e armado do caduceu. No concerto zodiacal, a partição do terceiro signo se assemelharia mais à execução rápida de um arpejo. Aqui já não nos beneficiamos da corrida solta, quente, dos instintos. O espírito

intervém no jogo da personalidade que compõe um duo com a sensibilidade. A personalidade não se assenta logo no sopro natural e no surto livre da vida animal, mas elabora-se, ao contrário, a partir de um mecanismo de defesa contra a supremacia da afetividade. A vida sensível é mantida em submissão forçada, ridicularizada, vista como pouco confiável, circunscrita à esfera de um Ego cioso do conforto de viver como dono de si próprio. De onde decorre todo um processo de cerebralização, que produz, entre outros efeitos, o gosto pelo lúdico, o prazer no exercício das ideias e no comércio do espírito, o arrebatamento da inteligência. O ser vive, em suma, como que sob um *desdobramento interior*: uma de suas metades sente, age, vive, enquanto a outra se comporta como espectadora, vendo-a agir, sentir, viver. Ao mesmo tempo ator e espectador de si mesmo, o espectador mantendo sempre o ator sob sua vigilância – zombeteiro, desabusado. O que se aplica tanto ao ser da extrema adaptação quanto ao da extrema complexidade.

GÊNIO (Espírito)
Sob diversos nomes, e na maioria das tradições antigas, um *gênio* acompanha cada homem, como seu duplo, seu *daimon*, seu anjo da guarda, seu conselheiro, sua *intuição*, a voz de uma consciência suprarracional.

Ele simboliza a centelha de luz que escapa a todo controle e que engendra a convicção mais íntima e mais forte. Imanente a cada pessoa, física ou moral, o gênio simboliza "o ser espiritual" (GRID, 165) (*v.* **demônio***).

"Cada homem tinha seu *Genius*", escreve Jean Beaujeu, "cuja natureza e significado exatos são controvertidos; mais do que a personificação do princípio de fecundidade" (*qui gignit* = aquele que engendra), o *Genius* parece ter sido, na expressão de G. Dumézil, a "personalidade divinizada de um homem, tal como ele veio ao mundo"; mas apresenta-se também "como um duplo do eu e como um ser distinto que protege o eu... Posteriormente, forneceu-se um Gênio mais ou menos simbólico às coletividades como o Senado, o povo romano, uma cidade, uma unidade do exército – e até mesmo aos deuses que acabaram tendo cada qual o seu".

Mas só através de uma longa evolução da consciência foi possível chegar a considerar *o ou os gênios aspectos da personalidade* de cada ser humano, com seus conflitos interiores de tendências, de pulsões, de ideal etc...

No Egito, os *gênios* parecem ter tido uma experiência diversa da dos homens, tanto neste mundo como no Além. Distinguem-se os *gênios bons*, guardiães dos templos e dos túmulos, *protetores de Osíris*, dos "gênios perversos: forças do caos, seres híbridos, homens sem cabeça, animais monstruosos... toda uma fauna misteriosa... almas do outro mundo, íncubos, epiléticos, afogados... que vêm torturar os vivos... e pretendem interditar-lhes o acesso à eternidade" (POSD, 122).

Na tradição dos dogons, oito pequenas criaturas (os Nommo) figuram os oito gênios, *ancestrais* dos homens; eles costumam ser representados segurando pelas bases assentos, tronos ou tamboretes. Seus corpos e seus membros devem ser flexíveis "como convém aos gênios da água, tutelares por excelência, nas regiões de savanas secas". Eles revelam aos homens as regras divinas da atividade humana. O não atendimento de suas prescrições provoca graves perturbações e desordens, pois eles fixam os tipos de relações permanentes que devem existir entre os seres e, em particular, entre os homens. São considerados *arquétipos da ordem social* estabelecida por Deus. Entre os temas da estatutária africana é muito comum encontrar esses personagens: "intermediários entre o mundo invisível (tendo à frente a divindade suprema, Mãe do Universo) e o nosso... essas **estatuetas*** intervêm nos sacrifícios e notadamente nas práticas divinatórias" (LAUA, 137, 181, 309).

GEOMANCIA

O termo *geomancia* – adivinhação pela terra – é de todo impróprio para designar a verdadeira ciência cosmológica tradicional, da qual o atual estudo dos segredos do *vento e da água* (ch. *fong-chuei*) é uma sobrevivência.

Legado do Neolítico, conhecida dos celtas, de Roma, de Bizâncio, essa ciência simbólica era usada na China, primitivamente, como *hing-fa*, "arte das formas e das situações" (Lionnet). Trata-se da determinação das influências que permitem ao homem viver em harmonia com o seu quadro natural e, em consequência, em harmonia com o Céu. A geomancia serve para determinar o plano das cidades e das fortificações (as de Hanói, traçadas por engenheiros franceses, foram modificadas segundo os preceitos da geomancia). Serve também para determinar a localização e orientação das casas e dos túmulos, segundo as regras da tática e da estratégia. Esse feliz concerto de influências, de que se procura tirar vantagem, é o do *yin* e do *yang*, mas se exprime menos pelas correntes aquáticas e aéreas que pelas correntes das energias vitais que são descobertas debaixo da terra com a ajuda da chamada bússola geomântica. Tomam as designações antagonistas de *Dragão azul* (ou *verde*) e de *Tigre branco*, que são também as dos elementos da Grande Obra alquímica. Acresce que os sítios assim determinados devem harmonizar-se com a disposição dos astros no céu, e o sucesso da operação está igualmente em função da virtude pessoal do operador. A estética da paisagem urbanizada é consequência da harmonia cósmica e da *virtu* daquele que está apto a senti-la e interpretá-la.

No Kampuchea (Camboja), a *geomancia* se baseia na busca da posição do *nak*, que é o **crocodilo*** subterrâneo – identificado à *asura* de Bali –, cuja função é idêntica à do **dragão*** (CHOO, GRAP, HUAV, LIOT, PORA).

GEOMETRIA

As figuras geométricas (*v.* **quadrado***, **círculo***, **cone***, **cruz***, **pirâmide***, **esfera***, **espiral***, **triângulo*** etc. São mais de cinquenta mil) são pejadas de significação em todas as áreas culturais e, particularmente, nas religiões anicônicas, que se mostram, por temor da idolatria, as mais hostis à representação figurativa de seres vivos. Exemplo: o judaísmo e o islamismo. A célebre porta do sepulcro de Kefer Yesef, na Palestina, que pode ser vista hoje no Museu do Louvre, oferece um rico exemplo desse simbolismo geométrico. Permite um excelente exercício de decifração. Mas nossa interpretação não pretende ser nem exaustiva nem exclusiva. Segundo M. M. Rutten (*Arts et styles du Moyen Orient Ancien*, Paris, 1950, p. 170), a faixa vertical que divide o painel com seus seis **anéis*** e as duas fivelas triangulares das extremidades, sugere um **cinto***, símbolo de fecundidade. À direita dessa faixa, há três motivos superpostos. Ao alto, uma rosácea; ao centro, seis quadrados imbricados; em baixo, uma hélice. A rosácea e a hélice formam um par: a rosácea é associada ao Apolo solar (como no baixo-relevo de Doueir, na Fenícia), enquanto a hélice significa a Ártemis lunar. Entre essas duas formas de **círculos***, encontram-se seis **quadrados*** mágicos. Esse número é o sinal da mediação entre o princípio e sua manifestação (o mundo foi criado em seis dias); os quadrados representam a criação. O conjunto das figuras da direita simbolizam, então, a união dos dois *reguladores*, o Sol e a Lua, do tempo da vida terrestre, ou, em outras palavras, o desenvolvimento cósmico no tempo e no espaço. Na parte esquerda dessa porta sepulcral, três outros elementos estão igualmente superpostos: ao alto, o **candelabro*** de nove braços que pertence ao mobiliário religioso do templo de Jerusalém; no centro, um motivo floral geométrico, num hexágono inscrito num **círculo***. Simboliza ao mesmo tempo o ciclo das revoluções do tempo terrestre (o polígono) e a duração infinita (o círculo), eternidade, universalidade; na base, uma espécie de **cofre**[1]*, que se imagina conter o Livro da Lei, coroado por um **búzio*** ou uma **concha*** (figura semelhante foi achada na sinagoga de Donra-Europos. Ela pode ter servido também de protótipo ao mihrab das mesquitas); o **cofre**[2]*, que encerra o livro sagrado da revelação, representado pelo losango que tem um disco no centro, une as duas ideias do céu e da terra. O triângulo tem a ponta voltada para o alto. Poderia muito bem significar, na perspectiva de uma influência neoplatônica, a volta da criação, através das revoluções do tempo e pela graça da lei, para o seu criador celeste. Os dois triângulos invertidos do cinto com seis anéis tomariam, então, o sentido do poder criador, que fecunda o universo, e da ascensão do criado para o eterno, o que configura um duplo movimento, ascendente e descendente.

GEOMETRIA: porta de sepulcro. Encontrada em Kefer Yesef. Época romana. Museu do Louvre, Paris.

Na Costa do Marfim, a célebre porta real dos dois elefantes dos baoulés é rica, igualmente, em símbolos geométricos: em particular, o triângulo figura nela como símbolo da trindade divina, e o losango, como signo da feminidade (LAUA, 310).

GIESTA

Símbolo, em certas regiões, do Norte (**pontos cardeais***) e da função régia. A flor amarela da giesta poderia ter sido, segundo se diz, a origem da flor-de-lis heráldica, ou do *ramo de ouro* (*v.* **visco***). Não é preciso dizer que tal origem botânica não basta para explicar o seu simbolismo. Os ramos em flor da giesta eram usados nos funerais: cobria-se com eles o corpo dos defuntos.

GIGANTE

Os Gigantes foram postos no mundo pela Terra (Gaia) para vingar os titãs que Zeus encerrara no Tártaro. São seres ctonianos que simbolizam a predominância das forças saídas da terra por seu gigantismo material e indigência espiritual. São a *banalidade magnificada*. Imagem do desmesurado, em benefício dos instintos corpóreos e brutais, como os sáurios das primeiras idades da Terra, renovam as batalhas dos titãs. "São seres enormes, de força invencível, aspecto aterrador. Têm cabeleira espessa, barba hirsuta, e suas pernas são corpos de serpentes" (GRID, 164).

Para derrotá-los é preciso – e esta é uma das circunstâncias mais espantosas da mitologia – que se conjuguem os golpes de um deus e de um homem. O próprio Zeus recorreu a Héracles, antes que este se imortalizasse, para abater Porfírio. O deus fulmina, e o herói acaba de matar o gigante a flechadas. Para matar Efialtes, cujo olho esquerdo ele furou, Apolo também apela para Héracles, que dá cabo do gigante cegando-lhe o olho direito. Todos os deuses adversários dos Gigantes – Atena, Dioniso, Afrodite, Poseidon etc. – deixam ao ser humano a tarefa de exterminar o monstro. Não é preciso encarecer a importância desse mito.

Sem querer plagiar o título de um romance (e filme) de fama, pode-se ver que *Deus precisa dos homens* nessa luta contra a bestialidade terrestre; e que o homem também precisa de Deus. A evolução da vida no sentido de uma espiritualização crescente é o verdadeiro *combate dos gigantes*. Mas essa evidência implica um esforço do homem, que não deve contar só com as forças do alto para triunfar de tendências involutivas e regressivas, imanentes nele. O mito dos Gigantes é um *apelo ao heroísmo humano*. O gigante representa tudo aquilo que o homem tem de vencer para libertar e expandir sua personalidade.

Grande número de personagens mitológicos celtas são, também, gigantes, mas, de modo geral, o gigantismo é sinal não do outro mundo, mas dos **fomorianos*** ou *poderes infernais*. Um dos chefes fomorianos mais notáveis é por isso mesmo Balor, cujo olhar paralisa um exército inteiro e cujo equivalente galês se chama, no *Mabinogi de Kulhwch et Olwen*, Yspanddaden Penkawr, o "capado de cabeça de gigante" (OGAC,**14**, 482-483).

GINSENG

O *ginseng* é a droga mais famosa da farmacopeia do Extremo Oriente. Seu valor se refere a uma dupla propriedade: a forma *humana* da sua raiz,

que lembra a da mandrágora; seu valor terapêutico, *equilibrante*. Por isso mesmo, seu efeito sobre o organismo é comparado à atividade celeste ou régia. O *ginseng* é, apesar disso, e sobretudo, um *alimento do yang*, e, em consequência, um símbolo de virilidade e de imortalidade. É *erva divina* mas também *raiz de vida* (BEAM, THAS).

GIRASSOL

O nome comum de heliotrópio indica bem o seu caráter solar, que resulta, aliás, não somente de um *tropismo* bem conhecido, mas ainda da forma radiada da flor.

Na China, o girassol é um alimento de imortalidade. Foi notadamente empregado como tal por Kuel-fu; sua cor em mutação poderia ter relação com os *orientes*, e o caracterizaria então ele mesmo como *heliotrópio* (KALL).

GLÁDIO

A **espada*** traspassa como a **flecha***: são armas de penetração. O gládio corta, decepa: é uma arma de decisão, o instrumento da *verdade operante*. Na perspectiva ético-biológica de Paul Diel, ele é o "símbolo da força lúcida do Espírito, que ousa atacar de rijo o cerne de um problema, a cegueira vaidosa e suas falsas valorizações contraditórias e ambivalentes (DIES, 98).

O gládio parece ser, por vezes, o único meio de solucionar um problema e atingir um alvo. Mas pode ser arma ilusória: é o aspecto noturno do símbolo. Cortado, mas não resolvido, o problema não tarda a renascer. O carro do rei Górdio tinha um nó tão complicado que ninguém podia desfazê-lo. Um oráculo prometera o império da Ásia a quem tivesse êxito. Com um golpe do seu gládio, Alexandre cortou o nó. Tornou-se senhor de uma parte da Ásia, mas logo a perdeu. Cortar não é resolver. É o exemplo das soluções aparentes e efêmeras. O desejo de um resultado imediato prevalece sobre a sabedoria, que busca um resultado durável.

Nas representações japonesas, Monju passeia montado num leão e a brandir um gládio. O gládio se encontra também nas imagens de

536 | GLANDE

Fudô-Myoo*. Simboliza a *sabedoria*, que abate os obstáculos ao Despertar espiritual, simboliza a destruição das paixões, dos sonhos, dos desejos. É o leão domado.

Com sua lâmina e sua guarda, que se ajustam uma à outra em forma de **cruz***, o gládio é também um símbolo de *conjunção*. O instrumento cortante torna-se motivo de coerência interna e de união fecunda, por uma dessas contradições aparentes, mas enganosas, que caracterizam tantos símbolos.

O gládio é o símbolo do *poder* de vida e de morte, i.e., capaz de dar e tirar a vida.

O gládio simboliza a *força solar*. Tem, assim, um sentido fálico. Um símbolo relativo ao **falo*** não é, forçosamente, sexual: indica uma *energia geradora*. O costume asiático associava a esse termo o *Mana* criador, *extraordinariamente eficaz* segundo uma expressão de Lehmann, que Jung reproduz.

Esse *Mana* pode ser encontrado, por exemplo, no touro, no asno, no relâmpago etc. Quando Jeová expulsa Adão e Eva do Paraíso, ele põe diante do Jardim do Éden e do lado do Oriente querubins armados, cujos gládios fulgurantes guardam o caminho da árvore da vida (*Gênesis*, **3**, 24). A terra bem-aventurada tornou-se terra proibida. O gládio dos anjos, turbilhonante, soltava relâmpagos como os do céu. Impedia o acesso dos profanos ao lugar sagrado. A chama do gládio traçava uma cintura impenetrável, uma espécie de muralha de fogo.

O Cristo do *Apocalipse*, cuja face era como o Sol quando brilha com todo seu esplendor (**1**, 16), tinha na boca um gládio afiado de dois gumes, símbolo do fogo purificador e da verdade que ilumina como o relâmpago. Essa imagem pode ser vista em grande número de igrejas e de miniaturas, no portal de Bourges, por exemplo. Às vezes vem acompanhado por São João e pelos sete candelabros. As miniaturas do *Commentaire de Beatus* exerceriam, a esse respeito, larga influência na Aquitânia e na margem setentrional do Loire. Na miniatura de um manuscrito da Biblioteca

Nacional de Berlim, o Cristo aparece vestido de uma túnica comprida, com um cinto de ouro. Um gládio acerado lhe sai da boca. Está cercado de sete **candelabros*** de ouro, quatro à direita e três à esquerda. Sete estrelas surgem de sua mão direita. Um homem, São João, está a seus pés, ilustrando o texto do *Apocalipse* (**1**, 17): "Ao vê-lo; caí como morto a seus pés. Ele, porém, colocou a mão direita sobre mim assegurando: Não temas! Eu sou o Primeiro e o Último, o Vivente" (DAVS, 218).

O gládio cortou os limites do tempo, entre o começo e os últimos dias, entre o tempo e a eternidade. Toma, enfim, valor de símbolo escatológico.

O gládio de Nuada, rei dos Tuatha Dé Danann, faz parte dos quatro talismãs que estes últimos trouxeram das quatro ilhas misteriosas do norte do mundo, de onde vieram para a Irlanda. Ninguém pode resistir a quem os tenha na mão. A Irlanda cristã fez deles o *gládio de luz*, simbolizando a *fé* católica (OCAC, **12**, 353; CELT, 441-442).

GLANDE

Ligada à simbólica do **ovo***: abundância, prosperidade, fecundidade. Transposta do plano material para o espiritual, a glande figura na ponta do cordão vermelho que cinge o chapéu dos cardeais, no capitel das colunas, nos brasões de armas etc. Emergindo do seu invólucro granuloso, simboliza o nascimento, a saída do seio materno; depois, numa segunda fase, quando da ereção, a manifestação da virilidade; enfim, em representações de casal, não é mais que a imagem sexual do homem. Mas no sentido espiritual, como nos atributos religiosos, designa a potência do espírito e a virtude nutriz da verdade, essa verdade que provém de duas fontes: a natureza e a revelação.

GLOBO (v. Cabaça[1], Ovo, Esfera)

Nas evocações do poder, de reis, de imperadores, de pontífices, de deuses, o globo levado numa das mãos representa o domínio ou o território sobre o qual se estende a autoridade do soberano e o caráter *totalitário* dessa autoridade. Sua forma esférica pode ter, com efeito, um duplo significado:

a totalidade geográfica do universo e a totalidade jurídica de um poder absoluto. É nessa última acepção apenas que convém interpretar o globo, quando ele designa o território limitado sobre o qual se exerce o poder de um personagem: esse poder é ilimitado; e é o que o globo significa.

GLUTÃO (T'ao-t'ie)

A palavra designa, sobretudo em *Granet*, o símbolo chinês conhecido como *t'ao-t'ie*. Aplicá-la-emos também às representações de significação vizinha, que a Índia e os países hinduístas designam sob o nome de *kala-mukha* ou *kirtimukha*. Trata-se, num caso como no outro, de **monstros*** de aspecto terrível, muitas vezes – mas não sempre – desprovidos de mandíbula inferior. Terão sido despojos de animais com que os xamãs se revestiam? O *t'ao-t'ie* ornamenta os bronzes da dinastia Chang mas já figurava, ao que se diz, em **caldeirões*** dos Hia. É uma das quatro influências nefastas banidas por Chuen para os quatro horizontes. O *t'ao-t'ie* era um monstro antropófago, aparentado ao mocho e ao **carneiro***, mas representado talvez também, ocasionalmente, sob a forma de um duplo **dragão*** estilizado.

O *kala* é ao mesmo tempo leão e monstro marinho; é *Rahu*, o demônio do **eclipse***, que devora o Sol. *Kala* é o Tempo, que devora a vida; é uma designação de *Yaina*, o soberano dos mortos, o qual, sob sua forma tibetana de *Shinje*, parece devorar o conteúdo vivo da Roda da Existência. Todavia, se *Yama* é *Mrityu* (a morte), é também de origem solar e criador dos seres vivos. O *kala-makara* javanês tem, ele também, um caráter solar, e o *t'ao-t'ie* aparece, por vezes, representado nos **espelhos***, que são sóis.

Vê-se que o *glutão* é, ao mesmo tempo, destruição e criação, morte e vida, donde o simbolismo possível dos dois dragões que se confrontam. Se o *kala devora*, produz também guirlandas de folhagem, **makara***, e, em Angkor, **naga***. Por isso a goela do monstro permanece aberta, por isso a codorna pode ser *liberada* das fauces do lobo. O movimento cósmico de vaivém deve efetuar-se nos dois sentidos, sob pena de ser definitivamente interrompido. É significativo que o *t'ao-t'ie*, como o *kala-mukha*, seja as mais das vezes representado no dintel das portas. Se a porta pode ser a da morte, é também a da redenção, do livramento. A morte não é destruição, mas transformação. A vida emana do Princípio, retorna ao Princípio. O fato de ser engolida não significa a destruição da codorna mas sua entrada na **caverna***, que é a antecâmara do Céu. O *kala-mukha* é o *ritmo universal da manifestação, ao mesmo tempo generosa e temível*, alternadamente fluxo e refluxo, expansão e reintegração, *kalpa* e *pralaya*. A face de Glória é a face do Sol, por onde se efetua a *saída do cosmos*. É também a face de Deus, irreal e verdadeira, velada e revelada, o *jogo* eterno e terrível da ilusão cósmica (BURA, CHRC, COOS, CORA, COMD, DANA, SWAC).

GNÔMON

Instrumento usado na Antiguidade para medir a altura do Sol pela sombra de um ponteiro. Deu origem aos relógios de sol. O gnômon era conhecido dos chineses, dos egípcios e dos povos originários da América Central. Simboliza todo instrumento de medida que permite investigar os segredos do tempo e do espaço, alcançar o conhecimento, projetando as imagens dos movimentos e das posições e permitindo traduzi-los em números (*v.* **compasso***).

GNOMOS

Gênios de pequeno tamanho, que, segundo a Cabala, habitariam debaixo da terra e seriam donos dos tesouros de pedras e metais preciosos. A lenda dos gnomos passou do Oriente para a Escandinávia e para a América Central. Simbolizariam o ser invisível, que, por inspiração, intuição, imaginação e sonho, faz visíveis os objetos invisíveis. Na alma do homem eles são como que lampejos de consciência, de iluminação e de revelação. São como que a alma oculta das coisas, orgânicas ou não; e quando eles se retiram, as coisas morrem ou ficam inertes e tenebrosas. O gnomo pode amar e odiar sucessivamente o mesmo ser. Pouco a pouco, na imaginação popular, assumiu a figura de um **anão*** feio e disforme, malicioso e perverso.

538 | GOBELET

Em troca, sua mulher, ainda menor que ele, era de extraordinária beleza e trazia babuchas nos pés: uma de rubis, outra de esmeralda. O casal, ou o gnomo desdobrado em complexo masculino e feminino, simboliza a aliança em todo ser de um lado feio e um lado belo, de um lado mau e um lado bom, de um lado terroso e outro cheio de luz. Trata-se, sem dúvida, de uma imagem dos estados de consciência, complexos e fugidios, em que coexistem ignorância e conhecimentos, riqueza e pobreza morais: exemplos da coincidência dos contrários, de conhecimento mantido em segredo ou ocultado.

Esse símbolo nada tem a ver com a poesia gnômica ou sentenciosa, a não ser a etimologia comum (*gnomal* = conhecer).

GOBELET

O gobelet se confunde com a **taça*** de cujo simbolismo participa, em geral. Num dos relatos mais profundamente cristianizados da literatura irlandesa, o *Altrom Tighe Da Medar* (*O alimento da casa das duas taças*), diz-se que os deuses Manannan e Oengus trouxeram da Índia, terra de justiça, duas vacas sagradas e duas taças em que beber do leite delas. Tal bebida serve de alimento exclusivo por um mês à jovem Eithne (uma alegoria da Irlanda). Tendo sido humilhada por um dos habitantes do *sid*, ela não podia mais, antes de convertida ao cristianismo, consumir o alimento dos deuses do paganismo (ZEIP, **18**, 189-229).

O simbolismo da taça está ligado ao do líquido que contém. No relato irlandês, o leite é o alimento sagrado, que brota da origem de toda vida, pois tal é a vaca na concepção védica e hindu em que o relato se inspira. Se Eithne, humilhada, não toma senão esse alimento divino é que ela se votou a uma vida principalmente espiritual. É sua alma que ela nutre. O episódio simboliza uma sublimação do desejo. Com todas as transposições de rigor, pode-se interpretar no mesmo sentido a comunhão com o Sangue do Cristo contido no Cálice. O gobelet simbolizaria por si mesmo a mediação da matéria nessa ascensão espiritual do homem.

GOELA (*v. Verde, Vermelho*)

Esse símbolo ctoniano – ou infernal – é o da *boca de sombra*, entrada hiante para o mundo subterrâneo, que devora toda tarde o sol e o dia para vomitá-los sobre a terra na aurora. É a passagem entre o dia e a noite, entre a morte e a vida; é a entrada, portanto, e, ao mesmo tempo, a saída das iniciações, tradicionalmente consideradas digestões: diz-se, aliás, com frequência, do iniciado escondido no seu retiro, que ele foi "devorado por um monstro".

A glíptica, a estatuária e a arquitetura sacras de muitos povos atestam a importância desse símbolo, nos lugares privilegiados onde ciência religiosa e observação astronômica não constituem ainda disciplinas separadas... Goelas de **lobo***, de **leão***, de **crocodilo***, de **jaguar***, de **píton***, de **naga***, de **dragão*** têm, aqui, o mesmo sentido, ao sopé das escadarias das pirâmides da América Central ou dos *stupa* da Índia. No simbolismo da goela, o monstro Quetzalcoatl é irmão do *Leviatã* ou da *baleia* de Jonas. O jogo sutil das cores verde e vermelho, consideradas, respectivamente, o simbolizante e o simbolizado, é muitas vezes associado a essas goelas de monstros, verdes por fora, e de um vermelho infernal por dentro. Pode-se lembrar, a propósito, que, na linguagem heráldica, designa-se o vermelho, em francês, por *gueules* (port. *goles*).

GOLEM

O *golem*, na lenda judaico-cabalística, significa uma espécie de homem-robô. O Golem é o homem criado por meios mágicos ou artificiais, em concorrência com a criação de Adão por Deus. Essa criação do Golem se efetua em imitação do ato criador divino e pode estar em conflito com ele. O Golem é mudo. Os homens foram incapazes de lhe dar o dom da palavra.

Nas literaturas judaica e alemã do séc. XIX, observa G. G. Scholem, muitos autores românticos viram no Golem "um símbolo dos conflitos e dos combates que mais de perto os tocavam".

No romance fantástico de Gustav Meyrink, o Golem aparece como uma "imagem simbólica *do caminho para a redenção*". Procedendo de concepções judaicas, a figura do Golem representaria "a alma coletiva materializada do Gueto, com todos os aspectos sombrios do fantasmático. Em parte, é um sósia do herói, um artista que luta pela própria redenção, por si mesmo, e que purifica messianicamente o Golem, que é o seu próprio eu não redimido".

Numa certa fase da sua formação, antes de ter recebido o sopro de Deus e a palavra, Adão seria um Golem "sem forma. Num Midrasch dos sécs. II e III, Adão é descrito não só como Golem, mas como Golem de grandeza e força cósmicas a quem Deus mostrou, no seu estado sem vida e sem palavra, todas as gerações futuras e até o fim dos tempos. É na reunião desses dois motivos, entre os quais existe uma tensão manifesta, senão uma contradição, que reside a estranheza do mito. A história da criação se teria, assim, desenrolado diante dos olhos de um ser sem discernimento nem razão" (SCHS, 181-216; os diversos desenvolvimentos da ideia de Golem).

Esse ser lendário da Cabala tem sido imaginado de várias maneiras. "O mágico que quis criar um *golem* fê-lo de argila *vermelha* – à imitação do Deus do Gênesis quando fez Adão. Produziu tão somente uma estátua humana mais ou menos do tamanho de um menino de 6 anos, depois escreveu na fronte dela a palavra hebraica que significa vida. E logo o Golem começou a respirar, adquiriu movimento e palavra, parecendo-se em tudo com um ser humano. Era um escravo dócil para o mágico, que podia exigir dele os mais duros trabalhos sem temor de fatigá-lo" (LERM, 42). Desgraçadamente, essas criaturas artificiais cresciam muito depressa e atingiam logo uma estatura de gigantes. O mágico escrevia, então, na fronte delas a palavra hebraica para morte, e o gigante tombava incontinenti como massa de argila inerte. Mas essa grande massa esmagava, às vezes, com o peso, o mágico imprudente. Se o gigante conservava a palavra vida, sua força podia provocar as piores catástrofes. Por si mesmo, porém, o Golem era incapaz de uma ação má.

Um cabalista hábil, no entanto, tanto o podia dirigir para o bem como para o mal. Às vezes um golem era posto em lugar de um homem ou de uma mulher de verdade; ou recebia a forma de um animal: leão, tigre, serpente...

O *golem* simboliza a criação do homem que quer imitar Deus fazendo também um ser à sua imagem e semelhança. Consegue apenas um ser sem liberdade, inclinado para o mal, escravo das paixões. A vida humana só procede de Deus. Num sentido mais interiorizado, o *golem* não passa da imagem do seu criador, imagem de uma das suas paixões, que cresce e ameaça esmagá-lo. Significa, enfim, que uma criatura pode superar o seu criador, que o homem é um desastrado aprendiz de feiticeiro, e que, se Mefistófeles tem razão, *o primeiro ato é livre em nós; somos escravos, porém, do segundo.*

GOLFINHO (Delfim)

Simbolismo ligado ao das águas e ao das transfigurações.

Os piratas que se embebedaram, depois de atarem Dioniso ao mastro do seu navio, caíram no mar e foram metamorfoseados em golfinhos. O golfinho se tornou o símbolo da regenerescência. Sua imagem podia ser vista na trípode de Apolo, em Delfos. É também símbolo da adivinhação, da sabedoria e da prudência. Essas qualidades, acrescentadas à velocidade de deslocamento que lhe atribuem, fizeram dele o senhor da navegação, e o golfinho é representado frequentemente como Poseidon, com um tridente ou uma âncora.

Os golfinhos eram honrados como deuses na Creta pré-helênica. Apolo encarna-se sob a forma de um golfinho, segundo o hino homérico, para abordar as costas de Crisa, que lhe abrem a rota de Delfos.

O homem era muitas vezes representado, na arte grega, a cavalgar um delfim. Esse animal sagrado desempenha, sem dúvida, um papel nos ritos funerários, em que figura como psicopompo. "Os cretenses acreditavam que os mortos se retiravam para os confins do mundo, para a ilha dos Bem-Aventurados, e que eram transportados para

540 | GORDURA

lá no dorso de golfinhos" (Defradas). Plutarco descreve a viagem de Arião, levado e escoltado por golfinhos, que o salvam da ameaça de marujos prestes a matá-lo. Arião se lançou ao mar: "mas antes que seu corpo afundasse inteiramente, os golfinhos se precipitaram e levantaram-no, enchendo-o, no primeiro momento, de inquietação, incerteza e agitação. Mas a facilidade, o grande número dos animais [...] seu ar benevolente [...] a rapidez com que se moviam [...] fizeram com que ele experimentasse, ao que se diz, não o medo de morrer, mas o desejo de viver, a ambição de ver-se salvo, para aparecer como um favorito dos deuses e receber deles uma glória inalterável" (*Banquete dos sete sábios*, 17-18, trad. fr. de Defradas). Esse relato é rico em símbolos, de interpretação transparente: Arião passa deste mundo agitado e violento ao mundo de uma salvação imortal, e isso graças à mediação dos golfinhos. Não admira, então, que o Cristo-Salvador tenha sido, mais tarde, representado sob a forma de um golfinho. De maneira mais psicológica e ética, o relato indica, também, a passagem da excitação e dos terrores imaginativos à serenidade da luz espiritual e da contemplação, pela mediação da bondade (o mergulho salvador, a facilidade, o ar benevolente dos golfinhos etc.). São perceptíveis, aqui, as três etapas da evolução espiritual: predominância da emotividade e da imaginação, intervenção da bondade, ou do amor e do devotamento; iluminação na glória da paz interior.

A lenda evocada no começo do verbete confirma essa interpretação do golfinho como um símbolo de conversão. Dioniso, tendo obtido um navio para ir a Naxos, descobriu que a tripulação se dirigia para a Ásia a fim de vendê-lo, sem dúvida, como escravo. "Transformou, então, seus remos em serpentes, encheu o barco de hera e fez soar flautas invisíveis. Paralisou o navio em guirlandas de parreira, de tal modo que os piratas, tendo ficado loucos, lançaram-se ao mar, onde se transformaram em golfinhos. O que explica que os golfinhos sejam amigos dos homens e se esforcem por salvá-los nos naufrágios: são os piratas arrependidos" (GRID, 127).

GORDURA

Pedaços de gordura animal são utilizados em inúmeras cerimônias dos povos indígenas da América do Norte como símbolo de abundância (ALEC, FLEH).

Na África subsaariana os azeites – de dendê na zona equatorial, de karité (sapotácea conhecida como "árvore da manteiga") no Sudão – têm papel semelhante nos sacrifícios e em todos os ritos ligados à gravidez e ao parto. Assim, em país banto, os jovens esposos untam o corpo com óleo de dendê para favorecer a fecundação. O simbolismo das matérias graxas, associadas à riqueza, combina-se aí com o da cor vermelha.

Para os iacutos como para os buriatas, no terceiro dia depois do nascimento de uma criança, lança-se um pouco de manteiga num fogo especialmente preparado na tenda de peles da parturiente (HARA, 126). Entre os turgutas, a noiva, ao entrar na casa do marido, faz três reverências para o fogo e lhe oferece gordura ou manteiga. "Entre os teleutas, são os companheiros do noivo que lançam ao fogo, no fogão central da tenda, manteiga suficiente para que a chama suba até a chaminé do alto. O mesmo rito se repete a cada Lua nova. Entre os tártaros do Altai, os pais do noivo lançam gordura de cavalo ao fogo enquanto as tranças da noiva são desnastradas" (HARA, 166).

A gordura animal, símbolo de riqueza e de abundância, matéria essencialmente preciosa para os povos de caçadores, constitui a materialização dos poderes particulares de um animal. Assim, certas tribos da Nova Guiné explicam o poder sobrenatural dos feiticeiros que se transportam pelos ares de um lugar para outro, pelo fato de que eles comem previamente "a gordura de uma ave que voa bem. A ingestão dessa gordura tem por objetivo transferir para o corpo do feiticeiro a faculdade de voar do pássaro" (Wirz, Dia Marind-anim von hollandisch Süd Neu-Guinea, cit. por LEVM, p. 232).

Na Índia védica, depois na Ásia central, é a **manteiga*** que, em todos os ritos da vida, intervém como suporte do mesmo complexo simbólico.

> Sorve a manteiga, ó Vishnu, tu que tens por matriz a manteiga [...].
> Elas jorram do oceano espiritual,
> esses fluxos de Manteiga cem vezes contidos em comportas;
> como rios, as ondas de manteiga confluem,
> clarificadas no interior pelo coração e pela alma.
> Levai aos deuses nosso sacrifício que aí está!
> As ondas de Manteiga se clarificam deliciosamente.
> Sobre o seu poder, sobre a sua vitalidade, assenta o universo,
> no seio do mar, no seio do espírito.
>
> (*Rig-Veda*, **4**, 58, VEDV, 251)

GÓRGONAS

Três irmãs, três monstros, cabeça aureolada de serpentes enfurecidas, presas de javali saindo dos lábios, mãos de bronze, asas de ouro: Medusa, Euríale, Esteno. Simbolizam "o inimigo a abater. As deformações monstruosas da psique são devidas às forças pervertidas dos três impulsos: sociabilidade, sexualidade, espiritualidade". Euríale seria a perversão sexual, Esteno a perversão social; Medusa simbolizaria o princípio desses impulsos: o espiritual e evolutivo, mas pervertido em "estagnação vaidosa". Só se pode combater a "culpabilidade originada da exaltação vaidosa dos desejos" com um esforço no sentido de realizar "a justa medida, a harmonia". É isso que simboliza, quando as Górgonas ou as **Erínias*** perseguem alguém, à entrada no templo de Apolo, deus da harmonia, como num refúgio.

Quem via a cabeça da Medusa ficava petrificado. Não seria por refletir a Górgona a imagem de uma culpa pessoal? Mas o reconhecimento da falta, no contexto de um justo conhecimento de si mesmo, pode também perverter-se em exasperação doentia, em escrúpulos paralisantes de consciência. Paul Diel observa com profundidade: "A confissão pode ser – o é quase sempre – uma forma específica da exaltação imaginativa: um remorso exagerado. O exagero da culpa inibe o esforço reparador. Só serve ao culpado para refletir vaidosamente na complexidade, imaginada única e de profundeza excepcional, da sua vida subconsciente [...]. Não basta descobrir a culpa. É preciso suportar a visão dela de maneira objetiva, nem exaltada nem inibida (sem exagerá-la ou minimizá-la). A própria confissão deve estar isenta de excesso de vaidade e de culpabilidade [...]. A Medusa simboliza a imagem deformada do eu [...] que petrifica de horror em vez de esclarecer na medida justa" (DIES, 93-97).

GRAAL

O Santo Graal da literatura medieval europeia é o herdeiro senão o continuador de dois talismãs da religião celta pré-cristã: o **caldeirão*** do Dagda e a **taça*** de soberania. O que explica que esse objeto maravilhoso seja muitas vezes um simples prato côncavo levado por uma virgem. Nas tradições relativas aos cavaleiros da Távola Redonda, ele tem o poder de dar a cada um deles o prato de carne da sua preferência: seu simbolismo é análogo ao da **cornucópia***. Dentre os inúmeros poderes que tem, além do poder de alimentar (dom de vida), contam-se o de iluminar (iluminações espirituais) e de fazer invencível (Julius Evola em BOUM, 53).

Afora inumeráveis explicações mais ou menos delirantes, o Graal gerou interpretações diversas que correspondem ao nível de realidade em que se colocava o comentador. Albert Béguin resume da seguinte forma o essencial do debate: "o Graal representa simultaneamente, e substancialmente, o Cristo morto pelos homens, o cálice da Santa Ceia, i.e., a graça divina dada pelo Cristo aos seus discípulos e, por fim, o cálice da missa, que contém o verdadeiro sangue do Salvador. A mesa sobre a qual repousa o vaso é, então, segundo esses três planos, o Santo Sepulcro, a mesa dos Doze Apóstolos e, finalmente, o altar em que se celebra o sacrifício cotidiano. Essas três realidades, a Crucifixão, a Ceia e a Eucaristia, são inseparáveis, e a cerimônia do Graal é a revelação delas, que dá, na comunhão, o conhecimento da pessoa do Cristo e a participação no seu Sacrifício Salvador" (BEGG, 18).

542 | GRALHA

O que não deixa de ter relação com a explicação analítica de Jung para quem o Graal simboliza a plenitude interior que os homens sempre buscaram (JUNS, 215).

Mas a Demanda do Santo Graal exige condições de vida interior raramente reunidas. As atividades exteriores impedem a contemplação que seria necessária e desviam o desejo. Ele está perto e não é visto. É o drama da cegueira diante das realidades espirituais, tanto mais intensa quando mais se crê na sinceridade da busca. Na verdade, o homem está mais atento às condições materiais da "demanda" que às suas condições espirituais.

A Demanda do Graal inacessível simboliza, no plano místico que é essencialmente o seu, a aventura espiritual e a exigência de interioridade, que só ela pode abrir a porta da Jerusalém celeste em que resplandece o divino cálice. A perfeição humana se conquista não a golpes de lança como um tesouro material, mas por uma transformação radical do espírito e do coração. É preciso ir mais longe do que Lancelot, mais longe do que Persival, para chegar à transparência de Galahad, *imagem viva de Jesus Cristo.*

GRALHA

A gralha, ou *Bodb*, é, na Irlanda, um dos nomes da deusa da *guerra*, a qual, de resto, aparece muitas vezes sob essa forma. Ela pode, a seu bel-prazer, transformar-se em diversos animais, e é o que faz para combater Cuchulainn, que repeliu suas investidas. Na Gália, seu nome aparece no teônimo *Cathubodua, a gralha do combate* (REVC, 1, 32-37; OGAC, 17, 394 s.).

Aspecto noturno do corvo, ela é, na Grécia, consagrada a Atena, enquanto o corvo é consagrado a Apolo.

GRAMA-DE-PONTA (*Agropyrum repens*)

Em sentido figurado, o fr. *chiendent* traduz-se por "*dificuldade*", "dificuldade que se renova sempre" – uma associação de ideias suscitada pelo esforço necessário para arrancar do solo as longas raízes da *Agropyrum repens*.

Na China antiga, onde tais preocupações aparentemente não existiam, as raízes dessa gra-

ma, de cor branca, eram utilizadas em certos rituais, devido à *virtude purificadora* que lhes era reconhecida. Segundo *Li-Ki*, serviam para filtrar o vinho do sacrifício. Sua cor branca, porém, fazia com que essas raízes fossem associadas sobretudo aos ritos fúnebres ou – o que mais ou menos dá na mesma – aos ritos de rendição (capitulação). A grama-de-ponta servia também de leito para as vítimas sacrificais (GRAD). E simbolizaria a ocasião de aumentar as forças psíquicas, purificando-as e liberando-as mediante a provação da dor. Ela simboliza também, comumente, a rápida expansão e o contínuo retorno dos mesmos obstáculos e preocupações.

GRÃO

O grão, que morre e se multiplica, é o símbolo das vicissitudes da vegetação. Vem muitas vezes mencionado nos Hinos homéricos. Seu simbolismo se eleva, porém, acima dos ritmos da vegetação para significar a alternância da vida e da morte, da vida no mundo subterrâneo e da vida à luz do dia, do não manifestado à manifestação. *Se o grão não morre...* Os ritos de iniciação, sobretudo nos mistérios de Elêusis, têm por objetivo livrar a alma dessa alternância e fixá-la na luz (*v.* **trigo***).

A forma particular de lentigo que se chama em francês *grain de beauté* e em português "sinal" ou "pinta" é associada pelos poetas Sufis, Shabestari († 1317), por exemplo, com uma visão unitária do mundo: atrai o olhar e faz ressaltar a brancura luminosa que o cerca. Esse "ponto negro que se torna o eixo da luz é *a imagem do teu sinal no jardim luminoso*" (HPBA, 132).

A pinta faz papel de isca para o que busca a luz: "sua cabeleira é uma armadilha", diz o poeta persa Hafiz († 1389), "a pinta que tem no rosto é a isca. E eu... caí no laço". Cumpre lembrar que a cabeleira, aqui, é tomada como símbolo da radiante luz divina, e a pinta, por contraste, atrai sobre si mesma a atenção e o olhar.

GRAUS

Parece que toda a astrologia foi, de começo, expressa por imagens simbólicas, prestando-se a uma variedade de interpretações. Antes que a influência particular de cada fator fosse descrita, o desenho precedera a formulação *lógica*, pois o símbolo é sempre mais *sugestivo* e *universal*, *ergo*, mais justo. No que diz respeito ao Zodíaco, demos, no verbete **decanato***, os símbolos e significados ligados ainda hoje pelos astrólogos hindus militantes a cada terço de um signo: cada grau zodiacal, que tem também sua natureza particular, é representado igualmente por um símbolo e governado por um planeta.

O conjunto dos símbolos dos decanatos e dos graus formam a *Esfera Barbárica*, de que falam Nigidius Figulus, Firmicus Maternus e muitos outros. A tradição pretende que, na Antiguidade, essa *Esfera Barbárica* se tenha materializado muitas vezes em edifícios imensos, como o *círculo de ouro de Osymandias*, de que fala Diodoro (livro 2, cap. 7); denominação a comparar com a dos *cravos de ouro*, que é o nome de *La Volasfera*, como as 360 torres da Babilônia, que tinham 8,30 metros e distavam 44m uma da outra; ou os 360 objetos – estelas, altares ou ídolos – que rodeavam a Caaba pré-islâmica de Meca. Os 360 graus do Zodíaco são considerados, nos países islâmicos, os 360 olhares de Alá, todos diferentes uns dos outros.

Ao lado desses dados tradicionais, existe uma lista moderna dos 360 símbolos do Zodíaco, composta com o auxílio da mediunidade por Charubel (John Thomas) e publicada em 1898 (*The Degrees of the Zodiac Simbolized*, Londres). Foi essa lista que serviu de base à obra de Janduz (Jeanne Duzéa), *Les 360° du Zodiaque symbolisés* (Paris, 1938) e ao célebre livro de Marc Edmund Jones *The Sabian Symbols in Astrology* (Nova York, 1953).

GRIFO

Ave fabulosa, com bico e asas de águia e corpo de leão. O grifo da emblemática medieval participa do simbolismo do **leão*** e da **águia***, o que parece ser uma duplicação da sua natureza solar. Na realidade, ele participa da terra e do céu, o que faz dele um símbolo das duas naturezas – humana e divina – do Cristo. Evoca, igualmente, a dupla qualidade divina de força e de sabedoria.

Quando se compara a simbologia própria da águia com a do leão, pode-se dizer que o grifo liga o poder terrestre do leão à energia celeste da águia. Inscreve-se, desse modo, na simbólica geral das forças da salvação.

O grifo parece ter sido para os hebreus o símbolo da Pérsia – que sempre fez largo uso dessa figura – e, em consequência, da doutrina que a caracteriza: a ciência dos Magos, ou a doutrina de Zoroastro sobre os dois princípios fundamentais, o Bem e o Mal.

Figura igualmente o grifo na balaustrada de um *stupa* de Sanchi, em que representa o *Adrishta*, i.e., o *invisível*. O duplo simbolismo solar leão--ave encontra-se aí particularmente afirmado mas permanece assim mesmo próximo do leão e da leoa, montarias e símbolos da *xácti* (BURA, DEVA, KRAA).

E, todavia, o grifo é interpretado num sentido desfavorável segundo uma tradição cristã, mais tardia, talvez, que a precedente [...]. "Sua natureza híbrida lhe tira a franqueza e a nobreza de um e de outro (*águia e leão*) [...]. Representa, de preferência, a força cruel. Na simbologia cristã, é a imagem do demônio, a tal ponto que, para os escritores sacros, a expressão *hestisequi* é sinônimo de Satanás. Mas no domínio civil, designa apenas a força maior, o perigo *iminente*" (E. Gevaert, *l'Heraldique*, in DROD, 90).

Para os gregos, os grifos são iguais aos **monstros*** que guardam tesouros. São eles que vigiam os tesouros no país dos Hiperbóreos. Vigiam a cratera de Dioniso, cheia até a boca de vinho. Opõem-se aos faiscadores de ouro nas montanhas. Servem de animais de sela de Apolo. Simbolizam a força e a vigilância, mas também o obstáculo a superar para chegar ao tesouro.

GRILO

O grilo, que deposita seus ovos na terra, aí vive sob a forma de larva, depois sai para se metamorfosear em imago, era para os chineses o triplo símbolo da vida, da morte e da ressurreição. Sua presença no lar era considerada uma promessa de felicidade, e isso se encontra em mais de uma

544 | GRITO

civilização mediterrânea. Mas a originalidade dos chineses consiste no fato de terem criado grilos cantadores, que conservavam junto deles em pequeninas gaiolas de ouro ou em caixas mais simples, tendo chegado mesmo a organizar brigas de grilos (BEUA, 89 s.).

GRITO

Nas leis irlandesas, o grito tem valor legal de *protesto*. É preciso, porém, para isso, que ele seja solto em condições de lugar e de tempo geralmente determinadas com grande precisão. Do ponto de vista religioso ou tradicional, o grito tem qualquer coisa de *maléfico* e de *paralisante*. Todos os ulatas, por exemplo, que ouviram o grito de aflição da deusa Macha foram atacados de fraqueza (não tinham mais força que uma mulher em labores de parto) pelo menos uma vez na vida. Era em punição de uma coação exercida sobre Macha pelo rei Conchobar, por ter ela feito, numa corrida, o mesmo tempo dos cavalos dele. Macha, que estava grávida, venceu, mas, ao chegar, pariu dois **gêmeos*** e morreu. Foi antes de morrer que deu o seu grito: grito de maldição e de vingança. A tradição do grito maléfico existe ainda no ciclo de Arthur: Kullwch ameaça soltar um grito de protesto se não o deixarem entrar na corte. Essa tradição subsistiu largamente no folclore bretão com o *hoper noz, pregoeiro da noite* (ou ainda *c'hwitellour noz, assobiador da noite*; *bugul noz menino, pegureiro da noite*, na região de Vannes), que solta seu grito e atrai os viajantes para emboscadas. Pode-se comparar esse dado mítico ao grito de Rubem, filho primogênito de Jacó, que matava de susto quem o ouvisse, ou ao grito do asno de três pernas no Bundeshsh (REVC, 7, 225-230).

O grito maléfico e paralisante é de todas as tradições. São conhecidos os gritos de guerra dos povos indígenas da América. *Halala*, gritavam gregos e troianos quando se lançavam ao combate. A deusa da guerra recebe o nome de Halala em Píndaro. "Os romanos soltavam seu *clamor* no momento do assalto. Tácito menciona *barditus* ou *barritus*, grito de guerra dos germanos, que o proferiam pondo o **escudo*** diante da boca, como

um ressoador. Mais tarde, os romanos adotaram os gritos dos bárbaros no seu exército: soltavam-no progressivamente, começando por um murmúrio apenas perceptível e indo até um imenso mugido" (LAVD, 308b).

No *Corão*, o grito é personificado e identificado com o cataclismo. É o *castigo*, que tomba de súbito sobre os ímpios e os injustos (*Surata*, 7, 78).

Do mesmo modo na *Surata* (**11**, 67-68):

> O Grito apanhou os que tinham sido injustos,
> e na manhã seguinte
> eles jaziam nas suas casas
> como se nunca as tivessem habitado.

O grito é comparado ao furacão, enviado por Deus.

O grito de guerra simboliza a cólera punitiva dos deuses, como o grito de dor, o protesto humano, e o grito de alegria, a *exuberância da vida*. Segundo o pensamento mágico, proferir é, de certo modo, produzir. Clamar a cólera vingadora do Todo-Poderoso é mobilizar as forças dele contra o adversário. Imitar a trovoada do furacão e dos cataclismos é provocar a tempestade e dirigi-la para o inimigo. O grito do homem é um meio de captar as energias do grito do céu. Certas disciplinas japonesas conferem aos iniciados do grau supremo o poder de matar com um grito.

Gritos de festa ressoavam na Grécia por ocasião da procissão que reconduzia solenemente os *hiera* (mistérios sagrados) de Atenas a Elêusis pela Via sagrada. Um deus personificava o grito: Iaco. "Gritos entusiastas – Iaco! Ó Iaco! – ouviam-se em honra do jovem deus. De personificação de um grito [...] ele se fizera o avatar eleusino de Dioniso [...] Aristófanes o chama inventor do canto de festa, companheiro e guia para junto de Deméter [...]. E Estrabão o denomina, ainda, o daimon de Deméter, arcegeta dos mistérios" (SECG, 150). Associado a Deméter e a Dioniso, o grito é, aqui, a expressão da fecundidade, do amor, da vida: simboliza toda a alegria de existir. A primeira entrada de ar nos pulmões do recém-nascido se manifesta por um grito. Um grito mata, outro confirma a vida. Arma persuasiva ou dissuasiva, o grito salva ou aniquila.

GROU, GRUA

O grou é, no Ocidente, um símbolo comum de tolice e falta de jeito, sem dúvida em razão do aspecto desajeitado da ave, de pé numa perna só. Ver-se-á mais adiante que a China tira do mesmo fato conclusão diversa. A grua lendária do filósofo Leonicus Thomaeus cuja existência famosa é lembrada por Buffon, já evocava a *longevidade*, constante no simbolismo do Extremo Oriente, mas sobretudo a *fidelidade* exemplar. Mais significativa ainda é a *dança dos grous*, executada por Teseu à saída do Labirinto, e da qual se encontra forma equivalente na China. Está, sem dúvida, em relação com o aspecto *cíclico* da prova labiríntica, de vez que o grou é uma ave migratória. A dança dos grous evocava na China antiga o poder de voar e, em consequência, de atingir as Ilhas dos Imortais. Imita-se tal dança com a ajuda de pernas de pau. Porque, se o grou é símbolo de longevidade – associado, no caso, à tartaruga – é, principalmente, um símbolo taoista da *imortalidade*. Os japoneses acreditam que os grous (Tsuru) vivem milhares de anos. É costume oferecer aos velhos pinturas ou gravuras em que figuram grous, tartarugas e pinheiros, todos três símbolos de longevidade. Segundo tradições egípcias, um grou de duas cabeças apareceu por sobre o Nilo no reinado do filho de Menes. Anunciava um período de *prosperidade*.

Atribuía-se ao grou a capacidade de viver mil anos e uma técnica respiratória de longa vida que seria de toda conveniência imitar. Sua alvura era símbolo de *pureza*, mas sua cabeça, de um vermelho de cinábrio, indicava a permanência do *poder vital*, a concentração do *yang*: "Depois de mil anos, um grou voltou", diz um texto do período T'ang; "tem a cabeça polvilhada de cinábrio, e uma neve imaculada reveste seu corpo" (segundo Belpaire). O grou é, ainda, a montaria habitual dos Imortais. Os ovos da grua servem para preparar drogas de imortalidade. Seu retorno cíclico é um símbolo de *regeneração*. Por isso,

associado à ameixeira, o grou é o emblema da primavera. Com seu toucado de **cinábrio***, o grou é, igualmente, relacionado com o **forno*** do alquimista, com o fogo desse forno. E a ave *Pi-fang*, semelhante ao grou, dotada de um só pé, é um gênio do fogo. Anuncia o incêndio (**cegonha***).

Interpretação inteiramente diversa na Índia: o grou, sem dúvida devido a algum traço de seu comportamento, é o símbolo da traição. *Balgala-mukhi*, a divindade de cabeça de grou, é a *enganadora*, personificação dos instintos destruidores e do sadismo (CHRC, DANA, BELT, GRAD, KALL).

O grou-coroado, na tradição iniciática bambara, está na origem da *palavra*. Numa tirada epifânica (ZAHB), leem-se as seguintes palavras: "O começo de todo começo do verbo é o grou-coroado. A ave diz: eu falo." Explica-se: "o grou-coroado reúne, por sua plumagem, seu grito e sua dança nupcial, os três atributos fundamentais do verbo" – *beleza* (passa por ser a mais bela das aves), *som* (é o único, ao que se diz, a *inflectir* a voz quando grita), *movimento* (sua dança na estação do amor oferece aspecto inesquecível). Por isso se afirma que os homens aprenderam a falar imitando o grou. Mas o motivo profundo da valorização dessa ave resulta da convicção, entre os africanos, de que ela tem consciência dos dons que lhe são próprios (dá impressão disso), que se conhece a si mesma. É então, nessa sua qualidade de símbolo da contemplação de si mesmo, que o grou-coroado está na origem do verbo de Deus, do conhecimento que o homem tem de Deus. O *raciocínio* (implícito, intuitivo) seria o seguinte: o homem só conheceu a palavra relativa a Deus a partir do momento em que se conheceu a si mesmo. Deixa-se, desse modo, entender que o conhecimento de Deus deriva do conhecimento de si mesmo. Tal seria o simbolismo profundo do grou-coroado (THOM).

Os pernaltas, de que o grou e a garça-real são, nos países celtas, os principais representantes, são por vezes apresentados como concorrentes dos cisnes, com uma diferença: eles são quase sempre malvistos, em função de uma atitude profilática.

546 | GUARDA-CHUVA

Seu simbolismo parece, então, inverso ou contrário. Mas é pouco provável que esse simbolismo pejorativo tenha prevalecido também na Gália, onde há alguns testemunhos de grous com valor mitológico certo (touro com três grous num altar galo-romano encontrado nos alicerces da Notre-Dame de Paris) (ETUC, **9**, 405-338). Em certas regiões germânicas o grou tinha papel religioso. Era consagrado, vivo ou em efígie, ao deus que desempenhava funções análogas às de Hermes, o deus das viagens e da comunicação.

GUARDA-CHUVA

Diferentemente da **sombrinha***, que, apesar do nome, tem um simbolismo solar e glorioso, como o do pálio e o do **para-sol***, o guarda-chuva se prende ao lado da sombra, do encolhimento, da proteção. Seu uso só foi introduzido na Europa no séc. XVII. Não parece exato ver nele uma significação fálica, a menos que se atribua ao pai toda a espécie de proteção. Seria igualmente excessivo interpretá-lo com o sentido de um copo invertido, que significa a queda de dons celestes. Simbolicamente, ele antes revelaria uma recusa tímida aos princípios da fecundação, seja ela material ou espiritual. Abrigar-se sob um guarda-chuva é uma fuga das realidades e das responsabilidades. A pessoa se ergue debaixo de um para-sol, mas se curva sob o guarda-chuva. A proteção assim aceita traduz-se em uma diminuição de dignidade, de independência e de potencial de vida.

GUARDIÃO (v. Dragão, Gênios, Heróis, Monstros)

GUERRA (v. Jogo)

A *guerra* que, em face do sentimento geral desde a Antiguidade, dos costumes contemporâneos e do aumento dos poderes de autodestruição, constitui a imagem da calamidade universal, do triunfo da força cega, tem, na verdade, um simbolismo extremamente importante.

De maneira ideal, a *guerra* tem por fim a destruição do mal, o restabelecimento da *paz*, da justiça, da harmonia, tanto nos planos cósmico e social (era, sobretudo, o caso na China antiga)

quanto espiritual. É a manifestação defensiva da vida.

Na Índia, a guerra é a função dos *kshatriya*. Mas no combate de Kurukshôtra, tal como vem descrito no *Bhagavad-Gita*, "o que mata não mata e o que morre não morre". É o domínio da ação, do *Karmayoga*, do combate pela unificação do ser. *Krishna* é um *kshatriya*, mas o *Buda* o é também. A mesma coisa acontece no Islã, onde a passagem *da pequena guerra santa para a grande guerra santa* é a do equilíbrio cósmico para o equilíbrio interior. O verdadeiro *conquistador* (*jina*) é o da paz de espírito. O mesmo simbolismo pode ser detectado na ação das ordens militares medievais, principalmente a dos Templários. A conquista da *Terra Santa* não se diferencia simbolicamente da conquista do *jina*. O *Mahabharata* diz de *Vishnu* que ele *conquista tudo*: o que ele *combate* são as potências destrutivas. As aventuras de um Guesar de Ling, no Tibete, as cerimônias guerreiras dos *Turbantes amarelos* na China dos Han não tinham outro objetivo senão o combate contra os poderes diabólicos. Os combates lendários das sociedades secretas chinesas – em que eram usadas espadas mágicas de madeira de pessegueiro – são combates de iniciados. Suas guerras para *abater T'sing e restaurar Ming* visam, de fato, a restauração da *luz* (*ming*). No sentido místico como no sentido cósmico do termo, a guerra é o combate entre a luz e as trevas.

Existia uma escola de boxe no centro de iniciados de Chao-lin, e manuais de boxe em certas lojas. A homofonia Kiao-tse-boxer é o suporte de um simbolismo *combativo*. Outro aspecto do combate entre a luz e as trevas: o do jogo de **xadrez***.

O próprio budismo, cujo *pacifismo é* bem conhecido, emprega largamente o simbolismo guerreiro: "o guerreiro brilha na sua armadura", diz-se do Buda no *Dhammapada*. *Avalokiteshvara* penetra no mundo dos *asura* sob o aspecto do guerreiro. Trata-se da conquista, a viva força, dos frutos do conhecimento. Se o Reino dos Céus pertence aos violentos, a violência búdica não é apanágio da seita Nichiren: "Guerreiros,

guerreiros nós nos dizemos, lê-se *no Anguttara--nikaya*. Combatemos pela elevada virtude, pelo alto esforço, pela sublime sabedoria. Por isso nos dizemos guerreiros." A vitória sobre o eu domado, a honra da morte em combate lembram a bravura do *kshatriya*, mas também a do *samurai* japonês ou a do guerreiro sioux. O Buda é um *Jina*. É esse também o título do fundador da seita jainista. A guerra interior tende a reduzir o mundo da dispersão, o das aparências e das ilusões, ao mundo da concentração, a única realidade; o múltiplo ao uno; a desordem à ordem.

O ardor guerreiro se exprime simbolicamente pela *cólera* e pelo *calor*. *Kratu* é a energia guerreira de *Indra*, mas é também a energia espiritual. A paz (*shanti*) é a extinção do fogo. E é também em relação com o fogo que o sacrifício ritual se identifica ao *rito da guerra*, que a vítima sacrificial é *aplacada* pela própria *morte* – pois que a remissão é, tradicionalmente, a morte das paixões e do eu. Esse rito, cumprido no *Ramayana* por *Parashurama*, equivale ao sacrifício védico. "A oferenda de flechas é entregue pelo arco"; o exército é o *combustível*; os príncipes inimigos, *os animais sacrificados*. O próprio taoismo conhece uma *libertação do cadáver* pelas armas, que está em relação direta com o que acabamos de ver (COOH, DAVL, ELIY, GOYM, GRIB, GRIH, MAST, MATM, SCHO).

Quando se fala de guerra nos textos tradicionais cristãos, a expressão deve ser compreendida também em sentido espiritual.

Não se trata de uma guerra exterior, que se trave com armas. A guerra santa é a luta que o homem trava em si mesmo. É a confrontação das trevas e da luz no homem. Cumpre-se na passagem da ignorância para o conhecimento. Donde o sentido de *exército da luz*, na expressão de São Paulo.

É um contrassenso e um abuso dos termos falar de guerra santa a propósito dos combates armados materiais. Segundo a tradição, nenhuma guerra desse gênero é santa. Aplicada às Cruzadas, a expressão é um erro grave. As armas e os combates da guerra santa são de ordem espiritual.

Entre os povos indígenas ojibwas, a preparação para a guerra não é um simples treinamento físico. "É uma introdução à vida mística pela ascese. *Os voluntários*, durante um ano, praticam o jejum, o isolamento na floresta, pedem e obtêm visões, porque a guerra é considerada antes de tudo uma libação de sangue, um ato sagrado" (SERH, 160-161). Soustelle não deixa de salientar esse aspecto simbólico da guerra: "o destino normal de um guerreiro é oferecer vítimas aos deuses, antes de tombar, ele também, sobre a ara dos sacrifícios. Torna-se, então, nos céus, companheiro do Sol" (SOUM, 21).

HABITAÇÃO DIVINA (A torre fulminada)

Este décimo sexto arcano maior do Tarô representa uma torre cor de carne cujo topo, arrancado pelo raio, se inclina para a esquerda, enquanto duas personagens, de braços estendidos, são precipitadas por terra de cada um dos lados do edifício; trinta e sete esferoides, treze dos quais vermelhos, treze brancos e onze azuis, constelam o céu em torno do majestoso leque do raio, de ouro com linguetas vermelhas, como que para ressaltar o esplendor.

À primeira leitura, essa lâmina representa um castigo divino – uraniano – abatendo-se sobre um edifício que não é outra coisa senão a construção do próprio homem, haja vista a sua cor: com essa restrição significativa de o corpo da torre permanecer incólume, enquanto apenas treme a coroa humana com as quatro seteiras de ouro pela qual se quis completar a obra. Vem então à mente o célebre gesto de Napoleão, arrancando a coroa das mãos do papa para sagrar-se a si mesmo imperador: esse gesto prometeico atrai a ira dos deuses, Waterloo e Sedan são contidos no dois de dezembro. Será essa imagem que faz com que André Virel diga que a Habitação Divina é "uma espécie de complemento negro do imperador"? A simbologia dos números parece confirmá-lo, pois se o Imperador é **quatro***, número terrestre por excelência, dezesseis, o quadrado de quatro, exprime o poder total, o desenvolvimento completo e dinâmico, como mostra, já o dissemos, a *suástica*, cruz de ramificações com três dobras que multiplica quatro por quatro: sabemos a que dinâmicas de poder ela foi associada, de Carlos Magno a Hitler, seja quando se volta no sentido direto – benéfico, ou no inverso – maléfico.

Mas como acabamos de ver no caso da *suástica*, o número dezesseis não é nada estático, mas dinâmico; ele não representa apenas o *abismo* que Jacob Boehme opõe ao Nirvana, mas uma recondução cíclica, evidente no desenho da *suástica* que indica uma rotação; nada é definitivo, entre o alto e o baixo não há separação, mas um perpétuo ir e vir; além de tudo, os dois construtores surpreendidos pela catástrofe não aterrissam incólumes? Isso quer dizer que eles poderão, que eles retomarão sua obra, pois uma torre sem topo, uma vida sem coroamento, não é completa, não está terminada. O símbolo da Habitação Divina se torna, então, positivo. Ele se transforma, segundo a expressão de F. X. Chaboche, em uma "mudança inesperada", uma "crise salutar" (FRCH, 224), ou ainda, como sugere Virel, na "tomada de consciência verdadeira", lembrando a queda do raio sobre a coroa do edifício, o golpe de machado de Vulcano na fronte de Júpiter, sem o qual Minerva, encarnação da Razão, não poderia ver o dia. A Habitação Divina simboliza o golpe paralisador do destino, cuja brutalidade, na medida das ambições que golpeia, só faz abrir a elas o único caminho que os deuses lhes autorizam, caminho não mais material, mas espiritual.

Se o golpe de aviso não é compreendido nem aceito na plenitude de seu sentido, os operários do edifício humano serão condenados a tentar perpetuamente coroar o que não se pode coroar, para todas as vezes rolarem no abismo e retomarem os seus esforços: a Habitação Divina remete, então, ao mito de Sísifo.

HARPA (v. Lira)

É o instrumento tradicional por excelência, em oposição aos instrumentos de sopro (gaita de foles) ou de percussão (tambor). Suas cordas são feitas, as mais das vezes, de tripas de lince. Os muitos tipos de harpa podem ser reduzidos essencialmente a dois: a harpa pequena, espécie de cítara, facilmente transportável, e a grande harpa de cerimônia. É na harpa que os deuses ou seus mensageiros, nos países nórdicos, tocam *o modo do sono*, que faz dormir irresistivelmente aqueles que o ouvem, com risco de fazê-los passar, ocasionalmente, desta para melhor (OCUI, *3*, 212-409; OGAC, **18**, 326-329).

A harpa liga o céu e a Terra. Os heróis dos Edas querem ser queimados com uma harpa ao seu lado na pira fúnebre: ela os conduzirá ao outro mundo. Esse papel de psicagoga, a harpa não o desempenha apenas depois da morte. Durante a vida terrestre, ela simboliza as tensões entre os instintos materiais, representados por sua moldura de madeira e suas cordas de lince, e as aspirações espirituais, figuradas pelas vibrações das ditas cordas. Estas são harmoniosas apenas quando procedem de uma tensão bem regulada entre todas as energias do ser. Esse dinamismo medido simboliza o equilíbrio da personalidade e o domínio de si.

O célebre *canto do harpista*, do Egito antigo, exalta a busca da felicidade cotidiana, numa vida em que nada é mais certo que a morte próxima, e nada mais incerto que o destino além-túmulo. O harpista faz vibrar as cordas e canta: "Rejeita para longe de ti os cuidados, procura a diversão até que venha aquele dia de embarcar para a terra que ama o silêncio [...]." (POSD, 17). O som da harpa simboliza, então, a busca de uma felicidade da qual o homem só conhece as frágeis certezas deste mundo.

HARPIAS

Gênios maus, monstros alados, de corpo de ave e cabeça de mulher, garras aceradas, odor infecto, elas atormentam as almas com perversidades incessantes. Seu nome significa *raptoras*. São três, em geral: Borrasca, Voa-Rápido e Obscura, palavras que evocam as nuvens sombrias e velozes de uma tempestade. Só o vento, filho de Bóreas, pode expulsá-las (GRID, 175). São a parte diabólica das energias cósmicas. As provedoras do inferno graças às mortes súbitas.

As harpias simbolizam as paixões viciosas, tanto os tormentos obsedantes que o desejo faz sofrer quanto os remorsos que se seguem à satisfação. Do seu nome deriva o de Harpagão. Podem ser comparadas às Erínias. Mas estas representam mais o castigo, ao passo que as Harpias figuram as importunações dos vícios e as provocações da maldade. O vento que, só ele, pode expulsá-las é o sopro do espírito.

HÉCATE

Deusa dos mortos, não como **Perséfone***, a esposa de Hades, mas como "aquela que preside às aparições de fantasmas e aos sortilégios. É ela que os mágicos evocam. É representada com archotes na mão, acompanhada de jumentos, de cães e de lobas. Seus poderes são temíveis, principalmente à noite, à dúbia luz da Lua, com a qual, aliás, ela se identifica. Figuram-na muitas vezes como uma mulher com três corpos, ou como três mulheres apoiadas na mesma coluna. Adoravam-na especialmente nas **encruzilhadas***, onde sua imagem era erigida" (DEVD, 224).

Deusa lunar e ctoniana, está ligada aos cultos da fertilidade. Mas apresenta dois aspectos opostos: um, benevolente e benfazejo: preside às germinações e aos partos, protege as navegações marítimas, concede a prosperidade, a eloquência, a vitória, as ricas searas, as pescas abundantes, guia para a via órfica das purificações. Em contrapartida, outro aspecto é temível e infernal: Hécate é "a deusa dos espectros e dos terrores noturnos [...] dos fantasmas e monstros que infundem terror, é a nigromante por excelência, a senhora da feitiçaria". Só se conjura por encantações, filtros de amor e de morte (LAVD, 497).

Sua lenda e suas representações com três corpos e três cabeças se prestam a interpretações simbólicas de diferentes níveis. Deusa lunar, po-

HEFESTOS (VULCANO)

deria representar as três fases da evolução lunar (crescente, minguante, Lua nova) e as três fases correspondentes da evolução vital. Deusa ctoniana, restabelece a ligação dos três patamares do mundo: os infernos, a Terra e o céu. Seria, sob esse aspecto, honrada como a deusa das encruzilhadas. Porque toda decisão a tomar num cruzamento implica não só uma direção horizontal, na superfície da Terra, mas, mais profundamente, uma direção vertical para qualquer um dos níveis escolhidos de vida. Enfim, a nigromante das aparições noturnas simbolizaria o inconsciente, onde se agitam feras e monstros: o inferno vivo do psiquismo, mas também reserva de energias a organizar, como o caos se organizou em cosmos sob a influência do espírito.

HEFESTOS (Vulcano)

Filho de Zeus e de Hera, coxo, mal-amado pelo pai e pela mãe, desposou a mais bela das deusas, **Afrodite***, que o traiu com Ares, seu irmão, e com inúmeros outros deuses e mortais. Foi amado por Cáris, a graça por excelência, e por muitas mulheres de grande beleza. Suas companhias sempre primaram por um grande charme.

Mestre das artes do fogo, governa o mundo industrioso dos **ferreiros***, dos ourives e dos operários. É visto soprando seu fogo e penando na sua bigorna, em que fabrica as armas dos deuses e dos heróis; escudos resplandecentes; joias, broches, braceletes, colares, para as deusas e as mais belas mortais; fechaduras secretas, trípodes rolantes, autômatos.

"No grupo dos grandes deuses olímpicos, Hefestos é o senhor do elemento ígneo e dos metais" (GRID, 185). Combate com as chamas os metais em fusão ou barras incandescentes. "Deus da metalurgia, reina sobre os vulcões, que são as suas oficinas, nas quais trabalha com ajudantes, os Ciclopes [...]. É para os deuses o que Dédalo é para os homens: um inventor para o qual nenhum milagre técnico é impossível" (ibid., 186).

Três lendas de diferentes épocas caracterizam o papel atribuído ao *ilustre artesão* (Homero): teria ajudado no nascimento de **Atena***, abrindo o cérebro de Zeus, onde ela estava encerrada, com um golpe de seu machado de dois gumes; por ordem de Zeus, teria prendido **Prometeu*** no flanco do Cáucaso; enfim, teria moldado em argila o corpo de **Pandora***, a primeira mulher.

Esses traços permitem distinguir o valor simbólico do mito. Enfermo, coxo das duas pernas, Hefestos revela uma dupla fraqueza espiritual. A perfeição técnica das suas obras lhe basta: seu valor e sua utilização moral deixam-no indiferente. Prende Prometeu, ridiculariza Afrodite e Ares, imobiliza a própria mãe num trono de ouro. Por outro lado, põe nas suas obras uma força mágica que lhe dá poder sobre aqueles que as empregam. É o técnico abusando do poder criador para impor sua vontade em outros domínios além do seu. Com suas obras-primas de metal ele capta as belezas vivas. A magia das façanhas técnicas vale ao deformado os maiores sucessos amorosos. Hefestos é aparentado aos "deuses atadores", amarradores da Índia e dos celtas, "mas com uma diferença, uma superioridade: o seu poder é tanto o de animar o imóvel quanto o de imobilizar o vivo; não só confina com laços que ninguém desata como confere movimento e vida à matéria inanimada" (SECG, 256). Tal como o pinta Homero: "monstro esbaforido e manco, cujas pernas débeis vacilam sob o peso do corpo" (*Ilíada*, **18**, 410, 411), Hefestos sempre buscou uma compensação. Se pagou o dom da ciência com sua integridade física, segundo uma lei muitas vezes expressa nos mitos, compensou essa enfermidade com sucessos incomparáveis nas façanhas industriais e amorosas. Cultivou a habilidade, em prejuízo da identidade, o "saber fazer" à custa do "saber ser".

Garantiu "a vitória do fogo sobre a água", mas não a harmonia dos elementos. É, ele mesmo, "o elemento ígneo no brilho da sua força irresistível. Seu andar cambaio é considerado um símbolo da sua dupla natureza, ao mesmo tempo celeste e terrestre, ou como a imagem do aspecto trepidante da chama" (SECG, 257). Mas a glória de Hefestos é um poema órfico onde chega a suplicar ao deus que "transmude em ardor vital [...] tudo o que é chama no universo". Tal é, sem dúvida, o sentido supremo do seu símbolo: o demiurgo amoral transmudado em apóstolo inspirado. Compararam-no com Ptá, o deus egípcio dos artesãos.

HELIOTRÓPIO

Essa planta simboliza o Sol que gira e a luz móvel de que o Sol é a fonte. A flor é uma "ontofania da luz" (BACC, 85). Depois de ter ornado as frontes dos imperadores romanos, dos reis da Europa Oriental e da Ásia, é usada na iconografia cristã para caracterizar as pessoas divinas, a Virgem Maria, os anjos, profetas, apóstolos e santos.

Esse vegetal solar figura num vitral de Saint-Rémi, em Reims: "dois ramos de heliotrópio saindo do nimbo que envolve a face da Virgem e a de São João, que assistem, lacrimosos, à morte do Cristo" (DAVS, 220). A propriedade que tem essa planta de mover-se constantemente para acompanhar a evolução do Sol simboliza a atitude do amante, da alma, que volta continuamente seu olhar e seu pensamento para o ser amado, a perfeição sempre dirigida para uma presença contemplativa e unitiva.

Assim, o heliotrópio simboliza ainda a prece. Flor solar, "ela canta", segundo Proclo, "o louvor do chefe da série divina à qual pertence, louvor espiritual e louvor racional ou físico ou sensível". Para Proclo, o heliotrópio, com a sua cor celeste, reza, pois que se volta incessantemente, com insigne fidelidade, para o seu Senhor. Henry Corbin cita, a propósito, o seguinte verso: "todo ser conhece o modo de oração e glorificação que lhe é próprio" (BACC, 85-87).

Na lenda grega, Clítia foi amada, depois abandonada pelo Sol – que a deixou por amor de outra donzela. Inconsolável, Clítia se consome de mágoa e se transforma em heliotrópio, a flor que gira sempre em torno do Sol, como que em torno do amante perdido. Simboliza a incapacidade de superar a paixão e a receptividade ao influxo do ser amado.

Por seu perfume suave, o heliotrópio simboliza também a embriaguez e o arrebatamento, tanto da mística quanto da glória ou do amor.

HEMEROCALE

O hemerocale, *Belle-de-jour* dos franceses, é um símbolo de beleza fugidia, em razão do seu esplendor e da fugaz duração que tem a florada. Na China, com o nome de *huan*, ela tem a propriedade de afastar as preocupações (BELT).

HERA

Um dos enfeites habituais de **Dioniso***: verde em todas as estações, ela simboliza a força vegetativa *e a persistência* do desejo. Numerosas estatuetas de Tanagra têm como ornamentos folhas e bagas de hera. Asseguravam a seus donos a proteção do deus. Será por isso que se fez da hera um símbolo feminino, que revela uma necessidade de proteção?

Dioniso servia-se da hera, como da videira, para provocar um delírio místico nas mulheres que se recusavam a participar do seu culto; mas, uma vez tomadas pelos eflúvios do deus, como o foram as Miníades (GRID, 229), elas corriam a se juntar às **Bacantes*** nas montanhas.

A hera era igualmente consagrada a Átis, por quem a deusa da Terra e das colheitas, **Cibele***, se apaixonara; ela representava o ciclo eterno das mortes e dos nascimentos, o mito do eterno retorno.

HÉRACLES (Hércules)

Seus trabalhos, suas proezas, suas aventuras alimentam as crônicas mitológicas e fazem de Héracles o mais popular dos heróis. Seu nome, *à glória de Hera,* lhe foi dado pela Pítia e designa o que se poderia dizer a sua vocação: *glorificar a deusa suprema, esposa de Zeus.* Mas as imagens que se depreendem dessas lendas fartamente elaboradas mostram um personagem que oscila entre um atleta de feira e um Dom Quixote. Pode-se, mesmo assim, desentranhar dessa literatura superabundante, e até certo ponto heteróclita, uma espécie de vetor constante. Se considerarmos de ordem psíquica e moral, por transposição, os obstáculos dos quais ele triunfou, Héracles seria "o representante idealizado da força combativa: o símbolo da vitória (e da dificuldade da vitória) da alma humana sobre as suas fraquezas" (DIES, 216).

As tradições posteriores exaltaram a paixão do herói torturado pela **túnica*** de Nessus e morto na fogueira assim como a sua apoteose, quando, admitido no círculo dos deuses, desposou Hebe, a deusa da juventude.

Ao termo de sua evolução mitológica, "digna de nota, graças a Hera que jamais deixou de persegui-lo", *Héracles encarna* "o ideal viril helênico [...] algo que só pertence ao céu – não existe vivente ideal na face da Terra – e só na deusa da eterna juventude encontra uma companheira digna dele" (O. Kern).

Um hino homérico sintetiza sua lenda ao celebrá-lo: "Héracles, filho de Zeus [...] o maior, sem comparação, entre os homens da Terra [...]. Primeiro errou sobre a Terra e sobre o mar imenso, e sofreu. Mas triunfou por sua bravura, e sozinho executou muito trabalho audaz e excepcional, e, de novo, sofreu. Agora, ao contrário, se compraz em viver na bela morada do Olimpo coroado de neve e tem por esposa a Juventude com seus belos tornozelos" (*apud.* trad. fr. de Jean Humbert, HYMH, 201).

Héracles: Nessus ferido por Héracles.
Ânfora *protoateniense.*
Século VII a.C. Atenas, Museu Nacional.

A função do Héracles clássico é assumida na Irlanda por Cuchulainn, filho do deus Lug, como Hércules é filho de Júpiter. A popularidade ou celebridade do **herói*** celta basta para mostrar a extensão do culto de Hércules na Gália romana. Os autores gregos contam que o herói era, na Gália, pai de Keltos e de Galatos, e que tinha percorrido toda a Céltica (i.e., a parte da Gália antiga compreendida entre o Sena e o Garona). Os pormenores que nos dão são, porém, lacunosos. O *Hércules* celta simboliza unicamente a força pura. Ele participa também do aspecto mágico da função guerreira.

HÉRCULES (v. Héracles)

HERMAFRODITO (v. Andrógino)

HERMES (Mercúrio)

Um dos símbolos da inteligência industriosa e realizadora; preside ao comércio. Tem por atributo sandálias aladas, que *significam a força de elevação* e a aptidão para os deslocamentos rápidos. Mas trata-se de uma força limitada a um nível um tanto utilitário e facilmente corruptível. Hermes significa igualmente "o intelecto pervertido. É o protetor dos ladrões" (DIES, 46-47), forma de perversão intelectual que se encontra em todos os tipos de escroques, certa habilidade maliciosa e de astúcia.

Hermes inventou a lira esticando sobre a carapaça de uma tartaruga cordas fabricadas com tripas dos bois que sacrificara. Foi essa a primeira lira que Apolo adotou, depois de ter ouvido os seus acordes do fundo de uma caverna onde se refugiara Hermes. Inventou, em seguida, a flauta, que deu de presente a Apolo, em troca de lições de magia divinatória e do **caduceu*** de ouro. Impressionado com tal habilidade, Zeus escolheu Hermes especialmente para servir-lhe de mensageiro entre aos deuses dos Infernos, Hades e Perséfone. É representado habitualmente com um **cordeiro*** aos ombros: daí o nome que lhe dão de *Crióforo*; divindade agrária, na origem, protetor dos pastores, sem dúvida, mas também guia das almas no reino dos mortos. Dessa função deriva o nome de Hermes Psicopompo, o *Acompanhador de almas.* Nessa qualidade, simbolizaria o Bom

Pastor. Serve de mediador entre a divindade e os homens.

Deus das viagens, era honrado especialmente nas **encruzilhadas*** dos caminhos, onde suas estátuas serviam para afastar os fantasmas e evitar os maus encontros. Os próprios caminhos têm suas etapas assinaladas por **pedras*** (*hermai*) consagradas a Hermes.

Mensageiro por excelência, chamado às vezes por uma palavra que deu *Evangelho,* mensageiro da boa-nova, Hermes simboliza os meios de troca entre o céu e a Terra, a mediação, em suma, meios que se podem perverter em comércio simoníaco ou elevar-se, ao contrário, até a santificação. Assegura a viagem, a passagem entre os mundos infernais, terrestres, celestes.

A função do Mercúrio clássico (Hermes, em grego) é assumida na Irlanda pelo deus *politécnico* Lug (cujo nome se encontra na Gália no topônimo Lugdunum – hoje Lyon, Loudun etc. atestado por duas boas dezenas de exemplos; na Espanha, na inscrição celtibera de Penalba; na Suíça, em Avenches, num capitel). Esse deus transcende as funções e as capacidades de todos os outros deuses. É, simultaneamente, druida, satirista, médico, mágico, artesão etc. E é ele também que, no grande relato mítico da batalha de Mag Tured, vence os fomorianos não só por suas proezas *militares* mas, sobretudo, por sua *magia*. Encontra-se igualmente, na Gália, grande número de traços do culto de Mercúrio, sob o nome e as aparências mais ou menos respeitadas do Mercúrio clássico. É lícito dizer, no entanto, que os aspectos teológicos, clássicos, e celtas nem sempre coincidem. O Mercúrio celta não passa de um comerciante e viajante. César, em *De Bello Gallico,* chama-o de "inventor de todas as artes", o que corresponde à denominação irlandesa *samildanach, politécnico.* Forma com o Dagda (Zeus-Júpiter e Ogme-Ógmios ou Ares-Marte) uma tríade fundamental e os cognomes passam muitas vezes de um para outro. No seu *Kunstbuch* de 1514, A. Dürer preferiu representar Hermes, *deus da eloquência,* sob os traços do Ógmios celta, e a nota de introdução aos *Mistérios do Egito* (**I**, 1), de Jamblico, explica que esse deus da eloquência é comum a todos os sacerdotes. Parece que o simbolismo do *Mercúrio* celta, nessas condições, é universal.

A simbologia de Hermes inspira-se também na simbologia do deus egípcio Tot, substituto de Ré, o deus supremo: mensageiro, iluminador, juiz interior (consciência), guia, mediador. Personifica a revelação da sabedoria aos homens e do caminho da eternidade. É a palavra que penetra até o fundo das consciências, conforme seu grau de abertura.

Hermes é, em consequência, o deus quádruplo, tetramorfo, dos quatro ventos do céu e dos quatro rostos.

Esses atributos comportam um duplo sentido: representam, de modo objetivo, o conjunto dos conhecimentos vindos dos quatro pontos cardeais do horizonte e de todos os níveis da existência (agência mundial de informação); de modo subjetivo, os múltiplos aspectos ou interpretações que tomam a palavra no espírito das pessoas, todas igualmente convencidas de que entenderam bem. Hermes é, ao mesmo tempo, o deus do hermetismo e da hermenêutica, do mistério e da arte de decifrá-lo.

HERÓI

Produto do conúbio de um deus ou de uma deusa com um ser humano, o herói simboliza a *união das forças celestes e terrestres.* Mas não goza naturalmente da imortalidade divina, se bem que conserve até a morte um poder sobrenatural: deus decaído ou homem divinizado. Os heróis podem, no entanto, adquirir a imortalidade, como Pólux e Héracles. Podem também ressurgir dos seus túmulos e defender contra o inimigo a cidade que se pôs sob a sua proteção. O protótipo do herói grego imortalizado é **Héracles*** (Hércules).

Entre os egípcios, o culto do herói é extremamente raro: reis divinizados em razão de uma longínqua ascendência que os liga ao *fundador* da Cidade ou do Reino. Todavia, determinados vizires e um grande arquiteto, Imhotel, receberam, depois da morte, honras divinas: capelas foram edificadas em sua memória. Ao tempo da

554 | HERÓI

conquista romana, segundo uma crença recente, *"o afogamento no Nilo"*, o rio-deus, conferia *"admissão ao círculo dos deuses"*. Por isso o favorito de Adriano, Antínoo, que morreu no Nilo, foi divinizado, e o imperador mandou construir uma cidade no local onde seu corpo foi encontrado (POSD, 90).

O protótipo do herói celta é o irlandês Cuchulainn, o qual, desde a mais tenra idade, fez proezas guerreiras das mais extraordinárias. Sozinho, deteve, meses a fio, todos os exércitos das quatro províncias da Irlanda na fronteira do Ulster. Esse herói, cujo nascimento, peripécias e morte ocupam lugar de relevo nos ciclos mitológico e épico, é filho do deus Lug. Mas foi concebido, no plano terrestre, pelo rei Conchobar, que agiu como substituto do deus, e por sua irmã Dechtire. Confiaram-no, depois, a um pai putativo, Sualtam (que desposou Dechtire). A concepção é tripla, e de Cuchulainn, que tem assim três pais, se diz que é o *menino dos três anos*. Seu correspondente clássico é Héracles, com quem apresenta inúmeros semelhantes pormenores (força física, mocidade, formosura, destreza, inteligência). Mas ilustra uma concepção inteiramente diversa da guerra, pois que é ele quem, em estilo celta, representa, em toda a sua pureza, *a essência da função guerreira*, na base da *bravura* pessoal as mais das vezes, da *astúcia* algumas vezes, mas não da *estratégia* coletiva. A guerra, com efeito, na epopeia irlandesa, é uma série de combates singulares, a que precede, em cada caso, um desafio por parte de um ou de outro adversário. O mesmo acontece no continente, nos combates dos gauleses contra os romanos: vejam-se os episódios de Mânlio Torquato e de Valério Corvino, colecionados por Tito Lívio. Cuchulainn faz uso da injúria e da invectiva, e aterroriza ou paralisa o inimigo por seus golpes e táticas *marciais*. Característica do *herói* é ser dotado de *força* física incomum, de *destreza* extraordinária (Cuchulainn pratica grande número de artes marciais) e de uma *coragem* a toda prova. A inteligência pode ser, ocasionalmente, conferida ao herói por acréscimo (é o caso de Cuchulainn). Um verdadeiro campeão

irlandês respeita um código de cavalaria rudimentar: Cuchulainn não mata homens desarmados. Também não mata cocheiros, criados, mulheres e crianças. Mas a regra absoluta é o *combate singular* (toda noção de estratégia militar está ausente das lendas celtas), habitualmente num vau, e até que a morte sobrevenha, com a degola do vencido. O exemplo mais conhecido é o de Cuchulainn, que enfrenta sozinho o exército da rainha Medb. O herói não tem o direito de recusar um desafio. Outra utilidade do herói é ser também, de algum modo, o *substituto do rei* no combate, porque o rei deve assistir ao encontro, mas sem tomar parte nele (OGAC, **12**, 209-234).

O herói na batalha está em estado de *cólera guerreira (ferg)*, expressão religiosa e mágica do excesso ou desmesura *heroica* dos cavaleiros *com relação aos seus inimigos* (e somente com relação a eles). Quando o jovem Cuchulainn volta da sua primeira expedição à fronteira do Ulster, o rei Conchobar é obrigado a enviar ao seu encontro cinquenta donzelas nuas, sob a chefia da rainha. Aproveitando da surpresa do herói, ele é mergulhado em três tinas de água fria. Uma estoura; na outra, a água ferve com grandes bolhas; na terceira, a água fica morna.

Existe uma ligação etimológica entre o nome desse calor guerreiro (*lath*) e o do outro, homófono, da excitação sexual. O **calor*** guerreiro de Cuchulainn e dos heróis do Ulster faz derreter a neve num raio de trinta passos de cada um deles. É por esse motivo que os campeões dos celtas combatiam nus.

O herói tem direito, por motivo de suas tendências passionais normais (tudo o que é guerreiro é de essência feminina) a toda a parte mágica do saber, como seu arquétipo divino Ógmios. Cuchulainn sabe escrever nas árvores encantações *em* ogamo, *e* o guerreiro é, muitas vezes, *adivinho* ou *profeta*. Na mesma ordem de ideias, Nicandro de Colofon conta que os gauleses passavam a noite junto dos túmulos dos heróis a fim de recolher oráculos. Mas o guerreiro não tem nenhum direito ao sacerdócio ou à realeza. Representa e "simboliza a força pura, a qual, desprovida de inteligência e animada de paixão, tem de ser dirigida pela autoridade espiritual". Cuchulainn é, sem dúvida, *rei dos guerreiros da Irlanda,* mas isso não passa de uma distinção honorífica. Quando ele põe o pé na pedra de Fal para dela receber a promessa da verdadeira realeza, a pedra permanece muda (gritava quando pisada por qualquer rei da Irlanda), e o herói a quebra de raiva (OGAC, **17**, 175-188).

O herói simboliza o "elã evolutivo (o desejo essencial), a situação conflitante da psique humana agitada pelo combate contra os monstros da perversão" (D1ES, 40). O herói é também ornado com os atributos do Sol, cuja luz *e* calor triunfaram das trevas e do frio da morte. "O apelo do herói", segundo Bergson (*Les deux sources de la morale et de la religion*), está no cerne da moral aberta e, no campo espiritual, o motor da evolução criadora. C. G. Jung, nos símbolos da libido, identificará o herói com o poder do espírito. A primeira vitória do herói é a que ele conquista sobre si mesmo.

HESPÉRIDES

Filhas de Atlas e de Hésperis, elas vivem num **jardim*** de **maçãs*** de ouro, cuja entrada é defendida por um dragão. Héracles vence o dragão e se apodera do jardim, com todas as riquezas que contém. O mito representa a existência de uma espécie de **paraíso***, objeto dos desejos humanos, e de uma possibilidade de imortalidade (a maçã de ouro). O dragão representa as terríveis dificuldades de acesso a esse Paraíso; Héracles, o herói que triunfa de todos os obstáculos. O conjunto é um dos símbolos da luta do homem para alcançar a espiritualização que lhe assegurará a imortalidade.

Atlas, diz a lenda, ensinou astronomia a Héracles; o dragão deu seu nome a uma constelação; e Héracles foi identificado com o Sol.

HEXAGRAMA

Essa figura, feita de dois triângulos equiláteros superpostos, um apontando para o alto, o outro, para baixo, de modo a que o conjunto forme uma estrela de seis pontas, é uma das representações simbólicas mais universais. É encontrada na Índia, sob o nome de *Yantra*; entre os hebreus, cristãos muçulmanos, sob o de **selo*** de Salomão. Figura, igualmente, na glíptica das civilizações centro--americanas. Na filosofia hermética, representa a síntese das forças evolutivas e involutivas, pela interpretação dos dois ternários. A tradição indiana vê no hexagrama a união de Shiva e Xácti, ou seja, a hierogamia fundamental. Em termos psicológicos, para a escola de Jung, essa união dos contrários simboliza a "união dos mundos pessoal e temporal do Eu com o mundo não pessoal e intemporal do não Eu" (Aniela Jaffé, in JUNS, 240-241). É, em definitivo, diz a mesma autoridade, a união da alma com Deus, alvo de todas as religiões.

Também são chamados hexagramas – figuras completamente diferentes – certos símbolos chineses típicos. Estão reunidos todos num livro, o *I-Ching*, conhecido sob o nome de *Livro das mutações.* Parece que esse livro foi o único a sobreviver à destruição pelo fogo dos livros de filosofia decretada no séc. III a.C. por Chi Huang-ti. Segundo Maspero, remontaria ao séc. VIII ou VII. Os hexagramas são figuras compostas de seis traços cada uma. Esses traços ou linhas podem ser (——) ou descontínuos (— —). Representam um *tao* ou princípio universal, que rege a ordem.

Cada uma das linhas que compõem um hexagrama, se contínua, simboliza o Sol, o calor, a atividade, o elemento masculino, o número ímpar, o *yang**. Cada linha descontínua representa o contrário: o frio, a passividade, o elemento feminino, o número par, o *yin**.

Os hexagramas são em número de sessenta e quatro. Os dois primeiros são:

um, puramente *Yang*

ou seja, formado exclusivamente por linhas contínuas, representando o Pai, a força, o Sol;

556 | HEXAGRAMA

o outro, puramente *Yin*

formado por linhas descontínuas, simbólicas da Mãe, da passividade, da Lua.

Os outros sessenta e dois símbolos são compostos por elementos contínuos e descontínuos, as mais das vezes em proporções desiguais, exceto no caso do

e o símbolo nº 11

que representa a prosperidade, a honra e tudo o mais que é liberal.

e o símbolo nº 12

que representa as contestações, o infortúnio, a maldade. Segundo o que sabemos do espírito chinês antigo, a ordem universal era fruto do equilíbrio desses dois princípios elementares, que são o *Yin* e o *Yang,* ou, mais exatamente, fruto de suas *mutações.* A composição simbólica dos hexagramas, pela manipulação de cada linha, ela mesma simbolizando um estado ou *tao,* fornecia, assim, os elementos capazes de instituir uma filosofia do Universo, uma classificação lógica das coisas, e, até, de captar a sua *essência.*

Os hexagramas são símbolos traduzidos em fórmulas geométricas, que se relacionam com arquétipos ideais e permanentes. Sua leitura permite uma espécie de psicanálise fundada não na interpretação subjetiva de um mestre, mas na combinação numérica das linhas. Os chineses antigos afirmavam que, pelo conhecimento do *I-Ching,* eles podiam, desde que o aprofundassem

sem cessar, conhecer o segredo dos seres e das coisas, prever seu comportamento, e, até certo ponto, dirigi-los.

Certos autores pensam que os **trigramas*** foram inventados antes dos hexagramas. Combinando as seis linhas dos hexagramas, é fácil perceber que *se* podem compor sessenta e quatro hexagramas diferentes e que com três linhas não se fazem mais do que oito trigramas. Que são:

Desde a mais remota antiguidade, os trigramas foram relacionados com os oito ventos e dispostos de maneira a formar uma rosa dos ventos com oito direções. Como os hexagramas, os trigramas são símbolos. A saber: o trigrama

K'ien   é o céu, o redondo, o Pai;

K'uen   é a Terra e a Mãe;

Tch'en   é o trovão;

Siuan   é o bosque e o vento;

K'an   é a água e a Lua;

Li   é o fogo e o Sol;

K'en   é a montanha;

T'uei   é o pantanal.

Segundo Fon Yu-lan, professor de filosofia chinesa na Universidade Nacional de Ts'ing Hua, em Peiping (Beijing), os trigramas

K'ien ═══

e K'uen ꠸꠸

são os símbolos por excelência do *Yin* e do *Yang*, *i.e., Pai e Mãe,* enquanto os outros seis trigramas devem ser designados como Filhos e Filhas.

Cada um dos doze meses está na dependência de diversos hexagramas, dos quais um tem papel principal, diretor, nos negócios do mês em causa, daí o nome que lhe é dado de *hexagrama soberano.*

Esse simbolismo da alternância se encontra em uma obra do poeta Li Li-veng (séc. XVII) quando diz:

> Contemplai, primeiro, as colinas no quadro:
> Contemplai, em seguida, o quadro formado pelas colinas.

HÍBRIDO

Tudo o que é híbrido, disforme (*v.* **deformidade***), estranho, é rico de significado nas lendas africanas. O costumeiro e a ordem natural não podem ser perturbados gratuitamente: uma força do Além deve ter vindo. O monstruoso se torna sinal do sagrado.

As figurações de híbridos obedecem a certas leis. Por exemplo, os seres fabulosos, parte homem, parte animal (*v.* **sereias***, **esfinge***, **centauros***) são representados com a parte humana ora em cima (esfinge), ora embaixo (cabeça de falcão e pés humanos). O que não é sem razão: imagina-se que a parte superior seja mais próxima das coisas nobres. Não é, portanto, indiferente que tal ou qual parte seja animalizada ou humanizada. No caso do homem-serpente, o fato de que os pés sejam animalizados (em forma de serpente) e a cabeça humanizada é um signo favorável: o ser é, com efeito, *superior no superior, i.e., sua parte*

superior é superior em valor específico à sua parte inferior, pois que é humana, e a outra puramente animalesca. Também o homem-serpente costuma ser concebido como o iniciador, que submete os peregrinos à prova. É conhecido o homem de cabeça de leão, símbolo da realeza, em que a força predomina sobre a justiça; ou o homem de cabeça de touro, o iniciador pastoral (HAMK, 20).

O leão vem, muitas vezes, associado à águia, da qual pode ter a cabeça, as **asas***, as garras. Simbolizariam, então, *o corpo* e *a alma do homem.* E, se, por vezes, "eles se mordem um ao outro, a primeira ideia não é a de combate, mas de dois animais que se enfrentam, que se copenetram, que se tornam um só devorando-se mutuamente, que passam sem cessar de um a outro. O tema fica ainda mais claro quando o homem em pessoa é associado a esses dois componentes simbólicos" (CHAS, 265-266). Às vezes eles simbolizam o *antagonismo* feroz, que divide interiormente o homem entre as tentações do mal e sua aspiração ao bem.

HIDRA

Serpente monstruosa, de sete ou nove cabeças, que renascem à medida que são decepadas. Comparada muitas vezes aos deltas dos grandes rios, com seus múltiplos braços, suas enchentes e vazantes. É figuração "dos vícios múltiplos (tanto sob forma de aspiração imaginativamente exaltada quanto de ambição banalmente ativa) [...]. Vivendo nos alagados, a hidra é mais particularmente caracterizada como símbolo dos vícios corriqueiros. Enquanto o monstro está vivo, enquanto a vaidade não for dominada, as cabeças, símbolos dos vícios, brotam de novo, mesmo se, por uma vitória passageira, uma ou outra foi cortada" (DIES, 208). O sangue da hidra é venenoso: Héracles molhava nele as suas flechas. Se se misturava à água dos rios, tornava os peixes impróprios para o consumo. O que confirma a interpretação simbólica: tudo o que concerne aos vícios ou deles procede se corrompe e corrompe.

HIDROMEL

O hidromel é a bebida da *imortalidade*, a bebida dos deuses no outro mundo (os monges copistas das lendas muitas vezes substituíram o hidromel pelo vinho nas suas versões). É também a bebida principal dos festins rituais da grande festa de Samain. Nas celebrações dos celtas, o hidromel é consumido em concorrência com a cerveja e dá uma embriaguez rápida e completa. É ainda hoje bebida de consumo habitual em certas áreas, sobretudo na Bretanha (OGAC, **13**, 481 s.).

Em oposição à **cerveja***, que é a bebida dos guerreiros, o hidromel é, para os celtas, a *bebida dos deuses*. É a participação da classe sacerdotal, que representa a divindade, na festa de Samain, o que explica o uso confirmado por todos os textos, do hidromel nessa ocasião. O rei em desgraça morre, por vezes, afogado numa cuba de hidromel (mais raramente de vinho), enquanto seu palácio é incendiado (OGAC, 7, 33-35; **13**, 481-506).

O hidromel ficou com esse caráter de bebida *divina* na África. Para os bambaras é a bebida dos sábios, representando o conhecimento sob a forma a mais elevada. Sua constituição – mistura de **água*** e de **mel***, fermentada e apimentada – o explica. Pela contribuição simbólica desses próprios elementos: a água é o líquido vital, que fertiliza e liga, permitindo a comunhão; o mel é símbolo de verdade, logo de frescor, de claridade, de doçura. Os bambaras dizem que a verdade se assemelha ao mel porque, a exemplo do favo, "não tem direito nem avesso e é a coisa mais doce do mundo" (ZAHB, 166). A pimenta acrescenta algo às virtudes desses dois primeiros componentes: sua força estimulante. Enfim, a **fermentação*** ativa e, de alguma forma, sublima as virtudes do conjunto. É em fermentando que o hidromel se faz inebriante (*v.* **ambrosia***).

HIENA

Animal ao mesmo tempo necrófago e noturno, a hiena apresenta, na África, uma significação simbólica duas vezes ambivalente.

Ela se caracteriza, antes de tudo, pela voracidade, pelo cheiro, pelas faculdades de adivinhação que lhe são atribuídas, pela força das suas mandíbulas, capazes de moer os ossos mais duros. Por tudo isso constitui *uma alegoria do conhecimento, do saber, da ciência*. Mas, a despeito dessas extraordinárias faculdades de assimilação, ela permanece animal apenas terrestre e mortal, cuja sabedoria e conhecimento puramente materiais se fazem lentidão, grosseria e ingenuidade até ao ridículo, à tolice, à covardia, em face da Sabedoria e do Conhecimento transcendentais de Deus. É nesse sentido que ela se opõe ao símbolo do abutre (completando-o), ave também necrófaga, mas aérea e, portanto, divina, no pensamento dos bambaras. A hiena representa uma etapa iniciática no caminho do Conhecimento, que corresponde à aquisição de um saber real, mas profano, e que não deve tentar rivalizar com o saber divino, o qual encarna, num grau de iniciação muito mais elevado, o **leão***, símbolo da sabedoria calma e serena.

Na dramaturgia sagrada, encenada no curso dos ritos da sociedade Koré, um olhar do *leão* iniciado de alto grau, basta para pôr em fuga *a hiena*. A hierarquia dessa confraria lhe atribui o papel do *cativo*, que tinha por encargo, na antiga estrutura da sociedade bambara, a guarda do rei e de sua morada. Por isso, os iniciados *hienas* do Koré são encarregados de vigiar o bosque sagrado onde se realizam as reuniões da confraria (ZAHB).

HIPERBÓREO

O país dos hiperbóreos é mencionado frequentemente na mitologia grega. Onde se situaria? Heródoto confessa sua ignorância. Sem dúvida em algum lugar para o Norte, para o extremo Norte, mais longe que o país de onde sopra o Bóreas, *para além do vento do Norte*. Estaria, aí, talvez, a lembrança nostálgica dessas paragens longínquas, de onde os primeiros helenos passaram à Grécia, no começo do décimo milênio antes da era cristã. *"Parece, no entanto, pacífico"*, pensa H. Gallet de Sauterre, "que os gregos consideravam o Hiperbóreo um pouco à maneira da Etiópia ou da Atlântida, por exemplo, como uma espécie de paraíso remoto, um sítio de recreio para bem-aventurados, mal definido geograficamente" (citado em SECG, 217). Pouco importa, aliás, a precisão geográfica para o conhecimento da imaginação grega. Para ela, os hiperbóreos viviam em um país nimbado de sonhos, de todas as infâncias e de todas as idades do ouro. Apolo lá estivera na mocidade. Ali nasceu sua mãe, Leto. Periodicamente, depois de um ciclo astral de dezenove anos, ele retorna à região. Tem lá o seu refúgio contra as vinganças de Zeus. Foi de lá que partiu a flecha prodigiosa que formou, no céu, a constelação do Sagitário. Um hiperbóreo, Olen, teria fundado o oráculo de Delfos. Quando os gálatas se aproximaram do santuário, foram afugentados pela visão de fantasmas hiperbóreos. Pitágoras passava por ser a reencarnação de um hiperbóreo.

O hiperbóreo, então, era uma espécie de super-homem (equivalente ao *marciano* de nossos dias), vivente feliz, sábio, mágico até certo ponto, e habitando um país um tanto utópico.

HIPOPÓTAMO

Saqueando ou devorando uma parte das colheitas, o hipopótamo era considerado no Egito, "as mais das vezes, manifestação das forças negativas que existem neste mundo [...]. Inimigo do homem, o hipopótamo foi consagrado a Set, o maligno". O Estado mantinha arpoadores sagrados, cuja função era dar cabo dele. E, no entanto, o hipopótamo fêmea foi venerado, até adorado, como símbolo da fecundidade sob os nomes de O Harém (*Opet*) e A Grande (*Tuéris*). Acreditava-se que ela assistia, "tradicionalmente, à mãe quando vinham ao mundo os deuses, os reis, e simples mortais. Assim se explica a profusão de imagens, estátuas, amuletos e representações nos templos, que mostram *Tuéris* de pé nas patas posteriores e apoiada sobre o nó mágico" (POSD, 135).

No Antigo Testamento (*Jó*, **40**, 15), o hipopótamo, sob o nome de *Beemot* (que vem, provavelmente, do egípcio) simboliza a "força bruta que Deus subjuga mas que o homem é incapaz de domesticar".

> Vê o Beemot que eu criei igual a ti!
> Alimenta-se de erva como o boi,

> Vê a força de suas ancas,
> o vigor de seu ventre musculoso,
> quando ergue seu rabo como um cedro,
> trançados os nervos de suas coxas.
> Seus ossos são tubos de bronze,
> sua carcaça, barras de ferro [...]
> Deita-se debaixo do lótus,
> esconde-se entre o junco do pântano.

Essa descrição, interpretada simbolicamente, visaria o conjunto dos impulsos humanos e dos vícios que o homem não consegue eliminar por si só, manchado como está pelo pecado original. Essa massa colossal de carne exige a graça de Deus para elevar-se pela espiritualização.

HIRÃO

Artesão de gênio, mencionado na Bíblia, que a franco-maçonaria reconhece como seu Mestre Fundador. Evoca até certo ponto o **Hefestos*** e o **Dédalo*** da mitologia grega. Aparece no reino de Salomão e desempenha papel central na decoração do palácio real e do Templo de Jerusalém, para o qual moldou todas as partes metálicas.

Salomão mandou chamar Hirão de Tiro, filho de uma viúva da tribo de Neftali, cujo pai era natural de Tiro e trabalhava em bronze. Era dotado de grande habilidade, talento e inteligência para executar qualquer trabalho em bronze. Apresentou-se ao rei Salomão e executou todos os seus trabalhos (1 *Reis*,7, 13-14).

Completadas as suas obras-primas, o mestre desaparece da história. Mas a lenda se apodera dele e faz da sua vida e morte um mito iniciático. O ritual da franco-maçonaria fez delas um *drama simbólico,* inspirado nos mistérios antigos e que preside às cerimônias de iniciação.

Eis o mito, tal qual foi descoberto ou elaborado no séc. XVIII. Os trabalhos do Templo de Jerusalém terminavam, mas os companheiros de Hirão não tinham sido, todos, iniciados nos segredos maravilhosos do Mestre. Três deles resolveram arrancar tais segredos de Hirão. Postados cada um a uma porta diferente do Templo, intimaram Hirão, um depois do outro, a entregar-lhes seus

560 | HISSOPO (PLANTA MEDICINAL)

segredos. O Mestre respondeu-lhes, sucessivamente, fugindo de uma porta para outra, que ninguém obteria dele uma só palavra por ameaças e que era preciso esperar pelo tempo certo. Então, eles o agrediram, um com um golpe de régua na garganta, outro com um golpe de esquadro de ferro no lado esquerdo do peito e o terceiro com um golpe de malhete na fronte – e esse golpe o matou. Em seguida quiseram saber, uns dos outros, que resposta lhes houvera dado o Mestre. Constatando que nenhum deles havia obtido nada, desesperaram-se com a inutilidade do crime. Esconderam, então, o corpo, sepultaram-no à noite na orla de um bosque e fincaram sobre a sepultura um galho de acácia (segundo Rayon, in BOUM, 262).

Na aplicação simbólica do mito às cerimônias maçônicas de iniciação do grau de Mestre o candidato identifica-se com Hirão. Primeiro que tudo, tem de morrer para si mesmo. Os três golpes da lenda simbolizam a tríplice morte física (garganta), sentimental (lado esquerdo do peito) e mental (fronte). Mas, como em todas as mortes iniciáticas, essa fase é apenas o prelúdio de um renascimento, o renascimento físico, psíquico, mental, em *um novo* Hirão, que as qualidades descritas pelo texto bíblico simbolizariam e também o ramo de **acácia*** posto sobre o túmulo. A iniciação é um processo de individualização. O segredo de Hirão, a palavra desejada do Mestre, reside precisamente nessa lei do devenir interior, numa transformação espiritual, e na busca da integridade pessoal. Investido das qualidades de Hirão, o iniciado se torna Mestre por seu turno. Do símbolo cairemos na alegoria, se ressaltarmos que os três assassinos representam *a* Ignorância, a Hipocrisia ou *o* Fanatismo, a Ambição ou a Inveja – a que se opõem as qualidades antitéticas de Hirão: o Saber, a Tolerância e o Desinteresse (ou a Generosidade).

HISSOPO (Planta medicinal)

O hissopo é habitualmente associado aos *ritos de purificação*. Entra na composição da água lustral. É usado para as aspersões, misturado ao sangue, quando da purificação dos leprosos. Feixes de hissopo servem para aspergir um lintel de porta, um barrote ou moirão com o sangue do cordeiro pascal. Assim, o hissopo é associado simultaneamente à primeira aliança e à segunda, proposta pelo Cristo Cordeiro de Deus. O junco apresentado ao Cristo na cruz pelos sinópticos se transforma em hissopo no Evangelho de São João.

Segundo Fílon, o hissopo serve de condimento para os pratos servidos a enfermos em dietas terapêuticas.

No seu *Sermão* 45 sobre o *Cântico dos cânticos,* Bernardo de Clairvaux, citando o *Salmo* 50, 9, escreveu: "A beleza da alma é a humildade. E não sou eu que o digo, pois que o Profeta o disse antes de mim: Purifica meu pecado com o hissopo e ficarei puro, lava-me e ficarei mais branco do que a neve", simbolizando a humildade por essa erva humilde que purifica o peito. É com o hissopo que, depois da sua falta grave, o rei-profeta se lava, recuperando, assim, a alvura de neve da inocência" (JAUA, 481-482).

HOMA

Pássaro mítico célebre na literatura persa. Seu simbolismo está relacionado com a ideia de sucesso e glória. Ele vaga pelas alturas celestes e dispensa suas virtudes benéficas aos que cobre com suas asas (Zaratusht-Nama, de Bahram Pazdhu, ed. F. Rosenberg, S. Petersburgo, 1904, 273; Sa'di, Bustan, p. 28; Kolliyate-e Sa'di, *Teerã,* 1.340 H, 1961).

Sa'di o opõe por vezes ao mocho, que simboliza a maldição e a desgraça: "Ninguém procurará refúgio debaixo das *asas* do mocho.

> Mesmo que o *homa* venha a desaparecer totalmente da face da Terra."
>
> (Sa'di, *Golestan*, ed. Moscou, 1959, p. 39)

Por causa de sua nobreza e de *sua* sobriedade, o homa se opõe igualmente ao corvo, símbolo da cupidez (Mulla Abu-Bakr Hidayalullah Gurani Shahui, Riad-ulkhulud, manuscrito pessoal, p. 99). O folclore conta que o *homa* se alimenta dos restos de ossos a fim de não importunar outros animais (Sa'di, *Golestan,* ed. Moscou 1959, p. 66). O mestre místico é comparado ao homa pela nobreza d'alma e pela bênção que traz. Portanto, tudo o que tem relação com poder benéfico lhe é atribuído.

Nas lendas (por exemplo: *Os segredos de Hamza,* ed. litográfica, Tabriz, 1.320 H, 1902, p. 54), o *homa* serviu de motivo de decoração. Cabeças de *homa* em madeira ou em metal ornamentam muitas vezes o mobiliário (M. Mokri, *O Caçador de Deus e o mito do Rei-Águia,* Dawra y Damyari, *Beitrage zur Iranistik,* Band I, Otto Harrassowitz, Wiesbaden, 1967, p. 35).

HOMEM

O homem não deixou de a si mesmo se conceber como símbolo também. Em inúmeras tradições, desde as mais primitivas, ele é descrito como síntese do mundo, modelo reduzido do universo, microcosmo. Ocupa o centro do mundo dos símbolos. Diversos autores, dos sábios dos *Upanixades* aos teólogos cristãos e aos alquimistas, assinalaram as analogias e as correspondências entre os elementos do composto humano e os elementos que compõem o universo, entre os princípios que governam os movimentos do homem e os que regem o universo. Para uns, os ossos do homem vêm da Terra; o sangue, da água; a cabeça, do fogo. Para outros, o sistema nervoso está ligado ao fogo; o aparelho respiratório, ao ar; o digestivo, à Terra. O homem toca nos três níveis cósmicos: no terrestre, pelos pés; na atmosfera, pelo busto; no celeste, pela cabeça. Participa dos três reinos: mineral, vegetal e animal. Por seu espírito entra em contato com a divindade etc. Pode-se multiplicar ao infinito esse tipo de aproximação, que tem mais a ver com a fantasmagoria que com a simbologia.

No *Atharva-Veda* (**10**, 7), o homem das origens, como uma espécie de Atlas, a carregar o mundo, é considerado um *pilar do cosmos,* que tem por missão principal *escorar* o céu e a Terra, constantemente ameaçados de dissociar-se e desintegrar-se. O homem é, assim, centro e

princípio de unidade, e se identifica, finalmente, com o princípio supremo, o *Brahman:*

> Aquele em quem o não morrer e a morte
> estão concentrados no Homem...
> O grande prodígio no centro do universo
> avança no dorso do oceano graças ao Ardor cósmico.
> Os Deuses se apoiarão sobre ele,
> como os ramos de uma árvore se apoiam ao tronco.
> Aquele a quem os deuses sempre trazem tributo
> ilimitado no espaço limitado.

(VEDV 346-347)

A ideia de que o homem foi feito à imagem de Deus é bíblica. "Deus disse: Façamos o homem à nossa imagem como nossa semelhança... Então Jeová Deus modelou o homem com a argila do solo, insuflou em suas narinas um hálito de vida, e o homem se tornou um ser vivente" (*Gênesis,* **1**, 26; **2**, 7).

Os comentaristas observam que a ideia de *semelhança* atenua a de *imagem,* afastando qualquer noção de identidade. Essa concepção do *Gênesis* é posta pela astrologia na própria base da sua doutrina: alicerça as relações entre o microcosmo (o homem) e o macrocosmo (não só o universo, mas o pensamento englobante de Deus: ideia e força do universo). Para todo homem seu nascimento é como uma criação do mundo: para ele é a mesma coisa que ele nasça ou o mundo. Assim, a sua morte é como o fim do mundo. Àquele que morre tanto lhe faz morrer para o mundo como que o mundo morra com ele. Esse conjunto Deus-universo-homem é expresso por uma **esfera***, a imagem tradicional do mundo, de que cada homem ocupa o centro. Ele não se define no mundo, e o mundo não se define por ele, senão por suas relações recíprocas. O homem simboliza um nó de relações cósmicas.

Para os chineses, toda individualidade humana é um complexo e corresponde a uma determinada combinação de elementos. Os componentes não são jamais concebidos, nem como unicamente espirituais nem como unicamente

562 | HÓRUS

corporais. Toda natureza é, então, o produto de uma dosagem e de uma combinação mais ou menos harmoniosa. É a proporção de *yin* e de *yang* que caracteriza a condição física do homem. É esse equilíbrio que se rompe quando há a doença.

Os médicos chineses estabeleceram uma correspondência do organismo humano com o cosmo:

cabeça redonda: o céu,
cabelos: estrelas e constelações,
olhos e orelhas: Sol e Lua,
pneuma: vento,
sangue: chuva,
vasos e humores do corpo: rios e águas,
orifícios e veias: vales e rios,
quatro mares corporais (o estômago, mar da água; a aorta, mar do sangue; o cérebro, mar da medula óssea, do tutano; mediastino, mar dos pulmões): os quatro mares cósmicos,
o corpo humano: o elemento Terra,
o esqueleto: as montanhas,
o coração: a Ursa Maior,
os sete orifícios do coração: as sete estrelas da Ursa Maior,
as cinco vísceras: os cinco elementos,
as oito partes do corpo: os oito trigramas,
as nove aberturas do corpo: as nove portas do céu,
os quatro membros: as quatro estações,
as doze grandes articulações: os doze meses,
as 360 pequenas articulações: os 360 dias do ano.

A medicina chinesa reconhecia cinco vísceras e nove aberturas: os dois olhos, os dois ouvidos, as duas narinas e a boca, reconhecidos como sendo *yan*, mais as duas aberturas baixas, ditas *yin*.

Bastava-lhes combinar a teoria das aberturas e das cinco vísceras com sua correspondência com os cinco elementos para estabelecer um diagnóstico aproximadamente justo. As aberturas baixas eram adjudicadas aos rins, as narinas, aos pulmões, os olhos, ao fígado, a boca, ao pâncreas, o coração, aos ouvidos. Granet, em *O pensamento chinês*, dá um retrato de Confúcio de acordo com essa teoria: "Confúcio era descendente dos *Yin*,

que reinaram em virtude da água. Tinha no alto do crânio (seu nome de família significa *oco*, seu nome pessoal, *Outeiro oco*) uma depressão semelhante à das colinas que retêm, no seu topo, um pouco de água. A água corresponde aos rins e à cor negra (sinal de profundidade), e seu espírito se caracterizava pela sapiência, porque a sapiência depende, como se sabe, dos rins [...]."

O homem é espírito e carne. Mas existem seres chamados homens que são privados de espírito, sentem-se à vontade num mundo afastado de Deus e não sofrem de qualquer nostalgia transcendental. O gnóstico Basílides se propõe a seguinte questão: serão eles homens no sentido verdadeiro da palavra? Basílides nega-o categoricamente (Epifania, *Pan*, 24, 5; *v.* Quispol, *O homem gnóstico, a doutrina de Basílides*, em *Eranos Jahrbuch*, 1948, p. 116). Basílides fala em tom profético de um tempo por vir no qual não haverá mais homens espirituais, apenas e exclusivamente ignorantes, que rejeitarão tudo o que diz respeito ao espírito. Cada um se contentará com o mundo em que vive, e ninguém se interessará pela vida eterna. Nesse momento, se um homem falar de vida espiritual será tão ridicularizado quanto um peixe que quisesse pastar com os carneiros no alto da montanha. Quando essa ignorância se espalhar pela Terra, não haverá mais busca nem anseios no plano espiritual. O mundo ficará de todo privado da nostalgia do espiritual (id, p. 123-124). Tal é, segundo Basílides, o fim do homem espírito e carne. Para ele, dia virá em que o homem será *unicamente de carne*. Nesse caso, ele corre o risco de perder a sua imortalidade.

HÓRUS

Deus egípcio de cabeça de falcão. Filho de Osíris e de Ísis, muitas vezes representado por um olho, *o olho de Hórus*, ou por um disco solar com asas de gavião. Simboliza a implacável *acuidade* do olhar justiceiro, ao qual nada escapa, da vida íntima ou da vida pública.

Hórus vela pela estrita execução dos ritos e das leis. Seu combate lendário com **Set*** o Maligno, cujas partes ele decepou, mas que lhe vazou um olho, ilustra a luta da luz contra as trevas e a necessidade da vigilância, i.e., de ter o *olho aberto* na busca da eternidade mediante as emboscadas dos inimigos e por meio do erro. Na longa história do Egito, o personagem de Hórus muito evoluiu, por certo: deus celeste, divindade faraônica, soberano que luta pelo império do mundo. Mas sempre *combatendo*, para salvaguardar um equilíbrio entre forças adversas e para fazer vitoriosas as forças da luz.

HÓSTIA

"*Hostia* (lat.), nome dado à vítima imolada aos deuses como oferenda expiatória para aplacar a sua ira, por oposição a *victima*, a vítima oferecida para agradecer favores recebidos" (A. Ernout e A. Meillet). Hóstia designará toda vítima morta em sacrifício por uma grande causa, na esperança – como é a de um mártir – de vê-la triunfar. No cristianismo, é o Cristo, cujo sacrifício na Cruz e a partilha do pão na Ceia são comemorados pela liturgia da Eucaristia. O corpo sacrificado e ressuscitado do Cristo é, então, representado e simbolizado pelo pão sem lêvedo em forma de disco fino, dito hóstia, distribuído na comunhão. Suas forma e composição têm suscitado toda uma floração de símbolos no sermonário: "a pequenez da hóstia significaria humildade; sua forma, a obediência perfeita; sua finura, a economia virtuosa; sua brancura, a pureza; a ausência de lêvedo, a benignidade; o cozimento, a paciência e a caridade; a inscrição que leva, a discrição espiritual; as espécies que não perdem a identidade, sua permanência; a circunferência, a perfeição consumada. Ó pão vivificante, ó ázimo, morada escondida da onipotência! Sob modestas espécies visíveis ocultam-se espantosas e sublimes realidades." (Atribuído a Santo Tomás de Aquino.)

IANTRA

O iantra, figura geométrica, é literalmente um *suporte*, um *instrumento*. É, no hinduísmo, a representação puramente linear, essencialmente geométrica, das manifestações cósmicas, das forças divinas. É o equivalente gráfico do *mantra*, a fórmula mental; são utilizados ritualmente juntos: diz-se que o *mantra* é a alma do *iantra*.

Os elementos essenciais do *iantra* – que, inclusive, pode comportar uma terceira dimensão não figurada – são:

- Os triângulos: de pé, é *Purusha*, *Shiva*, o fogo, o *linga* (falo); invertido, é *Prakriti*, a **xácti*** (energia feminina), a água, a *ioni* (matriz); o centro, é o *bindu*, o *ponto* não figurado, o *Brahma* indiferenciado em torno do qual se equilibram os triângulos antitéticos (o *shriiantra* contém quatro triângulos apoiados na base e cinco invertidos);
- Os círculos e as coroas de lótus: são os símbolos da expansão do mundo intermediário;
- O quadrado exterior, com quatro portas principais, é o símbolo da Terra;
- Os caracteres da escrita sânscrita: são simultaneamente uma *fixação* dos *mantras* e *raízes* gráficas (*mula-iantra*).

Além do sentido que resulta da combinação desses elementos, o *iantra* possui significados secretos e até mesmo poderes consecutivos à sua *animação* ritual (AVAS, BENA, DANA, ELIY).

ÍBIS

Encarnação de Tot, deus da palavra criadora, patrono dos astrônomos, dos contabilistas, dos mágicos, dos curandeiros e dos feiticeiros. De sua semelhança com o deus grego Hermes nasceram os tratados sincretistas e esotéricos atribuídos a Hermes Trismegisto: nome dado a Tot três vezes grande (POSD, 286). O íbis de bico pontudo simbolizaria qualquer operação do intelecto prático. Mas, por prática que seja, a sabedoria não excluiria o recurso aos conhecimentos esotéricos.

O *livro de Jó* (**38**, 36) atribui ao íbis, como ao galo, uma faculdade de previsão. O primeiro anuncia as cheias do Nilo; o segundo, o nascer do Sol: "Quem deu ao íbis a sabedoria, / ou ao galo a inteligência?"

Já se quis ver também no íbis uma ave lunar, por causa da forma do seu bico, que lembraria o crescente (SOUL, 39). Mas essa mesma forma inspirou outra interpretação, muito menos poética: o íbis seria um símbolo de salubridade, pois seu bico tem a forma de um clister e pode ser usado para o mesmo fim. Plínio escreve, com efeito, que (VIII, 27): "Graças à curvatura do bico, ele irriga aquela parte de si mesmo pela qual a saúde nos faz descarregar as refeições." No entanto, os poetas gregos e latinos, tais como Calímaco e Ovídio, serviam-se às vezes do termo íbis como injúria (TERS, 221).

ÍCARO

Filho de Dédalo e de uma escrava, Ícaro morreu vítima das invenções do pai, que ele utilizou sem fazer caso das advertências paternas. "Eu te previno, Ícaro, tens de fixar teu curso numa altura média." Aprisionado no **labirinto***, com seu pai que ajudara Ariana e Teseu a matar o Minotauro, ele consegue evadir-se com o auxílio de Pasífae e graças às asas que Dédalo lhe fez e que ele fixou com cera sobre os ombros. Ícaro voou por cima do mar. E desprezando todos os conselhos de prudência, elevou-se cada vez mais alto, cada vez mais perto do Sol. A cera derrete e ele se precipita no mar. Imagem das ambições desmesuradas do espírito, Ícaro é o símbolo "do intelecto que se tornou insensato [...] da imaginação pervertida. É uma personificação mítica da deformação do psiquismo, caracterizada pela exaltação sentimental e vaidosa. Ícaro representa o emotivo e a sorte que o espera. A tentativa insana de Ícaro é proverbial pela emotividade no mais alto grau, por uma forma de aberração do espírito: a mania da grandeza, a megalomania" (DIES, 50). Ícaro é símbolo do excesso e da temeridade, a dupla perversão do juízo e da coragem.

Os autores cristãos dos primeiros séculos viram no acidente de Ícaro a imagem da alma que pretende elevar-se para os céus nas asas de um falso amor – quando só as asas do amor divino podem facilitar sua ascensão.

ÍCONE

Entende-se, aqui, por *ícone* a imagem divina ou sagrada de maneira geral e não só a forma particular que assumiu na Igreja do Oriente.

O ícone não é da mesma natureza do retrato. Nele, se existe *semelhança*, é apenas de caráter ideal, na medida em que a imagem participa da Realidade divina que se destina a exprimir. Portanto, o ícone é, em primeiro lugar, representação da Realidade transcendente – nos limites inerentes à incapacidade fundamental de traduzir de maneira adequada o divino – e *suporte* para a meditação. Tende a fixar o espírito na imagem, para que esta o leve a concentrar-se na Realidade que simboliza.

Diz-se dos ícones que não foram *feitos por mão de homem* (*acheiropoitos*), o que afasta logo qualquer ideia de representação sensível. Se a imagem da Virgem é atribuída a São Lucas, o *Mandilion* é de origem miraculosa; a imagem do Buda foi projetada por ele mesmo sobre a tela ou resultou do levantamento do contorno da sua sombra no solo. Todos os ícones ulteriores são a reprodução de protótipos sobrenaturais, efetuada em condições de preparação rigorosa segundo cânones precisos.

Sem dúvida, o ícone do Cristo é independente e separado do seu Modelo divino. O ícone do Buda não passa de um reflexo ilusório de um artifício (*upaya*); mas o ícone do Cristo participa, ao mesmo tempo, da natureza do Modelo e prolonga sua Encarnação; e o ícone do Buda permite apreender a Realidade supraformal que ele evoca de modo ilusório. É a consequência do Voto original do *Boddhisattva*, que decidiu permanecer na Terra até a libertação do último dos seres. Esse duplo aspecto permite compreender que se a imagem do Bem-Aventurado, segundo o *Jodô*, é um meio de graça e até de salvação, ela pode servir também para alimentar o fogo quando alguém está com frio. Um apólogo *zen* considera que não é sacrilégio utilizar assim as estátuas dos santos.

O ícone não é, jamais, um fim em si, mas sempre um meio. Uma janela, digamos, aberta entre o céu e a Terra, mas que abre nos dois sentidos. O fundo dourado dos ícones bizantinos – como a douradura do Buda – é propriamente a luz celeste, a luz da Transfiguração. Fixados, como o são na Grécia ou em São Marcos de Veneza, num iconostásio, os ícones se situam no limite do mundo sensorial e do mundo espiritual. São o reflexo do segundo no primeiro e o meio de acesso do primeiro ao segundo.

O ícone como fim em si é a justificação das crises iconoclastas. E se o iconoclasmo aparece também no ensino do Buda, refere-se, aí, ao que parece, às imagens humanas, que não devem ser objeto de *idolatria*, e não aos veículos de influência espiritual. A imagem *não humana* resulta da graça do Buda e é o suporte privilegiado dessa mesma graça (BURA, BENA, COOI, OUSI, SCHO, SCHD, SECA).

IDADES PLANETÁRIAS

Na astrologia, cada planeta simboliza uma idade determinada: a Lua, a primeira infância; Mercú-

566 | IGREJA

rio, a meninice; Vênus, a adolescência; o Sol, a juventude; Marte, a virilidade; Júpiter, a idade madura (ou a velhice, segundo Juntino de Florença); e Saturno, a decrepitude. Sabe-se que as estátuas de Apolo, símbolo do Sol, são sempre imberbes, como as de Mercúrio, ao passo que Júpiter é representado por um homem na plenitude de seu vigor, e Saturno, por um ancião. Essa doutrina das idades planetárias que, historicamente, remonta aos gregos, varia muito, segundo os autores. Firmicus Maternus, astrólogo siciliano do séc. IV, cita exemplos (cap. 29, livro 2). Parece haver, nesses dados esparsos e incompletos, uma confusão entre a doutrina das idades planetárias que é, segundo os *cronocratas*, a doutrina da ascendência sucessiva de cada planeta sobre um lapso de tempo determinado ou sobre uma das fases da vida humana, e a teoria dos ciclos planetários. Os doze meses de Júpiter, por exemplo, fazem pensar nos doze anos durante os quais esse astro completa a volta em torno do Zodíaco; os oito meses de Vênus refletem, em menores proporções, seu ciclo de oito anos etc. Em todo caso, a maioria dos autores concorda em considerar que os primeiros 4 (ou 7) anos da vida humana são governados pela Lua; dos 5 anos aos 14 (ou dos 7 aos 15), por Mercúrio; dos 14 (ou 15) aos 22 (segundo Juntino de Florença, 23 ou 24), por Vênus; dos 22 (23 ou 24) aos 34, 37 ou 41, pelo Sol; dos 34 (ou 37 ou 41) aos 45 (ou 52, ou até mesmo 56), por Marte; dos 45 (52 ou 56) aos 56 (ou 68), por Júpiter e, a seguir, durante 28 ou 30 anos, por Saturno. Os astrólogos modernos parecem estar desinteressados do simbolismo dessas idades planetárias, interpretando sempre, em seus trabalhos, Mercúrio como uma criança, Vênus como uma menina, Júpiter como homem adulto, e Saturno como ancião.

IGREJA

O símbolo da Igreja assume formas diversas. Por vezes, a Igreja é oposta à Sinagoga, cujos olhos, quase sempre vendados, indicam cegueira. E a razão dessa cegueira é explicada pelo hino *Laetabundus*, que se costuma recitar no Natal: Isaías cantou-o (o nascimento do Cristo), e embora a Sinagoga o tenha na lembrança, nem por isso deixa de manter-se cega (*nunquam tamen desinit esse caeca*). "A Igreja é também simbolizada por uma **videira***, uma **barca***, uma **torre***. Muitas vezes comparada à Virgem, é ainda denominada esposa do Cristo: substitui Israel nos Comentários cristãos do *Cântico dos cânticos*. Assim como Israel era a Igreja no Antigo Testamento, a Igreja é o Israel do Novo Testamento."

Em suas visões, Hildegarda de Bingen (séc. XII) retorna frequentemente ao tema da Igreja. Ela dirá, por exemplo: eu vi uma imensa *imagem de mulher*, semelhante a uma *cidade*. Ostentava na cabeça uma maravilhosa coroa. De seus braços desciam raios de glória, que iam do céu à Terra; seu ventre semelhava uma rede de milhares de malhas, por cujos orifícios entrava e tornava a sair um grande número de pessoas.

Outra visão apresenta a Igreja sob a forma de um busto de mulher. Está apoiada de encontro a uma torre, formada por uma grande pedra branca. Nessa torre abrem-se três janelas, e ela é ornamentada de pedras preciosas e rodeada de chamas de ouro. Essas chamas simbolizam o Espírito Santo, que a Igreja recebeu no dia de Pentecostes. Os dons do Espírito Santo continuam a derramar-se sobre a Igreja, e todo cristão é beneficiário desses dons. Grupos de dois ou três pequenos personagens, de cores escuras ou claras, em atitudes diversas, representam os confirmados. Alguns estão banhados de uma luz resplandecente, e outros aparecem menos iluminados. Nem todos os homens estão atentos ao Espírito Santo; esses personagens correspondem aos diferentes estados espirituais (DAVR, 227-228).

No *Pastor* (que se inclui entre os apocalipses apócrifos), Hermas descreve a Igreja mediante suas visões. Na primeira, ele a considera sob a aparência de uma matrona velha e venerável. Pouco a pouco, essa matrona se irá despojando de sua velhice e acabará por tornar-se, na quarta visão, comparável a uma noiva que simboliza os eleitos de Deus. E se inicialmente a mulher aparenta velhice, é porque a Igreja foi criada como a primeira das criaturas.

A Igreja cristã simboliza a imagem do mundo. A expressão de São Pedro Damião é significativa: *Ecclesla enim figuram mundi gerit*.

A Igreja simboliza Jerusalém, o reino dos eleitos, a igreja paradisíaca, o microcosmo e a alma humana, segundo o *Rationale* de Durand de Mende (GROM, 80).

Para Aelred de Rievaulx, a Igreja designa o povo de Deus. Ela abriga em seu seio todos os justos, desde Abel até o último dos justos (*Sermon du temps et des saints*, 10).

A Igreja é igualmente considerada a Esposa do Cristo e a Mãe dos cristãos. E, sob esse aspecto, se lhe pode aplicar todo o simbolismo da mãe.

ILHA

A ilha, a que se chega apenas depois de uma *navegação* ou de um *voo*, é o símbolo por excelência de um centro espiritual e, mais precisamente, do *centro espiritual primordial*.

A *Síria* primitiva, de que fala Homero, e cuja raiz é a mesma que a do nome sânscrito do Sol, *Suriâ* é uma ilha, a ilha central ou *polar* do mundo. Identifica-se com a *Tula* hiperbórea (a *Thule* grega), cujo nome se encontra entre os toltecas, originários da ilha de *Aztlan* (ou *Atlântida*). Tula é a *ilha branca*, cujo nome (*Svetadvipa*) aparece nos mitos Vishnuítas da Índia e, até, no Kampuchea (Camboja), onde ele é atribuído ao templo de Prasat Kok Po. A *ilha branca* é um lugar de *vilegiatura dos Bem-Aventurados*, exatamente como a *ilha verde* celta (que encerra, aliás, a *montanha branca* polar), cujo nome se confunde com o da Irlanda. As ilhas primevas nipônicas: *Awa*, ilha de espuma, e, sobretudo, *Onogorojima*, formadas pela cristalização do sal que pingou da lança de Izanagi, são, ainda, *ilhas brancas*. Segundo a tradição muçulmana, o Paraíso terrestre está igualmente situado numa ilha: a do Ceilão. Zeus é originário da ilha sagrada de Minos, pátria dos mistérios.

Ilhas paradisíacas são também aquelas que os mitos chineses situam no Mar oriental e que tantos imperadores, ludibriados por charlatães, procuraram em vão alcançar com seus navios. Ora, sabe-se muito bem que elas só podem ser alcançadas pelos que sabem *voar*, i.e., pelos imortais. Quanto aos navegadores, só conseguiram descobrir Formosa, e, talvez, o Japão [...]. Já Yao havia atingido *a ilha dos Quatro Mestres, Ku-che*, que se identifica com Tula (Chuang-tse, c.1). Mas ele a terá alcançado apenas *dentro* de si mesmo?

A ilha *central*, eminente, a que a *Demanda do Graal* chama *Monsalvat*, encontra um homólogo na arquitetura khmer: é o pequeno templo de Neak Pean, situado no centro de um grande tanque quadrado. O tanque é, talvez, o lago Anavatapta, que cura as doenças do corpo e as do espírito, mas é também o *oceano das existências, o mar das paixões da* ioga. O templo é a *ilha incomparável* de que fala o *Suttanipata*, situada fora do medonho fluxo da existência. Ela constitui a estabilidade polar no meio da agitação mundana, em suma, o *nirvana*. É isso o que diz Santo Isaac de Nínive quando compara os diversos conhecimentos adquiridos pelo monge no curso de sua experiência espiritual "em tantas ilhas, até que, por fim, aborda e dirige seus passos para a Cidade da verdade, cujos habitantes não fazem comércio, cumulados que estão com o que possuem". É o reino do espírito, o sítio da Grande Paz, a ilha *Pong-lai* (BHAB, COEA, PH1L, GRIA, GUER, GUES, SILI).

Os celtas sempre representaram o *outro mundo e o além maravilhoso* dos navegadores irlandeses sob a forma de ilhas, localizadas a oeste (ou ao norte) do mundo. Assim é que os deuses irlandeses, ou Tuatha De Danann, *tribos da deusa Dana*, vieram com seus talismãs, de quatro *ilhas do norte do Mundo*, e a Irlanda, com sua província central de Meath (*Mide*, meio) é, ela também, uma ilha divina. Parece, no entanto, que a ilha por excelência seja a Grã-Bretanha, pois era lá, segundo César (e os textos irlandeses), que os druidas aprendiam o seu ofício, estudavam a ciência sagrada e consolidavam sua ortodoxia. Grande número de ilhas míticas são habitadas apenas por mulheres, e é curioso notar a existência real de

568 | ÍMÃ (V. FERRO)

colégios sacerdotais femininos em algumas ilhas do litoral gaulês: em Sena (Sein), por exemplo, viviam sacerdotisas que me vaticinava se vangloriavam da faculdade de se transformarem em tal ou qual animal a seu bel-prazer. O grande centro druídico, destruído pelos romanos no séc. I d.C., por ocasião da revolta da Bretanha, ficava na ilha de Mona (Anglesey).

A ilha é, assim, um mundo em miniatura, uma imagem do cosmos completa e perfeita, pois que apresenta um *valor sacral concentrado*. A noção se aproxima sob esse aspecto das noções de *templo* e de *santuário*. A ilha é simbolicamente um lugar de *eleição*, de *silêncio* e de *paz*, em meio à ignorância e à agitação do mundo profano. Representa um Centro primordial, sagrado por definição, e sua cor fundamental é o branco. O antigo nome da Grã-Bretanha é *Albion, a branca* (LERJ, 1.052-1.062).

A análise moderna pôs especialmente em relevo um dos traços essenciais da ilha: a ilha evoca o refúgio. A busca da ilha deserta, ou da ilha desconhecida, ou da ilha rica em surpresas, é um dos temas fundamentais da literatura, dos sonhos, dos desejos. A conquista dos planetas não terá também alguma coisa a ver com essa busca da ilha? A ilha seria o refúgio, onde a consciência e a verdade se uniriam para escapar aos assédios do inconsciente: contra os embates das ondas o homem procura o socorro do **rochedo***.

É igualmente, do ponto de vista analítico, para as ilhas Afortunadas que se transfere o desejo da felicidade terrestre ou eterna. O corpo de Aquiles teria sido transportado por Tétis para a ilha Branca, na embocadura do Danúbio, onde o herói teria desposado Helena e conhecido com ela uma vida de felicidade eterna. Apolo reina sobre as ilhas dos Bem-Aventurados.

As ilhas se tornarão um dos mitos fundamentais, entre as lendas da idade de ouro, do orfismo e do neopitagorismo. Hesíodo as descreve em *Os trabalhos e os dias* (HEST, 170-175): "é lá que eles moram, com o coração livre de cuidados, nas ilhas dos Bem-Aventurados, à borda dos turbilhões profundos do oceano, heróis afortunados para os

quais o solo fecundo produz, três vezes por ano, delicadas e florescentes colheitas".

ILUSIONISTA, O (*v.* Mago, O)

ÍMÃ (*v.* Ferro)

Foi por volta de 587 a.C. que Tales descobriu o magnetismo com uma pedra imantada, combinação de ferro e oxigênio, de cor negra brilhante. O ímã simboliza toda atração magnética, irresistível e misteriosa. Estaria relacionada com a cal formada de poeira magnética. O homem, como o ímã, está carregado dessa poeira. Todo o universo acha-se saturado dela, à qual, e ao movimento, deve sua coesão. O ímã torna-se símbolo da *atração cósmica*, afetiva, mística.

A pedra imantada utilizada na magia servia de talismã para provocar o amor, atração-sedução.

Para os egípcios: "o ímã natural ou **Ferro***magnético, que se supunha provir de Hórus, parece ter sido uma substância sagrada; mas o ferro não magnético era maldito, como substância proveniente de Set ou Tífon. Isso explica muito bem a extrema raridade dos objetos de ferro na Antiguidade egípcia, pois ninguém teria podido deles servir-se senão com grande repugnância ou, até, em menoscabo da religião" (PIED, 17).

Mas o ímã era penetrado das propriedades solares de Hórus e, como o deus, participava da *regulação dos movimentos* do universo.

IMPERADOR, O

Quarto arcano do **Tarô***, a lâmina (carta) do Imperador "simboliza precisamente o que representa: o império, a dominação, o governo, o poderio, o êxito, a hegemonia, a supremacia da inteligência na ordem temporal e material" (RIJT, 231).

Cetro na mão, sentado num trono cor de carne, o Imperador está vestido com uma túnica (curta) **Azul*** e meias-calças da mesma tonalidade; mas, por cima da túnica, usa uma jaqueta **Vermelha***, ao passo que seus pés, barba e cabelos são **Brancos***. Corresponde estritamente à lâmina precedente (a da **Imperatriz***) e apresenta, como ela, um escudo com a insígnia da águia; porém, desta vez, a águia aparece na parte inferior (ângulo direito) da lâmina, pegada ao trono, "com a cabeça e as asas voltadas no sentido contrário ao da águia da imperatriz, a fim de assegurar o equilíbrio de forças pela oposição dos contrários" (MARD, 308). O Imperador é o primeiro dos personagens do Tarô a ostentar uma vestimenta vermelha sobre a cor azul (*v.* o **Papa***, a **Força***, o **Louco***). Para ele, a ação é o alvo da inteligência, e a Sabedoria de nada serviria se não se aliasse à Força: uma vez unidas essas duas coisas, sua energia penetra no interior deste mundo, do qual ele é o soberano indiscutível. Outro dos símbolos dessa concentração está na posição das pernas: cruzadas, para defender-se contra as más influências e, ao mesmo tempo, para reter as forças favoráveis. "Esse quarto arcano maior, também denominado Pedra Cúbica, representa o governo, a proteção, o trabalho construtivo e inteligente, a solidez, o tino (*conselho, prudência*), a tradição, a autoridade ou, num sentido desfavorável, a oposição tenaz, o preconceito hostil, a tirania, o absolutismo. Corresponde à quarta casa do horóscopo. Os triângulos que ele traz na cabeça, a adornar-lhe o capacete coroado, simbolizam as dimensões do espaço, ou seja, uma soberania universal. A cor vermelha predominante evoca o fogo, a atividade transformante e vitoriosa" (André Virel).

No plano psicológico, o Imperador convida a que se tome posse de si mesmo, a tudo ordenar no sentido da vontade de poder. Com uma das mãos segura o cetro, enquanto a outra fecha-se sobre o cinto: assim, o Imperador afirma sua autoridade e se mostra pronto a defendê-la. Numa palavra, ele é o demiurgo, aquele que constrói tanto o homem quanto o mundo.

IMPERATRIZ, A

Depois do **Mago*** (fr. *le Bateleur*), que manifesta a diversidade do mundo na sua unidade, e da **Papisa***, que nos convida a desvendar os segredos, a Imperatriz, terceira lâmina do **Tarô***, simboliza a inteligência soberana, que confere o poder, "a força motora, pela qual vive tudo o que vive" (RIJT, 230), a Vênus uraniana dos gregos.

Sentada num trono cor de carne, de face para o observador, com cabelos brancos (ou louros), ela traz um manto azul sobre túnica vermelha, como se tivesse necessidade de se envolver de azul para melhor captar as forças ocultas, e como se toda a sua atividade passional e ardente, que se encontra também no vermelho do fundo da sua coroa, tivesse de ser sublimada. Segura na mão direita um escudo cor de carne sobre o qual se destaca uma águia **amarela*** como seu cinto, seu colar, seu diadema pontudo, que lembra o Zodíaco, e seu cetro. O amarelo simboliza as forças espirituais que ordenam o mundo sobre o qual ela reina. O cetro é coroado pelo globo terrestre e pela cruz, signo alquímico do antimônio, que significa "a alma intelectual, a influência ascensional ou espiritualizante, com o espírito a desprender-se da matéria, e também a evolução e a redenção" (WIRT, 95).

A imperatriz já foi comparada a *Ísis* ou à *Mãe Cósmica*. "Representa a fecundidade universal" (Enel); "a ação sentimental evidente ou oculta" (J. R. Bost); "a compreensão, a inteligência, a distinção, ou a pretensão e a falta de refinamento" (O. Wirth). Essa lâmina corresponde, em astrologia, à terceira casa do horóscopo.

Assim, todos os aspectos da Imperatriz ressaltam sua força resplandecente. Mas é uma figura ambígua, cujo poder tanto pode perverter-se em sedução vaidosa quanto elevar-se ao píncaro da mais sublime idealização. A Imperatriz simboliza todas as riquezas da feminilidade, ideal, doçura, persuasão, mas também toda a sua debilidade. Seus meios de ação não se dirigem diretamente ao espírito, mas à afetividade: têm mais a ver com o charme que com a razão. Seria o caso de lembrar a respeito dela a frase de Ernest Hello: "É preciso visar sempre a cabeça para estar seguro de não acertar abaixo do coração."

INCENSO

O simbolismo do incenso está, ao mesmo tempo, na dependência do simbolismo da fumaça e do perfume, como também das resinas inalteráveis que servem para prepará-lo. As árvores produtoras

570 | INCESTO

dessas resinas têm sido tomadas, por vezes, como símbolos do Cristo. O incenso tem a incumbência, pois, de elevar a prece para o céu e, nesse sentido, é um emblema da função sacerdotal: esta é a razão pela qual um dos Reis Magos oferece incenso ao Menino Jesus. O uso do incensamento, que é universal, tem em toda parte o mesmo valor simbólico: associa o homem à divindade, o finito ao infinito, o mortal ao imortal. Evolar-se em fumaça tem, portanto, na maior parte das vezes, um sentido mais positivo do que negativo. E, nesse sentido, não há muita diferença entre a fumaça da pira funerária, a do copal dos maias, a do incenso cristão e a do tabaco das tribos ameríndias. E se ignorarmos esse símbolo, que (embora não haja regra sem exceção) parece ser unívoco, não poderemos entender o significado do **cachimbo sagrado*** dos peles-vermelhas, quer seja de paz ou de guerra. O cachimbo sela alianças ou tratados pela presença da divindade, convidada por ele a presidir a celebração através da fumaça que é soprada na direção do Zênite. É idêntico parece ser o papel purificador da fumaça (de junco ou de caniço), atestado em numerosos ritos da China antiga. Sabemos que a fumaça da pira mortuária carrega a alma do defunto; para os alquimistas, aliás, a pira era completamente desnecessária; eles diziam, com efeito, que no momento da agonia se podia ver a partida da alma sob forma de uma tênue fumaça. As tradições celtas derivam, igualmente, desse mesmo pensamento simbólico.

No ritual hindu, o incenso (*dhupa*) é relacionado com o elemento Ar, e acredita-se que ele represente a *percepção da consciência* que (no ar) está *presente em toda parte*.

E embora a fumaça de incenso seja artificialmente utilizada em certas experiências iogues, nos métodos budísticos de meditação a combustão do cajado serve, sobretudo, para medir o tempo (AVAS, DANA, GRIF, GUER).

Na América Central, o incenso está ligado ao mesmo símbolo que o sangue, a seiva, o esperma e a chuva. A fumaça do incenso, assim como a nuvem, é uma emanação do espírito divino. Nuvem e fumaça são, aliás, duas palavras aparentadas

nas línguas da América Central. Daí os ritos do fazedor de chuva, que eleva para o céu nuvens de fumaça (magia imitativa). No *Popol-Vuh*, uma heroína civilizadora, divindade ctoniana, extrai da Árvore da Vida a seiva rubra e coagulante do copal, que ela dá aos homens como se fosse seu próprio sangue (mito da origem do copal). Desde esse dia, os maias-quichés passaram a servir-se do incenso do copal em todas suas cerimônias religiosas, com a finalidade de afugentar os espíritos malignos. O Chilam Balam Chumayel diz que "o incenso é a resina do céu e que seu odor é atraído para o meio do céu". O emprego do incenso, portanto, provém de ritos de fecundação ligados ao ciclo lunar. A relação entre *copal* e *Lua*, além do mais, está expressa na raiz comum *uh* que os designa em língua chorti. Na mesa sagrada, os hierofantes representam os deuses da chuva, alternadamente, por uma maqueta de copal ou por vasos sagrados que contêm *água virgem*. Ainda hoje: entre os chortis, os sacerdotes costumam ir, em procissão, sangrar o copal e queimar o incenso à meia-noite, no último dia da estação seca, para acelerar a vinda das primeiras chuvas (GIRD, 106-108).

INCESTO

O incesto simboliza a tendência à união dos semelhantes, i.e., a exaltação da própria essência, da descoberta e preservação do eu mais profundo. É uma forma de *autismo*. Segundo a maior parte das mitologias, é encontrado nas relações entre os deuses, entre os faraós e os reis, nas sociedades fechadas, que desejam conservar sua superioridade, sua supremacia *essencial*: entre os egípcios (Ísis desposa o irmão Osíris e tem quatro filhos com seu filho Hórus), entre os incas, polinésios, gregos antigos etc.

O incesto entre irmão e irmã parece ter constituído a regra nos nascimentos divinos da mitologia irlandesa. O rei usurpador Bres é filho de uma mulher dos Tuatha De Danna, Eri (personificação da Irlanda) e de Elatha *ciência* (seu irmão), filho de Delbaeth *forma*. O herói Cuchulainn é, igualmente, filho do rei Conchobar (substituto do deus

Lug) e de sua irmã Medb, a qual, antes de desposar seu marido Ailill, teve relações com seus dois irmãos. No relato dito *da Corte d'Etain*, a rainha da Irlanda está pronta para cometer adultério com o irmão de seu marido, e o Dagda, na primeira versão da lenda, comete adultério com sua irmã Boand, que é casada com seu irmão Elemar [...]. Parece que temos aí a explicação mítica da poliandria dos bretões, a que se refere César em *De Bello Gallico*. Aos quatro deuses masculinos do panteão irlandês corresponde uma só e única divindade feminina, a qual, embora virgem, é a esposa comum (o caso dos Pandavas hindus). O incesto, que nada tem a ver com uma possível *imoralidade* dos personagens míticos irlandeses, constituiria uma referência aos tempos *adâmicos* do Gênesis (OGAC, **18**, 363-410, CELT, **15**).

Aos olhos dos psicanalistas, a tentação inconsciente e reprimida do incesto constitui "os complexos de Édipo e de Electra, segundo o caso, e representaria uma fase normal da sexualidade infantil no curso da sua evolução. Só a fixação seria geradora de neurose" (PORP, 214). Cumpre distinguir o incesto semianimal – que se situa entre a normalidade infantil, a proibição sexual, a perversão sexual e a neurose – do incesto semirreligioso, pejado de símbolos e derivado das crenças. "As uniões incestuosas da Antiguidade, por exemplo, não eram devidas, provavelmente, a uma inclinação amorosa, mas a uma superstição especial estreitamente ligada às concepções míticas. A história conta que um faraó da II dinastia desposou sua irmã, sua filha e sua neta; os Ptolomeus, suas irmãs; Cambises, suas irmãs; Artaxerxes, suas duas filhas. No século VI d.C., Quobad I convolou segundas núpcias com sua filha, e o sátrapa Sisimithres casou com a própria mãe" etc. Tais incestos se explicam pelo fato de que o *Zend Avesta* "recomenda os casamentos consanguíneos a fim de acentuar a semelhança dos soberanos com a divindade" (JUNL, 406). Não é certo que o ensinamento do Avesta tenha sido decisivo em todos os casos. O incesto parece mais corresponder à situação não só das sociedades fechadas, mas dos psiquismos fechados ou estreitos, incapazes de assimilar o outro: trai uma deficiência ou uma regressão. Se bem que ele possa parecer normal em certa fase da evolução, exprime um bloqueio, um nó, uma parada no desenvolvimento moral e psíquico de uma sociedade ou de uma pessoa.

Conquanto a mitologia grega esteja repleta de uniões incestuosas, e a endogamia primitiva tenha deixado traços na sociedade como no psiquismo, o incesto inspirava aos dramaturgos gregos e, sem dúvida, à alma coletiva do povo um horror sagrado. O *Édipo Rei*, de Sófocles, tira toda a sua força dramática desse sentimento de horror. Em Roma, o incesto era proibido por lei; os culpados eram precipitados da rocha Trapeia.

INFERNO (Hades)

Sobre esse tema, as crenças antigas – egípcias, gregas, romanas – variaram muito; e mesmo na Antiguidade já eram numerosas; por isso, aqui mencionaremos apenas o que julgamos essencial.

Entre os gregos, Hades o *Invisível* – segundo uma etimologia duvidosa – é o deus dos mortos. Como ninguém ousasse pronunciar-lhe o nome, por temor de lhe excitar a cólera, ele recebeu o apodo de Plutão (o Rico), nome que implica um terrível sarcasmo, mais do que um eufemismo, para designar as riquezas subterrâneas da Terra, entre as quais se encontra o império dos mortos. E esse sarcasmo torna-se macabro quando se coloca uma cornucópia entre os braços de Plutão. Na simbologia, entretanto, o subterrâneo é o local das ricas jazidas, o lugar das metamorfoses, das passagens da morte à vida, da germinação.

Após a vitória do Olimpo sobre os Titãs, foi feita a partilha do universo entre os três irmãos, filhos de Cronos e de Reia: a Zeus coube o Céu; a Poseidon (Netuno), o Mar; a Hades, *o mundo subterrâneo, os Infernos ou o Tártaro*. Senhor impiedoso, tão cruel quanto Perséfone, sua sobrinha e esposa, ele não dá trégua a nenhum de seus súditos (ou vítimas). Seu nome foi dado ao *lugar* por ele dominado; Hades tornou-se símbolo dos Infernos. E, ainda nesse caso, as características

572 | INICIAÇÃO

são as mesmas por toda parte: lugar invisível, eternamente sem saída (salvo para os que acreditavam nas reencarnações), perdido nas trevas e no frio, assombrado por monstros e demônios, que atormentam os defuntos (GRID). Já no Egito, por exemplo, no túmulo de Ramsés VI, em Tebas, os infernos eram simbolizados por cavernas, repletas de almas danadas. Mas nem todos os mortos eram vítimas de Hades. Eleitos, heróis, sábios, iniciados – todos eles conheciam outras moradas, que não eram os Infernos tenebrosos: Ilhas venturosas, Campos Elísios, onde a luz e a felicidade lhes eram prodigadas.

Paul Diel interpreta o inferno na perspectiva da análise psicológica e ética: "Cada função da psique é representada por uma figura personificada, e o trabalho intrapsíquico de sublimação ou de perversão encontra-se expresso pela interação desses personagens significativos. O espírito chama-se Zeus; a harmonia dos desejos, Apolo; a inspiração intuitiva, Palas Atena; o *recalque*, Hades etc., o élan evolutivo (o desejo essencial) acha-se representado pelo herói; a situação conflitiva da psique humana, pelo combate contra os monstros da perversão" (DIES, 40). Nessa concepção, o inferno é o estado da psique que, em sua luta, sucumbiu aos monstros, seja por ter tentado recalcá-los no inconsciente, seja porque aceitou identificar-se com eles numa perversão consciente.

Alguns textos religiosos bretões da Idade Média fazem menção do inferno, qualificando-o de *an ifern yen*, o inferno gelado. Esta expressão é de tal modo contrária às normas usuais, que devemos considerá-la uma reminiscência de antigas concepções célticas, relativas ao *não ser*.

Na cosmologia asteca, os Infernos estão situados ao Norte, país da noite, também chamado *país das nove planícies* ou dos nove infernos. Todos os humanos, excetuando-se certas categorias – heróis sacralizados, guerreiros mortos em combate ou sacrificados, mulheres que haviam morrido de parto, crianças natimortas – vêm dos infernos e a eles retornam, guiados pelo cão psicopompo.

Após terem atravessado os oito primeiros infernos, atingem o nono e último, onde desaparecem no nada (SOUP).

O deus dos infernos é o quinto dos nove Senhores da Noite. Ocupa, portanto, exatamente *o meio* da noite; poderíamos dizer que ele é o *Senhor da meia-noite*. Carrega às costas o sol negro. Seus animais simbólicos são a aranha e a coruja.

Segundo a crença dos povos turcos altaicos, chega-se perto dos espíritos dos infernos quando se caminha do Oeste para o Este, ou seja, no sentido inverso ao do percurso solar, que simboliza, ao contrário, o movimento vital progressivo (HARA).

Essa caminhada, em sentido oposto ao da luz, em vez de ir ao seu encontro, simboliza a regressão para as trevas.

Na tradição cristã, a conjunção luz-trevas simbolizaria os dois opostos: o céu e o inferno. Plutarco já descrevia o Tártaro como privado de sol. Se a **luz*** se identifica com a vida e com Deus, o inferno significa a privação de Deus e da vida.

"A essência íntima do inferno é o próprio pecado mortal, em que os danados morreram" (ENCF, 470). É a perda da presença de Deus; e, como já nenhum outro bem poderá jamais iludir a alma do defunto, separada do corpo e das realidades sensíveis, o inferno é a desventura absoluta, a privação radical, *tormento misterioso e insondável*. É a derrota total, definitiva e irremediável de uma existência humana. A conversão do danado já não é mais possível; empedernido em seu pecado, ele está para sempre cravado na sua dor.

INICIAÇÃO

Sentido de *teleutai*: fazer morrer. Iniciar é, de certo modo, fazer morrer, provocar a morte. Mas a morte é considerada uma saída, a passagem de uma porta que dá acesso a outro lugar. À saída, então, corresponde uma entrada. Iniciar é também introduzir.

O iniciado transpõe a *cortina de fogo* que separa o profano do sagrado, passa de um mundo para outro, e sofre, com esse fato, uma transformação, muda de nível, torna-se diferente.

A transmutação dos metais (no sentido simbólico da **alquimia***) é também uma iniciação que exige uma morte, uma passagem. A iniciação opera uma metamorfose.

A morte iniciática não diz respeito à psicologia humana, representa a morte aos olhos do mundo, como superação da condição profana. O neófito parece operar um processo de regressão, seu novo nascimento é comparado a um retorno ao estado fetal no ventre de uma mãe. É verdade que ele penetra na noite, mas uma noite que lhe diz respeito; embora comparável à do seio materno, é, de maneira mais ampla, a noite cósmica.

Todos os rituais comportam processos particulares com relação à morte iniciática. O candidato pode ser posto numa cova cavada *ad hoc*, para ele; pode ser recoberto de galhos e esfregado com um pó que lhe dá a alvura de um cadáver (*v.*, sobre esses ritos, Mircea Eliade, *Mistério e regeneração espiritual nas religiões extraeuropeias*, em *Eranos Jahrbuch*, 1945, **23**, p. 65 s.). É um rito de passagem, e simboliza o nascimento de um novo ser.

Num plano cristão, os sofrimentos estão ligados à passagem de um estado a outro, do homem velho para o homem novo, com suas diversas provas. Os monges do deserto ilustram isso, com as provas sofridas pela confrontação com o poder dos demônios, donde o nome de *tentações* dado a esses fenômenos. A tentação de Santo Antão é a mais célebre e a mais deformada. O cristianismo identificou as forças do mal com demônios que atormentam o homem, o qual passa ao estado de santidade não forçosamente por escolha voluntária, pessoal, mas por ter sido escolhido.

A morte iniciática prefigura a morte física, que deve ser considerada a iniciação essencial para aceder a uma vida nova. E, no entanto, antes da morte real, graças à morte iniciática incessantemente repetida, no sentido que São Paulo indica aos cristãos (1 *Coríntios*, **15**, 31), o homem constrói seu corpo glorioso. Vivendo, embora, neste mundo profano, ao qual não deixa de pertencer, ele penetra, com efeito, pela graça, na eternidade.

A imortalidade não surge depois da morte, ela não pertence à condição *post mortem*, ela se forma no tempo, e é fruto da morte iniciática.

INSETOS

Na América Central, os pequenos insetos voadores são considerados frequentemente as almas dos mortos que visitam a Terra. Na Guatemala, onde persiste essa crença, são eles associados às **estrelas***** (THOH).

INTESTINO

As vísceras tinham poder mágico aos olhos dos antigos egípcios. Por ocasião das cerimônias de embalsamamento, eram elas retiradas cuidadosamente do cadáver e encerradas numa urna. A iconografia mostra essa urna sendo depositada na **barca***** mágica que representa a viagem para o Além. Todas as tentativas dos demônios e dos monstros têm por objetivo apoderar-se dessa urna e, com ela, dos poderes mágicos que encerra (*v.* **excrementos***).

ÍRIS

Na mitologia grega, Íris é a mensageira dos deuses, e, em particular, de Zeus e de Hera. É a correspondente feminina de Hermes e, como ele, é leve, alada, veloz. Usa coturnos com asas e caduceu. Tem um véu que se desdobra nos ares e tem as cores do arco-celeste. "Simboliza o arco-íris, e, de modo mais geral, a ligação entre a Terra e o céu, entre os deuses e os homens" (GRID, 238). O fato de que a *Teogonia* de Hesíodo a apresenta como filha de Taumante (o espanto) e de Electra (o **âmbar***) levou certos intérpretes a ver nela o símbolo e o veículo de um fluido psíquico de origem divina.

A íris é uma flor primaveril. No Japão lhe conferem papel *purificador e protetor*. As folhas de *íris* (*shobu*) são postas no banho (proteção do corpo contra as doenças e os espíritos malignos) e nos tetos das casas (proteção contra as influências perniciosas do exterior e contra os incêndios). Com o mesmo objetivo, a própria planta é, por vezes, cultivada nos tetos de colmo (OGRJ). No dia 5 de maio, os japoneses tomam um banho

574 | ÍSIS

de íris para garantir pelo resto do ano os favores divinos.

ÍSIS

A mais ilustre das deusas egípcias. É representada à procura de Osíris, seu irmão-esposo defunto, que ressuscita com seu sopro (*v.* **Alcíone***); ou aleitando seu filho **Hórus***; ou acompanhando ritos funerários. Ísis protege os mortos debaixo das suas asas e ressuscita-os. Parece ter simbolizado, de início, a deusa do lar, por sua fidelidade e devotamento. Mas, depois de ter roubado, segundo uma lenda, o **nome*** *secreto do deus supremo*, Re, seu poder se estendeu sobre o universo, como o poder divino. Todo ser vivo é uma gota do sangue de Ísis. Com efeito, tanto no Oriente Médio quanto na Grécia e em Roma, e em toda a bacia do Mediterrâneo, Ísis foi adorada como a deusa suprema e universal. "Eu sou a mãe e a natureza inteira, senhora de todos os elementos, origem e princípio dos séculos, divindade suprema, rainha das almas dos mortos (manes), primeira entre todos os habitantes do céu, tipo único dos deuses e das deusas. Os píncaros luminosos do céu, os sopros salutares do mar, os silêncios desolados dos infernos, sou eu quem tudo governa segundo a minha vontade" (citado por *Serge Sauneron* em POSD, 140). Em todos os círculos esotéricos, ela será considerada a Iniciadora, aquela que detém os segredos da vida, da morte e da ressurreição. A **cruz ansada*** (*ankh*) ou o **nó*** de Ísis são os símbolos dos seus poderes infinitos. Nas religiões fundadas nos mistérios, dos primeiros séculos da era cristã, encarna o princípio feminino, fonte mágica de toda fecundidade e de toda transformação.

IXIÃO (Íxion)

Depois de atrair o sogro a uma cilada e matá-lo, Ixião, rei dos lápitas, foi mantido a distância pelos homens e pelos deuses. Até que, apiedado da sua sorte, Zeus o perdoou, curou-o da loucura e introduziu-o no Olimpo. Ixião, no entanto, se enamorou de Hera, mulher de Zeus, e passou a importuná-la. Zeus, sabedor do fato, conferiu

a forma de Hera a uma nuvem. Ixião se uniu à nuvem com tal paixão que engendrou com ela um monstro, o qual engendrou, por sua vez, os Centauros. Como castigo, Zeus o prendeu a uma roda alada e ardente, usando serpente como cordas. Ixião voou pelos ares e alcançou os Infernos, onde se reuniu a todos os que, antes dele, tinham ultrajado os deuses. "Nessa imagem simbólica da sua recaída imaginativa, encontram-se condensadas, ao mesmo tempo, a perversão do espírito, a vaidade (usurpar o lugar de Zeus) e a perversão sexual (seduzir Hera)." E mais: abraçando a nuvem que tomou por Hera, Ixião se persuadiu de que "era, na verdade o preferido da deusa. Sua impureza culpada e inconfessada transformou-se em vaidade e megalomania: julgou gozar da sublime perfeição, que Hera simboliza". Enganando Zeus, enganou o espírito. "Acreditou-se superior à divindade." Toda ilusão desse gênero faz com que o culpado seja precipitado no Tártaro. "Dos páramos a que subira, Ixião cai no tormento da vida subconsciente [...]. O mito simboliza precisamente essa verdadeira causa da impotência sexual, que, na realidade, não passa de uma consequência da impotência da elevação sublime. Esse o significado mais profundo da cupidez culpável desse falso herói que se propõe vaidosamente elevar-se à sublimidade (Hera), muito embora seja incapaz de alcançá-la realmente" (DIES, 78-83). A roda com asas inflamadas é um símbolo solar; mas Ixião não se identifica com ela; não é, portanto, ele próprio, um símbolo solar. Foi tão somente amarrado à roda; o que significa que foi elevado ao nível solar – celeste ou divino –, sem que este faça parte de sua natureza. Está fixado à roda unicamente por liames em forma de serpentes: Ixião perverteu os laços que o uniam aos símbolos celestes. Destes guardará o privilégio da vida eterna, mas será uma eternidade de tormentos, simbolizados justamente por esses ofídios. Ixião na sua roda solar não passa de um simulacro do Sol. Seu céu é um inferno.

J

JACARÉ (*v.* Crocodilo)

JADE

Como o **ouro***, o jade está carregado de *Yang* e, portanto, de energia cósmica. Símbolo do *Yang*, está dotado de qualidades solares, imperiais, indestrutíveis. Donde seu relevante papel na China arcaica*:* "na ordem social, encarna a soberania e o poder; em medicina, é uma espécie de panaceia, que se absorve para a regeneração do corpo; considerado o alimento dos espíritos, capaz, segundo as crenças taoistas, de assegurar a imortalidade, tem posição de relevo na alquimia e nas práticas funerárias. "Se forem fechadas com ouro e jade as nove aberturas do cadáver, ele será preservado da putrefação" (texto do alquimista Ko-Hung). Escavações recentes confirmaram essa ideia: "segundo as regras da dinastia Hans, os príncipes e os senhores eram enterrados com suas vestes ornadas de pérolas e com estojos de jade, destinados a preservar-lhes os corpos da decomposição" (tratado T'ao Hung-Ching, século V).

Se o jade, como materialização do princípio *Yang*, preservava os corpos, as **pérolas***, detentoras do princípio *Yin*, asseguravam ao defunto um novo nascimento (ELIT, 178, 368).

A palavra vem da Espanha. Lembraria o uso do mineral nas civilizações pré-colombianas. Embora se faça a distinção entre jadeítas e nefritas (estas últimas são assim chamadas em virtude do seu emprego terapêutico ocidental contra as moléstias dos rins), a nuança é imprecisa no termo chinês *yu*. Nas definições antigas dessa palavra, só existe referência à beleza da pedra. Com efeito, as jadeítas só suplantaram as nefritas na China por volta do século XVIII, quando se firmava a dinastia ilegítima T'sing, o que é, sem dúvida, significativo, quando se sabe que o jade está ligado ao exercício do mandato celeste.

Por sua beleza, o jade é o emblema da perfeição; é também o emblema das cinco virtudes transcendentes: benevolência, transparência, sonoridade, imutabilidade, pureza; e ainda, segundo o *Li-ki*, da maior parte das qualidades morais: bondade, prudência, justiça, urbanidade, harmonia, sinceridade, boa-fé, assim como do céu, da Terra, da virtude e do *caminho da virtude*. Assim, diz Ségalen, o elogio do jade é o *elogio da virtude*. O jade é a doçura, o calor e a preciosidade. Não são apenas a visão ou o toque do jade que inclinam à virtude. Mas, sucessivamente, a vista-contemplação, o toque-percepção sensível; a sonoridade. Os altos funcionários admitidos na corte levavam à cintura pedras de jade cuja sonoridade era fixada exatamente. Seu som, quando estavam de carro, os mantinha no caminho direito e na lealdade. Essa sonoridade é, efetivamente, o eco daquela que regula a harmonia entre o céu e a Terra. Sob forma de disco, Pi, com um orifício central, o jade simboliza o céu.

Por isso o selo imperial é um jade desde a mais alta antiguidade. A transmissão do selo equivale praticamente à do Mandato. O jade é, então, o símbolo da função real. O caráter *yu* é quase (a diferença é pequena) o caráter *wang*, que designa o Rei na sua função suprema. *Yu* está na raiz de *wang*, de modo que se poderia dizer que o *jade faz o rei*. Esse caráter, formado por três traços horizontais paralelos ligados por uma barra vertical, é unanimemente considerado a Imagem da Tríade

576 | JAGUAR

suprema, o Céu, o Homem e a Terra unidos pelo Eixo do Mundo ou pelo Caminho – Caminho central (*tchong-tao*), ao qual se identifica o Caminho real (*wang-tao*): "Um – que reúne os três – é o Rei" (Tong Tchong-chu).

Se, então, o *wang* se afirma graficamente como o *filho do Céu e da Terra*, o mesmo acontece com o *yu*. E diz do jade que ele se forma na terra sob o efeito do raio, i.e., da atividade celeste. Essa fecundação cósmica é ainda a imagem da formação do *Embrião do Imortal* pela alquimia interna. O jade de Pien Ho, que serviu para fabricar o paládio dos Tcheu, não lhes foi revelado por uma fênix? Os alquimistas diziam ainda que o jade se forma na matriz terrestre pela maturação lenta de um embrião de pedra: o que, a seus olhos, o identifica com o ouro. Se se sabe, por outro lado, que o jade das descrições fabulosas é, sempre, um jade *branco*, e que o branco é a cor do ouro alquímico, vê-se que o jade não se distingue da Pedra filosofal e que é um símbolo de imortalidade. Cumpre acrescentar que existe outro sinal *yu*, composto de *kin* (ouro) e *yu* (jade), com o sentido de ouro puro.

O jade é encontrado em abundância na morada dos Imortais. Como elixir da longa vida, ele se consome em pó, ou liquefeito ou, ainda, misturado ao **orvalho***, recolhido numa taça de jade. Certos objetos, postos na sepultura e revestidos de *caracteres de jade*, permitem ao morto renascer. O jade (ou o ouro), inserido nas estátuas votivas, lhes confere vida. O jade, como o ouro, é o *yang* essencial. Contribui para a restauração do ser, para o seu retorno ao estado primordial.

Observa-se ainda que, segundo diversos exegetas, o sinal *yu* primitivo era composto de três peças de jade perfuradas e reunidas por um fio ou por um talo. Se assim for, temos uma imagem exata do altar védico primitivo, cujas três peças correspondiam aos três mundos (Terra, mundo intermediário, Céu), com o talo figurando o Eixo cósmico.

Na América Central, "essa pedra simboliza a alma, o espírito, o coração ou o cerne de um ser"

e, por analogia, é identificada com o osso (GIRP, 57). Existe no México o costume de pôr uma pedra de jade na boca dos defuntos.

Segundo Krickeberg (KRIR, 24-25), o jade, no México antigo, "era um símbolo da água e da vegetação que brota", em razão da sua cor verde-azulada e da sua claridade translúcida. Objetos de jade constituem o essencial do mobiliário funerário na civilização de La Venta. No período clássico centro-americano, os sacerdotes faziam ao deus das chuvas e da alimentação oferendas de *água preciosa*, que continha fragmentos ou pó de jade (KRIR). O jade, símbolo da pureza para os maias, torna-se, por extensão, o símbolo do **sangue*** e o do ano novo (THOH).

Sob o nome de *Chalchiuatl, a água preciosa*, o jade verde simboliza o sangue que jorra dos sacrifícios humanos, oferecidos para sua regenerescência, ao Sol e ao deus das chuvas.

O mesmo sentido simbólico é conferido às pedras verdes nas tradições dos povos africanos. Assim, num mito dogon, um gênio das águas aparece, saído de um riacho que a tempestade fez inchar, com a cabeça cingida por uma serpente *verde-chuva*, a qual, logo que o gênio deixa a água, sob a aparência de uma mulher, se transforma numa pedra verde que ela pendura ao pescoço. Tais pedras, dotadas de valor sagrado e ligadas à fertilidade, são conservadas nos santuários sudaneses (GAND).

O simbolismo muito importante do *jade-objeto* é tratado no verbete **anel*** (GIEJ, GRU, JAQJ, LAUJ, LIOT, VUOC, SEGS).

JAGUAR

Entre os índios da América Central, quatro jaguares velam sobre as quatro vias de acesso ao centro da aldeia. O costume provém da antiga crença maia segundo a qual quatro jaguares míticos seriam, desde as origens, os guardiões dos campos de milho.

Na terceira idade Maia-Quiché, que corresponde à agricultura e, portanto, à preminência dos cultos lunares, o jaguar representa a deusa Lua-Terra. "Nos manuscritos maias e mexicanos a deusa Lua-Terra é representada habitualmente com garras de jaguar. Cumpre observar que os Quichés de Santo-André-Xecul chamam ainda balam (jaguar) aos ídolos obesos do período arcaico" (GIRP, 172).

Entre os maias, as feiticeiras se apresentavam sob a forma do jaguar e eram expressão das fases da Lua (GIRP, 288).

Nos monumentos do período clássico centro-americano, a goela do jaguar estilizada simboliza o céu. Na época histórica (a partir do ano 1000 d.C., aproximadamente), o jaguar e a **águia***, na ornamentação dos monumentos, representam "o exército terrestre, cujo dever é alimentar o Sol e a Estrela d'Alva com o sangue e os corações dos humanos sacrificados" (KRIR, 52).

Mas, para os maias, o jaguar é, sobretudo, uma divindade ctoniana, expressão suprema das forças internas da Terra. Ele é o deus do número Nove, expressão das regiões *de baixo*. Senhor do mundo subterrâneo, ele assume, por vezes, uma função de psicopompo. A Terra é representada no ato de devorar o Sol, ao crepúsculo, sob a forma de uma goela de jaguar aberta para o astro. Por fim, ele se torna divindade solar, correspondendo ao *curso noturno* do astro: o Sol representado sob as aparências do jaguar é o *sol negro* (THOH).

Deus do interior da Terra, ele leva nas costas uma **concha*** marinha, símbolo da grande mãe Lua, e, por extensão, símbolo do nascimento (THOH).

Divindade ctoniana, o jaguar é, igualmente, o senhor das montanhas, do eco, dos animais selvagens e dos tambores de chamada. Dão-lhe o nome de *coração da montanha*.

Simétrico com a **águia*** no simbolismo das forças terrestres e celestes, ele dá seu nome, entre os astecas, a uma das duas ordens superiores de cavalaria (a outra é a das águias) (SOUA).

Encontram-se exemplos inumeráveis da associação Jaguar-Águia como representação das grandes forças terrestres e celestes nas tradições dos povos ameríndios: entre os astecas, o Imperador recebe a homenagem dos seus guerreiros

sentado num trono posto sobre um tapete de penas de águia e com recosto de pele de jaguar. Entre os tupinambás do Brasil, as crianças do sexo masculino recebiam, por ocasião do nascimento, patas de jaguar e pés de águia (METT).

Para os tupinambás, o jaguar é uma divindade uraniana, celeste, semelhante a um cão e azul como o lápis-lazúli. Sua morada fica no alto dos céus. Ele tem duas cabeças, para devorar o Sol e a Lua (explicação dos eclipses). No fim do mundo ele descerá à Terra e se lançará sobre os homens para fazer deles sua presa (METT).

Num mito dos índios iurucarés do Brasil, recolhido por Alcide d'Arbigny (*Voyage dans l'Amérique méridionale*, Paris, 1884), o último dos jaguares, depois de ver dizimada sua família por um herói humano que vinga os seus, sobe numa árvore e pede socorro ao Sol e à Lua. O Sol não lhe dá ouvidos, mas a Lua o recolhe e esconde. Ele vive desde então com ela e é desde esse tempo que os jaguares são noturnos.

A mesma crença se encontra entre as numerosas tribos indígenas da América do Sul, no Peru, na Bolívia, no Equador, nas Guianas, principalmente chanés, uitotos (Colômbia), bacairis do Xingu (Brasil), tupis-guaranis (Brasil), caraíbas, makusis, warais da Guiana venezuelana (LEHC).

Em numerosos mitos dos índios da América do Sul, intervém um jaguar de quatro olhos, o que simboliza o dom de clarividência dos espíritos noturnos e ctonianos. Nos mitos brasileiros referentes à origem do fogo (LEVG), ele aparece como o herói civilizador que dá o fogo aos homens ao mesmo tempo que as primeiras indústrias, sobretudo a tecelagem do algodão. E, todavia, ele aparece também não como o inventor do fogo mas como o seu guardião, depositário e primeiro usuário. Ele não explica a técnica de acender fogo, o que confirma sua função ctoniana. O jaguar não é um demiurgo mas, talvez, um antepassado.

JANELA

Os quadros (*fr.* Tableaux – *v.* **franco-maçonaria***) de Aprendiz e Companheiro comportam, na maçonaria, três janelas de grades de ferro, conformes,

578 | JANO

nisso, ao que diz o *Primeiro Livro de Reis* (6, 4) das janelas do Templo de Jerusalém. Essas três janelas são referidas como correspondendo ao oriente, ao sul e ao ocidente, que são as três *estações do Sol*. Nenhuma abertura corresponde ao norte, por onde o Sol não passa. Trata-se, então, de permitir a entrada da luz em seus três estádios e, talvez, sob três modalidades diferentes. Os Aprendizes, colocados ao norte, recebem da janela meridional a intensidade máxima da luz (BOUM, GUET).

Como abertura para o ar e para a luz, a janela simboliza receptividade. Se a janela é redonda, a receptividade é da mesma natureza que a do **olho*** e da consciência (clarabóia). Se é quadrada, a receptividade é terrestre, relativamente ao que é enviado do céu.

JANO

De origem indo-europeia, ambivalente, com dois rostos contrapostos (um no verso do outro), era um dos mais antigos deuses de Roma. De deus dos deuses, criador bonachão, converteu-se em *deus das transições e das passagens*, marcando a evolução do passado ao futuro, de um estado a outro, de uma visão a outra, de um universo a outro, deus das **portas***.

Preside aos começos: o primeiro mês do ano lhe foi consagrado (janeiro, Janua, Januaris: a porta do ano) e o primeiro dia do mês. Intervém no início de qualquer empresa, enquanto as vestais presidem à sua conclusão. Dirige todos os nascimentos, os dos deuses, os dos homens e os de suas ações.

Guardião das portas, que ele abre e fecha, tem por atributo a varinha do porteiro e a chave. Seu rosto duplo significa que ele vela tanto sobre as entradas como sobre as saídas, que olha o interior e o exterior, a direita e a esquerda, o alto e o baixo, a frente e as costas, o pró e o contra. É a vigilância e, talvez, a imagem de um imperialismo sem limites. Seus santuários são, sobretudo, arcos, como as portas e as galerias são seus lugares de passagem. As moedas com sua efígie têm, no verso, um barco.

JARDIM

O jardim é um símbolo do **paraíso*** terrestre, do Cosmos de que ele é o centro, do Paraíso celeste, de que é a representação, dos estados espirituais, que correspondem às vivências paradisíacas.

Sabe-se que o Paraíso terrestre do *Gênesis* era um *jardim*, sabe-se que Adão *cultivava o jardim,* o que corresponde à predominância do reino vegetal no começo de uma era cíclica, enquanto a Jerusalém celeste do fim será uma *cidade*. Já foi dito, apropriadamente, dos jardins da Roma antiga que eram *lembranças de um paraíso perdido*. Eram também imagens e resumos do mundo, como o são ainda, em nossos dias, os célebres jardins japoneses e persas. O jardim, no Extremo Oriente, é o *mundo em miniatura*, mas é também a natureza restituída ao seu estado original, convite à restauração da natureza original do ser. "Que prazer", escreve o poeta chinês Hi K'ang, "passear no jardim! Faço nele a volta do infinito..." A Ásia oriental conhece, assim, jardins paradisíacos: o Kuan-Luan, centro do mundo e porta do céu, está ornado de jardins suspensos – que não deixam de evocar os outros, perdidos, da Babilônia – onde corre uma fonte de imortalidade. E o jardim circular, como o Éden, que cerca o *Ming-t'ang*, é bem de natureza *paradisíaca*: repete, no centro do império, o jardim de Kuan-Luan.

O claustro dos mosteiros, o jardim das casas muçulmanas com sua fonte central são imagens do Paraíso. Aliás, observa Abu Ya' q'u Sejestani *jannat* (o Paraíso) tem no bojo o termo persa que significa "um *jardim* cheio de árvores frutíferas, de plantas odoríferas, de riachos... Pois bem. Da mesma forma, os altos conhecimentos e os dons da Inteligência e da Alma" são o *jardim da clara percepção interior*. Desses jardins, que são moradas paradisíacas, diz-se, no Islã, que Alá é o *Jardineiro*. O próprio Deus é um jardim, escreve São João da Cruz; "a esposa" lhe dá esse nome "por causa da agradável morada que encontra nele. Ela entra nesse jardim quando se transporta em Deus".

Uma tradição cabalística trata do Paraíso como de um jardim *devastado* por alguns que nele penetraram. O *Pardes* é, aqui, o domínio do conhecimento superior; as quatro consoantes da palavra correspondem aos quatro grandes **rios*** do Éden e aos quatro sentidos hierarquizados das Escrituras. Os danos causados ao jardim consistiram no corte de plantas, i.e., na separação da *vegetação* contingente do seu Princípio (CORT, GUER, GUES, MAST, STEJ, BURA).

Os egípcios tinham também o gosto dos jardins, com maciços floridos e tanques de água. Pintavam jardins nas paredes e no chão dos seus palácios. Cada flor tinha sua linguagem própria: os canteiros de mandrágoras eram símbolos de amor, os lótus de pétalas abertas evocavam o disco do sol, seu enraizamento nas águas, o nascimento do mundo.

Os esponsais de Zeus e de Hera foram celebrados no maravilhoso e mítico Jardim das **Hespérides***, símbolo de uma fecundidade sempre renascente. Mas, para os gregos, o jardim era sobretudo um luxo, cujo encanto lhes foi revelado na Ásia por ocasião das conquistas de Alexandre. Os romanos levaram seus jardins ao mais alto grau de refinamento, combinando estátuas, escadarias, fontes, grutas, repuxos ao colorido variegado de uma vegetação obediente às leis e à vontade do homem. "Haverá coisa mais bela", diz Quintiliano, "que um jardim arranjado de tal maneira que, seja qual for o ponto de vista do observador, só se descortinam alamedas retas?" (8, 3). Especialmente sob a forma de um quincôncio regular, o jardim se revelava, assim, como um símbolo do poder do homem e, em particular, do seu poder sobre uma natureza domesticada. Em nível mais elevado, o jardim é um símbolo de cultura por oposição à natureza selvagem, de reflexão por oposição à espontaneidade, da ordem por oposição à desordem, da consciência por oposição ao inconsciente.

Foi na Pérsia, porém, que o jardim tomou um significado não apenas cósmico, como no Japão, mas também metafísico e místico. O amor dos jardins é o tema central da visão iraniana do mundo. As seletas mais célebres da poesia persa intitulam-se o Rosal (*Gulistan*) e o Vergel

(*Bustan*). Os temas musicais são, muitas vezes, dedicados aos jardins. O jardim é fonte perpétua de comparações: a bem-amada é comparada ao cipreste, ao jasmim, à rosa. Muitos poetas notáveis quiseram ser enterrados em jardins. O tema do jardim está aparentado ao do oásis e ao da **ilha***: frescor, sombra, refúgio. Nos célebres **tapetes*** persas, ditos *jardins*, o campo é dividido por canais retilíneos, em que nadam peixes. Esses canais, que se cruzam em ângulo reto, enquadram canteiros cheios de flores e de arbustos (BODT, 43).

O parque sassânida típico era em forma de cruz, em ângulos retos, com o palácio no centro. O que corresponde à ideia cosmológica de um universo dividido em quatro quadrantes, atravessado por quatro grandes rios (**paraíso*** terrestre). Os jardins persas típicos, comportando um esquema retangular, estão em relação, desse modo, com o *antigo plano da cidade*.

O *tanque* do jardim é um **espelho***. Nas *Mil e uma noites* fala-se de um tanque desses num pavilhão de repouso, com quatro portas às quais se tem acesso por cinco degraus (LANN, 918).

Certas versões da Cosmologia, que descrevem um universo de quatro lados, põem no seu centro uma montanha. Essa ideia é reproduzida em muitos jardins persas e nos jardins mongóis da Índia. Os jardins persas são invariavelmente cercados por muros: intimidade protegida. Nada de jardins sem perfume. Existe um simbolismo associado ao *perfume das flores***. O perfume do jasmim, por exemplo, é o perfume dos reis; o da rosa é o perfume dos enamorados; o odor do *saman*, espécie de jasmim-branco, é como o perfume dos próprios filhos da gente; o narciso cheira a juventude; o lótus-azul, a poder material, riqueza; e assim por diante.

Um artista especializado cria jardins em miniatura. Os príncipes encomendam **árvores*** de **ouro*** e de **prata*** com folhas e frutos de **pedras*** preciosas. No Qaraqorum, Mangu Khan (c. 1250 d.C.) tinha uma árvore de prata de tronco tão grosso que um homem podia esconder-se dentro dele. Havia quatro serpentes de ouro enroladas na árvore, e quatro leões de prata sentados debaixo

580 | JARDIM

dela. De suas bocas jorrava leite de jumentas brancas. Trata-se, sempre, dos velhos símbolos das quatro partes do mundo, dos quatro rios do Paraíso etc. O jardim representa *um sonho do mundo*, que transporta para fora do mundo.

Jalal-ud Din Rumi vê na beleza das flores um sinal que traz à alma reminiscências da eternidade. A alma, na sua ascensão, atravessou todos os graus da existência: soube por si mesma o que significa ser uma planta.

Wasiti diz: "Aquele que quer contemplar a glória de Deus contempla uma rosa vermelha [...]. E assim como a Realidade última pode ser talvez percebida na contemplação imóvel de uma rosa rubra, assim também quando uma flor delicada encanta o coração a gente se sente de novo, por um instante, uma planta. O místico vê Deus no jardim e vê a si mesmo na relva" (POPP, 1.445).

A realidade última e a beatitude são interpretadas em termos de jardim (*Corão*, **18**, 55 etc.). É a morada do Além, reservada aos Eleitos: "Esses serão os Anfitriões do Jardim, onde habitarão como Imortais em recompensa do que fizeram na Terra" (*Corão*, **46**, 14).

O Jardim do Paraíso comporta fontes que jorram, regatos buliçosos, leite, vinho e mel (47,15); fontes aromatizadas de cânfora ou gengibre; sombras verdes, frutos saborosos; em todas as estações, uma pompa real (83, 24); vestes preciosas, perfumes, braceletes, repastos refinados, servidos em ricas baixelas (52, 34) por efebos imortais *que são como pérolas soltas.*

Pais, esposas, filhos estão presentes. Promete-se aos fiéis *mulheres purificadas (huris)*, virgens e perfeitas.

Os Eleitos estão na vizinhança do trono de Deus, e "seus rostos, nesse Dia, serão brilhantes ao contemplarem o Senhor" (*Corão*, 75,22-23). O **paraíso*** é um jardim, e o jardim, um paraíso.

Louis Massignon extraiu o simbolismo místico do jardim persa: "Ao lado do espelho d'água, o senhor do jardim ocupava um quiosque e concentrava seu devaneio nesse espelho d'água central. Na periferia havia flores perfumadas. Depois, vinham as árvores, mais e mais juntas, cada vez maiores, até o limite do muro que isola o recinto. Há nisso uma espécie de *símbolo*: assim como as árvores são mais e mais esparsas e menores à medida que se aproximam do centro, assim também a gente as vê cada vez menos e tem cada vez menos vontade de olhar em torno: a atenção se volta para o centro, para o espelho. É o jardim fechado *do Cântico dos cânticos* [...]. É também um símbolo da união da racionalidade construtiva dos iranianos com a sabedoria alusiva da árvore" (MASI, 97).

Nas civilizações ameríndias, o jardim era, igualmente, concebido como um resumo do universo. Mas para os astecas reunia não só o que existe de belo e de exaltador no mundo – flores, fontes, montanhas, rios e alamedas –, mas também os seres temíveis e até as monstruosidades da natureza. Eis uma descrição das mais significativas, da pena de Alfonso Reyes:

> Nos jardins dos imperadores astecas, onde não se admitem nem legumes nem frutos úteis, há belvederes onde Montezuma vai espairecer em companhia de suas mulheres; bosquezinhos com todos os artifícios de folhagem e de flores; coelheiras, viveiros, rochedos, colinas artificiais em que erram veados e cabritos-monteses; dez tanques de água doce ou salgada para toda uma variedade de aves palustres ou marinhas, e onde se procura dar a cada pássaro a alimentação que convém à sua espécie: peixe, vermes, moscas; ou milho e, mesmo, em alguns casos, grãos mais finos. Trezentos homens cuidam do jardim; outros ocupam-se com desvelo dos animais doentes. Uns limpam os tanques, outros vigiam os ovos, que jogam fora depois da eclosão, outros alimentam os pássaros, catam-lhes os piolhos, depenam aqueles que fornecem a penugem usada em travesseiros e edredons. Em outro local encontram-se as aves de rapina, desde os falcões como o terçó, e os francelhos, até a águia-real, abrigados por um grande toldo e provido de poleiros apropriados. Depois, vêm leões, tigres, lobos, chacais, raposas, serpentes, gatos-do-mato, que fazem uma barulheira infernal e dos quais se ocupam outros trezentos homens. E para que

nada falte a esse museu de história natural, existem apartamentos onde vivem famílias de albinos, de **monstros***, **anões***, corcundas e outras criaturas disformes (*Las Novellas de México*).

O mais belo canto do jardim, e o mais rico em símbolos, é também o mais comentado pelos autores místicos: o *Cântico dos cânticos*:

> – És jardim fechado,
> Minha irmã, noiva minha,
> és jardim fechado,
> uma fonte lacrada [...]
> [...] A fonte do jardim
> é poço de água viva
> que jorra, descendo do Líbano!
> – Desperta, vento norte,
> aproxima-te, vento sul,
> soprai no meu jardim
> para espalhar seus perfumes.
> Entre o meu amado em seu jardim
> e coma de seus frutos saborosos!
>
> (4, 12-16)

> – Já vim ao meu jardim,
> minha irmã, noiva minha,
> colhi minha mirra e meu bálsamo,
> comi meu favo de mel,
> bebi meu vinho e meu leite.
>
> (5, 1)

O jardim aparece muitas vezes nos sonhos como a feliz expressão de um desejo puro de qualquer ansiedade. "É ele o *sítio* do crescimento, do cultivo de fenômenos vitais e interiores. O *fluxo* das estações se cumpre por meio de formas ordenadas... a vida e sua riqueza tornam-se visíveis da maneira a mais maravilhosa. O *muro* do jardim mantém as forças internas, que florescem... Só é possível penetrar no jardim por uma *porta* estreita. Aquele que sonha é obrigado frequentemente a procurar essa porta dando a volta ao muro. É a imagem de uma longa evolução psíquica que alcançou uma riqueza interior... O jardim pode ser a alegoria do eu quando no seu centro se encontra uma grande árvore ou uma fonte... O jardim designa, muitas

vezes, para o homem, a parte sexual do *corpo feminino*. Mas através dessa alegoria do pequeno jardim das delícias, os cânticos religiosos dos místicos... significam muito mais que o simples amor e sua encarnação: o que eles procuram e louvam ardentemente é o mais íntimo da alma" (AEPR, 282-283).

JARRA (Urna, Jarro, Pote)

A jarra é um símbolo muito usado na Índia: é, antes de tudo, o *vaso da abundância*, inesgotável, de onde o líquido corre como que de uma fonte. Por isso mesmo, é atributo das divindades fluviais. A jarra é, também, a bebida da imortalidade (*amrita*) e, em consequência, a vida. As jarras são, ainda, os substitutos dos *guardiões do espaço* nas áreas sacrificais, e os símbolos dos *Tesouros* guardados por Kuvera: não se distinguem, nesse caso, dos **cofres***.

O simbolismo do vaso da abundância é, igualmente, familiar às populações montanhesas do Vietnã, entre as quais a jarra, que contém cerveja de arroz, é, antes de tudo, o instrumento ou veículo da bebida comunial.

Os chineses da Antiguidade costumavam armazenar vinho em jarras. Mas a jarra era para eles uma imagem do Céu: bater com as mãos em cima da jarra era imitar o trovão (encerrado debaixo da terra, durante o inverno, com todas as energias *yang*). Rachada, a jarra deixava escapar o raio pelas fissuras, à imagem do céu em dia de tempestade.

Os oleiros e fundidores do período Han fizeram *jarras-montanhas*, cujas tampas cônicas figuravam a ilha dos Imortais. A jarra era, então, e ao mesmo tempo, o mar, acima do qual se eleva a ilha, e o continente do elixir da longa vida (GRAC, GROC).

Foi num pote ou jarra, e não num tonel, que o filósofo grego Diógenes decidiu viver. Em Creta, as crianças mortas eram postas na posição fetal e encerradas numa urna. A urna ou jarra parece simbolizar, aí, a matriz, a fonte da vida, física e intelectual, uma espécie de volta às origens. Na *Ilíada*, as jarras simbolizam as decisões de Zeus,

582 | JASPE

que são postas nelas: na porta do seu palácio, o deus mandou pôr duas jarras, uma com os benefícios, outra com os malefícios. Zeus mete a mão alternadamente em uma e em outra, e os benefícios e os males chovem sobre a humanidade. Esse símbolo, em que predomina a indiferença do deus para com os homens, evoluirá para as teorias, seja do acaso, seja da providência.

JASPE

Pedra que se acredita possuidora de certa influência em ginecologia: símbolo do parto. *O valor obstetrício do jaspe encontrava sua explicação no fato de que, ao quebrar-se, ele dá nascimento, no seu ventre, a diversas outras pedras.* O símbolo é, no caso, patente. Dos babilônios, a função ginecológica do jaspe passou ao mundo greco-romano e se manteve até a Idade Média. Marbode, bispo de Rouen (século XI), especifica que o jaspe, "posto sobre o ventre, alivia a mulher em trabalhos de parto" (GOUL, 201). Simbolismo análogo justifica, em parte, o prestígio de que gozou, na Antiguidade, a *pedra das águias: utilis est*, diz Plínio, *mulieribus praegnartibus*. Sacudindo um jaspe junto ao ouvido percebe-se, dentro dele, um ruído bizarro, como se a pedra tivesse outra no ventre. A virtude dessas pedras ginecológicas e obstétricas decorre diretamente seja da sua participação no princípio lunar, seja da conformação que as singulariza, e que só uma proveniência excepcional explica. Sua essência mágica é a sua vida, porque o jaspe *vive*, tem um *sexo*, está *grávido*. Todas as pedras e todos os outros metais vivem, igualmente, e são sexuados. Só que têm vida mais tranquila, sexualidade mais vaga. Brotam no seio da terra, segundo um ritmo sonolento. Poucos *atingem a maturidade*. Assim, para os índios, o diamante é *maduro* ao passo que o cristal *não é* (ELIT, 376-377).

Cumpre notar a analogia com o amadurecimento transmutatório dos metais, segundo a doutrina alquímica.

No Apocalipse, São João vê aparecer o Eterno em um trono, "como uma visão de jaspe verde ou de cornalina" (4,3). Dionísio Areopagita assinalará que a cor verde indica *o apogeu da juventude*. O símbolo convém particularmente ao Eterno e ao Criador, que goza de uma imarcescível juventude.

JAVALI

O simbolismo do javali, de origem extremamente antiga, cobre a maior parte do mundo indo-europeu e, sob certos aspectos, o ultrapassa. O mito vem da tradição **hiperbórea***, em que o javali representa a autoridade espiritual. É possível que ele tenha relação com o retiro solitário do druida ou do brâmane na floresta, ou com a propriedade que tem de desenterrar a **trufa***, misterioso produto do raio, segundo lendas antigas, e de alimentar-se dos frutos do carvalho, árvore sagrada. A ele se opõe o **urso***, emblema do poder temporal. Na Gália, assim como na Grécia, o javali é *perseguido* e até morto. É a imagem do espiritual perseguido pelo temporal.

Na China, o javali é o emblema dos Miao; o urso, o dos Hia. Os Miao são representantes de uma forma antiga da tradição chinesa: o javali é capturado, ou expulso, por Yi o Arqueiro, que é um guerreiro. Hércules captura o javali de Erimanto; Meleagro, ajudado por Teseu e Atalanta, caça o de Calidon. Aqui fica evidente um simbolismo de ordem cíclica, pela substituição de um reino por outro, de um *kalpa* por outro. No mundo hindu, o nosso ciclo é designado como sendo o do *javali branco*.

O javali possui um caráter *hiperbóreo*, portanto, *primordial*. É o *avatar* sob o qual *Vishnu* trouxe a Terra de volta à superfície das águas e a organizou. O javali (*varaha*) é ainda *Vishnu* mergulhando na terra para alcançar a base da coluna de fogo, que não é outro senão o *linga* de *Shiva*, enquanto o *hamsa-Brahma* procura pelo seu topo no céu. Assim, a Terra aparece de modo muito geral como o atributo de *Varaha* (*Vishnu*); sob a sua defesa ou sobre o seu braço, ela *aparece como a terra santa* primitiva.

Já no Japão, o javali é um animal zodiacal, associado à coragem ou até à temeridade. Ele serve de montaria para os *kami da guerra*. O Inoshishi (porco selvagem – javali) é o último dos doze animais do Zodíaco. No Japão, portanto, ele é símbolo de coragem e de temeridade. Diante dos santuários xintoístas consagrados a Wakenokiyomaro, há estatuetas de javalis. O próprio deus da guerra, Usa-Hachiman, é às vezes representado montado em um javali.

Se o javali aparecer no centro da Roda da Existência búdica, será sob a forma de um animal negro, símbolo da ignorância e das paixões. Ele é às vezes designado como um porco e é sob este aspecto que devemos ver as significações obscuras do animal: o simbolismo do javali é tão nobre quanto é vil o do porco. O porco selvagem é o símbolo da devassidão desenfreada e da brutalidade (BHAB, DANA, GOVM, GRAD, GUES, MALA, OGRJ, PALL, VARG).

A *javalina adamantina* desempenha um papel importante no Vajrayana. Ela é o atributo desta *Vajra varahi* (*Dordje Phagmo*), que manifesta um aspecto feminino do Despertar. Geralmente, é de cor escarlate e a cabecinha de javalina aparece como uma excrescência acima da orelha direita. Esta divindade, ligada ao ciclo de Hevjara, do qual pode ser a paredra, assim como de Samvara, deve ser assimilada à realização da **vacuidade*** e do canal sutil central (*sushumma*), no qual os sopros são recolhidos para que a Felicidade seja liberada.

O javali aparece com muita frequência nas insígnias militares gaulesas, particularmente nas do Arco do Triunfo de Orange e nas moedas da independência. Há um número bastante grande de javalis votivos de bronze e numerosas representações em relevos de pedra. Entretanto, o animal nada tem a ver com a classe guerreira, a não ser por oposição a ela, como símbolo da classe sacerdotal. O javali tem, como o druida, uma estreita relação com a floresta: alimenta-se do carvalho, e a javalina, simbolicamente cercada de suas nove crias, revolve a terra ao pé da macieira, árvore da imortalidade. Confundido com o porco, do qual, aliás, pouco se distingue (os celtas tinham varas de porcos que viviam praticamente em estado selvagem), o javali constitui o *alimento sacrificial* da festa de Samain e é o animal consagrado a Lug. Em vários relatos místicos, fala-se de um porco mágico que, nos festins do Outro Mundo, permanece sempre assado no ponto e nunca acaba. No grande banquete da festa de Samain, em 1º de novembro, o alimento principal é a carne de porco. *Moccus porco* é um epíteto de Mercúrio numa inscrição galo-romana de Langres. O *twrch trwyth* (irl. *triath, rei*), que se opõe a Artur, representa o *Sacerdócio* em luta contra a realeza numa época de decadência espiritual. O pai de Lug, Cian, transforma-se em *porco druídico* para escapar aos seus perseguidores. Porém, morre sob forma humana.

Em nenhum caso, nem mesmo em textos irlandeses de inspiração cristã, o simbolismo do javali é depreciativo. Há aí uma contradição entre o mundo céltico e as tendências gerais do cristianismo. Isso nos faz pensar, por associação de ideias, em Dürer substituindo, no presépio de Natal, o boi e o jumento pelo javali e o leão (CHAB, 173-175; OGAC, 5, 309-312; LOTM, I, 310 s.; STOG, 34).

Na tradição cristã, o javali simboliza o demônio: ou por ser associado ao porco, glutão e lascivo; ou por sua impetuosidade, que lembra o ardor das paixões; ou, ainda, por evocação de sua passagem devastadora pelos campos, pomares e vinhas.

JERUSALÉM

Visão de paz, de justiça e de união para todas as tribos de Israel (*Salmo 122*); em seguida, símbolo do reino messiânico e da Igreja cristã aberta a todos os povos.

Na descrição do *Apocalipse*, Jerusalém simboliza a nova ordem de coisas que substituirá a do mundo atual no fim dos tempos. Significa não o **paraíso*** tradicional, mas, ao contrário, algo que supera toda tradição: um novo absoluto.

> Vi então um céu novo e uma nova Terra – pois o primeiro céu e a primeira Terra se foram, e o mar já não existe. Vi também descer do céu, de junto de Deus, a Cidade santa, uma Jerusalém nova, pronta como uma esposa que se enfeitou para seu marido. Nisso, ouvi uma voz forte que, do trono, dizia: "Eis

a tenda de Deus com os homens. Ele habitará com eles; eles serão o seu povo, e ele, Deus-com-eles, será o seu Deus. Ele enxugará toda lágrima dos seus olhos, pois nunca mais haverá morte, nem luto, nem clamor, e nem dor haverá mais." Sim! As coisas antigas se foram. O que está sentado no trono declarou então: "Eis que eu faço novas todas as coisas [...]. Eu sou o Alfa e o **Ômega***, o Princípio e o Fim."

(*Apocalipse*, **21**, 1-6)

Cabe insistir sobre a forma *quadrada* da Jerusalém celeste, que a distingue do Paraíso terrestre, geralmente representado sob uma forma redonda: é que este era *o céu na Terra*, enquanto a Nova Jerusalém é *a Terra no céu*. As formas circulares dizem respeito ao céu; as quadradas, à Terra (CHAS, 76). A transmutação do universo, representada pela Nova Jerusalém, não é uma volta a um passado idílico, mas uma projeção num futuro sem precedente.

JOEIRA

Como serve para separar o grão, a joeira é *símbolo de discriminação*. O uso da joeira é simbolicamente atribuído pelo Precursor São João Batista àquele que ele *batizar* no Espírito Santo e no Fogo. Ele segura a joeira para limpar a eira e guardar o grão no celeiro; a palha, porém, será consumida pelo fogo inextinguível (*Lucas*, **3**, 17).

É o emblema da distribuição de recompensas e de castigos (Devoucoux), da iniciação e da predestinação.

A iconografia hindu atribui a joeira a várias divindades de mau agouro, como *Dhumavat*, que personifica a miséria e a destruição. Nesse caso, o instrumento sem dúvida significa a dispersão, o fato de *lançar aos ventos*. É também atribuída a *Sitala*, deusa das bexigas, que *separa* a morte da vida. Diz-se que *Sitala* tem orelhas grandes como uma joeira, que também é a característica de *Ganesha*, o deus com cabeça de elefante. As orelhas de *Ganesha* "peneiram" as impurezas, as más palavras, o mal: assim, dão acesso ao conhecimento, à perfeição espiritual (DANA, DEVA, MALA).

JOELHO

Os bambaras chamam ao joelho *nó do bastão da cabeça*. E veem nele a sede do poder político (ZAHB).

Identificam-se, nisso, com numerosas tradições antigas, que fazem do joelho a "sede principal da força do corpo [...]. O símbolo da autoridade do homem e do seu poder social" (LANS, 6, 1, 26). Donde o sentido das expressões: dobrar o joelho = fazer ato de humildade; fazer dobrar os joelhos = impor a vontade a alguém ou matá-lo; ajoelhar-se diante de alguém = fazer ato de vassalagem, adorar; no joelho dos deuses = em seu poder; tocar os joelhos = pedir proteção etc. Plínio o Antigo registrou o caráter religioso dos joelhos, símbolo do poder.

JOGO

O jogo é fundamentalmente um símbolo de luta, luta contra a morte (jogos funerários), contra os elementos (jogos agrários), contra as forças hostis (jogos guerreiros), contra si mesmo (contra o medo, a fraqueza, as dúvidas etc.). Mesmo quando são puro divertimento, incluem gritos de vitória, pelo menos do lado do ganhador. Combate, sorte, simulacro ou vertigem, o jogo é por si só um universo, no qual, através de oportunidades e riscos, cada qual precisa achar o seu lugar. O jogo *não é apenas a atividade específica que leva seu nome, mas ainda a totalidade das figuras, dos símbolos ou dos instrumentos necessários a essa atividade ou ao funcionamento de um conjunto complexo* (CAIJ, 9). Como a vida real, mas num quadro previamente determinado, o jogo associa as noções de totalidade, de regra e de liberdade. As diversas combinações do jogo são outros tantos modelos de vida real, pessoal e social. Tende a substituir certa ordem à anarquia das relações, e faz passar do estado de natureza ao estado de cultura, do espontâneo ao deliberado. Mas debaixo do respeito às regras, o jogo deixa transparecer a espontaneidade a mais profunda, as reações as mais pessoais às pressões externas.

Os jogos estão, na origem, ligados ao sagrado, como todas as atividades humanas; as mais profanas, as mais espontâneas, as mais isentas de toda finalidade consciente derivam dessa origem. Entre os gregos e romanos, por exemplo, eram "cerimônias periódicas que acompanhavam determinadas festas religiosas e no curso das quais se enfrentavam, em diferentes provas, de um lado, atletas e acrobatas, de outro, músicos e declamadores" (DEVD, 254). Cada cidade organiza seus jogos próprios por ocasião das festas. As cidades aliadas participam de jogos comuns. O jogo aparece, então, como um *rito social*, que exprime e reforça, à maneira de um símbolo, a unidade do grupo, cujas oposições internas se exteriorizam e se resolvem precisamente nessas manifestações lúdicas.

Os grandes jogos públicos tiveram importância sociopsicológica das mais consideráveis: foi em torno deles que se cristalizaram o sentimento cívico e o sentimento nacional. Foram, para os habitantes de uma mesma cidade, para os filhos de uma mesma raça... o laço que lhes recordava seus interesses comuns, sua origem comum. Tinham suas incidências na vida privada e na vida pública. Alimentavam em todos a ideia de que a educação física deve ser ativada pelo treinamento dos moços nos centros de ginástica: mas eram também, para os membros dispersos de uma mesma família étnica, a ocasião de se reencontrarem na exaltação de um ideal que os distinguiu dos Bárbaros. Para celebrar esse ideal, calavam-se as rivalidades e ódios que dividiam as cidades (DEVD, 257).

Durante o período dos jogos, não havia guerra, nem execuções capitais, nem penhoras judiciais: era a trégua geral.

Tais jogos são, geralmente, consagrados aos deuses tutelares das Cidades, das Confederações e das Alianças; os Jogos Olímpicos, a Zeus, deus supremo; os Jogos Píticos, a Apolo; os Jogos Ístmicos, a Poseidon. A única mulher admitida aos jogos pan-helênicos de Olímpia era a sacerdotisa de **Deméter***, a quem se reservava um lugar de honra. Essa honra prestada à deusa da fecundidade inclina a ver nesses jogos como que o símbolo da *luta entre as forças da vida e da morte*,

um símbolo da evolução do grão que fermenta e que morre; os dois campos, um vencedor, o outro vencido, exprimiam de maneira sintética o *conflito cósmico e biológico* ao qual a deusa Deméter preside o que ilustra o retorno do ciclo das colheitas.

O jogo ou cles é, na Irlanda, a *proeza*, ao mesmo tempo esportiva e guerreira, de que um herói é capaz e pela qual ele surpreende, desconcerta ou maravilha seus adversários. Quanto maior for o número de jogos em que ele toma parte, tanto maiores são as suas chances de ficar célebre. Cuchulainn pratica dezenas de jogos diferentes: salto do salmão, jogo do trovão, jogo na ponta de uma lança etc. São, as mais das vezes, jogos ofensivos e só excepcionalmente defensivos. Cuchulainn pode, assim, cortar a barba de um adversário com um golpe de espada sem arranhá-lo, ou cortar a relva debaixo dos seus pés sem que ele se dê conta disso – até que caia. Todos esses truques lhe foram ensinados, no curso de sua iniciação guerreira, por duas rainhas da Escócia, Scathach e Aife. Esta última chegou mesmo a dar-lhe um filho e a lhe ensinar um jogo que ele será o único a conhecer: o do *gae bulga*, dardo-saco, que lhe servirá em duas ou três ocasiões difíceis contra adversários de qualidade superior. O jogo guerreiro simboliza, então, a *destreza individual, a perfeição do combate singular*: a estratégia militar à moda romana não tem lugar nas competições celtas. O jogo tem características de iniciação (REVC, 29, 109-152).

Os germanos se servem prazerosamente dos jogos como de meios divinatórios, em particular antes de batalhas, quando consultam os deuses – os quais gostam de jogar **triquetraque*** (forma antiga de gamão).

Certos jogos e brinquedos eram ricos de um simbolismo que hoje se perdeu: o mastro de cocanha ou pau-de-sebo está ligado aos mitos da conquista do céu; o futebol, à disputa do globo solar entre duas fratrias antagonistas. Certos jogos de cordas serviam para augurar a preeminência das estações e dos grupos sociais que a elas correspondiam. O papagaio (pandorga, pipa) [...] representava, no Extremo Oriente, a alma exterior do seu proprie-

586 | JOGO

tário, o qual, permanecendo, embora, no solo, estava ligado magicamente (e efetivamente, pelo fio) à frágil armação de papel de seda entregue aos remoinhos das correntes aéreas. Na Coreia, a pipa funcionava como bode expiatório, para libertar dos males uma comunidade pecadora... A amarelinha (fr. *marelle*) representava provavelmente o labirinto, onde o iniciado se perdia no primeiro instante (CAIJ, 127). *Esses jogos e brinquedos não deixam de ter, ainda hoje, uma razão de ser; deixaram de ser sagrados mas ainda desempenham papel psicológico e social dos mais importantes como símbolos agonísticos e pedagógicos.*

Na África do Norte, jogos funerários, rituais e agonísticos, acompanham os sacrifícios, os repastos sacramentais (comunhão), os cortejos fúnebres. São, em geral, exuberantes, rápidos, brutais. Parecem uma trégua brusca, uma explosão de forças que se segue a uma concentração. Marcam o termo de um tempo sagrado, a volta ao tempo comum. Têm por alvo dissipar uma atmosfera sagrada de intensidade por demais opressiva e restabelecer a ordem habitual das coisas. Esses jogos dispersam, segundo Jean Servier, *a atmosfera sagrada que se formou [...] e que os peregrinos não poderiam, sem perigo, levar para casa.*

Os jogos têm, ademais, um valor encantatório. Opondo um campo a outro, opõem, na verdade, dois princípios, dois polos, e o triunfo de um deles deve garantir um benefício, como a chuva, ou a bênção dos mortos, dos antepassados: *campos do leste e do oeste [...] clãs opostos da mesma aldeia [...] princípios seco e masculino ou úmido e feminino, cuja união forma o Mundo, assim como a alma vegetativa e a alma sutil formam o Homem.*

Os jogos apresentam formas as mais variadas, desde os jogos de salão, anódinos, até os arriscados jogos guerreiros da fantaziya *(divertimento equestre dos cavaleiros árabes). Estes últimos ocorrem, de preferência, nas mudanças de estação, e simbolizam, de algum modo, a luta dos elementos entre si e da vegetação contra os elementos.* "De todos esses jogos se desprende a noção de agôn, de luta entre dois poderes polarizados magicamente e orientados segundo os dois planos cardeais de Este e Oeste, representando um a secura, e o outro, a umidade. Essa luta, essa afirmação da oposição dos dois princípios essenciais do mundo, é a necessária preliminar à sua união, i.e., à fecundidade do mundo" (SERP, 63-67, 196-203).

Os jogos podem também assumir o valor e o aspecto de uma oferenda. Os antagonistas rivalizarão em *destreza e resistência*, indo até, por vezes, à efusão de sangue, para que essas exibições de força, de fadiga, de suor e de lágrimas, em honra das forças invisíveis às quais são dedicadas, as pacifiquem, dobrem e propiciem. Os jogos se mostram sempre, de modo consciente ou inconsciente, como uma das formas do *diálogo do homem com o invisível.* Até brincar de bonecas, por exemplo, para os berberes é atividade relacionada com os *ritos da fecundidade*, os únicos que são permitidos às crianças. É a maneira que elas têm de reproduzir a vida dos adultos e de associar-se aos grandes ritos sagrados que a iniciação lhes revelará mais tarde (SERH, 95).

A análise psicológica viu no jogo como que uma transferência de energia psíquica, quer se efetue entre dois jogadores, quer comunique vida a objetos (bonecas, trem de ferro etc.). O jogo ativa a imaginação e estimula a emotividade. Por desinteressado que seja, como se diz, é sempre pejado de sentido e de consequências. "Brincar com alguma coisa significa dar-se ao objeto com o qual a gente brinca. Aquele que brinca investe de alguma forma sua própria libido na coisa com que brinca. Disso resulta que o jogo se faz uma ação mágica, capaz de despertar a vida [...]. "Brincar é lançar uma ponte entre a fantasia e a realidade pela eficácia mágica da própria libido; brincar é, então, um rito de entrada e prepara o caminho para a adaptação ao objeto real. É por isso que o jogo dos primitivos (ou das crianças) assume tão facilmente um aspecto de seriedade (e, até, de dramaticidade)" (ADLJ, 102-103). Ao contrário do jogo que degenera em batalha, verdadeiros combates podem ser representados por gestos no jogo. Por exemplo: depois da caça de animais selvagens, certas tribos do Ceilão representam a cena da caça como *rito de saída*, pelo qual se efetua a readaptação à vida cotidiana (ibid.).

Os jogos infantis e os jogos privados dos adultos de que se conhecem numerosos modelos chineses, indianos, egípcios, gregos, romanos etc. são, em profundidade, e à sua maneira, réplicas dos grandes jogos públicos. Sua frivolidade e gratuidade aparentes, superficiais, não devem esconder seu simbolismo agonístico fundamental: os jogos são a alma das relações humanas e educadoras eficazes.

Groos chamou, apropriadamente, o jogo das crianças ato de desenvolvimento pessoal não intencional. É uma preparação instintiva e inconsciente às futuras atividades sérias. No jogo se refletem as relações da criança não só com o seu mundo interior mas também com as pessoas e os acontecimentos do mundo exterior (ADLJ, 103).

O método do psicodrama, de que Moreno é o brilhante inventor, utiliza as propriedades formativas, didáticas, por assim dizer terapêuticas, do jogo e da profusão de símbolos que ele põe em ação.

O ponto de partida do método parece incontestável. É nas suas manifestações mais espontâneas que um ser se revela em profundidade. Nenhum controle, é verdade, suprime de todo o espontâneo; ele se trai pela própria forma do controle adotado, por falhas inevitáveis, por malogros, por reações ao controle, pela linguagem com seus símbolos implícitos. Mas a maior parte dos atos da vida espontânea escapa à observação. Quando uma pessoa está em consulta ela se esforça por explicar o passado que descreve; não se absorve inteiramente numa situação vivida aqui e agora; sua espontaneidade profunda não consegue manifestar-se. Imaginemos, ao contrário, que ela aceite, por puro jogo, viver uma situação inventada mas na qual ela poderia sentir-se implicada. Não se trata, aqui, para ela, de reconstituir uma cena passada, porque o esforço de memória, o temor de uma confissão implícita ou a recusa em comprometer terceiros poderiam constranger a livre expressão da espontaneidade. Não: ela viverá uma cena imaginária, que poderia ser a sua própria história, mas que se convencionou que não o é necessariamente. A pessoa se exprime e reage com toda a liberdade, sem constrangimentos nem entraves de qualquer espécie. Com seus parceiros, a pessoa poderá entregar-se ao jogo, sentir-se profundamente implicada, e arrastar os espectadores a uma participação de maior ou menor intensidade na cena representada. Para começo de conversa, ela evita o *vaudeville* de subúrbio, uma das armadilhas do psicodrama, e um ato de uma emoção real, por vezes apaixonante, se desenrola aos nossos olhos. A gente vê a angústia que cresce, uma agressividade há muito tempo contida que se desencadeia, as tensões que se torcem, os conflitos que espocam. Surgem os atalhos para contornar os problemas que despontam, e o drama se concentra, inexoravelmente, pouco a pouco, em um foco que fica incandescente, que não se pode mais dissimular, do qual é impossível fugir. Então, se revelam e se resolvem as conexões secretas, que impõem sua obscura tirania à maior parte das reações de um ser. As réplicas se sucedem, como tiros partidos de diferentes ângulos, atingindo seu objetivo sob diferentes aspectos e em diferentes níveis de profundidade. Ou são os silêncios, as mímicas, as atitudes provocadas por essas situações pouco habituais que revelam a realidade do estado afetivo. A carapaça do convencional ou do imaginário é sacudida até rachar, e a verdadeira espontaneidade então se descobre. Essa descoberta pode ir até o estupor. Cabe ao terapeuta ou ao psicólogo medir o grau de conhecimento de si que tal pessoa, em tal momento, é capaz de admitir e de suportar. O jogo, para ser eficaz, deve com efeito engajar todo o ser, abrir todas as vias de comunicação. Libera, assim, uma intensa criatividade, uma energia que se ajusta sem cessar. Ele prepara para o futuro. É um símbolo vivo.

O objetivo do psicodramista é libertar as fontes da espontaneidade para que o ser se adapte, sem deixar de ser ele mesmo, a todos os papéis que a vida dele exigirá. Em vez de ter determinado

588 | JOIA (V. GEMA)

pelo seu passado, ele aparece, ao contrário, como móvel. Sua própria criatividade é dotada de um alto coeficiente de amplificações. Se a adaptação é um dos segredos da sociabilidade, vê-se até que ponto o psicodrama estaria apto a reintegrar um ser na vida social, a pô-lo mais à vontade dentro dela, a fazê-lo mais radiante. Ele se revela como uma síntese de símbolos sociais e afetivos, que põe em ação espontaneamente: eles tendem a equilibrar-se e a facilitar, assim, a passagem do jogo à vida real, fazendo estalar e resolvendo desse modo os complexos que, por latentes, determinariam conflitos mas que, superados, provocam adaptação e progresso.

As doutrinas esotéricas descobriram toda *uma ciência iniciática* num grande número de jogos: **Tarô***, dados, pedrinhas (fr. *osselets*, ingl. *knucklebones*), dominó, **xadrez***, bilboquê, jogo do ganso (fr. *lenoble jeu de l'oie*, ingl. *the royal game of goose*) etc. O mais rico em símbolos é o tarô, ao qual se reserva um verbete neste *Dicionário*, assim como a cada um dos seus 22 arcanos maiores. Quanto aos dados, por exemplo, já se quis ver nas seis faces dos pequenos cubos e nos seis pontos símbolos do mundo manifestado em seus seis aspectos: mineral, vegetal, animal, humano, psíquico, divino. Essas seis faces do cubo podem ser dispostas em forma de cruz, a barra horizontal compreendendo o animal, o psíquico e o humano; a barra vertical, o divino, o psíquico, o vegetal e o mineral (BOUM, 163. Sobre o xadrez, o jogo do ganso, a amarelinha, ler *Le symbolisme des jeux*, Atlantis, 220, 1963).

Os jogos apresentam os mais variados aspectos segundo as necessidades de cada época. Não são apenas um passatempo. Podem ser iniciáticos, didáticos, miméticos, competitivos. Inspiram-se nas exigências da vida e desenvolvem as faculdades de adaptação social. O sucesso, neste final do século XX, dos jogos eletrônicos, anuncia o advento de uma nova forma de inteligência, mais apta a compreender as proezas da tecnologia que as finuras da retórica. Os jogos predominantes numa época simbolizam os seus interesses principais.

Exemplo: o monopólio, os jogos de negócios e de bolsa, o Master Mind, o cubo de Rubik etc. Refletem seu tempo: anunciam a era eletrônica e telemática, matemática, mecânica e robótica.

JOIA (*v. Gema*)

Pierre Guiraud salienta (GUID, 171) que as palavras *bijou* (joia) e *joyau* (gema) derivam ambas do vocábulo *joie* (fr. *arc.*: joia; fr. *mod.*: alegria, júbilo, contentamento etc.), que é um substantivo formado do verbo francês *jouir* (gozar, desfrutar, fruir etc.), o que permite, partindo do campo semântico, que se delimite também o campo simbólico abrangido por esse substantivo. Poderíamos resumir esse campo simbólico e dizer que, através de um processo de refinamento ou de desmaterialização progressiva, ele se estende da atração para os sentidos até as aspirações do espírito.

A gíria (francesa) marca a constância de sua acepção inicial ao longo dos séculos. Desde a Idade Média, com efeito, quando se começa a fazer referência às mulheres de vida alegre (fr. *filies de joie*, meretrizes, prostitutas), a concupiscência e a atração recíproca dos sexos fazem com que cada um dê ao instrumento (de gozo sexual) do outro a denominação de *bijou*, ou melhor, de *Le Bijou* (A Joia), no sentido mais anatômico e funcional do termo, porquanto o olisbos (falo artificial) será designado como "joia artificial" (*bijou artificiel*). Diderot, Parny e muitos outros autores, inspirando-se na sabedoria popular, reconduzirão essa imagem até o século XIX. Em nossos dias, o cáften parisiense que tem para os seus testículos a designação de *les joyeuses* ("as [glândulas] alegres"), qualifica orgulhosamente como *joias de família* o conjunto do aparelho que constitui a parte mais preciosa de sua pessoa.

Mais tarde, com a ajuda da moral e do puritanismo, do mesmo modo que o fr. arc. *joie* (joia) passa a designar "*o prazer da alma*" (Littré), descobre-se para o *bijou* – a partir do momento em que se começa a pregar a vaidade das coisas terrenas – um novo sentido esotérico, que pode chegar até o ponto de fazer dele um substituto ou uma figuração da alma, no sentido junguiano do termo.

Nas ciências ocultas, a joia (*bijou*), por ser feita da matéria mais *amadurecida* (no sentido alquímico do termo) dentre todas – gemas luminosas e metais, principalmente o ouro inalterável –, torna-se expressão da energia primordial, saída do ventre da Terra e, portanto, ctoniana, o que, sob outros aspectos, pode muito bem evocar a elevação da libido: as joias com suas pedras preciosas, que tantos mitos e lendas associam ao **dragão*** e à **serpente***, estão carregadas de um segredo de imortalidade, que não é divino, mas, sim, ligado às entranhas deste mundo. Disso decorre que as ambições, as paixões e os cultos por elas suscitados evoquem um contexto sempre mais próximo do drama shakespeariano do que das tragédias de Racine, como se a sublimação do Desejo se chocasse, neste caso, contra os próprios limites de nossa condição humana:

> Este mundo resplandecente de metais e pedrarias arrebata-me em êxtase, e eu apaixonadamente amo tudo aquilo em que o som se mistura à luz.
>
> (BAUDELAIRE)

O fato de que a joia se tenha tornado um dos símbolos da vaidade das coisas humanas e dos desejos só pode ser oriundo de uma visão degradada do símbolo. Por suas pedras preciosas, seu metal e sua forma, as joias simbolizam o conhecimento esotérico. E, tendo como ponto de partida a *alma* junguiana, chegam a representar as riquezas desconhecidas do inconsciente. Tendem a passar do plano do conhecimento secreto ao da energia primordial: pois elas são energia e luz. Muitas lendas pretendem que as **pedras*** preciosas nasçam na cabeça, no dente ou na saliva das serpentes (*v.* **esmeralda***), tal como a **pérola*** nasce dentro da ostra. Retorna-se sempre à união dos opostos: o precioso e o terrível. No entanto, essa origem lendária indica que o brilho do diamante ou das pedras de joalheria é uma luz ctoniana, e sua dureza, uma energia que provém do mundo subterrâneo. Sob este aspecto, e apesar de sua dureza, elas evocam paixões e ternuras que têm algo de maternal e protetor, assim como a Terra e a **caverna***.

Mas a joia não é apenas a pedra preciosa em seu estado natural: é a pedra trabalhada e montada, é a bora do joalheiro e do ourives, bem como da pessoa que a tiver encomendado ou escolhido. E é então que se realiza a aliança da alma, do conhecimento e da energia, e que a joia termina por simbolizar a pessoa que a usa e a sociedade que a aprecia. Toda a evolução pessoal e coletiva intervém, portanto, a cada época, na interpretação particular das joias.

JUGO

O jugo, por um motivo perfeitamente evidente, é símbolo de servidão, de opressão, de constrangimento. A passagem dos vencidos sob o *jugo* romano é suficientemente explícita.

Mas o jugo assume sentido completamente diverso no pensamento hindu. A raiz indo-europeia *yug*, de que deriva, é objeto de uma aplicação muito conhecida do sânscrito **ioga**, que tem, efetivamente, o sentido de *unir, ligar, juntar, pôr debaixo do jugo*. É, por definição, uma disciplina de meditação, cujo objetivo é a harmonização, a *unificação* do ser, a tomada de consciência e, finalmente, a realização da única União verdadeira, a da alma com Deus, da manifestação com o Princípio (ELIY, GUEV, SILI).

O inventor do *jugo* que permite dominar e atrelar os bois, Buziges, foi também um dos primeiros legisladores. O jugo simboliza a disciplina de duas maneiras: ou ela é sofrida de modo humilhante, e é o aspecto sombrio do símbolo (cf. o famoso exemplo das forcas caudinas, *jugum ignominiosum*, lança posta sobre duas outras fincadas na terra e sob a qual passou o exército romano vencido pelos samnitas); ou a disciplina é escolhida voluntariamente e conduz ao domínio de si, à unidade interior, à união com Deus.

Existia em Roma um lugar, dito *sororiumtigillum*, onde estava instalada uma trave em asna debaixo da qual passavam os assassinos para expiar seu crime. Depois de matar sua irmã Camila, que

590 | JUÍZO (FINAL), O

saíra, impudica, dos apartamentos das mulheres para declarar em altos brados seu amor pelo inimigo do irmão, Horácio foi forçado a passar sob o jugo. Essa prática expiatória e purificadora era indispensável para recuperar seu lugar na coletividade. Cumpria passar sob o jugo. Mas essa disposição ancestral do jugo significava mais que um ato de submissão às leis da cidade. Era, sem dúvida, escreve Jean Beaujeu, "um vestígio das **portas*** secretas ou artificiais pelas quais o moço, uma vez iniciado, passava de volta, do mundo sobrenatural onde vivera seu período de prova, ao mundo ordinário dos homens. Era, então, o símbolo da reintegração na sociedade".

JUÍZO (FINAL), O

"O Juízo (Julgamento), a Ressurreição ou o Despertar dos Mortos, 20º arcano maior do Tarô, exprime a inspiração, o sopro redentor" (O. Wirth); a mudança de situação e de apreciação, as questões jurídicas (R. Bost); a volta das coisas, o fim da prova, a reparação, o perdão, a remissão, a retificação de um erro, a reabilitação, a cura, a solução de um problema (Th. Terestchenko). Corresponde, como a Justiça, à VIII Casa do Horóscopo.

Entre o **Sol*** e o **Mundo***, que parecem ser lâminas triunfantes, o 20º arcano maior do Tarô, o Juízo (Julgamento), nos conduz às ideias de morte. Um anjo aureolado de branco, rodeado por nuvens azuis de onde partem, em alternância, dez raios vermelhos e dez amarelos, tem na mão direita uma trombeta e, na esquerda, uma espécie de bandeirola de fundo branco, recoberta por uma cruz amarela. Sua trombeta toca o alto de um monte ou de um *tumulus*, amarelo também e árido.

No sopé da lâmina, um personagem nu, visto de costas, parece sair de uma bacia verde (ou de uma sepultura verde, cor da ressurreição), diante do qual ou da qual estão, igualmente nus, cor de carne, de mãos juntas, e voltadas para ele, uma mulher e um homem mais velhos. Talvez a Mãe e o Velho, no sentido de Jung.

Trombeta do Juízo Final, ressurreição dos corpos, isso parece evidente. E, no entanto, essa interpretação pode ser aprofundada. As asas e as mãos do anjo são cor de carne, como o eram as da Temperança; não será dizer que seja ele feito da mesma matéria que os homens, que é irmão deles, que todo mundo pode adquirir também as asas da espiritualidade, desde que saiba manter a justa medida e equilíbrio na ascensão espiritual? Suas mangas são vermelhas porque ele está sempre em ação, mas seus cabelos, que têm a cor do *ouro das verdades imutáveis* (WIRT, 243), lhe conferem um simbolismo solar. Ele está encerrado num círculo de nuvens azuis, cor lunar das forças ocultas e das verdades da alma, donde saem os raios vermelhos e amarelos do espírito e da ação, para indicar que não há nem ação verdadeira nem verdadeira compreensão se elas não procedem das forças da alma, em que se misturam intuição e afetividade, ou talvez, também, para significar que a inteligência humana não pode ir além dessas espirais e que há sempre um círculo que não podemos transpor. Diante desse anjo, anunciador do Juízo (Julgamento), que separa, sem apelação possível, o joio do trigo, os homens se apresentam nus, ao sair do túmulo que era o seu corpo, despojados de todos os atributos do mundo e guardando, apenas, cabelos azuis, cor da alma, como o eram, já, os do **Enforcado***, da **Temperança*** ou da **Estrela***, três lâminas de valor iniciático particularmente acentuado, que simbolizam mortes e renascimentos. Para poder renascer para a vida verdadeira, é preciso ter ouvido o apelo da trombeta de ouro por onde passa a voz de Deus. Vemos aqui o filho que, sem renegar as lições do passado, simbolizado pelos seus pais, atingiu o mais alto grau de iniciação: sua cabeleira, ao invés de cair-lhe sobre os ombros, tem uma forma de **coroa*** e ele é o único voltado para o anjo.

Assim, a última etapa antes da visão do **mundo***, o Juízo Final simboliza o apelo vitorioso do Espírito, princípio unificador que penetra e sublima a matéria.

JUJUBA

Símbolo do limite e da medida no espaço e no tempo, segundo as tradições do Islã. O profeta

Maomé teve, segundo o *Corão*, uma visão "dos maiores sinais do seu Senhor [...] junto da Jujuba da Extremidade [...] na ocasião em que a Jujuba estava coberta daquilo que ali estava para cobri-la" (**53**, 16).

Essa jujuba é, para os místicos muçulmanos, motivo de grande discussão. É tomada como o limite último, para além do qual a criatura, mesmo a mais próxima de Deus, não pode avançar. Segundo a tradição, Gabriel se despediu do Profeta nesse ponto e contentou-se em indicar-lhe como ir adiante sozinho. Cumpre observar que a jujuba é, por vezes, o único ser vivo num deserto inteiro. Pois não estamos, aqui, no limiar do deserto do Irreconhecível? (*CORH*).

A cerimônia dita *Noite do Meio de Shaaban* está ligada a uma tradição segundo a qual a jujuba do Paraíso comportaria tantas folhas quantos são os seres humanos vivos no mundo. Diz-se que essas folhas trazem inscritos os nomes de todos os seres. Cada folha traz o nome de uma pessoa e os do seu pai e mãe. Pretende-se que a árvore seja sacudida na noite que precede o 15º dia do mês, um pouco depois do pôr do sol; quando uma pessoa deve morrer no ano que vem, a folha sobre a qual seu nome está gravado cai nessa ocasião. Se deve morrer antes disso, sua folha se apresenta quase toda seca: só uma pequenina parte permanece verde – conforme o tempo que lhe resta, essa parte verde será maior ou menor. Uma forma particular de prece é recitada nessa ocasião (LANM, 201).

A jujuba pode simbolizar também uma medida de defesa contra a agressão. Quando nasce um menino, em certas tribos do Marrocos, a parteira lhe põe imediatamente na mão um galho de jujuba a fim de que ele se torne tão perigoso quanto esse arbusto com seus espinhos. Tais espinhos são empregados também contra o mau-olhado. E muitas vezes se cobrem as sepulturas com ramos espinhosos de jujuba.

Há traços da mesma tradição (jujuba = símbolo de defesa) numa lenda grega: uma ninfa, Lótis, era amada por Priapo, que a perseguia com a mesma assiduidade com que ela lhe fugia. Depois de ter-lhe escapado, certa vez, por um triz, ela pediu para ser convertida num arbusto espinhoso de flores vermelhas, que se acredita ser a jujuba.

O fruto do arbusto, ácido mas comestível, tem hoje para nós apenas virtude expectorante. Com ele se faz excelente xarope. Para os taoistas, porém, era alimento da *imortalidade*. A jujuba, enquanto alimento dos Imortais, era, verdadeiramente, de dimensões extraordinárias: do tamanho de uma **abóbora*** ou de uma melancia. As pessoas se alimentavam de jujubas depois de ter realizado, aos poucos, o regime da *abstinência de cereais*: era, por excelência, o *alimento puro*, quase imaterial (KALL, LECC, MAST).

JULGAMENTO, O (*v.* Juízo Final, O)

JUMENTA (*v.* Asno)

JUNO

Divindade romana, esposa de Júpiter, que não tem equivalente exato na mitologia grega, embora se aproxime de Hera, mulher de Zeus, mais que de outras figuras. Seu nome, diz Jean Beaujeu, "deriva de uma raiz indo-europeia que exprime a *força vital*, e que se encontra, por exemplo, em *Juvenis, o homem jovem, no apogeu do seu vigor*. Em Roma, Juno era a deusa da fecundidade e deusa-rainha. Presidia aos matrimônios e aos partos [...]. A Juno era consagrada a grande festa das *Matronalia*, nas calendas de março" (BEAG, 232). Juno é também a mãe do deus da guerra, que é, cumulativamente, o protetor das colheitas. Outros traços caracterizam a deusa: a pele de bode que servia aos Lupercos para a confecção de tiras de couro era chamada *manto de Juno*; imolava-se à deusa, no primeiro dia de cada mês, uma porca e uma ovelha. Ela personificava, inicialmente, o disco lunar. Simboliza também o *princípio feminino*, na sua jovem maturidade, em pleno vigor, soberano, combativo, e fecundo.

Juno é, especialmente, a protetora das mulheres casadas e dos nascimentos legítimos. Mas só se pode assistir a uma festa que lhe seja dedicada nessa qualidade com todos os nós das vestimentas

592 | JÚPITER (V. ZEUS)

desatados: a presença de um laço, **cinto***, **nó*** etc. no corpo dos assistentes podia impedir um desenlace feliz no parto da mulher pela qual era oferecido o sacrifício (GRIF, 241).

JÚPITER (v. Zeus)

Deus supremo dos romanos, corresponde ao Zeus dos gregos. É apresentado como "a divindade do céu, da luz diurna, do tempo que faz, e, também, do raio e do trovão [...] poder soberano, presidente do conselho dos deuses, aquele de quem emana toda autoridade" (GRID, 244). Júpiter simboliza a ordem autoritária, imposta do exterior. Seguro do seu direito e do seu poder de decisão, não busca nem diálogo nem persuasão: troveja.

O *Júpiter* celta leva, na Gália, o nome de *Taranis*, o que troveja (irl., gal. e bret. *taran[n]* trovão). É representado, as mais das vezes, na iconografia, com uma roda como principal atributo. Mas essa roda não é símbolo do raio como acreditaram os eruditos modernos, em grande maioria: é a *roda cósmica*, que se encontra na Irlanda na roda do druida irlandês Mog Ruith, *servidor da roda*. O principal aspecto irlandês do Júpiter celta é, todavia, o Dagda, *deus bom*, possuidor de dois talismãs reais: o caldeirão da abundância e da ressurreição, arquétipo do Graal, e a maça ou clava, que mata por um lado e ressuscita por outro. É ela que corresponde ao raio de Júpiter (flúmen) e ao de Indra (vajra). Outros aspectos de Júpiter são: na Gália, Sucellus (*o que malha bem, o bom ferreiro*), deus do malhete; e, na Irlanda, *Manannan* (senhor do Outro Mundo). O Dagda é o pai de Brigit (Minerva), ela mesma mãe de todos os deuses. É também o pai de Oengus (**Apolo***, no seu aspecto de juventude), por adultério com a própria irmã, que é casada com seu irmão Elcmar (sombrio, mau), deus da noite. É ele ainda um dos principais combatentes da batalha cósmica de MagTured contra os **fomorianos***. Com seu irmão Ogma (Elcmar é, sem dúvida, um segundo nome do mesmo personagem) ele é um dos aspectos da dualidade soberana representada na Índia por Mitra-Varuna. O Dagda é *Mitra*, deus da amizade, do contrato, e, também, das manhas jurídicas.

A concepção celta insiste, porém, de preferência, no seu aspecto de *senhor da manifestação*, fazendo com que prevaleça sobre o seu aspecto soberano de deus do céu. É o *deus-druida* por excelência, aquele que reivindica a classe sacerdotal (os *filid*, porém, dependem de Ogmios) (OGAC, 11, 307 ss.; 12, 349 ss.).

Por seu tamanho e situação, o planeta que leva o nome de Júpiter ocupa o centro dos astros que giram em torno do Sol. É precedido por Mercúrio, Vênus, Terra, Marte e pelos asteroides, e seguido pelo mesmo número de corpos celestes: Saturno, Urano, Netuno, Plutão e os planetas transplutonianos, o primeiro dos quais já foi reconhecido por alguns: Minos. Em analogia com esse lugar de eleição, Júpiter encarna, na astrologia, o princípio de equilíbrio, de autoridade, de ordem, de estabilidade no progresso, de abundância, de preservação da hierarquia estabelecida. É o planeta da legalidade social, da riqueza, do otimismo e da confiança. Os antigos lhe deram o nome de *grande benfeitor*. Ele governa, no Zodíaco, Sagitário, signo da justiça, e Peixes, signo da filantropia. A medicina e a jurisprudência são suas profissões privilegiadas. No organismo humano, ele vela pelo funcionamento da circulação do sangue e do fígado.

É o mais volumoso de todos os planetas. Gira com majestade em torno do seu eixo vertical, arrastando em seu curso o cortejo de numerosos satélites. Por si só, um espetáculo para o observador da abóbada celeste, o planeta Júpiter se impõe tanto quanto o próprio Zeus, senhor do Olimpo, e não teve dificuldade em conseguir a adesão dos astrólogos. Se Zeus foi amamentado pela cabra Almateia e se tem como atributo a cornucópia; se é o soberano ordenador e o distribuidor das graças e dons para todos os homens, Júpiter se encarna na hora crepuscular em que o bebê sorve o leite maternal e faz o aprendizado da manifestação dos seus instintos. Também a condição jupteriana do ser humano inscreve-se ao longo de uma série contínua que acumula as aquisições, vantagens, proveitos, benefícios e os favores destinados a

JURAMENTO | 593

satisfazer a seu apetite de consumidor, seu instinto de proprietário, sua instalação terrestre, quer se trate de *ter* quer de *ser alguém*. Esse esquema, sempre a repetir-se, de *enriquecimento vital*, inseparável do estado de voracidade, de confiança, de generosidade, de otimismo, de altruísmo, de paz e de felicidade, contribui para alimentar a saúde e para amadurecer a evolução dos seres, feitos para uma sociedade mais feliz sob o regime e as leis dos princípios morais e onde cada um pode mais livremente ter acesso à plenitude de seus meios, bem como ao controle de seus poderes.

JURAMENTO
(de sangue e pelos elementos)

Sendo o **sangue*** o veículo da vida, o agente gerador, o *juramento de sangue* é um rito de aliança que realiza uma verdadeira *consanguinidade*. Consiste em tirar algumas gotas de sangue do corpo de cada *irmão jurado* para que os outros o bebam. Esse rito teria sido praticado em certas confrarias da Europa oriental e até mesmo pelos Templários. Mas é principalmente característico do Extremo Oriente. Lie Tse (cap. 5) fala de sua existência numa época muito antiga. O juramento uniu os famosos heróis dos Três Reinos – *Lieu-Pei, Kuan-Yu* e *Tchang-Fei* no *Jardim dos Pessegueiros*, juramento este que é mencionado pelos membros das sociedades secretas chinesas quando praticam o mesmo rito. Também era respeitado no Vietnã até uma época bem recente, particularmente na seita *Pham Mon*, uma emanação do caodaísmo. Existia, no Camboja, na época de Angkor. Os Montanheses do Vietnã do Norte e do Sul ainda o praticam. É manifestamente um juramento de guerreiro, de *kshatriya*. Ele realiza, como dissemos, uma fraternidade efetiva. Nas sociedades secretas, o sangue é misturado ao **vinho***, bebida da imortalidade e símbolo de conhecimento. A bebida comunial cria a aliança indissolúvel e ao mesmo tempo confere a longevidade:

> Tendo os irmãos provado
> o sangue dos Hong
> misturado ao vinho,
> Eles alcançarão a idade de cento e noventa anos.

Devemos acrescentar que, na China, a troca de sangue foi praticada como rito de casamento, com uma significação evidentemente idêntica.

Encontramos outra forma de aliança pela efusão de sangue em *Êxodo* (**24**, *5-8*) Depois enviou alguns jovens dos filhos de Israel, e ofereceram os seus holocaustos e imolaram a Jeová novilhos como sacrifícios de comunhão. Moisés tomou a metade do sangue e colocou-a em bacias, e aspergiu a outra metade de sangue sobre o altar. Tomou o livro da Aliança e o leu para o povo; e eles disseram: "Tudo o que Jeová falou, nós o faremos e obedeceremos." Moisés tomou do sangue e o aspergiu sobre o povo, e disse: "Este é o sangue da Aliança que Jeová fez convosco, através de todas essas cláusulas." (CADV, GRAD, GRIL).

A fórmula habitual do juramento irlandês é *eu juro pelos deuses pelos quais jura a minha tribo* (*tongu do dia toinges mo thuath*) (IT, 5, 861, nota 1) e são inúmeros os exemplos em que é empregada. Mas o único deus patrono do juramento é o Dagda, deus da amizade e dos contratos. Os elementos intervêm como fiadores, aos quais se pede que castiguem os eventuais perjuros: o rei supremo Loegaire, que entra em Ulster com um exército a fim de recolher um imposto que ele havia prometido não cobrar, é punido pelos elementos que ele havia tomado como fiadores do seu juramento – morre entre duas montanhas, vítima do sol, do vento e de todos os outros elementos naturais. O rei de Ulster, Conchobar, faz um juramento pelo céu, pela terra e pelo mar. Os gauleses, ao assinarem um tratado com Alexandre o Grande, no século IV, antes da nossa era, também juram respeitá-lo e invocam, como fiadores de sua palavra, o céu, a terra e o mar.

No fundo, o juramento se revela uma aliança cósmica à qual a testemunha recorre para garantir a sua palavra. Ao fazer um juramento, ele a está inscrevendo numa ordem que ultrapassa a sua pessoa e se responsabilizando pela ruptura dessa ordem caso o juramento seja violado. É ele quem sofrerá o castigo que um tal crime deverá trazer ao culpado. Assim, o juramento aparece como o

594 | JUSTIÇA, A

símbolo de uma solidariedade com o ser divino, cósmico, ou pessoal, invocado como garantia.

JUSTIÇA, A

O oitavo arcano maior do Tarô abre o segundo setenário, aquele que diz respeito à Alma, posta, assim, entre o Espírito (lâminas 1 a 7) e o Corpo (lâminas 15 a 21) (WIRT, 158).

A Justiça, com o barrete judiciário amarelo na cabeça, sobre o qual se inscreve um signo solar, é representada num trono, igualmente amarelo, como o colar que ela usa, trançado, no pescoço, como a espada que tem na mão direita, como a manga esquerda, a balança e o solo. A Justiça usa um manto azul por cima de uma túnica escarlate (como a **Papisa***, o **Eremita***), mas, desta feita, as três cores (amarelo, azul, vermelho) se repartem mais ou menos em pé de igualdade. A ciência oculta da **Papisa***, em azul, divulgada pelo **Papa***, de manto rubro, chega ao triunfo do **Ouro***, cor solar. A espada e a balança são os atributos tradicionais da Justiça: a balança, semelhante àquela que a simples pena de Maat bastava para equilibrar no tribunal de Osíris, está aqui perfeitamente imóvel. A espada, direita e implacável, como o fiel da balança, servirá para punir os maus. Já se observou, a esse propósito, que a espada e a balança são também os símbolos das duas maneiras pelas quais, segundo Aristóteles, se pode ver a Justiça. A espada representa seu poder distributivo (*Justitia suum cuique tribuit*); a balança, sua missão de equilíbrio (*social*) (RIJT, 126).

A *Justiça* ou *Têmis* ou a *Balança* representa a vida eterna (E. Levi), o equilíbrio das forças desencadeadas, as correntes antagonistas, a consequência dos atos, o direito e a propriedade (Th. Tereschenko), a lei, a disciplina, a adaptação às necessidades da economia (O. Wirih). Corresponde, em Astrologia, à natureza da VIII casa do Horóscopo.

Essa Justiça, cujo número simbólico é precisamente **oito***, é a nossa consciência no sentido mais elevado. Para aqueles que fizeram mau uso dos seus poderes só cabe a espada e a condenação; para os verdadeiros iniciados, a balança mantém o equilíbrio entre o Papa (V) e a Força (XI), esse equilíbrio rigoroso que é a lei da organização do caos no mundo e em nós mesmos.

JUSTO

Quando vem a tormenta, desaparece o ímpio! Mas o justo está firme para sempre (*é o fundamento do mundo*). Este texto dos *Provérbios* (**10**, 25) indica o sentido simbólico da palavra.

O justo dá a cada coisa o lugar que lhe compete. Ordena na medida certa. Da mesma forma, responde à sua função criadora ou organizadora.

O justo cumpre em si mesmo a função da balança, quando os dois pratos se equilibram perfeitamente, face a face. O justo se encontra, portanto, além das oposições e dos contrários, realiza em si a unidade e, por isso, pertence já, de certo modo, à eternidade, que é *una e total*, ignorando a fragmentação do tempo. Por isso tem o justo lugar de eleição na Bíblia. Ele pensa e age com peso, ordem e medida.

Se o justo simboliza o homem perfeito, naquilo em que ele semelha um demiurgo organizador – que põe ordem, primeiro em si, depois em torno de si –, seu papel é o de uma verdadeira potência cósmica. Também é ele comparado, seguidamente, a uma **coluna*** (*Provérbios*, 10, 26) que liga a parte baixa à parte alta da casa (SCHO, 165). Donde esta palavra do Talmude: "houvesse um único justo na face da Terra e ele sustentaria o mundo". A função do justo é erigida em hipóstase pelo pensamento gnóstico. É comparável a uma *coluna de esplendor*.

K

KA

Uma das noções do Egito antigo mais difíceis de serem concebidas por um espírito ocidental. Foi comparado a "um duplo, análogo ao perispírito dos ocultistas" (Lepage, Renouf, Maspero, em VIRI, 133). Segundo Serge Sauneron, é "praticamente uma manifestação das energias vitais, tanto na sua função criadora como na sua função conservadora. Ka pode designar, portanto, o poder de criação que a divindade possui, mas também as forças de manutenção que animam Maat, a ordem universal [...]. Reservatório, de certo modo, das forças vitais, de onde provém toda vida, graças ao qual toda vida subsiste" (POSD, 143).

A expressão "passar a seu *Ka* significa morrer, o que levaria a crer que esse princípio teria uma existência independentemente do corpo com o qual é, entretanto, moldado. Estatuetas de *Ka* acompanhavam os defuntos em seu túmulo, e era a essas estatuetas que se traziam oferendas alimentares; os sacerdotes funerários eram chamados *servidores do Ka*.

André Virel vê nesse princípio um "aspecto de poder cósmico recebido pela individualidade". Com Christiane Desroches-Noblecourt, distingue do *Ka* individual um *Ka* coletivo: "força de interação contínua, indiferenciada, universal e geradora". Ela tende a diferenciar-se no *Ka* individual, em conformidade com o desenvolvimento, na sociedade egípcia, *da tomada de consciência individualizante e socializadora* (VIRI, 134). O *Ka* simbolizaria uma *força vital*, apta a personalizar-se cada vez mais, segundo a evolução da consciência individual e coletiva.

KAYDARA

Deus do ouro e do conhecimento entre os Peúles: *raio emanado do centro de luz que é Gueno* (deus supremo). Polimorfo, quando se torna visível, escolhe de preferência os traços de pequenos velhos disformes e pedintes, para melhor enganar os homens oportunistas ou superficiais. É por isso que seu reino é chamado, nas lendas, *o país dos anões*, ou *da penumbra*, ou dos *gênios-pigmeus*. Tidos como os primeiros habitantes da África, os pigmeus têm muitas vezes um papel sobrenatural nas lendas africanas.

Deus do ouro, ele se acha sob a Terra, como o ouro, e a viagem subterrânea à sua procura passa por onze camadas de profundidade, onze provas ou onze símbolos, até o peregrino se encontrar diante do espírito sobrenatural que lhe concede o metal sagrado.

É representado com sete cabeças (os sete dias da semana), doze braços (os doze meses do ano), trinta pés (os trinta dias do mês); fica encarapitado sobre um trono de quatro pés (os quatro elementos, os quatro cataclismos que destruirão a terra dos homens, as quatro estações); esse trono rodopia sem cessar (os Peúles teriam adivinhado a rotação da Terra). Kaydara simboliza assim a estrutura do mundo e do tempo. Gira sobre seu trono, como o Sol que comanda o tempo. Conhecê-lo é saber a ordem cósmica e também as causas da desordem: a destruição dos seres, assim como o seu nascimento, provém de outros seres. É chamado *o longínquo e o bem próximo*, porque é inesgotável, e crê-se compreendê-lo e, inversamente, crê-se desconhecê-lo, enquanto está em toda a parte e sempre (HAMK).

596 | KHIDR (OU KHISR, AL KHADIR)

Kaydara parece ser o símbolo da síntese cósmica e moral, da luz para a qual se abre a iniciação final.

KHIDR (ou KHISR, AL KHADIR)

Na tradição muçulmana, o guia, o iniciador, o mestre interior, o homem verde (*v.* **verde***).

KHIRKA (Hábito religioso)

Em árabe, designa um pedaço de vestimenta rasgado e também o burel dos místicos. "Simboliza a flama interior (harka) que faz o Sufi", disse Hudjwiri, autor do mais antigo tratado de Sufismo.

Originariamente de cor **azul*** (cor do luto), a *khirka* tornou-se o *símbolo do voto de pobreza*. Na tradição cristã, o hábito ou burel é também o símbolo da pobreza; do dom de si a Deus, que isola do mundo; e do fato de pertencer a uma comunidade.

A vestimenta é conferida, entre os Sufis, depois de três anos de iniciação. "Sua entrega é – segundo Suhrawardi, o sinal tangível de que o homem entra na senda da verdade, *o símbolo da entrada na via mística*, o sinal do abandono da própria personalidade, de entrega absoluta às mãos do xeque" (mestre espiritual, Sheikh ou Shaykh).

Há duas espécies de *khirka*: *o hábito da boa vontade*, que o indivíduo pede ao xeque com plena consciência dos deveres que a investidura impõe; e o *hábito da bênção*, dado de ofício pelo xeque às pessoas que lhe parece avisado fazer entrar na via mística. O primeiro é, naturalmente, superior de muito ao outro e distingue os verdadeiros Sufis daqueles que se contentam com as aparências (ENCI, T. 2, p. 1.012).

O grande místico persa Abu Said ibn Abi'l-Khayr (967-1049) no seu tratado *Asraru'l-tawid* (*Os segredos da Unicidade divina*) estuda o significado da investidura da *khirka*. Descreve inicialmente as qualidades que deve possuir o Mestre espiritual que confere a vestimenta: deve ser digno de imitação, i.e., deve ter um perfeito conhecimento, teórico e prático, das três etapas da vida mística: a Lei, o Caminho, a Verdade.

Nada do seu eu inferior deve permanecer nele. Quando um xeque desses conhece um discípulo de maneira suficientemente profunda para estar certo de que merece o hábito, põe a mão na cabeça desse discípulo e o reveste da *khirka*. Por esse ato, proclama sua convicção de que o discípulo é digno de associar-se aos Sufis. Essa declaração tem força de lei entre estes últimos. Assim, quando um dervixe desconhecido chega a um mosteiro ou quer juntar-se a um grupo de Sufis, ouve invariavelmente a pergunta: *Quem foi teu mestre? De quem recebeste a khirka?*

Entre os Sufis havia outrora o costume de rasgar as roupas no êxtase e distribuir-lhes os fragmentos, principalmente se algum venerado mestre as usara antes. O fato de despedaçar uma *khirka* e distribuir os pedaços tem por objetivo distribuir, com eles, a **bênção*** que está ligada à roupa. Assim, as vestes dos santos adquirem poder milagroso. É o caso do manto de Elias.

Esse **manto*** (*chamado khirka*), *diz Ibn-Arabi, é para nós um* "símbolo de companheirismo, um sinal de que partilhamos da mesma cultura espiritual, de que praticamos o mesmo *ethos* [...]. Existe entre os mestres da mística o costume de identificar-se com um discípulo quando esse discípulo parece deficiente. E uma vez identificado mentalmente com o estado de perfeição que deseja transmitir, o xeque se despe do manto que porta e com ele reveste o discípulo. Faz isso imediatamente e assim comunica ao discípulo o estado espiritual que produziu em si mesmo [...]".

Tal interpretação se liga à simbólica do **manto***, identificado com a pessoa que o usa.

L

LABIRINTO

A origem do labirinto é o palácio cretense de Minos, onde estava encerrado o **Minotauro*** e de onde Teseu só conseguiu sair com a ajuda do fio de Ariadne. Conservam-se pois, em suma, a complicação de seu plano e a dificuldade de seu percurso.

"O labirinto é, essencialmente, um entrecruzamento de caminhos, dos quais alguns não têm saída e constituem assim impasses; no meio deles é mister descobrir a rota que conduz ao centro desta bizarra teia de aranha. A comparação com a teia de aranha não é aliás exata, porque a teia é simétrica e regular, enquanto a essência mesma do labirinto é circunscrever no menor espaço possível o mais completo emaranhamento de veredas e retardar assim a chegada do viajante ao centro que deseja atingir" (BRIV, 197).

Mas este traçado complexo se encontra, em estado natural, nos corredores de acesso de certas grutas pré-históricas; está desenhado, assegura Virgílio, sobre a porta da caverna da sibila de Cumas; está esculpido sobre as lajes das catedrais; é dançado em diversas regiões, da Grécia à China; era conhecido no Egito. É que o labirinto – e sua associação com a **caverna*** o mostra bem – deve, ao mesmo tempo, permitir o acesso ao *centro* por uma espécie de *viagem* iniciatória, e proibi-lo àqueles que não são qualificados. Nesse sentido, estabeleceu-se uma analogia entre o labirinto e a **mandala***, a qual aliás comporta às vezes um aspecto labiríntico. Trata-se, portanto, de uma figuração de provas discriminatórias, de iniciação anteriores ao encaminhamento na direção do *centro escondido.*

Os labirintos esculpidos sobre o solo das igrejas eram, ao mesmo tempo, a assinatura de confrarias iniciatórias de construtores e o substitutivo da peregrinação à Terra Santa. É por isso que se encontra, às vezes, no centro, ou o próprio arquiteto ou o Templo de Jerusalém: o *eleito* que chega ao Centro do mundo, ou ao símbolo desse Centro. O crente que não podia realizar a peregrinação real percorria em imaginação o labirinto, até chegar ao ponto central, aos locais santos: era o peregrino sem sair do lugar (BIVR, 202). Fazia de joelhos o trajeto, por exemplo, dos duzentos metros do labirinto de Chartres.

O labirinto foi utilizado como sistema de defesa nas portas das cidades fortificadas (*v.* **fortaleza***). Era traçado sobre as maquetes de casas gregas antigas. Tanto num como no outro caso, trata-se de uma defesa da cidade ou da casa, como se localizadas no centro do mundo. Defesa não somente contra o adversário humano, mas também contra as influências maléficas. Notar-se-á o papel idêntico do *guarda-fogo* colocado no meio da passagem central dos templos no mundo da área cultural chinesa, onde aquelas influências são tidas como se propagando apenas em linha reta.

A dança de Teseu, chamada *dança dos grous,* tem relação evidente com o percurso labiríntico. E existem também na China danças labirínticas, que são danças de pássaros (como o *passo de Yu*) e cujo papel também é de ordem sobrenatural (BENA, CHRC, GUES, JACG, KALT).

Símbolo de um sistema de defesa, o labirinto anuncia a presença de alguma coisa preciosa ou sagrada. Pode ter uma função militar, como a defesa de um território, uma vila, uma cidade, um túmulo, um tesouro: só permite o acesso àqueles que conhecem os planos, aos iniciados.

Tem uma função religiosa de defesa contra os assaltos do mal: este não é apenas o demônio, mas também o intruso, aquele que está prestes a violar os segredos, o sagrado, a intimidade das relações com o divino. O centro que o labirinto protege será reservado ao iniciado, àquele que, através das provas da iniciação (os desvios do labirinto), se terá mostrado digno de chegar à revelação misteriosa. Uma vez atingido o centro, o iniciado está como que consagrado; introduzido nos mistérios, fica ligado pelo segredo.

> Os rituais labirínticos nos quais se baseia o cerimonial de iniciação [...] têm justamente por objetivo ensinar ao neófito, no próprio curso de sua vida aqui embaixo, a maneira de penetrar, sem se perder, nos territórios da morte (que é a porta de uma outra vida) [...]. De um certo modo, a experiência iniciatória de Teseu no labirinto de Creta equivalia à busca das Maçãs de Ouro do Jardim das Hespérides ou do Tosão de Ouro de Cólquida. Cada uma dessas provas referia-se, em linguagem morfológica, a penetrar vitoriosamente num espaço de difícil acesso, e bem defendido, onde se achava um símbolo mais ou menos transparente do *poder*, do *sagrado* e da *imortalidade* (ELIT, 321).

O labirinto também poderia ter uma significação solar, por causa do **machado*** *de dois gumes*, símbolo do qual ele seria o Palácio e que está esculpido sobre muitos monumentos minoicos. O Touro encerrado no labirinto é igualmente solar. Simboliza talvez, nessa perspectiva, o poder real, a dominação de Minos sobre seu povo.

"Enquanto as espiras em degraus do zigurate casam-se com a projeção, no espaço de três dimensões, de um dédalo helicoide, o próprio nome de labirinto, palácio do Machado, lembra que, em Cnosso, a habitação mítica do Minotauro era sobretudo o santuário do machado ou acha de dois gumes (emblema da realeza), isto é, do raio arcaico de Zeus-Minos" (AMAG 150).

Na tradição cabalística, retomada pelos alquimistas, o labirinto preencheria uma função mágica, que seria um dos segredos atribuídos a Salomão. É por essa razão que o labirinto das catedrais, "série de círculos concêntricos, interrompidos em certos pontos, de modo a formar um trajeto bizarro e inextricável", seria chamado labirinto de Salomão. Aos olhos dos alquimistas, seria uma imagem do "trabalho inteiro da Obra, com suas dificuldades principais: a da via que convém seguir para atingir o centro, onde se dá o combate das duas naturezas; a do caminho que o artista deve manter para sair de lá" (FULC, 63). Essa interpretação iria ao encontro da professada por uma certa doutrina ascético-mística: concentrar-se em si mesmo, em meio aos mil rumos das sensações, das emoções e das ideias, eliminando todo obstáculo à intuição pura, e voltar à luz sem se deixar prender nos desvios das veredas. A ida e a volta no labirinto seriam o símbolo da morte e da ressurreição espiritual.

O labirinto também conduz o homem ao interior de si mesmo, *a uma espécie de santuário interior e escondido, no qual reside o mais misterioso* da pessoa humana. Pensa-se aqui em *mens*, templo do Espírito Santo na alma em estado de graça, ou ainda nas profundezas do inconsciente. Um e outro só podem ser atingidos pela consciência depois de longos desvios ou de uma intensa concentração, até esta intuição final em que tudo se simplifica por uma espécie de iluminação. É ali, nessa cripta, que se reencontra a unidade perdida do ser, que se dispersara na multidão dos desejos.

Labirinto: reprodução do labirinto da nave central da Catedral de Amiens.

A chegada ao centro do labirinto, como no fim de uma iniciação, introduz o iniciado numa *cela invisível,* que os artistas dos labirintos sempre deixaram envolta em mistério, ou melhor, que cada um podia imaginar segundo sua própria intuição ou afinidades pessoais. A propósito do labirinto de Leonardo da Vinci, Mareei Brion evoca esta sociedade, composta de homens de todos os séculos e de todos os países, preenchendo o círculo mágico que Leonardo deixara em branco, porque não havia em seu espírito a intenção de explicitar muito a significação deste santuário central do labirinto (BRIV, 196).

O labirinto seria uma combinação de dois motivos: o da **espiral*** e o da **trança***, e exprimiria "uma vontade muito evidente de representar o infinito sob os dois aspectos de que ele se reveste na imaginação do homem: isto é, o infinito eternamente em mutação da espiral, que, pelo menos teoricamente, pode ser pensada como sem fim, e o infinito do eterno retorno figurado pela trança. Quanto mais difícil a viagem, quanto mais numerosos e árduos os obstáculos, mais o adepto se transforma e, no curso desta iniciação itinerante, adquire um novo ser" (BRIV, 199-200).

A transformação do eu, que se opera no centro do labirinto e que se afirmará à luz do dia no fim da viagem de retorno, no término dessa passagem das trevas à luz, marcará "a vitória do espiritual sobre o material e, ao mesmo tempo, do eterno sobre o perecível, da inteligência sobre o instinto, do saber sobre a violência cega" (BRIV, 202).

LAÇO (*v.* Entrelaçamento)

LAÇOS, LIAMES

Como as **redes***, os laços (liames) simbolizam uma função régia. Varuna, salienta G. Dumèzil, "é o mestre por excelência da maya, do prestígio mágico. Os laços de Varuna também são mágicos, assim como é mágica a própria soberania; eles são os símbolos das forças místicas em poder do chefe, que se chamam: a justiça, a administração, a segurança real e pública, todos os poderes" (citado em ELIT, 71). Com seus liames, o deus garante os contratos, mantém os homens nas redes de suas obrigações; somente ele pode desatá-los. Também é geralmente representado com uma **corda*** na **mão***.

Na Bíblia o poder de atar simboliza a autoridade judiciária. Cristo diz a Pedro: "[...] o que ligares sobre a terra será considerado ligado nos céus, e o que desligares sobre a Terra será considerado desligado nos céus" (Mateus, **16**, 19). Os exegetas da Bíblia de Jerusalém (BIBJ) observam a esse respeito: "Ligar e desligar são dois termos técnicos da linguagem rabínica, que se aplicam, em primeiro lugar, ao domínio disciplinar da excomunhão, com que se condena (ligar) ou se absolve (desligar) alguém; e, em segundo lugar, às decisões doutrinárias ou jurídicas, com o sentido de proibir (ligar) ou permitir (desligar)." Essas palavras designam assim toda e qualquer obrigação, não apenas aquelas que provêm de atos jurídicos, mas também as que procedem de uma adesão interior como a fé. O laço simboliza neste caso a obrigação, não mais só imposta pelo poder, mas desejada livremente pelas partes diferentes que se sentem ligadas entre si. Há uma inversão da simbologia: o liame e a liberdade não são mais contraditórios; o liame torna-se adesão voluntária. Nesse contexto evangélico o liame está em conexão com o poder das **chaves*** e com as **portas*** do Hades ou do Reino dos Céus. O respeito ao liame abre a porta do Reino, a infidelidade aos liames conduz às portas do Hades.

LAGARTA

A lagarta tem contra ela o duplo preconceito desfavorável ligado à larva – que, primitivamente, é um gênio malfazejo – e ao animal rastejante em geral. Em linguagem figurada, é a imagem da tendência a um mal aviltante, como também a da feiura.

No entanto, a *Bhradarahyaka Upanishad* faz desse animal o símbolo da transmigração, em função da maneira pela qual ele passa de uma folha à outra, e do estado de larva aos de crisálida e borboleta, assim como a vida passa de uma manifestação corporal a outra. Todavia, como observou Coomaraswany depois de Shankaracharya, a lagarta não representa uma essência individual transmigrante, pois essa essência não é distinta do *self* universal (Atman) mas sim uma *parte, por assim*

600 | LAGARTO

dizer, desse *self*– com tudo o que uma formulação semelhante comporta de inadequado – *envolvida nas atividades que ocasionam a prolongação do devenir. O* símbolo da lagarta propõe a discussão de toda a doutrina da transmigração, sem explicitá-la claramente em si mesma (COOH).

LAGARTO

Poder-se-ia considerar seu simbolismo como derivado do simbolismo da **serpente***, de que seria uma expressão atenuada: *preguiçoso* como um lagarto, preguiçoso como um réptil, diz a sabedoria das nações. Mas, ao contrário da serpente, rival eterna do homem, o lagarto, pelo menos no que concerne às culturas mediterrâneas, é um familiar e, por conseguinte, amigo da casa. Os hieróglifos egípcios escolheram sua imagem para significar a *benevolência.* Constitui um motivo ornamental infinitamente repetido nas artes da África negra, onde aparece amiúde como um herói civilizador, um intercessor ou mensageiro das divindades. "No começo", diz uma lenda dos Camarões, "Deus enviou dois mensageiros sobre a Terra: o **camaleão*** devia anunciar aos homens a ressurreição após a morte; o lagarto, por sua vez, trazia a notícia da morte sem retorno. Só o mensageiro que chegasse primeiro permaneceria eficaz. O lagarto enganou o camaleão e lhe disse: Vai devagar, devagar! [...] se correres, vais abalar o mundo! Depois, tomando a dianteira, anunciou a morte sem retorno" (MVEA, 61).

Entre os bantos de Kasai sonhar com lagarto anuncia o nascimento de um menino, enquanto seus vizinhos luluas e lubas fazem com pele de lagarto (verano) seus sacos de medicamentos mágicos (FOUG). Sua anterioridade se confirma na Melanésia, onde é considerado o mais antigo dos quatro ancestrais fundadores das quatro classes da sociedade (MALM). Enfim, é claramente designado como herói civilizador pelos insulares do estreito de Torres, segundo os quais foi o lagarto de pescoço longo que trouxe o fogo para os homens (FRAF).

O *Antigo Testamento* raramente alude ao lagarto, a não ser na expressão: "o lagarto que se capturou com a mão, mas que habita os palácios dos reis" (*Provérbios,* **50**, 28). A interpretação dessa passagem parece temerária; ao menos, tem-se aí atestada a sua familiaridade com o homem e sua indiferença para com as hierarquias terrestres, de onde se poderia concluir que suas longas horas de imobilidade ao sol são o símbolo de um "êxtase contemplativo". É, além disso, citado na Bíblia como um desses "seres minúsculos sobre a Terra, mas sábio entre os sábios" (*Provérbios,* **30**, 24).

O lagarto simbolizaria assim a alma que busca humildemente a luz, em oposição ao pássaro, que, como observa Gregório Magno, possui asas para voar na direção dos cumes.

LAGO

Simboliza o olho da Terra por onde os habitantes do mundo subterrâneo podem ver os homens, os animais, as plantas etc.

O pântano simboliza o olho que chorou demais (BACV, BACE).

Na baixada de Fayum, no Egito, estende-se um imenso lago. Os teólogos egípcios da Antiguidade viam nele *a manifestação real e terrestre da Vaca do céu... um céu líquido onde o sol se escondera misteriosamente* [...] *um afloramento do Oceano primordial,* mãe de todos os deuses, dando vida aos humanos, a garantia da existência e da fecundidade. Lagos artificiais foram cavados perto dos templos; nas suas margens desenrolavam-se mistérios noturnos, e, nas suas águas, os sacerdotes faziam suas **abluções*** rituais; simbolizavam as forças permanentes da criação (POSD, 115, 144).

Para os gauleses, os lagos eram divindades ou moradas dos deuses. Jogavam nas suas águas oferendas de ouro e prata, assim como troféus de suas vitórias.

Os lagos são também considerados palácios subterrâneos de diamante, de joias, de cristal, de onde surgem fadas, feiticeiras, ninfas e sereias, mas que atraem os humanos igualmente para a morte. Tomam então a significação perigosa de paraísos ilusórios. Simbolizam as criações da imaginação exaltada; é o que o fr. coloquial reteve na expressão *tomber dans le lac* ("cair no lago") = cair numa cilada.

LÁGRIMA

Gota que morre evaporando-se, após ter dado testemunho: símbolo da dor e da intercessão. Frequentemente comparada à **pérola*** ou a gotas de **âmbar***. As lágrimas das Meleágrides e das Helíades, filhas do Sol, transformaram-se em gotas de âmbar. Entre os astecas, as lágrimas das crianças conduzidas ao sacrifício para invocar a chuva já simbolizavam as gotas de água.

LAMA

Símbolo da matéria primordial e fecunda, da qual o homem, em especial, foi tirado, segundo a tradição bíblica. Mistura de terra e água, a lama une o princípio receptivo e matricial (a **terra***) ao princípio dinâmico da mutação e das transformações (a **água***). Todavia, se tomarmos a terra como ponto de partida, a lama passará a simbolizar o nascimento de uma evolução, a terra que se agita, que fermenta, que se torna plástica. Evocaremos aqui o filme de Walt Disney, *O deserto vivo*, no qual se vê surgirem de um solo palpitante, de uma terra que começa a respirar, bolhas, larvas, insetos e, pouco a pouco, mamíferos.

Mas se, ao contrário, considerarmos ponto de partida a água com sua pureza original, a lama se apresenta como um processo involutivo, um início de degradação. Daí provém o fato de que a lama ou o lodo, através de um simbolismo ético, passe a ser identificada com a escória da sociedade (e com seu meio ambiente), com a ralé, ou seja, com os níveis inferiores do ser: uma água contaminada, corrompida.

Entre a terra vivificada pela água e a água poluída pela terra, escalonam-se todos os níveis do simbolismo cósmico e moral.

LAMENTAÇÕES

As Lamentações, ditas de Jeremias, não só descrevem o estado deplorável de Jerusalém e da Judeia, mas exprimem, ao mesmo tempo, uma queixa e uma prece; são uma confissão do erro, clamores de imprecações, mas também gritos de esperança e apelos confiantes. "Vê, Jeová, olha / como me tornei desprezível!" (1, 11).

Entre os egípcios, existiam rituais de lamentações. Parecem ter objetivos de conjuração e súplica: apelos aos deuses para protegerem a viagem da barca sagrada, para assegurar a ressurreição bem-aventurada, para exaltar os méritos de um defunto; uivos de carpideiras etc. Os gregos também conheciam os cantos fúnebres, os trenós, as lamentações (Aquiles a propósito de Pátroclo). Elas fazem parte dos ritos fúnebres de todos os povos.

A lamentação é, entre os povos nórdicos, uma parte importante da cerimônia do funeral, que, segundo todos os textos insulares, se desenrolava em diversas etapas: jogos fúnebres, lamentação, sepultamento, fundação de uma estela, com ou sem a construção cônica sobre o túmulo, e gravação do nome do defunto em ogam. Trata-se evidentemente de um funeral de chefes ou reis. Não se nota a existência de carpideiras profissionais, mas parece, a esse respeito, que o cuidado de organizar a lamentação era confiado às mulheres. O rei da Irlanda Eochaid Airem deixa à sua mulher Etain o encargo de velar no funeral de seu irmão Ailill, cuja morte é iminente. O simbolismo da lamentação não é óbvio: não é certo que se trate unicamente de manifestações de tristeza diante da morte... Pensa-se, antes, neste mundo cultural nórdico, como também no mundo africano, numa conjuração, ou numa objurgação feita ao morto, para que não volte para junto dos vivos.

O álamo, de folhagem trêmula ao menor vento, é um símbolo da lamentação.

LÂMIAS

Seres fabulosos de que os gregos se serviam para assustar as crianças. De grande beleza, Lâmia teria sido amada por Zeus; mas a esposa do deus, Hera, perseguiu-a por ciúme e matou todos os seus filhos. Lâmia refugiou-se numa gruta e, com inveja das outras mães, começou a perseguir as crianças para prendê-las e devorá-las. Símbolo da inveja da mulher que não tem filhos.

Ela não podia dormir nunca; estava sempre à espreita. Zeus lhe concedeu, por piedade, o privilégio de poder retirar e recolocar os olhos a seu bel-prazer. Ela experimentou desde então o sono, mas

602 | LÂMPADA

unicamente embriagando-se ou arrancando-se os olhos: imagem cruel de uma inveja inextinguível.

O nome de Lâmias foi dado a monstros femininos que procuravam jovens para lhes sugar o sangue. Análogo ao bicho-papão e ao **vampiro***.

LÂMPADA

O simbolismo da lâmpada está ligado ao da emanação da luz. Ela é, ensina o patriarca *zen* Huei--neng, "o suporte da luz, e a luz é a manifestação da lâmpada". Disso advém esta *unidade* de uma com a outra, que é semelhante à *da concentração com a Sabedoria. A lâmpada do método,* dizem de modo parecido os tibetanos, permite descobrir a Sabedoria. É a luz, ensina também o esoterismo ismaeliano, que manifesta a lâmpada: a lâmpada é ao mesmo tempo Deus e luz, os Atributos divinos e os *Imam* enquanto tais.

A transmissão da chama da lâmpada, indefinidamente, é, para Huei-neng, o símbolo da Transmissão da Doutrina. Existe um importante tratado *zen* sobre a transmissão da Luz da Lâmpada. De modo mais geral, ela é, no budismo, o símbolo da transmissão da vida, "da cadeia de renascimentos: há continuidade, mas não identidade" (Coomaraswamy). A libertação desta cadeia, o nirvana, é *a extinção da lâmpada*.

Por outro lado, o iogue que alcança a concentração do espírito é comparado, em diversos textos, especialmente no *Bhagavad-Gita*, à chama imóvel, abrigada do vento. No próprio Ocidente, a lâmpada é às vezes tomada como símbolo de santidade, de vida contemplativa.

Sede, com o Ser por lâmpada, ensina o Buda, isto é, com o Espírito universal. A mesma fórmula se encontra nos *Upanixades*. De modo semelhante, Mahmoud Shabestari faz da lâmpada o símbolo do Espírito divino (*Er-Ruh*) ou da Alma do Mundo.

A lâmpada tem um uso ritual frequente: no Ocidente, como sinal da presença real de Deus; no cume dos pagodes budistas, como *faróis* do Dharma; no taoísmo antigo, para chamar os espíritos. Nas lojas das sociedades secretas chinesas, uma lâmpada vermelha permite *distinguir o verdadeiro do falso*; lembra a manifestação da influência

celeste, mas também *ilumina o fiel.* Na iconografia hindu, a lâmpada é o emblema de Ketu, o *cometa*; Ketu significa também *lâmpada* ou *chama*, e o simbolismo de Ketu poderia ter alguma relação com o arati, rito hindu da oscilação da lâmpada diante da imagem divina. A oscilação das lâmpadas evoca a rejeição dos pensamentos do mundo profano. A própria lâmpada tem, sem dúvida, ligação com o elemento **fogo*** (COOH, CORT, DANA, DAVL, HOUD, MALA, MAST, GRIL, SAIR, SECA).

As mulheres berberes dizem que uma lâmpada se acende a cada nascimento. Esta lâmpada fica acesa perto da cabeça do recém-nascido, enquanto dorme suas primeiras noites terrestres. É a lâmpada que era mantida diante da jovem noiva e que também queimou durante toda a primeira noite de núpcias, apelo à encarnação do invisível.

A lâmpada é uma representação do homem: como ele, ela tem um corpo de argila, uma alma vegetativa ou princípio de vida, que é o óleo, e um espírito, que é a chama. Oferecê-la num santuário é oferecer-se a si mesmo, colocar-se sob a guarda dos Invisíveis e dos gênios protetores. É por isso que se encontram centenas de lâmpadas de barro no canto dos santuários, na cavidade das rochas, bem como entre as raízes das árvores consagradas do Norte da África... Na casa onde se festejam núpcias, a lâmpada invoca as almas errantes, para que uma delas, atraída pela chama, desça até o seio da mulher (SERH, 71-72).

O costume cristão de oferecer e queimar velas diante das estátuas dos santos no santuário simboliza, ao mesmo tempo, o sacrifício, o amor e a presença, como uma **chama***.

LANÇA

Símbolo axial, fálico, ígneo ou solar (*Yang*), assim aparece universalmente a lança.

Na mitologia japonesa xintoísta, Izanagi e Izanami mergulham a lança ornada de joias (que é o eixo solsticial) no mar, depois retiram-na de lá; o sal que dela escorre forma a primeira ilha: Onogoro-jima. Estabelecem em seguida o *Pilar celeste*, que é o Eixo do mundo. Mas certos textos identificam, muito naturalmente, o **pilar*** à lança.

A lança, como eixo, é ainda o raio solar, que simboliza a ação da Essência sobre a Substância indiferenciada, a *atividade celeste*. Mas não é esse precisamente o caso da lança *ornada de joias*?

Nas lendas relativas ao cortejo do Graal, as gotas de sangue que escorrem da lança vertical e são recolhidas na taça exprimem a mesma ideia. Esta lança é a do centurião Longino, que varou o flanco de Cristo: teria tido, diz-se, a virtude de curar as feridas que havia causado, virtude partilhada pela lança de Aquiles.

Segundo as tradições célticas, a lança de Lug foi trazida pelos Tuatha Dé Danann das ilhas* no norte do mundo, e é essencialmente uma lança de fogo, cujos ferimentos são mortais, o golpe implacável e inexorável. Na epopeia foi reproduzida em numerosos modelos entre as mãos de heróis famosos, como Cuchulainn ou seu irmão de leite Conall o Vitorioso. Às vezes ela mata o seu portador ou aqueles que o cercam: Celtchar, o astucioso, foi morto por uma gota de sangue que deslizara da haste.

Seu simbolismo é complementar ao do **caldeirão*** de Dagda, porque o caldeirão de sangue mágico (de gato, druida e cachorro) é necessário para aplacar a lança que, ao contrário, emite centelhas e mata sozinha príncipes e filhos de rei: a simbologia sexual é aqui explícita, e o fato de que a lança, empunhada pelos heróis irlandeses seja frequentemente comparada a um **castiçal*** ou a um pilar não faz mais que reforçá-lo.

O simbolismo se encontra também na África negra, onde, por totalização do poder, o feixe de lanças designa o rei.

No mundo greco-romano, onde, como se sabe, a lança era um dos atributos de Atena (Minerva), nota-se um costume que mostra como tudo o que concerne à libido pode ser, ao mesmo tempo, honrado e reprimido (controlado): aos combatentes, oficiais ou soldados que haviam feito uma ação notável, era oferecida uma lança como recompensa; mas ela geralmente não tinha ponta, não só porque era honorífica, mas porque não conferia nenhuma autoridade pública, nenhum comando.

Com efeito era necessário, evidentemente, que a força expressa pela lança fosse antes a da autoridade pública que a da pessoa humana. É por isso que a lança ocupava um lugar simbólico no que concernia ao Direito: ela protegia os contratos, os processos, os debates (LAVD, 573).

LANTERNA

Desde sua origem, as lanternas (toro) tinham mais que finalidade meramente ornamental nos templos e santuários japoneses. Eram símbolos da iluminação e da clareza de espírito. Desde a época Muromachi (1333-1573), em que se desenvolveram a arte dos jardins e a cerimônia do chá, as lanternas ocuparam lugar preponderante na estética e tornaram-se elemento indispensável do jardim japonês. Os comerciantes oferecem lanternas aos templos budistas para atrair a prosperidade para seu comércio, e os militares, para favorecer a vitória de suas armas.

A tradição ocidental conhece também o costume da lanterna dos mortos, que queima durante toda a noite perto do corpo do defunto ou diante de sua casa: ela simboliza a imortalidade das almas, que sobrevivem aos corpos perecíveis.

LÁPIS-LÁZULI

"Símbolo cósmico da noite estrelada, na Mesopotâmia, entre os sassânidas" (ELIT, 238), e na América pré-colombiana. É importante salientar que, na África ocidental, se empresta também um valor excepcional às pedras artificiais azuis... Não resta dúvida de que o simbolismo e o valor religioso dessas pedras têm sua explicação na ideia da *força sagrada* de que participam em virtude de sua *cor celeste*. Em todo o Oriente muçulmano, a pedra **azul*** é um talismã contra o mau-olhado. Ela é pendurada no pescoço das crianças, e até os cavalos são ornados, pela mesma razão, com colares de pedras azuis (*v.* **turquesa***).

LARANJA

A laranja é, como todas as frutas de numerosos caroços, um símbolo de fecundidade. No Vietnã, davam-se outrora laranjas aos jovens casais.

LAREIRA, LAR

Na China antiga, provavelmente pela mesma razão, a oferenda de laranjas às moças significava um pedido de casamento (DURV, KALL).

LARANJA, COR DE (v. Alaranjado)

LAREIRA, LAR

Símbolo da vida em comum, da casa, da união do homem com a mulher, do amor, da conjunção do fogo com o seu receptáculo. Enquanto centro solar, que aproxima os seres, por seu calor e sua luz – além de ser também o local onde se cozinha a comida –, a lareira é centro de vida, de vida dada, conservada e propagada. Por isso foi sempre honrada em todas as sociedades. Tornou-se, mesmo, um santuário no qual se pede a proteção de Deus, celebra-se o seu culto e guardam-se as imagens sagradas.

"Segundo as concepções dos Maia-Ouiché, a luz do lar exprime a materialização do espírito divino, como a luz de uma vela representa a alma de um morto" (GIRP, 81).

O lar familial tem o papel de cetro ou umbigo do mundo em inúmeras tradições. Torna-se, então, com frequência, altar de sacrifícios. É esse o caso entre os buriatas, que o enfeitam com fitas multicores arranjadas segundo a direção dos pontos cardeais. A mesma concepção é encontrada na Índia. Entre certos povos siberianos, como os iacutos, as oferendas são feitas, por intermédio da lareira, às divindades celestes. Segundo a palavra de Prikonski, o fogo serve nessa ocasião de *porta* (HARA, 171).

LARIÇO

O lariço é, como todas as coníferas, um símbolo de imortalidade.

Entre os povos da Sibéria, desempenha em nome disso o papel de **árvore*** do mundo, da qual descendem o Sol e a Lua, figurados por pássaros de ouro e de prata. Associado apenas à Lua, ele tem também às vezes – como o cipreste na Europa – um caráter fúnebre (SOUL).

LÁTEGO (v. Chicote)

LAVADEIRA

Na Índia, a lavadeira é uma mulher de casta inferior. Por um lado, o tantrismo fez da *lavadeira* (dombi) um símbolo importante quando associa o fato de ela pertencer a uma classe inferior à depravação sexual considerada algo necessário – simbolicamente ou não – para a execução de certos ritos; e por outro lado, ao identificá-la, de uma certa maneira, à prima matéria indiferencida. A união do sábio e da lavadeira, exaltada pelos textos, representa assim uma *coincidentia oppositorum*, uma aliança dos extremos, uma verdadeira operação alquímica. Mas se a lavadeira é associada à sabedoria, e se sua *dança* simboliza a ascensão da Kundalini, o paradoxo é apenas aparente. A mulher de casta inferior, assinala M. Eliade, tem, no tantrismo, o sentido esotérico de nairatma (não ego), ou de shunya (vacuidade), enquanto considerada *livre de todo atributo ou qualificação social; ela é polivalência*, mas isto, de resto, não deixa tampouco de estar relacionado com o simbolismo geral da mulher, em seu aspecto mais elementar (ELIY).

LAVANDISCA (ou ALVÉLOA)

A lavandisca desempenha um papel de natureza demiúrgica nos mitos primordiais do Japão. Efetivamente, foi com ela que o casal primordial Izanagi-Izanami aprendeu a copular. Seria pueril, sem dúvida, interpretar esse fato de maneira unicamente realista. O papel do pássaro parece estar relacionado neste caso com o da serpente no *Gênesis*, uma vez que ele é ao mesmo tempo revelador da inteligência criadora e instrumento da transposição (no plano *grosseiro*) da manifestação sutil: (SCHI) ele revela o homem a si mesmo.

Também entre os gregos, a lavandisca, presente de Afrodite, está ligada ao amor e a seus filtros mágicos, especialmente quando fixada numa roda (*v.* **zunidor***) a girar com rapidez: "Do alto Olimpo, a mestra das mais velozes flechas, a deusa nascida em Chipre, amarrou solidamente a uma roda uma lavandisca de plumagem variegada, prendendo-a pelas patas e pelas asas. Levou aos homens, pela primeira vez, o pássaro do delírio, e ensinou ao hábil filho de Éson sortilégios e fórmulas, a fim de que ele pudesse fazer com que Medeia esquecesse o respeito a seus pais" (4 *Pítica,* v. 380-386).

A lavandisca simbolizaria os encantamentos do amor.

LAVOURA

A lavoura é universalmente considerada um ato sagrado e, sobretudo, como um ato de fecundação da terra. A festa do traçado do *primeiro Sulco,* na antiga China, na Índia (o primeiro milagre do Buda se dá por ocasião dessa festa), ainda hoje em dia nakilândia e no Kampuchea (Camboja), é, dizem os sociólogos, um ato de *desconsagração* do solo. Deve-se dizer de *defloração?* Porque é, sobretudo, a tomada de posse e a fecundação da terra virgem, realizada pelo Homem transcendente, intermediário entre o céu e a Terra. É digno de nota, por um lado, que o soberano chinês tivesse de pedir previamente a chuva, que é o *sêmen* do Céu; que a primeira lavoura tivesse talvez de ser efetuada por casais e que ela fosse acompanhada de uniões sexuais. A enxada ou a relha do **arado*** estão ligadas a um simbolismo fálico, o sulco corresponde à mulher. Assim, a esposa de Rama é chamada de Sita (o Sulco); dizem-na nascida do sulco aberto pelo arado (fálico) do avatar Vishnuíta. Mas esse simbolismo não deve ficar limitado à sua expressão literal: como indicamos mais acima, é precisamente a influência do Céu que a Terra recebe. Ora, o fruto da *penetração da Terra pelo céu* é, no ensinamento taoista, *o embrião do Imortal.*

Encontra-se no cânone budista pali um simbolismo mais imediato da lavoura, que é o do esforço espiritual, da ascese: *E é assim que esta lavoura é lavrada, e daqui sairá o fruto que não morre de modo algum* (Suttanipata). Vê-se, não obstante, que o objetivo final não é essencialmente diverso. Nem tampouco diferente daquele que São Paulo evoca, comparando Deus ao lavrador (I *Coríntios* 3, 9): "Nós somos os cooperadores de Deus; vós sois o campo de Deus" (BURA, DANA, ELIM, GRAD, GRAP).

No domínio celta, não há mito relativo à lavoura. A constatação junta-se a todas aquelas que se podem fazer sobre a ausência de atividade *produtora* (ou de *terceira função*) no panteão nórdico. Ou antes, essa atividade é de natureza servil, e não é levada em consideração. Os principais elementos do vocabulário neocéltico relativos às técnicas agrícolas (dentre os quais o nome do arado) são de origem latina ou romana. O agricultor galês Amaethon, cuja participação é requisitada para grandes trabalhos de arroteamento no condado de Kulhwch e Olwen, possui um nome subalterno (ambactos *servidor*). É somente no final do *Cath Maighe Tuireadh* (Batalha de Mag Tured) que o rei fomoriano, Bres, feito prisioneiro pelos irlandeses, ensina a esses, para salvar a sua vida, quando e como deverão lavrar, semear e colher (REVC, 12, 104-106; LOTM, 1, 300-301).

O símbolo da lavoura aparece tardiamente, quando as sociedades, antes principalmente guerreiras, começam a tornar-se camponesas e cultivadoras. Revela também a passagem da vida nômade à vida sedentária.

LEÃO

Poderoso, soberano, símbolo solar e luminoso ao extremo, o leão, *rei dos animais*, está imbuído das qualidades e defeitos inerentes à sua categoria. Se ele é a própria encarnação do Poder, da Sabedoria, da justiça, por outro lado, o excesso de orgulho e confiança em si mesmo faz dele o símbolo do Pai, Mestre, Soberano, que, ofuscado pelo próprio poder, cego pela própria luz, se torna um tirano, crendo-se protetor. Pode ser portanto admirável, bem como insuportável: entre esses dois polos oscilam suas numerosas acepções simbólicas.

Krishna, diz a Gita, é o leão entre os animais (10, 30); Buda é o leão dos Shakya; Cristo é o leão de Judá.

Ali, genro de Maomé, glorificado pelos xiitas, é o leão de Alá, razão pela qual a bandeira iraniana é estampada com um leão coroado. Dionísio Areopagita, explica por que a teologia dá a certos anjos o aspecto de leão: a forma do leão torna compreensível a autoridade e a força invencível

606 | LEÃO

das inteligências santas, *este esforço soberano, veemente, indomável,* para imitar a majestade divina, assim como o segredo perfeitamente divino, concedido aos anjos, de envolver o mistério de Deus em uma obscuridade majestosa, *furtando santamente aos olhares indiscretos os vestígios de seu comércio com a divindade,* tal qual o leão que, segundo dizem, apaga na corrida a marca de seus passos, quando foge na frente do caçador. Ele remete ao Apocalipse, onde o primeiro dos quatro *seres vivos, cheios de olhos na frente e atrás,* ao redor do trono celeste, é descrito sob a forma de um leão; e a *Ezequiel* (1, 4-15), onde o carro de Jeová aparece com quatro animais, *semelhantes a carvões de fogo ardente,* tendo cada um quatro faces, dentre as quais uma de leão.

O brasão de Açoca († 232 a.C.), o rei budista que reconquistou a Índia dos gregos e persas e a reunificou, tinha a efígie de três leões, com as costas coladas um no outro, em cima de um pedestal em forma de roda, com a divisa: *é a verdade que triunfa.* Tais são, ainda hoje, as armas da Índia. Esses três leões, dado o fervor budista do rei, poderiam simbolizar a Tripitaka, as *Três Cestas,* coletânea canônica dos ensinamentos de Buda, bem como o Triratna, a *Gema Tríplice;* Buda (o Fundador ou o Desperto), Dharma (a Lei), Samgha (a comunidade).

Símbolo da justiça, é, por essa qualificação, garantia do poder material ou espiritual. Por isso serve de montaria ou de trono a numerosas divindades, assim como ornamenta tanto o trono de Salomão como o dos reis da França ou dos bispos medievais. É também o símbolo do Cristo-Juiz e do Cristo-Doutor, de quem ele carrega o livro ou o rolo. Sabe-se que é, na mesma perspectiva, o emblema do evangelista São Marcos. O *leão de Judá* de que se fala ao longo de toda a Escritura, desde o *Gênesis* (43, 8) se manifesta na pessoa de Cristo. Foi ele, diz o *Apocalipse* (5, 5), quem *venceu de modo a poder abrir o livro e seus sete selos.* Mais precisamente, na iconografia medieval, a cabeça e a parte anterior do leão correspondem à natureza divina de Cristo, a parte posterior – que contrasta por sua relativa *fraqueza* – à natureza humana.

Também serve de trono para Buda e para Kubjika, aspecto de Devi.

É a força da xácti, da energia divina. É a forma do avatar Nara-simha (*homem-leão*), a força e a coragem, o destruidor do mal e da ignorância. Soberania, mas também força do Dharma, o leão corresponde a Vairocana, supremo Buda *central,* e, também, a Manjushri, o portador do conhecimento. O Buda *ruge com o rugido do leão* – como o Brihaspati védico: "Quando ensina o *Dharma* a uma assembleia, ouve-se, com efeito, seu rugido de leão" (Anguttaranikaya, 5, 32). O que traduz a força da lei, seu poder de abalar e despertar, sua propagação no espaço e no tempo.

A iconografia hindu menciona também a leoa shardula, manifestação do Verbo, que traduz o aspecto temível de *Maya,* a força da manifestação (BURA, COOH, CHAV, DANA, DEVA, DURV, GOVM, GUEM, GUER, EVAB, KRAS, MALA, MUTC, ORIC, SECA).

Esse papel do leão cheio de soberba não muda muito da Europa à África. Os bambaras, impressionados por sua força serena, fizeram dele uma alegoria do *Saber divino* e um grau, na hierarquia social tradicional, que só tem como superior o dos sacerdotes-sábios.

Entretanto, os defeitos desta força tranquila, quando ela chega ao ponto de não poder ser mais questionada, não escaparam nem à sabedoria popular, nem aos místicos e filósofos. Assim, com a libertação feminina de nossa época, o *leão soberbo e generoso tornou-se o macho falocrata,* que não sabe ou finge não saber que seu poder é bem relativo. O que não deixa de evocar as observações de São João da Cruz sobre a *impetuosidade do apetite irascível do leão,* símbolo de uma vontade imperiosa e da força incontrolada; por onde se chega ao *leão barrigudo,* símbolo da avidez cega, sobre o qual Shiva coloca o pé. Do leão, símbolo de Cristo, essa cegueira conduz diretamente ao leão-símbolo do Anticristo, igualmente mencionado nas Escrituras. A psicanálise fará dele às vezes o símbolo de um impulso social pervertido: a tendência a dominar como déspota, a impor brutalmente a sua autoridade e a sua força. Mas o rugido profundo do leão e sua fauce grande e aberta invocam um simbolismo bem diferente, não mais solar e luminoso, mas sombrio e ctoniano. O leão, nessa inquietante visão, se assemelha às outras divindades infernais que engolem o dia no crepúsculo e o vomitam na aurora, como o **crocodilo*** de diversas mitologias. Assim ocorria no Egito, onde os leões eram amiúde representados aos pares; um de costas para o outro: cada um olhava para o horizonte oposto, um a leste, o outro a oeste. Chegaram a simbolizar os dois horizontes e o percurso do Sol de uma a outra extremidade da Terra. Vigiando assim o escoamento do dia, representavam o Ontem e o Amanhã. "E, como a viagem infernal do Sol o conduzia da goela do Leão do Ocidente à do Leão do Oriente, de onde renascia pela manhã, eles tornaram-se o agente fundamental do rejuvenescimento do astro" (POSD, 151). De um modo mais geral, simbolizaram esse rejuvenescimento de vigor que a alternância da noite e do dia, do esforço e do repouso, assegura.

Da mesma forma, no Extremo Oriente, o leão, animal puramente emblemático, tem profundas afinidades com o **dragão***, com o qual chega a se identificar. Desempenha um papel de proteção contra as influências maléficas. Danças do leão (*Shishimai*) têm lugar no Japão no dia primeiro de janeiro e em certos dias de festa. Desenrolam-se diante dos santuários xintoístas, no meio das ruas e até nas casas particulares. Músicos acompanham os dançarinos. Estes usam uma máscara em forma de leão. Um homem leva a máscara e dois ou três outros representam o corpo sob um pano. A cabeça do leão é vermelha. Esse leão tem a reputação de afugentar os demônios e de trazer saúde e prosperidade para as famílias, vilas, comunidades.

Como se vê, a visão de pesadelo antes esboçada acabou por ser exorcizada, e o simbolismo ctoniano foi invertido, a imagem de morte tornando-se penhor de renovação, portanto de vida. É o que se observa também em outras áreas culturais, onde o "leão, devorando periodicamen-te o **touro***, exprime há milênios a dualidade antagonística fundamental do dia e da noite, do verão e do inverno" (CHAS, 53). Chegará a simbolizar não apenas o retorno do Sol e o rejuvenescimento das energias cósmicas e biológicas, mas também as próprias ressurreições. Túmulos cristãos eram ornados com leões. "Por si só, o leão é um símbolo de ressurreição" (CHAS, 278).

Leão (Signo zodiacal: 23 jul. – 22 ago.)

Quinto signo do Zodíaco, ocupa o meio do verão. Este signo é pois caracterizado pelo desabrochar da natureza sob os raios quentes do Sol, que é seu *patrão* planetário. Coração do Zodíaco, exprime a alegria de viver, a ambição, o orgulho e a elevação.

Com o leão, voltamos ao elemento Fogo; mas do Carneiro ao Leão elabora-se a metamorfose do princípio que, de força animal bruta, instantânea e absoluta, como a centelha ou o relâmpago, se faz potência desenvolvida, para tornar-se *força dominada e disponível*, como a chama irradiante no meio do calor e da luz. Passamos aliás das auroras da primavera à magnificência dos meios-dias do verão. O signo é representado pela majestosa criatura do rei dos animais, emblema do poder soberano, da força nobre, e ele é acoplado ao Sol, o signo e o astro simbolizando a vida em seus aspectos de calor, luz, esplendor, poder e aristocracia radiante. Da mesma forma, a casa leonina é semelhante a uma ode triunfal em ouros acobreados, resplandecência dos ardores vitais. A este tipo zodiacal corresponde o caráter de mais alto poder: o Apaixonado, ser de vontade, pela pressão da necessidade e pelo gosto de agir, estando essa força emotiva-ativa disciplinada e orientada para um fim, a servir ambições de longo alcance. É uma natureza forte, nascida para fazer cantar a vida com toda a força e para encontrar sua suprema razão de viver, fazendo explodir uma nota retumbante no firmamento de seu destino. Essa força pode ser exercida num desdobramento horizontal, quando gera um tipo bem hercúleo em realismo, eficácia, rigor concreto, presença física. Mas ela pode também desdobrar-se em tensão vertical, quando produz um tipo apolíneo,

608 | LEBRE-COELHO

idealista, em quem as forças luminosas tendem a reinar inteiramente.

LEBRE-COELHO

É preciso pensar na extrema importância do bestiário lunar nesta tapeçaria subjacente da fantasia profunda, onde estão inscritos os arquétipos do mundo simbólico, para compreender a significação das inúmeras lebres e coelhos, misteriosos, familiares e companheiros muitas vezes inconvenientes dos Luares do imaginário. Povoam todas nossas mitologias, nossas crenças, nossos folclores. Até em suas contradições todos se parecem, como também são semelhantes as imagens da Lua. Com ela, lebres e coelhos estão ligados à velha divindade Terra-Mãe, ao simbolismo das águas fecundantes e regeneradoras, ao da vegetação, ao da renovação perpétua da vida sob todas as suas formas. Este é o mundo do grande mistério, onde a vida se refaz através da morte. O espírito que é somente diurno nele se choca, preso, ao mesmo tempo, de inveja e de medo diante das criaturas que, necessariamente, assumem para ele significações ambíguas.

Lebres e coelhos são lunares, porque dormem durante o dia e saem aos pulos de noite, porque sabem, seguindo o exemplo da Lua, aparecer e desaparecer com o silêncio e a eficácia das sombras, enfim porque são de tal modo prolíficos, que Larousse escolheu seu nome para ilustrar o sentido dessa palavra.

A Lua chega a transformar-se, às vezes, numa lebre. Ou, pelo menos, a lebre é amiúde considerada uma manifestação da Lua. Para os astecas, as manchas do astro provinham de um coelho que um deus lhe havia jogado na face, imagem cuja significação sexual é facilmente perceptível. Na Europa, na Ásia, na África, essas manchas *são* lebres ou coelhos, ou então um Grande Coelho, como fica evidente ainda hoje em dia na canção infantil:

> Vi na Lua
> três pequenos coelhos
> que comiam ameixas
> bebendo vinho demais.

Quando não é a própria Lua, o coelho (ou a lebre) é seu cúmplice ou seu parente próximo. Não pode ser seu esposo, porque para isso deveria possuir uma natureza oposta; mas é seu irmão ou amante, caso em que suas relações têm alguma coisa de incestuoso, de contrafeito. Os anos-coelho do calendário asteca são governados por Vênus, irmã mais velha do Sol, que comete adultério com sua cunhada, a Lua (THOH). Para os Maia-Quiché, conforme o testemunho do *Popol-Vuh*, a deusa Lua, vendo-se em perigo, foi socorrida e salva por um herói Coelho; o Códex Borgia ilustra essa crença, reunindo num mesmo hieróglifo a efígie de um coelho e a de um jarro de água, que representa o astro propriamente dito (GIRP, 189-190). Salvando a Lua, o Coelho salva o princípio da renovação cíclica da vida, que rege igualmente sobre a Terra a continuidade das espécies vegetais, animais e humanas.

O Coelho – e ainda mais frequentemente a Lebre – torna-se assim um Herói-Civilizador, um Demiurgo ou um ancestral mítico. Assim aparece Menebuch, o *Grande Coelho* dos algoquinos Qjifewa e dos sioux Winebago. Possuidor do segredo da vida elementar, que já era reconhecido como pertencente a esse animal na glíptica egípcia (Enel, *La Langue Sacrée,* Paris, 1932), ele coloca seus conhecimentos a serviço da humanidade: "Menebuch apareceu sobre a Terra com as características de uma lebre e permitiu que seus tios e tias, isto é, a espécie humana, vivessem como o fazem hoje em dia. É a ele que se devem as artes manuais. Combateu os monstros aquáticos das profundezas; depois de um dilúvio, recriou a Terra e, ao partir, deixou-a no seu estado atual" (MULR, 253). Por participar do que não pode ser conhecido, do inacessível, sem deixar de ser, entretanto, um vizinho, um familiar do homem sobre esta Terra, o coelho ou a lebre míticos são um intercessor, um intermediário entre este mundo e as realidades transcendentes do outro. Não existe outra ligação a não ser Menebuch entre os homens e o invisível Grande Manitu, divindade suprema celeste que constitui, assim como Jeová, uma representação do *Pai* arquetípico (ver KRIE,

61). Menebuch é portanto um Herói-Filho, o que o aproxima de Cristo, segundo Gilbert Durand: "Para os negros da África e da América, assim como para alguns índios, a Lua é lebre, animal herói e mártir, cuja ambiência simbólica deve ser associada ao cordeiro cristão, animal doce e inofensivo, emblema do Messias lunar, do filho em oposição ao guerreiro conquistador e solitário" (DURS, 339). Os algonquinos, depois de sua evangelização, reintroduziram efetivamente Menebuch sob a forma de Jesus Cristo. Radin vê aqui a expressão arquetípica da segunda etapa da concepção do Herói, depois do Trickster ou o forjador de truques, parente próximo de O **Mago*** do Tarô, cujas motivações são puramente instintivas ou infantis (JUNS, 112 s.). Menebuch, define Radin, é "um animal fraco, mas que luta e está pronto a sacrificar seu caráter infantil a uma evolução futura" (ibid., 118).

A mitologia egípcia reforça essa sugestão, quando dá a forma da lebre ao grande iniciado Osíris, que é despedaçado e jogado nas águas do Nilo para assegurar a regeneração periódica. Hoje ainda, os camponeses xiitas da Anatólia explicam a proibição alimentar em relação à lebre, dizendo que o animal é a reencarnação de Ali; ora, consideram Ali o verdadeiro intercessor entre Alá e os Crentes, aos quais este santo herói sacrificou seus dois filhos. É isso o que o dístico esotérico dos dervixes Bektachi sublinha em termos precisos: *Maomé é o quarto, Ali é o limiar*. Pode-se citar ainda, na Índia, a Sheshajataka, onde o Bodhisattva aparece sob a forma de uma lebre, para se lançar como sacrifício no fogo.

A lebre que, como a Lua, morre para renascer, tornou-se por essa razão a preparadora da droga da imortalidade, no taoísmo. É representada a trabalhar à sombra de uma **figueira***, moendo ervas medicinais num **almofariz***. Os ferreiros chineses utilizavam seu fel para fundir lâminas de espadas: era tida como capaz de transmitir força e eternidade ao aço, pelas mesmas razões por que, na Birmânia, era considerada o ancestral da dinastia lunar.

A ambivalência simbólica da lebre aparece amiúde nas imagens ou crenças que imbricam tão bem os dois aspectos de seu símbolo – o fasto e o nefasto, o esquerdo e o direito –, a ponto de ser difícil isolá-los. Assim, diz-se na China que a lebre concebe olhando para a Lua e, segundo o texto de Yan Tcho-Keng-lu: "as jovens se comportam quase sempre como lebres que olham para a Lua" (VANC, 286); daí esta crença chinesa de que, se uma mulher grávida recebe raios lunares, sua criança nascerá com um focinho de lebre. Chegamos aqui à significação sexual difusa e múltipla que une Lua, coelhos e lebres. No Kampuchea (Camboja), o acasalamento ou a multiplicação das lebres era considerado capaz de fazer cair chuvas fertilizantes, que provinham também da Lua, que é *yin*. Para os camponeses astecas, quem protege as colheitas não é um deus-coelho, mas os quatrocentos coelhos, quatrocentos exprimindo a própria ideia de excesso, isto é, de abundância inesgotável. Mas essas pequenas e familiares divindades agrárias eram também os senhores da preguiça e da embriaguez, dois hábitos que o rígido código civil mexicano combatia. A mesma ambivalência simbólica encontra-se na significação vaticinadora dos anos-coelho do calendário: podiam ser tanto bons como maus, porque "o coelho salta de um lado e de outro" (SOUP, THOH).

Tudo que está ligado às ideias de abundância, de exuberância, de multiplicação dos seres e dos bens traz também em si os germes da incontinência, do desperdício, da luxúria, da desmedida. Por isso o espírito, num dado momento da história das civilizações, insurge-se contra os símbolos da vida elementar, que gostaria de controlar ou represar. Receia, com efeito, que essas forças, naturalmente ativas e positivas na infância do homem e do mundo, destruam, em seguida, o que se edificou graças a elas. No que se poderia chamar de *idade da razão*, os povos se levantam contra as religiões animistas. Tornam então a lebre um tabu. No Deuteronômio e no Levítico, a lebre é estigmatizada e proibida por ser impura. Os

610 | LEITE

celtas da Irlanda e da Bretanha, sem ir tão longe, *criavam-na por prazer, mas não consumiam sua carne,* como menciona César. Proibições semelhantes são atestadas entre os bálticos, em toda a Ásia e até na China. Se se pensa de novo em Menebuch e Trickster, pode-se então imaginar que a lebre está simbolicamente associada à puberdade, que não tem mais as desculpas da infância, mas produz os primeiros frutos desta. Macacos e raposas, no bestiário selênico, são os vizinhos mais próximos das lebres e dos coelhos. Todos são companheiros de **Hécate***, que alimenta a juventude, mas assombra as **encruzilhadas***, e finalmente inventa a feitiçaria.

LEITE

O Ramaiana faz nascer a ararita, poção de vida, da batedura do mar de leite. Primeira bebida e primeiro alimento, no qual todos os outros existem em estado potencial, o leite é naturalmente o símbolo da abundância, da fertilidade e também do conhecimento, compreendida essa palavra num sentido esotérico; e enfim, como caminho de iniciação, símbolo da imortalidade. Nenhuma literatura sagrada o celebrou mais que a da Índia. Na *Agnihotra*, oração matinal, ele é cantado a cada dia, desde as origens do *Veda*:

> Indra e Agni vivificam
>
> este leite em alegre canto:
>
> que ele dê a imortalidade
>
> ao homem piedoso que sacrifica
>
> (VEDV, 284)

O mesmo tom ressoa nos textos órficos; o leite é não apenas a bebida, mas o lugar da imortalidade:

> – Feliz e bem-aventurado,
>
> tu serás deus, em lugar de ser mortal.
>
> – **cabrito***, caí dentro do leite
>
> (frag. 32 c., na tradução de Defradas,
> BEAG, 189)

Assim como Héracles suga o leite da imortalidade no seio da Hera, o faraó amamentado por uma deusa *alcança, por este rito, uma nova existência,* *inteiramente divina, de onde ele tirará a força para garantir, sobre esta Terra, sua missão soberana.* Era também leite que se vertia sobre as 365 *mesas de oferendas que cercavam o túmulo de Osíris,* tantas mesas quantos dias no ano, e essas aspersões ajudavam o deus a ressuscitar toda manhã.

Entre os celtas, o leite é também um equivalente da bebida da imortalidade, quando o transe da embriaguez não é necessário. Além disso, o leite possui virtudes curativas: para curar soldados feridos por flechas envenenadas dos bretões, um druida píctico, Drostan, recomenda ao rei da Irlanda recolher o leite de cento e quarenta vacas brancas e derramá-lo num buraco no meio do campo de batalha. Aqueles que forem imersos ali ficarão curados (LERD, 66-67).

Para Dionísio Areopagita, os ensinamentos de Deus são semelhantes ao leite, em virtude de sua energia ser capaz de causar o crescimento espiritual: *as palavras* inteligíveis de Deus são comparadas ao orvalho, à **água***, ao leite, ao **vinho*** e ao **mel***, porque elas têm, como a água, o poder de fazer a vida nascer; como o leite, o de fazer os vivos crescerem; como o vinho, o de reanimá-los; como o mel, o de, ao mesmo tempo, curá-los e conservá-los (PSED, 37).

A Vida primordial, e portanto eterna, e o Conhecimento supremo, e portanto potencial, são sempre aspectos simbólicos associados, ainda que não misturados. É bem o que sobressai das inúmeras citações ou referências que se poderiam reunir a respeito do leite.

A amamentação feita pela Mãe divina é o sinal da *adoção* e, em consequência, do conhecimento supremo. Héracles é amamentado por Hera, São Bernardo pela Virgem: torna-se por isso o *irmão* adotivo de Cristo. A Pedra filosofal é às vezes chamada de *Leite da Virgem*: o leite é aqui um alimento de imortalidade.

E numerosas são as interpretações islâmicas que dá ao leite um sentido iniciatório. Assim, segundo um hadith relatado por Ibn Omar, Maomé teria declarado que *sonhar com leite é sonhar com a ciência ou o Conhecimento* (BOKT, 4, 458).

Na linguagem tântrica, o *leite* é o boddhi-citta (ao mesmo tempo o *pensamento* e o *sêmen*) elevando-se na direção do centro umbilical, manipurachakra.

Acrescentemos enfim que, como todos os vetores simbólicos da Vida e do Conhecimento considerados valores absolutos, o leite é um símbolo lunar, feminino por excelência, e ligado à renovação da primavera. É isso que cria o valor das libações com leite e das oferendas sacrificiais de uma brancura leitosa, como aquela vaca que os iacutos aspergem de leite em maio, para a festa da primavera, o que significa elevar de certo modo ao quadrado o poder do símbolo (HARA, 161, 177).

LEITO (*v.* Procusto)

Símbolo da regenerescência pelo sono e pelo amor; também é o lugar da morte. O leito do nascimento, o leito conjugal, o leito fúnebre são objeto de todos os cuidados e de uma espécie de veneração: centro sagrado dos mistérios da vida, da vida em seu estado fundamental, não em seus graus mais elevados.

O leito nupcial era consagrado aos gênios dos ancestrais: daí seu nome de leito *genial*. O leito participa da dupla significação da terra: dá e absorve vida. Inscreve-se no conjunto dos símbolos da horizontalidade.

Entre os dogons, embaixo do leito nupcial são colocados os grãos das sementeiras; em cima, a coberta dos funerais. Ao homem supostamente cabe agir como o gênio da água, espalhando sua semente fecundadora; a mulher contém os grãos das sementeiras. O leito manifesta assim a ligação que une *o ato conjugal e o ato agrícola*. Mas o ancestral também participa; é por isso que os casais se deitam sob a coberta dos funerais (MYTF, 245).

Encontram-se na Bíblia as expressões de leito nupcial e de leito fúnebre. Assim Rubem é desonrado por ter sujado o leito de seu pai (*Gênesis*, 49, 4), e Jacó, estendido sobre seu leito de agonia, senta-se com os pés suspensos, a fim de poder conversar com seus filhos; agitando seus pés e de novo estendido sobre o leito, ele expira (*Gênesis*, 48, 2; 49, 32).

Na tradição cristã, o leito não significa somente um lugar de repouso sobre o qual o homem se deita para cumprir os atos fundamentais da vida, segundo os antigos costumes: Simboliza o corpo (ORIC, 2). Assim o paralítico curado por Cristo recebe a ordem de carregar o seu leito, isto é, de utilizar o seu corpo fortalecido pela virtude divina. O leito pode designar o corpo do pecado restaurado pela graça e purificado.

LEME

Símbolo de responsabilidade, tal como o timão. Por esse motivo, significa a autoridade suprema e a prudência. É encontrado em medalhas, colunas comemorativas, brasões.

LÊMURES

Aparições fantasmagóricas e assustadoras, tomadas por almas dos mortos, os manes da família, que vêm atormentar os vivos com suas próprias inquietações. Suas intervenções eram conjuradas por festas anuais, descritas por Ovídio nos *Fastos*, as *Lemúrias*. Os Lêmures simbolizam as sombras dos antepassados, que povoam as lembranças e os sonhos, assim como tantas reprimendas endereçadas à consciência pelo subconsciente.

Bernard Frank assinala igualmente a crença japonesa em **gênios*** tais como os Lêmures: espíritos infernais, aparições fantasmagóricas assombram e atormentam a imaginação dos homens.

LEOPARDO

Os sacerdotes egípcios cobriam-se com uma pele de leopardo nas cerimônias fúnebres. Essa pele simbolizava o gênio de Set, o deus do mal, o inimigo, o adversário dos homens e dos deuses. Cobrir-se ridiculamente com ela significava que Set fora imolado, que o adversário estava vencido e que a pessoa trazia sobre si, ao mesmo tempo, a prova e a virtude mágica do sacrifício. Este resguardava os seres dos malefícios dos espíritos maus que vagam ao redor dos defuntos. Encontram-se práticas e crenças análogas entre os xamãs da Ásia, assim como nas civilizações ameríndias.

O leopardo é o símbolo da altivez; nessa qualificação, sem dúvida, constitui o emblema

612 | LEQUE

tradicional da Inglaterra. É também um animal *caçador*. De várias maneiras parece ter conexão com Nemrod e pode ser tomado, mais geralmente, como um símbolo da casta real e guerreira, sob seu aspecto agressivo. Simboliza a ferocidade, ao mesmo tempo que a habilidade e a força.

Na China, o leopardo é um desses animais hibernais, cuja entrada sob a terra e posterior saída correspondem ao ritmo da natureza. Compara-se igualmente o leopardo – ou uma espécie próxima dele – ao *p'o-king*, animal mítico do qual se afirma que devora a própria mãe. Mas *p'o-king* significa também *espelho quebrado,* o que se deve, ao que parece, associar à *deterioração* cíclica da Lua. Enquanto o leão é solar, o leopardo seria um animal lunar (DEVA, GRAD, GRAP, GUES).

Na sua visão apocalíptica, Daniel percebe *quatro bestas enormes saindo do mar, todas diferentes entre si* [...] *uma delas, semelhante a um leopardo, tinha sobre os flancos quatro asas de pássaros; ela possuía quatro cabeças e o poder lhe foi dado.* Segundo os exegetas, esta imagem representaria o reino dos persas. Mas, se da interpretação histórica – sem, de resto, contestá-la – se passa à interpretação simbólica, pode-se ver nesse leopardo monstruoso a imagem de uma irresistível calamidade que se abate com uma rapidez desenfreada (**quatro* asas***: máximo de velocidade; ou o vento vindo dos quatro pontos cardeais: um tornado; com a plenitude dos meios: quatro cabeças; e que cobre a região: impõe-lhe sua autoridade, o poder). O leopardo simboliza nesse nível a força repentina e impiedosa.

LEQUE

Na iconografia hindu, o leque é um atributo de Vishnu: porque serve para atiçar o fogo, é símbolo do sacrifício ritual. E, pela mesma razão, é também atribuído ao Agni. O estandarte de Vayu, divindade do vento, poderia ser, ele próprio, assimilado ao leque.

É igualmente emblema de dignidade real, na África e na Ásia, do mesmo modo que, no Extremo Oriente, do poder dos mandarins e do poder imperial. Pode-se estabelecer uma aproxi-mação entre os leques e os flabella das cerimônias romanas. Na Igreja primitiva, o flabellum era utilizado no decurso da celebração do ofício divino. Até hoje, leques de grandes plumas ornam a *sedia gestatoria* (espécie de andor no qual se conduz o papa nas solenidades pontificais: cadeira gesta-toria) das solenidades, em São Pedro de Roma.

No célebre romance *Si Yeu-ki* faz-se menção a leques que não somente produzem o fogo, como também o extinguem, produzindo, além disso, o vento e a chuva. Entre os taoistas, o leque parece relacionar-se ao pássaro, como instrumento de liberação da forma, como símbolo do *voo* para o país dos Imortais. Por isso, quando Kiaitseu Tuei volta ao mundo transformado em vendedor de leques, entende-se que ele propõe uma receita de imortalidade, ou o símbolo da imortalidade que ele mesmo atingiu. E é possível que o leque do Imortal Tchong-li K'iuan, considerado geralmen-te insígnia de mandarins, tenha idêntico sentido.

Aliás, não resta a menor dúvida de que o leque pode representar também uma tela protetora contra as influências perniciosas: esta é a razão pela qual, no Japão, às vezes ele é enfeitado com um *mitsu tomoye* tricolor, versão ternária do *yin-yang* que, na China, possui a mesma virtude protetora (DANA, KALL, MALA).

Segundo a crença dos chineses, não se deve agitar as mãos junto ao rosto para abanar-se, pois esse gesto poderia atrair os maus espíritos; por esse motivo, eles adquiriram o hábito de usar leques. Um poeta mandchu do séc. XV deixou-nos uma bela quadra hermética, dedicada a uma dama inconstante:

> O meu fado é que é triste
> E não o vosso amor, inconstante,
> Compadeço-me do leque abandonado
> E não ouso culpar o vento do outono.

LETRAS (do alfabeto)
(*v*. DaVah, Escrita, Linguagem)

Segundo a tradição da Cabala, as letras do alfabeto hebraico contêm uma força criadora, que o homem não pode conhecer: Ninguém conhece sua ordem (verdadeira), porque os parágrafos

LETRAS (DO ALFABETO) | 613

da Torá (a Lei) não são indicados na sua ordem justa. Caso contrário, quem os lesse poderia criar um mundo, reanimar os mortos e fazer milagres. É por isso que a ordem da Torá é oculta e só é conhecida por Deus (citado por SCHS, 187).

No livro *Bahir*, que se apresenta sob a forma de um midrach (reunião de sentenças), encontra-se uma teoria das vogais e das consoantes concernentes à língua hebraica. As vogais da Torá sem as consoantes são comparáveis à alma da vida no corpo do homem. Esse comentário do livro *Bahir* aparece pela primeira vez em Juda Ha-Levi. Segundo Gershom G. Scholem, "as vogais representam o psíquico em oposição ao hílico figurado sem as consoantes". As vogais parecem comparáveis a pontos, portanto a círculos, e as consoantes têm forma quadrada. Disso podem-se estabelecer correlações: "Deus-alma-vogal-círculo e tribos-corpo-consoantes-quadrados" (SCHO, 74-75).

Em numerosos alfabetos ou grupo de signos gráficos, as letras ou signos correspondem às fases da Lua: isso se dá entre os babilônios, os gregos, os escandinavos (ELIT, 157).

Tanto na tradição islâmica como na Cabala, uma ciência muito desenvolvida sobre as letras baseia-se no seu valor simbólico.

> Para os hurufis, adeptos desta ciência, o **nome*** não é senão a própria essência da coisa nomeada; ora, os nomes estão todos encerrados nas letras do discurso. Todo o universo é o produto dessas letras, mas é no homem que elas se manifestam. As letras que Deus ensinou a Adão são em número de 32. Algumas perderam-se.

Dessas 32 letras, uma grande parte encontra-se nos livros revelados. É assim que se verificam 22 no *Pentateuco*, 24 no *Evangelho*, 28 no *Corão*.

As 28 letras têm também um valor numérico, que foi observado pelos diversos profetas [...]. Combinações diferentes são possíveis, contendo uma série de verdades sutis.

Assim o *aleph*, primeira letra do alfabeto, tem a precedência no arranjo e combinação das 28 letras: em número, vale Um. Ora, a unidade

é também um atributo de Deus; é por isso que se encontra essa letra no começo do nome de Alá e de Adão, porque "ela abrange todas as coisas" (*Corão*, 41, 54) (HUAH, 9).

Para os hurufis, Deus é uma força que se traduz por um verbo, isto é, um fonema, uma voz; ela se exprime pelas 32 letras do alfabeto arábico-persa, das quais 28 foram usadas para compor o Corão, que é o Verbo de Deus, e o som articulado por meio delas é a Essência de Deus.

As 32 letras são as aparências do Verbo em si: são os atributos inseparáveis de sua Essência, tão indestrutíveis como a Verdade Suprema. Como a pessoa divina, estão imanentes em todas as coisas. São misericordiosas, nobres e eternas. Cada uma está invisível (oculta) na Essência divina.

O rosto de Adão (ou do homem) é a representação exata da Face de Deus, mas com a condição de que se saiba analisar as suas linhas. Assim, sobre este rosto há sete linhas (cílios, sobrancelhas, cabeleira), que, multiplicadas pelo número dos elementos, resultam em 28, número das letras do alfabeto árabe.

Da mesma forma, há **sete*** signos (*ayat*) na primeira surata do Corão. O homem, microcosmo, é análogo ao Corão.

No que concerne às misteriosas letras isoladas do Corão, são, diz o professor Massignon, "siglas de classes de conceitos soletradas ao Profeta em sonho. De qualquer maneira, as letras do alfabeto foram concebidas muito cedo como uma materialização da Palavra divina" (MASH, 589).

Segundo 'Abd ar-Rahman al-Bistami, mestre sufista, as letras do alfabeto devem ser divididas, segundo os quatro elementos, em letras aéreas, píricas, terrestres e aquáticas. Considerados seu valor numérico e sua natureza fundamental e astral, as letras permitem chegar a conhecimentos esotéricos inacessíveis por outras vias; elas substituem, de algum modo, a revelação, fazendo explodir diante dos olhos admirados do místico as salutares luzes do *kashf* (o desvelar-se das verdades divinas) e da percepção dos acontecimentos ocultos, no passado, presente e futuro (FAHD, 228).

614 | LETRAS (DO ALFABETO)

A especulação esotérica muçulmana teve curso livre nessa área. Acarretou, por outro lado, toda uma ciência, a adivinhação fundada nas letras e suas correspondências. Apresentamos um exemplo disso na palavra **da'wah***.

A letra aparece como o símbolo do mistério do ser, com sua unidade fundamental oriunda do Verbo divino e com sua diversidade inumerável resultante de suas combinações virtualmente infinitas; é a imagem da multidão das criaturas, e até mesmo a própria substância dos seres nomeados.

As letras do antigo alfabeto irlandês, ogam, eram simples riscos horizontais ou oblíquos, traçados perpendicularmente nos dois lados, à direita e à esquerda, ou pelo meio de uma linha vertical que servia de pilar. Mas os textos fazem crer em inscrições mais longas (uma ou duas frases) sobre a madeira, de intenções divinatórias ou mágicas: são, a cada vez, sortilégios que, pelo subterfúgio da escrita, *fixam* uma maldição, uma proibição ou uma obrigação sobre o nome de alguém. As letras do ogam, muito simples de desenhar (não possuem nenhuma curvatura), são feitas, no começo, para serem gravadas em madeira (existe de resto uma homonímia quase perfeita entre os nomes de *madeira* e de *ciência* em céltico: irlandês fid, galés *gwydd*, bretão *gwez/gouez*, gaulês *uissu*). Elas constituem um *alfabeto vegetal*, cada letra recebendo um nome de árvore. A designação irlandesa corrente desse alfabeto agrupa as três primeiras letras B, L, N (as vogais são classificadas à parte): B (*beith* bétula), L (*luis* olmo), N (*nin* freixo). A tradição atribui essa invenção ao deus Ógmios, que representa o aspecto sombrio da divindade soberana primordial.

Mas o alfabeto ogâmico nunca foi usado para a transcrição de textos ou para a transmissão de um ensinamento qualquer (unicamente oral). É possível que ele seja o resultado de um empréstimo do alfabeto latino e da adaptação deste a um sistema de escrita arcaica. Simboliza, em todo caso, a parte mágica e sombria da tradição céltica: Cuchulainn grava os ogam sobre um ramo de carvalho, e todo o exército da Irlanda se detém. O druida Dalan grava sobre madeira de teixo, e encontra o lugar

onde está Etain, a rainha da Irlanda raptada pelo deus Midir. Grava-se o nome do morto em ogam, para fixá-lo na sua sepultura e ordenar-lhe que não se misture mais com os vivos. Os celtas conhecem, entretanto, a escrita comum (os gauleses utilizavam o alfabeto grego), mas ela não podia ser usada para a transmissão de uma tradição que devia permanecer viva e, por isso, oral, porque a escrita mata o que torna imutável. É por essa razão que não existe nenhum texto gaulês, com exceção das inscrições em pedra ou em bronze (como também em moedas) (LERD, 122-126).

A forma das letras deu lugar a pesquisas históricas e comparativas das mais interessantes. Segundo W. F. Allbright, a primeira letra da maioria dos alfabetos antigos, *aleph* (a) representaria uma cabeça de touro; a segunda, *beth* (b), uma casa; o *heth* (h), um homem rezando; o *mem* (m), a água; o *nun* (n), uma serpente; o *tau* (t), uma cruz etc. A maior parte das letras, na sua origem, seria o desenho de um animal, um gesto humano, uma realidade concreta.

A Cabala edifica, sobre as formas das letras, inumeráveis especulações cosmogônicas e místicas. O *aleph* evocaria a coroa suprema, a ponta da direita dirigida para cima, designando a Sabedoria, a ponta da esquerda virada para baixo, correspondendo à mãe que amamenta o seu filho; ou ainda, a parte superior designaria o começo ou a Sabedoria, cujo poder engendra todas as coisas; a barra central seria o Intelecto, Filho da Sabedoria; o signo da parte inferior marcaria o fim de uma evolução, a Ciência, ela própria filha do Intelecto. O *aleph* reuniria assim a origem e o fim de toda vida superior: esta letra simboliza a espiritualidade. É também a primeira letra do alfabeto. A letra seguinte, *beth*, é a casa da Sabedoria, que se manifesta de inúmeras maneiras, seguindo diversas vias ou veredas; é o selo de Deus que se imprime sobre os seres; essa casa assim marcada está aberta, à esquerda, às influências espirituais do *aleph* e fechada, à direita, para deixar amadurecer em si os germes da Sabedoria: É pela Sabedoria que se constrói uma casa, pela prudência assentam-se as suas fundações; pela ciência enchem-se seus celeiros de todos os bens preciosos e desejáveis (*Provérbios*, 24, 3).

A sexta letra, *vav*, é comparada com a coluna do mundo, com um rio a molhar as plantas do jardim, com a árvore da vida, com uma chama que se alonga, com um raio de luz, com uma cabeça etc. (KNOS).

Poder-se-iam multiplicar ao infinito esses exemplos de uma exegese baseada na lógica das metáforas, das homonímias, das analogias, mas nem sempre na dos símbolos. A imaginação, por mais rica que seja, não é sempre simbólica.

LEVEZA

A sensação ou as imagens oníricas de leveza, que evocam a dança, um véu transparente e flutuante, a graça móvel de certos gestos, a música, tudo que é aéreo, vaporoso, ascensional, têm relação com os símbolos da elevação. Todos esses signos simbolizam uma aspiração a uma vida superior, a uma redenção da angústia já em fase de se realizar, a uma liberação que pode ser buscada ou por meio da evasão – seria uma leveza enganadora –, ou pela superação – seria a leveza verdadeira.

LEVIATÃ

Nas tradições fenícias, o Ros Shamara era o símbolo da nuvem de tempestade que Baal derriba para trazer sobre a terra o aguaceiro benfeitor. Mas este símbolo, tirado dos mitos agrários, tomou, na história e na psicologia, uma dimensão infinitamente maior.

Na Bíblia, o Leviatã é um monstro que importa cuidar para não acordar. É evocado várias vezes em Jó, nos *Salmos*, no *Apocalipse*. Seu nome vem da mitologia fenícia, que fazia dele "um monstro do caos primitivo; a imaginação popular sempre temia que acordasse, atraído por uma maldição eficaz contra a ordem existente. O **dragão*** do *Apocalipse* (**21**, 3), que encarna a resistência do poder do mal contra Deus, reveste-se de certos traços desta **serpente*** caótica" (BIBJ, sobre Jó, 3, 8), que, provocada, era capaz de engolir momentaneamente o Sol: feiticeiras aproveitavam este eclipse para lançar seus malefícios. Em outra parte, é chamado de *a serpente fugitiva* (*Jó*, 15,

13). Os capítulos 40 e 41 de *Jó* dão uma descrição aterrorizadora dele.

> [...] só sua visão basta para abater.
> Torna-se feroz quando o acordam,
> ninguém lhe consegue resistir face a face.
>
> (*Jó*, **42**, 1-2)

Está sempre vivo no mar, onde repousa adormecido, se não é provocado. Se, numa passagem de Jó, é historicamente relacionado com o crocodilo, símbolo do Egito, que deixara nos hebreus lembranças tão cruéis, ele evoca também a imagem do *monstro vencido por Jeová nas origens, ele próprio modelo das forças hostis a Deus*.

Este monstro marítimo das origens, evocado em Jó (7, 12), aparece nas cosmogonias babilônias. "Tiamat, o mar, após ter contribuído para o nascimento dos deuses, foi vencido e submetido por um deles. A imaginação popular ou poética, retomando essas imagens, atribuía a Jeová esta vitória anterior à organização do Caos e fantasiava-o a manter sempre em sujeição o mar e os monstros, seus hóspedes" (BIBJ).

É curioso observar aqui, caso se admita que o mar é também o símbolo do inconsciente, receptáculo dos monstros obscuros e das forças instintivas, que é necessário o poder de Deus para dominá-los: é implicitamente uma teologia da graça, correlativa ao poder deste Leviatã, este monstro capaz de engolir o Sol, que é, por sua vez, símbolo do divino. Como não lembrar aqui os mistérios e as forças primitivas do instinto e do inconsciente?

Nos tratados de filosofia política, Leviatã simboliza o Estado que se adjudica uma soberania absoluta, rival de Deus, e um direito absoluto, de vida e de morte, sobre todas as criaturas que ele submete. Monstro sem freios e sem piedade; tirania arbitrária, cruel, totalitária, querendo dominar os corpos e as consciências. Em Thomas Hobbes, esta concepção absolutista deriva, como uma consequência lógica, de uma filosofia materialista, que tem a intenção de proteger os indivíduos e coletividades, mas ao preço de toda liberdade e de uma obediência passiva ao poder.

616 | LIBÉLULA

LEVITAÇÃO (v. Ascensão)

LIAMES (v. Laços)

LIBÉLULA

A libélula, admirada por sua elegância e **leveza***, é, além disso, um símbolo do Japão, que se designa às vezes com o nome de ilha da libélula (*Akitsu--shima*). Esta denominação, que se explica pela forma geral da ilha de Hondô, viria da exclamação lendária de Jimmu-tennô, fundador da dinastia, quando contemplava o país de uma elevação: "dir-se-ia uma libélula!..." (HERJ).

LIGA

No simbolismo metalúrgico da China antiga, a liga ocupa lugar muito importante. A grande obra do fundidor não estará terminada a menos que as cinco cores se equilibrem, e que o cobre e o estanho não se possam separar. A liga é a imagem de uma união sexual perfeita. Torna-se propiciatória quando se mistura ao metal fundido o fel de um casal de lebres, símbolo de união, e até mesmo, segundo lendas antigas, jogando-se dentro do cadinho o ferreiro e sua mulher. O estanho provém de uma montanha, e o cobre, de um vale. O sopro do fole deve ser *yin* e *yang*. Se a mulher for a única sacrificada, significa que se está casando com o gênio do forno; se o sopro for somente *yin*, quer dizer que o forno contém o elemento *yang* (GRAD).

LILIT

Na tradição cabalística, Lilit seria o nome da mulher criada antes de Eva, ao mesmo tempo que Adão, não de uma costela do homem, mas ela também diretamente da terra. *Somos todos os dois iguais, dizia a Adão, já que viemos da terra. A esse respeito discutiram os dois, e Lilit, encolerizada, pronunciou o nome de Deus e fugiu para começar uma carreira demoníaca.* Segundo uma outra tradição, Lilit seria uma primeira Eva: *Caim e Abel brigaram pela posse dessa Eva, criada independentemente de Adão e, portanto, sem parentesco com eles.* Alguns veem aqui traços da **androginia*** do primeiro homem e do **incesto*** dos primeiros casais.

Lilit tornar-se-á a inimiga de Eva, a instigadora dos amores ilegítimos, a perturbadora do leito conjugal. Seu domicílio será fixado nas profundezas do mar, e objurgações tendem a mantê-la ali, para impedir que perturbe a vida dos homens e das mulheres sobre a Terra (SCHS, 173 e *passim*).

Enquanto mulher desdenhada ou abandonada por causa de outra, Lilit representará os ódios contra a família, o ódio aos casais e aos filhos; evoca a imagem trágica das **lâmias*** na mitologia grega. Não pôde integrar-se nos quadros da existência humana, das relações interpessoais e comunitárias; foi lançada de novo ao abismo, ao fundo do oceano, onde não para de ser atormentada por uma perversão do desejo, que a impede de participar nas normas. Lilit é "o fauno fêmea noturno que tentará seduzir Adão e engendrará as criaturas fantasmagóricas do deserto, a ninfa vampiro da curiosidade, que a seu bel-prazer arranca ou recoloca os olhos, e a que dá aos filhos do homem o leite venenoso dos sonhos" (AMAG, 199). É comparada à **Lua*** negra, à sombra do inconsciente, aos impulsos obscuros. Devora os recém-nascidos, devorada ela própria pelo ciúme.

LIMBO

Imaginado aparentemente pelas tradições órficas, Virgílio coloca-o na entrada do Inferno (*Eneida*, 6, 426-429), lugar de morada das crianças natimortas ou que só viveram pouco tempo: "[...] voz e imenso vagido, almas das crianças que choram, desses pequenos seres que não conheceram a doçura de viver e que um dia infeliz arrancou, na soleira mesma da existência, do seio de sua mãe, para mergulhá-los na noite precoce do túmulo." Essa ideia do limbo foi retomada no cristianismo para designar o lugar para onde descem as almas das crianças mortas sem batismo, onde não sofrem as consequências do pecado original; também é o lugar que seria reservado às almas de adultos que teriam vivido em conformidade com a lei natural e que, por não terem a graça sobrenatural, seriam privados da beatitude eterna. Mas essa ideia, controvertida no próprio seio da Igreja católica, não se impõe à fé dos cristãos com uma clareza perfeita. O limbo simbolizaria apenas, na acepção corrente, a antessala do paraíso ou os preparativos de uma nova era da civilização.

LIMIAR

A significação esotérica de limiar vem do seu papel de passagem entre o exterior (o profano) e o interior (o sagrado).

Simboliza, ao mesmo tempo, a separação e a possibilidade de uma aliança, uma união, uma reconciliação. Essa possibilidade se realiza se a pessoa que chegar for acolhida no limiar da porta e introduzida no interior, e desaparece se ela ficar apenas no limiar e ninguém vier recebê-la. É por isso que os limiares das portas são decorados com todas as insígnias da **casa*** ou do **templo***, esculturas (Cristo, Virgem etc.), ornamentos, pinturas, que representam a chegada e a acolhida. Ficar no limiar é manifestar um desejo de aderir às regras que regem a casa, mas um desejo que ainda não é completo, definitivo ou ratificado; rejeitar alguém no limiar de sua casa é renegá-lo, é rejeitar a sua adesão. Colocar-se no limiar é também colocar-se sob a proteção do dono da casa: Deus, dignitário ou simples camponês. Passar por um limiar exige uma certa pureza de corpo, de intenção, de alma, simbolizados, por exemplo, pela obrigação de descalçar-se à entrada de uma mesquita ou de uma casa japonesa. O limiar é a fronteira do sagrado, que já participa da transcendência do centro (*v.* **porta***).

Em numerosas tradições, o limiar do templo, do santuário, do mausoléu é intocável. É preciso tomar o cuidado de atravessá-lo de um só passo, sem que o pé venha a tocá-lo. As pessoas se prosternam diante dele e o beijam. Nas civilizações da Ásia central e da Sibéria, esse costume estendeu-se ao limiar da casa de família ou da tenda. Também é encontrado nos rituais em torno dos santuários de vodu do Haiti (METV). Os sufis xiitas da Ásia Menor dizem: "Maomé é o quarto, Ali é o limiar."

Para os bambaras do Mali, o limiar da porta é um dos locais sagrados da casa, ligado ao culto dos ancestrais. Estes são chamados através de batidas no limiar com uma vara que os representa.

Todo ano, sacrifícios lhes são oferecidos no altar familiar, situado na viga central da casa e no limiar da porta (DIEB).

LINCE

O lince não existe em nenhuma lenda céltica, mas é notável que seu nome seja, em irlandês, o homônimo exato do nome do deus Lug: lug, genitivo loga. É, portanto, possível que tenha sido considerado, por causa de sua visão penetrante, um símbolo ou imagem de lug. As cordas da harpa eram de tripa de lince. Seus sons eram considerados divinos (CHAB, 300-301).

Uma crença medieval atribuía ao olhar do lince ou do lobo-cerval *o poder de penetrar muros e muralhas*; gravuras da Renascença, representando os cinco sentidos, figuram a Visão com um lince; acreditou-se também que "o lince percebia sobre as imagens o reflexo dos objetos que lhe eram ocultos" (TERS, 256).

LINGA

A palavra linga significa *signo*. Mas já observamos que sua raiz é a mesma de *langala* (**arado***), raiz que designa ao mesmo tempo a enxada e o falo. O *linga* é pois nada mais nada menos que um falo e o símbolo da procriação. Ainda é preciso notar que o erotismo lhe é totalmente estranho. A *forma sutil* nomeada *linga-sharira* opõe-se sempre a *sthula-sharira*, que é a *forma* grosseira. Linga é o signo de uma fonte de vida.

A base do linga, escondida no pedestal, é quadrada; a parte mediana é octogonal, a parte superior cilíndrica: correspondem respectivamente a *Brahma*, *Vishnu* e *Rudra*, mas também à Terra, ao mundo intermediário e ao céu. O *linga*, no seu conjunto, é o símbolo de Shiva enquanto princípio causal, enquanto procriador. O linga não pertence a Shiva; ele *é* Shiva. Mas o linga, por si só, pertence ao domínio do indeterminado, do *não manifestado*. Só a sua dualidade com yoni, que representa o órgão genital feminino, permite que passe do princípio à manifestação. Yoni (**matriz***) é o altar, a cuba que cerca o linga; ela é o receptáculo do *sêmen*.

618 | LÍNGUA (ÓRGÃO DO CORPO)

A fertilização da terra exprime-se idealmente pelos lingas naturais, que *existem por si mesmos*, pedras erguidas no cume das montanhas (como os Lingaparvata de Funan e de Champa) que evocam de modo notável o **Bétilo*** ou *Beith-el* (Habitação Divina) de Jacó, sobre o qual o patriarca derramou óleo, assim como se verte água sobre os lingas. O parentesco simbólico do ovo e do linga mostra, além disso, que esses Swayambhuva-linga são realmente omphalos, **umbigos*** do mundo, onde se resumem todas as possibilidades da manifestação. No Japão enterram-se pequenas representações fálicas, de pedra ou de terra, para a prosperidade dos campos.

O linga, símbolo *central*, é também um símbolo *axial*. O linga de luz manifestado por Shiva, de que o javali-Brahma procura a base enquanto o ganso-Vishnu busca o cimo, coincide bem com o Eixo do mundo. É por isso que Vishnu e Brahma aparecem respectivamente como guardiães do Zênite e do Nadir. Em diversos templos em forma de mandala (encontrados especialmente em Angkor), o linga central está cercado por oito lingas secundários, que correspondem às oito hipóstases de Shiva (astamurti), mas também aos pontos cardeais e aos pontos intermediários, assim como aos oito graha que circundam o sol. Não é o único caso em que Shiva, associado geralmente à Lua, assume de fato um papel solar.

Outro simbolismo axial: na loga, no meio do *centro-raiz* (muiadharaeíiakra), que corresponde a yeni, é visualizado um *linga de luz*, ao redor do qual se enrosca a serpente de kundalini. Esse linga é o poder do conhecimento; a união do linga e de yoni engendra o conhecimento. Ao longo da experiência iogue, a coluna de luz se eleva até a *coroa da cabeça* e a atravessa: identifica-se com o linga resplandecente de Shiva.

A alquimia indiana compõe lingas de mercúrio: é que a alquimia tem origem Shivaíta, o mercúrio corresponde à Lua e, por conseguinte, a Shiva.

Notar-se-á ainda que o símbolo do linga parece subsistir no rito cambojano de popil: trata--se de uma caminhada em círculo, levando-se uma bandeja (yoni) com uma vela acesa em cima (linga) (BHAB, DANA, EL1F, MALA, PORA).

Muitos adoradores de Shiva veem no linga apenas o arquétipo do órgão gerador; *outros consideram-no* um signo, um ícone da criação e da destruição rítmicas do Universo, que se manifesta nas formas e se reintegra periodicamente na unidade primordial, anterior a essas formas, a fim de se regenerar (ELIT, 20). As duas concepções se unem na complementaridade dos símbolos.

Na China, uma peça de jade, em forma de triângulo alongado, Kuei, equivale ao linga hindu. Encontra-se amiúde no centro dos templos, nas encruzilhadas, nos cumes, evocando o mistério da vida e o caráter sagrado da procriação: simboliza as hierogamias (casamentos sagrados).

LÍNGUA (Órgão do corpo)

A língua é considerada uma chama. Possui a forma e a mobilidade desta. Destrói ou purifica. Enquanto instrumento da palavra, cria ou aniquila, seu poder é sem limites. É também comparada à haste horizontal de uma balança: ela julga. De acordo com as palavras que profere, a língua é justa ou perversa (*Provérbios*, **15**, 4), arrogante (12, 4), mentirosa e má (*Salmos* 109, 3; *Provérbios*, 6, 17; *Salmos* 52, 4). A força da língua é tão total que a morte e a vida acham-se em seu poder (conforme *Provérbios*, **18**, 21). Quando é feita alusão à língua, sem se acrescentar qualificativo, trata-se sempre de uma língua má.

A língua de Deus é comparada ao fogo que devora (*Isaías*, **30**, 27): símbolo de seu poder e de sua justiça. As línguas de fogo (*Atos dos Apóstolos*, **2**, 3) simbolizam o Espírito Santo, considerado enquanto força de luz. O *dom das línguas* permite aos beneficiários, quando da recepção do Espírito Santo, exprimir-se nas línguas mais diversas com um poder invencível.

Em Aggada fala-se da *língua má* (*lacho-ee liara*), um dos quatro flagelos que causam a perversão do mundo (assassinato, impudicícia, idolatria).

A *língua má*, a calúnia, era considerada um caso grave. Na tradição hebraica, eram necessários vinte e três juízes para julgar um caluniador. O processo era instaurado, na convicção de que uma calúnia punha a vida em perigo. O caluniador (*motsi chem ra*), isto é, aquele que emite um nome mau, era, de certo modo, um criminoso (BARH).

A língua humana é tomada como equivalente da cabeça numa digressão da narrativa irlandesa de Serglige ConCulaind, *Doença de Cuchulainn*. É dito que os heróis de Ulster, nas suas contestações heroicas, mostravam as línguas dos inimigos que haviam matado em duelo. Em alguns contos populares bretões, o herói guarda cuidadosamente as línguas da hidra ou do dragão de diversas cabeças, que ele acaba de matar. Servem-lhe de justificação para confundir o usurpador ou o traidor que se apoderou indevidamente das cabeças (*v.* **cérebro*** e **cabeça***) (OGAC, 10, 285 s.).

Para os bambaras, a língua é, com a perna, o nariz e o sexo, um dos quatro órgãos de que depende o bom funcionamento do corpo social; daí advém sua extrema importância. Órgão da palavra, é considerada a criadora do verbo, imbuída de um poder de fecundação da mesma categoria da chuva, do sangue, do esperma, da saliva, que é o veículo do verbo. Da língua depende o comércio humano; ela pode ser fator de conflitos, de disputas, mas também de fortuna, de riqueza material e espiritual. Por si só, a língua é tida como só podendo dizer a verdade; tem *uma só cor*, e sua função social específica é *comunicar essa cor* à sociedade; também se dirá de um mentiroso que ele tem a *língua riscada* (ZAHB, 197).

Saber *controlar sua língua* significa, para os bambaras e para os europeus, ter atingido a idade do homem, ser dono de si mesmo. É por isso que, em certos ritos de iniciação, os suplicantes se fustigam, esforçando-se para permanecerem impassíveis, com chicotes que chamam de línguas. O valor excepcional que os bambaras atribuem a este órgão vem, sem dúvida, daquilo que, indo além da palavra, é o Conhecimento, bem supremo, que ela coloca em questão: "é o Conhecimento, *dizem*, que constitui a fortuna da língua" (ZAHB, 196). Mas, por outro lado, a língua é o órgão do gosto,

isto é, do discernimento. Separa o que é bom do que é mau; ela corta (define, resolve, decide – fr. *tranche*); o que, reforçando, ao encontro de outros de seus aspectos, o complexo simbólico do chicote, explica por que os bambaras a associam com a faca e com a navalha.

Esta expressão simbólica, *língua dos pássaros*, designa na alquimia um modo de proceder por analogias e equivalências fonéticas. No estilo esotérico, é a arte do **som***, de onde vem o nome de Arte de Música dado à Alquimia tradicional (ALLA, 64-66).

LINGUAGEM
(*v.* Escrita, letras, nome, palavra, som)

Em tudo o que exprime, mas também, em certa medida, no que não exprime, a linguagem, escrita ou falada, está impregnada de valores simbólicos: imagens, ideias, emoções, sonoridades, grafismos etc. A passagem da palavra à realidade é, diz o Inda, sphota, *a abertura*, ao modo de um rebento. A linguagem é o meio de comunicação entre os homens, mas é também, pela prece, pela invocação, o dhikr ou o japa, o meio de comunicação do ser com a Divindade. Como símbolo do Verbo, do Logos, é o instrumento da inteligência, da Atividade ou da Vontade divinas da Criação. O mundo é o efeito da Palavra divina: *No começo era o Verbo...* (*São João*, **1**, 1). *No começo era* Brahma, dizem os textos védicos; *com ele estava* Vak, *a Palavra*. O Verbo é chamado no Islã Kalimat Allah, *Palavra de Deus* ou *Palavra instauradora*. Abu Ya'qub Sejestani faz das quatro consoantes de Kalimat (klmh) a manifestação quaternária da Unidade primeira. *A Palavra* (Memra) *produziu todos os objetos e todas as coisas com seu Nome único*, diz o Sefer letsirah. Vak, a Palavra criadora, é a esposa de Prajapati, mas ela é acima de tudo Sarasvati, a **xácti*** de Brahma. Vak é ainda o sopro de Shiva-Maheshvara, e, também Vayu, o *vento*, o sopro cósmico.

Símbolo da vontade criadora de Deus, a palavra é ao mesmo tempo o símbolo da Revelação primordial. Sarasvati, energia produtora de Brahma, é também o Conhecimento, a Sabedoria e

620 | LINGUAGEM

a mãe dos Veda. Disso advém a importância extrema das línguas em que foram recebidas as Revelações *secundárias*, que são reflexos delas – por exemplo, a importância do árabe, única língua em que o Corão pode ser lido, porque ela constitui a sua própria essência. A procura, frequentemente evocada, da *Palavra perdida* é a busca da Revelação primeira. O simbolismo da língua primordial é outro sinônimo desse fato. Segundo a tradição muçulmana, trata-se da língua *siríaca* ou *solar,* expressão transparente da *luz* recebida no centro espiritual primordial. É significativo que a língua do paraíso tenha sido compreendida pelos animais. A introdução xamanista à linguagem dos animais é, de modo inverso, um símbolo do retorno ao estado edênico. Mais precisamente ainda, essa língua é às vezes a dos pássaros; ora, a *língua dos pássaros* é uma língua celeste ou angélica – simbolicamente análoga à língua siríaca –, e só pode ser percebida ao se alcançarem certos estados espirituais.

Em relação ao conhecimento tradicional estabelece-se o duplo simbolismo da *confusão das línguas* e do *dom das línguas*. A *confusão consecutiva* à tentativa de **babel*** marca a diversificação da *língua* e, portanto, da tradição primordial. É a consequência de um obscurecimento dos espíritos, que determina a passagem progressiva da unidade à multiplicidade: evolução normal, sem dúvida, e não apenas castigo divino. *As línguas imperfeitas porque diversas*, escreve Mallarmé, *falta a suprema...*

O *dom das línguas* marca, ao contrário, o retorno a um estado *central,* sintético, a partir do qual as modalidades da forma e da expressão aparecem como adaptações necessárias, mas de ordem contingente. O dom das línguas conferido pelo Espírito Santo aos Apóstolos é a chave do universalismo cristão. Os Rosa-Cruzes, dizem, possuíam-no; assim também os doze enviados do primeiro Adão, segundo o esoterismo ismaeliano, que se refere, tratando disso, ao *Corão* (14, 4): "Não enviamos profeta que não falasse a língua de seu povo." O mesmo dom parece ter sido observado entre certos pigmeus da África; podendo

isso parecer com a longínqua lembrança de um estado edênico.

Se o estado paradisíaco implica a compreensão da linguagem dos animais, diz-se que Adão lhes dotou de nomes (*Gênesis*, 2, 19) e que, portanto, eles lhe eram submissos. Ora, é uma constante do pensamento chinês afirmar que a adequação dos nomes (ming) rege a ordem do mundo. *O essencial*, ensina Confúcio, *é tornar corretas as designações* (tcheng ming). E encontra-se sob a pena do poeta Milosz a seguinte fórmula: *Porque estes nomes não são nem os irmãos, nem os filhos, mas antes os pais dos objetos palpáveis.* Subsiste, no poder da linguagem, o vestígio do poder cosmogônico das origens.

Outro poder da linguagem é o que a mantra iniciatória confere, ou, pelo menos, o que a Doutrina difunde. O *Samyutta Nikaya* (2, 221) faz dizer a Kashyapa que ele é "Filho natural do Bem-Aventurado, nascido de sua boca, nascido de *Dhamma*, moldado por *Dhamma* [...]." Mas, de fato, Dhamma refere-se diretamente à linguagem primordial, a de Manu, o legislador na origem do ciclo.

Existe ainda, com relação à linguagem, um símbolo muito particular e amiúde muito mal compreendido: o do *moinho de preces* tibetano. Na verdade, não se traia, de modo algum, de orações, mas de palavras sagradas que o movimento do aparelho difunde sobre o mundo como uma bênção universal (AVAS, CORT, DANA, ELIY, ELIM, GRAP, GUEV, GUEC, GUEO, GUES, SAIR, SCHC, VACG).

A linguagem é também o símbolo de um ser inteligente: indivíduo, cidade, etnia, nação. A linguagem é compreendida aqui no sentido exato de língua falada ou escrita, idioma, que é uma das inumeráveis formas da linguagem e um dos componentes de uma estrutura mental e social. É uma realidade profunda a que existe na relação língua-ser. Evoluem juntos e ecoam juntos todos os acontecimentos de uma história em comum: a língua é a alma de uma cultura, de uma cidade. Um ataque inconsiderado dirigido contra a língua atinge toda a cidade: afeta em profundidade o vínculo social e contribui para quebrá-lo. A língua é, com efeito, uma estrutura mental e social. É a principal via de comunicação de indivíduo a indivíduo, de grupo a grupo; o meio mais apurado, mais sutil, mais penetrante dos intercâmbios. Ela traduz uma certa unidade do ser, é fator de coesão. Uma sociedade se desagrega quando abandona sua língua, ou se esta se decompõe. Compreende-se que uma minoria étnica se empenhe em conservar sua língua, como penhor de sua identidade. Da mesma forma, a individualização progride com o domínio de uma linguagem. O conhecimento de sua linguagem permite o acesso à intimidade de uma pessoa e de um grupo. Atacar uma linguagem equivale a atacar um ser; respeitar uma linguagem é respeitar o ser que a fala. Porque ela detém uma carga de energia, que provém de todo o ser e visa ao ser por inteiro. A força do símbolo impregna dessa energia os signos e os suscita. A linguagem permite que se participe de uma vida.

LINHA (ou Cordel de pedreiro)

Em virtude do seu uso comum, a linha ou cordel de pedreiro tornou-se, geralmente, o símbolo do traçado retilíneo, depois, da retitude intelectual e moral. "Os ritos", ensina o Li-ki (cap. XXIII), servem "para reger o Estado [...] o cordel enegrecido (do marceneiro) (para reger) o que é direito e o que é torto [...]". Enquanto guia dessa retitude, ele simboliza também o apoio, o método, o mestre, o caminho, no esforço pela realização espiritual. Assim, no *Tratado da Flor de Ouro* taoista: tal elemento metódico deve ser utilizado no começo da experiência e, depois, progressivamente, abandonado, quando já fez o que dele se esperava. *Como o pedreiro que fixa o seu cordel. Uma vez feito, ele põe mãos à obra, sem ficar iodo o tempo de olho no cordel.*

LIRA (Cítara*, Harpa*, Alaúde)

A lira, inventada por **Hermes*** ou por uma das nove Musas, Polímnia, é o instrumento musical de Apolo e de **Orfeu***, de melodias prestigiosas, e o símbolo dos poetas. De modo mais geral, é o símbolo e o instrumento da harmonia cósmica: ao som da lira, Anfião construiu os muros de Tebas. Na iconografia cristã, evoca a participação *ativa* na união beatífica. Esse papel é o da harpa de Davi. As sete cordas da lira corresponderiam aos sete planetas: harmonizam-se em suas vibrações, como aqueles nas suas revoluções cósmicas; quando o número das cordas foi elevado a doze, quis-se ver nelas uma correspondência com os doze signos do Zodíaco.

A noção de harmonia exprime-se também pelas harpas dos *vencedores da besta do* Apocalipse. O belíssimo apólogo de Chenwenn, relatado por Lie-tse, não é menos significativo a esse respeito: tocando as cordas, P'ao-pa fazia os pássaros e os peixes dançarem; mas Chen-wenn conseguiu produzir, com o som de cada uma das quatro cordas, o nascimento de cada uma das estações e, com a harmonia das quatro, a ordem perfeita de um mundo, que é o dos Imortais. O alaúde ou a cítara (vina) é o emblema de Sarasvati, xácti de Brahma, personificação da Palavra, do som criador (também o dos kinnara, **pássaros***).

O alaúde de cinco cordas primitivo dos chineses não tivera outro objetivo a não ser o de reduzir a atividade dos ventos e o excesso de *yang*. Mas terá havido mau uso? O resultado foi imperfeito e teve de ser corrigido pela dança. O alaúde maravilhoso fabricado a partir do navio da ilha de Ajahi, de que fala o Konjiki, tem certamente relação com a harmonia do império, reflexo da harmonia cósmica.

Na Roda da Existência tibetana, Avalokiteshvara aparece com um alaúde no mundo dos deva: a ideia é acordar os deuses de suas ilusões ao som do Dharma.

Tomai como modelo o tocador de cítara, escreve Calisto II Xanthopoulos: a cítara é o coração, as cordas são os sentidos, o tocador, a inteligência, e o arco, *a lembrança de Deus* (BURA, BENA, DANA, GOVM, GRAD, HERJ, MALA, PHIL).

A lira é um dos atributos de Apolo e simboliza os poderes de divinação próprios do Deus. Enquanto atributo das Musas Urânia e Érato, a lira simboliza a inspiração poética e musical.

622 | LÍRIO¹ (DO VALE)

Baseando-se na narrativa mitológica da invenção da lira, Jean Servier considera-a "um altar simbólico a unir o céu e a Terra. Tendo roubado bois de Apolo, Hermes cobriu com a pele de um deles uma carapaça de tartaruga, fixou nesta um par de chifres e estendeu cordas de tripa sobre essa caixa de ressonância". Ora, nas civilizações mediterrâneas, o boi representa o "Touro Celeste [...]. Fazer vibrar a lira é fazer vibrar o mundo. As núpcias cósmicas se cumprem, a terra é fecundada pelo céu; chove sobre os campos e os flancos das mulheres tornam-se pesados. Todos os instrumentos musicais parecem ter possuído iguais meios de chegar à harmonia secreta do mundo" (SERH, 151).

LÍRIO¹ (do vale)

Segundo uma interpretação mística do séc. II, o vale do *Cântico dos cânticos* significa o mundo, o lírio designa Cristo. O lírio do vale é relacionado com a árvore da vida plantada no Paraíso (*v. Orígenes, Homilia II* sobre o *Cântico dos cânticos*). É ele que restitui a vida pura, promessa de imortalidade e salvação.

LÍRIO² (Lis)

O lírio é sinônimo de brancura e, por conseguinte, de pureza, inocência, virgindade. Pode-se encontrá-lo em Boehme ou em Silesius como símbolo da pureza celeste: *O noivo de tua alma deseja entrar. Floresce: ele não vem se os lírios não florirem.*

Entretanto, o lírio se presta a uma interpretação completamente diferente. Seria o final da metamorfose de um favorito de Apolo, Jacinto, e evocaria, sob esse aspecto, amores proibidos; mas trata-se aqui do lírio martagão (o lírio-vermelho). Foi colhendo um lírio (ou um narciso) que Perséfone foi arrastada por Hades, enamorado dela, através de uma abertura repentina do solo, para seu reino subterrâneo; o lírio poderia nesse sentido simbolizar a tentação ou a porta dos Infernos. Na sua *Mitologia das plantas*, Ângelo de Gubernatis julga que *se atribui o lírio a Vênus e aos Sátiros, sem dúvida por causa do pistilo vergonhoso, e que, portanto, o lírio é um símbolo de procriação;* o que, segundo esse autor, teria sido a causa de os reis da França o terem escolhido como símbolo da prosperidade da raça. Além desse aspecto fálico, Huysmans denuncia em *La Cathedrale* (A Catedral) seus eflúvios pecaminosos: *seu perfume é bem o contrário de um perfume casto; é uma mistura de mel e pimenta, alguma coisa de acre e adocicado, de fraco e de forte; parece com a conserva afrodisíaca do Oriente e com os confeitos eróticos da Índia.* Poderiam ser lembradas aqui as correspondências baudelairianas desses perfumes: *que cantam os arrebatamentos do espírito e dos sentidos.* Este simbolismo é antes lunar e feminino, como Mallarmé sentiu tão bem:

> E tu fizeste a brancura soluçante dos lírios,
> Que, rolando sobre mares de suspiros que de leve roça
> No meio do incenso azul dos horizontes empalidecidos,
> Sobe sonhadoramente para a Lua que chora!

Este simbolismo torna-se mais preciso ainda, ao se interiorizar num outro poema, Hérodiale:

> [...] desfolho,
> Como se perto de um chafariz, cujo jato de água me acolhe,
> os lírios pálidos que existem em mim [...]

O simbolismo das águas acrescenta-se aqui ao da Lua e dos sonhos para fazer do lírio a flor do amor, de um amor intenso, mas que, na sua ambiguidade, pode ficar irrealizado, reprimido ou sublimado. Se ele é sublimado, o lírio é a flor da glória.

Essa noção não é estranha à equivalência que se pode estabelecer entre o lírio e o **lótus***, elevado acima das águas lamacentas e sem forma. Trata-se então de um símbolo de realização das possibilidades antitéticas do ser. Talvez se devam interpretar nesse sentido as palavras de Anquises a Eneias, predizendo-lhe o maravilhoso destino de sua raça: "Tu serás Marcelo. Dá lírios às mãos cheias, para que eu espalhe flores deslumbrantes" (Virgílio, *Eneida* 6, 884). Essa oferenda de lírios à memória do jovem Marcelo, quando da descida de *Eneias* aos Infernos, ilustra toda a ambiguidade

LIVRO | 623

da flor: vendo-a a bordo do Lete (**6**, 706), Eneias é percorrido por *um arrepio sagrado* diante do mistério da morte; por outro lado, estas flores deslumbrantes, oferecidas ao filho adotivo de Augusto, contribuem para reanimar no coração de Eneias o *amor a sua glória futura.* Valor ao mesmo tempo fúnebre e sublime do símbolo.

O lírio heráldico (*lis*) de seis pétalas pode ainda ser identificado com os seis raios da **roda*** cuja circunferência não é traçada, isto é, com os seis raios do Sol: (GUEC, GUES) flor de glória e fonte de fecundidade.

Na tradição bíblica, o lírio é o símbolo da eleição, da escolha do ser amado: "Como o lírio entre os cardos, / assim minha bem-amada entre as jovens mulheres" (*Cântico dos cânticos*, 1, 2).

Esse foi o privilégio de Israel entre as nações, da Virgem Maria entre as mulheres de Israel. O lírio simboliza também o abandono à vontade de Deus, isto é, à Providência, que cuida das necessidades de seus eleitos:

"Observai os lírios do campo, como eles crescem; não trabalham nem fiam" (Mateus, **6**, 28). Assim abandonado entre as mãos de Deus, o lírio está, entretanto, mais bem-vestido que Salomão em toda a sua glória. Ele simbolizaria o abandono místico à graça de Deus.

LIVRO

Seria banal dizer que o livro é o símbolo da ciência e da sabedoria; o que ele é efetivamente, por exemplo, na arte decorativa vietnamita ou na imagem ocidental do *leão biblióforo.*

O livro é sobretudo, se passamos a um grau mais elevado, o símbolo do universo: *O Universo é um imenso livro,* escreve Mohyddin ibn-Arabi. A expressão *Liber Mundi* pertence também aos Rosa-Cruzes. Mas o *Livro da Vida do Apocalipse* está no centro do Paraíso, onde se identifica com a Árvore da Vida: as folhas da árvore, como os caracteres do livro, representam a totalidade dos seres, mas também a totalidade dos decretos divinos.

Os livros sibilinos eram consultados pelos romanos nas situações excepcionais: pensavam encontrar neles as respostas divinas para as suas angústias. No Egito, o *Livro dos mortos* é uma coletânea de fórmulas sagradas, encerradas com os mortos na sua tumba, para justificá-los na hora do julgamento e implorar aos deuses, a fim de favorecer sua travessia dos infernos e sua chegada à luz do sol eterno: *Fórmula para se chegar à luz do dia.* Em todos os casos, o livro aparece como o símbolo do segredo divino, que só é confiado ao iniciado.

Se o universo é um livro, é que o livro é a Revelação e, portanto, por extensão, a manifestação. O *Liber Mundi* é ao mesmo tempo a Mensagem divina, o arquétipo do qual os diversos livros revelados não passam de especificações, traduções em linguagem inteligível. O esoterismo islâmico distingue às vezes entre um aspecto *macrocósmico* e um aspecto *microcósmico* do livro, e estabelece entre os dois uma lista de correspondências: o primeiro é efetivamente o *Liber Mundi,* a manifestação emanando de seu princípio, a Inteligência cósmica; o segundo está no coração, a Inteligência individual.

Em certas versões da Busca do Graal, o livro é também identificado com a taça. O simbolismo é então bem claro: a busca do Graal é a procura da *Palavra perdida,* da sabedoria suprema tornada acessível ao comum dos mortais (CORT, GUEM, GUEC, GUES, SCHC).

Um livro fechado significa a matéria virgem. Se está aberto, a matéria está fecundada. Fechado, o livro conserva seu segredo. Aberto, o conteúdo é tomado por quem o investiga. O coração é assim comparado a um livro: aberto, oferece seus pensamentos e seus sentimentos; fechado, ele os esconde.

Para os alquimistas (*v.* **alquimia***) "a obra é expressa simbolicamente por um livro, às vezes aberto, às vezes fechado, conforme ela (a matéria-prima) tenha sido trabalhada ou apenas extraída da mina. Às vezes, quando este livro é figurado fechado – o que indica a substância mineral bruta – não é raro vê-lo selado com sete fitas: são as marcas das sete operações sucessivas que permitem abri-lo, cada uma delas quebrando um dos selos que o fecham. Assim é o Grande Livro da

624 | LOBO, LOBA

Natureza, que encerra nas suas páginas a revelação das ciências profanas e a dos mistérios sagrados" (FULC, 193).

LOBO, LOBA

O lobo é sinônimo de selvageria, e a loba, de libertinagem. Mas pressente-se que a linguagem dos símbolos interpreta estes animais de um modo infinitamente mais complexo, pelo fato de, em primeiro lugar, a exemplo de qualquer outro vetor simbólico, poderem ser valorizados tanto positiva como negativamente. Positivo parece o simbolismo do lobo quando se observa que ele enxerga de noite. Torna-se então *símbolo de luz, solar, herói guerreiro, ancestral mítico*. É a significação entre os nórdicos e entre os gregos, onde é atribuído a Belen ou a Apolo (Apolo *lício*).

O criador das dinastias chinesa e mongol é o *lobo azul celeste*. Sua força e seu ardor no combate fazem dele uma alegoria que os povos turcos perpetuarão até na história contemporânea, pois Mustapha Kemal, que se nomeara a si próprio Atatürk, isto é, Pai dos Turcos, recebera de seus partidários o sobrenome de *lobo cinzento*.

O povo turco, que, reunido ao redor dele, combatia para recuperar sua identidade, ameaçada pela decadência do império otomano, reintroduzia assim uma imagem muito antiga: a do ancestral mítico de Gêngis Khan, o lobo-azul, manifestação da luz uraniana (raio) e cuja união com a corça-branca ou ruiva, que representa a Terra, colocava na origem deste povo a hierogamia Terra-Céu.

Os povos da pradaria norte-americana parecem ter interpretado do mesmo modo a significação simbólica deste animal: *Eu sou o lobo solitário, eu vago em diversos países*, diz um canto de guerra dos índios da pradaria (ALEC, 233).

A China também conhece um lobo celeste (a estrela Sirius), que é o guardião do Palácio celeste (a Ursa Maior). Esse caráter *polar* se reencontra no fato de que se atribui o lobo ao Norte. Observa-se, entretanto, que este papel de guardião engloba o aspecto feroz do animal: assim, em certas regiões do Japão, invocam-no como protetor contra os outros animais selvagens. Evoca uma ideia de força mal contida, que é consumida com furor, mas sem discernimento.

A loba de Rômulo e Remo é, por sua vez, não solar e celeste, mas terrestre, senão ctônica. Assim, tanto num caso como no outro, este animal permanece associado à ideia da fecundidade. A crença popular, em país turco, conservou esta herança até nossos dias. Entre os bezoares apreciados pelos iacutos, na Sibéria, o do lobo é considerado o mais poderoso; na Anatólia, isto é, na outra extremidade da extensão geográfica dos povos altaicos, veem-se ainda mulheres estéreis invocarem o lobo para terem filhos. Em Kamchatka, "na festa anual de outubro, faz-se uma imagem de lobo com feno, e ela é conservada durante um ano para que o lobo espose as moças da aldeia; entre os samoiedos coletou-se uma lenda que conta a história de uma mulher que vive numa caverna com um lobo" (ROUF, 328, 329).

Este aspecto ctônico ou infernal do símbolo constitui sua outra face importante. Parece ter ficado dominante no folclore europeu, como atesta, por exemplo, o conto do *Chapeuzinho Vermelho*. Já se constata sua aparição na mitologia greco-latina: é a loba de Mormoliceu, ama de leite de Aqueronte, com que se ameaçam as crianças, exatamente como hoje em dia se evoca "o grande lobo malvado" (GRID, 303 a); é a capa de pele de lobo de que se reveste Hades, o senhor dos Infernos (KRAM, 226); as orelhas de lobo do deus da morte dos etruscos; é também, segundo Diodoro de Sicília, Osíris ressuscitando sob a forma de lobo "para ajudar a mulher e o filho a vencerem seu irmão malvado" (ibid.).

É também uma das formas dadas a Zeus (Licaios), a quem se imolavam em sacrifício seres humanos, nos tempos em que reinava a magia agrícola, para pôr fim às secas, aos flagelos naturais de toda espécie: Zeus vertia então a chuva, fertilizava os campos, dirigia os ventos (ELIT, 76).

Nas imagens da Idade Média europeia, os feiticeiros transformavam-se com maior frequência em lobos para irem ao Sabá, enquanto as feiticeiras, nas mesmas ocasiões, usam ligas de pele de lobo (GRIA). Na Espanha, ele é a montaria do feiticeiro. A crença nos licantropos ou lobisomens é atestada desde a Antiguidade na Europa; Virgílio já a menciona. Na França, só se começa a duvidar a respeito sob Luís XIV (PLAD). É um dos componentes das crenças europeias, um dos aspectos de que se revestem, sem dúvida, os espíritos das florestas.

Segundo Collin de Plancy, Bodin conta sem enrubescer que, em 1542, foram vistos certa manhã cento e cinquenta lobisomens numa praça de Constantinopla.

Este simbolismo de devorador é o da **goela***, imagem iniciática e arquetípica, ligada ao fenômeno de alternância dia-noite, morte-vida: a goela devora e vomita, ela é *iniciadora*, tomando, segundo a fauna local, a aparência do animal mais voraz: aqui o lobo, ali o **jaguar***, o **crocodilo*** etc. A mitologia escandinava apresenta especificamente o lobo como um "devorador de astros" (DURS, 82), o que pode ser relacionado com o "lobo devorador da codorniz", de que fala o *Rig-Veda*. Se a **codorniz*** é, como observamos, um símbolo de luz, a goela do lobo é a noite, a caverna, os infernos, a fase de prasaya cósmico; a libertação de dentro da garganta do lobo é a aurora, a luz iniciática que se segue à descida aos infernos, o kalpa (CHRC, DANA, DEVA, GUED, GUES, MALA, MASR, RESE, SOUN).

Fenrir, o lobo-gigante, é um dos inimigos mais implacáveis dos deuses. Só a magia dos anões consegue parar a sua corrida, graças a uma fita fantástica que ninguém pode romper ou cortar. Na mitologia egípcia, Anúbis, o grande psicopompo, é chamado de Impu, "aquele que tem a forma de um cão selvagem" (ibid.); é venerado em Cinópolis como o deus dos infernos (*v.* **chacal***).

Esta goela monstruosa do lobo, de que Marie Bonaparte fala na sua autoanálise como estando associada aos temores de sua infância após a morte de sua mãe, não deixa de lembrar os contos de Perrault: "Vovó, como tu tens dentes grandes! Há, portanto", observa G. Durand, "uma convergência bem nítida entre a mordida dos canídeos e o

medo do tempo destruidor. Cronos aparece aqui com o rosto de Anúbis, do monstro que devora o tempo humano ou que ataca até os astros que medem o tempo."

Falamos, do sentido iniciático destes símbolos. Acrescentamos que eles dão, tanto ao lobo como ao cachorro, um papel de psicopompo.

Um mito dos algonquinos apresenta-o como um irmão do demiurgo Meeefeuch, o *grande coelho**, a reinar no Ocidente, sobre o reino dos mortos (MULR, 253). Essa mesma função de psicopompo lhe era reconhecida na Europa, como atesta este canto fúnebre romeno:

> Aparecerá ainda
> O lobo diante de ti
> [...]
> Toma-o como irmão
> Porque o lobo conhece
> A ordem das florestas
> [...]
> Ele te conduzirá
> Pela estrada plana
> Até um filho de Rei
> Até o Paraíso
>
> (Trésor de la poésie universelle,
> Caillois & J. C. Lambert,
> Paris, 1958)

Observemos, para concluir que o lobo infernal, e sobretudo a loba, encarnação do desejo sexual, constituem um obstáculo na estrada do peregrino muçulmano que se dirige a Meca, e mais ainda no caminho de Damasco, onde toma as dimensões da *besta do Apocalipse*.

LODO (v. Lama)

LONTRA

Por aparecer e desaparecer na superfície da água, a lontra é dotada de um simbolismo lunar. Disso advém seu valor iniciático. A pele de lontra é utilizada nas sociedades de iniciados, tanto entre os índios da América como na África Negra, especialmente entre os bantos dos Camarões do Sul e do Gabão.

626 | LÓQUI

As mulheres iniciadas *Ozila*, de poderes mágicos fertilizantes, que dançam principalmente nas cerimônias de nascimento e de casamento, têm um chifre na mão e usam um **cinto*** de pele de lontra.

Entre os ojibwas, na América do Norte, o xamã conserva suas **conchas*** mágicas num alforje de pele de lontra. Diz-se que o mensageiro do Grande Espírito, Intercessor entre este e os humanos, vendo a miséria da humanidade doente e enfraquecida, revela os segredos mais sublimes à lontra e introduz no seu corpo *Migis* (símbolos dos Mides ou membros da sociedade Midewiwin), para que ela se torne imortal e possa iniciar e, simultaneamente, consagrar os homens (ELIT, ELH). Todos os membros da sociedade Mida têm um saco de medicamentos feito de pele de lontra (ALEC, 258). São esses sacos, apontados como fuzis, que *matam* o suplicante, na cerimônia de iniciação. São em seguida colocados sobre seu corpo, até que ele volte à vida. Depois de cantos e banquetes, o novo iniciado recebe seu próprio saco de lontra das mãos dos sacerdotes. A lontra é, pois, o espírito iniciador, que mata e ressuscita.

Na Europa, o papel de psicopompo atribuído à lontra é atestado num canto fúnebre romeno:

> Porque a lontra sabe
> A ordem dos rios
> E o sentido dos vaus,
> Ela te fará passar
> Sem que tu te afogues
> E te levará
> Até as fontes frias
> Para te refrescar
> Dos arrepios da morte
>
> (*Trésor de la poésie universelle*,
> Caillois & Lambert, Paris, 1958)

O simbolismo da lontra (irl. *dolborchu*; galés *dyfrgi*; bret. *dourgy*, literalmente *cachorro da água*) é complementar ao do **cachorro***. Cuchulainn começa a série de suas façanhas matando um cão e termina-as, alguns instantes antes de morrer, matando uma lontra com uma pedra atirada de uma funda (CELT, 7, 20; CHAB, 317).

LÓQUI
(Demônio escandinavo do fogo* destruidor.)
Engendrou os monstros mais horríveis: a serpente de Midgard; o lobo Fenrir etc. Quando o universo se precipitar no abismo da destruição, Lóqui triunfará com um estrépito de riso diabólico.

Sua natureza dupla, sua familiaridade tanto com os demônios como com os deuses, seus poderes sobre as potências do mal, seus traços de semelhança evidente com Lúcifer colocam mais de um problema. Simbolizaria as transigências triunfantes e as astúcias maldosas, a perversão do espírito na perfídia.

LORELEI
Análogo germânico das sereias da mitologia grega. Encarapitada sobre os rochedos das margens do Reno, ela atraía os marinheiros contra os recifes, seduzindo-os com seus cantos. Esta ondina simboliza o encantamento pernicioso dos sentidos, que, suplantando a razão, leva o homem à perdição.

LOSANGO
Símbolo feminino. Losangos às vezes ornam serpentes em imagens ameríndias. Atribui-se-lhes um sentido erótico: o losango representa a vulva; a serpente, o falo, e eles exprimiriam uma filosofia dualista.

Desde o período pré-histórico das cavernas de La Madeleine, segundo H. Breuil, o losango representa a vulva e, por conseguinte, a matriz da vida. Por extensão, significa também a porta dos mundos subterrâneos, a passagem iniciatória para o ventre do mundo, a entrada na residência das forças ctonianas.

Na Guatemala, as mulheres sublinham sua função de símbolo da feminilidade, representando-o em suas roupas. As deusas do templo de Palenque usam vestidos com losangos. Ele aparece igualmente no México, associado à imagem da deusa ctonoselenita Chalchiutlicue. Chalchiutlicue, *a que tem uma saia de pedras preciosas* ou de jade verde, é a deusa das águas doces, esposa de Tlaloc, o grande Deus da Tempestade (SOUP, SOUA, GIRP). Sua representação é muitas vezes associada à do **jaguar*** na América Central: o único personagem feminino gravado sobre uma esteia de Copan tem uma saia ornada de losangos associados a peles de jaguar. Na arte maia, as manchas do jaguar ostentam a forma de círculos rodeados de losangos. A carapaça da tartaruga é frequentemente representada com ornamentos de losangos, consistindo também a tartaruga numa simulação de uma divindade ctono-selenita: por exemplo, entre os chortis (GIRP).

Uma pequena amêndoa, espécie de losango de ângulos arredondados, com um ponto no interior de uma de suas extremidades, representa convencionalmente o *sexo da moça* entre os bambaras (ZAHB). O losango, nas figuras da borra de café, é sinal de felicidade no amor (GRIA). Na China, é um dos oito emblemas principais e o símbolo da vitória.

Numa forma muito alongada, como dois triângulos isósceles adjacentes na base, o losango significaria os contatos e os intercâmbios entre o céu e a Terra, entre o mundo superior e o mundo inferior, às vezes também a união dos dois sexos.

LÓTUS

Flor que se poderia dizer a primeira e que desabrocha sobre águas geralmente estagnadas e turvas com uma perfeição tão sensual e soberana que é fácil imaginá-la, *in illo tempore*, como a primeira aparição da vida sobre a imensidade neutra das águas primordiais. Assim aparece na iconografia egípcia – como a primeiríssima; depois disso o demiurgo e o Sol brotam de seu coração aberto. A flor do lótus é pois, antes de tudo, o sexo, a vulva arquetípica, garantia da perpetuação dos nascimentos e dos renascimentos. Do Mediterrâneo à Índia e à China, sua importância simbólica, de manifestações tão variadas, se deriva, tanto no plano profano como no sagrado, desta imagem fundamental. O "lótus azul", que era considerado o mais sagrado no país dos Faraós, "oferecia

um perfume de vida divina: sobre os muros dos hipogeus tebanos, ver-se-á a assembleia familiar dos vivos e dos mortos aspirar gravemente a flor violácea, num gesto em que se misturam o deleite e a magia do renascimento" (POSD, 154).

A literatura galante chinesa – que alia, como se sabe, o gosto da metáfora a um profundo realismo – emprega a palavra lótus para designar expressamente a vulva, e o título mais lisonjeiro que se pode dar a uma cortesã é o de Lótus de Ouro. Entretanto, as espiritualidades indianas ou budistas interpretarão num sentido moral a cor imaculada do lótus, abrindo-se intacta por cima da nódoa do mundo. "Como um lótus puro, admirável, não é de modo algum maculado pelas águas, eu não sou maculada pelo mundo" (*Anguttaranikaya*, 2, 39).

Tcheu Tuen-yi, numa conotação que parece bissexual, e portanto totalizadora, retoma a noção de pureza, acrescenta as de sobriedade e retidão e faz da flor o emblema do sábio. De modo mais geral, como a ideia de pureza é constante, acrescentam-se ainda: a firmeza (a rigidez da haste), a prosperidade (a opulência da planta), a posteridade numerosa (abundância de grãos), a harmonia conjugal (duas flores crescem sobre a mesma haste), o tempo passado, presente e futuro (encontram-se simultaneamente os três estados da planta: botão, flor desabrochada, grãos).

Os grandes livros da Índia fazem do lótus, que surge da obscuridade e desabrocha em plena luz, o símbolo do crescimento espiritual. Sendo as águas a imagem da indistinção primordial, o lótus representa a manifestação que emana delas, que se abre na sua superfície, como o Ovo do mundo. O botão fechado é aliás o equivalente exato desse ovo, cuja ruptura corresponde à abertura da flor: é a realização das possibilidades contidas no germe inicial, a das possibilidades do ser, porque o coração é também um lótus fechado.

Porque o lótus tradicional tem oito pétalas, assim como o espaço tem oito direções, ele é ainda o símbolo da harmonia cósmica. É utilizado nesse sentido no traçado de numerosas mandala

628 | LOUCO (V. PALHAÇO, LOUCO [O], NO TARÔ)

e yantra. A iconografia hindu representa Vishnu dormindo na superfície do oceano causal.

Do umbigo de Vishnu emerge um lótus cuja corola desabrochada contém Brahma, princípio da tendência *expansiva* (rajas). É preciso aliás acrescentar que o botão de lótus, como origem da manifestação, é também um símbolo egípcio. Atributo de Vishnu, o lótus é substituído na iconografia kampucheana (cambojana) pela Terra, que ele representa enquanto aspecto passivo da manifestação. Para sermos precisos, a iconografia da Índia distingue o lótus rosa (ou *padma*), que acabamos de considerar, emblema solar e símbolo também de prosperidade, do lótus azul (ou *utpala*), emblema lunar e Shivaíta.

Do ponto de vista budista, o lótus – sobre o qual está sentado como num trono Xáquia Muni – é a *natureza de Buda*, não afetada pelo ambiente lamacento do samsara. A *gema no lótus* (*mani padme*) é o universo receptacular do Dfiarma, é a ilusão formal, ou a Maya, de onde emerge o Nirvana. Por outro lado, o Buda, no centro do lótus (de oito pétalas), estabelece-se na parte central da roda (de oito raios), da qual o *padma* é o equivalente: assim se exprime sua função de Chakravarti, tal como é possível interpretá-la em Bayon d'Angkor-Thom. O centro do lótus é, em outras circunstâncias, ocupado pelo monte Meru, eixo do mundo. Na mitologia Vishnuísta, é a própria haste do lótus que se identifica com este eixo, o qual é, como se sabe, o falo, e reforça a hipótese de um simbolismo bissexual ou sexualmente totalizador. No simbolismo do Tantra, os sete centros sutis do ser que o eixo vertebral, o eixo de *sushumna*, atravessa são figurados como lótus de 4, 6, 10, 12, 16, 20 e 1.000 pétalas. O lótus de *mil pétalas* significa a totalidade da revelação.

Numa interpretação mais banalizante, a literatura japonesa faz amiúde desta flor, tão pura no meio de águas sujas, uma imagem da moralidade, que pode permanecer pura e intacta no meio da sociedade e de suas vilanias, sem que seja preciso que se retire para um lugar deserto.

Parece enfim que o lótus tenha apresentado, no Extremo Oriente, uma significação alquímica.

Com efeito, várias organizações chinesas tomaram o lótus (branco) como emblema, o mesmo ocorrendo com uma comunidade amidista fundada no séc. IV no monte Lu e uma importante sociedade secreta taoista, à qual o simbolismo budista talvez sirva de *cobertura,* mas podendo também referir-se ao simbolismo da alquimia interna, porque a *flor de ouro* é branca (BURA, DURV, GRIF, SOUN).

LOUCO (*v.* Palhaço, Louco [o], no Tarô)

O inspirado, o poeta, o iniciado parecem loucos muitas vezes, por algum aspecto do seu comportamento, que escapa às normas habituais. Nada parece mais louco do que a sabedoria para aquele que não conhece outra regra que o bom senso. "Uma lenda dos peúles diz que há três espécies de loucos: o que tinha tudo e tudo perdeu bruscamente; o que não tinha nada e tudo adquire sem transição; e o louco, doente mental. Poder-se-ia acrescentar um quarto tipo: o que tudo sacrifica para adquirir a sabedoria, o iniciado exemplar" (HAMK, 33).

Esse último não seria outro senão o **Louco*** do Tarô (fr. *le mat,* it. *il matto,* al. *der Narr*). O louco está fora dos limites da razão, fora das normas da sociedade. Segundo o Evangelho, a sabedoria dos homens é loucura aos olhos de Deus, e a sabedoria de Deus, loucura aos olhos dos homens: por trás da palavra loucura se esconde a palavra transcendência.

LOUCO, O
(Curinga, Zero ou Vinte e dois, e o Tarô)

De todas as imagens do jogo do Tarô, eis a mais misteriosa, a mais fascinante, portanto, e a mais inquietante. Diferentemente dos outros arcanos maiores, numerados de um (o **Mago***) a vinte e um (o **Mundo***), O Louco não tem número. Ele se coloca, portanto, de fora do jogo, isto é, fora da cidade dos homens, fora dos muros. Ele caminha apoiado em um bastão de ouro, na cabeça um boné da mesma cor, parecido com o cesto, que simboliza a loucura; suas calças estão rasgadas e, sem que ele pareça se dar conta, um cachorro, atrás dele, agarra o tecido, deixando aparecer a carne nua. É um louco, concluirá o observador, abrigado por trás das seteiras da cidade. É um Mestre, murmurará o filósofo hermético, notando que o bastão, em cuja ponta ele carrega uma trouxa, sobre o ombro, é branco, da cor do segredo, cor da iniciação, e que seus pés calçados de vermelho se apoiam firmemente sobre um chão bem real, e não sobre um suporte imaginário. Sua sacola está vazia, mas é cor-de-rosa, como sua coxa e como o cachorro que tenta agarrá-lo: símbolos da natureza animal e de posses, com as quais não se preocupa. Por outro lado, o ouro do conhecimento e das verdades transcendentais é a cor do bastão sobre o qual ele se apoia, da terra sobre a qual ele caminha, dos seus ombros e do seu cabelo. E acima de tudo, *ele caminha*, isso é o importante, ele não vaga errante, *ele avança*.

Certos autores dão a essa lâmina do Tarô o número **zero***, outros, o número vinte e **dois***. Uma vez que vinte e um forma um ciclo completo, que pode querer dizer vinte e dois, senão o retorno ao zero, semelhante ao de um taxímetro? Zero ou vinte e dois, O Louco, segundo a simbologia dos números, quer dizer o limite da palavra, o lado de lá da soma que não é outra coisa senão o vazio, a presença superada, que se transforma em ausência, o saber último, que se torna ignorância, disponibilidade: a cultura, aquilo que fica quando tudo o mais é esquecido, como se diz. O Louco não é o nada, mas o vácuo do fana dos sufis, uma vez que nenhum haver é mais necessário, tornando-se a consciência do ser a consciência do mundo, da totalidade humana e material, da qual ele se desligou para avançar mais à frente. Se ele é o vazio, é ele que separa o ciclo completo do ciclo que vai começar. O onze e seus múltiplos são *sóis avançados*, nota Chaboche (FRCH, 165). É o que acontece com O Louco, lâmina zero ou vinte e dois; ele caminha na frente, com uma evidência solar, sobre as terras virgens do conhecimento, para além da cidade dos homens.

LOURO[1]

Entre os antigos, deuses, deusas os heróis eram louros; e mesmo Dioniso (apesar do hino homérico que no-lo descreve moreno) não tardou em tornar-se, diz Eurípides, "um belo jovem de olhos negros e de tranças louras". Porque essa cor loura simboliza as forças psíquicas emanadas da divindade. E a Bíblia confirma essa tradição: "o rei Davi é de um louro ruivo" (1 *Samuel* 16, 12), tal como será representado o Cristo, em numerosas obras de arte.

Entre os celtas, uma cabeleira loura é sinal não apenas de beleza masculina ou feminina, mas de uma beleza de reis. No entanto, assim como Dioniso, o herói Cuchulainn não é exclusivamente louro, ele tem também tranças de um castanho-escuro, e a menção desse detalhe raramente é omitida na descrição do personagem. E o mesmo ocorre no País de Gales. O critério, todavia, não é absoluto. Derdriu, uma das mais belas jovens da Irlanda, possui cabeleira castanha. Segundo os autores antigos, os gauleses usavam o óxido de sódio para descolorar os cabelos.

Esse privilégio do louro provém de sua cor solar, cor de pão cozido, de frumento (ou trigo candial, i.e., aquele que produz a farinha mais alva: o melhor trigo) maduro; é uma manifestação do calor e da maturidade, ao passo que o castanho-escuro ou trigueiro indica, antes, o calor subterrâneo, não manifestado, do amadurecimento interior (*v.* **amarelo***, e **castanho***).

LOURO[2]

O louro está ligado, como todas as plantas que permanecem verdes no inverno, ao simbolismo da imortalidade; simbolismo que, sem dúvida, não foi esquecido pelos romanos, quando fizeram do louro o emblema da glória, tanto das armas como do espírito. Além disso, o louro tinha outrora a reputação de proteger do raio: qualidade correlativa da primeira.

Esse simbolismo da imortalidade também é conhecido na China: a Lua, assegura-se, contém um loureiro e um Imortal. É ao pé do loureiro (planta medicinal) que a lebre da Lua mói as ervas das quais extrai a droga da imortalidade (SOUL).

Arbusto consagrado a Apolo, simboliza a imortalidade adquirida pela vitória. É por isso que sua folhagem é usada para coroar os heróis,

LUA

os gênios e os sábios. Árvore apolínea, significa também as condições espirituais da vitória, a sabedoria unida ao heroísmo.

Na Grécia, antes de profetizar, a Pítia e os adivinhos mastigavam ou queimavam louro, o qual, consagrado a Apolo, possuía qualidades divinatórias. Os que obtinham da Pítia uma "resposta favorável retornavam para casa com uma coroa de louro sobre a cabeça" (LOEC, 52). O louro simbolizava as virtudes apolíneas, a participação nessas virtudes pelo contato com a planta sagrada e, em consequência, uma relação particular com o deus, que assegurava sua proteção e transmitia uma parte de seus poderes. Como o leite, o louro manifesta a associação simbólica: imortalidade, conhecimento secreto.

Na África do Norte, entre os benisnus, é com uma vara de loureiro-rosa que os portadores de máscara se armam, quando das cerimônias sazonais. A escolha deste arbusto não é indiferente. Ele gosta dos lugares úmidos, e os camponeses lhe atribuem numerosas virtudes purificadoras [...]. Uma vez consagrados pelo contato com o sangue de uma vítima, esses ramos são o sinal tangível do contrato firmado entre os homens e os invisíveis e, por isso, tornam-se talismãs protetores que afastam todas as forças maléficas (SERP, 370).

LUA

É em correlação com o simbolismo do **Sol*** que se manifesta o da Lua. Suas duas características mais fundamentais derivam, de um lado, de a Lua ser privada de luz própria e não passar de um reflexo do Sol; de outro lado, de a Lua atravessar fases diferentes e mudança de forma. É por isso que ela simboliza a dependência e o princípio feminino (salvo exceção), assim como a periodicidade e a renovação. Nessa dupla qualificação, ela é símbolo de transformação e de crescimento (**crescente*** da Lua).

A Lua é um símbolo dos ritmos biológicos: "Astro que cresce, decresce e desaparece, cuja vida depende da lei universal do vir a ser, do nascimento e da morte [...] a Lua conhece uma história patética, semelhante à do homem [...]

mas sua morte nunca é definitiva [...]. Este eterno retorno às suas formas iniciais, esta periodicidade sem fim fazem com que a Lua seja por excelência o astro dos ritmos da vida [...]. Ela controla todos os planos cósmicos regidos pela lei do vir a ser cíclico: águas, chuva, vegetação, fertilidade [...]." (ELIT, 139).

"A Lua simboliza também o tempo que passa, o tempo vivo, do qual ela é a medida, por suas fases sucessivas e regulares. A Lua é o instrumento de medida universal. O mesmo simbolismo liga entre si a Lua, as Águas, a Chuva, a fecundidade das mulheres, a dos animais, a vegetação, o destino do homem depois da morte e as cerimônias de iniciação. As sínteses mentais tornadas possíveis pela revelação do ritmo lunar colocam em correspondência e unem realidades heterogêneas; suas simetrias de estruturas ou suas analogias de funcionamento não poderiam ter sido descobertas, se o homem *primitivo* não tivesse intuitivamente percebido *a lei de variação periódica* do astro" (ELIT, 140).

A Lua é também o *primeiro morto*. Durante três noites, em cada mês lunar, ela está como morta, ela desapareceu... Depois reaparece e cresce em brilho. Da mesma forma, considera-se que os mortos adquirem *uma nova modalidade de existência*. A Lua é para o homem o símbolo desta passagem da vida à morte e da morte à vida; ela é até considerada, entre muitos povos, o lugar dessa passagem, a exemplo dos lugares subterrâneos. É por isso que *numerosas divindades lunares são ao mesmo tempo crônicas e fúnebres: Men, Perséfone, provavelmente Hermes...* A viagem à Lua ou até a vida imortal na Lua depois da morte terrestre são reservadas, segundo certas crenças, a privilegiados: soberanos, heróis, iniciados, mágicos (ELIT, 152, pp. 139-164, todo o capítulo sobre a Lua e a mística lunar).

A Lua é um símbolo do conhecimento indireto, discursivo, progressivo, frio. A Lua, *astro das noites*, evoca metaforicamente a beleza e também a luz na imensidade tenebrosa. Mas, como essa luz não é mais que um reflexo da luz do Sol, a Lua é apenas o símbolo do conhecimento por reflexo, isto é, do conhecimento teórico, conceptual, racional; é nesse ponto que é ligada ao simbolismo da **coruja***. É também por isso que a Lua é *yin* em relação ao Sol *yang*: ela é *passiva, receptiva*. Ela é a água em relação ao fogo solar, o frio em relação ao calor; o norte e o inverno simbólicos opostos ao sul e ao verão.

A Lua produz a chuva; os animais aquáticos, professa Huai-nan-tse, crescem e decrescem com ela. Passiva e produtora da água, ela é fonte e símbolo de fecundidade. Ligada às águas primordiais de onde procede a manifestação. É o receptáculo dos germes do renascimento cíclico, a **taça*** que contém a bebida da imortalidade: por isso é chamada soma, como essa bebida. Da mesma forma, Ibn al-Farid faz dela a taça que contém o *yin* do conhecimento, e os chineses veem nela a **lebre*** moendo os ingredientes necessários para preparar o Elixir da vida; tiram daí o orvalho, que possui as mesmas virtudes.

No hinduísmo, *a esfera da Lua* é o resultado da *via dos ancestrais* (pitri-yana). Nela eles não são libertados da condição individual, mas produzem a renovação cíclica. As formas terminadas dissolvem-se na Lua, as formas não desenvolvidas emanam dela. O que não deixa de ter ligação com o papel *transformador* de Shiva, cujo emblema é um crescente de Lua. A Lua é, por outro lado, o regente dos ciclos hebdomadário e mensal. Esse movimento cíclico (fase do crescimento e fase minguante) pode ser relacionado com o simbolismo lunar de ano: a Lua é, ao mesmo tempo, *porta do Céu e porta do inferno*, Diana e Hécate, sendo *o céu* referido, entretanto, apenas o cume do edifício cósmico. A *saída do cosmo* se efetuará somente pela *porta solar*. Diana seria o aspecto favorável, Hécate, o aspecto temível da Lua (DANA, GRAD, GUEV, GUED, GUES, SOUL).

A festa da Lua, cuja deusa é Heng-ugo, é uma das três grandes festas chinesas anuais: realiza-se no décimo quinto dia do oitavo mês, na Lua cheia do equinócio do outono. O sacrifício consiste em frutas, doces açucarados que se fabricam e vendem nessa ocasião e num ramo de flores de amaranto-vermelho. Os homens não participam da cerimônia. É obviamente uma festa das colheitas: a Lua é aqui o símbolo da fecundidade. A Lua é de água, ela é a essência do *yin*: como o Sol, é habitada por um animal, que é ou uma lebre, ou um sapo (MYFT, 126-127).

Os povos altaicos saudavam a Lua Nova, pedindo-lhe a *felicidade e a sorte* (ibid.). Os estonianos, os finlandeses, os iacutos celebram os casamentos na Lua Nova. Para eles, também, ela é um símbolo de fecundidade.

A Lua é às vezes afetada por um signo nefasto. Para os samoiedos, seria *o olho mau* de Num (o Céu), do qual o sol seria *o olho bom*.

Entre os maias, por exemplo, o deus *Itzamna* (casa de cintilação – *Céu*), filho do ser supremo, é comparado ao deus solar *Kinich Ahau* (Senhor-Rosto do Sol). É por isso que Ixchel, deusa da Lua, era sua companheira, mas também seu aspecto hostil, mau, que possui os mesmos traços dele, se bem que use sobre a fronte uma tira de serpentes, atributo das deusas (KRIR, 98).

Como a Lua rege a renovação periódica, tanto no plano cósmico como no plano terrestre, vegetal, animal e humano, as divindades lunares, entre os astecas, compreendem os deuses da embriaguez; por um lado, porque o bêbado, que adormece e acorda sem de nada se lembrar, é uma expressão de renovação periódica (SOUM); por outro lado, porque a embriaguez acompanha os banquetes que se fazem nas colheitas e são, portanto, a expressão da fertilidade. Encontram-se aqui os ritos da colheita, presentes em todas as civilizações agrárias. Os astecas nomeavam as divindades da embriaguez *os quatrocentos coelhos*; o que sublinha a grande importância do **coelho*** no bestiário lunar.

Ainda entre os astecas, a Lua é filha de Tlaloc, deus das chuvas, também associado ao fogo. Na maioria dos códices mexicanos, a Lua é representada "por uma espécie de recipiente em forma de crescente, cheio de água, no qual sobressai a silhueta de um coelho" (SOUM).

632 | LUA

Entre os maias, ela é um símbolo de preguiça e de desregramento sexual (THOH). É também a padroeira da tecelagem e, nessa qualificação, tem a aranha como atributo.

Entre os incas, segundo Means (MEAA), a Lua tinha quatro acepções simbólicas. Em primeiro lugar, era considerada uma divindade feminina, sem ligação com o Sol; depois, como o deus das mulheres, sendo o Sol o deus dos homens; após, como esposa do Sol, concebendo dele as estrelas; enfim, no último grau de seu pensamento filosófico-religioso, como a esposa incestuosa do Sol, seu irmão, sendo as duas divindades os filhos do supremo deus uraniano Viracocha. Além de sua função primordial de rainha dos céus e de tronco da raça imperial inca, reinava sobre o mar e os ventos, sobre as rainhas e as princesas, e era a padroeira dos partos.

A divinização dos dois grandes lumes não faz sempre da Lua a esposa do Sol. Assim, para os índios gês do Brasil central e nordestino, esse astro é uma divindade masculina, que não tem nenhum grau de parentesco com o Sol (ZERA).

Da mesma forma, em todo o mundo semítico do Sul (árabe, sul-arábico, etíope), a Lua é do sexo masculino, e o Sol, de natureza feminina, porque, para esses povos nômades e caravaneiros, a noite é que é repousante e doce, propícia às viagens. Entre muitos outros povos não nômades, a Lua é também de natureza masculina (SOUL, 154). É o guia das noites.

Na tradição judia, a Lua simboliza o povo dos hebreus. Assim como a Lua muda de aspecto, o hebreu nômade modifica continuamente seus itinerários. **Adão*** é o primeiro homem a começar uma vida errante (*Gênesis,* 3, 24), **Caim*** será um vagabundo (4, 14). Abraão recebe uma ordem de Deus, dizendo-lhe para deixar seu país e a casa de seu Pai (13, 1); sua posteridade sofrerá a mesma sorte: a diáspora, o Judeu errante etc.

Os cabalistas comparam a Lua que se esconde e se manifesta à **filha*** do rei. A Lua aparece e se retira, trata-se sempre da alternância de fases visíveis e invisíveis.

No *Gênesis* (**38**, 28-30). Tamar grávida está a ponto de dar à luz, tem dois gêmeos dentro de si. No momento do parto, uma das crianças põe a mão para fora, e a parteira coloca nela um fio escarlate, dizendo: será o primeiro. Mas a criança puxa a mão para dentro de novo, e seu irmão sai em primeiro lugar; foi chamado de Farés, o segundo tomou o nome de Zara. Ora, o nome da palmeira é Tamar, onde se encontram simultaneamente o masculino e o feminino. É por isso, segundo o Bahir, que os filhos de Tamar são comparados ao Sol e à Lua (SCHK, 107, 186), que sai e torna a entrar, para deixar passar em primeiro lugar o Sol.

A Lua (em árabe *Qamar*) é mencionada com frequência no *Corão.* "É, como o Sol, um dos signos do poder de Alá (**41**, 37). Criada por Alá (**10**, 15), a Lua lhe rende homenagem (**22**, 18). Alá submeteu-a aos homens (**14**, 37) para que ela lhes medisse o tempo, principalmente por meio de suas quadraturas (**10**, 5; 36, 39), de seus crescentes (**2**, 185). Seu ciclo permite o cálculo dos dias (**55**, 4; 6, 96). Mas no dia do Julgamento que estará próximo quando se vir a Lua rachar (**50**, 1), ela se reunirá ao Sol e se eclipsará (**75**, 8-9)" (RODL).

Existem dois calendários no Islã; um solar, por causa das necessidades da agricultura; o outro, lunar, por razões religiosas, sendo a Lua o *regulador dos atos canônicos.*

O próprio Corão emprega um simbolismo lunar. As fases da Lua e o **crescente*** evocam a morte e a ressurreição.

Ibn al-Mottaz (morto em 908) foi o primeiro a encontrar, dez séculos antes de Hugo, a imagem célebre: "Olha a beleza do crescente que, acabando de aparecer, rasga as trevas com seus raios de luz. / Como uma foice de prata que, entre as flores brilhando na obscuridade, colhe narcisos."

A primeira lembrança que ocorre, quando se deseja descrever algo excessivamente belo e mostrar sua extrema perfeição, é dizer: uma face semelhante à Lua...

Para Jalal-od Din Rumi (morto em 1273), "o Profeta reflete Deus como a Lua reflete a luz do Sol. Também o místico, que vive do brilho de Deus, se parece com a Lua, pela qual se guiam os peregrinos de noite".

Como a Terra, o Sol e os elementos, a Lua (*esca*) serve de garantia nas fórmulas usuais do juramento irlandês. O calendário céltico, que conhecemos sob sua forma lunar-solar em Coligny, era lunar originalmente: "é por este astro (a Lua) que os gauleses determinam seus meses e anos, assim como seus séculos de trinta anos" (Plínio, *Hist. Nat.* 16, 249; OGAC, 13, 521 s.).

Vê-se aparecer nas manchas da Lua todo o bestiário lunar, segundo a imaginação dos diferentes povos. Na Guatemala e no México, elas representam um coelho e às vezes um cachorro. No Peru, um jaguar ou uma raposa. Mas, ainda no Peru, como também no folclore europeu, certas tradições veem nelas os traços de um rosto humano, enquanto, segundo uma tradição dos incas, são feitas de poeiras que o Sol teria por ciúme jogado na face da Lua, para obscurecê-la, por julgá-la mais brilhante que ele próprio (MEAA, LECH).

Para os iacutos, as manchas da Lua representam *uma menina que leva sobre os ombros uma vara com dois baldes de água*. A mesma imagem é completada por um vimeiro entre os buriatas. Uma figuração análoga circulou na Europa e se encontra entre alguns povos da costa noroeste da América, tais como os tlingits e os haidas (HARA, 133-134).

Os tártaros de Altai veem nelas um velho canibal, que foi raptado da Terra pelos deuses, para poupar a humanidade. Os povos altaicos enxergam uma lebre. Cachorros, lobos, ursos habitam a Lua ou figuram em mitos relativos às mudanças de fase na Ásia central, especialmente entre os golds, os gilliaks, os buriatas.

A Lua, cujo disco aparente é do mesmo tamanho do Sol, tem na *astrologia* um papel especialmente importante. Simboliza o princípio passivo, mas fecundo, a noite, a umidade, o subconsciente, a imaginação, o psiquismo, o sonho, a receptividade, a mulher e tudo que é instável, transitório e influenciável, por analogia com seu papel de refletor da luz solar. A Lua faz a volta no Zodíaco em 28 dias, e muitos historiadores pensam que o Zodíaco lunar das 28 moradas (pouco utilizado atualmente na astrologia ocidental) é mais antigo que o Zodíaco solar dos 12 signos; o que explica a importância da Lua em todas as religiões e tradições.

Os budistas creem que Buda meditou 28 dias debaixo da figueira, isto é, um mês lunar, ou um ciclo perfeito de nosso mundo sublunar, antes de atingir o Nirvana e chegar ao conhecimento perfeito dos mistérios do mundo. Os brâmanes ensinam que acima do estado humano há 28 estados angélicos ou paradisíacos, isto é, que a influência lunar se exerce tanto sobre os planos sutis, sobre-humanos, como sobre o mundo físico. Os hebreus ligam o Zodíaco lunar às mãos de Adão Kadmon, o homem universal – 28 sendo o número da palavra cHaLaL = vida, e das falanges das duas mãos. A mão direita, a que abençoa, tem relação com a Lua crescente, e a mão esquerda, a que lança malefícios, com os 14 dias da Lua minguante. As imagens simbólicas das 28 moradas lunares hindus figuram na *Astronomia Indiana* do abade Guérin (Paris, 1847).

Fonte de inumeráveis mitos, lendas e cultos que dão às deusas a sua imagem (Ísis, Istar, Artêmis ou Diana, Hécate...), a Lua é um símbolo cósmico de todas as épocas, desde os tempos imemoriais até nossos dias, generalizado em todos os horizontes.

Na mitologia, folclore, contos populares e poesia, este símbolo diz respeito à divindade da mulher e à força fecundadora da vida, encarnadas nas divindades da fecundidade vegetal e animal, fundidas no culto da **Grande mãe*** (*Mater magna*). Essa corrente eterna e universal se prolonga no simbolismo astrológico, que associa ao astro das noites a presença da influência materna no indivíduo, enquanto mãe-alimento, mãe-calor, mãe-carinho, mãe-universo afetivo.

Para o astrólogo, a Lua fala, no interior da constelação de nascimento do indivíduo, da parte da *alma animal,* representada nessa região em que domina a vida infantil, arcaica, vegetativa, artística e anímica da psique. A zona lunar da personalidade é esta zona noturna, inconsciente, crepuscular de nossos tropismos, de nossos impulsos instintivos. É a parte do *primitivo* que dormita em nós, vivaz ainda no sono, nos sonhos, nas fantasias, na imaginação, e que modela nossa sensibilidade profunda. É a sensibilidade do ser íntimo entregue ao encantamento silencioso de seu *jardim secreto* impalpável canção da alma, refugiado no paraíso de sua infância, voltado sobre si mesmo, encolhido num sono da vida – senão entregue à embriaguez do instinto, abandonado ao transe de um arrepio vital que arrebata sua alma caprichosa, vagabunda, boêmia, fantasiosa, quimérica, ao sabor da aventura...

A Lua é também o símbolo do sonho e do inconsciente, bem como dos valores noturnos. Entre os dogons, a raposa clara Yurugu, mestre da divinação, a única a conhecer a *primeira palavra de Deus*, que só aparece aos homens nos seus **sonhos***, simboliza a Lua (ZAHD).

Mas o inconsciente e o sonho fazem parte da vida noturna. O complexo simbólico lunar e inconsciente associa à noite os elementos água e terra, com suas qualidades de frio e umidade, em oposição ao simbolismo solar e consciente, que associa ao dia os elementos ar e fogo, e as qualidades de calor e secura.

A vida noturna, o sonho, o inconsciente, a Lua são todos termos que têm parentesco com o domínio misterioso do *duplo*; nesse sentido, é impressionante ver a Lua ser associada, numa lenda buriata, à bela metáfora de *lança do eco* (HARA, 131).

Segundo a interpretação de Paul Diel, a Lua e a noite simbolizam a imaginação mal sã, oriunda do subconsciente; acrescentemos que o autor compreende por subconsciente: *a imaginação exaltada e repressora* (DIES, 36). Essa simbolização se aplica, em numerosas culturas, a toda uma série de heróis ou divindades, que são lunares, noturnas, inacabadas, maléficas.

A Lua – ou O Crepúsculo –, 18º arcano principal do **Tarô***, exprimiria, segundo certos intérpretes, o enterro do espírito na matéria (Enel); a

neurastenia, a tristeza, a solidão, as doenças (G. Muchery); o fanatismo, a falsidade, a falsa segurança, as aparências enganadoras, o falso caminho, o roubo cometido por pessoas próximas ou serviçais, as promessas sem valor (Th. Tereschenko); o trabalho, a conquista penosa do verdadeiro, a instrução pela dor ou pelas ilusões, as decepções, as armadilhas, a chantagem e os extravios (O. Wirth). Esse arcano completa as significações de *O Enamorado* e, como esta lâmina, corresponde em astrologia à sexta casa do horóscopo. Acrescentemos que a Lua de um Tarô francês do começo do séc. XVIII, citado por Gérard van Rijnbeck, não ilumina os dois cães que latem, como nos baralhos comuns, mas uma vaca, uma cegonha e uma ovelha; o que se pode relacionar com a atribuição tradicional dos animais domésticos da sexta casa do horóscopo.

Convém, entretanto, examinar essa lâmina mais de perto: a Lua nos aparece dividida em três planos. Do disco lunar **azul***, no qual está desenhado um perfil num crescente, partem vinte e nove raios: sete azuis, sete **brancos***, menores, quinze **vermelhos***. Entre o céu e a Terra, oito gotas azuis, seis vermelhas e cinco **amarelas*** parecem ser aspiradas pela Lua.

O solo, amarelo, é acidentado e tem apenas duas pequenas plantas de três folhas, enquanto, no fundo da paisagem, à direita e à esquerda, se erguem duas torres com ameias de lados cortados, que parecem estar uma a céu aberto, a outra, coberta. No centro da paisagem, dois cães cor de carne (ou um lobo e um cão) aparecem face a face, de goela aberta, como se uivassem, e é possível se perguntar se o da direita não toma uma das gotas azuis.

Enfim, no terço inferior da lâmina, no meio de um espelho de água azul riscada de preto, avança um enorme caranguejo visto de costas, igualmente azul.

Esses três planos bem distintos são os dos astros, da Terra e das águas. A Lua que os rege ilumina apenas por reflexo e aspira para si todas as emanações desse mundo, quer tenham a cor do espírito e do sangue, da alma de sua força oculta,

ou do ouro triunfante da matéria. Os dois **cães***
Cérberos, guardiães e psicopompos, latem para
a Lua e lembram-nos que, em toda a mitologia
grega, eles foram os animais consagrados a Artêmis, caçadora lunar, e a Hécate, tão poderosa nos
Céus como nos Infernos, o que é sugerido pelas
duas torres, limites dos dois mundos opostos. O
próprio caranguejo foi amiúde associado à Lua
por sua marcha de trás para a frente, semelhante
à do astro. Mas a Lua sempre foi considerada
mentirosa, e não devemos nos restringir a essas
aparências de ordem cósmica, porque essa lâmina
tem uma significação mais profunda e de ordem
psíquica. "A Lua", diz Plutarco, "é a morada dos
homens bons depois de sua morte. Levam aí
uma vida que não é nem divina, nem feliz, mas,
contudo, isenta de preocupação, até a sua segunda
morte. Porque o homem deve morrer duas vezes"
(RIJT, 252). Assim a Lua é a morada dos humanos
entre a desencarnação e a segunda morte, que será
o prelúdio do novo nascimento.

As almas, sob forma de gotas de três cores
diferentes, correspondendo talvez a três graus
de espiritualização, sobem então para a Lua, e,
se os cães procuram assustá-las, é para que não
ultrapassem os limites proibidos, onde a imaginação se perderia. O mundo dos reflexos e das
aparências não é o da realidade. O caranguejo
está só, nas águas azuis inundadas de claridade
lunar; evoca o signo astrológico de Câncer, que é
tradicionalmente o domicílio da Lua e favorece
a introspecção, o exame de consciência. Como o
escaravelho egípcio, devora o que é transitório e
participa na regeneração moral.

Na via da iluminação mística, aonde nos
conduziu o décimo sétimo arcano (A Estrela), a
Lua ilumina o caminho, sempre perigoso, da imaginação e da magia, enquanto o **Sol*** (XIX) abre
a estrada real da iluminação e da objetividade.

LUA NEGRA

A Lua Negra é um ponto fictício no céu, cuja importância é capital no tema astrológico. Seu hieróglifo é representado por uma foice interceptada,
ou por dois crescentes de Lua formando um Sol

central com um ponto no meio: o próprio olho
do unicórnio, lugar metafísico por excelência.

A Lua Negra, que é associada a Lilit, a primeira mulher de Adão, cujo sexo se abria no cérebro,
está ligada essencialmente às noções do intangível,
do inacessível, da presença desmedida da ausência
(e o inverso), da hiperlucidez dolorosa, de tão
intensa. Mais que um centro de repulsão oculto,
a Lua Negra encarna a solidão vertiginosa, o Vazio
absoluto, que não é senão o Cheio por Densidade.

Essa força imaterial é também a mancha cega
aureolada de chamas negras, que aniquila o lugar
onde gravita. Pode, entretanto, transfigurar a *casa*
astrológica onde se encontra no tema natal, graças
ao dom absoluto de si mesma, ou a sublimação.
Outras vezes, quando recebe influxos maus, é a
desintegração que a espreita.

Hades associa a Lua Negra ao elemento pesado, tenebroso de Tamas: ela simbolizaria então
a energia a vencer, a obscuridade a dissipar, o
carma a purgar. Está sempre ligada a fenômenos
extremos, oscilando entre a recusa e a fascinação.
Se não atinge o Absoluto que ele procura apaixonadamente, o ser marcado pela Lua Negra prefere
renunciar ao mundo, mesmo que ao preço de sua
própria destruição ou do aniquilamento de outra
pessoa. Mas se ele sabe transmutar o veneno em
remédio, a Lua Negra permite o acesso à porta
estreita que abre para intensa libertação, intensa
luz... Jean Carteret, teórico das luminares negras,
sublinha a relação entre a Lua Negra e o Unicórnio, que rasga ou fecunda divinamente, se o ser
estiver purificado de suas paixões. A Lua Negra
designa uma via perigosa, mas que pode conduzir
de maneira abrupta ao centro luminoso do Ser
e à Unidade.

A Lua Negra é o aspecto nefasto da Lua: símbolo do aniquilamento, das paixões tenebrosas e
maléficas, das energias hostis a vencer, do **carma***,
do vazio absoluto, do *buraco negro* com seu poder
assustador de atrair e absorver.

LULA

A lula ou calamar aparece, curiosamente, num
mito dos índios nootkas de Vancouver, relatado

636 | LUTA

por G. Frazer (FRAF), como o primeiro senhor do fogo, do qual este foi roubado pelo gamo para o benefício dos homens; o mito especifica que a lula vivia, então, na terra e no mar.

LUTA

Representações, cerimônias, mímicas de lutas estão ligadas a um ritual de estimulação das forças genésicas e das forças da vida vegetativa. "As batalhas e os conflitos que ocorrem, em muitos lugares, por ocasião da primavera ou das colheitas devem sua origem, sem dúvida, à concepção arcaica segundo a qual os golpes, os concursos, os jogos brutais entre grupos de sexo diferente etc. aumentam e fomentam a energia universal" (ELIT, 271). Essas lutas rituais repetem arquétipos imemoriais, que se encontram em todas as religiões. O combate de Jacó com o anjo pode ser interpretado a essa luz: com sua vitória, Jacó revelou-se um suporte digno da energia que devia dar origem ao povo de Israel e a todos os povos da Nova Aliança. Os egípcios, os assírio-babilônios, os hititas simulam lutas, evocando o triunfo da ordem sobre o caos. Por exemplo, os hititas, "no quadro da festa do Novo Ano, recitavam e representavam mais uma vez o duelo exemplar entre o deus atmosférico *Teshup* e a serpente *Iluyonkosh*" (ELIT, 336). A vitória na luta simboliza a criação do mundo, ou uma participação nessa criação contínua. De um ponto de vista interior, a criação se renova ou progride, simbolicamente, em cada conflito superado (*v.* **cosmogonia***).

As lutas simuladas ou reais, as lutas de caça e de pesca, quando terminavam com sucesso, transferiam para o vencedor uma espécie de poder mágico, garantia de futuras vitórias. Da mesma forma, os gestos esboçados antes do combate, que um boxeador pratica hoje em dia para se aquecer ou para amolecer os músculos, tinham por intenção atrair uma parte dessa força mágica. A luta era um meio de captação dos poderes: o vencedor saía do combate carregado com um acréscimo de forças. Gestos cerimoniais, com aspersão de sal, precedem no Japão às lutas do combate tradicional de sumô.

LUVA

É conhecido o gesto de *lançar a luva*, que foi, na cavalaria antiga, e permanece, na linguagem figurada, um sinal de desafio, que é aceito com a própria luva, com o ato de apanhá-la.

O uso de luvas na liturgia católica e o de luvas brancas na maçônica simbolizam a pureza. A luva evita o contato direto e imprudente com a matéria impura.

J. Boucher, observando que um magnetismo real emana da extremidade dos dedos, *estima que* as mãos enluvadas de branco não podem filtrar senão um magnetismo transformado e benéfico. De uma assembleia de maçons, todos com luvas brancas, se desprende uma impressão de paz, de serenidade, de quietude (BOUM, 313).

As luvas são, também, um emblema de investidura. Sua cor ou sua forma, quando, por exemplo, oficiam os bispos, pode indicar uma função. A luva convém, sobretudo, à nobreza, e era usada, de preferência, na mão esquerda. Prolongada por um punho, que cobre o pulso, e onde o falcão vem pousar, significa o direito da caça.

O fato de tirar as luvas diante de uma pessoa significaria reconhecer-lhe a superioridade. Aquele que se desenluva homenageia com isso o outro e como que se desarma diante dele.

LUZ

Em numerosos casos, as fronteiras ficam indecisas entre a luz-símbolo e a luz-metáfora. Por exemplo, pode-se perguntar se a luz, "aspecto final da matéria que se desloca com uma velocidade limitada, e a luz de que falam os místicos têm alguma coisa incomum, a não ser o fato de serem um *limite* ideal e um resultado" (VIRI, 259). Vai-se na direção do símbolo, por outro lado, quando se considera a luz um primeiro aspecto do mundo informe. Embrenhou-se na sua direção, entra-se num caminho que parece poder levar além da luz, isto é, além de toda forma, mas, igualmente, além de toda sensação e de todo conceito (VIRI, 265 s.: a saída do Imaginário e a experiência da luz).

A luz é relacionada com a obscuridade para simbolizar os valores complementares ou alternantes de uma evolução. Essa lei se verifica nas imagens da China arcaica, bem como nas de numerosas civilizações. Sua significação é que, assim como acontece na vida humana em todos os seus níveis, uma época sombria é seguida, em todos os planos cósmicos, de uma época *luminosa*, pura, regenerada. O simbolismo da saída das trevas se encontra nos rituais de iniciação, assim como nas mitologias da morte, do drama vegetal (semente enterrada, trevas de onde sairá uma planta nova, neófita) ou na concepção dos ciclos históricos. A idade sombria, *Kali-Yuga*, será seguida, depois de uma dissolução cósmica *mahã-pralaya*, por uma era nova regenerada. É assim, conclui, com profundidade, Mircea Eliade, que se pode valorizar as *eras sombrias*, épocas de grande decadência e de decomposição: elas adquirem uma significação supra-histórica, embora seja precisamente em tais momentos que *a história* se realiza de forma mais plena, porquanto os equilíbrios aí se tornam precários, as condições humanas apresentam uma variedade infinita, as "liberdades são encorajadas pela deterioração de todas as leis e de todos os esquemas arcaicos" (ELIT, 161).

Expressões como *luz divina* ou *luz espiritual* deixam transparecer o conteúdo de um simbolismo muito rico no Extremo Oriente. A *luz* é o conhecimento: a dupla acepção existe igualmente na China para o caractere ming, que sintetiza as luzes do Sol e da Lua; ele tem, para os budistas chineses, o sentido de *iluminação*, no islã, En-Nur, a Luz, é essencialmente o mesmo que Er-Ruh, o Espírito.

"A irradiação da luz (*Aor*) a partir do *ponto* primordial engendra a extensão, segundo a Cabala. É a interpretação simbólica do *Fiat lux* do *Gênesis*, que é também a iluminação, ordenação do caos, por *vibração*", escreve Guénon; é nesse ponto que a teoria física da luz pode parecer, ela própria simbólica. Segundo São João (1, 9), a luz primordial identifica-se com o Verbo; o que exprime de certo modo a "irradiação do Sol espiritual que é o verdadeiro coração do mundo" (Guénon). Essa irradiação é percebida "por todo homem que vem a este mundo", precisa São João,

voltando ao simbolismo da luz-conhecimento percebida sem *refração,* isto é, sem intermediário deformante, por intuição direta: esse é bem o caráter da *iluminação* iniciática. Este conhecimento imediato, que é a luz *solar,* opõe-se à luz *lunar* que, por ser refletida, representa o conhecimento discursivo e racional.

A luz sucede às trevas (*Post tenebras lux*), tanto na ordem da manifestação cósmica como na da iluminação interior. Essa sucessão é observada tanto em São Paulo como no *Corão*, no *Rig-Veda* ou nos textos taoistas, como ainda no *Anguttaranikaya* budista; é de novo Amaterasu saindo da caverna. Luz e trevas constituem, de modo mais geral, uma dualidade universal, que a dualidade do *yang* e do *yin* exprime com exatidão. Trata-se, em suma, de correlativos inseparáveis, o que o *yin-yang* representa, onde o *yin* contém o traço do *yang* e vice-versa. A oposição luz-trevas é, no Masdeísmo, a de Ormuz e Arimã; no Ocidente, a dos anjos e demônios; na Índia, a do Deva e dos Asura, na China, a das influências celestes e terrestres. "A terra designa as trevas, e o céu, a luz", escreve Mestre Eckhart. É ainda, na China, a oposição ts'ing-ming na divisa das sociedades secretas: abater *ts'ing*, restaurar *ming* não significa apenas o antagonismo de dois princípios dinásticos, mas antes a restauração da *luz* iniciática. A dualidade é também, na gnose ismaeliana, a do espírito e do corpo, símbolos dos princípios luminoso e obscuro, que coexistem no mesmo ser.

Tanto no *Gênesis* como na Índia e na China, a operação cosmogônica é uma separação da sombra e da luz, originalmente confundidas. O retorno à origem pode pois ser expresso pela resolução da dualidade, a reconstituição da unidade primeira: "Segui-me", escreve Tchuang-tse (cap. II), "além dos dois princípios (da luz e das trevas) até a unidade". Do ponto de vista dos homens comuns, ensina o patriarca Huei-neng, iluminação e ignorância (luz e trevas) são duas coisas diferentes. Os homens sábios que realizam a fundo sua natureza particular sabem que elas têm a mesma natureza.

638 | LUZ

Simbolismo próprio a certas experiências místicas: o além da luz são as trevas, a Essência divina não sendo conhecível pela razão humana. Esta noção encontra-se expressa entre certos muçulmanos espiritualistas, bem como em São Clemente da Alexandria, ou em São Gregório de Nissa (no Sinai, Moisés penetra na *treva divina*) e em Dionísio Areopagita.

Para aumentar a intensidade da luz interior, os taoistas recorrem a diversos métodos como a integração da luz solar, a consumação da luz da aurora. É bastante notável que a imortalidade seja finalmente concebida como que de um corpo luminoso.

Na tradição céltica, a luz, sob suas diversas formas, é frequentemente o objeto ou o ponto de partida de comparação de metáforas lisonjeiras, e o repertório lexicográfico é particularmente rico. Ela simboliza evidentemente a intervenção dos deuses celestes, e *Lug* é chamado *grianai-nech* (de rosto de sol). A espada de *Nuada* tornou-se, por seu lado, na época cristã, o *claidheam soillse* ou espada de luz da fé cristã. Tudo que é maléfico ou de mau augúrio é jogado na sombra e na noite. Existe, por outro lado, uma equivalência simbólica da luz e do olho: o sol é chamado *Ilygad y dydd*, olho do dia, pelos poetas galeses; e a expressão irlandesa *li sula*, luz do olho, é uma metáfora sábia que designa o brilho do sol. Existe na Gália um Marte *Loueetius* ou *Leucetius* (forma mais antiga), *luminoso*, que evoca o epíteto *rosto de sol* dado a *Lug* e ocasionalmente a *Ógmios*. Deus é luz.

A luz é uma expressão das forças fecundantes uranianas, assim como a água é, muito frequentemente, a expressão das forças criadoras ctônicas. Em numerosos mitos da Ásia central, "ela é evocada ou como o calor que dá a vida, ou como a força que penetra no ventre da mulher" (ROUF, 228). Sabe-se, acrescenta esse autor, que "através do mundo, a revelação mais adequada da divindade se efetua pela luz". Toda epifania, toda aparição de uma figura ou de um signo sagrado é cercada de um nimbo de luz pura, astral, na qual se reconhece a presença do Além na iconografia islâmica, bem como na iconografia cristã.

F. P. Roux cita o testemunho de um monge tibetano segundo o qual "os antigos, no princípio dos tempos, se multiplicavam por uma luz emanada do corpo do homem, que penetrava na matriz da mulher e a fecundava"; da mesma forma, transposto o símbolo para o plano espiritual, a luz da graça fecunda o coração da criatura chamada por Deus.

Na China, vários heróis ou fundadores de dinastias nascem depois que "uma luz maravilhosa invadiu os aposentos de sua mãe" (ibid., p. 289). E os lendários *lobos azuis, leões azuis, cavalos azuis* etc., que ilustram o bestiário maravilhoso turco-mongol, não são mais que epifanias da luz celeste. Pode-se dizer o mesmo da espiral de cobre vermelho, enrolada ao redor da matriz solar dos dogons que, atravessando as nuvens, vem fecundar a terra: ela pode ser luz ou água; é, nos dois casos, o sêmen celeste das hierogamias elementares.

Se a luz solar é a expressão da força celeste, do medo e da esperança humanos, ela não aparece como um dado imutável. Poderia desaparecer, e a vida desapareceria com ela. Conhece-se o cortejo de ritos, motivados pelos eclipses, em toda a história da humanidade, e as oferendas cotidianas de sangue humano ao Sol, para *alimentar* sua luz, que atingiram as proporções de verdadeiras hecatombes entre certos povos pré-colombianos, como os astecas e os chibchas da Colômbia. O culto da luz celeste causou, nesses casos, a elaboração de verdadeiras civilizações do medo, que coincidem com o desenvolvimento do ciclo agrário. E Van der Leeuw observa: "quando Chesterton, com seu belo entusiasmo, diz do amanhecer que ele nunca se repete, porque é preciso ver aí um dramático *da capo*, toda manhã Deus lançando ao astro do dia a sua ordem *mais uma vez*, e o mesmo ocorrendo toda noite em relação à Lua, o escritor moderno exprime dessa maneira os sentimentos de um *primitivo* autêntico; e a perspicácia que demonstra se aplica de forma muito exata à mentalidade que os antigos contos e lendas refletem" (LEER).

Mas, se a luz solar morre toda noite, também é verdade que ela renasce toda manhã, e o homem, assemelhando seu destino ao da luz, obtém dela esperança e confiança na perenidade da vida e de sua força. "Entre o mundo superior e o dos humanos existe um parentesco de essência" (LEER, 157). A luz do céu é *a salvação do homem*, e é por isso que os egípcios mandavam costurar sobre sua mortalha um amuleto que simbolizava o Sol.

No começo da linhagem dos povos anteriores a Gêngis Khan, uma princesa sem marido dá à luz três crianças e se justifica nestes termos: "toda noite um homem amarelo, brilhante, que entrava pela abertura superior da tenda, esfregava meu ventre e seu esplendor luminoso penetrava dentro de mim [...]. Saía sorrateiro, como um cão amarelo nos raios luminosos da Lua e do Sol. Para quem compreende o signo, é evidente que estes três filhos devem ser os filhos do céu" (ROUF, 322).

Na tradição cristã, a visitação de Maria pela Pomba que encarna o Espírito Santo pôde ser considerada uma expressão de manifestação da luz. Mas a luz pode também aparecer, não mais como uma epifania masculina e fecundadora, mas como a ancestral fêmea que o homem fecunda. Veja-se este fragmento do *Oghuz-Name*, citado por J. P. Roux (372): "Um dia em que Oghuz rezava a Tangri (deus do céu), caiu do céu uma luz azul. Era essa luz mais brilhante que o Sol e a Lua. Oghuz aproximou-se e viu que no meio dessa luz havia uma moça [...] de grande beleza [...]. Ele a amou e a possuiu [...]. Ela deu à luz três filhos. Ao primeiro, deram o nome de Sol, ao segundo, o nome de Lua, ao terceiro o de Estrela."

A célebre *Tábua da Esmeralda*, atribuída a Apolônio de Tiana ou Hermes Trismegisto e que, durante séculos, foi considerada uma verdadeira tábua da lei para os alquimistas e os herméticos, evoca nestes termos a criação do mundo: A primeira coisa que apareceu foi a luz da palavra de Deus. Ela fez nascer a ação, esta deu origem ao movimento, este ao calor. Para Jacob Boehme, "a luz origina-se do fogo, mas o fogo é doloroso, enquanto a luz é amável, doce e fecunda" (*Mysterium Magnum*, 5, 1).

Esta Luz Divina, que Jacob Boehme associa a Vênus, é o despertar do desejo e o amor realizado, depois que o ser passou pela purificação do fogo. Essa luz contém a Revelação, porque "na luz existe um Deus misericordioso e bom, e, na força da luz, ele se chama, antes de qualquer outra propriedade: Deus. E, entretanto, é apenas o Deus revelado" (2, 10). Assim, nessa acepção mística, a glorificação da luz é total, uma vez que se torna, ela própria, a Epifania primordial, onde a Qualidade sensível é tão forte que, sem precisar encarnar-se numa forma, Deus se revela nela, faz dela Manifestação, em oposição às Trevas. A luz é Amor, porque a luz se destaca do fogo, assim como o desejo de amor se destaca da vontade de Deus (id. 18). Notemos que, nos primeiros séculos da Igreja, o batismo era chamado a *Iluminação*, como testemunha particularmente a obra de Dionísio Areopagita.

O Antigo Testamento distingue-se claramente das religiões vizinhas, por recusar toda especulação sobre um Deus solar, lunar ou estelar, oposto a um poder tenebroso. É por isso que nele se fala do dia, da luz, criações de Deus (*Gênesis* 2, 3) e muito pouco do astro que é a causa evidente deles.

A luz simboliza constantemente a vida, a salvação, a felicidade dadas por Deus (*Salmos* 4, 7; 36, 10; **97**, 11; *Isaías* **9**, 1) que é ele próprio a luz (*Salmos* 27, 1; *Isaías*, **60**, 19-20). A lei de Deus é uma luz sobre o caminho dos homens (*Salmos* 119, 105); assim também sua palavra (*Isaías*, 2, 3-5). O Messias também traz a luz (*Isaías*, **42**, 6; *Lucas*, 2, 32).

As trevas são por corolário, símbolo do mal, da infelicidade, do castigo, da perdição e da morte (*Jó*, **18**, 6, 18, *Amós* 5, 18). Mas essas realidades não encobrem um poder estranho a Deus: foi ele quem igualmente criou as trevas, é ele quem castiga etc. Além do mais, a claridade de Deus penetra e dissipa as trevas (*Isaías*, **60**, 1-2) e chama os homens para a luz (*Isaías*, **42**, 7).

Os símbolos cristãos não fazem mais que prolongar essas linhas. Jesus é a luz do mundo (*João*, 8, 12; 9, 5); os crentes devem ser assim também (*Mateus*, 5, 14), tornando-se os reflexos da luz

640 | LUZ

de Cristo (II *Coríntios*, 4, 6) e agindo de acordo com ela (*Mateus* 5, 16). Uma conduta inspirada pelo amor é o sinal de que se caminha na luz (I João 2, 8-11). Entretanto, em certas passagens do Novo Testamento, a oposição luz-trevas toma um caráter mais fundamental e parece influenciada pelas especulações dualistas de certos círculos do judaísmo tardio, nos quais ideias iranianas foram introduzidas.

Em Qumran, por exemplo, como se vê no *Livro da guerra dos filhos da luz contra os filhos das trevas,* distinguem-se os eleitos, os que, desde sempre, são predestinados a pertencer ao campo divino da luz, e os outros, para quem as trevas são a verdadeira pátria. Toda a história do mundo e dos homens é, por isso, vista como o campo fechado, onde se afrontam os exércitos de dois chefes supremos: o Deus da luz e Satã (ou Belial, Mastema...), príncipe das trevas.

No pano de fundo do prólogo do Evangelho de João, bem que parece ser preciso denunciar uma concepção semelhante, aliás cuidadosamente cristianizada. Não se fala aí da luz que as trevas não podem, nem querem receber? (*João* I, 4-5, 10). O cristianismo ulterior continuou de bom grado a falar assim (*v.* o *Manual dos dois caminhos*, utilizado pelos autores do *Didaquê* e da *Epístola de Barnabé*). A vida moral dos homens é descrita aí como oferecendo dois caminhos, percorridos sob a direção de Deus ou de um anjo das trevas.

A gnose alargará o domínio estritamente moral desse simbolismo, especulando sobre o antagonismo de uma luz celeste primordial e de um poder sobrenatural das trevas. O mundo sensível é uma impostura das trevas, que procuram raptar a luz, mas conseguem apenas aprisionar seus reflexos na matéria. Por conseguinte, os eleitos, aqueles nos quais reside uma centelha de luz divina, devem fazer tudo para rechaçar e aniquilar a dominação do corpo, a fim de reencontrar sua verdadeira natureza, essencialmente divina e luminosa.

A luz é o símbolo patrístico do mundo celeste e da eternidade. As almas separadas do corpo serão, segundo São Bernardo, mergulhadas num oceano imenso de luz eterna e de eternidade luminosa. "O polo da luz é o **meio-dia***", que é, no sentido simbólico, o "instante imóvel [...] a hora prestigiosa da inspiração divina, [...] a intensidade luminosa do face a face com Deus" (DAVS, 52, 160).

O sentido simbólico da luz nasceu da contemplação da natureza. A Pérsia, o Egito, todas as mitologias atribuíram uma natureza luminosa à divindade. "Toda a Antiguidade presta este mesmo testemunho: Platão, os estoicos, os alexandrinos e também os gnósticos. Santo Agostinho devia transmitir as influências neoplatônicas relativas à beleza da luz. A Bíblia já assinalava a grandeza da luz. O Verbo não é também chamado *lúmen de lumine*?" (ib. 159). "A luz é Deus" (*v.* toda a primeira Epístola de São João).

Nas tradições do Islã, a luz é antes de tudo símbolo da Divindade. O *Corão* declara: "Deus é a luz dos céus e da Terra. Sua luz é como um nicho num muro, onde (se encontra) uma lâmpada; e a lâmpada está num vidro, e o vidro é como uma estrela brilhante. Ela está acesa (com o óleo) de uma árvore benta, uma oliveira que não é nem do Oriente, nem do Ocidente; e esse óleo está aceso e (o esplendor de sua luz) brilha, sem que o fogo nele tenha sido colocado. É luz sobre luz. Deus guia para a Sua luz aquele que Ele deseja. E Deus propõe aos homens parábolas; porque Deus conhece todas as coisas" (24, 35).

Esse versículo foi meditado por todos os místicos do Islã. O tratado sufista intitulado *Mirsadulabad* comenta assim essa sura: "O coração do homem parece uma lanterna de vidro no nicho (*mishkat*) do corpo, e no coração se encontra uma lâmpada (*misbah*), isto é, a consciência mais secreta (*sirrj*, iluminada pela luz do espírito ruh). A luz refletida pelo vidro irradia o ar no interior do nicho. Esse ar significa as faculdades carnais, enquanto os raios, que o atravessam e chegam às janelas, representam os cinco sentidos. Por difusões sucessivas, a Luz de Deus espalha beleza e pureza sobre as mais baixas, bem como sobre as mais altas faculdades da alma humana, e é isso o que significa *luz sobre luz*" (MASP, 530).

O *Nicho das luzes*, de al-Ghazali, é consagrado, na sua primeira parte, à consideração dessa luz essencial. Declara que Deus é a única luz da qual todas as luzes descendem, de uma maneira análoga à distribuição de luz física no universo: "que se represente, por exemplo, a luz da Lua que provém do Sol, adentrando por uma janela numa peça e refletindo-se num espelho dependurado num muro, que torna a lançá-la sobre um outro muro, o qual, por sua vez, a reflete sobre o solo [...]" (WENG, 14-15).

Os psicólogos e os analistas observaram que "à ascensão estão ligadas as imagens luminosas, acompanhadas de um sentimento de euforia, enquanto à descida estão ligadas a imagens sombrias, acompanhadas de um sentimento de medo" (PALP, 96). Essas observações confirmam que a luz simboliza o desabrochar de um ser pela sua elevação – ele se harmoniza nas alturas –, enquanto a obscuridade, o *negro*, simbolizaria um estado depressivo e ansioso.

No Egito, o deus Set simbolizava a *luz das trevas*, maligna e terrível, e o deus Anúbis, a luz vivificadora, favorável e grandiosa, aquela de onde sai o universo e aquela que introduz as almas no outro mundo. A luz simboliza a força que dá e que tira a vida; sendo tal ou qual a luz, tal ou qual será a vida. A natureza e o nível da vida dependem da luz recebida.

Na linguagem e nos ritos maçônicos, *receber a luz* é ser aceito na iniciação. Depois de ter participado em certos ritos, de olhos tapados, e ter prestado o juramento, o neófito, com os olhos enfim desvendados, é como que ofuscado pela claridade súbita: ele recebe a luz; todos os membros da loja dirigem para ele a ponta de sua espada. A Luz é dada pelo Venerável com a ajuda da **espada*** brilhante, símbolo bem conhecido do Verbo. Dar a *luz* é um rito que se celebra na abertura de uma assembleia: "o Venerável é o único a segurar uma vela acesa; ela dá a luz aos dois Vigilantes que levam na mão cada um uma tocha, e com elas acende as outras velas colocadas sobre os pilares. Enfim, quando uma autoridade maçônica é introduzida, o Mestre de cerimônias o precede levando uma *estrela* que simboliza a *luz* representada pelo visitante" (HUTF, 148, 158, 162). Essa luz a que se referem com tanta frequência os ritos não é nada mais que o conhecimento transfigurador, que os maçons têm por dever adquirir.

M

MAÇA (*v*. Maço²)

MAÇÃ, MACIEIRA

A maçã é simbolicamente utilizada em diversos sentidos aparentemente distintos, mas que mais ou menos se aproximam: é o caso do *pomo da discórdia*, atribuído pelo herói *Páris*; dos *pomos de ouro* do Jardim das Hespérides, que são frutos de imortalidade; da maçã consumida por Adão e Eva; da maçã do *Cântico dos cânticos* que representa, ensina Orígenes, a fecundidade do Verbo divino, seu sabor e seu odor. Trata-se, portanto, em todas as circunstâncias, de um meio de conhecimento, mas que ora é o fruto da Árvore da Vida, ora o da Árvore do Conhecimento, do bem e do mal: conhecimento unificador, que confere a imortalidade, ou conhecimento desagregador, que provoca a queda. Na alquimia, o *pomo de ouro* é um símbolo do enxofre.

O simbolismo da maçã vem, afirma o abade E. Bertrand (citado em BOUM, 235), "do fato de que ela contém em seu interior, formada pelos alvéolos que encerram as sementes, uma estrela de *cinco** pontas [...]. É por isso que os iniciados fizeram dela o fruto do conhecimento e da liberdade. E assim, *comer da maçã* significa, para eles, abusar da própria inteligência para conhecer o mal, da própria sensibilidade para o desejar, da própria liberdade para praticá-lo. Mas como sempre aconteceu, os vulgarizadores tomaram o símbolo como realidade. A colocação do pentagrama, símbolo do homem-espírito, no interior da maçã simboliza, por outro lado, a involução do espírito dentro da matéria carnal". Essa observação já é mencionada na *Sombra das*

catedrais, de Robert Ambelain: "A maçã, mesmo em nossos dias, nas escolas iniciáticas, é o símbolo figurado do conhecimento, pois, cortada em dois (no sentido perpendicular do eixo do pedúnculo), nós encontramos nela um pentagrama, símbolo tradicional do saber, desenhado pela própria disposição das sementes [...]."

Nas tradições celtas, a maçã é um *fruto de ciência, de magia e de revelação*. Ela serve também como *alimento-prodígio*. A mulher do Outro Mundo, que vem buscar Condle, o filho do rei Conn, herói das cem batalhas, lhe remete uma maçã que lhe é suficiente como alimento durante um mês e nunca diminui. Dentre os objetos prodigiosos, cuja busca é imposta pelo deus Lug aos três filhos de Tuireann, em compensação pelo assassinato de seu pai Cian, figuram as três maçãs do jardim das Hespérides: a pessoa que as consumir não mais sente fome, nem sede, nem dor, nem doença, e elas nunca diminuem. Em alguns contos bretões, o consumo de uma maçã serve de prólogo a uma profecia (OGAC, **16**, 253-256).

Se a maçã é um fruto maravilhoso, a macieira (*Abellio*, em celta) é também uma *árvore do Outro Mundo*. É um ramo de macieira que a mulher do Outro Mundo envia a Bran antes de buscá-lo e de conduzi-lo além do mar. *Emain Ablach*, em irlandês, *Ynis Afallach*, em galês (a ilha de Avalon), também chamada de *pomar de macieiras*, é o nome dessa *morada mítica*, onde repousam os reis e os heróis defuntos. Na tradição britânica, é lá que o rei Artur se refugia enquanto espera para ir libertar seus compatriotas gálicos e bretões do jugo estrangeiro. Merlim, segundo os textos, ensina sob uma macieira (OGAC, **9**, 305-309;

ETUC, **4**, 255-274). Era, entre os gauleses, uma árvore sagrada, como o **carvalho***.

Fruto que mantém a juventude, símbolo de renovação e de frescor perpétuo. "Gervásio conta como Alexandre o Grande, ao procurar a *Água da vida* na Índia, encontrou maçãs que prolongavam até 400 anos a vida dos sacerdotes. Na mitologia escandinava, a maçã desempenha o papel de fruta regeneradora e rejuvenescedora. Os deuses comem maçãs e permanecem jovens até o *ragna rök*, isto é, até o fim do ciclo cósmico atual" (ELIT, 252).

Segundo a análise de Paul Diel, a maçã, por sua forma esférica, significaria globalmente os desejos terrestres ou a complacência em relação a esses desejos. A proibição pronunciada por Jeová alertava o homem contra a predominância desses desejos, que o levavam rumo a uma vida materialista, por uma espécie de regressão, opostamente à vida espiritualizada, que é o sentido de uma evolução progressiva. A advertência divina dá a conhecer ao homem essas duas direções e o faz optar entre a via dos desejos terrestres e a da espiritualidade. A maçã seria o símbolo desse conhecimento e a colocação de uma necessidade: a de escolher.

MACACO

O macaco é muito conhecido por sua agilidade, seu dom de imitação, sua comicidade. Há um aspecto desconcertante na natureza do macaco, o da *consciência dissipada* (F. Schuon). Lie-tse faz dele um animal irritável e tolo. No entanto, a agilidade do macaco encontra uma aplicação imediata na Roda da Existência tibetana, na qual simboliza a consciência, porém no sentido pejorativo da palavra: pois, a consciência do mundo sensível pula de um objeto a outro, como o macaco de galho em galho. Da mesma forma, o domínio do coração, sujeito à *vadiagem*, também é comparado, nos métodos búdicos de meditação, ao domínio do macaco.

É verdade que o macaco é o ancestral dos tibetanos, que fazem dele um *Bodhisattva*, como é, também, segundo o *Si-yeu-ki*, o filho do Céu e da Terra, nascido da divisão do ovo primordial. Esse macaco é o companheiro de Hiuan-tsang em sua viagem à procura dos Livros santos do budismo; não só é um companheiro divertido, mas um mágico taoísta de grande envergadura. É verdade, também, que a Índia conhece um macaco real, o *Hanuman* do *Ramayana*. É preciso notar, ainda, vários traços permanentes, transpostos pelo mito: a habilidade e a espontaneidade de *Hanuman*; a incorrigível fantasia, a agilidade, mais uma vez, e a *dissipação* do Rei-macaco *Suen Hingtchö*. Isto se explica pelo que precede as relações tradicionais do macaco com o vento. É esta, inclusive, a razão por que, no Kampuchea (atual Camboja), caçar macacos era um meio de obter chuva. Na Índia, as mulheres estéreis se despem e abraçam a estátua de *Hanuman*, o macaco sagrado, para tornarem-se fecundas.

O Rei-macaco alcança, enfim, o estado de Buda. A atitude do macaco, na arte do Extremo Oriente, é muitas vezes de sabedoria e desprendimento, talvez por desdém à pseudossabedoria dos homens (como na comovente pintura de Mori Sosen). Os famosos macacos do Jingoro, no templo de Nikko, onde o primeiro tapa os ouvidos, o segundo, os olhos, e o terceiro, a boca, são também uma expressão da sabedoria e da felicidade. Acrescentaremos, ainda, que no Egito o cinocéfalo é a encarnação de *Tot* (GOVM, GRIF, GUES, PORA, SCHP, WOUS).

O papel reservado ao macaco na simbologia egípcia, em linhas gerais, reaparece no retrato que os mesoamericanos farão dele. Sob a forma do grande cinocéfalo branco, o deus *Tot* – também representado por Íbis – é o patrono dos sábios e dos letrados; é o escriba divino que toma nota da palavra de Ptá, o Deus criador, como do veredicto de Anúbis, quando este pesa as almas dos mortos. É, portanto, ao mesmo tempo artista, amigo das flores, dos jardins e das festas, mágico poderoso capaz de ler o mais misterioso hieróglifo e, evidentemente, psicopompo. Rege as horas e o calendário, é senhor do tempo. No papel do deus Baba, *o macho dentre os babuínos* é brigão, sensual e desajeitado. A agressividade

644 | MACACO

do cinocéfalo havia impressionado os egípcios: "depois do verbo *estar furioso*, inscrevia-se um babuíno mostrando os dentes, crispado sobre as quatro mãos, levantando iradamente a cauda". Acreditava-se que o cinocéfalo, cujo grito ecoava na madrugada, ajudava, com suas preces, o Sol a nascer todas as manhãs, no horizonte do mundo. Na Babilônia do Egito, "o babuíno caloroso era a imagem do próprio Sol, um Febo simiesco com arco e flecha" (POSD, 269).

"O costume que têm certas espécies de macaco de reunirem-se num tipo de assembleia e de tagarelar ruidosamente um pouco antes do Sol nascer e se pôr, justifica o fato de os egípcios terem confiado aos cinocéfalos a tarefa de saudar o astro de manhã e à noite, quando este aparece no oriente e desaparece no ocidente" (Maspéro).

Champollion afirma que, para os egípcios, na viagem da alma entre a morte e a reencarnação, na parte do espaço situada entre a Lua e a Terra – morada das almas – deus *Pooh* (a Lua), representado sob forma humana, sempre vem "acompanhado do cinocéfalo, cuja postura indica o nascer da lua" (Champollion, *Panthéon égyptien*, citado por MAGE, 141).

Entre os astecas e os maias, o simbolismo do macaco é, de certo modo, apolíneo. As pessoas nascidas sob o signo do macaco (ele é patrono de um dos dias do calendário) são peritas nas artes; cantores, oradores, escritores, escultores; ou são habilidosas, com talento para o artesanato: ferreiros, oleiros etc. Sahagun diz que, para os astecas, *têm bom temperamento, são felizes e amadas por todos*. A pictografia maia mostra a associação macaco-Sol: o Sol, enquanto patrono do canto e da música, chamado de *príncipe das flores*, é frequentemente representado sob a forma de um macaco. A palavra macaco é empregada como um título honorífico, significando *homem ponderado* ou *homem engenhoso*. O mesmo macaco tem também um caráter sexual: é símbolo de temperamento ardente e até mesmo incontinente (THOT). Mas, em vários Códices, o macaco é igualmente representado como um gêmeo do deus da morte e da meia-noite; o *fundo* da noite é

representado por uma cabeça de macaco (BEYM), acompanhada das imagens de Vênus e da Lua. Ele representa o Céu noturno e simboliza, portanto, tudo o que é sacrificado, na aurora, para a volta do Sol.

No Zodíaco chinês, o macaco rege o signo do Sagitário.

No Japão, deve-se evitar pronunciar a palavra *macaco* durante um casamento, pois isto poderia provocar a fuga da noiva. Mas, por outro lado, o macaco afasta os maus espíritos, razão pela qual é comum dar às crianças bonecos representando macacos. Estes também são oferecidos a mulheres grávidas para facilitar-lhes o parto.

A associação macaco/ferreiro, encontrada entre os astecas, também existe entre os falis do Norte da República dos Camarões, para os quais o macaco é um avatar do Ferreiro Ladrão de Fogo (LEBF).

Segundo F. Portal (PORS, 199), os indianistas são unânimes em afirmar que na Índia o macaco é um símbolo da alma.

Em um mito dos bororo, registrado por Colbacchini e Albisetti, citado por C. Levi-Strauss (LEVC, 135), o macaco que, "naquela época era como um homem", aparece como herói civilizador: inventa a técnica de produzir fogo por atrito. O fato de ele enganar o **jaguar***, que o engole e o desengole, é significativo: o jaguar representa, aqui, as forças ctonianas; sua boca é a boca dos Infernos; a viagem que o macaco realiza é tipicamente órfica e faz dele *um iniciado*, no momento em que ele acaba de descobrir e de apoderar-se do fogo. Esse mito condensa, portanto, os elementos essenciais do simbolismo do macaco, um mágico esperto, que esconde os seus poderes, dos quais o primeiro é a inteligência, sob traços caricaturais.

Inúmeros mitos ameríndios insistem no perigo que representa para o homem rir das brincadeiras e das farsas do seu cunhado macaco, personagem dionisíaco e priápico, que esconde sua sabedoria e provoca no homem a devassidão e a embriaguez para medir o seu domínio sobre si mesmo (LEVC, 129 s.). Essas provações, neste mundo, são as mesmas que esperam a alma na sua viagem *post mortem*: também aí o homem encontra o macaco, grande iniciado tentador. Para os egípcios, as almas, no outro mundo, devem evitar os macacos que as pescam com uma rede (POSD); para os guarayus, da Bolívia, "no caminho que os leva ao Grande Ancião, os mortos têm de submeter-se a diversas provas, uma das quais consiste em resistir às cócegas que lhes faz um macaco de unhas pontudas" (LEVC, 130).

O macaco, bandido das estradas, aventureiro bem-humorado, que irrita, mas que desarma com as suas brincadeiras, é ilustrado pelo mito grego dos Cércopes, de onde vem o nome Cercopitecus: "são grandes salteadores, com uma força considerável, que assaltam e matam os passantes; um dia atacam Héracles adormecido; este desperta, domina-os com facilidade e, furioso, amarra-os e os põe nas costas como cabritos para vendê-los no mercado; mas suas brincadeiras deixam-no tão bem-humorado que ele consente em soltá-los; finalmente, irritado com a vida de pilhagens e roubos que levam, Zeus os transforma em macacos" (GRID, 86). Isso quer dizer que eles revelaram ser macacos.

Esses Cércopes, da mitologia grega, são parentes muito próximos do *Trickster*, herói mitológico dos povos winebagos da América do Norte, no qual Paul Radin vê o tipo do Herói em sua forma mais primitiva: "o ciclo de Trickster corresponde ao primeiro período da vida, o mais primitivo. Trickster é um personagem dominado por seus apetites. Tem a mentalidade de uma criança. Como não tem outra meta senão a satisfação das suas necessidades mais elementares, é cruel, cínico e insensível. Mas, simultaneamente, ele vai se transformando e, ao final de sua carreira de patife, começa a tomar a aparência física de um homem feito" (Henderson, in JUNS, 112).

Henderson compara, justamente, esse herói de motivações instintivas com o macaco do teatro tradicional chinês. Mas é preciso não esquecer que na China, como em outras partes, esse aspecto do macaco corresponde apenas ao sentido superficial do complexo simbolismo representado por esse animal. Pois o macaco chinês, como tantos outros,

é, na realidade, um sábio iniciado que oculta a sua verdadeira natureza sob essa aparência burlesca. Esse *pregador de peças*, esse bufão provocante, parente de Tot e de Hermes, não será também o Mago, primeiro arcano do Tarô, que inaugura a busca da sabedoria representada por esse jogo simbólico, busca que *resulta no arcano do Mundo*?

Esse Trickster é frequentemente representado pelos povos originários sob a forma de um coiote e já vimos o parentesco simbólico entre o macaco e os canídeos.

Mais adiante, Henderson diz (JUNS, 126) que Trickster, na mitologia dos navajos, "inventa a contingência necessária da morte e, no mito da emersão, ajuda o seu povo a atravessar o bambu oco pelo qual os homens passam de um mundo inferior a um mundo superior, escapando do perigo de uma inundação". Verificamos aqui a imagem do Mestre iniciático instalado como *Hermes, na encruzilhada* do visível e do invisível*.

Na iconografia cristã, ele é frequentemente a imagem do homem degradado por seus vícios (CHAS, 267) e, em particular, pela luxúria e malícia.

A síntese dessas tradições, ao mesmo tempo contraditórias e homogêneas, talvez se encontre na interpretação que faz do macaco o símbolo das atividades do inconsciente. De fato, o inconsciente se manifesta sem que possa ser dirigido por um regulador – seja sob uma forma perigosa, desencadeando as forças instintivas, não controladas e, consequentemente, degradantes; seja sob uma forma favorável e inesperada, dando subitamente um traço de luz ou uma inspiração feliz para agir. Do inconsciente, ele tem o aspecto duplo: maléfico, à imagem do feiticeiro; e benéfico, à imagem da fada, mas ambos irracionais (CIRD, 202).

Essa interpretação receberia uma singular ilustração da história tibetana do macaco Mani bka'bum e de sua mulher, a Demônia das rochas, muito bem apresentada e traduzida por Ariane Macdonald (SOUN, 434-446): "Muito tempo após a inundação original do Tibete, Avalokiteçvara e Tara encarnaram-se em macaco e em Demônia das rochas. Desta união nasceram seis

646 | MACHADO

seres, meio-homens, meio-macacos. Pouco a pouco, os seus pelos caíram, suas caudas encolheram e eles se transformaram em homens." O macaco só havia desposado a Demônia das rochas devido ao conselho dos deuses e movido pela compaixão, quando a hábil demônia o ameaçara:

> [...] pela força dos meus apetites, eu te amo.
>
> estou ardendo por ti;
>
> pela força deste amor, eu te persigo
>
> e te suplico;
>
> se não vivermos juntos,
>
> irei eu mesma
>
> servir de companheira aos demônios;
>
> uma multidão de pequenos demônios nascerá,
>
> e a cada manhã devorarão mil vezes mil seres...
>
> Quanto a mim, quando o poder dos meus atos anteriores
>
> me fizer morrer,
>
> cairei no grande Inferno dos seres...

Foi assim que a humanidade nasceu, no Tibete, do macaco e da Demônia das rochas apaixonada. Esses primeiros pais ofereceram aos seus filhos as dez virtudes dos homens e atraíram, para eles, da parte dos deuses, grãos, ouro e pedras preciosas.

Quando um macaco aparece nos sonhos, a psicanálise vê, primeiramente, uma imagem de indecência, de lascívia, de agitação, de insolência e de vaidade; vê também um efeito de irritação que vem da semelhança entre o macaco e o homem, o *ancestral peludo*, a *caricatura* do ego, brutal, cúpida e lasciva; o macaco do sonho é a imagem desprezível do que o homem deve evitar em si mesmo. Mas, prossegue com justeza Ernest Aeppli (AEPR, 263): "O macaco [...] apresenta um aspecto totalmente diferente para os povos que o veem como um animal livre, particularmente ágil e vivo. Eles admiram as suas capacidades surpreendentes; acham que os deuses têm por ele uma preferência especial. Chegam a ver nele a presença dos deuses e dos demônios. Na mitologia hindu, a grande epopeia de Ramayana faz do macaco o salvador de Deus no momento da famosa passagem da *ponte**. Certos indígenas chegam a afirmar que o orangotango não fala por ser sábio demais! Os sonhos com macacos são um chamado original em favor de um desenvolvimento da pessoa, ao mesmo tempo diverso e estreitamente ligado à natureza."

MACHADO

Ele fere e corta, vivo como o relâmpago, com ruído e, às vezes, soltando faíscas. Por isso, talvez, em todas as culturas, vem associado ao raio e, em consequência, à chuva. O que leva aos símbolos da fertilidade. Os exemplos e desenvolvimentos dessa linha simbólica fundamental são múltiplos.

Entre os maias, como no mundo ameríndio contemporâneo, entre os celtas, na China dos T'ang, o machado de pedra é chamado *pedra de raio*. Diz-se que caiu do Céu. E, reciprocamente: o raio, dizem os dogons e bambaras do Mali (DIEB), é um machado que o deus das águas e da *fecundidade* lança do Céu sobre a terra. É por isso que os machados de pedra são recolhidos aos santuários reservados a esse deus e utilizados nos rituais sazonais ou para combater a seca. São também colocados sobre as sementeiras para fazer com que a força fecundante de que as pedras estão carregadas ative a germinação.

Tendo o poder de provocar a chuva, tem também o de fazer com que cesse se ficar excessiva. Pelo menos é o que asseguram, sempre na África negra, os azandés (EVAS). Em muitas lendas do Kampuchea (atual Camboja) e dos montanheses vietnamitas, o machado, sendo a arma da tempestade, é emblema de força. Ele entreabre a Terra e nela penetra, i.e., figura sua união com o Céu, sua fecundação. Fende a casca da árvore: é um símbolo, aí, de penetração espiritual (até o *coração* do mistério) bem como um instrumento da libertação.

Se pode ser símbolo de cólera, de destruição, como é o caso na iconografia shivaísta, esse papel pode, no entanto, permanecer positivo, quando a destruição se aplica a tendências nefastas.

Por uma espécie de antífrase, frequente nos desenvolvimentos da simbologia, o que separa pode, também, unir: é o que se depreende, ao que parece, de um antigo e importante costume chinês que associa o machado às cerimônias do casamento. Os jovens esposos só se podem unir com uma condição: pertencer a famílias diferentes, segundo o princípio da exogamia. Porque o matrimônio não serve só para fundar uma família mas para aproximar duas outras, diferentes. Tais aproximações, nos tempos antigos, eram conseguidas com a ajuda de ritos diplomáticos, donde a necessidade de empregar um arauto, espécie de intermediário. O machado era o emblema desse medianeiro. Com ele, o arauto cortava os galhos de dois troncos e fazia um feixe. O tema dos feixes de lenha aparece frequentemente nos hinos nupciais.

A ambivalência funcional torna-se totalmente materializada com o machado de dois gumes, que é, *ao mesmo tempo*, destruidor e protetor. Seu simbolismo, que se confunde com a dualidade morte-vida, ou dualidade das energias contrárias e complementares, aproxima-o do **caduceu***, do vajra hindu, do **martelo*** de Thor. Ele representa, igualmente, as duas naturezas do Cristo, reunidas na mesma pessoa.

O que separa é também o que *seleciona*. Por isso, comentando os atributos simbólicos dos anjos, Dionísio o Areopagita escreve: "as lanças e os machados exprimem a faculdade que os anjos têm de distinguir os contrários, e a sagacidade, a vivacidade, e o poder desse *discernimento*" (PED, 64).

Separação, discernimento, é também um poder de *diferenciação*, nitidamente expresso na mitologia grega: Atena sai do cérebro de Zeus, aberto com uma machadada. Para o psicólogo, isso é o sinal *da intervenção do meio social na consciência individual, da intervenção exterior necessária à criação individual*.

Primeira arma-ferramenta do homem, "o machado é um centro de integração, a expressão de uma permanência, um raio acumulado. (Essa interpretação, segundo a qual o machado pré--histórico seria um centro do universo vivido, um eixo, faz lembrar que, em inglês, machado se diz *ax* e em latim, *escia*)" (VIRI, 105, 180, 245).

Enfim, o machado, plantado no alto de uma pirâmide ou de uma pedra cúbica pontuda, como se pode ver em numerosos documentos maçônicos do séc. XVII, sempre comportou grande variedade de interpretações (BOUM, 164-166). Nas perspectivas acima descritas, ele se compreenderia muito bem como a abertura do centro, do cofre, do segredo, do Céu, i.e., como o ato supremo da iniciação, da tomada de consciência, que se confunde com a *iluminação*. Por seu gume, o machado de pedra fez saltar a faísca.

MACIEIRA (*v*. Maçã)

MAÇO¹, MARTELO

O maço e o martelo são, sob certos ângulos, uma imagem do mal, da força bruta. Mas a contrapartida simbólica dessa interpretação é a assimilação deles à atividade celeste, à fabricação do raio.

O maço é a arma de *Thor*, deus nórdico da tempestade; ele foi forjado pelo anão Sindri; é também o utensílio de Hefestos (Vulcano), deus coxo da forja. Sendo ligado ao *vajra* (raio), é ao mesmo tempo criador e destruidor, instrumento de vida e de morte. Símbolo de Hefestos e da iniciação cabírica (metalurgia), o martelo representa a *atividade formadora* ou *demiúrgica*. Quando bate no cinzel, o maço é o *método*, a vontade espiritual acionando a faculdade de conhecer, que recorta em ideias e conceitos e estimula o conhecimento distintivo.

Em certas sociedades, o martelo ritualmente forjado é eficaz contra o mal, contra os adversários, contra os assaltantes. Seu papel é de proteção ativa e mágica. Na iconografia hindu – pelo menos na medida em que é atribuído a *Ghantakarma* – ele é também destruidor do mal (BURA, DEVA, ELIF, MALA, VARG).

Na mitologia japonesa, o maço ou malhete é o instrumento mágico com o qual o deus da felicidade e da riqueza, Daikoku, faz surgir o ouro.

O maço do deus gaulês *Sucellus* (provavelmente bom batedor) não pode ser considerado senão um substituto ou uma forma continental da **clava*** do Dagda irlandês. É em consequência de uma incompreensão bem tardia e sobretudo moderna que se fez dessa divindade o deus dos tanoeiros, caso em que o maço e o próprio deus

648 | MAÇO², MAÇA, CLAVA

são desprovidos de todo simbolismo e de toda eficácia. Mas, na realidade, esse maço, como a clava, representa à moda dos celtas o poder criador e ordenador do deus.

É necessário aproximar do maço de Sucellus e da clava de Dagda o *mell benniget* (maço bendito) bretão, pesado martelo de pedra, ou bola de pedra. Ainda no séc. XIX ele era colocado sobre a testa dos agonizantes para facilitar a sua *passagem*, o voo da alma. É tradição romana que o decano do Sacro Colégio, com um golpe de martelo feito de metal precioso ou de marfim, bata na fronte do Papa que acaba de morrer, antes de proclamar a sua morte.

No norte da Europa, numerosos maços figuram nas pedras com inscrições rúnicas, nas gravuras rupestres, nas pedras funerárias: parece que sua razão de ser é assegurar o repouso do defunto, contra os ataques de seus inimigos. Nos casamentos, levam-se pequenos malhos para afastar do casal as forças maléficas e garantir à esposa a *fecundidade*. Ele aqui se liga nitidamente à simbologia solar do **raio***.

Foram descobertos na Lituânia vestígios de um culto consagrado a um martelo de ferro de tamanho extraordinário. Quando Jerônimo de Praga pergunta aos sacerdotes desse culto o que ele significa, eles respondem: "outrora não se viu o Sol durante vários meses; um rei muito poderoso o havia capturado e aprisionado na fortaleza a mais inexpugnável. Mas os signos do Zodíaco vieram em socorro do Sol; eles despedaçaram a torre com um martelo muito grande e assim libertaram o Sol e o entregaram aos homens; esse instrumento merece, portanto, veneração, pois através dele a luz foi dada aos mortais" (MYTF, 55, 103). O martelo simboliza nesse mito o *trovão*, ribombando no meio de espessas camadas de *nuvens**, antes que a tempestade e a chuva limpem o Céu e o Sol reapareça. Ele simbolizaria mais o trovão retumbando do que o clarão fulgurante. Segundo uma outra lenda lituana, os martelos de ferro são os instrumentos com os quais os deuses favoráveis aos seres humanos desfazem na primavera as camadas de neve e de gelo. São as mesmas imagens

de desfazer nuvens no Céu, neve e gelo na terra e no mar, que se apresentam aqui para indicar a *força divina* que o martelo deve ter, destinado, como é, a desfazê-los e dissipá-los.

Segundo a simbologia maçônica, "o malho é o símbolo da inteligência que age e persevera; ela dirige o pensamento e anima a meditação daquele que, no silêncio de sua consciência, procura a verdade". Visto desse ângulo, ele é inseparável do cinzel, que representa o discernimento, sem cuja intervenção, o esforço seria vão, senão perigoso. Ou ainda o malho figura a "vontade que executa, é a insígnia do comando, que brande a mão direita, lado ativo, ligando-se à *energia que age* e à determinação moral da qual decorre a realização prática" (BOUM, 11). É o símbolo da autoridade do Mestre durante as assembleias maçônicas.

MAÇO², MAÇA, CLAVA

A clava aparece correntemente como associada à força brutal e primitiva. Ela é a arma de Héracles.

Mas tem também, nas mãos de *Vishnu*, um sentido completamente diferente: é símbolo do conhecimento primordial, do "poder de conhecer". Ela se identifica simultaneamente com *Kali*, "o poder do tempo que destrói tudo o que a ele se opõe", segundo o *Krishna-Upanixade*. Ela é ainda, em outros casos, poder de ação ou de "dispersão" (DANA).

A clava de Dangda é o principal atributo dessa divindade: ela mata por um lado e ressuscita por outro.

Na tradição celta, o *Livro Amarelo de Lecan* (século XV) explica a Dagda: "Essa grande clava que vês tem uma extremidade doce e uma extremidade rude. Uma das extremidades mata os vivos e a outra extremidade ressuscita os mortos." Dagda o verifica pela experiência e guarda a clava com a condição de: "matar seus inimigos e ressuscitar seus amigos". Ele se torna, assim, rei da Irlanda. Exemplo de bipolaridade dos símbolos. Encontram-se equivalentes da clava na mitologia indo-europeia: a clava de Héracles, o **martelo*** de Thor, o vazra do Mihra indo-iraniano, o vajra ou arma-raio de Indra, no Veda, o Fulmen de Zeus, ao mesmo tempo deus fulgurante e juiz terrível. O bastão de Moisés, que realizava prodígios, tinha também poder duplo, benéfico e maléfico, abrindo e fechando uma passagem no mar, fazendo nascer recursos ou transformando-se em serpente. A lança de Aquiles tinha a qualidade dupla de abençoar e de curar.

O valor simbólico da clava aproxima-se do raio: força dupla, de essência única, mas com possíveis efeitos opostos.

Quando o Dagda não carrega a clava, são necessários oito homens para levá-la e basta o rastro que ela deixa, segundo diz o texto do *Cath Maighe Tuireadh* ou *Batalha de Mag Tured*, para constituir uma fronteira de província. Existe ainda uma curiosa paronímia entre o nome irlandês da clava (*lorg*) e o do rastro ou traço (*lerg*). A significação simbólica geral sem dúvida não é diferente da do raio latino, distribuidor da vida (o raio participa da fecundidade) ou da morte, segundo o caso. Mas pode-se adicionar ainda um comentário quanto ao símbolo da *fronteira*; sendo o Dagda também o deus do contrato e da amizade, a clava desempenha aí também um *papel de árbitro e equilibrador*.

Deve-se, por fim, comparar às qualidades intrínsecas da clava de Dagda as das armas de alguns deuses ou heróis (Lug, Cuchulainn), cujas feridas são incuráveis, exceto no caso de o proprietário da arma as querer curar ele próprio: é assim que Morogan, deusa da guerra, que Cuchulainn feriu gravemente, obtém através de um ardil a sua cura pelo jovem herói. Mas a clava não é sempre mortal ou guerreira: o conto gaulês de Owen e Lunet evoca, por seu lado, o "deus negro da primeira clareira", gigante com apenas um pé, um olho no meio da testa e, na mão, uma clava de ferro. É o senhor dos animais. Com sua clava abate um cervo, e com o bramido deste, acorrem milhares de animais (PGAC, **12**, 360-363; LOTM, **2**, 9-10).

Do ponto de vista psicológico e ético, ela é o símbolo do poder de dominar pelo esmagamento. Feita de peles de animais, como no caso de certos personagens míticos, ela significa o esmagamento através da animalidade. Nas mãos de um bandido

ou de herói, ela pode "indicar ou a perdição consecutiva à perversidade ou seu castigo legal. A clava na mão do bandido é o símbolo da perversidade esmagadora; manipulada pelo herói, a clava se torna símbolo do esmagamento da perversidade" (DIES, 184). Perversidade esmagadora, perversidade esmagada, se encontra aqui a ambivalência de todos os símbolos da força.

MAÇONARIA (*v.* Franco-maçonaria)

MADEIRA

A madeira é, por excelência, a *matéria* (o latim *matéria*, antes de significar matéria, designou a madeira de construção). Na Índia, é um símbolo da substância universal, da *prima materia*. Na Grécia, a palavra *hylé*, que tem o mesmo sentido de matéria-prima, designa literalmente a madeira.

Na China, a madeira é também, dentre os cinco elementos, aquele que corresponde ao Leste e à primavera, bem como ao trigrama *tch'en*: o abalo da manifestação e da natureza. A vegetação sai da terra, assim como o trovão, que nela se mantinha, oculto: é o despertar do *yang* e o início de sua ascensão.

Na liturgia católica, a *madeira* (ou *madeiro, lenho*) é muitas vezes adotada como sinônimo da *cruz** e da *árvore**, como por exemplo: "Que o inimigo, vitorioso com a ajuda do lenho, foi ele mesmo vencido pelo madeiro [...] (Prefácio de Ramos)" (BURA, GR1F).

Nas tradições nórdicas, sob todas as suas formas e sob todos os seus aspectos, a madeira ou **árvore*** participa da *ciência*; a escritura tradicional irlandesa, os *ogam*, é na maioria das vezes gravada na madeira; só é gravada em pedra nas encomendações fúnebres. Existe homonímia perfeita entre o nome da *ciência* e o nome da *madeira* em todas as línguas célticas (*vidu*: irl. *fid*; gal. *gwydd*; bret. *gwez*, árvore e *gouez*, radical de *gouzout*, saber). Ao contrário dos galeses, os druidas da Irlanda utilizam pouco o carvalho, embora utilizem com muita frequência o teixo, a **aveleira***, ou a sorveira (raramente os textos fazem distinção entre essas três espécies). *A avelã é fruto de sabedoria e de saber.* A bétula e a macieira também desempe-

650 | MÃE

nham papel importante no simbolismo do Outro Mundo. Em geral, são **varas*** de aveleira que servem à magia. Mas é gravando caracteres *ogam* em varas de teixo que o druida Dallan (*ceguinho*) reencontra Etain, mulher do rei Eochaid, no *sid* onde a mantinha escondida o deus Midir, seu primeiro marido. No sentido maléfico, a madeira desempenha ainda papel considerável. A fim de vencer Cuchulainn, que resiste à sua magia, os filhos de Callatin encantam plantas e árvores, transformando-as em *guerreiros capazes de combater*. Esse mesmo tema legendário, que existia na Gália cisalpina, foi transformado em história por Tito Lívio em seus *Anais*, a propósito da morte do cônsul Postumius, em 216 a.C. Torna-se a encontrar o mesmo tema, embora inverso (o combate das árvores é tomado no sentido favorável), no curioso poema galês *Kat Godeu* ou *combate dos arbustos*, atribuído a Taliesin. Os nomes de árvores são igualmente frequentes na Gália nos antropônimos ou nos nomes étnicos: *Eburovices*, *Viducasses*, *Lemovices* etc. (LERD, 67-72; CELT, 7, *passim* e **15**; OGAC, **11**, 1-10 e 185-205).

Mas o simbolismo geral da madeira permanece constante: contém uma *sabedoria e uma ciência sobre-humanas*.

Entre os antigos gregos e latinos, bem como entre outros povos, bosques inteiros (já não mais a madeira) eram consagrados a divindades: simbolizavam a *morada misteriosa do Deus*. Sêneca deixou disso uma bela evocação: "Esses bosques sagrados, povoados de árvores muito antigas e de altura inusitada, cujas espessas ramagens superpostas ao infinito roubam a visão do Céu, a pujança da floresta e seu mistério, a inquietação que a nós transmite essa sombra profunda que se prolonga na distância – tudo isso não infunde o sentimento de que um Deus reside nesse lugar?" (*Lettres à Lucilius, 41, 2 in* LAVS, 170, tradução francesa revisada).

Cada deus tem seu bosque sagrado: e se esse bosque inspira temor reverencial, ele também recebe as homenagens e as preces. Os romanos não podiam nem cortar nem podar as árvores dos bosques sagrados, a não ser mediante um sacrifício

expiatório. A **floresta***, ou o bosque sagrado, é um centro de vida, uma reserva de frescor, de água e de calor associados, como uma espécie de útero. Por isso ela é também um símbolo MATERNAL. É a fonte de uma regenerescência. Nesse sentido, intervém muitas vezes nos sonhos, denotando um desejo de segurança e de renovação. É uma expressão muito forte do inconsciente. A vegetação rasteira da floresta, com suas matas profundas, também costuma ser comparada a grutas e **cavernas***. Quantas pinturas de paisagens não fazem sobressair essa semelhança! E tudo isso vem confirmar o simbolismo de um imenso e inesgotável reservatório de vida e de conhecimento de mistérios. Ainda hoje, a tradição dos bosques sagrados, reservados aos cultos de sociedades iniciáticas, permanece viva em numerosas regiões da África negra.

MÃE

Sem querer fazer uma concessão à homofonia, pode-se, entretanto, dizer que o simbolismo da mãe (fr. *mère*) está ligado ao do mar (fr. *mer*), na medida em que eles são, ambos, receptáculos e **matrizes*** da vida. O mar e a terra são símbolos do corpo materno.

As Grandes Deusas Mães foram, todas, deusas da fertilidade: Gaia, Reia, Hera, Deméter, entre os gregos, Ísis, entre os egípcios e nas religiões helenísticas, Ishtar entre os assírio-babilônios. Astarte, entre os fenícios, Kali entre os hindus.

Encontra-se nesse símbolo da mãe a mesma ambivalência que nos símbolos da terra e do mar: a vida e a morte são correlatas. Nascer é sair do ventre da mãe; morrer é retornar à terra. A mãe é a segurança do abrigo, do calor, da ternura e da alimentação; é também, em contrapartida, o risco da opressão pela estreiteza do meio e pelo sufocamento através de um prolongamento excessivo da função de alimentadora e guia: a genitora devorando o futuro genitor, a generosidade transformando-se em captadora e castradora.

Seguindo a transposição mística do cristianismo, a Mãe é a Igreja concebida como a comunidade, onde os cristãos encontram a vida da graça, mas onde eles podem sofrer, devido a deformações humanas, uma tirania espiritual abusiva.

A Mãe divina simboliza, ao contrário, a sublimação mais perfeita do instinto e a harmonia mais profunda do amor. A Mãe de Deus, na tradição cristã, é a Virgem Maria, que concebe Jesus por obra do Espírito Santo. Ela exprime uma realidade histórica, não é um símbolo nos dogmas da Igreja católica. O fato é duplamente significativo, a saber, a virgindade não exclui uma maternidade muito real, e por outro lado, a possibilidade de Deus fecundar a criatura independentemente das leis naturais. Esse dogma coloca igualmente em relevo o enraizamento direto do Cristo na natureza humana de sua Mãe e na natureza divina de seu Pai: nada faria ressaltar de melhor forma a Encarnação do Verbo, a unidade da pessoa em duas naturezas. Os Padres da Igreja não se furtaram a desenvolver as consequências verbais desse fato paradoxal. Maria é a filha de seu filho (na medida em que ele é Deus, seu criador); ela é a mãe de seu Deus (na medida em que, enquanto homem, foi encarnado nela). Se se considera a natureza divina de seu filho, ela evidentemente, não o concebeu; se se considera a pessoa única de Jesus, ela é verdadeiramente a mãe dele, posto que ela deu a ele a sua natureza humana. Daí esse nome de Teotokos, mãe de Deus, que tanto foi discutido nos concílios dos primeiros séculos e que exprime a mais perfeita das maternidades.

Porém, essa expressão nada tem em comum com a *Mãe divina*, segundo a teologia hindu. Essa diferença sublinha tudo o que separa uma teologia histórica, que parte daquilo que é considerado um fato, de uma teologia simbólica, que parte daquilo que é considerado um símbolo. De um lado, é o fato histórico, a mãe de Deus existe, que exprime a realidade espiritual da Encarnação; de outro lado, é um símbolo puro, a *mãe divina* traduz a realidade espiritual do Princípio feminino. A noção, posto que é possível existirem noções que são puros símbolos, da Mãe divina é, na Índia, "uma síntese de [...] Mitologia, Teologia, Filosofia, Metafísica. Esses quatro ângulos de visão são representados por símbolos [...]. Por exemplo, o símbolo de *Kali* [...]." Na arte indiana, *Kali* é uma mulher de aspecto hediondo, língua pendurada, ensanguentada, que dança sobre um cadáver. Como é possível que ela simbolize a *Mãe divina*? "Nesse símbolo do Terrível, explica Swami Siddheswarananda, nós não veneramos a violência, nem a destruição, mas apreendemos, em uma visão sinótica de uma modalidade única, os três movimentos projetados em conjunto, formando a criação, a manutenção e a destruição." São os diferentes aspectos da experiência da vida. A Mãe divina é, assim, a *Força Vital Universal* que se manifesta, e essa Força é o *Princípio espiritual expresso em forma feminina*. Outros aspectos aparecem em outros símbolos que não Kali: Durga, Lakshmi, Sarasvati, **Ganesha*** etc. Todos supõem um pensamento *cosmocêntrico*, tendendo a incluir em uma mesma visão microcosmo e macrocosmo, o atômico e o global. A Mãe divina é como o *continuum* que reúne e mantém o universo, Prakriti e Maya, unidade de tudo o que se manifesta, qualquer que seja o seu nível de existência, desde a simples aparência até a ilusão pura. Ela é a *consciência da manifestação* do eu de Shiva manifesto na infinidade das aparências, dessas ondas de poder energético que são os seres, da matéria *precipitada* em relâmpagos fugidios. Ela é a consciência da *Totalidade* manifesta. Litanias a invocam nesses termos: "Ó Mãe Divina, Tu, na forma de energia criadora, eu me prostro diante de Ti!" (*Vedanta*, **4-5**, janeiro de 1967, 5-26).

Mãe dos três deuses primordiais, Brian, Iuchar e Iucharba (os quais combatem e matam o pai de Lug, Cian, que é irmão do pai deles), é dela, Brigit, que se valem os poetas, os homens de ciência e os ferreiros. Mas ela é também filha de Dagda, como Minerva Palas é filha de Júpiter, e Dagda é irmão de Lug. Qualquer genealogia coerente de modo racional é aqui impossível e inútil. Brigit simboliza na sua integralidade aquilo que Goethe chamou de **eterno feminino***, sem que se deva fazer dela uma *deusa-mãe* no sentido etnográfico da *fertilidade*. O nome de *mãe* se encontra ainda no hidrônimo gaulês *Matrona* (o *Marne*) e no teônimo gaulês *Madron*. "Parece que existe uma relação simbólica

652 | MÃE

efetiva entre a Mãe eterna e a água (oceano ou rio) que representa o *conjunto das possibilidades contidas dentro de um determinado estado de existência*" (GUEI, 306, n. 4). A deusa-mãe primordial na Irlanda tem o nome da arte, *Dana*, ela é a mãe dos deuses (*Tuatha Dé Danann*, tribo da deusa Dana) e corresponde simetricamente a *Elatha*, ciência. Um outro nome é *Ana*, que pode ser entendido como (*Dé*) *Ana*, deusa Ana (o mesmo caso da Diana latina e o de Santa Ana, que é a mãe da Virgem). No nível prático e manual, que é mais um aspecto, a Minerva celta se equilibra com o **ferreiro*** Goibniu. Pela sua natureza de "mãe e de virgem", ela representa ao mesmo tempo a "potencialidade do mundo e a beatitude divina". Ela corresponde a, e se identifica ao mesmo tempo com, o *genitor* universal que, sem gerar filhos, é o "pai todo-poderoso" (CELT, **15**).

A mulher desempenha, ao que tudo indica, uma função da maior importância nas concepções religiosas célticas, tanto pelo seu papel como "mensageira do Outro Mundo" quanto pelo de detentora exclusiva da soberania, ao mesmo tempo que é uma divindade guerreira. Mas existe apenas uma única divindade feminina, de aspectos diferenciados, diante de divindades masculinas distintas. Ela dá equilíbrio ao pai todo-poderoso (*Ollathir*) e, assim como ele está privado da virilidade, sendo o genitor da raça, ela é **virgem*** e mãe de todos os deuses (OGAC, **18**, 136).

No esquema do panteão gaulês descrito por César e repetido na comparação irlandesa, aos quatro grandes deuses masculinos (Mercúrio, Apolo, Marte e Júpiter), corresponde uma só deusa feminina, Minerva (*Brigantia*, no topônimo gaulês, Brigit, na Irlanda). Isso nos faz pensar nos Pandava hindus que repartem entre cinco deles uma esposa e isso explica, ao mesmo tempo, a série de incestos da mitologia irlandesa. Na Irlanda, Brigit é a mãe.

Na análise moderna, o símbolo da mãe assume o valor de um arquétipo. A mãe é "a primeira forma que toma para o indivíduo a experiência da ânima", isto é, do inconsciente. Este apresenta dois aspectos, um construtivo, outro destrutivo.

Ele é destrutivo na medida em que é "a origem de todos os instintos [...] a totalidade de todos os arquétipos [...] o resíduo de tudo o que os homens viveram desde os mais remotos inícios, o lugar da experiência supraindividual". Mas ele tem necessidade da consciência para se realizar, pois não existe a não ser em correlação com ela, coisa que distingue o homem do animal. Deste último, pode-se dizer que ele tem os instintos, não o inconsciente. É precisamente dentro dessa relação que pode se instalar e causar estragos o poder do inconsciente. Devido à superioridade relativa que procede de sua natureza impessoal e da sua qualidade de fonte, *ele pode voltar-se contra o consciente nascido dele, e destruí-lo: seu papel é, então, o de uma mãe devoradora, indiferente ao indivíduo, absorvida unicamente pelo ciclo cego da criação.*

Do lado do filho podemos também encontrar uma imagem deformada da mãe e uma atitude involutiva sob a forma de *fixação na mãe*. Nesse caso, a mãe "continua a exercer uma fascinação inconsciente, (que) ameaça paralisar o desenvolvimento do eu [...]. A mãe pessoal recobre o arquétipo da mãe, símbolo do inconsciente, isto é, do não eu. Esse não eu é visto com ressentimento, como sendo hostil, em função do medo que inspira a mãe e da dominação inconsciente que ela exerce".

Nos sonhos, a mãe é às vezes simbolizada pelo *urso**. O animal representa, então, "todos os instintos que o sonhador concentrou e projetou sobre a mãe... o urso é uma personificação de sua fixação infantil sobre a imagem materna. Quanto maior for o tempo que durar a imagem do urso como animal instintivo por excelência, isso significa que os instintos do sonhador não estão ainda desenvolvidos, permaneceram primitivos e são inteiramente governados pelo desejo infantil de ser acariciado e mimado". Às vezes é o *lobo**, "o grande lobo mau", que pode conter uma alusão à imagem materna. "Inquietante, feroz, predador, voraz, *ele coloca o sonhador diante do* caráter contraditório dos instintos, pois seu desejo de ser mimado e acarinhado por sua mãe vai de encontro ao seu exato oposto, a fúria indomável e o rigor ardente dos instintos" (ADLJ, *53*, 54, 111, 206).

MAGO, O

Por um estranho paradoxo, é um saltimbanco, um prestidigitador, o criador de um mundo ilusório por seus gestos e por sua palavra, quem abre o jogo das vinte e duas lâminas (ou cartas) maiores do **Tarô***. Sua vestimenta, cujas cores **vermelho*** e **azul*** são alternadas com precisão, está sujeita à cintura por um cinto **amarelo***, formando a parte intermediária; uma meia azul cobre a perna esquerda, o pé está calçado de vermelho; a perna direita é vermelha, estando o pé calçado de azul; os pés estão colocados em posição de esquadro. A mão que segura uma vara e emerge da manga azul está levantada em direção ao Céu, o que simboliza a evolução necessária da matéria, ao passo que a mão que está segurando um *denário* (antiga moeda romana, de prata) e emerge da manga vermelha dirige-se para baixo: é o Espírito que penetra a matéria. Todas as aparências salientam a divisão de um ser produzido igualmente por dois princípios contrários, e a dominação de sua dualidade pelo equilíbrio e a supremacia do Espírito. O chapéu do Mago, cuja cor de fundo é o amarelo, com beiradas verdes de fímbria vermelha, faz lembrar a forma do signo algébrico do infinito: "esse chapéu coroa simbolicamente tudo o que o Mago pode representar: a lemniscata de fímbria vermelha lembra-nos o triunfo final do espírito da Unidade" (RUT, 212).

O Mago está de pé, diante de uma mesa cor de carne (que põe em relevo seu caráter humano), da qual só vemos três pernas que "poderiam estar marcadas pelos signos enxofre, sal e mercúrio, pois são esses os três pilares do mundo objetivo" (WIRT, 117). Em cima dessa mesa estão dispostos diversos objetos que correspondem às quatro séries dos arcanos menores: Ouros, Copas, Espadas, Paus, e marcam o elo de união das setenta e oito lâminas do Tarô.

Como aquele que abre e anima o espetáculo, não será o mago, na verdade, senão um ilusionista que se escarnece de nós? Ou será que ele esconde, por baixo de seus cabelos brancos – cujas pontas são cachos dourados, como se ele estivesse fora do tempo – a profunda sabedoria do Mago e o conhecimento dos segredos essenciais? "Geralmente ele designa o consulente, e pode indicar tanto a vontade, a habilidade e a iniciativa pessoais, quanto a impostura e a mentira. Encontra-se, ainda neste caso, a ambivalência, o alto e o baixo de quase todo símbolo" (A.V.).

O lugar que ocupa no jogo e mesmo seu simbolismo convidam-nos a ir mais além das aparências: o número Um é o da causa primeira; e se, no plano psicológico ou divinatório, o mago designa o "consulente", no plano do Espírito ele "manifesta o mistério da Unidade" (RIJT, 28).

Ao simbolizar a um só tempo os três mundos – Deus, pelo signo do Infinito, o homem e a diversidade do Universo –, ele é em tudo o ponto de partida, com todas as riquezas ambivalentes dadas à criatura para que realize seu destino.

MAIA

Ninfa que abrigava seus amores com Zeus em uma **caverna***. Ela seria a mãe de Hermes. Na tradição romana talvez seja uma outra Maia, diferente dessa ninfa da Arcádia, a que personificava o *despertar da natureza na primavera* e que viria a se transformar na mentora de Mercúrio. A festa era celebrada em maio e talvez ela tenha dado o seu nome a esse mês. Ela representaria uma deusa da fecundidade, a *projeção da energia vital*. Por extensão, alguns analistas fizeram dela o símbolo da exteriorização do eu. Em sânscrito, *Maia* designa, no pensamento védico, a ilusão a que se reduz este mundo das aparências, pois ele não passaria de fruto de uma operação mágica dos deuses.

MAKARA

O *makara* é um monstro marinho da iconografia hindu, que deriva do **golfinho***, mas frequentemente se assemelha ao crocodilo. É antes de tudo um símbolo das águas. É a montaria de *Varuna*, a de *Ganga*, e equivale nesse plano ao **naga***, que aliás a substitui como montaria de *Varuna* em Angkor. Tem, segundo a *Bhagavad-Gita*, um lugar eminente no mundo das águas: "o *makara*

654 | MAMONA

entre os peixes é como o Ganges entre os rios ou como *Rama* entre os guerreiros" (**10**, 31). No simbolismo tântrico, o *makara* é a *montaria* do *mantra Vam*, que corresponde ao elemento Água. O *arco de makara* da iconografia é o símbolo da *chuva benéfica*, das águas fertilizantes vindas do Céu; ele se identifica com o **arco-íris***.

O makara (em tibetano, *Chu-sin*) aparece sobre o *furbu*, punhal mágico cuja lâmina triangular é uma espécie de língua destinada a engolir os demônios traspassados. Nesse objeto ritual de transmutação do budismo tântrico, a goela do makara, dragão da água, projeta com o punhal relâmpagos, chamas e fumaça, com um barulho de mil trovões (STEG). Do mesmo modo, *emanações luminosas de glória* são escarradas pelas goelas de makara glorificando a Roda do Dharma nas portas principais das mandalas. Existe uma ligação, de acordo com R. A. Stein, entre as diversas conotações do *vajra* (arma terrível e falo) e a ponta de energia que queima do *furbu*, que absorve e destila a bodhicitta (espírito do despertar ou sêmen) concentrada na extremidade das lâminas. O makara surgido do lótus imaculado dá nascimento a quatro das cinco flamas simétricas que se reúnem a cada extremidade do vajra.

No Zodíaco indiano, o *makara* substitui o **Capricórnio*** e corresponde, portanto, ao solstício de inverno (ele próprio em relação, além disso, com o elemento Água). O solstício, na medida em que marca a origem da fase *ascendente* do ciclo anual, é a *porta dos Deuses*, a *porta solar*. O simbolismo da goela do **monstro*** enquanto porta é bastante conhecido (**glutão***) e comporta um aspecto duplo: ele é *salvador* ou *devorador*, aqui, golfinho ou crocodilo, porta da libertação ou porta da morte, dependendo de se o engolir significa anulação ou passagem para além das condições da existência temporal. O *makara*-crocodilo do *stupa* de Bharut parece devorar, ou libertar, um templo e sobretudo um passarinho: coisa que não pode deixar de lembrar a **codorniz*** devorada pelo **lobo*** da lenda dos *Ashvin*.

Outro aspecto do simbolismo benéfico: os brincos das orelhas de *Vishnu* são *makara*; eles representam o conhecimento intelectual e o conhecimento intuitivo (AUBJ, BURA, CORF, DANA, GOVM, GUES, KRAS, MALA).

MALHETE (*v.* Maço[1])

MAMONA

A mamona representa o *aspecto ininteligível da existência*. Depois de ter pregado em Nínive sob a ordem Divina, Jonas torna-se triste e inquieto, porque se surpreende com a atitude de Deus; tem a impressão de viver num mundo privado de leis e, por essa razão, caótico. Deus faz crescer uma mamona, a fim de dar sombra à cabeça de Jonas. A visão desta mamona produz em Jonas uma alegria muito grande. No dia seguinte, na aurora, Deus faz surgir um verme; este pica a mamona, que seca logo em seguida. Quando o Sol se levanta, Deus faz soprar do oriente um vento abrasador; Jonas desfalece. Depois Jonas se irrita e declara que a morte é preferível à vida. Daí, o diálogo entre Deus e Jonas. As reações de Deus são imprevisíveis. Este dinamismo de Deus que comporta alternâncias aparentes de decisões, de contraordens e de mudanças, encontra-se também expresso em Jeremias (**18**, 6-10). Assim, tudo é imprevisível, e o homem sofre com esta insegurança, com esta ausência de lógica ou antes com uma lógica cujos segredos não consegue descobrir. O crescimento e a morte repentinos do pé de mamona são o símbolo disso. A incoerência das coisas, o absurdo dos acontecimentos escapam à lógica humana, mas podem depender de uma outra lógica. A aventura do pé de mamona convida o homem a não se fiar apenas na sua dialética; existe outra que lhe é superior.

MANA

O Mana não é um símbolo, mas é simbolizado por amuletos, pedras, folhas, por diversas imagens, ídolos ou objetos, pendurados no pescoço, presos à cintura etc. A palavra tem origem na Melanésia; mas a sua significação se encontra em outros termos: *Wakan* entre os sioux, *orenda* entre os iroqueses, *oki* entre os hurons, *zemi* nas Antilhas, *megbe* entre os bambutis (pigmeus da África). Por mais difundido que seja o conceito de *mana*, do qual certos sociólogos quiseram abusar um pouco, fazendo derivar dele todos os fenômenos religiosos, ele não é universal. Ali onde ele se encontra, designa uma certa *relação com o sagrado*: "a força misteriosa e ativa que certos indivíduos possuem, além das almas dos mortos e todos os espíritos. O ato grandioso da criação cósmica só se tornou possível através do *mana* da divindade; o chefe do clã possui, também, o *mana*; os ingleses dominaram os maoris porque seu *mana* era mais forte [...]. Mas os objetos e os homens têm o *mana* porque o receberam de certos seres superiores, em outras palavras, porque eles participam de maneira mística do sagrado e na medida em que dele participam [...] tudo o que é por excelência possui o *mana*, isto é, tudo o que surge para o homem como sendo eficaz, dinâmico, criador, perfeito" (ELIT, 30).

MANÁ

Esse alimento providencial, do qual, conta o livro do *Êxodo*, os israelitas se beneficiaram milagrosamente durante quarenta anos no deserto (**16**) foi, desde o início, o suporte sonhado de uma elaboração simbólica. A começar pelo seu próprio nome, que se pretende provir da pergunta feita por aqueles que descobriram a substância nova: *Man Hu* (o que é?).

Alimento celeste, o maná pode ser o trigo do Céu e o pão dos anjos (*Salmos*, 78, 24 s.).

Esse alimento milagroso não pode simplesmente ter desaparecido do mundo. Os escritos rabínicos conservam o registro fiel das especulações, segundo as quais o maná está atualmente escondido no Céu, reservado para os justos. Ele cairá de novo sobre a terra quando o Messias aparecer, novo Moisés de um novo *Êxodo*.

A crenças semelhantes é que alude o Apocalipse (**2**, 17): "Ao vencedor, eu darei do maná oculto."

Entretanto, a partir desses dados tradicionais, os autores judeus e cristãos carregaram o símbolo do maná de significações muito mais ricas. Fílon vê nele o tipo do *Logos* e do alimento celeste das almas. Para o *Evangelho de João* (**6**, 31-35), o pão da Eucaristia é o verdadeiro maná, o pão de Deus que desce do Céu e dá a vida, o *pão da vida*.

Seguindo o apóstolo Paulo (I, *Coríntios*, **10**, 3-16), os Padres da Igreja valorizaram um dos "harmônicos" do tema fundamental. Do mesmo modo que os hebreus comeram desse alimento milagroso mas foram capazes de se mostrar infiéis, também assim, os novos cristãos não devem considerar que o pão eucarístico vá garanti-los quase que magicamente contra toda queda (CRISÓSTOMO, *Catequeses batismais*, 5, 15 s.).

MANCHA

O psicólogo suíço Rorschach fundou um célebre método de diagnóstico psicológico através de manchas de tinta pretas e coloridas. Por si só, essas manchas não formam nenhum desenho preciso; toda a sua significação advém da interpretação que os interrogados lhes dão. Eles *projetam* a sua personalidade no que as manchas lhes fazem lembrar. Elas se revestem, assim, de um valor simbólico extremamente diverso, de acordo com a disposição do sujeito, sua cultura, suas obsessões, suas deformações etc. O símbolo é aquilo que ele afirma ver. A mancha desempenha apenas um papel *introdutor de símbolos*. Esse mesmo papel pode ser desempenhado pelas nuvens, por peças de água num caminho, por marcas numa parede, pelo salitre.

Além desse papel indutor, que a torna infinitamente polivalente em símbolos, a própria mancha é um símbolo, o de uma degradação, de uma anomalia, de uma desordem; é, no seu gênero, algo antinatural e monstruoso. Seja o efeito do envelhecimento das coisas que se desgastam, ou o resultado de um acidente, a mancha revela a *contingência do ser*, cuja perfeição, quando atingida, tem pouca duração. É a marca da fraqueza e da morte. Afirma que tudo passa como uma nuvem.

MANCO (*v.* Coxo)

MANDALA

O *mandala* é literalmente um *círculo*, ainda que o seu desenho seja complexo e muitas vezes se encerre em uma moldura quadrada. Como o *ian-*

656 | MANDALA

tra* (de uso emblemático), mas de modo menos esquemático, o mandala é ao mesmo tempo um resumo da manifestação espacial, uma imagem do mundo, além de ser a representação e a atualização de potências divinas; é assim uma *imagem psicagógica*, própria para conduzir à iluminação quem a contempla.

O mandala tradicional hindu é a determinação, pelo rito da orientação, do espaço sagrado *central*, que são o altar e o templo. É o símbolo espacial de *Purusha* (*Vastu-Purusha mandala*), da *Presença divina no centro do mundo*. Ela se apresenta como um quadrado subdividido em quadrados menores; os mais simples têm quatro ou nove casas (dedicadas a *Shiva* e a *Prithivi*); os mais utilizados, sessenta e quatro e oitenta e uma casas. O (ou os) quadrado(s) elementar(es) do centro são o *lugar* de *Brahma* (*Brahmasthana*); eles comportam a sala principal (*Garbhagriha*), a *cella* do templo; as fileiras concêntricas de quadrados estão em relação com os ciclos solar e lunar. Se esse esquema pode ser encontrado no plano dos templos da Índia, por exemplo em Khajuraho, também é encontrado na Índia *exterior* e especialmente em Angkor.

O *mandala* tântrico deriva do mesmo simbolismo; pintado ou desenhado como suporte para a meditação, riscado no chão para os ritos de iniciação, trata-se essencialmente de um quadrado orientado com quatro portas contendo círculos e lótus, povoado de imagens e de símbolos divinos. As portas dos *cinturões* exteriores são providas de guardiães: o seu acesso progressivo corresponde portanto às etapas na progressão espiritual, aos graus de iniciação, até que seja atingido o centro, o estado indiferenciado do Buda-*chakravarti*. O *mandala* pode, assim, ser interiorizado, constituído na *caverna do coração*. Templos como o de Borobudur em Java exprimem com grande precisão o que é a progressão no interior do *mandala*.

O budismo do Extremo Oriente (*Shingon*) apresenta *mandalas* pintados em forma de lótus, cujo centro e cada pétala trazem a imagem de um Buda ou de um *Bodhisattva*. Aí se encontra principalmente o *mandala* duplo, cujo centro é igualmente ocupado por *Vairocana*: aquele do mundo de diamante (*vajradhatu*), não manifestado, e aquele do *mundo-matriz* (*garbhadhatu*), universalmente manifesto, mas cujo *fruto* a nascer aí é o da liberação.

Para os japoneses budistas da seita de Shingon, as figurações concêntricas dos *mandalas* são a imagem dos dois aspectos complementares e finalmente idênticos da realidade suprema: aspecto da razão original, inata nos seres, utilizando as imagens e as ideias do mundo ilusório; aspecto do conhecimento terminal, produzido pelos exercícios, adquirido pelos Budas e que se fundem uns com os outros na intuição do Nirvana. O *mandala* é uma imagem ao mesmo tempo *sintética* e *dinamogênica*, que representa e tende a superar as oposições do múltiplo e do uno, do decomposto e do integrado, do diferenciado e do indiferenciado, do exterior e do interior, do difuso e do concentrado, do visível aparente ao invisível real, do espaço-temporal ao intemporal e extraespacial.

Henry Corbin apresentou diagramas circulares ismaelianos cujo parentesco de concepção e de significação com o mandala é surpreendente (BURA, CORT, COOI, DAVL, ELIY, GRIC, KRAT, MALA, MUSB, SECA).

Na tradição tibetana, o *mandala* é o guia imaginário e provisório da meditação. Ele manifesta em suas combinações variadas de círculos e de quadrados o *universo espiritual e material* assim como a *dinâmica das relações* que os unem, no plano tríplice, cósmico, antropológico e divino. "No ritual, ele funciona como suporte da divindade do qual é o símbolo cósmico. Projeção visível de um mundo divino, no centro do qual se situa o trono da divindade eleita, ela não pode comportar nenhum erro de interpretação. A palavra do Mestre é capaz de *animá-lo* [...]." (TONT, 12). Por exemplo, cinco grandes círculos concêntricos envolvem um lótus de oito pétalas, no coração do qual se desenha um edifício de diversos quadrados encaixados, abertos de cada um dos lados por quatro portas, diante dos quatro pontos cardeais: no interior, doze figuras de Buda da meditação envolvem um outro quadrado dentro do qual se inscreve um círculo; mais uma vez, no coração desse círculo, um lótus de oito pétalas, no centro do qual está sentada a divindade. Nos intervalos, se distinguem os símbolos do raio, do fogo, das nuvens; em torno dos grandes círculos, destacam-se de um fundo de nuvens e flamas divindades e animais tutelares ou temíveis. O mandala, pela magia dos seus símbolos, é ao mesmo tempo a imagem e o motor da *ascensão espiritual*, que procede através de uma interiorização cada vez mais elevada da vida e através de uma concentração progressiva do múltiplo no uno: o eu reintegrado no todo, o todo reintegrado no eu.

C. G. Jung recorre à imagem do mandala para designar uma "representação simbólica da psique, cuja essência nos é desconhecida". Ele observou, assim como seus discípulos, que essas imagens são utilizadas "para consolidar o ser interior ou para favorecer a meditação em profundidade. A contemplação de um *mandala* supostamente inspira a serenidade, o sentimento de que a vida reencontrou seu sentido e sua ordem. O *mandala* produz o mesmo efeito quando aparece espontaneamente nos sonhos do homem moderno que ignora essas tradições religiosas. As formas redondas do *mandala* simbolizam, em geral, a integridade natural, enquanto a forma quadrangular representa a tomada de consciência dessa integridade. No sonho, o disco quadrado e a mesa redonda se encontram, anunciando uma tomada de consciência iminente do centro". O *mandala* possui uma eficácia dupla: conservar a ordem psíquica, se ela já existe; restabelecê-la, se desapareceu. Nesse último caso, exerce uma função estimulante e criadora (JUNS, 213-215, 227).

MANDORLA (*v.* Amêndoa)
Figura geométrica em forma de amêndoa. Na iconografia tradicional, pintada e esculpida, ela é a forma oval dentro da qual se inscrevem os personagens sagrados, o Cristo, a Virgem Mãe, os Santos, como se dentro de uma glória imortal.

Por sua forma geométrica, ela se associa à simbologia do **losango***. Ela é um losango cujos ângulos laterais foram arredondados. Como ele, significa a união do Céu e da terra, dos mundos inferiores e superiores e, só por esse aspecto, já convém perfeitamente ao enquadramento dos seres humanos santificados. Ela simboliza a superação do dualismo matéria-espírito, água-fogo, Céu-terra, em uma unidade harmoniosamente realizada.

MANDRÁGORA
A mandrágora simboliza a *fecundidade*, revela o futuro, busca a riqueza. Nas operações mágicas, a mandrágora é sempre tida como elemento masculino, já que ela é em sua forma masculina e feminina. Na medida em que é provida de uma raiz nutritiva, a mandrágora significa as virtudes curativas e a *eficácia espiritual*. Mas é um veneno, que pode não ser benéfico se não for sabiamente dosado.

A mandrágora é supostamente nascida do esperma de um enforcado (SCHM).

As bagas da mandrágora, da grossura de uma noz, de cor branca ou avermelhada, eram no Egito símbolo de amor: sem dúvida, em virtude de suas qualidades afrodisíacas.

Entre os gregos, ela era chamada de *planta de Circe*, a Mágica. Ela inspirava um temor reverente. Plínio observa, de acordo com Teofrasto: "os que colhem a mandrágora têm o cuidado de não receber vento pela frente. Eles descrevem três círculos em torno dela, com uma espada, depois a tiram da terra voltando as costas para o Sol poente [...]. A raiz dessa planta, triturada com óleo de rosas e vinho, cura as inflamações e as dores dos olhos" (*Hist. nat.* **25**, 94, em LANS 6, 164).

Chamavam-na ainda, no séc. XVIII, de *mão da glória* e se atribuía a ela devolver em dobro o que houvesse recebido: dois escudos de ouro em retorno de um escudo, duas medidas de grãos em retorno de uma.

Reencontramos nessas lendas populares o simbolismo da fecundidade e da riqueza associado à mandrágora, mas na condição de ser ela tratada com precaução e respeito. É uma das plantas que mais dá lugar a superstições e práticas mágicas.

MANEQUIM

César evoca no *De Bello Gallico* um rito de crema-ção* existente entre os celtas, de homens fechados em manequins de vime, aos quais se punha fogo.

"Contava-se também que Laodâmia havia modelado um manequim de cera à semelhança de seu defunto marido e que ela tinha o costume de o abraçar secretamente. Mas seu pai desco-briu e jogou o manequim no fogo. Laodâmia o acompanhou e foi queimada viva" (GRID, 251).

O manequim é um dos símbolos da *identifi-cação*, identificação do homem com uma matéria perecível, com uma sociedade, com uma pessoa; a identificação com um desejo pervertido, a iden-tificação com um erro. É assimilar um ser à sua imagem. Poderá ser dito depois: queimar "em efígie". Laodâmia morre com o objeto do seu desejo, com o qual ela se identificou. É tomar a imagem pela realidade, erro do espírito sob o efeito da paixão, que torna a alma cega e escrava.

Na ocasião dos desfiles das grandes casas de costura, as espectadoras se veem e *se projetam* nos vestidos animados por manequins, natu-ralmente escolhidos pela beleza de suas formas. Esses manequins são destinados a desaparecer dos vestidos que usam, como imagens admiráveis, mas efêmeras, que a realidade das compradoras substituirá. O mito da identificação funciona, nessas horas, pela graça do manequim, somada à arte do costureiro.

MANETA

A mão separa o dia da noite e possui uma função criadora. Privado de um braço, ou de uma mão, o maneta é colocado *fora do tempo*. Quando a Bela Adormecida fura a mão com um fuso, adormece por um século. Esse isolamento (cerceamento, corte), no entanto, é apenas relativo ou provisório. Faz o ser participar de uma *outra* ordem, que é a da *imparidade* ou do *sagrado*, seja esquerda (feitiça-ria) ou direita (vidência), à maneira do **perneta***, do **caolho*** e dos seres portadores de toda espécie de **deformidades*** que destroem um elemento de paridade ou de simetria do corpo humano. Isso explica que o maneta seja um mendigo exemplar

a esmolar: a mão que ele estende possui um *poder*, pelo fato de ser única, do mesmo modo que a mão da justiça. Existe uma valorização por mutilação.

O maneta não está fora do tempo definiti-vamente. Assim como o grão lançado à cova é sepultado na terra e de certa forma fica fora do tempo, mas emerge com a primavera graças ao Sol, o maneta pode ser *reintegrado no tempo* através de uma nova utilização de suas mãos e de seus braços. O maneta simbolizará o homem chamado a viver em um nível diferente de existência.

A mitologia romana conhece um deus da soberania jurídica, Tyr, o Maneta: ele teria aceito perder um braço para que os outros deuses fossem salvos. Ao consentir esse sacrifício, ele garantiu o valor de sua palavra: o membro é o *penhor* físico do contrato. Mas, por esse mesmo fato, ele adquire a soberania em matéria de direito: quem se portou como fiador, torna-se responsável; quem é res-ponsável, comanda. O maneta simboliza essa lei.

MANHÃ

Na Bíblia, a palavra indica o tempo dos favores divinos e da justiça humana (*Salmos*, **101**, 8).

Ela simboliza o tempo em que a luz ainda está pura, os inícios, onde nada ainda está corrompi-do, pervertido ou comprometido. A manhã é ao mesmo tempo símbolo de pureza e de promessa: é a hora da vida paradisíaca. É ainda a hora da confiança em si, nos outros e na existência.

MANITÓ

Para os povos algonquinos o Manitó é a *energia vital*, imanente tanto nos homens quanto nos animais, nas plantas, nos fenômenos da natureza. A energia individual é a parte de manitó que o indivíduo assume. A soma dessa energia é o ser Supremo, Grande Manitó; que anima toda a criação (KRIE, 61).

MANJERICÃO (*v.* Basílico)

MANTEIGA

O nome céltico da manteiga (irlandês: *imb*; bretão: *amann*) relaciona-se com as designações indo-europeias do *unguento* e da *unção* (untura, untadura), o que permite supor uma palavra que tenha perdido seu forte valor religioso primitivo. É possível que a manteiga tenha sido, nas operações mágicas, o substituto do **mel*** ou da cera, pois conserva-se um vestígio de seu emprego como tal na Bretanha. "Antigamente, praticava-se na Bretanha uma forma de fixação sutil [...] por meio da *manteiga*, que possui propriedades mágicas comparáveis às da cera: quando alguém morria de câncer, deixava-se ao pé do leito uma porção de manteiga, que se enterrava ao regressar do sepultamento, por considerar-se que havia fixado a doença. Por outra parte, se diz geralmente que o *mel* atrai as *almas*, o que é também um modo de exprimir a mesma propriedade" (OGAC 4, fascículo fora de série, p. 20). No séc. XVIII, conforme uma glosa de São Gall, os irlandeses invocavam o ferreiro Goibniu para a conservação da manteiga (OGAC 4, 262), que era considerada *energia vital fixada*.

Entre os mediterrâneos, a manteiga não foi conhecida senão já bem mais tarde. Plínio a ela se refere como "um acepipe delicioso dos bárbaros". Entretanto, na Índia, ao contrário, e desde os longínquos tempos védicos, a manteiga tinha um valor sagrado, sendo invocada nos hinos como uma divindade primordial:

> Eis o nome secreto da Manteiga,
> língua dos Deuses, umbigo do Imortal.
> Proclamemos o nome da Manteiga.
> apoiemo-lo com nossas homenagens neste sacri-
> fício!...
> Como nas corredeiras do rio
> elas voam vertiginosas, sobrepujando o vento,
> as juvenis torrentes de Manteiga que incham as
> vagas
> como um corcel bravio que rompe as barreiras...
> os fluxos de manteiga acariciavam as achas cha-
> mejantes,
> e o fogo aprova-os, satisfeito.
>
> (*Rig-Veda*, 4, 58, VEDV 250-251)

Nesse hino, assim como em muitos outros, a Manteiga é um elemento essencial do sacrifício: é uma *substância oblativa privilegiada*. Umbigo da imortalidade, representa o fluir da vida. Es-

palhada sobre o fogo, ela o faz crepitar: regenera o próprio Ágni.

Ao concentrar forças vitais, a manteiga simboliza todas as energias: as do Cosmo, as da alma, as dos deuses e dos homens, que se supõe serem por ela revigorados quando posta a derreter no fogo dos sacrifícios. Com potência aumentada (através desse processo), todas as benfeitorias, espirituais e materiais, escorrerão sobre o mundo qual manteiga líquida. Na medida em que a manteiga, por um gesto ritual, é lançada sobre a brasa, pode evocar também a oração; assemelha-se por sua vez, no espírito dos crentes, a uma fonte de energia sagrada, apropriada para soerguer o universo.

MANTO, CAPA

O manto (*brat*) faz parte dos atributos reais dos deuses da Irlanda. Na narração do Tochmarc de Etain, como compensação pelo mal que passou em uma rixa (olho vazado) e apesar da cura imediata, o deus do Outro Mundo, Mider, reclama um carro, um manto e a mais bela moça da Irlanda em casamento. Esse manto é sem dúvida nenhuma o de Manannan (outro nome de Mider), que é um *manto de invisibilidade* (a *tarnkappe* de Siegfried no *Nibelungenlied*) *e de esquecimento*. No conto da *Serglige Con Culaind* ou *Doença de Cuchulainn*, o deus sacode seu manto entre a sua mulher Fand (*andorinha*) e o herói Cuchulainn, de quem ela tinha se tornado amante, para que eles não mais se encontrassem (OGAC, **10**, 295; CELT, **15**). O manto a torna invisível. O deus Lug leva uma capa semelhante, quando atravessa todo o exército irlandês sem ser visto, para levar socorro a seu filho.

Na tradição celta, os homens do "grande mundo do leste" dizem a Dagda: "aquele que se veste com o manto toma o aspecto, a forma e o rosto que quer pelo tempo em que o leva sobre si." Símbolo das *metamorfoses* por efeito de artifícios humanos e das personalidades diversas que um homem pode assumir.

O monge ou a monja, no momento de se retirar do mundo, ao vestir o hábito e pronunciar

660 | MANTRA

seus votos, se cobre com um manto ou capa. Esse gesto simboliza a retirada para dentro de si mesmo e para junto de Deus, a consequente separação do mundo e de suas tentações, a renúncia aos instintos materiais. Vestir o manto é sinal da escolha da *Sabedoria* (o manto do filósofo). É também assumir uma dignidade, uma função, um papel, de que a capa ou manto é emblema.

O manto é também, por via de *identificação*, o símbolo daquele que o veste. Entregar seu manto é dar-se a si mesmo. Quando São Martinho corta seu manto pela metade para dividi-lo com um pobre, isso significa mais que uma dádiva material: o gesto simboliza a caridade que anima o santo. O manto de Elias deixado a Eliseu significa que o discípulo continua a tradição espiritual recebida de seu mestre e se beneficia de todos os seus dons. Assim os mestres do sufismo põem sob a proteção de seus mantos os ensinamentos aos discípulos, conferindo a eles os seus poderes (**túnica***, **khirka***, **vestes***).

MANTRA

Fórmula ritual sonora, dada pelo Mestre a seu discípulo no hinduísmo e no budismo, cuja recitação tem o poder de pôr em ação a influência espiritual que lhe corresponde. Ela permite entrar no jogo das vibrações que constituem o universo, segundo a cosmologia hindu, e participar na direção de sua energia. O símbolo toma aqui a força de um sacramento de comunhão com o cosmo.

MÃO

A mão exprime as ideias de atividade, ao mesmo tempo que as de poder e de dominação. Nas línguas do Extremo Oriente, expressões tais como *meter a mão, tirar a mão*, têm o sentido corrente de começar, terminar um trabalho. Entretanto, certos escritos taoistas (*Tratado da Flor de Ouro*) dão a elas o sentido do alquimista de *coagulação* e de *dissolução*, correspondendo a primeira fase ao esforço de concentração espiritual, a segunda, à *não intervenção*, ao livre desenvolvimento da experiência interior dentro de um microcosmo que escapa ao condicionamento espacial e temporal. É preciso lembrar ainda que a palavra *manifestação*

tem a mesma raiz que *mão*; *manifesta-se* aquilo que pode ser seguro ou alcançado pela mão.

A mão é um emblema real, instrumento da maestria e signo de dominação. A mesma palavra em hebreu, *iad*, significa ao mesmo tempo *mão* e *poder*. *A mão da justiça* – sendo a justiça, como se sabe, qualidade real – foi na Idade Média a insígnia da monarquia francesa. A mão esquerda de Deus é tradicionalmente associada com a justiça, a mão direita, com a misericórdia, o que corresponde à *mão do rigor* e à *mão direita* da *Shekinah*, segundo a Cabala. A mão direita é a *mão que abençoa*, emblema da autoridade sacerdotal, assim como a *mão da justiça é o poder real*. Embora não se trate de um princípio absolutamente constante, a **direita*** corresponde mais, na China, à ação, a **esquerda***, ao *não agir*, à sabedoria (*Tao-te ching*, 31). Essa mesma polaridade pode, além disso, ser considerada a base dos *mudra* hindus e budistas.

Segundo o cânone budista, a *mão fechada* é o símbolo da dissimulação, do segredo, do *esoterismo*. A mão do Buda *não é nada fechada* (*Dhiga-Nikaya*, 2, 100), quer dizer, ele não guarda em segredo nenhum ponto da doutrina.

Mas tanto no budismo como no hinduísmo o simbolismo essencial é o dos *mudra*, gestos da mão, dos quais indicaremos os principais.

A iconografia hindu utiliza, particularmente:

- O *abhaya-mudra* (ausência de medo): mão levantada, todos os dedos estendidos, palma para a frente. Esse *mudra* é atribuído a *Kali*, força do tempo destruidor, que está, ela própria, além do medo e dele livra aqueles que a invocam;
- O *varada-mudra* (dom): mão baixa, todos os dedos estendidos, palma para a frente. *Kali* destrói os elementos não permanentes do universo, encontra-se, portanto, para lá do não permanente e dispensa, assim, a felicidade;
- O *tarjani-mudra* (ameaça): punho fechado, dedo indicador esticado apontando para o ar etc.

Existem ainda os *mudra* esotéricos, tais como o *suástica mudra*, assim como um grande número de mudra rituais, alguns dos quais são utilizados na dança e no teatro clássico.

Os mudra *abhaya* e *varada*, chamado também *dana* (*dom*), são igualmente utilizados no ritualismo budista; eles representam respectivamente a pacificação espiritual e o dom das Três Gemas do Conhecimento; o primeiro é acima de tudo efetuado pela mão direita, o segundo, pela mão esquerda. É preciso juntar a isso:

- O *anjali-mudra* (gesto de adoração e de reza): mãos juntas na posição que nos é familiar;
- O *bhumisparsha-mudra* (testemunho da terra): mão abaixada, dedos unidos tocando o solo, costas da mão para a frente. O Buda *toma a terra como testemunha* de ser ele Buda ou se refere ao inabalável, ao imperturbável;
- O *dhyana-mudra* (gesto da *meditação*): mãos abertas, palmas para o alto, uma repousando sobre a outra;
- O *dharmachakra-mudra* (gesto da *Roda da Lei*, da predicação): que comporta diversas variantes. Em geral, a mão direita é voltada para fora, polegar e indicador se tocando, a mão esquerda por dentro, polegar e indicador tocando os dois dedos da outra mão;
- O *vitarka-mudra* (gesto da *argumentação* ou da *exposição*): semelhante ao *abhaya*, mas o indicador ou o dedo médio tocam a ponta do polegar. Existem diversas variações dessa posição.

O *mahayana* acrescenta *mudra* próprios de certos Budas ou *Bodhisattva*. A especificação dos gestos é igualmente frequente: tanto no *Borobudur* de Java quanto nos *mandalas* japoneses, *Akshobhya* (leste) efetua o *bhumisparsha-mudra*; *Ratnasambhava* (sul), o *varada-mudra*; *Amitabha* (oeste), o *dhyana-mudra* e *Amogasiddhi* (norte), o *abhaya-mudra*; no centro, *Vairocana* efetua o *vitarka* ou o *dharmachakra-mudra*. O simbolismo dos *mudra* não é apenas formal: é tão verdadeiro que a palavra designa ao mesmo tempo o gesto e a atitude espiritual que ele exprime e desenvolve (BURA, BENA, CADV, COOI, DANA, GOVM, GROI, GUEM, JACA, MALA, SECA).

As danças rituais do sul da Ásia foram chamadas de *danças das mãos*. Não somente os movimentos que elas inscrevem no espaço, mas a própria posição das mãos em relação ao resto do corpo e dos dedos em relação uns aos outros, são altamente significativos. O mesmo acontece com as artes plásticas, a pintura e a escultura: as posições relativas das mãos e dos dedos simbolizam atitudes interiores. Foi o que vimos no que diz respeito aos *mudra* principais; existem outros, que obedecem a uma espécie de estereótipo hierático quase imutável; por exemplo, as mãos com as palmas repousando sobre os joelhos exprimem a concentração meditativa; a mão direita levantada, os dedos indicador e médio esticados e unidos, os outros dedos dobrados, a argumentação, a dialética; a mão pendurada, com a palma voltada para o exterior, o dom, a caridade; a mão aberta avançando para a frente, com a palma voltada para o Céu, a pacificação, a dissipação de todo o medo; a mão direita com a palma voltada para fora e tocando o solo, a iluminação. No Japão, os dedos dobrados de maneira a formar um triângulo com o polegar indicam a concentração afetiva: *embrião de grande compaixão*; o indicador da mão esquerda apontando para o Céu e inserindo-se na mão direita fechada: a penetração no conhecimento: *plano de diamante*. A atitude pensativa é representada pela seita japonesa Shingon com os traços de um Bodhisattva sentado, a cabeça inclinada a apoiar-se sobre a mão direita, segurando a outra mão o cotovelo direito pousado sobre o joelho da perna esquerda, que deixa pender.

Todas as civilizações, com maior ou menor sutileza, utilizaram-se dessa linguagem das mãos e dos gestos e atitudes. Na África, colocar a mão esquerda, com os dedos dobrados dentro da mão direita é um sinal de submissão e de humildade; em Roma, a mão guardada sob a manga marcava o respeito e a aceitação da servidão etc.

O simbolismo da mão se aproxima, entre os celtas, do simbolismo do braço, sendo impossível separá-los totalmente. A palavra irlandesa *lam* (mão) serve muitas vezes para designar todo o braço. As duas mãos erguidas, com a palma para a

662 | MÃO

frente (*passis manibus* segundo os termos de César, na *Guerra dos Gauleses*) são um gesto de súplica; as gaulesas o usam diversas vezes no curso daquela guerra (ao menos em Avaricum e em Bratuspantium), com ou sem desnudamento do seio. A mão tem também *valor mágico*. O rei Buada, com o braço **direito*** amputado, não pode mais reinar, porque o mundo celta não concebe um rei carregado unicamente de potencial perigoso (pois o braço que lhe resta é o esquerdo). Não se conhece nos textos e na iconografia (salvo algumas mãos que aparecem na numismática gaulesa) testemunho da existência da *mão da justiça*, esse símbolo do outro aspecto da *atividade real equilibradora*; mas o rei céltico é também um juiz, e um bom rei é aquele que faz julgamentos justos. Os filhos de Calatin que, por definição, são **fomoiré***, isto é, criaturas sombrias e maléficas, têm apenas um olho, uma mão, um pé, porque lhes fizeram sofrer mutilações contrainiciatórias. A mão serve também à *tomada de posse* (ver a lenda dos brasões de Ulster). Um motivo da cruz de Muiredach em Monasterbuice (Louth) representa uma mão esquerda que aparece dentro de quatro círculos concêntricos. A mão serve, enfim, à *invocação*: a rainha bretã Boudicca invoca a deusa da guerra, Andrasta, erguendo uma das mãos ao Céu (Díon Cássio, **60**, 11, 6) e os druidas da ilha de Mona (Anglesey) oram e lançam imprecações ou encantamentos contra os romanos também levantando os braços para o Céu. (Tácito, *Anais*, **14**, 30; OGAC, **18**, 373; ETUC, 109-123.)

A mão aberta, os dedos alongados – e frequentemente o polegar erguido – é muitas vezes representada na América Central pré-colombiana, tanto nos baixos-relevos como na glíptica. Sua primeira acepção, numérica, é o 5. Ela é o símbolo do deus do quinto dia. Mas esse deus é ctoniano; por isso a mão se transforma em um símbolo de **morte** na arte mexicana. Com efeito, encontramos a mão associada com caveira, corações, pés sanguinolentos, o **escorpião***, a faca de sacrifício com lâmina de **obsidiana*** ou de sílex. Na língua yucatec chama-se a essa faca de *mão de Deus*. O **jade***, símbolo do sangue, seria representado por uma mão na glíptica maia (THOH).

Quanto à associação da mão com os *sacrifícios* de sangue, Thomson sublinha que na ocasião dos sacrifícios em Xipe Totec, o sacerdote, vestindo-se com a pele das vítimas esfoladas, não podia enfiar nela os dedos. A pele dos esfolados era então cortada na altura do punho e a mão do próprio sacerdote aparecia, separada do macabro vestuário que o cobria. Esse detalhe visual podia ser, portanto, suficiente para fazer da mão o símbolo do conjunto e rematar o rito de substituição próprio do sacrifício.

Na tradição bíblica e cristã, a mão é o símbolo do poder e da supremacia. Ser alcançado pela mão de Deus é receber a manifestação de seu espírito.

Quando a mão de Deus toca o homem, este recebe em si a força divina; assim, a mão de Jeová toca a boca de Jeremias antes de mandá-lo pregar. Elias, sobre o Carmelo, vê erguer-se do mar uma ligeira nuvem e sente nela a mão de Jeová. Abraão, fiel à tradição, se recusa a aceitar presentes corruptores. Quando o rei de Sodoma lhe propõe bens, ele *levanta a mão na direção de Deus*, não apenas para implorar a sua proteção, mas porque somente ele possui os Céus e a terra.

O Midrash insiste na atitude de Abraão em relação a seu filho Ismael. Este último foi despachado pelo pai de *mãos vazias*: sem bens e sem direitos.

No Antigo Testamento, quando se faz alusão à mão de Deus, o símbolo significa *Deus na totalidade de seu poder* e de sua eficácia. A mão de Deus cria, protege; ela destrói, se ela se opõe. É importante distinguir a mão **direita***, a das bênçãos, da mão esquerda, a das maldições.

A mão de Deus é muitas vezes representada saindo das nuvens, o corpo permanecendo oculto no Céu. Com o fim de *manifestar* sua divindade, ela surge cercada de uma auréola cruciforme.

Cair nas mãos de Deus ou de determinado homem significa estar à sua mercê; poder ser criado ou eliminado por ele.

A mão é às vezes comparada com o olho: ela vê. É uma interpretação que a psicanálise reteve, considerando que a mão que aparece nos sonhos é equivalente ao olho. Daí o belo título: *O cego com dedos de luz.*

Segundo Gregório de Nissa, as mãos do homem estão do mesmo modo ligadas ao conhecimento, à visão, pois elas têm como fim a linguagem. Em seu tratado sobre *A criação do homem*, ele escreve "[...] as mãos são para ele, em função das necessidades da linguagem, de grande ajuda. Quem vê no uso das mãos o que é próprio de uma natureza racional não está enganado, pela razão corrente e fácil de compreender de que elas nos permitem representar nossas palavras através de letras; com efeito, é bem uma das marcas da presença da razão a expressão através das letras e de uma certa maneira de conversar com as mãos, dando os caracteres escritos persistência aos sons e aos gestos" (GREC, 107).

Colocar as mãos nas mãos de outra pessoa é entregar a própria liberdade, ou melhor, desistir dela, confiando-a a outra pessoa, é abandonar a própria força. Citemos a esse propósito dois exemplos: a homenagem feudal inclui o *immixtio manuum*. O vassalo, em geral ajoelhado, de cabeça descoberta e privado de armas, põe suas mãos nas mãos de seu soberano, que fecha as próprias por sobre as dele. Há, então, nesse rito de homenagem uma radiação de si mesmo da parte do vassalo e uma aceitação pelo senhor (GANF, 92). As obrigações que daí resultam são recíprocas.

Encontramos uma disposição análoga para a virgem e o ordinando. O ritual descreve a cerimônia através da qual a virgem ou o ordinando coloca as suas mãos juntas dentro das mãos do bispo. O sentido dado aqui corrobora as últimas palavras de Cristo: *in manus tuas, Domine, commendo spiritum meum.*

A imposição das mãos significa uma *transferência de energia ou de poder.* Assim, no início do séc. III, a comunidade cristã de Roma comportava um certo número de mulheres que, tendo renunciado ao casamento, queria fazer voto de virgindade. Elas solicitavam de um bispo a imposição das mãos, a fim de obter uma consagração oficial de seu voto. Por medo de ser essa imposição confundida com aquela empregada na ordenação dos padres, ela foi mais tarde proibida: coisa que prova a importância dada a esse gesto ritual e a amplitude de seu significado. A *Tradição Apostólica de Hipólito* é significativa a esse respeito. Ambrósio de Milão, em seu tratado *De virginibus*, conta uma anedota segundo a qual uma jovem que queria consagrar-se a Deus, mas que os pais sonhavam casar, tentou quebrar a vontade da família da seguinte maneira: colocou-se perto do altar, tomou a mão direita do padre e a colocou em sua testa, pedindo-lhe que recitasse a oração de bênção. Ela foi então considerada ligada e dotada de um poder divino.

A mão é, enfim, um símbolo da "ação diferenciadora. Sua significação se aproxima da **flecha*** e lembra que o nome de Quíron, o Sagitário, cujo ideograma é uma flecha, vem da palavra mão" (VIRI, 193). A mão é como uma síntese, exclusivamente humana, do masculino e do feminino; ela é passiva naquilo que contém; ativa no que segura. Serve de arma e de utensílio; ela se prolonga através de seus instrumentos. Mas ela diferencia o homem de todos os animais e serve também para diferenciar os objetos que toca e modela.

Mesmo quando indica uma tomada de posse ou uma afirmação de poder – a mão da justiça, a mão posta sobre um objeto ou um território, a mão dada em casamento –, ela distingue aquele que ela representa, seja no exercício de suas funções, seja em uma situação nova.

MAR (*v.* Oceano)

Símbolo da dinâmica da vida. Tudo sai do mar e tudo retorna a ele: lugar dos nascimentos, das transformações e dos renascimentos. Águas em movimento, o mar simboliza um estado transitório entre as possibilidades ainda informes e as realidades configuradas, uma situação de ambivalência, que é a de incerteza, de dúvida, de indecisão, e que pode se concluir bem ou mal. Vem daí que o mar é ao mesmo tempo a imagem da vida e a imagem da morte.

Os antigos, gregos e romanos, ofereciam ao mar sacrifícios de cavalos e de touros, eles próprios símbolos de fecundidade.

664 | MARACÁ

Mas surgiam monstros das profundezas: a imagem do subconsciente, fonte também de correntes que podiam ser mortais ou vivificadoras.

O mar, cujo simbolismo geral aproxima-se do da **água*** e do oceano, desempenha um grande papel em todas as concepções tradicionais celtas. É por mar que os deuses (*Tuatha Dé Danann*, tribo da deusa Dana) chegaram à Irlanda e é por mar que se vai para o Outro Mundo. A criança jogada ao mar é também um dos temas mitológicos mais marcantes relacionados com o simbolismo da água: Morann, filho do rei usurpador Cairpre, ao nascer é um monstro mudo, que é jogado ao mar. Mas a água rompe a máscara com a qual seu rosto estava coberto. Ele é recolhido por servidores e, sob o reinado do sucessor legítimo de seu pai, transforma-se em um grande juiz. *Dylan eil Ton* (Dylan filho da onda), o filho da deusa gaulesa *Arianrhod* (roda de prata), vai ao mar desde o nascimento e nada como um peixe. O mago Merlim é *Mori-genos* (nascido do mar) e Pelágio (*Morien*) é *Mori-dunon* (fortaleza do mar). Um dos sobrenomes gauleses de Apolo é também *Moritasgus* (aquele que vem (?) por mar). O mar tem a propriedade divina de dar e tirar a vida (OGAC, **2**, 1-5).

A Bíblia certamente conhece alguma coisa do simbolismo oriental das águas primordiais, mar ou abismo, temíveis até mesmo para os deuses. "De acordo com as cosmologias babilônicas, Tiamat (o Mar), depois de ter contribuído para dar nascimento aos deuses, foi vencido e submetido por um deles. Atribuía-se a Jeová tal vitória, anterior à organização do caos; ele deveria ainda manter sob sujeição o Mar e os Monstros, seus hóspedes" (Jó, 7, 12). Por isso o Mar é frequentemente na Bíblia o símbolo da *hostilidade de Deus*: "Ezequiel profetiza contra Tiro e lhe anuncia a subida do abismo e das águas profundas" (*Ezequiel*, **26**, 19). O vidente do Apocalipse canta o mundo novo, onde o mar não existirá mais (*Apocalipse*, **21**, 1).

Também é essa a razão que leva os antigos escritores judeus a dizerem claramente que o mar é uma criação de Deus (*Gênesis*, **1**, 10), que ele deve ser submetido (*Jeremias*, **31**, 35), que ele pode secá-lo para fazer com que Israel passe por ele (*Êxodo*, **14**, 15 s.), e suscitar ou acalmar as suas tempestades (*Jonas* 1, 4; *Mateus* **8**, 23-27 e paralelos). O mar seria o símbolo da criação, que ou se acreditaria o criador ou seria dominada por ele.

Entre os místicos, o mar simboliza o mundo e o coração humano, enquanto lugar das paixões. *Eu escapava do naufrágio da vida*, escreveu Gregório Magno, a propósito de sua entrada para o mosteiro (*Morais sobre Job, Carta dedicatória*). Segundo Aelred de Riévaulx (séc. XII), o mar se situa entre Deus e nós. Ele designa o século presente. Uns se afogam, outros o franqueiam. Para atravessar o mar, é necessário um navio; o casamento é um navio frágil; em contrapartida, a vida cisterciense é comparável a um navio sólido.

Fluctuat, nec mergitur, o lema de Paris, indica que essa capital pode ser sacudida por tempestades, mas que não se afunda jamais: agitada, mas incapaz de submergir.

MARACÁ

Instrumento sagrado com a mesma função que o **tambor*** siberiano entre os xamãs americanos. Os tupinambás lhe fazem oferendas de alimentos (METT, 27 s.); os yaruros gravam nele representações estilizadas de divindades que eles visitam durante seus transes (A. Metraux, *O Xamanismo na América do Sul*, citado por ELIC, 166). Para os povos pawnees, os maracás simbolizam os seios da Mãe Primeira (FLEH).

Os tupinambás do Brasil levavam seus maracás além-túmulo para "assinalar sua presença aos antepassados" (METT). Um dos símbolos da entrada em *comunicação* com o divino e da *presença*.

MARFIM

Pela sua alvura, símbolo de pureza. Seu emprego na confecção do trono de Salomão podia, por outro lado, associá-lo ao simbolismo do poder: a dureza do marfim faz dele um material praticamente inquebrável e incorruptível. Homero, que talvez não o tenha, de fato, visto, opõe o marfim ao chifre como expressão da mentira em face da verdade, mas tal dualidade parece difícil de legitimar. Só se exprime, aliás, num texto interpolado da *Odisseia* (**19**, 562-569), cheio de jogos de palavras, cujo valor é dos mais duvidosos. O que não impediu que fosse, frequentemente, citado e comentado... E vão querer explicar que o chifre é transparente como a verdade e que o marfim é opaco como a mentira. Trata-se da famosa passagem sobre a porta dos sonhos:

> Os sonhos vacilantes nos vêm por duas portas:
> uma, fechada de chifre; a outra, de marfim.
> Quando um sonho nos vem pelo marfim selado,
> não passa de embuste, palavras vazias.
> Os que o chifre bem polido deixa passar, porém,
> garantem o sucesso ao mortal que os vê.

Plínio registra que "a pedra chamada *chernites* é semelhante ao marfim; como o marfim, ela preserva o corpo de toda corrupção. O túmulo de Dario era feito de *chernites* devido a essa propriedade" (PORS, 58). Tal crença dos persas confirmaria o valor de incorruptibilidade ligado à simbólica do marfim.

MARIONETES

Pequenas figuras de personagens em madeira pintada, tecido, marfim, que um artista invisível faz movimentarem-se através de um jogo de cordões ou com os dedos. Símbolo desses seres sem consistência própria que cedem a todos os impulsos exteriores: pessoa leviana, frívola, sem caráter e sem princípios.

Mas seu simbolismo vai mais fundo. Na alegoria da caverna, Platão já compara essa existência a um teatro de sombras, em que os seres aqui de baixo não passam de marionetes, comparados às ideias puras e imutáveis do mundo superior, do qual eles não são mais que imagens vagas.

Os antigos, egípcios, gregos e chineses, conhecem esses bonecos articulados, que exibiam na ocasião de suas procissões sagradas. Análogos a **estatuetas*** e a **miniaturas***, eles se revestiam de um valor sagrado, em relação com o deus ou o grande personagem que representavam, ridicularizavam ou travestiam, desempenhando, de certa forma, o papel de **bufões***. Em cena, os bonecos

ressaltavam as bobagens das pessoas. Os teatros ambulantes de marionetes floresceram em todo o mundo helenizado. A Igreja medieval proibiu seu uso na representação dos mistérios.

Na Europa e na Ásia, especialmente no Japão, foram criados personagens-tipo, que são como que arquétipos das paixões e dos comportamentos humanos. Em Kioto é possível ver marionetes que exprimem as emoções mais sutis e mais violentas. Esse teatro tradicional é quase estereotipado e produz um efeito de catarse nos espectadores, que a ele assistem ao longo de horas. Constituem verdadeiros dramas cósmicos, nacionais, familiares, individuais, que se desenrolam diante dos seus olhos e nos quais eles projetam todas as forças de seu inconsciente. A marionete, ao mesmo tempo, dispersa e une o povo, canalizando, por assim dizer, a força de suas paixões no leito das tradições e lendas comuns.

A marionete ela própria se carrega com todas essas forças e acaba por deter um imenso poder mágico. Gasta, envelhecida, tendo passado do teatro ao antiquário, considera-se que guarda intacta a sua virtude secreta, e os poetas cercam-na das atenções que merecem um símbolo tão maravilhoso de humanidade. A marionete soube expressar aquilo que pessoa alguma ousaria dizer sem uma máscara: ela é a heroína dos desejos secretos e dos pensamentos ocultos, ela é a confissão discreta de si mesmo aos outros e de si para si.

A marionete se reveste ainda de um sentido místico. "Os *gestos do homem são dirigidos por um outro, como os de um boneco de madeira suspenso por fios,* diz o *Mahabharata.*" E os *Upanixades*: "Conheces esse fio ao qual este mundo e o outro e todos os seres estão ligados, e o Mestre oculto que os controla do interior?" Quando o Desejo Indivisível se realiza, a vontade humana se confunde com a do *fio de ouro* platônico que guia as marionetes que somos. Platão dizia que é em função *do que há de melhor nos seres* que eles realmente são os brinquedos de Deus. E Jacob Boehme: *Tu nada farás senão renunciar à tua própria vontade, isto é, àquilo que chamas de eu, ou de ti.* Ananda Comaraswamy evoca a alegria extática

666 | MARTE (EM RELAÇÃO AO DEUS, V. ARES)

da marionete que *age sem agir* no sentido que ensina a *Bhagavad-Gita* e a doutrina taoista do *wei wu wei*. Não se obtém a liberdade através de movimentos desordenados, mas pela tomada de consciência de que a *dança com os fenômenos* pode nos identificar com o diretor de marionetes que nos dirige. No *Karfia Sarit Saqara* hindu, o rei que povoa de autômatos feitos de madeira uma cidade vazia ilustra bem a simbologia das marionetes: a cidade, os corpos são partes ligadas a seu dono, o Eu, no coração da Cidade dourada. Novalis e Heinrich von Kleist (*Sobre o teatro de marionetes*) tiveram a intuição da superioridade "dessa criatura em relação ao homem comum" (COOE).

MARTE (Em relação ao deus, *v.* Ares)

O planeta Marte significa, principalmente na astrologia, a energia, a vontade, o ardor, a tensão e a agressividade. Como essas coisas são empregadas com maior frequência para o mal do que para o bem, a Idade Média deu a esse planeta o nome de *o pequeno maléfico*. Esse astro governa a vida e a morte. Seu primeiro domicílio (isto é, o signo zodiacal que melhor lhe convém), o Carneiro, preside o renascimento da natureza na primavera, que morre no outono, sob seu segundo signo, o Escorpião. Ele simboliza o fogo dos desejos, o dinamismo, a violência e os órgãos genitais do homem.

Com sua luz avermelhada, ardente como uma chama, com o nome *abrasado* que lhe foi dado em todas as línguas antigas, Marte compõe o rosto da paixão e da violência, que a mitologia completa fazendo dele o deus da guerra. Como não pensar em um simbolismo fácil, alcançado sem maiores esforços? E, no entanto, no dia em que um severo estatístico resolveu indicar as posições do planeta no nascimento de 3.142 grandes chefes militares europeus, constatou que esses homens nasceram no surgimento e no ápice de Marte, com uma probabilidade da ordem de 1,1 milhão. Fenômeno que encontrou também em grupo de 2.315 acadêmicos de medicina e em um outro grupo de 1.485 campeões de esporte. Os astrólogos não haviam esperado esses resultados para dizer que a

coisa militar, a medicina e os esportes achavam-se sob o *signo* de Marte... O indício particular da tendência associada ao astro é essa agressividade que irrompe no psiquismo raivoso da criança no momento da formação da sua dentição, dos primeiros exercícios da musculatura e da aprendizagem da coordenação motora. É a situação primeira do *struggle for life* (luta pela vida), cheia de goelas, dentes e garras, em um mundo feito de riscos, quedas, ferimentos, cicatrizes, defesas, desafios e "galos". Ela se prolonga mais tarde através das competições, das rivalidades e das hostilidades, dentro das quais é preciso *ganhar a vida*, conquistar os lugares, defender os interesses, tratar de satisfazer aos desejos e paixões, não sem se expor aos perigos. Reconhece-se o *tipo marciano* no fogoso Henrique IV, no homem público dominador e duro que foi Richelieu, no político impetuoso Gambetta, no escritor realista engajado Zola, no músico das sonoridades exaltadas que foi Berlioz, no pintor expressionista incendiário Van Gogh, no ator viril Gabin...

MARTELO (*v.* Maço[1])

MARTIM-PESCADOR

Os martins-pescadores voando em pares são, como é frequente na China, símbolos de fidelidade, de *felicidade conjugal*.

Sensíveis à sua beleza, os chineses opõem sua nobreza e delicadeza à vulgaridade dos pássaros *tagarelas*, tais como o milhano (BELT).

MÁSCARA

O simbolismo da máscara no Oriente varia segundo suas utilizações. Seus tipos principais são a máscara de teatro, a máscara carnavalesca, a máscara funerária, utilizada especialmente entre os egípcios.

A máscara teatral – que é também a das danças sagradas – é uma modalidade da manifestação do *Self* universal. A personalidade do portador em geral não é modificada; o que significa que o *Self* é imutável, que ele não é afetado por essas manifestações contingentes. Sob um outro aspecto, entretanto, uma modificação pela adaptação do ator ao papel, pela sua identificação com a manifestação divina que figura, é o próprio objetivo da representação. Pois a máscara, especialmente sob seus aspectos *irreais* e animais, é a *Face divina* e mais particularmente a face do Sol, atravessada pelos raios da luz espiritual. Assim, quando nos dizem que as máscaras de *t'ao-t'ie* (*v.* **glutão***) foram progressivamente humanizando-se, não se deve ver nisso um sinal de *civilização*, mas o esquecimento crescente do valor do símbolo.

A máscara também exterioriza às vezes tendências demoníacas, como é o caso do teatro de Bali, onde os dois aspectos se confrontam. Mas esse é principalmente o caso das máscaras carnavalescas, onde o aspecto inferior, satânico, é manifestado de forma exclusiva, com vistas à sua expulsão; ele é liberador; ele era também, na ocasião das antigas festas chinesas do *No*, correspondente à renovação do ano. Ele opera como uma catarse. A máscara não esconde, mas revela, ao contrário, tendências inferiores, que é preciso pôr a correr. Nunca se utiliza nem manipula a máscara impunemente: ela é objeto de cerimônias rituais, não somente entre os povos africanos, mas também no Kampuchea (atual Camboja), onde as máscaras da dança do *trot* são objeto de cuidados especiais; caso contrário, elas seriam perigosas para os portadores.

A máscara funerária é o arquétipo imutável, no qual supostamente a morte se reintegra. Ela tende ainda a reter, segundo M. Burckhardt, na múmia, o *alento dos ossos*, modalidade sutil inferior do homem. Essa manutenção não se dá sem perigo quando se trata de um indivíduo que não atingiu certo grau de elevação espiritual. Embora com modalidades diferentes, a máscara destinada a *fixar* a alma errante (o *houen*) foi também utilizada na China, antes do uso das tábuas funerárias. Seriam furados os olhos, assim como se *perfura* a **tábua***, para significar o *nascimento* do defunto no outro mundo? Foi o que supôs Granet (BEDM, BURM, GRAD, GUEI, GUES, GROC, PORA, SOUD).

No pensamento dualista dos iroqueses, as danças mascaradas surgem todas do segundo Gêmeo* Criador, o *Irmão Mau*, que reina sobre as Trevas. Existem duas confrarias de máscaras entre os iroqueses, que pertencem à grande união das *sociedades secretas*. Sua função é essencialmente médica; elas preveem e curam tanto as doenças físicas como as psíquicas. Nos ritos praticados, os homens mascarados representam a *criação falha* (anões, monstros etc.) de Tawiskaron, o *irmão mau*. Na primavera e no outono, eles expulsam as doenças das aldeias; quer dizer, nos eixos das duas metades do curso solar.

Segundo Krickeberg (KRIE, 130-131), essas danças mascaradas provêm originalmente de ritos de caça. Elas teriam se transformado em danças de cura pelo fato de existir a crença em que os animais traziam as doenças para se vingar dos caçadores. Isso se pode aproximar do fato de que, entre os pueblos, os deuses animais são os chefes das Sociedades de Medicina (MULR, 284). As danças mascaradas dos pueblos celebram o culto dos *Coco Katchina*, que são ao mesmo tempo os ancestrais e os mortos (MURL, 284). Esses Deuses-Animais somente são festejados no inverno com ritos particularmente importantes no solstício, o que revela afinidades com o simbolismo das cerimônias iroquesas. Eles são não apenas os mestres das ervas medicinais e dos ritos de cura, como também da feitiçaria e da magia negra.

Na África, "a instituição das máscaras está associada aos ritos agrários, funerários e de iniciação". Desde a mais remota Antiguidade, ela aparece nessa fase da evolução em que os povos se transformam em agricultores sedentários. Jean Laude escreveu sobre as máscaras, *escultura em movimento*, um dos melhores capítulos de seu livro sobre "As Artes da África Negra". Tomamos emprestados dele os principais dados deste verbete (LAUA, 196, 201-203, 250-251).

As danças em processões mascaradas evocam, no final dos trabalhos da estação (cultivo, semeadura, colheita), os *eventos das origens* e a organização do mundo, assim como da sociedade. Elas fazem mais que apenas lembrá-los; elas os repetem, com o fim de *manifestar sua permanente atualidade e de reativar, de alguma maneira, a rea-*

668 | MÁSCARA

lidade presente, remetendo-a a esses tempos fabulosos em que o deus a concebeu com a ajuda dos gênios. Por exemplo, os dançarinos mascarados dos kurumbas fazem *os gestos do herói civilizador Yrigué e de seus filhos, descendentes do Céu, portadores de máscaras;* os dançarinos dogons usam as máscaras Kanoga (palavra que significaria especialmente mão de Deus) e repetem *através de um movimento circular da cabeça e do busto, os gestos do deus que, ao criar, fundou o espaço.*

As máscaras reanimam, a intervalos regulares, os mitos que pretendem explicar as origens dos costumes cotidianos. De acordo com os símbolos, a ética se apresenta como uma réplica da gênese do cosmo. As máscaras preenchem uma função social: as cerimônias mascaradas *são cosmogonias representadas que regeneram o tempo e o espaço: elas tentam, por esse meio, subtrair o homem e todos os valores dos quais ele é depositário da degradação que atinge todas as coisas no tempo histórico. Mas são também verdadeiros espetáculos catárticos, no curso dos quais o homem toma consciência de seu lugar dentro do universo, vê a sua vida e a sua morte inscritas em um drama coletivo que lhes dá sentido.*

Nos ritos de iniciação, a máscara recebe um sentido um tanto diferente. O iniciador mascarado encarna o gênio que instrui os homens; as danças mascaradas insuflam no adolescente essa persuasão de que *ele morre na sua condição anterior para nascer em sua condição adulta.*

As máscaras às vezes se revestem de um *poder mágico:* elas protegem aqueles que as usam contra os malfeitores e os bruxos; inversamente, elas também servem aos membros das sociedades secretas para impor sua vontade assustando.

A máscara é também um instrumento de possessão: *ela é destinada a captar a força vital que escapa de um ser humano ou de um animal no momento de sua morte. A máscara transforma o corpo do dançarino que conserva a sua individualidade e, servindo-se dele como suporte vivo e animado, encarna um outro ser: gênio, animal mítico ou fabuloso, que é assim momentaneamente figurado;* desse modo, o poder é mobilizado.

A máscara preenche igualmente a função de agente regulador da circulação (sendo mais perigosa na medida em que é invisível) das energias espirituais espalhadas pelo mundo. Ela serve como armadilha para elas ao impedir seu vagar errante. *Se a força vital liberada no momento da morte fosse deixada a errar, ela inquietaria os vivos e prejudicaria a ordem. Captada na máscara, é controlada, capitalizada, poder-se-ia dizer, e em seguida redistribuída em benefício da coletividade. Mas a máscara protege também o dançarino que, no momento da cerimônia, deve ser defendido contra a força do instrumento que manipula.* A máscara visa dominar e controlar o mundo invisível. A multiplicidade de forças circulando no espaço explicaria a variedade composta das máscaras onde se misturam figuras humanas e formas animais em temas indefinidamente entrelaçados e às vezes monstruosos.

Mas a máscara não é inócua para quem a usa. Essa pessoa, tendo desejado captar as forças do outro, lançando-lhe as ciladas de sua máscara, pode ser, por sua vez, *possuída* pelo outro. A máscara e seu portador se alternam e a força vital que está condensada dentro da máscara pode apoderar-se daquele que se colocou sob a sua proteção: o protetor se transforma em senhor. O portador, ou mesmo a pessoa que apenas o queria tocar, deve se habilitar com antecedência para manter um contato com a máscara e se prevenir antes contra qualquer golpe dela; é por isso que durante um período de tempo mais ou menos longo, ela observa proibições (alimentares, sexuais etc.), se purifica através de banhos e abluções, celebra sacrifícios e faz orações.

É mais ou menos como uma preparação para as transformações místicas. Os etnólogos, aliás, já aproximaram a utilização das máscaras dos métodos práticos de acesso à vida mística. Carl Einstein definiu a máscara como *um êxtase imóvel.* Jean Laude sugere, com mais moderação, que ela poderia ser o *meio consagrado de conduzir ao êxtase, no momento em que retém em si o deus ou o gênio.* Segundo M. U. Beïer, que cita alguns exemplos, a bem dizer, pouco decisivos, *certas* máscaras iorubas manifestariam a expressão de um ser vivo já reunido através do êxtase aos bazimus. *Traços do rosto, proeminentes e inchados (particularmente os olhos), formas redondas e turgescentes como que brotando sob o efeito de um impulso interior, poder-se-ia dizer que são expressões da concentração e da receptividade, semelhantes àquela que aparece no rosto de um fiel em estado de adoração, seja quando ele se prepara para receber o seu deus dentro da alma, seja logo depois que a união mística com o seu deus foi consumada.* Vale notar, *en passant*, que as diferentes concepções da mística se situam no nível de diferentes teologias da vida religiosa.

A força captada não se identifica nem com a máscara, que não passa de uma aparência do ser que ela representa, nem com o portador que a manipula sem se apropriar dela. A máscara é *mediadora* entre as duas forças e indiferente em relação a qual delas vencerá a luta perigosa entre o cativo e o captador. As relações entre esses dois termos variam em cada caso, e sua interpretação varia em cada tribo. Se a linguagem cifrada das máscaras está difundida universalmente, o código das significações não é sempre nem em toda parte o mesmo.

As línguas celtas não conhecem o nome *máscara*; elas o tomaram emprestado do latim ou do romano. Mas a arqueologia forneceu um certo número de máscaras celtas (e diversas figurações) e foi possível deduzir de algumas descrições mitológicas irlandesas que certas personagens ou *enviados do Outro Mundo* usavam máscara. O desaparecimento de todos os termos celtas originais com a cristianização permite suspeitar da existência de algum dado tradicional importante que não nos é mais acessível (REVC, **15**, 245 s.; **19**, 335-336; POKE, 845; OGAC, **15**, 116-121; R. Lantier, *Masques celtiques en métal*, in *Monuments et Mémoires Piot*, vol. **37**, 1940, 148 p.; CELT **12**, 103-113 e pl. 47).

As tradições gregas, assim como as civilizações de Minos e Micenas, conheceram as máscaras rituais das cerimônias e das danças sagradas, as máscaras funerárias, as máscaras votivas, as máscaras de disfarce, as máscaras teatrais. Aliás, foi esse último tipo de máscara, figurando um personagem (*prosopon*), que deu nome à *pessoa*. Essas máscaras de teatro, geralmente estereotipadas (como no teatro japonês), sublinham os traços característicos de um personagem: rei, ancião, mulher, servidor etc. Existe um repertório dessas máscaras, assim como de peças de teatro e de tipos humanos. O ator que se cobre com uma máscara se identifica, na aparência, ou por uma apropriação mágica, com o personagem representado. É um *símbolo de identificação*. O símbolo da máscara se presta a cenas dramáticas em contos, peças, filmes, em que a pessoa se identifica a tal ponto com o seu personagem, com a sua máscara, que não consegue mais se desfazer dela, que não é mais capaz de retirá-la; ela se transforma na imagem representada. Se ela se revestiu, por exemplo, da aparência de um demônio, ela finalmente se identificou com ele. Pode-se imaginar todos os efeitos que é possível tirar dessa força de assimilação da máscara. Concebe-se também que a psicanálise tenha por objetivo arrancar as máscaras de uma pessoa, para colocá-la na presença de sua realidade profunda.

Na forma de miniaturas usam-se divindades ou gênios em efígie sobre as roupas ou suspensos nas paredes dos templos. Seriam "a própria imagem – a mais expressiva porque as máscaras não eram senão rostos – da força sobrenatural com a qual se relacionava o fiel" (DEVD, 284).

Mas talvez aqui cheguemos a uma aproximação com os mitos hindus e chineses do leão, do dragão ou do ogre, que pedem ao deus que os criou vítimas para devorar e que o ouvem responder: *alimentai-vos de vós mesmos*: eles então se apercebem de que são apenas máscaras, aparência, desejo, apetite insaciável, mas vazios de toda substância.

MASCULINO-FEMININO

Estas duas palavras não devem ser entendidas apenas no plano biológico relativo ao sexo do indivíduo. É preciso compreendê-las também em um plano mais elevado e mais amplo. Assim, a **alma*** é uma combinação dos princípios masculino e feminino. *Nefesh* (princípio masculino)

670 | MASCULINO-FEMININO

e *Chajah* (princípio feminino) dão a plena significação da alma viva.

Segundo o *Zohar*, os elementos masculinos e femininos da alma provêm das esferas cósmicas.

O masculino emite a força da vida, esse princípio de vida está sujeito à morte. A fêmea é portadora de vida, ela anima. Eva, saída de Adão, significa, nessa perspectiva, que o elemento espiritual está além do elemento vital. Adão precede Eva, o vital é anterior ao espiritual. Encontra-se um tema análogo no mito de Atena saindo da cabeça de Zeus.

Em relação a isso, o *Zohar* toma o exemplo da vela, com seu elemento de sombra e seu elemento de claridade, significando o masculino e o feminino.

A distinção macho e fêmea é um signo de separação (águas superiores-águas inferiores; Céu-Terra). Na primeira descrição da criação, o homem é **andrógino***: ainda não se deu a separação.

No nível místico, o espírito é considerado masculino; a alma que anima a carne, feminina; é a famosa dualidade do *animus* e da *anima*.

Quando essas palavras são empregadas em nível espiritual, elas não designam a sexualidade, mas a *dádiva* e a *receptividade*. Nesse sentido esotérico, o celeste é masculino, e o terrestre, feminino. Na medida em que se coloca o plano biológico, interpretando-se masculino e feminino de uma maneira sexual, chega-se à maior confusão.

Os ocidentais são aqueles que mais frequentemente se excitam ou se escandalizam com o simbolismo erótico da arte oriental, em particular a da Índia. Não é raro encontrar leitores espantados com o simbolismo do *Cântico dos cânticos* e desconcertados com os comentários que esse livro desencadeia.

É conveniente se colocar no plano do *espírito* para se apreender o sentido dos símbolos. Nada deve ser tomado ao pé da letra, pois "a letra mata e o espírito dá vida" (2 *Coríntios*, **3**, 6).

Mesmo se nos colocamos no plano da sexualidade, é evidente que o homem e a mulher não são totalmente masculinos nem totalmente femininos. O homem comporta elemento feminino,

e a mulher, elemento masculino. Todo símbolo masculino ou feminino apresenta um caracter oposto. Assim, a árvore é feminina, entretanto, pode parecer masculina, como a **árvore*** simbólica que nasce do membro viril de Adão.

Paul Evdokimov fixou em termos claros, dentro de uma visão ortodoxa, onde a mística, a ontologia e o simbólico se encontram, o problema do masculino e do feminino. Sua proposta possui um valor universal em termos de uma perspectiva cristã.

Depois de lembrar que no Cristo não há homem nem mulher, que todas as pessoas encontram nele a sua própria imagem, e que a plenitude humana se integra totalmente em Cristo, ele escreve: "Na história, nós somos tal ou qual homem diante de tal ou qual mulher. Entretanto, essa situação não existe com o fim de que se instale, mas com vistas a uma superação [...]. Assim, na existência terrestre, cada um passa pelo ponto crucial de seu eros, carregado ao mesmo tempo de venenos mortais e de revelações celestes, para em seguida entrever o Eros transfigurado do reino." É impossível apresentar de uma maneira mais justa o problema do masculino e do feminino, "as duas dimensões do pleroma único do Cristo" (EVDF, 23, 24). Aquilo que São Paulo declara a propósito de Cristo, Gregório de Nissa dirá da humanidade (*De hominis opificio*, 181 d). Assim, o masculino e o feminino perdem um diante do outro sua agressividade, deixam de ser opacos, ao mesmo tempo que conservam, um e outro, a energia própria.

No Deus *uno* se apresentavam o masculino e o feminino; o Cristo imagem perfeita de Deus é uno em sua totalidade masculina e feminina. "Seguindo a distinção hipostática, o masculino tem relação com o Espírito Santo. A 'unidualidade' do Filho e do Espírito traduz o Pai" (EVDF, 26).

Essas duas palavras, masculino e feminino, não se limitam, portanto, à expressão da sexualidade. Elas simbolizam dois aspectos complementares ou perfeitamente unificados do ser, do homem, de Deus.

MATRIZ, ÚTERO
(v. Embrião, Linga, Retorno)

O simbolismo do útero ou matriz está universalmente ligado à manifestação, à fecundidade da natureza e à regeneração espiritual.

A mitologia está cheia de mitos de Mãe Terra, homóloga da matriz, dos mundos subterrâneos, das **cavernas***, dos precipícios. É, lembra Mircea Eliade, a significação de *delphys* (matriz) à qual o local de Delfos deve seu nome. Em outras regiões, se diz que os recursos se originam da matriz terrestre. As minas são também matrizes, de onde se extrai, por métodos associados à obstetrícia, os minerais, embriões que ali *amadureceram*. Também as pedras preciosas crescem, segundo a tradição da Índia, dentro do rochedo, como em uma matriz. Por associação, o forno dos metalúrgicos, dos esmaltadores, o crisol dos alquimistas têm a mesma significação.

A associação mais precisa e mais rica tem origem no Veda. A matriz do universo é a *Prakriti*, a Substância universal, que a *Bhagavad-Gita* identifica com Brahma: "o grande *Brahma* é, para mim, a matriz; eu aí deposito o germe [...]". Nos *Purana*, essa *yoni* é às vezes Vishnu, sendo Shiva o fecundador; é também Parvati, a xácti de Shiva. É por isso que o *linga*, emblema de Shiva, é representado pela *yoni* que ele fecunda. A função *transformadora* de Shiva o associa também à matriz do universo.

Garbha (matriz) é também o recipiente que serve para conter o fogo do sacrifício. Contendo *Agni*, contém o universo. E a *cella* do templo, homóloga à caverna do coração, é chamada de *garbhagriha*. *Garbha* é também o *stupa*, mas sobretudo a cavidade do *stupa* que contém as relíquias. Chamadas de sementes (*bija*), elas aí são como o núcleo de *imortalidade* (luz ou *sharira*) que permite a regeneração do ser. A matriz do Veda, se é fonte amorfa do manifesto, é também o local da imortalidade, o vácuo central da roda cósmica.

No ritual da *diksha*, o local onde o iniciado é fechado recebe a designação de matriz de seu novo nascimento. Os alquimistas, da Europa à China, encaram muito explicitamente o *retorno à matriz* como a condição para a regeneração, para a imortalidade. A estada na matriz é um estado central, intemporal, no qual, repetem os textos hindus, *se conhecem todos os nascimentos*.

O embrião é, como *Agni*, da natureza do Fogo: ele é luminoso. Também é visto no seio maternal. O *Majjhima-nikaya* diz a mesma coisa em relação ao Buda, o Egito o diz do Sol; uma tradição reza que o mesmo se disse de Cristo.

O símbolo gráfico da *yoni* é o triângulo invertido, de ponta para baixo; os três lados são os três *guna* (concentração, dispersão, expansão), que são as tendências fundamentais da natureza. Existe um símbolo análogo ao triângulo entre os pitagóricos. A *yoni* corresponde ainda, no tantrismo, ao *muladharachakra*, matriz dentro da qual dorme a *kundalini*, enrodilhada em torno de um *linga* de luz.

Porque o Verbo (*vak*) é a *mãe* do conhecimento, as sete vogais do alfabeto sânscrito ainda são chamadas de sete *matrizes*: são as *sete mães* da linguagem.

Titus Burckhardt notou que em árabe *rahim*, a matriz, tem a mesma raiz que o Nome divino *ar-rahman*, o Clemente. É através da Realidade que exprime esse Nome que são levadas à existência as possibilidades de manifestação contidas no Ser divino. Assim, *ar-rahmaniyah*, a beatitude misericordiosa de Deus, pode ser concebida como a *matriz universal* (BURA, BHAB, COOH, DANA, ELIY, ELIF, ELIM, JACG, JILH, KRAT, SECA, SILI).

MEDICINA

Entre os povos indígenas da pradaria (EUA), o poder da *medicina* é a força essencial que preside à aquisição da sabedoria do corpo e do espírito, busca que constitui o objetivo essencial da vida. A aquisição desse poder comanda a vida ativa do indígena, em sua maior parte. Tendo os "homens atingido um nível elevado dessa medicina, eram muitas vezes curadores profissionais. Mas o sentido da palavra vai bem além das práticas do Doutor ou do Curador indígena [...]. Existem também diversas sociedades secretas chamadas *sociedades de medicina* [...]. Elas formam uma

672 | MEDIDA

estrutura no interior da estrutura tribal [...] que dará, por exemplo, à tribo, seus cirurgiões, seus sacerdotes da chuva, seus bobos, seus guardiães de sementes ou de objetos de culto. Cada uma dessas sociedades possui seu próprio *pacote de medicina* que é para o grupo aquilo que é o *saco de medicina* para o indivíduo: o guardião de sua vida e de seu destino". Cada um desses pacotes é acompanhado por um corpo de sabedoria adquirida, em parte instrução prática, em parte tradição, em parte canto e ritual, encarnando o conjunto uma filosofia (ALEC, 229).

A medicina é a arte de obter o espírito protetor ou animal – medicina, entre os athabascas (Canadá). Desde a idade de cinco anos a criança é submetida, à parte do acampamento, a um teste de jejum propiciatório de sonhos. Esfomeada, ela atinge um estado de semi-inconsciência alucinatória. A primeira imagem que se apresenta ao espírito do adormecido se torna seu espírito protetor e não o deixa mais. Ele levará por toda a sua vida sobre si um fragmento da aparência corporal desse espírito, que pode ser um animal, mas também um fenômeno natural (água, vento) ou um espírito dos mortos. Nesse último caso, ele portará um símbolo gravado sobre um fragmento de casca de bétula. Invocado com cantos ou batidas de **tambor***, esse espírito ou animal da medicina se torna essencial ao caçador: sem ele, é a morte... *Uma hierarquia de espíritos mais e mais poderosos e numerosos ergue-se até o topo da pirâmide religiosa e social, ao Xamã.*

Seus remédios são infalíveis, e seu papel, essencial para a sobrevivência dos caçadores nômades. Suas "medicinas extraordinárias são o abrigo em que se refugia uma existência incessantemente ameaçada" (MULR, 224-228).

Entre os gregos, foi o centauro Quíron que ensinou a medicina a Asclépio (Esculápio). A causa das curas e até das ressurreições que ele realizava procedia de uma única fonte: o sangue da Górgona, que lhe deu Atena. O sangue corrido das veias do lado esquerdo da Górgona era um veneno violento; o das veias do lado direito, benéfico. Asclépio se mostrava hábil nas dosagens

e multiplicava as ressurreições. Zeus o fulminou com um raio e o transformou em constelação, o serpentário (**caduceu***). Do mesmo modo, Adão foi expulso do Paraíso por ter tocado na árvore do conhecimento e tentado se tornar igual a Deus, possuindo a fonte da vida. O símbolo de Asclépio, o médico fulminado, sublinha o caráter sagrado da vida, que apenas pertence a Deus. O homem senhor da vida é o homem que superou Deus. O mito lembraria o sentido da medida em que o homem deve tentar buscar conhecimento. Ele ilustra um momento da busca eterna da Verdade que se arrisca a ser confundida no homem com o orgulho de se tornar igual a Deus. *Não existem deuses*, diziam os povos indígenas do Mackenzie, *existe apenas a medicina*. Subsiste até os nossos dias o medo das manipulações genéticas.

MEDIDA

A medida é o instrumento e o símbolo da exatidão, da troca, da justiça, da harmonia, seja ela considerada em relação ao homem e à sociedade ou em relação às formas de conhecimento, de emoção ou de ação.

A importância simbólica e a interdependência dos sistemas de medidas são colocadas em relevo principalmente na tradição chinesa. É que as medidas, observa Granet, não representam somente grandezas, mas também proporções; não apenas quantidades, mas também qualidades. A manifestação e ao mesmo tempo a causa da virtude exemplar do imperador Chuen é a *normalização*, com a sua chegada, dos padrões das medidas e dos sons; assim se estabeleceram os meios para uma harmonia universal (Chuking, 1, 2). Diz-se que com a vinda do rei Wen dos tcheus, "ele modificou as regras e as medidas, e determinou o primeiro dia do primeiro mês" (Sseu-ma Ts'ien, Che-Ki, cap. IV). Tratava-se, evidentemente, de uma restauração da Virtude imperial, em seguida à decadência da dinastia Yin. Essa necessária correspondência das medidas e do tempo se afirma no *Yue-ling*, que prescreve para cada um dos equinócios, a *igualização das medidas de comprimento e de peso... a padronização dos alqueires... a retificação dos pesos das balanças, das regras para medir.* Os equinócios são, com efeito, os pontos de equilíbrio dentro dos ciclos anuais do *yin* e do *yang*. Existe instante mais bem escolhido para se verificarem as balanças?

A retificação das medidas pela autoridade imperial não seria arbitrária. Sseu-ma Ts'ien assegura, a propósito de Yu-o-Grande, que *sua voz era o padrão dos sons, seu corpo, o padrão das medidas de comprimento e das medidas de peso.*

Granet acredita que se pode inferir que o tamanho e o peso dos imperadores e dos heróis lendários sempre serviram de normas para as medidas de seus reinos, que surgiam como uma manifestação precisa de suas propriedades morais e físicas; a mudança das medidas por um subalterno constitui, ademais, um crime de rebelião, a ser punido com a morte (Li-Ki, III, 2).

É interessante notar que o padrão de todas as medidas seja de natureza *sonora*: o tubo musical *huang-tchong* (sino amarelo), que dá a nota fundamental *kong*, está na base das unidades de comprimento. Existe expressão mais *concertada* da harmonia do mundo e que justifique mais completamente a verificação periódica dos efeitos sonoros?

Adicionemos, entretanto, uma nuança a esse aparente rigor dos signos: a benevolência perfeita dos príncipes consistia, na época dos Reinos Combatentes, em fazer uso de um *pequeno alqueire* para receber as rendas anuais, e de um *grande alqueire*, para a distribuição dos grãos (Che-Ki, cap. XLVI). Há aí quase que uma resolução evangélica, como a equivalente que se encontra em São Lucas (VI, 38): "Da medida com a qual medirdes, medirão para vós em retorno."

A regra de medição evoca, por sua vez, a *vara de ouro do Apocalipse* (XXI, 15), que serve para *medir a cidade... de acordo com a medida humana*. Ela não mede com menos exclusividade os nomes simbólicos, eles próprios muito pouco quantitativos (GRAC, GRAP). *O Anjo media de acordo com uma medida humana*, precisa o autor do Apocalipse (v. 17). Mas tudo o que ele mede, cidade, portas, ambientes, habitantes, é entendido em um sentido simbólico. Novo e belo exemplo da coexistência do profano e do sagrado no discurso e no registro humanos.

MEDRONHEIRO

Para os Antigos, esse arbusto de folhas perenes ligava-se à morte e à imortalidade. "Apressam-se a entrançar a treliça de vime de um esquife flexível com galhos de medronheiro e de carvalho, erguendo um leito fúnebre sombreado de verdura", escreve Virgílio descrevendo as exéquias de Palas, companheiro de Enéas (ENEIDA 11, 63-65).

MEDUSA (*v.* Górgonas)

MEFISTÓFELES

Aquele que odeia a luz. Demônio da literatura medieval, que assiste o doutor Fausto, desde o momento em que este vende a sua alma ao Príncipe do Inferno. Amargo e sarcástico, sua ironia esconde "a dor desesperada da criatura de essência superior que, privada do Deus para o qual foi feita, se encontra em toda parte prisioneira do Inferno" (DICP, 418). Esse demônio faz-se reconhecer – alguns acreditaram erroneamente ter visto seus traços nos ritos de um Voltaire envelhecido – "por sua maldade fria, por seu riso amargo que insulta até às lágrimas, pela alegria feroz que lhe provoca um aspecto de dor. É ele que, pela zombaria, ataca as virtudes, enche de desprezo os talentos, corrói com a ferrugem da calúnia o brilho da glória [...] é, depois de Satã, o mais notável administrador do Inferno" (COLD, 454).

Goethe transformou o personagem medieval de Mefistófeles em um símbolo metafísico. Para que a humanidade não adormeça em uma paz enganadora e enfadonha, Mefistófeles recebe de Deus a liberdade de desempenhar no mundo o papel da *inquietude fecunda e criadora*. Ele tem, então, o seu lugar na evolução progressiva, como um dos fatores essenciais, mesmo que negativo, no porvir universal.

Eu sou uma parte das forças que querem sempre o mal, diz ele a Fausto, *e sem cessar, criam o bem.*

Mas a visão harmoniosa desse progresso escapa à sua inteligência limitada: ele acredita que

674 | MEIO-DIA – MEIA-NOITE

conduz os homens à danação, mas no final das aventuras em que os engaja, eles descobrem a saúde. O mistificador é mistificado.

A psicanálise poderá ver em Mefistófeles a tendência perversa do espírito, que apenas desperta as forças do inconsciente para daí tirar poderes e satisfações, em vez de integrá-las em um conjunto harmonioso dos atos humanos. É o aprendiz de feiticeiro que brinca com o inconsciente e que não o leva à luz da consciência, a não ser para conduzir a consciência ao ridículo. Esta, por ele despertada, deverá sacudir o jugo do falso senhor e constituir-se a si mesma segundo seu próprio caminho: o provocador passa a ser o grande ludibriado.

Mefistófeles significa ainda o "desafio da vida, com todos os equívocos que comporta. Fausto não foi bem-sucedido no sentido de viver com plenitude uma parte importante da sua juventude. Consequentemente, ficou um ser incompleto, meio irreal, que se perdia em vã procura metafísica, cujos objetos jamais se concretizavam. Ele ainda se recusava a encarar o desafio da vida, a experimentar-lhe o mal, assim como o bem". É esse aspecto do seu inconsciente que vem excitar e iluminar Mefistófeles. "Essa lembrança do lado obscuro da personalidade, da energia que ele representa e de seu papel na preparação do herói para as lutas da vida é uma transição essencial [...]." (JUNH, 121).

MEIO-DIA – MEIA-NOITE

O meio-dia e a meia-noite são, como os solstícios no ciclo anual, os pontos de intensidade máxima do *yang* e do *yin*, mas também a origem do movimento ascendente dos princípios opostos: pois a metade no solstício de inverno e à meia-noite; no meio-dia e a metade descendente, do meio-dia à meia-noite. É por isso que na China o instante propício à concepção se situa no solstício de inverno e à meia-noite; no ocidente, o Cristo nasceu nesse mesmo solstício e à meia-noite. O príncipe, que detém a grandeza e a abundância, ensina o *I-Ching*, é como o Sol ao meio-dia (seu corpo não tem sombra, sua voz não tem eco); mas também: *o Sol, quando atinge a metade do dia, declina; a*

Lua, quando se torna plena, é comida. No norte, no solstício de inverno, à meia-noite, observa o comentário do *Tratado da Flor de Ouro*, o *yin* está em repouso, o *yang* entra em movimento: é a linha mediana (*yang*) do trigrama *k'an* (norte) que retorna ao trigrama *kien* (pleno *yang*).

Não estamos distantes, aqui, do esoterismo tântrico, que faz corresponder à *meia-noite* o estado de *repouso* absoluto na beatitude. É que, como nota Guénon, a culminação do *Sol espiritual* se dá à meia-noite, em analogia inversa à do Sol físico. A iniciação nos mistérios antigos era associada ao *Sol da meia-noite*.

O esoterismo ismaeliano é rico de considerações da mesma ordem: meio-dia, a hora *em que já não há mais sombra*, é Selo da Profecia, a culminação da Luz espiritual; meia-noite: é o cerne confuso do oculto, do conformismo, do literal, e o ponto a partir do qual começa a ascensão da Revelação solar. Assim, encontramos em um Shabestari o paradoxo aparente da *noite luminosa* ou do *meio-dia obscuro*, que são os pontos de ruptura, as origens dos dois semipercursos cíclicos do espírito (CORT, ELIY, GRAP, GRIF, GUES).

A palavra meio-dia simboliza, na tradição bíblica, a luz em sua plenitude. Orígenes precisa a importância desse símbolo na Escritura (*Homilias primeira e terceira sobre o Cântico dos cânticos*). Orígenes observa que Loth era incapaz de receber a luz plena do meio-dia, enquanto Abraão era capaz de a ver. Ver Deus face a face é vê-lo à luz do meio-dia.

O meio-dia marca uma espécie de instante sagrado, uma parada no movimento cíclico, antes que se rompa um frágil equilíbrio e que a luz se incline rumo a seu declínio. Ele sugere uma imobilização da luz em seu curso – o único momento sem sombra –, uma imagem de eternidade.

> Meio-dia lá no alto, Meio-dia sem movimento
> Em si se pensa e convém a si mesmo.
>
> (Paul Valéry, *Le Cimetière Marin*)

MEL (*v. Abelha*)

Alimento primeiro, alimento e bebida ao mesmo tempo, a exemplo do **leite***, ao qual é frequentemente associado, o mel é antes de tudo um símbolo vasto de riqueza, de coisa completa e sobretudo de doçura; ele se opõe ao amargor do fel, ele difere do açúcar, como difere aquilo que a natureza oferece ao homem daquilo que ela esconde dele. Leite e mel correm em cascatas em todas as terras prometidas, como em todas as terras primeiras das quais o homem se viu expulso. Os livros sagrados do Oriente e do Ocidente os associam e celebram em termos sempre próximos, que muitas vezes direcionam o símbolo para uma conotação erótica. É a terra de Canaã, mas é também o mel do amor imortal do *Cântico dos cânticos* (**4**, 11; **5**, 1).

> Teus lábios, minha noiva,
> destilam o mel virgem.
> O mel e o leite
> estão sob tua língua...
> Entro em meu jardim
> minha irmã, minha noiva,
> colho minha mirra e meu bálsamo.
> como meu mel e meu favo,
> bebo meu vinho e meu leite.

E as previsões de Isaías (7, 14-15):

> Eis: a jovem está prenhe
> e vai ter um filho
> que chamará Emmanuel.
> De leite e mel ele se nutrirá
> até que saiba rejeitar o mal
> e escolher o bem.

Também no *Veda*, onde o mel, celebrado como agente principal de fecundação, fonte de vida e de imortalidade, como o leite e o soma, é ainda comparado com o esperma do Oceano, o Grande Leite onívoro:

> Do mesmo modo que, fazedoras de suco,
> as abelhas derramam suco no suco,
> que da mesma forma em mim, ó Asvin.
> em meu ser, o esplendor se consolide...
> Do mesmo modo que as moscas
> se banham no suco, o suco que aqui está
> assim em mim, ó Asvin, que esplendor, a acuidade,
> a força, o vigor, se consolidem.

> Ó Asvin, espalhe sobre mim o suco
> da abelha, ó mestres do esplêndido,
> para que eu leve aos homens
> uma palavra plena de esplendor.

> (Atharva Veda, 91, VEDV, 258)

São ainda as tradições celtas que celebram o hidromel como *bebida de imortalidade*, do mesmo modo como um texto arcaico, talvez anterior à chegada do cristianismo, conhecido como *o alimento da casa das duas taças*, fala do leite com gosto de mel, alimento exclusivo de Tithne. O mel está na base do hidromel, bebida da imortalidade, que corre em cascata no Outro Mundo. Mas essa doçura *melosa* pode ser perigosamente sedutora: é o caso do mel destilado pelos lábios da cortesã, do qual falam os *Provérbios*; é o caso das palavras do bajulador, dos engodos de todo tipo.

Enquanto alimento único, o mel estende a sua aplicação simbólica ao *conhecimento*, ao *saber*, à *sabedoria*, e seu *consumo* exclusivo está reservado aos seres de exceção, neste mundo assim como no outro. A tradição chinesa associava o mel ao elemento *terra* e à noção de **centro***, é por isso que os molhos dos pratos servidos ao Imperador deviam ter sempre como elemento de ligação o mel (GRAP). A tradição grega pretende que Pitágoras, do mesmo modo como o herói celta, não se tenha alimentado durante toda a sua vida a não ser de mel.

Segundo Dionísio, o Areopagita, os ensinamentos de Deus são comparáveis ao mel "por sua propriedade de purificar e de conservar" (PSEO, 31). O mel designará a cultura religiosa, o conhecimento místico, os bens espirituais, a revelação ao iniciado. Virgílio chamará o mel de *dom celeste do orvalho*, sendo o próprio orvalho o símbolo da iniciação. O mel também vem a designar a beatitude suprema do espírito e o estado de Nirvana: símbolo de todas as doçuras, ele realiza a abolição da dor. O mel do conhecimento funda a felicidade do homem e da sociedade. Aqui ainda o pensamento místico do Oriente e o do Ocidente coincidem. Para a confraria mística dos bektachis (de obediência xiita), o mel designa o *Hak*, certa rea-

676 | MELANCIA

lidade transcendental, objetivo de todo caminho espiritual, onde o ser se funde com a divindade; aquilo que se realiza no *fana*, estado de anestesia onde se abole igualmente a própria noção de dor. Símbolo do conhecimento também para Clemente de Alexandria, da sabedoria nas tradições órficas, o mel é, em terra budista, associado à doutrina: *minha doutrina é como comer mel, o início é doce, o meio é doce, o final é doce.* A perfeição do mel faz dele com facilidade uma poderosa oferenda e objeto propiciatório, um símbolo de proteção e de pacificação. Os atenienses ofereciam doces feitos de mel à Grande Serpente, para que ela permanecesse dentro de sua caverna. Segundo os hadits de El Bokhari, para o Profeta e para a tradição do Islã, o mel é a panaceia por excelência. Ele devolve a visão aos que a perderam, ele conserva a saúde e chega até a ressuscitar os mortos. Para os ameríndios, o mel toma parte nos *ritos da medicina*: ele desempenhava um papel importante em suas cerimônias e seus rituais. Don C. Talayesva, chefe hopi do Arizona, conta que, na ocasião de um *rito de medicina* celebrado na época da festa do solstício de inverno, o sacerdote procede às libações do mel e da farinha (TALS, 168). A descrição do ritual indica que os hopis atribuem a essa utilização do mel uma dupla virtude purificadora e fertilizante, coisa que está de acordo com tudo o que viemos sublinhando antes. Associado aos ritos de purificação, o mel explicita sua virtude iniciatória. Porfírio descreve nos seus estudos *Sobre o antro das Ninfas* (citado por MAGE, 344), que, no momento da iniciação nos Leônticos, "se derrama sobre as mãos (dos místicos) não água, mas mel, para lavá-los [...]. Por outro lado, é através do mel que se purifica a língua de qualquer falha". Da mesma maneira, os membros da seita de Mitra dão mel para ser degustado na ocasião dos ritos iniciatórios e os místicos lavam as mãos com o mel.

As tradições mediterrâneas, e especialmente a grega, exprimem bem a totalidade desse rico simbolismo. Alimento *inspirador*, ele deu o dom da poesia a Píndaro, assim como tinha dado o da ciência a Pitágoras. Todos dois são, no sentido pleno da palavra, Iniciados. Quando a religião grega diz que o mel é *símbolo de morte e de vida, de entorpecimento (supõe-se que ele faz dormir um sono calmo e profundo) e de boa visão*, não está ela a descrever, de maneira alusiva, as fases-chave do ritual iniciatório: trevas e luz, morte e renascimento? Os mistérios eleusianos confirmam essa hipótese: o mel era dado "aos iniciados de um grau superior, como signo de uma vida nova" (MAGE, 135-136). O mel desempenha ainda um papel no despertar primaveril iniciático. Ele está ligado à imortalidade de sua cor – amarelo ouro – pelo ciclo eterno das mortes e dos renascimentos.

No pensamento analítico moderno, o mel, "tomado como o resultado de um processo de elaboração, *se transformará no* símbolo do Ego superior, ou Self, enquanto consequência última do trabalho interior sobre si próprio" (TEIR, 119).

MELANCIA

A melancia é um símbolo de fecundidade em razão das numerosas sementes que contém. É por isso que antigamente, no Vietnã, oferecia-se sementes de melancia aos jovens esposos, junto com laranjas, que têm a mesma significação (DURV). No mundo helênico, é o grão da romã que desempenha esse papel de símbolo da fecundidade (*v.* Deméter).

MELUSINA

Lendária personagem feminina dos romances de cavalaria, de uma grande beleza, mas às vezes transformada em **serpente***. Gênio* da família dos Lusignan, ela aparecia na torre do castelo e soltava gritos lúgubres a cada vez que um Lusignan ia morrer. Um romance do séc. XV popularizou a lenda: uma **fada*** de beleza maravilhosa promete a Raimondin fazer dele o primeiro figurão do reino se ele aceitar desposá-la e jamais vê-la aos sábados. O casamento é concluído, a fortuna e os filhos coroam a união dos dois. Mas o ciúme se apodera de Raimondin, a quem fazem acreditar que sua mulher o enganava, e este, através de um buraco na parede, vigia Melusina, que, em um sábado, se havia retirado para o seu quarto. Ela toma um banho e ele descobre que ela é metade

mulher e metade serpente, assim como as **sereias***
eram metade peixe e metade pássaro. Raimondin
se acaba de dor, Melusina, traída, voa, sem deixar
de clamar o seu penar em gritos aterradores, na
torre do castelo. Essa lenda, que lembra o mito
de Eros e de Psique, simboliza a morte do amor
por falta de confiança ou pela recusa de respeitar
no ser amado a sua parte de segredo. Também se
pode ver aí a desintegração do ser que, querendo
ser lúcido a qualquer preço, destrói o próprio
objeto de seu amor e perde ao mesmo tempo a
sua felicidade. Na via de sua individualização, ele
não soube assumir os limites do inconsciente e do
mistério, sua sombra, sua animalidade, sua parte
de obscuro e desconhecido.

MÊNADES (*v.* Bacantes)

MENIR

Entre outras significações, o menir parece ter desempenhado um papel de *guardião de sepultura*; ele
seria geralmente colocado ao lado ou abaixo de
uma tumba mortuária. A pedra tem o atributo
de proteger "contra os animais, os ladrões, mas
sobretudo contra a morte; pois, nos mesmos
moldes da incorruptibilidade da pedra, a alma
do defunto devia subsistir indefinidamente sem se
dispersar. O eventual simbolismo fálico das pedras
tumulares pré-históricas confirma esse sentido,
sendo o falo um símbolo da existência, da força,
da duração" (ELIT, 189). Símbolo masculino de
proteção e de vigilância.

Para César, eram simulacros de Mercúrio,
assim como os **pilares*** quadrados o eram de
Hermes. Nas tradições celtas, esses cenotáfios ou
estelas funerárias eram adornadas em honra dos
grandes druidas no limite das *terras dos vivos*,
diante da *Planície feliz* onde sobrevivem os mortos. Essa aparição da pedra, litofania, evocava a
permanência incorruptível de um poder e de uma
certa vida. A **pedra*** se aparenta aqui à árvore da
vida e ao eixo do mundo.

Em tribos da Índia central, enormes rochedos
são transportados para cima dos túmulos dos
mortos ou para uma certa distância deles: esses
megálitos têm a intenção de *fixar a alma do morto*

*e estabelecer para ela um alojamento provisório que
a mantém na vizinhança dos vivos e, ao mesmo
tempo em que lhe permite influenciar a fertilidade
dos campos pelas forças que lhe confere sua natureza
espiritual, a impede de errar e tornar-se perigosa*
(*v.* **pedras***, **bétilos***). A significação do menir se
aproximaria portanto da simbólica do guardião
de sepultura e da vida.

André Varagnac distingue estátuas-menires
femininas e masculinas, com ornamentos que ele
chega a identificar com uma certa precisão. Suas
observações o levam a ver nesses menires traços
da simbologia do fogo e da fecundidade (VARG,
25). Seria encontrada, assim, mais uma vez, a
bipolaridade do símbolo morte-vida.

MENSAGEIRA

A mensageira dos deuses é uma mulher que, em
quase todas as narrações celtas, aparece ao eleito na noite do primeiro de novembro (festa de
Samain). Sua beleza é maravilhosa. Ela provoca
o amor e, quando se afasta provisoriamente, o
langor. Às vezes traz um ramo de **macieira***, produzindo uma música encantadora, que adormece.
Algumas vezes, ainda, entrega uma **maçã***, fruto
da imortalidade, que pode alimentar indefinidamente. Ela chega frequentemente na forma
de um **cisne*** que canta uma música mágica. As
transcrições cristãs fizeram delas, como na história
de Zeus e de Leda, porém invertendo os termos,
amantes apaixonadas. Somente Cuchulainn resiste a elas, e é por isso punido com um langor que
dura um ano (OGAC, **18**, 136 s.; CHAB, 541).

Na mitologia grega, Hermes e Íris são igualmente mensageiras dos deuses. No lugar do fruto
da imortalidade, como a mensageira celta, Íris traz
aos deuses água do Estige, que ela carrega em um
vaso de ouro.

MERCADO

Os mercados eram na China antiga não somente
os lugares das trocas comerciais como também
das danças da primavera, dos intercâmbios matrimoniais, dos ritos relacionados à obtenção das
chuvas, da fecundidade, da influência celeste. Isso
é tão verdadeiro que, se se quisesse fazer parar a

678 | MERCÚRIO

chuva, era preciso proibir às mulheres o acesso aos mercados.

Local de encontro e de equilíbrio do *yin* e do *yang*, os mercados eram os locais da paz: a vingança de sangue estava proibida neles (Granet). O ritual das sociedades secretas, levando ainda mais longe o símbolo, fala de um *mercado da Grande Paz* (*t'ai-p'ing*), objetivo final de uma *navegação* que se identifica com a *Cidade da Paz*, ou a *morada da Paz*. É a imagem de um estado espiritual ou de um grau da escola de iniciação (GRAD, GRAR).

MERCÚRIO
(em relação ao deus, v. Hermes)

O mercúrio é um símbolo alquímico universal e geralmente aquele do princípio passivo, *úmido*, *yin*. O retorno ao mercúrio é, em termos de alquimia, a *solução*, a regressão ao estado indiferenciado. Do mesmo modo que a mulher está sujeita ao homem, o mercúrio é o servidor do enxofre. O mercúrio, o *chuei-yin* (prata líquida dos chineses) corresponde ao dragão, aos humores corporais, o sangue e o sêmen, aos rins, ao elemento Água. A alquimia ocidental o opõe ao enxofre, mas a alquimia chinesa, ao seu composto: o **cinabre***. A alternância mercúrio-cinabre, obtida por calcinações sucessivas, é a do *yin* e do *yang*, da morte e da regenerescência. Segundo certas tradições ocidentais, o mercúrio é a semente feminina e o enxofre, a masculina: sua união subterrânea produz os metais.

A Índia, ao contrário, faz dele um sêmen, um concentrado subterrâneo de energia solar: é o sêmen de Shiva, ao qual se consagram os *linga* de mercúrio. O mercúrio tem o poder de purificar e *fixar* o ouro. É um alimento de imortalidade, mas também um símbolo de libertação. O mercúrio alquímico é o símbolo do *soma*, cuja secreção e circulação o tantrismo se esforça por controlar. Será que ele é também a forma dessa libertação pela fortificação do corpo? A *ciência do mercúrio* é, em todo caso, a expressão de uma ciência da regeneração interior, que nós conhecemos pelo nome de *ioga*. A primeira supostamente obtém o

ouro puro, assim como a segunda, a imortalidade (DANA, ELIY, ELIF, GUET, MAST).

Seguindo a análise astrológica, Mercúrio vem imediatamente após os dois planetas luminosos, o Sol, astro da vida, e a Lua, astro da geração, isto é, da manifestação da vida no nosso mundo transitório. Se o Sol é o Pai Celeste, e a Lua, a Mãe Universal, Mercúrio se apresenta como o filho deles, o Mediador. Seus dois domicílios, isto é, os signos do Zodíaco, cuja natureza se harmoniza com a desse planeta, são Virgem, que segue a linha solar do Leão, e Gêmeos, que precedem o signo lunar de Câncer.

Vizinho mais próximo do Sol, Mercúrio é o planeta mais rápido, de cabriolagens incessantes. Mercúrio, o deus da mitologia, diligente e provido de asas nos pés, tinha o ofício de mensageiro do Olimpo (*v.* **Hermes***). Vale dizer que Mercúrio é essencialmente um princípio de ligação, de intercâmbios, de movimento e de adaptação.

E se adicionamos que seu atributo é o Caduceu, apreende-se também nesse símbolo uma natureza dualista, na qual se confrontam os princípios contrários e complementares: trevas-luz, baixo-alto, esquerda-direita, feminino-masculino... Essa circulação interna constitui a condição inicial do desenvolvimento da inteligência: separar as coisas para não mais se confundir com elas e tomar distâncias em relação a si mesmo. Esse jogo contribui para guiar o instinto, reprimir a vida sensível, afirmar o mundo da razão. É sobre esse terreno que se edifica a socialização do ser humano, com a assimilação dos usos e convenções submetidos às regras da lógica; comércio do espírito através das ideias, revestidas de palavras, e comércio da matéria através do sistema de trocas regulamentadas. Em cada um de nós, o processo mercuriano é esse auxiliar do Ego, encarregado de nos desviar das seduções da subjetividade obscurecedora e de nos orientar na encruzilhada da rede de contatos mais rica com o mundo circundante. Diante da dupla pressão dos impulsos interiores e Solicitações exteriores, ele é o melhor agente de adaptação à vida.

METAL
(v. Bronze[1], Bronze[2], Chumbo, Cobre, Embrião, Ferreiro, Ferro, Liga metálica, Ouro, Prata)

Derivada do grego *métallon*, a palavra metal se aproxima, segundo René Alleau, da raiz "mé ou més", que é o nome mais antigo dado à Lua (ALLA, 62-63).

O simbolismo dos metais comporta um aspecto duplo: de um lado, aqueles que o trabalham, como os **ferreiros***, foram muitas vezes parcialmente excluídos da comunidade, sendo considerada perigosa a sua atividade de ordem *infernal*; de outro lado, eles às vezes desempenharam, ao contrário, um papel social capital, e seus ofícios puderam servir de apoio a organizações iniciatórias (mistérios cabíricos da Grécia antiga, confrarias chinesas e africanas). O primeiro aspecto devia ser o mais importante, pois a origem dos minerais, a relação da ferraria com o fogo subterrâneo, portanto, com o Inferno, são significativas. O aspecto benéfico se fundamenta na purificação e na transmutação, assim como na função cosmológica de *transformador*. O metal puro que se desprende do mineral bruto é, como diria Jacob Boehme, *o espírito que se desprende da substância para se tornar visível*.

Os metais têm a propriedade de passar por transformações cujo objetivo, na **alquimia***, é a extração do enxofre. A fusão dos metais é comparável a uma morte, o enxofre extraído representa sua virtude, isto é, o núcleo, ou o espírito, do metal.

Na China, a operação da *fundição* é assimilada à obtenção da imortalidade. Está aí a origem do simbolismo alquímico: em chinês, o caractere *kin* – que representa fragmentos de minerais dentro da terra – tem indiferentemente o sentido de *metal* ou de *ouro*. Entretanto, se o ouro é o *yang* puro, o metal-elemento é de essência *yin*: ele corresponde ao oeste, ao outono, à cor branca. *Fundi o universo e reformai-o*, diz um ritual de sociedade secreta. É o *solve et coagula* hermético, a influência alternada do Céu e da Terra, o aspecto *yang* e o aspecto *yin*. A liga de metais, como dissemos, é aliança; é que

os metais são substâncias vivas e sexuadas, possuidoras de *sangue*: é, diz Nicolas Flamel, *o espírito mineral que está dentro dos metais*; os metais se casam pela fusão; é por isso que ela não é bem-sucedida senão com a aproximação do crisol do fundidor e de sua mulher (*yang* e *yin*) ou pelo menos de seus substitutos (cabelos e aparas de unhas).

O aspecto *impuro* dos metais, signo da *solidificação cíclica*, é determinante da sua proibição dentro dos altares hebreus e da proibição dos utensílios metálicos na construção do Templo de Salomão (faz-se sentir também no simbolismo maçônico do *despojamento dos metais*). Essa proibição visa, ademais, acima de tudo o **ferro***, pois, como indica a doutrina dos quatro *yuga* (as idades de **ouro***, de **prata***, de **bronze***, de **ferro***), existe uma hierarquia descendente dos símbolos metálicos em relação com a *solidificação*, o endurecimento progressivo das idades do mundo (ELIF, GRAD, GUER, GUES).

Com efeito, um sistema de correspondência foi estabelecido entre os metais e os planetas ou estrelas que, seguindo uma ordem ascendente dentro da hierarquia dos metais, se resume assim:

chumbo = Saturno

estanho = Júpiter

ferro = Marte

cobre = Vênus

mercúrio = Mercúrio

prata = Lua

ouro = Sol

Essa hierarquia cósmica se repete nos mitos das raças e das idades, em Hesíodo, por exemplo. A Idade de ouro e a raça de ouro não são senão maravilhas, enquanto a idade do ferro e a raça do ferro são apenas brutalidades e tiranias. A hierarquia dos metais se encontra ainda nos costumes da hierarquia social: talheres de ferro, de prata ou de ouro, segundo as classes; na idade Média, esporas de ouro para os cavaleiros, de prata, para os escudeiros. O que os distingue é menos uma questão de preço, e mais uma noção de hierarquia fundada no simbolismo dos metais.

680 | METAMORFOSE

Mas a simbologia reconhece ainda as ligas de metais, tais como o **bronze***.

Os metais são os elementos planetários do mundo subterrâneo; os planetas, os metais do Céu: o simbolismo de uns e de outros é paralelo. Os metais simbolizam *energias cósmicas* solidificadas e condensadas, com influências e atribuições diversas.

Enquanto símbolos de energia, os metais foram associados à *libido*, no simbolismo de C. G. Jung. Seu caráter subterrâneo os aparenta com os desejos sexuais. Sublimar estes últimos é operar uma transformação de vil metal em ouro puro. Aqui, a analogia joga a favor, não mais apenas da astrologia, mas da alquimia. Trata-se de se liberar das servidões carnais como dos influxos planetários e metálicos nocivos. A via da individualização é comparável à das transmutações. A sublimação ou a espiritualização, como a Grande Obra dos alquimistas, passa pelo fogo, pela destruição, pela restauração a um nível superior. De acordo com uma outra tendência, será tratado não apenas de se *libertar* dos influxos metálicos e planetários, mas de os *integrar* em uma existência totalmente equilibrada.

O *despojamento dos metais* é um rito iniciatório e simbólico muito antigo. Ele está, sem dúvida, ligado a esse caráter impuro atribuído aos metais. Ele já foi associado ao *mito da deusa babilônica Ishtar, obrigada, no curso de sua descida ao mundo infernal, a despojar-se sucessivamente de seus ornatos, para franquear os sete recintos antes de aparecer, nua, diante de sua irmã, a temível soberana do reino dos mortos.* Há qualquer coisa semelhante nos ritos maçônicos de iniciação: o iniciante é convidado a "despojar-se de seus metais" (moedas, anéis, correntes, relógio etc.) para marcar seu desligamento em relação a todos os bens materiais e a todas as convenções e a sua vontade de recuperar "a inocência original" (HUTF, 147).

METAMORFOSE

Todas as mitologias estão cheias de descrições de metamorfoses: deuses se transformam ou transformam outros seres em seres humanos, animais e, na maior parte dos casos, em árvores, flores, nascentes, rios, ilhas, rochedos, montanhas, estátuas. Apenas para a mitologia grega, P. Grimal cita mais de cem exemplos.

Lê-se frequentemente em todos os textos irlandeses e gauleses que um mágico, druida ou poeta, ou que uma profetisa, por uma ou outra razão, transforma um herói ou uma heroína em um ser vivo qualquer, porco, pássaro ou peixe. Também, às vezes, um deus ou uma deusa se metamorfoseiam e são ainda os druidas que aceitam transformar-se em vacas com fins de sacrifício. Na Gália, as sacerdotisas de Sena achavam que podiam se transformar em qualquer animal, à sua vontade. Os fenômenos da metamorfose passageira devem ser nitidamente diferenciados dos da **metempsicose*** propriamente dita, que é uma transmigração, uma passagem total e definitiva de um estado a outro (LERD, 126-134; OGAC, **15,** 256-258).

Essas metamorfoses podem ter aspecto negativo ou positivo, dependendo se elas representem uma recompensa ou um castigo e de acordo com as finalidades às quais obedeçam. Não é para se punir que Zeus se transforma em cisne diante de Leda.

Elas revelam uma certa crença na unidade fundamental do ser, tendo as aparências sensíveis apenas um valor ilusório ou passageiro. As modificações na forma, de fato, não parecem mesmo afetar as personalidades profundas, que em geral guardam o seu nome e o seu psiquismo. Seria possível concluir, de um ponto de vista analítico, que as metamorfoses são expressões do desejo, da censura, do ideal, da sanção, saídas das profundezas do inconsciente e tomando a forma na imaginação criadora.

Conhecemos os romances do tipo *Se eu fosse você...*, em que um ser se transpõe para a situação dos outros, seguindo as ilusões sobre aquilo de que não tem experiência e seguindo-lhes os desejos em uma busca incessante de *outra coisa...* A poesia amorosa é igualmente rica desses desejos de metamorfoses para agradar ao ser amado. A metamorfose é um símbolo de identificação, em

METEMPSICOSE (V. TRANSMIGRAÇÃO) | 681

uma personagem em via de individualização que ainda não assumiu a totalidade de seu eu nem atualizou todas as suas potencialidades (*v.* **asno***).

METEMPSICOSE (*v.* Transmigração)

A crença na metempsicose, sob formas e nomes diversos, é atestada em numerosas áreas culturais: indianas, helênicas, nórdicas etc. Ela é rejeitada pelo judaísmo, o cristianismo, o Islã, que implicam uma concepção do tempo linear, em vez de cíclica.

Não está em pauta discutir essas doutrinas. Mas todas elas possuem um alcance simbólico, sejam quais forem os seus pressupostos morais, antropológicos, cosmológicos, teológicos, e quaisquer que sejam seus argumentos, teóricos ou experimentais. Elas exprimem, de um lado, o *desejo de crescer na luz* do Uno, e, de outro lado, o *sentido de responsabilidade* dos atos realizados. Essa dupla força, o peso dos atos e a aspiração à pureza, leva, em um ciclo de renascimentos, até a perfeição adquirida que abrirá o acesso, fora da roda da existência, à eternidade. A metempsicose aparece como um símbolo da *continuidade moral e biológica*. Desde que um ser começa a viver, ele não mais escapa à vida e às consequências de seus atos. A vida não é um lance de dados: a crença na metempsicose abole o acaso.

Os escritores antigos frequentemente confundem em seus resumos ou relatos sucintos sobre as concepções religiosas dos celtas, a imortalidade da alma e a metempsicose. Na realidade, a imortalidade da alma está reservada aos homens que vão para o Além e a metempsicose é um fato limitado a algumas entidades divinas, que mudam de natureza e de estado por razões bem determinadas. Na história gaulesa do **caldeirão*** de Ceridwen, Gwion se transforma sucessivamente, após haver adquirido a ciência universal da mistura que ele cozia, em lebre, peixe, pássaro e grão de trigo-candial. Para persegui-lo, Ceridwen se transforma em galga, lontra, gavião e galinha preta. Ela engole o grão, engravida e gera o célebre poeta Taliesin. A transmigração aqui diz respeito a três estados: a **lebre*** representa a terra (estado corporal); o **peixe***, a água (estado sutil); o **pássaro***, o ar (estado informe). O grão de trigo-candial simboliza a *reabsorção no princípio*. Na Irlanda, o poeta Amorgen foi sucessivamente touro, gota de orvalho, flor, javali e salmão. O caso da deusa Etain é ainda mais complexo, pois diz respeito aos estados múltiplos do ser. Pode-se dizer que no mundo celta a metempsicose só interessa a personagens predestinados, marcados por uma missão e detentores de "aspectos múltiplos da verdade" e da ciência (CELT, 15).

Existem casos em que mal se distingue a metempsicose da **metamorfose***. Esta última afeta apenas as aparências e não o eu profundo, e não exige a passagem pela morte; a primeira se inscreve no ciclo infinitamente mais grave das mortes e dos renascimentos. Serge Sauneron, por exemplo, coloca em dúvida, não obstante a opinião de Heródoto e as fórmulas do *Livro dos mortos*, que os egípcios tenham realmente acreditado na metempsicose. "Essas transmigrações serão sempre passageiras, e não se trata, absolutamente, para a alma, de percorrer sucessivamente as etapas de um vasto ciclo de reencarnações; ela permanece definitivamente ligada ao corpo embalsamado em seu túmulo e não pode oferecer a si mesma mais do que passeios pelo mundo exterior" (POSD, 172).

O *Livro tibetano dos mortos* expõe aquilo que acontece entre o último suspiro e a escolha de uma nova matriz, depois de 49 dias simbólicos de testes, durante os quais o ser desencarnado, guiado pelo princípio consciente, não é outro senão o fruto de seus atos anteriores. De fato, o homem é livre e responsável pelo seu destino; ele escolhe a *transmigração* de acordo com o bom ou mau *carma* acumulado durante a sua existência.

O *Livro dos mortos* ou *Bardo-Thodol* trata antes de tudo da natureza de nosso próprio espírito e de suas projeções agradáveis ou assustadoras, serenas ou tumultuadas. No caso do morto, essas projeções são muito mais poderosas, uma vez que o princípio consciente flutua, desorientado depois de ver rompidas suas ligações físicas. O *Vajrayana* (Veículo de diamante) do budismo tântrico tibetano ensina a dominar, depois de o ter

682 | MICA

reconhecido, esse mundo de projeções que é uma autoalucinação, com o fim de permanecer lúcido na ocasião da travessia do Bardo, de triunfar sobre os medos e de realizar a verdadeira natureza do espírito adamantino. O termo *bardo*, que significa *entre dois*, se aplica ao trânsito entre morte e renascimento, mas também a todo intervalo entre os pensamentos.

MICA

A mica era, entre os chineses antigos, um alimento da imortalidade muito valorizado, talvez devido à sua capacidade de não se alterar e a seus reflexos dourados. Ela devia ser consumida com o auxílio do *jade líquido*. Uma outra explicação é a de que o seu nome (*yun-mu*) significa *mar das nuvens* e o seu consumo permitia *voar*, cavalgar as nuvens à maneira dos Imortais.

Na alquimia hindu, a mica (*abhra*) é o complemento do mercúrio (*rasa*). Eles se unem como o *óvulo* de *Gauri* ao *sêmen* de Shiva: o produto dessa união conduz à imortalidade (ELIY, KALL).

MIL

O número mil possui uma significação paradisíaca, é a *imortalidade da felicidade*. Os *dias* da árvore da vida duravam mil anos. A longevidade dos justos é de mil anos. *Mil anos são como um dia*, diz o *Salmo* (84, 4). Adão deveria viver mil anos; devido a seu pecado, morreu mais cedo. Segundo a tradição asiática, a duração da vida paradisíaca, considerada dentro da doutrina do milenarismo, é de mil anos (DANT, 254-255).

O milenarismo é mais frequentemente aplicado ao reino do Messias, em relação com a Parússia. Diz respeito ao retorno do Cristo e a seu reino terrestre com os justos ressuscitados, antes da extinção do mundo. O tempo desse reino deve ter uma duração de mil anos. A interpretação literal desse número foi condenada pela Igreja católica como uma heresia e deve-se entender 1.000 em um sentido simbólico de data longínqua, indefinida, secreta.

Encontramos uma doutrina idêntica em Justino, quando ele faz alusão à ressurreição da carne, que deve se estender por mil anos em uma Jerusalém reedificada e engrandecida (*Dial*, 80). Com Santo Agostinho, os Padres da Igreja viram nesse número: *o conjunto das gerações e a perfeição da vida*.

Pode-se lembrar aqui a doutrina dos sete milenários tal como ela se apresenta na epístola de Barnabé, em relação com a gnose judaico-cristã do Egito. A semana cósmica era constituída por sete milenários. A divisão do mundo em sete milenários não pertence ao meio judeu tradicional, mas sim à tradição judaica helenizada (DANT, 359).

MILHAFRE

Encontram-se na literatura chinesa alusões ao milhafre ou milhano como sendo um pássaro vulgar e falante, o equivalente da pega europeia.

No Japão, ao contrário, o milhafre é um pássaro divino: segundo o *Nihongi*, é um milhafre de ouro que, suspenso sobre um arco do primeiro imperador Jimmu, indica a ele o caminho da vitória. A imagem do milhafre está sempre próxima do imperador na ocasião de determinadas cerimônias. Ele pode ter sido, como no Egito, um emblema de clã (BELT, HERJ, OGRJ).

O milhafre figurava entre os pássaros consagrados a Apolo, cujo voo era rico de presságios. Na época do ataque ao Olimpo por Tifão, foi em um milhafre que Apolo se transformou. O milhafre, que voa alto no Céu e tem uma visão aguda, é observado pelos presságios de suas evoluções significativas e normalmente associado a Apolo como símbolo de clarividência.

MILHANO (*v.* Milhafre)

MILHO

Nas culturas mexicanas e relacionadas, o milho é ao mesmo tempo a expressão do *Sol*, do *Mundo* e o do *Homem*. No *Popol-Vuh*, a criação do homem só é atingida depois de três tentativas: o primeiro homem, destruído por uma inundação, era feito de argila; o segundo, disperso por uma grande chuva, era feito de madeira; somente o terceiro é nosso pai: ele é feito de milho (ALEC, 116).

O milho é o símbolo da prosperidade, considerada em sua origem: a semente.

MIMOSA

Às vezes confundida com a *acácia**, nos símbolos maçônicos, a distinção entre ambas foi feita por Jules Boucher: "A simbologia das flores faz da mimosa o emblema da *segurança*; ou seja, em um sentido mais amplo, da *certeza*. Essa é a certeza de que a morte é uma metamorfose do ser e não uma destruição total. Ao sair da tumba, ao sair do retiro, o Iniciado, que era no início a larva ou o verme se arrastando pela terra, na obscuridade, torna-se, ao deixar a crisálida, a borboleta multicor que se lança nos ares rumo ao Sol e à luz. Esse Sol, essa Luz são anunciados pela mimosa de flores amarelas cor de ouro, símbolo de magnificência e potência" (BOUM, 271).

MINARETE (*v.* Torre, Zigurate)

MINIATURAS (Estatuetas mediterrâneas)

Na Antiguidade minoica e em todo o mundo mediterrâneo, **estatuetas*** representando divindades, com forma humana ou animal. Em terracota, em bronze, em madeira, em pedra, tinham significação religiosa. Postas nos túmulos, ou dedicadas às divindades nos santuários e nos lares domésticos, deviam exercer influência tutelar sobre o defunto, a família, a comunidade. Eram símbolos de proteção.

MINOTAURO (*v.* aura)

Monstro de corpo de homem e cabeça de touro, para o qual o rei Minos mandou construir o **Labirinto*** (palácio do machado de dois gumes), onde o prendeu. Ele o alimentava periodicamente, todos os anos ou a cada três anos, com sete rapazes e sete moças, trazidos de Atenas como tributo. Teseu, rei de Atenas, quis ser um desses jovens; conseguiu matar o monstro e, graças ao fio de Ariadne, voltar à luz. Esse monstro simboliza *um estado psíquico, a dominação perversa de Minos*. Mas esse monstro é o filho de Pasífae: isto quer dizer que Pasífae está também na origem da perversidade de Minos; ela simboliza um amor culpado, um desejo injusto, uma dominação indevida, o erro, recalcados e ocultos no inconsciente do labirinto. Os sacrifícios consentidos ao monstro

são mentiras e subterfúgios para apascentá-lo, mas também novas faltas que se acumulam. O fio de Ariadne, que permite a Teseu retornar à luz, representa o auxílio espiritual necessário para vencer o monstro. O mito do Minotauro simboliza em seu conjunto "o combate espiritual contra o recalque" (DIES, 189). Mas esse combate não pode ser vitorioso a não ser graças às armas de luz: segundo uma lenda, não foi apenas com seu rolo de fios que Ariadne permitiu a Teseu voltar das profundezas do labirinto, onde ele havia abatido o Minotauro com golpes de punhal, mas graças à sua coroa luminosa, com a qual ela iluminou as voltas escuras do palácio.

MITOS

Na interpretação ético-psicológica de Paul Diel (DIES, 40), as figuras mais significativas da mitologia grega, em particular, representam, cada uma, uma função da psique e as relações entre elas exprimem a vida psíquica dos homens, dividida entre as tendências opostas que vão da sublimação à perversão: "O espírito é chamado *Zeus**; a harmonia dos desejos, *Apolo**; a inspiração intuitiva, Palas *Atena**; o refluxo, Hades etc. O elã evolutivo (o desejo essencial) encontra-se representado pelo herói; a situação de conflito da psique humana, pelo combate contra os monstros da perversão. Todas as constelações, sublimes ou perversas, do psiquismo, são assim suscetíveis de encontrar sua formulação figurada e sua explicação simbolicamente verídica com o auxílio do simbolismo da vitória ou da derrota de tal ou tal herói em seu combate contra tal ou tal monstro de significação determinada e determinável."

Essa chave de interpretação permitiu ao autor renovar a inteligência dos mitos, fazendo uma dramaturgia da vida interior. Outras interpretações, à maneira de Evêmero (séc. IV a.C.), viram nos mitos uma representação da vida passada dos povos, sua história, com seus heróis e suas façanhas, sendo de alguma maneira reapresentada simbolicamente ao nível dos deuses e de suas aventuras: o mito seria uma dramaturgia da vida social ou da *história poetizada*. Outros intérpretes, sobretudo entre os filósofos, "aí veem um conjunto de símbolos muito antigos, destinados originalmente a envolver os dogmas filosóficos e as ideias morais, cujo sentido teria se perdido... filosofia poetizada" (LAVD, 684). Para Platão, era uma maneira de traduzir aquilo que pertence à opinião e não à certeza científica. Sejam quais forem os sistemas de interpretação, eles ajudam a perceber uma dimensão da realidade humana e trazem à tona a função simbolizadora da imaginação. Ela não pretende transmitir a verdade científica, mas expressar a verdade de certas percepções. As interpretações retidas no curso deste livro não têm outra ambição sob a diversidade dramatúrgica dos mitos e a analogia de suas estruturas; o que importa discernir é o seu valor simbólico, que lhe revela o sentido profundo.

MURA

Deus das religiões de mistério, ou de salvação, distribuidor da energia vital, soberano dos exércitos, chamado de Deus ou de Sol invicto (*Sol invictus*). Associado ao deus do Tempo infinito, ele se encontra na origem do universo dos vivos e o dirige. É representado sob a forma de um herói degolando um **touro***, o primeiro ser vivo, cujo sangue disperso fará nascer os vegetais e os animais; ou sob a forma de um ser humano com cabeça de leão, cujo corpo é envolvido por uma serpente, que representa os cursos sinuosos do Sol e do Tempo. Ele nasceu de um rochedo, em um 25 de dezembro, dia em que se celebrava, depois do solstício de inverno, o renascimento do Sol (*Natalis Solis*). Seu culto rivalizou com o do cristianismo nas suas origens. Ele foi introduzido da Pérsia em Roma, na Gália, em toda a bacia mediterrânea pelas legiões e os adivinhos que as acompanhavam, no final da República e nos primeiros séculos do Império. Seus adeptos praticavam o culto do taurobólio, o sacrifício de sangue do touro, para participar das forças atribuídas ao deus e ao touro, que as simbolizavam. "O devoto descia um fosso escavado especialmente para esse fim e recoberto com um teto cheio de buracos; depois, se degolava sobre ele, por meio de

um pique sagrado, um touro, cujo sangue quente rolava através das aberturas sobre todo seu corpo; aquele que se submetia a essa aspersão de sangue era *renatus in aeternum* (nascido para uma vida nova por toda a eternidade), a energia vital do animal, considerada a mais vigorosa, tal como a do leão, regenerando o corpo e talvez a alma do oficiando" (BEAG, 254). O culto de Mitra simboliza a regeneração física e psíquica pela energia do sangue, em seguida, pela energia Solar, e, por fim, pela energia divina. Belo exemplo de símbolos superpostos, em torno de um mesmo eixo. Ele vem a exaltar não somente a energia vital do guerreiro, mas a energia daquele que é chamado a combater todas as forças do mal, para fazer triunfar a pureza espiritual, a verdade, a dádiva de si e a fraternidade universal dos seres vivos.

MOCHO

Por não afrontar a luz do Sol, o mocho é símbolo de tristeza, de escuridão, de retiro solitário e melancólico. A mitologia grega faz dele o intérprete de Átropos, a Parca que corta o fio da vida. No Egito, exprimia o frio, a noite, a morte.

Na iconografia hindu, o mocho é atribuído, por vezes, à *matarah* (mãe) *Varahi*, sem que sua significação possa ser precisada (GRAD, GRAC, MALA).

O mocho desempenhava, na China antiga, papel dos mais relevantes. Era um animal terrível que se acreditava capaz de devorar a própria mãe. Simbolizava o *yang* e, mesmo, o excesso de *yang*. Manifestava-se no solstício do verão, identificando-se ao **tambor*** e ao **raio**[1]*. Estava também em relação direta com a forja. Era o emblema de Huang-ti, o Imperador amarelo, e o primeiro fundidor. Excesso de *yang*: o mocho provocava a seca; as crianças nascidas no dia do mocho (solstício) eram de caráter violento (talvez parricidas). A sopa de mocho, distribuída aos vassalos nessa data, seria um rito de prova, de purificação? Uma espécie de comunhão? Ou tudo isso ao mesmo tempo? Seja como for, o mocho é considerado até hoje pelos chineses animal feroz e nefasto.

Trata-se de um dos mais antigos símbolos do país. Remonta às épocas ditas *míticas*. Segundo certos autores, confundia-se com o *Dragão-archote*, emblema da segunda dinastia, a dos Yin. É o emblema do raio, e como tal figurava nos estandartes reais. É também a ave consagrada aos ferreiros e aos solstícios. Em tempos arcaicos, estava presente nos dias privilegiados em que os ferreiros fabricavam as espadas e os espelhos mágicos.

Inútil dizer que jamais passaria pela cabeça de um chinês pregar um mocho na porta da sua granja!

Para os peles-vermelhas das pradarias, "o mocho tem o poder de dar ajuda e proteção à noite". Daí o emprego de penas de mocho em determinadas cerimônias rituais (FLEH, ALEC, 137).

Nos ritos iniciáticos da Sociedade Midé (*Midé Wi Win*), entre os algonquinos, figura, empoleirado na loja cerimonial, um "homem-mocho que mostra o caminho da Terra do Sol Poente, i.e., do reino dos mortos". O mocho teria, aqui, uma função de psicopompo (ALEC, 258).

Pode ser igualmente considerado mensageiro da morte e, em consequência, maléfico. "Quando o mocho canta, o homem morre" (maia-quiché). O feiticeiro chorti, encarnando as forças malignas, tem o poder de transformar-se em mocho (GIRP, 79).

A **coruja*** faz parte dos *antigos do mundo*, cheios de sabedoria e de experiência, no conto apócrifo do mesmo nome (País de Gales). Deveria ser, portanto, classificada entre os animais primordiais, e é provável que se possa identificá-la com o mocho. Mas esses animais não aparecem no simbolismo religioso celta. O mocho é aí *malvisto*, por influência do cristianismo. O simbolismo da coruja, favorável, é mais antigo, provavelmente pré-cristão. Blodeuwedd, a mulher infiel de Llew, no *Mabinogi de Math*, é transformada em mocho para punir seu adultério com um fidalgo vizinho (LOTM, **I**, 323 s.; CHAB, 461-470).

MOEDA

Dois aspectos devem ser aqui encarados de maneira distinta: a utilização puramente metafórica da noção de moeda; o simbolismo e o papel da moeda como tal.

O primeiro aspecto se encontra em diversos textos cristãos. Para São Clemente de Alexandria, a noção de verdadeira e de falsa moeda se prende ao discernimento dos fatos e nos atos de acordo com o Espírito, à utilização da fé como critério da verdade, daí a referência necessária ao *cambista* preparado para a sua tarefa (*Stromates*, 2). Um texto anônimo tardio da Igreja do Oriente, talvez inspirado no precedente, insiste na circunstância do uso da pedra de toque – constituída pelos textos patrísticos – e no papel dos *cambistas*, que são seus intérpretes qualificados. Angelus Silesius usa diversas vezes o símbolo da moeda como imagem da alma, pois a alma traz impressa a marca de Deus, como a moeda traz a do soberano. Ele a compara mais precisamente ao *noble da Rosa*, moeda inglesa, pois a **rosa*** é o símbolo do Cristo. Ela evoca também o estado de *Rosa-cruz*.

A moeda é particularmente significativa na China, onde a sapeca redonda leva um furo central quadrado: é a imagem da tríade suprema, o espaço intermediário entre o Céu (redondo) e a Terra (quadrada), sendo ocupada pela marca do soberano. Filho do Céu e da Terra, representação do Homem universal. As sociedades secretas utilizam sapecas simbólicas, agrupadas por três (daí o nome de *Sociedade das três sapecas*, dado a certos ramos da *T'ien-ti huei*) e cuja marca é a da sociedade: a *huei* (sociedade) substitui, então, o homem (*jen*) na expressão da tríade.

Um aspecto não menos importante do simbolismo das moedas é o do *valor*, e, portanto, o da alteração deste; coisa que, do simples ponto de vista evocado mais acima, poderia parecer uma alteração da verdade. É fato que esse tipo de alteração podia ser imputado como crime a diversos soberanos, como foi o caso de Felipe IV, o Belo. É que as moedas antigas – acabamos de ver isso em relação às peças chinesas, mas é fácil constatá-lo também a propósito das peças gaulesas – eram carregadas de símbolos, partindo de influências espirituais. Existia, então, um controle da autoridade espiritual sobre o valor das moedas,

686 | MOINHO (DE ORAÇÕES)

controle que pode ter sido de competência dos Templários: daí a ligação possível, entrevista por Guénon, entre os dois crimes de Felipe, o Belo, cujo tema era, diz Dante, *a cobiça*, vício de mercador, e não de rei.

Existe igualmente na China, em relação ao imperador Wu, uma tradição de alteração das moedas. Era preciso, para aprová-la, apostar com a moeda nova jogando-a sobre fragmentos de uma pele de cervo branca, pele ritual marcada com emblemas da Tríade, e com isso dar a ela pelo menos a aparência de uma legitimidade tradicional.

Um grande número de moedas gaulesas traz símbolos, figuras ou signos (cabeças, cavalos, javalis, cavaleiros, árvores etc.) cujo valor ou significação são muito provavelmente religiosos e tradicionais. Mas os estudos numismáticos, tipológicos bem como cronológicos ou relativos à procedência, ainda são muito fragmentários para que se possa estudar o simbolismo delas com qualquer chance de sucesso. Corre-se muitas vezes o risco de, por engano, estudar como um símbolo tradicional celta aquilo que não passa de uma deformação gráfica ou linear de um tema numismático estrangeiro (grego). A civilização celta primitiva ignorou o uso da moeda e a complexidade dos problemas econômicos que ela implica: as primeiras imagens cunhadas gaulesas são imitações do estáter de Felipe da Macedônia. Os bretões usavam também lingotes de ferro ou peças de ouro ou de bronze, segundo César. Diversas moedas o confirmam. Mas a Irlanda não substituiu o gado, moeda arcaica (latim, *pecunia*), pela moeda metálica, a não ser sob a influência anglo-saxônica, muito tarde, perto dos sécs. IX e X (OGAC, 97 s.).

Em todos os casos, a concepção puramente quantitativa da moeda marca evidentemente o esquecimento do simbolismo; sua contrafação, a degenerescência tradicional em emblema e em efígie (PHIL, GUER, GRAD, GUET, GUEA).

MOINHO (de Orações)

Na tradição tibetana, que se repete entre muitos outros meios culturais e religiosos, o moinho de orações Hkhorlo contém, segundo se acredita, "uma fórmula energética; ao colocá-lo em movimento, estabelece-se o contato entre quem ora, o microcosmo, e os deuses que regem o Universo, macrocosmo. Esse contato é indispensável e benéfico [...]. Os magos intercalam um fragmento de crânio humano entre o cabo e o corpo do moinho. *O moinho encerra a fórmula da* gema no lótus", um texto sagrado, ou um rolo completo em papel de giesta (TONT, 4). Sem dúvida, essa utilização está ligada à crença no poder da palavra, ou pelo menos em certas palavras reveladas; o moinho é o receptáculo ou o veículo de uma força sagrada, encerrada no som da palavra, que se pode pôr em movimento em benefício próprio.

MOLOC – MOLOCH

Entregar as crianças a Moloc (Melek) era queimá-las em sacrifício ao deus cananeano. Pela voz de Moisés, Jeová proibiu tais práticas (*Levítico*, **18**, 21): "[...] tu não profanarás assim o nome de teu Deus (**20**, 2-6): [...] o povo da região apedrejará o culpado [...]. Eu eliminarei do seio do povo aqueles que se prostituirão seguindo Melek." Mas os judeus, inclusive Salomão e outros reis, recaíram diversas vezes nessa idolatria. Crianças vivas eram queimadas sobre o altar do deus ou nos flancos da estátua de bronze que lhe era consagrada, enquanto os sacerdotes encobriam os gritos das vítimas com o barulho de clamores e tambores.

Melek significava rei nas línguas semitas. Transformou-se no nome de uma divindade adorada pelos povos de Moab, Canaã, Tiro e Cartago, muitas vezes confundida com **Baal***. Esse culto cruel foi aproximado do mito do Minotauro, que devorava periodicamente sua ração de jovens; do mito de Cronos, que devorava os próprios filhos; dos sacrificados aos deuses incas. Sem dúvida, deve-se ver em Moloc a velha imagem do *tirano*, ciumento, vingativo, sem pena, que exige de seus súditos obediência até a morte e confisca todos os seus bens, até mesmo os filhos, destinados à morte na guerra ou no sacrifício. As piores ameaças do rei todo-poderoso obtêm essa submissão absoluta de súditos sem defesa.

Nos tempos modernos, Moloc tornou-se o símbolo do Estado tirânico e devorador.

Moloc: com seu fogo interior. Athanasius Kircher, Œdipus Aegyptiacus, Roma, 1652.

MONOGRAMA DO CRISTO
(*v. Cristo, monograma do*)

MONSTRO

O monstro simboliza o *guardião de um tesouro*, como o tesouro da imortalidade, por exemplo, isto é, o conjunto das dificuldades a serem vencidas, os obstáculos a serem superados, para se ter acesso, afinal, a esse tesouro, material, biológico ou espiritual. O monstro está presente para provocar ao esforço, à dominação do medo, ao heroísmo. Ele intervém nesse sentido em diversos ritos iniciáticos. Cabe ao sujeito *passar por provas*, dar a medida de suas capacidades e de seus méritos. É preciso vencer o dragão, a serpente, as plantas espinhosas, toda espécie de monstros, inclusive a si mesmo, para possuir os bens superiores que ele cobiça. Eles montam guarda à porta dos palácios reais, dos templos e dos túmulos. Em numerosos casos, o monstro não é, na verdade, mais do que a imagem de um certo eu, esse eu que é preciso vencer para desenvolver um eu superior. O conflito é muitas vezes simbolizado na imagística antiga através do combate entre a águia e a serpente.

Enquanto o guardião do tesouro, o monstro é também *sinal do sagrado*. Seria possível dizer: ali onde está o monstro, está o tesouro. São raros os locais sagrados em cuja entrada não esteja um monstro: dragão, naga, serpente, tigre, grifo etc. A árvore da vida está sob a vigilância dos grifos: as maçãs de ouro das Hespérides, sob a do dragão, assim como o tosão de ouro de Cólquida; a cratera de Dioniso, sob a das serpentes; todos os tesouros de diamantes e de pérolas, da terra e dos oceanos, são guardados por monstros. Todas as vias da riqueza, da glória, do conhecimento, da saúde, da imortalidade são preservadas. Não se chega perto delas a não ser através de um ato de heroísmo. Com o monstro morto, seja ele exterior ou interior a nós, abre-se o acesso ao tesouro.

O monstro surge também da simbologia dos *ritos de passagem*: ele devora o homem velho para que nasça o homem novo. O mundo que ele guarda e ao qual introduz não é o mundo exterior dos tesouros fabulosos, mas o mundo interior do espírito, ao qual não se tem acesso a não ser por meio de uma transformação interior. É por isso que vemos em todas as civilizações imagens de monstros devoradores, andrófagos e psicopompos, símbolos da necessidade de uma regeneração. O que foi considerado, por exemplo, monstruosidades das revoluções toma um sentido todo especial à luz dessa interpretação: significa que a revolução quer ir até uma transformação radical do homem, para torná-lo apto a viver dentro de um mundo novo. *Morra o homem velho, viva o homem novo*; essa fórmula poderia resumir a simbologia do monstro.

Mas, às vezes, a devoração pelo monstro é definitiva: é a entrada dos condenados no Inferno, mordidos e devorados pelas goelas assustadoras de demônios ou bestas selvagens.

Na tradição bíblica, o monstro simboliza as *forças irracionais*: ele possui as características do disforme, do caótico, do tenebroso, do abissal. O monstro aparece, portanto, como desordenado, destituído de proporções, ele evoca o período anterior à criação da ordem. *Ezequiel* (1, 4) fala de seus quatro aspectos: ele se manifesta na tempestade com uma nuvem espessa e uma girândola de fogo; ele parece significar os quatro ventos e os quatro pontos cardeais (*Ezequiel*, 1, 17). É a

688 | MONTANHA

tormenta, com suas nuvens sombrias, o trovão e seus relâmpagos. O monstro é frequentemente associado não só ao vento, mas também à água, pertencendo a água ao mundo subterrâneo: o reino subterrâneo é também o domínio do monstro. O mesmo se dá, aliás, em relação ao homem. Este nasce do vento (espírito) e da água. Assim, cada homem comporta seu próprio monstro, com o qual deve lutar constantemente. O monstro espalha o terror em toda parte onde aparece e o homem o afronta a cada instante.

O monstro é ainda o *símbolo da ressurreição*: ele devora o homem com o fim de provocar um novo nascimento. Todo ser atravessa o seu próprio caos antes de poder estruturar-se, a passagem pelas trevas precede a entrada na luz. Convém superar em si mesmo o incompreensível, que é aterrador porque é incompreensível e porque parece destituído de leis. Ora, o incontrolável possui, entretanto, as suas próprias leis. Esse tema é ilustrado por Jonas, que, tendo sido engolido por um monstro marinho, sairá de seu ventre profundamente modificado (**baleia***; **leviatã***).

Segundo Diel, os monstros simbolizam uma função psíquica, a imaginação exaltada e errônea, fonte de desordens e de infelicidade: é uma deformação doentia, um funcionamento enfermo da força vital. Se os monstros representam uma ameaça exterior, eles revelam também um perigo interior: são como as *formas horríveis de um desejo pervertido*. Eles procedem de uma certa angústia, da qual são as imagens. Pois a angústia é um determinado estado compulsivo, composto de duas atitudes diametralmente opostas: *a exaltação desejosa e a inibição amedrontada*. Eles saem geralmente da região subterrânea, de cavidades, de antros sombrios; do mesmo modo as imagens do subconsciente (DIES, 32).

MONTANHA

O simbolismo da montanha é múltiplo: prende-se à altura e ao **centro***. Na medida em que ela é alta, vertical, elevada, próxima do **Céu***, ela participa do simbolismo da transcendência; na medida em que é o centro das hierofanias atmosféricas e de numerosas teofanias, participa do simbolismo da manifestação. Ela é assim o *encontro do Céu e da terra*, morada dos deuses e objetivo da ascensão humana. Vista do alto, ela surge como a ponta de uma vertical, é o centro do mundo; vista de baixo, do horizonte, surge como a linha de uma vertical, o eixo do mundo, mas também a **escada***, a inclinação a se escalar.

Todos os países, todos os povos, a maior parte das cidades têm, assim, a sua montanha sagrada. Esse simbolismo duplo da altura e do centro, próprio da montanha, encontra-se entre os autores espirituais. As etapas da vida mística são descritas por São João da Cruz como uma ascensão: *a subida do Carmelo*, por Santa Teresa d'Ávila, como as *Moradas da Alma* ou o *Castelo Interior*.

A montanha exprime ainda as noções de estabilidade, de imutabilidade, às vezes, até mesmo de pureza. Ela é, segundo os sumerianos, a massa primordial não diferenciada, o Ovo do mundo e, segundo o *Chuowen* a produtora dos *dez mil seres*. De uma maneira mais geral, ela é, ao mesmo tempo, o centro e o eixo do mundo. Ela é representada graficamente pelo triângulo reto. Ela é o lugar dos deuses e sua ascensão é figurada como uma elevação no sentido do Céu, como o meio de entrar em relação com a Divindade, como um retomo ao Princípio. Os imperadores chineses faziam sacrifícios no pico das montanhas; Moisés recebeu as Tábuas da Lei no pico do Sinai; no pico do Ba-Phnom, local de uma antiga capital fuananesa, *Shiva-Mahesvara descia incessantemente*; os Imortais Taoistas elevavam-se ao Céu do pico de uma montanha e as mensagens destinadas ao Céu eram colocadas nesse pico. As montanhas *axiais* mais conhecidas são o *Meru*, para a Índia, o *Kuen-luen*, para a China, às quais voltaremos; o monte *Lie-ku-ye* de Lie-tse; há muitos outros: o *Fuji-Yama*, cuja ascensão ritual necessita de uma purificação anterior; o *Olimpo* grego; o *Alborj* persa; a *montanha dos países* na Mesopotâmia; o *Garizim* samaritano; o *Moriah* maçônico; o *Elbruz* e o *Thabor* (de uma raiz que significa umbigo); a *ka'ba* de Meca; o *Montsalvat* do Graal e a Montanha de *Qaf* do Islã; a montanha branca celta; o *Potala* tibetano etc. Trata-se, em todos os casos, da montanha *central* ou *polar* de uma tradição. O *Montsalvat*, o *Lie-ku-ye* situam-se no meio de ilhas que se tornaram inacessíveis; o *Qaf* não pode ser atingido *nem por terra nem por mar*. Isso implica um distanciamento do estado primordial, assim como a transferência do centro espiritual do pico visível da montanha à **caverna*** que ela esconde. Dante situa o Paraíso terrestre no pico da montanha do Purgatório. Os Taoistas assinalam a dificuldade, e os perigos, de uma ascensão que não seja preparada através de métodos espirituais. A montanha é às vezes povoada por entidades duvidosas, que defendem o pico de qualquer aproximação. O poeta René Daumal evocou isso no *Mont Analogue*. A ascensão tem evidentemente natureza espiritual, a elevação é um progresso no sentido do conhecimento; *a ascensão dessa montanha*, escreve Richard de Saint-Victor, *pertence ao conhecimento de si, e aquilo que se passa no topo da montanha conduz ao conhecimento de Deus. O Sinai de seu ser é* um símbolo comum a Sohrawardi d'Alep e ao esoterismo ismaelino. A *montanha de Qaf* é, à maneira sufita, a *haqiqat* do homem, sua *verdade* profunda, sua *natureza própria*, diriam os budistas: do mesmo modo, o monte *Kuen-luen* dos chineses corresponde à cabeça e seu pico toca no ponto por onde se efetua a *saída do cosmo*.

É preciso insistirmos ainda no simbolismo cósmico da montanha central. Além do Meru, a Índia conhece outras montanhas axiais: *Kailasa*, residência de *Shiva*; *Mandara*, que serviu de "batedeira" no célebre episódio do Mar de Leite. Além do *Kuenluen* – que é também um pagode de nove andares, representando os nove estágios da ascensão celeste –, os chineses têm quatro pilastras do mundo, entre as quais o monte *P'u-tcheu*, através do qual se penetra no mundo inferior, e quatro montanhas cardeais, entre as quais a T'ai-chan, ao leste, a mais conhecida. *Se o Céu ameaça cair*, escreve Mao Zedong, *é sobre ela* (a montanha) *que ele se apoia...* O monte Kuenluen simboliza, entre os Senhores do Céu Taoistas, a morada da imortalidade, um pouco como o nosso Paraíso terrestre. Seu renome vem do fato de que

Tchang Taoling, Senhor do Céu, aí foi procurar duas espadas que espantavam, ao que parece, os maus espíritos. É a partir dessa montanha que, bebendo a poção da imortalidade que um de seus antepassados havia descoberto, ele sobe ao Céu, montado em um dragão de cinco cores.

Na mitologia taoista, os Imortais iam viver sobre essa montanha, que era chamada *A Montanha do Meio do Mundo*, em torno da qual giravam o Sol e a Lua. No pico dessa montanha eles haviam colocado os Jardins da Rainha do Ocidente, onde crescia o pessegueiro, cujos frutos conferiam a imortalidade.

Cibele parece ser etimologicamente uma deusa da montanha (*Guénon*); *Parvati* o é, com toda a certeza: ela é o símbolo do éter e também da força. Ela é ainda a *xácti* de *Shiva*, o qual é, ele próprio, *Girisha* (Senhor da montanha). Essa função se exprime especialmente no Kampuchea (atual Camboja), onde os *linga* de *Shiva* se estabelecem, seja no pico de montanhas naturais (*Lingaparvata, Mahendraparvala, Phnom Bakheng*), seja no pico de *templos-montanhas* em degraus (Bakong, Koh-Ker, Baphuon). Esse templo-montanha se situa no centro do reino, como o *Meru* no centro do mundo. Ele é o *eixo do universo*, como o foram os templos maias ou babilônicos. Nesse centro, o rei é substituído pelo Senhor do Universo *Shiva-Devaraja*; ele é *chakravarti* (soberano universal). O rei de Java e do Fu-nan são *Reis da Montanha: lá, onde se encontra o rei, está a montanha*, assegura-se em Java. A montanha central artificial é reencontrada nos *tumulus* e nos *cairn*, as pilhas de pedras dos celtas, nas colinas artificiais das capitais chinesas, talvez nos mirantes das fortalezas vietnamitas (Durand); em todo caso, nos *montes de areia* e nos *pagodes de areia* do ano novo kampucheano (cambojano) e do Laos. Ela se encontra não menos claramente no *stupa*, do qual, o exemplo mais grandioso é o Borobudur javanês.

Por ser a via que conduz ao Céu, a montanha é o refúgio dos Taoistas: saindo do mundo, eles *entram na montanha* (Demiéville), o que é um meio de se identificar com a via celeste (*T'ien-*

690 | MONTANHA

-*tao*). Os *Sien*, Imortais Taoistas, são literalmente *homens da montanha*.

Na pintura chinesa clássica, a montanha se opõe à água como o *yang* ao *yin*, a *imutabilidade* à impermanência. A primeira é, na maioria das vezes, representada pelo **rochedo***, a segunda, pela **cascata*** (BENA, BHAB, COEA, COOH, CORT, DANA, DAUM, DEMM, ELIF, GRAD, GRAP, GRAR, GRIC, GUEV, GUED, GUEM, GUEC, GUES, HUAV, KALL, KRAA, LIOT, MAST, PORA, SCHP, SECA, SOUN, SOUP, THIK).

O simbolismo mitológico da montanha primordial ou cósmica encontra certo eco no Antigo Testamento. As altas montanhas, lembrando fortalezas, são símbolos de segurança (*Salmos*, 30, 8).

O monte Garizim é chamado, às vezes, *Umbigo da terra* (*Juízes*, 9, 37); as montanhas antigas (*Gênesis*, 49, 26), as montanhas de Deus (*Salmos*, 36, 7 e 48). *Isaías* (14, 12 s.) e *Ezequiel* (28, 11-79) *supõem* especulações sobre a montanha de Deus mais ou menos associadas à montanha do *Paraíso*. Essa última concepção, ausente da narração do Gênesis, aparece nos escritos do judaísmo tardio (*Jubileus* 4, 26; 1, *Enoc*, 24 s.; 87, 3). É um signo da grande difusão e da atração, segura do tema da montanha divina.

Encontra-se uma transposição escatológica desse tema dentro de duas passagens proféticas: (Isaías, 2, 2) e (Miqueias 4, 1): "E acontecerá, no fim dos dias, que a montanha da casa de Jeová estará firme no cume das montanhas [...]."

Mas o símbolo pode encontrar, mediante uma adaptação, seu lugar no próprio coração da religião judaica. Herdeira da montanha divina primordial, a montanha simboliza frequentemente a presença e a proximidade de Deus: a revelação no Sinai, o sacrifício de Isaac sobre a montanha (*Gênesis*, 22, 2), mais tarde identificada à colina do Templo. Elias obtém o milagre da chuva depois de ter rezado no cume do Carmelo (1 *Reis* 18, 42); Deus se revela a ele sobre o monte Horeb (1 *Reis* 19, 9 s.). Os apocalipses judeus multiplicam as cenas de teofania ou as visões sobre as montanhas.

Deve-se lembrar o sermão sobre a montanha (*Mateus* 5, 1 s.), que, sem dúvida, na nova aliança, responde à lei do Sinai na antiga. Observemos ainda a descrição da transfiguração de Jesus *sobre uma alta montanha* (*Marcos* 9, 2) e a da ascensão sobre o monte das Oliveiras (*Lucas* 24, 50; *Atos* 1, 12).

Além disso, as montanhas são imediatamente vistas como símbolos da grandeza e da pretensão dos homens, que, entretanto, não podem escapar da onipotência de Deus. Os cultos pagãos eram muitas vezes celebrados em locais altos (*Juízes*, 5, 5; *Jeremias*, 51, 25). É por isso que o judaísmo e, depois dele, o cristianismo primitivo, esperam um nivelamento ou um desaparecimento das montanhas. Quando Deus levar seu povo do exílio, ele aplanará as escarpas (*Isaías* 40, 4). O fim do mundo trará, antes de qualquer outra coisa, o desmoronamento das montanhas (1 *Enoc*, 1, 6; *Ascensão de Isaías* 4, 18; *Apocalipse* 16, 20).

Duplo aspecto do símbolo: Deus se comunica sobre os cumes, mas aqueles cumes aos quais o homem só se eleva com o fim de adorar o homem e seus ídolos, e não absolutamente o Deus verdadeiro, não são senão signos de orgulho e presságios de desmoronamento (*v.* **Babel***, **torre***, **zigurate***).

A cadeia simbólica sagrada: Deus-montanha--cidade-palácio-fortaleza-templo-centro do mundo surge com uma precisa plenitude nestes versos do *Salmo* 48:

> Jeová é grande e muito louvável
> na *cidade* do nosso Deus,
> a *montanha* sagrada, bela em altura,
> alegria da terra toda;
> o *monte* Sião, no longínquo Norte,
> *cidade* do Grande Rei:
> entre seus *palácios*, *Deus*
> se mostrou como *fortaleza*.
> [...]
> Ó Deus, nós meditamos teu amor
> no meio do teu *Templo*!
> Como teu nome, ó Deus, também teu louvor
> atinge os *confins da terra*!

Na tradição bíblica, como se viu, são numerosos os montes que se revestem de um valor sagrado e simbolizam em seguida uma hierofania: Sinai ou Horeb, Sião, Thabor, Garizim, Carmelo, Gólgota, os montes da Tentação, das Bem-aventuranças, da Transfiguração, do Calvário, da Ascensão; alguns Salmos integrantes do Gradual cantam a ascensão na direção dessas alturas. Na origem do cristianismo, as montanhas simbolizaram os centros de iniciação formados pelos ascetas do deserto.

A Acrópole de Atenas também eleva seus templos ao cume de um monte sagrado e a eles se chega pelo pórtico das Procissões; os cantos das Panateneias lá acompanhavam a marcha das peregrinações rituais. Quando os templos são edificados sobre planícies, um monte é figurado através de uma construção central, como o monte Meru no templo de Angkor-Thom.

Na África, na América, em todos os continentes e em todos os países, os montes são assinalados como a morada dos deuses; as brumas, as nuvens, os relâmpagos indicam as variações dos sentimentos divinos, ligados à conduta dos homens.

Resumindo as tradições bíblicas e as da arte cristã, que ilustram com diversos exemplos, *de Champeaux* e *dom Sterckx* extraem três significações simbólicas principais da montanha: "1) a montanha faz a junção da terra e do Céu; 2) a montanha santa se situa no centro do mundo; 3) o templo é associado a essa montanha" (CHAS, 164-199).

Na cosmologia muçulmana, Qaf é o nome dado à montanha que domina o mundo terrestre. Os antigos árabes pensavam, em geral, que a terra tinha a forma de um disco circular plano. A montanha de Qaf é separada do disco terrestre por uma região intransponível. Segundo uma palavra do Profeta, seria uma extensão obscura que necessitaria de quatro meses para ser atravessada.

De acordo com algumas descrições, a montanha Qaf é feita de esmeralda verde e é de seu reflexo que provém o verde (para nós, o azul) da abóbada celeste. *Uma outra versão pretende que apenas o rochedo sobre o qual se eleva o Qaf propriamente dito é constituído de uma espécie de es-* *meralda. Esse rochedo é também chamado de estaca, porque Deus o fez como um apoio para a terra. Com efeito, segundo certas pessoas, a terra não é capaz de se manter por si mesma; ela tem necessidade de um ponto de apoio desse gênero. Se a montanha Qaf não existisse, a terra tremeria constantemente e nenhuma criatura poderia nela viver.*

Encontramos aqui mais uma vez o simbolismo do *centro* do mundo, do *umbigo*. Nessa mesma perspectiva, o *Qaf* é muitas vezes considerado a "montanha-mãe de todas as montanhas do mundo. Estas são ligadas a ela por ramificações e veios subterrâneos; e quando Deus quer destruir uma região qualquer, basta que ele ordene a uma dessas ramificações que se ponha em movimento, coisa que provoca um tremor de terra" (ENCI, T II, palavra Qaf).

Inacessível aos homens, considerado a extremidade do mundo, o *Qaf* constitui o limite entre o mundo visível e o invisível; ninguém sabe o que há por trás dele, somente Deus conhece as criaturas que aí vivem.

Mas acima de tudo, o *Qaf*, ele próprio, passa como sendo o lugar do pássaro fabuloso **Simorgh***. Existindo desde o início do mundo, esse pássaro miraculoso em seguida retirou-se para o *Qaf*, em uma solidão de claustro, e aí ele vive contente, como sábio conselheiro consultado pelos reis e pelos heróis... O **Qaf**, sua residência, deve a isso o nome que deram a ele na poesia, de *montanha da sabedoria* e também, simbolicamente, o de *montanha do contentamento*.

O *Qaf* é muitas vezes citados nas *Mil e uma Noites* e nos contos árabes.

Um simbolismo mais esotérico é dado pelos autores místicos. Em *O Rosal do Mistério*, de Mahmoud Shabestari, está feita a pergunta: "O Simorgh e a montanha de Qaf, o que são?" (v. 167-168). A isso, Lahiji responde com um comentário segundo o qual "a montanha de Qaf como montanha cósmica é interiorizada em montanha psicocósmica. Simorgh significa a Ipseidade única absoluta. A montanha de Qaf, que é sua residência, é a realidade eterna do homem, a qual é a forma epifânica perfeita da *haqiqat* divina,

692 | MORANGO

posto que o Ser divino (*Haqq*) se epifaniza nela com todos os seus nomes e atributos" (CORT, 123-124).

Para os africanos, as montanhas muitas vezes tomam a forma e desempenham o papel de seres fabulosos, de lugares habitados pelos deuses, pelos espíritos, pelas forças ocultas, que não se deve perturbar. O barulho, o canto das montanhas são plenos de mistério, incompreensíveis para todo profano; é um mundo oculto cheio de segredos. É um dos lugares onde reside o sagrado: não se pode nele penetrar sem um guia (o iniciador), sob pena de perigos mortais: símbolo do desejo de iniciação, ao mesmo tempo que das suas dificuldades (HAMK, 24).

O simbolismo geral da montanha é pouco atestado no mundo céltico, exceto no topônimo gálico mítico de *Gwynvryn* (colina branca), que é no Mabinogi gálico de *Branwen* (filha de *Llyr*), o lugar central onde se enterra a cabeça de Bran. Ela terá como função, enquanto não se a exumar, proteger a ilha da Bretanha contra qualquer invasão ou calamidade. Sendo o branco a cor sacerdotal, Gwynvryn só pode representar *um centro primordial* e o detalhe é um arcaísmo do conto gálico. A montanha santa é *um centro de isolamento e de meditação*, em oposição à planície, onde habitam os seres humanos (LOTM, 2, 144-150; GUER).

Um pico que se eleva contra o Céu (*v.* certas pinturas chinesas ou as de Leonardo da Vinci) não é apenas um belo motivo pictórico; ele simboliza a residência das divindades solares, as qualidades superiores da alma, a função supraconsciente das forças vitais, a oposição dos princípios em luta que constituem o **mundo***, a terra e a água, bem como o destino do homem (ir de baixo para cima). Um ponto culminante de uma região, o cimo de uma montanha – que se imagina banhando-se no Céu como os picos rochosos do famoso quadro do Louvre (*Ana, Maria e Menino Jesus*, de Leonardo da Vinci) – simboliza o termo da evolução humana e a função psíquica do supraconsciente, que é precisamente conduzir o homem ao cume de seu desenvolvimento (DIES, 37).

MORANGO

Entre os ojibwas, do sudeste de Ontario, quando um homem morre, sua *alma**, que permanece consciente, vai para o país dos mortos, "até chegar perto de um enorme morango. Os morangos são o alimento de verão dos povos indígenas e simbolizam a boa estação. Se a alma do defunto prova esse fruto, ela esquece o mundo dos vivos, e tudo em volta à vida e ao reino dos vivos lhe será para sempre impossível. Se ela se recusa a comê-lo, conserva a possibilidade de retornar à terra" (SEHR, 90).

Seria lícito comparar essa crença com a que se encontra no hino homérico a Deméter, quando fala da semente de romã de Perséfone, condenada aos Infernos por ter provado da fruta. Aos mortos não se permite que tornem a comer as frutas dos vivos. Os alimentos da terra são proibidos em geral aos habitantes dos Infernos.

MORCEGO

Segundo a lei mosaica, animal impuro, que se tornou o símbolo da idolatria e do pavor.

No Extremo Oriente, o morcego é símbolo da felicidade porque o caractere *fou* que o designa é o homófono do caractere que significa *felicidade*. Jamais passaria pela cabeça de um chinês pregar um morcego em cima da porta de sua granja. Às vezes, sua imagem acompanha o caractere *longevidade* na manifestação de votos. Nas gravuras chinesas, encontra-se muitas vezes um cervo perto de um morcego. Ele está figurado na vestimenta do gênio da Felicidade. Cinco morcegos, dispostos em quincunce, representam as *Cinco Felicidades* (*wou fou*): riqueza, longevidade, tranquilidade, culto da virtude (ou saúde), boa morte.

O morcego é particularmente um símbolo de longevidade porque se supõe que ele próprio a possua, uma vez que vive nas **cavernas*** – que são uma passagem para o domínio dos Imortais –, e ali se alimenta de concreções vivificantes. A *fortificação do cérebro*, praticada pelos taoístas e representada pela hipertrofia craniana, é uma imitação do morcego: acredita-se que ele a pratique, razão pela qual o peso de seu cérebro o obriga a ficar pendurado... com a cabeça para baixo. Não há nada de surpreendente no fato de que constitua, ele próprio, um alimento propiciador da imortalidade. Além do mais, as *fortificações* às quais ele está associado e a obtenção consecutiva da longevidade estão, muitas vezes, ligadas a práticas eróticas: o morcego é usado na preparação de drogas afrodisíacas, virtude reconhecida por Plínio, embora ele a atribuísse ao sangue do animal (BELT, CADV, KALL).

Entre os maias, o morcego é uma das divindades que encarnam as forças subterrâneas. No *Popol-Vuh*, está dito que *a casa do morcego* é uma das regiões subterrâneas que é preciso atravessar para alcançar o país da morte. O morcego é o senhor do fogo. É destruidor de vida, devorador de luz, e aparece, portanto, como um substituto das grandes divindades ctonianas: o **jaguar*** e o **crocodilo***. Entre os mexicanos, é igualmente divindade da morte; associam-no ao ponto cardeal Norte e, muitas vezes, representam-no combinado com uma mandíbula aberta que, outras vezes, é substituída por uma faca sacrificial (SELB, 233). Parece ter a mesma função entre os tupis-guaranis do Brasil; para os tupinambás, o fim do mundo será precedido pela desaparição do Sol, devorado por um morcego (Claude d'Abbeville, citado por Mett). Os maias fazem do morcego um emblema da morte, denominando-o *aquele que arranca as cabeças*; representam-no com olhos de morto.

Para os povos zunis (Pueblo), os morcegos são os anunciadores da chuva. Em um mito dos povos chamis, aparentados com o grupo choko (da cordilheira dos Andes colombianos, vertente do Pacífico), o herói mítico Aribada mata o morcego Inka (o vampiro), a fim de assenhorear-se de seu poder de adormecer suas vítimas. Efetivamente, diz-se que o **vampiro***, quando quer morder um homem adormecido (geralmente entre os dedos do pé) para sugar-lhe o sangue sem despertá-lo, bate as asas sem parar. Aribada, tendo conseguido apoderar-se desse poder, costuma entrar durante a noite onde houver mulheres adormecidas, e pôr-se a agitar dois lenços – um branco e o outro vermelho – para poder abusar delas sem que o percebam. Pode-se estabelecer uma aproximação entre este mito e os *poderes erótico-libidinosos* já reconhecidos ao morcego por Plínio.

Na África, segundo uma tradição iniciática dos fulas, o morcego reveste-se de dupla significação. No sentido positivo, é a imagem da perspicácia: um ser que vê mesmo no escuro, quando o mundo inteiro está mergulhado na noite. No sentido negativo, é a figura do inimigo da luz, da pessoa extravagante que faz tudo ao contrário do que deve, e que vê as coisas de cabeça para baixo, como um homem pendurado pelos pés. As grandes orelhas do morcego, no sentido diurno, são o emblema de um ouvido desenvolvido para tudo captar; no sentido noturno, excrescências horrendas. Rato voador, no aspecto noturno: cegueira às verdades mais luminosas, e acumulação, em grupos, de um amontoado de baixezas e deformações morais; no diurno: imagem de uma certa unidade dos seres, cujos limites se apagam no **híbrido***, graças às alianças (HAMK, 59).

Na iconografia do Renascimento, ilustrando velhas lendas, o morcego – único ser voador que possui mamas – simbolizava a *mulher fecunda*. Era visto igualmente perto de Ártemis, a deusa de seios numerosos que, embora fosse virgem, ou talvez justamente por causa dessa qualidade, protegia o nascimento e o desenvolvimento dos seres.

Nas tradições alquimistas, a ambiguidade dessa natureza híbrida – o rato-pássaro – explica a ambivalência de seus símbolos: o morcego representa o andrógino, o dragão alado, os demônios. Suas asas seriam as dos habitantes do Inferno. Uma rica iconografia ilustra essas interpretações.

Em certas obras de arte de inspiração germânica, o morcego é também o atributo da *inveja*, pois assim "como o morcego, que não voa senão ao cair da noite, a inveja trabalha na sombra e jamais se mostra em plena luz do dia; a característica do morcego é que a luz o cega, tal como os entes invejosos e odientos, que não podem suportar o olhar das outras pessoas" (TERS, 90).

O morcego simboliza, ainda, o ser definitivamente *imobilizado numa fase de sua evolução ascendente*: já não pertence ao grau inferior, e

694 | MORTE

não atingiu o grau superior; pássaro falhado, ele é exatamente, como dizia Buffon, *um ente-monstro*. Ao contrário do pássaro azul que, mesmo durante a noite, continua a ser um animal celeste, "algo de sombrio e de pesado", observa G. Bachelard, "será sempre acumulado em torno das aves noturnas. Assim, para a imaginação de muitos, o morcego é a realização de um voo mau (uma espécie de adejamento incerto, diz Buffon), de um voo mudo, de um voo negro, de um voo rasteiro, a antitrilogia da trilogia de Shelley do sonoro, do diáfano e do leve. Condenado a bater as asas, ele não conhece o repouso dinâmico do voo planado". "Com efeito", diz Jules Michelet (*L'oiseau*, O pássaro, p. 39), "vê-se que a natureza procura a asa, mas encontra somente uma membrana penugenta e repugnante que, todavia, começa exercer a junção de asa [...]. Mas não é a asa que faz o pássaro. Na cosmologia alada de Victor Hugo, o morcego é o ser maldito que personifica o ateísmo" (BACS, 89). O morcego simbolizaria, sob esse aspecto, um ser cuja evolução espiritual tivesse sido entravada, um malogrado do espírito.

MORTE

A morte designa o fim absoluto de qualquer coisa de positivo: um ser humano, um animal, uma planta, uma amizade, uma aliança, a paz, uma época. Não se fala na morte de uma tempestade, mas na morte de um dia belo.

Enquanto símbolo, a morte é o aspecto perecível e destrutível da existência. Ela indica aquilo que desaparece na evolução irreversível das coisas: está ligada ao simbolismo da **terra***. Mas é também a introdutora aos mundos desconhecidos dos Infernos ou dos Paraísos; o que revela a sua ambivalência, como a da terra, e a aproxima, de certa forma, dos ritos de passagem. Ela é *revelação e introdução*. Todas as iniciações atravessam uma fase de morte, antes de abrir o acesso a uma vida nova. Nesse sentido, ela tem um valor psicológico: ela liberta das forças negativas e regressivas, ela desmaterializa e libera as forças de ascensão do espírito. Se ela é, por si mesma, filha da noite e irmã do sono, ela possui, como sua mãe e seu

irmão, o poder de regenerar. Se o ser que ela abate vive apenas no nível material ou bestial, ele fica na sombra dos Infernos; se, ao contrário, ele vive no nível espiritual, ela lhe revela os campos da luz. Os místicos, de acordo com os médicos e os psicólogos, notaram que em todo ser humano, em todos os seus níveis de existência, coexistem a morte e a vida, isto é, uma tensão entre duas forças contrárias. A morte em um nível é talvez a condição de uma vida superior em outro nível.

O Dispater, do qual fala César no *De Bello Gallico*, e do qual todos os gauleses se dizem descendentes, é em princípio o *deus da morte*; mas ele é também o *pai da raça*. É a parte *sombria* da divindade soberana, em outras palavras, *Ógmios* (*Ogme* na Irlanda). A alegoria da morte na Bretanha armoricana, o *Ankou*, é a continuação do condutor dos mortos da dança macabra da Idade Média e, apesar da cristianização, do Ógmios condutor dos mortos (OGAC, **3**, 168; **15**, 258).

Isso não impede que o mistério da morte seja tradicionalmente sentido como angustiante e figurado com traços assustadores. É levada ao máximo, a resistência à mudança e a uma forma de existência desconhecida, mais do que o medo de uma absorção pelo nada.

Eurínomo representa a morte devastadora em um gênio infernal, "cuja função é devorar a carne dos mortos e não deixar senão os seus ossos [...] pintado na cor*azul puxando o preto, como aquelas moscas que ficam em cima da carne; ele mostra os dentes e uma pele de *abutre**se estende sobre a poltrona na qual está sentado" (Pausânias, *Descrição da Grécia*, **10**, 28-31).

O direito de vida e, de modo correlativo, o direito de morte pertencem aos deuses. As principais divindades letíferas, depois de Zeus, são Atena, Apolo, Ártemis (Diana), Ares (Marte), Hécate e Perséfone. A morte é personificada por Tânatos, filho da Noite e irmão do Sono, "arisco, insensível, impiedoso" (LAVD, 656-664). Na iconografia antiga, a morte é representada por um túmulo, um personagem armado com uma foice, uma divindade com um ser humano entre as mandíbulas, um gênio alado, dois jovens, um negro, o outro branco, um cavaleiro, um esqueleto, uma dança macabra, uma serpente ou qualquer outro animal psicopompo (cavalo, cachorro etc.).

O simbolismo geral da morte aparece do mesmo modo no arcano maior número treze do **Tarô***, que não tem nome, como se o seu número tivesse por si mesmo um sentido suficiente ou como se os autores dessa lâmina tivessem medo de nomeá-la. O número **13***, com efeito, cuja significação maléfica, constante na Idade Média cristã, já aparece na Antiguidade, simboliza "o curso cíclico da atividade humana [...] a passagem a um outro estado e, por consequência, a morte" (ALLN, 358-360).

A Morte – ou *O Ceifeiro* – exprime a evolução importante, o luto, a transformação dos seres e das coisas, a mudança, a fatalidade irreversível e, segundo O. Wirth, *a desilusão, o desprendimento, o estoicismo, ou o desencorajamento e o pessimismo.* Jean Vassel constata (em *Études Traditionnelles* n° 278, setembro de 1949, p. 282) que "A *Morte* constitui uma *cesura* na série das imagens do Tarô, vindo, em seguida, os arcanos *mais elevados,* de tal modo que se pode fazer corresponder os 12 primeiros aos *pequenos mistérios*, e os seguintes aos *grandes mistérios*, pois fica claro que as lâminas que a seguem têm um caráter mais *celeste* do que as que a precedem. Como o *Mago**, a *Morte* corresponde, na astrologia, à primeira casa do horóscopo".

O **esqueleto*** armado de **foice***, desenhado nessa lâmina, é suficientemente eloquente para não necessitar de comentários. Todo em cor de carne, e não ouro, um pé afundado na terra, tem na mão esquerda uma foice de cabo amarelo e lâmina vermelha, cor de fogo e de sangue. "Será para nos advertir de que a morte de que se trata não é a primeira morte individual, mas a destruição que ameaça a nossa existência espiritual se a Iniciação não a salvar da aniquilação?" (RIJT, 214).

O solo é negro; plantas azuis e amarelas aí crescem; sob o pé do esqueleto, uma cabeça de mulher; ao lado da ponta da lâmina, uma cabeça de homem coroada; três mãos, um pé, dois ossos se espalham por ali. "As cabeças conservam sua expressão, como se permanecessem vivas. A da direita traz uma coroa real, símbolo da realeza da inteligência e da vontade a que ninguém abdica quando morre. Os traços do rosto à esquerda nada perderam de seu charme feminino, pois as afeições não morrem e a alma ama além do túmulo. As mãos que surgem da terra, prontas para a ação, anunciam que a Obra não poderá ser interrompida e os pés [...] oferecem-se para fazer avançar as ideias em marcha [...] nada cessa, tudo continua!" (WIRT, 190-191).

É que a Morte tem inúmeras significações. Liberadora das penas e preocupações, ela não é um fim em si; ela abre o acesso ao reino do espírito, à vida verdadeira; *mors janua vitae* (a morte, porta da Vida). No sentido esotérico, ela simboliza a mudança profunda por que o homem passa sob o efeito da Iniciação. "O profano deve morrer para que renasça à vida superior conferida pela Iniciação. Se não morre para o seu estado de imperfeição, impede para si próprio qualquer progresso iniciático" (WIRT, 188). Do mesmo modo, na alquimia, o sujeito que dará a matéria da pedra filosofal, encerrado em um recipiente fechado e privado de todo contato exterior, deve morrer e apodrecer. Assim, a décima terceira lâmina do Tarô simboliza a morte em seu sentido iniciático de renovação e de nascimento. Depois do Enforcado místico, inteiramente oferecido e abandonado, que retomava forças ao contato com a terra, a Morte nos lembra que é preciso ir ainda mais longe e que ela é a própria condição para o progresso e para a vida.

MOSCA

Entre os bamilekes e os bamuns (Nijinji), "ela é o símbolo da solidariedade [...]. No reino dos pequenos insetos alados, é a união que faz a força. Uma mosca sozinha fica sem defesa" (MVEA, 62).

Entre os gregos, a mosca era um animal sagrado, ao qual se referiam certos nomes de Zeus e de Apolo. Talvez ela evocasse o turbilhão da vida olímpica ou a onipresença dos deuses.

Incomodando, zoando, mordendo sem parar, as moscas são seres insuportáveis. Elas se multiplicam sobre o apodrecimento e a decom-

696 | MOSQUITO

posição, carregam os piores germes de doenças e desafiam qualquer proteção: elas simbolizam uma *busca incessante*. É nesse sentido que uma antiga divindade síria, Belzebu, cujo nome significaria etimologicamente *senhor das moscas*, tornou-se o *príncipe dos demônios*.

Por outro lado, a mosca representa o *pseudo-homem de ação*, ágil, febril, inútil e reivindicador: é a mosca da carruagem, na fábula, que reclama seu salário, sem nada ter feito além de imitar os trabalhadores.

MOSQUITO

Símbolo da *agressividade*. Ele procura obstinadamente violar a vida íntima de sua vítima e se alimenta de seu sangue.

Um historiador grego da mitologia acha que a famosa esfinge de Tebas, *virgem de unhas curvas, de cantos enigmáticos* (Sófocles), esse monstro que propunha enigmas aos passantes e os devorava, não era senão o mosquito da malária. O monstro morreu quando Édipo resolveu o enigma secando os pântanos através de um sistema de drenagem.

Essa interpretação elucida de certa forma o complexo de Édipo. O rei de Tebas, mostrando-se incapaz de eliminar a esfinge e resignando-se à sua presença maléfica, de alguma maneira se identificava com o monstro. Um chefe se tornava responsável pelos males que não era capaz de os superar. Laio era o mosquito, a malária; para vencê-la, era necessário suplantar o rei. Daí o assassinato do rei e, como ele era o pai de Édipo, o assassinato do pai, que barrava a passagem do filho.

De outro lado, o pântano é um dos símbolos do *Inconsciente*. Este não libera as suas águas mortas que fermentam e que multiplicam os mosquitos a não ser que sejam abertos canais; esses canais do inconsciente são as vias de expressão de si mesmo, os sonhos, a palavra, a poesia, a pintura, a música. O pai é esse pântano gerador de febre. Por um estranho retorno do símbolo, Édipo aparece aqui como a figura do analista. É ele que abre as vias de comunicação: ele ajuda a evacuar o pai. Mas os dois papéis se reúnem quando se trata de resolver um enigma interior: Édipo é o analista de

si mesmo, como todo analisado vem a ser, em um determinado estado, seu próprio analista. Nesse momento, a cura se dá, as partes dissociadas da personalidade são reunidas. Os canais são abertos, os mosquitos morrem, o monstro desaparece. Só é possível salvar-se por si mesmo.

MULETA

Esse *bastão encimado por uma pequena travessa* (Littré), que os velhos ou os enfermos utilizam para se ajudarem a andar, sempre teve o sentido de um auxílio, de um apoio. Portanto, a muleta é reveladora de uma fraqueza, mas essa fraqueza pode ser autêntica ou simulada. Autêntica, é a dos velhos fatigados pela idade, e nesse sentido a muleta aparece muitas vezes figurada nas representações de Saturno, Deus do tempo. Simulada, é a dos feiticeiros, dos ladrões, dos piratas, que fingem uma fraqueza exterior para melhor dissimular sua força maléfica. Reencontramos aqui, igualmente, o sentido do **pé***, concebido como símbolo da alma, cuja enfermidade física é apenas a marca exterior de uma enfermidade espiritual.

No entanto, a muleta pode ter também um sentido positivo: é aquilo que nos ajuda a avançar, símbolo da vontade que se proíbe aceitar determinada situação sem procurar modificá-la; símbolo, também, da fé (pensemos nas muletas abandonadas pelo enfermo do Evangelho, no momento em que se realiza o milagre); em suma, da luz espiritual que guia os passos vacilantes ou compensa uma deficiência física.

MUNDO

O simbolismo do mundo, com os seus três níveis, celeste, terrestre, infernal, corresponde a três níveis de existência ou a três modos da atividade espiritual. A vida interior é assim projetada no espaço, seguindo o processo geral de formação de mitos (*v.* **constelações***, **Paraíso***).

Esses mundos situados em espaços imaginários definem-se uns em relação aos outros: o mundo de baixo sob o mundo de cima, passando pelo mundo intermediário. Apenas essa linguagem e essa localização segundo um eixo vertical bastam para inscrever tais mundos em um movimento e uma dialética de ascensão, que acentuam sua significação psíquica e espiritual. Do mundo de cima, o mundo intermediário recebe a luz, que para nele e não desce ao mundo de baixo; mas ele não a recebe a não ser na medida de seu desejo, de sua abertura ou de sua orientação. Ele conhece caminhos de sombras, essas fissuras morais, simbolizadas pelas fendas nas rochas, através das quais ele escorrega para o Inferno.

Algumas vezes, *cá embaixo* apenas designa a terra em oposição ao Céu e não as cavidades subterrâneas. Esse *cá embaixo* é o lugar intermediário. Ele simboliza o local de provação e da mutação interior, com vistas à ascensão espiritual, mas com o risco do aviltamento, da perversão e da queda para o Inferno.

O mundo de baixo "é uma expressão que significa movimento, fluxo e refluxo, repetição e ciclos. O homem se alimenta e sente fome do novo, ele bebe e ainda tem sede, usufrui dos prazeres e quer mais. Tudo se enche e se esvazia e volta nova saciedade. É por isso que se diz que os ímpios caminham em círculos, rodam, de maneira comparável a um asno que faz virar a mó. É nesse sentido que Gregório de Nissa fala do homem que, ocupado com suas preocupações terrestres, se parece com a criança que constrói um castelo de areia: basta o vento ou o rolar da areia para que o castelo se desmorone. Entretanto, esse movimento pode se tornar um agente precioso na ordem do aperfeiçoamento e da metamorfose do homem. O progresso do homem depende desse contínuo movimento que é a sua lei própria e que se transforma para ele em um bem" (DAVS). O mundo de baixo é símbolo do movimento e o mundo de cima simboliza a imóvel eternidade.

A concepção do *mundo inferior*, entre os egípcios, varia de acordo com as crenças religiosas: "ou ele é uma réplica ao inverso do mundo terrestre, com seu Céu invertido, seu Nilo e seu Sol [...] ou uma vasta extensão de água, onde o Sol noturno, depois da sua morte ao entardecer, encontra as forças de renascimento que já o haviam feito fulgurar na ocasião da criação." É dentro desse *mundo de baixo*, coberto de campos e de pântanos,

que o morto trabalha e viaja (POSD, 69c, 71-73). Mas as ideias sobre a vida do além-túmulo mudaram muito ao longo dos milênios da história egípcia. Elas poderiam, entretanto, sintetizar-se no seguinte resumo: "o dia será reservado à estada tranquila na tumba, de vez em quando, a passeios pela terra; à noite, em uma viagem subterrânea, o morto acompanhará o Sol ao outro mundo, puxando sua barca e fazendo uma parada nos campos de Osíris; quando a aurora raiar trazendo o Sol ao nosso mundo, a alma errante voará depressa de volta a seu túmulo, para aí reencontrar a sombra e a frescura" (POSD, 73-74).

Segundo as concepções gregas e romanas, numerosos caminhos ligavam os mundos terrestres e infernais, os dos vivos e os dos mortos: crateras vulcânicas, fendas nas rochas, onde se perdem as águas, extremidades da terra. Em contrapartida, as montanhas elevadas faziam a comunicação com o Céu. Mas eles imaginavam diversos estágios celestes e diversos abismos infernais, até o Tártaro, que servia de prisão para os deuses destronados. Trevas, frio, terrores, tormentos, *vida empobrecida e fantasmagórica*, caracterizavam os Infernos (*v.* **Hades***); luz, calor, alegria, liberdade, reinavam nos Céus (*v.* **Paraíso***). As Ilhas afortunadas, as moradas dos bem-aventurados, as Terras hiperbóreas eram reservadas para os heróis e para os sábios, imagens de um Céu inferior àquele das beatitudes olímpicas, consagrado aos deuses e aos heróis divinizados. De Homero a Aristófanes e a Virgílio e Plutarco, diversas são as descrições de descidas aos Infernos, que testemunham com estranha fecundidade de imaginação dos horrores e, como que com complacência, essa loucura de criações aterradoras.

Não se possui nenhum documento direto sobre a concepção celta do mundo, mas a lexicografia traz algumas indicações tradicionais: o nome pancéltico do *mundo* (bitu-, irl.; *bith*, gaul.; *byd*, bret.; *foed, mundo*) possui também um valor *temporal* (bitu-sempre, irl. *bith*, gaul. *byth*, bret. *biz* [*viken*]) que coloca o problema da relatividade do tempo. Tem-se, por outro lado, na Gália, um Mars *Albiorix* (rei do Mundo), que

698 | MUNDO

lembra o antigo nome da Grã-Bretanha, *Albio* (**ilha***). Esse nome subsiste ainda no nome gálico da Escócia, *Alba*. O tema *albio* designa na Gália um *rei*, ele representa o aspecto sagrado da realeza. Existe, por fim, na Gália, o nome do príncipe edueno *Dumnórix* (rei do Mundo), cujo irmão é, curiosamente, o druida *Diviciacus* (o divino). De qualquer modo, a lexicografia deixa entrever um vestígio da *divisão cosmológica em três mundos* (OGAC, **12**, 312; **13**, 137-142; **15**, 369-372).

Entre os maias, os principais atributos do mundo subterrâneo, onde residem as *forças internas da terra*, inclusive a velha deusa luniterrestre, são: o nenúfar, o broto do milho, o búzio, a concha, a cor negra, os deuses dos números 5, 7 e 13; o cão, o osso e os atributos glípticos do deus 10 (Deus da Morte), com sua cabeleira semeada de olhos e três pontos ou argolas alinhados (THOT).

O Mundo, do Tarô, ou A Coroa dos Magos exprime a recompensa, o coroamento da obra, a obtenção dos esforços, a elevação, o sucesso, a iluminação, o reconhecimento público e os eventos imprevistos benéficos. Ele corresponde, na astrologia, à 10ª casa do horóscopo. Gérard van Rijnberk identifica o Mundo com a Roda da Fortuna (10° arcano) – pois em certos jogos a mulher se encontra, não em uma guirlanda, mas de pé sobre um globo – e a teoria das relações entre o Tarô e as casas do horóscopo encontra nessa aproximação um argumento novo.

Última lâmina numerada do Tarô, *O Mundo*, vigésimo primeiro arcano maior, simboliza o desabrochar da evolução, posto que "a construção do Tarô por ternários e septenários dá ao número *21**** um valor de síntese suprema: ele corresponde ao conjunto daquilo que é manifestado, portanto, ao Mundo, resultado da ação criadora permanente" (WIRT, 248).

Uma jovem nua, cor de carne, um véu jogado sobre o ombro esquerdo, que desce até seu sexo, por ele escondido, uma varinha em cada mão (**O Mago***levava uma na mão esquerda, para recolher os fluidos vitais), está de pé e de frente: seu pé direito repousa sobre uma faixa estreita de solo amarelo, sua perna esquerda está dobrada por trás

do joelho direito (*v.* **O Imperador*** e **O Enforcado***, em uma posição equivalente, marcando o desejo de concentrar as forças). Ela está no centro de uma guirlanda oval, ao mesmo tempo azul, vermelha e amarela, feita de folhas alongadas com nervuras negras. Um nó cruzado vermelho passa nas duas extremidades. Nos ângulos inferiores da lâmina, um cavalo cor de carne e um leão de ouro; nos ângulos superiores, uma águia e um anjo: símbolos dos quatro evangelistas, diz-se, geralmente, esquecendo-se que, segundo a visão de Ezequiel, trata-se de um boi, e não de um cavalo (que corresponderá mais tarde a São Lucas). Sem dúvida, é melhor ver nessa lâmina os símbolos dos quatro elementos: o cavalo sendo a terra; o leão, o fogo; a águia, o ar; e o anjo, que parece carregar nuvens, a água fecundadora. Símbolos também das quatro direções da bússola e da harmonia cósmica: "a águia, símbolo do oriente, da manhã, do equinócio da primavera; o leão, símbolo do meio-dia e do solstício de verão; o boi (aqui, o cavalo), símbolo do entardecer, do ocidente e do equinócio do outono; o homem (aqui, o anjo), símbolo da noite, do setentrião e do solstício de inverno" (J. A. Vaillant, MARD, 318).

No plano psicológico pode-se entrever também uma interpretação: o **cavalo*** é todo cor de carne e é o único que não possui auréola; posto que no Tarô essa cor significa aquilo que é humano, parece claro que matéria e carne, sem a auréola da sublimação, constituam aqui o símbolo do homem, enquanto base e ponto de partida de toda evolução espiritual. O leão é amarelo, cor solar, mas ele tem uma auréola cor de carne; estamos ainda dentro do mundo composto de matéria e espírito, na parte de **baixo*** da lâmina; portanto, o humano domina o animal e a matéria está já em vias de espiritualização. A águia, que se situa no ângulo superior direito, é amarelo-ouro, como o leão, mas possui asas azuis que nos lembram aquelas de Cupido na lâmina VI (**O Enamorado***) e as do **Diabo*** (XV), asas das forças obscuras da alma que podem ser sublimadas ou voltadas em uma direção maléfica, segundo a utilização que fazemos de nosso inconsciente ou de nossa intuição. Aqui, sua auréola vermelha nos ilumina, pois ela simboliza o espírito que domina os instintos. O anjo, por fim, vestido de azul e de branco, tem asas vermelhas como a sua auréola, que ultrapassa nitidamente a moldura da lâmina: ele simbolizará o Espírito, o valor supremo que deve ser o motor de toda ação e o objetivo de toda evolução. Encontramos esse vermelho na base, no centro e no alto da guirlanda, pois, em sua unidade, o Espírito é ao mesmo tempo o ponto de partida, o centro e o fim atingido. A personagem central não possui auréola, mas a guirlanda que a cerca e na qual ela apoia a mão esquerda tem a forma oval: é a **amêndoa***, símbolo de união do Céu e da terra, que envolve tanto a Virgem como o Cristo e as divindades hindus. Essa mulher não está imóvel: o véu que pousa sobre seu ombro aparenta ser levantado pelo vento e sua posição de equilíbrio sobre um dos pés sugere o movimento, gerador das coisas... "O Mundo é um turbilhão, uma dança perpétua, onde nada para" (WIRT, 248).

Assim, o vigésimo primeiro arcano simboliza ao mesmo tempo a totalidade do mundo e do homem: o mundo incessantemente criado pelo movimento harmonioso que mantém os elementos em equilíbrio e o homem em sua ascensão espiritual. O mundo assim figurado é o símbolo das estruturas equilibradoras ou, melhor ainda, segundo uma expressão de Gilbert Durand, uma estrutura de *antagonismo equilibrado*.

MURO, MURALHA

A *muralha*, ou a *grande muralha*, é tradicionalmente a cinta protetora que encerra um mundo e evita que nele penetrem influências nefastas de origem inferior. Ela tem o inconveniente de *limitar* o domínio que ela encerra, mas a vantagem de assegurar sua *defesa*, deixando, além disso, o caminho aberto à recepção da influência celeste.

Esse simbolismo é familiar ao esoterismo muçulmano, mas também à tradição hindu: é a **montanha*** circular *Lokaloka*, a muralha de rochedos que cerca o cosmo, no centro do qual se eleva o monte *Meru*. Ela é expressamente figurada pelas paredes exteriores dos templos e ainda

mais pelas de uma cidade como Angkor-Thom: é, dizem as inscrições, uma *montanha de vitória, Jayagiri que raspa com seu ápice o Céu brilhante*.

Diz-se que em nossa época teriam sido produzidas *fissuras* na muralha e que o seu destino é a queda no final: assim os caminhos estarão abertos ao fluxo das influências satânicas. Nós não temos mais *Niukua* para reparar as brechas, com a ajuda de *pedras de cinco cores* (COEA, CORM, GUER).

No Egito, é na altura da muralha que se apoia seu valor simbólico: ela significa uma elevação acima do nível comum. Ela está ligada ao simbolismo do vertical mais do que ao do horizontal. Mas a construção de fortalezas não exclui a primeira interpretação no sentido de defesa das fronteiras. O famoso *Muro branco* separava o Egito alto do baixo.

Talvez seja também como símbolo de separação que se deve interpretar o famoso *Muro das Lamentações*. Assim se chegaria à significação mais fundamental do muro: separação entre os irmãos exilados e os que ficaram; separação-fronteira-propriedade entre nações, tribos, indivíduos; separação entre famílias; separação entre Deus e a criatura; entre o soberano e o povo; separação entre os outros e eu. O muro é a comunicação cortada, com a sua dupla incidência psicológica: segurança, sufocação; defesa, mas prisão. O muro se aproxima aqui do simbolismo do elemento feminino e passivo da **matriz***.

MÚSICA (*v.* Som)

Entre os gregos geralmente se atribui a invenção da música a Apolo, a Cadmo, a Orfeu, a Anfião; entre os egípcios, a Tot ou a Osíris; entre os hindus, a Brahma; entre os judeus, a Jubal etc. Os historiadores da ciência musical louvam Pitágoras, que inventou um monocórdio para determinar matematicamente as relações dos sons; louvam também Lassus, o mestre de Píndaro, que, perto do ano 540 a.C., foi o primeiro a escrever sobre a teoria da música. Dois mil anos antes desses grandes mestres, os chineses conheciam uma música, levada a um verdadeiro ponto de perfeição. Com efeito, a cronologia mais corrente situa o

700 | MUTILAÇÃO

reino do imperador Haung-Ti em torno de 2697 antes de nossa era. No tempo desse soberano, Lin--Len, um de seus ministros, estabeleceu a oitava em doze semitons que ele chamou de doze lius. Esses doze lius foram divididos em *liu Yang* e *liu Yin*, que correspondiam aos doze meses do ano e aos doze estados psíquicos, sendo um *liu Yang* seguido por um *liu Yin*, cada um desses lius cheio de significações simbólicas.

"Se os chineses", escreve Granet (GRAC), "chegaram a fundar sua técnica musical em um princípio aritmético, que, por outro lado, eles não acharam necessário aplicar com rigor, é porque o motivo da descoberta deles foi um jogo realizado por meio de símbolos numéricos (considerados não signos abstratos, mas emblemas eficientes) e o objetivo desse jogo não era formular uma teoria exata que justificasse rigorosamente essa técnica, mas ilustrar essa técnica, ligando-a com uma imagem prestigiosa do Mundo".

Os pitagóricos também consideravam a música uma harmonia dos números e do cosmo, ele próprio redutível a números sonoros. Era dar aos números toda a plenitude inteligível e sensível do ser. É à escola deles que se liga a concepção de uma *música das esferas*. O recurso à música, com seus timbres, suas tonalidades, seus ritmos, seus instrumentos diversos, é um dos meios de se associar à plenitude da vida cósmica. Em todas as civilizações, os atos mais intensos da vida social ou pessoal são decompostos em manifestações, nas quais a música desempenha um papel mediador para alargar as comunicações até os limites do divino. Platão distingue formas musicais apropriadas às diversas funções do homem na cidade.

A música tradicional celta se toca na **harpa*** e não em instrumentos de sopro (gaita de fole), que são reservados para a guerra ou para a recreação. Todo bom harpista era capaz de tocar segundo três modos: o modo do sono, o modo do sorriso e o modo da lamentação. Eles lembram, embora sem constituir uma correspondência exata, os três modos da música grega antiga: o lídio dolente e fúnebre, o dórico viril e belicoso e o frígio entusiasta e báquico. O modo do sono leva ao Outro

Mundo: é a música dos deuses que embalam magicamente os vivos; é também a música do povo do **sid*** e de seus mensageiros que vêm em forma humana ou em forma de cisnes. Os cisnes nos quais foram transformados os filhos de Llyr cantam uma música divina que encanta todos os irlandeses que a escutam (OGAC, **18**, 326-329; CHAB, 545-547).

A tradição cristã reteve em grande parte o simbolismo pitagórico da música, transmitido por Santo Agostinho e por Boécio. *O ritmo ternário é chamado de perfeição, enquanto o binário é sempre considerado imperfeito. A simbologia do número 7 é retomada no plano musical, número musical, número de Atena* (J. Carcopino), pleno de clarões de sabedoria. Boécio distingue três tipos simbólicos de músicas: a música do mundo, *que corresponde à harmonia dos astros e surge de seu movimento, à sucessão das estações e à mistura dos elementos [...] (a melodia) é tanto mais pungente quanto mais rápido é o movimento, tanto mais grave, quanto mais lento ele é [...]. O cosmo é um magnífico concerto.* O segundo tipo é a música do homem: *ela rege o homem e é em si próprio que ele a apreende. Ela supõe um acordo da alma e do corpo [...] uma harmonia das faculdades da alma [...] e dos elementos constitutivos do corpo.* Por fim, a música instrumental regula o uso dos instrumentos. Se a música é a *ciência das modulações* (Varon), da medida, concebe-se que ela comande a ordem do cosmo, a ordem humana, a ordem instrumental. Ela será a arte de atingir a perfeição (DAVS, 249-251).

MUTILAÇÃO
(*v.* Cego, Deformidade, Maneta, Perneta)

A mutilação aparece na maior parte das vezes como desqualificação. Assim, a tradição celta relatará que o rei Nuada não pode mais reinar porque perdeu seu braço direito em uma batalha contra os anteriores ocupantes da Irlanda. O deus Mider é ameaçado de perder o seu reino porque lhe furaram um olho acidentalmente.

Mas essa consequência – totalmente social – da mutilação não afeta verdadeiramente o sentido simbólico dessa palavra. Para compreender isso, é necessário, antes de tudo, lembrar que a ordem da cidade é par: o homem fica de pé sobre as duas pernas, trabalha com os dois braços, vê a realidade visível com os dois olhos. Ao contrário da ordem humana ou diurna, a ordem oculta, noturna, transcendental é, por princípio, una e se apoia sobre um vértice, como a dançarina ou a pirâmide invertida. O deformado, o amputado, o estropiado têm isso em comum: acham-se colocados à margem da sociedade humana – ou diurna – pelo fato de que a paridade, entre eles, é atingida: eles participam, pois, daqui para a frente, da outra *ordem*, a da noite, infernal ou celeste, satânica ou divina.

Numero deus impari gaudet, o número ímpar agrada a Deus, diz o provérbio, mas *an odd number* (um número ímpar) significa, em inglês, *um tipo esquisito* e diz-se em fr. *il a commis un impair*, para significar que um homem transgrediu, por pouco que seja, a ordem humana. O criminoso comete um temível delito (fr. *impair*), o herói se singulariza perigosamente. Todos os dois surgem do sagrado e apenas se diferenciam pela orientação vetorial desse último. O mesmo acontece com os mutilados. A rainha Medb manda furar um olho de cada um dos filhos de Calatin (outro nome das deusas da guerra, provavelmente) que ela quer transformar em feiticeiros, para eliminar o herói Cuchulainn, seu principal adversário; e o *distribuidor* (qualidade essencial do rei) não tem braço; o *vidente* é **cego*** e o gênio da eloquência é gago ou mudo (CELT, 7, *passim*; OGAC, **13**, 331-342).

A mutilação, portanto, se reveste de um valor simbólico de iniciação, bem como de contra-iniciação.

No Egito, com propósitos mágicos de defesa, os animais de natureza tal que inspiravam medo, como leões, crocodilos, serpentes, escorpiões, eram frequentemente representados sobre as paredes dos templos por hieróglifos mutilados; os animais eram ali cortados em dois, amputados, desfigurados, de maneira a reduzirem-se à impotência (POSD, 158).

N

NABO

Legume bastante comum para justificar o simbolismo de mediocridade, que lhe é atribuído vulgarmente.

Os taoistas fizeram, entretanto, de seus grãos um alimento de imortalidade (KALL). Assim como é abundante, essa espécie de legume é imorredoura.

NABIR

Interseção inferior da vertical do lugar com a esfera celeste, e que é o ponto diametralmente oposto ao zênite. Por extensão, o ponto mais baixo, o tempo ou lugar onde ocorre a maior depressão.

NAGA
(v. Crocodilo, Goela, Píton, Serpente)

A **serpente*** de sete cabeças, cujas representações mais belas e mais numerosas se veem no templo de Angkor Thom (Kampuchea, atual Camboja). Para os kampucheanos (cambojanos), o naga era o "símbolo do **arco-íris*** considerado um ponto mágico que permite o acesso à morada dos deuses". Nesse *templo*, o mais célebre do Sudeste da Ásia, "os deuses da porta sul seguram uma extremidade do *naga*, que se enrosca simbolicamente ao redor de Meru (*monte sagrado da Índia que o templo, dizem, representa*); a sua outra extremidade é agarrada, no lado oposto, pelos demônios da porta norte. Puxando alternativamente, eles podem fazer girar o mundo central e fustigar o mar para obter ambrosia. Os reis kampucheanos sempre foram comparados a Vishnu batendo o mar de leite para fazer nascer dele o *amrita*, em outras palavras, a abundância" (GROA, 155-156). Com seus movimentos de fricção, a serpente, rodeando o monte sagrado, provocava pelo seu atrito as secreções da prosperidade. As crenças kampucheanas haviam simbolizado elevadamente o processo de se bater o mar de leite, de onde saíam os Apsaras e o mundo das aparências.

Além disso, o Naga, como o píton, é um símbolo de **goela***, engolindo e cuspindo de novo o astro solar ou o homem, nas duas extremidades de um horizonte; portanto, um símbolo iniciatório de morte e renascimento. Das tradições anteriormente evocadas, guardar-se-á o eixo norte-sul e o fato de que o naga tem frequentemente **sete*** cabeças, o que é um símbolo de totalidade e, sobretudo, de totalidade humana. Ele figura amiúde, na Índia, ao pé das majestosas escadas dos stupas, o que o aproxima da goela de **crocodilo***, representada ao pé das escadas das pirâmides maias da América Central.

NARCISO

A etimologia (narke), de onde vem narcose, ajuda a compreender a ligação dessa flor com os cultos infernais, com as cerimônias de iniciação, como no culto de Deméter em Elêusis. Plantam-se narcisos sobre os túmulos. Simbolizam o entorpecimento da morte, mas uma morte que não é talvez senão um sono.

Ofereciam-se guirlandas de narcisos às Fúrias, tidas como capazes de entorpecer os facínoras. A flor cresce na primavera, em lugares úmidos: o que a liga aos símbolos das águas e dos ritmos sazonais e, por conseguinte, da fecundidade. Isso significa sua ambivalência: morte-sono-renascimento.

Na Ásia, o narciso é um símbolo da felicidade e é utilizado para expressar os votos do novo ano.

Na Bíblia, o narciso, como o lírio, caracteriza a primavera e a era escatológica (*Cântico*, 2, 1).

Essa flor evoca também – mas num nível inferior de simbolização – a queda de Narciso nas águas em que se mira com prazer; disso advém que se faça da flor, nas interpretações moralizantes, o emblema da vaidade, do egocentrismo, do amor e da satisfação consigo próprio.

Os filósofos (L. Lavelle, G. Bachelard), os poetas (Paul Valéry) estudaram longamente esse mito, interpretado, em geral, de modo um pouco simplista. A água serve de **espelho***, mas um espelho aberto sobre as profundezas do eu: o reflexo do eu, que aí se mira, trai uma tendência à *idealização*. "Diante da água que reflete sua imagem, Narciso sente que ela não está acabada, que é preciso terminá-la. Os espelhos de vidro, na luz brilhante do quarto, fornecem uma imagem estável demais. Tornam-se vivos e naturais, quando se assemelham a uma água natural e viva, quando a imaginação *novamente naturalizada* é capaz de *participar* dos espetáculos da fonte e do rio" (BACE, 35).

G. Bachelard insiste no papel deste *narciso idealizador*. "Isto se nos afigura tanto mais necessário, porque a psicanálise clássica parece subestimar o papel dessa idealização. Com efeito, o narcisismo nem sempre é neurótico. Tem também um papel positivo na obra estética (especialmente) [...]. A sublimação nem sempre é a negação de um desejo; não se apresenta em todos os casos como uma sublimação *contra* instintos. Pode ser uma sublimação por um ideal" (BACE, 34-34). Essa idealização se liga a uma esperança, de uma tal fragilidade que desaparece ao menor sopro:

> O menor suspiro
> Que eu exalasse
> Viria arrebatar-me
> O que eu adorava
> Sobre a água dourada e azul
> E Céus e florestas
> E rosa da onda.
>
> (Paul Valéry, *Narcisse*)

A partir desses versos e do estudo de Joachim Gasquet, G. Bachelard descobre igualmente um narcisismo cósmico: é a floresta, o Céu que se miram na água com Narciso. Ele não está mais sozinho, o universo se reflete com ele e, em contrapartida, o envolve, anima-se com a própria alma de Narciso. E como diz J. Gasquet: "O mundo é um imenso Narciso empenhado em se pensar. Onde se pensaria ele melhor senão nas suas imagens?", pergunta G. Bachelard. "No cristal das fontes, um gesto perturba as imagens, o repouso as restitui. O mundo refletido é a conquista da calma" (BACE, 36 ss.).

Foi o perfume do narciso que enfeitiçou **Perséfone***, quando Hades, seduzido por sua beleza, quis raptar a jovem e levá-la com ele para os Infernos: "A flor cintilava com um brilho maravilhoso, e deixou assombrados todos os que então a viram, tanto Deuses imortais como homens mortais. Crescera de sua raiz uma haste com cem cabeças, e, com o perfume desta bola de flores, sorriu lá do alto todo o vasto Céu, e toda a terra, e a acre turgidez da vaga marinha. Admirada, a criança estendeu ao mesmo tempo os dois braços para agarrar o belo brinquedo: mas a terra de vastos caminhos abriu-se na planície de Nisa, e dali surgiu, com seus cavalos imortais, o Senhor de tantos hóspedes, o Cronos, invocado sob tantos nomes. Ele a raptou e, apesar de sua resistência, arrastou-a aos prantos para o seu carro de ouro" (HYMH, *Hino a Deméter*, v. 4-20).

Para os poetas árabes, o narciso simboliza, por causa da haste reta, o homem de pé, o servidor assíduo, o devoto que deseja consagrar-se ao serviço de Deus. O mito grego fica fora dessa interpretação, a qual desenvolve, em numerosos poemas, todas as metáforas evocadas pela aparência graciosa e pelo perfume penetrante da flor.

NARDO

Planta desconhecida no Ocidente, mas amiúde citada pelos autores orientais. Extraía-se do nardo um **perfume*** dos mais preciosos, que evocava qualidades régias.

> Enquanto o rei está no seu recinto,
> meu nardo dá o seu perfume.

704 | NARIZ

Meu bem-amado é um sachê de mirra
que repousa entre meus seios...

Ele entra na composição do Paraíso, onde desabrocha o amor. O esposo, comparando a esposa à **fonte*** de um **jardim***, descreve seu encantamento:

Tu és as mais raras essências:
o nardo e o açafrão,
com os mais finos aromas.
Fonte que fecunda os jardins,
poço das águas vivas,
riacho descendo do Líbano.

(*Cântico*, 4, 13-14)

É igualmente um perfume de nardo que Maria Madalena virá espalhar sobre os pés do Senhor: "ela tomou uma libra de perfume de nardo verdadeiro, muito valioso, e ungiu com ele os pés de Jesus" (*João*, 12, 3).

Nos seus comentários sobre o *Cântico*, os Padres da Igreja farão do nardo um símbolo de humildade; o que corta um pouco o caráter régio e suntuoso desse perfume. Mas a interpretação simbólica resolve o problema: o nardo é uma pequena gramínea que cresce sobretudo nas regiões montanhosas; esmagando as raízes dessa planta, obtém-se o mais maravilhoso dos perfumes. Assim também acontece com a humildade, que dá os frutos da mais sublime santidade. Os escritores da Idade Média citarão amiúde essa erva, inspirando-se na *História Natural* de Plínio.

NARIZ

O nariz, como o olho, é um símbolo de clarividência, de perspicácia, de discernimento, mais intuitivo que racional.

Na África negra, numerosos pós mágicos, destinados a estabelecer contatos com os espíritos, almas e forças invisíveis, são feitos à base de focinhos de cachorros e de porcos (FOUC).

O focinho da hiena, cujo olfato é incomparável, é utilizado de modo semelhante pelos povos sudaneses.

Para os bambaras, o nariz é, com a perna, o sexo e a língua, um dos quatro *trabalhadores* da sociedade. Órgão do faro, que denuncia as simpatias e as antipatias, ele orienta os desejos e as palavras, guia o movimento da perna e completa, em suma, a ação dos três outros trabalhadores, responsáveis pelo bom ou mau funcionamento da coletividade (ZAHB).

Os iacutos, os tungúsios e numerosos povos caçadores da Sibéria e de Altai conservam à parte os focinhos de raposa e de marta, porque "a alma do animal está aí escondida" (HARA, 292). Os tchuktches conservam os focinhos da caça, por pensarem que eles protegem a caça; os ghiliaks tiram o nariz da foca; costumes semelhantes são atestados entre os povos fino-úgricos. No século XIX, os lapões tiravam primeiro a pele do focinho do urso, "e o homem que cortava a cabeça do animal colocava-a ao redor de seu rosto"; um costume análogo existia na Finlândia em relação à lebre. Um canto finlandês precisa o sentido desses costumes com estas palavras: "tomo o nariz de meu urso para lhe roubar o faro". Os povos caçadores observam ritos análogos no que diz respeito aos olhos da caça: os sagais tiram os olhos do urso, "para que ele não possa mais ver um homem".

No Japão, os orgulhosos e os pretensiosos passam por ter longos narizes, e se diz que são *tengu*. Os tengu são espíritos diabólicos, representados sob a forma de diabretes das montanhas, dotados ridiculamente de um longo nariz ou de um bico de rapina.

NAUSEABUNDO

Numa fase de sua iniciação, o peúle é conduzido para dentro da *choça nauseabunda* ou *choça da putrefação*: é a última etapa destinada a fazer com que os iniciados percam o que lhes resta de materialismo. "São introduzidos num lugar monstruosamente infecto, cheio de **excrementos***, sujeira de moscas, dejetos de lagartos, fezes de hienas etc." Ali eles não devem manifestar nenhuma repulsa, devem dominar sua reação natural e, sobretudo, não se queixar. Um conto relata a história de um jovem que, por ter reclamado diante da sujeira da choça de um gênio, recebeu, em vez de três ovos maravilhosos, três ovos maléficos, que provocaram calamidades em lugar das bênçãos esperadas.

NAVE (EMBARCAÇÃO, BARCA) | 705

Sem querer forçar uma aproximação, assinalemos, entretanto, que no palácio do Escorial, na descida para o jazigo destinado às sepulturas dos reis da Espanha, abre-se no primeiro patamar o jazigo chamado o Pudridero, onde os despojos reais ficavam dez anos, antes de serem colocados no Panteão, patamar mais profundo.

A choça nauseabunda simboliza a tumba, onde se transformam os seres; onde se efetua a passagem da morte para a vida; onde se opera uma metamorfose material, moral, intelectual; onde a ignorância cede ao saber (HAMK, 27-28, 72).

NAVE (Embarcação, Barca)

A nave evoca a ideia de força e de segurança numa travessia difícil. O símbolo é aplicável tanto à navegação espacial quanto à marítima. A nave é como um astro que gira em torno de um centro, a terra, e dirigida pelo homem. É a imagem da vida, cujo centro e direção cabe ao homem escolher.

No Egito, e depois, em Roma, existia uma festa do *barco de Ísis*, que se realizava em março, no início da primavera. Um navio novo, coberto de inscrições sagradas, purificado com o fogo de um **archote***, provido de velas brancas e cheio de perfumes e de cestas, era lançado ao mar e abandonado aos ventos: viria a assegurar uma navegação favorável durante o restante do ano. O barco de Ísis era o símbolo do sacrifício oferecido aos deuses, em vista da salvação e da proteção de todas as outras embarcações; representava a comunidade dos homens a bordo da mesma embarcação da nação ou do destino.

O *navio fantasma*, velha lenda nórdica na qual Wagner inspirou-se para uma ópera, simboliza a busca da fidelidade eterna no amor e o naufrágio desse ideal, que mostra não passar de um fantasma. O Holandês errante pelos mares procura desesperadamente encontrar *a mulher eternamente fiel*; Senta, por sua vez, se exalta e, assumindo este mesmo ideal, jura fidelidade até a morte ao Holandês. Mas, ao fazê-lo, é infiel ao seu noivo, Brik, sendo arrastada na mesma condenação que o Holandês, que ela queria salvar. Este então foge no seu barco, em meio a cantos sinistros; Senta

o persegue, saltando de rocha em rocha, no mar, enquanto o barco afunda. Entretanto, os dois reaparecem à superfície das ondas apaziguadas, transfigurados e salvos por seu sacrifício. A salvação não está no sonho ideal impossível, mas na corajosa aceitação da realidade. O navio fantasma simboliza os sonhos, de inspiração nobre mas irrealizáveis, do ideal impossível.

O simbolismo da nave também pode ser comparado ao do **vaso***, enquanto receptáculo. Passa então a participar do sentido da matriz feminina, vista como portadora de vida.

É o sentido de que se reveste, igualmente, enquanto vaso sanguíneo ou linfático, canal por onde circulam o sangue e o alimento, símbolo de vida.

Todos esses significados conjugam-se na nave, que é o espaço interior de uma grande construção. É melhor concebê-la, não como um imenso vazio, mas como o local onde a vida deve circular, a vida que vem das alturas, a vida espiritual. Se o centro de uma igreja é uma nave, não se deve apenas à sua forma de casco de navio invertido: ela simboliza a circulação da vida espiritual e o convite para a grande viagem.

NAVEGAÇÃO

Sobre a **arca*** da Aliança manifesta-se a *Shekinah*, que é a Presença real de Deus, mas também, literalmente, a *Grande Paz*. O **arco-íris*** que aparece sobre a Arca de Noé significa igualmente a *paz*. E abordamos aqui um dos aspectos essenciais da navegação, como meio de se atingir a *paz*, o *estado central* ou o *nirvana*. O *Livro dos mortos* egípcio, as lendas das sociedades secretas chinesas falam de uma navegação que conduzia à *Cidade da Paz*, ou ao *Mercado da Grande Paz*, Shankara-charya, de uma travessia do mar das paixões até chegar à *Tranquilidade*. O Buda, que faz passar à *outra margem*, atravessar o oceano da existência, é chamado de o *Grande Navegante*. As Escrituras canônicas insistem no abandono da barca ou da jangada depois da viagem, ideia que se reencontra, expressa da mesma maneira, em Mestre Eckhart. *Tara*, a estrela, mas também *aquele que conduz a*

706 | NEGRITUDE

travessia, tem às vezes por emblema um leme ou uma barca. A *barca de Pedro* é o símbolo da Igreja; como Cristo se encontra ali presente, é o instrumento da salvação. A expressão é reencontrada até na *nave* dos edifícios das igrejas, que têm a forma de um casco de navio *virado para baixo*, e pode, pois, parecer o instrumento de uma navegação celeste. Antes, a barca havia sido um emblema de Jano: podia navegar nos dois sentidos, símbolo do duplo rosto, do duplo poder do deus. É preciso ainda lembrar as inumeráveis navegações em busca das **ilhas*** ou do Velocino de Ouro, realizadas pelos Argonautas; são sempre buscas do centro espiritual primordial ou da imortalidade.

Se a palavra arcano – derivada etimologicamente de *arca* – evoca os mistérios do culto de Jano (o *Bhagavad-Gita* também relaciona expressamente a embarcação com o conhecimento), a **barca*** desse Deus parece estar igualmente ligada ao ciclo solar. Encontra-se entre os celtas o tema da barca solar puxada por cisnes. Os *Ashvin*, deuses solares hindus com cabeça de cavalo, têm às vezes um navio por emblema; é reproduzido como símbolo de fecundidade. Segundo o mito *xintô*, o abandono de Hiru-ko na barca do Céu também teria relação com o simbolismo solar. As navegações oceânicas dos habitantes das ilhas Marquesas parecem ter sido *perseguições ao Sol*; entre eles, como no Egito, as barcas solares asseguram uma navegação *post-mortem*. O Maniqueísmo utiliza para o mesmo fim a *embarcação da Lua* e a *embarcação do Sol*. O tema da navegação *post-mortem* reencontra-se em muitas outras religiões, por exemplo, entre os tais: trata-se ainda de uma saída das dimensões cósmicas, de uma busca da imortalidade.

A assimilação do crescente lunar a uma marca é, por outro lado, bem difundida. É particularmente nítida entre os sumérios, onde o Deus-Lua, navegador do Céu, é o filho do Deus supremo Enil; Enki, Deus das águas e ordenador do mundo, também é um navegador. No Japão, o príncipe Ninigi, neto da Deusa solar e o organizador do império, também desceu do Céu num navio; a visão desse navio é, em certas circunstâncias,

sinal de riqueza e de felicidade (BENA, CHOO, COOH, CORT, DANA, GUEM, GUES, HERJ, HOUD, MASR, RENB, SAIR, SOUN, SOUL, VALA, VARG).

NÉCTAR (*v.* Ambrosia)

NEGRITUDE

É evidente que o simbolismo do negro varia segundo as épocas e as regiões. O veneziano da Renascença ou plantador da Virgínia não tem dele a mesma imagem que um Léopold Sedar Senghor da segunda metade do século XX. O que se pode dizer a respeito refere-se apenas a um dado psicológico histórico e ao resíduo que foi capaz de deixar no subconsciente dos ocidentais.

Mas é importante excluir todo julgamento de valor, para ficar somente com o fato de uma interpretação. O *negro* se refere, nessas representações imaginativas de uma época, a um estado primitivo do homem, onde predominariam a selvageria, mas também a dedicação; a impulsividade assassina, mas também a bondade; em suma, a coexistência dos contrários, não equilibrados numa tensão constante, mas manifestados numa sucessão instantânea. Na via da individualização, Jung considera a cor preta o lado sombrio da personalidade, uma das primeiras etapas a superar. O branco seria, ao contrário, o término de um desenvolvimento no sentido da perfeição. Ele se aproxima com isso da concepção dos alquimistas, para quem a negritude marca o ponto de partida da Grande Obra. A cor preta indicaria a fase inicial de uma evolução progressiva, ou inversamente, o grau final de uma evolução regressiva. Pode-se também notar a semelhança do negro com o *bom selvagem* de Jean-Jacques Rousseau e Bernardin de Saint-Pierre, e a moda, no século XVIII, de sustentar negrinhos. O simbolismo destes talvez tivesse ligações, mas só numa certa medida, com o do **anão*** ou com o do bufo.

Uma outra imagem do *negro* foi popularizada pelo célebre romance *A cabana do Pai Tomás*, que faz do negro o símbolo do escravo maltratado e perseguido por donos impiedosos que o exploram, mas aos quais ele perdoa, por espírito religioso. Inútil sublinhar aqui tudo o que pode haver de racismo inconsciente nessas representações, que o observador, no entanto, não pode deixar de registrar.

NEGRO (v. Negritude)

NENÚFAR

Na glíptica maia, o nenúfar é um símbolo de abundância e fertilidade, ligado à terra e à água, à vegetação e ao mundo subterrâneo. É amiúde o glifo simbólico do **jaguar*** e do **crocodilo*** monstruoso que carrega a terra nas suas costas. É, pois, a expressão das poderosas e obscuras forças ctônicas (THOH).

Mesma função simbólica entre os dogons de Mali: o nenúfar é o *leite das mulheres*. Tem relação com o tórax e os seios. Dão-se folhas de nenúfar às mulheres que estão amamentando, assim também como às vacas que tiveram cria. O carneiro mítico que fecundou o Céu desce sobre a terra pelo arco-íris e mergulha num charco coberto de nenúfares, gritando: "A terra me pertence."

Nenúfar vem do egípcio *nanoufar*, que quer dizer *as belas*; no Egito Antigo dava-se este nome às ninfeáceas, consideradas as mais belas flores. Um "grande lótus oriundo das águas primordiais" é o berço do sol no amanhecer. Abrindo sua corola na aurora e fechando-se à noite, as ninfeáceas, para os egípcios, "concretizavam o nascimento do mundo a partir do úmido" (POSD).

NETUNO (deus, v. Poseidon)

Atemo-nos aqui apenas ao simbolismo astrológico do planeta segundo duas interpretações. Netuno encarna em astrologia o princípio da receptividade passiva, que se manifesta tanto pela inspiração, intuição, mediunidade e faculdades supranormais, como pela utopia, loucura, perversão e ansiedade disparatada.

É por essa razão que seu domicílio está no signo psíquico de Peixes, que alguns denominaram *Sanatório do Zodíaco*. Esse planeta governa o subconsciente e provoca as doenças mentais, as depressões e as manias. No plano social, sua influência marca sobretudo o anarquismo, e seu contrário, o comunismo, os movimentos do tiro irracional ou surrealista, bem como a polícia. Os gases, principalmente tóxicos, os entorpecentes e o mundo das radiações (aí incluídas a radiologia, a radiodifusão e a televisão) também se encontram sob sua influência. No momento de sua descoberta, em 23 de setembro de 1846, por Urbain Le Verrier, Netuno estava no signo de Aquário, que tradicionalmente rege a Rússia, e a ex-URSS foi particularmente marcada por sua influência. Sua renúncia às comodidades do momento em prol da felicidade futura, seus contrastes profundos, sua propaganda, sua política, suas ousadas experiências científicas e sociais, seu misticismo, religioso ou ateu, tudo é fortemente impregnado de influência netuniana.

Que ele represente, como Titeia, o barro original, a matéria-prima, a água primordial ou a poeira do infinito cósmico e a fusão final, Netuno é, sob todas as suas formas, o arquétipo da integração ou da dissolução universal cujo registro apresenta uma gama diversificada: indiferenciação no grupo, identificação, contemplação, comunhão... Isso pode ir até o estado crepuscular do coma ou da esquizofrenia, onde reinam a confusão perfeita, a adesão desmedida, a noite ininteligível da mistura do eu e do não eu, ou ao estado excepcional do êxtase do santo ou do *samadhi* do iogue, passando pelo estado intermediário da vidência, que é uma espécie de exploração do inconsciente cósmico, da pré-lógica ou do surrealismo... O processo netuniano é *extensividade* para fora de si; ressonância à alma do grupo: raça, classe; sentimento de pertencer à comunidade, adesão ao sopro do tempo, alinhamento a um infinito subjetivismo cósmico, numa universalização em que todos os rios correm nas suas artérias, todos os fogos consomem seus nervos, os corações de todos os homens batem no seu, sua dançarina estrela interior girando com todas as galáxias...

NEVOEIRO

Símbolo do *indeterminado*, de uma fase de evolução: quando as formas não se distinguem ainda, ou quando as formas antigas que estão desapare-

708 | NIBELUNGEN OU NIBELUNGOS

cendo ainda não foram substituídas por formas novas precisas.

Símbolo igualmente de uma mescla de água e de fogo, que precede toda consistência, como o caos das origens, antes da criação dos seis dias e da fixação das espécies.

Na pintura japonesa, são muitas vezes representados nevoeiros horizontais ou verticais (kasumi). Significam uma perturbação no desenrolar da narrativa, uma transição no tempo, uma passagem mais fantástica ou maravilhosa.

Alguns textos irlandeses evocam o nevoeiro ou a bruma, em grande parte a propósito da música do *sid* (o **Além***) ou do próprio *sid*. Assim é que o texto da *Viagem de Bran* fala de um *belo nevoeiro* que talvez evoque ou simbolize a indistinção, *o período transitório entre dois estados*. Do mesmo modo, quando Senchan Torpeist manda seu filho Muirgen evocar a alma do rei Fergus a fim de ficar sabendo através dele a história da *Razia das Vacas de Colley* (da qual já nenhum poeta conseguia se lembrar inteiramente): "Muirgen cantou sobre a pedra como se estivesse se dirigindo a Fergus em pessoa [...]. Formou-se um grande nevoeiro em torno dele que o impediu de encontrar seus companheiros durante três dias e três noites. Então, Fergus aproximou-se dele, usando indumentária muito bela; um manto verde, uma túnica de capuz com bordados vermelhos, uma espada com botão de ouro, calçados de bronze, uma cabeleira castanha, e deu-lhe conhecimento da Razia (saque, destruição) inteira, tal como fora feita, desde o início até o fim." (OGAC, 9, 305; WINI, 5, 1111; LERD, 101). E, por isso, acredita-se que o nevoeiro preceda as revelações importantes; é o prelúdio da manifestação. "Eis que virei a ti na escuridão de uma **nuvem***", diz Jeová a Moisés, "para que [...] o povo creia sempre em ti" (*Êxodo*, **19**, 9).

NIBELUNGEN ou NIBELUNGOS

Heróis da mitologia escandinava, depois germânica: **anões***, donos das riquezas subaquáticas e subterrâneas, sedentos de ouro e poder, querendo dominar os elementos e os homens. Vivem uma felicidade irrisória e precária, sonhando construir

pela força e pela astúcia um império de sonho, cujas construções estão predestinadas a um rápido desabamento. São como que obcecados pela necessidade de humilhar, de caçoar, de ofender, de dominar tudo que é maior, mais forte e mais rico que eles. Simbolizam a megalomania da gente miúda, as capacidades exageradas pela imaginação, a ambição desmedida dos homens. São como forças do inconsciente que, impelindo a uma cobiça insaciável, resultam finalmente na morte. Simbolizam também as empresas humanas destinadas, como o universo, a uma inexorável destruição.

Depois da vitória de Siegfried, após tê-los despojado de seus bens, os burgúndios tomarão seu nome. E a Saga recomeçará. Adotando o seu nome, eles assumem a mesma ambição e o mesmo destino.

NICHO

O nicho é um símbolo arquitetônico universal que, obviamente, evoca a **caverna***, *coberta pelo Céu e sustentada pela Terra*, como se diria no ensinamento chinês, com seu cimo em forma de domo e sua base horizontal. É antes de tudo o lugar da presença divina, a *morada dos deuses*, segundo a terminologia hindu. Esse é também seu papel na basílica cristã, cuja abside tem a forma de nicho, o que, aliás, na maior parte dos casos, também acontece com a abside das igrejas posteriores. O pórtico das catedrais medievais é igualmente um nicho, e aí se explicita outro aspecto do simbolismo da caverna, como *porta*, *passagem*. Nicho, sobretudo o *mihrab* da mesquita muçulmana. É também o lugar da Presença, simbolizada pela lâmpada: "Sua luz é como um nicho onde se encontra uma lâmpada [...]", diz o *Corão*. Mas seu papel é acima de tudo – física e simbolicamente – reverberar a palavra recitada diante dele. A palavra divina que é assim *refletida* para a terra e revelada ao mundo: o que é, em caráter definitivo, o aspecto essencial da Presença (BURA, KRAA).

Na medida em que seu cimo delineia uma taça virada para baixo e cortada ao meio, seu simbolismo pode ser aproximado do simbolismo da **auréola***, como foi feito por Champeaux e

Sterck com a arcada. "O traçado da arcada [...] não é senão o contorno perfeito de um homem aureolado. Convém particularmente ao santo, homem em quem qual se efetuou a assunção da carne pelo espírito, em quem se realizou o mistério da habitação divina, simbolizada pela igreja de pedra" (CHAS, 270).

NIMBO

O nimbo designa a luz da **aura***. De origem sobrenatural, ele rodeia a cabeça ou corpo do homem que recebe a luz divina e a irradia ao redor de si. O nimbo concerne não apenas aos santos, mas também aos reis, imperadores e animais, quando estes últimos simbolizam personagens sagradas. O carneiro e a fênix, quando simbolizam Cristo, são frequentemente cercados por um nimbo.

O nimbo cristão já se encontra nas catacumbas; os cristãos imitaram o costume dos romanos, que rodeavam com um círculo luminoso (**auréola***) os deuses e os imperadores (COLN).

NINFAS

Divindades das águas claras, das fontes, das nascentes: Nereidas, Náiades, Oceânidas, irmãs de Tétis. Engendram e educam heróis. Vivem também nas cavernas, em lugares úmidos: daí advém um certo aspecto ctônico, temível, todo nascimento tendo relação com a morte e vice-versa. No desenvolvimento da personalidade, representam uma expressão dos aspectos femininos do inconsciente. Divindades do nascimento, e principalmente do nascimento de heróis, não deixam de suscitar uma veneração matizada de medo. Raptam as crianças, perturbam o espírito dos homens a quem se mostram. "O meio do dia é o momento da epifania das ninfas. Aquele que as vê torna-se presa de um entusiasmo ninfoléptico [...] É por isso que se recomenda que ninguém, no meio do dia, se aproxime das nascentes, das fontes, das correntes de água ou da sombra de certas árvores. Uma superstição mais tardia fala da loucura de que fica possuído aquele que percebe uma forma saindo da água [...] sentimento ambivalente de medo e atração [...] fascinação das ninfas (que) conduz à loucura, à abolição da personalidade" (ELIT, 178).

"Simbolizam *a tentação da loucura heroica*, que quer se expandir em proezas guerreiras, eróticas ou de qualquer outra espécie."

NIRVANA

Termo sânscrito (privação *nir*; radical *va* = soprar) designando, literalmente, a extinção, a perda do sopro, no sentido de *supremo apaziguamento*. Não é o retorno ao nada, mas antes a extinção do eu no Ser, quer este último se chame Brahma, como no hinduísmo, ou Buda. A palavra tem, portanto, um sentido positivo; não é de modo algum negativo, exceto em relação ao fluxo incessante das existências.

Opõe-se neste aspecto ao **Samsara***. Um texto tântrico descreve assim os dois estados que lhes correspondem: "O Samsara, diz o portador do **vajra***, é o espírito afligido e obscurecido por inumeráveis construções mentais, vacilando como o raio na tempestade e recoberto pela nódoa tenaz da afeição e das outras paixões. O excelente Nirvana, por sua vez, é luminoso e livre de toda construção mental, desembaraçado da nódoa da afeição e das outras paixões [...] Sua essência é suprema. Nada lhe é exterior [...] Só existe ele para aqueles que, desejando a libertação, querem ver desaparecer as dores infinitas e obter a felicidade da iluminação [...]." (SILB, 307).

A árvore da **Vacuidade*** conduz ao Nirvana, que é às vezes descrito, ou melhor, sugerido, pelos sutras, como "a visão intuitiva do Sentido da Realidade tal como ela é [...] Como resultado desse desabamento do feixe dos fenômenos conscientes e da consciência diferenciada, atinge-se o Conhecimento místico da interioridade própria do Tathagata (o discípulo tendo chegado ao estado de Buda)." O Nirvana é simbolizado pela imagem da lua, que se mostra, de repente, brilhante dentro da noite, já que o vento dissipou as nuvens.

NÍVEL

O nível é, com o fio de prumo ou a *perpendicular*, um elemento importante do simbolismo maçônico: ambos são os atributos dos dois *Vigilantes*, e sua dualidade corresponde, por isso, à das duas **colunas*** do templo de Salomão.

710 | NÓ (V. ANKH)

O nível é constituído por um **esquadro***, em cujo cimo está suspenso um fio de prumo: se seu objetivo essencial é determinar a horizontal, nem por isso deixa de dar ao mesmo tempo a vertical. O que permite aproximá-lo do simbolismo da cruz de dimensões cósmicas: manifestação da Vontade celeste no centro do cosmo, desabrochar harmonioso no nível cósmico. A passagem da *perpendicular ao nível*, que é a passagem do grau de Aprendiz ao grau de Companheiro, exprime, em suma, a realização desse desenvolvimento a partir do conhecimento da atividade celeste, da obtenção da influência que ela manifesta. Não é sem razão que Oswald Wirth assinala o parentesco morfológico do nível com o símbolo alquímico do enxofre. De fato, a síntese da perpendicular e do nível só é realizada pelo esquadro, atributo do Venerável.

As aplicações morais ou sociais do símbolo às noções de *igualdade* ou de *nivelamento* são de uma insuficiência evidente. Mas poderia ser útil evocar a equanimidade, que tem ligação com o desenvolvimento *horizontal* de que se trata aqui (BOUM, GUET), não menos que com a manutenção de um mesmo nível sobre a linha vertical.

NÓ (*v. Ankh*)

As significações do nó são bem diversas, mas reter-se-á sobretudo a noção de fixação num estado determinado, de condensação ou, em terminologia budista, de *agregado*. Fala-se de *nó da ação*, de *desenlace*, de *nó vital*. Desfazer o nó corresponde quer à crise ou à morte, quer à solução ou à libertação. O que faz aparecer logo a ambivalência do símbolo, porque o nó é constrangimento, complicação, complexo, *enroscamento*; mas os nós são, pela corda, ligados a seu Princípio. Os nós podem também materializar os enredamentos da fatalidade. Na literatura e na arte religiosa, simbolizam o poder que liga e desliga. É ainda possível que simbolizem a união de dois seres ou um liame social, até mesmo um liame cósmico com a vida primordial.

A expressão "nó (*granthi*) do coração" é utilizada pelos *Upanixades*: desfazer este nó é atingir

a imortalidade. A parábola do *desligamento dos nós*, desenvolvida no Surangama-sutra, é célebre: desfazer os nós do ser, ensina Buda, é o processo da liberação; mas *os nós feitos numa certa ordem só podem ser desfeitos na ordem inversa*; é uma questão de método rigoroso que o tantrismo se dedica a determinar.

Desfazer, resolver, trespassar os nós – e não cortá-los como fez Alexandre com o nó górdio – exprime-se de diversas maneiras: é realizar no sentido próprio o *desenlace*, mas é também transpor a argola do *pasha*, do *nó corredio*, sem ser aprisionado por ele. O símbolo é o mesmo de ser devorado pelo monstro: ou os maxilares (o nó) se fecham, e é a morte; ou a passagem é permitida, e é atingido um estado superior, a liberação. O nó é ainda, por exemplo, no caso dos *Knoten* de Dürer, uma espécie de labirinto que deve ser percorrido até que o centro seja alcançado: resolução e libertação.

O *nó* é também o do bambu chinês, cuja sucessão vertical marca uma hierarquia de estados ao longo do eixo Céu-Terra, muito semelhante à dos *chakras* tântricos (como o bambu de nove nós dos taoistas). Trespassar os *nós* (*granthi*) é, aliás, uma das experiências essenciais da realização iogue. O espaço entre as sobrancelhas, sede da *Ajnachakra*, é chamado *Rudragranthi*, nó de *Rudra*. Os nós chineses possuem, observa Granet, um poder de *captação das realidades*, i.e., de fixação ou de condensação dos estados, dos elementos. Daí a utilização das *cordas cheias de nós* (também conhecidas na América pré-colombiana e entre os maoris) como primeiro sistema de expressão. Além dessa significação, a corda de nós possui o mesmo valor do bambu; e também o da ligação dos nós sucessivos com o Princípio, como se expôs a propósito da **aranha*** e do **fio*** (AVAS, GOVM, GRAP, GUES, SEGI).

O nó é signo de vida entre os egípcios. O nó de Ísis é um símbolo de imortalidade. Encontra-se frequentemente sobre a cabeça ou na mão das personagens, ou então na sua cintura. O nó é em geral composto por um laço de sapato, este indicando um traço vivo sobre o solo; outras vezes é feito de tecido, de fibras, de cordas etc.

NÓ (V. ANKH) | 711

Segundo Abraham Abulafia (século XII), o objetivo da vida é tirar o selo da alma, i.e., desfazer os diferentes liames que a mantêm encerrada. Quando os nós são desfeitos, sobrevém a morte, a verdadeira vida. A mesma ideia encontra-se no Budismo do Norte, por exemplo, num livro tibetano, o *Livro do desenlace dos nós*.

Num plano espiritual, desfazer os liames significa libertar-se das afeições, para viver em um nível mais elevado.

Segundo uma palavra do *midrash* a propósito do texto: "o justo floresce como a palmeira..." (*Salmos*, **110**, 11, 13), a palmeira é apresentada sem curvatura e sem nó. O palmito (fr. *coeur de palmier* – "coração da palmeira") volta-se para o alto, assim como também acontece com o coração de Israel (VAJA, 57).

As práticas mágicas distinguem numerosas categorias de laços e nós, e fazem delas uma verdadeira morfologia. "Seria possível classificar as mais importantes sob duas grandes rubricas: 1) os laços mágicos utilizados contra os adversários humanos (na guerra, na feitiçaria), com a operação inversa do rompimento desses laços; 2) os nós e os laços benéficos, meios de defesa contra os animais selvagens, contra as doenças e os sortilégios, contra os demônios e a morte" (ELII, 145).

Os etnólogos assinalam que, em numerosas religiões, é proibido aos homens e às mulheres usar "qualquer nó sobre a sua pessoa em certos períodos críticos (gravidez, casamento, morte)" (146).

Segundo Frazer, tudo deve ser aberto e desfeito para facilitar o parto. Mas uma rede pequena é utilizada, entre os kalmuks, como meio de defesa contra os demônios durante o parto. Da mesma forma, na Nova Guiné, as viúvas usam redes, para se defenderem contra as almas dos defuntos (citado por ELII, 146, nota).

Na Rússia, os nós desempenham um papel importante no amor e nos ritos do casamento.

> Quem me predirá o futuro?
>
> Quem desfará amanhã sobre meu peito
>
> O nó (e o xale) que tu acabaste de estreitar?
>
> (Romança cigana)

O traje de núpcias compreendia um cinto trançado com nós para proteger do mau-olhado. A crença popular afirmava que, se o nó do cinto do sacerdote se desfizesse, isso seria o anúncio de um próximo nascimento na aldeia (DALP, 146). A jovem atava sua **trança*** com uma fita, a mulher casada devia deixá-la livre.

As práticas de magia agrícola russas apresentam as duas valorizações contrárias do nó; em certas regiões, dentre as quais a Bielo-Rússia e a Carélia, o feiticeiro, para satisfazer a sua vingança, *dava um nó* nos trigos, colocando um punhado de hastes torcidas na beira do caminho; em contrapartida, noutras regiões, depois das colheitas, os camponeses põem sobre a terra nua um feixe de trigo torcido, que assegurará a renovação, sendo a operação conhecida como *dar um nó na barba de Ília*.

Os marinheiros do Báltico usavam sobre o corpo um pedaço de corda ou um lenço com três nós: a crença afirmava que o primeiro nó desfeito trazia os bons ventos, o segundo, a tempestade, o terceiro, a calmaria; na Estônia, o primeiro nó invocava também os bons ventos, o segundo, a boa pesca, e o terceiro, guardião das tempestades, não devia nunca ser desfeito (*v.* **corda***).

Entre os gregos e os romanos, os ornamentos em forma de **trança***, torçal, **espirais***, **entrelaçamentos***, bem como as **rosáceas***, **cruz***, suásticas, **machado***, disco etc. são talismás protetores.

Mas os nós podem ter uma influência perniciosa: as mulheres desembaraçam seus cabelos para as procissões de Dioniso. Em Roma, o sacerdote de Júpiter não deve ter nenhum nó no seu vestuário, nem no seu penteado. Os nós travam a circulação psíquica.

Sobre um desenho de Albrecht Dürer, em que se vê representado Ógmios, o deus celta, como deus da eloquência, possuindo correntes que partem de sua língua e se ligam às orelhas dos que o seguem, os panos da túnica do deus estão atados como nós. O nó é aqui o símbolo da *tomada de posse* do deus (OGAC, **12**, pl. 27), domínio exercido sobre o deus ou pelo deus.

712 | NÓ (V. ANKH)

Nas tradições islâmicas, o nó aparece como um símbolo de proteção. Para conjurar o mau-olhado, os árabes davam nós nas suas barbas. "Um costume dos árabes pagãos, que ainda é observado, consiste em que um marido entrelace dois ramos de árvore pelas pontas, antes de partir em viagem; chama-se esta prática de *casamento dos ramos*. Se o viajante encontra os ramos no mesmo estado ao retornar, conclui que sua mulher lhe foi fiel; se não, crê-se traído" (DOUM, 90).

No Marrocos, é frequente encontrar junto às mesquitas dos marabus nós feitos nas árvores circundantes. Essa prática está de acordo com o traslado ou "aporte" das **pedras***, e pode ter a mesma significação: a da transferência de um mal. Para se desembaraçar de doenças, suspendem-se nas árvores trapos velhos, cabelos com nós. Nos santuários, colocam-se embrulhos de pano, nos quais se inserem terra, cabelos, restos de unhas; são veículos de influências más, das quais seria bom desvencilhar-se. Para proteger o grão contra as formigas, fazem-se nós numa folha de palmeira, e esta é deposta no buraco de onde saem as formigas (WESR, 233).

Quando sofrem uma tempestade no mar, os peregrinos dão nós no seu vestuário (WESR, 91). Mas o peregrino que se dirige a Meca não deve ter nenhum nó na sua roupa.

Os nós feitos são tidos como capazes de *prender* (ligar) o santo que se invoca; diz-se a ele, por exemplo: *Ó santo! Eu não te soltarei* (literalmente: *abrirei*) *enquanto não escutar essa minha prece*.

Na Palestina, "quando um árabe é atacado e está em perigo, pode libertar-se de seus inimigos dando um nó numa das cordas da franja de seu ornato da cabeça e pronunciando o nome de Alá" (FIEP, 214).

No Marrocos, o marido só pode ter relações sexuais com sua mulher depois de ter desfeito sete nós atados nas suas roupas (WERS, **1**, 583).

O *Corão* alude à prática das feiticeiras, que "davam nós mágicos, sobre os quais sopravam, para ligar ali um destino". (M. Hamidullah observa, na sua tradução [*sura* 113], que se recomenda

rezar a Deus "contra o mal das que sopram sobre os nós").

Dar um nó, desfazer um nó: símbolos ambivalentes que podem ser aproximados aos do **cinto***.

A interpretação do nó górdio continua a ser muito discutida. Górdio era rei da Frígia. A direção de seu carro era ligada com um nó tão complicado que ninguém era capaz de desfazê-lo. Todavia, o Império da Ásia estava prometido, segundo o oráculo, a quem conseguisse desenredá-lo. Muitos haviam tentado em vão. Alexandre cortou-o com sua espada. Conquistou a Ásia, mas perdeu-a logo em seguida. É que o nó górdio só é cortado ilusoriamente: reconstitui-se sem cessar. É na realidade o enleamento de realidades invisíveis. Segundo Deonna (REGR, 1918, p. 55), o nó górdio "não tem começo, nem fim; é um nó cósmico de natureza vegetal, em relação com um deus celeste do raio, do trovão, da luz. Pode-se dizer também que é um nó de natureza social, psicológica, cultural." Se a espada de Alexandre simbolizar um clarão de gênio, talvez desate o laço; mas se ela não passar de um ato de violência, o laço se formará de novo. É fato que ele perdeu o Império e que o nó se fechou novamente.

Em psicoterapia, a palavra designa tudo o que possui "as características de delimitações, de fixidez, de bloqueio. Chamam-se nós os lugares fixos da onda estacionária, assim como o ponto mais duro da madeira de uma árvore, e também o enlace feito com uma fita, um fio ou uma **corda***" etc. A imagem do nó é associada igualmente à ideia da morte. "Os laços, cordas, nós, são ligados na mitologia da Índia às divindades da morte (Yama, Nirrti) e aos demônios e doenças. No Irã, o demônio Astôvidhâtusch ata o homem que vai morrer. Entre os arondas da Austrália, demônios matam os humanos apertando fortemente a sua alma com uma corda. Nas ilhas Danger, o Deus da Morte liga os defuntos com cordas, para levá-los ao País dos Mortos. Esses mitos não se parecem com o das Parcas que nos é mais familiar?" (VIRI, 61). Sabe-se que as Parcas, ou Moiras, personificam o destino de cada ser: tecem e atam os fios de sua existência.

Desfazer um complexo como se corta um nó górdio não pode ser considerado uma vitória psicológica; o resultado seria tão frágil como a conquista da Ásia por Alexandre. O golpe de espada do conquistador não passa de uma falsa solução, a da violência. A paciência que desfaz o nó, em vez de cortá-lo, assegura uma cura mais estável e uma conquista mais duradoura (*v.* entrelaçados, oito, espiral).

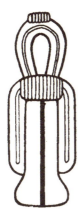

Nó de Ísis: Arte egípcia. Época Baixa
(Londres, British Museum).

NOGUEIRA

Na tradição grega, a nogueira está ligada ao dom da profecia. Um culto era prestado a Ártemis Cariátide, que foi amada por Dioniso, dotada de clarividência e transformada em nogueira de frutos fecundos (GRID, 126).

Alguns glossários irlandeses traduzem o nome de Eithne, alegoria feminina da Irlanda, como *noz*, aproximando o antropônimo no substantivo *eitne*. Tal etimologia é meramente analógica, sem valor linguístico, mas ela faz pensar numa concepção análoga à do *ovo* cósmico*; a Irlanda é, com efeito, um macrocosmo reduzido. A avelã (*v.* **aveleira***) é também um *fruto de ciência* (ROYD, 246).

NOITE

Para os gregos, a noite (*nyx*) era a filha do Caos e a mãe do Céu (Urano) e da Terra (Gaia). Ela engendrou também o sono e a morte, os sonhos e as angústias, a ternura e o engano. As noites eram frequentemente prolongadas segundo a vontade dos deuses, que paravam o Sol e a Lua, a fim de realizarem melhor as suas proezas. A noite percorre o Céu envolta num véu sombrio, sobre um carro atrelado com quatro cavalos **pretos***, seguida do cortejo de suas filhas, as Fúrias, as Parcas. Imola-se a esta divindade ctônica uma *ovelha negra*.

O mesmo glifo, entre os maias, significa a noite, o interior da terra e a morte (THOH).

A noite é, na concepção céltica do tempo, o começo do dia, assim como o inverno é o início do ano. A duração legal de *uma noite e um dia* corresponde, na Irlanda, a vinte e quatro horas e, simbolicamente, à eternidade. O nome gaulês para semana é, segundo a etimologia, *wythnos* (oito noites). O período das *três noites de Samain* do calendário irlandês é encontrado, termo por termo, no calendário gaulês de Coligny (Ain). Segundo César (BG) os gauleses contam o tempo pelas noites (OGAC, **9**, 337 ss.; **18**, 136 ss.).

A noite simboliza o tempo das gestações, das germinações, das conspirações, que vão desabrochar em pleno dia como manifestação de vida. Ela é rica em todas as virtualidades da existência. Mas entrar na noite é voltar ao indeterminado, onde se misturam pesadelos e monstros, as *ideias negras*. Ela é a imagem do inconsciente e, no sono da noite, o inconsciente se libera. Como todo símbolo, a noite apresenta um duplo aspecto, o das trevas onde fermenta o vir a ser, e o da preparação do dia, de onde brotará a luz da vida.

Na teologia mística, a *noite* simboliza o desaparecimento de todo conhecimento distinto, analítico, exprimível; mais ainda, a privação de toda evidência e de todo suporte psicológico. Em outras palavras, como *obscuridade*, a noite convém à purificação do intelecto, enquanto *vazio* e *despojamento* dizem respeito à purificação da memória, e *aridez* e *secura*, à purificação dos desejos e afetos sensíveis, até mesmo das aspirações mais elevadas.

Novalis, nos seus Hinos à noite, canta a Noite, simbolizada pelo sono e pelo sonho, como

714 | NOME

um triunfo sobre o **tempo***: "de repente senti romper-se o liame do nascimento [...] Fervor das noites, sono sagrado [...] Santa, inefável, misteriosa noite [...] Mais divinos que as estrelas cintilantes parecem-nos os olhos infinitos que a Noite mantêm abertos dentro de nós. Seu olhar conduz muito além dos astros [...] preenchendo com uma volúpia indizível o espaço que existe acima do espaço."

NOME
(v. Da'wah, Escrita, Letras, Linguagem, Palavra, Som)

O simbolismo e o emprego do *Nome Divino* são uma constante de todas as religiões teístas, assim como das formas do Budismo que se aproximam dessa concepção.

Conhece-se o importante uso do Nome entre os hebreus: três Nomes têm a reputação de exprimir a própria *Essência da Divindade*, dos quais o principal é o Tetragrama, Nome secreto que só pode ser pronunciado pelo Grande Sacerdote. Outros Nomes (Adonai, Shaddai...) designam prerrogativas ou *qualidades* divinas. Essa mesma noção de qualidades ou atributos se aplica aos noventa e nove Nomes divinos do Islá, comentados, entre outros, por Ghazzali (Er-Rahman, Er-Rahim, El-Malik...). Aplica-se também – mas desta vez sem fundamento preciso nas escrituras ou na tradição – aos *Nomes divinos* de Dionísio, o Areopagita (o Bem, o Belo, a Vida, a Sabedoria, o Poder...). Pode evidentemente tratar-se, em todos os casos, de *suportes* de meditação e de experiências espirituais.

Mas o uso mais conhecido do Nome divino – como é mencionado com frequência nos Salmos – é o da *invocação*, graças à qual ele se identifica misteriosamente com a própria Divindade. Há como que uma presença real no Nome invocado. A *invocação* do nome *evoca* o ser. É por isso que São Bernardo pode fazer dele o *alimento*, a *luz*, o *remédio*. A invocação limitada a um único Nome divino é praticada no hesicasmo, onde é associada às vezes ao ritmo respiratório, especialmente a partir de Nicéfaro, o Solitário. São João Clímaco

não escreve "Que a lembrança de Jesus e o vosso sopro seja um só fenômeno"? A invocação e lembrança têm relação entre si, como ocorre no *dhikr* muçulmano, que possui os dois sentidos e cujo parentesco com as técnicas hesicastas é impressionante ("Diz: Alá, e deixa o universo e tudo o que ele contém"). Semelhança também com o *japa* hindu, aplicado por certos *Swami*, cujo exercício espiritual fundamental consiste na repetição do Nome de *Ram*. A invocação utiliza igualmente outros nomes, como os de *Vishnu* e de *Krishna*. "Deus e Seu Nome são idênticos", dizia Shri Ramakrishna. Segundo o amidismo, a invocação do Nome do Buda pode ser o suficiente para provocar o renascimento na Terra pura de *Amida*. Daí as fervorosas recitações do *Nembutsu* nos templos nipônicos.

É preciso observar ainda que a invocação do Nome está ligada, por certos aspectos, ao simbolismo do **som*** e da **linguagem***. Com efeito, segundo as doutrinas da Índia, o Nome (*nama*) não é diferente do som (*shabda*). O nome de uma coisa é "o som produzido pela ação das forças moventes que o constituem" (Avalon). Por isso, a pronunciação do nome, de certa maneira, é efetivamente *criadora* ou *apresentadora* da coisa. Nome e forma (*nama* e *rupa*) são a *essência* e a *substância* da manifestação individual: esta é determinada por elas. Do que precede, deduz-se facilmente que nomear uma coisa ou um ser equivale a adquirir poder sobre eles: daí a importância capital atribuída na China às denominações corretas; a ordem do mundo emana disso. A Escola dos Nomes (*Ming-kia*) leva ao extremo todas as consequências desse fato. Diz-se também que Adão foi encarregado (*Gênesis*, **2**, 19) de dar nomes aos animais: era conceder-lhe poder sobre eles, poder que continua a ser uma das características da condição *edênica* (AVAS, PHIL, GRAP, SCHC, SCHU, WARK).

Para os egípcios da Antiguidade, "o nome pessoal é bem mais que um signo de identificação. É uma dimensão do indivíduo. O egípcio crê no poder criador e coercitivo do nome. O nome será coisa viva." Encontram-se no nome todas as características do símbolo: 1) ele é "carregado de significação"; 2) escrevendo ou pronunciando o nome de uma pessoa, "faz-se com que ela viva ou sobreviva", o que corresponde ao dinamismo do símbolo; 3) o conhecimento do nome "proporciona poder" sobre a pessoa: aspecto mágico, liame misterioso do símbolo. O conhecimento do nome intervém nos ritos de conciliação, de feitiço, de aniquilação, de possessão etc. "Seu nome não estará mais entre os vivos"; essa sentença é a mais radical das condenações à morte (POSD, 190).

O poder do nome não é apenas chinês, egípcio ou judeu; pertence à mentalidade primitiva. Conhecer o nome, pronunciá-lo de um modo justo é poder exercer um domínio sobre o ser ou sobre o objeto. A esse respeito, o pensamento judaico e a tradição bíblica são rigorosamente unânimes. O tetragrama divino está carregado de energia; é por isso que é empregado nos sortilégios. Se o nome é pronunciado em voz alta, a terra inteira é tomada de estupor; por essa razão, os doutores judeus queriam conservar secreta a sua pronunciação. Divulgá-la seria permitir que os ímpios e os feiticeiros fizessem mau uso dele.

O nome divino designa a própria identidade do Deus. Juda ben Samuel Halevi († 1141) confronta as significações do nome Elohim e do Nome Tetragrama (Jahvé, Jeová). O sentido deste último não pode ser o resultado de um raciocínio; nasce de uma intenção, de uma visão profética. Assim, o homem que tenta apreender o nome separa-se dos eleitos de sua espécie e chega ao nível angélico. Por isso mesmo, torna-se outro homem (v. Georges Vajda, *L'amour de Dieu dans la théologie juive du Moyen Age*, Paris, 1957, p. 107, 211).

Na tradição do Islã, o Grande Nome *al-ismu'l-a'zam* é o símbolo da essência oculta de Deus. Um *hadith* profético declara: *Deus tem 99 nomes, ou seja 100 menos um; aquele que os conhecer entrará no Paraíso.*

O *Corão* (7, 179): "Deus tem belos nomes; invocai-o por essas denominações e fugi dos que se enganam nos Seus nomes."

O Grande Nome *é a denominação desconhecida que completa as 100. O conhecimento do Grande Nome de Deus* "permite realizar milagres, e foi graças a ele que Salomão conseguiu subjugar os demônios; é o único nome ignorado entre os 40.000 que Deus possui. Para conhecê-lo, é preciso queimar um *Corão*; restará apenas ele. Ou então, contar as palavras do *Corão* em ordem inversa (acoplando a primeira à última); a derradeira palavra, no meio, é o Grande Nome. Se alguém faz uma invocação, pronunciando-o, todos os votos são atendidos" (PELG, 104).

Segundo relatos, Maomé teria dito que ele se encontrava na segunda, na terceira ou na vigésima surata, onde são outorgados a Deus os títulos de *Vivo* (al-Haiy), de *Aquele que se basta a si mesmo* (al-Qaiyum) ou de *Ele* (Hu) (HUGD, 220).

É atribuída ao Grande Nome uma virtude mágica, pois é tido como capaz de obrigar a atender uma prece. O objetivo constante dos mágicos é, portanto, conhecê-lo. Os amuletos e talismãs apresentam frequentemente os nomes de Deus.

Esta noção de um Nome todo-poderoso da divindade, conhecido apenas por alguns iniciados, constitui um provável empréstimo que o Islã tomou do Judaísmo.

Para um *místico* como El-Buni, o Grande Nome não é senão o próprio homem.

Para o mundo celta, o nome está estreitamente ligado à *função*. O nome de uma personagem, de um povo, de uma cidade ou de um lugar qualquer é sempre escolhido, por um druida, em virtude de uma particularidade ou de uma circunstância notáveis. Cuchulainn, que se chamava antes Setanta, recebeu seu nome do druida Cathbad; depois de matar o cachorro do ferreiro Culann, ele emitira um julgamento tão justo que todos os assistentes, o rei e o druida ficaram maravilhados. Conhece-se, tanto na Gália como na Irlanda, um bom número de antropônimos teofóricos. Em época remota, a tradição céltica sempre implica uma equivalência real entre o nome da personagem e suas *funções teológicas ou sociais*, ou ainda entre seu nome e seu *aspecto* ou *comportamento*.

716 | NORTE (V. PONTOS CARDEAIS)

NORTE (*v.* Pontos cardeais)

Segundo o livro *O Bahir*, o mal está no norte, e Satã, enquanto princípio de sedução, princípio do mal, vem do norte. O norte é o lugar do infortúnio. Em *Jeremias*, lemos: "É a partir do setentrião que a infelicidade se espalhará sobre todos os habitantes do país" (1, 13-16); o destruidor vem do setentrião (46, 20). O vento do norte é considerado um vento devastador.

Mas sua devastação é de ordem simbólica. Jeremias vê um caldeirão inclinado, *cujo conteúdo pende a partir do norte*. Esse caldeirão simboliza o ponto de partida de uma *revelação*; mas essa revelação não é a de Jeová. O Deus de Jeremias se pronuncia contra os reinos do norte, de onde vêm a maldade e a idolatria.

Os gregos, ao contrário, esperavam sabedoria dos hiperbóreos. Mas o norte do profeta não é o dos mitos helênicos, e as duas revelações, as duas sabedorias são, por outro lado, bem diferentes.

NOVE

Nos escritos homéricos este número tem um valor ritual. Deméter percorre o mundo durante nove dias à procura de sua filha Perséfone; Latona sofre durante nove dias e nove noites as dores do parto; as nove Musas nascem de Zeus, por ocasião de nove noites de amor. Nove parece ser a medida das gestações, das buscas proveitosas e simboliza o coroamento dos esforços, o término de uma criação.

Os Anjos, segundo Dionísio, o Areopagita, são hierarquizados em nove coros, ou três tríades: a perfeição da perfeição, a ordem na ordem, a unidade na unidade.

Cada mundo é simbolizado por um triângulo, um número ternário: o Céu, a terra, os Infernos. Nove é a totalidade dos três mundos.

Nove é um dos números das esferas celestes. É ainda, simetricamente, o dos círculos infernais. Essa é a razão dos nove nós do bambu taoista, dos nove (ou sete) entalhes da bétula axial siberiana. É também a razão dos nove degraus do trono imperial chinês e das nove portas que o separam do mundo exterior, porque o microcosmo é feito

à imagem do Céu. Aos nove Céus opõem-se as nove Fontes, que são a morada dos mortos. Os Céus budistas são nove também, mas, segundo Huai-nan tse, o Céu chinês tem 9 *planícies* e 9999 *cantos*. O número 9 está na base da maior parte das cerimônias taoistas do tempo dos Han. Nove é o número da plenitude: 9 *é o número do* yang. É por isso que os caldeirões de Yu são em número de nove e que o cinabre só se torna potável na nona transmutação.

Nove é também a medida do espaço chinês: número quadrado do *lo-chu*, número das regiões de onde os nove pastores trouxeram o metal para a fundição dos nove caldeirões. Posteriormente, a China contava com 18 províncias, isto é, duas vezes 9; mas, segundo Sseuma ts'ien, ocupava 1/81 do mundo. No mito de Huang-ti, Tche'eyeu não é um, mas 81 (ou 72), o que exprime a *totalidade* de uma confraria. E não é por acaso que o *Tao-te king* conta com 81 capítulos (9 x 9).

Se nove é, em Dante, como aliás em toda parte, o número do Céu, é também o de Beatriz, que é ela própria um símbolo do Amor (GRAP, GUED).

Segundo o esoterismo islâmico descer nove degraus sem cair significa ter dominado os nove sentidos. É também o número que, correspondendo às nove aberturas do homem, simboliza para ele as vias de comunicação com o mundo.

Entre os astecas, o rei tecoco, Nezahualcoyotl, construiu um templo de nove andares, como os nove Céus, ou as nove etapas que a alma devia percorrer para ganhar o repouso eterno. Era dedicado ao "Deus desconhecido e criador de todas as coisas, o da vizinhança imediata", aquele por quem vivemos (MYTF, 187). Na mitologia centro-americana o número nove simboliza os nove Céus, sobre os quais gravita o Sol. Por outro lado, o nove é igualmente o número sagrado da deusa Lua: na glíptica maia, Bolon Tiku, Deusa Nove, é a deusa da lua cheia (GIRP, 309).

Nove, para os astecas, é especificamente o número simbólico das coisas terrestres e noturnas; o Inferno é feito de nove planícies, e o panteão asteca conta com nove divindades noturnas, governadas pelo deus dos Infernos, que se situa, na lista, na quinta posição, no meio, portanto, das outras oito. Na maioria das cosmogonias indígenas, existem igualmente nove mundos subterrâneos. Entre os maias, o número nove, considerado, ao contrário, propício, é particularmente importante na magia e na medicina (THOH). A divindade do nono dia é a serpente, que também rege o décimo terceiro dia. Mas, na crença popular asteca, por estar ligado às divindades da noite, do Inferno e da morte, nove é um número temido.

O número nove desempenha um papel eminente, tanto na mitologia como nos ritos xamanistas dos povos turco-mongóis. À divisão do Céu em nove camadas associa-se frequentemente a crença dos nove filhos ou servidores de Deus que, segundo Gonzarov, corresponderiam a nove estrelas adoradas pelos mongóis. Os tchuvaches do Volga, que classificam seus deuses em grupos de nove, observam ritos sacrificiais, que compreendem frequentemente nove sacrificadores, nove vítimas, nove taças etc. Os tcheremissas pagãos oferecem ao Deus do Céu nove vítimas, nove pães e nove taças de hidromel. Os iacutos colocam também nove taças sobre seus altares de sacrifícios: "a título de comparação mencionemos que, segundo Masmudi, os sabeus sírios organizaram seu corpo eclesiástico segundo os nove círculos celestes" (HARA, 117-118).

Segundo René Allendy (ALLN, 256 ss.) o número nove aparece como o número completo da análise total. É o símbolo da multiplicidade retornando à unidade e, por extensão, o da solidariedade cósmica e da redenção. "Todo número, seja ele qual for, diz Avicena, outro não é senão o número nove ou seu múltiplo, mais um excedente, pois os sinais dos números têm somente nove caracteres e valores, além do zero." Os egípcios denominavam o número nove a Montanha do Sol: "a grande novena estava formada pela evolução nos três mundos, divino, natural e intelectual, do arquétipo trinitário Osíris-Ísis-Hórus, representando a Essência, a Substância e a Vida. Para os platônicos de Alexandria, a Trindade divina primordial se subdividia igualmente por

três, formando os nove princípios. Foi voluntariamente", acrescenta Allendy, "que a arquitetura cristã procurou expressar o número nove: exemplo disto é o santuário de Paray-le-Monial, iluminado por nove janelas".

Vamos encontrar nove princípios universais nos ensinamentos da mais antiga seita filosófica da Índia, a Vaiseshika. A iniciação órfica teria igualmente admitido três ternos de princípios: *o primeiro compreendia a Noite, o Céu, o Tempo; o segundo, o Éter, a Luz, os Astros; o terceiro, o Sol, a Lua e a Natureza; esses princípios constituíam os nove aspectos simbólicos do Universo.* "O número nove", diz Parmênides, "concerne às coisas absolutas." As nove musas representam, através das ciências e das artes, o total dos conhecimentos humanos. Liturgicamente, a novena representa a consumação, o tempo completo. Ela existia no culto masdeísta; vamos reencontrá-la no Zend Avesta, onde numerosos ritos de purificação estão formados de uma tripla repetição de três receitas: assim é que as roupas de um morto devem ser lavadas nove vezes, sendo três com urina, três com terra e três com água. Essa tripla repetição de três está presente em numerosos ritos de magia e feitiçaria.

Por ser o 3 o número da inovação, seu quadrado representa a universalidade. É significativo que tantos contos, das mais diversas origens, expressem o infinito, o inumerável, pela repetição do 9 – como por 999.999 fravashis dos antigos iranianos: eles guardavam o sêmen de Zoroastro, de que deveriam nascer todos os profetas. O Uróboro, a serpente que morde a própria cauda, imagem do retorno do múltiplo ao Uno e, portanto, da unicidade primordial e final, assemelha-se graficamente à representação do número nove em diversos alfabetos – tibetano, persa, hierático, armênio, egípcio etc. Misticamente, esta acepção do nove aproxima-o do Hak dos sufistas, suprema etapa do Caminho, beatitude que conduz ao *fana*: anulação do indivíduo na totalidade reencontrada; ou, como diz Allendy, "a perda da personalidade no amor universal". A tradição hindu acentua essa acepção redentora do símbolo Nove, com as nove encarnações sucessivas de

718 | NUDEZ

Vishnu, que, a cada vez, se sacrifica pela salvação dos homens. Da mesma forma, segundo os Evangelhos, Jesus, crucificado na terceira hora, começa sua agonia na sexta hora (crepúsculo) e expira na nona. Claude de Saint-Martin via no nove "o aniquilamento de todo corpo e da virtude de todo corpo". Os franco-maçons, concluiu Allendy, dele fizeram "o número eterno da imortalidade humana, e nove mestres reencontram o corpo e o túmulo de Hiram". De acordo com a simbólica maçônica, "o número 9 representa também, em seu grafismo, uma germinação para baixo – por conseguinte, material; enquanto o algarismo 6 representa, ao contrário, uma germinação para o alto, espiritual. Estes dois números constituem o começo de uma espiral. Na ordem humana, o número 9 é, efetivamente, o dos meses necessários à conclusão do feto, que, entretanto, já se acha inteiramente formado desde o sétimo mês. (Pode-se observar, também, que o número 6 é o do término da Criação, que culmina no sexto dia com o aparecimento do homem.)" (BOUM, 227)

O número 9 intervém frequentemente na imagem do mundo descrita pela Teogonia de Hesíodo. Nove dias e nove noites são a medida do tempo que separa o Céu da terra e esta do Inferno: "Uma bigorna de bronze cairia do Céu durante nove dias e nove noites, antes de alcançar, no décimo dia, a terra; igualmente, uma bigorna de bronze levaria nove dias e nove noites caindo da terra até que alcançasse o Tártaro" (HEST, v. 720-725). E a punição que cabe aos deuses perjuros consiste em permanecerem *nove anos completos* longe do Olimpo, onde tem assento o Conselho e onde se banqueteiam as divindades (ibid., 60-61).

Sendo o último da série dos algarismos, o nove anuncia ao mesmo tempo um fim e um recomeço, i.e., uma transposição para um plano novo. Seria encontrada aqui a ideia de novo nascimento e de germinação, ao mesmo tempo que a da morte; ideias cuja existência assinalamos em diversas culturas a propósito dos valores simbólicos deste número. Último dos números do universo manifestado, ele abre a fase das transmutações.

Exprime o fim de um ciclo, o término de uma corrida, o fecho do círculo.

É nesse sentido que se pode interpretar o título e as divisões da obra de Plotino, assim como foram transmitidas por seus discípulos, e especialmente por Porfírio, sob uma influência pitagórica: *Enéadas* (conjunto de nove). É uma reunião de 54 pequenos tratados, divididos bastante arbitrariamente, mas correspondendo ao produto de 6 x 9; dois números que são, cada um, múltiplos de **três*** e reforçam os símbolos do três. Porfírio fica maravilhado: "Tive a alegria de encontrar o produto do número perfeito seis pelo número nove." Essa estrutura numerológica tende a simbolizar a visão total, cósmica, humana, teológica, desde as origens até a escatologia do mundo, que o ensinamento do mestre representa. Depois da emanação do Uno e do retorno ao Uno, o anel do universo se completa. As *Enéadas* constituem, só por seu título, o manifesto global de uma escola e de uma visão do mundo.

NUDEZ

Se a nudez do corpo aparece muitas vezes no Ocidente como um signo de sensualidade, de degradação materialista, é preciso lembrar, primeiro, que esse não é de modo algum um ponto de vista universalmente partilhado; segundo, que essa concepção, segundo a tradição cristã, é a consequência do pecado original, da queda de Adão e de Eva. Trata-se realmente de uma *queda* de nível – do nível do Princípio para o da manifestação –, e de uma *exteriorização* das perspectivas. Encontramos algo bem semelhante no mito xintoísta em que, após a descida aos Infernos, Izanagi e Izanami são *humilhados* pela descoberta de seu verdadeiro *estado*. Se, depois da *vestida* arte medieval, a Renascença europeia redescobre a estética da nudez, é uma perspectiva meramente naturalista e desprovida de valor simbólico. Essa perspectiva é só em parte a da Antiguidade greco-romana. Que se pense no desnudamento de *Mystica*, na Casa dos Mistérios de Pompeia, que é tão rico em símbolos. De fato, o simbolismo do nu desenvolve-se em duas direções: a da pureza física, moral, intelectual, espiritual, e a da vaidade lasciva, provocante, desarmando o espírito em benefício da matéria e dos sentidos.

A nudez do corpo é, na óptica tradicional, uma espécie de retorno ao estado primordial, à perspectiva central: é o caso dos sacerdotes do *Xintô*, que purificam seu corpo nu no ar puro e glacial do inverno; o dos ascetas hindus *vestidos de espaço*; o dos sacerdotes hebreus, penetrando nus no Santo dos Santos, para manifestar seu *despojamento* na proximidade dos Mistérios divinos; é a abolição do hiato entre o homem e o mundo que o cerca, em função da qual as energias naturais passam de um a outro sem barreiras: daí a nudez ritual, talvez lendária, dos guerreiros celtas no combate; a de certas dançarinas sagradas; até a de certos feiticeiros, especialmente receptivos, neste caso, às forças inferiores.

O desnudamento das *Dakini* budistas é o da verdade, que na Europa também se qualifica de nua, quando se fala do conhecimento puro. Abu Ya'gqub Sejestani dá uma significação análoga à nudez de Cristo na Cruz: desnudamento do esoterismo. A nudez de *Kali* é a *força do tempo*, despojada do Universo, depois da dissolução deste último; é também a representação do fato de ela estar além de *Maia*, como *vestimenta* formal, não afetada por ela; a nudez ritual de *Yogini* é, no tantrismo, o próprio símbolo de *Prakriti*, a Substância cósmica, diante da qual o Espírito (a *Essência*) permanece imóvel e sereno (AVAS, BURA, DANA, ELIY, GOVM, HERS, PALT, SAIR, SCHI, VARG).

Na tradição bíblica, a nudez pode ser tomada, primeiro, como símbolo de um estado em que tudo está manifesto, não oculto: Adão e Eva no jardim do Éden. Deve-se observar que o primeiro casal só recorre às vestimentas depois da queda, e que manifesta, entre outros efeitos, que as relações do homem com Deus e com seus semelhantes perderam a simplicidade e a clareza primitivas.

É muito natural que a nudez também designe a pobreza e a fraqueza espiritual e moral. Por exemplo, o despojamento do homem que comparece diante do Deus juiz (*Eclesiastes*, 5, 14).

Ezequiel (**16**, 7) conta a história de Israel, que ele compara a uma jovem nua, até o momento em que Deus a escolhe e a veste.

O simbolismo é às vezes claramente pejorativo: a nudez é a vergonha. Assim o profeta Naum (**3**, 5) ameaça Israel: Deus vai descobri-lo e mostrar sua nudez às nações, revelando desse modo, publicamente, a vergonha do povo eleito, mas idólatra (*Apocalipse*, 2, 18).

Deve-se observar a distância que separa essa apreciação do julgamento muito favorável a respeito da nudez emitido pelo helenismo, cujo ideal esportivo e artístico implica o desnudamento do corpo.

Quanto à nudez ritual, é possível que seja indicada no episódio relatado no segundo livro de *Samuel* (**6**, 15-16, 20-22): Davi, dançando diante da arca, mostrou sua nudez. Mikal, sua mulher, experimenta isso como uma humilhação, mas o rei responde que o pudor nada significa em comparação com as obrigações religiosas que ele tem para com seu Deus (*v. ainda* 1 *Samuel*, 19-24).

Os gnósticos afastam-se nitidamente dos escritores bíblicos, ao considerarem a nudez um símbolo do ideal a ser atingido. Trata-se então de uma nudez da alma que rejeita o corpo, sua vestimenta e sua prisão, para reencontrar seu estado primitivo e voltar às suas origens divinas (*v. Evangelho de Tomás*, 21, 27).

Isso nos levará ao estudo do simbolismo da **vestimenta***. O da nudez ficará então, naturalmente, mais bem esclarecido.

A nudez feminina tem um *poder* temível. O conto da *Razia das Vacas de Cooley* relata que, quando Cuchulainn volta de sua primeira expedição assassina na fronteira de Ulster, está num estado de loucura guerreira e não reconhece mais nem amigo, nem inimigo. Vira o lado **esquerdo*** do carro na direção da capital de Ulster, Emain Macha (o lado esquerdo é maléfico). Logo, a mando do rei Conchobar, enviam-se cinquenta mulheres nuas ao seu encontro, conduzidas pela rainha. O jovem abaixa os olhos para não vê-las, e aproveitam sua surpresa para mergulhá-lo em três cubas de água fria: a primeira rebenta; na segun-

720 | NÚMERO

da, a água ferve com grandes bolhas; na terceira, a água fica a uma temperatura suportável para alguns. Outro episódio é o da satírica Richis no conto da *Embriaguez dos Ulates*. Para vingar seu filho assassinado por Cuchulainn, ela se desnuda diante dele, e Cuchulainn abaixa os olhos; um guerreiro deveria aproveitar-se desse fato para atacá-lo. Mas o cocheiro do herói, Loeg, atinge Richis mortalmente com uma pedra de funda e quebra-lhe a coluna vertebral. A nudez masculina tem relação com o *transe guerreiro*. Numa passagem da *Razia das Vacas de Cooley*, trata-se de guerreiros que, por seu ardor, fazem, com trinta passos, que a neve se derreta. Essa concepção do calor guerreiro explica que os gauleses, segundo testemunhos dos antigos, combatessem nus. Mas os escritores greco-romanos tomaram, mais uma vez, por história o que não passa de um mito. A arqueologia prova abundantemente que os gauleses possuíam um equipamento defensivo (OGAC, **18**, 368-372).

Todos os valores que a nudez assume simbolicamente no mundo moderno são indicados no livro rico em evocação de Jean Brun, *La nudité humaine*, Paris, 1973.

NÚMERO
(v. Zero, Um, Dois, Três, Quatro, Cinco, Seis, Sete, Oito, Nove, Dez, Onze, Doze, Treze, Dezessete, Vinte e um, Vinte e dois, Vinte e quatro, Trinta e seis, Quarenta, Setenta, Cem, Mil, Dez mil)

Mais que em qualquer outro verbete, é importante lembrar que as noções filosóficas e matemáticas do número não dizem respeito a esta obra, que procura ater-se aos símbolos e não pretende ser substituto de nenhum outro dicionário, geral ou especializado.

Os números, que aparentemente servem apenas para contar, forneceram, desde os tempos antigos, uma base de escolha para as elaborações simbólicas. Exprimem não apenas quantidades, mas ideias e forças. Como, para a mentalidade tradicional, não existe o acaso, o número das coisas ou dos fatos reveste-se em si mesmo de uma grande importância e até permite às vezes, por si só, que se alcance uma verdadeira compreensão dos seres e dos acontecimentos. Já que cada número tem sua personalidade própria, nesta perspectiva dos símbolos, examinamos à parte os principais números segundo seus próprios valores.

A interpretação dos números é uma das mais antigas entre as ciências simbólicas. Platão considerava-a *o mais alto grau do conhecimento* e a essência da harmonia cósmica e interior. Pitágoras, Boécio julgavam-na, pelo menos, como sendo o instrumento dessa harmonia. Na China, encontram-se vestígios dela no *I-Ching*. Lie-tse (cap. 8) conta a história de um *Mestre dos Números* (*chan-chuche*), e o historiador P'an-ku situa a origem desta ciência nas famílias *Hi* e *Ho* de *Ming-t'ang*, na época do imperador Yao. Outros atribuem seu início ao próprio Huang-ti, o representante da Tradição primordial.

A China vê nela, sobretudo, a chave da harmonia macro e microcósmica, da conformidade do império às leis celestes. A noção de ritmos cósmicos em relação com a ciência numérica é também familiar ao pitagorismo; de ambos os lados, é associada à **música*** e à arquitetura; daí advém a utilização famosa do *número de ouro*, que fora reconhecido como a chave das proporções dos seres vivos. Mas isso não passa de aplicações de princípios mais elevados, pois Boécio assegurava que o conhecimento supremo passava pelos números, e Nicolau de Cusa, que eles eram o melhor meio para se chegar às Verdades divinas. "Tudo é arranjado de acordo com o número", dizia Pitágoras num discurso sagrado, citado por Jâmblico.

Os números, diz São Martinho, "são os invólucros invisíveis dos seres": regulam, nestes, não só a harmonia física e as leis vitais, espaciais e temporais, mas também as relações com o Princípio. É que não se trata de simples *expressões aritméticas*, mas de *princípios coeternos com a verdade*. São *ideias, qualidades*, e não quantidades. A geometria não se aplica às quantidades espaciais, mas à harmonia das formas; a astronomia não estuda somente as distâncias, os pesos ou as temperaturas, mas também os ritmos do universo. As próprias criaturas são *números*, enquanto manifestações do Princípio Uno. Retornam ao Princípio como os números à unidade: "Deus está em todos como a unidade está nos números" (Silésio) (BURA, BENA, GRAP, SAIR).

Não se deve, pois, empregar os números intempestivamente. Eles acobertam uma força desconhecida. *O número é o engodo do mistério*, segundo uma tradição peúle. É o produto da palavra e do signo, mais essencial e mais misterioso que seus componentes. Assim um homem não diz nunca *o número dos seus filhos, dos seus bois, das suas mulheres, nem a sua idade, mesmo quando sabe.* Em compensação, conta de boa vontade as coisas que não lhe dizem respeito diretamente; são então lições, temas, símbolos a interpretar. Por quê? A resposta está ligada ao animismo: os números, como os nomes, quando são enunciados, deslocam forças que estabelecem uma corrente, como um riacho subterrâneo, invisível, mas presente. Se o enunciado de um nome ou de um número concerne a alguém de perto, ele proporciona a outros o domínio sobre essa pessoa. A prova? "Se ouves um desconhecido que pronuncia teu nome, chamando a um outro, um homônimo, por que ficas inquieto? Que parte do teu corpo ele tocou? É isso a corrente." A palavra sempre teve uma influência sobre os homens. Mas, se a eficácia do verbo é grande, a do número ultrapassa-a; se a palavra é a explicação do signo, o número é com efeito a raiz secreta deste, porque é o produto do som e do signo e, portanto, ao mesmo tempo mais forte e mais misterioso (HAMK, 56).

No pensamento asteca, os números revestem-se igualmente de uma importância cósmica. Cada um deles está ligado a um deus, a urna cor, a um ponto do espaço, a um conjunto de influências, boas e más.

O pensamento tradicional é o exemplo mais generalizado da relatividade, na medida em que coloca absolutamente tudo em relação: tudo se cumpre no universo, e o número não é senão um certo *nó de relações*. O pensamento racionalista moderno, com um instrumental de demons-

tração bem diferente, não estaria talvez distante desta concepção fundamental do número. "O número", diz Kant, "é a unidade resultante da síntese do múltiplo"; procede de uma "intuição qualquer de elementos homogêneos"; em lugar de homogêneos, diríamos elementos *em relação*. Essa apreensão de um feixe de relações é obra da inteligência, de um espírito, divino na eternidade, humano no tempo. Assim, a inteligência é fonte do número. Mas a imaginação estabeleceu malhas de relações, que a razão não consegue perceber e que ela é naturalmente levada a contestar e a negar.

O antropomorfismo simbólico do número é ilustrado pelo verso de Victor Hugo:

"O homem, o algarismo eleito, cabeça augusta do número."

(Legenda dos Séculos, "O Sátiro")

Os múltiplos de um número têm, em geral, a mesma significação simbólica básica do número simples. Mas, ou acentuam e intensificam essa significação, ou matizam-na com um sentido particular que deve ser pesquisado em cada caso.

Segundo certas crenças, cada número tende a engendrar um número superior, o um engendra o dois, o dois, o três etc., porque cada um deles é impelido a ultrapassar seus limites. Segundo outras crenças, isso se dá porque têm necessidade de um oposto ou de um parceiro. Atribuem-se aos números os impulsos dos vivos.

O número de ouro, ou proporção áurea, tornou-se o objeto de estudos eruditos, em particular de Matila C. Ghyka. Corresponde ao que os geômetras chamam de a divisão de uma reta em razão média e extrema; em outras palavras, ele estabelece um jogo de relações, de tal modo que a menor parte de uma linha tem com a parte maior a mesma relação que esta tem com o todo. É o que exprimem as equações $\frac{a + b}{a} = \frac{a}{b}$ ou $\frac{a}{b} = \frac{\sqrt{5} + 1}{2}$; ou as fórmulas aritméticas que resultam disso, seja $\emptyset = 1.618033$, que é a do número de ouro, e seu inverso $\frac{1}{\emptyset}$, que é 0,618; o

722 | NUVEM

equivalente aproximado do número de ouro é a relação de 3 a 5. Como dizia Paul Valéry, essa relação é a de um dinamismo equilibrado, que ele simboliza e que se faz sentir até na imortalidade estática das obras das artes plásticas: "o equilíbrio entre o saber, o sentir e o poder". A *Divina Proporção* "é a medida generalizada" (GHYN, 1, 9). Matila C. Ghyka verá neste esquema numérico o "símbolo abreviado da forma viva [...] da pulsação do crescimento" (ibid., 13). Toda uma estética e uma filosofia de caráter pitagórico são baseadas neste número de ouro, no seu simbolismo e nas verificações de sua existência nos seres naturais e nas obras de arte, como as Pirâmides, o Partenon etc. (O livro de aritmosofia mais completo hoje em dia é ainda o do dr. R. Allendy, *Le symbolisme des nombres*, Paris, 1948.)

NUVEM

A nuvem reveste-se simbolicamente de diversos aspectos, dos quais os mais importantes dizem respeito à sua natureza confusa e mal definida, à sua qualidade de instrumento das apoteoses e das epifanias (*v.* **nevoeiro***).

A palavra sânscrita *ghana* (nuvem) é aplicada ao embrião primordial (*Hiranyagarbha* e *jiva-ghana*): *ghana* é aqui um elemento compacto, não diferenciado. No esoterismo islamítico, a Nuvem (*al'amã*) é o estado primordial, incognoscível de Alá, antes da manifestação. Na própria manifestação e na vida corrente, a *nebulosidade* é uma noção familiar demais para que seja necessário ocupar-se dela. Ela oculta, escreve L. C. de Saint-Martin, os brilhos da luz que às vezes abrem sulcos nas trevas humanas, "porque nossos sentidos não poderiam suportar o esplendor".

A epifania de Alá *na sombra de uma nuvem* é evocada pelo *Corão*, mas não à maneira do Padre Eterno das imagens clássicas. Segundo a interpretação esotérica, as *nuvens* são o *tabique* que separa dois graus cósmicos. Na China antiga, as nuvens brancas ou coloridas desciam sobre as colinas dos sacrifícios felizes, e elevavam-se das tumbas dos Imortais, que subiam aos Céus em cima de nuvens. As nuvens vermelhas eram signos

especialmente propícios: desprendeu-se uma de Lao-tse. Foi sobre uma milagrosa nuvem amarela e preta, cores da diferenciação cósmica, que os monges da lenda dos *Hong* escaparam do mosteiro em chamas de Shaolin. Todos esses signos eram bastante importantes, a ponto de o imperador Huang-ti *ter regulado tudo graças às nuvens.*

Na tradição chinesa, a nuvem indica a transformação por que o sábio deve passar para *se aniquilar*, de acordo com o ensinamento esotérico do **disco*** de jade. As nuvens dissolvendo-se no éter não serão apenas proezas do *habokis,* mas símbolo do sacrifício a que o sábio deve entregar-se, renunciando a seu ser perecível para conquistar a eternidade. E Liliane Brion-Guerry cita neste sentido um pensamento de Tchuang Tse: "Discípulos, tornai-vos totalmente semelhantes ao éter ilimitado, liberai-vos de vossos sentimentos e dissolvei vossas almas, sede o nada e não tenhais alma temporal." Como não aproximar estas palavras das que Baudelaire coloca na boca do Estrangeiro, em *O Spleen de Paris*: "Amo as nuvens... as nuvens que passam... lá ao longe... lá ao longe... as maravilhosas nuvens!"

Quanto ao papel da nuvem produtora de chuva, é claro que tem relação com a manifestação da *atividade* celeste. Seu simbolismo está ligado ao de todas as fontes de fecundidade: chuva material, revelações proféticas, teofanias. Na mitologia grega, Néfele é esta *Nuvem* mágica, de formas semelhantes às de Hera, que Zeus usou para desviar os desejos libidinosos de **Ixião***. Da união desta nuvem com Ixião nasceram os Centauros. Helena, por quem Páris se apaixonara e por quem se lutou a guerra de Troia, não era senão um fantasma de nuvens, devido à magia de Proteu. Nas crenças órficas, de que Aristófanes se teria feito talvez o eco nas suas comédias, as nuvens estão ligadas ao símbolo da água e, por conseguinte, da fecundidade: filhas do Oceano, habitando ilhas ou vivendo perto de fontes. A nuvem é o símbolo da metamorfose viva, não por causa de alguma de suas características, mas em virtude de seu próprio vir a ser (GRIL, GUEV, JILH, KALL, LECC, SAIR, SCHC).

O

O

A letra O é um dos símbolos alquímicos mais usados. Como exemplo, fornecemos aqui um quadro desses símbolos, tirados do *Dictionnaire mytho hermétique* de Dom A.-J. Pernéty (1787). Deve-se observar, particularmente, os signos, que se invertem, da purificação e da sublimação, do dia e da noite.

♂	Aço, Ferro ou Marte		Nitro
	Ímã		Noite
o	Alúmen	☉	Ouro ou Sol
	Antimônio		Ouro-pigmento
☿	Prata-viva ou Mercúrio		Pólvora
	Arsênico		Purificar
	Arsênico		Realgar
	Cera		Realgar
	Cinabre		Marte
♀	Cobre, Vênus		Açafrão de Marte
♀	Cobre calcinado	⊕	Sal comum
	Digerir		Sal álcali
	Espírito		Sal-gema
☉	Fogo de roda		Enxofre negro
	Azeite		Sublimar
	Azeite		Sal-amoníaco
	Dia		Vidro
☿	Mercúrio	⊕	Verdete ou azinhavre
	Mercúrio precipitado		Vitríolo
	Mercúrio sublimado		Vitríolo

OBSIDIANA

Rocha verde-escura, de origem discutida, muito dura, e, uma vez polida, de uma beleza extraordinária. Era encontrada sobretudo nas regiões vulcânicas e na beira dos desertos. Foi muito empregada pelos artistas egípcios. Na época pré-helênica, suas lascas, destacadas por meio de choques, serviam para a fabricação de raspadores, de facas, de ferros de lança. No final da idade do bronze, o metal suplantou a obsidiana. O simbolismo dessa pedra se liga ao da **pedra*** de fogo.

Pequenas lâminas de sílex estilhaçado serviam para produzir a faísca que incendiava a pólvora dos arcabuzes e dos primeiros fuzis.

O sílex – ou obsidiana –, antigamente a lâmina das facas de sacrifício, conservou um valor mágico benéfico entre os indígenas da América Central. Conjura os malefícios e afasta os maus espíritos.

No pensamento mexicano, o sílex tem relação com o frio, a noite, o país da morte, o Norte. Os *anos-sílex* são dominados por este simbolismo, que ocasiona a aridez, a secura, a fome. Na glíptica maia, o sílex tem a **mão*** como substituto. Divinizado, ele é, no México, o filho da deusa do casal primordial, que presidiu a toda a criação (a *dama da dualidade*) (SOUM, THOT).

A associação de funções opostas num mesmo símbolo é ilustrada pela prática dos astecas, que, para ajudar a cicatrização de uma ferida, a recobriam com um bálsamo contendo pó de obsidiana (SOUA, 227); tendo o poder de abrir a carne humana, a obsidiana também pode fechá-la.

OCEANO (*v.* Mar)

O oceano, o mar são, em virtude de sua extensão aparentemente sem limites, as imagens da indistinção primordial, da indeterminação original. Assim é o oceano sobre o qual dorme Vishnu. É o *arnava*, o mar sem formas e tenebroso, as **Águas*** *inferiores* sobre as quais paira o Espírito divino e de onde nasce a germinação original, **ovo***, **lótus***, **cana***, **ilha***. O *Varaha-avatara* (Javali) faz a terra emergir à sua superfície; *Izanami* agita-o com sua lança e cria ali a primeira ilha por meio de coagulação; os *Deva* e os *Asura* batem-no e, desse modo, tiram dele a *amrita*, bebida de imortalidade.

O mar é também o símbolo das *Águas superiores*, da Essência divina, do *Nirvana*, do Tao. Encontra-se a expressão desse fato em Dionísio, o Areopagita, em Tauler, em Angelus Silesius ("o mar incriado da divindade única"), em Mestre Eckhart ("o mar da natureza insondável de Deus"); da mesma forma, em Dante e nos *sufitas*; essa expressão é amplamente desenvolvida nos *Upanixades* e também no Budismo (a gota de orvalho "desliza para dentro do mar brilhante"); igualmente no Taoismo: o *Tao* está para o mundo como o mar está para os rios (*Tao-te king*, 32). "Todas as águas confluem para o mar, sem enchê--lo; todas as águas saem do mar, sem esvaziá-lo. Eis por que vou ao mar" (Tchuang-tse, cap. 12). É ainda o *Oceano da alegria* das beguinas, o *Oceano da Solidão divina* de Ibn Mashish, o *Oceano da glória divina* de al-Jili. No pensamento tântrico, o oceano é *Paramatma*, o Espírito universal, no qual se mistura a gota de água de *jiva*, a vida, ou *jivatma*, a alma individual. Em *Mahayana*, o oceano é o *Dharma-kaya*, o *corpo de Iluminação* do Buda, que se confunde com *Bodhi*, a Inteligência primordial. A calma da superfície simboliza ao mesmo tempo a vacuidade (*Shunyata*) e a Iluminação. Segundo Shabestari, o oceano é o coração, o conhecimento; a margem é a gnose; a concha, a linguagem, e a pérola que ela contém, a *ciência do coração*, o sentido secreto da linguagem.

Mas o oceano é também, quando está agitado, a extensão incerta, cuja travessia perigosa condiciona a chegada à costa. É o *mar das paixões* de Shankaracharya; o oceano do mundo psíquico transposto por etapas, na alegoria de São Isaac de Nínive; o *oceano das existências*, representado pela bacia do templo de Neak-Pean em Angkor; é o mar do domínio dos sentidos de que fala o *Samyuttanikaya* (4, 157): "Quem atravessou o mar com seus tubarões e seus demônios, com suas vagas aterrorizantes, tão difíceis de transpor [...] diz-se que foi até o fim do mundo e partiu para outro mais além" (AVAS, COEA, GRAR, DANA, CORM, CORT, GOVM, HOUD, JILH, SCHI, SILI).

Nas mitologias egípcias, o nascimento da terra e da vida era concebido como uma emersão do oceano, à semelhança dos cômoros lamacentos que o Nilo deixa descobertos, quando suas águas baixam. É assim que a criação, mesmo a dos deuses, é oriunda das águas primordiais. O deus inicial era chamado a "Terra que emerge" (POSD, 67).

Manannan, irmão de Dagda e chefe do Outro-Mundo no panteão irlandês, é chamado Mac Lir, *filho de Ler*, i.e., *filho do Oceano*. O simbolismo do oceano está relacionado com o da **água*** *compreendida como origem de toda vida*; mas Manannan, assim como o Manawyddan gálico que lhe corresponde, não é uma divindade *aquática*, no sentido em que a pesquisa moderna concebe às vezes esse termo. Pelo simbolismo do oceano, que corrobora suas funções mitológicas, ele se liga à *primordialidade*.

OCIDENTE (*v.* Oriente)

OCO (Côncavo)

Simbólica oposta à da **montanha*** e ligada à da **caverna***, cujo caráter de profundeza, de vazio ou de virtualidade acentua. Significa o passivo ou o negativo, a outra face, ou verso, do ser e da vida: receptáculo virtual, mas vazio, da existência. Por tudo isso se faz dele a residência da morte, do passado, do inconsciente, ou do possível. De maneira mais geral, é o aspecto noturno, negativo, de todo símbolo (*v.* **árvore*** oca) e, poder-se-ia acrescentar, de toda ideia e de todo ser.

OCTÓGONO

As pias batismais têm frequentemente uma base de forma octogonal ou são erigidas sobre uma rotunda de **oito*** pilares. A forma octogonal simboliza a ressurreição, enquanto o hexágono seria o signo da morte, segundo a simbólica cristã de Santo Ambrósio, herdada aliás da simbólica pagã. O octógono evoca "a vida eterna que se atinge, imergindo o neófito nas pias batismais" (BRIL, 208). O plano hexagonal, que é às vezes adotado, insiste em outro aspecto do batismo, o do enterro do ser de pecado na sua tumba, prelúdio de seu renascimento num ser em estado de graça.

ODIN (v. Vótan)

ODRE

O odre é o símbolo chinês do caos primordial: é em suma um animal *indiferenciado*, porque não tem cabeça, nem qualquer *abertura* (nenhum órgão dos sentidos). Segundo o apólogo contado por Tchuang-tse, quando seus companheiros quiseram perfurar no odre-caos as sete aberturas, à razão de uma por dia, ele morreu: cessou de ser, como tal, ele mesmo. O que representa, ao mesmo tempo, uma *morte* e um *segundo nascimento* iniciatórios. Diz-se, o que confirma as observações precedentes, que *Chu* e *Hu*, os perfuradores do odre, eram o Relâmpago.

Encerram-se em odres os mortos e os condenados, que são assim reenviados ao *caos*. O odre do caos, chamado *Huen-Tuen*, é vermelho como o **fogo***; tem relação com o **fole*** da forja, que é uma imagem do mundo *intermediário*, mas também um instrumento *cosmogônico*. E, entretanto, o odre é uma figuração do Céu: Wu-yi atirou flechas sobre ele; mas o raio escapou do odre celeste e fulminou Wu-yi. Quando Cheu-sin, mais feliz – mais virtuoso – atingiu-o da mesma maneira, caiu uma chuva de sangue fecundo e regenerador (GRAD, GRAC).

OGRE

O ogre dos contos lembra os Gigantes, os Titãs, **Cronos***. Simboliza a *força cega e devoradora*. Ele precisa de sua ração quotidiana de carne fresca, e o Pequeno Polegar engana-o facilmente, fazendo-o engolir suas próprias filhas.

Não é o ogre a imagem do tempo que se engendra e se devora a si mesmo cegamente? Não é a imagem hipertrofiada e caricatural do pai que deseja guardar indefinidamente sua onipotência e não suporta a ideia de partilhá-la ou de renunciar a ela? Não prefere ele a morte de seus filhos ao seu desenvolvimento, pois este os levaria a poder, um dia, arrebatar-lhe a função? Não é o ogre *a imagem desfigurada e pervertida do pai* que só pode servir de espantalho para os filhos? É também a figura do Estado, do imposto, da guerra, do tirano.

Liga-se assim à simbólica do **monstro***, que engole e cospe, lugar das metamorfoses, de onde a vítima deve sair transfigurada. A ideia do ogre, na perspectiva de Cronos e do monstro, junta-se ao mito tradicional do tempo e da morte. "Tudo o que nasceu da matéria serve de suporte momentâneo ao Espírito imortal, mas está destinado à aniquilação. É com a cooperação do tempo que a Terra engendra as formas do mundo visível nos seis planos de vida física, mas cabe ao tempo desfazer a sua obra. O Tempo é a metade do destino das formas, a menos que o Espírito se apodere de uma de suas criações para torná-la imortal. Era dado a Cibele, por exemplo, salvar alguns de seus filhos, que ela transformava em deuses" (LOEF, 165-166).

OITO

O oito é, universalmente, o número do *equilíbrio cósmico*. É o número das direções cardeais, ao qual acrescenta o das direções intermediárias: o número da rosa dos ventos, da Torre dos Ventos ateniense. É, muitas vezes, o número dos raios da roda, desde a rodela celta até a Roda da lei búdica. É o das pétalas do lótus e das sendas do Caminho. É o dos trigramas do *I-Ching* e dos pilares do *Ming-t'ang*. O dos anjos *portadores do Trono* celeste. E também – sem que se saiba exatamente sob que forma – o do espelho de Amaterasu. Como indicam os pilares do *Ming-t'ang*, os anjos do trono, a parte octogonal do *linga*, o número oito, octógono, têm, também, um valor

726 | OITO

de *mediação entre o quadrado e o círculo*, entre a Terra e o Céu, e está, portanto, em relação com o mundo *intermediário*.

A iconografia e a arquitetura hindus abrem amplo espaço ao simbolismo do oito. Os braços de *Vishnu* são em número de oito, correspondendo aos oito guardiães do espaço; os *grahas* (planetas) são oito, dispostos em torno do sol; as *murti* (formas) de Shiva são oito, representadas em dois templos do grupo de Angkor, por oito *lingas* em torno de um linga central. No Bayon de Angkor-Thom, o Buda estabelecido no centro de um verdadeiro lótus de oito capelas irradiantes, assume, por essas disposições, as funções shivaístas e as do rei *Chakravarti*, o que faz *girar a roda* no próprio centro do universo.

Esse simbolismo do equilíbrio central, que é também o da Justiça, encontra-se, cumpre repetir, nas concepções pitagóricas e gnósticas (BHAB, BENA, GRIC, GUES, HERS).

Um outro aspecto do símbolo deriva do fato de que o Japão, desde épocas muito recuadas, é chamado pelos japoneses Ilhas do Grande Oito, para dizer que o país é constituído por uma quantidade inumerável de ilhas. Tal cifra é encontrada com frequência nos antigos textos sagrados xintoístas, sempre com o sentido de "grande número". Tornou-se uma cifra sagrada. Mas o oito não é o inumerável indefinido e disperso, é o inumerável enquanto entidade que pode ser expressa pelo número 8.

Um exemplo contemporâneo: em Iocoama edificou-se, em 1932, um centro nacional de educação espiritual. É de plano *octogonal* e encerra, em seu interior, as estátuas de oito sábios do mundo: Çakia Muni, Confúcio, Sócrates, Jesus, o príncipe Shotoku (séc. VII), Kobo Daishi (japonês, séc. IX), os sacerdotes Shinran e Nichiren (japoneses, séc. XIII). A forma octogonal não foi escolhida em razão da existência de oito sábios no mundo; esse número de oito sábios, aliás, não é limitativo. A forma do templo e esse número de sábios significam a sabedoria infinita de formas inumeráveis no centro de todo esforço espiritual, de toda educação, de toda pesquisa.

Assim também, *totalizador*, aparece o oito nas crenças africanas. Entre os dogons, o número-chave da criação não é o **quatro***, mas o oito, por sua qualidade de quatro duplos. É sabido, que para os dogons tudo o que é puro, i.e., justo e ajustado, é duplo.

Há, então, oito heróis criadores e oito famílias humanas, nascidas dos oito ancestrais primordiais, dos quais quatro têm uma predominância masculina, e quatro, uma predominância feminina, embora todos os oito sejam bissexuais. O sétimo ancestral é o mestre da palavra, mas o oitavo é a própria palavra. O verbo é, então, simbolizado pelo número oito, que engloba, além do mais, a água, o esperma, e o conjunto das forças fecundantes. Verbo e esperma se enrolam oito vezes em torno da matriz para fecundá-la, assim como uma espiral de cobre "vermelho" (o metal dourado, ing. *brass*, é o cobre "amarelo"), outro substituto da água primeva, se enrola também oito vezes em torno da *jarra* solar para iluminar o mundo. O homem, enfim, é oito no seu esqueleto, assegurado pelas oito **articulações*** dos membros (GRIE), articulações cuja importância é primordial, pois que é delas que provém a semente masculina.

O homem, imagem do macrocosmo, é governado pelo número oito, não só no mecanismo da geração e na estrutura do corpo, mas também na criação e ordenação de tudo aquilo de que depende a sua subsistência. Assim, as sementes das plantas que ele cultiva, levadas à terra nas **clavículas*** dos antepassados, são em número de oito, e essas oito sementes primordiais são plantadas nos oito campos cardeais da aldeia.

Enfim, a sacralização do número oito, entre os dogons, se sobrepõe à da regeneração periódica, pois oito é o número do Gênio e do Antepassado – o mais velho dos ancestrais – que se sacrificou para garantir a regeneração da humanidade quando do seu estabelecimento definitivo na terra (GRIE, DIED). Só depois desse sacrifício caíram sobre a terra as primeiras chuvas fecundantes e purificadoras, o primeiro campo foi semeado, e soou, no norte da aldeia, o primeiro ruído de forja.

O mito quíchua relativo à origem da dinastia dos incas menciona igualmente oito ancestrais, dos quais quatro irmãos e quatro irmãs.

A tradição cristã, no que concerne a esse número, lembra de maneira espantosa a dos dogons, e faz do oito um acabamento, uma completude.

Segundo Santo Agostinho, toda ação, nesta vida, se refere ao número quatro, ou, ainda, à alma, cujo número é ternário. Depois do sétimo dia vem o oitavo, que assinala a vida dos justos e a condenação dos ímpios (sobre o número oito, *v.* Augustin Luneau, *L'Histoire du salut chez les Pères de l'Eglise*, Paris, 1964, p. 338-339).

Quanto ao Oitavo Dia, que sucede aos seis da criação e ao sabá, ele é o símbolo da *ressurreição*, da *transfiguração*, anúncio da *era futura eterna*. Comporta não só a ressurreição do Cristo mas também a do homem. Se o número sete é, sobretudo, o do Antigo Testamento, o oito corresponde ao Novo. Anuncia a beatitude do século futuro num outro mundo.

Lembremos, para terminar, que o signo matemático do infinito é um oito deitado, e que a lâmina oito do tarô de Marselha representa A Justiça, símbolo da completude totalizante e do equilíbrio, o que combina perfeitamente com o oito = quatro + quatro dos dogons.

ÓLEO (*v. Azeite*)

OLHAR

O olhar dirigido lentamente de baixo para cima é um signo ritual de bênção nas tradições da África negra (HAMK, 45). O olhar é carregado de todas as paixões da alma e dotado de um poder mágico, que lhe confere uma terrível eficácia. O olhar é o instrumento das ordens interiores: ele mata, fascina, fulmina, seduz, assim como exprime.

O conto *Embriaguez dos Ulates* trata de um campeão de Ulster, Tricastal, cujo simples olhar é o suficiente para matar um guerreiro. O princípio é o mesmo que o do **olho*** de Balor e de Yspaddaden Penkawr, que "paralisa e fulmina" (CELT, **2**, 34-35).

Jean Paris tentou fundar uma crítica das artes visuais sobre o olhar, "sobre os modos segundo os quais ele se impõe, se relaciona, se recusa [...] O olho também se pinta. A obra também nos considera. E onde melhor apreender o segredo de um pintor senão neste olhar com que ele dota as suas criaturas, a fim de que, eternamente, elas o dirijam aos outros?"

As metamorfoses do olhar não revelam somente quem olha; revelam também quem é olhado, tanto a si mesmo como ao observador. É com efeito curioso observar as reações do *fitado* sob o olhar do outro e observar-se a si mesmo sob olhares estranhos. O olhar aparece como o símbolo e instrumento de uma revelação. Mais ainda, é um reator e um revelador recíproco de quem olha e de quem é olhado. O olhar de outrem é um espelho que reflete duas almas. Poderíamos aplicar-lhe estes versos de Baudelaire:

Homem livre, tu sempre amarás o mar!
O mar é teu espelho; contemplas tua alma
No desenrolar infinito de sua onda,
E teu espírito não é um precipício menos amargo
[...]
Sois todos os dois tenebrosos e discretos:
Homem, ninguém sondou o fundo de teus abismos,
Ó mar, ninguém conhece tuas riquezas íntimas,
De tal modo cuidais de guardar vossos segredos.

O olhar é como o mar, mutante e brilhante, reflexo ao mesmo tempo das profundezas submarinas e do Céu.

O olhar do Criador e o olhar da criatura constituem o que propriamente está em jogo na criação, segundo a concepção sufista do mundo. Invocam-se um ao outro e não existem um para o outro, senão por meio de um e de outro. Sem esses olhares, a criação perde toda a razão de ser. "É sobre o jogo mágico de teu olhar", diz Hafiz de Chiraz († 1389), "que colocamos o fundamento de nosso ser". A moral consiste em empregar bem o olhar, ela é *ciência e arte do olhar*. Empregar o seu olhar não é brincar com este mundo das aparências, é desvendá-lo, para descobrir nele o olhar do Criador: então o mundo é compreendido como o próprio jogo do olhar de Deus, como o

728 | OLHO

fluir de seu Tesouro, a revelação de seus atributos. "Se a face divina torna-se a epifania de teu olhar, diz ainda o poeta, não há dúvida: tu és então o possuidor do olhar" (HPBA, 142).

OLHO

O olho, órgão da percepção visual, é, de modo natural e quase universal, o símbolo da percepção intelectual. É preciso considerar, sucessivamente, o olho *físico*, na sua função de recepção da luz; o *olho frontal* – o terceiro olho de *Shiva*; enfim *o olho do coração*. Todos os três recebem a luz espiritual.

Aquele que tem olhos é a designação expressa, entre os esquimós, do xamã, o clarividente. Tanto no *Bhagavad-Gita* como nos *Upanixades*, os dois olhos são identificados com os dois luzeiros: o Sol e a Lua; são os dois olhos de Vaishvanara. Da mesma forma, o Sol e a Lua são, no taoismo, os dois olhos de P'anku ou de Lao-kium; no *Xintô*, os de Izanagi. Tradicionalmente, o olho direito (Sol) corresponde à atividade e ao futuro, o olho esquerdo (Lua) à passividade e ao passado. A resolução dessa dualidade faz passar da percepção distintiva à percepção unitiva, à visão sintética. O caractere chinês *ming* (luz) é a síntese dos caracteres que designam o Sol e a Luz: "Meus olhos representam o caractere *ming*", lê-se num ritual de sociedade secreta.

Essa percepção unitiva é a função do *terceiro olho*, o olho frontal de *Shiva*. Se os dois olhos físicos correspondem ao Sol e à Lua, o terceiro olho corresponde ao fogo. Seu olhar *reduz tudo a cinzas*, i.e., exprimindo o presente sem dimensões, a simultaneidade, ele destrói a manifestação. É o *Prajnachaksus* (olho da sabedoria) ou *Dharma- -chaksus* (olho do Dharma) dos budistas, que, situado no limite entre a unidade e a multiplicidade, entre a vacuidade e a não vacuidade, permite que essas sejam apreendidas simultaneamente. É, de fato, um órgão da visão interior, e portanto uma *exteriorização do olho do coração*. Essa visão unificadora exprime-se ainda no Islã pela *supera- ção dos dois olhos* da letra *ha*, cujo desenho árabe comporta efetivamente dois círculos, símbolos da dualidade, da distinção. O terceiro olho indica a condição sobre-humana, aquela em que a clarivi-

dência atinge sua perfeição, bem como, de forma mais elevada, a participação solar.

A visão dualística é igualmente uma percepção mental: "a alma tem dois olhos", escreve Silesius; "um olha o tempo, o outro está voltado para a eternidade". Segundo os vitorinos, um é o amor, o outro, a função intelectual. Concebe-se, aqui também, que a visão interior deva unificar essas dualidades. Segundo Platão e São Clemente de Alexandria, *o olho da alma* é não apenas único, mas desprovido de mobilidade; só é suscetível, portanto, de uma percepção global e sintética. A mesma expressão *olho do coração* ou do *espírito* pode ser assinalada em Plotino, Santo Agostinho, São Paulo, São João Clímaco, em Filoteu, o Sinaíta, Elias, o Édico, São Gregório de Nazianzo; é ainda uma constante da espiritualidade muçulmana (*ayn-el-Qalb*), onde é encontrada na maioria dos sufistas, especialmente em *Al-Hallaj*. M. Schuon observou-a de modo semelhante entre os sioux. O olho do coração é o homem *vendo* Deus, mas também Deus *vendo* o homem. É o instrumento da unificação de Deus e da alma, do Princípio e da manifestação.

O olho único, sem pálpebra, é, por outro lado, o símbolo da Essência e do Conhecimento divino. Inscrito num triângulo, é, nesse sentido, um símbolo ao mesmo tempo maçônico e cristão. Observou-se sua existência na *trinacria* armênia. O caodaísmo vietnamita adotou-o tal qual, fazendo dele o *selo que lacra a investidura celeste dos Eleitos*. O olho único do **Ciclope*** indica, ao contrário, uma condição subumana, o mesmo acontecendo com a multiplicidade dos olhos de Argos: dois, quatro, cem olhos, dispersos por todo o corpo, que nunca se fecham todos ao mesmo tempo, o que significa a absorção do ser pelo mundo exterior e uma vigilância sempre voltada para fora.

O olho humano, como símbolo de conhecimento, de percepção sobrenatural, possui às vezes particularidades espantosas. Entre os fueguinos, ele sai do corpo – sem, entretanto, separar-se dele – e se dirige espontaneamente para o objeto da percepção; entre os Imortais taoistas, possui uma pupila quadrada. A *abertura dos olhos* é um rito de abertura ao conhecimento, um rito de iniciação. Nas culturas indígenas, *abrem-se os olhos* das estátuas sagradas para *vivificá-las*; em outras culturas, abrem-se os olhos das máscaras; no Vietnã, *abre-se a luz* a um junco (barco) novo, entalhando-se ou pintando-se dois grandes olhos na sua proa.

O olho divino *que tudo vê* é ainda representado pelo Sol: é o *olho do mundo*, expressão que corresponde a *Agni* e que também designa o Buda. O olho do mundo é o buraco no alto do domo, *porta do sol*; o olhar divino que abraça o cosmo, mas igualmente a passagem obrigatória para a *saída do cosmo*.

O olho correspondente ao fogo é relacionado com a função contemplativa de *Amitabha*. Seu trono é sustentado pelo pavão, cujas plumas são semeadas de olhos.

Deve-se observar que o olho é às vezes utilizado como símbolo do conjunto das percepções exteriores, e não apenas da visão (BENA, CADV, COEA, COOH, CORT, DANA, ELIM, PHIL, GOVM, GRIF, GUEV, GUES, MAST, MUTT, SCHC, SUSZ).

Entre os egípcios, o olho Udjat (olho pintado) era um símbolo sagrado, que se encontra em quase todas as obras de arte. Era considerado uma "fonte de fluido mágico, o olho-luz purificador" (CHAM, 120). Conhece-se também a importância do falcão na arte e na literatura religiosa do Egito Antigo. "Os egípcios haviam-se impressionado com a mancha estranha que existe sob o olho do falcão, olho que tudo vê; e, em torno do olho de Hórus, desenvolve-se toda uma simbólica da fecundidade universal" (POSD, 112).

Ré, o deus Sol, era dotado de um olho incandescente, símbolo da natureza ígnea; era representado por uma serpente erguida, de olho dilatado, chamada **uraeus*** (ureu).

Os sarcófagos egípcios são frequentemente ornados com um desenho de dois olhos, que, acreditava-se, permitiam que o morto observasse, sem se deslocar, o espetáculo do mundo exterior (POSD, 257).

Em todas as tradições egípcias, o olho se revela como sendo de natureza solar e ígnea, fonte de luz, de conhecimento e fecundidade. É uma concepção que se reencontrará, transposta, em Plotino, o filósofo alexandrino, neoplatônico, do século II depois de Cristo, para quem o olho da inteligência humana não podia contemplar a luz do Sol (espírito supremo) sem participar da própria natureza desse Sol-espírito.

A palavra 'ayn, que significa olho, pode também designar, na tradição do Islã, uma entidade particular, uma fonte ou uma essência. O caráter universal de uma coisa é frequentemente indicado na mística e na teologia por esse termo. Segundo os místicos e os filósofos com laivos de neoplatonismo, os universais existem eternamente no Espírito de Deus; essas ideias eternas correspondem às Ideias ou Arquétipos de Platão: são como olhos.

Para os místicos, nosso mundo não passa de um sonho; o mundo e a realidade verdadeiros se encontram no Uno divino; Deus é a única verdadeira fonte real e última, de onde surgem todas as coisas. Emprega-se, pois, 'ayn (olho) no seu duplo sentido de *real* e de *fonte*, para indicar a existência superior da mais profunda essência de Deus. Observa-se esse sentido em Avicena, que fala dos que penetram até o 'ayn, contemplação da natureza íntima de Deus.

Finalmente, pode-se notar que o termo 'ayn ul-yaquin, contemplação da certeza, que é um dos graus do conhecimento, é às vezes empregado no sentido de *intuição*, segundo uma dupla acepção: sentido pré-racional da compreensão intuitiva dos primeiros princípios filosóficos, e sentido pós-racional da compreensão intuitiva da verdade mística suprarracional (ENCI). Nas suas múltiplas metáforas, a poesia elegíaca, árabe e persa, associa o olho às noções de magia, perigo e embriaguez. O olho da amada é descrito como "um tanto inebriado", ou "ébrio, mas não de vinho". É aquele que "persegue os leões" ou que "captura os leões; é ávido de sangue, assassino"; é também "uma taça, um narciso, uma gazela, uma concha" (HUAS, 28-31).

O mau-olhado é uma expressão muito comum no mundo islâmico. Simboliza uma tomada de poder sobre alguém ou alguma coisa, por inveja

730 | OLHO

e com uma intenção maldosa. O mau-olhado é a causa, diz-se, *da morte de metade da humanidade.* O mau-olhado *esvazia as casas e enche as tumbas.* Têm olhos particularmente perigosos: as velhas, as jovens recém-casadas. São especialmente sensíveis a ele: as crianças, as parturientes, as jovens recém-casadas, os cavalos, os cães, o leite, o trigo.

O indivíduo que possui o mau-olhado é chamado, em árabe, de ma'ian. Quando o *ma'ian* olha com desejo para alguma coisa (objeto ou homem que lhe agrada), causa um dano àquele que ele fita. A questão de saber se seu olho descarrega sobre o objeto alguma substância invisível, como o veneno que se destaca do olho da víbora, ainda não está resolvida, é apenas algo provável.

O olho de certos animais é temido: víbora, geco. O mau-olhado pode fazer o gado morrer. *Eu me refugio perto de Deus contra o mal que faz o invejoso, quando a inveja toma conta dele.* O Profeta disse: "*O 'ayn (olho) é uma realidade.*"

Existem meios de defesa contra o mau-olhado: véu, desenhos geométricos, objetos brilhantes, fumigações odoríferas, ferro vermelho, sal, alúmen, chifres, crescente, mão de Fatma. A ferradura é também um talismã contra o mau-olhado; parece reunir, por causa de sua matéria, de sua forma e de sua função, as virtudes mágicas de diversos símbolos – **chifre***, **crescente***, **mão*** –, e as do **cavalo***, animal doméstico e primitivamente sagrado.

Nas tradições da Europa do Norte, existe um rei zarolho e vidente, Eochaid, rei de Connaught, que dá seu único olho ao *malvado* druida de Ulster, Aithirne. Vai, depois, purificar-se numa fonte; mas, em recompensa por sua generosidade, Deus lhe restitui os dois olhos. O deus Mider, que também perdeu seu olho numa rixa, não pode mais reinar, porque a cegueira o desqualifica. Os responsáveis, Oengus e seu pai, o Dagda (*Apolo* e *Júpiter*), fazem então vir o deus-médico Diancecht (aspecto do Apolo-médico), que dá ao paciente o uso de seu olho. Mas, segundo a legislação irlandesa, Diancecht tem direito a uma indenização, e ele pede: um carro, um manto e a mais bela jovem da Irlanda, Etain (personificação da Soberania). Como castigo por seu adultério com

o Dagda, Boand, mãe de Oengus, vê-se roubada de um olho, um braço e uma perna pela água da fonte de Segais, aonde fora purificar-se. O olho aparece aqui como uma equivalência simbólica da *consciência soberana.* O erro (cólera, violência, adultério) cego e a cegueira impedem alguém de reinar; ao contrário, a generosidade ou a confissão tornam a pessoa clarividente.

Por outro lado, o olho é um equivalente simbólico do *Sol*, e o termo irlandês sul, *olho*, corresponde ao nome bretão do Sol. Em gálico, o sol é chamado por metáfora *olho do dia* (*Ilygad y dydd*). Numerosas moedas gaulesas apresentam uma cabeça de herói com o olho desmesuradamente aumentado. Um cognome de Apolo, atestado por uma única inscrição galo-romana, é *Amarcolitanus com longo olho na cabeça*, e a expressão *com longo olho na cabeça* (*rose Imlebur inachind*) é frequente nos textos irlandeses. Em contrapartida, o *olho único* das personagens inferiores da série dos fomoiré é *maléfico*: o olho de Balor paralisa todo um exército, e é preciso desviá-lo com um gancho, exatamente como o do gálico Yspaddaden Penkawr. A rainha Medb transforma os filhos de Caltin em feiticeiros, fazendo-os passar por mutilações anti-iniciáticas: ela os torna **zarolhos*** *do olho esquerdo.* Todas as *feiticeiras* que aparecem nas lendas insulares são *zarolhas do olho esquerdo.* A cegueira é um símbolo ou um signo de *vidência*, e existem druidas ou adivinhos que são **cegos*** (OGAC, 4, 209-216 e 222; **12**, 200; **13**, 331-342; CELT, 7, *passim*).

Para os bambaras, o sentido da visão é o que resume, que substitui todos os outros. O olho, de todos os órgãos dos sentidos, é o único que permite uma percepção com um caráter de integralidade (ZAHB). A imagem percebida pelo olho não é virtual, constitui uma cópia, um duplo, material, que o olho registra e conserva. Durante o ato sexual, "a mulher se une a seu marido pelos olhos e pelo sexo" (DIEB). Os bambaras dizem: *a visão é o desejo; o olho é a cobiça; e o mundo do homem é seu olho.* Por isso, metaforicamente, o olho pode abranger as noções de beleza, luz, mundo, universo, vida (ibid.).

Na África central, a importância atribuída ao sentido da visão é atestada pela utilização muito frequente de olhos de animais ou humanos nos produtos mágicos, misturados pelos adivinhos, para os ordálios. Em Kasai, os mágicos Baluba e Lulua utilizam os olhos e o focinho do cachorro da vítima, para desmascarar o feiticeiro responsável por uma morte suspeita (FOUC). No Gabão, os membros das sociedades dos homens-panteras tiravam, em primeiro lugar, os olhos de suas vítimas.

Na tradição maçônica, o olho simboliza, "no plano físico, o Sol visível de onde emanam a Vida e a Luz; no plano intermediário ou astral, o Verbo, o Logos, o Princípio criador; no plano espiritual ou divino, o Grande Arquiteto do Universo" (BOUM, 91).

OLIVEIRA

Árvore de uma riqueza simbólica muito grande: paz, fecundidade, purificação, força, vitória e recompensa.

Na Grécia, era consagrada a Atena, e a primeira oliveira, nascida de uma briga de Atena com Poseidon, era conservada como um tesouro atrás do Erectêion. Ao que parece, são renovos seus as oliveiras que se veem ainda hoje em dia sobre a Acrópole. A oliveira participa dos valores simbólicos atribuídos a Atena, de quem é a árvore consagrada.

As oliveiras cresciam em abundância na planície de Elêusis. Eram ali protegidas, e aqueles que lhes causavam dano eram processados. São como que divinizadas no hino homérico a Deméter, que é precisamente uma introdução às iniciações eleusínias.

Em todos os países europeus e orientais, reveste-se de significações semelhantes. Em Roma, era consagrada a Júpiter e a Minerva.

Segundo uma lenda chinesa, a madeira da oliveira neutralizaria certos venenos e peçonhas: o que lhe confere um valor protetor.

No Japão simboliza a amabilidade, assim como o sucesso nos estudos e nos empreendimentos civis ou guerreiros; árvore da vitória.

Nas tradições judias e cristãs, a oliveira é símbolo de paz: foi um ramo de oliveira que a pomba trouxe a Noé no fim do dilúvio. A cruz de Cristo, segundo uma velha lenda, era feita de oliveira e cedro. É, além disso, na linguagem da Idade Média, um símbolo do ouro e do amor. "Se puder ver na tua porta madeira de oliveira dourada, chamar-te-ei imediatamente templo de Deus", escreve Angelus Silesius, inspirando-se na descrição do Templo de Salomão.

No Islã a oliveira é a árvore *central*, o eixo do mundo, símbolo do *Homem universal*, do Profeta. A *Árvore abençoada* é associada à Luz, pois o óleo da oliva alimenta as lâmpadas. De modo semelhante, no esoterismo ismaeliano, *a oliveira no cume do Sinai* é uma imagem de Imâm: é, ao mesmo tempo, o Homem universal e a fonte da luz.

"Diz-se da oliveira, considerada árvore sagrada, que um dos nomes de Deus ou alguma outra palavra sagrada está escrita sobre cada uma de suas folhas; e que a *baraka* de seu óleo pode ser tão forte, a ponto de fazer com que a quantidade de óleo aumente por si mesma e se torne perigosa. Em certas tribos, os homens bebem óleo de oliva para aumentar seu poder de procriação" (WESR, 107).

O admirável versículo do *Corão* sobre a *Luz* (**24**, 35) compara a luz de Deus a "um nicho onde se encontra uma lâmpada; a lâmpada está dentro de um vidro, o vidro como um astro de grande brilho; ela mantém sua luz com a ajuda de uma árvore abençoada, a *oliveira* – nem do leste, nem do oeste –, cujo óleo ilumina, ou pouco falta para isso, sem que o fogo o alcance".

Uma outra interpretação do símbolo da oliveira identifica esta *árvore abençoada* com Abraão e com sua hospitalidade, que será mantida até o Dia da Ressurreição (HAYI, 285, 294). A árvore abraâmica dos bem-aventurados seria também a oliveira. A oliveira simboliza definitivamente o Paraíso dos eleitos.

OM (*v.* Aum)

O monossílabo *Om* é o símbolo mais carregado de sentido na tradição hindu. É o **som*** primordial *inaudível*, o som criador a partir do qual se desenvolve a manifestação, a imagem do Verbo. É o *Imperecível*, o *Inesgotável* (*akshara*); é a própria

732 | ONAGRO

essência dos *Veda* e, por conseguinte, da ciência tradicional. É o símbolo de *Ganesha* e corresponde à **suástica***, emblema do desenvolvimento cíclico da manifestação, a partir do centro primordial imutável.

O som *Om* decompõe-se em três elementos: A, U, M (*v.* Aum*), que regem uma inesgotável lista de divisões ternárias: três *Veda* (*Rig, Yajur, Sama*); três estados do ser (vigília, *jagaritasthana*, correspondendo a *Vaish-vanara*; sonho, *svapna--sthana*, correspondendo a *Taijasa*; sono profundo, *sushupta-sthana*, correspondendo a Prajna); três períodos (manhã, meio-dia, noite); três mundos (*Bhu*, terra; *Svar*, Céu; *Bhuvas*, atmosfera), portanto, três estados da manifestação (*grosseiro, informe, sutil*); três elementos (fogo, *Agni*; sol, *Aditya*; vento, *Vayu*); três tendências ou *guna* (*rajas*, expansiva; *sattva*, coesiva ou ascendente; *tamas*, desintegrante ou descendente); três deuses (*Brahma, Vishnu, Shiva*); três poderes (ação, conhecimento, vontade)... Existe, além disso, um quarto aspecto do monossílabo: é seu conjunto *indeterminado*, considerado independentemente dos três elementos constitutivos. Corresponde à Unidade indiferenciada e, portanto, à realização espiritual da mais alta importância, o *mantra* entre os *mantras*; é, dizem os *Upanixades*, o arco, o eu constituindo a flecha, *Brahma*, o alvo. Guénon assinalou ainda a correspondência do monossílabo com os três elementos da **concha*** bivalve de Vishnu, que contém o germe do desenvolvimento do ciclo futuro.

É importante observar a existência de um equivalente cristão, muito usado na Idade Média como símbolo do Verbo. Trata-se da sigla /XX\, que foi associada erroneamente com as palavras *Ave Maria*. De fato, essa sigla, cuja pronunciação latina pode ser identificada com a do *Aum* sânscrito, significa o **alfa*** e o *ômega*, "o começo e o fim" (*Apocalipse*, 21, 6), portanto, o desenvolvimento cíclico e a reabsorção da manifestação. Esse símbolo é ainda mais significativo, porque é às vezes associado à suástica na iconografia dessa época (BHAB, COOH, DAMS, DAVL, ELIY, GOVM, GUEV, GUEM, SILI, VALA).

ÔMEGA (*v.* Alfa e ômega)

ONAGRO

Simboliza o *homem selvagem* difícil de ser dominado, porque é indócil por temperamento. O onagro é frequentemente confundido com o burro selvagem. Na Bíblia, o onagro é citado uma dúzia de vezes. O anjo de Jeová compara Ismael a um onagro (*Gênesis*, **16**, 12), em virtude de sua vida aventurosa e errante.

Na mística, faz-se alusão ao onagro. Guigues II, o Cartuxo (séc. XII), se compara a um onagro solitário, que dificilmente aceita o jugo divino.

ONDAS[1]

Como nas chamas ou nas nuvens, o mergulho nas ondas indica uma *ruptura* com a vida habitual: mudança radical nas ideias, nas atitudes, no comportamento, na existência. Simbolismo que cumpre aproximar do simbolismo do batismo, com suas duas fases: imersão e ressurgência.

Na Bíblia, as ondas simbolizam perigos mortais e particularmente insidiosos, de ordem física ou moral.

> As ondas da Morte me envolviam,
> as torrentes de Belial me aterravam,
> cercavam-me os laços do Xeol,
> as ciladas da Morte me espreitavam,
>
> (*Salmos*, **18**, 5-6)

ONDAS[2]

Nas lendas gregas, as Nereidas, netas do Oceano, personificavam as *inúmeras ondas do mar*. Eram de grande beleza e passavam o tempo a fiar, tecer, cantar, nadar com os golfinhos, com suas cabeleiras a flutuar (GRID, 314). Outro tanto de ações e imagens que podem ser atribuídas às ondas, que fazem e desfazem incessantemente os seus líquidos bordados ao som de uma música sonora e grave. As Nereidas não desempenharam nenhum papel ativo na mitologia. Como elas, as ondas simbolizam o princípio passivo, a atitude daquele que *se deixa levar*, que *vai ao sabor das ondas*. Mas as ondas podem ser erguidas com violência por uma outra força. A sua passividade é tão perigosa quanto a ação descontrolada. Representam toda a força da profunda inércia.

As ondas levantadas pela tempestade também foram comparadas aos dragões das profundezas. Passam a simbolizar, então, as súbitas irrupções do inconsciente, outra massa, de ordem psíquica, de uma inércia enganadora, impelida pelas pulsões instintivas a atacar o espírito, o ego dirigido pela razão.

A lenda irlandesa evoca a *nona onda* e essa expressão serve para designar o limite das águas territoriais. Quando os goidélicos chegam à Irlanda, são inicialmente rechaçados pela magia dos druidas de Tuatha De Danann e se retiram provisoriamente à distância da *nona onda*. Mas a onda tem também um valor religioso e mágico: Moran, filho do rei ilegítimo Cairpre Cenncait (*Cabeça de Gato*), é um ser disforme quando vem ao mundo. O auxiliar de seu pai o atira ao mar, mas a nona onda, ao passar sobre ele, dá-lhe uma forma verdadeiramente humana e ele começa a falar. Um dos filhos da deusa (ou figura mitológica) gálica Arhianrod (roda de prata), chama-se Dylan Eil Ton (Dylan filho da onda). O simbolismo dessa deusa é o mesmo que o da **água***, fonte de vida e de purificação; mas é também a matriz em que o ser se modela (WINI, **3**, 189-190; LEBI, **4**, *passim*).

ONDINAS

Nas mitologias germânicas e escandinavas, as ondinas se assemelham às **ninfas*** das mitologias greco-romanas. Fadas das águas, geralmente maléficas, que se oferecem para conduzir os viajantes no meio da bruma, dos pântanos e das florestas, mas que os extraviam e os afogam. Poetas, romancistas e dramaturgos se inspiraram na lenda nórdica: *As ondinas têm uma cabeleira verde-mar que elas vêm graciosamente pentear na superfície das águas; são todas belas, maliciosas e às vezes cruéis. Têm prazer em atrair para junto delas o pescador ou belo cavaleiro que passa perto do lago; raptam-no e o transportam para o fundo de seu palácio de cristal, onde os dias passam tão rápido como os minutos... As lendas escandinavas são mais sombrias e mais apaixonadas: o belo jovem arrastado pelas ondinas para o fundo das águas não revê mais o dia e morre exaurido entre seus braços.* Simbolizam, elas também, os sortilégios da água e do amor ligados à morte; de um ponto de vista psicanalítico e ético, os perigos de uma sedução, a que alguém se abandona sem controle.

ÔNFALO (v. Linga)

O ônfalo é universalmente o símbolo do **centro*** do mundo. Um número muito grande de tradições supõe que a origem do mundo tenha partido de um *umbigo*, de onde a manifestação se irradia nas quatro direções. Por exemplo, na Índia, a tradição do *Rig-Veda* fala do *umbigo do Não Criado*, sobre o qual repousava o germe dos mundos. É do umbigo de *Vishnu*, estendido sobre o oceano primordial, que germina o **lótus*** do *universo manifestado*.

Mas o umbigo não indica apenas o centro da manifestação física; é também o *centro espiritual de um mundo*. É o caso do **bétilo*** (*beith-el*), em forma de coluna, erguido por Jacó; é o caso do ônfalo de Delfos, centro do culto de Apolo; "este Deus", escreve Platão, "intérprete tradicional da religião, estabeleceu-se no centro e no umbigo da terra, para guiar o gênero humano"; é o caso de certos menires, ônfalos celtas; é o caso da ilha *Ogígia*, que Homero chama de *o umbigo do mundo*; é o caso da pedra que sustentava a Arca da Aliança no Templo de Jerusalém e do ônfalo que se pode ver perto do Santo Sepulcro. ("Muitos dizem", relata Ogier d'Angelure, "que Nosso Senhor afirmava ser o meio do mundo...") O umbigo *nabhi* é a *parte central da roda imóvel*; segundo a terminologia hindu, é a árvore de Bodh Gaya, ao pé da qual o Buda chegou à iluminação. É sobre *o umbigo do mundo* que se estabelece simbolicamente o fogo sacrifical védico. Mas todo altar ou todo lar representa, por extensão, um centro desse tipo. O altar védico é o *umbigo do imortal*, o ponto central onde se resolvem as dimensões espaciais e temporais do estado humano, o ponto de retorno à *origem*, o vestígio do eixo do mundo. Em certas esculturas africanas, portas, placas, estatuetas etc., observa-se às vezes um disco central; provavel-

734 | ÔNIX

mente representa também o umbigo do mundo. Sobre as estatuetas africanas, o umbigo é muitas vezes alongado, como um cordão esticado ou pendente (LAUA, 307-309).

O umbigo é igualmente o *centro* do microcosmo humano, tanto na ioga como no hesicasmo. A *concentração espiritual* se faz sobre o umbigo, imagem do *retorno ao centro*. Na *ioga*, mais precisamente, faz-se corresponder ao umbigo o *manipurachakra* (ou *nabhi-padma*), centro das energias transformadoras e do elemento Fogo. Esse é o sentido da *onfaloscopia*, com frequência tão mal compreendida (AVAS, BENA, CHOC, COOH, ELIY, ELIM, GOVM, GUEM, GUES, SILI).

No mundo céltico, o simbolismo do umbigo é representado principalmente pelo teônimo *Nabelcus*, cognome de Marte, atestado por algumas inscrições do sudeste da Gália. A palavra tem relação com o galês *naf* (chefe, senhor), e constitui, no nível indo-europeu, um correspondente do grego *omphalos* (ponto central, centro); o irlandês *imbliu* possui apenas o sentido físico de *umbigo*. Marte Nabelcus é, pois, um *mestre* ou um *senhor*, ou, melhor ainda, *o deus de um centro*. Os celtas tiveram também centros sagrados. César fala de um *locus consecratus* na floresta Carnunte, onde se reuniam os druidas para eleger seu chefe. Esse local passa por ser o ponto central do país, e conhecem-se, na própria Gália, várias dezenas de topônimos em *Mediolanum, centro de perfeição* ou *planície central* (segundo a etimologia corrente). Na Irlanda, toda a vida religiosa estava concentrada na província central de Midhe (na grafia inglesa, Meath) (CELT, 1, 137-184; OGAC, 15, 372-376).

Na arte simbólica, o ônfalo é em geral uma **pedra*** branca erguida, de topo ovoide; muitos modelos são circundados por uma ou diversas serpentes. O de Delfos era, segundo Píndaro, mais que o centro da terra, mais que o centro do universo criado; simbolizava a via de comunicação entre os três níveis da existência, ou os três mundos: o homem vivo aqui na terra, a morada subterrânea dos mortos, a divindade. Dizia-se que o ônfalo de Delfos era situado sobre o lugar onde Apolo matara a serpente Píton, ao mesmo tempo que sobre a fenda onde foram tragadas as águas do dilúvio de Deucalião. Simbolizava o poder vital que domina as forças cegas e monstruosas do caos; hoje em dia seria considerado a ordenação racional da vida. Mas uma ordenação obtida por um domínio interior, por uma vitória sobre si mesmo, e não por auxiliares externos.

Encontra-se até nas Novas-Hébridas esta ideia de que o ônfalo assegura a comunicação dos homens com o caos primordial, uma espécie de ordenação, ou mesmo de divinização da vida. Para os habitantes de Malekula, "o *he-hev* não pode ser inteiramente dissociado do deus-lua Taghan, que não é objeto de nenhum culto, mas dirige toda vida" (AMAG, 151). É esse deus que liga os homens de hoje às fontes mais primitivas da vida, como o ônfalo de Delfos erguido sobre a tumba da serpente.

O ônfalo cósmico foi oposto ao **ovo*** cósmico, como o princípio viril ao princípio feminino do universo. O mundo é o produto de sua hierogamia, como a criança é o fruto da união sexual. O enleamento da serpente ao redor do ônfalo, bem como ao redor do linga, simboliza a síntese ou união dos sexos.

Assim como há um *umbigo da terra*, a Estrela Polar, em torno da qual parece girar o firmamento, é frequentemente designada sob o nome de *umbigo do Céu*, ou ponto central, eixo do Céu. É o que acontece especialmente entre numerosos povos do norte europeu e asiático, como os finlandeses, os samoiedos, os koriaks, os tchukchis, os estonianos, os lapões. Na poesia popular escandinava, essa estrela é chamada *umbigo do mundo* (HARA, 32).

ÔNIX

Considerada geralmente uma pedra de discórdia, se diz também que ela provoca pesadelos e que é fatal para as mulheres grávidas, às quais causa aborto. Mas na Índia e na Pérsia atribuem a ela poderes benéficos, especialmente o de proteger contra o mau-olhado e o de acelerar o parto (BUDA, 320).

ONZE

Este número é particularmente sagrado nas tradições esotéricas africanas. Chega-se até a ver nele uma das chaves principais do ocultismo negro. É relacionado com os *mistérios da fecundidade*. A mulher mãe tem onze aberturas, enquanto o homem tem apenas nove. Diz-se que o esperma é capaz de levar onze dias para chegar à sua destinação e fecundar o óvulo materno. A criança que vem ao mundo recebe as onze forças divinas pelas onze aberturas de sua mãe. Nessa tradição, o onze é tomado num sentido favorável que conduz à ideia de renovação dos ciclos vitais e de comunicação das forças vitais. Mas existe um sentido contrário, em geral mais encontrado, ao que parece, em outras áreas culturais.

Acrescentando-se à plenitude do dez, que simboliza um ciclo completo, o onze é o signo do excesso, da desmesura, do transbordamento, seja de que espécie for, incontinência, exagero no julgamento. Este número anuncia um conflito virtual. Sua ambivalência reside no fato de que o excesso que ele significa pode ser considerado o começo de uma renovação ou uma ruptura e uma deterioração do dez, uma falha no universo. É nesse último sentido que Agostinho poderá dizer que "o número 11 é o brasão do pecado". Sua ação perturbadora pode ser concebida como um desdobramento hipertrófico e desequilibrador de um dos elementos constitutivos do universo (dez): o que determina a desordem, a doença, o erro.

De um modo geral, este número é o da iniciativa individual, "mas quando esta se exerce sem levar em conta a harmonia cósmica, tendo, por conseguinte, um aspecto sobretudo desfavorável". Este caráter é confirmado pelo "procedimento da adição teosófica que, ao calcular o total dos dois algarismos que o compõem, obtém por resultado dois, isto é, o número nefasto da luta e da oposição". Onze seria então o símbolo da luta interior, "da dissonância, da rebelião, do extravio [...] da transgressão da lei [...] do pecado humano [...] da revolta dos anjos" (ALLN, 321-322).

O número onze, que parece certamente ser uma chave da *Divina Comédia*, tira também seu simbolismo da conjunção dos números cinco e seis, que são o microcosmo e o macrocosmo, ou o Céu e a Terra. Onze é o número pelo qual *se constitui na sua totalidade* (*tch'eng*) *a via do Céu e da Terra. É o número do Tao.*

Ao contrário, é um símbolo de discussão e de conflito para os bambaras. A décima primeira etapa de sua gênese é a da rebelião do deus do ar Teliko contra a autoridade de Faro, Deus da água, organizador do mundo.

Na loja das sociedades secretas, onze bandeiras são plantadas no alqueire sob a forma (2 x 5) + 1, em lembrança, diz-se, das duas séries de cinco fundadores, fundidos em um (GRAP, GUED, GUET).

OPOSTO (*v.* Contrários)

ORELHA

O simbolismo mais notável relacionado com a orelha é o que diz respeito ao mito de *Vaishvanara* como *inteligência cósmica*: suas orelhas correspondem às direções do espaço, o que é impressionante, se nos lembrarmos do papel que a ciência contemporânea atribui aos canais semicirculares.

Observamos, a propósito da **joeira***, o papel muito especial de discriminação atribuído às orelhas de **Ganesha***, grandes como joeiras, e assumindo, em consequência disso, a mesma função.

Na China, o simbolismo mais notável é o das orelhas longas, sinal de sabedoria e imortalidade: Lao-tse tinha orelhas de sete polegadas de comprimento; era, aliás, chamado de *orelhas longas*. O mesmo se dava com diversas outras personagens ilustres – e de uma longevidade excepcional –, como Wu-kuang, Yuan-kieu e o prodigioso herói lendário das sociedades secretas, Tchu Tchuen-mei.

Observaremos aqui, apenas para constar, o papel simbólico da função auditiva (percepção hindu dos *sons inaudíveis* que são reflexos da vibração primordial; misteriosa percepção taoista da *luz auricular*). Este simbolismo é evocado no verbete **som*** (GUEV, KALL).

Na África, a orelha simboliza sempre a animalidade. Para os dogons e os bambaras do Mali,

736 | ORELHA

a orelha é um duplo símbolo sexual: o pavilhão representando um pênis, e o conduto auditivo, uma vagina. O que se explica pela analogia entre a palavra e o esperma, todos dois homólogos da água fecundante, concedida pela divindade suprema. Segundo os dogons, a palavra do homem é tão indispensável à fecundação da mulher como o seu líquido seminal. A palavra máscula desce pela orelha, assim como o esperma entra na vagina, para se enrolar em espiral ao redor do útero e fecundá-lo.

Segundo um mito dos Fon, recolhido em Daomé por B. Maupoil (MAUG, 517), a divindade criadora Mawu, depois de ter criado a mulher, teria primeiro colocado seus órgãos sexuais no lugar das orelhas.

Este simbolismo sexual da orelha se encontra até na história dos primeiros tempos do cristianismo: Rémy de Gourmont (GOUL, 315) escreve que um herege chamado Eliano foi condenado no Concílio de Niceia por ter dito que "o Verbo entrou pela orelha de Maria". Entretanto, como a Igreja não quis que esse assunto fosse muito aprofundado, não se pronunciou dogmaticamente a respeito e deixou que Enódio retomasse a tese de Eliano; permitiu que o missal de Salzburgo se apropriasse destes dois versos do poeta:

Gaude, Virgo mater Christi

Quae per aurem concepisti

(Alegra-te, Virgem, mãe de Cristo / que pela orelha concebeste).

O breviário dos maronitas, acrescenta Gourmont, contém ainda uma antífona, em que se pode ler: *Verbum Patris per aurem Benedictae intravit.* A interpretação sexual obstrui, neste caso, uma outra significação: a orelha simboliza a obediência à palavra divina. Foi por ter escutado – no sentido pleno de conhecer e aceitar – a anunciação que lhe era feita, que Maria, livremente, concebeu o Messias. A orelha é aqui o órgão da compreensão.

A perfuração da orelha é uma forma muito antiga de ligação e apropriação. Encontra-se no Antigo Testamento: "Se teu escravo te diz: – Não quero sair de tua casa – porque ele te ama, a ti e à tua casa, porque ele se sente bem contigo, então toma uma sovela e lhe fura a orelha contra a porta; ele será para sempre teu escravo". (*Deuteronômio*, 15, 16-18.)

No Oriente, os monges da confraria dos bektachis, que faziam votos de celibato, furavam igualmente uma de suas orelhas e usavam uma argola, pela qual eram reconhecidos. A tradição europeia que determinava que os marinheiros furassem uma orelha e usassem uma argola, para demonstrar seus *noivados* com o mar, tem sem dúvida a mesma origem.

Um dos sortilégios druídicos, que os textos irlandeses transmitiram, é o *briamon smethraige* (o sentido da expressão é obscuro) que se pratica sobre a orelha: o druida esfrega o ouvido da pessoa designada pelo sortilégio, e esta morre. O druida não apenas isola o homem da humanidade, como pensa o glosador irlandês, mas causa a sua morte, impedindo-o de se comunicar com os outros, e coloca-o na impossibilidade de receber qualquer ensinamento. Em diversos casos assinalados pela hagiografia insular, a orelha também serve ao *aleitamento simbólico*, de valor espiritual, dado por alguns santos a seus discípulos preferidos. Na alegoria da eloquência do *Kunstbuch* de Albrecht Dürer, as personagens que seguem Ógmios estão ligadas a ele por correntes que vão da língua do deus às orelhas de seus adoradores. Um pequeno bronze do museu de Besançon representa um deus com orelha de cervo, acocorado na postura conhecida como *budista* (OGAC, **9**, 187-194; **12**, pl. 27; LERD, 87-88).

A orelha é o símbolo da comunicação, quando esta é recebida e passiva, mas não quando ela é transmitida e ativa. Em Pozan, na Birmânia, encontra-se uma estátua muito antiga de Buda, recebendo a revelação pelas orelhas. São Paulo também não disse que a fé provinha da tradição oral, especificando que era recebida pela audição: *fides ex auditu?* A orelha apareceria aqui como uma matriz ou, pelo menos, como um canal da vida espiritual.

Segundo a lenda grega do rei Midas, as grandes orelhas seriam também as insígnias da estupidez. Mas a análise da lenda revela muito mais: por preferir a flauta de Pã à lira de Apolo, o rei Midas escolheu o que esses deuses simbolizam, a sedução dos prazeres em lugar da harmonia da razão. Suas grandes orelhas significam a imbecilidade, originária da perversão de seus desejos. Mais ainda, ele quer esconder a sua deformidade: não faz mais que acrescentar a vaidade à luxúria e à estupidez. "O rei Midas, símbolo da vulgaridade, é, apesar de recusar-se a reconhecer isso, o homem mais tolamente simplório de todos os mortais" (DIES, 132).

ORFEU

Personagem de um mito descrito de maneiras diferentes pelos poetas e obscurecido por numerosas lendas. Apesar disso, Orfeu se destaca sempre como o músico por excelência que, com a **lira*** ou a **cítara***, apazigua os elementos desencadeados pela tempestade, enfeitiça as plantas, os animais, os homens e os deuses. Graças a esta magia da música, chega a obter dos deuses infernais a liberação de sua mulher Eurídice, morta por uma serpente, quando fugia das investidas de Aristeu. Mas uma condição foi imposta: que ele não a olhasse antes de ela voltar à claridade do dia. Em dúvida, no meio do caminho, Orfeu se vira, e Eurídice desaparece para sempre. Inconsolável, Orfeu acaba seus dias mutilado pelas mulheres trácias, cujo amor ele desdenhava. Teria fundado os mistérios de Elêusis. Inspirou certos autores cristãos dos primeiros séculos que viam em Orfeu o vencedor das forças brutais da natureza (Dioniso), semelhante a Jesus, que triunfara sobre Satã. Originou uma rica literatura esotérica.

Orfeu se revela em cada um dos traços de sua lenda como o sedutor, em todos os níveis do cosmo e do psiquismo: o Céu, a terra, o oceano, os Infernos, o subconsciente, a consciência, a supraconsciência; dissipa as cóleras e as resistências; enfeitiça. Mas, no final, fracassa em trazer sua bem-amada dos Infernos, e seus próprios despojos, despedaçados, são espalhados num rio. Talvez seja o símbolo do lutador que só é capaz de fazer o mal adormecer, sem conseguir destruí-lo, e que

morre vítima dessa incapacidade de superar sua própria insuficiência. Num plano superior, representaria a busca de um ideal, ao qual se sacrifica apenas com palavras, e não com atos reais. Esse ideal transcendente nunca é atingido por aquele que não renunciou radical e efetivamente à sua própria vaidade e à multiplicidade de seus desejos. Simbolizaria a *falta de força anímica*. Orfeu não consegue escapar da contradição de suas aspirações ao sublime e à banalidade, e morre por não ter tido a coragem de escolher (DIES, 569, 136-143).

Jean Servier aproxima a proibição que Orfeu e Eurídice tiveram de sofrer nos Infernos, de certas proibições que cercam o período da lavoura no Mediterrâneo oriental. "Durante o traçado do primeiro sulco, o lavrador deve permanecer silencioso, como também ficam silenciosas as mulheres que fazem o trabalho de tecer, e mudos os homens que cavam a tumba. Ele não pode virar-se, nem andar para trás, assim como os homens de um cortejo fúnebre não podem se virar: forças invisíveis estão presentes, que poderiam ficar feridas com uma palavra pronunciada em vão ou irritadas por terem sido percebidas, furtivamente, por cima do ombro" (SERP, 148). Orfeu é o homem que violou a proibição e ousou olhar o invisível.

ORGIA (Orgíaco, Orgasmo)

As festas orgíacas, as bacanais, ou até as meras tendências às orgias vulgares são, por um lado, uma manifestação regressiva, um retorno ao caos, com a devassidão na embriaguez, a cantoria, a luxúria, a excentricidade, os travestis (os monstros do Carnaval), a perda de todo controle racional; e, por outro lado, uma espécie de renovação *de recursos*, de mergulho nas forças elementares da vida, depois da deterioração da insipidez do quotidiano, do civilizado, da urbanidade. Assim, como já se observou diversas vezes, orgias norteavam as festas das sementeiras, das colheitas e das vindimas. Simbolizam um desejo violento de mudanças, mas, inspiradas por uma vontade de escapar da banalidade, acabam por lançar os homens numa banalidade ainda mais profunda, a da vida instintiva. Apenas as orgias místicas, a

738 | ORIENTE-OCIDENTE (ORIENTAÇÃO)

embriaguez mística, como o Soma védico, a dança sufista, as privações do asceta ou o êxtase do santo – sejam quais forem as diferenças –, orientam em princípio para um outro caminho que não o da banalidade, e conduzem na direção de uma sublimação do desejo, de uma existência renovada.

As orgias aparecem como simulacros da vida divina, sem limites e sem leis, que transportam seus atores a um estado acima de si mesmos, até mesmo a um nível igual ao dos deuses. Dissipação de energias que imita a força criadora. Quando o simulacro acaba, exaure-se no precário, no efêmero, no sentimento extremamente aguçado do limite e da ilusão. Termina na degradação: ao invés de uma criação, é uma destruição. Mas também pode provocar um novo impulso de vida, uma nova orientação das energias na direção do deus exaltado: superação de si mesmo para atingir as alturas. Essa transposição pressupõe um profundo sentimento de humildade. Neste caso, em lugar de imitar o deus, o simulacro pede seu auxílio. A tentativa de se identificar com ele, mesmo que seja apenas por um momento, transforma-se no humilde reconhecimento da diferença.

ORIENTE-OCIDENTE (Orientação)

Se o Oriente é frequentemente oposto ao Ocidente como a espiritualidade ao materialismo, a sabedoria à agitação, a vida contemplativa à vida ativa, a metafísica à psicologia – ou à lógica –, é em virtude de tendências profundas muito reais, mas de modo algum exclusivas, que se tornam na nossa época mais teóricas que efetivas, por causa da *ocidentalização* progressiva das elites orientais. Entretanto, o símbolo subsiste, mesmo sem se considerarem as localizações geográficas.

Existem, aliás, outras razões para esta dualidade, das quais a principal é que o Sol se levanta no leste e se põe no oeste (*Ex oriente lux*). As viagens ao *Oriente*, como as de Christian Rosenkreuz, são buscas de luz. A *orientação* é um simbolismo particularmente caro ao sufismo, para o qual o Ocidente diz respeito ao *corpo*, e o Oriente, à Alma universal; o Ocidente, ao exoterismo, à literalidade, o Oriente, ao esoterismo, à ciência *espiritual*; o

Ocidente, à matéria, o Oriente, à forma, o que no ensinamento hindu se traduziria pela dualidade *Prakriti-Purusha*, ou ainda *tamassattva*.

O Oriente é a *origem* da luz. Corresponde na China à primavera, *ao abalo* (*tch'eu*), que é a origem da preeminência do *yang*; o Ocidente corresponde ao outono, à *nuvem negra* (*tuei*), à água indiferenciada, origem da preeminência do *yin*. As *viagens sufistas* começam pelo *exílio ocidental* que é um retorno à *prima materia*, à purificação, ao *despojamento* alquímico, etapa necessária antes da reintegração na fonte oriental do conhecimento. Segundo uma lenda budista, o buda Amitabha reside no oeste e acolhe as almas dos defuntos depois de sua morte no oeste. Muitas cerimônias ocorrem nestas datas, fim de inverno e verão, perto de 18 de março e de 20 de setembro, quando o Sol se põe mais a oeste. Essas cerimônias avivam a fé dos fiéis no outro mundo (*Higan* = margem do além) e no Paraíso de Amitabha.

Deve-se lembrar que a maior parte dos templos hindus – e especialmente os de Angkor – se abrem para o levante, com exceção de Angkor Vat, que é um templo funerário, aberto para o Ocidente. Oriente-Ocidente: é, enquanto modalidade particular de dualidade acima exposta, a dualidade da vida e da morte, da contemplação e da ação (CORT, CORA, GRIF).

Segundo a mística sufista, Ocidente e Oriente adquirem um sentido, não mais geográfico, mas metafísico e espiritual. Em oposição ao Oriente espiritual, o Ocidente é o mundo das trevas, do materialismo, da imoralidade, da perda dos direitos, da decomposição. "Do espaço superior", confessa Sohravardi, "caí no abismo do Inferno, entre pessoas que não são crentes; fui mantido prisioneiro no país do Ocidente" (o relato do exílio ocidental).

A *orientação* céltica tem de particular que ela confunde o norte e o lado esquerdo, o sul e o lado **direito***. Mas isso não significa, de modo algum, que o *norte*, enquanto *fonte e origem da tradição*, seja de mau augúrio. Em irlandês *ichtar* designa ao mesmo tempo *a parte de baixo* e o *norte*, enquanto *tuas* é a *parte de cima* e o *sul*, tendo como referência a posição do Sol no **zênite***. Um estudo etimológico preciso pôde estabelecer que o nome irlandês de *esquerdo, tuath,* era analógico e relativamente recente (cristão), não existindo o valor pejorativo na sua origem. Trata-se com efeito do nome do norte, derivado da designação para *tribo* (*tuath*), tendo os deuses irlandeses vindo do norte e sendo a tradição de origem polar. O *sid* é no *oeste*, não porque o Outro-Mundo seja maléfico, mas porque os monges o localizaram e confundiram com o *Além* e porque um dos temas pré-cristãos mais rapidamente cristianizados foi o de *immrama* ou **navegações*** *maravilhosas.* Em todos os documentos célticos, seja de que país ou de que data forem, a destra é benéfica (*v.* **direito***-esquerdo), e o desvio para a esquerda é de mau augúrio. O cocheiro da rainha Medb faz o carro virar à direita para conjurar os maus presságios, mas, quando Cuchulainn volta encolerizado de sua primeira expedição na fronteira, vira para Emain Macha (capital de Ulster) o lado esquerdo de seu carro. Os circuitos dos reis da Irlanda se faziam regularmente no sentido do curso do Sol, e ainda hoje em dia a grande Troménie de Locronan (Finistère) é feita no mesmo sentido (OGAC, **18**, 311-323).

ORQUÍDEA

Na China antiga, as orquídeas eram associadas às festas da primavera, onde as utilizavam para a expulsão de influências perniciosas. A principal dessas era a esterilidade. A orquídea, como seu nome indica, é um símbolo de *fecundação.* Aliás, também na China, a orquídea favorece a geração e é uma garantia de paternidade. Mas a morte de uma criança, concebida sob sua influência, sobrevém depois do corte das flores. Flor turva, que retoma o que dá.

A beleza da flor faz dela, entretanto, um símbolo de perfeição e de pureza espirituais (BELT, GRAD, MASR).

ORVALHO

O simbolismo do orvalho é em geral semelhante ao da **chuva***, mas sua influência é de uma espécie mais *sutil.* Expressão da bênção celeste, ele é essencialmente a *graça vivificante.* "A água que jorra do coração", escreve Calisto II Xantopoulos, "inunda todo o homem interior de orvalho divino". O *orvalho de pérola da nobre divindade,* de que fala Angelus Silesius, tem o mesmo sentido, mas evoca o sangue redentor de Cristo. O sangue que, na iconografia medieval, cai gota a gota da lança do centurião – e de cada uma dessas gotas desabrocha às vezes uma flor de **rosa*** – é também o *orvalho celeste,* símbolo de Redenção e de revivificação, que se encontra no Hermetismo e na Cabala judaica, onde ele emana da Árvore da Vida. Existe, de modo semelhante, uma *árvore do orvalho* sobre o monte K'ouen-Louen, *centro do mundo chinês.*

Plínio chama-o de *suor do Céu, saliva dos astros.* Nos livros sagrados da Índia, ele é o *símbolo da palavra divina* (PORS, 219). O cântico de Moisés (Deuteronômio, **32**) começa com sua evocação: "Que minha doutrina jorre como a chuva, que minha palavra caia como o orvalho, como vagas sinuosas sobre a erva verdejante, como aguaceiros sobre a relva!" Ele é um símbolo de regeneração: "Acordai e estremecei de alegria, habitantes do pó, porque o orvalho é um orvalho revivificante, e a terra voltará a dar luz às sombras" (Isaías, **26**, 19).

"Céus! Espalhai como um orvalho a justiça (ou a vitória)", lê-se no Livro de Isaías (**45**, 8); fórmula retomada pela liturgia católica do *Advento.* Trata-se de fazer *amadurecer* na terra a *salvação.*

Se o *orvalho celeste* dos hebreus torna a dar vida às *ossadas dessecadas,* o orvalho lunar chinês *aclara a visão* e permite atingir a imortalidade. Os imortais da ilha Ho-tcheu, relata Lie-tse, alimentam-se de ar e de orvalho. O orvalho é tirado da Lua com a ajuda de uma grande concha (*ta kiue*). É recolhido também, como o faz o imperador Wu des Han, numa **taça*** de **jade***, para que se beba misturado ao pó de jade.

Ainda na China, o orvalho está ligado à influência principesca, *yang,* contrariamente, às vezes, à influência *yin* da chuva. A queda do *orvalho doce* é, segundo Lao-tse (cap. 32), o signo da união harmoniosa do Céu e da Terra. Nasce igualmente do acorde perfeito tocado sobre as quatro cordas de um alaúde.

740 | OSÍRIS

Mas, por outro lado, na linguagem budista, o *mundo de orvalho* é o das aparências, o signo do caráter efêmero das coisas e da vida (BURA, PHIL, GRAD, GRAP, GRAR, GUEM, GUEC, GUET, HEHS, KALL, LECC).

Entre os gregos, o orvalho está ligado aos mitos da *fecundidade*; Dioniso encarna o orvalho fecundante do Céu. Em documentos de Rashamra, Astarteia é relacionada com o mar e com o orvalho fecundante; o mesmo se dá com Afrodite. Deve-se observar que eles são os deuses e as deusas do amor.

A importância do orvalho em inúmeros rituais e preparações mágicas provém de sua virtude de saber resolver a oposição das águas *de cima* e *de baixo*, das águas terrestres e celestes. Ele é a água pura, a água preciosa, a água do princípio por **excelência***, condensado das forças geradoras do princípio úmido. Os fons de Daomé chamam-no de a água-Mãe, e o elemento-água divinizado no panteão vodu é materializado sob a forma de gotas de orvalho conservadas numa **cabaça*** (MAUG). Na mitologia dos bambaras, foi sob a forma de orvalho que as águas primordiais apareceram sobre a terra. A **aranha***-demiurgo dos ashantis, depois de ter criado o Sol, a Lua e as estrelas, regula o dia e a noite e cria o orvalho (TEGH, 56). E o mesmo autor conclui: "desta forma, esta concepção do orvalho deve ser relacionada com a vegetação e a fecundidade".

Assim também, entre os indígenas da América do Norte, a *Grande Águia do Orvalho* revivifica a terra esterilizada pelos espíritos nefastos.

OSÍRIS

Deus egípcio, primeiramente deus agrário, simbolizando a força inesgotável da vegetação; depois, identificado com o Sol, na sua fase noturna, ele simboliza a continuidade dos nascimentos e dos renascimentos. "Osíris é a atividade vital universal, quer esta seja terrestre ou celeste. Sob a forma visível de um deus, ele desce ao mundo dos mortos para lhes tornar possível a regeneração e, por fim, a ressurreição na glória de Osíris, porque todo morto justificado é um germe de vida nas profundezas do cosmos, exatamente como um

grão de trigo no seio da terra" (CHAM, 17). Tornou-se o deus cultivador. Encerrado num **cofre*** por inimigos invejosos e por seu irmão Set, lançado depois nas águas do Nilo, ele será o objeto de uma *procura*, como o Graal da Idade Média. Mutilado, despedaçado, ressuscitado pelo sopro das duas deusas, Ísis e Néftis, frequentemente representadas com grandes asas, ele simboliza o drama da existência humana, destinada à morte, mas triunfando periodicamente sobre a morte. E ocupa um lugar importante nas religiões de mistério, como deus morto e ressuscitado. Na iconografia egípcia, é com mais frequência representado como deus soberano com seus três atributos: o **cetro***, o **chicote***, o **bastão*** de longa vida, semelhante a um raio de sol.

Segundo a lenda egípcia, depois da morte de Osíris, o corpo do defunto flutuou sobre o Nilo e foi despedaçado; mais tarde, Ísis reuniu todas as suas partes, com exceção de uma, o pênis, que um peixe engolira. Este detalhe, geralmente negligenciado nas interpretações do mito, possui, entretanto, a maior importância. Um texto religioso do Antigo Egito atribuirá a Osíris o dom da agricultura no vale do Nilo. A germinação das plantas está ligada a uma decomposição, assim como uma vida nova a um aniquilamento prévio. "Se o grão não morrer [...]" O peixe que engole o pênis é igualmente considerado iniciador, aquele que conduz a uma vida nova. Discerne-se desde então "a ideia consciente de que o cadáver é como um pênis castrado ou que tenha perdido seu fluido seminal, comparável a um grão seco. As libações fúnebres o ajudarão a reencontrar seu fluido vital no outro mundo, assim como o grão umidificado na terra renasce sob a forma de uma planta" (FRAI, XXV). A morte aparece como *a castração final da vida*, mas também como a condição que torna possível uma outra vida.

Encontram-se no mito de Osíris as três fases da individualização psíquica, segundo a análise de André Virel:

a. Osíris no cofre: imagem da integração do ego; "o cofre delimita a individualidade e representa o aspecto fixador, separador da individualização";

b. Osíris mutilado: imagem da dissociação e da desintegração;

c. Osíris reconstituído e dotado de uma alma eterna: "reintegração sob uma forma mais elevada, comportando uma significação espiritual". Corresponde à última fase de síntese, que caracteriza uma pessoa ou uma coletividade, quando atingiram o cume de sua evolução (VIRI, 148, 181, 228).

OSSO

O simbolismo do osso desenvolve-se segundo duas linhas principais: o osso é o esqueleto do corpo, seu elemento essencial é relativamente permanente; por outro lado, o osso contém o tutano, assim como o caroço, a amêndoa.

No primeiro caso, o osso é símbolo de firmeza, de força e de virtude (São Martinho). Deve-se lembrar a esse propósito o *osso dos meus ossos* do *Gênesis* (2, 23). É por isso que o caroço da imortalidade, o *luz* (**amêndoa***) ou o *che-li*, são ossos muito duros. A contemplação do esqueleto pelos xamãs é uma espécie de retorno ao estado primordial, pelo despojamento dos elementos perecíveis do corpo. O uso de ossos humanos na Índia e no Tibete para a confecção de armas divinas ou de instrumentos de música não é alheio a estas considerações: ascese, superação da noção de vida e morte, acesso à imortalidade.

Se o *luz* – que é uma amêndoa – se apresenta como um osso, é que a revivificação das *ossadas dessecadas* evoca a ressurreição gloriosa, e também porque ele contém o germe dessa restauração, assim como o osso contém o tutano. É o que Rabelais exprime na sua formulação célebre: "Quebrar o osso e sugar o substancioso tutano" (ELIM, GUEM, SAIR).

Para os bambaras, os ossos, constituindo a parte "mais durável, senão imperecível, do corpo humano, o interior, o suporte do visível, simbolizam o essencial, a Essência da criação" (ZAHB). Yo, o Espírito Primeiro, preexistente a toda criação, é o "grande construtor do tutano dos ossos";

o ponto central da cruz das direções cardeais, de onde parte a espiral do verbo criador (Faro), é chamado de "o osso do meio do mundo" (DIEB).

Esta crença, que, partindo do esqueleto inteiro, tem provavelmente por expressão residual o culto dos crânios, é característica dos povos de caçadores. Como a parte menos perecível do corpo é formada pelos ossos, estes exprimem a materialização da vida e, portanto, da reprodução das espécies.

Para certos povos, a *alma* mais importante reside nos ossos. Daí o respeito que se presta a eles. Os turco-mongóis altaicos, como os fino-úgricos, sempre respeitaram o esqueleto da caça, sobretudo da caça grande, e frequentemente reconstruíam-no, depois de terem consumido a carne, evitando cuidadosamente quebrar os ossos. Os lapões "creem que um urso cujos ossos foram cuidadosamente conservados ressuscita e se deixa abater de novo" (HARA, 303-304, citando Wiklund). Na Lapônia, como na Sibéria, os viajantes e os etnógrafos deram numerosos testemunhos de *enterro* do urso ou de exposição do esqueleto reconstruído; os ritos funerários observados são análogos aos que existem a rigor para os homens.

Depois de terem matado e esquartejado o urso, os orotches levavam para a floresta todas as suas ossadas e colocavam-nas "de maneira a representar o animal inteiro" (HARA, 300). Os tungúsios reconstituíam o esqueleto do urso sobre um estrado, na floresta, e o viravam para o oeste, na direção do país dos mortos, exatamente como se fazia para um homem. Pouco a pouco, na taiga, essas honras prestadas ao esqueleto inteiro foram conservadas apenas para o crânio da caça. "Assim, os karagasses suspendem o crânio numa árvore, não comem o cérebro para não ter de quebrar os ossos"; os sagais, os kalars, os karghinzes, os tubalares, os telengitas, os soiotes observam ritos semelhantes. O crânio exposto adquire uma virtude mágica: "os soiotes teriam acreditado que cada passante que saudasse o crânio estaria ao abrigo de todo o mal causado por outros ursos". Um testemunho de Maak, relatado por Uno Harva, mostra como um fenômeno de derivação

742 | OSTRA

faz com que ritos concernentes à conservação das espécies – e mais simplesmente da vida – passem às noções de afirmação da espécie humana, em face das outras espécies animais. O fenômeno é ilustrado pela conservação das cabeças-troféus: Maak teria observado, com efeito, durante suas viagens, que os iacutos e os tungúsios, no retorno de uma caça ao urso, levavam os ossos do animal para a floresta, a fim de expô-los num esqueleto reconstruído, com exceção do crânio que suspendiam "perto de sua morada, em sinal de vitória". U. Harva cita igualmente o testemunho de Lehtisalo, segundo o qual "os yuraks da floresta colocavam este crânio sobre um abrigo perto do caminho, mas recolhiam os outros ossos para enterrá-los ou imergi-los no mar".

O respeito aos ossos, cujo retorno à natureza assegura a continuidade das espécies, se encontra atestado pelos costumes da pesca e da caça. Entre os lapões, "os primeiros peixes capturados são mortos sem que se quebre uma só espinha. Isto é, a carne é destacada tão destramente que as espinhas não se partem. Elas são levadas de volta para o mesmo lago e para o mesmo lugar onde o peixe foi capturado" (Nippgen, citado por ROUF, 40). A senhora Lot-Falck, na sua obra sobre os ritos de caça dos povos siberianos, afirma que os ossos são indispensáveis para a ressurreição dos animais. Quando os ossos não são restituídos integralmente à natureza, como as espinhas de peixe entre os lapões, eles são queimados. J. de Plan Carpin já escrevia: "se eles matam animais para comê-los, não quebram nenhum osso, mas queimam-nos no fogo". Como observa J. P. Roux, trata-se de um costume que garante a ida do animal para o Céu, sublimado, poder-se-ia dizer, purificado pela chama. Como o Céu é o receptáculo original da vida, o ciclo desta não é, tampouco neste caso, rompido, e no complexo simbólico de onde provêm tais costumes reside talvez a origem do mito da fênix, que representava justamente a alma entre os egípcios. O pássaro fabuloso era, aliás, considerado vermelho-púrpura, cor da força vital, como evidencia seu nome, que provém do fenício, e sabe-se que os fenícios descobriram a púrpura.

O costume de oferecer aos deuses as ossadas dos animais sacrificados, recobertas de graxa, é já atestado na Antiguidade grega; essas ossadas eram queimadas em altares, para que o animal alcançasse os Céus, onde seria regenerado (*v.* Hesíodo, *Teogonia*, v. 555-560).

Nos mitos recolhidos na Nova Bretanha por P. Bley, no começo do século, numerosos heróis são ressuscitados de entre os mortos, se as pessoas reúnem suas ossadas, cobrindo-a com folhas (em geral, de bananeiras) e fazendo passes mágicos (BLES, 424, 425, 429).

Segundo uma crença caucasiana, a caça perseguida pelos caçadores deve ser abatida e devorada primeiro na corte do deus da caça, Adagwa, o Surdo. Depois de sua refeição, diz-se que o deus, seus filhos e seus servidores recolocam os ossos na pele dos animais consumidos, para que ressuscitem e os homens possam consumi-los por sua vez. Se um osso é quebrado, substituem-no, na corte do deus, por um pequeno bastão (DIRK, segundo a revista georgiana KREBULI, 1898-1899). Mesmo respeito aos ossos, portadores do princípio de vida, é encontrado na mitologia germânica: o deus Thor, convidado à casa de um camponês, mata seus bodes, esfola-os e manda que sejam cozidos. Mas, antes da refeição, ordena que seus filhos deponham os ossos sobre a pele dos animais, estendida perto da lareira. No dia seguinte, toma seu martelo e abençoa as peles: os bodes ressuscitam. Mas um dos animais manca, por culpa de um dos filhos do camponês, que infringira a ordem divina e quebrara um fêmur para lhe sugar o tutano. Thor é acometido de grande cólera e leva os filhos de seu anfitrião como castigo por esta falta (MANG, 212).

OSTRA

A cinza de ostras ou de mariscos era usada muitas vezes na China como secante, principalmente em túmulos. Tanto quanto a eficácia física da cinza, procuravam-se os benefícios mágicos da **concha*** bivalve, que, por sua forma, simbolizava a feminilidade e, portanto, a vida.

A ostra é, igualmente, o animal que secreta a pérola. E esta se esconde na concha. Simboliza,

OURIÇO-CACHEIRO | 743

nesse particular, a verdadeira humildade, que é fonte de toda perfeição espiritual, e, em consequência, o sábio e o santo. As ostras não fazem mais que se abrir ao sol e acumular riquezas interiores, sobre as quais se fecham depois, zelosamente, para que elas não sejam profanadas. A ostra não pode ser separada do simbolismo da pérola.

OURIÇO-CACHEIRO

Esse animal, que ocupava lugar eminente na mitologia dos iranianos antigos, aparece também em muitos mitos da Ásia central. Entre os buriatas, por exemplo, é considerado o inventor do fogo. O porco-espinho tem o mesmo papel num mito dos kikuyus da África oriental (FRAF). É o conselheiro (muito ouvido) dos homens, que, graças a ele, encontram o Sol e a Lua, desaparecidos por algum tempo. A invenção da agricultura também lhe é atribuída (HARA, 131). Trata-se, pois, de um herói civilizador, ligado aos primeiros tempos da sedentarização dos antigos nômades turco-mongóis. A *queimadura* provocada pelos seus acúleos está, sem dúvida, na origem desse simbolismo ígneo, solar, e, por isso mesmo, civilizador.

A iconografia medieval fez do ouriço-cacheiro um símbolo da avareza e da gula, dado o hábito que tem o animal de rolar sobre os figos, as passas e as maçãs que encontra ou derruba e, depois, todo coberto de frutos espetados nos seus espinhos, ir esconder-se nos ocos das árvores para entesourar essas riquezas e alimentar com elas os seus filhotes.

OURIÇO-DO-MAR

O ouriço-do-mar fóssil que, segundo Plínio, gozava na Gália de uma grande popularidade, está ligado ao simbolismo geral do ovo do mundo. Plínio aliás o chama *ovum anguinum* (ovo de serpente) e coloca-o em relação direta com as doutrinas druídicas, embora considere essas últimas apenas superstições vagas:

> Ele é uma espécie de ovo, esquecida pelos gregos, mas de grande fama nas Gálias; no verão, inumeráveis serpentes se juntam, enlaçadas e coladas umas às outras pela baba e espuma de seus corpos; isso

se chama ovo de **serpente***. Os druidas dizem que este ovo é projetado no ar pelos sibilos dos répteis e que é preciso recolhê-lo num manto, antes que caia na terra. O raptor deve fugir a cavalo, porque as serpentes o perseguem até serem impedidas pelo obstáculo de um rio. Reconhece-se este ovo pelo fato de flutuar contra a corrente. Mas, como os magos são hábeis em dissimular seus enganos, afirmam que é preciso esperar uma certa lua para recolher este ovo, como se a vontade humana pudesse fazer coincidir a reunião das serpentes com a data indicada. Eu vi esse ovo: é da grossura de uma maçã redonda média, e a casca é cartilaginosa, com numerosas cúpulas, como as dos tentáculos do polvo. É célebre entre os druidas. Louva-se seu efeito maravilhoso para o ganho dos processos e o acesso junto aos reis; mas isso é falso: um cavaleiro romano do país de Vocona que, durante um processo, tinha um desses ovos junto de seu peito, foi executado pelo divino Cláudio, imperador, sem razão alguma, pelo que sei (Nat. Hist., **29**, 52-54).

A arqueologia dá numerosos exemplos de ouriço-do-mar fóssil, dos quais citaremos os dois mais típicos. Um está em Saint-Amand (Deux-Sèvres): no centro de um outeiro que não tinha nenhum vestígio funerário, encontrou-se uma pequena urna formada de seis placas de xisto de uns vinte centímetros de comprimento, em cujo centro se encontrava um ouriço-do-mar fóssil. O outro está em Barju (Costa do Ouro), sobre a área da base de um outeiro, igualmente desprovido de vestígios funerários (OGAC, **17**, 218, 224). Existe da mesma forma uma correspondência iraniana precisa (OGAC, **6**, 228). O símbolo fundamental do ouriço-do-mar é o ovo do mundo; mas há relações estreitas entre os diversos simbolismos do **ovo***, da **serpente***, da **pedra*** e da **árvore***, e se poderiam acrescentar outros desenvolvimentos simbólicos sobre o coração e a caverna (por causa da forma do seu pequeno orifício), ou ainda a *rosa-cruz* e a significação simbólica dos *ovos da Páscoa* (CHAB, 943-954; LERD, 62).

Este símbolo da vida concentrada, ovo primordial, significava na doutrina dos cátaros

744 | OURO

(AMAG, 175) a dupla natureza de Cristo: o poder reunido do divino e do humano.

O ouriço-do-mar fossilizado seguiu, na sua história simbólica, a curva ascendente mais perfeita: ovo de serpente, ovo do mundo, manifestação do Verbo. Bem ao contrário de uma involução, ele simboliza a evolução destinada a atingir um cimo.

OURO

Considerado na tradição o mais precioso dos metais, o ouro é o metal perfeito. Em chinês, o mesmo caractere *kin* designa ouro e metal. Tem o brilho da luz; o ouro, diz-se na Índia, é a *luz mineral*. Tem o caráter *ígneo*, solar e real, até mesmo divino. Em certos países a carne dos deuses é feita de ouro, o que também se verifica com os Faraós egípcios. Os ícones de Buda são dourados, signo da iluminação e da *perfeição absoluta*. O fundo dos ícones bizantinos – às vezes também o das imagens budistas – é dourado, reflexo da *luz celeste*.

Em diversas regiões e especialmente no Extremo Oriente, acredita-se que o ouro nasça da terra. O caractere *kin* primitivo evoca pepitas subterrâneas. Seria o produto da gestação lenta de um embrião, ou da transformação, do *aperfeiçoamento* de metais vulgares. É *o filho dos desejos* da natureza. A alquimia se contenta em acabar, acelerar a transmutação natural; ela não cria a matéria original. Não é preciso dizer que a obtenção do metal precioso não é o objetivo buscado pelos verdadeiros alquimistas, porque, se a argila pode ser, segundo Nagarjuna, transmutada em ouro, Shri Ramakrishna sabe perfeitamente que *o ouro e a argila são uma coisa só*. A cor simbólica chinesa do ouro é o branco, e não o amarelo, que corresponde, por sua vez, à terra. A *transmutação* é uma redenção; a do chumbo em ouro, diria Silesius, é a transformação do homem, *por meio de Deus, em Deus*. Esse é o alvo místico da alquimia espiritual.

O ouro-luz é, em geral, o símbolo do *conhecimento*, é o *yang* essencial. O ouro, dizem os *brâmanes*, é a *imortalidade*. Outro literalismo em consequência disso: tanto na China como na Índia, preparam-se drogas de *imortalidade* à base de ouro. Os cabelos voltam a ser negros e os dentes crescem de novo, mas, sobretudo, o homem que segue esse regime torna-se *che-jen* (homem verdadeiro). É, pois, pelo conhecimento – e não pela droga, que não passa de seu símbolo ativo –, que ele atinge a imortalidade *terrestre*.

A propósito de perfeição, é preciso lembrar, além disso, a primordialidade da *Idade de ouro* tradicional, ao passo que as *idades* seguintes (de prata, bronze e ferro) marcam as etapas descendentes do ciclo.

Entre os astecas, o ouro é associado à *pele nova* da terra, no começo da estação das chuvas, antes que ela volte a verdejar. É um símbolo da renovação periódica da natureza. Por esta razão, Xipe Totec, *Nosso Senhor Esfolado*, divindade da chuva, da primavera e da renovação, é igualmente o deus dos ourives. As vítimas oferecidas a esse deus sanguinário eram esfoladas, e os sacerdotes cobriam-se com sua pele, tingida de amarelo como a folha de ouro (SOUA).

Segundo a crônica de Guaman Poma de Ayala, os habitantes de Chincha-Suyu, a parte noroeste do Império dos Incas, colocavam na boca de seus mortos folhas de coca, de prata e de ouro. Sem dúvida, reencontram-se aí os valores simbólicos Yin e Yang do ouro e da prata.

Uma associação ouro-serpente mítica revela-se no Ural. A Grande Serpente da Terra, *o Grande Rastejador*, é o senhor do ouro. Aparece às vezes sob a forma de um ofídio coroado de ouro, às vezes sob a de um homem com olhos e cabelos pretos, de pele bem morena e vestido de amarelo (F. Bajov, *Contos-Relatos do Ural*). Diz-se que, *por onde passa, o ouro se deposita; que se ele se zanga, pode levá-lo para outro lugar*. Tudo gela à sua passagem, até o fogo, a não ser no inverno, quando ameniza o tempo e faz a neve derreter. Essa associação, de caráter ctônico, ilustra a crença muito difundida, segundo a qual o ouro, metal precioso por excelência, constitui o *segredo* mais íntimo da terra.

Em toda a África ocidental, o ouro é o "metal régio, um dos mitos de base [...] muito antes de lhe ser atribuído um valor monetário". Diversos provérbios indicam as razões para isso: ele "não enferruja, não fica manchado; o único metal que

OURO | 745

se torna como o algodão, sem deixar de ser ferro; com um grama de ouro pode-se fazer um fio fino como um cabelo para cercar toda uma aldeia; o ouro é o pedestal do saber, o trono da sabedoria; mas se confundis o pedestal com o saber, ele cai sobre vós e vos esmaga; sede o cavaleiro da fortuna, não o seu cavalo; metal esotérico por excelência, por causa de sua pureza e de sua inalterabilidade". É encontrado sob **onze*** camadas de terras e minerais diferentes. Ele propicia a felicidade, se bem utilizado, i.e., se empregado para a busca do saber; caso contrário, acelera a perdição de seu proprietário. Metal ambíguo, comportando o dualismo original: chave que pode abrir muitas portas, massa ou fardo que pode quebrar os ossos e o pescoço. É tão difícil fazer bom uso dele quanto obtê-lo (HAMK, 29).

Para os dogons e os bambaras, o ouro é a quintessência do cobre vermelho, a *vibração original materializada* do Espírito de Deus, palavra e água, verbo fecundante.

Esta significação espiritual, de princípio e cosmológica do metal amarelo reaparece e se explicita com o mito da serpente-arco-íris. Com efeito, a **serpente*** que morde a própria cauda, símbolo de continuidade, enrolada ao redor da terra para que esta não se desintegre, Dan, que é **espiral*** e primeiro movimento da criação, geradora dos astros, vem a ser também o senhor do ouro e o próprio ouro. É a Serpente-Arco-Íris-Sol, este *servidor universal*, para retomar a expressão de Paul Mercier, que nada faz por si próprio, mas sem o qual nada se faz. Aqui o pensamento dos fons volta a se encontrar com o dos dogons, e Dan espiral de ouro, movimento do Sol e dos astros, torna-se um *alter ego* da espiral de cobre vermelho, expressão da primeira vibração, enrolada ao redor do Sol dos dogons. Mas, como quintessência do cobre vermelho, o ouro torna-se o princípio original da construção cósmica, da solidez, da segurança humana e, por extensão, o *princípio da felicidade*. É nessa qualificação, por seu valor espiritual e solar, que Damballa se torna, no Haiti, o Deus da riqueza, e o ouro passa a ser o símbolo da riqueza material, que é, por sua vez, o princípio simbólico da riqueza espiritual. Reaparece, assim, no meio do pensamento dos povos africanos, o sentido alquímico e esotérico do ouro, tal como é concebido no pensamento tradicional europeu e asiático.

Para os bambaras, o ouro simboliza também o fogo purificador, a iluminação. A palavra *sanuya*, que se pode traduzir por *pureza*, é construída sobre *sanu*, que significa ouro (ZAHB). Ainda entre os bambaras, o monitor Faro, divindade essencial, organizador do mundo e senhor do verbo, é representado com dois colares, um de cobre vermelho, o outro de ouro; eles o mantêm informado de todas as palavras humanas; o colar de cobre lhe transmite as conversações correntes, o colar de ouro, as palavras *secretas e poderosas* (DIEB). Esta função noturna do ouro, símbolo do conhecimento esotérico, liga-se à significação alquímica deste metal, produto da *digestão* dos valores diurnos ou aparentes, e resume a ambivalência da noção de sagrado, ao consagrar os resíduos da digestão, os **excrementos*** e as imundícies. Sublinhemos, a esse respeito, que os iniciados bambaras da classe dos Koré Dugaw (sociedade Koré) ou *abutres*, que se entregam publicamente a demonstrações de coprofagia, são tidos como os possuidores do *ouro verdadeiro, os homens mais ricos do mundo* (ZAHB, 178). Radioestesistas julgam que o ouro e os excrementos determinam as mesmas oscilações pendulares.

Na tradição grega, o ouro evoca o Sol e toda a sua simbólica fecundidade-riqueza-dominação, centro de calor-amor-dom, foco de luz-conhecimento-brilho. O tosão ou velocino de ouro acrescenta um coeficiente desse simbolismo solar ao animal que o possui; ao **carneiro***, por exemplo, que representa já por si a força geradora de ordem corporal e, por transposição simbólica, de ordem espiritual. O tosão de ouro torna-se a insígnia do mestre e do iniciador.

O ouro é uma arma de luz. Usavam-se unicamente facas de ouro para os sacrifícios às divindades uranianas. Da mesma forma, os druidas só cortavam o visgo com uma pequena foice de ouro. Apolo, deus-Sol, era coberto e armado com ouro: túnica, fivelas, lira, arco, aljava, borzeguins.

746 | OUTRO MUNDO, ALMA DO

Hermes, o iniciado, o condutor de almas, o mensageiro divino e o deus do comércio, é também o deus dos ladrões, significando assim a ambivalência do ouro. Mas os antigos viam neste último título do deus "um símbolo dos mistérios subtraídos ao conhecimento do vulgo: os sacerdotes furtavam o ouro, símbolo da luz, ao olhar dos profanos" (PORS, 78).

Entre os egípcios, como já se observou, o ouro era a carne do Sol e, por extensão, dos deuses e dos faraós. "A deusa Hator era o ouro encarnado [...] O ouro conferia uma sobrevida divina [...] como consequência, o amarelo tornou-se primordial no simbolismo funerário" (POSD, 198-199).

Enfim, sempre em virtude dessa identificação com a luz solar, o ouro foi um dos símbolos de Jesus, Luz, Sol, Oriente. "Deve-se compreender por que artistas cristãos deram a Jesus Cristo cabelos louros dourados como os de Apolo e colocaram uma auréola sobre sua cabeça" (PORS, 73).

Mas o ouro é um tesouro ambivalente. Se o ouro-cor e o ouro-metal puro são símbolos solares, "o ouro-moeda é um símbolo de perversão e de exaltação impura dos desejos" (DIES, 172), uma materialização do espiritual e do estético, uma degradação do imortal em mortal.

OUTRO MUNDO, ALMA DO

Existe no folclore céltico uma multidão de almas do outro mundo, animadas de toda espécie de intenções, boas ou más. Em geral, não faz bem encontrá-las. As aparições mais espetaculares do repertório lendário bretão são os *kannerezed-noz* ou *lavadeiras noturnas*, moças ou mulheres que lavam a mortalha de quem vai falecer. Provocam quase sempre a morte dos homens ou das mulheres que as encontram no seu caminho. São equivalentes aos *banshee* do folclore irlandês, os *banshidhe* da literatura medieval, que o cristianismo considerava *seres maléficos*. No folclore bretão moderno, o *skarzprenn*, ou **vara*** de madeira que serve para limpar a relha do arado, tem a fama de poder afastar as almas do outro mundo (OGAC, **3**, 124; Anatole Le Braz, *La légende de la mort chez les Bretons armoricains*, Paris, 1945, **2**, *passim*).

Entre as almas inquietas, que voltam à terra para perseguir os vivos, figuram as almas das jovens mortas na hora do parto. Esta crença, que existia entre os astecas, se encontra na Sibéria, entre os buriatas, para os quais essas almas "agarram as crianças pelo pescoço, onde seus dedos deixam marcas azuladas, ou então causam uma doença perniciosa com pituíta na pessoa que comeu um alimento tocado por elas". É possível proteger-se contra essas almas do outro mundo com os despojos de uma coruja grande (bufo), que tem a fama de persegui-las de noite; este espírito é caracterizado por seu cheiro aliáceo (HARA, 263). Os povos turco-mongóis temem igualmente os espíritos dos mortos que ficaram sem sepultura.

A imagem da *alma do outro mundo* materializa de alguma forma, e simboliza ao mesmo tempo o medo dos seres que vivem no outro mundo. Talvez também seja uma aparição do eu, de um eu desconhecido, que surge do inconsciente, que inspira um medo quase pânico e que as pessoas reprimem nas trevas. A *alma do outro mundo* seria a realidade renegada, temida, rejeitada. A psicanálise veria nela um retorno do que foi reprimido, *produtos do inconsciente*.

OVELHA

O simbolismo da ovelha em nada difere do simbolismo do **cordeiro*** ou do carneiro castrado (fr. *mouton*; não confundir com o do **carneiro***, fr. *bélier*), o qual depende estreitamente do simbolismo usual do cristianismo. A narrativa galesa do *Mabinogi de Peredur* descreve dois rebanhos de carneiros – um deles de carneiros brancos, e o outro, de pretos – separados por um rio. Cada vez que balia um dos carneiros brancos, um carneiro preto atravessava a água e ficava branco; cada vez que balia um carneiro preto, um carneiro branco atravessava a água e ficava preto. Às margens do rio, que provavelmente simboliza a separação entre o mundo terrestre e o Além, erguia-se uma grande árvore. Uma das metades dessa árvore ardia, da raiz até a copa – e a outra, estava coberta de folhagem verdejante. Os carneiros brancos que se tornavam pretos simbolizavam as almas que desciam do Céu para a terra; os carneiros pretos que se tornavam brancos figuravam, ao contrário, as que subiam da terra para o Céu. Mas não há certeza de que semelhante simbolismo seja anterior ao cristianismo; pode representar a adaptação do princípio, formulado por César (em *De Bello Gallico* – CESG), segundo o qual é preciso (o sacrifício de) uma vida humana, a fim de que os deuses aceitem conceder uma vida humana. É um dos princípios fundamentais da *transmigração das almas*.

Por outro lado, as ovelhas têm um simbolismo maléfico e diabólico na narrativa irlandesa *O Assédio de Druin Damghaire*. Os druidas perversos do rei Cormac, rei da Irlanda, em luta contra a província de Münster, que se recusava a pagar um tributo injusto, utilizam três ovelhas negras, malvadas, cobertas de espetos de ferro, que derrotam facilmente muitos guerreiros (CHAB, 176-179; REVC, **43**, 22; LOTM, **2**, 95; MEDI, **10**, 35). Não desempenham elas um papel análogo ao de Judite ao decapitar Holofernes? (*Judite*, **10**, 13).

OVO

O ovo, considerado aquele que contém o germe e a partir do qual se desenvolverá a manifestação, é um símbolo universal e explica-se por si mesmo. O nascimento do mundo a partir de um ovo é uma ideia comum a celtas, gregos, egípcios, fenícios, cananeus, tibetanos, hindus, vietnamitas, chineses, japoneses, às populações da Sibéria e da Indonésia e a muitas outras ainda. O processo de manifestação possui, entretanto, diversos aspectos: o *ovo de serpente* céltico, figurado pelo ouriço-do-mar fóssil, o ovo cuspido pelo *Kneph* egípcio, e até pelo dragão chinês, representam a produção da manifestação pelo Verbo. Outras vezes, o Homem primordial nasce de um ovo: é o caso de *Prajapati*, de *Panku*. Outros heróis chineses nascem mais tarde de ovos fecundados pelo Sol, ou do fato de suas mães terem ingerido ovos de pássaros. Com maior frequência ainda, o ovo cósmico, nascido das águas primordiais, chocado na sua superfície (pela gansa *Hamsa*, da qual se diz, na Índia, que é o Espírito, o *Sopro* divino), separa-se em duas metades para dar nascimento ao Céu e à Terra: é a polarização do **Andrógino***. Assim o *Brahmanda* hindu se divide em duas semiesferas de ouro e prata; do ovo de *Leda* nascem os dois Dióscuros, possuindo cada um seu ornato de cabeça hemisférico; o *yin-yang* chinês, polarização da Unidade primordial, apresenta um símbolo idêntico em suas duas metades preta e branca. O ovo primordial do *Xintô* se divide, da mesma forma, em uma metade leve (o Céu) e uma metade densa (a Terra). Ibn al-Walid figura, de modo bastante similar, a Terra, densa como a gema do ovo *coagulada*, o Céu, mais leve, como a clara que a envolve.

Esse simbolismo geral, que liga o ovo à gênese do mundo e à sua diferenciação progressiva, merece ser aprofundado. O ovo é uma realidade primordial, que contém em germe a multiplicidade dos seres. Para os egípcios, pela ação de um demiurgo, emergirá do *Nun*, personificação do oceano primordial, *água sem limites que contém germes de criação à espera*, um cômoro, sobre o qual se abrirá um ovo. Desse ovo – a palavra é do gênero feminino em egípcio – sairá um deus que organizará o caos, fazendo nascer os seres diferenciados. O deus Khnum, oriundo desse oceano e do ovo primordial, fabricará, por sua vez, à maneira de um oleiro, os ovos ou embriões, ou germes de vida. Ele é o *modelador das carnes*. Mas o Egito Antigo conhecia diversas cosmogonias. Segundo a de Hermópolis, o ovo primordial não era senão a *Qerehet*, padroeira das forças vitais da espécie humana. O grande lótus inicial, cujo cálice se ilumina ao abrir-se pela manhã na superfície do lodo do delta, desempenhava o mesmo papel em outras tradições. O próprio Sol teria nascido do *germe misterioso que o Ovo-Mãe continha* (SOUN, 22-62).

Segundo as tradições cananeias, Mochus coloca na origem do mundo o éter e o ar, de onde nasce Ulomos (o Infinito). Ulomos engendra o ovo cósmico e Chansor (o deus artífice). Chansor abre o ovo cósmico em dois e forma o Céu e a terra de cada uma de suas duas metades (SOUN, 183).

Na Índia, segundo o Chandogya Upanixade (3, 19), *o ovo nasceu do Não Ser e engendrou os ele-*

748 | OVO

mentos: "No começo só havia o Não Ser. Surgiu o Ser. Cresceu e transformou-se num ovo. Repousou durante todo um ano, depois quebrou-se. Dois fragmentos de casca de ovo apareceram – um de prata, o outro de ouro. O de prata, a terra; o de ouro, o sol. A membrana externa, as montanhas; a membrana interna, as nuvens e as brumas; as veias, os rios; a água da bolha, o oceano" (SOUN, 354).

Segundo doutrinas tibetanas, apesar de não ser primordial, o ovo está na origem de uma longa genealogia de homens: *Da essência dos cinco elementos primordiais, saiu um grande ovo. E do ovo* surgiram um lago branco, os seres das dez categorias, outros ovos, de onde saíram os membros, os cinco sentidos, os homens, as mulheres... ou seja, uma longa genealogia de ancestrais.

Nas tradições chinesas, antes de qualquer distinção entre o Céu e a terra, o próprio caos tinha a aparência de um ovo de galinha. No fim de 18 mil anos (número-símbolo de um período indefinido), o ovo-caos se abriu: os elementos pesados formaram a terra (*Yin*); os elementos leves e puros, o Céu (*Yang*). O espaço que os separava crescia a cada dia. No final de 18 mil anos, P'an Ku mediu a distância entre o Céu e a terra. A teoria Huen-t'ien, por seu lado, concebe o mundo como um ovo imenso, erguido verticalmente sobre seu diâmetro mais longo. O Céu e os astros estão na parte interior e superior da casca; a terra é a gema que flutua no meio do oceano primordial, o qual enche o fundo do ovo. As estações provêm das agitações periódicas desse Oceano.

O Grande Templo inca de Coricancha, em Cuzco, tinha como ornamento principal uma placa de ouro de forma oval, ladeada por efígies da Lua e do Sol. Lehman Nitsche vê nela a representação da divindade suprema dos incas, Huiracocha, sob a forma de ovo cósmico. Cita como fundamento de sua tese diversos mitos cosmogônicos, recolhidos no Peru pelos primeiros cronistas espanhóis, dentre os quais este: o herói criador pede a seu pai, o Sol, que crie os homens para povoar o mundo. O Sol envia três ovos sobre a terra. Do primeiro – ovo de ouro – sairão os nobres; do segundo – ovo de prata – saem suas

mulheres; enfim, do terceiro – um ovo de cobre – surgiu o povo. Numa variante, esses três mesmos ovos caem do Céu depois do dilúvio.

O nome de Huiracocha seria a abreviação de Kon-Tiksi-Huira-Kocha, que significa *Deus do mar de lava, ou do fluido ígneo do interior da terra*. Huiracocha era, com efeito, o senhor dos vulcões.

O mito do *ovo cósmico* reaparece entre os dogons e os bambaras de Mali. O glifo ⚥ (vida do mundo), dos dogons, representa-o no cimo da cruz das direções cardeais, em oposição a outro ovo, aberto na parte de baixo, que é a matriz terrestre, o *jarro fêmea* (GRIS). O ovo cósmico, para os bambaras, é o Espírito. É o Espírito primeiro, produzido, no centro da *vibração sonora*, pelo redemoinho desta. Assim, esse ovo se forma, se concentra e, pouco a pouco, se separa da vibração, incha, emite um som confuso, mantém-se sozinho no espaço, eleva-se e rebenta, deixando cair os vinte e dois elementos fundamentais formados no seu seio, os quais presidirão à ordem da criação em vinte e duas categorias (DIEB).

O ovo é uma imagem do mundo e da perfeição para os likubas e likualas do Congo, segundo o que J.-P. Lebeuf conta de seu pensamento cosmogônico. A gema representa a umidade feminina, a clara, o esperma masculino. Sua casca, cujo interior é isolado por uma membrana, representa o Sol, oriundo da casca do ovo cósmico que *teria queimado a terra, se o criador não tivesse transformado a membrana em atmosfera úmida*. Os likubas e os likualas também dizem que *o homem deve esforçar-se para se assemelhar a um ovo*.

Em Kalevala (Finlândia), antes do nascimento do tempo, a Virgem, deusa das águas, deixa que seu joelho apareça na superfície das águas primordiais. O pato (senhor do ar) põe aí sete ovos, dos quais seis de ouro e um de ferro. A virgem mergulha, os ovos se quebram nas águas primordiais:

Todos os pedaços se transformaram
em coisas boas e úteis:
a parte inferior da casca do ovo
formou o firmamento sublime,
a parte superior da gema

tornou-se o sol radiante,

a parte superior da clara

surgiu no Céu como a lua brilhante;

todo resquício de mancha na casca

fez-se estrela no firmamento,

todo pedaço escuro da casca

tornou-se uma nuvem no ar

o tempo avançou desde aí...

(da trad. J.-L. Perret,
Le Kalevala, Paris)

Assim o ovo é, com frequência, uma representação do poder criador da luz.

Entre os celtas, não se tem nenhum testemunho direto sobre o simbolismo do ovo. Este é incluído no do **ouriço-do-mar*** fóssil, *ovum anguinum* ou *ovo cósmico*, que contém em germe todas as possibilidades.

Na estrutura de todas essas cosmogonias, o ovo desempenha o papel de "uma imagem-clichê da totalidade" (Mircea Eliade, in SOUN, 480). Mas ele surge, em geral, depois do caos, como um princípio de organização. A totalidade das diferenças provém dele, e não o magma indiferenciado das origens. Se o Ovo não é nunca o primeiro, simboliza, entretanto, o germe das primeiras diferenciações. O ovo cósmico e primordial é uno, mas encerra ao mesmo tempo Céu e terra, as águas inferiores e as águas superiores; na sua totalidade única, comporta todas as múltiplas virtualidades.

O ovo aparece igualmente como um dos símbolos da *renovação periódica* da natureza: tradição do ovo da Páscoa, dos ovos coloridos, em numerosos países. Ilustra o *mito da criação periódica*. Mircea Eliade se manifesta contra uma interpretação "empírico-racionalista do ovo, considerado germe, [...] o símbolo que o ovo encarna – segundo os conjuntos místico-rituais de diversas religiões – não se refere tanto ao nascimento, mas antes a um *renascimento*, repetido segundo o modelo cosmogônico [...] O ovo confirma e promove a ressurreição, que [...] não é um nascimento, mas um *retorno*, uma repetição" (ELIT, 347-348). Parece-nos que as duas interpretações não são de modo algum incompatíveis, como Mircea Eliade

quer fazer crer. É bem claro que o ovo simboliza o renascimento e a repetição; não é menos claro que, segundo os textos mais antigos, o ovo é, nas origens, um germe ou uma realidade primordial. Sua função cíclica é consecutiva ao seu primeiro papel. Se há construção racionalista, achamos que está antes numa concepção inspirada num *modelo* cosmogônico, que se repetiria. O que não impede que o ovo também simbolize um ciclo biológico.

Ovos de argila descobertos nas sepulturas da Rússia e da Suécia, por exemplo, foram interpretados como *emblemas da imortalidade* e símbolos de ressurreição. Os múltiplos valores de símbolo que uma mesma imagem assume não são de modo algum surpreendentes. Nas tumbas da Beócia, descobriram-se igualmente estátuas de Dioniso com um ovo na mão, promessa e signo de *retorno à vida*. Compreende-se, a partir disso, que as doutrinas que condenam o desejo de *um retorno periódico à existência*, recomendando *a saída do ciclo das reencarnações infinitas*, proscrevam o uso dos ovos. As regras órficas, por exemplo, proibiam que fossem comidos. Mas a perspectiva órfica é bem diferente da que os ascetas budistas entretêm. Estes querem romper todos os liames que os ligam ao mundo e visam à extinção do desejo; os órficos tendem, ao contrário, a intensificar o desejo, só que orientando-o na direção de uma transfiguração espiritual; com esse objetivo, cabe-lhes evitar, acima de tudo, *o contato com as coisas que simbolizam religiosamente... alguma ligação com o mundo da decrepitude e da morte*. Segundo os costumes que eles condenam, os ovos são oferecidos como alimento aos mortos, como garantia de renascimento. As regras órficas, que têm por objetivo libertar a alma de tudo o que a liga à terra, de modo que, purificada, retorne ao Deus de onde provém, têm a obrigação de condenar este símbolo dos renascimentos terrestres. O ovo ligaria a alma ao ciclo dos renascimentos, do qual ela quer escapar. Essa consequência de uma proibição confirma, aliás, a crença no valor quase mágico do ovo, em sua significação fundamental de origem da vida terrestre.

750 | ÓXALIS

O ovo participa igualmente do simbolismo dos valores de repouso, como a casa, o ninho, a concha, o seio da mãe (BACE, 51-130). Mas no interior da concha, como no seio, simbólico, da mãe*, funciona *a dialética do ser livre e do ser aprisionado*. Dessa doce segurança, o ser novo aspira a sair: o filhote quebra sua casca macia e quente. O ovo, como a mãe, torna-se o símbolo dos *conflitos interiores* entre o burguês ávido de conforto e o aventureiro apaixonado pelos desafios, que existem, ambos, adormecidos no homem, assim como entre as tendências à extroversão e à introversão. Como nas cosmogonias, o ovo psíquico encerra o Céu e a terra, todos os germes do bem e do mal, bem como a lei dos renascimentos e do desabrochar das personalidades. O estudante sente-se fechado no seu universo (universidade); aspira a sair dele, quebrando sua casca. Aceita o desafio para viver.

É igualmente à ideia de germe, mas germe de uma vida espiritual, que a tradição alquímica do ovo filosófico se refere. "Núcleo do universo, ele encerra na sua casca os elementos vitais, assim como o vaso hermeticamente fechado contém o composto da obra. O vaso, quer seja matraz, aludel, cucúrbita ou corniforme, devia como o ovo ser chocado para que seu composto pudesse transformar-se. O calor da incubação era mantido num **atanor*** ou forno alquímico [...] O composto podia ser destilado para servir à composição do elixir ou ainda para sofrer a transmutação em ouro ou em prata. Dos produtos do composto [...] deve nascer o filho da filosofia, isto é, o ouro, ou seja, a sabedoria" (VANA, 19).

Um manuscrito hermético anônimo, citado por E. Monod-Herzen (MONA, 63-64), fala do *ovo filosófico* nestes termos: "Eis o que os antigos dizem sobre o ovo: uns chamam-no de 'a pedra de cobre', 'a pedra da Armênia', outros, de 'a pedra encefálica', de 'a pedra que não é uma pedra', de 'a pedra egípcia' ou de 'a imagem do mundo'." O **atanor***, forno dos alquimistas, era tradicionalmente comparado ao ovo cósmico. O ovo simboliza a sede, o lugar e o sujeito de todas as transmutações.

O simbolismo do ovo exprime-se também por imagens menos diretas como as **pedras*** ovoides (por exemplo, a de **Cibele***), o corpo esférico do **escaravelho*** coprófago, a parte hemisférica do *stupa*, chamado efetivamente de *anda* (ovo). Esse corpo esférico, esse *stupa* contém um *germe*, um *sêmen* de vida. O ovo pode ser, nesse sentido, aproximado de outros símbolos como a concha bivalve, a caverna, o coração, o umbigo, *centros* do mundo, origens de desenvolvimentos espaciais, temporais, biológicos.

As ações de pôr e chocar o ovo comportam, por sua vez, diversos aspectos simbólicos que valem a pena ser observados. A galinha que choca é considerada, nas seitas de meditação budistas, o símbolo da concentração do espírito e de seu poder espiritualmente fecundante. O ensino teórico, puramente exterior, é comparado, por Tchuang-tse, aos ovos infecundos, desprovidos de germe. Os escolásticos se perguntaram sobre a anterioridade relativa da galinha e do ovo. *O ovo está na galinha, a galinha no ovo*, responde Silesius. A dualidade está contida potencialmente na unidade; a dualidade se resolve na unidade.

De modo mais prosaico, mas sem nos afastarmos das noções precedentes, assinalemos que o ovo é às vezes tomado como símbolo de prosperidade. Se os *A-kha* do Laos do Norte sonham que uma galinha põe diversos ovos, interpretam o sonho como uma promessa de riqueza próxima.

ÓXALIS
(fam. das oxalidáceas; jap. *Katabami*)

Esta planta, de folhas em forma de flechas, muito valorizada no Japão, exprime a simplicidade elegante. Desde os tempos mais remotos, figura nos brasões das maiores famílias japonesas. Uma das variedades desta planta gera uma única flor branca que se abre por ocasião da Páscoa e que recebe, por esse fato, nos campos, o nome de Aleluia: anuncia como que uma renovação da vida.

Apesar da sua acidez, comparável à de outra oxalidácea – a azedinha –, mas refrescante, tônica e estimulante, esta planta simboliza também a afeição reconfortante.

P

PÃ

Deus dos cultos pastorais, de aparência meio humana, meio animal; barbudo, chifrado, peludo, vivo, ágil, rápido e dissimulado: ele exprime a *astúcia bestial*. Busca as ninfas e os jovens, que assalta sem escrúpulos; mas sua fome sexual é insaciável, e ele pratica também a masturbação solitária. Seu nome, Pã, que significa *tudo*, foi-lhe dado pelos deuses, não somente porque *todos* se assemelham a ele, em uma certa medida, por sua avidez, mas também porque ele encarna uma tendência própria de todo o universo. Ele seria o deus do Tudo, indicando, sem dúvida, a energia genésica desse Tudo (GRID, 342), ou o Tudo de Deus ou o Tudo da vida.

Ele deu o seu nome à palavra "pânico", esse terror que se espalha em toda a natureza e em todo ser, ao sentir a presença desse deus que perturba o espírito e enloquece os sentidos.

Destituído dessa sensualidade primária irreprimível, ele personificará mais tarde o Grande Todo, o todo de um determinado ser. Filósofos neoplatônicos e cristãos farão dele a síntese do paganismo. Plutarco relata uma lenda: vozes misteriosas, ouvidas por um navegador, anunciavam em pleno mar "a morte do Grande Pã". Era, sem dúvida, *a morte dos deuses* pagãos, resumidos em sua pessoa, que as lamentações do mar prenunciavam, com o início da nova era, e que gelava de espanto o mundo greco-romano.

A expressão *Pã, o Grande Pã morreu* passou para a língua significando o fim de uma sociedade. "As sombras dos heróis se lamentam e os Infernos tremem. *Pã morreu*; a sociedade cai em dissolução. O rico se fecha em seu egoísmo e esconde da cla-ridade do dia o fruto de sua corrupção; o servidor indigno e ineficiente conspira contra o senhor; o homem da lei, duvidando da justiça, não lhe compreende mais as máximas; o padre não opera mais conversões, se transforma em sedutor; o príncipe tomou por cetro a chave de ouro, e o povo, com a alma desesperada, a inteligência obnubilada, medita e se cala. *Pã morreu*, a sociedade chegou ao fundo" (Proudhon). *A morte de Pã simboliza o fim das instituições. Curiosa evolução de um símbolo que passa do desbragamento sexual a uma ordem social, cujo desaparecimento entrevisto mergulha no desespero, por ter ele perdido sua energia vital.*

PACTOLO

O rei Midas era iniciado nos mistérios dionisíacos. Um dia reconheceu, entre os prisioneiros acorrentados que seus guardas lhe traziam, Sileno, um dos companheiros do deus, que havia se perdido. Imediatamente Midas o soltou e o reconduziu a Dioniso. Este, em recompensa, lhe prometeu realizar um desejo seu. O rei pediu ao deus que transformasse em ouro tudo aquilo que ele tocasse. Midas quase morreu; o pão e o vinho que trazia à boca se transformavam em lingotes de ouro. Ele correu a pedir ao deus que lhe retirasse esse privilégio. Dioniso consentiu, desde que Midas se purificasse nas nascentes do Pactolo. O rei nele mergulhou e perdeu o dom. Logo depois, o Pactolo se transformou em um rio de ouro, ou, pelo menos, carregado de palhetas de ouro. Homero, na *Ilíada* (2, 460), conta que esse rio, de areias de ouro, tornou-se o ponto de encontro dos cisnes. Dado o simbolismo dos cisnes, aparentemente, o ouro, aqui, era a inspiração

752 | PAI

do poeta, o espírito divino soprando naqueles que se aproximavam da fonte sagrada.

Sabe-se que Midas foi castigado por Apolo com grandes **orelhas*** de asno. Associando esse castigo à lenda do Pactolo, Paul Diel lhe dá uma nova interpretação: "essa desventura simboliza o castigo de todo homem que deseja apenas a riqueza. Vítima de um empobrecimento de intensidade vital, ele se expõe a perder gradualmente a capacidade de usufruir daquilo que toma por fortuna. É ameaçado de morrer de fome. A morte corporal por inanição é símbolo da morte da alma por falta de alimento espiritual" (DIES, 129).

PAI

Símbolo da geração, da posse, da dominação, do valor. Nesse sentido, ele é uma figura inibidora; castradora, nos termos da psicanálise. Ele é uma representação de toda forma de autoridade: chefe, patrão, professor, protetor, deus. O papel paternal é concebido como desencorajador dos esforços de emancipação, exercendo uma influência que priva, limita, esteriliza, mantém na dependência. Ele representa a consciência diante dos impulsos instintivos, dos desejos espontâneos, do inconsciente; é o mundo da autoridade tradicional diante das forças novas de mudança.

O pai atinge uma *grandeza cultural* nos mitos sobre as origens; sua simbologia se confunde com a do Céu e trai o sentimento de uma ausência, de uma falta, de uma perda, de um vazio, que somente o autor dos dias poderia preencher.

Em seu tratado *De L'interprétation* (Paris, 1966), Paul Ricoeur atribui a riqueza do símbolo do pai em particular ao *seu potencial de transcendência*. "O pai figura na simbologia menos como genitor igual à mãe do que como aquele que dá as leis" (p. 520). Ele é *fonte de instituição*; como o senhor e o Céu, ele é uma imagem da transcendência ordenada, sábia e justa; *segundo uma inversão habitual na simbologia, o pai das origens se transforma no Deus que vem*; ele é ao mesmo tempo arcaico e prospectivo; a geração que supostamente lhe cabe produzir passa a ser uma regeneração, o nascimento, um novo nasci-

mento, segundo todas as acepções analógicas do termo. Sua influência pode então aparentar-se à do atrativo exercido pelo herói ou pelo ideal. O pai é não somente o ser que alguém quer possuir ou ter, mas também que a pessoa quer vir a ser, e de quem quer ter o mesmo valor. E esse *progresso* passa pela via da supressão do pai *outro*, para o acesso ao pai *eu mesmo* (**Édipo***, Brutus, **Perseu***). Tal identificação com o pai traz consigo o duplo movimento de morte (ele) e renascimento (eu). O pai permanece, portanto, sempre como uma imagem perene de transcendência, que não pode ser aceita sem problema a não ser através de um amor recíproco na idade adulta.

Nas tradições célticas, a noção de *pai da raça* se exprime no sobrenome do deus Dagda Eochaid Ollathir, *pai todo-poderoso*. Ela permite compará-lo com o Dis Pater, mencionado por César, e do qual todos os gauleses se dizem descendentes. O *pai da raça* se situa além do homem primordial; ele é o primeiro deus e o *Ser* absoluto, o pai dos vivos e o senhor dos mortos, *detentor dos dois aspectos, o sombrio e o luminoso da divindade*. Ele não procria por si mesmo, mas é responsável pela procriação. Ele representa um poder único em sua essência e duplo na sua manifestação (OGAC, **12**, 359).

PAINÇO

Cereal essencial, necessário à vida dos homens, mas também às oferendas rituais graças às quais *sobrevivem* os Ancestrais. O painço era na China o símbolo da fecundidade terrestre e da ordem natural. Painço era sinônimo de ceifa, colheita. Os reis Tcheu eram antes de tudo prepostos do *painço*; o ancestral celeste deles era o Príncipe Painço: era o encarregado de enviar as chuvas e portanto era o doador da bênção do Céu, e o rei, seu substituto, assegurava a repartição dessa bênção.

As libações à base de painço negro penetravam até nas moradas subterrâneas para de lá trazerem a alma *p'o* (*yin*) com vistas à sua reunião com a alma *nuen* (*yang*), para ir buscar no Céu a fumaça dos sacrifícios: assim se repetia o *nascimento* do Ancestral (GRAR). O painço fazia a ligação entre os dois mundos, o celeste e o subterrâneo.

PALÁCIO

À simbologia geral de **casa***, o palácio adiciona precisões que evocam a magnificência, o tesouro e o segredo. O palácio é a morada do soberano, o refúgio das riquezas, o lugar dos segredos. Poder, fortuna, ciência, ele simboliza tudo o que escapa ao comum dos mortais. O palácio de Versalhes ilustra o mito solar no qual se inscreve Luís XIV.

Sua própria construção está sujeita às leis de orientação (*v. pontos cardeais*) que o inscrevem em uma ordem cósmica. O palácio aparece, portanto, ao mesmo tempo como produto e origem da harmonia, harmonia material, harmonia individual, harmonia social. Nessa qualidade, ele é o centro do universo, para o país em que é construído, para o rei que o habita, para o povo que o vê. O edifício possui sempre uma parte em que a vertical é dominante: o **centro*** é igualmente **eixo***. Ele reúne os três níveis: subterrâneo, terrestre, celeste; as três classes da sociedade; as três funções. Ele simbolizará igualmente, do ponto de vista analítico, os três níveis da psique: o inconsciente (o segredo), o consciente (o poder e a ciência) e o subconsciente (o tesouro ou ideal).

Na linguagem hermética, o Palácio misterioso dos alquimistas "representa o ouro vivo, ou filosófico, ou vil, desprezado pelo ignorante, e escondido sob andrajos que o ocultam dos olhos, ainda que ele seja muito precioso para aquele que conhece o seu valor" (FULC, 129).

PALAVRA

Os dogons distinguem dois tipos de palavra, que chamam de *palavra seca* e *palavra úmida*. A palavra seca ou palavra primeira, atributo do Espírito Primeiro Amma, antes de ele ter empreendido a criação, é a palavra *indiferenciada, sem consciência de si*. Ela existe no homem, assim como em todas as coisas, mas o homem não a conhece: é o pensamento divino, em seu valor potencial e, no nosso plano microcósmico, é o inconsciente.

A palavra úmida germinou, como o próprio princípio da vida, no ovo cósmico. É a palavra que foi dada aos homens. É o som audível, considerado uma das expressões da semente masculina, o equivalente do esperma. Ela penetra na **orelha***, que é outro sexo da mulher, e desce para enrolar-se em torno do útero para fecundar o germe e criar o embrião. Sob essa mesma forma de espiral, ela é a luz que desce à terra, trazida pelos raios do sol e que se materializa, no útero terrestre, na forma de cobre vermelho. A palavra úmida, como a água úmida, a luz, a espiral, o cobre vermelho, não exprime, então, senão as diferentes manifestações – ou acepções – de um símbolo fundamental, o do mundo manifesto, ou de seu senhor o Nommo, *deus da água* (GRIH).

Para os bambara, para os quais a totalidade dos conhecimentos místicos está contida na simbologia dos vinte e dois primeiros números, Um, a unicidade primeira, é o número do Senhor da Palavra e da própria Palavra. O mesmo símbolo cobre as noções de chefia, de direito de primogenitura, de cabeça, de consciência (DIEB). A um nível e dentro de um contexto diferentes, ideia análoga transparece em Jacob Boehme, para quem o Verbo, palavra de Deus, é "movimento ou vida da divindade, e todas as línguas, forças, cores e virtudes residem no Verbo ou palavra" (BOEM, 56-57).

A noção de palavra fecundante, de verbo que traz o germe da criação, colocado no despontar desta última, como a primeira manifestação divina, antes que qualquer coisa tenha tomado forma, encontra-se nas concepções cosmogônicas de muitos povos. É o caso da África negra (dogons), dos povos guarani do Paraguai, para os quais Deus criou o fundamento da língua antes de materializar a água, o fogo, o sol, as *névoas vivificantes*, e por fim a primeira terra (CADG).

A associação Palavra-Princípio vital imortal se encontra entre os indígenas da América do Sul, especialmente nas crenças dos taulipangs, para os quais o homem é dotado de cinco almas, das quais apenas uma chega ao outro mundo depois da morte, aquela que contém a palavra e que deserta periodicamente o corpo durante o sono (*v.* **alma***) (METB).

Entre os canaques da Nova Caledônia, segundo a expressão de Maurice Leenhardt (LEEC,

754 | PALHAÇO

254), *a palavra é um ato; ela é o ato inicial*, daí o terrível poder da maldição, tradicionalmente considerada uma arma absoluta; não pela força daquele que maldiz, pois *o próprio homem não tem nenhuma força intrínseca*, mas por esse ato que é a palavra de Deus ou do Totem invocado, que corta o fluxo da vida e anula o homem maldito.

Na tradição bíblica, o Antigo Testamento conhecia o tema da Palavra de Deus e o da Sabedoria, que existia antes do mundo, em Deus; pela qual tudo foi criado; enviada à terra para aí revelar os segredos da vontade divina; retornando a Deus, com a missão terminada. Do mesmo modo, para São João, o Verbo (a Palavra) estava em Deus; preexistente à criação; ele veio ao mundo, enviado pelo Pai, para desempenhar uma missão: transmitir ao mundo uma mensagem de saudação; terminada a sua missão, ele retorna ao Pai. Cabia ao Novo Testamento e particularmente a João, graças ao fato da Encarnação, destacar claramente o caráter pessoal dessa Palavra (Sabedoria), subsistente e eterna (BIBJ, *João*, 1,1; *encontrar-se-ão nesta nota todas as referências aos textos bíblicos nos quais se apoia esta síntese*).

No pensamento grego, a palavra, o logos, significou, não apenas a palavra, a frase, o discurso, mas também a razão e a inteligência, a ideia e o sentido profundo de um ser, o próprio pensamento divino. Para os estoicos, a palavra era a razão imanente na ordem do mundo. É com base nessas noções que a especulação dos Padres da Igreja e dos teólogos desenvolveu e analisou no decorrer dos séculos o ensinamento da Escritura e, muito particularmente, a teologia do Verbo.

Sejam quais forem as crenças e os dogmas, a palavra simboliza de uma maneira geral a manifestação da inteligência na linguagem, na natureza dos seres e na criação contínua do universo; ela é a verdade e a luz do ser. Essa interpretação geral e simbólica em nada exclui uma fé precisa na realidade do Verbo divino e do Verbo encarnado. Dionísio, o Areopagita, lançou as bases de uma síntese, em um trecho extremamente rico de seu tratado dos *Nomes divinos* (PSEO, 83-84). A palavra é o símbolo mais puro da manifestação do ser, do ser que se pensa e que se exprime ele próprio ou do ser que é conhecido e comunicado por um outro.

PALHAÇO

O palhaço é, tradicionalmente, a figura do rei assassinado. Simboliza a inversão da compostura régia nos seus atavios, palavras e atitudes. À majestade, substituem-se a chalaça e a irreverência; à soberania, a ausência de toda autoridade; ao temor, o riso; à vitória, a derrota; aos golpes dados, os golpes recebidos; às cerimônias as mais sagradas, o ridículo; à morte, a zombaria. O palhaço é como que o reverso da medalha, o contrário da realeza: *a paródia encarnada* (*v.* bufão*, anão*).

PÁLIO (*v.* Dossel)

PALMA

A palma, o ramo, o galho verde são universalmente considerados como símbolos de vitória, de ascensão, de regenerescência e de imortalidade. É o caso do **ramo de ouro*** de Eneias e dos mistérios de Elêusis; do salgueiro chinês, do *sakaki* japonês; da acácia maçônica; do visgo druídico; dos ramos de salgueiro, especialmente, dos quais fala o *Pastor* de Hermas; do buxo plantado sobre os túmulos na festa dos Ramos.

As palmas de Ramos, que equivalem ao buxo europeu, prefiguravam a Ressurreição de Cristo, após o drama do Calvário; a palma dos mártires tem a mesma significação. O pé de buxo significa a certeza da imortalidade da alma e da ressurreição dos mortos (GUED, ROMM). C. G. Jung faz dele um símbolo da alma.

PANDORA

Todos os deuses, sob as ordens de Zeus, concorrem ao nascimento de Pandora, a primeira mulher: "Eu presentearei os homens", diz Zeus, "com um mal e todos, no fundo do coração, desejarão cercar de amor sua própria infelicidade... Ele diz e cai na gargalhada, o pai dos deuses e dos homens... ordena ao ilustre Hefestos que, sem demora, umedeça com água um pouco de terra e aí coloque a voz e a força de um ser humano e que forme, à imagem das deusas imortais, um belo corpo amável de virgem; Atena lhe ensinará seus trabalhos, o ofício que tece mil cores; Afrodite de ouro sobre sua fronte espalhará a graça, o desejo doloroso, as preocupações que despedaçam os membros, enquanto um espírito impudente e um coração artificioso serão, por ordem de Zeus, colocados nela por Hermes, o Mensageiro, matador de Argo. Ele fala e todos obedecem ao senhor Zeus, filho de Cronos. E, em seu seio, o Mensageiro, matador de Argo, cria mentiras, palavras enganadoras, coração manhoso, assim como o quer Zeus, com pesados ribombos. Depois, arauto dos deuses, ele põe nela a palavra, e a essa mulher ele dá o nome de *Pandora porque são todos os habitantes do Olimpo que, com esse presente, fazem da desgraça um presente para os homens*" (HEST, 58-82).

Pandora simboliza a origem dos males da humanidade: eles vêm através da mulher, segundo esse mito, e esta foi modelada sob as ordens de Zeus como um castigo pela desobediência de **Prometeu***, que tinha roubado o fogo do Céu para dar aos homens. Segundo a lenda de Pandora, o homem recebeu os benefícios do fogo, contra a vontade dos deuses, e os malefícios da mulher, contra a sua vontade. A mulher é o preço do fogo. Não há lugar para se reter mais que os símbolos incluídos na lenda: ela mostra a ambivalência do **fogo***, que deu à humanidade um imenso poder, mas que pode voltar-se para desgraça bem como para sua felicidade, dependendo de o desejo dos homens ser bom ou perverso. E é frequentemente a mulher que desvia o fogo no sentido da desgraça. O fogo simboliza também o amor, que todo ser humano deseja, mesmo que sofra em função dele. O homem, que arrebatou o fogo dos deuses, suportará a queimadura pelo fogo do seu desejo. Pandora simboliza o fogo dos desejos que causara a desgraça dos homens.

PANDORGA (v. Papagaio)

PÂNTANO (v. Lago*)

Se o pântano tem, para nós, o sentido do imobilismo e da preguiça, a Ásia não vê nessa ausência de movimento os mesmos inconvenientes que vê a Europa. O **hexagrama*** *tuei*, que duplica o signo da água estagnada, tem o sentido de concórdia e de satisfação, fonte de *prosperidade*.

O pântano é a matéria indiferenciada, passiva e feminina segundo a mitologia suméria.

Os pântanos chineses são locais de pesca e de caça, mas de caça ritual. É que o poder do Céu aí se manifesta, transformando esses locais em *centros espirituais*. Por isso, depois que Yu-o--Grande, em sua obra de organização do espaço, saneou o pântano de Hia, aí edificou um mirante real, ancestral do *Min-t'ang* (*v.* **casa***) e *centro* do Império. O pântano parece ter tido uma significação muito próxima a essa no mundo dos celtas, como testemunha a situação dos vestígios de Glastonbury. Na Grécia antiga, o pântano desempenhava o mesmo papel que o **labirinto***.

Nota-se uma significação de ordem totalmente diferente no *Samyuttanikaya*, onde o Buda faz do pântano a imagem dos *prazeres sexuais* como obstáculos no percurso da vereda Óctupla (GRAD, LIOC, SOUN).

Em um conto péule de iniciação, a passagem por perto do pântano se apresenta como uma *fase de iniciação*. A reclamação de Hammadi contém todo um desenvolvimento: *Ó pântano de decepção, infelicidade para os sedentos que vão a ti! Somos alterados, consuma-se a nossa infelicidade, morremos, ó suplício!* Os répteis mais nojentos se arrastavam em torno do pântano e interditavam o acesso a ele.

Em seu aspecto diurno, o pântano inacessível para um estrangeiro significa uma família unida, uma pátria bem defendida, a cidade proibida; a água calma é a imagem da tranquilidade que nada vem perturbar. Em seu aspecto noturno, o pântano guardado por serpentes venenosas simboliza o egoísmo e a avareza que impedem a partilha dos próprios bens com o próximo, mesmo se este estiver à beira da morte na miséria (HAMK, 12, 51). Pode representar também, de acordo com a simbologia geral do *monstro guardião de tesouros*, as dificuldades a se superar antes de se ter acesso ao frescor de um oásis ou de um poço.

A psicanálise faz do pântano, do charco, um dos símbolos do *inconsciente* e da *mãe*, local das germinações invisíveis.

PÃO

O pão é, evidentemente, símbolo do alimento essencial. Se é verdade que *o homem não vive só de pão*, apesar disso, é o nome de pão que se dá à sua alimentação espiritual, assim como ao Cristo eucarístico, o pão da vida. É o pão sagrado da vida eterna, do qual fala a liturgia. "Bem-aventurados", escreve São Clemente de Alexandria, "aqueles que alimentam os que têm fome de justiça pela distribuição do Pão".

Os pães de proposição dos hebreus também não tinham significado diferente desse. E o pão ázimo – do qual se compõe a hóstia hoje – "representa ao mesmo tempo", diz São Martinho, "a aflição da privação, a preparação para a purificação e a memória das origens".

É tradição que *Beith-el*, a *Habitação Divina*, que é a **pedra*** erguida de Jacó, tenha se transformado em *Beith-lehem* (a casa do pão). A casa de pedra é transformada em pão, isto é, a presença simbólica de Deus em presença *substancial*, em alimento espiritual, e não absolutamente material, como ainda o propõe o tentador no Evangelho.

O pão – nas espécies eucarísticas – se relaciona tradicionalmente com a vida ativa, e o vinho, com a vida contemplativa; o pão, com os *pequenos mistérios*, e o vinho, com os *grandes mistérios*; coisa que se pode aproximar do fato, nota M. Schuon, de que o milagre do pão (sua multiplicação) é de ordem quantitativa, enquanto o milagre do vinho (nas bodas de Caná) é de ordem qualitativa.

O simbolismo do fermento se exprime, nos textos evangélicos, sob dois aspectos: de um lado, ele é o princípio ativo da panificação – símbolo de transformação espiritual; sua ausência comporta, por outro lado – voltamos aqui à significação do pão ázimo –, a noção de pureza e de sacrifício (GUEM, SAIR, SCHG).

PAPA, O

O Papa, quinto arcano maior do **Tarô***, está separado da Papisa (II) pela Imperatriz (III) e pelo Imperador (IV). A Papisa e a Imperatriz, poderes femininos, vestem-se de **azul*** sobre **vermelho***; o Papa, como o Imperador, tem o vermelho sobre o azul e cobre com uma capa vermelha de bordas amarelas sua roupa azul. As mangas são **brancas***, pois seus braços permanecem puros; sua mão esquerda, de luva **amarela*** e marcada com uma cruz, sustenta a haste de uma cruz papal de três travessas, que simboliza o poder criador através dos três mundos, *divino, psíquico, físico* (PAPT). "Do ternário aqui se engendra um setenário formado pelas terminações arredondadas das travessas e pelo alto da cruz. Ora, sete é o número da harmonia e também o das causas segundas que regem o mundo; essas causas correspondem às influências planetárias ou às sete notas da escala" (WIRT, 142). O Papa está sentado entre duas colunas azuis, que evocam as do templo de Salomão; sua mão direita bendiz os dois personagens tonsurados que estão de cada um dos lados na parte de baixo da lâmina. Um deles, vestido de vermelho, tem uma estola amarela, sua mão esquerda está levantada, enquanto o outro, coberto por uma manta amarela de capuz vermelho, com chapéu azul, está com a mão direita abaixada em um gesto exatamente inverso. Um é ativo, o outro, passivo, abandonado à humildade que o faz receber do alto a doutrina tradicional e dogmática, enquanto o primeiro se esforça por difundi-la. Assim, em seguida ao Imperador, que simplesmente afirma sua força ativa, o Papa comunica seu saber. Ele não tem mais necessidade do livro, que está aberto sobre os joelhos da Papisa; símbolo daquele que sabe, ele transmite o seu conhecimento; arcano **cinco*** do Tarô, ele leva o número do homem, considerado mediador entre Deus e o universo. De sua posição superior, ele diz aos discípulos: *Ide e ensinai a todas as nações*. O Papa ou O Mestre dos Arcanos é frequentemente substituído no Tarô belga por Baco. Ele representa "a causa que leva o homem ao caminho do progresso predestinado" (Enel); "o dever, a moralidade e a consciência" (O. Wirth); "o poder moral e a responsabilidade conferidos ao homem" (fr. Rolt-Wheeler). Corresponde na Astrologia à quinta casa do horóscopo.

Com ele termina o primeiro grupo dos arcanos do Tarô, aquele que coloca o sujeito (O Mago)

PAPAGAIO (PANDORGA, PIPA ETC.) | 757

diante do objeto múltiplo dos conhecimentos, simbolizados pelos quatro poderes investidos de funções quer leigas quer religiosas. Depois deles, o homem deverá tomar uma primeira opção pessoal: será a do **Enamorado***.

PAPAGAIO (Pandorga, Pipa etc.)

Soltar papagaios de papel é um passatempo muito comum na Ásia oriental. No Vietnã, o papagaio com apito desempenha, quando há epidemias, *um papel protetor, porque afasta os espíritos malignos.* A fim de tornar essa terapia mais eficaz, o apito dispersa pelo ar arsênico sulfúrico em pó (HUAV), o que cria uma aproximação entre os significados do papagaio e do **zunidor***.

O papagaio de empinar (fr. *cerf-volant*, literalmente "cervo-voador"; *v.* **cervo***, a fim de melhor compreender a observação feita a seguir) faz lembrar a grande lei físico-química que dá ao cervo-Mercúrio a possibilidade de elevar-se e propicia a realização da sublimação filosófica. Foi no intuito de ilustrar esse ensinamento hermético que Jacques Coeur mandou esculpir – como bom alquimista que era – a figura de pandorgas sobre o tímpano de uma porta da sala principal de seu palácio, em Bourges.

PAPEL

O simbolismo corrente do papel está ligado ou à escrita que ele recebe, ou à fragilidade de sua textura (papel enrugado, *mâché*, molhado).

As tiras de papel dobradas desempenham um papel simbólico e ritual importante no *Xintô*: o *gohel*, do qual existem umas vinte variações com significações diferentes, é ao mesmo tempo oferenda e signo da *presença real* do *kami* no templo. **Dobras*** muito próximas daquelas dos *gohel* simbolizam os quatro *mitama*, que são os quatro aspectos tradicionais da *alma*, da parte intemporal do ser.

É preciso citar ainda o *harai-gushi*, instrumento de purificação ritual constituído por um bastão, ao qual são afixadas tiras de papel branco. O *tamagudhi*, que é oferenda, mas simboliza provavelmente um laço entre a alma e o *kami*, é

um ramo de **sakaki*** com tiras de papel dobradas. As noções de pureza e, parece, de *sutileza*, são constantes (HERJ).

Portador de imagens, ele é o substituto frágil da realidade: tigre de papel.

PAPELOTE (O-Mikuji: tirar a sorte)

Por uma quantia mínima, o visitante dos templos xintoístas pode adquirir o direito de sacudir uma caixa cilíndrica que contém inúmeras varetas. Quando ele consegue fazer com que uma delas saia, lê nela um número. Recebe, então, uma folha impressa correspondente a esse número e nela descobre instruções ou previsões. Se, por azar, estas são más, a fim de conjurar a sorte, ele colocará o papel sobre um galho de árvore dentro do recinto do templo. É por isso que os turistas estrangeiros ficam muito espantados de ver perto dos templos xintoístas japoneses árvores completamente revestidas de papelotes. O papelote é o símbolo do acaso, ao qual está preso o destino dos homens. A própria palavra *Kuji* significa: tirar a sorte. Mas esse destino pode ser curvado pelas forças desconhecidas que o papelote tenta imobilizar ou exorcizar na árvore sagrada, quando elas se anunciam maléficas.

PAPIRO

Da palavra grega papyros, que originou papel e que derivaria de uma palavra egípcia que significa o real. O papiro é um equivalente do **livro***. No tempo em que ele cobria, em moitas cerradas, as extensões pantanosas do delta do Nilo, "era a imagem vigorosa do mundo em gestação; transformado em coluna com contornos, sustenta o templo, quadro dos renascimentos cotidianos do universo. Verdejante e vivaz, signo de alegria e de juventude (= verde, em hieróglifos), é o cetro mágico das deusas; serve para formar buquês esplêndidos, emblemas de triunfo e de alegria que se oferecem aos deuses e aos mortos" (POSD, 212).

O papiro enrolado, nos hieróglifos, significava o conhecimento. O fato de ser enrolado e desenrolado corresponde aos dois movimentos de involução e evolução, aos dois aspectos esotéricos

PAPISA, A

e exotéricos do conhecimento, à alternância do segredo e da revelação, do não manifesto e do manifesto. Do ponto de vista psíquico, ele exprime as duas fases de impulso e de repouso, de exaltação e de depressão.

PAPISA, A

Segundo arcano maior do **Tarô***, a Papisa em oposição ao **Mago***, que está de pé, é uma mulher sentada, imóvel e misteriosa. Ela esconde sob um manto **azul*** com colarinho e fecho **amarelos*** seu longo vestido **vermelho*** sobre o qual se cruzam dois cordões amarelos; símbolo da força do Espírito que ainda não quer se manifestar no exterior. Ela traz a tiara pontifícia, de três coroas, a última das quais ultrapassa um pouco o quadro da lâmina (*v.* **Arcano XXI, o Mundo***). Um véu branco cai sobre seus ombros, e sua cabeça se destaca sobre uma tapeçaria cor de carne, como as suas mãos, a manga visível do seu vestido e o livro que ela mantém aberto diante de si. Esse véu branco nos leva a pensar em Ísis e na inscrição que Plutarco diz ter sido gravada sobre a sua estátua em Saís: *Eu sou tudo o que foi, tudo o que é e tudo o que será, e meu véu mortal ninguém jamais suspendeu.* Algumas vezes chamada de "Porta do Santuário oculto" (RIJT, 229), a Papisa tem o Livro dos Livros, o *Dies irae, no qual tudo está contido e pelo qual o Mundo será julgado.* Ela é comparada ainda a Juno, *que representa a sabedoria, a riqueza; a estabilidade, a reserva; a inércia necessária ou prejudicial. Ela corresponde, na Astrologia, à segunda casa do horóscopo.*

Pouco importa saber se existiu ou não uma Papisa na Idade Média. O que ela simboliza aqui é a Mulher, sacerdotisa ou mesmo deusa, que detém, sem o querer mostrar, todos os segredos do mundo. Ela não é ainda a manifestação, a deusa-mãe. Por trás da cortina das aparências, ela cobre a força (vermelho) com um manto azul (como a **Imperatriz***, a **Justiça*** e o **Eremita***), ela é aquela que espera: "lei moral [...] sacerdócio [...]. Saber oposto a Poder" (WIRT, 125), "contradição interior da dualidade, eterna antítese da Existência e da Essência" (RIJT, 228).

PAPOULA

No simbolismo eleusino, "a papoula que é oferecida a Deméter simboliza a terra, mas representa também a força de sono e de esquecimento que toma os homens depois da morte e antes do renascimento" (MAGE, 136). A terra é, com efeito, o local onde se operam as transmutações: nascimento, morte e esquecimento, reaparecimento. Compreende-se que a papoula seja o atributo de Deméter, com a qual se identifica simbolicamente.

Na Rússia, diz-se de uma jovem que ela *é bela como a flor da papoula; permanecer uma papoula* significa ficar solteirona.

PARAÍSO

As obras de arte e os sonhos, os do sono assim como os da vigília, sejam espontâneos ou sejam provocados por drogas, são cheios de representações inspiradas nisso que se chamou a *nostalgia do Paraíso*. "Por isso nós entendemos", explica Mircea Eliade (ELIT, 322), "o desejo de nos encontrarmos *sempre e sem esforços* no coração do mundo da realidade e da sacralidade, e em suma, o desejo de superar de uma maneira natural a condição humana e de recuperar a condição divina; um cristão diria: a condição anterior à queda". Um mago moderno, olhando o futuro mais que o passado diria: a condição sobre-humana.

Tal era a situação de Adão no Paraíso terrestre: um estado de graça sobrenatural. Apenas uma coisa lhe faltava: o direito de tocar na árvore do conhecimento do bem e do mal, que fica no meio do jardim. Essa proibição levou à queda do homem. Eis a descrição desse Paraíso, segundo o Gênesis: "o Senhor plantou um jardim no Éden, no Oriente, e aí colocou o homem que havia modelado. O Senhor fez nascer do solo toda espécie de árvores sedutoras aos olhos e boas de se comer, e a árvore da vida no meio do jardim, e a árvore do conhecimento do bem e do mal. Um rio saía do Éden para regar o jardim e de lá se dividia formando quatro braços. O primeiro se chama Pison: este é o que rodeia toda a terra de Havila, onde há ouro. E o ouro dessa terra é bom:

ali há o bdélio e o ônix. E o nome do segundo rio é Gihon: este é o que rodeia toda a terra de Cush. E o nome do terceiro rio é Tigre: é o que corre para a banda oriente da Assíria. E o quarto rio é o Eufrates. E tomou o Senhor o homem e o pôs no jardim do Éden para o lavrar e guardar. E ordenou o Senhor ao homem: de toda árvore do jardim comerás livremente. Mas da árvore da ciência do bem e do mal, dela não comerás; porque no dia em que dela comeres, certamente morrerás" (*Gênesis*, **2**, 8-17).

O Paraíso é o *Paradesha* sânscrito, a *região suprema*, o *Pardes* caldeu. É, com sua fonte central e seus quatro rios correndo nas quatro direções, o centro espiritual primeiro, a origem de toda tradição. É também, universalmente, a *morada da imortalidade*. É o centro imutável, o *coração do* mundo, o ponto de comunicação entre o Céu e a Terra. Ele se identifica, em consequência, com a montanha *central* ou *polar*, Mera hindu, *Qaf* muçulmano. O primeiro Paraíso hindu, Utta-rakura, é a região do *norte*, o centro hiperbóreo. O esoterismo islâmico fala também de uma **ca-verna*** de Adão, cujo simbolismo está ligado ao da **montanha***. Se o *Paraíso terrestre* tornou-se inacessível foi porque as relações entre o Céu e a Terra foram rompidas pela *queda*. A aspiração ao *Paraíso perdido* é universal: ela se traduz, como notaram inúmeros teólogos, em uma *oração vol-tada para o Oriente*. O Paraíso de Amida, o do monte Kuenluen situam-se, ao contrário, no Ocidente; o dos gregos, também, ou então ao norte. Isso faz supor a intuição universal de um centro primordial único – sem localização, é claro –, pois essa convergência perturbadora é menos dirigida a um *lugar* que a um *estado*.

O Paraíso é representado na maioria das vezes como um **jardim***, cuja vegetação luxuriante e espontânea é fruto da atividade celeste. Já falamos do papel da **fonte***, ou da nascente central, origem da vida e do conhecimento. Os animais aí vivem em liberdade: sua linguagem é compreendida pelo homem, que os domina espontaneamente. Aqui se trata de uma característica própria do estado edênico: é a função de Adão *nomeando* os animais; ela traduz, diz a teologia, a dominação do intelecto sobre os sentidos e os instintos, assim como o conhecimento da natureza própria dos seres. Encontra-se a mesma noção na China onde as **Ilhas*** dos Imortais, o Paraíso do *Kuen-luen*, são povoados de animais pacíficos. O jardim circular *P'iyong*, rodeando o *M'ing-t'ang*, é povoado de animais; os Paraísos budistas são povoados de pássaros, símbolos *angélicos*.

Dissemos que se tratava menos de lugares que de estados: o retorno ao estado edênico é, com efeito, a obtenção de um estado *central*, a partir do qual se pode fazer a ascensão espiritual ao longo do eixo terra-Céu. Além disso, os Céus são muitas vezes múltiplos e hierarquizados, para simbolizar uma hierarquia de estados alcançados sucessivamente. O *centro do mundo* corresponde ao *Brahmaloka*, que fica no *centro* do ser, o estado de imortalidade *virtual*. Do mesmo modo, diz Abu Ya'qub, que o *jardim* do Paraíso é povoado de árvores, de plantas, de águas vivas, *também os altos conhecimentos e os dons infundidos pelo Intelecto e pela Alma são o jardim da clara percepção interior* (CORT, ELIY, ELIM, GROC, GUEV, GUED, GUEM, GUER, GUES, LIOT, SCHC, GRIB).

A tradição islâmica multiplica e amplifica os detalhes concretos. A entrada do Paraíso tem oito portas. Cada estágio paradisíaco tem cem degraus. O estágio mais elevado está no sétimo Céu. Segundo um *hadith* (tradição profética) céle-bre, a chave que abre essas portas tem três dentes: a proclamação da Unicidade divina (*Tawhid*), a obediência a Deus, a abstenção de todo ato ilícito.

O Paraíso é também representado como ten-do uma primavera e uma claridade eternas. Um dia do Paraíso vale mil dias terrestres; quatro rios correm das montanhas de musgo, entre mar-gens de pérolas e de rubis. Há quatro montanhas (Uhud, Sinai, Líbano, Hasid). Um cavalo a galope levaria cem anos para sair da sombra da bananeira. Uma única folha da **jujubeira*** *do limite* poderia abrigar toda a comunidade dos fiéis.

Música maravilhosa, anjos, eleitos, colinas, árvores, pássaros, tudo concorre para criar uma melodia universal, as delícias paradisíacas.

760 | PARA-SOL

A mais maravilhosa melodia é a Voz de Deus a acolher os Eleitos. Toda sexta-feira, estes farão ao Altíssimo uma visita, a seu convite. Os homens, seguindo o Profeta, as mulheres, seguindo sua filha Fátima, atravessam os Céus, passam pela *Ka'ba* celeste, cercada de anjos em oração, aproximam-se da *Tábua guardada* onde o **Cálamo*** escreve os Decretos divinos; o Véu de Luz se suspende e Deus aparece a seus convidados *como a Lua em sua plenitude*.

Nas *Escolas mo'tazilitas*, os antropomorfismos aplicados a Deus são interpretados metaforicamente; ao contrário, as delícias sensíveis do Paraíso são tomadas no sentido próprio.

Os primeiros *Asharitas* insistem no caráter incomparável e inefável dos gozos paradisíacos, sem quaisquer medidas comuns em relação aos prazeres terrestres.

Para os filósofos, para Avicena em particular, o sábio deve entender a Ressurreição no Paraíso em *símbolos* e *alegorias*.

Os *sufistas* desenvolvem o *sentido espiritual superior*, revelado pelo *Kashf* (desvendamento). Para Ibn-Arabi, o Paraíso é uma *morada de vida*. Os *leitos elevados* representam os degraus de perfeição; "o forro de brocado", a face inferior da alma; as Huris, as almas celestes etc. (ENCI, art. Djanna, 459).

Os monges irlandeses da Alta Idade Média assimilaram globalmente o Paraíso cristão ao *sid* da antiga tradição céltica. Mas em virtude da correspondência estabelecida por eles mesmos entre os elementos da tradição céltica que eles conheciam ainda muito bem e a cronologia bíblica tradicional, assimilaram também a Irlanda a uma terra prometida e a uma imagem terrestre do Paraíso: terra fértil, de clima doce, onde não habita nem a serpente nem qualquer animal nocivo (LEBI, 1, *passim*) (*v.* **Além***, **O**).

PARA-SOL

O para-sol é um símbolo do Céu e, consequentemente, em toda a Ásia, um emblema real. É o caso do *para-sol branco* do Laos. É antes de tudo a insígnia do *reichakravarti*, o monarca universal

situado no centro da *roda*. Os arcos do para-sol convergem para o seu eixo, como os raios para o meio. O soberano se identifica com esse eixo cósmico, que representa o cabo do para-sol. O *pálio* como tal é o Céu e corresponde, evidentemente, ao simbolismo do domo. No Laos se coloca, pelo menos é o que garante a lenda, um para-sol sobre os *montes de areia*, imagens do *Merau*, eixo do mundo. Nas cerimônias funerárias desse lugar, põe-se um para-sol no alto de uma coluna provida de pequenas travessas, com vistas à ascensão da alma ao Céu. O cabo, *danda*, do para-sol hindu comporta em si um número variável de divisões. A carruagem real chinesa da Antiguidade tinha um pálio redondo, figurando o Céu, sendo a caixa quadrada a terra e o suporte do pálio, o eixo do mundo, com o qual o imperador se identificava, pois o Céu *cobre* e a terra *sustenta*. O para-sol, emblema de *Vishnu*, é insígnia de realeza, ao mesmo tempo que é símbolo celeste.

Seu sentido é o mesmo nas representações não icônicas do Buda: o para-sol figura o Céu, o trono, o mundo intermediário e os rastros, a terra; mas ele é também o emblema do *chiakravarti*, que é o Buda. No cume dos **stupa*** e dos pagodes, os para-sóis em degraus são os estágios celestes: eles se situam, vale notar, além da cúpula, sobre a parte do eixo que a ultrapassa, o que quer dizer que eles figuram degraus extracósmicos estados supra-humanos. Correspondem, na simbologia tibetana, ao elemento Ar; mas são encimados por uma *gota flamejante*, que é o elemento Éter.

No tantrismo, os *chakra* (ou rodas) que se sucedem ao longo da coluna vertebral (eixo microcósmico) são expressamente identificados com para-sóis. Mas o próprio crânio do *Brahmaramdhra*, que é furado no centro, é um para-sol; ele é o *pálio florido*, insígnia imperial chinesa, que a simbologia taoista identifica, por sua vez, às duas sobrancelhas, que abrigam o *Sol* e a *Lua*. Guénon notou a perspectiva dupla em que se deve considerar o para-sol: visto *de baixo*, ele protege da luz; visto *de cima*, suas ramificações (*salaka*) são os próprios raios do sol envolvendo o mundo.

Segundo o *Corão*, o baldaquim (*al rafraf*) está em relação com o Paraíso. Os "Baldaquins supremos *designam uma* morada *da Glória divina, isto é,* um grau da manifestação informal" (Burckhardt) (BENA, JILH, MALA, MASR, PORA).

PARTO (Mortal)

Entre os astecas, as mulheres mortas de parto reúnem-se aos guerreiros sacrificados ou mortos em combate. Tomam o lugar destes ao meio-dia e acompanham o Sol na segunda metade de seu curso diurno (SOUP). Com eles, elas formam o par dialético evolução-involução. Revestindo a face *descendente* dessa dualidade, da luz rumo às trevas, elas fazem parte da expressão perigosa do sagrado. Soustelle precisa: "elas aparecem às vezes sobre a terra ao crepúsculo, nas **encruzilhadas***. Assustam aqueles que encontram, trazendo a eles a epilepsia ou a paralisia", que são males sagrados. A mulher que morre ao botar um filho no mundo assume, em todas as culturas, uma significação sagrada, que se aproxima à do sacrifício humano destinado a assegurar a perenidade, não apenas da vida, mas da tribo, da nação, da família.

PÁSSARO, AVE

(v. Abutre, Águia, Andorinha, Asa, Cegonha, Coruja, Cisne, Codorniz, Corvo, Engole-vento, Faisão, Fênix, Galo, Gavião, Grou, Lavandisca, Martim-pescador, Milhano, Mocho, Pato, Pavão, Pega, Pelicano, Perdiz, Pomba, Rouxinol, Simorgh, Verdelhão)

O voo dos pássaros os predispõe, é claro, a servir de símbolos às relações entre o Céu e a terra. Em grego, a própria palavra foi sinônimo de presságio e de mensagem do Céu. É essa a significação dos pássaros no taoismo, onde os Imortais adotam a forma de aves para significar a *leveza*, a liberação do *peso* terrestre. Os sacrificadores ou as dançarinas rituais são frequentemente qualificados, pelos *brâmanes*, de *pássaros que levantam voo para o Céu*. Na mesma perspectiva, o pássaro é a representação da alma que se liberta do corpo, ou apenas o símbolo das funções intelectuais ("a inteligência", diz o *Rig-Veda*, "é o mais rápido

dos pássaros"). Certos desenhos pré-históricos de homens-pássaros foram interpretados num sentido análogo (Altamira, Lascaux): o levantar voo da alma ou o voo *extasiado* do xamã.

O pássaro opõe-se à serpente, como o símbolo do mundo celeste ao do mundo terrestre.

De modo ainda mais geral, os pássaros simbolizam os estados espirituais, os anjos, *os estados superiores do ser*. Os numerosos pássaros azuis (Maeterlinck) da literatura chinesa dos Hans são fadas, imortais, mensageiros celestes. No Ocidente como na Índia, os pássaros pousam – hierarquicamente – sobre os ramos da Árvore do mundo. Nos *Upanixades*, eles são dois: "um come o fruto da árvore, o outro olha sem comer", símbolos respectivos da alma individual (*jivatma*) ativa e do Espírito universal (*Atma*), que é conhecimento puro. Na realidade, não são distintos, e por isso são representados às vezes sob a forma de um único pássaro com duas cabeças. Principalmente no Islã, os pássaros são os símbolos dos anjos. A *linguagem dos pássaros* de que fala o *Corão* é a dos *anjos*, o conhecimento espiritual. Po-yi, assistente de Yu-o-Grande na sua obra de organização do mundo, compreendia a linguagem dos pássaros e subjugou, talvez por causa disso, os bárbaros-pássaros. As aves viajantes – com as de Fari-od-Din Attar e do Conto do Pássaro de Avicena – são almas engajadas na busca iniciatória. Guénon assinala, além disso, o caso dos vaticínios de Roma. A adivinhação por meio do voo e canto das aves não vem a ser, de certa maneira, uma compreensão da *linguagem dos pássaros*, e portanto da linguagem celeste? O poeta Saint-John Perse tem, sem dúvida, a intuição de uma espécie de pureza primordial nesta linguagem, quando escreve: "Os pássaros guardam entre nós alguma coisa do canto da criação."

A leveza do pássaro comporta, entretanto, como acontece frequentemente, um aspecto negativo. São João da Cruz vê nela o símbolo das "operações da imaginação", leves, mas sobretudo instáveis, esvoaçando de lá para cá, sem método e sem sequência; o que o budismo chamaria de "distração" ou, pior ainda, de "divertimento".

762 | PÁSSARO, AVE

É talvez nesse sentido que o Tao atribui aos bárbaros uma forma de pássaro, para designar uma espontaneidade, primordial, violenta e incontrolada. O Caos é simbolizado na China por um pássaro amarelo e vermelho, como uma bola de fogo, sem semblante, mas dotado de seis patas e de quatro asas, capaz de dançar e cantar, mas não de comer, nem de respirar. Secundariamente, deve-se observar o seguinte signo, assinalado pelos chineses da Antiguidade: o pássaro destrói seu ninho? É o anúncio de dificuldades e desordem no Império.

É preciso mencionar, no Oriente, o símbolo hindu de *Kinnara*, metade homem, metade pássaro, que toca cítara e parece estar associado sobretudo às personagens de caráter solar ou régio, como *Vishnu*, *Surya* ou o *Buda* (AUBT, BENA, COOH, DANA, ELIY, ELIM, GRAP, GUEV, GUES, CALL, LECC, MALA).

Os documentos mais antigos entre os textos védicos mostram que o pássaro ou ave (em geral, sem especificações particulares) era tido como um símbolo da amizade dos deuses para com os homens. É um pássaro que vai buscar soma, isto é, a ambrosia, no alto de uma montanha inacessível e a dá aos homens. São pássaros que, atacando as serpentes, propiciam a vitória dos arianos sobre os bárbaros que se opõem ao seu avanço. Mais tarde, a epopeia celebrará a fidelidade do pássaro Jatayu, que se sacrifica para tentar impedir que o demônio Ravana rapte Sita. E a interpretação mística dessa história, professada por numerosos hindus, vê a amizade divina sob a forma de um pássaro que se esforça para defender a alma contra as empresas demoníacas do espírito do mal. Na medida em que os deuses são tidos por seres voadores (como os anjos da Bíblia), os pássaros são, de algum modo, símbolos vivos da liberdade divina, eximida das contingências terrestres (o peso, em face da graça que os deuses possuem eminentemente). Quanto ao *ninho* dos pássaros, esse refúgio quase inacessível, escondido na parte mais elevada das árvores, é considerado uma representação do *Paraíso*, morada suprema onde a alma só chegará se, livrando-se dos pesos humanos, conseguir voar

até lá. Daí surge ainda a ideia de que a própria *alma* é um pássaro, e os Upanixades especificam: um pássaro migrador (em sânscrito, *Hamsa*; em alemão, *Gans*), devido à crença na migração da alma de corpo em corpo, até o voo final para esse ninho, onde ela encontrará por fim refúgio contra os perigos da transmigração. Este último símbolo é tão forte que se conta que Ramakrishna, há uma centena de anos, caiu um dia em êxtase, ao ver um pássaro migrador, todo branco, sair repentinamente de uma nuvem preta.

No mundo céltico, o pássaro é, em geral, o mensageiro ou o auxiliar dos *deuses* e do Outro Mundo, quer ele seja o cisne na Irlanda, o grou ou a garça-real na Gália, o ganso na Grã-Bretanha, o corvo, a carriça ou a galinha. Os ulates caçavam as aves em carros e, segundo algumas indicações esparsas nos textos, comiam pato. Mas isso não parece ter sido frequente, e o mundo céltico no seu conjunto teve pelo pássaro uma veneração muito grande. Segundo uma curta passagem de Mabinogi de Pwyll, a deusa gálica Rhiannon (*grande rainha*) tinha pássaros que acordavam os mortos e adormeciam (matavam) os vivos com a suavidade de sua música. A Gália conhece igualmente, na arte plástica da época romana, divindades pássaros. Monumentos lhes são dedicados em Alésia (Costa do Ouro), em Compiègne (Oise), em Martigny e Avenches (Suíça). Pode-se lembrar aqui os pássaros de Vótan-Odin no mundo germânico (OGAC, **18**, 146-147; Genava, **19**, 1941, p. 119-186).

No *Corão*, a palavra *pássaro* é muitas vezes tomada como sinônimo de *destino*: no pescoço de cada homem, atamos seu pássaro (*Corão*, **17**, 13; **27**, 47; **36**, 18-19).

"Quando os abissínios, sob a liderança de Abraão, marcharam sobre Meca, Deus enviou contra eles pássaros qualificados de Ababil, que lhes jogaram pedras de argila" (*Corão*, **105**, 3). Nas tradições do Islã, o nome de pássaro **verde*** é dado a um certo número de santos, e o anjo Gabriel tem duas asas verdes. As almas dos mártires voarão até o Paraíso sob a forma de pássaros verdes (*Corão*, **2**, 262).

É crença comum que os pássaros têm uma linguagem. O *Corão* (**27**, 16) indica que o rei Salomão conhecia essa linguagem. A obra célebre de Fari-o-Din Attar (sécs. XII-XIII), *Mantic ut-Tair, A linguagem dos pássaros*, um clássico da literatura persa, utiliza esse tema para descrever as peripécias do itinerário místico em busca do divino (*v.* **anqa***, **simorgh***).

O pássaro é tomado também como símbolo da imortalidade da alma no *Corão* (**2**, 262; **3**, 43; **67**, 19) e na poesia. A alma é comparada ao falcão que o tamboril do Mestre chama, ao pássaro cativo numa gaiola de argila etc. Como a maioria das outras tradições, a mística muçulmana compara frequentemente o *nascimento espiritual* ao desabrochar do corpo espiritual, quando este quebra sua ganga terrestre, assim como o pássaro rompe sua casca.

O pássaro, símbolo da alma, tem um papel de intermediário entre a terra e o Céu. "O signo da **abetarda***, símbolo da união das almas, da fecundidade, da descida das almas até amatéria [...] é comum a diversas tribos marabúticas berberes. Os tuaregues de Air, ao sul de Hoggar, ostentam nos seus escudos o signo dos dois Shin opostos, as duas patas da abetarda. Esse símbolo é encontrado nas Índias, no mundo céltico – *crow's foot*, sobre a vestimenta dos xamãs das tradições uralo-altaicas e até na gruta de Lascaux" (SERH, 74-75).

Com um sentido totalmente diferente, os hopis também atribuem aos pássaros o poder mágico de se comunicarem com os deuses. São muitas vezes representados com a cabeça rodeada de **nuvens***, símbolos da chuva, que é um benefício dos deuses, por fertilizar a terra; e aureolados com um círculo rompido que representa a criação, a vida, bem como a abertura e a **porta***, símbolo da *comunicação*.

A propósito da ornitomancia, Ibn Haldun declara que se trata da faculdade de "falar do desconhecido que desperta em algumas pessoas, com a visão de um pássaro que voa ou de um animal que passa, e de concentrar seu espírito, depois que desapareceram. É uma faculdade da alma que suscita uma compreensão rápida, pela

inteligência, das coisas vistas ou escutadas, matéria para o presságio. Ela supõe uma imaginação forte e poderosa [...]."

"Os dois ramos da ornitomancia árabe se fundamentam na interpretação da direção do voo dos pássaros observados e na de seus gritos" (FAHN, 206-207).

No Curdistão, para os yezidis e para os ahl-i haqq (Fiéis da Verdade), o símbolo do pássaro aparece desde que existe um mundo espiritual. É assim que, entre os yezidis, na época em que todo o universo estava coberto pelo mar, *Deus* é representado sob a forma de um pássaro empoleirado numa **árvore***, cujas raízes se afundam nos ares. Tem-se o mesmo na cosmogonia dos ahl-i haqq: Deus é representado com a aparência de um pássaro de asas de ouro, quando ainda não existiam nem terra, nem Céu. Convém lembrar que no começo do Gênesis (*1*, 1) o espírito de Deus paira, como um pássaro, sobre as águas primordiais. (M. Mokri, *O caçador de Deus e o mito do Rei-Águia*, Dara-y Damyari, Wiesbaden, 1967.)

O pássaro é uma imagem muito frequente na arte africana, especialmente nas **máscaras***. Simboliza a força e a vida; é "amiúde símbolo de fecundidade. Às vezes, como entre os bambaras, é ao pássaro, ao **grou*** de topete, por exemplo, que se associa o dom da palavra. Vê-se com frequência, nos vasos, o tema da luta entre o pássaro e a **serpente***, imagem da luta entre a Vida e a Morte" (MVEA, 129).

Os iacutos creem que, depois da morte, os bons e os maus sobem ao Céu, onde suas *almas* tomam a forma de pássaros. Provavelmente as *almas-pássaros* pousam sobre os ramos da Árvore do mundo, imagem mítica, quase universal (ELIC, 189).

Da mesma forma, no Egito, um pássaro com cabeça de homem ou de mulher simboliza a alma de um defunto ou a de um deus que visita a terra. A concepção da alma-pássaro e, portanto, a identificação da morte com um pássaro já são atestadas nas religiões do Oriente Próximo arcaico. O *livro dos mortos* descreve o defunto como um falcão que levanta voo, e, na Mesopotâmia,

764 | PÁSSARO, AVE

imaginam-se os falecidos sob a forma de pássaros. O mito é provavelmente mais velho ainda: sobre os monumentos pré-históricos da Europa e da Ásia, a Árvore Cósmica é representada com dois pássaros nos seus ramos. Essas aves, além de seu valor cosmogônico, também parecem ter simbolizado a alma-ancestral. Com efeito, é de se lembrar que, nas mitologias centro-asiáticas, siberianas e indonésias, os pássaros empoleirados nos ramos da Árvore do Mundo representam as almas dos homens. Devido ao fato de poderem transformar-se em aves, isto é, devido à sua condição de *Espírito*, os xamãs são capazes de voar para a Árvore do Mundo, para levar até lá as *almas-pássaros* (ELIC, 417-418).

A mais antiga prova da crença nas *almas-pássaros* está, sem dúvida, contida no mito da **Fênix***, pássaro de fogo, cor de púrpura – isto é, composto de força vital –, que era o símbolo da alma entre os egípcios. A fênix, duplo sublimado da **águia***, que está no cimo da árvore cósmica, assim como a serpente está na sua base, representava o coroamento da Obra no simbolismo alquímico (DURS, 135).

Os passarinhos, bem como as borboletas, simbolizam muitas vezes não apenas as almas dos mortos, isto é, as *almas liberadas* que voltam à pátria celeste, onde ficam à espera de sua reencarnação, mas também as almas das crianças. Isso ocorre principalmente nas crenças dos povos uralo-altaicos da Ásia central (HARA). Diz-se entre os golds "que uma mulher grávida pode ver em sonho um pássaro e que, se ela conseguir discernir seu sexo, saberá se seu bebê será um menino ou uma menina" (HARA, 120).

Os pássaros noturnos são frequentemente associados às almas do outro **mundo***, às almas dos mortos que vêm gemer durante a noite perto de sua antiga morada. Entre os negritos semang, seus cantos aterrorizam as aldeias, pois, segundo a tradição semang, os mortos retornam à sua família para matar os parentes, pois não gostam de solidão.

Os buriatas da Sibéria creem que a coruja-grande persegue as almas das mulheres que ao morrerem de parto vêm afligir os vivos (HARA, 263). Para guarda de seus animais, os iacutos pregam uma cabeça de coruja-grande na porta do estábulo (ibid., 284). Em Altai, a vestimenta de xamã, sempre em forma de pássaro, é muitas vezes ornada com plumas de coruja-grande. Segundo Harva (ibid., 341), o conjunto dessa vestimenta, assim como era outrora, devia representar uma coruja-grande. Ela afasta todos os espíritos, segundo a crença popular de Altai. "Em muitos lugares, quando as crianças estão doentes, é costume, ainda hoje em dia, capturar uma coruja-grande e alimentá-la, com a ideia de que esse pássaro afastará os maus espíritos que atacam o berço. Nas festas do urso, entre os iogules, uma pessoa fantasiada de coruja-grande é encarregada de manter a distância a alma do urso morto" (HARA, 349).

A tradição esotérica (VALC, 185) esboçou todo um jogo de correspondências entre os pássaros, as cores, as pulsões psíquicas. As quatro cores principais seriam representadas pelo **corvo***, pássaro-preto, símbolo da inteligência; pelo **pavão***, verde e azul, símbolo das aspirações amorosas; pelo **cisne***, branco, símbolo da libido, que engendra a vida corporal e, por meio do logos, a vida espiritual; a **Fênix*** vermelha, símbolo da sublimidade divina e da imortalidade. Numerosas variantes desenvolveram esses quadros de correspondências (LOEC, 150-152 etc.). Por exemplo, o amor, do carnal ao divino, será representado pela **pomba***, pássaro de Afrodite, pelo **pombo***, pelo **pato***; a sublimação da alma, mais uma vez pela pomba, pela **águia***, pelo **simorgh***; a intercessão entre o divino e o humano, pelo **corvo***, pelo **cisne***, que desempenham o papel de guia e mensageiro (estranha e significativa aproximação do **preto*** e do **branco***); o abutre e a fênix serão os pássaros condutores de almas; a águia, o falcão, a **arara*** significarão os valores solares e uranianos, os triunfos da guerra, da caça e das colheitas; os pássaros noturnos representarão os valores lunares e ctônicos.

Nos sonhos, o pássaro é um dos símbolos da *personalidade do sonhador*. Um grande pássaro amarelo aparece um dia a uma personagem de

Truman Capote. Em *A sangue-frio*, o romancista americano analisa o caso de um jovem que matou diversas pessoas sem motivos aparentes. "Ao longo de toda a sua vida – criança pobre e maltratada, adolescente sem afeições, homem aprisionado – um imenso pássaro amarelo, com cabeça de papagaio, havia pairado nos sonhos de Perry, anjo vingador que atacava seus inimigos com grandes golpes do bico e das garras ou que, como agora, o socorria quando ele corria um perigo mortal. Ele me levantou nos ares, eu estava leve como um camundongo; ganhamos altitude e eu podia ver a praça lá embaixo, homens que gritavam e corriam, o xerife que atirava sobre nós. Estavam todos furiosos, porque eu era livre, porque eu voava, porque eu voava melhor que qualquer um deles." Assim a ave de rapina se transformou, no sonho, em pássaro-protetor. Essa imagem ambivalente corresponde bem aos traços da personalidade de Perry, descritos pelo psiquiatra dr. Jones: "uma raiva constante e dificilmente dominada, facilmente provocada por qualquer sentimento de estar sendo enganado, humilhado ou considerado inferior pelos outros. Na maioria das vezes no passado, seus acessos de cólera foram dirigidos contra os representantes da autoridade: pai, irmão, ajudante... e chegaram a um comportamento violentamente agressivo diversas vezes... suas raivas sobem dentro dele [...] a força desmesurada de sua cólera e sua impotência para dominá-la ou canalizá-la refletem uma fraqueza essencial na estrutura de sua personalidade..." (*v. L'Express* n. 792, p. 54). Esse dualismo da personalidade não integrada refletia-se na imagem onírica do pássaro, às vezes cruel, às vezes protetor.

PÁSSARO-FERREIRO (*v. Engole-vento*)

PASSO (*v. Pé*)

PASTA

Símbolo da matéria informe: "A união da água e da terra dá a pasta. A pasta é um dos esquemas fundamentais do materialismo. E sempre nos pareceu estranho que a filosofia tenha negligenciado o seu estudo. Com efeito, a pasta nos parece o esquema do materialismo verdadeiramente íntimo em que a forma é despojada, apagada, dissolvida. A pasta coloca portanto os problemas do materialismo sob formas elementares, uma vez que ela desembaraça nossa intuição da preocupação com as formas" (BACE, 42).

A ação de modelar a pasta simboliza o gesto do criador e trai uma vontade viril de fazer alguma coisa: "Trabalhar as massas", escreve ainda Bachelard, "está forçosamente de acordo com uma vontade de poder especial, com a alegria máscula de penetrar na substância, de apalpar o interior das substâncias, de conhecer o interior dos grãos, de vencer a terra intimamente, como a água vence a terra, de encontrar uma força elementar, de tomar parte no combate dos elementos, de participar de uma força que dissolve sem apelação. Depois, a ação de ligação começa e a modelagem com seu progresso lento, porém regular, proporciona uma alegria especial, menos satânica que a alegria de dissolver; a mão diretamente toma consciência do sucesso progressivo da união da terra e da água" (ibid., 146). Compreende-se o prazer das crianças com a modelagem das massas e o valor educativo desses gestos. Mas esse simbolismo duplo de penetração da água na substância disforme e de penetração dos dedos na pasta pode também se carregar de significações sexuais, de que Bachelard dá mais de um exemplo.

PASTOR

Em uma civilização de criadores nômades, a imagem do pastor é carregada de simbolismo religioso.

Deus é o pastor de Israel (*Salmo*, **23**, 1; *Isaías*, **40**, 11; *Jeremias*, **31**, 10). Conduz seu rebanho, vela sobre ele e protege-o.

Mas como Deus delega uma parte de sua autoridade ao *chefe temporal e religioso*, este é igualmente chamado de pastor do povo. Os Juízes foram os pastores do povo de Deus (2 Samuel, 7, 7). Davi era pastor de ovelhas, Deus o fez chefe de seu povo (2 *Samuel*, 7, 8; **24**, 17). Neste caso, Israel não faz senão seguir os hábitos das religiões vizinhas: as do Egito e da Mesopotâmia. Todavia,

766 | PASTOR

pode se notar uma divergência importante: o Antigo Testamento não concede o título de pastor ao chefe, em particular ao rei, senão secundariamente. Ele é o pastor *escolhido por Deus*, que é o único dono do rebanho e representa o verdadeiro pastor.

Esse é o motivo pelo qual sob o reino do rei Acab um profeta pôde estigmatizar a infidelidade do monarca com as seguintes palavras: "Eu vi toda Israel dispersa pelas montanhas, como um rebanho que não tem pastor" (1 *Reis*, **22**, 17). É que o rei, em sua essência, não é pastor por direito divino. *Jeremias* (**23**, 1-6) e *Ezequiel* (**34**), ao fazerem um relato em que constatam o malogro do desempenho dos pastores de Israel, anunciam o advento de pastores fiéis ou mesmo a intervenção direta de Deus retomando a guarda de seu rebanho que os mercenários não souberam conduzir.

O judaísmo tardio desenvolve a simbologia em três direções:

Os chefes humanos já não são considerados senão como executantes, dirigidos na realidade pelos verdadeiros pastores que são os anjos, bons ou maus, dos povos (1 *Enoc*, **89**);
O simbolismo do pastor-rebanho já não está confinado às relações entre Israel e seu Deus: este é o pastor da humanidade (*Sir*, **18**, 13);
Por fim, a espera de um novo pastor conforme o desejo de Deus termina por chegar ao messianismo dos Salmos de Salomão: o Messias "apascenta o rebanho do Senhor na fé e na justiça" (17, 45).

Esses dois últimos pontos nos introduzem diretamente na simbologia cristã do pastor. *Eu sou o bom pastor*, diz Jesus (*João*, **10**, 11 s.), "não um mercenário, mas aquele a quem pertencem as ovelhas e que está pronto a morrer por elas". E acrescenta (**10**, 16) que, para ele, a noção de rebanho não deveria estar limitada a uma categoria ostensiva (religião, raça...).

O Apocalipse insiste igualmente nesse ponto, valorizando, porém, um outro aspecto do símbolo: o Cristo apascentará todas as nações da terra, mas com um cetro de ferro. Ele será o pastor-juiz (*Apocalipse*, **2**, 27; **12**, 5; **19**, 15).

A imagem do Cristo-pastor, frequentemente retomada nos escritos cristãos dos primeiros séculos (p. ex., o *Pastor de Hermas*), através de um processo já assinalado no Antigo Testamento, terminará por chamar os condutores espirituais de pastores, cujo trabalho se reporta constantemente ao de seu Senhor, o grande pastor (*Hebreus*, **13**, 20), o arquipastor (1 *Pedro*, **5**, 4).

O simbolismo do pastor comporta também um sentido de sabedoria intuitiva e experimental. O pastor simboliza a vigília; sua função é um constante exercício de vigilância: ele está desperto e *vê*. Por isso é comparado ao sol, que tudo vê, e ao rei. Além disso, o pastor, ao simbolizar o nômade, como já foi dito, está privado de raízes; representa a alma que, no mundo, jamais é sedentária – está sempre de passagem. No que concerne ao seu rebanho, o pastor exerce uma proteção ligada a um conhecimento. Sabe qual o alimento que convém aos animais sob seus cuidados. É um observador do Céu, do Sol, da Lua, das estrelas; é capaz de prever o tempo. Distingue os ruídos, escuta a chegada dos lobos ou o balido da ovelha desgarrada.

Por causa das diferentes funções que exerce, o pastor aparece como um sábio, cuja ação deriva da contemplação e da visão interior.

Entre os hebreus, os **nômades*** eram sempre preferidos aos sedentários; o nômade possui uma condição que se pode qualificar de sagrada. Abel é nômade, pastor; **Caim***, sedentário, agricultor. O sedentário, que se encontrará na origem da aldeia e da cidade, carregará sempre sobre si a maldição do homem enraizado, ligado quase que exclusivamente à terra.

Nas civilizações assírio-babilônicas, o símbolo do pastor assume um significado cósmico. O título de pastor é atribuído ao deus lunar Tamuz, que é *o pastor dos rebanhos de estrelas*, deus da vegetação, que morre e ressuscita. Segundo Krappe (CIRD, 280), Tamuz está ligado a Ishtar por um amor ardente (Adônis e Afrodite, Osíris e Ísis); suas relações evoluem como as fases da lua, numa sequência de desaparecimentos e de retornos. Por ocasião do obscurecimento, o pastor desempenha um papel de psicopompo, daquele que conduz as almas para a terra. As forças cósmicas representam seus rebanhos, dos quais ele se revela o senhor supremo.

PASTOREIO (*v.* Criação² [de animais])

PATO

O pato, e mais exatamente o casal de patos-mandarins (em japonês: *oshidori*), é em todo o Extremo Oriente o símbolo da união e da felicidade conjugal, às quais se acrescenta por vezes a noção de força vital, isso decorre do fato de que o macho e a fêmea nadam sempre harmonicamente juntos. Este símbolo é utilizado com muita frequência na iconografia (citaríamos a gravura de Hiroshige [1797-1858] e a pintura de Li Yi-ho, séc. XV), como também no artesanato popular de imagens destinadas à expressão de votos (promessas). Diversas lendas confirmam a explicação do símbolo. A imagem de um casal de patos costuma ser colocada no quarto nupcial (OGRJ, DURV).

Na América, para os povos da pradaria *o pato é o guia infalível, tão à vontade na água quanto no Céu*. Daí a utilização das penas de pato em certas cerimônias rituais.

Jamais se faz qualquer menção ao pato nos textos (mitológicos ou épicos) irlandeses e gauleses. Foi confundido com o **cisne***, do qual entretanto difere, quando menos pelo tamanho e pela cor. Seria difícil, portanto, atribuir-lhe um simbolismo especial. Todavia, encontram-se patos representados em objetos celtas da época anterior à ocupação romana (CHAB, 553-555). Nossa tendência seria a de dar a essas imagens, no mundo céltico, interpretação análoga à do cisne.

PAULÓVNIA

A paulóvnia é, na China antiga, uma árvore cardeal: a porta da paulóvnia (*t'ong*) é a porta do norte. Trata-se, acima de tudo, da paulóvnia oca (*k'ong-tong*). Ora, a paulóvnia serve para a fabricação de instrumentos musicais e especialmente de caixas de ressonância com o auxílio das quais se pode ritmar a marcha do Sol. Ela serve ainda para fazer tambores de guerra. O caractere *tong*, que designa a paulóvnia, é homófono do caractere *t'ong*, que designa o barulho do tambor.

Quanto ao palácio de Paulóvnia (T'ong-kong), onde foi sepultado T'ang-o-Vitorioso, onde se exilou T'ai-kia, lugar de luto e de retiro, pode muito bem ter-se situado ao norte. Lembramo-nos, com efeito, de que a morada dos mortos é o setentrião. É a partir do solstício de inverno que se desenvolve o processo de regeneração, e a paulóvnia substitui, no norte, a acácia, emblema bastante conhecido da imortalidade (GRAD).

PAVÃO

Embora imediatamente façamos do pavão uma imagem de vaidade, essa ave de Hera (Juno), a esposa de Zeus (Júpiter), é antes de tudo um símbolo solar; o que corresponde ao desdobramento de sua cauda em forma de roda.

Ele é o emblema da dinastia solar da Birmânia. A dança do pavão da Birmânia, a utilização do pavão na dança cambojana do *trot*, estão relacionadas com a seca provocada pelo Sol. A matança do pavão, como a do cervo, é um apelo à chuva, à fertilização celeste, *Kumara* (*Skanda*), cuja montaria é o pavão (existe, particularmente, uma representação célebre em Angkor-Vat), identifica-se com a energia solar. O pavão de Skanda é certamente um destruidor de serpentes (isto é, das ligações corporais, e também do tempo). Mas a identificação da serpente com o elemento água confirma o parentesco do pavão com o Sol, com o elemento fogo, o antitérmico da água. O pavão é também, além disso, no *Bardo-Thodol*, o trono de Buda *Amitabha*, ao qual correspondem a cor vermelha e o elemento fogo.

É ainda nesse caso o símbolo da beleza e do poder de transmutação, pois a beleza de sua plumagem é supostamente produzida pela transmutação espontânea dos venenos que ele absorve ao destruir as serpentes. Sem dúvida, trata-se aí de um simbolismo da imortalidade. Interpretado assim na Índia, é um fato que o próprio *Skanda* transforma os venenos em bebida de imortalidade.

Nos *Jataka* budistas, o pavão é uma forma do *Bodhisattva*, sob a qual se ensina a renúncia aos apegos mundanos. No mundo chinês, o pavão serve para exprimir os votos de paz e de prosperidade. Aí é também chamado de *alcoviteiro*, ao mesmo tempo porque é utilizado como chamariz e porque basta o seu olhar, dizem, para fazer uma mulher conceber.

Nos povos maa do Vietnã do Sul, os homens se enfeitam com penas de pavão no cabelo: isso os identifica, sem dúvida, com o mundo dos pássaros; mas talvez signifique igualmente que estão relacionados ao simbolismo da irradiação solar. O pavão é, no Vietnã, um emblema de paz e de prosperidade (BELT, BENA, DAMS, DANA, DURV, EVAB, GOVM, KRAA, MALA, PORA).

Na tradição cristã, o pavão simboliza também a roda solar e, por esse fato, é um signo de imortalidade; sua cauda evoca o Céu estrelado.

É possível notar que a iconografia ocidental representa às vezes os pavões bebendo no cálice eucarístico. No Oriente Médio, são representados de um e de outro lado da Árvore da Vida: símbolos da alma incorruptível e da *dualidade psíquica* do homem.

O pavão serve às vezes de montaria, ele dirige de maneira certeira seu cavaleiro. Chamado de *animal de cem olhos*, ele se torna o símbolo da beatitude eterna, da visão face a face de Deus pela alma.

Ele se encontra na escultura romana e no simbolismo funerário (CUMS).

Símbolo cósmico para o Islã: quando ele faz a roda, figura seja o universo, seja a lua cheia ou o sol no zênite.

"Uma lenda sufista, provavelmente de origem persa, diz que Deus criou o Espírito sob a forma de pavão e lhe mostrou sua própria imagem no espelho da Essência divina. O pavão foi tomado de um temor respeitoso e deixou cair algumas gotas de suor, do qual todos os outros seres foram criados. O desdobramento da cauda do pavão simboliza o desdobramento cósmico do Espírito" (BURD, 85).

Nas tradições esotéricas, o pavão é um símbolo de totalidade, na medida em que reúne todas as cores no leque de sua cauda aberta. Ele indica a identidade de natureza do conjunto das manifestações e sua fragilidade, visto que elas aparecem e desaparecem tão rapidamente quanto o pavão abre e fecha o seu leque.

Os iezides, originários do Curdistão, nos quais há que notar certas semelhanças com os monges sufistas e com os budistas, dão uma grande importância à força chamada *Malik Taus*, o Anga-Pavão, no qual se unem os contrários.

Pavão: Arte bizantina. Sécs. X-XI.
(Paris, Museu do Louvre)

PAZ

A paz entre Estados, como a paz civil, são símbolos universais da *paz do coração*. São também os seus efeitos. A *Grande Paz* (*T'ai-p'ing*) dos chineses se manifesta, sem dúvida, na harmonia social e na perfeita serenidade no governo do Império. Yu-o-Grande organiza o mundo *pacificando* as águas e a terra. A *T'ai-p'ing kiao* dos Han era uma organização taoista. Hong Sieuts'iuan, fundador do movimento *T'ai-p'ing*, no séc. XIX, proclamava-se filho de Deus. A *Cidade dos salgueiros* das sociedades secretas também é chamada *T'ai-p'ing tchuang* (*Casa da Grande Paz*): ela é a imagem de um centro espiritual e, mesmo do Centro imóvel, situado perpendicularmente à Ursa Maior. A Paz é, portanto, a do estado *central*, edênico, liberto de todas as agitações do mundo. É semelhante a *Salém* (Paz), da qual Melquisedeque é o rei: Jerusalém é a *visão de* **paz***. É rumo a uma *Cidade da Paz* que conduz uma navegação no *Livro dos mortos* do antigo Egito, assim como nas lendas das sociedades chinesas. Essa *Grande paz* é literalmen-

PÉ (PASSO) | 769

te a *Sakinah* árabe, que corresponde à *Shekinah* hebraica, que é a *Presença real* de Deus. É também a *Pax profunda* dos Rosa-Cruzes e o *Grande refúgio* das confrarias medievais, a *paz no vazio* da qual fala Lie-tse e a *Tranquilidade* da ioga de Shankaracharya, a visão beatífica dos místicos cristãos.

A *Paz* do Cristo, tão cara aos padres gregos, é um estado de contemplação espiritual. Entre os hindus, a *shanti* é a procura de uma paz interior. A *pacificação* é a extinção da agitação, a extinção dos fogos passionais, é também a morte em sacrifício. O *shantipada* budista, *o estado de paz*, não é diferente da beatitude do *samadhi*. Os textos canônicos dizem de Buda que ele atingiu o *repouso*. Pois a *Grande Paz* é para eles o *Nirvana* (CORT, CORM, GRAD, GRAP, GRAR, GUEV, GUEC, GUET, SCHP, SILI).

PÉ (Passo)

A lenda de Buda conta que, desde o seu nascimento, ele medeia o universo dando sete passos em qualquer das direções do espaço; de *Vishnu*, que ele medeia o universo com três passos, sendo que um corresponde à terra, o segundo, ao mundo intermediário, o terceiro, ao Céu, assim como, dizem, ao nascer, ao zênite e ao pôr do sol. Também se veneram na Ásia oriental inumeráveis *Vishnupada* e *Bouddhapada* e, mais raramente, *Shivapada*. É o rastro do Deus, do *Bodhisattva* no mundo humano; mostra-se também o rastro dos pés de Cristo no monte das Oliveiras; do Imortal P'ong-tsu no monte Tao-ying, de Maomé em Meca e em diversas grandes mesquitas. A mãe de Yong-tse dá à luz *Heu-tsi*, o Príncipe Painço, por ter andado sobre um rastro de pé que era o do Soberano do alto. "Os pés de peregrino se encontram em torno de numerosos locais de culto" (SOUP, 59). "Não se trata, quando se imprime a marca dos pés, de dizer vim, mas de afirmar: estou aqui e aqui fico, como o atesta às vezes uma legenda inscrita no pé e que formula o desejo de permanecer na presença da divindade."

Entretanto, diz-se do Buda e dos grandes santos budistas que eles *não deixam rastros, são inalcançáveis*: aproximamo-nos aqui do simbolismo universal dos *vestigia pedis*. Esses rastros de pés são aqueles que se segue na caça e, simbolicamente, na caça espiritual. Mas as marcas são perceptíveis somente até a *Porta do sol*, até os limites do cosmo. Depois disso, as marcas desaparecem, sendo a Divindade *originalmente e finalmente desprovida de pés* (ofídica). Do ponto de vista da hierarquia dos estados espirituais, a *marca* dos estados superiores se confunde com o pé do eixo vertical, portanto, com o estado *central* que é o do *Homem verdadeiro* da tradição chinesa (*tchen-jen*). Fora desse estado central, não é, portanto, possível, discernir de que marca se trata.

É possível notar ainda, coisa que se explica com facilidade, que no mito de *Vaishvanara* os pés correspondem à *terra*, com a qual eles estabelecem o contato da manifestação corporal. Além disso, nas representações não icônicas do Buda, a marca dos pés corresponde igualmente à terra, o trono, ao mundo intermediário, e o para-sol, ao Céu (BHAB, COOH, GUEV, SOUJ). De uma maneira mais terra a terra, o pé simboliza também um certo sentido da realidade: *ter os pés sobre a terra*.

Sendo o ponto de apoio do corpo na caminhada, o pé, para os dogons, é antes de tudo um símbolo de consolidação, uma expressão da noção de *poder*, de chefia, de realeza. Mas ele implica também a ideia de origem; diz-se, entre os bambaras, que o pé é "a primeira germinação do corpo do embrião" (ZAHB, 51). Ele designa igualmente o fim, posto que, sempre, na caminhada, o movimento começa pelo pé e termina pelo pé. Símbolo de poder, mas também de partida e de chegada, ele se aproxima do simbolismo da **chave***, ela própria expressão da noção de comando.

Enquanto início do corpo, ele se opõe, por outro lado, à cabeça, que é o fim. Notando que esse início é, segundo as palavras de D. Zahan, esquecido, "negligenciado, mal orientado, o bambara ensina, entretanto, que a cabeça não pode nada sem o pé; isso é, como conclui esse autor, uma forma de sublinhar a dependência do homem divino em relação ao homem no que tem de mais simples" (ZAHB, 51).

770 | PÉ (PASSO)

O pé do homem deixa sua marca sobre as veredas – boas ou más – que ele escolhe, em função de seu livre-arbítrio. Inversamente, o pé leva a marca do caminho – bom ou mau – percorrido. Isso explica os ritos de lavagem dos pés, que são *ritos de purificação*. No decorrer da cerimônia de iniciação dos dervixes *bektachi*, o guia espiritual pronuncia estas palavras enquanto lava os pés do iniciante: "É uma obrigação requerida pelo Deus da misericórdia e compaixão que tu sejas toda vez lavado da poeira deixada pelos caminhos de erro e de rebeldia pelos quais tu caminhaste" (HUAS, 183).

Os pés dos anjos, escreve Dionísio, o Areopagita, "são a imagem de sua viva agilidade e desse movimento impetuoso e eterno que os lança na direção das coisas divinas; é por isso mesmo que a teologia os apresentou a nós dotados de **asas*** nos pés" (PSEO, 63). Hermes (Mercúrio) tem asas nos calcanhares.

O que nós chamamos de pés enfaixados deu motivo a um número incalculável de suposições, umas mais, outras menos exatas, outras completamente falsas. Sobre esse assunto tipicamente chinês, parece mais correto deixar falar um escritor chinês, Lin Yu Tang, que fez o seguinte comentário: "A natureza e a origem da deformação dos pés foram bastante mal compreendidas. Esse costume representava, em suma, de uma forma bem adaptada, um símbolo da reclusão das mulheres. O grande letrado confuciano Chu-Hsi, da dinastia Sung, também preconizava essa prática no sul do Fu-Kien como um meio de propagar a cultura chinesa e de ensinar a diferença entre a mulher e o homem. Mas, se o único objetivo em vista tivesse sido o de enclausurar as mulheres, é provável que as mães não enfaixassem voluntariamente os pés de suas filhas. De fato, essa deformação era antes de tudo de natureza sexual. Ela datava, sem dúvida nenhuma, das cortes dos reis libertinos; ela agradava aos homens devido ao culto aos pés e sapatos das mulheres, objetos de sedução a seus olhos, e devido ao andar que essa mutilação impunha naturalmente às suas companheiras; quanto a estas, não pediam mais que conseguir o favor dos homens."

"Os pés enfaixados representam a mais elevada sutileza sensual dos chineses. Além do andar feminino, o homem se pôs a adorar os pés pequenos, a admirá-los e decantá-los, fazendo deles um fetiche de amor. As pantufas noturnas ocuparam um lugar importante em toda a poesia sensual. O culto do Lírio de ouro pertence sem dúvida alguma ao domínio da psicopatologia sexual" (*La Chine et les chinois*, Paris, 1937).

Segundo alguns psicanalistas (Freud, Jung etc.) o pé teria também uma significação fálica e o calçado seria um símbolo feminino; cabe ao pé adaptar-se a ele. O pé seria o símbolo infantil do falo. Dentre as partes mais atraentes do corpo, segundo uma pesquisa americana, o pé vinha em quinto lugar, depois dos olhos, dos cabelos, do corpo todo e das ancas. Mas esses resultados são dos mais contestáveis. O professor Hesnard observa justamente (HAVE, 40-41): "para o homem de sexualidade normal, a atração erótica pelo corpo da mulher desejada não é uma síntese banal das partes, mas uma estrutura (Gestalt), isto é, um conjunto, uma totalidade, na qual cada elemento não existe, para o apaixonado, a não ser na medida em que sua significação parcial concorre para a significação de conjunto de toda a pessoa (corporal e psíquica) [...]. A preferência erótica pelo pé obedece a essa estruturação da feminilidade: entram em jogo elementos que estão ligados à fixação, na experiência vivida do sujeito, de certos eventos infantis, que persistiram na atividade psíquica inconsciente, em virtude de uma não maturação erótica". Restif de la Bretonne tinha uma obsessão fetichista pelo pé, e o sapato era para ele um poderoso excitante sexual. O pé aparece, senão como o lugar essencial, pelo menos como um dos polos da atração sexual. O pé é um símbolo erótico, de poder muito desigual, mas particularmente forte nos dois extremos da sociedade, entre os primitivos e entre os refinados.

Na evolução psicológica da criança, a descoberta do pé desempenha um papel considerável.

"Acariciar os pés de uma outra pessoa, sobretudo se são bem-feitos, pode tornar-se uma verdadeira paixão para certas crianças; e muitos adultos admitem conservar um resquício do mesmo impulso que parece trazer um prazer intenso. O interesse de certas mães pelos dedos dos pés de seus filhos e que elas exprimem com uma violência apaixonada e quase inacreditável é frequente; aí está um fator de ordem sexual de grande importância" (HAVE, 40). Para o homem normalmente evoluído do ponto de vista sexual, a significação fálica do pé tenderá a diminuir, sob o efeito de uma objetivação das funções próprias a cada órgão e a cada membro do sujeito.

O pé seria também um símbolo da força da alma, segundo Paul Diel, no sentido de ser ele o suporte da posição vertical, característica do homem. Quer se trate do pé vulnerável (Aquiles), ou do manco (Hefestos), toda deformação do pé revela uma *fraqueza da alma* (v. calçado*, sapato*).

PEDESTAL (v. Trono)

PEDRA

(v. Bétilo, Diamante, Esmeralda, Jade, Joia, Pérola)

Tradicionalmente, a pedra ocupa um lugar de distinção. Existe entre a alma e a pedra uma relação estreita. Segundo a lenda de Prometeu, procriador do gênero humano, as pedras conservaram um odor humano. *A pedra e o homem* apresentam um movimento duplo de subida e de descida. O homem nasce de Deus e retorna a Deus. A pedra bruta desce do Céu; transmutada, ela se ergue em sua direção. O **templo*** deve ser construído com pedra bruta, não com pedra talhada "[...] ao levantar teu buril sobre a pedra, tu a tornarás profana" (Êxodo, **20**, 25; Deuteronômio, **27**, 5; 1 Reis, **6**, 7). A pedra talhada não é, com efeito, senão obra humana; ela dessacraliza a obra de Deus, ela simboliza a ação humana que se substitui à energia criadora. A pedra bruta era também símbolo de liberdade; a talhada, de servidão e de trevas.

A pedra bruta é considerada ainda andrógina, constituindo a androginia a perfeição do estado primordial. Sendo ela talhada, os princípios se separam. Ela pode ser cônica ou cúbica. A pedra cônica representa o elemento masculino e a pedra cúbica, o elemento feminino. Se o cone repousar sobre um pedestal, reúnem-se assim os princípios masculino, e feminino. Faz-se frequentemente alusão à pedra erguida dos celtas, que reaparece na forma de campanário nas igrejas. Quando o culto era celebrado sobre a pedra, não se endereçava à pedra em si, mas ao deus, cujo local de residência ela havia se tornado. Até há pouco, a missa romana era celebrada sobre uma pedra colocada dentro de uma cavidade no altar, na qual foram inseridas relíquias de santos mártires.

As pedras não são massas inertes; pedras vivas caídas do Céu, elas continuam tendo vida depois da queda.

A pedra, como elemento da construção, está ligada ao sedentarismo dos povos e a uma espécie de *cristalização* cíclica. Ela desempenha um papel importante nas *relações entre o Céu e a terra*: ao mesmo tempo em função das *pedras caídas do Céu* e em função das pedras ornamentadas ou engastadas (megálitos, bétilos, cairns). Diversos povos, da Austrália e da indonésia à América do Norte, consideram o **quartzo*** como sendo fragmentos desprendidos do Céu ou do trono celeste: é o instrumento da *clarividência* dos xamãs. As pedras caídas do Céu são, além disso, muitas vezes, *pedras falantes*, instrumentos de um *oráculo* ou de uma *mensagem*. Trata-se, na maioria das vezes, de aerólitos, tais como a *pedra negra* de Cibele e diversos de seus homólogos gregos, o paládio de Troia, o escudo dos sálios, a pedra negra encastoada na *caaba* da Meca, a que o Dalai Lama recebeu do *Rei do Mundo*. O caso das *pedras de raio* é diferente, pois elas são os símbolos do próprio **raio***, e portanto, da *atividade* celeste, não de sua presença ou de seu efeito (no mesmo sentido, *machado* de pedra de *Parashu-Rama* e o *martelo* de pedra de *Thor*). Pode-se citar ainda a pedra caída da fronte de Lúcifer, na qual, segundo Wolfram d'Eschenbach, foi talhado o Graal. Se as pedras caem do Céu, é porque ele é frequentemente considerado – em especial na China – a abóbada de uma caverna. E

772 | PEDRA

é, inversamente, a razão pela qual as concretudes calcárias suspensas nessas abóbadas, as estalactites ou *medula de rocha* servem para preparar drogas da imortalidade muito apreciadas pelos taoistas.

Se a pedra negra de Cibele, imagem cônica da montanha, era um *ônfalo*, esta é a função principal das *pedras erguidas*, das quais a mais conhecida é o *Beith-el* de Jacó, *a casa de Deus*. É sem dúvida também a significação de certos megálitos celtas, e o *cairn*, pilha de pedras, evoca a montanha central. O *ônfalo* de Delfos, o altar de Delos, a pedra que, em Jerusalém, sustentava a Arca da Aliança, até as pedras de altares das igrejas cristãs, são símbolos da *presença divina* ou, pelos menos, suportes de influências espirituais. É também esse o caso da *pedra da coroação* de Westminster, que serviu para a sagração dos reis da Irlanda. A mesma significação se encontra no Vietnã, onde as pedras erguidas são sempre habitações de gênios protetores: elas servem de anteparo contra as influências nefastas, que delas se desviam.

A pedra é ainda um símbolo da *Terra-mãe*, e esse foi um dos aspectos do simbolismo de Cibele. De acordo com diversas tradições, as pedras preciosas nascem da rocha depois de ter *amadurecido* nela. Mas a pedra é viva e dá a vida. No Vietnã, ocorre de a pedra sangrar sob a ação da picareta. Na Grécia, após o dilúvio, nasceram homens de pedras semeadas por Deucalião. O homem que nasce das pedras se encontra nas tradições semitas; certas lendas cristãs fazem nascer delas o próprio Cristo. Sem dúvida, é preciso aproximar esse símbolo da transformação de pedras em pão, da qual fala o Evangelho (Mateus, 4, 3). *Beith-el* (*casa de Deus*) vai se transformar em *Beith-lehem* (*casa do pão*); e o *pão* eucarístico substituiu a pedra como *local* da Presença real. Na China, Yu-o-Grande nasceu de uma pedra, e seu filho, *K'i*, também nasceu de uma pedra que se quebrou do lado norte. Sem dúvida, não será acaso a Pedra filosofal do simbolismo alquímico constituir o instrumento da regeneração.

A *pedra bruta* é a matéria passiva, ambivalente: se apenas se exerce sobre ela a atividade humana, ela se envilece, como vimos; se, ao contrário, é a atividade celeste e espiritual que se exerce sobre ela, com vistas a fazer dela uma *pedra talhada acabada*, se enobrece. A passagem da pedra bruta à pedra talhada por Deus, e não pelo homem, é a passagem da alma obscura à alma iluminada pelo conhecimento divino. Aliás, o Mestre Eckhart não ensina que *pedra é sinônimo de conhecimento*? O simbolismo era diferente entre os hebreus: a passagem da pedra bruta destinada aos altares à pedra talhada, na construção do Templo de Salomão, é o signo da sedentarização do Povo eleito, e, como notamos no início deste verbete, de uma *estabilização* e de uma *cristalização* cíclicas, de uma involução em lugar de um progresso. No simbolismo maçônico, a *pedra cúbica* expressa igualmente a noção de estabilidade, de equilíbrio, de objetivo alcançado e corresponde ao *sal* alquímico.

No mesmo contexto, a *pedra cúbica pontuda* é o símbolo da Pedra filosofal: a pirâmide que encima o cubo representa o princípio espiritual estabelecido sobre a base do *sal* e do solo. A construção, pedra sobre pedra, evoca, evidentemente, a de um edifício espiritual. Essa ideia é longamente desenvolvida no *Pastor* de Hermas, mas tem sua origem em duas passagens do Evangelho: a que faz de Pedro (*Kephas*) a "pedra fundamental" da construção eclesiástica (Mateus, **16**, 18), a "primeira pedra" do edifício; a que, de Mateus, **21**, 42, a Lucas *20*, 17, retoma o texto do Salmo 118: "a pedra que os construtores tinham rejeitado tornou-se a pedra angular". Essa noção de *pedra angular*, retomada pela Maçonaria, é pouco compreensível se não se faz a retificação que fazem hoje os tradutores da Bíblia: é, na realidade, *a pedra da cumeeira*, isto é, a chave da abóbada. É a pedra da finalização, do coroamento, e o símbolo de Cristo, descido do Céu para *cumprir* a Lei e os Profetas.

Essa noção de consumação da Grande Obra se aplica exatamente à Pedra filosofal, aliás, às vezes tomada como símbolo de Cristo. Ela é "o pão do Senhor", escreve Angelus Silesius: "Procura-se a pedra do ouro (*Goldstein*), e deixa-se a pedra angular (*Eckstein*), através da qual se pode ser eternamente rico, são e sábio" (deve-se notar que Eckstein também tem sentido de **diamante***).

A pedra, que é o Elixir de vida e que, segundo Raymond Lulle, regenera as plantas, é o símbolo da regeneração da alma pela graça divina, de sua *redenção*. É possível fazer ouro com pedras?, pergunta ironicamente o comentador do *Tratado da flor de ouro*. O *Pao-p'u tse* assegura que dela só se pode tirar cal. Entretanto, o grande guru Nagarjuna assegurava que a transmutação era possível, em virtude de uma energia espiritual suficiente. Se entendermos *o ouro como sendo a imortalidade*, e as *pedras* como sendo os homens, todos os métodos de alquimia espiritual visam exatamente a essa operação. "A pedra angular que eu desejo", escreve Silesius, "é a minha tintura de ouro e a pedra de todos os sábios" (BENA, BHAB, CADV, ELIF, GRIF, GUED, GUEM, GUET, GUES, KALL).

Jean-Paul Roux, estudando as crenças dos povos altaicos (ROUF, 52), opõe a significação simbólica da pedra à da árvore. Semelhante a si mesma, depois que os ancestrais mais remotos a ergueram ou sobre ela gravaram suas mensagens, ela é eterna, ela é o símbolo da vida estática, enquanto a árvore, submetida a ciclos de vida e de morte, *mas que possui* o dom inaudito da perpétua regeneração, é o símbolo da vida dinâmica.

Essa pedra-princípio é representada por pedras erguidas que às vezes encarnam a alma de ancestrais, especialmente na África negra e a respeito das quais se conhece, por outro lado, a associação com o falo: coisa que explica o contexto **orgiástico*** que as cercou em certas regiões, marcadamente na Bretanha. O costume dos mandchus que *erigiam grandes árvores e colunas de pedra* resume essa distinção dos dois aspectos arquetípicos da Vida, o estático e o dinâmico, atribuídos por esse autor à árvore e à pedra. De um ponto de vista sociológico, a hesitação e a passagem alternada dos povos entre a *civilização do perecível* e a do *duro* – sendo a dureza, bem entendido, em primeiro lugar, a da pedra – podem ser, portanto, consideradas o resultado de uma opção entre esses dois aspectos – ou qualidades – complementares da vida.

"As pedras ditas de raio e que não são, na sua maioria, senão sílex pré-históricos, eram [consideradas] a própria ponta da flecha do relâmpago e, como tais, veneradas e piamente conservadas. Tudo o que cai das regiões superiores participa da sacralidade uraniana; é por isso que os meteoritos, abundantemente impregnados do sacro sideral, eram cultuados" (ELIT, 58). Essas pedras, especialmente na África, estão associadas ao culto dos deuses do Céu e são, às vezes, objetos de adoração. As pedras de raio, geralmente meteoritos, por caírem do Céu como a chuva, são consideradas símbolos e instrumentos da fertilidade. Por outro lado, "o **bétilo*** marca o local onde Deus desceu... É o mais antigo e o mais difundido de todos os utensílios humanos, o símbolo universal da liberação da natureza bruta, e é por conseguinte o símbolo da ideia de divindade... As pedras de raio são antes de tudo em si mesmas forças carregadas de um poder mágico, fetichista, intrínseco. Mais tarde, as pontas de flecha, os machados e as outras pedras, que são vistas como projéteis caídos do Céu, são considerados como tendo sido enviados do alto por um lançador de Tempestade ou Fulminador. Depois, símbolos feitos à mão pelo homem a partir desses projéteis – o machado duplo minoico, a imagem furcada do relâmpago, o bidente romano, a tribula hindu, a triaina grega, arma de Poseidon, que faz tremer a terra e o Keraunos de Zeus, que parece combinar o forcado do relâmpago com o poder dos dois gumes do machado de duas lâminas – todos esses objetos tornam-se os símbolos do Poder que faz tremer, e, mais tarde, atributos pintados do deus ao qual é dado esse poder" (ALEC, 75-76).

O machado de pedra polida permaneceu sendo o símbolo do raio entre os chorti do México (GIRP, 27), assim como entre os bambara. Para os bambara, as pedras de raio podem proteger do raio ou, ao contrário, atraí-lo: suspensas no teto da choupana, elas espantam o raio; depositadas sobre um abrigo no meio da selva, atraem-no (DIEB). Na simbologia do homem-microcosmo, são associadas ao crânio, portanto, ao cérebro, domínio do pensamento (ZAHB, 216).

Entre os fangs, do Gabão, uma tradição reza que se coloque um machado ou pedra de raio entre as pernas da parturiente para facilitar o parto

774 | PEDRA

(relatado por P. Alexandre). Entre os iacuto (Ásia central), "as parturientes bebem água dentro da qual colocaram pedaços de pedra desse tipo, para livrarem-se com facilidade da placenta. Recorre-se ao mesmo método no caso de uma obstrução das vias urinárias e intestinais" (HARA, 151).

As pedras de chuva personificam o *espírito petrificado dos ancestrais* (LEEC, 183); são antes símbolos do hábitat dos ancestrais ou de sua permanência indefinida em um lugar por sua força. A pedra fixa, por assim dizer, a alma dos ancestrais, pacifica-a, retém-na, para fertilizar o solo e atrair a chuva (*pedras de chuva*); ela é, assim, civilizadora, e vem a representar, com os ancestrais, os seus deuses e heróis tutelares. Pedras e rochedos materializam uma força espiritual; vem daí que sejam também objetos de culto. Jovens esposos os invocam para obter filhos; as mulheres se esfregam nelas para serem fecundadas, talvez pelos ancestrais (*pedras de amor*); mercadores as untam com óleo para garantir a prosperidade; às vezes, são temidas como guardiãs da morte, e lhes imploram que defendam o lar e o grupo.

As pedras de chuva, geralmente de origem meteórica, são também consideradas emblemas da fertilidade. Fazem-se oferendas a elas em caso de seca ou na primavera, para garantir uma boa colheita. "A análise cuidadosa das inumeráveis pedras de chuva sempre ressalta a existência de uma teoria que explica a capacidade que elas têm de comandar as nuvens; trata-se ou de sua forma, que tem uma certa 'simpatia' para com as nuvens e o raio, ou de sua origem celeste (elas teriam caído do Céu), ou do fato de pertencerem aos ancestrais; ou ainda, porque foram encontradas na água, ou porque sua forma lembra a dos peixes, sapos, serpentes, ou qualquer outro emblema aquático. Nunca a eficiência dessas pedras reside nelas próprias; elas participam de um princípio ou encarnam um símbolo... Elas são os signos de uma realidade espiritual outra, ou os instrumentos de uma força sagrada da qual são apenas receptáculo" (ELIT, 200).

Segundo o cronista Sahagun (SOUC, 228), as pedras de chuva, chamadas *ouro de chuva* pelos antigos mexicanos, supostamente protegiam da tempestade e curavam os *calores interiores* (febres). A maior parte das aldeias buriatas possui sua *pedra do Céu*, conservada dentro de uma caixa presa ao pilar, coluna celeste, plantada no meio da aldeia. Na primavera, essas pedras sagradas são ritualmente aspergidas e se fazem a elas sacrifícios com o fim de atrair as chuvas e assegurar a fertilidade do verão. Agapitov vê nessa coluna um resquício de culto fálico (HARA, 110).

Na Mongólia, imagina-se que é possível encontrar, seja nas montanhas, seja na cabeça de um cervo, de um pássaro aquático ou de uma serpente, e às vezes na barriga de um boi, uma pedra que traz o vento, a chuva, a neve e o gelo (HARA, 159). Crenças similares existem entre outros povos de origem altaica, tais como os iacuto e os tártaros. Em pleno verão, é costume prendê-las às crinas dos cavalos para protegê-los da seca; para trazer a chuva, são mergulhadas em um vaso de água fria. A mesma crença existia na Pérsia, o que explica o fato de a palavra que designa essa pedra entre os tártaros ser de origem persa.

A Pedra Negra de Pessinonte (na Ásia Menor), que era a expressão concreta da *Grande Deusa Mãe*, Cibele, adorada pelo povo frígio, foi transportada para Roma no início do séc. III, com grande pompa, e instalada sobre o Palatino. Essa Pedra Negra simbolizava a entronização em Roma de uma divindade oriental, primeira conquista mística de uma vaga que iria rebentar e apagar as mais antigas tradições da Cidade. Essa pedra representava e exercia toda a força invisível, mas irresistível, de uma *presença real*.

Entre os omahas (indígenas da pradaria) uma pedra negra representa o *trovão*, do mesmo modo como um seixo translúcido é o símbolo da força da água (ALEC, 76).

A *pedra erguida*, quer seja o **linga*** hindu ou o **menir*** bretão, é um símbolo universal. É segundo ritos análogos que os hindus ou os bretões vêm buscar junto a ela a cura para a sua esterilidade. Essa acepção da pedra é bem próxima daquela das grandes árvores sagradas, também elas fálicas. Junto às primeiras tanto quanto junto às últimas, os ritos de *fecundidade* utilizam, na mesma sequência simbólica lunar, a pedra de raio (**machado*** neolítico) e a **serpente*** (*v.* BOUA e HENL). O dia mais propício para as visitas, que são acompanhadas de oferendas de leite, de manteiga etc., a essas pedras, são a segunda-feira (fr. *lundi*), dia da Lua, ou a sexta-feira (fr. *vendredi*), dia de Vênus.

As bretãs, escreve J. Boulnois, esfregavam o ventre com o pó tirado da rocha do dólmen ou do menir, mas também com a água que ficava retida nas sinuosidades da pedra (BOUA, 12). O dólmen é considerado a habitação dos Ancestrais, que o fecundam. "Para a massa dos drávidas", acrescenta esse autor, "a pedra, como a árvore, ou o Céu, é um *fixador de espíritos* bons ou maus." Daí a utilização terapêutica das pedras, que, colocadas sobre a cabeça do doente, extirpam de seu corpo o espírito da febre. Daí também o costume dravídico (ibid., 13) de jogar uma pedra no caminho, atrás de si, ao voltar de uma cerimônia funerária, para deter o espírito do morto, no caso de ele querer voltar.

Existem também *pedras furadas*, através das quais se joga uma moeda ou se passa a mão, o braço, a cabeça ou todo o corpo; atribui-se a elas a proteção contra os malefícios e a posse de virtudes fertilizantes e fecundadoras. Certos etnólogos (John Marshall) acham que a ação ritual de passar pelo buraco de uma pedra implicaria a crença em uma regeneração por intermédio do princípio cósmico feminino. No Oriente antigo e na Austrália, associada às provas iniciáticas, a pedra furada é um símbolo da vagina.

Pedras em forma de mó furada referem-se a um simbolismo solar, a um ciclo da libertação através da morte e do renascimento através do útero.

A pedra lisa, segundo uma crença peúle, representa as duas ciências: a exotérica (face branca), a esotérica (face negra). Ela é símbolo do conhecimento do mundo, porta da via que une as duas regiões, dos vivos e dos mortos (HAMK, 5).

Existem ainda pedras ditas sonoras. A Pedra da Soberania, ou *Lia Fail* (impropriamente chamada de *Pedra do Destino*), é, na Irlanda, um dos talismãs de Tuatha De Danann. Ela gritava sob cada um dos príncipes que deveriam aceder à *soberania*; e foi porque ficou muda quando colocou o pé sobre ela, que o herói Cuchulainn a despedaçou. Ela se situava simbolicamente em Tara, capital da realeza suprema (OGAC, *16*, 431-433, 436-440).

Outras pedras eram instrumentos indispensáveis da adivinhação, como mediadoras entre Deus e o profeta. A sibila transportava consigo uma pedra e subia nela para dizer as profecias. Quando Apolo trabalhava na construção do muro de Megareia, pousava sua lira sobre uma pedra; se se jogasse um seixo sobre essa pedra, ela produzia um som musical harmônico.

As pedras colocadas em pilhas também se revestem de um valor simbólico. Nas gargantas dos Andes peruanos, assim como na Sibéria, o costume reza que os viajantes adicionem uma pedra às pilhas, que, com o tempo, adquirem dimensões piramidais. Jean-Paul Roux vê nessa tradição um exemplo da alma coletiva: "toda acumulação de objetos modestos dotados de almas reforça o potencial de cada um deles e acaba criando uma nova alma extremamente poderosa. A alma de um seixo qualquer é frágil. Mas ela se soma a todas as outras almas de seixos inumeráveis, e a alma coletiva do amontoamento se torna uma grande força numinosa. Constitui-se essa força empilhando-se pedras em certos locais selecionados e, ainda aí, a alma coletiva e sagrada do *obo* é inseparável da alma sagrada do solo sobre o qual *ela foi erigida*" (ROUF, 89).

Segundo as tradições do Islã, no curso da Peregrinação (*Hajj*), a pessoa deve se dirigir a Mina e jogar seixos nos *limites de Satã* (*Jimar*). O costume de jogar pedras sobre um túmulo é muito difundido. A lapidação é considerada um meio de se lutar contra o contagioso mal do erro e da morte. Esse rito mágico se islamizou: traz-se, em oferenda simbólica, uma pedra a um marabu. Tem-se o costume de jogar uma pedra sobre as *pilhas de pedras* para espantar as almas que retornam, a alma do morto, os *djinns*. Os doentes (especialmente as mulheres) que vêm pedir sua cura a um marabu esfregam a parte doente com

776 | PEDRA

uma pedra. Essas pedras não devem ser tocadas depois, pois o mal se transfere a elas e pode ser retransmitido por contaminação. Esses montes de pedras podem ter diferentes significações: ora a de simples signos que indicam um caminho, um poço, um túmulo etc.; ora um sentido comemorativo, recordando um acontecimento. São erguidos no local de um assassinato ou em um local onde alguém morreu de um modo que inspira piedade (chama-se *menzeh*). Também se erguem *menzeh* sobre os túmulos nos cemitérios. Fazem-se, às vezes, juramento sobre uma pilha de pedras. No lugar de onde se percebem os mausoléus, sobretudo nos locais elevados, e especialmente nas gargantas nas montanhas, encontram-se pequenas pirâmides de pedras. A elas se juntam uma ou duas em homenagem ao santo, para garantir uma boa viagem. Certas pilhas representam elas próprias, simbolicamente, túmulos de santos.

Para certos sociólogos, trata-se de um sacrifício, de uma oferenda aos deuses, aos espíritos, às almas dos mortos. Para outros, como E. Doutte, "a pedra somada à pilha seria o símbolo de união do crente com o espírito ou o deus do *cairn* ou pilha sagrada". *Para Frazer,* "a transferência do mal para uma pedra, ou ainda para um homem ou um animal por intermédio de uma pedra, é uma prática de magia comum a todos os primitivos do mundo".

A pessoa se livra dos sonhos com mortos contando-os à terra, sob uma pedra, que assim encobre o malefício.

As maldições são frequentemente encarnadas nas pedras: jogam-se sete pedras em alguém; ou se erige uma pilha de pedras de maldição, a qual é dispersa desejando-se que sejam do mesmo modo dispersas as coisas que tornavam feliz a pessoa a quem se quer fazer mal (WESR, **2**, 460).

As pedras preciosas são o símbolo de uma *transmutação do opaco ao translúcido* e, em um sentido espiritual, das trevas à luz, da imperfeição à perfeição. É assim que a nova **Jerusalém*** é toda revestida de pedrarias. "Essa muralha é feita de jaspe e a cidade é de ouro fino como o vidro bem puro. Os assentamentos dessa muralha são ornados com pedrarias de todo tipo: o primeiro assentamento é de jaspe, o segundo, de safira, o terceiro, de calcedônia, o quarto, de esmeralda, o quinto, de sardônica, o sexto, de cornalina, o sétimo, de crisólito, o oitavo, de berilo, o nono, de topázio, o décimo, de crisópraso, o décimo primeiro, de jacinto, o décimo segundo, de ametista. E as doze **portas*** são doze **pérolas*** [...]". (Apocalipse, 21, 18-22). Isso significa que dentro desse universo novo todas as condições e todos os níveis de existência terão passado por uma transmutação radical no sentido de uma perfeição sem igual aqui embaixo e de natureza toda luminosa ou espiritual.

Segundo C. Léonard (*Speculum lapidam*, Paris, 1610), a esmeralda refreia a lascividade, aumenta a memória; o rubi mantém a boa saúde, protege do veneno, reconcilia; a safira torna pacífico, amável e piedoso; segundo J. Cardan, ela protege contra as mordidas de cobra e de escorpião; segundo Santa Hildegarda, o diamante, colocado na boca, preserva da mentira e facilita o jejum; o topázio neutraliza os líquidos envenenados; a pérola é soberana contra as dores de cabeça (GRIA).

Na astrologia, as pedras preciosas correspondem a metais e planetas:

> o cristal corresponde à prata e à Lua;
> o ímã, ao mercúrio e ao planeta do mesmo nome;
> a ametista, à pérola, ao cobre e a Vênus;
> a safira e o diamante, ao ouro e ao Sol;
> a esmeralda e o jaspe, ao Ferro e a Marte;
> a cornalina e a esmeralda, ao estanho e a Júpiter;
> a turquesa e as pedras negras, ao chumbo e a Saturno.

As pedras preciosas são utilizadas no Islã para inúmeras práticas mágicas. Elas atuam como amuletos ou remédios, para garantir uma posse ou para se livrar dela. O coral, a cornalina, o nácar, o âmbar são considerados protetores contra mau-olhado. Vistas em sonhos, as pedras preciosas se revestem, segundo um importante tratado iraniano, do seguinte simbolismo: a *cornalina* e o *rubi* são signos de alegrias, de prosperidade; o *coral*, a mesma coisa; a *ágata* é signo de respeito e de fortuna; a *turquesa*, de vitória e de longevidade; a *esmeralda* e o *topázio* designam um homem corajoso, leal e piedoso, assim como riquezas legítimas.

Seria possível multiplicar esses jogos de correspondências, que não estão de acordo uns com os outros exceto em um pequeno número de pontos. Não está aí o essencial do simbolismo.

Segundo a tradição bíblica, em função de seu caráter imutável, a pedra simboliza a *sabedoria*. Ela é frequentemente associada à água. Assim, Moisés, na entrada e na saída do deserto, faz surgir uma fonte batendo em uma pedra (*Êxodo*, 17, 6). Ora, a água simboliza também a sabedoria. A pedra se relaciona ainda à ideia de mel e de óleo (*Deuteronômio*, 32, 13; *Salmos*, 80, 17; *Gênesis*, 28, 18). É possível também aproximar a pedra do pão. São Mateus fala do Cristo conduzido pelo Espírito no deserto, e o diabo lhe sugere que transforme as pedras em pão.

O termo **bétilo***, empregado a propósito da visão de Jacó, tem o sentido em hebraico de *casa de Deus* (*Beith-el*). O sentido de Belém (*Beithlehem*), que significa casa do pão, é estreitamente aparentado, como notamos, a *Beith-el*. Guillaume de Saint-Thierry, comentando um texto do *Cântico dos cânticos* segundo a Vulgata (2, 17), dirá que *Beithel* significa a casa de Deus, isto é, a casa das *vigílias*, da vigilância; aqueles que pernoitam em um tal lugar são os filhos de Deus visitados pelo Espírito Santo. Essa casa é chamada a casa das vigílias porque aqueles que aí permanecem esperam a visita do esposo.

No Templo, a pedra é dita santa, não somente porque ela foi santificada através do uso da consagração, mas porque ela corresponde à sua função e responde à sua situação de pedra. Ela está no seu lugar, na sua ordem própria. Hildegarda de Bingen descreve as virtudes, aparentemente pouco compatíveis, da pedra, que são em número de três: a umidade, a palpabilidade e a força ígnea. A virtude da umidade impede que ela se dissolva; graças à sua palpabilidade, pode ser tocada; o fogo que está em suas entranhas a torna quente e permite assegurar sua dureza. Hugues de Saint-

-Victor estuda também a propriedade tripla da pedra, e em um sermão sobre a consagração, dirá que as pedras representam os fiéis *sinceros e firmes* pela estabilidade da fé e a virtude da fidelidade.

(V. T. Basilide, "Essai sur la pierre", em *Voile d'Isis*, **39**, 1934, p. 93 em diante. Esse artigo tem grande valor para o estudo da pedra; Gougenot des Mousseaux, *Dieu et les dieux*, Paris, 1854; *Expositio super Cantica Canticorum*, P. L. 180, c. 538; DAVS, 184, 195-197.)

Quando da conclusão dos tratados, os romanos imolavam um porco a Júpiter, golpeando-o com uma pedra de fogo, como garantia de seu juramento e de sua boa-fé, sendo Júpiter o deus dos juramentos (*deus fidius*). Se eles viessem a descumprir suas promessas, o deus os golpeava do mesmo modo como eles abateram o porco, com *tanto maior violência quanto tinha ele força e poder* (Tito Lívio, 5, 24).

A pedra de fogo, ou o sílex, é aqui claramente o símbolo do *raio*, instrumento da vingança divina. Ela se abate sobre o porco, movido pela mão do homem, assim como o raio se abaterá sobre o devedor, movido pela mão de Deus.

Para o Islã, a pedra por excelência é a Pedra Negra da Caaba em Meca. Chama-se *a mão direita de Deus* (*yamin Allah*). O fiel faz o juramento de fidelidade colocando a mão sobre essa pedra, ou mesmo beijando-a. Esse ato se chama *istilam* (obtenção, subentendido, do pacto). No dia da Ressurreição, essa pedra testemunhará a favor dos fiéis que virão em peregrinação (*v.* **preto***).

PEGA

A pega é comumente tida como sinônimo de tagarela e também de ladra, o que se explica muito claramente pelo comportamento do pássaro. É também por isso que o tordo-pega, *börling-börlang*, simboliza, entre os montanheses do Vietnã do Sul, o ancestral que ensinou uma certa arte de prestar homenagens – ou, pelo menos, de fazer discursos... Os sioux asseguram, de sua parte, que a pega tudo conhece.

Ela conhece, na China, as infidelidades conjugais, pois o espelho presenteado pelo marido

778 | PÉGASO

se transforma em pega e vai contar se a mulher o enganou durante a sua ausência. A identificação pega-espelho é curiosa, se nos lembrarmos do gosto que as pegas têm por fragmentos de objetos brilhantes. Em contrapartida, a pega é também o instrumento de uma célebre fidelidade: são as pegas que fazem a ponte sobre a Via-Láctea para a passagem do cortejo nupcial quando a Tecedeira celeste vai encontrar o Boieiro. E é por isso, dizem, que a pega tem a cabeça pelada.

A pega é uma fada (*chen-niu*). Com efeito, a filha de Yen-ti, rei do fogo, transformou-se em pega e subiu ao Céu depois do incêndio de seu ninho, o que constitui uma apoteose de Imortal taoista. Nisso a pega desempenha um papel análogo ao do **grou***. A cinza do ninho da pega serve também para preparar um banho para os ovos do bicho--da-seda, costume que evoca o simbolismo da eclosão (DAMS, GRAD, GRAR, HEHS, KALL).

Imolavam-se pegas a Baco para que, com a ajuda do vinho, as línguas se soltassem e os segredos escapassem.

De acordo com as lendas gregas, as Piéridas, que eram nove jovens de Trácia, quiseram competir com as nove Musas. Vencidas em um concurso de canto, elas foram transformadas em pegas. É possível ver nas pegas dessa lenda, contada por Ovídio, o símbolo da inveja, da presunção, da tagarelice e do esnobismo.

O simbolismo da pega, no folclore ocidental, geralmente é sombrio, e as manifestações desse pássaro são interpretadas como um signo nefasto (MORD, 184).

PÉGASO

Nas lendas gregas, Pégaso, o cavalo alado, relaciona-se muito frequentemente com a água: ele seria filho de Poseidon e da Górgona; seu nome se aproxima da palavra fonte (*pege*); ele teria nascido *nas fontes do Oceano*; Belerofonte o teria encontrado bebendo na fonte Pirene; com um golpe dos cascos sobre uma montanha, Pégaso fez brotar uma fonte; ele está ligado às tempestades, *trazendo o trovão e o raio por conta do prudente Zeus* (HEST, 42). Uma fonte alada.

A significação simbólica de Pégaso deve levar em conta essa relação: fecundidade-elevação, que poderia servir de eixo à interpretação do mito. Nuvem portadora da água fecunda.

O **cavalo*** representa tradicionalmente a *impetuosidade dos desejos*. Quando o homem faz um só corpo com o cavalo, ele não é mais que um monstro mítico, o centauro: ele se identificou com os instintos animais. O cavalo alado, ao contrário, representa "a imaginação criadora e sua elevação real [...] as qualidades espirituais e sublimes [capazes de elevar o homem] acima do perigo da perversão". Com efeito, é montado em Pégaso que Belerofonte triunfa sobre a **Quimera***. Pégaso aparece assim como o "símbolo da imaginação sublimada [...] a imaginação objetivada, que eleva o homem às regiões sublimes" (DIES, 86-87).

Encontram-se unidos nessa interpretação os dois sentidos da fonte e das asas: a criatividade espiritual.

Transformou-se correntemente no símbolo da inspiração poética. "Meu pégaso", diz Heinrich Heine, "não obedece senão a seu capricho, seja no galope, seja no trote, ou no voo ao reino das fábulas. Não é uma égua virtuosa e útil da estrebaria burguesa, menos ainda um cavalo de batalha que sabe bater a poeira e relinchar pateticamente no combate dos partidos. Não! os pés de meu corcel alado são ferrados com ouro, suas rédeas são colares de pérolas e eu as deixo flutuar alegremente."

PEITO

O peito dos anjos, segundo Dionísio, o Areopagita, simboliza o "amparo inexpugnável, em cujo abrigo um coração generoso expande suas dádivas vivificadoras" (PSEO, 239). Símbolo de proteção.

Ele constituía outrora o lugar da irascibilidade, não no sentido pejorativo do termo, mas em seu sentido de impulso corajoso, provocado pela luta contra o mal.

O desnudamento do peito foi muitas vezes considerado uma provocação sexual: um símbolo de sensualidade ou do dote físico de uma mulher. César cita o fato a propósito das mulheres gaulesas de Avaricum, implorando a piedade dos soldados romanos. Mas se trata unicamente de um *gesto de humilhação e de súplica*. Esse gesto é na verdade secundário em relação ao das *passis manibus* (mãos estendidas), que é o único fixado por César em uma circunstância semelhante, por ocasião da rendição de Bratuspantium, fortaleza dos belovacos (OGAC, **18**, 369-372).

PEIXE

O peixe é o símbolo do elemento Água, dentro do qual vive. Era esculpido na base dos monumentos khmer para indicar que mergulhavam nas *águas inferiores*, no mundo subterrâneo. Nessa qualidade, ele poderia ser considerado participante da *confusão* de seu elemento e portanto *impuro*. É o que diz dele São Martinho, que nota a indiferenciação entre a cabeça e o corpo. O *Levítico*, embora não o admita nos sacrifícios, o admite para o consumo, excluindo todos os outros animais aquáticos.

Símbolo das águas, cavalgadura de *Varuna*, o peixe está associado ao nascimento ou à restauração cíclica. A manifestação se produz *à superfície das águas*. Ele é ao mesmo tempo *Salvador* e instrumento da Revelação. O peixe (*matsya*) é um avatar de *Vishnu*, que salva do dilúvio *Manu*, o legislador do ciclo presente; ele lhe envia em seguida os *Vedas*, isto é, ele lhe revela o conjunto da ciência sagrada. Ora, Cristo é frequentemente representado como um pescador, e os cristãos, peixes, pois a água do **batismo*** é seu elemento natural e o instrumento de sua regeneração. Ele próprio é simbolizado pelo peixe. Assim, Ele é, por exemplo, o Peixe que guia a Arca eclesial, como o *Matsya-avatar* a de *Manu*. Em Caxemira, *Matsyendranath*, que se deve, sem dúvida, interpretar como *pescador*, e que se identifica como o *Boddhisattva Avalokiteshvara*, obteve, diz-se, a revelação do *ioga*, depois de ter se transformado em peixe.

Os peixes sagrados do Egito antigo, o *Dagon* fenício, o *Oannes* mesopotâmico atestam simbolismos idênticos, sobretudo o último, expressamente considerado o "Revelador". *Oannes* foi até mesmo considerado uma representação de Cristo. O tema do **golfinho*** salvador é familiar à Grécia: os golfinhos salvaram *Ântio* do naufrágio.

O golfinho está associado com o culto de *Apolo* e deu o seu nome a Delfos (delfim).

Além disso, o peixe é ainda símbolo de vida e de fecundidade, em função de sua prodigiosa faculdade de reprodução e do número infinito de suas ovas. Símbolo que pode, bem entendido, transferir-se para o plano espiritual. Na imagística do Extremo Oriente, os peixes andam em pares e são, consequentemente, símbolos de união (DANA, DURV, ELIY, CHAE, GUES, MUTT, SAIR). O Islã associa igualmente o peixe a uma ideia de fertilidade. Existem simpatias para fazer chover sob a forma de peixe; ele está ligado, ainda, à prosperidade; sonhar que se está a comer peixe é de bom agouro.

"Na iconografia dos povos indo-europeus, o peixe, emblema da água, é símbolo da fecundidade e da sabedoria. Escondido nas profundezas do Oceano, ele é penetrado pela força sagrada do abismo. Dormindo nos lagos ou atravessando os rios, ele distribui a chuva, a umidade, a inundação. Ele controla, assim, a fecundidade do mundo" (PHIU, 140).

O peixe é um símbolo do Deus do Milho entre os povos indígenas da América Central. Ele é símbolo fálico, segundo Hentze (HENL): é visto nas gravações em osso do Magdaleniano (Breuil). O Deus do amor, em sânscrito, chama-se *aquele que tem por símbolo o peixe*. Nas religiões sírias, ele é o atributo das deusas do amor. Na antiga Ásia menor, Anaximandro especifica que o peixe é *o pai e a mãe de todos os homens e que, por esse motivo, seu consumo é proibido*. Encontra-se frequentemente sua associação com **losango***, especialmente nos cilindros babilônicos. Marcel Griaule assinala que a faca da circuncisão dos bozos é chamada de "faca que corta o peixe" (GRIB).

Na China, o peixe é o símbolo da sorte; acompanhado da cegonha (longevidade), os dois juntos significam alegria e sorte.

No Egito, o peixe, fresco ou seco, que era de consumo corrente para o povo, era proibido a todo ser sacralizado, rei ou sacerdote. Segundo as lendas de uma determinada época, os seres divinos de Busíris se transformavam em Crômis,

780 | PEIXE

mas isto exigia uma abstinência total de peixe. Uma deusa chamava-se Elite dos peixes: nome dado ao **golfinho*** fêmea. Apesar das numerosas variantes nas lendas e nas práticas rituais, o peixe era geralmente um ser ambíguo: Seres silenciosos e desconcertantes, escondidos, porém brilhantes, sob o verde do Nilo, *os habitantes da água* eram participantes eternos de dramas notáveis. Assim, a cada dia, na enseada do fim do mundo, um Crômis de nadadeiras franjadas de rosa e um Abdjon cor de lápis-lazúli tomavam forma misteriosamente e, servindo como peixes-pilotos do barco de Rá (*v.* **barca*** solar), denunciavam a vinda do monstro Apopis. Crômis em amuleto era um signo benéfico e protetor (POSD, 227).

A simbologia do peixe estendeu-se ao cristianismo, com um certo número de aplicações que lhe são próprias, enquanto outras interpretações foram evidentemente excluídas. A palavra grega *Ichtus* (= peixe) é, com efeito, tomada pelos cristãos como ideograma, sendo cada uma das cinco letras gregas vista como a inicial de palavras que se traduzem por Jesus Cristo, Filho de Deus, Salvador, Iesus Christós Theou Uios Soter. Daí as numerosas figurações simbólicas do peixe nos antigos monumentos cristãos (em particular, funerários).

Entretanto, na maior parte dos casos, o simbolismo, ainda que permanecendo cristão, recebe uma acepção um pouco diferente: visto que o peixe é também um alimento, e que o Cristo ressuscitado o comeu (*Lucas*, 24, 42), ele se transforma no símbolo do alimento eucarístico, e figura frequentemente ao lado do pão.

Por fim, como o peixe vive dentro da água, o simbolismo às vezes será estendido, vendo-se nele uma alusão ao batismo: nascido da água do batismo, o cristão é comparável a um peixinho, à imagem do próprio Cristo (Tertuliano, *Tratado sobre o batismo*, I).

O peixe inspirou uma rica iconografia entre os artistas cristãos: se carrega uma nau sobre o dorso, simboliza o Cristo e a sua Igreja; se carrega uma cesta de pão, ou se ele próprio se encontra sobre um prato, representa a Eucaristia; nas Catacumbas, é a imagem do Cristo.

Na astrologia (19 de fevereiro-20 de março), décimo segundo e último signo do Zodíaco, os Peixes se situam exatamente antes do equinócio da primavera. Eles simbolizam o psiquismo, esse mundo interior, tenebroso, através do qual se faz a comunicação com o deus ou com o diabo; coisa que se traduz no horóscopo por uma natureza sem consistência, muito receptiva e impressionável. Seu *senhor* tradicional é o planeta Júpiter, ao qual se acrescentou, depois de descoberto, Netuno.

O sentido astrológico do ternário aquático pode se identificar com as enchentes do inverno, as cheias que dissolvem e engolem como um dilúvio purificador, assim como com a massa em movimento e anônima dos oceanos na qual tudo se lança. Aqui, o Úmido reina soberano, enquanto princípio de difusão, de diluição, de envolvimento, de fusão das partes em uma totalidade, sendo esta extensividade na medida da imensidão fluida que nos cerca, até o oceano cósmico infinito. A tradição representa o signo com dois peixes sobrepostos em sentido inverso e ligados por uma espécie de cordão umbilical de guelra a guelra. Sob seus auspícios, participamos da maré do grande universo e pertencemos à comunidade de todos os homens da terra, como a gota de água agregada ao oceano. Situamo-nos também no mundo da indistinção, do indiferenciado, do inundado, do confuso, pelo apagamento das particularidades, em benefício do ilimitado, para ir do zero ao infinito. Colocou-se este signo sob a tutela de Júpiter como processo de amplificação e, sobretudo, sob a de Netuno, como arquétipo da dissolução e da integração universais, do limo original à fusão final. A trama profunda da natureza do indivíduo de Peixes é feita de uma extrema plasticidade psíquica. Em seu mundo interior onde os laços são desatados, as forças de coesão, apagadas, e as formas, explodidas, reina um impressionismo que favorece a permeabilidade; o abandono, a dilatação, a inflação emotiva, através dos quais o ser transborda além de si mesmo para se confundir com a consciência de um valor que o ultrapassa, o engloba, assimilando-o a uma condição mais geral.

PELERINE (v. Capa[1])

PELICANO

Antigamente se fez do pelicano, pássaro aquático, sob o falso pretexto de que ele alimentava os filhotes com a própria carne e com o próprio sangue, um símbolo do amor paternal. Por essa razão, a iconografia cristã fez dele um símbolo de Cristo; mas existe para isso uma outra razão mais profunda. Símbolo da *natureza úmida* que, segundo a física antiga, desaparecia sob o efeito do calor solar e renascia no inverno, o pelicano foi tido como figura do sacrifício de Cristo e de sua ressurreição, assim como da de Lázaro. É por isso que a sua imagem às vezes equivale à da fênix. O simbolismo ligado ao Cristo também se funda na chaga do coração de onde manam sangue e água, bebidas da vida: "Desperta, cristão morto", escreve Silesius, "vê, nosso Pelicano te rega com seu sangue e com a água de seu coração. Se a recebes bem [...] estarás em um instante vivo e salvo" (DEVA).

PELO

Símbolo da virilidade, benéfico se se encontra apenas sobre uma parte do corpo; no homem, no peito, no queixo, nos braços, nas pernas; maléfico, se todo o corpo é dele recoberto, como o deus Pã (v. **Cabelo***, **Bode***). A proliferação dos pelos traduz uma manifestação da vida vegetativa, instintiva e sensual.

Na *Ilíada* (canto III), "cortar os pelos" de um animal que vai ser sacrificado significa "consagrá-lo à morte"; é um primeiro rito de purificação.

PENA (v. Pluma)

PENACHO (Crista, Poupa)

Emblema do que é predominante em um ser. Acima da cabeça, acima do elmo, o penacho poderia representar o amor, a alma, a personalidade. Manifestaria o esforço de um homem para elevar-se ao cimo da sua condição.

PENEIRA

Imagem da seleção, da crítica, do crivo, a peneira é um dos símbolos da *separação*. Ela separa a *fina flor* da farinha através de malhas cada vez mais estreitas. Pode aplicar-se tanto às relações sociais quanto às atividades pessoais, quando estas têm de ser escolhidas. A peneira é o instrumento da escolha, suas malhas são tão apertadas quanto severas as exigências em relação a si mesmo e aos outros. Testemunha uma consciência exigente. Mas cada um pode imaginar-se – acordado ou em sonho – sacudindo a peneira ou sendo sacudido por ela. No primeiro caso, trata-se de tomar decisões, no segundo, de submeter-se a decisões. A ambivalência do símbolo gera a mesma angústia: a de rejeitar mil grãos que amamos para só ficarmos com o melhor, ou a de sermos rejeitados com os mil e não retidos como o melhor.

A peneira também simboliza a generosidade irrestrita dos deuses, que espalham uma profusão de dádivas do alto do Céu, mas não sem considerar as preces, os sacrifícios e os méritos:

> Ó Indra, que sejas chamado pelos homens no Oriente ou no Ocidente, no Norte ou no Sul.
> Vem rápido com as correntezas, escoando pela peneira celeste no sacrifício dos Deuses, ou no mar.
>
> (*Rig-Veda*, **8**, 54; VEDV, 119)

O **Soma***, depois de batido, tinha de ser filtrado através de uma peneira feita de pele de ovelha, daí as expressões *costas de ovelha, costas do Céu*, usadas no Veda para designar essas peneiras.

PENTÁCULO

Nos tratados de magia, dá-se o nome de pentáculo a um selo mágico *impresso em pergaminho virgem feito de pele de bode, ou gravado em metal precioso, tal como o ouro ou a prata*. Triângulos, quadrados, estrelas de cinco ou seis pontas inscrevem-se nos círculos do selo; letras hebraicas, caracteres cabalísticos, palavras latinas se desenham sobre figuras geométricas. Considera-se que os selos têm relação com realidades invisíveis, cujos poderes permitem compartilhar. Eles podem servir para suscitar os tremores de terra, o amor, a morte e para lançar toda a espécie de sortilégios. Simbolizam, captam e mobilizam, ao mesmo tempo, os poderes ocultos.

Pentáculo para o amor.
Clavicules de Salomon
(Paris, Bibliothèque de l'Arsenal).

PENTAGRAMA

O pentagrama pode apresentar duas formas, pentagonal ou estrelada (dez ângulos). A simbologia é múltipla, mas sempre se fundamenta no número cinco, que exprime a união dos desiguais. A esse título, é um microcosmo. As cinco pontas do pentagrama põem em acordo, em uma união fecunda, o 3, que significa o princípio masculino, e o 2, que corresponde ao princípio feminino. Simboliza, então, o andrógino. Ele serve de signo de reconhecimento para os membros de uma mesma sociedade; por exemplo, na Antiguidade, entre os pitagóricos: ele integra o grupo. É uma das chaves da Alta Ciência: abre a via do segredo.

O pentagrama significa ainda o casamento, a felicidade, a *realização*. Os antigos o consideravam um símbolo da ideia do *perfeito*. Segundo Paracelso, o pentagrama é um dos signos mais poderosos.

O pentagrama pitagórico – que se tornou, na Europa, o do Hermes gnóstico – já não aparece apenas como um símbolo de conhecimento, mas também como um "meio de encorajar e adquirir o poder" (GHYN, 2, 77). Figuras de pentagramas eram utilizadas pelos magos para exercer seu poder: existiam pentagramas de amor, de má sorte etc.

O pentagrama, sob a sua forma de estrela e não de pentágono, foi chamado, na tradição maçônica, de Estrela flamejante. J. Boucher cita, entretanto, com reservas, esta interpretação de Ragon: "Ela era (a estrela flamejante), entre os egípcios, a imagem do filho de Ísis e do Sol, autor das estações e emblema do movimento; desse Hórus, símbolo dessa matéria primeira, fonte inesgotável de vida, dessa fagulha do fogo sagrado, semente universal de todos os seres. Ela é, para os Maçons, o emblema do Gênio que eleva a alma a grandes coisas. O autor lembra que o Pentagrama era o símbolo favorito dos Pitagóricos [...]. Eles traçavam esse símbolo sobre suas cartas como forma de saudação, o que equivalia à palavra latina vale: passe bem. O Pentagrama era ainda chamado de hígia (de Hígia ou Higeia, deusa da saúde) e as letras que compunham essa palavra eram colocadas em cada uma de suas pontas."

O pentagrama exprime um poder, feito da síntese de forças complementares.

PENTE

Se o pente é vulgarmente considerado um instrumento utilitário ou decorativo, ele desempenha, na mitologia japonesa, um papel particularmente importante, embora de natureza complexa. O ponto mais interessante parece ser o de que o pente colocado sobre a cabeça, a título não utilitário, é um meio de comunicação com os poderes sobrenaturais ou de identificação com esses mesmos poderes. Os dentes do pente representariam os *raios* da luz celeste, penetrando o ser pelo alto da cabeça (*v.* o papel da **coroa*** com pontas).

O pente é ainda aquele que *mantém unidos* os cabelos, isto é, os componentes da individualidade sob seu aspecto de força, de nobreza, de capacidade de elevação espiritual. O pente achado é capaz de modificar a individualidade de quem o acha. Nos contos de *Nihongi*, o pente também parece desempenhar um papel de proteção, mas a sua transformação em moita de **bambus*** não a explicita com clareza. A moita de bambus tem, entretanto, às vezes, o sentido de uma selva impenetrável (HERS). O pente que é assimilado a ela serve de barreira protetora: seus dentes podem ser punhais.

PENTEADO (TOUCADO)

O fr. *coiffure é* palavra ambígua que designa tanto o que se põe na cabeça quanto a maneira de arranjar os cabelos. Assim, encontra-se no toucado toda a simbologia dos **cabelos***.

Cabelos curtos ou longos, cacheados, trançados, ou soltos, caindo naturalmente, escondidos, ou descobertos, segundo as cerimônias ou os períodos da vida, perucas, todos os modos possíveis de penteado já foram adotados. Se o homem ou a mulher deram a isso tal importância, é que os penteados são maneiras de captar, dominar ou utilizar a força vital contida na cabeleira. É um meio de aproximação do eixo ou centro da vida, esposando sua forma, alongada em raio ou alargada em disco solar. Assim, o penteado pode tornar-se signo distintivo da profissão, da casta, do estado, da idade, do ideal, ou seja, de tendências inconscientes.

A longa mecha anelada que as crianças egípcias usavam na têmpora direita acabou por tornar-se o próprio hieróglifo da palavra "criança" (POSD, 62), e o crânio raspado dos sacerdotes, reação contra as fantasias dos penteados da época imperial, é um sinal de obediência e de fidelidade à tradição. Usar determinado penteado é afirmar *uma diferença*, revestir tal ou qual dignidade, escolher um caminho. Um penteado de cerimônia se distinguirá, assim, dos outros e tenderá a emprestar àquele ou àquela que o traz um poder mágico, de alguma forma similar ao daquele que cinge a **coroa*** ou o diadema. Segundo a sua forma, quadrado, em ponta, arredondado, alteado, achatado, o toucado simboliza a conformidade com a terra, o impulso para o Céu, ou a acumulação, em uma pessoa, dos poderes celestiais. É uma das *imagens da personalidade profunda*.

Em determinada região da Argélia, um toucado sagrado, a *barrita*, está ligado ao ritual dos primeiros trabalhos de lavrar o campo. Escondida o ano todo, ela só aparece uma vez, e só o ancião encarregado de abrir o primeiro sulco pode vê-la. Ele a põe sobre o chifre direito do animal quando vai para a lavoura antes da aurora, e, "chegado ao sítio onde vai traçar o primeiro sulco na terra, de face para leste, põe o toucado sagrado na própria cabeça e pronuncia uma bênção" (SERP, 126-127).

Esse toucado, cujo nome é o mesmo da **coroa*** ou diadema, constitui, sem dúvida, uma espécie de mitra ou de gorra, metálica ou bordada, mas, em todo caso, fechada (SERP, 128). É, assim, associada aos símbolos da *fecundidade*.

O toucado simboliza, por vezes, uma função, uma *função*, ou uma *vocação*.

Diana de Éfeso, por exemplo, protetora da cidade, divindade políada, usava um toucado em forma de edícula circular rodeada de torres. Os cabelos de Cibele, deusa da terra, eram dispostos em coroa mural, como as ameias de uma fortaleza, por ter sido ela, segundo Ovídio, a primeira a "dar **torres*** às cidades da Frígia" (*Fastos*, 4, 220). Virgílio apresenta-a na *Eneida* (6, 785) "coroada de torres. Percorria, assim, no seu carro, as cidades frígias" (TERS, 130).

Em sinal de luto, os gregos do período arcaico cortavam os cabelos. Os romanos, ao contrário, deixavam-nos crescer.

Os fiéis de Ísis e de Serápis tinham a cabeça raspada. Os padres católicos distinguiam-se outrora pela tonsura; os monges, pelo cabelo rente. Talvez se possa relacionar a tonsura no alto da cabeça com a abertura da cúpula (a **caixa craniana*** é uma **cúpula***), que tem por finalidade abrir o templo (ou o indivíduo) ao influxo das claridades e dos poderes celestes. A raspagem monástica, que deixa apenas uma coroa de cabelos, mais ou menos larga, em volta da cabeça, consagra o monge à perfeição e ao esplendor solares, transpostos para o plano espiritual, de que a **coroa*** é o símbolo. Indica também a separação do mundo e a fidelidade à tradição.

PEÔNIA

A peônia é, na China, um símbolo de riqueza e de honra, em razão do porte de sua flor e de sua cor **vermelha***. Seu nome, *meutan*, encerra a palavra *tan* (**cinabre***), droga da imortalidade que faz com que ela se associe à fênix (DURV).

784 | PERCA

Em consequência de uma deformação a partir da linguagem (*ficar vermelho como uma peônia*), abusivamente se transformou essa flor em símbolo da vergonha.

Ela foi outrora uma planta medicinal, e fez nascer muitas superstições, relatadas por Teofrasto e difundidas até os nossos dias.

PERCA

Símbolo do apetite sexual no Extremo Oriente.

Esse peixe é considerado, na China, um afrodisíaco. *Apetecer-lhe a perca, desejar avidamente a perca* são locuções figuradas que se interpretam nessa linha de ideias (BELT).

PERDA

Os sonhos com objetos perdidos devem ser relacionados com o sentimento de posse ou com o desejo de um **tesouro*** tanto quanto com a preocupação de se livrar de um bem qualquer. Daí a ambivalência do símbolo da perda: ele está ligado à culpa, se o tesouro foi perdido; à cobiça, se se busca um tesouro; à repulsa, se a pessoa quer desfazer-se dele.

De acordo com Jung, J. E. Cirlot liga o sentimento de perda ao anúncio de uma última purificação, de uma peregrinação, de uma viagem, assim como à ideia da morte e da ressurreição. De um ponto de vista analítico, a imagem e o sentido de uma *perda* corresponderiam ao fato de que a consciência está limitada à percepção exclusiva das coisas deste mundo e inteiramente fechada à ordem das realidades espirituais, que são por definição invisíveis e imperceptíveis.

PERDIZ

Se, por um lado, a China, assim como a Europa, notou o timbre desagradável do seu grito, apesar disso, fez dele, às vezes, um *apelo ao amor*. A perdiz, antigamente, era tida como protetora contra os venenos.

Na iconografia da Índia, a perdiz serve de referência à *beleza dos olhos* (BELT, MALA).

No Irã, compara-se o andar da perdiz com o de uma mulher elegante e altiva (SOUS, 185).

Na poesia e nas tradições populares cabila, a perdiz é o "símbolo da graça e da beleza femininas" (SERP, 155). Comer a carne dela é como absorver um filtro de amor.

A tradição cristã faz dela um símbolo da tentação e da perdição, uma *encarnação do demônio*. Uma lenda grega também faz dela um pássaro malvado. Um sobrinho de Dédalo, que o tio, por ciúme, precipitou do alto dos rochedos da Acrópole, foi salvo pela piedade de Atena, que, no decorrer de sua queda, o transformou em perdiz. Mas esse pássaro teria assistido "com alegria aos funerais de Ícaro, o filho de Dédalo morto em uma queda" (GRID, 358).

Como se vê, o simbolismo da perdiz é bastante ambíguo.

PEREGRINO

Símbolo religioso que corresponde à situação do homem sobre a terra, o qual cumpre seu tempo de provações, para alcançar, por ocasião da morte, a Terra Prometida ou o Paraíso perdido. O termo designa o homem que se sente estrangeiro dentro do meio em que vive, onde não faz outra coisa senão buscar a cidade ideal. O símbolo exprime não apenas o caráter transitório de qualquer situação, mas o desprendimento interior, em relação ao presente, e a ligação a fins longínquos e de natureza superior. *Uma alma de peregrino* pode significar também um certo irrealismo, correlativo a um idealismo um tanto sentimental. Pode-se notar, com relação ao símbolo do peregrino, as ideias de expiação, de purificação, assim como a homenagem Àquele (Cristo, Maomé, Osíris, Buda) que santificou os locais de peregrinação. O peregrino ao buscar esses lugares procura identificar-se com Aquele que os torna ilustres. Por outro lado, o peregrino faz as suas viagens não no luxo, mas na pobreza; coisa que responde à ideia de purificação. O **bastão*** ou bordão simboliza ao mesmo tempo a prova da resistência e o despojamento. Todas essas condições preparam para a iluminação e para a revelação divinas, que serão a recompensa no término da viagem. A peregrinação se assemelha aos ritos de iniciação: ela identifica com o mestre escolhido.

PEREIRA

A flor da pereira é às vezes utilizada na China como símbolo de luto, porque é branca, e, sobretudo, como símbolo do caráter efêmero da existência, pois dura pouco e é de extrema fragilidade.

Nos sonhos, a pera é "um símbolo tipicamente erótico, pleno de sensualidade. Isso provavelmente se deve ao seu sabor doce, à abundância de seu suco, mas também à sua forma, que evoca algo de feminino" (AEPR, 283).

PERFUME

O *perfume agradável*, do qual fala a liturgia católica, é um dos elementos da oferenda do sacrifício destinada a agradar a Divindade. Os arômatas desempenhavam um papel particularmente importante nos ritos dos hebreus. Do mesmo modo, nas cerimônias religiosas dos gregos e dos romanos, os perfumes eram largamente empregados: espargia-se sobre as estátuas dos deuses; os cadáveres eram embalsamados com eles e frascos eram depositados nos túmulos; a própria estela era aspergida de perfume. No Egito, as essências dos perfumes eram extraídas e misturadas nos templos; as deusas tinham o atributo de eclipsar todas as mulheres através de seu perfume. A sutileza inapreensível e, apesar disso, real, do perfume, assemelha-o simbolicamente a uma presença espiritual e à natureza da alma. A persistência do perfume de uma pessoa, depois da partida dela, evoca uma ideia de duração e de lembrança. O perfume simbolizaria assim a memória e talvez tenha sido esse um dos sentidos do seu emprego nos ritos funerários.

Mas o perfume é também expressão das virtudes: é o que diz Orígenes a respeito do *odor muito bom* do cipreste. Ele é também, na *ioga*, a manifestação de uma certa perfeição espiritual, pois o odor que se desprende de um homem pode ser função de sua aptidão para a transmutação da energia seminal. Se ele é *udhvaretas*, o perfume que dele emana é o do lótus.

O perfume desempenha um papel de purificação, na medida em que é muitas vezes exalação de substâncias incorruptíveis, tais como as resinas (**incenso***). Eles representam a percepção da consciência.

Perfumes é o nome dos *Gandharva*, seres celestes que, antes que produzir emanações suaves, se alimentam delas. Eles estão relacionados ora com o *Soma*, ora com o sopro ou a força vital. O budismo tibetano faz de suas *cidades* o modelo da fantasmagoria, da miragem, das construções irreais (AVAS DANA, EVAB, SAIR).

O perfume é igualmente símbolo da luz. *Toda lâmpada é uma planta*, escreve Victor Hugo, "o perfume é da luz". "Todo perfume é uma combinação de ar e de luz", segundo Balzac (BACC, 73). O ritual hindu o relaciona com o elemento ar.

As experiências sobre as imagens mentais dos doutores Fretigny e Virel demonstraram que os perfumes e odores têm um poder sobre o psiquismo. Eles facilitam o aparecimento de imagens e de cenas significativas. Essas imagens, por sua vez, suscitam e orientam as emoções e os desejos; elas podem também estar ligadas a um passado longínquo. A heliotropina, em particular, induz a imagens de flores e de jardins, de objetos perfumados: ela desperta a sensualidade; a vanilina lembra imagens alimentares e emoções do estado oral. Os fenômenos de simbolização por meio do ambiente sensorial ainda não foram bem estudados.

PERNA

Órgão da marcha, a perna é um símbolo do vínculo social. Permite as aproximações, facilita os contatos, suprime as distâncias. Reveste-se, portanto, de importância *social*. Donde a sua significação esotérica de fornecedora dos casamentos para os bambara, que a aproximam, por analogia do sexo, da língua, do nariz, órgãos que também "fazem e desfazem sociedades". Língua, nariz, sexo e perna têm importância fundamental para os bambara: são os "obreiros do social", os responsáveis pela coerência – ou incoerência – da coletividade. O pé, prolongando a perna, tem simbolismo complementar: a perna cria os laços sociais, o pé é deles "o senhor e a chave". Por extensão a perna está para o corpo social como o pênis para o corpo humano: é o instrumento "do parentesco uterino e

786 | PERNETA

das relações sociais", como o pênis é o instrumento da consanguinidade. A perna, como o membro viril, é símbolo de vida: "desnudar a perna significa mostrar o poder e a virilidade". Imitar o gesto de calçar uma bota diante de alguém constitui uma afronta de gravidade excepcional com relação à mãe desse alguém (ZAHB, 82, 173).

PERNA DE PAU (v. Andas)

PERNAS PARA O AR, DE
(v. Cabeça para baixo, de)

PERNETA
(Mutilação, Deformidade, Par e ímpar)

O **Deus do Trovão*** senhor das chuvas e, portanto, da fertilidade do solo, é perneta, entre os astecas e os maias do México e da Guatemala (SOUM, TUOH); na América do Sul, entre os incas (LEHC); na Ásia, entre os samoiedo, para os quais os gênios da tempestade têm um pé, uma mão e um olho; na Austrália, entre os wiradyuri do Sul (HENL).

Em um curioso mito dos antigos peruanos, relatado pelo Padre de Ávila (AVIH), o deus-raio, filho do deus supremo uraniano, senhor das chuvas e do trovão, torna-se, como Hefestos-Vulcano, **manco*** durante a luta que trava contra o deus do fogo ctoniano.

Legba, grande divindade do panteão vodu, intermediária entre os homens e o sobrenatural, é representada, no Haiti, como um velho manco, apoiado numa muleta; é chamado, em tom de zombaria, de *pé quebrado*; as suas manifestações são terrivelmente brutais; os que são possuídos por ele são muitas vezes jogados ao chão, onde ficam inanimados "como se tivessem sido atingidos por um raio" (METV). Entre os fon do Benin, a divindade Arui, que deu o fogo aos homens, é representada como um homem muito pequeno, maneta, perneta com um só olho no meio da testa (VERO).

Nommo e Faro, deuses da água dos dogon e dos bambara, senhores das chuvas fecundadoras e do raio, são ambos pernetas. Mas esses deuses, que representam o arquétipo de todos os *espíritos*

das águas, às vezes também são representados com atributos ictioformes: a parte de cima do corpo é humana, dizem os dogon e os bambara, mas a de baixo é de *cobre vermelho* (símbolo da água), para os bambara; ou em *forma de serpente, ou de peixe*, para os dogon (GRIH, DIEB). Assim seria possível explicar o fato de todas essas divindades terem apenas uma perna, derivada do mito da sereia ou do homem-peixe.

Nas pinturas rupestres dos boximane da África meridional, as representações do feiticeiro, associado ao búfalo, têm apenas uma perna. Na China antiga, a aparição de um pássaro com uma só pata era considerada um presságio de chuva, e dançava-se sobre um pé só para fazer com que chovesse (HENL).

Entre os ekoi (Nigéria do Sul), o herói que roubou o fogo uraniano – tirado do Deus Supremo – é condenado a ficar manco quando este descobre o logro; nos mitos, "é chamado de Menino Manco, e nas danças sobre pernas de pau um personagem representava esse transmissor mítico" (TEGH, 90).

Hefestos (Vulcano), deus do fogo, filho de Hera e de Urano e marido de Afrodite, é manco (GRID).

Na mitologia grega, os Ciclopes – divindades ctonianas, por excelência –, que *sublimam* o fogo ctoniano dando a Zeus o raio, o relâmpago e o trovão, são caracterizados pelo olho único que trazem no meio da testa. Há três Ciclopes. E podemos nos interrogar, então, se essas divindades caolhas, mancas ou pernetas, que são ligadas ao segredo do fogo e da forja, não seriam essencialmente divindades da ordem ímpar, a mais secreta, a mais terrível, a mais transcendente das ordens, pois na escala humana a palavra *ordem* é sempre associada ao par. Essa ordem ímpar, uma perna, um olho... três Ciclopes, três Górgonas... simbolizaria uma força temível, como uma força divina usurpada e desviada de seus fins. Pois o mundo do homem, o temporal, é regido pelo 2 e não pelo 1, número do intemporal, mundo de Deus, mundo proibido.

Dependendo de como seja interpretada, de forma nefasta ou não, essa força pode ser um

Deus Supremo, como o Jeová de Kierkegaard, ou o Senhor dos Infernos. Em ambos os casos, o perneta desperta no mais profundo de nós mesmos o medo do *Destino*.

PÉROLA

Símbolo lunar, ligado à água e à mulher. A constância de suas significações é tão notável quanto a sua universalidade, como mostraram em diversos livros Mircea Eliade e inúmeros etnólogos.

Nascida das águas ou nascida da Lua, encontrada em uma concha, a pérola representa o princípio Yin: ela é o símbolo essencial da feminilidade criativa. "O simbolismo sexual da concha lhe comunica todas as forças que implica; enfim, a semelhança entre a pérola e o feto lhe confere propriedades genésicas e obstétricas; desse triplo simbolismo – Lua, Águas, Mulher – derivam todas as propriedades mágicas da pérola: medicinais, ginecológicas, funerárias" (ELIT). A título de exemplo, ela serve, na Índia, de panaceia; é boa contra as hemorragias, a icterícia, a loucura, o envenenamento, as doenças dos olhos, a tísica etc.

Na Europa, ela era utilizada na medicina para tratar a melancolia, a epilepsia, a demência...

No Oriente, suas propriedades afrodisíacas, fecundantes e de talismã predominam sobre as outras. Depositada em um túmulo, ela regenera o morto *inserindo-o em um ritmo cósmico, por excelência cíclico, pressupõe, à imagem das fases da Lua, nascimento, vida, morte e renascimento*.

A terapêutica hindu moderna utiliza o pó das pérolas por suas propriedades revigorantes e afrodisíacas.

Entre os gregos, ela era o emblema do amor e do casamento.

Em certas províncias da Índia, enche-se de pérolas a boca do morto; o mesmo costume é encontrado em Bornéu. Quanto aos indígenas da América, Streeter escreve que "como no Egito nos tempos de Cleópatra, na Flórida, os túmulos dos Reis eram ornados de pérolas. Os soldados de Soto descobriram, dentro de um dos grandes templos, sepulturas cercadas de madeira onde jaziam, embalsamados, os mortos; perto delas havia pequenos lenços cheios de pérolas". Costumes análogos foram assinalados especialmente na Virgínia e no México.

O mesmo simbolismo reveste a utilização de pérolas artificiais. Nos sacrifícios e nas cerimônias funerárias do Laos, Madeleine Colani diz que: "Os mortos são providos de pérolas para a vida celeste. Elas são enfiadas nos orifícios naturais do cadáver. Até os nossos dias, os mortos são enterrados com cintos, bonés e túnicas ornados de pérolas."

Na China, a medicina utilizava unicamente a *pérola virgem*, não perfurada, que tinha a atribuição de curar todas as doenças dos olhos. A medicina árabe reconhece na pérola virtudes idênticas.

Com os cristãos e os gnósticos, o simbolismo da pérola se enriquece e se complica, sem, entretanto, jamais desviar-se de sua primeira orientação.

São Efraim utiliza esse mito antigo para ilustrar tanto a Imaculada Conceição quanto o nascimento espiritual de Cristo no batismo do fogo. Orígenes retoma a identificação de Cristo com a pérola. Ele é seguido por muitos autores.

Nos *Atos de Tomás*, célebre escrito gnóstico, a busca da pérola simboliza o drama espiritual da queda do homem e de sua salvação. Ela acaba por significar o mistério do transcendente tornado sensível, a manifestação de Deus no Cosmo (ELIT).

A pérola desempenha um papel de centro místico. Simboliza a sublimação dos instintos, a espiritualização da matéria, a transfiguração dos elementos, o termo brilhante da evolução. Assemelha-se ao homem esférico de Platão, imagem da perfeição ideal das origens e dos fins do homem. O muçulmano representa o eleito para o Paraíso fechado dentro de uma pérola em companhia de sua huri. A pérola é o atributo da perfeição angélica, de uma perfeição, entretanto, que não é dada, mas adquirida por uma transmutação.

A pérola é rara, pura, preciosa. Pura porque é reputada sem defeito, porque é branca, porque o fato de ser retirada de uma água lodosa ou

788 | PÉROLA

de uma concha grosseira não a altera. Preciosa, ela representa o "Reino dos Céus" (Mateus, **13**, 45-46). Deve-se ver nessa pérola, "que se pode adquirir vendendo-se todos os bens", como ensina Diádoco de Potideia, *a luz intelectual no coração*, a visão beatífica. Aproximamo-nos aqui da noção de pérola *escondida* em sua concha: tal como acontece com a verdade e o conhecimento, sua aquisição necessita de esforço. Para Shabestari, a pérola é "a ciência do coração: quando o gnóstico encontrou a pérola, a tarefa de sua vida está completa". O Príncipe do Oriente dos *Atos de Tomás* procura a pérola como Percival, o Graal. Essa pérola preciosa, uma vez obtida, "não deve ser jogada aos porcos" (Mateus, 7, 6): o conhecimento não deve ser entregue indiscriminadamente aos que não são dignos dele. O símbolo é a pérola da linguagem, oculta sob a concha das palavras.

A pérola nasceu, segundo a lenda, pelo efeito do relâmpago, ou pela queda de uma gota de orvalho na concha: em todos os casos é o vestígio da atividade celeste e o embrião de um nascimento, corporal ou espiritual, como o *bindu* no búzio, a pérola-Afrodite em sua concha. Os mitos persas associam a pérola à manifestação primordial. A pérola em sua concha é como o gênio dentro da noite. A ostra que contém a pérola é mais imediatamente comparada, em diversas regiões, ao órgão genital feminino.

Associada por natureza ao elemento Água – os dragões a detêm no fundo dos abismos –, a pérola se associa também à Lua. O *Atharva-Veda* a chama de *filha* de Soma, que é a Lua, assim como a bebida da imortalidade. Na China antiga, observa-se uma *mutação* das pérolas – e dos animais aquáticos – paralela às fases da Lua. As *pérolas luminosas* tomavam emprestado seu brilho à Lua; protegiam do fogo. Mas são ao mesmo tempo água e fogo, imagem do espírito nascendo na matéria.

A pérola védica, *filha* de *Soma, prolonga a vida*. Ela é, na China também, símbolo da imortalidade. A roupa ornada de pérolas, ou as pérolas introduzidas nas aberturas do cadáver, impedem a sua decomposição. O mesmo acontece com o jade ou o ouro. Deve-se ressaltar que a pérola nasce

da mesma maneira que o jade, possui os mesmos poderes e serve para as mesmas utilizações.

Símbolo de uma ordem análoga: o das pérolas enfiadas em um cordão. É o rosário, o *sutratma*, a *cadeia dos mundos*, penetrados e unidos por *Atma*, o Espírito Universal. Assim, o colar de pérolas simboliza a unidade cósmica do múltiplo, a integração dos elementos dissociados de um ser na unidade da pessoa, o relacionamento espiritual de dois ou mais seres; mas o colar quebrado é a imagem da pessoa desintegrada, do universo desequilibrado, da unidade rompida.

A pérola tem um valor simbólico particularmente rico no Irã, tanto do ponto de vista da sociologia quanto da história das religiões.

De acordo com uma lenda retomada por Saadi (poeta persa do séc. XIII) no *Bustan*, a pérola é considerada uma gota de chuva caída do Céu dentro de uma concha que vem à superfície do mar e se entreabre para recebê-la. É essa gota de água, semente celeste, que se torna pérola. Ver, igualmente, Jalal-od-Din Rumi: *Mathnawi*, e Nizami; *Sekandar nama*, assim como *Haft-Paykar*.

Essa lenda tem a sua origem no folclore persa e constitui um tema frequente na literatura. Cita-se ainda um *hadith* do Profeta: "Deus tem servidores comparáveis à chuva; quando ela cai sobre a terra firme, faz nascer o trigo, quando cai sobre o mar, faz nascer as pérolas."

A pérola intacta é tida como símbolo da virgindade nas obras folclóricas e na literatura persa, assim como nos escritos dos *Ahl-i Haqq*, e de uma maneira geral, entre os curdos; emprega-se a expressão *furar a pérola da virgindade* para indicar a consumação do casamento.

Em um outro plano, essa mesma seita dos Ahl-i Haqq se refere a esse símbolo: as mães dos avatares de Deus são todas virgens e seu nome principal é *Ramz-bar*, isto é, *Segredo do oceano*.

Segundo a cosmogonia dos *Ahl-i Haqq* (Fiéis da Verdade, no Irã) "[...] no início não havia na Existência nenhuma criatura além da Verdade suprema, única, viva e adorável. Sua morada era a pérola e sua essência estava oculta. A pérola estava na concha e a concha estava no mar, e as ondas do mar tudo cobriam."

Assim, em uma poesia de *Sekandar-nama*, Nizami fala da concepção de Alexandre como da formação de uma pérola real dentro de uma concha fecundada pela chuva da primavera.

Uma linhagem familiar é às vezes comparada a um fio de pérolas regularmente dispostas, *durr-i-manzum*. A mesma imagem se emprega igualmente a propósito das palavras colocadas em verso. Na literatura persa, designa-se com o nome de *pérola* um pensamento refinado, tanto em função de sua beleza quanto do fato de que ele é produto do gênio criador do autor. Diz-se, por exemplo, *um pensamento sutil mais fino que uma pérola rara. Espalhar as pérolas brilhantes fora dos lábios de cornalina* é o mesmo que pronunciar palavras brilhantes. *Enfiar pérolas* é compor versos.

No sentido místico, a pérola é também tida como símbolo da *iluminação e do nascimento espirituais*. É o que se lê no célebre *Hino à Pérola, dos Atos de Tomás*. O místico procura sempre atingir seu ideal ou seu objetivo: é "a pérola do ideal". A procura da pérola representa a busca da Essência sublime oculta no Eu. A imagem arquetípica na pérola evoca que é *puro, culto, enfiado nas profundezas,* difícil de se atingir. A pérola *designa o Corão, a* ciência, *a* criança. "Se uma pessoa sonha que fura uma pérola, ela comenta bem o *Corão.* Se sonha que vende uma pérola, graças a ela, os benefícios da ciência serão espalhados no mundo". Hafez fala da "pérola que a concha do tempo e do espaço não é capaz de conter". Hariri exalta "a pérola da Via mística guardada na concha da Lei canônica".

No Oriente, e sobretudo na Pérsia, a pérola tem, em geral, um caráter nobre, derivado de sua sacralidade. É por isso que orna a coroa dos reis. Encontram-se vestígios desse mesmo caráter nos adereços de pérolas, especialmente os brincos, ornados de pérolas raras e preciosas: algo dessa nobreza sagrada se projeta sobre aquele que os porta.

Na simbólica oriental dos sonhos, a pérola conserva suas características particulares e é geralmente interpretada como a criança, ou ainda como a mulher e a concubina. Por outro lado, pode significar a ciência ou a riqueza.

PERSÉFONE

Filha de Zeus e de Deméter, deusa da fecundidade, *que dá o alimento como uma mãe* (Platão) ou, segundo uma outra tradição, de Zeus e de Estige, a ninfa do rio infernal. Seu simbolismo reúne essas duas lendas, pois Perséfone passava três estações na Terra e uma no Inferno. Ela simboliza assim a alternância das estações. Por três meses ao ano ela se transforma na companheira de Hades, deus dos Infernos, seu tio, seu raptor e seu marido. Sua prisioneira também, pois ele a havia feito comer uma semente de **romã***; romper o jejum obrigatório nos Infernos era algo que a condenava para todo o sempre.

Por ocasião de suas estadas na Terra, teria se apaixonado por Adônis, levando-o aos Infernos atrás de si. Seria excessivo fazer dela exclusivamente a deusa dos Infernos. Ela simbolizaria antes a parábola: *se o grão morrer, não dá colheita.*

Em Roma, foi identificada com Prosérpina. Era chamada ainda de *Cora,* a jovem. Desempenha um papel importante nas religiões de mistérios e especialmente nos ritos de iniciação de Elêusis, onde era bem possível que simbolizasse o candidato à iniciação, que passa pela morte para renascer, pelos Infernos para subir ao Céu.

PERSEU

O mito de Perseu ilustra a complexidade da relação pai-filho, filho-pai, existente em todo homem. Perseu não tem pai humano, descende diretamente de Zeus, transformado em chuva de ouro, e de Dânae. Mas Acrísio, pai de Dânae, com a suspeita de vir a ser assassinado, segundo um oráculo, por seu neto, lança-o com Dânae ao mar dentro de uma caixa de madeira. Eles chegam a uma ilha; Perseu cresce e multiplica as proezas. Não se trata, absolutamente, de interpretar aqui todos os detalhes do mito. Observemos apenas que ele simboliza, segundo a interpretação de Paul Diel, a existência no homem de duas representações simultâneas do pai: o homem autoritário e hostil, o homem sublime e generoso; a primeira imagem

790 | PERU, PERUA

não sendo senão perversão da segunda. O aspecto negativo seria *o velho Adão*, responsável pelo pecado original, por todos os males e por todas as fragilidades, por todas as obrigações penosas e, além de tudo, presunçoso. O aspecto positivo é o do pai símbolo do espírito que ilumina, da força que cria, distribui e assegura. Qual dos dois pais irá ele matar? Isto é, quem ele irá escolher? O mito é como o símbolo da escolha.

Mas Perseu é também o vencedor da Medusa, rainha das **Górgonas***, graças igualmente a **Pégaso***, que permite que **Belerofonte*** triunfe sobre a **Quimera***. Se a medusa representa a imagem excessiva da culpa, cortar sua cabeça é dominar de forma durável o sentimento excessivo, paralisante e mórbido da culpa, é adquirir o poder de se ver a si mesmo sem deformação para mais ou para menos. Diante do universo mórbido do erro, é a lucidez sem espelho que deforma. Ainda aí Perseu simboliza uma escolha: permanecer petrificado diante da imagem do erro deformada pela vaidade seduzida, ou decapitar essa imagem triunfando da vaidade pelo exercício do julgamento comedido, pelo **gládio*** da verdade (DIES, 90-105).

Em recompensa por seu triunfo sobre a vaidade, sobre suas próprias monstruosidades, Perseu transforma-se, por ordem de Zeus, em uma das constelações celestes; simboliza o ideal realizado ao preço de difíceis combates e de escolhas corajosas e engenhosas.

PERU, PERUA

Símbolo duplo, de potência viril e de fecundidade maternal, entre os indígenas da América do Norte. Quando incha o papo, o peru evoca a ereção fálica. Seria por outro lado, de todas as aves, a mais prolífica (FLEH).

PESCA

Mitos, ritos e obras de arte estão cheios de cenas de pesca, de marinheiros lançando suas **redes***, de peixes pescados e embarcados etc.

No Egito, é graças à pesca que Osíris reencontra sua integridade; igualmente, "a Lua, olho arrancado de Hórus celeste, foi reencontrada em uma rede; as mãos cortadas do Deus o foram graças ao cesto de pesca". Jean Yoyotte se questiona se a pesca de belos peixes representada sobre um hipogeu tebano "não esconde a pesca da felicidade eterna" (POSD, 214-215).

O *pescador de homens*, título dado a São Pedro no Evangelho, designa aquele que salvará os homens da perdição, o apóstolo do Salvador, o que converte. A pesca é aqui o símbolo da pregação e do apostolado: o peixe a se apanhar é o homem a ser convertido. Isso não tem nada em comum com o peixe ao qual se dá o nome de símbolo de Cristo, que não passa de seu anagrama: *Iktus* significa, em grego, peixe; mas essas letras correspondem, como já indicamos, às iniciais dos principais títulos de Cristo em grego: Jesus Christos Theou Cios Soter, Jesus Cristo, filho de Deus, Salvador (*v.* **Cruz***). E de fato o Cristo é frequentemente representado, especialmente nas Catacumbas, por um peixe.

Pescar, no sentido psicanalítico, é também proceder a uma espécie de anamnese, extrair dos elementos do inconsciente, não através de uma exploração dirigida e racional, mas deixando jogar as forças espontâneas e colhendo seus resultados fortuitos. O inconsciente é aqui comparado à extensão de água, rio, lago, mar, onde estão encerradas as riquezas que a anamnese e a análise trarão à superfície, como o pescador de peixes, com sua rede.

PESCOÇO

Para os likouba e likouala do Congo, o pescoço é a sede da primeira das **articulações*** do corpo humano, pelo jogo das quais circula a energia geradora. Essa articulação é a primeira pela qual a vida se manifesta no recém-nascido. Nela se opera, inversamente, a última manifestação vital do agonizante (a energia geradora reflui, sobe de volta, nessa ocasião, pela cadeia das articulações) (LEBM).

Os povos guarani apapocuva do Brasil localizam no pescoço a alma animal do homem, que condiciona o seu temperamento. Assim, um homem terá um temperamento doce por possuir uma alma de borboleta, ou um temperamento cruel por possuir alma de jaguar (METB).

O pescoço simboliza a comunicação da alma com o corpo.

A poesia galante árabe-persa dá ao pescoço as cinco manifestações seguintes: árvore de cânfora (pelo seu perfume e seu tronco vistoso), vela, pente de marfim, ramo florido e lingote de prata, como no verso: "Qualquer um que ponha a mão no pescoço da minha bela turca fica arrebatado pelo vivo desejo de possuir esse lingote de prata" (HUAH, 75).

Nesses três exemplos, tirados de culturas totalmente independentes, o pescoço tem, então, lugar de eleição no corpo humano, quer seja ele sinal da vida, da alma, ou da beleza.

PÊSSEGO, PESSEGUEIRO

O pessegueiro em flor é, devido à sua floração precoce, um símbolo da primavera. A China faz dele simultaneamente, e pelo mesmo motivo de renovação e de fecundidade, um emblema do casamento. As festas celebradas no Japão em honra às flores do pessegueiro (Momo) parecem adicionar a estas a dupla noção de pureza e de fidelidade: a flor do pessegueiro simboliza a virgindade.

A fruta se relaciona, em contrapartida, com o mito de *Izanagi*, que, graças a ela, se protegeu do raio. Ela possui um papel de proteção contra as más influências, um valor de exorcismo, que se encontra muito nitidamente na China. O exorcismo é praticado com o auxílio de um bastão de pessegueiro, talvez porque Yi-o-Arqueiro tenha sido morto por um bastão do tipo, que é uma arma real. No Ano-Novo, miniaturas feitas de madeira de pessegueiro são colocadas sobre as **portas*** para eliminar as influências perversas.

Frequentemente, o pessegueiro – e o pêssego – são símbolos de imortalidade. O pessegueiro da *Siwang mu*, a Real Mãe do Oeste, produz a cada três mil anos pêssegos que conferem a imortalidade. Os Imortais alimentam-se de flores de pessegueiro (e de ameixeira) ou, como Koyeu, de pêssegos do monte Suei. A seiva do pessegueiro, relata o *Pao-p'u tse*, torna o corpo luminoso. O pêssego traz *mil primaveras*, assegura a iconografia popular.

As lendas das sociedades secretas chinesas retomam simbolicamente o tema histórico da *Promessa do Jardim dos Pessegueiros*. Ora, certas versões fazem dele um *Jardim da imortalidade*, uma espécie de Éden do novo nascimento, o que identifica o pessegueiro com a *Árvore da Vida* do Paraíso terrestre, ponto de chegada aqui da viagem da iniciação.

Adicione-se que a visão das flores de pessegueiro foi a causa da Iluminação do monge Ling-yun, isto é, ela produziu espontaneamente seu retorno ao *centro*, ao estado *edênico* (COUS, DURV, GRAD, HERS, KALL, LECC, RENB).

Segundo *o livro dos montes e dos mares*, pequena obra de geografia mitológica, composto perto do século III antes da nossa era, existia um pessegueiro colossal, com um tronco de 3 mil lis de diâmetro (em torno de 1.500 metros), em cujos ramos se abria a *Porta dos que Retornam*. Os guardiães dessa porta estavam encarregados de interceptar os malvados que retornavam e de dá-los como alimento aos tigres, pois os tigres só se sustentam com a carne de indivíduos perversos. Foi o famoso imperador Huang-ti quem teve a ideia de não mais utilizar guardiães, mas simplesmente pendurar suas efígies em madeira de pessegueiro sobre as portas. Também é de madeira de pessegueiro que se fabricam os pincéis de adivinhação, o Ki-Pi, espécie de forcado laqueado de vermelho cujos movimentos, ao desenhar os caracteres, dão o oráculo.

PETRIFICAÇÃO

Os olhos da **Medusa** eram tão abrasadores que transformavam em pedra qualquer pessoa que os visse. Para matar a medusa, **Perseu** se protegeu com um escudo polido como um espelho; ele escapou da petrificação: foi a medusa que morreu decapitada, enquanto sua própria imagem a imobilizava; como vingança, Atena colocou a cabeça da medusa sobre seu escudo e bastava a visão dela para imobilizar os inimigos transformando-os em pedras. Na Bíblia, a mulher de Ló foi transformada em estátua de sal por ter olhado para trás e visto a chuva de enxofre e de fogo que caía sobre Sodoma e Gomorra (*Gênesis*, **19**, 26).

792 | PIA BATISMAL

Ao contrário da petrificação, pedras se transformaram em homens quando Deucalião e Pirra, depois do dilúvio e por ordem de Zeus, jogaram pedras por sobre os ombros e assim fizeram nascer Deucalião, os homens, e Pirra, as mulheres.

Os dois mitos são correlatos: eles revelam uma parada e uma nova partida na evolução biológica e espiritual. A noosfera e a biosfera retrocedem no sentido da litosfera: mas o movimento progressivo pode reiniciar-se.

O notável é o fato de a petrificação se dar através dos olhos: quem vê a Górgona, quem vê Sodoma e Gomorra, transforma-se em estátua de pedra ou de sal.

Foi por ter visto Ártemis banhar-se que Córidon foi transformado em rochedo; foi por ter espionado Dioniso em momentos de paixão por sua irmã Cária, que Lico e Orfe foram assim transformadas em rochedos; foi por ter visto e declarado seus filhos mais belos que os de Leto (Latona), a mãe de Apolo e de Ártemis, que Níobe viu massacrados seus filhos, sendo ela própria transformada em rochedo.

"E agora, nos rochedos, no meio dos picos solitários, sobre o Sipule, onde dizem que vivem as ninfas divinas que se divertem às margens do Aqueloo, emudecida em pedra pela vontade dos deuses, Níobe rumina suas dores" (*Ilíada*, 24, 615).

A petrificação simboliza o castigo infligido ao olhar indevido. Ela resultaria ou de uma ligação que permanece depois da falta cometida – o olhar que se fixa – ou de um sentimento de culpa excessivo – o olhar que paralisa; ou ainda do orgulho e da cobiça – o olhar possessivo. A petrificação simboliza o castigo do descomedimento humano.

PIA BATISMAL

Seu simbolismo deve ser associado ao do **caldeirão*** das lendas celtas: o **banho*** da purificação e do revigoramento, o renascimento em um novo ser ou o acesso a uma dignidade nova. A pia batismal é uma das numerosas imagens que correspondem aos ritos de passagem, à iniciação que introduz em um mundo superior. É geralmente posta em cima de um pilar central que lhe serve de soclo e que simboliza o eixo do mundo em torno do qual giram as existências cambiantes; ou repousa sobre quatro colunas, que lembram os quatro pontos cardeais e a totalidade do universo, ou ainda os quatro Evangelistas e a totalidade da revelação. A pia batismal é um símbolo de regeneração.

PICA-PAU VERDE (PICANÇO)

Para os indígenas da pradaria norte-americana, "o pica-pau verde desvia os desastres que são a tempestade e o trovão". Daí o emprego de plumas de picanço em certas cerimônias rituais (ALEC, 137).

Para os povos pawnee (FLEH), é um símbolo de segurança, assegurando a perpetuação da espécie. Em uma narração mítica dessa tribo, o pica-pau verde disputa com o peru o título de protetor da espécie humana. O peru argumenta com a sua fecundidade: *ninguém põe mais ovos do que eu*. Mas o picanço fala em nome da segurança, *a única que pode garantir a continuidade da vida. Tenho menos ovos que você, diz ele, mas sendo o meu ninho inacessível, nos buracos de um carvalho grande, dele saem pássaros que têm certeza de que morrerão todos de velhice.* O picanço é alerta e cuidadoso.

Para os negritos semang, é um pássaro sagrado, herói benfeitor, que traz o fogo aos primeiros homens (SCHP, 174).

Nas tradições gregas e romanas, ver e ouvir o pica-pau verde era bom presságio para os caçadores. Ele era também a metamorfose do rei Pico, célebre pelos seus dons de adivinhação. O picanço era venerado como pássaro-profeta. Guiava os viajantes nas estradas e era quem voava à caverna de Rômulo e Remo, quando eles eram pequenos, para lhes levar alimento. Era o pássaro sagrado de Marte.

Segundo todas essas tradições, o picanço aparece como um símbolo de *proteção* e de *segurança*. "O pica-pau verde é, sem dúvida, um símbolo da *volta à infância*", pelo fato de que ele faz seus ninhos em buracos. É o "retorno à mãe" que representa esse pássaro confiável, "imagem liberadora do pensamento, desejo nascido da introversão" (JUNG, 334-335).

PILÃO

O pilão figura de diversas maneiras na iconografia hindu e com significados diferentes. Entre as mãos de *Balarama*, é associado ao arado, instrumento de dominação da terra; nas de *Samskarsana*, é um símbolo da morte; nas de *Ghantakarma*, possui um papel de discriminação – pois o pilão separa o grão de arroz da casca; *Ghantakarma* tem o atributo de afastar as doenças; ele é o *destruidor da morte.*

O movimento vertical de vaivém do pilão se faz segundo a direção do Eixo do mundo. Devoucoux o aproxima, por esse fato, da parte vertical da Cruz, com o sentido de união *das coisas celestes às coisas terrestres.*

O pilão tem também um simbolismo fálico, coisa que não deixa de estar ligada com a forma e a significação do **linga***, o que certas lendas kampucheanas (cambojanas), por exemplo, exprimem de maneira realista (DEVA, MALA, PORA).

Conta-se, na Birmânia, que o pilão, que esmagou especiarias durante toda uma vida de mulher, está tão impregnado de odor que desperta os mortos, rejuvenesce os velhos, torna os jovens imortais. A Lua o rouba para conservar uma juventude eterna; mas o cachorro corre atrás dela e a faz largar o que tinha conseguido (o eclipse); a Lua envelhece e deve morrer a cada mês.

A alegoria sexual pilão-**almofariz*** é frequentemente utilizada nos Veda:

> Vá, ó Indra, lá onde se amarra o pilão,
> como as rédeas para dirigir o cavalo,
> e engula os soma que se tritura no almofariz!

PILAR

Osíris frequentemente era representado no Egito sob a forma de um pilar, chamado *djed*. Abaixo do deus em forma de coluna, que tinha nas mãos apoiadas no peito as insígnias de sua soberania, o **cetro*** e a chibata, elevavam-se algo como quatro vértebras, elas próprias encimadas pelos cornos de Amon e por dois **ureus***: essa construção vertical simbolizaria a passagem do fluxo vital, sopro da vida, através da coluna vertebral. A serpente de fogo que coroa o conjunto lembraria a Kundalini do hinduísmo. O pilar é aqui o canal, mais que o suporte, da vida divina; ele serve para *aquecer e cobrir com o calor de Ísis.* Outras interpretações veem nele: "a estabilidade, a duração da alma, o fluido mágico que é a espinha dorsal de Osíris" (CHAM, 46, 74). Mas sempre se encontra a ideia de que o pilar é a via de comunicação do princípio luminoso e vivificante da divindade; é por ele que passa a força mágica do fogo vital.

O Egito conhece também conjuntos de figuras superpostas, como os que se vê na África negra e na Ásia, que compõem uma espécie de pilar cósmico. Por exemplo, em um papiro de Anhai (reproduzido em CHAM, 133) percebe-se o deus das Águas Primordiais, Nun, saindo do abismo, levando nas duas mãos, levantadas acima da cabeça, uma barca solar; no meio desta, Khepra, o escaravelho-sol, está rodeado de sete deuses; Khepra, de pé, sustenta com as duas patas da frente, suspensas acima da cabeça, um disco de cor ocre, que simboliza o universo e, de forma marcante, o mundo inferior; do alto da imagem, dois personagens, com a cabeça para baixo, parecem descer do Céu para a terra. Assim se ligam os três níveis do cosmos em uma arquitetura predominantemente vertical, exprimindo um movimento ascendente e descendente, que poderia simbolizar a evolução do ser manifesto.

O pilar é igualmente um símbolo fundamental da *cosmogonia* celta (**coluna*** e **eixo***), a se julgar pelos poucos vestígios que se possui da concepção de *pilares* que sustêm o mundo. Mas o termo é principalmente utilizado nas *metáforas laudatórias* que se referem a guerreiros, como Cuchulainn, chamados pilares (*coirthe*) da batalha. Pode ser também uma designação dos monumentos megalíticos (menires). *Batalha da planície dos Pilares* é a tradução literal do título da principal narração mitológica irlandesa. Além disso, para morrer de pé, Cuchulainn se amarra na cintura a um *pilar.* Os poetas (*file*) também se ligam a *pilares* para assistir à primeira Batalha de Mag Tured contra os Fir Bolg. O vingador de Cuchulainn, Conall Cernach, corta a cabeça do assassino Lugaid e a coloca sobre um pilar. A cabeça, esquecida, funde a pedra e fica encaixada no pilar. Na narrativa da *Razia das Vacas de Cooley*, trata-se de doze cabeças cortadas que Cuchulainn coloca, cada uma, no topo de um pilar (menir), com a do chefe, a décima terceira, no meio, seguindo um esquema que é o do *principal ídolo* da Irlanda, Cromm Cruaich, cercada por doze pedras de tamanho menor. Pilar central, centro do mundo, origem e canal da existência (OGAC, 28, 350; WINI, 5, 418).

Rituais australianos descrevem mitos de origem segundo os quais uma pilastra ou um pilar é o eixo e o centro em torno do qual se organiza o mundo. O pilar quebrado é o fim do mundo, a invasão da angústia, o retorno ao caos primitivo. O pilar simboliza o princípio organizador da sociedade. "Esse exemplo ilustra admiravelmente ao mesmo tempo a função cosmológica do poste ritual e seu papel soteriológico: pois, de um lado, o poste ritual reproduz aquele que utilizou Numbakula para organizar o Mundo e, de outro, é graças a ele que os achilpas estimam poder se comunicar com o domínio celeste. Ora, a existência humana não é possível senão graças a essa comunicação permanente com o Céu. O *mundo* dos achilpa não se torna realmente *seu* mundo a não ser na medida em que ele reproduz o Cosmo organizado e santificado por Numbakula. Não se pode viver sem um eixo vertical que assegure a *abertura* para o transcendente e, ao mesmo tempo, torne possível a orientação: em outras palavras, não se pode viver no *Caos*. Uma vez rompido o contato com o transcendente e desarticulado o sistema de **orientação***, a existência no mundo não é mais possível – e os achilpa se deixam morrer" (SOUN, 476).

No conjunto, a simbologia do pilar está ligada às de eixo do mundo, da árvore e da coluna. Ele exprime a relação entre os diversos níveis do universo e do eu, um ponto de passagem entre eles da energia cósmica, vital ou espiritual, e um lugar de irradiação dessa energia.

PINHEIRO

O pinheiro é muito comumente no Extremo Oriente um símbolo de *imortalidade*, o que se explica ao mesmo tempo pela resistência da folhagem e incorruptibilidade da resina.

Os Imortais Taoistas se alimentavam dos grãos, das agulhas e da resina. Essa alimentação dispensa qualquer outra, torna o corpo ligeiro e capaz de voar. A resina do pinheiro, se escorre ao longo do tronco e penetra no chão, produz, no fim de mil anos, uma espécie de cogumelo maravilhoso, o *fu-ling*, que proporciona a imortalidade. As *flores* de pinheiro do Céu da Pureza de Jade dão *o brilho de ouro a quem as come* (Maspero).

É um simbolismo da mesma natureza que faz com que se escolha, no Japão, o pinheiro e o *hinoki* (cipreste) para a construção dos templos de *Xintô* e para a confecção de instrumentos rituais. Ainda a mesma ideia: nas sociedades secretas chinesas, o pinheiro (associado ao cipreste) figura na porta da *Cidade dos Salgueiros* ou do *Círculo do Céu e da Terra*, morada da *imortalidade*. Perto dos altares da Terra, relata Confúcio, "os Hia plantavam pinheiros, e os Yin, ciprestes" (Palestras, **3**).

O pinheiro aparece, na arte, como um símbolo de poder vital; na vida corrente japonesa, como um signo de bom agouro; na literatura, em decorrência de um trocadilho, ele evoca a espera. Dois pinheiros lembram a lenda de Takasago e simbolizam o amor, a fidelidade conjugal.

Na iconografia ocidental, o fruto do pinheiro às vezes figura entre dois galos que o disputam; coisa que não se pode deixar de aproximar dos dois dragões que disputam a pérola: é o símbolo da *verdade manifesta* (DEVA, KALL, MAST, OGRJ, SCHL, STEJ, DUSC).

Na China, o pinheiro se encontra frequentemente associado aos outros símbolos de longevidade; ele forma uma tríade com o cogumelo e o grou, ou então com o bambu e a ameixeira. Os chineses, para quem a felicidade suprema é viver muito tempo, talvez achem que, associando esses símbolos, seu poder será mais reforçado. Para eles, prata, honrarias, amor, filhos não se concebem como coisas verdadeiramente agradáveis, a não ser que tenham a certeza de que disporão de tempo suficiente para usufruir delas.

No Japão, o pinheiro (*matsu*) é ainda o símbolo de uma força inquebrantável forjada no decorrer de toda uma vida de difíceis combates cotidianos; símbolo também dos homens que souberam conservar intactos os seus pensamentos, apesar das críticas que os cercavam, porque o pinheiro sai vencedor dos ataques do vento e da tempestade. Durante a semana de festas do Ano-Novo, os japoneses colocam de cada lado da entrada de sua casa dois pinheiros, sensivelmente do mesmo tamanho. É uma tradição xintoísta que pretende que as divindades (Kami) vivam nos ramos das árvores. Sendo o pinheiro uma árvore de folhagem permanente, foi preferido a todas as outras. São, assim, colocados à entrada das casas para atrair a elas os kami e seus benefícios. São muitas vezes cercados de um shimenawa. Existe um poema japonês muito conhecido no país, engraçado e irônico, sobre esses pinheiros gêmeos: "Alegria e tristeza ao mesmo tempo!"

O fruto do pinheiro muitas vezes aparece na mão de Dioniso, como um cetro: ele exprime, como a *hera*, *a permanência da vida vegetativa*; e a isso adiciona esta nuance: uma espécie de superioridade do deus sobre a natureza considerada em suas forças elementares e embriagantes. Ele representa a exaltação da força vital e a glorificação da fecundidade. Os órficos consagravam a Dioniso um culto de mistérios, segundo o qual o deus morria devorado pelos Titãs e depois ressuscitava: símbolo do *eterno retorno* da vegetação e, em geral, da vida. Em Delfos, também, ele aparecia durante três meses para reinar no santuário e depois desaparecia para o resto do ano. Os historiadores aí veem um mito de religião agrária. O pinheiro também era dedicado a Cibele, deusa da fecundidade. Ele seria a metamorfose de uma ninfa que o deus Pã teria amado. A pinha simboliza essa imortalidade da vida vegetativa e animal.

O culto de Cibele em Roma, "esse grande drama místico" (Franz Cumont), que não deixa de lembrar as cerimônias do culto a Ísis, de fato honrava o pinheiro: "um pinheiro era abatido e transportado para o templo do Palatino por uma confraria que devia seu nome a essa função – dendróforos (carregadores de árvores). Esse pinheiro, enrolado, como um cadáver, com tiras de lã e guirlandas de violetas, representava Átis morto (esposo da deusa): este não era originalmente senão o espírito das plantas, e um rito muito antigo dos camponeses frígios se perpetuava, ao lado do palácio dos Césares, nas honras prestadas a essa *árvore de março*. O dia seguinte era um dia de tristeza, no qual os fiéis jejuavam e se lamentavam ao pé do corpo do deus [...]. Velório misterioso [...] ressurreição esperada [...] Passava-se, então, abruptamente, dos gritos de desespero a um júbilo delirante [...]. Com a renovação da natureza, Átis despertava de seu longo sono de morte e, em comemorações desregradas, mascaradas petulantes, banquetes fartos, dava-se livre curso à alegria provocada pelo seu retorno à vida." O pinheiro simbolizava o corpo do deus morto e ressuscitado, ele próprio a imagem, nos cultos a Cibele, da alternância das **estações*** (BEAG, 253).

PIPA (*v.* Papagaio)

PIRÂMIDES

Os mais célebres túmulos dos reis e das rainhas do Egito. Distinguem-se as pirâmides regulares, como a de Quéops, as pirâmides em degraus, como a de Djoser; as pirâmides romboides, como a de Snefru. Todas essas construções obedecem a crenças religiosas e a ritos mágicos, sobre os quais os egiptólogos mais sérios são muito mais sóbrios em matéria de explicações que os numerosos e prolixos amadores. Se existe uma *piramidologia*, muito discutível quanto às aproximações entre a ciência dos faraós e a dos sábios modernos, não é, no entanto, proibido interrogar as crenças antigas para perceber as razões dessas construções colossais. A pirâmide participa do simbolismo do montículo funerário com o qual se recobria o corpo dos defuntos; ela é um "montículo" de pedra, gigantesco, perfeito, estendendo ao máximo as garantias mágicas esperadas das mais humildes cerimônias funerárias. Pode-se imaginar sem dificuldade que o montículo, embora apenas

796 | PIRÂMIDES

utilitário na sua origem, recebeu a atribuição de evocar a colina que emergiu das águas primordiais na ocasião do nascimento da terra e representou, assim, a existência. A morte podia, portanto, ser combatida, no plano mágico, pela presença desse símbolo potente (POSD, 241).

Uma outra interpretação, que se acrescentaria à primeira sem contrariá-la, valia sobretudo para os reis: segundo crenças heliopolitanas, o rei que cessasse de viver sobre a terra ia reunir-se e talvez identificar-se com o deus-sol. É por isso que a pirâmide era também um símbolo de *ascensão*, tanto por sua forma exterior, particularmente quando seus degraus se chamavam **escada***, quanto pelos seus corredores interiores, geralmente muito inclinados. Os ângulos da pirâmide e a própria inclinação de seus corredores internos podiam igualmente representar "os raios do sol tais como se pode vê-los descer à terra através de uma abertura nas nuvens" (POSD, 241). Todas essas disposições simbolizam o poder do rei defunto de subir ao Céu e de voltar a descer de acordo com a sua vontade. Para Albert Champdor (CHAM, 10), "essas massas arquitetônicas tinham sido concebidas para espantar até o estupor as pessoas e proteger a minúscula câmara mortuária que era como a sua alma derrisória e na qual, diante do cadáver mumificado do faraó, se cumpriam, nas profundezas de um mistério inviolável, os ritos da ressurreição osiriana".

Segundo A. D. Sertillanges, a pirâmide invertida sobre a ponta é a imagem do desenvolvimento espiritual: quanto mais um ser se espiritualiza, mais sua vida se engrandece, se dilata, à medida que ele se eleva. Do mesmo modo no plano coletivo: quanto mais um ser se espiritualiza, maior é a sociedade de seres personalizados na vida dos quais ele participa.

A pirâmide tem a dupla significação de integração e de convergência, tanto no plano individual como no plano coletivo: *a imagem mais sóbria e mais perfeita da síntese*, ela é comparável, nesse aspecto, a uma árvore, mas a uma árvore invertida, servindo de ponta à base do tronco. "As coletividades dissociadas tornando-se cidades

integradas em um Estado organizado, cidades convergentes, tal é a significação das pirâmides erigidas na época em que os grupos tendem a se coordenar para constituir a síntese nacional egípcia [...]. A orientação no sentido da síntese social exprimiu-se, em primeiro lugar, pela projeção concreta do símbolo dessa síntese, pela construção da pirâmide, imagem de *convergência ascendente*. A ereção da pirâmide foi a expressão de uma síntese ainda muito inconsciente dos homens. Mas, ao projetar concretamente o fruto de sua síntese interna, o homem firmou sua tendência à síntese nacional. E, desde então, a pirâmide edificada desempenhava aos olhos dos egípcios o papel de uma imagem motriz, reforçando em cada um as tendências à tomada de consciência individualizadora e socializadora" (VIRI, 154, 246).

Convergência ascendente, consciência de síntese, a pirâmide é também o lugar de encontro entre dois mundos: um mundo mágico, ligado aos ritos funerários de retenção indefinida da vida ou de passagem para uma vida supratemporal, e um mundo racional, que evocam a geometria e os modos de construção. "Era inevitável que os amantes de mistérios se maravilhassem com um tal encontro e aí vissem ora a explicação divina da geometria, ora a justificação da magia pela matemática" (VIRI, 155).

As relações geométricas da grande pirâmide de Gizé abriram caminho para outras interpretações, que fazem voltar o simbolismo dos alquimistas. Sabe-se que "o perímetro do quadrado de base (dessa pirâmide) é evidentemente igual ao comprimento de uma circunferência de raio igual à altura, o que significa que a relação da base quadrada e do círculo é expressa na elevação". Nada mais simples, a partir daí, que imaginar uma circunferência, cujo raio tivesse a altura da pirâmide, e que girasse sobre o cume desta, seja na vertical, como uma **roda***, seja na horizontal, como um **disco***, seja no oblíquo sobre qualquer outro plano; pode-se, com a mesma facilidade, imaginar uma esfera, cujo eixo seria o da pirâmide e cuja circunferência teria o mesmo comprimento que o perímetro da pirâmide: os alquimistas veriam aí um exemplo de solução do problema da *quadratura do círculo*. Mas se pode fazer uma segunda abordagem: "as quatro faces triangulares (da pirâmide) unidas por um cimo corresponderiam à síntese alquímica dos quatro elementos, cuja ascensão enfim seria uma criação do círculo correspondendo ao éter, alquimicamente simbolizado pelo círculo [...]. A dialética do quadrado e do círculo simboliza a "dialética da Terra e do Céu, do material e do espiritual" (VIRI, 243).

Depois de ter estudado as relações geométricas da Grande Pirâmide, Matila Ghyka (GHYP, 27) conclui: "é provável que o arquiteto da Grande Pirâmide não estivesse consciente de todas as propriedades geométricas que nós nela descobrimos bem mais tarde; essas propriedades, entretanto, não são acidentais, mas decorrem, de certo modo, organicamente da ideia mestra conscientemente inserida no triângulo meridiano. Pois uma concepção geométrica sintética e clara fornece sempre um bom plano regulador; este tem a originalidade de encadear na rigidez cristalina e abstrata da Pirâmide uma pulsação *dinâmica*, a mesma que pode ser vista como o símbolo matemático do crescimento vivo".

O crescimento *vivo* – talvez essa expressão seja a que melhor exprime o simbolismo global da pirâmide. Ela tende a assegurar ao faraó sua apoteose em uma assimilação do defunto com o deus-sol, termo supremo e eterno do crescimento.

Atribui-se a Hermes Trismegisto (HERT, fragmentos 28), uma ideia análoga: o cume de uma pirâmide simbolizaria "o Verbo demiúrgico, Força primeira não engendrada, mas emergente do Pai e que governa toda coisa criada, totalmente perfeita e fecunda". Assim, no final da ascensão piramidal, o iniciado atingirá a união com o Verbo, como o faraó defunto se identifica, no oco da pedra, com o deus imortal.

PIRANHAS

Pequenos peixes carnívoros da Amazônia, cujos dentes triangulares muito afiados servem para confeccionar cinzéis. Elas foram elevadas, em função da angústia de alguns exploradores e atra-

vés de narrativas terrificantes, ao nível de um fantasma mítico da devoração e da castração. Chegaram a simbolizar os males engendrados por uma imaginação angustiada em si mesma. Algumas etnias as associam aos *espíritos do rio, à justiça das lagunas*. Certos etnólogos discernem nesse medo das piranhas um reaparecimento transformado do velho medo da *vagina dentata*. Nesse sentido, G. Bateson observa que a "queixada do crocodilo, que serve de porta de entrada ao circuito de iniciação, é chamada em *iatmul* de *tshurvi iamba*, literalmente, 'porta do clitóris'". O analista vê nesse mito da piranha a transposição imaginária de um *perigo potencial em um perigo estatístico real*, ou ainda a transferência para um animal do terror inconsciente que engendram uma região desconhecida, a Amazônia, ou uma população, os povos indígenas. "Superpõem-se, inconscientemente, a agressividade da piranha, a hostilidade da selva e a irredutibilidade do indígena" (MCMP, XI).

PIRILAMPO

Na China o pirilampo é tradicionalmente o companheiro dos estudantes pobres, aos quais fornece a luz para seus trabalhos noturnos.

Entre os montanheses do Vietnã do Sul, se a **aranha*** é uma forma da alma do homem comum, a dos heróis imortais manifesta-se sob o aspecto de um pirilampo (DANS).

O Japão celebra uma festa dos pirilampos.

PÍTIA (*v*. Sibila)

PÍTON, PITÃO
(*v*. Crocodilo, Goela, Naga, Putrefação)

Apolo, "o Senhor, filho de Zeus, matou com seu arco possante o dragão fêmea, a besta enorme e gigante, o monstro selvagem que, sobre a Terra, fazia tanto mal aos homens, tanto mal também a seus carneiros de patas finas: era um flagelo sangrento" (Hino homérico a Deméter). Essa serpente, divindade infernal, viria a receber mais tarde o nome de Píton, nos mesmos lugares, em Delfos, onde se celebrava o culto de Apolo Pítio.

798 | PLACENTA

Como a **Quimera***, trata-se de um dos monstros mais representados nos monumentos arcaicos. Representação ctoniana por excelência, ela é uma das portadoras da **goela*** iniciatória, que se abre para o poente para engolir o Sol e cuspi-lo na aurora. O triunfo de Apolo sobre o píton é o da razão sobre o instinto, do consciente sobre o inconsciente. Esse combate simbólico da ação e da paixão, do pensamento, diurno, e da inspiração, noturna, não começou a se resolver no Ocidente, exceto com a querela dos clássicos e dos modernos que, do romantismo a Freud, dava, enfim, atenção ao inconsciente, depois de dois mil anos de medo.

PLACENTA

Simboliza as águas primordiais e a terra, onde a vida tomou forma e se desenvolveu. Entre os maori, a mesma palavra *whenna* significa "terra" e "placenta" (ELIT). Além disso, são numerosos os ritos de nascimento que comportam o enterro da placenta, i.e., o seu retorno à origem.

PLANETA (v. Astros, Sete)

Cada um dos planetas é estudado, do ponto de vista da simbólica, sob seu nome próprio.

O simbolismo dos planetas deriva de um paralelismo imaginado desde a mais remota Antiguidade entre a ordem celeste e a ordem terrestre ou humana, segundo o qual relações particulares existiriam entre o curso dos astros e o destino dos homens. Essa crença supõe um duplo movimento de pensamento: uma primeira projeção nas relações entre os planetas de um sistema de relações análogo aos existentes entre os seres humanos, ou no interior de cada homem; e, em contrapartida, uma projeção sobre o comportamento humano dos fenômenos observados na evolução relativa dos astros. Cada um deles exerce uma influência sobre os seres vivos na terra; eles são dotados de um determinado poder sobre os mortais. Aos sete planetas correspondem os sete Céus, os sete dias da semana, as sete direções do espaço, os sete estados ou operações da alma, as sete virtudes teologais e morais, os sete dons do Espírito Santo, os sete metais, as sete fases da Grande Obra etc. A simbólica planetária, quase impossível de se esgotar, marca a crença em uma simbiose da terra e do Céu, animada por uma constante interação entre os três níveis do cosmo.

A Cabala, que se caracteriza por uma procura de correspondências entre todas as partes do universo e todas as tradições humanas, estabeleceu uma correlação entre as esferas, ditas planetas no sentido antigo, os anjos, sua função cósmica, os pontos do espaço e as operações do espírito:

Sol	= Miguel	= iluminar o mundo	**zênite***	vontade
Lua	= Gabriel	= dar a força da esperança e dos sonhos	**nadir***	imaginação
Mercúrio	= Rafael	= civilizar	**centro***	movimento e intuição
Vênus	= Amael	= amar	Oeste	amor e relações
Marte	= Samael	= destruir	Sul	ação e destruição
Júpiter	= Zacariel	= organizar	Leste	julgamento e direção
Saturno	= Orifiel	= fiscalizar	Norte	paciência e perseverança

A tradição cristã não seguiu esta astrologia angélica e funcional (*v.* **Anjos***)

PLANÍCIE

A planície é o símbolo do espaço, da ausência de limites terrestre, mas com todas as significações do horizontal, em oposição ao **vertical***. Transposta para as planícies do Céu, a palavra indica a imensidão infinita, na qual os deuses uranianos circulam e para onde os psicopompos levam as almas depois da morte. Mitra é frequentemente chamado de *Senhor das planícies*.

Na concepção céltica do mundo, a planície é uma designação específica do *Outro Mundo*: *Mag Meld* "planície dos prazeres" (ao lado de *tir*, "região"). Mas o nome é muitas vezes aplicado ou referido ao substituto do "Paraíso terrestre", que é a Irlanda, da qual um dos nomes perifrásticos é *Mag Fal*, "planície de Fal" (sendo *Fal* uma designação metafórica de soberania). Uma personificação da *planície* é a deusa *Macha* (*magnosia-Macha*) que deu o seu nome à capital antiga de Ulster, *Emain Macha*. Ela simboliza, assim, a *soberania guerreira* e a planície parece ter sido *a região Ideal* onde os seres humanos podem habitar, em oposição à montanha, reservada para os personagens divinos. Um dos trabalhos impostos a uma divindade, em troca de um serviço prestado ou de um favor qualquer, consiste, às vezes, em desbravar uma ou diversas planícies. É, por exemplo, o que o rei Eochaid Airem impõe ao deus Midir, de quem acaba de ganhar uma partida de xadrez: o deus o executa de má vontade; Tailtiu, a deusa, vê imposta a ela a mesma tarefa. Ela dá conta, mas morre de exaustão. Como lembrança, seu nome foi dado à planície, e porque aí nasceu o trevo, essa planta é o emblema da Irlanda. Os *Meldi* gauleses (hoje Meaux) foram assim denominados, "os doces", em referência a uma concepção religiosa comparável ao *Mag Meld* irlandês (OGAC, *17*, 393-410; J.-B. Arthurs, *Macha and Armagh*, em *Bulletin of the Ulster Place-Name Society* 1, Belfast 1952-1953, p. 25-29).

A *planície da Alegria* era também uma *terra da juventude*: é a morada elísia, onde os séculos são minutos, onde os habitantes não envelhecem mais, onde os prados estão cobertos de flores eternas. Os **campos** paradisíacos, Campos Elísios dos gregos, Campos de ialu dos egípcios, são planícies de felicidades maravilhosas.

PLANTA (*v.* Erva, Vegetação)

A planta simboliza a energia solar condensada e manifesta.

As plantas captam as forças ígneas da terra e recebem a energia solar. Elas acumulam essas forças; daí as suas propriedades curativas ou venenosas e seu emprego na magia.

Em relação com o princípio vital masculino, elas significam o crescimento, no sentido do *Salmo* **144**, 12. "Nossos filhos serão como plantas que crescem em sua juventude."

As plantas trazem as suas sementes. Algumas delas, tais como o hissopo, exercem um papel purificador.

As plantas simbolizam também a manifestação da energia em suas formas diversas, como a decomposição do espectro solar em cores variadas. Enquanto manifestação da vida, elas são inseparáveis da água, tanto quanto do Sol.

Os laços que unem os dois símbolos das águas e das plantas são fáceis de compreender. As águas são portadoras de germes, de todos os germes. As plantas – rizomas, arbustos, flores de lótus – exprimem a *manifestação* do Cosmo, *o aparecimento das formas*. Aquilo que exprime o símbolo **Lótus*** (ou Rizoma) saindo das águas (ou de um emblema aquático) é o próprio fluxo cósmico. As águas aí representam o não manifesto, os germes, as latências; o símbolo floral representa a manifestação, a criação cósmica (COOH). A planta, primeiro estágio da vida, simboliza, acima de tudo, o nascimento perpétuo, o fluxo incessante da energia vital.

Na tradição védica, se as plantas têm virtudes medicinais, é porque são elas próprias dádivas do Céu e as raízes da vida. Invocam-nas como divindades:

> Na origem estavam as águas
> e as Plantas do Céu:
> [...] as Plantas
> que pertencem a todos os Deuses,
> as formidáveis,

800 | PLÊIADES

aquelas que dão a vida aos homens [...]
Possam as plantas de mil folhagens,
me livrar da morte, da angústia!

(*Atharva* 8-7, in VEDV, 177-178)

PLÊIADES

Pequena constelação composta de sete estrelas, das quais a principal é Alcione (3ª grandeza), cujo nome significa *a paz*, e que diversos astrólogos antigos e modernos consideraram o Sol central de nossa galáxia. É curioso notar que os babilônios chamavam-na *Temennu, a Pedra Fundamental*; os árabes, *Al Wasat, o Centro*; e os hindus, *Amba, a Mãe*. Quanto à aglomeração estelar das Plêiades, os assírios a nomeavam *Kimtu, a Família*, e os hebreus e os árabes, *Kimah, a pilha*, entre os primeiros, e *o selo*, entre os últimos, enquanto os gregos a simbolizavam através de sete moças ou sete pombas de Afrodite. Eles lhe atribuíam uma influência astrológica nefasta. Segundo os hindus, são as Plêiades, sob o nome de *Krittikas*, que alimentam *Karttikeya*, deus da guerra, idêntico a Marte; isso explica a atribuição pelos astrólogos de uma natureza marciana a essa constelação. Deve-se assinalar que, como para os antigos gregos, as Plêiades são, para os aborígines da Austrália, jovens sagradas que participam de uma cerimônia *corroboree*; para os povos indígenas da América do Norte, dançarinas sagradas; para os lapões, um grupo de virgens.

Parece que a importância astrológica das Plêiades se explica principalmente pelo fato de que na época remota do 3° milênio esse asterismo assinalava a primavera. O nome da primeira casa (ou divisão, *sieu*) do Zodíaco lunar chinês é o das Plêiades – *Mao*. Na Polinésia, como no Peru, o ano começava no dia em que essa constelação reaparecia pela primeira vez sob o horizonte. Nessas duas regiões, assim como na Grécia antiga, ela ainda é considerada patrona da agricultura.

A constelação das Plêiades desempenhava um papel de primeiro plano no sistema cosmogônico-religioso dos incas. Divinizadas em função de sua ligação com o ciclo agrário, eram veneradas em junho, com a sua aparição, que coincidia com o Ano-Novo, através de sacrifícios humanos, nos quais vítimas voluntárias se jogavam de um precipício. Eram consideradas as guardiãs das colheitas, as "senhoras da madureza dos frutos, que velavam pelo milho, para que ele não secasse. Eram, por outro lado, as divindades protetoras contra as doenças, especialmente a malária". Ainda no antigo Peru, o padre Francisco d'Ávila registra que os yunca observavam cuidadosamente o surgimento dessa constelação: "se as estrelas aparecessem um pouco grandes, eles concluíam que o ano seria próspero; se acontecesse o contrário, elas aparecessem pequenas, era um sinal de escassez" (AVIH).

Para os povos turcos da Ásia central, o aparecimento das Plêiades é anúncio do inverno. Uma crença similar existiu na Europa e na Lapônia. Os iacuto e numerosos outros povos altaicos dizem que no meio da constelação se encontra um buraco, que fura a abóbada celeste; é por esse buraco que vem o frio (HARA, 129).

Os mandjias, povo do Sudão oriental, situavam nas Plêiades a morada das mulheres bonitas após a sua morte; segundo outros aspectos de sua mitologia, elas representavam jovens mulheres virgens, cobiçadas pelo herói civilizador Seto (a aranha-caranguejeira), figurado no Céu pela constelação de Órion (TEGH, 110-111). Por extensão, a plêiade designa a assembleia de sete pessoas sábias, bonitas ou ilustres.

PLUMA, PENA

A função simbólica da pluma está ligada, no xamanismo, aos rituais de ascensão celeste e, por conseguinte, de clarividência e de adivinhação.

Por outro lado, em numerosas civilizações, a pluma está associada a um simbolismo lunar e representa o crescimento da vegetação. Assim ela aparece entre os mesoamericanos (asteca e maia) como homólogo dos **cabelos***, da **erva***, da **chuva***. Do mesmo modo, entre os iroquês, onde, na ocasião da Grande Dança das Plumas, ações de graça se repetem para agradecer ao "Bom Gêmeo *tudo o que ele* fez crescer *em benefício dos homens*: os frutos e a água, os animais e as árvores, o sol e as cepas de videira, a obscuridade e a lua, as estrelas e os doadores de vida (milho, feijão e abóbora, chamados os *3 irmãos divinos*)" (KRIE, 128; MULR, 268).

Essa dupla simbologia da pluma, força ascendente e crescimento vegetal, encontra-se na utilização, pelos zuni (Pueblo), na época das festas dos Solstícios, de *bastões de orações* que terminam, em sua extremidade superior, em grandes buquês de plumas. Esses **bastões*** são plantados nos campos de milho ou na vazante dos rios, e em todos os lugares sagrados próximos dos picos das montanhas ou das fontes, em oferenda aos ancestrais, ao Sol e à Lua. "O movimento de palma dos buquês de plumas desses bastonetes", especifica Muller (MULR, 281), "faz com que as orações subam até os deuses", isto é, até o Céu. O chefe hopi (Pueblo) Don C. Talayesva, em sua autobiografia (TALS, 24), descreve assim a primeira oferenda de plumas votivas à qual ele assiste, criança, na ocasião da importante festa do solstício de inverno: "ao romper do sol, minha mãe me levou à beira da mesa (platô) com todos os outros, para depositar plumas votivas sobre os altares; esses sacrifícios levavam mensagens aos deuses para obter a proteção deles. As pessoas colocavam plumas no teto da casa e em todas as *Kivas* (templos); elas amarravam plumas nas subidas para impedir os acidentes, à cauda dos asnos, para torná-los fortes, às cabras, aos carneiros, cachorros e gatos, para torná-los férteis, às aves, para que botassem ovos". Esse mesmo dia, acrescenta ele, era aquele "em que as mães podiam cortar os cabelos de seus filhos expondo-se o mínimo possível ao poder dos espíritos maléficos". Esse exemplo confirma claramente a associação plumas-cabelos-fertilidade, ligada ao simbolismo da ascensão, pois é do Céu para onde sobem as plumas e as orações que descerá a chuva fertilizante.

Comentando mitos da Austrália e da Nova Guiné, L. Lévy-Bruhl especifica melhor (LEVM, 238). "As plumas são uma parte do pássaro, sua pele, seu corpo; elas são, assim, o próprio pássaro. Vestir-se com elas, embeber-se nelas, tragá-las, é, portanto, participar do pássaro e, se se possui o poder mágico necessário, um método seguro de se transformar nele [...]. Pelas mesmas razões, as plumas têm uma virtude mágica particular. Com elas se enfeitam as flechas. Elas frequentemente servem como ornamento. Os primeiros que com elas ornaram a cabeleira sem dúvida se gabavam de fazer passar para si alguma coisa dessa virtude."

A pluma é, com efeito, símbolo de um poder aéreo, liberado dos pesos deste mundo. A coroa de plumas com a qual se enfeitam reis e príncipes lembra a coroa dos raios do sol, a auréola reservada aos seres predestinados. O rito da coroação se aparenta aos ritos de identificação do deus-sol ou aos de uma delegação de um poder celeste. As plumas que encimam os pálios dos Soberanos e do Papa, nos quatro cantos e no prolongamento dos **pilares***, significam essa suprema autoridade, de origem celeste, espalhada pelos quatro cantos do reino ou da terra; essa autoridade implicava um dever de justiça. Se a pluma é um símbolo da justiça, especialmente entre os egípcios, talvez seja porque, nos pratos da balança, o peso mais leve é suficiente para romper o justo equilíbrio (*v.* avestruz, psicostasia).

Certos intérpretes também veem na pluma um símbolo do sacrifício. Pois em todas as latitudes, galos e galinhas eram sacrificados aos deuses, e somente as suas penas ficavam expostas em torno do altar. Elas atestavam que o rito tinha sido bem realizado (*v.* cálamo, serpente de plumas).

PLUTÃO

Este Planeta encarna na Astrologia a força que preside as grandes mutações das eras geológicas e das espécies, as profundezas da matéria, o mundo atômico, a conquista do espaço, o *laser* e a cirurgia do coração. É o símbolo da reconstituição radical, sobre novas bases, rejeitando os elementos prejudiciais ou supérfluos. Seus efeitos parecem muitas vezes tão repentinos e imprevistos como os de Urano e de Netuno. Mas, contrariamente à desses dois planetas, a sua influência revela-se nitidamente *benéfica* e animada por um profundo sentimento de justiça, ainda que ela possa parecer imoral ou anormal, estando acima de nossas

802 | POBREZA

convenções humanas. Os antibióticos, os computadores e, em geral, as técnicas ultramodernas, inclusive a televisão, lhe pertencem. Os astrólogos ainda não estão de acordo em relação a seu signo zodiacal preferido (isto é, seu *domicílio*), e propôs-se sucessivamente: o Carneiro (preconizado por E. Caslant), o Câncer (A. Muir, na Inglaterra), Peixes (M. Wemyss, opinião compartilhada também por Ch. Vouga e seus seguidores), o Escorpião (F. Brunhübner) e o Sagitário (A. Volguine). Essa última atribuição ganha terreno de alguns anos para cá. No momento de sua descoberta, em janeiro de 1930, Plutão estava no signo de Câncer, que tradicionalmente governa a China, e assiste-se, nesse país ao nascimento de uma civilização tipicamente plutoniana, cujos contornos se tornaram visíveis a partir de cerca de 1971.

Para a astrologia analítica, Plutão, o *príncipe das trevas*, é o símbolo das profundezas de nossas trevas interiores, ligadas à noite original da alma, isto é, às camadas mais arcaicas da Psique. Quando Jung declara que o homem civilizado ainda arrasta atrás de si a *cauda de um sáurio*, fixa a imagem infernal dessa região ancestral do indivíduo governada por este planeta. É o teclado das tendências afetivas do estado *sadoanal* com as *forças do mal*: o lado negro, o feio, o sujo, o mau, a revolta, o sadismo, a angústia, o absurdo, a negação, a morte... Tocamos nesse mesmo teclado quando Jung nos engaja na busca do nosso dragão, convidando-nos a desenvolver a consciência do invisível, a nos assegurar da posse de nossos tesouros desaparecidos, a abrir o acesso para as riquezas ocultas, a descobrir seus arcanos os mais secretos, para a realização espiritual ou metafísica. O alinhamento do Eu com as verdades mais profundas do ser dá o poder, se não uma vontade de poder oculta, que tem a última palavra nos assuntos humanos. Em contrapartida, se o ser recusa essas necessidades vitais mais fundamentais, fermentações interiores destroem o equilíbrio e, através de catástrofes que roubam o chão de nossos pés, Plutão abre o abismo pronto a precipitar o homem e a devorá-lo: é a estação no Inferno...

POBREZA

A pobreza é geralmente o símbolo do desprendimento do espírito na busca ascética. É o que diz o Evangelho – "Felizes os pobres de espírito" (Mateus, 5, 3). Para Mestre Eckhart, trata-se de se "despojar de si mesmo e revestir-se com a Eternidade de Deus" (*v.* vestes), uma coisa condicionando a outra. "E quem quer que seja que tenha deixado casas, irmãos, irmãs [...] pelo meu Nome, receberá o cêntuplo e compartilhará da vida eterna" (*Mateus*, **19**, 29). "A perfeita Pobreza" é uma expressão medieval clássica dessa progressão espiritual através do despojamento. A *pobreza* é semelhante à *infância*: é o retorno à *simplicidade*, ao desprendimento do mundo manifesto, sendo a infância retorno à própria origem. A mesma noção existe no Islã, onde a pobreza espiritual é chamada de *faqr*: sendo o *faqir* o *pobre* contemplativo. É o desprendimento do múltiplo e a dependência exclusiva ao Princípio. Até o próprio Tchuang-tse (cap. 4) não opõe o autêntico *jovem de coração* (*sin-tchai*) à pobreza material, que não é senão "abstinência preparatória para os sacrifícios" (ECKT, GUEC, SCHP). Todos esses autores insistem no aspecto positivo da pobreza; o desprendimento material é apenas a sua aparência; a alegria exultante da possessão de Deus, e de Deus apenas, é a sua essência, como o testemunhou o Pobrezinho de Assis.

POÇO

O poço se reveste de um caráter sagrado em todas as tradições: ele realiza uma espécie de síntese de três ordens cósmicas: Céu, Terra, Infernos; de três elementos: a água, a terra e o ar; ele é uma via vital de comunicação. É também, ele próprio, um microcosmo, ou "síntese cósmica". "Ele faz a comunicação com a morada dos mortos; o eco **cavernoso**** que sobe dele, os reflexos fugidios da água quando se agita, aumentam o mistério mais do que o esclarecem. Considerado de baixo para cima, é uma luneta astronômica gigante, apontada desde o fundo das entranhas da Terra para o polo celeste. Esse complexo constitui uma escada da salvação ligando entre si os três andares do mundo" (CHAS, 152).

O poço é o símbolo da abundância e a fonte da vida, mais particularmente entre os povos – tais como os hebreus – para quem as nascentes não resultam senão do milagre. O poço de Jacó, do qual Jesus deu de beber à Samaritana, tem o sentido de água de fonte e que jorra – bebida de vida e de ensinamento – tal como o descrevemos no verbete **fonte***. São Martinho interpretou o poço de Jethro (*beur*), junto ao qual Moisés parou, como uma fonte de luz (*ur*), e, portanto, como um centro espiritual.

No *Zohar*, um poço alimentado por um arroio simboliza a união do homem e da mulher. O poço possui em hebraico o sentido de mulher, de Esposa (ELIF, 42).

O poço é, além disso, símbolo de segredo, de dissimulação, especialmente de dissimulação da verdade; sabe-se que ela dele sai nua. Ele é, ainda, no Extremo Oriente, símbolo do abismo e do Inferno.

O hexagrama 48 do *I-Ching* se chama *tsing* (poço). Os comentários pareceriam por demais utilitários se não aprendêssemos, afinal, que "um poço bem cheio de água e não coberto é o emblema da sinceridade, da retidão e um símbolo da felicidade" (PHIL, SAIR, SOUP).

Em numerosos contos esotéricos, retoma-se a imagem do poço do conhecimento ou da verdade (*a verdade está no fundo do poço*). Os bambara, cuja organização social e tradição espiritual conferem uma importância muito grande às confrarias iniciatórias, fazem do poço o símbolo do Conhecimento, onde a borda é *segredo*, e a profundidade, *silêncio*. Trata-se do silêncio da sabedoria contemplativa, estágio superior da evolução espiritual e do domínio de si, onde a palavra se afunda, é absorvida por si mesma (ZAHB, 150).

Simbolizando o conhecimento, o poço representa também o homem que atingiu o conhecimento. G. Durand (DURS, 222) cita a esse propósito um fragmento da "contemplação suprema" de Victor Hugo: "coisa singular, é dentro de si que se deve ver o exterior. O profundo espelho sombrio está no interior do homem. Lá está o claro-escuro terrível [...]. Debruçando-nos sobre esse poço, aí percebemos, a uma distância de abismo, dentro de um círculo estreito, o mundo imenso [...]." O poeta se aproxima aqui da tradição citada no início deste verbete, que faz do poço um microcosmo; mas o poço é o próprio **homem***.

POEIRA, PÓ

Símbolo da *Força criadora* e da cinza. A poeira é comparada ao sêmen, ao pólen das flores.

No Gênesis, o homem não é somente tido como criado da poeira do chão, mas também sua posteridade é comparada à poeira (Gênesis, *28*, 14): "Tua descendência se tornará numerosa como a poeira do chão, tu transbordarás o Ocidente e o Oriente, o Setentrião e o Meio-Dia e todas as nações do mundo serão abençoadas através de ti e de tua descendência."

Inversamente, a poeira é às vezes *signo* de morte. Os hebreus botavam poeira na cabeça em sinal de luto (Josué, 7, 6; Lamentação, *2*, 10; Ezequiel, *17*, 30) e o salmista alude à poeira da morte (*Salmos*, *22*, 16).

Sacudir a poeira das sandálias é uma fórmula que simboliza o abandono total do passado, uma ruptura completa, uma negação de tudo o que representava essa poeira: pátria, família, amizade etc.

POLEGAR

Símbolo fálico. O polegar significa a força criadora: é ele que confere aos outros dedos da mão e à mão todo seu poder de pegar. Daí o *Pequeno Polegar*, que é a miniatura do herói solar. O *grande* e o *pequeno* são aqui idênticos, como o macrocosmo e o microcosmo. Assim, o espírito envolve o universo e se encontra no coração do homem.

POLEGAR, PEQUENO

"É, na sua origem, um símbolo *fálico*, e, embora tão pequeno nos contos, é sempre dotado de atributos superiores" (TEIR, 53).

O conto do Pequeno Polegar se inscreve na tradição das "famílias de sete filhos, dos quais um é dotado de poderes supranormais e leva o nome de mágico, de salvador ou de feiticeiro. (Essas

804 | POLICROMIA

lendas) são imitações do grande mito asiático cinco vezes milenar de Krishna". Se o Pequeno Polegar simboliza o princípio salvador da sociedade, ele é também o símbolo do princípio que dirige a pessoa, que é compartilhado entre diversos elementos, como a sociedade se divide em diversos membros. Na pessoa, ele representa *a consciência absoluta*, clarividente, enérgica e ativa, que dirige toda a vida e a conduz à salvação (LOEF, 157-159).

POLICROMIA

Símbolo primitivo das inumeráveis belezas da natureza, em todas as suas formas e cores. Vestimentas, jardins, tapetes, afrescos e cerâmicas policrômicos evocam essa riqueza infinita da vida, invocam implicitamente a prosperidade e traduzem um voto de identificação à natureza proteiforme, sempre renovada.

As deusas e os deuses da fecundidade, os reis em diversos países, sacerdotes por ocasião dos ofícios – todos eles revestiam-se muitas vezes de túnicas ou de mantos policrômicos.

POLO

O polo é, por definição, o ponto fixo em torno do qual se realizam as revoluções do mundo. É o símbolo da estabilidade no meio do movimento. É o Meio invariável (*tchong-yong*), o núcleo da roda cósmica. A árvore, ou o Eixo do mundo, une o *polo* terrestre ao *polo* celeste, o *centro* do mundo à constelação boreal. É por isso que o polo é geralmente representado por uma montanha, como é o caso da montanha de *Qaf* do Islã. É também por isso que a tradição primordial é frequentemente considerada *hiperbórea*.

O polo é representado pelo centro da suástica, a imagem do movimento de rotação em torno do centro imóvel. Em certas lojas maçônicas, um fio de prumo (eixo cósmico) é suspenso da Ursa Maior (ou da letra G, que a representa), polo celeste, e termina no centro de uma *suástica* traçada no chão, polo terrestre.

O polo celeste, estrela ou constelação polar é, na China, o *ápice do Céu* ou o *Ápice Supremo* (*T'ai-ki*). É a residência do *Uno Supremo* (*T'ai-*

-yi). No seu equilíbrio, o Imperador, no polo terrestre, governa os ritmos do mundo, como a estrela polar, os ritmos estelares. Pois o polo simbólico é, depois da diferenciação da Tradição *polar* primordial, situado em cada centro espiritual: o polo islâmico está em equilíbrio com a *Caaba* de Meca, o polo chinês, com o *Ming T'ang*, o polo judaico-cristão, com Jerusalém. É a significação do globo do mundo encimado pela cruz (polar), pelo menos como o utiliza Dante na *Divina Comédia*: embaixo de Jerusalém fica e entrada dos Infernos; no polo oposto estão a montanha do Purgatório e a entrada dos Céus, dualidade axial que se relaciona com o *Cristo doloroso* e o *Cristo glorioso*. É o sentido da divisa dos cartuxos: *Stat crux, dum volvitur orbis*, a cruz permanece estável (como um polo) quando tudo roda em torno dela.

O *polo* (al-Qutb) designa também, por analogia, no Islã, o centro e o ápice de uma hierarquia espiritual. Moisés é designado *Qutb*, assim como *Imam*, no ismaelismo: ele assume como tal o equilíbrio e a estabilidade do mundo. Ele está no *Norte*, no *pico do Sinai*; a orientação para a gibla, que não é *nem do Oriente, nem do Ocidente* (*Corão*, 24, 35), é aquela que conduz ao *polo*. Os xeques e os chefes de confraria sufi recebem frequentemente o título honorífico de polo (CORT, ELIM, GUED, GUEM, GUEC, GUET, GUES).

POLVO

O polvo, animal disforme e tentacular, é uma representação significativa dos monstros que simbolizam habitualmente os *espíritos infernais*, e até o próprio Inferno.

O polvo se encontra nas ornamentações do norte da Europa bem como no mundo celta e na Grécia, coisa que poderia explicar uma origem *hiperbórea*. Ele corresponde ao signo zodiacal de Câncer e se opõe ao golfinho. Essa identificação não deixa de se relacionar com o aspecto *infernal* do animal, sendo o solstício de verão a "**porta***" dos Infernos" (GUES, SCHC).

POMBA

Ao longo de toda a simbologia judaico-cristã, a pomba – que, com o Novo Testamento, acabará por representar o Espírito Santo – é, fundamentalmente, um símbolo de *pureza*, de *simplicidade*, e, também, quando trás o ramo de oliveira para Noé, na arca, de paz, harmonia, esperança, felicidade recuperada. Como a maior parte das representações de animais alados na mesma área cultural, é lícito dizer que ela representava a sublimação do instinto e, especificamente, do *eros* (DURS, 135).

Na acepção pagã, que valoriza de modo diverso a noção de pureza, não a opondo ao amor carnal mas associando-a a ele, a pomba, ave de Afrodite, representa a realização amorosa que o amante oferece ao objeto do seu desejo.

Essas acepções, que só divergem na aparência, fazem com que a pomba represente muitas vezes aquilo que o homem tem em si mesmo de imorredouro, quer dizer, o princípio vital, a *alma*. É por isso mesmo representada, em certos vasos funerários gregos, "bebendo em uma taça que simboliza a fonte da memória" (LAVD, 258). A imagem é repetida na iconografia cristã, a qual, no relato do martírio de São Policarpo, por exemplo, faz com que uma pomba saia do corpo do santo depois da sua morte.

Todo esse simbolismo provém, evidentemente, da beleza e da graça desse pássaro, de alvura imaculada, e da doçura do seu arrulho. O que explica que, tanto na língua mais trivial quanto na mais fina, da *gíria* parisiense ao *Cântico dos Cânticos*, o termo "pomba" figura entre as metáforas mais universais que celebram a mulher. "À medida que a alma se aproxima da luz", diz Jean Daniélou citando São Gregório Nazianzeno, "ela se vai fazendo bela, e assume, na luz, a forma de uma pomba."

O amoroso não chama à sua amada *minha alma*? Observemos, por fim, que a pomba é uma ave eminentemente sociável, o que reforça a valorização sempre positiva do seu simbolismo.

POMBO (*v.* Pomba)

O pombo é tido, em geral, como um ingênuo, mas, mais poeticamente, é um símbolo do amor. A doçura de seus costumes contribui para explicar essas duas interpretações. O simbolismo do amor se explicita melhor através do casal de pombinhos, como se dá em relação a outros animais: pato, martim-pescador, fênix... sendo que, aqui, o macho choca os ovos.

Na China antiga, de acordo com o ritmo fundamental da estação, que alternava *yin* e *yang*, o gavião se transformava em pombo, e o pombo, em gavião, o que fazia do primeiro um símbolo da primavera, correspondendo o seu reaparecimento ao equinócio de abril (GRAR). Será essa a origem da designação local dada aos policiais – "pombos-gaviões"?

Em Cabília, os pombos cercam o túmulo do santo muçulmano, protetor da aldeia; mas, "em outros lugares, são considerados pássaros de mau agouro, pois o seu arrulho é o lamento das almas penadas" (SERP, 49).

PONTE

O simbolismo da ponte, como aquilo que permite passar *de uma margem à outra*, é um dos mais difundidos universalmente. Essa passagem é a passagem da terra ao Céu, do estado humano aos estados supra-humanos, da contingência à imortalidade, "do mundo sensível ao mundo suprassensível" (Guénon) etc. Diversas lendas da Europa oriental falam de pontes de metal sucessivamente atravessadas a cavalo; Lancelot atravessa uma *ponte-sabre*; a ponte *Chinvat*, o *divisor*, da tradição iraniana, é uma passagem difícil, larga para os justos, *estreita como uma lâmina de barbear para os ímpios*; essas pontes estreitas, ou quebradas, às vezes se reduzem a uma corda bamba. O Oriente antigo, a *Visão de São Paulo*, os *Upanixades* mencionam símbolos semelhantes. A viagem iniciatória das sociedades secretas chinesas também se dá através da passagem de pontes: é preciso *passar a ponte* (*kukiao*), seja ela uma *ponte de ouro*, representada por uma tira de pano branco, seja uma *ponte de cobre e de ferro*, reminiscência alquímica, ferro e cobre correspondendo ao negro e ao vermelho, à água e ao fogo, ao Norte e ao Sul, ao *yin* e ao *yang*. Não é supérfluo especificar que essa ponte é às vezes simbolizada por uma espada.

806 | PONTE

Notam-se, portanto, dois elementos: o simbolismo da passagem, e o caráter frequentemente perigoso dessa passagem, que é o de toda *viagem iniciatória*. A passagem da terra ao Céu identifica a ponte com o **arco-íris***, a passarela lançada por Zeus entre os dois mundos, e que a bela Íris percorre, sua mensageira de boa nova. O parentesco fica especialmente evidente no caso das pontes em arco do Extremo Oriente; é o caso das que dão acesso aos templos xintoístas, imagens da ponte celeste, introduzindo no mundo dos deuses e cuja travessia é acompanhada de purificações rituais. Ela se identifica também com o eixo do mundo sob suas diversas formas e especialmente com a **escada***, caso esse em que é preciso considerar a ponte como *vertical*.

É bastante notável que o título de *Pontifex*, que foi o do imperador romano e permanece sendo o do *Papa*, significa "construtor de pontes". O Pontífice é ao mesmo tempo o *construtor* e a própria ponte, como *mediador* entre o Céu e a Terra. Nichiren diz de Buda que ele é "para todos os seres vivos. [...] a Grande Ponte, aquele que permite atravessar a **encruzilhada*** das Seis Vias". A ponte verdadeira, ensina a *Chandogya Upanixade*, é o Eu "que reúne esses mundos para impedir que eles se dispersem. Ao atravessar essa ponte, a noite se torna parecida com o dia, pois esse mundo da Imensidão não é senão Luz" (DANA, GUEM, GUET, GUES, HERS, RENB, SCHI).

No Mabinogi de *Branwen, filha de Llyr*, os exércitos galeses invadem a Irlanda para vingar a triste sorte de Branwen nas mãos do marido Matholwch, rei da Irlanda, e são detidos pelo Shannon, rio mágico sobre o qual não existe nenhuma ponte e que navio algum é capaz de atravessar. O rei Bran então se deita ao longo do rio, de uma margem à outra, e os exércitos passam sobre o seu corpo. O conto galés vê nesse episódio mítico a origem do aforismo *Quem é chefe seja ponte*. Também é falado pelo rei Artur, que, como rei, é o *intermediário perfeito*, portanto, a ponte entre o Céu e a terra. O simbolismo deve ser aproximado do dos antigos *pontífices* romanos. A *ponte da espada*, tão estreita quanto o fio da espada, que

serve de passagem perigosa no texto arturiano do *Cavaleiro da carreta*, simboliza a passagem de um estado do ser a um outro estado mais elevado.

As tradições do Islã, os compêndios de Hadith descrevem *a travessia da Ponte*, ou Sirat, que permite o acesso ao Paraíso, passando-se por cima do Inferno. Essa ponte, mais fina que um fio de cabelo e mais cortante que um sabre, leva um nome que lembra aquele que designa, no Corão, ora "a via do Inferno", ora a via direita que seguem os crentes. "Somente os eleitos a atravessam, os danados escorregarão ou serão tragados por presas de animais antes de conseguirem atingir o Paraíso e serão precipitados no Inferno [...]. Ficará a concepção segundo a qual o eleito passará pela ponte mais ou menos rapidamente, dependendo da qualidade de suas ações ou da força de sua fé [...] Alguns atravessam a ponte *em cem anos*, outros, *em mil anos,* conforme a pureza de sua vida, mas nenhum daqueles que viram o Senhor está arriscado a cair no Inferno [...]." Outras tradições descrevem uma ponte de sete arcos, cada um deles correspondendo aos sete deveres: "a fé, a prática da oração, a da esmola, do jejum, da peregrinação a Meca, da pureza ritual e da piedade filial. Aquele que faltou com um deles será precipitado no Inferno" (Dominique Sourdel, em SOUJ, 188, 189, 199, 200). Todas essas tradições confirmam a simbologia da ponte: local de passagem e de prova. Mas elas lhe dão uma dimensão moral, ritual, religiosa. Aprofundando esse direcionamento da análise, seria possível dizer que a ponte simboliza uma transição entre dois estados interiores, entre dois desejos em conflito: pode indicar o resultado final de uma situação de conflito. É preciso atravessá-la; fugir à passagem nada resolveria.

Conhece-se também as diversas lendas de *Pontes do diabo*. Citam-se muitos exemplos delas em toda a Europa e, especialmente, na França, as famosas pontes Vanlentré (Cahors) e de Saint-Cloud (perto de Paris). Pode-se ver nessa denominação uma espécie de reconhecimento da extrema dificuldade de construir tais obras de arte e de admiração por sua beleza e polidez. É como se os arquitetos e os engenheiros, incapazes de um tal sucesso por si mesmos, tivessem que recorrer às habilidades de Lúcifer. Inumeráveis superstições e histórias cercam essas *pontes do diabo*, onde se alternam Deus e o diabo e seus adoradores. A alma do primeiro passante deve pertencer ao diabo: é a cota dele; de outro modo, teria trabalhado gratuitamente para os homens; mas diversos truques o enganam. Diz-se também que a primeira pessoa que atravessa a ponte morre naquele ano. As lendas indicam, em todos os casos, a angústia que suscita uma passagem difícil sobre um local perigoso e reforçam a simbólica geral da ponte e sua significação onírica: um perigo a superar, mas, do mesmo modo, a necessidade de se dar um passo. A ponte coloca o homem sobre uma via estreita, onde ele encontra inexoravelmente a obrigação de escolher. E sua escolha o dana ou o salva.

PONTO

O ponto simboliza o estado limite da abstração do volume, o centro, a origem, o lar, o *princípio* da emanação e o termo de retorno. Ele designa o poder criativo e o fim de todas as coisas.

Segundo Clemente de Alexandria, se se abstrai de um corpo suas propriedades e suas dimensões, "resta um ponto, com uma posição"; se se suprime a posição, atinge-se a unidade primordial (Estrômatos, *5*, 2). Do mesmo modo, no simbolismo da *Cabala* judia, o *ponto oculto* se torna, assim que se manifesta, a letra *iod*. Nas doutrinas hindu e tibetana, o ponto (*bindu*) é igualmente a *gota*, o *germe*, da manifestação.

A manifestação é a extensão do ponto segundo as direções do espaço: o ponto é portanto a interseção das ramificações da **cruz***. Princípio dessa extensão, ele é em si sem dimensão, não se submete às condições espaciais. "O ponto", escreve também Angelus Silesius, "conteve o círculo." Leibniz distingue *o ponto metafísico* (unidade de princípio) do *ponto matemático*, determinação espacial do precedente, *ponto com uma posição*. De forma oposta, o ponto é a resolução das tendências antagonistas, o "*Meio* invariável dos chineses, o vazio do cubo da roda cósmica, o pivô da norma e o centro imóvel do círculo", diz Tchuang-tse

(cap. 2), o equilíbrio e a harmonia. É a origem da meditação e também o ponto de chegada da integração espiritual.

No *iantra*, o *bindu* é o ponto de contato dos dois triângulos opostos pelo ápice representando *Shiva* e a *Xácti*: ele é *Brahma* indiferenciado. No *mantra*, é o ponto diacrítico (*anusvara*) que acompanha *nada*, o *som* primordial. O *bindu* é um círculo minúsculo, mas a *vacuidade*, o estado de *potencialidade* que ele implica, são exatamente simbolizados pelo vazio interior desse círculo. O ponto é ainda a letra do monossílabo sagrado *OM*, o germe no interior do **búzio***. De todo modo, ele é o princípio rigorosamente informe dos seres do mundo (AVAS, ELIY, GOVM, GUEC, VALA).

Na arte africana, a decoração puntiforme representa geralmente alguma coisa de real: grãos de milho, estrelas etc. Os pontos são solitários ou agrupados, esboçam figuras: círculos, quadrados, losangos. Nas regiões de caça, na África, por exemplo, três pontos aproximados, dentro de um triângulo ou quadrado, representam às vezes o caçador, o cão, a caça; nas regiões da savana, pontos brancos sobre um fundo escuro evocam "os fogos que se acendem na noite e cujo piscar responde ao das estrelas" (MVEA, 95).

PONTOS CARDEAIS

Representam as quatro direções do espaço, Norte, Sul, Leste e Oeste, às quais convém adicionar a dimensão vertical **zênite***-nadir e a dimensão interior, **centro***. Muitas crenças relativas à origem da vida, à morada dos deuses e dos mortos, à evolução cíclica etc., articulam-se em torno dos eixos, cruzados em forma de cruz, Norte-Sul e Leste-Oeste, que constituem com o eixo zênite-nadir a esfera total do espaço cósmico e, simbolicamente, do destino humano. O espaço é, na simbólica, o quadro no qual o mundo saído do caos se organiza, o lugar onde se desenvolvem todas as energias.

O simbolismo dos pontos cardeais, que tem uma importância tão grande entre os antigos mexicanos, foi posto em relevo por J. Soustelle (SOUM).

808 | PONTOS CARDEAIS

O **Norte** é o *lado que fica à direita do Sol*. É o país das **nove*** *planícies* infernais. Terra do aquém e do além da vida: os vivos daí provêm, os mortos vão para aí. Região do frio, da fome, da noite, da aridez. A águia, símbolo de guerra, aí reside, porque é por excelência a terra da caça e dos combates. Os anos *sílex* são aí localizados e entre os seus emblemas figura a faca de sacrifício com lâmina de **obsidiana*** ou de sílex, muitas vezes ornada com penas de águia. Tezcatlipoca, Deus do Norte, simboliza o Céu e o vento noturnos. O Norte é também a região da Lua e da Via-Láctea. Sua cor é o preto, o vermelho para os maia.

O *Sul* é o *lado que fica à esquerda do Sol*. Na língua Nahuatl, *o lado dos espinhos. Em certas circunstâncias, o imperador e os sacerdotes se espetavam com espinhos de agave nas pernas para oferecer sangue aos deuses.* Região do fogo e do grande deus Uitzilopochtli, divindade do sol do meio-dia. Ele tem por emblema a **arara***, pássaro solar por excelência e governa os **anos coelho***. A complementaridade do Norte e do Sul é evidente. É ilustrada não apenas pela presença, no Sul, do Coelho – emblema tipicamente lunar, ao passo que a Lua se localiza no Norte (SOUA) –, mas também pelo fato de que reside no Sul o deus da morte, Mictantlecutli, enquanto a região da morte está situada ao Norte. É que Mictantlecutli dá a morte, que o vermelho do sangue do sacrifício leva à noite, como a lâmina de sílex mergulhada no peito do guerreiro oferecido em holocausto; os símbolos do Sul e do Norte se superpõem às vezes e, de um povo a outro, na América Central, suas atribuições se invertem. Para o pensamento analógico, a oposição cria um vínculo: o Sul é o oposto do Norte, mas o *Sul* leva ao Norte, por esse princípio de descontinuidade cíclica que é a base dos processos de encadeamento iniciático da morte e do renascimento. Para os mexicanos, a cruz direcional parece simbolizar bem, em seus dois eixos, os dois mistérios da passagem da vida à morte (eixo Sul-Norte) e da morte à vida (eixo Oeste-Leste), como vamos ver ao examinar o simbolismo dos dois outros pontos cardeais.

O *Leste* é a região do nascimento ou do renascimento, do Sol e de Vênus. Ele está associado a todas as manifestações da renovação, ao crescimento do milho, à juventude, às festas, aos cantos, ao amor.

O Leste é o domicílio de Tlaloc, Deus das chuvas, que aí estabeleceu o seu jardim paradisíaco, que não é senão água e verdura. É a *casa das plumas verdes*, o domicílio dos anos da cana verde e do pássaro sagrado, Quetzal, a fênix índia. Ele deu as longas plumas verdes a Quetzalcoatl, que renasce sob este signo, sob a forma do sol nascente, depois de se ter sacrificado ao Oeste. E entretanto, o **verde*** vem apenas em segundo lugar para simbolizar essa direção. A cor do Leste é antes de tudo o **vermelho*** do sangue novo e da força vital, o vermelho do sol nascente e de Vênus, estrela da manhã. Assim, os simbolismos solar e aquático-vegetal como observa Soustelle, se superpõem nesse signo. Mas é preciso não esquecer que o simbolismo solar, entre os ameríndios, é múltiplo em suas expressões. O sol do meio-dia e o sol negro são símbolos de complexos analógicos, opostos ao do sol nascente.

O *Oeste* é a região do entardecer, da velhice, do curso descendente do sol, do lugar onde ele vai desaparecer *em sua casa*. Os anos *casa* são aí domiciliados. É o *lado das mulheres*, o lado do declínio; Vênus, como o sol, aí desaparece. Quetzalcoatl aí se sacrifica para renascer no Leste. Chama-se a *região das brumas*, é a porta do mistério, do não manifesto, do aquém e do além. Mas as brumas trazem a ideia de chuva e portanto de fecundidade e de fertilidade. Também as Deusas Mães residem no Oeste, onde elas estabeleceram seu jardim, que é o equivalente do de Tlaloc, deus das chuvas, no Leste. Lá reside também o deus do Milho, que se manifesta no Leste. Lá, por fim, se encontra a deusa das Flores e os *Peixes de Chalchiuitl* ou de Água preciosa, ou de Pedra preciosa, nas quais se resume todo o complexo simbólico que lembra a água azul-verde da **esmeralda*** e do **jade***, as chuvas fecundantes, sêmen celeste, e o sangue nascente, oferecido ao sol para sua regenerescência.

Assim os contrários são reunidos e mesmo *contêm-se* um ao outro, tanto no eixo Leste-Oeste quanto no eixo Norte-Sul. E esses dois eixos formam uma cruz no centro da qual – centro que não é outro senão o lugar do Homem – se superpõe e se resolve a dupla dualidade. O eixo Norte-Sul simboliza as regiões transcendentais, e suas forças – ctonianas e uranianas –, de onde tudo provém e para onde tudo retorna. É o eixo da potencialidade ao qual se opõe, do Oeste para o Leste, o eixo da manifestação, do divino imanente, do humano. De Oeste para o Leste e do Leste para o Oeste se cumpre, como por pulsações, o ciclo iniciático que encadeia vida e morte. Mas o eterno retorno, no final desse eixo, não se realizaria se não existissem as regiões invisíveis do Norte-Sul. Assim, a **cruz*** é graficamente o símbolo primordial sem o qual nada poderia ser. Como escreve Soustelle, "a cruz é o símbolo do mundo em sua totalidade".

As tradições africanas não são nada menos sugestivas.

Na cosmologia dogon, os pontos cardeais estão associados, cada um, a uma constelação e a uma categoria de seres, da seguinte maneira:

Norte, as Plêiades, os Homens e os peixes;
Sul, o Cinturão do Órion, os animais domésticos;
Leste, Vênus, os pássaros;
Oeste, *a estrela de grande cauda* (não identificada), os animais selvagens, os vegetais, os insetos (GRIE).

Para os bambara, as associações são as seguintes:

Leste, cor branca, região da morte;
Oeste, região das *pessoas do sol caído*, local dos costumes, das coisas belas e boas;
Norte, assimilado ao sétimo Céu, é a região muito distante, onde reside o grande deus Faro, senhor do verbo e das águas e responsável pela organização do mundo em sua forma atual; por extensão, toda realeza se localiza no Norte;
Sul, região povoada de seres nefastos, que Faro teve que destruir em grande número, na origem dos tempos, porque eles tinham roubado dele a linguagem; local da impureza (DIEB).

Entre os bambara, como entre os dogon, os seres vivos se repartem em quatro categorias correspondendo aos pontos cardeais, segundo o seguinte esquema:

Norte, os seres da água, peixes, sáurios, batráquios;
Sul, os vegetais;
Leste, os animais selvagens e domésticos;
Oeste, os pássaros (DIEB).

Para os baluba e lulua do Kasai (Congo), a imagem do mundo é feita de uma cruz trabalhada, cujo braço horizontal separa o Oeste, morada dos gênios maus, do Leste, morada dos gênios bons e do Paraíso, ou *aldeia das bananas doces*. O Oeste se assemelha ao interior da terra, onde caem, por ele transitando, as almas más, rumo à *fossa de terra vermelha*; sua cor é, com efeito, o vermelho. O leste e o Paraíso das boas almas são colocados sob o signo da cor branca (FOUA) (*v.* a oposição **vermelho***-**branco***). O centro dessa cruz, local do tribunal onde é julgada a alma dos mortos, encontra-se na bifurcação da Via-Láctea; o plano da terra (plano humano) está abaixo; acima, no Céu superior, está domiciliado o Deus supremo, cercado de seus assessores (*ibid.*).

Para os povos altaicos, a *Montanha do Mundo*, erguida sobre o umbigo da terra, e cuja ponta toca a Estrela Polar, *umbigo do mundo*, é geralmente considerada como se estivesse situada no *Norte*, onde se encontra também, no seu pico, a residência ou o trono de ouro do Deus Supremo. Em algumas religiões, as pessoas se voltam, por essa razão, para o Norte, quando querem adorar o Deus do Céu. É o caso dos mendeanos e dos budistas da Ásia central (HARA, 46).

A Montanha do Mundo dos kalmuks, cuja imagem veio à Ásia central com as doutrinas do lamaísmo, representa as direções cardeais através de seus quatro flancos, cada um dos quais possui uma cor própria: o do Sul é azul; o do Oeste, vermelho; o do Norte, amarelo; e o do Leste, branco (HARA, 49). Em torno dessa Montanha flutuam, nas quatro direções cardeais, quatro continentes representados como Ilhas sobre o Oceano. Nesses continentes moram homens que

810 | PORCA

diferem antes de tudo pela forma de seu rosto. Os habitantes do continente meridional têm um rosto oval, os do continente ocidental, um rosto redondo, os do continente setentrional, um rosto quadrado, e os do continente oriental, um rosto em forma de lua crescente. Os continentes têm uma forma idêntica. "Essa surpreendente imagem do Mundo predomina no Tibete e em todo o território do budismo com variantes insignificantes" (HARA, 50).

Os kalmuks lamaístas representam igualmente os pontos cardeais pela cabeça dos animais: o elefante, a Leste, o boi, ao Sul, o cavalo, a Oeste, o leão, ao Norte (mais precisamente, a Noroeste).

Os chineses, por sua vez, associam o Oeste a um dragão azul, o Sul, a um pássaro vermelho, o Oeste, a um tigre branco, e o Norte, a uma tartaruga negra. Em um mito dos sioux, "a morada dos Deuses, situada sobre uma alta montanha, dá sobre as quatro regiões do mundo e, a cada porta do Céu, se encontra um guardião: uma borboleta, a Oeste, um urso, a Leste, um cervo, ao Norte, um castor, ao Sul" (HARA, 64). Segundo o *Apocalipse*, o trono celeste é guardado por quatro animais que se parecem, o primeiro, com um leão, o segundo, com um touro, o terceiro, com um rosto semelhante ao de um homem, e o quarto, com uma águia em voo (4, 6-8).

Segundo uma crença dos tunguse transbaikalianos, Deus criou o primeiro casal humano com ferro, que ele pegou no Leste, com fogo, que ele pegou no Sul, com água, que ele pegou no Oeste, e com terra, que ele pegou no Norte. Tendo cada um desses materiais servido para formar uma parte do corpo humano, esse mito estabelece, então, entre as direções cardeais, os elementos e o corpo humano, as seguintes correspondências:

Norte, Terra, Carne e Osso;

Oeste, Água e Sangue;

Leste, Ar, Ferro e Coração;

Sul, Fogo e Calor do corpo.

Segundo Ruysbroek, os mongóis, em suas libações, derramavam suas taças nas quatro direções cardeais: ao Sul, para venerar o fogo, a Leste, para venerar o ar, a Oeste, para venerar a água, e ao Norte, para venerar os mortos.

Na imagem do mundo hindu, a pátria celeste dos demônios se encontra no Nordeste (HARA, 119).

A situação da **Ursa*** Maior, em relação aos pontos cardeais, indica as estações para os povos da Ásia central. *Quando a cauda da Ursa Maior mostra o Leste, a primavera reina no mundo inteiro; quando ela mostra o Sul, é verão; se ela se volta para o Oeste, é outono. Mas quando ela vira a cauda para o Norte, o inverno predomina no mundo inteiro.* O Leste é a direção dos vivos, e o Oeste, a dos mortos, para os gold da Sibéria (HARA, 128, 234). O monge franciscano Ruysbroek, enviado oficial de São Luís entre os mongóis, no séc. XIII, observava que a porta da tenda dos nômades se orientava no sentido do sul, ficando os homens do lado oeste, e as mulheres, do lado leste; o lugar do chefe da casa era o fundo, isto é, a direção Norte (HARA, 261).

Para os primeiros cristãos, o eixo Oeste-Leste era o de Satã e de Deus, do Inferno e do Paraíso, assim como aparece na descrição da cerimônia do batismo que nos deixou Dionísio, o Areopagita: os diáconos desatam os cintos e despem as vestes do catecúmeno. O hierarca o coloca de frente para o Ocidente, com as mãos em sinal de anátema, contra essa região das trevas, e lhe ordena que sopre três vezes sobre Satã e pronuncie as palavras de abjuração... "Então, o pontífice o volta no sentido do Oriente, fazendo-o levantar ao Céu os olhos e as mãos e ordena que ele se aliste sob o estandarte de Cristo" (PSEO).

PORCA

Embora o porco seja geralmente considerado o mais impuro dos animais, a porca, em contrapartida, foi divinizada como um símbolo de fecundidade e de abundância, rivalizando com a vaca. Assim, os egípcios representavam a grande deusa Nut, figurada pela abóbada celeste e parceira fêmea da hierogamia elementar Terra-Céu, ora sob a forma de uma vaca, ora sob a forma de uma porca deitada nos Céus, amamentando os seus filhotes, representados pelas estrelas (POSD). Divindade selênica, é mãe de todos os astros que ela engole e cospe, alternadamente, conforme sejam diurnos ou noturnos, para deixá-los viajar no Céu. Assim, engole as estrelas na aurora e as devolve no crepúsculo, fazendo o contrário com o seu filho Sol. Ela é a vítima predileta oferecida a Deméter, a deusa maternal da terra. A porca simboliza o princípio feminino reduzido exclusivamente a seu papel de reprodução.

PORCO

Quase que universalmente, o porco simboliza a comilança, a voracidade: ele devora e engole tudo o que se apresenta. Em muitos mitos, é esse papel de *sorvedouro* que lhe é atribuído.

O porco é geralmente o símbolo das tendências obscuras, sob todas as suas formas, da ignorância, da gula, da luxúria e do egoísmo. Pois, escreve São Clemente de Alexandria citando Heráclito, *o porco tira o seu prazer da lama e do esterco* (*Estrômato*, 2). É a razão de ordem espiritual da interdição da carne de porco, especialmente no Islã. A utilização de tais carnes, observa ainda São Clemente, *está reservada àqueles que vivem sensualmente* (ibid.). O porco representado no centro da Roda da Existência tibetana tem a mesma significação; ele evoca mais particularmente a ignorância. Não seria possível esquecer, a esse propósito, a parábola evangélica das *pérolas lançadas aos porcos*, imagens das verdades espirituais reveladas de maneira desconsiderada àqueles que não são nem dignos de recebê-las nem capazes de apreendê-las.

Nas lendas gregas, Circe, a maga, costumava transformar em porcos os homens que a importunavam com seu amor. Outras vezes, ela tocava seus convidados com uma vara mágica e os transformava em animais vis, porcos, cachorros etc., *cada um de acordo com as tendências profundas de seu caráter e de sua natureza* (GRID, 94).

O porco é o animal ancestral, fundador de uma das quatro classes da sociedade melanesiana (MALM).

Para os quirguizes, ele é um símbolo, não somente da perversidade e da sujeira, mas também da maldade (BORA, 293, n. 318).

Existe, contudo, uma exceção notável: em virtude de sua aparência próspera, que apreciam, os sino-vietnamitas fazem do porco um símbolo da abundância; a porca acompanhada dos bacurinhos adiciona à mesma ideia a de posteridade numerosa (DURV, GOUM, PALL, SCHC). Entre os egípcios, do mesmo modo, apesar das proibições que pesavam sobre os porcos e os chiqueiros, Nut, *deusa do Céu e mãe eterna dos astros*, figurava em amuletos com os traços de uma porca amamentando sua prole.

PORCO-ESPINHO

Animal divinatório predileto dos ekoi (Nigéria do Sul). Tem relação estreita com os reinos dos espíritos e desempenha frequentemente um papel de herói civilizador. Foi marcadamente por seu intermédio que as mulheres aprenderam a cultivar os tomates (TEGH, 90-91). Lembremos que o tomate, segundo as crenças dos bambaras, contém *uma parcela viva geradora*, coisa que o aparenta simbolicamente à **romã***. Também foi o porco-espinho que ordenou o primeiro sacrifício aos espíritos. Na outra extremidade da África, entre os kikuyu, ele é considerado o inventor do fogo (mito relatado por FRAF).

PORTA

A porta simboliza o local de passagem entre dois estados, entre dois mundos, entre o conhecido e o desconhecido, a luz e as trevas, o tesouro e a pobreza extrema. A porta se abre sobre um mistério. Mas ela tem um valor dinâmico, psicológico; pois não somente indica uma passagem, mas convida a atravessá-la. É o convite à viagem rumo a um além...

A passagem à qual ela convida é, na maioria das vezes, na acepção simbólica, do domínio profano ao domínio sagrado. Assim são os portais das catedrais, os *torana* hindus, as portas dos templos ou das cidades khmers, os *torii* japoneses etc.

As cidades chinesas tinham quatro portas cardeais. Por elas eram expulsas as más influên-

812 | PORTA

cias, acolhidas as boas, recebidos os hóspedes, estendida às quatro regiões do império a Virtude imperial, reguladas as horas do dia e as estações. As quatro portas cardeais de Angkor-Thom repetem nos quatro orientes a efígie radiante de *Lokeshvara*, soberano do universo. Mas elas permitem o acesso, das quatro direções, a esse *centro* do mundo. Os portais das igrejas, os pórticos dos templos são a abertura da peregrinação sagrada, que conduz até a *cella*, até o Santo dos Santos, local da Presença real da Divindade. Eles resumem o simbolismo do próprio santuário, que é a porta do Céu. As portas dos templos são muitas vezes guarnecidas de guardiães ferozes (animais fabulosos, *dvarapala* nos templos da Ásia e até nas *mandalas* tântricas, guardas armados nas lojas das sociedades secretas). Trata-se ao mesmo tempo de proibir a entrada no recinto sagrado de forças impuras, maléficas, e de proteger o acesso dos aspirantes que são dele dignos. É para estes a entrada *na cidade pelas portas* (*Apocalipse*, 22, 14); para os outros, a rejeição nas *trevas exteriores*.

O simbolismo dos guardiões está claramente ligado à iniciação (= entrada), que pode ser interpretada como a travessia da porta. **Jano***, deus latino da iniciação aos mistérios, detinha as chaves das *portas solsticiais*, i.e., das fases ascendente e descendente do ciclo anual. Trata-se, respectivamente, da *porta dos deuses* e da *porta dos homens*, que dão acesso às *duas vias* das quais *Jano* (como *Ganesha*, na Índia) é o *senhor: pitri-yana* e *deva-yana*, diz a tradição hindu, vias dos *ancestrais* e *dos deuses*. As duas portas são ainda *Janua inferni* e *Janua coeli*, portas dos *Infernos* e dos *Céus*.

A passagem da terra ao Céu se dá, como dissemos (**caverna**, **domo***) pela *porta do sol*, que simboliza a saída do cosmo, o além das limitações da condição individual. É o buraco do domo, na tenda, por onde passa o Eixo do mundo, é também o cimo da cabeça, em todo caso, a *porta estreita* que dá acesso ao Reino dos Céus. É o que exprime ainda a passagem do fio ou do camelo pelo buraco da agulha.

Outra figura da porta: o *torana* hindu, associado ao kala, o **glutão***. A porta é aqui a **goela***

do monstro, que representa a passagem da vida à morte, mas também da *morte* à libertação; é a dupla corrente cíclica, expansão e integração, *kalpa* e *pralaya*. Na arte khmer, o *kala* vomita dois **makara*** divergentes, os quais se desenvolvem e vomitam, por sua vez, literalmente, a verga da porta, que assim se aparenta com o **arco-íris***: afirmação indireta da passagem da terra à morada divina.

A manifestação cósmica da qual acabamos de falar se exprime ainda na China através do símbolo da porta: segundo o *Hi-tse*, o trigrama *k'uen* (princípio passivo, Terra) é a porta fechada; o trigrama *k'ien* (princípio ativo, Céu) é a porta que se abre, a manifestação. A abertura e o fechamento alternativos da porta exprimem, então, o ritmo do universo. É também a alternância do *yang* e do *yin*; mas as portas aparecem, neste caso, mais equinociais que solsticiais (o *yang* sai no signo *tch'en*, que corresponde à primavera). Dentro da mesma sequência de ideias, a abertura e o fechamento da porta do Céu (como no *Tao*, 6 e 10) estão em relação com o ritmo respiratório, sabendo-se que este é o homólogo microcósmico do primeiro. O *fechamento das portas* também é, à maneira taoista (*Tao*, 52), a retenção do sopro e a aniquilação das percepções sensíveis.

Observando o vaivém da porta e a imutabilidade do eixo, o Mestre Eckhart faz da primeira o símbolo do homem exterior, do segundo, o do homem interior, não atingido, em sua posição axial, *central*, pelo movimento de fora (BURA, BENA, COEA, GRAD, GRAP, GUES, ELIY, HERS, COOS, SCHI, SECA).

Nas tradições judaicas e cristãs, a importância da porta é imensa, porquanto é ela que dá *acesso à revelação*; sobre ela vêm se refletir as harmonias do universo. As *portas* do Antigo Testamento e do Apocalipse, ou seja, o Cristo em sua majestade e o último Julgamento, acolhem o peregrino e os fiéis. Suger dizia aos visitantes de Saint-Denis que convinha admirar a beleza da obra realizada, e não a matéria de que havia sido feita a porta. Ele acrescentava que a beleza que ilumina as almas deve dirigi-las no sentido da luz, cuja porta verdadeira é Cristo (*Christus janua vera*).

Se Cristo em glória é representado no alto dos frontispícios das catedrais, é porque ele próprio é, de acordo com o mistério da Redenção, a *porta* pela qual se chega ao Reino dos Céus: "Eu sou a porta, quem entrar por Mim, será salvo" (João, **10**, 9). Cristo, escreve Clemente de Alexandria, citando um texto gnóstico, é a "porta da justiça", pois está dito no *Salmo* 118 (19-10): "Abri-me as portas da justiça, eu entrarei, eu renderei graças a Jeová! É aqui a porta de Jeová, os justos entrarão."

O símbolo da porta é frequentemente retomado pelos autores romanos. Jerusalém tem portas, escreve Hugues de Fouilloy, pelas quais nós entramos na igreja e penetramos na vida eterna. Conta-se, diz ele, que as portas de Jerusalém se ligam imprudentemente à terra quando os prelados da Igreja se deleitam no amor das coisas terrestres, e elas se voltam para os Céus, quando eles buscam as coisas celestes. A porta do templo conduz à vida eterna. Assim, Guillaume de Saint--Thierry pôde escrever: "Ó vós que dissestes: *Eu sou a porta...*, mostrai-nos com clareza de que morada sois a porta, a que momento e quem são aqueles aos quais vós a abris. A casa da qual sois a porta é [...] o Céu que o vosso Pai habita." A Virgem também é chamada de "porta do Céu". Nas litanias da Imaculada Conceição, a Igreja dá à Virgem os epítetos de Porta fechada de Ezequiel, Porta do Oriente e Porta do Céu. Maria é, às vezes, representada na iconografia medieval sob a forma de uma porta fechada (*v.* rodapé da face A dos assentos do coro de Amiens) (VALC, 146).

Na arquitetura romana, o frontispício desempenha um papel preponderante. Ele apresenta uma espécie de síntese, suficiente para oferecer um ensinamento. T. Burckhardt insistiu na importância da combinação da porta e do nicho. No nicho, ele acredita descobrir a imagem reduzida da **caverna*** *do mundo*. Esta corresponde, segundo ele, ao coro da igreja e se torna o lugar da epifania divina, pois coincide com o simbolismo da porta celeste, que designa um movimento duplo: o de introduzir as almas no reino de Deus, o que prefigura um movimento de ascendência, e o de deixar cair sobre elas as mensagens divinas. Abrir uma porta e atravessá-la é mudar de nível, de meio, de centro, de vida (BURI, 168, 233; DAVR, 204-205).

A porta tem também uma significação escatológica. A porta como local de passagem, e, particularmente, de chegada, torna-se naturalmente o símbolo da *iminência do acesso* e da possibilidade de acesso a uma realidade superior (ou, inversamente, da efusão de dons celestes sobre a terra).

É assim que o retorno de Cristo é anunciado e descrito como o de um viajante que bate à porta: "o Filho do Homem está à porta" (*Marcos*, **13**, 29). Às vezes, o simbolismo é muito mais rico. O Cristo do *Apocalipse* (**3**, 20) diz: "Eis-me, estou à porta e bato. Se alguma pessoa ouvir a minha voz e abrir a porta, entrarei e farei a Ceia com ela e ela a fará comigo." A imagem é tomada de empréstimo ao *Cântico dos Cânticos* (**5**, 2), cujo simbolismo pascal é afirmado pelo judaísmo. Tradições judaicas esperam na Páscoa a libertação final e a vinda do Messias (*v.* o poema das *Quatro noites* no Targum de *Êxodo*, **12**, 42). Elas frequentemente exprimem essa espera com o auxílio do motivo da porta (Flávio Josefo, *Antiguidades judaicas*, **18**, 29); abriam-se as portas do Templo no meio da noite de Páscoa (Josefo, *Guerra dos judeus*, **6**, 290 s.); signos miraculosos eram produzidos na ocasião de uma festa de Páscoa – em particular, a porta do Templo se abria sozinha, fazendo com que o povo daí concluísse que Deus havia aberto a porta da felicidade, i.e., que o processo final e messiânico havia começado. Herdeiro da tradição, o cristianismo primitivo espera o retorno de Cristo durante a noite de Páscoa e celebra a sua vigília aguardando as batidas que o ressuscitado vai dar à porta do mundo.

Vai se falar do mesmo modo de portas dos Céus (*Gênesis*, **28**, 17; *Salmos*, **78**, 23) que Deus abre para se manifestar (*Apocalipse*, **4**, 1) e espalhar seus benefícios sobre os homens (*Malaquias*, **3**, 10). Inversamente, a abertura das portas (da nova Jerusalém escatológica, *Isaías*, **60**, 11, do Templo ideal...) simboliza o livre acesso do povo santo à graça de Deus.

814 | PORTA

As portas da morte (*Isaías*, **38**, 10), dos Infernos ou da morada dos mortos (*Mateus*, **16**, 18) simbolizam o poder notável desse abismo do qual não se pode sair, mas sobre o qual Cristo se proclama vencedor. Ele detém as suas chaves (*Apocalipse*, **3**, 7).

Nesse momento, compreende-se melhor que a porta seja tida como uma designação simbólica do próprio Cristo (*João*, **10**, 1-10): Ele é a única porta pela qual as ovelhas podem ter acesso ao curral, isto é, ao reino dos eleitos.

A porta esculpida de um santuário senufo, na aldeia Towara na África, equivale também a um ensinamento em imagens, e a imagem deve ser compreendida não pelo que ela representa para os olhos, mas pelo que ela simboliza para o espírito. Essa porta é o símbolo de uma *cosmogonia*. Um disco com um círculo em torno de si aparece no centro da porta, e em volta dele se destacam, em um vasto quadrado, figuras de seres humanos e de animais, sendo que as de cima estão de cabeça para baixo. Em cima desse quadrado, como em um relevo linear, erguem-se seis personagens, um dos quais, um cavaleiro; debaixo do quadrado, um homem em marcha, um leopardo, um rinoceronte (?), um pássaro com as asas estendidas, uma serpente pronta para o bote. Eis a interpretação que dá a isso Jean Laude (p. 307-309) – nós juntamos a nossa entre colchetes: "A porta que separa o lugar sagrado [o interior do santuário] do mundo profano faria visível para o lado dos vivos [do exterior] uma exposição da criação, uma cosmogonia. O disco central representa aparentemente o umbigo do mundo [a fonte e o pivô da criação]. Os personagens representados seriam imagens de gênios [intermediários entre o mundo criado e as forças criadoras, invisíveis] [...] As dimensões respectivas dos seres e das coisas representadas não são respeitadas [a cabeça do cavaleiro é maior que o cavalo: as proporções são relativas à importância, não física, mas hierárquica, dos seres) [...] O universo é aqui concebido como tendo se desenvolvido a partir de um núcleo central em expansão de onde os seres e as coisas emanam irradiando-se. [A parte superior dos seres, a cabeça, está mais próxima do

círculo, de onde vem a vida; isso explicaria a posição invertida ou inclinada de certas figuras; não se trataria nem de projeção sobre um plano, nem de simetria, nem de perspectiva, mas de formas e de situações simbólicas.]" (LAUA, 307-309.)

A porta evoca também uma ideia de transcendência, acessível ou proibida, dependendo de se a porta estiver aberta ou fechada, se tiver sido transposta ou simplesmente vista. Com uma acuidade muito original, Michel Cournot critica assim um filme de Robert Bresson: "[...] as criaturas de *Baltasar* passam a maior parte de seu tempo a abrir e fechar portas, a passar e tornar a passar por portas. Basta ser um pouquinho sensível à transcendência para ver que uma porta não é simplesmente uma abertura feita em uma parede ou um conjunto de peças de madeira capazes de girar nos encaixes. Dependendo de se ela estiver fechada, aberta, trancada à chave, batendo, a porta é, sem modificar em nada a sua natureza, presença, ou ausência, apelo ou defesa, perspectiva ou plano cego, inocência ou erro. Nós olhamos uma porta fechada: um ser que ainda se encontra fora do campo visual se aproxima; mal tivemos tempo de ver sua sombra sobre a porta e já ele a empurrou e se eclipsou por trás dela: uma presença, um ato, uma intenção são assim representados sem exibição profana pela cinematografia simples de uma superfície pura que se movimentou. No estado de espírito bressoniano, *universal* se diz *ecumênico*: não há *imagem mais ecumênica da vida* que a de uma porta que é aberta e outra vez fechada; a porta também permite significar sem degradar" (*Le Nouvel Observateur*, 1966, n. 80, p. 40).

A porta se presta a diversas interpretações esotéricas. Para os alquimistas e os filósofos, segundo dom Pernety (396), ela *significa a mesma coisa que a chave, entrada ou meio de operar em todo o curso da obra*. A porta é a comunicação do instrumento oculto, do utensílio secreto.

Para os franco-maçons (BOUM, 182), a Porta do Templo é colocada entre as duas Colunas e se abre "para uma fachada de parede encimada por um frontão triangular: sobre o frontão, um compasso, com as pontas para o alto, se dirige ao Céu".

POSEIDON (POSÍDON, POSÊIDON) | 815

A Porta do Templo deve ser "muito baixa. O profano que penetra no Templo deve se curvar, não em sinal de humildade, mas para marcar a dificuldade da passagem do mundo profano ao plano da iniciação [...]. Esse gesto pode também lembrar a ele que, morto na sua vida profana, ele renasce para uma vida nova, à qual chega de uma maneira semelhante à da criança que vem ao mundo. Plantageneta observa também que: a Porta do Templo é designada pelo nome de Porta do Ocidente, o que nos deve lembrar que é no seu umbral que o sol se põe, isto é, que a Luz se apaga. Além reinam as trevas, o mundo profano".

POSEIDON (POSÍDON, POSÊIDON)
(*v.* Netuno)

Deus dos Mares, dos Oceanos, dos Rios, das Fontes, dos Lagos, o **domínio das águas*** lhe pertence, assim como os Infernos a Hade, o Céu a Zeus, e a Terra aos três irmãos. Seu atributo, o tridente, ou arpão de três pontas, análogo ao raio de Zeus, pôde representar originalmente o jorrar das ondas e dos relâmpagos. Pois Poseidon é um deus temível: ele é antes o deus *do mar revolto que da bonança* (SECG, 103).

Teve muitas ligações amorosas, é o mais volúvel dos deuses, com deusas ou mortais, mas nada engendra a não ser monstros e bandidos. A filha que teve com Deméter, "somente os iniciados podem saber seu nome", diz Pausânias. O segredo permaneceu oculto.

Poseidon é igualmente uma força ctoniana, o deus dos tremores de terra, provindo os abalos, segundo os antigos, das tempestades do mar, sobre o qual repousam os continentes: ele é o deus que faz *tremer a terra*. Ele faz oscilar a terra e as marés, diz Homero. Assim, J. Humbert pôde dizer que Poseidon "primitivamente deve ter simbolizado a força ativa que faz oscilar a terra receptiva e passiva, quer se trate da seiva vital ou das agitações sísmicas" (em SECG, 104). Também é representado pelos animais que encarnam o princípio de fecundidade, o cavalo, o touro, o golfinho. A crina de um, os mugidos do outro, a rapidez saltitante do terceiro, por suas semelhanças com as ondulações barulhentas das ondas, ficariam no nível da explicação puramente metafórica. A interpretação simbólica conduz mais longe e mais profundamente, além das simples aparências, até à percepção desse princípio de fecundidade que se verifica em cada um dos animais indicados e que se revela tanto mais intensa em Poseidon pelo fato de que a multiplicidade dos animais representados, todos na mesma linha, produz como que um efeito cumulativo. É a Poseidon que Platão (*Crítias*, 113e) atribuirá o poder, na Atlântida fabulosa, de "fazer esguichar de baixo do chão duas fontes de água, uma quente, a outra fria, e fazer nascer sobre a terra plantas nutritivas de todas as espécies, em abundância".

Poseidon, deus dos mares e das terras agitadas, seria o símbolo das águas primordiais, das águas de baixo, não de cima, onde a vida tem nascimento, mas de modo ainda indiferenciado, tempestuoso e monstruoso. O sólido começa a emergir dos turbilhões marinhos; falta desenvolvê-lo e harmonizá-lo. Poseidon é a expressão ctoniana das forças criadoras; ele encarna as forças elementares e ainda indeterminadas de uma natureza que está à procura de formas sólidas e duráveis.

Do seu ponto de vista ético, Paul Diel julgará severamente o tipo de comportamento simbolizado por Poseidon; o deus trairia qualquer esforço de espiritualização, ele legalizaria uma forma de perversão, ele "sanciona a satisfação perversa do desejo, a banalização, a perversão" (DIES, 123).

POTE (*v.* Jarra)

Símbolo da surdez e da estupidez, esse objeto comum é suscetível de diversas outras acepções. Os ensinamentos budistas (*Suttanipata*, 721) fazem do pote cheio pela metade o emblema do tolo, pois somente a plenitude corresponde à sabedoria e ao estado de *calma*. Os potes modelados pelo oleiro são os elementos de nosso *carma*, formados a cada dia através de *nossas obras*, através de nosso comportamento, exatamente os *samskara*. Sublinhamos, a propósito do **bétel***, que o pote de cal representava o ventre do monge mau de uma lenda; no interior desse pote, agitava-se

816 | POUPA (AVE)

sem trégua, com o auxílio de uma espátula, a cal corrosiva. Os potes de cal são, além disso, no Vietnã, *gênios domésticos*, com o atributo de advertir a presença de ladrões.

Mas esses casos são acima de tudo particulares. Um simbolismo mais geral é o que conhece a Índia, onde o pote é um símbolo aquático, mas sobretudo um símbolo *feminino*. Em certos cultos de origem dravidiana, a própria Deusa é representada por um pote. Na iconografia clássica, o pote de pintura (*anjani*) é um atributo característico de *Devi*. A *dança do pote*, muito antiga, era um rito de *fertilidade* que colocava em evidência o simbolismo sexual do utensílio. A água que ele contém é a própria substância da manifestação, que nasce da fecundação celeste (ELIY, GOVM, LEBC).

POUPA (Ave)

O *Corão* (27, 20 s.) fala dessa ave como tendo servido de mensageira entre Salomão e a rainha de Sabá. Disso decorre grande número de lendas.

No *Mantiq-ut-Tair*, de Farid-od-Din Attar (*Linguagem* ou *Colóquio dos pássaros*), o poeta imagina que todas as aves do mundo partem em viagem à procura de um rei. A *poupa* lhes serve de guia. Ela se apresenta como *mensageira do mundo invisível* e é descrita como levando *na cabeça a coroa da verdade*. Essa viagem das aves simboliza *o itinerário místico da alma em busca do divino*.

É por isso que a *Chave dos Sonhos* iranianos se refere à poupa como *homem sábio e íntegro*.

Diz-se que foi o único pássaro que soube indicar a Salomão os pontos em que havia água.

Segundo a lenda persa, *a poupa era uma mulher casada. Penteava-se diante do espelho quando seu sogro entrou sem se fazer anunciar. Tomada de medo, transformou-se em pássaro e fugiu voando, com o pente enfiado no cabelo (donde seu nome persa, shaneser, pente na cabeça)*. Segundo outra versão, *era mulher honesta e malcasada. Um belo dia, estando a orar, o marido lhe bateu. Ela fez uma súplica a Deus, foi transformada em poupa e voou. A poupa é considerada de bom agouro*.

No relato do Exílio ocidental de Sohrawardi, a poupa simboliza a inspiração pessoal interior (*v.* **grou* coroado**).

Tem, por outro lado, inúmeras qualidades mágicas. Tiram-lhe as entranhas, que são postas a secar e depois levadas como talismã. Protegem contra o mau-olhado e exorcizam os sortilégios. Em Tanger, são penduradas nas lojas como salvaguarda contra o furto. Protegem também o leite e a manteiga contra a magia e impedem os *jnin* de assombrar os lugares onde há dinheiro escondido. Ferem, ainda, as pessoas que escavam a terra para retirar tesouro alheio.

Certas populações acreditam que o olho direito de uma poupa, colocado entre os olhos de uma pessoa, permite a essa pessoa ver os tesouros escondidos debaixo da terra. Acredita-se que a própria ave é capaz de ver o subsolo e por isso faz *hut, hut, hut*, ou seja, *ali, ali, ali*, donde seu nome em árabe: *hadhud*. O sangue da poupa (ou seu coração) é utilizado como remédio ou como tinta para escrever encantações (WESR, 2, 338-339). Ela é o símbolo da acuidade intelectual, que não só descobre tesouros ocultos como defende das ciladas.

PRATA

No sistema de correspondência dos metais e dos planetas, a prata está em relação com a Lua. Pertence ao esquema ou à cadeia simbólica Lua-água, princípio feminino. Tradicionalmente, por oposição ao ouro, que é princípio ativo, macho, solar, diurno, ígneo, a prata é princípio passivo, feminino lunar, aquoso, frio. Sua cor é o **branco***, sendo o amarelo a cor do ouro. A própria palavra latina *argentum* deriva de um vocábulo sânscrito que significa branco e brilhante. Assim, não será motivo de surpresa ver esse metal ligado à dignidade real. O rei Nuada, que teve um dos braços cortados por ocasião da primeira batalha de Moytura e que, por esse motivo, já não pôde reinar (porque toda mutilação ou deformidade era desqualificante), tornou a subir ao trono depois de o deus-médico Diancecht lhe ter feito a prótese de um braço de prata. A esse propósito, pode-se lembrar ainda o rei mítico de Tartessos, Argantônios, que viveu 120 anos, segundo conta Heródoto (CELT, 9, 329 s.).

De acordo com os mitos egípcios, os ossos dos deuses são feitos de prata, ao passo que sua carnação é de ouro (POSD, 21).

Branca e luminosa, a prata é igualmente símbolo de pureza, de toda espécie de pureza. "É a luz pura, tal como é recebida e restituída pela transparência do cristal, na limpidez da água, nos reflexos do espelho, no brilho do diamante; assemelha-se à limpidez de consciência, à pureza de intenção, à fraqueza, à retidão de atos; invoca a fidelidade que de tudo isso resulta"(GEVH).

Na simbólica cristã, representa a sabedoria divina, assim como o ouro evoca para os homens o amor divino (PORS, 57).

Para os bambara, é um símbolo da água purificadora; Deus, que reúne os dois elementos purificadores, fogo e água, é ao mesmo tempo ouro e prata (ZAHB).

Também nas crenças russas a prata é símbolo de pureza e de purificação. O herói de numerosos contos tradicionais sabe-se ameaçado de morte, quando sua caixa de rapé, seu garfo ou qualquer outro objeto familiar começa a ficar preto (AFAN). O arminho prateado, protetor das fiandeiras, doa-lhes, às vezes, como presente, o fio de prata, particularmente fino e sólido. Os quirguizes curam a epilepsia obrigando o doente a olhar para a pessoa que o vai curar e que, lentamente, está forjando um cone de prata; o efeito parece hipnótico, pois o doente se acalma, torna-se sonolento e sossega.

Mas a prata, no plano da ética, simboliza também o objeto de todas as cobiças (fr. *argent* = dinheiro), assim como as desgraças por elas provocadas e o aviltamento da consciência: é o seu aspecto negativo, a perversão de seu valor.

PREPÚCIO

Para os dogon e os bambara de Mali, cada ser nasce com duas almas de sexo oposto. O prepúcio é a materialização da alma fêmea do homem; daí a origem da circuncisão, que suprime a ambivalência original e confirma o homem em sua polarização sexual. Miticamente, o prepúcio dos circuncidados, uma vez cortado, se transforma em *lagarto-sol* (tendo o sol valor feminino para os dogon e bambara) (GRIE).

PRESENTES (Festivos e comemorativos)

Presentes que assinalam a inauguração de um novo ciclo: Ano-Novo, aniversário de nascimento, festividades, abertura de uma loja comercial; lançamento de um navio, de um livro, de um novo produto; primeira utilização de determinado objeto etc. Em fr. *étrenner* = usar pela primeira vez (estrear); o oferecimento de um presente soleniza a inauguração ou o *começar de novo*.

Essa prática (das *étrennes*) remonta à mais longínqua antiguidade. Está associada aos ritos sazonais, destinados a atrair a proteção dos deuses e dos reis, assim como de todos os poderosos do mundo. Quando são os pais que presenteiam os filhos, ou os superiores que presenteiam os inferiores, é sempre para simbolizar um voto de abundância e de *prosperidade*. No primeiro caso, porém, o voto implica uma súplica, e no segundo, uma promessa.

"Tais presentes são oferecidos em nome do Invisível, a fim de dar início a um novo ciclo com um gesto de bom augúrio, presságio de abundância" (SERH, 332).

PRESTIDIGITADOR, O (*v.* Mago, O)

PRETO

Cor oposta ao branco, o preto é seu igual em valor absoluto. Como o branco, pode situar-se nas duas extremidades da gama cromática, enquanto limite tanto das cores quentes como das cores frias; segundo sua opacidade ou seu brilho, torna-se então a ausência ou a soma das cores, sua negação ou sua síntese.

Simbolicamente, é com mais frequência compreendido sob seu aspecto frio, negativo. Cor oposta a todas as cores, é associada às trevas primordiais, ao indiferenciamento original. Nesse sentido, lembra a significação do branco neutro, do branco *vazio*, e serve de suporte a representações simbólicas análogas, como as dos cavalos da morte, às vezes brancos, às vezes pretos. Mas o branco neutro e ctônico é associado, nas

818 | PRETO

imagens do mundo, ao Eixo Leste-Oeste, que é o das partidas e das mutações, enquanto o preto se coloca, por sua vez, no Eixo Norte-Sul, que é o da transcendência absoluta e dos polos. Conforme os povos localizem seu Inferno e o mundo subterrâneo no Norte ou no Sul, uma ou outra dessas direções é considerada preta. Assim o Norte é preto para os astecas, os algonquino, os chineses; o Sul para os maia, e o nadir, isto é, a base do eixo do mundo, para os indígenas pueblo.

Instalado, portanto, embaixo do mundo, o preto exprime a passividade absoluta, o estado de morte concluído e invariante, entre estas duas *noites brancas*, em que se efetuam, sobre seus flancos, as passagens da noite ao dia e do dia à noite. O preto é cor de luto; não como o branco, mas de uma maneira mais opressiva. O luto branco tem alguma coisa de messiânico. Indica uma ausência destinada a ser preenchida, uma falta provisória. É o luto dos Reis e dos Deuses que vão obrigatoriamente renascer: o Rei está morto, viva o Rei! corresponde bem à corte da França, onde o luto exigia o uso de branco. O luto preto, por sua vez, é, pode-se dizer, o luto sem esperança. "Como um *nada* sem possibilidades, como um *nada* morto depois da morte do Sol, como um silêncio eterno, sem futuro, sem nem mesmo a esperança de um futuro, ressoa interiormente o preto", escreve Kandinsky (KANS). O luto negro é a perda definitiva, a queda sem retorno no Nada: o Adão e a Eva do zoroastrismo, enganados por Arimã, vestem-se de preto, quando são expulsos do Paraíso. Cor da condenação, o preto torna-se também a cor da renúncia à vaidade deste mundo, daí os mantos pretos que constituem uma proclamação de fé no cristianismo e o Islã: o manto preto dos mevlevi – os dervixes rodopiantes – representa a pedra sepulcral. Quando o iniciado o tira para começar sua dança giratória, aparece vestido com uma roupa branca que simboliza seu renascimento no divino, isto é, na Realidade Verdadeira: entrementes as trombetas do julgamento soaram. No Egito, *segundo Horapollon,* "uma pomba preta era o hieróglifo da mulher que permanece viúva até sua morte" (PORS, 175). Esta pomba preta pode

ser considerada o eros frustrado, a vida negada. Conhece-se a fatalidade manifestada pelo navio de velas negras, desde a epopeia grega até a de Tristão.

Mas o mundo ctônico, o subterrâneo da realidade aparente, é também o ventre da terra, onde se efetua a regeneração do mundo diurno. "Cor de luto no Ocidente, o preto é originalmente o símbolo da fecundidade tanto no Egito antigo como na África do Norte: a cor da terra fértil e das nuvens inchadas de chuva" (SERH, 96). Se é preto como as águas profundas, é também porque contém o capital de vida latente, porque é o grande reservatório de todas as coisas: Homero vê o oceano como preto. As Grandes Deusas da Fertilidade, essas velhas deusas-mães, são com frequência pretas em virtude de sua origem crônica: as Virgens negras acompanham assim as Ísis, as Áton, as Deméter e as Cibele, as Afrodite negras. Orfeu diz, segundo Portal (PORS): "Cantarei a noite, mãe dos deuses e dos homens, a noite, origem de todas as coisas criadas, e nós a chamaremos de Vênus." Este preto reveste o ventre do mundo, onde, na grande escuridão geradora, opera o vermelho do fogo e do sangue, símbolo da força vital. Daí a oposição frequente do vermelho e do negro sobre o Eixo Norte-Sul, ou, o que vem a dar no mesmo, o fato de que o vermelho e o preto podem substituir-se um ao outro, como observa J. Soustelle (SOUM) a respeito da imagem do mundo dos astecas. Daí também a representação dos Dióscuros montados em dois cavalos, um preto e o outro vermelho, num vaso grego descrito por Portal, e ainda, num outro vaso, igualmente descrito por esse autor, a roupa de Camilo, o grande condutor de almas dos etruscos, que tem o corpo vermelho, mas as asas, as botinas e uma túnica negras.

As cores de *A Morte*, Arcano 13 do Tarô, são significativas. Essa morte iniciatória, prelúdio de um verdadeiro nascimento, ceifa a paisagem da realidade aparente – paisagem das ilusões perecíveis – com uma foice vermelha, enquanto a própria paisagem está pintada de preto. O instrumento da morte representa a força vital, e sua vítima, o nada; ceifando a vida ilusória, o Arcano 13 prepara o acesso à vida real. O simbolismo do número confirma aqui o da cor; 13, que sucede a 12, número do ciclo terminado, introduz uma nova partida, fomenta uma renovação.

Na linguagem heráldica, a cor preta é chamada *sable* (palavra francesa que significa "areia"), o que exprime suas afinidades com a terra estéril, habitualmente representada por um amarelo ocre, que é às vezes também o substituto do preto: é esse mesmo amarelo de terra ou de areia que representa o norte, frio e hibernal, para certos povos ameríndios, bem como para os tibetanos e os kalmuks. O *sable* significa "prudência, sabedoria e constância na tristeza e nas adversidades" (PQRS, 177). Ao mesmo simbolismo estaria ligado o famoso verso do *Cântico dos Cânticos:* "Eu sou preta mas, contudo, bela, filhas de Jerusalém, *que, segundo os exegetas do Antigo Testamento,* é o símbolo de uma grande prova." Talvez seja realmente isto, porque o preto brilhante e quente, oriundo do vermelho, representa, por sua vez, a soma das cores. Torna-se a luz divina por excelência no pensamento dos místicos muçulmanos. Mevlana Djalâlud-Din Rumi, o fundador da ordem dos mevlevi (dervixes rodopiantes), compara as etapas de progressão interior do sufista, na direção da beatitude, a uma escala cromática. Esta escala parte do branco, que representa o Livro da Lei alcoranista, valor de partida, passivo, porque precede o engajamento do dervixe na via do aperfeiçoamento. Termina no preto depois de passar pelo vermelho: este preto, segundo o pensamento de Mevlana, é a cor absoluta, a conclusão de todas as outras cores, superadas como tantos degraus, para se atingir o estado supremo do êxtase, onde a Divindade aparece ao místico e o ofusca. Ali o Preto brilhante é exatamente idêntico ao Branco brilhante. Sem dúvida, é possível interpretar da mesma maneira a pedra de Meca, ela também de um preto brilhante. Esse preto também se vê na África, na profunda pátina de reflexos avermelhados que recobre as estatuetas do Gabão, guardião dos santuários onde são conservados os crânios dos ancestrais.

Em seu aspecto profano, este mesmo preto brilhante e avermelhado é o preto dos corcéis *murzelos* da tradição popular russa, simbolizando o ardor e a força da juventude.

O casamento do preto e do branco é uma hierogamia; engendra o cinza intermediário, que, na esfera cromática, é o valor do centro, isto é, do homem.

No Extremo Oriente, a dualidade do negro e do branco é, de um modo geral, a da sombra e da luz, do dia e da noite, do conhecimento e da ignorância, do *yin* e do *yang*, da Terra e do Céu. No pensamento hindu, é a das tendências *tamas* (descendente ou dispersiva) e *sattva* (ascendente ou coesiva), ou ainda a da casta dos *shudra* e da casta dos brâmanes (em geral, o branco é a cor do sacerdócio). Entretanto, *Shiva* (*tamas*) é branco e *Vishnu* (*sattva*) é preto, o que os textos explicam pela interdependência dos opostos, mas sobretudo pelo fato de que a manifestação exterior do princípio branco aparece preta e vice-versa, assim como se dá a inversão pelo reflexo no *espelho* das águas.

O preto é, em geral, a cor da Substância universal (*Prakriti*), da *prima materia*, da indiferenciação primordial, do caos original, das águas inferiores, do norte, da *morte*: uma associação de ideias que se mantém do *nigredo* hermético aos simbolismos hindu, chinês, japonês (onde nem sempre, aliás, se opõe ao branco, mas, como por exemplo na China, ao amarelo e ao vermelho). O preto possui incontestavelmente, nesse sentido, um aspecto de obscuridade e de impureza. Mas, inversamente, é o símbolo superior da não manifestação e da *virgindade* primordial: a essa significação está ligado o simbolismo das Virgens negras medievais, e também o de *Kali*, negra, porque reintegra no que é informe a dispersão das formas e das cores. No *Bhagavad-Gita*, é aparentemente *Krishna*, o imortal, que é o *sombrio*, enquanto *Arjuna*, o mortal, é o *branco*, imagens perspectivas do *Ser* universal e do *eu* individual. Aliás, voltamos a encontrar aqui o simbolismo de *Vishnu* e de *Shiva*. O iniciado hindu senta-se sobre uma pele com pelos negros e brancos, significando o não manifestado e a manifestação. Na mesma perspectiva, Guénon observou o importante simbolismo dos *rostos negros* etíopes, das *cabeças* ne-

820 | PRETO

gras caldeias e também chinesas (*kien-cheu*), assim como o da *Kemi*, ou *terra negra* egípcia, todas essas expressões tendo certamente um sentido *central e primordial*, enquanto aparece *branca*, como a luz, a manifestação que se irradia do centro.

Porque, de fato, o *hei* chinês evoca ao mesmo tempo a cor preta, a perversão e o arrependimento; o escurecimento ritual do rosto é um sinal de humildade, visa a solicitar o perdão das faltas. Da mesma forma, *Malkut* é o segundo *Hé* do Tetragrama. Exilada e dolente, essa letra, de tamanho normal, se encolhe até não ser mais que um ponto preto, que evoca a forma da letra *yod*, a menor do alfabeto hebreu.

A obra em negro hermético, que é uma *morte* e um retorno ao *caos* indiferenciado, leva à obra em branco, e finalmente à *obra em vermelho* da libertação espiritual. E a embriologia simbólica do taoismo faz com que o *princípio úmido* suba do negror do *abismo* (*k'an*) para se ligar ao *princípio ígneo*, com vistas à eclosão da *Flor de Ouro*: a cor do ouro é o branco (CHOO, DANA, ELIF, GRIF, GUEC, GUES, HERS, MAST).

Do ponto de vista da análise psicológica, nos sonhos diurnos ou noturnos, bem como nas percepções sensíveis no estado de vigília, o preto é considerado a ausência de toda cor, de toda luz. O preto absorve a luz e não a restitui. Evoca, antes de tudo, o caos, o nada, o Céu noturno, as trevas terrestres da noite, o mal, a *angústia*, o inconsciente e a Morte.

Mas o preto é também a *terra fértil*, receptáculo do "se o grão não morrer" do Evangelho, esta terra que contém os túmulos, tornando-se assim a morada dos mortos e preparando seu renascimento. É por isso que as cerimônias do culto de Plutão, Deus dos Infernos, compreendiam sacrifícios de animais pretos, ornados com tirinhas da mesma cor. Esses sacrifícios só podiam ser feitos nas trevas, e a cabeça da vítima devia estar virada para a terra.

O preto evoca também as profundezas abissais, os *precipícios* oceânicos (*Num mar sem fundo, numa noite sem lua*), o que levava os antigos a sacrificar touros negros a Netuno.

Enquanto evocador do nada e do caos, isto é, da confusão e da desordem, o preto é a *obscuridade das origens*; precede a criação em todas as religiões. Para a Bíblia, antes que *a luz existisse, a terra era informe e vazia, as trevas recobriam a face do Abismo.* Para a Mitologia greco-latina, o estado primordial do mundo era o Caos. O Caos engendrou a Noite, que se casou com seu irmão Érebo: tiveram um filho, o Éter. Assim, através da Noite e do Caos, começa a penetrar a luz e a criação: o Éter. Mas, entrementes, a Noite havia engendrado, além do Sono e da Morte, todas as misérias do mundo, como a pobreza, a doença, a velhice etc. Apesar da angústia provocada pelas trevas, os gregos qualificavam a Noite de *Êufron*, isto é, *A Mãe do Bom Conselho*. Nós mesmos dizemos: *a noite é boa conselheira*.

Com efeito, é principalmente à noite que podemos progredir, tirando proveito dos avisos dados pelos sonhos, como é aconselhado na Bíblia (*Jó,* **33**, 14) e no *Corão* (*Surata 42*).

Se o preto se liga à ideia do Mal, isto é, a tudo o que contraria ou retarda o plano de evolução desejado pelo Divino, é que o preto evoca o que os hindus chamam de a Ignorância, a *sombra* de Jung, a diabólica Serpente-Dragão das Mitologias, que é preciso vencer em si mesmo para assegurar sua própria metamorfose, mas que nos trai a cada momento.

Assim, em algumas imagens muito raras da Idade Média, Judas o traidor aparece com uma auréola preta.

Este preto, associado ao Mal e à *Inconsciência*, se encontra em expressões como, em fr., *tramer de noirs desseins* (tramar negros desígnios), *la noirceur de son âme* (o negror de sua alma), *un roman noir* (um romance policial em torno de crimes particularmente violentos). *Être noir* = encontrar-se na inconsciência da embriaguez. E se nossas torpezas ou nossos ciúmes são projetados sobre uma pessoa, que passamos a detestar, ela se torna a nossa *bête noire* (asa negra). O preto, como cor indicativa da melancolia, do pessimismo, da aflição ou da infelicidade, reaparece a todo minuto na linguagem quotidiana (fr. *nous broyons du noir*, entregamo-nos a pensamentos sombrios, *nous avons des idées noires*, temos ideias negras, *nous sommes d'une humeur noire*, estamos de humor negro, *nous nous trouvons dans une purée noire*, estamos numa miséria atroz). Os estudantes ingleses chamam de *Black Monday* a segunda-feira em que recomeçam as aulas, e os romanos marcavam com uma pedra preta os dias nefastos.

O Preto como evocação da morte está presente nos trajes de luto e nas vestes sacerdotais das missas de mortos ou da Sexta-Feira Santa. Junta-se às cores diabólicas para representar, com o auxílio do vermelho, a matéria em ignição. Satã é chamado de Príncipe das Trevas, o próprio Jesus é às vezes representado de preto, quando é tentado pelo Diabo, como se estivesse recoberto com o véu negro da tentação.

Na sua influência sobre o psiquismo, o Preto dá uma impressão de opacidade, de espessura, de *peso*. É assim que um fardo pintado de preto parecerá mais pesado que um fardo pintado de branco. Entretanto, um quadro tão sombrio (é o caso de dizê-lo) das evocações da cor preta não impede que ela adquira um aspecto positivo. Como imagem da morte, da terra, da sepultura, da *travessia noturna* dos místicos, o Preto está também ligado à promessa de uma *vida renovada*, assim como a noite contém a promessa da aurora, e o inverno a da primavera. Sabemos, além disso, que, na maioria dos Mistérios antigos, o participante devia passar por certas provas à noite ou submeter-se aos ritos num subterrâneo obscuro. Assim também, hoje em dia, os religiosos e religiosas morrem para o mundo num claustro.

O Preto corresponde ao *Yin* feminino chinês, terrestre, instintivo e maternal. Observou-se que diversas deusas-mães, diversas Virgens são negras; a Diana de Éfeso, a Kali hindu ou Ísis são representadas em preto; uma pedra negra simbolizava a Magna Mater sobre o monte Palatino; a Ka'ba de Meca, enquanto Anima Mundi, é constituída por um cubo de pedra negra, e inumeráveis peregrinos veneram as Virgens negras em toda a Europa.

Na mesma ordem de ideias, o Cavaleiro do Apocalipse que monta o cavalo preto tem na mão uma balança e deve medir o trigo, a cevada, o óleo e o vinho, repartindo assim, num período de fome, os produtos colhidos no solo terrestre fecundo da Grande Mãe Mundo.

Nos sonhos, a aparição de animais pretos, de negros ou de outras personagens escuras mostra que entramos em contato com nosso próprio *Universo instintivo primitivo* que é preciso esclarecer, domesticar e cujas forças devemos canalizar para objetivos mais elevados.

PRÍNCIPE, PRINCESA

O príncipe simboliza a promessa de um poder supremo, a primazia entre seus iguais, qualquer que seja o domínio em questão: um príncipe das letras, das artes, das ciências; a princesa dos poetas. O Príncipe Encantado desperta a Bela Adormecida e a Princesa distante faz sonhar os jovens. Ele exprime, por outro lado, as virtudes régias no estado da adolescência, ainda não dominadas nem exercidas. Uma ideia de juventude e de radiância está ligada à de príncipe. Ele faz mais o gênero do herói que o do sábio. A ele pertencem os grandes feitos, mais que a manutenção da ordem. O príncipe e a princesa são a idealização do homem e da mulher, no sentido da beleza, do amor, da juventude, do heroísmo. Nas lendas, o príncipe é frequentemente vítima de feiticeiras, que o transformam em monstro ou animal e ele somente recupera a sua forma de príncipe sob o efeito de um amor heroico. Por exemplo, em *A bela e a fera*, o príncipe simboliza a metamorfose de um eu inferior em um eu superior pela força do amor. A qualidade de príncipe é a recompensa por um amor total, ou seja, absolutamente generoso.

O símbolo tem também o seu lado obscuro: Lúcifer é o Príncipe das Trevas. O portador da luz não espalha outra coisa senão sombra. É a corrupção do melhor, que se transforma no pior. O principado no mal, na noite e na morte, é o estado extremo da carência de bem, de clareza e de vida: é a inversão do símbolo.

PROCUSTO

Bandido da mitologia grega que atacava os viajantes: deitava as pessoas grandes sobre um pequeno

822 | PROIBIÇÕES

leito e cortava os pés que o ultrapassavam; as pessoas pequenas ele deitava sobre um leito grande e as esticava até que atingissem a medida do leito. Reduzia qualquer um que passasse em seu porte as dimensões desejadas. É um símbolo perfeito "da banalização, da redução da alma a uma medida convencional" (DIES, 128). É a perversão do ideal em conformismo. É um símbolo da tirania ética e intelectual praticada pelas pessoas que não toleram as ações e os julgamentos de outrem a não ser que se conformem com seus próprios critérios. Símbolo do tirano totalitário, seja um homem, um partido ou um regime.

PROIBIÇÕES

O *Levítico* (11) fornece longas listas de animais puros e impuros (ou "imundos"). A qualificação de *impuro* procede do costume primitivo das proibições, que manifesta a *submissão do homem ao seu deus*. Se o princípio das *proibições* é o mesmo, o objeto delas varia com cada povo.

Na Bíblia, segundo os exegetas da *Bíblia de Jerusalém*:

> "é puro o que pode aproximar-se de Deus, impuro o que faz inapto ao culto divino ou excluído dele. Os animais puros são os que podem ser oferecidos a Deus" (Gênesis, 2); "impuros, os que os pagãos consagravam aos seus falsos deuses ou que, parecendo repugnantes ou maus ao homem, considera-se que desagradem a Deus";
>
> "outras regras dizem respeito ao nascimento" (12), "à vida sexual" (15), "à morte" (21), "misteriosos domínios onde age Deus, senhor da vida. Um sinal de corrupção como a lepra" (13, 1), "faz, igualmente, impura uma pessoa".
>
> "com relação ao culto, a noção de pureza está ligada à da santidade. Mas, para além dessa pureza ritual, os profetas insistirão na purificação do coração, preparando o ensino de Jesus, o qual libera os seus discípulos de prescrições das quais só se retinha o aspecto material. Dessa velha legislação ficará a lição de um *ideal de pureza moral, protegido por regras positivas*".

A proibição simbolizará a consciência moral. Equivale, em psicanálise, à censura. Evolui com o desenvolvimento da consciência e se transforma, de ato de obediência a uma ordem exterior, em ato de razão inspirado pela adesão espontânea a uma lei. A censura já não é imposta, nem pelo hábito, nem pelo temor, nem por um espírito de submissão ritual. É substituída pela lei moral, cujo princípio está na consciência pessoal. O que não poderia ser traduzido por: a cada um sua moral. A proibição primitiva dá origem à consciência moral, orienta essa consciência e funciona como um aguilhão. Mas ela não se realiza senão no nível da razão, da liberdade e do dom de si.

Pode-se ver em Aulo Gélio (*Noites áticas* 10, 15) o número de proibições que pesavam sobre os sacerdotes, ditos flâmines, de Júpiter e que vêm do legado indo-europeu, como atestam as proibições da mesma espécie impostas aos brâmanes. Tais proibições têm como objetivo preservar o caráter sagrado desses personagens religiosos e de sua missão. Têm, também, por objetivo, umas reter, nele, *o poder sobrenatural* de que ele se acha investido; outras, ao contrário, permitir a esse mesmo poder exercer-se para fora. Assim, os flâmines não podiam usar **anel***, a não ser partido.

O Egito antigo conhecia inúmeras proibições *em favor* ou *contra* categorias de seres, de atos e de gestos. Elas se acham ligadas às mitologias e lendas locais. Sua significação simbólica particular varia com o próprio objeto da proibição. Mas o sentido geral da proibição, aí como alhures, parece louvar-se num simbolismo seja de identificação (a favor), seja de diferenciação (contra). Respeitar a vaca é assimilar-se a tudo o que ela representa como fonte de vida. E, ao contrário, evitar um ser impuro é desvincular-se de toda a impureza que ele representa.

Os *geasa* (sing. *géis*) ou *proibições* impostos pelos druidas dependiam antes de tudo das circunstâncias do nascimento ou do batismo. Cuchulainn respeita assim, durante toda a sua vida, o **tabu*** do cão; e dois dos sinais pelos quais reconhece que sua morte está próxima são o fato de que ele tem de comer carne de cão e matar uma lontra, que é o *cão da água*. O filho do rei Conchobar não tem o direito de ouvir a harpa de Craiphtino, harpista do deus-druida Dagda, nem de caçar os pássaros de Mag Da Cheo, nem de viajar com um jugo de freixo no seu carro, nem de passar o Shannon a pé seco, nem, enfim, de deter-se no albergue de Da Coca. Morrerá depois de violar todas essas proibições. As proibições do rei Conaire são ainda mais rigorosas: ele não deve jamais, ao voltar para casa, apresentar o lado direito do seu carro para Tara nem o esquerdo para Bregia; não deve caçar os animais de Cerne, não deve também passar a noite numa casa cujo fogo, depois do pôr do sol, se oriente para o exterior ou pode ser visto do exterior; não deve ser precedido de *três homens vermelhos* quando vai ao domicílio de um homem *vestido de vermelho*; nenhum roubo deve acontecer no seu reino; não deve receber, depois do pôr do sol, qualquer visita de mulher sozinha ou de homem só; e não deve intervir em querelas entre dois dos seus criados. Os *geasa* devem ser incluídos entre os meios de que dispunham os druidas para forçar os membros da classe guerreira a obedecer a *uma regra de vida conforme ao simbolismo religioso que lhes concernia*. Para não acompanhar César à Grã-Bretanha, Dummorix, irmão do druida Diviciacus, invoca impedimentos religiosos. Mas o pró-cônsul, que desconfia dele, manda matá-lo. As proibições também são comuns na literatura do ciclo de Artur (LERD, 54-56).

PROMETEU

O mito de Prometeu se situa na história de uma criação evolutiva: marca o advento da consciência, o aparecimento do homem. Prometeu teria roubado de Zeus, símbolo do espírito, sementes do fogo, outro símbolo de Zeus e do espírito, tenha ele tirado as sementes da *roda do sol*, tenha ele tirado as sementes da forja de Hefestos, para trazê-las à terra. Zeus o teria castigado acorrentando-o a um rochedo e lançando sobre ele uma águia que devorava o seu fígado. Símbolo dos tormentos de *uma culpa* reprimida e não expiada: "Quanto a Prometeu, de sutis desígnios, Zeus o condenou com laços inextricáveis, peias dolorosas atadas a meia altura de uma coluna. Depois, soltou sobre ele uma águia de asas abertas: e a águia comia

seu fígado imortal, e o fígado voltava a se formar durante a noite, em tudo igual ao que, durante o dia, havia sido devorado pelo pássaro de asas abertas" (HEST, Teogonia, v. 521-524). Mas Héracles o livrou de suas torturas quebrando as correntes e matando a águia com uma flecha. O centauro Quíron, desejando a morte, para pôr fim a seus sofrimentos, legou a ele sua imortalidade e Prometeu pôde assim ascender ao nível dos deuses. Se Hesíodo empresta a Prometeu a astúcia, a perfídia, os "*pensamentos trapaceiros* em relação aos deuses", Ésquilo o louva por ter feito uso do objeto de seu "pequeno furto, o fogo brilhante de onde nascem todas as artes, para oferecê-lo aos mortais... esse fogo, senhor de todas as artes, um tesouro sem preço. – Sim, diz Prometeu, eu libertei os homens da obsessão da morte [...] instalei neles as cegas esperanças [...] eu lhes presenteei o fogo [...] dele, eles aprenderão artes sem número" (*Prometeu acorrentado*, 1, 110, 250).

O sentido do mito se esclarece pelo próprio sentido do nome de Prometeu, que significa o *pensamento que prevê*. Descendente dos titãs, ele carregaria dentro de si uma tendência à revolta. Mas não é a revolta dos sentidos que ele simboliza, é a do espírito, do espírito que quer se igualar à inteligência divina, ou pelo menos tirar dela algumas centelhas de luz. Não é buscar o espírito por si mesmo, com vistas a uma espiritualização progressiva de si, mas é utilizar o espírito com fins de satisfação pessoal. "O fogo roubado simboliza o intelecto reduzido a não ser senão o meio de satisfação dos desejos multiplicados, cuja exaltação é contrária ao sentido evolutivo da vida. O intelecto revoltado preferiu a terra ao espírito: ele desacorrentou os desejos terrestres e essa libertação não passa de um acorrentamento à terra" (DIES, 237, 243, 250). A divinização final de Prometeu seguiu-se à sua libertação por Héracles, isto é, o rompimento das correntes e a morte da águia devoradora; ela estaria também condicionada à morte do **Centauro***, isto é, à sublimação do desejo; esse será o triunfo do espírito, no final de uma nova fase da evolução criadora, que se inclinará no sentido do ser, e não mais no sentido do poder.

824 | PROSTITUIÇÃO SAGRADA

Para Gaston Bachelard (BACF, 30-31), o mito de Prometeu ilustra a *vontade humana de intelectualidade*; mas de uma vida intelectual, à semelhança da dos deuses, que não esteja "sob a dependência absoluta do princípio de utilidade. Nós propomos, portanto, arrolar sob o nome de *complexo de Prometeu* todas as tendências que nos levam a *saber* tanto quanto nossos pais, mais que nossos pais, tanto quanto os nossos mestres, mais que os nossos mestres. Ora, é manipulando o objeto, é aperfeiçoando nosso conhecimento objetivo, que podemos esperar nos colocar mais claramente no nível intelectual que admiramos em nossos pais e mestres. A supremacia por meio de instintos mais poderosos tenta naturalmente um número bem maior de indivíduos. Se a intelectualidade pura é excepcional, ela é sobremodo característica de uma evolução especificamente humana. O complexo de Prometeu é o complexo de Édipo da vida intelectual."

Prometeu: uma águia devora o fígado de Prometeu, que roubou o fogo do Céu e é por isso punido por Zeus. Corte laconiano. Século VI (Roma, Museu do Vaticano).

PROSTITUIÇÃO SAGRADA

Símbolo de uma hierogamia, que se realiza geralmente no interior de um Templo ou de um santuário e destinada a assegurar a fertilidade da terra, dos animais etc. O costume está presente em numerosas tradições da Antiguidade, bem como, em nossos dias, entre certos povos da África (ELIT).

Ela não era apenas um rito de fecundidade. Simbolizava a união com a divindade e, em certos casos, a própria unidade dos vivos na totalidade do ser, ou ainda a participação na energia do Deus ou da Deusa representada pela prostituta.

PROTEU

Um dos deuses secundários do mar, na Odisseia, especialmente encarregado de conduzir os rebanhos de focas. Evoca as ondas do mar, capazes de representar, na ocasião das tempestades, as imagens fugitivas do cavalo, do carneiro, do porco, do leão, do javali etc. "Ele é dotado do poder de tomar todas as aparências que desejar: pode tornar-se não só um animal, mas um elemento, como a água e o fogo. Ele faz uso desse poder particularmente quando quer se subtrair aos indagadores. Pois ele possui o dom de profeta, mas se recusa a aconselhar os mortais que o interrogam" (GRID, 398).

A ninfa Idótea o descreve a Menelau nestes termos: "Esta ilha é frequentada por um dos Velhos do Mar: o imortal Proteu, o profeta do Egito, que conhece, de todo o mar, os abismos; vassalo de Poseidon, ele é, dizem, meu pai, aquele que me gerou... Ah! se pudesses pegá-lo em uma emboscada: [...] ele te diria o caminho, o comprimento dos trajetos e como retornar pelo mar dos peixes; se tu o desejas, ele te dirá ainda, ó filho de Zeus, tudo aquilo que em teu lar possa ter acontecido de males e de felicidades [...]. Ele vai querer escapar, tomar todas as formas; transformar-se-á em tudo o que se arrasta pela terra, em água, em fogo divino..." (*Odisseia*, IV, v. 384-418 *passim*).

Tornou-se o símbolo do inconsciente, que se manifesta sob milhares de formas, sem jamais responder com precisão, exprimindo-se apenas por enigmas.

PRUMO (v. Fio de prumo)

PSICODRAMA (v. Jogo)

PSICOSTASIA

Ou a pesagem das almas: tema célebre da teologia e da arte egípcias. Simboliza o julgamento de Deus depois da morte e todo o severo aparelho da justiça. A cena se apresenta, em geral, assim: no centro, uma balança; sobre um prato, fechado em uma urna, o coração do defunto, símbolo da consciência; no outro prato, a pena de **avestruz*** da deusa Maat, símbolo da justiça; à direita, o deus Tot, com cabeça de **íbis***, pronto para registrar a sentença; à esquerda, o deus Anúbis, com cabeça de **chacal***, segurando o defunto pela mão e conduzindo-o até a balança do julgamento; Anúbis segura na outra mão a cruz de ansa (**ankh***), símbolo da vida eterna que o defunto espera obter; atentamente, Anúbis supervisiona o equilíbrio da balança, enquanto o defunto se confessa, confissão negativa, aliás, enumerando todas as faltas não cometidas; a seus pés, a *Devoradora*, com cabeça de **crocodilo***, de boca aberta, e o corpo de hipopótamo, olha o deus Tot, que vai proclamar o veredito. Se a pena faz baixar o prato da balança, o defunto está salvo; se a consciência é mais pesada, condenado. Algumas vezes, a cena se desenrola sob a presidência dos grandes deuses: Ré, Osíris, Ísis, assistidos por assessores armados de facas, em número de quarenta e dois, tantas quantas são as faltas canônicas. A psicostasia significa que nenhum ato humano é indiferente ao olhar de Deus: ela simboliza o julgamento, mas mais profundamente, a responsabilidade.

PUNHO

Comandando o trabalho manual, o punho é, para os bambara, o símbolo da habilidade humana (ZAHB).

PURIFICAÇÃO

Os ritos de purificação existem em todas as religiões, com listas de proibições e um cerimonial inesgotável. O que é impuro – atos, alimentos, animais – é o que desagrada a Deus. Pode ser uma impureza física ou uma desobediência a leis, que é necessário purificar. A noção de pureza moral, de pureza de consciência, de mancha na alma e arrependimento interior só aparecerá na Grécia com o culto de Apolo, em Delfos. As lustrações eram de praxe em certos períodos, à entrada de certos locais: lavavam-se as mãos, enxaguava-se

a boca, tomava-se banho etc. Os purificadores egípcios pertenciam ao baixo clero: eles oficiavam diariamente no fechamento e na abertura dos templos; ritos se celebravam ao alvorecer, perto dos lagos. A *Agnihotra* do Veda é um rito de purificação pelo fogo. Pois o fogo e a água têm virtudes purificadoras e ao mesmo tempo propiciatórias. Mas a purificação de um assassinato somente se dá com sangue: é preciso uma vítima, e o culpado se asperge com seu sangue.

A purificação está ligada à água, ao fogo, ao sangue, enquanto o impuro vem da terra. Ela simboliza a pureza das origens restituída, o sentimento das nódoas provenientes das faltas e dos contatos terrestres, assim como uma aspiração a uma vida de algum modo celeste e o retorno às fontes da vida.

PUTREFAÇÃO
(Pulverização: redução à podridão ou à poeira)

A redução da matéria à **poeira*** ou à podridão simboliza a destruição da natureza antiga e o renascimento em uma outra maneira de ser, capaz de produzir novos frutos.

Para os hermetistas, a "principal das operações químicas [...] é a morte; dos corpos e a divisão das matérias de nosso composto, que as leva à corrupção e as dispõe à geração. A putrefação é o efeito do calor dos corpos mantido continuamente, e não de um calor aplicado manualmente. É preciso, portanto, ter-se o cuidado de não deixar que o calor excitante e exterior ultrapasse uma temperatura temperada: a matéria seria reduzida a cinza seca e vermelha, em lugar do negro, e tudo *pereceria* (PERD, 418-419). *Apodrecer, se é que se pode dizer assim, com tempo e medida*", e não evaporar-se em um átimo.

A cerimônia das **Cinzas***, na liturgia cristã, simboliza, sem dúvida, o retorno à poeira original, mas para preparar a alma para a sua vida eterna.

Putrefação significa, mais geralmente, de acordo com a etimologia da palavra, cair na podridão. Mas o simbolismo é o mesmo: da morte ao renascimento a uma outra vida. Essa vida nova,

826 | PUTREFAÇÃO

que se segue à putrefação, é concebida na maior parte dos casos como uma vida superior ou como uma vida sublimada. Ou melhor, designa a transmutação de uma existência puramente material em uma existência puramente formal e ideal.

Acorrem-nos logo à mente os versos de Baudelaire:

O sol dardejava sobre essa podridão,
Como se disposto a cozinhá-la ao ponto
E de devolver o cêntuplo à grande Natureza
De tudo aquilo que ela junto a si reunira...
E no entanto, parecereis com essa porcaria
Com essa horrível infecção.
Estrela dos meus olhos, sol da minha natureza,
Vós, meu anjo e minha paixão!
[...] Então, ó, minha bela! Dizei àquele verme
Que vos comerá de beijos
Que eu conservo a forma e a essência divina
Dos meus amores ora decompostos!

"Uma carcaça" – *As flores do mal*

Um outro exemplo desse simbolismo da putrefação nos é dado pela lenda do monstro Píton (Pitão), morto pela flecha de Apolo. O hino homérico a Apolo descreve essa cena admirável: "Dilacerada por duros sofrimentos, a Besta se estirava ao chão soltando grandes estertores, e rolava no mesmo lugar; depois emitiu um clamor prodigioso, inexprimível; o monstro se torceu, se contorceu furiosamente aqui e lá na floresta, e entregou o espírito exalando um sopro ensanguentado." Então, Febo/Apolo disse severamente: "Agora apodrece aqui, sobre a terra que alimenta os homens. Tu não mais farás a infelicidade nem a perda de mortais que vivem neste mundo; eles que comem os frutos deste chão onde vivem todos os seres, eles poderão trazer aqui perfeitas hecatombes. Não será Tifeu que te livrará da triste morte, nem a Quimera cujo nome é maldito; mas neste mesmo lugar te farão apodrecer a terra negra e o radiante Hipérion."

"Ele falava assim com severidade; as trevas ocultaram o olho da Besta e o ardor sagrado do Sol a fez apodrecer nesse mesmo lugar. Depois, até hoje, chama-se *Pito* –, e se dá ao Senhor o nome de *Pítio* – pois foi lá que o ardor penetrante do Sol fez com que o monstro *apodrecesse*." A tradução francesa (Jean Humbert, *Les belles lettres*) especifica o sentido dessa etimologia poética: "Pito é o local da putrefação (*pytho*) do monstro." Ora, não nos esqueçamos de que Píton, como monstro, provinha da terra e oferecia oráculos; era um animal ctoniano. Ao destruí-lo e ao substituir-lhe o oráculo, Apolo, que é de origem uraniana, assegurava a vitória do Céu sobre a Terra. A putrefação do monstro era a condição do triunfo de Apolo ao mesmo tempo que o efeito da ação do Sol, sendo a **flecha***, por seu lado, o símbolo do raio solar. Daí em diante, não era mais dos antros da terra, mas do Céu de Delfos, que viriam os oráculos (*v.* **excrementos***).

Q

QUADRADO

O quadrado é uma das figuras geométricas mais frequentes e universalmente empregadas na linguagem dos símbolos. É um dos quatro símbolos fundamentais (CHAS, 28), juntamente com o **centro***, o **círculo*** e a **cruz***.

É o símbolo da terra por oposição ao Céu, mas é também, num outro nível, o símbolo do universo criado, terra e Céu, por oposição ao incriado e ao criador; é a antítese do transcendente.

"O quadrado é uma figura antidinâmica, ancorada sobre quatro lados. Simboliza a interrupção (*ou parada*), ou o instante antecipadamente retido. O quadrado implica uma ideia de estagnação, de solidificação; e até mesmo de estabilização na perfeição: este será o caso da Jerusalém celeste. O movimento livre e fácil é circular, arredondado, ao passo que a parada e a estabilidade se associam com figuras angulosas, linhas contrastantes e irregulares" (CHAS, 30-31).

Muitos espaços sagrados tomam uma forma quadrangular: altares, templos, cidades, acampamentos militares. Muitas vezes esse quadrado inscreve-se em um círculo, no topo de uma colina circular, como é o caso dos acampamentos e dos templos, ou no fundo de um círculo de colinas, como Roma.

No desenho (CHAS, 269), vê-se a "imagem pura do homem espiritualizado sem estar desencarnado". O cubo central, com seus quadrados, sua superfície dividida em quadrados contíguos (como no tabuleiro do jogo de damas), seus **esquadros***, seus pontos, dá uma ideia desse mundo material e criado, limitado e que se inscreve no tempo e no espaço; o formato ovalado da cabeça, as curvaturas das arcadas superciliares, o arqueamento dos lábios, a forma amendoada dos olhos simbolizam o incriado, a concentração, o espiritual. A superposição dos dois volumes mostra as relações entre o Céu e a terra, entre o transcendente e o imanente, relações que terminam numa união no homem. Vê-se, aqui, como já foi assinalado em outro texto (CHAS, 131), de uma maneira geral: "a imagem dinâmica de uma dialética entre o celeste transcendente, ao qual o homem aspira naturalmente, e o terrestre, onde ele se situa atualmente".

Platão considerava o quadrado – e o círculo – como sendo "absolutamente belos em si mesmos". Abu Ya'qub diz da tétrade, número do quadrado, que ela é "o mais perfeito dos números": o da *Inteligência* e o das letras do Nome divino (*Allh*). A simbólica do quadrado e a do número quatro reúnem-se. Os hebreus faziam do Tetragrama o Nome – impronunciável – da Divindade (*Jhvl*). Os pitagóricos faziam da **Tetraktys*** (e também do *quadrado de quatro*, ou seja, dezesseis), a base de sua doutrina. Portanto, o número quatro é, de um certo modo, o número da Perfeição divina; de maneira mais geral, ele é o número do desenvolvimento completo da manifestação, o símbolo do mundo estabilizado.

Esse desenvolvimento efetua-se, a partir do centro imóvel, de acordo com a **cruz*** das direções cardeais. A cruz inserida no quadrado é a expressão *dinâmica* do quaternário. A manifestação *solidificada* exprime-se unicamente pelo quadrado. O mesmo pode ser dito da civilização que se torna sedentária: os acampamentos e as tendas dos povos nômades são redondos.

828 | QUADRADO

As eras do mundo, a vida humana, o mês lunar são ritmados pelo quaternário; mas as quatro fases do movimento cíclico exprimem-se pelo círculo; a divisão pela cruz dos dois diâmetros perpendiculares é a verdadeira *quadratura* desse círculo. A terra, medida por seus quatro horizontes, é quadrada. Ela é dividida em suas quatro regiões, ocupadas pelas quatro castas, pelos quatro braços ou pelas quatro faces da Divindade: quatro braços de *Vishnu*, ou de *Shiva*, ou de *Ganesha* em Angkor, *quatro faces* de *Tumburu*, porém mais evidentemente ainda do *Lokeshavara* multiplicado do Bayon. As **mandalas*** tântricas ou arquiteturais, imagens do cosmo, são quadrados de quatro portas cardeais. O quadrado é a figura de base do espaço; o círculo, e particularmente a espiral, a do tempo.

Assim também, na China, o espaço é quadrado, sendo cada oriente dominado por uma montanha cardeal. "Entre os chineses, o formato quadrado da Terra é uma ideia muito antiga, inscrita na língua. O espaço é definido pelas quatro direções yang, mas esta palavra tem também o significado de quadrado. E é por isso que o deus do solo é representado por uma colina quadrada, e que a capital é quadrada, como também é quadrado o domínio real etc. Assim, o espaço é constituído de quadrados encaixados uns nos outros (em relação ao Centro do Mundo) ou justapostos (ao redor de centros secundários)" (MYTF, 124).

O imperador, no centro, recebe dos quatro orientes influências benéficas e, dali, afugenta as influências nocivas. O espaço quadrado divide-se em províncias quadradas, de conformidade com o *quadrado mágico* de Yu-o-Grande; igualmente, segundo o *Tcheou-li*, em campos quadrados. A cidade, centro do espaço, é quadrada e tem quatro portas cardeais; nela, os vassalos são recebidos às quatro portas onde se reúnem formando um quadrado: trata-se de restabelecer a boa ordem do mundo; o altar do solo e a casa são quadrados; o *Ming-t'ang* (*v.* **casa***) é quadrado e inclui quatro vezes três portas que correspondem, com as da Nova Jerusalém, aos doze meses do ano. As lojas das sociedades secretas são quadradas e têm quatro portas, às quais correspondem os quatro

elementos. O antigo universo chinês – esse deveria ser também o plano ideal da loja – é uma série de quadrados encaixados; o que não pode deixar de evocar o *triplo cinturão*, símbolo a um só tempo celta e cristão dos três graus de iniciação, ou dos três mundos sobre o qual se estende a cruz redentora.

O mesmo simbolismo cósmico do quadrado orientado encontra-se certamente na Coreia, no Vietnã, sobretudo no Kampuchea (Camboja), não apenas no plano dos templos ou da capital angkoriana, mas também na disposição do reino que teria sido, antigamente, dividido em quatro regiões administrativas cardeais.

O cubo é, ainda mais do que o quadrado, o símbolo da *solidificação*, da estabilidade, da parada do desenvolvimento cíclico, pois ele determina e *fixa* o espaço em suas três dimensões. Corresponde ao elemento mineral, ao polo *substancial* da manifestação (Guénon). A *pedra cúbica* do simbolismo maçônico inclui a noção de realização, de perfeição. A noção de base, de *fundamento*, de estabilidade não é desconhecida, tampouco, do simbolismo da *Ka'ba* da Meca, que é uma pedra cúbica. A *qubbah* muçulmana é o cubo terrestre que sustenta a abóbada celeste – a qual, por sua vez, é também muitas vezes sustentada por quatro pilares.

No verbete **esquadro***, assinalamos o símbolo cristão do *gammadion*: é praticamente um quadrado que encerra uma cruz; portanto, a síntese dos dois aspectos do quaternário. A cruz traz a figura do Cristo rodeado pelos quatro Evangelistas, ou pelos quatro animais que lhes servem de emblemas.

Se geralmente o Céu é redondo, e a terra, quadrada, a mudança de perspectiva permite por vezes que se invertam as correspondências simbólicas. Por exemplo: se na construção do templo hindu o quadrado é fixação, cristalização dos ciclos celestes, ele pode inversamente significar a imutabilidade de princípio em relação ao movimento circular da manifestação. Retorna-se, não obstante, na construção do altar védico – que é um cubo cósmico – à noção primeira. Granet também observou que os *troncos celestes* dos ciclos chineses eram dez, e dispostos em forma de quadrado, ao passo que os *ramos terrestres* eram doze, dispostos em forma de círculo: o que não deixa de evocar o intercâmbio dos atributos de *Fu-hi* e de *Niu-kua*, dos quais nos ocupamos a propósito do **compasso*** (BURA, BENA, BHAB, CORT, DANA, CHAE, GUIP, GRAD, GRAP, GRAR, GRIR, GUEM, GUEC, GUER, GUET, GUES, KRAT, NGUC, SAIR, SCHU, SECA, SOUN).

Nas teorias platônicas, o quaternário relaciona-se com a materialização da ideia, e o ternário, com a própria ideia. Este último exprime as essências, e o primeiro, os fenômenos; um, o espírito, o outro, a matéria. Enquanto o ternário está ligado à simbólica da vertical, o quaternário pertence à da horizontal. Um une os três mundos, o outro separa-os considerando cada qual no seu nível.

Segundo Plutarco (Ísis, 106), os pitagóricos afirmavam que o quadrado reunia as potências de Reia, de Afrodite, de Deméter, de Héstia e de Hera. Ao comentar essa passagem, Mario Meunier especifica: *o quadrado significava que Reia, a mãe dos deuses, a fonte da duração, manifestava-se através das modificações dos quatro elementos simbolizados por Afrodite, que era a água geradora, por Héstia, que era o fogo, por Deméter, que era a terra, e por Hera, que era o ar.* O quadrado simbolizava a síntese dos elementos.

Na tradição cristã, igualmente, o quadrado, em virtude de sua forma igual dos quatro lados, simboliza o cosmo; seus quatro pilares de ângulo designam os quatro elementos.

Os corpos quadrados, dirá Dionísio, o Cartuxo (frade da Cartuxa, ou ordem de São Bruno, fundada em 1806), não são destinados à rotação como os corpos esféricos. Por outro lado, o quadrado apresenta caráter estável. A forma quadrangular é adotada para delimitar numerosos lugares, tal como a praça pública de Atenas. Cidades quadradas são construídas na Idade Média: Sainte-Foy, Montpazier etc. O templo do Graal é quadrado.

Villard de Honnecourt, que fez uma relação no séc. XIII de desenhos estilizados, nos dá o plano de uma igreja cisterciense do séc. XII, traçada *ad quadratum*. Esse tipo de igreja oferece analogias com as medidas do microcosmo, i.e., do homem, segundo Santa Hildegarda. O **homem*** hildegardiano, com os pés juntos e os braços estendidos, deve ter cinco medidas iguais no sentido do comprimento e da largura; as dimensões mencionadas no sentido do comprimento e da largura são apresentadas por quadrados. Uma igreja semelhante, *ad quadratum*, inscreve-se num retângulo; seu comprimento comporta três quadrados de igual medida. O plano da igreja cisterciense comporta doze medidas iguais no sentido do comprimento e oito, no sentido da largura, ou seja, a relação:

$$\frac{12}{8} \text{ ou } \frac{3}{2}$$

As igrejas quadradas são numerosas na Grã-Bretanha, como, por exemplo, a catedral de Oxford, a igreja de Ramsey, Saint Cross (Hampshire). Parece evidente que as igrejas quadradas da Inglaterra não sofreram a influência de Cister. No entanto, todas as igrejas cistercienses da Grã-Bretanha são quadradas. Na Alemanha, a maioria das igrejas que têm a abside quadrada deriva da igreja cisterciense de Morimond. Na França, as igrejas quadradas são cirtercienses. Apresentam absides planas, ladeadas por quatro, seis ou oito capelas quadradas. Os deambulatórios são retangulares. Assim, em Fontenay (igreja abacial cirterciense do séc. XII), segunda filha de Clairvaux, fundada por São Bernardo (1118), sobre o transepto abrem-se capelas quadradas e retangulares. O mesmo acontece em Pontigny (1114), em Noirlac (1136) e em Escale-Dieu (1142), cuja planta foi copiada de Fontenay. A catedral de Laon (sécs XII-XIII) tem uma abside quadrada. O coro da igreja de Brinay é retangular.

Em todas as igrejas primitivas cistercienses a abside é quadrada, mas nas igrejas construídas no final do séc. XII e no séc. XIII a abside torna-se poligonal. Note-se que a igreja de São Vicente e Santo Anastácio (*San Vincenzo e Anastasio*), próxima à de São Paulo das Três Fontes (*San Paolo, alle Tre Fontane*), em Roma, foi doada a São Bernardo em 1140 e, muito provavelmente, reconstruída

830 | QUADRADO

nessa ocasião com uma abside quadrada. É toda uma espiritualidade que se inscreve simbolicamente nessas formas quadradas da estabilidade, de uma estabilidade destinada a interiorizar.

No *Guia dos peregrinos de Santiago de Compostela* (geralmente atribuído a Aimery-Picaud de Parthenay-le-Vieux), o autor compara a igreja a um organismo humano, a nave central assemelha-se a um corpo do qual os transeptos seriam os braços; é em função das medidas humanas que as dimensões são calculadas.

O homem quadrado, de braços estendidos e pés juntos, designa os quatro pontos cardeais. Aqui, tornamos a encontrar o sentido da cruz e das quatro dimensões que ela implica. Os autores da Idade Média, amantes das comparações, relacionam o homem quadrado aos quatro Evangelhos, aos quatro rios do Paraíso; e, uma vez que o Cristo assume a humanidade, também ele passará a ser considerado o homem quadrado por excelência. Thierry de Chartres diz que a unidade está na própria base do quadrado, pois acha-se repetida quatro vezes.

É importante que se retenham na composição arquitetônica a simetria e a proporção. A igreja romana inspira-se no Templo, que, conforme a tradição, representa em suas proporções o templo do homem. Suas dimensões podem inscrever-se em um quadrado. Mas a igreja romana não é somente *ad quadratum* segundo a planta da igreja cisterciense publicada no *Album* de Villard de Honnecourt – às vezes ela é redonda. E aqui, chegamos a um outro símbolo: passamos do espaço-tempo ao Céu da eternidade. A igreja já não é mais o ponto de partida da evolução espiritual, ela simboliza o termo supremo dessa evolução.

A forma quadrada não é única. Pertence ao tempo. Ora, a eternidade é representada pelo **círculo***. Este, após ter servido para avaliar o ano, mediu o tempo, depois, a eternidade e, por fim, acabou por significar o infinito. O círculo e o quadrado simbolizam dois aspectos fundamentais de Deus: a unidade e a manifestação divina. O círculo exprime o celeste, e o quadrado, o terrestre – não tanto na qualidade de oposto ao celeste, mas

em sua qualidade de criado. Nas relações entre o círculo e o quadrado, existe uma distinção e uma conciliação. Portanto, o círculo será, para o quadrado, aquilo que o Céu é para a terra, a eternidade para o tempo, embora o quadrado se inscreva dentro de um círculo, o que significa que a terra é dependente do Céu. O formato quadrangular nada mais é do que a perfeição da esfera sobre um plano terrestre (DAVS, 185-190; ver *Album* de Villard de Honnecourt, arquiteto do séc. XIII, publicado por J. B. Lassus, Paris, 1858; M. Aubert, com a colaboração da marquesa de Maillé: *L'architecture cistercienne en France*, Paris, 1943, t. I, em particular III, cap. I: *Les Plans*, p. 151 a 195; Edgar de Bruyne, *Études d'esthétique médiévale*, t. II, Bruges, 1946, p. 89-90).

O QUADRADO e a tétrade ocupam um lugar igualmente muito importante nas tradições do Islã.

"Se se representar o Islã como um edifício, pode-se dizer que o teto é o reconhecimento da unicidade de Deus (*Shahada*), sendo os quatro pilares a prece ritual (*calat*), o imposto (*zakat*), o jejum anual (*cawn*) e a peregrinação à casa de Deus" (SOUP, 101, 132).

Essa noção de unidade *monolítica* é simbolizada pela *Ka'ba*. "Originalmente, a palavra significava ao mesmo tempo *ser quadrado* (*trabba'a*) e *ser redondo* (*istadara*). É significativo que a forma da *Ka'ba* também se preste a esse duplo sentido, sendo uma de suas partes cúbica, e a outra, semicircular... O símbolo supremo do Islã, a *Ka'ba*, é um bloco quadrado; exprime o número quatro, que é o número da estabilidade. A casa árabe é também quadrada, bem como o mausoléu em formato de cúpula (*kubba*) que se ergue sobre a tumba dos santos muçulmanos. O mausoléu cúbico representa a terra ou o corpo com seus quatro elementos, e a cúpula, o Céu ou o espírito" (SCHU, 119).

A peregrinação inclui, como ritos essenciais, giros *circulares* em volta do *quadrilátero* que constitui a Casa de Deus (*Beit ul'lah*).

Encontramos, pois, nos dois níveis – arquitetural e ritual – a conjunção quadrado-círculo, já implícitos na etimologia. A *Ka'ba* tem quatro paredes; quatro linhas que vão do centro aos quatro cantos (*arkan*); é orientada sobre o eixo dos quatro pontos cardeais; os quatro ângulos da *Ka'ba* têm nomes distintos. A parede de mármore branco, em hemiciclo, delimita um espaço denominado *Hatim* ou *Hijr*. É possível que nesse espaço haja existido, em tempos muito antigos, um poço para as oferendas.

Um manuscrito árabe mostra a **Pedra*** Negra da *Ka'ba* sendo levada para dentro do santuário por quatro chefes tribais, nos quatro cantos de um tapete.

Além disso, em época anterior ao Islã, a Meca já se chamava a Mãe das Cidades (*Umm al-Qura*) (*Corão*, 6, 92; 42, 5). Na literatura popular, ela é denominada também de *o umbigo da terra*, como o ônfalo de Delfos.

Se nos reportarmos à narrativa de Plutarco sobre a fundação de Roma, veremos que esta foi mostrada pelos etruscos a Rômulo *como nos mistérios*. Inicialmente, cavou-se uma *fossa redonda*, dentro da qual foram jogadas oferendas, e que recebeu o nome de *mundus* (significando também o cosmo). A cidade tinha um formato *circular*; no entanto, Roma foi chamada pelos Antigos de *urbs quadrata*, e o próprio Plutarco a ela se refere como *Roma quadrata*. Para ele, Roma era *ao mesmo tempo um círculo e um quadrado*... Existe uma certa teoria de que a palavra *quadrata* signifique *quadripartita*, ou seja, que a cidade circular era dividida em quatro partes por duas artérias. O ponto de interseção dessas artérias coincidia com o *mundus*... Segundo uma outra teoria, a contradição não se deve entender senão como um *símbolo*, i.e., como a representação visual do problema matemático insolúvel da *quadratura do círculo* (JUNS, 210).

O *mundus* era considerado o centro de união entre a cidade e o mundo dos espíritos, assim como o cordão umbilical une a criança à mãe.

Ibn-al'Arabi observa que a *Ka'ba* constitui o equivalente na terra ao **Trono*** de Deus, ao redor do qual giram os anjos (*Corão*, 29, 75). O coração* do homem, diz ele, é a casa de Deus, mais nobre e mais importante do que a própria *Ka'ba*.

Os corações dos homens comuns são *quadrados*, porque esses homens têm quatro possibilidades de inspirações: divinas, angélicas, humanas e diabólicas; os corações dos profetas só têm três lados, porquanto eles estão fora do alcance do demônio. E o mesmo acontece com a *Ka'ba*, que aparentemente tem quatro lados, mas que na realidade tem apenas três, se levarmos em conta que é semicircular a parte que está defronte a um dos lados.

Note-se, de resto, que no Oriente antigo, entre os babilônios o *quadrado* era utilizado para indicar o total de uma conta. Exprimia a ideia de *reunir em um limite*. Esse signo corresponde a um limite terrestre. Não aparece em épocas tão remotas quanto o círculo, e por isso indagou-se se o quadrado não seria uma derivação do círculo. De qualquer maneira, círculo e quadrado exprimem um total, mas o quadrado... utilizado para as contas, ocasião em que é, às vezes, até mesmo redobrado com o sentido de *total dos totais*... serve também para exprimir toda ideia de limite... é um receptáculo (RUTE, 233).

A associação **círculo***-**quadrado** evoca sempre o casal **Céu-terra** (*v*. **esfera***, **cubo***). Para Jung, a trindade-quádrupla corresponde ao arquétipo fundamental da plenitude. A arte do Islã é uma perfeita ilustração desse símbolo.

Quadrado: simboliza o conjugado de homem e do quadrado. Bronze esmaltado (Bergen, Noruega. Museu Histórico Universitário).

QUADRADO MÁGICO

Há também uma tradição de quadrados mágicos muito rica. O quadrado evoca, com seus limites estritos, o sentido do secreto e do poder oculto. O quadrado mágico é um meio de captar e de mobilizar virtualmente um poder, ao encerrá-lo na representação simbólica do nome ou do algarismo daquele que detém naturalmente esse poder.

A invenção do quadrado mágico dataria das origens da ciência. *Segundo Lutfi'l Maqtul (A duplicação do altar), a ciência do quadrado mágico é uma ciência iniciatória criada por Deus. O próprio Deus introduziu Adão a essa ciência.* Depois, seus profetas, seus santos e seus sábios transmitiram-na uns aos outros.

Segundo os bibliógrafos árabes, Thabit b. Kurra (826-890 d.C.) teria escrito sobre os quadrados mágicos. O estabelecimento de uma relação entre esses quadrados e os planetas remontaria aos sabeístas (adoradores do fogo, do Sol e dos astros).

O *quadrado mágico, Wafk*, sob a forma mais simples, inclui nove casas, sendo o total de cada lado igual a quinze, e os nove primeiros algarismos estão todos nele inscritos:

4	9	2
3	5	7
8	1	6

Encontra-se essa disposição desde o século X de nossa era no *Kitab-al-Mawazm* de Djabir b. Hoyan; e Al-Ghazali, um século depois, descreve um amuleto, ainda hoje utilizado, que se chama *sinete de Ghazali*: essa figura, atribuída a Balinas (Apolônio de Tiana), deve ser desenhada em pedaços de tecido de algodão, que jamais tenha sido utilizado; colocam-se esses pedaços de tecido sob os pés de uma mulher que esteja dando à luz, e considera-se que isso facilita o parto (ENCI, Art. Wafk).

Há também um grande amuleto com sete carreiras de sete quadrados, relacionados aos diferentes dias da semana e, a partir daí, aos planetas.

Estabelecem-se *sinetes planetários* da seguinte maneira:

Saturno, com o quadrado mágico de 9, em chumbo.

Júpiter, com o quadrado mágico de 16, em estanho.

Marte, com o quadrado mágico de 25, em ferro.

Sol, com o quadrado mágico de 36, em ouro.

Vênus, com o quadrado mágico de 49, em cobre.

Mercúrio, com o quadrado mágico de 64, em liga de prata.

Lua, com o quadrado mágico de 81, em prata.

Essa conjugação dos quadrados mágicos com os planetas e os metais conduz, no Ocidente, até a *Occulta Philosophia* de Agrippa van Nettesheim (1533) e à *Practica Arithmetica* de Cardan. Difundidos no mundo islâmico desde o séc. XIII, estiveram particularmente em voga nos sécs. XVII e XVIII.

O *djadwal*, que significa quadro ou plano, deriva do quadrado mágico. É uma expressão técnica da magia árabe que designa figuras, muitas vezes *quadrangulares*, divididas em casas nas quais são inscritos algarismos correspondentes ao valor numérico das letras do alfabeto árabe e que podem formar, por exemplo, o nome da pessoa necessitada de um amuleto. Os sinais são combinados de acordo com o procedimento do *abjad* (A = 1) etc. Em geral, o *djadwal* é circundado de palavras extraídas do *Corão*.

Múltiplas combinações são possíveis. Pode-se escrever dentro de cada uma das casas desse tabuleiro nomes ou palavras mágicas, em vez de algarismos. Assim, por exemplo, um dos *djadwal* mais difundidos comporta sete vezes sete casas em que estão inscritos: 1º, o selo de Salomão; 2º, os sete *sawakit*, i.e., as consoantes que não aparecem no primeiro capítulo do Corão; 3º, sete dos nomes de Deus; 4º, os nomes dos sete espíritos; 5º, os nomes dos sete reis dos Gênios; 6º, os nomes dos

QUADRADO MÁGICO | 833

sete dias da semana; 7º, os nomes dos planetas. Essas fórmulas encantatórias podem ser escritas em papel e, depois, trituradas; ou então, dilui-se a escritura com água e, então, bebe-se essa água. São utilizadas em numerosíssimos casos.

O *Buduh* é uma palavra mágica formada com os elementos do quadrado mágico simples, dividido em três partes, levando em consideração o valor numérico das **letras***. Por isso, Ghazali designa-a "como uma ajuda inexplicável porém segura para resolver os mais difíceis problemas".

Na crença popular, *Buduh* transformou-se em um *Djinn* (gênio bom) cuja ajuda pode ser procurada ao escrever seu nome em letras ou algarismos (DOUM, 298).

Acredita-se que essa fórmula remonte a Adão, de quem Ghazali a teria recebido através da tradição. Quando existe a combinação do *Buduh* com um certo planeta, esse planeta é Saturno, e seu metal, o chumbo. O *Buduh* é usado como talismã, para proteção e, às vezes, associado a outros procedimentos, como, por exemplo, o espelho de tinta de escrever (ENCI, verbete Buduh).

As quatro letras de *Buduh* podem ser também dispostas em forma de quadrado mágico; o resultado da soma dos números, que correspondem a cada uma dessas letras para cada fileira, é sempre 20:

8	6	4	2
4	2	8	6
2	4	6	8
6	8	2	4

"Quando escritas sobre um tabuleiro colocado debaixo da asa de uma pomba branca que, em seguida, é solta diante da casa de uma jovem que tiver recusado um pedido de casamento, essas quatro letras têm o poder de forçar seu consentimento" (DOUM, 193).

Atuando pelo recurso mágico da "simpatia", a combinação de letras contidas em um dos Nomes de Deus – por exemplo, *el-Mucavwir* (Aquele que dá forma) – deverá ser capaz de curar a esterilidade (Aquele que dá forma à criança) etc. Há numerosos exemplos desses quadrados.

A respeito do quadrado mágico, *v.* o artigo de Jean Orcibal, "Dei agricultura: Le carré magique Sator Arepo, sa valeur et son origine" (O quadrado mágico Sator Arepo, seu valor e sua origem) na *Revue de l'Histoire des religions* (Revista da História das religiões), t. 26, n. 1, 1954, p. 51-66.

Esse quadrado mágico, citado na obra de Plínio (**28**, 20), e do qual se têm numerosos exemplares na Gália (são conhecidos exemplares mais recentes em caracteres hebreus), é formado por cinco letras dispostas em cinco linhas, de tal forma que podem ser lidas da esquerda para a direita ou da direita para a esquerda e, verticalmente, de cima para baixo ou de baixo para cima, sem que a ordem, a natureza e o sentido das palavras sejam modificados. Isso seria, portanto, em princípio, um palíndromo, mais aperfeiçoado do que muitos outros.

S	A	T	O	R
A	R	E	P	O
T	E	N	E	T
O	P	E	R	A
R	O	T	A	S

É bem possível, e até mesmo verossímil, que esse quadrado mágico seja de origem celta, pois a palavra *arepo* explica-se muito bem através do celta (advérbio gaulês *arepo*: "adiante, no final, na extremidade", relacionado ao gaulês: *arepennis*: "cabeça, fim do campo"*;* francês: *arpent*, ant. medida agrária de comprimento equivalente a 100 varas; cf. irlandês: *airchenn*). O simbolismo numérico e esotérico não é característico do mundo céltico; entretanto, a existência de uma palavra gaulesa faz pensar numa interferência druídica. Esta, porém, não é uma hipótese verificável no estado atual das pesquisas. Pode ser que a fórmula seja uma alusão geral à *roda cósmica* (AIBL, 1953, 198-208; ETUC, n. 321, 1955, 28-27).

Esta frase latina, *SATOR AREPO TENET OPERA ROTAS* (O lavrador, com sua charrua

834 | QUARENTA

ou em seu campo, dirige os trabalhos), inscrita num quadrado mágico de 5, foi interpretada de milhares de maneiras pelos alquimistas e esoteristas. As interpretações combinam ao mesmo tempo a simbólica da própria letra, a do algarismo atribuído tradicionalmente a cada letra e a da cor, conforme o fundo preto ou branco sobre o qual a letra se destaca. Nesse quadrado mágico, que encerra *os turbilhões criadores* (*ROTAS*), certos tradicionalistas veem as *núpcias cosmogônicas do Fogo e da Água, geradoras da criação.*

Alguns intérpretes observam no meio desse quadrado, sobre a linha vertical e a linha horizontal, a palavra *TENET* a formar uma cruz. A palavra latina traduz-se por "ele segura" (fr.: *il tient*, do verbo *tenir*: ter ou segurar na mão, conter, manter etc.). Veem, no significado dessa palavra e em sua posição central, a indicação de que *a cruz segura o mundo*. É ela que dá ao mundo coerência e sentido. Graças a esse simbolismo, tal interpretação confere ao quadrado mágico, a despeito das dificuldades de tradução concernentes às outras palavras já mencionadas, certa inteligibilidade.

Em todas as tradições astrológicas, igualmente, o quadrado representa a terra, a matéria, a limitação; e o círculo ou a esfera representam o Céu, o infinito, o universal. Em astrologia, o quadrado é encarnado, ao mesmo tempo, por um *aspecto* de 90° que representa o obstáculo, a divergência, a dificuldade, o impedimento, o freio, a necessidade de um esforço, e pelas *quadruplicidades* que dividem os signos do Zodíaco em três séries, segundo sua posição em relação aos pontos cardeais: a série *cardeal*, que compreende os signos de Áries, Câncer, Libra e Capricórnio; a série *fixa*, composta pelos signos: Touro, Leão, Escorpião e Aquário; e a série *mutável*, que reúne: Gêmeos, Virgem, Sagitário e Peixes.

A particularidade dessa divisão zodiacal (existem muitas outras) é que cada série contém os signos de elementos diferentes e muitas vezes de tendências opostas: do *Fogo* (Áries, Leão, Sagitário); da *Terra* (Touro, Virgem, Capricórnio); do *Ar* (Gêmeos, Libra, Aquário); da *Água* (Câncer, Escorpião, Peixes). Em astrologia, portanto, o

quadrado que inclui a ideia de contraste, de tensão, de choque, de incompatibilidade essencial, está associado no Zodíaco à noção de atividade, de impulso (principal significado da quadruplicidade cardeal), de adaptação, de difusão (quadruplicidade mutável), de estabilidade, de consolidação, de fundamento (quadruplicidade fixa). Trata-se pois, em primeiro lugar, da ideia de materialização, por oposição à de espiritualidade, ligada ao círculo e à esfera.

Lembremo-nos de que a representação gráfica do horóscopo, o tema astrológico (i.e., de um mapa no Céu), era, até o século XIX na Europa (e ainda o é na Índia), *quadrado*; o que implica claros desenvolvimentos simbólicos. A célebre "quadratura do círculo" compreendia, entre os astrólogos da Idade Média e os do Renascimento, o problema da introdução do indivíduo material na espiritualidade do Cosmo ou em Deus, i.e., esse problema matemático e astrológico era inteiramente análogo e comparável à interpretação interior e iniciática da grande obra dos alquimistas. A astrologia, tal como a alquimia, apresenta-se como uma ciência de duas faces, uma vez que tanto sua base *material* como sua base matemática servem de suporte e guia para o trabalho do *self*. Inventada pelos astrólogos ingleses do século XVIII e propagada e readaptada ao alvorecer do século XX por Paul Choisnard, na França, a forma *redonda* do horóscopo (muito mais cômoda para o trabalho prático e, portanto, mais *racional* e *científica*) perdeu evidentemente todo o contexto simbólico do passado.

QUADRO (de loja) (*v.* Maçonaria)

QUARENTA

É *o número da espera*, da *preparação*, da *provação* ou do *castigo*. Sem dúvida, o primeiro aspecto é o que menos se conhece, embora seja, ao mesmo tempo, o mais importante. Pode-se dizer que os escritores bíblicos marcam a história da salvação, dotando os acontecimentos principais com este número; ele caracteriza assim as intervenções sucessivas de Deus, que se invocam uma à outra. Como Saul, Davi reina quarenta anos (II *Samuel*,

5, 4); Salomão igualmente (I *Reis*, **11**, 42). A aliança com Noé acompanha os quarenta dias do dilúvio; Moisés é chamado por Deus aos quarenta anos; ele passa quarenta dias no cume do Sinai. Jesus prega por 40 meses; o ressuscitado aparece a seus discípulos durante os quarenta dias que precedem a Ascensão (*Atos*, **1**, 3).

Muitas vezes a tônica recai também sobre o aspecto de provação ou de castigo: os hebreus infiéis são condenados a errar quarenta anos no deserto (*Números*, **32**, 13). Quarenta dias de chuva punem a humanidade pecadora (*Gênesis*, 7, 4). Representando a nova humanidade, Jesus é conduzido ao Templo quarenta dias depois de seu nascimento, sai vitorioso da tentação, experimentada durante quarenta dias (*Mateus*, **4**, 2 e similares), e ressuscita depois de 40 horas de permanência no sepulcro.

Segundo R. Allendy (ALLN, 385), este número marca a *realização de um ciclo*, de um ciclo, entretanto, que deve chegar, não a uma simples repetição, mas a uma mudança radical, uma passagem a uma outra espécie de ação e de vida. É assim que o Buda e o Profeta teriam começado sua pregação com 40 anos; a quaresma, preparação para a ressurreição pascal, dura 40 dias.

Entre os africanos, principalmente os peúles, quando um boi ultrapassa 21 anos, e um homem, 105 anos, os funerais duram 40 noites. Entre os bambaras, para a iniciação suprema do Kamo, oferecem-se em sacrifício quarenta cauris, quarenta cavalos, quarenta bois. A expressão 2 vezes 40 significa cem (HAMK, 23) ou o quase inumerável.

Este número desempenhou um papel bem particular nos rituais fúnebres de um grande número de povos. É com efeito o número de dias necessários para que os restos mortais sejam considerados definitivamente desembaraçados de qualquer corpo vivo, por mais sutil que seja, i.e., de todas as suas **almas***. Segundo essas crenças, como um morto só está *totalmente morto* no final desse prazo, a cerimônia deste dia, a quarentena, é a que suspende as últimas proibições do luto; é o término do período de *resguardo*. É também nesse momento que se efetuam os ritos de purificação, e só nessa data os parentes do defunto ficam livres de toda obrigação a seu respeito.

É o lapso de tempo necessário para desenterrar o cadáver, limpar os ossos e colocá-los no seu lugar definitivo, para os povos que têm o costume de um enterro secundário, o que se verifica especialmente entre os povos indígenas da América equatorial. Entre os altaicos, é nesse dia que a viúva pronuncia a fórmula ritual: *Agora, eu te abandono*, que a torna livre para contrair segundas núpcias. É também o dia em que se faz a purificação da iurta (HARA, 227-228). O costume da *quarentena* provém dessa crença, segundo a qual o número quarenta simboliza um ciclo de vida ou de não vida.

Jean-Jacques Rousseau diz dos 40 anos: "É a meu ver a idade mais conveniente para reunir todas as qualidades que devem existir num homem público. O direito feudal francês possuía a *quarentena do Rei, espaço de quarenta dias estabelecido por Luís IX, durante o qual o ofendido não podia vingar sua injúria.*"

QUARENTA E NOVE

Este número, que é o quadrado de sete, tem, entre os lamaístas, a mesma significação cíclica do número **quarenta*** entre os judeus, os cristãos e os muçulmanos (HARA, 233). É o prazo necessário para que a alma de um morto ganhe definitivamente sua nova residência. É o término da viagem.

QUARTZO

O quartzo simboliza o elemento celeste nas iniciações. "A água sagrada e poderosa", nos rituais iniciatórios dos *medicine-men* (curandeiros) *australianos*, é considerada de quartzo liquefeito (Mircea Eliade, *Significação da luz interior* em *Eranos Jahrbuch*, 1957, 26, p. 195) (*v.* **cristal de rocha, de pedra***).

QUATERNÁRIO (*v.* Quatro*)

Compreende-se aqui esta palavra (*v.* **quadrado***) apenas no sentido da progressão aritmética dos quatro primeiros números, que tem a unidade como primeiro termo e como razão: 1, 2, 3, 4. Sua soma resulta na Década, símbolo de perfeição

QUATRO

e chave do universo. O Quaternário é o número sagrado deste mundo, da terra dos homens. Inscreve-se a uma mesma distância da Unidade impenetrável (4 - 1 = 3) e do setenário (7 - 4 = 3), o que exprime sua união com a Tríade divina, isto é, com o Um considerado nas suas três relações com a criação: força, inteligência, amor.

Essa situação do quaternário, equidistante entre o Um e o Sete, define bastante bem a vocação do homem: oriundo da unidade, distingue-se dela como se distingue o criado do criador, mas é chamado a retornar (*v.* **retorno***) ao criador e a unir-se com ele, manifestando assim sua força, sua inteligência e seu amor. Percorre dessa forma, em sentido contrário, o mesmo caminho, o três, uma primeira vez no sentido da diferenciação, uma segunda vez no sentido da reintegração. O quaternário exprime certamente uma situação, mas uma situação evolutiva, pois o homem está colocado sobre a terra numa dinâmica que interessa a todo o universo.

QUATRO

As significações simbólicas do quatro se ligam às do **quadrado*** e da **cruz***. "Desde as épocas vizinhas da pré-história, o 4 foi utilizado para significar o sólido, o tangível, o sensível. Sua relação com a cruz fazia dele um símbolo incomparável de plenitude, de universalidade, um símbolo totalizador." O cruzamento de um meridiano e de um paralelo divide a terra em quatro setores. Em todos os continentes, chefes e reis são chamados: *Senhores dos quatro mares... dos quatro sóis... das quatro partes do mundo... etc.*: o que pode significar, ao mesmo tempo, a extensão da superfície de seu poder e a totalidade desse poder sobre todos os atos de seus súditos (CHAS, 31).

Existem quatro pontos cardeais, quatro ventos, quatro pilares do Universo, quatro fases da lua, quatro estações, quatro elementos, quatro humores, quatro rios do Paraíso, quatro letras no nome de Deus (YHVH) e no do primeiro homem (Adão), quatro braços da cruz, quatro Evangelistas etc. O quatro designa o primeiro quadrado e a década; a tétrade pitagórica é produzida pela adição dos quatro primeiros números (1 + 2 + 3 + 4). O quatro simboliza o terrestre, a totalidade do criado e do revelado.

Essa totalidade do criado é ao mesmo tempo a totalidade do perecível. É singular que a mesma palavra *shi* signifique em japonês *quatro* e *morte*. Por isso, os japoneses evitam com cuidado pronunciar essa palavra; substituem-na na vida quotidiana por *Yo* ou *Yon*.

Número sagrado no *Veda*, que é dividido em quatro partes (*Hinos, Sortilégios, Liturgia, Especulações*). O homem também se compõe do quadrado de quatro, 16 partes, segundo o *Chandogya Upanixades*, assim como a magia do Soma, que comporta 16 recitações; ou ainda como o ensinamento sobre o *Brahma*, que é distribuído em quatro partes correspondentes aos quatro domínios do universo: as regiões do espaço, os mundos, as luzes, os sentidos. "Aquele que, sabendo assim, conhece esta quarta parte do *Brahma*, ou quatro das décimas sextas partes, que são luz, este brilha neste mundo. Conquista mundos luminosos quem, sabendo assim, conhece a quarta parte do *Brahma*, ou quatro das décimas sextas partes, que são luz" (VEDV, 388). Quando ele sabe as quartas partes do *Brahma*, ou quatro vezes quatro das décimas sextas partes, o discípulo ou iniciado conhece toda a ciência do mestre. O quatro se revela também aqui, com seus múltiplos e seus divisores, o símbolo da totalidade.

Na Bíblia, e especialmente no Apocalipse, este número sugere ainda a ideia de *universalidade*: os quatro vivos constituem o conjunto dos vivos no mundo da luz (têm constelações de olhos). Os quatro **cavaleiros*** trazem as quatro pragas principais. As quatro **cores*** dos cavalos correspondem às cores dos pontos cardeais e do dia, para mostrar a universalidade da ação no espaço e no tempo: branco é o Leste e a aurora; vermelho, o Sul e o meio-dia; verde-mar, o Oeste e o crepúsculo; preto, o Norte e a noite. Os quatro anjos destruidores de pé nos quatro cantos da terra; os quatro rios do Paraíso; as quatro muralhas da Jerusalém celeste que fazem face aos quatro orientes; os quatro campos das doze tribos de Israel (*Números, 2*); os quatro emblemas das tribos, uma para cada grupo de três, o leão, o homem, o touro, a águia; as quatro letras do nome divino YHVH, cada uma correspondendo a um desses emblemas, segundo uma tradição judaica: Y ao homem, H ao leão, V ao touro, o segundo H à águia. Os quatro Evangelistas: segundo Santo Irineu, não podia haver nem mais, nem menos; e cada um dos quatro emblemas das tribos de Israel foi atribuído a cada um deles, numa conformidade bastante singular com as características de seus Evangelhos: o leão a Marcos, o homem, a Mateus, o touro, a Lucas, a águia, a João. Esses animais, por outro lado, correspondem às quatro constelações cardeais da faixa zodiacal: o Touro, o Leão, o Homem e a Águia. Todos esses quaternários (CHAS, 429) exprimem uma totalidade.

Na visão de *Ezequiel* (**1**, 5 s.), que remonta a aproximadamente 593 antes de nossa era, observa-se já esta extraordinária simbologia: "Discerni como que quatro animais, cujo aspecto era o seguinte: tinham uma forma humana; tinham cada um quatro faces e cada um quatro asas... Suas faces estavam viradas para as quatro direções... Tinham uma face de homem, e todos os quatro tinham uma face de leão à direita, uma face de touro à esquerda... e uma face de águia." Os exegetas veem aí o símbolo da mobilidade, da ubiquidade espirituais de Jeová, que não está vinculado apenas ao Templo de Jerusalém, mas assegura sua presença a todos os seus fiéis, qualquer que seja a direção de seu exílio. Os mesmos exegetas observam que essas figuras estranhas da visão de Ezequiel lembram os "*Karibu* assírios (cujo nome corresponde ao dos **Querubins*** da arca, v. *Êxodo*, **25**, 18 s.), seres de cabeça humana, corpo de leão, patas de touro e asas de águia, cujas estátuas guardavam o palácio de Babilônia. Esses servidores dos deuses pagãos estão aqui atrelados ao carro do Deus de Israel: expressão surpreendente da *transcendência de Jeová*" (BIBJ, 475). Servem também de suporte ao trono de Deus, as cabeças semelhantes "a uma abóbada brilhante como o Sol... em cima da abóbada, havia como que uma pedra de safira em forma de trono; [...] em cima do trono, um ser de aparência humana, com o brilho da prata dourada,

e ao redor dele como que fogo [...] e um clarão semelhante ao arco que aparece nas nuvens, nos dias de chuva [...]. Era qualquer coisa que possuía o aspecto da glória de Jeová" (*Ezequiel*, **1**, 26-28). Não se saberia sugerir melhor, por uma escalada dos graus do Céu, a superioridade transcendente de Deus, com relação a todos esses quaternários.

Quatro é ainda o número que caracteriza o *universo na sua totalidade* (mais frequentemente trata-se do mundo material, sensível). Assim os quatro rios que saem do Éden (*Gênesis*, **2**, 10 ss.) banham e delimitam o universo habitável. O *Apocalipse* (**7**, 1; *20*, 8) fala das quatro extremidades da terra, de onde sopram os quatro ventos (*Jeremias*, **49**, 36; *Ezequiel*, **37**, 9; *Daniel*, **2**, 7), e distingue quatro grandes períodos que abrangem toda a história do mundo.

Segundo Alexander (ALEC, 204), o número 4 desempenha um papel determinante no pensamento e na filosofia dos povos indígenas da América do Norte. Ele é *um princípio de organização e, de certa maneira, uma força*. O espaço se divide em quatro partes; o tempo é medido em quatro unidades: o dia, a noite, a lua e o ano; há quatro partes nas plantas: a raiz, o caule, a flor e o fruto; as espécies animais são em número de quatro: as que se arrastam na terra, as que voam, as que caminham com quatro patas, as que caminham com duas patas; os quatro seres celestes são o Céu, o Sol, a Lua e as estrelas; quatro são os ventos *que se deslocam ao redor do círculo do mundo*; a vida humana se divide em *quatro colinas*: a infância, a juventude, a maturidade e a velhice; quatro virtudes fundamentais no homem: a coragem, a tolerância, a generosidade e a fidelidade; na mulher: a habilidade, a hospitalidade, a lealdade e a fecundidade etc.

Quatro é também o número totalizador. "Demos quatro vezes quatro voltas ao redor da cabana... Quatro vezes quatro significa plenitude. Agora todas as forças lá do alto e aqui de baixo, viris e femininas, foram invocadas" (Cerimônias de *Hako* entre os pawnees, in ALEC, 153). No plano metafísico, Wakantanka, o Grande Mistério, é uma "quaternidade", feita do "Deus

838 | QUATRO

Chefe, do Deus Espírito, do Deus Criador e do Deus Executante". Cada um desses deuses é, ele próprio, uma quaternidade, feita de duas díades opostas (*Teologia dos Dakotas*, ALEC, 205-206).

Lembrando que os discípulos de Pitágoras também faziam da tétrade a chave de um simbolismo numérico capaz de dar uma moldura à ordem do mundo, Alexander vê no panteão dakota *um pitagorismo do Novo Mundo*.

Na tradição maia-quiché (*Popol-Vuh*), houve quatro criações sucessivas, correspondentes a quatro sóis e a quatro eras. O homem definitivo – homem de milho – aparece apenas com a última era (GIRP).

Quatro graus iniciatórios conduzem à iniciação perfeita, na sociedade dos *medicine-men* (curandeiros) entre os algonquinos (MULR, 250), em ligação com o símbolo de um universo quadripartido. O grande Manitu que reina sobre o 4° grau é representado por uma série de símbolos quaternários, dentre os quais uma cruz sobre um pilar quadrado, cada face pintada de uma cor cósmica.

Na cosmogonia dos zunis, baseada sobre a hierogamia elementar Terra-Céu, a Terra é chamada *A Terra-Mãe quádrupla que contém*. O que confirma a universalidade do valor simbólico do número quatro, como aquele que define a materialidade passiva. Quatro, como a Terra, não cria, mas *contém* tudo que se cria a partir dele. Seu valor é potencial. Quatro é o número da terra, mas, por extrapolação, pode convir ao Deus supremo, na medida em que contém tudo, ele que é o alfa e o ômega e que deixa aos demiurgos o cuidado de criar, de dar a vida a partir dele.

Além dos quatro elementos e das quatro direções cardeais (comandadas, para os indígenas pueblos, pelos Quatro Deuses da Chuva, e, entre os maias, pelos quatro tigres, ou jaguares, que defendem as plantações da vila), os zunis (pueblos) veem, no fundo da terra, quatro cavernas, os *quatro ventres da Terra-Mãe*. Do grau mais baixo, *a obscuridade extrema do mundo*, surgem os homens, graças à ação dos gêmeos divinos, os *guerreiros ayahutas*, criados pelo Sol e enviados por ele em busca dos homens. Para chegar à luz, os homens atravessaram "o mundo da fuligem, o mundo do enxofre, o mundo do nevoeiro, o mundo das asas" (H. Lehman).

No Peru, o cronista Guaman Poma de Ayala fala igualmente de quatro eras míticas que precederam a criação do homem sob sua forma atual.

Em resumo, o quatro aparece como o signo da potencialidade, esperando que se opere a manifestação, que surge com o **cinco***.

Para os dogons do Mali, quatro é o número da feminilidade, e, por extensão, o do **Sol***, símbolo da matriz (útero) original. A matriz fecundada, representada como um ovo aberto embaixo, réplica terrestre do ovo cósmico (fechado), tem por valor numérico o 4 (o cimo, os dois lados, a abertura) (GRIS). Quatro é igualmente o nome dado ao prepúcio, considerado alma fêmea do homem, que é circuncidado por essa razão.

Para os dogons, o único é o erro, o impuro. A pureza é a determinação justa de que toda coisa criada seja duas em uma, gêmea feita da associação dos sexos – dos princípios contrários, como vimos no que diz respeito à alma. Por isso, é sob a forma de seu dobro, o **oito***, que o número quatro é o símbolo da criação: há oito ancestrais e oito famílias de homens, animais, plantas etc., na origem dos tempos. Mas a perfeição é representada, para os dogons e bambaras, pelo 7, que associa os dois princípios – ou sexos – opostos: o 4, princípio fêmea, e o 3, princípio macho (DIEB).

A divisão do mundo em quatro planos, sobre os braços de uma cruz vertical, orientada oeste-leste, é atestada entre os balubas e luluse do Kasai (Congo) (FOUA).

Frobenius assinala, entre os traços característicos das culturas da costa ocidental da África, da embocadura do Senegal à do Congo, uma sexualização inversa dos números três e quatro, sendo quatro aqui um símbolo masculino, e três, um símbolo feminino (FROA). Mas essa inversão dos símbolos parece excepcional.

Quatro, número dos elementos, é o número das **portas*** que o adepto da via mística deve transpor, segundo a tradição dos sufis e das antigas congregações dos dervixes. A cada uma dessas portas está associado um dos quatro elementos na seguinte ordem de progressão: ar, fogo, água, terra. Este simbolismo pode ser interpretado da seguinte maneira: na primeira porta (o Sheriat), o neófito, que conhece apenas *o livro*, isto é, a letra da religião, está no ar, ou no vazio. Queima-se na passagem do limiar iniciatório, representado pela segunda porta, que é a do *caminho* ou, em outras palavras, do compromisso com a disciplina da ordem escolhida (Tarikat); os que passaram por essa segunda porta são às vezes chamados de os *ascetas* (Zahitler). A terceira porta abre para o homem o conhecimento místico; ele torna-se um gnóstico (Arif), correspondendo essa transposição ao elemento água. Enfim, quem atinge Deus e se funde nele como na única Realidade (Hak) passa, com a quarta e última porta (a do Hakikat), para o elemento mais denso, a terra. Dá-se a esses eleitos o nome de os *Amantes*. Do ar à terra, há aqui uma inversão da evolução mística, tal como é habitualmente imaginada por um espírito europeu; e, entretanto, o *caminho de perfeição* de um Ibn Mansur el Alladj ou de um Mewlana Jalal ed din Rumi não está muito longe do percorrido por uma Tereza de Ávila ou por um João da Cruz. Mas a doutrina sufi, talvez mais claramente que a mística cristã, parte do postulado de que o que chamamos de Realidade não passa de um reflexo (irreal, portanto) da única Realidade, divina e transcendente, escondida pelo *véu* de dualidade que *separa* o não crente de Deus e o coloca dessa forma em estado de pecado (para a Teoria das Quatro Portas, *v.* J.-M. Birges, BIRD, 95 s.). Observou-se que, entre esses quatro estados sucessivos da ascensão mística, figurados pelo mesmo número de portas, apenas a segunda, associada à simbologia purificadora e transformadora do fogo, constitui um limiar iniciatório. As etapas da ascensão mística propriamente ditas são, portanto, apenas três: Tarikat, Marifet, Hakikat. O que se aproxima muito dos três graus de perfeição que os neoplatônicos de Alexandria reconheciam: em ordem sucessiva, a virtude, a sabedoria e o êxtase. C.-E. Monod-Herzen comenta essas etapas nos seguintes termos: "O primeiro grau corresponde à perfeição da vida social e é atingido pela prática da moral; a contemplação intelectual busca o segundo, e o entusiasmo conduz ao termo mais elevado" (MONA, 53). Essas ideias eram então tanto as de um cristão, como Clemente de Alexandria, como as de um pagão, como Plotino.

Com esses quatro graus ou *portas* do aperfeiçoamento místico, pode-se relacionar a evolução quaternária da *anima* segundo as teorias de Jung. O psicanalista toma como representações arquetípicas: Eva, "que representa funções meramente instintivas e sexuais; *a Helena de Fausto,* que personifica o nível romântico e estético, ainda caracterizado, entretanto, por elementos sexuais"*;* a Virgem Maria, "em quem o amor (Eros) atinge as alturas da devoção espiritual"; e enfim a Sulamita do Cântico dos Cânticos, "encarnação da Sabedoria que transcende até a santidade da pureza". A figura da Mona Lisa constituiria, segundo Marie-Louise von Franz, uma outra representação desse quarto e último grau da anima (JUNS, 185). Vê-se claramente, entretanto, como essa concepção espiritualista da Escola junguiana difere das hierarquias místicas tradicionais.

Seja como for, todo o sistema do pensamento junguiano está fundado sobre a importância fundamental que ele reconhece no número quatro, a quaternidade representando para ele o "fundamento arquetípico da psique humana" (JACC, 139), isto é, "a totalidade dos processos psíquicos conscientes e inconscientes" (JUNT, 425). Toda a sua análise dos tipos psicológicos repousa com efeito sobre sua teoria das quatro funções fundamentais da consciência: o pensamento, o sentimento, a intuição e a sensação (ibid., p. 499). O psicanalista mantém aqui uma atitude humana que parece constante desde o paleolítico e que, depois da cruz das direções cardeais, presente na aurora de todas as cosmologias, passa pela teoria dos iniciados e dos alquimistas, para quem a quaternidade constituía um axioma fundamental na busca da Grande Obra e na procura da Pedra Filosofal.

QUATROCENTOS (*v.* Vinte, Cem)

QUEDA-D'ÁGUA (*v.* Cachoeira)

QUERUBIM

Na Pérsia antiga e entre os assírio-babilônios, havia-se desenvolvido toda uma angelologia. O nome hebraico de querubim (*kerub*) corresponde ao nome babilônico de Karibu, designativo dos espíritos de forma semi-humana, semianimal, destinados a velar à porta dos templos e dos palácios, como *guardiães do tesouro*, à semelhança dos dragões às portas de palácios chineses. No momento da construção da Arca da aliança, Jeová prescreveu a Moisés: "Farás dois querubins de ouro, de ouro batido os farás, nas duas extremidades do propiciatório; faze-me um dos querubins numa extremidade e o outro na outra: farás os querubins formando um só corpo com o propiciatório, nas duas extremidades. Os querubins terão as asas estendidas para cima e protegerão o propiciatório com suas asas, um voltado para o outro. As faces dos querubins estarão voltadas para o propiciatório. Porás o propiciatório em cima da arca; e dentro dela porás o Testemunho que te darei" (*Êxodo* 25, 18-21).

O comentador da Bíblia de Jerusalém acrescenta, ao citar numerosas referências: "por causa da posição dos querubins na arca, se dirá que Jeová assenta-se sobre os querubins. No Templo de Salomão, rodeiam a arca. Em Ezequiel, eles puxam o carro de Deus; e são a montaria de Deus *no Salmo* 18: [...] cavalgou um querubim e voou, planando sobre as asas do vento".

Como é que essas estátuas de ouro, passados dois milênios, acabariam por manifestar uma *efusão de sabedoria*? Parece ser que, desde a destruição do Templo, os querubins simbolizaram seres celestes. Veremos, mais tarde, como, por exemplo, no Egito, anjos cobertos de asas e de olhos, símbolos de onipresença e onisciência. Observemos que esse papel simbólico em nada prejulga sobre a própria natureza do querubim, estátua de ouro ou puro espírito.

Na hierarquia celeste (PSEO, 206-207), os querubins pertencem à ordem superior, entre os tronos e os **serafins***, "que se assentam imediatamente aos pés de Deus, numa proximidade superior à de todos os outros [...] (que recebem) as iluminações primordiais da Tearquia [...] as aparições de Deus e as mais elevadas perfeições". Os querubins caracterizam-se, em sua conformidade com Deus, pela "massa de conhecimento", ou seja, pela *efusão de sabedoria*: "a denominação de querubim revela, por outro lado, a aptidão para conhecer e para contemplar Deus, para receber os mais elevados dons de sua luz" (PSEO, 207).

QUIMERA

Monstro **híbrido***, com cabeça de **leão***, corpo de **cabra***, cauda de **dragão*** e que expele chamas. A quimera era filha de Tifão e de Equidna; a mãe, por sua vez, era irmã das **Górgonas***, e um monstro nascido das entranhas da terra. A quimera foi vencida e exterminada por Belerofonte, herói assimilado ao relâmpago e montado no cavalo Pégaso: esse combate figura em muitas obras de arte e em moedas, sobretudo nas de Corinto. Todos esses elementos fazem pressentir um símbolo muito complexo de criações imaginárias, saídas das profundezas do inconsciente, e que representam possivelmente desejos que a frustração exaspera e transforma em fonte de padecimentos. A quimera seduz e causa a desgraça de todo aquele que a ela se entrega; não se pode combatê-la frente a frente, é preciso acossá-la e pegá-la de surpresa, chegando-se até as suas mais profundas guaridas. Originalmente, sociólogos e poetas viram na quimera apenas a imagem de torrentes, caprichosas como cabras, devastadoras como leões, sinuosas como serpentes, que não podem ser estancadas pelos diques e que só se consegue secar por meio de artifícios: exaurindo as fontes, desviando-lhes o curso.

Segundo a interpretação de Paul Diel (DIES, 83), a quimera é uma deformação psíquica, caracterizada por uma imaginação fértil e incontrolável; ela "exprime o perigo da exaltação imaginativa". Sua cauda de serpente ou de dragão corresponde à perversão espiritual da vaidade; seu corpo de cabra, a uma sexualidade anômala e caprichosa; sua cabeça de leão, a uma tendência dominadora que corrompe toda relação social. Esse símbolo complexo poderia encarnar, de igual modo, tanto em um monstro devastador de um país, quanto no *reino nefasto de um soberano pervertido, tirânico ou pusilânime*.

R

RÃ

A rã é empregada em diversas acepções simbólicas. A principal delas está relacionada com o seu elemento natural, a água. Na China antiga, as rãs eram usadas, ou imitadas, para conseguir chuva. Vinham representadas nos **tambores*** de bronze, porque chamam o **trovão*** e a **chuva***. A rã – que se distingue mal, as mais das vezes, do sapo – é um animal lunar, que corresponde à água, ao elemento *yin*. Nos equinócios, a codorna, ave do fogo (*yang*) se transforma, ao que se acredita, em rã, animal aquático (*yin*), depois volta à sua condição de codorna, segundo o ritmo fundamental da natureza. Mas – e nos diferentes pontos de vista não deixam de ter relação uns com os outros – a Grande Rã (*maha-manduka*) é também, na Índia, o suporte do universo e o símbolo da matéria obscura e indiferenciada. Dá-se por isso o nome de *rã* ao **mandala*** de 64 casas, de que se diz ser o corpo de um asura vencido.

No próprio Ocidente, a rã foi considerada um símbolo de ressurreição, e isso em razão de suas metamorfoses. Para os montanheses do Vietnã do Sul, ela é, como a aranha, uma forma da alma que viaja enquanto o corpo dorme. Maltratá-la é atentar contra a vida do indivíduo em causa.

Elias de Ecdicos faz das rãs o símbolo dos pensamentos fragmentários e dispersos que *importunam* aqueles que se consagraram à meditação mas ainda não se desligaram inteiramente dos cuidados materiais do mundo. Esse ponto de vista encontra eco no Vietnã, cujos habitantes se preocupam sobretudo com o incessante e estúpido coaxar do animal. Fizeram dele, em múltiplas imagens, o símbolo do ensino mal articulado e rotineiro (BURE, DAMS, DURV, PHIL, PORA).

Na poesia védica, as rãs são apresentadas como a encarnação da terra fecundada pelas primeiras chuvas. Seu coro se eleva então para agradecer ao Céu as promessas de frutos e de riquezas que ele fez à terra. Fala-se da embriaguez das rãs, elas são qualificadas de *brâmanes do soma, de oficiantes que suam para aquecer a cuba*. São os chantres, os sacerdotes da terra-mãe, e o hino às rãs, do *Rig Veda*, termina assim:

> Praza às rãs, quando da múltipla compressão,
> gratificando-nos de vacas por centenas,
> prolongar o tempo da nossa vida!

A terra é muda e árida durante os meses de inverno e de seca; o canto inesperado das rãs é a manifestação da renovação anual, do despertar da natureza.

A rã tem o hábito de aspirar. Por causa disso, acredita-se, no Japão, que ela atrai felicidade. Diz-se também da rã que ela volta sempre ao ponto de partida, mesmo se é afastada dele. A palavra japonesa que a designa, *kaeru*, significa também retornar. Ela se tornou, assim, uma espécie de protetora dos viajantes. Certas pessoas levam à guisa de amuleto a imagem de uma rã, a *rã substituta*, i.e., a rã que se substitui ao seu dono se algum desastre lhe acontece. A poesia seguinte, a mais conhecida, talvez, no Japão, resume esse simbolismo:

> O velho tanque!
> Uma rã mergulha nele:
> tchimbum!

(*Bashô*, 1644-1694)

842 | RABO, CAUDA

Na ogdóade, *o grupo de oito* dos egípcios, que compreende os quatro casais de forças elementares que precederam a criação organizada do mundo, as rãs figuram com as serpentes: "forças obscuras de um mundo ainda inorgânico [...] criaturas espontâneas das águas primordiais" (POSD, 196).

RABO, CAUDA

A significação que a gíria dá ao fr. *queue* (pênis) não deixa de se apoiar numa base simbólica profunda e universal. O rabo de numerosos animais desempenha um papel fálico em numerosos mitos americanos e asiáticos. Tem relação com o complexo simbólico abarcado pela serpente.

Por outro lado, o *Tug* ou estandarte dos turco-mongóis, feito de um ou vários rabos, em geral de cavalo, às vezes de búfalo ou de iaque, tira seu valor simbólico do fato de "esta parte do animal conter toda a força do próprio animal" (ROUF, 403). Essa noção de força guerreira e viril associa o rabo do cavalo, colocado no cimo de uma haste de lança, ao sexo ereto. Este emblema que teria existido entre os hunos e cujo emprego é comprovado entre os búlgaros pré-eslavos, foi, no tempo do Czar Bóris, proscrito pelo Papa, que ordenou aos catecúmenos que o substituíssem pela cruz. Como observa J.-P. Roux, *sentia-se nessa época que o símbolo era poderoso: o signo com que o estandarte era decorado devia desempenhar o papel de objeto de fé, que a cruz teria um dia, ao substituí-lo.* Essa substituição de um emblema por outro devia caracterizar uma conversão interior real.

RAIO[1] (v. Relâmpago)

"O feixe de raios é uma representação do raio que se costuma considerar atributo de Júpiter (e de Indra), e que consiste numa espécie de grande fuso, de cujo centro saem vários dardos em zigue-zague" (*Littré*). Em vez desse fuso, pode ser uma lança curta e pontiaguda, um tridente, ou qualquer outra forma de instrumento semelhante. Virgílio descreve um dardo inflamado, que lança doze descargas – três de granizo, três de chuva, três de fogo e três de vento: todas as formas e a totalidade da *tormenta física ou moral*, simbolizada pelo feixe de raios ou pelo raio. "Os Ciclopes haviam moldado e

polido, parcialmente, um desses raios que o Pai dos deuses (o Ignipotente) costuma lançar, com tanta frequência, de todos os pontos do Céu sobre a terra [...]. Haviam-lhe acrescentado três descargas de granizo, três de chuva, três de fogo rutilante e três do rápido Austro (*vento sul*); agora, acrescentavam à sua obra os relâmpagos terrificantes, o estrondo, o pavor e a cólera de chamas devoradoras" (*Eneida*, 8, 426-432). O raio manifesta as vontades e o *poder infinito do deus supremo*. Neste verbete, não faremos distinção entre os simbolismos do raio e do feixe de raios (em francês, o vocábulo designativo de ambos é o mesmo, havendo apenas distinção de gênero: *la foudre* (s.f.) = o raio; *le foudre* (s.m.) = o feixe de raios), porquanto este último não passa de uma representação do primeiro: fogo celeste de uma violência irresistível. Bipolar, ele simboliza de modo geral o *poder criador e destruidor* da divindade – Shiva e Vishnu no hinduísmo, Indra no vedismo (que reúne os dois valores, como Zeus e Júpiter).

De longa data, o raio é considerado o instrumento e arma divinos, principalmente entre as mãos de *Zeus* e de *Indra*. "O raio é a arma do deus do Céu. Em todas as mitologias, o local que o deus atinge com seu raio é considerado sagrado, e o homem que ele fulmina é consagrado" (ELIT, 59). Uma espécie de teofania (manifestação divina), que lança a **proibição*** sobre tudo o que por ela for atingido. Aliás, as *pedras-de-raio* de origem neolítica, o **machado*** de pedra de *Parashiu-Rama* (uma das encarnações do deus Vishnu na mit. hindu), e o **martelo*** de *Thor* (divindade dos trovões, relâmpagos e chuvas, na mit. escandinava) são os símbolos do raio que fere e *fende* a terra. A esse mesmo simbolismo estão ligados os **deuses-ferreiros*** dos T'ou-jens do Kouang-si, do Tibete, e dos dogons africanos. Entretanto, o **machado*** ou o **martelo*** desses deuses não têm apenas a função de quebrar ou fender: eles fabricam e fertilizam. O raio gera e destrói, ao mesmo tempo, ele é vida e é morte: esta é também a significação do duplo gume do machado, e das duas extremidades do *vajra* (raio) hindu. De modo geral, o raio é o símbolo da *atividade celeste,*

RAIO[1] (V. RELÂMPAGO) | 843

da *ação transformadora* do Céu sobre a Terra. Ele é, de resto, associado à chuva, que representa o aspecto claramente benéfico dessa ação.

O *I-Ching* associa o trovão ao receio, e à medida e ao equilíbrio que dele resultam. O aspecto de receio destruidor também é o de *Rudra*, segurando o raio – e, ainda, conforme a interpretação, o de *Skanda*, divindade cujo atributo é o raio, e que personifica a guerra. *O trovão*, diz Tchouang-tse, *surge das rupturas de equilíbrio do yin e do yang*. Através de um choque em retorno, tais rupturas, no nível microcósmico, provocam a fulminação espontânea: este foi o caso de Wou-yi, que lançara flechadas contra o Céu. As sociedades secretas sancionam da mesma maneira certos erros. Diz-se, além do mais, que Ts'in Che Houang-ti foi impedido de realizar o sacrifício *fong* sobre o T'ai chan por uma tormenta: é a contestação formal de sua virtude. Nos trigramas do *I-Ching tch'en*, que corresponde ao trovão, é a *vibração* do mundo e da natureza: *tch'en* é o signo da primavera. Numa perspectiva dessa mesma ordem, o *vajra* (raio) hindu é, tanto nos textos clássicos quanto no tantrismo, identificado ao falo, produtor de energia criadora.

Na qualidade de instrumento divino, o *vajra* corresponde ao Verbo, ao Intelecto. Tanto na Índia como no Tibete (onde o raio é chamado de *dordje*), ele é o Método, oposto à Sabedoria ou ao Conhecimento, representados pela sineta (*v.* **sino***). O raio é um atributo do deus védico Indra, adotado por muitas divindades tibetanas. Simbolizando os princípios masculinos e o Método (por oposição à sineta) ele é confiado ao sacerdote ou ao mágico para combater os demônios e os vícios (TONT, 2). Ele é o símbolo do poder divino infinito, justiceiro e benéfico. Indra é o Deus portador-do-raio:

> O dadivoso empunhou a arma de arremesso, o raio:
> ele matou o primogênito dos dragões...
> ao frustrar os artifícios dos mestres de artifícios,
> criando então o sol, o Céu, a aurora,
> desde então não encontraste rival algum.
>
> (*Rig Veda*, 1, 32; VEVD, 113-114)

O dragão acreditava ser igual ao deus; e esse foi seu erro mortal. Aqui, o dragão representa a seca, que Indra, ao liberar as águas com seu raio, faz desaparecer: Indra simboliza o *princípio de fecundidade*, fonte de seu domínio soberano sobre o mundo. O dragão é o fogo que desseca; o raio, o fogo que fertiliza.

O *vajra* (raio) é também *diamante*: nas lendas, muitas vezes o relâmpago nasce de um diamante ou de outra gema qualquer; por exemplo, nas lendas kampucheanas (cambojanas). Assim, no budismo tântrico, o raio é por vezes a imagem do *mundo adamantino* ou do conhecimento, oposto ao *mundo do útero* ou das aparências, representado pela sineta.

Seria necessário notar ainda que o raio, sob o aspecto do tridente duplo, não é peculiar só à Índia: pode-se encontrá-lo figurado de forma semelhante no mundo greco-romano e no Oriente Próximo, com o sentido evidente do duplo poder – criador e destruidor (CHAE, DAVL, ELIY, GRAD, GRIE, GUET, MALA, PORA, SECA).

No domínio céltico, o raio é representado duplamente na Gália: pelo nome do deus *Taranis* (trovão) e pelo malhete (*v.* **maço¹***) de *Sucellus*, (o bom martelador) apodo funcional do deus do Céu. Na Irlanda, o equivalente desse malhete é a maça (*v.* **maço²***) do *Dagda* (deus bom) o deus-druida por excelência, que mata os homens com uma das extremidades de sua maça e os ressuscita com a outra. É preciso a força de oito homens comuns para carregá-la, e ela deixa uma marca que pode servir de fronteira entre duas províncias (OGAC X, 30 s.). Simboliza também o poder criador e destruidor da divindade.

Segundo as tradições ameríndias, observa-se:

No *Popol-Vuh*, o raio e o relâmpago constituem a Palavra de Deus *escrita*, por oposição ao trovão, que é a Palavra de Deus *falada* (GRIP, 26).

Segundo um mito Amuesha, relatado por Lehmann-Nitsche (LEHC), o raio é o pai do sol (considerado fêmea) e da lua (considerada macho). Nesse mito, característico dos encadeamentos simbólicos lunares, a terra era, então, povoada somente por jaguares e grandes lagartos.

844 | RAIO² (LUMINOSO)

Um lagarto fêmea, virgem, que estava passeando com um de seus irmãos, descobre belas flores, e as esconde em seu seio. No mesmo momento, o Céu fica escuro, a tormenta se desata e o raio cai. Quando a luz retorna, aparece um arco-íris, ornado daquelas mesmas flores, e o lagarto fêmea está prenhe.

O poder gerador do raio é igualmente atestado, no Peru, pelos costumes que rodeiam as **pedras***-bezoar. Por essa mesma razão, as concreções da areia produzidas pela queda do raio eram consideradas talismãs de amor (LEHC).

O raio está ligado à arte divinatória: segundo a crença dos incas, os adivinhos possuíam dons especiais por terem sido feridos pelo raio (TRIR).

Entre os bambaras, o raio é o chicote do demiurgo Faro, *deus da água* e organizador do mundo (DIEB). Reciprocamente, o chicote (látego) simboliza o raio ou o relâmpago.

Para os dagaras (Alto-Volta e Gana), ele é "o símbolo do macho penetrando a fêmea" (GIRD).

Segundo D. Zahan, porém, o raio, para os bambaras, é sobretudo uma manifestação do espírito de Deus e, finalmente, a própria materialização desse espírito; daí a associação pedras--de-raio-**crânio***.

Entre os povos altaicos, o tabu que rodeia as pessoas fulminadas pelo raio estende-se aos animais: não se pode comer a carne de um animal que tenha sido ferido pelo raio. Entre os buriatas, os corpos dos animais fulminados são expostos sobre uma plataforma na floresta, da mesma maneira que o corpo dos homens. Pois eles acreditam que tanto uns como outros pertencem doravante ao deus do trovão, que virá, na solidão, buscar suas almas (HARA). De maneira geral, na Ásia central, o raio tem o poder de sacralizar tudo o que por ele for tocado. Os buriatas circundam com uma barreira o local onde o raio cai, a fim de que os animais sejam impedidos de pastar nesse lugar. No vale do Tenissei, diz-se que não se deve extinguir os incêndios florestais provocados pelo raio. No entanto, costuma-se oferecer, tanto ao raio quanto ao trovão (mas sobretudo ao primeiro), libações de **leite***, pois existe a crença de que só o leite

pode extinguir os incêndios provocados pelo Céu. Costumes análogos podem ser encontrados desde o Cáucaso até a Mongólia. Todos eles implicam a ideia subentendida de um sacrifício do leite para apaziguar os deuses.

Os fulminados vão para o Céu, ao passo que os outros homens vão para o mundo de baixo, segundo as concepções de numerosos povos altaicos. Para os ostiacos, conforme informação que data do séc. XVIII, esse privilégio de eternidade uraniana estende-se a todos aqueles que tiverem morrido de morte violenta (HARA, 252).

Embora o raio simbolize a intervenção súbita e brutal do Céu, seu simbolismo distingue-se dos simbolismos da estrela e do machado. *O raio é uma violenta descarga de energia ao passo que a estrela é energia acumulada. A estrela tem valor igual ao de um raio fixo.* O raio é aproximado do **machado***, *pedra-de-raio.* No entanto, simbolicamente, o machado na mão é um raio acumulado... O raio seria uma energia explosiva *não acumulada,* ao passo que o machado, ao contrário, representa "a energia estruturada [...] instrumento da criação refletida do mundo-alquimia, na qual são tradicionalmente associados o golpe de machado que faz nascer Palas Atena e a chuva de ouro" (VIRI, 81, 106). O raio é a criação que surge do nada em estado ainda caótico, ou que se anula num incêndio apocalíptico.

RAIO² (Luminoso)

Numerosas obras de arte de todas as áreas culturais apresentam raios ao redor do **Sol***, **auréolas*** e outras figuras. Os raios simbolizam uma emanação luminosa que se propaga a partir de um centro (sol, santo, herói, gênio) sobre outros seres. Exprimem uma influência fecundante, de ordem material ou espiritual. Um ser radiante é de natureza ígnea, aparentado com o Sol. Poderá esquentar, estimular e fecundar, ou, ao contrário, queimar, secar, esterilizar, segundo as disposições do sujeito que receber os raios.

RAMO

Na tradição cristã, um conjunto de ramos ou ramos agitados simbolizam a homenagem prestada ao vencedor. A primeira antífona da procissão dos ramos confirma este sentido: *as multidões vêm com flores e palmas ao encontro do Redentor. Prestam uma justa homenagem ao triunfo do vencedor. As nações celebram o Filho de Deus. Para louvar o Cristo, as vozes ecoam até o Céu: Hosana!* Era uma tradição oriental aclamar os heróis e os grandes, brandindo ramos verdes, que simbolizavam a imortalidade de sua glória. Assim, montado sobre uma **jumenta***, Jesus entrou pela última vez em Jerusalém; as multidões acreditavam no triunfo do Messias; alguns dias mais tarde ele era crucificado. Mas a cerimônia cristã do Domingo de Ramos interiorizou totalmente esse triunfo. A oração da bênção dos ramos o explicita: *Abençoai, Senhor, estes ramos de palmeira ou de oliveira, e dai a vosso povo a piedade perfeita que cumprirá nas nossas almas os gestos corporais pelos quais nós vos honramos hoje. Concedei-nos a graça de triunfar sobre o inimigo e de amar ardentemente a obra de salvação que vossa misericórdia realiza.* A vitória aqui celebrada é interior, é a vitória que se obtém sobre o pecado, que se cumpre pelo amor e que assegura a salvação eterna: é a vitória definitiva e sem apelação. O simbolismo do ramo atinge a plenitude de seu sentido.

Ele já estava prefigurado no ramo de oliveira que a pomba trouxe no seu bico, para anunciar o fim do dilúvio. "A pomba voltou a Noé pela tarde, e eis que ela tinha no seu bico um ramo bem verde de oliveira" (*Gênesis*, **8**, 11). Era uma mensagem de perdão, de paz recuperada e de salvação. O ramo verde simbolizava a vitória da vida e do amor.

Na arte medieval, o ramo é o atributo às vezes da lógica, às vezes da castidade, às vezes do renascimento primaveril.

Um ramo de madeira verde em chamas significa a perenidade de um amor, apesar da perda de esperança. Vê-se um exemplo desse símbolo numa das salas do Palazzo Vecchio, em Florença. Vasari o explica assim: *Um tronco cortado, mas ainda verde, que, dos lugares onde os ramos foram tirados, lança fogo. Lê-se aí a palavra* semper *(sempre)* [...] *é o emblema que Juliana de Medici usava sobre seu elmo, por ocasião da giostra (torneio). Significava que, ainda que o amor fosse desprovido de esperança, não deixava de ser menos vigoroso, menos ardente, e que não se consumia.*

Esse emblema teria sido modificado pelo sobrinho de Juliano, Pedro de Medici, filho de Lourenço, o Magnífico, no seguinte: *In viridi teneras exurit flamma medullas* (na madeira verde a chama queima as tenras medulas). Mas o sentido não faz mais que explicitar o precedente: "o de um amor tão apaixonado que queima a madeira verde, ou tão tenaz que sobrevive à esperança, cortada com os ramos" (TERS, 320).

RAMO DE OURO

O ramo de ouro deve ser associado ao ramo verde, que é um símbolo universal de regeneração e de imortalidade. O ramo de ouro é o galho de **visco***, cujas folhas verde-claras se douram na nova estação. Assim sua colheita coincide com o nascimento do ano.

O próprio nome dos druidas se compõe das duas raízes *dru-vid*, que têm o sentido de *força* e de *sabedoria* ou *conhecimento*, e que são representadas pelo **carvalho*** e pelo **visco***. O druida é pois *o visco e o carvalho*, isto é, a sabedoria unida à força, ou a autoridade sacerdotal investida de um poder temporal. A conjunção visco-carvalho indica que as duas virtudes ficam indistintas no mesmo indivíduo. Guénon observou incidentalmente que este simbolismo correspondia exatamente ao da esfinge egípcia, de cabeça humana e corpo de leão, símbolos de sabedoria e força (GUES, GUEA).

Embora a tradição greco-romana não tenha conhecido modelo do *ramo de ouro*, Virgílio coloca um desses ramos na mão de Eneias para a descida aos Infernos: "Um ramo, com sua varinha flexível e suas folhas de ouro, se esconde numa árvore frondosa, consagrada à Juno infernal. Todo um bosque o protege, e o obscuro vale o envolve com sua sombra. Mas é impossível penetrar nas profundezas da terra sem ter retirado da árvore o ramo de folhagem de ouro [...] Eneias, guiado por duas pombas, se põe a procurar a árvore do ramo de ouro nos grandes bosques e, de repen-

846 | RAPOSA

te, o descobre nas cavernas profundas" (*Eneida*, canto **VI**, 1).

Munido com esse precioso ramo, poderá então visitar os Infernos. Jean Beaujeu observa a propósito desses textos da *Eneida* que a mitologia do visco, muito pobre na Itália, era rica nos países célticos e germânicos; o visco tinha a fama de possuir um poder mágico: permitia abrir o mundo subterrâneo, afastava os demônios, conferia a imortalidade e, detalhe próprio aos latinos, era inatacável no fogo. Tudo se passa como se Virgílio tivesse adotado um tema de seu torrão natal (a planície do Pó havia sido ocupada durante vários séculos pelos celtas), emprestando-lhe um caráter latino pela consagração à Proserpina.

Um rito da colheita do visco é digno de nota: o ramo não devia ser cortado com um instrumento de ferro. O uso do ferro é proibido na maioria dos ritos religiosos, porque ele tem a reputação de afugentar os espíritos; tiraria do ramo de visco as suas propriedades mágicas. Por isso os druidas só o colhiam com uma pequena foice de ouro.

O ramo de ouro é o símbolo da luz que permite que as sombrias cavernas dos Infernos sejam exploradas sem perigo e sem que se perca nelas a alma. Força, sabedoria e conhecimento.

RAPOSA

Semper peccator, semper justus, é nesses termos que Germaine Dieterlen resume a ideia que a sabedoria africana faz desta personagem. E acrescenta: "Independente, mas satisfeito com a existência; ativo, inventivo, mas ao mesmo tempo destruidor; audacioso, mas medroso; inquieto, astucioso, porém desenvolto, ele encarna as contradições inerentes à natureza humana" (GRIP, 52). Tudo o que a raposa é capaz de simbolizar, herói civilizador ou cúmplice de fraudes em inumeráveis mitos, tradições e contos pelo mundo, pode ser desenvolvido a partir desse retrato, que, para começar, é o do fr. *goupil* (golpelha), raposa folclórica cuja ambivalência se conhece. Crenças mais arcaicas sobrevivem na América e na Ásia: por exemplo, a raposa prateada é considerada um herói criador pelos povos indígenas da Califórnia central, en-

quanto, na Sibéria, o astucioso mensageiro dos Infernos, que atrai heróis lendários para o mundo subterrâneo, é frequentemente representado sob a forma de uma raposa negra (HARA). Essa raposa teria um certo poder de psicopompo, ou guia de almas, o que parece igualmente atestado por tradições célticas. Em diversos contos bretões, um homem jovem ou um jovem príncipe parte em busca de um talismã que deve curar seu pai, e ele é bem-sucedido nesta tarefa em que seus dois irmãos mais velhos fracassaram. Gasta todo o seu dinheiro num ato de misericórdia, para que um morto desconhecido seja enterrado. Pouco tempo depois, encontra uma raposa branca que o ajuda com seus conselhos na busca do que ele procura. Alcançado o objetivo, a raposa revela que ela é a alma do morto que ele caridosamente ajudara. E desaparece. A raposa também é encontrada nas canções populares da Escócia (F. Cadic, *Contos*, *passim*; J. F. Campbell, *Popular Tales of the West Highlands*, **1**, 267-279 e **3**, 90-106, 120-121).

Símbolo de fertilidade, ela é no Japão a companheira de Inari, divindade da abundância, com a qual é às vezes identificada, a ponto de lhe ser prestado um culto. Inari é uma divindade xintoísta do alimento e da cultura de amoreiras para os bichos-da-seda, como a etimologia de seu nome indica. Não apenas é a protetora do alimento, mas muitos comerciantes e homens de negócio têm ainda em suas casas um pequeno altar consagrado à raposa, para que ela proteja seu comércio. Na entrada dos templos consagrados a Inari, há muitas estátuas de raposas dispostas em pares, uma na frente da outra: algumas têm na sua goela a chave do celeiro de arroz; as outras, uma bola representando o espírito do alimento. Mas o animal é chamado Kitsune, e uma superstição popular lhe atribui muitos casos de histeria ou de possessão demoníaca. Emprega-se pois o termo Inari no caso religioso e favorável, e Kitsune, no sentido popular e desfavorável.

Sua associação com as divindades da fertilidade provém, sem dúvida, de seu vigor e da força de seus apetites, que também fazem delas, em quase todas as partes do mundo, machos don-juans ou, como veremos, fêmeas *provocadoras*. Na China dos Tchu, observa Van Gulik, "as raposas tinham a fama de possuir uma grande quantidade de força vital, pelo fato de viverem em buracos e de estarem, portanto, próximas das forças geradoras da terra. Também é atribuída à raposa uma grande longevidade" (VANC, 267).

Esse aspecto do símbolo desenvolve-se em múltiplas crenças no Extremo Oriente. Assim, acredita-se, às vezes, que a raposa possui o elixir da vida, ou então que ela dá origem a possessões demoníacas, das quais é possível livrar-se por meio de *Kuan-ti*, o gênio da guerra. O poder de exorcismo pertence, entretanto, ao *Mestre celeste* do taoismo chinês, que aprisiona as raposas em jarros. Uma vez alcançada a longevidade, o animal pode tornar-se a fabulosa *Raposa celeste* de nove caudas. Na China antiga, a raposa de nove caudas habitava a Colina verde do Sul: era um monstro antropófago, mas que podia, não obstante, proteger dos malefícios (HERS, MASR, MAST, OGRJ).

Já lembramos o dom-juanismo da raposa; essa crença foi tão forte que se conferiu a ela por muito tempo – e ainda se lhe confere em certas regiões do Extremo Oriente – um papel de *súcubo* e, sobretudo, de *íncubo*. Ela se transforma em efebo para tentar as mulheres e, com mais frequência, em mulher para atrair os homens, crença da qual a sabedoria popular tira esta conclusão filosófica: *uma raposa feiticeira fará só um pouco de mal ao homem, mas uma mulher que enfeitiça como uma raposa, esta fará um grande estrago.*

Esta lascívia da raposa a aproxima simbolicamente do **coelho***: as manchas da lua, às quais alguns atribuem a forma de um coelho, também são consideradas, em certos mitos ameríndios, as consequências da fornicação do astro com uma raposa celeste (GARC).

Refletindo como um espelho as contradições humanas, a raposa poderia ser considerada um duplo da consciência humana. Os chineses afirmam que é o único animal a saudar o nascer do sol: ele dobra as patas traseiras, estira e junta as patas dianteiras e se prosterna. Procedendo desse modo durante diversos anos, é então capaz de se transformar e de viver no meio dos homens, sem despertar sua atenção: reflexo num espelho, tantos são os homens-raposa sob o sol.

RATO

Esfomeado, prolífico e noturno como o coelho, o rato poderia, a exemplo desse outro roedor, ser o tema de uma metáfora galante, se não aparecesse também como uma criatura temível, até infernal. É pois um símbolo ctônico, que desempenha um papel importante na civilização mediterrânea, desde os tempos pré-helênicos, associado com frequência à **serpente*** e à **toupeira***.

Na *Ilíada*, Apolo é evocado com o nome de Esminteu, do gr. *sminthos* (rato). A ambivalência do nome atribuído a Apolo corresponderia a um duplo símbolo: o rato que propaga a peste seria o símbolo do Apolo da peste (e nessa passagem da *Ilíada*, o velho Crises invoca o deus para ajudá--lo a se vingar de uma afronta); por outro lado, Apolo protege contra os ratos, enquanto deus das colheitas. Vê-se que, na simbologia, o mesmo papel destrutor que os ratos possuem pode justificar duas aplicações diferentes: a utilização dessa sua característica para se obter uma vingança, ou sua eliminação, para propiciar uma benfeitoria. Por isso o duplo aspecto do deus chamado Esminteu.

Essa tradição primitiva e agrária de um **Apolo***, deus rato, que envia as doenças (a peste) e que as cura, deve ser associada com uma tradição indiana de um deus rato, que seria o filho de Rudra e que teria também este duplo poder de trazer e de curar as doenças. Apolo Esminteu e Ganesha encarnariam "os poderes benéficos e curativos do solo" (SECG, 216, 236).

Como assinala Freud em *O homem dos ratos (cinco psicanálises)*, este animal, tido como impuro, que escava as entranhas da terra, tem uma conotação fálica e anal, que o liga à noção de riquezas, de dinheiro. É o que faz com que seja frequentemente considerado uma imagem da avareza, da cupidez, da atividade noturna e clandestina (o *I-Ching* junta-se nesse ponto às tradições europeias). Numa interpretação valorizadora, a tônica é colocada sobre sua fecundidade, como no Japão, onde é o companheiro de Daikoku, deus da riqueza. Mesma interpretação na China e na Sibéria. Isso explicaria que, na análise freudiana, os ratos se tornem os avatares das crianças: tanto uns como os outros são signos de abundância, de prosperidade. Mas o rato, insaciável furão, é também considerado um ladrão ("rato de praia", "rato de hotel"): na Índia, o camundongo mushaka é a montaria de Ganesha. É, como tal, associado à noção de roubo, de apropriação fraudulenta de riquezas. Mas este *ladrão* é o *Atma*, no interior do coração. Sob o véu da ilusão, só ele obtém benefícios dos prazeres aparentes do ser e até o proveito da ascese (DANA, HERA, OGRJ).

REBANHO

O rebanho simboliza o instinto gregário. O homem está para a coletividade como o animal está para o rebanho. Quanto mais o homem é capaz de viver sozinho, fora de um partido ou de um grupo, mais é autossuficiente tornando-se, assim, uma pessoa – cessa de ser um simples indivíduo. O homem de grupo ou de rebanho tem necessidade de sentir outros homens à sua volta; a presença destes o acalma, da mesma forma que o carneiro tem medo quando está sozinho. O rebanho apresenta-se como uma massa, uma totalidade da qual nenhum homem ou animal emerge. Se um animal ou um homem torna-se chefe do rebanho ou do grupo, permanece ligado aos seus congêneres e é animado por sua presença. O herói, o sábio, o santo têm um destino pessoal, não pertencem mais ao rebanho, são totalmente independentes.

Mas toda comunidade não é rebanho. Este representa apenas a forma animal do grupo; para os homens, significa uma regressão. A integração na comunidade humana significa, ao contrário, uma progressão e uma das etapas mais difíceis de superar no caminho da personalização. O rebanho passa, então, a significar uma perversão da vocação social do homem, assim como uma perversão da vocação humana da sociedade.

REBIS

O *Rebis* é uma figura simbólica publicada por Basile Valentin numa obra hermética, *Traité de l'Azoth*, que data de 1659.

O Rebis (de *res bina*) é o símbolo do Andrógino.

Rebis: figura do mercúrio andrógino Basile Valentin. Theatrum Chemicum Argentorati, 1613.

Os alquimistas chamam de *Rebis* a primeira decocção do espírito mineral misturado com o corpo, "porque ele é feito de duas coisas, a saber, o macho e a fêmea, isto é, o dissolvente e o corpo dissolúvel, mesmo que no fundo isso seja apenas uma mesma coisa e uma mesma matéria [...]. Os Filósofos também deram o nome de Rebis à matéria da obra que alcança o branco; porque ela é então um mercúrio animado por seu enxofre e porque estas duas coisas, oriundas de uma mesma raiz, não passam de um todo homogêneo" (PERD, 426-427). Associam-no por conseguinte ao andrógino: matéria que se basta a si mesma para *colocar no mundo o filho régio mais perfeito que seus pais.*

Em forma de ovo, o *Rebis* evoca o ovo *filosófico* dos alquimistas, e também o ovo cósmico, cuja separação em duas partes corresponde à manifestação, por polarização, da Unidade primeira. O *germe* desse ovo é precisamente uma figura andrógina, cuja metade feminina, encimada pela Lua, tem na mão um **esquadro***, e cuja metade masculina, encimada pelo Sol, tem o **compasso***. Não há, pois, como no caso muito semelhante de Fouhi e de Niu-koua, troca hierogâmica dos atributos. Engendrado pelo Sol e pela Lua, diz a *Tábua de Esmeralda*, o *Rebis* reúne as virtudes essencialmente unidas, mas exteriormente polarizadas, do *Céu e da Terra*. O dragão subjugado pelo andrógino, outro parentesco com o símbolo chinês, representa o poder de manifestação dessa polarização.

RECIFES

Símbolo oposto ao da **ilha***: esta é um refúgio desejado, aquele, um objeto de medo. Os recifes foram comparados a **monstros*** marinhos; nos relatos de navegação, como a *Odisseia*, provocam uma verdadeira obsessão. São o inimigo implacável na via do destino, o obstáculo a qualquer realização. São ainda mais temíveis, se o navegador já estiver exposto a piores dificuldades, como, por exemplo, à tempestade, à bruma, à noite; o recife ali se encontra para acabar com o infeliz lutador.

De um ponto de vista psicológico, simboliza a **petrificação***, isto é, o endurecimento da consciência numa atitude de hostilidade, a estagnação na via do progresso espiritual. Cirlot vê no rochedo um exemplo do grande mito da regressão.

RECINTO[1]
(Espaço cercado, Cinturão de muralhas)
(*v.* Recinto[2])

O conceito de espaço cercado (**recinto**[1]*****) reúne-se, no mundo céltico, aos de **círculo*** e de domínio (**recinto**[2]*****). Trata-se, essencialmente, de um local determinado, protegido, à sua volta, de uma maneira qualquer (muro, fosso ou paliçada). A arqueologia conhece recintos circulares, retangulares e quadrados, tanto da época proto-histórica, como da época galo-romana. Os cercados redondos, entretanto, são raros, porque o círculo é uma imagem do Céu. A antiga capital irlandesa, Tara, era circundada por um tríplice cercado que pode ser interpretado como uma representação simbólica dos *três mundos*. Esse cercado tríplice pode corresponder também aos *três graus* do sacerdócio druídico: adivinhos, poetas e druidas. Diodoro de Sicília (5, 27) relata que os celtas costumavam amontoar, no interior dos recintos sagrados e dos templos, uma grande quantidade de ouro e de prata, consagrada aos deuses, na qual ninguém ousava tocar (CELT, 7, *passim*; GUES, 99-104).

O recinto é o símbolo da reserva sagrada, do local intransponível, proibido a todos, exceto ao iniciado.

RECINTO[2] (Domínio) (*v.* Recinto[1])

Segundo uma crônica celta, na ocasião de sua chegada a Tara, o deus Lug derrota o rei Nùada numa partida de xadrez, e amontoa os seus ganhos num local a que a narrativa se refere como o *recinto de Lug* (*Cro Logo*), e do qual não se faz nenhuma outra menção na Batalha de Mag Tured. Trata-se provavelmente de um curral de gado, e a palavra *cro* não tem um significado simbólico preciso. A noção de recinto sagrado é muito melhor expressa pela palavra *Fal*, que se traduz ao mesmo tempo por *sebe, muro* e, por homonímia, *soberania, poder* e, também, *príncipe* e *país*. O conceito de *soberania* é inseparável da posse real da terra. O país é compreendido como uma *imagem global do mundo* e o recinto sagrado é uma *imagem de todo o país*: um dos nomes da Irlanda é *Mag Fail* (planície de Fal). As raízes que designam o *domínio* e o *recinto cercado* são homófonas (OGAC, **13**, 587-592; **17**, 430-440).

Nas teorias psicanalíticas modernas, o recinto-domínio simboliza o ser interior. Os místicos medievais o denominam a *cela da alma*, o local sagrado das visitas e da morada divinas. E é para dentro dessa cidadela de silêncio que o homem espiritual se recolhe, a fim de defender-se contra todos os ataques do exterior, dos sentidos e da ansiedade, pois nela reside o seu poder, e é dela que ele extrai a sua força. O recinto simboliza a intimidade, da qual cada homem é senhor absoluto, e onde penetram somente os seres por ele escolhidos.

REDE

Em Roma, a rede era a arma usada por uma certa categoria de gladiadores: os reciários. Servia para imobilizar o adversário, prendendo-o entre as malhas, onde ficava à mercê do vencedor. Essa arma temível tornou-se o símbolo, em psicologia, dos complexos que entravam a vida interior e exterior,

850 | REDEMOINHO

cujas malhas são igualmente difíceis de serem desatadas e desenredadas (*v.* **enredamento***).

Na Bíblia, as redes também exprimem a angústia:

Cercavam-me laços de morte,
eram redes do xeol:
Caí em angústia e aflição.
Então invoquei o nome de Jeová.

(Salmos, 116, 3)

No Evangelho, as redes simbolizam a ação divina, que tende a apanhar os homens a fim de conduzi--los ao Reino dos Céus após o Julgamento Final: "O Reino dos Céus é ainda semelhante a uma rede lançada ao mar, que apanha de tudo. Quando está cheia, puxam-na para a praia e, sentados, juntam o que é bom em vasilhas, mas o que não presta deitam fora. Assim será no fim do mundo" *(Mateus, 13, 47-48-49)*.

Nas tradições orientais, os deuses são igualmente dotados de redes para prender os homens em seus laços ou para atraí-los a eles. Os analistas veem, nessas imagens, símbolos da busca, no inconsciente, da anamnese, cuja função é a de trazer ao umbral da consciência, como peixes das profundezas do mar, as mais longínquas e mais recalcadas recordações. O próprio Céu, às vezes, é comparado a uma rede, sendo as estrelas uma espécie de nós de malhas invisíveis; o que significaria a impossibilidade de se fugir a este universo e à ação de suas leis.

Segundo a tradição iraniana, ao contrário, é o homem, e particularmente o místico, quem se arma com uma rede para tentar captar Deus. Em certas obras originais, e principalmente no *Dawar-y Damyari*, a tradição dos Fiéis da Verdade, ligada ao Islã xiita do Irã, desenvolveu abundantemente esse tema de múltiplos símbolos, único por sua extensão e por sua originalidade no pensamento religioso do Irã e da tradição islâmica.

Se bem que o aspecto concreto da rede tenha saído do folclore iraniano e das narrativas cavalheirescas dos *'ayyar* (equivalente, em certo modo, ao cavaleiro da época feudal europeia),

bem como da literatura das corporações, a rede é uma arma essencialmente espiritual que foi confiada a Pir-Binyamin, manifestação do Anjo Gabriel e de Jesus Cristo.

Essa arma, denominada *dam* – que nós traduzimos por *rede* e suas diversas formas associadas (laço, linha de pescar, armadilha...) –, simboliza um poder sobrenatural do qual Binyamin é o detentor. Após o pacto de aliança decidido entre Deus e seus anjos na eternidade, a rede foi confiada a Binyamin como o receptáculo das forças divinas, atribuindo-lhe, assim, a função de caçador divino.

A rede simboliza também todas as capacidades e virtualidades da humanidade na pessoa de Binyamin, criado por Deus antes mesmo do mundo visível, e que representa o homem primordial votado à sublimação de seu ser.

Uma vez que a Divindade foi simbolizada por uma *Águia real*, a *rede* é a arma destinada a capturar essa Águia, ou seja, a possibilidade de reivindicar a execução da promessa divina de que Deus se encarnaria.

Por outro lado, se Binyamin é, por excelência, o detentor da rede, esta, por si só, simboliza a busca apaixonada da Divindade pelo homem. Essa busca, ou caça mística, evoca a ideia de uma luta encarniçada da humanidade representada pelo Anjo Binyamin, seu mediador, e de um esforço sem o qual a Divindade escapa a quem a persegue, à semelhança da Águia real, que não se deixa aprisionar pelo caçador não ardoroso. E aquele que segura firmemente a rede (i.e., aquele que, apesar de tudo, se empenha na busca apaixonada e aventurosa) é como Binyamin: sempre à espreita, para melhor lançar sua rede no momento propício. A rede é, igualmente, comparada à teia onde a aranha, vigilante, aguarda sua presa.

Em todas essas representações simbólicas, a rede, considerada objeto sagrado, serve como veículo de captação de uma força espiritual (MOKC).

REDEMOINHO

Símbolo de uma evolução, devido ao seu movimento helicoidal, mas de uma evolução incontro-

RÉGUA/REGRA | 851

lada pelos homens e dirigida por forças superiores. Pode haver a dupla significação de queda no redemoinho ou de redemoinho ascensional, de regressão irresistível ou de progresso acelerado. Mas caracteriza, pela sua violência, uma extraordinária intervenção no decurso das coisas.

RÉGUA/REGRA

Porque ela serve para traçar linhas retas, a régua é um símbolo de retidão. Mas sua significação vai bem além disso: ela é, sob a forma da *varinha de medir* (*manadanda*), o atributo do arquiteto celeste *Vishvakarma*. Pode-se encontrá-la sob o aspecto do *caniço de ouro* no *Apocalipse* e sob o do metro do Nilo entre as mãos de Ptá. A teologia de Mênfis considera o deus Ptá *o criador do mundo, que colocou as formas visíveis sobre a terra por meio do coração (= o pensamento) e da língua (= o verbo criador)... Uma tradição antiga lhe atribuía a invenção das técnicas, e os artesãos ficam sob sua proteção. Os gregos identificam Ptá com* **Hefestos*** (POSD, 234).

A régua é, por excelência, o instrumento da construção, portanto, da manifestação universal. Ela é utilizada como tal no simbolismo maçônico, especialmente na iniciação ao grau de companheiro. É ela que permite estabelecer o plano diretor do edifício e de verificar a execução correta deste. Sua divisão em vinte e quatro graus corresponde às divisões do ciclo solar cotidiano, manifestação mais imediata da Atividade celeste. *A régua* (ou, figuradamente, a regra – fr. *règle*) "simboliza o aperfeiçoamento. Sem regra a indústria seria aventurosa, as artes seriam defeituosas, as ciências nos ofereceriam apenas sistemas incoerentes, a lógica seria caprichosa e vagabunda, a legislação arbitrária e opressiva, a música seria dissonante, a filosofia seria somente uma obscura metafísica, e as ciências perderiam sua lucidez" (Ragon, citado em BOUM, 20).

Nas ordens religiosas, a regra (de Santo Agostinho, de São Bento, de São Domingos, de Santa Teresa de Ávila etc.) é também o instrumento da construção do eu espiritual, a forma de uma espiritualidade. A Constituição de um país desempenha igualmente o papel de uma régua/regra, ao dar sua forma ao Estado. No sentido profundo do termo, a régua é o símbolo da medida de um ser, de sua ideia e da realização de sua ideia; como diz Santo Agostinho, tudo foi feito segundo uma régua, que dá a cada ser peso, *forma e medida*.

REI

O caractere *wang*, que, na China, designa o rei, é formado por três traços horizontais paralelos, o Céu, o Homem e a Terra, ligados no meio por um traço vertical. *Tong Tchong-chu indaga: Este papel de intermediário colocado entre eles para lhes servir de laço e coordenar sua obra, participando dela, quem poderia desempenhá-lo senão o* **Príncipe***? *O homem cuja natureza procede do Céu é dotado desta virtude que ele tira de si mesmo*. Nisto se resume a significação chinesa do rei e do poder real. O rei, detentor do mandato celeste (*t'ien-ming*), estabelece-se no centro do *Império*. Parece que, no início, se tratava efetivamente de uma província *central*, situada em Ho-nan. Ao redor do rei, as zonas espaciais se desenvolvem como quadrados encaixados; sua virtude irradia segundo as quatro direções cardeais, enquanto se concentram segundo os mesmos eixos as obediências e os tributos. Identificado com o pilar central do *Ming-t'ang*, ou com o mastro do carro, seus pés repousando sobre o chão, sua cabeça roçando a abóbada celeste, o *wang* se confunde com o Eixo do mundo, que é *wang-tao* (Via Real) e também *T'ien-tao* (Via do Céu). Evoluindo no *Mieg-t'ang* como o sol no Céu, o rei reparte sobre o império os dias e as estações, o ritmo e a harmonia celestes. Seu papel de controle estende-se do domínio cósmico ao domínio social.

O mesmo papel de estímulo e controle dos movimentos cósmicos se aplica ao símbolo hindu do Rei-*Chakravarti, o que faz girar a roda, o monarca universal*. É o *motor imóvel* do mundo, situado no vazio do cubo do eixo da **roda***. Essa função pode ser aplicada a *Manu*, o legislador primordial: aplica-se sobretudo a Buda. As cerimônias que se desenrolam nos *mandalas* tântricos com relação à *soberania* do Buda são ritos de consagração régia.

852 | REI

O símbolo mais claro é expresso pela estrutura do maciço central do Bayon d'Angkor, **mandala*** ou roda de oito raios no centro dos quais se estabelece um Buda com efígie do rei. A função dos soberanos angkorianos – como também a dos *Reis da Montanha* de *Java* – é expressamente assimilada à do Chakravarti e é o sentido da iniciação conferida a Jayavarman II no cume do Phnom Kulen em 802. *Shiva* ou o *linga* têm, para outros reinos, o mesmo valor: *é o senhor do universo que é a realeza*. Um dos ancestrais das dinastias angkorianas é *Baladitya*, o Príncipe *do Sol Nascente*, cuja atividade é assimilada à progressão solar dentro dos signos do **Zodíaco***. Não se deve esquecer que o imperador do Japão é o descendente direto de *Amaterasu-omikami*, a Deusa do Sol.

As funções essenciais desses reinos *centrais* são o estabelecimento da *justiça* e da *paz*, isto é, do equilíbrio e da harmonia do mundo. Assim, *Melki-tsedeq* (Melquisedeque), homólogo de *Manu*, é rei da justiça e reina em *Salem*, cidade da paz. Seus atributos são a balança e a espada. A função imperial, segundo Dante, não tem uma natureza diferente. Guénon, igualmente, chamou atenção para o simbolismo dos Reis Magos, representantes da tradição primordial pela qual os presentes para o Cristo recém-nascido atestam o reconhecimento de suas funções régia (ouro), sacerdotal (incenso) e profética (mirra).

O *Rei* (*al-Malik*) é, segundo o Islã, um Nome divino que corresponde essencialmente à função do *julgamento*.

Por analogia com a qualidade central e reguladora da função real, Shabestari compara o microcosmo humano com um reino de que o coração é o rei. Se a alma não é capaz de aí exercer a justiça, *o espírito se despedaça, enquanto o corpo se arruína*. O tratado chinês da *Flor de ouro* evoca da mesma maneira a ordenação do Poder imperial no centro, no *coração celeste*, lugar da concentração do espírito (BHAB, COEA, CORT, ELIY, GRAD, GRAP, GRAR, GUED, GUEM, GRIC, GRIF, GUET, GUES, JILH, LECC, SCHI).

O rei do Egito, o Faraó (de uma palavra egípcia que designava primeiro a *grande casa*, o

palácio, e que depois se estendeu ao seu dono) é tido como sendo da mesma natureza do Sol e da divindade. *Suas insígnias o identificam com os deuses. Como eles, usa, fixada na cintura, uma cauda de animal que cai por trás dos* **rins****; tem uma barba postiça, que é uma divindade em si mesma, e um cetro com uma cabeça de Set* (Set: deus de grande valentia, *que degenerou nas tradições posteriores em Tifão ou vil demônio). Os fiéis cantam hinos a suas coroas, animadas de uma vida sobrenatural. No meio de sua fronte, o uraeus lança a flama que devora os rebeldes... Seu poder inspira o medo, seus nascimentos são ilimitados, seus desígnios, infalíveis, seus julgamentos, marcados pela justiça e pela bondade.*

"Toda mudança no trono adquire uma significação cósmica. Se, quando da morte de um rei, o caos ameaça a ordem do universo, o advento do Faraó renova a criação original, restabelece o equilíbrio da natureza" (POSD, 218-219).

O rei céltico é eleito, pelos nobres, entre os representantes da classe militar, mas sob a vigilância e a garantia religiosa dos druidas. Guerreiro por suas origens e sua função, o rei está quase no limite do sacerdócio, e sua cor simbólica é, como a dos druidas, o branco. Não combate mais, mas sua presença é necessária: *não se ganha uma batalha sem rei*, diz um aforismo do médio-irlandês. Seu grande papel não é, entretanto, militar: um bom rei é o que assegura *a prosperidade de seus súditos*. Os impostos e tributos afluem até ele, e ele os distribui em doações e generosidades. É *distribuidor*, e o mau rei é o que aumenta os impostos sem dar nenhuma compensação: sob um tal reino, toda a fecundidade da terra, das plantas e dos animais desaparece. É com muita frequência um usurpador a quem se reclama a restituição da realeza e cujo reino acaba na maioria das vezes muito mal. O rei decaído, ou enfraquecido pelo poder, ou usurpador, termina seus dias tragicamente, afogado numa cuba de vinho ou de cerveja no seu palácio incendiado. Submisso à autoridade dos druidas, o rei é também intermediário entre a classe sacerdotal e os súditos. Díon Crisóstomo escreve (*Orat.*, 49): "Os celtas tinham igualmente os chamados druidas, versados na divinação e em toda outra ciência; sem eles não era permitido aos reis nem agir, nem decidir, a ponto de serem eles, na verdade, que comandavam, os reis não passando de seus servidores e ministros de suas vontades. Era proibido aos ulates falar antes de seu rei, e era proibido ao rei falar antes de seus druidas." O druida fala antes do rei, mas depois fala o rei em primeiro lugar. A festa real é Lugnasad, Festa de Lug, concebido como *mediador entre o Céu e a terra*, e também festa da colheita. Ao contrário do druida que se move com a mais completa liberdade de ação, o rei céltico está sujeito a uma série de proibições e obrigações. Não pode infringi-las sem incorrer em graves perigos. Em caso de mutilação, perda de um braço ou de um olho, de uma incapacidade física qualquer, torna-se desqualificado. Como o rei Nuada perdera um braço na primeira batalha de Mag Tured, só pôde recuperar o trono tomado pelo usurpador Bres após a prótese de um braço de prata. Mas, por seu papel de *equilibrador* e de *distribuidor*, sua existência é indispensável à coerência social. A Gália do séc. I a.C., com a realeza em vias de desaparecer, encontrava-se em estado de anarquia completa. É o contrário do esquema romano, baseado na primazia do poder temporal, onde as proibições recaem sobre os sacerdotes, e não sobre o rei (OGAC, **4**, 225 s.; **6**, 209-218; **10**, 67-80).

Existe um cognome gaulês de Marte, *Albiorix*, que se deve traduzir por *Rei do Mundo*. *Albio* tem o duplo sentido de *branco* e de *mundo*, o que implica uma significação religiosa, pois o branco possui pleno valor sagrado no mundo indo-europeu. Um outro epíteto funcional é o nome dos *bitúriges*, *reis do mundo*, no centro da Gália, de onde vem o nome da cidade de Bourges e, acentuado de outra forma, o da província de Berry. Mas, enquanto *Albio* corresponde ao aspecto *mediador* da realeza, *bitu*, que também é sinônimo de *tempo, idade, eternidade*, designa *a realeza sob seu aspecto intemporal*: os bitúriges são ao mesmo tempo os *reis do mundo* e os *reis perpétuos*. Albiorix e bitúriges opõem-se con-

juntamente a *Dubnorix, Dumnorix* (nome de um personagem importante da nobreza eduana, segundo César), *rei do mundo* no sentido temporal. Reportando-se ao séc. V a.C., Tito Lívio descreve um imperador gaulês, rei dos bitúriges, *Ambigatus*, o que combate dos dois lados; mas é preciso ver no nome, sobretudo, *aquele que possui os dois poderes*, o espiritual e o temporal, auxiliado por seus dois sobrinhos, Bellovèse e Ségovèse. Ele os envia em *ver sacrum* (primavera sagrada), um para a Floresta Negra, o outro para a Itália, e existe aí certamente um simbolismo que Tito Lívio não compreendeu. A concepção desta realeza universal, concentrando *os dois poderes em meio aos três mundos*, não é expressa com a mesma clareza na Irlanda. Entretanto, um rei da epopeia, Curoi, é frequentemente chamado rei do mundo (*ri in domuin*). Os hagiógrafos irlandeses reservam esta denominação para Cristo (CELT, **1**, 173 s.; OGAG, **15**, 369-372).

O rei simboliza também, segundo as crenças africanas, "o detentor de toda vida, humana e cósmica, o fecho da abóbada da sociedade e do universo" (LAUA, 152).

Os emblemas de seu poder são o bastão de comando, o cetro, o globo, o trono, o pálio.

O rei é também concebido como uma projeção do eu superior, um ideal a realizar. Não tem mais, então, nenhuma significação histórica e cósmica, torna-se um valor ético e psicológico. Sua imagem concentra sobre si os desejos de autonomia, de governo de si mesmo, de conhecimento integral, de consciência. Nesse sentido, o rei é, com o herói, o santo, o pai, o sábio, o arquétipo da perfeição humana, e ele mobilizava todas as energias espirituais para se realizar. Mas esta imagem pode perverter-se na de um tirano, expressão de uma vontade de poder mal controlada.

RELÂMPAGO (v. Raio[1])

Simboliza a centelha da vida e o poder fertilizante. É o fogo celeste, de imensa potência e assustadora rapidez: pode ser benéfico ou nefasto. No relato da criação do mundo, o termo hebraico que o designa é traduzido indiferentemente por relâm-

854 | RELÂMPAGO (V. RAIO[1])

pago, luz ou clarão. O relâmpago é comparado à emissão do esperma, e simboliza o ato viril de Deus na criação. A mitologia dos aborígines australianos é ainda mais explícita, quando afirma que o relâmpago é um pênis em crescimento. Segundo um mito *atjiraranga Mitjina* estudado por Geza Roheim (GEZH, 313 s.), o relâmpago e o **zunidor*** são a ereção do pênis do filho, que será morto pelo pai-trovão. É num sentido idêntico que o *Salmo*, **29**, 9 fala da *voz de Deus que "faz dar cria" às corças* (nota *n BIB*). Quando Deus fala, ele está rodeado pelo estrondo do trovão e pela luz dos relâmpagos (*Êxodo*, **19**, 16-18). O Deus bíblico é um deus dos relâmpagos e também do fogo. Segundo *Jó*, o relâmpago é a ferramenta usada por Deus (37, 3-4, 11-13).

Segundo *Jeremias* (**10**, 12-13), o Deus criador do mundo é apresentado como o Deus do trovão e dos relâmpagos; o *Salmo 77* (18-19) faz igualmente alusão ao trovão e aos relâmpagos. O Eloim primitivo é o deus do raio.

Deus aparece com o rosto brilhante como o relâmpago (*Daniel*, **10**, 6); suas mãos, segundo Jó, estão cobertas de relâmpagos (*Jó*, **36**, 29).

Esse tema é retomado de antigas tradições babilônicas. Zeus, entre os gregos, também é o deus do raio.

No plano espiritual, o relâmpago produz uma luz interior, que obriga o sujeito a fechar os olhos, i.e., a recolher-se. No sentido do texto de *Jó*, o relâmpago deixa uma marca gravada no homem: *Fez de mim seu alvo* (**16**, 12).

O relâmpago é um sinal de poder e de forca, que manifesta uma energia equilibradora (*Jó*, 37, 14-18).

Também nas tradições africanas, o relâmpago, assim como o trovão, é sempre um atributo do Deus supremo uraniano. Segundo um mito dos pigmeus, ele é a arma – o falo divino – na hierogamia elementar Céu-terra; o que não deixa de ter certa relação com as mitologias indo-europeias (o relâmpago, arma de Indra). Para os pigmeus, é a arma usada pelo deus uraniano para punir o adultério.

Sua associação à chuva como sêmen celeste é quase universal; constituem as duas faces de um mesmo símbolo, fundado na dualidade água-fogo, em sua expressão fecundante, positiva ou negativa. É também um castigo celeste que faz desaparecer a humanidade pelo fogo ou pela chuva diluvial.

A associação simbólica do relâmpago e da fecundidade é frequente no pensamento oriental, como prova a seguinte invocação taoista: "assim como o raio, elemento poderoso e irresistível, tende o seio da nuvem para transformá-la em água, que assim também abra ele o seio desta mulher grávida para fazê-la, em seguida, dar à luz" (*Granet*, citado por HENL).

No antigo Peru, o sol fecundante adquire igualmente o aspecto do relâmpago, com o qual se confunde, e que, por sua vez, se encarna na imagem da serpente, geralmente bicéfala, símbolo de chuva (TRIR).

Arma de Zeus, forjada pelos Ciclopes no **fogo*** (símbolo do intelecto), o relâmpago é o "símbolo do esclarecimento intuitivo e espiritual" (DIES, 118) ou da iluminação repentina. Mas, ao mesmo tempo que ilumina e estimula o espírito, o relâmpago fulmina a *impetuosidade dos desejos insatisfeitos e desordenados* representada pelos Titás. É o símbolo ambivalente que ilumina ou fulmina. Foi um relâmpago que fulminou a mãe de Dioniso (Baco), Sêmele, incapaz de suportar a visão dos relâmpagos divinos.

Na tradição védica, o acólito do Agnihotra recita, tocando a água:

> Tu és o relâmpago;
> afasta de mim o meu mal.
> Da Ordem sagrada, dirijo-me à Verdade.
>
> (VEDV, 287)

Nesse trecho do Veda, a associação da água e do fogo é particularmente notável; pois, se é uma associação fecunda em verdade, adquire além do mais um sentido duplamente purificador: a verdade a exigir a pureza. A água e o relâmpago estão igualmente associados na *Chandogya Upanishad*

(7° livro, VEDV, 399, 401), numa descrição da tempestade fecundante da monção. Pois o relâmpago não é apenas o que aparenta ser – só a luz, ou só a chuva fecundante. Na verdade, ele é o símbolo de uma outra realidade: a dos mundos resplandecentes onde reina Brahma. A *Kena Upanishad* explica que o "brâmane é aquele que alumia os relâmpagos... na ordem do divino. Mas essa verdade só pode ser conhecida, compreendida e apreendida numa intuição global por aquele que houver afugentado o mal, que tiver sua posição consolidada no mundo infinito e inviolável do Céu" (VEDV, 425).

RENA

Para os povos do grande norte asiático, que se alimentam principalmente de rena e que a empregam como montaria, este animal se torna um equivalente simbólico do que o **cavalo*** representa para os povos e cavaleiros. A cultura desses povos nórdicos está ligada a um simbolismo lunar, e a rena, como todos os cervídeos, entra no simbolismo geral da **Lua***. Ela desempenha um papel *funerário, noturno e de psicopompo*. "Em todos os lugares onde a rena foi domesticada e utilizada como besta de montaria, como entre as diferentes tribos tungúsias, ela sempre acompanha o defunto até o outro mundo" (HARA, 225). Seu papel simbólico lembra, a esse respeito, o do gamo na pradaria norte-americana e o do **cabrito***-montês na estepe asiática (*v.* **cervo***).

REPOUSO

O *repouso* de Deus depois da criação não se refere a um estado estático. Repouso não significa *não fazer nada*, interromper um processo de desenvolvimento. O repouso de Deus é visto como uma *pausa criadora*, que inaugura um novo aspecto. Este repouso é consagrado à bênção e à santificação, isto é, a uma nova transferência de energia para a criação: a ascensão a um novo nível, que poderia ser o da consciência. O repouso de Deus depois da criação simboliza a totalidade dos dias. O sétimo dia tem relação com o primeiro, a perfeição é alcançada, o ciclo começa. A imagem da serpente que morde seu próprio rabo. **Uróboro***,

encontrada em diversas tradições, possui a mesma significação. Começo e fim se reúnem, e a energia *cósmica circula na totalidade*. Encontramos aqui o tema do conceito circular, ilustrado por um texto de João no Apocalipse, quando diz: *Sou o Alfa e o Ômega* (**20**, 6) (WOLB).

O repouso recompensa uma realização ou, melhor, ele é o seu término. Quem segue pelo bom caminho encontra o repouso de sua alma (*Jeremias*, **6**, 16); a beatitude do ser. Este sentido dado pelo *Antigo Testamento* surge igualmente no *Novo* (*Mateus*, **2**, 29). Aqui, repouso é tomado no sentido de segurança. Aparece como um estado de equilíbrio e de unidade.

Segundo uma tradição rabínica, não se trata do repouso de um Criador fatigado de seu enorme trabalho. Deus cessa aparentemente de agir neste mundo, no sentido de que, tendo lançado a criação, ele agora cede ao homem a responsabilidade de gerir o movimento desta, por meio de sua ação direta e de sua oração, e de conduzi-la à sua perfeição. É uma transmissão de poder, que eleva o homem à dignidade de cocriador. Mas o universo só lhe obedecerá na medida em que ele próprio respeitar a ordem do Criador.

RESINA

Às vezes atribui-se vulgarmente à resina o poder aglutinante do pez.

Mas, como ela é incorruptível, como queima e é, com mais frequência, tirada de árvores com folhas persistentes como as coníferas, a resina é símbolo de *pureza e de imortalidade*. As árvores que a produzem foram às vezes tomadas como símbolos de Cristo. Na China, as resinas – principalmente as que se tiram do cipreste ou da tamaricácea – são às vezes utilizadas como drogas de imortalidade e permitem obter a leveza do corpo (*v.* **cipreste***). Observemos que o **incenso*** é preparado com a ajuda de resinas (GUEM, KALL). Exatamente como o Copal dos maias-quichés.

RESPIRAÇÃO

Da respiração as tradições mais diversas conservam o ritmo binário: a expiração e a inspiração simbolizam a produção e a reabsorção do univer-

856 | RESSURREIÇÃO

so, o que a Índia chama de *kalpa* e *pralaya*. São os movimentos centrípeto e centrífugo a partir de um *centro*, que é, no corpo humano, o coração. É por isso que os Taoistas admitem que a respiração é governada pelo coração. As duas fases respiratórias são *a abertura e o fechamento da porta do Céu*, respectivamente, *yang* e *yin*. Respirar é assimilar o poder do ar; se o ar é símbolo do espiritual do **sopro***, respirar será assimilar um poder espiritual.

Se a *ritmização* da respiração, praticada na *ioga* ou nos seus homólogos chineses (a *contagem dos sopros* é também utilizada no Budismo *T'ien-tai* e no *dhikr* muçulmano), visa sobretudo a favorecer a concentração do espírito, o *Tratado da Flor de Ouro* fala, não obstante, de uma *respiração sutil*, imperceptível pela orelha: ritmo vital interno, do qual a respiração grosseira é apenas a imagem. Pode-se dizer o mesmo, é claro, sobre a *respiração embrionária* (*t'ai-si*). A retenção da respiração, seguida de sua *deglutição*, e da *circulação interna* do **sopro***, só tem evidentemente uma realidade fisiológica muito parcial: trata-se de imitar e de integrar a *respiração*, o ritmo vital, no circuito fechado do embrião; de voltar assim ao estado primordial com o objetivo de conquistar a imortalidade (ELIY, GRIF, GUES, MAST, MASN).

Um simbolismo muito próximo se encontra em Gulistan de Saadi de Chiraz: *Cada respiração contém duas bênçãos: a vida na inspiração, e a rejeição do ar viciado e inútil na expiração. Agradecei a Deus, portanto, duas vezes por cada respiração.*

RESSURREIÇÃO

Símbolo mais patente da manifestação divina, porque o segredo da vida, segundo as tradições, só pode pertencer a Deus. Quando Asclépio, o filho de Apolo, deus da Medicina, instruído na arte de cuidar das doenças pelo centauro Quíron, fez progressos tais que se tornou capaz de ressuscitar os mortos, foi fulminado por Zeus, o deus supremo. É a proibição cerceando os domínios da ciência.

Uma estranha lenda indiana, que lembra um certo aspecto da cena da tentação no Paraíso terrestre, mostra-nos a serpente como detentora do segredo da vida e, por conseguinte, capaz de ressuscitar os mortos. Certo dia uma serpente mordeu Tylos, irmão de Moria, na face; ele morreu na mesma hora. Um gigante, Damasen, chamado por Moria, esmagou a serpente. A fêmea da serpente afastou-se precipitadamente para um bosque e trouxe de lá uma erva que colocou sob as narinas do monstro. Ele voltou logo à vida e fugiu com ela. Moria, testemunha da cena, utilizou a erva e ressuscitou seu irmão. A lenda só nos interessa aqui por esta razão: mostra que o segredo da vida não está nas mãos dos homens. A erva da ressurreição só é conhecida pela serpente; do mesmo modo, no Paraíso terrestre foi uma serpente, enlaçada na árvore da vida, que tentou Eva para lhe comunicar sabe-se lá que segredo, pelo qual o primeiro casal foi punido com a perda da imortalidade.

As religiões de mistérios e, em particular, os mistérios de Elêusis, assim como as cerimônias fúnebres dos egípcios, testemunham a forte esperança humana na ressurreição. Os ritos de iniciação aos grandes mistérios eram símbolos da ressurreição esperada pelos iniciados. Mas todos eles colocam o princípio fora do alcance do homem. A ressurreição, mito, ideia ou fato, é um símbolo da transcendência e de uma onipotência sobre a vida, que pertence apenas a Deus.

RETÂNGULO
(*v.* A simbólica geral do quadrado)

Esta figura desempenha um papel particularmente importante na simbólica maçônica, sob o nome de "quadrado longo. Nos Templos Maçônicos, encontra-se colocado quase no mesmo lugar que os **labirintos*** ocupam nas igrejas. É calçado com lajes quadradas pretas e brancas, alternadas, constituindo o piso de mosaico" (BOUM, 94). Ele poderia ter três proporções (3 x 4; 1 x 1, 618; 1 x 2). A segunda, que é a do número de ouro, assume geralmente todos os prestígios atribuídos ao "segmento áureo", e tais retângulos, chamados também de *quadrado-sol*, serviriam às evocações. Simbolizariam a perfeição das relações estabelecidas entre a **terra*** e o **Céu***, e o desejo dos membros da sociedade de participar nessa perfeição.

RETORNO

Todo o simbolismo cósmico, todos os passos espirituais e os símbolos que lhe são comuns, como o **labirinto***, o **mandala***, a **escada*** ou a **alquimia***, indicam um retorno ao centro, à origem, ao Éden, uma reintegração da manifestação no seu princípio.

Segundo Angelus Silesius, como o **ponto*** *conteve o círculo*, o **círculo*** retorna ao ponto. O *homem primordial* ou o *homem verdadeiro* (*tchen-jen*), reintegrado no estado edênico, retornou *da circunferência ao centro*. Ora, o centro do mundo, o centro do Éden, é o ponto de comunicação entre a Terra e o Céu, aquele a partir do qual são obtidos os estados sobre-humanos. Antes de examinar algumas aplicações particulares deste simbolismo, observemos um outro aspecto: o dos ciclos temporais. É o retorno do dia e a dissipação das trevas, ligados aos mitos de *Ísis* e *Osíris*, de *Ártemis* e *Apolo*, ao dos *Ashvin* hindus, ao de *Amaterasu*; o retorno do verão e o desaparecimento do inverno, ligados ao simbolismo de *Jano* e das portas solsticiais, dos trigramas *k'ien* e *k'uen*, da alternância do *yin* e do *yang*. O retorno da **codorna*** libertada da *goela do lobo* e, de um outro modo, *o retorno do Inferno*. É, diria ainda Shabestari, o retorno da *aurora da Ressurreição* depois da ocultação doutrinal progressiva, e é também a luz do Novo Advento na apoteose da Jerusalém celeste.

A reintegração no centro é expressa pela espiral involutiva. O caractere chinês *hoei*, que traduz essa noção, tem originalmente a forma de uma espiral. O *retorno* (*fan*) *é o movimento do Tao* (cap. 40). O afastamento, a expansão, ensina ainda o *Tao-te-king, implica o retorno* (cap. 25); e também: *retornar à raiz é o repouso* (cap. 10). Se bem que numa acepção mais *técnica*, utiliza-se, além disso, a expressão *huan-yuan* (fazer voltar à origem).

A ioga, escreve Arthur Avalon, *é um movimento de retorno à fonte*, o processo inverso da manifestação, a reintegração ao centro do ser. O que se traduz pela *marcha contra a corrente* (*ujana sadhana*), pelo movimento *regressivo* (*ulta*): *deglutição do sopro, remonte do sêmen, união interna do Sol e da Lua*. Esse retorno à indiferenciação, ao embrião, à matriz (útero), à origem dos tempos, é também expresso no budismo pelo conhecimento das *vidas anteriores*. A anamnese analítica é igualmente um retorno às fontes.

As técnicas Taoistas – assim como as do *Tratado da Flor de Ouro* – associam a *ioga* ao simbolismo alquímico. O movimento *retrógrado* ou *regressivo* do sopro e do sêmen, do *k'i* e do *tsing*, é aí também praticado. *A força verdadeira retorna gota a gota à fonte*. Eles se unem como o fogo e a água, o *yang* e o *yin*, e produzem o *embrião de imortalidade*, que corresponde ao estado anterior à separação do *ming* e do *sing*, do Céu e da Terra. Este *embrião* sai dos limites corporais para retornar ao Princípio.

O retorno à *mãe*, à *matriz*, isto é, à indistinção primordial, à *umidade*, é o que a alquimia ocidental designa como a *dissolução*: é a *obra em negro*, a noite, a morte prévia antes da restauração da luz e do novo nascimento.

Um simbolismo de mesma natureza se encontra no esoterismo islâmico, que o identifica às vezes expressamente com o da alquimia. A palavra *ta'wil*, que designa a interpretação dos símbolos, tem o sentido de voltar, *retornar à fonte*, isto é, passar das aparências à realidade, da forma à essência. A via espiritual é uma via regressiva, conduz da multiplicidade à Unidade, da periferia ao centro: "O fim é o retorno", escreve Shabestari. Porque, segundo o próprio *Corão*, a Criação produzida por Deus, retorna a Ele (AVAS, CHRC, CORT, ELIY, ELIF, ELIM, GRIF, GUED, GUET, LIOT).

Todo o dinamismo da filosofia neoplatônica é concebido segundo o esquema da emanação a partir do Uno e do retorno ao Uno. É igualmente o modelo metafísico no qual se inscrevem as grandes teologias, as Sumas da Idade Média, e especialmente a de Santo Tomás de Aquino. Ela parte do estudo de Deus e da criação; passa depois ao estudo da moral, que é um retorno a Deus, pela via de Cristo. O símbolo do retorno é o da fase final do ciclo.

858 | RINS

Todo o pensamento hermético, abstraindo-se as diferenças de conteúdo, repousa igualmente sobre esse esquema intelectual da unidade cósmica. Exprime-se na iconografia tradicional pelo **uróboro***, "imagem do Uno – o Todo; sua forma circular, símbolo do mundo, é também uma alusão ao *princípio de encerramento* ou ao segredo hermético. Exprime além disso a eternidade, concebida sob o aspecto de um *eterno retorno*. O que não tem nem fim, nem começo" (VANA, 18).

Só uma concepção linear de um tempo limitado para cada ser, depois do qual o ser se aniquila totalmente, concebe a morte como a viagem *sem retorno*, aquela da qual não se volta mais e que não chega a parte alguma. É colocar o centro da vida, do cosmos e da criação unicamente sobre esta terra e unicamente no ser particular que desaparece. Não acontece o mesmo nas concepções que admitem uma transcendência e para as quais a morte é apenas uma das **portas*** por onde passa o ciclo da vida.

RINS

Em seus comentários sobre a representação simbólica dos anjos, Dionísio, o Areopagita, escreve que *os rins são o emblema da poderosa fecundidade das inteligências celestes*.

Na locução fr. *sonder les reins et les coeurs* ("sondar os rins e os corações"), os rins são entendidos como sede dos desejos secretos, enquanto o coração designaria os pensamentos mais íntimos.

Os rins simbolizam frequentemente a força, a potência, seja a potência genésica, seja a força de resistência a qualquer espécie de adversidade.

RIO

O simbolismo do rio e do fluir de suas águas é, ao mesmo tempo, o da *possibilidade universal* e o da *fluidez das formas* (F. Schuon), o da fertilidade, da morte e da renovação. O curso das águas é a corrente da vida e da morte. Em relação ao rio, pode-se considerar: a descida da corrente em direção ao oceano, o remontar do curso das águas, ou a travessia de uma margem à outra. A descida para o oceano é o *ajuntamento das águas*, o retorno à indiferenciação, o acesso ao *Nirvana*; o remontar

das águas significa, evidentemente, o retorno à Nascente divina, ao Princípio; e a travessia é a de um obstáculo que separa dois domínios, dois estados: o mundo fenomenal e o estado incondicionado, o mundo dos sentidos e o estado de não vinculação. A *margem oposta*, ensina o Patriarca zen Hueineng, é a *paramita*, e é o estado que existe para além do ser e do não ser. Aliás, esse estado é simbolizado não só pela *outra margem*, como também pela *água corrente sem espuma*.

O *rio do Alto* (rio do mundo de cima) da tradição judaica é o rio das graças e das influências celestes. E esse rio que vem do alto desce na vertical, conforme o eixo do mundo; depois, suas águas expandem-se horizontalmente, a partir do *centro*, no sentido das quatro direções cardeais, chegando até *as extremidades do mundo*: são os quatro rios do Paraíso terrestre.

O *rio do Alto* é também o *Ganga* (o Ganges) da Índia, o rio purificador que flui da cabeleira de *Shiva*. Ele é o símbolo das *águas superiores*, embora seja também, na sua qualidade de rio que tudo purifica, o instrumento da liberação. Na iconografia, o *Ganga* e o *Yamuna* são os atributos de *Varuna* como *soberano das Águas*. A corrente do *Ganga* é de tal modo uma corrente realmente *axial*, que, segundo a crença, ela passa por *um tríplice caminho*, percorrendo o Céu, a terra e o mundo subterrâneo.

Na China antiga, o simbolismo da travessia do rio possuía também certa importância. Os casais jovens costumavam realizá-la no equinócio da primavera: era uma verdadeira *travessia* do ano, a *passagem* das estações, e a do *yin* ao *yang*; era igualmente a purificação preparatória à fecundidade, sendo esta consecutiva à restauração do *yang*; e era, ainda, um chamamento à chuva: fecundação da terra pela *atividade celeste*. A Tecelã legendária atravessa o rio do Céu (a Via-Láctea), no momento do equinócio, para unir-se ao Boieiro: o rito sazonal encontra seu protótipo na paisagem celeste (BHAB, DANA, GUEC, GRAR, HOUD, SCHP).

Entre os gregos, os rios eram objeto de culto; eram quase divinizados, como filhos do Oceano e pais das Ninfas. Costumava-se oferecer-lhes sacrifícios, afogando, em suas águas, touros e cavalos vivos. Não se podia atravessá-los senão após ter cumprido os ritos da purificação e da prece. Como toda divindade fertilizante, tinham o poder de submergir, irrigar ou inundar, e de transportar os barcos em suas águas ou de afundá-los: suas decisões eram sempre misteriosas. Inspiravam veneração e temor: "Não deveis atravessar jamais, *diz Hesíodo,* as águas dos rios de eterno curso, antes de ter pronunciado uma prece, com os olhos fixos em suas correntes magníficas, e antes de ter mergulhado vossas mãos nas águas agradáveis e límpidas. Aquele que atravessar um rio sem purificar as mãos do mal que as macula, atrairá sobre si a cólera dos deuses, que lhe enviarão, depois, castigos terríveis" (LAVD, 430).

Os nomes dos rios dos Infernos indicam quais são os tormentos reservados aos condenados: *Aqueronte* (dores), *Flegetonte* (queimaduras), *Cocito* (lamentações), *Estige* (horrores), *Lete* (esquecimento).

Um dos principais rios da Irlanda, o Boand, é considerado, em um dos trechos dos *Dindshenchas* ou *história dos nomes dos lugares,* aspecto do *grande rio cósmico,* de onde tudo vem e para onde tudo retorna. Esse rio cósmico aparece noutros lugares do mundo, com nomes diferentes: Severn (Grã-Bretanha), Jordão (Palestina), Tibre (Itália) etc. (CELT XV, 328 s.).

Seja a descer as montanhas ou a percorrer sinuosas trajetórias através dos vales, escoando-se nos lagos ou nos mares, o rio simboliza sempre a existência humana e o curso da vida, com a sucessão de desejos, sentimentos e intenções, e, a variedade de seus desvios.

A esse respeito, a teoria de Heráclito é significativa. No fragmento 12 da edição clássica de Diels, lê-se: *Aqueles que entram nos mesmos rios recebem a corrente de muitas e muitas águas, e as almas exalam-se das substâncias úmidas.*

Platão utilizaria uma fórmula mais breve, ao dizer *que não conseguiríamos entrar duas vezes no mesmo rio* (Crátilo 402 a).

A. Patri ("Note sur la symbolique héraclitéenne de l'eau et du feu" ["Nota sobre a simbólica heraclitiana da água e do fogo"], *Revue de Métaphysique et de Morale,* abril-set. 1953, nos 2-3, p. 131) observa que a palavra rios, no plural, não significa a pluralidade dos braços de um rio; existe um rio para cada homem que mergulhar em suas águas. No sentido simbólico do termo, penetrar (ou mergulhar) num rio significa, para a alma, entrar num corpo. O rio tomou o significado do corpo. A alma seca é aspirada pelo fogo; a alma úmida é sepultada no corpo. O corpo tem uma existência precária, escoa-se como a água, e cada alma possui seu corpo particular, a parte efêmera de sua existência – seu rio próprio.

ROCA[1] (*v.* Fuso)

A estátua mágica de Atena, o Paládio, garantia a integridade da cidade que rendia um culto à deusa. Ela mostra uma Atena que tem na mão direita uma lança, símbolo de suas virtudes guerreiras, e na mão esquerda uma roca e um fuso, símbolos das *artes domésticas* e da *habilidade manual.*

Junto com o **fuso***, como no caso das Parcas, a roca simboliza o desenrolar-se dos dias, a existência cujo fio deixará de ser tecido, quando a roca se esvaziar. *É o tempo contado*, que termina inexoravelmente.

Separada do fuso, a roca, pequena vara de cana, tem uma significação *fálica* e sexual. Representa não apenas o órgão *viril*, mas também o fio das gerações.

Em outros casos, a roca é o *emblema do órgão sexual feminino em sua virgindade*, especialmente na *Princesa Sagaz* de Perrault. Duas das três irmãs quebraram suas rocas, por causa da paixão de um príncipe encantador; a terceira guardou-a *intata* (LOEF, 176-180). A roca simbolizará *o começo do dia... e o começo da vida amorosa,* a iniciação ao amor sexual.

ROCA[2]

O *roca* (v. M. Mokri, o *Caçador de Deus e o mito do Rei-Águia,* Dawra-y Damyri, Wiesbaden, 1967), pássaro das *Mil e uma noites,* é célebre na litera-

860 | ROCHEDO, ROCHA (V. SIMPLÉGADES)

tura europeia da Idade Média, tendo os cruzados trazido do Oriente as lendas em que este pássaro fabuloso é descrito com uma grande abundância de detalhes. Marco Polo (Marco Polo, *La description du monde* [A descrição do mundo], ed. Hambis, Paris, 1955, p. 289) fala dele também; relata que os indígenas da ilha de Magastar lhe haviam pintado o *roca* como um pássaro cujas *asas abertas cobrem mais de trinta passos e cujas penas das asas têm um comprimento de doze passos*; é tão grande e tão poderoso que agarra um elefante e o leva pelo ar até bem alto, sem a ajuda de outro pássaro; depois deixa-o cair na terra, de modo que o elefante se arrebenta todo; então essa ave de rapina desce sobre a vítima, despedaça-a, e faz o seu banquete.

Na lenda curda do *Príncipe Ibrahim e a Princesa Nushafarin*, o *roca* é descrito como um pássaro branco, de 18 metros de comprimento, originário do mar de Muhit (Mediterrâneo), que realiza proezas iguais às do **simorgh***.

O autor de *Nuzhat-ul-qulub* (*The Geographical part of the Nuzhat-ul-qulub*, composed by Hand-Allah Mustawfi of Quazwin, ed. H. Le Strange, p. 230-231) menciona também o *roca* entre os nomes de animais e pássaros originários do mar da China.

Todos os símbolos ligados ao **simorgh*** convêm igualmente ao *roca*, se bem que o aspecto lendário sobrepuje frequentemente o aspecto simbólico.

O *roca* simboliza igualmente um *rei poderoso* ou um emir cuja bravura é famosa.

ROCHEDO, ROCHA (v. Simplégades)

O simbolismo do rochedo comporta aspectos diversos, dos quais o mais evidente é o da imobilidade, do imutável. Na pintura chinesa de paisagem, o rochedo opõe-se à **cascata***, como o *yang* ao *yin*, como o princípio ativo, mas não atuante, ao princípio passivo, mas impermanente.

Esta imutabilidade pode ser a do Princípio supremo, como o *Rochedo de Israel* da linguagem sálmica, que não é outro senão *Jeová*. Da mesma forma, no Cântico de despedida de Moisés:

Ele é o Rochedo, sua obra é perfeita,
Porque todas as suas vias são o Direito.
É um Deus fiel e sem iniquidade,
Ele é Retidão e Justiça.

(*Deuteronômio*, 32, 4)

Mesma identificação no que diz respeito ao rochedo do deserto, do qual Moisés faz jorrar a fonte: fonte de vida e manifestação das possibilidades originais. No Antigo Testamento, o rochedo é símbolo da força de Jeová, da solidez de sua Aliança, de sua fidelidade. Os salmistas na sua aflição (*Salmos*, **18**, 3; **19**, 15) invocam Deus como um rochedo. Moisés aparece também como o homem do rochedo, de onde ele faz jorrar as nascentes com um golpe de sua **vara***. Este rochedo prefigura Cristo. O *rochedo espiritual* de onde verte a bebida de vida é expressamente identificado com Cristo por São Paulo (I *Coríntios*, **10**, 4).

Princípio ativo, fonte da manifestação cósmica, ele é também o valor dos *svayam-bhuvalinga* da tradição shivaíta, *linga naturais*, que são rochedos plantados no cume das montanhas. Na mitologia japonesa, símbolo de firmeza (v. **Fudô***).

O esoterismo ismaeliano faz da rocha a *condensação*, sob a terra, da parte mais densa da *massa decaída*, quando da rebelião dos Anjos. Porque a rocha é densa, dura, compacta (v. **recifes***).

É preciso ainda citar um caso muito particular: o dos dois célebres rochedos ligados por uma corda na baía de Ise. Trata-se de um casal, entre os dois rochedos aparece o sol nascente, símbolo da vida que surge (BURA, BHAB, CORT, OGRJ).

O rochedo de Sísifo, sempre rolando para baixo e sempre reerguido, caracteriza a insaciabilidade do desejo e a perpetuidade da luta contra sua tirania: satisfeito, rolando para baixo, sublimado, ele renasce e volta sempre sob alguma forma. Por seu próprio peso, rola, cai e pesa; a lei do homem é tentar sempre levantar o peso de seus desejos e elevá-los a um nível superior.

O rochedo de Sísifo é o "símbolo do peso esmagador da terra (desejo terrestre)" (DIES, 183).

RODA

A roda participa da perfeição sugerida pelo **círculo***, mas com uma certa *valência de imperfeição*, porque ela se refere ao mundo do vir a ser, da criação contínua, portanto, da contingência e do perecível. Simboliza *os ciclos, os reinícios, as renovações* (CHAS, 24). O mundo é como uma roda numa roda, como uma esfera numa esfera, segundo o pensamento de Nicolau de Cusa.

Como a **asa***, a roda é um símbolo privilegiado do "deslocamento, da libertação das condições de lugar e do estado espiritual que lhes é correlativo" (CHAS, 431).

É um símbolo *solar* na maior parte das tradições: rodas abrasadas descendo das alturas do Solstício de verão, procissões luminosas se *desenrolando* sobre as montanhas no Solstício de inverno, rodas transportadas em cima de carros por ocasião das festas, rodas esculpidas sobre as portas, roda da existência etc. Numerosas crenças, fórmulas, práticas associam a roda à estrutura dos mitos solares (ELIT, 133).

Na Índia, por exemplo, *os Sete atrelam o carro numa roda única: um único corcel de nome sétuplo move a roda de cubo triplo, a roda imortal que nada faz parar, sobre a qual repousam todos os seres.* Símbolo cósmico e, ao mesmo tempo, símbolo solar entre os celtas e os indianos. Mag Ruith é o mago das rodas, *magus rotarum*; é com a ajuda de rodas que ele pronuncia seus augúrios druídicos. Ele é também *senhor, mestre das rodas, neto do rei universal*. É o equivalente do *chakravarti*, o que move a roda. Na China, o detentor da roda tem em seu poder *o império celeste*.

Mas como explicar esta constância do símbolo na maioria das culturas?

O simbolismo muito difundido da roda provém, ao mesmo tempo, de sua estrutura radial e de seu movimento.

Os raios da roda fazem com que ela apareça como um símbolo solar. É ligada a *Apolo*, bem como ao raio e à produção do fogo. O *chakra* é um atributo de *Vishnu*, que é um *aditya*, um sol. Entretanto, esse *chakra* é mais propriamente um disco* que uma roda. Nos textos e na iconografia da Índia, a roda tem frequentemente doze raios, número zodiacal, número do ciclo solar. As rodas de carro são um elemento essencial na representação do Sol, da Lua, dos planetas. Trata-se ainda, sobretudo, de evocar a *viagem* dos astros, seu movimento cíclico. Os trinta raios tradicionais da roda chinesa (*Tao-te-king*, c. II) são o signo, pelo que diz respeito a eles, de um ciclo lunar (Granet).

De modo ainda muito mais claro, a roda se revela como um símbolo do mundo; o cubo constitui o centro imóvel, o princípio, e a camba, a manifestação que emana dele por um efeito de irradiação. Os raios indicam a relação da circunferência com o centro. A roda mais simples tem quatro raios: é a expansão segundo as quatro direções do espaço, mas também o ritmo quaternário da Lua e das estações. A roda de seis raios reconduz ao simbolismo solar; evoca igualmente o monograma de **Cristo*** e pode ser considerada a projeção horizontal da **cruz*** de seis braços. A roda mais frequente tem sempre oito raios: são as oito direções do espaço evocadas pelas oito pétalas do **lótus***, com o qual a roda se identifica. As oito pétalas ou oito raios simbolizam também a regeneração, a renovação. Esta roda é encontrada do mundo céltico até à Índia, passando pela Caldeia. É ainda a disposição dos oito trigramas chineses. Se a roda da existência budista tem seis raios, é apenas porque existem seis classes de seres, seis *loka*; se a roda do *Dharma* tem oito raios, é porque o Caminho comporta oito veredas.

A significação cósmica da roda está expressa nos textos védicos. Sua rotação permanente é renovação. Dela nasceram o espaço e todas as divisões do tempo. É também a *Rota Mundi* dos Rosa-Cruzes. Só o centro da roda cósmica é imóvel: é o *vazio do cubo* que a faz girar (Tao, 11), o *umbigo* (*nabhi* ou *omphalos*). Nesse centro se mantém o *Chakravarti, aquele que faz girar a roda*. É o Buda, o Homem universal, o Soberano. Os antigos reis de Java e de Angkor eram expressamente qualificados como *Chakravarti*. Este cubo vazio é o ponto de aplicação da Atividade

862 | RODA

celeste. O monarca que aí permanece é, *na transformação universal, o único a não ser transformado*, diz Tchuang-tse (cap. 25). Outro aspecto do simbolismo chinês: o cubo é o Céu, enquanto a circunferência constitui a Terra, e o raio, o homem, mediador entre eles. A roda da noria *dos chineses*, ou *a roda do oleiro* de Tchuang-tse, ou o *ciclo da criação* da Epístola de São Tiago (3, 6) exprimem igualmente o redemoinho incessante da manifestação, e a libertação desse movimento só pode ser obtida pela *passagem da circunferência ao centro*, o que se entende como **retorno*** ao centro do ser.

A roda que o Buda coloca em movimento é a *Roda da Lei*, o *Dharmachakra*. Essa lei é a do destino humano. Por isso não existe nenhum poder que seja capaz de inverter o sentido de rotação da roda. Guénon a relaciona muito judiciosamente à *Roda da Fortuna* ocidental. A Índia e o budismo usam ainda outros símbolos: o sábio que atinge a Libertação é, diz o *Samkhya*, um oleiro que terminou seu pote; mas ele continua a viver, assim como a roda continua a girar pela velocidade adquirida. A duração da vida, ensina o *Visuddhimagga*, é a de um pensamento: assim como a roda que só toca o solo num único ponto. É preciso não esquecer a *Roda da Existência* do budismo tibetano, que, fundada mais uma vez sobre a noção das mutações incessantes, representa a sucessão dos estados múltiplos do ser. O tantrismo ainda dá nomes de rodas (*chakra*) – ou de lótus – aos *centros sutis*, atravessados pela corrente da *kundalini*, assim como as rodas são atravessadas por seu eixo.

O nome meramente convencional de *Roda da Lei*, e também os de *roda do moinho* ou de *noria*, são dados, na alquimia interna dos Taoistas, ao movimento *regressivo* da *essência* e do *sopro*, que deve fazer com que estes se unam no *cadinho*: é, expresso de forma emblemática, um retorno da periferia, da circunferência, ao centro.

Acrescentemos ainda alguns casos particulares. A roda é, escreve Devoucoux, a *imagem da ciência cristã unida à santidade*. Ela é o emblema da erudita egípcia, Santa Catarina, a padroeira lendária dos filósofos cristãos. Na *roda de fogo céltica*, a rotação é feita alternativamente nos dois sentidos. Encontramos aqui o simbolismo da dupla espiral (BELT, COOH, DEVA, ELIY, GOVM, GRAP, GRIF, GUEM, GUEC, GUET, GUES, BURA, MALA, SILI, VARG).

A roda é um símbolo muito frequente nas representações célticas. Nas esculturas galo-romanas, é com mais frequência figurada em companhia de Júpiter céltico, comumente chamado *deus da roda* ou *Táranis*, ou ainda do cavaleiro com o gigante **anguípede***. Os testemunhos dessas imagens são inumeráveis e atestam uma extensão em nível popular: terracotas, bronzes, até amuletos. Esta representação fez com que a maioria dos pesquisadores modernos vissem na roda o equivalente do *fulmen* de Júpiter, em outras palavras, um *símbolo solar*. Mas o simbolismo solar não basta para explicar totalmente a roda, que é também e sobretudo uma *representação do mundo*. Porque, se pensarmos no paralelo irlandês da *roda cósmica*, do druida mítico Mag Ruith (*servidor da roda*), que é um avatar do deus druida Dagda, o deus da roda céltico corresponde bem exatamente ao *Chakravarti* hindu: é o *motor imóvel*, no centro do movimento, do qual constitui o eixo e no qual não participa, embora lhe seja indispensável. Uma placa de **caldeirão*** de Gundestrup representa um homem (guerreiro, *servidor da roda?*) girando a roda cósmica, enquanto o busto do deus é figurado com os braços levantados em atitude de oração ou na atitude simbolicamente impassível do Princípio, de onde emana toda a manifestação. A roda é também o símbolo da *mudança e do retorno das formas da existência*. Uma espada de Hallstatt (Áustria) representa dois jovens (análogos aos Dióscuros?) fazendo girar a roda; devem simbolizar a sucessão do dia e da noite. Por ser semelhante ao círculo, a roda é igualmente um símbolo celeste, em relação com a noção de centro.

A rodela é também uma figura geométrica extremamente frequente nas representações célticas de todas as épocas, e seu simbolismo conjuga o da roda com o da **cruz***. Um outro simbolismo, muito próximo da roda, é o da **espiral***, que, com seus movimentos alternativos de evolução e involução, corresponde ao *solve et coagula*.

A roda do druida Mag Ruith é feita de madeira de **teixo***, árvore funerária, e é uma roda cósmica, cuja aparição sobre a terra marcará o começo do Apocalipse: quem a vir ficará cego, quem a escutar ficará surdo e quem for tocado por ela morrerá.

Uma deusa galesa, citada em Mabinogi de Math, filho de Mathonwy, tem por nome *Arianrhod, roda de prata*. É mãe de dois filhos, um dos quais, Dylan eil Ton, *filho da onda*, vai imediatamente à água, onde nada como um peixe (o que constitui um retorno ao Princípio), e o outro, Llew, tem um nome que corresponde ao do irlandês Lug. Entre os *jogos* guerreiros de Cuchulainn figura o da roda: o jovem herói se contorce de modo a formar com seu corpo uma roda animada de grande velocidade. O tema *roto* (*roda*) está amplamente representado na toponímia gaulesa (ex. *Rotomagus*: Rouen).

Na *Hierarquia celeste*, cap. **15**, 8, 9, Dionísio, o Areopagita, desenvolve o simbolismo das rodas incendiadas e das rodas aladas, de que falam os Profetas. Daniel descreve sua visão do Ancião e do Filho do Homem:

Seu trono era chama de fogo
com rodas de fogo ardente.
Um rio de fogo jorrava... (**7**, 9-11)

Por sua vez, Ezequiel vê as rodas dos querubins:

"Quando ele deu esta ordem ao homem vestido de branco: Pega o fogo do meio do carro que está entre os querubins, o homem foi até lá e parou perto da roda. Olhei: havia *quatro rodas* ao lado dos querubins, e *o aspecto das rodas tinha o brilho do crisólito*. E todas as quatro tinham o mesmo aspecto; elas estavam uma no meio da outra... Escutei que se dava às rodas o nome de *galgal...* Quando os querubins avançavam, as rodas avançavam a seu lado; quando os querubins

estendiam as asas para se elevarem da terra, as rodas não se desviaram tampouco. Quando eles paravam, elas paravam e, quando se elevavam, elas se elevavam com eles, porque o espírito do animal estava nelas" (**10**, 6-10, **13**, 16-17).

O teólogo neoplatônico revela a significação simbólica dessas rodas: *Quanto às rodas aladas que avançam sem desvio nem declinação, significam o poder de rolar bem direito, em linha reta* (337 D), *sobre a via direita e sem desvios, graças a uma rotação perfeita que não pertence a este mundo.* Mas a alegoria sagrada das rodas da inteligência se presta ainda a uma outra exegese que corresponde a um outro ensinamento espiritual. Como diz, com efeito, o teólogo, deram-lhes o nome de *galgal*, que, em hebraico, significa ao mesmo tempo *revolução e revelação* (340 A). "Estas rodas incendiadas, que recebem a forma divina, têm o poder de rolar sobre si mesmas, pois movem-se eternamente ao redor do Bem imutável; têm igualmente o poder de revelar, pois iniciam nos mistérios, elevam espiritualmente as inteligências aqui da terra, fazem descer até aos mais humildes as iluminações mais elevadas" (PSEO, 243-244).

Nos textos sagrados, a roda simboliza, portanto, o desenvolvimento da revelação divina. Encontra-se também uma outra significação no texto de Ezequiel, se for considerado o versículo 12: "E todo o seu corpo, suas costas, suas mãos e suas asas, bem como as rodas de todos os quatro, estavam cobertos de olhos por toda parte."

A imagem de rodas consteladas de olhos é uma alegoria, como a das estrelas-olhos, que tende a exprimir *a onisciência e a onipresença da divindade celeste*. Significa muito precisamente que nada escapa ao olhar de Deus, mas que ele também atrai o **olhar*** do homem.

Entretanto, o símbolo da roda teria sido, durante muito tempo, lunar, antes de se tornar solar: "O sistro de Ísis ou de Diana representaria o disco lunar, o *celeste tesouro da roda*, que aparece ao rei no dia da lua cheia" (Harding, citado por DURS, 348). "*A roda*", acrescenta o mesmo autor, "é, no seu sentido primordial, o emblema do vir a

RODA DA FORTUNA (OU A ESFINGE)

ser cíclico, resumo mágico que permite o controle do tempo, isto é, a predição do futuro."

A Roda Zodiacal aparece também em toda parte. Etimologicamente **Zodíaco*** significa *roda da vida*. Mais tarde, o Zodíaco adquiriu uma significação solar; mas ele é primitivamente lunar. Os antigos árabes o chamam de *cinto de Ishtar*, e os babilônios, de *Casas da lua*.

"A roda, aliás, passou a ter, só muito tardiamente, uma acepção solar, quando, por razões técnicas, foi munida de raios, assim como aparece ainda no ritual dos *fogos célticos* em Epinal ou em Agen. Mas, primitivamente, a roda zodiacal, bem como a do calendário, é uma roda lunar, de madeira maciça, reforçada por um triângulo ou quadrados contíguos de pranchas, o que lhe dá subdivisões internas aritmologicamente significativas" (DURS, 349-350).

No *Mistério das Catedrais*, Fulcanelli exprime-se nestes termos sobre o simbolismo alquímico da roda: "Na Idade Média, a rosa central dos pórticos era chamada *rota*, a roda. Ora, a roda é o hieróglifo alquímico do tempo necessário à cocção da matéria filosofal e, por conseguinte, da própria cocção. O fogo alimentado, constante e igual, que o artista mantém noite e dia no curso desta operação, é chamado, por essa razão, *fogo de roda*. Entretanto, além do calor necessário à liquefação da pedra dos filósofos, é preciso ainda um segundo agente, chamado *fogo secreto* ou *filosófico*. É este último *fogo*, estimulado pelo calor vulgar, que faz *girar a roda*." Fulcanelli cita em seguida um resumo de um texto alquímico do séc. XVII, *o tratado da Harmonia e Constituição geral do Verdadeiro Sal*, de De Nuysement, que mostra que esta significação simbólica da roda é, como nos textos bíblicos, exatamente a do veículo de manifestação, que vai e vem entre o Céu e a terra, unindo o divino e o profano:

> Observa somente os rastros de minha roda,
> E, para dar por toda parte um calor igual,
> Não suba nem desça muito cedo para a terra e
> para o Céu.

(FULC, 65-66)

Para Jung e sua escola, as rosáceas das catedrais representam o *self do homem transposto ao plano cósmico* (Aniela Jaffé, in JUNS, 240 s.). É *a unidade na totalidade*, e este autor, tomando a rosácea como um outro **mandala***, acrescenta que *podemos considerar mandalas as auréolas de Cristo e dos Santos nos quadros religiosos*. Voltamos aqui ao simbolismo do centro cósmico e do centro místico, ilustrado pelo cubo da roda. A personificação se completa e se harmoniza, quando uma dupla corrente se estabelece, por meio dos raios, do centro para a circunferência e desta para o centro. A roda inscreve-se no quadro geral dos símbolos de emanação-**retorno***, que exprimem a evolução do universo e a da pessoa.

RODA DA FORTUNA (ou a Esfinge)

Se o **Eremita*** do **Tarô*** indica ao homem a via da procura solitária, a roda da Fortuna, décimo arcano maior, nos lança de novo no mundo e suas vicissitudes. Apelando para uma imagem bem conhecida da Antiguidade e da Idade Média, ela nos mostra uma roda cor de carne, suspensa no ar por um aparelho de madeira amarela, e sobre a qual se agarram dois animais estranhos; uma esfinge azul, coroada de ouro e com asas vermelhas, tendo na mão uma espada branca, está sentada sobre um pedestal estreito, colocado, por sua vez, sobre a parte superior da roda. Essa roda tem seis raios, azuis na parte junto ao cubo vermelho, brancos perto da camba; é uma manivela branca, cor do indiferenciado, que a faz girar. À esquerda da roda, está agarrado um macaco, de cabeça para baixo, a parte central do corpo escondida por uma espécie de saia rígida cortada em três panos: um azul entre dois vermelhos. À direita, está um cachorro amarelo, cuja coleira prende também as orelhas, vestido com uma jaqueta azul de cauda vermelha; ele parece subir na direção da esfinge diabólica e impassível. Julgou-se ver, nesses dois animais, Hermanubis, o gênio do bem, e Tifão, o gênio do mal. Seja como for, a significação desta lâmina está ligada à **roda*** em todas as tradições. *Representa as alternâncias do destino, a sorte ou o azar, as flutuações, a ascensão e os riscos de queda.*

Corresponde em Astrologia à décima casa do horóscopo, que representa a situação social e profissional.

Símbolo solar, ela é a roda dos nascimentos e das mortes sucessivas no meio do cosmos; é, no plano humano, a instabilidade permanente e o eterno retorno. *A vida humana rola instável como os raios de uma roda de carroça*, dizia Anacreonte. E esse movimento que às vezes eleva, às vezes rebaixa, é o próprio movimento da **Justiça*** (lâmina 8), que quer manter o equilíbrio em todos os planos e não hesita em temperar com a destruição e a morte o triunfo das realizações criadoras, como o sublinha ainda o número deste décimo arcano, entre o Carro (7) e a Morte (13).

Pode-se também ver nestes seres de figuras animais, que giram em torno da roda das existências, a lei dos renascimentos, imposta, em numerosas tradições, aos que não dominaram seus desejos carnais. Na subida e na descida, deve-se ver igualmente uma lei de alternância, até de compensação, tirada da história humana, social ou pessoal, onde se sucedem continuamente sucesso e desgraça, nascimentos e morte. De um ponto de vista mais interior, a roda da fortuna é menos a imagem do acaso que a da justiça imanente.

Roda da Fortuna: miniatura. Séc. XII.
Arte alsaciana.

ROLA

Pássaro mensageiro da renovação cíclica, entre os indígenas da pradaria. É a rola quem leva no bico o galho de **salgueiro*** com folhas (CATI, 76), o que aproxima o seu simbolismo do simbolismo da **pomba***.

Nos hieróglifos egípcios, a rola corresponderia ao homem ágil que gosta da dança e da flauta. Na tradição cristã, é um símbolo de fidelidade conjugal.

ROMÃ

O simbolismo da romã está ligado ao simbolismo mais geral dos frutos que têm muitas pevides (**cidra***, **abóbora***, **laranja***). É, antes de mais nada, um símbolo de fecundidade, de *posteridade numerosa*. Na Grécia antiga, a romã era um atributo de Hera e de Afrodite; e em Roma, o toucado das noivas era feito de ramos da romãzeira (*Punica granatum*). Na Ásia, a imagem da romã aberta serve à expressão dos desejos – quando não designa expressamente a vulva. O que confirmaria a legenda de uma imagem popular vietnamita: "a romã se abre e deixa sair cem crianças" (DURV). Da mesma forma, no Gabão esse fruto simboliza a fecundidade maternal. Na Índia, as mulheres tomavam suco de romã para combater a esterilidade.

A mística cristã transpõe esse simbolismo da fecundidade para o plano espiritual. Assim é que São João da Cruz faz das sementes da romã o símbolo das *perfeições divinas* nos seus *efeitos inumeráveis*. E acrescenta a redondeza do fruto como expressão da eternidade divina e a suavidade do suco como imagem da beatitude da alma amante e cognoscente. De modo que a romã representa, ao fim e ao cabo, os *mais altos mistérios de Deus, seus mais profundos desígnios, e suas mais sublimes grandezas (Cântico espiritual)* (DURV). Os Padres da Igreja também quiseram ver na romã um símbolo da própria Igreja. *Assim como a romã contém, debaixo de uma só casca, um grande número de sementes, assim também a Igreja une numa só crença povos diversos* (TERS, 204).

A semente da romã teria tido, na Grécia antiga, um simbolismo ligado ao pecado. Perséfone conta a sua mãe de como foi seduzida a contragosto: *ele me pôs na mão sorrateiramente um alimento doce e açucarado – uma semente de* romã – e, embora eu não o quisesse, ele me forçou a comê-lo (Hino homérico a Deméter). A semente da romã, que condena aos Infernos, é um símbolo das doçuras maléficas. Assim, Perséfone, por tê-la comido, passará uma terça parte do ano na escuridão nevoenta e as outras duas terças partes junto aos Imortais. No contexto do mito, a semente de romã poderia significar que Perséfone sucumbiu à sedução e merece, portanto, o castigo de passar um terço da sua vida nos Infernos. Por outro lado, provando uma semente de romã, ela quebrou o jejum, que era a lei dos Infernos. Ali, quem quer que comesse qualquer coisa ficava impedido de voltar à terra dos vivos. Foi por um favor especial de Zeus que ela pôde dividir sua existência entre os dois lugares.

Se os sacerdotes de Deméter, em Elêusis, ditos hierofantes, *apareciam coroados de ramos de romãzeira por ocasião dos grandes mistérios*, a romã, fruto sagrado, que causou a perdição de Perséfone, era rigorosamente proibida aos iniciados, uma vez que, "símbolo da fecundidade, leva em si a faculdade de fazer descer as almas à carne" (SERP, 119, 144). A semente da romã, comida pela filha de Deméter, levou-a aos Infernos e, por uma contradição aparente do símbolo, condenou-a à esterilidade. A lei permanente dos Infernos prevalece sobre o efêmero prazer de provar da romã.

A semente vermelha e lustrosa de um fruto infernal evoca melhor que qualquer outra coisa a *parcela do fogo ctoniano* que Perséfone subtraiu em proveito dos homens. A sua volta à superfície significa o reaquecimento e o reverdecimento da terra, a renovação primaveril e, obliquamente, a fertilidade. Então, desse ponto de vista, Perséfone se junta aos inúmeros heróis civilizadores que, em diversas partes do mundo, roubaram o fogo para garantir a perenidade da vida.

Na poesia galante da Pérsia, a romã evoca o seio: *suas faces são como a flor da romãzeira, e seus lábios, como a doce granadina. Do seu peito de prata brotam duas romãs* (Firdusi, cit. por HUAS, 77).

Uma adivinhação popular turca, citada por Sabahattin Eyuboglu (Sirle Fransizca, Istambul,

1964), fala da noiva como *uma rosa não cheirada, uma romã ainda não aberta*.

ROMEIRA (PELERINE) (*v.* Capa[1])

ROSA

Famosa por sua beleza, sua forma e seu perfume, a rosa é a flor simbólica mais empregada no Ocidente. Corresponde, no conjunto, ao que o **lótus*** é na Ásia, um e outro estando muito próximos do símbolo da **roda***. O aspecto mais geral deste simbolismo floral é o da manifestação, oriunda das águas primordiais, sobre as quais se eleva e desabrocha. Esse aspecto não é, aliás, estranho à Índia, onde a rosa cósmica *Triparasundari* serve de referência à beleza da Mãe divina. Designa uma perfeição acabada, uma realização sem defeito. Como se verá, ela simboliza a taça de vida, a alma, o coração, o amor. Pode-se contemplá-la como um **mandala*** e considerá-la um **centro*** místico.

Na iconografia cristã, a rosa é ou a taça que recolhe o sangue de Cristo, ou a transfiguração das gotas desse sangue, ou o signo das chagas de Cristo. Um símbolo rosa-cruz apresenta cinco rosas, uma no centro e uma sobre cada um dos braços da Cruz. Essas imagens evocam o Graal ou o *orvalho celeste* da redenção. E, já que citamos os Rosa-Cruzes, observemos que seu emblema coloca a rosa no centro da Cruz, isto é, no lugar do coração de Cristo, do Sagrado Coração. Este símbolo é o mesmo da *Rosa Cândida* da *Divina Comédia*, que não pode deixar de evocar a Rosa Mística das litanias cristãs, símbolo da Virgem; talvez também o mesmo do *Romance da Rosa*. Angelus Silesius faz da rosa a imagem da alma, e ainda a imagem de Cristo, de quem a alma recebe a marca. A *rosa de ouro*, outrora abençoada pelo Papa no quarto domingo da Quaresma, era um "símbolo de poder e de instrução espirituais" (DEVA), mas também, é claro, um símbolo de ressurreição e de imortalidade.

A rosácea gótica e a *rosa dos ventos* marcam a passagem do simbolismo da rosa ao da roda.

É preciso enfim observar o caso particular, na mística muçulmana, de um Saadi de Chiraz, para quem o *Jardim das Rosas* é o da contemplação: *Irei colher as rosas do jardim, mas o perfume da roseira me embriagou.* Linguagem que a mística cristã não recusaria de nenhuma maneira, como comentário do *Cântico dos Cânticos* sobre a *rosa de Saron*.

Por sua relação com o sangue derramado, a rosa parece ser frequentemente o símbolo de um renascimento místico:

Sobre o campo de batalha em que caíram numerosos heróis, crescem roseiras e roseiras bravas. Rosas e anêmonas saíram do sangue de Adônis, enquanto o jovem deus agonizava.

"É preciso", diz Mircea Eliade, "que a vida humana se consuma completamente, para esgotar todas as possibilidades de criação ou de manifestação; se vem a ser interrompida bruscamente, por uma morte violenta, tenta prolongar-se sob uma outra forma: planta, flor, fruta" (ELIT).

As cicatrizes são comparadas a rosas por Abd Ul Kadir Gilani, que atribui a estas rosas um sentido místico.

Segundo F. Portal, a rosa e a cor rosa constituiriam um símbolo de regeneração em virtude do parentesco semântico do latim *rosa* com *ros*, a **chuva***, o **orvalho***. "A rosa e sua cor", diz ele (PORS, 218), "eram os símbolos do primeiro grau de regeneração e de iniciação aos mistérios... O burro de Apuleio recupera a forma humana, ao comer uma coroa de rosas vermelhas que lhe oferece o supremo sacerdote de Ísis". "A roseira", acrescenta este autor, "*é* a imagem do regenerado, assim como o orvalho é o símbolo da regeneração" (220). E a rosa, nos textos sagrados, acompanha com muita frequência o **verde***, o que confirma esta interpretação. Assim, no Eclesiastes (**24**, 14): "Cresci... como as plantas das rosas de Jericó, como uma oliveira magnífica na planície." A **oliveira*** era consagrada a Atena – a deusa dos olhos cerúleos –, que nasceu em Rhodes, a *Ilha das rosas*: o que sugere os mistérios da iniciação. E as roseiras eram consagradas a Afrodite, bem como a Atena. A rosa era entre os gregos uma flor branca, mas, quando Adônis, protegido de Afrodite, foi ferido de morte, a deusa correu para socorrê-lo,

se picou num espinho, e o sangue coloriu as rosas que lhe eram consagradas.

É este simbolismo de regeneração que faz com que, desde a Antiguidade, se coloquem rosas sobre as tumbas: os antigos... chamavam esta cerimônia de *rosália*; todos os anos, no mês de maio, ofereciam aos manes dos defuntos arranjos de rosas (PORS, 222). E Hécate, deusa dos Infernos, era às vezes representada *com a cabeça cingida por uma guirlanda de rosas com cinco folhas*. Sabe-se que o número **cinco***, sucedendo ao quatro, número de realização, marca o início de um novo ciclo.

No século sétimo, segundo Beda, a tumba de Jesus Cristo era pintada com uma cor em que se misturavam **branco*** *e* **vermelho***. Encontram-se estes dois elementos componentes da cor rosa, o vermelho e o branco, com seu valor simbólico tradicional, em todos os planos, do profano ao sagrado, na diferença atribuída às oferendas de rosas brancas e de rosas vermelhas, assim como na diferença entre as noções de paixão e de pureza, e entre as de amor transcendente e de sabedoria divina. *Nas armas das religiosas, diz o Palácio da Honra, coloca-se uma coroa composta de galhos de roseira branca com suas folhas, suas rosas e seus espinhos, para denotar a castidade que elas conservaram entre os espinhos e as mortificações da vida.*

A rosa tornou-se um símbolo do amor e mais ainda do dom do amor, do amor puro... "A rosa como flor de amor substitui o lótus egípcio e o narciso grego; não são as rosas frívolas de Catulo... mas as rosas célticas, vivazes e altivas, não desprovidas de espinhos e carregadas de um doce simbolismo: a do Romance da Rosa, que Guillaume de Lorris e Jean de Meung transformaram no misterioso tabernáculo do Jardim de Amor da Cavalaria, rosa mística das litanias da Virgem, rosas de ouro que os Papas oferecerão às princesas dignas, enfim a imensa flor simbólica que Beatriz mostra a seu fiel amante, quando este chega ao último círculo do Paraíso, rosa e rosácea ao mesmo tempo" (GHYN, **2**, 41).

O amor paradisíaco será comparado por Dante ao centro da rosa: "Ao centro de ouro da rosa

868 | ROSÁRIO[1]

eterna, que se dilata, de grau em grau, e que exala um perfume de louvor ao sol sempre primaveril, Beatriz me atraiu..." (DANC, *O Paraíso*, canto XXX, 124-127 – canto XXXI, v. 4-22).

Branca ou vermelha, a rosa é uma das flores preferidas dos alquimistas, cujos tratados se intitulam frequentemente *roseiras dos filósofos*. A rosa "branca, como o lírio, foi ligada à pedra em branco, objetivo da pequena obra, enquanto a rosa vermelha foi associada à pedra em vermelho, objetivo da grande obra. A maior parte dessas rosas tem sete pétalas, e cada uma dessas pétalas evoca um metal ou uma operação da obra" (VANA, 27). Uma rosa azul seria o símbolo do impossível.

ROSÁCEA (*v.* Rosa, Roda)

ROSÁRIO[1]

Colar de flores, enfiadas de pedras, de madeira, de caroços de fruta, o rosário é oferecido, no Extremo Oriente e em outras regiões, aos hóspedes que se deseja homenagear. É utilizado também nos ofícios rituais. Entre os tibetanos, costuma ter 108 contas (pois 108 é o número sagrado) e as dezenas são às vezes separadas por aros de prata. A matéria e a cor variam segundo os personagens: "rosário amarelo, para os Budas; contas brancas feitas de conchas, para os Bodhisatvas; contas de coral, para aquele que converteu o Tibete; para o temível Yamantaka, *Domador da morte*, rodelas cranianas de diversos eremitas; para as divindades da ioga, sementes de um arbusto chamado tulosi... E para os simples mortais, ele é feito em madeira comum" (TONT, 5). Na medida em que fórmulas, sempre semelhantes, são recitadas sobre cada conta do rosário, pode-se aproximar seu simbolismo ao do **moinho***. Na África, conhecem-se também rosários feitos com dentes humanos.

ROSÁRIO[2]

O rosário são *as fileiras de pérolas num fio* de que fala o *Bhagavad-Gita* (7, 7), o fio sendo o Atma, no qual *todas as coisas são enfiadas*, a saber, todos os mundos, todos os estados da manifestação. *Atma*, o Espírito universal, liga esses mundos entre si;

é também o *sopro* que lhes dá vida. Guénon sublinha a esse respeito que a fórmula pronunciada para cada conta do rosário deve em princípio estar ligada ao ritmo da respiração.

Na iconografia hindu, o rosário é atribuído a diversas divindades, mas sobretudo a *Brahma* e a *Saravasti*, que é o alfabeto, o poder criador da palavra. Seu rosário (*aksha-mala*) comporta cinquenta contas (*aksha*) correspondentes às cinquenta letras do alfabeto sânscrito, de *a* a *ksa*. Como sempre acontece no caso de *guirlanda de letras*, o rosário hindu está ligado a seu criador (*shabda*) e ao sentido da audição.

Mas, ainda na Índia e sobretudo no mundo budista, o rosário tem 108 contas (12 x 9), que é um número cíclico, aplicado, portanto, normalmente à expressão do desenvolvimento da manifestação. As 99 contas do rosário muçulmano, número igualmente cíclico, se referem aos Nomes divinos. A centésima conta, *não manifestada*, exprime o retorno do múltiplo ao Uno, da manifestação ao Princípio. Observações da mesma espécie poderiam, é claro, ser aplicadas ao rosário cristão, que comporta 60 contas, ([10 x 5] + 5 + 1 + 3 + 1), mesmo se sua disposição parece ser o resultado de uma preocupação diferente.

A encantação repetida possui, além disso, em todas as tradições, seu valor próprio, independentemente do simbolismo do objeto que lhe serve de suporte mnemotécnico (GUES, MALA).

ROSTO

O rosto é um desvendamento, incompleto e passageiro, da pessoa, como a revelação das *Mystica* nas pinturas de Pompeia. Ninguém jamais viu o seu próprio rosto diretamente; só é possível conhecê-lo através de um espelho ou de uma miragem. Portanto, o rosto não é para si mesmo, é para o outro, é para Deus; é a linguagem silenciosa. É a parte mais viva, mais sensível (sede dos órgãos dos sentidos) que, quer queiramos, quer não, apresentamos aos outros; é o eu íntimo parcialmente desnudado, infinitamente mais revelador do que todo o resto do corpo. *Por isso*, diz Max Picard, "não é sem um estremecimento que o homem ousa olhar um rosto, pois este existe sobretudo para ser olhado por Deus. Olhar um rosto humano é querer controlar a Deus [...] Só na atmosfera do amor o rosto humano pode conservar-se tal como Deus o criou, à sua imagem. Se não estiver cercado pelo amor, o rosto humano se enrijece e o homem que o observa tem então diante de si, o lugar do rosto verdadeiro, apenas a sua matéria, o que não tem vida, e tudo o que disser sobre este rosto será falso" (PICV, 14). Para entender um rosto é preciso vagar, paciência, respeito e amor. Analisar um rosto sem amá-lo é aviltá-lo, destruí-lo, assassiná-lo – é uma vivissecção. O rosto é o símbolo do que há de divino no homem, um divino apagado ou manifesto, perdido ou reencontrado.

O rosto, símbolo do mistério, é como uma "porta para o invisível", cuja chave se perdeu. O santo sudário de Turim é objeto de um culto excepcional, se acreditamos que reproduz o rosto do Cristo. De acordo com o padre Le Guilou, o cristianismo é "a religião dos rostos". Olivier Clément escreve que "Deus revelou-se num Rosto cuja luz se multiplica, de geração em geração, em humildes rostos transfigurados". Seria necessário elaborar uma teologia e viver uma mística do rosto.

Em suas admiráveis considerações sobre o *rosto humano*, Max Picard vê nas "linhas do perfil, angulosas como raios, o claro sinal da brusca ruptura que fez o homem passar da escuridão para a terra; o clarão do perfil brilha à sua frente, iluminando o seu caminho, e nós acrescentaremos, como o fio do **machado***; a fronte se desprende de suas origens emaranhadas *como* uma escuridão... metamorfoseada em nuvem celeste" (ibid., 27-30). O rosto simboliza a evolução do ser vivo das trevas à luz. É a qualidade de sua irradiação que irá distinguir o rosto demoníaco do rosto angélico. A fronte do diabo é riscada de profundas linhas horizontais e de chifres que a obscurecem. Quando o rosto já não exprime qualquer vida interior, não passa de uma *prótese... de uma máscara elástica*.

Sendo o rosto o *substituto do indivíduo todo*, seu nome foi dado a uma medida relativa a com-pensações de ordem humana. Da mesma forma como se diz tantas almas, diz-se *tantos rostos*. É de acordo com o rosto que as leis gálicas de Hywel Dda (rei legislador do séc. X) e o tratado jurídico irlandês do Senchus Mor estabelecem o preço da composição, indenização devida à família ou ao interessado por assassinato ou afronta (*preço do rosto*). É também, e sobretudo, o nome do dote pago pelo marido à mulher antes da consumação do casamento (*v.* a *Morgengabe* germânica). As leis gálicas por vezes mencionam a doação, a título de indenização, de um prato ou de uma placa de ouro do tamanho do rosto e da espessura de um dedo (*v.* **máscara***). É conhecida a noção de *face* ("perder a face") na tradição chinesa e muçulmana. Esta face desenvolve o mesmo simbolismo.

ROUXINOL

O rouxinol é universalmente famoso pela perfeição de seu canto. Foi, segundo Platão, o emblema de Tamiras, bardo da Trácia antiga.

É particularmente apreciado no Japão, onde seu canto é tido como capaz de repetir o título de *Hokekyo*, o *Sutra do Lótus da Boa Lei* (*Sadharmapundarika-sutra*), caro à seita *Tendai* (QGRJ).

Na famosa cena 5 do 3º ato de *Romeu e Julieta*, o rouxinol é oposto à cotovia, como o cantor do amor na noite que finda à mensageira da aurora e da separação; se os dois amantes escutam o rouxinol, permanecem unidos, mas expõem-se à morte; se creem na cotovia, salvam suas vidas mas devem separar-se.

Pela beleza de seu canto, que enfeitiça as noites de vigília, o rouxinol é o mágico que faz esquecer os perigos do dia.

John Keats exprimiu maravilhosamente esta melancolia engendrada pelo canto, não obstante, tão melodioso do rouxinol. A perfeição da felicidade que ele evoca parece tão frágil ou tão remota, na sua excessiva intensidade, que torna mais intolerável o sentimento doloroso de sermos incapazes dela, ou de ficarmos privados dessa ventura, pela chegada fatídica do Sol (*Ode a um rouxinol*).

870 | RUBI (V. ALMANDINA)

Este pássaro, que é para todos os poetas o cantor do amor, mostra, de modo impressionante, em todos os sentimentos que suscita, o íntimo laço entre o amor e a morte.

RUBI (*v.* Almandina)

O rubi, segundo Portal, era considerado na Antiguidade emblema da felicidade; "se ele mudava de cor, era um presságio sinistro, mas ele retomava sua cor púrpura logo que a infelicidade passasse; ele acabava com a tristeza e reprimia a luxúria; ele resistia ao veneno, prevenia contra a peste e desviava os maus pensamentos" (PORS, 128).

Pedra de sangue, foi utilizado homeopaticamente na preparação de medicamentos anti-hemorrágicos. Pela mesma razão, a tradição popular rezava, na Rússia, que ele era bom para o coração, o cérebro, a memória, o vigor, e que purificava o sangue (MARA). Por extensão, se tornou a pedra dos enamorados, que *inebria sem contato* (N. A. Teffi, *Souvenir*, Paris, 1932). No entanto, a crer no bom prelado Marbode, é o olho único e avermelhado que têm no meio da testa os dragões e as serpentes fabulosas. É, então, chamado de escarbúnculo. "Ela supera todas as pedras, as mais ardentes, lança raios como um carvão aceso, e cuja luz as trevas não conseguem apagar" (GOUL, 210).

RUIVO

O ruivo é uma cor que se situa entre o vermelho e o ocre: um vermelho-terra. Ele lembra o fogo, a chama, daí a expressão *roux ardent* (ruivo "ardente"). Mas em vez de representar o fogo límpido do amor celeste (o vermelho), ele caracteriza o fogo impuro, que queima sob a terra, o fogo do Inferno; é uma cor ctoniana.

Entre os egípcios, Set-Tifão, deus da concupiscência devastadora, era representado como sendo ruivo, e Plutarco conta que em algumas de suas festas, a exaltação era tanta que se jogava os homens ruivos na lama. A tradição rezava que Judas tinha os cabelos ruivos.

Em suma, o ruivo evoca o fogo infernal devorador, os delírios da luxúria, a paixão do desejo, o calor *de baixo*, que consomem o ser físico e espiritual.

RUPTURA

Uma coluna rachada, um esqueleto de navio, uma casa ou templo em ruínas, uma árvore abatida por um raio etc., já não podem ser interpretados apenas em função do seu estado perfeito como coluna, navio, árvore, templo. É a significação geral da quebra, da ruptura, da ruína, que importa no caso dessas imagens. Ora, toda ruptura simboliza, ao se manifestar, a dualidade de todo ser: tudo o que é vivo ou construído pode ser morto ou destruído, ou mais que isso, carrega o germe de sua própria destruição. *In media vita in morte sumus* (a morte jaz no coração de nossa vida). Vishnu e Shiva, deuses da destruição e da reconstrução, nas tradições hindus, não são senão os dois nomes de uma única e mesma realidade. É a alternância da integração e da desintegração que significa a ruptura, marcando principalmente a fase negativa. Mas essa negação é a condição de um renascimento e de uma renovação. No plano psicológico e interior, assim como no mundo material, dominar ou domar uma ruptura, uma infelicidade, é subir a um outro nível de existência; o deleite moroso da ruptura, ao contrário, coloca a pessoa na via da regressão e da involução.

S

S

A letra S é uma forma muito utilizada, vertical ou horizontalmente, na ornamentação antiga ou primitiva. É frequentemente encontrada na arte indiana, grega, romana etc. Como a **espiral***, ela parece simbolizar um movimento de unificação, conforme a vejamos na vertical ou na horizontal, entre o Céu e a terra, o princípio masculino e o princípio feminino, a montanha e o vale, as rajadas de vento, as trombas, os turbilhões. Vários intérpretes também veem nela o símbolo do duplo processo de evolução – abertura para o alto –, e de involução – curvatura para baixo. Também é possível ver nela a subida sinuosa da fumaça sacrificial. O que domina nessas percepções diversas é o símbolo de uma unidade de movimento que põe em relação seres, elementos, níveis diferentes e até mesmo núcleos opostos.

SABÁ

O sabá simboliza o **descanso*** após a atividade. Para os hebreus, o sétimo dia exige a *cessação das atividades*, pois é consagrado a Jeová. O relato da Criação, no *Gênesis* (**2**, 2-3), conta que, no sétimo dia, Deus concluiu a sua obra e descansou. Enquanto descanso, o sabá é, portanto, uma reprodução do *sétimo dia da criação*. Este descanso implica uma santificação, daí o texto do *Êxodo* (**2**, 8): "Lembra-te do sabá para santificá-lo." Assim, o sabá significa um *tempo consagrado a Deus*. Isto não se refere apenas aos homens, mas aos animais – o boi e o jumento tampouco devem trabalhar. Essa lei do repouso sabático ocupa um lugar importante no Antigo Testamento. Todavia, o respeito ao sabá varia de acordo com as épocas, embora as trinta e nove proibições relativas a atividades diversas ainda pareçam estar em vigor no judaísmo.

No Novo Testamento, para os Padres da Igreja e os místicos da Idade Média, o sabá sempre representa o descanso de Deus e o dia que lhe é consagrado. Entretanto, o seu significado reveste-se de um caráter espiritual e não apenas material. O verdadeiro sabá do justo torna-se o sabá do homem religioso e exige uma outra dimensão que se situa além das obras terrestres. Quando restaurada, a criação será posta a serviço dos justos e estes descansarão num verdadeiro sabá. O sétimo dia – um dado especificamente judeu – significará a *vida eterna* (DANT, 350-351).

O *sabá dos sabás*, que, para os hebreus, designava o grande Jubileu que se realizava a cada cinquenta anos (*Levítico*, **25**, 8), significa o *repouso eterno e a felicidade*.

Aelred de Riévaulx, monge cisterciense do século XI, faz alusão aos seis dias da criação com suas manhãs e noites, indicando a mutabilidade das criaturas, suas fraquezas e progressos. O sétimo dia não tem manhã ou noite; está fora do universo criado e pertence unicamente à ordem do divino: *o dia do descanso de Deus não está no tempo, é eterno*, é o sabá de Deus, pois relaciona-se unicamente com Deus (*speculum caritatis*, P.-L. 195, cap. 522). É por esta razão que o verdadeiro sabá da alma é Deus, alcançado através da castidade. Antes da beatitude, o homem pressente o sabá dos sabás. Aelred distingue três sabás em conexão uns com os outros, de acordo com o grau de elevação da alma. Cada sabá marca uma *progressão ascendente*, e só o sabá dos sabás encerra a visão de Deus. Para Pierre de Celle († 1183) a

872 | SACRIFÍCIO

vida claustral e a vida celestial são vizinhas; passa-se de uma para a outra como de um sabá para outro. A vida contemplativa é comparável a um feriado, a este sétimo dia em que Deus descansa de sua criação.

O sabá eterno significa o sabá que não tem fim. No *Epitalâmio alternado entre o Cristo e a Virgem*, atribuído a um monge de Hirsan do séc. XII, o sabá é descrito como uma Páscoa, um verão. À velhice, à doença e à morte não seria possível dominar tal sabá. Este repouso consiste, acima de tudo, em conhecer e amar a Deus. Na literatura medieval, o sabá é chamado de *santo lazer* (LECM, 62).

O sabá designa um tempo sagrado, em oposição ao tempo profano. O descanso é santificado pelo pensamento da criação. Henri Baruk faz notar que o termo hebreu para "descanso" é o verbo *chabot*, descansar, que literalmente significa: "fazer greve". Este descanso também é *hinna-fech*, que significa "retomar a alma". Se o homem que observa o sabá se lembrar da criação, também evocará a lembrança da saída do Egito, pois *só os homens livres descansam*. Não se trata apenas de abandonar todo trabalho, mas de banir do espírito todas as angústias e opressões interiores: um *descanso libertador da alma*.

A chegada do sabá é um motivo de alegria. Segundo a liturgia da escola de Safed (séc. XV), o homem deve preparar-se para o sabá como um noivo prepara-se para receber a noiva. É um dia de festa (BARH, 9).

Mas o sabá nem sempre teve esta significação religiosa. As imprecações dos profetas Isaías e Oseias contra os sabás e as festas ligadas aos ciclos lunares, às neomênias, "parecem mostrar que existiam, então, vestígios de uma tradição antiga da época nômade, segundo a qual o sabá, ligado a um culto lunar, era celebrado com uma festa de alegria" (SOUL, 143) que nada tinha em comum com o dia do Senhor. O sabá teria sido a festa da lua cheia (*shabater* = parar; a Lua *para* de crescer); mais tarde, a festa teria se estendido às quatro fases do ciclo lunar, unindo-se, assim, à festa do sétimo dia. É a esta tradição antiga, e

não ao relato bíblico do Gênesis, que se liga o sabá das feiticeiras. Segundo a lenda, elas saíam montadas em suas vassouras, reuniam-se numa clareira onde, em tumulto, entregavam-se a cenas delirantes e pavorosas. É o aspecto noturno do símbolo do sétimo dia: quando Deus descansa, os demônios se agitam.

SACRIFÍCIO

Ação de tornar algo ou alguém sagrado, isto é, separado daquele que o oferece, seja um bem próprio ou a própria vida; separado, igualmente, de todo o mundo que permanece profano; separado de si e oferecido a Deus, como prova de dependência, obediência, arrependimento ou amor. O bem oferecido a Deus desta forma torna-se inalienável – por esta razão é frequentemente queimado ou destruído – ou intocável, sendo a propriedade de Deus e, nessa qualidade, é fascinante e temido.

O sacrifício é um símbolo da *renúncia aos vínculos terrestres por amor ao espírito* ou à divindade. Em todas as tradições encontra-se o símbolo do filho ou da filha imolados. O exemplo de Abraão e Isaac é o mais conhecido... Mas o sentido do sacrifício pode ser pervertido: é o caso de Agamenon sacrificando Ifigênia, em que a obediência aos oráculos dissimula outros motivos e, em particular, a vaidade de obter vingança. "O único sacrifício válido é a purificação da alma de toda exaltação, purificação da qual um dos símbolos mais constantes é o animal inocente, o cordeiro" (DIES, 69). O sacrifício está ligado a uma ideia de troca em nível da energia criadora ou da energia espiritual. Quanto mais precioso o objeto material oferecido, mais a energia espiritual recebida em troca será poderosa, quaisquer que sejam os seus fins purificadores ou propiciatórios. A forma do símbolo aparece inteira na concepção do sacrifício: como um bem material simboliza um bem espiritual, a oferenda do primeiro atrai o dom do segundo, em recompensa, ou, se poderia até dizer, em justa e rigorosa compensação. Toda a virtude do sacrifício – que será pervertida na magia – reside nesta relação matéria-espírito e nesta persuasão de que é possível agir sobre as forças espirituais por intermédio ou mediação das forças materiais.

A ação ou o gesto do sacrifício, no Antigo Testamento, simboliza o reconhecimento pelo homem da supremacia divina. O sacrifício, no pensamento hebreu, possui um sentido muito particular. A vida deve ser constantemente preferida à morte; o sacrifício da existência, quer dizer, o martírio, só tem valor na medida em que se trata de sacrificar a vida mortal para testemunhar uma vida superior na Unidade Divina. Os sacrifícios humanos são rigorosamente proibidos e substituídos pelos de animais. Na ordem da ascese, jamais se sacrificam as necessidades corporais, arriscando-se a um retrocesso. O sacrifício nunca é mutilação da natureza, pois há unidade entre o corpo e a alma; ambos conjugam-se e ajudam-se mutuamente, cada qual no seu lugar respectivo. Esta união é tão intensa e íntima que a alma, segundo o pensamento hebraico, possui um suporte material no sangue.

O sacrifício do *self* deve ser considerado dentro de uma perspectiva justa, pois o autossacrifício oriundo de uma humildade orgulhosa seria um erro que poderia acabar no masoquismo, distanciando-se, assim, da plenitude do amor. Entretanto, se Deus pede sacrifícios, estes têm de ser executados. O caso de Abraão e Isaac é típico, sob este aspecto. A dor diante do sacrifício consentido não tem de ser renegada; é vivida tragicamente, como a dor de Abraão. E mais: Sara não conseguirá suportar a ideia de que o seu filho poderia ter morrido. Sua comoção é tão aguda que provoca a sua morte (BARH).

Nas tradições célticas, o nome antigo do sacrifício é conhecido pela comparação com o neocelta: irl.: *idpart*; gal.: *aberth*; bret.: *aberzh*. Etimologicamente, é uma oblação (*ateberta*). Assim, não há nenhum vestígio concreto de sacrifício sangrento, exceto nas lendas hagiográficas, sujeitas a dúvida. As indicações de César sobre os manequins cheios de homens aos quais se ateava fogo, as das glosas de Berna sobre sacrifícios pelo fogo, pelo afogamento e pela forca podem não passar de dados místicos incompreendidos. Se houve sacrifícios humanos,

foram raros (apesar dos autores antigos) e circunscritos a algumas cerimônias bem determinadas. Nessas condições, não é possível se afastar do valor geral e do simbolismo de *substituição* que é o do sacrifício. Certos reis irlandeses têm, em fim de reinado, uma morte sacrificial, ao mesmo tempo pelo incêndio de seus palácios, afogamento numa tina de vinho ou cerveja e ferimento. Isto significa que são sacrificados pelos dois elementos principais, o fogo e a água, ao poder dos druidas, da bebida sacrificial e da fogueira. Talvez seja também um rito de *purificação antes da morte*. O Druida, cuja presença era indispensável ao sacrifício, quer como sacrificador, quer como motor imóvel da cerimônia religiosa, desapareceu, enquanto tal, com a cristianização da Irlanda, mas pode ter subsistido sob o aspecto do poeta (*file*) após a cristianização, e é assim que a literatura irlandesa antiga nos foi transmitida (OGAC, **12**, 197-200 e 450).

Para os gregos, o sacrifício é um símbolo de expiação, purificação, apaziguamento, imploração propiciatória.

Ofereciam-se vítimas de cor clara aos deuses do Céu e vítimas de cor escura às divindades ctonianas. O sangue que corre do pescoço da vítima tem de molhar o **altar***.

Nos sacrifícios aos mortos e aos deuses ctonianos, a vítima inteira pertence àqueles para quem foi imolada, enquanto em outros sacrifícios, uma vez retiradas as entranhas e a parte dos deuses, a carne é dividida entre a assistência. "Após a imolação, o sacrificador sempre deve ter o cuidado de retirar-se sem olhar para trás" (LAVD, 844).

De fato, este não pode substituir o ofertante nem a vítima; é apenas o instrumento de execução do sacrifício. O substituto do ofertante é a vítima e é em favor dele que o sacrifício deve alcançar os seus fins benéficos.

Como as paredes dos templos egípcios ilustram massacres de homens pelo faraó, os historiadores acreditaram na existência de sacrifícios humanos no Egito. Parece não ter sido o caso, pelo menos na época histórica. Essas cenas sangrentas simbolizam apenas a vitória que todo rei deve alcançar sobre seus inimigos. Ele implora

874 | SAFIRA (V. AZUL)

o auxílio dos deuses, é certo, mas os ritos não exigem sacrifícios humanos. Todavia, estas representações simbólicas da vitória são afetadas por um poder mágico: têm de permitir que se realize o que representam. A realidade não passa de um pensamento manifestado, uma palavra interior que se exterioriza.

É por isso que o sacrifício celebra, primeiramente, uma vitória interior. A célebre cena de Mitra sacrificando um touro será interpretada pela escola de C. G. Jung, da mesma forma que outros sacrifícios e, mais particularmente, certos ritos dionisíacos, "como um símbolo da vitória da natureza espiritual do homem sobre a sua animalidade, da qual o touro é o representante" (JUNS, 147).

SAFIRA (v. Azul)

Pedra celeste, por excelência, a safira carrega todo o simbolismo do Azul. Lê-se no *Lapidaire* (Tratado sobre pedras preciosas) de Louis IX: "a meditação sobre esta pedra leva a alma à contemplação dos Céus" (MARA). Dizia-se, também, na Idade Média e na Grécia, que a safira cura as doenças dos olhos e liberta prisioneiros. Os alquimistas a associavam ao elemento ar. No séc. XI, o bispo Marbode a descreve nesses termos: "a safira é de uma beleza semelhante ao trono celeste; designa o coração dos simples, daqueles movidos por uma esperança inabalável, daqueles cuja vida brilha, por sua moral e virtude" (GOUL, 214). Da mesma forma, Conrad de Haimbourd considera a safira a pedra da esperança (ibid., p. 218). Detentora da justiça divina, os poderes mais diversos lhe são atribuídos: *conjurar a pobreza; proteger da ira dos Grandes, da traição e dos maus julgamentos; aumentar a coragem, a alegria, a vitalidade; dissipar indisposições; fortalecer os músculos.* Na Índia e na Arábia, a safira protege contra a peste, doença ígnea ligada ao fogo ctoniano (BUDA). O São Jorge barroco do tesouro de Munique, que vence um dragão de esmeralda, está vestido com safiras incrustadas em ouro. No cristianismo, a safira simboliza, ao mesmo tempo, a pureza e a força luminosa do reino de Deus.

Como todas as pedras azuis, no Oriente a safira é considerada um poderoso talismã contra o mau-olhado.

SAGITÁRIO
(Signo zodiacal: 22 de nov. – 20 de dez.)

Na tradição dos upanixades, o sagitário – um homem que tende a identificar-se com a flecha – dedica-se à exaltação do brâmane, cujo conhecimento assegura a libertação do ciclo de renascimentos. É curioso notar que essa libertação do ciclo coincide, efetivamente, com o fim das colheitas e das vindimas, à entrada do inverno, quando toda vida parece extinguir-se. *Aquilo que é brilhante e mais sutil do que o sutil; aquilo sobre o qual repousam os mundos e os habitantes do mundo: eis o brâmane imperecível. Ele é o sopro, a palavra, o espírito; é o real, o imortal. Saiba, meu caro, que este é o alvo a ser atingido.*

Ensina-se que a sílaba *Om* é o arco; o *atma*, a flecha; o brâmane, o alvo. "É preciso atingi-lo sem se deixar distrair. É preciso tornar-se igual à flecha" (*Mundaka Upanishad*, 11, 2, 2-3-4; VEDV, 421).

A **flecha***, à qual se assemelha o sagitário, dá a síntese dinâmica do homem voando em direção a sua transformação, pelo conhecimento, de ser animal em ser espiritual.

Nono signo do Zodíaco: situa-se antes do solstício do inverno quando, findos os trabalhos do campo, os homens passam a se dedicar mais à caça. Símbolo do movimento, dos instintos nômades, da independência e dos reflexos rápidos. Essa parte do Céu é geralmente colocada sob o domínio de Júpiter; nós a colocaríamos sob o de Plutão.

Estamos no final da trindade do Fogo. Se, em **Áries***, a força ígnea fosse visceral e, no Leão voluntarioso, fosse consagrada à magnificência do Eu, aqui, se tornaria a força das decantações espirituais, das iluminações do espírito, das elevações interiores, através das quais o instinto e o ego se ultrapassam, em transcendência, em direção ao sobre-humano. É uma figura de sublimação a que este signo representa: um centauro, com os quatro cascos fincados no chão, erguido diante do

Céu com um **arco*** retesado na mão, orientando a sua **flecha*** em direção às estrelas. Retrato de uma criatura plena que instala a sua vida na maior abertura para o universo. Diz-se, entretanto, que ele corresponde ao signo de Júpiter, princípio de coesão e de unificação, fundindo, na unidade global de uma grande síntese terrestre e celeste, o humano e o divino, a matéria e o espírito, o consciente e o supraconsciente... A sequência própria do Sagitário tem relação, portanto, com uma epopeia, uma sinfonia, uma catedral, um itinerário de um impulso panteísta de integração à vida universal. E, à origem do tipo sagitariano, discernimos um Eu em expansão ou em intensidade, que busca os seus próprios limites e aspira a ultrapassá-los, sob a pressão de uma espécie de instinto de força e de grandeza. Daí vem a aspiração a uma certa elevação ou dimensão, que ele procura em algum arrebatamento, que pode ser um impulso de participação, de assimilação ideal na vida coletiva ou, ao contrário, de revolta contra um poder a ser dominado ou, ainda, a simples inflação do eu que se perde na embriaguez da grandeza...

SAKAKI

O *Sakaki* é, por excelência, a árvore sagrada do *xintoísmo*, em virtude do fato de que o espelho que fez com que *Amaterasu* saísse da **caverna*** estava suspenso a um *sakaki* plantado propositadamente na frente do esconderijo. Desta forma, a *árvore* portadora de sol toma um caráter *axial*.

Os galhos de *sakaki* são utilizados em buquês de oferenda e nos ritos de purificação: é que, de um modo geral, o galho verde é também associado à pureza primordial. Além disso, o *sakaki* – uma árvore de folhas resistentes – aparece como um símbolo de regeneração e de imortalidade (HERS, OGRJ).

SAL

Os vários aspectos do simbolismo do sal resultam do fato de que é extraído da água do mar pela evaporação; diz L. C. de Saint Martin: é *um fogo liberto das águas*, ao mesmo tempo quintessência e oposição. É com a ajuda do sal extraído das águas primordiais *remexidas* por sua lança que *Izanagi* constitui a primeira ilha *central*: Onogorojima. O grão de sal misturado e derretido na água é, ao contrário, um símbolo tântrico da reabsorção do eu no Sol universal. O sal é, ao mesmo tempo, conservador de alimentos e destruidor pela corrosão. Por isso, o seu símbolo se aplica *à lei das transmutações físicas e à lei das transmutações morais e espirituais* (Devoucoux). O porta-voz de Cristo como *sal da terra* (*Mateus*, 5, 13) é, sem dúvida, a sua força e sabor, mas é também o seu protetor contra a corrosão. É, sem dúvida, a esta propriedade que devemos atribuir a sua utilização como purificador no *xintoísmo*: à sua volta do reino dos mortos, *Izanagi* purificou-se na água salgada do mar. A virtude *purificadora e protetora* do sal é utilizada na vida corrente japonesa assim como nas cerimônias xintoístas; a sua coleta é objeto de um ritual importante. Colocado em pequenos montes à entrada das casas, à beira dos poços, nos cantos dos ringues de luta, ou no chão, após as cerimônias funerárias, o sal tem o poder de purificar os lugares e objetos que, por inadvertência, estiverem maculados.

O *alimento sal*, condimento essencial e fisiologicamente necessário, é evocado na liturgia batismal; é *sal da sabedoria*, símbolo do alimento espiritual. O caráter *penitencial* que lhe é por vezes atribuído, se não chega a ser errôneo, é, pelo menos, secundário. Seguindo a mesma ordem de ideias, o sal era, para os hebreus, um elemento importante de ritual: toda vítima tinha de ser consagrada pelo sal. O consumo de sal em comum toma, às vezes, o valor de uma comunhão, de *um laço de fraternidade*. Compartilha-se o sal como o pão.

O sal, combinação e neutralização de duas substâncias complementares, além de seu produto final, é formado de cristais cúbicos: é a origem do simbolismo hermético. O *sal* é a resultante e o *equilíbrio das propriedades de seus componentes*. À ideia de *mediação* acrescentam-se as de *cristalização, solidificação* e também de *estabilidade*, que estabelece a forma dos cristais (AVAS, DEVA, GUET, HERS, SAIR).

876 | SALAMANDRA

O sal simboliza também a *incorrutibilidade*. É por isso que a *aliança do sal* designa uma aliança que Deus não pode romper (*Números*, **18**, 11; *Crônicas*, **13**, 5). O *Levítico* (**2**, 3) faz alusão ao sal, que deve acompanhar as oblações; enquanto *sal da aliança*, sua presença é obrigatória em todo sacrifício. Consumir com alguém o pão e o sal significa, para os semitas, uma amizade indestrutível. Encontra-se um sentido idêntico em Fílon, quando este descreve o alimento dos Terapeutas por ocasião do Sabá: pão, sal de hissope e água doce. Os pães de proposição eram acompanhados de sal. Devido a seu caráter ritual, o uso do sal será adotado pelos cristãos nos jejuns, no batismo etc. (JOUA, 47 s.).

O sal pode ter todo um outro sentido simbólico e opor-se à fertilidade. Nesse caso, a terra salgada significa *terra árida*, endurecida. Os romanos jogavam sal nas terras das cidades que destruíam para tornar o solo para sempre estéril. Os místicos às vezes comparam a alma a uma terra salgada ou, ao contrário, a uma terra fertilizada pelo orvalho da graça; *que se retire o sal da antiga condenação*, escreve Guillaume de Saint Thierry, inspirando-se no *Salmo* **106**, 34. A terra é infértil por ser salgada, diz ainda Guillaume, citando um texto de *Jeremias* **17**, 6. Tudo o que é salgado é amargo, a água salgada é, portanto, uma água de *amargura* que se opõe à água doce fertilizadora.

Observamos que, no Japão, o sal (*shio*) é considerado um poderoso purificador. No mais antigo livro xintoísta japonês, o *Kojiki*, é possível encontrar-lhe uma origem mitológica. O grande Kami Izanakino-Mikoto, tendo-se maculado ao querer rever a sua mulher nos Infernos, vai se purificar lavando-se na água do mar, no pequeno estreito de Tachibana, situado na ilha Kyushyu. O seu nome e o de sua esposa significam: "que se seduzem mutuamente". Certos japoneses jogam sal todos os dias na soleira de suas casas e também dentro delas após a saída de uma pessoa mal vinda. Os campeões do sumô, luta tradicional japonesa, jogam sal nos ringues antes dos combates, em sinal de purificação e para que a luta transcorra num espírito de lealdade.

Para os gregos, assim como para os hebreus e os árabes, o sal é o símbolo da amizade, da hospitalidade, porque é compartilhado, e da palavra dada, porque o seu sabor é *indestrutível*. Homero afirma o seu caráter divino. Ele é empregado nos sacrifícios.

SALAMANDRA

Espécie de tritão que os Antigos supunham ser capaz de viver no fogo sem ser consumido. Foi identificado ao fogo, do qual era uma manifestação viva.

Por outro lado, por ser fria, também lhe era atribuído o poder de apagar o fogo. Para os egípcios, a salamandra era um hieróglifo de homem morto de frio. Francisco I pôs em seus brasões uma salamandra no meio do fogo e adotou esta divisa: *Nele vivo e o extingo*.

Na iconografia medieval, representa o *Justo que, em meio às tribulações, não perde a paz da alma e a confiança em Deus*.

Para os alquimistas, é o "símbolo da pedra fixada no vermelho [...] deram-lhe o nome ao seu enxofre incombustível. A salamandra, que se alimenta de fogo, e a fênix, que renasce de suas cinzas, são os dois símbolos mais comuns deste enxofre" (TERS).

SALGUEIRO

No Ocidente, o *chorão* é às vezes relacionado com a morte, pois a morfologia da árvore evoca sentimento de tristeza. Hermas, por sua vez, considera a conhecida vivacidade da árvore e faz dela um símbolo da Lei divina: a sobrevivência dos galhos cortados e plantados na terra, permanecendo a árvore indivisa, é função da observação desta Lei. *Portanto, se esses galhos forem plantados na terra e receberem um pouco de umidade, muitos deles voltarão à vida*. Além disso, o salgueiro *eternamente verde* é relacionado à Virgem Maria por são Bernardo.

Essas últimas interpretações estão estreitamente ligadas ao simbolismo do salgueiro no Extremo Oriente. Este é, com efeito, um símbolo de imortalidade, o equivalente da acácia maçônica. É por esta razão que a parte central das Lojas da *T'ien-ti huei* onde encontra-se o **alqueire*** é chamada a *Cidade dos Salgueiros* (*mu-yang tcheng*): esta *vila* é uma *morada da imortalidade*. No Tibete, o salgueiro também desempenha um papel de árvore *central*, de Árvore da vida, e parece ter sido este o significado dos salgueiros outrora plantados diante dos santuários de Lhassa (S. Hummel). Os galhos do salgueiro também desempenhavam um papel axial nos ritos uigúricos de circum-ambulação. É interessante notar, pelo menos a título de curiosidade, que o poeta taoísta Hi-k'ang trabalhava na forja debaixo de um salgueiro plantado no meio do seu quintal. Ora, a forja (*v.* **ferreiro***) é um meio simbólico de comunicação com o Céu. E se a sepultura de personagens místicos situar-se à sombra de um salgueiro, o sentido disto também é claro. Lao-tse gostava de instalar-se à sombra dessa árvore para meditar.

O salgueiro é às vezes usado como emblema do *Bodhisattva Avalokiteshvara*, considerado dispensador da fecundidade, no que não se distingue de sua forma feminina chinesa: Kuan-yin.

Já o salgueiro *macho*, por não dar frutos, é um símbolo de pureza. E registramos, por fim, que o movimento dos galhos dessa árvore lhe dá a imagem de graça e de elegância de formas: a comparação é usada como clichê nas descrições do corpo feminino (GUET, HUMU, LECC, MASR, MAST, SOUD).

Para os povos indígenas da pradaria, o salgueiro é também uma árvore sagrada, símbolo da primavera cíclica:

"O ramo que o Pássaro trouxe era de salgueiro e tinha folhas" (CATI, 46).

Na Rússia ocidental, ao contrário, diz-se que "aquele que planta um salgueiro prepara a enxada para o seu túmulo" (DALP). Não fica claro se essa morte, anunciada pelo salgueiro, é concebida como a passagem para a imortalidade que, em outras regiões, essa árvore simboliza.

SALIVA

Símbolo da criatividade e da destruição. Jesus cura um cego com sua saliva (*João*, **9**, 6). Jó fala de inimigos que cospem no seu rosto (*Jó*, **17**, 6).

A saliva apresenta-se como uma secreção dotada de um poder mágico ou sobrenatural de duplo efeito: ela une ou dissolve, cura ou corrompe, aplaca ou ofende.

Misturada às operações da palavra, a saliva assume a virtude desta. Assim, para os bambaras, "cuspir significa dar a sua palavra, fazer um juramento" (DIEB). Na África, na América e no Oriente, são inúmeros os mitos que conferem à saliva uma virtude de líquido seminal, inúmeros os heróis gerados pelo efeito da saliva de um deus ou de um herói.

SALMÃO

O simbolismo do peixe no mundo céltico está mais ou menos concentrado no salmão, outrora muito comum e que desempenhou um papel importante na alimentação dos povos nórdicos. As outras espécies quase não aparecem, com exceção da **baleia*** (cujo nome é um empréstimo germânico). Nos textos, a palavra *peixe*, empregada sem precisões adicionais, é quase sempre sinônima de *salmão*. O salmão é o homólogo do **javali*** e é o animal da *ciência sagrada*. Um número importante de textos irlandeses trata de uma *fonte da sabedoria*: às suas margens cresce uma aveleira, ou uma sorveira, coberta de avelãs escarlates. Ali vivem os salmões da sabedoria que se alimentam das avelãs que caem na água. Aquele que comer da carne desses peixes torna-se vidente e onisciente. Foi o que aconteceu ao herói Find, quando jovem: aluno de um poeta ou *file*, encontrava-se, um dia, ocupado em assar um salmão para o seu mestre. Porém, ao virar o espeto, queimou-se e levou o dedo à boca. Encheu-se imediatamente da sabedoria universal e ficou com um dente profético: bastava morder o **polegar*** com o dente de siso para ter o dom da profecia. O salmão é, ainda, o alimento de Eithne (alegoria da Irlanda) após a sua conversão ao cristianismo. Animal *druídico* por excelência, juntamente com o javali e a **garriça***, o salmão é um dos símbolos da sabedoria e da alimentação espiritual. Aparece como animal primordial no conto arturiano de Kulhwch e Olwen, no relato apócrifo dos *Antigos do Mundo*, no País de Gales,

878 | SALTO

nas aventuras de Tuan mac Cairill, na Irlanda. A forma de salmão é o último grau da metempsicose: depois de ter vivido cem anos sob esta forma, Tuan é pescado, levado à rainha da Irlanda, que o come e engravida.

SALTIMBANCO, O (v. Mago, O)

SALTO

Para os celtas, o salto é uma proeza guerreira, fazendo parte dos recursos utilizados pelo herói, seja para escapar de um adversário, seja para derrotá-lo. Também pode estar ligado à expressão de uma *afronta*, ou ser sinal de violenta *cólera*. Cuchulainn, o jovem herói de Ulster, recorre ao salto com frequência. O seu simbolismo é, portanto, inteiramente militar, desprovido de qualquer valor espetacular ou recreativo. Um povo da Gália, os *língones*, chamam-se os *saltadores* (hoje, a cidade de Langres), o que permite pensar que as concepções cujos vestígios encontramos na Irlanda também existiam no continente (OGAC, 11, 37-39).

Em outras tradições, entretanto, os saltos fazem parte de certas cerimônias litúrgicas; nesse caso simboliza a *ascensão* celeste.

SAMSARA

Termo sânscrito (de *Sam-S R*: "fluir com") que indica o ciclo dos nascimentos, das mortes, o fluxo do devenir fenomenal, simbolizado, na arte hindu, por uma roda com seis, oito ou doze raios em torno do eixo, cada raio representando um aspecto da vida ou da lei. *É o fluxo tumultuado no qual os ignorantes se debatem com satisfação*, o mundo do tumulto, da dor e da angústia. O eixo representa o centro, aonde a consciência tem de voltar para descobrir a paz: é a via da sabedoria. Sem o que, ninguém escapará da roda das existências, numa sequência indefinida de reencarnações. Os atos das vidas anteriores mergulham os vivos numa correnteza de existências, sem começo ou fim, até a libertação final pelo **Nirvana***. Os prazeres oriundos do Samsara, como os conhecimentos das aparências e das construções mentais, não gozam de nenhuma existência própria.

Seguindo uma concepção budista mais sutil, o Samsara identifica-se com o Nirvana na circunstância de que os dois termos designam uma natureza dependente, mas o primeiro, sob a forma de uma consciência perturbada pelas inclinações sensuais e sob o aspecto da natureza maculada, enquanto o segundo evoca espírito da pureza e a consciência do absoluto. Tendo alcançado essa interioridade mística, pela qual a consciência domina o turbilhão das aparências, o Buda "escapa à existência e à não existência; nem é abandono nem aquisição; toda dualidade é abolida" (SILB, 258-260).

SANDÁLIA (v. Calçado, Pé, Sapato)

A sandália é, como diria Segalen, *aquilo que se interpõe entre a terra e o corpo pesado e vivo*: daí a importância do simbolismo das sandálias *descalças*, rito maçônico que evoca a atitude de Moisés no Sinai, quando toma contato com a *terra santa* de pés descalços. A retirada da sandália e a doação desta ao parceiro era para os hebreus a garantia de um contrato (*Ruth*, 4, 7-8).

Para os antigos taoistas, as sandálias eram o *substituto do corpo* dos Imortais (de Huang-ti, por exemplo, que, como único vestígio, deixou as sandálias), mas também o seu meio de locomoção nos ares: *homens das solas de vento*, suas sandálias tinham asas; é até possível que elas fossem pássaros. Enquanto instrumentos da imortalidade e o próprio símbolo do Elixir da vida, é compreensível que frequentemente esses acessórios sejam confeccionados por sapateiros-Imortais.

Observe-se – caso muito particular – o sentido esotérico que al-Jili dá às *sandálias*: vestígios dos dois aspectos polares da Essência (os *pés*) no mundo manifesto.

As sandálias, ou os calcanhares alados – por exemplo: Hermes, Perseu, Pégaso –, são tanto um símbolo de *elevação mística* quanto de velocidade aérea.

SANGUE (v. Fogo, Vermelho, Verde)

O sangue simboliza todos os valores solidários com o **fogo***, o calor e a vida que tenham relação com o **Sol***. A esses valores associa-se tudo o que é belo, nobre, generoso, elevado. Também participa da simbologia geral do **vermelho***.

O sangue é universalmente considerado o veículo da vida. *Sangue é vida*, diz-se biblicamente. Às vezes, é até visto como o princípio da geração. Segundo uma tradição caldeia, é o sangue divino que, misturado à terra, deu a vida aos seres. De acordo com vários mitos, o sangue dá origem às plantas e até mesmo aos metais. No antigo Camboja, o derramamento de sangue nos dias de torneio ou de sacrifícios proporcionava a fertilidade, a abundância e a felicidade – era um presságio de chuva. Já assinalamos que as **flechas*** atiradas em direção ao **além*** celeste por Cheou-sin faziam chover sangue. O sangue – misturado à água – da chaga de Cristo, recolhido no Graal, é, por excelência, a *bebida da imortalidade*. O mesmo ocorre, *a fortiori*, com a transubstanciação eucarística. Observaremos o uso de um simbolismo da mesma ordem no **juramento*** de sangue da Antiguidade e das sociedades secretas chinesas.

O sangue corresponde, ainda, ao calor, vital e corporal, em oposição à luz, que corresponde ao sopro e ao espírito. Dentro da mesma perspectiva, o sangue – princípio corporal – é o veículo das paixões (CADV, ELIF, GUEM, GUES, PORA, SAIR).

O sangue é considerado por certos povos o *veículo da alma*, o que explicaria, segundo Frazer, os ritos dos sacrifícios, durante os quais todo cuidado era tomado para que o sangue da vítima não se derramasse no chão (rito das ilhas Salomão, em FRAG 1, p. 358). Na Nova Zelândia, todo objeto que receba uma só gota do sangue de um grande chefe torna-se sagrado. Reencontramos, aqui, o simbolismo da comunhão pelo sangue ou do laço de enfeudação pelo juramento de sangue.

Certos mitos de fim de mundo dos povos uralo-altaicos da Ásia central ilustram de modo notável a associação *sangue-fogo celeste*. Em um desses mitos (dos iuracos do círculo de Obdorsk), o mundo é extinto por um incêndio causado pela morte de uma árvore sagrada, que, ao cair, espalha o seu sangue na terra e este transforma-se em fogo. Para os tártaros do Altai, é um herói enviado pelo Deus supremo, que, lutando contra o Diabo, derrama sobre toda a terra o seu sangue, que se transforma em chamas. Em um poema alemão do século IX, assim como nas *Revelações* russas do Pseudométodo, é o sangue de Elias, combatendo o Anticristo, que pega fogo e devora toda a terra (HARA, 99-100).

SANGUESSUGA

Segundo uma tradição do Bengala, depois da tartaruga e do caranguejo, a sanguessuga, terceiro demiurgo, é enviada pelo Deus supremo Sol, esposo da Lua, para trazer a terra de volta do fundo do oceano (ELIT). Ela faria parte desses numerosos animais geóforos e cosmóforos, que simbolizam os elementos primordiais de que é composto o universo.

SANTUÁRIO (*v.* Templo)

O santuário significa o lugar dos segredos. É nesse sentido, pelo menos, que Fílon dirá que a entrada no santuário designa transpor os mistérios divinos. Dá-se esse nome a um local preservado, intocável, que encerra um tesouro essencial.

O santuário céltico é essencialmente silvestre. César explica que os Druidas da Gália tinham o seu *lugar consagrado* na floresta dos carnutes, e a maior parte dos documentos também indica florestas. Etimologicamente, o termo *santuário* comum a todas as línguas célticas, *nemeton*, designa *um lugar circular no bosque*, frequentemente traduzido pelos latinos por *lucus*. Na Irlanda, na época cristã, *nemeth* designa um recinto consagrado e, na Bretanha, *nemet* é, no séc. XI, o nome de uma floresta. Segundo Strabon, o conselho supremo dos gálatas da Ásia Menor reunia-se em um *drunemeton* (santuário, lugar sagrado). Etimologicamente, a palavra *santuário* tem parentesco com as palavras **Céu*** (*nemos*), *abóbada* (indo-europeu), **luz*** e *santidade*. A **árvore***, cujas raízes mergulham na terra e cujo cimo toca o Céu, é o intermediário obrigatório entre o homem e a divindade (OGAC, **12**, 185-197).

880 | SAPATO

SAPATO

"Andar de sapatos é tomar posse da terra", observa Jean Servier, em *Les Portes de L'Année* (Robert Laffont, Paris, 1962, p. 123). Para apoiar essa interpretação, o sociólogo cita exemplos tirados da Grécia e do Oriente antigo, assim como do norte da África.

Ele lembra uma passagem da Bíblia: "Ora, antigamente era costume em Israel, em caso de resgate ou de permuta, para validar o negócio, um tirar a sandália e entregá-la ao outro" (*Ruth*, 4, 7-8). Os exegetas da *Bíblia de Jerusalém* observam, efetivamente, a esse respeito: *Aqui, o gesto sanciona [...] um contrato de troca. Pôr o pé ou jogar a sandália num campo significa tomar posse dele. Assim, o calçado torna-se o símbolo do direito de propriedade. Ao tirar-lhe ou devolver-lhe o calçado, o proprietário transmite ao comprador esse direito.*

Jean Servier também observa que **Hermes***, "protetor dos limites e dos viajantes que ultrapassam os limites, é um deus calçado, pois tem a posse legítima da terra onde se encontra. Da mesma forma", acrescenta o autor, "em terra islâmica, o estrangeiro tem de passar a soleira da casa de seu anfitrião descalço, mostrando, com esse gesto, que não tem nenhuma ideia de reivindicação, nenhum direito de propriedade; o chão da mesquita e dos santuários não pertence aos homens e por isso estes têm de se descalçar antes de entrar" (p. 124 s.).

Nas tradições ocidentais, o calçado teria uma significação funerária: um agonizante *está partindo*. O sapato, a seu lado, indica que não está em condições de andar, revela a morte.

Mas esta não é sua única significação. Simboliza a viagem, não só para o outro mundo, mas em todas as direções. É o *símbolo do viajante*. Talvez seja nesse símbolo que inconscientemente se inspira a tradição relativamente recente dos *sapatos na lareira*, ali colocados para ganhar os presentes de Papai Noel; ela indicaria que o proprietário também é considerado um viajante e que está precisando de um farnel; separado de seus sapatos, interrompeu a sua trajetória; espera do Céu os meios para prosseguir numa nova etapa.

Na China do Norte, a palavra *sapato* se pronuncia igual à que significa *compreensão recíproca*. Por isso, um par de sapatos simboliza a harmonia do casal e estes eram oferecidos como presente de casamento.

Quando Dona Prouhèze, obedecendo ao marido, parte para a Catalunha, onde sabe que tudo fará para encontrar Rodrigo, seu amado, é tomada de uma inspiração e, de pé na sela de seu burro, põe o seu sapato de cetim entre as mãos de uma estátua da Virgem:

> Então, enquanto ainda é tempo, com o coração em uma mão
> [e o sapato na outra,
> Entrego-me a vós! Virgem Mãe, eu vos dou meu sapato!
> Virgem Mãe, guardai em vossa mão o meu infeliz pezinho!
> Previno-vos que em breve não vos verei mais e tudo farei contra vós!
> Mas, quando tentar precipitar-me no mal, que seja com um pé manco!
> Quando quiser transpor vossa barreira, que seja com uma asa cortada!
> Terminei o que eu podia fazer, e vós, guardai o meu pobre sapato,
> Guardai-o no coração, ó Grande Mãe assustadora!

Dona Prouhèze revela aqui a dilaceração entre dois símbolos, que são os *símbolos da identificação*. Seu coração é o amor por Don Rodrigo, é a atração à qual não se sente mais capaz de resistir. Seu sapato simboliza uma outra parte dela mesma: *Entrego-me a vós,* diz ela, oferecendo-o à Virgem; ele representa todas as fidelidades a seu marido, à Virgem, ao seu ideal cristão, todas as censuras que lhe proíbem de ceder ao seu amor. É um sapato de cetim, precioso, mas frágil, símbolo da consciência. Ela o oferece, o confia à Virgem a fim de preservá-lo para sempre. Ao entregá-lo à *grande Mãe assustadora*, mostra que toda uma parte de si mesma recusa-se a ir ao encontro do amor, parte que ela renega. O pé descalço lembrar-lhe-á a cada instante sua ferida e seus laços abandonados. Sua consciência a condena, e Dona Prouhèze aceita essa condenação indo ao encontro de Rodrigo com apenas a metade de seus meios, a metade de si mesma, *com um pé manco, uma asa cortada.* Ela irá, mesmo assim, mas irá mais devagar. Nessa situação, o sapato oferecido à Virgem simboliza, por um lado, a personalidade de Dona Prouhèze, em particular, a sua consciência; por outro, uma autopunição pelo seu amor ilegítimo, já que a jovem se priva do conforto de um sapato e aceita ficar manca. A cena se une ao conjunto da simbólica tradicional, em que *o manco* sempre designou uma fraqueza de ordem psíquica. Ao entregar o seu sapato à Virgem, Dona Prouhèze reconhece não poder mais assegurar, sozinha, a defesa contra si mesma: seu gesto toma um tom de súplica; é, ao mesmo tempo, um desafio e um chamado de socorro.

Mas, na medida em que Dona Prouhèze simboliza a mulher e na medida em que, ligada a Rodrigo por um amor destinado ao sacrifício, simboliza a humanidade inteira; a mulher e a humanidade, através do símbolo do sapato, que são jogadas nos braços da Virgem, a Mulher sublime por excelência. O símbolo toma a dimensão teológica e claudeliana da Comunhão dos Santos. Ao aceitar essa dádiva, ao mesmo tempo prova de fidelidade, chamado de socorro e desafio da paixão, a Virgem está acolhendo essa atormentada figura da humanidade, a fiel infiel.

O sapato de Cinderela, na sua primeira versão, que remonta a Elieno, orador e narrador romano do séc. III, confirma essa identificação do sapato com a pessoa. Quando uma cortesã, Rodopis, tomava banho, uma águia roubou-lhe a sandália e levou-a ao faraó. Este, impressionado com a delicadeza do pé, fez com que procurassem a jovem por todo lugar; ela foi encontrada e ele a desposou. Da mesma forma, o sapato que Cinderela abandonou no palácio do príncipe quando fugiu, à meia-noite, se identificava com a moça.

Grande foi a surpresa quando Cinderela tirou do bolso o sinal de reconhecimento, a prova irrefutável, o *outro sapatinho, que colocou no pé*: a prova da identidade da pessoa. O príncipe, apático desde o seu desaparecimento, tendo-a enfim

reencontrado, casa-se com ela por sua beleza, apesar de sua pobreza e dos seus farrapos. Alguns intérpretes fizeram deste símbolo de identificação um símbolo sexual, ou, pelo menos, do desejo sexual despertado pelo pé*. Aqueles que consideram o pé um símbolo fálico verão facilmente no sapato um símbolo vaginal e, entre os dois, um problema de adaptação que pode gerar angústia.

SAPO

O medo desse animal crepuscular faz dele comumente, entre nós, um símbolo de fealdade e de falta de jeito. Mas basta superar essa aparência para descobrir que o sapo traz consigo todos os significados nascidos da grande cadeia simbólica água-noite-Lua-yin. Os chineses o consideram a divindade da Lua, sobre a qual o veem. A mulher de Yi-o-Bom-Arqueiro, que fugira correndo atrás dele depois de furtar a droga da imortalidade que ele recebera da rainha mãe do Ocidente, chegou à *Lua* e foi transformada em sapo. Ali permaneceu, então, como deusa. Deusa da Lua. O que se poderia aproximar, pelo menos a título de curiosidade, do antigo provérbio registrado por Littré: *Quando se ama o sapo, parece amar-se a Lua.* É também um sapo que *devora* a lua por ocasião dos **eclipses***. Se a tradição chinesa parece hesitar, por vezes, entre um aspecto *yin* e um aspecto *yang* do sapo, é o primeiro que predomina, o que se explica pela predileção do animal por recantos sombrios e úmidos. O sapo não se distingue sempre, aliás, tão exatamente quanto se pensa, da rã; e o sapo velho, uma vez seco, chama *chuva* como a rã. Além disso, o sapo confere proteção às armas contra o agressor.

Os vietnamitas, que muito apreciam o animal e conhecem tanto quanto nós o seu papel de anunciador da chuva, dizem que ele é *o tio do deus do Céu, a quem se encomendam os abençoados aguaceiros. Aquele que lhe fizer mal corre o risco de ser fulminado pelo Céu.* O sapo é, ainda, símbolo de *sucesso*; e, quando *escarlate*, símbolo de força (é dado como fortificante às crianças), de coragem e de riqueza: *Que o menino talentoso leve nos braços o sapo escarlate*, diz uma lenda de imagem popular vietnamita. *Sapo escarlate* é sinônimo de homem rico. Cumpre explicar isso pela extrema raridade do animal ou pela sua cor propícia?

Entre os maia-quichés como no Extremo Oriente, o sapo é um deus da *chuva*. Diz-se em Yucatán que os sapos *rezam melhor que nós* para pedir chuva (GIRP, 151). Na iconografia asteca, o sapo representa a terra (KRIR, 41).

Nos mitos referentes à origem do fogo, entre alguns povos indígenas da América do Sul (tupinambá, chiriguano), o sapo se faz cúmplice do homem para furtar o fogo ao seu primeiro dono, o abutre (METT).

As tradições africanas relativas ao sapo são muito diversas.

Para os bambaras, ele se transforma em rato na estação seca (ZHAB). Por outro lado, existe uma ligação entre o homem e o sapo pelo fato de que, em certa etapa da gestação, o *embrião humano* se transforma em sapo – caso se trate de um embrião feminino –, ou num pequeno lagarto – caso seja um embrião macho. Ligado à água, à terra, à mulher e à umidade, o sapo cura as queimaduras e é tido como invulnerável à mordida da serpente, avatar do fogo; e é capaz de provocar a inércia da serpente que o engolir. "Está em afinidade com o sexo da mulher, provocando, por ocasião do coito, a flacidez pós-ejaculatória do pênis" (ZAHB, 58). Em função desse mesmo simbolismo, os bambaras "comparam-no à terra, à qual o Sol – essa outra serpente – não pode fazer dano ao mordê-la. Enfim, como todos os símbolos associados ao complexo terra-água-Lua, ele exprime esotericamente o conceito de morte e de renovação, donde sua utilização para designar uma classe de sociedade iniciática. O instrumento de música que o representa nessa ocasião é o tambor, cujo simbolismo sexual é evidente" (ZAHB).

Entre povos bamouns, seu nome é Tito. "Ele é a síntese das horizontais e das verticais. Evoca a silhueta de um personagem sentado ou de um carregador. Tem papel muito importante nas lendas sobre as *origens* [...] às margens do lago Tchad, é ao sapo que as mulheres devem um hábito fundado inteiramente nos laços místicos

que ligam à vida do sapo a vida desses locais " (MVEA, 61).

E, no entanto, para os pigmeus bambutis, o sapo seria um *espírito maléfico*, responsável (propositalmente?) pelo fato de a morte instalar-se na terra (SCHP, 76).

Segundo a tradição peúle de Kaydara, o óleo de sapo perfura a pedra (*v.* **pedra*** chata, símbolo do duplo conhecimento). Ao discípulo que lhe pergunta como passar da ignorância ao saber, o mestre da iniciação responde: *Transforma-te em óleo de sapo.* O que equivale a dizer que o homem, sem deslocar as coisas, pode penetrar nelas profundamente pela *fluida* finura do seu espírito (HAMK, 6).

No Ocidente, o sapo teria sido um símbolo régio e solar, anteriormente à flor-de-lis. Figura, nessa qualidade, no estandarte de Clóvis. Mas não haverá aqui também, pergunta Guénon, confusão com a rã, símbolo de ressurreição? O sapo é, com efeito, considerado mais frequentemente o inverso da rã, da qual seria a face lunar, *infernal e tenebrosa.* Ele interceptaria a luz dos astros por um processo de absorção. Seu olhar fixo denotaria insensibilidade, ou indiferença à luz (DURV, GRAD, GUES, NGUC, SOUL).

Como tantas teofanias lunares, o sapo é também o atributo dos *mortos.* "No antigo Egito, o sapo – e a rã – eram associados aos mortos. Exemplares de batráquios mumificados já têm sido descobertos em túmulos... O sapo é, com a serpente, o atributo natural do esqueleto na Idade Média" (TERS, 135).

Na Grécia, ele era o nome de uma cortesã das mais célebres, Frineia, que se lançou às ondas, inteiramente nua, "para figurar Anadiômena", depois de ter tomado parte com outras cortesãs, nos "folguedos licenciosos a que Afrodite servia de pretexto e que encerravam as festas Poseidonia" (SECG, 379). Frineia tinha o título de intérprete e sacerdotisa de Afrodite. O sapo parece haver simbolizado nela a *luxúria.*

Nas tradições europeias de magia e de feitiçaria, o sapo tem papel definido. Quando entronizado no ombro esquerdo de uma bruxa, é uma das formas do demônio, o que parece indicado pelos dois chifres minúsculos que tem na fronte. "As bruxas tinham com os sapos todos os cuidados: elas os batizavam, vestiam os sapos de veludo negro, atavam-lhes guizos aos pés e faziam com que dançassem" (GRIA, 134). A pedra que existe, ao que consta, na cabeça dos sapos era considerada um talismã precioso, que assegurava a felicidade neste mundo (GRIA, 386).

SARÇA

Na Bíblia, a sarça *ardente* simboliza *a presença de Deus*. E essa é, justamente, a imagem da sarça ardente no meio da qual Deus aparece a Moisés, e que arde sem se consumir (*Êxodo*, **3**, 2). Segundo os *Juízes* (**9**, 8-15), as árvores quiseram "ungir um rei para reinar sobre elas", e escolheram a sarça (ou espinheiro). Esta aceitou a escolha, dizendo, porém, que ofereceria sua sombra se a eleição fosse de boa-fé, caso contrário, "sairá fogo dos espinheiros e devorará os cedros-do-líbano!"

Nas tradições celtas, o simbolismo da sarça não difere do simbolismo da **árvore***, o que se pode notar, ainda, no título de um texto da Idade Média galesa, *Kat Godeu* (Combate dos Arbustos). A palavra *godeu* significa, ao mesmo tempo, *arbusto e pensamento*, o que confirma a equivalência simbólica da *madeira*, da *sarça* e da *ciência* (OGAC, **5**, 119).

Em sua natureza amoral, o símbolo, como um diabrete malicioso, gosta de sobrepor os contrários a ponto de chocar, e até mesmo de escandalizar, se porventura nos esquecemos de aprender seu sentido global. Por isso, acontece que a palavra designativa da *sarça* ou *sarça ardente*, a qual, por causa da espessura de sua moita, supostamente esconde um tesouro, pode designar também, na literatura galante, o sexo da mulher e, na linguagem sagrada, a presença de Deus. Ardente, ela o é em ambos os casos, assim como igualmente forte e devastador é o desejo que costuma suscitar. Vale lembrar que nos textos litúrgicos da Idade Média a expressão *sarça ardente* constituía uma metáfora para designar a Virgem, mãe de Deus, e que manifestava ao mesmo tempo a presença de Deus, seu amor abrasador e sua revelação.

SARCÓFAGO

Símbolo da terra, enquanto receptáculo das forças da vida e local de suas metamorfoses. A ser associado com o *ovo filosófico* dos alquimistas, com o **vaso*** dos cabalistas e com o símbolo da mãe, enquanto nutriz e centro de repouso.

Os *Textos dos sarcófagos* são uma das mais ricas fontes para o conhecimento do Antigo Império Egípcio. Neles, o sarcófago também aparece como refúgio da vida de além-túmulo, uma proteção contra inimigos visíveis e invisíveis que rondam o defunto, e local de transformações que abrirão o acesso à vida eterna. É a **casa*** do morto, que pode sair por uma porta pintada em um dos lados e olhar para fora através dos olhos pintados na frente.

Na Grécia, o sarcófago tende a transformar-se em **templo***, com maior ou menor riqueza ornamental e arquitetônica. Os mais famosos encontram-se na Ásia Menor helenizada. Esculturas descrevem a vida do defunto e sua ascensão celeste.

SATANÁS (*v.* Demônio, Diabo)

Dentre os diabos e demônios, Satanás designa, por antonomásia, o *Adversário*, um adversário tão arrogante quanto mau: "No dia em que os Filhos de Deus vieram se apresentar a Jeová, entre eles veio também Satanás. Jeová então perguntou a Satanás: 'Donde vens?' – 'Venho de dar uma volta pela terra, andando a esmo' (*Jó*, **1**, 6-7).

Esse termo – Satanás, o Adversário –, observam os tradutores da Bíblia de Jerusalém, é tirado da Linguagem jurídica (*Salmos*, **109**, 6-7).

O termo passará a designar, cada vez mais, *um ser essencialmente mau e se tornará um nome próprio, o do poder do mal, aliás, sinônimo de* **Dragão***, **Diabo***, **Serpente***, *que são outras designações ou figuras do espírito do mal. Satanás tenta o homem para o pecado, como a serpente no* Gênesis.

Na tradição africana, a palavra veio pelo islamismo. Mas aqui, não significa o antideus, pois nada pode existir contra Gueno. É um espírito esperto, que age por más sugestões e incitações (HAMK, 37).

Nas tradições herméticas, "Satanás é um outro nome para **Saturno*** enquanto princípio da *materialização do Espírito*; é o Espírito se involuindo, caindo na matéria, a queda de Lúcifer, o portador da luz [...]. O mito de Satanás resume todo o problema do que denominamos *o mal*, que não passa de um *monstro* netuniano. A sua existência, totalmente relativa à ignorância humana, é apenas um desvio da luz primordial que, sepultada na Matéria, envolta na obscuridade e refletida na desordem da consciência humana, tende constantemente a aparecer. No entanto, esse desvio, pelos sofrimentos que acarreta, pode ser o meio de reconhecer a verdadeira hierarquia dos valores e o ponto de partida da transmutação da consciência que, em seguida, torna-se capaz de refletir, de modo puro, a Luz original" (SENZ, 315 n. 417).

Para os cátaros, Satanás é o *demiurgo*, o criador do mundo. É ele que aparece e fala aos seus profetas; a nenhum olhar é dado perceber o Deus bom. Há, sem dúvida, uma relação entre o pensamento dos ascetas judeus do séc. XII e a doutrina cátara; entre esta e o livro *O Bahir*, a respeito do papel cósmico de Satanás, assim como entre a demonologia cabalística e a dos cátaros no que se refere às mulheres de Satanás. É Lilit, principalmente, que a tradição retém como a mulher de Satanás. Apesar dos inevitáveis pontos de contato, os sábios judeus da Provença tinham plena consciência do abismo que os separava dos cátaros no que se referia aos demônios e a esse mundo mau, que só podia ser obra de Satanás (SCHK, 250 s.).

SÁTIRA

No Egito, a sátira ridicularizava fatos e gestos de pessoas dos mais variados ofícios, do escriba ou burocrata aos padeiros, sapateiros, ferreiros etc. Por exemplo: "o padeiro está todo ocupado com o seu pão; quando põe os pães no fogo, sua cabeça penetra no interior do forno e o seu filho o segura com força pelos pés. Se ele escapulir de suas mãos despencará no fundo do forno" (POSD, 210). A sátira egípcia dos ofícios não deixou de inspirar autores da Bíblia hebraica. O famoso exemplo do *Eclesiástico* (38, 24 s.) mostra que os ofícios

manuais, indispensáveis à sociedade, mantêm o espírito absorvido com preocupações materiais, enquanto só o lazer gera a sabedoria:

A sabedoria do escriba se adquire em hora de lazer,
aquele que está livre de afazeres torna-se sábio...
Todos os demais depositam confiança em suas mãos
e cada um é hábil na sua profissão.
Sem eles nenhuma cidade seria construída...
Não brilham nem pela cultura nem pelo julgamento,
não se encontram entre os criadores de máximas,
mas asseguram uma criação eterna...
Diferente é aquele que aplica a sua alma,
o que medita na lei do Altíssimo.
Ele investiga a sabedoria de todos os antigos,
Ocupa-se das profecias.
Conserva as narrações dos homens célebres,
penetra na sutileza das parábolas...

A sátira, aqui, é de inspiração moral e social e procede de uma concepção muito aristocrática e sacerdotal da sabedoria.

No mundo céltico, a sátira possui um poder bem diverso. É um encantamento cantado, e não um canto, propriamente, que o poeta (ou druida) irlandês pronuncia contra quem quer que lhe tenha negado alguma coisa – em geral, um rei. Os efeitos quase automáticos da sátira, mesmo injustificada, são, segundo todos os textos, a aparição de *três tumores* no rosto da vítima. A esta, então, só cabe morrer de vergonha ou abandonar a sua função, pois a tara física a *desqualifica*. Mas, mesmo sem qualquer dano físico, os negócios do rei Bres repentinamente começam a desandar porque o *file* (poeta) Cairpre, que ele havia recebido com parcimônia, compôs uma sátira contra ele. Luaine, esposa (ou concubina) do rei de Ulster, Conchobar, morre de vergonha porque o druida Airthine e seus filhos pronunciaram contra ela um encantamento supremo (*glam dicinn*) que lhe fez aparecerem três espinhas no rosto (*Vergonha, Culpa* e *Feiura*): ela havia lhes recusado os seus favores. O nome do especialista do encantamento, *cainte*, tem relação com *canto* e com o *plainte* (fr.) (queixume, lamento), mas esta última, na verdade, é usada por toda a classe sacerdotal, da qual ela simboliza a força *mágico-guerreira* (OGAC, **16**, 441-446; **17**, 143-144).

SATURNO
(para a mitologia grega, *v.* Cronos)

O Saturno romano não se identifica com o Cronos grego, ao contrário do que afirmam certas interpretações um pouco precipitadas, que só se justificam bem mais tarde. A sua associação ao rei **Jano***, que o teria acolhido em Roma, teria deixado a imagem de uma era de ouro: aqui, ele simboliza o herói civilizador e, em particular, aquele que ensina o cultivo da terra. Nas festas que lhe eram consagradas, as Saturnais, as relações sociais eram invertidas – os criados mandavam em seus senhores e estes serviam os seus escravos à mesa. Seria uma obscura lembrança o fato de Saturno ter destronado o pai, Urano, antes de, por sua vez, ser destronado por seu filho Zeus, ou Júpiter? Não seria possível interpretar tal cerimônia no sentido psicanalítico do Complexo de Édipo: a supressão do deus, do pai, do senhor? Durante as Saturnais, por um breve momento, o povo submetia os seus senhores à sorte que estes haviam imposto aos seus pais, a sorte que Saturno havia reservado ao seu pai.

Para os sumerianos e os babilônios, Saturno é o astro da justiça e do direito (DHOB, p. 94). Observa-se aqui o sentido que ele terá na Roma primitiva. Aparentemente, ele estaria ligado às funções solares de fecundação, de governo e de continuidade na sucessão dos reinos, como as estações.

Para o pensamento hermético, aos olhos dos *químicos vulgares*, Saturno é o chumbo. Mas para os *Filósofos herméticos*, é a cor preta, da matéria dissolvida e putrefata, ou o cobre comum, o primeiro dos metais, ou ainda o vitríolo azoico de Raymond Lulle, que separa os metais (PERD). Todas estas imagens que indicam uma função separadora, ao mesmo tempo um começo e um fim, uma interrupção num ciclo e o começo de um novo ciclo, em que a ênfase maior é dada a um corte ou a um freio na evolução.

Na astrologia, Saturno encarna o princípio da concentração, da contração, da fixação, da condensação e da inércia. É, em suma, uma força que tende a cristalizar, a fixar na rigidez as coisas existentes, opondo-se, assim, a toda mudança. O nome de *Grande Maléfico* lhe é conferido a justo título, pois ele simboliza todo tipo de obstáculo, as paradas, a carência, o azar, a impotência, a paralisia. O lado bom do seu influxo confere uma profunda penetração, resultante de longos esforços refletidos, e corresponde à fidelidade, à constância, à ciência, à renúncia, à castidade e à religião. Os seus dois domicílios – Capricórnio e Aquário – são opostos aos luminares, portanto, à luz e à alegria da existência. No organismo, ele rege a estrutura óssea.

Saturno é o planeta *maléfico* dos astrólogos; sua luz, triste e fraca, evoca, desde os primeiros tempos, as tristezas e provações da vida; sua alegoria é representada pelos traços fúnebres de um esqueleto movendo uma foice. No nível mais profundo da função biológica e psicológica que Saturno representa, na verdade, descobrimos um fenômeno de desprendimento: a série de experiências de separação que se encadeia ao longo da história do ser humano, desde a ruptura do cordão umbilical do recém-nascido até o despojamento supremo do velho, passando pelos vários abandonos, renúncias e sacrifícios que a vida nos impõe. Através desse processo, Saturno fica encarregado de liberar-nos da prisão interior da nossa animalidade e dos nossos laços terrestres, libertando-nos das correntes da vida instintiva e de suas paixões. Nesse sentido, ele constitui uma força de freio em favor do espírito e é a grande alavanca da vida intelectual, moral e espiritual. O *complexo saturnino* é a reação da recusa de perder aquilo a que nos ligamos sucessivamente durante a vida, a fixação cristalizada na infância, o desmame e as situações diversas de frustrações afetivas que levam a uma exasperação da avidez sob várias formas (bulimia, cupidez, ciúme, avareza, ambição, erudição), ligando o aspecto canibalesco do mito ao tema de Cronos devorando os seus próprios filhos. A outra face desse Jano apresenta o quadro

886 | SECO

contrário de um desprendimento excessivo sob os diversos aspectos da autoanulação, da desistência do *ego*, da insensibilidade, da frieza, da renúncia extrema que resulta no pessimismo, na melancolia e na recusa de viver.

SECO

Uma das quatro propriedades fundamentais dos elementos (*v.* **selo*** de Salomão) que caracteriza o fogo. É uma das calamidades desencadeadas pelos deuses para punir os homens por seus erros.

A Bíblia está cheia dessa ameaça (*Isaías*, **50**, 2; *Ageu*, **1**, 9-12). Os Sábios e os profetas a repetem incessantemente:

> Fogo e granizo, fome e morte, tudo isso
> foi criado para punição.
>
> (*Eclesiástico*, **39**, *29*)

É também uma das calamidades do *Apocalipse*: "E o sexto derramou a sua taça sobre o grande rio Eufrates; então, as águas secaram, dando passagem aos reis do Oriente" (*Ageu*, **15**, 12-13).

Os reis do Oriente eram os reis partas, terror do mundo romano. Neste contexto, eles também simbolizam todas as forças prodigiosas do espírito pervertido, que trarão uma guerra mundial, fonte de horríveis sofrimentos para a humanidade. A seca é prelúdio de desastre e o segue: é a morte pelo fogo.

Mas a seca – eis o seu aspecto positivo – é, às vezes, um dos instrumentos da graça e da assistência divinas:

> Não és tu aquele que secou o mar,
> as águas do Grande Abismo?
> E fez do fundo do mar um caminho,
> a fim de que os resgatados passassem?
>
> (*Isaías*, **51**, 10-11)

O Grande Abismo, aqui, designa não somente o Mar Vermelho, que abriu para os hebreus do Egito a passagem para a Terra Prometida, mas também o caos primitivo ordenado pelo Criador, o Oceano que envolve o mundo; todos os prodígios executados pelo fogo do Criador. Num sentido espiritual e psicológico, pode também designar a alma

humana e uma de suas moradas na ascensão da via mística: o período transitório da seca da alma. Os versos de Isaías se lhe ajustam muito bem.

Com efeito, a seca, a secura, designa, em teologia mística, uma fase de provações, durante a qual a alma deixa de sentir o seu Deus, não experimenta mais nenhum impulso, não concebe nenhuma ideia: nem luz, nem calor, nem *tato*, nenhum sinal da presença de Deus. É a prova do deserto, do fim da vida, em que a própria fé parece ressecar-se. Entretanto, é nessa fase que ela alcança a maior intensidade, que a sua natureza *ígnea* se revela e que o seu fogo se introduz na imortalidade da união bem-aventurada, em que o verdadeiro caminho enfim leva à união. Longe de significar falta de coração, o *seco* encobre o fogo da paixão. O seu oposto, a água, é a *morte da alma*.

Mas o seco tem também o seu lado negativo, aquele que diz respeito, não ao fogo das alturas, mas à terra; ele é, então, símbolo de esterilidade. Estéril é aquele que buscar os consolos terrestres, em vez de abandonar-se ao fogo ardente das alturas.

SEFIROT

O simbolismo muito complexo dos *Sefirot*, elementos essenciais da tradição cabalística, só pode ser objeto, aqui, de algumas considerações sumárias.

Sefirah tem o sentido da *numeração*. Dissemos que os números estabelecem a relação entre o Princípio e a manifestação. Este é também o papel dos *Sefirot*, *raios*, qualidades, atributos de Deus cuja Atividade *descendente* elas manifestam e cuja *mediação* permite, inversamente, ascender de volta ao Princípio, apreender a inapreensível Essência, *Ayn Soph*.

São dez os *Sefirot*, agrupados em três tríades: Coroa (*Keter*), Sabedoria (*Hocmah*), Inteligência (*Binah*); Graça (*Hessed*), Força (*Gueburah*), Beleza (*Tiferet*); Vitória (*Netzah*), Glória (*Hod*), Fundamento (*Iessod*); e, enfim, o Reino (*Malkut*).

Também são grupadas de outra maneira, em três *colunas*: a da direita (Sabedoria, Graça, Vitória), a da esquerda (Inteligência, Força,

Glória), a do meio (Coroa, Beleza, Fundamento) dominando o Reino. A coluna da direita, *ativa* ou *masculina*, é a coluna da *misericórdia*; a coluna da esquerda, *passiva* ou *feminina*, é a do *rigor*; a coluna do meio é o *equilíbrio axial*, a *Via celeste*. Não podemos deixar de evocar aqui os três *nadi* do tantrismo.

A Coroa situa-se em cima da cabeça de *Adão Kádmon*; o Reino, sob os seus pés; a Inteligência e a Sabedoria de cada lado da cabeça; a Graça e a Força são os seus braços; a Vitória e a Glória, as suas pernas; a Beleza corresponde ao coração; o Fundamento, ao órgão genital (aos *chakras manipura* e *anahata*, diria o tantrismo, à Terra e ao Fogo).

Existem, além disso, complexos sistemas de correspondência entre os *Sefirot* e os Nomes divinos (BOUM, WARK).

SEGREDO

O segredo é um privilégio do poder e um sinal de participação no poder. É igualmente ligado à ideia de **tesouro*** e tem os seus guardiães. O segredo é também fonte de angústia pelo seu peso interior, tanto para aquele que o guarda quanto para aqueles que o temem.

Foi por ter revelado um segredo de Têmis a Zeus que Prometeu foi libertado – sem que Herácles se expusesse à ira do Deus supremo – das garras do abutre que lhe devorava o fígado. O destino dos deuses dependia desse segredo: foi a arma de Prometeu. Ele só fez uso dela depois de ter mergulhado Zeus numa angústia semelhante à sua e de ter conseguido o rompimento de suas correntes. Do ponto de vista analítico, poder-se-ia dizer que a confissão do segredo libera a alma da angústia. O deus que ganha com isso, Zeus, é o espírito liberto de suas angústias, que pode, então, reinar sem constrangimentos; o sujeito que ganha com isso é o ser por inteiro, que detinha o segredo e que também se vê livre de suas correntes e capaz de seguir as suas orientações espirituais. É saudável livrar-se do fardo de um segredo. Mas aquele que é capaz, sem fraqueza e embaraços, de guardar os seus segredos adquire uma força

de dominação incomparável que lhe confere um sentimento agudo de superioridade.

Para o alquimista, "o segredo dos segredos é a arte de fazer a pedra dos Sábios. Se os filósofos guardam esse segredo, à semelhança dos sacerdotes do Egito, é por causa da excelência do segredo. Uma das razões para os Filósofos desculparem-se por não divulgarem um segredo tão útil àqueles que o conhecem é a de que o mundo desejaria trabalhar nele e abandonaria as outras artes e ofícios tão necessários à vida. A sociedade inteira ficaria transtornada" (PERD, 455). Outra razão apresentada pelos esoteristas é a de que as pessoas despreparadas para receber um segredo não só não o compreendem, como o desfiguram ou o transformam em motivo de zombaria. Não se deve dar pedras preciosas a porcos.

SEIO

Símbolo de *proteção e de medida*. Weiner Wolf observa que para os hebreus a palavra *bath* significa ao mesmo tempo *moça* e *medida de líquido*. A palavra *amah* designa *moça* e *medida de comprimento* (WOLB, 235).

O seio tem relação com o princípio feminino, isto é, com a medida no sentido de limitação; ele só é medida pelo próprio fato dessa limitação. E isso, em oposição ao princípio masculino que ilimita: o imensurável. O seio direito simboliza o Sol, e o esquerdo, a Lua.

O seio é sobretudo símbolo de maternidade, de suavidade, de segurança, de recursos. Ligado à fecundidade e ao **leite*** – o primeiro alimento –, é associado às imagens de intimidade, de oferenda, de dádiva e de refúgio. Qual taça inclinada, dele, como do Céu, flui a vida. Mas ele é também receptáculo, como todo símbolo maternal, e promessa de regenerescência. A volta ao seio da terra marca, como toda morte, o prelúdio de um novo nascimento.

O seio de Abraão designa o *lugar de repouso dos justos*. Ser admitido nele significa esperar a graça da primeira ressurreição. A evocação do repouso das almas no seio de Abraão é encontrada em todas as liturgias funerárias. No seio de Abraão

888 | SEIS (V. NÚMERO, SELO DE SALOMÃO)

não existe *nem dor, nem sofrimento, nem suspiros*. Mas esta expressão, muito vaga, parecia ser de difícil interpretação e os Padres da Igreja confessam a sua incompetência na matéria, dizendo: "Agora ele está no seio de Abraão, como quer que se queira compreender esta palavra" (Agostinho, *Confissões*, **1**, 9). "Que possas ser recebido no seio de Abraão, o que quer que esta palavra signifique" (Gregório de Nazianzo, *Orationes*, 7, 17).

SEIS (*v. Número, Selo de Salomão*)

Para Allendy (ALLN, 150), o senário marca essencialmente a *oposição da criatura ao Criador, em um equilíbrio indefinido*. Essa oposição não é necessariamente de contradição; pode marcar uma simples distinção, mas que virá a ser a origem de todas as ambivalências do seis: de fato, ele reúne dois complexos de atividades ternárias. Pode inclinar-se para o bem, mas também para o mal; em direção à união com Deus, mas também em direção à revolta. É o número dos dons recíprocos e dos antagonismos, o número do *destino místico*. É a perfeição, que se expressa pelo simbolismo gráfico dos seis triângulos equiláteros inscritos num círculo: cada lado de cada triângulo equivale ao raio do círculo e seis é quase exatamente a *relação entre a circunferência e o raio* (2π). Mas essa perfeição virtual pode abortar e esse risco faz do 6 o número da *prova entre o bem e o mal*.

No *Apocalipse*, o número seis teria uma significação claramente pejorativa: seria o número do pecado. É também o número de Nero, o sexto imperador. Nesses casos, podemos dizer que a prova não deu certo. Da mesma forma, o falso profeta, o Anticristo do *Apocalipse*, terá "[...] a marca, o nome da Besta ou o número de seu nome. Quem é inteligente calcule o número da Besta, pois é um número de homem: seu número é 666!" (**13**, 17-18). Este número é a soma dos valores numéricos ligados às letras. Ele designa o César-Nero (se tomarmos as letras hebraicas), o *César-Deus* (pelas letras gregas); é lícito universalizar a designação, já que a história continua depois da morte do Nero histórico, não sem que outros Neros apareçam, e ver no número da Besta o símbolo do poder ou do *Estado divinizado*.

Segundo a análise dos contos de fadas, o seis seria "o homem físico sem o seu elemento salvador, sem essa parte suprema de si mesmo que lhe permite entrar em contato com o divino. Na Antiguidade, o seis também era consagrado à Vênus-Afrodite, deusa do amor físico" (LOEF, 199). Também neste caso a virtualidade não foi coroada de sucesso.

O número seis é ainda o do *Hexâmero* bíblico: o número da criação, o número *mediador* entre o Princípio e a manifestação.

O mundo foi criado em seis dias. E foi criado, observa Clemente de Alexandria, nas seis direções do espaço, os quatro cardeais, o zênite e o nadir. A tradição judaica o faz durar por seis *milenares*. Da mesma forma como Clemente de Alexandria faz a correspondência do desenvolvimento cósmico no tempo e no espaço, Abu Ya'qub Sejestani faz a correspondência entre os seis dias da criação, *número perfeito*, as seis *energias* do mundo, os seis lados do sólido; esotericamente, os profetas (*notaqa*) dos seis períodos. A arte hindu, a arte chinesa, a arquitetura clássica, segundo Vitrúvio, observa Lux Benoist, comportam seis regras: os reflexos da criação divina. Os pães de proposição dos hebreus, arrumados de seis em seis, escreve São Martinho, retratam as duas leis senárias, origem de todas as coisas intelectuais e temporais.

Na China, no entanto, o seis é, antes de tudo, o número do Céu, embora apenas do ponto de vista da manifestação: é por assim dizer o hexagrama *K'ien* do *I-Ching, carruagem atrelada com seis dragões, o Céu em ação*. São seis as influências celestes. De um modo mais geral, o hexagrama indica bem a característica do número seis (= 2 x 3): dois triângulos imbricados.

O número seis é expresso pelo hexágono, ou melhor, pelo hexágono estrelado que fica na conjunção dos dois triângulos invertidos. Na linguagem hindu, é a penetração da *yoni* pelo *linga*, o equilíbrio da água e do fogo, símbolo da tendência expansiva (*rajas*), que é a da manifestação. Essa estrela é, no Ocidente, o **selo*** **de Salomão**, ou o *escudo de Davi*, emblema de Israel. Exprime sempre a conjunção dos dois opostos, um princípio e o seu reflexo invertido no *espelho das Águas*. Foi possível considerar o triângulo apoiado na base como uma expressão da Natureza divina do Cristo, o triângulo invertido, como a sua natureza humana, a estrela, como a união das duas naturezas.

A estrela de seis braços é também o macrocosmo, ou o homem universal, sendo a de cinco braços o microcosmo e o homem comum (BENA, CORT, DANA, GRAP, GUEC, GUET).

Para os chortis, descendentes dos maias, o seis é um número feminino, em função das seis revoluções sinódicas da lua, enquanto o sete é masculino (GIRP, 280). O seis se relacionaria com o simbolismo cíclico da lua, o sete, com o simbolismo luminoso do sol; um marca o término de uma trajetória, de um ciclo, de uma evolução; o outro, a sua perfeição, ou melhor, o usufruto da sua perfeição. Donde podemos concluir que do seis ao sete se opera a passagem da manifestação à consciência da manifestação, o sete sendo o homem, criatura desperta, assim como a totalidade verdadeira das direções do espaço, se acrescentarmos o centro às seis direções que ali se cruzam.

O sexto dia, para os maias, pertence aos deuses da chuva e da tempestade. O seis é um número nefasto e esse dia é também o dia da morte. Nesse dia se realizam as adivinhações sobre os doentes. O animal augural do dia é a **coruja***, cuja visão é considerada um presságio de morte (THOH).

Para os bambaras, ao contrário, como todos os números pares geminados, o seis é um símbolo de prosperidade; é o signo dos gêmeos machos (3 + 3) (DIEB).

SEIVA (*v.* Soma)

A seiva é o alimento do vegetal, seu licor da vida, sua própria *essência*; a palavra sânscrita *rasa* significa, ao mesmo tempo, seiva e essência. Daí o simbolismo puramente vegetal da ambrosia e do néctar entre os gregos, sendo o néctar mais especialmente o suco da flor; o *haoma*, para os masdeístas; **soma*** para os hindus. "Sou eu que, penetrando na terra, sustento com a minha força todos os seres; sou eu que alimento todas as plantas, sendo o *soma*, a seiva por excelência, diz

Krishna na *Bhagavad-Gita*" (**15**, 13). Entretanto, é preciso entender que o *soma* é um símbolo e não a própria bebida da imortalidade: esta só é conseguida através de uma ação espiritual, de uma verdadeira *transubstanciação* dos sucos vegetais, que só tem fim no mundo dos deuses. O *soma* identifica-se à Lua, que é a taça das oblações. A extração do *soma* da planta é, em si, um ato ritual, símbolo do despojamento do invólucro do corpo, da liberação, do surgimento do *self* fora da sua casca. Diz-se, ainda, que o *soma* teria sido perdido durante uma certa época e substituído por sucedâneos – dentre os quais o vinho, também essência vegetal –, o que poderia ter uma relação com o mito de Dioniso. O *soma*, elixir da vida e da imortalidade, é identificado pela *ioga* ao licor seminal que trata de fazer subir e transmutar o interior do corpo, como a seiva de uma planta. Mesmo no Ocidente, o simbolismo da seiva se aplica à obtenção da perfeição espiritual e da imortalidade; Raymond Lulle não garante que a pedra filosofal *dá a vida às plantas*? Esta regeneração vegetal é associada à primavera; vemos aí a noção de ciclo de estações, importante na tradição chinesa: o ritmo universal, o da alternância do *Yin* e do *Yang* que observamos no crescimento das plantas e no circuito da seiva, deve ser respeitado na movimentação dos fluidos vitais corporais, sopro e sêmen. Assim, o microcosmo amolda-se à harmonia macrocósmica e pode integrar-se a ela.

A seiva divina (*maddat*) de Ibn al-Walid é a *coluna de luz*, a energia sobrenatural derivada do princípio supremo e também a gnose, *alimento* da inteligência que permite alcançar diretamente a vida divina (COOH, CORT, DANA, ELIY, ELIF, GRAP, GUEM, GUES).

SELO, SINETE (*v.* Tatuagem)

O selo é um objeto capital nas antigas civilizações orientais. É usado em diversas áreas e em múltiplas ocasiões.

O rei imprime o seu selo sobre os documentos que expressam as suas decisões. O selo é, portanto, *sinal de poder e de autoridade*: o selo vale o signatário. Um selo autentica um tratado

890 | SELO, SINETE (V. TATUAGEM)

público ou privado. Preserva o documento de uma publicação antecipada (testamento). Daí *selar = fechar, lacrar, reservar*; o selo é, neste caso, *um símbolo de segredo.*

O selo marca uma pessoa ou um objeto como propriedade indiscutível daquele cuja estampilha trazem; é precisamente o que lhes dá direito à sua proteção: *símbolo de legítima propriedade.*

Esses usos diversos transformaram-se naturalmente em um rico simbolismo harmônico.

Assim, o apóstolo Paulo encontra na igreja de Corinto a legitimação do seu apostolado: os Coríntios são para ele um selo (**I** *Coríntios*, **9**, 2). O Pai marcou o seu Filho com o selo, indicando, assim, que ele o destina e o envia, em seu nome, para dar a vida eterna (*João*, **6**, 22).

Deus sela as suas instruções (*Jó*, **33**, 16); põe seu selo sobre as estrelas, proibindo-lhes, assim, de se mostrarem (*Jó*, **6**, 7). Ordena a Daniel que sele as suas visões, quer dizer, que as guarde em segredo (*Daniel*, **12**, 4; *Apocalipse*, **10**, 4). Já no *Apocalipse* **22**, 10, o vidente não deve guardar em segredo as revelações que lhe foram feitas: são de aplicação imediata.

Para os escritores rabínicos, o selo é símbolo da *circuncisão*, introdutora do indivíduo no povo que pertence a Deus. O apóstolo Paulo prolonga essa linha especificando que a verdadeira circuncisão espiritual é o selo indicador de *pertencer ao povo dos justificados* (*Romanos*, **4**, 11) e que o Espírito Santo pode ser chamado de selo enquanto penhor da salvação (**II**, *Coríntios*, **1**, 22; *Efésios*, **1**, 13 s.). A partir disso, conferir ao selo divino um valor quase mágico é quase um passo dado repetidas vezes, como o provam em épocas bastante afastadas umas das outras, os amuletos-selos com o Tetragrama (o nome de Deus em hebraico) de valor certamente apotropaico e certos textos mandeus e gnósticos.

Deus marca os homens com o seu selo (*Ezequiel*, **9**, 4; *Apocalipse*, **7**, 3 s.) mostrando, assim, que eles lhe pertencem e estão sob a sua proteção. O autor do Apocalipse, aqui, parece pensar num sinal específico, seja o nome de Deus, seja a letra *X*, inicial da palavra *Cristo* em grego. Por esse caminho, a palavra *selo* é trazida de volta a um sentido realista, sem com isso perder a carga simbólica adquirida na trajetória.

Com efeito, embora continue a falar de selo no(s) sentido(s) indicado(s) anteriormente, o cristianismo ulterior começa a empregar a palavra num sentido novo e técnico. Hermas afirma: *o selo é a água*, leia-se a água do batismo. Irineu, Clemente de Alexandria e Tertuliano conhecem essa interpretação que acaba tornando a palavra selo uma *designação técnica do batismo*. Não é ele que marca o homem como propriedade de Deus, que o justifica e o protege? É possível que, muito cedo, a própria cerimônia do batismo tenha compreendido um rito específico de consignação que encontramos no final do segundo século, na Tradição Apostólica de Hipólito (*v.* ainda os ritos da liturgia batismal).

A gnose especulará sobre o símbolo e verá no selo o meio misterioso que assegura à alma, que se eleva à luz superior, a travessia dos mundos inferiores.

Finalizemos mencionando o interessante simbolismo desenvolvido por Fílon: o selo é a ideia, o modelo que enforma o mundo sensível. O selo primordial é, portanto, o *mundo ideal*, a palavra divina (*Da criação do mundo*, 25). Notar-se-á a evidente influência platônica.

Por fim, há um texto que, no Apocalipse, fala de um livro lacrado com sete selos (*Apocalipse*, **5** s.) cuja interpretação é problemática. Para determinar o simbolismo da imagem, é preciso decidir, primeiramente, a significação do livro (Livro do destino, testamento divino, Antigo Testamento até então incompreendido...). Seja como for, observa-se que o documento lacrado por Deus só pode ser aberto por um indivíduo munido da inteira autoridade divina: o cordeiro, quer dizer, o Cristo.

O esposo do *Cântico dos cânticos* diz à sua bem-amada:

> Grava-me,
> como um selo em teu coração
> como um selo em teu braço;
> pois o amor é forte, é como a morte!

(8, 6-7)

Segundo os exegetas da Bíblia de Jerusalém: *O selo que atesta as vontades do seu possuidor aqui designa, portanto, as vontades de Jeová, ou seja, a Lei*, e Jeová é um deus ciumento. Seria possível dar uma interpretação mais interior do texto, considerando o selo um símbolo de *pertencer*: o esposo não impõe a sua lei de fidelidade, ele convida a esposa a gravar no seu coração e nos seus braços, com traços de fogo que nada consegue apagar, o sinal do seu amor mútuo, que os entrega um ao outro numa união definitiva como a morte. Não é mais obediência, mas um compromisso voluntário.

SELO (Sinete) DE SALOMÃO

O **selo* de Salomão** forma uma estrela de seis pontas, composta de dois triângulos equiláteros entrecruzados ✡. Essa figura *totaliza, verdadeiramente, o pensamento hermético*. Em primeiro lugar, contém os quatro elementos: o triângulo com a ponta no alto △ representa o fogo; o triângulo com a ponta embaixo ▽, a água; o triângulo do fogo truncado pela base do triângulo da água ⏃ designa o ar; do outro lado, o triângulo da água truncado pela base do triângulo do fogo ⏁ corresponde à terra. O todo, reunido no hexagrama, constitui o conjunto dos elementos do universo.

Se considerarmos as quatro pontas laterais da estrela, às quais são convenientemente conferidas as quatro propriedades fundamentais da matéria, vemos manifestarem-se as correspondências entre os quatro elementos e as propriedades opostas, de dois em dois:

O fogo une o quente e o seco; a água, o úmido e o frio; a terra, o frio e o seco; o ar, o úmido e o quente. A variação dessas combinações produz a variação dos seres materiais. O selo de Salomão aparece, então, como a síntese dos opostos e a expressão da unidade cósmica, assim como a sua complexidade.

Ainda segundo as tradições herméticas, o selo de Salomão engloba também os sete metais básicos, i.e., a totalidade dos metais, assim como os sete *planetas* que resumem a totalidade do Céu. No centro estão o ouro e o Sol; a ponta superior é a prata e a Lua; a inferior, o chumbo e Saturno; as pontas da direita, em cima, o cobre e Vênus; embaixo, o mercúrio e Mercúrio; as pontas da esquerda, em cima, o ferro e Marte; embaixo, o estanho e Júpiter.

Poderíamos multiplicar o jogo das correspondências entre os elementos, as qualidades, os metais e os planetas, com suas várias gamas de símbolos, baseando-nos neste hexagrama. Todo o pensamento e o trabalho da **Alquimia*** consistem em obter uma transmutação do imperfeito, que se encontra na periferia, em uma perfeição única, que se situa no centro e que o ouro e o Sol simbolizam. A redução do múltiplo ao uno, do imperfeito ao perfeito, sonho dos sábios e dos filósofos, está expressa no selo de Salomão.

Alguns intérpretes não hesitaram em passar do plano material ao plano espiritual e em ver na Grande Obra da alquimia uma ascese e uma mística que tinham por objetivo trazer um ser, dividido entre as suas múltiplas tendências, à união com o seu princípio divino. Outros veem a união dos princípios masculino e feminino nos dois triângulos superpostos.

SEMANA

Os dias da semana foram recolocados no quadro simbólico do número **sete***. Constituem um tipo de totalidade, resumindo o tempo e o espaço, uma

892 | SÊMEN

espécie de microcosmo da evolução. Os seis dias de trabalho é como se girassem qual planetas em torno do Sol, cada dia sob o signo de um planeta: segunda-feira, Lua (fr. *lundi*); terça-feira, Marte (fr. *mardi*); quarta-feira, Mercúrio (fr. *mercredi*); quinta-feira, Júpiter (fr. *jeudi*); sexta-feira, Vênus (fr. *vendredi*); sábado, Saturno (ing. *Saturday*); domingo, o Sol (ing. *Sunday*). Atividades apropriadas a esses signos astrológicos, como às divindades correspondentes a esses planetas, pareciam convir particularmente a cada dia: o sonho, o ataque, o negócio, a organização, o amor, a avaliação, o repouso.

SÊMEN

Segundo Galeno, o sêmen provinha do cérebro. Esta teoria será difundida na Idade Média. A medula dorsal estende-se do cérebro ao falo e dela vem o sêmen – lê-se em *O Bahir*. O sêmen simboliza a força da vida, e a vida humana só pode descender daquilo que caracteriza o homem: o seu cérebro, sede de suas faculdades próprias.

SERAFIM

Nome de seres celestes que significa o *Abrasador* (*Saraf*), exatamente como a serpente alada ou o dragão de que falam os *Números* (**21**, 6): "Então Deus enviou contra o povo serpentes abrasadoras, cuja mordedura fez perecer muita gente em Israel." Mas é *Isaías* (**6**, 2-3; 6-8) o primeiro a mencionar anjos com esse nome: "Acima dele, em pé, estavam serafins, cada um com seis asas: com duas cobriam a face (por medo de verem a Jeová), com duas cobriam os pés (eufemismo para designar o sexo) e com duas voavam. Estes clamavam uns para os outros e diziam: 'Santo, santo, santo é Jeová dos Exércitos, a sua glória enche toda a terra [...].' Nisto, um dos serafins voou para junto de mim, trazendo na mão uma *brasa* que havia tirado, com uma tenaz, do altar. Com ela tocou-me os lábios e disse: 'Vê, isto tocou os teus lábios, a tua iniquidade está removida, o teu pecado está perdoado.'"

Esses dois textos de *Números* e de *Isaías* põem em evidência o valor simbólico de *Abrasador*: no texto mais antigo, é a serpente enviada por Jeová como castigo; no texto mais recente, o anjo de Deus que purifica pelo fogo. A mesma raiz linguística sustenta uma evolução dupla: a evolução semântica do símbolo da queimadura; a evolução espiritual da consciência religiosa. Primitivamente, a queimadura era destinada a matar; depois, ela tem a finalidade de purificar.

Dionísio, o Areopagita, apreendeu perfeitamente essa significação de serafim: "A santa designação de serafins significa para quem sabe hebraico *os que queimam*, quer dizer, os que se inflamam [...]. O movimento perpétuo em torno dos segredos divinos, o calor, a profundidade, o ardor fervilhante de uma revolução constante que não conhece descanso ou declínio, o poder de elevar eficazmente à sua semelhança os seus inferiores, animando-os com o mesmo ardor, o mesmo fogo e o mesmo calor, o poder de purificar pelo raio e pelo fogo, a evidente e indestrutível aptidão para conservar idênticas tanto a sua própria luz quanto o seu poder de iluminação, a faculdade de rejeitar e abolir toda treva obscurecedora, tais são as propriedades dos serafins, dedutíveis do seu próprio nome" (PSEO, 206-207).

Encontramos nesta surpreendente síntese todos os poderes do fogo: ardor, purificação, identidade em relação a si mesmo, luz e iluminação, dissipação das trevas. O serafim simboliza todos esses poderes no plano mais espiritual da consciência.

SEREIAS

Monstros do mar, com cabeça e tronco de mulher, e o resto do corpo igual ao de um pássaro ou, segundo as lendas posteriores e de origem nórdica, ao de um peixe. Elas seduziam os navegadores pela beleza de seu rosto e pela melodia de seu canto para, em seguida, arrastá-los para o mar e devorá-los. Ulisses teve de amarrar-se ao mastro do seu navio para não ceder à sedução do seu chamado. Eram tão malfeitoras e temíveis quanto as Harpias e as Erínias.

Representam os perigos da navegação marítima e a própria morte. Sob a influência do Egito, que representava as almas dos defuntos sob a forma de um pássaro de cabeça humana, a sereia foi considerada a alma do morto que perdeu o seu destino e se transformou em **vampiro*** devorador. Entretanto, de gênios perversos e divindades infernais, transformaram-se em divindades do além que encantavam com a harmonia de sua música os Bem-aventurados que haviam alcançado as Ilhas Afortunadas; é sob esse aspecto que são representadas em alguns sarcófagos (GRID, 425). Mas, na imaginação tradicional, o que prevaleceu foi o simbolismo da sedução mortal.

Se compararmos a vida a uma viagem, as sereias aparecem como emboscadas oriundas dos desejos e das paixões. Como vêm dos elementos indeterminados do ar (pássaros) ou do mar (peixes), vê-se nelas criações do inconsciente, sonhos fascinantes e aterrorizantes, nos quais se esboçam as pulsões obscuras e primitivas do homem. Elas simbolizam a autodestruição do desejo, ao qual uma imaginação pervertida apresenta apenas um sonho insensato, em vez de um objeto real e uma ação realizável. É preciso, como fez Ulisses, agarrar-se à dura realidade do mastro, que está no centro do navio, que é o eixo vital do espírito, para fugir das ilusões da paixão.

SERPENTE

A serpente – tanto quanto o homem, mas *contrariamente* a ele – distingue-se de todas as espécies animais. Se o homem está situado no final de um longo esforço genético, também será preciso situar essa criatura fria, sem patas, sem pelos, sem plumas, no início deste mesmo esforço. Nesse sentido, Homem e Serpente são opostos, complementares, *Rivais*. Nesse sentido, também, há algo da serpente no homem e, singularmente, na parte de que o seu entendimento tem o menor controle. Um psicanalista (JUNH, 237) diz que a serpente é "um vertebrado que encarna a psique inferior, o psiquismo obscuro, o que é raro, incompreensível, misterioso". E, no entanto, não há nada mais comum, nada mais simples do que uma serpente. Mas sem dúvida não há nada mais escandaloso para o espírito, justamente em virtude dessa simplicidade.

Nas origens da vida: serpente, alma e libido

Viajando pelo sul da República dos Camarões, observamos que os pigmeus, na sua linguagem de caça, representam a serpente com uma linha no chão. Alguns grafitos da época paleolítica certamente têm a mesma significação. Podemos dizer que eles restauram a serpente à sua expressão primeira. Ela não passa de uma linha, mas uma linha *viva*; uma abstração, mas, como diz André Viril, uma abstração *encarnada*. A linha não tem começo nem fim; é só movimentar-se para tornar-se suscetível a todas as representações, a todas as metamorfoses. Da linha só enxergamos a sua parte próxima, presente, manifesta. Mas sabemos que ela continua, de um lado e de outro, pelo invisível infinito. O mesmo acontece com a serpente. A serpente visível na terra, o instante de sua manifestação, é uma hierofania. De um lado e de outro "sentimos" que ela continua nesse infinito material que nada mais é do que primordial indiferenciado, reservatório de todas as latências, subjacente à terra manifestada. A serpente visível é uma hierofania do sagrado *natural*, não espiritual, mas material. No mundo diurno, ela surge como um fantasma palpável, mas que escorrega por entre os dedos, da mesma forma como desliza através do tempo contável, do espaço mensurável e das regras do razoável para refugiar-se no mundo de baixo, de onde vem e onde a imaginamos intemporal, permanente e imóvel na sua completude. Rápida como o relâmpago, a serpente visível sempre surge de uma *abertura escura*, fenda ou rachadura, para cuspir morte ou vida antes de retornar ao invisível. Ou então abandona os ímpetos masculinos para fazer-se feminina: enrosca-se, beija, abraça, sufoca, engole, digere e dorme. Esta serpente fêmea é a invisível serpente-princípio que mora nas profundas camadas da consciência e nas profundas camadas da terra. Ela é enigmática, secreta; é impossível prever-lhe as decisões, que são tão súbitas quanto as suas metamorfoses. Ela brinca com os sexos como com os opostos; é fêmea e macho; *gêmea em si mesma*, como tantos deuses criadores que em suas primeiras representações sempre aparecem como serpentes cósmicas. A serpente não apresenta, portanto, um arquétipo, mas um complexo de arquétipos ligado à noite fria, pegajosa e subterrânea das origens: "todas as serpentes possíveis formam, juntas, uma única multiplicidade primordial, uma Coisa primordial indivisível que não cessa de desenroscar-se, desaparecer e renascer" (KEYM, 20). Mas o que seria essa *Coisa primordial* senão a vida na sua latência ou, como diz Keyserling, *a camada mais profunda da vida?* Ela é o reservatório, o potencial em que se originam todas as manifestações. *A vida do submundo tem, justamente, de se refletir na consciência diurna sob a forma de uma serpente*, acrescenta ele, e especifica: os caldeus usavam a mesma palavra para *vida* e *serpente*. René Guénon faz a mesma observação: "O simbolismo da serpente está efetivamente ligado à própria ideia de vida; em árabe, a serpente é *el-hayyah*, e a vida, *el-hayat*" (GUES, 159); e acrescenta – o que é de capital importância – que El-Hay, um dos principais nomes divinos, não deve ser traduzido por *o vivo*, como se faz comumente, mas por *o vivificante*, aquele que dá a vida ou que é o próprio princípio da vida. A serpente visível só aparece, portanto, como breve encarnação de uma Grande Serpente Invisível, causal e atemporal, senhora do princípio vital e de todas as forças da natureza. É um *velho deus* primário que reencontraremos à origem de todas as cosmogêneses, antes que as religiões do espírito a destronem. É aquilo que *anima* e que *mantém*. No plano humano, é o símbolo duplo da *alma* e da *libido*: "A serpente", escreve Bachelard (BACR, 212), "é um dos mais importantes arquétipos da alma humana." No tantrismo, é a *Kundalini*, enroscada na base da coluna vertebral, sobre o chacra do estado de sono, "ela fecha com a boca o canal do pênis" (DURS, 343). Quando desperta, a serpente sibila e se enrijece; opera-se, então, a ascensão sucessiva dos chakras: é a subida da libido, a manifestação renovada da vida.

Serpente (maia) com discos de jade. Arte maia.

A serpente cósmica

Do ponto de vista macrocósmico, a *Kundalini* tem como homólogo a serpente *Ananta*, que encerra em seus anéis o eixo do mundo. Associada a Vishnu e a Shiva, *Ananta* simboliza o desenvolvimento e a reabsorção cíclica, mas, enquanto guardiã do **nadir***, é carregadora do mundo, cuja estabilidade ela assegura. Para construir a casa indiana, que, como toda *casa*, tem de situar-se no **centro*** do mundo, introduz-se uma estaca na cabeça do naga subterrâneo, cuja localização é determinada pelo geomante. Os *carregadores do mundo* às vezes são **elefantes***, **touros***, **tartarugas***, **crocodilos*** etc. Mas são apenas substitutos ou complementos teriomórficos da serpente na sua função primeira. Assim, a palavra sânscrita **naga** significa, ao mesmo tempo, elefante e serpente (KRAM, 193), o que é comparável à homologia da serpente e do tapir na representação do mundo dos maia-quichés (GIRP, 267 s.). Esses animais *de força* são frequentemente representados apenas por suas **goelas***, com um corpo de serpente, ou então se apoiam, eles próprios, sobre uma serpente. Em todos os casos, exprimem o aspecto terrestre, i.e., a agressividade e a força da manifestação do grande deus das trevas que a serpente representa universalmente.

Há duas maneiras de *manter*: tanto pode ser carregando como abraçando a criação num círculo contínuo que impede a sua desintegração. É o que faz a serpente, sob a forma da **Uróboro***, a serpente que morde a própria cauda. Aqui, a *circunferência* vem completar o *centro* para sugerir, segundo Nicolau de Cuse, a própria ideia de Deus. A *Uróboro* também é símbolo da manifestação e da reabsorção cíclica; é a união sexual em si mesma, autofecundadora permanente, como o demonstra a sua cauda enfiada na boca; é transmutação perpétua de morte em vida, pois suas presas injetam veneno no próprio corpo ou, segundo os termos de Bachelard, *a dialética material da vida e da morte, a morte que sai da vida e a vida que sai da morte.* Se ela evoca a imagem do **círculo*** seria sobretudo a *dinâmica* do círculo, i.e., a primeira **roda***, de aparência imóvel, uma vez que só gira em torno de si mesma, mas cujo movimento é infinito, pois leva perpetuamente a si mesma. A Uróboro, animadora universal, não é apenas promotora da vida, mas da duração: cria o tempo, como a vida, em si mesma. É frequentemente representada sob a forma de uma corrente retorcida, a corrente das horas. Responsável pelo movimento dos astros, é, sem dúvida, a primeira figuração, *a mãe do Zodíaco.* A Uróboro, *velho símbolo* de um *velho Deus* natural destronado pelo espírito, permanece uma grande divindade *cosmográfica* e *geográfica*: como tal, está gravada na periferia de todas as primeiras imagens do mundo, como o disco de Benin (FROC, 147-148), sem dúvida a mais antiga *imago mundi* negro-africana, em que, com a sua linha sinuosa, associando os contrários, ela encerra os oceanos primordiais no meio dos quais flutua o **quadrado*** da Terra.

Temível em sua ira, ela se torna o Leviatã hebreu, o Midgardorm escandinavo, *mais antiga do que os próprios deuses*, segundo os eddas; quando bebe, provoca as marés; quando bufa, as tempestades. Ainda em nível das cosmogêneses, é o próprio *Oceano*, de que nove espirais cercam o círculo do mundo, enquanto a décima, furtivamente introduzida por baixo da criação, forma o Estige, segundo a *Teogonia* de Hesíodo. Seria possível dizer uma mão que recolhe, no final, o que a outra lançou; e é este o sentido dessa emanação do indiferenciado primordial, de onde tudo provém e aonde tudo volta para regenerar-se. Os Infernos e os oceanos, a água primordial e a terra profunda formam apenas uma *prima materia*, uma substân-

cia primordial – a da serpente. Enquanto espírito da água primeira, ela é o espírito de todas as águas, as que correm debaixo ou na superfície da terra, e as que vêm de cima. "Inúmeros rios da Grécia e da Ásia Menor", enfatiza Krappe (KRAM, 205), "trazem o nome de *Ofis* ou *Draco*"; ela é também o *Pai Reno*, o Sena *Deus Sequana*, a *Mãe Ganges*, cuja importância religiosa é conhecida, a *Mãe Volga*, o *rio-deus.* Muitas vezes os atributos teriomórficos especificam a função terrestre ou celeste desta divindade das águas: assim se explica o *Tibrecornu* de Virgílio, imagem em que a serpente assume a força do **touro***, representada por seus chifres; da mesma forma, Acheloo, o maior rio da Grécia Antiga, toma alternadamente a forma da serpente e do touro para enfrentar Héracles. A serpente, divindade das nuvens e das chuvas fertilizadoras, assume às vezes os poderes do **carneiro*** – é a serpente criocéfala, comum na iconografia céltica, sobretudo gaulesa; ou do pássaro: são os *dragões alados* do Extremo Oriente e seus homólogos do panteão mesoamericano, a *serpente emplumada.*

Conhecemos a importância fundamental de que se revestem essas imagens simbólicas nas duas grandes civilizações agrárias, que reservam uma atenção especial aos fenômenos meteorológicos. O dragão celeste é, no Extremo Oriente, o pai mítico de numerosas dinastias, e os imperadores da China traziam-no bordado sobre os seus estandartes para significar a origem divina de sua monarquia. Nas mitologias ameríndias, sublinha Alexander (ALEC, 125 s.), do México ao Peru, o mito do pássaro-serpente coincide com as mais antigas religiões do cultivo do milho; ela é associada "à umidade e às águas da terra [...] entretanto, nas suas formas mais elevadas, está sempre ligada ao Céu. Não é apenas a serpente de plumas verdes e a serpente nuvem com barba de chuva, mas também o filho de serpente, a Casa dos Orvalhos e [...] o Senhor da Aurora [...]. A serpente de plumas é, primeiramente, a nuvem de chuva e, de modo privilegiado, o cúmulo de reflexos prateados do meio do verão – daí o seu outro nome: *Deus-Branco*, cujo ventre negro deixa escapar o suor da chuva [...]. No Novo México,

896 | SERPENTE

é representado como um corpo de serpente que carrega nas costas o cúmulo e cuja língua é o relâmpago recortado. Não se deve esquecer que o dragão chinês nada no meio de ondas de cúmulos exatamente iguais".

O Velho Deus, o Antepassado mítico

Transformada em antepassado mítico e herói civilizador – cuja forma mais conhecida é o Quetzalcoatl dos toltecas, mais tarde retomado pelos astecas –, ela se encarna e se sacrifica pelo gênero humano. A iconografia indígena esclarece o sentido deste sacrifício. O *Codex de Dresden* apresenta "a ave de rapina mergulhando as suas garras no corpo da serpente para dele extrair o sangue destinado a formar o homem civilizado: aqui, o deus (serpente) dirige contra si mesmo o seu atributo de força celeste, de ave solar, para fecundar a Terra dos homens, pois esse deus é a nuvem, e o seu sangue, a chuva nutritiva que tornará possível o milho e o homem de milho" (GIRP, 269). Haveria muito a dizer sobre esse sacrifício, que não é só o da nuvem mas também a *morte do desejo*, no cumprimento de sua missão de amor. Num plano mais especificamente cosmogônico – e que, no sufismo, torna-se a base de uma mística – é a dilaceração da unicidade primeira, que se desdobra e se divide nos seus dois componentes para tornar possível a ordem humana. Para Jacques Soustelle, o sacrifício de Quetzalcoatl é uma retomada do esquema clássico da iniciação, feita de uma morte seguindo-se ao renascimento: ele se transforma no Sol e morre no ocidente para renascer no oriente; por ser dois em um e dialético em si mesmo, é o protetor dos gêmeos.

O mesmo complexo simbólico é encontrado na África negra; para os dogons, Nommo, deus da água, representado sob a forma de um **anguípede***, é o ancestral mítico e o herói civilizador que traz aos homens os seus mais preciosos bens culturais: a forja e os cereais; também *ele é duplo em um* e se sacrifica pela nova humanidade. Poderíamos citar ainda muitos exemplos tirados das tradições africanas, notadamente o de *Dan* ou *Da*, grande divindade de Benin e da costa

dos Escravos, que é a serpente e o *fetiche arco-íris* (MAUG). Transformada em *Damballah-Weddo* no vodu haitiano, ela preside fontes e rios, pois sua natureza é, ao mesmo tempo, *movimento e água*; a pedra do raio lhe é consagrada; ela não aceita que os seus *servidores* – i.e., seus possuídos – invoquem divindades que façam o bem e o mal, *com exceção dos gêmeos, que lhe são próximos*. É também relâmpago e, por excelência, o deus da força e da fecundidade (METV). No Daomé, ainda hoje, *Dan* é o *velho deus natural*, a Uróboro do disco de Benin que descrevemos acima, ele próprio andrógino e gêmeo (MERF). Assim se explica o culto das pítons sagradas conservadas nos templos de Abomé, a quem são dedicadas jovens que *noivam*, ritualisticamente, com os deuses, na época das sementeiras. Para os iorubás, Dan é *Oxumaré*, o arco-íris, que liga a parte de cima do mundo à de baixo e só aparece depois das chuvas. Os povos da costa da Guiné, segundo testemunho de Bozman relatado por Frazer (FRAG, 5, 66-67), "invocam a serpente nos períodos de seca ou de chuvas excessivas". Todos esses exemplos, tirados das civilizações que se elaboraram independentemente da nossa, explicam as origens dessa função meteorológica da serpente, que também tem vestígios no nosso folclore: "é universalmente difundida", diz Krappe (KRAM, 181), "a ideia de que o arco-íris é uma serpente que mata a sede, no mar, ideia encontrada na França (Sebillot), mas também entre os peles-vermelhas de Nevada, os bororos da América do Sul, na África do Sul e na Índia". Todas essas acepções não passam de diferentes aplicações, em determinadas áreas, do mito da Grande Serpente Original, expressão do indiferenciado primordial. Está no alfa, mas também no ômega de toda manifestação; o que vem explicar a sua importante *significação escatológica*, pela qual retornamos à evolução tão complexa do símbolo da serpente em nossa própria civilização. Lembremo-nos de que para os bataks da Malásia, uma serpente cósmica vive nas regiões subterrâneas e irá destruir o mundo (ELIC, 259). Para os huichols ela tem duas cabeças, na verdade duas monstruosas mandíbulas abertas para o ocidente e o oriente, pelas quais *cospe* o sol nascente e *engole* o sol poente. Chegamos, assim, ao mais antigo deus criador do mundo mediterrâneo, a serpente Atum, pai de Enéade de Heliópolis. No início dos tempos, Atum cuspiu toda a criação, depois de ter emergido *sozinha* das águas primordiais. Como estava só, os textos hesitam a respeito da origem dessa *cuspida*; alguns dizem que veio, não de sua boca, mas do seu sexo, para isso tendo se masturbado. Surgiu, assim, o primeiro par de deuses "Chtu e Ptenis, que puseram no mundo Geb e Nut, o ar e a umidade, a terra e o Céu, respectivamente" (DAUE). Depois, tendo esses deuses procriado o detalhe da Terra e dos homens, tudo passou a existir. Então, diante da sua criação, Atum falou, conforme relata o *Livro dos mortos*: "Sou *aquilo que permanece*; [...] o mundo voltará ao caos indiferenciado, e então eu me transformarei em serpente, que nenhum homem conhece, que nenhum deus vê!" (MORR, 222-223). Nenhuma mitologia foi tão severa na sua ilustração da Grande Serpente Original. Atum não se arrisca a engolir o Sol. Não tem o que fazer desse ctoniano, desse Inferno *cotidiano* em que a nossa vida se desfaz e se regenera. Só é serpente antes e depois da totalidade do *continuum* espaço-temporal, ali onde *nem deuses nem homens* têm acesso; ela é verdadeiramente o primeiro *velho deus, o deus otiosus natural* na sua transcendência implacável.

Entretanto, no Egito e em outros lugares os Infernos terrestres que o astro do dia tem de atravessar diariamente para assegurar a sua regeneração são inteiramente colocados sob o signo da serpente. Embora Atum não tenha um lugar dentro desses acontecimentos, é ele quem os ilumina de fora; despojado de sua forma ofídica, toda noite transforma-se no deus do sol poente, que indica, ao oeste, a via de acesso às profundezas. Em seguida, afunda-se na Terra, numa barca repleta de toda a sua corte celeste.

A ideia de que todo o ventre da Terra onde será operada a alquimia da regeneração – seja ofídico por excelência aparece em cada detalhe da minuciosa descrição dada pelo *Livro dos mortos*: o caminho a ser percorrido é dividido em doze cômodos, correspondendo às doze horas da noite. A barca solar inicialmente atravessa extensões de areia habitadas por serpentes; logo, *ela própria se transforma em serpente*. Na sétima hora, aparece uma nova figura ofídica, Apófis – encarnação monstruosa do senhor dos Infernos e pré-figuração do Satanás bíblico, *cujas espirais preenchem uma eminência de 450 côvados de comprimento* [...] *sua voz dirige os deuses para si e estes o ferem.* Este episódio marca o ponto máximo dos acontecimentos. Na 11ª hora, *a corda que puxa a barca transforma-se em serpente*. Durante a 12ª hora, por fim, no cômodo do crepúsculo, a barca solar é puxada *através de uma serpente de 300 côvados de comprimento* e, ao sair pela boca desta serpente, o sol nascente aparece no seio da Terra-mãe, sob a forma de um escaravelho: o astro do dia nasce mais uma vez, para empreender a sua ascensão (ERMR, 271-272). Em resumo, o Sol tem então de transformar-se em serpente para lutar contra outras serpentes – uma, em particular – antes de ser *digerido* e expulso pelo intestino em forma de serpente da Terra. Haveria muito o que dizer sobre esse desenvolvimento de um complexo de engolidor-engolido, comparado ao qual a aventura de Jonas parece simples. Globalmente, a serpente aparece como a grande regeneradora e iniciadora, a senhora do *ventre do mundo*, e como o próprio ventre, ao mesmo tempo que *inimigo* – no sentido dialético do termo – do sol, e assim, da luz; portanto, da parte espiritual do homem.

A fim de melhor desenvolver essas faces contraditórias da entidade simbólica inicial, o livro sagrado dos egípcios as separa em várias serpentes. Mas o papel proeminente reservado a Apófis mostra que, dentro de todas as características da serpente originalmente confundidas, distingue-se a de uma força hostil. Assemelha-se à valorização positiva do espírito e à valorização negativa das forças naturais, inexplicáveis, perigosas, pelas quais será elaborado gradativamente o conceito, não mais físico, mas moral do Mal, de um Mal intrínseco. Com Apófis ainda não chegamos lá, mas prepara-se a trilha que mais tarde virá a tornar-se uma via real. Pois a significação de Apófis permanece ambígua: por um lado, na sétima hora, *ela própria* dirige contra o seu corpo os deuses que irão feri-la; desempenha, portanto, um papel positivo e, afinal, contrário ao seu interesse egoísta, no cumprimento da regeneração solar; por outro lado, os sacerdotes de Heliópolis a consideram a Inimiga quando, durante as cerimônias conjuratórias, pisoteiam e esmagam a sua efígie no chão de seus templos para ajudar Ré, príncipe da luz, a derrotar esse primeiro "príncipe das trevas: isto se realizava pela manhã, à tarde e à noite, e em certas épocas do ano, ou então, durante uma tempestade, quando chovia abundantemente, ou num eclipse solar" (JAMM, 180): "esta eclipse, *especifica Maspéro,* significava que Ré acabava de perder na sua luta contra Apófis."

O Vivificador-Inspirador: a serpente médica e adivinha

Aqui, mais do que um desejo de hegemonia do espírito em detrimento das forças naturais, é preciso ver uma preocupação em equilibrar essas duas forças fundamentais do ser, impedindo que uma – a que não é controlável – tente prevalecer sobre a outra. A mesma preocupação é encontrada na mitologia grega, com o episódio da luta de Zeus contra **Tifão***, outro Apófis. Tifão, filho de Gaia (a Terra) ou de Hera, já não é uma serpente, mas um monstruoso dragão de cem cabeças, cercado de víboras, "da cintura até embaixo, e maior do que as montanhas" (GRID). Assim, ele encarna bem a *enormidade* das forças naturais insurgidas contra o espírito. É significativo que para vencer este *rebelde* Zeus só disponha da ajuda de Atena, a Razão, sua filha, enquanto os demais olimpianos, apavorados, refugiam-se no **Egito*** – esse Egito mítico que virá a tornar-se o símbolo da natureza bestial –, onde transformam-se em animais. A natureza infernal de Tifão é confirmada pela sua descendência: ele gera a hidra de Delfos, a Quimera e dois cães, Ortos e Cérbero. Mas Cérbero (*v.* **cão***) não é maligno em si. Desempenha um papel dialeticamente positivo nesses Infernos gregos, onde se cumpre o ciclo perpétuo da regeneração. Portanto, o pensamento grego, como o egípcio,

só ataca a serpente na medida em que esta quer devolver o cosmo ao caos. Na medida em que, pelo contrário, ela permanece a *outra face* indispensável do espírito, a vivificadora, a inspiradora, através da qual a seiva sobe das raízes à cúpula da árvore, é aceita e até glorificada. Assim, todas as grandes deusas da natureza, essas deusas mães que no cristianismo voltarão sob a forma de Maria, mãe de Deus encarnado (*v.* **Mãe***), têm a serpente como atributo. Mas a Mãe de Cristo, segunda Eva, lhe esmagará a cabeça em vez de escutá-la. Primeiramente, Ísis, que traz na testa a Naja real, o **uraeus*** de ouro puro, símbolo de soberania, conhecimento, vida e juventude divina; em seguida, Cibele e Deméter; e a deusa das serpentes, de Creta, também ctoniana. É significativo que, na época de Amenófis II, Uraeus também seja representado como a *base do disco solar* (DAUE, PIED, ERMR, GRID). A própria Atena, com toda a sua origem celeste, tem a serpente como atributo. E que símbolo mais claro pode haver da aliança entre a razão e as forças naturais do que o mito de Laocoonte, em que as serpentes saem do mar para punir o sacerdote culpado de sacrilégio e vão em seguida enroscar-se ao pé da estátua de Atena?

O papel inspirador da serpente aparece claramente nos mitos e ritos relativos à história e ao culto das duas grandes divindades da poesia, da música, da medicina e, sobretudo, da *adivinhação* – Apolo e Dioniso. Apolo, o mais solar, o mais olimpiano dos olimpianos, inaugura, por assim dizer, a sua carreira libertando o oráculo de Delfos dessa outra hipertrofia das forças naturais que é a serpente Píton. Não se trata de negar que haja *alma* e *inteligência* na natureza como o enfatiza Aristóteles (GUTG, 219). Ao contrário, trata-se de libertar essa alma e essa inteligência profunda e inspiradora que devem fecundar o espírito e assim assegurar a ordem que ele se propõe a estabelecer. **Apolo***, nesse sentido, está longe de opor-se a **Dioniso*** e todos os autores modernos hoje concordam neste ponto (GUTG, MAGE, TEAD). Ele apenas vem do polo contrário do ser e sabe que a complementação dos dois polos é indispensável à realização da *harmonia*, que é a meta suprema. Assim, o transe e o êxtase, por mais dionisíacos que sejam, não estão excluídos do mundo apoliniano: a Pítia, que só profetiza em transe, é um exemplo disto.

Significativa sob este aspecto é a história de Cassandra, por quem Apolo viria a se apaixonar. Cassandra nasce com um irmão gêmeo, Heleno; seus pais os esquecem num templo de Apolo, depois das festas celebradas em honra ao seu nascimento. "No dia seguinte, quando vêm buscá-los, são encontrados adormecidos com duas serpentes tocando-lhes os órgãos dos sentidos com a língua para *purificá-los*. Com os gritos assustados dos pais, os animais retiram-se aos seus loureiros sagrados. Depois disso, as crianças revelam seu dom de profecia, transmitido pela *purificação das serpentes*" (GRID, 80). Essa purificação parece bem próxima da *catarse* pitagórica em que se reconhece uma influência apolínea. *Geralmente*, acrescenta Grimal, *diz-se que Cassandra era uma profetisa inspirada. O Deus a possuía e ela emitia os seus oráculos num delírio. Heleno, ao contrário, interpretava o futuro a partir dos pássaros e de sinais externos*. Pode-se dizer sem equívocos que as duas faces da adivinhação, a apolínea e a dionisíaca, originam-se igualmente da serpente.

Também significativo é o mito de *Íamo*, filho de Apolo e de uma mortal: criado por serpentes que o alimentam com mel, torna-se sacerdote e pai de uma longa linhagem de sacerdotes (GRID). *Melampo*, ao mesmo tempo adivinho e médico, tem os ouvidos purificados por serpentes a fim de compreender a linguagem dos pássaros. É chamado de o *homem dos pés pretos*, pois diz a tradição que, ao nascer, sua mãe o colocou à sombra mas por inadvertência deixou os pés expostos ao Sol (GRID, 282). Aqui, a ciência da serpente também estende o seu poder ao reino das sombras e da luz, concilia a alma e o espírito, as duas zonas da consciência, o sagrado *esquerdo* e o sagrado *direito*.

Mas, no mundo grego, é a figura de Dioniso que encarna mais completamente o sagrado *esquerdo*, fundamentalmente associado à imagem da serpente. Guthrie (GUTG, 169 s.), ao mesmo tempo especifica que o apogeu do culto dionisíaco coincide, na Grécia, com o da perfeição literária, e que "o maior dom de Dioniso era um sentimento de *liberdade total*". Assim, o Grande Liberador aparece historicamente no momento em que, com a perfeição da escrita, se instaura na cidade o triunfo do Logos helênico. Os êxtases coletivos, os transes, as possessões – insurreições da serpente do ser – aparecem desde então como uma vingança da natureza sobre a Lei, filha só da razão, que tende a oprimi-la. É, no final, um retorno à harmonia através do excesso; ao equilíbrio por uma loucura passageira; é uma terapêutica da serpente. Os êxtases, transes e possessões sem dúvida existiam bem antes da vinda de Dioniso; nasceram com as religiões naturais e o culto das Grandes Deusas ctonianas, que, como dissemos, tinham, todas, a serpente como atributo. Mas é nesse momento histórico, em que se esboçam em Atenas o pensamento e a sociedade modernos, que elas vão reobter tal fervor que os seus vestígios subsistirão para sempre neste mundo em que o domínio da sociedade sobre o homem torna-se cada vez mais constrangedor. É esta vontade tenaz de libertar a natureza humana da ditadura da razão que dará nascimento às seitas gnósticas, às confrarias de dervixes e, no mundo cristão, a toda uma categoria de heresias que combaterá a Igreja Romana. Cada um desses movimentos luta à sua maneira contra a condenação da serpente: "nenhum ser – proclamam os pératas, gnósticos do séc. III –, nem no Céu, nem na terra, nem nos Infernos, formou-se sem a serpente" (DORL, 51). E os ofitas – cujo nome, por si só, é uma profissão de fé – acrescentam: "nós veneramos a serpente porque Deus fez dela a causa da gnose para a humanidade [...]. Os nossos intestinos, graças aos quais nòs alimentamos e vivemos, não reproduzem a figura da serpente?" (DORL, 44). Essa analogia, que não deixa de lembrar a analogia entre a serpente e o **labirinto***, antecipa de modo espantoso as descobertas modernas a respeito das bases do psiquismo. Ao mesmo tempo, esclarece a origem das práticas divinatórias fundadas sobre o exame das vísceras. Certas sociedades animistas

900 | SERPENTE

que o mundo moderno ainda não destruiu persistem em manter viva e ativa essa corrente de pensamento *paralelo* que, em outros lugares, retrocedeu, por força das coisas, a um esoterismo estéril. Assim é o *Zar* abissínio e sobretudo o *vodu* daomeano e haitiano (*v.* **cavalo***).

Mas tudo isso está contido e é perfeitamente *explicado em imagens* pela história do próprio Dioniso. Sob os nomes de Zagreu ou Sabázio, ele nasce, segundo as tradições cretense, frígia e, finalmente, órfica, da união de Zeus e *Perséfone*, i.e., da alma e do espírito, do Céu e da Terra. Para realizar essa união, a tradição diz que *Zeus se transforma em serpente*. Isso equivale a dizer que o Espírito, por mais divinizado que seja, reconhece a anterioridade do incriado primordial, do qual ele próprio originou, e onde terá de mergulhar para regenerar-se e dar frutos. Mas Dioniso é também, essencialmente, o Iniciado que deverá sacrificar-se para renascer e agir. Por isso, é dilacerado pelos Titãs, para renascer pela vontade reafirmada de Zeus, o Espírito. Só então, as bacantes e os cortejos de possuídos poderão, como Atena, ter a serpente na mão. O apólogo é claro: mostra que a serpente, em si, não é boa ou má, mas que possui duas valências... "pois o ser da serpente", escreverá Jacob Boehme (BOEM, 209) "foi [...] uma grande força [...]. É o que bem sabem os sábios conhecedores da natureza: que há, na serpente, uma excelente arte e até virtude no seu ser". A serpente não é médico, é medicina – assim deve ser entendido o **caduceu***, cujo bastão é feito para ser *tomado na mão*. O espírito é o terapeuta que deve primeiro experimentá-lo em si mesmo, para aprender a usá-lo em benefício do corpo social. Senão mata, ao invés de curar; traz o desequilíbrio e a loucura, ao invés de harmonizar as relações do ser e da razão. Daí a importância dos *guias espirituais*, chefes das confrarias iniciáticas. Eles são, de certa forma, terapeutas da alma – no sentido grego da palavra – psicanalistas antes da época, ou melhor, psicogogos. Se não tiverem feito a serpente neles morrer e renascer, passam a praticar uma *psicanálise selvagem* e nociva. É o que acontecerá com a decadência das sociedades

dionisíacas, consecutiva à clandestinidade em que o mundo moderno as encerra. Quando este mundo se declara o dos *Antigos*, parece esquecer-se da lição da *temperança*, que se destaca do conjunto de sua mitologia em todos os casos em que esta trata da serpente. Essa temperança, uma condição para qualquer equilíbrio, sob certos aspectos parece próxima da *sabedoria da serpente*, da qual fala Cristo.

Os nossos maiores livros esotéricos inspiraram-se nela: como o Tarô, em que o arcano 14, a Temperança, embora situada entre a Morte e o Diabo, tem uma significação manifesta: um anjo vestido metade de vermelho, metade de preto – metade Terra, metade Céu – despeja um líquido *incolor* e *serpentino* alternadamente em dois vasos, um vermelho, outro azul; esses dois vasos simbolizam os dois polos do ser; o traço de união, o veículo de sua troca, repetido indefinidamente, é o *deus da água*, a serpente. Essa imagem é o símbolo da alquimia, escreve o historiador do Tarô, Van Rijnberk, acrescentando que expressa *de modo evidente o dogma da transmigração das almas e da reencarnação* (RIJT, 249). "Basta lembrar", diz ele, "que em grego clássico (metagiosmos) o ato de despejar algo de um vaso em outro é tomado como sinônimo da metempsicose." Isto confirma a nossa hipótese de que o fluido da *temperança* representa a serpente. Pois as tradições greco-latinas mostram constantemente reencarnações sob a forma da serpente: esta era a crença ateniense referente à serpente sagrada da Acrópole, supostamente defensora da cidade; ela representava a alma de *Erecteu*, *homem-serpente*, considerado um *antigo rei* de Atenas e frequentemente identificado com Poseidon. Uma lenda estranha fazia dele um herói civilizador que teria levado o trigo do Egito (GRID e FRAG, 4, 84-86). Do mesmo modo, acreditava-se em Tebas que após a morte os reis e rainhas da cidade transformavam-se em serpentes (FRAG, ibid.). Em toda a Grécia, o costume popular ditava que se fizessem libações de leite sobre os túmulos para as almas dos defuntos reencarnados em serpentes. À morte de Plotino, dizia-se que uma serpente havia saído da boca do filósofo com o seu último suspiro. Por fim, em Roma o símbolo do *gênio* ou espírito-guardião era uma serpente. Seria possível multiplicar os exemplos atuais, emprestados às culturas animistas de Nova Guiné, Bornéu, Madagascar, da África banto etc.

Essas comparações mostram de modo evidente que essas culturas só se distinguem da nossa pelo fato de terem continuado a manifestar abertamente as crenças simbólicas que, no nosso caso, viram-se ocultas por uma pressão histórica, sem por isso desaparecerem. É, portanto, no curso da filosofia ou do pensamento dito *paralelo* que devemos procurar para descobrir a função arquetípica da serpente. Apesar de séculos de ensinamento oficial obstinado em mutilar a sua polivalência, veremos que a serpente permanece o senhor da dialética vital, o ancestral mítico, o herói civilizador, o don-juan *mestre das mulheres* e, assim, o pai de todos os heróis ou profetas que, como Dioniso, surgem num momento determinado da história para regenerar a humanidade. Assim, dizia-se que a serpente havia visitado a mãe de Augusto em sonho; a mesma lenda explicava o nascimento *milagroso* de Cipião, o Ancião, e o de Alexandre, o Grande. Não é de espantar que esta lenda tenha penetrado nas vidas apócrifas do próprio Cristo; segundo Elien (*de natura animalium*), no tempo de Herodes, falava-se da visita de uma serpente a uma virgem judia e, de acordo com Frazer, tudo levava a crer (FRAG, 5, 81) que se tratava da Virgem Maria. Seja como for, é conhecida a afinidade que une a serpente ao pombo na simbologia sexual. O que dizer, então, desse costume dos nancis da África oriental, também relatado por Frazer, segundo o qual "se uma serpente for ao leito de uma mulher não se deve matá-la, pois é considerada a reencarnação do espírito de um ancestral, ou do falecido pai ou mãe, vindo *informar à mulher* que o seu próximo filho nascerá em boas condições" (FRAG, 85).

A universalidade das tradições que fazem da serpente *o mestre das mulheres*, por representar a fecundidade, foi abundantemente demonstrada por Eliade (ELIT, 150 s.), Krappe (KRAM) e por etnólogos especializados no estudo deste ou daquele continente, tais como Bauman (BAUA), que ressalta que na África este é um traço característico das sociedades matriarcais. Assim, os tcho-kwes (Angola) colocam uma serpente de madeira sob o leito nupcial para assegurar a fecundação da mulher. No círculo voltaico, "quando as mulheres senufo concebem, são levadas a casas decoradas com representações de serpentes e os nurumas de Gugoro dizem que uma mulher engravidará se uma serpente entrar na sua cabana" (BAUA, 423).

Na Índia, as mulheres que desejam ter um filho adotam uma naja. Os tupis-guaranis, no Brasil, tornavam fecundas as mulheres estéreis batendo em seus quadris com uma cobra (METT). Em outros lugares, as serpentes são guardiãs dos espíritos das crianças, que são distribuídas à humanidade conforme as necessidades. Na Austrália central, duas serpentes ancestrais percorrem incessantemente a terra, e a cada parada abandonam alguns *mai-aurli* (espíritos de crianças). No Togo, uma cobra gigante que mora num lago pega as crianças da mão do Deus supremo e as traz à cidade.

Mencionamos a ambivalência sexual da serpente. Esta se traduz, sob este aspecto do seu simbolismo, pelo fato de ser ao mesmo tempo matriz e falo. Este fato é comprovado por um grande número de documentos iconográficos, do neolítico asiático como das culturas ameríndias, nos quais o corpo do animal (fálico, na sua totalidade) é ornado de **zunidores*** (símbolos da vulva). Eliade (ELIC, 306) registra um mito negrito em que o simbolismo de matriz aparece nitidamente: no caminho do palácio de Tapern vive uma serpente, sob o tapete que ela confecciona para Tapern. No seu ventre encontram-se trinta mulheres muito belas, adereços de cabelo, pentes etc. Um Chinoi chamado *arme-Chaman* vive nas suas costas, como guardião deste tesouro. O Chinoi que quiser penetrar no ventre da serpente tem de submeter-se a duas provas do gênero da porta mágica que, portanto, tem caráter iniciático. Se conseguir, poderá escolher uma esposa.

A serpente, mestre das mulheres e da fecundidade, também é frequentemente considerada responsável pela menstruação, que resulta da sua

902 | SERPENTE

mordida. Krappe ressalta a antiguidade dessa crença comprovada nas lendas relativas a Ahriman e de origem pré-masdeísta. É encontrada nos meios rabínicos que atribuem a origem da menstruação às relações de Eva com a serpente, segundo Salomon Reinach; também continua ativa entre os papuas da Nova Guiné. Todos esses exemplos mostram a afinidade simbólica da serpente com a *sombra*, também considerada uma *alma fecundadora* e um don-juan, conforme o demonstra o psicanalista Rank no seu ensaio sobre esse personagem, em que a sombra aparece exatamente como um sósia simbólico da serpente: "na Índia central, o medo de ser fecundada pela sombra é muito comum. As mulheres grávidas evitam pisar na sombra de um homem, com medo que a criança nasça parecida com esse homem [...]. Assim, a sombra é o símbolo da força procriadora do homem que não só representa a procriação, em geral, como a ressurreição nos seus descendentes" (RANJ, 98).

Essas crenças não deixaram de conservar alguns vestígios no folclore europeu. Segundo Finamore (*Tradizioni popolari abbruzeri*, citado em ELIT), hoje em dia ainda se conta nos abruzzis que a serpente tem relações sexuais com as mulheres. Na França, na Alemanha, em Portugal etc., as mulheres de certas regiões temem que uma serpente lhes entre pela boca durante o sono – especialmente na época da menstruação – e que as engravide.

A condenação da serpente

Embora a cristandade só tenha, na maior parte das vezes, retido o aspecto negativo e maldito da serpente, os textos sagrados do cristianismo, por sua vez, comprovam os dois aspectos do símbolo. Assim, no *Números*, embora as serpentes terrestres enviadas por Deus *tenham feito perecer muita gente em Israel*, o povo eleito reencontra a vida através da própria serpente, de acordo com as instruções que o Eterno dá a Moisés: "Então Deus enviou contra o povo serpentes abrasadoras, cuja mordida fez perecer muita gente em Israel. Veio o povo dizer a Moisés: 'Pecamos ao falar contra Jeová e

contra ti. Intercede junto a Jeová para que afaste de nós estas serpentes.' Moisés intercedeu pelo povo e Jeová respondeu-lhe: "Faze uma serpente abrasadora e coloca-a em uma haste. Todo aquele que for mordido e a contemplar viverá. Moisés, portanto, fez uma serpente de bronze e a colocou em uma haste; se alguém fosse mordido por uma serpente, contemplava a serpente de bronze e vivia" (*Números*, **21**, 6-9). Na época cristã, o Cristo que regenera a humanidade algumas vezes é representado como a *Serpente atravessada na cruz*, como aparece novamente nos sécs. XII e XIII, em um poema místico traduzido por Rémy de Courmont (GOUL, 130). Entretanto, não é essa a serpente à qual se refere com maior frequência o pensamento da Idade Média, mas à serpente de Eva, *condenada a arrastar-se* e à serpente, ou dragão-cósmico, cuja anterioridade São João não contesta, no *Apocalipse*, mas cuja derrota proclama: "Foi expulso o grande Dragão, a *antiga serpente*, o chamado Diabo ou Satanás, sedutor de toda a terra habitada – foi expulso para a terra, e seus Anjos foram expulsos com ele" (*Apocalipse*, **12**, 9). A partir de então, de sedutor passa a repugnante. Seus poderes, sua ciência, que não podem ser contestados na sua existência, o são na sua origem. Foram considerados o fruto de um roubo; tornaram-se ilegítimos aos olhos do espírito; a ciência da serpente passa a ser *maldita* e a serpente que nos habita passará a gerar apenas os nossos vícios, que nos trazem a morte e não a vida. Rémy de Gourmont traduziu um texto surpreendente do séc. V a esse respeito – o *Hamartigensia*, ou Gênese do pecado – de Aurelius Prudentius Clemens de Saragoça. Nossos vícios, escreve Prudentius, são nossos filhos, mas ao lhes darmos vida eles nos dão a morte, como o parto da víbora.

> Ela não dá à luz por vias naturais e não concebe pelo coito comum que distende o útero; mas assim que sente a excitação sexual, a obscena fêmea provoca o macho, que ela quer sugar com a boca bem aberta; o macho introduz a cabeça de língua tripla na garganta de sua companheira e, todo em fogo, dardeja-lhe seus beijos, ejaculando por esse coito

bucal o veneno da geração. Ferida pela violência da volúpia, a fêmea fecundada rompe o pacto de amor, dilacera com os dentes o pescoço do macho e, enquanto este morre, engole o esperma infundido em sua saliva. O sêmen assim aprisionado custará à mãe a sua vida: quando tornarem-se adultos, estreitos corpúsculos, começarão a arrastar-se em sua morna caverna, a sacudir o útero com as suas vibrações [...] como não há saída para o parto, o ventre da mãe é dilacerado pelo esforço dos fetos em direção à luz, e os intestinos rasgados lhes abrem a porta [...]. Os pequenos répteis rastejam em torno do cadáver natal, lambem-no – uma geração órfã ao nascer [...] como os nossos partos mentais [...] (GOUL, 49-50).

Bem antes de a palavra ser inventada, vê-se que foi na época barroca, e o barroco florescerá durante séculos nessa *inversão do maravilhoso*, que escolhe a demonologia como seu terreno. A serpente rasteja em meio a flores envenenadas em toda essa paisagem maldita, pela qual, no entanto, se mantém a regeneração do imaginário. É, nas divagações íntimas, a áspide, enroscada no seio de Cleópatra, ou no arbusto de **rosas***, essas *feridas místicas* da natureza. São, também, em nossas mitologias, todos os dragões cósmicos que reaparecem, eriçados, vomitando fogo e chamas, no segredo das trevas onde, ciumentos, guardam os tesouros – o mais precioso dos quais é o da imortalidade –, não mais para permitir a entrada aos homens mas para proibi-la. Pois a serpente, por mais satânica que seja, é imortal. Mas como adquiriu essa imortalidade? A esse respeito Krappe (KRAM, 288 s.) estabelece comparações que esclarecem as fontes desta velha rivalidade homem-serpente, sobre a qual edificou-se uma mitologia do mundo cristão; "na epopeia babilônica de Gilgamesh, ela (a serpente) rouba do herói a erva da Imortalidade, dádiva dos deuses. Na Nova Pomerânia, um bom demônio quis que as serpentes morressem e que os homens mudassem de pele para viver para sempre. Por infelicidade, um demônio mau descobriu um meio de inverter esse arranjo – eis por que a serpente se rejuvenesce

mudando de pele, enquanto o homem é condenado a morrer [...]. No arquétipo do relato bíblico a serpente aparece fazendo Adão (ou melhor, Eva) acreditar que a árvore da morte era, na realidade, a árvore da vida; ela própria, evidentemente, comeu os frutos da árvore da vida". A serpente acusada de todos os pecados é a orgulhosa, a egoísta, a avarenta. O *bom ser* da serpente, para retomar a linguagem de Jacob Boehme, não existe mais; subsiste apenas o "mau ser que gosta de se materializar no orgulho" (BOEM, 240): "aquele que deixa os pobres sofrerem de penúria e que acumula no coração bens temporais de propriedade, esse não é um cristão, mas um filho da serpente" (ibid., 243). Senhor da força vital, não simboliza mais a fecundidade, mas a luxúria; "tendo sido o mais esperto de todos os animais e tendo seduzido o pudor virginal de Eva, inspirou-lhe o desejo do coito bestial e de toda a impudência e de toda a prostituição bestial dos homens" (ibid., 250).

O *bom ser* da serpente só aparece na sua função ctoniana de executor da justiça divina, o que faz lembrar o mito de Laocoonte. Assim, ela se apresenta no *Inferno* de Dante. No início do Canto XXV, depois de ter visto um ladrão, ainda por cima sacrílego, ser asfixiado por uma serpente, o poeta exclama: "serpes me foram desde então amigas" (*Da indi in qua mi fuor le serpi amiche*), pois uma delas enroscou-se então, em seu pescoço, como a dizer: "Não quero que prossigas! / Tolhendo-lhe outra os braços, se enlaçava / Diante sobre o peito e o movimento / Com rebatido vínculo atalhava."

Adiante, Dante descreve a extraordinária fusão que se opera entre uma serpente e um condenado, em núpcias cuja grandeza furiosa desvenda toda a ambivalência do símbolo serpente na sua significação sexual:

> [...]
> Fundiram-se depois, como se de cera quente
> Fossem feitos, mesclando suas cores,
> Nem um nem outro parecia mais o que fora antes.

Segundo G. Durand (DURS, 345), também é positiva, a resignificação da serpente-dragão para herói, que se elabora na Idade Média e que

904 | SERPENTE

sobreviverá até os nossos dias. O Dragão é o obstáculo que é preciso vencer para alcançar o nível do Sagrado; é a *besta* que o bom cristão tem de esforçar-se em matar dentro dele, imitando São Jorge e São Miguel. O mito pagão de Siegfried representa esse mesmo aspecto. Este *novo herói* se tornará, na sua decadência, o *super-homem* e o *superman*, através do qual uma civilização dita cristã recai precisamente nos excessos que o cristianismo quer reprimir. As consequências disso são bem conhecidas: o esboço de uma moral do Bem e do Mal afrontosamente simplificadora e traumatizante, porque rompe a unidade da pessoa humana, reprimindo no inconsciente as aspirações e as inspirações profundas do ser, não é a menor delas. Em última instância é o próprio princípio vital que se vê atingido no homem, donde esse *mal-estar da nossa civilização*, cuja causa Keyserling explica com pertinência: "a vida original deve aparecer como um mal puro e simples para a consciência diurna *que conseguiu alcançar uma autossegurança*" (KEYM). Essa segurança excessiva, sabemos hoje, sob o pretexto de ser *luz*, só leva a um novo obscurantismo.

Em direção a um símbolo da serpente reabilitada

Renegar a vida original e a serpente que a encarna equivale a renegar todos os valores noturnos de que ela participa e que constituem o limo do espírito. Foi preciso esperar pelo séc. XIX para que, com o Romantismo, se esboçasse um alerta. Mais uma vez, foram os poetas e artistas que o promoveram, razão pela qual os mais eminentes tornaram-se *os malditos* de uma sociedade, cuja liberação empreenderam: *Deixa vir à luz do dia o que viste durante a noite*, escreve o pintor alemão C. D. Friedrich, enquanto na França, Courbet o *realista* responde: *Eu o vejo bem demais! É preciso que me furem um olho*. Está aberta a brecha pela qual será feita, no séc. XX, uma verdadeira revolução do pensamento, em que o movimento surrealista desempenhou um papel decisivo: "Creio", escreve André Breton em 1924 no primeiro *Manifesto do Surrealismo*, "na resolução futura desses dois

estados, tão contraditórios em aparência, que são o sonho e a realidade, numa espécie de realidade absoluta, de *surrealidade*, digamos assim." Enquanto isso, com a psicanálise, Freud inventou o primeiro método clínico destinado a reintegrar o homem em si mesmo, atacando censuras internas que se tornaram patogênicas. Portanto, não é de espantar que o pai da psicanálise tenha sido tão condenado: é a repetição da condenação da serpente.

Este é também o momento em que o pensamento ocidental aceita voltar-se com interesse que ultrapassa o exotismo para as culturas ditas primitivas ainda sobreviventes no planeta, principalmente na África, na América, na Oceania, em todo lugar onde se fala de *animismo*. Embora para um ocidental dos dias de hoje a serpente não passe de um objeto de repulsa, nessas regiões preservadas ela permaneceu um arquétipo completo que mantém vivas e aceitas as suas valências positivas. Uma criança indiana ou africana não tem, necessariamente, medo de cobra, mesmo se as estruturas modernas, recentemente implantadas, tentam mascarar o seu rosto tradicional. No Benin, por exemplo, o velho deus Dan, de cuja história falamos, não se surpreende com nada e em toda novidade sabe reconhecer o que é seu. Como senhor da energia e do movimento, tornou-se o patrono dos **trens***, dos barcos a **vapor***, dos **automóveis*** e dos **aviões***, enquanto o seu vigário *Ho-Da* (cordão umbilical) ainda é aquele que liga a parturiente à velha Deusa-Terra quando esta recebe daquela o peso do filho que nasce (MAUG). Eliade já havia observado que, na África, a serpente às vezes simbolizava a massa humana, o povo que luta com o chefe vitorioso. Na China, onde a *baba do dragão* tem o poder de fecundar as mulheres, o presidente Mao Zedong um dia respondeu a jornalistas ocidentais que *não se conversa sobre a* **pérola*** *do dragão*, i.e., sobre a perfeição evidente.

Vê-se que a serpente, arquétipo fundamental ligado às fontes da vida e da imaginação, conservou pelo mundo as valências simbólicas as mais contraditórias em aparência. E as mais positivas dentre elas, se por um momento foram incluídas no índice da nossa história, começam a sair dos seus esconderijos para novamente dar harmonia e liberdade ao homem. A poesia, as artes, a medicina – que sempre tiveram a serpente como atributo – encarregaram-se disso. A ciência fundamental concorre para isso através das suas descobertas mais revolucionárias: é o que se pode concluir da célebre equação de Einstein sobre a identidade da matéria e da energia.

Assim, apesar de todas as perturbações do nosso tempo, Atena, deusa de toda ciência verdadeira, continua a segurar na mão e sobre o peito a serpente, da qual nasceram Dioniso, Satanás e os Imperadores da China.

SÉSAMO

O sésamo é um *fortificante* tradicional chinês, embora a planta não seja originária da China. Crê-se que os seus grãos permitem a não ingestão de *cereais* e fazem alcançar a longevidade. Lao-tse e Yin-hi, que partiram para as terras do Oeste – para o *K'uen-luen* (centro do mundo) –, alimentaram-se de grãos de sésamo (KALL, MAST).

Esta palavra, *sésamo*, ficou associada a uma fórmula mágica, a de "Abre-te, Sésamo", que Ali Babá pronunciava para abrir a porta da **caverna*** misteriosa onde quarenta ladrões guardavam as suas riquezas. Não se sabe a origem desta injunção prática, mas ela permanece um símbolo sem dúvida ligado à fecundidade, uma vez que é o grão que, abrindo-se, dá todas as riquezas da terra. Do ponto de vista psicológico, o "Abre-te, Sésamo" também tem a sua significação diante de todas as **portas*** fechadas que são os seres, uns para os outros; basta uma pequena palavra mágica para que se abram, não só o coração, mas os caminhos secretos do inconsciente. O "Abre-te, Sésamo" é o grito do chamado lançado à riqueza encerrada na caverna, seja este o grão nutritivo e fecundador, o **cofre*** das riquezas materiais, o refúgio da revelação espiritual ou o labirinto do inconsciente.

SESSENTA E QUATRO

O quadrado de oito é evidentemente a expressão de uma totalidade realizada, perfeita. É plenitude, beatitude, mas também o campo fechado de um combate: é o que exprime o tabuleiro de xadrez com seus sessenta e quatro quadrados. Transportado do espaço ao tempo, é o mesmo símbolo que se revela. Allendy (ALLN) faz notar aqui uma estranha relação entre a tradição ocidental e a oriental: *a mãe de Buda teria nascido numa família dotada de sessenta e quatro tipos de qualidades*. Confúcio teria tido *sessenta e quatro gerações, depois de Hoang-ti, fundador de sua dinastia*, e, da mesma forma, segundo São Lucas, Jesus *teria pertencido à sexagésima quarta geração depois de Adão*. Sessenta e quatro mulas puxavam o carro funerário de Alexandre, o Grande; na China sessenta e quatro pessoas levam os restos mortais do imperador defunto. Sessenta e quatro é sem dúvida o número simbólico da realização terrestre.

SET

Deus egípcio comparado a **Tifão*** por Plutarco e ao **Baal*** palestino, identificado com o princípio do mal, frequentemente representado por um porco preto devorando a lua, onde refugiou-se a alma de seu irmão, **Osíris***, o benfeitor. É o demônio da mitologia egípcia, adorado por uns, amaldiçoado por outros e temido por todos: uma força pervertida. Personagem do conflito cósmico e moral entre o bem e o mal, simboliza as forças primitivas desviadas de seu alvo e as forças malfeitoras.

SETE

O sete corresponde aos sete dias da semana, aos sete planetas, aos sete graus da perfeição, às sete esferas ou graus celestes, às sete pétalas da rosa, às sete cabeças da naja de Angkor, aos sete galhos da árvore cósmica e sacrificial do xamanismo etc.

Certos setenários são símbolos de outros setenários. Assim, a rosa de sete pétalas evocaria os sete Céus, as sete hierarquias angélicas, todos os conjuntos perfeitos. O sete designa a totalidade das ordens planetárias e angélicas, a totalidade das moradas celestes, a totalidade da ordem moral, a totalidade das energias, principalmente na ordem espiritual. Era, para os egípcios, símbolo da vida eterna. Simboliza um ciclo completo, uma perfeição dinâmica. Cada período lunar dura sete dias e os quatro períodos do ciclo lunar (7 x 4) fecham o ciclo. A esse respeito Fílon observa que

906 | SETE

a soma dos sete primeiros números (1 + 2 + 3 + 4 + 5 + 6 + 7) chega ao mesmo total: 28. O sete indica o sentido de uma *mudança* depois de *um ciclo concluído e de uma renovação positiva.*

O número sete é característico do culto de Apolo; as cerimônias apolíneas eram celebradas no sétimo dia do mês. Na China, também, as festas populares realizavam-se num sétimo dia. Ele aparece em inúmeras tradições e lendas gregas: as sete Hespérides, as sete portas de Tebas, os sete filhos e as sete filhas de Níobe; as sete cordas da lira, as sete esferas etc. Existem sete emblemas de Buda. As circum-ambulações da Meca compreendiam sete voltas. O sete está expresso no hexagrama, se contarmos o centro (*v.* **selo* de Salomão**). A semana tem seis dias ativos, mais um dia de descanso representado pelo centro; o Céu, seis planetas (no cômputo antigo), sendo o Sol o centro; o hexagrama, seis ângulos, seis lados ou seis braços de estrela, com o centro desempenhando o papel de um sétimo; as seis direções do espaço têm um ponto mediano ou central que dá o número sete. Ele simboliza a totalidade do espaço *e a totalidade do tempo.*

Associando o número quatro, que simboliza a terra (com os seus quatro pontos cardeais) e o número três, que simboliza o Céu, o sete representa a *totalidade do universo em movimento.*

O setenário resume também a totalidade da vida moral, acrescentando as três virtudes teologais – a fé, a esperança e a caridade – às quatro virtudes cardeais – a prudência, a temperança, a justiça e a força.

As sete cores do arco-íris e as sete notas da escala diatônica revelam o setenário como um regulador das vibrações, das quais várias tradições primitivas fazem a própria essência da matéria.

Esta sentença é atribuída a Hipócrates: *o número sete, por suas virtudes ocultas, mantém no ser todas as coisas; dá vida e movimento; influencia até mesmo os seres celestes.*

Inicialmente observou-se que o sete é o número da conclusão cíclica e da sua renovação. Tendo criado o mundo em seis dias, no sétimo Deus *descansou* e fez dele um dia santo: portanto,

o *sabá* não é realmente um *repouso* exterior à criação, mas o seu coroamento, a sua conclusão na perfeição. É o que evoca a semana, que dura um quarto lunar.

A perfeição de sete do ritmo senário também é familiar ao islamismo: o sólido possui *sete* lados (as seis faces e mais a sua totalidade – que corresponde ao sabá). *Tudo o que existe no mundo é sete*, pois cada coisa possui uma ipseidade e seis lados. Os *dons da Inteligência são sete* (seis, mais a *ghaybat*, o conhecimento suprassensível). Os *Imãs* (ou Imames) de um período são sete (seis, mais *Qu'im*, o *Imã* da Ressurreição). Ainda por cima, essas séries diversas têm uma correspondência entre si. A Religião literal desenvolve-se sobre um ciclo de seis *dias*, que são seis milenares, seguidos de um sétimo, o *verdadeiro sabá da religião*, o *dia* do sol e da luz, da manifestação do *Imã* até ali oculto.

Uma tradição hindu atribui sete raios ao sol: seis correspondem às direções do espaço, o sétimo, ao centro.

Da mesma forma, o arco-íris não tem sete cores, mas seis; a sétima é o branco, síntese das outras seis. E as sete faces do monte *Meru* voltadas para cada um dos sete *dvipa* (*continentes*) correspondem às sete direções do espaço hindu (seis, mais o centro). De Deus, *Coração do Universo*, escreve Clemente de Alexandria, emanam *as seis extensões e as seis fases do tempo; nisso reside o segredo do número 7*; a volta ao *centro*, ao Princípio, em conclusão do desenvolvimento senário, perfaz o setenário.

O número 7 é o símbolo universal de uma totalidade, mas de uma totalidade em movimento ou de um *dinamismo total*. Como tal, ele é a chave do *Apocalipse* (7 igrejas, 7 estrelas, 7 Espíritos de Deus, 7 selos, 7 trombetas, 7 trovões, 7 cabeças, 7 calamidades, 7 taças, 7 reis...). O sete é o número dos Céus búdicos. Avicena descreve também os *Sete Arcanjos príncipes dos sete Céus*, que são os sete *Vigilantes* de Enoc e correspondem aos sete *rishis* védicos. Estes residem nas sete estrelas da Ursa Maior, com as quais os chineses relacionam as sete aberturas do corpo e as sete aberturas do coração. A luz vermelha das sociedades secretas chinesas tem sete braços, como o candelabro dos hebreus.

Certos textos muçulmanos relacionam os sete sentidos esotéricos do *Corão* aos sete centros sutis do homem. Lembremos que a *ioga* também conhece sete centros sutis (os seis *chacras* e mais o *sahasrara padma*). Segundo Abu Ya'qub, as *Formas espirituais* foram manifestadas pelas *sete letras supremas*, que são as *sete inteligências*, os *sete querubins*.

O sete, número dos Céus, é também, segundo Dante, o número das esferas planetárias, às quais os cátaros relacionavam as 7 artes liberais. Observamos (*v.* **escada***) que ainda se deve assimilar os sete Céus aos 7 entalhes da árvore axial siberiana, às 7 cores da escada do Buda, aos 7 metais da escada dos mistérios mitríacos, aos 7 degraus da escada dos *Kadosch* da maçonaria escocesa: é o número dos estados espirituais hierarquizados que permitem a passagem da terra ao Céu.

Observamos que o Buda nascente havia medido o universo dando sete passos em cada uma das quatro direções. Quatro das etapas essenciais da sua experiência libertadora correspondem a paradas de sete dias, cada uma debaixo de quatro árvores diferentes.

Os números *yang*, escreve Sseu-ma Ts'ien, alcançam a perfeição em 7. A adivinhação pelas varetas da aquileia considera sete categorias de indícios; são 49 (7 x 7) varetas; 49 é também o número do *Bardo*, para os tibetanos, o estado intermediário que se segue à morte: esse estado dura 49 dias divididos, pelo menos no início, em 7 períodos de 7 dias. Diz-se que as almas japonesas passam 49 dias nos telhados das casas, o que tem a mesma significação (CORT, EVAB, GRAP, GUED, GUEM, GUES, HERA, SAIR).

O número sete é frequentemente empregado na Bíblia. Por exemplo: candelabro de sete braços; sete espíritos repousando na vara de Jessé, sete Céus onde habitam as ordens angélicas; Salomão construiu o templo em sete anos (1 *Reis*, **6**, 38). Não só o sétimo dia, mas também o sétimo ano é de descanso. A cada sete anos os servos são postos em liberdade, os endividados, anistiados. O sete é usado 77 vezes no Antigo Testamento. O número sete, pela transformação que inaugura, possui em si mesmo um *poder*, é um número mágico. À tomada de Jericó, sete sacerdotes com sete trombetas devem, no sétimo dia, dar sete voltas na cidade. Eliseu espirra sete vezes e a criança ressuscita (II *Reis*, **4**, 35). Um leproso mergulha sete vezes no Jordão e sai curado (II *Reis*, **5**, 14). O justo cai sete vezes e levanta-se perdoado (*Provérbios*, **24**, 16). Sete animais puros de cada espécie serão salvos do dilúvio. José sonha com sete vacas gordas e sete vacas magras.

O sete encerra, entretanto, uma ansiedade pelo fato de que indica a passagem do conhecido ao desconhecido: um ciclo concluído, qual será o próximo?

Sagrado já para os sumerianos, o sete (e alguns de seus múltiplos) é o favorito da aritmologia bíblica. Correspondendo ao número dos planetas, ele sempre caracteriza a perfeição (na gnose, o pleroma), a divindade. A semana tem sete dias em memória à duração da criação (*Gênesis*, **2**, 2 s.). Se a festa pascoal dos pães sem fermento dura sete dias (*Êxodo*, **12**, 15; **19**), é certamente porque o êxodo é visto como uma nova criação, a criação salvadora.

Zacarias (**3**, 9) fala dos sete olhos de Deus. Os setenários do Apocalipse (os sete olhos que são os sete espíritos de Deus = todo o seu espírito [**4**, 5]; as sete cartas às sete igrejas = a toda a Igreja; as sete trombetas, taças etc.) anunciam a execução final da vontade de Deus no mundo.

É por isso que o sete também é o número de Satanás, que se esforça em imitar a Deus – *o macaco de imitação de Deus*. Assim, a besta infernal do Apocalipse (**13**, 1) tem sete cabeças. Mas, na maior parte do tempo, o vidente de Patmos reserva aos poderes do mal a metade de sete – três e meio –, indicando com isso o fracasso das iniciativas do Mal (*Apocalipse*, **12**, b): o dragão não pode ameaçar a mulher (= o povo de Deus) mais que 1.260 dias = três anos e meio (*v.* ainda **12**, 14: três tempos e meio).

O sete é a chave do Evangelho de São João: as sete semanas, os sete milagres, as sete menções do Cristo: *Eu sou*. Aparece quarenta vezes no Apocalipse: setenários de selos, trombetas, taças,

908 | SETE

visões etc. O livro é estruturado em séries de sete. Aqui, esse número designa, mais uma vez, a plenitude de um período de tempo concluído (a criação em *Gênesis*); o cumprimento de um tempo, de uma era, de uma fase; a plenitude das graças dadas pelo Espírito Santo à Igreja.

O sétimo dia foi objeto de numerosas interpretações simbólicas no sentido místico. Esse dia em que Deus descansa após a Criação significa como que uma restauração das forças divinas na contemplação da obra executada. Esse descanso do sétimo dia marca um *pacto entre Deus e o homem*.

O sete simboliza a conclusão do mundo e a plenitude dos tempos. Segundo Santo Agostinho, ele mede o tempo da história, o tempo da peregrinação terrestre do homem. Se Deus reserva um dia para descansar, dirá Santo Agostinho, é porque quer distinguir-se da criação, fazer-se independente dela e permitir-lhe que descanse nele. Além disso, o próprio homem é convidado pelo número 7 – que indica o descanso, a cessação do trabalho – a voltar-se para Deus a fim de descansar somente nele. (*De Gen. ad litt.*, 4, 16). Agostinho falará também do grande mistério da pesca milagrosa que representa o fim do mundo. O Cristo está acompanhado de seus sete discípulos e, por este fato, inicia o fim dos tempos.

Enfim, o seis designa uma parte, pois o trabalho está na parte; só o descanso significa o todo, pois designa a perfeição. Nós sofremos justamente na medida em que só conhecemos uma parte, sem a plenitude do encontro com Deus; o que é parte desaparecerá, o sete coroará o seis (cf, *De civitate Dei*, 11, 31). (Sobre este tema e a interpretação dada por Santo Agostinho, *v.* Auguste Luneau, *Histoire du salut chez les Pères de L'Eglise*, Paris, 1964, p. 336-338.)

A crer no Talmude, os hebreus também viam no número sete o símbolo da *totalidade humana*, ao mesmo tempo masculina e feminina, através da soma de quatro e três. Com efeito, Adão, durante as *horas* do seu primeiro *dia*, recebe a alma que lhe dá completa existência na hora quatro; é na hora sete que recebe a sua companheira, isto é, que se desdobra em Adão e Eva.

No islamismo, o sete é igualmente um número propício, símbolo da perfeição: sete Céus, sete terras, sete mares, sete divisões do Inferno, sete portas. Os sete versículos da *Fatiha* (surata que abre o Corão), as sete letras não utilizadas do alfabeto árabe *que caíram sob a mesa*, as sete palavras que compõem a profissão de fé muçulmana, a *Shahada* etc.

Durante a peregrinação a Meca, deve-se dar sete voltas na Caaba e percorrer sete vezes a distância entre os montes Cafa e Marnia.

Os companheiros da Caverna, *Ashab al-Kahf* (*Corão*, 17), eram sete (os sete Adormecidos). Encantamentos são compostos com os seus nomes e com o nome do cão que velou sobre eles durante 300 anos (LAMM, 1, 314).

As sete portas do Paraíso abrem-se diante da mãe de sete filhas. Para a mulher grávida ameaçada por algum perigo lê-se sete versículos da surata. No Irã, no momento do parto, coloca-se sobre uma toalha uma luz acesa com sete espécies de frutas e sete tipos de grãos aromáticos. Geralmente, a criança recebia o nome no sétimo dia. Às vezes, na véspera do casamento, a noiva vai ao rio, enche e esvazia um pote sete vezes e depois joga sete punhados de grãos dentro da água (MASP, 35 s.). Símbolo mágico de fecundidade.

No Marrocos, as mulheres estéreis enrolam o cinto sete vezes em torno do tronco de certas árvores e depois o prendem a uma de sete cordas que são fixadas às árvores (WESR, 1, 77).

Na Síria, uma jovem sem pretendentes exorciza as más influências que a impedem de achar um marido banhando-se no mar e deixando que sete ondas lhe passem por cima da cabeça.

Se um sabre desembainhado for colocado na frente de um menino de sete anos, este será corajoso.

Sete elementos são essenciais ao toucador das mulheres. Para assegurar a um defunto o perdão de seus pecados, é preciso traçar sete linhas sobre o seu túmulo. Feita a inumação, é preciso afastar-se do túmulo dando sete passos e em seguida reaproximar-se, dando mais sete passos.

O mausoléu do santo a quem se vai pedir alguma graça deve ser visitado durante sete dias ou quatro vezes sete dias. Viajantes dão sete voltas antes de pernoitarem em locais desabitados.

Acredita-se frequentemente que a alma dos mortos permanece junto ao túmulo durante sete dias.

São inúmeros os exemplos. Trata-se de um número sagrado, geralmente benéfico, por vezes, maléfico. Um ditado declara que o *sete é difícil*.

A famosa obra de Nizami, *As sete princesas*, liga o simbolismo das cores à astrologia: cada um dos sete palácios é da cor de um dos sete planetas; no interior de cada um há uma princesa de um dos sete climas.

Os místicos muçulmanos declaram que o Corão encerra sete sentidos (às vezes, fala-se de setenta sentidos). Uma tradição do Profeta (hadith) afirma: *O Corão tem um sentido exotérico e um sentido esotérico. O próprio sentido esotérico tem um sentido esotérico, e assim por diante, até chegar a sete sentidos esotéricos.*

A fisiologia mística, tão característica do sufismo iraniano, também se baseia no setenário. Autores como Semnami distinguem sete órgãos (ou invólucros) sutis, *cada um dos quais é a tipificação de um profeta no microcosmo humano...*

O primeiro é designado como o órgão corporal sutil;

[como o Adão do teu ser...

O sexto é o *Jesus do teu ser*.

O sétimo é o *Maomé do teu ser*.

(CORL, 238 s.)

Esses invólucros sutis são associados a cores: preto fosco para *Adão*; azul para *Noé*; vermelho para *Abraão*; branco para *Moisés*; amarelo para *Davi*; preto brilhante para *Jesus*; verde para *Maomé* (ibid., 242).

As sete diferentes etapas na via mística são simbolizadas por Attar, em seu célebre poema intitulado *A linguagem dos pássaros*, por sete vales: o primeiro é o da busca (*talab*); o segundo, o do amor (*eshg*); o terceiro, o do conhecimento (*ma'rifat*); o quarto, o da independência (*istigna*);

o quinto, o da unidade (*tawhid*); o sexto, o do maravilhamento (*hayrat*); e o sétimo, o do desenlace (*faqr*) e o da morte mística (*fana*).

Para os povos da pradaria, este número representa as coordenadas cósmicas do Homem, pelo acréscimo dos quatro pontos cardeais (plano da imanência) e do eixo do mundo atravessando este plano pelo centro, que é o *aqui* (o Homem) e terminando pelo que está embaixo e o que está em cima; 7 = 4 (pontos cardeais) + 2 (eixo vertical) + 1 (centro), sendo este 1 a resultante do encontro de 4 e 2. A oposição transcendental entre o alto e o baixo se resolve através do encontro do plano de imanência na Unidade, que é o lugar do Homem (ALEC, 69).

Para os pueblos, é o mesmo símbolo, apenas transportado ao plano social. A cidade santa de Zuni, *Centro do Mundo*, é dividida em sete partes correspondendo às *sete regiões do mundo*. Ela é feita da reunião de sete aldeias antigas que representam a mesma divisão do cosmo. A divisão social era calcada sobre o mesmo plano, com os clãs ligados por grupos de três a esses sétimos, exceto o clã dos papagaios, primeiro clã da tribo, que, sozinho, ocupava o *centro*, o *aqui* (MULR, 277-278). As cores cósmicas eram repartidas de acordo com essa mesma *bússola cósmica*.

Para os maia-quichés, o Grande Deus do Céu, que se torna Deus-Treze junto com as doze estrelas (deuses da chuva), torna-se também Deus-Sete, com os seis sóis-cósmicos: desta forma, ele constitui o grupo dos deuses agrários. O ideograma do Deus-Sete é representado pela Ursa Maior.

Os mames, descendentes dos maias, tinham a fogueira formada por seis pedras (três grandes e três pequenas) que, ao receber a panela, formam o número sete, atributo do Deus Agrário, também deus do fogo, sob todas as suas formas: fogo divino = raio; fogo do mundo inferior (aquecendo a Avó-Terra); fogueira = fogo dos homens (GIRP, 81).

O Deus Agrário é Deus-Sete porque o número sete está ligado ao fenômeno astronômico da passagem do Sol pelo zênite, que determina a estação das chuvas (*Popol-Vuh*). Por ser este Deus

910 | SETE

o arquétipo do Homem Perfeito, ele impõe o seu símbolo numérico à família: com efeito, esta deve, idealmente, ter seis filhos; eles formam o corpo do 7, cuja cabeça é feita da simbiose lunissolar dos pais, lembrando os Gêmeos divinos criadores (GIRP, 237).

Para os maias, o sétimo dia, situado no meio da semana de treze dias, está sob o signo do deus **Jaguar***, expressão das forças internas da terra. É um dia de prosperidade (THOH).

A Deusa 7, denominada *sete serpentes* ou *sete espigas*, situada no meio da série de 1 a 13, simboliza o coração do homem e a espiga do milho. Os dias de número 7 são favoráveis (SOUM, THOH).

No Templo de Coricancha, em Cuzco, onde resumia-se todo o panteão dos incas, em uma parede, próximo à árvore cósmica, vê-se um desenho representando sete olhos chamados *os olhos de todas as coisas*. Lehman-Nitsche crê tratar-se, ao mesmo tempo, da constelação das Plêiades e, sem dúvida, dos olhos da divindade suprema uraniana, Viracocha. Ele observa que o profeta Zacarias (4, 10) fala dos *sete olhos do Senhor*, que vigiam todos os povos da terra.

Na África, também, o sete é um símbolo de perfeição e de unidade. Para os dogons, como o sete é a soma de 4, símbolo da feminilidade, com 3, símbolo da masculinidade, ele representa a perfeição humana (GRIE).

Os dogons consideram o número 7 o símbolo da união dos contrários, da resolução do dualismo, portanto, símbolo de unicidade e, por isso, de perfeição. Mas esta união dos contrários – que inclui a dos sexos – é também símbolo de fecundação. Por essa razão, sendo o verbo análogo ao esperma como a orelha à vagina, para os dogons, o número 7 é a insígnia do Senhor da Palavra, deus das novas chuvas, portanto, da tempestade e dos **ferreiros*** (GRIE, GRIL).

O sete, soma do 4 fêmea e do 3 macho, é também o número da perfeição para os bambaras. O deus soberano, Faro, deus da água e do verbo, mora no sétimo Céu, com a água fecundadora que ele distribui sob a forma de chuva. É igualmente no sétimo Céu que o Sol cai, todas as noites, ao final do seu trajeto. A terra, como os Céus, compreende sete andares e as águas terrestres também são sete, assim como os metais. O sete é, ao mesmo tempo, o número do homem e do princípio do universo.

Como soma de 4 e 3, ele é o signo do homem completo (com seus dois princípios espirituais de sexo diferente), do mundo completo, da criação concluída, do crescimento da natureza. É também a expressão da Palavra Perfeita e, através dela, da unidade original.

Para exaltar os santuários do seu país natal, os tártaros do Altai reúnem a todos sob uma única denominação: "Meu país de Sete Portas e minhas águas" (HARA, 177).

O número sete é um *número cósmico sagrado para os turco-mongóis*, enfatiza Jean-Paul Roux (ROUF, 98).

O sete, número do homem perfeito – i.e., do homem perfeitamente realizado –, é, portanto e compreensivelmente, o número do andrógino hermético, como é, na África, o dos Gêmeos míticos. Pois parece certo que esse andrógino e esses gêmeos são a mesma coisa. Significativos, ainda, são os casamentos de arcanos maiores do **Tarô***, que formam sete. O sete de quatro e três é o casal **Imperador*-Imperatriz***, o Pai e a Mãe, a perfeição no Manifestado, o interior e o exterior do poder temporal assumido, a Soma harmoniosa dos Quatro Elementos e dos Três Princípios da Ciência Secreta. Por outro lado, o casal da espiritualidade, **Papa*– Papisa*** também soma SETE, mas pelo CINCO e DOIS. Quanto ao arcano SETE, expressão desses dois pares, não é surpreendente que seja o do **Carro***, signo da realização.

Nos contos e lendas, este número expressaria *os Sete estados da matéria, os Sete graus da consciência, as Sete etapas da evolução*:

1. consciência do corpo físico: desejos satisfeitos de modo elementar e brutal;

2. consciência da emoção: as pulsões tornam-se mais complexas com o sentimento e a imaginação;

SETENTA (V. NÚMERO SETE) | 911

3. consciência da inteligência: o sujeito classifica, organiza, raciocina;

4. consciência da intuição: as relações com o inconsciente são percebidas;

5. consciência da espiritualidade: desprendimento da vida material;

6. consciência da vontade: que faz com que o conhecimento passe para a ação;

7. consciência da vida: que dirige toda atividade em direção à vida eterna e à salvação.

Loeffer-Delachaux vê no **Pequeno Polegar*** e cada um de seus irmãos símbolos, um por um, desses estados de consciência (LOEF, 197-198).

SETENTA (*v.* número sete)

Os derivados ou múltiplos de sete implicam também uma ideia de totalidade. As tradições turcas observam que: *72 é solidário de 70 (como já vimos em relação ao* **36****). O 70 é décuplo de 7 (superlativo equivalente a duplamente perfeito) e o 72 é múltiplo de 9 números: 2, 3, 6, 8, 9, 12, 18, 24 e 36. É também 8 novenas e, principalmente, o quinto de 360, i.e., um quinário do Zodíaco... O 77 e setenta vezes* **sete*** *impõem-se por si só, assim como o 700, o 7.000, o 70.000 e o 700.000.* Enfim, todos os números perfeitos se encontram.

Segundo um *hadith* (relato do Corão) famoso, o Profeta declarou: "Depois de mim, a minha comunidade (*umma*) dividir-se-á em 73 seitas, das quais *72* perecerão e uma será salva" (MASM, 137).

Outro *hadith* faz alusão às 72 doenças: o Profeta teria dito a Ali: *Começa e termina a refeição com sal, pois é um remédio contra os 72 males.*

Há entre os xiitas a mesma predileção pelo 72: o Imã Hosayn morre de sede com 72 companheiros. Há 72 testemunhas no *taziye*, peça de teatro religiosa equivalente aos nossos *Mistérios* da Idade Média. O *sentur* (saltério) persa tem 72 cordas (três por nota).

Segundo Commines (*Mémoires*, Livro 2, cap. 4), "Filipe, o Bom, de Borgonha, ao impor ao povo de Gand o tratado de Gavre (24 de julho de 1453), retirou às corporações de artesãos o direito de possuir estandartes. Eram 72. É in-

teressante comparar esse número convencional das corporações com o das seitas, duas ordens de ideias que se cruzam com frequência na história" (DENJ, 395 s.).

A Bíblia abunda em exemplos em que o emprego do setenário e de seus derivados serve para designar superlativamente a totalidade do real, até mesmo do possível. O *décuplo setenário* (Santo Agostinho) corresponde à totalidade de uma evolução, um ciclo evolutivo completamente terminado.

> O presente do insensato não te serve para nada, porque os seus olhos estão ávidos para receber sete vezes.
>
> (*Eclesiástico*, **20**, 14)

Por um presente, ele espera muito mais de você. "Então a luz da lua será igual à luz do sol, e a luz do sol será sete vezes mais forte, como a luz de sete dias reunidos, no dia em que Jeová pensar a ferida do seu povo e curar a chaga resultante dos golpes que sofreu" (*Isaías*, **30**, 26). O profeta descreve, aqui, a prosperidade futura, que será incomparavelmente maior que a do passado, pois a sua fonte, a luz do sol, terá sido multiplicada ao infinito, sete vezes.

"Quantas vezes, Senhor", pergunta Pedro, "devo perdoar as ofensas de meu irmão? Até sete vezes?" – Jesus lhe responde: "Não te digo até sete vezes, mas até setenta vezes sete." Aqui, mais uma vez, é o ilimitado que é exprimido.

Na Bíblia, o número 70 sempre indica a *universalidade*. O capítulo 10 do *Gênesis* enumera 70 povos da terra, dispersados após a construção sacrílega da **torre*** de Babel, erro que recai sobre toda a humanidade.

SETENTA E DOIS (*v.* DEZESSETE)

SEXO

As alternâncias de sexo são bastante raras nas mitologias, mas não excepcionais. Na verdade, não é a realidade física do sexo que interessa ao simbólico, mas a significação que afeta o sexo na imaginação dos povos. Ora, cada ser, do ponto

912 | SHALA

de vista simbólico, traz em si ao mesmo tempo o **masculino*** e o feminino, como o Sol e a Lua, o *Yang* e o *Yin*, o espírito e a alma, o fogo e a água, o princípio ativo e o princípio passivo, o consciente e o inconsciente. O sexo indica não só a dualidade do ser, mas sua bipolaridade e sua tensão interna. Quanto à união sexual, ela simboliza a busca da unidade, a diminuição da tensão, a realização plena do ser. Por isso os poemas místicos adotam a linguagem erótica para tentar expressar a inefável união da alma com o seu Deus.

SHAKTI (*v.* XÁCTI)

SHALA

O *shala* (a árvore *sal*) é uma árvore *real*, de porte e floração admiráveis, à qual se compara a força temporal ou a força do brâmane. É uma árvore sagrada para os budistas pelo fato de o nascimento e o *paranirvana* do Buda se darem à sua sombra. Na China, considera-se às vezes o *shala* búdico como uma árvore da Lua, o que a relaciona aos símbolos da imortalidade (**caneleiro***, **loureiro***) (EVAB, SOUL).

SHEKINAH

A morada de Deus no mundo. Na literatura talmúdica e no judaísmo rabínico, a *Shekinah* representa o *próprio Deus na sua atividade sendo exercida no mundo* e, em particular, em Israel.

Na Bíblia, faz-se alusão ao *rosto* de Deus; a literatura rabínica emprega o termo *Shekinah*.

Na *Cabala*, o sentido de *Shekinah* é diferente: trata-se do *elemento feminino em Deus*. O terceiro dos Sefirot representa a força demiúrgica, enquanto mãe superior ou Shekinah superior. É dela que emanam sete forças, das quais as seis primeiras simbolizam os principais membros do homem superior original. Elas são consideradas o fundamento fálico, simbolicamente representando a justiça *Zaddik*. Deus e o homem original conservam as forças genésicas dentro dos limites certos. Deus anima todos os vivos com essa força vital, aliás incluída na sua própria Lei. A *Shekinah* é também identificada com a comunidade de Israel e com a alma (SCHK, 123-124).

SIBILA (PÍTIA)

Nome dado às lendárias profetisas, das quais a mais célebre foi a troiana Cassandra, por quem Apolo se apaixonou. Ele lhe concedeu o dom da profecia, mas como ela o recusasse como homem, fez com que todas as profecias que ela formulasse fossem consideradas falsas. As Sibilas de Delfos, de Eritreia e de Cumes foram as mais reputadas da Antiguidade.

Dava-se o nome de Pítia – relativo à serpente píton – à sibila que, sentada sobre a trípode, profetizava em Delfos, em nome de Apolo. Ela tinha de ser virgem ou, pelo menos, a partir da sua nomeação, viver absolutamente casta e só, como *esposa do Deus*.

A sibila simboliza o ser humano elevado a uma condição transnatural, que lhe permite comunicar-se com o divino e transmitir as suas mensagens: é o possuído, o profeta, o eco dos oráculos, o instrumento da revelação. As sibilas foram até consideradas *emanações da sabedoria divina*, tão velhas quanto o mundo e depositárias da revelação primitiva; a este título, seriam um símbolo da revelação. Por isso, não se deixou de ligar o número das doze sibilas ao dos doze apóstolos e de pintar e esculpir as suas efígies nas igrejas.

SICÔMORO

Árvore sagrada no Egito, nos jardins das margens do Nilo, e nos campos de Ialu. Trata-se aqui de um sicômoro-figueira (urticeias). As almas com forma de pássaros vinham pousar em seus galhos. Seus galhos e sua sombra simbolizariam a segurança e a proteção que usufruem as almas no além-túmulo.

Sicômoro, *ficus fatua*, escreve Gregório, o Grande, nas suas *Moralia* (**27**, 79). Zaqueu sobe num sicômoro, pois a multidão o impede de ver o Cristo. Subir num sicômoro significa participar espiritualmente de uma certa *loucura*, que consiste em libertar-se de todo interesse terrestre, de tudo o que é criado. Esse gesto simbolizaria aqui a loucura do desprendimento e um certo desprezo pela opinião, ou, até mesmo, o anticonformismo. Se a árvore é sinal de vaidade (*fatua*), subir nela é desprezar a vaidade.

SID (PARAÍSO)

A palavra *paz* em irlandês antigo significa também o outro mundo, *sid*, que por definição *está fora do tempo, do espaço e das vicissitudes humanas*. Serve também por extensão, para denominar *os deuses ou criaturas divinas* que, por alguma razão, vêm de lá. Na geografia mítica, o *sid* é situado ao oeste e ao norte do mundo (essas duas direções eram confundidas na orientação céltica), além dos mares. Em sentido mais novo, os monges cristãos, transcritores de lendas, aplicaram o nome *sid* às colinas, outeiros e, às vezes, até mesmo aos lagos, míticos ou não, nos quais ou sob os quais foram residir os deuses pré-cristãos. Com efeito, à chegada dos filhos de Mil (ou gálicos) o mundo foi dividido em duas partes: a superfície da terra pertence aos irlandeses e o subsolo é reservado aos deuses, ou *Tuatha De Danann*, ou *tribos da deusa Dana*. A descrição de todos os textos faz do *sid* um lugar maravilhoso: as casas são de bronze revestido de ouro e prata, ornadas com pedras preciosas. Há árvores que dão frutos, **maçãs*** ou **avelãs***, que trazem saber e saúde eterna. Os guerreiros promovem festins intermináveis, servindo carne de porcos mágicos e bebidas tradicionais da imortalidade e da embriaguez – o leite, a cerveja e o hidromel. É um lugar encantador, onde não há nem pecado, nem morte, nem transgressão, nem doença de nenhum tipo. Os habitantes permanecem eternamente jovens e saudáveis. São, inclusive, na sua maior parte, mulheres de extraordinária beleza. Essas características serviram de base aos diferentes nomes do Outro Mundo, frequentes em todos os textos: *Tir na nog* (Terra dos Jovens); *Tir nam-Béo* (Terra dos Vivos); *Tir nam-Ban* (Terra das Mulheres); *Mag Meld* (Terra dos Prazeres); *Tir Tairngire* (Terra da Promessa). Entretanto, normalmente o Outro Mundo (*Sid*) é invisível, oculto aos olhos dos homens, que só conseguem descobri-lo e penetrá-lo em circunstâncias excepcionais. Os monges irlandeses confundiram o outro mundo divino e o Além humano, cuja significação já não compreendiam, e os assimilaram globalmente ao **Paraíso*** bíblico e cristão (OGAC, **14**, 329-340; **18**, 13-150).

SIEGFRIED

Encarnação mítica do jovem herói ignorante e violento, ávido de façanhas e prazeres, inebriado de juventude descuidada, que desafia as lições do passado e as dificuldades do futuro, acreditando apenas na prova das armas, sentindo-se invencível e invulnerável, desejando apenas satisfazer a todos os seus desejos até o dia fatal de sua morte, que ele sabe já estar marcado pelo destino e que aceita. Símbolo germânico da *alma dos séculos de ferro* e representação da violência autodestrutiva. A interpretação wagneriana de *O anel dos Nibelungen* modifica o personagem: passa a encarnar "o tema religioso universal do herói fantástico atraído pela realidade terrestre, do deus seduzido pela humanidade [...]; e, mais profundamente, o mundo das energias elementares, da inocência e da alegria primitivas, uma força ainda prisioneira da antiga cosmogonia pagã e que a nova religião cristã tenta (em vão) converter" (LBDP). Mais tarde, virá a representar o super-homem designado a substituir os deuses no mundo moderno secularizado: ele não conhece outra lei senão a lei impiedosa da natureza. Encarna, então, um sonho nietzscheniano. De acordo com uma outra interpretação, Siegfried seria *o homem do futuro, destinado a libertar o mundo do egoísmo*, submetendo a Vontade à consciência, através de sua vitória sobre o **dragão***, de sua união a **Brunhilde***. Esta evolução do mito denota a influência do cristianismo sobre uma tradição pagã; estes, ora lutam, ora se unem. E o símbolo se reveste de um novo sentido, indicando a coexistência dos **contrários*** na complexidade do psiquismo humano: Siegfried o violento transforma-se na figura do Cristo.

SILÊNCIO

O silêncio e o mutismo têm uma significação muito diferente. O silêncio é um prelúdio de abertura à revelação, o mutismo, o impedimento à revelação, seja pela recusa de recebê-la ou de transmiti-la, seja por castigo de tê-la misturado à confusão dos gestos e das paixões. O silêncio abre uma passagem, o mutismo a obstrui. Segundo as tradições, houve um silêncio antes da criação; haverá um silêncio

914 | SIMETRIA

no final dos tempos. O silêncio envolve os grandes acontecimentos, o mutismo os oculta. Um dá às coisas grandeza e majestade; o outro as deprecia e degrada. Um marca um progresso; o outro, uma regressão. *O silêncio*, dizem as regras monásticas, *é uma grande cerimônia.* Deus chega à alma que faz reinar em si o silêncio, torna mudo aquele que se dissipa em tagarelice e não penetra naquele que se fecha e se bloqueia no mutismo.

SÍLEX (*v.* OBSIDIANA)

SIMETRIA

Símbolo da unidade pela síntese dos contrários. Expressa a redução do múltiplo ao um, que é o sentido profundo da ação criadora. Depois de uma fase de expansão, o universo descobre a sua significação no retorno à unidade do pensamento: a manifestação do múltiplo resulta em colocar em relevo o um, o um que está na origem e no fim de todas as coisas. A simetria natural, assim como a artificial, testemunha a unidade da concepção. Mas a simetria às vezes trai o artifício e uma falta de espírito criativo: indica certa conceitualização na ideia da obra a ser realizada. Em consequência disso, *significa* uma *racionalização* que disciplina e até mesmo sufoca as forças espontâneas da intuição e da imaginação puras. A unidade que é assim alcançada não é mais do que uma unidade de fachada. Em vez de uma síntese dos contrários, é apenas uma duplicação, um efeito de **espelho***. A assimetria pôde, ao contrário, responder a razões profundas, porém ocultas a raciocínios por demais sistemáticos.

SIMORGH

O *simorgh* tem um simbolismo muito rico entre os místicos e na literatura persa. É o nome dado a uma categoria de pássaros míticos. Na Avesta, é o pássaro citado sob o nome de *saena*.

O *saena* lembra as características da **águia***. No *Shahnama*, seu ninho fica no alto do monte Alburz, que, no Avesta, corresponde a *Hara-barazaiti* (Yasna, **10**, 10). Mas, na literatura islâmica persa, é a fabulosa montanha de *qaf* o local onde vive o *simorgh*, com os perigos e os

demônios. Sa'di, louvando a Deus, diz que até o *simorgh* da montanha de *qaf* tem o seu quinhão de liberalidades divinas.

Ele possui uma linguagem humana; serve de mensageiro e confidente, transporta heróis a grandes distâncias, deixando-lhes algumas penas para que, queimando-as, possam chamá-lo caso esteja longe. Esse tema é muito comum e não se refere apenas ao *simorgh*, mas a outros pássaros maravilhosos, o *homa* e o **roca***.

Acredita-se que as penas do *simorgh* curam feridas, e o próprio pássaro é considerado um sábio – curandeiro (*hakim*). Este tema é encontrado, principalmente, no *Shahnama* de Firdusi, no momento em que o *simorgh* se separa do *herói* Zal, que ele criou; o pássaro dá a Zal algumas penas, dizendo-lhe que se precisar dele basta queimá-las e ele aparecerá. Zal faz múltiplo uso delas: esfrega-as no ventre ferido de sua mulher, Rudaba, curando-a. Faz o mesmo por seu filho, Rostam.

Na época islâmica, o *simorgh* não simboliza apenas o *senhor místico*, e a manifestação da Divindade; é também o símbolo do *eu oculto*. É desta forma que Fardin-Din 'Attar, no seu *Colóquio dos pássaros* (*Mantiq-ut-tayr*), fala desse pássaro fabuloso como de um símbolo da *busca do self*. Deu-se um jogo de palavras entre este pássaro e os trinta pássaros (*si morgh*), que partem em busca de uma meta transcendente e, ao final, descobrem que os *simorgh* eram eles próprios, os *si morgh* (os trinta pássaros).

SIMPLÉGADAS (*v.* ROCHA, TÚNEL)

As Rochas que se entrechocam, ou Rochas azuis (Cianeias), formavam uma passagem intransponível no Bósforo, entre o Mediterrâneo e o mar Negro. Agitando-se com movimentos imprevisíveis e entrechocando-se, esmagavam os navios que ousavam aventurar-se por entre sua massa ameaçadora. Seguindo o conselho de Fineu, os Argonautas tiveram a ideia de mandar uma pomba passar por seus recifes móveis. Ela conseguiu passar, mas as rochas, ao se fecharem, prenderam algumas penas de sua cauda. Os Argonautas esperaram que as rochas se abrissem novamente e passaram rapidamente, mas a parte de trás do seu navio foi danificada. Entretanto, como um navio conseguiu atravessá-las, as Simplégadas ficaram para sempre separadas e imóveis. Talvez venha daí a expressão *deixar penas* (fr. *laisser des plumes*) depois de operações mais ou menos perigosas e bem-sucedidas. Mas sobretudo essa ameaça mortal, cuja execução é incerta e irregular, é altamente angustiante. Rocha, recife e túnel entram na categoria do aterrorizante, como a tempestade e o trovão. A imagem dessas rochas móveis, frequente em sonhos, trai o medo de um fracasso, de uma agressão ou de uma dificuldade, e exprime uma angústia. Mas essa angústia pode ser superada, como mostra a lenda dos Argonautas, através de uma compreensão exata do problema, da descoberta de sua solução e da aceitação antecipada do risco de ali *"deixar penas"*. A consciência que pondera pode vencer o terror inconsciente. Terminada a operação, a causa da angústia se dissipa.

As Simplégadas simbolizam as dificuldades que a coragem racional é capaz de dominar. É um símbolo paradoxal, como o **túnel*** e tantos outros, que mostra ao mesmo tempo a dificuldade e a solução, a superação de um obstáculo, e que ilustra a dialética simbólica, tantas vezes evocada por Mircea Eliade, da coincidência dos opostos.

SINO

O simbolismo do sino está ligado, sobretudo, à percepção do som. Na Índia, por exemplo, ele simboliza o ouvido, e aquilo que o ouvido percebe, o som, que é reflexo da vibração primordial. Assim, a maior parte dos *sons* percebidos, por ocasião das experiências de ioga, são *sons de sinos*. No Islã, a *repercussão do sino é o* som sutil da revelação corânica, a repercussão do Poder divino na existência: a percepção do *ruído do sino* dissolve as limitações da condição temporal. Aproximadamente do mesmo modo, o Cânon búdico pali assemelha as vozes divinas ao som de *um sino de ouro*.

Na China, o som do sino é relacionado com o trovão e se associa, como é frequente, ao do **tambor***. Mas a música dos sinos é música principesca e critério da harmonia universal.

As sinetas dependuradas aos tetos dos pagodes têm por objetivo fazer perceber o *som* da lei budista. Mas o ruído dos sinos (ou das sinetas) tem, universalmente, um poder de exorcismo e de purificação. Ele afasta as influências malignas ou, pelo menos, adverte da sua aproximação.

Um simbolismo todo particular é o da campainha tibetana, *tilpu* (sânscrito *ghanta*). Oposta ao *vajra* (trovão), a campainha significa o mundo fenomenal em comparação com o mundo *adamantino*, o mundo das aparências, simbolizado pela extinção rápida do som. Ela é, também, a Sabedoria, associada, e oposta, ao Método, elemento *passivo* e feminino, enquanto *vajra* é *ativo* e masculino. O que se traduz ainda por um simbolismo sexual e pelo uso, por parte dos iniciados, de um anel de ouro, que figura o *vajra*, na mão direita, e de um anel de prata, que figura a campainha, na mão esquerda (DAVN, ELIY, MALL).

A sineta, em oposição ao **raio***, "simboliza também as virtudes femininas, a Doutrina [...]. O cabo é habitualmente um raio com oito pontas, cortado de uma metade. Utilizado em religião e em magia, muitas vezes é aí representada a saudação sânscrita à Joia no lótus (*om mani padme aum*, às vezes reduzida para *om aum*); ou uma fórmula mágica. É, frequentemente, ornada com a roda da lei, com um círculo de pétalas de lótus, com leões, com divindades etc." (TONT, 3). Sem dúvida, simboliza o apelo divino ao estudo da lei, a obediência à palavra divina, sempre uma comunicação entre o Céu e a terra.

Pela posição do seu badalo, o sino evoca a posição de tudo o que está suspenso entre o Céu e a terra, e, por isso mesmo, estabelece uma comunicação entre os dois. Mas tem também o poder de entrar em relação com o mundo subterrâneo.

A sineta mágica serve para evocar os mortos. Ela é feita de uma liga de chumbo, estanho, ferro, ouro, cobre e mercúrio – na base está escrito o nome *Tetragrammaton* –, em cima, os nomes dos sete espíritos dos planetas, a palavra Adonai e sobre o anel, Jesus. Para que ela seja eficaz é preciso, segundo Girardius Pervilues, "envolvê-la num pedaço de tafetá verde e conservá-la nesse estado

916 | SOBRANCELHAS (ARCO, CÍLIOS)

até que a pessoa que empreende a abordagem do grande mistério tenha a liberdade e a facilidade de pôr a sineta num cemitério, no meio de uma cova, e de deixá-la nesse estado por sete dias. Enquanto a sineta repousa na terra do cemitério envolta na sua veste, a emanação e a empatia que a acompanham não a deixam mais. Elas a conduzem à perpétua qualidade e virtude requeridas, quando é tocada com esse fim" (GRIA, 177).

SINOPLE (*v.* VERDE)

SOBRANCELHAS (ARCO, CÍLIOS)

As sobrancelhas são comparadas, na poesia iraniana, ora a "um arco que arremessa as flechas dos cílios, ora ao arco do templo da visão [...]" (HPBA, 132). Os movimentos das sobrancelhas simbolizam a aproximação da declaração de amor, o disparo de flechas e os prelúdios da união.

SOL

O simbolismo do Sol é tão diversificado quanto rico de contradições em relação à realidade solar. Se não é o próprio deus, é, para muitos povos, uma *manifestação da divindade* (epifania uraniana). Pode ser concebido como o *filho* do Deus supremo e irmão do arco-íris*. É o olho do Deus supremo, para os pigmeus semong, os fueguinos e os boximanes. Na Austrália, é considerado *filho do Criador e figura divina* favorável ao homem... Os samoiedos veem no Sol e na Lua os olhos de Num (= Céu): o Sol é o bom olho, a Lua, o mau. O Sol também é considerado *fecundador*. Mas também pode queimar e matar.

O Sol imortal nasce toda manhã e "se põe toda noite no reino dos mortos; portanto, pode levar com ele os homens e, ao se pôr, dar-lhes a morte; mas, ao mesmo tempo, pode guiar as almas pelas regiões infernais e trazê-las de volta à luz no dia seguinte. Função ambivalente de *psicopompo* assassino e de hierofante iniciático [...]. Um simples olhar para o pôr do sol pode trazer a morte", segundo certas crenças (ELIT, 124). O Sol gera e devora os seus filhos, dizem os upanixades. Na *República* (508 a.C.), Platão faz dele "a imagem do Bem tal como se manifesta

na esfera das coisas visíveis; para os órficos, ele é o conhecimento do mundo" (*v. Le soleil et les cultes solaires*, ELIT, 115-138).

O Sol é a *fonte* da luz, do calor, da vida. Seus raios representam as *influências celestes* – ou espirituais – recebidas pela Terra. Guénon observou que a iconografia algumas vezes representa esses raios sob uma forma alternativamente retilínea e ondulada: trata-se de simbolizar a luz e o calor, ou, de outro ponto de vista, a luz e a chuva, que também são os aspectos *yang* e *yin* do brilho vivificante.

Além de *vivificar*, o brilho do Sol *manifesta* as coisas, não só por torná-las perceptíveis, mas por representar a *extensão* do ponto principal, por *medir* o espaço. Os *raios solares* (aos quais se associam os cabelos de *Shiva*) são, tradicionalmente, sete, correspondendo às seis dimensões do espaço e à *dimensão* extracósmica, representada pelo próprio centro. Esta relação entre o brilho do Sol e a *geometria* cósmica é expressa na Grécia através do simbolismo pitagórico. É também o *Ancião dos dias* de Blake, deus solar medindo o Céu e a terra com um compasso. Os textos hindus fazem do Sol a origem de *tudo o que existe*, o princípio e o fim de toda manifestação, o *alimentador* (*savitri*).

Sob outro aspecto, é verdade, o Sol é também *destruidor*, o princípio da seca, à qual se opõe a chuva fecundadora. Assim, na China, os sóis excessivos deveriam ser abatidos por meio de flechas. Os ritos para a obtenção de chuva incluem, às vezes – como por exemplo, no Kampuchea (atual Camboja) –, a morte de um animal solar. A produção e a destruição cíclicas fazem dele um símbolo de *Maya*, mãe das formas e ilusão cósmica. De uma outra maneira, a alternância vida-morte-renascimento é simbolizada pelo ciclo solar: diário (simbolismo universal, mas muito rico nos textos védicos); anual (*v.* solstício*). O Sol aparece, então, como um símbolo de *ressurreição e de imortalidade*. Os imortais chineses absorvem a *essência solar*, assim como as sementes de girassol*, cuja relação com o simbolismo solar é evidente. O Sol é um aspecto da Árvore do mundo – da Árvore da vida – que se identifica com o raio solar.

O Sol está no *centro do Céu* como o coração no *centro* do ser. Mas trata-se do Sol espiritual, que o simbolismo védico representa imóvel no **zênite***, e que é também chamado de *coração do mundo* ou *olho do mundo*. É a morada de *Purusha* ou de *Brahma*; é o *Atma*, o *Espírito Universal*. O *raio solar* que liga *Purusha* ao ser corresponde a *sushumna*, a artéria coronária sutil da *ioga*. Lembra o simbolismo do **fio*** e não pode deixar de evocar o simbolismo, evidentemente solar, da teia de **aranha***. Como *coração do mundo*, o Sol é às vezes representado no centro da **roda*** do **Zodíaco***; manifesta-se de uma forma análoga através dos doze *Aditya*. Se o símbolo universal do **carro*** solar geralmente tem relação com o movimento cíclico, a roda do carro (o de *Surya* só tem uma roda) é, em si, símbolo do sol radioso.

Se a luz irradiada pelo Sol é o conhecimento intelectivo, o próprio Sol é a *Inteligência cósmica*, assim como o coração é, no ser, a sede da faculdade do conhecimento. O nome de *Citadela solar* ou de *Cidade do sol* (*Heliópolis*) é muitas vezes dado ao centro espiritual primordial. É a sede do Legislador cíclico (Manu), a *Síria* de Homero (= *surya*, sol), situada além de Ogígia, *onde estão as revoluções do sol*. Foi do mundo hiperbóreo que saiu *Apolo*, deus solar por excelência, e deus iniciador, cuja flecha é igual a um raio de sol. O Sol é também emblema de **Vishnu**, de Buda (o *Homem de Ouro*, o *Sol-Buda*, como dizem certos textos chineses); de Cristo – seus doze raios são os doze apóstolos; ele é chamado *Sol justitiae* (Sol de justiça) e também *Sol invictus* (Sol invencível). *Jesus aparece como um Sol que irradia a justiça*, escreve Hesíquio de Batos, i.e., como o Sol espiritual, ou o coração do mundo. Ele é, diz ainda Filoteu, o Sinaita, o *Sol da verdade*, o que evoca a transfiguração *solar* do Tabor. O crisma, monograma do Cristo, lembra uma roda solar. Devemos acrescentar, ainda, que o Sumo Sacerdote dos hebreus trazia no peito um disco de ouro, símbolo do Sol divino.

Analogamente, o Sol é um símbolo universal do rei, *coração do império*. Se a mãe do imperador *Wu* dos Han deu à luz depois de ter sonhado que o Sol entrava no seu seio, o Sol aqui não é só um símbolo de fecundação, mas, principalmente, *símbolo imperial*.

O Sol nascente é não só o emblema do Japão, mas seu próprio nome (Nihon). O ancestral das dinastias angkorianas chama-se *Baladitya* (*sol nascente*) e a sua ação é expressamente comparada – como a do imperador chinês no *Ming-t'ang* – a uma revolução zodiacal. A **circum-ambulação*** se efetua no sentido *solar* em todos os lugares onde os templos se abrem para o leste, origem do ciclo cotidiano.

O princípio *solar* é representado por um grande número de flores e de animais, alguns dos quais lembraremos aqui (**crisântemo***, **lótus***, **girassol***, **águias***, **veado***, **leão*** etc.), e por um metal, o **ouro***, alquimicamente designado como o sol dos metais.

A **Lua*** é sempre *yin* em relação ao Sol *yang*, pois este irradia a sua luz diretamente, enquanto a Lua reflete a luz do Sol. Portanto, um é *princípio ativo*, e outro, *passivo*. Isto tem uma aplicação simbólica muito ampla: considerando a luz como conhecimento, o Sol representa o conhecimento intuitivo, imediato; a Lua, o conhecimento por *reflexo*, racional, especulativo. Consequentemente, o Sol e a Lua correspondem respectivamente ao espírito e à alma (*spiritus* e *anima*), assim como a suas sedes – o coração e o cérebro. São a essência e a substância, a forma e a matéria: *seu pai é o Sol, sua mãe, a Lua*, lê-se na *Tábua de Esmeralda* hermética. Segundo Shabestari, o Sol corresponde ao Profeta, e a Lua, ao *wali* (ao *Imã*), pois o segundo recebe a luz do primeiro.

A dualidade ativo-passivo, macho-fêmea – que é também a do **fogo*** e da **água*** – não é uma regra absoluta. No Japão, e também entre os montanheses do Vietnã do Sul, é o Sol que é feminino, a Lua, masculina (é interessante observar que na língua alemã também). É que o aspecto feminino é considerado *ativo*, pois é fecundo; para os radhés, é a Deusa Sol que fecunda, incuba e dá a vida. É também por essa razão que, embora os olhos dos heróis primordiais (*Vaishvanara*, *Shiva*, *P'an-ku*, *Lao-kiun*) sejam o Sol e a Lua

918 | SOL

(olho direito = Sol; olho esquerdo = Lua), as correspondências, no caso de *Izanagi*, são invertidas. A correspondência com os olhos lembra outra correspondência: o olho esquerdo corresponde ao futuro, o olho direito, ao passado; assim, o Sol fica com a intelecção, a Lua, com a memória.

Esses olhos, solar e lunar, correspondem às duas *nadi* laterais da *ioga*: *ida* lunar e *pingala* solar. Além disso, a *viagem* do ser libertado, a partir do resultado da *nadi* central, se desenvolve, seja em direção à *esfera do Sol* (*a via dos deuses, devayana*), seja em direção à *esfera da Lua* (a *via dos Ancestrais, pitri-yana*): *saída do cosmo* no primeiro caso, renovação cíclica, no segundo. No tantrismo, *ida* e *pingala* correspondem, enquanto Lua e Sol, a **Xákti*** e a **Shiva***, mas a natureza *lunar* de *Shiva* às vezes inverte as perspectivas. A *ioga* é a união do Sol com a Lua (*ha* e *tha*, donde *Hatha-ioga*), representados pelos *sopros prana* e *apana*, ou ainda pelo sopro e pelo sêmen, que são o *fogo* e a *água*. A mesma dualidade se exprime no simbolismo alquímico-tântrico dos chineses, pelos trígonos *li* e *k'an*, que, inclusive, *I-Ching* efetivamente faz corresponder ao Sol e à Lua.

A dualidade Sol-Lua é ainda a de *Vishnu* e *Shiva*, das tendências *sattva* e *tamas*. É possível encontrá-la nas dinastias *solares* e *lunares* da Índia, do Kampuchea (atual Camboja), do Champa. A união do Sol e da Lua é *Harihara*, parte *Vishnu*, parte *Shiva*, símbolo favorito da arte pré-angkoriana. E também é, em chinês, *luz* (*ming*), cujo caractere é a síntese daquele que designam o Sol e Lua (BLAM, BURA, BENA, AVAS, DAMS, DANA, ELIY, ELIF, PHIL, GRIC, GRIF, GUEV, GUEM, GUER, GUET, GUES, KALL, KALT, KEMR, LECC, PORA, SAIR, SCHI, SILI, CORT).

Nas tradições mesoamericanas, o simbolismo solar se opõe ao simbolismo lunar em outro ponto: "o pôr do sol não é visto como uma morte (ao contrário do caso da Lua durante os três dias de obscuridade), mas como uma descida do astro às regiões inferiores, ao reino dos mortos. Ao contrário da Lua, o Sol tem o privilégio de atravessar o Inferno sem se submeter à morte" (ELIT). Daí

vem a qualidade propriamente solar da águia nos atributos xamânicos.

A oposição Sol-Lua abrange geralmente a dualidade Macho-Fêmea. Assim, J. Soustelle conta que, "segundo uma antiga tradição, em Teotihuacan, homens eram sacrificados ao Sol e mulheres à Lua" (SOUM).

Para os antigos mexicanos, estamos vivendo um quinto Sol. Os quatro primeiros sóis foram, sucessivamente, o do **tigre***, do **vento***, da **chuva*** (ou do fogo) e da **água***. O primeiro é o de Tezcatlipoca, ligado ao frio, à noite, ao norte; o segundo, de Quetzalcoatl sob a sua primeira forma, ligado aos sortilégios e ao oeste; o terceiro, de Tlaloc, deus da chuva e do sul; o quarto, de Calchiuitlicue, deusa da água, ao leste.

O nosso Sol, o quinto, está sob o signo de Xiuhtecutli, uma das divindades do fogo; é às vezes representado por uma *borboleta*. Todas essas eras, denominadas sóis, chegaram ao fim por cataclismas: os quatro tigres devoraram os homens; os quatro ventos os levaram; as quatro chuvas e as quatro águas os submergiram; a era atual terminará com quatro terremotos – fim do quinto Sol.

No panteão asteca, a grande divindade do Sol do meio-dia, *huitzilopochtli*, é representada por uma águia segurando no bico a serpente estrelada da noite.

A dualidade simbólica fundamental subentendida pela díade Sol-Lua é resumida de modo surpreendente pelos atributos das metades exogâmicas dos povos omahas – materializadas, nos seus acampamentos, pela separação das tendas em dois semicírculos contrapostos: a primeira metade rege as atividades sagradas, associadas ao Sol, ao dia, ao norte, ao alto, ao princípio masculino, ao lado direito; a segunda metade, às funções sociológicas e políticas, associadas à Lua, à noite, ao baixo, ao princípio feminino, ao lado esquerdo (LEVS).

Para os dogons do Mali, cujo sistema cosmogônico é inteiramente dominado pelo simbolismo lunar, o Sol não é macho, mas fêmea. Ele é descrito como um **pote*** de barro cercado de uma **espiral*** de oito voltas de **cobre*** vermelho. É, assim, o protótipo da *matriz fecundada*: o pote de barro representa a matriz feminina que contém o princípio vital; o helicoide de cobre vermelho é o sêmen masculino que se enrola em torno da matriz para fecundá-la; mas este sêmen é também luz, água e verbo.

O número de anéis de cobre – oito – é, enfim, o número da criação realizada, da palavra e da perfeição (GRIE, GRIS). O protótipo da matriz foi moldado pelo Deus supremo Amma com argila úmida, antes de colocar no Céu os dois luminares.

Para os falis do norte da República dos Camarões, dois vasos de barro, um plano e outro oco, representam o Sol e a Lua. Seus protótipos, no exterior, forrados de ferro, e no interior, de cobre, teriam sido roubados do Céu pela primeira oleira, mulher do primeiro ferreiro, antes da descida à Terra deste casal primordial (FROA).

Na tradição peúle, o Sol é o próprio olho de Gueno (deus). "Quando a criação foi completada, Gueno tirou o Sol de sua órbita para fazer dele o monarca **zarolho***, pois o seu olho único era suficiente para ver tudo o que se passa na terra, para aquecê-la e iluminá-la" (HAMK, 2).

Para os povos da Ásia central, principalmente os do Vale do Amor, originalmente teriam existido três ou quatro sóis, cujo calor extremo e luz cegante tornavam a terra inabitável. Um herói ou um deus salvou a humanidade abatendo com flechas – na maioria dos mitos – os dois ou três primeiros sóis. De acordo com alguns desses mitos, esses primeiros sóis teriam incendiado a terra e o carvão teria provindo desse incêndio. Lendas semelhantes são encontradas na China (com dez sóis), na Índia (com sete) e em Sumatra (com oito).

Uma lenda buriata associa o Sol ao *cavalo da miragem*.

O Sol é fêmea (*Mãe-Sol*), e a Lua, macho (*Pai-Lua*) nas civilizações pastoris nômades. É o caso na maior parte das tribos turco-mongóis da Ásia central (HARA, 130-132).

O nome do Sol era feminino em celta, como em todas as línguas indo-europeias antigas. A sua personificação mitológica é Lug (*luminoso*), dito *grianainech* (rosto de sol). O adjetivo também é aplicado, por analogia ou extensão, ao deus da guerra Ogme que, por definição, pertence ou comanda a parte escura do mundo. O Sol é visto sobretudo como um dos elementos fundamentais do universo. É a testemunha mais importante sobre a qual se apoia uma das fórmulas comuns do juramento irlandês: *Ele prometeu ao povo de Leinster, pelo sol, pela lua, pela água, pelo ar etc.*

"Um grande número de hagiógrafos irlandeses evocaram, ou vituperaram o culto do Sol dos antigos gálicos, mas trata-se, sem dúvida, de uma concepção bastante simplista e estereotipada da tradição pré-cristã. Um glossário O'Davoren" (ARCL, **3**, 477, nº 1.569) fala da *grande ciência do Sol* (*imbus greine*). Em todos os textos irlandeses e gálicos, em que é utilizado para comparações ou metáforas, o Sol serve para caracterizar, não só o *brilhante ou o luminoso*, mas tudo o que é belo, amável, esplêndido. Os textos gálicos muitas vezes designam o Sol através da metáfora *olho do dia* e, *olho*, em irlandês (*sul*), que é o equivalente da denominação bretã de sol, enfatiza o simbolismo solar do *olho* (OGAC, 4; ANEL, 5, 63; STOG, 25; PLUV, **1**, CXXXVI).

Em astrologia, o Sol é símbolo de vida, calor, dia, luz, *autoridade*, sexo masculino e de tudo o que brilha. Se parece ser *reduzido* pelos astrólogos ao papel de um simples **planeta***, comparável a um Marte ou a um Júpiter, é principalmente porque a sua influência é, por assim dizer, *dividida* em dois campos bem distintos: influência direta – sua posição no Céu; e indireta – sua posição no **Zodíaco***. Com efeito, toda a influência dos signos do Zodíaco é de essência solar; é, na realidade, a influência do Sol, refletida ou polarizada pela órbita terrestre.

Enquanto símbolo cósmico, o Sol ocupa a posição de uma verdadeira religião astral, cujo culto domina as grandes civilizações antigas, com as figuras dos deuses-heróis gigantes, encarnações das forças criadoras e da fonte, vital de luz e de calor que o astro representa (Atum, Osíris, Baal, Mitra, Hélio, Apolo etc.). Entre os povos de mitologia astral assim como nos desenhos infantis e nos sonhos, o Sol é símbolo de *pai*. Para a

920 | SOL

astrologia, igualmente, o Sol sempre foi o símbolo do princípio gerador masculino e do princípio de autoridade, do qual o pai é, para o indivíduo, a primeira encarnação. Também é símbolo da região do psiquismo instaurado pela influência paterna no papel de instrução, educação, consciência, disciplina, moral. No horóscopo, o Sol representa a *opressão social* de Durkheim, a *censura* de Freud, de onde derivam as tendências sociais, a civilização, a ética e tudo aquilo que é importante no ser. Sua gama de valores estende-se do *superego* negativo, que esmaga o ser com **proibições***, princípios, regras ou preconceitos, ao *ideal do ego* positivo, imagem superior de si mesmo, cuja grandeza procuramos alcançar. Portanto, o astro do dia situa o ser na sua vida policiada ou sublimada, representa o rosto que a personalidade apresenta nas suas mais elevadas sínteses psíquicas, no nível das suas maiores exigências, das suas mais elevadas aspirações, da sua mais forte individualização, ou no malogro feito de orgulho ou de delírio de poder. Representa, igualmente, esse ser nas suas funções realizadoras de marido e de pai; no sucesso vivido como engrandecimento do valor pessoal; e, no caso de êxito, numa encarnação de autoridade e de poder que o relaciona com a solarização suprema do guia, do chefe, do herói, do soberano...

Segundo a interpretação de Paul Diel, o Sol iluminador e o **Céu*** iluminado simbolizam o *intelecto* e o superconsciente; nas palavras do autor, o *intelecto* corresponde à *consciência*, e o espírito, ao superconsciente. É assim que o sol e a sua irradiação, antigos símbolos de fecundação, tornam-se símbolos de iluminação (DIES, 36-37). Essa chave permite renovar, à luz da análise, toda a interpretação dos mitos que mostram heróis e deuses solares em ação.

O sol negro é o Sol em sua trajetória noturna, quando deixa este mundo para iluminar o outro mundo. Os astecas representavam o sol negro carregado nas costas pelo deus dos Infernos. É a antítese do sol do meio-dia, símbolo da vida triunfante, como absoluto maléfico e devorador da morte.

Entre os maias, o sol negro é representado sob a forma de um **jaguar***.

Aos olhos dos alquimistas, o sol negro é a matéria-prima, não trabalhada, ainda não colocada a caminho de uma evolução. Para o analista, o sol negro será o inconsciente, também no seu estado mais elementar.

De acordo com as tradições, o sol negro é uma pré-representação do desencadeamento das forças destrutivas no universo, numa sociedade ou num indivíduo. É o prenúncio da catástrofe, do sofrimento e da morte, a imagem invertida do Sol no seu zênite.

> Minha única estrela morreu, e minha lira constelada
> Carrega o sol negro da Melancolia.
>
> (Gérard de Nerval)

Daí o sentido nefasto dos eclipses.

Após o mundo da Lua, no qual a luz é apenas um reflexo, eis o Sol, fonte dessa luz, décimo nono arcano maior do *Tarô* e um dos mais enigmáticos. "Ele exprime a felicidade daquele que sabe estar em harmonia com a natureza" (Enel); "a união sincera, a alegria, a família unida" (Th. Tereschenko); "a concórdia, a clareza de julgamento e de expressão, o talento literário e artístico, a felicidade conjugal, a fraternidade, ou o deslumbramento, a vaidade, a pose, o cabotinismo, a fachada simuladora e os adornos prestigiosos" (O. Wirth). Corresponde, na Astrologia, à VII casa do horóscopo.

Diante de tantas e diferentes interpretações, perguntamos se o Sol do Tarô não significa coisa demais para poder efetivamente representar qualquer uma delas. Contudo, tentemos olhar com mais atenção. A carta tem a dominante amarelo--ouro, cor solar, por excelência, que simboliza ao mesmo tempo as perfeições intelectuais, a riqueza do metal e das colheitas, e a grande obra alquímica. O disco solar é personificado por um rosto de frente, do qual saem 75 raios: 59 são simples traços pretos; oito têm a forma de um triângulo deitado, de lados rígidos (quatro amarelos, dois verdes, dois vermelhos) que se alternam com oito outros de bordas onduladas (três vermelhos, dois brancos, três azuis), sublinhando, deste modo, a "dupla ação calorífica e luminosa da irradiação solar" (WIRT, 236).

Pode-se notar que só os raios vermelhos, cor do espírito todo-poderoso, participam dessa dupla ação. Treze gotas com as pontas viradas para cima, dispostas de modo simétrico (cinco azuis, três brancas, três amarelas e duas vermelhas) caem do Sol em direção à Terra: o Sol propaga profusamente a sua energia fecundadora, enquanto a Lua atrai para si as emanações telúricas; podemos evocar, aqui, a chuva de ouro na qual Zeus se transformou para seduzir Dânae, num sentido simbólico análogo.

No solo sem vegetação encontram-se dois gêmeos cor de carne, de cabeça descoberta, com um colar em volta do pescoço, tocando-se com uma só mão. Lembram os dois personagens presos ao pedestal do Diabo do arcano XV; só que, enquanto estes estão nus com um enfeite de cabeça diabólico, os gêmeos solares vestem uma tanga azul como se, na luz, já tivessem tomado consciência de sua diferença. Houve quem visse em um deles "o espírito, elemento solar, positivo e masculino", e, no outro, "a alma, elemento lunar, negativo e feminino da entidade humana" (RIJT, 256), ou os dois princípios opostos e complementares do *ativo* e do *passivo*.

Seja como for, sendo gêmeos, são investidos de uma força particular "relacionada com o Sol, que distingue os seres e as coisas e as desdobra, dando-lhes uma sombra [...] são a própria imagem da analogia, da fraternidade, da síntese" (VIRI, 66). São, como Adão e Eva e os heróis-gêmeos, ancestrais míticos de inúmeros povos, a expressão desse tipo de partenogênese da androginia inicial, que marca o início da aventura humana *sob o sol*.

De pé, de costas para um muro feito de cinco fileiras de pedras, amarelo como o Sol, mas cuja borda superior à altura da cintura dos dois personagens é vermelha. Este muro delimita o seu domínio: "A elite que os filhos do sol representam só pode se confraternizar ao abrigo de um recinto

de alvenaria", diz Oswald Wirth (WIRT, 235), enquanto para Carton, "o muro de pedras representa a pedra filosofal [...] o hieróglifo da verdade, do absoluto e do infinito" (MARD, 316).

Esse muro, cuja borda vermelha introduz a marca do espírito, chega até a metade da altura dos gêmeos, como se o homem, que já foi jogado de uma **torre*** muito mais alta, tivesse, enfim, percebido, sob a claridade solar, a exata medida de si mesmo e de suas possibilidades. Depois de todas as ilusões, o Sol nos mostra, finalmente, a verdade de nós mesmos e do mundo. Após ter recebido dele a iluminação, material e espiritual, poderemos enfrentar o **julgamento***, vigésimo arcano maior. O Sol aguça a consciência dos limites, é a luz do conhecimento e a fonte de energia.

SOLSTÍCIO

O simbolismo dos solstícios chama a atenção pelo fato de que não coincide com o caráter geral das estações correspondentes. Com efeito, é o solstício de inverno que abre a fase ascendente do ciclo anual e o de verão, que abre a fase descendente. Donde o simbolismo greco-latino das *portas solsticiais* – representadas pelas duas faces de *Jano* e, posteriormente, pelo São João do inverno e pelo São João do verão. É fácil constatar que é a porta hibernal que introduz a fase *luminosa* do ciclo, e a estival, a sua fase de obscurecimento. Ainda a esse respeito, o nascimento de Cristo situa-se no solstício de inverno, o de João Batista no solstício de verão. E há a notável fórmula evangélica: "É necessário que ele cresça e eu diminua" (*João*, **3**, 30).

No simbolismo chinês, o solstício de verão corresponde ao trigrama *li*, ao fogo, ao Sol, à cabeça; o solstício de inverno ao trigrama *k'an*, à água, ao abismo, aos pés; mas nem por isso o primeiro deixa de ser a origem da decadência do princípio *yang*, e o segundo, a origem do seu desenvolvimento. Na alquimia interna, a corrente de energia sobe de *k'an* a *li*, desce de *li* a *k'an*. Diz-se, também, que a linha *yang* do trigrama *k'an* tende a deslocar-se em direção ao trigrama *k'ien*, que é o *yang* puro, a *perfeição ativa*; e que a linha *yin* de *li* vai ao encontro de *k'uen*, o *yin*

922 | SOM (V. AUM, OM, LINGUAGEM)

puro, a *perfeição passiva*. No primeiro caso, trata-se de um movimento ascendente; no segundo, de um movimento descendente. A tendência luminosa preexiste em *k'an*, a tendência escura, em *li*. Além disso, embora o solstício do inverno corresponda ao país dos mortos, ele é o signo do renascimento; associa-se à gestação, ao parto – é o tempo favorável para a concepção.

Na tradição hindu, da mesma forma, o solstício hibernal abre a *devayana*, a *via dos deuses*; o solstício estival, a *pitriyana*, a via dos ancestrais, que corresponde, evidentemente, às portas dos *deuses* e dos *homens* do simbolismo pitagórico (GRAP, GRIF, GUES, MAST).

O solstício também desempenha um papel na iconografia cristã.

O solstício de verão (24 de junho), no hemisfério norte, marca o apogeu da trajetória solar; o sol está no zênite, no ponto mais alto do Céu. Este dia foi escolhido para celebrar a festa do Sol. Quando comparado ao Sol, Cristo é representado pelo Câncer solsticial. Há, por isso, todo um simbolismo do Cristo cronocrator que rege o tempo, na arte romana (CHAS, 407 s.).

SOM (*v. Aum, Om, Linguagem*)

Diz o *Littré* que o som *é aquilo que a audição percebe devido ao efeito de movimentos vibratórios rítmicos*. É sob esse aspecto que a Índia faz dele um símbolo fundamental. O som está na origem do cosmo. Se a Palavra, o verbo (*Vak*), produz o universo, é através do efeito das vibrações rítmicas do som primordial (*nada*). *Nada* é a manifestação do som (*shabda*), da *qualidade sonora*, que corresponde ao elemento Éter (*akasha*) (*v.* a prosopopeia da Palavra, no *Rig-Veda*, 10, 125, VEDV, 339). Tudo o que é percebido como som, dizem os textos, é **xácti***, i.e., *Força divina*. O que é desprovido de som é o próprio Princípio. Quanto ao som, pode ser *não manifestado* (*para*), *sutil* (*pashyanti*) ou articulado (*vaikhari*). O som é percebido antes da forma, a audição é *anterior* à visão. De *shabda* nasce o *bindu*, ou *germe* da manifestação. Por analogia, o nascimento individual é às vezes designado como um *som*.

O conhecimento não aparece só como uma *visão*, mas como uma percepção auditiva (*luz auricular*, diz o *Tratado da Flor de Ouro*, em que é patente a influência tântrica). É a percepção dos ecos da vibração primordial manifestada pelos *mantras*, cujo monossílabo *Om* é o mais prestigioso, pois ele próprio reproduz o processo da manifestação. Os *mantras* ou *fórmulas mentais*, cuja origem é relacionada a *Manu*, o Legislador primordial, são investidos de toda a força da **xácti***, força exercida até no plano físico. Mas eles produzem principalmente a audição, no *coração* (*anahata*) dos *sons inaudíveis*, o que corresponde, em outros termos, à *visão* de *Brahma* através do *olho do coração*. Existem numerosas técnicas hindus de percepção do som interior, comparado ao som do sino, da concha etc., e até mesmo uma *ioga* do som (*shabda-ioga*). Essas audições também são ligadas à prática muçulmana do *dhikr* (AVAS, DANA, ELIY, GRIF, GUEI, VACG).

SOMA (*v. Seiva*)

Suco extraído da planta do mesmo nome que, na Índia, se transformou numa divindade, Soma, a quem consagravam-se hinos e ofereciam-se sacrifícios. Era a **seiva***, o **mel*** da imortalidade, trazido aos mortais (*Sandharva*) por uma águia, oferecido aos deuses e absorvido pelos homens para comunicarem-se com o divino. O soma é símbolo da embriaguez sagrada:

> Bebemos o *soma*
> tornamo-nos imortais,
> Chegando à luz,
> encontramos os Deuses...
> Inflama-me como o fogo
> que nasce da fricção,
> Ilumina-nos, torna-nos mais afortunados...
> Bebida que penetrou as nossas almas,
> imortal em nós mortais, esse soma...
>
> (Extraído de diversos hinos do
> *Rig-Veda*, VEDV, 77-80)

SOMBRA

A sombra é, de um lado, o que se opõe à luz; é, de outro lado, a própria imagem das coisas fugidias, irreais e mutantes.

A sombra é o aspecto **yin*** oposto ao aspecto **yang***. Pode ser – a etimologia tende a confirmar isto – que a *dupla determinação* fundamental do pensamento chinês tenha sido primitivamente representada pela vertente sombria do vale oposta à vertente ensolarada. O estudo das sombras parece ter sido uma das bases da geomancia antiga, portanto, da orientação (*v. oriente-ocidente*). A ausência de sombra, de que se falou a propósito de diversas personagens chinesas, explica-se de três modos: ou pela permeabilidade absoluta do corpo à luz por meio da purificação, ou pela libertação das limitações da existência corporal – é a condição dos Imortais, ou pela posição *central* do corpo, no aprumo exato do Sol em relação a seu zênite – é, em princípio, a posição imperial. Sob a árvore *Kien*, eixo do mundo por onde sobem e descem os soberanos, não há sombra, nem eco. Essa posição central, solsticial, na hora do meio-dia, é ainda a do espiritual ismaeliano na hora em que a alma *não faz mais sombra*, em que *Iblis*, o demônio, *não faz mais sombra*: é a hora da paz interior.

A sombra que não se produz, nem se orienta, que não tem existência, nem leis próprias, é, segundo Lie-tse, o símbolo de toda ação, que só encontra sua fonte legítima na espontaneidade. É, ainda mais categoricamente, a única realidade dos fenômenos segundo o budismo (*uma visão, uma bolha de ar, uma sombra...*) e a única realidade do Céu e da Terra, de acordo com o *Tao*. Entretanto, a ação mágica sobre a sombra do corpo humano ou o teatro de sombras indonésio abririam talvez perspectivas diferentes, porque a sombra aparece, nesses casos, carregada de toda a essência sutil dos seres (CORT, GRAD, GRAP, KALL, MAST).

A sombra é considerada por muitos povos africanos a segunda natureza dos seres e das coisas e está geralmente ligada à morte. No reino dos mortos *o único alimento é a sombra das coisas, leva-se aí uma vida de sombra* (Negritos Semang).

Entre os povos indígenas do norte do Canadá, no momento da morte, a sombra e a alma, distintas uma da outra, abandonam, ambas, o cadáver. Enquanto a alma ganha o reino do **Lobo***, a oeste,

a sombra permanece nas proximidades da tumba. É ela que mantém as relações com os vivos, e é, portanto, a ela que são destinadas as oferendas colocadas sobre as tumbas. A alma pode retornar e, unindo-se à sombra, constituir um novo ser; as pessoas que nascem assim pela segunda vez, sonham às vezes com sua vida anterior.

Num grande número de línguas indígenas da América do Sul, a mesma palavra significa sombra, alma, imagem (METB).

Para os iacutos, a sombra é uma das três almas do homem; é respeitada, e proíbe-se que as crianças brinquem com elas (HARA, 182); os tungúsios evitam pisar na sombra de outra pessoa.

Os gregos celebravam os sacrifícios para os mortos ao **meio-dia***, *a hora sem sombra* (FRAG, 1, 290).

Segundo uma tradição, o homem que vendeu sua alma ao diabo perde com isso sua sombra. O que significa que, por não se pertencer mais, ele deixou de existir enquanto ser espiritual, enquanto alma. Não é mais o demônio que faz sombra sobre ele; ele não tem mais sombra, porque não tem mais ser.

Toda manifestação da realidade divina – e assim é a criação aos olhos do crente – é considerada, no Islã místico, a *sombra de Deus, luz negra, meio-dia obscuro*. Toda forma determina os limites do ser, não passa de uma sombra projetada, oriunda de uma luz superior que ela oculta, ao mesmo tempo que a revela. A maior beleza humana é apenas uma sombra, escreve o místico Ruzbahan. "O sufista lê nas tranças de teus cabelos perfumados com âmbar, aureoladas pela luz da tua beleza, este versículo do Livro: Tu introduzes a noite no dia e tu introduzes o dia na noite" (*Corão*, 5, 25). "Sei que é o reflexo do Espírito que resplandece sobre o rosto deste ícone humano; ele não é nada menos que a sombra do Atributo divino [...] a sombra de Deus sobre a terra. É o Inferno da prova, que transpõe aos poucos pequenos degraus; a madeira que alimenta o fogo da alma; a escada do Paraíso eterno [...]" (GORG, **III**, 123). A análise junguiana qualifica de "sombra tudo o que o sujeito recusa reconhecer

924 | SOMBRINHA

ou admitir e que, entretanto, sempre se impõe a ele, como, por exemplo, os traços de caráter inferiores ou outras tendências incompatíveis" (JUNS, 168-173). Essa sombra se projeta nos sonhos sob a figura de certas pessoas, que não passam de reflexos de um certo eu inconsciente. Ela também se manifesta por palavras e atos impulsivos e incontrolados, que traem, de repente, um aspecto do psiquismo. Torna as pessoas mais sensíveis a certas influências pessoais ou coletivas, que despertam e revelam no sujeito tendências ocultadas. Essas não são necessariamente maléficas, mas correm o risco de assim se tornarem, na medida em que ficam reprimidas na sombra do inconsciente. Têm tudo a ganhar, se passam à luz da consciência. Mas o sujeito receia muitas vezes vê-las aparecer, por medo de ter de assumi-las, para dominá-las ou torná-las benéficas, e de se encontrar em face de sua complexidade: *sinto dois seres em mim...* A consciência dos contrários é difícil de vivenciar, mas rica de possibilidades.

Um conto de Andersen, "A Sombra", descreve a vida de um indivíduo dominado pelos *caprichos ferozes da Sombra*, equivalente do reflexo ou do **duplo***.

SOMBRINHA

Símbolo solar, de significação análoga à do **para--sol*** e da umbela. É como que o nimbo da pessoa que ela abriga, e que se assemelha ao Sol pela autoridade e pela dignidade. Os reis são cercados de servidores, dentre os quais um segura uma sombrinha, ou guarda-sol, frequentemente ornada de plumas esplêndidas e ricamente coloridas. Na tradição chinesa, é um símbolo de elegância e de riquezas radiantes. A sombrinha concentra a atenção não sobre o Sol acima dela, mas sobre o Sol que se encontra embaixo, isto é, sobre a própria pessoa. Ela tende para a interioridade.

Considerando apenas seu emprego utilitário, é um símbolo de proteção.

SONHO

O sonho só é estudado aqui como veículo e criador de símbolos. Manifesta também a natureza complexa, representativa, emotiva, vetorial do símbolo, assim como as dificuldades de uma interpretação justa. A maior parte dos elementos deste verbete são aplicáveis ao conjunto dos símbolos, e a cada um em particular, pois todo símbolo participa do sonho e vice-versa.

A parcela de sonho

Segundo as mais recentes pesquisas científicas, um homem de 60 anos teria sonhado, dormindo, um mínimo de cinco anos. Se o sono ocupa um terço da vida, aproximadamente 25% do sono é atravessado por sonhos: o sonho noturno ocupa, portanto, um duodécimo da existência entre a maioria dos homens. Que dizer do sonho acordado e do devaneio diurno que se acrescentam a esta parcela já impressionante?

Sobre o sonho, Frédéric Gaussen disse muito bem: *símbolo da aventura individual, tão profundamente alojado na intimidade da consciência que se subtrai a seu próprio criador, o sonho nos aparece como a expressão mais secreta e mais impudica de nós mesmos.* Ao menos duas horas por noite vivemos neste mundo onírico dos símbolos. Que fonte de conhecimentos sobre nós próprios e sobre a humanidade, se pudéssemos sempre recordá-los e interpretá-los! *A interpretação dos sonhos*, disse Freud, *é a estrada principal para se chegar ao conhecimento da alma.* Também as chaves dos sonhos se multiplicaram desde a Antiguidade. Hoje em dia, a psicanálise as substituiu.

O fenômeno do sonho

As ideias sobre o sonho, como sobre o símbolo, evoluíram muito e não temos por que fazer o histórico dessa evolução. Mas mesmo hoje em dia, os especialistas ainda estão divididos a respeito. Para Freud, "o sonho é a expressão, ou a realização, de um desejo reprimido" (FRER, 123); para Jung, ele "é a autorrepresentação, espontânea e simbólica, da situação atual do inconsciente" (JUNH, 228); para J. Sutter, e esta é a menos interpretativa das definições, o sonho é um "fenômeno psicológico que se produz durante o sono, constituído por uma série de imagens cujo desenrolamento representa um drama mais ou menos concatenado" (PORP, 365).

O sonho se subtrai, portanto, à vontade e à responsabilidade do homem, em virtude de sua dramaturgia noturna ser espontânea e incontrolada. É por isso que o homem vive o drama sonhado, como se ele existisse realmente fora de sua imaginação. A consciência das realidades se oblitera, o sentimento de identidade se aliena e se dissolve. Tchuang-tcheu não sabe mais se foi Tcheu que sonhou que era uma borboleta ou se foi a borboleta que sonhou que era Tcheu. *Se um artesão*, escreve Pascal, *tivesse certeza de sonhar todas as noites, durante doze horas que era o rei, creio que seria tão feliz quanto um rei que sonhasse todas as noites, durante doze horas, que era um artesão.* Sintetizando o pensamento de Jung, Roland Cahen escreve: "O sonho é a expressão desta atividade mental que está viva em nós, que pensa, sente, experimenta, especula, à margem de nossa atividade diurna, e em todos os níveis, do plano mais biológico ao plano mais espiritual do ser, sem que o saibamos. Manifestando uma corrente psíquica subjacente e as necessidades de um programa vital inscrito no mais profundo do ser, o sonho exprime as aspirações profundas do indivíduo e, portanto, será para nós uma fonte infinitamente preciosa de informações de toda ordem" (RSHU, 104).

Classificação dos sonhos

O Egito antigo atribuía aos sonhos um valor sobretudo premonitório: *O deus criou os sonhos para indicar o caminho aos homens, quando esses não podem ver o futuro*, diz um livro de sabedoria. Sacerdotes-leitores, escribas sagrados ou onirólogos interpretavam nos templos os símbolos dos sonhos, segundo chaves transmitidas de era em era. A oniromancia, ou a divinação por meio dos sonhos, era praticada em todos os lugares.

Para os negritos das ilhas Andamã, os sonhos são produzidos pela alma, que é considerada a parte maléfica do ser. Sai pelo nariz e realiza fora do corpo as proezas de que o homem toma consciência em sonho.

Para todos os povos indígenas da América do Norte, o sonho é o signo final e decisivo da experiência. "Os sonhos estão na origem das liturgias;

estabelecem a escolha dos sacerdotes e conferem a qualidade de xamã; é deles que provêm a ciência médica, o nome que se dará às crianças, e os tabus; eles ordenam as guerras, as caçadas, as condenações à morte e a ajuda a ser ministrada; só eles compreendem a obscuridade escatológica. Enfim o sonho [...] confirma a tradição: é o selo da legalidade e da autoridade" (MULR, 247).

Para os bantus do Kasai (bacia congolesa), certos sonhos são produzidos pelas almas que se separam do corpo durante o sono e vão conversar com as almas dos mortos (FOUC, 66). Esses sonhos têm um caráter premonitório referente à pessoa, ou então podem consistir em verdadeiras mensagens dos mortos aos vivos, que interessam a toda a comunidade.

(Sobre o papel dos sonhos e sobre sua interpretação nas civilizações orientais, pode-se consultar a erudita obra coletiva SOUS; e sobre exemplos de sonhos históricos célebres, religiosos, políticos e culturais, BECM.)

Os exemplos de sonhos são inumeráveis; tentou-se diversas vezes classificá-los. As pesquisas analíticas, etnológicas e parapsicológicas dividiram os sonhos noturnos, para facilitar o estudo, em um certo número de categorias:

1. O sonho profético ou didático, aviso mais ou menos disfarçado sobre um acontecimento crítico, passado, presente ou futuro; sua origem é frequentemente atribuída a uma força celeste;

2. O sonho iniciatório do xamã ou do budista tibetano de *Bardo-Thodol*, carregado de eficácia mágica e destinado a introduzir o homem num outro mundo por meio de um conhecimento e de uma viagem imaginários;

3. O sonho telepático, que estabelece comunicação com o pensamento e os sentimentos de pessoas ou de grupos distantes;

4. O sonho visionário, que transporta ao que H. Corbin chama de o *mundo das imagens*, e que pressupõe no ser humano, num certo nível de consciência, *poderes que nossa civilização ocidental talvez tenha atrofiado ou paralisado*, poderes sobre os quais H. Corbin encontra

926 | SONHO

testemunhos entre os místicos iranianos; trata-se aqui, não de presságio, nem de viagem, mas de visão;

5. O sonho pressentimento, que pressente e privilegia uma possibilidade entre mil;

6. O sonho mitológico, que reproduz algum grande arquétipo e reflete uma angústia fundamental e universal.

Guardadas todas as proporções, o *sonho acordado* pode ser comparado ao sonho noturno, tanto pelos símbolos que coloca em ação, como pelas funções psíquicas que é capaz de cumprir. Maria Zambrano mostra, ao mesmo tempo, seu risco e suas vantagens: "Na vigília, o sonho apodera-se imperceptivelmente da pessoa e engendra um certo esquecimento, ou antes uma lembrança cujo contorno se transfere a um plano da consciência que não pode acolhê-lo. O sonho torna-se então germe de obsessão, de mudança da realidade. Ao contrário, se é transferido a um plano adequado da consciência, ao lugar onde a consciência e a alma entram em simbiose, torna-se forma de criação, tanto no processo da vida pessoal, como na realização de uma obra" (RSHU, 167).

A prática psicoterápica do sonho acordado engendrou a onirotécnica. Derivada dos trabalhos de Galton e Binet, das experiências de Desoille, de Guillerez e de Caslant, desenvolvida e aperfeiçoada por Frétigny e Virel até o onirodrama, esta técnica consiste num devaneio dirigido, a partir de uma imagem ou de um tema sugerido pelo intérprete e geralmente tirados dos símbolos de ascensão e queda. Ela utiliza a faculdade que o homem possui, quando colocado em estado de hipovigília de viver um universo arcaico de cuja existência nem suspeita quando acordado e do qual o sonho noturno dá apenas uma ideia muito infiel e desalinhavada.

A técnica comporta um primeiro tempo de relaxamento cientificamente conduzido, devendo chegar à aparição de ondas eletroencefalográficas alfa. O sujeito recebe a instrução de verbalizar simultaneamente as imagens que lhe aparecerem e os estados que experimenta. A experiência

mostra que estes estados são vividos, isto é, que o sujeito tem um Eu Corpóreo Imaginário e que age num mundo visionário sobre o qual projeta as estruturas de seu Eu arcaico. Se, neste ponto da experiência, o operador propõe uma imagem indutora ou sugere uma ação imaginária, o sujeito vai integrar a sugestão no universo em que vive e *desenvolver* as suas consequências, segundo o modo simbólico próprio a este universo. Por este meio e alguns outros, vê-se surgir, no sujeito menos predisposto à fantasia ou à compreensão poética, sequências de imagens e situações que podem ser, em todos os pontos, sobrepostas aos dados da mitologia ou da psicossociologia dos estados mais primitivos da humanidade (VIRS, 6).

Funções do sonho

O sonho é tão necessário ao equilíbrio biológico e mental como o sono, o oxigênio e uma alimentação sadia. Alternativamente relaxamento e tensão do psiquismo, ele cumpre uma função vital; a morte ou a demência pode ser o resultado de uma falta total de sonhos. Serve de exutório a impulsos reprimidos durante o dia, faz emergir problemas a serem resolvidos, e, ao representá-los, sugere soluções. Sua função seletiva, como a da memória, alivia a vida consciente. Mas desempenha ainda um papel de uma profundidade bem diferente.

O sonho é um dos melhores agentes de informação sobre o estado psíquico de quem sonha. Fornece-lhe, num símbolo vivo, um quadro de sua situação existencial presente: ele é para quem sonha uma imagem frequentemente insuspeitada de si mesmo; é um revelador do ego e do *self.* Mas ao mesmo tempo os dissimula, exatamente como um símbolo, sob imagens de seres distintos do sujeito. Os processos de identificação não são controláveis no sonho. O sujeito se projeta na imagem de um outro ser: aliena-se, identificando-se com o outro. Pode ser representado com traços que não têm aparentemente nada em comum com ele, homem ou mulher, animal ou planta, veículo ou planeta etc. Um dos papéis da análise onírica ou simbólica é desvendar essas identificações e descobrir suas causas e fins; tem como finalidade restituir a pessoa à sua identidade própria, descobrindo o sentido de suas alienações.

O papel do sonho, talvez o mais fundamental, é estabelecer no psiquismo de uma pessoa uma espécie de equilíbrio compensador. Ele assegura uma autorregulação psicobiológica. A carência de sonhos cria desequilíbrios mentais, assim como a carência de proteínas animais provoca perturbações fisiológicas. Esta função biológica do sonho, confirmada pelas mais recentes experiências científicas, não deixa de ter consequências sobre a própria interpretação, que pode então evocar a lei das relações complementares. O intérprete procurará com efeito *a relação de complementação entre a situação consciente vivida, objetiva, do sonhador e as imagens de seu sonho*. Porque existe, escreve Roland Cahen, "uma relação de contrapeso (de balança) realmente dinâmica, entre o consciente e o inconsciente, manifestada na atualidade de sua movimentação pelo sonho [...]. Os desejos, as angústias, as defesas, as aspirações (e as frustrações) do consciente encontrarão nas imagens oníricas bem compreendidas uma compensação salutar e, consequentemente, correções essenciais" (RSHU, 111). O drama onírico pode conceder o que a vida exterior recusa e revelar o estado de satisfação ou insatisfação em que se encontra a capacidade energética (libido) do sujeito. Mas, às vezes, a distância entre o sonho e a realidade é tal que adquire um caráter patológico e deixa transparecer na própria libido um descomedimento que nada consegue compensar. Deve-se observar que nos casos normais a compensação se produzia, nas perspectivas de Freud, segundo uma linha horizontal, isto é, no mesmo nível da sexualidade, enquanto, segundo Jung, "todo equilíbrio psicológico do ser se faz, entre seus planos conscientes e seus planos inconscientes, na dimensão da verticalidade, tal como, num veleiro, o equilíbrio entre a vela e a quilha" (ibid.). No mesmo sentido, para o dr. Guillerey, toda perturbação psíquica correspondia a *uma atividade superior entravada*, e *o apelo do herói*, no sentido bergsoniano do termo, cumpriria uma função não apenas moral, mas terapêutica, de salvamento.

O sonho, enfim, acelera os processos de individualização que regem a evolução de ascensão e integração do homem. Em seu nível, já tem uma função totalizadora. A análise, como veremos, permitirá que entre em comunicação quase regular com a consciência e desempenhe então um papel de criador de integração em todos os níveis. Não apenas exprimirá a totalidade do ser, mas contribuirá para formá-la.

Análise do sonho

A análise dos símbolos oníricos baseia-se em triplo exame: o do conteúdo do sonho (as imagens e sua dramaturgia); o da estrutura do sonho (em diversas imagens, um conjunto formal de relações de um certo tipo); o do sentido do sonho (sua orientação, sua finalidade, sua intenção). Os princípios de interpretação da análise se aplicariam aliás a todos os símbolos e não só aos dos sonhos, e, em especial, aos que se exprimem nas mitologias. O sonho pode ser concebido como uma mitologia personalizada.

O conteúdo do sonho, isto é, a fantasmagoria puramente descritiva, procede de cinco tipos de operações espontâneas: uma elaboração dos dados do inconsciente para transformá-lo em imagens efetivas; uma condensação de múltiplos elementos numa imagem ou numa sequência de imagens; um deslocamento ou uma transferência da afetividade para estas imagens de substituição, por meio de identificação, repressão ou sublimação; uma dramatização deste conjunto de imagens e cargas afetivas numa *fatia* de vida mais ou menos intensa; enfim, uma simbolização que oculta sob as imagens do sonho realidades diferentes das que são diretamente representadas. No meio dessas formas disfarçadas por tantas operações inconscientes, a análise onírica deverá pesquisar o conteúdo latente dessas expressões psíquicas, que encobrem opressões, necessidades e pulsões, ambivalências, conflitos ou aspirações que se escondem nas profundezas da alma. O conteúdo do sonho compreende não apenas as representações e sua dinâmica, mas também sua tonalidade, i.e., a carga emotiva e ansiosa que as afeta.

928 | SONHO

Fantasmagorias diversas podem encobrir estruturas idênticas, isto é, conjuntos arranjados e articulados segundo o mesmo esquema profundo; inversamente, imagens semelhantes podem aparecer em estruturas diferentes. Numerosos confrontos de imagens e de situações sonhadas testemunharam uma espécie de *temática* constante, i.e., um conjunto de esquemas eidolon-motores, onde séries de imagens diferentes revelam uma mesma orientação, mesmos sentimentos, mesmas preocupações, bem como a existência de uma rede de comunicação interna de uma mesma estrutura entre os diversos níveis e as diversas pulsões do psiquismo. É possível assim julgar-se o conteúdo latente do sonho. Roger Bastide anota no seu diário: "Começo a me tornar africano. Esta noite sonhei com *Ogum* (deus ioruba do ferro e dos ferreiros) [...] um psicanalista teria todas as condições de me mostrar que não fiz mais que trocar de símbolo, que *Ogum* desempenha exatamente o mesmo papel nas minhas noites africanas que aquele outro personagem de meus sonhos da Europa. Sob a diversidade dos conteúdos, seria exatamente a mesma estrutura fundamental que apareceria a um analista. Deixaremos pois de lado a materialidade das imagens dos sonhos para ir buscar as estruturas que as enformam" (RSHU, 180). Freud pensava que "todos os sonhos de uma mesma noite pertencem a um mesmo conjunto" (FRER, 298).

Esta estrutura do sonho é concebida geralmente como um drama em quatro atos, no qual atua um aparato imaginário que pode variar consideravelmente, embora o quadro subjacente permaneça o mesmo. Roland Cahen resume assim esses quatro atos:

1. Sua exposição e seus personagens, seu lugar geográfico, sua época, seus cenários;
2. A ação que aí se anuncia e se desenvolve;
3. A peripécia do drama;
4. Este drama evolui para seu término, sua solução, sua *lyse*, repouso, indicação ou conclusão (RSHU, 111).

O que complica ainda essa estrutura é que ela deve ser explorada em diferentes níveis, que não deixam de ter interferências entre si. Em nível profundo, serão encontrados problemas metafísicos, que simbolizam mais ou menos diretamente as angustiantes questões da ontogênese ou da vida depois da morte. No plano médio, as preocupações sexuais exprimem-se no meio dos símbolos que, de um modo geral, a individualização da adolescência gera. Em nível superficial, aparecerão sob uma forma simbólica, mais ou menos inacabada, aliás, as preocupações do indivíduo isolado pela complexidade da civilização e equivocando-se sobre as causas de suas dificuldades de adaptação.

No meio de todos esses mundos de símbolos que, assim classificados, se articulam segundo uma analogia bastante límpida, alguns eixos privilegiados se desenham, por outro lado, com bastante clareza, tais como: a relação quase constante entre a ascensão e a luz (Caslant-Desoille); entre a integração e o calor (Frétigny-Virel). Deve-se notar também as grandes direções analógicas da centralização (Godel), da direita e da esquerda. Essas redes de coordenadas e outras que têm um valor puramente experimental formariam um código de esquemas eidolon-motores, graças ao qual se poderia explorar o simbolismo onírico de um modo relativamente científico.

Enfim, todo sonho possui um sentido. Esse sentido pode ser buscado lá atrás, na causa do sonho: é o método freudiano, etiológico e retrospectivo. Ou adiante: é o método junguiano, teleológico ou prospectivo. "Os sonhos", diz Jung, "são amiúde antecipações que perdem todo o seu sentido se examinadas de um ponto de vista puramente causal" (JUNH, 289).

O sonho, "como todo processo vivo, é não somente uma sequência causal mas também um processo orientado para um fim [...], pode-se pois exigir do sonho – que é uma autodescrição do processo da vida psíquica – indicações sobre as causas objetivas da vida psíquica e sobre as tendências objetivas desta" (JUNV, 81). Em lugar de se situar sob a dependência de um consciente que a precede, como acontece com a função compensadora, a função prospectiva do sonho se apresenta, ao contrário, "sob a forma de uma antecipação, nascida no inconsciente, da atividade consciente futura; ela evoca um esboço preparatório, um esboço de grandes linhas, um projeto de plano executivo" (ibid., 88; JUNT, 441). Mas essa orientação para um fim é expressa sob a forma de símbolos, e não com a clareza descritiva de um filme de aventuras ou de um encadeamento conceitual.

Comparando o sonho às construções imaginárias feitas em estado de vigília, Edgar Morin estima que: "todo sonho é uma realização irreal, mas aspira à realização prática. É por isso que as utopias sociais prefiguram as sociedades futuras, as alquimias prefiguram as químicas, as asas de Ícaro prefiguram as asas do avião" (MORC, 213). Cada sonho, dirá Adler, *tende a criar o ambiente mais favorável a um objetivo distante.* Esta finalidade do sonho é distinta do sonho premonitório dos Antigos: ela não anuncia um acontecimento futuro, revela e libera uma energia que tende a criar o acontecimento. É a grande diferença entre o profético e o que se pode prever, entre o divinatório e o operacional. *O sonho é uma preparação para a vida* (Moeder); *o futuro é conquistado em sonhos, antes de ser conquistado nas experiências* (de Becker, a propósito de Gaston Bachelard). *O sonho é o prelúdio da vida ativa* (Bachelard, BACV, 19).

Interpretação

O sonhador está no âmago de seu sonho. Não se deve esperar deste verbete uma chave dos sonhos. Toda esta reunião de símbolos, sejam eles astecas, bantos ou chineses, pôde servir à interpretação dos sonhos. Mas, por mais útil que seja, não seria suficiente. O sonho anima e combina imagens carregadas de afetividade: sua linguagem é exatamente a dos símbolos. Mas a arte de interpretá-los não depende apenas de regras, procedimentos ou significações codificados e aplicados mecanicamente. É necessária uma compreensão ao mesmo tempo íntima e ampla. O sonhador que possuir este livro poderá ler, nos verbetes que correspondem às imagens de seus sonhos, os valores simbólicos

que são ligados a essas imagens. Nos sonhos, esses valores são fundamentalmente os mesmos que aparecem nas artes plásticas, na literatura ou nos mitos; como em toda parte, porém, estão em simbiose com outros e especialmente com um meio psíquico, pessoal e social, portador também de símbolos. É a síntese de todos esses elementos que, a partir das luzes dispersadas aqui e ali neste livro, conduzirá o leitor a uma justa interpretação de sua experiência e, em geral, de sua vida no nível do imaginário ou da construção de imagens. A verdadeira chave dos sonhos está no molde dos símbolos, percebidos ou despercebidos, mas sempre vivazes no inconsciente. É através de si mesmo que o leitor compreenderá o sentido dos símbolos evocados neste livro, assim como também o sentido dos sonhos. *É preciso não esquecer*, escreve C. G. Jung, *que se sonha em primeiro lugar, e quase exclusivamente, consigo mesmo e através de si mesmo.* Jung opõe justamente à interpretação dos sonhos *no plano do objeto*, que seria causal e mecânica, a interpretação *no plano do sujeito*. Esta estabelece uma relação *entre a psicologia do próprio sonhador e cada elemento do sonho, como por exemplo cada uma das pessoas atuantes que nele figuram.* Cada uma é como que um símbolo do sujeito. O primeiro tipo de interpretação é analítico: *decompõe o conteúdo do sonho em sua trama complexa de reminiscências, de lembranças que são o eco de condições exteriores.* A interpretação do segundo tipo é, ao contrário, sintética: "na medida em que separa das causas contingentes os complexos de reminiscências e os apresenta como tendências ou componentes do sujeito, ao qual, por proceder desse modo, os integra de novo. Nesse caso, todos os conteúdos do sonho são considerados símbolos de conteúdos subjetivos" (JUNV, 93). Seria possível dizer de toda percepção aprofundada e vivida de um valor simbólico – que só se realiza evidentemente no plano do sujeito – o que Jung diz do sonho: "se acaso nosso sonho reproduz algumas representações, essas são antes de tudo nossas representações, para cuja elaboração a totalidade de nosso ser contribuiu; são fatores subjetivos que no sonho (como na percepção do símbolo) se agrupam de

930 | SONHO

tal ou tal modo, exprimindo tal ou tal sentido, não por motivos exteriores (apenas), mas pelos movimentos mais sutis de nossa alma. Toda esta gênese é essencialmente subjetiva, e o sonho é o teatro onde o sonhador é ao mesmo tempo o ator, a cena, o ponto, o diretor, o autor, o público e o crítico" (ibid., 94). O sonho do homem é uma manifestação cósmica e às vezes uma teofania, como *um sonho da natureza no homem e um sonho dele sobre a natureza* (Raymond de Becker), ou, segundo os antigos, um signo de Deus nele e um sinal dele a Deus. As pulsações vindas dos três níveis do universo e do Ser se conjugam no sonho.

- *O sonhador está no âmago da história.* A interpretação dos símbolos oníricos exige que cada um dos três elementos da análise seja remetido a um contexto, elucidado por associações espontâneas e, se possível, ampliado, como se fosse uma ampliação fotográfica. A primeira regra, a do contexto, coloca-nos de sobreaviso contra a interpretação de um sonho isolado. Se convém escutar o relato de um sonho, feito com toda a precisão desejável, não é menos necessário conhecer vários sonhos do mesmo sujeito, sonhos ocorridos numa data próxima, depois em datas diversas e em lugares diversos; um sonho faz parte de todo um conjunto imaginativo, é apenas uma cena num grande drama de cem atos diversos. Não se trata de confundir ou sobrepor essas cenas, mas de julgar suas articulações. Este contexto implica igualmente o conhecimento do próprio sonhador, de sua própria história, de sua consciência, da ideia que tem de si mesmo e de sua situação. Porque sua vida imaginária é, ela própria, parte de um conjunto, que é a vida total da pessoa em sociedade. Esta exigência leva igualmente a se pesquisarem os ambientes em que o sujeito age e que reagem sobre ele. Apesar de sua aparência desalinhavada, o sonho inscreve-se numa continuidade. A interpretação dos símbolos, noturnos ou diurnos, é uma cadeia sem fim de relações. A inteligência do imaginário não é um simples caso de imaginação.

- *O recurso às associações.* A associação acrescenta ao estudo do contexto, de certo modo objetivo, o do contexto subjetivo. O sonhador é convidado a exprimir espontaneamente tudo o que as imagens, as cores, os gestos, as palavras de seu sonho, tomadas isoladamente ou em grupo, evocam nele. É uma ocasião em que ele pode manifestar laços que estavam apenas latentes, laços emotivos ou imaginativos insuspeitados. Essas associações são capitais para a interpretação dos símbolos, mas são frequentemente frágeis, artificiais, mais ou menos desejadas, deformantes e aberrantes, em suma, necessitam de muita cautela.

- *Os bastidores do sonho.* A ampliação consiste em dar ao sonho analisado seu máximo de ressonância. Chega-se a isso por associações espontâneas do sujeito, ou instando-se para que ele prolongue, continue a cena do sonho, como faria a partir de um dado vivido no estado de vigília. A ampliação voluntária pode ser do tipo acordado, com um mínimo de controle, ou do tipo do sonho conscientemente dirigido. É possível, certamente, que ela provoque uma ruptura de sentido; mas frequentemente também elucidará o sentido do sonho e suas ambiguidades, assim como as linhas prolongadas de um triângulo em miniatura mostram melhor o seu desenho e como uma projeção ampliada revela melhor um cristal de neve ou os veios de um mármore. Se essa ampliação da linha do sonho, feita pelo sujeito, ainda não é o suficiente para decifrar os símbolos, existe uma outra ampliação na qual o intérprete toma a iniciativa, recorrendo com uma prudente circunspecção ao imenso tesouro das diversas ciências humanas. "Estes paralelos históricos, sociológicos, mitológicos, etnológicos, tirados tanto do folclore como da história das religiões, permitem relacionar o conteúdo do sonho, privado de associações, ao patrimônio psíquico e humano geral" (RSHU, 109). Este tipo de ampliação é característico da escola de Jung e, manipulado com uma sábia reserva, decifrou mais de um enigma. Em um ensaio de *sociologia do sonho*, Roger Bastide mostra bem este arraigamento social do imaginário: "Etnólogos mostraram claramente o que se poderia chamar de *os bastidores dos sonhos*: o sonhador vai procurar todos os aparatos de seus sonhos na vasta panóplia de representações coletivas que sua civilização lhe fornece, o que faz com que a porta esteja sempre aberta entre as duas metades da vida do homem, que mudanças incessantes se efetuem entre o sonho e o mito, entre as ficções individuais e as restrições sociais, que o cultural penetre no psíquico e que o psíquico se inscreva no cultural" (ibid., 178).

Sonho e símbolo, princípios de integração

A interpretação do sonho, como a decriptação do símbolo, não são apenas respostas a uma curiosidade do espírito. Elevam a um nível superior as relações entre o consciente e o inconsciente e aperfeiçoam suas redes de comunicação. Só por esta qualificação, e no plano do psiquismo mais normal, a análise onírica ou simbólica é uma das vias de integração da personalidade. O homem mais bem esclarecido e equilibrado tende a substituir o homem despedaçado entre seus desejos, suas aspirações e suas dúvidas, e que não se compreende a si próprio. O professor C. A. Meier, que Roland Cahen cita, diz com razão: *a síntese da atividade psíquica consciente e da atividade psíquica inconsciente constitui a própria essência do trabalho mental criador.*

SOPRO

O sopro tem, universalmente, o sentido de um princípio de vida; só a extensão do símbolo varia de uma tradição a outra. *Ruah*, o Espírito de Deus incubado nas águas primordiais do *Gênesis*, é o *Sopro*. É também o sentido primeiro *d'Er-Ruh* (Espírito), na linguagem muçulmana. E *Hamsa*, o cisne que choca o Ovo cósmico do *Veda*, também é um *sopro*. Observamos, a respeito da **respiração***, que as suas duas fases, os dois sopros yang e yin, eram evolução-involução, manifestação e reabsorção, *kalpa* e *pralaya*. Segundo o taoísmo dos Han, no início havia nove Sopros que, progressivamente, *coagularam-se e uniram-se* para

constituir o espaço físico. O espaço intermediário entre o Céu e a terra é preenchido por um sopro (*k'i*), no qual vive o homem, *como um peixe na água*. Essa mesma área intermediária ou sutil é, na Índia, a de *Vayu*, o vento e o sopro vital. *Vayu* é o fio (*sotra*) que liga todos os mundos entre si; esse fio é, também, *Atma*, o Espírito universal, que é, literalmente, *sopro*.

A estrutura do microcosmo é idêntica à do macrocosmo: como o universo é *tecido* por *Vayu*, o homem é *tecido* por seus sopros. Estes são cinco: *prana, apana, vyana, udana* e *samana*, que regem as funções vitais e não só o ritmo respiratório. Na verdade, *pranayama*, o *controle do sopro* da ioga – cujo equivalente encontramos na China – não se aplica apenas à respiração material, mas também à respiração *sutil*, da qual a primeira não passa de uma imagem. É evidente que a *circulação do sopro* associada à *kundalini* tântrica ou à embriologia taoísta não se aplica ao ar – o que seria fisiologicamente absurdo –, mas às energias vitais controladas e *transubstanciadas*. O domínio de *prana* leva ao domínio de *manas* (o mental) e de *virya* (a energia seminal). Na China, o *k'i* (sopro e também *espírito*) se une ao *tsing* (essência ou *força*) para procriar o Embrião da imortalidade (AVAS, GRIF, GUES, ELIF, MAST, SAIR, SILI).

A outro nível do símbolo, o sopro que sai das narinas de Jeová (*Ruah*) significa o exercício de sua força criadora; através dele se reúnem as águas; ele tem todas as virtudes da torrente. O sopro e a palavra ajudam-se mutuamente – um sustenta a emissão do outro. A *Ruah* de Jeová é o hálito que brota de sua boca, criando e conservando a vida. Daí o texto do *Salmo*, **104**, 29-30:

> Escondes tua face e eles se apavoram
> retiras deles a respiração e eles expiram voltando
> ao pó.
> Envias teu sopro e eles são criados,
> e assim renovas a face da terra!

Segundo o relato do *Gênesis*, na criação do homem Jeová sopra em sua narina o sopro de vida e o homem, até ali inerte, é animado por uma alma viva (*nephesh*). Encontramos, entre os xiitas da

STUPA

Anatólia, o termo *nefés* para designar os cantos invocatórios. A declaração de Jó tem um sentido idêntico, quando diz: "Feito pelo sopro (*Ruah*) de Deus. Vivificado pelo hálito de Shaddai" (43, 4).

No homem, o sopro de vida dado por Deus é imperecível; enquanto o pó retorna à terra de onde vem, o sopro de vida dado por Deus se eleva para ele (*Eclesiástico*, **12**, 7). Privada do sopro, a carne se destrói.

Em todas as grandes tradições, o sopro possui um sentido idêntico, quer se trate do *pneuma* ou do *spiritus* (GUIB).

O termo hebreu *Ruah* é geralmente traduzido por espírito; corresponde ao *pneuma* grego e ao *spiritus* latino. *Ruah*, *pneuma* e *spiritus* significam o sopro que sai das narinas ou da boca. Esse sopro possui uma ação misteriosa, é comparado ao vento (*Provérbios*, **30**, 4; *Eclesiástico*, **1**, 6; *Reis*, **19**, 11).

O sopro de Jeová dá a vida (*Gênesis*, **6**, 3). Ele modifica o homem, o beneficiado, não só espiritual, mas psíquica e materialmente. Quer se trate de Otoniel (*Juízes*, **3**, 10), de Jefté (*Juízes*, **11**, 29) ou de Gedeão (*Juízes*, **6**, 34), os homens tornam-se heróis através do sopro de Deus. O exemplo mais típico é o de Sansão (*Juízes*, **13**, 25 e 14, 6), que, tendo recebido o sopro de Deus, despedaça um leão e armado de uma queixada de jumento mata mil filisteus.

Os profetas são os beneficiados por esse sopro divino, como Saul (I *Salmo*, **10**, 9); o nabi é chamado por *Oseias* de o homem do Espírito (**9**, 7). Numerosos textos fazem alusão à **mão*** de Deus, pois esta possui a significação de espírito. Embora o espírito de Deus suscite estados passageiros, pode também ficar no homem de modo permanente; temos exemplos disso com Moisés (*Números*, **11**, 17, 25) e Josué (*Números*, **27**, 18), Davi, Eliseu, Elias etc. O sopro ou espírito de Deus significa, segundo Isaías (**11**, 2), "o espírito de sabedoria e discernimento, espírito de conselho e de fortaleza, espírito de ciência e de temor de Jeová".

Observemos que a palavra *Ruah* é feminina na maior parte dos casos em que esse termo é empregado no Antigo Testamento. E, em hebreu, o feminino designa uma coisa ou um ser impessoal. Se o termo *Ruah* significa espírito, também é usado para designar a *Palavra*. Mas esse sopro-espírito é a manifestação do Deus único e não o atributo de uma pessoa divina (Paul Van Imschoot, *L'Esprit selon L'Ancien Testament*, em *Bible et Vie Chrétienne*, maio-julho, 1953, p. 7-24).

Para os celtas, o sopro tem propriedades mágicas. No relato do *Siège de Druin Damhghaire*, o druida Mog Ruith faz uso do *sopro druídico* várias vezes – ao mesmo tempo símbolo e instrumento da força dos druidas. Uma vez, sopra sobre os guerreiros que o cercam e o ameaçam, dando-lhes a sua própria aparência, o que faz com que eles se matem, facilitando-lhe a fuga. Outra vez, sopra sobre uma colina que os maus druidas (adversos) erigiram por magia e de onde o inimigo domina a situação. Tudo desaba com um estrondo. Outra vez, ainda, o druida Mog Ruith sopra sobre os seus inimigos e os transforma em pedras (*v.* **vento***).

C. G. Jung chama a atenção para a prática dos feiticeiros zulus, que curam um doente *soprando numa orelha com um chifre de boi, para expulsar do corpo os espíritos malignos*. Vemos também, na iconografia cristã, cenas da criação pelo *sopro* de Deus; ele é representado por um jato de luz, semelhante a um jato de saliva, que pode curar doença, eliminar a morte e *insuflar* a vida. O sopro humano, ao contrário, é cheio de impurezas e pode macular aquilo que toca. No culto de Svantevit, deus eslavo todo-poderoso, na véspera da cerimônia da festa do Deus, o sacerdote varria o templo, em que só ele podia penetrar, "tomando o cuidado de não respirar. Assim, toda vez que precisava expirar, corria para a saída para que o *sopro* humano não tocasse o deus e o maculasse" (MYTF, 92).

STUPA

Os imperadores Açoka, na Índia, no séc. III antes da nossa era, os Wen, na China, no séc. VII de nossa era, edificaram inúmeros *stupas* ao longo das estradas e nas encruzilhadas, como relicários imponentes e elegantes, que simbolizam *a fidelidade do Poder ao Buda e clamam a fidelidade dos súditos ao Poder*. Mas o simbolismo do *stupa* ultrapassa essa utilização político-religiosa.

O *stupa*, monumento característico e básico da Índia búdica, é originalmente um túmulo edificado sobre as relíquias do Buda. Em consequência disso, o *stupa* é o símbolo anicônico do próprio Buda, e mais precisamente do seu *parinirvana*.

Mas o *stupa* é também um símbolo cósmico. É o Ovo do mundo (*anda*) representado pela semiesfera, ou ainda a matriz (*garbha*) contendo o germe (*biju*), representado pelas relíquias. O *stupa* é mais comumente colocado sobre um pedestal quadrado, ou propositadamente *orientado*: reencontramos aqui o símbolo do **domo*** (*v.* **esfera***) no qual a terra *sustenta*, e o Céu, *cobre*. O eixo do mundo vem sempre representado no *stupa* ultrapassando-o em altura: é a *saída do cosmo*, o elã espiritual fora das limitações contingentes da manifestação. Esse simbolismo cósmico é ainda determinado pelo rito da **circum-ambulação*** efetuado em torno do monumento. Há uma clara analogia entre o *stupa* e o corpo do Buda, com divisões, como as partes do corpo, representando a hierarquia dos níveis da existência ou os graus do Céu, e a *saída* se efetuando pelo topo da cabeça. No Tibete, inclusive, as diferentes divisões identificam-se, respectivamente, com o quadrado, o triângulo, a taça e a *gota flamejante*, correspondendo, de baixo para cima, aos cinco elementos: terra, água, fogo, ar, éter, assim como aos cinco *chakra* principais da realização tântrica.

Os **para-sóis***, subdivididos ao longo do eixo que ultrapassa a semiesfera, representam uma hierarquia celeste extracósmica, supra-humana (BURA, GOVM, SECA).

SUÁSTICA
(Dezesseis*, Casa de Deus*, Roda*)

A *suástica* é um dos símbolos mais difundidos e antigos. É encontrado do Extremo Oriente à América Central, passando pela Mongólia, pela Índia e pelo norte da Europa. Foi conhecido dos celtas, dos etruscos, da Grécia antiga; o ornamento chamado *grega* deriva da suástica. Alguns quiseram remontá-lo aos atlantes, o que é uma maneira de indicar sua remota antiguidade.

Qualquer que seja sua complexidade simbólica, a suástica, por seu próprio grafismo, indica manifestamente um movimento de rotação em torno do **centro***, imóvel, que pode ser o *ego* ou o **polo***. É portanto símbolo de ação, de manifestação, de ciclo e de perpétua regeneração. Neste sentido, muitas vezes acompanhou a imagem dos salvadores da humanidade: o Cristo, das catacumbas ao ocidente medieval e ao nestorianismo das estepes: "Os Cristos romanos são geralmente concebidos em torno de uma espiral ou de uma *suástica*; essas figuras harmonizam a atitude, organizam os gestos, as dobras das roupas. Por aí se vê reintroduzido o melhor símbolo do *turbilhão criacional* em torno do qual estão dispostas as hierarquias criadas que dele emanam [...]" (CHAS, 25); o Buda, pois ele representa a **Roda*** da Lei (Dharmachakra) girando em torno do seu centro imutável, centro que frequentemente representa Agni.

A simbólica dos números ajuda a compreender melhor o sentido de força totalizadora deste emblema: a suástica é feita de uma cruz, cujas hastes – como nas orientações vetoriais que definem um sentido giratório e em seguida o enviam de volta ao centro – são quadruplicadas. O seu valor numérico é, portanto, de quatro vezes **quatro***, i.e., **dezesseis***. É o desenvolvimento da força da Realidade, ou do universo. Como desenvolvimento do universo criado, associa-se a essas grandes figuras criadoras ou redentoras invocadas acima; como desenvolvimento de uma realidade humana, expressará o extremo desenvolvimento de um poder secular, o que explica as suas atribuições históricas, de Carlos Magno a Hitler. Aqui, o sentido da sua rotação intervirá, igualmente, que se trate do sentido direto astronômico, cósmico e, portanto, ligado ao transcendente – é a suástica de Carlos Magno; ou do sentido inverso, dos ponteiros de um relógio, querendo colocar a infinitude e o sagrado no temporal e no profano – é a suástica hitleriana. Guénon interpreta esses sentidos contrários como a *rotação do mundo visto de um e de outro polo*; os polos, aqui, são o homem e o polo celeste e não os polos terrestres.

SUBIDA-DESCIDA (V. ASCENSÃO)

Essa simbologia, em todos os casos totalizante, é encontrada na China, onde a *suástica* é o sinal do número dez mil, que é a totalidade dos seres e da manifestação. É também a forma primitiva do caractere *fang*, que indica as quatro direções do espaço. Também poderia ter uma relação com a disposição dos números do *Lo-chu*, que, em qualquer caso, evoca o movimento de giro cíclico.

Considerando-se sua acepção espiritual, a suástica às vezes simplesmente substitui a **roda*** na iconografia hindu, por exemplo, como emblema dos **nagas***. Mas é também o emblema de Ganesha, divindade do conhecimento e, às vezes, manifestação do princípio supremo. Os maçons obedecem estritamente ao simbolismo cosmográfico, considerando o centro da suástica a Estrela Polar e as quatro gamas que a constituem como as quatro posições cardeais em torno da Ursa Maior, o que pode ajudar a interpretar a reflexão de Guénon mencionada anteriormente. Há ainda formas secundárias da *suástica*, como a forma com os braços curvos, utilizada no País Basco, que evoca com especial nitidez a figura da **espiral*** dupla (*v.* **dodecaedro***). Como também a da suástica *clavígera*, cujas hastes constituem-se de uma chave: é uma expressão muito completa do simbolismo das **chaves***, o eixo vertical correspondendo à função sacerdotal e aos **solstícios***, o eixo horizontal, à função real e aos equinócios (CHAE, CHOO, DANA, GRAP, GUEM, GUEC, GUET, GUES, VARG).

SUÁSTICA
Cerâmica de Samarra em terracota.
Arte mesopotâmica. 5º milênio.

SUBIDA-DESCIDA (*v.* Ascensão)

O tema da subida e da descida da alma se encontra em diversas tradições. No *Pedro* e no *Banquete*, a alma humana realiza uma ascensão, a fim de reencontrar sua pátria e contemplar as ideias puras. A maioria dos autores se inspira em Platão para descrever a *ascensão da alma*, tal como Máximo de Tiro no século II. Por outro lado, já é possível ver Basilides falar da descida de Deus ao encontro do homem. Ele dirá que a *revelação* se opera de cima para baixo. É o Cristo que revela o Deus desconhecido, a descida de Cristo transforma-se no centro da história. Entretanto, essa descida de Cristo exige como contrapartida a subida da alma até Deus. Essa subida pode ser considerada um retorno. Comparável à ascensão de uma montanha, ela se opera em etapas sucessivas. Gregório de Nissa falou dela longamente. Encontramos, a esse propósito, a passagem da alma através das esferas cósmicas que devem ser interpretadas simbolicamente como graus de purificação (*v.* Jean Daniélou, *Platonisme e théologie mystique*, p. 167). Agostinho compreendeu e descreveu essa subida da alma através das diferentes esferas cósmicas, situadas, não em um mundo exterior, mas no mundo interior próprio da alma. Ao descrever a própria vida com a mãe, Mônica, Agostinho menciona as diferentes etapas que atravessa: as coisas corporais, o Céu, o Sol, a Lua, as estrelas... "Não cessávamos de subir", dirá Santo Agostinho (*Confissões*, 9, 25). A *subida* é, então, antes de tudo, uma interiorização; a descida, uma dissipação no mundo exterior.

SUBSTITUIÇÃO

O humano permanece, a imagem varia. Ou, pelo menos, muda mais rapidamente que o homem. Há imagens, como a do **trem***, do **avião***, do **automóvel***, que só fizeram sua aparição há duas ou três gerações e que alcançaram, na nossa imaginação, um valor tão forte quanto, outrora, o do cavalo, da serpente e da carruagem, para expressar a nossa vida psíquica. São *uma espécie de símbolos de substituição*. São redutíveis dos arquétipos do inconsciente coletivo, cujas imagens substituem quando estas são por demais ligadas aos *fenômenos da civilização* e, em consequência, estão destinadas a se apagar e desaparecer como as primeiras. O símbolo permanece, mas os suportes verbais, visuais, sonoros, afetivos vivem e morrem ou adormecem. Sem a pretensão de oferecermos um quadro completo, podemos levantar uma lista de exemplos desses símbolos em formação, que se tornam os substitutos de imagens antigas. Contudo, é impossível haver, nesse campo, uma perfeita adequação entre os símbolos, como com os sinônimos, nem uma concordância decisiva sobre as suas interpretações. Segundo C. G. Jung e outros psicanalistas, eis alguns símbolos atualmente em substituição:

locomotiva, carro, avião → dragão;

colisão ferroviária ou aérea → combate de dragões;

elevador → voo e espiritualização;

metralhadora perto de uma abertura → Cérbero;

seringa hipodérmica → espada sacrificial;

tanque de gasolina vazando → ferida sangrando;

padre, professor, motorista de táxi → velho sábio;

mapa rodoviário, loja grande → labirinto;

avião → a águia de Zeus;

feirante de legumes → a mãe ctoniana;

faróis de um caminhão na noite → o despertar e o chamado da Anima;

liberação sexual → retorno de Dioniso;

energia industrial → fogo de Prometeu;

mass media, relações públicas → Hermes.

Esse fenômeno de substituição merece atenção sobretudo para indicar o desenvolvimento dos símbolos, um desenvolvimento que pode afetar tanto as representações coletivas quanto as imagens individuais e que não pode ser interpretado em função de esquemas rígidos.

SUDAÇÃO

"O banho a vapor faz parte das técnicas elementares que visam a aumentar o *calor místico*, pois a sudação tem, às vezes, um valor criativo por excelência; em numerosas tradições mitológicas, o homem primordial foi criado por Deus devido a uma grande sudação" (ELIC, 302, nota). O banho a vapor no norte asiático e europeu, assim como entre os povos indígenas da pradaria, tomaria uma significação análoga.

O *domínio do fogo*, a insensibilidade ao calor e, daí, o *calor místico* que torna suportáveis o frio extremo e a temperatura da brasa, é uma virtude mágico-mística que, acompanhada de outras qualidades não menos prestigiosas (ascensão, voo mágico etc.), traduz em termos sensíveis o fato de que o xamã ultrapassou a condição humana e já participa da condição dos *espíritos* (ELIC, 303).

Nas antigas civilizações da América Central, o banho a vapor tinha um sentido sacrificial: o indígena oferecia o seu suor ao deus solar (G1RP, 190). O gesto encerrava um valor ao mesmo tempo purificador e propiciatório; assim, foi retomado com uma nova força pelos modernos povos indígenas da pradaria, em defesa e celebração de sua identidade cultural.

T

TABACO

Os tupinambás do Brasil atribuíam ao tabaco diversas propriedades, em particular as de esclarecer a inteligência e de manter aqueles que o usavam "bem-dispostos e alegres". O feiticeiro que soprava sobre os guerreiros a fumaça do tabaco pronunciava essas palavras: "Para superar seus inimigos, recebam o espírito da força" (METT). Dizia-se, também, que a fumaça soprada sobre um paciente "reforçava a força mágica do seu hálito". Defumações semelhantes sempre acompanham os ritos de iniciação dos indígenas da Amazônia (GHEO). Na mesma área cultural, o suco de tabaco é projetado nos olhos do candidato a xamã para lhe dar o dom da clarividência (METB).

TABERNÁCULO

Parte interior mais reservada e mais sagrada dos **templos***, que continha a imagem do deus, no Egito, ou a Arca da Aliança, em Jerusalém. Era a *Morada de Deus* (*Êxodo*, **26**, 11). "O mundo inteiro está descrito no sinal sagrado do Tabernáculo" (*São Jerônimo*, Epístola 64 para Fabíola). São Jerônimo, retomando antigas tradições, vê na própria forma do tabernáculo o símbolo dos quatro elementos e de todas as dimensões. A prece que se eleva em torno do tabernáculo deve, portanto, englobar todo o universo, no sentido de que vem dele todo e volta a ele todo, para o seu benefício. Fílon de Alexandria, o filósofo judeu, já pensava (*Vida de Moisés, livro* **3**, 3-10) que se o Tabernáculo é uma imagem do mundo, é também uma imagem do homem e da condição humana. O cruzamento das verticais e das horizontais na construção desse templo miniatura, o Santo dos Santos, como no ser humano, simboliza o dilaceramento do homem entre as pulsões dos sentidos em direção ao mundo exterior (horizontal) e o chamado em direção à concentração interior e contemplativa (vertical).

Figura do mundo inteiro, dizia também Orígenes, mas de um mundo concebido como uma dialética do temporal e do eterno, do humano e do divino, do criado e do incriado, do visível e do invisível. O tabernáculo não é apenas uma figura; evoca a junção de dois mundos ou, melhor, os dois aspectos de um mesmo universo, sendo possível dizer que o eterno está no temporal, e o transcendente, no imanente.

Figura, junção, centro energético: "O santuário é uma figura geométrica calculada para formar um campo de forças. Inicialmente, a quantidade de ouro é a medida da dinâmica do sagrado. Trata-se de captar o poder que vem de Deus, de aprisioná-lo em um espaço destinado aos homens. É por sua estrutura que o tabernáculo condensa a energia cósmica" (CHOM, 202).

TABU
(Deformidades, Ímpar, Maneta, Perneta)

Palavra de origem polinésia, símbolo do proibido e do intocável. "O tabu é justamente a condição dos objetos, ações ou pessoas *isoladas* ou *proibidas*, devido ao perigo de seu contato [...]. Tudo o que é sagrado, proibido, vedado, incestuoso, de mau augúrio, perigoso [...]." Os tabus podem ser provisórios ou permanentes. É uma força ao mesmo tempo atraente e repugnante que vem da ambivalência e do insólito. Por sua separação e seu isolamento do resto das coisas, o tabu adquire um valor misterioso suplementar, como se, sob a sua aparência, outra coisa ou alguém o habitasse (ELIT, 29).

J. G. Frazer vê na existência de tabus em todas as sociedades humanas "um sistema animista transformando-se em religião. As próprias regras parecem advir de uma doutrina relativa às almas e ser determinadas pelas simpatias e as antipatias, o gosto e aversão de diversas categorias de espíritos com relação a esse ou àquele dentre eles. Mas, acima das almas dos homens e dos animais, desenvolveu-se a concepção de uma força divina que rege a todos; essa concepção não para de crescer em importância e passa-se cada vez mais a considerar os tabus um meio de torná-la propícia, em lugar de vê-los como regras que devem adaptar-se aos gostos das próprias almas. Os princípios de conduta apoiam-se, portanto, numa base sobrenatural em vez de apoiarem-se em sua antiga base natural" (FRAI, 608).

Por mais imaginários que sejam, os perigos a que nos expõe a violação dos tabus continuam temíveis e podem levar à morte. "A imaginação atua sobre o homem com a mesma eficácia que a gravitação, e pode matá-lo com a mesma eficácia de uma dose de ácido. Assim, os tabus desempenham o papel de isoladores destinados a preservar o respeito pela força espiritual das pessoas que a detêm, para que elas não venham a sofrer ou a causar sofrimento; pois o mundo exterior permanecerá ileso se for protegido do seu contágio" (FRAI, 614). O Tabu é sacralizador, como a ordem *ímpar*, o que faz com que inúmeras *enfermidades* ou **deformidades*** físicas façam da pessoa atingida um tabu (*v.* **perneta***, **zarolho***, **maneta***).

TÁBUA¹ (Távola, Mesa)

A mesa, no sentido usual da palavra, evoca a refeição comunial. Como a Távola Redonda dos Cavaleiros do Graal. Devendo receber o Graal em seu centro, a mesa é aqui a imagem de um centro espiritual. Ela evoca, é claro, os doze apóstolos em volta da mesa do Cenáculo, mas também, por sua forma, os doze signos do Zodíaco e os doze

Aditya da Índia, que são as doze estações do Sol (GUES, JILH).

Se aproximarmos a Távola Redonda do **disco*** de **jade*** chinês, Pi, ela passará a representar uma imagem do Céu.

Na tradição hebraica (*Êxodo*, 24, 12), "Jeová disse a Moisés: 'Sobe a mim na montanha e fica lá; dar-te-ei tábuas de pedra – a lei e o mandamento – que escrevi para ensinares a eles.'"

É do Céu que vem a lei moral. Ela é gravada na pedra pelo próprio Jeová. Serão essas Tábuas da Lei o centro unificador do povo eleito: através delas, as tribos de Israel entrarão em comunhão. Existem outras Tábuas da Lei – de Hamurabi, de Açoka, dos gregos, dos romanos etc. – que desempenham o mesmo papel de princípio de ordem, de união, de vida, para a sociedade e para os indivíduos. As Tábuas da Lei conduzirão os eleitos da Nova Aliança à Mesa sagrada do banquete eucarístico.

Na *Tábua guardada* do Islã, Deus inscreveu o destino dos homens com o auxílio do **Cálamo***. Esotericamente, é um símbolo da substância universal, em relação à qual o Cálamo desempenha o papel de Princípio ativo. A Tábua de Alá é como um **espelho*** existente antes de toda existência, em que o desenvolvimento desta poderia ser lido por toda eternidade:

> Mas os incrédulos persistem em falar em mentira,
> embora estejam à mercê de Deus.
> Isto, pelo contrário, é um Corão glorioso,
> Escrito sobre uma Tábua guardada!
>
> (*Corão*, 85, 19-22)

Só Deus sabe o que está escrito sobre essa tábua sagrada: "Deus anula e confirma o que desejar."

A Mãe do Livro (*ou: o Arquétipo da Escritura, de acordo com outra tradução*) está ao seu lado.

> Que te mostremos uma parte do que prometemos aos homens,
> Que façamos com que morras,
> Só te cabe a comunicação da mensagem profética;
> A conta final nos pertence.
>
> (*Corão*, 13, 39-40)

938 | TÁBUA²

Uma tradição, sob o nome de Ibn'Abbas, descreve essa tábua: "seu comprimento é o mesmo que separa o Céu e a terra, e sua largura se estende do oriente ao ocidente. Está atada ao Trono, e sempre pronta para bater na testa de Israfil, o anjo mais próximo do Trono. Quando Deus quer realizar alguma coisa na sua criação, o tablete bate na testa de Israfil, que, então, olha, e lê nele a vontade de Deus [...] Deus olha para essa Tábua trezentas e sessenta vezes por dia. A cada vez, Ele faz viver e morrer, eleva e rebaixa, honra e humilha. Ele cria o que quer e decide o que Lhe parecer melhor" (SOUN, 244).

A *Tábua de Esmeralda* (*tabella smaragdina*) apareceu na Idade Média. Atribuída a *Hermes três vezes grande*, Trismegisto – seu autor real é desconhecido –, ela conteria os preceitos do hermetismo, supostamente vindos do próprio deus. Extremamente obscuros, inspiraram comentários dos alquimistas, cuja ciência condensam – ciência esta que só é revelada aos iniciados. Eis aqui a sua quintessência: "O que está embaixo é como o que está em cima e o que está em cima é como o que está embaixo, e através dessas coisas realizam-se os milagres de uma só coisa. E como todas as coisas são e provêm do *Um*, pela mediação de *Um*, assim são criadas todas as coisas, por essa coisa única, por adaptação [...] Separarás a terra do fogo, o sutil do denso, lentamente, com grande habilidade. Ele sobe da terra e desce do Céu, recebe a força das coisas superiores e das coisas inferiores. Terás, por esse meio, a glória do mundo e toda a escuridão te deixará." Esse programa e esse método deveriam chegar à Grande Obra dos alquimistas, que não é simplesmente a transmutação do chumbo em ouro, mas a da matéria em espírito, ou melhor, é de novo uma divinização do universo. Era, já, a ideia, que mencionamos anteriormente, de uma evolução da litosfera à biosfera e desta à noosfera. O nome **esmeralda*** foi dado simbolicamente a esta tábua por ser esta pedra a mais preciosa, a flor do Céu. A tábua simboliza, aqui, a revelação do segredo, mas sob uma forma reservada ao iniciado.

TÁBUA²

Se a imagem geral da tábua se prende à sua pouca espessura, a linguagem figurada consagra o uso da *tábua de salvação*, assim como a da *tábua podre*. A tábua simboliza aqui a força, o abrigo, a proteção, mas somente como um instrumento; é também um meio falível, e portanto deve-se ter cuidado ao fazer uso dela: pode estar podre.

A maçonaria utiliza a *tábua de desenhar* associada ao grau de Mestre, sendo seu desenho ou traçado o do plano-piloto da *construção*. A expressão se estende para além dos limites de qualquer escrita traçada sobre um papel. A tábua de desenhar simbólica comporta dois signos gráficos que dão a chave do alfabeto maçônico, mas que têm também a particularidade de constituir: a) a divisão do quadrado não traçado em um *quadrado mágico* análogo ao *lochu* chinês; b) a divisão do quadrado não traçado pela cruz das diagonais em quatro zonas *direcionadas*. Eles figuram, por outro lado, o desenvolvimento no plano: a) da *pedra cúbica*; b) da *ponta*, ou pirâmide triangular que a encima na tábua do Aprendiz. Esse esquema funciona, portanto, como um plano-piloto que traça a via da realização espiritual (BOUM).

TÁBULA

O jogo de Tábulas parece ter sido, na China antiga, o equivalente ao **xadrez***. Travavam-se ali combates simbólicos, dos quais o mais célebre é o de Wu-yi contra o Céu, com quem ele parece ter disputado o poder sobre o mundo.

Em outra ordem totalmente diferente, o uso da *Tábula* funerária é, no Extremo Oriente, um dos elementos essenciais do culto dos Ancestrais. O templo familiar contém as Tábulas das quatro gerações ascendentes; as mais antigas são enterradas no chão do templo ou encerradas em urnas. A tábula é destinada a *fixar* a alma do morto; a alma dos defuntos sem sepultura e sem ritos fúnebres ficava *vagando* e torna-se maléfica. Granet registrou um provérbio segundo o qual "a alma-sopro (*huen*) dos defuntos fica vagando, e, por isso, são feitas **máscaras*** para fixá-la". Seria possível que a tábula tenha substituído a máscara? E que as *marcas* na tábula equivalham a uma espécie de *furo nos olhos* da máscara, que corresponderiam ao *nascimento* do defunto além--túmulo? É, no mínimo, uma hipótese sedutora (GRAD, HUAV).

A *tábula secreta* do Islã simboliza o destino humano, tal como está inscrito nos desígnios de Deus (*v.* **coluna***, **tábua***).

As tábulas também eram utilizadas em ações de enfeitiçamento no mundo greco-romano, devido a influências orientais. Os inimigos, cujos nomes eram inscritos nela, acompanhados de imprecações, eram destinados às divindades infernais. Essas tábulas geralmente eram de chumbo, presas a um túmulo com pregos. O prego, imagina-se, trespassava o inimigo; o túmulo a mantinha trancada para sempre.

As *tábulas órficas*, em que eram gravadas fórmulas de iniciação e invocações aos deuses, enriquecem os ritos funerários: contêm conselhos aos mortos para a sua travessia misteriosa pelo mundo subterrâneo, assim como discursos para as divindades infernais.

A tábula revela-se como um símbolo de mediação.

TABULEIRO (PARA JOGOS), ENXADREZADO²

Esse conjunto de figuras geométricas, quadrados, losangos, oblongos etc., de cores alternadas branco e preto, que servem para os jogos de damas, de xadrez, do ganso (fr. *le noble jeu de l'oie*; ing. *the royal game of goose*) etc., ou à decoração, simboliza as forças antagônicas, que se opõem na luta pela vida e até na constituição da pessoa e do universo. É por isso que o tabuleiro se presta tão bem ao jogo. Enquadra uma situação de conflito. A formação em quadrados (fr. *carrés*) é uma formação de combate e o sinal da batalha que começa. O conflito que ele exprime pode ser o da razão contra o instinto, da ordem contra o acaso, de uma combinação contra outra, ou das diversas potencialidades de um destino. Simboliza o cenário das oposições e dos combates (*v.* **xadrez** [**jogo e tabuleiro**], **enxadrezado**¹*).

TAÇA (*v.* Cesta)

O simbolismo tão amplo da taça (ou copa) se apresenta sob dois aspectos essenciais: o vaso de *abundância* e o do vaso que contém a *poção da imortalidade*.

No primeiro caso, ela é muitas vezes comparada ao seio materno que produz o leite. Uma inscrição galo-romana de Autun, dedicada a Flora, compara a *taça de onde corre a graça* com o seio *de onde emana o leite que alimenta a cidade* (Devoucoux). Mesmo simbolismo e mesma associação de ideias no caso da *Maha-Lakshmi* hindu: todavia, o leite, aqui, é o **soma***, o que nos transporta para a noção da bebida capaz de conferir a imortalidade (*v.* **seiva***). A copa do ofertório do *soma* é também comparada ao crescente lunar, cuja luz se diz, tradicionalmente, "branca como o leite".

O simbolismo mais geral da taça aplica-se ao **Graal*** do Medievo, cálice que recolheu o sangue do Cristo e que contém ao mesmo tempo – as duas coisas se identificam, no fundo – a tradição momentaneamente perdida e a bebida da imortalidade. O cálice contém o sangue – princípio de vida –, sendo, portanto, homólogo do coração e, em consequência, do *centro*. O hieróglifo do coração é uma copa. O *Graal* é, etimologicamente, tanto um *vaso* quanto um *livro*, o que confirma a dupla significação do seu conteúdo: revelação e vida. Uma tradição pretende que ele tenha sido esculpido numa **esmeralda*** caída da fronte de Lúcifer. Essa pedra lembra a *urna* shivaíta e búdica, o *terceiro olho* associado ao *sentido de eternidade* (Guénon). Quando se dá polimento a uma gema, escreve o mestre *zen* Dogen, ela se torna um vaso: o conteúdo desse vaso é o brilho da luz revelado pelo polimento; da mesma forma, a iluminação se estabelece no coração do homem pela concentração do espírito.

O Graal era também chamado *vaissel*: símbolo do navio, da arca contendo os germes do renascimento cíclico, da tradição perdida. Observar que o crescente da Lua, equivalente à taça, é também uma barca.

Do simbolismo do Graal está próximo o da calota craniana tântrica, que contém sangue (às

940 | TAÇA (V. CESTA)

vezes chá ou bebida alcoólica). É ainda a expressão da *imortalidade* ou do *conhecimento* obtido ao preço da *morte* no estado presente, logo, do *renascimento* iniciático ou supra-humano.

Certas obras herméticas ocidentais recomendam o uso de uma calota craniana para a realização da Grande Obra alquímica, o que deriva, evidentemente, de um simbolismo análogo. Os alquimistas chineses, ante a falta de êxito na preparação direta do elixir da longa vida, faziam do ouro obtido no cadinho as salvas e as taças destinadas, manifestamente, a receber comidas e bebidas de imortalidade.

Os cálices eucarísticos, que contêm o Corpo e o Sangue do Cristo, exprimem um simbolismo análogo ao do Graal. Porque "se não comerdes da minha carne e não beberdes do meu sangue não tereis a vida eterna", disse Jesus. O rito da comunhão, ao qual as taças são destinadas, e que realiza a participação virtual no sacrifício e na união beatífica, pode ser encontrado em diversas tradições, notadamente na China antiga (consideramos aqui somente as aparências exteriores dos ritos, não sua significação dogmática). É, sobretudo, um rito de agregação, de união consanguínea (como o **juramento*** do sangue das sociedades secretas), mas também símbolo de imortalidade. Beber na mesma taça é um rito matrimonial ainda em uso no Extremo Oriente. Na China, bebia-se outrora nas duas metades de uma mesma cabaça (*v.* **abóbora***).

A taça é, ainda, um símbolo cósmico: o Ovo do mundo separado em duas formas, duas copas opostas, das quais uma, a do Céu, é a imagem do domo. Os Dióscuros usam, cada um, uma dessas metades, como cobertura da cabeça.

O sacrifício védico da *divisão da taça única de Tvashtri pelos três Ribhu em quatro taças brilhantes como o dia* designa a obra cósmica da extensão do centro da manifestação para as quatro direções cardeais. Inversamente, quando o Buda faz uma só tigela das quatro tigelas de esmolar trazidas dos quatro pontos cardeais pelos quatro *Maharaja*, ele restaura o quaternário cósmico na sua unidade primordial (DANA, DAVL, DEVA, ELIF, GOVM, GRAD, GUEM, GUES, MALA, SILI).

No Japão, a troca de taças (*Sakazuki o Kawasu*) simboliza a *fidelidade*. Isso é feito na cerimônia do casamento. Os gângsteres igualmente trocam de taça ao beberem com um noviço na "família" e, por extensão, um patrão com o seu novo empregado.

No mundo celta, a taça cheia de vinho ou de outra bebida inebriante (cerveja, hidromel), que uma jovem oferece ou serve ao candidato-rei é um símbolo de *soberania*. É isso justamente o que se vê na famosa história do Baile an Scail *cidade do herói*. O rei da Irlanda, Conn, recebe a copa de uma donzela de maravilhosa beleza em presença do deus Lug, que lhe prediz que sua raça reinará por muitas gerações. A taça, na tradição cristã, confunde-se com o **caldeirão*** do Dagda, de forma que o Santo Graal é, ao mesmo tempo, o continuador da copa de soberania e o herdeiro do caldeirão do Dagda (OGAC, 14, 365-366).

A taça, usada tanto para as libações rituais quanto para os repastos profanos, serviu de base a um simbolismo bastante desenvolvido nas tradições judaica e cristã.

O cálice da salvação (ou da libertação) que o salmista eleva a Deus (*Salmos*, 116, 13) é, ao mesmo tempo, e evidentemente, uma realidade cultural e um símbolo de ação de graças. Da mesma forma, o cálice eucarístico (o que significa: cálice de ação de graças) ou cálice de bênção (I *Coríntios*, 10, 16).

Mas a ênfase principal do simbolismo da copa recai, na Bíblia, sobre o *destino do homem*: o homem recebe da mão de Deus o seu destino como uma copa ou como contido numa copa. Pode tratar-se de uma taça transbordante de bênçãos (*Salmos*, 25, 5) ou do fogo do castigo divino (*Salmos*, 11, 6); pode ser "o cálice do vinho do furor da sua ira" (*Apocalipse*, 16, 19). É por isso que o instrumento de que Deus se serve para castigar (um homem, um povo, uma cidade) pode ser comparado a uma taça (*Jeremias*, 51, 7; *Zacarias*, 12, 2). Quando Jesus fala do cálice que estava para beber (*Mateus*, 20, 22 ss.) e que pede ao Pai que o afaste (*Mateus*, **26**, 39 e paralelos), não é só a morte que ele assim designa, mas, em geral, o destino que Deus lhe propõe e que ele aceita com conhecimento de causa.

Na literatura mística do Islã, a taça simboliza geralmente o **coração***, entendido no sentido de intuição, de esfera mais sutil da alma.

O *coração* do iniciado (*arif*), que é também um microcosmo, é muitas vezes comparado à taça de Djmashid. Esse rei lendário da Pérsia possuía, ao que se diz, uma taça na qual podia ver o universo.

Em *Os Segredos de Hamza*, está escrito que um dos companheiros do emir Hamza, tio de Maomé, tendo ido ao túmulo de Adão, na ilha de Serendib (ou Ceilão), recebera de Adão em pessoa uma taça mágica que lhe permitiria assumir a forma que bem desejasse. Não é isso o símbolo do poder de tornar-se, o homem, aquilo que ele conhece (no sentido mais profundo de um *nascer-com*)?

A *taça do amor* ou o *vinho da alegria* são dados aos santos privilegiados, no Paraíso: "Os santos, vindos de longe, depõem seus cajados à porta e são convidados a entrar, para beber do vinho, vertido na taça por escanções (os anjos); depois recebem, à luz dos círios, a saudação de um ser misterioso, que surge de súbito, sob os traços de um jovem de solene beleza. E eles se prosternam diante desse ídolo, que contém em si a Essência divina" (MASL, 109-110). A taça (cálice), símbolo da *preparação para a comunhão* na adoração e no amor.

A taça simboliza não só o continente mas a essência de uma *revelação*. Conta-se que quando o Profeta chegou a Jerusalém, na sua viagem noturna, ele entrou no *Templo*. "Quando saí", diz ele, "Gabriel veio ter comigo com uma taça cheia de vinho e outra contendo leite coalhado. Escolhi a última. Gabriel me disse: Tu escolheste a Fitra, i.e., a natureza humana, na sua concepção original, à margem de toda referência ao batismo cristão e à lei mosaica." A tradição acrescenta: "Ele me disse (depois de bebido o leite): Se tivesses tomado o vinho, tua comunidade te teria acompanhado no erro" (HAYI, 286).

Segundo uma outra versão, quando da chegada de Maomé a Jerusalém, todos os profetas o receberam. E lhe foram apresentadas três taças: a primeira continha leite, a segunda, vinho, e a terceira, água. Ele escolheu o leite. "Porque a escolha da água teria pressagiado para ele e para a sua nação o naufrágio (*gariqa*); e a do vinho, o desregramento e o descaminho (*gawiya*); enquanto a do leite lhes anunciou a entrada na boa via (*hudiya*).

"Essa alegoria pode ter duas significações: uma, pré-islâmica, faz do leite o símbolo dos pastores, e do vinho, o dos agricultores (a água era um símbolo comum). A outra, islâmica, representa as três religiões monoteístas: a dos hebreus, na qual a água tem papel ao mesmo tempo destrutivo (o dilúvio) e salvador (a travessia do mar Vermelho); a dos cristãos, em que o vinho desempenha papel essencial; e a do Islã, que faz triunfar os valores do nomadismo para um retorno às verdadeiras fontes de Abraão. Pois que o **leite*** representa, no simbolismo dos sonhos, a religião natural e a ciência" (FAHN, 206-207).

TACHO (*v.* Caldeirão)

TAMANDUÁ

Animal misterioso, da família dos mirmecofídeos, cujo alimento básico são as **formigas*** e os **cupins***. Símbolo temível e nefasto, as mais das vezes, a ele se atribuem poderes ocultos e eflúvios perigosos como os que o povo empresta às cabeças de coelho, de hiena ou de mocho (HAMK, 4). Por isso mesmo, constitui frequentemente uma proibição alimentar.

TAMAREIRA

A palmeira que dá tâmaras era a **árvore*** sagrada dos assírios e babilônios. Na Bíblia, é um símbolo do justo, rico em bênçãos divinas: "que o Justo floresça como a palmeira".

No Egito, serve de modelo às **colunas***, que evocam a árvore da vida e o suporte do mundo.

TAMARGA (Tamargueira)

Por assemelhar-se à pinha ou por resistir às intempéries, a tamarga é, na China, um símbolo de imortalidade. O nome do *Senhor da Chuva* Tche'e-

942 | TAMARINDO (TAMARINDEIRO)

-song-tse significa tamarga, ou *pinha-vermelha*. Também é chamada Chu-tei (virtude das árvores), sendo tal *virtude* ou *poder*, sem dúvida, próprios à resina, utilizada como droga de longevidade.

Observar-se-á igualmente que a tamargueira parece ter desempenhado um papel de árvore central no país de Canaã, pois Abraão plantou essa árvore em Bersabeia antes de invocar *Jeová* (*Gênesis*, 21, 33). Após ter concluído a aliança com Abimelec, "Abraão plantou uma tamargueira em Bersabeia, e aí invocou o nome de Jeová, Deus da eternidade".

Para os japoneses, as paisagens que mostram essa árvore (*gyoryn* = tamargueira) evocam um quadro da escola da China do Sul. Os sábios de outrora diziam que ela anunciava a chuva e a chamavam de árvore divina, maga da chuva. Ainda é chamada de a Única-das-três-Primaveras, pois pode florescer até três vezes por ano.

Evoca a doçura da solidão, as vastas extensões desertas, as grandes planícies chinesas, onde civilizações desaparecem sem que se note a indiferença da eternidade.

TAMARINDO (Tamarindeiro)

No Sião, no Laos, no Ceilão e na Índia o tamarindeiro desempenha um papel importante: é a morada das influências maléficas. Sua sombra e seu perfume são perigosos. Os cajados de tamarindeiro e as armas brancas dotadas de uma bainha de tamarindeiro são eficazes "até contra aqueles que se tornaram invulneráveis": é que essa madeira herda os perigosos poderes dos *espíritos* que a habitam (FRAL).

TAMBOR

O ruído do tambor é associado à emissão do **som*** primordial, origem da manifestação e, mais geralmente, ao ritmo do universo. Este é o seu papel, enquanto atributo de *Shiva* (*damaru*) ou da *Dakini* búdica. Nesse segundo caso, o ritmo liga-se à expansão do *Dharma*, sobre o qual o Buda evoca o *tambor da imortalidade*. O *damaru* tem a forma de **ampulheta***: o ponto comum aos dos lados é o *bindu*, germe da manifestação, a partir do qual se desenvolvem, *se desenrolam* os ritmos cíclicos.

Na China antiga, o tambor é associado à trajetória aparente do sol e, o que não vem a ser diferente, ao solstício de inverno: o solstício é a origem dessa trajetória em sua fase ascensional, o início do crescimento do *yang*. É por isso que o rufar do tambor acompanha o trovão. Nesta mesma perspectiva, é associado à água, elemento do norte e do solstício hibernal, do além celeste, do raio, da forja, da coruja, sendo estes últimos símbolos ligados ao solstício de verão, portanto, ao ponto máximo da dominante *yang*. É sabido que no Laos o uso ritual do tambor chama a *chuva benéfica*, a bênção celeste. Mas, dependendo da madeira utilizada, da época de fabricação, da conformidade ritual, o efeito pode ser benéfico ou maléfico, pois as influências que ele evoca não são uniformemente favoráveis. O tambor africano, evidentemente, invoca a *descida* dos favores celestes de modo análogo.

O uso do tambor de guerra é também, naturalmente, relacionado ao trovão e ao raio, sob o seu aspecto destruidor. Em consequência disso, na Índia, o tambor está associado à Indra (DANA, FRAL, GOVM, GRAD, GRAC).

O tambor é o símbolo da *arma psicológica* que desfaz internamente toda a resistência do inimigo; é considerado sagrado, ou sede de uma força sagrada; ele troveja como o raio, é ungido, invocado, e recebe oferendas:

> Vá falar aos nossos inimigos da falta de coragem
> e a desesperança, ó tambor!
> revolta, perturbação, temor, eis o que lhe insuflamos:
> abate-os, ó tambor!
> Tu que és feito da árvore e da pele das vacas vermelhas.
> Ó bem comum a todos os clãs,
> vá falar de alarme aos nossos inimigos...
> ...Que os tambores gritem através do espaço
> quando partirem derrotados os exércitos inimigos,
> que avançavam em fileiras!

> (*Attharva Veda*, 5, 21; VEDV)

Ele não só soa o alarme e a ofensiva, como é também a própria voz das *forças protetoras*, de onde provêm as riquezas da Terra: "Tu que és feito da **árvore*** e da pele das vacas vermelhas [...]". Como no caso de Ares e de Marte nas tradições gregas e romanas, o tambor está ligado ao Deus da guerra, Indra, que é ao mesmo tempo o Deus protetor das colheitas.

Tambores mágicos são usados pelos xamãs das regiões altaicas nas cerimônias religiosas. Eles reproduzem o som primordial da criação e levam ao êxtase. Parecem representar dois mundos separados por uma linha; por vezes, uma árvore da vida atravessa essa linha; o mundo superior é celestial e tranquilo, ou alegre; o mundo inferior parece ser o das lutas entre os homens, da caça, da colheita; o tambor serve, provavelmente, para as iniciações e marca os ritos de passagem que conduzem o homem à segurança, tornando-o mais forte e mais feliz, mais próximo da força celeste. O tambor é como uma barca espiritual que nos faz atravessar do mundo visível ao invisível. Está ligado aos símbolos de mediação entre o Céu e a Terra. "O xamã fabrica o seu tambor com um galho da Árvore cósmica, durante um sonho iniciático. A cada vez que faz uso de seu tambor, está em comunicação com o Eixo do mundo, o que lhe permite entrar em um mundo divino. O tambor, ornado de figuras simbólicas, é, em si, um microcosmo: é o *cavalo* do xamã que o transporta em suas viagens místicas. Ele marca o ritmo das sessões de magia do xamã; é realmente um instrumento do êxtase e da possessão" (MYTF, 108).

Entre os lapônios, o tambor também serve para a adivinhação; "entre os antigos samoiedos, o tambor tinha o nome de arco: arco musical, ou arco de harmonia, símbolo da aliança entre os dois mundos, mas também arco de caça que atira o xamã como uma flecha em direção ao Céu" (SERH, 149).

Entre os maia-quichés, o tambor é a representação simbólica do trovão, força de morte e de fecundidade (GIRP, 27).

No Sudão central e oriental, é um tambor que contém os animais e os grãos das plantas que um deus traz para os homens. É o símbolo da fecundidade, o grão dos grãos.

Mas é mais do que isso: na África, o tambor está estreitamente ligado a todos os acontecimentos da vida humana. É o eco sonoro da existência.

Instrumento africano por excelência, dizem os especialistas do continente negro, o tambor é, no sentido pleno da palavra, o *Logos* "da nossa cultura, que se identifica à condição humana da qual é uma expressão; ao mesmo tempo rei, artesão, guerreiro, caçador, jovem em idade de iniciação, a sua voz múltipla traz em si a voz do homem, com o *ritmo vital de sua alma*, com todas as voltas de seu destino. Ele se identifica à condição da mulher, e acompanha a marcha do seu destino. Assim, não é de espantar que, em certas funções especiais, o tambor nasça com o homem e morra com ele" (MVEA, 80).

Portanto, poderíamos dizer que em todas as culturas, o tambor é uma cratofania uraniana (masculina) ou ctoniana (feminina), neste último caso associado ao simbolismo da caverna, da grota, da matriz: diz-se que o som do tambor nos toca profundamente.

TAMBORIL

Muito diferente do **tambor***, de som grave, profundo e misterioso, o tamboril, de origem oriental, evoca música leve e dança. Na Antiguidade grega, Cibele, "a mãe de todos os deuses e de todos os homens", se encanta em ouvi-lo: "ela gosta do som dos crótalos e dos tamboris, assim como do murmúrio das flautas", dizem os hinos homéricos (HYMH, 197, v. 3). Frequentemente acompanhado de danças, cujo ritmo marca, o tamboril simboliza uma *ideia de alegria e de leveza*. Não é raro vê-lo nas cenas de orgias dionisíacas, tocado pelas Bacantes. Toma, entretanto, uma dimensão cósmica quando lembra a evolução e a música dos astros, que encanta os deuses e as deusas.

Esse tamboril sagrado dos ritos dionisíacos provavelmente tinha um som mais grave, como o que é utilizado pelos dervixes dos ritos *rufai* e *kadiri* para marcar o ritmo do *dhikr*. É, então, semelhante ao tamboril xamânico da Ásia oriental, e como ele, é relacionado ao simbolismo geral do tambor, cratofania das forças uranianas.

TANCHAGEM

Na China antiga, a tanchagem era considerada um símbolo de *fecundidade*, sem dúvida em função do grande número de seus grãos. A colheita da tanchagem tinha o atributo de favorecer a gravidez.

Na linguagem tradicional da Índia, a *polpa da tanchagem* é a expressão de uma *delicadeza* extrema: compara-se a ela, de modo marcante, a *kundalini* adormecida no *centro-raiz* (GRAD).

TÂNTALO

O tema mítico de Tântalo, no combate interior contra a vã exaltação, simboliza *a elevação e a queda*. Convidado ao banquete dos deuses, vê-se tentado a igualar-se a eles; convida-os por sua vez a se banquetearem, mas com os bens que deles recebera: oferece-lhes os membros de seu filho; é jogado nos Infernos. O seu suplício será proporcional ao seu erro: o objeto do seu desejo – água, frutos, liberdade – estão diante de seus olhos, mas ele jamais poderá alcançá-los. "A água que foge e os frutos que se furtam são o símbolo claro de uma perda completa do sentido do real, o símbolo da imaginação impotente que se transforma em alucinação (DIES, 58-71).

O seu erro de julgamento é daqueles que provêm diretamente da vaidade: para igualar-se aos deuses, quis oferecer-lhes bens, como se fossem dele – a ambrosia, o néctar, o seu próprio filho e não se sabe que segredos – quando estes eram dádivas dos próprios deuses. Estes devolveram a vida a Pélope, mas lançaram seu pai aos suplícios. Paul Diel explica de outra forma a punição de Tântalo infligida pelos deuses após o seu convite catastrófico: "Ele apresenta às divindades a carne, os desejos do corpo (o filho do homem), em lugar de oferecer-lhes a sua alma purificada (o filho de Deus)" (DIES, 66).

Assim, o símbolo apresentaria três aspectos: perda do sentido da realidade; atribuição a si mesmo de bens, como a vida, que pertencem exclusivamente aos deuses; oferenda, aos deuses, de bens materiais ao invés de bens espirituais. À raiz deste simbolismo está o mesmo erro com respeito às relações entre o homem e os deuses:

o homem que quer brincar de deus, passando-se por seu igual, será punido pelo sentimento agudo da sua impotência. Mas Tântalo também é, e mais simplesmente, o símbolo do *desejo incessante e irreprimível*, jamais saciado, pois a eterna insatisfação está na natureza do homem. À medida que se aproxima do objeto de seu desejo, este se esquiva e a ávida busca prossegue sem fim.

TAO

O *Tao* não será tratado aqui como base filosófica de uma doutrina definida, como o *taoismo*. O *Tao* não é só uma doutrina filosófica determinada; foi, também, o fundamento de várias filosofias, cujos sistemas eram diferentes, da mesma forma que as noções de essência e de existência nas filosofias ocidentais deram origem a diferentes sistemas.

Para os chineses, o *Tao* existiu bem antes que os homens se apropriassem dele.

O sentido exato da palavra chinesa é: caminho, via. Como tudo o que é chinês, não é possível explicá-lo sem nos referirmos ao *Yin* e ao *Yang*. Ele não é a soma dos dois, uma vez que o *Yin* e o *Yang* substituem-se alternadamente ou subsistem simultaneamente, mas numa relação de oposição. Poder-se-ia considerar o *Tao* – embora qualquer resumo seja por demais simples – o *regulador de sua alternância*. Assim ele explicaria a regra essencial que se encontra no fundo de todas as mutações, reais ou simbólicas; o que permitiria vê-lo como um *princípio de ordem*, regendo indistintamente a atividade mental e o cosmo. Poderíamos compará-lo, com reservas, à noção estoica do Logos, essa razão imanente no universo, no seu conjunto, e em todo ser, no seu destino particular. Na perspectiva da física moderna, ele simbolizaria também a nova ordem surgida da desordem, a emergência das "estruturas dissipativas".

TAPETE

O tapete, para os orientais, não é, como para muitos ocidentais, um fino objeto de decoração. "É um elemento importante da vida pessoal, familiar e tribal. A sua ornamentação não é, em parte alguma, simplesmente acidental: foi condicionada por ideias e sentimentos milenares" (GENT). Sua decoração não é desprovida de certo valor mágico: o losango e o octógono com pequenos ganchos ou triângulos laterais podem representar o escorpião e a tarântula, contra os quais é preciso proteger-se.

São igualmente mágicos e simbólicos, e não somente estéticos: o camelo, que representa a fortuna dos nômades e cuja imagem é uma prova de felicidade e riqueza para o fabricante e o proprietário do tapete; o cão, que afasta da casa onde o tapete é usado todos os indesejáveis, os feiticeiros, as doenças personificadas, tais como a varíola; o pavão, ave sagrada na Pérsia como na China; o pombo, símbolo do amor e da paz; a árvore da vida, símbolo da eternidade, assim como o cipreste; a romã em flor, planta de sol, a cápsula de grãos, símbolos de riqueza e de abundância; o cravo, símbolo da felicidade.

Quanto à **cor*** *dos tapetes*, o **amarelo***-ouro é símbolo de poder e de grandeza, e convém aos tapetes destinados aos palácios e às mesquitas; o **branco***: pureza, luz, paz – bandeira primitiva dos árabes até o final dos omíadas; **vermelho***: felicidade, alegria – bandeira dos seldjúquidas e das dinastias otomanas; **preto***: destruição, revolta – adotado pelos abássidas que se revoltaram contra os omíadas; **verde***: renovação, ressurreição – trajes dos habitantes do Paraíso, cor dos adeptos de Ali (xiitas persas), e depois, a partir do séc. XIV, de todos os descendentes do Profeta e dos peregrinos da Meca; **azul*** celeste: adotado pelos imperadores de Bizâncio, cor nacional do Irã, e, no entanto, vista em todo o Oriente como cor de luto; roxo (violeta escuro, ou mesmo claro): distintivo de reis, cor de *Labarum* de Constantino, que influenciou vários povos orientais; sinople, também chamado de verde-profeta (*vert Prophète*), que caracteriza muitos tapetes de orações, que depois devem ser enrolados sem ser jamais pisados.

As *marcas* de fabricação transformam-se em elementos decorativos nos tapetes e possuem, também, uma virtude mágica: um sinal representando um pente, mas com cinco riscos, simboliza a mão de Fátima, que protege do mau-olhado.

Em certas regiões do Marrocos, quando um estrangeiro entra em uma casa onde há um belo tapete novo (*Zarbiya*), a mulher que o fabricou queima um pequeno pedaço do canto para afugentar o mau-olhado; entre os Aït Warain faz-se a mesma coisa quando se leva um tapete novo ao mercado para vendê-lo.

Depois da morte de alguém, certos ritos populares se relacionam com os tapetes. Assim, em Fez, os tapetes da casa do falecido têm de ser substituídos por esteiras trazidas de uma mesquita. Estas cobrem o chão da casa durante três dias, incluindo o dia da morte (WESR, 429, 468, 540).

O *tapete de orações* é, exatamente, um *templum*, i.e., um espaço sacralizado, delimitado em relação ao mundo profano. Às vezes, os santos são representados (como Sidi Uali Dada, na Argélia) navegando sobre um tapete de orações puxado por peixes (DERS, 184).

Como símbolo estético, o tapete expressa muitas vezes a noção de **jardim*** inseparável da ideia de **Paraíso***. Ali encontram-se flores, árvores, animais, pássaros, reais ou míticos. "O meio empregado impede uma imitação muito realista [...] de modo que esses tapetes exprimem o *jardim em si*, suas características formais e universais, não um jardim individual, mas a alegria permanente que oferecem os jardins. É assim que um criador de tapetes da época islâmica diz num poema: 'Aqui, no fresco jardim, desabrocha uma primavera eternamente deslumbrante, que nem os ventos do outono nem as tempestades do inverno atacam'" (ENCI, 4, 47). Trata-se de uma *abstração* destinada, através do tapete, a fazer com que fossem usufruídas no inverno as delícias da primavera.

O tapete resume o simbolismo da morada, com o seu caráter sagrado e todos os desejos de felicidade paradisíaca que ela encerra.

TAPIR

Equivalente simbólico da **serpente*** entre os maias.

TARÔ

Jogo de cartas, sem dúvida, dos mais antigos, apresenta um mundo de símbolos. Não se pode duvidar do seu ensinamento esotérico, mais ou menos secretamente transmitido ao longo dos

946 | TARÔ

séculos. O problema de sua origem é muito difícil, senão impossível de ser resolvido. Desde Court de Gébelin que, no século XVIII, se apaixonou por sua interpretação, as mais diversas teorias foram propostas. Que tenha vindo da China, da Índia, do Egito; que seja obra do próprio Tot-Hermes Trismegisto, dos boêmios, dos alquimistas, dos cabalistas, ou de um homem, *o mais sábio dos sábios*. O Tarô, na verdade, apresenta uma iconografia nitidamente medieval, misturada a símbolos cristãos.

As cores e os números

Na sua forma mais tradicional, a do Tarô de Marselha (ao qual as nossas descrições detalhadas se referem), o jogo compõe-se de 78 cartas: 56 arcanos menores, 22 arcanos maiores. Esses números merecem atenção. Observemos, primeiramente, que o número **vinte e dois*** é o número das letras hebraicas que, segundo a Cabala, apresentam o Universo. Esse número, no Tarô, é feito de **vinte e um*** arcanos numerados e do *Louco*: o número vinte e um, ou seja, três vezes sete, é o da perfeição humana enquanto **três*** vezes **sete*** (é preciso lembrar aqui que o arcano de número 21 representa *o Mundo*). O *Louco* que lhe é acrescentado, diria um sábio africano, é a palavra dada a essa perfeição, a sua *animação*. Dos 56 arcanos menores, lembraremos apenas que constituem quatro grupos, poder-se-ia dizer, quatro colunas de quatorze cartas, que correspondem aos quatro naipes dos jogos de cartas, derivados do Tarô. Mas, acima de tudo, é preciso assinalar que setenta e oito, total de todo o jogo de Tarô, é também a soma, e portanto, segundo a linguagem dos esoteristas que inventaram o Tarô, *a significação secreta dos* **doze*** *primeiros números*. Secretamente, esse livro que se apresenta como um jogo contém, portanto, a substância somada do número que estrutura tanto o universo quanto o pensamento.

Todas as cartas são vivamente coloridas. Antes de examinarmos as suas significações particulares, lembraremos em algumas linhas o simbolismo das cores dominantes do Tarô: rosa ocre (carne), azul, vermelho e amarelo. O rosa ocre sempre indica o que é humano ou o que se liga à humanidade (rostos, corpos, construções). O **azul***, cor noturna, passiva, lunar, é a cor do segredo, do sentimento, da *anima*, dos valores femininos por excelência. O **vermelho*** é a cor masculina da força interna, da energia potencial, das manifestações do *animus*, do sangue e do Espírito. O **amarelo***, por fim, em toda a sua ambivalência, é ao mesmo tempo a cor da Terra e do Sol, da riqueza do mel e das colheitas, da luz intelectual na sua pureza de ouro inalterável. (Para a aplicação detalhada desse simbolismo, ver, pelo nome, o estudo de cada arcano maior.)

Os arcanos maiores: caminhos iniciáticos

Os próprios arcanos maiores são caminhos iniciáticos, cujas etapas foram interpretadas de inúmeras formas. Apresentam-se como a *quintessência do hermetismo*, como os *Altos graus* colocados acima da massa anônima. São estudados em detalhe sob o nome de cada carta:

I. O Mago. – II. A Papisa. – III. A Imperatriz. – IV. O Imperador. – V. O Papa. – VI. O Enamorado. – VII. O Carro. – VIII. A Justiça. – IX. O Eremita. – X. A Roda da Fortuna. – XI. A Força. – XII. O Enforcado. – XIII. Arcano sem nome (A Morte). – XIV. A Temperança. – XV. O Diabo. – XVI. Habitação Divina (A Torre Fulminada). – XVII. A Estrela. – XVIII. A Lua. – XIX. O Sol. – XX. O Julgamento (O Juízo Final). – XXI. O Mundo. – e, sem número, O Louco.

Os ternários e os setenários

Excluindo o Louco, que não faz parte do grupo numerado, temos **vinte e um*** arcanos que se dividem seja em sete ternários, seja em três setenários. Em cada ternário, "o primeiro termo é ativo; o segundo, intermediário: ativo em relação ao seguinte, mas passivo em relação ao precedente, enquanto o terceiro é estritamente passivo. O primeiro corresponde ao espírito, o segundo, à alma e o terceiro, ao corpo" (WIRT, 68). Assim, agrupam-se: O Mago (I), a Papisa (II) e a Imperatriz (III); depois, o Imperador (IV), o Papa (V), e o Enamorado (VI); o Carro (VII), a

Justiça (VIII) e o Eremita (IX) etc. Esta mesma distinção, espírito, alma e corpo, é encontrada nas relações dos três setenários: do Mago (I) ao Carro (VII), os valores do espírito; da Justiça (VIII) à Temperança (XIII), os da alma; e do Diabo (XV) ao Mundo (XXI), os do corpo.

Uma mesma carta pode, assim, ser interpretada como espírito e alma, ou como alma e corpo, segundo o lugar que ocupa no conjunto escolhido e segundo os níveis da análise. Por exemplo, a Imperatriz é corpo no primeiro conjunto ternário, espírito no primeiro conjunto setenário; as relações se alteram no interior dos diferentes conjuntos. Todas as chaves da interpretação chegam a diferentes aspectos de uma mesma carta. Nenhuma delas possui um sentido absoluto e definitivo. É sempre um sistema móvel de relações que exige a maior flexibilidade de interpretação.

No interior de cada setenário, "os três primeiros arcanos opõem-se aos três seguintes e o sétimo traz o todo de volta à unidade" (WIRT, 77); o que põe em valor a significação sintetizante do Carro (VII), da Temperança (XII) e do Mundo (XXI): dominação da vontade no mundo do espírito (VII), do equilíbrio no mundo da alma (XIV), do eterno movimento no mundo do corpo (XXI).

Relações com o Zodíaco e os planetas

É possível comparar esse agrupamento ternário à concepção astrológica segundo a qual a roda zodiacal representa, nas suas três posições sucessivas, os quatro elementos: nascimento ou início da evolução, culminação, queda ou involução. Os signos do Fogo, da Terra, do Ar e da Água, que nascem com o Áries, o Touro, os Gêmeos e o Câncer, culminam em ion, Virgem, Libra, Escorpião, e vão ao encontro de sua queda em Sagitário, Capricórnio, Aquário e Peixes. No agrupamento ternário do Tarô, as cartas em que os símbolos do Zodíaco são nitidamente indicados têm uma posição correspondente: o Sagitário do *Enamorado* (VI), em queda, a Libra da *Justiça* (VIII) em culminação, assim como o Leão da *Força* (XI), enquanto os Gêmeos do *Sol* (XIX) estão no início de uma evolução.

Mas, se quisermos ir mais longe e reconstruir um Tarô astrológico, deparamo-nos com profundas divergências entre os autores. *Existem tantas correspondências diferentes entre os arcanos, planetas e o Zodíaco quanto autores especializados no estudo do Tarô. A mais absoluta fantasia parece reinar. Oswald Wirt, por exemplo, vê Mercúrio no Mago; Fomalhaut vê o Sol; Th. Terestchenko, Netuno etc. Sem a pretensão de uma pesquisa completa, encontramos facilmente uma boa dúzia de correspondências astrológicas diferentes e muitas vezes contraditórias para certas cartas. Diante dessa quantidade de hipóteses, A. Voguine propôs, em* L'Utilization du Tarô en Astrologie Judiciaire (Utilização do Tarô na Astrologia Judiciária) (Paris, 1933), *fazer a correspondência dos arcanos maiores, não com os planetas e os signos, mas com as casas horoscópicas, cujos setores representam um domínio bem definido. Assim, o Mago e a Morte têm relação com a primeira Casa do horóscopo; a Papisa e a Temperança, com a segunda, e assim por diante. Os arcanos do Tarô também podem ser vistos em pares: cada um deles manifesta, na dualidade que compõem, uma analogia dos contrários mais ou menos evidente: a associação das cartas às casas horoscópicas justifica esse acasalamento.*

A interpretação cabalística

Várias observações se impõem, segundo os cabalistas que estudaram o Tarô. Há o mesmo número de arcanos maiores e de letras no alfabeto hebreu. Esse número é "exatamente o das vinte e duas vias da Sabedoria, dos canais intersefiróticos que reúnem, entre si, os dez Sefirots, os sublimes princípios metafísicos da Cabala judaica" (RIJT, 198). Os próprios Sefirots, atributos místicos de Deus, desenvolvem-se "sob forma de trindades, nas quais dois extremos são unidos por um termo médio" (MARD, 154). E eles correspondem ao sentido simbólico das cartas: ao **Mago***, causa e ponto de partida de todas as coisas, que corresponde a Coroa sefirótica; à **Papisa***, a Sabedoria; à **Imperatriz***, a Inteligência; ao **Imperador***, a Grandeza e a Misericórdia; ao **Papa***, o Rigor e o Julgamento; ao **Enamorado***, a Beleza; ao **Carro***, a Vitória; à **Justiça***, a Glória; ao **Eremita***, o Fundamento; e à **Roda*** da Fortuna, que representa o turbilhão involutivo, o Reino (WIRT, 71-73). Como há correspondências entre todas as cartas, é possível desenvolver todo um simbolismo cabalístico do Tarô a partir daí, pois, "na cadeia que contém os diferentes graus da essência, tudo é magicamente ligado" (SCHS, 141).

O antropocentrismo do Tarô

Tarô alquímico, tarô mágico, até mesmo maçônico (WIRT, 281-286), todas as chaves de interpretação foram tentadas, desde que se tenha encontrado um ou dois signos simbólicos que possam ser associados a essa ou àquela doutrina; estes foram indicados à medida que examinamos cada arcano em particular. Mas o Tarô permanece, acima de tudo, antropocêntrico, e as figuras que o compõem têm uma significação psicológica e cósmica; referem-se ao homem, em si mesmo e no mundo, mesmo que não nos mostrem personagens humanos, como a Roda da Fortuna (X) e a Lua (XVIII), em que os animais não passam de caricaturas do homem.

Porém, para estudar o simbolismo do Tarô sob este ângulo é preciso dispor os arcanos, ou em forma circular, o que situa o Louco entre o Mago e o Mundo, ou em duas fileiras, a primeira de I a XI, e a segunda, no sentido contrário, de XII ao Louco.

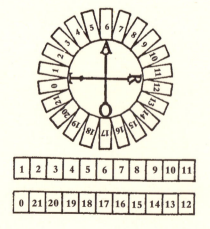

Assim, aparece claramente que o eixo vertical do Tarô une os arcanos VI e XVII, o Enamorado e a Estrela, o primeiro sendo a afetividade, e o outro, a esperança, como se esses dois valores fossem o pivô em torno do qual gravitam todos os outros.

Um caminho de evolução em direção à sabedoria

Só diante do mundo, o homem busca o caminho da sabedoria na aquisição de um domínio duplo: o do mundo exterior e o do seu universo interior. Esse domínio provém de uma iniciação progressiva que, por sua vez, distingue duas vias, duas formas ou duas fases principais, de predominância ativa ou passiva, solar ou lunar.

"A primeira se baseia na exaltação do princípio de iniciativa individual, na razão e na vontade. Convém ao erudito que tem sempre o domínio de si mesmo, que só conta com os recursos da sua própria personalidade, sem esperar ajuda das influências exteriores. A segunda é totalmente diferente, pois toma uma posição exatamente contrária à da primeira. Longe de desenvolver o que tem dentro de si e de *dar* de acordo com toda a expansão de suas energias íntimas, o místico deve ficar em estado de *receber* em toda a medida de uma receptividade especialmente cultivada" (WIRT, 49). Assim, de dois em dois, o racional e o místico – como o masculino e o feminino – se opõem e se completam. A Força (XI) e o Enforcado (XII), por exemplo, são apenas dois aspectos de um mesmo símbolo: força exterior do arcano XI, força interiorizada e espiritualizada do Enforcado (XII). Nesse sentido, também, o Mago em busca da iniciação se choca, primeiramente, com a Papisa (II), detentora dos segredos do mundo: para ler no seu livro, é preciso ter a inteligência da Imperatriz (III) e do Imperador (IV). Com o Papa (V), a iniciação torna-se efetiva: o homem conseguirá elevar-se através das provas dos demais arcanos, a primeira das quais será a tensão do Enamorado (VI), centro da primeira fileira de cartas, pois sem o impulso afetivo nada é possível. Após essa escolha que o compromete, o senhor do Carro (VII) pode vir a abusar do seu poder e a orgulhar-se de sua força; a Justiça (VIII) lembrar-lhe-á a lei do equilíbrio indispensável e, forte com o seu ideal, ele vai partir, como um Eremita (IX) através do mundo; mas, na medida em que o Eremita procura a verdade, julga e põe em movimento a Roda da Fortuna (X), que dá o que ele deve receber, segundo o seu estado interior e seu próprio desejo de evolução. Só a Força (XI) pode deter a Roda da Fortuna. No final dessa primeira via, o iniciado encontrou o que procurava; a Força usa o mesmo chapéu que o Mago: a lemniscata do signo do infinito.

A fase mística

Com o Enforcado (XII), começo da segunda fileira, o iniciado entra num mundo invertido, onde os meios materiais já não são eficazes: é a via mística e passiva. O arcano sem nome do n° XIII indica-nos a morte, cuja foice vermelha, cor de sangue e de fogo, corta e queima as ilusões, e que, longe de ser um fim, é um começo. Mas, nessa nova vida que nos é prometida, não se deve forçar as etapas: as exigências da Temperança (XIX) são as mesmas que as do Eremita (VIII); é só depois de ter tomado consciência dos seus limites e adquirido o equilíbrio interior que o homem poderá enfrentar o Diabo (XV), símbolo da mais grave tentação, a que nos promete poderes ocultos tão grandes quanto os claros poderes de Deus, mas que tecem ligações igualmente grandes com a força diabólica. Infelizmente, as construções do orgulho humano estão todas destinadas à queda, e eis a Torre fulminada da Habitação Divina (XVI). Daí em diante, só a Estrela (XVII) de Vênus resta ao homem, dupla estrela de esperança e de amor, centro da segunda fileira de cartas e base do eixo vertical do Tarô. Como a Lua (XVIII) acompanha a estrela no Céu físico, ela a segue no mundo simbólico do Tarô, condutora dos valores do passado, rica de todo o inconsciente, domínio do imaginário onde são reforçados os devaneios. Sem a aliança da Estrela e da Lua, não poderíamos enfrentar a luz e o fogo do Sol (XIX), arcano da iluminação total, sob o qual, pela primeira vez, o homem não está mais só. A partir de então, ele

pode ser julgado na sua totalidade, nele próprio e nas suas obras. O seu filho, aos olhos do anjo do Juízo (XX), simbolizará a testemunha. Alcançou o cume da iniciação, e o Mundo (XXI) só existe como síntese do que ele adquiriu. "Conseguiu operar a transmutação do mundo objetivo em valor psíquico, i.e., em linguagem alquímica que, tendo saído junto com o Mago da matéria-prima, vai chegar ao ouro" (DELT, **11**, 488).

Assim, enquanto a primeira via da iniciação conduzia à Força (XI), condição do Mago que realizou o seu programa (WIRT, 53), a segunda via, a da mística, parte do Enforcado (XII) e nos conduz ao Louco, "cuja passividade reveste-se, aqui, de um caráter sublime" (WIRT, 55). É aquele que, depois de ter obtido deste mundo tudo o que ele pode dar, reconhece que não possui nada válido e, em consequência, volta ao desconhecido, ao não conhecível que precede a vida e continua após ela. Diante desse duplo impasse, só nos é possível continuar a procurar, tendo, porém, enfim admitido na nossa inteligência e aceito nos sofrimentos da nossa carne que há uma diferença entre a nossa natureza e a de Deus; a única relação possível com ele reside na esperança, no abandono e no amor. Essa é a última lição do Tarô concebido como um caminho iniciático.

Os arquétipos do Tarô

Mas os dois caminhos que distinguimos se prestam, ainda, a outras interpretações. Jung vê neles os dois aspectos da luta do homem contra os outros e contra si mesmo; a via solar da extroversão e da ação, da reflexão prática e teórica de motivação racional; e a via lunar da introversão, da contemplação e da intuição, em que as motivações são de ordem sensível, imaginativa e global. Observamos também que aparecem, no Tarô, vários arquétipos essenciais: a Mãe (Papisa, Imperatriz, Julgamento), o cavalo (Carro), o velho (Imperador, Papa, Eremita, Julgamento), a roda (Roda da Fortuna), a Morte, o Diabo, a casa ou a torre (Habitação Divina, Lua), o pássaro (Estrela, Mundo), a Virgem, a fonte, a estrela (Estrela), a Lua, o Sol, os Gêmeos (Diabo, Sol),

950 | TARTARUGA (CÚPULA, CROCODILO, DRAGÃO)

a asa (Enamorado, Temperança, Diabo, Julgamento, Mundo), a chama (Habitação Divina)...

Qualquer que seja o valor de todos esses pontos de vista, não devemos esquecer que o Tarô não se submete inteiramente a nenhuma tentativa de sistematização: há sempre alguma coisa que nos escapa. O seu aspecto divinatório não é o menos difícil de ser apreendido. Não o consideraremos aqui, pois as combinações são infinitas e as interpretações, mesmo que se baseiem em símbolos que tentamos esclarecer, exigem uma educação da imaginação que só se adquire com longa prática e uma grande reserva de julgamento.

TARTARUGA (Cúpula, Crocodilo, Dragão)

Macho e fêmea, humano e cósmico, o simbolismo da tartaruga estende-se a todos os domínios do imaginário.

Pela sua carapaça, redonda como o Céu na parte superior – o que a torna semelhante a uma **cúpula*** – e plana como a Terra, na parte inferior, a tartaruga é uma representação do universo: constitui-se por si mesma numa *cosmografia*; como tal, aparece no Extremo Oriente, entre os chineses e japoneses, no centro da África subsaariana, entre os povos da aliança do Niger, dogons e bambaras, para citar somente os mais estudados.

Mas sua massa e sua força, ideia de poder que evocam suas quatro patas curtas plantadas no solo como as colunas do templo, fazem dela também o *cosmóforo*, carregador do mundo, o que a aproxima de outros poderosos animais ctonianos, como o grande **crocodilo*** ou caimão das cosmogonias mesoamericanas, a **baleia*** ou grande peixe, o **dragão*** e mesmo o mamute, que a maioria dos povos siberianos considera uma divindade da superfície das águas.

Os clássicos chineses insistem na sua função de *estabilizadora*: Niu-Kua corta as quatro patas da tartaruga para estabelecer os quatro polos da criação. Nas sepulturas imperiais, cada pilar está pousado sobre uma tartaruga. Segundo certas lendas, era uma tartaruga que segurava o pilar do Céu, abatido por Kung Kung, o senhor dos titãs. As Ilhas dos Imortais, diz-nos Lie-tse, só

encontraram seu equilíbrio quando as tartarugas as carregaram nas costas. Na Índia, a tartaruga é um suporte do trono divino; foi sobretudo o *Kurmaavatara*, que serviu de suporte para o monte *Mandara* e assegurou a sua estabilidade, quando *deva* e *asura* empreenderam a batedura do Mar de leite para obter a *amrita*. *Kurma* continua, diz-se, sustentando a Índia. Os *brâmanes* associam-na à própria criação. É também, como na China, associada às Águas primordiais: sustenta o *naga Ananta* como as águas da terra nascente.

Essa função de suporte do mundo, garantia de sua estabilidade, identifica-a com as mais altas divindades: no Tibete, como na Índia, a tartaruga cosmófora é uma encarnação, ora de um Bodhisattava, ora de Vishnu, que, sob essa forma, tem o *rosto* **verde***, sinal de regeneração ou de geração, logo que emerge das primeiras águas carregando a terra sobre as suas costas (PORS, HARA). A associação entre primeiras águas e regeneração surge de um simbolismo *noturno, lunar*: a tartaruga simboliza igualmente, na China, o norte e o inverno, que se associa às fases da lua. Para os maias, o deus da Lua é representado coberto por uma couraça em concha de tartaruga (KRIR, 96). Sua conhecida longevidade leva a associá-la à ideia de *imortalidade*, a par com a *fertilidade* das primeiras águas, regida pela Lua, para dar as características da tartaruga a muitos demiurgos, heróis civilizadores e antepassados míticos, excetuando-se a sua função cosmófora. Em todos os continentes, inúmeras tradições reúnem essas características simbólicas. É assim para os mundas, povo dravidiano de Bengala, entre os quais a tartaruga é designada como demiurgo pelo Sol, deus supremo, esposo da Lua, para fazer voltar à terra do fundo do oceano (ELIT, 122). A Avó dos homens cai do Céu sobre o mar, segundo os iroqueses; não havia terra, então. A tartaruga carrega a Avó sobre seu dorso, que a ondatra cobre novamente de lodo retirado do fundo do oceano. Assim, pouco a pouco, forma-se sobre o dorso da tartaruga a primeira ilha, que se transforma depois em toda a terra; esse mito, segundo Krickeberg, seria de origem algonquina (KRIE,

TARTARUGA (CÚPULA, CROCODILO, DRAGÃO) | 951

129). O mesmo mito vê reaparecer por duas vezes a Grande Tartaruga, que garantirá o desenvolvimento da espécie humana: passamos, assim, do cosmóforo ao herói criador e ao ancestral mítico: primeiramente, aparece sob a forma de um rapaz *com franjas nos braços e pernas* e fecunda tragicamente a filha da Avó celeste, da qual nascerão os Heróis **Gêmeos*** antagonistas, criadores do bem e do mal. Da segunda vez, como o Herói gêmeo do bem caíra em um lago, a Grande Tartaruga vai até a choupana de seu pai: entrega-lhe um arco e duas espigas de milho, uma madura para semear, outra, leitosa para grelhar. (Os iroqueses são um povo caçador que se tornou agricultor.) (MURL, 260-262)

Encontra-se a mesma crença entre outras tribos norte-americanas, como os sioux e os hurons, bem como entre muitos povos altaicos, turcos ou mongóis da Ásia central, como os buriatos e os dorbotes. Nos mitos mongóis, a tartaruga dourada carrega a montanha central do universo. Entre os kalmuks, "acredita-se que quando o calor solar secar e queimar tudo, a tartaruga que sustenta o mundo começará também a sentir os efeitos do calor e voltar-se-á com inquietude, provocando desta forma o fim do mundo" (ROUF, 82).

Evoluindo assim, no pensamento mítico, entre os Infernos cronianos e as invisíveis alturas uranianas, a tartaruga encontra-se naturalmente associada às estrelas e constelações: o escudo de Órion é chamado de Tartaruga, na língua iucatega (THOH). E, entre a cúpula e a superfície plana do seu casco, a tartaruga torna-se também a *mediadora* entre Céu e Terra. Por esta razão, possui os poderes de *Conhecimento* e de *Adivinhação*: são conhecidos os processos de adivinhação da China antiga, baseados no estudo dos estalidos provocados sobre a parte plana do casco da tartaruga (terra) pela aplicação de fogo; prática que podemos associar à função do tamborete-tartaruga ou tamborete de justiça, sobre o qual os justiceiros tikars da República dos Camarões instalavam os suspeitos para impedi-los de mentir, no decorrer do seu interrogatório.

Pelas suas qualidades de ancestral onisciente e benéfico, a tartaruga é frequentemente uma companhia, um parente da casa dos homens: todas as famílias da região dogon possuem uma tartaruga; em caso de ausência do patriarca, é a ela que são oferecidas as primeiras porções de alimento e água diárias. Os japoneses dedicam-lhe a mesma importância que dedicam ao **grou*** e ao pinheiro, ao qual esses dois animais estão associados. Eles lhe dão milhares de anos de vida.

Essa aproximação entre a tartaruga e o grou nos faz lembrar de uma gravura de *Hypnerotomachia Poliphili* (CIRD, 334) que representa uma mulher segurando uma tartaruga com uma das mãos, e com a outra, um par de asas desdobradas. O simbolismo dessa antiga alegoria, hermético, evidentemente, opõe – ou compara – os valores ctoniano e uraniano representados pelas asas e pela tartaruga. Ao lermos Dom Pernety, o célebre hermetista do século XVIII, ficaríamos tentados em ver nessas asas as qualidades de Mercúrio, e na tartaruga, o material da cítara que Mercúrio teria confeccionado a partir de um casco. Essa *transformação da tartaruga em cítara* resumiria toda a Arte da alquimia; eis por que Dom Pernety considera a tartaruga o *símbolo da matéria da Arte*. Após *a sua preparação*, torna-se ela, com efeito, aos olhos dos alquimistas, *o melhor dos remédios*. Seria da casta de Saturno, como o chumbo, *matéria-prima da obra*. O que vai de encontro ao pensamento dos alquimistas chineses, que consideram a tartaruga o *ponto de partida da evolução*, de acordo com os mitos citados mais acima. Ao invés de marcar, devido a sua natureza ctoniana, uma involução, uma regressão, seria, ao contrário, o princípio da obra de espiritualização da matéria, cujas asas simbolizam o resultado. Será por isso que Plínio, o Antigo, considera a carne da tartaruga *um remédio salutar contra os envenenamentos* e atribui-lhe poderes *para afastar as manobras mágicas*? O símbolo torna-se, aqui, ambivalente, pois, sendo contraveneno, a tartaruga traz em si mesma uma natureza de veneno; é exatamente o que significa esta passagem do hino homérico a Hermes, onde o deus dirige-se à tartaruga: "Saúdo-te, natureza

952 | TATUAGEM (V. AZUL, SELO)

amável, és para mim de um mui feliz presságio. Como, sendo da espécie das conchas, podes habitar as montanhas? Levar-te-ei à minha casa, ser-me-ias bastante necessária. É melhor que eu faça de ti algo de bom, em lugar de permaneceres livre para alimentar alguém, pois és em ti mesma, enquanto vives, um veneno muito perigoso e tornar-te-ás algo de bom após tua morte [...]"

Os filósofos herméticos veem, nessa mensagem à tartaruga, um resumo da obra alquímica: a tartaruga "é um dos grandes venenos antes da sua preparação, e o mais excelente remédio, após ter sido preparada", diz Morien. "Com ela, Mercúrio obtém riquezas infinitas, como as que dá a pedra filosofal" (PERD, 499-500).

No plano estritamente antropocêntrico, enfim, a tartaruga apresenta, conforme indicamos no princípio deste texto, um simbolismo ao mesmo tempo masculino e feminino. Parece que esse aspecto do símbolo, particularmente observado na China e nas tradições ameríndias, deve-se à observação do movimento da cabeça da tartaruga para fora do casco, que não deixa de ter analogia com a ereção fálica, donde vêm certas expressões metafóricas chinesas. O retorno da cabeça ao interior do casco evocará, da mesma forma, a flacidez da virgem, donde podemos induzir as ideias de fuga, até de capitulação e, portanto, de covardia: em última análise, essa imagem da tartaruga recolhendo o pescoço sugerirá a imagem do avestruz escondendo a cabeça na areia: desde então, na degradação do símbolo, os chineses vieram a qualificar de tartaruga tanto os maridos enganados quanto os gigolôs que fingem ignorar o comércio de que são beneficiários (VANC, 285-288). Os indígenas da Amazônia, por sua vez, consideram a tartaruga a representação de uma vagina, que às vezes é a da esposa do Sol, nos mitos da região de Vaupés: é interessante notar que, na mesma região cultural, o casco de tartaruga, fechado com cera em uma das extremidades, constitui um instrumento musical, que tem o seu papel nas cerimônias iniciáticas, o que não deixa de evocar o casco de tartaruga transformado em cítara por Hermes.

Notemos, finalmente, que o recolher-se da tartaruga no seu casco é uma imagem de alto significado espiritual na tradição hindu: é símbolo de concentração, de retorno ao estado primordial e, portanto, de uma atitude fundamental do espírito. Diz o *Bhagavad-Gita*: "Quando, qual uma tartaruga que recolhe completamente os seus membros, ele isola seus sentidos dos objetos sensíveis e a sabedoria nele é verdadeiramente sólida" (2, 58).

TATUAGEM (*v.* Azul, Selo)

A tatuagem parece ter se revestido de certa importância na China antiga. O seu simbolismo é indicado pelo sentido original do caractere *wen*, que designa os caracteres simples da escrita, o *escrito*, mas também a sabedoria política confuciana. *Wen* significa *linhas que se cruzam (o que poderia relacioná-lo à tecelagem), veias, rugas, desenhos.* Certas grafias representam um homem tatuado: trata-se de uma invocação permanente, de uma identificação com as forças celestes, e, ao mesmo tempo, de um *modo fundamental de comunicar-se* com elas. É o simbolismo mais geral da tatuagem, conferido em consequência de uma iniciação que torna possível essa comunicação. Ao mesmo tempo, essa iniciação é um rito de *integração em um grupo social*, do qual a tatuagem é um sinal inalterável: é o signo da tribo.

Se, notadamente na China, a tatuagem tornou possível ao homem identificar-se com certos animais, foi manifestamente no intuito de apropriar-se da *Virtude* que estes representam, e que é, ainda, uma manifestação da força celeste, ao mesmo tempo que um emblema tribal (GRAD, LIOT, WIEC).

Em suma, a tatuagem pertence aos símbolos de identificação e está impregnada de todo o seu potencial mágico e místico. A identificação sempre adquire um duplo sentido: tende a adaptar a um sujeito as virtudes e as forças do ser-objeto ao qual ele se assimila; mas tende igualmente a imunizar o primeiro contra as possibilidades maléficas do segundo. Assim, encontraremos tatuagens de animais perigosos, como o escorpião e a serpente, ou de animais símbolos de fecundidade, como o touro, de força, como o leão etc. A identificação encerra também um sentido de dom, até de consagração ao ser simbolicamente representado pela tatuagem; nesse caso, torna-se um símbolo de fidelidade.

TEATRO

Lembramo-nos da discussão estabelecida por Antonin Artaud entre o *teatro oriental de tendências metafísicas e o teatro ocidental de tendências psicológicas*. A diferença é de fato estabelecida entre um teatro que se mantém consciente da sua origem divina, que a Índia reconhece, ou seja, de sua própria função de símbolo, e um teatro dito *profano*. A arte teatral, ensinam os *shastras*, é o *quinto* Veda, o *Natyaveda* criado por *Brahma*, aquele que serve à *edificação de todos*, visto que os quatro primeiros não podem ser *ouvidos pelas pessoas de baixa origem*. É o resumo dos símbolos através dos quais devem descobrir o caminho da virtude. É a representação da eterna luta entre os *deva* e os *asura*.

Mas essa forma de liturgia despojada, que percebemos na maior parte dos teatros da Ásia, encontra-se também ao menos em uma parte do teatro clássico grego. Desenvolve-se com mais ostentação e transbordamento nos *mistérios* medievais, e até Calderon. Não podemos deixar de notar a semelhança entre essas representações e as dos outros *mistérios* da Antiguidade grega, bem como as representações das lendas iniciáticas nas sociedades secretas, tanto orientais quanto ocidentais. O teatro ateniense é um monumento religioso semelhante ao caráter sagrado dos templos, e as representações dramáticas substituem as cerimônias de culto a uma divindade.

Os mistérios medievais representam os *três mundos*: o Céu, a Terra e o Inferno; os anjos, os homens e os demônios, simbolizando os estados do ser e sua *simultaneidade essencial* (Guénon). De forma mais geral, o teatro *representa* o mundo, *manifesta-o* aos olhos do espectador. "Mexe com o manifestado", escreve ainda Artaud. E, porque o representa, faz perceber o seu caráter ilusório e transitório. O ator, nos seus papéis, é ainda o Ser manifestado em uma série de modalidades que, para se tornarem reais, aparecem como instáveis e mutantes. O *Teatro do Mundo*, diz Calderon: trata-se exatamente disso (ARNT, ARTT, DANA, GUET, JACT).

Por outro lado, o homem está inserido no teatro do mundo, de que faz parte, do mesmo modo que tem acesso ao mundo do teatro, ao assistir a uma representação. O espectador se *projeta* realmente no ator, identificando-se com os personagens interpretados e dividindo os sentimentos expressos; ou pelo menos é envolvido no diálogo e no movimento. Mas a própria expressão das paixões e o desenrolar das situações o libertam daquilo que permanecia fechado nele: produz-se o conhecido fenômeno da *catarse*. O espectador é purgado, purificado, de tudo aquilo de que não conseguia libertar-se. O teatro contribui, assim, para resolver os complexos. Esse efeito cresce à medida que o espectador também interpreta o papel do ator e se insere em uma situação dramática imaginária. Moreno percebeu e utilizou com perfeição esse fenômeno, fazendo do psicodrama um método terapêutico; procura até estendê-lo às psicoses coletivas, como, por exemplo, as manifestações racistas. Todo o valor do método, como o próprio fenômeno da catarse, reside em uma transposição simbólica da situação realmente vivida pelo sujeito, mas inexpressa e sempre inconsciente, ao nível de uma situação imaginária, em que não há mais razões para haver freios, em que a espontaneidade se dá livremente, em que, consequentemente, o inconsciente se desvenda pouco a pouco e o complexo se esclarece. Se o símbolo desempenhou plenamente seu papel de indutor, uma espécie de libertação (catarse) se operou e alguma parte das profundezas do inconsciente pôde chegar à luz da expressão. A catarse, para os gregos, significava também a ação de podar as árvores (cortar a madeira morta), o alívio da alma pela satisfação real ou imaginária de uma necessidade moral, e as cerimônias de purificação a que eram submetidos os candidatos à iniciação. O simbolismo do teatro opera em todos esses níveis.

954 | TECELAGEM

TECELAGEM

Na tradição do Islã, o tear simboliza a estrutura e o movimento do universo. *Na África do Norte, nas mais humildes choupanas dos maciços montanhosos, a dona de casa possui um tear: dois rolos de madeira sustentados por dois montantes; uma moldura simples... O rolo de cima recebe o nome de rolo do Céu, o de baixo representa a Terra. Esses quatro pedaços de madeira simbolizam todo o universo.*

O trabalho de tecelagem é um trabalho de criação, um parto. Quando o tecido está pronto, o tecelão corta os fios que o prendem ao tear e, ao fazê-lo, pronuncia a fórmula de bênção que diz a parteira ao cortar o cordão umbilical do recém-nascido. Tudo se passa *como se a tecelagem traduzisse em linguagem simples uma anatomia misteriosa do homem.*

J. Servier, que descreve admiravelmente esse símbolo, encontra em vários pontos certas analogias:

> Terá sido o tear vindo do Oriente, objeto comum, levado por todas as sucessivas levas de migrantes da Ásia ao Mediterrâneo, encarregado pelos sábios de uma mensagem que daria ao homem, em termos duráveis, os primeiros arcanos do conhecimento do Ser? Será que por acaso Platão recorreu à tecelagem para encontrar um símbolo capaz de representar o mundo: um fuso cujo dinamômetro, dividido em círculos concêntricos, representa os campos planetários? (SERH, 65-66).

Tecido, **fio***, tear, instrumentos que servem para fiar ou tecer (**fuso***, roca) são todos eles símbolos do destino. Servem para designar tudo o que rege ou intervém no nosso destino: a lua *tece* os destinos; a aranha tecendo sua teia é a imagem das forças que tecem nossos destinos. As *Moiras* são *fiandeiras*, atam o destino, são divindades lunares. Tecer é criar novas formas.

"Tecer não significa somente predestinar (com relação ao plano antropológico) e reunir realidades diversas (com relação ao plano cosmológico), mas também *criar*, fazer sair de sua própria substância, exatamente como faz a aranha, que tira de si própria a sua teia" (ELIT, 159).

Inúmeras deusas, deusas importantes, trazem na mão fusos e rocas e controlam, não somente os nascimentos, mas o decurso dos dias e o encadeamento dos atos. Disso vemos exemplos em todo o antigo Oriente Próximo, desde 2.000 anos antes da nossa era, dentre os quais citaremos a Grande Deusa hitita. Dominam assim o tempo, a duração dos homens, e envolvem por vezes o aspecto duro e impiedoso da necessidade, essa lei que rege a contínua e universal mudança dos seres e donde procede a infinita variedade das formas. O brilhante tecido do mundo se delineia sobre um fundo de sofrimento humano. Fiandeiras e tecelãs abrem e fecham indefinidamente os ciclos individuais, históricos e cósmicos.

TEIXO

O teixo é, no mundo celta, uma árvore *funerária*, e a Irlanda o usa, algumas vezes, como suporte da escrita ogâmica. Mas ele é, principalmente na tradição insular, *a mais antiga das árvores*. A madeira de teixo é usada, ainda, ocasionalmente, por sua dureza, na fabricação de escudos e de lanças, o que denota também um simbolismo *militar*. *Ibarsciath* (escudo de teixo) é o nome de um jovem guerreiro irlandês; e alguns topônimos étnicos gauleses (*Eburovices*, combatentes do teixo, hoje *Evreux*) confirmam essa impressão. Não obstante, a propriedade essencial que parece ter ficado na base do simbolismo da árvore é *a toxidez dos seus frutos*. César cita o exemplo de dois reis gauleses dos eburões que, vencidos, se mataram com o veneno do teixo. A roda do druida mítico *Mog Ruith* (servidor da roda), que é uma roda de Apocalipse, era feita igualmente de madeira de teixo. Eochaid (*Ivocatus*: que combate o teixo) é, por fim, um dos nomes tradicionais do rei supremo da Irlanda (OGAC, 11, 32-42).

TELHA

Além do significado familiar da telha que vem do telhado, o uso desse objeto se exprime simbolicamente na linguagem maçônica: *telhar* ou *cobrir* o templo significa abrigá-lo das *intempéries* resultantes da intrusão de profanos na assembleia. *Telhar* um candidato na entrada significa certificar-se, através de um questionário apropriado, de que ele pertence ao grupo e certificar-se de seu grau. Não sendo *telhado* ou *coberto*, o templo deixa entrar a chuva, daí a expressão "está chovendo", que assinala a intrusão de profanos na assembleia (BOUM). A telha significa a proteção do segredo e, noturnamente, o fechamento à influência espiritual e às forças evolutivas, uma restrição ao adquirido e ao instalado. A partir de então, o segredo se corrompe e se esvazia de sentido.

TEMPERANÇA

A temperança significa o domínio do desejo, a moderação, a medida: esta moderação que, cromaticamente, produz a cor **violeta***. Feita da combinação do vermelho com o azul, cores que predominam na carta do Tarô, é também a junção do ativo e do passivo, simbolizando o mistério da criação, invisível, secreto.

Com o décimo quarto arcano maior do **Tarô***, cuja origem é a **Força*** (XI), e o complemento, a Justiça (VIII), estamos diante da quarta virtude cardeal. Há diversas interpretações. *A temperança, ou as Duas Urnas ou o Gênio solar, expressa a involução (Enel); a retribuição (Jolivet-Castelot); o freio, a parada (M. Poinsot); a organização, oportuna ou não (J. R. Bost); a ação, o esforço, o aproveitamento das oportunidades, a direção, os processos desfavoráveis, a hostilidade das forças tradicionais (Pr. Holt-Wheeler); a serenidade, o caráter de acomodação, a filosofia prática, a submissão, sabendo curvar-se às circunstâncias, ou a indiferença, a falta de personalidade, a tendência a deixar-se levar pelos acontecimentos e a subordinação à moda e aos preconceitos (O. Wirth). Corresponde, em astrologia, à 11ª casa do horóscopo, sendo este arcano, de certa forma, o complemento de A Papisa.*

Mas é importante observar a carta com atenção. Trata-se de uma mulher de cabelos **azuis***, vestida com uma saia longa metade azul, metade **vermelha***. Segura um pote azul na mão esquerda e derrama seu conteúdo, um líquido branco, no pote vermelho que segura mais abaixo, com a mão direita. "Seríamos tentados a perceber nesse gesto uma alusão à destilação, à purificação, à evolução da matéria" (RIJT, 214), "pois esta carta é geralmente considerada o símbolo da alquimia. O sujeito, morto e putrificado, como nos lembrou o décimo terceiro arcano, é submetido à ablução, fazendo-o passar do preto ao cinza e enfim ao branco, que marca o sucesso da primeira parte da Grande Obra" (WIRT, 196). É a entrada do espírito na matéria, o símbolo de todas as *transfusões espirituais*. O gênio alado realiza e encarna sobre o plano material as obras da Justiça, mas não cria nada por si mesmo. A Temperança contenta-se em passar, de um recipiente para outro, um líquido ondulante que permanece inalterado, sem que jamais se perca uma gota sequer. Somente o vaso muda de forma e de cor. Não seria, como o havíamos percebido a respeito da **serpente***, o símbolo "do dogma da Reencarnação ou da transmigração das almas? Basta lembrarmos que em grego clássico o ato de derramar de um vaso em outro é tomado como sinônimo de metempsicose" (RIJT, 249). Assim, entre a Morte (XIII) e o Diabo (XV), a temperança alada nos faz lembrar a grande lei da *eterna circulação dos fluidos vitais*, no plano cósmico, e, no plano psicológico, a necessidade do difícil *equilíbrio interior* que devemos manter entre os dois polos do nosso ser, feito pela metade vermelho e azul, de Terra e Céu. Se o líquido que passa de um vaso a outro apresenta ondulações que não têm relação alguma com as leis físicas, é porque a **serpente*** é aí, uma vez mais, o símbolo da passagem indefinidamente recomeçada de um mundo a outro.

TEMPESTADE

Símbolo teofânico manifestando a temível onipotência de Deus. Enquanto a **tormenta*** pode prenunciar uma revelação, a tempestade é uma manifestação da cólera divina e, às vezes, um castigo.

> Penetraste até as fontes marinhas,
> circulaste no fundo do Abismo?
> As portas da morte foram-te mostradas,
> Viste os guardiães do país da Sombra?

*(Jó, **38**, 8-17)*

956 | TEMPLO

Jeová, dirigindo-se aos homens, desafia-os a realizar ações como as suas; dá-lhes uma lição de humildade, ao mesmo tempo que afirma seu poder incomparável. A imagem da tempestade está no cerne de sua demonstração.

TEMPLO

O templo é um reflexo do mundo divino. Sua arquitetura existe à imagem da representação do divino que têm os homens: a efervescência da vida no templo hindu, a medida nos templos da Acrópole, a sabedoria e o amor nos templos cristãos, a aliança entre a Terra e o Céu nas mesquitas. São como que *réplicas terrestres dos arquétipos celestes*, ao mesmo tempo que imagens cósmicas. Cosmologia e teologia são, assim, solidárias no espírito dos homens e em suas obras dedicadas aos deuses. O próprio universo é concebido como um templo e os místicos farão da alma humana o templo do Espírito Santo (podemos ver admiráveis ilustrações destas ideias em GROA, 155-156, na arte khmer; em CHAS, 390-448, na arte cristã).

A própria palavra templo está ligada à observação do movimento dos astros. O *templum* "significava, primitivamente, o setor celeste que a ágora romana delimitava com o auxílio de seu bastão e em que observava, seja os fenômenos naturais, seja a passagem dos pássaros; chegou a designar seu lugar ou seu edifício sagrado, onde era praticada essa observação do Céu" (CHAS, 455). Igualmente, o grego *temenos*, vindo do mesmo radical indo-europeu *tem* (cortar, delimitar, dividir), *significava o local reservado aos deuses, o recinto sagrado que cercava um santuário e que era um lugar intocável.*

O templo é a habitação de Deus sobre a Terra, o lugar da *Presença real*. Todo templo situa-se, também, no equilíbrio do *Palácio celeste* e portanto no *centro* do mundo. Os templos de Jerusalém, de Delfos, de Angkor, de Borobudur, dos mesoamericanos etc. são *centros do mundo*. O espaço nasce deles e neles se resume. Donde a importância da orientação, que é, em todas as regiões, um dos principais elementos da construção do templo. Este é feito segundo o modelo divino: a planta

do templo de Jerusalém foi revelada a Davi. Os kampucheanos (cambojanos) ainda atribuíam, até pouco tempo atrás, a construção de Angkor-Vat ao próprio *Indra* e a *Vishvakarma*, o arquiteto celeste. O mosteiro de Chao-lin, das sociedades secretas chinesas, foi edificado por um gênio celeste, Ta Tsuen-chen, como a Jerusalém celeste pelo Anjo do bambu de ouro. O templo é a *cristalização* da Atividade celeste, como o indicam os ritos e métodos de construção hindus. O plano quadrangular, a *quadratura* do templo, é obtido a partir do círculo traçado em torno de um quadrante solar, cuja sombra determina sucessivamente os eixos cardeais: determinação do espaço e fixação do tempo. *Esse templo*, declara uma inscrição do Egito Antigo, *é como o Céu em todas as suas partes.*

Hindus ou budistas, os templos têm a estrutura horizontal do **mandala***, que é a do cosmo. Cristãos ou muçulmanos apresentam nas suas cúpulas a estrutura hierarquizada dos três mundos. Da Índia a Angkor e a Java, erguem-se réplicas do monte *Meru*, que é, a um só tempo, o eixo e o centro do mundo. No Extremo Oriente, o templo budista é um reflexo da beatitude celeste, ou do Paraíso de *Amida*. A recepção da influência celeste requer, por vezes, particularidades arquitetônicas. Como o *Ming-t'ang* chinês a recebia através do teto, redondo como o Céu, T'ang, o vitorioso, provocou uma seca, erguendo um telhado sobre o altar: a influência do Céu não conseguia mais passar.

Além de resumo do macrocosmo, o templo é também a imagem do *microcosmo*: é, simultaneamente, o mundo e o homem. O corpo é o "templo do Espírito Santo" (I, *Coríntios*, **6**, 19); inversamente, o templo é o corpo da Pessoa divina: corpo do Cristo estendido sobre o plano cruciforme da igreja, cuja cúpula representa o coração. Ele "falava do tempo do seu corpo" (*João*, **2**, 21); corpo do Purusha *desmembrado*, em consequência de sua descida sob forma de corpo, segundo a tradição hindu. A caminhada do homem em direção ao templo é sempre um símbolo de *realização espiritual*; participação na Redenção ao aproximar-se do altar cristão; retorno ao centro do ser e acesso à hierarquia dos estados superiores

TEMPLO | 957

na **circum-ambulação*** hindu. *Lugar* da descida e da atividade divinas, o templo é a via por onde o homem pode elevar-se à divindade (BURA, BENA, ALMT, GRAD, KRAT, SECA; *v.* **torre***, **zigurate***).

"O templo que o Rei Salomão edificou para Jeová é um modelo de simbolismo **geométrico***. Media 60 côvados de comprimento, 20 de largura e 30 de altura. O pórtico que havia diante do templo media 20 côvados de comprimento no sentido da largura do Templo e 10 côvados de largura para a frente (I *Reis*, **6**, 3). O Santuário foi designado para comportar a arca de aliança. O interior, em forma cúbica, media 20 côvados de comprimento, 20 de largura e 20 de altura (I *Reis*, **6**, 20). No Santuário, dois querubins em madeira de oliveira selvagem mediam 10 côvados de altura e suas asas mediam, cada uma, cinco côvados. Para ambos os querubins a altura era de 10 côvados e encontravam-se posicionados asa contra asa" (I *Reis*, **6**, 23). O Santo dos Santos apresenta então um volume cúbico perfeito; o altar em madeira de acácia deve medir cinco côvados de comprimento, cinco de largura e é **quadrado*** (*Êxodo*, **27**, 1). As dimensões quadradas e duplo-quadradas, habituais à Bíblia, são encontradas em numerosas igrejas romanas, como, por exemplo, na de Saint-Benoît-sur-Loire. Nos manuscritos referentes às corporações medievais, o templo de Salomão é sempre citado como modelo. O simbolismo cósmico do Templo é evidente. José e Fílon concordam ao mostrar que o templo representa o *cosmo* e que cada objeto aí existente obedece a uma ordem. Fílon dirá ainda que o altar dos perfumes simboliza a *ação de graças* para ampliar a perfeita bondade de Deus no Céu. O **candelabro*** de sete braços designa os sete planetas; a Mesa figura a ação de graças por tudo o que se realizou na ordem terrestre. Sobre a Mesa, doze pães simbolizam os meses do ano: são os pães de proposição (pães das faces divinas). A Arca de Aliança se encontra sob as asas dos querubins; representa o símbolo dos inteligíveis. A pedra fundamental do Templo possuía um valor cósmico; será identificada à **pedra*** de Betel, de onde Jacó pôde contemplar o Céu

aberto (*Gênesis*, **35**, 9). Esta pedra é o centro do mundo, ponto onde se comunicam o terrestre e o celeste. Na sua visão, *Ezequiel* (40-42) traz-nos as medidas do novo Templo.

"O Templo de Salomão não é o único a envolver um simbolismo cósmico. Todos os templos autênticos o fazem e as obras de Schwaller de Lubicz ainda recentemente o confirmaram. A tradição egípcia do templo foi transmitida à igreja romana, passando pelo Templo de Jeová construído por Salomão. Pierre Damien dirá que a igreja representa a figura do mundo. A igreja de pedra oferece a imagem da imensa cidade de Deus (*civitas Dei*), de que falou Santo Agostinho, e que é feita de todos os cristãos, da mesma forma que o edifício é composto de pedras" (DAV, 183-184).

A arqueologia proto-histórica do mundo celta apresenta, de tempos em tempos, vestígios ou traços de edificações cultuais celtas em madeira, como por exemplo em Libenice (Boêmia); mas, em regra geral, é preciso esperar a época romana para ver aparecer, na Gália, os templos propriamente ditos. A civilização celta, com efeito, usava como material básico a madeira, e só construiu em pedra sob a influência clássica. Alguns desses templos apresentam grandes dimensões e são edificados seguindo variados planos: na maioria das vezes retangulares ou quadrados, algumas vezes circulares (raros). Seu simbolismo é sempre o da *figura geométrica* que representam (o quadrado é a Terra, e o círculo, o Céu). Mas há também na Gália um número muito grande de pequenos templos ou *fana*, que se encontram muito frequentemente em lugares afastados ou isolados. Continuam certamente a tradição e o simbolismo do *nemeton* (santuário) ou *clareira silvestre*, que é o verdadeiro templo da religião celta pré-cristã (*v.* **encruzilhada***; GREA, *passim*).

A maçonaria, referindo-se a **Hirão*** e ao **Templo*** de Salomão, elaborou todo um simbolismo em torno desse tema. O templo "pode ser considerado uma imagem simbólica do Homem e do Mundo: para ter acesso ao conhecimento do templo celeste, é necessário realizar em si mesmo, viver, em espírito, sua reconstrução e sua defesa

TEMPO

[...]". A própria orientação do templo, com a entrada no Ocidente e o trono do Venerável no Oriente, a exemplo das catedrais, é um símbolo. "O templo simboliza o *caminho* que leva do Ocidente ao Oriente, ou seja, na direção da **luz***. É o lugar sagrado, simbólico. Questionado sobre as dimensões do templo, o maçom deve responder sempre: seu comprimento vai do Ocidente ao Oriente, sua largura, do Setentrião ao Sul, sua altura, do Nadir ao Zênite. Sendo o templo uma imagem do cosmo, suas dimensões não podem ser definidas. Seu teto apresenta-se sob a forma de abóbada constelada: representa o Céu noturno, com sua pluralidade de estrelas visíveis. No Oriente, por trás do trono do Venerável, aparece o *Delta lumino*: **triângulo*** com um olho no centro, o olho divino" (HUTF, 42, 158).

TEMPO

O tempo é frequentemente simbolizado pela **Rosácea***, pela **Roda***, com seu movimento giratório, pelos doze signos do **Zodíaco***, que descrevem o ciclo da vida e, geralmente, por todas as figuras circulares. O centro do círculo é, então, considerado como o aspecto imóvel do ser, o eixo que torna o movimento dos seres, embora oponha-se a este como a eternidade se opõe ao tempo. O que explica a definição agostiniana do tempo: *imagem móvel da imóvel eternidade*. Todo movimento toma forma circular, do momento em que se inscreve em uma curva evolutiva entre um começo e um fim e cai sob a possibilidade de uma medida, que não é outra senão a do tempo. Para tentar exorcizar a angústia e o efêmero, a relojoaria contemporânea não encontrou nada melhor, inconscientemente, que dar aos relógios e aos despertadores uma forma quadrada, em lugar de redonda, simbolizando, assim, a ilusão humana de escapar à roda inexorável e de dominar a Terra, impondo-lhe a sua medida. O quadrado simboliza o espaço, a terra, a matéria. Essa passagem simbólica do temporal ao espacial não chega, no entanto, a suprimir toda rotação em um ou outro sentido, mas oculta o efêmero para indicar tão somente o instante presente no espaço.

A arquitetura e a escultura de inspiração cristã sempre representaram Cristo, sobretudo na arte romana, como, por exemplo, no tímpano da igreja de Autun, sob a forma do Senhor dò Tempo, *cronocrátor*, que se une à do Senhor do universo e seus ritmos, *cosmocrátor* (CHAS, 393-407). A arte é concebida como uma luta contra a morte, bem como, aliás, a mística. Uma e outra simbolizam um combate pela eternidade: o tempo é, para Baudelaire, *o inimigo vigilante e funesto, o obscuro inimigo que nos corrói o coração* ("Spleen e Ideal").

Na linguagem, como na percepção, o tempo simboliza um limite na duração e a distinção mais sentida com o mundo do Além, que é o da eternidade. Por definição, o tempo humano é finito, e o tempo divino, infinito ou, melhor ainda, é a negação do tempo, o ilimitado. Um é o século, o outro, a eternidade. Portanto, não há entre eles nenhuma medida comum possível. Essa diferença de natureza que a inteligência dificilmente pode conceber é marcada, na Irlanda, por uma descontinuidade ou uma ruptura simbólica do tempo humano, cada vez que os humanos penetram no *sid* (**Outro Mundo***) ou entram em contato com as pessoas do *sid*. Creem haver estado ausentes por alguns dias ou alguns meses e, na realidade, estiveram-no durante muitos séculos: a consequência é que, se retornam à Irlanda e pisam na terra, adquirem subitamente a idade que teriam se houvessem vivido uma existência terrestre, e morrem bruscamente. Os personagens heroicos, ao contrário, podem ter passado muitos dias no *sid* e ter estado ausentes somente por algumas horas. A Irlanda conseguiu resolver isso restringindo os contatos entre os humanos e o *sid* ao curto período da festa de primeiro de novembro (*Samain*), no começo do ano celta: essa festa, que une então dois anos, conclui um e inicia outro, na realidade não faz parte nem de um nem de outro. Está, simbolicamente, fora do tempo (OGAC, 18, 133-150). De uma forma geral, as festas, as orgias rituais, os êxtases são como fugas fora do tempo. Mas é somente na intensidade de uma vida interior e não em um prolongamento indefinido da duração que essa escapada pode realizar-se: sair do tempo é sair completamente da ordem cósmica, para entrar em uma outra ordem, um outro universo. O tempo é ligado ao espaço, indissoluvelmente.

TENDA

Residência do nômade no deserto. Do momento em que Deus mora com seu povo, uma tenda, que se tornará o protótipo do **templo***, lhe é reservada: a tenda do santuário. A tenda tem, também, uma significação cósmica: imagem da calota celeste. A tenda simboliza a presença do Céu sobre a Terra, a proteção do Pai. "Os turco-tártaros, bem como muitos outros povos, imaginam o Céu como uma tenda; a Via Láctea é a costura, as estrelas, os espaços para a luz" (ELIC, 236).

Existe um costume muito significativo entre os caçadores do Labrador: um pedaço de casca de bétula envolve uma construção mais ou menos circular, feita de quatro ou oito postes de três metros de altura plantados no solo. O xamã introduz-se no interior e canta, para chamar os espíritos. No exterior, os assistentes o acompanham com rufar de **tambores***. A edificação põe-se logo a oscilar: é a chegada dos espíritos, cujas mensagens o xamã vai traduzir com grandes gritos (MULR, 256). Esse costume pode ser comparado à *câmara de música* das sociedades de homens, dos bamilekes da República dos Camarões e da cotidiana saída da orquestra sagrada dos piaroas, quando das festas do Ano-Novo.

O simbolismo é constante: a tenda é um lugar sagrado, onde o divino é convocado a manifestar-se.

A tenda cósmica dos xamãs e dos nômades da Ásia central, cuja ponta orienta-se para a estrela polar, deu origem ao mandala, bem como ao simbolismo arquitetônico do **stupa*** ou *chörten* budista, que corresponde, entre outras coisas, ao empilhamento dos cinco elementos e aos pontos ocultos da junção dos canais sutis do corpo humano.

Conforme as práticas do *Vajrayana*, a tenda vem do Vazio imaculado, para onde retornará, imaterial e deslumbrante: diz que a natureza intrínseca de todo ser e de toda coisa é inteiramente desprovida de essência própria.

Henri Corbin dá ênfase à analogia entre a estrutura esotérica do antigo Irã e a da tenda cósmica, cujo eixo é o Imã. Na parte superior do cosmo, estendida como uma tenda em torno do seu mastro central ligado ao polo, vigia o anjo Sraosha, anjo do Norte cósmico, *refletindo sua própria luz*. Vale destacar as relações entre os dados zoroástricos e a ideia do polo segundo o taoísmo, em que a região da Estrela Polar é a moradia de um anjo correspondente ao anjo da Avesta.

A riqueza da palavra *tenda*, na Índia, é igualmente notável, visto que o termo *Mandapa*, que significa, inicialmente, simples abrigo, torna-se um elemento indissociável do templo hindu.

Qual é a significação da tenda da Dama do **unicórnio***, na tapeçaria do Museu de Cluny, intitulada *Para o meu único desejo*, senão a de um apelo ao Vazio criador? Essa tenda, morada da **Vacuidade*** onde a Dama se desfaz depois de ser despojada dos seus metais, é da natureza do Espírito, nu, claro, vazio, sem ego nem dualidade, fora do tempo.

Os alquimistas não deixaram de adotar a tenda, diante da qual o adepto reza, ajoelhado, com os braços em cruz (como no laboratório-oratório do *Anfiteatro da eterna sapiência* de Khunrath, Hanôver, 1606, ou o *ergon e o parergon da Rosa--Cruz*). O hermetista realiza o ato de adoração diante da tenda, esperando que se realize a Grande Obra. Põe-se aí em evidência o aspecto místico da Grande Obra; pela procura da pedra e a ascese que impõe, a existência do adepto chega a um universo espiritual comparável ao do homem religioso, que transmuta seu ser graças à experiência mística e à oração. Trata-se, aí, de um estado de êxtase terminal, considerando-se o êxtase místico a última fase da transmutação.

A tenda, bem fixada na terra, é um milagre de equilíbrio entre o fluxo de energia cósmica e as forças telúricas. Ilustra perfeitamente a fórmula Nirvana = Samsara. Seu espaço vazio e sua função de companheira do nômade designam-na, justamente, para ser um dos símbolos da **Vacuidade***. Está muito ligada às aparições de Jeová no deserto. Coberto de luz como de um manto, "estende

960 | TEOGONIA

os Céus qual uma tenda" (*Salmo*, 104): "Quem compreenderá ainda os desdobramentos de sua nuvem, o estrondo ameaçador de sua tenda?" (*Jó*, **36**, 29-33).

Sob a tenda do encontro divino, a Arca não é um pequeno cofre, segundo Louis Bouhier (*La Bible et l'Evangile*), mas "um trono expressamente vazio". Quanto a *Shekinah*, ou mistério da presença de Deus, seu nome deriva da raiz *Schakan*, que significa: *morar como numa tenda*.

Na lenda de *Tristão e Isolda* também existe a presença da tenda; é sob esse abrigo de aparato estendido sobre a ponte do barco que levava a noiva do Rei Mark na Cornualha que se dá o encontro dos amantes e é onde beberão o filtro do amor, em vez do filtro da morte.

TEOGONIA

Os combates dos deuses, heróis, gigantes, nas diversas mitologias e notadamente na obra de Hesíodo, têm sua origem nas longínquas recordações transfiguradas em **mitos***, ou nos arquétipos da consciência coletiva, ou em uma dramaturgia das paixões humanas. São numerosas as tentativas de explicação. Uma das mais recentes, a de Paul Diel (DIES), faz corresponder as três *gerações* de deuses, as de Urano, Cronos e Zeus, aos três níveis de desenvolvimento da consciência: o inconsciente, o consciente e o supraconsciente. Falamos disso anteriormente. Uma outra, a mais recente, de André Virel (VIRI), vê nessas três gerações um símbolo do desenvolvimento individual e social: uma primeira etapa de proliferação caótica e desordenada, rica em ambivalências; uma parada brutal do crescimento; uma retomada do progresso, sob o signo da organização. Em suma, uma vitalidade explosiva; uma separação decisiva das ambivalências; uma integração dos opostos, através de sua ordenação e de sua ultrapassagem, fonte de progresso contínuo. Com essas soluções, e podemos encontrar outras – que certamente não são aquelas de que tinham consciência clara os autores antigos –, é possível chegar a uma interpretação simbólica muito coerente do que é visto por muitos leitores superficiais como sendo uma desordem e uma pouca-vergonha da imaginação delirante.

TERNÁRIO (*v.* Três)

TERRA

Simbolicamente, a Terra opõe-se ao Céu como o *princípio passivo* ao princípio ativo; o *aspecto feminino* ao aspecto masculino da manifestação; a obscuridade à luz; o *yin* ao *yang*; *tamas* (a tendência *descendente*) a *Sattva* (a tendência *ascendente*); a densidade, a *fixação* e a *condensação* (Abu Ya'qub Sejestani) à natureza sutil, volátil, à *dissolução*.

Segundo o *I-Ching*, a terra é o hexagrama *k'uen*, a *perfeição passiva*, recebendo a ação do princípio ativo, *K'ien*. Ela *sustenta*, enquanto o Céu *cobre*. *Todos os seres recebem dela o seu nascimento*, pois é mulher e mãe, mas *a Terra é completamente submissa ao princípio ativo do Céu. O animal fêmea tem a natureza da Terra*. Positivamente, suas virtudes são *doçura* e *submissão, firmeza* calma e duradoura. Seria necessário acrescentar a humildade, etimologicamente ligada ao húmus, na direção do qual a terra se inclina e de que foi modelado o homem. O caractere primitivo *t'u* indica a produção dos seres pela terra.

A terra é a substância universal, *Prakriti*, o *caos* primordial, a *prima materia* separada das águas, segundo o *Gênesis*, levada à superfície das águas pelo javali de Vishnu; coagulada pelos heróis míticos do *xintoísmo*; matéria de que o Criador (na China, Niu-Kua) molda o homem. A terra é a virgem penetrada pela lâmina ou pelo arado, fecundada pela chuva ou pelo sangue, o *sêmen* do Céu. Universalmente, a terra é uma *matriz* que concebe as fontes, os minerais, os metais.

A Terra é quadrada (principalmente na China), determinada pelos seus quatro horizontes. O império chinês é também quadrado, dividido em quadrados e representado, no seu centro, pelo quadrado do *ming-t'ang*. O mundo chinês é feito de quadrados encaixados (CORT, ELIF, GRAD, GUEM, GUES).

A terra simboliza a *função maternal*: Tellus Mater. Dá e rouba a vida. Prostrando-se sobre o solo, *Jó* exclama: "Nu saí do seio materno, nu para lá retornarei" (I, 21), identificando a terra-mãe com o colo materno.

Também na religião védica, a terra simboliza a mãe, fonte do ser e protetora contra qualquer força de destruição. Segundo os ritos védicos dos funerais, são recitados versos no momento em que a urna funerária que contém os restos da incineração é enterrada:

Vai sob esta Terra, tua mãe,
às vastas moradas, aos bons favores!
doce como lá a quem soube dar,
que ela te proteja do Nada!
Forma arcos sobre ele e não o destruas;
recebe-o, Terra, acolhe-o!
Cobre-o com uma barra do teu vestido
como uma mãe protege o seu filho.

(*Rig Veda, Grhyasutra,* **4**, 1)

Algumas tribos africanas têm o hábito de *comer a terra*: símbolo de identificação. O sacrificador prova a terra; dela, a mulher grávida come. O fogo nasce da terra comida. Diz-se, então, que "o Ventre se ilumina" (HAMK). Na sua concepção da hierogamia fundamental Terra-Céu, os dogons representam a terra como uma mulher deitada sobre as costas, com a cabeça voltada para o norte, os pés para o sul, tendo como sexo um formigueiro e como clitóris um *cupinzeiro* (*v.* **cupim***, GRIE).

Identificada com a mãe, a terra é um símbolo de *fecundidade* e regeneração. "Dá à luz todos os seres, alimenta-os, depois recebe novamente deles o germe fecundo" (Ésquilo, *Coéforas,* 127-128). Seguindo a teogonia de Hesíodo (126 ss.), a Terra (Gaia) pariu até o Céu (Urano), que deveria cobri-la em seguida para fazer nascerem todos os deuses. Estes imitaram essa primeira hierogamia, depois, os homens, os animais; revelando-se a Terra como a origem de toda a vida, foi-lhe conferido o nome de *Grande Mãe.*

Há enterros simbólicos, semelhantes à imersão batismal, seja para curar e fortificar, seja para satisfazer a ritos iniciáticos. A ideia é sempre a mesma: regenerar pelo contato com as forças da terra, morrer para uma forma de vida, para renascer em uma outra forma.

Das Águas, que também dão origem às coisas, distinguimos a terra, pelo fato de as Águas precederem a organização do Cosmo, e a terra produzir as formas vivas; as Águas representam o conjunto do que é indiferenciado, a terra, os germes das diferenças. Os ciclos aquáticos envolvem períodos mais longos que os ciclos telúricos na evolução geral do Cosmo.

A terra fértil e a mulher são frequentemente comparadas na literatura: sulcos semeados, o lavrar e a penetração sexual, parto e colheita, trabalho agrícola e ato gerador, colheita dos frutos e aleitamento, o ferro do arado e o falo do homem. Segundo certas crenças, tanto na África quanto na Ásia, as mulheres estéreis podem tornar infértil a terra familiar e seus maridos têm o direito de repudiá-las por isso. Quando as mulheres grávidas atiram sementes nos sulcos enriquecem as colheitas, pois são fonte de fecundidade. "Vossas mulheres", diz o *Corão*, "são para vós como os campos" (**11**, 223). Foi em um sulco semeado que, na primavera, Jasão uniu-se a Deméter (*Odisseia,* **V**, 125).

Para os astecas, a deusa Terra apresenta dois aspectos opostos: é a Mãe que alimenta, permitindo-nos viver da sua vegetação; mas por outro lado precisa dos mortos para alimentar a si mesma, tornando-se, desta forma, destruidora (ALEC, 106).

Para os maias, o glifo da Terra é a deusa Lua, rainha dos ciclos da fecundidade. A velha deusa Maia, luniterrestre, tem uma função primordial: é a dominante do número um. Isto quer dizer que ela preside o nascimento, as origens de todas as coisas, o princípio da manifestação (THOH).

No Japão, a Terra é supostamente carregada por um **peixe*** enorme; na Índia, por uma **tartaruga***; entre os ameríndios, por uma **serpente***; no Egito, por um **escaravelho***; no sudoeste da Ásia, por um **elefante*** etc. Os terremotos são explicados por movimentos súbitos desses animais geóforos, que correspondem a fases de evolução.

A denominação de *Terra Santa* se aplica, para os judeus e os cristãos, à Palestina; mas é evidente que ela admite homólogos em outras tradições ou recebe outros nomes, tais como: *Terra dos Santos, dos Bem-Aventurados, Terra de Imortalidade* etc.

962 | TESOURO

Em todos os casos, trata-se de *centros espirituais*, correspondendo ao *Centro do mundo* particular a cada tradição, o próprio reflexo do *Centro* primordial ou do Paraíso terrestre. A isso podemos relacionar a *Terra prometida*, objetivo de uma busca que também é de ordem espiritual, e ainda a *Kemi* (Terra negra) dos egípcios, cujo caráter principal não deixa dúvida alguma. A Terra prometida é um dos *polos do espírito* (Dante), como Canaã para os hebreus, Ítaca, para Ulisses, a Jerusalém celeste, para os cristãos... A *Terra pura* corresponde, para Platão, ao que imaginamos como a *Terra Santa*. No caso particular do Amidismo, a Terra pura (em japonês, *Jodo*), também chamada por Shiram de *Terra de retribuição* (*Hodo*), é o Paraíso ocidental de *Amida*; é, ainda, definitivamente uma Terra dos Bem-Aventurados.

Mas a terra definitiva não é estranha à das origens. Esta não abandona seu caráter sagrado. Assim, quando um grupo quer *regenerar-se* espiritualmente, pratica uma espécie de retorno à *terra natal*. "Um espaço sagrado conserva a sua validade pela permanência da hierofania que uma vez o consagrou. Eis por que certa tribo boliviana, cada vez que sente a necessidade de renovar sua energia, retorna ao lugar que é considerado como tendo sido o berço dos seus ancestrais" (ELIT conforme Lévy-Bruhl, *L'expérience mystique et les symboles chez les primitifs*, 188-189). O mesmo se aplica às peregrinações ao Monte Sião, ao Gólgota etc.

Com esse caráter sagrado, esse papel maternal, a terra intervém na sociedade como *garantia dos juramentos*. Se o juramento é o elo vital do grupo, a terra é mãe e sustento de toda sociedade. O irlandês apresenta, como o latim, duas palavras para designar a terra: *talamh* corresponde a *tellus* e designa a terra enquanto elemento por oposição ao ar ou à água; *tir* corresponde à *terra* e designa a terra enquanto expressão geográfica. O druida também tem poder sobre a terra-elemento: antes da batalha de Mag-Tured, um druida dos Tuatha Dé Danann promete a Lug que jogará uma montanha sobre os fomoiré e que porá a seu serviço as doze primeiras montanhas da Irlanda. Na mitologia, a terra é personificada por Tailtiu,

não mulher, mas ama de leite de Lug, cuja festa se realiza a primeiro de agosto. A terra faz ainda parte das garantias do **juramento*** *celta* e podemos comparar o juramento do anjo Amnael a Ísis: "Juro pelo Céu, pela *Terra*, pela luz e as trevas; juro pelo fogo, a água, ar e a *terra*, juro pela amplidão do Céu, pela profundeza da *terra* e do Tártaro; juro por Hermes, por Anúbis, pelos uivos de Kerkoros, pela serpente que guarda o templo; juro pela barca e barqueiro do Aqueronte; juro pelas três Necessidades, pelos Chicotes e pela Espada" (*Collection des Anciens Alchimistes grecs*. I, Paris, 1887, 29-30).

Paul Diel esboçou toda uma psicogeografia dos símbolos, em que a superfície plana da Terra representa o *homem* como ser consciente; o mundo subterrâneo, com seus demônios e seus monstros ou divindades malevolentes, figura o subconsciente; os cumes mais elevados, mais próximos do Céu, são a imagem do supraconsciente. "Toda a Terra se torna, assim, símbolo do consciente e de sua *situação de conflito*, símbolo do desejo terrestre e de suas possibilidades de sublimação e de perversão." É a arena dos conflitos da consciência no ser humano (DIES, 37).

TESOURO

O tesouro oculto (assim, no *hadith*: "eu era um tesouro oculto; gostei de ser conhecido [...]") é o símbolo da Essência divina não manifestada. É também símbolo do conhecimento esotérico.

A divindade hindu *Kuvera*, guardiã dos *Tesouros*, é dona das riquezas da terra, dos metais, que têm, aliás, uma tradicional relação com os *tesouros ocultos*. Mas os oito tesouros, como os do *Chakravarti*, são, na realidade, os oito emblemas principais das divindades, símbolos dos seus poderes e símbolos da manifestação universal. Associou-se *Kuvera* – por estar sentada em um carneiro – ao Velo de Ouro dos argonautas (outro *tesouro oculto*). De maneira geral, esses tesouros são símbolos do conhecimento, da imortalidade, das *reclusões* espirituais, que somente uma arriscada procura possibilita atingir. São, finalmente, *guardados* por dragões ou **monstros***, imagens de perigosas *entidades psíquicas*, de quem corremos o risco de ser as vítimas, caso não tenhamos poder e não tomemos as necessárias precauções (CORT, GUER, MALA).

Geralmente, o tesouro se encontra no fundo das **cavernas*** ou enterrado em subterrâneos. Essa situação simboliza as dificuldades inerentes à sua procura, mas, sobretudo, a necessidade de um esforço humano. O tesouro não é um dom gratuito do Céu; é descoberto ao final de longas provações. Isso confirma que o *tesouro oculto* é de natureza moral e espiritual e que as provações, combates com os monstros, com as tempestades, com os salteadores na estrada são, como esses próprios obstáculos, de ordem moral e espiritual. O *tesouro oculto* é o símbolo da vida interior e os monstros que o vigiam não são outra coisa senão partes de nós mesmos.

TETRAKTYS

Série dos quatro primeiros números, cuja soma é igual a dez: 1.2.3.4 = 10 (*v.* **quaternário***). Sua pirâmide contém, seguindo o simbolismo de Pitágoras, o conjunto dos conhecimentos:

Fogo-espírito criador

O

Ar   O O   Matéria

Água   O O O   União do espírito e da matéria

Terra O O O O Forma criada

Reveste-se de um caráter sagrado e garante os juramentos dos discípulos de Pitágoras. Eis aqui a fórmula desse juramento, transmitida por Jâmblico: "Juro por aquele que revelou à nossa alma a Tetraktys na qual se encontram a fonte e a raiz da natureza eterna" (BOUM, 45).

Pitágoras compara a Tetraktys ao oráculo de Delfos. É o número perfeito que dá o conhecimento de si e do mundo, tanto terrestre quanto divino. Em termos de música, a Tetraktys significa o acorde perfeito, a harmonia, o princípio de tudo.

A Tetraktys é invocada como uma divindade, o deus da Harmonia, que preside o nascimento de todo ser: "Abençoe-nos, número divino, tu que engendraste os deuses e os homens. Oh, santa, Santa Tetraktys, tu que conténs a raiz e a fonte do eterno fluxo da criação. Pois o número divino começa pela unidade pura e profunda e atinge, em seguida, o quatro sagrado; e depois, engendra a mãe de tudo, que tudo une, o primeiro nascido, aquele que não proveio, o Dez sagrado, detentor da chave de todas as coisas" (GHYP, 15-16).

TETRAMORFO

As **quatro*** figuras das visões de Ezequiel (**1**, 5-14) e de João (**4**, 6-8), o homem, o touro, o leão e a águia, chamados também, no Apocalipse, de os *quatro vivos*, simbolizam a universalidade da presença divina, as quatro colunas do trono de Deus, os quatro Evangelistas, a mensagem do Cristo, e ainda o Céu, o mundo dos eleitos, o lugar sagrado, toda transcendência (*v.* análises perspicazes e ricas, baseadas sobretudo em obras de arte romana, em CHAS, 375-448).

Segundo São Jerônimo, o homem representaria a encarnação; o touro, a paixão (animal do sacrifício); o leão, a ressurreição; a águia, a ascensão. Na iconografia cristã dos Evangelhos, levando em conta o caráter particular de cada Evangelho e sobretudo dos seus capítulos iniciais, o homem do tetramorfo corresponde a Mateus; o leão, a Marcos; o touro, a Lucas; a águia, a João.

Há numerosos tetramorfos em outras tradições, onde parecem corresponder aos quatro pontos cardeais e à organização do universo, como à dos reinos, constantemente divididos em quatro províncias e um centro. Expressam, também, por vezes, os quatro elementos: o pensamento hermético relaciona a águia ao ar e às atividades intelectuais; o leão, ao fogo, à força, ao movimento; o touro, à terra, ao trabalho, ao sacrifício; o homem, à intuição espiritual.

O dr. Paul Carton (BOUM, 47-48) relacionou as quatro figuras do tetramorfo à clássica teoria dos quatro temperamentos, cada figura correspondendo a um temperamento:

964 | TETRAZ

Os flancos do *Touro* representam a matéria corporal, a nutrição abdominal, a linfa, a inércia da *Água*, a virtude do domínio com o seu oposto, o vício de sensualidade, em uma palavra, o temperamento linfático. As asas da *Água* representam a força vital, a nutrição torácica, o sangue, a mobilidade do *Ar*, o sentimento, com seus exageros passionais, em uma palavra, o temperamento sanguíneo. A cabeça do *Homem* representa o espírito imaterial com a sede do pensamento, o saber terrestre, a *Terra*, em uma palavra, o temperamento nervoso.

As garras e os membros do *Leão* representam o *Fogo* devorador, o vigor ativo e a energia unificadora, que põe em prática os instintos e as resoluções voluntárias, com maior ou menor intensidade, em uma palavra, o temperamento bilioso.

A sabedoria antiga havia extraído do enigma da Esfinge as quatro regras fundamentais da conduta humana: *saber* com a inteligência do cérebro humano; *querer* com o vigor do Leão; *ousar*, ou elevar-se com o poder audacioso das asas da Águia; *calar-se* com a força bruta e concentrada do Touro (Ibid.).

De uma maneira geral, o tetramorfo simboliza, como a **cruz***, um sistema de relações, a partir de um centro, entre diversos elementos fundamentais e primordiais.

André Leroi-Gourhan destaca a extraordinária antiguidade desse tema, que podemos realmente classificar como arquetipal, visto que, já presente na arte parietal do paleolítico (grutas da França, Espanha, Europa Central etc.), encontra-se em seguida em nossa história do Sumer ao século XX e do Peru à Europa (LERR, 184 ss.).

TETRAZ

Nome de uma grande ave galinácea, que vive principalmente nas florestas de montanhas ou em meio a plantas altas, conferido, segundo as lendas, a um animal fabuloso. Na primavera, uma paixão ardente e cega envolve os tetrazes; estes dançam e cantam para fazer a corte; pavoneiam-se ao redor das fêmeas, dando gritos retumbantes. Segundo Buffon, os caçadores só podem matá-los em sonho. O tetraz é o símbolo da paixão sem medida, que desafia, por amor, até a morte. "A medida do amor é amar sem medida", dizia Santo Agostinho, mas referindo-se ao amor de Deus. O amor do tetraz, que o leva a desprezar o caçador que espreita seus movimentos para matá-lo mais facilmente no instante em que se imobiliza, simboliza também essa angústia pelo nada, esse gosto amargo pelo aniquilamento, que acompanham uma paixão violentamente exclusiva. Mas a paixão que mata é também a que faz viver intensamente. Vida e morte entrelaçadas é a imagem do tetraz dançando e proclamando o seu amor.

TEXUGO

Embora Buffon (escritor e naturalista francês do séc. XVIII) tenha criado para o texugo – não sem razão, aliás – a reputação de animal *preguiçoso, desconfiado e solitário*, considerando-o um emblema do sono, o Extremo Oriente, no entanto, tem desse mesmo animal uma ideia completamente distinta. No Japão ele é o símbolo da astúcia, do *embuste sem maldade*. Diz-se que costuma tamborilar sobre o próprio ventre nas noites de lua cheia, e disfarçar-se de velho monge para ludibriar suas vítimas. A designação de *furudanuki* (velho texugo) é empregada no sentido de velho *espertalhão* (principalmente em relação ao célebre *shogun* Ieyasu Tokugawa). Às vezes, estátuas de texugos barrigudos são colocadas à entrada dos restaurantes japoneses como maliciosos emblemas de prosperidade ou de *autossatisfação* (OGRI).

Na narrativa gálica do Maginobi de *Pwyll, príncipe de Dyfed*, o rival de Pwyll junto a Rhiannon, Gwawl, após uma briga muito movimentada, é metido num saco mágico e cada um dos homens de Pwyll dá-lhe uma boa bordoada. O texto gálico refere-se a essa passagem denominando-a *o fogo do texugo no saco*. Nesse caso, o simbolismo do animal é interpretado de modo desfavorável, sem que se possa defini-lo melhor (LOTM, 1, 102). Parece que o jogo tem como objetivo simbolizar o castigo infligido ao homem por aquilo que nele existe de texugo – o texugo no saco: a astúcia e a esperteza. E se o espancam, é para que esse elemento negativo de texugo possa sair de dentro dele, ou seja, para que ele se libere da malícia e da pretensão.

TIARA

Coroa de três níveis que termina em um gorro em ponta. Átis, Mitra, Ceres, Cibele usavam-na; a tiara entre eles indicava seu domínio sobre os três níveis do cosmo, celeste, terrestre e infernal. Era como soberanos que esses deuses e deusas percorriam periodicamente os domínios da morte e da vida.

O porte da tiara tinha sido privilégio dos grandes reis persas: a tríplice coroa fechada simbolizava o número de seus reinos e a totalidade dos seus poderes.

A tiara do papa foi objeto de muitas interpretações. O terceiro nível da coroa, fechado por um gorro que traz uma cruz, simbolizaria a soberania pontifical sobre os arcebispos, cuja mitra só apresenta um círculo. Quando a tiara foi adotada para os papas, no final da Idade Média, simbolizou o tríplice reinado do chefe da Igreja: reinado espiritual sobre as almas, reinado temporal sobre os Estados romanos, reinado supremo sobre todos os soberanos da Terra.

Quando da entronização do Sumo Pontífice, o cardeal põe-lhe a tiara sobre a cabeça, dizendo ao papa que ele recebe *a tríplice coroa*, porque é Pai; príncipe, rei e senhor da Terra; vigário de Jesus Cristo. Três títulos que a tiara simboliza.

É duvidoso que os três níveis da tiara tenham querido corresponder aos três atributos principais das pessoas da Trindade: o Poder do Pai em cima; no meio, a sabedoria do Filho e, na base, o Amor do Espírito Santo. O que não impedirá que alguns analistas vejam na tiara o símbolo da Trindade. Outros, nela encontrarão os símbolos das três virtudes que devem existir em grau heroico no papa, vivendo em princípio num estado de santidade: a fé, a esperança e a caridade.

TIFÃO

Monstro da mitologia grega, filho da cólera de Hera, criado pela serpente Píton; de forma meio humana, meio animal, tem asas, e no lugar dos dedos, cem cabeças de dragões; enrolado de cobras do umbigo aos calcanhares e lançando chamas pelos olhos, é tão grande que poderia tocar, com os braços estendidos, as duas extremidades do Oriente e do Ocidente. Tifão afugenta todos os deuses, com exceção de Zeus e de Atena, que resistiram aos seus ataques. Depois de travarem combates de dimensões cósmicas, Zeus o abateu com o seu raio sob o vulcão Etna, de onde Tifão continua a cuspir fogo. Este mito, de múltiplas versões (GRID, 466), representa os sobressaltos da animalidade, do embrutecimento, das forças de vulgarização, como uma "suprema tentativa de oposição ao espírito. Tifão é o mais temível de todos os monstros inimigos do espírito. Simboliza a possibilidade da vulgarização do ser consciente, a mais decisiva oposição ao espírito evolutivo: o recuo em direção ao imediatismo dos desejos, características da animalidade" (DIES, 119).

Foi por Zeus ter gerado Atena de sua cabeça sem o auxílio de sua esposa que esta, furiosa, decidiu por sua vez pôr no mundo um monstro que seria o rival de Atena. Essa oposição de Tifão – monstro nascido do ciúme e da vingança da Terra – contra Atena – saída da cabeça de Zeus, deus celeste – confirma a interpretação dada: as forças violentas de um instinto pervertido simbolizadas por Tifão desencadeiam-se contra o ideal de Sabedoria, simbolizado por Atena. É a recusa da sublimação e o abandono às pulsões terrestres.

Ou, ainda, a Deusa Terra, com suas erupções vulcânicas e seus rios de lava ardente como cobras iradas, rivalizando com o Deus do Céu, com o seu raio e seus relâmpagos.

TIGRE

O tigre evoca, de forma geral, as ideias de poder e ferocidade; o que só comporta sinais negativos. É um animal caçador e, nisso, um símbolo da casta guerreira. Tanto na geomancia quanto na alquimia chinesa, o tigre opõe-se ao **dragão***; mas se vem a ser, no primeiro caso, um símbolo maléfico, é, no segundo, um princípio ativo, a energia, em oposição ao princípio *úmido* e passivo, o chumbo oposto ao mercúrio, o sopro do sêmen.

Os *Cinco Tigres*, símbolos de força protetora, são os guardiães dos quatro pontos cardeais e do centro. Aliás, através da história e nas lendas chinesas dá-se repetidamente o nome de *Cinco*

966 | TIGRE

Tigres (*Wu ho*) a grupos de guerreiros valorosos, protetores do império. O aparecimento de um tigre branco é um sinal de virtude real. O tigre é mais especialmente um animal do norte, do solstício de inverno, onde devora as influências maléficas. Se por vezes é a montaria de um Imortal, é porque ele próprio é dotado de longevidade. Sua força simboliza ainda, no budismo, a força da fé, do esforço espiritual, atravessando a *selva dos pecados*, que é simbolizada por uma floresta de **bambus***.

Na iconografia hindu, a pele do tigre é um troféu de Shiva. O tigre é a montaria da *Xácti*, da energia da natureza, a quem Shiva não se encontra submetida, mas, ao contrário, dominada por ele (CHOC, DANA, GRAD, GUES, KALL, LECC, OGRJ).

Monstro da escuridão e da lua nova, é também uma das figuras do mundo superior, "o mundo da vida e da luz nascente". Ele é muitas vezes reproduzido, deixando "sair da goela um ser humano, representado por uma criança. É o ancestral do clã, identificado com a lua que renasce: a luz que retorna" (HENL, ELIT, 161).

Na Malásia, o curandeiro tem poder de transformar-se em tigre. Não podemos esquecer que em todo o sudoeste asiático, o Tigre Ancestral mítico é visto como o *iniciador*. É ele quem conduz as neófitas à selva para iniciá-las, na realidade, para *matá-las* e *ressuscitá-las* (ELIC, 306).

Na Sibéria, para os gilíacos, "o tigre, devido à sua vida e hábitos, é um verdadeiro homem, que apenas temporariamente assume o aspecto de tigre" (ROUF, 303, citando Zelenine, *Le Culte des Idoles en Sibérie*, Paris, 1952).

O aparecimento do tigre nos sonhos provoca uma angústia ao acordar. Reanima os terrores gerados pela aproximação da fera na floresta, ou por sua visão nos jardins zoológicos ou circos. Belo, cruel, rápido, o tigre fascina e apavora. Segundo E. Aeppli, nos sonhos "ele representa um conjunto de tendências que se tornaram completamente autônomas e que estão sempre prontas para nos atacar inesperadamente e para nos despedaçar. Sua poderosa natureza felina encarna um conjunto de

forças instintivas, cujo encontro é tão inevitável quanto perigoso; essa natureza é astuciosa, menos cega do que a do touro, mais feroz do que do cão selvagem, apesar de igualmente inadaptada. Esses instintos mostram-se sob o seu mais agressivo aspecto, porque, presos na selva, tornaram-se completamente desumanos. O tigre fascina, no entanto: é grande e poderoso, embora não tenha a dignidade do leão. É um pérfido déspota que desconhece o perdão. Ver aparecer um tigre nos seus sonhos significa estar perigosamente exposto à bestialidade dos seus impulsos instintivos" (AEPR, 265).

Ele simboliza o obscurecimento da consciência submersa nas ondas de seus desejos elementares desencadeados. Mas embora lute contra animais inferiores, como répteis, conforme vemos em certas representações, é uma figura superior da consciência; mas, ao lutar contra um leão ou uma águia, passa a figurar apenas o instinto de cólera que procura saciar-se, opondo-se a qualquer proibição superior. O sentido do símbolo varia, como sempre, conforme a situação dos seres em conflito.

Uma lenda grega, relatada por Plutarco, explica por que o nome de Tigre foi dado a um rio da Mesopotâmia, denominado anteriormente Solax. Para seduzir uma ninfa da Ásia, Afesibeia, por quem estava apaixonado, Dioniso transforma-se em tigre. Tendo chegado à margem do rio, ela não pôde continuar fugindo e deixou-se agarrar pela fera, que a ajudou a passar para a outra margem. Seu filho, Medes, foi o herói epônimo dos medos e o rio tomou o nome de Tigre, em memória à ninfa e ao deus que se haviam unido em suas margens (GRID, 29).

Segundo outras lendas, de origem babilônica, o Tigre haveria nascido dos olhos de Marduk, o Criador, ao mesmo tempo que o Eufrates. Na Bíblia, é um dos quatro **rios*** do Paraíso Terrestre. No seu contexto sumério-acadiano, o Tigre assume uma significação de destaque: "o curso da água cósmica, cercando a terra como uma ilha, evoca o célebre *Oceano terrestre*, o *Apso* do qual os textos cosmogônicos e cosmológicos da Mesopotâmia tanto falam" (SOUN, 220). O Apso tem uma função característica na gênese do mundo: "considerado uma divindade masculina, representa a massa de água doce sobre a qual flutua a terra. Tem sua fonte no Oriente, próxima às montanhas do sol, e envolve o mundo como um rio circular. É ele que alimenta nossos cursos de água" (ibid., 119). O Tigre, como *rio*, simbolizaria a água doce, por oposição ao mar, *abismo de água salgada donde surgem todas as criaturas*.

TIJOLO

Segundo a cosmogênese acadiana (do país de Akkad, região da Mesopotâmia), a invenção do tijolo é atribuída a Marduk, o Deus Criador. Na sucessão ordenada das coisas, o tijolo situa-se após a aparição da terra e das águas, após o nascimento da vida e imediatamente antes da edificação da casa e da cidade:

> [...] Ele criou as árvores [...]
> Ele colocou um tijolo,
> fabricou o molde de tijolo.
> Ele construiu a casa,
> edificou a cidade.
>
> (SOUN, 146-147)

O deus do tijolo chamava-se Kulla; fora criado de uma pitada de argila retirada do Apso, o rio primordial, e era o encarregado da restauração dos templos.

Se se deixar de lado sua utilização prática e histórica, ou talvez justamente por causa dessa utilização, o tijolo simboliza, no caso acima, a passagem da humanidade à vida sedentária e a origem da *urbanização*: casa, cidade, templo. A fim de que uma tal revolução social pudesse acontecer, o mínimo necessário era uma intervenção divina, um novo ato criador. Portanto, o tijolo é um dom dos deuses. É o símbolo do homem preso a sua casa, sua terra e sua família, procurando organizar-se em aldeia ou cidade, com seus recintos de culto. O tijolo traz ao homem a segurança da moradia, da cultura, da sociedade, da proteção divina; embora lhe traga também o limite – pois o tijolo significa a regra, a medida, a uniformidade. Será o início da sociedade fechada, em contraposição à sociedade aberta do nômade.

TÍLIA

A tília, cujas perfumadas flores têm virtudes calmantes, foi sempre considerada um símbolo de amizade. Seu nome grego é o mesmo que o da mãe do centauro Quíron, cujos poderes sempre foram benéficos aos homens. Quando Ovídio, nas *Metamorfoses*, conta a história de Filemão e Báucis, que, por terem sabido aceitar Zeus e Hermes sob uma humilde aparência humana, obtiveram dos deuses o privilégio de morrer ao mesmo tempo, ele mostra as duas árvores que dão sombra, após sua morte, ao santuário de Zeus, de quem tinham a guarda: são um carvalho, árvore de Júpiter, e uma tília, sinal de terna fidelidade.

TINTA DE ESCREVER (Purpúrea, Vermelha)

Os ferimentos sofridos pelos mártires são comparados a uma **escrita*** composta para a glória do Cristo. Santa Eulália emprega a expressão tinta de escrever purpúrea; assim, o mártir torna-se uma *inscripta Christo pagina*: uma página escrita para o Cristo. Notemos que a tinta de escrever de cor púrpura era conservada, em Bizâncio, por um camareiro a serviço do Imperador, que, por sua vez, era a única pessoa com direito a usá-la. A propriedade dessa tinta era especial, devendo-se distingui-la da tinta de escrever vermelha, usada na Idade Média para a escrita e a iluminura. A tinta purpúrea é a escrita do sangue, aquela que liga numa união indestrutível.

TIRSO

Característico de Dioniso e das Bacantes: longo bastão, lança ou dardo, terminado em forma de pinha e ornado de hera, flores, folhas de vinha ou de uvas. Um poema em prosa de Baudelaire, dedicado a Franz Liszt, mostra sua simbologia. De início, "é um emblema sacerdotal na mão dos sacerdotes e sacerdotisas celebrando a divindade de que são intérpretes". Depois, essas hastes, flores, folhas, esses frutos entrelaçados parecem executar "um místico fandango em redor do bastão hierático". Finalmente, o tirso é "a representação da

968 | TITÃS

nossa dualidade, senhor, poderoso e venerado, caro Bacante da Beleza misteriosa e apaixonada... O bastão é a sua vontade, certa, firme e inabalável; as flores são a divagação de sua fantasia em torno de sua vontade, é o elemento feminino executando ao redor do macho suas piruetas maravilhosas. Linha reta e linha arabesca, intenção e expressão, rigidez da vontade, sinuosidade do verbo, unidade do objetivo, variedade dos meios, amálgama todo-poderoso e indivisível do gênio, que analista terá a infeliz coragem de dividi-lo e separá-lo?" Guardadas as proporções, o tirso não seria, para todo ser consciente de sua "bacanalidade" profunda, o símbolo da multiplicidade de seu ser interior?

TITÃS

Simbolizam, segundo Paul Diel, "as forças brutas da Terra e, portanto, os desejos terrestres em estado de revolta contra o espírito" (Zeus) (DIES, 102). Juntamente com os Ciclopes, os Gigantes, os Hecatônquiros (gigantes que possuem cem braços e cinquenta cabeças), os titãs representam as transformações cósmicas dos primeiros tempos, "as manifestações elementares [...] as forças selvagens e indomadas da natureza nascente. Representam a primeira etapa da gestação evolutiva; os cataclismas através dos quais a Terra prepara-se para tornar-se o lugar propício, onde se estabelecerá a vida dos humanos" (DIES, 112).

Filhos do **Céu*** (**Urano***) e da **Terra*** (Gaia), tentaram assumir o poder supremo, após a mutilação de seu pai por **Cronos***. Foram, no entanto, vencidos por Zeus, filho de Cronos, que aprisionou seu pai e foi auxiliado na luta contra os titãs, donde surgiu a terceira dinastia divina, por Apolo, Poseidon, Plutão, Atena e Hera, por todos os deuses do Céu, do oceano e dos Infernos.

Os titãs ambiciosos, revoltados e brutais, "adversários do espírito consciente (representado por Zeus), não simbolizam exclusivamente as forças selvagens da natureza. Lutando contra o espírito, representam as forças indomáveis da alma, que se opõem à espiritualização harmonizante" (DIES, 117). O combate dos titãs com os olimpianos, comandados por Zeus, "simboliza o esforço evolutivo da formação do ser consciente saindo da animalidade" (DIES, 119). Zeus representa essa tendência do espírito de separar-se das poderosas servidões da matéria e dos sentidos.

Na sua luta contra o espírito, os titãs simbolizam também não somente as forças da natureza, mas "a tendência à dominação: o despotismo. Essa tendência torna-se ainda mais temível por muitas vezes dissimular-se numa ambição obsessiva de melhorar o mundo" (DIES, 144). É uma atitude bastante presente em certos meios de altos funcionários e tecnocratas, sobretudo internacionais, onde reina o que certos psicólogos chamaram *a febre ética tremulante*, uma febre que só ativa, na verdade, uma burocracia kafkiana.

Na *roda da vida* tibetana, os titãs (*asuras*) participam com os homens e os deuses mortais (*devas*) da parte superior; os animais, os espíritos ávidos (*pretas*) e os espíritos infernais ocupam a parte inferior. Os titãs estão em luta constante contra os deuses, para tomar-lhes os frutos da *árvore que realiza todos os desejos*. É o seu carma, engendrado pela inveja e por uma ambição desmedida, que faz com que sejam devorados por um combate exaustivo que não tem fim. Um Chenrezi verde em traje de guerra (*v.* **Bodhisattva***) pode, sozinho, atraí-los para as esferas mais altas. Os seis estados da existência da *roda da vida* não se aplicam somente a eventuais renascimentos, mas a etapas da nossa vida cotidiana. Os titãs representam formas de vida e estados de consciência.

TOCHA (Archote)

Símbolo que se pode associar ao do pássaro, da luz, do arco-íris Íris. A mãe de Perséfone procura sua filha, segurando tochas ardentes. Ao encontrar Hécate, esta traz um archote nas mãos. O título de Daduques, conferido a um dos principais padres de Elêusis, significa Porta-tocha (HYMH).

É com a ajuda de flechas em fogo que Héracles extermina a **hidra*** de Lerna, queimando sua carne com tochas para impedir que as cabeças se reproduzam.

Parece evidente, a partir desses exemplos, ser a tocha um símbolo de purificação pelo fogo e de iluminação. É a luz que ilumina a travessia dos Infernos e os caminhos da iniciação.

TOMATE

No sistema simbólico dos bambaras, o suco do tomate é associado ao sangue. Esse fruto *traz em si o embrião, pois seus grãos somam o número sete, número da geminação, princípio existencial primordial*. Foi por isso que durante a reorganização do mundo que empreendeu, Faro, o grande Demiurgo, senhor das águas e do verbo, fecundou as mulheres com tomates, e as mulheres continuam, em troca, a ofertar periodicamente o fruto a essa divindade. O suco do tomate é recolhido, como o sangue das vítimas sacrificadas, pelo seu mensageiro, a **andorinha***: leva ao Céu sangue e suco fecundantes, que descerão novamente à Terra sob a forma de chuva. A virtude fecundante do tomate é igualmente ressaltada por inúmeros rituais na vida cotidiana dos bambaras, como o costume que têm os casais de comer um tomate antes de unir-se (ELIF).

TONEL

O simbolismo do tonel liga-se ao do **jarro***, do **poço*** e do vaso da abundância, bem como ao do **vinho*** que contém. Evoca uma ideia de riqueza e alegria.

As Danaides, que uma lenda antiga vê nos Infernos derramando continuamente água em tonéis sem fundo, eram, na verdade, ninfas das fontes. Há numerosas representações, pintadas ou esculpidas, de hidróforas (carregadoras de água) derramando água em tonéis ou vasos. Comparamos este símbolo ao de Sísifo, no que diz respeito à contínua repetição do mesmo ato; mas, aqui, trata-se do interminável desejo do homem que se revela. Segundo a lenda, as Danaides (com exceção de uma) assassinaram seus primeiros maridos a punhaladas, por não terem-nas respeitado na noite de núpcias; e ficaram dolorosamente à procura de novos maridos. É aí, acreditamos, que devemos descobrir o sentido simbólico da lenda.

Além do símbolo do desejo interminável da natureza, percebemos aqui outro símbolo da moral grega; recusar um ato natural, aparentemente

normal, em condições legítimas, é condenar-se ao absurdo sem fim, a atos estéreis, a punição tão desmedida quanto o erro. O tonel sem fundo significa o contrário do tonel cheio de vinho; ou melhor, o símbolo do tonel é o mesmo, mas oriundo de dois signos opostos.

TONSURA

O simbolismo da tonsura entre os clérigos seculares provém do simbolismo dos **cabelos***, assim como, para os religiosos, o símbolo da raspagem que deixa apenas uma estreita coroa de cabelo em torno do crânio. Indica a renúncia aos amores sensuais, o abandono dos desejos e dos bens temporais, um sacrifício penitencial de si mesmo, e sobretudo uma abertura às influências celestes. A raspagem em forma de coroa sugere também a coroa de espinhos do Messias crucificado. Na hierarquia das ordens sagradas, a tonsura é a primeira das ordens menores: toda a hierarquia das ordens é fundamentada, com efeito, nas disposições espirituais que acabamos de mencionar e que é simbolizada pela supressão voluntária de alguns fios de cabelos, em forma de círculo. Na iconografia medieval, São Pedro é por vezes distinguido em meio aos outros apóstolos pela sua tonsura: esse símbolo lhe é reservado para expressar seu papel privilegiado na hierarquia eclesiástica.

A tonsura ritual e votiva é encontrada no Extremo Oriente, onde também é símbolo de renúncia aos prazeres profanos e de obediência. Eis por que também é encontrada nos castros de soldados.

TORI

Espécies de *portais* sem porta, marcando sempre a entrada dos templos ou santuários xintoístas. São compostos de dois montantes verticais que apoiam duas vigas horizontais. Para os japoneses, esses toris são poleiros de pássaros e representam o reconhecimento a alguns deles que teriam auxiliado as Divindades (*kami*) quando quiseram tirar a deusa solar Amaterasu do seu retiro, de onde privava o mundo da luz. Seu simbolismo liga-se ao da porta. Dão passagem à luz do Sol e à do espírito divino.

970 | TORMENTA (V. FURACÃO, TEMPESTADE)

TORMENTA (*v.* Furacão, Tempestade)

Na Bíblia, a tormenta representa tradicionalmente uma intervenção divina e, em especial, a cólera de Deus. Mas pode significar ao mesmo tempo as calamidades vingadoras.

> Raios bem dirigidos, os relâmpagos faiscarão
> e das nuvens, como de um arco*
> bem retesado, voarão para seu alvo...
> O sopro da Onipotência
> se levantará contra eles e
> os dispersará como um furacão.
> Assim a iniquidade devastará a Terra inteira
> e a maldade derrubará o trono dos poderosos.
>
> (*Sabedoria*, 5, 21-23)

A tormenta evoca a glória e o poder divinos que abatem os inimigos do povo de Jeová e lhe asseguram a paz. É conveniente lembrar o assombroso hino ao Senhor da tormenta.

> Clamor de Jeová sobre as águas...
> Clamor de Jeová na força...
> Clamor de Jeová no estrépito...
> Clamor de Jeová, ele despedaça os cedros,
> Clamor de Jeová, ele forja relâmpagos de fogo
> Clamor de Jeová, ele sacode o deserto.
> O Deus da glória troveja.
>
> (*Salmos*, 29)

É igualmente na tormenta que se desenrola a ação criadora. Os seres nascem do caos num indescritível transtorno cósmico. É na tormenta que aparecem os grandes começos e os grandes fins das épocas históricas: revoluções, novos regimes, tempo escatológico, Apocalipse. Os deuses criadores e organizadores do universo são deuses da tormenta: Zeus (Júpiter), entre os gregos; Bel, entre os assírio-babilônios; Donar, entre os germanos; Thor, entre os nórdicos; Agni, Indra, entre os hindus. A tormenta anuncia também a chuva fertilizante: é um símbolo benéfico.

A tormenta, tema romântico por excelência, simboliza as aspirações do homem a uma vida menos banal, a uma vida atormentada, agitada, mas ardente de paixão. O texto de Chateaubriand –

"Levantai-vos depressa, tormentas desejadas, que deveis arrebatar René para os espaços de uma outra vida" – faz eco ao de Ossian – "Levantai-vos, ó ventos tormentosos de Erin; brami, furacões dos urzais; que eu morra no meio da tempestade, raptado numa nuvem pelos fantasmas irritados dos mortos".

Um certo amor pelas tormentas denuncia uma necessidade de intensidade na existência e de fuga do banal; no fundo, é talvez o gosto do sopro da violência divina.

TORNOZELO

A finura do tornozelo de uma mulher evoca, para os chineses, certas partes mais íntimas de seu corpo. Por sua delicadeza, o tornozelo revela numa mulher possibilidades de refinamento e habilidade nas relações sexuais.

Entre os bambaras, o tornozelo – *nó do pé* – evoca as noções de partida e chegada.

Entre os gregos e os romanos, é um dos pontos de fixação das **asas***, como, por exemplo, no caso do deus Hermes (Mercúrio). E então, simboliza a elevação, a sublimação de seu significado próprio.

TORRE

A construção de uma torre evoca imediatamente **Babel***, a *porta do Céu*, cujo objetivo era o de restabelecer por um artifício o eixo primordial rompido e por ele elevar-se até a morada dos Deuses.

O simbolismo é universal: a Torre de Babel era um **zigurate*** babilônico; os *prasat* das arquiteturas *khmer* e chamã são substitutos do monte Meru; os andares decrescentes da torre a seu cume evocam efetivamente a montanha. Diz-se que a Torre de Babel prolongou-se solo adentro. Também é esse o caso de *Meru* e, ao menos simbolicamente, das torres que o representam. Têm uma parte subterrânea marcada por uma blocagem ou um profundo poço central. Unem, assim, os três mundos: Céu, Terra e mundo subterrâneo.

Na China, a *Torre das felizes influências* (*ling-tai*), construída por Wen-wang, servia, dizem, para a observação do Céu. Mas, como o próprio nome indica, servia sobretudo para receber suas influências. Era, aliás, o centro de uma espécie de Paraíso terrestre onde os animais viviam em liberdade. Portanto, não será necessário insistir no seu papel *axial*. Cheu-sin também construiu sua *Torre de Babel*, e no seu topo – ou no de uma outra parecida – foi instalado o **além*** do Céu, sobre o qual Cheu-si atirou **flechas*** e do qual obteve uma chuva de **sangue*** (COEA, GRAD, GRAC).

A Torre de Babel foi construída com tijolo cozido e betume, como muitas torres da Mesopotâmia (*zigurates*). Uma foi descoberta em Ur, a cidade natal de Abraão, construída séculos antes da partida do patriarca para a Palestina. O zigurate é uma torre com andares, encimada por um templo, para que seu topo seja semelhante ao Céu e à morada de Deus. Em acadiano, Babel significa *porta de Deus*. Essas torres que dominavam as cidades babilônias eram sinais de politeísmo, devendo ser condenadas pelo monoteísmo hebraico. Essa tradição de um edifício sagrado elevado em direção ao Céu, que procedia, talvez, da origem do desejo de aproximar-se do poder divino e de canalizá-lo para a Terra, perverteu-se na revelação bíblica: a Torre de Babel tornou-se a obra do orgulho humano, a tentativa do homem que pretende subir à altura da divindade e, sobre o plano coletivo, da cidade que se levanta contra Deus (BIBM, n. 5, 9). Foi por essa razão que Jeová dispersou seus edificadores: *Todo o mundo servia-se de uma mesma língua e das mesmas palavras.* Quando os homens deslocavam-se para o Oriente, encontraram uma planície no país de Senaar, e aí se estabeleceram. Disseram um ao outro: *Vamos! Vamos fazer tijolos e cozinhá-los no fogo!* O tijolo serviu-lhes de pedra, e o betume, de argamassa. Disseram: *Vamos! Vamos construir uma cidade e uma torre cujo topo penetre no Céu! Vamos fundar um nome e não nos dispersemos por toda a Terra!*

Jeová então desceu para ver a cidade e a torre que os homens haviam construído. E disse: "Vejo que todos formam um único povo e falam uma só língua, e tal é o princípio das suas empreitadas! Nenhum desejo agora será para eles irrealizável. Vamos! Vamos descer e confundir sua linguagem, para que eles não mais se compreendam uns aos outros. Jeová, de lá, os dispersou sobre a superfície da Terra e os homens pararam de construir a cidade. Por isso foi chamada de Babel, pois foi onde Jeová confundiu a linguagem de todos os habitantes da Terra e foi de onde os dispersou por toda a superfície da Terra" (*Gênesis*, 11, 1-9). Símbolo de acordo orgulhoso e tirânico, ao mesmo tempo de confusão, dispersão e de catástrofe, tal é o sentido da Torre de Babel.

Na tradição cristã, inspirada nas construções militares e feudais, eriçadas de torres, atalaias e torreões, a torre tornou-se símbolo de vigilância e ascensão. O símbolo da torre que encontramos nas litanias da Virgem (*turris Davidica, turris eburnea*) – e não esqueçamos que os termos Virgem e Igreja estão associados – envolve um símbolo bastante preciso. As torres, na Idade Média, podiam servir para espreitar eventuais inimigos, mas tinham ainda um sentido de escada: relações entre Céu e Terra, que recordavam por degraus. Cada degrau da escada, cada andar da torre marcava uma etapa na ascensão. Até mesmo a Torre de Babel – onde Deus confundiu a linguagem dos homens – quis tocar o Céu. Reencontramos esse tema em um afresco de Saint-Savin, em que vemos companheiros caminharem em ritmo de dança, apesar dos pesados blocos de pedra que carregam sobre os ombros. Fixada em um centro (centro do mundo), a torre é um mito ascensional e, como o campanário, traduz uma energia solar geradora (DAVR, 228, 229) transmitida à Terra. Foi em uma torre de bronze onde se encontrava aprisionada, que Dânae recebeu a chuva de ouro fecundante de Zeus. O **atanor*** dos alquimistas assume a forma de uma torre para significar que as transmutações procuradas nas suas operações encaminham-se todas no sentido de uma elevação: do chumbo ao ouro, e, no sentido simbólico, do peso carnal à pura espiritualização.

De acordo com Aelred de Rievaulx, a ordem cisterciense é comparável a uma cidade fortificada, cercada de muros e torres que protegem das surpresas do inimigo. A pobreza forma muros, o silêncio, uma torre, que eleva a alma até Deus.

972 | TOTEM

TORRE FULMINADA, A
(*v.* Habitação Divina)

TOTEM

De forma geral, o totem é revelado ao indivíduo através de uma visão, durante a observação do rito de passagem da *segunda colina* (adolescência). É um animal ou planta, escolhido como protetor e guia, a exemplo de um antepassado com quem se institui um elo de parentesco, com todos os direitos e deveres que isso implica.

"A palavra totem é um termo algonquino. Sua verdadeira significação é: guardião pessoal ou poder tutelar pertencente a um homem considerado individualmente. É com frequência representado na sua *medicina* (pacote-fetiche) ou pintado sobre suas roupas ou objetos pessoais sob a forma de um retrato ou de um símbolo. De nenhuma forma é hereditário ou genealógico; nada tem a ver com a organização social da tribo ou do clã [...]. Não há relação alguma entre o totem concebido dessa forma e o fenômeno social do *totemismo*, da maneira como o tratamos correntemente" (ALEC, 288, n. 7).

Teoria hoje em dia bastante contestada, o totemismo foi considerado a forma primitiva de toda religião e de toda moral. Era a fonte dos tabus e do proibido, que teriam formado o primeiro elo e primeiro modelo de organização das sociedades humanas.

Sem cair em generalidades abusivas, podemos encarar o totem como o símbolo de um elo de parentesco ou de adoção, com uma coletividade ou um poder extra-humano.

Há uma relação de pertinência, até de identificação, entre o iniciado e seu totem, sua *alma do mato*. Através dos ritos iniciáticos, explica a escola junguiana, *o rapaz toma posse de sua alma animal*, ao mesmo tempo que sacrifica seu próprio *ser animal* na circuncisão. Após esse duplo processo, o iniciado é admitido no clã totêmico e estabelece relação com seu totem animal. E, sobretudo, torna-se homem e (num sentido ainda mais amplo) um ser humano. Africanos da costa oriental descreviam os não circuncidados como animais.

Não receberam alma animal, nem sacrificaram sua *animalidade*. "Em outros termos, como nem o lado humano, nem o aspecto animal da alma do não circunscrito tornaram-se conscientes, consideram que o aspecto animal o domina" (JUNS, 237).

TOUCA (de casada: Tsunokakushi)

Tsunokakushi significa literalmente: esconder (*kakushi*) os cornos (*tsuno*). Acredita-se, no Japão, que as mulheres são sujeitas ao ciúme e que, nesse caso, nascem-lhes chifres na fronte. Essa touca de casamento é uma espécie de faixa branca que deve *impedir o crescimento dos cornos do ciúme*. Assim, as roupas da noiva devem ter um sentido moral com vistas à sua nova vida.

TOUCADO (*v.* Penteado)

TOUPEIRA

A toupeira, animal ctoniano por excelência, simboliza todas as forças da terra. Seu nome grego a relaciona ao lagarto e à coruja, benéficos e *cegos* como ela. Asclépio, deus da cura, teria sido, originalmente, um deus-toupeira, como o era Rudra, deus arqueiro-curandeiro, na Índia. As galerias subterrâneas escavadas pela toupeira serviram até de modelo para o **labirinto*** arcaico de Epidauro consagrado a Asclépio; esse labirinto foi concebido "como túmulo e, ao mesmo tempo, morada subterrânea do deus" (SECH, 237).

A toupeira apareceria como o símbolo do iniciador aos mistérios da terra e da morte, iniciação que, uma vez adquirida, protege ou cura de doenças. Do plano físico, de animal dos cultos agrários, o símbolo possibilita a passagem ao plano espiritual, o do senhor que guia a alma através das trevas e dos desvios do labirinto subterrâneo, e a cura de suas paixões e inquietações.

TOURO (*v.* Vaca)

O touro evoca a ideia de irresistível força e arrebatamento. Evoca o *macho impetuoso*, assim como o terrível Minotauro, guardião do labirinto. É o feroz *Rudra*, que muge, do *Rig Veda*, cujo sêmen abundante, no entanto, fertiliza a terra. Isso se aplica à maioria dos touros celestes, notadamente ao *Enlil* babilônio.

TOURO (V. VACA) | 973

Símbolo da *força criadora*, o touro representou o Deus El, sob a forma de uma estatueta de bronze destinada a ser presa à extremidade de um bastão ou de uma haste: uma insígnia portátil, semelhante à do **Bezerro de Ouro***. Protótipos desses emblemas religiosos remontam ao começo do terceiro milênio antes da nossa era. O culto de El, praticado pelos patriarcas hebraicos, imigrados na Palestina, foi proscrito por Moisés. Mas subsistiu até o reino de Davi, como o provam as estátuas do touro sagrado, influenciadas pela arte egípcia, que remontam a essa data. Essas estátuas aparecem na palheta do faraó Narmer, no Museu do Cairo, sobre a insígnia de guerra de Mari, na Síria mesopotâmica; também foram encontradas nos planaltos da Anatólia central.

Na tradição grega, os touros indomados simbolizavam o desencadeamento sem freios da violência. São animais consagrados a Poseidon, deus dos oceanos e das tempestades, a Dioniso, deus da virilidade fecunda. "Animal altivo", diz Hesíodo, "de ardor indomável" (*Théogonia*, 832). É a forma de um touro de resplandecente brancura que Zeus escolhe tomar para seduzir Europa; ele se aproxima tranquilamente da jovem e se deita aos seus pés; ela acaricia o animal e senta-se nas suas costas; é imediatamente arrebatada – o animal se lança aos Céus, atravessa o mar, e desce em Creta, onde eles se unem; e a lenda acrescenta que tiveram três filhos.

O touro, ou, mais geralmente, o bovino, representa os deuses celestes nas religiões indo-mediterrâneas, devido à fecundidade infatigável e anárquica de Urano, deus do Céu, semelhante à sua. O deus védico Indra também vem na forma de um touro; os deuses que a ele correspondem no Irã e no Oriente Próximo são, ainda, comparados aos carneiros e aos bodes. Todos são "símbolos do espírito macho e combativo", das forças *elementares do sangue* (Benveniste-Renou, citados em ELIT, 82). Os hinos védicos celebram a **vaca***, entendida aqui no sentido simbólico geral de bovino, como uma divindade:

> [...] A Vaca dançou sobre o oceano celeste trazendo-nos os versos e as melodias [...]

> [...] A Vaca tem como arma o sacrifício
> e do sacrifício nasceu a inteligência
> [...] A Vaca é tudo o que existe,
> Deus e Homens, Asuras, Manes e Profetas.

ou ainda:

> [...] Nela reside a Ordem divina,
> a Santidade, o Ardor cósmico.
> Sim, a Vaca dá vida aos Deuses,
> a Vaca dá vida aos homens.

(VEDV, 262-263)

Ligada ao Ardor cósmico, é o calor que anima todo ser vivo. O touro Indra é a força calorosa e fertilizante. Está ligado ao complexo simbolismo da fecundidade: chifre, Céu, água, raio, chuva etc. Autran observa que, em acadiano, *quebrar o chifre é romper a força*. Mas, sem ser rompida, essa força pode sublimar-se. Se o touro é o emblema de Indra, é também o de Shiva. Como tal, é branco, nobre; sua corcova evoca a montanha nevada. Ele representa a energia sexual; mas montar o touro, como faz Shiva, é dominar e transmutar essa energia em vista de sua utilização iógica e espiritualizante. O touro de Shiva, *Nandi*, simboliza a justiça e a força. Ele simboliza o *Dharma*, a ordem cósmica: por essa razão, dizem que é *insondável*.

O touro védico, *Vrishabha*, é também o *suporte do mundo manifestado*, aquele que, do centro imóvel, põe a roda cósmica em movimento. Em virtude dessa analogia, a lenda búdica reivindicará para o seu herói o lugar do touro do *Veda*. Diz-se que o touro retira um dos seus cascos da terra ao final de cada uma das quatro *eras*: quando tiver retirado todos, as bases do mundo serão destruídas. Entre os sioux, o mesmo papel é atribuído ao bisão primordial. Entre os povos altaicos e nas tradições islâmicas, o touro também pertence ao ciclo de símbolos de *suportes da criação*, os cosmóforos, como a **tartaruga***. Às vezes é colocado entre os suportes superpostos, de baixo para cima: a tartaruga sustenta uma rocha; a rocha sustenta um touro; o touro sustenta a terra etc. Outros intermediários se introduzem entre esses graus. Em outras civilizações, outros animais, como os

974 | TOURO (V. VACA)

elefantes, desempenham esse mesmo papel. No Templo de Salomão (I *Reis*, 7, 25), doze touros carregam o mar de bronze, destinado a conter a água lustral: "Este repousava sobre doze bois, dos quais três olhavam para o norte, três para o oeste, três para o sul e três para o leste; o Mar se elevava sobre eles e a parte posterior de seus corpos estava voltada para o interior."

Para numerosos povos turco-tártaros, o touro, encarnação das forças ctonianas, sustenta o peso da Terra sobre suas costas ou seus chifres (HARA).

O simbolismo do touro também está ligado ao da tempestade, da chuva e da Lua.

O touro e o raio logo tornaram-se símbolos conjugados das divindades atmosféricas (desde 2.400 a.C.). O mugido do touro foi ligado, nas culturas arcaicas, ao furacão e ao trovão (o zunidor ou o Bull-Roarer para os australianos); ambos eram uma epifania da força fecundadora.

O conjunto raio-tempestade-chuva foi por vezes considerado – como, por exemplo, pelos esquimós, pelos boximanes e no Peru – uma hierofania da Lua. Menghin estabelece uma relação entre a Lua Crescente e as figuras femininas do aurignaciano (com um chifre na mão); os ídolos de tipo bovino, que estão sempre ligados ao culto da Grande Mãe (= Lua), são frequentes no neolítico. O estudo comparado de arte parietal nos últimos estágios do paleolítico (aurignaciano e magdaleniano) realizado por André Leroi-Gourham (LERP, LERR) revela que uma ordem de precedência invariável rege a disposição das figuras animais, tanto em Lascaux e Altamira, quanto nas grutas pintadas da Rússia ou do Cáucaso; e que o lugar central, nessa disposição, *sempre* é ocupado pelo binário *cavalo-touro* ou *cavalo-*bisão*. Podemos imaginar a amplidão dos novos caminhos que essa observação abre para o estudo do pensamento simbólico e de seu papel na gênese da humanidade.

As divindades lunares mediterrâneo-orientais eram representadas sob a forma de um touro e investidas dos atributos taurinos. É assim que o deus da lua de Ur foi qualificado de *touro forte e novo do Céu* ou *touro forte e novo de chifres robus-*

tos. No Egito, a divindade da Lua era o *touro das Estrelas* (ELIT, 77, 85, 86, 89, 90). Osíris, deus lunar, foi representado por um touro. Sin, deus lunar da Mesopotâmia, também tinha a forma de um touro. Vênus tem o seu domicílio noturno no signo de Touro e nele a Lua está em exaltação. Na Pérsia, a Lua era *Gaocithara*, conservador do sêmen do touro, pois, segundo o mito antigo, o touro primordial depositou o seu sêmen no astro das noites (KRAM, 87).

Na Ásia central e na Sibéria, entre os mongóis e os iacutos, encontra-se a crença em um touro aquático, escondido no fundo dos lagos, que muge antes da tempestade (HARA, 279).

O touro é, portanto, geralmente considerado um animal lunar, relacionado com a noite. O *chifre perfeito* de Shiva é a Lua crescente. Essa relação, muito antiga, é comprovada no Egito e na Babilônia. Contudo, o touro também é atribuído a *Mitra*, divindade solar, em que ele simboliza o deus morto e ressuscitado; mas então, ele mantém o aspecto lunar da morte.

Em hebreu, a primeira letra do alfabeto, *alef*, que significa *touro*, é o "símbolo da Lua na sua primeira semana e, ao mesmo tempo, o signo zodiacal em que se inicia a série de casas lunares" (ELIT, 157). Muitas **letras***, hieróglifos e signos têm uma relação simultânea com as fases da Lua e com os chifres do touro, frequentemente comparados à Lua crescente.

Um culto da Ásia Menor, introduzido na Itália no século II da nossa era, acrescenta ao culto metróaco de Cibele uma prática até então desconhecida em Roma: o tauróbolo. Era uma iniciação através de um batismo de sangue. "O devoto que quisesse beneficiar-se dele", escreve Jean Beaujeu, "descia num fosso especialmente escavado para isso e recoberto de um teto cheio de orifícios; em seguida, com um instrumento sagrado degolava-se um touro em cima dele, e o sangue quente escorria através das aberturas sobre todo o seu corpo; aquele que se submetia a essa aspersão sanguinolenta era *renatus in aeternum*, nascia para uma nova vida para a eternidade; a energia vital do animal, conhecido como o mais

TOURO (V. VACA) | 975

vigoroso, assim como o leão, regenerava o corpo e, talvez, a alma do devoto". O sangue de touro escorrendo sobre o místico devia comunicar-lhe, através de um duplo símbolo, a força biológica do touro, e, sobretudo, o acesso, na sua forma mais elevada, à vida espiritual e imortal.

O culto de Mitra, de origem iraniana, comportava igualmente um sacrifício do touro, de significação análoga, mas dentro de um cenário ritual e doutrinal ligeiramente diferente. Os exércitos romanos haviam difundido por todo o império o culto de Mitra, deus Salvador, Vencedor invencível, nascido de uma rocha, em 25 de dezembro, após o solstício de inverno, quando os dias voltam a alongar-se, "dia em que se celebrava o renascimento do Sol, Natalis Solis [...]. O ato essencial da vida de Mitra havia sido o sacrifício do touro primitivo, o primeiro ser vivo criado por Ahura-Mazda; depois de tê-lo domado e levado à sua caverna, por ordem do Sol, Mitra degolou-o; do seu sangue, de seu tutano e do seu germe nasceram os vegetais e os animais, a despeito dos esforços da serpente e do escorpião, agentes de Ahriman. A ascensão de Mitra e a imolação do touro ornam grande número de monumentos mitríacos; as duas cenas", explica Jean Beaujeu, "simbolizam a *luta das forças do bem contra os espíritos do mal*, luta da qual todos os fiéis devem participar constantemente, com todas as suas forças, e o *acesso à morada da luz eterna* garantido às almas dos justos pela intercessão todo-poderosa de Mitra" (BEAG).

Ver, como Krappe, no sacrifício mitríaco do touro a penetração do princípio macho no princípio fêmea, do fogo no úmido, do Sol na Lua e assim explicar o simbolismo da fecundidade talvez seja aplicar uma regra de interpretação insuficientemente específica. Inclusive, o simbolismo que se destaca do culto de Mitra não é tanto este quanto os da alternância cíclica da morte e da ressurreição, assim como da unidade permanente do princípio de vida.

A morte é inseparável da vida e o touro apresenta também um lado fúnebre. Entre os egípcios, o touro que traz entre os chifres um disco solar

é, ao mesmo tempo, um símbolo de fecundidade e uma divindade *funerária* ligada a Osíris e aos seus renascimentos: seu funeral é celebrado em Mênfis com grande pompa, dádivas são trazidas de todos os pontos do Egito, *mas, logo depois de sua morte, Ápis renasce dentro de outro invólucro mortal e é reconhecido, no meio das manadas, pela mancha negra na testa, no pescoço e nas costas de seu pelo branco.*

Para os tártaros do Altai, o senhor dos Infernos é ora representado num barco negro sem remos, ora montado ao contrário num touro negro (HARA, 244). Tem na mão uma serpente ou um machado com forma de Lua. Touros e vacas negras lhe são sacrificados.

Em quase toda a Ásia o touro preto é associado à morte. Na Índia, na Indonésia, existe um costume de cremar os corpos de príncipes dentro de caixões em forma de touro. No Egito, há pinturas mostrando um touro preto levando nas costas o cadáver de Osíris.

Para os celtas, o touro não parece ter tido um valor simbólico exclusivo de virilidade, e não é certo que a sua significação primeira deva ser procurada na dualidade ou na oposição sexual com a vaca. De fato, na Irlanda, o touro é um objeto de metáforas, sobretudo guerreiras. Um herói ou um rei de grande valor militar é chamado de *touro de combate*. Por outro lado, o touro é vítima do que se chama na Irlanda *o festim do touro*, primeira parte do ritual da eleição real, segundo a narrativa de *Maladie de Cuchulainn* (Enfermidade de Cuchulainn). O animal é sacrificado, um poeta come a carne, toma o seu caldo até saciar-se, adormece e, em sonho, vê o candidato-rei que deve ser escolhido para a assembleia dos nobres. A segunda parte do ritual (que diz respeito ao rei eleito) tem a sua vítima no cavalo. Assim, o touro forma um par antitético com o cavalo, mas é tão guerreiro quanto este, e o sacrifício de touros brancos narrado por Plínio (*Nat. Hist.*, **16**, 249) a respeito da colheita do agárico é um antigo ritual real, que perdeu toda razão de ser após a conquista romana e o desaparecimento de toda vida política independente. Porque o touro é,

976 | TOURO (V. VACA)

como o cavalo, um *animal real*: Deiotaros, touro divino. Os tetrarcas gálatas eram assim chamados por serem reis, e não por serem sacerdotes, como já se acreditou erroneamente. Essa conotação remete diretamente ao binário cavalo-touro da arte paleolítica assinalada anteriormente.

O touro é, de fato, um *animal primordial*. Na narrativa de *Razzia des Vaches de Cooley*, em que um touro marrom e um touro branco lutam até a morte, um representa o Ulster, e o outro, Connaught: possuí-los significa possuir a *soberania guerreira*; tanto assim que ambos possuem voz e inteligência humanas. Nasceram da metamorfose dos dois guardadores de porcos dos reis do sul e do norte da Irlanda, e passaram por diversos estados animais. Na Gália, a iconografia contém um touro com três grous (prováveis equivalentes dos cisnes insulares) e um touro com três chifres, provavelmente um antigo símbolo guerreiro incompreendido na época galo-romana: o terceiro chifre deve representar o que, na Irlanda, é chamado *lon laith*, ou Lua do herói, espécie de *aura sangrenta* que brota do alto da cabeça do herói em estado de excitação guerreira. Podemos observar, paralelamente, que a palavra bisonte (bisão) sobreviveu no topônimo de *Vesontio*, antigo nome de Besançon (CHAB, 54-65; OGAC, **10**, 285 ss.; **15**, 123 ss., 145 ss.).

Há, no touro, todas as ambivalências, todas as ambiguidades. Água e fogo: é lunar, na medida em que se associa aos ritos da fecundidade; solar pelo fogo do seu sangue e o brilho do seu sêmen. No túmulo real de Ur, ergue-se um touro de cabeça de ouro (sol e fogo) e maxilar de lápis-lazúli (lua e água). É uraniano e ctoniano. Os bovídeos, como os canídeos, podem, de fato, aparecer ora como epifanias terrestres ou ctonianas, ora como epifanias uranianas. Geralmente, é a partir de sua cor que o simbolismo se define. Assim, o *boi cinza* se apresenta como uma epifania da Terra-fêmea, diante do cavalo branco, que encarna a força celeste masculina, na representação do par Terra-Céu de alguns povos altaicos (ROUF, 343 s.).

Na China, se a cabeça com chifres de Chen-nong, inventor da agricultura, pode evocar o boi ou o touro, a de Tch'e-yeu é relativa ao touro. E Huang-ti opunha-se a ambos. O touro é um gênio do vento. Tch'e-yeu, de chifres e pés bovinos, opõe-se, graças ao vento (e à chuva), a Huang-ti, que o combate com dragões aquáticos, mas também com a seca. Tch'e-yeu é culpado de desordens cósmicas. Será vencido por Huang-ti, cujo emblema é a coruja.

O boi, antítese simbólica do touro, faz ressaltar essa complexidade, pois ele também é associado aos cultos agrários. Mas simbolizará o sacrifício da força fecundadora do touro, por contraste, pondo em maior destaque a unicidade deste. A supressão dessa força realça o seu valor, da mesma forma que a castidade enfatiza a importância da sexualidade. O princípio ativo uraniano manifesta a sua violência, afirmando-se ou negando-se de um modo igualmente absoluto. Livre, ele é fecundo; sofreado, continente, indica, com a mesma nitidez, que sem ele nenhuma fecundidade, pelo menos na mesma ordem e no mesmo nível, é possível; é a contraprova de uma mesma verdade. A sublimação da energia vital adquire uma fecundidade de uma outra ordem, a da vida espiritual.

No simbolismo analítico de Jung, o sacrifício do touro "representa o desejo de uma vida do espírito que permitiria ao homem triunfar sobre as suas paixões animais primitivas e que, após uma cerimônia de iniciação, lhe daria a paz" (JUNS, 148). O touro é a força descontrolada sobre a qual uma pessoa evoluída tende a exercer o domínio. O gosto pelas touradas talvez se explique, aos olhos de certos psicanalistas, por esse desejo secreto e inconfesso de matar o animal interior; mas, produzir-se-ia uma espécie de substituição e o animal sacrificado no exterior dispensaria o sacrifício interior ou daria a ilusão, pela mediação do toureador, de uma vitória pessoal.

Certos psicanalistas também viram no touro a imagem do pai descontrolado, como um Urano, castrado pelo filho, Cronos. Outra forma do complexo de Édipo: matar o touro é suprimir o pai.

Segundo a interpretação ético-biológica de Paul Diel, os touros, com sua força brutal, simbolizam *a dominação perversa*. "O seu bafo é a chama devastadora. O atributo de *bronze* acrescentado ao símbolo *pé* é uma imagem frequente na mitologia grega, servindo para caracterizar o estado de alma. Atribuídos aos touros, os pés de bronze simbolizam um traço marcante da tendência dominadora, da ferocidade e do endurecimento da alma" (DIES, 176). **Hefestos*** havia forjado dois touros vigorosos e violentos, de cascos de bronze, que sopravam fogo pelas narinas, e eram aparentemente indomáveis. Jasão tinha de, sem qualquer auxílio, sujeitá-los à servidão para poder conquistar o velo de ouro; essa condição significava que o herói teria de domar o ardor de suas paixões antes de apropriar-se deste símbolo da perfeição espiritual, i.e., que teria de sublimar os seus desejos instintivos.

Touro (Signo zodiacal: 21 abr. – 20 mai.)

O Touro, segundo signo do Zodíaco, situa-se entre o equinócio da primavera e o solstício de verão. Símbolo de grande força de trabalho, de todos os instintos e principalmente do instinto de conservação, de sensualidade e de uma propensão exagerada aos prazeres. Esse signo é *regido* por Vênus, segundo a linguagem astrológica; quer dizer, essa parte do Céu encontra-se em perfeita e íntima harmonia com a natureza deste planeta. Ao signo de Touro associa-se o simbolismo da matéria-prima, da substância inicial, assimilável à terra-elemento, à terra maternal. Enquanto Áries representa a cinética do fogo original, encarnado por um animal seco, hiperviril, dominado por uma massa craniana que se projeta num salto para cima e para a frente, o Touro se apresenta como a *estática de uma massa portadora de vida*, caracterizada por uma criatura possante de formas vultosas, de predominância horizontal e ventral. Aqui reina um espírito de lentidão, de peso, de densidade, de imobilidade. A esse signo hiperfeminino vem unir-se o valor de um sentido plenamente terrestre, na linha de uma sinfonia em verdes pastos. No concerto zodiacal, a partitura do Touro assimila-se a um canto báquico, à glória de Vênus, a Vênus genitora, palpitante de carne e de rubro sangue, plena e vibrante de emanações telúricas; canto de plenitude lunar na exaltação da mãe-natureza. O Touro *dá* uma natureza animal, de complexão instintiva, principalmente de rica sensorialidade: viver nesses universos significa cheirar, provar, apalpar, ver, escutar... É abandonar-se à cobiça dos alimentos terrestres, é entregar-se à embriaguez dos encantos dionisíacos. Num temperamento generoso, a sede de viver estará estreitamente ligada a uma sólida vitalidade e um temperamento forte. Ela pode ser saciada tanto numa vida de prazeres, cheia de paixões, quanto na submissão ao trabalho, para satisfazer aos apetites de tê-la.

TRANÇA[1]

Os cabelos que formam a trança são, como a barba, uma prova e um meio de *força viril e vital*. Além desse símbolo, a trança significa também uma ligação provável entre este mundo e o **Além*** dos defuntos, um enlace íntimo de relações, correntes de influência misturadas, a interdependência dos seres. Sobre as estelas da época gaulesa (por exemplo, em Guéret e em Bozouls, Aveyron), os **cabelos*** são arranjados numa única trança grossa, de um lado. Moedas, ditas de *latão*, representam uma personagem acocorada, segurando as tranças em cada mão. A cabeleira tosada era, na Irlanda, um signo de condição social inferior (entre os germanos igualmente) ou de humilhação. O jovem herói Cuchulainn tem "cinquenta tranças de cabelos louros de uma orelha à outra, como o pente de bétula ou como agulhas de ouro brilhando para o rosto do Sol" (OGAC, **10**, 201-202; **11**, 335).

Entre os maias, a trança é um símbolo do deus solar e é utilizada por seus representantes sobre a Terra (GIRP, 83).

TRANÇA[2]

Em oposição à **espiral***, que considera um símbolo *aberto e otimista*, Marcel Brion considera a *trança* um símbolo *fechado e pessimista*: "o símbolo da *trança* é muito mais complexo e de muito mais difícil definição. É tão divulgado quanto o da espiral, mas tem um significado bem diverso. Primeiramente, por ser um símbolo *fechado* e,

978 | TRANSMIGRAÇÃO (V. METEMPSICOSE)

portanto, pessimista, a não ser que consideremos uma perspectiva reconfortante e cheia de esperanças a teoria do *eterno retorno*, de que a imagem da trança é a mais simples e evidente formulação. Suponhamos uma espiral, a mais longa e complexa possível; ela terminará necessariamente em algum ponto; a trança mais rudimentar, ao contrário, é uma prisão, sem possibilidade de evasão" (BRIL, 198). A trança se apresenta, assim, como um símbolo de involução.

TRANSMIGRAÇÃO (*v. Metempsicose*)

Algumas tradições nórdicas evocam a transmigração (ou metempsicose) de personagens divinos, que passam de um estado a outro, com uma intenção bem definida: transmitir um saber ou uma herança tradicional. É o caso do irlandês Tùan Mac Cairill, que é, sucessivamente, veado, javali, falcão, salmão, a cada vez durante trezentos anos. Pescado por um servo e consumido pela rainha da Irlanda, reinava enfim sob a forma de Tùan; viveu do dilúvio à chegada de São Patrício e transmitiu todo o saber que acumulou durante esse tempo. Em um célebre poema, o *Kat Godeu* ou *Combate dos Arbustos*, o poeta gálico Taliésin, que deve ter vivido por volta do século VI, evoca todos os estados em que viveu: espada, lágrima, estrela, palavra, livro, luz. Mas a metempsicose, que os autores antigos confundiram mais frequentemente com a imortalidade da alma, devido a suas tendências racionalizantes, é reservada somente aos deuses. Deve ser bem diferenciada das metamorfoses acessíveis aos humanos, que podem chegar à imortalidade somente no Mundo do Além. A transmigração aparece como uma expressão *simbólica dos múltiplos estados do ser* (GUEE).

Uma certa concepção budista distingue seis grandes caminhos: três são certamente maus (o do renascimento nos Infernos, o do fantasma, sujeito aos tormentos da fome e da sede, e o do animal); o quarto, caminho do Titã, é ainda bastante ruim; dois, em compensação, são tidos como relativamente bons: o caminho do ser humano e o de Deus. "Mas cada uma dessas condições dura somente um certo tempo e para no instante em que se esgota o efeito dos anos que a tinham determinado; o fato de renascer em melhores condições é apenas um remédio provisório para a dor. A verdadeira felicidade é diferente disso e consiste em um estado em que, concluído o mecanismo transmigratório, o destino não mais seria colocado em questão" (MYTF, 155).

A transmigração é o símbolo da persistência do desejo, seja qual for a sua forma. O ser em que a alma pode transmigrar revela o nível do desejo a que esta se encontrava ligada. A transmigração é uma forma de expressar a lei da justiça imanente e das consequências dos atos humanos.

A *roda da existência* (ou do *Samsara*) dos budistas comporta seis estados; os dos homens, dos deuses invejosos ou Titãs (*Asuras*), dos deuses do mundo dos desejos (*Devas*) ou da forma sutil. Esses três estados são mais privilegiados que os do mundo inferior: animais, espíritos infernais e espíritos ávidos (*Pretas*). Todos esses estados de pós-morte podem também ser vividos no mundo cotidiano, de que são, de uma certa forma, símbolos. O *Bardo-Thodol*, livro tibetano dos mortos, é, antes de tudo, um guia para os vivos, capazes de ultrapassar a morte e transformar seu processo em ato libertador. A prática do *Po-wa*, ou *transferência de consciência*, permite dominar o princípio consciente, tanto antes e depois, quanto durante a travessia do Bardo, em uma duração simbólica de 49 dias.

Para o ser perfeitamente desperto, duas escolhas se apresentam: fundir-se no Nirvana ou então, caso possua um ideal de **Bodhisattva***, retornar lucidamente à Terra, escapando ao ciclo do *Samsara*, com o objetivo de auxiliar os seus semelhantes a se livrarem do mundo do sofrimento (KALE).

TRAPÉZIO

A figura do trapézio foi comparada por M. Schneider à testa de uma cabeça de boi e, por conseguinte, evocaria uma ideia de sacrifício. Podemos também considerá-la um triângulo truncado; o trapézio sugere então uma impressão de não acabamento, de irregularidade ou fracasso. Isso

TREM (ESTRADA DE FERRO) | 979

pode provir do fato de que a figura está em transformação, foi desviada, bloqueada no decorrer do seu desenvolvimento, ou que é mutilada. Todas estas observações podem ser transpostas, simbolicamente, para o plano físico e resumir-se na percepção de uma certa dificuldade no dinamismo de um ser. O trapézio é um apelo ao movimento.

TREM (Estrada de ferro)

Nos desenhos e sonhos infantis, bem como na vida e nos sonhos dos adultos, o trem adquiriu uma importância tão característica de uma civilização quanto o cavalo e a diligência nos séculos passados. Penetrou no imaginário e alcançou lugar de destaque no mundo dos símbolos.

Na experiência e na análise dos sonhos, o trem se encontra entre os símbolos de evolução, logo após as serpentes e os monstros. As interpretações aqui apresentadas são todas baseadas, na prática, em experiências vividas realmente; mantêm sua forma de notas clínicas, aliás confirmadas por outros observadores.

A *rede de estrada de ferro* evoca espontaneamente a imagem de um intenso tráfego de trens rápidos, expressos ou ônibus, de filas de carros de passageiros ou vagões de carga. Seus horários são inflexíveis e obrigam o usuário a submeter-se a eles. Seu funcionamento, minuciosamente dirigido, exige uma precisão de mecanismo de relojoaria. Põe a serviço do público uma organização pontual, que só pode funcionar impecavelmente se obedecer a uma ordem e a uma hierarquia inflexíveis, ignorando o sentimento. Sua rota é prioritária e as outras linhas de comunicação, ao cruzarem uma linha de estrada de ferro, verão seu tráfego interrompido logo que aparecer um trem: o transporte público é mais importante que os transportes privados. Finalmente, a rede ferroviária, garantindo o transporte de viajantes e mercadorias, estabelece a ligação entre todas as regiões de uma nação, até de muitos continentes, e permite todas as comunicações e intercâmbios.

Nos sonhos, a *rede de estrada de ferro* vai afirmar-se como uma imagem do Princípio Cósmico impessoal, impondo sua lei e seu ritmo inexoráveis aos conteúdos psíquicos particulares e autônomos, tais como o Ego e os complexos. O interesse geral ultrapassa os interesses particulares. A rede representa, igualmente, as forças de ligação e coordenação, atuando no seio do conjunto psíquico. Evoca a *vida universal*, que se impõe com todo o seu poder implacável.

O *trem* dos sonhos é a imagem da vida coletiva, da vida social, do destino que nos carregam. Evoca o veículo da evolução, que dificilmente tomamos, na direção certa ou errada, ou que perdemos; simboliza uma evolução psíquica, uma tomada de consciência que prepara para uma nova vida.

Chegar com atraso, perder o trem, subir no trem já de partida: são tantos os sonhos que indicam que *deixamos passar a oportunidade*, ou que quase a perdemos. Mas há aí um despertar da consciência; quem deve compreender somos nós. Essa imagem vem quase sempre acompanhada de sentimentos de impotência, insegurança e inferioridade. O Ego sente-se *impossibilitado* de encontrar o caminho.

A evolução material, psíquica, espiritual, é retardada porque nossos complexos, fixações inconscientes, hábitos psicológicos, nossa persona (máscara), nossos decretos intelectuais, a rotina que repugna o esforço, nossa cegueira etc. bloquearam a evolução interior. Ou ainda, sofremos de um complexo de fracasso ou frustração que se opõem à realização da nossa individualidade.

Existe precipitação nervosa, desvario, por ausência do domínio de si mesmo e por falta de confiança em si mesmo.

A *estação de embarque* é um símbolo do inconsciente, onde se encontra o ponto de partida da evolução, das nossas novas atividades materiais, físicas, espirituais. Muitas direções são possíveis, mas é preciso tomar aquela que convém. Ou, mais simplesmente, é um centro de circulação intensa em todas as direções, podendo evocar o *Self*.

Raramente a *estação de desembarque* aparece nos sonhos. Mostra que o trabalho oculto da evolução fez-nos chegar a uma etapa do nosso destino.

980 | TREM (ESTRADA DE FERRO)

O *chefe de estação* e o *fiscal* aparecem como representações do Eu impessoal, da função transcendente, que tende à realização. Mas o primeiro representa a *cabeça* controladora das forças ativas, criadoras e impessoais que regem o nosso destino, enquanto o segundo é o conselheiro, o guia e, por vezes, o juiz e a sanção.

A *locomotiva*, dependendo do caso, evoca o ego consciente que arrasta, bem ou mal, o conjunto psíquico ou, exatamente ao contrário, o ego impessoal que nos conduz ao *onde devemos ir*. Nos dois casos, uma energia dinâmica desperta as forças psíquicas efetivamente disponíveis. Uma imensa locomotiva avançando na nossa direção e ameaçando nos atropelar pode ser uma imagem moderna do **Dragão***. Vai nos engolir, mas somos nós que usamos nossa força para atingir nosso objetivo.

As *passagens de trem* significam que devemos dar para podermos receber. É a troca simbolizada pelo dinheiro (nossa energia) que nos permite adquirir, e não receber sem dar, como o ser que permanece infantil. Não é possível evoluir sem fazer sacrifício, sem *pagar pessoalmente*.

Encontrar-se em uma classe superior àquela a que dá direito a passagem ou viajar sem passagem: trapacear consigo mesmo, enganar-se, iludir-se a respeito dos seus dons, suas qualidades, seu progresso, sua importância etc. e arriscar-se diante da lei, que poderá fazer pagar mais caro do que se o bilhete certo tivesse sido comprado.

Encontrar-se em uma classe inferior àquela a que dá direito a passagem: revela uma tendência a inferiorizar os dons, qualidades, progresso, importância etc. por parte do sonhador.

Trens pouco confortáveis, lentos, sujos e malconservados: superdiferenciação do ego consciente e decepção por constatar que essa superdiferenciação empobrece o dinamismo da evolução; ou imagem realista e cruel de certa pobreza na vida material, psíquica, espiritual, apesar das ilusões.

Trens, vagões, compartimentos apreciáveis pelo seu desempenho, luxo, conforto: as possibilidades devidas ao trabalho oculto de evolução realizam-se de maneira eficaz, mas ainda à revelia do ego

consciente; ou imagens de possibilidades materiais, psíquicas, espirituais, ignoradas por um ego consciente inferiorizado, sem autoconfiança, que subestima as suas capacidades.

Descarrilamento: indicação de neurose, que faz *descarrilar* sobre a via da evolução, complexo difícil de resolver, de soluções duvidosas.

Choque ferroviário: comparável ao combate de Dragões e Gigantes, indício de uma situação interior gravemente conflitante.

Dificuldade de subir em um trem cheio: dificuldade de integrar-se à vida social, pois o sonhador é muito individualista; estado que admite o egocentrismo, infantilidade, isolamento ou excesso de introversão. Se o trem está cheio de crianças, o sonhador é *infantil*, mas não suficientemente *criança*, no sentido de uma alma simples, direta e verdadeira.

Ser atropelado ou ameaçado de atropelamento por um trem: expressão de uma extrema angústia, seja porque o ego consciente se sente submergido e como que aniquilado pela massa da libido inconsciente (o sonhador expõe-se a perder o controle psíquico de si mesmo e arrisca-se à autodestruição), seja porque o sonhador sente-se atropelado pela vida material, a vida social que deve levar para se defender na sobrevivência.

Trem que atropela um ser ou uma coisa: intenso recalque de um elemento a ser descoberto; a vida material, a vida social do sonhador atropelam um elemento psicológico a ser determinado, variável em cada caso.

Bagagens: as bagagens são consideradas pelo sonhador, certa ou erradamente, portadoras de todos os objetos que lhe são indispensáveis. Representam então, psicologicamente, nossos bens materiais, nossas possibilidades, nossos sinais externos de riqueza, bem como todo um conjunto de elementos que nos parecem indispensáveis: forças, capacidades, instintos, hábitos, ligações, proteções etc. Como em viagem, com nossa bagagem, pensamos possuir elementos indispensáveis à adaptação à vida material, psíquica, espiritual; é o equivalente ao equipamento mental.

Esquecer ou perder a bagagem: essa imagem, como a da perda do trem, vem geralmente acompanhada de sentimentos de impotência, insegurança, inferioridade. O ego sente-se *incapaz* de coordenar seus esforços. Esse sonho ressalta nossas negligências, conscientes ou inconscientes, com relação a nossa vida objetiva ou subjetiva; revela um disfuncionamento natural ou adquirido. Há precipitação nervosa, descontrole por falta de autodomínio; ou esquecimento, por dispersão mental. Às vezes, inclusive, essa imagem traduz complexo de fracasso, que nos coloca em situações embaraçosas, até mesmo inexplicáveis; ou um complexo de frustração; esses dois complexos bloqueiam a realização de nossa individualidade.

Bagagem incômoda: sempre nos prendemos a *bagagens*, material e psicologicamente. Nossas ilusões, pseudo-obrigações, nosso saber intelectual, nossas projeções, fixações inconscientes, desejos de aparecer, nosso lado mental que repete ideias fixas, nossas inquietações, revoltas, nosso sentimentalismo, nossos apetites etc. Muitas coisas devem ser abandonadas, classificadas, postas no devido lugar, antes que se possa prosseguir na evolução normal, *tomar o trem* com o que é necessário, sem o peso supérfluo de falsos valores.

Não ter bagagem e preocupar-se com isso: possuímos realmente o que é preciso para levar a cabo o empreendimento de uma vida consciente, ou para enfrentar a tomada de consciência? Que ilusões fizeram-nos partir sem prever o necessário? Ansiedade oriunda de uma incerteza quanto à adaptação dos meios ao fim que queremos atingir.

Abandonar as bagagens: quando certo grau de evolução é atingido, as babagens dos sonhos, ou seja, a nossa ligação aos auxiliares que acreditamos indispensáveis, tornam-se cada vez mais *impedimenta*, pesos mortos e inúteis; e os abandonamos por desprendimento, por descontração interior, em um profundo sentimento de libertação. Passam a dominar, então, os valores espirituais, interiores ou pessoais. Tudo o que, doravante, for velho e gasto deve ser abandonado: relacionamentos, opiniões, sentimentos, preocupações, compromissos (*Se você se compromete, eis*

a infelicidade, do Templo de Delfos). É preciso abolir as obrigações inúteis.

TRÊS (Aum, Triângulo)

O três é um número fundamental universalmente. Exprime uma ordem intelectual e espiritual, em Deus, no Cosmo ou no homem. Sintetiza a triunidade do ser vivo ou resulta da conjunção de *1* e de *2*, produzido, neste caso, *da União do Céu e da Terra*. "*O Tao* produz 1; 1 produz 2; 2 produz 3 [...]" (*Tao-te king*, 42). Mas, geralmente, o 3 como número, o primeiro ímpar, é o número do Céu, e o 2, o número da Terra, pois o 1 é *anterior* à sua polarização. O três, de acordo com os chineses, é um número *perfeito* (*tch'eng*), a expressão da totalidade, da conclusão: nada lhe pode ser *acrescentado*. É a conclusão da manifestação: o homem, o filho do Céu e da Terra, completa a Grande Tríade. Para os cristãos é, inclusive, a perfeição da Unidade divina: Deus é Um em três Pessoas. O budismo tem a sua expressão *perfeita* na *Joia Tripla*, ou *Triratna* (*Buda, Darma, Saega*), traduzida pelos taoistas para o seu uso como Tao, Livros, Comunidade. O tempo é triplo (*Trikala*): passado, presente, futuro; o mundo é triplo (*Tribuvana*): *Bu, Buvas, Swar*, terra, atmosfera, céu; ainda no hinduísmo, a Manifestação divina é tripla (*Trimurti*): *Brama, Vishnu, Shiva*, aspectos produtor, conservador, transformador, que correspondem às três *tendências* (*guna*): *rajas, sattva, tamas*, expansiva, ascendente ou centrípeta, descendente ou centrífuga. No shivaísmo do Kampuchea (Camboja), *Shiva* está no centro olhando para o oriente, ladeado de *Brama*, à direita ou ao sul, de *Vishnu* à esquerda ou ao norte. Outros ternários foram encontrados em relação ao monossílabo sabrado *Om*, que é composto de três letras (**aum***), da mesma forma que existem três estados da manifestação. Os Reis Magos são três: simbolizam, observa Guénon, as três funções do Rei do Mundo, atestadas na pessoa do Cristo que nasce: Rei, Sacerdote e Profeta. As virtudes teologais também são três; são três os elementos da Grande Obra alquímica: o enxofre, o mercúrio e o sal.

982 | TRÊS (AUM, TRIÂNGULO)

Na China, os *Hi* e os *Ho*, senhores do Sol e da Lua, são três irmãos. Os senhores do universo também são três irmãos: Zeus, o Céu e a Terra; Poseidon, os Oceanos; Hades, os Infernos. A formação em três é, juntamente com o quadrado – e inclusive, em conjunção com ele –, a base da *organização urbana e militar* (Granet, *v.* **trigramas***). Para Allendy o temário também é o número *da organização, da atividade, da criação* (ALLN, 39).

O ternário se expressa por diversos símbolos gráficos, como o **tridente***, a *trinacria* (um peixe triplo com uma só cabeça), e mais simplesmente, é claro, o **triângulo***. O símbolo chinês *tsi*, antigamente representado por um triângulo, exprime a noção de união e de harmonia. O triângulo, só ou contendo o tetragrama hebraico, ou ainda o Olho divino, é um símbolo da Trindade; é também um símbolo da Grande Tríade chinesa.

Nas tradições iranianas, o número três aparece geralmente dotado de um caráter mágico-religioso. A presença deste número já pode ser observada na religião do antigo Irã, cuja tripla divisa é: *Bom pensamento, boa palavra e boa ação*; esses três *bukht* também são designados como os três salvadores. O mau pensamento, a má palavra e a má ação são atribuídos ao Espírito do Mal.

Vários trechos do Avesta – os que tratam de questões rituais ou de assuntos morais – abundam em alusões ao número três, que sempre simboliza a tríade moral do masdeísmo.

Vários parágrafos do Avesta (*Vendidad*, **8**, 35-72 e **9**, 1-36) descrevem os ritos de purificação que um homem maculado pelo contato do *nasu* (cadáver) deve cumprir: devem-se cavar três séries de três buracos e enchê-los de *gomez* (urina de boi) ou de água. O homem sempre começa lavando as mãos três vezes e depois borrifa as diferentes partes do corpo para afastar os maus espíritos.

Uma cerimônia antiga mágico-religiosa consiste em tirar a sorte atirando três varas de bambu (ou três flechas).

O número três também está ligado ao rito de tirar a sorte com flechas adivinhatórias (*azlam*): a terceira flecha designa o eleito, o local, o tesouro etc. Esse rito era muito difundido entre os árabes

mesmo antes do Islã. Trata-se de uma tradição popular, sem dúvida muito antiga, que cobre uma área geográfica muito ampla. É possível encontrá-la, com variações, entre os nômades da planície, assim como entre os iranianos e os beduínos árabes.

Quando um nômade árabe hesitava em tomar uma decisão, escolhia três flechas; na primeira, escrevia "O meu senhor me ordena" e na segunda, "O meu senhor me proíbe". A terceira não trazia nenhuma inscrição. Recolocava as flechas na aljava, tirava uma sem escolher e seguia as suas instruções. Se tirasse a flecha sem inscrição, voltava a executar a operação.

Em caso de hesitação quanto a um caminho a ser tomado, ou uma direção a se tomar (por exemplo, o mausoléu do santo a quem enviavam as suas preces), era costume dar três voltas sobre si mesmo e, na terceira, tomar a direção para a qual o rosto estivesse voltado. Essas três voltas simbolizam não somente a ideia de uma *realização integral*, ligada ao número três pelas práticas psicomágicas, mas também uma *participação no mundo invisível* supraconsciente, que decide um acontecimento de um modo alheio à lógica puramente humana.

É no terceiro apelo lançado por um rei que deseja enviar um guerreiro em uma missão perigosa que o voluntário se oferece, a si mesmo, demonstrando assim a superioridade de sua bravura sobre a dos outros.

Do mesmo modo, o herói que vai ao encontro de um demônio declara a seus amigos que dará três gritos: o primeiro, ao ver o demônio; o segundo, durante a luta; o terceiro, no momento da vitória. Pede também aos seus companheiros que o esperem durante três dias quando parte para a luta com o demônio, ou para penetrar só num palácio encantado, ou até para ir a um encontro de amor. Fica implícito que o seu caráter heroico garante que sua vida estará a salvo nos três primeiros dias.

Um costume simbólico antigo, repetido nos contos, consiste em levantar-se e sentar-se três vezes para mostrar respeito e admiração. Outro costume lendário frequentemente registrado consiste em *lançar a águia* (*baz-parani*). Quando um rei morria sem descendência, os habitantes da cidade lançavam uma águia aos ares. O homem sobre cuja cabeça ela pousasse por três vezes seguidas era eleito soberano. Essa águia chamava-se *baz-e dawlat*, a *águia da prosperidade*.

Esses três atos sucessivos, que encontramos em inúmeros contos mágicos, garantiam o sucesso do empreendimento e, ao mesmo tempo, constituíam um todo indissolúvel.

Os contos expõem a bravura do herói nos combates corpo a corpo por um gesto simbólico: o herói ergue o seu adversário – com frequência, um demônio – e o gira três vezes por cima da cabeça; só depois deste gesto ele o joga no chão.

Para tornar ainda mais temível a força selvagem do demônio, o narrador o descreve chegando ao combate armado de um tronco de árvore com três enormes mós.

A cólera e a irritação do rei ou do herói no seio de uma assembleia manifestam-se através de *três rugas* que se formam na testa: então, ninguém ousa aproximar-se ou falar.

Para que um sonho conserve a sua eficácia e traga sorte, a pessoa deve mantê-lo em segredo durante os três primeiros dias. A não observação dessa recomendação – mais de ordem psicológica – pode ter consequências desagradáveis. Aqui, mais uma vez, é o número três que marca o limite entre o favorável e o desfavorável.

Na tradição dos Fiéis da Verdade (*Ahl-i Haqq*), no Irã, o número três tem um caráter sagrado. É frequentemente encontrado nos relatos de cosmogonia, ou na descrição dos atos rituais.

Antes de Deus criar o mundo visível, no seio da pérola primordial, fez com que surgissem da sua própria essência três anjos, ou antes, três entidades denominadas *sedjasad* (três pessoas): Pir-Binyamin (Gabriel), Pir-Dawud (Miguel) e Pir-Musi (Rafael); mais tarde criou Azrael (o anjo da morte) e Ramzbar (o anjo feminino, Mãe de Deus), que representam, respectivamente, a sua ira e a sua misericórdia; depois, dois outros anjos foram criados, elevando a **sete*** o número de entidades divinas.

Em vários relatos tradicionais da seita, o número três está ligado aos acontecimentos históricos ou meta-históricos e condiciona a sua realização. Os ritos, que representam na Terra o reflexo simbólico desses acontecimentos, também fazem uso de uma triplicidade: três dias de jejum anual comemoram os três dias de luta e vitória final do sultão Sihak, teofania do séc. XIV, e de seus companheiros; três gestos da mão de Khan Atash, outra teofania, levam o exército adversário à derrota; a imolação de três carneiros, surgidos do invisível, substitui o sacrifício de três fiéis.

No campo ético, o número três também se reveste de uma importância especial. São três as coisas que destroem a fé do homem: a mentira, a impudência e o sarcasmo. Também são três as que levam o homem ao inferno: a calúnia, o endurecimento e o ódio. Por outro lado, três coisas conduzem o homem à fé: o pudor, a cortesia e o medo do Dia do Juízo.

Dentre os relatos visionários dos Ahi-i Haqq, há vários em que o número três aparece ligado à realização de um fato de caráter mágico e psíquico, como a visão em que Khan Atash se faz reconhecer como teofania, trocando três vezes de aparência aos olhos dos seus discípulos.

Até os objetos simbólicos são agrupados em três, como o tapete, o caldeirão e a toalha de uma das encarnações divinas, objetos dotados de propriedades mágicas.

Entre os dogons e os bambaras o três é o número simbólico do princípio masculino – o seu glifo representa o pênis e os dois testículos. Além de símbolo da masculinidade, é também símbolo do movimento, por oposição ao **quatro***, símbolo da feminilidade e dos elementos. Para os bambaras, escreve G. Dieterlen, o primeiro universo é 3, mas ele só é realmente manifestado, i.e., só se tem consciência dele com o 4. O que faz com que a masculinidade (3), acrescenta ele, seja considerada pelos bambaras "um estímulo de começo, que determina a fecundidade, enquanto o florescimento e o conhecimento total desta só podem realizar-se na feminilidade".

984 | TRÊS (AUM, TRIÂNGULO)

Por essa razão, o **triângulo***, que geralmente tem um significado feminino, principalmente se tiver o vértice para baixo, é, para os dogons, um símbolo de virilidade fecundadora. Podemos encontrá-lo invertido no glifo "que o Hogon veja!". Hogon é o nome do chefe religioso, coberto de pólen, que fura o alto do ovo, que representa a matriz uterina (GRIS).

Entre os peúles, também, o número três é carregado de sentidos secretos. Há três tipos de pastores: os dos caprinos, os dos ovinos e os dos bovinos. Mas o três é, principalmente, *o produto do incesto* dele com a sua carne, *pois a unidade, não podendo ser hermafrodita, copula consigo mesma para reproduzir-se.*

O três é, ainda, a manifestação, o revelador, o indicador dos dois primeiros: o filho revela o seu pai e a sua mãe, o tronco de árvore da altura do homem revela o que existe além dele no ar – galhos e folhas – e o que se esconde sob a terra – as raízes.

Por fim, o três equivale à rivalidade (o dois) superada; exprime um mistério de ultrapassagem, de síntese, de reunião, de união, de resolução (HAMK).

A Cabala multiplicou as especulações sobre os números. Parece ter privilegiado a *lei do ternário. Tudo provém, necessariamente, de três, que não passa de um. Em todo ato, um, por si só, de fato se distingue:*

1. o princípio atuador, causa ou *sujeito* da ação;
2. a ação desse sujeito, seu *verbo*;
3. o *objeto* dessa ação, seu efeito ou seu resultado.

"Esses três termos são inseparáveis e são reciprocamente necessários uns aos outros. Daí essa triunidade que encontramos em todas as coisas" (WIRT, 67). Por exemplo, a criação implica um criador, no ato de criar, na criatura. "De um modo geral, dos termos do ternário, o primeiro é *ativo*, por excelência; o segundo, *intermediário*: ativo em relação ao seguinte, mas passivo em relação ao precedente; o terceiro é estritamente *passivo*. O primeiro corresponde ao *espírito*, o segundo, à *alma*, e o terceiro, ao *corpo*" (ibid., 68).

Os primeiros Sefirot (números, segundo a Cabala) são classificados em três ternários. O primeiro é *de ordem intelectual e corresponde ao pensamento puro ou ao espírito*; inclui o Pai-princípio, o Verbo-pensamento criador, a Virgem-Mãe que concebe e compreende. O segundo ternário é "de ordem moral e relativo ao sentimento e ao exercício da vontade, ou seja, à alma"; reúne a graça misericordiosa, o julgamento rigoroso e a beleza sensível. O terceiro ternário é "de ordem dinâmica: relaciona-se com a ação realizadora e, por isso, com o *corpo*"; engloba o princípio que dirige o progresso, a ordem correta da execução, as energias realizadoras do plano (WIRT, 70-72).

Os psicanalistas veem, com Freud, um símbolo sexual no número três. Na maior parte das religiões, pelo menos durante uma certa fase e sob uma determinada forma, a própria divindade é concebida como uma tríade, na qual aparecem os papéis do Pai, da Mãe e do Filho. A religião mais espiritualista, como o catolicismo, professa o dogma da Trindade, que introduz no monoteísmo mais absoluto um princípio misterioso de relações vivas. Para evitar qualquer tentação de politeísmo, o Islã excluiu com rigor toda formulação que pudesse ameaçar a crença na unicidade de Alá.

No que se refere ao Egito, as tríades divinas parecem não passar de esquemas secundários, com fins de comodidade, culturais ou teológicos. "É possível até interrogar-se se a noção de tríade não é uma ilusão dos modernos que quiseram ver em alguns casos de agrupamentos divinos em *famílias* uma regra antiga aplicada de modo geral" (POSD, 291).

O três designa, ainda, os níveis da vida humana: material, racional, espiritual ou divino, assim como as três fases da evolução mística: purgativa, iluminativa e unitiva.

Esse número também exprime a totalidade da ordem social, notadamente a composição tripartida das sociedades indo-europeias. Segundo Georges Dumézil, essa tripartição, que se verifica na análise de toda estrutura social, foi estabelecida em uma filosofia global do mundo e em uma hierarquia dos valores apenas por certos povos. Essa tripartição das funções ou das ordens é clara, embora a sua origem permaneça desconhecida. Ela se expressa em diversas tríades semelhantes entre si: o sagrado, a guerra, o trabalho; soberania, força guerreira, fecundidade; sacerdócio, poder, produção; o sacerdote, o guerreiro, o produtor (Brama, Vishnu, Shiva); Bramana, Ksatrya (guerreiro), Vaisya (camponeses e mercadores), enquanto os Sudras, ou servos, parecem ser desclassificados; Júpiter, Marte, Quirino; senador, cavalheiro, plebe. Produziu-se uma interação entre a organização sociopolítica e a organização mitológica. As duas estruturas refletem-se uma na outra, mas nem sempre evoluem no mesmo ritmo. O mito muda com menor rapidez do que a realidade, mas, às vezes, a precede.

Os naturalistas observaram numerosos ternários no corpo humano. Aparentemente, toda função importante de um organismo teria basicamente essa estrutura. Essas observações ilustram o sentido fundamental de um ternário: a totalidade viva dos tipos de relações no interior de uma unidade complexa. Indica simultaneamente a identidade única de um ser e a sua multiplicidade interna, a sua permanência relativa e a mobilidade de seus componentes, a sua autonomia imanente e a sua dependência. O ternário traduz tanto a dialética no exercício lógico do pensamento quanto o movimento, em física, e a vida, em biologia. A razão fundamental desse fenômeno ternário universal deve sem dúvida ser procurada em uma metafísica do ser compósito e contingente, em uma visão global da unidade-complexidade de todo ser da natureza, que se resume nas três fases da existência: aparecimento, evolução, destruição (ou transformação); ou nascimento, crescimento, morte; ou, ainda, segundo a tradição e a astrologia: evolução, culminação, involução.

TREVO

Na arte cristã, as formas trifoliadas, os arcos de três lobos, que lembram a elegância da folhagem do trevo, simbolizam a Trindade.

TREZE

Desde a Antiguidade, o número 13 foi considerado mau agouro. Filipe da Macedônia, tendo acrescentado sua estátua às estátuas dos Doze Deuses superiores, durante uma procissão, morreu logo em seguida, assassinado no teatro.

Na última refeição de Cristo com os seus apóstolos, na Ceia, eram treze os presentes. A Cabala enumerava 13 espíritos do mal. O 13º capítulo do Apocalipse é o do Anticristo e da Besta.

O décimo terceiro em um grupo, no entanto, também na Antiguidade, aparece como o mais poderoso e o mais sublime. Esse é o caso de Zeus no cortejo dos doze deuses, no meio aos quais se assenta ou caminha, como um décimo terceiro, segundo Platão e Ovídio, distinto dos outros por sua superioridade. Ulisses, o décimo terceiro de seu grupo, escapa do apetite devorador do Ciclope.

Na aritmo-simbologia de Allendy, "esse número representa um princípio de atividade 3 exercendo-se em uma unidade de um todo 10 que o contém" e que, consequentemente, o limita. Treze corresponderia a um sistema organizado e dinâmico, mas determinado e particular, não universal; seria como que a chave de um *conjunto parcial e relativo*. Por isso, R. Schwaller o interpreta como o *poder gerador, seja ele bom ou mau*. Por seus limites estáticos (o decenário estático) e dinâmicos (o ternário ativo), o 13 determina uma *evolução fatal em direção à morte*, em direção à consumação de um poder, visto que este é limitado: *esforço periodicamente interrompido*. De uma forma geral, o 13, como elemento excêntrico, marginal, errático, foge à ordem e aos ritmos normais do universo: "do ponto de vista cósmico, a iniciativa do 13 é antes de tudo má, visto que a ação da criatura – não harmonizada com a lei universal – só pode ser cega e insuficiente; serve à evolução do indivíduo, mas agita a ordem do macrocosmo e perturba o seu descanso; é uma unidade perturbando o equilíbrio das variadas relações no mundo (12 + 1)" (ALLS, 359).

Número sagrado fundamental na astronomia, no calendário e na teologia dos mexicanos anti-

986 | TRIÂNGULO

gos: os *treze deuses* e o *deus treze* no *Popol-Vuh*; o sol no zênite e as doze estrelas; os doze *deuses das chuvas*, hipóstases do décimo terceiro, que é também o primeiro, ou *grande deus do* **céu***: "A Décima terceira retorna [...] é ainda a primeira. E é sempre a única, ou o único momento. Pois tu és rainha, ó tu! a primeira ou última...]" (Gérard de Nerval). É nesse sentido que devemos interpretar a Morte, décimo terceiro arcano superior do Tarô: não significa um fim, mas um recomeço após a conclusão de um ciclo: 13 = 12 + 1.

Entre os astecas, é o número do próprio tempo, o que representa o término da série temporal. É associado ao número 52, o século asteca (13 x 4), a *ligação dos anos* pela duração dos sóis. O primeiro e o quarto sol, que duraram cada um 676 anos, são os mais perfeitos, pois contêm somente os dois números: 13 x 52 = 676.

Treze dias equivalem, da mesma forma, à duração da semana asteca.

De uma forma geral, esse número corresponderia a um recomeço, com essa nuance pejorativa de que seria antes um refazer do que um renascer de algo. Representaria, por exemplo, a eterna escalada do rochedo de Sísifo ou o tonel que não se pode encher, das Danaides.

TRIÂNGULO

O simbolismo do triângulo abrange o simbolismo do número três. Somente em função das suas relações com as outras figuras geométricas podemos percebê-lo plenamente.

"Segundo Boécio, que retoma as concepções geométricas de Platão e que é estudado pelos autores romanos, a primeira superfície é o triângulo, a segunda, o quadrado, e a terceira, o pentágono. Toda figura, se há linhas que partem do seu centro até os ângulos, pode ser dividida em muitos triângulos. O triângulo está na base da formação da pirâmide.

"O triângulo equilátero simboliza a *divindade, a harmonia, a proporção*. Como toda geração se faz por divisão, o homem corresponde a um triângulo equilátero cortado em dois, ou seja, um triângulo retângulo. Este, segundo a opinião de

Platão, no *Timeu*, é também uma representação da terra. Essa transformação do triângulo equilátero em triângulo retângulo traduz-se por uma perda do equilíbrio.

"Entre as diferentes figuras geométricas, após o triângulo equilátero, vêm o **quadrado*** e o pentágono. O pentágono estrelado torna-se um pentagrama, que simboliza a harmonia universal. Encontramos sempre esse pentagrama, visto que é empregado como talismã contra as influências maléficas. É a chave da geometria e está na base da *sectio áurea* chamada ainda de *proportio divina*. O Doutor J. E. Emerit mostrou, a respeito do pentágono e do dodecaedro*, como se efetua a transição do pentágono, designando o mundo dos planos, ao dodecaedro, representando o mundo dos volumes e correspondendo aos doze signos do Zodíaco. Ele retoma um texto de Davisson. "Cada um dos sólidos primários (hexaedro, tetraedro, dodecaedro) tem seu próprio plano: o cubo tem o quadrado como plano; a pirâmide, o triângulo; o dodecaedro, o pentágono." As correspondências entre os números e as figuras geométricas são absolutas. Sendo o homem um jogo de contrários, não pode buscar sentido algum no círculo, que simboliza a unidade e a perfeição. Tudo lhe escapa: o triângulo, o quadrado, a estrela de cinco pontas e o **selo*** de Salomão, com seis raios. Se o homem não nasceu espiritualmente, essas figuras geométricas conservam secretos seus símbolos, que correspondem aos números 3, 4, 5, 6. Somente na ordem da perfeição o dodecaedro torna-se acessível.

"As afinidades entre o quadrado e o retângulo na construção foram exaustivamente estudadas por Matilda Ghyka. Os triângulos e os retângulos têm uma função muito importante; daí o papel do **esquadro*** na arte da construção. Thomas Walter, na sua crítica aos trabalhos de Moessel, cita os versos do manual dos talhadores de pedras, no que se refere aos ângulos e retângulos. O essencial é encontrar o centro, definir o ponto. Ch. Funck-Hellet tentou uma restituição proporcional, que nos permite ter um sentido exato do dado primitivo. A **simetria*** é sempre fundamental. Se examinarmos, por exemplo, a catedral de Angoulême, fica evidente que a disposição arquitetural da fachada é o *reflexo de uma disposição interior*. Observamos o mesmo em qualquer construção de igreja romana que seja fiel à tradição; mas essa realização fica mais ou menos evidente. Em Cunault ou em Candé, por exemplo, ela se impõe aos olhos de qualquer turista leigo. Tais exemplos mostram como, no séc. XII, a escultura e a pintura não são distintas de outros aspectos da vida espiritual" (DAVR, 201-203; FUNP, 114).

Para os antigos maias, o triângulo é o glifo do raio do Sol, semelhante ao *broto* que forma o germe do **milho***, quando rompe a superfície do solo, quatro dias após o plantio do grão (GIRP, 198).

Ligado ao sol e ao milho, o triângulo é duas vezes símbolo de fecundidade.

O triângulo é muito frequentemente utilizado nos frisos ornamentais, na Índia, na Grécia, em Roma... Seu significado parece constante.

O triângulo com a ponta para cima simboliza o fogo e o sexo masculino; com a ponta para baixo, simboliza a água e o sexo feminino. O **selo*** de Salomão é composto de dois triângulos invertidos e significa, principalmente, a sabedoria humana. O triângulo equilátero, na tradição judaica, simboliza Deus, cujo nome não se pode pronunciar.

Além de sua conhecida importância no pitagorismo, o triângulo é, na alquimia, o símbolo do fogo; e também símbolo do coração. A respeito disso, devemos sempre notar as relações entre o triângulo de ponta para cima e o triângulo invertido, sendo o segundo um reflexo do primeiro: trata-se de símbolos respectivos da natureza divina do Cristo e da sua natureza humana; que são ainda os da *montanha* e da **caverna***. O triângulo invertido, na Índia, é o símbolo da *yoni*, ou útero; os dois triângulos representam *Purusha* e *Prakriti*, *Shiva* e a **Xácti***, o **linga*** e a *yoni*, o **fogo*** e a **água***, as tendências *sattva* e *tamas*. Seu equilíbrio, sob a forma de hexágono estrelado (o *escudo de Daví*), é *rajas*, a expansão sobre o plano da manifestação. Sua conjunção, sob a forma do *damara de Shiva*, efetua-se pela ponta: é o *bindu*, o *germe* da manifestação (BHAB, DANA, ELIF,

GRAD, GRAP, GUED, GUEM, GUEC, GUET, GUES, MUTT, SAIR).

Conhecemos a importância atribuída pela maçonaria ao triângulo, por ela chamado de *delta luminoso*, por referência, não à embocadura de um rio com múltiplos braços, mas à forma da maiúscula grega Δ. O *triângulo* sublime é aquele em que o vértice superior tem um ângulo de 36° e os dois ângulos de base são de 72° (*v.* o simbolismo desses números em **trinta e seis***). Cada triângulo corresponderia a um elemento: equilátero, à terra; o retângulo, à água; o escaleno, ao ar; o isósceles, ao fogo. Aos triângulos estão ligadas muitas especulações sobre os poliedros regulares, que derivam dos equiláteros; em muitas tríades da história religiosa (*v.* **três***); sobre os trípticos da moralidade: *pensar bem, dizer bem, fazer bem*; *sabedoria, força, beleza etc.*, sobre as fases do tempo e da vida: passado, presente, futuro; nascimento, maturidade, morte; sobre os três princípios de base da alquimia: sal, enxofre e mercúrio etc. Tais enumerações levam rapidamente do simbólico ao convencional.

O triângulo maçônico significava, na sua base, a Duração e, nos seus lados que se encontram no vértice superior, Trevas e Luz; o que comporia o *ternário cósmico*. Quanto ao *delta luminoso* da tradição, seria um triângulo isósceles com a base mais larga do que os lados, como o frontão de um templo: com 108° no vértice superior e 36° de cada lado da base; um triângulo assim corresponderia ao **número*** de ouro. Além disso, em um triângulo como esse poderiam ser perfeitamente inscritos a estrela flamejante e o pentágono (BOUM, 86-94).

TRICÉFALO

Pensou-se que as muitas representações triplas existentes na Gália, na época românica, e cujo simbolismo geral liga-se ao da tríade, fossem o resultado de uma *triplificação de intensidade* ou de um *plural de majestade*. O tricéfalo é talvez a mais importante figura religiosa desse tipo. Mas a explicação proposta não pode ser a única, pois não vemos aí como e por que o simbolismo de

988 | TRIDENTE

uma figura divina precisaria ser *intensificado*. Há, no entanto, tanto na Irlanda quanto na Gália, no panteão celta, muitos personagens triplos ou agrupados em tríades e para os quais uma explicação unitária é obrigatória (três deuses fundamentais, três druidas primordiais, três deusas da guerra, três rainhas da Irlanda etc.). É muito melhor pensar nos *diferentes estados de um mesmo ser*, tais como: sono, sonho e vigília ou ainda nas suas passagens através dos três mundos (Céu, Ar e Terra) da cosmologia celta, senão em uma passagem no tempo. A triplicidade representa nesse caso *a totalidade do passado, do presente e do futuro*. O tricéfalo é representado esporadicamente na arte romana, mas a decisão do papa Urbano VIII, em 1628, de proibir sua representação como símbolo da Trindade, fez com que a maior parte dos testemunhos desaparecesse (DURA, *passim*).

Encontram-se outros exemplos de seres policéfalos no verbete **cabeça***. Acrescentemos, aqui, entre as figuras tricéfalas, as do deus eslavo Triglav, sempre representado com três cabeças: o que é interpretado como uma homenagem ao seu domínio universal sobre o Céu, a Terra e o mundo subterrâneo.

TRIDENTE

Símbolo das divindades do mar, cujo palácio encontra-se no fundo dos abismos aquáticos. Originariamente, o tridente representava os dentes dos monstros marinhos, semelhantes às ondas coroadas de espuma que as tempestades levantam; é também uma das mais antigas armas de pesca. O tridente era também a arma ofensiva de uma categoria de gladiadores, os reciários, que lutavam com um tridente e uma rede.

O tridente é o emblema de Poseidon (Netuno), deus dos oceanos, e indica o seu domínio sobre o mundo das águas, que ele pode *agitar* ou *acalmar*. Na mesma perspectiva, é ainda, juntamente com a rede, o símbolo de Cristo *pescador de homens*. É também símbolo da Trindade, mas neste caso os seus dentes devem ser do mesmo tamanho. É possível que tenha servido como uma representação oculta da Cruz.

De acordo com uma tradição cristã, o tridente "na mão de Satanás [...] é o *instrumento do castigo*: serve para entregar os culpados ao flagelo do fogo, símbolo do tormento. Mas, *acrescenta Paul Diel*, o tridente é também *símbolo da culpa*: os seus três dentes representam as três pulsões (sexualidade, nutrição, espiritualidade), planos de todos os desejos facilmente exaltados. Representa, também, o perigo da perversão, a fraqueza essencial que abandona o homem à mercê do sedutor-punidor" (DIES, 147).

O tridente é um emblema solar (as suas pontas são raios) e símbolo do raio (suas pontas são relâmpagos); ele acerta a sua presa e sob este aspecto podemos compará-lo a certas representações do *vajra*, que é **raio*** e tridente.

O tridente (*trishula*), na Índia, é principalmente o emblema de *Shiva*, o *transformador* do mundo e o *destruidor* das aparências. As três pontas representam o *trikala* ou *templo triplo* (passado, presente futuro), ou a hierarquia de três níveis da manifestação; ou, ainda, as três *qualidades* (*guna*). O *trikala* mostra-se levantando três dedos da mão direita em um gesto denominado *trishulahasta*.

No budismo, o tridente é visto como um símbolo da *joia tripla, triratna*. Também é possível ver nele a corrente de energia tripla do tantrismo: *susihumnaa* no centro, *ida* e *pingala* de cada lado, que, inclusive, aproximam-se da ponta central, evocando assim o enroscamento dos *nadi* em torno do eixo (COOI, CHAE, GROI, GUES, KRAA, MALA, MUTT).

TRIFORME

As representações de seres sob três formas gêmeas – animais, homens, heróis ou deuses – podem significar várias tríades que correspondem a certas atribuições: os três níveis do cosmo; a criação, a conservação e a destruição (Brama, Vishnu, Shiva); ou as qualidades: força, santidade, ciência; vitalidade, inteligência, alma etc. (CIRD, 333).

Todas as tríades podem ser representadas. Mas essa representação polimorfe indica, também, a unidade subjacente ao múltiplo, que não é menos importante no símbolo do que a manifestação diversificada (*v.* **tricéfalo***).

TRIGO

Certa cerimônia dos mistérios de Elêusis coloca em perfeito relevo o simbolismo essencial do trigo. No decurso de um drama místico, comemorativo da união de Deméter (Céres) e Zeus (Júpiter), era apresentado um grão de trigo, como uma hóstia no ostensório, que se contemplava em silêncio. Era a cena da *epopsia*, ou da contemplação. Através desse grão de trigo, os epoptas prestavam honras a Deméter, a deusa da fecundidade e iniciadora aos mistérios da vida. Essa ostensão muda evocava a perenidade das estações, o retorno das colheitas, a alternância da morte do grão e de sua ressurreição em múltiplos grãos. O culto da deusa era a garantia dessa permanência cíclica. O seio materno e o seio da terra são frequentemente comparados. "Parece certo que se deva buscar a significação religiosa da espiga de trigo nesse sentimento de harmonia entre a vida humana e a vida vegetal, ambas submetidas a vicissitudes semelhantes [...]. Uma vez replantados no solo, os grãos de trigo – o mais belo fruto da terra – são uma promessa de outras espigas" (SECG, 154). E, a esse propósito, evocaremos o verso de Ésquilo: "A terra, que gera por si só todos os seres e os nutre, torna a acolher (em seu seio) o gérmen fecundo" (**Coéforas**, 127). Citaremos, igualmente, a bela oração de Hesíodo: "Rogai a Zeus infernal e à pura Deméter para tornar prenhe em sua maturidade o trigo sagrado de Deméter, no preciso instante em que, ao começar a lavoura e segurar a empunhadura do arado, tangereis os bois que puxam o arado sob o cravelho da canga [...]. Assim, no momento de sua plenitude, vossas espigas vergarão para a terra" (HEST, 465-469, 473).

Por evocar a morte e o renascimento do grão, a emocionante cerimônia foi relacionada com a evocação do Deus morto e ressuscitado, característica dos cultos ao mistério de Dioniso. Mas essa interpretação seria apenas uma derivação da primeira. Ela relembraria, igualmente, que a espiga de trigo era também um emblema de Osíris, *símbolo de sua morte e de sua ressurreição*. Quando São João anuncia a glorificação de Jesus através da morte, não recorre a nenhum outro símbolo, senão o grão de trigo.

> É chegada a hora
> em que será glorificado o Filho
> do Homem.
> Em verdade, em verdade, vos digo:
> Se o grão de trigo que cai na terra
> não morrer
> permanecerá só;
> mas se morrer
> produzirá muito fruto.
> Quem ama sua vida a perde
> e quem odeia sua vida neste mundo
> guardá-la-á para a vida eterna.

> (*João*, **12**, 23-25)

Entre os gregos e os romanos, os sacerdotes espargiam trigo ou farinha sobre a cabeça das vítimas, antes de imolá-las. Esse gesto não seria como se derramassem sobre elas o sêmen da imortalidade ou a promessa de ressurreição?

O profundo simbolismo do grão de trigo talvez se enraíze também em um outro fato assinalado por Jean Servier. A origem do trigo é completamente desconhecida, como a de muitas plantas de cultivo, em especial a cevada, o feijão e o milho. Pode-se multiplicar as espécies, enxertar algumas, melhorar a qualidade de outras – mas nunca se conseguiu criar trigo ou milho, ou qualquer dessas plantas alimentícias básicas. Elas surgem, portanto, essencialmente e em diferentes civilizações, como um presente dos deuses, ligado ao dom da vida. Deméter doa a cevada e envia Triptólemo para difundir o trigo no mundo; Xochiquetzal traz o milho; o Ancestral-Ferreiro dos dogons rouba do céu todas as plantas cultivadas a fim de oferecê-las aos homens, assim como Prometeu deu-lhes o fogo do céu etc. (SERH, 213-215). O trigo simboliza o *dom da vida*, que não pode ser senão um dom dos deuses, o alimento essencial e primordial.

TRIGRAMA

O simbolismo chinês dos trigramas, cujo *princípio* teria sido revelado a *Fu-hi* (séc. XXIV a.C.) por

990 | TRIGRAMA

um dragão saído de um rio, baseia-se na combinação de duas *determinações* – o traço contínuo corresponde ao *yang*, o descontínuo, ao *yin*. Todas as modalidades do desenvolvimento da manifestação, a partir da polarização da Unidade primeira, exprimem-se, portanto, em quatro *diagramas*, em seguida, em oito trigramas, que resumem todas as possibilidades de combinações ternárias, portanto, "perfeitas, do yin e do yang: o *yin* e o *yang* concertam-se e harmonizam-se", diz Tchuang-tse. No ternário, os três traços superpostos correspondem à situação respectiva do Céu, do Homem e da Terra; daí vêm as práticas adivinhatórias derivadas do *I-Ching*. Combinados de dois em dois, em forma de **hexagrama***, os oito trigramas (*pakua*) constituem 64 hexagramas superpostos, *celestes* e *terrestres*, respectivamente.

Os trigramas são dispostos em círculo em torno do **yin-yang***, cuja manifestação exprimem sob todos os seus aspectos. O *I-Ching* é o livro da *mutação* circular dos trigramas. A forma primitiva do caractere *yi* seria a do camaleão. Assim, os trigramas vêm corresponder aos oito ventos (as oito direções do espaço), aos oito (ou melhor, nove) elementos, pois a terra está no centro. Correspondem às oito colunas do *Ming-t'ang*, aos oito raios da hora e, por analogia, aos oito caminhos da Via búdica. Existem duas disposições tradicionais ditas de *Fu-hi*, ou do *Céu anterior* (*Sien-t'ien*) e de *Wen-wang*, ou do *Céu posterior* (*Heu-t'ien*). Não parece haver nenhuma hierarquia de valor entre essas duas disposições igualmente utilizadas, mas a primeira é relacionada a *Hot'u*, e a outra, a *Lo-chu* de Yu-o-Grande: é a passagem da cruz simples à suástica, da estabilidade inicial ao movimento. É preciso não esquecer que as interpretações adivinhatórias – secundárias e, até certo ponto, decadentes, mas às quais o caractere *kua* parece referir-se – são atribuídas a Wen-wang. "O *I-Ching*", diz Tscheu T'uen-yi, "contém os arcanos do Céu e da Terra, das manes e dos espíritos"; o que implica a possibilidade de descobrir não somente os segredos do destino através de varinhas de aquileia, mas também, e sobretudo, os da manifestação inicial. É preciso

acrescentar que, por corresponderem a correntes de energia cósmica, os trigramas – em todos os tempos, e mesmo hoje em dia – são utilizados como proteção mágica: é possível encontrá-los sobre as portas das casas chinesas e vietnamitas.

O sistema de correspondência dos oito trigramas é, em resumo, o seguinte:

- *K'ien, a perfeição ativa* – três traços *yang* (☰) corresponde ao Céu, ao sul, ao verão, à energia produtora, ao macho, ao Sol;
- *K'uen, a perfeição passiva* – três traços *yin* (☷) , corresponde à Terra, ao norte, ao inverno, à receptividade, à fêmea, à Lua;
- *Tch'en, o abalo*, corresponde ao trovão, ao nordeste, à chegada da primavera;
- *Siuan, a doçura*, corresponde ao vento, ao sudoeste, ao fim do verão;
- *K'an, o abismo*, corresponde à água, ao oeste, ao outono;
- *Li*, corresponde ao fogo, ao leste e à primavera;
- *Ken, a pausa*, correspondente, à montanha, ao noroeste, ao início do inverno;
- *T'uei, o vapor*, corresponde ao pântano, ao sudeste, ao início do verão; tudo isso na disposição de Fo-Hi. Na de Wen-Wang, *li* e *k'an*, o fogo e a água, são sul e norte, Sol e Lua, verão e inverno, vermelho e preto; *tch'en* e *t'uei*, abalo e água parada, são leste e oeste, primavera e outono, madeira e metal, verde e branco. As duas disposições obedecem a sistemas distintos, porém não contraditórios.

No simbolismo alquímico, *li* e *k'an* representam ainda a *colocação em ação* dos princípios *k'ien* e *k'uen*, celeste e terrestre. Eles são os dois elementos complementares da Grande Obra: *li* e *k'an* são o chumbo e o mercúrio, o *sopro* e a *essência* (*k'i* e *tsing*). A morada de *k'uen* ou de *k'an* é a região sagrada de onde se eleva o *tsing*, o sêmen; a morada de *k'ien* é o *ajna-chakra*, situado entre os olhos, de onde desce o *k'i* luminoso. A união do *k'i* e do *tsing* no *crisol* interior, portanto a de *li* e de *k'an*, e por conseguinte, de *k'ien* e de *k'uen*, reconstitui a unidade primordial, anterior à diferenciação do Céu e da Terra: assim se adquire a imortalidade.

Segundo o *I-Ching*, essas uniões constitutivas de hexagramas representam o *final*, ou a penetração fecundante da Terra pelo Céu, geradora da paz, dos seres e do Embrião da imortalidade (CHOC, GRAD, GRAP, GRIF, GUET, GRIT, KALT, MAST, MATM, SOOL, WILG, YUAG).

TRINDADE

Os símbolos da Trindade cristã (um só Deus em três Pessoas que só se distinguem entre si como relações opostas, e não por sua existência ou essência, e às quais são atribuídas, respectivamente, as operações de poder, o Pai, de inteligência, o Verbo, e de amor, o Espírito Santo) são o triângulo equilátero; o trevo de três folhas; um conjunto composto de um trono (poder), um livro (inteligência), uma pomba (amor); uma cruz com o Pai no alto, o Filho no meio e a pomba do Espírito Santo na base; três círculos entrelaçados, que significam a infinidade que lhes é comum; um grupo de três anjos, do mesmo tamanho, lembrando a aparição a Abraão sob o carvalho de Mambré.

Em todas as tradições religiosas e em quase todos os sistemas filosóficos, encontramos conjuntos ternários, tríades, que correspondem a forças primordiais hipostasiadas ou a faces do Deus supremo. Embora nem sempre seja fácil discernir entre os diferentes termos dessas tríades, parece-nos que em nenhum caso foram criadas a partir de um modelo tão firme e preciso quanto o da Trindade cristã. Mas, embora a teoria da oposição relativa permita que seja afastada a contradição lógica, ela em nada ajuda a dissipar o mistério.

A título de exemplo, citaremos uma das Tríades menos conhecidas. Segundo Guaman Poma de Ayala (*Nueva Coronica y buen gobierno*), os antigos peruanos reconheciam a existência de um deus supremo (Illapa = Raio) em três pessoas: o pai (justiceiro), o filho mais velho e o filho mais novo, sendo este último senhor das chuvas fecundadoras, portanto, alimentador da humanidade.

Também podemos considerar a trindade Raio-Trovão-Relâmpago a manifestação de um deus da tempestade nos primórdios das civilizações agrárias ameríndias (GIRP, 42).

Em geral, as tríades simbolizam as manifestações principais do poder divino; ou então, quando concebidas de modo mais interior e mais filosófico, como nas Eneiades de Plotino, simbolizam a vida íntima do *Um*, cujas atividades são imaginadas por analogia às atividades espirituais da alma humana.

TRINTA E SEIS (e seus derivados)

É o **número*** *da solidariedade cósmica*, do encontro entre os elementos e as evoluções cíclicas. Seus derivados manifestam as relações entre a Tríade = Céu, Terra, Homem.

O 36 é o perímetro do quadrado de lado 9; é o valor aproximado do círculo de diâmetro 12; 360 é a divisão do círculo e do ano lunar. É o Grande Total dos chineses e o Ano divino dos hindus (o movimento de precessão dos equinócios é de 1° (1 grau) de 7 em 7 anos, o do ciclo polar, de 1° (1 grau) de 60 em 60 anos; os dois ciclos *recomeçam juntos de 360 em 360 anos* (6 × 60 = 72 × 5) (J. Lionnet). A maioria dos ciclos cósmicos é múltipla de 360. O 36 é a soma dos quatro primeiros pares e dos quatro primeiros ímpares (20 + 16): o que lhe valeu, segundo os pitagóricos, a denominação de *grande quaternário*; é a soma dos cubos dos três primeiros números.

O 72 é a duração da gestação de Lao-tsé, a duração das estações, segundo Tchuang-tsé, o número dos discípulos de Confúcio, o dos Imortais taoistas, o dos companheiros de apoteose de Huang-ti...

O 36 é o número do Céu, o 72, o número da Terra, o 108, o número do homem. O 36, 72 e 108 estão entre si como 1, 2 e 3. Um triângulo isósceles, tendo 108°, dá as proporções do **número*** de ouro e apresenta de fato um aspecto particularmente harmonioso; 36, 72 e 108 são, sob diversos aspectos, os *números favoritos das sociedades secretas*; 108 é, entre outros símbolos, o número de contas do terço budista e do terço de Shiva; das colunas do templo de Urga; das torres do Phnom Bakhen em Angkor. Número simbólico do *budismo* por excelência e do tantrismo.

992 | TRÍPODE

O 360 é, no corpo humano, um microcosmo, segundo os chineses, o número dos ossos, o das articulações e o dos pontos de acupuntura.

Uma dupla progressão geométrica de razão 2, obtida a partir de 72 e de 108, permite obter, simultaneamente, 4.608 e 6.912: é o valor das 192 linhas pares dos hexagramas (192 × 24) e das 192 linhas ímpares (192 × 36), 24 e 36, resultantes elas mesmas do produto de 12 por 2 e 3, sinais do par e do ímpar; 4.608 + 6.912 = 11.520, que é, segundo o *I-Ching*, o número dos *dez mil seres*; 6.912 é o valor de *k'ien* (Céu); 4.608, de *k'uen* (Terra). Os três números estão na relação 2, 3, 5 e correspondem ao caráter *conjuntivo* de 5 = 2 + 3, *união do Céu e da Terra na sua própria natureza*; 6.912 (Céu) + 4.608 (Terra) = 11.520 (homem: nova expressão da Grande Tríade).

Segundo Maspéro, 72 e 108 divididos por 2 (ou seja, 36 e 54) fornecem as coordenadas astronômicas de Lo-Yang, a antiga capital imperial: é então, ainda, o ponto de junção do Céu e da Terra, onde reinam o Filho do Céu e o da Terra.

TRÍPODE

A trípode, pelo número três, é a imagem do fogo e do céu; não o céu em sua unidade transcendente e imóvel, mas o céu no seu dinamismo, comunicando-se, enquanto o número quatro designa a terra; a forma de taça ou de círculo que geralmente cobre a trípode confirma essa interpretação.

A trípode sagrada era relacionada à proclamação dos oráculos: manifestava a vontade dos deuses. O oráculo de Delfos ordenou a Coroebos que apanhasse uma trípode no santuário, que a carregasse e andasse até que caísse dos seus ombros: nesse local, escolhido pelos deuses, seria fundada uma cidade; tal seria a origem de Mégara.

Hefestos era o grande especialista na fabricação das trípodes sagradas; fazia umas tão extraordinárias que eram capazes de ir sozinhas à morada dos deuses, e de lá voltar. Símbolo da participação nos segredos dos deuses, nos quais se pode penetrar e que se pode em seguida comunicar aos humanos.

A trípode servia, na vida cotidiana, para fazer aquecer a água e servir o vinho destinado aos banquetes; era de onde os convidados tiravam o vinho como de um tonel. Havia também as de honra, mais ou menos decorativas, oferecidas aos vencedores dos jogos ou dos coros, que as guardavam em casa ou consagravam-nas a divindades. A mais célebre foi a trípode délfica, sede da mântica de inspiração.

Era sentada aí que a Pítia transmitia seus oráculos. Como o templo era consagrado a Apolo, a trípode passou a ser um dos sinais da presença dos céus. Foi de uma delas que Héracles se apoderou, quando, após a recusa da Pítia em responder às suas indagações, quis estabelecer longe de Delfos um oráculo que só dependesse dele; mas Apolo interpôs-se entre seu irmão enraivecido e sua sacerdotisa e, após uma intervenção de Zeus, Héracles abandonou seu projeto e devolveu a trípode. Ela aparece, desta forma, como um "símbolo das pulsões, o alicerce da harmonia [...] a insígnia da sabedoria apolínea" (DIES, 204-205).

A melhor ilustração dessa interpretação encontra-se em um desenho que está em um vaso no Museu do Vaticano. O tripé está colocado sobre duas **asas*** de **águia*** ou de **cisne***; as asas do vaso, maravilhosamente soldadas ao recipiente, têm a forma de círculos; Apolo está sentado, displicentemente apoiado nos cotovelos, com o arco às costas e a lira nas mãos; atravessa o espaço; é possível que se dirija ao país dos hiperborianos, imagem mítica do paraíso; suas asas e, com mais forte razão, as asas das águias ou dos cisnes, indicam, na simbólica tradicional, a elevação do espírito; os círculos representam o Sol e a perfeição; os três pés, uma manifestação divina; o recipiente, o receptáculo das comunicações celestes; o arco e as flechas, o Sol e seus raios; a lira, a harmonia. É a imagem de um maravilhoso e tranquilo voo em direção ao êxtase e à perfeição, acima dos pensamentos e desejos terrestres. É o símbolo do deus Sol, do deus dos oráculos de Delfos, do deus da Sabedoria.

TRIQUETRAQUE

A preferência que os germanos davam a esse jogo pode ser explicada pelo simbolismo cósmico que viam na distribuição das casas (MYTF, 42).

TROLHA

A trolha, ferramenta do construtor, foi um emblema das corporações. O seu simbolismo se fundamenta tanto na forma triangular ou trapezoidal de sua lâmina (a marca corporativa da trolha dominada por uma cruz é um símbolo trinitário), quanto no seu perfil fragmentado que pode evocar o relâmpago. Na iconografia da Idade Média, o Criador é representado com uma trolha na mão: é, portanto, um símbolo de poder criativo, vindo do Demiurgo e do Verbo. Aparece como o equivalente do "*vajra* do raio" (GUEO, ROMM).

"É também um dos atributos do maçom, que recebe uma trolha na quinta viagem da iniciação ao grau de companheiro. Toma, então, o seguinte significado: esse instrumento serve para amassar a argamassa destinada, ao cimentar as pedras da construção, a realizar uma unidade; a trolha reúne, funde, unifica. É, assim, essencialmente, o emblema da benevolência esclarecida, da fraternidade universal e da grande tolerância que distinguem o verdadeiro maçom" (BOUM, 22).

TROMBETA

Instrumento musical usado para ordenar os principais momentos do dia ou para anunciar os grandes acontecimentos históricos e cósmicos: o Juízo Final, o ataque, uma cerimônia solene. Uma **circum-ambulação*** silenciosa ao som da trompa faz ruir os muros de Jericó (Josué, **6**, 1-4).

Os exércitos romanos conheciam e praticavam essa alternância aterrorizante entre o profundo silêncio e o som agudo das trombetas.

Os anjos são muitas vezes representados tocando um clarim. A Atena *salpinx* (tocadora de trombeta) de Argos tem, evidentemente, uma trombeta. Esse instrumento associa o céu e a terra em uma celebração comum. E o começo de uma batalha sempre se reveste de um caráter sagrado: daí vem a utilização, ao mesmo tempo religiosa e militar, desse instrumento metálico.

"Entre os gregos, a trombeta serve para marcar o ritmo do passo nas grandes procissões [...]. Tem um poder de evocação: em Lerna, nas festas de Dioniso, acreditava-se que o deus do pântano

aparecia ao som das trombetas escondidas pelos tirsos; Plutarco compara esse rito à festa judia dos Tabernáculos, em que trombetas sagradas também são colocadas entre os ramos.

"Também em Roma a trombeta é um instrumento essencial nas cerimônias religiosas: a lustração das trombetas sagradas se dá duas vezes por ano. Nos sacrifícios, nos jogos públicos, nos enterros (assim como nos desfiles triunfantes) ouvia-se a trombeta" (LAVD, 980).

Ela simboliza uma conjunção importante de elementos e de acontecimentos, marcada por uma manifestação celeste (ar, sopro, som).

TRONO (Pedestal)

O trono e o pedestal têm a função universal de *suporte* da glória ou de manifestação da grandeza humana e divina. "O trono erigido no céu do *Apocalipse*", cercado de quatro animais simbólicos, é, assim, a manifestação da glória divina no fim dos tempos. Simboliza o equilíbrio final do cosmo, equilíbrio constituído pela integração total de todas as antíteses naturais (Burckhardt).

O trono sobre um pedestal, na China, significa a diferenciação dos mundos terrestre e celeste e a supremacia deste sobre aquele.

Os tronos hindus são de várias naturezas: o padmasana, assento ou pedestal de lótus, exprime a harmonia cósmica; é o assento de Vishnu – até mesmo de Buda –, mas também pode ser, no tantrismo, o *lótus do coração*. O *simhasana*, trono de *Shiva*, é, como o do *Apocalipse*, apoiado por quatro animais que correspondem às quatro eras do mundo e às quatro cores: chamam-se *Darma*, *Jnana*, *Vairagya* e *Aishvarya*. Esse trono é o suporte da elevação em direção ao Conhecimento supremo pelo domínio das energias do cosmo. Na verdade, *simha* é o leão, e esse trono é mais geralmente conhecido como *o trono dos leões*, o que a iconografia frequentemente confirma.

Em certos escritos cristãos, assim como no islamismo, o Trono divino é supostamente apoiado por oito anjos, que correspondem às oito direções do espaço e à subordinação de todo universo a Deus.

994 | TRONO (PEDESTAL)

O budismo situa o *trono de diamante* do Buda ao pé da árvore de *Bodhi*, i.e., no centro do mundo. O trono representa o Buda na arte anicônica: entre o para-sol (Céu) e as pegadas (Terra), ele corresponde ao mundo intermediário.

O trono às vezes confere a função ou postula o exercício do trono real. Confere um caráter temporariamente divino, como o *Simhasana* de Mysore. Também é preciso não esquecer que a infalibilidade pontifical só se exerce *ex-cathedra*.

O *trono* do esoterismo islâmico (*el arsh*) é o *suporte* da manifestação informal, e até mesmo a transcendência do Princípio. Expressa uma relação entre o Princípio e a manifestação. Em contrapartida, o pedestal, ou o banco (*el kursi*) é a primeira diferenciação, a primeira *criação* (AUBT, BURA, GUES, JILH, MALA, SCHC, SCHT).

"O Senhor do Trono é um dos nomes frequentemente dados a Alá no Corão. Também é chamado de *O Senhor dos céus e do imenso Trono, O Mestre do Trono."*

Uma tradição relata que o "Trono (*'Arsh*) tem setenta mil línguas, e cada qual louva a Deus em várias línguas. Tha'labi o descreve do seguinte modo: no Trono encontra-se a representação de tudo o que Deus criou sobre a terra e no mar [...] A distância que separa cada um dos pilares do Trono corresponde ao voo de um pássaro rápido, durante oitenta mil anos. O Trono reveste-se de setenta mil cores a cada dia. Por causa de sua luz (resplandecente) nenhuma criatura pode olhar para ele. As coisas que nele se encontram parecem-se com um anel jogado em um deserto" (FAHN, 246-247).

O Trono é identificado com a Ciência divina.

O Trono engloba todas as coisas; simboliza a manifestação universal tomada no seu florescimento total, que encerra o equilíbrio e a harmonia; é o suporte da manifestação gloriosa de Deus, da Misericórdia-Beatitude. O trono divino encontra-se *sobre a água* (*Corão*, 11, 9), i.e., domina o conjunto das potencialidades cósmicas ou o oceano da substância primordial, o que nos faz lembrar o símbolo hindu e búdico do lótus que floresce na superfície da água e que é, simultaneamente, a imagem do universo e o assento

da Divindade revelada. O Trono se identifica, essencialmente, com o *Espírito Universal*.

"Do ponto de vista sufista, cada coisa considerada na sua natureza primordial é o Trono de Deus. Em particular, é o coração do contemplativo que se identifica com o trono, da mesma forma que o lótus, segundo o simbolismo hindu-búdico, identifica-se com o coração" (RITS, 625*)*. "O coração do crente é o trono" ('Arsh) "de Deus" (Jelal ed Din Rumi, *Mathnavi*, 1, 366-65).

O trono também é concebido como uma redução do universo e muitas vezes apresenta uma decoração que evoca os elementos do Cosmo. Às vezes é sustentado por quatro figuras ou quatro colunas, que lembram os quatro pontos cardeais. Sentar-se nele sem ter o direito de fazê-lo significa atribuir-se o poder supremo: crime de lesa-majestade, ou até de lesa-divindade. O trono simboliza o direito divino dos soberanos. Simboliza também a pessoa que exerce o poder: uma decisão do trono. Atesta a presença contínua da autoridade e a sua origem divina.

O trono de Salomão foi descrito e interpretado como uma das maravilhas mais extraordinárias. O próprio texto bíblico já é de uma grande riqueza de símbolos: "O rei fez também um grande trono de marfim e revestiu-o de ouro puro. Esse trono tinha seis degraus, um espaldar arredondado na parte superior, braços de cada lado do assento, dois leões em pé perto dos braços e doze leões colocados dos dois lados dos seis degraus. Nada de semelhante se fez em reino algum" (1, *Reis*, 10, 18-20).

Mas os comentadores cercaram esse trono de maravilhas ainda maiores. Salomão teria feito com que fosse roubado de Balkis, a rainha de Sabá, pelo gênio Ifrit, que num piscar de olhos o teria feito alçar voo através do espaço até a colina de Jerusalém, com todos os livros de magia, graças aos quais Salomão foi capaz de dominar os homens, os gênios e os elementos. Duas águias estariam por cima dos dois leões; os leões estendiam as patas quando Salomão subia ao trono e as águias abriam as asas quando ele se sentava. As colunas do trono eram de pedras preciosas; uma coroa de rubis e esmeraldas o encimava. Alguns talmudistas acrescentam que, quando Salomão subiu ao trono pela primeira vez, "os arautos colocados em cada um dos degraus proclamaram os deveres de que estava incumbido como soberano e, quando sentou-se, uma pomba voou do trono, abriu a arca da aliança, tirou a Torá e a apresentou para que ele a estudasse, e os doze leões de ouro soltaram rugidos atemorizantes" (GRIA, 89).

Mas vamos nos restringir ao texto bíblico. Mesmo que a descrição seja materialmente exata, mesmo que estes textos, compostos vários séculos após a morte de Salomão, não tenham embelezado a história com lendas maravilhosas, podemos observar o valor simbólico dos detalhes. Convém reunir os significados do **marfim*** e do **ouro***; dos números **seis***, **dois***, **doze***; dos animais, como os **leões*** e os **touros***; dos membros, como as **cabeças*** e os **braços***. Para isso seria preciso escrever um opúsculo. Para simplificar, vamos resumir em alguns traços: o marfim indica a incorruptibilidade e a invencibilidade; o ouro, a supremacia e a sabedoria; os leões, a força; os touros, a fecundidade; as cabeças de touro separadas designam o sacrifício, e os braços de ambos os lados, a onipresença do poder real; os dois leões significam a autoridade sobre os territórios de Israel e Judá, que só vão se separar com a morte do rei; os doze leões designam as doze tribos de Israel; os seis degraus do trono separam Salomão do resto dos humanos, marcam a superioridade suprema do monarca em sabedoria e em força, logo abaixo da divindade; correspondem ao número próprio de Salomão, ao selo de Salomão, à estrela de seis braços. É impossível imaginar uma síntese de símbolos tão resplandecente e gloriosa quanto esse trono de Salomão.

Os *tronos* são o nome dado aos anjos da primeira hierarquia por Dionísio, o Areopagita: "... os nomes atribuídos às inteligências celestes significam suas respectivas aptidões de conceber a forma divina [...] Quanto ao nome de Tronos muito sublimes e muito luminosos, este indica a ausência total neles de qualquer concessão aos bens inferiores, essa tendência contínua em direção às alturas que indica claramente que eles não

são daqui de baixo, a sua indefectível aversão a toda baixeza, a tensão de todas as suas forças para se manterem com firmeza e constância junto Àquele que é, verdadeiramente, o Altíssimo, a sua capacidade de receber com total impassibilidade, longe de qualquer mácula material, todas as visitações da Teaarquia, o privilégio que têm de servir de assento a Deus e o seu zelo vigilante em se abrirem aos dons divinos" (207-208).

TROVÃO

Segundo a tradição bíblica, o trovão é a voz de Jeová. É também a anunciação de uma teofania. Antes de concluir a Aliança com Israel e de confiar-lhe o Decálogo, Jeová fez ressoar um grande ruído no céu e na terra: "dois dias depois, de madrugada, apareceram sobre a montanha trovões, relâmpagos, uma espessa nuvem, acompanhados de um poderoso soar de trompa, e no acampamento todo o povo estremeceu. Moisés conduziu o povo para fora do acampamento, ao encontro de Deus, e mantiveram-se no sopé do monte. O monte Sinai ficou tomado de fumaça, pois Jeová havia descido sob a forma de fogo. A fumaça aí se elevava, como numa fornalha, e toda a montanha estremecia violentamente. Havia um som de trompa que se ia ampliando. Moisés falava e Deus respondia-lhe sob a forma de descargas de trovão. Jeová desceu ao monte Sinai, ao seu cume, e enviou Moisés para lá. Moisés subiu" (*Êxodo*, 13, 16-20).

O trovão manifesta o poder de Jeová, e especialmente sua justiça e cólera. Representa a ameaça divina de destruição (*Jó*, 36, 29-33) ou o anunciar de uma revelação.

Na tradição grega, o trovão era ligado primeiramente aos estrondos das entranhas da Terra; certamente uma reminiscência dos terremotos originais. Mas passou da Terra para as mãos de Zeus, deus do Céu, quando este mutilou e destronou seu pai, Cronos, "que tinha a mente perversa", e libertou seus irmãos. *Estes*, diz Hesíodo, "não deixaram de reconhecer seus bons atos: deram-lhe o trovão, o raio faiscante e o relâmpago que outrora a enorme Terra mantinha escondidos e sobre os quais Zeus daí em diante usou para comandar a

996 | TROVÃO

um só tempo mortais e Imortais" (Teogonia, 503-507). O trovão simboliza o comando supremo, que passou da Terra para o Céu.

O deus do trovão, *Taranis*, é correspondente ao Júpiter romano, ao qual foi associado no período galo-romano. O nome do trovão é reencontrado em línguas neocélticas, mas o teônimo é particular da Gália. Podemos atribuir ao **raio***, no domínio celta, quase a mesma significação do *fulgur* latino, mas parece que o raio simbolizou, sobretudo, um *desregramento da ordem cósmica*, manifestado pela *cólera dos elementos*. Os gauleses temiam que o céu lhes caísse sobre a cabeça, e a promessa irlandesa apela ao Céu, à Terra, e ao mar, como as principais testemunhas. Há assim uma noção de responsabilidade humana direta no desencadeamento do trovão e do raio, entendido como um *instrumento do castigo* infligido aos culpados pelo deus supremo. Não se pode explicar de nenhuma outra forma o pânico dos celtas, surpreendidos por uma violenta tempestade, quando acabavam de saquear o santuário de Delfos (OGAC, **10**, 30 s.).

Segundo Mircea Eliade, o trovão é o atributo essencial das divindades uranianas. É frequentemente associado à própria divindade suprema, a não ser que seja seu filho. No *Popol-Vuh*, é a palavra *falada*, de Deus, em oposição ao **raio*** e ao **relâmpago***, que constituem a palavra *escrita* de Deus no céu (GIRP, 26).

As divindades do trovão, senhoras das **chuvas***, e por conseguinte, da vegetação, brotam do ciclo simbólico lunar. No número de cosmologias, são diretamente ligadas à divindade-Lua. Na Austrália, o deus do trovão e da tempestade é frequentemente representado navegando em uma **barca*** em forma de lua crescente (HENL). Representa-se sempre também o trovão sob a forma de um homem perneta, notadamente no caso das mais altas civilizações americanas, maias, astecas, incas, entre os samoiedos e na Austrália. O **zunidor*** e o **tambor***, reproduzindo sua voz, são sempre, por esta razão, instrumentos musicais sagrados, cuja visão é proibida às mulheres (HENL, SOUM, THOH, LEHC).

Entre os astecas, Tlaloc, deus das chuvas, da tempestade, do raio e do relâmpago, mora no leste, lugar da renovação primaveril. É, juntamente com Huitzilopochtli, o Sol do Meio-Dia, uma das duas Grandes Divindades a quem se oferece o máximo de sacrifícios. Seus altares, à chegada dos espanhóis, ficavam lado a lado no cume da grande pirâmide do México. Para os incas do Peru, Illapa tem as mesmas atribuições e goza de igual prestígio. É notadamente o senhor das estações (ROWI). No grande templo de Coricancha, em Cuzco, por ordem de precedência, vem imediatamente após a Grande Divindade uraniana Vira-cocha, e os demiurgos, pai e mãe dos incas, Sol e Lua. É representado por uma constelação, que provavelmente é a Ursa Maior: representa um homem segurando uma clava na mão esquerda e uma funda na direita. Essa funda é o trovão, que lança para fazer cair a chuva, mergulhada na Via-Láctea, grande rio celeste. Nas ilhas Caraíbas e na orla do mar de mesmo nome, a Ursa Maior também era considerada a divindade das tempestades.

Em muitos mitos (Austrália, América), o trovão e o relâmpago são ligados à *Grande Mãe* mítica e aos primeiros heróis Gêmeos.

O pássaro mítico, produzindo o trovão com o bater de suas asas, está presente nas mitologias do grande norte siberiano, bem como nas do continente americano, nas mesmas latitudes. Os samoiedos representam-no sob a forma de um pato selvagem ou de um *pássaro de ferro*; os iuracos, sob a forma de um ganso; para os teleutos do Altai, é uma águia; para os ostíacos de Tremjugan, um pássaro negro semelhante a uma tetraz. Os mongóis, os soiotes e alguns povos tunguses orientais, tais como os golds, ao contrário, creem, como os chineses, que o trovão é produzido por um dragão celeste; para os turgutos, é a obra do diabo, metamorfoseado em camelo voador. O pássaro do trovão é um aliado dos xamãs, que guia em suas viagens aos céus superiores. Pois qualquer que seja a forma que apresente, o espírito do trovão é sempre uma divindade uraniana. A águia-trovão dos teleutos, já citada, e que se tornou, com a entrada do cristianismo na Ásia central, um avatar de Santo Elias, habita o décimo segundo céu. As divindades uranianas são *velhos deuses*, e o senhor do trovão, quando toma forma humana, não faz exceção a essa regra, entre os povos da Ásia central. É representado como um velho, geralmente alado e coberto de plumas (tradições dos ostíacos de Demianka e dos buriatos). Esse velho é originariamente terreno – talvez um antigo xamã –, que descobriu um dia o caminho do céu e lá ficou. Numa lenda dos buriatos, ter-se-ia tornado um auxiliar do *velho e acinzentado deus do céu*, com as funções de executar justiça. Ao mesmo tempo que emite o ruído do trovão, lança o relâmpago sobre os ladrões.

Os senhores do trovão têm muitos **ferreiros*** a seu serviço (77, segundo a crença buriata) para fazerem suas flechas. Uma distinção sutil, sempre de origem buriata, diz que o trovão abate as árvores com suas flechas, "mas que mata os seres vivos com o fogo" (HARA, 150). Essa função de justiceiro, atribuída ao trovão, é encontrada entre muitos povos asiáticos, de origem e cultura bastante diferenciadas, como os iacutos altamente influenciados pela cultura russa – e os golds do extremo oriente da Sibéria. Para todos esses povos, o espírito do trovão racha os maus espíritos de alto a baixo (HARA, 147 s.).

TRUFA

Cogumelo subterrâneo de origem misteriosa: efeito do raio, fruto do relâmpago, segundo lendas antigas; tem um sabor e cheiro especiais. Essas propriedades e a origem supostamente divina do raio fazem dela o símbolo da revelação oculta. A trufa só se desenvolve nas raízes do **carvalho***, árvore sagrada; daí a ideia de uma dádiva dos deuses, como a chuva, como a revelação. Da mesma forma, a sua suculência e o seu perfume, que não resultam da cultura humana.

TUIA

A tuia era, na China antiga, a árvore do leste e da primavera. Devia também ser plantada sobre o altar do solo estabelecido no Oriente.

Além disso, como todas as coníferas, era um símbolo de imortalidade (**pinheiro***); sua resina e suas sementes eram consumidas pelos Imortais (GRAR, KALL).

TULE

Essa ilha, de situação indeterminada, era para os antigos o extremo limite setentrional do mundo conhecido e o epíteto *ultima* sempre lhe era acrescentado. Teria sido descoberta por Píteas na região da Islândia ou das ilhas Shetland. Poderíamos aproximar seu simbolismo ao dos países hiperbóreos, tão frequentemente evocados pelos gregos. Tule tornou-se, de fato, na poesia e nas lendas, uma região fabulosa, com dias sem fim no solstício de verão e noites sem fim no solstício de inverno. Tule simboliza *o limite provisório do mundo*; mas Sêneca já prevê que novas terras serão descobertas pelos navegadores além dos seus limites. De uma forma mais geral, Tule simbolizaria a consciência e o desejo e o último limite, não somente no espaço, mas no tempo, no amor; em uma palavra, o desejo e a *consciência do extremo* no que é, por natureza, limitado... Talvez seja este o sentido da balada de Goethe.

Mefistófeles e Fausto acabam de deixar o quarto da jovem, após terem colocado um **cofre*** de **joias*** no armário. Margarida entra para deitar-se e, enquanto tira suas vestes, canta:

> Outrora um rei de Tule
> Fiel até o túmulo,
> Recebe, à morte de sua amada,
> Uma taça de ouro cinzelado [...]
> [...] Bebe lentamente e depois atira
> Às ondas o vaso sagrado.
> O vaso gira, a água se agita,
> As ondas cobrem-no uma vez mais [...]

Curiosamente, a balada lembra o tema celta da *Soberania*, que, sob a forma de uma bela moça, deixando-se propositalmente esposar, devolve ao soberano eleito a taça simbólica contendo bebida inebriante (v. as histórias do *Êxtase do Campeão da Taça de Cormac*). Goethe faz da taça, ao menos em parte, uma recordação sentimental, inteiramente

998 | TÚMULO

no tom da canção do séc. XVIII. Manteve todavia o essencial, visto que a taça *não pode* passar aos herdeiros após a morte do rei.

"Quando veio a falecer, contou suas cidades e impérios. Deu tudo de presente a seus herdeiros, exceto a taça."

Da combinação dos textos latinos e gregos (*v.* a lista completa em Holder, HOLA, **11**, 1825-1831) Tule designa a mais setentrional das ilhas Shetland, atualmente Unst. Se interpretarmos então, corretamente os dados geográficos fornecidos por Plínio, que parece ser o autor menos complexo, o topônimo aplica-se ao *limite extremo* setentrional deste mundo, além do qual existe um Outro Mundo a que normalmente os humanos não têm acesso (*Naturalis Historiae, IV*, 16, 30; ed. Julius Sillig I, Hamburgo 1851, p. 320. Pode-se comparar Ptolomeu, *Geographia*, 1, 7, 10-18).

Com reservas, compararemos a forma irlandesa *tola* (ou *tolae*, em uma glosa de Milão 93b13), nome verbal de *to-uss-lin* ou *to-fo-lin, onda, inundação, ou, ainda, abundância, grande quantidade, exército (Royal Irish Academy Dictionary*, T-2, 238). Isso vai ao encontro de tudo o que sabemos a respeito das concepções celtas sobre o *Outro Mundo* (OGA, XVIII, p. 132 s.) e sobre a origem nórdica da *tradição primordial* (Françoise Le Roux, *Les Iles au Nord du Monde*, in *Mélanges Grenier*, Bruxelas, 1962, p. 1051-1062).

Consequentemente, Tule simbolizaria o limite extremo onde termina este mundo, onde começa o Outro Mundo. Nesse limite encontra-se o *conhecimento supremo*, ou revelação primordial, que simbolizam o estojo de joias e a taça. Mas esse conhecimento sagrado, diferentemente dos reinos que podem ser transferidos por herança, não é comunicado por uma decisão autoritária: pode ser somente o objeto de uma experiência pessoal, de uma intuição; é preciso abrir por si mesmo o estojo ou beber da taça.

TÚMULO

Como um monte de proporção pequena ou elevando-se em direção ao céu como uma pirâmide, o túmulo lembra o simbolismo da **montanha***.

Cada túmulo é uma réplica modesta dos montes sagrados, reservatórios da vida. Afirma a perenidade da vida, através das suas transformações. Assim, é compreensível que, segundo as palavras de um grego (POSD, 288) "o egípcio dê mais de si para construir sua casa da eternidade que para instalar sua morada". Da mesma forma, na tradição grega do período miceniano, o túmulo representa a morada do defunto, tão necessária quanto a casa habitada em vida. No mundo helênico, mais tarde, os mortos geralmente passarão a ser cremados. Segundo outras tradições, disseminadas principalmente pela África, o túmulo serve para fixar, através de um sinal material, a alma do morto, para que suas andanças na superfície da terra não venham a atormentar os vivos. "A estátua sepulcral é a reprodução do morto, como na estatuária egípcia. Representa o fantasma do morto, mas não traz necessariamente os seus traços. Frequentemente a figura humana é substituída por uma figura simbólica: esfinge, sereia. Algumas vezes coloca-se como estátua funerária uma imagem de leão ou de touro" (LAVD, 960).

C. G. Jung associa o túmulo ao arquétipo feminino, como tudo o que envolve ou enlaça. É o lugar da segurança, do nascimento, do crescimento, da doçura; o túmulo é o lugar da metamorfose do corpo em espírito ou do renascimento que se esboça; mas é também o abismo onde o ser é devorado pelas trevas passageiras e fatais. A mãe, e seus símbolos, é simultaneamente *amorosa* e *terrível*.

Os sonhos com túmulos revelam a existência de um cemitério interior: desejos insatisfeitos, amores perdidos, ambições frustradas, dias felizes desaparecidos etc. Mas essa morte aparente não é, psicologicamente, uma morte total: uma obscura existência mantém-se no túmulo do subconsciente. Aquele que sonha com mortos, cemitério, túmulos está, "na realidade, à procura de um mundo que ainda encerra alguma vida secreta para ele; e para lá vai quando a vida não oferece saída, quando conflitos existenciais autênticos o mantêm prisioneiro sem lhe apresentar soluções; então, pedirá uma resposta às suas dúvidas à beira do túmulo daqueles que levaram muito desta vida para as sombrias profundezas da terra [...]. Assim, estará se voltando para um símbolo forte e grave – pois os mortos são poderosos, são *legião* – a fim de recuperar o vigor através do que parece inerte, mas é imenso e prodigioso: pois a morte também é vida" (AEPR, 252).

TÚNEL (*v. Simplégadas*)

Via de comunicação, coberta e escura, na superfície, subterrânea ou supraterrestre, que conduz, através da escuridão, de uma zona de luz a outra; via de passagem que encontramos em todos os ritos de iniciação. Quantas vezes os sonhos apresentam fantasmas de túneis escuros e intermináveis! Símbolo de angústia, de espera inquieta, de medo das dificuldades, de impaciência em satisfazer a um desejo.

A epopeia de Gilgamesh descreve um túnel tenebroso que atravessa duas montanhas vizinhas. Em busca da imortalidade entre os seus ancestrais e os deuses e desejando interrogar o falecido pai sobre a morte e a vida, o rei, cujo coração está cheio de angústia pelo medo da morte, entra no túnel e caminha "nove horas-duplas" sem sair dessa noite profunda. Subitamente, um sopro de vento vindo do norte toca-lhe o rosto. Ele continua a caminhar, chega à saída e vê raiar o dia. Continua a caminhar por mais "doze horas-duplas": a luz brilha e ele próprio se torna luminoso. Como o sol, atravessou o longo túnel em doze etapas: "Ele se dirige, então, ao jardim e vê árvores cobertas de pedras preciosas. A cornalina dá frutos, cachos pendentes e brilhantes. A lazulite dá folhas e também frutos agradáveis aos olhos." O túnel aparece aqui como o caminho de uma iniciação, do acesso à luz, o caminho da vida (com a árvore e os frutos), a chegada de um novo nascimento.

A crença em *grandes estradas subterrâneas*, que o sol, os iniciados e os mortos percorrem para alcançar a luz de um novo dia, é muito difundida na maioria das tradições, notadamente no Egito, na Mesopotâmia e na América pré-colombiana. Túneis atravessam montanhas sagradas, templos e zigurates nos conduzem até elas. Uma lenda

hitita ilustra o caçador Kessi visitando o reino dos mortos: "ele se encontra à entrada de um túnel longo e estreito; caminha lentamente até a porta da aurora". Percebe, então, que deixou o mundo dos vivos na terra. Quer voltar atrás. "Kessi, diz o deus-sol, aquele que contemplou os mistérios da morte nunca mais deve voltar à terra dos vivos. Mas eu vou te fazer entrar num mundo de luz, assim como tua esposa, e te darei para sempre um lugar entre as estrelas." A passagem pelo túnel da morte não tem volta: é a imagem do irreversível, da prova da noite, mas também de um novo nascimento, se for verdade que "nascer é abrir os olhos para uma nova luz". Hieronymus Bosch pintou a subida das almas, guiadas pelos anjos da guarda, em direção a um túnel cilíndrico e profundo que os leva da escuridão à luz. Uma mulher de véu branco, representando a alma, é levada pelos anjos e é como que aspirada por uma luz que brilha ao fundo do túnel. É o caminho ascensional das trevas da morte para a claridade do Paraíso. Em um filme rico em símbolos, *Stalker*, Andrei Tarkovski mostra longamente um túnel escuro, úmido e tortuoso que três viajantes percorrem até a entrada da câmara da Salvação pela esperança; mas desesperados com tudo – com sua ciência, sua arte, sua sociedade –, privados de toda fé, eles se recusam a atravessar e ficam condenados ao desespero.

O túnel é o símbolo de todas as travessias obscuras, inquietas, dolorosas, que podem desembocar em outra vida. Daí a extensão do símbolo ao útero e à vagina da mãe, a via iniciática do recém-nascido.

TÚNICA

"O corpo é uma túnica para a alma. Para os antigos, o céu também é um *peplos* e é o manto dos deuses uranianos" (Porfírio, *Sur l'antre des nymphes*, 14).

Os cátaros, cuja doutrina proveio da teoria maniqueísta, acreditam que os anjos caídos na terra são revestidos de túnicas, que são os corpos (MAGE, 146).

De acordo com uma tradição contrária, de todas as vestimentas, a túnica é a que mais se

TURBANTE

aproxima da alma no seu simbolismo; revela uma relação com o espírito. Buracos ou manchas numa túnica evocam as cicatrizes ou ferimentos da alma.

A túnica de Néssus é um símbolo de vingança. O Centauro – mortalmente ferido por uma flecha atirada por **Héracles*** por ter querido violentar Dejanira – confiou um segredo à jovem, antes de expirar. Ela conservaria o amor de seu marido se o vestisse com uma túnica molhada em um certo líquido: esse líquido era uma mistura do sangue e do sêmen de Néssus. Quando Héracles a vestiu, ela se colou ao seu corpo queimando-o, como a consumidora persistência de um sentimento de ciúme que se cola à alma. Ao tentar tirá-la, saíram pedaços de pele; louco de dor, ele se jogou em um braseiro. Dejanira se matou. Esse fim terrestre do herói dos doze trabalhos, torturado pela túnica envenenada, simboliza a lepra que atingiu a sua alma. O sangue do Centauro, derramado pela cólera de Héracles e que impregna a túnica, simboliza a violência do herói; o sêmen, a sua luxúria, que o tornou infiel e ciumento. Esses dois vícios que *se colaram à sua pele* eram também a vingança do Centauro, e a túnica impregnada foi o instrumento dessa vingança. Mas **Héracles*** se purificou através do fogo da fogueira. Após os seus gloriosos trabalhos e os seus cruéis sofrimentos, foi admitido entre os deuses.

TURBANTE

Símbolo de dignidade e de poder em três planos diferentes: nacional, para o árabe; religioso, para o muçulmano; profissional (profissões civis em oposição às militares). Um *hadith* (relato do Corão) declara que o turbante é "dignidade para o crente e força para o árabe". O Profeta é o possuidor do turbante por excelência. Por isso os fabricantes de turbantes turcos escolheram o Profeta como patrono.

Um *hadith* frequentemente citado lembra que os turbantes são as coroas dos árabes. Há lendas que contam que Adão já teria usado um turbante que o anjo Gabriel teria amarrado em volta de sua cabeça após o exílio do Paraíso, para lembrar a sua dignidade perdida; antes disso, ele usava uma coroa. Alexandre Dhul-karnain usava um turbante para esconder seus dois chifres. Na mesma ordem de ideias, no Tibete do séc. VII, o rei Srong-btsan sgam-po "teria nascido com uma protuberância no alto da cabeça, justamente no local de onde saía a corda de luz graças à qual os primeiros reis tibetanos subiam ao céu. Essa protuberância era muito brilhante e ele a ocultava usando um turbante" (SOUN, 435).

O turbante é um signo distintivo do muçulmano em relação aos descrentes; marca a separação entre a fé e o seu contrário. No dia do Juízo, o homem receberá a luz para cada volta do turbante em torno de sua cabeça. Assim, *usar o turbante* torna-se o símbolo de abraçar o islamismo.

O turbante constitui *um adorno para Deus*; Deus e os anjos abençoam aquele que usa um turbante na sexta-feira.

A cor mais frequente do turbante é o **branco***. Dizem que o Profeta gostava dessa cor e que os anjos, que ajudaram os muçulmanos em Badr, traziam turbantes brancos, cor do Paraíso. Dizem também que usavam turbantes **amarelos***, porque o anjo Gabriel tinha um turbante feito de luz. O Profeta teria gostado de usar o **azul***, mas o proibiu, pois os descrentes o usavam.

Quanto ao **vermelho***, dizem que os anjos usavam turbantes dessa cor em Uhud e em Hunain, e que Gabriel apareceu uma vez com um para a esposa do Profeta.

O **verde*** é a cor do Paraíso e, dizem, a cor preferida de Maomé. Mas, segundo a tradição, ele não usava turbante dessa cor. No entanto, o turbante verde é a insígnia dos seus descendentes. Hoje considera-se uma lei: ninguém pode usar um turbante verde sem ser um 'Alide.

O turbante é, também, um *símbolo de investidura*. No mundo islâmico, não há coroas ou coroamentos. Os califas revestem os seus vizires de um turbante. Este constitui também uma parte das vestimentas de honra outorgadas aos vizires e aos emires. Quanto mais elevada a posição, principalmente do ponto de vista religioso, maior o turbante.

Por fim, o turbante é o símbolo das profissões civis: *homem de turbante* significa funcionário civil.

As formas variam de acordo com o país. Há um simbolismo particular para as diferentes partes do turbante; assim, os sufistas usam a ponta no lado esquerdo, por ser o lado do coração; usá-la por trás da orelha direita constituía uma prerrogativa do sultão hafsida (ENCI, art. de Björkman).

TURQUESA

A turquesa, nas antigas culturas mesoamericanas, sempre tem relação com o *fogo* ou o *sol*. Assim, o Sol, deus guerreiro, ao acordar, expulsa a lua e as estrelas do céu armado da *serpente de turquesas*, identificada pelo fogo e pelos raios. Entre os astecas, o deus do fogo se chama Xiuhtecuhtli, o que significa *o senhor da turquesa* (KRIR).

Entre os pueblos, a câmara de culto secretíssima do Grande Sacerdote das Chuvas (o senhor das chuvas do norte), que praticamente jamais foi aberta a um europeu, conteria um altar com "duas pequenas colunas de cristal e de turquesa e mais uma pedra em forma de coração, o coração do mundo" (KRIR).

Huitzilopochtli, deus asteca da guerra, divindade solar suprema, é o *Príncipe de turquesa*; representa o sol no zênite.

Como relincha alegremente
Escuta o cavalo turquesa do Deus Sol.

(Canto Navajo, in *Trésor de la Poésie universelle*, N.R.F., 1958)

U

UM

Símbolo do homem de pé: único ser vivo que usufrui essa faculdade, a ponto de certos antropólogos fazerem da verticalidade um sinal distintivo do homem, ainda mais radical do que a razão.

O Um encontra-se igualmente nas imagens da **pedra*** erguida, do **falo*** ereto, do **bastão*** vertical: representa o homem ativo, associado à obra da criação.

O Um é também o Princípio. Apesar de não manifestado, é dele que emana toda manifestação e é a ele que ela retorna, esgotada a sua existência efêmera; é o princípio ativo; o criador. O Um é o local simbólico do ser, fonte e fim de todas as coisas, centro cósmico e ontológico.

Símbolo do ser, mas também da Revelação, que é a mediadora para elevar o homem, através do conhecimento, a um nível superior. O Um é também o centro místico, de onde irradia-se o Espírito como um sol.

Houve razão para distinguirmos, com Guénon, o Um da unicidade enquanto expressão do ser absoluto e sem medida comum, o transcendente, o Deus único; o Um, ao contrário, admite a geração do múltiplo homogêneo e a redução do múltiplo ao Um, no interior de um conjunto emanação-retorno, no qual atua o pluralismo interno e externo.

Além do caráter geral e universal do número *um* como *base* e como *ponto de partida*, esse número apresenta certas particularidades, como, por exemplo, na literatura e no folclore iranianos.

Primeiramente, o um (*yak*) representa Deus o Único; é escrito da mesma forma que a letra *alif* (= a), a primeira do alfabeto árabe-persa. No alfabeto *abdjad* (A.B.DJ.D.) esta letra também tem o valor de Um.

Na literatura e nas lendas cavalheirescas, o herói afirma com orgulho a sua participação numa cultura islâmica florescente e difundida em todo o Oriente, cuja divisa é *não há outro deus senão Deus o Único*. O herói torna-se defensor do pensamento religioso do qual se alimentou, e para preservar a sua própria comunidade muçulmana ataca os adeptos de outras religiões, sobretudo os cristãos, os judeus, os zoroastrianos e os brâmanes. É uma luta na qual o número *um*, de certo modo, representa aquilo que está em jogo.

Quando um herói penetra na corte de um rei ou de um emir não muçulmano, ele declara em atitude de desafio: *A minha saudação nesta corte dirige-se àquele que sabe que nos dezoito mil universos Deus é um.*

Nos relatos lendários e nos temas folclóricos, o Deus único é muitas vezes simbolizado por esse número um.

C. G. Jung distinguiu toda uma série de símbolos que chama de *símbolos unificadores*. São os que tendem a conciliar os contrários, a realizar uma síntese dos opostos, como, por exemplo, a quadratura do **círculo***, os **mandalas***, os **hexagramas***, o **selo de Salomão***, a **roda***, o **Zodíaco*** etc.

O símbolo unificador estaria carregado de uma energia psíquica extremamente poderosa. Segundo as observações de Jacques de la Rocheterie, só aparece nos sonhos quando o processo de individualização já está avançado. O sujeito é, então, capaz de assumir toda a energia do símbolo unificador para realizar em si a harmonia do consciente e do inconsciente, o equilíbrio dinâmico dos contrários reconciliados, a *coabitação* do irracional com o racional, do intelecto com o imaginário, do real com o ideal, do concreto com o abstrato. A totalidade unifica-se na sua pessoa e a sua pessoa desenvolve-se na totalidade.

UMBIGO (*v.* Ônfalo)

UNÇÃO

A unção simboliza *o espírito de Jeová*. Pela unção Deus difunde sua luz viva, a unção infunde a *presença divina*. É por isso que Jacó, a quem Jeová apareceu durante o sono, espargiu óleo sobre a pedra que lhe havia servido de travesseiro. Com isso queria manifestar a presença de Deus (*Gênesis*, **28**, 16-18). Todos os povos tinham, aliás, o costume de verter óleo sobre as pedras comemorativas. Derramar óleo santo sobre a cabeça adquirirá o valor de uma *consagração*, como nos ritos empregados para a consagração do grande sacerdote e a sagração dos reis. O profeta também recebe a unção; Elias recebeu a ordem de ungir Eliseu. O Verbo encarnado é anunciado como o *ungido* por um óleo de alegria (*Salmos*, **45**, 8). Paulo alude à unção recebida pelos cristãos; ela é comparada a um selo que os distingue dos outros, quando o Espírito Santo desce nos seus corações (II *Coríntios*, **6**, 21-22). A unção sacramental é aplicada aos doentes e aos moribundos. É claro que a unção empregada nos ritos é sempre feita com um óleo santo, consagrado para um determinado fim. A unção operada com óleo comum, enquanto unção de higiene, não tem nenhum sentido simbólico; como, por exemplo, as unções corporais praticadas pelos orientais depois do banho com óleos perfumados.

UNICÓRNIO

O unicórnio medieval é um símbolo de *poder*, o que o **chifre*** essencialmente expressa, mas também de *luxo* e de *pureza*.

Encontramos essas virtudes na China antiga, onde o unicórnio é o emblema da realeza e simboliza as virtudes régias. Assim que estas se manifestam, o unicórnio aparece: o que acontece

sob o reinado de Chuen. É, por excelência, o animal de bom augúrio. Entretanto, o unicórnio auxilia a justiça real, golpeando os culpados com seu chifre. O unicórnio também combate contra o Sol e o eclipse; ele os *devora*.

A dança do unicórnio é um divertimento muito estimado no Extremo Oriente, na festa do meio do outono. Mas o unicórnio parece ser então apenas uma variante do **dragão***, outro símbolo régio, mas sobretudo senhor da chuva. A luta contra o Sol, que é responsável por secas calamitosas, poderia explicar esta aproximação (GRAD). Como o dragão, o unicórnio pode ter nascido da contemplação das nuvens, de formas inumeráveis, mas sempre anunciadoras da chuva fertilizante.

O unicórnio também simboliza, com seu chifre único no meio da fronte, *a flecha espiritual, o raio solar, a espada de Deus, a revelação divina, a penetração do divino na criatura*. Representa na iconografia cristã a Virgem fecundada pelo Espírito Santo. Esse chifre único pode simbolizar uma etapa no caminho da diferenciação: da criação biológica (sexualidade) ao desenvolvimento psíquico (unidade assexuada) e à sublimação sexual. O chifre único foi comparado a um *pênis frontal*, a um *falo psíquico* (VIRI, 202): o símbolo da fecundidade espiritual. Ele é também, ao mesmo tempo, o símbolo da virgindade psíquica. Alquimistas viam no unicórnio uma imagem do hermafrodita, o que parece ser um contrassenso: em vez de reunir a dupla sexualidade, o unicórnio transcende a sexualidade. Tornara-se na Idade Média o símbolo da encarnação do Verbo de Deus no seio da Virgem Maria.

Bertrand d'Astorg, no *Mito da dama com o unicórnio* (*Le Mythe de la dame à la licorne*, Paris, 1963), renovou a interpretação do símbolo, ligando-o às concepções medievais do amor cavalheiresco. Descreve primeiro sua visão de poeta: *Era um unicórnio branco, do tamanho de meu cavalo, mas com um rastro mais comprido e mais leve. A crina sedosa voava sobre sua fronte; o movimento fazia com que corressem por seu pelo arrepios brilhantes e que sua cauda espessa flutuasse.*

UNICÓRNIO

Todo o seu corpo exalava uma luz cinzenta; centelhas faiscavam às vezes de seus cascos. Galopava como se quisesse manter para cima o chifre terrível, onde nervuras nacaradas se enrolavam em espirais regulares. Depois ele vê no unicórnio o modelo das grandes apaixonadas, decididas a recusar a consumação do amor que elas inspiram e retribuem. O unicórnio é dotado de um misterioso poder de denunciar o impuro, na verdade, até mesmo a menor ameaça de alteração no brilho do diamante: *é-lhe conatural toda matéria em sua integridade.* Tais seres *renunciam ao amor para permanecer fiéis ao amor e para salvá-lo de uma decadência inelutável* (Yves Berger). Que morra o amor, para que o amor viva. Aqui se opõem a *lírica da renúncia* e a *lírica da posse*, a sobrevivência da donzela e a revelação da mulher. O mito do unicórnio é o da *fascinação que a pureza continua a exercer* sobre os corações mais corrompidos.

Unicórnio: Virgem com unicórnio. Manuscrito do séc. XVI. *Tratado sobre Alquimia* (Leyde, Ryjksuniversiteit Bibliotheck).

P. H. Simon sintetizou com perfeição o valor do símbolo: que ele seja, pelo símbolo de seu chifre, que separa as águas poluídas, detecta os venenos e só pode ser tocado impunemente por uma virgem, o emblema de uma *pureza ativa*, ou que, perseguido e invencível, só possa ser capturado pelo ardil de uma donzela que o adormece com o perfume de um leite virginal, o unicórnio sempre evoca a ideia de uma *sublimação milagrosa da vida carnal* e de uma força sobrenatural que emana do que é puro.

Em numerosas obras de arte, esculpidas ou pintadas, figuram dois unicórnios face a face, que parecem dar um ao outro combate feroz. Seria possível ver nisso a imagem de um violento conflito interior entre os dois valores que o unicórnio simboliza: salvaguarda da virgindade (o chifre único levantado para o Céu), e fecundidade (sentido fálico do chifre). O parto sem a defloração, esse poderia ser o desejo, contraditório no plano carnal, que se exprime pela imagem dos chifres em luta. O conflito só é superado, o unicórnio só se torna fecundo e apaziguado, no nível das relações espirituais.

Na sexta e última tapeçaria da célebre série do Museu de Cluny, intitulada *A Dama com o unicórnio*, a jovem mulher, que se despoja de suas joias, está prestes a ser absorvida pela tenda, símbolo da presença divina e da vacuidade. A inscrição que encima a tenda, *um só desejo*, significa que o desejo da criatura se confunde com o da vontade que a dirige. Na medida em que nossa existência é um *jogo divino*, nosso papel torna-se livre e ativo, quando nos identificamos com o manipulador de marionetes que nos cria e dirige. Então o ser particular dissolve-se para dar lugar ao grande Ser, sob a tenda cósmica ligada à estrela polar. A Dama, por sua graça e sabedoria (*Sofia – Xácti – Shekinah*, isto é, a que está sob a tenda), assim como por sua pureza, pacifica os animais antagonistas da Grande Obra: o leão que simboliza o enxofre, e o unicórnio que representa o mercúrio. Com frequência a Dama é comparada ao Sal-filosofal. Está muito próxima da mentora de Hevajra, cujo nome significa *aquela que não tem ego*. O chifre erguido do unicórnio, que simboliza a fecundação espiritual e que capta o fluxo da energia universal, está de acordo com o simbolismo axial da tenda, prolongado por uma ponta com o simbolismo das duas lanças, com o dos penteados da dama e de sua acompanhante, encimados por um enfeite de plumas, e com o das árvores que celebram as núpcias místicas do Oriente e do Ocidente (o carvalho e o azevinho correspondendo à laranjeira e à jaqueira). As insígnias, *goles* [vermelho em heráld.] *e banda azul com três crescentes ascendentes de prata*, sugerem que essas tapeçarias talvez tenham sido encomendadas pelo Príncipe Djem, filho infeliz de Maomé II, o conquistador de Constantinopla. O ideal desse príncipe, por longo tempo cativo em Creuse, onde foram encontradas estas obras, não consistia em reunir a Cruz e o Crescente? A ilha oval que sustenta a cena é recortada como um lótus, símbolo do desenvolvimento espiritual. Quanto ao pequeno macaco sentado diante da Dama, designa o próprio alquimista, o "macaco por natureza", vigiando sua senhora, que pode ser comparada à *Prima Materia*.

O unicórnio figura em diversas estampas de tratados alquímicos (Lombardi, Lambsprinck, Mylius etc.). Essa besta fabulosa de origem oriental, ligada ao *terceiro olho* e ao acesso ao Nirvana, ao retorno até o centro e à Unidade, estava totalmente destinada a designar para os herméticos ocidentais o caminho na direção do ouro filosofal – na direção da transmutação interior que se efetua, quando a androginia primordial é reconstituída. Na China o nome do unicórnio, *Ki lin*, significa Yin-Yang (CARL).

URAEUS

Cobra fêmea furiosa, com o pescoço inchado, personifica *o olho inflamado de Ré* e simboliza *a natureza ígnea das coroas*. São encontradas na testa dos faraós, nos frisos dos templos e na cabeça dos deuses solares; identificam-se igualmente com a mulher-serpente (POSD, 293). De acordo com A. Champdor (CHAM, 46), simbolizaria *o fluido vital, o sopro da vida, o calor de Ísis*. Essa serpente de fogo, que coroa os templos ou a cabeça dos faraós, concentra em si as propriedades do sol, vivificantes e fecundantes, mas também capazes de matar, secando e queimando: aspecto duplo da soberania.

URANO[1]

Este planeta, descoberto em 13 de março de 1781 por William Herschel, representa na astrologia a força cósmica que provoca as mudanças e agitações repentinas, bruscas e imprevistas, das intervenções, das criações originais e do progresso. O seu domínio privilegiado é a eletricidade, a aviação e o cinema. O espírito novo que há dois séculos inspira a humanidade provém principalmente deste astro, que é, aos olhos da astrologia, o verdadeiro criador do mundo moderno, fundado sobre os princípios da Revolução Francesa, no plano social, e sobre a maquinaria e a industrialização, na esfera do trabalho. O seu domicílio é o Aquário, que divide com Saturno. No momento de sua descoberta, Urano estava em Gêmeos, o signo zodiacal que rege os Estados Unidos; a civilização desse país é até hoje, tanto no bem quanto no mal, a mais perfeita manifestação do influxo uraniano. O dinamismo prodigioso, a igualdade dos sexos, a mentalidade do jovem pioneiro, os princípios democráticos coexistindo com o regime presidencial, a primeira indústria do mundo, o problema do negro, a brutalidade, o gangsterismo, tudo, até Hollywood e a cadeira elétrica, traz a marca distintiva de Urano. No organismo humano, ele rege os nervos e as doenças provocadas por sua influência; são doenças nervosas, os espasmos, as câimbras e os enfartes.

O processo uraniano situa-se, originariamente, como um momento de cólera do Caos: é o despertar do fogo primordial. Diante do deus dos oceanos há, portanto, o deus do Céu, cuja ambição primeira é libertar-se do indiferenciado, do oceânico e, consequentemente, elevar-se, altear-se, como se quisesse individualizar-se ao máximo. Tudo o que liberta o homem da Terra, que o eleva ao Céu, que é o seu império mitológico, e o orienta em direção ao absoluto do esforço vertical está sob os seus auspícios, desde o mais simples arranha-Céu até o foguete interplanetário, passando pelo avião e pelo satélite artificial... Este processo uraniano desenvolve-se sobre a linhagem do homem-prometeu; este é verdadeiramente o raptor do fogo celeste, instintivamente voltado para as proezas e as façanhas; trata-se sempre de bater um recorde, de fazer mais ou de ir mais longe que o anterior. Possuído pelo instinto de

1006 | URANO²

excessivo e de força, é o homem do progresso em busca de uma nova era, se não fracassar na aventura de aprendiz de feiticeiro. No fundo desse processo distingue-se o arquétipo da hiperindividualização, que particulariza o ser humano numa originalidade superpersonalizante, geralmente no paroxismo do Ego, em busca da mais explosiva unidade, e voltado para o absoluto.

URANO²

Deus do Céu, na *Teogonia* de Hesíodo. Símbolo de uma proliferação criadora sem medida e sem diferenciação, que destrói, por sua própria abundância, tudo que engendra. Caracteriza a fase inicial de toda ação, com sua alternância de exaltação e depressão, de impulso e queda, de vida e morte dos projetos. Vem a simbolizar desse modo o ciclo dos desenvolvimentos. Deus celeste das religiões indo-mediterrâneas, um dos *símbolos da fecundidade*, ele é representado pelo **touro***. Mas essa fecundidade é *perigosa*. Como bem observou P. Mazon no seu comentário à Teogonia de Hesíodo (HEST, 285), "a mutilação de Urano põe fim a uma fecundidade odiosa e estéril, introduzindo no mundo, com a aparição de Afrodite (nascida da espuma ensanguentada do membro gerador uraniano), a ordem, a constância das espécies, e tornando assim impossível toda procriação desordenada e nociva" (ELIT, 75).

Com base na mitologia grega, André Virel caracterizou perfeitamente as três fases essenciais da evolução criadora. Urano (sem equivalente romano) situa-se na primeira fase: a efervescência caótica e indiferenciada, denominada *cosmogênese*. Cronos (Saturno) intervém na segunda fase, a da *esquizogênese*: ele corta, divide. É quem, com um golpe de foice sobre os órgãos de seu pai, põe um fim a suas secreções indefinidas. Representa um tempo de suspensão. Ele é o regulador que *bloqueia toda criação do universo... o ponto fixo da onda estacionária, a vida no seu lugar, sem avançar, sempre idêntica a si mesma. Ele é o tempo simétrico, o tempo de identidade.* O reino de Zeus (Júpiter) caracteriza-se por um novo início, mas um início organizado e ordenado, e não mais anárquico e

sem controle, que André Virel chama *autogênese*. Depois da descontinuidade da época precedente, cujas paradas, tempos, medidas, fixações permitiram uma primeira classificação, a continuidade da evolução recomeça. É o momento em que *o homem toma claramente consciência de si mesmo, ao mesmo tempo que toma consciência das relações de causalidade, da delimitação dos seres e das coisas que ele apreende nas suas analogias e suas diferenças... A história mitológica dos deuses elucida (então) a história dos homens.* A mitologia é assim apresentada como uma *psicologia projetada no mundo exterior*, não apenas uma psicologia individual, como a entendia Freud, mas também uma psicologia coletiva, como a concebe Jung (VIRI, 84-86).

URNA

Vaso funerário que encerra as cinzas de um defunto, enquanto o sarcófago encerra o corpo não incinerado. Esses vasos funerários de forma redonda ou quadrada, de metal, mármore ou vidro, evocam o simbolismo da morada ou da **casa***.

Nas artes, a urna é também o vaso de onde flui a água e simboliza a fecundidade dos **rios***. De um modo geral, a urna está relacionada ao princípio feminino, acrescentando à segurança da casa o dinamismo da fecundidade. No budismo chinês, é uma das oito figuras da sorte.

Nas democracias, serve para recolher os votos. A abertura no alto serve de passagem à vontade popular, expressa no sufrágio. A urna simboliza o regime eleitoral e, ao mesmo tempo, um dos receptáculos e uma das expressões da vontade do povo.

Os votos, as águas, as cinzas, misturados numa mesma urna, fazem dela, definitivamente, o símbolo da unidade: unidade social, unidade do princípio vital (água), unidade do ser humano; de um modo ainda mais geral, a unidade da diversidade, através do perpétuo escoamento e da sucessão da vida e da morte.

> Esposa inviolada da tranquilidade
> Alimentada pelo silêncio e a lenta duração
> [...]

Forma muda, vão tormento do pensamento
Como a eternidade...
Quando a idade destruir essa geração
Permanecerás para sempre, no meio de outros males [...]

(John Keats, "Ode on a Grecian Urn"
[Ode sobre uma urna grega])

URÓBORO (*v.* Serpente)

Serpente que morde a própria cauda e simboliza um ciclo de evolução encerrado nela mesma. Esse símbolo contém ao mesmo tempo as ideias de movimento, de continuidade, de autofecundação e, em consequência, de eterno retorno. A forma circular da imagem deu lugar a uma outra interpretação: a união do mundo ctônico, figurado pela serpente, e do mundo celeste, figurado pelo círculo. Essa interpretação seria confirmada pelo fato de que o uróboro, em certas representações, seria metade preto, metade branco. Significaria assim a união de dois princípios opostos, a saber, o Céu e a Terra, o bem e o mal, o dia e a noite, o *Yang* e o *Yin* chinês, e todos os valores que esses opostos comportam (*v.* **serpente***, **dragão***).

Uma outra oposição aparece numa interpretação em dois níveis. Ao desenhar uma forma circular, a serpente que morde a própria cauda rompe com uma evolução linear e marca uma transformação de tal natureza que parece emergir para um nível de ser superior, o nível do ser celeste ou espiritualizado, simbolizado pelo círculo. Transcende assim o nível da animalidade, para avançar no sentido do mais fundamental impulso de vida. Mas essa interpretação ascendente repousa apenas na simbologia do círculo, figura de uma perfeição celeste. Ao contrário, a serpente que morde a própria cauda, que não para de girar sobre si mesma, que se encerra no seu próprio ciclo, evoca **roda*** das existências, o *samsara*, como que condenada a jamais escapar de seu ciclo para se elevar a um nível superior: simboliza então o perpétuo retorno, o círculo indefinido dos renascimentos, a repetição contínua, que trai a predominância de um fundamental impulso de morte.

Uróboro: disco de bronze, arte de Benin.

URSA MAIOR

Observamos, a propósito do urso, como representante da casta guerreira em face da casta sacerdotal, que ele era às vezes figurado sob seu aspecto feminino: é o que acontece no mito de *Atlanta*, alimentada por uma ursa, a caçar o javali de *Calidon*. É também o caso das duas **constelações*** polares que conhecemos. A Ursa Maior foi outrora representada pelo javali; a transferência para ursa é o sinal da derrota do javali, isto é, a predominância do poder temporal.

Na tradição hindu, a Ursa Maior (chamada *Sapta-riksha*) é a morada dos sete *Rishi*, símbolos da sabedoria e da tradição primordial. A constelação é pois, ao mesmo tempo, uma residência dos Imortais e o *centro*, a *arca*, onde se conserva o conhecimento tradicional.

Observamos que, na China, a Ursa Maior havia sido a **Balança***, depois o **Alqueire*** (*teú*). Girando em torno do *centro* do Céu, o Alqueire (medidor), com seu *cabo*, indica sucessivamente as quatro divisões do dia e as quatro estações do ano. Segundo Sseuma Ts'ien, *o Alqueire é o carro do Soberano; move-se no centro; governa os quatro orientes; separa o yin e o yang; determina as quatro estações; equilibra os cinco elementos; faz as divisões do tempo e os graus do espaço evoluírem; fixa as diversas contas*. Ora, observa-se que esse é o papel do imperador no *Ming-t'ang*, no *centro* do mundo... Alinhado verticalmente com a Ursa Maior, o *Ming-t'ang* (como o *teú* das sociedades secretas) é sua representação microcósmica. O

URSO

timão do Grande Carro, diz ainda o *Tratado da Flor de Ouro*, *faz girar toda a manifestação* ao redor de seu centro. A Estrela Polar – que foi originalmente uma estrela da Ursa Maior (*teú-mu*) – é *T'ien-ki*, o *cimo do Céu*. É a casa de *T'ai-yi*, o *Supremo Uno*. É por isso que a Ursa Maior é utilizada como *base* nos métodos de concentração espiritual para *se atentar no Uno*. A constelação fica então aprumada na direção do homem, que atinge o estado *central*: ela desce sobre o cimo de sua cabeça. Em diversas cerimônias, o apelo a *T'ai-yi* se faz pela representação das sete estrelas da Ursa Maior sobre um estandarte.

Estas sete estrelas correspondem, segundo Sseu-ma Ts'ien, aos *sete Reitores*, que evocam certamente os sete *Rishi*, e também às sete aberturas do corpo e às sete aberturas do coração. Assim o coração, centro do microcosmo humano, é considerado a Ursa Maior. O Senhor, *T'ai-yi*, diz-se, tem na mão esquerda *o cabo das sete estrelas do Alqueire, e na mão direita, o primeiro fio da constelação boreal* (Estrela Polar). O que se pode relacionar com o *Apocalipse* (1, 16): o Cristo do Novo Advento *tem na mão direita sete estrelas*. A noção de imortalidade não está ausente de nenhum desses símbolos, nem também, sem dúvida, do costume chinês de colocar sete estrelas sobre os caixões. A extensão popular dessas diversas interpretações faz da Ursa Maior a residência do Regente do Destino, chamado *Pei-teú*, nome também dado à própria constelação.

Observar-se-á por fim que, entre os montanheses do Vietnã do Sul, a Ursa Maior é o arquétipo celeste, segundo o qual são construídos os barcos, o que nos leva, por um desvio, à noção de **navegação*** e de **arca*** primordial (CHAT, DAMS, GRAP, GRIF, GUET, GUES, LECC, MAST, SOOL).

Segundo Lehmann-Nitsche, esta constelação, reproduzida sobre os muros do Grande Templo de Coricancha em Cuzco, representava para os incas do Peru o *Deus do Trovão e das Chuvas*.

Nas lendas célticas, a Ursa Maior, como observamos, se chamava *O Carro de Arthur*.

URSO

O urso é, no mundo céltico, o emblema ou o símbolo da *classe guerreira*, e seu nome (celt. comum *artos*; irl. *art*; galês *arth*; bret. *arzh*) está contido no do soberano mítico Artur (*artoris*), ou ainda no antropônimo irl. *Mathgen* (*matugenos*: nascido do urso). Opõe-se simetricamente ao javali, que é o símbolo da classe sacerdotal. No conto galês de Kulhwch e Olwen, Artur caça o Twrch Trwyth e suas crias. Ora, esse animal é um javali branco, e a luta, que dura muito tempo (nove dias e nove noites), exprime a contenda entre o *Sacerdócio e o Império*. Na Irlanda, dá-se, entretanto, o contrário no conto da "Morte das Crianças de Tuireann", em que não é mais o javali sacerdotal que devasta as terras do soberano, mas os representantes da classe guerreira que assassinam Cian, o pai do deus Lug, escondido sob a aparência de um porco druídico. Há até, na Gália, uma deusa Artio (em Berna, cujo nome é sempre o do urso), que, simbolicamente, marca ainda mais o *caráter feminino* da classe guerreira. Pode-se observar também que os galeses chamam de *cerbyd Arthur* (carro de Arthur) as constelações, com simbolismo polar, da Ursa Maior e Menor (GUES, 177-183; CELT, 9, 331-332).

Entre os celtas, o urso opunha-se – ou associava-se – ao **javali***, como o poder temporal à autoridade espiritual, assim como, na Índia, o *kshatriya* ao brâmane. Esse aspecto, *yin* em relação ao javali *yang*, explica que se tenha frequentemente tratado, na verdade, de um feminino. Na outra extremidade do mundo, o urso é o ancestral dos ainus, do Japão. Os ainus (tribo antiga que vive no norte do Japão na ilha de Hokaido) vêm o urso como uma *divindade das montanhas*, suprema entre todas as outras. A festa do urso tem lugar em dezembro entre eles (essa festa chama-se *Ainu Kamui omante*). Nessa época a divindade viria à terra e seria acolhida pelos humanos. Deixando-lhes diversos presentes, retornaria em seguida ao mundo divino.

Ao contrário, o urso é na China um símbolo masculino, anunciador do nascimento dos meninos, expressão do *yang*. Tem relação com a montanha, que é seu hábitat, e opõe-se à serpente (*yin*, correspondente à água). Yu-o-Grande, o organizador do mundo, adotava, no exercício de suas funções, a forma de um urso. Mas não se trata realmente de uma inversão dos símbolos – quando muito, de uma relativa oposição do urso à ursa –, porque o *wang* chinês acumula os dois poderes, e a função de arquiteto cósmico está ligada ao poder dos *kshatriya*.

Deve-se acrescentar que o urso (*riksha*) é a montaria da *yogini Ritsamada*. O esoterismo islamítico faz do urso, às vezes, um animal vil e repugnante (BELT, CORT, GRAD, GRAR, GUES, MALA).

Na Sibéria e no Alasca, é associado à Lua, porque desaparece com o inverno e reaparece na primavera. O que também mostra suas ligações com o *ciclo vegetal*, que é igualmente regido pela lua.

Em outros lugares, ele é considerado o ancestral da espécie humana, "porque o homem, que tem uma vida semelhante à da Lua, só pôde ser criado da própria substância, ou pela magia, deste astro das realidades vivas" (ELIT). Os algonquinos do Canadá chamam o urso de *Avô* (MULR, 229). Dessa última crença provém aparentemente o mito, muito difundido, das mulheres raptadas por ursos, que vivem conjugalmente com seu raptor. "Entre os koriaks do nordeste da Sibéria, entre os giliaks, tlingits, tongas e haidas, o urso está presente nas cerimônias de iniciação, da mesma forma como desempenhava um papel essencial nas cerimônias do paleolítico. Entre os indígenas pomos (Califórnia do Sul), os candidatos são iniciados pelo urso grizzly que os *mata* e abre, com suas garras, um buraco nas suas costas" (ELIT, 158).

Na China arcaica, L. C. Hopkins pensa ter discernido, numa inscrição da época Chang e numa outra do começo da dinastia Tcheu, um "xamã dançarino com máscara e pele de urso" (citado por ELIC, 397)

Na Europa, o sopro misterioso do urso emana das cavernas. É, pois, uma expressão da obscuridade, das trevas: na alquimia corresponde ao negror do primeiro estado da matéria. Como a obscuridade e o invisível estão ligados à proibição, isso reforça sua função de *iniciador*.

Na mitologia grega, o urso acompanha Ártemis, divindade lunar de ritos cruéis. É frequentemente a forma que a deusa adota nas suas aparições. O animal lunar encarna uma das duas faces da dialética ligada ao mito lunar: pode ser monstro ou vítima, sacrificador ou sacrificado. Nesse sentido, o urso opõe-se à **lebre***. Representa tipicamente o aspecto monstruoso, cruel, sacrificador deste mito. Daí a interpretação que a psicanálise, com Jung, faz dele.

Como toda hierofania lunar, tem relação com o instinto. Dada sua força, Jung considera-o símbolo do *aspecto perigoso* do inconsciente.

Nos templos subterrâneos (kiva) dos pueblos, encontra-se um lugar ritual chamado *urso*, estando este animal ligado aos poderes subterrâneos (H. Lehman).

Para os iacutos da Sibéria, o urso escuta tudo, "lembra-se de tudo e não esquece nada". Os tártaros de Altai creem que ele "escuta por intermédio da terra", e os soiotes dizem: "a terra é a orelha do urso". Para falar do urso, a maior parte dos caçadores siberianos utiliza nomes convencionais, tais como "o velho, o velho preto, o mestre da floresta" (HARA, 281 s.), e muito frequentemente termos de parentesco como *Avô*, *Tio-avô*, *Avó* etc. Certas partes do seu corpo, como as patas, as garras, os dentes, são utilizadas para fins de magia protetora; a pata de urso, pregada perto da porta da casa ou da tenda, afasta os maus espíritos, entre os tungúsios, os chores, os tártaros de Minussink. Colocada no berço, ela protege as crianças entre os iacutos; para os teleutes, o espírito da porta aparece coberto com uma pele de urso. Sua garra tem virtudes terapêuticas: cura a diarreia do gado para os chores; protege contra as dores de cabeça os tártaros de Altai. Enfim, numerosos povos altaicos tomam o urso como testemunha de seus juramentos; os iacutos juram sentados sobre um crânio do urso; os tungúsios mordem sua pele, dizendo: "Que o urso me devore, se sou culpado

1010 | URSO

etc. Do outro lado da casa, lá onde se cumpre a noite, estão os ursos, cuja sabedoria terrestre é grande, assim também como seu conhecimento da medicina" (ALEC, 44).

Em tudo o que concerne à caça do urso, as mulheres são submetidas a proibições análogas, na maioria das vezes muito rigorosas, entre os povos caçadores da América do Norte e da Sibéria, e entre os lapões. Assim, entre os golds não têm nem mesmo o direito de olhar para uma cabeça de urso (HARA, 286). Entre os lapões, é proibido que pisem no rastro do urso. Entre os indígenas do rio Thomson, como no grande norte siberiano, "os despojos do urso nunca são introduzidos na cabana ou na tenda pela porta, *porque as mulheres utilizam a porta*" (ibid., 287). Todas essas tradições, segundo U. Harva, derivam de uma magia protetora, a mulher correndo o risco de ser atacada pelo espírito do animal precisamente por causa de *seu sexo*, e esse autor cita um canto finlandês de retorno da caça ao urso:

> Tomai bastante cuidado, pobres mulheres,
> Tomai bastante cuidado com vosso ventre,
> Protegei vosso pequeno fruto!
>
> (HARA, 288)

Como todas as grandes caças, o urso faz parte dos símbolos do inconsciente ctônico: lunar e, portanto, noturno, ele está ligado às paisagens internas da terra-mãe. É pois muito explicável que diversos povos altaicos o considerem seu ancestral. A notação de Uno Harva (HARA, 322): "Sternberg menciona que existem no vale do Amor diversas tribos que atribuem sua origem a um tigre ou a um urso, porque seu ancestral teria em sonho mantido relações sexuais com esses animais", adquire aqui todo o seu sentido.

Existiam, ainda há pouco tempo, cemitérios de urso na Sibéria.

No registro da alquimia, o urso corresponde aos instintos e às fases iniciais da evolução. Sua cor é o **preto*** da matéria primeira. Poderoso, violento, perigoso, incontrolado, como uma força primitiva, foi tradicionalmente o emblema da crueldade, da selvageria, da brutalidade. Mas, e o outro aspecto do símbolo aparece aqui, o urso pode ser, numa certa medida, domesticado: ele dança, é hábil com uma bola. Pode-se atraí-lo com mel, pelo qual é apaixonado. Que contraste entre a leveza da abelha, cuja substância ele ama, a da dançarina, cujo passo ele imita, e sua lentidão nativa! Simbolizaria, em suma, as forças elementares suscetíveis de evolução progressiva, mas capazes também de terríveis regressões.

V

VACA (v. Touro)

De um modo geral, a vaca, produtora de leite, é o símbolo da Terra nutriz. No Egito antigo, a vaca *Ahet* é a origem da manifestação, a mãe do sol; o corpo do deus, nos mistérios de Osíris, estava encerrado dentro de uma vaca de madeira e ele renascia através de sua gestação; o amuleto *Ahat*, que representa a cabeça da vaca sagrada, trazia entre os chifres o disco solar e era utilizado para emitir *calor* aos corpos mumificados. Esse costume vinha da crença de que, quando o sol Ré se pôs pela primeira vez no horizonte, a deusa-vaca enviou seres de fogo para socorrê-lo até o amanhecer, para que ele não perdesse o seu calor (MARA, 79). Wallis-Budge (BUDA, 149), por sua vez, aponta o costume das mulheres das tribos mais primitivas do vale do Nilo de usarem um amuleto representando a deusa Hator, sob forma de uma cabeça de vaca ou de uma mulher de orelhas longas e chatas caindo como as orelhas de uma vaca, para conseguirem uma grande progenitura.

A figura de Hator, no panteão egípcio, resume esses diferentes aspectos do símbolo da vaca. Ela é a fertilidade, a riqueza, a renovação, a Mãe, a mãe celeste do sol, *jovem bezerro de boca pura*, também esposa do sol, *touro de sua própria mãe*. É nutriz do soberano do Egito; é a própria essência da renovação e da esperança na sobrevivência, já que é "regente e corpo do céu, a alma viva das árvores" (J. Yoyotte, em POSD, art. Hator). Está em todos os lugares onde os gregos viram *as cidades de Afrodite*; é uma jovem, amável e sorridente, *deusa da alegria, da dança e da música*, e é compreensível que, projetando no além as esperanças realizadas a cada primavera na terra, tenha-se tornado, na margem esquerda do Nilo, em Mênfis e em Tebas, *a patrona da montanha dos mortos*. Aparentemente, a *Grande Mãe* ou *Grande Vaca* dos mesopotâmios era também uma deusa da fecundidade.

A representação do símbolo, que associa a vaca à **Lua***, ao **Chifre*** e à abundância, é ainda mais exata na Suméria (atual Iraque e Kuwait), onde a lua é decorada com dois chifres de vaca, enquanto a vaca é representada como uma Lua crescente. A noite estrelada é "dominada pelo Touro prestigioso, cuja Vaca fecunda é a Lua Cheia e cuja manada é a Via Láctea". Em certos lugares, parece que os sumerianos conceberam a imagem curiosa de um reflexo de lua assimilado a um jato de leite da Vaca lunar:

> A brancura da Vaca, um raio de Lua que sobe;
> O sorriso do céu desatou as correias
> Das vacas multiplicadas nos estábulos multiplicados;
> Sobre a mesa ele faz fluir o leite da Vaca fecunda...
>
> (M. Lambert, em SOUL, 79-81)

"Entre os germanos, a vaca nutriz Audumla é a primeira companheira de Ymir, primeiro gigante, nascida, como ele, no gelo derretido: é a ancestral da vida, o símbolo da fecundidade... Tanto Ymir quanto Audumla são anteriores aos deuses" (MYTF, 40).

Esse mesmo simbolismo estende-se à totalidade dos povos indo-europeus. Permaneceu extremamente forte na Índia, o que explica a veneração dedicada a esse animal, que em nenhum outro lugar foi venerado com tanta eloquência quanto nos Vedas, em que, arquétipo da mãe fértil, desempenha um papel cósmico e divino:

VACUIDADE (V. VAZIO)

A vaca é o céu, a vaca é a terra;
a vaca é Vishnu e Prajapati;
o leite ordenhado da vaca saciou
os Sadhya e os vasni.
[...] nela reside a ordem divina.

Ela é a nuvem cheia de chuva fertilizadora que cai sobre a terra quando os espíritos do vento – que são as almas dos mortos – matam o animal celeste e o devoram para, em seguida, ressuscitá-lo em sua pele, retirada anteriormente. Símbolo da nuvem das águas celestes, a vaca, que se desfaz no céu, se refaz na terra graças ao alimento que a chuva torna abundante. Ela desempenha, portanto, um papel análogo ao do **Bode*** e do **Carneiro*** celestes em inúmeras outras mitologias, que se estendem dos povos escandinavos até os povos das margens dos ribeirinhos do Níger.

A esta função de envoltório – ou de reservatório – das águas celestes frequentemente se acrescenta uma função de psicopompo, atestada na tradição védica que fazia com que uma vaca fosse levada à cabeceira dos moribundos. Antes de expirar, o agonizante agarrava-se à cauda do animal. Em seguida, o morto era levado para a cremação numa carroça puxada por vacas e seguida por uma vaca preta. Esta era sacrificada, sua carne, colocada sobre o cadáver, e tudo isso junto era posto sobre uma pira crematória, envolto na pele do animal... Uma vez acesa a fogueira, a assistência cantava pedindo à vaca que subisse com o defunto ao reino dos bem-aventurados que passa pela Via Láctea (MANG, 49-50).

De acordo com certas variantes, a vaca psicopompo – por vezes substituída por uma cabra não malhada – era presa ao pé esquerdo do cadáver.

A vaca era sacrificada ao pé da pira funerária, e as partes nobres, ritualmente dispostas sobre o cadáver: os rins eram colocados em sua mão, enquanto entoavam as estâncias.

É preciso enfatizar aqui o quanto a *pele* do animal delimita este ou aquele aspecto do simbolismo. Pois essa vaca preta, sem dúvida um avatar da *vaca oculta* do Veda, que corresponde à aurora primordial, também é encontrada no *Tao-*

-Te King (cap. 6) para designar a *fêmea misteriosa*, o princípio feminino, *origem do céu e da terra*; ainda no Veda, a *vaca leiteira malhada* é o símbolo do andrógino inicial; enquanto a vaca branca – a mais totalizante encarnação do símbolo – é, como a preta, relacionada ao fogo sacrificial, o *agnihotra*. Mas o *agnihotra* é também o sacrifício da palavra, e as vacas são as fórmulas sagradas dos *Vedas*. Será a lembrança deste simbolismo upanixádico? Em vários textos do budismo *zen*, a vaca é estreitamente relacionada ao processo gradativo que conduz à Iluminação. Aqui, entretanto, o asceta não é um *vaqueiro*, um *gopala* krishnaíta, e a própria vaca não é luz, como o é às vezes no hinduísmo. Ela representa a natureza do homem e a sua capacidade de iluminação, que as *Dez tábuas da domesticação da vaca* fazem progressivamente passar de preto ao branco. Quando a própria *vaca branca* desaparece, o homem escapou das limitações da existência individual (DANA, HERV, LIOT, MALA, SILI, SOUN, SOUL).

Ao contrário do que poderíamos pensar, este velho símbolo não desapareceu completamente da nossa memória, como o prova a obra do pintor ecologista Uriburu, que recentemente expôs alguns quadros representando uma *vaca verde*, para celebrar as virtudes da natureza, ameaçada pelo desenvolvimento da civilização industrial.

VACUIDADE (v. Vazio)

A vacuidade se *materializa* no ponto central do *vajra*, no centro imóvel da *cruz* e da *suástica*, princípio imutável no meio da giração universal, *ponto sem ponto*, do qual tudo provém e ao qual tudo retorna.

A Vacuidade (*Shunyata* em sânscrito, *Tong-pa-ni* em tibetano) – noção indissociável do *Vajrayana*, budismo tântrico tibetano – é luminosidade infinita, ligada ao Vazio criador, à abertura total, ao perfeito despertar, à ausência de ego e de compreensão dualista, assim como ao espaço ilimitado, à interdependência de todos os fenômenos, à transparência além de todos os conceitos, pois os seres e as coisas são totalmente desprovidos de essência própria. A *realidade* não

VAJRA (V. RAIO) | 1013

passa de um engodo: "Além da simples aparência, que resulta do livre jogo de elementos conexos, por si só ela não consiste em nada" (KALE).

A Vacuidade designa, portanto, a disposição que resulta do abandono daquilo que tomamos por verdade, acima de toda apreensão ou ausência de apreensão. A *Prajna Paramita,* ou Perfeição do Conhecimento transcendente, revelação da disposição essencial do Espírito, é desprovida de sentido se não estiver intimamente ligada à compaixão para com todos os seres.

O budismo do norte enumera dezoito tipos de Vacuidades, dos quais os últimos denominam-se Vazio do Não Pensamento, da Imaterialidade, e Não Substancialidade da Realidade. Vajra-Yogini é uma das manifestações da Vacuidade, assim como a Tenda cósmica que se une ao Espelho da Grande Sabedoria, refletindo a forma no Vazio e o Vazio na forma, o temporal no intemporal, o finito no infinito.

Os shivaístas de Cachemir distinguem sete tipos de Vacuidade, e os budistas mahayanistas, vinte e cinco. Mas o objetivo supremo das tradições, do oriente ao ocidente, consiste em realizar a consciência da Vacuidade e depois a Vacuidade da consciência. *Na consciência está o Todo,* diz o Buda. Encontramos aqui o dharma Kaya ou corpo de Vacuidade do *Vajrayana,* que, como o chifre do **Unicórnio*** dos Antigos, contém todos os possíveis. Ao contrário do nada, a Vacuidade pode ser comparada à sequência dos números que não têm como ponto de partida a unidade positiva ou negativa, mas o zero.

VAJRA (*v.* Raio)

Termo sânscrito (em tibetano: *dordje*) que designa um instrumento ritual do budismo tântrico, composto de um grão central (**Bindu***), germe do espírito, eixo e coração do universo, e de flores de lótus simétricas, das quais brotam dois grupos de cinco chamas exprimindo a disposição dos cinco Dhyany-Budas, destinados a unirem-se como as chamas na natureza transcendente do Adi-Buda primordial, cujo espírito é a Vacuidade adamantina, resplandecente e ilimitada. O lótus exprime a

natureza do ser nascido na lama, mas que atravessa as existências sem macular-se, para realizar-se plenamente no nirvana. O *Vajra,* que pode ser traduzido por diamante, raio, cetro ou pedra filosofal, apresenta duas partes idênticas, como duas mandalas simetricamente opostas ao germe central para expressar a identidade entre **Nirvana*** e **Samsara***. Simboliza o amor universal do *Bodhisattva,* assim como os *meios hábeis* que permitem alcançar a liberação. O *vajra,* de polaridade masculina, é indissociável do *drilbu,* o sino sobre o qual há um *semi-vajra;* de polaridade feminina, o *drilbu* simboliza a sabedoria, o conhecimento e a vacuidade. A inelutável impermanência dos seres e das coisas é lembrada pela brevidade dos sons que emite. A união do *vajra* e do *drilbu,* como a de *upaya* e de *prajna* (poder operante masculino e conhecimento iluminador), permite realizar a unidade dos fenômenos, assim como a unidade de toda dualidade, a consciência do despertar e a verdadeira natureza do espírito, indestrutível como o diamante. O *vajra* empresta o seu nome ao *vajrayana,* veículo de Diamante do budismo tibetano – via abrupta que permite realizar o ideal do *Bodhisattva* em uma só existência.

O *vajra-duplo,* ou *vajra* cruciforme, simboliza o perfeito despertar da natureza de Buda, por meio do Conhecimento (vertical) e do amor (horizontal) inflamando o ser inteiro e englobando todas as criaturas. Esse *vajra-duplo* colocado sobre um lótus, no centro da Mandala, gera tudo o que existe no coração dessa representação do universo, i.e., o próprio espírito do mediador, e o cosmo inteiro refletido nesse espírito, como um espelho extremamente puro. O *vajra* cruciforme, frequentemente presente na iconografia tibetana, lembra que a iluminação, segundo o budismo tântrico, consiste em conhecer o próprio coração, tal como é.

VÁLALA (Valhall)

Mercados dos ocisivos, pórticos dos mortos, paraíso dos heróis, na mitologia germânica. A morada dos falecidos e a terra dos vivos se parecem, uma refletindo a outra como um jogo de espelhos que só reproduziriam cenas de alegres violências. A

1014 | VALE

diferença é que uma é visível, e a outra, invisível. A **Valquíria*** passa de uma à outra conduzindo o herói morto na luta ao Paraíso de seu sonho. O Válala é imaginado segundo o modelo dos locais de combate, em que se afirma um extravasamento de energia em virtudes guerreiras amorosas. Sonho de combatente: batalhas repetidas, das quais os mortos se levantam para participar de festins. Símbolo dessa energia, idêntica a si mesma, que passa de um mundo ao outro; símbolo de um paraíso no outro mundo idêntico à vida com a qual o guerreiro sonha neste mundo.

VALE

Embora no sufismo o vale seja o equivalente a uma via espiritual, a uma passagem (os *Sete Vales* de Atar), o seu simbolismo é familiar, sobretudo aos autores taoistas. Primeiramente, o vale é *vazio* e aberto em cima, portanto receptivo às influências celestes (*Tao*, 15); o vale é uma cavidade, um canal, para o qual necessariamente convergem as águas vindas das alturas que o cercam. Para tornar-se um ponto de convergência, o *Vale do Império*, o soberano, o sábio deve colocar-se em um nível inferior, de humildade e de não ação (*Tao*, **28**, 66). O *kouchen* do capítulo 6 (o *espírito do vale*) abre espaço para interpretações inesgotáveis: é o Espírito no Vale Celeste, a "força expansiva transcendente no espaço mediano, no entre Céu e Terra" (Wieger). São as vibrações primordiais na *caverna do coração*, onde a *vacuidade* estabeleceu-se; é a descida do espírito no *campo de* **Cinábrio*** *inferior*, visando à geração, segundo o processo da alquimia interna, do Embrião da Imortalidade (Yang Chang). Também pode ser, de acordo com as receitas esotéricas de longevidade, o *espírito vital* que tem de ser tirado do *vale profundo* de uma parceira feminina (*Liesien tchuae*). Em todo o caso, a mesma ideia de cavidade, de receptáculo, de vacuidade, pode ser encontrada em cada interpretação. O *Vale profundo* é ainda o *passo* do qual Yin-hi é guardião e por onde Lao-tse chega ao centro espiritual primordial.

Na China antiga, as extremidades leste e oeste do mundo, de onde nasce e onde se põe o sol nos limites da sua trajetória visível, também são vales.

O vale é o complemento simbólico da montanha, como o *yin* é o do *yang*. Richard de Saint-Victor observa que a Arca da Aliança foi revelada a Moisés na montanha, primeiro, e depois, no vale, onde a comunicação excepcional do alto tornou-se habitual e familiar para ele. A elevação contemplativa sucede a *descida* da Epifania divina (GRAD, GRIF, KALL, LIOT, WIET).

O vale dos Reis, ao noroeste de Tebas, com suas falésias, suas rochas e seus rios, poderia ser visto como "símbolo de uma harmonia universal que vibra e que não muda" (POSD, 293). O vale, cheio de túmulos e cuidadosamente guardado, bem representava a via real para a imortalidade.

Também é por um vale que passa o caminho de Jeová:

> No deserto,
> abri um caminho para Jeová;
> na estepe, aplainai
> uma vereda para o nosso Deus.
> Que todo vale seja coberto,
> todo monte e toda colina sejam nivelados;
> transformem-se os lugares escarpados
> em planície,
> e as elevações em largos vales.
> Então a glória de Jeová há de revelar-se
> e a terra inteira, de uma só vez, o verá...
>
> (*Isaías*, **40**, 3-5)

O vale é e simboliza o lugar das transformações fecundantes, onde a terra e a água do céu se unem para dar ricas colheitas; onde a alma humana e a graça de Deus se unem para dar as revelações e os êxtases místicos.

A esposa do Cântico exclama: "Sou o narciso de Sarão, / o lírio dos vales." (2, 1)

Mas que tome cuidado aquele ou aquela que se *vangloria do seu Vale*, esquecendo-se de que deve as suas riquezas a Deus (*Jeremias*, **49**, 4). Este inconsequente seria como uma terra presunçosa que não quisesse mais a água. Todo o simbolismo do vale reside nessa união fecunda das forças contrárias, na síntese dos opostos no centro de uma personalidade integrada.

VALQUÍRIAS

Ninfas do palácio de Vótan, frequentemente comparadas às **Amazonas***. Mensageiras dos deuses, guias dos combates, conduziam os heróis à morte e, uma vez no Paraíso, serviam-lhes cerveja e hidromel. Elas excitam os combatentes, pelo amor que o seu charme inspira em seus corações, pelo exemplo de sua bravura à frente das batalhas, montadas em corcéis rápidos como as nuvens e como as ondas empurradas pela tempestade. Simbolizam ao mesmo tempo a embriaguez dos arrebatamentos e a ternura das recompensas, a morte e a vida, o heroísmo e o descanso do guerreiro. Talvez menos selvagens e cruéis do que as amazonas, mas igualmente ambíguas. Representam a aventura do amor, concebido como uma luta, com suas alternâncias de êxtase e de queda, de vida e de morte.

VAMPIRO

Morto que supostamente sai do seu túmulo para sugar o sangue dos vivos. Essa crença é particularmente difundida na Rússia, na Polônia (Upires), na Europa central, na Grécia (Brucoloques), na Arábia (Ghorles). Entre os eslavos, "uma cunha de madeira de amieiro atravessa os cadáveres dos mortos, cujas almas retornam como vampiros" (MYTF, 94).

Segundo a tradição, aqueles que foram vítimas de vampiros também se transformam em vampiros: são esvaziados de seu sangue e, ao mesmo tempo, contaminados.

O fantasma atormenta os vivos pelo medo, o vampiro os mata tirando a sua substância: só consegue sobreviver graças a sua vítima. A interpretação, aqui, basear-se-á na dialética do perseguidor-perseguido, do devorador-devorado. O vampiro representa o apetite de viver, que renasce tão logo é saciado e que se esgota em se satisfazer em vão, enquanto não for dominado. Na realidade, transferimos essa fome devoradora ao *outro*, quando tal não passa de um fenômeno de autodestruição. O ser se atormenta e se devora; enquanto não se vir responsável por seus próprios fracassos, responsabiliza e acusa o *outro*.

Quando, ao contrário, o homem está plenamente assumido, quando exerce plenamente sua responsabilidade, quando aceita a sua sorte de mortal, o vampiro desaparece. Ele só existirá enquanto um problema de adaptação consigo ou com o meio social não estiver resolvido. Nesse caso, somos psicologicamente *corroídos... devorados*, e nos tornamos um tormento para nós mesmos e para os outros. O vampiro simboliza uma inversão das forças psíquicas contra nós mesmos.

VARA (Mágica, ou de condão)

Como o **Bastão***, a vara é símbolo de poder e de clarividência, seja de um poder ou de uma clarividência vindos de Deus, seja de um poder e uma clarividência mágicos, subtraídos às forças celestes ou recebidos do demônio: a vara do mágico, da feiticeira, da fada (de condão). Sem uma vara encantatória, o adivinho não pode traçar o círculo no chão dentro do qual se encerra, a fim de evocar os espíritos; ou, no céu, traçar o quadrado dentro do qual estarão contidos os pássaros cujo voo interpretará. A vara, sobretudo a de aveleira, servia para descobrir, antigamente, não apenas as fontes, mas também as jazidas de minérios ou os depósitos de certas matérias. Uma vara mágica é o atributo de Asclépio (Esculápio), o deus das curas, filho de Apolo: o próprio nome do deus significaria, segundo A. Carnoy, "aquele que segura na mão a vara mágica". O **Caduceu***, símbolo da medicina, nada mais é senão uma vara mágica composta de uma vareta em torno da qual se enroscam duas **Serpentes***; o que "evoca cultos muito antigos na bacia do mar Egeu, da **Árvore*** e da terra, alimentadora de serpentes" (SECG, 278). Foi ainda uma vara mágica que Apolo prometeu dar de presente a Hermes, em troca da lira que o jovem deus acabava de inventar e de fabricar com uma carapaça de tartaruga, pele e nervos de um boi, "uma vara maravilhosa de opulência e de riqueza, triplamente folheada a ouro: ela te protegerá, diz Apolo a Hermes, contra todo perigo, fazendo com que se cumpram os decretos favoráveis, palavras e atos que declaro conhecer da boca de Zeus" (Hino homérico a Hermes, 5,

1016 | VARA (MÁGICA, OU DE CONDÃO)

529-532, HYMH). Essa vara maravilhosa possui, entre outros privilégios, o de adormecer e despertar os homens. "Essa vara está de tal modo ligada ao deus que, sob a forma do *Kerykeion*, será a insígnia dos heróis e dos mensageiros que se valiam de sua proteção" (SECG, 274), isto é, da proteção de Hermes (Mercúrio).

Entre os celtas, instrumento mágico por excelência, a vara é o símbolo do poder do druida sobre os elementos. Basta ao druida de Ulster, Sencha, agitar sua vara para obter o mais completo silêncio de todos os que o rodeiam. Mais frequentemente, porém, um druida ou um *file* toca um ser humano com sua vara para transformá-lo num animal qualquer, geralmente num pássaro (cisne) ou porco (javali). Na hierarquia de sete graus dos *fílid* irlandeses, o doutor ou ollamh tinha direito à vara de ouro, o *file* de segunda categoria ou *anruth*, à vara de prata, os outros cinco graus, à vara de bronze. Entre os francos e os primeiros Capetos, os arautos de armas levavam uma vara sagrada que era a marca de sua dignidade, mas que, sobretudo, representava o poder de seu soberano (OGAC, **16**, 231 s.; 14, 339-340 s.).

A *palomancia* é a arte de predizer o futuro utilizando pequenos bastões ou varas. Era praticada em todo o Oriente antigo, entre os chineses, mas também entre os germânicos. "Habitualmente, descasca-se uma vara e conserva-se uma outra com a casca, e depois usam-se ambas como no jogo de cara ou coroa; ou então, uma vara escolhida de antemão tem um sentido favorável, e uma outra, um sentido desfavorável: se, ao caírem, uma se coloca sobre a outra, a significação da primeira prevalece" (ENCD, 112).

Palomancia, rabdomancia, radiestesia – todas provêm sem dúvida da mesma origem longínqua: varas e bastões, tendo sido extraídos da árvore, não seria sua utilização, no plano humano, a do dedo de Deus? Para Deus basta tocar qualquer coisa, a fim de dar-lhe forma ou criá-la. Do mesmo modo, a vara mágica transforma tudo o que existe: os hóspedes de Circe transformaram-se em porcos ao contato de sua vara; a abóbora do jardim de Cinderela, em uma suntuosa carruagem etc. A

vara mágica é a insígnia do poder dos homens sobre as coisas, quando detêm esse poder de uma origem sobre-humana.

A vara serviu para uma espécie de aparente palomancia em uma narrativa do *Números*. Por ocasião da travessia do deserto, o povo hebreu, por causa das privações e sofrimentos que a longa caminhada lhe impunha, murmurava contra Moisés e, indiretamente, contra Jeová. A uma ordem de Jeová, cada família patriarcal (ou tribo) entregou uma vara (um ramo) a Moisés; este escreveu sobre cada uma das varas o nome do chefe da tribo e seguiu as instruções de Jeová: "[...] Tu as colocarás em seguida na Tenda da Revelação (ou da Reunião) diante do Testemunho, onde eu me encontro contigo. O homem cuja vara florescer será o que escolhi; e deste modo tolherei eu os queixumes dos filhos de Israel, com que murmuram contra vós". Moisés falou aos filhos de Israel e todos os príncipes lhe entregaram uma vara cada um; e acharam-se doze varas, entre elas a vara de Aarão. Moisés as depositou diante de Jeová, na Tenda do Testemunho. No dia seguinte, quando Moisés veio à Tenda do Testemunho, a vara de Aarão, pela casa de Levi, havia florescido: os botões haviam surgido, as flores haviam desabrochado, e as amêndoas, amadurecido. Moisés tomou todas as varas de diante de Jeová e as levou a todos os filhos de Israel; eles verificaram o fato e cada um retomou a sua vara. E Jeová disse a Moisés: "Torna a levar a vara de Aarão para diante do Testemunho, onde terá ela o seu lugar ritual, como um sinal para os rebeldes. Assim, reduzirá a nada as suas murmurações, para que não subam até mim e não venham a morrer. E fez Moisés o que o Senhor lhe havia mandado" (*Números*, 17, 19-26).

Nessa passagem, a vara simboliza um grupo e uma pessoa, a quem se identifica; se a vara brotar, é a família que está destinada a florescer. Por outro lado, uma vez assinalada pelo seu rebento, a vara simboliza a escolha de Deus e a autoridade com que essa escolha investe a família eleita. Essa autoridade faz do eleito o mediador entre Jeová e o povo: os murmúrios já não se elevarão até

Deus, e, consequentemente, Deus não castigará os recalcitrantes. A vara simboliza essa mediação daquele que foi designado por Deus e que, doravante, tendo-a recuperado levá-la-á na mão.

VASO

Na Cabala, o vaso tem o sentido do **Tesouro***. Apoderar-se de um vaso equivale a conquistar um tesouro. Quebrar um vaso significa aniquilar pelo desprezo o tesouro que ele representa.

Encontramos um simbolismo idêntico na literatura mandeana e na *Pistis Sophia*. No *Bahir*, os seis dias da Criação são chamados de *seis belos vasos*. A própria Shekiná é comparada a um *belo vaso*.

Na literatura medieval, o vaso contém o tesouro (o Graal, as Litanias etc.).

O vaso alquímico e o vaso hermético sempre significam o local onde se operam maravilhas; é o seio materno, o útero no qual se forma um novo nascimento. Daí vem a crença de que o vaso contém o segredo das metamorfoses.

O vaso encerra, sob diversas formas, o elixir da vida: é um reservatório de vida. Um vaso de ouro pode representar o tesouro da vida espiritual, o símbolo de uma força secreta.

O fato de o vaso ser aberto em cima indica uma receptividade às influências celestes.

VASSOURA

Humilde utensílio doméstico na aparência, nem por isso a vassoura é menos signo e símbolo de poder sagrado. Nos templos e santuários antigos, a varredura é um serviço de culto. Trata-se de eliminar do chão todos os elementos que do exterior vieram sujá-lo, e essa tarefa só pode ser executada por mãos puras. Do mesmo modo, nas civilizações agrárias da África do Norte, a vassoura, "que serve para varrer a área sobre a qual são batidos os cereais", é um dos símbolos do cultivo; e, durante os primeiros dias do luto, a casa não deve ser varrida "a fim de que a abundância não seja expulsa ou a fim de não ofender a alma do morto" (SERP, 148). Na Bretanha, igualmente, não se pode varrer uma casa à noite: "isso seria afastar dela a felicidade"; e os movimentos da vassoura abençoam ou afastam as almas que vagueiam (COLD, 76).

Com efeito, essas vassouras que fazem desaparecer a poeira poderiam também machucar e pôr em fuga os hóspedes invisíveis, os gênios protetores do lar. A maneira como são feitas e a matéria de que se compõem também não são indiferentes. Na festa em que as mulheres cabilas (região da Cabília, na Argélia) vão ao encontro da primavera, costumam colher feixes de urzes em flor que se tornarão vassouras de bom augúrio, "que não afugentarão a prosperidade e não machucarão por descuido os hóspedes invisíveis" (SERP, 164). Mas, se a vassoura inverte seu papel protetor, torna-se instrumento de malefício, e montadas em cabos de vassoura é que as **Feiticeiras***de todos os países saem pelas chaminés e vão para o **Sabá***. Símbolo fálico, talvez, mas também e sobretudo símbolo de forças que a vassoura deveria ter vencido, mas que dela se apoderam e pelas quais ela se deixa levar.

VAU

O vau, em todos os textos celtas, é o sítio obrigatório dos combates singulares, e é nos vaus que Cu Chulainn mata a maior parte dos guerreiros que os irlandeses enviam contra ele. O vau é, então antes de tudo, um ponto de encontro ou um limite. Muitas localidades da Irlanda são *vaus*, a começar pela capital atual, Dublin, "Baile Atha Cliath*,* a cidade do vau dos caniçados" (WINI, 5, *passim*).

As descobertas arqueológicas feitas na antiga Gália trouxeram muitas vezes à luz armas afundadas nos vaus, prova de que o costume irlandês do combate de vau, em celta continental e britânico, está ligado à ideia de *passagem* e de *corrida*. Havia uma deusa, *Ritona*, cuja existência é atestada pela epigrafia do período romano, e que chegou a ser considerada a especialista ou padroeira dos combates de vau. O herói irlandês Cu Chulainn encontrava-se combatendo num vau quando a deusa da guerra se enrolou na sua perna sob a forma de uma enguia (LOUP, 186).

O vau simboliza "o combate por uma passagem difícil", de um mundo para outro, ou de um

1018 | VAZIO (V. VACUIDADE)

estado interior para outro. Reúne o simbolismo da água (lugar de renascimentos) e o das margens opostas (lugar das contradições, das travessias, das passagens perigosas).

VAZIO (*v.* Vacuidade)

Esvaziar-se, no sentido simbólico que os poetas e místicos dão a essa expressão, significa libertar-se do turbilhão de imagens, desejos e emoções; é escapar da roda das existências efêmeras, para só sentir a sede do absoluto. É, segundo Novalis, o "caminho que vai em direção ao interior", o caminho da verdadeira vida. Como filósofo, Jacques Maritain especificará "ao dizer vazio, abolição, negação, desnudamento, designam-se uma realidade em ato, ainda e intensamente vital, a atuação suprema pela qual e na qual se consuma o vazio... É uma energia... um ato soberanamente imanente... o ato da abolição de todo ato". É o prelúdio fruitivo (ato acompanhado de um certo gozo) da experiência do *self* (LGOL, 167). Segundo a escola budista do Meio, a vacuidade do discurso uma vez realizada introduz à experiência inefável da natureza do Buda.

VEGETAL (Reino)

Símbolo da unidade fundamental da vida. Inúmeros textos e imagens, em todas as civilizações, mostram a passagem do vegetal ao animal, ao humano e ao divino, e o contrário. Uma árvore saindo do ventre de um homem; uma mulher fecundada por um grão; árvores saindo de anjos; uma jovem transformando-se em roseira etc. Um circuito incessante passa através dos níveis inferiores e superiores da vida. Os contos populares dramatizaram as permutações entre a planta, o animal e o homem, às quais uma ética veio se acrescentar. Mas o símbolo cosmobiológico realmente parece ter precedido a interpretação moral e psicológica.

É também um símbolo do caráter cíclico de toda existência: nascimento, maturação, morte e transformação. As festas da vegetação, cujos ritos são diversificados em todas as culturas e culminam no solstício de verão, celebram as forças cósmicas que se manifestam nos ciclos anuais, eles próprios imagens de ciclos mais restritos ou mais amplos que constituem o quadro imenso em que se inscreve a evolução do mundo criado. Quase todas as divindades femininas, na Grécia, protegem a vegetação; Hera, Deméter, Afrodite, Ártemis; e também alguns deuses, como o da guerra, Ares (Marte), e o do Amor (Dioniso).

A vegetação é naturalmente o símbolo do desenvolvimento, das possibilidades que se atualizarão a partir do grão, do germe; e também a partir da matéria indiferenciada que a terra representa. Esse desenvolvimento efetua-se na "esfera da assimilação vital" (Guénon); daí vem o simbolismo do **Jardim*** primordial. É o do lótus que desabrocha na superfície das águas; é o da árvore que sai do grão de mostardeira do Evangelho (*Mateus*, **13**, 31-32): nos galhos desta árvore, diz, repousam os pássaros, símbolos dos estados espirituais superiores. Na China, a gestação quase não se distingue da germinação; a fertilidade do grão é inseparável da fertilidade da mulher. A vegetação também está ligada à noção de desenvolvimento cíclico: o mesmo caractere *men* designa *ano* e *colheita*. Ela está na origem de toda emergência biológica.

A vegetação nasce da terra, e o homem, também, de acordo com *Gênesis*; o *Corão* o confirma: *Deus os fez nascer da terra como uma planta*. E o esoterismo islâmico identifica a vegetação com o crescimento da gnose (*haqiqat*): esse grão que se tornou "árvore, alimentada pela Terra e pela Água, cujos galhos ultrapassam o sétimo Céu (*Lahiji*)".

Nascida da terra, a planta tem uma raiz (*mula*) subterrânea que se afunda na *prima materia*: eis por que a tradição hindu lhe confere uma natureza asúrica, infra-humana. Ora, diz-se que os *Asura* são anteriores aos *Deva*, e Guénon observa que, no *Gênesis*, a criação dos vegetais é anterior à dos astros celestes (*Gênesis*, 1, 11-14). A vegetação edênica representa o desenvolvimento de *germes* provindos do ciclo anterior, sendo também a raiz *anterior* ao caule. A esse aspecto *raiz* opõe-se, de fato, o aspecto *fruto*, que é de natureza solar e celeste, assim como o aspecto **Ramo***, símbolo – quando permanece verde – de ressurreição e de imortalidade. A parte aérea do vegetal é a **Árvore*** da Vida, da qual se tira a **Seiva***, a bebida da imortalidade (CORT, ELIY, GRAR, GUEV, GUED, GUEC, GUER, GUES).

VEÍCULO

Segundo a teoria jungiana, os veículos antigos ou modernos devem ser considerados, em seus significados simbólicos, imagens do ego. Refletem os diversos aspectos da vida interior com relação aos problemas de seu desenvolvimento. Portanto, devem ser interpretados, nos sonhos e nas emoções que suscitam, em função da situação e do movimento do *ego* no caminho da personalização (*v.* **Avião***, **Bicicleta***, **Trem***).

VELA

O simbolismo da vela está ligado ao da **Chama***. "Na chama de uma candeia todas as forças da natureza estão ativas", dizia Novalis. A cera, a mecha (pavio ou torcida da vela), o fogo, o ar, que se unem na chama ardente, móvel e colorida, são eles próprios uma *síntese de todos os elementos* da natureza. Mas esses elementos estão individualizados nessa chama isolada. A vela acesa é como o símbolo da *individuação* ao cabo da vida cósmica elementar que nela se vem concentrar. "É na lembrança da acolhedora vela simples que devemos reencontrar nossos devaneios de solitário", escreve Bachelard. "A chama é só, naturalmente só, e deseja permanecer solitária" (BACC, 36).

A essa ideia de unicidade, de luz pessoal, Bachelard acrescenta a ideia da *verticalidade*. "A chama da candeia sobre a mesa do solitário, escreve ele, prepara todos os devaneios da verticalidade. A chama é uma vertical valorosa e frágil. Basta um sopro para perturbá-la, mas ela se reergue. Uma força ascensional restabelece suas forças mágicas" (BACC, 57-58).

Símbolo da vida ascendente, a vela é a alma dos aniversários. Tantas velas, tantos anos, e tantas etapas no caminho da perfeição e da felicidade. E se é preciso apagá-las de um único sopro, é menos no intuito de lançar essas pequeninas chamas na noite do esquecimento (a fim de anulá-las no passado, com suas cicatrizes de queimaduras),

do que para manifestar a persistência de um *sopro de vida* superior a tudo aquilo que já foi vivido.

Assim também, as velas que ardem ao pé de um defunto – os círios acesos – simbolizam a luz da *alma* em sua força ascensional, a pureza da chama espiritual que sobe para o céu, a perenidade da vida pessoal que chega ao seu zênite.

VELHICE

Se a velhice é um sinal de sabedoria e de virtude (os presbíteros são originalmente *anciãos*, isto é, sábios e guias), se a China desde sempre honrou os velhos, é que se trata de uma prefiguração da longevidade, um longo acúmulo de experiência e de reflexão, que é apenas uma imagem imperfeita da imortalidade. Assim, a tradição conta que Lao-Tse nasceu de cabelos brancos, com o aspecto de um velho e que daí vem o seu nome, que significa *Velho Mestre*. O taoismo da época dos Han conhece uma divindade suprema, chamada *Huang-lao Kium,* isto é, *Velho Senhor amarelo*: expressão puramente simbólica que M. Maspéro corretamente relacionou ao *Ancião dos Dias* do *Apocalipse*; poderíamos acrescentar o *Velho da Montanha*, dos drusos. No mesmo *Apocalipse*, o verbo é apresentado de cabelos brancos, mais uma vez sinal da eternidade. Mas escapar às limitações do tempo pode ser expresso tanto no passado quanto no futuro; ser um velho é existir desde antes da origem; é existir depois do fim desse mundo. Assim, o Buda qualifica-se de "Irmão mais velho do Mundo". *Shiva* é por vezes venerado (notadamente no Kampuchea [Camboja] angkoriano) sob o nome de *Velho Senhor* (*Vridheshvara*). A sociedade secreta chinesa *Tien-ti huei* é às vezes designada como "sociedade do Verdadeiro Ancestral" (por exemplo, no decreto do imperador vietnamita Gia Long, que a condena). Este *Ancestral* é o Céu, pelo menos para o *Homem verdadeiro*, filho do Céu e da Terra (BHAB, ELIM, GRAD, GUET, MAST).

VELO DE OURO

De acordo com Jung, o mito do Velo de Ouro simbolizaria a conquista do que a razão julga impossível. Concentra dois símbolos, o da inocência,

1020 | VENDA

figurado pelo velo do **Carneiro***, e o da glória, representado pelo **Ouro***. Assemelha-se assim, a todos os mitos da *busca* de um tesouro, material ou espiritual, como a *busca do Santo Graal*. O herói do Velo de ouro, Jasão, é do tipo que Paul Diel classifica como adversários da trivialidade. A glória que procura é a que vem da conquista da verdade (ouro) e da pureza espiritual (velo). Como todos os tesouros, o velo é guardado por monstros, mais precisamente um Dragão, que precisa, de início, ser vencido. Esse Dragão é a perversão do desejo de glória, é "a exaltação impura dos desejos. Simboliza a própria perversidade de Jasão. O Dragão heroicamente morto tornar-se-á símbolo de libertação real". Mas Jasão apenas faz dormir o Dragão com a ajuda de um filtro preparado por Medeia, a mágica. E é vencido por seu dragão interior. Permanece submisso a Medeia, a feiticeira, que ensanguenta a corte com os seus crimes. Jasão *compactua* com o que representa o contrário da sua própria missão: o desprezo pelo espírito e pela pureza da alma; assim, esvazia de sentido a sua heroica empreitada ao mesmo tempo que aniquila sua façanha e seu ideal. Jasão é o símbolo do idealista que não compreendeu que certos fins não podem ser atingidos por quaisquer meios; deixou-se perverter pela ordem dos meios. Seu navio, o *Argo*, "é o símbolo das promessas juvenis de sua vida, das façanhas em aparência heroicas que lhe valeram a glória. Quis descansar à sombra de sua glória, crendo que esta bastaria para justificar toda sua vida. Destruído, o *Argo*, símbolo da esperança heroica da juventude, torna-se símbolo da ruína final da sua vida... É a punição da trivialidade" (DIES, 171-182).

VENDA

Símbolo de cegueira quando a venda está colocada sobre os olhos. Têmis, deusa da justiça, tem os olhos vendados para mostrar que não favorece ninguém e ignora aqueles que julga. Também Eros: o que significa que o amor fere cegamente.

Há uma venda, igualmente, sobre os olhos da deusa que representa a Fortuna, pois a distribuição de riquezas é feita ao acaso.

Na Idade Média, a Sinagoga é representada com os olhos vendados, o que significa sua cegueira.

No plano esotérico, os olhos vendados possuem o sentido de retiro interior, de contemplação. Os olhos estão cerrados, fechados à cupidez e à curiosidade.

A venda de tela fina (véu) das religiosas significa a cegueira que elas devem ter diante do mundo; e, de modo mais positivo, a atitude de meditação e de concentração espiritual.

O simbolismo da venda, utilizado na iniciação maçônica, é de uma tal evidência que quase não se faz necessário comentá-lo: os olhos do recipiendário, cobertos pela venda, estão fechados ao mundo profano, e esse retiro corresponde ao recebimento da luz, literalmente à iluminação espiritual.

A venda dos *lobinhos*, ou filhos de maçons, é translúcida, porque eles não vêm diretamente das trevas exteriores, mas de um meio que recebe pelo menos alguns reflexos do conhecimento iniciático (BOUM).

VENTO

O simbolismo do vento apresenta vários aspectos. Devido à agitação que o caracteriza, é um símbolo de vaidade, de instabilidade, de inconstância. É uma força elementar que pertence aos Titãs, o que indica suficientemente a sua violência e sua cegueira.

Por outro lado, o vento é sinônimo do *sopro* e, por conseguinte, do Espírito, do influxo espiritual de origem celeste. Esta é a razão por que os *Salmos*, assim como o *Corão*, fazem dos ventos mensageiros divinos, equivalentes aos Anjos. O vento até dá o seu nome ao Espírito Santo. O *Espírito de Deus* que se move sobre as Águas primordiais é chamado de *vento* (*Ruah*); é um vento que traz aos Apóstolos as línguas de fogo do Espírito Santo. No simbolismo hindu, o vento, *Vayu*, é o *sopro* cósmico e o Verbo; é o soberano do domínio sutil, intermediário entre o Céu e a Terra, espaço preenchido, de acordo com a terminologia chinesa, por um *sopro*, k'i. *Vayu* penetra, rompe, purifica. Tem relação com as direções do espaço que, inclusive, de um modo muito geral, designam os *ventos*. Assim, os *quatro ventos* da Antiguidade e da Idade Média, a Torre dos Ventos de Atenas, de oito lados, a *rosa dos ventos* de oito, doze ou trinta e seis pontas.

Os quatro ventos também foram relacionados às estações, aos elementos, aos *temperamentos*, segundo tabelas sujeitas a pequenas variações. Os oito ventos da China correspondiam aos oito **Trigramas***.

O vento, associado à água, serve para designar, na China, a arte da **Geomancia***, isto é, em princípio, o estudo das correntes aéreas, associado ao das correntes aquáticas e telúricas em um determinado local (DANA, GUES, MUTC).

Segundo as tradições cosmogônicas hindus das Leis de Manu, o vento teria nascido do espírito e teria gerado a luz:

"O espírito, instigado pelo desejo de criar... gera o espaço. Da evolução desse éter nasceu o vento... carregado de todos os odores, puro, poderoso, com a qualidade do tato.

Mas, por sua vez, da transformação do vento nasceu a luz iluminadora que, resplandecente, afasta as trevas, com a qualidade da forma..." (SOUN, 350).

Nas tradições avésticas da Pérsia antiga, o vento desempenha um papel de suporte do mundo e de regulador dos equilíbrios cósmicos e morais. De acordo com a ordem sucessiva da criação: "a primeira de todas as criaturas foi a gota de água"; Ormuzd em seguida criou "o fogo ardente e lhe conferiu um brilho vindo das luzes infinitas, cuja forma é como a do fogo desejável. Produziu, enfim, o vento, sob a forma de um homem de quinze anos que sustenta a água, plantas, o gado, o homem justo e todas as coisas" (SOUN, 322).

Segundo as tradições islâmicas, o vento fica encarregado de conter as águas; a sua criação, ar e nuvem, com inúmeras asas, também viria conferir-lhe uma função de suporte. "Depois, Deus criou o vento e lhe deu inúmeras asas. Ordenou-lhe que carregasse a Água; o que ele fez. Avas, o Trono, estava sobre a Água e a Água sobre o Vento."

Ibn'Abas também responde à pergunta: "Sobre o que repousava a Água? – Sobre as costas do Vento; e quando Deus quis produzir as criaturas, deu ao Vento poder sobre a Água; a Água encheu-se de ondas, brotou em espuma, criou vapores: esses vapores ficaram elevados em cima da Água e Deus os chamou de *Sama* (de *sama,* estar elevado), ou seja, de Céu" (SOUN, 246).

Nas tradições bíblicas, os ventos são o sopro de Deus. O sopro de Deus ordenou o caos primitivo; animou o primeiro homem. A brisa nos olmos anuncia a chegada de Deus. Os ventos também são instrumentos da força divina; dão vida, castigam, ensinam; são sinais e, como os anjos, portadores de mensagens. São manifestação de um divino, que deseja comunicar as suas *emoções*, desde a mais terna doçura até a mais tempestuosa cólera.

Entre os gregos, os ventos eram divindades inquietas e turbulentas, contidas nas profundas cavernas das *Ilhas Eólias*. Além de seu Rei Éolo, eles distinguiam os Ventos do norte (Aquilão ou Bóreas); do sul (Auster); da manhã e do oriente (Euros); da tarde e do ocidente (Zéfiro). A cada um deles correspondia uma iconografia particular, relacionada com as propriedades que lhes eram atribuídas.

O *vento druídico* é um *aspecto do poder* dos druidas sobre os elementos e está estreitamente relacionado, como *veículo* mágico, ao **sopro***. À chegada dos filhos de Mil, isto é, os Gaélicos, na Irlanda, os druidas dos ocupantes anteriores, os Tuatha Dé Dannann, rechaçam os seus navios para longe da costa por meio de um *vento druídico* muito violento. Este pode ser reconhecido pelo fato de não soprar por cima das velas.

Mas seria excessivo fazer um deus de uma manifestação da divindade. Jean Servier nos previne, justamente, contra essas confusões simplistas: "Muitas vezes, como muitos místicos, os homens do novo mundo descoberto pelo ocidente recorreram a comparações sensoriais para explicar a espiritualidade infinita deste Deus supremo. Deus é um sopro, Deus é um vento. Os rudes traficantes e os missionários, que esperavam ganhar

1022 | VENTRE

essas crianças grandes propondo-lhes um paraíso material, concluíram que os índios adoravam o vento e o consideravam um deus. A verdade é totalmente diferente" (SERH, 80).

Quando o vento aparece nos sonhos, anuncia que um evento importante está para acontecer; uma mudança surgirá. "As energias espirituais são simbolizadas por uma grande *luz* e, o que é pouco divulgado, pelo vento. Quando se aproxima a tempestade, é possível diagnosticar um grande movimento de espírito ou de *espíritos*. Segundo a experiência religiosa, a divindade pode aparecer no doce sussurro do vento ou no tumulto da **Tempestade***. Parece que só os orientais conseguem compreender o significado do espaço vazio (onde sopra o vento) que, paradoxalmente, é para eles um poderoso símbolo de energia" (AEPR, 200).

O poeta romântico inglês Percy Bysshe Shelley evoca a poesia cósmica do vento, que destrói e renova, e que é como uma alma:

> [...] sedutor de espectros
> [...] espírito selvagem, tu cujo impulso preenche o espaço
> Destruidor e salvador, escuta-me, escuta-me!
> [...] só tu, indomável
> [...] Alma arisca, sê
> Minha alma! Sê eu mesmo, vento impetuoso!
> Leva um pensamento extinto pelo mundo,
> Folhagem seca de onde nasce a vida!
> E, pela força sedutora deste canto,
> Derrama, como de uma fornalha inextinguível
> Cinzas e fogo, uma voz entre os homens!
> Sê por minha boca, para a terra ainda adormecida,
> O clarim de uma profecia! Ó vento,
> Se o Inverno chega, pode tardar a Primavera?
>
> (GAZA, 220-223)

VENTRE

Símbolo da mãe, análogo à **Caverna***, mas refletindo particularmente uma necessidade de ternura e de proteção. Nos sonhos de adulto, poderia significar uma atitude regressiva, um retorno ao útero, uma maturação espiritual travada, diante de graves obstáculos afetivos.

Local das transformações, o ventre foi comparado ao laboratório do alquimista: "Os alquimistas dizem que é preciso alimentar o filho filosófico no ventre de sua mãe. Por ventre, referem-se ao mercúrio; pois considerando-se um macho e o outro fêmea, quando juntos no ovo, dá-se uma adulteração de onde nasce uma geração metafórica de um filho que é preciso alimentar, não acrescentando-lhe matéria, o que prejudicaria a obra, mas dando ao fogo a dieta exigida" (LERD, 515). O calor do ventre facilita todas as transformações. Mas é preciso que tenha para cada um e a cada momento de sua evolução o grau e a intensidade adequados.

O ventre é refúgio, mas é também devorador. A *Genitrix* pode revelar-se dominadora e cruel; alimenta os filhos, decerto, mas é possível que os conserve no nível infantil e que lhes impeça o desenvolvimento espiritual que os tornaria autônomos em relação a ela. As **Deusas Mães*** em todas as mitologias apresentam esse duplo aspecto de nutriz tirânica, de mãe dominadora e ciumenta.

Essa valorização negativa do símbolo faz dele uma imagem castradora no mito, atestado em muitas culturas, da *vagina denteada* (*v.* **Vulva***), cuja universalidade foi observada pela psicanálise. Esse aspecto castrador do ventre deve-se, sem dúvida, ao fato de ele ser especificamente a sede dos apetites, dos desejos, cuja voracidade pode parecer assustadora para aquele que não ousa aceitar a sua animalidade profunda: "Abaixo do diafragma encontra-se o ventre insaciável a que se refere o mendigo de Homero; e nós os chamaremos de hidra, não por acaso, mas para lembrar as mil cabeças da fábula e os inúmeros desejos que ficam como deitados e dobrados uns sobre os outros nos raros momentos em que o ventre adormece. E o que reside aqui, mais secretamente, não é riqueza, mas pobreza; é este outro lado do amor que é desejo e falta. Esta é a parte servil e medrosa" (Alain, *Idées*, 85).

VÊNUS (*v.* Afrodite e Planetas)

É conhecida a grande importância de Vênus e do ciclo venusiano nas antigas civilizações meso-

VÊNUS (V. AFRODITE E PLANETAS) | 1023

americanas, notadamente entre os maias e os astecas, tanto para o estabelecimento do calendário quanto para a sua cosmogonia, aliás dois aspectos estreitamente relacionados. Entre os astecas, os anos venusianos eram contados em grupos de cinco, correspondendo a oito anos solares (SOUM). Vênus representava Quetzalcoatl, ressuscitado no oriente após a sua morte no ocidente. O Deus da Serpente de plumas, nessa reencarnação, era representado como um arqueiro, temido por trazer doenças ou como Deus da morte, com o rosto coberto por uma máscara imitando a cara do morto. É preciso lembrar que este é apenas um dos dois aspectos da dualidade simbólica, morte e renascimento, contida no mito de Quetzalcoatl.

O ciclo diurno de Vênus, que aparece alternadamente no oriente e no ocidente (estrela da manhã e estrela da tarde), faz dele um símbolo essencial da morte e do renascimento. Essas duas aparições do planeta, nas duas extremidades do dia, explicam por que a divindade asteca – Quetzacoatl – é também chamada de *gêmeo precioso* (SOUM, SOUA).

A associação de Vênus com o Sol, pela semelhança de suas trajetórias diurnas, às vezes faz desse astro divinizado um mensageiro do Sol, um intercessor entre este e os homens. É o caso entre os índios Akwén-xerente (jê) do Brasil, para quem o Sol tem dois mensageiros: Vênus e Júpiter.

Os buriatas veem nesse astro o espírito tutelar de seus cavalos. Fazem-lhe oferendas na primavera, quando marcam os potros e aparam o rabo e a crina dos cavalos. Dedicam-lhe igualmente "cavalos vivos que, a partir de então, não podem ser usados" (HARA, p. 142.). Para esses povos de pastores nômades, Vênus é o pastor celeste, guiando o seu rebanho de estrelas. Para os ienissianos, é a "estrela mais velha, que protege todas as outras".

Entre os buriatas, o rapto ritual da noiva está ligado ao culto de Vênus (HARA). Nas lendas dos iacutos, ela é uma virgem maravilhosa, que tem as Plêiades como amantes. Para os quirguizes, como para os povos antigos da Ásia Menor, é a filha da lua, enquanto estrela da tarde (HARA,143).

Os antigos turcos davam a Vênus o nome de Arlig, o guerreiro, o macho; depois, de *estrela da luz* (Lúcifer), e Tcholban, o brilhante, o resplandecente (ROUF).

Já para os sumerianos, Vênus era "aquela que indica o caminho às estrelas". Deusa da tarde, favorecia o amor e a volúpia; deusa da manhã, "presidia aos atos de guerra e de massacre" (DHOB, 68). Era filha da Lua e irmã do Sol. Mostrando-se na madrugada e no crepúsculo, era natural que aparecesse como uma espécie de ligação entre as divindades do dia e da noite. É por essa razão que, embora o Sol fosse seu irmão, sua irmã era a deusa dos Infernos. Do seu parentesco com o Sol – era sua irmã gêmea – vinham-lhe suas qualidades guerreiras; era chamada de *a valente* ou *a dama das batalhas*. Isso tudo enquanto estrela da manhã. Mas, enquanto estrela da tarde, era a influência de sua mãe, a Lua, que predominava, fazendo dela a divindade do amor e do prazer. Os cunhos assírios, assim como as pinturas do palácio Mari (segundo milênio), lhe dão o leão como atributo. Na literatura religiosa é às vezes chamada de "leão furioso *ou* leoa dos deuses do céu" (DHOB, 71). Enquanto deusa do amor, *rainha dos prazeres*, também chamada de "aquela que ama o gozo e a alegria", seu culto associava-se às prostituições sagradas. Seu mito contém uma descida aos infernos, o que explica o sentido iniciático do simbolismo venusiano: um rei da Babilônia a chama de *"aquela que, ao nascer e ao pôr do sol, torna meus presságios bons"*. Na Assíria e na Sumária, ela aparece nos sonhos e profetiza sobre o desenlace das guerras: "Sou o Ishtar de Arbela", diz ela em um oráculo em Asaradão, "diante de ti, atrás de ti estarei, nada temas!" Entre os seus atributos estão o arco e a flecha, símbolos de sublimação. Na Assíria, ela é "a rainha de Nínive, em cujo colo se senta Assurbanipal para sugar duas de suas mamas e esconder o rosto nas outras duas" (DHOB, 76). Em um texto litúrgico babilônico, ela é qualificada de "dama dos destinos e de rainha das sortes" (DHOB, nota 91).

Em Astrologia, esse planeta Vênus encarna a atração instintiva, o sentimento, o amor, a simpa-

VERDE

tia, a harmonia e a doçura. É o astro da arte e da acuidade sensorial, do prazer e do divertimento, e a Idade Média a apelidou de o *pequeno benéfico*. O sentido do tato lhe é atribuído, assim como todas as manifestações da feminilidade (luxo, moda, enfeites etc.). Suas casas (isto é, os signos do Zodíaco em que ela é especialmente forte) – Touro e Libra – estão relacionadas, respectivamente, ao pescoço, aos seios e aos quadris, ou seja, à particularidade de uma silhueta feminina.

Desde as eras mais primitivas, Vênus foi a estrela das doces confidências; a primeira das belezas celestes inspirava os apaixonados com a impressão direta que o suave brilho do astro produz na alma contemplativa. Para os astrólogos, Vênus está ligada às ligações de atração voluptuosa e de amor, que nascem da apetência orgânica do bebê em contato com a mãe e se prolongam até o altruísmo sentimental. Esse mundo venusiano do ser humano agrupa uma sinergia afetiva de sensações, de sentimentos e sensualidade, a atração simpática pelo objeto, a embriaguez, o sorriso, a sedução, o impulso de prazer, de diversão, de alegria, de festa na afinidade e na harmonia da troca, da comunhão afetiva, assim como os estados emocionais que transmitem encanto, beleza e graça. Inclusive, a divindade aparece em todas as mitologias com os mais belos atrativos: não há quem possa rivalizar com Afrodite, protetora do hímen e exemplo típico da beleza feminina. Sob o seu símbolo, reina no ser humano a alegria de viver, na festa primaveril da embriaguez dos sentidos e no mais refinado e espiritualizado prazer da estética. Seu reino é o da ternura e das carícias, do desejo amoroso e da fusão sensual, da admiração feliz, da doçura, da bondade, do prazer e da beleza. É o reino daquela paz de coração que chamamos de felicidade.

VERDE

Situado entre o azul e o amarelo, o verde é o resultado de suas interferências cromáticas. Mas entra, com o vermelho, num jogo simbólico de alternâncias. A rosa desabrocha entre folhas verdes.

O verde, valor médio, mediador entre o calor e o frio, o alto e o baixo, equidistante do azul celeste e do vermelho infernal – ambos absolutos e inacessíveis – é uma cor tranquilizadora, refrescante, *humana*. A cada primavera, depois de o inverno provar ao homem de sua solidão e sua precariedade, desnudando e gelando a terra que ele habita, esta se reveste de um novo manto verde que traz de volta a esperança e ao mesmo tempo volta a ser nutriz. O verde é cálido. E a chegada da primavera manifesta-se através do derretimento dos gelos e das quedas de chuvas fertilizadoras.

O verde é a cor do reino vegetal se reafirmando, graças às águas regeneradoras e lustrais nas quais o batismo tem todo o seu significado simbólico. O verde é o despertar das águas primordiais, o verde é o despertar da vida. Vishnu, que carrega o mundo, é representado sob a forma de uma tartaruga de cara verde e, segundo Fulcanelli, o corpo da deusa indiana da *matéria filosofal*, que nasce do mar de leite, é verde, assim como a Vênus de Fídias. Winkermann escreve que "se a figura de Netuno tivesse chegado até nós em pintura, ele teria uma roupa verde-mar ou verde-claro, como eram pintadas as Nereidas; enfim, tudo o que fosse relacionado aos deuses marinhos, até os animais que lhes eram sacrificados, trazia pequenas faixas verde-mar. É por isso que os poetas imaginam os rios com cabelos dessa cor. Em geral, nas pinturas antigas, as ninfas – cujo nome vem da água, *Nymphi, Lympha* – também aparecem vestidas de água" (PORS, 206-7).

O verde é cor de água como o vermelho é cor de fogo, e é por essa razão que o homem sempre sentiu, instintivamente, que as relações entre essas duas cores são análogas às de sua essência e existência. O verde está ligado ao raio. Corresponde, na China, ao trigrama *tch'en* que é *abalo* (tanto da manifestação quanto da natureza na primavera), o trovão, signo do início da ascensão de *yang*; corresponde também ao elemento Madeira. É a cor da esperança, da força, da longevidade (e, por outro lado, também da acidez). É a cor da imortalidade universalmente simbolizada pelos ramos verdes.

O desencadear da vida parte do vermelho e desabrocha no verde. Os bambaras, os dogons e os mossis consideram o verde uma cor secundária, *oriunda do vermelho* (ZAHC). Nessa representação muitas vezes se vê a da complementação dos sexos: o homem fecunda a mulher, a mulher alimenta o homem; o vermelho é uma cor masculina, o verde uma cor feminina. No pensamento chinês é o *yin* e o *yang*; o primeiro, masculino, impulsivo, centrífugo e vermelho; o segundo, feminino, reflexivo, centrípeto e verde; o equilíbrio de um e outro é todo o segredo do equilíbrio entre o homem e a natureza.

Diante dessa dialética oriental, as nossas sociedades, fundamentadas no culto do princípio masculino, sempre deram prioridade à *faísca* criadora, venha ela dos rins ou do cérebro do homem. É a chispa espanhola, fundamento de toda uma ética. Em contrapartida, ela leva ao complexo de Édipo, i.e., ao culto do *refúgio* materno. Ao final de um galope furioso, o homem – essencialmente filho e amante – volta para a Mãe como para um *oásis*, é o porto da paz, refrescante, revigorante. A partir desse fato, existe toda uma terapêutica do verde baseada, mesmo quando ela própria o ignora, no *regressus ad uterum*. Na Idade Média a toga dos médicos era verde por usarem plantas medicinais; nos dias de hoje foi substituída pelo vermelho escuro que, intuitivamente, exprime a crença no *segredo* da arte médica; mas o verde continuou a ser a cor dos farmacêuticos, que elaboram os remédios. E a publicidade farmacêutica soube trazer de volta uma velha crença dando um valor mítico de panaceia a palavras como *clorofila* ou *vitaminas*. A expressão *ficar verde*, nascida da hipertensão provocada pela vida urbana, também exprime a necessidade de uma volta periódica a um ambiente natural, o que faz do *campo* um substituto da *mãe*. O diário de um esquizofrênico citado por Durand mostra isso de maneira indiscutível: "Senti-me, escreve o doente, próximo da cura, entrando numa paz maravilhosa. Tudo no quarto era verde. Pensei estar num charco, o que, para mim, equivalia a estar dentro do corpo da mãe... Eu estava no Paraíso, no seio materno" (DURS, 249).

O verde – envolvente, tranquilizante, refrescante e tonificante – é celebrado nos monumentos religiosos erigidos no deserto por nossos ancestrais. Para os cristãos, a Esperança, virtude teologal, permanece verde. Mas o cristianismo desenvolveu-se em climas temperados, onde a água e a verdura tornaram-se banais. Totalmente diferente é o caso do islamismo, cujas tradições criaram-se como miragens, acima da imensidão hostil e ardente dos desertos e das estepes. A bandeira do Islã é verde, e essa cor constitui para o muçulmano o emblema da Salvação, o símbolo das mais elevadas riquezas, materiais e espirituais, a primeira das quais é a família: diz-se que era verde o manto do Enviado de Deus, sob o qual seus descendentes diretos – Fátima, a filha, Ali, o genro e seus dois filhos, Hassan e Hussein – vinham refugiar-se na hora do perigo, razão por que são chamados de *os quatro debaixo do manto*: os *quatro* significa também os quatro pilares sobre os quais Maomé construiu sua igreja. E os nômades, à noite, depois da última oração, evocam a maravilhosa história de *Khidr, Khisr* ou *Al Khadir, O Homem Verde. Khisr* é o patrono dos viajantes, encarna a providência divina. Segundo a tradição, ele construiu sua casa *no ponto extremo do mundo, onde se tocam os dois oceanos, terrestre e celeste*: representa, portanto, esta *medida* da ordem humana, equidistante do Alto e do Baixo. Aquele que encontra *Khisr* não deve questioná-lo, mas deve submeter-se a seus conselhos, por mais extravagantes que possam parecer. Pois *Khisr*, como todo verdadeiro iniciado, indica o caminho da verdade sob aparências por vezes absurdas. Nesse sentido, *Khisr* é parente próximo do *Companheiro de estrada* de Andersen, e, como ele, desaparece depois de ter prestado auxílio. Sua origem é incerta. De acordo com algumas versões, seria o próprio filho de Adão, o primeiro dos profetas, e teria salvado o cadáver do pai do dilúvio. De acordo com outras, ele teria nascido numa grota – isto é, da vagina da própria terra – e teria sobrevivido e crescido graças ao leite de um animal, antes de alistar-se ao serviço de um Rei – que não pode ser outro senão Deus ou o Espírito. Às vezes é confundido com São Jorge e, frequentemente, com Elias – o que vem reafirmar o parentesco entre o verde e o

1026 | VERDE

vermelho, da água e do fogo. Conta-se que um dia, quando caminhava no deserto com um peixe seco na mão, descobriu uma fonte. Mergulhou o peixe na água e este imediatamente voltou à vida; *Khisr* compreendeu, então, que havia descoberto a fonte da vida; banhou-se nela e assim tornou-se imortal, enquanto o seu manto coloriu-se de verde. Ele é frequentemente associado ao oceano primordial; diz-se que mora numa ilha invisível, no meio do mar. Tornou-se, em consequência, o patrono dos navegadores, que os marinheiros da Síria invocam quando são surpreendidos por uma tempestade. Na Índia, onde é venerado com o nome de *Khawdja Khidr*, é representado sentado num peixe, e é equiparado aos deuses dos rios. Mas necessariamente reina sobre a vegetação e sobre as águas. Certos cronistas árabes dizem que ele "se senta numa pele branca e que esta fica verde; essa pele", acrescenta um observador, *é a terra*. Os sufistas dizem que o Khisr também protege o homem "do afogamento e do incêndio, dos Reis e dos Diabos, das serpentes e dos escorpiões". É, portanto, claramente o mediador, aquele que concilia os extremos, que resolve os antagonismos fundamentais para assegurar o desenvolvimento do homem. No Islã, o verde é, ainda, a cor do conhecimento, e a do Profeta. Os santos, em sua morada paradisíaca, vestem-se de verde.

Benéfico, o verde reveste-se, portanto, de um valor mítico, o das *green pastures*, dos *paraísos verdes dos amores infantis*: também verde, como a juventude do mundo, é a juventude eterna prometida aos Eleitos. A *verde Erin*, antes de tornar-se o nome de Irlanda, era o da ilha dos bem-aventurados do mundo celta. Os místicos alemães (Matilde de Magdeburgo, Angelus Silesius) associam o verde ao branco para qualificar a Epifania e as virtudes cristãs, a *justiça* do verde vindo completar a *inocência* do branco.

A sinople, ou verde do escudo, tem a mesma origem pastoral: de acordo com Sicille, "O escudo de cores" (séc. XV), citado por Littré, "significa bosques, prados, campos e verdura, ou seja, civilidade, amor, alegria e abundância (PORS). Os arcebispos usam um chapéu sinople com cordões verdes entrelaçados... os bispos também usam o chapéu sinople, pois, tendo sido indicados pastores dos cristãos, essa cor denota bons pastos para onde os sábios pastores conduzem as suas ovelhas, e é o símbolo da boa doutrina desses prelados" (Anselme, *Palais de l'Honneur*, PORS, 215-216).

Essas maravilhosas qualidades do verde levam a pensar que essa cor esconde um segredo, que ela simboliza um conhecimento profundo, oculto, das coisas e do destino. A palavra *sinople* vem do latim *sinopis*, que designava, inicialmente, a terra vermelha de Sinope, antes de tomar, no séc. XIV, o sentido de verde, por razões inexplicadas (ROBO), e que significava simultaneamente vermelho e verde. E, provavelmente, é essa a razão por que os anônimos codificadores da linguagem das *armas falantes* escolheram essa palavra. A virtude secreta do verde vem do fato de ele conter o vermelho, da mesma forma que, usando a linguagem dos hermetistas e dos alquimistas, a fertilidade de toda obra provém do fato de o princípio ígneo – princípio quente e masculino – animar o princípio úmido, frio, feminino. Em todas as mitologias, as divindades verdes da primavera hibernam nos infernos onde o vermelho ctoniano as regenera. Por isso, são exteriormente verdes e interiormente vermelhas, e seus domínios estendem-se sobre os dois mundos. Osíris, o verde, foi despedaçado e jogado no Nilo. Ele ressuscita graças à magia de Ísis, a vermelha. É um Grande Iniciado, pois conhece o mistério da morte e do renascimento. Por isso, preside simultaneamente na terra à renovação da primavera e, sob a terra, ao julgamento das almas. Perséfone aparece na terra na primavera, com os primeiros brotos dos campos. No outono volta aos infernos, aos quais está presa para sempre desde que comeu uma *semente de granada*. Essa semente de granada é o seu coração, parcela do fogo interior da terra que condiciona toda regenerescência: é o vermelho interno de Perséfone verde. O mito asteca da deusa *Xochiquetzal*, que, como Perséfone, é raptada e levada aos infernos durante a estação de inverno, apresenta uma analogia intrigante com o mito grego; ela desaparece no *Jardim do Oeste*, isto é, na região dos mortos, para reaparecer na primavera, quando preside ao nascimento das flores. É possível identificá-la nos manuscritos por "seu duplo penacho de plumas verdes, o *omoquetzalli,* que usa como enfeite" (SOUM, 40). O verde e o vermelho, para os astecas, são também os *chalchihuitl,* pedras preciosas verdes que ornamentam a saia da deusa das águas, e o *chalchihuatl,* ou *água preciosa,* nome dado ao sangue que saía do coração das vítimas que os sacerdotes do Sol imolavam toda manhã ao astro do dia, para alimentar a sua luta contra as trevas noturnas e garantir a sua regeneração (SOUM, ibid.).

Necessariamente encontramos a mesma complementação do verde e do vermelho nas tradições relativas às divindades do amor. Afrodite, que surgiu das *espumas das ondas,* fica dividida entre a atração de dois princípios masculinos – o esposo, Hefestos, fogo ctoniano, e o amante Ares, fogo uraniano; no dia em que Hefestos surpreende os amantes abraçados é Poseidon, deus das águas, que intervém em favor de Afrodite.

E não terá sido, sem dúvida, por outras razões que os pintores da Idade Média pintavam a cruz de verde – o instrumento da regeneração do gênero humano através do sacrifício de Cristo. Em Bizâncio, de acordo com Claude d'Ygé (YGEA, 96), a cor verde era simbolizada pelo monograma do Cristo Redentor, formado por duas consoantes da palavra *verde.* Por essa razão, a luz verde toma uma significação oculta. Os egípcios temiam os gatos de olhos verdes e puniam com a morte aquele que os matasse. Na tradição órfica, o verde é a luz do espírito que fecundou no início dos tempos as águas primordiais, até então envoltas em trevas. Para os alquimistas é a luz da esmeralda que penetra os maiores segredos. A partir disso é possível compreender o ambivalente significado do *raio verde*: se ele é capaz de tudo atravessar, é portador tanto de morte quanto de vida. Pois, e é aqui que a valorização do símbolo se inverte, ao verde dos brotos primaveris opõe-se o verde do mofo, da putrefação – existe um verde de morte, assim como um de vida. O verde da pele do enfermo opõe-se ao verde da maçã, e, embora as rãs

e as lagartas verdes sejam divertidas e simpáticas, o **Crocodilo***, escancarando a **Goela*** verde, é uma visão de pesadelo, portas dos infernos abrindo-se no horizonte para aspirar a luz e a vida. O verde possui uma força maléfica, noturna, como todo símbolo feminino. A linguagem o demonstra – podemos ficar *verdes de medo* ou *verdes de frio.* A **Esmeralda***, que é uma pedra papal, é também a de Lúcifer antes de sua queda. Embora o verde, enquanto *medida,* fosse o símbolo da razão – os olhos de Minerva – na Idade Média, tornou-se também o símbolo do irracional e o brasão dos loucos. Essa ambivalência é igual à de todo símbolo ctoniano: Satanás, num vitral da Catedral de Chartres, *de pele e olhos arregalados verdes* (PORS, 213). Na nossa época, em que, através das descobertas da ciência, o fantástico retoma um significado cósmico, é natural que representemos os *marcianos,* isto é, o *avesso* da nossa humanidade, sob a forma de diabos ou de homúnculos verdes, ou dotados de *sangue verde,* o que se reveste, instintivamente, de um valor de sacrilégio, a exemplo da efusão de sangue, tão grande é o desejo do homem, instintivamente, de que os papéis do que é feito para ser visto e do que é feito para ser escondido jamais se invertam.

Mas a nossa época também celebra o verde, símbolo da *natureza naturista,* com uma veemência especial desde que a civilização industrial ameaça essa natureza. Dessa forma, o verde dos movimentos ecologistas vem acrescentar ao simbolismo inicial desta cor um tom de nostalgia, como se a primavera da terra fosse desaparecer inexoravelmente sob uma paisagem de pesadelo de cimento e de aço. E o pintor ecologista Uriburu, depois de ter pintado de verde os canais de Veneza e as fontes de Paris, expõe quadros verdes que representam as espécies animais atualmente ameaçadas de extinção. Aqui, mais uma vez, percebemos a inversão simbólica subjacente: pois a natureza verde não foi sempre uma imagem de apaziguadora doçura; a Amazônia, *pulmão do mundo,* que Uriburu e os movimentos ecologistas defendem com justa causa, não faz muito tempo era chamada de *inferno verde.*

1028 | VERDE

Os alquimistas, na sua busca da resolução dos contrários, talvez tenham ido mais longe do que a nossa imaginação. Definem seu "fogo secreto, espírito vivo e luminoso", como um cristal translúcido, verde, que se funde como a cera; *é ele*, diziam, "que a natureza utiliza subterraneamente para todas as coisas que a Arte produz, pois a Arte tem de limitar-se a imitar a natureza" (YGEA, 103-107). Esse fogo é o que resolve os contrários: dizem que é "árido, mas que faz chover; úmido, mas que resseca".

E por fim, em todos os esoterismos, o próprio princípio vital, o segredo dos segredos, aparece como um sangue profundo contido num recipiente verde. Para os alquimistas ocidentais, é o "sangue do Leão Verde que é o ouro, não dos leigos, mas dos filósofos" (YGEA, 96). Na filosofia e medicina chinesas é o não menos misterioso *sangue do dragão*. É também o Graal, vaso de esmeralda ou de cristal verde, portanto do verde mais puro, que contém o sangue do Deus encarnado, no qual se fundem as noções de amor e de sacrifício que são as condições da regeneração expressa pelo luminoso verdor do vaso, em que, crepúsculo e aurora, morte e renascimento, equilibrando-se, confundem-se. Não há dúvida de que a Idade Média, nesse mito, tenha se inspirado nos textos mais esotéricos do Novo Testamento. São João, no *Apocalipse* (4, 3), descreve assim a sua visão do Deus supremo que, como a de Ezequiel, não passa de uma epifania de Luzes, sem forma nem rosto: "Aquele que estava sentado tinha o aspecto de uma pedra de jaspe e cornalina, e um arco-íris envolvia o trono com reflexos de esmeralda." Essa *visão de esmeralda* é provavelmente a origem do Graal; ela envolve, encerra, é o *vaso*, *fêmea*. E a luz divina que contém como a própria essência da divindade é dupla em uma, ao mesmo tempo de um verde de jaspe e de um vermelho escuro e profundo de cornalina. Ao interpretar esses dois aspectos essenciais do verde, cor *natureza* e *fêmea*, os especialistas modernos da comunicação e do *marketing* concluíram, depois de testes e sondagens, que o verde era a *cor mais calma que existe*, uma cor sem alegria, sem tristeza, sem paixão, que nada exige. "O verde é, na sociedade das cores, o que a burguesia é na dos homens: um mundo imóvel, satisfeito, que mede os seus esforços e conta o seu dinheiro" (FANO, 22). É a sua oscilação entre o dia e a noite, a germinação e a putrefação, o pêndulo parado no ponto zero da balança: a paz do verde seria a paz da neutralidade. É também o *verde de justiça* de Angelus Silesius citado anteriormente. Mas os mesmos especialistas especificam que se trata do *verde puro*, que qualquer acréscimo de um pigmento estranho, por mais leve que seja, elimina a sua neutralidade para trazê-lo de volta à agitação da nossa sociedade: "uma ponta de amarelo lhe dá uma força ativa, um aspecto ensolarado. Se o azul domina, o verde torna-se sério e carregado de pensamento. Claro ou escuro, o verde conserva o seu caráter original de indiferença e de calma; no verde-claro predomina a indiferença; enquanto a calma se faz mais sentir no verde-escuro" (FANO, 22).

Deveríamos então concluir, como Hervé Fischer na sua reflexão sobre a obra de Uriburu: "Entre a integração ao sistema ideológico dominante (um verde compensador do artifício urbano), a contestação ideológica e o mercado, me pergunto se o verde não vai perder o seu antigo significado simbólico religioso que o identificava à esperança?" (URIB, 77).

Não há dúvida de que o vaso, mesmo que contenha a mais preciosa embriaguez, é em si neutro, talvez por uma razão de proteção, como o ventre dentro do qual o embrião se desenvolve, princípio vital. Isso viria ao encontro de todas as tradições esotéricas em que o princípio vital, segredo dos segredos, aparece como um sangue profundo, contido num recipiente verde.

A linguagem dos símbolos, ao mesmo tempo viva e esotérica, como a *língua verde*, não é feita para fechar portas, mas para abri-las à reflexão. Está intimamente ligada à vida infinita dos sentimentos e pensamentos, o que a diferencia de nossas tentativas de trabalho com a psicologia aplicada que atende a algo finito e preciso. Muitas vezes o que essa profunda língua diz só é percebido *a posteriori*, criando, através dos séculos e das civilizações, diálogos inesperados. Os curandeiros astecas, para curar males do peito, pronunciavam a seguinte invocação: "Eu, Sacerdote, Eu, Senhor dos encantamentos, procuro a dor verde, procuro a dor russa" (SOUA, 227). Muitos séculos depois, Van Gogh escreveu: "Procurei exprimir com o vermelho e o verde as terríveis paixões humanas" (*Lettres à Théo, sur le café de nuit*, de 8 de setembro de 1888). São João Evangelista, o sacerdote asteca e Van Gogh só tinham em comum uma única qualidade: a de inspirados.

O verde conserva um caráter estranho e complexo, que provém da sua polaridade dupla: o verde do broto e o verde do mofo, a vida e a morte. É a imagem das profundezas e do destino.

VERDELHÃO

O verdelhão é na China um símbolo do casamento. Nas imagens populares, o verdelhão é associado às flores do pessegueiro para simbolizar a primavera. Associado igualmente ao crisântemo, também é, às vezes, em consequência de uma homofonia aproximativa, um símbolo de alegria.

Os *pássaros amarelos*, que se colocam sobre a porta do Imortal Kiai-tse T'uei, são sem dúvida verdelhões e, também nesse caso, podem ter relação com o anúncio da primavera (DURV, GRAD, KALC).

VERME

Símbolo da vida que renasce da podridão e da morte. Assim, numa lenda chinesa, o gênero humano tem origem nos vermes do corpo do ser primitivo e, na *Gylfaginning* irlandesa, os vermes nascidos no cadáver do gigante Ymir, por ordem dos deuses, adquirem a razão e a aparência dos homens (HARA, 82).

Há um mito análogo na América do Sul, entre os índios cashihuanas, para os quais os primeiros homens apareceram, após o dilúvio, nos cadáveres dos gigantes que formavam a humanidade anterior (METS) (*v.* **Excrementos***).

Essa concepção poderia confirmar a interpretação de Jung, segundo a qual o verme simboliza o aspecto destruidor da libido, e não seu aspecto fecundador. Na evolução biológica, o verme marca a etapa primordial da dissolução, da decomposição. Em relação ao inorgânico, ele indica a via ascendente da energia primordial em direção à vida; em relação ao organizado superior, é a regressão ou fase inicial e larvária.

O rei de Ulster, Conchobar, nasce com um verme em cada mão. O motivo pode ser associado ao das serpentes que Héracles estrangula em seu berço, mas não é certo. É mais provável que se trate de uma transformação, da *passagem a um estado superior*, simbolizado pelo estado larvário transitório. Esse dado está presente no nascimento de vários personagens mitológicos: Cu Chulainn nasce de um verme engolido por sua mãe, Dechtire, ao beber numa taça de bronze. Os dois touros da *Razzia des Vaches de Cooley* nascem dos guardadores reais de porcos, transformados em vermes e engolidos, respectivamente, por uma vaca do norte (Ulster) e uma vaca do sul (Connaught) (CHAB, 835-842; OCAC, 12, 85; 17, 363 s.).

Em todas essas lendas o verme aparece como um símbolo de transição, da terra à luz, da morte à vida, do estado larvário ao voo espiritual.

Nos sonhos, entretanto, os vermes são interpretados como *intrusos indesejáveis* que nos vêm tirar ou roer um afeto muito caro (TEIR, 98), ou significam uma situação material desastrosa (SEPR, 278).

VERMELHO

Universalmente considerado o símbolo fundamental do princípio de vida, com sua força, seu poder e seu brilho, o vermelho, **Cor de fogo*** e de **Sangue***, possui, entretanto, a mesma ambivalência simbólica destes últimos, sem dúvida, em termos visuais, conforme seja claro ou escuro. O vermelho claro, brilhante, centrífugo, é diurno, macho, tônico, incitando à ação, lançando, como um sol, seu brilho sobre todas as coisas, com uma força imensa e irredutível (KANC). O vermelho escuro, bem ao contrário, é noturno, fêmea, secreto e, em última análise, centrípeto; representa não a expressão, mas o mistério da vida. Um seduz, encoraja, provoca, é o vermelho das bandeiras, das insígnias, dos cartazes e embalagens publi-

1030 | VERMELHO

citárias; o outro alerta, detém, incita à vigilância e, no limite, inquieta: é o vermelho dos sinais de trânsito, a lâmpada vermelha que proíbe a entrada num estúdio de cinema ou de rádio, num bloco de cirurgia etc. É também a antiga lâmpada vermelha das casas de tolerância, o que poderia parecer contraditório, pois, ao invés de proibir, elas convidam; mas não o é, quando se considera que esse convite diz respeito à transgressão da mais profunda proibição da época em questão, a proibição lançada sobre as pulsões sexuais, a libido, os instintos passionais.

Este vermelho noturno e centrípeto é a cor do *fogo central* do homem e da terra, o do ventre e do atanor dos alquimistas, onde, pela *obra em vermelho*, se opera a digestão, o amadurecimento, a geração ou regeneração do homem ou da obra. Os alquimistas ocidentais, chineses e islâmicos utilizam o sentido do vermelho de um modo idêntico, e o *enxofre vermelho* dos árabes, que designa o *homem universal*, sai diretamente desta obra em vermelho, gestação do atanor. O mesmo se dá com o *arroz vermelho* no **Alqueire**** dos chineses, que é também fogo – ou sangue – do atanor, ligado ao cinabre, no qual se transforma alquimicamente, para simbolizar a imortalidade.

Subjacente ao verdor da terra, à negrura do Vaso, este vermelho, eminentemente *sagrado* e *secreto*, é o mistério vital escondido no fundo das trevas e dos oceanos primordiais. É a cor da alma, a da libido, a do coração. É a cor da Ciência, do Conhecimento esotérico, interdito aos não iniciados, que os sábios dissimulam sob seu manto. Nas lâminas do Tarô, o *Eremita*, a *Papisa*, a *Imperatriz* usam uma toga vermelha sob uma a capa ou um manto azul: todos os três, em graus diversos, representam a ciência secreta.

Este vermelho, como se vê, é matricial, uterino. Só é licitamente visível no curso da morte iniciatória, onde adquire um valor sacramental. Os iniciados nos mistérios de Cibele eram baixados a uma fossa, onde recebiam sobre o corpo o sangue de um touro ou de um carneiro, colocado sobre uma grade em cima da fossa e ritualmente sacrificado em cima deles (MAGE), enquanto

uma serpente ia beber esse sangue bem na chaga da vítima.

Nas ilhas Fiji, num ritual análogo, mostrava-se aos jovens "uma fila de homens aparentemente mortos, cobertos de sangue, com o corpo aberto e as entranhas aparecendo. Mas, a um grito do sacerdote, os pretensos mortos se erguiam sobre os pés e corriam ao rio, para se limparem do sangue e das entranhas de porco, com que os haviam coberto" (FRAG, **3**, 425). Os *oceanos purpúreos* dos gregos e o *mar Vermelho* estão ligados ao mesmo simbolismo: representam o ventre, onde morte e vida se transmutam uma na outra.

Iniciático, este vermelho, sombrio e centrípeto, possui também uma significação fúnebre: "a cor púrpura, segundo Artemidorus, tem relação com a morte" (*Mistérios do Paganismo*, em PORS, 136-137).

Porque esta é, com efeito, a ambivalência deste vermelho do sangue profundo: escondido, ele é a condição da vida. Espalhado, significa a morte. Por isso o interdito que atinge as mulheres menstruadas: o sangue que deitam fora é impuro, porque, ao passar da noite uterina ao dia, ele inverte sua polaridade e passa do direito ao esquerdo. Essas mulheres são intocáveis e em numerosas sociedades elas são obrigadas a realizar um retiro purificador antes de se reintegrar à sociedade da qual foram, temporariamente, excluídas. Essa proibição por muito tempo estendeu-se a todo homem que derramasse sangue de outro, mesmo que por uma justa causa; o carrasco de vestes vermelhas é, como o ferreiro, um intocável, porque ele lida com a própria essência do mistério vital, encarnado pelo vermelho centrípeto do sangue e do metal em fusão.

Um mito das ilhas Trobriand (Melanésia), relatado por Malinowski, ilustra a universalidade e antiguidade dessas crenças: no início dos tempos um homem aprendeu o segredo da mágica de um caranguejo, que era vermelho "por causa da feitiçaria da qual estava carregado; o homem matou o caranguejo depois de ter extorquido dele o seu segredo; é por isso que os caranguejos hoje são pretos, porque foram destituídos de sua

VERMELHO | 1031

feitiçaria; entretanto, eles demoram para morrer porque foram outrora os senhores da vida e da morte" (MALM, 133-134).

O vermelho vivo, diurno, solar, centrífugo, incita à ação; ele é a imagem de ardor e de beleza, de força impulsiva e generosa, de juventude, de saúde, de riqueza, de Eros livre e triunfante – coisa que explica o fato de que em muitos costumes, como o da lâmpada vermelha aqui citado, as duas faces do símbolo estão presentes. É a pintura vermelha, geralmente diluída em um óleo vegetal – o que aumenta seu poder vitalizador –, que as mulheres e meninas, na África subsaariana, usam no corpo e no rosto no final da proibição consecutiva às suas primeiras regras, nas vésperas de seu casamento ou depois do nascimento do primeiro filho. É a pintura vermelha – também diluída em óleo – com a qual se enfeitam os moços e as moças entre os índios da América; ela tem o atributo de estimular as forças e despertar o desejo. Ela toma uma qualidade medicinal e torna-se panaceia indispensável. É o sentido, também, das inúmeras tradições que, da Rússia até a China e o Japão, associam a cor vermelha a todas as festividades populares e, especialmente, às festas da primavera, de casamento e de nascimento: é comum se dizer de um menino ou menina que ele ou ela é vermelho, para dizer que é bonito: isso já se dizia entre os celtas da Irlanda.

Mas, encarnando o arrebatamento e o ardor da juventude, o vermelho também é por excelência, nas tradições irlandesas, a cor *guerreira*, e o vocabulário galês conhece dois adjetivos muito correntes para designá-lo: *derg* e *ruadh*. Os exemplos existem às centenas, senão aos milhares, e o Dagda, deus druida, é chamado *Ruadh Rofhessa*, *vermelho da grande ciência*. Alguns textos, sobretudo o relato da Destruição do *Albergue de Da Derga*, também mencionam druidas vermelhos: isso é uma referência à sua capacidade guerreira e à dupla função que lhes é atribuída, de, ao mesmo tempo, sacerdotes e guerreiros. A Gália, por seu lado, honrou um Mars *Rudiobus* e um *Rudianus* (vermelho) (WINI, *passim* OGAC, **12**, 452-458).

Assim, com essa simbólica guerreira, parece que o vermelho perpetuamente é o lugar da batalha – ou da dialética – entre céu e inferno, fogo ctônico e fogo uraniano. Orgiástico e liberador, é a cor de Dioniso. Os Alquimistas, cuja interpretação ctônica do vermelho já vimos, também dizem da pedra filosofal que ela "carrega o signo do Sol". Chamam-na, ainda, de Absoluto, "ela é pura porque é composta dos raios concentrados do Sol" (YGEA, 113). Quando o simbolismo solar o arrebata e Marte tira Vênus de Vulcano, o guerreiro se torna conquistador, e o conquistador, *Imperator*. Um vermelho suntuoso, mais *maduro* e ligeiramente violeta, torna-se o emblema do *poder*, que logo é observado para uso exclusivo. É o púrpura: essa variedade de vermelho "era em Roma a cor dos generais, da nobreza, dos patrícios: ela tornou-se, consequentemente, a cor dos Imperadores. Os de Constantinopla vestiam-se inteiramente de vermelho. Também, no início, existiam leis que proibiam o uso de goles (esmalte rubro) nos brasões" (PORS, 130-131); o código de Justiniano condenava à morte o comprador ou vendedor de um pano púrpura. Isso quer dizer que a cor tinha se transformado no próprio símbolo do poder supremo: "o vermelho e o branco são as duas cores consagradas a Jeová como Deus do amor e da sabedoria" (PORS, 125, n. 3), que parece confundir a sabedoria e a conquista, a justiça e a força. O Tarô não se engana: o arcano 11 – *A Força* – que abre com as duas mãos a goela do leão, leva uma capa vermelha sobre o vestido azul, enquanto o arcano 8, *A Justiça*, esconde seu vestido vermelho sob um manto azul, à maneira da *Imperatriz*. Exteriorizado, o vermelho se torna perigoso como o instinto de poder, se não é controlado; leva ao egoísmo, ao ódio, à *paixão cega*, ao *amor infernal* (PORS, 131): Mefistófeles usa o manto vermelho dos príncipes do inferno, enquanto os cardeais levam o dos príncipes da Igreja, e Isaías (1, 18) faz o Eterno falar assim:

> Vinde e discutamos, diz Jeová,
> Quando os vossos pecados forem como o escarlate
> Como neve eles embranquecerão,

1032 | VERTICALIDADE

Quando eles forem vermelhos como a púrpura,
Como lã tornar-se-ão.

Não há povo que não tenha expressado – cada um
à sua maneira – essa ambivalência de onde provém
todo o poder de fascinação da cor vermelha, que
leva em si, intimamente ligados, os dois mais
profundos impulsos humanos: ação e paixão,
libertação e opressão; isso, as bandeiras vermelhas
que tremulam ao vento do nosso tempo o provam!

Esse vermelho *de goles* (fr. *gueules,* nome do
esmalte vermelho em heráldica) remete bem à
ambivalência da **Goela*** (fr. *gueule*), símbolo,
essencialmente, de uma libido não diferenciada,
que visita os sonhos das crianças, cujo fascínio
pela cor vermelha é universalmente conhecido.
"O goles ou vermelho da heráldica", segundo La
Colombières (PORS, 135), "denota entre as virtudes espirituais o ardente amor por Deus e pelo
próximo; entre as virtudes mundanas, valentia e
furor; entre os vícios, a crueldade, o assassinato e
a carnificina; entre as compleições do homem, a
colérica". Por seu lado, a sabedoria dos bambaras
diz que a cor vermelha "faz pensar no calor, no
fogo, no sangue, no cadáver, na mosca, na irritação, na dificuldade, no Rei, naquilo que não se
pode tocar, no inacessível" (ZAHB, 19).

No Extremo Oriente, o vermelho também
evoca de uma maneira geral o calor, a intensidade, a ação, a paixão. É a cor de *rajas*, a tendência
expansiva.

Em todo o Extremo Oriente, é a cor do fogo,
do Sul e, às vezes, da secura (note-se que o vermelho cor de fogo afasta o fogo: é assim que ele
é utilizado nos ritos de construção). É também
a cor do sangue, da vida, da beleza e da riqueza;
é a cor da união (simbolizada pelos fios vermelhos do destino, atados no céu). Cor da vida,
é também a da imortalidade, obtida através do
cinabre (sulfureto vermelho de mercúrio), através
do arroz vermelho da Cidade dos Salgueiros. A
alquimia chinesa aproxima aqui o simbolismo
da *obra em vermelho* da alquimia ocidental, e o
da do *enxofre vermelho* do hermetismo islâmico.
Este último, que designa o *Homem universal*, é,

de fato, o produto do primeiro: a *rubedo* equivale
com efeito, ao acesso aos *grandes Mistérios*, à saída
da condição individual.

No Japão, a cor vermelha (Aka) é usada quase
que exclusivamente pelas mulheres. É um símbolo
de sinceridade e de felicidade. De acordo com
certas escolas xintoístas, o vermelho designa a
harmonia e a expansão. Os recrutas japoneses usam
um cinto vermelho no dia de sua partida, como
símbolo de fidelidade à pátria. Quando se quer desejar felicidade a alguém num aniversário, sucesso
em um exame etc., colore-se o arroz de vermelho.

VERTICALIDADE

Símbolo forte de ascensão e de progresso. "Em certas técnicas de psicoterapia baseadas no onirismo,
atribui-se ao eixo vertical um papel, um valor e um
significado privilegiados... Por sua vez, a história
das religiões revela a frequência de imagens de ascensão em certas práticas ascéticas; por outro lado,
a psicologia e a etnografia permitem conferir ao
advento da dimensão vertical o valor de um estado
definido da tomada de consciência" (VIRI, 36).

A iconografia de inúmeras culturas abunda
em exemplos de animais erguidos sobre a cauda
como a serpente, ou sobre as patas de trás, como
os leões ou os leopardos; são símbolos do homem,
pois exprimem a postura ereta. Pois a postura ereta
é, segundo Leroi-Gourhan (LERG, 33-34): "o
primeiro e mais importante dos critérios comuns
à totalidade dos homens e a seus ancestrais". Um
admirável baixo-relevo do sul do México mostra
um homem curvado sobre si mesmo na horizontal, com as costas arqueadas, o queixo sobre os
joelhos; esse homem, ainda agachado, é envolto
por uma serpente imensa que se ergue por sobre
a sua cabeça: é um símbolo da "verticalização do
humano" (CHAS, 238, 255); é o "resumo mais
adequado da evolução pela qual uma espécie
animal diferenciou-se radicalmente das outras,
dando início a um processo que resultaria, um dia,
na bipedia e na postura ereta própria do homem".
A **Serpente*** erguida, como a serpente de plumas,
símbolo da união de forças contrárias, seria uma
"entidade representando a súbita hibridação das

espécies aparentemente irreconciliáveis: união inesperada de matéria pesada aderente ao solo e de substância alada... Esse réptil retesado na sua vontade de transcender à sua condição é a imagem pela qual é representado o *advento do homem*, do ser dotado de um sentido que lhe permite agir em função de uma realidade invisível, ausente do mundo das aparências". Certas imagens da verticalidade, em que a cabeça aparece hipertrofiada, marcariam, de acordo com Bachelard, *um movimento da verticalidade à celebração.*

VESPÃO (*v.* Abelha-pedreira)

VESTA (Héstia)

Personificação romana do fogo sagrado, o da pira doméstica e o da cidade. Corresponde à Héstia dos gregos e, até certo ponto, à Agni dos índios. Cortejada pelos deuses, e especialmente pelo belo Apolo e por Poseidon, Héstia rejeitou todas as propostas amorosas e conseguiu que o próprio Zeus protegesse a sua virgindade. "Zeus lhe conferiu honras especiais: recebia cultos em todas as casas dos homens e nos templos de todos os deuses... Héstia permanece imóvel no Olimpo. Assim como a pira doméstica é centro religioso da casa, Héstia é o centro religioso da casa divina. Essa imobilidade de Héstia faz com que ela não desempenhe nenhum papel nas lendas. Permanece um princípio abstrato, a Ideia do lar, em vez de uma divindade pessoal" (GRID, 210). Em Roma, ela também simboliza a mais absoluta exigência de pureza. "Ela preside", escreve Jean Beaujeu, "ao final de todo ato e de todo acontecimento; ávida de pureza, sustenta a vida nutriz, sem ser fecundadora; é servida por um grupo de dez virgens, submetidas a proibições muito rigorosas (cuja violação acarreta a morte): se faltam à castidade, são emparedadas vivas num túmulo subterrâneo... É a deusa do fogo e da perfeição." É importante observar que toda realização, toda prosperidade, toda vitória são postas sob o signo dessa pureza absoluta. As vestais talvez simbolizem o **Sacrifício*** permanente, pelo qual uma inocência perpétua substitui o erro perpétuo dos homens ou lhes traz proteção e sucesso (*v.* **Virgindade***).

VESTES

A roupa é um símbolo exterior da atividade espiritual, a forma visível do homem interior. Entretanto, o símbolo pode transformar-se num simples sinal destruidor da realidade quando o traje é apenas um uniforme sem ligação com a personalidade. "A roupa nos deu a individualidade, as distinções, os requintes sociais; mas ameaça transformar-nos em meros manequins" (Carlyle). A atual tendência dos padres e dos militares, por exemplo, de usarem trajes seculares e civis, em vez da batina e do uniforme, pode sem dúvida ser explicada através de uma evolução da sociedade; mas também é preciso observar aí um fenômeno de dessacralização e de perda do sentido do símbolo. Se o traje deixa de expressar uma relação de natureza simbólica com a personalidade profunda, sacerdotal ou militar, é melhor, de fato, abandoná-lo e reduzir-se à banalidade comum. O traje manifesta o pertencer a uma sociedade caracterizada: clero, exército, marinha, magistratura etc. Tirá-lo é, de certa forma, renegar essa relação.

É precipitado dizer que *o hábito não faz o monge*, ou que, segundo Tchuang-tse, não faz o mandarim. Não é possível ignorar, é claro, que o hábito monástico pode ter a finalidade de esconder o aspecto individual do corpo. Mas a tomada do hábito, na antiga Igreja do Oriente e nas ordens religiosas, constituía um verdadeiro *segundo batismo*, cujo efeito não era apenas exterior. A vestimenta dos monges budistas não evoca apenas o desapego ao mundo, o pó e os trapos recolhidos ao acaso nos caminhos. A investidura do patriarcado *zen* se faz através da transmissão da túnica, a *kasaya*. Embora não lhes devam seu conhecimento, os sábios chineses anunciam, "através do seu chapéu redondo, que sabem as coisas do céu; através de seus sapatos quadrados, que sabem as coisas da terra; através de seus sonoros pingentes, que sabem pôr harmonia em todo lugar" (Tchuang-tse, cap. 21). Portanto, embora o traje exteriorize a função ou o estado, é às vezes símbolo e até contribui para conferir ambas as coisas.

O mestre sufista dá o seu **Manto*** àquele que admite na sua comunidade.

1034 | VESTES

As vestimentas sacerdotais hebraicas lembravam as correspondências macromicrocósmicas, e suas franjas, a chuva da graça. Com maior frequência, faz-se uso de um traje hierático, e observou-se que em países muçulmanos esse hieratismo estendia-se ao traje civil. O traje hierático é, por excelência, o da peregrinação, muitas vezes uma roupa branca, no Islã, no Irã xiita, no Japão, budista ou xintoísta. O peregrino devia trocar a sua roupa habitual por uma roupa especial que o sacralizasse. É o "despojamento do homem velho *e o revestir do homem novo*" do qual fala São Paulo, a purificação que antecede a *passagem*. Antes de entrar nas sociedades secretas chinesas, veste-se também uma roupa branca. Isso nos faz pensar na *roupa nupcial* do Evangelho (*Mateus*, 22, 11-14) e na do *Apocalipse* (22, 14): *Felizes os que lavam suas vestes... para entrar na Cidade pelas portas.*

O despojamento da individualidade é, segundo Tchuang-tse, literalmente, o abandono da roupa (cap. 11). Mas a roupa, segundo São Paulo (2, *Coríntios* 5, 3) é também *o corpo espiritual*, o corpo de imortalidade assumido no final dos tempos.

Na China, a vestimenta imperial é redonda em cima (no colarinho) e **Quadrada*** embaixo: faz daquele que a veste o mediador entre o Céu e a Terra, como o círculo simbolizando o céu, e o quadrado, a terra. O *I-Ching* evoca, a respeito do **Hexagrama*** *k'uen* (Princípio passivo, Terra), *a roupa de baixo*, que é amarelo, cor da Terra, designada pelo mesmo caractere. O *Li-ki* dá a maior importância ao simbolismo da roupa, que condiciona o porte nobre e as virtudes daquele que a veste: é feita de doze faixas, como o ano de doze meses (harmonia); as mangas são redondas (graça de movimento); a costura dorsal é reta (retidão); a bainha, horizontal (paz do coração): "Quando a roupa é como deve ser, o porte do corpo pode ser correto, o rosto doce e calmo, conformes às regras, as fórmulas e as ordens" (BURA, GRAC, GUET, SCHP, SOOL, SOUP, VALI).

A roupa do xamã também é rica em símbolos. "Nas antigas civilizações uralo-altaicas, o xamã trazia sobre o manto o signo de três ramos, em outros lugares chamado de "marca da abetarda, símbolo da comunicação entre os mundos, da morte e da ressurreição". A roupa ornada de estrelas, o chapéu pontudo e a varinha do mágico, na figuração ocidental, lembram o *kaftan* do xamã, ou "túnica de mangas compridas ornada com círculos de ferro e figuras representando animais míticos [...] e diversas peças do traje do xamã. Se tiver abas sobre os ombros é *o intermediário* entre os dois mundos" (SERH, 139). O "burnous (*capote de lã branca*) dos camponeses do norte da África é tecido em sete partes que simbolizam os sete componentes da pessoa humana [...]. Do começo ao fim do espaço e do tempo", conclui Jean Servier após haver citado numerosos exemplos, o "homem, ao tecer a sua vestimenta de fibras ou de pele, reencontra, através de símbolos, o lugar que acredita ocupar no mundo, vestido de luz" (SERH, 257).

Já no Antigo Testamento, a roupa pode significar, ao manifestá-lo, o caráter profundo daquele que a veste. Assim, na visão de Daniel (7, 9), o ancião que aparece sentado sobre um trono celeste, vestido de branco, cor da luz, designa Deus. O profeta Isaías (61, 10) dá graças ao seu Deus que o salvou e justificou, dizendo-se vestido com as vestes da justiça, envolto no manto da salvação. Portanto, a vestimenta não é um atributo exterior, alheio à natureza daquele que a usa; pelo contrário, expressa a sua realidade essencial e fundamental.

As roupas brancas, brilhantes, luminosas, permitem identificar imediatamente os anjos (*Mateus*, 28, 3; *Lucas*, 24, 4). Na transfiguração (que deve ser entendida como uma manifestação antecipada da glória do ressuscitado, e cujo caráter literário trai a influência dos relatos de teofanias), as vestes de Jesus iluminam-se com uma brancura sobrenatural, celeste e divina (*Marcos*, 9, 3 s.).

Quando Enoc – segundo a lenda (II, *Enoc*, 22, 8 s.) – sobe aos céus, o Senhor ordena que lhe sejam retiradas as vestimentas terrestres e que seja vestido com vestes gloriosas. Assim, ele assume o caráter do novo mundo em que está penetrando.

Nessa perspectiva, podemos interrogar-nos se devemos considerar as roupas dos essênios um simples símbolo de pureza ou o sinal de que os membros dessa seita da nova aliança pertencem ao mundo angélico, crença que seus escritos professam expressamente...

Como os autores judeus e cristãos afirmam, por volta do início da era cristã, que a salvação de um homem o coloca de certo modo entre o número das criaturas celestes, não é surpreendente encontrar frequentemente a imagem da vestimenta como símbolo da sorte eterna prometida aos eleitos ou aos crentes. O autor da *Ascensão de Isaías* (**8**, 14-16; **9**, 9 s.) sabe que vestimentas aguardam cada fiel no céu. O primeiro livro de *Enoc* (**62**, 15 s.) descreve a ressurreição dos eleitos assim: "Eles vestirão as vestes de glória. E essas serão as suas vestes: vestes de vida da parte do Senhor dos Espíritos."

No *Apocalipse* (**6**, 11; **7**, 9, 14 s.), os mártires recebem desde já a última recompensa (vestes brancas) prometida a todos os cristãos (**2**, 10; **3**, 11).

É nessa perspectiva que devemos entender a difícil passagem paulina: "Tanto assim que gememos com o desejo ardente de revestir por cima da nossa morada terrestre a nossa habitação celeste – o que será possível se formos encontrados vestidos, e não nus. Sim, nós que estamos nesta expectativa, gememos acabrunhados, pois não queremos nos despir, mas usar uma segunda vestimenta por cima da outra a fim de que o que é mortal seja absorvido pela vida" (**2**, *Coríntios*, **5**, 2-4). A veste aspirada pelo apóstolo é, evidentemente, a manifestação suprema da sua salvação. Ser encontrado nu equivaleria, portanto, a ser rejeitado por Cristo. Entretanto, observamos que Paulo sobrepõe um segundo simbolismo a esse simbolismo tradicional: a salvação é uma segunda roupa que se acrescenta – ao transformá-la – à primeira, que portanto só pode designar o corpo...

Há aqui o início de um simbolismo que a gnose desenvolveu de modo surpreendente. O seu registro mais perfeito pode ser encontrado no *canto da pérola* contido nos *Atos de Tomás*: o filho de rei (o eleito de natureza divina) parte para o Egito (para o mundo mau, por ser material). Não tarda a esquecer-se de sua qualidade e troca o seu traje real (marca da sua origem divina) pelas sórdidas roupas dos egípcios (marca da sua penetração no universo sensível). Ele só virá a rejeitá-las, horrorizado, quando lhe aparece um traje maravilhoso, real, feito à sua medida na corte de seu pai. Nesse traje reconhece o seu verdadeiro eu, o que ele é na essência, além das aparências enganadoras.

Seria impossível encontrar um melhor exemplo do simbolismo da roupa na sua mais elaborada formulação gnóstica: a roupa como símbolo do próprio ser do homem.

Voltemos ao simbolismo cristão observando uma utilização batismal da imagem das vestes nas *Odes de Salomão*, **21**, 3: "Despojei-me da escuridão e vesti a luz. Expulsemos de nossa vida", diz também São Paulo, "o que é treva e vistamos a armadura da luz." Diz-se ainda que Cristo "vestiu a natureza humana e que o cristão vestiu Jesus Cristo". Lembraremos também o costume atestado por antigas liturgias batismais de vestir o neófito com uma roupa branca, que simboliza a pureza recebida no batismo, ao mesmo tempo que a salvação, cuja garantia o recém-batizado acaba de receber.

Poderíamos ainda citar inúmeros textos mandianos em que o próprio **Batismo*** é visto como a dádiva divina de uma vestimenta de glória.

A roupa – própria do homem, já que nenhum outro animal a usa – é um dos primeiros indícios de uma consciência da nudez, de uma consciência de si mesmo, da consciência moral. É também reveladora de certos aspectos da personalidade, em especial do seu caráter influenciável (modas) e do seu desejo de influenciar. O uniforme, ou uma peça determinada do vestuário (capacete, boné, gravata etc.), indica a associação a um grupo, a atribuição de uma missão, um mérito...

Na tradição do Islã, uma troca de roupa ritual anuncia a passagem de um mundo ao outro. Um emir, por exemplo, não usa a mesma roupa em seu país e num palácio do Ocidente, a menos que esteja em viagem oficial. Mas certos trajes denunciam uma transformação mais radical, como o hábito monástico, que faz passar do mundo secular ao mundo religioso. Para ir da Terra de Abraão ao Malakut dos Céus, o peregrino místico atravessa doze mundos, *doze véus de luz*, e assim, muda

1036 | VÉU

de traje, que representa as disposições interiores necessárias, *as vestes da alma*, para progredir, etapa por etapa, até a iluminação paradisíaca. O *relato da Nuvem branca* apresenta alguns exemplos da tradição do Islã. Da mesma forma, o ritual dos mistérios de **Mitra*** mostra a "troca sucessiva de roupas que correspondem ao grau da ascensão mística" (CORE, IV, 341). São Paulo tinha descrito o hábito e a **Armadura*** simbólicos que o apóstolo cristão devia vestir.

VÉU

Hijab, véu, quer dizer, em árabe, o que separa duas coisas. Então, *véu* significa – dependendo se é usado ou retirado – o *conhecimento oculto* ou *revelado*. Assim, na tradição cristã monástica, *tomar o véu* significa separar-se do mundo, mas também separar o mundo da intimidade na qual entramos numa vida com Deus. O Corão fala do véu que separa os condenados dos eleitos (7, 44). Deve-se falar às mulheres por trás de um véu. Os incrédulos dizem ao Profeta: "Há entre nós e tu um véu" (41, 4). Deus só fala ao homem através de revelação ou através de um véu (42), como foi o caso de Moisés.

No Templo de Jerusalém, um véu separava o Santo do Santo dos Santos, e um outro, o Vestíbulo do Santo. Foi dito (*Mateus*, 27, 51) que, no momento da morte de Cristo, o véu "rasgou-se de alto a baixo". Esse rasgo mostra a brutalidade da Revelação operada pelo desvelamento, que possui um sentido iniciático: a Revelação crística é um desvendamento em relação à Lei antiga: "Não há de encoberto que não venha a ser descoberto" (*Mateus*, 10, 26). O mesmo acontece no Islã: "Retiramos o teu véu; hoje a tua vista é penetrante" (*Corão*, 50, 21). A retirada do véu – ou dos véus sucessivos – da deusa egípcia Ísis representa manifestamente a revelação da luz. Conseguir levantar o véu, diz Novalis, nos seus *Lehrlinge zu Sais*, é tornar-se imortal; e ainda: "Um homem conseguiu levantar o véu da deusa de Sais. Mas o que viu? Viu o milagre dos milagres – a si mesmo."

Al Hallaj diz: "O véu? É uma cortina interposta entre o que procura e o seu objeto, entre o noviço e o seu desejo, entre o atirador e o seu alvo. Devemos esperar que os véus só existam para

as criaturas, não para o Criador. Não é Deus que usa um véu, mas as criaturas" (MASH, 699-700).

No sufismo, diz-se que uma pessoa está *velada* (*mahjub*) "quando a sua consciência é obcecada pela paixão, seja sensual ou mental, de tal modo que não percebe a Luz divina em seu coração" (BURD, 147).

Para os místicos, *hijab*, que designa *tudo o que vela o alvo*, significa a impressão produzida no coração pelas aparências que constituem o mundo visível e que o impedem de aceitar a revelação das verdades. "O *nafs* (alma carnal) é o centro do velamento... As substâncias, os acidentes, os elementos, os corpos, as formas, as propriedades, todos são véus que ocultam os mistérios divinos. A verdade espiritual está selada para todos os homens, com exceção dos santos."

Um dos tratados mais antigos de sufismo, o de Hudjwiri, chama-se *Desvelamento* (*kashf*). Inúmeros tratados posteriores trazem esse título.

Ibn ul Faridh fala dos "véus da mortalha dos sentidos" (NICM, 248). A própria existência é considerada um véu para os sufistas.

No budismo, este mesmo véu que dissimula a Realidade pura é *Maya*; mas *Maya*, como *Xácti*, vela e revela ao mesmo tempo, pois se não velasse a realidade última – que é a identidade do ego e do *self*, do *sich selbst* da Deusa –, a manifestação objetiva não poderia ser percebida. O símbolo aqui se contradiz, pois o véu torna-se não o que oculta, mas, ao contrário, o que permite ver, filtrando uma luz ofuscante, a luz da verdade. É neste sentido que se diz, em regiões islâmicas, que a Face de Deus é velada por *setenta mil cortinas de luz e de trevas*, sem o que tudo o que o seu olhar atingisse seria consumido. Pela mesma razão Moisés teve de cobrir o seu rosto para falar com o povo hebreu. O Islã também dirá que Deus revestiu as criaturas "com o véu de seu nome pois se lhes mostrasse as ciências de seu poder, desmaiariam, e se lhes revelasse a realidade, morreriam" (MASH, 699-700): o véu do nome preserva a criatura de uma visão direta que a faria desmaiar. Pois também a luz solar possui uma dupla acepção simbólica: pode ser aquilo que revela, e também pode ser aquilo que cega, com seu brilho por demais intenso, o que faz com que os *tais* digam que o *véu* do dia esconde a luz dos astros, que se desvelam ao cair da noite (AVAS, BURA, CORT, EVAB, PHIL, GUEM, MASR, PALT, SOUN, SOUJ, VALI, WARK).

O poder secular, por vezes, apropria-se deste símbolo para sacralizá-lo. É o que se dava com o imperador da China, sempre separado de seus visitantes por um véu, podendo assim ver sem ser visto; e com o Califa, a partir do período omíada: seu camareiro, encarregado de transmitir as suas palavras durante as audiências, chamava-se "véu" ou "cortina" (*Hajib*), pois era ao mesmo tempo aquele que esconde e aquele que revela.

Em última instância, o véu pode então ser considerado mais um intérprete do que um obstáculo; ocultando apenas pela metade, convida ao conhecimento; todas as mulheres sedutoras sabem disso, desde que o mundo é mundo.

O símbolo também se define pelo esoterismo: aquilo que se revela velando-se, aquilo que se vela revelando-se.

VIAGEM

O simbolismo da viagem, particularmente rico, resume-se, no entanto, na busca da verdade, da paz, da imortalidade, da procura e da descoberta de um centro espiritual. Já consideramos anteriormente as **Navegações***, a travessia do **Rio***, a busca das **Ilhas***. As *viagens* chinesas organizam-se seja em direção às Ilhas dos Imortais, paraísos orientais que correspondem ao estado edênico, seja ao monte K'uenluen, centro e eixo do mundo. As ilhas são as de Ho-tcheu (*Lie-tse*, cap. 2), a de Kuche, visitada por Yao (*Tchuang-tse*, cap. 1) e que corresponde ao centro primordial; *as cinco grandes ilhas*, principalmente, portanto, Penglai (*Lie-tse*, cap. 5), para as quais T'sinche huang-ti e depois Wu dos Han enviaram expedições que fracassaram: fracassaram porque, diz o *Pao-p'u tse*, faltava-lhes um guia espiritual; porque, ensina Li Chao-wong, Penglai só pode ser alcançada depois de uma preparação espiritual que permite *subir ao Céu*. Viagens, também, de Hoan Chen-tai e da princesa Miao-chu à ilha da verdade, de K'iu-yuan à *Cidade da Pureza*, que é o centro ori-

ginal. Huang-ti tinha alcançado o monte Kong-tong – que é uma árvore, portanto, um símbolo axial –, talvez o próprio K'uen-luen também. O Imortal Tch'e-song tse, guia de K'ui-yuan, o alcançava facilmente. O imperador Mu dos tcheu também conseguiu, mas Tchang-lean, Tchang K'ien fracassaram: o centro do mundo tornara-se inacessível. É que, na realidade, essas viagens só se realizam no interior do próprio ser. A viagem que é uma fuga de si mesmo nunca terá êxito.

Este *centro* inacessível também é simbolizado pelo **Livro*** ou pela **Taça***. A sua busca produz as ricas aventuras do *Graal* ou do *Si-yeu ki*. Essas buscas, como sendo as do conhecimento, correspondem ainda às viagens de Eneias, de Ulisses, de Dante, de Christian Rosenkreuz ou de Nicolas Flamel, e à do Príncipe do Oriente nos *Atos de Tomás*. As viagens são igualmente – mas não nos afastemos das noções precedentes – a série de provas preparatórias para a iniciação, encontradas nos mistérios gregos, na maçonaria e nas sociedades secretas chinesas. A viagem enquanto progressão espiritual – que encontramos no budismo sob a forma de vias, veículos, *travessias* – exprime-se muitas vezes como um deslocamento ao longo do Eixo do mundo. É o caso da viagem de Dante. O Profeta Maomé foi levado ao Céu no seu *Miraj*; a tradição chinesa conta o mesmo a respeito de Tchao Kien-tse e de K'i, filho de Yu-o-Grande. Se a busca da montanha central é uma progressão em direção ao eixo, a sua ascensão é o equivalente de uma elevação ao Céu. Frequentemente, a travessia de **Pontes*** tem o mesmo significado.

A caminhada em direção ao centro também se expressa pela busca da Terra prometida e pela peregrinação. Orígenes faz uso expresso da *saída do Egito*, da *travessia do deserto* e da *travessia do Mar Vermelho* para simbolizar as etapas da progressão espiritual. O poço (*Beur*) de Jetro, perto do qual Moisés parou, é, na verdade, observa São Martinho, um centro espiritual secundário. *Viagens* são igualmente o *Relato do Pássaro* de Avicena, o *Relato do exílio ocidental* e a *Epístola das Torres* de Sohrawardi d'Alep. Neles não fica explicado que a busca é a da *pátria original* e não de alguma *pátria*

1038 | VIAGEM

terrena? *Al salik, o Viajante*, é um título atribuído por certas confrarias muçulmanas. "Mas quem é o *Salik?*", interroga Shabestari: "aquele que volta a face para o *Da'i* (para o Profeta). Viaja em ti mesmo", acrescenta ele. E é em si mesmo que se alcança a *Grande Paz* (*T'ai-ping*) dos chineses, a *Tranquilidade* dos hindus, a *Cidade da Verdade* de Santo Isaac de Nínive, e por fim, o Graal também.

A viagem simbólica é frequentemente realizada *post-mortem*. Os casos mais conhecidos são os dos *Livros dos mortos*, egípcio e tibetano. Mas encontramos o mesmo tema em muitas outras regiões, por exemplo, entre os *tais* negros do Vietnã do Norte e entre os maias da América Central. Aqui, mais uma vez, trata-se evidentemente de uma progressão da alma em estados que prolongam os da manifestação humana, o objetivo *supra-humano* ainda não tendo sido alcançado.

A literatura universal oferece-nos múltiplos exemplos de viagens que, sem terem o alcance dos símbolos tradicionais, são significativas em diferentes graus – mesmo que sejam apenas satíricos e moralistas –, mas que ainda assim são buscas da verdade. Citaremos o *Pantagruel* de Rabelais, *As viagens de Guliver* de Swift, assim como inúmeras obras da literatura japonesa, como o *Utsubo monogatari* ou o *Wasobyoe*.

De um ponto de vista claramente diverso dos anteriores, *a longa, longa viagem, a longa, longa corrida* é, segundo o *Digha nikaya*, a cadeia causal ininterrupta à qual nos condenamos por não termos nos despertado para as *quatro nobres Verdades* do ensinamento búdico (CORT, ELIF, PHIL, GRAD, GRIL, GUED, GUEM, KALL, LECC, KALT, MAEV, MASR, MAST, ORIC, SAIR, GUEÍ, GUES, WOUS).

Nos sonhos e nas lendas, a viagem sob a terra significa a penetração no domínio esotérico; a viagem no espaço aéreo e celeste, o acesso ao domínio do esoterismo.

Nas duas encostas de uma montanha, significa o esforço durante a subida, o descanso durante a descida (HAMK, 7, 16).

A viagem exprime um desejo profundo de mudança interior, uma necessidade de experiências novas, mais do que de um deslocamento físico. Segundo Jung, indica uma insatisfação que leva à busca e à descoberta de novos horizontes. Essa aspiração à viagem será a busca da *Mãe perdida*, como pensa Jung? Cirlot observa com justeza que pode igualmente ser a fuga da **Mãe***. De fato, lembremos o aspecto duplo desse termo, generoso e possessivo.

A viagem ao inferno representa uma descida às origens, como no sexto canto da Eneida, ou uma descida ao inconsciente, de acordo com as interpretações modernas. Nos dois casos, não é possível detectar uma necessidade de justificação? Os romanos procuravam títulos de nobreza entre os heróis antigos, o homem moderno procura causas que expliquem o seu comportamento. A viagem aos infernos parece ser geralmente sentida mais como uma autodefesa, uma autojustificação, do que uma autopunição.

Outras viagens, como as de Ulisses, de Hércules, de Menelau, de Salaad e de tantos outros, são interpretadas como buscas de ordem psíquica e mística.

Em todas as literaturas, a viagem simboliza, portanto, uma aventura e uma procura, quer se trate de um tesouro ou de um simples conhecimento, concreto ou espiritual. Mas essa procura, no fundo, não passa de uma busca, e na maioria dos casos, uma fuga de si mesmo. "Os verdadeiros viajantes são aqueles que partem por partir", diz Baudelaire. Eternamente insatisfeitos, sonham com o desconhecido mais ou menos inacessível:

> Aqueles cujos desejos têm a forma de nuvens
> E que sonham, como o recruta com o canhão,
> com vastas volúpias, mutantes, desconhecidas,
> Das quais o espírito humano jamais soube o nome.

Mas eles jamais encontram aquilo de que quiseram fugir: eles próprios.

> Amargo saber, o que nos dá a viagem!
> O mundo, hoje monótono e pequeno
> Ontem, amanhã, sempre, nos faz ver a nossa imagem
> Um oásis de horror num deserto de tédio!

(BAUO, 1, 144)

Neste sentido, a viagem torna-se o signo e o símbolo de uma perpétua recusa de si mesmo, da diversão da qual falava Pascal, e seria preciso concluir que a única viagem válida é a que o homem faz ao interior de si mesmo.

VIA LÁCTEA

Para todas as tribos indígenas da América do Norte, ela é o caminho das almas que passam para o além. Na sua extremidade encontra-se o país dos mortos (ALEC, 245).

Na mitologia maia-quiché (*Popol-Vuh*), a Via Láctea é representada como uma grande cobra branca (FGRP, 151).

Entre os astecas, a cobra da Via Láctea é diariamente devorada por uma águia, que representa Uitzilopochtli, divindade do Sol de Meio-dia, associada à cor azul e à direção sul. Esse Deus é um dos **Quatro*** filhos do casal divino que presidiu à criação: *o Senhor e a Dama da Dualidade* (SOUM).

Entre os índios zunis do Novo México existe uma confraria dita da Via Láctea. Encontra-se sob o signo da deusa das **Borboletas***, das **Flores*** e da primavera, que também é o bobo do Sol e desempenha um papel intermediário entre ele e os homens. Durante as festas, os membros dessa confraria entregam-se a demonstrações de imoderação (obscenidade e glutonaria). A Via Láctea é chamada *a viga* do céu.

Segundo a mitologia dos incas do Peru, a Via Láctea é o grande rio do céu de onde o deus do Trovão tira água para enviar as chuvas sobre a terra (LEHC). Os quíchuas, descendentes dos incas, entretanto, ora consideram a Via Láctea um rio, ora um caminho celeste.

Baiame, divindade suprema das tribos do sudoeste da Austrália, mora no Céu; fica sentado num trono de cristal, junto a um grande curso de água: a Via Láctea (ELIT).

Nas línguas turcotártaras, ela é chamada de *o caminho dos pássaros* ou *o caminho dos gansos selvagens*, assim como entre os fineses do Volga. Na Estônia e entre os lapões, ela é a estrada ou o caminho dos pássaros. Os buriatas e uma grande parte dos iacutos a consideram a *costura do céu*.

Para os samoiedos do círculo de Turukhansk, *é as costas do céu*. É feita de leite derramado no céu, não só na tradição popular europeia, já atestada na mitologia grega: Hera, irada com o seu filho Héracles, retira-lhe o seio da boca e o leite derramado forma a Via Láctea; mas também em várias lendas dos povos altaicos, como os buriatas. *Correnteza do céu*, na China, e também um rio para os povos da Sibéria do norte, assim como para os coreanos e os japoneses. É a estrada do *ladrão de palha* para os tártaros do Cáucaso e os otomanos, segundo uma tradição que Uno Harva (HARP, 144) calcula que seja originária da Pérsia. Para certos iacutos, ela é formada pelas pegadas ou marca dos esquis de um deus caçador perseguindo um veado de seis patas. Esse veado seria a Ursa Maior, e a casa do deus, as Plêiades. Para os tunguses este caçador é um urso, e a Via Láctea é a *marca dos esquis do urso*. Para os tártaros muçulmanos, ela constitui "o caminho dos peregrinos de Meca" (HARA).

A Via Láctea é para os celtas a corrente de Lug, deus irlandês, senhor das artes, da paz e da guerra (MYFT, 25).

Entre os fineses, "foram vistos o tronco e os galhos de uma árvore imensa que teria sido abatida pelo meio do céu. Tratar-se-ia de um *carvalho* gigante que teria crescido tanto que obscurecera a luz do Sol, da Lua e das estrelas. As nuvens teriam parado de mover-se nos espaços celestes, pois teriam se prendido nos galhos da árvore monstruosa. Foi então que um ser minúsculo, saído do mar ou de baixo da terra, teria se aproximado do tronco abatido com uma machadinha de ouro ou de cobre. A árvore teria desabado, obstruindo toda uma parte do firmamento, mas liberando o Sol, a Lua, as estrelas e as nuvens" (MYFT, 25, 110).

Um sábio neoplatônico do séc. IV, Salústio, que recusou a sucessão do Imperador Júlio, ofereceu uma interpretação físico-simbolista: considera a Via Láctea o *limite superior da matéria sujeita à mudança*.

Em todas essas tradições, a Via Láctea aparece como um local de passagem, de origem divina, unindo os mundos divino e terrestre. Por isso é comparada à serpente, ao rio, a uma pegada, a

1040 | VÍBORA

um jato de leite, a uma costura, a uma árvore. É utilizada pelas almas e pelos pássaros em sua jornada entre os mundos. Simboliza o caminho dos peregrinos, dos exploradores, dos místicos, de um local a outro da terra, de um plano a outro do cosmo, de um nível a outro da psique. Marca também uma fronteira entre o mundo do movimento e a imóvel eternidade.

VÍBORA

Para simbolizar as transformações que conduzirão os defuntos, das formas desta vida terrestre às formas da vida que renasce em outro mundo, os mortos em certas pinturas egípcias são representados sendo absorvidos pela boca de uma víbora, enrolados em seu ventre e saindo por sua cauda sob a forma de um **Escaravelho***. Em outros exemplos, a alma do defunto entra pela cauda e sai pela boca da víbora. A víbora, portadora de um veneno mortal, desempenharia aqui o papel de local ou de crisol das transmutações; ela é concebida como um alambique. De acordo com outra interpretação, a de G. Maspéro, o réptil simbolizaria aqui *uma cópia da vida dos deuses*. Mas a passagem da alma dos defuntos por essa cópia também teria como efeito prepará-la para a sua nova vida, de certa forma, divinizada. Aqui, mais uma vez, a **Serpente*** é imaginada como o agente das transformações físicas e espirituais.

Vindo do inconsciente, nos sonhos, a víbora trai uma pulsão não integrada na hierarquia consciente dos valores.

VIDEIRA (*v.* Vinho)

Nas religiões que cercavam a antiga Israel, a videira passava por ser uma árvore sagrada, até mesmo divina, e seu produto, o **Vinho***, como bebida dos deuses. Encontramos um vago eco dessas crenças no Antigo Testamento (*Juízes*, **9**, 13; *Deuteronômio*, **32**, 37 s.).

Por questão de adaptação, Israel considera a videira (assim como a oliveira) uma das árvores messiânicas (*Miqueias*, **4**, 4; *Zavarias*, **3**, 10). Não é impossível que as antigas tradições tenham identificado a *árvore da vida do paraíso* com uma videira.

Portanto, desde a sua origem, o simbolismo da videira adquire um aspecto eminentemente positivo.

A videira é, antes de tudo, a propriedade e, assim, a garantia da vida e o que lhe dá o seu valor: *um dos bens mais preciosos do homem* (1 *Reis*, **21**, 1 s.). Uma boa esposa é para o marido como uma videira fecunda (*Salmos*, **128**, 3). A sabedoria é uma videira de belas parras (*Siace*, **24**, 17).

Daí, passamos naturalmente ao tema principal do simbolismo. A videira é Israel, como *propriedade de Deus*. É a sua alegria, espera os seus frutos e dela cuida constantemente. O profeta Isaías, por ocasião das festas das vindimas, compôs o canto da videira:

> Que eu cante ao meu amigo
> o canto de seu amor por sua vinha
> Pois bem, a vinha de Jeová
> é a casa de Israel,
> e o povo de Judá
> é a planta escolhida.
> Dela esperava inocência e veio sangue
> a retidão, e veio o grito de pavor. (5, 1-7)

Essa planta preciosa decepciona aquele que tanto a cercou de cuidados. Não passam de maus frutos e de degenerescência (*Jeremias*, **2**, 21).

É por essa razão que o simbolismo será transferido para a pessoa daquele que encarna e sintetiza o verdadeiro povo de Deus: o "*Messias* é como a videira" (II *Baruc*, **36**, s.).

Jesus proclama que ele é a verdadeira cepa e que os homens não podem pretender ser a videira de Deus se não permanecerem nele. De outra forma, não passam de galhos secos que só servem para ser lançados ao fogo (*João*, **15**, 1).

Em *Mateus* (**21**, 28-46) a videira, na parábola dos vinhateiros homicidas, designa *o reino de Deus*, que, inicialmente confiado aos judeus, será passado a outros.

O simbolismo da videira estende-se a cada alma humana. Deus é o vinhateiro que pede a seu filho que visite a vinha (*Marcos*, **12**, 6). E, substituindo Israel, o Cristo tornar-se-á, por sua vez, comparável a uma videira, sendo o seu sangue o vinho da Nova Aliança (*v.* Jacques Guillet, *Thèmes bibliques*, Paris, 1950).

Os textos mandianos empregam a palavra *videira* para designar não apenas o enviado celeste, mas toda uma série de seres que pertencem ao mundo superior luminoso.

A videira é um símbolo importante, principalmente por produzir o **Vinho***, a imagem do conhecimento. Não terá sido por acaso que Noé, que acompanha o início de um novo ciclo, tenha sido o primeiro a plantar a videira. Os textos evangélicos fazem da videira, segundo observamos, um símbolo do Reino dos Céus, cujo *fruto* é a Eucaristia. Jesus é a verdadeira cepa. "Refiro-me à videira no sentido alegórico", escreve Clemente de Alexandria, "o Senhor cujo fruto devemos comer, mediante os cuidados de uma cultura que se faz através do trabalho da razão" (*Stromate*, 1). A seiva que sobe no interior da videira é a luz do Espírito, o Pai é o Vinhateiro, pelo menos de acordo com as concepções gnósticas que o *separam* de sua vinha como o Absoluto do relativo.

VIDEIRA: A colheita da uva. Arte egípcia, XVIII dinastia. Túmulo de Nakt.

Em iconografia, a videira é muitas vezes uma representação da **Árvore*** da Vida. A terrível *vindima* do *Apocalipse* (14, 18-20) confirma tal significado: "E outro Anjo, que tem poder sobre o fogo, saiu do altar e gritou em voz alta ao que segurava a foice afiada: 'Lança a tua foice afiada na terra e colhe os cachos da videira da terra, pois suas uvas amadureceram.' O Anjo lançou então sua foice afiada na terra e cortou a videira da terra, lançando-a depois na grande cuba do furor de Deus. A cuba foi jogada fora da cidade e dela saiu sangue até chegar aos freios dos cavalos, numa extensão de mil e seiscentos estádios."

Entre os gregos, o cultivo da videira é de tradição relativamente recente em relação ao do trigo. Por isso não pertence a uma deusa tão antiga quanto Deméter, mas a Dioniso, cujo culto, associado ao conhecimento dos mistérios da vida após a morte, alcançou uma importância crescente. É essa ligação de Dioniso com os mistérios da vida após a morte, que também são os do renascimento e do conascimento, que fez da videira um símbolo funerário cujo papel continuou no simbolismo do cristianismo (LAVD, 1001).

Da mesma forma que a videira era a expressão vegetal da imortalidade, o álcool permaneceu, nas tradições arcaicas, o símbolo da juventude e da vida eterna: a aguardente francesa = *eaux de vie* (água da vida); o uísque gálico = *water of life* (água da vida); o *maie-i-shebab* persa = bebida de juventude; o *geshtin* sumeriano = árvore da vida etc.

"A videira era identificada pelos paleo-orientais à *erva da vida* e o signo sumeriano para *vida* era, normalmente, uma folha de parreira. Essa planta era consagrada às Grandes Deusas. A Deusa-Mãe era inicialmente chamada de *A Mãe-Cepa de Videira* ou *A Deusa-Cepa de Videira*."

A Mishna afirma que a árvore do conhecimento do bem e do mal era uma videira.

No mandeísmo, o vinho é a incorporação da luz, da sabedoria e da pureza. O arquétipo do vinho encontra-se no mundo celeste. A videira arquétipo é composta de água no interior, sua folhagem é formada de espíritos da luz e seus nós são grãos de luz. A videira é considerada uma árvore cósmica, pois envolve os céus, e os bagos da uva são as estrelas.

O tema mulher nua videira também se transmitiu nas lendas apócrifas cristãs (ELIT, 27-248).

"O vinho é símbolo da vida oculta, da juventude triunfante e secreta. Por essa razão, e por sua cor vermelha, é uma reabilitação tecnológica do

1042 | VIME

sangue. O sangue recriado pela cuba é o sinal de uma grande vitória sobre a fuga anêmica do tempo... O arquétipo da bebida sagrada e do vinho, entre os místicos, confunde-se com o isomorfismo de valorizações sexuais e maternais do leite. Leite natural e vinho artificial confundem-se no prazer juvenil dos místicos" (DURS, 278).

O *raki*, bebida sagrada das seitas xiitas da Anatólia, é chamado, na sua linguagem secreta, *arslan sutu* = leite de leão. Sabe-se que o leão, para os xiitas, é uma epifania de Ali.

Os turco-tártaros da Ásia Central atribuem ao herói do Dilúvio a invenção das bebidas embriagantes. Esse herói é o patrono dos mortos, dos bêbados e das crianças pequenas.

Entre os bektashis, a palavra *dem* significa *vinho, sopro* e *tempo*. Os ensinamentos divinos são comparados ao vinho, segundo Dionísio, o Areopagita, devido à *sua aptidão em restituir o vigor*.

A cor vinho, feita de vermelho e branco, é uma síntese ctono-uraniana: é o casamento do ar e da terra, da alma e do espírito, da sabedoria e da paixão; era a cor da auriflama *púrpura-azulada* que, segundo a lenda popular, fora enviada do céu para Clóvis (PORS, 127). É, na verdade, essa púrpura verdadeira que, na heráldica, difere do vermelho puro (das goelas) pelo fato de tender para o violeta.

Os vinhos, os néctares, os hidroméis, as ambrosias são todos de origem uraniana, ligados ao fogo celeste. Nos Vedas, o *soma* é trazido aos homens pela águia, ave solar. Licor masculino, por excelência, expressão do desejo impetuoso e fecundador, o soma é celebrado com o **Cavalo***.

Mas essa glorificação da força viril, unanimemente ligada aos Vinhos, traz também a percepção da dualidade antagônica céu-terra, resolvida e, ao mesmo tempo, percebida na embriaguez (*Rig-Veda*, tradução L. Renou, VEDV, 81).

VIME

O vime possui um caráter sagrado de proteção; acompanha os nascimentos milagrosos.

Segundo os lacedemônios, Diana teria sido encontrada numa moita de vime; Osíris teria tido,

entre os egípcios, o mesmo privilégio; Moisés foi descoberto nas águas do Nilo numa cesta de vime. O papel principal do Logos (o verbo, a palavra) aparece simbolizado, tanto no Oriente como no Ocidente, de um modo análogo, pelo vime e pelo salgueiro. A **Cesta*** de vime assegura proteção (ALLA, 58).

VINHO (*v.* Videira)

Além de interpretações particulares, como a de São Bernardo que só vê no vinho o *temor e a força*, o vinho é geralmente associado ao **Sangue***, tanto pela cor quanto por seu caráter de *essência* de planta: em consequência, é a *poção de vida* ou de *imortalidade*. Nas tradições de origem semítica particularmente – porém não exclusivamente – é também o símbolo do conhecimento e da iniciação, devido à **Embriaguez*** que provoca. No taoismo, a *virtude do vinho* não se distingue do poder da embriaguez.

Na Grécia antiga, o vinho substituía o sangue de *Dioniso* e representava a bebida da imortalidade. Este também era o seu papel no taoismo, em que era objeto de uma preparação ritual complexa. Nas sociedades secretas chinesas, o vinho (de arroz) é misturado ao sangue no juramento e, enquanto bebida comunicante, permite alcançar *a idade de cento e noventa e nove anos*. É também, evidentemente, o significado do *Cálice do Sangue* do Cristo na Eucaristia, prefigurada pelo sacrifício de Melquisedeque. Aqui, encontramos igualmente a noção de sacrifício associada à efusão do sangue, sacrifício que pode ao mesmo tempo ser o das tendências passionais associadas à embriaguez. O vinho é um elemento de sacrifício entre os hebreus. Também o foi – mas num sentido diferente, enquanto essência vegetal – entre os chineses da Antiguidade. O vinho do sacrifício, escreve São Martinho, é o *agente ativo e gerador* da Grande Obra, o *enxofre* do simbolismo alquímico.

O vinho como símbolo do conhecimento e da iniciação não é desconhecido de nenhuma das tradições citadas acima, e em particular dos mitos dionisíacos. A Índia também nos oferece um simbolismo ambivalente: no mito da Bate-

VINHO (V. VIDEIRA) | 1043

dura do Mar de leite, os *asuras* seriam, segundo certas interpretações, aqueles que não consumiam o *vinho* (*sura*), enquanto os *deva* seriam aqueles que aceitaram tomá-lo. O simbolismo mais comentado é o do *Cântico dos Cânticos* (2, 4): *Levai-me à adega*. É a alegria, o Espírito Santo, a Sabedoria, a Verdade, diz Orígenes. É, "segundo o entendimento, a sabedoria de Deus; segundo a vontade, o seu amor; segundo a memória, as suas delícias", diz São João da Cruz. Para Clemente de Alexandria, o vinho está para o pão como a vida contemplativa e a gnose estão para a vida ativa e a fé. Para Elias o Ecdicos, a contemplação pura é "o vinho perfumado que deixa fora de si aqueles que com ele se embriagam", sendo a oração simples o *pão* dos iniciantes. Este vinho tem o mesmo sabor para os místicos muçulmanos: é a *bebida do amor divino* (Naboulousi). No sufismo, o vinho é o símbolo do conhecimento iniciático reservado a poucos. É, diz Ibn Arabi, o símbolo da "ciência dos estados espirituais" (BENA, CORM, DANA, PHIL, GUEM, KALL, MAST, ORIC, SAIR, SCHC, SCHG).

Na tradição bíblica, o vinho é primeiramente sinal e símbolo de alegria (*Salmos*, **104**, 15; *Eclesiastes*, **9**, 7) e, por generalização, de *todas as dádivas* que Deus fez aos homens (*Gênesis*, **27**, 28).

Como nas religiões vizinhas o vinho é a bebida dos Deuses (*v. Deuteronômio*, **32**, 37-38), compreende-se:

- que Israel lhe tenha reconhecido um valor sagrado; ele ocupa um lugar nos sacrifícios do culto (*Êxodo*, **29**, 40, em que a noção de alimento divino está ainda próxima);
- que essa bebida, tão intimamente ligada aos cultos pagãos, tenha sido proibida em certos casos. A seita dos recabitas de que fala *Jeremias* (**35**) recusa o vinho, entre outros sinais de um sedentarismo sempre suspeito de sincretismo religioso.

O vinho, causador de embriaguez, é ainda símbolo da loucura que Deus provocou nos homens e nas nações infiéis e rebeldes para melhor castigá-los (*Jeremias*, **25**, 15 s.; 27 s.). Às vezes, mesmo por braquilogia, o vinho simboliza a *cólera* de Deus (*Isaías*, **51**, 17; *Apocalipse*, **9**, 15).

No Novo Testamento, e especialmente nos escritos de João, a palavra aparece claramente carregada de sentido simbólico, sem que seja sempre fácil determinar esse sentido. Assim, a água transformada em vinho nas bodas de Caná (*João*, 2). Devemos ver aí um símbolo eucarístico, como o fizeram os primeiros comentadores cristãos?

Jesus, ao instituir a Ceia, expressa outro simbolismo: "Este é o meu sangue, o sangue da Aliança" (*Marcos*, **14**, 24 e, paralelamente, a alusão ao sacrifício *sangrento* da aliança descrito em *Êxodo*, **24**, 8). A aproximação fica suficientemente explicada pela expressão, por outro lado bastante rara: "o vinho é o sangue da uva" (*Gênesis*, **49**, 11; *Deuteronômio*, **32**, 14-15). Desde o exílio, o sangue teria sido substituído pelo vinho nos sacrifícios.

A arte funerária que multiplica nos túmulos os temas da videira, das vindimas ou do vinho, mostra que essa bebida era considerada símbolo de *imortalidade*. É frequente a ilustração do tema, em que a influência da arte dionisíaca é bastante evidente. Essa contaminação pagã deve sem dúvida ter tido a sua participação na inovação de Herodes, que introduziu no Templo uma **Videira*** de ouro (Josephe, *Antiquités Juives*, 15, 395; *Guerre Juive*, 5, 210).

O simbolismo báquico do vinho é utilizado no Islã, ora relacionado às alegrias profanas, ora para designar a embriaguez mística. O vinho é igualmente louvado no *Cântico dos Cânticos*, nos mistérios antigos, na lenda do Graal, no culto cristão etc. Em hebraico, as palavras vinho (*yain*) e mistério (*sod*) têm o mesmo valor numérico: 70. "No Islã, a proibição de tomar vinho material acentua ainda mais a força e o alcance do símbolo" (DERV, 120).

Naturalmente, os sufistas interpretaram misticamente o versículo 76, 21, do *Corão*, que diz: "o seu Senhor lhes fará beber uma bebida pura"; o versículo 83, 25: "Um vinho perfumado e selado lhes será dado para beber"; os versículos 47, 16; 37, 44-66; 56, 18; 78, 34; 76, 5 etc. que falam de bebida, de vinho, de taças, de fontes e de *échansons*.

1044 | VINTE

Bayazid de Bistham, o grande místico persa (1875), disse: "Sou o que bebe, o vinho e o *échanson*. No mundo da Unificação, todos são um."

Para os iniciados, diz Lahiji, em seu comentário sobre o *Guisan i-Raz*, o *Rosal do Mistério*, tratado de sufismo de Mahmoud Shabestari, o vinho "representa o amor, o desejo ardente e a embriaguez espiritual". O próprio Shabestari escreve que "o vinho, o **Archote***, e a beleza são as epifanias de Deus. Beba a grandes tragos, disse ele, o vinho do aniquilamento. Beba o vinho, pois a taça é a face do Amigo."

Ibn al Faridh (1181-1235) consagrou um longo poema, *Al-Khamriya*, em louvor ao vinho. Ele começa assim: "Nós bebemos à memória do Bem-Amado um vinho que nos embriagou antes da criação da videira."

O comentário de Nabolosi diz a esse respeito: "O vinho significa bebida do Amor divino... pois este amor gera a embriaguez e o total esquecimento de tudo o que existe no mundo." Acrescenta: "Esse vinho é o Amor divino eterno que aparece nas manifestações da criação... É ainda a luz que brilha em todo lugar, e é ainda o vinho da verdadeira Existência e do chamado verídico. Todas as coisas beberam esse vinho [...]." (DERV, 126).

Jelal-al-Din Rumi, o maior poeta místico sufista, escreve o mesmo, fazendo alusão à pre-existência das almas: "Antes que neste mundo houvesse um jardim, uma videira, uvas, a nossa alma estava embriagada com um vinho imortal." Esse simbolismo é constante. Também encontramos constantemente o simbolismo do *échanson* (Deus conferindo a sua graça, ou o Mestre do conhecimento místico etc.) e o da *taverna*, que pode designar o local de reunião dos amigos ou *confidentes*, i.e., daqueles que compartilham os mesmos *segredos* espirituais; ou, num sentido ainda mais místico, um centro de iniciação. É claro que esse simbolismo também pode ser utilizado para designar prazeres profanos, como em Omar Khayyam etc.

É pelo vinho, portador de alegria, que Dioniso embriagava os seus fiéis: "O vinho, sangue da videira, no qual se pensava que o fogo unia-se ao princípio úmido e que exercia sobre a alma efeitos ora exaltantes ora aterrorizantes, prestava-se maravilhosamente para simbolizar o elemento divino cuja manifestação os antigos acreditavam reconhecer no desenvolvimento da vida vegetativa" (SECG, 290).

Mas o uso do vinho era "proibido nas libações aos deuses infernais, pois era a alegre bebida dos vivos; era também proibido à Mnemósine e às Musas, pois perturba a memória (embora essas explicações não passem de hipóteses)" (LAVD, 1013).

O vinho aparece nos sonhos como um elemento psíquico de valor superior: é um bem cultural, em relação a uma vida interior positiva. "A alma experimenta o milagre do vinho como um divino milagre da vida: a transformação do que é terrestre e vegetativo em espírito livre de todos os laços" (AEPR, 167).

VINTE

Entre os antigos maias, o número vinte representa o Deus Solar na sua função de arquétipo do Homem Perfeito. Na numeração quiché, o vinte representa ainda *um homem* (pelos vinte dedos que representam a unidade). O mesmo costume pode ser encontrado em outras culturas indígenas, notadamente entre os caraíbas da Venezuela. O *Calendário religioso maia* comportava 18 meses (número lunar) de vinte dias (número solar) (GIRP, 215-216).

Ainda entre os maias, a sacralização do número vinte, que representa um homem, assim como a Unidade Primeira, que é a divindade agrária-solar-arquétipo do Homem, acarreta a sacralização do número 400, ou seja, vinte ao quadrado. Durante a época colonial, observa R. Girard, a unidade da medida agrária, representando a parcela plantada de milho necessária à subsistência de uma pessoa, era de vinte pés quadrados, ou seja, de 400 pés; o ano tinha, correlativamente, 400 dias. Por fim, os heróis gêmeos, na ascensão celeste que marca o fim de sua história ao mesmo tempo que a instauração, entre os maias, da civilização agrária, são acompanhados de 400 jovens, que se tornarão estrelas junto aos astros que formam a constelação das Plêiades. Esse número, 400, é, para os maias, o símbolo do inumerável, do inexprimível (GIRP, 248-50).

Essa concepção do número 400 como um número limite sublinha curiosamente o fato, observado por Allendy (ALLN, 403), de que a letra hebraica que representa este número é *tau*, que corresponde ao último arcano do tarô: O mundo. O alfabeto hebraico chega ao fim com esse símbolo numérico que, também neste caso, tem um valor limite.

Os índios hopis do Arizona, cuja língua provém da grande família uto-asteca, procedem à imposição ritual do nome no vigésimo dia após o nascimento da criança. Os ritos de purificação e de aspersão que acompanham essa cerimônia foram precedidos de ritos semelhantes no primeiro, quinto, décimo e décimo quinto dia. Assim, a criança só se torna uma pessoa, segundo essa tradição, depois de ter realizado quatro vezes o ciclo de cinco dias, que exprime cosmologicamente as quatro direções cardeais e o *centro*, local da manifestação (TALS, 7).

VINTE E UM (Símbolo da maturidade)

Na Bíblia, o 21 é o número da perfeição por excelência (3 x 7); é o dos 21 atributos da Sabedoria (*Sabedoria*, 7, 22-23). Simboliza a sabedoria divina, "reflexo da luz eterna... por sua pureza, tudo atravessa e penetra" (24, 25). Para calcular a sua riqueza, conviria ler esse capítulo 7 de *Sabedoria*, um dos pontos culminantes de todas as literaturas sagradas. O jogo simbólico do Tarô mostra a virtude totalizante deste número muito bem, que é o da última carta numerada, denominada **O Mundo***, e que designa a "realização, a plenitude, o objetivo alcançado".

Pelo fato de a ordem dos números estar invertida em 21 e 12, o Dr. Allendy deduz uma série de símbolos antitéticos (ALLS, 366-67): "Com o duodenário (12), o princípio da diferenciação (2) aparece na unidade cósmica (1) para organizá-lo em seus aspectos variados e em suas relações normais, enquanto no 31 vemos a individualidade (1) resultar da diferenciação cósmica (2), ou seja, exatamente o inverso; com o 12, a dualidade organiza a unidade; com o 21, a unidade se organiza na dualidade." Uma outra oposição intervém devido ao caráter par e ímpar desses números: "Doze é par; é uma situação equilibrada resultando da organização harmoniosa dos ciclos perpétuos (3 x 4); 21 é ímpar: é esforço dinâmico da individualidade que se elabora na luta dos contrários e abraça o caminho sempre renovado dos ciclos evolutivos (3 x 7)." Dessas duas distinções, resulta que o 21 simboliza *a pessoa centrada no objeto*, e não nela mesma ou nas figuras dos pais, como nos estados infantis. "É o indivíduo autônomo entre o espírito puro e a matéria negativa; é também a sua livre atividade entre o bem e o mal que dividem o universo; é, portanto, o número da responsabilidade e, curiosamente, o vigésimo primeiro ano foi escolhido por muitos povos como idade da maioridade."

VINTE E DOIS

Esse número simbolizaria a *manifestação do ser na sua diversidade e na sua história...* i.e., no espaço e no tempo. Ele de fato totaliza as 22 letras que, segundo a Cabala, exprimem o universo: três letras fundamentais, as equivalentes de Alfa, Ômega e M, que são as figuras arquetipais; sete letras duplas, que correspondem ao mundo inteligível intermediário; doze letras simples, que correspondem ao mundo sensível. Nessa doutrina, trata-se, evidentemente, de letras hebraicas, mas elas têm as suas equivalências no "hierático egípcio, no fenício, no etíope" etc. (ALLN, 371).

Mas é aos antigos persas (ibid., 371) que remontaria essa interpretação de 22 como "símbolo de todas as formas naturais e de toda a história da criatura". A Avesta era composta de livros em 22 capítulos; o livro de orações, de 22 orações. O *Apocalipse*, atribuído a São João, conta também com 22 capítulos. Além disso, os arcanos maiores do Tarô são 22.

Numa tradição peúle, 220 significa *muito tempo*. Este número teria significado secreto, de ordem sacrifical e iniciática (HAMK, 45).

1046 | VINTE E QUATRO

Esse número desempenha um papel importante no pensamento simbólico dos dogons e dos bambaras. Para os bambaras, cujos conhecimentos místicos são todos cobertos pelo simbolismo dos vinte e dois primeiros números, o 22 representa o total do tempo passado, do começo da criação ao término da organização do mundo. É a conclusão da obra do criador, o *término das palavras*, o número do Universo (DIEB).

VINTE E QUATRO

A Bíblia conhece 24 classes de sacerdotes (1 Crônicas, **24**, 1-19), 24 classes de cantores, os 24 anciãos do *Apocalipse* (**1**, 4) *vestidos com túnicas brancas e com coroas de ouro na cabeça*, 24 assentos, um para cada um deles em volta do trono de Deus. As figuras simbólicas dos 24 anciãos, segundo H. M. Feret, que comenta o "Apocalipse, designam o desenrolar do tempo, aliás, não tanto do tempo astronômico, quanto da história humana [...] se estão vestidos de branco e coroados de ouro, é que depois de terem participado da grande luta da verdade na história, compartilham agora a sua vitória" (p. 107-108). Esses anciãos, observam os editores da BIBJ, "exercem um papel sacerdotal e real: louvam e adoram a Deus; oferecem-lhe as orações dos fiéis; assistem-no no governo do mundo (tronos) e participam do seu poder real (coroas)". Este número 24 parece indicar *a dupla harmonia do céu e da terra* (12 x 2), a dupla plenitude sagrada da peregrinação temporal e da vida eterna. Já vimos que o doze era o número sagrado do povo eleito (as doze tribos de Israel; os doze apóstolos de Cristo); podemos conceber como um desdobramento do seu papel sacerdotal e real, o primeiro em relação aos homens, o segundo em relação a Deus, manifestado através de uma duplicação das pessoas: 24. É multiplicar, ou melhor, intensificar, o caráter sagrado dos oficiantes.

Seguindo um outro caminho, o Dr. Allendy também descobre no número 24 o simbolismo de um *equilíbrio harmonioso*. Aqui, escreve ele (ALLN, 373), "o mecanismo cíclico da natureza (4) está ligado à diferenciação cósmica (20) no equilíbrio harmonioso da criação (2 + 4 = 6). Esse número exprime a relação dos ciclos permanentes com as necessidades cármicas (24 = 4 x 6); é a roda dos renascimentos (de 24 raios)... Os caldeus distinguiam, fora do círculo zodiacal, 24 estrelas, 12 austrais e 12 boreais, e as chamavam de *Juízes do universo*." Por fim, ele cita Warrain, que vê neste número "a combinação da individualidade consciente e senhora de todas as suas energias com o Cosmo desenvolvendo a sua completa harmonia".

Número frequente nos contos de fada orientais e ocidentais. "Representa o conjunto das forças humanas e a soma das substâncias originais. Divide-se em cinco elementos, cinco sentidos, cinco órgãos de ação, os cinco objetos conhecidos por esses órgãos de ação, aos quais se acrescentam o Mental, o Intelectual, a Individualidade e a Prakriti original (matéria original pré-cósmica)" (LOEF, 196).

VIOLETA

Cor da temperança, feita de uma proporção igual de vermelho e de azul, de lucidez e de ação refletida, de equilíbrio entre a terra e o céu, os sentidos e o espírito, a paixão e a inteligência, o amor e a sabedoria. O arcano XIII do Tarô, chamado **A Temperança***, representa um anjo que segura dois vasos, um azul e o outro vermelho, entre os quais há uma troca de fluido incolor, a água vital. O violeta, invisível nesta representação, é o resultado dessa troca perpétua entre o vermelho ctoniano da força impulsiva e o azul-celeste.

Van Rijnberk (RIJT, 249) comenta essa carta nos seguintes termos: "Ela é geralmente considerada o símbolo da Alquimia. Parece-me que também pode indicar uma transfusão espiritual... A influência exercida de homem para homem pela sugestão, persuasão, influência hipnótica, dominação mesmeriana, mágica enfim... O dogma da transmigração das almas ou da Reencarnação parece expresso nesta carta de modo evidente. Basta lembrar que na Grécia clássica o ato de derramar de um vaso em outro é visto como sinônimo da metempsicose." Observemos que a alquimia e, de um modo mais geral, a doutrina hermética se baseiam no esquema da troca perpétua entre o céu e a terra através do mecanismo da evolução – ou ascensão – seguido da involução – ou descida. Em outras palavras, é o ciclo da renovação periódica, sendo a morte e a sublimação seguidas do renascimento ou da reencarnação. O arcano XIIII do Tarô, "através do eterno jogo das energias da matéria, representa o eterno reinício".

Aprofundando essa interpretação, o violeta, no horizonte do círculo vital, situa-se do lado oposto ao **Verde***: ele significaria não a passagem primaveril da morte à vida, i.e., a *evolução*, mas a passagem outonal da vida à morte, a *involução*. Seria, portanto, de certa forma, a outra face do verde e como ele estaria ligado ao simbolismo da **Goela***, sendo o violeta a goela que engole e apaga a luz, enquanto o verde é a goela que rejeita e reacende a luz. Assim, é compreensível que o violeta seja a *cor do segredo*: atrás dela realizar-se-á o invisível mistério da reencarnação ou, ao menos, da transformação.

"Eis por que, nos monumentos simbólicos da Idade Média, Jesus Cristo veste uma túnica violeta durante a paixão" (PORS, 234), ou seja, quando ele assume completamente a sua encarnação, e que, no momento de realizar o seu sacrifício, esposa em si mesmo inteiramente o Homem, filho da terra, que irá redimir, com o Espírito celeste, imperecível, ao qual retornará. É este mesmo simbolismo que cobre o coro das igrejas de violeta às Sextas-Feiras Santas. Pela mesma razão, inúmeros evangeliários, livros de salmos e breviários, anteriores ao Renascimento, são escritos com letras douradas sobre um pergaminho violeta: "o leitor tinha continuamente sob os olhos a revelação, representada pelo ouro, e a paixão de Nosso Senhor, representada pela cor violeta" (PORS, 235).

Uma consequência tardia deste simbolismo mortuário fez do violeta a cor do luto ou do semiluto em nossas sociedades ocidentais – o que evoca ainda mais precisamente a ideia, não da morte enquanto estado, mas da morte enquanto passagem. Isso não deixa de encontrar um eco no belo verso do soneto das vogais de Rimbaud: "Ó ômega, raio violeta dos teus olhos."

O poeta soube condensar em poucas palavras essa melancolia e essa longa interrogação do olhar diante do que vai deixar de ser ou ainda não é.

F. Portal observa, por fim, segundo Winkelman, que o manto de Apolo era azul ou violeta, o que se reveste de especial importância se pensarmos no parentesco dessa figura com a de Cristo nas mitologias solares tardias. Mas o violeta é também cor de obediência, de submissão, o que não vem contradizer a sua associação com a paixão de Cristo. Wallis Budge (BUDA, 326) registra o costume de prender ao pescoço das crianças uma pedra violeta "não só para protegê-las da doença, mas para torná-las dóceis e obedientes".

O violeta é também uma *cor de tranquilidade* na qual o ardor do vermelho é suavizado. É nesta acepção que se deve compreender também a roupa violeta do bispo. À diferença do místico, este, encarregado de velar sobre o seu rebanho, tem de temperar o ardor de suas paixões: daí a cor de sua roupa. Nesse caso, também, esta cor é o emblema da temperança. O Extremo Oriente interpreta com notável sutileza essa passagem do vermelho para o violeta, dando-lhe um sentido totalmente diferente, puramente carnal, e que significaria a passagem do ativo ao passivo, do *yang* ao *yin*. Os coitos rituais entre *yogi*, nos ritos tântricos, se realizam num quarto iluminado por uma luz violácea, porque "a luz violeta estimula as glândulas sexuais da mulher, enquanto o vermelho ativa as do homem" (AJMO, 61).

VIRGEM
(Signo zodiacal: 23 de ago. – 22 de set.)

Sexto signo do Zodíaco que se situa antes do equinócio de outono. Símbolo de colheita, de trabalho, de destreza manual, de minúcia; é o segundo signo de Mercúrio, que, neste caso, atua de um modo mais *baixo*, mais *terrestre* e *prático* do que no signo de Gêmeos, que corresponde ao aspecto *aéreo* do mensageiro dos deuses.

Com Virgem, estamos no final do ciclo anual do elemento Terra; antes da terra fria de Capricórnio, a das semeaduras de inverno; depois da terra rica, úmida e quente de Touro, coberta da vegetação verde e perfumada da primavera.

1048 | VIRGINDADE (V. VESTA)

Aqui se apresenta uma terra ressecada pelo sol estival, de virtudes nutritivas esgotadas, sobre a qual a espiga ceifada espera que o grão se solte do seu invólucro. O ciclo vegetal se completa numa nova terra, virgem, destinada a receber a semente mais tarde. Daí vem a representação do signo por uma jovem, virgem alada que segura uma espiga ou um molho de trigo. Mercúrio é o planeta que a rege: na época da colheita e do enceleiramento, em que o resultado é pesado e calculado, estamos, de fato, num mundo que se diferencia, se particulariza, se seleciona, se restringe, se reduz, se despoja, determina para si limites precisos. A diferença virginal mais se assemelha a um exercício de estilo que visa à pureza linear do arabesco. Nesse universo, destaca-se a silhueta de um caráter que tem a sua equivalência no *complexo anal reprimido* da psicanálise freudiana. Trata-se de uma disposição geral de reter, controlar, dominar-se e disciplinar-se; de uma tendência à economia, à parcimônia, ao acúmulo, à conservação, à temporização; de um caráter sério, consciencioso, escrupuloso, reservado, cético, metódico, ordenado, ligado aos princípios, às regras, às recomendações, sóbrio, cioso do senso cívico e da respeitabilidade, trabalhador, voltado para as coisas difíceis, laboriosas, ingratas ou penosas, visando sobretudo a satisfazer a um sentimento de segurança...

No Egito, era o signo de Ísis*. O seu sexto lugar na ordem zodiacal a faz participar do simbolismo do número **Seis*** e do **Selo*** de Salomão; tem relação com o fogo e a água, simultaneamente, e simboliza a consciência emergindo da confusão, assim como o nascimento de espírito.

VIRGINDADE (v. Vesta)

O estado virginal significa o *não manifestado*, o não revelado.

A Sabedoria faz alusão ao pássaro que sobrevoa as águas primordiais. Trata-se do *tohu bohu* (**Caos**)*, que não significa desordem, mas ausência de forma. Essas águas virginais tornar-se-ão fecundas, i.e., com vida, graças a este pássaro (Espírito Santo, Sabedoria, Virgem) que parece chocá-las, revelá-las, manifestá-las.

Também se dirá da alma que é virgem quando vazia; ela torna-se virgem, *pronta para receber o sêmen divino*, no sentido dado por Angelus Silesius em *Le Péleri Chérubinique* (*O Peregrino Querubínico*): "a alma que nada sabe, nada quer... deve hoje mesmo ser esposa do Esposo eterno". Segundo o Mestre Eckhart, a alma virgem significa a alma "livre de todas as imagens estranhas, tão disponível quanto o era antes de nascer".

A alma virgem torna-se esposa na medida em que recebe o *influxo iluminador* do Esposo. Daí o texto de Mestre Eckhart: "Se o homem permanecesse sempre virgem, nenhum fruto viria dele. Para tornar-se fecundo, é preciso que ele seja mulher. Mulher? É a mais nobre palavra que se possa dirigir à alma, e é bem mais nobre do que virgem. Que o homem receba Deus nele (empfängt); Deus nele é bom; e nessa receptividade (Empfänglichkeit) ele é virgem. Mas que Deus se torne fecundo nele é melhor, pois se tornar fecundo através do dom recebido é ficar reconhecido por este dom." Quando o dom ou o fruto do influxo divino se desenvolve no homem e atinge a sua plenitude, a alma é elevada ao seu grau supremo, que designa o estado da mãe de Deus. Ela dá à luz Deus neste mundo e torna-se aquele que ela concebe.

O símbolo da Virgem, Mãe divina enquanto Theotokos, designa a alma na qual Deus recebe-se a si mesmo, gerando-se em si mesmo, pois só ele é. A Virgem Maria representa a alma perfeitamente unificada, na qual Deus tornou-se fecundo. Ela continua virgem, pois continua intacta em relação a uma nova fecundidade.

A criança divina nasce sem a intervenção do homem no mistério cristão que justamente neste aspecto coincide com os mitos da Antiguidade, que representam o nascimento milagroso do herói. A Virgem Mãe de Deus simboliza a *terra orientada* para o céu, que se torna também uma *terra transfigurada*, uma *terra de luz*. Daí vem o seu papel e a sua importância no pensamento cristão, enquanto modelo e ponte entre o terrestre e o celeste, o baixo e o alto.

As **virgens negras*** simbolizam a terra virgem, ainda não fecundada; valorizam o elemento passivo do estado virginal. Observemos que o escurecimento foi enaltecido no final da Idade Média, devido à cor sombria dos ícones orientais.

A grande divindade feminina celta, única em seu princípio, por oposição às divindades masculinas do panteão (é a Minerva do esquema teológico de César), possui os dois aspectos, da Virgem e da Mãe. Isso significa que a virgindade é uma das *condições essenciais da soberania guerreira* e que a qualidade de Mãe é inerente à essência da divindade feminina. Após cada nascimento, a mãe volta a ser virgem. É o que acontece a Dectira, irmã e esposa do deus Lug, depois de cada uma das três concepções de Cu Chulainn. O rei gálico Math, filho de Mathonwi, só pode viver se seus **pés*** repousarem no colo de uma virgem, a menos que o tumulto da guerra não o permita. Podemos ainda comparar esses fatos à existência frequente de paredras que acompanham os deuses gauleses e cujo simbolismo é certamente idêntico. A divindade celta que tem vários nomes (na Irlanda, *Ana, Dana, Brigite* etc.; na Gália, *Brigantia* etc.) corresponde à Diana clássica, desdobrada, em Roma, pela tríade capitolina, sob o nome de Juno, no aspecto materno, e de Minerva-Palas, no aspecto de virgem (OGAC, **6**, 3-8).

Para o Islã, a virgindade é a luz inviolada que ilumina os eleitos; a esse título, é chamada de Virgem-Mãe "a hora da vida que é a primeira. Mas é também a última." É ela que abre o caminho da iluminação e leva a termo o místico caminhar. "A Virgem de luz revela ao eleito a forma espiritual que nele é o Novo Homem, tornando-se seu guia e conduzindo-o em direção às alturas..." (CORE, II, 321).

V.I.T.R.I.O.L.

Iniciais de uma fórmula célebre entre os alquimistas e que condensava a sua doutrina: *Visita interiorem terrae rectificando invenies operae lapidem*, ou seja, segundo Jean Servier, "Desce às entranhas da terra, destilando encontrarás a pedra da obra."

Essas iniciais formaram uma palavra iniciática que expressa a lei de um processo de transformação relacionado ao "retorno do ser ao mais íntimo

núcleo da pessoa humana... o que significa dizer: Desce ao mais profundo de ti mesmo e encontrarás o núcleo indivisível, sobre o qual poderás construir uma nova personalidade, um homem novo" (SERH, 138).

Kurt Seligman (SELM, 110) apresenta um texto e uma tradição diferentes: *Visita interiora terrae rectificando invenies occultum lapidem*, ou seja, Explora o interior da terra. Retificando, descobrirás a pedra oculta. É a síntese expressa das operações alquímicas, nos diversos níveis de transformação considerados, seja no dos metais, seja no do ser humano. No último caso, o símbolo evidentemente tem um alcance mais profundo: trata-se da reconstrução de si próprio a partir dos vários graus de inconsciência, de ignorância e de preconceitos, em direção à irrefragável consciência do ser, o que permite ao homem descobrir a presença imanente e transformadora de Deus nele. Não importa qual seja o melhor desses dois textos e traduções, o seu simbolismo é o mesmo.

VISCO (Planta)

Salvo em bretão moderno, o visco (ou agárico) leva, em todos os domínios celtas, nomes característicos do seu simbolismo. Plínio, na famosa passagem em que descreve a sua colheita, diz que os gauleses lhe davam um nome correspondente a *aquilo que cura tudo*. É esse, exatamente, o sentido de *uileiceadh* e de *olliach*, e cumpre ver aí um *símbolo de imortalidade e de vigor ou de regeneração física*.

No mito germânico de Balder, um rei fazia morrer pelo visco, que era a sua personificação: o que poderia simbolizar a passagem de um forma de vida a uma vida superior, quase divina. Em bretão de Vannes, encontra-se entre os diversos substitutos usados para designar o visco o nome curioso de *deur derhue, água de carvalho*. Mas não é de todo certo que tenha valor linguístico ou simbólico antigo. O visco de carvalho é raro, e isso explica, sem dúvida, pelo menos em parte, o uso que os druidas da Gália faziam dele. É muito raro encontrar o agárico em tais condições; quando isso acontece, ele é colhido no curso de

1050 | VIÚVA

uma grande cerimônia religiosa, realizada no sexto dia da lua, pois é por esse astro que "os gauleses regulam seus meses e anos assim como seus séculos de trinta anos cada um. Escolhe-se esse dia porque a lua já tem, então, uma forma apreciável, sem estar ainda na metade do seu curso. Chamam ao agárico qualquer coisa que quer dizer 'aquele que tudo cura'. Depois de preparar um sacrifício ao pé da árvore, trazem dois touros brancos cujos chifres são atados pela primeira vez. Vestido de uma alva, o sacerdote sobe na árvore, corta o visco com uma foice de ouro e o recolhe numa toalha branca. Imolam-se, então, as vítimas, pedindo à divindade que o sacrifício aproveite àqueles pelos quais é oferecido. Acreditam que o visco, tomado como bebida, dá a fecundidade aos animais estéreis e constitui antídoto infalível contra os venenos" (*Hist. Nat.*, **16**, 249). O ritual descrito por Plínio refere-se, muito provavelmente, à festa que assinala, em novembro, o começo do ano celta, e isso corresponde admiravelmente ao simbolismo de imortalidade e regeneração do visco. A escolha do visco de carvalho está, sem dúvida, relacionada com o simbolismo vegetal do druida, mas é pouco provável que o visco simbolize também a sabedoria. A árvore é que é símbolo de sabedoria e de força (equivalência de Madeira* e Ciência*). Por outro lado, a classe sacerdotal tem também o poder de curar'. Pode-se acrescentar ainda a tudo isso que o agárico é veiculado pelas aves celestes, o que reforça o simbolismo da imortalidade (*v.* **Ramo* de ouro**) (LERD, 60-62).

VIÚVA

Este termo designa simbolicamente a maçonaria, cujos membros são chamados de *filhos da Viúva*. Diz-se que o próprio Hirão, ancestral lendário da maçonaria, era filho de uma viúva (1 *Reis*, 7, 14), o que seria suficiente para explicar a alusão. Mas ela parece relacionar-se principalmente com Ísis, viúva de Osíris, i.e., da luz, indo em busca dos membros espalhados de seu esposo. Essa busca também é a busca do maçom, que se identifica com Hórus, *filho da Luz*, como ele. A reunião dos membros espalhados (de Osíris

ou de *Purusha*) corresponde à reconstituição da unidade primordial.

As alusões que foram feitas ao simbolismo da deusa grega Hera, a *viúva*, à morte do Grão-Mestre dos Templários, Jacques de Molay e até mesmo, segundo Fabre d'Olivet, ao simbolismo do *vav* hebraico, não nos parecem acrescentar às noções acima nenhum complemento determinante. A *viuvez* da maçonaria, segundo a tradição templária, poderia, entretanto, não estar totalmente desprovida de um certo significado, tanto do ponto de vista doutrinal quanto do ponto de vista histórico (BOUM, GUES).

O emprego dessa palavra entre os maçons e os templários revela também – sem dúvida, involuntariamente – o sentido *castrador* dos *votos* que a linguagem popular, ou a gíria, sempre deu a esse vocábulo. É a *viúva do punho grande*, que designa a mão do masturbador e, sobretudo, as estruturas erigidas pela justiça para aplicar a pena de morte, que os franceses, com uma surpreendente continuidade, chamam de *viúva*, do patíbulo (atestação de 1628) à guilhotina, e cujo horror fascinante Balzac comenta nos seguintes termos: "A viúva, nome cheio de terrível poesia que os condenados dão à guilhotina."

VOGAIS

A predominância de uma vogal numa palavra, num discurso, num estilo, estaria carregada de sentido, de um valor simbólico esotérico, próprio para agir sobre a sensibilidade e a compreensão do ouvinte sem que ele perceba. Assim, *a* evocaria o grave, o perfeito, o amplo, o total, o trágico, o estranho, o majestoso; *e*, o ser, o estado, a serenidade; *i*, o brilhante, o ritmo, o devenir, o lírico, o ilusório; *o*, o fechado, a morte, o ordenado, a ordem, o alto, o inexorável; *u*, a música, o murmúrio, a duração, o estudo, a cultura, o macio, o escoamento... Podemos também referir-nos ao célebre soneto de Rimbaud:

> *A* preto, *E* branco, *I* vermelho, *U* verde,
> *O* azul vogais
> Um dia contarei seus nascimentos latentes...

VOO (AR) | 1051

A palavra, sonorizada pela vogal, é o alquimista da alma. Rimbaud procurou uma língua que seria da "alma para a alma, tudo resumindo, perfumes, sons, cores, do pensamento que prende o pensamento...", escreveu ele numa carta a Demeny, definindo, assim, o símbolo. "Inventei a cor das vogais... organizei a forma e o movimento de cada consoante e, com ritmos instintivos, gabei-me de ter inventado um verbo poético acessível, mais dia menos dia, a todos os sentidos (Alchimie du Verbe, em Une Saison en Enfer)".

VOO (ar)

Nos mitos (**Ícaro***) e nos sonhos, o voo exprime um desejo de sublimação, de busca de uma harmonia interior, de uma ultrapassagem dos conflitos. Esse sonho é particularmente comum entre as pessoas nervosas, pouco capazes de realizar por si próprias o seu desejo de elevar-se. Simbolicamente, significa: *não poder voar*. Quanto mais esse desejo é exaltado, mais esta incapacidade transforma-se em angústia, e a vaidade que a inspira, em culpa. O sonho de voos acaba no pesadelo de quedas: "expressão simbólica da realidade vivida, dos fracassos reais, consequência inelutável de uma falsa atitude com relação à vida real" (DIES, 51). A imagem do voo é um substituto irreal da ação que deveria ser empreendida. Sem saber, poder ou querer empreendê-la, pede-se a um sonho que a realize, ultrapassando-a. Entretanto, há razão para conferir ao ativo do desejo e do sonho de voo o símbolo de uma ascensão no plano do pensamento ou da moralidade: mas uma ascensão mais imaginária e passageira do que proporcional às necessidades e aos meios reais.

É curioso observar, nesta perspectiva analítica do símbolo, que os voos espaciais, os projetos interplanetários – apesar da capacidade e do heroísmo que exigem – podem encobrir a incapacidade das grandes nações industriais de resolver os problemas humanos do desenvolvimento econômico e social. Sem saber, poder ou querer utilizar os seus imensos recursos, de virtualidades quase infinitas, em benefício do homem e de todo homem, elas voam para longe da terra. É toda uma psicologia coletiva que se trai aqui, em que a vontade de afirmar o seu poderio no céu apenas compensa um sentimento de impotência na terra. Há algo de infantil nesse gigantismo científico, que mostra a inadequação desta sociedade em resolver os seus próprios problemas. É como se fosse incapaz de assumir a si mesma, para primeiro ordenar o seu próprio destino. Renova o mito de Ícaro e foge de si mesma, acreditando estar-se elevando ao céu.

VÓTAN (ou Odin)

Deus insaciável que sempre quer mais combates, mais força, mais prazeres, mais mulheres; quer impor a todos e a tudo a lei de sua vontade; à procura do poder absoluto; o arquétipo de um Fausto. É também o deus dos mortos, que percorre os campos de batalha para oferecer as vítimas às Valquírias. Símbolo da violência cega: viaja nas dobras de um manto azul noite, com um grande chapéu escondendo o seu rosto; só tem um olho e aparece inesperadamente. O personagem se complica na interpretação wagneriana: ao aprofundar-se, o sentimento de força é penetrado de incertezas, angústia e desespero. Essa evolução do símbolo de Vótan em direção à interioridade faz aparecerem as contradições internas da força: nenhuma de suas obras escapa à inexorável lei da destruição e da morte. O próprio Deus está sujeito à fatalidade, como a natureza, onipotente para produzir a vida, mas impotente para impedir a morte.

VULCANO (v. Hefestos)

VULCÃO (v. Montanha)

VULVA (v. Goela)

Designada por eufemismo sob o nome de *grande mãe bonita*, entre os bambaras, é o símbolo da abertura às riquezas secretas, aos conhecimentos ocultos (ZAHB). O seu simbolismo assemelha-se ao da fonte e também ao dá **goela***: toma e dá, engole a virilidade e rejeita a vida, une os contrários ou, mais exatamente, transmuta-os, donde o *mistério* de que é carregada a sua atração, diferentemente do sexo masculino, diurno e solar. *Ser-forte-não-ser-forte* é outra metáfora usada pelos

VULVA (V. GOELA)

bambaras para designar o sexo feminino. Eles o comparam a Deus no seguinte ditado: "Deus é como o sexo da mulher; é o Forte, o Poderoso, é Resistência; mas ao mesmo tempo é Atração e Cobiça, e por fim, Abandono" (ZAHB, 275). O simbolismo da vulva e do sexo feminino em geral é desenvolvido entre os dogons e os bambaras pela significação cosmogônica e ritual do **formigueiro*** considerado a vulva da terra.

O mito castrador da *vagina denteada*, que encontramos a cada encruzilhada da humanidade e da história, é suficiente para mostrar com que força essa misteriosa porta, que é a porta da vida e da morte, exerce o seu fascínio sobre o homem. Basta olhar para o Adão e a Eva do tríptico do *Cordeiro Místico* de Van Eyck para perceber o quanto a história da nossa cultura foi marcada por essa marcante interrogação: a do espírito diante do mistério da vida, a da cultura diante do segredo da natureza; o primeiro é Adão, em cuja figura o artista quis, sobretudo, representar a cabeça meio inclinada sob o esforço do pensamento, enquanto diante dele, Eva, com uma espécie de tranquila impudência, arqueia os quadris e mostra o ventre.

X

XÁCTI

Na arte indiana, a xácti representa o elemento feminino de todo o ser e simboliza a energia cósmica à qual se identifica. A xácti é, em geral, estreitamente ligada ao Shiva, que representa o não manifesto, o pai, enquanto ela é a manifestação, a **Mãe*** divina. Shiva experiente transforma-se em Xácti, mas ela deve fundir-se a ele novamente para reencontrar a unidade original. Shiva e xácti são um só, no absoluto, os dois aspectos – **masculino*** e feminino – a unidade (Vedanta, 4-5 janeiro 1967, p. 11). Na imaginação e no imaginário popular as xáctis, simples *poderes*, eram, no entanto, representadas como divindades femininas, esposas dos deuses.

XADREZ (Jogo e tabuleiro), ENXADREZADO[1]
(*v.* Tabuleiro [para jogos], Enxadrezado[2])

É preciso considerar, no importante simbolismo do jogo do xadrez, de um lado, o jogo propriamente dito, e do outro, o **tabuleiro*** sobre o qual ele se desenrola.

O simbolismo desse jogo, originário da Índia, liga-se claramente ao da estratégia guerreira e aplica-se, como também o relato do *Bhagavad-Gita*, à casta dos *chátrias*. O desenrolar do jogo é um *combate* entre peças negras e peças brancas, entre a sombra e a luz, entre os Titás (*asura*) e os Deuses (*deva*). O jogo entre o Rei Wu-yi e o Céu era um combate entre o mocho e o faisão: o que se aposta nessas batalhas é sempre a supremacia sobre o mundo.

Porque o tabuleiro é uma representação do mundo manifestado, tecido de sombra e de luz, em que se alternam e equilibram o *yin* e o *yang*. Na sua forma elementar, o tabuleiro é a *man-dala* quaternária simples, símbolo de *Shiva* o transformador, equivalente também do *yin-yang* chinês. O tabuleiro normal, de 64 casas (64 = número da realização da unidade cósmica), é o *Vastupurushamandala*, que serve de esquema para a **construção*** dos templos, para a fixação dos ritmos universais, para a cristalização dos ciclos cósmicos. O tabuleiro é, portanto, "o campo de ação das potências cósmicas" (Burckhardt), campo que é o da Terra (quadrada), limitada nos seus quatro orientes. Sendo o **mandala***, bem entendido, o símbolo da existência, a luta de tendências de que se trata é passível de transferência para o íntimo do homem.

Além disso, o jogo põe em ação essencialmente a inteligência e o rigor. A arte do jogador participa, portanto, da Inteligência universal (*Viraj*), da qual a *Vastu Mandala* é também um símbolo. A dominação do mundo pela participação na *Viraj* é uma arte de guerreiro (*chátria*): é a "arte dos reis" (BURA, BURE, GRAD, GUES).

O jogo do xadrez, literalmente *inteligência da madeira* em todas as línguas célticas (irl.: *idchell*, gaél.: *gwyddwyll*, bret.: *gwezboell*), é praticado pelo rei durante um terço do seu dia, dizem certos textos. O parceiro é sempre um príncipe ou um alto dignitário, jamais uma personagem de condição humilde. Quando há uma aposta, o prêmio estabelecido para o ganhador é elevado: por isso, certa vez o rei da Irlanda viu-se de repente sem a esposa, Etain, que foi levada pelo deus Midir, ganhador da partida; o rei, imprudentemente, havia deixado livre a escolha do prêmio. Na realidade, o jogo do xadrez simboliza, entre os celtas, a parte intelectual da atividade do rei (OGAC,

1054 | XEOL

18, 323-324), com objetivos que nada têm a ver com a moral.

Jogo de reis, rei dos jogos. O tabuleiro de xadrez simboliza a tomada de controle, não só sobre adversários e sobre um território, mas também sobre si mesmo, sobre o próprio eu, porquanto a divisão interior do psiquismo humano é igualmente o cenário de um combate. Quantas qualidades se precisa manifestar nesse jogo! O tabuleiro de xadrez simboliza também a aceitação e o domínio da alternância, como observa Roger Caillois: "alternância das casas brancas e negras, tal como dos dias e das noites, alternância de entusiasmo e de controle, de exaltação e de contenção de desejos, principalmente porque, numa extensão como essa, absolutamente coerente, não há peça alguma que não tenha repercussão sobre as demais..." Não será essa a imagem dos atos realizados pelo ser humano no tabuleiro de seus recursos e ambições? E o símbolo das conexões inumeráveis, das múltiplas relações de força, que se podem manifestar num só conjunto?

XEOL

Na Bíblia, aqueles que rejeitam Jeová descerão vivos ao Xeol. "E aconteceu que, acabando de pronunciar todas essas palavras, o solo se fendeu sob os seus pés, a terra abriu a sua boca e os engoliu, a eles e suas famílias, bem como todos os homens de Coré e todos os seus bens. Desceram vivos ao Xeol, eles e tudo aquilo que lhes pertencia. A terra os recobriu e desapareceram no meio da assembleia. A seus gritos, fugiram todos os filhos de Israel que se encontravam ao redor deles. E diziam: 'Que a terra não engula a nós também!' Saiu um fogo de Jeová e consumiu os duzentos e cinquenta homens que ofereciam incenso" (*Números*, 16, 31-35).

O salmista implora a Deus:

Volta-te, Jeová! Liberta-me!
Salva-me, por teu amor.
Pois na morte ninguém se lembra de ti,
quem te louvaria no Xeol?

(*Salmos*, 6, 5-6)

E *Jó* o descreve:

[...] a Terra soturna e sombria
de escuridão e desordem
onde a claridade é noite sombria

(**10**, 21)

[...] Quando a nuvem se dissipa e desaparece
assim quem desce ao Xeol não subirá jamais

(**7**, 9)

A palavra, de origem desconhecida, inspirava terror, mas não correspondia a uma noção muito definida. Significa a vida reduzida e silenciosa, sem qualquer relação com Deus, vivida pelos mortos condenados por seu comportamento na Terra. Este lugar de permanência situar-se-ia nas profundezas da terra, onde os mortos descem para uma triste sobrevivência. Seu sofrimento é descrito como irremediável e como uma privação de tudo o que evoca, simbolicamente, a luz do sol.

Y

YIN-YANG (*v.* **Hexagramas***)

O caractere *yin* é composto de *yin* (que exprime a presença das nuvens, o tempo encoberto) e de *fu* (a colina, a encosta); *yang* é composto de *yang* (que designa o sol elevado acima do horizonte, a sua ação) e do mesmo radical *fu*. Portanto, trata-se, originalmente, da encosta sombria e da encosta ensolarada de um vale, cujo estudo pode ser uma das bases da **geomancia***. Por extensão, o *yin* e o *yang* designam o aspecto obscuro e o aspecto luminoso de todas as coisas; o aspecto terrestre e o aspecto celeste; o aspecto negativo e o aspecto positivo; o aspecto feminino e o masculino; é, em suma, a expressão do dualismo e do complementarismo universal. *Yin* e *yang* só existem em relação um ao outro. São inseparáveis e o ritmo do mundo é o próprio ritmo de sua alternância. *Yi yin, yi yang* diz o *Hi-tse: um yin um yang, uma vez yin, uma vez yang.*

Yin é expresso no *I-Ching* por uma linha interrompida , — —, *yang* pela linha contínua ———. A sua combinação forma os **Trigramas*** e os **Hexagramas***. Três (ou seis) linhas *yin*, é *k'uen*, a *perfeição passiva*, a Terra; três (ou seis) linhas *yang*, *k'ien*, a *perfeição ativa*, o Céu. Terra e Céu é a polarização da Unidade primordial, do Grande Ápice *T'ai-ki*: "Um produz dois", diz o *Tao* (cap. 42). A Unidade se polariza, determina-se em *yin* e *yang*: é o processo da manifestação cósmica, a separação em duas metades do Ovo do Mundo. "Sou Um que se Transforma em Dois", diz uma inscrição egípcia antiga. De outro modo, se nos limitarmos ao campo da manifestação, *yang* e *yin* evocam respectivamente a unidade e a dualidade, a mônade e a díade dos pitagóricos, o ímpar e o par.

O simbolismo do *yin-yang* exprime-se através de um círculo dividido em duas metades iguais por uma linha sinuosa, uma parte preta (*yin*), a outra, branca (*yang*), em que é possível observar que o comprimento da separação mediana é igual à da semicircunferência exterior; que o contorno de cada metade *yin* e *yang* é, portanto, igual ao perímetro total da figura. Esse diagrama evoca a fórmula do cabalista Knor de Rosenroth: "O Céu e a Terra estavam presos um ao outro e se abraçavam mutuamente." A alternância, a união estática do *yin* e do *yang* também são expressas pelo tabuleiro de xadrez, a *mandala* quaternária simples de *Shiva*. O *T'ai-ki t'u* de Tcheu Tuein-yi os representa através de três anéis concêntricos que um diâmetro separa em metades pretas e brancas, alternadamente. Mas o seu aspecto dinâmico, *produtivo* (dos cinco elementos e *dos dez mil seres*), ao mesmo tempo que a sua interpretação não podem ser mais bem expressos do que pelo *yin-yang*, nos quais ainda é preciso observar que a metade *yin* contém um ponto *yang*, e a metade *yang*, um ponto *yin*, sinal da interdependência das duas determinações, vestígio da luz na escuridão e da escuridão na luz. Do ponto de vista espiritual, segundo F. Schuon, é o sinal da "Presença real na noite da ignorância e da individualidade" ou da noite na universalidade e do dia do Conhecimento. A linha mediana pode representar o *traçado* de uma hélice evolutiva, o que exprime o simbolismo do *yin-yang* como ciclo do destino individual: é o elemento de uma espiral infinitesimal, com as duas extremidades da espira (*entrada* e *saída* da figura) correspondendo ao nascimento e à morte.

1056 | YOGINI

No Japão, Jikkan e Junishi correspondem ao *yin* e ao *yang* chinês. Devemos assinalar ainda um símbolo muito próximo: o *tomoe* (ou, mais precisamente, o *mitsu-tomoe*) japonês (dito oriundo da Coreia). É uma forma ainda mais dinâmica do *desenvolvimento* cíclico, que representa as tendências cósmicas sob um aspecto ternário, familiar à Índia. Também foi observado que as *joias* imperiais do Japão (*megatama*) tinham a forma do semi-*yin-yang*, próxima da forma crescente lunar. Outrora, o *yin-yang* havia sido relacionado às fases da Lua. Trata-se, evidentemente, de mais um aspecto da evolução cíclica, mas que aqui aparece de natureza subsidiária, pois a Lua, astro noturno, sempre é *yin* em relação ao Sol *yang* (CHAT, GRAP, GUEC, GUER, HERS, LIOT, MATM, SCHS, SCHI, WIEG, WILG, YUAC).

Este símbolo condensa a filosofia mais profunda e mais característica do espírito chinês. Ele não sente necessidade de apelar para ideias abstratas de número, tempo, espaço, causa, ritmo. Para traduzir essas noções, os chineses têm esse símbolo concreto que, com o *Tao*, expressa todo o conjunto da ordenação do Mundo e do Espírito. Para eles, não existe o tempo de um lado e o espaço de outro; não conseguem concebê-los independentemente das ações concretas. A ação de um homem, manual ou intelectual, não pode existir sem eles, da mesma forma que o tempo e o espaço não podem ser concebidos sem a ação do homem.

Eles dividem o tempo em períodos e o espaço em regiões; os períodos e os espaços ora são qualificados de *Yin*, ora de *Yang*, dependendo de serem claros ou escuros, bons ou maus, interiores ou exteriores, quentes ou frios, masculinos ou femininos, abertos ou fechados etc.

O *Yin* e o *Yang* são a análise e a imagem das representações espaço-temporais.

Muito cedo os chineses serviram-se deles para a utilização religiosa dos lugares e das ocasiões; esses símbolos regiam, então, a liturgia e o cerimonial, assim como a arte topográfica e cronológica.

O *Yin* e o *Yang*, embora representem dois contrários, jamais se opõem de modo absoluto, pois entre eles sempre há um período de mutação que permite uma continuidade; tudo, homem, tempo, espaço, ora é *yin*, ora é *yang*; tudo tem a ver com os dois simultaneamente, por seu próprio futuro e seu dinamismo, com a sua dupla possibilidade de evolução e involução.

A literatura chinesa sempre se refere – através de alusões mais ou menos claras – ao *Yin* e ao *Yang*. "*Podes abrir e fechar os Celestes Batentes?*" (Lao-tsé)

No livro de Mao Zedong, *A estratégia da guerra revolucionária*, lê-se: "A China é um grande país onde a noite cai no oeste quando o dia raia no leste; onde a luz se retira no sul, enquanto o norte se ilumina." E mais adiante: "O fracasso é muitas vezes o parteiro do sucesso."

YOGINI

No *Vajrayana*, a yogini simboliza os *chacras* e os canais sutis que conduzem o pensamento de iluminação (*Bodhicitta*). Esse conjunto, que deve ser mentalmente construído no interior do homem, constitui o corpo da Yogini com a qual o adepto deve identificar-se. A iconografia tibetana frequentemente oferece representações de divindades fundindo-se com sua paredra. Esses personagens acasalados significam que o estado de Buda não pode ser alcançado sem a estreita união da Sabedoria com a Compaixão, dos meios hábeis específicos do tantrismo com a **Vacuidade***. Assim desperta a *bodhicitta* ou consciência de iluminação que dormita no chakra inferior, destinada a elevar-se até o lótus de mil pétalas da cabeça. Deste modo, o homem realiza em si a união dos princípios masculino e feminino e reconstitui o andrógino primordial.

Z

ZARABATANA

Tubo de madeira ou de metal pelo qual se impelem, com o sopro, pequenos projéteis, grãos ou dardos. Símbolo dos raios solares na mitologia maia-quiché (GIRP, 27).

ZAROLHO (*v.* Caolho)

ZÊNITE

Vem de uma palavra árabe que significa caminho *reto*: ponto onde a vertical, que se eleva do local do observador, perfura a esfera celeste acima do horizonte. É o contrário do **nadir*** (que vem de uma palavra árabe que significa *oposto*): ponto do Céu, diretamente no final de uma linha vertical, que sairia dos pés do observador e, passando pelo centro da Terra, se prolongaria ao infinito.

O simbolismo do zênite e do nadir provém diretamente dessas definições. O zênite marca o ponto superior de uma **roda***, da qual a Terra seria o cubo, como se o disco furado chinês Pi fosse colocado verticalmente ao horizonte; o nadir marca o ponto inferior. Em lugar da Terra, pode-se imaginar como cubo qualquer outro centro: uma sociedade, uma pessoa, a psique.

A oposição relativa zênite-nadir corresponde ao circuito evolutivo-involutivo de toda existência, que se desenvolve no tempo. O zênite indica o auge do hemiciclo evolutivo e, por conseguinte, o começo do declínio, o ponto de partida do hemiciclo involutivo. O nadir, ao contrário, é o ponto mais baixo do processo involutivo e o começo do processo evolutivo. Sabe-se, por outro lado, que a vertical simboliza o tempo e que toda manifestação se desenvolve no tempo. A passagem para o zênite, com uma penetração da calota celeste

em altura, indicará portanto a "passagem da vida no tempo à vida na eternidade", a passagem do finito ao infinito (SENZ, 18). A passagem para o nadir, no ponto mais baixo da curva involutiva, marcará, ao contrário, a mais profunda imersão na mais densa matéria.

De um lado, a via da materialização e, no plano intelectual, da conceitualização; do outro, a da espiritualização e da intuição.

Em relação ao Zodíaco, M. Senard observa que: "No nadir encontra-se o signo de Virgem, elemento terra, mas no qual nasce a consciência do divino simbolizado pelo seu signo complementar, Peixes, e começa o retorno ao ilimitado. Nas mitologias e nas religiões, a Virgem sempre é associada ao nascimento ou ao renascimento do *deus* que é a expressão da Energia-Consciência suprema. Virgem, assim como Peixes, são casas de Mercúrio, mensageiro, intermediário e ligação entre os *deuses*, i.e., as Energias primordiais, e entre os deuses e os humanos. Em Virgem, Mercúrio une as Energias involutivas, hemiciclo da esquerda (ou de baixo), às Energias evolutivas, hemiciclo da direita (ou de cima)" (SENZ, 18). No alto do zênite, dir-se-á: *a morte está na vida* (*media vita in morte sumus*); no ponto mais baixo do nadir, pensar-se-á: *a vida está na morte*.

ZERO

Palavra derivada do árabe *çifa*, vazio. Sinal numérico, sem valor por si mesmo, mas ocupando o lugar de valores ausentes nos números. Simboliza a pessoa que só tem valor por delegação.

"Os maias descobriram o conceito do zero e seu emprego pelo menos mil anos antes que algo

1058 | ZEUS (JÚPITER)

parecido tivesse sido descoberto e empregado na Europa" (GIRP, 318). Era representado por uma **concha*** ou um **caracol***. É sabido que o próprio caramujo é um símbolo de regeneração periódica. Na mitologia do *Popol-Vuh*, o zero corresponde ao momento do sacrifício do deus-herói do milho por imersão no rio, antes que ele ressuscite para subir ao Céu e virar Sol. No processo de germinação do milho, este momento é o da desintegração da semente na terra, antes que a vida volte a se manifestar fazendo o pequeno broto do milho aparecer. Segundo a tradição do ocultismo europeu, é portanto exatamente o instante da inversão de polarização, que separa o fim do semicírculo involutivo e o início do semicírculo evolutivo no ciclo zodiacal. Então podemos dizer que o grande mito da regeneração cíclica está resumido nesse simbolismo do zero maia. Devido ao simbolismo uterino da concha, ele também tem relação com a vida fetal.

Na glíptica maia, o zero é representado pela **espiral***, o infinito fechado pelo infinito aberto (THOT).

No Egito, nenhum hieróglifo corresponde ao zero. "O zero não é designado por nenhum sinal, embora certos escribas matemáticos tenham tido a ideia de deixar um espaço vazio no lugar em que falta uma potência de dez" (POSD, 164 s.).

A intuição estava simbolicamente correta: o zero é o intervalo da geração. Como o ovo cósmico, simboliza todas as potencialidades.

Simboliza também o objeto que, sem ter valor por si, mas unicamente devido a sua posição, confere um valor aos outros – o zero multiplica por dez os números colocados à sua esquerda. Assim, vai ao encontro do significado iniciático do Louco, ou do *Mat* dos tarôs, única carta dos arcanos maiores que não é numerada, mas que pode valorizar as demais, ou anulá-las, dependendo de sua posição ou do sinal +, -, × ou ÷ que a precede.

ZEUS (Júpiter)

Depois dos reinos de **Urano*** e de **Cronos***, de quem descende, Zeus simboliza o reino do espírito. É o organizador do mundo exterior e interior; é

dele que depende a regularidade das leis físicas, sociais, morais. Ele é, segundo Mircea Eliade (ELIT, 77), o "arquétipo do chefe da família patriarcal".

Deus da luz, é o soberano "pai dos deuses e dos homens" (Homero); a partir da terceira geração mitológica, segundo Hesíodo, é ele quem preside a todas as manifestações do Céu. "Zeus é o éter, Zeus é a Terra, Zeus é o Céu. Sim, Zeus é tudo o que há acima de tudo" (Ésquilo, *Helíadas*, fragmento 70, tradução em SECG, 81).

Lançando o relâmpago, simboliza o espírito e o esclarecimento da inteligência humana, o pensamento iluminador e a intuição enviada pela divindade; é a fonte da verdade.

Desencadeando o raio, simboliza a cólera de Deus, a punição, o castigo, a autoridade ultrajada: é o justiceiro.

O personagem de Zeus, desde o olimpiano homérico cujas aventuras amorosas com as deusas e as mortais são inúmeras, até a imagem de um deus único e universal, mudou muito sob o duplo efeito da crítica filosófica e da purificação do sentimento religioso. Tudo o que simboliza o nome de Zeus evoluiu simultaneamente. De fantasioso onipotente a Espírito puro, o caminho é longo, e as imagens, variadas. Os desacordos na interpretação do símbolo podem multiplicar-se ao infinito, como com todos os personagens da mitologia, dependendo se nos detivermos em tal fase de uma evolução, em tal lenda em particular, em tal aspecto da divindade ou em tal nível de análise. A concepção de Zeus como divindade suprema e como "força universal desenvolveu-se a partir dos poemas homéricos e chegou, entre os filósofos helenísticos, à concepção de uma Providência única. Entre os estoicos... Zeus é o símbolo do Deus único que encarna o Cosmo. As leis do mundo não passam de pensamentos de Zeus. Mas aí chegamos ao ponto extremo da evolução de Deus, que sai dos limites da mitologia para se ligar à teologia e à história da filosofia" (GRID, 478).

O hino a Zeus de Cleanto (nascido em 331 a.C.) marca o auge dessa ascensão de Zeus no

ZIGURATES | 1059

espírito dos homens (da tradução de M. Meunier, *Hymnes philosophiques*, Paris, 1935, p. 36-38):

> Salve, tu, o mais glorioso dos Imortais, tu que és designado por tantos nomes diferentes,
>
> Zeus, eternamente todo-poderoso, tu, que és o autor da Natureza e que governas com lei todas as coisas!...
>
> Tanto és em todo lugar o senhor supremo do universo inteiro quanto nada na Terra,
>
> ó Deus, nada acontece sem ti; nada no Céu etéreo e divino; nada no mar; nada a não ser o que realiza a loucura dos maus,
>
> Mas tu sabes reduzir à justa medida o que é excessivo,
>
> impor a ordem ao que é desordem, e tornar amigas as coisas que te são inimigas...

A psicologia moderna denunciou em certas atitudes de liderança o que podemos chamar de *complexo de Zeus*. É uma tendência a monopolizar a autoridade e a destruir tudo o que possa parecer no outro uma manifestação de autonomia, seja ela a mais razoável e promissora. Este complexo trai as raízes de um sentimento evidente de inferioridade intelectual e moral, e a necessidade de uma compensação social através de explosões autoritárias, assim como o medo de não ver os seus direitos e dignidade respeitados como merecem, daí a suscetibilidade extrema e as iras calculadas de Zeus. Essas atitudes mostram a força persistente de uma mitologia tradicional que se opõe às novas tendências da direção de empresas, da comunicação leal e fecunda entre os departamentos e as pessoas associadas no mesmo trabalho, da formação em profundidade, e que resulta ela própria numa contradição e em decisões insensatas. O excesso de autoridade trai uma falha de razão. Para falar de Zeus como símbolo de *autocratismo*, podemos referir-nos a Jean Chevalier, *Formation et structures évolutives, Synthèses*, 1964: "O mito de Zeus é o do *líder nato*, do qual advém todo poder e a justificação de todo autocratismo e que reveste as formas diversas do pai, do mestre, do professor, do chefe, do patrão, do proprietário, do juiz, do marido, do ser que detém o segredo e de quem depende a iniciativa em todas as coisas. É verdade que a autocracia é a exata antítese da autonomia. Também é verdade que nada que não seja autônomo é propriamente humano. Tudo o que procede de um princípio que aliena o homem, em vez de dirigir-se à fonte de sua autonomia, só pode, portanto, provocar uma adesão superficial e provisória, e não uma modificação profunda e durável. Ora, Zeus tornou-se escravo de sua própria onipotência. Se ninguém pode fazer nada de bom sem ele, ei-lo condenado a tudo fazer sozinho. Fora de sua influência tudo é desordem e caos, pelo menos aos seus olhos. Guardadas as proporções, esta é a situação contraditória do empresário diante da crescente extensão e complicação de suas responsabilidades. Se seguir os métodos autocráticos, será prisioneiro dos estreitos limites de uma empresa, só à altura de suas forças. Se, pelo contrário, quiser adaptar-se às dimensões e às estruturas da segunda fase da era industrial, será obrigado a ver multiplicarem-se outros seres autônomos, tão preocupados quanto ele com a convergência de seus interesses pessoais e os da empresa, que se tornarão capazes intelectual e afetivamente de cumprir uma função eficaz numa estrutura evolutiva. O mito de Zeus, na medida em que ainda inspira as relações humanas, é pior do que um anacronismo, é uma mistificação; é o antagonismo do futuro" (p. 14).

ZIGURATES

Construções mesopotâmicas que inspiraram a **torre*** de **Babel***. Na tradição bíblica, símbolo do excesso dos homens que querem igualar-se aos deuses e que imaginam serem capazes de subir ao Céu por meios meramente materiais. Elevam-se em patamares, 3, 5, 7, cada vez mais estreitos, ligados por lances de escadas muito rápidos cujos degraus podem medir 80 centímetros de altura. Algumas dessas torres chegavam a quase 100 metros de altura. Os sete planos correspondiam aos sete Céus planetários e eram pintados de cores diferentes, próprias aos planetas. "A *Grande Infelicidade,* segundo as tradições esotéricas, ou seja,

1060 | ZODÍACO

Saturno, era preto. Seu andar situava-se na base da torre, cujo topo, coberto de ouro, era a residência de Samas, deus do Sol. O segundo andar de cima para baixo era branco, cor de Júpiter; o terceiro, vermelho-alaranjado, cor de Mercúrio; depois vinham o azul para Vênus, o amarelo para Marte, o cinza ou prata para a Lua. Essas cores eram presságios do bem e do mal" (SELM, 9). De acordo com a própria tradição babilônica, um valor simbólico de **Escada*** é atribuído aos zigurates: essas torres gigantescas deviam facilitar a descida dos deuses à Terra e a subida dos homens ao Céu. O zigurate de Larsa tem o nome sugestivo de Casa da união entre Céu e Terra. Sacrifícios eram oferecidos no alto. Elas também exprimem o prodigioso esforço do homem para aproximar-se da divindade. Pervertido, este esforço transforma-se na divinização do próprio homem, embriagado por meios cujo poder tendem a multiplicar-se, outrora pela magia, atualmente pela tecnologia. A busca do poder substituiu a busca do divino; este é hoje o significado do babelismo: uma tentativa de alcançar o auge do poder. É uma inversão do sentido original do zigurate, árvore ou eixo que liga os dois centros, celeste e terrestre.

O simbolismo do zigurate mesopotâmico seria análogo ao da **montanha*** cósmica, ao dos templos construídos em forma de montanha, como os de Borobudur e Angkor, e, por conseguinte, ao do **centro*** do mundo. "Ao subir (o templo ou o zigurate"), diz Mircea Eliade, "o peregrino aproxima-se do centro do mundo e no terraço superior realiza uma ruptura de nível, transcendendo o espaço profano, heterogêneo, e penetrando numa *terra pura*" (ELIT, 317). Interiorizando ainda mais o símbolo, podemos dizer que a ascensão do zigurate corresponde à purificação espiritual gradual, até a luz pura de um espaço interior.

ZIMBÓRIO (*v.* Domo)

ZODÍACO

O Zodíaco é, ao mesmo tempo, um símbolo em si e um conjunto de símbolos particulares, cujos significados variam segundo as diversas relações que têm entre si. Também é o mais carregado de significado e o mais universalmente divulgado. "Em todos os países e em todas as épocas exploradas pela ciência histórica, encontramos o Zodíaco mais ou menos idêntico, com sua forma circular, suas doze subdivisões, seus doze signos com os mesmos nomes e seus sete planetas. A Babilônia, o Egito, a Judeia, a Pérsia, a Índia, o Tibete, a China, as Américas do Norte e do Sul, os países escandinavos, os países muçulmanos e muitos outros conheceram o Zodíaco e praticaram a astrologia. Por toda parte é associado aos mais importantes monumentos humanos: estelas, templos, locais onde celebravam-se os mistérios e as iniciações" (SENZ, 1).

O círculo zodiacal é dividido pelo número perfeito doze, que corresponde às doze constelações. Quatro delas marcam no hemisfério norte os tempos fortes no percurso solar: **Leão***, **Touro***, **Aquário*** e **Escorpião***. São períodos culminantes de um ciclo e intercalam-se entre os equinócios (21 de março, 21 de setembro) e os solstícios (21 de junho, 21 de dezembro); elas separam as estações; "dividem o círculo zodiacal em quatro partes iguais de 90° cada uma". O Zodíaco é também uma soma dos símbolos cósmicos, fisiológicos e psicológicos, ilustrando e especificando o simbolismo fundamental do **círculo*** (CHAS, 21-22).

Em astrologia, o Zodíaco é o nome da faixa que cerca a eclíptica em que se movem os planetas e os astros (que a astrologia também considera planetas, i.e., *astros errantes*). Esse nome é comumente traduzido por *círculo de animais*, embora o nosso Zodíaco ocidental contenha as imagens de uma mulher (Virgem), de um homem (Aquário) e de crianças (Gêmeos), e que o único Zodíaco realmente animal seja o da China. Mas é mais provável que essa palavra signifique, de um modo geral, *a constelação dos seres vivos*.

O Zodíaco representa um ciclo completo por excelência e cada um de seus signos expressa uma fase evolutiva, descrita nas características que lhe são próprias:

- Áries ♈ = impulsão (na ordem cósmica, é a impulsão primordial que precede o *dia de Brahma* ou o nascimento de um universo).
- Touro ♉ = esforço, elaboração, do *numem* e do *sêmen*.
- Gêmeos ♊ = polaridade (*Prakriti-Purusha* dos hindus, ou a distinção entre o espírito e a matéria).
- Câncer ♋ = passividade, apego (na ordem cósmica, são as *Águas*, nas quais são depositados os germes do mundo manifestado ou o *Ovo do Mundo*, e sobre os quais *movia-se o Espírito de Deus*).
- Leão ♌ = vida.
- Virgem ♍ = diferenciação, fenomenalismo.
- Libra ♎ = sociabilidade, o meio-termo que harmoniza as tendências contrárias.
- Escorpião ♏ = fermentação, desagregação.
- Sagitário ♐ = dualidade entre os instintos e as aspirações superiores (do ponto de vista cosmogônico, é o retorno do homem para Deus).
- Capricórnio ♑ = elevação (*Pralaya* dos hindus, i.e., a morte do universo físico).
- Aquário ♒ = passagem aos estados superiores.
- Peixes ♓ = mundo interior (as *Águas* de cima em oposição às *Águas* inferiores do signo de Câncer), passagem à indiferenciação inicial.

Os signos do Zodíaco podem repartir-se em quatro grupos principais – cada um dominado por um dos tempos fortes já indicados – cujas correspondências psicológicas M. Senard resume da seguinte forma (SENZ, 23 s.): Peixes, Áries, Touro. Esse conjunto corresponderia ao período mitológico de Urano, o da exuberância biológica indiferenciada; "é o dos princípios ou energias cósmicas que se exprimem, do ponto de vista do homem, pelo caráter instintivo-pré-racional, que se traduz pela supremacia do *inconsciente*, a impulsividade, a sensorialidade e a predominância das faculdades imaginativas".

O segundo grupo encerra Gêmeos, Câncer e Leão. Corresponde ao período mitológico de Cronos, o de uma interrupção na evolução, tempo marcado por uma necessidade de organização, de separação, de classificação, de conceitualização, em que a preocupação com a ordem é mais forte do que com o progresso. É o setor, diz M. Senard muito bem, "dos princípios de dissociação. A entidade humana se separa do estado coletivo indiferenciado primitivo; ela se individualiza, desperta para a *consciência do eu*, e depois para a do não eu, no sentido da dualidade, e concebe todas as coisas do ângulo da distinção sujeito-objeto. Esse período é o do discernimento, da análise, mas também das oposições, das dissensões, da luta entre os opostos resultante da dissociação. O intelecto analítico e a consciência racional dominam. A consciência do eu fortemente desenvolvida tende ao egocentrismo."

Planisfério egípcio com os símbolos do zodíaco e as constelações boreais. Athanasius Kircher, Oedipus Aegyptiacus, Roma, 1652

O terceiro setor agrupa Virgem, Libra e Escorpião. Corresponde ao período mitológico de Zeus, marcado por um novo ponto de partida evolutivo, mas que desta vez será caracterizado pela organização, hierarquia, enfim, por uma evolução harmonizada. É o início da subida de volta ao zênite, em que a consciência suprarracional e a iluminação começam a despontar. Essa fase é a dos "princípios de associação que se exprimem pelo nascimento do sentimento correto e a busca do equilíbrio entre as faculdades psicológicas, como entre o eu e o não eu, entre o subjetivo

1062 | ZODÍACO

e o objetivo. A consciência torna-se sensível às manifestações da intuição".

Enfim, última tríade: Sagitário, Capricórnio, Aquário. Seria possível dizer que, nesse quarto período, a mitologia se apaga, é revolvida, para dar o lugar às religiões místicas e, em particular, à revelação cristã, à encarnação do Logos. Segundo M. Senard, é o setor dos "princípios de sublimação: a intuição torna-se progressivamente o guia reconhecido e aceito pela entidade a caminho da volta ao não manifestado. Conduzido por Beatriz, Dante termina a sua viagem através das esferas, no **Paraíso*** (dia ou luz suprema). Então, a consciência funciona livremente fora do plano manifestado. Liberada dos obstáculos da matéria, do tempo e do espaço, participa novamente da vida una e universal. Confunde-se, então, com o princípio criador. A supraconsciência ou onisciência é realizada."

O simbolismo da evolução biológica e psicológica adquire infinitos matizes através do estudo das relações entre os signos e pode levar não só a um diagnóstico individual, mas a uma verdadeira psicologia.

Os aspectos zodiacais, em termos de astrologia, aplicam-se à distância entre dois planetas ou entre dois outros fatores do horóscopo (como, por exemplo, um ponto sensível e o meridiano ou o horizonte). Os principais *aspectos* são: a *conjunção* que, como o nome indica, é a presença dos astros (ou outros fatores horoscópicos) no mesmo ponto do Céu, onde misturam, estreitamente as suas influências formando um só todo, como dois cônjuges formam um casal unido; o *sextil*, que é a distância de 60°, simbolizando uma certa harmonia e um acordo entre os dois fatores em questão; o *quadrado* de 90°, que é um aspecto de choque, de tensão, de conflito entre as duas influências astrais; o *trígono*, que é a distância de 120°, realizando a relação mais harmoniosa, favorável e íntima entre os dois pontos do Céu; e a *oposição*, que é a distância de 180°, sublinhando a mais completa incompatibilidade entre os dois astros. Teoricamente, a oposição apresenta-se como um

quadrado duplo, mas certos astrólogos questionam o seu caráter uniformemente maléfico e nocivo. Atualmente, há uma tendência a substituir as expressões *aspectos benéficos* (o sextil e o trígono) por *facilidades* e *circunstâncias favorecendo o indivíduo*; e *aspectos maléficos* (o quadrado e a oposição) por *aspectos de vontade, de esforço pessoal e de luta*; pois existem horóscopos de criminosos com uma maioria de aspectos *benéficos* (notadamente Landru) e de personagens de primeira linha (como Foch) com temas astrológicos carregados de *maus* aspectos. Inscritos no círculo *zodiacal*, os aspectos formam figuras geométricas e participam do simbolismo habitual do **Triângulo***, do **Quadrado*** e do **Hexágono***.

Al-Iklil – ou *Iklil Al Jabbah* (A Cúpula da Cabeça) – é o nome árabe dado à 17ª casa do *Zodíaco lunar*, que alguns acreditam ser anterior ao zodíaco solar dos doze signos, e que consiste na divisão do Céu em 28 partes 12° 51' 26". *Al-Iklil* situa-se entre 25° 42' 53" do signo de Libra e 8° 34' 183" do Escorpião. Parece que o seu papel e a sua influência astrológica foram particularmente grandes em várias tradições e que ainda o são em vários países orientais, em que essa casa é usada como referência. Como é sabido, o traço comum entre os sistemas lunares de tradições diferentes (chinesa, hindu, árabe, persa etc.) é a existência das estrelas determinantes que serviam de limite a essas 28 divisões, e que na Índia trazem o nome de *Jogatara*. Embora várias casas lunares tenham o mesmo nome destas estrelas, não podem em absoluto ser confundidas ou identificadas entre si. Devido à precessão dos equinócios, a maior parte dessas estrelas-referência encontram-se deslocadas e nem ocupam mais as casas que têm os seus nomes; mas isto em nada modifica os significados destas, pois as casas lunares – como o Zodíaco solar –, aos olhos do astrólogo, são formadas pela influência da Lua espalhada sobre a cruz dos solstícios e dos equinócios.

Na Índia, esta 17ª casa lunar traz o nome de *Anuradha*, o que significa *fazer um círculo, fazer uma roda, ser belo*. O seu simbolismo hindu é um

pavão* *de cauda aberta* (talvez devido ao círculo, justamente), embora Poti dê uma imagem de *um prato cheio de arroz, de frutas, de mel, de flores sendo oferecido aos deuses*. O recenseamento dos diferentes símbolos ligados às casas lunares nas tradições, o estudo de suas alterações ao longo das eras e o seu exame crítico nunca foram feitos. Eles reservam algumas surpresas e sem dúvida não deixarão de trazer mais precisões sobre os seus significados primitivos.

ZUNIDOR

Instrumento de música feito de uma pequena placa de madeira que se faz girar na ponta de um barbante, o zunidor, por sua rotação, emite um ronco que lembra o trovão ou o mugido do touro, daí seu nome inglês de *bullroarer* (que se aproxima da forma brasileira "berrante"). É universalmente um instrumento sagrado, utilizado nos rituais iniciáticos. Seu misterioso e profundo gemido, no coração da noite, evoca a "aproximação da divindade" (ELIT, 49). Ele é a voz dos espíritos, muito frequentemente dos ancestrais míticos, e tem relação com o vasto complexo simbólico da tempestade e de seus atributos: **trovão***, **relâmpago***, **raio***, **chuva***. É, pois, ao mesmo tempo, uma expressão da *cólera divina*, i.e., do desencadeamento de forças uranianas primordiais, e uma expressão da *força viril fecundante*, associada ao nível lunar dos símbolos.

Entre os apaches, o xamã faz girar o zunidor para se tornar invulnerável e prever o futuro (BOURKE, *The medicine-men of the Apaches*, em ELIC). Na Austrália, entre os arandas, quando uma moça escuta o som desse instrumento, ela grita: *Quem me picou? Oh! este homem é meu marido*, e sente um ponto doloroso no ventre.

Como a maior parte dos instrumentos sagrados, pelos quais a voz dos deuses se faz ouvir, só é manipulado em geral pelos homens, por razões rituais, e sua visão é proibida às mulheres (povos piaroa, maku, puinave do Orenoco).

Na Grécia Antiga, seu uso é assinalado no transcorrer de orgias sexuais. Na Austrália, ele é a voz do Ancestral e a do trovão (HENL). Quando as antigas crenças desaparecem e os gestos rituais ficam vazios de conteúdo, o zunidor torna-se um brinquedo de criança.

Referências bibliográficas

AIBL   Academie des Inscriptions et Belles-Lettres (atas), Paris.

ADLJ   ADLER Gerhard, *Études de psychologie jungienne*, Genebra, 1957.

AEPR   AEPPLI Ernest, *Les rêves et leur interprétation*, Paris, 1951.

AFAN   AFANASSIEV A.N., *Narodnye Rousskie Skazki* (Contos populares russos), 3 t., reimpressão da edição de 1855-1863, Moscou, 1957.

AINP   AINAUD Juan, *Peintures romanes espagnoles*, Paris, 1962.

AJMO   AJIT Mookerjee, *TANTRA Asana*, Paris, 1971.

ALEC   ALEXANDER Hartley Burr, *Le cercle du monde (The world's rim; great mysteries of the North American Indians)*, Paris, 1962.

ALLA   ALLEAU René, *Aspects de l'alchimie traditionnelle*, Paris, 1953.

ALLD   _____, *Encyclopédie de la divination*, Paris, 1965.

ALLH   _____, *Histoire des sciences occultes*, Genebra, 1965.

ALLN   ALLENDY (Dr. René), *Le symbolisme des nombres*, Paris, 1948.

ALLB   ALLMEN J.-J. Von, *Vocabulaire biblique,* Neuchâtel-Paris, 1954.

ALMT   ALMQUIST Kurt, *Temple du coeur, temple du corps, in Études traditionnelles*, n. 378/9, Paris, 1963.

ALTA   ALTAI, *L'art ancien de l'Altai,* Museu do Ermitage, Leningrado, 1958.

AMAG   _____, *L'art magique* (obra coletiva), Paris, 1957.

ANDC   ANDERSEN H.C., *Les cent cinquante six contes*, traduzido por H.G. La Chesnais, 4 v., Paris, 1954.

ANEI   _____, *Anecdota from Irish manuscripts*, 5 v., Dublin, 1904-1910.

ARBS   ARBERRY A.J., *Le soufisme,* Paris, 1952.

ARCL   Archiv für Celtische Lexikographie, 4 v., Haia, 1898-1902.

1066 | DICIONÁRIO DE SÍMBOLOS

ARNT ARNOLD P., *Le théâtre japonais*, Paris, 1957.

ARNP ARNOLD Th. W., *Painting in Islam*, Oxford, 1928.

ARTF *Art – Histoire générale de l'art*, Flammarion, Paris, 1950.

ARTQ *Art – Histoire générale de l'art*, Quillet, Paris, 1938.

ARTT ARTAUD A., *Le théâtre et son double*, Paris, 1938.

ATLA _____, Atlantis, Paris, 1927-1968.

ATTO ATTAR Farid-ud-Din, *Mantic ut-Tair, le langage des oiseaux*, Paris, 1857.

AUBS AUBER Abbé, *Histoire et théorie du symbolisme religieux*, 4 v., Paris, 1884.

AUBM AUBERT Marcel, *La sculpture française au Moyen Age*, Paris, 1946.

AUBJ AUBOYER J., *De quelques jeux en Asie orientale (France-Asie, n. 87)*, Saigon, 1953.

AUBT _____, *Le trône et son symbolisme dans l'Inde ancienne*, Paris, 1949.

AVAS AVALON A., *La puissance du serpent*, Lion, 1959.

AVIH AVILA Francisco de, *De priscorum huaruchiriensum origine et institutis*, Madri, 1942.

BABM BABELON Jean, *Mayas d'hier et d'aujourd'hui*, Paris, 1967.

BACC BACHELARD Gaston, *La flamme d'une chandelle*, Paris, 1961.

BACE _____, *L'eau et les rêves, essai sur l'imagination de la matière*, Paris, 1942.

BACF _____, *La psychanalyse du feu*, Paris, 1965.

BACP _____, *La poétique de l'espace*, Paris, 1957.

BACR _____, *La terre et les rêveries du repos*, Paris, 1948 (reedição, 1965).

BACS _____, *L'air et les songes*, Paris, 1948.

BACV _____, *La terre et les rêveries de la volonté*, Paris, 1948.

BAJM BAJOV P.P., *Malakhytovaia Chkatoulka* (A caixinha de malaquita), 3 v., Moscou, 1952.

BAMC BAMMATE Nadj Oud Din, *La croix et le croissant, in La table ronde*, Paris, dezembro, 1957.

BARH BARUK H., *Civilisation hébraïque et science de l'homme*, Paris, 1965.

BARS BARTHES Roland, *L'empire des signes*, Genebra, 1980.

BAUO BAUDELAIRE Ch., *Oeuvres*, Gallimard, "Col. Pléiade", 2 v., Paris, 1940.

BAUA BAUMANN H. e WESTERMANN D., *Les peuples et les civilisations de l'Afrique*, Paris, 1948.

BEAG BEAUJEU J., DEFRADAS J., LE BONNIEC H., *Les grecs et les romains*, Paris, 1967.

BEAM BEAU Georges, *La médecine chinoise*, Paris, 1965.

REFERÊNCIAS BIBLIOGRÁFICAS | 1067

BECM   BECKER R. de, *Les machinations de la nuit*, Paris, 1965.

BEDT   BEDIER Joseph, *Le roman de Tristan et Iseut*, Paris, 1946.

BEDM   BEDOUIN J.-L., *Les masques*, Paris, 1941.

BEGG   BEGUIN Albert, *La quête du Saint Graal,* edição apresentada e coordenada por Albert Béguin e Yves Bonnefoy, Paris, 1958.

BELT   BELPAIRE B., *T'ang kien wen tse*, Paris, 1947-1959.

BENA   BENOIST L., *L'art du monde*, Paris, 1941.

BENC   _____, *Regarde ou les clefs de l'art,* Paris, 1962.

BENE   _____, *L'ésotérisme*, Paris, 1965.

BENR   BENOIT Fernand, *L'art primitif méditerranéen de la vallée du Rhône*, Aix--en-Provence, 1955.

BERA   BERNARD Saint, *Sermons sur l'Avent*, 2 v. (trad. de M.-M. Davy), Paris, 1945.

BERN   BERQUE Jacques, *A propos de l'art musulman, in Normes et valeurs dans l'Islam contemporain*, Paris, 1966.

BETB   BETTELHEIM Bruno, *Les blessures symboliques*, Paris, 1971.

BEUA   BEURDELEY M., *L'amateur chinois des Han au XXème siècle*, Friburgo, 1966.

BEYD   BEYER Hermann, *The symbolic meaning of the dog in Ancient Mexico, in America Antigua*, X, México, 1908.

BEYM   _____, *Mito y simbologia del Mexico antiguo*, t. X, México, 1965.

BHAB   BHATTACHARYA K., *Les religions brahmaniques dans l'ancien Cambodge*, Paris, 1961.

BIBM   *La Bible et son message*, Paris, novembro, 1966.

BIBJ   *La Bible*, tradução de A Bíblia de Jerusalém, na primeira edição ecumênica, 3 v., Éditions Planète, Paris, 1965-1966.

BIRD   BIRGE John Kinsley Ph.D., *The Bektashi Order of Dervisches*, Londres, 1937.

BLAM   BLAKE W., *Le mariage du ciel et de l'enfer*, Paris, 1946.

BLES   BLEY P., *Sagen der baininger auf Neupommern, Südsee, in Antropos, IX,* 1914.

BNMA   BERDIAEFF Nicolas, *Un nouveau Moyen Age*, Pion, Paris, 1927.

BODT   BODE W., *Anciens tapis d'Orient*, tradução francesa, Paris (s.d.).

BOEM   BOEHME Jacob, *Mysterium magnum*, tradução de N. Berdiaeff, 2 v., Paris, 1945.

BOKT   EL BOKHARI, *Les traditions islamiques, tradução de O. Houdas*, Paris, 1914.

BORA   BORATAV Pertev, *Aventures merveilleuses sous terre et ailleurs de Er-Töshtük le géant des steppes,* Paris, 1965.

1068 | DICIONÁRIO DE SÍMBOLOS

BOTT   BOTTICELLI, Viena-Paris, 1937.

BOUM   BOUCHER Jules, *La symbolique maçonnique*, 2. ed., Paris, 1953.

BOUS   BOULLET J., *Symbolisme sexuel, B.I.E.*, n. 5, Paris, 1961.

BOUA   BOULNOIS J., *Le caducée et la symbolique dravidienne indoméditerranéenne, de l'arbre, de la pierre, du serpent et de la déesse-mère*, Paris, 1939.

BREP   BREUIL H., *Quatre cents siècles d'art pariétal*, Montignac, 1952.

BRIA   BRION Marcel, *Art abstrait*, Paris, 1956.

BRID   _____, *Dürer*, Paris, 1960.

BRIF   _____, *Art fantastique*, Paris, 1961.

BRIG   _____, *Goethe*, Paris, 1949.

BRIH   _____, *L'âge d'or de la peinture hollandaise*, Bruxelas, 1964.

BRIO   _____, *L'oeil, l'esprit et la main du peintre,* Paris, 1966.

BRIP   _____, *Peinture romantique*, Paris, 1967.

BRIR   _____, *L'Allemagne romantique*, 2 v., Paris, 1962-1963.

BRIV   _____, *Léonard de Vinci*, Paris, 1952.

BROT   BROMWICH Rachel, *Trioedd Ynys Prydain*, Cardiff, 1963.

BUDA   BUDGE Sir E.A., Wallis, *Amulets and superstitions*, Londres, 1930.

BUMN   BUBER Martin, *Les contes de Rabbi Nachman*, Paris, 1981.

BURR   BURCKHARDT Jacob, *La civilisation de la Renaissance en Italie*, Paris, 1958.

BURA   BURCKHARDT Titus, *Art and thought*, Londres, 1947.

BURD   _____, *Introduction aux doctrines ésotériques de l'Islam*, Lion, 1955.

BURE   _____, *Le symbolisme du jeu des échecs*, Paris, 1954.

BURH   _____, *La genèse du temple hindou, in Études traditionnelles*, Paris, junho, julho, dezembro, 1953.

BURI   _____, *"Je suis la porte", considérations sur l'iconographie des portails d'église romans, in Études traditionnelles*, n. 308, Paris, 1953.

BURM   _____, *Le masque sacré, in Études traditionnelles*, n. 380, Paris, 1963.

BURN   _____, *Nature sait surmonter nature, in Études traditionnelles*, n. 281, Paris, 1950.

BURP   _____, *Principes et méthodes de l'art sacré*, Lion, 1958.

BURS   _____, *L'alchimie, science et sagesse*, Paris, 1967.

BURT   _____, *Commentaire succinct de la Table d'Emeraude, in Études traditionnelles*, n. 362, Paris, 1960.

CABM   CABRERA Lydia, *El monte*, Havana, 1954.

REFERÊNCIAS BIBLIOGRÁFICAS | 1069

CACL CACHOT D e GIRART R., *La Luna y su personificación ornitomorfa en el arte chimu, in Actas del 27° Congreso Internacional de Americanistas,* Lima, 1939, v. I, Lima, 1940.

CADV CADIERE L., *Croyances et pratiques religieuses des vietnamiens,* Saigon--Paris, 1957-1958.

CADG CADOGAN Léon, *Mitologia en la zona guarani, in American Indigena,* XI, 3, México, 1951.

CAIJ CAILLOIS Roger, *Les jeux et les hommes,* Paris, 1958.

CANA CANSELIET Eugène, *L'alchimie,* Paris, 1964.

CAND CANAVAGGIO Pierre, *Le Dictionnaire des superstitions et des croyances populaires,* Verviers, 1977.

CARH CARCOPINO Jérôme, *Études d'histoire chrétienne,* Paris, 1953.

CARA CARTIER Raymond e CARONE Walter, *Archipel des hommes,* Paris, 1959.

CARL CAROUTCH Yvonne, *La licorne alchimique,* Paris, 1981.

CASN CASSIEN-BERNARD Fr., *La Pa-Koua et l'origine des nombres,* Saigon, 1951.

CATI CATLIN George, *Les indiens de la Prairie,* traduzido por France Frank e Alain Gheerbrant, Paris, 1959.

CAZA CAZAMIAN L., *Anthologie de la poésie anglaise,* Paris, 1946.

CAZD CAZENEUVE Jean, *Les dieux dansent à Cibola (le Shalato des indiens Zuñis),* Paris, 1957.

CAZJ CAZELLES H., *Le jugement des morts en Israël, in "Sources Orientales",* v. 4, Paris, 1961.

CELT *CELTICUM,* suplemento anual; *Ogam.*

CESG CESAR, *De Bello Gallico,* Leipzig, 1952.

CHAT CHAMFRAULT A., *Traité de médecine chinoise,* Angoulême, 1957.

CHAG CHAMOUX F., *La civilisation grecque,* Paris, 1963.

CHAM CHAMPDOR Albert, *Le livre des morts,* Paris, 1963.

CHAS de CHAMPEAUX G., dom STERCKX S. (O.S.B.), *Introduction au monde des symboles,* Paris, 1966.

CHAD CHAPOUTIER Fernand, *Les dioscures au service d'une déesse,* Paris, 1935.

CHAB CHARBONNEAU-LASSAY L., *Le bestiaire du Christ,* Bruges, 1940.

CHAE _____, *L'ésotérisme de quelques symboles géométriques chrétiens, in Études traditionnelles,* n. 346, Paris, 1958.

CHAV _____, *La clef de voûte de Saint-Vincent de Mâcon, in Études traditionnelles,* n. 357 Paris, 1960.

1070 | DICIONÁRIO DE SÍMBOLOS

CHIC   CHINE, *Chefs-d'oeuvre de l'art de la Chine archaïque à l'Inde Moghole*, Paris, 1963.

CHOO CHOCHOD L., *Occultisme et magie en Extrême-Orient*, Paris, 1949.

CHOM CHOISY Maryse, *Moïse*, Genebra, 1966.

CHOC CHOW YI-CHING, *La philosophie morale dans le néo-confucianisme*, Paris, 1953.

CHRC CHRISTINGER R., *La délivrance de la caille, Asiatisch Studien*, n. 1-4, Berna, 1963.

CIRD   CIRLOT J.-E., *A dictionary of symbols*, Londres, 1962.

CLAB   CLAEYS J.-Y., *Le culte de la Baleine, France-Asie*, n. 160/1, Saigon 1959.

CLEE   CLES-REDEN (Von Sibylle), *Les étrusques*, Paris, 1955.

CLIM   CLINE Walter, *Mining and metallurgy in Negro Africa*, Paris, 1937.

COEA   COEDES G., *Pour mieux comprendre Angkor*, Paris, 1947.

COLD   COLLIN De PLANCY, *Dictionnaire infernal*, Paris, 1863.

COLN   COLLINET-GUERIN Marthe, *Histoire du nimbe*, Paris, 1961.

COMD COMBAZ G., *Masques et dragons en Asie (Mélanges chinois et bouddhiques)*, Bruxelas, 1945.

COOA COOMARASWAMY Amanda K., *The symbolism of archery, in Ars Islamica*, X, 1943.

COOD _____, *Symbolism of the dome, Indian historical quaterly*, Calcutá, 1938.

COOE _____, *Le symbolisme de l'épée, in Études traditionnelles*, janeiro, 1958, agosto, 1974.

COOH _____, *Hindouisme et bouddhisme*, Paris, 1949.

COOI   _____, *Elements of Buddhist iconography*, Harvard, 1935.

COOP _____, *La pensée du Bouddha*, Paris, 1949.

COOS _____, *Swayamâtrinnâ: Janua Coeli*, Zalmoxis, II, 1939.

CORF CORAL-REMUSAT G. de, *Animaux fantastiques de l'Indochine, de l'Inde et de la Chine, Bulletin de l'E.F.E.O.*, Hanói, 1937.

CORH *CORAN* (O Corão) trad. M. Hamidullah, Paris, 1955.

CORM CORBERON M. de, *Le miroir des simples âmes, in Études traditionnelles*, n. 322 a 349, Paris, 1955 a 1958.

CORA CORBIN H., *Avicenne et le récit visionnaire*, Teerã, 1954.

CORE _____, *En Islam iranien*, 4 v., Gallimard, Paris, 1972.

CORI   _____, *L'imagination créatrice dans le soufisme d'Ibn' Arabi*, Paris, 1958.

CORJ   _____, *Le livre du glorieux Jâbir ibn Hayyân*, Zurique, 1950.

REFERÊNCIAS BIBLIOGRÁFICAS | 1071

CORL _____, *L'homme de lumière dans le soufisme iranien*, Paris, 1961.

CORN _____, *Note sur la duplication de l'autel*, de Molla Lutfi'l Maqtûl, Paris (*v.* LUTD).

CORP _____, *Histoire de la philosophie islamique*, Paris, 1964.

CORT _____, *Trilogie ismaélienne*, *Paris-Teerã*, 1961.

CORS CORBLET Abbé, *Vocabulaire des symboles*, Paris, 1877.

CORD CORSWANT *W.*, *Dictionnaire d'archéologie biblique*, Neuchâtel-Paris, 1956.

COUL COUGNY, *Promenades au musée du Louvre,* Paris, 1888.

COUS COULET G., *Les sociétés secrètes en terre d'Annam*, Saigon, 1926.

CUMS CUMONT F., *Le symbolisme funéraire des Romains*, Paris, 1942.

CUNB CUNG GIU NGUYEN, *Le fils de la Baleine*, Paris, 1956.

DALP DAL (V.-I.), *Poslovitzy rousskogo narda* (Provérbios do povo russo), Moscou, 1957, reimpressão da edição de 1862.

DAMS DAM BO (R.P. Jacques Dournes), *Les populations montagnardes du Sud Indochinois*, Saigon, 1950.

DANA DANIELOU Jean, *Le mystère de l'Avent*, Paris, 1948.

DANP _____, *Philon d'Alexandrie*, Paris, 1958.

DANS _____, *Les symboles chrétiens primitifs*, Paris, 1961.

DANT _____, *Théologie judéo-chrétienne*, Paris, 1958.

DANC DANTE, *La divine comédie* (tradução de Masseron), 3 v., Paris, 1954.

DARS DAREMBERG e SAGLIO, *Dictionnaire des antiquités grecques et romaines*, Paris, 1887.

DAUB DAUMAL R., *La grande beuverie*, Paris, 1958.

DAUM _____, *Le Mont Analogue*, Paris, 1952.

DAUE DAUMAS F., *La civilisation de l'Egypte pharaonique*, Paris, 1965.

DAVL DAVID-NEEL A., Initiations lamaïques, Paris, 1957.

DAVR DAVY M. M., Initiation à la symbolique romane, Paris, 1964.

DAVS _____, *Un traité de la vie solitaire: Lettre aux Frères du Mont-Dieu*, 2 v., Paris, 1940-1946.

DELT DELCAMP Edmond, *Le tarot initiatique*, 11 fascículos, Maizières-les--Metz, 1962-1965.

DELH DELCOURT Marie, *Hermaphrodite, mythes et rites de la fécondité*, Paris, 1958.

DELC DELEBECQUE Edouard, *Le cheval dans l'Iliade*, Paris, 1951.

1072 | DICIONÁRIO DE SÍMBOLOS

DEMG DEMARGNE P., *Naissance de l'art grec*, Paris, 1964.

DEMM DEMIEVILLE P., *La montagne dans l'art littéraire chinois, France-Asie*, n. 183, Paris, 1965.

DENY DENNET R.-E., *Nigerian Studies: The Religious and Political System of the Yoruba*, Londres, 1910.

DENJ DENY Jean, "*70-72 chez les turcs*", *Mélanges Massignon*, Damasco, 1956.

DERI DESVALLEES e RIVIÈRE, *Art populaire des pays de France*, Paris, 1976.

DERS DERMENGHEM E., *Le culte des saints musulmans*, Paris, 1931.

DERV _____, *L'éloge du vin*, Paris, 1931.

DESE DESROCHES-NOBLECOURT Christiane, *Peintures des tombeaux et des temples égyptiens*, Paris, 1962.

DEVE DEVOREPIERRE, *Dictionnaire encyclopédique*, Paris, 1860.

DEVA DEVOUCOUX Mgr., *Études d'archéologie traditionnelle, in Études traditionnelles*, Paris, 1952-1957.

DEVD DEVAMBEZ P., *Dictionnaire de la civilisation grecque*, Paris, 1966.

DEVP _____, *La pittura greca*, Amsterdã, 1962.

DHOB DHORME Edouard, *Les religions de Babylonie et d'Assyrie*, Paris, 1949.

DICG *Dictionnaire du gai parler*, Paris, 1980.

DICP *Dictionnaire des personnages*, Bompiani, Paris, 1964.

DIDH DIDRON M., *Histoire de Dieu*, Paris, 1843.

DIES DIEL Paul, *Le symbolisme dans la mythologie grecque*, prefácio de G. Bachelard, Paris, 1952; nova edição, Paris, 1966 (nossas referências foram retiradas dessa ultima edição).

DIEB DIETERLEN Germaine, *Essai sur la religion des bambaras*, Paris, 1951.

DIED _____, *Classification des végétaux chez les dogons, in Journal de la Société des Africanistes*, t. 22, Paris, 1952.

DIRK DIRR A., *Der Kaukasische Wild – und Jagdgott, in Anthropos*, XX, 1925.

DISA DISSELHOFF Hans-Dietrich, *Amérique précolombienne*, Paris, 1961.

DOND DONTENVILLE Henri, *Les rites et récits de la mythologie française*, Paris, 1950.

DONM _____, *La mythologie française*, Paris, 1948.

DORH DORESSE J., *Des hiéroglyphes à la croix*, Istambul, 1960.

DORL _____, *Les livres secrets de gnostiques d'Égypte*, Paris, 1958.

DOUB DOURNES L., *La baleine et l'enfant sauveur, in France-Asie*, n. 79, Saigon, 1959.

REFERÊNCIAS BIBLIOGRÁFICAS | 1073

DOUM DOUTTE E., *Magie et religion dans l'Afrique du Nord*, Argélia, 1909.

DROD DROULERS Eugène, *Dictionnaire des attributs, allégories, emblèmes et symboles*, Turnhout (s.d.)

DUMB DUMEZIL Georges, *Un mythe relatif à la fermentation de la bière, in Annuaire de l'École Pratique des Hautes Études (5.ª parte)*, Paris, 1936-1937.

DUMI _____, *L'idéologie tripartite des indo-européens*, Bruxelas, 1958.

DUMH _____, *Le livre des héros, légendes sur les Nartes*, traduzido do osseta com introdução e notas, Paris, 1965.

DUMS DUMOUTIER G., *Le svastika et la roue solaire dans les ymboles et les caractères chinois, in Revue ethnographique*, 1885.

DUPE DUPONT-SOMMER A., *Les écrits esséniens découverts près de la mer Morte*, 3. ed. Paris, 1964.

DURI DURAND Gilbert, *L'imagination symbolique*, Paris, 1964.

DURS DURAND G., *Les structures anthropologiques de l'imaginaire*, Paris, 1963.

DURV DURAND M., *Imagerie populaire vietnamienne*, Paris, 1960.

DURA DURAND-LEFEBVRE Marie, *Art gallo-romain et sculpture romane*, Paris, 1937.

DURF DURKHEIM Émile, *Les formes élémentaires de la vie religieuse; le système totémique en Australie*, Paris, 1960.

DUSH DUSSAUD René, *Les religions des hittites et des hourrites, des phéniciens et des syriens*, Paris, 1949.

DUSC DUSSON H., *Les sociétés secrètes en Chine et en terre d'Annam*, Saigon, 1911.

ECKT ECKHART, *Traités et sermons*, ed. por Maurice de Gandillac, Paris, 1943.

EISB EISSFELDT O., *Der Bentel der Lebendigen*, Leipzig, 1960.

ELIC ELIADE Mircea, *Le chamanisme et les techniques archaïques de l'extase*, Paris, 1951.

ELIF _____, *Forgerons et alchimistes*, Paris, 1956.

ELII *Images et symboles (Essais sur le symbolisme magico-religieux)*, Paris, 1952.

ELIM _____, *Méphistophélès et l'androgyne*, Paris, 1962.

ELIR _____, *Mythes, rêves et mystères*, Paris, 1957.

ELIT _____, *Traité d'histoire des religions*, Paris, 1949; nova edição 1964.

ELIY _____, *Le yoga, immortalité et liberté*, Paris, 1954.

EMTR ERNESTO DE MARTINO, *La terre des remords*, Paris, 1966.

ENCD *Encyclopédie de la divination*, Paris, 1965.

ENCF *Encyclopédie de la foi*, Paris, 1965.

1074 | DICIONÁRIO DE SÍMBOLOS

ENCI   *Encyclopédie de l'Islam*, 5 v., Paris, 1908-1938.

ENCU   *Encyclopedia universalis*, Paris, 1975.

EPEM   EPES-BROWN J., *Les miroirs chinois, in Études traditionnelles*, n. 313, Paris, 1954.

EPET   _____, *L'art du tir à l'arc, in Études traditionnelles*, n. 330, Paris, 1956.

ERMR   ERMAN Adolphe, *La religion des égyptiens*, Paris, 1952.

ETUC   *Études celtiques*, Paris, 1936.

ETUP   *Études carmélitaines, polarité du symbole*, Paris, 1960.

ETUT   *Études traditionnelles*, Paris.

EVAB   EVANS-WENTZ Dr. W.-Y., *Le bardo' Thödol, Livre des morts tibétain*, Paris, 1933.

EVAS   EVANS-PRITCHARD, *Sorcellerie, oracle et magie chez les Azandé*, Paris, 1972.

EVDF   EVDOKIMOV Paul, *La femme et le salut du monde*, Paris, 1958.

EYTA   EVOLA Julius, *Le yoga tantrique*, Fayard, Paris, 1971.

FAHD   FAHD Toufic, *La divination arabe*, Leiden, 1966.

FAHN   _____, *La naissance du monde selon l'Islam, in Sources orientales*, Paris, 1959.

FANO   FAVRE e NOVEMBER, *Color & communication*, Zurique, 1979.

FARD   FARES Bishr, *Essai sur l'esprit de la décoration islamique*, Cairo, 1952.

FAVS   FAVRE B., *Les sociétés secrètes en Chine*, Paris, 1933.

FELM   FELINE Pierre, *Arts maghrébins, in l'Islam et l'Occident*, Cahiers du Sud, 1947.

FLEH   FLETCHER Alice, *The Hako: a Pawne ceremony*, Bureau of Amer. Ethnology 22nd Annual Report, Washington (1900-1901), 1904.

FLUC   FLUDD Roberto, *Utriusque Cosmi historia*, Oppenheim, 1619.

FORB   FORMAN W. e B. e DARK P., *L'art du Bénin*, Praga, 1960.

FOUA   FOURCHE-TIARKO J.-A. e MORLIGHEM H., *Architecture et analogies des plans du monde d'après les conceptions des indigènes du Kasaï et d'autres régions* (Instituto Real Colonial Belga, boletim das sessões IX, 3), Bruxelas, 1938.

FOUC   FOURCHE-TIARKO J.-A. e MORLIGHEM H., *Les communications des indigènes du Kasaï avec les âmes des morts* (Instituto Real Colonial Belga), Bruxelas, 1939.

FOUD   FOURCHE-TIARKO J.-A. e MORLIGHEM H., *La danse de tshishimbi chez les lulua du Kasaï* (Instituto Real Colonial Belga), Bruxelas, 1937.

REFERÊNCIAS BIBLIOGRÁFICAS | 1075

FRAL   FRANCE-ASIE, *Présence du royaume Lao*, Saigon, 1956.

FRAF   FRAZER J.-G., *Myths of the origin of fire*, Londres, 1930.

FRAG   _____, *The golden bough, a study in magic and religion*, 3. ed. revisada e ampliada, 12 v., Londres, 1911-1915.

FRAI   FRAZER J.-G., *Le rameau d'or*, introdução de N. Belmont e M. Izard, Laffont, Paris, 1981.

FRAR   _____, *Le cycle du rameau d'or*, tradução de P. Sayn e H. Peyre, 12 v. Paris, 1927-1935.

FRCH   CHABOCHE, François-Xavier, *Vie et mystère dés nombres*, Paris, 1976.

FRER   FREUD S., Obra completa.

FROA   FROBENÏUS Léo, *Mythologie de l'Atlantide*, tradução de Dr. F. Gidon, Paris, 1949.

FROC   _____, *Histoire de la civilisation africaine*, tradução de Dr. H. Back e D. Ermont, Paris, 1936.

FULC   FULCANELLI, *Le mystère des cathédrales (et l'interprétation ésotérique des symboles hermétiques du grand oeuvre), 3. ed. acrescida de três prefácios de E. Canseliet,* Paris, 1964.

FUNP   FUNCK-HELLET Ch., *De la proportion. – L'équerre des maîtres d'oeuvre,* Paris, 1951.

GALA   GARDET Louis-Olivier Lacombe, *L'expérience du soi*, Desclée de Brouwer, Paris, 1981.

GAND   GANAY S. de, *Les devises des Dogon*, Paris, 1941.

GANF   GANSHOF F.-L., *Qu'est-ce que la féodalité?*, 2. ed., Paris, 1947.

GARC   GARCILASO DE LA VEGA (El Inca), *Comentarios reaies de los Incas*, Buenos Aires, 1945.

GARI   _____, *Les commentaires royaux ou l'histoire des Incas de l'Inca Garcilaso de la Vega (1539-1616), 1. ed. crítica traduzida e coordenada por A. Gheerbrant,* Paris, 1959.

GENT   Van GENNEP Arnold, *in Le Tapis, un art fondamental*, Paris, 1949.

GEVH   GEVAERT Emile, *L'héraldique, son esprit, son langage et ses applications,* Bruxelas, 1923.

GEZH   GEZA ROHEIM, *Héros phalliques et symboles maternels*, Paris, 1970.

GHEO   GHEERBRANT Alain, *L'expédition Orénoque-Amazone*, Paris, 1952.

GHIP   GHIRSMAN R., *Perse*, Paris, 1963.

GHIS   _____, *Parthes et Sassanides, Paris, 1962.*

1076 | DICIONÁRIO DE SÍMBOLOS

GHYN   GHYKA MATILA C., *Le nombre d'or*, 2 v., Paris, 1931.

GHYP   _____, *Philosophie et mystique du nombre, Paris, 1952.*

GIEJ   GIESELER Dr. G., *Les symboles du jade dans le Taoïsme, Revue de l'histoire des religions*, Paris, 1932.

GIRP   GIRARD Raphaël, *Le Popol-Vuh, Histoire culturelle des Maya-Quiché*, Paris, 1954.

GIRD   GIRAULT R. P. Louis, *Essai sur la religion des Dagaras, Bulletin de l'Institut français d'Afrique Noire, XXI*, série B, Dacar, 1959.

GIUP   GIUGLARIS M., *Les palais royaux de Séoul et leurs symboles, in France-Asie*, n. 81, Saigon, 1953.

GORH   GORCE Maxime e MORTIER Raoul, *Histoire générale des religions*, 5 v., Paris, 1948.

GOUL   GOURMONT Rémy de, *Le latin mystique. Les poètes de l'antiphonaire et la symbolique au Moyen Age*, Paris, 1913.

GOVM   GOVINDA Lama Anagarika, *Les fondements de la mystique tibétaine*, Paris, 1960.

GOYO   GOYA, *L'oeuvre gravé*, Paris, 1948.

GRAH   GRABAR André e NORDENFALK, *Le Haut Moyen Age*, Genebra, 1957.

GRAC   GRANET M., *La civilisation chinoise*, Paris, 1929.

GRAD   _____, *Danses et légendes de la Chine ancienne*, 2 v., Paris, 1926.

GRAF   _____, *Fêtes et chansons anciennes de la Chine*, Paris, 1919.

GRAP   _____, *La pensée chinoise*, Paris, 1934.

GRAR   _____, *La religion des Chinois*, Paris, 1951.

GRAM   GRAVES Robert, *Les myths grecs*, traduzido do inglês por Mounir Hafez, Paris, 1968.

GRAO   GRAVURES, *Les plus belles gravures du monde occidental*, Biblioteca Nacional, Paris.

GRAB   GRAY Basil, *Miniatures persanes*, Paris, 1962.

GRAG   _____, *La peinture persane*, Genebra, 1961.

GREC   GREGOIRE DE NYSSE, *La création de l'homme*, tradução de J. Laplace, Paris, 1944.

GREA   GRENIER Albert, *Manuel d'archéologie gallo-romaine, IV/2, Villes d'eau et sanctuaires de l'eau*, Paris, 1960.

GRIB   GRIAULE Marcel, *Note sur le couteau de circoncision des Bozo, in Journal de la Société des Africanistes*, t. 26, Paris, 1956.

GRIE	_____, *Dieu d'eau*, Paris, 1948.
GRII	_____, *L'image du monde au Soudan, in Journal de la Société des Africanistes, XIX*, Paris, 1949.
GRIM	_____, *Masques Dogons*, Paris, 1938.
GRIN	_____, *Nouvelles remarques sur la harpe-luth des Dogons, in Journal de la Société des Africanistes*, XXIV, Paris, 1954.
GRIS	_____, *Symbolisme d'un temple totémique soudanais*, Roma, 1957.
GRIC	GRIAULE Marcel e DIETERLEN G., *Signes graphiques soudanais*, Paris, 1951.
GRIH	_____, *La harpe-luth des Dogons, in Journal de la Société des Africanistes*, XX, Paris, 1950.
GRIP	_____, *Le renard pâle,* t. I – *Le mythe cosmogonique,* fasc. I: *La création du monde*, Paris, 1965.
GRIA	GRILLOT de GIVRY, *Le musée des sorciers, mages et alchimistes*, Paris, 1929.
GRID	GRIMAL Pierre, *Dictionnaire de la mythologie grecque et romaine*, prefácio de Ch. Picard, 3. ed. corrigida, Paris, 1963.
GRIT	GRISON J.-L., *Notes sur les Trigrammes, in Études traditionnelles*, n. 384/5, Paris, 1964.
GRIC	GRISON P., *Coordonnées pour le site d'Angkor, in Cahiers astrologiques*, n. 119, Nice, 1965.
GRIF	_____, *Le traité de la Fleur d'or du suprême Un*, Paris, 1966.
GRIJ	_____, *Notes sur le jade, in Études traditionnelles*, n. 382, Paris, 1964.
GRIL	_____, *La légende des Hong, in Études traditionnelles*, n. 377, Paris, 1963.
GRIO	_____, *Le bouddhisme comme expérience spirituelle, in Présence du bouddhisme*, Saigon, 1959.
GRIR	_____, *Remarques sur le symbolisme angkorien, in Études traditionnelles*, n. 356, Paris, 1959.
GRIV	_____, *L'art de la vie et l'art du paysage, in Trois estampes nouvelles sur le Japon*, Saigon, 1955.
GROA	GROSLIER Bernaid-Philippe, *Angkor*, Paris, 1956.
GROE	GROUSSET R., *L'Art de l'Extrême-Orient*, Berna-Paris, 1950.
GROC	_____, *La Chine et son art*, Paris, 1951.
GROD	GRODDEK, *La maladie, l'art et le symbole*, Paris, 1969.
GROM	GRODECKI Louis, *Symbolisme cosmique et Monuments religieux*, Paris, 1953.

1078 | DICIONÁRIO DE SÍMBOLOS

GROI *L'Inde*, Paris, 1949.

GUEA GUENON R., *Autorité spirituelle et pouvoir temporel*, Paris, 1929.

GUEC _____, *Le symbolisme de la Croix*, Paris, 1931.

GUED _____, *L'ésotérisme de Dante*, Paris, 1925.

GUEE _____, *Les états multiples de l'être*, Paris, 1957.

GUEI _____, *Aperçus sur l'initiation*, Paris, 1946.

GUEM _____, *Le roi du monde*, Paris, 1927.

GUEN _____, *The mysteries of the letter Nün, in Artaud Thought*, Londres, 1947.

GUEO _____, *A propos de signes corporatifs et de leur sens originel, in Études tra-ditionnelles*, n. 291, Paris, 1951.

GUER _____, *Le règne de la quantité et les signes des temps*, Paris, 1945.

GUES _____, *Symboles fondamentaux de la Science Sacrée*, Paris, 1962.

GUET _____, *La grande triade*, Nancy, 1946.

GUEV _____, *L'homme et son devenir selon le Vêdanta*, Paris, 1925.

GUIO GUIART Jean, *Océanie*, Paris, 1963.

GUIB GUILLET J., *Thèmes bibliques*, Paris, 1950.

GUID *Dictionnaire érotique*, Paris, 1978.

GUTG GUTHRIE W., *Les grecs et leurs dieux*, Paris, 1956.

HADB HADEWIJCH D'ANVERS, *Écrits mystiques des Béguines*, Paris, 1954.

HAJC HAJEK (Lubor), *Chinese Art*, Praga, 1954.

HAMC HAMIDULLAH M., *Le Coran*, tradução e notas, Paris, 1955.

HAMK HAMPATE BA, AMADOU, *Kaydara* (documento da Unesco).

HARA HARVA Uno, *Les représentations religieuses des peuples altaïques*, traduzido do alemão por Jean-Louis Perret, Paris, 1959.

HASE HASTINGS James, *in Encyclopaedia of religions and ethics*, 13 v., Edinburgo/Nova York, 1908-1921.

HAUV HAULOTTE E., *Symbolique du vêtement selon la Bible*, Paris, 1966.

HAUM HAUTECOEUR L., *Mystique et architecture*, Paris, 1954.

HAVE AVELOCK Ellis, *Erotic symbolism*, Nova York, 1906.

HAYI HAYEK M., *Le mystère d'îsmaël*, Paris, 1964.

HEHS HEHAKA Sapa, *Les rites secrets des indiens sioux*, Paris, 1953.

HENI HENRY Françoise, *L'art irlandais*, 3 v., *La Pierre qui Vire*, 1963-1964.

HENL HENTZE G., *Mythes et symboles lunaires*, Anvers, 1932.

HERA HERBERT J., *Introduction à l'Asie*, Paris, 1960.

HERJ _____, *Les dieux nationaux du Japon*, Paris, 1965.

REFERÊNCIAS BIBLIOGRÁFICAS | 1079

HERS   _____, *Aux sources du Japon: le shintô*, Paris, 1964.

HERV   _____, *Les dix tableaux du domestiquage de la Vache*, Lion, 1960.

HERT   _____, HERMES-TRIMEGISTE, *Fragments*, tradução de A.-J. Festugière, Paris, 1964.

HERZ   HERRIGEL E., *Le Zen dans l'art chevaleresque du tir à l'arc*, Lion, 1955.

HERF   HERRIGEL Gustyl, *La voie des fleurs*, Lion, 1957.

HEST   HESIODE, *Théogonie, les travaux et les jours, le bouclier, tradução de P. Mazon,* Paris, 1928.

HOLK   HOLAS Bohumil, *Le culte de Zie, éléments de la religion Kono (Haute-Guinée Française)*, Dacar, 1954.

HOLS   _____, *Fondements spirituels de la vie sociale Senoufo (région de Korhogo, Côte- d'Ivoire), Journal de la Société des Africanistes*, t. 26, Paris, 1956.

HOLA   _____, HOLDERA A*., Altceltischer Sprachschatz*, Leipzig, 1896-1922.

HOMC   _____, HOMERE, *L'Odyssée, illustrée par la céramique grecque*, Paris, 1951.

HOMG   _____, *L'Iliade, illustrée par la céramique grecque*, Paris, 1951.

HOMI   _____, *L'Iliade*, tradução de Paul Mazon, 4 v., Paris, 1961-1967.

HOMO   _____, *L'Odyssée*, tradução de Victor Bérard, 3 v., Paris, 1925.

HOPF   HOPKINS E.-W., *The fountain of youth (Journal American Oriental Society)*, v. 26, 1905, 1-67.

HOUD   HOUEI NENG, *Discours et sermons*, Paris, 1963.

HPBA   *L'herméneutique permanente ou le Buisson ardent (oeuvre collective)*, Berg, Paris, 1981.

HUAB   HUART Clément, *Traité des termes figurés relatifs à la description de la beauté par Sheref abd in Râmi, traduzido e comentado por Huart,* Paris, 1875.

HUAH   _____, *Textes persans relatifs à la secte des Houroufis,* Londres, 1909.

HUAN   _____, *La poésie religieuse des Nosai'ris (Journal asiatique)*, Paris, 1880.

HUAS   _____, *Notes prises pendant un voyage en Syrie (Journal asiatique)*, Paris, 1879.

HUAV   HUARD P. e DURAND M., *Connaissance du Viêt-nam*, Hanói, 1954.

HUGD   HUGUES Th.-P., A *Dictionary of Islam*, Londres, 1896.

HUGA   HUGUES de FOUILLOY, *De claustro animae, meditativae orationes, ed.* M.M. Davy, Paris, 1934.

HUIA   HUISMAN G., *Histoire générale de l'art*, Paris, 1938.

HUID   HUIZINGA I., *Le déclin du Moyen Age*, tradução francesa, Paris, 1932.

HUMU   HUMMEL S., *Die verschlossene Urflut in Stadt Hempel zu Lhasa und die Weiden vor dem Heiligtum, in Kairos*, n. 3/4, Salzburgo, 1964.

1080 | DICIONÁRIO DE SÍMBOLOS

HUYA   HUYGHE R., *L'art et l'âme*, Paris, 1960.

HUYD   _____, *Dialogue avec le visible*, Paris, 1955.

HYMH   HYMNES HOMÉRIQUES, tradução de J. Humbert, Paris, 1936.

IFHI   IFRAH Georges, *Histoire universelle des Chiffres*, Paris, 1981.

INDA   INDE, *Trésors d'art de l'Inde*, Petit Palais, Paris, 1960.

JACG   JACKSON KNIGHT W.-F., *Cumaean Gates, a Reference of the Sixth "Aeneid" to Initiation Pattern*, Oxford, 1936.

JACT   JACOB E., *Théologie de l'Ancien Testament*, Neuchâtel, 1955.

JACC   JACOBI Yolande, *Complexe, archétype, symbole*, tradução de J. Chavy, prefácio de C.-G., Jung, Neuchâtel, 1961.

JACA   JACQUOT J., *Les théâtres d'Asie*, Paris, 1961.

JAMM   JAMES E.O., *Mythes et rites dans le Proche-Orient ancien*, Paris, 1960.

JAPA   JAPON, *L'art japonais à travers les siècles*, Museu Nacional de Arte Moderna, Paris, 1958.

JAQJ   JAQUILLARD P., *Une découverte de l'Occident contemporain: le jade chinois de haute époque, in Asiatische Sîudien*, n. 1/2, Berna, 1962.

JARA   _____, *Jardin des arts*, Paris (n. 77, 78, 80, 81, 94, 115).

JAUA   JAUBERT A., *La notion d'alliance dans le judaïsme*, Paris, 1963.

JEAD   JEANMAIRE H., *Dionysos, histoire du culte de Bacchus*, Paris, 1951.

JILH   JILI Abd al Karim al, *De l'homme universel*, Lion-Argélia, 1952.

JOBT   JOBE Joseph, *Le Grand Livre de la Tapisserie*, Lausanne, 1965.

JOIP   JOINET Bernard, *Psycho-pedagogie des symboles bibliques* (tese de doutorado), Estrasburgo, 1966.

JOUA   JOUBERT Annie, *La notion d'alliance dans le judaïsme*, Paris, 1963.

JUNA   JUNG C.-G., *Psychologie und âlchemie*, Zurique, 1944.

JUNG   _____, *La guérison psychologique*, Librairie de l'Université, Genebra, 1970.

JUNH   _____, *L'homme à la découverte de son âme: structure et fonctionnement de l'inconscient* (prefácio e tradução de R. Cahen-Salabelle), 2. ed. revista e ampliada, Genebra, 1946.

JUNL   _____, *Métamorphoses et tendances de la libido (tradução de L. de Vos)*, Paris, 1927.

JUNM   _____, *Métamorphoses de l'âme et ses symboles* (tradução de Y. Le Lay), Genebra, 1927.

JUNP   _____, *Problèmes de l'âme moderne*, 1927.

JUNR   _____, *Psychologie et religion* (tradução de M. Bemson e G. Cahen), Paris, 1958.

REFERÊNCIAS BIBLIOGRÁFICAS | 1081

JUNS   _____, *L'homme et ses symboles*, Paris, 1964.

JUNT   _____, *Types psychologiques* (prefácio e tradução de Y. Le Lay), Genebra, 1950.

JUNV   _____, *L'âme et la vie*, Paris, 1963.

KAKD   KAKOURI Katerina J., *Dionisiaka, aspects of the popular Thracian religion of today*, Atenas, 1965.

KALE   KALOU RIMPOCHE, *Enseignements bouddhiques tibétains*, Kagyu Dzong, 1975.

KALL   KALTENMARK M., *Le Lie-sien tchouan*, Pequim, 1953.

KALT   _____, *Lao-Tseu et Le Taoïsme*, Paris, 1965.

KANS   KANDINSKY Vassili, *Du spirituel dans l'art*, Paris, 1954.

KEMR   KEMLIN J.-E., *Les alliances chez les Reungao, in Bulletin de l'E.F.E.O.*, Hanói, 1910.

KERA   KARSAINT Claire de, *La mystique des eaux sacrées dans l'antique Armor*, Paris, 1947.

KEYM   KEYSERLING H. de, *Méditations sud-américaines* (tradução de A. Béguin), Paris, 1932.

KHAB   KHATIBI, *La blessure du nom propre*, Paris, 1974.

KNOS   KNORR De ROSENROTH, *Le symbolisme des lettres hébraïques*, Paris, 1958.

KOPK   KOPCZYNSKA-JAWORSKA Bronislawa, *Das Hirtenwesen in den polnischen Karpaten, in Ausgaben des Ungarischen Ethnographischen Museums*, Budapeste, 1961.

KOPP   KOPPERS Wilhelm, *Pferdeopfer und Pferdekult des Indogermanen, in Wiener Beiträge zur Kulturgeschichte und Linguistik*, IV, 1936.

KRAA   KRAMRISCH Stella, *Arts de l'Inde*, Londres, 1955.

KRAT   _____, *The Hindu temple*, Calcutá, 1946.

KRAM   KRAPPE Alexandre H., *La genèse des mythes*, Paris, 1952.

KRIE   KRICKEBERG Walter, *Etnologia de América*, versão espanhola de Pedro Hendrich, Fondo de Cultura Económica, México, 1946.

KRIR   _____, *Les religions des peuples civilisés de Mezo-Amérique, in Les religions amérindiennes, traduzido do alemão por L. Jospin,* Paris, 1962.

KUCT   KUCHARSKI Paul, *Étude sur la doctrine pythagoricienne de la tétrade*, Paris (s.d.).

LACE   LACAN J., *Écrits*, Paris, 1966.

1082 | DICIONÁRIO DE SÍMBOLOS

LALM   LOLOY L., *Le rêve du millet jaune*, Paris, 1935.

LAME   LAMBRINO, *L'Égypte*, revista *Encyclopédie par l'image*, Paris, 1963.

LAMP   LAMBSPRINCK, *La pierre philosophale*, reedição, Arche, Milão, 1971.

LANH   LANDSBERG Herrade de, *Hortus Deliciarum*, Estrasburgo, 1899.

LANM   LANE E.-W., *Manners and customs of the modern Egyptians*, 2 v., Londres, 1871.

LANN   _____, *The Arabian night entertainment*, Nova York, 1927 (nova ed.).

LANS   LANOE-VILLENE G., *Le livre des symboles*, 6 v., Bordéus-Paris, 1926-1935.

LAPV   LAPLANCHE J. e PONTALIS J.-B., *Vocabulaire de la psychanalyse*, Paris, 1967.

LATH   LATOUCHE Robert, *Le film de l'histoire médiévale*, Paris, 1959.

LAUA   LAUDE Jean, *Les arts de l'Afrique noire*, Paris, 1966.

LAUJ   LAUFER B., Jade, *a study in Chinese archeology and religion*, Chicago, 1912.

LAVD   LAVEDAN P., *Dictionnaire illustré de la mythologie et des antiquités grecques et romaines*, Paris, 1931.

LEBF   LEBEUF J.-P., *L'habitation des Fali, montagnards du Cameroun septentrional, Technologie, sociologie, mythologie, symbolisme*, Paris, 1961.

LEBM   LEBEUF J.-P. e MAMBEKE-BOUCHER B., *Un mythe de la création, Congo Brazzaville*, Roma, 1964.

LEBI   LEBOR GABALA ERENN, ed. R.A.S. Macalister, 5 v., Irish Texts Society, Londres, 1938-1956.

LEBC   LEBRUN G., *La chique de bétel, in France-Asie*, n. 36, Saigon, 1949.

LECM   LECLERCQ J., *Initiation aux auteurs monastiques du Moyen-Age*, Paris, 1956.

LECC   LECTURES CHINOISES, n. 1, Pequim, 1945.

LEEC   LEENHARDT, *Notes d'ethnologie néo-calédonienne*, Paris, 1930.

LEER   LEEUW G. van der, *La religion dans son essence et ses manifestations, phéno-ménologie de la religion*, ed. francesa revista e atualizada pelo autor com a colaboração do tradutor Jacques Marty, Paris, 1955.

LEHC   LEHMANN-NITSCHE R., *Coricancha, el templo del sol en el Cuzco y las imagenes de su altar mayor, Revista del Museo de La Plata*, XXXVI, Buenos Aires, 1928.

LEIA   LEIRIS Michel, *L'Afrique fantôme*, Paris, 1934.

LEOV   LEON-DUFOUR X., *Vocabulaire de théologie biblique*, Paris, 1962.

REFERÊNCIAS BIBLIOGRÁFICAS | 1083

LERG   LEROI-GOURHAN André, *Le geste et la parole*, Paris, 1964.

LERP   _____, *Préhistoire de l'art occidental*, Paris, 1965.

LERR   _____, *Les racines du monde*, Paris, 1982.

LERM   LE ROUGE Gustave, *La mandragore magique*, Paris, 1912.

LERD   LEROUX Françoise, *Les druides*, Paris, 1961.

LERI   _____, *Les îles au Nord du Monde*, in *Hommages à Albert Grenier*, II, Bruxelas, 1962.

LERB   LERY Jean de, *Histoire d'un voyage fait en la terre du Brésil*, Paris, 1880.

LEVC   LÉVI-STRAUSS Claude, *Le cru et le cuit*, Paris, 1964.

LEVD   _____, *Du miel aux cendres*, Paris, 1966.

LEVS   _____, *Le symbolisme cosmique dans la structure sociale et l'organisation cérémonie lie de plusieurs populations nord et sud-américaines, le symbolisme cosmique des monuments religieux, série orientale*, v. 14, Roma, 1957.

LEVI   _____, *Le totémisme aujourd'hui*, Paris, 1962.

LEVM   LEVY-BRUHL Lucien, *La mythologie primitive: le monde mythique des Australiens et des Papous*, Paris, 1963.

LIOC   LIONNET J., *Les origines de la civilisation chinoise*, in *Études traditionnelles*, n. 334, Paris, 1958.

LIOT   _____, *Le Tao Te King*, Paris, 1962.

LITA   LIONEL Frédéric, *Le tarot magique*, Mônaco, 1980.

LOCD   LO DUCA, *Dictionnaire de sexologie*, Paris, 1962.

LOEC   LOEFFLER-DELACHAUX M., *Le cercle*, Genebra, 1947.

LOEF   _____, *Le symbolisme des contes de fées*, Paris, 1949.

LOTL   LOT-FALCK E., *La lune, mythes et rites*, Paris, 1962.

LOTM   LOTH Joseph, *Les Mabinogion*, 2 v., Paris, 1913.

LOUP   LOUIS René, *Une coutume d'origine préhistorique: les combats sur les gués chez les Celtes et chez les Germains*, in *Revue Archéologique de l'Est*, V, 1954.

LOUE   LOUVRE (Museu do), *Encyclopédie photographique de l'Art*, 3 v., Paris, 1936.

LUEF   LUBAC Henri de, *L'éternel féminin*, Aubier, Paris, 1968.

LUTD   LUTFI'L MAQTUL, *La duplication de l'autel, tradução francesa e introdução de Abdullah Adnar e Henry Corbin*, Paris (s.d.)

MACC   MACKENZIE Finlay, *L'art chinois*, Paris, 1962.

MAEV   MAES H., *Les voyages fictifs dans la littérature japonaise à l'époque d'Edo*, in *France-Asie*, n. 182, Tóquio, 1964.

1084 | DICIONÁRIO DE SÍMBOLOS

MAGE MAGNIEN Victor, *Les mystères d'Eleusis (leur origine, le rituel de leurs initiations)*, Paris, 1950.

MAIR MAIURI Amedeo, *La peinture romaine*, Genebra, 1953.

MSLM MALINOWSKI B., *Moeurs et coutumes des Mélanésiens*, Paris, 1933.

MALA MALLMANN. M.-T. de, *Les enseignements iconographiques de l'Agni Purâna*, Paris, 1963.

MAND MANNHARDT W., *Die Götter der Deutschen und Nordischen Völker*, Berlim, 1860.

MANG _____, *Germanische Mythen*, Berlim, 1858.

MANW _____, *Wald und Feldkulte*, 2. ed., t. I; Berlim, 1904; t. II; Berlim, 1905.

MARV MARCELIN Milo, *Mythologie vaudou*, 2 v., Porto Príncipe, 1949-1950.

MARA MARQUES-RIVIERE Jean, *Amulettes, talismans et pentacles dans les traditions orientales et occidentales*, prefácio de Paul Masson-Oursel, Paris, 1938.

MARD _____, *Histoire des doctrines ésotériques*, Paris, 1950.

MART MARTEAU Paul, *Le tarot de Marseille*, prefácio de Jean Paulhan, comentário de Eugène Caslant, Paris, 1949.

MARG MARX J., *La légende arthurienne et le Graal*, Paris, 1952.

MASC MASPERO H., *Les religions chinoises*, Paris, 1950.

MASN _____, *Les procedes de "nourrir le principe vital" dans la religion taoïste ancienne*, Paris, 1937.

MAST _____, *Le Taoïsme*, Paris, 1950.

MASP MASSE H., *Croyances et coutumes persanes*, 2 v., Paris, 1938.

MASA MASSIGNON L., *L'arabe, langue liturgique de l'Islam, in Cahiers du Sud*, 1947.

MASH _____, *La passion d'Al-Hallaj*, 2 v., Paris, 1922.

MAIS _____, *L'âme de l'Iran*, Paris, 1951.

MASL _____, *Essai sur les origines du lexique technique de la mystique musulmane*, Paris, 1922.

MASM _____, *Mélanges*, 3 v., Damasco, 1957.

MASR _____, *Les méthodes de réalisation artistique des peuples de l'Islam, in Syria*, t. 2, 1921.

MATM MATGIOI A. de POUVOURVILLE, *La voie métaphysique*, Paris, 1936.

MATE MATZ Friedrich, *Le monde Egéen*, Paris, 1956.

MAUG MAUPOIL Bernard, *La géomancie à l'ancienne Côte des Esclaves*, Paris, 1943.

REFERÊNCIAS BIBLIOGRÁFICAS | 1085

MCPM MEUNIER Jacques, *Grandes peurs et petits poissons, Le Monde*, 26 de julho de 1981.

MEAA MEANS P.A., *Ancient civilizations of the Andes*, Londres, 1931.

MEDI *Mediaeval and modern Irish series*, Dublin, 1933.

MEJP MEJIA XESSPE Toribo, *Mitologia del Norte Andino Peruano*, América Indígena, v. XIII, 3, México, 1952.

MEKE MEKHITARIAN Arpag, *La peinture égyptienne*, Genebra, 1954.

MELN MELIKOFF Irène, *Nombres symboliques dans la littérature épico-religieuse des Turcs d'Anatolie, Journal asiatique*, CCL, 1962.

MENC MENARD René, *Les carrelages historiques*, Paris, 1887.

MERF MERCIER Paul, *The fon of Dahomey*, Londres, 1954.

METB METRAUX Alfred, *Boy's initiation rites: religion and shamanism, in Handbook of South American Indians*, v. V, Washington, 1949.

METD _____, *El Dios supremo, los creadores y heroes culturales en la mitologia sudamericana, in América Indigena*, v., VI, México, 1946.

METM _____, *Mourning rites and burial forms of the South American Indians, in America Indigena*, v. V-VII, n. 1, México, 1947.

METS _____, *Ensayos de mitologia comparada sudamericana, in América Indigena*, v., VIII, n. 1, México, 1948.

METT _____, *La religion des Tupinamba*, Paris, 1928.

METV _____, *Le Vaudou Haïtien*, Paris, 1958.

METC METZ René, *La consécration des vierges dans l'Église romaine*, Paris, 1954.

MEXA MEXIQUE pré-colombien, *Art et Style*, Paris, 1962.

MEXC MEXIQUE, *Chefs-d'oeuvre de l'art mexicain*, Petit Palais, 1962.

MEYB MEYER Kuno e NUTT Alfred, *The Voyage of Bran*, 2 v., Londres, 1897.

MEYS MEYEROVITCH E., *Les Songes et leur interprétation chez les Persans*, Paris, *1959*.

MICS MICHAUB G., *Message poétique du symbolisme*, Paris, 1949.

MICA MICHEL-ANGE, Die *Sculpturen*, Londres, 1940.

MICP MICHEL-ANGE, *Le plafond de la Sixtine*, Paris, 1935.

MORC MORIN E., *Le Cinéma*, Paris, 1960.

MOKC MOKRI Mohammed, *Le chasseur de Dieu et le mythe de Roi-aigle*, texto coordenado, traduzido e comentado com um estudo sobre a caça mística e o tempo cíclico, e notas linguísticas, Wiesbaden, 1967.

MOKP _____, *Le symbole de la perle dans le folklore persan, Journal asiatique*, 1960, (463).

1086 | DICIONÁRIO DE SÍMBOLOS

MONA MONOD-HERZEN G.-E., *L'Alchimie méditerranéenne, ses origines et son but, la Table d'Emeraude*, Paris, 1963.

MOUJ MOUSSET P., *Le Japon*, Paris, 1960.

MUEP *Museu de etnografia de Genebra, La Parure dans le Monde*, Genebra, 1949.

MULR MULLER Wemer, *Les religions des Indiens d'Amérique du Nord*, in *Les religions amérindiennes*, tradução do alemão por L. Jospin, Paris, 1962.

MUSB MUS P., *Barabudur, Les origines du stûpa et la transmigration*, in *Bulletin de l'E.F.E.O.*, Hanói, 1932-1934.

MUTC MUTEL R., *A propos de la clé de voûte mâconnaise au lion bibliophore*, in *Études traditionnelles*, n. 358, Paris, 1960.

MUTG _____, *A propos des "graffites inconnus" de la chapelle du Martray à Loudun*, in *Études traditionnelles*, n. 347, Paris, 1958.

MUTT _____, *La Trinacria*, in *Études traditionnelles*, n. 319/20, Paris, 1954.

MVEA MVENG E., *L'art d'Afrique Noire*, Paris, 1964.

MYFA _____, *The Myfyrian Archaiology of Wales*, Denbigh, 1870.

MYTM *Mythologie s de la Méditerranée au Gange*, sob a direção de P. Grimai, Paris, 1963.

MYTF Mythologie s des Montagnes, *des Forêts et des îles*, sob a direção de P. Grimai, Paris, 1963.

NAUM NAUMANN H., *Über Mikrophotographie und Yafisrot, Instrumentenk*, 1934.

NGUC NGUYEN CONG HUAN, *Le crapaud est l'oncle du Dieu du Ciel*, in *France-Asie*, n. 170, Tóquio, 1961.

NGUA NGUYEN VAN HUYEN, *La civilisation annamite*, Hanói, 1944.

NICM NICHOLSON R.-A., *Studies in Islamic mysticism*, Cambridge, 1921.

NICP _____, *The idea of personality in Sûfism*, Cambridge, 1923.

NICR _____, *The Mathnavi of Jalal ud Din Rumi*, editado de antigos manuscrites disponíveis, com notas criticas, tradução e comentários, 8 v., Londres, 1925-1940.

NICH NICOLAS R.P. F.-I., *Mythes et êtres mythiques de Haute-Volta*, in *Bulletin de l'I.F.A.N.*, XIV, 4, Dacar, 1952.

NICO _____, *Onomastique personnelle des l'Ela de Haute-Volta*, in *Bulletin de l'I.F.A.N.*, XV, 2, Dacar, 1953.

NOVD NOVALIS, *Les disciples à Sais,* tradução de Armel Guerne, Paris, 1939.

OCUI O'CURRY Eugène, *Manners and customs of the Ancient Irish,* 3 v., Londres, 1873.

REFERÊNCIAS BIBLIOGRÁFICAS | 1087

OEIL   *L'OEIL*, Lausanne, n. 21, 29, 38, 40, 70, 82, 86, 108, 113.

OGAC   _____, *Ogam-Tradition Celtique*, Rennes, 1948.

OGRJ   _____, OGRIZEK *et al.*, *Le Japon*, Paris, 1954.

OKAT   _____, OKAKURA KAKUZO, *Le livre du thé*, Lion, 1958.

ORAI   _____, O'RAHILLY T.-F., *Early Irish History and Mythology*, Dublin, 1946.

ORIC   _____, ORIGÈNE, *Homélie sur le Cantique des Cantiques*, tradução, Paris, 1954.

ORMD   ORMESSON Jean d', *Dieu, sa vie, son oeuvre*, Paris, 1980.

OVIM   OVIDE, *Métamorphoses*, tradução de G. Lafaye, 3 v., Paris, 1965-1966.

OUSI   OUSPENSKY e LOSSKY W., *Der Sinn der Ikonen*, Berna, 1952.

PALL   PALLIS Marco, *Cimes et Lamas*, Paris, 1955.

PALT   _____, *Le voile du Temple, in Études traditionnelles*, n. 384/5, Paris, 1964.

PALE   PALLOTINO Massimo, *La peinture étrusque*, Genebra, 1952.

PALP   PALMADE Guy, *La psychotérapie*, Paris, 1961.

PAPT   PAPUS, *Le tarot des Bohémiens*, Paris, 1889.

PARI   PARET Rudi, *Symbolik des Islam, in Symbolik des Religionen*, Stuttgart, 1958.

PARA   PARROT André, *Assur*, Paris, 1961.

PARS   _____, *Sumer*, Paris, 1960.

PASP   *Passio Sanctae Perpetuae, in Eranos Jahrbuch*, XIX, 1950-1951.

PAUC   PAULME Denise, *La divination par les chacals chez les Dogon de Sanga, in Journal de La Société des Africanistes*, VI, Paris, 1937.

PAUM   _____, *La mère dévorante*, Paris, 1976.

PAYS   PAYNE KNIGHT R. e WRIGHT Th., *Sexual symbolism*, Nova York, 1957.

PCBC   PÉRET Benjamin, tradução de *Livre de Chilam Balam de Chumayel*, Denoël, Paris, 1955.

PELG   PELLAT Ch., *Le Kitāb at-t-Tarbi' wa-t-tadwīr de Ğahiz: Texte arabe avec une introduction, un glossaire, une table de fréquence et un index*, Damas, 1955

PELC   PELLIOT Paul, *Mémoires sur les coutumes du Cambodge de Tcheou Ta-Kouan*, Paris, 1951.

PERC   PERCHERON M., *La Chine*, Paris, 1936.

PERD   PERNETY Dom Antoine-Joseph, *Dictionnaire mytho-hermétique*, Paris, 1787; reed. Paris, 1972.

1088 | DICIONÁRIO DE SÍMBOLOS

PHILIPPE Robert, *Les métamorphoses de l'humanité* (8 v. publicados), Paris:

PHIA   _____, *Les aventures*, 1967.

PHIB   _____, *La barbarie*, 1966.

PHIC   _____, *Les cathédrales*, 1965.

PHID   _____, *Les découvertes*, 1966.

PHIG   _____, *La Guerre Sainte*, 1965.

PHIM   _____, *L'an mille*, 1964.

PHIR   _____, *Les renaissances*, 1966.

PHIU   _____, *L'universel*, 1967.

PHIL   *La Petite PHILOCALIE de la prière du coeur*, tradução de Jean Gouillard, Paris, 1953.

PICV   PICARD Max, *Le visage humain*, Paris, 1962.

PIED   PIERRET Paul, *Dictionnaire d'archéologie égyptienne*, Paris, 1875.

PIEP   PIEROTTI, *Customs and traditions of Palestine*, Cambridge, 1864.

PIEF   PIETTRE A., *Le thème de la "Fille du roi"*, in *Études*, novembro de 1964, 193-200.

PIRD   PIROT L., *Supplément au dictionnaire de la Bible*, v., 1, Paris, 1928. *Plaisirs de France*, Paris, n. 196.

PLAE   PLANQUE Michel, verbete *Eva*, no *Dictionnaire de spiritualité*.

PLAO   PLATON, *Oeuvres complètes*, nova tradução e notas de Léon Robin, Paris, 1953; ou, mais geralmente, traduções de C.U.F., Éditions Belles Lettres.

PLOE   PLOTIN, *Ennéades*, texto coordenado e traduzido por René Bréhier, Paris, 1924-1931.

PLUV   PLUMMER C.H., *Vitae Sanctorum Hiberniae*, 2 v., Dublin, 1897.

PODE   PODOLSKY Edw. e CARLSON Wade, *Erotic symbolism*, Nova York, 1960.

POKE   POKORNY, *Indogermanisches etymologisches Wôrterbuch*, Berna, 1954.

POPP   POPE A., *A survey of Persian Art*, Oxford, 1939.

PORA   POREE-MASPERO E., *Étude sur les rites agraires des Cambodgiens*, Paris--Haia, 1962.

PORP   POROT dr. Antoine, *Manuel alphabétique de psychiatrie*, Paris, 1952.

PORS   PORTAL Frédéric, *Des couleurs symboliques dans l'Antiquité, le Moyen Age et les Temps Modernes*, Paris, 1837.

POSD   POSENER G. (em colaboração com Serge Sauneron e Jean Yoyotte), *Dictionnaire de la civilisation égyptienne*, Paris, 1959.

PRZP   PRZYLUSKI J., *La princesse à l'odeur de poisson et la Nagî dans les traditions de l'Asie orientale*, Paris, 1925.

REFERÊNCIAS BIBLIOGRÁFICAS | 1089

PSEO PSEUDO-DENYS L'Aeropagita [DIONISIO, O AREOPAGITA], *Oeuvres complètes* (tradução de Maurice de Gandillac), Paris, 1943.

PUEE PUECH H.-C., *L'Evangile selon Thomas*, Paris, 1959.

RAMN RAMNOUX CL, *La nuit et les enfants de la nuit dans la tradition grecque*, Paris, 1959.

RAMB RAMOS A., *O negro brasileiro*, São Paulo, 1940.

RAMC _____, *As culturas negras*, Rio de Janeiro, 1937.

RANJ RANK Otto, *Don Juan, une étude sur le double*, Paris, 1932.

REAL *Réalités*, Paris, janeiro de 1967.

REID REICHEL-DOLMATOFF, *Desana*, Bogotá, 1968.

RELG *Die Religion in Geschichte und Gegenwart*, 3. ed., Tubingen, 1956-1962.

RENB RENONDEAU G., *Le Bouddhisme japonais*, Paris, 1965.

RESE RESTANQUE E., *L'enfant à la queue du loup*, in *Études traditionnelles*, n. 360, Paris, 1960.

RSHU *Le Rêve et les sociétés humaines (obra coletiva)*, Paris, 1967.

REVA *Revue des Arts, chefs-d'oeuvre romans des Musées de Province*, n. 6, Paris, 1957.

REVC REVUE CELTIQUE, Paris, 1870-1934.

REGR *Revue des études grecques*, Paris.

REYA REYPENS L., *L'âme chez Saint Augustin*, in *Dictionnaire de spiritualité*, Paris, 1937.

RICG RICHER Jean, *Géographie sacrée du monde grec*, Paris, 1967.

RIEP RIEDER H.-R., *Le Folklore des Peaux-Rouges*, in *Contes et légendes des premiers âges de la vie des Indiens*, Paris, 1952.

RIEH RIEMSCHNEIDER Marguarate, *Le monde des Hittites*, Paris, 1955.

RIJT RIJNBERK Gérard van, *Le tarot (histoire, iconographie, esotérisme)*, Lion, 1947.

RITS RITTER H., *Das Meer des Seele*, Leiden, 1955.

ROBG ROBERTSON Martin, *La peinture grecque*, Genebra, 1959.

RODL RODINSON Maxime, *La lune*, in *Sources orientales*, Paris, 1962.

ROGG ROGER-MARX Claude, *La gravure originale au XIXème siècle*, Paris, 1962.

ROHP ROHDE Erwin, *Psyché*, ed. francesa de Auguste Raymond, Paris, 1928.

ROMM ROMAN D., *Remarques sur quelques symboles maçonniques*, in *Études traditionnelles*, n. 282, Paris, 1951.

ROUN ROUX Cl.-H., *Quelques minorités ethniques du Nord Indochine*, Saigon, 1954.

1090 | DICIONÁRIO DE SÍMBOLOS

ROUF   ROUX Jean-Paul, *Faune et flore sacrées dans les Sociétés Altaïques*, Paris, 1966.

ROWI   ROWE, *Inca culture, in Handbook of Sth. American Indians*, v. II. *The Andean Civilisations*, Washington, 1946.

ROYD   ROYAL IRISH ACADEMY DICTIONARY (Contribuições ao Dicionário da Língua Irlandesa), Dublin, 1913.

ROYR   ROYSTON PIKE E., *Dictionnaire des religions* (adaptação francesa de Serge Hutin), Paris, 1954.

RUTE   RUTTEN M., *Emblèmes géométriques...*, in *Revue d'histoire des Sciences*, v. 2, 1949.

SAIP   SAINTE FARE GARNOT J., *Le rôle du phénix en Égypte et en Grèce, in Revue d'histoire des religions*, CXXIX, n. 1, 2, 3, 1945.

SAIR   SAINT MARTIN L. Cl. de, *Tableau naturel des rapports qui existent entre Dieu, l'homme et l'Univers*, Rochefort-sur-Mer, 1946.

SAIF   SAINTYVES P., *Corpus du Folklore préhistorique en France et dans les colonies françaises*, 3 v., Paris, 1934-1936.

SAMG   SAMIVEL, *Le soleil se lève en Grèce,* Paris, 1959.

SCHP   SCHEBASTA Paul, *Les Pygmées*, Paris, 1940.

SCHI   SCHILDER Paul, *L'image du corps*, Paris, 1968.

SCHL   SCHLEGEL G., *Tian Ti Hwui, the Hung League or Heaven-Earth League*, Batavia, 1866.

SCHM   SCHMIDT Albert-Maris, *La mandragore*, Paris, 1958.

SCHK   SCHOLEM G.-C., *La Kabbale* (tradução de Jean Boesse), Paris, 1951.

SCHO   _____, *Les origines de la Kabbale* (tradução de Jean Loevenson), Paris, 1966.

SCHS   _____, *La Kabbale et sa symbolique* (tradução de Jean Boesse), Paris, 1966.

SCHC   SCHUON F., *L'oeil du coeur*, Paris, 1950.

SCHD   _____, *Le délivré et l'image divine, in Études traditionnelles*, n. 384/5, Paris, 1964.

SCHE   _____, *Chamanisme peau rouge, in Études traditionnelles*, n. 378/9, Paris, 1963.

SCHF   _____, *Perspectives spirituelles et faits humains*, Paris, 1953.

SCHG   _____, *Sentiers de gnose*, Paris, 1957.

SCHI   _____, *Images de l'esprit*, Paris, 1961.

SCHR   _____, *Castes et races*, Lion, 1957.

SCHT   _____, *Remarques sur le symbolisme du sablier, in Études traditionnelles*, n. 393, Paris, 1966

REFERÊNCIAS BIBLIOGRÁFICAS | 1091

SCHU _____, *De l'unité transcendante des religions*, Paris, 1948.

SECG SECHAN Louis e LEVEQUE Pierre, *Les grandes divinités de la Grèce*, Paris, 1966.

SECA SECKEL Dietrich, *L'art du bouddhisme*, Paris, 1964.

SEGI SEGALEN V., *Les immémoriaux,* Paris, 1956.

SEGS _____, *Stèles, peintures, equipées*, Paris, 1955.

SEJF SEJOURNE Laurette, *La simbólica del fuego, Sobretiro de: Cuardernos americanos*, México, 1964.

SEJQ _____, *L'univers du Quetzalcóatl, in Nouvelles du Mexique*, n. 33/34.

SELB SELER Eduard, *The bat god of the Maya Race (Smithsonian Institution. Bureau of American ethnology, Bulletin 28)*, Washington, 1904.

SELM SELIGMANN Kurt, *Le miroir de la magie*, Paris, 1956.

SENZ SENARD M., *Le zodiaque, clef de l'ontologie appliquée à la psychologie*, Paris-Lausanne, 1948.

SERH SERVIER J., *L'homme et l'invisible*, Paris, 1964.

SERP _____, *Les portes de l'année*, Paris, 1962.

SILI SILBURN L., *Instant et cause*, Paris, 1955.

SILB _____, *Le bouddhisme, Paris, 1977.*

SKAG SKAZKI NARODOV SEVERA (Contos dos povos do Norte da Sibéria), *Gossudarstvennoié Izdatelstevo Khoudojestvennoï Litératoury*, Moscou--Leningrado, 1959.

SOLA SOLEIL, *Le soleil*, Arthaud, Zurique, 1961-1962.

SOOL SOOTHILL W.E., *The hall of light*, Londres, 1951.

SOUN SOURCES ORIENTALES, *La naissance du monde*, I, Paris, 1959.

SOUS _____, *Les songes et leur interprétation*, II, Paris, 1959.

SOUP _____, *Les pèlerinages*, III, Paris, 1960.

SOUJ _____, *Le jugement des morts*, IV, Paris, 1961.

SOUL _____, *La lune, mythes et rites*, V, Paris, 1962.

SOUD _____, *Les danses sacrées*, VI, Paris, 1963.

SOUA SOUSTELLE Jacques, *La vie quotidienne des Aztèques, à la veille de la conquête espagnole*, Paris, 1955.

SOUC _____, *Observations sur le symbolisme du nombre cinq chez les anciens Mexicains, in Actes du XXVIII*[ème] *congrès international des Américanistes*, Paris, 1947.

SOUM _____, *La pensée cosmologiques des anciens Mexicains*, Paris, 1940.

1092 | DICIONÁRIO DE SÍMBOLOS

SOYS SOYMIE M., *Sources et sourciers en Chine*, Tóquio, 1961.

STEI STEIN R.A., *La gueule du Makara*, Paris, 1977.

STEJ STEIN Rolf, *Jardins en miniature de l'Extrême-Orient. Le Monde en petit*, in *Bulletin de l'E.F.E.O.*, Hanói, 1943.

STOC STOKES Withley, *The colloquy of the two sages*, Paris, 1905.

STOG _____, *Three Irish glossaries*, Londres, 1862.

SUSZ SUSUKI Daisetz T., *Essais sur le bouddhisme Zen*, Paris, 1954-1957.

SWAC SWANN Peter, *L'art de la Chine, de la Corée et du Japon*, Paris, 1964.

SWAP _____, *La peinture Chinoise*, Paris, 1958.

TALS TALAYESVA Don C., *Soleil Hopi (sun chief)*, traduzido do inglês por Geneviève Mayoux, prefácio de Claude Lévi-Strauss, Paris, 1959.

TARD TARSOULI G., *Delphes*, Atenas, 1965.

TEGH TEGNAEUS Harry, *Le héros civilisateur, contribution à l'étude ethnologique de la religion et de la sociologie africaines*, Uppsala, 1950.

TEIR TEILLARD Ania, *Le symbolisme du rêve*, Paris, 1948.

TERS TERVARENT Guy de, *Attributs et symboles dans l'art profane, 1450-1600*, Genebra, 1959.

THAS THAI-VAN-KIEM, *Sengs et ginseng*, Saigon, 1953.

THEN THEOLOGISCHES WÖRTERBUCH ZUM NEUEN TESTAMENT, v. I, Stuttgart, 1933.

THIK THIERRY S., *Les Khmers*, Paris, 1964.

THOH THOMPSON J. Eric S., *Maya hieroglyphic writing*, Universidade de Oklahoma, nova edição, 1960.

THOM THOMAS L. V., *Les religions d'Afrique noire*, Fayard, Paris, 1969.

TODS TODOROV Tzvetan, *Théories du symbole*, Paris, 1977.

TONT TONDRIAU Julien, *Objets tibétains de culte et de magie*, Bruxelas, 1964.

TRIR TRIMBORN Hermann, *Religions du sud de l'Amérique Centrale, du nord et du centre de la région Andine*, in *Les religions amérindiennes*, tradução do alemão por L. Jospin, Paris, 1962.

TUCK TUCCI Giuseppe, *Kamalila*, Nagel, Paris, 1974.

TUCR _____, *Ratilila*, tradução trancesa de Jean Mercadé, Nagel, Paris, 1969.

TYAC TIYAN E., *Le califat*, Paris, 1954.

UNEC UNESCO, *Le courrier de l'Unesco*, Paris, julho-agosto, 1964.

URIB URIBURU, Paris, 1978.

VACG VACHOT Ch., *La guirlande des lettres*, Lion, 1954.

REFERÊNCIAS BIBLIOGRÁFICAS | 1093

VAJA   VAJDA Georges, *L'amour de Dieu dans la théologie juive du Moyen-Age*, Paris, 1957.

VALC   VALENTIN F. Basile, *Les douze clefs de la philosophie* (tradução, introdução, notas e explicações das imagens por Eugène Canseliet), Paris, 1956.

VALA   VALSAN M., *Le triangle de l'Androgyne et le monosyllabe "Om", in Études traditionnelles*, n. 382, Paris, 1964.

VALD   _____, *Le monosyllabe "Om", in Études traditionnelles*, março-abril, 1966.

VALH   _____, *Le coffre d'Héraclius et la tradition du "Tabut" adamique, in Études traditionnelles*, n. 374-375, Paris, 1962-1963.

VALI   _____, *L'initiation chrétienne, in Études traditionnelles*, n. 389-90, Paris, 1965.

VANG   VAN GULIK, *La vie sexuelle dans la Chine ancienne*, Paris, 1971.

VANS   VANDIER, *La sculpture égyptienne*, Paris, 1954.

VANA   VAN LENNEP J., *Art et alchimie*, Bruxelas, 1966.

VARG   VARAGNAC A. e cols., *L'art gaulois, La Pierre qui Vire*, 1956.

VASA   VASSEL J., *Le dernier antre sibyllin, in Études traditionnelles*, n. 316, Paris, 1954.

VEDR   _____, *Rig Veda, Prières*, tradução de L. Renou, Paris, 1938.

VEDV   _____, *Le Veda* (apresentado por Jean Varenne, tradução de J. Varenne, Louis Renou etc.), Paris, 1967.

VERO   VERGER Pierre, *Notes sur le culte des Orisa et Vodun, à Bahia, la Baie de Tous les Saints, au Brésil et à l'ancienne Côte des Esclaves en Afrique*, Dacar, 1957.

VINO   VINCI, *Tout l'oeuvre peint*, Paris, 1950.

VIRI   VIREL André, *Histoire de notre image*, Genebra, 1965.

VIRS   _____, *Symbolique génétique et onirique* (texto inédito, comunicado pelo autor).

VUIO   VUILLEUMIER R., *Osée et les manuscrits, in Revue de Qumran*, I, 1958-1959.

VUOB   VUONG HONG SEN, *La chique de bétel et les pots à chaux anciens du Viet-Nam, in Bull. de la Société des Études Indochinoises*, Saigon, 1950.

VUOC   _____, *Journal d'un collectionneur, in France-Asie*, n. *100-102*, Saigon, 1954.

WARH   WARD J. e STIRLING W., *The Hung Society or the Society of Heaven and Earth*, Londres, 1925.

1094 | DICIONÁRIO DE SÍMBOLOS

WARK   WARRAIN Fr., *La théodicée de la Kabbale*, Paris, 1949.

WENG   WENSINCK A.-J., *La pensée de Ghazzâli*, Paris, 1940.

WERS   WESTERMARCK E., *Ritual and belief in Morocco*, 2 v., Londres, 1926.

WHEA   WHEELER Lady, *Les grandes aventures de l'archéologie*, Paris, 1966.

WHEI   WHEELER Sir Mortimer, *L'Inde ancienne*, Paris, 1966.

WIEG   WIEGER R.P. Léon, *Caractères chinois*, Hien-hien, 1932.

WIET   _____, *Les pères du système taoïste*, Leiden-Paris, 1950.

WILG   WILHELM R., *I Ging, das Buch der Wandlungen*, Dusseldorf, 1956.

WILE   WILLIAMS C.A.S., *Encyclopedia of Chinese symbolism*, Nova York, 1960.

WINI   WINDISCH Ernst, *Irische Texte*, 5 v., Leipzig, 1880-1905.

WIRT   WIRTH Oswald, *Le tarot des imagiers du Moyen Age*, Paris, 1966.

WOLB   WOLFF Werner, *Changing concepts of the Bible*, Nova York, 1951.

WOUS   WOU TCH'ENG-NGEN, *Si yeou Ki*, Paris, 1957.

YAMB   YAMATA Kikou, *L'art du bouquet du Japon*, in *France-Asie*, n. 137, Saigon 1957.

YASJ   YASHIRO Yukio, *2 000 ans d'art japonais*, Paris, 1958.

YGEA   YGE Claude d', *Nouvelle assemblée de philosophes chimiques, aperçus sur le grand oeuvre des alchimistes, prefácio de Eugène Canseliet*, Paris, 1954.

YUAC   YUAN-KUANG e CANONE Ch. *Méthode pratique de civilisation chinoise parle Yi-King*, Paris, 1950.

ZAHB   ZAHAN Dominique, *Sociétés d'initiation Bambara, Le N'Domo, Le Kore*, Paris-Haia, 1960.

ZAHC   _____, *Les couleurs chez les Bambara du Soudan Français, in Notes Africaines*, n. 50, Dacar, abril, 1951.

ZAHD   _____, *Aperçu sur la pensée théogonique des Dogon, in Cahiers internationaux de sociologie*, VI, Paris, 1949.

ZAHV   _____, *La dialectique du verbe chez les Bambara*, Paris-Haia, 1963.

ZEIP   *Zeitschrift für celtischephilologie*, Haia-Tübingen, 1900.

ZEIJ   ZEITLIN Salomon, *Notes relatives au calendrier juif, in Revue des études juives*, t. 89, n. 177-178.

ZERA   ZERRIES Otto, *Les religions des peuples archaïques de l'Amérique du Sud et des Antilles, in Les religions amérindiennes*, Paris, 1962.

ZWIC   ZWICKER J., *Fontes Historiae Religionis Celticae*, 3 v., Berlim, 1934.